江蘇藝文志

顧廷龍題

国家古籍整理出版专项经费资助项目

江苏省地方志编纂委员会办公室组织编纂

江苏艺文志

（增订本）

盐城卷　宿迁卷

原　主　编　赵国璋

增订本主编　江庆柏

增　订　者　王　婷　侯富芳

凤凰出版社

总目录

盐城卷

宿迁卷

原　主　编　赵国璋
增订本主编　江庆柏

江苏艺文志

盐城卷

（增订本）

增订者　王　婷

《盐城卷》原编写人员名单

主　编　陈　穆

撰稿人　（以姓氏笔画为序）

王文龙　江庆柏　孙书安　陈　妹

陈　穆　赵国璋

目　录

《盐城卷》引言

陈　穆

城市地处黄海之滨、江淮之间，今辖六县(大丰、建湖、射阳、阜宁、滨海、响水)一市(东台)二区(城区、郊区)，征诸典籍，可谓历史悠久。西周以前称为淮夷地，尚属草莱未辟。秦有天下，淮夷归东海郡。汉武帝灭东越、闽越，徙其民以充江淮。元狩四年(前119)，置盐渎(意为盐河)县。元狩六年，置临淮郡，辖盐渎、海陵诸县。东晋安帝时，改盐渎为盐城县。盖"为民生利，乃城海上，环城皆盐场也，故名"(乾隆《盐城县志》卷三)。唐代，盐城县有盐亭一百二十三所，年产盐四十五万石，海陵县盐产亦丰。朝廷特设盐城监与海陵监，以掌盐课。南唐昇元元年(937)，改海陵县为泰州，设海陵监于东台场。北宋时期，范仲淹在西溪(后属东台县)盐官任内，率众筑堤(后称范公堤)，振兴盐业，发展农业。南宋以后，兵连祸结，加之黄河泛滥，邑民背井离乡，灶废田荒。明初洪武年间，驱苏州、松江等地百姓来此定居，盐城人口大增，重振盐业，致力农垦，促进经济恢复与发展。清雍正九年(1731)，析盐城、山阳(即后之淮安县)二县之部分置阜宁县，与盐城县同属淮安府。乾隆三十三年(1768)，析泰州东北境置东台县，属扬州府。今之盐城市境，在清末民国年间，大部隶属原盐城、阜宁、东台三县。

岁月悠悠，人世沧桑。二千余年来，盐城人民世代相承，艰苦奋斗，推动经济发展，创造物质文明。与此同时，谨庠序，施教化，育英才，应科举，促进文化发展，创造精神文明。自汉代建制以后，盐城地区人才辈出，著作如林。历代作者中堪称历史文化名人或艺文领域名家者固屈指可数，如南宋民族英雄陆秀夫、明代哲学家王艮、清初现实主义诗人吴嘉纪、近代爱国诗人陈玉澍等；而在某一方面或在地方文化史上卓有建树者则为数众多，如宋曹、孙一致、薛鼎臣、项樟、徐铎、冯道立、徐开业、水安澜、顾宜之、王文锦、裴荫森、陶鸿庆、翟宝书等。历代作者所留著作广泛涉及文学、经学、训诂、音韵、哲学、宗教、政治、军事、教育、新闻、历史、舆地、书法、篆刻以及天文、数学、工、农、水利、医药等社会科学与自然科学之诸多门类。由此可见盐城古老文明之一斑。纵观盐城地区艺文史，著述及学术研究之风以明、清二代为盛。其中影响较大者当推理学中之泰州学派。其创始人为明代泰州安丰场（今东台市安丰镇）王艮，弟子朱恕（明代泰州草埝场即今大丰草埝镇人）及传人王衣、王襞等一脉相承。王艮出身盐丁之家，毕生接近下层人民。虽曾师事王守仁，然“时时不满其师说”，吸取王学中部分观点重新铨释，提出“以百姓日用之道为本”的命题，反映广大农民及其他小生产者的愿望与利益。对王艮之学术成就，黄宗羲在《明儒学案·泰州学案》中曾作专题评述。再者，清初诗人吴嘉纪，亦系泰州安丰场人，一生关注国家民族命运，长于乐府及五七言古诗。其诗作多反映人民疾苦，表现民族感情，富于现实主义精神；运思深刻，清新朴素，不事雕饰，不用典故，乐府诸篇更具“危苦严冷”“凄急幽奥”之特色。孔尚任曾推之为清初三大家之一，在中国文学史上占有一席之地。此外，清代中叶以后，在乾嘉学派影响下，盐城学者研究训诂、音韵之学一时称盛，其代表人物如晚清陈玉澍、陶鸿庆等。综上所述，古代盐城地方文化虽不能与发达地区相提并论，然亦熠熠生辉，彪炳史册。

近年来，南京师范大学古文献研究所主持编纂《江苏艺文志》，我等有幸参加《盐城卷》编写工作，深感意义深远，决心勤勉从事，竭尽绵薄。我等曾多次奔赴南京、扬州及本市所属各县（市）、区，谒见有关知情人士，造访兄弟院校暨市、县级图书馆以及私人藏书家，搜寻、检核各种典籍及地方文献，所获良多。但亦面临难以逾越之障碍。诸如，著述者大多名不见经传，其作品大多散佚或残缺不全，而各类典籍又未予收录，至于可资参考之地方文献资料为数甚少，以致不少作者及其作品无从查考。究其原因，主要由于长期以来，战争与动乱时有发生，古代典籍惨遭毁坏或散佚者颇多，部分幸存者亦因不受重视而终致亡佚。我等历时两年进行搜寻、检核，计收录本市范围内作者448人（根据体例，对少数驰誉文苑而无著述见于记载者、仅有白话文著作者、原籍为本省他邑之流寓者或宦游者以及建树卓著而建国后尚健在者，均为列入），著作近九百种，并对其版本及传世情况尽可能作出考订。其中盐城市（包括建湖县、射阳县）168人，东台市（包括大丰县）167人，阜宁县（包括滨海县、响水县）113人。除各县旧志收录者外，新增作者58人，著作118种。又对各县旧志中若干疏误加以订正。本卷编写工作自然未臻完善，尚望海内通人以及热心乡邦文化者不吝赐教，以匡不逮。

在编写中，蒙南京师范大学古文献研究所赵国璋先生悉心指导以及其他老师热忱相助，蒙本市图书馆丛培凤同志、本市政协文史资料研究委员会贾逵先生、阜宁县县志办公室诸同志、建湖县县志办公室张友武主任、东台市委组织部严忠遂同志、东台市市志办公室王益云主任等给予支持，谨此深致谢意！

1993年12月

《盐城卷》（增订本）收入作者474人，其中盐城172人，东台189人，阜宁113人。收入著作1141种。

增订者记

2019年7月

盐城市行政区划沿革

盐城市

汉元狩置盐渎县，属临淮郡。东汉属广陵郡。三国废。晋太康二年(281)复置，仍属广陵郡，东晋义熙中改盐城县，属山阳郡。南朝宋、齐、梁因之。北齐设射阳郡，陈改盐城郡。隋初废郡，仍为盐城县，属楚州，大业初改属江都郡。唐、宋属楚州。元属淮安路。明、清属淮安府。1912年后仍称盐城县。1914—1927年属淮扬道。1934—1938年为盐城行政督察区专员公署驻地。1940年新四军以盐城、阜宁二县及其毗邻的淮安、涟水二县部分地域建盐阜区。1945年始置盐城市，旋废。1948年曾置叶挺市。1949年设盐城专区，属苏北行署区，辖盐城、射阳等九县。1952年底苏北行署区撤销，入江苏省。1970年改盐城地区。1983年撤销盐城地区、盐城县，设盐城市，为省辖市。原盐城地区的东台、大丰、射阳、建湖、阜宁、滨海、响水七市县划归本市。

2016年盐城市辖亭湖区、盐都区、大丰区、响水县、滨海县、阜宁县、射阳县、建湖县，代管东台市。

附:建湖县

本阜宁、盐城二县地。1941年析阜宁县马宁沟南，盐城县横塘河、盐河、皮汉河北境置建阳县，治建阳镇。1946 年并射阳县沟墩、喻口两区，1947 年析直挺河西、盐河南归盐城县，并移治湖垛镇。1951 年改今名。1952 年属江苏省盐城专区。1983 年 3 月划归盐城市。

附：射阳县

原盐城、阜宁二县地。1942 年析阜宁县黄沙港和马泥沟北、射阳河南置县，以县境主属射阳河流域故名。1952 年属江苏省盐城专区。1983 年 3 月划归盐城市。

东台市

汉海陵县地。唐属吴陵县。明属泰州。清乾隆三十三年(1768)析泰州东北境置县，以境内东台镇名名县，属扬州府。1914—1927 年属淮扬道。1934—1938 年属盐城行政督察区。1940 年属盐阜区。1942 年析丁溪河、何垛河北境置台北县。1943 年析立发区、栟茶区南部归如皋县。1945 年兴化廉贻区并入，析栟茶区归如皋。1947 年析角斜区南部归如东。1949 年析西场、潼口、角斜三区和唐洋区南部归海安，栟北区归如东。1970 年属盐城地区。1983 年 3 月划归盐城市。1987 年撤县建市。

附：大丰县

原东台、兴化二县地。1942 年析东台县北部第九区、第一区东部和兴化县第六区串场河东置台北县。1944 年并入东台，1945 年底复置。1951 年以曾为大丰垦区改名为大丰县。1952 年属江苏省盐城专区。1983 年 3 月划归盐城市。

阜宁县

清雍正九年(1731)析山阳、盐城二县地暨盐场及海滩升涨之地置县,以筑海边土埠,安宁无患,名埠宁县,属淮安府。1911年改名阜宁县。1914—1927年属淮扬道。1934—1938年属淮阴行政督察区。1940年归盐阜区领导。1941年析马泥沟南,合盐城西境置建阳县;析废黄河南,张家河,獐沟河、小五丈河东和射阳河北置阜东县。1942年属苏北行署区盐城专区。1952年属江苏省盐城专区。1954年建湖县喻口区和1956年建湖县马泥沟北、射阳县吴滩区先后并入。1957年又并入淮安县苏咀区一部,析三冈等三乡归滨海县。1970年属盐城地区。1983年3月划归盐城市。

附:滨海县

原阜宁、涟水、灌云三县地。1942年析阜宁废黄河西北、灌云县灌河东、涟水县东北境置县,以地处黄河之滨故名。1949年阜东县并入。1966年析中山河西北境置响水县。1970年属盐城地区。1983年3月划归盐城市。

附:响水县

原阜宁、涟水、灌云三县地。1942年属滨海县。1966年析滨海县中山河以北置县,以县人民政府驻响水口故名。1970年属盐城地区。1983年3月划归盐城市。

(摘自单树模主编《中华人民共和国地名词典·江苏省》,商务印书馆1987年出版。根据2016年江苏省行政区划设置略作改动。)

人 名 表

盐 城

东　台

明

清至民国

阜　宁

盐城

宋至明

陆秀夫(1236—1279)

字君实，号实翁。南宋盐城长建乡(今属建湖县建阳镇)人，徙镇江。宋末政治家。宝祐四年(1256)与文天祥同榜进士。和文天祥、张世杰并称为“宋末三杰”。初入淮南李庭芝幕。宋德祐二年(1276)，以礼部侍郎使元军议和，不就而返。临安陷落，退至温州，与陈宜中、张世杰等立益王赵昰于福州。昰死，又共立广王赵昺，进左丞相，驻军崖山(在今广东新会南)。宋祥兴二年(1279)二月，崖山破，负帝昺投海死。世谓“海国孤忠”。明万历四十七年(1619)朝廷赠谥号“忠烈”。《宋史》有传。

按：据清陶性坚《宋左丞相陆公年表》、近人蒋逸雪《陆忠烈公年谱》，秀夫生于宋嘉熙二年(1238)。

编正孝经刊误跋　经部孝经类　佚

见光绪《盐城县志》卷16。

按：其跋如下：“《孝经》一书，古文不可得而考见矣。所可考者，汉世《艺文志》，颜氏、刘氏、司马氏编次之文而已，要之皆古文之旧也。秀夫幼而读之，莫觉其非，长而疑焉。涉猎载籍，罔非类是，莫敢有所与。既入仕，滥次西藏勾当，得朱元晦《刊误》一编而玩味之，夫然后心目开朗，欣欣然若有所得。于是与在馆诸同志因元晦之议，从而删削次第之，然而敢以粟丝己意妄有所参涉于其间，以得罪于先正，庶几是《经》灿然可复，而元晦刊正之功不泯，圣世以孝治天下之化，或不能无少助云。陆秀夫识。”后人评“陆相虽有声科第，然举子业非所好也，日孜孜焉为正学之是务，读其《编正孝经刊误跋》，可知其致力之所在矣。”参见

《宋季丞相年谱》。

记二王事　史部别史类　佚

见《宋史》本传。

按:《宋史本传》云:"方秀夫海上时,记二王事为一书,甚悉。以授礼部侍郎邓光荐曰:君后死,幸传之。其后崖山平,光荐以其书还庐陵。大德初,光荐卒,其书存亡无从知,故海上之事,世莫得其详云。"

陆祠观礼诗纪不分卷　史部传记类

黎永卿等辑

(1) 1924年石印本,上海图书馆藏。

(2)《中国祠墓志丛刊》本(第38册)。

按:本书由黎氏根据1922年地方官沈祖緜、赵邦彦等集地方耆宿英彦、寓公之贤者,祭拜陆祠(陆秀夫祠),题诗纪念,辑为此编。书前有陆秀夫像、1924年姚冠湖序。所辑诗以得诗先后为序。沈祖緜诗有句云:"厓山大节昭千古,一柱承穹真宰辅。"赵邦彦诗有句云:"丞相衣冠瞻肃穆,我来海国吊孤忠。"张祉诗有句云:"吾乡论风节,第一忠烈公。"卷末有陆桐芬跋。参见《江苏地方文献书目》。

庄子注　子部周秦诸子类　佚

见光绪《盐城县志》卷16。

注云:"光绪《府志》所载《书目》有此名。考归有光《庄子注》引秀夫评《庄子》语,不云秀夫有《庄子注》也。待考。"

陆忠烈公全书8卷　集部别集类

明王梦熊辑

清道光十五年(1835)陶性坚、陶镶刻本,陆秀夫24世孙正民藏。

按:本书总目分8卷,其中仅1卷为秀夫著作,实只1册。参见"王梦熊"条。

陆忠烈公全书续编2卷　集部别集卷

清陶性坚辑

清道光十五年(1835)刻本,陆秀夫24世孙正民藏。

按:此书上续王梦熊所编 8 卷本,所收均有关秀夫资料,并无秀夫著作。参见“陶性坚”条。

陆忠烈公书 1 卷　集部别集类

《乾坤正气集》本。

陆忠烈公遗集 1 卷　集部别集类

《楚州丛书》本。

按:以上 2 种为后人辑录,参见《中国丛书综录》。

金原举

元盐城人。弱冠为郡学录,后参赞总兵。升吏部掌铨科,历州郡守。元末归乡后,荐授江西南康令。卒于家。善吟咏,通经史,尤工楷书篆草。

云谷集　集部别集类　佚

见光绪《盐城县志》卷 16。

秦　约(1316—1388 年以后)

字文仲,号樵海道人、淮海居士、太迂先生。明盐城人,宋秦观后裔,秦玉之子。始徙崇明,再徙昆山。元末至正中博士,为崇德教授。洪武初召试《慎独箴》,其文第一,拜礼部侍郎,以母老辞。后复征。奏请重儒术,广教化。授溧阳教谕。在任 8 年,乞归卒。名其所居曰“鹤冢”。好吟咏,善诗文。明王理之辑《昆山杂咏》收有秦约《范公亭》。明詹景凤《詹氏小辨》云:“秦约善书。”《明史》有传。

按:光绪《盐城县志》卷 16 引《万姓统谱》作姓秦名约文,字仲本。

樵史补遗　史部杂史类　佚

师友话言　史部传记类　佚

孝节录　史部传记类　佚

崇明志　史部地理类　佚

樵海集　集部别集类　佚

诗话旧闻　集部诗文评类　佚

以上6种见《献征录》卷83本传。

樵海漫稿　集部别集类　佚

见宣统《太仓州志》卷25。

按:光绪《信义志》卷5收其文《芝云堂嘉宴序》1篇,诗《寄怀顾仲英》1首。《玉山名胜集》收秦约诗若干。《明诗综》卷25收其诗4首。清钱谦益《列朝诗集》亦有收录。摘《送殷孝章之咸阳教谕》一诗如下:"西上长安跋涉劳,三千里外朔风号。地连渭水秦川近,山接终南泰华高。故国总消龙虎气,断碑犹打骆驼膏。一官莫笑儒林选,曾捧琅函觐赭袍。"秦约送别友人,怀古激昂,意境开阔,余味深长,作诗尤工。

秦约诗文集外三种　集部总集类

《崇明历代文献丛书》本。

按:本书收入四种崇明地方名人著作,包括《秦约诗文集》《海运奏疏》《求己堂诗文集》及《沈汝梅诗文集》。其中《秦约诗文集》辑录秦约的诗文作品,不少诗文记录他与挚友间学术的探讨,友情的交往,从侧面反映了元末社会历史风貌。

卞元亨(1329—1419)

一名厚亨。自称东溟叟,又号柏门老人。元末明初人,原籍东溟(今盐城亭湖区便仓)人。仕震子。少时天资英敏,膂力过人,尝徒手毙虎。至正间从张士诚起事,屡谏不听,便归隐于海滨。明太祖平吴之后,一再征召,均不应。作诗有"恐使田横客笑人"之语。明太祖怒,将其遣戍辽阳。十年之后遇赦还。作《辽东有感》《戍归》《示后》《戍归咏牡丹二首》等诗。

辽海集　集部别集类　佚

见《古盐卞氏谱》卷5。

按:《古盐卞氏谱》云:"太祖有明后,三诏不应,戍辽东,著《辽海集》。"

柏门诗集　集部别集类　佚

牡丹诗　集部别集类　佚

以上2种见《大丰县文史资料》第5辑。

颜　彪(？—1475)

字纹甫，一作文夫。明盐城野鱼荡(今属建湖县草堰乡)人。汉颜良之后，颜景之子。出身将门，以军功任真定卫指挥同知。正统十四年(1449)冬，升署都指挥佥事，守备倒马关。继授右参军，防守十八盘岭。天顺四年(1462)秋，率师至紫荆关，与人共守内长城，南犯敌骑为之退却。次年，奉命以都督佥事至两广镇压起义瑶民。后升任后军都督府左都督同知。卒于任所。《明史·和勇传》附，《真定县志》有传。

孙子兵法　子部兵书类　佚

见光绪《盐城县志》卷10本传。

叶　照

明盐城人。世袭武略将军。手摹金石文数十种，善小楷行书，能诗词。学者称融斋先生。

灌园诗集　集部别集类　佚

绦环乐府　集部词曲类　佚

以上2种见光绪《盐城县志》卷16。

陶德纯

明盐城诸生。通易学。年八十九，方午日宴客，曰："我名籍丹台久矣。"盐人异之，乃于其卧处，建集仙台。见乾隆《淮安府志》。《射州文存》曾收其文。

周易精蕴　经部易类　佚

见光绪《盐城县志》卷16引丁晏《周易明筮编序》。

按：光绪《盐城县志》卷15曾记陶德纯《学易斋记》。

王　信

明盐城人。官江西进贤主簿。善谈兵，有马革裹尸之志。以诗受知于宗臣、唐顺之。嘉靖三十七年(1558)，奉顺之命清查东南海口倭寇出没要塞，未旬日即绘形势图以进，区处方略深得兵家战守之要。

西溪诗稿　集部别集类

清道光二十六年(1846)刻本，上海图书馆藏。

按：光绪《盐城县志》卷16注云：嘉靖三十八年，武进唐顺之为之叙。又云：道光二十四年其裔孙念言、廷标校刻本，常熟翁心存为撰序。

夏应星

字念凫。明盐城东夏庄(今属建湖县沿河乡人)。雷子。万历二年(1574)进士。官至长沙知府。其父亦尝知长沙，故"父子长沙"传为佳话。曾作《邑侯孙公禁垦海滩德政碑记》，见光绪《盐城县志》。

(万历)盐城县志10卷　史部地理类

明杨瑞云修　夏应星纂

(1) 明万历十一年(1583)刻本，国家图书馆藏。

(2) 清顺治十四年(1657)重修万历本，国家图书馆藏。

按：知县贾国泰补修明刻本，仍旧志以付剜刻，前增贾《序》："立例简而称，事尽条次，合轻重之宜。"卷3、4、6、7增刻数页。

(3) 传抄明万历十一年本，天津图书馆藏。

(4) 杨志抄本，大丰区志办公室藏。

(5)《中国方志丛书》本。

(6)《中国史学丛书》本。

(7)《北京图书馆古籍珍本丛刊》本。

按：明万历七年，南海杨瑞云任盐城知县，设局而撰志概，时纂修志者邑人夏应星，分纂者为邑人张三凤等，并由杨氏与吴敏道参订之，志成，凡十卷，后人因邑志为杨氏创修，故称为"杨志"。本志卷前有明万历十一年杨瑞云序及吴敏道序、凡例、目录。书中以纲目体分设门类：卷 1 地理志、卷 2 建置志、卷 3 民事志、卷 4 秩官志、卷 5 名宦志、卷 6 选举志、卷 7 人物志、卷 8 纶音志、卷 9 至 10 为艺文志。该志为盐城见之于史最早的一部县志。其沿革、疆域、城池、田赋等内容，皆为了解万历前盐城的相关情形提供了宝贵的历史资料。沈俨乾隆《县志·序》曾云："搜罗考核，最为精详，嗣经本朝历任邑尊先后续修，悉本《杨志》之旧。"足见其体例完备，资料翔实，对此后盐城地区续编县志的影响。可参见徐复、季文通主编《江苏旧方志提要》。周梦庄《历修盐城县志》云："杨志今存三部，一藏美国，一藏日本，一藏北京图书馆(见《盐城文史资料选辑》第 2 辑)。"参见尚友：《历史上盐城文人存世著作略考》，《盐城师范学院学报(人文社会科学版)》，1994 年第 2 期。

陶尧年

明盐城人。天启四年(1642)岁贡生。

易学阐微　经部易类　佚

见光绪《盐城县志》卷 16。

王梦熊(？—1636)

字飞卿。明盐城人。之桢父。为人乐善好施，拯济贫寒，行二十年不倦。博学好古，尝采历代诗歌关系五伦者，分类成帙。尤推重乡先贤陆秀夫，所辑其遗文、佚事，皆史所未载。

倚楼集　集部别集类　佚

王梦熊撰　王之桢辑

见光绪《盐城县志》卷 16 引宋曹《王筠长(之桢)先生同志录》。

陆忠烈公全书 8 卷　集部别集类

宋陆秀夫撰　明王梦熊辑

清道光十五年(1835)陶性坚、陶镶刻本，秀夫 24 世孙正民藏。

按：《全书》总目分 8 卷：(1) 列传，(2) 纲目，(3) 著作，(4) 遗事，

(5) 论赞,(6) 题咏,(7) 崇祀,(8) 议谥。8 卷实只 1 册。可见全书总体为陆秀夫著作及资料汇编。

又按:今见传本,有《盐城陆氏宗谱》22 册之第 1 册。《盐城陆氏宗谱》共计 22 册,首 2 册为《陆忠烈公全书》及《陆忠烈公全书续编》,后 20 册为陆氏谱系。参见尚友《历史上盐城文人存世著作略考》。

潘仲兰

明盐城沙家庄(今属建湖县蒋营乡)人。恩贡。擅为文,有干才。明天启间知浙江泰顺县,摄篆平阳,雅负才致,作兴文教,新公馆,括县志,政事称理(见《温州府志》)。曾撰《重建太平桥记》,《泰顺县志》载:此桥"崇祯二年(1629)圮,知县潘仲兰重建"。终王府长史。

碧筠园集　集部别集类　佚

见光绪《盐城县志》卷 10 本传、卷 16 书目。

王百度(? —1642)

字介石。明盐城人。信曾孙。家世以武勇著,传神枪法,号梅花枪,弟百圣,兄弟皆精其艺。崇祯中,以文生举武科,受知于漕抚杨一鹏,为清江浦把总,移凤阳、六安,与义军周旋。凤阳皇陵被焚,一鹏弃市。改戍颍州,移屯寿州,为当路所忌,被罢官。十四年(1642)冬,上疏请一官自效,得崇明浙民营守备。十五年三月,大出兵围歼义军,单骑深入,击杀甚众,以无援中流矢死。百圣冒重围,负兄尸归。

枪法　子部兵书类　佚

武经合参　子部兵书类　佚

以上 2 种见 1993 年《盐城县志》第 23 篇《文化志 · 邑人著作书目》。

清至民国

孙　渠(1590—1662)

字不逾，号从所，又号东海，别号东澥。清盐城大孙庄(今属建湖县颜单镇)人。少依兄嫂，守贫好学，博览经史。明天启四年(1624)举人中试，崇祯十六年(1643)进士。以李自成起义军进逼，南归。福王立，任上虞知县。加兵部职方司主事，擢户部给事中。浙东不守，从鲁王走海岛。功垂桑梓，世人尊称"给谏"公。清顺治三年(1646)潜还里，闭门著书，拒不出山。有促之出山者，辄焚其书。著述甚多，行于世。曾有七绝《自题小像》一首，其诗云："短鬓长眉一幅巾，布袍芒履自行春。生成不是封侯相，林下于今见一人。"参见《建湖县志》。

四书正义　经部四书类　佚

见光绪《盐城县志》卷16，云有自序及同邑李逢春序。

按：自序载光绪《盐城县志》卷15。

被缨集　史部地理类

抄本，民国间胡应庚藏。

按：本书专记明崇祯四年(1631)河决事，见光绪《盐城县志》卷10本传、卷16书目。前有李逢春、李生、顾士英、宋苏四序。是研究明清之际盐城乡土史的重要资料。《深柳堂诗钞》曾记载：胡启东(应庚字)旧藏乡先辈抄本7种，《被缨集》居其首。

亦园杂刻　子部杂学类　佚

藏堂诗集(一名藏堂诗稿)　集部别集类　佚

初茅轩文集　集部别集类　佚

以上3种见光绪《盐城县志》卷16。

按:孙桀室名“初茅轩”,有“刚可安身之意”,以此室名命《初茅轩文集》。参见《中国室名大辞典》。

王之桢(1613—1703)

字筠长,号青岩。清盐城人。梦熊子。史可法开府扬州,诣军前献策,遂辟置幕中,掌机要文字。举充选贡。比入金陵,危殆之势已成。未几,可法殉节,乃归里隐居。顺治五年(1648)被拘囚,赖宋曹赴淮营救。居乡授徒,从游者数百人。康熙十七年(1678)以博学鸿儒荐,力辞不就。二十七年尚在世。博通经史,工书法,善诗文,所著颇有独见。曾撰《答多尔衮书》。《射州文存》曾收其文。今人周梦庄辑有《王青岩年谱》。

陆丞相崖山志　史部传记类　佚

清王之桢编

见光绪《盐城县志》卷16引宋曹《王筠长先生同志录》。

按:《盐阜民族英雄传》(原载《新知识》第5期,1944年3月1日)曾续征王之桢《陆丞相崖山志》。

史局通议　史部政书类　佚

朱陆异同辨　子部儒学类　佚

太极图论　子部儒学类　佚

以上3种见光绪《淮安府志》卷38。

楚词纂注　集部楚辞类　佚

见光绪《盐城县志》卷16。

青岩文集8册　集部别集类

(1) 抄本,清光绪间王氏裔孙荫谦藏。

(2) 抄本,民国间胡应庚藏(名《青岩诗文集》)。

按:今存《青岩文集》2卷、《外集》6卷,民国间胡启东(胡应庚)自同邑陶张二氏处钞得一份,凌钟智据以传抄,并补入镇江图书馆所藏1册,录诸家简注,现藏中国科学院图书馆。

又按:《青岩文集》2 卷,卷上凡文 41 篇,卷下凡祭文 12 篇、书牍 46 篇;《外集》内容为经书讲章及杂文。集中有《代史阁部复摄政王》《郑氏经略》等文。参见柯愈春《清人诗文集总目提要》。

孙一致(1619—1689)

字惟一,号止澜,一号箨庵。清盐城大孙庄(今属建湖县颜单镇梅塘村大孙庄)人,发迹后迁居盐城西门。助子,楘侄。顺治五年(1648)拔贡。十一年乡试举闱中式。十五年戊戌科孙承恩榜进士第二人,授翰林院编修。累官至侍读学士。以母忧归,遂不复出。定居盐城粥厂街(俗称南孙府)。后感风痹,卧床十余载。虽伏枕呻吟,不废啸咏。病中作:"不幸遭大故,奔还泣蓼莪。从兹不复出,息影东海波。"诗宗杜甫。书法俊逸。所与唱酬如江都吴绮、长洲尤侗、宝应乔莱、如皋冒襄,皆一时知名士,而与同邑宋曹尤善。胡应庚《盐城续志校补》收其《赠新河隐者》诗。

按:王鸿鹏、王凯贤、张荫堂编著《中国历代榜眼》(页 285—286)作:"孙一致(? —1693)……康熙三十二年,孙一致痛苦而死。"

世耕堂诗集(一名孙箨庵诗稿)2 卷　集部别集类

(1) 清康熙二十八年(1689)刻本,南京图书馆藏。

按:《世耕堂诗集》2 册收录诗歌 304 首。扉页云"世耕堂藏版",是孙氏家刻初印本的明显标记。首页云"世耕堂诗集,萚庵孙一致惟一氏著"。参见黄媛媛《孙一致研究三题》。

(2) 清光绪间家刻本,前有宋曹、刘沁区两序。扬州市图书馆藏。

按:《江苏省扬州地区善本书目》记载:"《世耕堂诗集》二卷,清孙一致撰。清康熙孙氏世耕堂刻本,二册。九行十九字,黑口,四周单边,无刻工。"该诗集首页云:"世耕堂诗集,盐渎孙一致惟一著,后学陶镶式型重校。"光绪《盐城县志》曾著录:"陶镶,字式型……道光中,侍郎祁寯藻督学江苏,重朴学。戊戌冬,试士淮安。"由此推知陶镶为清嘉庆道光年间人,"重校"即以家刻本为底本的重印本。

(3) 民国间胡应庚藏抄本。

世耕堂诗集　集部别集类

清抄本，盐城市图书馆藏。

按：全书为多卷本，今仅存卷6，2册。又，沈德潜《清诗别裁集》卷5收其《赠唐陶庵先生》一诗；邓汉仪《诗观初集》收录《和韩醉白新柳词》2首；《江苏诗征》卷30收其诗2首；光绪《盐城县志》里收其诗歌8首。

又按：刘泌区评价其诗："意永而脉清，色新而调逸，于盛唐诸家，若供奉之流丽，右丞之澹雅，常侍、嘉州之森秀，已兼收众妙，其意度波澜，开阖顿挫之法，一以老杜为归。"可见孙一致宗杜甫诗风，其写作《甲寅蝗》《丙辰大水》等诗，密切关注自然灾害，反映社会民生，忧国忧民，言辞凄切悲凉，中肯朴实。其《大水（壬子）》诗云："沉没桑田尽，奇荒计五年。淮扬都是水，湖海不分天。舟宿浮生蹙，巢居野哭悬。直将忧国泪，洒到圣明前。"描绘出淮郡连年水灾、哀鸿遍野的悲惨境况，表达了作者对广大灾民的无限同情之感。

孙一致诗词选注　集部别集类

清孙一致撰　孙禧斌编

中国文联出版社2012年印本，天津工业大学图书馆藏。

按：本书选辑孙一致留存的古诗词，内容包括四个方面：一抒发个人志向等，二反映在京城十年官场荣耀与仕途失意的情况，三反映盐淮等地连年大水，百姓苦难不堪的情景，也有游历名胜登临怀古的内容，四是赠友唱和，并有卧床病痛等内容。

宋　曹(1620—1701)

字彬臣，亦作邠臣、斌臣，号射陵，又号射陵子、耕海潜夫、射陵逸史、汤村逸史，亦自署农史、淮南一老、淮阳一老、中秘旧史，时称射陵先生。清盐城北宋庄（今盐城市郊区大纵湖乡）人。鼎彝子。少受业乐大章。福王时，由辟荐授中书舍人。汪懋麟曾谓宋曹："手持五色笔，曾入金华殿。"顺治四年（1647），好友司石盘、厉豫等起兵反清失败，受牵连入狱。出狱后归隐南门外汤村。朝廷两度征召，坚辞不就。康熙十七年(1678)，清廷以纂修明史开博学鸿儒科。又以母老固辞。后出游江淮，客扬州、镇江、苏州、杭州等地。二十二年，应两江总督于成龙邀请，至南京纂修《江南通志》。书成，辞不列名。病卒于故里。平生与本邑孙一致、宁都魏禧、钱塘胡介交甚笃。纪荫曾作《莲峰山舫喜宋射陵至自楚盐次来韵六首》赠送给宋曹。工诗，以汉魏、盛唐为宗，多反映民生疾苦。尤长于书，以欧、颜、钟、王诸家为法，其草书卓然成家，享誉海内外。《射州文存》曾收其文。

书法约言　子部艺术类

(1)《昭代丛书》清康熙、道光本。

(2) 清道光十三年(1833)刊本，台湾图书馆藏。

(3)《楚州丛书》本。

(4)《美术丛书》本。

(5) 清宋承谦等编校本，铅印本，国家图书馆藏。

(6) 清抄本，上海图书馆藏。

(7) 清同治九年(1870)跋木活字印本景印本，东京大学东洋文化研究所藏。

(8) 1928 年上海神州国光社排印本，台湾大学图书馆藏。

(9) 收入 1979 年上海书画出版社出版《历代书法论文选》。

(10)《丛书集成续编》本。

按：宋曹在《书法约言》中云："予弱冠知学书……越四纪，枕畔与行簏中尝置诸帖，时时摹仿，倍加思忆，寒暑不移，风雨无间，虽穷愁患难，莫不与诸帖俱复。"可见宋曹发愤钻研，且能博采众长，独辟蹊径，于书法一途锤炼不息，成就斐然。

草书千字文　子部艺术类

清初木刻本，板藏盐城兜率寺，至清光绪间尚存。清道光二十八年(1848)，又双钩勒石，嵌藏家祠内，后佚。

按：据《盐城人物志》"宋曹"条云：此帖是其书法艺术代表作，书成于顺治十八年(1661),两次雕板刻石,均已不存,然拓本尚流传行世。1936年《历代名家草书辑成标准草书范本千字文》一书入选宋字有“恭、养、量、盘、聚、翦、盟、曜”8个。

鬼孝子传　子部小说类

(1)《虞初新志》康熙、咸丰本。

(2)《正续虞初新志》本。

(3) 1915年商务印书馆铅印本,国家图书馆藏。

(4) 1984年江苏广陵古籍刻印社影印本。

按:《鬼孝子传》为古代鬼话,讲述一孝子死后为鬼仍设法赡养老母的故事。宋曹在文末写道:“呜呼！孝子当父死后,能尽孺慕之孝以养其母,俾母安其室而无他志。迨身死后,复能精魂周旋其母,母获全生平之节,而且以死力佐担养母,以至于老。岂非孝子之为德,非死之所能间乎！爰记其事而传之。”一语道尽孝道不以生死为阻的真谛,歌颂孝子的美德。然孝子养母是为让母亲守节这点反映了作者思想的局限性。参见《中国鬼文化大辞典》。

义猴传　子部小说类

(1)《虞初新志》清康熙、咸丰本。

(2)《正续虞初新志》本。

(3) 1915年商务印书馆铅印本,国家图书馆藏。

(4) 1984年江苏广陵古籍刻印社影印本。

按:《义猴传》记载吴越时,一乞丐与猴子朝夕相处、相依为命,眼见乞丐老死,猴子每日临街讨钱换得棺木埋葬乞丐后,自己亦长啼数声,纵入火海自焚。作者歌颂义猴对乞丐的“义”,实则传达出的是其对生活中人与人之间相处关系的理想憧憬。

会秋堂诗集(一作会秋堂诗稿)　集部别集类

(1) 清光绪间宋氏裔孙惟新家藏残本。

按:仅存纪实诗59首。卷首有尤侗、宋实颖题辞。见光绪《盐城县志》卷16。

(2) 1980年周梦庄辑录手抄本。

按:清康熙元年(1662)宋曹自编此集。据周氏识云:传有刻本,今未见。佚诗为周梦庄陆续抄得一百数十首,然未臻完备。原有钱塘胡介、同邑王之桢所撰之序,移录之冠于首。又,王之桢有序2篇,一载《射州文存》,周氏抄入《宋射陵年谱》;一载《光绪县志》。

会秋堂集9卷　集部别集类

清宋曹撰　赵嶰山辑

(1) 稿本,上海图书馆藏。

(2)《中国稀见史料》本。

按:本集由赵嶰山先生耗数十年心力辑录而成。收有宋曹遗诗约578首,遗文24篇,还有与宋曹交游的80位友人的相关诗文,对研究明末清初的历史、文化都有重要的参考价值。

杜诗解　集部别集类　佚

会秋堂文集　集部别集类　佚

以上2种见光绪《盐城县志》卷16。

凌嘉瑞

字于麟。清盐城人。顺治三年(1646),任含山训导,升太和教谕、经学课士,所至捐俸倡修学宫,多所成就。两邑文献志多出其手。有文誉,与唐臣戆、王翼武齐名。

太和含山文献志训含内外篇　史部地理类　佚

见光绪《盐城县志》卷16。

(顺治)含山县志20卷　史部地理类

清朱长泰修　凌嘉瑞等纂

清顺治八年(1651)刻本,国家图书馆藏。

按:顺治《含山县志》由江南和州含山县知县朱长泰主修,儒学教谕举人许畅校阅,训导凌嘉瑞纂修,巢县学生陆龙腾纂订。书前有顺治辛卯孟夏月(1651年4月)朱长泰序:"志为总要者四:以云、龙、风、虎分统之。计其列而为卷者二十，盖巨细以备焉。若夫则天时，因地利，和民俗，调物宜，一检册而得其理，斯长民者观览所有事也。”一席话既标明卷数，亦简括书目所编内容及其意义。现国图所藏有标4卷、有标20卷者，以20卷为是。刘尚恒《安徽佚志考录》“《中国地方志联合目录》安徽部分补正”亦补《联合目录》著“顺治《含山县志》4卷”之误。

原　志(1628—1697)

一作元志，字硕揆，号借巢。俗姓孙，赐谥净慧禅师。清盐城人。早年习儒，慧思非常。明崇祯末弃举业，浪游梁、宋、齐、鲁。清顺治四年(1647)手刃父仇，遂至通州佛陀寺出家。先后住扬州上方、泰兴庆云、杭州云林、灵隐等名刹。参究有省，机辩逸群，所交皆当世名士。晚年退三峰寺静修。临终前作偈语：“昨欲行时月不圆，今迟一日月婵娟。从今要见三峰面，劈破乾坤作两边。”

七会语录　子部佛教类　佚

尺牍杂著　集部别集类　佚

按：《射州文存》(残本)收4篇。《续志校补》本传收其《与宋曹书》。

以上2种见胡应庚《盐城续志校补》(1951年铅印本)卷2本传。参见柯愈春《清人诗文集总目提要》。

借巢集3卷　集部别集类

清初刻本，上海图书馆藏。

按：本集皆诗，约康熙间刻，厉鹗《增修云林寺志》(《西湖文献集成》本)卷五曾记载：“《借巢集》诗篇，自吐胸臆。论者谓在寒山、棺堂间；翰墨似颜平原，握拳透爪，师皆不以措意也。”引经据典，对原志诗论评价甚高。《晚晴簃诗汇》摘其诗《送钱圣桢赴佟方伯楚幕之招》一首，录如下：“江月照孤舟，有客鸣素琴。天风指端起，调高思何沈。借问所念谁，楚国有遗音。庾月南楼好，陶柳西门深。羊公岘山顶，今有谁登临。思欲一相访，芳踪何处寻。寻此亦云易，远行难为心。”

沈　汉(1630—?)

字天河，一字书樵。清盐城同德圩(今属建湖县颜单镇沈韩村)人，后迁居盐城城隍庙附近。少年失父，事母尽孝。顺治五年(1648)举于乡，十五年成进士，授宣府司李，继调遵义府。两任刑官，执法不阿，而居心平恕。以缺裁罢归。居林下30余年，杜门著书。参见《江苏省志·人物志》。《射州文存》曾收其文。

卧园文集　集部别集类　佚

听秋阁诗集　集部别集类　佚

以上2种见光绪《盐城县志》卷16。

杜律五言集4卷　集部别集类

唐杜甫撰　清沈汉辑评

清顺治十八年(1661)自序刻本。见郑庆笃《杜集书目提要》。

按：本书收杜甫五言律诗609首，分24类排列，辑录前人评语，甚简括，不标姓名。又，光绪《盐城县志》卷11本传、卷16书目著录此书，题《杜律校评》。《杜律校评》1卷，光绪《淮安府志·艺文志》著录。

又按：沈汉《杜律五言序》称："七言律旧有虞注、张注，皆考核甚精，已刊行世。至五言律，虽有赵注，芟薙至尽，十不得四焉。每阅是篇，辄以挂漏过多、去取无当为恨，因不揣谫陋，遂手五言全帙并录之，订其鲁豕，别其门目，仿虞伯生编次七言律体，复遍搜古今名人之品骘，详加校雠，有于片言只字发挥领略者，悉汇辑而寿之梓，庶稍补赵氏之阙乎。"由序言可知，本书不乏收集古今名人之评点，尤其是序后有杜律五言集评二十则，更见其具评点之实。参见曾绍皇《杜诗未刊评点的整理与研究》。

薛鼎臣(1630—1679)

字式九，号海峰。清盐城人。先世居高作(今属建湖县薛家滩)，后迁至盐城城厢(今盐都县马沟乡)。健子。顺治十一年(1654)举人。以选拔入都，考授秘书院中书舍人。迁户部主事，升兵科给事中。有文誉，与杨雍建等齐名，号“西清六子”。国子监司业曹厚庵以国士待之，大学士范文程延聘课子。以正色立朝，刚直敢言，直陈时弊。民谣云：“薛给事上朝，地动山摇。”名僧原志称薛“有古名臣风”。顺治十八年，因弟荩臣病逝，乞归侍养父母，以耕读为业，凡裨益地方之事皆予助力。任昌撰《薛给谏传》。《江苏省志·人物志》有载。

海峰疏草 1 卷　史部政书类　佚

见光绪《盐城县志》卷 16，注：“共十四篇，前有魏裔介、卫哲治两序。”

薛荩臣(？—1661)

字晋三。清盐城人，先世居高作(今属建湖县)。鼎臣弟。顺治十四年(1657)举人。有才名。未及壮而殁。徐氏，薛荩臣妻。年二十八守节，无子，历四十一年。见乾隆《淮安府志》卷 20。

春云集　集部别集类　佚

见 1993 年《盐城县志》第 23 篇《文化志·邑人著作书目》。

陈甫伸(？—1671)

明末清初盐城人。字申父，号鲁直、隅园居士。明天启元年(1621)举人，官至上江督粮储道。清康熙十年(1671)卒，年 84。

蔡福州外纪 10 卷附录 1 卷　史部传记类

宋蔡襄撰　明徐𤊹编　清陈甫伸订补

(1) 清同治二年(1863)石经山房重刻本。北京师范大学图书馆藏。

(2) 清同治二年蔡氏石经山房木活字板印本，南京大学图书馆藏。

按：本书原名《蔡端明别纪》，12 卷，徐𤊹撰，昔见于津肆明刊本，约万历季年刊，行款失记(见清莫友芝撰、傅增湘订補《藏园订补郘亭知见传本书目》)。本书前有陈甫伸作《蔡福州外纪小叙》：“盖君谟所摹右军诸帖，骨肉具备，而品藻家云：秀丽轶颜，敷腴漂柳，旨哉！迄今可不朽矣。然则君谟独以挥翰著乎《四贤一不肖》诗，都人缮写，纸为之贵。”“四贤”指仲淹、靖、洙、修，“不肖”斥若讷也。作者既着力赞美蔡襄的书法精妙，淳淡婉美，为世人所推崇，又肯定了蔡襄作诗的立意。陈甫伸继云：“缘辑《外纪》，弁诸简端，以见公立朝大节，磊砢英多，殆不欲以书法擅也。”充分肯定了蔡襄磊落节气的一生。本书目录如下：卷一恩宠；卷二德行；卷三政事；卷四书学；卷五秇谈；卷六赏鉴；卷七纪异；卷八茶癖；卷九茶录序、上篇论茶十则、下篇论茶器九则、茶录后序；卷十荔枝谱；附录崇报。

苏东坡外纪 15 卷　史部传记类

明王世贞编　清陈甫伸删定

明崇祯间刻本，北京大学图书馆藏。

按：《中国古籍善本书目》著录明崇祯刻《宋四家外纪》四十九卷，此为其一。版本项据该目录著录。此书为王世贞编《苏长公外纪》重编本。

黄豫章外纪 12 卷　史部传记类

清陈甫伸撰

明崇祯元年(1628)刻本，北京大学图书馆藏。

米襄阳外纪 12 卷　史部传记类

明范明泰编　清陈甫伸补

明刻本，国家图书馆藏。

按：吉林大学图书馆藏明崇祯二年(1629)刻本《宋四大家外纪》50卷，中有《蔡福州外纪》《苏东坡外纪》《黄豫章外纪》《米襄阳外纪》，各为次其轶事。

海　朗

字楚涛，号化三。清盐城人。俗姓陈，射州陈氏子。年十九梦大士指点，投虎阜西院乳峰和尚出家，后归隐兴化莲花沟东里之平远寺。禅坐之暇，左图右史，喜作诗。一切朱门华履，未得邀其一顾。三塘竺老人见而器之，因命为第一座，嗣以衣钵。后出主如皋菩提法席，四众皈依，宗风洋溢，非禅悦不接，非风雅不谈。释震华辑《兴化方外诗征》收其诗。

语录　子部佛教类　佚

平远集　集部别集类　佚

以上2种见释震华《兴化佛教通志》卷2。

刘沁区

字水心，号西溪。清盐城沙溪人。少罹多故，赋性高简，闭户读书。康熙二年(1663)贡生，选授铜陵训导，不就。少有文誉，与钱塘冯景为忘年交。晚游郡城，多下榻邱侍讲桐园，篝灯夜坐，把酒论文，有针芥志合，因使诸子弟从之游。诗宗刘长卿，为诗温柔敦厚，一唱三叹，有风人之遗，尤关心时事。卒年80。

四书疑问录　经部四书类　佚

桑海余痛　史部杂史类　佚

淮志补遗　史部地理类　佚

以上3种见光绪《盐城县志》卷11本传。

刘随州集3卷　集部别集类

唐刘长卿撰　清刘沁区校刊

清康熙三十八年(1699)校刻本，上海图书馆藏。

按：乾隆《淮安府志》卷22云："生平尤瓣香刘随州，刻《随州集》以教人。"《刘随州集》，即《刘文房集》。刘沁区校刻《刘随州集》3卷，单收诗集。

西渚诗存2卷　集部别集类

(1) 清康熙四十三年(1704)邱迥刻本，盐城市图书馆藏。

(2) 民国间胡应庚藏抄本。

按：《西渚诗存》前有冯景及迥两序、沁区自序。景序言："其啬于遇而丰于才，否于时而泰于道，可以蜗其庐、鹑其衣、尘其甑，一毫不以屑意，虽偶为孤猿断雁之哀鸣，亦天籁之自然。”可见其与沁区心意相通。沁区诗风委婉深秀，托兴幽窈，有《瓜井》诗云：“苔荒石甃古城隅，百丈何年断辘轳。秋圃纵横双鹤杳，灌蔬人尚说孙吴。”言瓜井为孙氏事。参见罗振玉《雪堂类稿戊长物簿录(第一至三册)》。

溪堂存稿　集部别集类

稿本，中国社会科学院文学研究所藏。

按：本稿附《湖堤十绝句》，参见柯愈春《清人诗文集总目提要(上册)》。

陈欲达

字端木。清盐城季家墩(今属建湖县冈东乡)人。官山西襄陵(今属襄汾)丞。五摄邑篆，皆有政声。擢江西永宁知县，时军务浩繁而民不扰，以卓异课最。康熙二十五年(1686)，任广东四会知县。连年洪涝，请帑筑堤，亲执其劳。又修颓城及城南桥，修《四会县志》。

(康熙)永宁县志 2 卷　史部地理类

清陈欲达修　袁有龙纂

清康熙二十二年(1683)刻本，国家图书馆藏。

按：康熙《永宁县志》前有袁有龙序，云：“夫宁之旧志，修于故明万历，至今七十余岁。其间始乱于明末，继扰于国初，暨甲寅、乙卯间，兵燹连绵，罄洗无遗矣，志书之存，仅有一二籍……于是购集残编，旁询故老，分例续补，染毫洒墨，悉出文学诸君子，订正于庠师，鉴定于邑侯。”交代了纂修本志的背景及纂修过程的审慎态度。本志合 2 卷，分舆地、建置、贡赋、祠祀、官师、选举、人物、艺文八门，四十四目。门目虽备，然记事疏略。现刻本虽存，内有缺损。参见郑克强《赣文化通典·方志卷》。

(康熙)四会县志 20 卷　史部地理类

清陈欲达修　邹紫客等纂

(1) 清康熙二十七年(1688)刻本,广东省立中山图书馆藏。

(2) 清抄本,广东省立中山图书馆藏。

按:以上均可参见《中国地方志联合目录》。

(3)《广东历代方志集成》本。

按:本志 20 卷,约 11 万字,线装 6 册。第 1 册 4 卷,前有陈欲达、邹紫客所撰序,内容为:舆图、山川、沿革、建置;第 2 册 2 卷:秩官、选举;第 3 册 8 卷:户口、赋役、兵防、水利、学校、礼典、风俗、物产;第 4 册 5 卷:人物、名宦、流寓、仙释、事纪;第 5、6 册 1 卷:艺文。参见 1996 年四会县地方志编纂委员会编《四会县志》。

双莲纪瑞　集部总集类

清陈欲达编

见 1996 年《四会县志》。

按:《双莲纪瑞》收集邑中 57 人为并蒂莲撰写的诗词 65 首。

纪　荫(? —1734)

或作继荫,字湘雨、号宙亭,又号损园。籍里不详,有称婺源(今属江西)游氏子。初为马迹山(今江苏无锡西南太湖中)和尚,避世焚修,高行懿德。康熙间盐城兜率寺二世住持。后主泰兴、建安及吴中诸寺。康熙帝南巡召见,为书"水月禅心"额。康熙帝曾写《赠僧纪荫诗》:"春梦深沉新刹中,陡闻清磬在邻东。方疑般若真非相,不解金经尽是空。鼻竖眉横无著落,胸宽意阔有尘笼。毫光咫尺临高眺,满目江干淑景融。"与许之渐、吴历、佟岱、宋曹等时人交情匪浅。

宗统编年 32 卷　子部佛教类

清纪荫编　许之渐刊行

(1) 清康熙间震泽祥符寺刻本,北京大学图书馆藏。

(2) 清光绪十三年(1887)常州天宁寺木活字本,北京大学图书馆藏。

(3) 清光绪三十二年日本藏经书院铅印本,东海大学图书馆藏。

(4) 1922 年新都宝光寺刻本，南京大学图书馆藏。

(5) 1933 年上海涵芬楼据日本京都藏经书院影印本，河南大学图书馆藏。

(6)《续藏经》第 147 册。

(7)《中国灯录全书》本。

按：本书书首有清康熙三十二年三月纪荫撰《宗统编年进呈奏疏》，许之渐、盘谭等撰序。书末有清光绪十三年六月毗陵雅浦居士陆鼎翰作《后序》。本书取材自各种高僧传、传灯录，兼及五经、诸子等多类外学典籍，以编年体形式记载起自释尊终于清康熙二十八年间约二千六百多年的佛教史事。卷 1、卷 2 为《佛纪》，卷 3 至卷 13 为《祖纪》，卷 14 至卷 30 为《五宗纪》。其间亦记述其他有关佛教之重要事迹，有论疑者则附夹注加以解说。卷 31、卷 32 题为《诸方略纪》，系集录明万历四十三年(1615)至清康熙二十八年间，关于诸方禅宗法系之见闻。每一纪均含小序。参见陈士强《大藏经总目提要・文史藏(一)》。

宙亭诗集 28 卷　集部别集类

清纪荫撰

(1) 清康熙四十七年(1708)刻本，复旦大学图书馆藏。

(2) 清乾隆刻本，上海图书馆藏。

(3)《故宫珍本丛刊》本。

宙亭别录　集部别集类　佚

见道光《武阳合志》卷 33。

牡丹百咏　集部别集类

《中国佛寺史志汇刊》本。

按：此集所录皆纪荫所作诗，多七律。此集其五十以上总咏，其五十一以下分咏，有禁苑、戚畹、主家、侯门、村落、山林等类。摘咏牡丹一诗如下："月明清夜漾花神，如在瑶台笑语真。满地芳华都是画，一天精彩自留人。"

乐　绎

字宗虞。清盐城人。大章子，廪生。枕藉经史，多所发明。善书，能诗。

湛村诗集(一名湛村集)　集部别集类　佚

香雪亭集　集部别集类　佚

以上 2 种见光绪《盐城县志》卷 16。

陶立中

一作立忠，字于门。清盐城人。考授内阁中书。

周易范围集　经部易类　佚

见光绪《盐城县志》卷 16 引丁晏《周易明筮编序》。

陶　泳

字汉广。清盐城人。以孝闻。

周易考源　经部易类　佚

见光绪《盐城县志》卷 16 引丁晏《周易明筮编序》。

宋恭诒(1643—1725)

字稚恭，一字芸夫，号滋庵。清盐城人。曹子。幼颖异，以选拔入都。康熙二十九年(1690)，举顺天乡试。后屡试不第，补中书。改知鄢陵，有惠政。丁内艰归。性孝友，笃行尚义。诗胚胎明七子，书法二王。或谓诗、书俱有父风。又曾随父参修《江南通志》，并撰有《虞通湖传》。

虞通湖传　史部传记类　佚

按：虞三省，字通湖，明末清初盐城东冈人。贫民某，为摆脱冤狱，卖女筹钱。三省闻之，当即卖掉耕牛，为其赎女。地方当局特申文表彰其义行。宋恭诒为之撰《虞通湖传》，原存双墩虞氏家中，今佚。

鹤阴书屋集　集部别集类　佚

见光绪《盐城县志》卷 16。

会秋堂遗稿　集部别集类

清道光间刻本。

按:据光绪《盐城县志》,此为邑人殷步丹、陶镶等所刊,仅有《吕子权传》、诔挽诗,合以尤侗、释原志、余怀三人题辞及陶性坚、张芳龄两跋,共十三页。

夏州梁

字孝斋,又字斗岩。清盐城人。有"义士"之誉。与颜光敏交好,曾将"千里鹅毛"改为"万里鹅毛",颜光敏辑《颜氏家藏尺牍》载:"聊寄土物二色,万里鹅毛,薄将远怀。"足见两人友谊深厚。

闽粤游草　集部别集类　佚

见光绪《盐城县志》卷 16。《江苏诗征》卷 147 收其诗 1 首。

颜　敏

字铸庵,一字不敏。清盐城颜家庄(今属建湖县草埝乡)人。闭户攻苦,寡交游。壮岁始补诸生,屡不得志于有司,曾作诗"韫玉不堪劳再刖,爨桐犹喜未全焦",闻者壮之。康熙三十八年(1699)举人,四十八年进士。知海阳(今广东潮安)县,有惠政。未已,引疾归里。卒年 89。乾隆《淮安府志》有载。

蕉篱诗文集(一作蕉篱集)　集部别集类　佚

见光绪《盐城县志》卷 11 本传,卷 16 书目。

按:颜敏曾作《谒丞相陆公祠》:"五千里外仰灵光,四百余年信渺茫。身殉龙潜天堕水,裔安蠖屈客抛乡。封潮墓自丁枢院,蹈海书传邓侍郎。丞相云孙风格在,嗟凭梓里话沧桑。"敏承乏海阳,恭谒宋丞相陆公祠堂,有感东南海澨,天各一方,人代变迁,始通乡信,故作此诗。参见乾隆《淮安府志》。

成永建

一作永健，字乾夫，一字乾人，号毅斋。生卒年不详。清盐城人。康熙三十三年(1694)进士。知赞皇县，兴利除弊，振起文教，吏畏民怀。旋补泉州南安知县，丁母忧归。五十年服阕，补青州日照知县，凡16年，惠政有声。升宁海(今山东牟平)知州，卒于官。曾与戴名世相过从。邓之诚《清诗纪事初编》卷四云："永健诗格，颇近杜陵，词新气逸，饶有新意，即以诗论，亦复不让名家，然颇不为人知。"

(康熙)日照县志12卷　史部地理类

清杨士雄修　清丁时、李晱纂　清成永健增纂

(1) 清康熙三年刻本，康熙五十四年补修，北京大学图书馆藏。

(2) 清康熙十二年日照县署刻本，康熙五十四年增刻本，南京大学图书馆藏。

按：成永建补修《日照县志》，仅增入艺文类篇，余均仍原志之归。全书十二卷，分为：卷一图考、沿革、分野、祥异、疆域、形胜、山川；卷二风俗、时序、城池、墩台、武备；卷三乡里、户口、地亩、钱粮、盐法、土产；卷四职官、公署；卷五仓廒、坊表、街厢、市集、镇店、铺舍、古迹、邑景、丘墓；卷六学校、典礼、征辟、进士、举人；卷七岁贡、恩选、恩例、太学生、武举、武弁、吏椽；卷八坛祠、寺观、名宦、宦迹、貤封、乡贤；卷九人物、儒林、忠义、孝子；卷十一至卷十二政事、文苑。此志不举纲要，仅列细目，细目繁冗复杂，然取材严谨精审，每条之下，多注明所引原书及所取史料，不失为善本。

偶存诗集(一名毅庵诗稿)8卷　集部别集类

(1) 清康熙六十年(1721)日照刻本，南开大学图书馆藏。

(2)《中国灯录全书》本，北京大学图书馆藏。

按：本集卷前有方正玭撰《凡例》，言永健之诗"从三唐入手，不落宋元窠臼。其博奥妍华，真可颉颃西昆，而中之沉郁深至，则本于少陵"，如《王台行》："王台村边妇夜哭，夫死路隅女已鬻。女闻走哭枕父尸，哀

鹄啼猿听不得。行人凄恻各泪垂，霾雾冷风暗山谷。对此酸心复蜷局，何人袖手空缩朒。使君羸马泥鹿鹿，倒橐典衣女为赎。沟壑难回既死魂，尸素空縻大府禄。吁嗟豪华厌粱肉，管弦夜饮犹不足。”王台，在胶州南五十里，现为胶南重镇。因胶州水灾泛滥，王台一带大灾，继以荒歉，民不聊生。成永健感伤民瘼，故赋《王台行》以状之。《清诗纪事》第5册收其诗3首。参见雷梦水《贩书偶记续编》卷14、邓之诚《清诗纪事初编》、来新夏《开卷书坊·邃谷序评》。

偶存诗集3卷　集部别集类　佚

清光绪间成毓琪家藏抄本，见光绪《盐城县志》卷16。

按：此本相当于续集，自清雍正三年(1725)至五年每年1卷。或谓雍正五年编定为11卷，见张慧剑《明清江苏文人年表》。

鄗城文集　集部别集类　佚

偶存文集　集部别集类　佚

以上2种见光绪《盐城县志》卷16。

按：钱仲联主编《清诗纪事》第5册收其诗3首。

瞿志浚

字德升。清盐城人。鹤龄孙。廪生。有文名，以古文教授后进。晚年喜濂洛关闽之学。

春秋条辨　经部春秋总义类　佚

纲目补义　史部编年类　佚

按：续补宋朱熹《资治通鉴纲目》。

精严录　子部儒学类　佚

按：清光绪间尚存世。

睟盘录　集部总集类　佚

按：《射水芹香集》作《操选南省盘睟录》。

以上4种见光绪《盐城县志》卷16。

沈 俨

字敬存。清盐城人。汉子。阎若璩季婿。康熙四十一年(1702)举人。官江西永丰知县,在任一载,以前令遗累罣吏议去官。既归里,地方有大利弊,必建言。学有根柢,与方苞、汪汾、何焯等讨论经史。其文亦卓然成家。

欧阳文忠公世系考　史部传记类　佚

陆忠烈公世系考　史部传记类　佚

以上 2 种见光绪《盐城县志》卷 16。

(乾隆)盐城县志 16 卷　史部地理类

清程国栋原本　黄垣续修　沈俨续纂

(1) 清乾隆十二年(1747)刻本,故宫博物院图书馆藏。

(2) 1960 年扬州古旧书店油印本,苏州大学图书馆藏。

按:清乾隆七年,知县程国栋聘邑人沈俨等续纂县志。后黄垣知县事,仍聘沈俨主纂,于乾隆十二年志成。《盐城县志》卷前有卫哲治、黄垣、沈俨《叙》,旧志序,修志姓氏,修志凡例。本志详细记载盐城县的历史,包括盐城县的地理、建置、民事、人物、艺文、交通、水利、教育等内容,具备非常重要的历史文献参考价值。书内亦附盐城古图十余幅。与万历志比,此志将物产、学校、兵防、祀典、列女等类,析出单独立卷,并新设水稻一卷,可见此志书体例趋于严密。然于考订、归类上仍有舛误不足之处。可参见徐复、季文通编《江苏旧方志提要》。

(乾隆)虞城县志 10 卷　史部地理类

清张元鉴、蒋光祖重修　沈俨纂辑

(1) 清乾隆八年刻本,国家图书馆藏。

按:版刻项据清乾隆八年蒋光祖"重刊虞城县志序"。沈俨在乾隆三年编修,对旧志汰烦补阙,释晦削俚,务求文从字顺,令阅者一见了然,遂成是编,凡例 12 则皆出其手。乾隆八年知县蒋光祖续成,共 10 卷 26 目,列如下:图考、沿革、星野、疆域、形胜、城池、山川、村市,堤沟、古迹、风俗、物产、地丁、驿站、桥梁、公署、学校、庙祀、邮政、职官、名宦、选举、人物、列女、艺文、杂志。可参见 1982 年《河南地方志提要》。

(2) 清乾隆十年刻本，故宫博物院图书馆藏。

虞城县志艺文 2 卷　史部地理类

清沈俨辑

清刻本，国家图书馆藏。

诵芬堂文集　集部别集类

(1) 清光绪间沈澧元家藏抄本。

(2) 民国间胡应庚藏抄本。

按：光绪《盐城县志》卷 16 作《诵芬堂古文》。张荣生编《中国历代盐文学作品选注》，录其诗两首：《题环水楼》《题莽大廷尉〈院署记〉后》。

成世杰

字英山。清盐城人。康熙五十五年(1716)岁贡。

燕游草 1 卷　集部别集类

稿本，盐城市图书馆藏。

按：此为诗集，中有《沁园春・颂云间张夫子》词 1 首。

酬应杂诗 1 卷　集部别集类

稿本，盐城市图书馆藏。

按：中有词《千秋岁引》《沁园春》2 调 4 首。

辛卯壬辰诗 1 卷　集部别集类

稿本，盐城市图书馆藏。

按：辛卯、壬辰为清康熙五十年、五十一年。末附《射阳倡和诗》，收有成世杰、程震家、吴宁询、刘临、吴蔼 5 人七律各 1 首，有成氏跋语。

又按：以上均可参见尚友《历史上盐城文人存世著作略考》。

百花词谱 1 卷　集部词曲类　佚

光绪间成毓麒家藏本，见光绪《盐城县志》卷 16。

元　日(? —1746)

字青崖，一作青岩。清盐城人。丁氏子，出家永宁寺。甫七龄即超然有出世想。年19得具戒于金陵宝华山，遍访虎丘、天童、天台、灵隐诸山。康熙五十五年(1716)主讲山阳凤谷村东林院，凡4年。雍正十二年(1734)召见，敕主天童。乾隆元年(1736)复奉旨开法西山普觉寺。乾隆八年，乾隆帝曾赐青崖七律一首。乾隆十一年闰三月示寂，年60余。其事迹见焦忠祖、庞友兰《阜宁县志》卷16。

青岩日禅师语录4卷　子部佛教类

清释元日撰　成玺等编

清乾隆十二年三晋庙刻本，北京师范大学图书馆藏。

按：见孙殿起《贩书偶记续编》卷12。

刘蔚其

字六居。清盐城新兴场(今盐城市郊区新兴镇)人。霈嗣父。贡生。夙秉英姿，平居以诗酒自娱，潜心著述。光绪《盐城县志》(卷16)收其《独坐》《夜》等诗。

深柳堂诗钞　集部别集类　佚

见光绪《盐城县志》卷16。

按：光绪《盐城县志》据朱观所选《国朝诗正》(清康熙五十四年(1715)铁砚斋刻本)。或谓此书为刘霈集名，详“刘霈”条。

乐宁侗

字孩夫。清盐城人。绎子。乾隆九年(1744)岁贡。品端学邃，不求闻达，力追古人，以明经终老。善书，能诗。

湛村续集(一名湛村诗续集)　集部别集类　佚

见光绪《盐城县志》卷16引《芹香集》。

王　钜(1690—1771)

字钜方，号默庵。清盐城上冈(今属建湖县)人。世噩孙。雍正元年(1723)充选贡，七年中顺天副榜。肄业太学5载。祭酒杨名时重其学行，保举国子监教职，不就。家居20余年，以著书课徒为事。立身严正，不与仕宦往来。

三忠传　史部传记类　佚

按：此传记本邑顺治初故明诸生司石磐、孙光烈及厉豫先后起兵反清事，补邑志阙载。收入《射州文存》中。周梦庄《宋射陵年谱》(盐城市图书馆有复印本)曾略述此事。

旧青堂诗钞　集部别集类　佚

默庵文集　集部别集类　佚

以上3种见光绪《盐城县志》卷16。

徐　铎(1693—1758)

字令民，号南冈，又号枫亭。清盐城马沟徐马村人，后迁至县城儒学街(今亭湖区文峰街道儒学社区)。铎好读“六经”“五子”之书，好学班马韩柳之文，经术深湛，兼富才识。少受业宿迁徐用锡，又及蔡文勤、杨名时之门，三人同出安溪李光地门下。雍正元年(1723)举人，乾隆元年(1736)进士。始充国子监助教，继任翰林院编修，复授山东太学使。后出守云南，擢粮储道，以病免。补兖、沂漕道，升山东按察使，擢布政使。其政事文章，一时彪炳南北。铎工书法，曲阜孔继涵、继涑兄弟皆受其熏陶。终以劳致疾而卒。江宁举人梅镠为其撰《墓志铭》，书法家邓石如曾来盐城为其撰铭文。

易经提要录6卷　经部易类　佚

见《四库提要》易类存目4。

按：本书不载《周易》原文，内容多为摭拾古今论《易》之语。前有“总义”一卷，“图象”一卷，皆不载图，只有论说。其论六十四卦各卦、十翼各章，仅取总括大意而止，不予详论。故以“易经提要录”名书。参见《经学辞典》。

书经提要录 10 卷　经部尚书类　佚

见《四库提要》书类存目 2。

按：本书不录经文而杂采各家之语。前有“总义”一卷，其中“尚书今古文辨”以李光地之言为据，论据平允。《四库全书总目》“经部书类存目二”著录为《书经提要》10 卷。

诗经提要录 31 卷　经部诗经类

（1）清抄本，国家图书馆藏。

（2）《四库全书存目丛书》本。

按：本书大意，以朱子《诗集传》为宗，远参《小序》、近多本李光地《诗所》、杨名时《诗经札记》二书。每篇杂采前人之说，而附以己意。参见《翁方纲纂四库提要稿》。《清朝文献通考·经籍考》作 30 卷。

学政条教　子部儒学类　佚

见光绪《盐城县志》卷 16，注云：“凡六条：一立志，二实行，三经学，四性理，五经济，六文体。”

滇南诗钞　集部别集类　佚

见光绪《盐城县志》卷 16，注云：“诗凡百篇。”

瞿赓甲

清盐城人。志浚子。精历算。

片羽集　子部历算类　佚

见光绪《盐城县志》卷 11。

殷阿伊

字觉斯。清盐城人。雍正十二年（1734）增生。事迹不详。

耕余诗集　集部别集类　佚

见《射水芹香集》。

夏　瀛

字阆仙。清盐城东夏庄(今属建湖县沿河乡)人。增生。受经于无锡顾栋高。

夏氏谱4卷　史部传记类

清光绪间夏氏家藏稿本。

按:其人其书均见光绪《盐城县志》卷12。

刘　霈

字汉倬,号东滨。清盐城新兴场(今盐城市郊区新兴镇)人。蔚其嗣子。乾隆七年(1742)进士。以足疾不仕。能诗,尤肆力于古文辞,于李、杜、韩、欧诸大家无不窥其旨趣。

东滨诗文钞　集部别集类　佚

见光绪《盐城县志》卷16引《两淮盐法志》。

深柳堂诗钞1册　集部别集类

(1) 抗日战争前新兴刘氏旧藏抄本。

(2) 20世纪30年代胡应庚抄本,盐城市图书馆藏。

按:胡应庚《盐城续志校补》卷2云:"按前志《艺文》载霈集名《东滨诗钞》,霈父蔚其集名《深柳堂诗钞》。今据新兴场刘氏旧藏霈集抄本亦题《深柳堂诗钞》,当是父子同一集名也。"光绪《盐城县志》卷16收有蔚其父子诗数首,而霈之孤篇《先慈生日》恰在现存《深柳堂诗钞》中,蔚其之作则无之,其为霈集无疑。此本殆与所谓《东滨诗钞》同。又据刘氏后裔守敬1962年7月所作抄本前言云,原稿未刊,有抄本2部,抗日战争期间亡佚。胡氏任续修县志事时,曾从守敬处借抄,于1951年复将其抄寄赠守敬。此即今所见本。

沈　期

字又佺。清盐城新兴场(今盐城市郊区新兴镇)人。

雨村诗钞　集部别集类　佚

见光绪《盐城县志》卷16引《两淮盐法志》。

沈必进

字阶升。清盐城新兴场(今盐城市郊区新兴镇)人。庠生。

可园诗钞　集部别集类　佚

见光绪《盐城县志》卷16引《两淮盐法志》。

沈　玠

字搢玉。清盐城新兴场(今盐城市郊区新兴镇)人。

左氏氏族源流考　史部传记类　佚

见光绪《盐城县志》卷16引《两淮盐法志》。

按:《射水芹香集》作"左传氏族考"。

沈兆麟

字熙征。清盐城人。诸生。

游圃诗钞　集部别集类　佚

见光绪《盐城县志》卷12本传。

薛　僖

字梅亭。清盐城东冈人。性孤介,傲视俗流。受学于周鸿阳。精二王楷法,所作小楷《千字文》数百本,书家争传之。又善擘窠大书,一笔挥就。喜与寺僧交往,故时人欲求其书,每于僧舍中得之。纨绔子弟以金帛求其字,概不应。著述多散佚。

诗文2卷　集部别集类　佚

见光绪《盐城县志》卷11,云:"僧憨愚苦心蒐辑,得诗、文各一卷。"

王复曾

字孝光。清盐城人。钜子。廪生。

四书循注集见编　经部四书类　佚

见光绪《盐城县志》卷12本传引《芹香集》。

成人龙

字复楼(《射水芹香集》作“夏楼”,疑误)。清盐城人。廪贡生。事亲以孝闻。

粤游日记　史部地理类

(1) 清光绪间成毓麒家藏抄本。

(2) 民国间胡应庚藏抄本。

按:光绪《盐城县志》卷16云,卷首有山阳曹镳序,载《甘白斋文集》。

李　苞

字雨村。清盐城人。诸生。久客山阳。

乙巳志荒诗　集部别集类

见光绪《盐城县志》卷16、《山阳诗征》卷21。

按:曹镳云:“此篇作于乾隆乙巳冬,伤心惨目,至丙午春而涂地矣。”“乙巳”为清乾隆五十年(1785),其诗旨在揭露地方官吏讳灾事。全诗如下:“旱魃肆其虐,斯民罹厥辜。几年田号石,一饭米如珠。氽氽惟舟济,江湖乏水须。高门藏廪秘,陆地贩途迂。艰得稻粱美,翔嗟秫豆俱。畸零搜菜茹,珍重买糠麸。计析贫家费,应过乐岁需。渔梁封网罟,樵径绝薪刍。寂寂缠腰贯,哀哀抱膝儒。入房闻鼠泣,出市见牛屠。水泊船全拆,街居屋碎沽。朝谋庸有夕,精竭更无粗。灶减烟栖冷,村逃户剩孤。提携兼老稚,困苦愿佣奴。妻失夫形悴,儿亡母泪枯。圈蓬眠在壳,营窟跳归壶。恶少哄争夺,尪羸偃路衢。光天幽隐界,平世乱离夫。傅宿身奚暖,残羹口讵糊。可怜充脏腹,只少噉泥涂。稗实争如宝,榆皮剥见肤。惨生活命计,烹及死人躯。赤脚蓬头垢,鸠形鹄面癯。人乎知旦暮,鬼也尚须臾。痛此余民孑,徯惟我后苏。膏流恩且遍,隅泣泽谁敷。竟阻九重告,难通万里呼。春回人已逝,麦熟户皆无。岁有丰凶转,伤惟父母扶。哀吟中泽起,用代监门无。”可谓地方信史。

姚允恭

字谦庵。清盐城人。乾隆间诸生。先习经史,后精医,好推拿,全活甚众。

养性堂文集　集部别集类　佚

见光绪《盐城县志》卷16引《射州文存》。

徐　枢

字丽中,号珊园。清盐城人。乾隆十八年(1753)拔贡。四十七年官太平县教谕。五十年冬,徽宁诸郡大旱,奉命察赈穷山僻壤,积劳成疾,卒。

仙源堂文稿　集部别集类　佚

见光绪《盐城县志》卷16。

按:此稿为官太平教谕时作。太平县,古名仙源,故以为名。

臧士鹏

字云翀。清盐城人。乾隆间例贡。

栖云文稿　集部别集类　佚

见《射水芹香集》。

沈九仪

字正邦。清盐城人。乾隆间庠生。

悔生诗草　集部别集类　佚

见《射水芹香集》。

阮光祚

字瑶峰，后名宝光。清盐城人。乾隆间增贡生。举孝廉方正。石础口卤潮伤禾稼，请于县，率民塞之。

青云书屋文集　集部别集类　佚

见《射水芹香集》。

郑桂昌

清盐城人。乾隆间太学生。热心治水，曾修建三元宫。

古今姓氏汇考 12 卷　史部传记类　佚

见光绪《盐城县志》卷 16，注云有李保堂序。

徐　燧

字挹潢，号莲舫。清盐城人。枢子。拔贡。乾隆五十六年(1791)岁考府首。官合肥教谕，课士甚严。旋告归，与同邑张芳龄及武进李文哲诗酒往来，更相唱和，为三老会。年 96 卒。

射水芹香集 2 卷　史部政书类

清徐燧撰　陶性坚校订

(1) 清道光十六年(1836)陶性坚校订刻本。

(2) 清道光二十七年陶镶增刻本。

(3) 清同治六年(1867)陶跃龙增刻本。

(4) 清光绪元年(1875)陶跃龙增刻本。

(5) 清光绪十四年陶鸿绪、陶鸿恩增刻本。

(6) 民国间抄本，盐城市图书馆藏。

按：以上刻本存佚不明。上列前 6 种版本均见民国抄本中陶鸿绪《后序》，今仅见民国间抄本。

(7) 清道光十六年奎文堂刻，1920 年司沛汇刻增改本，上海图书馆藏。

按:本书为清代盐城县科考资料汇编,原名“历案书香”,初版校订者陶跃龙始易今名。本书著录清顺治二年(1645)以下盐城县所录取学生名单。卷首徐燧序言云:“自兹以往,披是籍者,可以仰先哲之典型,可以垂后人之模范,其于一方文献之考据,不大有裨乎?”编者用蝇头小字说明若干人物的字号、仕历、著作等,很有史料价值。可参见《江苏地方文献书目》。

青琅书屋诗钞　集部别集类　佚

见光绪《盐城县志》卷16。

三老诗存　集部总集类

清徐燧、张芳龄、李文哲合撰

清末刻本。

按:清朝末年盐城人士张芳龄(字艺甫),徐燧(字莲舫)和武进李文哲(字吉甫)诗酒往还,更唱迭和,刻有《三老诗存》诗集。见1984年《盐城文史资料选辑》第2辑《关于绮社的杂稿》一文。

沈步衢

字梯云。清盐城人。驾书父。乾隆间庠生。

晓霞阁诗钞　集部别集类　佚

见光绪《盐城县志》卷16。

按:《射水芹香集》作《晓霞阁诗稿》。

张芳龄

字艺甫。清盐城人。廪贡生。淹贯群书,长于考据。与同邑徐燧及武进李文哲诗酒往来,更相唱和,为三老会。卒年87。

水利说略　史部地理类　佚

黄岳纪程2卷　史部地理类　佚

自鸣诗集6卷　集部别集类　佚

按:光绪《盐城县志》卷 12 本传作《自鸣集》,《明清江苏文人年表》作 2 卷。

盐渎耆旧诗　集部总集类　佚

清张芳龄辑

以上 4 种见光绪《盐城县志》卷 16。

半弓书屋集　集部别集类　佚

见光绪《淮安府志》。

三老诗存　集部总集类

清张芳龄、徐燧、李文哲合撰

清末刻本。

见“徐燧”条。

王承露

字相台。清盐城人。嘉庆三年(1798)贡生。以诗名。

�屋诗钞　集部别集类　佚

见光绪《盐城县志》卷 16。

陶性坚(1775—1851)

字琴仙。清盐城人。镶父。博览载籍,校刻乡先生诗文集甚多。曾倡议祀陆秀夫于孔子庙,当政从其请。其生卒年参见丁晏《颐志斋文集》。

宋左丞相公年表 1 卷　史部传记类　佚

清陶性坚编

按:现有《宋左丞相陆公全书续编》附刊本,见唐殿珣《中国历代年谱总录》(书目文献出版社 1980 年版)。

射水芹香集　史部政书类

清徐燧撰　陶性坚校订

清道光十六年(1836)陶氏刻本。

参见“徐燧”条。

陆忠烈公全书续编 2 卷　集部别集类

清陶性坚辑

清道光十五年(1835)陶氏刻本,陆秀夫 24 世孙正民藏。

按:此书为明王梦熊辑《陆忠烈公全书》8 卷之续编,共 2 卷 1 册。前卷为《陆公年表》、墨迹、谱序、谱跋、世系考、祠联、题咏、议略、谱系辨、跋、后序;后卷为历代挽诗词赋 62 首、请从祀表、从祀录、祭文等。《续陆忠烈公全书》2 卷,由陶氏父子刻板行世,今见传本系《盐城陆氏宗谱》22 册之第 2 册。

二观山房诗文集　集部别集类　佚

见光绪《盐城县志》卷 16 引《射水芹香集》。

按:《明清江苏文人年表》作《二观山房集》。

射州文存　集部总集类

清陶性坚辑

清道光二十二年(1842)刻本。仅存 1 卷,盐城市图书馆藏。

按:本书为盐城籍作者文章总集。其书卷数不详,南京图书馆仅存卷一,辑录汉臧洪、陈琳,宋陆秀夫,明陶德纯、陶季皋、周鸿阳、夏雷、沈汉、王之桢、宋曹诸人之文。考徐燧序言尝及清代作家如瞿志浚之雄奇、沈俨(阎若璩婿)之浑灏,则此集所收人物当至清代顺治康熙年间。

张　稽

字曼仙。清乾、嘉间盐城人。芳龄子。廪生。与其兄罸盛负文誉,有“盐城二张”之目。

陀罗馆诗稿　集部别集类　佚

见民国《续修盐城县志》卷 13。

沈驾书

字琴泉。清盐城人。步衢子,鹤书弟。增生。性孝友。盛大士谓其诗“旨深调远，骨秀神清”。

帘波馆诗钞　集部别集类　佚

见光绪《盐城县志》卷16，注云：“共三本，不分卷数。前有盛大士题辞。”

按：光绪《盐城县志》卷12本传作“帘波馆吟稿”。

唐耀远(1778—1831)

字济寰，号梅村。清盐城上冈(今属建湖县)人，后迁至阜宁惩洋(又名征祥)港。嘉庆间郡庠生，道光中举孝廉方正。与生徒读书稽古，长于辨析。敦品励行，动必以礼。幼丧父母，孺慕悲号，稍长绘像奉事，一一如事生父母。读书遇亲讳，必起立泣。多行善事，贫苦族人丧葬婚嫁皆有资助，且捐资赈济灾民。尝植桑苗数万株，稍长，分送四境，为本邑兴蚕织之利，远近称之为“唐善人”。《蛰存斋笔记》《阜宁县志》载其轶事。

绍先庸论2卷　经部四书类　佚

见光绪《盐城县志》卷12本传、卷16书目。

按：问答体。因与乡邻周大镛(岁贡生)友善，故以与大镛问答之辞居多。大镛，字东。周家灶人。家贫廉正自守。当其为生员时，多次为童生作保，不取一文，人多敬之。

薛　宫(？—1870)

字幼南。清盐城沙家庄(今属建湖县蒋营乡)人。廪生。性端庄，善事亲。课徒先行后文，循循善诱。嗜学能文。举孝廉方正，上书力辞。曾在县城内河、夹河建两桥相对，沟通南北交通，桥亭横匾书为“渔樵耕读”。

濒湖书屋日记　史部传记类　佚

见光绪《盐城县志》卷16。卷12本传作“濒湖日记”。

按：《建湖文史选辑》(第4辑)曾记有“滨湖书室”，为薛宫读书处，其联曰:“两面碧波萦绕,一室独峙湖边。”本日记曾记载盐城“六月十二日夜,地震”,记录了关于盐城的相关史实。

仇文炳

字砚农。清盐城上冈(今属建湖县)人。县庠生。天资高迈,读书过目成诵,为文千言立就。少壮孤峭不能容物,好议论人非,尤恶盐商,笑骂嘲讽。以此为所陷,与弟文耀同落诸生籍。晚年究心先儒语录。其诗冲淡清醇,其文多昔人所未发。

语录2卷　子部儒学类　佚

见光绪《盐城县志》卷12本传。

徐　檀

字子坚,号乐园。清盐城人。燧子。廪生。笃志好古,研究汉学。年未及壮而殁,时论惜之。

醉经轩经解综要　经部群经总义类　佚

乐园遗稿　集部别集类　佚

以上2种见光绪《盐城县志》卷16陶镶传附。

徐　杏

字莱仙。清盐城人。府学生。清嘉庆间续纂县志,风雨寒暑,奔驰收讨遗文坠事,无微不录。

(嘉庆)盐城县志　史部地理类　佚

清徐杏纂

见光绪《盐城县志》卷12本传。

按:山阳曹镳为作序,见《甘白斋文集》。

徐　櫰

字荫庭,号映亨。清盐城人。燧子。廪生。志趣及年寿与其兄檀相近。与同邑陶镶及山阳丁寿昌、丁寿徵皆以经学试高等，学风为之一变。

毛诗释故　经部诗经类　佚

见光绪《盐城县志》卷16陶镶传附。

殷步丹

清道光间盐城人，与陶镶同时。

会秋堂遗稿　集部别集类

清殷步丹、陶镶等刻

参见“宋恭诒”条。

水荒诗草　集部别集类　佚

见1944年清明节赵嶰山为《花月吟》稿本所题跋语，参见“沈栋”条。

陶　镶

字石型。清盐城人。性坚孑。少嗜音韵训诂之学。山阳(今淮安)丁晏、丁寿徵以经术名一时，乃以晏为师，以寿徵为友。又与同邑徐檀、徐櫰兄弟友善。不屑制艺，屡蹶童试。道光十八年(1838)侍郎祁寯藻试士淮安，试经解，为寯藻及教授周济所重。周济曾云：“及门有陶镶者，真经生，济不足备顾问也。”拔入邑庠，旋食饩，时年已近40。

周易明筮编6卷　经部易类

清光绪间刻本，前有丁晏序。

周易字诂通证　经部易类　佚

见光绪《盐城县志》卷16。

射水芹香集　史部政书类

清徐燧撰

清道光二十七年(1847)陶镶增刻本。参见“徐燧”条。

会秋堂遗稿　集部别集类

殷步丹、陶镶等刻

参见“宋恭诒”条。

十砚斋文集　集部别集类　佚

见光绪《盐城县志》卷16卷。卷12本传作“十砚斋诗文集”。

王家弼

字右卿，号云岩。清盐城上冈(今属建湖县)人。钜曾孙。道光二十三年(1843)，以优贡游太学。居京师久，王公贵人争相引重，以狷介故，卒无所遇。归里后，杜门著述。嗜学博览，凡天算、律吕、韬钤、堪舆、河渠、盐法，无不窥其堂奥，尤深于经学。其说经虽根据汉、唐注疏，而尤尊宋儒性理之说。精经算之学，反对迷信西法，将西人制造的用于测太阳的简平仪改造为简平夜仪，兼用纬度以测恒星。亦工诗文。

周易条辨　经部易类　佚

三礼存疑　经部三礼总义类　佚

春秋集解　经部春秋总义类　佚

四书识小录　经部四书类　佚

求志录　子部儒学类　佚

知性录　子部儒学类　佚

勾股启蒙　子部历算类　佚

方田正误　子部历算类　佚

以上8种见光绪《盐城县志》卷16。

天学阐微10卷　子部历算类

(1) 底稿本，红格纸，中国科学院图书馆藏。

按：清慈荫堂抄本，六册一函。参见1994年《中国科学院图书馆藏中文古籍善本书目》。

(2)《续修四库全书》本。

(3) 2012年据清慈荫堂抄本影印本，浙江师范大学图书馆藏。

按：版心下有“慈荫堂”三字。卷1至2解经，卷3至5勾股释例，卷6天象图说，卷7地平图说，卷8至10推步。

增订天文恒星诀　子部历算类　佚

算法一隅　子部历算类　佚

地理续经　子部术数类　佚

云岩文钞　集部别集类　佚

云岩诗存　集部别集类　佚

以上5种见光绪《盐城县志》卷16，注云："皆其孙步丹家藏抄本。"

姜有庆

字誉甫。清盐城人。清嘉庆岁贡生。善诗，曾作《吊陆丞相》诗。工书，与李允清、薛廷瓒、徐景沅等有名于邑中。赵禄祥主编《中国美术家大辞典》曾收录。

一碧阁诗集　集部别集类　佚

见光绪《盐城县志》卷12沈照传附。

沈　栋

字云生。清盐城人。道光十年(1830)科考县首。工诗。

花月吟1卷　集部别集类

稿本，盐城市图书馆藏。

按：有七律30首并序。卷后附海内诗友及门生题辞与和诗。末有原收藏者赵獬衫(即嶰山)民国间跋语。

吟梅书屋诗草9卷　集部别集类

稿本，盐城市图书馆藏。

按：以上2种原收藏者为赵獬衫(嶰山)，卷末附有其跋语。

赵敬熙

字子泉。清盐城人。世居石梁。庠生。清道光、咸丰间以诗鸣。所作有忧时诗作数十篇，得老杜《诸将》之遗。足补《太平天国书录》之阙。

赋陷建业诗百首　集部别集类　佚

见光绪《盐城县志》卷 12 沈照传附。

按:《赋陷建业诗百首》,专咏太平军攻克南京事。可补《癸丑摭谈》等书所未载,或有史料价值。

王豫之

号笠塘。清道光、咸丰间盐城人。性恬淡。以诗受知于将军魁玉,从之成都,遍历皖、浔、楚、蜀诸名胜,每登临辄啸咏。

笠塘诗稿　集部别集类　佚

见光绪《盐城县志》卷 16。

按:光绪《盐城县志》卷 16 收录王豫之《踏车曲(咸丰丙辰作)》《苦旱行(咸丰丙辰作)》《将之蜀中留别故乡诸子》诗。

薛　镩

字汝谐。清道光、咸丰间盐城人。庠生。博涉史籍。所为新乐府,感伤民瘼,得白居易之遗响。

筱菱诗钞　集部别集类　佚

见光绪《盐城县志》卷 16。

按:光绪《盐城县志》卷 16 收录薛镩《卤水来·慨海水伤禾苗也》《江北老·痛渡江饿莩也》《卖儿女·伤饥民南渡变卖子女也》《涂面贼·伤劫贼横行捕兵苛索也》《出藏谷·讽奢侈致饥也》诗。

王步蟾

字秋圃。清道光、咸丰间盐城人,庠生。曾为《脉义简章》作序云:“步蟾壮年,搜辑叔和佚书,手录数过,即思付梓行世,奈未窥全豹,加以阮囊羞涩,心长力短,迄今墓木已拱,壮志愈堕,自分此生无复余望。”

评史管窥　史部史评类

清光绪十九年(1893)刻本,南京图书馆藏。

按:光绪《盐城县志》卷16作《评史管窥》4卷,《射水芹香集》作“读史管窥”。

薛敬之

字邃庵。清盐城人。道光二十九年(1849)举人。为人恬淡笃学,多所撰述。光绪间督学黄体芳见其遗书,爱之,欲荐送国史馆,以去任不果。

周易浅解　经部易类　佚

周易折中钞　经部易类　佚

以上2种见光绪《盐城县志》卷16。

高　岑

字筱楼,一作晓楼。清盐城花垛村(今属建湖县恒济乡)人。镜蓉父。庠生。幼丧父母,出家于镇江隐峰寺。既长,还俗,归读儒书。工诗,善画。

小楼诗集　集部别集类　佚

清抄本。

按:清光绪间长沙王先谦为之序,且择其佳句入序中,如“廿载冰霜苏属国,十年瓶钵贾长江”之句。据《筱楼诗草》原收藏者赵嶰山云:清抄本一厚册,于抗战时避日寇遗失。

筱楼诗草　集部别集类

民国间抄本,盐城市图书馆藏。

按:本书自《小楼诗集》录出。可视为前者残本。内有盐城八景诗。

游梁纪程小草　集部别集类

民国间抄本,盐城市图书馆藏。

按:本书亦诗集,与《筱楼诗草》合为1册。

杨光焘(1832—1888)

字午桥,号又荀,杨霈次子。清盐城人。咸丰七年(1957)秀才。诰封修职郎,奉直大夫,传堪舆学。

碧筠诗草　集部别集类　佚

按:见《盐城杨氏宗谱》。

大　须(1834—1889)

字芥航,一作芥舟,号六不头陀,又作不须头陀,自号不不头陀。清盐城伍佑场人。本姓蔡,名敬之。少孤家贫,年十二入邑中三元宫为沙弥,聪明好学,能通《法华》《华严》,旁及儒经诸史。及长,于江宁宝华山受具,后继主镇江焦山。工诗画,竹兰入妙,空灵脱俗,名动士林,有《竹兰石图》等画传世。曾将其书画委托给"扬镇簪花社"义卖,换取银两赈济苏浙沿江一带灾民。僧觉灯、觉诠之遗稿多赖其收辑保存。

芥航诗存1卷　集部别集类

《焦山六上人诗》本。

按:本集所收录大须诗,长于近体,造语平实,用典不多,揉和技巧,间有沉雄之气,亦有反映国事之作,但有时伤于平淡,又喜以佛理入诗。同治九年(1870)大须作《庚午闰十月二十七日夜寺前古柏为大风吹折一株感而有作》:"寺前古柏谁手植,千百年来沾雨泽。数株森列郁青苍,霜雪频侵不改色。……江风相搏风怒号,猛然昨夜一株折。槎丫枝干尚葱笼,心空久被风霜蚀。感此因思家国身,巨细还应一理格。物必先腐虫始生,外强中干宜早识。"诗风淡泊若水,足见其忧国忧民之心。

李允清

字六桥。清盐城人。山阳潘德舆高弟。咸丰九年(1859)恩贡生。博览载籍,尤深于马班两史。书法率更,善仿欧阳询体,工诗。

问渠遗稿　集部别集类　佚

见民国《续修盐城县志》卷13。

宋惟新

字日晖。清盐城人。宋曹七世孙。同治十二年(1873)恩贡生。曾搜辑先人散佚诗文百数十篇,未刻而卒。

延秋堂稿　集部别集类　佚

见《射水芹香集》。

裔步鸾(1838—1901)

字子锡,号仪廷。清盐城南恒丰圩(今属建湖县裴刘乡)人。同治九年(1870)举人。光绪二年(1876)裔步鸾曾针对一些社会风化问题写作札文,徽州官府奉令后即下文严禁。光绪六年进士。仕吏部主事,迁员外郎,充京仓监督。沉滞部曹20余年。清廉自重,长期独居,不营住宅,安步当车。晚擢记名监察御史。未几病卒。

夏小正集说　经部大戴礼记类　佚

五经精义提要　经部群经总义类　佚

学庸叙解　经部四书类　佚

以上3种见民国《续修盐城县志》卷13。

曹　煦

字芷村。清盐城人。举人昕弟。光绪间附贡生。

西园诗稿　集部别集类　佚

见民国《续修盐城县志》卷13。

王贞春(1840—?)

字载阳,一字煦堂。清句容人,流寓盐城。以善经商名江淮间。兴化《文选》学家李详(李审言)曾退居盐城,贫至不能举火,贞春闻其才学名声,不时接济,并邀至家中,课其二子。后李详化用“潘岳斑鬓”与“阮籍青白眼”的典故,“坐客潘仁头半白,穷途阮籍眼终青”(《煦翁治具见招》),表达对王贞春等人援其困境的感激之情。

侨隐集 2 卷　集部别集类

清王贞春撰

清宣统元年(1909)刻本,华东师范大学图书馆藏。

按:本书牌记题:宣统元年冬十有一月刊成。兴化李详及大兴王宗炎为之作序,皆作于宣统元年。李序称此集为作者七十寿。集中收有《送李学丈审言之江宁》,“负米匆匆事远征,秋山俯映莫江清”,一显老友惜别之情。《晚晴簃诗汇》收其诗两首,其一为《越吟》:“东下钱江深复深,渡江一舸入山阴。天台此去无多路,流水桃花未易寻。”

姜书钦(1843—1918)

字子敬。清盐城人。同治十二年(1873)举人。天姿颖异,群经注疏,悉能背诵。于学无所不窥,自经史、声韵、天算、医药,旁及阴阳、术数家言,靡不通晓。光绪四年(1878)考汉誊录官,议叙知县,不赴。十五年大挑二等,即用教谕。应怀来县沮阳书院之聘,主讲席 2 年,奔嗣母丧回里。好周恤贫困,居京师尝为人治疾,时烂喉痧流行,患者多不救,乃精心辨证,所治辄愈,求诊者甚夥,不惜以贵药救济贫病者。晚年目瞀,偶有缀述研讲,命人检书史于旁诵之。参见《中医人物词典》。

勾股六术细草　子部历算类　佚

温病条辨歌括　子部医家类　佚

霍乱论歌括　子部医家类　佚

按:以上 3 种约成书于清同治、光绪年间,内容未详。裘沛然主编《中国医籍大辞典》有录。

痘疹辨证歌括　子部医家类　佚

以上 4 种又见民国《续修盐城县志》卷 12 本传。

鲍　蓥(1843—?)

字筱盦，室名玲珑雪月山房。清末安徽歙县人，流寓盐城。擅长画梅，亦习儒医，工诗。寄其志于楮墨间。人称“工医、工诗、工画”为鲍氏三绝。其友王菊畦曾称其“有嗜古癖，性耿介，不喜浮趋，亦不求闻达，以医济世，工书画，擅画鱼虫花鸟，晚年尤专嗜写梅，虬枝直干，生气勃然”。

玲珑雪月山房百梅图　子部艺术类

(1) 清光绪二十二年(1896)石印本，山西大学图书馆藏。

(2) 清光绪三十三年石印本，国家图书馆藏。

(3)《中国古画谱集成》本，题为《玲珑雪月山房画谱》。

按：民国《续修盐城县志》卷 13 题名《百梅图画稿》，注云：有陈玉澍序。本集共 4 册，既为梅谱，又为诗文书法集。乃以其所绘百梅图并向社会贤达所征得的诗文近百篇合印而成。鲍蓥自云：“画梅几十年，工拙不知，尝于灯边、酒边，兴酣耳热时，喜弄楮墨。”蓥画梅二十余载，深得扬补之圈法，铁梢丁橛，清淡胜于敷粉。一花一干，具得天机，绘景绘形，各有别致。又于“自序”云：“书画一理也，而写梅尤兼书法。宋人写梅由双勾入手，知其结构、间架、规矩、格法，然后用笔，自得神妙。”“凡画者，规矩循乎固然，格法出乎自然，气韵合乎天然，得此者精矣，失此者病矣。”此类画梅心得，值得后人借鉴。参见刘光祖、王林编著《中国历代写梅百家》。

陈　立

字海门。清盐城伍佑(今属盐城市郊区)人。本邑藕花吟社成员。

蜕园诗稿　集部别集类　佚

见民国《续修盐城县志》卷 13。

张传甲

字光熙，一字授斋，晚号悔翁。清江都县学增生，有兄成甲，清孝廉也。传甲才华横溢，半日间能作文数篇，议论风生，好诙谐，偶作小品，文字尤隽逸不群。寓盐城伍佑(今属盐城市郊区)最久，辟有也园，终日啸咏其中。创立藕花吟社。入社者有盐城陈立、唐荫槐、朱利，休宁戴子廉，歙县吴雨寰，南昌姚继松等，而以吴承烜、程松生、黄敬熙为最年少。撰联句悬于亭内，云："每设壶觞，统父子、弟兄，舅甥、朋友，更忝师生，到此间顿忘形迹；非关经济，但诗词、歌赋、书画、琴棋，兼能医卜，笑吾辈还算聪明。"可见其人高义。参见蔡云万《蛰存斋笔记》。

淮海同声集　集部总集类　佚

张传甲编

见《盐城续志校补》卷2引《珠溪谈薮》。

虞仲山

清盐城人。

补斋遗稿　集部别集类　佚

见民国《续修盐城县志》卷13。

虞　枘

清盐城人。

小绿天庵诗钞　集部别集类　佚

蜗隐园集　集部别集类　佚

以上2种见民国《续修盐城县志》卷13。

金谷元(1846—1921)

原名谷园，字莲溪。盐城人。式陶兄。拔贡。官京师东城兵马司副指挥，蓬遂、昭化知县，江北六岸督销总办。归里后捐资修文庙，创办莲溪小学。

求知斋经解　经部群经总义类

清光绪十一年(1885)江阴南菁书院刻本,有定海黄以周序。

按:参见尚友《历史上盐城文人存世著作略考》。

求知斋经解试艺　集部别集类

清光绪十六年上海广百宋斋铅印本,苏州大学图书馆藏。

高镜蓉(1849—1910)

字鉴之。清盐城花垛村(今属建湖县恒济乡)人。岑子。岁贡生。生性敦厚,幼年读书不能速记,及长,颖悟过人,善为文,知人论世,裁量古今得失。受业山阳谷廷松,博览经史群籍,融会贯通,以学行著称。与同邑殷寿辰、盛如林等先后肄业南菁书院,称高材生。学使王先谦按试至郡,称其学冠冕淮北。生平慷慨好义,急人之难。与陈玉澍及兴化李详时相过从论学,颇受士流推重。《建湖县志》载其轶事。

诗文集　集部别集类　佚

见民国《续修盐城县志》卷12本传。

杂文2卷　集部别集类　佚

文心雕龙集注2卷　集部诗文评类　佚

以上2种见民国《续修盐城县志》卷13。

陈玉冠

字章甫。清盐城人。玉澍兄。岁贡生。以塾师为业。

耐寒斋诗钞　集部别集类　佚

见《射水芹香集》、1993年《盐城县志》第23篇《文化志・邑人著作书目》。

骈文5卷　集部别集类　佚

见新编《盐城县志》(送审稿)第28篇。

陈玉澍(1853—1906)

原名玉树,字惕庵。更名为玉澍,有"以时雨润物而济于世"意。晚清盐城七里庵(今属建湖县上冈镇北五里墩)人。蔚林子。思想家、学者、爱国诗人。光绪十二年(1886)肄业南菁书院,从师定海黄以周。十四年举人。十九年主撰《盐城县志》。自二十二年、二十五年,先后主讲尚志书院,二十八年主讲县学堂,三十年曾短期出任三江师范教务长,其时两度赴广东为幕僚。目击时艰,力主变法图强。治《毛诗》,上承家学。治《尔雅》,从师黄以周。又受知于江苏提学使王先谦。中年博涉历史、舆地、政事、掌故及百家之说,尤专于诗文,抒发忧国忧民之志。曾写作"柔佛彭亨瘴疠乡,尚多黎献藿倾阳。马流异域思炎汉,鹦鹉多情问上皇。汉殿缣囊人不死,晋宫牙尺话难详。山中酒保归何日,北望长安泪几行?"思想犀利,颇具战斗力。其诗略近黄遵宪,而激昂过之。黄以周、缪荃孙辑《南菁讲舍文集》收其文。阿英将其载入《盐阜民族英雄传》。兴化李详赞云:"盐城得县以来,自臧子源(臧洪)、陆君实(陆秀夫)后,文章行义,未有如君者。"

毛诗异文笺 10 卷　经部诗经类

清陈玉澍撰　王先谦、缪荃孙编

《南菁书院丛书》本。

按:《南菁书院丛书》子目分八集,本书收入第五集。陈玉澍潜心研究鲁、齐、韩诗与二毛诗之异同,撰成此作,清光绪十三年以其稿寄呈王先谦,王氏誉以"引证该洽",以体裁未善为嫌,乃更定条例,芟剔繁芜,成书 10 卷。参见陈钟浩《先君惕庵先生年谱》(女孙陈煦整理)。

尔雅释例 5 卷　经部小学类

1921 年南京高等师范学校铅印本,国家图书馆藏。

按:有定海黄以周序。参见《续修四库全书提要》。

陈惕庵经说　经部群经总义类

清末至民国间抄本,国家图书馆藏。

荀子年谱 2 卷　史部传记类

《雪堂丛刻》本。

卜子年谱 2 卷附西河考　史部传记类

(1)《国学丛刊》本。

(2)《雪堂丛刻》本。

(3)《丛书集成续编》本。

(4)《北京图书馆藏珍本年谱丛刊》本。

胜朝殉节诸臣录校勘记 1 卷　史部杂史类

清光绪间盐城刻本,见民国《续修盐城县志》卷 13。

盐城陆氏宗谱 20 卷　史部传记类

清陈玉澍编撰

清宣统元年(1909)刻本,陆秀夫 24 世孙正民藏。

按:目次为:卷 1 纶音,卷 2 图像,卷 3 祠墓(祀典附),卷 4 史传,卷 5 家传,卷 6 至 16 世系表,卷 17 至 19 艺文,卷 20 拾遗(正讹附)。卷末附陈玉澍撰《陆丞相全书校勘记》8 卷。

(光绪)盐城县志 17 卷首 1 卷　史部地理类

清刘崇照修　陈玉树、龙继栋纂

按:参见“刘崇照”条。

汴游笔记 1 卷　史部地理类　佚

粤游笔记 1 卷　史部地理类　佚

以上 2 种见民国《续修盐城县志》卷 13,注云:“以上未印。”

按:《粤游笔记》,又作《粤游日记》,所记道,广州为通商大埠,其时吏治民风,刻剥奢侈,有积重难返之势,集中体现在税、赌、盗三方面。此类记载甚详,可充晚清史料,不仅游记而言。此外还记有物产、山川等内容。曾辑录入雷君曜《文艺杂志》。王欣夫《蛾术轩箧存善本书录》(上册)作“粤游日记二卷”。

民权释惑 2 卷　子部杂学类

教育刍言 2 卷　子部杂学类

清陈玉澍撰　刘启晴注

以上2种聚珍版印。见民国《续修盐城县志》卷13。

按:陈玉澍曾应广东布政使程仪洛聘去广州佐幕,再应两广总督陈春煊之聘,时间短促。归后,就当时的保守与激进问题进行辨思,撰成《民权释惑》2卷。参见1994年《建湖县志》。

教育刍言1卷　子部杂学类

清陈玉澍撰

(1) 清光绪三十一年(1905)铅印本,国家图书馆藏。

(2) 商务印书馆印本。

按:陈玉澍因先后主讲尚志书院和县学堂,且曾任三江师范教务长,以此经验撰成此书。见《先君惕庵先生年谱》。

盐城陈玉树孝廉劝农说1卷附劝农歌1卷　子部农家类

清末排印本,南京图书馆藏。

按:玉树(澍)认为南北议和虽成,国穷民困方殷,应大力改进农事,急求生财之道,故于1911年12月撰写本书。封面题"陈孝廉劝农说一卷",卷端题"盐城陈玉树孝廉劝农说十六则附劝农浅歌六首"。书中专为盐民求对病之药,列为十六事:一、深耕,二、熟耰(平整土地),三、勤锄,四、疏行,五、耘麦(薅草),六、点麦,七、耔稻(培土),八、聚粪,九、及时,十、尽力,十一、种树,十二、变通(注重农田水利建设),十三、换地(麦田、稻田之变换),十四、换种(根据时节,轮种百谷),十五、恤佃(体恤佃农),十六、立会(学习东西洋,立劝农会,合众人之心事财力以成事)。附劝农浅歌六首,如"多买肥料胜买田","夺人之财必有祸,取人之财亦有过,无过无祸唯生财,力田治地财自来"等。内容浅显切实,对我国农业发展与改良颇多助益。参见《江苏地方文献书目》。

米禁问答1卷　子部杂学类

家藏本,未刊行。

陆丞相全书校勘记8卷　集部别集类

清宣统元年(1909)刻本《盐城陆氏宗谱》卷末附。

后乐堂文钞9卷诗存1卷　集部别集类

(1) 清光绪二十五年(1899)铅印本,国家图书馆藏。

(2)《清代诗文集汇编》本。

(3)《中国稀见史料》本。

(4)《晚清四部丛刊》本。

后乐堂文钞续编9卷　集部别集类

陈玉澍撰　姚冠湖校

(1) 清光绪二十七年(1901)铅印本,山东大学图书馆藏。

(2)《清代诗文集汇编》本。

(3)《中国稀见史料》本。

(4)《晚清四部丛刊》本。

按:陈玉澍为文驰骋博喻,援证古今,关注国事,本集多策政治经济,以期经世致用。此集曾记甲午中日战争后,陈玉澍向清廷及封疆大吏条陈时弊:"国家形势,几至弱于赵宋",歌颂为国捐躯的将士,不拘泥于张之洞的"中学为体,西学为用",认为"西法补中法""中法补西法"等可达到富国强兵目的举措皆可采纳,此类观点慷慨激烈,在集中多所体现。张舜徽《清人文集别录》卷22有《后乐堂文集、续集》提要,云:"今读是集,则其慷慨之辞,忠愤之意,颇似贾生之痛哭,而文笔疏畅犀利,又足以鼓舞天下。信其才倜傥纵横,初未可徒目为穷经之士也。"

后乐堂文钞三集16卷　集部别集类　佚

见民国《续修盐城县志》卷13,注:"未印。"

按:陈中凡《惕庵府君行述》作6卷。

吴承烜(1854—1940)

字子融,又字紫蓉、伍佑,号东园。安徽歙县人,世寓盐城伍佑(今属盐城市郊区)。庠生。清末时以笔耕为业,继游沪上,任斐英书局编辑。民国初从戎,任新安武军第七路军秘书。后来归隐伍佑,以卖文为生,立国粹保存社,函授中外生徒。工诗文、词曲,能小说,著述甚丰。

亦精《文选》学。曾为《苔岑丛书》作序。廉建中、惠泉编《蓉湖双栖图题咏集》收其诗。

墨翟考　子部周秦诸子类

清吴承烜辑

(1) 抄本,南开大学图书馆藏。

(2) 2002年北京图书出版社任继愈主编《墨子大全》(第一编)本,国家图书馆藏。

按:此本以吴承烜辑《墨翟考》抄本为底本。

东园丛编诗选5卷　集部别集类

稿本,盐城市图书馆藏。

东园丛编诗续选4卷　集部别集类

稿本,残存第1、2、4三卷,盐城图书馆藏。

东园丛编文选5卷续编2卷　集部别集类

东园丛编文续选1卷　集部别集类

以上2种稿本,盐城市图书馆藏。

幽光集4卷　集部别集类

清吴承烜辑

1929年阜阳宁双桂堂铅印本,北京师范大学图书馆藏。

影庐唱和集　集部别集类

清吴承烜等辑

1919年铅印本,国家图书馆藏。

蔡瀛壶遐龄集4卷　集部别集类

清吴承烜编

1924年蔡竹铭自印铅印本,南京图书馆藏。

按:本书收载澄海蔡竹铭(字卓勋,自号瀛壶居士,曾署室名吹万室)60寿辰海内外文友祝寿之诗文。如南社健将高吹万贺联云:“维我与君,吹万不同同吹万;无独有偶,俱闲难得得俱闲。”揭阳吴泽庵《瀛壶遐龄集题词》云:“多文为富更何祈,展卷琳琅讶伙颐。天外鹤声收一一，眼前今雨识丝丝。真成才子兼诗福，独以狂夫傲数奇。我也操觚从座起，抛砖佩笑首题辞。”生动形象地展现出蔡竹铭的性格与形象特质。

详注六朝文絜补释 8 卷　集部总集类

清吴承烜注释

(1) 1917 年上海国华书局铅印本，北京大学图书馆藏。

按：书末有版权页。(题跋印记)钤印“前北大学生存物/纪念品/民国三十年清理”。

(2) 1924 年上海国华书局铅印本，四川大学图书馆藏。

按：内封印：古歙吴东园详注。

加批详注六朝文絜 8 卷　集部总集类

清许梿选　吴承烜注

1918 年上海国华书局铅印本，中山大学图书馆藏。

详注六朝文絜 8 卷　集部总集类

清吴承烜注释

(1) 1916 年上海国华书局铅印本，南京大学图书馆藏。

(2) 1917 年上海国华书局铅印本(再版)，北京大学图书馆藏。

(3) 1921 年上海国华书局铅印本，北京大学图书馆藏。

东园丛编词选 4 卷　集部词曲类

稿本，盐城市图书馆藏。

东园丛编词续选(一名东园词草)1 卷　集部词曲类

1938 年稿本，盐城市图书馆藏。

按：扉页首行题作“戊寅(1938)逃荒吟诗余”。

东园丛编曲选 2 卷　集部词曲类

1939 年稿本，盐城市图书馆藏。

按：前有清宣统二年(1910)春程松生题“菩萨鬘(蛮)”一阕。

竹洲泪点散曲　集部词曲类

按：有清光绪元年(1875)吴梅跋。

花兰侠(传奇)　集部词曲类

汉口扬子江小说日报馆排印本，赵景深先生藏。

按：全剧15出。首尾有《缘起》《余文》各1出。“花兰侠”应是“花茵侠”。参见左鹏军《〈中国戏曲志〉匡补四则》。

绿绮琴(传奇)　集部词曲类

排印本，首都图书馆藏。

按：1913年至1914年十一月刊。载《游戏杂志》第一期至第九期。全剧共16出，未完。写书生泰景吴与妻张樵青、妾慕玉环故事。其目为：《珠柱发声》《玉杯揽胜》《梅阁闻琴》《兰亭修禊》《竹里煎茶》《松荫煨芋》《渔樵问答》《僧道唱酬》《夜寺清谈》《地溟秋慰》《杭郡题襟》《袁江歌舫》《青楼寻梦》《黄浦征文》《西江闻笛》《北阙上书》。参见《中国近代传奇杂剧经眼录》。

慧镜智珠录(传奇)　集部词曲类

1923年香港中华圣教会代刊本。赵景深原藏，复旦大学图书馆藏。

按：本剧始作于1918年，作成于1922年。共10出。有清同治元年(1862)自序。据自序云，该剧乃应徐上将夫人之请而作，写徐上将巡弋长江上下游，筹集军饷诸事。参见《中国古代戏曲文学辞典》。

以上4种见《古典戏曲存目汇考》附录1。

星剑侠(传奇)　集部词曲类

吴承烜撰

按：1915年2月至1920年刊。共53出。载《小说新报》第一年第一、二、四、六、八、十、十二期，第二年第一至十二期，第三年第一至十二期，第五年第八至十二期。

花茵侠(传奇)　集部词曲类

吴承烜撰

按：载《小说新报》第六年第一期至第十二期，1920年正月至十二月刊。又有汉口《扬子江小说日报》馆排印本。正文十四出，第一出前加《缘起》，十四出后加《余文》等。

吕　庭(1855—1941)

字时经。盐城建湖县高作镇高东人。祖传儿科，专治痧痘症，医技高超，善辨证，断生死，行医 60 余年，人称“活痘神”。盐城知县曾赠金字匾额褒奖。

医案手稿　子部医家类

按：本手稿共 4 本，约 10 万字，吕庭亲撰，笔迹端正，小楷如籽。今仍有残本存世。参见 1994 年《建湖县卫生志》。

陶鸿恩(1857—1914)

字湛春。少有经世之志，以廪贡生纳资为训导。光绪间，盐城久苦卤潮为患，鸿恩与陈玉澍、萧向荣等筹借仓谷，与兄鸿绪资助千金修天妃闸及尚志书院。早年与南通张謇、海州许九香为忘我交。鸿恩殁后，张謇为之撰墓志铭。李保堂挽联有句云：“办大事不可无此人，兴学治水，造福桑梓，一生廉洁。”

商办苏省铁路股份有限公司第三届报告清册　史部政书类

商办苏省铁路有限公司编　陶鸿恩、曹家麟、祁冕庭等整理

清宣统二年(1910)苏省铁路有限公司铅印本，上海图书馆藏。

按：本书内容涉及收款、支款、存款等账目信息，书后列七份表格：客票收款表、货物收款表、行李收款表、杂项收款表、苏省铁路营业所宣统元年营业收款表、苏路营业所逐月开支表(宣统元年)、苏浙连带运输各款收数比较表(苏路营业所宣统元年)。参见《江苏地方文献书目》。

沈恩鸿

字湛轩。清盐城人。贡生。

盐城县太阳高弧晷景表　子部历算类　佚

见光绪《盐城县志》卷 16。

周兆熊

字德舆,号慎心。清盐城人。布衣。

陋室诗钞　集部别集类　佚

见光绪《盐城县志》卷17引《江苏诗征》卷84,并录其诗1首。

殷寿辰

字赞枢。清盐城人。增生。与高镜蓉、盛如林先后肄业南菁书院,为高材生。为人落落寡合,不与时流为伍,而与陈玉澍友善。精研《史》《汉》,深通经术。工书,与族祖载丹齐名。

禹贡直解　经部尚书类　佚

禹贡略图　经部尚书类　佚

以上2种见民国《续修盐城县志》卷12本传。

盛如林

字寿山,一字泮卿。清末民初盐城大冈镇(今属盐城市郊区)人。廪生。与高镜蓉、殷寿辰先后肄业江阴南菁书院,称高材生。通音韵,负德望。入民国卒。

音韵辨正4卷　经部小学类　佚

见民国《续修盐城县志》卷12本传。

按:黄体芳《江左校士录》选录历年岁科试文及书院课艺之优者,盛如林文章亦在其中。

刘崇照

字楚芗。清浙江镇海人。光绪十九年(1893)春以翰林院庶吉士任盐城知县。清正廉明,揭查奸猾,建北闸,办清丈局,百姓称"刘青天"。二十年七月奉调入天妃越闸,十月回任。二十一年八月复任。二十六年正月再复任。次年八月,以丁忧去职。在盐主修县志,建尚志书院。

二十七年创建“读有用书社”，是盐城较早的图书馆，不久遭逢火燹。文思敏捷，擅长书法。

(光绪)盐城县志17卷首1卷　史部地理类

清刘崇照修　陈玉澍　龙继栋纂

(1) 清光绪二十一年刻本，国家图书馆、吉林大学图书馆藏。

(2)《中国地方志集成》本。

按：本志于清光绪二十一年刊板告成，为邑人丁姓所刻，板架原存县署，民国后为便于印刷，移存黄姓会文堂。抗战中散失。参见《盐城文史资料选辑》(第2辑)。

读有用书社章程(内附购存书目)　子部儒学类

见民国《续修盐城县志》卷13。

按：清光绪二十七年知县刘崇照“以宾兴款息九百缗购置经史时务书籍三百余种，储尚志书院，手订借读章程，名曰‘读有用书社’”。读有用书社规模虽不大，一定意义上算是盐城第一个图书馆。后毁于火。书社订有借书章程，供当时的地主、绅士等少数人借阅。参见民国《续修盐城县志》卷7。

孙大鹏(1859—1928)

字海南。盐城钟庄(今属建湖县)人。光绪二十三年(1897)举人。次年赴京应丙戌科考未中，例由礼部资送会典馆充誊录官。后以“在事出力”，议叙知县，因连丁父母丧未获授职。三十一年服除入都，分发浙江候补，历办催米、勘荒、查案等差。时值浙江筹备立宪，孙以优异成绩考入宪政研究所，旋被推荐进浙江政法学校官办讲习班。宣统二年(1910)巡抚曾子固任其为绍属征兵官，次年任湖州厘捐局事，兼署乌镇同知。光复后，回里定居。热心地方公益，先后被推为梁垛保卫团董、县临时参议会议员。1925年，捐献楼屋12间、大粮田5顷，创办私立海南初级中学，自任校长。因治校有方，倾向进步，颇获时誉。1927年，北伐军进抵盐城，孙大鹏赞北伐是吊民伐罪的“王者之师”。

三衢采访记　史部杂史类　佚
盐城芹香录考证　史部政书类　佚
草堂杂咏　集部别集类　佚
遁斋文存　集部别集类　佚

以上4种见1994年《建湖县志》第28篇。

中国历代法制考　史部政书类

清徐德源编　孙大鹏补辑

1912年北洋大学石印本，华东师范大学图书馆藏。

按：卷首有“民国元年（1912）十月清苑徐德源自序于北洋大学校”；目录端题“清苑徐德源编辑，孙大鹏补辑”。

中国历代法制考（初编，二编）　史部政书类

清徐德源编　孙大鹏补辑

1914年直隶书局影印本，中国人民大学图书馆藏。

按：封面印“北洋大学校讲义”。

马为瑗（1860—1915）

字慕蘧，又字念劬，兄弟中排第五。晚清盐城建湖北马厂人。幼侍襄亲。光绪七年（1881）以第二名取入县学，旋食饩，由廪贡生纳资入京城，授东城兵马司指挥。仕则惠民，曾保仓廪，济民食；不畏权势，怒斥牧师，深得民众拥护。殚心医术，辨证用药，精审寡俦，危急就诊，辄奏奇效。宋泽夫为之写挽联：“大名已千古，清风剩一棺。”张謇赠送挽联：“一轮明月，两袖清风。”姚永朴将其事迹写入《循吏传》，并为之作《马君慕蘧墓表》。《清史稿》有其传，为建湖县境在清代史册上立传的唯一人物。参见民国《续修盐城县志稿》《建湖文史选辑第6辑》《盐城中医人物志》。

苏斋诗文集　集部别集类

按：马为瑗孙马祖毅传记里曾提及，参见2014年《中国东方文学翻译史·东南亚诸语种文学的译介》。

陶鸿庆(1860—1918)

字小石，一字臞石，号艮斋。盐城人。幼从塾师习《礼》。光绪五年(1879)举人。连上春闱不第，遂绝意仕进，自署"艮斋"以见志。居家事母，研治"三礼"。光、宣之际，先后被举为本邑教育会及农会会长。民国初，又被举为临时县议会议长。读书善比勘，治诸子能妙达神旨，其所发足补王念孙、俞樾诸家之遗。中年因病辍业。工书法，通经史。

读春秋繁露札记1卷　经部春秋公羊传类

《读诸子札记》本(第十一种)。

按:《续修四库全书总目提要》云:"《春秋繁露》一书，颇有微言，复关礼制。虽文句讹误，似不得逞臆妄改。是编往往师心自用，任意增损，殊不足据。其较为可取者，如《执贽篇》'玉类备者，故公侯以为贽'。鸿庆谓'者'读为'诸'，说虽牵强，然能通其义而不改其字。自可以备一说。"对陶氏的《读春秋繁露札记》作了客观公允的评价。

左传别疏2卷　经部春秋左传类

1963年中华书局《读礼志疑·左传别疏》合印本。有童第德《前记》。

按:本书以说礼最详，有疏证经义，有考释训诂，有纠驳误论。

读礼志疑5卷　经部三礼总义类

陶鸿庆撰　童第德校

(1) 手抄本。

(2) 1963年中华书局《读礼志疑·左传别疏》合印本。有童第德《前记》。

按:本书前三卷说《仪礼》，后二卷说《礼记》。陶氏于前人之说，或提出疑义，或申己见，或补其所未备。参见《中国史学家辞典》。

读通鉴札记12卷　史部编年类

1963年中华书局《读礼志疑·左传别疏》合印本。有童第德《前记》。

老庄札记2卷 子部周秦诸子类

《中国哲学思想要籍丛编》本。

读诸子札记　子部周秦诸子类

(1) 初稿本,见《内蒙古自治区线装古籍联合目录》。

(2) 定稿本,见《内蒙古自治区线装古籍联合目录》。

(3) 1919年待晓庐铅印本,南京图书馆藏。

(4) 民国京城文字同盟社铅印本,南京图书馆藏。

(5) 1959年中华书局铅印本,有章炳麟1920年序。

(6) 1971年台北艺文出版社出版。

(7) 2010年台北文听阁图书有限公司影印本。

子目:

《老子》附《王弼注勘误》1卷

按:此另有(1)《民国丛书》本。(2) 许啸天编《国故学讨论集》(下)(1927年上海书店出版社出版)收有陶鸿庆《读老子札记(据清武英殿聚珍版)》。(3) 1957年严灵峰无求备斋铅印本。

《庄子》1卷

按:此另有陈新雄、于大成主编《庄子论文集》(国学论文荟编第2辑),1976年台湾木铎出版社本。

《列子》1卷

《淮南子》2卷

《吕氏春秋》2卷

《管子》3卷

《晏子春秋》1卷

《孙卿子》2卷

《墨子》2卷

《贾谊新书》1卷

《董子春秋繁露》1卷

《韩非子》3卷

《商君书》1卷

《扬子法言》1卷

《公孙龙子》1卷

《尹文子》1卷

《尸子》1卷

读诸子札记16卷　子部周秦诸子类

抄本，清华大学图书馆藏。

陶鸿庆学术论著：读诸子札记　子部周秦诸子类

陶鸿庆著　陈引驰编校

1998年浙江人民出版社《近人学术述林》本。

私塾教科新语2卷　子部杂学类

见民国《续修盐城县志》卷13。

姚日新(1862—1923)

字子盘。安徽贵池人，流寓盐城。光绪十九年(1893)举人。曾肄业江宁钟山、惜阴、尊经、文正四书院。曾率贵池诸生数人将地方胥吏奸横情事白之大府，尽革其弊。任池州府中学堂监督。1919年委署邳县知事。明算学。

学计问答　子部历算类　佚

见民国《续修盐城县志》卷13。

徐汝典(1862—1945)

字慎五。盐城湖垛(今属建湖县)人。幼习经史，崇尚墨家。因鄙弃举业，遭士林非议，自号"野狐禅"，表达其蔑视章句之学的态度。后入江安粮道戴道樵幕。以诗文赞颂维新，为幕友不容，乃赴沪卖文为生。为文敢于触及时弊，署名"耕海潜夫"。辛亥革命后，仍以报刊揭露黑暗吏治，曾鞭挞当政者"百无一个存公道"，呐喊"问道几时可共和"？20年代初，归里课徒，改号"耕天老农"。晚年拥戴民主建政。为人嫉恶如仇，为市民所称。

一壶海吟草　集部别集类　佚

见1994年《建湖县志》第28篇人物。

按：徐汝典诗作豪放警辟，此为其遗著。

黄德荣(1863—1932)

字立三(字笠衫)，改名丙炎。丹徒人，流寓盐城上冈镇(今属建湖县)。历任北洋陆军二十三旅杨瑞文部军需官、盐城县商会会长及主席。20年代后期两摄县事。又提议县教育局建图书馆，并让出自己所属土地建馆。晚年卧病，仍关心公益不懈。曾以“立山人”的别号，作《吟寒簭》诗，其中“一生剥落愁难解，万个包藏冷不知”一句，抒发其未酬之志。后盐城商界建“怀笠楼”以怀念，由凌慧庵作碑记嵌入墙内。

烟隐楼吟草5卷　集部别集类　佚

见新编《盐城县志》(送审稿)第28篇。

按：1929年秋冬间黄德荣曾作有《书感四首》(绝句)：“愁过兵荒又岁荒，天时人事两茫茫。首阳薇蕨都消尽，翻过山头是战场。自作舟师渡海滨，此行原不畏艰辛。回头我若先登岸，恐负同舟共济人。廿年衔石作冤禽，海未能填悔更深。消瘦肌肤耗尽血，终难明此玉壶心。举重功成赖众撑，任他毁誉总须明。金人果是能缄口，我盖棺时有定评。”既怀感一生经历，亦明其志。参见卜中吉《黄立三其人》。

金式陶(1863—?)

原名谷春，字鞠逸，又字煦亭。盐城人。谷元弟。光绪二十三年(1897)举人。曾署山东峄县、曹县知县。1913年与同邑顾简、阮寿亭等创立孔教会。姚江同声诗社重组后，为诗社“师友录”成员。吴放辑《苔岑社史序齿录》收金式陶传记资料。

读易质疑2卷　经部易类

(1) 清光绪二十五年(1899)刻本,见《贩书偶记》卷1。

(2) 清光绪二十七年刻本,国家图书馆藏。

(3) 1919年铅印本,华东师范大学图书馆藏。

按:著者原题“金谷春”。

读诗识名证义8卷　经部诗经类

(1) 1918年刻本,北京师范大学图书馆藏。

(2) 1919年铅印本,华东师范大学图书馆藏。

按:见《贩书偶记》卷1。民国《续修盐城县志》卷13作2卷。

说文部首启蒙1卷　经部小学类

(1) 1916年燮记书局石印本,见《许慎与说文解字研究》。

(2) 1926年石印本,见《贩书偶记》卷4。

清鉴纲目16卷　史部编年类

印鸾章辑　金式陶、张延寿、赵雪、胡应庚校订

(1) 1936年世界书局排印本,东京大学东洋文化研究所藏。

(2) 1985年中国书店景印本,东京大学东洋文化研究所藏。

按:本书较为客观地对清王朝的政治得失及当时的社会状况进行考证,资料详实,立足实据。

评注国史读本(新学制中等学校适用)　史部史评类

李岳瑞编　印水心增修　金式陶等参订

1926年世界书局影印本,南京图书馆藏。

按:南京图书馆藏有12册:第1册为唐虞三代秦汉史,第2册为东汉史三国史两晋史,第3册未标注,第4册为唐史上,第5册为唐史下,第6册为宋史上,第7册为宋史下,第8册为元史明史上,第9册为明史下,第10册为清史上,第11册为清史下,第12册为民国史。

嘉应朱顺堂公墓表　史部传记类

清金式陶撰　李宝蕃书

民国石印本,北京师范大学图书馆藏。

急就篇名姓章后案2卷　史部传记类

附刊于《逸园文钞》后。

逸园诗钞 2 卷　集部别集类

(1) 1919 年铅印本，南京大学图书馆藏。

(2) 1925 年铅印本，复旦大学图书馆藏。

(3) 1930 年铅印本。

按：摘《逸园诗钞》“寒笛”诗一首：“谁家三弄小楼东，曲谱伊凉感去鸿。铃佩那禁吟雪夜，玉门从不度春风。梅花吹落江城冷，杨柳歌残斗帐空。多少离亭人惜别，一丸冻月淡朦胧。”

逸园诗钞 2 卷附诗存　集部别集类

1919 年铅印本，南开大学图书馆藏。

逸园诗存 4 卷　集部别集类

1925 年铅印本，国家图书馆藏。

逸园文钞 4 卷　集部别集类

1931 年铅印本，见《二十世纪中国人物传记资料索引》。

逸园文钞 2 卷　集部别集类

1930 年铅印本，国家图书馆藏。

鞠逸吟诗钞 1 卷续钞 1 卷　集部别集类

1919 年排印本，华东师范大学图书馆藏。

鞠逸吟续钞 2 卷　集部别集类

1919 年铅印本，国家图书馆藏。

初中女子模范文读本(第三册：新学制中等学校通用)　集部总集类

张振镛、印鸾章编　杨同昇、张延寿、金式陶等校订

民国铅印本，上海师范大学图书馆藏。

程松生(1863—?)

字筠甫，室名金瓯馆。清末安徽歙县人。曾供职礼部，后为南河(清江浦)税官。宣统三年(1911)九月，清江兵败，举家流寓盐城。能词，亦通曲。与吴承烜为文友，为承烜评《蜃楼记续传奇》(《东园传奇十

八种》之一)。吴放辑《苔岑社史序齿录》收其传记资料。

金瓯馆诗草　集部别集类　佚

见许承尧《安徽省歙县志》(1975 年本)。

纫秋轩词钞　集部别集类

《苔岑丛书》本。

按:1921 年铅印本《苔岑丛书》内收本书,封面、扉页均题《苔岑丛书》,卷首为《总序》。1922 年铅印本《苔岑丛书》亦收本书,卷首有金式陶《总序》。

香雪盦词剩 1 卷　集部别集类

1913 年铅印本,厦门大学图书馆藏。

按:原有《香雪盦词》毁于兵火,后集《香雪盦词剩》存词 78 首。徐夔序谓其词:"间获读其所填诸令,风神蕴藉,秀韵天成,秦柳以后,可称嗣响。"吴承垣序亦云:"夫以�甫之为词,得草窗之隽,有竹屋之痴,近登白石之堂,远抉碧山之奥。"将筠甫的词与秦观、柳永之词相媲美,且兼得周密、高观国、姜夔、王沂孙之妙,对其词学成就评价甚高。

此集大半追忆曩时旧作,兼从同社友处转录而得,虽只片羽,皆惬心之作。龚斌、范少琳编《秦淮文学志》录其《桂枝香·秦淮秋感依谭仲修韵》一首。

小香雪海词集　集部词曲类　佚

见民国《续修盐城县志》卷 13。

杨同昇(1863—?)

字子登,号酉山,别号伴月山人。清末盐城湖垛(今属建湖县)人,光焘子,庆昇兄。光绪二十年(1894)副榜举人。官深州(治今河北深县)州判。通医道,明算学。1913 年充近畿陆军第四师七旅十三团一营军医长,陆军一等军医,二等银色奖章,一等金色奖章,升充一等书记官,七等文虎章。1931 年主修《盐城杨氏宗谱》癸亥谱。

历代田制矩测 10 卷　史部杂史类　佚

见民国《续修盐城县志》卷13,注:有姚冠湖序。

医理衡真10卷　子部医家类　佚

数略2卷　子部历算类　佚

以上2种见民国《续修盐城县志》卷13。

代数略4卷　子部历算类　佚

化学浅说2卷　子部杂学类　佚

按:《化学浅说》,民国《续修盐城县志》卷13作4卷。

伴月山房文集8卷　集部别集类　佚

以上3种见《盐城杨氏宗谱》。

初中女子模范文读本(第三册:新学制中等学校通用)　集部总集类

张振镛、印鸾章编　杨同昇、张延寿、金式陶等校订

民国铅印本,上海师范大学图书馆藏。

阮颐仙(1864—1942)

名寿民。盐城镇人。早年弃儒习医,学验俱丰,胆识过人。擅长中医内、妇科,兼治外科疾患,对伤寒、温病研究,心得颇著。清光绪年间,时值苏北疫疠流行,善用辛凉透泄法,屡起沉疴。1924年任盐城中医会副会长。对盐城近代中医药事业具有较大影响。

伤寒辨证歌诀　子部医家类　佚

阮颐仙删补

见《盐城中医人物志》。

清　海(1865—?)

字悟真,号静波,盐城人。清光绪十八年(1892)起驻锡常州清凉寺。

常州万寿清凉禅寺同戒录　子部佛教类

1934年刻本,上海图书馆藏。

释清海辑

按:常州多古刹,而以天宁、清凉二寺最为著名。常州清凉禅寺始建于北宋英宗治平元年(1064),由常州籍枢密副使胡宿请额所建,初名报恩感慈禅院。明景泰五年(1454)改名端明寺,清光绪三十年(1904)复名清凉寺。光绪十八年,清海住锡清凉寺,主持寺务。40年以来,清凉寺影响日盛,其规模仅次于天宁寺。1934年,值寺中藏经楼落成,清海法师举行第三次开堂传戒大会,此同戒录即为此而辑。卷首有翰林院编修、前陕西学政沈卫等撰序八篇,又附刊盛宣怀等撰旧序三篇。参见《江苏地方文献书目》。

徐 夑

字荔亭,晚号蠡翁。清末民国间盐城人。书画家,诗人。廪贡生。署元和县、长洲县训导。冯煦、盛宣怀、许鼎霖先后延请办理皖南、浙东、淮北等处灾赈,颇能尽瘁民事。尤留意地方文献,江苏通志局聘任征访事宜。晚以诗画自遣,与金墨庄、阮寿慈及绍兴幕友费稼秋等人在"笔花轩"(旧址在今盐阜印刷厂内)结为"苔岑诗社",研讨诗词书画。卒年73。陈三立为撰墓志铭。现兴化图书馆藏《盐渎唱和诗》收其诗,亦收李详、阮寿慈、潘联逵、姜福履等人诗作,多歌咏盐城官员洪鉴廉洁奉公、不与世俗同流合污的高尚情操。

瓯括纪游草1卷　集部别集类

1919年铅印本,国家图书馆藏。

按:本书前有1913年徐夑自序:"宣统元年余典铎浙东,将去岁涂次之作略事增补,编为一卷。欧括两郡所经之地,民生之疾苦,山水之奇妙,友朋之聚合,出产之佳异,风俗之差别,俱略见一斑。"本书记录宁波、青田山川民情,收诗61首,其中有《温州乐府词十首》,分咏:拦街福、聘死婚、唱大词、演神戏、调女尼、崇淫祀、闹龙舟、赌花会、设冥库、打生鞭十事,皆与旧时温州风俗有关。参见《龙腾东瓯　温州历代龙舟题咏》。徐夑《游孤屿》:"老僧为烹泉,迎客忽倒屣。寒雪瀹龙团,芳冽沁唇齿。"诗文浑朴庄雅,清洌高洁。南京图书馆、复旦大学图书馆、北京大学图书馆均藏有铅印本。以上藏馆书名均写作“瓯栝纪游草”。

梅花晴雪庵诗稿　集部别集类

按:以上2种见民国《续修盐城县志》卷13。

黎鸿年

字永卿,清末民国间安徽定远人。1916年任盐城县教育局长。诗人,书法家。曾与金式陶、徐夔等结社优游。曾对隋刻《苏使君墓志铭》倍加赞赏,认为该《铭》“笔法古峭秀健通神,直造魏齐堂奥”。

宝爵斋诗文钞　集部别集类

见民国《续修盐城县志》卷13。

李保堂

字鉴三。清盐城人。允清子。例贡。

庄子真8卷　子部周秦诸子类　佚

此惧篇1卷　子部杂学类　佚

去天尺五楼诗文集4卷　集部别集类　佚

以上3种见民国《续修盐城县志》卷13引阮德纯《春晖堂诗稿注》。

李　棨

清盐城人。增生。

小昆仑山房诗集　集部别集类　佚

见民国《续修盐城县志》卷13。

阮寿慈

字恺生。清盐城人。捐监。署海州学正。曾与徐夔、金墨庄等人在“笔花轩”(旧址在今盐阜印刷厂内)结“苔岑诗社”。也曾是沈惟贤创立的“松风诗社”的成员之一。

通鉴辑览姓氏韵系12卷　史部编年类　佚

知止斋诗钞 2 卷　集部别集类　佚

以上 2 种见民国《续修盐城县志》卷 13。

黄敬熙

号默庵。清末兴化人，流寓盐城。

默庵吟草　集部别集类　佚

见民国《续修盐城县志》卷 13。

姚继松

清末江西南昌人，流寓盐城。

自怡轩初稿　集部别集类　佚

袖岩诗稿　集部别集类　佚

以上 2 种见民国《续修盐城县志》卷 13。

宋文灿

字继晖。清末盐城人。惟新子。恩贡生。与陶鸿庆为中表兄弟，时相论学。长于研治经史。

史记三国志晋书随笔　史部正史类　佚

见民国《续修盐城县志》卷 13。

书法约言　子部艺术类

清宋曹撰　宋文灿校订

版本见“宋曹”条。

祁德渊

号浚源。清末盐城人。廪生。

浚源诗稿　集部别集类　佚

见民国《续修盐城县志》卷 13。

张　祉

字荫庭。清末民国间盐城人。庠生。署丰县训导。

遁厂杂著　子部杂学类　佚

见民国《续修盐城县志》卷13。

左　榘

字松樵。清末民国间盐城北左庄(今属建湖县钟庄乡)人。岁贡生。署浙江德清县主簿。与姚冠湖同时师事陈玉澍。光绪二十年(1894)甲午战争后归里,随其师陈玉澍鼓吹变法图强,受思想守旧的士人攻击,左不为所动,宣讲依旧。入民国,任盐城学会干事,致力于地方教育,与季龙图等创贫女教养院,工读并重,颇获时誉。

武林杂志　子部杂学类　佚

曲湖学究语　子部杂学类　佚

晚觉庐诗文集　集部别集类　佚

以上3种见民国《续修盐城县志》卷13。

张　瓒

字瑟卿。清末民国间盐城人。增生。

蒴斋诗存　集部别集类　佚

见民国《续修盐城县志》卷13。

朱　涛

字荔江,一作丽江。清末民初盐城人。例贡。光绪十三年(1887)参加科考府首。

画葫芦馆录存1册　集部别集类

稿本,盐城市图书馆藏。

按:稿本原为朱涛夫人收藏,后归盐城市图书馆。内容多为诗稿,间亦收词，凡十数阕。

玉茗堂词草 1 册　集部词曲类

稿本，盐城市图书馆藏。

按：本书前有赵嶰山志，记其与周梦庄自伍佑场（今盐城市郊区伍佑镇）荔江夫人处得此稿及《画葫芦馆录存》稿事。末附套曲 2 篇。

吴绍仲

字继虞。清末民国间盐城人。庠生。宣统元年(1909)与夏雨人入江宁地方自治研究所学习半年。

盐城乡土志 1 卷　史部地理类　佚

见民国《续修盐城县志》卷 13。

江苏盐城县乡土教科书　史部地理类

吴宝生编　吴绍仲订正

盐城县教育会出版（出版地、出版期不详），上海师范大学图书馆藏。

按：本书内容包括弁言、始论篇、自然篇、人为篇等 8 章。

卞同庆

字仲咸。清末民国间盐城人。例贡。民国初，创办蚕桑学堂。曾为卞万记杂货店老板。20 世纪 30 年代前期，任《续修盐城县志》分纂。

经传释词补　经部小学类　佚

小尔雅训纂补　经部小学类　佚

以上 2 种见民国《续修盐城县志》卷 13。

李秉良

清末民国间盐城人。廪生。清末为县视学、劝学所总董。民国中任县教育会会长。曾任县立乙种工业学校校长。

唯识白谈　子部佛教类　佚

见民国《续修盐城县志》卷13。

李滋绶

字少宾。清末民国间盐城人。廪生。

荷薪堂存稿　集部别集类　佚

见民国《续修盐城县志》卷13。

蔡云万(1870？—)

字选青，一作选卿，室名蛰存斋。清末盐城人。例贡。1915年中华图书馆以《时日曷丧》为题作八股文悬奖征文，蔡云万的文章列第一名，后在上海《礼拜六》及《小说海》杂志相继发表诗文。1918年，曾入淮扬护军使马玉仁幕，任使署秘书兼师部书记官。1926年马玉仁兵败后，蔡回乡，次年出任《盐城日报》主笔。1933年赴沪，回任马玉仁家庭教师，后寓居上海，与陈蝶仙、周瘦鹃等沪上文人相过从。早年亦为文学团体希社成员。参见陈玉堂编《中国近现代人物名号大辞典(续编)》。

蛰存斋笔记　子部杂学类

《民国史料笔记丛刊》本。

按:本书以1936年自费刊行本为底本整理，署名蔡选青。该书是作者的一部掌故笔记，以随笔见长，收录《永垂不朽》《圣诞节》《论三多》《女人的能耐》《当时》《晚霞和云雾》《西湖之保叔塔》《俞曲园自挽联句》《关天培》《扬州八大总商》等二百多篇。其中一半写于军中，命名为《盾鼻墨余笔记》，有陈夔龙、吴佩孚等写的有关出版本书函札五件。写军旅生涯的如《军中回顾》:“野帐分栖即是家，飕飕扑帐响风沙。一钩遥挂关山月，绝少边城夜半笳。”“木绳为架布为门，团坐如床藉藁温。官佐士兵都莫辨，睡时席地食时蹲。”“羽檄飞书正此时，墨磨盾鼻未容迟。只余一事堪称快，弹雨枪林卧咏诗。”“隆声是炮橐声枪，血肉横飞又一场。酣斗情形如在目，健儿团坐说来详。”“人民迁徙半离家，风鹤惊传夜尚哗。我本孑然无击恋，隔濠任听炮开花。”语句描摹真切如忆，记载作者亲历苏浙之战、苏奉之战及剿匪各役，眼见底层的士兵们遭遇军阀们驱迫的贫窘生活。

徐海云(1871—1935)

盐城徐家庄(今亭湖区永丰镇镇北居委会)人，自江北师范学堂毕业，一生以塾师为业，贫困不堪，其诗对仗工稳，但遗著不多。

党路指南 3 卷　史部政书类　佚

上海商务印书馆刊行。

按：民国初与宋泽夫、施大鹏、王实甫等人合著《党路指南》，为劝世之作。

宋泽夫(1872—1942)

原名殿康，改名润，字泽夫，以字行。盐城县宋村(今盐都县秦南镇)人。光绪二十一年(1895)中秀才。三十二年考取南京宁属师范，钻研新学。毕业回盐创办宋村小学。宣统二年(1910)，创建盐城西南乡自治会。民国初，出任盐城清剿分局副办。五四运动时，作《圣人不死，大盗不止》等文，抨击北洋军阀，提倡救国爱国。第一次国共合作期间，拥护孙中山联俄联共扶助农工的三大政策。“九一八”事变后，以《青天白日到哪里去了》《国丧》等杂文讽刺反动当局。抗日战争初期，兼任县抗日同盟会会长、盐阜区参议会副会长等职。多次受陈毅的邀请共商抗日救国大事。陈毅誉之为“苏北的鲁迅”。1942 年春，为日伪军所俘，经营救得脱。终因伤病复发，同年冬逝世。后中共盐城县委敬献“敢说敢言敢怒敢骂嫉恶如仇临终犹高呼杀敌，有气有节有爱有憎刚毅可风遇难竟不屈寇庭”挽联，显其铁骨铮铮、威武不屈的高洁气节。其方言俗语剪集等均已散失。2003 年盐都县政协文史委员会编有《宋泽夫先生纪念文集》(《文史资料》第 6 辑)。

被俘记　史部传记类

(1) 油印本，周梦庄原藏。

(2)《宋泽夫遗著选编》本。

按：本书完整记录宋泽夫先生于1942年3月18日被敌伪捕去，送往泰州，后脱险回家的经历，过程多舛，九死一生。原有油印本，后《宋泽夫遗著选编》摘录原文予以保留。

党路指南3卷　史部政书类　佚

见“徐海云”条。

言论集　集部别集类

(1) 油印本，周梦庄原藏。

(2)《宋泽夫遗著选编》本。

按：盐城景鲁中学校肖寿轩(别名怀雪，兼任盐城《新公报》总编辑)曾于1933年在盐城望海楼为《言论集》作序：“今春《新公报》发行，先生以特约撰述资格发表文字多篇，其内容不是明讥，便是暗讽。尤其对于社会的病态，不惜痛下针砭。一般人所要说而说不出的话，先生将她以隽俏之笔描写出来。一般人所要说而不敢说的话，先生将她赤裸裸的发挥出来。因而钦仰他的读者们，固然要看一看‘危言谠论’；就是厌恶他的读者们，也要看一看‘笔剑墨枪’。”显现其嫉恶如仇、同恶势力斗争不辍的爱国精神。故序又云：“先生不是一个徒唱高调的言论家，而是一个‘革命先革心’、‘立志做大事的实践者’。那末，这小小的册子，的确有问世的价值了。”参见1985年《盐城县志(初稿)》第四卷。

宋泽夫遗著选编　集部别集类

宋泽夫著　盐城县政协文史资料研究委员会　盐城博物馆编

1983年盐城县政协文史资料研究委员会、盐城博物馆编印本，南京图书馆藏。

按：本书前有周一萍撰《怀念与敬意——代序》、周梦庄《宋泽夫先生传略》，收有泽夫《被俘记》《停战协定原来就是这样》《呆子吟》等作品，以《呆子吟》为例：“君子强者矫，这便叫做呆；小人和而流，那便叫做乖。寄语聪明人，不可真弄乖。要得国不亡，除非人尽呆！”语言犀利警惕，颇具讽刺意味，充分体现其傲霜雪而长青的气节以及爱憎分明、坚贞不渝的爱国之情。书后附怀雪《宋泽夫言论集》序、严锋编后记。

横眉集：宋泽夫遗著选编　集部别集类

宋泽夫著　宋金城等主编

1992年江苏教育出版社精装本，南京图书馆藏。

按：本书共收入宋泽夫先生遗著34篇。

盐城谣谚集　集部总集类

宋泽夫辑

见民国《续修盐城县志》卷13。

胡海鳌(1872—1944)

原名春明，字鼋伯，号介夫。盐城西角尖(今属建湖县建阳镇坚持村)人。乐生子。家本贫，年少时为染坊学徒，曾求学于塾师王冠群，刻苦攻书。其大哥在杭州为僧，擅外科，后乃赴杭随兄学习。业成后为避匪祸而返里行医，名噪一方。行医30余年，有所见闻及治验，辄书之。且谓业中医者，不可不知西医学说，故于所著书末简介西医病名及用药。

按：孙善夫《建湖县卫生志》(412页)作"胡海鳌(1871—1944)"。

医学举隅(医学举隅实录)16卷　丛书类

(1) 1934年铅印本，复旦大学图书馆藏。

(2) 1935年上海光华医学书局铅印本，孔夫子旧书网子游书店有售。

按：1934年上海《新闻报》社编委严独鹤因其兄患颔槽风久治不愈而登报求医，得胡氏指点迷津。严为感激胡氏，除介绍商务书局为其出版《医学举隅》，还在此书扉页上题"洞见症结"赞词。胡海鳌平素行医中西兼得，尤擅外科，每有所得，则记录在案。本书于1934年由胡海鳌自费付梓，印书二千部。本书共16卷，计13篇。因胡氏认为"治病必以诊断为先，方知死生"，故此书首载《诊断方针》1卷，阐述扁鹊六不治并引经文诊法;《药物禁忌》1 卷,指出药物畏反禁忌、饮食忌宜,故而胡氏希望医者不可忽视;又当时“药市互相做假,采取鱼目混珠,任意为之,与一般不求深解之医流,扶同作伪”,胡氏痛伪药之弊,在《药市须知》1 卷中记载近百余种药,并从药材的产地、形态、气味等真伪优劣方面进行逐条分辨,同时针对药物的炮制,强调“药要真,秤要准,末要细,勿嫌烦”的十二字诀。胡氏这些医学观点对于纠正当时药市作假、药物混乱、炮制不法等状况,皆有积极意义。此外《囊中药》1 卷集价廉效佳之药,收置囊中,故称囊中药,皆为丸、膏、丹、散之类;《陈修园狂妄略》为作者评述陈修园所撰之医书;《医评》主要评论古代名著,并对张景岳等前贤略作评价,并对中、西医学加以比较,认为“研究中西医理”应“互相比例,各取所长,而舍其短”,如此方能济世救人;《外科辨证录》列外科常见病症之治法,并区分妇孺老少诊治之法;《评方录》主评说常见药方的功效用法,诸如四君子汤、四物汤等;《伤科》主介绍脱骱、骨折的入骱接骨手法及固定方法;《急救方》列举五绝、溺死、酒毒等危险证候之诊治急救方;《见闻录》阐述特殊治法及调护方法;《经验丛谈》《经验方案》主要汇集胡氏三十余年行医经验及心得。参见《中国中医药学术语集成:中医文献(上册)》。

1993 年《盐城县志》第 23 篇《文化志・邑人著作书目》《江苏历代医人志》著录子目如下:《诊断方针》《药物禁意》《药市须知》《囊中药》《陈修园狂妄略》《医评》《外科辨证录》《评方录》《伤科》《急救方》1 卷、《闻见录》《经验丛谈》《经验方案》《启明实录》。周玉祥、吴兆华《胡海鳌及其〈医学举隅〉》一文曾根据上海中医学院馆藏之 1934 年印本及吴公望抄本(一卷)并手中残卷,记录子目内容:《诊断方针》1 卷、《药物禁忌》1 卷、《药市须知》1 卷、《囊中药》1 卷、《陈修园狂妄录》1 卷、《医评》1 卷、《外科辨证录》1 卷、《评方录》1 卷、《伤科》1 卷、《急救方》1 卷、《经验丛谈》2 卷、《经验方案》3 卷、《西医证治一脔》1 卷。两者相较,有一些差别。

吴绍煃

字继炎。清末民国间盐城人。例贡。

仰止录 1 卷　史部传记类　佚

有不为轩存稿　集部别集类　佚

以上 2 种见民国《续修盐城县志》卷 13。

李道铭(1877—1941)

字传薪，号贯一。祖籍江苏丹徒，后迁至盐城。自学成医，常求教于周诰源先生。1929 年始，历任盐城县中医公会副主任、常委，盐城县中医药协会副主任、常委，盐城县红十字会副会长。1933 年始，与吴淑平、李润生、游海峰一起编辑盐城《医铎报》，并任该报主编。定期在红十字会及仁济堂等慈善机构义务门诊。擅长中医外科，研制“黑虎散”“九转丹”“八将擒王散”等外用药品，在临床中有显著疗效。参见《盐城中医人物志》。

内经纂要　子部医家类

李道铭点校

见《盐城中医人物志》。

验方录要　子部医家类

见 1993 年《盐城县志》第 23 篇《文化志・邑人著作书目》。

按：现遗有验案数卷。参见《盐城中医人物志》。

奚　侗(1878—1939)

字度青，号无识。安徽当涂霍里(今马鞍市)人。清末官盐城典史。曾留学日本明治大学，授法学士。淡泊名利，绩学工诗。费师洪辑《南通费氏淡远楼图咏》曾收录其题咏淡远楼诗。

当涂县志　史部地理类

清奚侗　鲁式谷总纂　当涂县史志办公室整理点校

《安徽历代方志丛书》本。

按:1933年奚侗受聘当涂修志局,参与编辑《当涂县志》。

庄子补注4卷　子部周秦诸子类

(1) 1917年铅印本,吉林大学图书馆藏。

(2)《无求备斋庄子集成续编》本。

按:本书为札记体,4卷414条,书前有静海高潜叙、奚侗1916年自叙,书末有绍兴戚扬1917年跋语。奚侗在自叙中云:"郭本割列原书,已失《庄子》之旧。今本雠校未精,传写讹挩,则又失郭本之旧。证以陈景元《庄子阙误》,是郭注本在宋时已无善者矣。晚近治《庄子》者,如王念孙、郭嵩焘、李桢、俞樾、郭庆藩、孙诒让、章绛诸家,理解疑滞,多所发明。余乡好此书,于今本挩误及注者踳驳之处,亦颇有所弋获,又往往偁引诸家之说,证以啚见,求其塙当而已。"奚侗在前人王念孙、郭嵩焘、李桢、俞樾等人之后,针对《庄子》校释方面用力颇深,每章用河上公本题名,凡所诠次,校论疑义,折衷一是,并注音韵。人称"解庄自郭氏以下殆无有善于此者"。

老子集解2卷　子部周秦诸子类

(1) 1925年铅印本,吉林大学图书馆藏。

(2) 2007年上海古籍出版社方勇标点本。

按:奚侗因老子传本颇有异同而校核是非。

老子注三种　子部周秦诸子类

清姚鼐、奚侗、马润昶撰　汪福润点校辑译

(1) 1994年黄山书社本。

(2)《安徽古籍丛书萃编》本。

按:《老子注三种》收录:马其昶《老子故》、奚侗《老子集解》、姚鼐《老子章义》,为研究《老子》提供了一份有益的资料,对进一步研究《老子》有所裨益。

诗集　集部别集类　佚

见民国《续修盐城县志》卷11。

马甲东(1878—1947)

原名新堂,字荫亭(一作映亭),号果园。盐城马沿庄(今属建湖县沿河乡马沿村)人。文琳子。幼习举业,皆系文琳口授。光绪二十五年(1899)考入两江师范学堂。先后执教于扬州、淮阴等地。1913年赴日考察教育、政治。返国后,襄赞族人扬州游缉统领马玉仁军务。1921年当选本省第三届议会议员。1925年代理淮安县知事。未几,去职寓上海。1927年返里,积极赞助地方公益事业。曾赞助“中央派”编撰《续修盐城县志·攻错录》,直至成书。曾为《华阳十景歌》作绪言,视之为学生了解乡土地理历史之助。晚年祝发昆山长林寺,旋病殁。胥爱礼《马甲东简介》云:“1947年初,马甲东离开家乡,去昆山长林寺参禅,同年六月三十日病逝。”

游日见闻　史部杂史类　佚

按:本书记录1913年甲东奉省令赴日参观大正博览会及考察教育、政治诸事。甲东在日期间,凡其过目且得心者,皆予记录,按日编排。譬如参观陈列馆,记载书屋若干栋、地若干坪、分科若干室;参观高等师范学校时,记载学制年限、职员数字、经费用途,此外标明女校设备特点等,旨在使阅者能有所借鉴,振兴中华。原淮阴知事周藏员、好友李保堂等皆阅其《游日见闻》,赞赏不已。参见胥爱礼《马甲东简介》。

马氏宗谱30卷　史部传记类

以上2种见1994年《建湖县志》第28篇人物。

果园笔记　史部传记类

马甲东编撰

1947年印本,南京图书馆藏。

按:本笔记分上、下编,内容分为“学舍”“墓碑”“宗谱”“游学”“祭文”“挽联”等12类。

李绳武

字守先。清末民国间盐城人。例贡。

博物新志　子部小说类　佚

日新阁类稿　集部别集类　佚

劝不缠足演说集　集部别集类

按:本书有陶鸿庆序。

以上3种见1991年《续修盐城县志》卷13。

黄　庭

字师鲁,一字诗汝,号若谷,别号梦蕉生。清末民国间兴化人,流寓盐城。敬熙子。1912年曾与张延寿、刘启佑等人共同创办同声社杂志,此为盐城最早的新闻刊物。

雨蕉轩海角丛谈　子部杂学类　佚

见民国《续修盐城县志》卷13。

姚肇昌(1880—?)

字树基,室名鸿雪山房。清末安徽贵池人,流寓盐城。近代篆刻家,工篆刻,风格粗放。

鸿雪山房印谱4卷　子部艺术类

清光绪二十八年(1902)自辑印成本。见韩天衡《中国印学年表》。

按:此谱为其自刻印作汇编而成。

贵池姚氏印存2册　子部艺术类

1917年自辑印成本。见韩天衡《中国印学年表》。

按:本印存前有李详、姚冠湖和肇昌自序。分上、下两册。上册收印一百二十七方,下册收印一百三十四方,共存印二百六十一方。印章内容多为姓名、字号、斋室、闲散印等。

树基印谱　子部艺术类

见民国《续修盐城县志》卷 13。

陈汉愚(1880—1944)

原名汉，一名汉川，字子铁，笔名止(指)惕。盐城县二区花川港(今属射阳县黄尖镇花川村)人。琴堂子，为陈琴堂家的"三川"(浃川、汉川、涵川)之一。地方文士。早年师从本邑钱宅三、张宝笙(均为廪贡生)。宣统三年(1911)率先在乡间发动体育会青年剪发辫。地方实业家，1915 年与南通张謇创办大佑盐垦股份有限公司。致力于发展渔业、航运业，废灶开垦、兴修水利，兴办学校和慈善机构等。1929 年盐城航运公会在盐城成立，陈汉愚任常务理事。1935 年秋，曾组建"渔民自卫团"，经受海上实战的考验。积极支持中共抗日救国，1942 年曾参加盐阜区首届临时参议会。能文，尤赞赏韩文气势与苏文流畅。亦善书法，主张融合各家之长，别创一格，曾应邀到盐城大寺工书《张黑女碑帖》体字，功到字成。惜手书墨迹均已散佚。参见《射阳县文史第 1 辑》。

(民国)续修盐城县志 14 卷首 1 卷　史部地理类

林懿均修　胡应庚、陈钟凡主纂　张璧、陈汉愚等修订

(1) 1936 年苏州文新书馆铅印本，南京图书馆藏。

(2)《中国地方志集成》本。

按：本县志与 1933 年《续修盐城县志稿》在篇目设置及基本内容相同，稍作变更。有删去者，有增加者，亦有改动者。如卷 1《舆地志》省《乡镇》，卷 10《公益志》省《地方禁令》《公产公款》，卷 3《民俗志》增《谣谚》；卷 7《经制志》改《政制志》等。本县志于搜补考证方面较为详实。

琴堂斋笔札 10 卷　子部杂学类

民国间上海铸记书局印本。

琴堂文选　集部别集类

民国间上海铸记书局印本。

按：以上两种存佚情况不明。

乔冠文

字伯超。清末民国间盐城东乔庄(今属建湖县庆丰乡)人,例贡。明算学。

算学考 4 卷　子部历算类　佚

见民国《续修盐城县志》卷 13。

按:1994 年《建湖县志》作"算学老",疑误。

盛朝典

字佑良。清末民国间盐城人。庠生。

毛诗郑笺改字通释 4 卷　经部诗经类　佚

见民国《续修盐城县志》卷 13,云有唐景崇、陈玉澍序。

研经堂杂著　经部群经总义类　佚

见《射水芹香集》。

许芸生

清末民国间盐城人。

杜斋诗集　集部别集类　佚

见民国《续修盐城县志》卷 13。云有李详序。

陈宗谌(? —1914)

字念严。清末民初盐城上冈(今属建湖县)人。玉澍从侄。光绪三十年(1904)岁考县首。1913 年被选为江苏省议会议员。翌年自省议会归,舟覆而死。

见见闻闻录　史部杂史类　佚

见民国《续修盐城县志》卷 13。

马为珑(1883—1919)

原名天福，字玲仙，亦字退桴。盐城北马厂(今属建湖县建阳镇人)。几代书香，文士满门。光绪间留学日本，攻读法律于东京大学。光绪三十二年(1906)，与留日学生季龙图、刘启晴等创立盐城学会，对兴办盐城地方新学颇多建树。不久被选任浙江提法使、山西督学。宣统三年(1911)，部试日本法政举人。入民国任蒙藏院及众议院秘书。曾有“壮志于今未获酬，惭余横卧蓟门秋”(《送赞侄之巴黎游学》)之叹。

比较国会论　史部政书类

(日)松元敬之著　马为珑译

按：本书为马为珑翻译西方社会政治学说，旨在将民主共和、君主立宪等主张传播给国人。

富之满洲(1907年政治转输社版)　史部地理类

(日)松元敬之著　马为珑译　刘启晴校

清光绪三十三年(1907)上海普及书局本，六盘水师范学院图书馆藏。

按：本书绪论记载日本人口之增殖、日本移民之实相、今后日本移民地。本书共四编，第一编为满洲经济地理；第二编为满洲的富源，介绍满洲的物产、矿山、森林、农耕、渔猎、制造业；第三编为满洲贸易，主要分析满洲贸易市场、满洲输出和输入贸易论；第四编记载满洲的交通运输。参见《晚清西方地理学在中国》。

应用女子修身教科书　子部儒学类

按：暂不知存佚情况。

退郛诗钞2卷　集部别集类

1916年山西太原石印本，国家图书馆藏。

瀛洲泪　集部别集类

清宣统二年(1910)上海普及书局本，华东师范大学图书馆藏。

按：本书是马为珑留学日本时，受新思潮影响所作的爱国诗集。如其《乙巳初游日本》诗写道：“整顿乾坤大任身，学成政略报君亲。神州黑暗无生气，一放光明赖有人。恨我迟迟着祖鞭，秋风吹冷菊花天。此行高唱中兴曲，换着文明照大千。”体现作者身在异国，不能即时报效祖国的愤慨之情。

沈兆骧

字超伯。清末盐城人。例贡。

稻香室诗钞　子部别集类　佚

见《盐城续志校补》卷1。

张　璧

清末民国间盐城人。20世纪30年代前期，任《续修盐城县志》分纂。

盐城文学士祁君硕陶哀挽录　史部传记类

张璧等编

1929年盐城祁氏铅印本，南京大学图书馆藏。

按：本书记载祁鸿钧（字硕陶）事略、像赞、碑文等内容。祁金镕为纪念赴美留学期间不幸病逝的独子祁硕陶，曾在盐城建“硕陶图书馆”。

（民国）续修盐城县志14卷首1卷　史部地理类

林懿均修　胡应庚、陈钟凡主纂　张璧、陈汉愚等分纂

见“陈汉愚”条。

钵渠遗稿　集部别集类　佚

见民国《续修盐城县志》卷13。

孟义臣

清末民国间盐城人。民国中曾任县教育局局长，国立暨南大学讲师。

参观日记 1 卷　史部传记类　佚

见民国《续修盐城县志》卷 13。

苏守仁

字智卿，清末民国间盐城人，秀才，工诗文书法。曾任县府三四科科长。万古斋、虞受言《苏智卿被辱追记》载其事迹。

近思斋集　集部别集类　佚

见民国《续修盐城县志》卷 13。

刘云汉

清末民国间盐城人。

吟花馆诗钞　集部别集类　佚

见民国《续修盐城县志》卷 13。

姚冠湖(1886—1926)

字楚卿。安徽贵池人，先世经商于盐城，咸丰初迁居盐城湖垛(今属建湖县)。县庠生，师事陈玉澍习古文辞，为文纡回往复，不沾沾于章句之学，而以经世致用为务，为文驰骋博喻，一洗矜躁之气。当世名宿如合肥蒯光典、桐城姚永朴、同邑章兆鸿等咸加称赏。1924 年曾为黎永卿等辑《陆祠观礼诗纪》作序。秉性敦厚谨慎，晚岁主讲景鲁学校，校风为远近冠。参见 1994 年《建湖县志》。

寄轩杂著 1 卷　子部杂学类　佚

古近体诗 1 卷　集部别集类　佚

以上 2 种见民国《续修盐城县志》卷 13、1994 年《建湖县志》第 28 篇人物。

萱寿堂稿初编　集部别集类　佚

见民国《续修盐城县志》卷 13。

萱寿堂稿续编 1 卷　集部别集类

1922年排印本，南京图书馆藏。

萱寿堂稿三编　集部别集类　佚

见民国《续修盐城县志》卷13。

后乐堂文钞续编9卷　集部别集类

陈玉澍撰　姚冠湖校

(1) 清光绪二十七年(1901)铅印本，山东大学图书馆藏。

(2)《清代诗文集汇编》本。

(3)《中国稀见史料》本。

(4)《晚清四部丛刊》本。

按：参见"陈玉澍"条。

吴鸿璧(1886—1946)

字彝伯。盐城东冈吴家桥人。幼习举业。科举停罢后，入淮安府中学堂。民国初，曾任江苏陆军第二军第二十三旅马玉仁团的参谋长。1921年，当选为江苏省第三届议会议员。吴任议员期间，对改革地方苛捐杂税及兴修里下河水利等，多次建言。热心公益，洁身自好，于地方公益多所赞助，为乡里敬重。1928年捐大半家资支持季龙图创办盐城贫女教养院。1940年民主建政后，曾先后任盐城县临时参议会、建阳县(即今建湖县)临时参议会参议员。后积极参与湖海艺文社的诗文唱和。1994年《建湖县志》载其事迹。

淮南新兴场北七灶商灶剧争之索隐　史部地理类

吴鸿璧、刘障东、沈云瑞等译述

油印本，孔夫子旧书网三槐堂有售。

按：1917年张謇所创大纲盐垦公司强占北七灶灶民土地，吴鸿璧(吴家桥人)与刘障东(新兴场人)、沈云瑞(沈唐灶人)等人，不畏权势，奔走呼号，为灶民伸张正义，最终迫使官府将强行霸占的120000余亩灶地归还给北七灶灶民。本书记载新兴场北七灶灶民与大纲公司之争之起因、内情及其经过，共计120页6万余字，卷末注译述时间为1918年2月。本书为民国初期商灶之争的研究提供了宝贵的文献资料，是罕见的海盐史料，同时有图表及摄影，具备较高的历史收藏价值。1993年北京图书馆编《民国时期总书目1911—1949：经济》予以收录。

郁馨山

字德斋。盐城人。例贡。曾就读南菁书院。1926年任盐城县教育会会长、教育局局长。

化学拾沈　子部杂学类　佚

最新化学公式　子部杂学类　佚

土壤学问答　子部杂学类　佚

按：民国《续修盐城县志》卷13注："有张謇序。"

肥料学问答　子部杂学类　佚

按：民国《续修盐城县志》卷13注："有李详序。"

害虫益虫学提要　子部杂学类　佚

壮学斋文集　集部别集类　佚

以上6种见民国《续修盐城县志》卷13。

阮德纯

清末民国间盐城人。

春晖堂诗稿　集部别集类

民国间胡应庚所藏抄本。

希潜遗诗1卷附录1卷　集部别集类

1934年景曾箬排印本，华东师范大学图书馆藏。

希潜遗诗不分卷　集部别集类

1934年铅印本，复旦大学图书馆藏。

希潜遗诗　集部别集类

1934年门人曹树桐铅印本，南京大学图书馆藏。

按:著者信息较少,《希潜遗诗》标为"阮德纯撰",故放于此。

吴世拱

字静渊。清末民国间盐城人。师从常宁尹桐阳。

洪承畴章奏文册汇辑不分卷　史部政书类

清洪承畴撰　吴世拱编

(1) 抄本,南京图书馆藏。

(2) 1937 年上海商务印书馆铅印本,南京图书馆藏。

(3)《台湾文献丛刊》本。

(4)《明清史料汇编》本。

按:本书 2 册不分卷,1935 年国立北京大学史料室整理所得洪承畴在清代的揭、题、奏、报销册等项档案。前有吴世拱"编例",后有孟森"跋"。本书辑录自清顺治十二年(1655)至十七年,"招抚"江南各省及"经略"湖广、江西、广西、云南、贵州等处六十七种文件,涉及人事、兵马、钱粮等项,内容较广,颇具文献参考价值。洪承畴由明臣降清,清初东南与西南几均由其底定。洪承畴于明崇祯年间辑有《古今平定略》十二册,后有部分抄本与刻本存世。

鹖冠子吴注 3 卷　子部周秦诸子类

春秋鹖冠子撰　吴世拱注

(1) 1929 年铅印本,国家图书馆藏。

(2)《民国时期哲学思想丛书》本。

按:见《贩书偶记》卷 11。本书版心题"九鹤堂丛书之一"。书前有 1927 年常宁尹桐阳序:"盐城吴生世拱从游于燕都,业习训诂学洎《墨子》学,饶有所得。因绍其注《鹖冠子》全书,祺(期)年工竣。疏厥文理,详为考证,而人视为荆棘难辟之《鹖冠子》庶可读矣。"肯定吴世拱为《鹖冠子》作注的贡献。1929 年 8 月 19 日吴世拱作《志》。本书分上、中、下三卷。卷上目录为:博选第一、著希第二、夜行第三、天则第四、环流第五、道端第六、近迭第七;卷中目录为:度万第八、王鈇第九、泰鸿第

十、泰录第十一；卷下目录为：世兵第十二、备知第十三、兵政第十四、学问第十五、世贤第十六、天权第十七、能天第十八、武灵王第十九。吴世拱注较为详实，先释词，后串讲，释词能做到重视声音的因素。此外吴注多引用典籍文献，用以疏通文义。

薛综缘

字兼到。盐城人，薛星垣侄孙。1933 年春，与同邑金蜀章、徐梦榴、周梦庄等发起创立绮社。每周一集，历时 5 年。曾编印《绮社杂稿》两期。《杂稿》第一期有薛综缘作《序》。

续修盐城县志稿第一辑攻错录　史部地理类

薛综缘辑

(1) 1934 年铅印本，南京大学图书馆藏。

(2) 1935 年薛氏铅印本，南京图书馆藏。

(3) 1936 年铅印本，苏州大学图书馆藏。

按：本书由数人集商，旨在对已成书的《续修盐城县志稿第一辑》进行攻错，薛综缘曾云："经纬莫名，体例不备。蜕故未悉其断，嬗新复泯其纲。赓述之意多乖，创始之图难洽。搜残则不免漏误，补阙又罔见权奇。颠倒衣裳，纷纭白黑，颇繁笔削，尤虑流传。"故草成《续修盐城县志稿第一辑攻错录》。由薛综缘具名，马玉仁出钱，赴沪某印刷所用铅字汉文正楷印行，青纸封面，丝线装订，王西神题签，高潜子署首。本书分六章，前序末记。第一章为绪语，简述盐城县志编纂史，阐明作《攻错录》缘由；第二章正名论；第三章标目及待辑各卷之商榷；第四章记录已成诸志略评，分上、中、下三部分；第五章尊闻与申义；第六章余言。

金蜀章

又名金觉，字丽川，号寤庵。盐城人。20 世纪 30 年代本邑绮社发起人之一。周梦庄撰《盐城光复记》时，丽川先生曾供给三星堂材料。

寤庵词　集部词曲类　佚

见周梦庄《盐城续志校补补遗》卷1。

赵嶰山

一名澥山，又作獬衫。盐城人。本邑多种文史资料幸赖其搜集与保存。

劳工教育特刊　史部传记类

赵嶰山主编　盐城县劳工教育委员会编

缩微文献，国家图书馆藏。

按：其他题名信息为“二战纪念特刊”。

盐城丛谈　史部地理类

见周梦庄《盐城续志校补补遗》卷1。

会秋堂集　集部别集类

清宋曹著　赵嶰山辑

(1) 影印本，国家图书馆藏。

(2)《中国稀见史料》本。

按：参见“宋曹”条。

周涤钦(1894—1939)

名洁，字涤钦，以字行，一字君素。盐城县秦南镇人。爱国人士，富才思，精艺事。1924年考入清江第六师范。先后任秦南小学校长、安庆高中附小教员兼安徽《民国时报》校对、山东《民国时报》编辑、盐城联中及亭湖中学国文教员等职。能诗善画，与徐悲鸿先生为画友，且有书画往还。“九一八事变”后，曾卖画积极支持抗日，自署笔名“百炸余生”，创作诸多抗日诗文，另有学术著作及白话小说多种。1939年投笔从戎，曾任国民党军队三十二师师部文书工作。因作《民族弹词》，中有“孺子何堪作总戎”等诗句触忤韩德勤，为特务所劫杀。

我们的耻辱　史部杂史类

周涤钦编著

《中国青年丛书》本。

按:本书合14章内容,记述近代以来帝国主义侵略中国的历史,从鸦片战争叙至“九一八”事变后日军进犯华北止。1937年初版,1942年再版。

华侨发展史　史部杂史类

新土耳其革命史　史部杂史类

民族英雄故事　史部传记类

按:周涤钦在镇江民众教育馆与省广播电台工作时,写作《华侨发展史》《新土耳其革命史》《民族英雄故事》。

抗战道情　史部传记类

还我河山　子部小说类

按:抗日战争期间,盐城沦陷。周涤钦应宋村私立亭湖中学聘请,任国文教员,并利用课余时间自编抗日救国教材,文字简俗通顺,《抗战道情》与《还我河山》为此时作品,其中《还我河山》曾连载于湖垛民国日报。

涤钦二十年诗编　集部别集类

周涤钦著

1935年镇江江南印书馆本,华东师范大学图书馆藏。

按:本书前有1934年2月9日易君左《序》,饱含深情歌颂与周涤钦之间友情的同时,又高度评价了其诗作:“若涤钦,真今之诗人,亦古之诗人也。吾雅不欲言其技术,吾以为技术乃诗之末,吾欲勉涤钦还以自勉并以勉人者,乃在诗之本。诗之本何在?在志、在情。良心即志,血性即情。有志与情之人而后可与言诗,而后可作诗;有良心与血性之人而后可以交友,而后可与人交;是故诗人必兼备此,以蔚天地浩然之气,而弥塞乎六合,故诗人非以文学之技术工也。然即以技术言之,则涤钦所造之诣,已迥越寻常。”书前尚有卢前《序》、涤钦《自叙》(写于灌云)、涤钦本编集句“旧事重提百可哀,仇人未上断头台。六朝骚雅迷荒水,小技雕虫骋异材”、涤钦近影、涤钦小家庭照、涤钦静物写真作品、《自题》诗多篇与涤钦画作并存。此外本书录《朔风篇》《悯农行》《邵伯旅邸灯下感怀》等诗篇。周涤钦诗文多关怀民生,充满爱国主义激情,具有深刻的人民性。

民族弹词　集部词曲类

按:1939年周涤钦在国民党八十九军三十六师移驻湖垛后,曾任上校秘书,并利用闲暇编著《民族弹词》,作者针对当时的残酷现实,表达抗议与不满之情,继而反思,创作出的多首爱国慷慨诗篇,如《哀南京》《怡堂燕》《望风逃》《误苍生》等。涤钦把《民族弹词》用钢版刻写油印千余份分送各方,旨在万分紧急、民族危亡之际,能唤醒民众齐心救国之心。涤钦曾留一册藏于家,并于底页题写一诗:"事事于今不自由,谁将笔墨弄风流,慷言慨语犹遭忌,莫怪南山集被收。"表现其对当局消极抗日的无奈愤慨之情。

以上见周中四《记先君涤钦先生》(1984年《盐城文史资料第1—2辑》)。

周筠坡(1896—1945)

初名寿山,字筠坡,以字行,别署奇园主人。盐城人。弱冠随叔父流寓苏、扬二州,中年归里业医,兼课童蒙。抗战时避乱东海之滨,几度流离迁徙。嗜酒,能诗,善文,又精于医,而不以医名。曾参与蔟庄吟社。曾办《溪声报》。计高成主编《湖海诗存》一书录周筠坡诗5篇,同时标注其生卒年为1897年7月至1945年8月。

奇园杂文1册　子部杂学类

抄本,盐城市图书馆藏。

按:前有《奇园主人自传》,他人抄写,粘附于上,标明周筠坡为清光绪二十二年(1896)生。末附《奇园词》5首。

奇园诗钞1册　集部别集类

(1) 抄本,盐城市图书馆藏。

按:本书前有奉贤朱家驹序,后有《奇园主人自跋》,他人抄录,粘附于后。

（2）油印本。

按：本书为族弟周梦庄于1979年油印，且作有《奇园诗钞前言》。

怀人词1册　集部词曲类

抄本，盐城市图书馆藏。

按：此为门人程锦璐抄写。

鸿雁录　集部词曲类

见2007年计高成主编《湖海诗存·亭湖卷》。

朱坚白（1902—1940）

名桂生。盐城建湖走马沟河西张庄人。20年代初毕业于东南大学教育系，先后执教于盐城县中、南京女中和南通农业专门学校。曾任盐城县党部执行委员、广东博罗县县长。1932年经周佛海推荐，任省民众教育馆馆长，馆内组织设科学、图书、艺教、教导、研究、总务六部。1932年秋，入英国伦敦大学攻读财政金融专业。坚白曾为俞家齐编《民众图书馆设施法》（1934年出版）作《辅导丛书发刊序言》时指出，省立民众教育馆的任务有三项：一是直接教育民众，二是辅导各县，三是研究实验。抗日战争爆发，回国投身抗日救亡运动。1940年日军进攻兴化，朱在转移途中与日军遭遇，殉难于蔡家坡。1994年《建湖县志》载其事迹。

资本论　史部政书类

马克思撰　朱坚白译

见建湖文史网“朱坚白传”。

按：此为朱坚白在伦敦大学攻读财政金融专业时翻译。后抗战爆发，朱坚白中断学业，带译稿返国。

扫除文盲的几个问题　史部政书类

《教育辅导》1935年第1卷第8号。

李铸东

民国间盐城人。1919年在盐城新猷镇开设铸东医院，最早施行剖腹产、截肢、阑尾切除、肠切除等手术。曾收徐达卿、徐建富为徒。赵如珩撰《江苏省鉴》(下册)亦曾记录。

外科手术录要　子部医家类

见盐城市公共主页——亭湖网亭湖区志。(http://page. renren. com/600014523/channel-noteshow-919520619。)

佚　名

盐渎唱和诗1卷　集部别集类

民国铅印本,兴化图书馆藏。

按:1915年秋,洪鉴(字述之)至盐城征收厘金税。厘金税是晚清实行的一种行商税,即在水陆要隘设立关卡,征收过往商品百分之一的捐税,百分之一为厘,故名。因厘金征收没有统一的制度,各省为增加厘金收入,随意设关置卡,甚至一处数关数卡。局卡林立,商运货物,逢关纳税,过卡抽厘,层层盘剥,人民苦不堪言。洪鉴上任后,"除东关烦税,蠲新洋港加捐","独持廉于冥冥中,不与庸俗为梯"。洪离任时,作留别诗四首,题为《典榷盐渎冬春再徂邑人士雅谊遮邀又将瓜代劳歌款别敬俟玉音》。诗有"满目哀鸿雁,无功到簿书"之句,原注云:"旱潦交侵,岁薄民歉,举债以偿征额,无能报最。"旨在说明地方经济的困顿。盐城"商者叹吁,贩者忧沮"。邑人为诗,有和洪鉴留别之作。时人辑成此卷。桐城叶玉麟为之作序。所收有李详、阮寿慈、徐燮、潘联逵、姜福履等人诗作,大多歌咏洪鉴廉洁、不与世俗同流合污的高尚情操,如兴化李详《和韵》道:"骥足无由展,横当虎豹关。薄征思一贷,屈节托三孱。民意争归德,天心未厌艰。青毡余长物,应忆读书山。"张瓒之《和韵》道:"吏治无隆污,平昔视所学。时流杂泾渭,究亦分清浊。吾爱洪夫子,两载深情渥。被褐怀珠玉,俯首就征榷。处膏不自润,苛政免烦数。仁风扇四野,鸡声鸣喔喔。平生景仰心,培塿视乔岳。"参见《江苏地方文献书目》。

东 台

明

周　沂

字公鲁，又字定庵。明泰州安丰（今属东台）人。诸生。洪武初滨海年凶，朝命赈饥，有司未行。沂年方弱冠，往抵金陵上疏，赈事得行。官九江刺史，以抗直犯当道忌，谪戍辽北，士论惜之。袁承业辑《东台诗征正集不分卷别录不分卷外编不分卷》收其小传及诗作。

梅庄诗钞　集部别集类　佚

刺史遗集　集部别集类　佚

以上2种见嘉庆《东台县志》卷39。卷38存诗一首。

袁　泰

明草堰（今属大丰）人。

霞外杂组　子部杂学类　佚

见嘉庆《重修扬州府志》卷62。

按：1999年江苏省大丰市盐务管理局编《大丰盐政志·著述》、2006年陈如祥主编，大丰市地方志编纂委员会编《大丰市志·著述》均作“霞外竹组”。

袁三余

明草堰（今属大丰）人。室名古愚斋。诗人。曾作“草堰八景（七绝）”诗，其七《朱泊渔灯》：“沽鱼换酒碧云西，众艇垂阴万柳齐。野爨滩烟波细细，沧浪一曲醉如泥。”很好地描摹出草堰“万柳垂荫、野炊袅袅、湖泊悠荡”的自然景致，体现了草堰亘古深厚的地域内涵。参见1987

年中共盐城县委编史修志办公室、盐城县档案馆编《盐城史话》。

古愚斋浅言　子部杂学类　佚

见嘉庆《重修扬州府志》卷62。

按：1999年江苏省大丰市盐务管理局编《大丰盐政志·著述》，2006年陈如祥主编、大丰市地方志编纂委员会编《大丰市志·著述》作“古愚斋贱言”。

王　艮(1483—1541)

初名银。字汝止，号心斋。明泰州安丰(今属东台)人。出身盐丁，弱冠，父使治商齐鲁间。已又业医。壮年方读《大学》《论语》《孝经》等书，逢人质义，学无师承。38岁师从王守仁，更其名为艮。守仁弟子甚众，艮以布衣而出众弟子之上。虽承王学“良知”之说，但又时时不满其师说，提出“即事是学，即事是道”，“百姓日用即道”，吾身是“本”，家国天下是“末”等观点，强调以“安身立本”作为伦理道德的出发点，比较接近下层人民的利益与愿望，认为“人之天分有不同，论学则不必论天分”。一生未仕，以讲学终身，注重平民教育，曾作《乐学歌》《孝弟箴》等。为“泰州学派”创始人，“淮南格物”的大成者。徐樾等门人私谥为“文贞先生”，后谥“文贞”。《明史》卷283有传。艮逝世后，其在安丰场的讲学地改建为“王氏宗祠”。《安丰三先生祠堂记》云：“滨海之区，荒僻狭隘，而一时讲理学有人，擅歌诗有人，治古文博通书史又有人。乡之人化之，越数百年沐其流风余韵，久而不忘，而为之立主迎神，馨荐俎豆，俾后生小子有所矜式，奉为依归。”清初东台籍诗人吴嘉纪，写有纪念王艮的“谒勉仁堂”诗。

新刻王心斋先生奏疏类编2卷　史部政书类

明王艮著　明王元鼎辑

明崇祯间刻本，国家图书馆藏。

重刻心斋王先生语录2卷　子部儒学类

(1) 明刻本，中山图书馆藏。

（2）《四库全书存目丛书》本。

（3）《续修四库全书》本。

按：《东崖王先生行状》记载《心斋语录》刊刻缘由道：“岁己巳，先公（心斋）遗有语录，尚纷错尚未裁订，先生乃手录之，过豫章就正于阳山宋公、泉崖聂公、一崖郭公、蓉山董公，参订编集四册，付之梓。”《重刻心斋王先生语录》记录王艮讲学语录，其讲求平民教育，曾云“人之天分有不同，论学则不必论天分”，旨在强调后天学习的必要性。同时还提出“百姓日用之道”，认为“圣人志道，无异于百姓日用。凡有异者，皆谓之异端”。其言论曾由刘斯原、黄宗羲、周汝登、孙奇逢等人收入各自作品中。

心斋约言 1 卷　子部儒学类

（1）《学海类编》本。

（2）1965 年贵州省图书馆油印本，贵州省图书馆藏。

（3）1985 年台北新文丰出版社影印本。

（4）《丛书集成续编》本。

（5）1998 年北京图书馆出版社《续百子全书》本。

按：《四库全书总目》云：“《明史·艺文志》载《心斋语录》二卷，此本改其名曰《约言》，又止一卷，亦《学海类编》之节本也。”疑为心斋讲学语言的节录本。清嘉庆二十二年(1817)《东台县志》卷三十九《撰述》著录亦为一卷。撷举《心斋约言》中言：“论道理若只得一边，虽不可不谓之道，然非全体也。”故编修程晋芳家藏本称“此书皆发明良知之旨”。

重镌心斋王先生全集 6 卷　集部别集类

（1）明万历三十四年(1606)耿定力、丁宾刻增补本，北京大学图书馆藏。

（2）明王言纶等刻本，天启元年(1621)刻崇祯增刻本，附《新刻王心斋先生疏传合编》2 卷，中国科学院图书馆藏。

（3）明王元鼎补遗，明万历间刻本，国家图书馆藏。

（4）明王艮撰　焦竑等校辑　王元鼎等补校，哈佛大学哈佛燕京图书馆藏。

(5) 明王艮撰　王元鼎补遗，1994年用内阁文库明刊本景印，东京大学东洋文化研究所藏。

重镌心斋王先生全集6卷附疏传合编2卷　集部别集类

(1) 明王艮撰　明陈履祥序，明万历间刊崇祯至清嘉庆间修补本，国家图书馆藏。

(2) 明王艮撰　明陈履祥等序，明崇祯四年(1631)泰州王秉谦等重刊本，国家图书馆藏。

王心斋先生全集活字文六本　集部别集类

见1983年《东台县志》增编本第19编第四章《著作书目》。

心斋先生全集8卷　集部别集类

明刻清初递修《三贤全集》本，泰州市图书馆藏。

王心斋集　集部别集类

《广理学备考》本。

王文贞公集2卷　集部别集类

清嘉庆二十一年(1816)王世丰重刻本，泰州市图书馆藏。

明儒王心斋先生遗集　集部别集类

明王艮著　袁承业编

清宣统二年(1910)刻本，泰州市图书馆藏。

王心斋先生全集5卷　集部别集类

(1) 清道光六年(1826)乐学堂刻本。

(2) 明王艮撰　明王元鼎辑　(日本)春日仲襄点　(日本)冈田裕校

嘉永元年(1848)江户英屋太助大阪河内屋茂兵卫印本，东京大学东洋文化研究所藏。

按：印本有弘化四年(1847)序。

(3) 明王艮撰　明王元鼎辑　(日本)佐野公治撰附录

用嘉永元年(1848)刊本景印，东京大学东洋文化研究所藏。

（4）清宣统二年袁承业据原刻本重编校铅印本，北京大学图书馆藏。

按：东台乃袁承业先生之乡，袁氏慨然以桑梓文献为任，将原书重编体例付印。《王心斋先生全集》卷凡五：一语录，二诗文杂著，三年谱，四谱余、续谱余，五疏传合编。卷首冠以心斋父守庵像与心斋、一庵、东崖三贤及兄汝全、弟汝胜等像。心斋之衣冠蒲轮等制图，亦照原刻本钩摩而列入焉。参见夏兆麐撰《泰县图书馆乡土书目提要》。

（5）1932年铅印本，泰州市图书馆藏。

按：附一庵、东崖（厓）遗集四先生残本。

王心斋先生全集5卷附弟子录　集部别集类

明王艮撰

清道光六年乐学堂刻本，清华大学图书馆藏。

心斋王先生全集　集部别集类

明王艮著　明王元鼎等辑

木刻本，首尔大学奎章阁韩国学研究院藏。

按：嘉庆《重修扬州府志》卷62著录《心斋文集》20卷。王艮集在明代曾多次刊刻，内所载语录、论文、诗歌等，多经其子及其门人搜集编订而成。由于其轻著述而重讲学，故鲜少著述。袁承业编刊《王心斋先生全集》附《各集编辑校刊姓氏表》言之甚详。现存刻本以万历本最早。清黄宗羲《泰州学案》中曾称赞王艮："前不见有古人，后不见有来者"，又赞"若先生者，其圣贤而豪杰者乎！"

三贤全集四种　丛书类

明崇祯刻本，泰州市图书馆藏。

子目如下：

《王心斋先生文集》6卷　明王艮撰

《王心斋先生疏传合编》2卷　明王艮撰

《王一庵先生遗集》3卷　明王栋撰

《王东崖先生遗集》2卷　明王襞撰

按:此辑录王艮兄弟父子三人著作。

周 瑞

字大祥,号源溪。明泰州安丰(今属东台)人。幼从塾师习章句,喜讲忠孝大义。性勤约,善居积,中年家饶,讲学来海滨者多住其家。与同里王艮为姻娅,互以道谊相切。晚闻吉水邹元标贤,乃挈幼子裴至豫章青原山受业。学益进。已而辞归,建屋安丰,名其堂曰餐蔗。卒后门人私谥文毅。

餐蔗堂残诗1卷　集部别集类

明周瑞撰　袁承业辑

(1) 1913年东台袁氏铅印《周氏三先生残稿合刻》本,泰州图书馆藏。

(2)《明清史料汇编》本(第八集)。

按:本书牌记题“壬子(1912)夏东台袁氏编辑排印”,1913年袁承业为《周源溪少溪元度三先生遗稿合刻》撰《序》:“三先生者,一为王东崖(厓)之戚友、江西邹文庄之弟子,私淑王文成,公讳瑞,字大祥,源溪其别号也。”书中《餐蔗堂残诗》有《箴世四首》《示友四首》《怀古五首》等诗存世,以《写照》为例:“不须留幻影,直欲存真心。天地有穷尽,吾心无古今。”将作者的赤忱忠心表露无遗。后附诸名人题词,如邹守益、邹美、邹善等。1983年《东台县志》增编本第19编作:“百岁餐蔗堂诗集”。

餐蔗堂遗稿　集部别集类

明周瑞撰　袁承业辑

收入袁承业辑《东台诗征别录》。

高 焯

明丁溪(今属大丰丁溪镇)人。高焯祖上为兴化高姓(明清八大家“李、吴、解、魏,高、宗、徐、杨”之一)。高焯父为高椿。元末,高焯自苏州迁徙至兴化丁溪场(今大丰丁溪镇),高焯生高谷,后高谷迁入兴化,中进士,著有《育斋集》二十卷。

菊轩集　集部别集类　佚

见嘉庆《重修扬州府志》卷62。

按:1983年《东台县志·著作书目》云:"《菊轩集》,元丁溪高焯著。"2011年张荣东主编《中国菊花审美文化研究·陶渊明人生境界对后世的文化影响》中将高焯归为明朝人。高焯历经元明两朝,应为明人。

王　衣(1507—1562)

字宗乾,号东堧。明泰州安丰(今属东台)人。艮长子。少随父游会稽。诵读善正并与越中会学。精翰墨,其正草书绝肖王文成体。为使父矢心教育,王衣挑起家庭重任。每当父亲学生盈门,则"供茗馔,设坐具,无所不至"。率弟游学江浙,立宗会,光大家学。王衣生平著述散佚,有诗8首,解、论各1篇存世。卒后私谥孝义先生。

东堧先生残稿1卷　集部别集类

见袁承业重编校排印《王心斋先生集》附《明儒王东堧东隅东日天真四先生残稿》。

按:《明儒王东堧东隅东日天真四先生残稿》中存《王东堧先生残稿》一卷,包括《夜梦与友论学》《新秋霁月》《读楚侗耿公本末解》《舟中读鲁论二条》等。

王　襞(1511—1587)

字宗顺,号东崖,人称东崖先生,自号天南逸叟。明泰州安丰场(今属东台)人。艮次子。"淮南王氏三贤"之一。少从父至会稽传王守仁之学,后师事王畿、钱德洪,随父开讲淮南。父卒,继父讲席,往来各郡,主其教事。述父家训:"至尊者身,弗先慎乎其德,而苟于从事乎?"(《东崖遗集》)望日隆,四方聘以主教者沓至。与多士讲习,博问精讨,讲先人"格物致知"之说。敦孝弟,睦宗族。中丞州人凌儒疏荐于朝,将启用,坚卧不起。未几卒。王襞继承其父的学说,进一步扩大了泰州学派的思想影响。焦竑曾作诗"陈义狎六籍,浩气吞九牛。片言指颐间,四座皆回头",字里行间透出对老师王襞的敬佩与称赞之情。焦竑为之作《王东崖先生墓志铭》。另《明儒学案·泰州学案一》中辑录《东崖语录》。

东崖遗集(一作新镌东厓王先生遗集)2卷　集部别集类

(1) 明天启刻本,南京图书馆藏。

(2) 明崇祯年间刻,清初递修本,泰州市图书馆藏。

(3) 袁承业重编校排印《王心斋先生全集》附。

(4) 抄本,南京图书馆藏。

(5)《四库全书存目丛书》本。

按:南京图书馆《新镌东厓王先生遗集》二卷《序》云:"国朝理学开于阳明先生,从游者几遍天下。王以学世其家者独有两人,心斋、罗石是也。心斋子五人,东厓为其仲,学尤邃……东厓殁既二十有四年,门人子弟思东厓不可再作,则取吟咏应酬之语裒而辑之。"

三贤全集四种　丛书类

明崇祯刻本,泰州图书馆藏。

见"王艮"条。

朱　恕

字光信,号乐斋。明草堰(今属大丰县草埝乡)人。有"东海贤人"之称。少孤贫,采樵养母。一天经王艮书院留步听讲,忽有所悟,乃信口作歌:"离山十里,薪在家里;离山一里,薪在山里。"王艮以歌辞颇含哲理,即招入并训其弟子曰:"处处有道。"自此,遂拜师王艮门下,终成高足。朱恕终身不仕,采樵行吟于乡中之纵横河汊、阡陌田埂。卒后,墓碑上刻"明隐士朱光信之墓"。耿定白为朱恕作《陶樵传》。《明儒学案》《嘉庆盐法志》《东台县志》等记有其事迹。

朱乐斋先生遗诗1卷韩乐吾先生诗集1卷　集部别集类

明朱恕撰　明韩贞撰

1927年至1928年石印本，南京图书馆藏。

按：该集是朱恕和他出身陶工的弟子韩贞的著作合集。

袁孟龙

字子云。明东台人。嘉靖十九年(1540)举人。知滨州，薄税轻徭，与民休息。好义重施，抚孤独，赡贫穷。卒后葬于兴化戴窑白涂河北三禹庄，即今舍陈禹庄村。

士鉴录　史部政书类　佚

见嘉庆《重修扬州府志》卷62。

沈山人续集10卷　集部别集类

明沈沾撰　袁孟龙选

明嘉靖四十三年王中孚刻本，上海图书馆藏。

按：沈津《书城挹翠录》记录“明嘉靖刻本《沈山人诗》”条，其云：“《沈山人诗》六卷续集十卷，明沈沾撰。……续集题‘子云袁孟龙遴选，化远王中孚校梓’。有嘉靖甲子王中孚序、万历癸丑王百祥跋。藏上海图书馆。……而王重民《中国善本书提要》著录有异，续编仅为五卷，似残去其半。”

周崇寿

明泰州安丰(今属东台安丰)人。天赋聪颖，八岁能诗，师事王艮，悟“良知为性天，作用随处皆可时习”，艮叹曰：“起予者童子也，始可与言一贯矣！”自是以圣贤自期，至老不倦，卒为醇儒。

文庄遗集　集部别集类　佚

见嘉庆《东台县志》卷39。

按：程可石主编《安丰风雅》第150页作：“《文壮遗集》，明安丰周崇寿。”

王陈策

字师董。明泰州丁溪(今属大丰)人。嘉靖二十六年(1547)进士。授浙江诸暨县尹。宰两邑,俱有惠政。历官工部郎中,出守广信。曾为肯定抗倭名将刘景韶于海安筑城事,为之撰《又报德祠碑记》《碑阴记》。参见翟厚才主编《〈海安考古录〉校注》。

王师董遗稿　集部别集类

见道光《泰州志》卷30。

王　褆(1519—1587)

字宗饬,号东隅。明泰州安丰(今属东台)人。艮三子。与兄襞俱师龙溪王畿。性严介,善诗歌。精翰墨,守家学,乐天伦,能继父志,深得王艮"格物之学"之意蕴。赋性方刚,待人和蔼。会岁饥,鬻产捐赈,暂止里民之饥。还创义仓,倡宗会,有善行。尝作《水灾吟》,忠实记载苏北水灾残酷现状,控诉当时腐朽政治的无能。远近士大夫咸赞"淮南善士尽出王氏一家"。卒于万历十五年(1587)十月八日,享年69岁。与王襞均葬"贤人山",配享王艮祠。

先公遗录私绎　子部儒学类

见道光《泰州志刊谬》。

语录1卷　子部儒学类

见民国《泰县志编》卷27。

按:此为王褆为其父王艮所编的《语录》,惜《语录》不存,有聂静、许孚远两篇序文存世。

王东隅先生残稿1卷　集部别集类

袁承业重编排印《王心斋先生全集》附《明儒王东堧东隅东日天真四先生残稿》1卷,南京图书馆藏。

按:程可石编《安丰风雅》第27页收有《王东隅先生残稿》中的《狂风歌》:"狂风怒发声如雷,扫出一片青天来。浮云追散玉宇界,长江推倒雪山堆。东家茅屋卷将尽，西林老树撼欲颓。吼空括地万牛力，触我门户如人开。絮衾直透寒不寐，琴枕飕彻冰难捱。披衣抱荐偎南奥，几乎冻削瘦肌骸。安得一盅曲瓮水，聊衬暮寒孤客怀。天公有知怀作念，前村冻馁尤堪哀。愿言莫在荒村吼，还向朝市扫氛埃。"体现了作者忧民的情怀。

崔　股

字邦实，号北洋。明泰州富安（今属东台）人。刚毅朴雅。少闻王艮讲学，即执贽就见，不事口耳，期于力行，王艮以大器期之，称其不凡。闭户浩歌诵读，至老不倦。分司周汝登曾造庐请业，旌其门曰"笃学真修居士"。

渔舍遗响　集部别集类　佚

见嘉庆《东台县志》卷39。

王　补(1523—1571)

字宗完，号东日。明泰州安丰（今属东台）人。艮四子。业儒，师事镇江朱国泉。工于诗。赋性敏捷，器宇伟雅。天文地理图数无所不精，弱冠创制安丰场城池图。岁饥请赈救荒，作《泽水赋》以劝乡人。又纂修族谱。现有诗歌54首、解4章、赋3篇、序1篇存世。

周易觚　经部易类

天文星宿图考　子部历算类

以上2种见道光《泰州志刊谬》。1983年《东台县志》增编本第19编作"周易解"，已散佚。

东日先生残稿1卷　集部别集类

袁承业重编校排印《王心斋先生全集》附《明儒王东堧东隅东日天真四先生残稿》，南京图书馆藏。

按：程可石编《安丰风雅》第29页收有《王东日先生残稿》中的《村居杂兴四首》，其二云："睡足鸡鸣百窍和，拥衣兀坐发清歌。年来无有荣心念，泼泼天机无奈何。”王补酣睡之后，神清气爽，敞怀即歌，不拘浮华荣禄，将村居生活勾勒得甚是惬意。

崔　第

明泰州虎墩(今属东台富安)人。州庠生。为人清介，性刚毅，擅长诗歌，曾作长诗《谒王心斋先生祠》，开头二句为“豪杰生滨海，高风播四方”。卒年86。嘉庆《东台县志》卷25“传六”中有相关记载。

鹿野集　集部别集类　佚

见嘉庆《东台县志》卷39。卷38收其诗1首。

按：嘉庆《东台县志》卷38收崔第《送周海门分运北上》：“大堤迥接帝城遥，遗爱祠前别意饶。邗水清风随画舸，蜀冈春色映丹霄。心存淮海三千里，人远莺花廿四桥。惟有泰东堂上月，一轮犹伴紫辰朝。”周海门，即周汝登，浙江人，进士，万历中任泰州分司。清康熙《淮南中十场志》作《送分运周公北上》。

王　榕(1527—1544)

一名雍。字宗化，号渔海。明泰州安丰(今属东台)人。艮五子。幼极聪慧，过目成诵，十岁即能属文作诗。临终时曾作诗一首：“此处是我形影子，留与家人作哀伤。一十八年原寄住，清风明月是吾藏。”闻者皆惜之。

按：此据袁承业《明儒王心斋先生弟子师承表》本传。嘉庆《东台县志》卷24、《泰县著作考》卷1等作“王裕”，盖裕、榕形近而讹。又县志谓其方成童即笺注《周易》六卷，早佚，年18而卒，亦与此不合。

周易笺注6卷　经部易类　佚

见嘉庆《东台县志》卷39。

周士弘

字正夫，号少溪。室名志学堂。明泰州安丰(今属东台)人。瑞子。

诸生。少承家学，长受业王襞。与韩贞、朱恕等为道义交，四方来学者甚众。曾作《仲秋庄中寄勉仁堂会友》等文。御史孙之益疏荐于朝，辞不赴。寿百岁终，乡人谥曰文瑞。

志学堂稿(志学堂残诗1卷)　集部别集类

明周士弘撰　袁承业辑

按：袁承业养疴里居，专以搜辑乡贤文字为事，遂据周氏抄谱残本，辑录周氏残稿成此书。《明周源溪少溪元度三先生遗稿合刻》书中第二部分为周士弘撰《志学堂残诗》，有《八字吟》《闲咏六言四首》《慨文衢下第》等诗。诗集中所收周士弘《家训》诗写道："吾家百世传名族，蔬食衣袍恒惜福。种德惟思割有余，养心只在常谨独。农桑亚旅及时勤，经世儿孙连夜读。莫慢于人孝弟先，刚柔相济终无缪。"对家族文化传统作了概括。

志学堂遗稿　集部别集类

明周士弘撰　袁承业辑

见"周瑞"条。

袁如骝

明草堰(今属大丰)人。

白莶集　集部别集类　佚

见嘉庆《重修扬州府志》卷62。

按：1999年大丰市盐务管理局编《大丰盐政志·著述》记为"白씀集"。

袁念岩

明草堰(今属大丰)人。

尔尔草　集部别集类　佚

纳遗编　集部别集类　佚

以上2种见嘉庆《重修扬州府志》卷62。

袁应辰

明草堰(今属大丰)人。万历七年(1579)举人。号五岳山人。

五岳山人集　集部别集类　佚

见嘉庆《重修扬州府志》卷62。

袁乾亨

明草堰(今属大丰)人。

六飞文集　集部别集类　佚

见嘉庆《重修扬州府志》卷62。

袁应祺(1538—1593)

字文谷,号肖海。明草堰(今属大丰)人。孟龙子。万历二年(1574)进士。授浙江黄岩知县,升户部主事。督理昌平道,未任,卒于京。卒后葬于兴化戴窑白涂河北袁家舍。今兴化为袁应祺建遗爱祠于南城内,立"树德坊"(又名"父子兄弟科第坊")于城内南大街,并立"名宦传芳"匾额于四牌楼上。

(万历)黄岩县志7卷　史部地理类

明袁应祺修　牟汝忠纂

(1) 明万历七年(1579)刻本,宁波范氏天一阁藏。

(2)《天一阁藏明代方志选刊》本,1963年上海古籍书店据宁波天一阁藏明万历刻本影印。

按:本志分纂者有牟汝忠、符良永、何良臣、余子直、陈承楠、蔡子晟等人。

叩阍录　子部杂学类

见嘉庆《重修扬州府志》卷62。

浮玉山人集　集部别集类

见《昭阳述旧编》卷1《桑梓述》上、嘉庆《重修扬州府志》卷62。

浮玉山人文集3卷书集2卷　集部别集类

明万历间武昌吴国伦刻本，北京大学图书馆藏。

按：吴国伦（1524—1593），字明卿，明湖广兴国州人。嘉靖二十九年进士，任河南布政使参政。工于诗，与李攀龙等并称后七子。刻印《浮玉山人文集》3卷、《书集》2卷。参见瞿冕良编《中国古籍版刻辞典》。

袁应黼

明草堰（今属大丰）人。官至守备。卒后葬于兴化戴南白涂河南郘庄。

雍奴集　集部别集类　佚

袁仲子集　集部别集类　佚

以上2种见嘉庆《重修扬州府志》卷62。《明诗综》卷54收其诗1首《郑司马入秋歌》。

袁应嘉

明草堰（今属大丰）人。号鹤麓山人。

鹤麓山人集　集部别集类

见嘉庆《重修扬州府志》卷62。

崔三锡

明泰州虎墩（今属东台富安）人。少入郡庠，笃志学问，终身不倦。擅长诗歌，有得即见诸吟咏。卒年92。

虎墩崔氏族谱　史部传记类

明崔三锡撰修

（1）明万历四十年（1612）刻本，河北大学图书馆藏。

（2）山西省社会科学院家谱资料研究中心藏《早期稀见家谱丛刊》本（第99卷），2013年燕山出版社出版。

按：明嘉靖二十一年(1542)虎墩崔氏八世孙股为族谱作序《虎墩崔氏族谱本末》，九世孙希圣作谱叙。目录如下：义例第一、族约第二、族戒第三、世系第四、列传第五、附余第六。清顺治年间《虎墩崔氏族谱》有补修本八册。

崔氏遗稿　集部别集类

见嘉庆《东台县志》卷39。

王之垣(1541—1610)

原名士蒙，字得师，号印心。明泰州安丰(今属东台)人。衣子，艮孙。万历三十二年(1604)贡生。秉性正直，品行端方。少从王襞，克绍家学。尝游闽越吴楚之间，寻访先人讲学之迹。每于学谊，无不友善。曾代永丰何心隐被捕，心隐闻信奔易之。后心隐冤死在狱中，之垣为之营葬，悲愤入骨，遂终身未再娶。获评"为夫也节，为友也义，为子也孝，若不承家学立本之旨，安能笃实如此"。卒，私谥孝义。

大儒族谱12卷　史部传记类　佚

见嘉庆《东台县志》卷39。

印心行概　子部儒学类　佚

性鉴摘题　子部儒学类　佚

以上2种见袁承业《明儒王心斋先生弟子师承表》。

按：程可石编《安丰风雅》作："《印心行辙》，明安丰王之垣。"

徐樾勋

字观湖。明泰州安丰(今属东台)人。庠生。师王襞，遵守师训，品行端正有志节，晚年好道愈笃，谨饬而能诲人，为人师表。

徐氏族谱　史部传记类　佚

见嘉庆《东台县志》卷24。

单一凤

明小海(今属大丰)人。能诗,有“小海八景”中的《东梵晨钟》《西原夕照》《南浦春云》《北桥秋月》等诗存世。

瘴生集　集部别集类　佚

见嘉庆《重修扬州府志》卷62。清林正青辑《小海场新志》卷1收其诗7首。

唐宸赓

自号狂夫。明小海(今属大丰)人。能诗,有《天池鸥鹭》《朱泊渔灯》《赠别陆场使》等存世。参见康熙《淮南中十场志》。

狂夫行卷　集部别集类　佚

见清林正青辑《小海场新志》卷7。卷1收其诗8首。

唐应元

明小海(今属大丰)人。能诗。其《八月龙见》:“秋深残暑尚炎蒸,赤日雷声电复凝。动地风烟惊出没,绕天鳞甲忽升腾。莫云致泽称予圣,转觉愁霖妒尔能。但使汤年勤瑞世,不堪水国助襄陵。”极述龙卷风之害。参见康熙《淮南中十场志》。

燕游草　集部别集类　佚

见嘉庆《重修扬州府志》卷62。

单元祉

明小海(今属大丰)人。能诗,曾作《忧惶》诗:“策马过田家,飞蝗扑面遮。盖天冲似雨,覆野猛于沙。极目穷秋陇,应怜卒岁华。君王吞不尽,堪为小民嗟。”写蝗灾爆发引发的忧虑,反映出射阳县境内农民生活困苦的实况。参见康熙《淮南中十场志》。

常棣居集　集部别集类　佚

见嘉庆《重修扬州府志》卷 62。清林正青辑《小海场新志》卷 7 作《棠棣居集》。

单乾祉

明小海(今属大丰)人。

孝经注　经部孝经类　佚

见清林正青辑《小海场新志》卷 7。

按:同治《续纂扬州府志》卷 22 著录其《救荒策》1 种,因非成书,故不另出。

王之骥

字德仲。明泰州丁溪(今属大丰)人。陈策子。诸生。工古文辞,以廉隅自砺,家范最整。

德仲遗稿　集部别集类　佚

古今文选　集部总集类　佚

以上 2 种见嘉庆《重修扬州府志》卷 62。

按:陈如祥编《大丰市志》作"仲子遗稿"。

芙蓉集　集部词曲类

明周世臣、王之骥合选

明崇祯间刻本,华东师范大学图书馆藏。

按:此选唐宋人词,书成于明崇祯元年(1628)。

翟　良

字则善。明东台人。性醇厚,师事兴化韩贞(乐吾)。明理学。自食其力。两弟贫,每分己有赡之。能诗。乾隆《小海场新志》卷 7 有小传。

翟则善先生遗诗 1 卷　集部别集类

1929 年石印本,复旦大学图书馆藏。

周命新

字明寰。明泰州安丰(今属东台)人。少有声庠序,品行端方,凡见行有不正者必加劝谕。与弟命时友爱,读书好道。

戒杀文感应篇注疏　子部道教类

《戒杀文》明黎球撰　《感应篇》宋李昌龄传　周命新注疏

见嘉庆《东台县志》卷26。

黄　钰

一名钟。字子元,号龙田。明泰州梁垛(今属东台)人。师事王襞。万历十八年(1590)泰州府东台分司周汝登延主社学。

考槃集　集部别集类　佚

见嘉庆《东台县志》卷24。

葛　雷

字应龙,号禹川。明泰州东台人。诸生。受业王襞。未50即弃举业,闭户潜修。时周汝登建泰东书院,雷任主讲。

问心集　集部别集类　佚

见嘉庆《东台县志》卷39。卷38收其诗1首。

王元鼎(1576—?)

字调元,一字去赝,号禹卿,一号天真。明泰州安丰(今属东台)人。之垣子。诸生。幼从家学,师事新安理学罗近溪弟子陈履祥,甚得王艮学术之要义。遵父遗命,修族谱、建家庙、设义塾,笃于友谊。

大学泄臆　经部四书类　佚

见民国《续纂泰州志》卷22。

大学浅臆　经部四书类　佚

见程可石编《安丰风雅》中"附录:安丰相关著作疏录"。

心斋类编2卷　史部传记类

明王元鼎编

收入《王心斋先生遗集》卷5。参见《四库提要》传记类存目。

按:是书纪崇祯四年王艮从祀孔庙始末。上卷为《奏疏类篇》,录嘉靖间巡抚刘节、御史吴悌荐艮二疏,并诸廷臣请从祀三疏,请谥一疏。下卷为《别传类编》,录万历辛丑翰林馆课以王艮传命题,诸词臣所拟传十六篇。

王心斋先生年谱1卷谱余1卷续谱余1卷　史部传记类

明王元鼎、王翘林等编

《王心斋先生遗集》卷3、卷4。

(王东崖先生)年谱纪略1卷　史部传记类

明王元鼎编

明三塘程氏刻本,国家图书馆藏。

按:此为王襞(号东崖)年谱。

王东崖先生年谱纪略1卷　史部传记类

明王元鼎编　袁承业辑

1912年东台袁承业铅印本,国家图书馆藏。

疏传合编2卷　史部传记类

明王艮、王襞撰　明王元鼎编

明崇祯四年(1631)重刻本,台湾图书馆藏。

按:本编为元鼎整理王艮、王襞遗著,收录纪念、铭传王艮的文章而成。附周汝登所作序言。

新刻王心斋先生奏疏类编2卷　史部政书类

明王艮撰　明王元鼎辑

明崇祯间刻本,国家图书馆藏。

丧祭礼捷钞　史部政书类

《三水王氏族谱》本,见《泰县著述考》卷1。

投壶集　子部艺术类

见嘉庆《东台县志》卷24。

按:程可石编《安丰风雅》中“附录:安丰相关著作疏录”作“投壶谱”。

王天真先生残稿　集部别集类

明王元鼎撰　袁承业辑

1912年上海国粹学报社铅印本,国家图书馆藏。

重镌心斋王先生全集6卷　集部别集类

明王元鼎补遗

明万历间刻本,国家图书馆藏。

见上“王艮”条。

朱　纬

字文之。明泰州何垛(今属东台)人。从王襞学。身体力行,不事生产。分司周汝登延主泰东书院。

豆窗集　集部别集类　佚

见嘉庆《东台县志》卷39。

方　志

字观如。明泰州裴家庄(今属东台)人。幼出家于上天竺大讲寺海会禅堂,静默沉思,钻研教理。年30就五台山远清宗师。后遍历名山,到处析疑证误,大畅宗旨。

法华正旨　子部佛教类　佚

品节偈　子部佛教类　佚

以上2种见嘉庆《东台县志》卷35。

葛天民

字田纯。明泰州东台台城人。雷子。天启六年(1626)岁贡生。任福清县丞,转山东卫经历。既归,于泰东书院倡会讲学。曾联合地方人士,上书请筑城池,以御倭寇,备受乡民爱戴。卒后,乡民为之建墓立碑，上镌“明儒葛田纯先生之墓”。

世德录　子部儒学类　佚

见嘉庆《东台县志》卷39。

明镜公案　子部小说类

明葛天民撰　明吴沛泉辑

（1）《明清善本小说丛刊初编》本。

按：据显微胶卷复印重制，影印自昌启间三槐堂王昆源写刻本。

（2）《皇家丛书》本。

（3）景日本内阁文库藏王氏三槐堂本，4卷，东京大学东洋文化研究所藏。

佚　名

西溪镇志　史部地理类

明佚名纂修

（1）抄本，国家图书馆藏。

（2）《中国地方志集成》本。

按：本书不分卷，明代末年编，记事至明万历间。西溪旧隶泰州，今属江苏东台市。西溪镇在东台西部，距离台城1.5公里，唐朝时设镇，宋朝于此设盐仓（见1994年《东台市志》）。本志内容分四：其一镇原、巡检司、堰原终始；其二宦迹、历代人才；其三碑文、祭文；其四诗集。本志内容丰富，在保存史料的同时，亦记载当地的文化传说，充分彰显西溪古老的风土人情。

清至民国

季来之(1594—1667)

原名应甲,字大来,号绮里。清泰州人,世居安丰场(今属东台)。少敏悟,就童子试,一日成数艺,提学韦宗孔器重之。时宫继兰为孝廉,奇其文,延至家课其子伟镠。明崇祯十五年(1642)与师弟同举于乡。性狷介,尤笃于天伦。明亡后,潜居东淘一楼中,坚决不肯剃发,服先朝之服,禁足不出门十余年。晚年潜心理学。一夕梦王艮与共讲论,遂署其室曰"诚心堂"。著书盈箧,不以示人。临殁,有自决诗:"两大君亲意未酬,一身抛欲义全收。时人莫笑书生拙,留得衣冠葬古丘。"人多诵之。遗稿散佚。

六要箴　子部儒学类　佚

见道光《泰州志》卷30。

明孝廉季大来先生遗稿1卷　集部别集类

抄本,南京图书馆藏。

按:袁承业《明孝廉季大来先生传》载:"甲申,国事大变,先生时有恢复之意,不乐与人言,不欲与世交,至乙酉清兵南下,屠扬州,江南尽失,先生知势不可为,乃潜居一楼,禁足不下者十余年,终身服先朝之服,未尝剃发,著书盈箧,不以示人,惟吴嘉纪、王大经、沈耽开、周庄数人得共谭论。"参见《国粹学报》第71期。

季先生词存　集部词曲类

惜阴堂汇刻明词本。

季先生词　集部词曲类

《惜阴堂丛书》本,中国国家图书馆藏。

按：赵尊岳《季先生词跋》云："大来先生苦行卓节，所恨遗书匆传。得此一脔，亦足以仰窥纯儒之风于万一乎。"

周　庄(1606—1676)

字玄度，一字楚狂，号蝶园。清泰州安丰（今属东台）人。士弘孙。诸生。入清后弃诸生，克承家学，与同里孝廉季来之等传道讲学，私淑心斋，年70岁卒。能诗，有《和季州来梦心斋先生》等诗存世。参见程可石编《安丰风雅》。

蝶园草　集部别集类

桴窝草　集部别集类

《明周源溪少溪元度三先生遗稿合刻》本，南京图书馆藏。

按：袁承业辑刊《明周源溪少溪元度三先生遗稿合刻》书中第三部分为周庄撰《蝶园草残稿》一卷附《桴窝草残诗》，有《乙丑有感》《纪年丙申》《漫兴十首》《幽居八首》等诗。

何莲芳

一作联芳。清东台梁垛人。好古不倦，有遗稿藏于家。

文川遗稿　集部别集类　佚

见嘉庆《东台县志》卷39。卷38收其诗1首。

袁懋昭

字铭新。清东台人。读书不事章句，以明理见性为主。少补郡庠生，辄以斯道自任。在乡里多行善事。尝见王艮文集，豁然有省，乃参究"良知"之学。后主讲席，从学甚众。卒年96。

省言心印　子部儒学类　佚

见嘉庆《东台县志》卷24。

袁继凤

字翰臣。清东台人。应祺孙。才气逼人，读书有大志，孤介傲岸，不与显者交。文雄博高古，建文园于城西，坐卧园中，吟声与禽声互答。顺治二年(1645)后避乱东村，屏绝人迹，惟与鲁唯一、陈豫启、李嘉桢等唱和。诗多近体，得唐贤气韵，才藻富赡。

东海草堂诗集　集部别集类

见咸丰《重修兴化县志》卷 8，云："有《拟唐宫词》百首，《卧游》五百首。自恨僻处海畔，未获遍览奇胜，采载籍内名山大川为古今人游眺者，得三十余册。后游山右，观太行砥柱，句益豪宕，乃焚其少作，存者仅十之一，为《东海草堂诗集》。"咸丰志卷 9 收其诗 4 首。《广陵思古编》卷 22 收其文 3 篇。

袁文耀

清草堰(今属大丰)人。

诒谋录　子部杂学类　佚

见同治《续纂扬州府志》卷 22。

方一煌

字丽祖。清安徽歙县人。早年客游四方，晚乃隐于东台安丰，闭门啸傲，不求人知。以诗古文自负，落落寡合。为文峭削，诗亦刻露清峻。

方丽祖诗文集　集部别集类　佚

见嘉庆《东台县志》卷 39。卷 37 收其文 1 篇。

按：清代王仕云曾为之作序，略云："丽祖出所作诗文见示。其文雄浑灏峭，兼西京韩柳之胜；其诗沉着工丽，在远徐鲍，方近李何。"对其诗文成就给出了很高赞誉。《东台县志》收录其《过虎墩山阁听澹生弹琴诗》诗，云："秋光静洁秋烟白，高阁如霞在空碧。阁中有叟端然坐，抚出泠泠泉与石。昨天烟岚溪上深，青林丹叶空沉沉。昨夜风雨窗外作，崩腾宵半号鲛鳄。烟岚风雨一时歇，天际残阳芦似雪。叶叟精神入杳冥，四座无言视听绝。只有秋声满一楼，白云来往风飕飕。闻者抚者双寂寞，心魂飘渺相为谋。愁者至此悲不生，怒者至此愤已宁。嚣者至此意都息，俗者至此神亦清。此时无复殊今古，天地万物皆和平。”诗作以虎墩山阁的景致作背景，描述了叶澹的弹琴技艺和琴声效果，配以琴室之气氛，生动形象地描摹出了叶澹高超卓绝的弹琴技艺及其产生的反响。

沈聃开(1616—1673**后，一作**1615—1673**后**)

字亦季，号兼山。清东台安丰人。守能子，少孤，与两兄事母至孝。能诗且画，曾作枯木寒山图扇页。与同里王大成、王大经、吴嘉纪为诗友，时号“东淘四逸”。曾作《海潮行》《地震诗》《洪水行》等诗，记录了当时自然灾害给淮南百姓生活带来的深重灾难。王大经为作小传，谓其“五言古高浑沉郁，直逼汉魏，近体歌行亦力追三唐”。袁承福序其集，谓其诗“枯涩冷峭，深入钟、谭门径，与野人(吴嘉纪)唱酬之什异曲同工”。

汲古堂诗存2卷　集部别集类

袁承业收藏辑印

(1) 清嘉庆十二年(1807)刻本。

(2) 清光绪间刻本。

按：是书嘉庆时其裔孙初刻一次，书板久无存。袁承业仅得一册，前有袁承福叙。原有王大经序一篇，复增大经前后序三篇、小传一篇，据以辑印。王大经序略曰：“好事者泚笔为余两人作合传，将后世有据而指以为口实者，亦莫或不同，是亦事之不可知者也。书成，为述其崖略如此。亦季见而笑曰：此即余两人今日之行状也，遂梓而列诸简端。时在康熙癸丑七夕后二日。”序中透出二者的深情厚谊。参见《中国丛书目录及子目索引汇编》。

哭母百首　集部别集类　佚

尔尔词　集部词曲类　佚

以上2种见嘉庆《东台县志》卷39。

丝词　集部词曲类

见2009年朱兆龙编《安丰风韵》。

王衷丹

字太丹。清东台安丰人，系明大儒王艮五世支孙。幼孤贫，长而好学，弱冠补崇祯诸生。明亡，献策福王，力图中兴。未几，南都亦陷。绝意仕进，归则与同里吴嘉纪、沈聃开等结社淘上，互相倡和。所有抱负，往往发之于诗。书法师二王，后仿怀素，萧疏旷放，笔势挺劲。工诗，诗学高、岑。

朝寻集　集部别集类　佚

袁承业辑本，见《泰州著述考》卷1。

王　剑

字水心。清泰州东台人。明亡入清后，为抗争清廷，削发为僧，名残客，苦吟不辍。是泰州遗民王衷丹的学生。吴嘉纪有《哭王水心》一首说："同里有四人，异姓称兄弟。郑侨急友难，七尺早徇义。道人王衷丹，肃默古松类。学佛忽有得，中岁谢尘世。论齿君最长，羸躯寒惴惴。"

逃禅集　集部别集类

见《国粹学报》第81期载袁承业《拟刻东淘十一子姓氏》，据其记载："右诸子皆为明儒，萃生于万历年间，同处东淘左右。国变后，隐居不仕，沈明孤高，与沙鸥海鸟相出入。结社于淘上，有所怀抱，寄托诗文。其流风余韵、德行文艺，三百年来，犹脍炙人口。"这十一人为：季来之、吴嘉纪、王大经、周庄、沈聃开、王言纶、王衷丹、王剑、傅瑜、徐发荚、周京。

吴嘉纪(1618—1684)

字宾野，宾贤，号野人。清泰州安丰（今属东台）人。出身灶户。成童时习举业，入清后弃去，专工于诗历30年。绝意仕进，隐居海滨。家贫，破屋数间，不蔽风雨，因题曰“陋轩”。其诗风骨遒劲，多反映盐民、灾民等疾苦。又所遭不偶，每多怨咽之音。尝撰《今乐府》，即事写情，能变通陈迹，自为一家。与扬州汪楫、孙枝蔚游，周亮工尝盛称其诗。又善书法，宗六朝。民国实业家张謇为其牌坊撰写对联：“蒹葭秋水伊人思，禾黍西风故国愁。”

陋轩诗1卷　集部别集类

稿本，清王士禛评点，刘峙跋，山东省博物馆藏。

陋轩诗6卷　集部别集类

(1) 清康熙元年(1662)周亮工赖古堂初刻本，中国科学院图书馆、泰州市博物馆藏。

按：清康熙六年汪芾斯分司东淘时，又据周本重刻。此本今未见。

(2) 清康熙十八年方鸿逵重刻本，南京图书馆藏。

(3) 清康熙二十二年刻本，华盛顿大学东亚图书馆藏。

(4) 清康熙二十三年程岫、汪楫刻本，北京大学图书馆藏。

(5) 清乾隆三十年(1765)陈璨补刻方本，南京图书馆藏。

(6)《国初十大家诗钞》本，清道光十年(1830)信芳阁活字印本。

陋轩诗8卷　集部别集类

(1) 清康熙九年大业堂刻本，国家图书馆藏。

(2)《续修四库全书》本。

陋轩诗12卷　集部别集类

(1) 清康熙十八年刻本，北京师范大学图书馆藏。

(2) 清道光十年(1830)海陵缪氏补刻本，南京大学图书馆藏。

按：本书为修补重印嘉庆本。郑州大学图书馆藏本内封镌：野人先生陋轩诗集/道光庚子重校泰州夏氏藏板。卷十二末有夏嘉谷识语，言是书版刻事甚详。1916年泰县图书馆据缪中刊版重印本，国家图书馆藏，名为“陋轩诗集12卷诗续2卷”。

东淘吴野人先生诗集12卷　集部别集类

清嘉庆十九年(1814)栟茶缪中一草亭刻本,北京大学图书馆藏。

陋轩诗正续 14 卷　集部别集类

清道光二年重刻本,南开大学图书馆藏。

陋轩诗 12 卷续 2 卷　集部别集类

清吴嘉纪撰　清夏荃辑

(1) 清道光十一年泰州夏氏刻本,南京大学图书馆藏。书中有墨笔校语。

(2) 清道光二十年泰州夏嘉谟刻本,南京图书馆藏。

按:本书为修补重印嘉庆本。郑州大学图书馆藏本内封镌:野人先生陋轩诗集/道光庚子重校泰州夏氏藏板。卷十二末有夏嘉谷识语,言是书版刻事甚详。1916 年泰县图书馆据缪中一刊版重印本,国家图书馆藏,名为"陋轩诗集 12 卷诗续 2 卷"。

(3) 清嘉庆缪中一草亭刻清道光夏嘉谷刻,1916 年徐闰辉递修本,南京图书馆藏。

(4) 1967 年台北文海出版社用道光中泰州夏嘉谟刻本景印。

(5)《清代诗文集汇编》本。

(6)《泰州文献》本。

陋轩诗集 6 卷续集 2 卷　集部别集类

1920 年丹徒杨氏绝妙好词斋刻本,北京大学图书馆藏。

陋轩诗不分卷　集部别集类

清抄本,清柳友松题诗,南京图书馆藏。

陋轩诗集 1 卷　集部别集类

清末朱丝栏抄本,国家图书馆藏。

陋轩诗续 2 卷　集部别集类

清抄本,清夏荃辑,清刘宝楠批,中国社会科学院文学研究所藏。

吴嘉纪诗笺校 15 卷　集部别集类

清吴嘉纪撰　杨积庆笺校

1980 年上海古籍出版社排印本。

按：本书以清道光二十年夏氏刻本为底本，参校其它各本，附有吴嘉纪事迹、诸家序跋、评论等。

吴嘉纪陋轩诗选　集部别集类

清吴嘉纪撰　徐步云编

2004年香港中华诗词出版社出版。

按：周亮工曾为《陋轩诗》作序："越十三年，予复至广陵，见舟次诗，而诗又甚工，余惊询之。舟次曰：'东淘有吴宾贤者，善为诗，余与之游，同学诗，愧不逮也。'……因出其手录《陋轩诗》一帙示余，余读之，心怦怦动。"舟次，为汪楫，安徽休宁人，后侨居扬州。汪楫读其诗，发现从自身遭遇和心绪上均有共鸣之处，从而记述其与吴嘉纪的定交过程。如《东淘杂咏十首》中的《勉仁堂》："先儒乐道处，明月寒塘出。枯树晓啼鸟，颓垣春长棘。余亦生此乡，水滨访其室。独往意悠悠，沙禽起衡泌。"

陋轩江村集合刻8卷　集部总集类

清吴嘉纪、程岫撰　袁承业辑

清末民初袁承业排印本，安徽省图书馆藏。

参见"程岫"条。

王　睿(约1621—1683)

字智长，清泰兴人(后居东台)，王艮后裔，三重女，吴嘉纪妻。擅词。卒后，吴嘉纪作诗《哭妻王氏》十二首悼念之。如"俄顷异生死，念之发狂痴。执子举案手，从此长别离"句，足见夫妻情深意笃。

陋轩词　集部别集类　佚

见《盐城文史资料选辑》(第17辑)。

按：睿才趣高洁，词集取名《陋轩词》，与夫吴嘉纪《陋轩诗》诗词唱和，所作词多富现实主义精神。惜未能印行，原稿散佚。清徐树敏、钱岳等合选、由孔尚任等校阅的《众香词》收录《清平乐·柳丝》《卜算子·秋夜寄外》两词。

王大经(1621—1692)

字伦表,号石袍,一号待庵居士,又号修水子。清东台安丰人。原籍江西南康,父始迁江苏东台。明崇祯十四年(1641)读书如皋。少以文词显。且博涉经史诸子,时号"王武库"。当明末时,以布衣谈天下事。明亡入清后,屡荐不起,自弱冠至殁授徒养亲,不复出。与李清、黄云、费密、邵潜等交游。明遗老陆舜序其集云:"寸心以内有千古,一卷而外无百年。"康熙间御史魏双凤见其文,以为当世轶才,荐于朝,不起。会举博学鸿儒,亦力辞之。其学以濂洛为宗。晚筑室淘水之东,名曰"独善",自号庐阜逸史(安丰初名东淘)。卒,门人私谥文介先生。《清史列传》卷七十有传。《安丰三先生祠堂记》曾收其传,另两人为王艮、吴嘉纪。

周易释笺　经部易类

毛诗备考　经部诗经类

以上2种见《清史列传》卷70。

毛诗韵辨　经部诗经类

见《独善堂文集》。

三礼折衷　经部三礼总义类

四书逢源录　经部四书类

字书正讹　经部小学类

史论　史部史评类

以上4种见《清史列传》卷70。

读左索解12卷　经部春秋左传类

清王大经撰

乌丝栏清稿本,台北"中研院"傅斯年图书馆藏。

(康熙)淮南中十场志10卷　史部地理类

清汪兆樟修　王大经纂

清康熙十二年(1673)序刻本,国家图书馆、东台市方志办公室等藏。

按：淮南中十场指富安、东台、安丰、何垛、梁垛、丁溪、栟茶、草堰、角斜、小海十场。十场治所设在东台，后也大多划归东台县，故本场志成为东台建县前一部较详细的地方史料，亦可视作最早的东台县志。全书有18纲、185目，约25万字。钱塘汪兆璋（清康熙五年任盐运道泰州分司）曾作序："寓内产盐之省会凡八，而两淮为最。两淮产盐之区凡三十，而中十场为最。是中十场者，东南之臬府，而朝廷委输积贮之薮也。"可见其地之经济地位。

（康熙）靖江县志18卷首1卷　史部地理类

清胡必蕃修　金敞、王大经等纂

（1）清康熙二十二年（1683）刻本，上海图书馆等藏。

（2）清康熙四十年增补本，故宫博物院藏。

柳城塾课　子部儒学类

医学集要　子部医家类

以上2种见《清史列传》卷70。

独善堂文集8卷　集部别集类

（1）稿本，南开大学图书馆藏。

（2）清嘉庆二十二年（1817）春晖堂刻本，复旦大学图书馆藏。

（3）清抄本，南开大学图书馆藏。

（4）2016年学苑出版社出版《稀见清代四部辑刊》本。

王言纶

字鸿宝，号钝夫。清东台安丰人。艮裔孙。隐于樊村。工诗，与同里吴嘉纪、沈聃开友善，时称"三逸"。有《颂汪芾翁公祖》（录自康熙《淮南中十场志》）等诗存世。

棘人草（一作陟屺草）　集部别集类

见嘉庆《东台县志》卷29、39。

望岱吟前后集　集部别集类

卯辰出游草二集　集部别集类

见朱兆龙著《安丰风韵》第144页。

程　岫

字云家。明末清初歙人，约生于崇祯十五年(1642)后，流寓东台梁垛。父懋衡公，甲申之变，不食死。岫顺、康间隐居。博学笃行，守先人之志，与孙枝蔚、陆廷抡、吴嘉纪交善，吟咏终老。嘉纪死，岫收其遗稿，与自撰《江村集》合刻。其诗真至古朴，一扫浮靡。曾作《谒文正公祠》等诗，赞颂范仲淹担任东台盐官时务实为民的事迹。

陋轩诗6卷　集部别集类

清吴嘉纪撰

清康熙二十三年(1684)程岫、汪楫刻本，北京大学图书馆藏。

按：陆廷抡《江村诗序》云："甲子秋客广陵，再过云家，则野人已死数月，遗稿多放失未梓，云家悉捃拾排缵，付其友汪悔斋太史发梓为《陋轩集》六卷，凡一千十二首。"说明了程岫、汪楫为故友吴嘉纪遗作刊刻始末。

陋轩江村集合刻8卷　集部总集类

清吴嘉纪、程岫撰　袁承业辑

清末民初袁承业排印本，安徽省图书馆藏。

按：袁承业搜集程岫诗抄本，为《江村集》二卷，与《陋轩诗》六卷合刻。首有陆廷抡序，谓岫诗"真至古朴，刮尽浮靡，置《陋轩集》中不能辨"。清卓尔堪选辑《明遗民诗》录程岫诗10首。

戴胜征

字岳子，号石桴。清休宁人。少孤贫，力学不得志，乃随母过江，寓东台何垛安丰间。胸有奇气，郁郁无所吐，发之于诗。时与吴嘉纪同歌啸于寒芦野水间。诗风清凉古淡。顺治五年(1648)客扬州，编次所作诗成集。康熙间流寓泰州之东淘及河阜，作《河涨诗》曰："波涛夜半急打门，朝来报道失前村"，"列坐一台少长集，涨坍半壁月斜陟；泥神破庙无颜色，昼日阴阴浑似夜”，写所居何埠之水患。阮元辑《淮海英灵集》载其事。吴嘉纪《陋轩诗》卷十有三题五首诗写给胜征。

石桴诗钞(一作河干草堂集)2卷　集部别集类

清乾隆十六年(1751)戴氏刻本，国家图书馆藏。

按：本书前有吴嘉纪序。吴嘉纪殁，胜征作《哭吴野人》四首诗以悼之。

姜上桂

字五桥。清东台人。工诗善画。时与姜廷佐、姜种兰、姜莹、姜承瑞、姜焘等书画家齐名，史称“六姜”。

姜五桥先生诗集　集部别集类

民国四年(1915)前抄本，东台市志办公室藏。

按：共收诗500余首。《淮海同声集》卷13收其诗18首。

五桥诗集不分卷　集部别集类

清末民国初抄本，东台市志办公室藏。

丁　僎

字文同。清黟县人，寄居东台富安。能诗。与孙枝蔚、查士标相唱和。室名碧山草堂。1994年《东台市志》作“丁撰”。

碧山草堂诗　集部别集类

见嘉庆《东台县志》卷30。

读我斋遗文　集部别集类

见《安徽人物大辞典》。

王英夫

原名俊民。清东台富安人。为人慷慨尚意气，遇事果敢，不避艰险。岁荒，倡义发赈。州学屡举乡饮大宾，皆谦不赴。

东海遗民录2卷　史部传纪类

见1983年《东台县志》增编本第19编、1994年《东台市志》。

金履顺

清东台何垛人。能诗。

苇湾诗草　集部别集类　佚

见嘉庆《东台县志》卷39。

周　京

字洊吉，号柳隐。清东台安丰人。秉性孤傲。诗崇尚古淡，不合时宜。尝与吴嘉纪游。

洊吉存稿　集部别集类　佚

见嘉庆《东台县志》卷39。卷25作"柳隐集"。

臧克峻

字墨涛。清浙江长兴县诸生，以访友客寓东台富安。工诗。

墨涛集　集部别集类　佚

见嘉庆《东台县志》卷30。

吴钟瑾

字秋吟。清安徽歙县人，寓居东台富安。工诗词。赋性孤洁，终身不娶，70而卒。

存雅诗词集　集部别集类　佚

见嘉庆《东台县志》卷30。

吴廷枚

一作吴枚。字卜臣。清歙人，寓居东台安丰。好学耽吟，诗皆天籁。

鸥亭诗钞　集部别集类　佚

见嘉庆《东台县志》卷39。

按:嘉庆《东台县志》卷30《传十一·流寓》(清道光十年增刻本)曾记载其嫁女轶事,兹录《嫁女诗》一首:“年刚十七便从夫,几句衷肠要听吾。只当弟兄和妯娌,譬如父母事翁姑。重重姻娅厚非泛,薄薄妆奁胜似无。一个人家好媳妇,黄金难买此称呼。”字里行间体现父亲对孝义的理解,对女儿的谆谆教诲。

徐　澄

字渊傅,一字右公。清东台安丰人。能诗。

舌存集　集部别集类　佚

见嘉庆《东台县志》卷39。

按:《说苑·敬慎篇》“常拟有疾,老子往问焉。……张其口而示老子曰:‘吾舌存乎?’老子曰:‘然。’‘吾齿存乎?’老子曰:‘亡。’常拟曰:‘子知之乎?’老子曰:‘夫舌之存也,岂非以其柔耶?齿之亡也,岂非以其刚耶?’曰:‘嘻,是已。’”书名源此。盖是书晚年方成集,故以“刚亡柔存”总结过去,回味人生。

施　昌

字壮邓。清东台安丰人。能诗。

耻存集　集部别集类　佚

见嘉庆《东台县志》卷39。

傅　瑜

字琢山。清东台安丰人。泰州庠生,有文名。太史汪楫时过访吴嘉纪,必偕瑜唱和竟日。所著《蜃楼赋》,脍炙人口,传颂一时。

雨轩集　集部别集类　佚

见嘉庆《东台县志》卷39。

季堪伦

字小石，一字伏堂。清东台安丰人。能诗。室名春草轩，因以名集。

春草轩集　集部别集类　佚

见嘉庆《东台县志》卷 39。

钱志仪

字又宣。清东台安丰人。为人清介，好学工书，尤精数学。康熙间奉命纂修算学，事竣例授官，不就。居京二十二年，巨公名卿皆推重之。与泰州陈厚耀交最厚。

算法辑要(一作算法集要)　子部历算类　佚

见嘉庆《东台县志》卷 31。

半舫诗集　集部别集类　佚

见嘉庆《东台县志》卷 39。

徐发大

字愿小。清东台安丰人。我达侄。工诗。与吴嘉纪、沈聃开为诗友。

默庵诗稿　集部别集类　佚

见嘉庆《东台县志》卷 25。

杜鸿轩

字南帆，一字五沙，又字东垞。清东台安丰人。能诗。

五沙诗集　集部别集类　佚

见嘉庆《东台县志》卷 39。

按:《淮海英灵集》丁集卷 3 收其诗 1 首。《江苏诗征》卷 103 收其诗 1 首。

季扩钜

字鸿声。清东台安丰人。能诗。

实斋诗稿　集部别集类　佚

见嘉庆《东台县志》卷39。

施云标

字井亭。清东台安丰人。诸生。工诗。博闻强记,读书勤勉,至老不倦。

小篔筜诗钞　集部别集类　佚

见嘉庆《东台县志》卷39。

徐发荚

字蓂阶。清东台安丰人。发大弟。工诗。

岭云集　集部别集类　佚

萍寄吟　集部别集类　佚

以上2种见嘉庆《东台县志》卷39。

赵学恕

字文贞。清东台安丰人。能诗。

恕轩集　集部别集类　佚

见嘉庆《东台县志》卷39。

张世爵

字从修,号荆石。清东台安丰人。符骧父。康熙十一年(1672)副贡生。工诗文,与泰州陆舜、张幼学为曲江社友。工制艺,长洲韩菼称之。家贫乐善,值岁饥赈粥以济。修学校,除三十六家保正。

覆余初集二集　集部别集类　佚

见嘉庆《东台县志》卷25。

程学闿

字启俞。清东台安丰人。能诗。室名松影阁，因以名集。

松影阁草　集部别集类　佚

见嘉庆《东台县志》卷39。

仇　筠

字松弟，一字竹生，号箬翁。清东台安丰人。诸生。工诗，风韵越逸。

舫轩近草　集部别集类　佚

见嘉庆《东台县志》卷39。

琅玕秀轩诗草4卷　集部别集类　佚

见《泰县著述考》卷2。

杜　洁

字芳雪。清东台安丰人。能诗。

晚山诗钞　集部别集类　佚

见嘉庆《东台县志》卷39。

闵　琇

清安徽歙县人，流寓东台安丰。室名鸿志堂，因以名集。

鸿志堂集　集部别集类　佚

见嘉庆《东台县志》卷39。

张符骧(1663—1727)

字良御，号海房。清东台安丰人。世爵子。赋姿颖异，十岁即能为惊人语。博览群书，年二十补郡庠生。笃信理学，与陈大始等人研讨性理之说，见解独具，多前儒所未道。古文法归有光。康熙四十六年(1707)玄烨南巡，符骧撰《竹西词》《后竹西词》，对苏省沿途办差穷奢极侈作部分揭露。五十三年中顺天举人，六十年成进士，改庶吉士。在馆三年，于雍正二年(1724)即告南还。里居四载，编辑宗谱，奖励后辈，游其门者益众。劝浚河道，恳修范堤，有益乡里之事，无不力办之。沈默曾作《张符骧传》。

太平封事　史部杂史类　佚

顺时录　子部杂学类　佚

以上2种见《泰县著述考》卷5。

初入翰苑记1卷　史部传记类

《辟蠹山房丛书》本，泰州图书馆藏。

按：清夏荃编《辟蠹山房丛书》，选辑泰州之先哲遗书或近作未及刊行仅刻版誊抄流传者，所用红格稿纸版心题“辟蠹山房丛书”或“春星草堂丛书”字样。其中张符骧《初入翰苑记》与邓励相《征辟始末》、陈厚耀《召对记言》三种合1册收入其内。《初入翰苑记》记载张符骧康熙六十年(1721)进士，后选为翰林院庶吉士的经过。《征辟始末》一卷记载邓励相父邓汉仪应博学宏词科入京经过。《召对记言》一卷记载陈厚耀康熙十五年进士召试，以算法应对之事。参见《江苏地方文献书目》。

天佣子年谱1卷　史部传记类

清张符骧编　清艾舟补编

(1) 清康熙间刻《天佣子集》本，南京图书馆藏。

(2)《北京图书馆藏珍本年谱丛刊》本。

依归草10卷　集部别集类

(1) 清康熙三十五年刻本，南京图书馆藏。

(2)《海陵丛刻》本。

(3)《清代诗文集汇编》本。

依归草二刻2卷　集部别集类

清海陵张氏淳如堂刻本，南京图书馆藏。

依归草18卷自长吟12卷　集部别集类

清康熙三十九年刻本，国家图书馆藏。

按：有清张谦宜评并题诗。

依归草初稿10卷二刻2卷遗文1卷　集部别集类

《海陵丛刻》本。

按：复旦大学图书馆藏有韩国钧编录并朱校自刻样本。

依归草不分卷　集部别集类

清抄本，国家图书馆藏。

自长吟12卷　集部别集类

(1) 清刻本，北京大学图书馆藏。

(2)《清代诗文集汇编》本。

按：《自长吟》卷十收有《看音隐女优》诗："感人丝竹妙纷拏，旧样何嫌太舛差。巾帼自然多血性，满庭风雨溅桃花。(原注：姜诗子以汲水没，安安事非实，然易于感人，诸伎演此辄流涕。)"描述作者观看名叫音隐的女优演出的观感，诗所叙剧目为《姜诗跃鲤记》。参见江巨荣撰《明清戏曲：剧目、文本与演出研究》。

重刻天佣子全集10卷卷首1卷卷末1卷　集部别集类

明艾南英撰　清张符骧评点

(1) 清道光十六年(1836)刻本，南开大学图书馆藏。

(2) 清光绪五年(1879)梯云书屋刻本，北京大学图书馆藏。

按：艾南英，字千子，东乡人。内封面题"《天佣子集》，东乡艾千子著，梯云书屋藏板"。亦题作"艾千子集"。

周　道

字景文。清东台安丰人。

长岭编　集部别集类　佚

见嘉庆《东台县志》卷39。

夏　云

字奇峰。清东台安丰人。能诗。

栖山诗钞　集部别集类　佚

见嘉庆《东台县志》卷39。

杜　蟠

字仙根。清东台安丰人。工画兰竹，得宋元名家笔法。晚年足疾，不轻易作画，人得其墨迹争宝之。亦善吟咏。

蕉饮集　集部别集类　佚

见嘉庆《东台县志》卷39。

陈　梅

字馨白。清东台安丰人。工诗。

寄渔诗集　集部别集类　佚

见嘉庆《东台县志》卷39。

袁嘉裔

字启人，一字老竹。清东台安丰人。性慷慨，耽吟好学。雍正八年(1730)秋海潮淹灶地，场使征收如故。嘉裔诉之当事者，乃得缓征。喜吟诗，善刻印作画。与袁承福、袁在朝及袁先忠皆以竹为号，故并称“四竹”。晚筑望云楼，蓄古书以教子，四方知名之士咸造焉。

东淘袁氏藏印1册　子部艺术类

清袁嘉裔、袁承福、袁在朝辑

清乾隆六十年(1795)印本。

按：本书收袁嘉裔、袁承福、袁在朝三人自用印章。

望云楼集　集部别集类　佚

老竹诗钞　集部别集类　佚

以上2种见嘉庆《重修扬州府志》卷62。

缪 函

字函九，号濒海，又号梦觉山人。清东台何垛人。郡庠生。能诗善书。与兴化陆震友善。

梦觉山人集　集部别集类　佚

见嘉庆《东台县志》卷25。

陆仲子遗稿　集部词曲类

清陆震撰　清缪函等辑

(1) 清雍正六年(1728)刻本，南京图书馆藏。

(2) 清宣统元年(1909)杨世沅抄本，南京图书馆藏。

(3) 泰州古旧书店据清末杨世沅抄本复抄本，中国社会科学院历史研究所藏。

(4) 2014年凤凰出版社《泰州文献》本。

按：陆仲子即陆震，字仲远，一字仲子，又字种园，号榕材，又号北郭生。清兴化人。康熙间诸生。本书系郑燮、赵鱼、胡士敏、任遐昌、周煌、夏瑚、周志彤、魏埙、缪函、杨必发、缪文炳、张舒甲、张泌、许冕等亲友学生献藏与通力搜罗而集成。书前有清雍正六年同学弟吴宏谟序，后有宣统元年杨世沅跋。

王 凯

字苍舒。清东台富安人。庠生。品行端方，学识渊深，长于制艺。室名鹅书阁。

鹅书阁塾课稿　子部儒学类　佚

见嘉庆《东台县志》卷25。

陆 埙

字陶庵。清东台人。诸生。

怀南吟草　集部别集类　佚

见《江苏诗征》卷153,收其诗1首。

袁在朝

字春彤,一字励斋,号小竹。清东台安丰人。嘉裔子。岁贡生。室名椿荫楼。能诗。善画人物山水。时称"袁氏二竹"。参见嘉庆《东台县志》。

东淘袁氏藏印1册　子部艺术类

清袁嘉裔、袁承福、袁在朝辑

清乾隆六十年(1795)印本。

参见"袁嘉裔"条。

椿荫楼集　集部别集类　佚

小竹诗钞　集部别集类　佚

以上2种见嘉庆《东台县志》卷39。

钱青田

字鹤仲。清东台富安人。乾隆二十二年(1757)贡生。博洽能诗文。室名小筑山房。

忘言集　集部别集类

小筑山房诗稿　集部别集类

以上2种见嘉庆《东台县志》卷25。

按:1983年《东台县志》增编本作《小筑山房诗文集》。光绪《东台县志稿》卷4收其文1篇。

季时泰

字雨亭。清东台安丰人。来之裔孙。诸生。赋性孤冷高傲,善鼓琴。能诗。

雨亭诗钞　集部别集类　佚

见嘉庆《东台县志》卷25。

周维宏

字可南。清东台安丰人。监生。能诗。卒年79。

草香社诗钞　集部别集类　佚

见嘉庆《东台县志》卷22。

季京泰

字洛东，又字芝衫。清东台安丰人。时泰弟。能诗。有《送北垞还真州》(录自阮元《淮海英灵集》)等诗存世。

芝衫诗　集部别集类　佚

见嘉庆《东台县志》卷25。

按：本书题"芝衫诗"，或为著作名，或为诗篇，存疑。

姜　琮

字苍树。清东台富安人。事亲恪守定省礼。能诗。弟楚珩慷慨好施，家业中落，琮为变产偿逋。友人贫鬻女，出金赎之，育于家。及笄，归其母。逮嫁，赠以妆奁。精于医，有贫友病，代为治，药潜投以贵品。聘名师教子，本德举于乡，余皆为名诸生。

研下稿　集部别集类　佚

见嘉庆《东台县志》卷39。

定　源(？—1808)

字自律，号乳秋，别号又禅。清东台人。俗姓黄。镇江焦山寺僧。因水灾来焦山，居法界楼上，日夕苦吟不辍。工诗。

乳秋集　集部别集类　佚

见《江苏诗征》卷183，收其诗1首。徐世昌《晚晴簃诗汇》收其诗一首《焦山同王柳村先生哲嗣小村作》："策杖登峰顶，天高秋气清。云山相别久，花鸟不知名。木落江楼耸，潮来海月明。竹窗留客处，四壁响蛩声。”

杜长炌

字映伯。清东台安丰人。性孝，为人整肃。卒年83。

三礼图说　经部三礼总义类　佚

见嘉庆《东台县志》卷39。

虞　庭

清东台安丰人。精眼科。能诗，种竹数百竿，筑楼其中，题曰“竹香”，因以名集焉。年79而卒。

竹香楼诗钞　集部别集类

见嘉庆《东台县志》卷31。

袁先忠

字兰生，号义竹。清东台安丰人。在朝子。“东淘四竹”之一。工画兰竹，以力量胜而气韵不足。“四竹”袁嘉裔、袁在朝、袁承福及袁先忠，其中尤以袁先忠的兰竹堪与郑板桥相项背。能诗。曾为《三塘杂咏》作序，有《慈湖晓发》等诗存世。

义竹诗钞2卷　集部别集类

是书拟照原抄本缩印，见《明儒王心斋先生弟子师承表》。《淮海同声集》卷19收其诗12首。

孙乔年

字幼彭，号心山、省山，别署静永道人、映雪堂主人。清东台孙家庄人。乾隆四十六年(1781)进士。四十八年任苏州府儒学教授。生性恬淡，为官清廉正直，敢于触及朝政弊利，诗品与人品在当时的士林中很有影响。著有《大学补传古》等，曾为溱湖东观归渔、南楼读书、西湖返照、北村莲社、花影清皋、禅房修竹、石桥明月、绿院垂槐八处景物作《溱湖八景》。彭启丰曾为其题诗《甲辰初夏奉题幼彭老师台年先生松鹤清照》。

大学补传古　经部四书类　佚

见光绪《东台县志稿》卷4。

袁承福(1759—1818)

字成之,号啸竹。清东台安丰人。诸生。能诗。壮岁寄情山水。名公世卿多乐与为友。为芸香诗社成员。晚年家居,里中善事,多董其成。善画工书。卒年60。葬于梁垛开家舍,近吴嘉纪墓。参见程可石编《安丰风雅》。

(嘉庆)东台县志40卷　史部地理类

清姚兆昌、周右修　清蔡复午、袁承福等纂

(1) 清嘉庆二十一年(1816)刻本,南开大学图书馆藏。

(2) 清道光十年(1830)增刻本,中山大学图书馆藏。

按:据清嘉庆二十一年本增刻。

(3) 1970年台北《中国方志丛书》本。

(4) 1982年东台县志编委员会译注,油印本,东台县志办公室等藏。

(5) 抄本,华东师范大学图书馆藏。

(6)《中国地方志集成》本。

(7)《江苏历代方志全书》本。

按:《东台县志》于清嘉庆二十二年由清代周右总纂,单壮图、许士模协纂,蔡复午、吴文祥、姜本德、姚典、周庠、惠润、袁永福等人在汇集《两淮盐法志》《淮南中十场志》等重要史料的基础上,广泛搜求资料,摘录校核,编纂定稿,姜德新、苏榕捐刻而成。该志以纪传体设立门类,记载年代上起周武王封周章于吴时(约公元前1064年),下至清嘉庆年间,较全面地介绍了东台县的历史。

东淘袁氏藏印 1 册　子部艺术类

清袁嘉裔、袁承福、袁在朝辑

清乾隆六十年(1795)印本。

参见“袁嘉裔”条。

啸竹诗钞 4 卷　集部别集类

清嘉庆三年(1798)刻本,吉林大学图书馆藏。

啸竹诗钞 2 卷　集部别集类

清嘉庆十九年(1814)刻本,南京图书馆藏。

按:本书内有清嘉庆十三年所作《戏园歌》,对当时戏院的规模、演剧目的情形做了真实描绘。《老翁卖牛行》则描绘农民在自然灾害的影响下,被迫卖掉耕牛的悲惨境遇,反映当时民生凋敝的社会现实。此外有《题吴野人先生像》《灶户卖牛行》等诗存世。诗作较为写实。

啸竹诗钞 8 卷　集部别集类

见袁承业《明儒王心斋先生弟子师承表》。谓是书原刻本曾存南京,太平天国战争后,仅得孤本 2 册,抄本 2 册,参合原刻而成,并附《啸竹图》1 卷。

泽鸿吟 1 卷　集部别集类

见王豫《群雅集》卷 32。

周　翀(1759—1835)

字莲浦,室名爱莲堂。清东台人。嘉庆二十年(1820)恩贡。工诗。文笔清超,诗亦俊逸。

爱莲堂诗钞 8 卷　集部别集类　佚

见光绪《东台县志稿》卷 2。

毕嘉梓

字琴峰。清歙人,寓居东台安丰。工诗善书。清苦自守,闭户吟歌。

琴峰诗钞 2 卷　集部别集类　佚

见嘉庆《东台县志》卷 30、袁承业《明儒王心斋先生弟子师承表》。

罗怀玉

字谨持，号东篱。清东台何垛人。工诗。嘉庆四年（1799）贡生。乾隆五十年（1785）作《分饼行》，记大旱中，海滨一家三人倾囊买二饼，分食不均，相继自杀事。嘉庆十年东台大水，县中粥厂办理不善，又愤作《乞粥妇》诗。

东篱诗集 1 卷　集部别集类

清光绪元年（1875）刻本，南京图书馆藏。

姚　典

字册斋，号古亭。清东台安丰人。嘉庆五年（1800）副榜，二十三年举人，候选直隶州州判。绩学工制义，时习举业者多出其门。

周易剩说　经部易类　佚

见光绪《东台县志稿》卷 2。

（嘉庆）东台县志 40 卷　史部地理类

清周右修　清蔡复午、姚典等纂

版本见“袁承福”条。

古亭文钞　集部别集类

见光绪《东台县志稿》卷 2。

竺　仙（1776—1823）

清东台人。富安同善庵僧。不好禅寂，喜作诗。诗笔有清警过人处。

登仙诗钞　集部别集类　佚

见 1983 年《东台县志》增编本第 19 编。光绪《东台县志稿》卷 4 收其诗 1 首。

姜本德

字既旃，号芗泉。清东台富安人。乾隆五十七年(1792)举人。候选知县。

(嘉庆)东台县志 40 卷　史部地理类

清周右修　清蔡复午、姜本德等纂

版本见“袁承福”条。

按:《淮海同声集》卷 19 收其诗 3 首。

何勤国(? —1856)

字友梅，室名爱梅轩。清东台富安人。崇尚礼教，精研经济之学。工吟咏。卒年 70 余。

爱梅轩诗文集　集部别集类　佚

按:见光绪《东台县志稿》卷 2，谓中有《咏梅诗》100 首，最脍炙人口。1994 年《东台市志》作“爱梅轩文集”。

周　庠

字西苓。清东台梁垛人。嘉庆十五年(1810)副贡生，候选直隶州州判。工诗。与袁承福为莫逆交。室名海燕堂。

(嘉庆)东台县志 40 卷　史部地理类

清周右修　清蔡复午、周庠等纂

版本见“袁承福”条。

海燕堂诗集 4 卷　集部别集类

见 1994 年《东台市志》。《淮海同声集》卷 13 收其诗 14 首。

姚　辅

字砚耕。清东台人。诸生。凡地方善事，能尽力为之。卒年 49。

耕山书屋吟草　集部别集类　佚

见同治《续纂扬州府志》卷14。

袁青绶

字汉纶，号西台。清小海（今属大丰）人。祖父耀，父培。天性孝友。兄弟五人竞于学。道光元年(1821)举人。会试挑取誊录。在京供职三十年，咸丰二年(1852)署知华容县，有循声。旋调署浏阳县，在任请增学额，整顿书院。摄武冈州事，率兵拒石达开军队。擢宝庆府知府，寻以假归。平生操行谨严，学兼体用，尤究心河防诸书。

春秋三传合编　经部春秋总义类　佚

读史笔记　史部史评类　佚

三通摘略　史部政书类　佚

以上3种见同治《续纂扬州府志》卷22。民国《续修兴化县志》卷14以《春秋三传合编》为袁青管作。

河工备考2卷　史部政书类

清绿丝栏稿本，国家图书馆藏。

南河编年纪要5卷　史部政书类

(1) 清绿丝栏稿本，国家图书馆藏。

(2)《中华山水志丛刊》本（水志第31册）。

(3) 2014年国家图书馆出版社《中国大运河历史文献集成·治黄保运类》本。

按：本书与《河工备考》合刊。记录时间起唐虞，至清道光十三年(1833)。以年代为经，以河、淮、运事为纬，将河、淮、运历代之祸变对比列出，则三者之相因相附之关系清晰可见：河为淮患始宋，河为运患始元，河、淮、运相通一水、相连一堤互出为患，始明中叶。至此，则河患淮患与治运事之来龙可见，前事可以为之师，致患之由与弭患之道了然在目。内容分为五卷：卷一记唐虞至元间事；卷二记明洪武至嘉靖间事；卷三记明隆庆至崇祯间事；卷四记清顺治至乾隆间事；卷五记清嘉庆道光间事。本书凡河淮运水道之变迁、历代之灾变、治理之举策，悉数摘要在录，极具文献参考价值。

皖江武备考略7卷图1卷　史部政书类

清袁青绶撰

清同治十三年(1874)袁爱存刻本，北京大学图书馆藏。

按：版刻年据卷末袁爱存跋。

王营蒋坝说略　史部政书类　佚

见同治《续纂扬州府志》卷22。

除蝗备考　史部政书类

清末刻本，国家图书馆藏。

袁西台先生兴化县东竟畺域考辨不分卷　史部地理类

清同治十二年(1873)　抄本，上海图书馆藏。

按：兴化、东台疆界之争，一直为人关注，本书辑录相关文献，并加考辨，以表明历史所定兴化疆界不容改动。书首列《兴化县疆域宜守旧志说》，称"地志各以地断，辨封域、正华离，俾一邑之地，各有所止而不过"。西台认为旧志所载，杨吴以前兴化统于海陵，杨吴以后海陵别于兴化。海陵后改泰州，又分建东台县，皆杨吴以后，是海陵之地与兴化无涉。次为《前各志考证》，以明历史上各地归属。西台认为据旧志所载，兴化、东台交界，或称范堤为界，或称串场河为界，虽小有差别，但相去不远，故兴化、东台界限可辨。明初泰州改散州，治海陵，地兼今东台地。曩之析自海陵，为兴化、为如皋、为泰兴、为海门者，均与泰州散州无涉。西台认为明于此地名沿革先后原委，则两地疆界之辨乃可得言。次为《五场人士籍贯》。西台认为，丁溪、草堰、刘庄、小海、白驹五场人士著籍兴化，原由人以籍定，籍以地断。五场祖籍兴化，不便更改。以下依次为《扬州府嘉庆志考辨》《东台县志考辨》。最后为《五场民灶交涉事件附考》，此虽与疆域无涉，但因与疆域争辩者每牵连于此，故也一并考之。参见《江苏地方文献书目》。

慎思录内外编　子部儒学类　佚

楚游纪事诗　集部别集类　佚

碧梧翠竹山房诗草　集部别集类　佚

以上3种见同治《续纂扬州府志》卷22。

冯道立(1782—1860)

字务堂，号西园。清东台时堰镇人。道光元年(1821)岁贡。咸丰元年(1861)荐举孝廉方正。好读书，至老不倦。学识渊博，尤精易学。一生致力于治水与水利地图研究。尝创建宗祠，又设文贞义塾及家塾。因岁歉，创积善会，复仿古义仓法，置丰备仓。著述甚富。

周易三极图贯8卷附易经爻辰贯2卷　经部易类

(1) 清咸丰八年(1858)西园刻本，南京图书馆藏。

(2) 1992年北京师范大学出版社整理本，武汉大学图书馆藏。

(3) 2009年北京团结出版社整理本，南京图书馆藏。

(4)《易学丛刊》本。

按：本书为清代易图学要著，分元、亨、利、贞四集，先天道，后地道，再人道。其中图多达三百三十三片。依照老子人法地，地法天，天法道，道法自然的规律，阐发了《易经》广大配天地，变通配四时，阴阳之义配日月，易简之善配至德的奥妙所在。通过此书，亦可观自宋至清易学发展演变情况。

国策辑要　史部杂史类

手抄本，见1994年《东台市志》。

(道光)时村志(记)25卷　史部地理类

(1) 1943年稿本，残存22卷，缺卷12—14，东台市地方志办公室藏。

(2) 手抄本，见1994年《东台市志》。

(3)《中国地方志集成》本。

按：清道光十七年(1837)，冯道立鉴于时村(即今江苏东台市时堰镇)原无书籍记载一村的兴废历史，于是在是年秋写成《时村志》手稿上、下两册(见1994年《东台市志》)。《时村志》二十五卷，原缺卷十二至十四。目录如下:卷一都里,卷二水利,卷三选举,卷四学校,卷五祠祀,卷六赋役,卷七军政,卷八盐法,卷九物产,卷十祥异,卷十一礼典,卷十二风俗,卷十三孝友,卷十四文苑,卷十五笃行,卷十六尚义,卷十七寿考,卷十八列女,卷十九流寓,卷二十古迹,卷二十一寺观,卷二十二坟墓,卷二十三撰述,卷二十四杂记,卷二十五艺文。目录后识语云:"以上目录皆遵县志所订,外有建置、沿革、职官(下略)等篇,县志与本镇皆无,故不载。"其"都里"考察时堰镇得名由来,云:"时堰镇隶县十二都三图,其名不知始于何时。考镇北有杨公堤,一名杨公堰,想即'堰'所由来。至'时'字则无可引证。或曰昔时有时姓者居此,故名。"时堰镇周围有许多大大小小的盐场,由此带动了装盐的蒲包的需求,时堰镇也成为盛产蒲包的地方。冯道立记时村物产时,视"蒲"为物产之一:"蒲,所以织包。众商云集,堆货成岭,连络不绝,土人称曰蒲城,一曰蒲岭,为时村十景之一。"参见《江苏地方文献书目》。

淮扬水利图说1卷　史部地理类

(1) 清道光十九年(1839)刻朱墨套印本,国家图书馆藏。

(2) 清光绪二年(1876)淮南书局重刻本,南京图书馆藏。

(3)《中华山水志丛刊》本(水志第25册)。

(4)《中国大运河历史文献集成》本,据清道光十九年精刊朱墨套印本影印,题为"淮扬治水利图说"。

(5) 2015年《中国水利史典》本。

按:本书朱墨套印,图版精良。由八幅水利图及相应说明组成,并附有《淮扬治水论》一篇。图说部分包括《淮扬水利全图》《淮黄交汇入海图》《御坝常闭水不归黄沿江分泄图》《漕堤放坝下河筑堤束水归海图》《漕堤放坝水不归海汪洋一片图》《东台水利来源图》《东台水利去路图》《东台杨堤加高图》八图。每图后皆针对该水道的具体情况,提出可信的规划和治水方案,对治理苏北地区、特别是里下河地区水患起到很好的借鉴作用。如在《淮扬治水论》中,冯氏理清长江与黄淮二河的关系，提出治理方略，概括为“治水之道”为“疏”“畅”“浚”“束”四法。1951年冬人民政府动员几十万民工，开挖苏北灌溉总渠，即参照此四法，实现了冯道立长堤束水入海、永免洪涝的理想。参见《江苏地方文献书目》。

淮杨水利全图　史部地理类

抄本，南京大学图书馆藏。

按：“杨”与“扬”似通用。

七府水利全图　史部地理类

束水刍言　史部地理类

治水论　史部地理类

攻沙八法　史部地理类

按：1994年《东台市志》作“攻沙八法，铅印本”。

东洋海口图　史部地理类

东洋入海图　史部地理类

庭训集　子部儒学类

按：1994年《东台市志》作“庭训集，手抄本”。

炮说分类　子部兵书类

治痧十法　子部医家类

种痘条辨　子部医家类

按：1994年《东台市志》作“种豆条辨，木刻本”。

瘟疫会解　子部医家类

按：1994年《东台市志》作“瘟疫会解，手抄本”。

以上11种见同治《续纂扬州府志》卷22。

众星名数位置考1卷　子部历算类

清咸丰八年(1858)木刻本。

测海蠡言　子部历算类

(1) 清同治五年(1866)刻本，复旦大学图书馆藏。

(2) 铅印本，见1994年《东台市志》。

(3) 1990 年影印本,国家图书馆藏。

五行辑要　子部术数类

见同治《续纂扬州府志》卷 22。

西园文钞 1 卷　集部别集类

(1) 清道光十九年(1839)西园刻本,华东师范大学图书馆藏。

按:本书与《淮扬水利图说》合刻,合刻内封题:道光十九年刊,西园藏板。题名采自内封。

(2) 沈云龙编《中国水利要籍丛编》本。

(3) 手抄本,见 1994 年《东台市志》。

营巢文钞　集部别集类

瓣香集　集部别集类

以上 2 种见同治《续纂扬州府志》卷 22。1994 年《东台市志》作"营巢轩文抄,手抄本;瓣香集,手抄本"。

同仇集　集部别集类

见 1983 年《东台县志》增编本第 19 编。

崔福基

字啸山。清东台人。工书善画,尤精画像(写真),与人一见面,即不忘其意象神致,虽相隔数年,摹画之,无不神似。

传真心法　子部艺术类　佚

见同治《续纂扬州府志》卷 16。

崔起球

字吟香,清乾隆至嘉庆年间东台富安人。工诗,善吟咏,为"芸香诗社"一员,《芸香诗钞·停云集》中曾载崔起球诗一首,《赤壁怀古》:"断岸悬崖野草生,周郎曾此破曹兵。千年鏖战空陈迹,一世英雄有败名。落日光含飞炬焰,大江水带溃军声。游人谁是髯苏老,壬戌秋冬两赋成。"参见 2010 年编印《芸香丛刊》(第一辑)。

吟香诗钞2卷　集部别集类

见同治《续纂扬州府志》卷22。

周　楷

字矜式，号北堂。泰谦子，象先玄孙，丕烈父，应芹祖父。清东台人。乾隆五十三年(1788)经魁。任湖北乡试同考官，湖北、浙江等处知县，后任湖南藩库大使、直隶同知等职。在任时，讼狱疑难，片言以折，所至有声，爱士如命。用东台人袁承福为幕宾，诗文唱和。告老还乡时，官囊无余资，仅琴书自娱。南庄别墅半旧荒芜，即整顿园林，园内建家祠。参见陈准、程可石《老东台城的园林瑰宝——周氏南庄》，收录在薛德华主编《董永故里·东台市卷》中。

七省沿海全图　史部地理类

清周楷绘编　清邵廷烈校

(1) 清道光二十三年(1843)刻本，美国国会图书馆藏。

按：是图周楷原绘，邵廷烈得之，参诸朋辈，复益以《吴淞口放洋》《江东形胜》二图，付诸剞劂。参见《中国善本书提要》。

(2) 清石印本，四川大学图书馆藏。

按：此本有清道光二十三年陆嵩跋，清道光二十七年但明伦序。

(3) 清同治五年(1866)黔南但氏刻本，南京大学图书馆藏。

按：该绘图描绘了奉天、直隶、山东、江苏、浙江、福建、广东等沿海省份，以及吴淞港口附近地区，包括宝山、上海、黄浦江和崇明岛的一小部分地区。其中还有两张折页，描绘的是江东，包括南京、镇江、安徽局部、如皋、扬州和仪征。

觉　灯

字秋屏。清道光间东台人(一说浙人)。少出家，事焦山慧超为师，继主定慧寺丈席。工诗。后弃去，以游方终。徐世昌编《晚晴簃诗汇》收其《自题小照遣怀》，"流光似水去若此，渐觉霜花白上头"，感慨时间流逝的残酷无情。

秋屏诗存1卷　集部别集类

《焦山六上人诗》本。

徐　喈

清东台富安人。能诗善文。室名双桐书屋、荔棠轩。

双桐书屋诗钞　集部别集类　佚

见光绪《东台县志稿》卷4。

荔棠轩文稿　集部别集类　佚

见1983年《东台县志》增编本第19编，1994年《东台市志》作“荔棠轩文集”。

周　治

清东台富安人。工诗。

毛诗音义检10卷　经部诗经类　佚

见1983年《东台县志》增编本第19编。

野矢吟诗集　集部别集类　佚

见光绪《东台县志稿》卷4。

崔宝善

字少山。清道光至咸丰年间泰州富安场(今属东台)人，福基(啸山)之子。晚居海安。工诗善画，遍游汉皋两湖诸胜。见王璋《东台采访见闻录》。

寄巢诗抄　集部别集类

见《泰县著述考》卷5。

翟登云(1815—1897)

字叔展，号望山。清东台人。咸丰九年(1859)举人。就官训导，未就。任西溪书院院长三十余年，谨慎持身，以贤德之名闻达于县，与张謇交往密切。张謇撰有《东台翟先生墓志铭》，计559字，起首处有“东台翟先生墓志铭，翰林院修撰通州张謇撰书”正楷字样。

小学节训　子部儒学类

清翟登云注释　三水欧阳锴节刊

清同治九年(1870)刻本，东台市志办公室藏。

小学节训2卷　子部儒学类

宋朱熹撰　清欧阳锴删节　清翟登云注释

清刻本，复旦大学图书馆藏。

徐文在

字直方，号珠崖。清东台人。精经学，屡试不中。

自成集　集部别集类

见光绪《东台县志稿》卷2。

程徽玉

清婺源人，流寓东台富安。

团练防剿靖氛要略　史部政书类

见1983年《东台县志》增编本第19编。

梅　谱

字晓湖。清东台人。能诗。

瘫园诗略2卷　集部别集类

清光绪十七年(1891)刻本，东台市志办公室藏。

陈智开

字霁南，一字兰史，晚称半龛老人。清东台人。杨馥外祖父。

半龛诗　集部别集类

（1）《香草堂丛集》本。

（2）《箧兹堂丛集》本。

徐巽中

字兰仙。清泰州人。陈智开妻，百生母。教授子女。工诗词。

望云楼诗　集部别集类

（1）《香草堂丛集》本。

（2）2014年凤凰出版社《泰州文献》本。

戈长龄（1819—1870）

字寿泉。清东台人。戈公振曾祖。附贡生。同治七年（1868）东台知县欧阳锴购布机千具，委其经理。能诗。室名漱泉山馆。

按：程可石《安丰风雅》作"戈长龄（1806—1858）"，疑误。柯愈春《清代诗文集总目提要》（卷四十六）作"长龄生于嘉庆二十四年（1819），卒于同治九年（1870）"。

漱泉山馆诗钞2卷　集部别集类

（1）清同治九年（1870）东台震华印刷所铅印本，浙江图书馆藏。

（2）1914年戈铭猷东台震华印刷所铅印本，东台市志办公室藏。

按：本书为戈长龄所作诗集，1994年《东台市志》，作"漱泉山馆诗抄"。其《访陋轩故居》："流水一湾碧，行经高士桥。欢吟天上月，苦咽夜来潮。天地遗诗卷，沧桑感胜朝。暮归几回首，芦荻总萧萧。"乃纪念吴嘉纪而作。

贲垂绅（1829—？）

字子搢，号笏山。清东台富安人。廪生。室名敦奴轩。参见顾廷龙编《清代朱卷集成》。

光绪二十二年丙申补行十五年己丑恩科江苏恩贡卷1卷　史部传记类

清光绪间刻本，上海图书馆藏。

本草疏证要录　子部医家类　佚

敦奴轩诗文集　集部别集类　佚

以上2种见1983年《东台县志》增编本第19编。

陈　宝(1837—1878)

字百生、白森。清东台人。智开长子。同治十年(1871)进士。改庶吉士，授检讨。博观广览，工诗。诗初学吴嘉纪。及参戎幕，多言时事。其《军行杂咏》语皆纪实，为时传诵。与朱铭盘、蒋太璞、朱曼君等相友善。朱铭盘《桂之华轩文集》卷1有其墓表《翰林院检讨陈君墓表》，称其"天情开朗，风神夷远"。

小迦陵馆诗选　集部别集类

(1) 清光绪六年(1880)刻本，东台市志办公室藏。

(2)《香草堂丛集》本。

小迦陵馆文集附墓表　集部别集类

清宣统元年(1909)铅印本，南开大学图书馆藏。

小迦陵馆文集　集部别集类

清宣统二年浙江官报局铅印本，华东师范大学图书馆藏。

按：牌记题"宣统庚戌季冬浙江官报兼印刷局排印"，版心题"浙江官报兼印刷局代印"。本文集为陈宝女婿袁长春整理付梓，共收录遗著37篇，内容广博，有关注地方水利建设的《治运河论》《东台防水议》等，卓识远见；有悼念亲人的《祭令生弟文》《亡妻王夫人诔》，文风凄哀，感人肺腑；还有记述同治五年东台知县欧阳锴事迹的《衍织之碑碑文》(碑文拓片现藏于东台市志办)，其文颂扬了欧阳锴指导东台农民种棉织布，改善人民生活的业绩。参见崔良博客"虎墩崔氏驿站"。

陈百生遗集4卷　集部别集类

1937年听涛轩铅印本，华东师范大学图书馆藏。

按：书前有清光绪十八年(1892)七月初九日泰兴朱铭盘于金州之序。

百生著作拾遗1卷　集部别集类

抄本，东台市方志办藏。

按：本书收陈宝文章七篇，每篇名下有简介，皆与东台地方有关：1.《题瑞麦图上欧阳双南师》，简介道："可作同治五年清水潭决口，人民受灾情况，及封建时代水利不兴、水灾频仍，民生疾苦之参考。"其诗写道："丙寅之夏瓠子决，水失古道漂田庐。"原注："同治五年六月廿九日，清水潭决，泛滥数百里，吾乡水灾，数十年所未见也。"清水潭位于高邮市高邮镇北约13公里处，为大运河多次决口冲击而成，是运河中常遭冲决的薄弱地段。同治五年夏，淮、扬大水，清水潭决口二百多丈，淹湮七州县，里下河一片泽国。时署两江总督、江苏巡抚李鸿章奏报道："窃自本年夏间雨水过多，湖河漫溢，清水潭二闸决口，江北高邮、兴化、宝应、泰州、盐城、山阳、阜宁各属悉被淹没。……今年高、宝运堤漫口。遭此奇灾，难民渡江而南者，迭饬各属收当耕牛，招垦荒田，分别留养佣值。惟老弱孤苦辗转沟壑，不知凡几，饥寒交迫，势将束手待毙。"(《录副档》，同治五年李鸿章折)陈宝此诗即写同治五年水灾及知县救灾事。2.《重修嵇公堤》，简介道："为嵇公堤由来及重修之参考。"嵇公堤在今如东县栟茶镇外，雍正十二年(1734)由南河总督嵇曾筠主筑，现已平整不复存在。3.《止马缺事迹》，简介道："为当时遭受清兵蹂躏及吕应兴民族气节之参考。"止马缺在东台市富安镇。明末清初清兵犯境，明官盐课司吕应兴夫妇自刎，清兵骑马至此，见而后退，故名止马缺。(见东台市区划地名网，http://www.dtqhdm.gov.cn)4.《安丰五善恒产记》，简介道："代作。可为过去安丰公益一斑参考。"安丰五善，即安丰镇五个慈善机构：一善堂，主施棺施药修筑义冢；遂长局，收养贫儿；益善堂，以备冬赈；社学，以为诸生乡试卷烛费；文辉堂，补助学童膏火。5.《安丰三先生祠堂记》，简介道："此非百生著作，亦不知谁作，但于此可略知吴野人、王石袍、王心斋诗文品格及后人崇敬之意。"安丰三先生，此指清吴嘉纪、清王大经、明王艮。6.《酷吏何楚伯》。7.《糊涂令张吉甫》，简介道："以上两事反映封建社会之官吏糊涂残酷，与反动统治如出一辙。”参见《江苏地方文献书目》。

童角集　集部别集类

狂奴词　集部词曲类

按：以上2种见刘勇刚《水云楼词研究》，存佚不明。周腾虎《餐芍花馆日记》咸丰八年戊午元月初六日载：“竹沙书斋晤陈百生宝，陈居新灶，离富安四十一里，余在蒋鹿潭处见其所为词，颇楚楚有致，富安之才士也。”

王宝玥

号慧珠。陈宝妻。

唾花轩诗　集部别集类

《香草堂丛集》本。

殷碧虚

陈宝继妻。

续唾花轩诗　集部别集类

《香草堂丛集》本。

陈　宪

字令生。清东台人。智开次子，宝弟。工诗。室名读雪，用晋孙康冬夜读书故事，因以名集。

读雪斋诗　集部别集类

(1) 清光绪六年(1880)刻本，东台市志办公室藏。

按：与陈宝《小迦陵馆诗选》《望云楼诗集》(残)合册。

(2)《香草堂丛集》本。

陈　宜

字小兰。清东台安丰人。智开长女。

凌秋阁诗　集部别集类

《香草堂丛集》本。

陈　寰

字霭兰。清东台安丰人。智开次女。工诗。室名蜗山草堂。

蜗山草堂诗　集部别集类

(1) 光绪间刻本，东台市志办公室存残本。

(2)《香草堂丛集》本。

(3)《箴兹堂丛集》本。

按：1994年《东台市志》作："陈寰《蜗山草堂诗集》，木刻本。"

陈　宓(1837—1893)

字又兰。清东台安丰人。智开三女。自幼熟读四书五经。诗学东台吴嘉纪，多怨咽之音。时人赞为"南乡第一才女"。其诗擅长写景状物，观察细致、感情深沉。

吟秋馆诗　集部别集类

《香草堂丛集》本。

杨　香

清东台安丰人。工诗。室名三癖斋。

三癖斋诗集　集部别集类

(1) 清光绪二十年(1894)弟杨馥跋刻本，东台市志办公室藏。

(2)《箴兹堂丛书》本，泰州图书馆藏。

按：1994年《东台市志》作"杨梦莲《三癖斋诗集》"。

王　璋(1838—?)

字梦橼，一字迂人，晚号尘海迂叟。清东台富安人。咸丰六年(1856)场主郑思铨延司赈灾事。九年客如皋，后至各地入幕。光绪二十五年(1899)设塾如皋。1913年创修《王氏支谱》。

(光绪)东台县志稿(一作东台采访见闻录)4卷　史部地理类

(1) 清抄本,南京图书馆藏。

(2) 抄本,国家图书馆藏。

(3) 清光绪十九年(1893)抄本,南京大学图书馆藏。

(4) 1949年后扬州古旧书店传抄本,吉林大学图书馆藏。

(5) 1964年后扬州古旧书店抄本,中国人民大学图书馆藏。

(6) 1973年泰州新华书店古旧部抄本,复旦大学图书馆藏。

(7) 1973年抄本,厦门大学图书馆藏。

按:本书据清光绪十九年稿本传抄。

(8) 1981年扬州广陵古籍刻印社抄本,南京师范大学图书馆藏。

(9) 2001年海南出版社影印本,吉林大学图书馆藏。

(10)《江苏历代方志全书》本。

按:清同治十年(1871),续修《扬州府志》的陈子勤,委托富安王璋采辑东台史料。王璋"周历县境,搜罗采辑",所辑资料供《扬州府志》采用了一部分。王璋恐稿本年久散失,于清光绪十九年编纂成《东台采访见闻录》,按志体编为四卷29目,记载了嘉庆二十二年(1817)至光绪十六年间东台的部分史料。参见1994年《东台市志》。

保寿方4卷　子部医家类

迂叟随笔2卷　子部杂学类

以上2种见光绪《东台县志稿》卷4《身世表》。

鸡肋剩草4卷(一作存遗集4卷)　集部别集类

清抄本,北京大学图书馆、东台市志办公室藏。

安流舫存稿4卷　集部别集类

清咸丰五年(1855)刻本,北京大学图书馆藏。

按:见《绣水王氏家藏集》。

蔡清澄

字子樵，一字迂人，号醉庵。清东台人。自幼即爱读《离骚》及李杜韩白诸集，稍长遂从事诗歌创作。生平以陶写性灵为主，未尝刻意为之。又好酒，每当花晨月夕，饮辄醉，醉后所作尤多，因名其庐曰醉庵。

醉庵诗钞 4 卷　集部别集类

清光绪十四年(1888)刻本，南京图书馆藏。

醉庵诗钞 11 卷　集部别集类

民国间刻本，复旦大学图书馆藏。

按：参见柯愈春《清人诗文集总目提要》(中卷)、《中国古籍总目》(集部)。

杨　馥

清东台安丰人。香弟。工诗。曾将自己家人诗集与东台陈氏一家诗集分别辑刊成集。

郁堂诗稿　集部别集类

(1) 清光绪间刻本，东台市志办公室藏。

(2)《箎兹堂丛集》本。

按：1994 年《东台市志》作"杨梦梅《郁堂诗稿》"。

闻犀轩诗钞 1 卷　集部别集类

清光绪间抄本，北京大学图书馆藏。

香草堂丛集 2 卷　集部总集类

清杨馥辑

清光绪二十一年(1895)刻本，南京大学图书馆藏。

按：本集辑录东台陈氏一家诗集。卷首有清光绪二十一年杨馥撰《香草堂丛集小引》："先外王父兰史公建香草堂，举家皆以兰为字。百生舅亦字兰奴，令生舅亦字兰奚，余并见集中。予不见先外王父，及见外祖母时已病废。二十年间，与两姨母、两舅氏后先凋谢。其稿并存予家，因哀刻为一集。母氏诗编入《箴兹堂丛集》中。百生舅氏诗，泰兴朱曼君（铭盘）以聚珍版印于京师，不能广为刊布，因复选十之二入集中。所余者有全集在。此集凡作者共存六人，分为上下二卷。”参见《江苏地方文献书目》。

子目如下：

卷上

《半龛诗》 清陈智开撰

《小迦陵馆诗》 清陈宝撰

《读雪斋诗》 清陈宪撰

卷下

《望云楼诗》 清徐巽中撰

《唾花轩诗》 清王宝玥撰

《续唾花轩诗》 清殷碧虚撰

《漱玉吟》 清陈娄撰

《凌秋阁诗》 清陈宜撰

《蜗山草堂诗》 清陈寰撰

《吟秋馆诗》 清陈宓撰

箴兹堂丛集五种 集部总集类

清光绪二十一年（1895）箴兹堂刻本，泰州图书馆藏。

按：本丛集为杨馥家庭成员著作。

子目如下：

《蕉雨轩诗》 清杨谦撰

《蜗山草堂诗》 清陈寰撰

《三癖斋诗》 清杨香撰

《郁堂诗》 清杨馥撰

《半龛诗》 清陈智开撰

孔广仁

字春田。清东台时堰人。冯道立高足。工诗,集中以咏史为多。

春田诗钞 8 卷　集部别集类

见袁承业《明儒王心斋先生弟子师承表》。

存朴山房诗稿 4 卷　集部别集类

清孔广仁撰

1946 年重印本,南开大学图书馆藏。

周应谷

字子嘉。清东台人。丕烈子,应芹兄。生性慧颖,倜傥不群,嗜勘经史百家,有卓识。翟登云惜其才,收入门下。同治九年(1870)举人,与仪征刘寿曾、东台陈宝等为道义交。工画花鸟、人物,有父风,兼善刻印。

南庄辑略 3 卷附录　史部地理类

周应芹、周应谷、周应昌、周应铨编纂

1920 年周应芹铅印本,南京图书馆藏。

见"周应芹"条。

印说　子部艺术类

见《广印人传》。

按:清叶铭编《广印人传》16 卷补遗 1 卷,清宣统二年(1910)杭州西泠印社铅印本,河南大学图书馆藏。

周应芹

字子香,号水英,江苏东台人。清末贡生。工画,画室名玩香庐。丕烈子,应谷弟。与父兄齐名,其画流布甚广,在东台遍布城乡各户。后素笔走四方,名满大江南北。有《南庄图》《赠鹤报砚图》等代表作。

南庄辑略 3 卷附录　史部地理类

周应芹、周应谷、周应昌、周应铨编纂

1920年周应芹铅印本，南京图书馆藏。

按：1920年，周丕烈子周应芹、周应谷、周应昌、周应铨就家藏书画及散见于各书的事迹，辑录成《南庄辑略》3卷，乃东台南庄周氏先世遗文轶事及名流投赠之作。周氏南庄，在东台城林家桥南(今鼓楼路步行街林城花园处)，为明代万历年间东台名士、贡生周希贤的别墅。其中亭榭楼阁，迂回曲折，绕到最远处几乎到城北。庄门里有双鹤守立两旁。沿途地形起伏，河沟交叉，桥廊相连，庄内建筑宽敞明亮，绿竹成荫，假山耸立。文人雅士、骚人墨客，如李清、冒襄、吴嘉纪等，常在此雅聚。明董其昌题"南庄"二字榜额，至今榜额仍在(见陈准、程可石《老东台城的园林瑰宝——周氏南庄》，收录在薛德华主编《董永故里·东台市卷》中)。本书卷首有1919年泰县汪继樾、丹徒陈祺寿序、例言，董其昌题"南庄"二字榜额，周应芹手绘南庄图。卷上收顾于观《游南庄记》，可窥南庄当日乐趣。收录周希贤(字竹墟，明万历年间贡生。谨慎忠厚，一心耕读)、周士奇(周希贤长子，字瑶圃，博学多才，好读异书，至老手不释卷，多著述)、周士哲(周希贤次子，字鲲溟，磊落多奇节，士林敬惮之，咸推为师表)、周泰谦(周希贤孙，字逊之，明崇祯诸生，落落有大志。崇祯十七年(1644)史可法在扬州主办"礼贤馆"，广招四方人才。周泰谦应聘入幕。扬州城破，周泰谦死里逃生，返回东台。入清后弃官，隐居南庄，种田读书。惟与冒襄、李清、吴嘉纪等，诗文唱和，书画交往。钱海岳《南明史》收其传)、周楷(周泰谦子周象先玄孙，周应芹祖父，字矜式，号北堂。乾隆五十三年(1788)经魁。任湖北乡试同考官，又任湖北、浙江等处知县，后任湖南藩库大使、直隶同知等)、周丕烈(周楷次子，周应芹父亲，字西侯，号小堂。曾任河南府经历、武安知县，告老归里后，鼓琴作画，以度余生。积极参与地方上恤孤救灾之事。在"南庄"室之东筑小花圃，取名"琴鹤山馆"，以画会友)、周应谷(周应芹兄，字子嘉。同治九年(1870)举人，与仪征刘寿曾、东台人陈宝等为道义交)等传文，部分人物有遗像。卷中收录周泰谦七十大寿名人所作贺诗贺词。卷下收录诸名人游宴、赠答、祝嘏之作，兴化顾于观、东台缪南洲、东台袁承福等作品收录其中。附录为周泰谦等遗诗。参见《江苏地方文献书目》。

咏南庄辑略　集部总集类

民国抄本，东台市方志办藏。

按：本书辑录周应芹好友题咏《南庄辑略》之诗。如1922年海陵黄寿三《奉题子香先生南庄辑略》诗云："借问南庄何处寻，一湾云水古城阴。松风满径龙鳞老，梅月当窗鹤梦深。"1922年仲夏南丰刘怀《子香先生寄示南庄辑略谨赋里辞并求法绘》诗云："世乱思遗老，风流宛在兹。沈吟高士传，寥落遗民诗。松菊寻陶径，烟波问习池。只应千岁鹤，犹见咏歌时。"南丰刘龢《子香先生以南庄辑略寄示即题》诗云："遗老幽栖画里存，春波绕屋竹当门。诗篇赠答皆耆硕，翰墨珍藏到子孙。"定远方泽《题东亭周氏南庄两律》诗云："伤心明社已成墟，剩有南庄劫火余。""传家难得后人贤，世守清芬羡爱莲。"此外还有周应芹甥杨鸿寿、侄陈邦怀题诗。此集未题编辑者，当是周应芹辑录。《南庄辑略》刊印于1920年，此集当是该书印行后，编者周应芹请好友题咏，然后辑集成编者。参见《江苏地方文献书目》。

虞　书

清东台安丰人。能诗。

水灾吟　集部别集类　佚

见1983年《东台县志》增编本第19编。

黄应中

清东台何垛人。室名思永斋。

思永斋诗稿　集部别集类　佚

见1983年《东台县志》增编本第19编。

吴守先

清东台安丰人。能诗。室名亦陋轩,盖推重吴嘉纪而效仿焉。

亦陋轩诗集　集部别集类　佚

见 1983 年《东台县志》增编本第 19 编。

陈汝玉(1844—1911)

字白石、伯石、元伯,号匏生、窳叟。别署窳萌,又署窳阁,更署窳公。清东台人。斋名匏瓜室。生于东台城三昧寺西首一书香之家。父名庆,字子馀,太学生,工六法。白石受父言传身教,学有所成,时誉"小儿学士"。同治三年(1863)被录为县学附生。越两年,被录为廪贡生。宣统年间系东台中学堂的知名教员,曾任夏寅官所创东台初级师范学堂监督。泛览前辈段玉裁、桂馥等人著述,口诵心惟,焚膏继晷,"不出庭户者几三十年"。与本邑名士吉城、汪济、陈祺寿(字星南)、鲍振玉诸同好切磋琢磨,"常小字批于书眉""竟日手一编",勘校同异,著述颇丰。书画家,出入"四王",尤喜摹古,擅行楷,精汉隶,用笔爽利,落笔沉着,喜画石,有"扬州小八怪"之称。

毛郑诗通释　经部四书类　佚

太玄经补笺　经部四书类　佚

孝经古文学　经部小学类　佚

以上见薛德华主编《董永故里·东台市卷》。

说文注笺　经部小学类

见 1994 年《东台市志》,谓有手抄本。

汉书疏笺　史部正史类

见 1994 年《东台市志》,谓有手抄本。

庄子补注　子部周秦诸子类　佚

见薛德华主编《董永故里·东台市卷》。

鲍振镛(1849—1932)

字谱笙、号东甫,又号樾村。东台人,原籍歙县。康奉珏夫。同治十二年(1873)拔贡。光绪二十年(1894)知万泉县。修扩道路,补葺城墙,重修庙宇,又严禁溺女婴,后升归绥(今呼和浩特)兵备道。民国任督军阎锡山秘书。常与贾景德吟诗集会。曾为《半可集》作序、《桐冈文存》作跋。工书,力学晋代王羲之、王献之,行楷纵横雄健,自树独特风格。一笔欧体馆阁,有"稻香村"匾额。郭象升为之撰《清归绥道鲍冬甫先生墓志铭》,山西省图书馆藏墓志铭拓片。

同治十二年癸酉科江苏选拔贡卷1卷　史部传记类

清同治间刻本,上海图书馆藏。

安邑县鸣条岗重修舜庙碑　子部艺术类

清鲍振镛撰

按:鲍振镛为舜帝陵庙曾作古联:"协帝仰重华唐室受终允合天人昭纳麓,经生谁论古峄山垂训信知陵寝在鸣条"(见张培莲,叶雨青编《舜帝陵庙》)。清邑庠生员河东师范堂毕业杜皎书。碑身高219厘米,宽86厘米,厚18厘米,螭首已失,现存舜帝庙皇城献殿。拓于2002年4月9日。参见王福才编《山西师范大学戏曲博物馆馆藏拓本目录》。

东浦遗稿　集部别集类　佚

见1983年《东台县志》增编本第19编。1994年《东台市志·邑人著作书目》作"东甫遗稿"。

大孤诗集　集部别集类

清张鸿藻撰　清鲍振镛校定

1926年陕西范华铅印本,厦门大学图书馆藏(《大孤集七种》,内有诗集)。

按:张鸿藻,字芹荪,号大孤,善化(今湖南长沙)人。少因孤失学,壮更糊口四方,而不谐于俗,动多枘凿。民国成立,避乱归湘。1914年自编《大孤诗集》。1923年自湘至晋,结识鲍振镛,嘱其校定,1926年出版(见《历代词赋总汇清代卷》第21册)。鲍振镛既校定诗集,且为之作序。

正香簃吟草4卷　集部别集类

清康奉珏撰　清鲍振镛辑

清光绪二十六年(1900)山西万泉县署刻本,东台市志办公室藏。

参见"康奉珏"条。

韬园诗社吟草十集　集部总集类

清鲍振镛等撰

1924年太原晋商报铅印本,贵州省图书馆藏。

按:现存三集:七集、八集、十集。

王先聘(1851—1914)

字珍卿。清东台梁垛场人。居僧舍。工诗。通医术,曾集有医药诸书。

按:柯愈春《清人诗文集总目提要》云"王先聘,字真卿"。

海青亭吟草　集部总集类

手抄本,东台市志办公室藏。

按:是书辑王先聘等人诗歌。

海青亭吟稿不分卷　集部总集类

佚名辑

抄本,东台市方志办藏。

按:本书作者有王先聘、董衍、崔宗根、汪廷瑞(仪征人)、夏炘、薛顺昌(东台人)、王璋、吴宗灿(安徽歙县人)、王济、崔宝善、金台、卢受采12人,大多为东台人,且大多亦见于《亦社汇稿》。全书按体裁,分为五古、七古、七律、五绝、七绝五类,辑录相关诗作。各诗题、内容之间均无相关联系,如王先聘作《寒角》,董衍作《题浦仲甫琴鹤图》等。参见《江苏地方文献书目》。

周振镛(1852—1932)

字庠选。室名吟春馆。东台人。清光绪己卯、甲午两科乡试未能如愿,由是淡于科名,致力经史,闭门授徒,从学者纷至。

吟春馆诗钞　集部别集类

1941年石印本,东台市志办公室藏。

董　辂

清草堰(今属大丰)人。

海峰遗稿　集部别集类　佚

见1983年《东台县志》增编本第19编。

刘荣第

清东台安丰人。

医案汇存　子部医家类　佚

见1983年《东台县志》增编本第19编。

康奉珏(1857—1896)

一字次双。室名正香簃。清东台人,原籍山西合河。康麦生女,鲍振镛妻。幼颖悟,及笄即好为诗,兼研究绘画。随夫官山西万泉,操作之暇,唯以诗画自娱。

正香簃吟草4卷　集部别集类

清康奉珏撰　清鲍振镛辑

清光绪二十六年(1900)山西万泉县署刻本,东台市志办公室藏。

按:康奉珏日常以诗书自娱,惜清光绪二十二年早卒,年仅四十。鲍振镛为悼念亡妻,将其古今体诗二百六十余首汇辑成册,交由万泉县署刊行。程畹序赞其诗作"清新俊逸,旨趣高雅,闺阁脂粉之气无有也"(见刘纬毅主编《山西文献总目提要》)。此编《吴县吴氏小残卷斋书目》

著录。前有程畹序，总目后有鲍振镛识。卷一收诗十首，卷二收诗五首（见《中华古文献大辞典·文学卷》）。

杨葆寅(1858—1933)

字恭甫，号避庵。清末民国间东台台城人。出身医学世家，工医。青年时代在常州费绳甫先生处学医，学成后经费先生介绍到汉口招商局行医。光绪二十年(1894)，清政府派龚照瑗出使欧洲，杨氏以随从医官身份偕行。在外期间，曾翻译《铁路章程》《印花税章程》，绘制《西欧航海图》，并十分留意考察外国医学方面的先进设备与管理方法。归国后，至汉口重操医业，曾与袁承业赴上海寻求革新，与著名教育家蔡元培、民主革命家章炳麟等接触，并开始向民众宣传民主革命思想。同时与吴趼人、沈席之等创办《汉口日报》，评议时政，主张改良。东台光复后，杨氏任第一任民政长。1916年汉口慈善会创办中西医院，杨氏因“博通内经之书，兼明西医之说”被推为院长。杨氏在武汉首创中西医结合的护士学校，培养出一批训练有素的护理专员。1926年，杨氏被推为汉口中医检定委员会委员，后以年迈辞职。晚年寄情山水、吟诗作画。《东台市志·名人传》列《杨恭甫传》。参见《江苏省志·人物志》。

英国铁路章程2卷　史部政书类

邓廷铿译　杨葆寅纂辑

(1) 清光绪二十二年上海六先书局石印本，复旦大学图书馆藏。

(2) 清光绪二十八年鸿宝书局石印本，国家图书馆藏。

英国印花税章程1卷　史部政书类

清沈鉴译　杨葆寅编

清光绪二十五年吴兴陆氏石印本，南京图书馆藏。

江苏东台县民政事略　史部政书类

杨葆寅编

1912年铅印本，华东师范大学图书馆藏。

按：本书记录地方之财政、学校、警察、选举等事。杨氏于东台光复后，任第一任民政长。到任后，通过调查、磋商，采取一系列兴利除弊措施。共和伊始，地方封建势力相当顽固，杨氏艰难推行新政制度，在书中有所体现。《例言》云："此编以搜求紧要文牍及各项表式为主。""凡省议会议决案，择其关于漕、税则者登入。""告示择其有永久关系者登入。"所录有东台县民政署办事暂行规则、通告剪辫文、通告禁烟期限、江苏省东台县田价及收益一览表、泰东学田亩数、东台县积善堂每年预算收入(支出)一览表等。其"栟茶同善局施粥处田房产款收支一览表"附说明书道："此款善举附设同善局内，现与襄善堂暂行合并办理。每逢冬季在局煮粥，仿往济局章程，用担挑往四区，沿户施送，至清明节止。其日期及次数，照钱画米。至实不敷处，由同善局另行筹集。"可见县政之一般情况。参见《江苏地方文献书目》。

杨恭甫先生匡庐避暑日记　史部传记类

(1) 1918 年 11 月中亚印书馆本，国家图书馆藏。

按：本书为游记，46 页，附有照片。书中记载的庐山旅馆有四家：胡金芳、济胜、华洋与匡庐。

(2)《古今游记丛钞》(第六册)。

按：1994 年《东台市志》作"匡庐避暑日记"。

柿轩遗稿　集部别集类

民国铅印本，湖南省图书馆藏。

见 1994 年《东台市志》。

陈　娄

字寄邗。清东台安丰人。宝三女。

漱玉吟　集部别集类

《香草堂丛集》本。

蔡映辰(1859—1913)

字少岚，号浣雪。清末东台栟茶镇人。诸生。官通州训导。宣统初，举孝廉方正。教育家。曾为栟茶市议会议长，重视社会文明，禁绝娼妓，禁演淫戏。后引退不复出，乐善好施，致力于地方教育以及慈善等公益事业。光绪二十四年(1898)创办栟茶启秀文社。三十一年七月独资创办栟茶启秀两等小学堂，又施田360亩地租为学堂常年经费，初借蔡氏宗祠开学，翌年购得“古一柱楼”遗址，改造为校舍，学堂始有定所。民国初年，曾捐资万余元，办学多所，至1913年学堂有高、初等6个学级，后更名为栟茶小学(见周元吉整理《蔡映辰先生传略》)。虚己好学，工诗词，善书画，尤善画梅。家藏书二万册，书室名有“绿云庵”“似园”“贞敬堂”(见1991年《历代藏书家辞典》)。1915年国民政府大总统特奖给他匾额和褒词，褒词结语称：“继昔贤之芳躅，为后世之成模，嘉尔高风，式荣殊典。”

按：蔡映辰著《绿云庵诗词集》内页：“绿云庵诗卷之一，东台蔡映辰浣雪著。”故将蔡映辰放于盐城卷中。

绿云庵诗词合刊(诗5卷词1卷)　集部别集类

1926年铅印本，华东师范大学图书馆藏。

按：本书中收有《送王宜田之扬州》(二首)《自扬州至扬子桥作，仍用前韵》《梅花岭》《仙女镇》《舟过仙女镇遇险纪事》《九日寄朱琴山》《至汉河镇作》《客中述怀》《同琴山游重宁寺次韵》《次韵和琴山，闻余有渡江之行，具寄一绝》《丁亥年登范公堤》等诗。其《读陋轩集》云：“云雾江天冷少微，幽光重阐景前徽。中原文物无遗老，一代风骚有布衣。且溷渔盐成市隐，不因贫病怨知希。菱花满地东淘路，何处荒坟吊夕晖。”

戈铭猷(1860—1937)

字伯鸿(伯洪、百洪)，号慎园，又号味芳，别号二石山人。东台人。翟登云外孙，戈公振伯祖父。清光绪十二年(1886)院试府试第一，东台籍生员，后补贡生。宣统元年(1909)出任江西铜鼓厅同知，曾改县城东“棺材石”名为“宝山石”。1914年任江西乐平县知事。以“勤政爱民、躬敬劳苦”闻名，深得民心。工诗。所作文赋卓然可观，曾题南京清凉寺扫叶楼联:“作叶与叶想,作非叶即叶想,庶几乎扫叶;有凉之凉时,有不凉而凉时,是故曰清凉。”全以佛语入联,释“扫叶”与“清凉”,尤具无上真理,乃大彻悟。曾为周应昌《霞栖诗钞》作序,1928年吉城丧礼曾吊唁并致挽联。撰有《中国沿海形势图说十卷》《法学辑要十卷》《民佣堂随笔》等,多散佚。

慎园诗2卷　集部别集类

1929年铅印本,南京图书馆藏。

按:1926年南通张謇为本书作序,经陈祺寿选辑定稿,海安县韩国钧题写书名,戈公振作跋并于1929年整理出版。1994年《东台市志》作“慎园诗抄”。

辅　仁(1862—1929)

法名仁友,号惠庵。俗姓陈。东台人。生而颖悟,父母殊爱之。幼年畴即悟世法燕常,遂投溱潼镇之北禅院出家,师承静堂老和尚。光绪初受戒于宝华山慧居寺圣性律师座下,并于山中尊研戒律,凡十载,辛勤无间,由“清众”擢升至“开堂”。嗣后,辅仁赴南京古林寺参学,东山老和尚见而爱之,寻受记莂,嗣法古林。辅仁终日追随东山老和尚,奔走各方,经营土木,重建殿宇。后主古林法席,为古林寺第十七代律祖。1912年春辅仁为“中华佛教总会”发起人之一,1913年辅仁任江苏省佛教会副会长、南京市佛教会会长。在任期间,带领弟子弘扬正法、排难解纷、抑强扶弱。1929年四月初六圆寂,世寿67,戒腊52,主席18。参见杨荣良、朱淮宁主编《南京民族宗教志》。

古林中兴律祖事迹考(又名:金陵马鞍山中兴律祖事迹考)　史部传记类

辅仁辑

清光绪二十八年(1902)刻本,南京图书馆藏。

按:清光绪二十八年冬,南京古林寺重建竣工之际,住持辅仁编印了此书。本书以详述古林寺第一代律祖古心的生平事迹为主,并在书中普告十方，古林寺自当年起，恢复祖规，每年春冬传戒。光绪十一年辅仁又在该书基础上，辑成《律门祖庭汇志》。

律门祖庭汇志不分卷　史部传记类

辅仁辑

(1) 清宣统三年(1911)铅印本，南京大学图书馆藏。

(2) 1927 年铅印本，南京图书馆藏，又名“金陵马鞍山古林律寺祖庭汇志”。

(3)《南京稀见文献丛刊》本。

(4)《金陵全书》本。

按：本志一名《金陵马鞍山古林律寺祖庭汇志》，记南京古林寺暨古心和尚事。古林寺遗址在南京城西之凤山，为梁代宝志禅师所建，灯火相传至明末万历年间。古心和尚住持，大弘戒律，中兴南山律宗，古林寺因此被奉为中国佛教律宗的中兴祖庭。辅仁撰述此志，是专为古心律祖而辑，以阐扬先代祖师宏法事迹。

陈祺寿(1863—1929)

字星南(心兰)，号兰宧(兰颐)，室号且朴斋。东台人，祖籍镇江。清光绪九年(1883)起担任东台西溪书院教席，二十九年担任广东大学堂教习，三十三年为南京国文研究会成员，清末安徽庐州府中学堂教习。1912 年在东台创办《东台日报》，任师范语文教员，后赴江苏南通出任南通图书馆馆长。

(宣统)丹徒县志续志 10 卷　史部地理类

清陈祺寿纂修

(1) 清宣统抄本，中国人民大学图书馆藏。

(2)《中国人民大学图书馆藏稀见方志丛刊》本。

(3)《江苏历代方志全书》本。

按：本志记事至清宣统三年(1911)。

汉武梁祠堂画象题字考 1 卷　史部金石类

民国间铅印本,国家图书馆藏。

吉　均(1864—1923)

字少芝。东台人。国学生。行商(典当业)。

吉均日记　史部传记类

(1) 稿本,国家图书馆藏。

(2)《珍稀日记手札文献资料丛刊》本。收在吉城《鲁学斋日记》(外二种)中。见“吉城”条。

按:此为清宣统二年至宣统三年(1910—1911)日记。

周应昌(1864—1941)

字效期,一字啸溪,号霞栖,又号月生、稚侯。东台人。丕烈子,行六。幼年丧父。清光绪十一年(1885)院试东台籍生员,十五年江南乡试举人,二十四年殿试三甲第四名进士。历署扶沟县、洧川县令,升用知府曾为河南乡试同考官。民国后,退隐乡里,以诗词自娱。书画家。人物、花卉师承八大山人、石涛,亦善画驴。

南庄辑略3卷附录　史部地理类

周应芹、周应谷、周应昌、周应铨编纂

1920年周应芹铅印本,南京图书馆藏。

见“周应芹”条。

霞栖诗钞2卷词钞2卷　集部别集类

1929年上海国光书局铅印本,南京图书馆藏。

按:戈铭猷《霞栖诗钞》序云:“此亦遗民之诗也,岂仅仅以诗人之诗目之也。”应昌论诗主张自抒性灵,反对雕琢。其诗多论诗、说画与谈禅之作,也有对民国时代军阀混战的批判。陈祺寿《霞栖诗钞》序云:“往咸丰、同治间,江阴蒋鹿潭氏以盐官寓东台,东台之古迹之时事,一皆以词写之,论者谓为词史,许为中国绝学。啸溪句摹字拟,亦既有年,恨不亲见其人,仅自称私淑。”本书收有应昌《自述》诗:“浮生若梦重回首,展眼沧桑空自悲。六十年来日记簿,什而百兮举成数。自将巴曲道生平,视若诗歌便大误。”

霞栖诗续钞1卷词续钞1卷　集部别集类

1932年上海国光书局铅印本,苏州大学图书馆藏。

霞栖诗三钞1卷词三钞1卷　集部别集类

民国间东台有益书局铅印本,南京图书馆藏。

按:是书续钞、三钞亦存东台市志办公室。

汪　清(1865—1902)

字湘卿。清东台人。室名求福居。汪永錤之女,编修夏寅官继妻。喜讽咏诗词传奇。卒年38。

孝子征略10卷　史部传记类

列女征略16卷　史部传记类

以上2种见《求福居诗钞》附夏寅官《继室汪宜人事略》。

小眠斋读书日记　史部传记类

清汪清、汪沆撰

抄本,美国国会图书馆藏。

求福居诗钞不分卷　集部别集类

清光绪间刻本,中国人民大学图书馆藏。

求福居诗钞1卷附诗余1卷　集部别集类

清光绪二十九年(1903)刻本,南京图书馆藏。

按:此书收录诗百六十二首,诗余三阙。书前有清光绪十五年泰州刘法序,十八年江都王景沂序,二十三年江都于齐庆序,二十三年袁衔序。杨福臻等十一人题词,刘法曾等九女史题词。书末有夏寅官撰事略。汪清诗《寄怀许玉清》云:“尺素裁成倩雁驰,聊将心事报君知。家无长物愁难遣,病为痴情悔已迟。偶借新诗消俗虑,自怜瘦骨异当时。半闺珍重休惆怅,好寄平安慰所思。”

汪　济(1866—1902)

字作舟，以震卦名室，因号震斋。清东台何垛人。吉城学友。光绪七年(1881)东台县岁试中秀才，十四年举人，大挑二等以教职用，二十三年创办东台三贤书院。好学博闻，尤精易学。卒年30余。李详《学制斋文钞》卷2有其传。

周易卦本反对图说1卷　经部易类

清光绪六年刻《震斋丛书》本。

周易事　经部易类

周易发微　经部易类

以上2种见1983年《东台县志》增编本第19编。

光绪十四年戊子科江南乡试朱卷1卷　史部传记类

清光绪间刻本，上海图书馆藏。

汪济信札　史部传记类

见孔夫子旧书网合肥云海阁店售。

http://book.kongfz.com/24143/369959535/? ref=baidu。

水经注补　史部地理类

吴疆域图考1卷　史部地理类

震斋日记　史部传记类

老子述　子部周秦诸子类

以上4种见1983年《东台县志》增编本第19编。

震斋杂说1卷附八角磨盘吟1卷　子部杂学类

(1) 清光绪二十四年(1898)刻本，南京图书馆藏。

(2) 2013年国家图书馆出版社《汪同尘文集》本。

震斋集2卷　集部别集类

(1) 袁承业辑印本，东台市志办公室藏。

按：1983年《东台县志》增编本第19编作“6卷”。李详《汪作舟传》谓著有《八角磨盘吟》。

(2) 2013年国家图书馆出版社《汪同尘文集》本。

按:《汪同尘文集》为汪济之子汪同尘的著作集,收入汪济的《震斋杂说》《震斋集》两种著作。

震斋丛书三种　丛书类

1927年刻本,吉林大学图书馆藏。

子目:

《周易卦本反对图说》1卷

《震斋杂说》1卷

《八角磨盘吟》1卷

袁承业(1866—1928)

字伯勤,一作名伯勤,字承业,以字行。号厚基,晚号砚寿老人。东台安丰人。布衣。早年丧父,从小刻苦勤奋,好学不倦,及长学医。清光绪十七年(1891)借住安丰北火星庙,挂牌行医。勤于写作,所著文章,北京《国粹学报》时有发表。辛亥革命爆发后,曾协同杨葆寅、丁立棠等秘密去扬州迎来革命军平息东台刘凤朝之乱。袁氏一生以编集、出版地方文献为己任。经他搜集整理编印的文献有《东台文征》《东台诗征》等十余种流传于世。1917年,东台县建修志局,被聘为协纂。袁氏根据《江宁舆图》及《大清会典旧图》精心测绘了《东台县全境图》,测得当时全县面积,成为东台有史以来第一次土地面积记录。《东台市志》(江苏科学技术出版社1994年出版)有传。

明儒王心斋先生弟子师承表1卷　史部传记类

袁承业编

《明儒王心斋先生遗集》附刊本。

张吴纪事汇编12卷　史部传记类

袁承业辑

(1) 1926年稿抄本,中山大学图书馆藏。

(2) 1963年扬州古旧书店抄本,厦门大学图书馆藏。

按:书前有“民国十五年岁次丙寅夏四月韩国钧序”“甲子冬月乡人袁承业伯勤氏自序”。

东台文献征存录2卷　史部地理类

清末民初排印本。

按:是书袁承业辑印。全书分先哲遗像、掌故、先哲遗著目录志、金石志、美术志、杂志等类。见《明儒王心斋先生弟子师承表》。

刘白属东证明文件　史部地理类

1918年铅印本,泰州图书馆藏。

按:“刘白”指刘庄场、白驹场(今为盐城市大丰县刘庄镇、白驹镇),地处兴化县和东台县交界处。两县为刘白归属一直纷争不断,皆认为在本县行政区划内。袁氏撰文多篇,征引《扬州府志》《兴化县志》《两淮盐法志》《中十场志》等,否认地属兴化之说,认为丁溪、草堰、白驹、刘庄四地应属东台。

东台县茅山志1卷　史部地理类

(1) 1924年石印本,东台市志办公室藏。

(2) 袁承业辑《东台诗征》本(外编),南京图书馆藏。

按:乾隆《江南通志》卷十四《舆地志》云:“茅山在泰州东北六十里。”茅山历史悠久。东汉时,属广陵郡。清乾隆三十三年(1768)江苏省划泰州之东北境置东台县,茅山归东台县。1944年,茅山隶属兴化至今。本书为茅山一地的专志,内容有八:《山源志》考证茅山脉络源理;《山寺易名志》述说历代关于茅山名称改易的整体情况;《殿宇楼台志》描述茅山寺庙的殿宇分布;《人物古迹志》记载茅山的历史人物和古迹;《物产志》陈列茅山的物产特产;《山僧志》列叙茅山著名僧人的世系;《施助芳名志》记载施助茅山建设的施主名单和事迹;《文章志》为记录茅山地区的艺文志。

明末清初名人传记　史部传记类

手抄本。

季大来先生遗稿　集部别集类

袁承业辑

手抄本。

以上2种见1994年《东台市志》。

野言集　集部别集类

清末民初排印本。

王东堧先生残稿1卷　集部别集类

明王衣撰　袁承业辑

清宣统二年(1910)东台袁氏铅印本,华东师范大学图书馆藏。

东台诗征正集不分卷别录不分卷外编不分卷　集部总集类

稿本20册,南京图书馆藏。

按:本书据书根所题分为正集、别录和外编。计有20册,册中笔迹非出一人之手,但所用笺纸,书口多标注"袁氏藏板""袁氏思子塔藏板""淘西别墅藏板",正集中多处有朱笔修改,由此可定为稿本。本书正集中汇集史上东台籍文人的诗作,上起元明之际的缪思恭、明代的周沂,下至作者当世(清末),共77人,人名下附小传,词作附于诗作之后。又附夏寅官文章16篇。别录中收明代人作品四种,分别为周瑞《餐蔗堂遗稿》、周士弘《志学堂遗稿》、周庄《蝶园草遗稿》、黄逵《明隐士黄仪逋诗》;清人作品两种,分别为鲍振玉《唧唧吟诗》、程岫《江村诗》。本书自十三册至二十册为外编,内容含《东台茅山志稿》《明儒林东城先生年谱》《乐吾韩先生遗稿》《陆仲子遗稿》《明儒王心斋先生弟子师承表》《淘西别墅文稿》。

东台文征　集部总集类

袁承业辑

稿本,见《明清江苏文人年表》"引用书目"。其书未见。

陋轩江村集合刻8卷　集部总集类

清吴嘉纪、程岫撰　袁承业辑

袁承业排印本。

按:《陋轩集》前清数刻板凡涉忌讳之诗多被删去,袁承业得清初抄本与诸刻本参合略加笺注，又撰年谱 1 卷附后，并将所藏墨迹摄影刻铜印附。程岫与吴嘉纪为莫逆交，嘉纪诗传播海内，而岫诗埋没无闻。承业多方搜求，终得抄本 2 卷，并将吴、程《兼葭并立图》遗像及诸名人题跋，摄影铸铜印之卷首，遂成当时之珍本。

明周源溪少溪元度三先生遗稿合刻 2 卷　集部总集类

明周瑞、周士弘、周庄撰　袁承业辑

(1) 1913 年铅印本，南京图书馆藏。

(2) 台湾《明清史料汇编》本。

按：此辑为东台安丰周瑞、周士弘、周庄三人之诗。

淮南王氏三贤书　集部总集类

袁承业辑

1912 年神州国光社铅印本，吉林大学图书馆藏。

明儒王心斋先生遗集 5 卷卷首 1 卷　集部总集类

明王艮撰　袁承业编印

1912 年东台袁氏铅印本，北京师范大学图书馆藏。

按：此本与明王栋撰《明儒王一庵先生遗集》2 卷，明王襞撰《明儒王东厓先生遗集》，袁承业辑《明儒王东堧东隅东日天真四先生残稿》《明儒王心斋先生弟子师承表》合刻。

夏寅官(1866—1943)

字虎臣，一字建庵，又字浒岑，号稺舫，晚号忏摩生。祖籍苏州，十世始祖从苏州迁入东台，世居何垛彩衣巷。幼秉家学，刻苦勤勉。清光绪八年(1882)院试东台籍生员(秀才)，后补廪生。十四年中举，十六年中庚寅科进士，钦点为翰林庶吉士，散馆授翰林院编修。三十一年创办东台县中学堂暨师范学堂，此为东台城历史上的第一所公立中学，次年又创办师范学堂，任两堂堂长，亲自授课。三十三年成立东台教育会，任会长，主持会务。在筹划经费、兴办学堂、选聘教员等方面起到了积极的作用。同时担任省教育总会会员、评议员。宣统二年(1910)赴江西任知府。1912 年创办私立淮南法政学堂。曾获教育部表彰，授一等金色褒章。曾介绍戈公振到上海时报馆任职，使之得以蜚声新闻界。南通苏社编《苏社社员录》录其籍贯及通讯处。胡为和辑《东亭话别录》中收录寅官与之相和诗。

民国间东台名人致卢少芗先生函札　史部传记类

粘贴本，东台市方志办藏。

按：卢少芗，江苏东台梁垛人。晚清秀才。中国驻菲律宾马尼拉总领事馆主事卢秉枢之父。本函札均为原件，其中有三件夏寅官的函札，有一件是请求卢氏代作罗太夫人七旬晋二大庆贺诗。有一件云"前请代作止老寿诗闻已撰就"。韩国钧，字止石，晚号止叟，未知此信函中所说"止老"是否即指韩国钧。信函中有一件署名李禔农，为兴（化）东（台）界线事致冷先函。信函有"茗玉、少芗诸君均此致意"等语。信函有一件是钱乾作挽联，请卢氏斧正。信函虽不多，但均是原件，亦足珍贵。参见《江苏地方文献书目》。

韩国钧朋僚函札名人墨迹　史部传记类

2006 年江苏省档案馆编，东南大学出版社印本。

按：韩国钧（1857—1942），字紫石，亦字止石，晚号止叟。江苏海安人。清光绪五年中举。先后任行政、矿务、军事、外交等职，曾任吉林省民政使。民国成立后，历任江苏省民政长，安徽巡按使，江苏巡按使、省长、督军等职。与张謇并称为江海"两大名贤"。本书收有夏寅官致韩国钧的两封信函。

民国东台县志稿　史部地理类

夏寅官主纂　翟宝书协纂

按：未成书。见《中国新编地方志总目提要》448 页。

东台诗征正集不分卷别录不分卷外编不分卷　集部别集类

稿本（20 册），南京图书馆藏。

按：袁承业辑。收有夏寅官文章 16 篇。

清儒学案　史部传记类

碑传补　史部传记类

师友纪略　史部传记类

科学丛谈　子部杂学类

悔庵笔记　集部别集类

求志居诗文集　集部别集类

按:以上惜均未成印出书,遗稿散佚无存。

吉　城(1867—1928)

字凤池、凤墀,别字经郛、更婴,号曾甫、曾父。东台人,祖籍丹阳。均弟。书斋名为鲁学斋。廪贡生。授文林郎候选训导。博学多才,清光绪二十三年(1897),遥领"沂州府书院"阅卷,历时三年。其后,遥领"南菁书院"阅卷。三十一年二月,吉城与丁立钧堂弟丁立棠(字禾生)联手创办东台"能群学堂"。三十三年至宣统元年(1909),吉城受蒯光典(字礼卿)和张文运(字子开)聘请,赴南京与合肥,先后担任南京上江公学堂和合肥庐州府中学堂教习三年。三十三年三月,吉城与蒯光典、缪荃孙、陈汝玉、陈祺寿等学者在南京创建国文研究会。宣统二年,吉城从安徽合肥返家乡,东台县知县何元泰聘请他担任东台县中学堂暨师范学堂教员,执教经学、文学、修身三科。1917年东台成立修志局,县知事彭世祺又聘任其为修志局名誉协修。晚年讲学东台乐学馆。吉城研经宗齐鲁之学,读史通班马之书,旁及辞赋、金石之学,扬张古义,多前人所未发,勤于著书立说,撰国学研究论著三十一种,作咏怀言志诗歌五百余首,写生平经历日记二十三册。有诗赞曰:"馨香俎豆谱中知,黻黼文章出凤池。读史书通班与马,研经学达鲁和齐。春秋左传易论语,义考文钞注楚辞。一本甄微无价宝,儒林史界大宗师。"参见东台亭树阁吉家林作《汾晋福门丹桂堂吉氏十修家乘》。

檀弓壹学2卷　经部礼记类

清末民国间稿本,国家图书馆藏。

夏小正约义1卷　经部大戴礼记类

清末民国间稿本，国家图书馆藏。

吉城日记十种　史部传记类

清末民国间稿本，国家图书馆藏。

按：包括：《壬寅日记》1 卷、《如不及斋日记》1 卷、《遐年簃日记》2 卷、《式古训斋日记》3 卷、《素鐇日记》1 卷、《鲁学居日记》3 卷、《遐年砚簃日记》2 卷、《鲁学斋日记》5 卷、《将就斋日记》3 卷、《台笠人家日记》1 卷。计 26 卷(23 册)。

鲁学斋日记(外二种)　史部传记类

(1) 稿本，国家图书馆藏。

(2) 2010 年国家图书馆出版社《珍稀日记手札文献资料丛刊》本。

按：本书收录吉城自清光绪十三年(1887)至宣统三年(1912)二十五年间的日记 23 册，如《将就斋日记》《式古训斋日记》等，并附录收入了吉城胞兄吉均的日记 1 册、吉城之子吉荣泰日记 1 册，合 25 册。因其书斋名为“鲁学斋”，故 2010 年国家图书馆出版社原貌影印出版时，以《鲁学斋日记》作为总称。该书前有吉城生平简介，书后附有日记中所涉 800 余人物的简单介绍。日记内容广博，涵盖“读书求学、参加科举、从事教学、结交学者、研究学问、著书立说、居家生活”等方面，是研究清末民国时期东台及南京、合肥等地社会历史的重要史料。

(3) 2014 年黄山书社出版。吉城曾孙吉家林整理。

(4) 2018 年凤凰出版社《中国近现代稀见史料丛刊》本，题《吉城日记》。吉家林整理。

吉氏谱系考　史部传记类

清末民国间朱丝栏稿本，国家图书馆藏。

孙卿赋章句 2 卷　集部别集类

清稿本，国家图书馆藏。

按：清光绪三十三年(1907)，缪荃孙、马其昶、李详为本书抄本题记。

易象礼征　经部易类

尚书微子注 1 卷　经部尚书类

左氏诗学 1 卷　经部春秋左传类

左氏许义 1 卷　经部春秋左传类

左氏正义述 1 卷　经部春秋左传类

按:2018 年中国人民大学出版社《经学研究》第四辑选载此文。

左传旗考 1 卷　经部春秋左传类

左传兵事用旗考 1 卷　经部春秋左传类

左传小识 1 卷　经部春秋左传类

穀梁范注家法考 1 卷　经部春秋穀梁传类

按:2018 年中国人民大学出版社《经学研究》第四辑选载此文。

鲁论语大义述 1 卷　经部四书类

按:1994 年《东台市志》作"手抄本"。

论语问答 1 卷　经部四书类

论语弟子名字古义述 1 卷　经部四书类

论语王充义 1 卷　经部四书类

读经积微 1 卷　经部四书类

论语齐鲁学长篇 1 卷　经部四书类

读史积微 1 卷　史部史评类

石鼓文考证 1 卷　史部金石类

嘉祥县西汉石壁画记疏证 2 卷　史部金石类

鲁学斋金石跋 2 卷　史部金石类

太玄经释文校语 2 卷　经部群经总义类

庄子闲诂 1 卷　子部周秦诸子类

墨子经说句指 1 卷　子部周秦诸子类

楚辞甄微 4 卷　集部楚辞类

按:1994 年《东台市志》作"手抄本"。1980 年陈直为此遗著作引言,1982 年中华书局《文史》第十三辑选载此遗著中的十五则。

亭林诗补注 2 卷　集部别集类

鲁学斋文钞4卷　集部别集类

鲁学斋诗钞4卷　集部别集类

以上见陈邦怀《一得集·丹阳吉城先生所著书》。

按：吉城遗著抄本多藏其曾孙东台吉家林家，其中部分图书已入藏国家图书馆。

又按：吉城著作经其曾孙吉家林先生审阅。

陈培寿(1867—?)

字辅清，亦作辅卿、黼卿、辅青，号树人。江苏东台人，祖籍镇江。祺寿弟。清光绪二十八年(1902)举人，宣统二年(1910)安徽庐州府中学堂教习，1925年起任东台县立初级中学国文教员。曾撰写《东中校歌》，其歌词为："揽胜楼何高高兮，校之中央；有阶梯可登兮，万方斯望；集合九区佳子弟，雍容肃穆，志坚强；学兼中外兮，文化发扬。如琢如磨兮，与世偕藏。"

说文今义　经部小学类

(1) 铅印本，载于《说文月刊》第1卷第3期。

(2)《说文解字研究文献集成》本。

朱育对濮阳兴问校注1卷　史部杂史类

1910年稿本，陈直跋，镇江市图书馆藏。

汉武梁祠画像题字补考1卷　史部金石类

(1) 1926年石印本，北京大学图书馆藏。

(2) 1965年抄校本，国家图书馆藏。

按：本书所考画像为翟中溶之书已详者。

魏隋墓志题跋　史部金石类

民国间稿本，2册。有其子陈直1965年跋。

楚辞大义述1卷　集部楚辞类

民国间石印本，北京大学图书馆藏。

按：见《亿年堂丛书》。

潘仪鸾

清东台人。

医学说　子部医家类　佚

佛经法释　子部佛教类　佚

以上2种见1983年《东台县志》增编本第19编。

赵馨桂

字小山。清东台人。客授扬州50年，不求闻达。工诗及书，尤喜金石文字。

秦汉砖瓦百二砚斋砚谱　史部金石类　佚

西湖百咏依韵集唐120首　集部别集类　佚

以上2种见民国《江都县续志》卷24。

翟宝树

翟宝树，一作翟宝书。东台人。原名翟宝濂，字莲溪，精于数学。清光绪七年(1881)院试东台籍生员，后增贡生，出任江西桂源巡检司。参见吉家林先生博客《民国十七年四月东台宿儒吉城公病逝，至友及门生所致挽联挽诗》。

民国东台县志稿　史部地理类　佚

夏寅官主纂　翟宝书协纂

按：1917年东台县公署沿袭清制设志局，续修《东台县志》，未果。1921年县知事文林(瀚臣，奉天锦县人)又发起修志，聘夏寅官主纂。其时夏寅官任国会议员，无暇顾及。又聘翟宝书协纂，于1922年2月到任办事，分纂尚有洪世诚、滕延鉴等人。利用修志局遗稿，再征集民国初年资料，仿旧志体裁，历经三年，已编疆域、建置、实业、赋役、水利、职官、军警、学校、礼俗、艺文、人物、杂事等志稿，但未成书。1928年再度续修未果。参见1994年《东台市志》。

测量图说　子部历算类　佚

按:1994年《东台市志》作:“翟宝书《测量图说案疏证》,手抄本。”

抛物线释　子部历算类　佚

勾股术演　子部历算类　佚

以上3种见1983年《东台县志》增编2本第19编。

王先泰

清东台梁垛人。能诗。室名蓬莱馆。

蓬莱馆诗集　集部别集类　佚

见1983年《东台县志》增编本第19编。

朱　循

清草堰(今属大丰)人。能诗。室名求是斋。

求是斋文集诗集　集部别集类　佚

见1983年《东台县志》增编本第19编。

苏德墇

清东台富安人。能诗。

□□有德1卷　子部儒学类　佚

恨生诗钞1卷　集部别集类　佚

以上2种见1983年《东台县志》增编本第19编。

陈振东

东台人。生平不详。对金石颇有研究。

殷契书录2卷　史部金石类

1930年8月陈氏铅印本,南京大学图书馆藏。

按:本书为甲骨专科目录。分上、下二卷。上卷为甲骨著录,前有作者自序,略述取得甲骨和编印的情况,收书十四种:《铁》《前》《菁》

《林》《余》《后》《待问编》《明》《戬》《簠类》《类编》《簠》《拾》《写》;下卷为考释,收书二十三种,多属文字方面者,包括:《举例》《殷商贞卜文字考》《殷考》《戬考》《先公先王考》《续考》及叶玉森、陈邦怀、陈邦福、余永梁、胡光炜、董作宾、闻宥、林泰辅、陈邦直等人著作(见刘一曼、郭振录等编《北京图书馆藏甲骨文书籍提要》)。与邵子风《甲骨书录解题》相比,收书既少,引证又不及邵书周详(见1990年盛广智、许华应、刘孝严主编《中国古今工具书大辞典》)。

黄廷杰

清东台何垛人。

春秋各传录钞2卷　经部春秋总义类

见1983年《东台县志》增编本第19编。

袁允存

清小海(今属大丰)人。

史记两汉书三国志新五代史笔录10卷　史部史钞类　佚

见1983年《东台县志》增编本第19编。

冯锡阐

清小海(今属大丰)人。金石家,书法家。擅以篆刻渗入书法之中。

两轩印谱1卷　子部艺术类　佚

见1983年《东台县志》增编本第19编。

金丽生

清东台人。能诗。

浪游篇　集部别集类　佚

见1983年《东台县志》增编本第19编。

褚二梅

清东台人。

始游草　集部别集类　佚

见1983年《东台县志》增编本第19编。

鲍振玉

字声甫。亦以字行。东台人。能诗。工诗画，善书法。与其子鲍赓培并称“二鲍”。与本邑名士陈汝玉、吉城、汪济、陈祺寿等交好。家曾藏有焦循《八五偶谈》手稿本。《国粹学报》第七十八期（第七年第四号）曾收鲍声甫先生自题像首、东台鲍声甫像、西泠感旧图周子嘉为鲍声甫写（附袁承业跋）墨迹（见1981年上海图书馆编《中国近代期刊篇目汇录·第二卷（中册）》）。

唧唧吟诗　集部别集类　佚

见1983年《东台县志》增编本第19编，1994年《东台市志》作“唧唧吟诗抄”。

吴心谷(1882—?)

原名秉钊，字忍庵，号秋水轩主人。东台人（原籍海安角斜）。附生。缪小坡爱其才，妻以女澂冰（亦擅书画，《栟茶史料》刊其工笔《玉兰》），遂居栟茶。携妻东渡日本，于高等商业学校习商科，毕业回国。清光绪三十四年(1908)廷试举人，授邮传部七品小京官。曾任袁世凯大总统府通治局秘书、礼官处礼官、徐世昌总统府秘书官、江苏志局编纂、上海世界书局印刷所副所长。平生爱好中华武术，曾拜武圣孙禄堂为师，孙禄堂的武术著述多出于其笔。工诗词，富收藏。擅长画论，自谓“精研六法”。与齐白石友善，齐白石曾为其刻两大方岫阳石印。

历代画史汇传补编4卷　子部艺术类

(1) 1929年影印本，国家图书馆藏。

（2）1935 年北平豹文斋铅印本，国家图书馆藏。

（3）1943 年北平京城印书局印本，南京图书馆藏。

（4）1960 年启文出版社出版。

（5）1973 年台湾联贯出版社出版。

（6）1977 年香港博雅斋印本。

（7）1982 年据北平琉璃厂豹文斋铅印本影印本，河南大学图书馆藏。

（8）《国家图书馆藏古籍艺术类编》本，国家图书馆藏。

历代画史汇传及补编　子部艺术类

清彭蕴璨撰　吴心谷补编

2015 年广陵书社出版。

按：本书原为清人彭蕴璨编写的一部历代画家人名辞典。共七十二卷，附录二卷。辑录上起上古黄帝，迄于嘉庆、道光年间画家共一千五百余人评传，以诗韵编次姓氏，依时代顺序，各列小传，从一千二百六十三种文献资料中采辑编成。后吴心谷编著《历代画史汇传补编》四卷刊行，对前书进行补充，《自序》云："前人所不及知与近人可称述者悉著于编。"对清代书画类书《佩文斋书画谱》最推崇，以为"最为详尽"。吴心谷补编除个别明末人外，皆为清人，可谓清代画家传记专集，然内容较简约。

太极拳学　子部艺术类

孙福全编纂　陈慎先、吴心谷校阅

《中国传统武术丛书》本。

子孙会碑　子部艺术类

吴心谷撰　雷观群正书

1927 年北京市门头沟区潭柘寺碑帖，国家图书馆藏。

孙　熙

字六冶。东台人。能诗。

孙六冶先生诗集　集部别集类

1937年手抄本，东台市志办公室藏。1994年《东台市志》作“孙六冶《六冶诗集》”。

吉荣泰(1889.1.17—1920)

原名荣宗(荣忠)，后改名荣泰，字通士、通伯，号东岩、守墨。东台人。城子。宣统年间东台县中学堂教员，民国初年东台县景范学校教员。古文字学家、考古学家陈邦怀曾师事吉荣泰。惜英年早逝，年仅三十三岁。有诗赞曰：“东岩守墨醉书香，诗会名流堪比唐。纪事淝游才显俊，国朝阅罢咏成章。贾生高绝惜时短，杜老遗篇闪笔芒。休说荒芜问道晚，春风杨柳尽沧桑。”参见东台亭树阁吉家林的博客《汾晋福门丹桂堂吉氏十修家乘》(14)。

志学会日记　史部传记类

(1) 稿本，国家图书馆藏。

(2)《珍稀日记手札文献资料丛刊》本。收在吉城《鲁学斋日记》(外二种)中。见“吉城”条。

按：此为1917年至1918年日记。

东岩丛录　子部杂学类

见《汾晋福门丹桂堂吉氏十修家乘》(14)。

娱经室诗钞　集部别集类

按：参见吉荣泰之孙吉家林博客《娱经室诗钞》本，因未见原本，故将诗歌篇名抄录如下：《莫友芝藏伏生授经图为陈心南先生题》《题张廉卿先生诗册》《江氏丛书读过漫述》《丁心如赠伏生授经图率赋绝句》《白石先生用濂亭秋夜读书诗意画扇见诒赋谢》《孙仰吾太先生落叶诗读后感赋》《读〈国朝诗文集〉成绝句八首》《寄心师合肥》《感秋用曾文正感春体》《偶检窳萌先生遗墨泫然有作》《重九谒包孝肃祠呈外舅》《七律一首》《陈百生阆风继马图为袁伯芹题》《淝游纪事》《重九偶得寄外舅合肥》《去年同心南先生游南城联句》《再与星师联句》《丁恒斋先生左笔山水》《上李尚书》《索镜访》《失题四律》《用坡韵题坡公雪浪石》《外舅自安庆来赋呈一首》《药房先生惠近作游杭诗录佛学丛编赋谢三首》《赋谢丈人诗》。见东台亭树阁吉家林的博客《吉荣泰〈娱经室诗钞〉》。

戈公振(1890—1935)

名绍发，字春霆，号公振。回族。东台人。生于“世代书香”之家。现代著名的新闻记者、中国新闻史研究的开拓者和新闻教育家。幼年聪慧，好学上进，就读于其伯祖母翟氏所办弢庵私塾。光绪三十四年(1908)考入东台高等学堂。1912年在《东台日报》担任编辑工作，1913年考取南通师范学堂，因家贫未能入学。同年冬，进入上海有正书局图画部当学徒，未几升任出版部主任。1914年调该局《时报》，前后任校对、编辑、总编辑，并创办《图画时报》。1925年起，先后任上海国民大学、南方大学、大夏大学、复旦大学报学系或新闻系主任兼教授。1927年1月，自费出国旅行并考察各国新闻事业。1929年冬回国，先后任《申报》总管理处副主任、《申报》增刊《图画周报》主编、《申报》总管理处设计主任，并在上海各大学主讲新闻学，又于杭州创办暑期报学讲习所。“九一八”和“一·二八”事变后，积极投身于抗日运动。1932年3月以记者身份陪同国际联盟调查团调查淞沪和东北战场。前往东北前曾留遗嘱与家人，表示义无反顾。抵沈阳后被捕，不久获释。同年9月复随调查团赴日内瓦，参加国际联盟关于日本侵略中国的特别大会。会后赴马德里，参加国际新闻专家会议。会后游历法国、意大利、德国、奥地利等国，考察新闻事业。戈氏1933年以记者身份前往苏联，三年中撰写了大量游记和通讯，较具文学性。另有大量通讯报导，散见于《时报》《申报》《大公报》《国闻周刊》《生活周刊》《世界知识》等报刊。1935年10月应邹韬奋之邀，回国拟筹办《生活日报》，于当月15日抵上海，至22日因盲肠炎和腹膜炎逝世，享年46岁。李公朴撰文云：“戈公振死了，以私交说，是失去了一个令人敬爱的畏友，在国家是失去了一个埋头读书的学者，在报界是失去了一个通晓国际形势贯彻各种学识的大众的新闻记者，这种损失是无法计算的。”参见戈宝权《中国报学史·前言》(1955 年 3 月三联书店版)、郑逸梅《清末民初文坛轶事·忆戈公振》(1987 年 2 月上海学林出版社出版)等。

中国报学史　史部杂史类

(1) 1935 年上海商务印书馆本，南京图书馆藏。

(2) 1955 年北京三联书店印本，南京图书馆藏。

按：1955 年 3 月由三联书店重印，新华书店发行。三联书店重印时，增加了由戈宝权为本书写的前言，并将戈公振的《英京读书记》作为附录刊印在本书后面。《英京读书记》乃公振 1927 年访问大英博物馆东方藏书室，查阅到外国人在清朝时期创办的华文报刊后写成，作为对《中国报学史》的补充。

(3)《中国文库》(哲学社会科学类)本。

(4)《民国学术文化名著》(第五辑)本。

(5)《中国文化艺术名著丛书》本。

(6) 上海古籍出版社插图整理本，南京图书馆藏。

(7) 2013 年上海书店出版社影印本，南京图书馆藏。

(8) 2014 年中国和平出版社影印本(《民国大师文库》精装索引版)。

(9)《民国名家史学典藏文库》本。

(10) 2016 年中国传媒大学出版社影印本。

(11) 2018 年朝华出版社影印本。

(12) 2018 年河南人民出版社影印本。

(13) 2018 年中国传媒大学出版社影印本。

按：戈氏曾在书内写道：“报纸者，表现一般国民之公共意见而成立舆论者也。故记者之大职，与其谓为制造舆论，不如谓为代表舆论；更进一步言，与其令其起而言，不如令其坐而听。耳有所听，手有所记，举凡国民欢笑呻吟哭泣之声，莫不活跃纸上，如留声机然，则公共意志自然发现，而舆论乃有价值而非伪造。”申明新闻记者立场与报纸刊载宗旨。本书资料搜讨网罗丰富，内容分为六部分：第一章绪论，正名申旨；第二章官报独占时期，述唐至清末邸报之沿革；第三章外报创始时期，述清嘉道以来西人在粤沪各地办报之经过；第四章民报勃兴时期(此所谓民报乃指记载民事之报以别于官报者)；第五章报界之现状，附插罕见之图画数十幅。本书是我国新闻学的开拓之作，可补史乘。然亦存在遗漏舛误之处。

又，日本小林保译本名为《支那新闻史》，1943 年东京人文阁出版。

世界报业考察记　史部杂史类

(1) 残稿。

(2) 2017 年商务印书馆出版。

按：1927 年起，公振踏上赴欧美、日本各国考察新闻事业的旅程。公振在英国参观《泰晤士报》和路透社；在德国参观在科伦城举办的世界报纸博览会；在美国参观《纽约时报》和《芝加哥论坛报》；在日本参观《大阪每日新闻》和《福冈日日新闻》等。公振将所见所感写成参观访问记，欲编成《世界报业考察记》出版，惜部分底稿毁于"一·二八"战火，未能成书，现惟觅得一些残稿。见 1980 年第 11 期《新闻战线》：戈宝权《戈公振和新闻事业》。

从东北到庶(苏)联　史部地理类

戈公振撰　邹韬奋辑

(1) 1935 年 12 月上海生活书店初版本，南京图书馆藏。

(2) 1936 年 3 月上海生活书店三版本。

(3)《现代中国人看世界》本。

按：本书为戈公振遗著，在其逝世两月后编辑出版。书前有韬奋 1935 年 11 月 27 日作《弁言》，择录如下："戈公振先生治丧处同人议决，先把戈先生数年来散见于各刊物上的遗著编成单行本，以留纪念，并公准我担任搜集编委的责任，我便义不容辞地答应了下来。现在于百忙中编成了这本《从东北到庶联》。我把他这些遗著重看一遍之后，更感戈先生早死的可惜。因为他的对于中国民族危机的悲愤的热情，和游历海外时在认识和学力上的飞跃的进步，都在字里行间流露着，使我们愈益感觉到失却了这样前进的一位同志，真是最悲痛的一件事！我觉得我们赶快把这本书编成印行，不但是‘纪念’戈先生，同时也因为这本书的内容是戈先生数年来所辛勤获得的很有价值的材料的一部分，现在把这些散见着的材料汇集编纂起来，成了一本很有参考价值的好书。这是于‘纪念’之中还含有体念戈先生一生勤勤恳恳服务社会的意思（见邹韬奋撰《韬奋书话》）。”书前尚收绍怡的《哭振兄》一文。

1932年公振以新闻记者资格随同国联调查团去东北，继而赴欧，在苏联实地考察三年。公振在此期间接触不少马列著作，热烈称颂苏联为“庶联”，即苏联是庶民执政当权的国家。为此向国内发回大量反映苏联进行社会主义建设的通讯。本书收文17篇，皆与此相关：到东北调查后、途中的中国代表团、我对于观察庶联的态度、从日内瓦到莫斯科、第二个五年计划、两个大阅、十五年美术展览会、列宁逝世的十周年、苦尽甘来的庶联、第七次庶联的大选、社会城、谷城、电城、油城、碱城和铁城、梅兰芳在庶联、最近庶联人民生活的一斑。另收照片13幅，第一幅是“戈公振先生遗像”，1935年摄于莫斯科，时年36岁。参见张泽贤撰《中国现代文学散文版本闻见录1921—1936》。

新闻学　子部杂学类

(1)《新中学文库》本。

(2) 2018年中国传媒大学出版社影印本。

新闻学撮要　子部杂学类

(1) 上海新闻记者联欢会影印本，南京图书馆藏。

(2) 1929年上海商务印书馆再版影印本，南京图书馆藏。

(3) 2018年中国传媒大学出版社影印本。

按：公振在总结、学习中外新闻实践经验时，深刻地意识到我国新闻业界人才短缺、记者职业技能偏低的现状。于是，他结合中国当时的报界状况对美国人开乐凯的《新闻学手册》进行编译，介绍美国的实用新闻学，并附加注释和精美插图，于1925年2月出版。本书为公振第一本新闻学著作，前有梁启超序："戈君从事《时报》十有四年，独能虚心研究及此。予喜其能重视其职业，与此书之有裨后来者也，爰为之序。"参见程曼丽、乔云霞编《中国新闻传媒人物志》(第3辑)。

汪同尘(1891—1941)

原名家材，又名恸尘。东台人。济幼子，刘鹗之徒。曾任蔡元培首席秘书。早期同盟会会员。兼任复旦大学古文字学教授，热爱教育事业。1914年至1915年任《民苏报》主笔，钻研甲骨文。室名苦榴花馆。

苦榴花馆笔记　史部传记类

见《盐城文史资料选辑》第2辑。

按：苦榴盖苦楝之声讹。1983年4月6日《北京晚报》刊文称道此书于蔡锷、小凤仙轶事记载较详。参见汪函光、汪定华《汪同尘先生传略》(《东台文史资料》第1辑，1984年。按："汪函光"为"汪涵光"之误。下同)。

苦榴花馆杂记　史部传记类

(1) 1917年铅印本，南京图书馆藏。

(2)《历代史料笔记丛刊》本。

(3)《清代史料笔记丛刊》本。

按：本书是汪同尘早年(1916—1917)在京主持《民苏报》笔政时所作，全书不分卷，收录文史札记一百五十五条。以明清以来(有少量明清以前的)直至清末民初的历史地理、诗文典故、名人轶事为主，具有一定参考价值。篇名有《记香冢》《吴趼人哭兄诗》《珠巢街》《韩家潭》《花神庙》《汪笑侬诗》等。

南洋华侨与教育　史部政书类

按：汪同尘在南洋教学之余，对我国在彼土的教育事业进行调查研究，写成此作，对后世从事侨教工作者有参考借鉴作用。参见汪函光等《汪同尘先生传略》。

甲骨文字正解　史部金石类

按:本书为手稿,乃汪同尘收集当时已发现的甲骨文字,逐字考证,探本溯源的成果。惜因战乱付之于烬。参见汪函光等《汪同尘先生传略》。

中国五千年文化之光　史部金石类

手稿,汪氏后人藏。

按:原稿存于汪氏后人手中。万余言,概述先生治甲骨文经过、学术观点以及研究简况。参见汪函光等《汪同尘先生传略》。

含英咀华　集部别集类

手稿,汪氏后人藏。

按:此为汪同尘的诗文杂感遗稿,其中隽言、掌故资料尤多。现由汪氏后人保存并加以整理。参见汪函光等《汪同尘先生传略》。

汪同尘文集　集部别集类

汪同尘撰　汪家材　赵灿鹏编

2013 年国家图书馆出版社出版。

按:本书收录了汪同尘《苦榴花馆杂记》之外的已刊和未刊著作,正编分为诗词、文论、笔记、小说、书略、译作六部分;外编收入同尘先生编辑或者校改作品。大体以发表或写作先后为序。另收入其父汪济的《震斋杂说》《震斋集》。

喻兆琦(1898—1941)

字慕韩,号剑峰。盐城大丰白驹镇人。幼家贫苦学,喜交游,怀扶危济困之志。1921 年毕业于南京高等师范学校,1923 年毕业于国立东南大学生物系。留任助教。1929 年赴巴黎博物馆甲壳动物研究所,专门研究虾类分类学。1933 年转柏林大学继续深造一年,获硕士学位。1933 年归国,先后任山东大学教授、北平静生生物调查所技师兼北京师大生物系教授。为我国第一个从事虾类分类研究的学者和科学家。文理并进,精擅诗词。藏书颇富,遗言将西文珍本科学书籍九百种赠上海中国科学社，中文精本五百册赠筹备中的白驹图书馆（后遭日机轰炸焚毁）。

中国湾虾志　子部杂学类

中国之赤类虾　子部杂学类

海南沼虾之调查　子部杂学类

沼虾属之云南淡水虾　子部杂学类

螯虾属之中国虾类　子部杂学类

管鞭虾之一新种　子部杂学类

中国米虾之研究及其新种之描述　子部杂学类

几种中国淡水寄生桡足类　子部杂学类

以上见《江苏历代名人录·科技卷》。

按：喻兆琦实地考察长江、华北、华南及海南岛的虾类，对对虾、女虾、米虾、螯虾、沼虾、赤虾、奴虾、湾虾、青虾等科、属，种系统进行分类研究，故有以上论著近30种问世。散见于中国科学社《生物研究所论文集》及静生生物调查所《动物学汇报》等刊物上。

中国虾类志　子部杂学类　佚

按：已脱稿，然不幸于1939年风瘫后遗失。

炊烟春柳　集部别集类

收入《盐城文史资料选辑》第2辑，有诗词39首。由喻兆琦子女在其逝世后集辑。

藿场喻门诗词　集部总集类

喻兆琦、喻荃、喻蘅撰

1994年喻氏自印本，南京大学图书馆藏。

按：喻兆琦曾填过一阕《满庭芳》，摘录如下："高阁尘荒，迷楼烟淡，古今多少清忧。江南豪客，诗酒一身留。踏破吟边逸兴，空回首，往事悠悠。西风外，征鸿万里，寥落半天秋。青流，摇绀宇，年华浪迹，功业云浮。看鱼龙掀舞，松壑凝愁。独把栏干拍遍，嗟今岁，依旧羁囚。徘徊久，笼纱薄日，无语下沧州。"作者面对当时的黑暗现实，韶华虚度、报国无门之情油然而生，前途茫茫，功业难成的的感喟溢于楮墨。此外有《九一八事迹》《登枫丹炮丘》《乙亥十月登北平陶然亭》等诗篇存世。

丁怀逊

籍贯不明。

东台蚌蜒河堤利弊之商榷　史部地理类

1922年石印本，泰州图书馆藏。

按：蚌蜒河为一条由东向西的河流，上游在兴化境内(历史上兴化曾隶属于泰州)，下游流入梓辛河东台境内。东台蚌蜒河堤为清光绪十四年(1888)所建，以挡归海坝下泄洪水南侵。河堤西接泰县斜丰港堤，东迄东台范公堤，以沿蚌蜒河而得名。东台人认为高邮坝所泄之水本对泰县危害极大，但经蚌蜒河堤一挡，被堵转而向东台，对东台有害无益，加之建堤三十年来年年维修，费用不菲，丁怀逊建议将堤坝改为民田，改堵为疏。文中对泰县水利多怨尤。

佚　名

通泰海各场图说不分卷　史部地理类

《中国水利志丛刊》本(第38册)，据抄本影印。

按：本书主要记录旧时通州、泰州、海州各盐场如丰利场、掘港场、石港场、金沙场、吕四场、余西场、余东场、角斜场、栟茶场、富安场、安丰场、梁垛场、东台场、何垛场、丁溪场、草堰场、刘庄场、伍佑场、新兴场、庙湾场、板浦场、中正场、临兴场的情况。有图说，但无图。各场首先交代四至，如丰利场道："东至掘港场交界，南至岔河镇如皋县界，西至栟茶场交界，北至海。"然后是"图说"，引历史文献加以具体说明。参见《江苏地方文献书目》。《新中国水利志书目提要》亦有收录："《通泰海各场图说》，无名氏辑，抄本，该卷主要记录旧时通州、泰州、海州各盐场情况，该卷50页。"

泰山寺志　史部地理类

稿抄本，原稿藏于东台市地方志办公室。

按：本志曾经两次编修。第一次为清咸丰九年（1849）达朗大和尚作序；第二次为1921年东台县修志局重修。本志稿设建置形势及名称由来、事略、纪异、序、碑铭、缘启、主僧、记、跋、诗、楹联、人物等12篇。其中有从北宋初至民国初年泰山寺几次遭受火灾后重建的史实，天妃山、碧霞宫、地藏殿、东岳殿、天王殿、关岳殿、观音堂、悟雨堂、禅客堂等殿堂的建筑艺术，以及名僧讲经传道、放戒佛事，地方人士捐钱捐物修庙等记载。另附有名人墨客的诗赋对联。该志为东台唯一庙志，未刊印问世。参见《江苏地方文献书目》。

东台县庄目志　史部地理类

民国抄本，南京图书馆藏。

按：本书录东台县管辖六隅六百九十一庄（附庄不计入数）所在方位，于个别村下详说其离城里数、周围各方向的村庄名，大多数是仅录村名。纸墨莹洁，似为晚清到民国间所抄制。参见《江苏地方文献书目》。

东台名人诗钞一卷　集部别集类

抄本，上海图书馆藏。

按：本书原无书名，此书名不知谁题。所作诗歌，不限于一地，所作诗篇，不少与南京有关，如《随园》《莫愁湖》等，又有《扬州杂咏》《重游史阁部祠》《扬州岁暮》等，则与扬州有关。大致地域不出今江苏一地。诗有《戊午五十自寿》，书中夹页谓“咸丰八年五十岁”。此据集中《温观察（绍源）六合殉难（戊午八月廿四日事）》推算，应有根据。参见《江苏地方文献书目》。

亦社汇稿不分卷　集部总集类

稿本，东台市方志办藏。

按：本书辑录东台亦社社员社集之作。所辑自第一社至第十八社。社员有董衍、夏炘、王璋、王济、王先聘、金台、卢受采、汪廷弼、崔宗根等。多为东台人。如：夏炘，字雨人，别号梦仙，东台何垛人。金台，字履黄,别号懒人;崔宗根,字友鹤,号淡人,亦均是东台人。也有扬州人,如汪廷弼,字右臣,扬州仪征人。“第一社”下有题目《春集三贤祠就院中花木分体联韵》。“三贤祠”即东台西溪历史上祭祀范仲淹、张纶、胡令仪三人的祠堂。三人在修筑捍海堰(即后世人所称之“范公堤”)工程中功不可泯,故地方人士立祠纪念。社中诸人各就院中花木吟咏。如夏炘作《古柏》云:“枯枝倒挂新枝侧,虬根蟠地坚如石。碧云深处不知寒,朝见苍苍夕郁郁。”汪廷弼作《嫩蕉》云:“碧纱窗外雨声残,一幅冰绡湿未干。吩咐几干新竹子,美人清瘦不禁弹。”“第十一社”所咏为《亦社雅集》,作诗者有汪子安、何咏香、徐瑞夫、董行、王先聘、王济、金台、汪廷弼、夏炘、崔宗根十人。此集卷末又有“柔兆阉茂第壹社,丙戌年”字样,当为光绪十二年(1886)。参见《江苏地方文献书目》。

泠泠社戊午集　集部总集类

民国油印本,东台市方志办藏。

按:本集包括《扬州唱和诗》《僻村唱和诗》《文峰阁社集诗》《碧霞山伏海寺社集诗》四种。泠泠社是民国年间如皋城内的一个诗社,据此集记载,作者有周然、赵臣杰、许树枌、陈其嘉、潘桂龄、赵日昌、孙恩绪、郭雍南、戴杰、管省、周宝祥、吴觌、孙恩缙、许福官、许政官、陈鸣驺、冯慰谖,共十七人。作者多为如皋人,或寓居如皋者。如郭雍南(1887—1945),字仲达,世居如皋城内东南城脚。自幼聪慧,17 岁时考中秀才。20 多岁即以诗词、书法闻名乡里。家有初遁园。喜收罗古籍、字画。春秋佳日,常邀集知交好友作文酒之会。民国初年,曾任如皋县公款公产管理处副主任,致力于地方公益事业。赵日昌(1882—1942),字学周,原籍安徽休宁。后在如皋开典当业。此集题戊午集,当为民国七年(1918)。周思璋《叶石芗诗三首》记道:“今年春天到东门外郭家校对郭仲达先生遗作诗词,发现他家还有一册《消寒杂咏》(泠泠社稿之一),集中录诗 70 多首,作者 18 人,顺便全部抄来。前有序言:‘庚申冬,同人为消寒第三集会于周南陔之绮兰精舍。佥以第四、五集时值岁阑,人事鲜暇,咸集匪易,爰预拟九九消寒杂题,不拘体韵,每组四题,各拈一组分咏之。……''庚申'是民国九年(1920)。作者18人组成'泠泠诗社',其中多数是如城人。周南陔名然,祖籍贵州贵筑(今贵阳市),福建布政使周莲(子迪)之孙,住如皋城内冒家巷。时为如皋师范教员,后来去上海。郑逸梅先生在《清娱漫笔》中谈到周与袁世凯次子寒云'结金兰契',称他为'著述家'。有三四位生平不详。"(周思璋《东皋话旧》,http://www.ntwyw.com/wd/dghj.doc)可与此参看。其所记《消寒杂咏》为民国九年作,则还在戊午集之后。文峰阁、碧霞山、伏海寺均为如皋胜迹。《东皋话旧》中《重阳还忆文峰阁》一篇记文峰阁道:文峰阁在定慧寺之西、冒家桥南城头上,杰阁两层,飞檐耸脊。上层朝南有窗,可以远眺景色。又名"望江楼"。挂有对联:"东阁壮皋城,万丈文光联北斗;南楼环雉水,千年元气吸西江。"登阁倚栏北望,市廛万家,鳞次栉比,围绕着殿阁巍峨,古木森森的文庙;朝南俯视,下临濠河,舳舻相连,龙游河由此蜿蜒南去,流入长江。平畴桑麻,竹树茅舍,尽收眼底。当年冒辟疆的朴巢和董小宛埋骨处相邻的影梅庵都近在咫尺。文峰阁于民国二十七年春天毁于日寇的炮火。又《伏海寺》一篇记道:伏海寺在如城北隅,前后分为伏海寺、碧霞山和禅堂三个部分。明隆庆六年(1572)筑土成碧霞山。万历四年(1576)伏海寺和碧霞元君祠建成。《如皋县志》称赞碧霞山景色道:"曲水长堤,左右环映。幽林旷墅,迥隔市嚣。风月佳辰,雅堪延眺。"《文峰阁社集诗》中,赵日昌《秋江》有"匹练横吴楚,苍茫接海东"之句,许树枌同题诗有"天堑限南北,奔流向海东"等句。《碧霞山伏海寺社集诗》卷首有周然附注,称碧霞山亦名泰山,"名胜为全邑冠"。参见《江苏地方文献书目》。

阜　宁

李　文

字方平，号非斋。明初庙湾（今阜宁）人。宋李纲6世孙。由乡荐官临淮教谕。洪武初以儒士荐充盐城训导。与诸生讲学主于无欺。一日修废井，得银数十两，拒不纳，乃买经史、古文数千卷贮学库，以遗后学。升江西乐安令，化行俗美，庭无私谒。教谕陈中谓其蕴经纶之学，得洙泗之传，虽去考亭数百年，与亲炙无间云。

非斋集　丛书类　佚

见民国《阜宁县志》卷18。

子目：

《易辨疑》

《读书记》

《四书直解》

按：光绪《盐城县志》卷16注云："以上三部总名曰《非斋集》。"又云："《旧志·艺文》有本学教谕陈中《非斋先生文集序》。"

孙龙章

字六皆，号御翩。明庙湾（今阜宁）人。祖籍山东济宁，父杭，洪武中由吴迁庙湾。例贡生，考授山西主簿。性情豁达，遇穷乏不惜倾囊相助。好游览，足迹几半全国。所著多成于舟车途中。

川行笔记　史部地理类　佚

浪游纪程　史部地理类　佚

闽粤诗草　集部别集类　佚

以上3种见民国《阜宁县志》卷18。

郭　绅（？—1513）

字廷章。明宜春籍，庙湾（今阜宁）人。郧叔祖。成化十一年（1475）进士。授宁海知县。抵官，首刻方孝孺集（方氏著作永乐时严禁），建祠祀之，绅此举深受世人称誉。累官南京刑部右侍郎。正德八年(1513)卒。为人宽厚简朴，有长者风。

逊志斋集30卷拾遗10卷附录1卷　集部总集类

明方孝孺撰　谢铎、黄孔昭辑

明成化十六年(1480)郭绅刻本，国家图书馆藏。

郭　鄖

明庙湾(今阜宁)人。九有祖。精理学。

耕余漫笔　子部儒学类　佚

见民国《阜宁县志》卷18。

李　嵩

字月亭。明庙湾场北沙(今属阜宁)人。嗜学工诗。与吴敏道、王稚登等同时被称为八才子。性高旷，薄荣利，急公好义。曾上书当事，请均丁徭，竟得请。姻族寒素有急难者，无不尽力相助。

射阳诗稿　集部别集类　佚

见民国《阜宁县志》卷18。

李　应

明庙湾(今阜宁)人。万历间，以辟掾授广东捷胜所吏目，署龙州、海丰二县事，有政声。崇儒重道，子孙多以文学显。

龙川政要　子部儒学类　佚

见民国《阜宁县志》卷18。

郭九有(？—1645)

字若无。明庙湾(今阜宁)人，郭鄖之孙，秉异资。天启元年(1681)恩贡生，授衡州府通判。旋署常宁，摄衡阳令。后以丁忧归。崇祯十四年(1641)冬，奉命镇压粤东瑶僮人民起义。以功授岳州府同知。未几，农民起义军攻陷北京，崇祯帝死。会南京福王立，擢九有为本郡守，曾率众与农民军战。及南都败，知不可为，乃放舟洞庭岳王庙前，北望泣拜，赋绝命词2首，北向自经死。九有善书画，工诗。摘《绝命词二章》如下："漫言移孝可为忠，撑住乾坤总属空。欲向煤山随逝辇，孤魂万里哭秋风。君父深恩两未酬，洞庭湖水汨东流。儿孙记取遵误志，切莫蹉跎慨白头。"清段朝端辑《三洲画史》收其传。

平瑶记　史部杂史类

见民国《阜宁县志》卷18。

岳游草　集部别集类　佚

从军草　集部别集类　佚

以上2种见民国《阜宁县志》卷17本传、《明清江苏文人年表》。

按：其《绝命词》见《县志》卷17本传。

潇湘吟　集部别集类　佚

见民国《阜宁县志》卷18。

郭九铉

字幼象，自号相园老人。明庙湾（今阜宁）人。九有弟。邑庠生。值兄宦游，居家以定省为己任。明亡，兄殉，遂闭户读书，焚香读《易》，纂《医方》。书法独树一帜。

四书集韵　经部小学类　佚

见光绪《阜宁县志》卷22。

初学书规（一作幼学书规）　子部艺术类　佚

见民国《阜宁县志》卷18。

戴　卣

字小异。明庙湾（今阜宁）人。崇祯诸生。工小楷，善歌咏，为诗古文辞尚奇。无子，尝教诸女句读。次女云度传其学。清高，重气节。与楚中曹石霞友善。石霞死，遂少所许可，独与妻侄潘西河交莫逆。论史或不合，至相呵斥，旋复相视大笑。海防某属以寿序，心非其人，不为也。

花间吟　集部别集类　佚

弗谖亭集　集部别集类　佚

以上 2 种见民国《阜宁县志》卷 18。《山阳诗征》卷 10 收其诗 1 首。

李大平

明庙湾（今阜宁）人。国学生。

愚学集　集部别集类　佚

见民国《阜宁县志》卷 18。

李思聪

明崇祯间庙湾（今阜宁）人。国学生。

飞来集　集部别集类　佚

见民国《阜宁县志》卷 18。

郭允观

字海日，号峄山。清庙湾（今阜宁）人。明庠生。学究心性命之理。谓圣贤可学而至，以居敬穷理为宗，操履端悫，颦笑不苟。虽盛暑，不衣冠不见人。明亡入清，隐居庙湾场之凤谷村，足不入城市。晚年钻研《易》理，潜心著作，凡数十万言。三子：宁愚、宁简、宁鲁，皆不应试。卒年 76。清徐嘉撰《味静斋文存续选》录其事迹。

剥复否泰论　经部易类　佚

尚论篇　子部儒学类　佚

经世策　子部儒学类　佚

辨志论　子部儒学类　佚

以上 4 种见民国《阜宁县志》卷 17 本传。

郭　闳

字锦伯。清初庙湾(今阜宁)人。九有长子。游庠后以父功为监生。父殉国后奉丧归葬。事后母尽孝。抚幼弟力学有成。有来访求告者,留与觞咏,或解囊济之。

筠亭集　集部别集类　佚

见民国《阜宁县志》卷17郭九有传附。

李思伯

字杞南。清庙湾(今阜宁)人。顺治间岁贡生,官安徽潜山训导。教士以程、朱、胡、张为法。修葺文庙,重刊《潜山志》,学使优奖之。未老致仕归。居恒手不释卷,粹然儒者。

皖游草　集部别集类　佚

梦花集　集部别集类　佚

以上2种见民国《阜宁县志》卷18。

刘曰桀

一作日桀。清庙湾(今阜宁)人。顺治十七年(1660)恩贡生,考授州同。康熙间,改广东归善县丞,有政声。卒年70。

礼记约达　经部礼记类　佚

见民国《阜宁县志》卷18。

金士显

字希文。清阜宁金家庄人。廪生。历署高淳、泰兴、兴化教谕。所至以振兴学校为先。

纪荒诗草　集部别集类　佚

见民国《阜宁县志》卷18。

李竹玉

清庙湾(今阜宁)人。

鹤鸣轩集　集部别集类　佚

见民国《阜宁县志》卷18。

李毂玉

一字有贻。清庙湾(今阜宁)人。思伯子。增生。博学笃行,教人以至诚为主。

四书集解　经部四书类　佚

二论口授　经部四书类　佚

素心堂集　集部别集类　佚

以上3种见民国《阜宁县志》卷18。

梅　芾

字开之。清阜宁人。精《易》理。绝意进取。与辜光复、吴元公、朱重焜友善。作诗不求深刻,适意而止。手抄典籍若干本。豪于饮,每以古书下之。亲丧不能殡,尝绘《号野图》,对之涕泣。

乐天草　集部别集类　佚

见民国《阜宁县志》卷18。

辜光复

字元吉。清阜宁人。原籍江右,父迁居庙湾,遂家焉。父早逝。家贫。事母以孝闻。乃借卜易养其母。本不知书,后力学,渐有所会,暇则苦攻六经子史,尤精于《易》。后见王艮《心斋语录》,潜心性理。里中李毂玉诸子师事之。岁饥,赈恤,士人约以名报,光复曰:"恩赈岂为吾辈设?吾卖卜足资饘粥,窃上惠为不忠,夺民食为不义,死弗为也。"性耿介,非义不取。廉静自守,竟贫病以死,年仅36。参见光绪《淮安府志》卷 31。

克复箴　子部儒学类　佚

见光绪《阜宁县志》卷 22。

朱重焜

号练水。清庙湾(今阜宁)人。博学善属文。作六宜诗,士林传诵。画工梅兰,书得张芝神妙。一生不求进取。假馆盐仓楼上,名曰敛湖阁。年 70,讲学如初。游其门者多有成就。可参见《中国古今书画名人大辞典》。

敛湖阁诗　集部别集类　佚

见民国《阜宁县志》卷 18。

郭　广

字松岩。清阜宁人。九有孙,冏子。承家学,富才思。邑人陈一舜纂庙湾镇志,广为考订艺文。

唾余集　集部别集类　佚

见民国《阜宁县志》卷 18。

陈一舜

字再虞。清庙湾(今阜宁)人。隶武庠。学贯六经子史,但郁郁不得志。尝客游名山大川,探访伟人胜迹。凡一切诙奇瑰异可忻可愕之事,悉托诸诗赋文辞,以发抒意气。发颁白始归里,晚年,受海防同知侯恽命,编纂《庙湾镇志》12 卷。后之修缮阜志者,咸本之以为权舆云。

睹闻集　史部杂史类　佚

庙湾镇志 12 卷　史部地理类　佚

按:民国《阜宁县志》注云:"今存钞本。"又,《阜宁县志》卷 18 本传云:庙湾自明万历建城,为海疆重镇,清开海禁,贾舟鳞集。会黄淮合流久,海滩远涨,土广民众,人文渐兴,而僻处海隅,文献无征,编纂志乘为当务之急。一舜受命主其事，乃博稽掌故，网罗放佚，分地舆、建置、官秩、兵防、祀典、造士、选举、勤民、庶政、人物、艺文、丛纪 12 门，子目 80，共 12 卷。因侯公迁去，此志属稿本未刊。此志为以后各志之始。

远游诗草　集部别集类　佚

以上 3 种见民国《阜宁县志》卷 18。

汤炳隆

字炳文，号北村老人。清庙湾(今阜宁)人。其子垕撰有《画鉴》。

北村集　集部别集类　佚

见民国《阜宁县志》卷 18。

王　琮

字器方，别号瞿所。清庙湾(今阜宁)人。原籍武进，寄籍江宁，入上元学。寻弃举子业，远游名山大川。庙湾士人礼延设教，遂家焉。琮学识广博，贯通百家，谙歧黄术，晚年潜心理学。为人和而介，虽穷无愁苦色。年近 60，无疾赋诗而逝。

贞元剩语　子部儒学类　佚

见民国《阜宁县志》卷 18。

李　益

字惟谦，号冰壶。清阜宁人。好藏秦汉以来尊彝鼎敦之属及古今名书画，鉴别甚精。尤耽吟咏。居尘市能自拔，不随流俗。

行余诗草　集部别集类　佚

见民国《阜宁县志》卷 18。

梅　鼎

字燮公。清庙湾(今阜宁)人。芾子。山阳文生。工诗，善绘事。

草堂诗录　集部别集类　佚

见民国《阜宁县志》卷18。

宋国英

字介庵。清庙湾(今阜宁)人。山阳学庠生。官南昌府通判。有才干，迭权府邑篆。秉性不阿，以迕上官意罢归。迁淮上，卒年72。

皇华杂咏　集部别集类　佚

燕游草　集部别集类　佚

以上2种见民国《阜宁县志》卷18。

平继亮

字宗武。清雍正间庙湾(今阜宁)东沟人，年十三丧父，哀毁骨立。侍母疾，衣不解带三年。善诗，好施与。

守拙草堂诗集　集部别集类　佚

见民国《阜宁县志》卷18。

项　樟(1701—1762)

字景贻，号芝庭。清阜宁人。自祖父始，居庙湾场三灶里。雍正十一年(1733)进士。历知四川大竹、万县，湖北黄冈，山西蒲州事，擢安徽凤阳知府兼护凤庐颍道。所至勤于民事。令万县时，革除老役弊端，民赖以安。凡决疑狱数十。守凤阳尤久。由于水利年久失修，睢河及诸渠道湮淤殆尽。宿州、灵璧、虹县三州县积被水涝，凤台等属次之。岁费赈帑数十万或百余万，而患无底止。乾隆二十三年(1758)，樟寻源究委，奏明高宗，堵截涝源，疏浚宿、灵、虹等地诸河，并修复闸堰堤坝，使水归其壑，远近农田，各得其利，于是民气大和。后以赈灵璧大灾，积劳卒于官。

游禅窟寺记1卷　史部地理类

《小方壶斋舆地丛钞》第四函。

按:清乾隆二十四年(1759)经凤台，作此记。

游石崆庵记 1 卷　史部地理类

《小方壶斋舆地丛钞》第四函。

玉山诗钞 4 卷文钞 4 卷附刻 1 卷　集部别集类

(1) 清乾隆二十七年(1762)刻本,南京图书馆藏。

按:山阳吴玉搢为之序。

(2)《四库未收书辑刊》本(第九辑)。

(3)《清代诗文集汇编》本。

公余小草　集部别集类　佚

见民国《阜宁县志》卷 18。

裴懋贤

字我容,号放翁。清庙湾(今阜宁)人。少力学,精《易》理。父早逝,事母郭尽孝。母怜弟春寰无子,懋贤始则时恤之。及卒,则奉母遗命,殡于母墓侧。弟懋勤有过当惩,懋贤请代,以有声庠序免。卒之日,同学私谥曰贞介。

括囊集　集部别集类　佚

见光绪《阜宁县志》卷 22。

朱书勖

字篔川。清阜宁人。乾隆二十七年(1762)举人。初从长洲沈德潜游,学有根柢,尤长于诗。晚年,与霍又华为诗酒交。诗稿多佚。

书勖诗稿　集部别集类　佚

见光绪《阜宁县志》卷 17 本传。

按:光绪《阜宁县志》卷 22 收其诗 2 首。

项兆龙

字时乘。清阜宁人。樟长子。乾隆十二年(1747)经魁。五十八年武进士。署云南保山县,补河南荥阳县。勤于政事。

兰汀诗抄　集部别集类　佚

见民国《阜宁县志》卷18。

裴汝璜

字玉友。清庙湾(今阜宁)人。懋贤子。幼能文,试辄高等。限于名额,年二十七始游郡庠。海防张观风聘居西席。未几,补增广生。后受聘赴北沙,从者如云。

待评集　集部别集类　佚

见民国《阜宁县志》卷18。

平　康

字坦衢。清阜宁东沟人。邑庠生。刻苦攻读终其身。事母孝,事必躬亲。母享年95。康拟庠序题名札记甚详备,邑人项锦春之《肄雅录》,倚为权舆云。

三朝科甲题名录　史部传记类　佚

阜宁历案书香　史部传记类　佚

以上2种见民国《阜宁县志》卷18。

项泰和

原名成龙。清阜宁人。樟次子。乾隆二十七年(1762)恩贡生。授灵璧教谕,不就。辞孝廉方正之举。急公好义。乾隆四十五、六年间,兼灾疫,乃多方周恤,不足,至典质所卧衾裯以给。

愧说堂诗抄　集部别集类　佚

见民国《阜宁县志》卷18。

项椿龄

字干亭。清阜宁人。樟孙,锦春、桂春父。嘉庆三年(1798)岁贡生。性耿介,非义不取,有故交持巨金劝以非义,毅然却之。

谦谨堂诗抄　集部别集类　佚

见民国《阜宁县志》卷18。

杨 □

清阜宁人。原籍山阳，世居阜宁云梯关（今属响水县）。工医术。其子绍先刻其遗书。

普济良方　子部医家类　佚

见民国《阜宁县志》卷17杨绍先传。

周绍裔

一名骏发，字柳塘。清阜宁人。祖籍邹县，父名隆，经商于阜宁，遂定居于天台乡（后名周庄）。绍裔为邹县国学生，屡应顺天乡试，两膺荐举，遂绝意科名。胸怀高旷，性爱梅竹，榜厅事曰梅竹居。喜吟咏，尤工考据。好交游。凡文士来归者，必厚遇之，将行，又资助之。漕督铁保闻其名，延聘课其子。晚年负琴远游，南浮江汉，北走河洛，览江山之胜，京都之雄，发为诗歌，寓豪宕于冲淡。曾歌咏射阳河："楼头南见海，河尾曲通潮。"卒年81。

采访录　史部传记类　佚

柳塘诗抄　集部别集类　佚

以上2种见民国《阜宁县志》卷18。

抱琴图征求珠玉　集部总集类

清周绍裔辑

1922年铅印本，上海图书馆藏。

安贞吉

字桂山，一安蔼堂。清直隶邯郸县人。嘉庆十二年（1807）举人，道光间两任阜宁知县。于邑之风土人情，每留心察访，皆得其要。劝民植桑棉，设窑座，因地势广狭高下酌莳百谷。勤于政事，案无留牍，尤乐育人材。著《黄浦因利篇》1卷，于地方利病，言之綦详。后以忤上罢归。

黄浦因利篇1卷　史部地理类　佚

见民国《阜宁县志》卷18。

项锦春

字魏堂，号蓉村。清阜宁人。樟曾孙，椿龄子。嘉庆二十四年(1819)恩贡生。候选州判。学问广博，能诗。尝广搜文献，项桂春之《耆旧录》，倚为始基焉。

黄浦肄雅录　史部传记类

清项智高辑　项锦春校订

(1) 清嘉庆间刻本。

(2) 清道光二十五年(1845)愧说堂刻本，北京大学图书馆藏。

按：内封背面题“道光乙巳年重镌《黄浦肄雅录》，愧说堂藏本”，卷末有项增高跋。

(3) 清同治八年(1869)常春锦、王会开续增刻本。

(4) 清光绪补刻刻本，南京图书馆藏。

按：本书为阜宁入学生员名录。顾应咸(字晓村，廪贡生)曾于清道光二十五年作序：“乡前辈项蓉村先生，慨然念风俗之兴，良由学校，而学校作人之化，不得其道以激励之，必不盛。缘仲子颖川手辑《肄雅录》一卷，先生取以付梓，凡所为后生劝者至矣。今其长君寅庄上舍复续入丁亥后七案，而重刻之，以问序于余。”写明作序缘由。因“黄浦”为阜宁县治阜城镇之古名，非县名，后更名《阜宁肄雅录》。本书内列各案入学生童。始于清雍正十二年甲寅(1734)，大抵与各科同年录汇编同；终于光绪二十年甲午科考。参见民国《阜宁县志》卷18，其注云：“此书有嘉庆间刻本，道光二十五年水少泉、项寅庄增刻本，同治八年常春锦、王会开续增刻本。”

蓉村诗抄　集部别集类　佚

见民国《阜宁县志》卷18。

项桂春

字雨合，号小山。清阜宁人。樟曾孙，椿龄子。道光十九年(1839)岁贡生。博通典籍，能文章。偃蹇不遇，以教授里中生徒为乐。生平严以律己，非义不取。热心地方公益。或以孝廉方正举，力辞不就。年76卒。

史传评录　史部史评类　佚

项桂春辑

黄浦耆旧录　史部传记类

项桂春撰

清抄本。

按：民国《阜宁县志》卷18注："今存抄本。"山阳徐登鳌于清同治元年(1862)嘉平月朔日为之撰序："阜邑旧名黄浦，隶淮郡，为庙湾场地。自雍正初年，割山阳、盐城两县地，置阜宁县，历今百有余年，而志乘阙焉。先是，邑人陈君辑《庙湾志》，罗列人物与其疆域、赋税之可考者，语多采入府志。洎改邑后，而地里日广，风俗日繁，近则人文萃集，科名益盛，惜无搜辑而表章之者。项子明经蓉村先生，忧其散佚，暇则访诸故老，稽其懿行，分门析类，手录其姓氏行事，以为后人模楷。未卒业而归道山。雨台为蓉村先生介弟，悼其未为成书，又虑一方之文献归于湮没，爰续录而奔存之。其褒许之公，与是雅合史裁，此岂取悦一时者耶？即此以见雨台之友爱性生，而此邦之文献赖以不坠也。"(见戴文葆著《射水纪闻》)

黄浦杂记　史部地理类　佚

以上3种见民国《阜宁县志》卷18。

王寿年

字静山，号筠墅。清阜宁人。道光二年(1822)，岁贡生。品学超群。书法二王，画得董其昌、王石谷真意，老尤精进。与山阳乡贤潘德舆为30年老友。潘盛赞静山“冲淡贞介”,有“陶征士之风”。参见《中国古今书画名人大辞典》。

治河三议管见　史部地理类　佚

闻思录　子部杂学类　佚

以上2种见民国《阜宁县志》卷18。

水志行

字利泉,号筠舫。清阜宁北沙人。邑庠生。以子安澜封通奉大夫。

读史择粹4卷　史部史钞类　佚

倚云阁诗钞4卷　集部别集类　佚

以上2种见民国《阜宁县志》卷18。

顾元音

清阜宁人。太学生。学泗次子。道光十年(1830)岁贡生。嗜剑南诗、史记文。敦厚孝友,喜周急困。

偶拈诗录　集部别集类　佚

闲斋文录　集部别集类　佚

以上2种见民国《阜宁县志》卷18。

李　仪

字朗山。清阜宁人。安东籍,世居凤谷村仁寿庄。道光间岁贡生。工诗,有文才。与兄廪贡信、弟增生佑,号“李氏三凤”。

南村诗草(一作南村集)　集部别集类　佚

见民国《阜宁县志》卷18。

赵　干

字揖(轶)徐,号蓉洲。清阜宁凤谷村人。道光十九年(1839)举人。文名噪一时。仅一试春闱,即归田养母,不求仕进。咸丰间,江南北多兵事，与安东庠生郑景云等筹练乡团。又主持疏浚凤谷村之韩家河、窑头河、渔滨河，造仪凤桥，商民称便，总漕吴棠奏以内阁中书奖之。知县崔绳祖延请主讲观海书院。

信天巢笔训　子部儒学类

清赵干撰

戴文葆收藏。

按：赵干《自叙》云："兹以闲居消夏，料简家政，每忆及各书崖略，参以己见，随笔录之，得百有余则，题曰《笔训》。便于省记，故简要而不支。做秀才素位而行，故不阑入在官一语。齑盐琐屑，亦有箴规；村野荒言，无妨搜采，凡以为家人子弟训尔。附骈散体文，盖烽火后从友人处搜得者，益以近作，计十五首，统付手民。总之，敝帚自珍，存此以示子孙，非敢问世也。"赵干在序中阐明《笔训》创作缘由，且目的是为教导家人子弟，故《笔训》中多有立志自强、忠诚憨直、择交睦邻等论，并时有教育儿童、培养子弟的意见。

信天巢杂著　子部杂学类

以上2种见民国《阜宁县志》卷18，并注"已刊"。

按：赵干在"信天巢杂著后记"云："右杂体文十五首，无足录。余性不喜时艺，而少壮假馆四方，鬻文为活，不得已攒眉入社，无暇观书，偶仿骈散体裁，特供徭役，偿逋负而已。于古文一道，不知隔几重城郭也。然究系一时笔墨，得之烬余，百无一二，复拉杂摧烧之，未免增悲，故刊此以存手迹。"《信天巢杂著》附刊于《笔训》后，多为哀诔、寿序、酬应文字。惟其中《重修阜宁学宫碑记》《壬戌纪变》《筑凤圩记》等篇，与地方掌故相关，语言简练明畅。参见戴文葆《射水纪闻》。

谷廷松(1809—1879)

字幼芸。清阜宁人。山阳籍，世居西城角巷里。道光十年(1830)诸生，同治九年(1870)举人。品行纯笃，学养粹然。为廪生时不与保，保亦不受人一钱。邻人假其佣与渡河，他舟触之溺死。系其舟，将讼之。佣固独子，邻人亦窘乏。廷松释其舟，而赡佣父母终身。有鬻田者，既书券，以瘠易腴，买者不受，将械斗。廷松以己腴田易之，事得解。平生以教授自给，积资置祭田数十亩，以廪族之向学者。家居孝友。妻尝苦见陵于群姒，廷松谕以礼，卑下之诟谇遂绝。乡里推行其行谊，多有化之者。阜邑诸生多奉为师范。

礼记注释　经部礼记类　佚

四书注释　经部四书类　佚

以上2种见民国《阜宁县志》卷18。

陶跃龙(？—1888年左右)

字叔渊。清盐城阜宁人。廪贡生。官江宁训导，修学官。署海州学正。及归里，捐巨资设栖流所，经理恤嫠会。清光绪间，直隶、山东相继大水，遵父母遗命，先后捐银千两及棉衣千件，清廷旌其父母。光绪十四年(1888)以后卒。工书法篆刻。

射水芹香集2卷　史部政书类

清徐燧撰　清陶跃龙增刻本

参见“徐燧”条。

归园札记　子部杂学类　佚

晚香阁日知录　子部杂学类　佚

以上2种见《射水芹香集》。

殷自芳(约1820—1900)

字芷南，亦作芷兰，号霜圃，别号松竹堂氏，晚号淮南老人，清阜宁风谷村人。山阳增贡生。孤介不偕于俗，工古文，横溢有奇，千言立就，《山阳诗征续编》收其诗29首。清代著名的水利专家，精水利，洞彻淮河利弊，著《筹运篇》，吴棠入奏，称其语甚切实，言多可采，抄送军机处备查。青沟、蛇峰、都梁一带，本系射湖淤垫，地卑洼，常苦涝，与举人赵干筹挑渔滨、泗河等处以泄水，并于两岸多凿涵洞，资灌溉者数万亩。

导淮刍议　史部政书类　佚

见《淮安河下志·山阳河下园亭记》。

(光绪)阜宁县志24卷首1卷　史部地理类

清沈国翰、阮本焱等修　清陈肇礽、殷自芳、江启珍等纂

(1) 初稿残本,原殷自芳家藏本。

按:戴文葆《射水纪闻》有"光绪阜宁县志初稿残本"记录:"此残存写帙,据云得自凤谷村殷氏,当系殷自芳芷兰先生之家藏。原稿纸系木刻印制,线格淡紫色,一叶二十行。装订成册,高23厘米,宽17.5厘米。版心高18厘米强,半叶宽15厘米弱。中缝镌有《阜宁县志初稿》六字。此一手写稿本,封面已残,左下角遭鼠啮,毁损三数厘米不等。齿痕道道,同于马克思所谓'让原稿留给老鼠的牙齿去批判'之状。稿本首标'阜宁县志初稿卷十八',中有艺文一、二及'补遗',计十二叶。次系初稿卷十九,为'丛志'一,记述名胜、古迹,计十四叶。又次系初稿卷二十,为'丛志'二,记述寺观、丘墓、祥祲,计二十三叶,内'祥祲'占十四叶。末为'丛志'三,杂记,卷次空而未填。计十四叶。稿本合计六十三叶。"

(2) 清光绪十二年(1886)刻本,南京大学图书馆藏。

按:清同治八年(1869),沈国翰(字筠生,清安徽泗州人)主修县志,候选训导殷自芳主笔。历经十余个春秋,纂成初稿,因故未付印。光绪十年浙江余姚人阮本焱知阜宁事,上任伊始,"以修志为己责",聘顾皋兰门下子弟、岁贡生江启珍为总纂,继续修志。江以殷自芳初稿为蓝本,经数月修改整理,几易其稿,于光绪十一年刊刻。志一至十一卷分别是疆界、建置、川渎上、川渎下、民赋、场灶、职官、仕迹、学校、选举、武备,十二至十九卷为人物,二十卷起为列女、祥祲、艺文,最后二卷是丛志。

筹运篇(编)1卷　史部地理类

《小方壶斋舆地丛钞再补编》本。

按:书名据卷端题,包括《缘起》和正文六篇,概述了其筹划运河排

灌、航运的主张。

治黄河论　史部地理类　佚

贯江辨　史部地理类　佚

车逻十字河说　史部地理类　佚

清水潭竣工记　史部地理类　佚

以上4种见《淮安文史资料》第17辑。

按：殷自芳关于水利方面的著作原有五十余篇，惜大部分著作、手稿均毁于“文革”。

淮城纪略　史部地理类　佚

见《淮安河下志·山阳河下园亭记》。

松竹草堂遗稿　集部别集类　佚

淮南吟10卷　集部别集类　佚

以上2种见《淮安文史资料》第8辑。

河下竹枝词　集部词曲类　佚

见《淮安河下志·山阳河下园亭记》。

水安澜

原名之澜，字镜甫，号少泉。清阜宁北沙人。志行子。生负异才。过目成诵，博闻强记。为人鲠直宽厚。道光二十九年(1849)拔贡。与流泉王文锦、周门裴荫森为文友。官河南西华、汝阳、光山、商丘等县知县。补嵩县，移太康，授祥符、河内知县。所至兴文教，严武备，防河赈灾，减徭劝农，士民称颂。嵩县、河内为建生祠。时穆宗及其拔贡座师曾国藩皆知其才干。由于历著劳绩，大府以卓异荐，得旨以知府用，未及赴任而病逝。著作甚丰。

读易会参10卷　经部易类　佚

春秋左传释地8卷　经部春秋左传类　佚

经解搜奇22卷　经部群经总义类　佚

声调谱注4卷　经部小学类　佚

守御杂记 4 卷　史部杂史类　佚
听政录 8 卷　史部政书类　佚
耐安牍草 4 卷　史部政书类　佚
军情纪问 16 卷　子部兵书类　佚
读史兵法辑览 46 卷　子部兵书类　佚
兵录 14 卷　子部兵书类　佚
孙子兵法注 2 卷　子部兵书类　佚

以上 11 种见民国《阜宁县志》卷 18。

怀郡试院号舍碑　子部艺术类

清水安澜撰并正书

1993 年拓本,国家图书馆藏。

梦白楼诗钞　集部别集类

清末紫丝栏抄本,国家图书馆藏。

按:民国《阜宁县志》卷 18 著录《梦白楼诗文集》20 卷、《梦白楼诗文外集》6 卷。

赋腴 8 卷　集部总集类　佚
文选辑注 24 卷　集部总集类　佚

以上 2 种见民国《阜宁县志》卷 18。

按:战祸频仍,不少著作惜散佚,未能流传。清周焘辑《淮郡校士诗选》卷 2 收其诗 6 首。

顾宜之

字意桥,一作谊翘。清阜宁人。道光十九年(1839)亚元。品正学纯。事祖父母父母均善承志,兄弟间怡怡如也。工制艺,一试春闱,报罢辄止。惧以远道淹留,使家人悬望也。同治间,主讲观海书院,以廉正相砥砺,其取舍必公。晚年力学不倦,为文老而逾速。著作甚夥,惜皆未刊。卒年 60 余。

易经批注　经部易类　佚

书经辑要　经部尚书类　佚
礼记批注　经部礼记类　佚
春秋经义　经部春秋总义类　佚
春秋节粹　经部春秋总义类　佚
晋书摘异　史部史钞类　佚
宋书摘异　史部史钞类　佚
明史摘要　史部史钞类　佚
增补读史论略　史部史评类　佚
仿呻吟语　子部儒学类　佚
意桥家训　子部儒学类　佚
意桥随笔　子部杂学类　佚
意桥诗草　集部别集类　佚
意桥诗集　集部别集类　佚

以上14种见民国《阜宁县志》卷18。

王　橹

清阜宁人。

吟梅诗草　集部别集类　佚

见光绪《阜宁县志》卷22。

顾培之

清阜宁人。

蔗田诗抄　集部别集类　佚

见民国《阜宁县志》卷18。

项增高

字子勤，号寅庄。清阜宁人。锦春子。咸丰三年(1853)恩贡生。道光间，当事者吞没学滩款，致学宫倾塌，久益颓废。增高愤与同学起诉大府，酷暑往返二千里不以为劳，并作《文庙歌》以见志。

崇俭说　子部儒学类　佚

见光绪《阜宁县志》卷22。

陈鲁源

清阜宁人。悉心考证古籍。督学以“殚心稽古”旌之。

统绪诗抄　集部别集类　佚

见民国《阜宁县志》卷18。

计魁之

清阜宁人。咸丰九年(1859)科耆榜副榜。

汇林霏玉1卷　子部典故类　佚

见民国《阜宁县志》卷18。

徐棻禾

字实甫，号稼轩。晚号守拙老人。清阜宁人。世居射阳河北小尖(今属响水县)。咸丰八年(1858)岁贡生。年12而孤，自奋于学，躬耕犹手一编，风宵雨晦，苦读不辍，卒有所成。博通典籍，尤精史学。鉴于前人编纂宋金元三朝诗未臻精当，故别加编辑，并为作注。尝言持身涉世，恕为先，耻继之。故待人厚而律己严，乐善好施。咸丰壬戌(1862)间丰北河决，流民载道。棻禾于宅门外放粥，有读书者加优赠之，有伪托则曰：君子可欺以其方。倘逆诈而靳之，如乞食之渊明，何工相术？邪正在其鉴中，口不为臧否也。淡于进取，同治初拟以孝廉方正举，力辞之。年66卒。民国《阜宁县新志》卷十七《人物志》有传。

唐诗集注　集部总集类

见光绪《阜宁县志》卷22《艺文》。

宋金元诗抄辑注　集部总集类　佚

见民国《阜宁县志》卷17本传、卷18书目。书目注：“今存原稿。”

按:光绪《阜宁县志》卷22录有棻禾作于清咸丰十一年(1861)自序,择录如下:"愚向有《唐诗集注》一书,抄录旧注,间附以管见,非敢问世,盖为家塾课孙计耳。兹又抄宋金元诗,孙辈读之,遇有事实,仍呶呶问之不休。因就所知者为之注,其中释事、释字者十之五六,释志、义与音者十之一二,余未能详者阙焉。第家居僻壤,寡所见闻,又藏籍无多,鲜所考核,沿讹袭谬,其陶而阴、鲁而鱼者,知未能免。倘博雅君子,惠而好我,为之正其谬误,且补所未备焉,则幸甚已!"盖徐氏以为清吴绮《宋金元诗永》(《四库提要》总集类存目4)抉择未精,吴翌凤《三朝诗选》以古淡为宗,名作多有遗漏,故编注此书。选诗不拘一格,取足翼诗教,其注释事、释义、释志、释字,于假借字尤辨别精严。首列三朝治乱大纲,次以诗人小传,使为知人论世之助。书稿藏于家而未刊。

骆天成

字香舫。清阜宁人。邑庠生。生平勤勉攻读,垂暮之年,学犹不倦。严择交,善教子。孝友纯谨,乐善好施。咸丰间,岁屡饥,竭粟济贫,活人甚众。

求恕斋文集　集部别集类　佚

见民国《阜宁县志》卷18。

周乔岳

字云斋。清阜宁人。工书法,喜吟咏。品行端方,不苟屈从。有某氏盛饰女,置其室,反扃其户,欲因妻之。乔岳彻夜挑灯坐读,声达户外。旦启扃,出,乃已。工书法。

镜河书屋诗草　集部别集类　佚

见民国《阜宁县志》卷18。

梅萼仙

清阜宁人。郡庠生。

篆汇10卷　子部艺术类　佚

见民国《阜宁县志》卷18。

戴德成

字春湖。清阜宁东坎镇(今属滨海县)人。年14入郡庠。重游泮水后试优等补廪。工诗,与淮安潘德舆、鲁一同诸老辈相唱和。

听雨轩残稿　集部别集类　佚

见民国《阜宁县志》卷18。

裴荫森(1823—1895)

字樾岑(亭)。清阜宁周门(今属芦蒲乡)人。光绪十年(1884)以后定居淮安。咸丰十年(1860)贡士,同治二年(1863)补行殿试成进士。任工部主事。同治六年在湖南办理团防总局事宜。九年入李鸿章幕充西征营务处,领亲军各营。其后历任衡永郴桂兵备道、辰沅永靖兵备道、福建按察使、福建船政大臣。船政任内,悉心培植船政人才,重建马尾船厂,制造舰艇,整饬海防,功勋卓著。方期振兴船政,巩固海疆,不意造舰经费为慈禧挪修颐和园,致使功败垂成,乃忧愤成疾。是时,清廷补授光禄寺卿,荫森深感壮志难酬,遂以病乞归。生平笃学,宗尚孙奇逢、顾炎武、汤斌、于成龙,于其遗著辄能背诵,并抗节高歌。或竟日危坐,不作一语。偶聆时变,则又扼腕叹息。年73卒。

船政奏议汇编9卷　史部政书类

《近代中国史料丛刊续编》本。

按:此系门人侯官沈翊武于清光绪二十八年辑成。见民国《阜宁县志》卷18。《县志》注“已刊”。本书辑录福州船政大臣有关船政奏疏,反映出福州船政局的沿革和各期情形,亦涉及福建海军和中法战争,颇具史料价值。

请复淮水故道全案　史部地理类

(1) 清抄本,国家图书馆藏。

(2)《中华山水志丛刊》本(水志第25册)。

按:清同治六年裴荫森驻淮安时,鉴于前二年黄河决口之害,遂联名分隶淮扬同署官员,上书两江总督曾国藩与漕运总督张之万,倡议导淮入海,清浚旧黄河,以复淮水故道,是为编写本书缘由。本书提出复淮水故道的具体章程,包括工程资金来源、工程可行性,具体施工方案、工程分期计划等,悉数在录。参见《江苏地方文献书目》。

湘水校经堂书目3卷　史部目录类

清裴荫森撰

清光绪八年刻本,盐城市图书馆藏。

裴光禄遗集8卷　集部别集类

清裴荫森撰　裴士骐辑

(1) 清宣统三年(1911)阜宁裴氏刻本,南京图书馆藏。

(2)《清代诗文集汇编》本。

劝济饥民诗1卷　集部别集类

《曼陀罗华阁丛书》本,北京大学图书馆藏。

江南黄烈女遗诗1卷　集部别集类

清黄淑华撰　裴荫森辑

(1) 稿本,国家图书馆藏。

(2) 清同治十三年阜宁裴氏刻本,南京图书馆藏。

(3) 1922年商务印书馆《清代闺阁诗人征略》本。

(4) 钱仲联主编《清诗纪事》卷22,录全卷。

书牍杂著4卷　集部别集类

见民国《阜宁县志》卷18。

他山剩简　集部别集类

清裴荫森撰　裴楠辑

(1) 清光绪二十九年铅印本,苏州大学图书馆藏。

(2) 1923年铅印本,复旦大学图书馆藏。

(3)《晚清四部丛刊》(第六编)本。

按：裴锡恒《先父裴籽青先生事略》云："先父于光绪二十七年辛丑搜集并辑录光禄公散存遗简，分上下两卷共七十八首，冠曰《他山剩简》并为之序。序曰：'先大父光禄公知交满天下，所从奉手者，皆名臣伟彦。凡有简尺，多商榷国政及地方利弊之言，或考道问业，互为赏析。尝自选其确有关系者，汇置一策，颜曰《他山剩简》。楠奉以周旋，不敢失坠。兹辑遗集成，念是册韫椟岁久，易致蠹蚀，复广为搜采，共得如干首，录分二卷，付诸手民。俾读者取以印证，庶先大父一生经济道义可得其梗概云。光绪辛丑冬月裴楠谨识。'"

王文锦(1824—?)

字晴舫。清阜宁流泉人。咸丰九年(1859)进士。分发河南综水利局务，于豫南兴修水利。复见知于宁夏将金顺，因倡议修复宁郡汉唐五大渠，引黄河水灌田数千万顷。并协理军务，历著劳勋。因父病假归，会晋豫奇荒，励精赈务。权河南开归陈许道，兼理河盐库驿水利兵备道。力除河工积弊，触当道怒，被诬，气愤遽卒。年60。

西域南八城纪要1卷　史部地理类

《小方壶斋舆地丛钞再补编》本。

左士銮

字金坡。清阜宁东沟镇人。坚子。国学生。同治元年(1862)岁贡生。性豪迈，文有奇气，兼工书画，着墨不多，而风骨自秀。参见《中国古今书画名人大辞典》。

昭忠录　史部传记类　佚

节孝录　史部传记类　佚

以上2种见民国《阜宁县志》卷18。

沈　棨

清阜宁人。

烬余存稿 1 卷　集部别集类　佚

见民国《阜宁县志》卷 18。

张廷扬

字觐颜。清阜宁人。

序贤录　史部传记类　佚

见民国《阜宁县志》卷 18。

孙太初

字古斋。清阜宁人。太雍兄。附贡生。善诗工书。咸同间，阜邑抢孀之风甚炽，太初与裴荫森等合力请县丞严禁，恶习渐灭。荫森任福建按察使，太初游其幕。曾为调解闽、长二县东渡玉田两乡数十年水道积案，深得闽人崇敬。叙功保教谕职。

西南事迹 6 册　史部地理类　佚

见光绪《阜宁县志》卷首。

孙太雍

字文森。清阜宁人。太初弟。励品行，事亲孝。工书画，尤长于竹。喜吟咏，与裴荫森交最笃，唱和诗颇多。参见《中国美术家人名辞典·补遗二编》。

焦村小记　史部传记类　佚

见光绪《阜宁县志》卷 22。

赵一鹏

清阜宁凤谷村人。干子，承嘏、承霖父。咸丰九年(1859)举人。

扫叶山房文集 2 卷　集部别集类　佚

见民国《阜宁县志》卷 18。

董 荧

字星镜。清阜宁人。宗武子。庠生。工古学。恂谨诚笃，不设城府。

见闻偶抄 子部杂学类 佚

见民国《阜宁县志》卷18。

邹杏园

清阜宁东沟镇人。太学生。工医。

辨证求是 子部医家类 佚

见民国《阜宁县志》卷18、《中国分省医籍考》(上册)。

项炳阳

清阜宁人。

方便论 子部佛教类 佚

见光绪《阜宁县志》卷22。

赵一夔

清阜宁人。同治元年(1862)岁贡生。

蕉窗杂记2卷 史部传记类 佚

游艺录2卷 子部艺术类 佚

以上2种见民国《阜宁县志》卷18。

顾汝金

字砺卿。清阜宁人。同治六年(1867)举人。光绪七年(1881)，建议引黄水入射河以防御卤潮上溢，大府准行。方相度形势，因冒暑遘暴疾卒于道中。

述哀篇 史部杂史类 佚

见光绪《阜宁县志》卷22。

许朝昌

字筠山。清阜宁六套之三条沟人。郡庠生。同治元年(1862)西捻至，朝昌与其父夔同被掳，请以身代父役，父得释。越40日，朝昌始脱归。归著《蒙难记》。

蒙难记　史部杂史类　佚

见民国《阜宁县志》卷17本传。

顾训之

字式斋。清阜宁人。父母早丧。既长，读书应童子试。慨然曰："此岂读书之本意耶?"遂归，闭门讲诵四书五经，曰："为士者宜知道耳!"既又博览诸子百家，兼习岐黄术。曰："是亦济人之术也。"生平熟八家古文、杜诗、宋元词。工诗词。年78卒。临殁，戒后人当恤贫困亲故。

四香轩诗抄　集部别集类　佚

竹逸诗余1卷　集部词曲类　佚

以上2种见民国《阜宁县志》卷18。

沈应星

字次榆。清阜宁东坎镇(今属滨海县)人。增贡生。同治十二年(1872)襄助山阳顾云臣校士湖南，得周銮贻、龙璋、易顺鼎诸名士。晚岁历署甘泉等县儒学。东坎救生河之疏浚，与有力焉。年逾70，终于家。

南游草　集部别集类　佚

见民国《阜宁县志》卷18。

梅花仙馆诗题辞　集部别集类

清沈应星辑

清光绪九年(1883)刻本,古籍图书网有售 http://www.gujibook.com/gujide_49708/。

常春锦

字晓城。清阜宁东沟镇人。同治八年(1869)捐贡。增生。年12能诗。及长,诗文名益噪。某年应补廪,一友人匿丧不让缺,春锦不与较,时人服其高谊。光绪五年(1879)获按察司知事衔。教读终身,成才甚众,著作亦富。曾参与纂修《淮安府志》和光绪《阜宁县志》。以侠义自任,创建保孀会,百年抢孀恶习,为之荡尽。年78卒。

阜宁肄雅录不分卷　史部传记类

清同治八年常春锦、王会开续增刻本。

见“项锦春”条。

鰕沟里乘　史部地理类

(1) 清光绪十年刻本,阜宁县党史办公室藏。

(2) 清光绪二十一年刻本,南京图书馆藏。

(3)《中国地方志集成》本。

(4)《南京图书馆藏稀见方志丛刊》本(第71册)。

按:《南京图书馆藏稀见方志丛刊》证补《联目》369页著录为“光绪十年(1884)刻本”,书中“历案书香”多处记事迄于光绪二十一年,且版刻无异,应为光绪年间刻成。东沟,在阜城镇西南约24公里处,康熙间为大镇。本书卷前有序、檄谕。光绪八年六月二十一日春锦《自序》云:“余因府志采访之役,取东沟一镇事宜有关于掌故者,并图说为二十二则,名曰《鰕沟里乘》,附历案书香于其后,以志吾镇之缘起。”光绪十年王岱(字海峰,阜邑王家滩人)《序》云:“夫荆楚岁时之记,吴中风俗之编,大半志民间琐事,而考古家且援引以征博洽,是卷为一乡文献赖以不坠之书,梓而行之,不与吴山夫《山阳志遗》并足补掌故之缺乎?乃以力绵,未付剞劂,只刊其《鰕沟里乘》一册,亦吉光片羽之为希世珍也。刻既成,余故以深识夫晓城者,书于简首。”本书内容分为:图说、形势、星度、驿程、水利、圩砦、街巷、津梁、祠庙、义地、户口、庄村、关卡、司汛、古迹、风俗、土产、兵戎、五行、人物、列女、杂记、历案书香等类目。书末附艺文。本书内容详尽，囊括东沟镇地理、风俗、物产情况，并记有鰕沟决堤与治理，及明倭寇、清捻军在境内活动等珍贵史料，可资借鉴(见《江苏地方文献书目》)。

湖乡分志 14 卷　史部地理类

清光绪三年稿本，重庆市图书馆藏。

按:《中南、西南地区省、市图书馆馆藏古籍稿本提要》著录，提及《湖乡分志》乃常氏为贡生时所纂地方志，“蒐采川阜之大，物产之细、里途之远近、户口之众寡、风俗之良窳、人物之茂异，皆能条分件系”。可粗略知其内容。

吴水浪游笔记　史部地理类　佚

柳塘集　集部别集类　佚

吴舫联吟 1 卷　集部总集类

清王会开、常春锦合撰

按:民国《阜宁县志》注:咸丰间刻本。

诗帕传奇　集部词曲类　佚

清常春锦、陶雪门合撰

以上 4 种见民国《阜宁县志》卷 18。

按:《诗帕传奇》乃东沟常春锦与陶雪门据真人真事改编:“‘姜乾元’中药店，为常州人姜序东开设，地址在东大街，坐南朝北门面，与后开设的‘天泰义茶庄’对门。据先人说，姜姓远在清咸丰年间，因避兵乱来益林，开设此店，经营中药。光绪后期，独生子姜一纯为婚姻不自主，与女方服毒自杀。店主遭此打击，关门停业，过店给胡子铭。”见《盐城文史资料选辑》(第 13 辑)。

陶雪门

清阜宁人。与常春锦为诗文友。

诗帕传奇　集部词曲类　佚

清常春锦、陶雪门合撰

见民国《阜宁县志》卷18。见“常春锦”条。

王会开

清阜宁人。与常春锦为诗文友。

阜宁肄雅录不分卷　史部传记类

清同治八年(1869)常春锦、王会开续增刻本。

见“项锦春”条。

吴舫联吟1卷　集部总集类

清王会开、常锦春合撰

按:见民国《阜宁县志》卷18,注:咸丰间刻本。

陈肇礽

字子云。清阜宁本城人。9岁丧父,母抚之成立。光绪二年(1876)岁贡生。授翰林院待诏衔。光绪初修县志,县令阮本焱特聘江启珍为总纂,肇礽实为主要撰稿人。生平热心地方公益善事,而清贫如故,人以是重之。

(光绪)阜宁县志24卷首1卷　史部地理类

清沈国翰、阮本焱等修　清陈肇礽、殷自芳、江启珍等纂

见“殷自芳”条。

于盛治

清阜宁人。廪生。与于成泰同任光绪《阜宁县志》采访。

东北事迹8册　史部地理类

清于成泰、于盛治合撰

按:见光绪《阜宁县志》卷首。阜邑创修县志。叠奉谕单。治与族弟泰采访东北,故撰成《东北事迹》8册。

于成泰

字琴斋。清阜宁大套乡(今属滨海县)人。诸生。善画梅,熟悉本邑掌故。效力船政,光绪十一年(1885)钦赐五品衔。与于盛治同任光绪《阜宁县志》采访。尝襄顾云臣太史校士河南。从裴荫森入闽,充香港采办分局委员,管理采办船料收支事宜,积劳而卒。

东北事迹8册　史部地理类

清于成泰、于盛治合撰

按:见光绪《阜宁县志》卷首。见“于盛治”条。

江启珍

字聘臣。清阜宁县城人。光绪九年(1883)岁贡生。为人孝友清和。诗学白香山,书学王圣教,画梅学童二树,均为邑人所重。名动当道,以舌耕自给,游其门成名者数十百人。阜宁有志自启珍始。年75卒。

(光绪)阜宁县志24卷首1卷　史部地理类

清阮本焱等修,江启珍、陈肇礽、殷自芳等纂

见“殷自芳”条。

陶立贤

清阜宁人。光绪七年(1881)岁贡生。

春秋传注释　经部春秋总义类　佚

见民国《阜宁县志》卷18。

王骏图

清阜宁人。

史记旧注平义12卷　史部史评类

清王骏图、王骏观撰

(1) 1936 年正中书局《国学丛书》本，南京图书馆藏。

(2)《〈史记〉研究文献辑刊》本。

按：吴平、周保明选编《〈史记〉研究文献辑刊》时以 1936 年正中书局《国学丛书》铅印本为底本。

(3) 1979 年正中书局《国学丛书》本。

按：本书是以《史记》中的词句为题目，下列裴骃的集解，司马贞的索隐，张守节的正义等，继而是对《史记》各种注疏进行评议，多有独知之见。以考订旧注为主，除订正三家注外，兼及明清学者的考辨之作。

史注平义 13 卷　史部史评类

清王骏图撰　王骏观补遗

(1) 稿本，存 1 卷，南京图书馆藏。

(2) 抄本，国家图书馆藏。

王骏观

清阜宁人。

史记旧注平义 12 卷　史部史评类

清王骏图、王骏观撰

见“王骏图”条。

史注义林 13 卷　史部史评类

稿本，南京图书馆藏。

史注集评 7 卷　史部史评类

抄本，国家图书馆藏。

史注平义 13 卷　史部史评类

清王骏图撰　王骏观补遗

见“王骏图”条。

孙懋昭

字小峰。自署“射湖画家”。清阜宁人，约生于嘉庆朝末叶。祖宏业，擅画荷。父恒年，字叟峰，画家。小峰弱冠就读于观海书院，与顾宜之谊翘、余甲慎三、顾应成晓村、骆天成香舫等同窗共砚，共称高材生（见戴文葆著《射水纪闻》）。监生。工诗，善画山水。光绪《阜宁县志》图画，悉出其手，其中绘有八景图，于图前书为“射湖八景”，其中“曲港回澜”富神采，“考舍图”侧题“太学生孙懋昭绘纂，时年七十四”。遗作巨幅“风雨归村”及“日照双槐”，识者称佳。

映雪草堂诗抄　集部别集类　佚

见民国《阜宁县志》卷18。

梅干珍

清阜宁人。

霜花草　集部别集类　佚

见民国《阜宁县志》卷18。

顾汝骧

清阜宁人。光绪十六年(1890)恩贡生。

亭湖诗稿4卷　集部别集类　佚

南藜草堂骈体文2卷　集部别集类　佚

双藤吟馆赋抄2卷　集部别集类　佚

以上3种见民国《阜宁县志》卷18。

殷　涛

清阜宁人。光绪十六年(1890)岁贡生。

一虫吟馆诗抄　集部别集类　佚

见民国《阜宁县志》卷18。

顾乃奎

字耀文。清阜宁人。光绪十六年(1890)恩贡生。二十三年上保甲十策，经上嘉许，饬令按法施行，阜东枭匪为之敛迹。授睢宁训导，未赴任。年46卒。

萍寄轩诗抄　集部别集类　佚

见民国《阜宁县志》卷18。

庞　桐

字琴轩，晚年号闰甫。清阜宁东坎镇（今属滨海县）人。光绪十九年（1893）岁贡生。天资绝高。初与儒医姜菊泉为友，每代开药方，勤问多思。平日又多读医书，运之于心，不囿古法。遂驰名县境及涟水、灌云。卒年75。参见1990年《盐城中医人物志》。

三十年中验方　子部医家类　佚

见民国《阜宁县志》卷20。

按：本书成书年代及内容未详。原藏于家中。

项承祐

号眷来。清末民国间阜宁人。书斋名为“水湄”。

醉春楼稿　集部别集类　佚

见民国《阜宁县志》卷18。

顾汝云

清末民国间阜宁人。光绪三十一年（1905）岁贡生。

梅花书屋诗抄　集部别集类

1924年刊本，见民国《阜宁县志》卷18。

余奉仙（1860—1939）

字涤凡。阜宁人。无言父。幼习儒，后随余赞襄学医。勤学善悟，于医学经典及各家名著悉予深究，并擅书法及吟咏。弱冠行医乡里，20世纪初曾在南京施诊，返里后执业益林镇，求诊者户限为穿。早年长于伤寒、温病及内科杂病，中年后对诊治疫症有较深造诣。临诊以精于审证、见闻广博、效验卓著称于时，与兴化赵海仙、淮安张子平齐名，世称晚清“苏北三大名医”。

医方经验汇编　子部医家类

1955年上海中医书局出版，国家图书馆藏。

余奉仙医方经验汇编　子部医家类

余奉仙撰，唐文吉点校

《中医师承·十元丛书》本，国家图书馆藏。

按：余奉仙晚年始写成此稿。首述四诊之要，举例若干条。次述隐弊、用药及尽性诸篇。次述真中、类中、肝风、产后风等各种风病。次述风寒及两感之辨治。次述时气及温疫之辨治。次述异型疫证之辨治。全书计分41章，列论辨及方案211条，均为临床实验之作。

余氏父子经验集　子部医家类

余奉仙、余无言撰

1957年印本，国家图书馆藏。

按：本集为余奉仙《医方经验汇编》与其子余无言《翼经经验录》合订本。

经验辨录　子部医家类

手稿本。

无聊斋诗集　集部别集类

大半散佚。

以上2种见余瀛鳌《余奉仙、余无言传略及其医著》(《南京中医学院学报》1983年第2期)。

赵承嘏

字蕴堂。阜宁凤谷村人。一鹏子，承霖兄。光绪二十八年(1902)岁贡生。與弟承霖分产，互让膏腴。早入郡庠岁，科试及经古场凡五次冠军。端方自处，宽厚待人，粹然儒者也。曾创两等小学于凤谷村，任校长兼教师2年余，不取一文。光绪宣统间，两次募捐赈灾，全活甚众。宣统间，举孝廉方正。入民国，被举为三界市总董。未几殁。

教家法语1卷　子部儒学类

按：民国《阜宁县志》卷18注云："已刊。"

沈溪书室文集2卷　集部别集类　佚

以上2种见民国《阜宁县志》卷18。1987年《阜宁县志合订本》云："未刊。"

沈云鹏

阜宁东坎镇(今属滨海县)人。应星子。增生。能诗。

小梅花馆诗抄4卷　集部别集类　佚

橘巢诗集1卷　集部别集类　佚

以上2种见民国《阜宁县志》卷18。

周龙章

清末民国间阜宁人。民国《阜宁县志》编纂之一。

(民国)阜宁县新志20卷首1卷末1卷　史部地理类

焦忠祖、吴宝瑜修　庞友兰总纂，周龙章分纂

见"庞友兰"条。

三少年集　集部总集类

清戴鸣、周龙章、金君珏合撰

民国铅印本，华东师范大学图书馆藏。

左仍豪

清末民国间阜宁人。宣统元年(1909)拔贡。

寒棕馆诗抄　集部别集类　佚

寒棕馆诗话　集部诗文评类　佚

以上2种见民国《阜宁县志》卷18。

陈为轩(1869—1949)

原名仲宽,字仲冕,别号墅叟、野叟。阜宁县小马庄人,光绪六年(1880)随父迁居复兴庄(今海河乡复兴村),后又迁居东官滩(今海河乡官滩村)。光绪十二年廪生,饱学多才,文思敏捷,热血爱国。二十四年考入江南高等学堂,作文《匡扶社稷于海疆》被传抄全校。庚子赔款后,因作诗触忤当道被除名。宣统二年(1910)在沪加入同盟会。辛亥革命时,在中央演讲团任职。民国初,与陈如宗创办沟墩高小、初级师范以及阜宁县中学堂,历任阜宁县教育会会长、《阜宁日报》社长、阜宁县文献委员会会长等职。后当选为县及江苏省议员。1941年在盐城拜会刘少奇、陈毅等,赞颂共产党的功绩为"秦王扫六合,其势何雄哉"。次年,出席盐阜区参议会。湖海艺文社早期社员。

守耕录　集部别集类

退散斋笔录　集部别集类

以上2种均为民国初上海三友书店印本。

按:陈为轩曾作《感事呈陈毅代军长》:"中共多豪杰,盐阜出人才。齐心打日寇,卫国保家来。"显其赤忱爱国情。

裴　楠(1871—1942)

字子卿、芷卿、梓卿(青),晚年更字耔青,号宾楚。阜宁人。荫森孙,士骐长子。廪贡生。光绪年间被张之洞派往日本留学,进日本仕官学校。宣统年间,曾代理湖北钟祥县知县,署沔阳州知州。调任公安县知县,民为建力挽狂澜碑。民国间,曾任《阜宁县志》采访。平生关注淮安慈善事业,于育婴堂、老人堂、慈幼院、粥厂等,每捐款相助。

梓里待征录一卷　史部地理类

清李元庚撰　孙鸿年编次　裴楠参订

清抄《淮安掌故五种稿》本,南京图书馆藏。

按:元庚世居河下镇,录中所记均河下之事,故曰"梓里"。

淮扬水道形势变迁统筹补救意见书　史部地理类

1921年石印本，淮安市淮安区图书馆藏。

按：淮扬各县地处里运河流域，水旱无常。1921年，淮安大水，堤圩溃漫成灾。张謇以《先治王家港商榷书》分寄淮人，主张在淮安地区的泾河造一座九门大闸。裴楠反对这一计划，指出："若开辟泾河，里运河水源必涸，而里下河又将壑。山、淮、宝、兴、盐等县素称农业之乡，一旦水道变迁，饔飧所赖有不堪设想者。"故作《意见书》，将淮人意见，分别加以说明。本书内容要点如下：陈述泾河形势及施工疑难之点、施行后淮扬利害必相违反之说明、酌分淮流收束三河统筹补救之计划。裴楠意见说明透彻，陈说利害明白，深为淮安人士认同，周钧等人认为其说"足以代表阖邑民意"，故"用特刊布，以示吾淮人极端主张者如此，且以供我江北父老研究焉"。参见《江苏地方文献书目》。

践迹录2卷　子部儒学类

清光绪二十六年(1900)刻本，北京大学图书馆藏。

按：裴楠嗜览先哲名臣专集，曾摘其书简中言之足砭身心者，于清光绪二十五年冬月辑录《践迹录》二卷，用自省惕并写有自序。

法学通论　子部法家类

清裴楠、李继兴、卢笃新辑

清光绪三十三年(1907)木活字印本，北京大学图书馆藏。

吟窗漫录4卷　集部别集类

清裴梁撰　裴楠辑

1916年铅印本，复旦大学图书馆藏。

按：裴梁因病逝世后，清光绪二十四年(1898)裴楠辑录本书并为之跋。裴锡恒《先父裴籽青先生事略》载："先父有言：'两灯月漏，寂寞书窗，只影茕茕，念之心痛。每检其诗文，弥欷歔不能卒读。比搜遗箧，得曩所辑稿，帙厚盈寸，署曰《吟窗漫录》。'"

洁庵遗诗　集部别集类

1933年铅印本，淮安市淮安区图书馆藏。

裴光禄公遗集 8 卷首 1 卷　集部别集类

清裴荫森撰　裴楠印行

见“裴荫森”条。

他山剩简　集部别集类

清裴荫森撰　裴楠辑

见“裴荫森”条。

卧风轩集 4 种　丛书类

1934 年铅印本，淮安市图书馆藏。

按：裴楠撰《卧风轩集》四种收录如下：《卧风存稿》1 卷、《淮滨蠡测》1 卷、《卧风诗钞》2 卷、《宾楚丛谈》4 卷。裴楠中年游幕湖南等地，后定居淮安府城，《宾楚丛谈》一书多记录清末民初身居府城的亲闻亲见，包括政治道德、学术世情等内容。其中多记淮安（今楚州城区）等地情形，如记民国十二年癸亥（1923）上巳日，沈京似、裴楠、何虎侯、何子玖、汪鸥客、姚镜芙等仿兰亭，在淮安遂园作修禊事等。淮安遂园，又名沈氏遂园。为清末常镇通海道道台沈敦兰的私人园林，在今人民医院及其向北，是淮安市级文物保护单位。又如民国十四年夏，裴楠游遂园，遇周恩来六叔父周贻良（1873—1953，字峋芝）等等。沈京似“开轩治具，纳凉水榭”，至日晡乃散，裴楠有诗记其事。凡此，均可据以了解淮安人文事迹。参见《江苏地方文献书目》。

顾明扬

字舜卿。阜宁人。曾任职于江苏法政大学。1920 年至苏州阊门寻根问祖，抄“效畏堂”老谱，以修顾氏宗谱。参见《盐城文史资料选辑》（第 12 辑）。

澹园杂俎　子部杂学类　佚

见民国《阜宁县志》卷 18。

裴　梁(1873—1896)

清阜宁人。荫森孙,附贡生士骐次子。少聪颖,为学刻志勤苦,尝累月不出庭户。附生。能诗。体素羸弱,光绪二十一年(1895)患肺疾,次年病逝,年仅24。

吟窗漫录　集部别集类

清裴梁撰　裴楠辑

1916年铅印本,复旦大学图书馆藏。

按:裴梁因病逝世后,清光绪二十四年(1898)裴楠辑录本书并为之跋。见"裴楠"条。

庞友兰(1874—1947)

字馨吾,原名庆先,笔名古愚、老丐。阜宁人,世居东坎镇(今属滨海县)。光绪二十九年(1903)举人。考用内阁中书,改七品小京官,签分民政部。民国间,任阜宁县筹备国会选举事务所所长、东坎市商会会长兼清乡市董,江北苇右营垦务局局长,《阜宁县志》总纂。抗战期间盐阜地区著名绅士,与陈毅友善。可参见乔晓军编《中国美术家人名补遗辞典》。

(民国)阜宁县新志20卷首1卷末1卷　史部地理类

焦忠祖、吴宝瑜修　庞友兰纂

(1) 1934年铅印本,南京大学图书馆藏。

(2)《中国方志丛书》本。

(3) 1987年《阜宁县志》编委会《阜宁县志》合订本。

按:合订本包括以下三部方志:清乾隆十一年本(1746,冯观民等纂)、清光绪十一年本(1885,阮本焱修、陈肇初纂)、民国二十一年本(1932,焦忠祖修、庞友兰纂)。

(4)《中国地方志集成》本。

古愚诗文钞10卷　集部别集类

(1) 1934年铅印本,复旦大学图书馆藏。

(2)《民国诗集丛刊》本。

按:本书内封面记载"民国甲戌能光敬题";卷首有"甲戌春岭东瀛壶居士蔡卓勋序、中华民国二十三年仲秋邱鹤年序、中华民国二十三年春月古愚自序";卷末有"中华民国二十三年三月望日庞友兰后序、中华民国廿三年八月一日古愚跋"。

古愚汇稿　集部别集类

见民国《阜宁县志》卷18,注:未刊。

计一凤

清末民国间阜宁人。

一痴吟草　集部别集类　佚

见民国《阜宁县志》卷18。

刘月江

清末民国间阜宁人。

柑絮集　集部别集类　佚

见民国《阜宁县志》卷18。

臧在新(1882—1916)

又名再兴,字与咸。清末民国间阜宁县北沙镇(现滨海县天场乡吉岗村)人。军人,革命家。世居北沙之臧大堰。年22入新军,隶陆军第九镇三十三标赵声部下。及毕业江南讲武堂,以排长隶林述庆麾下。创立文社书报社,宣传民主革命思想,武昌义兵起,光复镇江江宁。继以团长兼徐东剿匪司令。1913年,南京独立,任讨袁军前敌总指挥。既而东度日本购枪械归,遣心腹至清江等地约旧部伺机起事,继续讨袁。1915年冬,冯国璋密令驻阜营长张宝华诓之至阜,押赴江宁。1916年2月9日,就义雨花台。年仅34岁。1928年,南京国民政府追赠中将衔烈士。杨广桂曾作《臧在新传略》,刘德弟作《反袁英雄臧在新烈士传略》。

臧烈士遗诗　集部别集类

见民国《阜宁县志》卷18。

按:臧烈士留下正气歌一首:“石城风雨天地昏,不辨啼痕与血痕。飞絮落花谁是我,雨花台畔赋招魂。”显示其志向。

顾锡九(1885—1916)

又名息疚,学名振黄,字锡九,号汰白。以字行。清末民国间阜宁花园头(今射阳县阜余乡花园村)人。辛亥革命烈士。垂髫通经史,稍长兼工翰墨。清光绪二十九年(1903),考入江宁府中学堂,得识革命志士赵伯先。三十一年考入江南高等学校,加入同盟会。逾3年,考入两江政法专修科,积极参与反清活动。武昌起义成功,与周桂玉、阮玉骐等光复淮安。由于误用清将,周、阮等被杀。锡九藏身蒲荡中,为臧在新所救。1913年二次革命失败,袁世凯缉捕革命党人,锡九流亡日本,在中山先生领导下从事新闻活动,曾任上海《爱国报》主编,以反袁反帝为宗旨。孙中山亲书“苦口婆心”匾额送之。1915年,成立“心社”,为护法讨袁的群众文艺组织。袁世凯称帝前,加紧捕杀革命党人,勾结南通地方反动势力诱骗锡九等十余人回乡,于1916年农历4月19日惨遭杀害。柳亚子曾作《哭顾锡九烈士》。

拾红轩遗稿　集部别集类　佚

见民国《阜宁县志》卷18。

见庞友兰《阜宁县新志(4)》、1997年《射阳县志》。

按:锡九工诗,意蕴深远,为文简朴苍老。言论趋向反袁。上海大公报社出版《拾红轩》古体诗二卷,惜毁于战火。戴培之先生曾作《顾烈士锡九先生事略》:“烈士治事之暇,喜艺文,遗有《拾红轩》诗稿二卷,抗战期间,并国父所书匾额,悉沦劫火。”

拾红宣2卷　集部别集类

清末民初上海大公报社出版。

按：本书为锡九所撰古体诗。参见《百县市经济社会调查》（射阳卷）。“宣”疑为“轩”，1997年《射阳县志》亦载。

王寿彭

清末民国间阜宁人。流寓盐城。

爱绿居类稿　集部别集类　佚

见民国《续修盐城县志》卷13。

顾荣光

清末民国间阜宁人。

牧养丛谈　子部农家类　佚

见民国《阜宁县志》卷18。

杨芷江(1890—1947)

名湘，字芷江，以字行。别号老叟。临淮乡（今滨海县滨海港镇杨庄村）人，祖籍南京溧水县。爱国民主人士。好学聪慧，善诗文。早年入淮安府学堂、南京两江师范及江南高等学堂读书，后入安徽公立专门法政学堂法律科学习，1914年毕业。任塞北关监督。1920年，任河南督理靳云鄂的秘书长和直鲁豫巡阅使驻北京办事处处长。与洛阳杨运史（吴佩孚的秘书长）、杨瑟君共称为“洛下三杨”。1926年起，先后任托克托县（内蒙）禁烟局局长、青岛盐务运转公署副使、安徽省区长训练所秘书等职。1933年归乡，乐守田园。“皖南事变”后，芷江结识了刘少奇、陈毅、黄克诚等新四军领导人，与陈毅为文字友，常以诗相酬，曾作《和陈毅〈梅岭三章〉》《旅次陈集赠陈军长刘政委两公》等诗。是“湖海艺文社”发起人之一。

阜宁县沿海潮灾募捐启　史部政书类

按：1939年，台风过境之后又继遭海啸，致使浮尸狼藉，惨不忍睹。

杨目击心伤，带头捐助并动员家人救济难民，拯救生者。亲手起草《阜宁县沿海潮灾募捐启》，委婉凄恻，催人泪下。广文张贴后，殷实富户及往来商贾被其文所感，纷纷解囊救灾恤难。同时他还向民国江苏省政府呼吁“堤堰复修，蓄淡刷卤”，并奔走游说，惜虽争取到拨款，然结果不尽人意。

吁天录　集部别集类

按：1940 年前后，芷江多次为治阜宁县的海患奔走呼唤，将两年的呼吁文稿，编成《吁天录》，明记阜宁县沿海潮灾募捐事。其诗云：“人将春熟还艰食，我为年荒发浩歌。劫运纷乘靡底止，问天不语奈天何？”

晚成诗轩文集　集部别集类　佚

按：本集皆芷江亲笔正楷抄写，庞友兰先生填词，汪继光先生封面题签。原托于八滩贾先生收藏，贾在“文化大革命”中受冲击自缢身死，贾妻疑受诗集之累，遂将其焚毁。

以上 3 种见盐城市地方志办公室《盐城人物志》。

主要参考文献

中国方志丛书·盐城县志　明杨瑞云修　夏应星纂　1983 年台湾成文出版社出版

中国史学丛书·万历盐城县志 10 卷　明杨瑞云修　夏应星纂　1987 年台湾学生书局出版

(万历)盐城县志 10 卷　明杨瑞云修　夏应星纂　1988 年《北京图书馆古籍珍本丛刊》影印本

(乾隆)盐城县志 16 卷　清程国栋原本　黄垣续修　沈俨续纂　清乾隆十二年(1747)刻本

(光绪)盐城县志 17 卷首 1 卷　清刘崇照修　陈玉澍、龙继栋纂　清光绪二十一年(1895)刻本

(民国)续修盐城县志 14 卷　林懿均、李直夫修　胡应庚、陈钟凡纂　1936 年铅印本

盐城续志校补 3 卷　胡应庚纂　1951 年铅印本

盐城续志校补补遗 3 卷　周梦庄纂　1980 年油印本

盐城县志　盐城市郊区地方志编纂委员会编　1993 年江苏人民出版社出版

盐城市志(上、中、下)　盐城市地方志编纂委员会编　1998 年江苏科学技术出版社出版

盐城文史资料选辑第二辑　政协江苏省盐城市委员会文史资料研究委员会选辑　1984 年盐城市伍佑印刷厂承印本

盐城文史资料选辑第四辑　政协江苏省盐城市委员会文史资料研究委员会选辑　1986 年盐城市印刷厂承印本

盐城文史资料选辑第六辑　政协江苏省盐城市委员会文史资料研

究委员会选辑　1987 年盐城市印刷二厂承印本

盐城文史资料选辑第九辑　政协江苏省盐城市委员会文史资料研究委员会选辑　1990 年盐城市印刷二厂承印本

盐城文史资料选辑第十三辑　政协江苏省盐城市委员会文史资料研究委员会选辑　1994 年盐城市印刷二厂承印本

盐城文史资料选辑第十八辑　政协江苏省盐城市委员会文史资料研究委员会选辑　2001 年盐城市星光印刷有限公司承印本

(嘉庆)东台县志 40 卷　清周右修　蔡复午等纂　清嘉庆二十一年(1816)刻本

(光绪)东台县志稿(一作《东台采访见闻录》)4 卷　清王璋纂　清抄本

东台县志(1817 年至 1911 年增编本)20 编　东台县编修县志委员会编　1983 年东台县编修县志委员会编印本

东台市志　东台市地方志编纂委员会编　1994 年江苏科学技术出版社出版

江苏省东台县地名录　1985 年东台县地名委员会编印

东台文史资料第一辑　政协东台县文史资料研究委员会编　1984 年印本

东台文史资料第三辑·纪念戈公振诞辰九十五周年专辑　政协东台县文史资料研究委员会编　1986 年印本

东台文史资料第三辑·戈公振纪念文集　江苏省政协文史资料委员会等编　1991 年《江苏文史资料》编辑部出版

江苏省地方志·大丰县志　大丰县地方志编纂委员会编　1989 年江苏人民出版社出版

大丰盐政志　江苏省大丰市盐务管理局编　1999 年方志出版社出版

大丰市志　陈如祥主编　大丰市地方志编纂委员会编　2006 年方志出版社出版

大丰县文史资料第四辑　政协大丰县委员会文史资料研究委员会编　1984年大丰县编修县志委员会办公室编印

大丰县文史资料第五辑　政协大丰县委员会文史资料研究委员会编　1985年大丰县编修县志委员会办公室编印

大丰县文史资料第十一辑　政协大丰县委员会文史资料研究委员会编　1992年大丰人民印刷厂印刷

(乾隆)阜宁县志8卷　清冯观民修　清乾隆十一年(1746)抄本

(光绪)阜宁县志24卷　清阮本焱主修　江启珍等纂　清光绪十二年(1886)刻本

(民国)阜宁县新志20卷　焦忠祖修　庞友兰总纂　1932年铅印本

阜宁县志合订本　阜宁县县志编纂委员会编　1987年阜宁县县志编纂委员会重印本

阜宁文史资料第四辑　政协阜宁县文史资料研究委员会编　1989年阜宁县印刷厂承印本

阜宁文史资料第六辑　政协阜宁县文史资料研究委员会编　1992年阜宁县印刷厂承印本

建湖县志　建湖省地方志编纂委员会编著　1994年江苏人民出版社出版

建湖县志1986—2008　建湖县地方志编纂委员会编　2009年方志出版社出版

建湖文史选辑第一辑　政协建湖县文史资料研究委员会编　1986年建湖印刷厂印

建湖文史选辑第二辑　政协建湖县文史资料研究委员会编　1988年建湖印刷厂印

建湖文史选辑第三辑　政协建湖县文史资料征集研究委员会编　1989年建湖印刷厂印

建湖文史选辑第五辑　政协建湖县委员会文史资料征集研究委员

会编　1993年建湖印刷厂印

建湖文史选辑第六辑　政协建湖县文史资料征集研究委员会编　1994年建湖印刷厂印

江苏省地方志·射阳县志　射阳县地方志编纂委员会编　1997年江苏科学技术出版社出版

射阳县教育志　郭小吟、江建华、张奇、李必成编　1984年射阳县教育局平装本

江苏省地方志·响水县志　响水县地方志编纂委员会编　1996年江苏古籍出版社出版

江苏省地方志·滨海县志　滨海县地方志编纂委员会编　1998年方志出版社出版

淮安文献丛刻·天启淮安府志　明宋祖舜修　方尚祖纂　荀德麟、刘功昭、刘怀玉点校　2006年方志出版社出版

淮安文献丛刻·正德淮安府志　明薛鍪修　陈艮山纂　荀德麟、陈凤雏、王朝堂点校　2009年方志出版社出版

(乾隆)淮安府志32卷　清卫哲治等修　叶长扬、顾栋高等纂　清乾隆十三年(1748)刻本

(光绪)淮安府志40卷首1卷　清孙云锦修　吴昆田、高延第纂　清光绪十年(1884)刻本

(嘉庆)重修扬州府志　清阿克当阿修　清姚文田等纂　2006年广陵书社出版

(弘治)两淮运司志八卷　明徐鹏举、史载德等编纂　明弘治间刻本

(嘉靖)两淮盐法志十二卷　明杨选、陈暹修，史起蛰、张榘撰　明嘉靖三十年(1551)刻本

(康熙)两淮盐法志二十八卷　清谢开宠总撰　崔岱齐、李如梓、程浚等参订　清康熙刻本

(康熙)淮南中十场志　清汪兆璋等编　王大经纂修　清康熙十二

年(1673)刻本

(康熙)淮南中十场志(重修)　清汪兆璋等编　王大经纂修　1985年东台县志编修办公室手抄本

盐城诗征 10 卷　民国张绍先辑　苏州图书馆藏民国抄本

盐城市综述 1 卷　蒋炳兴编著　1990 年江苏科学技术出版社出版

可爱的盐城 1 卷　孟尔君主编　1991 年上海人民出版社出版

盐城史话　中共盐城市委宣传部编　1987 年江苏古籍出版社出版

海盐文化论丛　孙永有主编　盐城市海盐文化研究会编　2006年盐阜大众报报业集团印务有限责任公司出版

盐城市县概览　韩建勋主编　1988 年盐城市地方志办公室出版

盐城中医人物志　盐城市中医研究所编　1990 年江苏人民出版社出版

盐城人物志　韩建勋主编　盐城市地方志办公室编　1991 年江苏教育出版社出版

阿英全集(四)·盐阜民族英雄传　阿英著　2003 年安徽教育出版社出版

射水纪闻　戴文葆著　2005 年河北教育出版社出版

湖海诗存　计高成主编　2007 年中国文联出版社出版

东台掌故　民国陈振东编撰　1963 年东台县志编修办公室抄本

东台掌故　东台市地方志办公室编　2001 年中华书局出版

历代诗人咏东台　东台党史办等编　2005 年中国文史出版社出版

走进西溪　李伟编著　2005 年中国文联出版社出版

盐城市特色文化和民间美术丛书·董永故里东台市卷　薛德华主编　2006 年江苏人民出版社出版

中国历代盐文学作品选注　张荣生编著　2012 年凤凰出版社

出版

中国历史文化名镇·安丰风采　张源平主编　2009年南京出版社出版

中国历史文化名镇·安丰风雅　程可石主编　2009年南京出版社出版

中国历史文化名镇安丰历史文化丛书·安丰风情　朱兆龙著　2009年南京出版社出版

中国历史文化名镇安丰历史文化丛书·安丰风韵　朱兆龙著　2009年南京出版社出版

中国历史文化名镇安丰历史文化丛书·安丰风物　朱亚龙主编　2009年南京出版社出版

中国历史文化名镇安丰历史文化丛书·安丰风流　朱兆龙主编　2009年南京出版社出版

三水文化丛书·人文三水　周谅、曹学林、俞华生主编　2007年中国文史出版社出版

海安考古录校注　翟厚才主编　2014年苏州大学出版社出版

明儒王心斋先生弟子师承表　袁承业辑校《王心斋先生全集》附录本　清宣统二年(1910)排印本

射水芹香集　清徐燧撰　陶性坚校订　民国间抄本

中国地方志集成·鰕沟里乘　清常春锦编　1992年江苏古籍出版社出版

南京图书馆藏稀见方志丛刊·鰕沟里乘不分卷　清常春锦编　2012年国家图书馆出版社出版

中国地方志集成·小海场新志10卷　清林正青辑　1992年江苏古籍出版社出版

中国地方志集成·时村志　清冯道立纂　1992年江苏古籍出版社出版

西溪镇志　1963年东台县志编修办公室抄本

晏溪镇志　1963 年东台县志编修办公室抄本

东台西溪泰山寺志　1963 年东台县志编修办公室抄本

中国思想家评传丛书·王艮评传　龚杰著　2011 年南京大学出版社出版

民国史料笔记丛刊·蛰存斋笔记　蔡云万著　1997 年上海书店出版社出版

后　记

《江苏艺文志》为南京师范大学古文献整理研究所科研项目。

《盐城卷》由盐城师范专科学校中文系、图书馆的同志写出初稿，本书编纂委员会进行审订与增补。具体分工情况是：盐城市（包括建湖县、射阳县）初稿由王文龙撰写，阜宁县（包括滨海县、响水县）初稿由陈穆撰写。以上两地稿子由赵国璋审订并增补。东台市（包括大丰县）初稿由孙书安撰写，江庆柏审订并增补。扬州师范学院图书馆陈妹参加撰写了本书《扬州卷》泰州地区的稿子，因其地有部分地区已划归东台市，故将有关稿件移入本卷。编委会成员汤大民作了大量组织、联络工作。南京师范大学中文系周子来先生也为本书的编纂做了大量的联系工作。我们谨表示深切的感谢。

本书原常务副主编张瑗先生组织了本书的编纂。我们对他的不幸逝世，表示深切的哀悼。

在本书编写过程中，得到了盐城师专及盐城地区有关市县图书馆、地方志办公室、南京师范大学图书馆古籍部的大力支持，为我们查阅资料提供了许多方便。本所《清代文集总目》编写组制作的大量清代集部资料卡无偿提供本书使用，为本书的编写提供了切实的版本依据。江苏省出版总社穆纬铭先生对本书的编纂工作给予了最大支持，徐飞先生为本书的出版作了大量的工作。责任编辑邱禹先生对本书编辑付出了辛勤劳动。因此没有整个社会的大力支持和协助，本书的编纂出版是不可能的。在此，我们谨表示衷心的感谢！

由于我们水平有限，同时也限于人力、财力，本书尚有许多不完善之处，恳请专家、学者提出批评意见。

《江苏艺文志》编纂委员会

1994 年 4 月

原　主　编　赵国璋
增订本主编　江庆柏

江苏艺文志

宿迁卷

（增订本）

增订者　侯富芳

《宿迁卷》原编写人员名单

王　玫　方　云　江庆柏　曹红军　韩　石

目　录

《宿迁卷》引言

侯富芳

宿迁及其所辖的泗洪、泗阳、沭阳等县，是江苏文明的发源地之一。堪称历史悠久，人文荟萃。境内泗洪县天岗湖乡松林庄发现的距今约1000万年的长臂猿化石，至今在亚洲最早；距今约5万年前，就有古人类“下草湾人”在今泗洪县双沟地区逐水而居；距今8000年前后的泗洪县顺山集遗址被确认为江苏省境内已发现的最早的新石器时代遗址，它的发现将江苏文明史至少推前了1600年。据2016年12月5日报道，泗洪县梅花镇赵庄遗址成为继顺山集遗址之后，确认发现5000多年前的大汶口时期文化遗址，再次证明江苏早期文明历程。

相传夏、商、周三代，古族徐夷在境内生息。公元前113年，古泗水国在此建都，历时132年。秦代置下相县，东晋设宿豫县，唐代宗宝应元年(763)，为避代宗李豫讳，改称宿迁至今。

秦汉之际是宿迁历史上风云激荡的时代。下相(今宿迁西)人项羽在这里举起了抗秦的义旗。虽然在楚汉争霸中最后以失败而告终，但“至今思项羽，不肯过江东”的壮气却一直遗留在后人的记忆之中，人们依然把他看作人杰、鬼雄。

宿迁人文荟萃，明清之际涌现了大批文人学士。

胡琏，字重器，别号南津。明代沭阳人。弘治十八年(1505)进士。历任南京刑部郎中，后出为闽广二省兵备道，累擢巡抚，以户部右侍郎致仕。遇征安南，荐起督饷，卒年73岁。在闽广二省兵备道任内，胡琏因用兵沉重打击盘踞在海岛的葡萄牙匪寇而声名远播。胡琏精通儒学，告老还乡后，教授生徒甚多。著名学者邹守益、程文德等，皆受过胡琏传授指点。子效忠、效谟、效诠，孙应恩、应澄，均闻名于当时。而且胡琏子效才、孙应嘉皆进士及第。一门三进士、两举人，实属罕见。故而胡琏外甥、入门弟子、《西游记》作者吴承恩称胡家为“长淮名门第一”。

何九州，字仲敷，号春亭，明代宿迁人。诸生。博学多才，工诗善赋，为一时名人所推重。就连山阴(今浙江绍兴市)恃才傲物的徐渭，亦独看重何九州，推崇其诗文。当时诗坛论何九州，以为其才不在同时代诗人谢榛、卢楠之下。明神宗万历五年(1577)，何九州曾参与编纂《宿迁县志》，这是最早的宿迁县志。其内容为卷一《舆地志》，卷二《建置志》，卷三《典祀志》，卷四《田赋志》，卷五《秩官志》，卷六《人物志》，卷七《词翰志》，卷八《杂志》，每部分之前设有小序，“以括其目，其后各以条例书之”，开创了宿迁修志的先河。万历二十四年重修《宿迁县志》时，何九州任主纂。

王相(1789—1852)，字惜庵。原籍浙江秀水，因祖父在宿迁为官，故迁入宿迁。是清代著名的学者、金石学家、藏书家。王相幼年饱读诗书，深通典籍，擅长诗文。但他不屑科举，鄙薄仕途。雅好文学，嗜书及金石书画。他家累世藏书颇多，至王相时更重视访求，收藏益富。于道光十九年(1839)迁居宿迁县城富贵街，建园凿池筑亭，并购二层楼一幢，仿白居易“池北书库”，命名为“池东书库”。藏书达40万卷。且其中多为宋元善本，历代书法及画作亦非常丰富。他不仅藏书，还重视书籍校勘、刻印。他校刻了《信芳阁丛书》，还选辑了清道光以前的300多家诗选《信芳阁诗汇》，共40函，是著名的清代诗选作品。

王相善诗能文，其诗体近苏、陆，文宗韩、柳。其著作有诗集《无止境斋稿》《乡程日记》《井窥》《春明图览》《草堂随笔》等等。他所摹刻的《高凤翰砚史》现在还有部分石刻，藏于南京博物院，为国家一级文物。

王钦霖，字子润，后改字慈雨。初名汝霖，号雨亭。清沭阳人。少负才名，磊落自喜，慕朱家、郭解为人，慷慨多大节。道光二年(1822)出任徐州云龙书院讲席，旋弃去，遍览史汉百家，致力古文词。尝独游古三边，遇佳山水，坐卧其下，饮酒吟诗。走京师，与顾槐三等交。喜谈论古今成败得失。六年成进士，官吏部考功司主事，勤政能自立。晚益折节学道，以老庄为宗。十五年与汪喜孙、潘德舆、丁晏、鲁一同等会陶然亭。其咏古诗语言平实，雄浑自然。如《歌风台》中有“平原日落悲风起，大泽秋深鬼母哀”之句；值得注意的是诗人深切意识到鸦片的危害，曾与鲁一同等有识之士共议上书禁烟。其诗作《鸦片鬼》：“毒药害人人不悔，邪气熏蒸入骨髓。肌肉脱尽阳亦痿，可怜未死先成鬼。锦衾绣榻谁家郎，银枪吮吸殊徜徉。但解片刻且为乐，那知诸鬼环其旁。妖姬云雨巫山绝，引来终夜难复眠。枕边低照影魂灯，鬼气朦胧半明灭。吁嗟乎，古人服药求长生，今人食烟求速死。游魂日与群鬼邻，势不至死不肯止。枉死城中诸少年，多半世间浮浪子。”揭示了鸦片毒害生命的本质。其它作品如《卖官盐》《剥榆悲》《催科叹》《社仓叹》《举孝廉》等长篇歌行，突出表现了清王朝腐败无能，揭露了社会的黑暗，反映了人民的苦难。

张相文，字蔚西，号沌谷，1867 年 2 月 3 日出生于江苏省桃源县(今泗阳县)的南园。是中国近代地理学萌芽时期的开拓者。张相文编辑出版我国最早的地理、地质教材《初等地理教科书》及《中等本国地理教科书》。这两种书先后刊印达 200 万册，是我国第一部地理教科书。在唤醒国民精神、培养地理人才、促进中国近代地理学的兴趣等方面作出了巨大贡献。其所著《新撰地文学》是我国第一部自然地理学著作，为当时的学术界提供了新的思想，开拓了新的学科体系。张氏创办的中国地学会，是我国最早的有组织有计划开展科学研究、对外宣传地学研究成果的学术团体。学会所创办的《地学杂志》是清末民初唯一的地学期刊，也是中国第一种学术刊物。

在为数不多的女作家中，东海的刘清韵最值得重视。刘清韵出生于东海中正(今属灌云)，出嫁于沭阳钱氏，在马厂书斋“小蓬莱仙馆”度过了数十个春秋，在这里创作了大量的诗词曲稿和传奇剧本。清韵才华横溢，尤以所作传奇最为人赞颂，俞樾尝将其与李渔十种曲相提并论，“才气不及而雅洁转似过之”（《小蓬莱仙馆传奇序》）。这在妇女著作史上是十分难得的。

本书原附于《江苏艺文志·淮阴卷》，现独立成卷。原书共收宿迁市、泗阳县、沭阳县地区作者 198 人。增订本收入作者 279 人，其中宿迁 107 人，泗阳 55 人，泗洪 17 人，沭阳 100 人。收入著作 653 种。真诚希望本书的编纂，能有助于宿迁地方传统精神的发扬和地方文化事业的发展。对于本书的诸多不足之处，尚祈专家学者批评指正。不胜感激！

2016 年 12 月于淮安

宿迁市行政区划沿革

宿迁市

秦下相县地，汉称厹(qiú)犹县，属临淮郡。东汉省。东晋义熙元年(405)置宿预县，属淮阳郡，治所在今县城东南50里。唐宝应元年(762)避代宗讳改今名。以春秋时宿国人迁此，故名。初属泗州，后属徐州。宋属邳州。建隆元年(960)黄河一度南侵泗水，城陷，曾徙城于今城南二里。元仍属邳州。明属淮安府邳州。万历四年(1576)避黄河水患，再迁城于马陵山麓今址。清属徐州府。1949年属苏北行署淮阴专区。1970年属淮阴地区。1983年3月划归淮阴市。1987年撤县建市。1996年7月经国务院批准，撤销县级宿迁市，设立地级宿迁市，辖沭阳、泗阳、泗洪、宿豫四县和宿城区。市政府所在地为宿城区。2004年3月，经国务院批准，撤销宿豫县，设立宿豫区。

2016年宿迁市辖宿城区、宿豫区、沭阳县、泗阳县、泗洪县。

泗阳县

汉元鼎元年(公元前116)置泗阳县，属泗水国，故城在今众兴镇东，古泗水北岸，故名。东汉省。晋以后为宿预县地，唐宋为宿迁县桃园镇。金兴定二年(1218)以桃园镇置淮滨县，寻废。元至元十四年

(1277)复置县,称桃园,属淮安路。明改桃源县,属淮安府。清因之。1914 年因与湖南省桃源县同名,复称泗阳县。1952 年改属江苏省淮阴专区。1970 年属淮阴地区。1983 年 3 月划归淮阴市。1996 年 8 月后,泗阳划归新设的宿迁市。

泗洪县

1949 年 4 月置县,由泗南县上郑、峰山、双沟、车门、雪枫、崔集、管镇、鲍集八区,泗宿县朱湖、重岗、归仁、金镇、青阳五区,泗阳县龙集、界集两区和洪泽湖管理局合并而成,取泗水和洪泽湖首字命名。原属安徽省,1955 年 3 月划归江苏省,属淮阴专区。1970 年属淮阴地区。1983 年 3 月划归淮阴市。1996 年 8 月后,泗洪划归新设的宿迁市。

沭阳县

汉置厚丘县。南朝宋元嘉四年(427)置僮县。梁太清二年(548)地入东魏,武定七年(549)置沭阳郡,并于郡东置怀文县。北周建德七年(578)改县为沭阳迄今,以县治在沭水之阳而名。隋初废郡,县属海州。唐总章元年(668)改属泗州后复属海州。元属淮安路海宁州。明属淮安府。清属海州。1952 年属江苏省淮阴专区。1970 年属淮阴地区。1983 年 3 月划归淮阴市。1996 年 8 月后,沭阳划归新设的宿迁市。

(摘自单树模主编《中华人民共和国地名词典·江苏省》,商务印书馆 1987 年出版。根据 2016 年江苏省行政区划设置略作改动。)

人 名 表

宿 迁

泗　阳

泗　洪

沭　阳

宿 迁

刘　臻

字宣挚，隋宿豫下相人。父显曾任梁寻阳太守，《南史》有传。臻年十八举秀才，为邵陵王东阁祭酒。梁元帝时迁中书舍人。后仕周，为露门学士。隋文帝时，进位仪同三司。皇太子勇引为学士。

刘臻集 10 卷　集部别集类　佚

见弘治《宿州志》卷上："臻躭悦经史，终日覃思，精于两《汉书》，时号'汉圣'。有集十卷行于世。"《古诗纪》等录其《河边枯树》诗一首。

蔡　洞

字宏济。明宿迁人。嘉靖四年(1525)举人。游南雍，大司成吕柟亟称之，任乐亭、雩都两县令，俱有政声。以疾致仕。工诗，善属文。

易参 6 卷　经部易类　佚

见 1995 年《新沂县志》。

涯东集　集部别集类　佚

见同治《宿迁县志》卷 17。

高　飞

字子翀。明宿迁人。以岁贡为南河学训，名动三辅。弟冠亦能文，与兄齐名，时号为二高。嘉靖三十七年(1558)举人。诗文清丽。

浮峰集　集部别集类　佚

见同治《宿迁县志》卷 17。

何九州

字仲敷。明宿迁人。诸生。博学工诗，与山阴徐渭等友善，渭甚推重之。人谓其才名不在谢榛诸人下。

(万历)宿迁县志 8 卷　史部地理类

明喻文伟修　刘算、何九州等纂

(1) 明万历五年(1577)刻本,宁波天一阁藏。南京图书馆藏胶卷。

(2)《天一阁藏明方志选刊续编》本。

按:据民国《宿迁县志》卷20“修志源流”,宿迁县志始修于万历五年,万历二十四年知县何东凤又重修之,两志何九州均参加编纂。今所见仅万历五年志。

春亭集　集部别集类　佚

见同治《宿迁县志》卷17。

白雪堂稿　集部别集类　佚

见刘云鹤《江苏省地方志·宿迁市志》。云此稿“因无资未得梓行”。

吴希孟

明宿迁人。万历八年(1580)贡生。任新泰县训导。有文名。

(万历)宿迁县志8卷　史部地理类

明喻文伟修　刘算、吴希孟等纂

(1) 明万历五年刻本,宁波天一阁藏。南京图书馆藏胶卷。

(2)《天一阁藏明代方志选刊续编》本。

孤桐集　集部别集类　佚

见同治《宿迁县志》卷17。

陆奋飞(1592—1657)

字翀霄,一字紫霞。号九万。清宿迁人。明万历四十六年(1618)举人。崇祯二年(1629)入复社,四年成进士。以推官改嘉兴府教授,迁南京国子监助教,复迁工部营缮司主事。授兵部车驾司员外郎,上疏谓宜急用刘宗周、金铉诸人。除江西饶州知府,晋分守九江道参议。明亡后退居白鹿湖,日与兄弟子侄饮酒赋诗优游10余年。顺治十年(1653)太仓吴伟业过宿迁,与奋飞会。好读书,尤喜禅学。墓在马陵山三仙洞景区,虎山西麓。

云液草3卷　集部别集类

明崇祯刻本，国家图书馆藏。

按：《江苏诗征》卷151收其诗1首。

陆奋武

明宿迁人。据《复社纪略》载，为复社成员。参与纂修明崇祯末年(1644)首修《陆氏家谱》。

斌阁草　集部别集类　佚

见《新沂文史资料》。

陆氏家谱　史部传记类

陆奋勇、陆奋飞、陆奋武纂修

刻本，陆氏后裔藏。

按：是谱为明崇祯末年(1644)首修，以陆柴为始祖。陆柴，明初苏州人。修撰人为陆柴十世孙陆奋勇、陆奋飞、陆奋武。陆氏堂号为“云液堂”。字辈为：克、绍、景、从，承、先、永、裕。敬、启、昭、宣，家、乘、以、立。正、大、光、明，万、年、长、青。作、福、崇、本，文、孝、延、宗。弘、德、昆、盛，守、义、业、隆。乐、善、恒、远，衍、世、惟、忠。

蔡鼎镇

字重伯，号冲淹。清宿迁人。明泰昌元年(1620)恩贡。授福建沙县主簿。天启七年(1627)擢四川名山县知县，后署荣经县及邛州，有政声，崇祯间转楚王府长史，谢病归。家居20余年，卒年70。

率笔集　集部别集类　佚

见民国《宿迁县志》卷14。

吴　隐

字存已，号淡夫。清宿迁人。性慷慨，急人之难，虽千金不吝。工诗，善医术。

医案大成　子部医家类　佚
中和斋稿　集部别集类　佚
寄幻吟　集部别集类　佚
燕市草　集部别集类　佚

以上 4 种见同治《宿迁县志》卷 17。

蔡鼎臣

字重甫，号玉虹。清宿迁人。明天启二年(1622)以岁贡任六合县训导。教士子先行谊而后文艺。迁浙江缙云县教谕。以年老致仕归，七举乡饮大宾。

竹石居诗集　集部别集类　佚

见同治《宿迁县志》卷 17。

按：宿迁市地方志编纂委员会编《宿迁市志》著录蔡鼎臣有《率笔集》。据民国《宿迁县志》卷 14 所记，此为蔡鼎镇所著，《宿迁市志》著录或有误。

吴之珆

清宿迁人。隐子。顺治二年(1645)岁贡，授职，以母老辞。

含颖稿　集部别集类　佚

见同治《宿迁县志》卷 17。

卓　飞

字乘六。清宿迁洋河镇人。顺治八年(1651)恩贡，授湖南泸溪县知县。兴利除弊，邑人称颂之。

遗政录　史部政书类　佚

见同治《宿迁县志》卷 17。

张　忭(约 1634—1715)

字怡仲，一字尚元。号渫庵。清宿迁人。廪膳生。工诗，善古文。宿邑数遭水灾，田野多荒，役重民困。康熙二十三年(1684)圣祖玄烨南巡，忭草疏为民请命。玄烨命免缺丁、坍土、旷土三项，减赋额三分之一。忭年已 60，始终奔走其事。一时文稿，皆出其手。汤斌深许之，竟以此见恶于时。

韵学　经部小学类　佚

并韵学元　经部小学类　佚

见宿迁市地方志编纂委员会编《宿迁市志》。

学量堂宿迁私志 12 卷　史部地理类

清张忭私纂

学量堂抄本，上海图书馆藏。

学量堂诗文稿　集部别集类　佚

见民国《宿迁县志》卷 15《人物志中》。

学量堂遗稿 1 卷　集部别集类

清刻本，徐州市图书馆藏。

啸庐集　集部别集类　佚

心声集　集部别集类　佚

以上 2 种见《徐州诗征》卷 6。

暑霜录　集部别集类　佚

见《宿迁名人》。

按：王骧《"柔舌犹在口，何用苦呻吟"：清初江苏进步诗人张忭的残稿遗篇》(《镇江师专学报》1995 年第一期)载有张忭诗多首。

学量堂逸稿　丛书类

1917 年翰墨林石印本，东北师范大学图书馆藏。

子目：

《持往编》1 卷

《文集》2 卷
《诗词集》1 卷
《韵学解》1 卷
《补天集》1 卷

蔡　璜

字渭侯，号东岩。清宿迁人。康熙二十八年(1689)选为拔贡，三十三年任山西盂县知县，县遭三年大旱，璜积极救灾并指导生产。重视文运，倡立义学。主持编修《盂县志》，深得后人称道。恤民勤政，颇有政声，荐为三晋第一贤令。后擢升京师。

(康熙)新修盂县志 8 卷　史部地理类

清蔡璜纂修

清康熙四十一年刻本，国家图书馆藏。

参见《山西通志》。

徐用锡(1656—约 1736)

原名杏，字增长，号鲁南、昼堂。清宿迁人。少有文名，游京师，占籍大兴。康熙三十六年(1697)与钱名世、梁份等会北京。三十八年中举。李光地延课诸孙，并与讲论为学之要。学益进，通经史性理，旁及乐律音韵历数书法。四十八年成进士，授编修。五十四年充会试同考官，以与李光地为同党及分校会试试卷徇私，被劾落职。雍正元年(1723)李绂巡抚广西，请以用锡为书院长，未成，勒令里居。乾隆初与纂修三礼，予原品休致。

御纂周易折中 22 卷首 1 卷　经部易类

三礼　经部三礼总义类

见《宿城镇志》。

圭美堂题跋 5 卷　史部金石类

民国间抄本，国家图书馆藏。

御纂性理清义 12 卷　子部儒学类

御纂朱子全书 66 卷　子部儒学类

以上 2 种均为清修官书，李光地等奉敕撰，徐用锡与纂并任分校。版本从略。

榕村语录 30 卷　子部儒学类

清李光地撰　清徐用锡、李清植辑

(1)《李文贞公全集》本。

(2)《四库全书》本。

(3)《榕村全书》本。

按：本书为李光地学术言论汇编，包括经书总论，论《四书》八卷，论《易》《书》《诗》《三礼》《春秋》《孝经》九卷，论宋六子、诸儒、诸子、道释三卷，论史一卷，论历代一卷，论学二卷，论性命、理气二卷，论治道二卷，论诗文二卷，末附韵学。每一条或为光地自记，或为清植记，或为门人记，皆标于该条之末，而以光地自记与清植记者为多。用锡为光地门人，其学以光地为宗，服膺最笃，凡闻于光地者皆笔之于书。清植为光地从孙，字立侯，号穆亭，清雍正二年(1724)进士，授编修，累迁山东巡抚、礼部左侍郎。

圭美堂论书题跋 3 卷　子部艺术类

(1) 抄本，国家图书馆藏。

(2) 1955 年容庚手抄本，中山大学图书馆藏。

字学札记 2 卷　子部艺术类

(1) 清末民初朱丝格抄本，国家图书馆藏。

(2) 1955 年容庚手抄本，中山大学图书馆藏。

按：本书为《圭美堂集》之卷 19—20，多辨论书法源流得失。

圭美堂集 26 卷　集部别集类

(1) 清乾隆十三年(1748)周毓崙等刻本，国家图书馆藏。

(2) 清抄本，苏州博物馆藏。

(3) 民国间抄本，国家图书馆藏。

(4)《四库全书存目丛书补编》本。

(5)《清代诗文集汇编》本。

按:此集凡诗10卷、文16卷,前有雷鋐序,又有受业周毓崙目录后跋及族子徐铎跋。集中序传,多记同僚事迹。

徐用锡手札二通　集部别集类

手稿原本,复旦大学图书馆藏。

蔡良材

字梓若,号检庵。清宿迁人。乾隆五年(1740)贡生。好学敦行,教授多所成就。晚筑柳染园,觞咏其中。卒年74。

半村诗集　集部别集类　佚

见同治《宿迁县志》卷17。

陈玉邻

字樾斋,一字庶康。清宿迁人。乾隆三十年(1765)举人。历任陕西南郑、宝鸡知县,华州知州,山西太原府同知、署太原知府。勤于从政,尤爱诗古文。

琴海集2卷附正字1卷　集部别集类

(1)清嘉庆五年(1800)下相陈氏刻本,北京大学图书馆藏。

(2)清光绪二十一年刻本,南京图书馆藏。

秦晋诗存2卷　集部别集类

《友声集》本。

文选集句　集部别集类　佚

铸影轩蝉调集　集部别集类　佚

雨萧集　集部别集类　佚

樾斋诗稿　集部别集类　佚

以上4种见同治《宿迁县志》卷17。

万墅集　集部别集类　佚

见郭绍虞《万首论诗绝句》。
南庶集　集部别集类　佚
见宿迁市政协文史委《宿豫文史》第十八辑。

臧季琳

清宿迁人。乾隆四十年(1775)副贡，历署清河、兴化、六合训导，泰兴教谕。
天根书屋诗存　集部别集类　佚
见《宿迁市志》。

陈钟珏

字藉予。一字勉斋。清宿迁人。乾隆四十二年(1777)拔贡生。曾任宿松教谕、贵池训导。
勉斋诗草　集部别集类　佚
见宿迁市政协文史委《宿豫文史》第十八辑。

陈锦鸾

字灵羽。清宿迁人。诸生。好学深思，尤精于《易》学。
易参6卷　经部易类　佚
见同治《宿迁县志》卷17，云："以卦例卦，以爻例爻，诸传辞交相参互，剖晰异同，使义各当。于本卦古注之未安者，必征引经史，折衷一是，归于平淡允协而后止。"
大学论文　经部四书类　佚
伤寒论注钞撮　子部医家类　佚
金刚经注解　子部佛教类　佚
怀观集　集部别集类　佚
以上4种见同治《宿迁县志》卷17。
情影集存稿1卷　集部别集类

《友声集》本。

按:此书封面题作《情景轩存稿》。

陈王谟

号芝山。清宿迁人。性刚直,善骑射。乾隆十年(1745)武进士。授岳州守备,擢衡州都司。后因同僚诬陷,移疾归。卒年66。

射诀集益1卷　子部兵书类

《逊敏堂丛书》本。

钱　琛

号春渠。清宿迁人。工诗。

愿学斋吟稿2卷补遗1卷　集部别集类

《友声集》本。

陈王凯(1745—?)

号晴峰。清宿迁人。王谟弟。善骑射,性慷慨,欲立功边疆。乾隆二十八年(1763)武进士。选川中营守备,从征小金川,以功擢平番都司。复从定西将军阿桂征金川,擢襄右营游击,署施南副将。被议效力新疆,嘉庆四年(1799)遇赦回籍,卒。

新疆杂志　史部地理类　佚

霄心集　集部别集类　佚

以上2种见同治《宿迁县志》卷17。

钱侍辰

一名振吉。字樾坡。清宿迁人。采子。诸生,工隶书。

高南阜先生砚史年谱　子部艺术类

清咸丰二年(1852)《王子若先生摹刻砚史手牍》附,国家图书馆藏。

校勘研史笔记1卷　子部艺术类

清咸丰间《王子若先生摹刻砚史手牍》附，国家图书馆藏。

棣华轩存稿 1 卷　集部别集类

《友声集续集》本。

卓笔峰

号学山，一号借园。清宿迁人。洽侄。诸生。

借园诗存 2 卷　集部别集类

《友声集》本。

按：此集为其弟子王褧之所编，首卷自作，次卷为集唐诗。

国初十家诗钞 75 卷　集部总集类

清王相、卓笔峰编

清道光十年(1830)信芳阁活字本。北京师范大学图书馆藏。

朱秉璋

字奉峨。清嘉庆年间宿迁人。

紫荆花馆诗稿　集部别集类　佚

见《宿迁市志》。

臧鲁高

字不群。清宿迁人。嘉庆十三年(1808)贡生。绩学，久不第，遂绝意进取。精医术，善堪舆家言。书法得二王旨意。

(嘉庆)宿迁县志 6 卷　史部地理类

清丁堂修　清臧鲁高纂

(1) 清嘉庆十八年刻本，南京图书馆藏。

(2) 1983 年南京图书馆抄本，南京图书馆藏。

(3)《上海图书馆藏稀见方志丛刊》本。

读书阙疑　子部杂学类　佚

环山堂稿　集部别集类　佚

以上2种见同治《宿迁县志》卷17。

叶峻嵋(1776？—1853？)

字棣园。清宿迁县孝义乡人。少有文名。后怀经世之志，弃举业，游京师，充国史馆誊录，选山西霍州知州，擢绛州直隶州。廉干有声。因诖吏议去官。捐资建钟吾书院于马陵山麓。卒年78。

近体诗10卷　集部别集类　佚

见同治《宿迁县志》卷17。

王　相(1789—1852)

字三台，一字其毅，号雨卿，又号惜庵，亦作夕庵。清秀水人，曾祖林曾官宿地，遂籍宿迁。不应乡举，肆力于古学。居桃源之郑曲，筑百花万卷草堂，著述吟咏其中，四方之士多游其门。后迁居城中，聚书日多，手自校雠。于宿城建池东书库、信芳阁以藏书，藏书多达数十万卷。王氏有一藏书长印，文曰："为天下惜物，为朝廷惜贤，为祖父惜家声，为自身惜福，为子孙惜阴骘，为家惜用，为学业惜光阴，为年龄惜精神，为终生惜名节。"

周易遵术不分卷附周易剩义1卷　经部易类

清蒋本撰

清道光十年(1830)王相信芳阁刻本，南京图书馆藏。

诗说考略12卷　经部诗经类

清成僎撰

清道光十年王相信芳阁刻本，南京图书馆藏。

乡党备考2卷　经部群经总义类

清成僎撰

清道光间王相信芳阁刻本，北京师范大学图书馆藏。

五代会要30卷　史部政书类

宋王溥撰

清道光十一年王相信芳阁铅印本，南京图书馆藏。

乡程日记 1 卷　史部地理类

(1)《绣水王氏家藏集》本。

(2)《小方壶斋舆地丛钞》本。

宿迁王氏池东书库简目　史部目录类

清王相编

民国间铅印本，吉林大学图书馆藏。

王氏家训 7 种 18 卷　子部儒学类

清王相辑

清道光王相信芳阁刻本。

蠹言 4 卷　子部儒学类

清李诒经撰

清王相信芳阁木活字本，北京大学图书馆藏。

痘症定论 4 卷　子部医家类

清朱纯嘏撰

清王相信芳阁木活字本，馆藏待查。

产科秘书 1 卷　子部医家类

清王相信芳阁木活字本，馆藏待查。

王子若先生摹刻砚史手牍　子部艺术类

清王相辑

清咸丰间刻本，国家图书馆藏。

草堂随笔 24 卷　子部杂学类

春明途说 1 卷　子部杂学类

井窥 2 卷　子部杂学类

以上 3 种见同治《宿迁县志》卷 17。

无止境初存稿 6 卷集外诗 1 卷　集部别集类

清王相撰

(1) 清咸丰四年(1854)刻本，华东师范大学图书馆藏。

(2) 清道光八年王相刻本，南京图书馆藏。

清贻堂存稿　集部别集类　佚

见《中国藏书家通典》。

青门诗 10 卷　集部别集类

清邵长蘅撰　清王相辑

清道光王相信芳阁活字印本，南京图书馆藏。

宗忠简集 8 卷　集部别集类

宋宗泽撰

清道光王相信芳阁活字印本。

白醉题襟集 4 卷首 1 卷末 1 卷草堂自记草堂题赠 1 卷草堂杂咏 1 卷　集部总集类

(1) 清咸丰八年刻本，吉林大学图书馆藏。

(2) 2016 年学苑出版社出版《稀见清代四部辑刊》本。

池东书库诗汇　集部总集类

清王相辑

见杨锺羲《雪桥诗话三集》卷 11。

按：《雪桥诗话三集》云："《池东书库诗汇》，尝从蒿庵前辈借读一过。都四十函，三百九十余家，诚巨观也。"

信芳阁家藏集五种附刻 3 种　集部总集类

清王相辑

清道光八年(1828)百花万卷草堂刻本，国家图书馆藏。

信芳阁家藏集 13 卷　集部总集类

清王相编

嘉庆王相刻本，南京图书馆藏。

国初十家诗钞　丛书类

清道光十年王相信芳阁木活字排印本，国家图书馆等藏。

按：此辑清初诗人曹溶、周亮工、恽格、周篔、王士禄、高咏、邵长蘅、吴嘉纪、徐昂发、屈复 10 人诗集。

友声集　丛书类

清王相辑

清咸丰八年(1858)王相信芳阁刻本,南京图书馆藏。

按:辑陈玉邻、陈锦鸾、卓治等人诗集。正集 24 人 40 卷,续集 6 人 10 卷,附王相辑《白醉题襟》4 卷、《草堂题赠》1 卷。子目从略。

绣水王氏家藏集　丛书类

清王相辑

(1) 清咸丰五年王炯刻本,南京图书馆藏。

(2) 清光绪二年刊本,苏州大学图书馆藏。

(3) 清光绪十二年刊本,华东师范大学图书馆藏。

按:辑王氏益朋、士骏、元鉴等 12 人诗,共 28 卷。另附刻 6 种如下:

《无止境初存稿》6 卷《集外诗》1 卷《续存稿》6 卷《集外诗续存》1 卷《附录》1 卷　清王相撰　清道光八年序

《乡程日记》1 卷　清王相撰　清道光八年序

《芬响阁初稿》10 卷　清王炯撰　清咸丰九年序

《续乡程日记》1 卷　清王炯撰

《芬香阁附存稿》1 卷　清陈瑶撰　清同治七年序

《双红豆馆遗稿》1 卷　清王洁撰　清光绪二年序

香雪庵丛书　丛书类

见《中国藏书家通典》。

侯宗彝

清宿迁人。嘉庆二十一年(1816)贡生。廉俭有德。

十三经辨证　经部群经总义类　佚

见同治《宿迁县志》卷 5 选举表。

程士源

清宿迁人。道光二年(1822)贡生。

懿和堂文　集部别集类　佚

见同治《宿迁县志》卷5选举表。

陆从星

字春堂。奋飞子。清宿迁人。候选州同。性和厚,睦族济贫,奖励寒士。诗主性灵。符葆森《国朝正雅集》选录其诗。

小云液草1卷　集部别集类

清陆从星撰　清王昶辑

清咸丰八年(1858)信芳阁《友声集续集》本,首都图书馆藏。

张世昭

字义宣。清宿迁人。庠生。道光间岁饥,借给邻里钱谷,常焚其债券。

阃德传1卷　史部传记类　佚

士行小识1卷　子部儒学类　佚

以上2种见同治《宿迁县志》卷17。

徐景曾

字仰廷。清宿迁人。工古文辞,精治河术。河道总督麟庆等常造访。

河防金鉴　史部政书类　佚

河工要览　史部政书类　佚

以上2种见同治《宿迁县志》卷17。

王凤舞

字仪廷。清宿迁人。廪生。治经，能文章。

易经图说　经部易类　佚

蕉商闲咏　集部别集类　佚

以上2种见同治《宿迁县志》卷17。

王芝龄

字者瑞。清宿迁人。诸生。博学善论议。

香草山人集　集部别集类　佚

见同治《宿迁县志》卷17。

张伟庚

原名浦。字珠南。清宿迁人。道光十一年(1831)举人。好学，诗雅秀。

客窗杂缀1卷　子部杂学类　佚

见同治《宿迁县志》卷17。

白云轩存稿4卷　集部别集类

《友声集续集》本。

叶绍闻

字昭甫。清宿迁人。道光十五年(1835)举人。敦品谊，能文章。

愈愚斋集　集部别集类　佚

知足知不足斋集　集部别集类　佚

以上2种见同治《宿迁县志》卷17。

孙　骥

字策云。清宿迁人。道光十五年(1835)恩贡生。性方拙，有学行。

自怡斋诗钞 1 卷　集部别集类　佚
吏治集古 1 卷　集部别集类　佚

以上 2 种见同治《宿迁县志》卷 17。

臧纡青(1795—1854)

字牧庵。清宿迁人。倜傥好谈兵，究心太乙奇门，有澄清天下之志。道光十一年(1831)举人，为抗英民族英雄。

易纬 5 卷　经部易类　佚
海防图　史部地理类　佚

以上 2 种见民国《宿迁县志》卷 8。

王　炯(1812—1859)

字聚之，以字行。又字乡岩，号子凫，又号灵石山民。清宿迁人。相子。善继父志，在乡里多行善事。

续乡程日记 1 卷　史部地理类

《绣水王氏家藏集》本。

芬响阁初稿 10 卷　集部别集类

(1) 清咸丰九年(1859)刻《绣水王氏家藏集》本。

(2) 清同治七年(1868)汇印本，国家图书馆藏。

寒江诗录 1 卷　集部别集类　佚
笠屐集 1 卷　集部别集类　佚

以上 2 种见民国《宿迁县志》卷 15："《寒江诗录》一卷则与继鏻倡和者；《笠履集》一卷又谒墓秀水作也。"

集陶 1 卷　集部别集类
续友声集　丛书类

清王聚之辑

(1) 清咸丰刻本，南京图书馆藏。

(2)《续修四库全书》本。

子目：

《小云液草》1卷　清陆从星撰

《白云轩存稿》4卷　清张伟庚撰

《棣华轩存稿》1卷　清钱侍辰撰

《醒庵存稿》2卷　清张棆撰

《石香存稿》1卷　清于文濬撰

《湘痕阁存稿》1卷　清袁嘉撰

陈　瑶

字宝芝。清宿迁人。王炯妻。性耽吟咏，米盐之暇辄事笔墨。

芬响阁附存稿　集部别集类

(1) 清咸丰九年(1859)至同治七年(1868)递刻本，国家图书馆藏。

(2)《清代诗文集汇编》本。

(3)《清代闺秀集丛刊》本。

按：此集附王褧之《芬响阁初存稿》末，共收诗十二首。

陈王赞

字蹇夫。清宿迁人。贡生。

蹇夫存稿　集部别集类　佚

见宿迁市政协文史委《宿豫文史》第十八辑。

陈淑华

字棣香。清宿迁人。环女。适泗州张硕庆。嗜吟咏。

古香斋集　集部别集类　佚

见宿迁市政协文史委《宿豫文史》第十八辑。

孙　裕

字步余。清宿迁人。诸生。有孝行。著述悉毁于兵，仅存1种。

孟子七篇指掌1卷　经部四书类　佚

见同治《宿迁县志》卷17。

王禹畴

字芷沅，一字彝叙，清宿迁人。相次子。道光二十九年(1849)拔贡生。任内阁中书侍读，领军功赏给三品封典。

弟子职1卷　经部礼记类　佚

见民国《宿迁县志》卷15“人物志”。

吕叔简先生四礼翼　经部三礼总义类

明吕坤撰　清王禹畴刊

(1) 清同治二年(1863)王禹畴刊本，国家图书馆藏。

(2) 清同治三年王禹畴刊本，国家图书馆藏。

咸丰宿迁志稿　史部地理类　佚

清高均儒、王禹畴纂

见民国《宿迁县志》卷20。宿迁县志“自万历以来，官修凡六次。民间私纂则邑人张忭作于康熙间；秀水高均儒、邑人王禹畴作于咸丰间”。同治《徐州府志》卷4：“近高均儒、王禹畴新修《宿迁志稿》。”

教学绳墨　子部杂学类

清车鼎丰撰

清同治七年王禹畴、王颐正刻本，南京图书馆藏。

按：《中国古籍总目·子部》将《教学绳墨》“教”字误为“都”。

品莲书屋遗稿　集部别集类　佚

见王玉书编著《戏马歌风》。

研经堂诗文集　集部别集类　佚

清冯金铦撰　清王禹畴刻

见民国《金坛县志》卷9。

有竹居存稿　集部别集类

清言启方撰　清王禹畴辑

清咸丰十年(1860)《友声集》本,南京图书馆藏。

陈瑞芝

字采山。清宿迁人。性警敏,好施济。咸丰初在乡团练抵御太平军。以军功保奏训导。

凝瑞轩诗草 2 卷　集部别集类

清光绪三年(1877)刻本,江苏师范大学图书馆藏。

焦凤翔

字仞千。清宿迁人。道光二十八年(1848)贡生,性廉介,数试不第。

备忘集 12 卷　子部杂学类　佚

按:此记先哲格言及古今典故。

见同治《宿迁县志》卷 17。

驱病集初编 12 卷续编 6 卷二续编 6 卷三续编 6 卷　子部杂学类

稿本,江苏师范大学图书馆藏。

按:此书多记文献轶事。

高袖海

字云帆。清宿迁人。同治二年(1863)补咸丰十一年(1861)拔贡。三年朝考用知县,并举顺天乡试。任河南内乡、原武知县,权上蔡,复署桐柏、罗山、河内等地,俱有政绩。进三品衔,以知府用。同治十二年、光绪元年(1875)、二年、五年、十一年五任乡试同考官。解官后主河朔书院。二十四年宿迁饥,出粟赈灾。又立宗祠,修族谱。年 80 余犹手不释卷。

贻安堂文钞　集部别集类　佚

贻安堂小草　集部别集类　佚

以上 2 种见民国《宿迁县志》卷 16。清戴文选《吟林缀语》收其诗

7首。

明月山诗　集部别集类

清高袖海撰并正书

拓本，国家图书馆藏。

按：清光绪十七年（1891）书于河南省博爱县月山寺。

罗登泰

清咸丰、同治年间宿迁人。

松轩吟草　集部别集类　佚

见宿迁市地方志编纂委员会编《宿迁市志》。

卢盛葵

清宿迁人。翰林院孔目，教授50余年。

训蒙琐言4卷　子部儒学类　佚

学商浅说2卷　子部儒学类　佚

以上2种见民国《宿迁县志》卷16。

陈　环（1829—1896）

字子循，一字梓峒，晚号疏翁，清宿迁人。同治三年（1864）举人。能文工诗，晚主彭城书塾，好藏书，日夕诵读，至老不倦。年67卒。

古香阁初稿　集部别集类

1917年刻本，北京大学图书馆藏。

古香阁杂文4卷　集部别集类　佚

古香阁诗4卷　集部别集类　佚

海棠香国词1卷　集部词曲类　佚

以上三种见民国《宿迁县志》卷16。

叶　坤

字芸坡。清宿迁人。庠生。以授徒为生。奖拔寒士,周恤族党,终身不懈。

仪礼图考　经部仪礼类　佚

士行录　子部儒学类　佚

锄经堂诗　集部别集类　佚

以上 3 种见同治《宿迁县志》卷 17。

张　绅

字佩行。清宿迁人。庠生。孝友好施,言行不苟。

拾珍要览　子部杂学类　佚

见同治《宿迁县志》卷 17。

叶道源

字仲来,号心渠。清宿迁人。同治九年(1870)举人。少孤贫,卓荦不羁。以教授养家。工诗古文词,书法宗李邕。

(光绪)新修菏泽县志 18 卷首 1 卷　史部地理类

清凌寿柏修　清叶道源纂

(1) 清光绪十一年(1885)刻本,国家图书馆藏。

(2)《中国地方志集成》本。

(3) 2013 年中国文史出版社整理本。

大郄山房诗集 2 卷　集部别集类

清宣统三年(1911)铅印本,南京图书馆藏。

按:《晚晴簃诗汇》卷 164 载其诗一首。

史诗 2 卷　集部别集类　佚

文集 2 卷　集部别集类　佚

以上 2 种见民国《宿迁》县志卷 16。

罗恩运

字少扬，一字惠庵。清宿迁人。贡生。候选教谕。客游山东、河南及大江南北。任六合训导、如皋教谕。光绪二十六年(1900)后归田不复出。

南游草　集部别集类　佚

藤花楼诗集　集部别集类　佚

以上2种见民国《宿迁县志》卷16。

王颐正(1840?—1880)

字子登。清宿迁人。炯次子。传其家学，尤善倚声。曾为府县幕僚，后以母年高，归持门户。

痕梦词1卷　集部词曲类

清光绪十四年(1888)宿迁王氏刻本，国家图书馆藏。

鲍梓生

字楚材。清宿迁人。少孤贫勤学，年16补诸生。光绪二十三年(1897)举人。拣选知县。年31卒。

易学源流　经部易类　佚

见民国《宿迁县志》卷16。

光绪二十三年丁酉科江南乡试朱卷1卷　史部传记类

清光绪间刻本，上海图书馆藏。

乾坤正气集　集部别集类　佚

见民国《宿迁县志》卷16。

陈　颀

清宿迁人。诸生。力学不倦，年22卒。

鹏抽轩诗集　集部别集类　佚

见民国《宿迁县志》卷16。

臧锡辂

字鸣銮，号荻园。清宿迁人。道光诸生。工行楷书，晚年益进，得颜柳法。摹《枯树赋》，苍劲秀美，别具一格。

半村集　集部别集类　佚

见民国《宿迁县志》卷8。

钮居人

字宅心。清光绪间宿迁人。诸生。

愚庵诗存　集部别集类　佚

见宿迁市地方志编纂委员会编《宿迁市志》。

张本行

清光绪年间宿迁人。

潼水轩诗草　集部别集类　佚

见宿迁市地方志编纂委员会编《宿迁市志》。

臧凤翔

清光绪年间宿迁人。善医。

医学辑要　子部医家类　佚

敬慎堂诗草　集部别集类　佚

以上2种见宿迁市地方志编纂委员会编《宿迁市志》。

王树奎

清光绪年间宿迁人。

墨溪居士集　集部别集类　佚

见宿迁市地方志编纂委员会编《宿迁市志》。

臧清辅

清光绪年间宿迁人。

墨香斋诗草　集部别集类　佚

见宿迁市地方志编纂委员会编《宿迁市志》。

陈尔宽

清光绪年间宿迁人。

劝世文　集部别集类　佚

见宿迁市地方志编纂委员会编《宿迁市志》。

詹士衡

字宝铨。清光绪年间宿迁人。

印习樵人诗草　集部别集类　佚

见宿迁市地方志编纂委员会编《宿迁市志》。

汪家梁

清光绪年间宿迁人。

风月别裁集　集部别集类　佚

见宿迁市地方志编纂委员会编《宿迁市志》。

王树乔

清光绪年间宿迁人。

爱竹轩诗草　集部别集类　佚

见宿迁市地方志编纂委员会编《宿迁市志》。

张鸿鼎

清光绪年间宿迁人。

论孟折衷　经部四书类　佚

见宿迁市地方志编纂委员会编《宿迁市志》。

盛家驹

清光绪年间宿迁人。

潜斋闲草　集部别集类　佚

见宿迁市地方志编纂委员会编《宿迁市志》。

阎承模

清光绪年间宿迁人。

沂水居诗稿　集部别集类　佚

见宿迁市地方志编纂委员会编《宿迁市志》。

王　綍

清光绪年间宿迁人。

花醉山房诗钞　集部别集类　佚

见宿迁市地方志编纂委员会编《宿迁市志》。

王季球

清宿迁人。同治十三年(1874)进士，官河南内黄、温县、兰仪知县，在任候补直隶州。工诗擅文。

读易知解2卷　经部易类　佚

公余自省录1卷　集部别集类　佚

试墨斋吟草2卷　集部别集类　佚

以上3种见民国《宿迁县志》卷9。

蔡聿旸

字春谷。清宿迁人。诸生。事母至孝，为人不妄取、不苟言、不疾怒，人称笃行君子。光绪二十七年(1901)为立孝子坊。

诗经识名　经部诗经类　佚

丧礼辑要　经部礼记类　佚

四书五经集字辨考　经部小学类　佚

以上3种见民国《宿迁县志》卷15。

王村桥

清宿迁人。秀才。

爱竹斋诗集2卷　集部别集类　佚

见《江苏政区通典》编纂委员会编著《江苏政区通典》："秀才王村桥著有《爱竹斋诗集》上下两卷。"

臧开功

字懋堂。清宿迁人。诸生。寓邳窦鸿年家数十年。

研古室吟草　集部别集类　佚

见民国《邳志补》卷22。

卓允符

字虎文。清宿迁人。同治五年(1866)岁贡生。生母病，祷神刲臂和药以进。家故不丰，戚族以贫告者，无不周恤。奖励后进多成就。

瑞泉吟草　集部别集类　佚

见宿迁市地方志编纂委员会编《宿迁市志》。

周清源

字仲渠，一字浩然。清宿迁人。光绪二十年(1894)岁贡。候选训导。

修月楼诗稿　集部别集类　佚

见宿迁市地方志编纂委员会编《宿迁市志》。

卓　沆

字瀚仙，亦字迹夫，晚号钝叟。清光绪间宿迁人。监生。

松石庵诗草　集部别集类　佚

见宿迁市地方志编纂委员会编《宿迁市志》。

卓德朋

字眉生。清光绪间宿迁人。廪生。

耐轩诗稿　集部别集类　佚

见宿迁市地方志编纂委员会编《宿迁市志》。

施尚贤

清宿迁人。光绪二十一年(1895)岁贡。候选训导。

双滕花馆文钞6卷　集部别集类　佚

见宿迁市地方志编纂委员会编《宿迁市志》。

臧秉衡

字麓卿。清宿迁人。读书过目成诵，8岁能诗文，14岁入学校，光绪二十九年(1903)朝考，派任知县，签分河南。卒年32。

续聊斋志异　子部小说类

见宿迁市地方志编纂委员会编《宿迁市志》。

芷兰轩集　集部别集类　佚

见郭殿崇《项羽戏马台百咏》。此书收臧秉衡《戏马台怀古》诗一首。

臧友蕙

清宿迁人。廪贡，候选训导。

阴阳经析义　子部术数类　佚

慎名堂诗存　集部别集类　佚

以上2种见宿迁市地方志编纂委员会编《宿迁市志》。

潘训潜

清末民初宿迁人。诗人。

习息山房诗集　集部别集类　佚

以上1种见宿迁市地方志编纂委员会编《宿迁市志》。

陈修纯

字梓厚,晚年更名山荪,别署闲闲老人。清末民初宿迁人。

闲静草堂诗稿　集部别集类　佚

见宿迁市地方志编纂委员会编《宿迁市志》。

苏瑞峰

字锡五。清末民初宿迁人。

孤鹤横江集　集部别集类　佚

见宿迁市地方志编纂委员会编《宿迁市志》。

钮伯英

清末民初宿迁人。

镜人轩诗存　集部别集类　佚

见宿迁市地方志编纂委员会编《宿迁市志》。

陈登云

字卧楼。清末民初宿迁人。

怡性斋诗稿　集部别集类　佚

见宿迁市地方志编纂委员会编《宿迁市志》。

苏伴琴

清末民初宿迁人。

老圃初稿　集部别集类　佚

见宿迁市地方志编纂委员会编《宿迁市志》。

蔡长靖

字纯庵。清末民初宿迁人。少孤，有卓荦不羁之志。以教书养家。是时乡患水灾，其筹募资财，率众治理六塘河，颇见功效，邑民感其功德。

六塘河说　史部政书类　佚

见宿豫年鉴编纂委员会编《宿豫年鉴 2004》。

蔡家彬(1847—1918)

字宜亭。清末宿迁人。诸生。工美术。曾游历大江南北，意境益高。尤善人物山水。一经着笔，便无俗态，名闻宿、泗、洪各地。曾作《蟠桃会图》，人各其面，无一雷同，无一不工，为当时艺林盛称。曾应宿迁耀徐玻璃厂之聘，绘画玻璃镜面，行销各大都市。

中朝纪要　史部政书类　佚

见《宿迁文史资料》第2辑。

吴觐廷(1856—1922)

字云叔。清末宿迁人。清季补增生，以教读为业，精于气象及算法。

一贯算法　子部术数类　佚

灯谜　子部艺术类　佚

以上2种见荀德麟主编《淮阴市志》。

陈文质(1859—1918)

字干臣。宿迁人。环子。清廪贡。安徽试用巡检,署长枫司巡检。

宿迁县志　史部地理类

冯煦　陈文质等纂

(1) 1935年铅印本,南京图书馆藏。

(2)《中国地方志集成》本。

桃渊野史诗存　集部别集类　佚

见宿迁市地方志编纂委员会编《宿迁市志》。

陆文椿(1861—1935)

字寿山。宿迁人。光绪十九年(1893)举人。二十一年赴京会试时,曾参与康有为领导的"公车上书"。为力主维新的人物之一。先后入兴中会和同盟会及中华革命党。民国任江苏省第一届议员。曾参订宣统《宿迁县志》。后任宿迁县师范教员。晚年研究书法和水利。

请开长河导沂水以工代振禀(又名导沂图说)　史部地理类

清光绪三十二年(1906)油印本,上海图书馆藏。

按:本书清光绪三十二年(1906)冬至清宣统元年(1909)五月完成。

窑湾市志　史部地理类

主编张华棠　副主编陆文椿

抄本,疑尚存。

按:1931年,窑湾市行政局长陆伯义组织窑湾一批文人、学士、教师编写,编委有臧雪楼、陆伯义、阎成模、陆文榜、陆梅村、陆冰安、陆兰起等32人。历时两年多编纂完成,46万字。共抄写四份:一份存窑湾瑞云斋书店;一份存陆伯义家,后被日伪汉奸臧贻年抄走;一份存窑湾西大街阎成模家;一份存臧圩臧飞家,后传臧增年家。"文革"前,陆振球在臧增华家见到抄本,封面隶字题"中华民国邳宿窑湾市志"。

蔡克元(1863—1941)

字莲庵。宿迁人。少年入学,勤读好问,尊师爱友,为诸生之楷模。为人秉性刚直,德才兼备,博学能文。1906年宿迁师范毕业。创办存忠小学。任校长并亲自任教。精通医理,且临床经验丰富。

疗验小补录　子部医家类　佚

推步小历(数学)　子部历算类　佚

俚言辨　子部杂学类　佚

以上3种见《宿迁文史资料》第1辑。

王为毅(1863—1941)

字果亭。宿迁人。附生,曾于光绪二十九年(1903)任柳城知县,三十三年任昭平县知县。王相后裔。工诗能文。

(民国)宿迁县志20卷　史部地理类

严型修　冯熙纂　王为毅等协纂

(1) 1935年铅印本,南京图书馆藏。

(2)《中国地方志集成》本。

徐州诗征　集部总集类

清桂中行编纂

1914年王为毅刊本,南京图书馆藏。

乡贤遗集　集部总集类　佚

王为毅刻印

见荀德麟主编《淮阴市志》。

按:《柳州诗征》收其《自题戎装小照》一首。

杜寿祺(1864—1937)

字韶九。宿迁人。清季诸生。素有文名,为地方学者所景仰。1905年入江苏省教育会附设的师范学校。后返里创办师范讲习所,以新的教材内容和方法,教育学生。1912 年晋宿迁县视学,改良私塾,兴办学校,革新教材、教法,贡献良多。

宿迁县乡土地理　史部地理类　佚

见《宿迁文史资料》第 9 辑。

臧增庆(1865—1933)

字雪楼,改字易秋,号一柳。清末宿迁人。光绪二十七年(1901)举人。官邮传部主事。工诗文书画,书学颜柳,寓秀润于刚劲之中。民国任学校教习、安徽督军处秘书等职。归里后以诗文为趣,卒于家。

易纬不分卷　经部易类

清臧纡青撰

1921 年臧增庆等石印本,山东省图书馆藏。

一柳草堂诗文稿　集部别集类

(1) 抄本,先由增庆长孙鲲保存,"文革"中转交其妹耀芙保存。

(2) 1990 年(庚午)据抄本影印本。

按:影印本诗稿由江苏国画院肖平审校,封面由台湾书法家陈福荫题签。《一柳草堂诗文稿》稿本系增庆晚年手定,计诗 800 首,文 50 篇。又请人抄成副本四册,其中诗三册,计 14 卷,约 600 首,今缺第六卷;文仅 23 篇。影印本包括《一柳草堂诗集》12 卷,自二十岁甲申(清光绪十年,1884)至六十九岁癸酉(1933 年),缺第 6 卷。《一柳草堂文钞》2 卷,收文 23 篇。卷末有臧鲲《先祖一柳草堂诗文稿跋》和臧耀芙《后记》。本书不仅可以了解臧氏家族与个人生平、行迹、交游和思想,而且是了解苏皖两省历史文化的重要文献。

一柳草堂诗文书画集　集部别集类

清臧增庆著　藏惠千主编

2012 年中国戏剧出版社影印本。

按:本书共两册,一册是《一柳草堂诗文稿》,收录诗歌 416 首,文 45 篇;一册是《一柳草堂书画集》。

胡起龙(1869—1928)

字云卿,又名汉民。清末民初宿迁人。天资聪颖,经史子集,诗赋文章,均曾博览。又受教名门,学业大进。光绪十六年(1890)府试得魁,科登文生。光绪二十二年岁科,复取拔贡生,候选直隶州州判。后宣传新学,历任泗阳县议员、教育会副会长、农民协会会长、义学馆负责人等。

民国第一次修泗阳县志23卷　史部地理类

李佩恩等修　张相文总等纂　胡起龙等分纂

(1) 1926年铅印本,国家图书馆藏。

(2)《中国地方志集成》本。

青颍集1卷　集部别集类　佚

见《宿迁文史资料》第11辑。

姚尚勤

民国时期宿迁人。

拙生诗集　集部别集类　佚

见宿迁市地方志编纂委员会编《宿迁市志》。

罗俊来

民国时期宿迁人。

拾慧诗草　集部别集类　佚

见宿迁市地方志编纂委员会编《宿迁市志》。

叶祖基

字础山,一字处山,号宿侠。民国时期宿迁人。南京安徽中学毕业。

忆婉庐诗存　集部别集类　佚

见宿迁市地方志编纂委员会编《宿迁市志》。

江彦生

民国时期宿迁人。

笔花拾零　集部别集类　佚

见宿迁市地方志编纂委员会编《宿迁市志》。另，窦燕客《宿城古建筑分面情况》一文载宿城纪功亭文为江彦生所撰。

梁圣光(1891—1934)

字文辉，号觉山。民国时期宿迁人。任宿迁商立学校校长20余年。

笔耕堂稿　集部别集类　佚

见宿迁市地方志编纂委员会编《宿迁市志》。

陆承卓

字慕颜。民国时期宿迁人。家有慕园。1926年重阳节时与臧雪楼、潘训潜等27人齐集于园内小宴，并赋诗成集，后成《慕园雅集吟草》。曾在1912年发起成立共和党，设党部于宿迁城。

慈范录1卷　史部传记类

1925年慕园石印本，2016年11月6日孔夫子旧书网售出。

断弦吟1卷　集部别集类

1919年慕园石印本，2016年11月6日孔夫子旧书网售出。

慕园雅集吟草　集部总集类

陆承卓、臧雪楼、潘训潜等撰

民国间慕园石印本，见宿迁市地方志编纂委员会编《宿迁市志》(将“慕”误为“暮”)。

王其毅

字果亭。近代宿迁人。相曾孙。曾任湖北道员。藏书甚富。

宿迁王氏池东书库简目 4 卷　史部目录类

(1) 民国铅印本,国家图书馆藏。

(2) 晒蓝本,上海图书馆藏。

(3)《中国著名藏书家书目汇刊》本。

泗 阳

陈文中

字文秀。宋宿州符离人，后归南宋，居涟水。南宋时期名医。曾任太医院判兼翰林良医，通晓大小方脉，尤精小儿痘疹。居涟水 15 年，凡群医束手无措之疾，随证施治，皆收良效。遇贫病，能悉心赴救，多所全活。

陈氏小儿病源方论 4 卷　子部医家类

(1)《宛委别藏》本。

(2)《选印宛委别藏》本。

(3) 1935 年上海商务印书馆影印本，北京大学图书馆藏。

(4) 1935 年北京故宫博物院影印本，华东师范大学图书馆藏。

(5) 1981 年台北商务印书馆影印本。

陈氏小儿痘疹方论　子部医家类

宋陈文中撰　明薛己注　明蒋宗澹校

(1) 明刻本，国家图书馆藏。

(2) 明嘉靖刻《家居医录》本，首都图书馆藏。

(3)《薛氏医按二十四种》本。

(4)《薛氏医按十六种》本。

类证陈氏痘疹方论 2 卷　子部医家类

宋陈文中撰　熊宗立类证　叶显章校录

明正德三年(1508)存德堂刻本，美国哈佛燕京大学图书馆藏。

幼幼新书　子部医家类

与保安翰林医正郑都惠卿同编，见陈道瑾、薛渭涛编《江苏历代医人志》。

朱　笈

字懋学，号龙冈。明桃源人。嘉靖二十六年(1547)进士，与杨继盛同榜。授南京户部主事。尝弹齐庶人暴虐，不报。三十二年杨继盛以劾严嵩十罪五奸被下狱,朱笈密接济以饮食。三十七年以守城失职,自大同巡抚黜。次年戍边。隆庆二年(1568)自宁夏移官大同。万历元年(1573)复官宁夏,疏免其地虚粮。其所拔多名将,居乡能救人之难。

龙冈奏议　史部政书类　佚

见泗阳县志编纂委员会《泗阳县志》。

龙冈文集　集部别集类　佚

见乾隆《重修桃源县志》卷 8。卷 9 有杨瑞云撰《朱司徒诗序》。卷 10 收其诗 8 首。

毛守义

明桃源人。嘉靖间附贡。

西河馆诗集　集部别集类　佚

西河馆续编　集部别集类　佚

西河馆补编　集部别集类　佚

以上 3 种见《泗阳文史资料》第 11 辑。

朱士全

明桃源人。笈孙。庠生。天资颖悟,学问渊通,因乱世绝意仕进。

秋思草　集部别集类　佚

易戏编　集部别集类　佚

以上 2 种见乾隆《重修桃源县志》卷 8。

按:光绪《淮安府志》卷 38 作“朱士全《秋思草》”。故民国《泗阳县志》所载士全“著秋思草易戏编行世”之《易戏编》当为另一种著作。

刘奋翀

字雉飞。清桃源人。明末贡生。乐道终身,日以诗酒为事,足迹不入城市。

同引堂集　集部别集类　佚

见乾隆《重修桃源县志》卷 8。

胡　定

清桃源人。庠生。隐居乐道。

了闲集　集部别集类　佚

见民国《泗阳县志》卷 23。

王维屏

号渭叟。清桃源人。康熙四十五年(1706)岁贡。雍正元年(1723)邑大饥,设厂赈粥,维屏董理其事。后任安徽太湖训导。

渭叟诗草　集部别集类　佚

见民国《泗阳县志》卷 23,谓藏于家。

胡礼全(1709—1798)

字勿崖(一作勿戌),一字惠(一作会)嘉。清桃源人。乾隆元年(1736)举人,五十五年赐翰林院检讨。朝考二等,授江宁府学训导,以兴贤育才为己任。善绘画,尤工葡萄。

左传备考 4 卷　经部春秋左传类　佚

四书学庸讲义 2 卷　经部四书类　佚

史鉴尚论 4 卷　史部史评类　佚

以上 3 种见民国《泗阳县志》卷 23。

(乾隆)重修桃源县志 10 卷首 1 卷　史部地理类

清眭文焕修　清胡礼全校订

(1) 清乾隆三年刻本,国家图书馆藏。

(2) 1917 年汪保诚铅印本。

(3) 抄本,上海图书馆藏。

(4)《中国地方志集成》本。

拓心锐芒三集　子部杂学类　佚

勿崖诗稿　集部别集类　佚

以上2种见《泗阳文史资料》第12辑。

勿崖诗古文2卷　集部别集类　佚

时文识路4卷　集部诗文评类　佚

以上2种见民国《泗阳县志》卷23。

史　宾

字承修，自号足庐老人，清桃源人。乾隆时庠生。善堪舆，博极群书，游历各省名山大川，洞悉玄奥。著堪舆书50余种，多未刻印。卒年82。

异同条辨6卷　子部术数类　佚

见民国《泗阳县志》卷23，谓已刊行。

一字诀　子部术数类　佚

二字诀　子部术数类　佚

地铃　子部术数类　佚

地钳　子部术数类　佚

地说　子部术数类　佚

地案　子部术数类　佚

传信录　子部术数类　佚

训徒八百问12本　子部术数类　佚

延堪要览　子部术数类　佚

喝形说　子部术数类　佚

游山记　子部术数类　佚

古今名墓图穴法录要入门须知　子部术数类　佚

便蒙浅学　子部术数类　佚

葬法要览　子部术数类　佚

传家宝　子部术数类　佚

地理补遗　子部术数类　佚

地理提纲 12 本　子部术数类　佚
山平墩岭四诀　子部术数类　佚
平安小地说　子部术数类　佚
罗经解　子部术数类　佚
用盘要诀　子部术数类　佚
地理指迷　子部术数类　佚
训徒说　子部术数类　佚
拨沙论　子部术数类　佚
葬法录要　子部术数类　佚
行道说　子部术数类　佚
点穴法　子部术数类　佚
看地知人观人知地同行异道说　子部术数类　佚
地理通俗地理家数平易知分蒙学须知　子部术数类　佚
读书新法　子部术数类　佚
城归垣局说　子部术数类　佚
地理断验　子部术数类　佚
看地捷径说　子部术数类　佚
凶地宜先知说　子部术数类　佚
地归垣局说　子部术数类　佚
看地密窍　子部术数类　佚
水口诀选择摘要　子部术数类　佚
醒迷录　子部术数类　佚
看山法则 2 卷　子部术数类　佚
风水不可假说　子部术数类　佚
指陈四生各弊说　子部术数类　佚
地理考证　子部术数类　佚

以上 42 种见民国《泗阳县志》卷 23。

刘肆升

字进南，号云樵。清桃源人。道光岁贡生。同治初卒，年81。

四书人物备考　经部四书类　佚

云糕诗集　集部别集类　佚

以上2种见民国《泗阳县志》卷23。

蒋东垣

字震青。清桃源人。嘉庆岁贡生。候选训导。少工举业，中年薄时文为小技，潜心理学，读书乐道。咸丰末年筑圩保聚。

蒋氏家范　子部儒学类　佚

丧礼破俗论　子部儒学类　佚

人鉴　子部儒学类　佚

性理录要　子部儒学类　佚

以上4种见民国《泗阳县志》卷23。

胡立勋

清桃源人。善堪舆术。

堪舆五种真诠4卷　子部术数类　佚

胡立勋摘录，见民国《泗阳县志》卷23，谓待梓。

夏斌元

字种华，号献暄。清桃源人。增生。赋性豪侠，立品端方。精理学，工诗文，门下多英俊之士。晚年好学弥笃。

学庸讲义2卷　子部儒学类　佚

见民国《泗阳县志》卷23。

闵道源

字玉山(一作川)。清道光、咸丰间桃源人。幼孤力学,不习科举业。壮游吴楚间,所过山川皆记之以诗,尤喜谈山水。晚年登泰山,渡沂泗。后归卧里门,栽花种竹。卒年74。

见闻随笔4卷　子部杂学类　佚

闵道源诗1卷　集部别集类　佚

以上2种见民国《泗阳县志》卷23。

玉川诗草4卷　集部别集类　佚

见《道咸同光四朝诗史乙集》卷三。注曰:“未刊,由韩怀官司令其后人录寄。诗笔俊逸。”收其《塞上曲八首》之五首、《咏愁三首》之一首共六首诗。

刘业五

字春湖。清桃源人。郡庠生。学问渊博,性磊落,好施与。隐居教授。与同邑房震亨、刘子山、查怀儒诸名士结为诗社。尹耕云素奇其才,谓非常人所及。喜为诗,好饮酒。

醉月轩诗集　集部别集类　佚

醒月轩诗集　集部别集类　佚

以上2种见民国《泗阳县志》卷23。

房　氏

清泗阳人。震亨姊。一生悲苦。

苦吟遗稿　集部别集类

见《泗阳文史资料》第9辑。

按:严寿夫《桃源巾帼三诗人》云:房氏“遗诗颇多,其诗稿大部散失。后为房震亨从旧箧中捡出,编订成集,名曰《苦吟遗稿》……计有三十三首(七绝23首、七律10首)……多为寄怀、赠别、送别和痛女、苦贫伤感之作”。

房震亨(1781—1847)

字长卿。清桃源人。同治贡生。喜为诗,论诗以性情为重,故其生平吟咏直抒胸臆,庄谐杂出。或取里巷讴谚点窜成篇,无不可歌可泣。

苏翁诗文集(一名《苏翁存稿》)2卷　集部别集类　佚

见民国《泗阳县志》卷23。又,《宿迁史话》载:“《苏翁存稿》为木刻印刷,全稿分诗词和杂文上、下两卷,计有诗词317首(阙),杂文17篇。诗词题材丰富,体裁多样,五言、七言、绝、律皆有,诗词歌赋,不一而足。其诗清新隽永,明白晓畅。”

张英哲(1812—?)

字明甫。清桃源人。廪贡生。学问渊博,为文好以偏锋取胜。光绪二十六年(1900)恩副榜,年89。家贫岁饥,与其子就食他方,不知所终。

镜花缘新义　子部小说类　佚

见民国《泗阳县志》卷23。

单时中

字同方。清桃源人。太学生,选直隶州同。慷慨好施予。咸丰三年(1853)岁饥,设粥厂赈之。

吟香山房诗草　集部别集类　佚

见民国《泗阳县志》卷23。

王观韶

清桃源人。庠生。忠信笃敬,乡里咸钦。咸丰末年曾助筑义聚圩。乐善好施。

三希斋寤言4卷　子部儒学类　佚

芸霄赋草 4 卷　集部别集类　佚

以上 2 种见民国《泗阳县志》卷 23。

陈仲奎

字星府。清桃源人。廪膳生。肄业崇实书院，为盱眙吴棠所欣赏。屡试不中，乃设帐授徒，因材施教。因弟杀人下狱，褫衿。卒年 55。光绪五年(1879)门人及其弟集资为复衿顶。

三易探源　经部易类　佚

毛诗条辨　经部诗经类　佚

六经精义　经部群经总义类　佚

班马异同　史部正史类　佚

子史含英　子部杂学类　佚

以上 5 种见民国《泗阳县志》卷 23。

尹耕云(1815—1877)

字瞻甫，号杏农，亦作莘农。清桃源人。涟子。清道光三十年(1850)进士。官礼部郎中。咸丰八年(1858)授湖广道监察御史，署户科给事中。条陈得失，封章月数上，天下称直臣。同治元年(1862)以道员简放，三年署河陕汝道。以劳加布政使衔。光绪三年(1877)大旱，以救荒七事上大府。未几卒于官。《清史稿》卷 423 有传。

周易辑说 4 卷　经部易类

大学绪言 2 卷　经部四书类

以上 2 种见《续碑传集》卷 37。

豫军纪略 12 卷　史部杂史类

清尹耕云总纂　清李汝钧纂

(1) 清同治三年上海申报馆铅印本(袖珍)，辽宁大学图书馆藏。

(2) 同治十一年刻本，南京图书馆藏。

(3) 清光绪三年《申报馆丛书续集》本。

(4)《四库未收书辑刊》本。

道光己酉科江南乡试·尹耕云朱卷　史部传记类

《清代朱卷集成》本。

奏议2卷　史部政书类　佚

见《续碑传集》卷37。

游翠微山记1卷　史部地理类

游大伾山记1卷　史部地理类

游风穴山记1卷　史部地理类

以上3种有《小方壶斋舆地丛钞再补编》本。

心白日斋集4卷　集部别集类

清同治五年刻本，湖南图书馆藏。

心白日斋集6卷　集部别集类

(1) 清光绪刻本，南京图书馆藏。

(2)《近代中国史料丛刊》本。

(3)《清代诗文集汇编》本。

毕鹏飞

字云亭。清桃源人。增生。家贫力学，隐居授徒。

破睡录2卷　集部别集类　佚

留云馆焚余稿1卷　集部别集类　佚

以上2种见民国《泗阳县志》卷23。

房蕴生

字敬涵，号霁亭。清桃源人。道光岁贡生。候选教谕。赋性警颖，为文才思横溢。专研经学，通注疏、《说文》。

志学录　子部儒学类　佚

见民国《泗阳县志》卷23。

胡粹纯

字锦完。清桃源人。

周易便览 3 卷　集部别集类　佚

穷理省身录 30 卷　集部别集类　佚

以上 2 种见民国《泗阳县志》卷 23。

张觉先

字镜初。清桃源人。学以主敬存诚为本。

读书语录 1 卷　子部儒学类　佚

见民国《泗阳县志》卷 23。

郁郅廷

清桃源人。咸丰岁贡生。

养心录 1 卷　子部儒学类　佚

见民国《泗阳县志》卷 23。

张　氏

清乾隆间泗县人。张士举女，儒童萧寅妻。幼时窃读父书，性爱吟咏。

余阁诗草　集部别集类　佚

按：张氏事见光绪《重修五河县志》卷十六。诗作仅存四句。

廖大奎

字星五。其先福建人，以经商居桃源洋河，至大奎始入籍。同治十二年(1873)拔贡，朝考二等，补用教谕，早卒。治身以居敬为主。平生慕屈原之高洁，案头置《楚辞》，日必诵之。为文出入经史。

同治十二年癸酉科江苏选拔贡卷 1 卷　史部传记类

清同治间刻本，上海图书馆藏。

兢兢斋存稿 2 卷　集部别集类　佚

见民国《泗阳县志》卷 23。

按：淮阴师专编《活页文史丛刊(151—11)》载其佚文《淮阴侯以千金酬漂母赋——以“昔贤一饭兹事千秋”为韵》一篇。

陈贻寿

字静山。清桃源人。同治岁贡生。

三国志附注　史部正史类　佚

吴疆域志图说　史部地理类　佚

以上 2 种见民国《泗阳县志》卷 23。

张子坤

清桃源人。同治九年(1870)举人。

求是斋诗稿　集部别集类　佚

见民国《泗阳县志》卷 23。

蒋东奎

字映杓。清桃源人。增生。皓首穷经，不趋荣利。

历代甲子纪元录　史部史表类　佚

二论启蒙　子部儒学类　佚

醒迷铎　子部儒学类　佚

消闲吟　集部别集类　佚

以上 4 种见民国《泗阳县志》卷 23，曰“藏稿未梓”。

朱悦绂

清桃源人。庠生。

周易求源经解 7 卷　经部易类　佚

见民国《泗阳县志》卷23。

颜卓清

清桃源人。光绪岁贡生。

日省录1卷　子部儒学类　佚

见民国《泗阳县志》卷23。

吴裕源

清桃源人。光绪岁贡生。

四书讲义　经部四书类　佚

见民国《泗阳县志》卷23。

韩　淮

清桃源人。

守先迪后录2卷　子部儒学类　佚

见民国《泗阳县志》卷23。

陈　颖

清桃源人。庠生。工书能诗,田园自乐。所居介于锅底、卜家二湖之间,因号介湖老人。

介湖诗集　集部别集类　佚

见民国《泗阳县志》卷23。

乔凝承

清桃源人。博学多才。

课徒草　集部别集类　佚

见民国《泗阳县志》卷23。按:原文曰:"乔凝承:博学多材,著《课徒草》诗古文辞,未梓。"

乔京起

清桃源人。

自怡斋诗草　集部别集类　佚

见民国《泗阳县志》卷23。

乔凤起

清桃源人。

邀月山房诗草　集部别集类　佚

见民国《泗阳县志》卷23。

查怀儒

清桃源人。副贡生。慷慨好施与。通经史，尤工于诗。曾与房震亨、刘子山诸名士结诗社，以风雅道义相切磨。

蓉荫斋诗钞　集部别集类　佚

见民国《泗阳县志》卷23。

张锡宝

清桃源人。

两河诗钞2卷　集部别集类

清道光二十八年(1848)刻本。见《二酉书店旧书目录》第五期。

沈　伟

清桃源人。廪贡生。

锄经堂诗文集　集部别集类　佚

见民国《泗阳县志》卷23。

姜之琛

清桃源人。

柳江诗草　集部别集类　佚

见民国《泗阳县志》卷 23。

刘觐廷

字思颜。别号梦梅山人。清桃源人。增广生。

锄月村诗集　集部别集类　佚

见民国《泗阳县志》卷 23。

张　峄

字鲁山。清桃源人。增广生。工诗善书，严取与，慎交游。

欤冬集　集部别集类　佚

自悦集　集部别集类　佚

以上 2 种见民国《泗阳县志》卷 23。

王室屏

字树藩。清桃源人。廪贡生。博学多闻。

陋翁诗文钞　集部别集类　佚

见民国《泗阳县志》卷 23。

张印心

号月谭。清桃源人。增贡生。主乡政近 40 年，洁己奉公，从无物议。

逸叟杂著 1 卷　子部杂学类　佚

逸叟诗存 2 卷　集部别集类　佚

以上 2 种见民国《泗阳县志》卷 23。

张宅心

号竹山。清桃源人。印心弟，庠生。聪慧工诗词。性孝友，卒年22。

淡月斋诗集　集部别集类　佚

见民国《泗阳县志》卷23。

史　氏

清桃源人。广德李带仙妻。

史氏诗词　集部别集类

收入其夫李带仙《松岩草》第1卷。

尹彦钺

字子威。清泗阳人。耕云子。清光绪七年(1881)诸生，十一年拔萃科，分发山佐张耀幕。早卒。

尹彦钺贡卷　集部别集类

清刻本，淮阴师范学院图书馆藏。

尹彦鉌(?—1920)

字子和，号廉叔。泗阳人。耕云次子。光绪二十三年(1897)拔萃科，召试经济特科，充英法意比日奥班葡西九国使署随员，多所建议。归国后指分安徽即补府道，历办学务、巡防、警察、厘金、洋关等局所。1920年调湖北宝塔洲征收局长。卒于任所。

尹彦鉌贡卷　史部传记类

清刻本，淮阴师范学院图书馆藏。

剂变篇14卷(一作篇)　史部政书类

清光绪二十六年刻本，天津图书馆藏。

救剂篇2卷　史部政书类　佚

时务策3篇　史部政书类　佚

以上2种见民国《泗阳县志》卷23。

张相文(1867.2.3—1934.1.16)

字蔚西,号沌谷居士。泗阳人。清廪贡生。精地理学。光绪十九年(1893)授徒于本县知县汪瑶庭家,同年汪迁任长洲知县,复邀入幕。二十六年应聘于上海南洋公学留学班讲授国文地理。宣统元年(1909)任天津北洋女子高等学校教务长、校长。同年发起成立中国地学会,被举为会长。1913年任第一届国会众议院议员,并由中国同盟会会员转入中国国民党。1917年任北京大学附设国史编纂处国史纂辑员,并任护法国会众议院议员。1929年被聘为辅仁大学校董。

商学4卷　史部政书类

张相文编译

清光绪三十一年上海商学公会铅印本,南京图书馆藏。

江北初级师范学堂章程不分卷　史部政书类

张相文编订

清光绪三十二年铅印本,中国人民大学图书馆藏。

白耷山人年谱2卷　史部传记类

(1) 1921年刊《阎古古全集》本附。

(2)《北京图书馆藏珍本年谱丛刊》本。

按:此为沛县阎尔梅年谱,此谱据阎集及家乘所载事迹,增订山阳鲁一同所编阎谱而成。内容较鲁谱为详,间有考订。

(民国)泗阳县志25卷首1卷　史部地理类

李佩恩修　张相文、王聿望纂

(1) 1925年铅印本,南京大学图书馆藏。

(2)《中国地方志集成》本。

江苏省通志稿20卷首1卷末1卷　史部地理类

稿本,南京图书馆藏。

按:1929 年江苏省政府成立江苏通志编纂委员会,聘庄蕴宽为总纂,张相文、金鉽、柳诒徵等为常务编纂。历时三年,全志仅有书院志、艺文志等部分先后刊行。

新撰地文学　史部地理类

张相文著　胡尔霖校

(1) 清光绪三十四年上海文明书局铅印本,上海图书馆藏。

(2) 1913 年北京中国地学会 3 版修正版,国家图书馆藏。

(3)《民国籍粹》本。

(4) 2013 年岳麓书社《民国学术文化名著》本。

中国地理沿革史 2 卷　史部地理类

1935 年北平中国地理学会铅印本,武汉大学图书馆藏。

蒙学外国地理教科书　史部地理类

张相文著

清光绪二十九年文明书局铅印本,南京晓庄学院图书馆藏。

蒙学中国地理教科书　史部地理类

张相文著

(1) 清光绪三十二年文明书局铅印本,南京晓庄学院图书馆藏。

(2) 清光绪三十四年文明书局铅印本,国家图书馆藏。

初等中等中外地理教科书 3 卷　史部地理类

张相文辑

清光绪二十七年文明书局石印本。

清傅运森、张相文译　清白作霖校

清光绪二十七年海上译社铅印本,湖南图书馆藏。

韩边外志 1 卷　史部地理类

张相文著

1929 北平中国地学会铅印本,辽宁大学图书馆藏。

万法精理 2 卷　子部周秦诸子类

(法国)孟德斯鸠撰　(日)何礼之　(中)张相文译

清光绪二十九年上海文明书局铅印本，国家图书馆藏。

改良家事教科书　子部儒学类

(日)后闲菊野、(日)佐方镇子原著　张相文、韩澄译

1905 年科学书局出版。

南园诗存 1 卷　集部别集类

2017 年广陵书社《民国诗集选刊》本。

阎古古全集 6 卷　集部别集类

明阎尔梅撰　张相文编

1922 年铅印本，南京图书馆藏。

中国地学会地学丛书 7 卷　丛书类

张相文编

1928 年中国地学会铅印本，无锡市图书馆藏。

南园丛稿 12 种附 1 种　丛书类

(1) 1935 年北平中国地学会排印本，国家图书馆藏。

(2)《近代中国史料丛刊》本。

子目：

《耶律楚材西游记今释》1 卷

《湛然居士年谱》1 卷　按：又有《北京图书馆藏珍本年谱丛刊》本。

《成吉思汗陵寝辨证书》1 卷

《南园游记》1 卷

《韩边外志》1 卷

《南园诗存》1 卷

《南园文存》2 卷

《沌谷笔谈》4 卷

《帝贼谱》2 卷

《中国地理沿革史》2 卷

《佛学地理志》3 卷

《万法精理》5 卷　法国孟德斯鸠撰　张相文等译

附《泗阳张沌谷居士年谱》1卷《荣哀录》1卷　张星烺撰并辑

按：张氏主要论文篇目可参阅《中国近代地理学奠基人张相文》一书所附《张相文主要译著目录》。

王聿望

字慰亭。泗阳人。清光绪二十八年(1902)举人。分发直隶试用知县，历任清苑、宝坻、滦县、遵化、盐山、献县、隆平、宁晋等县。1925年10月代理泗阳县知事。

(民国)泗阳县志25卷首1卷　史部地理类

李佩恩修　张相文、王聿望纂

(1) 1925年铅印本，南京大学图书馆藏。

(2)《中国地方志集成》本。

史忆芳(1888—1922)

字问梅，泗阳人。星光女，幼闻庭训，间学吟咏，能作诗，负有才名。

史问梅存稿　集部别集类

抄本。见《泗阳文史资料》第9辑。

泗洪

徐　氏

字小秀，一字少季。失其名。汉泗州临淮人。

老子徐氏经说 6 篇　子部杂学类　佚

见《汉书》卷 30。

按：康熙《泗州直隶州志》卷 10 曰此书“仿佛老子”。

任孝恭(? —548)

字孝恭，以字行。梁临淮(今泗洪县)人。幼孤，事母以孝闻。精力勤学，武帝闻其才，召入西省撰史。太清中侯景作乱，遇害。

古文尚书大义 20 卷　经部尚书类　佚

见《旧唐书・经籍志》。

任孝恭集 10 卷　集部别集类　佚

见《隋书・经籍志》。

按：任氏文，《全上古三代秦汉三国六朝文》收录《为羊侍中让表》《为汝南王檄魏文》《为何敬容移报东魏文》《答魏初和移文》《辞县启》《谢赉钱治宅启》《谢裙襦启》《谢示围棋启》《为李庆州孟坚使与覃无名书》《多宝寺碑铭》《祭杂坟文》《赛钟山蒋帝文》，计 12 篇。另 2 篇《武帝集序》《建陵寺刹下铭》文佚。

吕周任

唐泗州(今泗洪)人。曾任文林郎试太子通事舍人，德宗朝官侍御史。

卢翊墓志铭　史部传记类　佚

《全唐文补遗》第一辑。

泗州大水记　史部地理类　佚

见康熙《泗州直隶州志》卷 11。

常三省

字鲁轩。明泗州(今泗洪)人。嘉靖三十五年(1556)进士。由礼部郎中出任湖广参议。后乞养归,起授江西参政。因主张开施沟浚周桥以救泗城为总河所参罢官。

显忠集4卷　史部传记类

明常三省辑　清李枝芃重辑

清乾隆十一年(1746)刻本,国家图书馆藏。

上北京各衙门水患议　史部政书类　佚

见康熙《泗州直隶州志》卷10。

与高宝诸生辩水书　史部政书类　佚

见光绪《泗虹合志》卷11。

谢楙树

清康熙时泗州(今泗洪)人。

肩山堂集1卷(一作肩山集)　集部别集类　佚

见康熙《泗州直隶州志》卷10。

王龙文

字鼎于。清泗州(今泗洪)人。博学善诗歌。早年以明经选,脱然归田里,足不入公府者三十年。性嗜酒,每枯吟达旦,自号曰"酒民"。卒年八十。

芥堂集　集部别集类　佚

见康熙《泗州直隶州志》卷15。

周　才

字尔录。清泗州(今泗洪)人。之正子。尝捐修学宫。

磊园集　集部别集类　佚

见康熙《泗州直隶州志》卷10。

尤殿光

廪生。清泗州(今泗洪)人。

桑梓采摭录　史部传记类　佚

见光绪《重修安徽通志》卷238。

此君草堂诗稿　集部别集类　佚

见光绪《重修安徽通志》卷346。

王卫钧

字和村,号山阴老人。清泗州(今泗洪)人。嘉庆五年(1800)以乡贡中顺天举人,后入国子监任教。嘉庆九年为山东征粮钦差,因擅自动用公粮赈济灾民,升为都察院副都御史,又提升为礼部左侍郎、文渊阁直阁事。后为皇太子旻宁御师。归乡后一边授徒一边著述。

(乾隆)泗州志11卷　史部地理类

清叶兰纂　清王卫钧等校勘

(1) 清乾隆五十三年(1788)修,抄稿本,国家图书馆藏。

(2) 抄本,南京图书馆藏。

(3)《中国地方志集成》本。

闲草堂杂录　子部杂学类　佚

见《泗洪县志》。

张会昌

清泗州(今泗洪)人。布衣,工吟咏,诗格在王孟间。

种花诗集　集部别集类　佚

见光绪《泗虹合志》卷11。

张允安

号盘之。清泗州(今泗洪)人。诸生。幼颖异,经史过目不忘。年四十弃举子业,习研宋儒语录,于《左氏春秋》考据尤精。

春秋荟要 6 卷　经部春秋总义类　佚

四书撮要 12 卷　经部四书类　佚

尔雅释要 1 卷　经部小学类　佚

堪舆断诀摘要 1 卷　子部术数类　佚

批选古文　集部总集类　佚

批选今文　集部总集类　佚

以上 6 种见光绪《泗虹合志》卷 11。

许王道

字荡三。清泗州(今泗洪)人。性豪爽,耽吟咏。书法精妙,为文灵敏绝伦。不乐仕进,以岁贡终于家。

卧云轩诗集　集部别集类　佚

见光绪《泗虹合志》卷 11。

邓贤芬

字香圃。清泗州(今泗洪)人。咸丰二年(1852)进士。历宝应、元和、南汇知县。皆有声。熟于史事,自抒己意,剖别幽微。

史论 24 卷　史部史评类　佚

见光绪《重修安徽通志》卷 229。

许恕修

清泗州(今泗洪)人。岁贡。博学能文,屡荐不售,授徒桃宿间。

遗文　集部别集类　佚

见光绪《泗虹合志》卷 11 许氏"卒后遗文数百篇,士林尤滋沾溉"。

杨士骧(1860—1909)

字萍石,号莲府(甫),清泗州(今泗洪)人。光绪十二年(1886)进士。1902年授直隶按察使,1903年迁江西、直隶布政使,1906年任山东巡抚。1908年授直隶总督兼北洋大臣。

例学新编16卷　史部政书类

清光绪三十二年明溥书局石印本,苏州大学图书馆藏。

(宣统)山东通志200卷首9卷附录1卷补遗1卷　史部地理类

清杨士骧等修　清孙葆田等纂

(1) 1915年山东通志局铅印本,南京图书馆藏。

(2) 1934年上海商务印书馆铅印本,南京图书馆藏。

(3)《中国地方志集成·省志辑》本。

广东舆地图说14卷首1卷　史部地理类

清王秉恩修　清杨士骧、廖廷相纂

(1) 清宣统元年(1909)广州参谋处铅印本,南京图书馆藏。

(2) 台北《中国方志丛书》本。

丁家立所收书启名刺等杂件　集部别集类

清杨士骧等撰

信札原件,美国华盛顿大学东亚图书馆藏。

杨文敬公奏议10卷　集部别集类

清宣统三年刻本,北京师范大学图书馆藏。

杨士骧函稿不分卷　集部别集类

稿本,中国人民大学图书馆藏。

杨士琦(1862—1918)

字杏城。清末民初泗洪人。殿邦孙。士骧弟。清光绪八年(1882)举人,1906年任工商部右丞兼电报局总办,后任工商部左丞。1912年之后成为袁世凯幕僚,任政事堂左丞,为袁氏复辟效力。1946年任参政院参政，后居上海。

寿言4种　史部传记类

杨士琦等撰

民国铅印本，北京大学图书馆藏。

按：是书所收《潘矩楹之母》为杨氏所撰。

（重刻）世说新语附世说新语补　子部小说类

刘宋刘义庆撰　清杨士琦校

1917年铅印本，南开大学图书馆藏。

泗州杨尚书遗诗1卷附词1卷　集部别集类

(1) 1942年排印本，国家图书馆藏。

(2)《清代诗文集汇编》本。

蔡文斗(1887—1940)

原名魁。民国泗洪人。著名艺人。自幼聪慧，喜交游，后拜江湖艺人魏大建学唱大鼓书。才思敏捷，富于联想，吐字清楚，唱腔抑扬顿挫。

黎大人做康州　集部词曲类　佚

官私斗　集部词曲类　佚

大赌博　集部词曲类　佚

小秃子闹房　集部词曲类　佚

见江苏省地方志编纂委员会编《江苏省志・人物志》。

沭阳

胡 琏

字重器。别号南津。明沭阳人。侨居山阳。弘治十八年(1505)进士。历南京刑部郎中,出为闽广二省兵备道,累擢巡抚,以户部右侍郎致仕。遇征安南,荐起督饷,卒年73。历官以廉称,邃于精术,教授生徒甚众。是抗击葡萄牙侵略军的名将。

南津诗集　集部别集类　佚

见民国《重修沭阳县志》卷12。乾隆《重修沭阳县志》卷9收其《夫役记》文1篇。

仲 选

字思舜。明沭阳人。正德十六年(1521)进士。授云南道监察御史。嘉靖五年(1526)上《陈言消变疏》,后迁武昌府知府。忤楚藩获谴,下汉阳狱。事白调莱州府知府。时征安南,擢云南兵备副使。事平,因守莱时持议阻开胶莱河忤当路,被劾归。

青天白日钞　集部别集类　佚

见民国《重修沭阳县志》卷12。卷15收《陈言消变疏》。

胡效谟

字汝顺,号警亭。明沭阳人。琏子。以恩荫仕至云南澄江府知府。工诗,新颖灵变,无陈腐气。

复闸旧制　史部政书类　佚

见民国《重修沭阳县志》卷8本传。顾炎武、胡渭、阎若璩甚重此书,著述多所征引。

池亭集　集部别集类　佚

射阳会编　集部总集类　佚

以上2种见《山阳诗征》卷5,收其诗29首。

西斋集　集部别集类　佚

见魏文哲《吴承恩》。

吴从道

字惟一，号万山。明沭阳人，世居山阳。嘉靖岁贡生。工诗，情韵高逸，善书。与吴承恩皆为知府陈文烛上客。

吴从道诗　集部别集类

收入《山阳诗征》卷7，存16首。

胡效才

明沭阳人。琏长子。正德十一年(1516)举人，次年中进士。除河南道御史，擢真定府知府。

霜台奏疏　史部政书类　佚

见民国《重修沭阳县志》卷12。

救荒本草2卷　子部农家类　佚

明朱橚编

明嘉靖十三年(1534)周金、胡效才重刻本。见北京图书馆《中国古农书联合目录》。

毛　珠

字文光。明沭阳人。嘉靖岁贡。任湖广潜江县主簿，不逾年卒于官。

仕学集　集部别集类　佚

毋自欺集　集部别集类　佚

以上2种见民国《重修沭阳县志》卷12。

胡应恩

字祈沾，号西畹。明沭阳人。琏长孙。嘉靖贡生。官合浦知县。累世居山阳，故论淮水潮汐出入及海口之淤甚详。

淮南水利考 2 卷　史部地理类

（1）明刻本，南京图书馆藏。

（2）清末天尺楼乌丝栏抄本，国家图书馆藏。

（3）1 卷。清抄本，镇江市图书馆藏。

（4）《中国水利志丛刊》本。

按：《山阳诗征》卷 5 收其诗 23 首。

胡应嘉

明沭阳人。琏孙。嘉靖三十五年(1556)进士。授江西宜春知县，擢吏科给事中，三迁都给事中。论侍郎黄养蒙、李登云及布政使李磐、侯一元不称职，皆罢去。隆庆元年(1567)劾吏部尚书杨博挟私愤。后调建宁推官，屡迁湖广布政司左参议，忧愤归。居谏职，号敢言。《明史》卷 215 有传。

科甲奏疏　史部政书类　佚

见民国《重修沭阳县志》卷 12。卷 15 收其《请复文华殿召对顾问疏》1 篇。刘大杰《明人小品集》收其《寒山记》1 篇。

徐　琦(1578—1657)

字二韩，号稚璞。清沭阳人。年 16 补博士弟子员，有文名。以明天启五年(1625)岁贡官太湖训导，迁宣城教谕。归里后杜门课子。

重修安庆府志　史部地理类　佚

见民国《重修沭阳县志》卷 12。

汪文鸾

字绣君。号沭阳女士。清沭阳人。工诗善吟。

双声吟集　集部别集类　佚

见《历代妇女著作考》卷 10 引《昆山胡氏书目》。嶙峋所编《闺海吟》收其《题冬青书屋诗文集》诗："冬青树底碧扶疏，天许君家此结庐。

如我合称诗弟子，何人不拜女相如。红闺亦有千秋业，脂盝长存一卷书。字字彩鸾唐韵在，岂徒玉佩与琼琚。”

仲 绳

清沭阳人。明天启恩贡生。候选知县。明亡入清后常楼居。

鸣冤录　史部杂史类　佚

民国《重修沭阳县志》卷13，雍正间查禁。

奈何吟　集部别集类　佚

见《清通鉴》。按：此书为同乡张怀民告发，惹文字狱。后因乾隆详加披阅，认为均为讽前明而作，故罢。

葛维垣(1592—1657)

字映长。明末清初沭阳县人。明崇祯七年(1634)甲戌科进士，联考第一，授成都推官。号称能吏，为政清廉，被众人举荐，转任重庆。官民交口称颂，声名远播。升任水部主政，后被荐治吉水。因母病逝，告归乡里。退任在乡后，浏览诗书，教诲诸生。顺治十四年(1657)去世。

燕贻堂文集　集部别集类　佚

见江苏省地方志编纂委员会编《江苏省志·人物志》。

张茂节(1622—1701)

字蔚宗。祖籍江西，后落籍沭阳。顺治五年(1648)拔贡。十三年任伊阳知县，康熙四年(1665)补山东东昌府堂邑县知县。治声卓著。康熙十二年升任顺天府大兴县知县。

(康熙)堂邑县志3卷　史部地理类

张茂节纂修

清康熙十一年刻本，国家图书馆存卷2—3。

大兴县志6卷　史部地理类

张茂节修　李开泰等纂

(1) 清康熙二十四年刻本,南京图书馆藏。

(2) 清抄本,国家图书馆藏。

(3) 抄本,中国科学院南京地理与湖泊研究所藏。

(4) 抄本,天津图书馆藏。

(5) 民国抄本,北京大学图书馆藏。

(6) 罗保平点校,2002 年上海古籍出版社出版。

按:参见李丙鑫《编修〈大兴县志〉第一人张茂节》一文(《北京文史》2006 年第 2 期)。

毛呈兆

字祉归。清沭阳人,廪生。喜读书,不事章句,间为诗古文词以自乐。善书,每登山临水辄挥毫穷纸幅乃已。

涉江草　集部别集类　佚

云台草　集部别集类　佚

展眉草　集部别集类　佚

滁游草　集部别集类　佚

以上 4 种见民国《重修沭阳县志》卷 12。

东皋集　集部总集类　佚

见县志卷 14 魏增寿《僮阳杂咏》:“诗人不朽《东皋集》。”原注云:“诗人毛呈兆、李调元、魏邦晓有唱和《东皋集》行世。”卷 14 另收毛呈兆诗 1 首。

吴祚昌

字泰毓。清沭阳人。顺治十一年(1654)拔贡。康熙七年(1668)任山西知县,自奉俭约,力戒奢侈。在任垦荒地,抚饥民,设义学,凡有益于民者尽力规划。

(康熙)寿阳县志 8 卷　史部地理类

清吴祚昌纂修

(1) 清康熙十一年(1672)刻本,国家图书馆藏。

(2) 2002 年北京图书馆出版社影印出版。

(3)《山西省地方志系列丛书》本。

(康熙)寿阳县志 8 卷　史部地理类

清吴祚昌纂修　清李敦续修

(1) 清康熙五十六年刻本,国家图书馆藏。

(2) 2001 年北京线装书局影印出版《清代孤本方志选》本。

按:吴祚昌纂修《寿阳县志》刻于康熙十一年,五十六年李敦续修,补知县、典史、教谕、训导、进士、乡举、明经、孝友、诗文等目。

按:光绪《寿阳县志》卷 11 艺文收其祈文、祭文 2 篇。另,寿阳县志编纂委员会《寿阳县志》收有吴氏《咏寿八景》诗 8 首。

胡简敬(1632—1695,一作 1636—1699)

字又弓。清沭阳人。顺治十二年(1655)进士。由馆职历经筵讲官、吏部左侍郎、兼翰林院学士。十五年充会试同考官,康熙九年(1670)提督直隶学政。以会举淮扬道事左迁太常寺少卿。二十八年因族人与邻人争田事相牵连,被发往河南垦处所安置,遂家汝宁。为人谨厚,有文才,识大体。尝进《二十一史通论》诸书,深受康熙帝赏识。

二十一史通论　史部史评类　佚

见民国《重修沭阳县志》卷 12。

题覆赋锾疏　史部政书类

见沭阳县地方志编纂委员会《沭阳县志》。

(康熙)沭阳县志 4 卷　史部地理类

清张奇抱修　清胡简敬纂

(1) 清康熙十三年刻本,国家图书馆藏。

(2) 抄本,南京图书馆等藏。

皇舆表 16 卷　史部地理类

清喇沙里等修　清胡简敬等纂　清揆叙等增修

清康熙四十三年内府刻本，首都图书馆藏。

太极图说　子部儒学类　佚

朱陆异同辨　子部儒学类　佚

长白山赋　集部别集类　佚

南征纪盛诗　集部别集类　佚

以上4种见民国《重修沭阳县志》卷12。

葛惟恒

清沭阳人。

燕贻堂文集　集部别集类　佚

见民国《重修沭阳县志》卷12。

张列辰(1657—1751)

字紫弼，一字勿斋。清沭阳人，先世福建人。于学贯通儒佛。

遗怀集文1卷诗1卷　集部别集类　佚

见民国《续修沭阳县志》卷9本传。卷15收其文1篇。

张如湛

字性庵。清沭阳人。列辰次子。庠生。乾隆六年(1741)贡生。官黟县训导。

赏心集　集部别集类　佚

见民国《续修沭阳县志》卷12。

李　榕

字秀南。清沭阳人。雍正十三年(1735)顺天举人。由宗人府教习历任四川营山、山西乐平知县，权直隶平定州知州。为政宽猛兼济，断事平允，所至有声。在乐平率乡民垦田开荒，纂修县志，亲临榆关书院课诸生读。年40归田，以诗文教授，卒年66。

(乾隆)营山县志 4 卷　史部地理类

清李榕纂修

清乾隆九年(1744)刻本,国家图书馆藏。

(乾隆)乐平县志 8 卷　史部地理类

清李榕纂修

清乾隆十八年刻本,上海图书馆藏。

吕又祥

字瑞龙,一字凤图。清沭阳人。捐赀为都水属官,分发东河。补滕县簿,擢判湘河。乾隆二十九年(1764)赵北口淀河淤塞,复调赴直隶督办,事竣,擢曹州府同知。三十八年科以卓异擢常德知府,锄奸去恶。生平勇于为善,凡利济之事无不为。卒年 70。

循理手记　子部儒学类　佚

见民国《重修沭阳县志》卷 12。

吴九龄(1719—1781)

字景文。清沭阳人。祚昌曾孙。少孤,废科举业。以赀除山西长治县。岁饥,及时开仓赈民,全活甚众。以卓异升广西梧州知府。晋广东粮驿道,调雷琼兵备道,旋擢长芦盐运使。卒于官。喜读书,精于鉴赏古书画。治理长治、梧州,修学宫,建书院,设义学,纂辑志乘。

(乾隆)长治县志 28 卷首 1 卷末 1 卷　史部地理类

清吴九龄修　清蔡履豫纂

(1) 清乾隆二十八年(1763)荣晖堂刻本,南京图书馆藏。

(2) 2002 年北京图书馆出版社影印本。

(乾隆)梧州府志 24 卷首 1 卷　史部地理类

清吴九龄修　清史鸣皋等纂

(1) 清乾隆三十五年刻本,湖南省图书馆藏。

(2) 清同治十二年(1873)凤台书院刻本,南京图书馆藏。

（3）抄本，广西省档案馆等藏。

（4）1967 年台北成文出版社影印本。

（5）1999 年北京华夏出版社影印清同治十二年本。

（6）2001 年海南出版社《故宫珍本丛刊》影印本。

汪友三

清沭阳人。乾隆间医家。工诗善棋。性廉介，不受人役，处方多出人之意表。

医案 8 卷　子部医家类　佚

见民国《重修沭阳县志》卷 9。

陈槐立

字树三。禀膳生。清沭阳人。

柳轩杂志　史部杂史类　佚

陈树三遗诗　集部别集类　佚

以上 2 种见民国《重修沭阳县志》卷 12。

吴甸华(1733—1834)

字南昀。清沭阳人。九龄子。乾隆四十五年(1780)进士，朝考一等第二名。官内阁中书，协办侍读。改就县令，选歙县，历合肥、黟县、阜阳，以直隶州知州用，借补无为州。道光三年(1823)归田。官安徽州县近 30 年，屡平大狱，清积案。尝于嘉庆十三年(1808)建碧阳书院。道光十一年重宴鹿鸣。

(嘉庆)黟县志 16 卷首 1 卷　史部地理类

清吴甸华修　清程汝冀、俞正燮纂

（1）清嘉庆十七年刻本，北京师范大学图书馆藏。

（2）清道光五年续刻本，复旦大学图书馆藏。

（3）清同治十年(1871)刻本，清华大学图书馆藏。

(4) 抄本,北京师范大学图书馆藏。

(5) 台湾成文出版社有限公司 1983 年出版。

(6)《中国地方志集成》本。

(7) 黄山书社 2014 年出版。

吕昌际(1735—1807)

字峰亭,号莱园。清沭阳人。又祥长子。少习经史,不屑帖括之学,尤精深宋儒理学诸书。乾隆二十四年(1759)由监生授例得县丞,分发广西,改捐布政司理局。李清时荐留河东试用,补商虞通判,调捕河通判,迁沂郯海赣同知。开堤引运,见义敢为。旋擢山西平阳知府,缓征劝赈,以解民困。调太原府。四十年授冀宁道,权按察使事。以父病乞归养,淡于宦情,遂不出,优游林下 30 余年。里中公益事皆力任之,暇则娱情花木竹石之胜。与同邑张裕生讲《易》,互相研析精奥。一生皆以实学见诸实行,以经术发为治术。

易守　经部易类　佚

山右古游录　史部地理类　佚

以上 2 种见民国《重修沭阳县志》卷 12。《易守》与张裕生合撰。

耿　沄(1743—?)

字晴湘。清沭阳人。庠生。学识渊博。吕昌龄谓其诗“深于三百篇而得其性情之正”(《雪村诗草序》)。

雪村诗草 6 卷集杜诗 1 卷集杜词 1 卷　集部别集类

清乾隆志成堂刻本,南京图书馆藏。

雪村诗草摘刊 2 卷　集部别集类

《耿氏家集汇钞》本。

吕览晖

清沭阳人。

楚游笔记　子部杂学类　佚

见民国《重修沭阳县志》卷12。

周宗濂(1758—?)

一名濂。字莲亭。清沭阳人。安贫乐道，博学，诗书画无不工，善医术，而以画山水显名。性古癖，寡交游。尝应江南河道总督徐端聘，意不自适，归结庐曰“无波画舫”。云烟供养，乐天忘年，年80余卒。

小梅轩诗2卷　集部别集类　佚

见民国《重修沭阳县志》卷9本传，吕昌际为之序。

张裕生(1766—1856)

字益亭，号虚谷，又号芝园。清沭阳人。副贡生。遍游吴越齐鲁晋卫燕赵辽沈间，折节名儒。董诰、陶澍等欲荐之朝，裕生以为行道不在位也。专心理学，以正谊明道之功，守立命保身之训，为山阳丁晏所称。吕昌际与其共研习《易理》。

易守　经部易类　佚

按:此与吕昌际合撰。

宝善堂家训　子部儒学类　佚

山居吟　集部别集类　佚

南游草　集部别集类　佚

伏枕吟　集部别集类　佚

以上5种见民国《重修沭阳县志》卷8。卷14收其诗3首，卷15收其《恨别自序》，述其生平事迹，可当自传看。

仲统纶(1769—1844)

字驭凡。清沭阳人。庠生。学务躬行，不杂世故，推诚接物。

丧礼旧闻　经部三礼总义类　佚

婚礼备考　经部三礼总义类　佚

左绣汇参　经部春秋左传类　佚

绍(一作治)善堂祭田遗嘱　子部儒学类　佚

以上4种见民国《重修沭阳县志》卷8本传。

考集录　子部儒学类　佚

庶民说略　子部儒学类　佚

身后禁用僧道音乐考　子部儒学类　佚

以上3种见荀德麟主编《淮阴市志》。

徐　碐(1776—1829)

字映华,号枳村,一字述城。清沭阳人。乾隆五十六年(1791)年16补诸生,嘉庆六年(1801)拔贡,以朝考违禁,谪居常州,与洪亮吉、孙星衍、赵怀玉诸耆宿游,学益进。李兆洛为其谋原名应试,拒之。谪满返里,优游著述,不涉身外事,以表扬贞孝、拔恤孤寒为职。尝馆王钦霖家,钦霖终身执弟子礼弗敢怠。上自六经,下至名家诗文专集,多有选本,选必有评。

易指　经部易类　佚

见民国《重修沭阳县志》卷9本传,谓仅自《屯》至《离》二十八卦。胡樵汉称其以来虞之精粹,明程朱之理窟,而无穿凿迂腐之病。

咏物诗八百首　集部别集类　佚

见民国《重修沭阳县志》卷9本传。

肩凤斋存稿2卷　集部别集类

《友声集》本。

按:王相子王炯识语略云:“枳村先生家沭阳,距宿(迁)百里而遥,博闻强识,倚马万言。与先君神交有年,卒未谋面。平生撰述甚夥,求之其家,仅得是集,编入《友声》,稍存梗概云尔。”

涓埃集　集部别集类　佚

扈游吟馆诗草　集部别集类　佚

海滨逭暑集　集部别集类　佚

捉刀集　集部别集类　佚
墨徭集　集部别集类　佚
感红轩外集　集部别集类　佚
天爵堂文集　集部别集类　佚
茆宇集　集部别集类　佚
感红轩诗　集部别集类　佚
述坡诗存　集部别集类　佚
艾学诗存　集部别集类　佚

以上11种见民国《重修沭阳县志》卷12。

杜诗选　集部别集类　佚

按:此选311篇,以符《毛诗》之数。

古文法守　集部总集类　佚
唐宋骈文选　集部总集类　佚
唐诗千一选2卷　集部总集类　佚

以上4种见民国《重修沭阳县志》卷9本传。

雪帷酬唱　集部总集类　佚

见民国《重修沭阳县志》卷12。

愍秋堂乐府1卷　集部词曲类　佚

见民国《重修沭阳县志》卷9本传。

徐广绪(1782—1847)

字子溶。清沭阳人。嘉庆十六年(1811)官蔚州倅,俸满,大学士蒋攸铦以勤慎有为、孝行夙著题奏,旋署蓟州吏目。道光七年(1827)移正定主簿,以母老改官迁省。后分发浙江,历摄钱塘、德清、嘉善主簿,乌程县丞,二十七年复任钱塘。性伉爽,清风两袖,心心为民,忧时痛国,情见于词。会稽马来雍谓其胸中有一段不可遏抑消磨之气。画山水顷刻成幅。

听云楼杂著4卷　子部杂学类

1916 吴铁秋印行《古僮文献攟遗第一种》本，淮阴师范学院图书馆藏。

按：此包括腐言、论画、诗文、题跋各 1 册。

听云楼且存稿　集部别集类　佚

见民国《重修沭阳县志》卷 12。卷 14 收其诗 5 首。

听云楼尺牍 4 卷　集部别集类

1916 吴铁秋印行《古僮文献攟遗第一种》本，淮阴师范学院图书馆藏。

梅花落传奇　集部词曲类　佚

见《淮阴史事编年》。

吕恩湛(1782—1861)

字丽堂。昌际次子。清沭阳人。道光五年(1825)署永州府知府。八年任岳州知府。官至山西按察使。

平苗纪事　史部杂史类

见民国《重修沭阳县志》卷 12。

(道光)永州府志 18 卷首 1 卷　史部地理类

清吕恩湛修　清宗绩辰纂

(1) 清道光八年刻本，南京图书馆藏。

(2) 清道光二十三年刻本，苏州大学图书馆藏。

(3) 清同治六年(1867)刻本，国家图书馆藏。

(4)《中国地方志集成》本。

(5)《湖湘文库(甲编)》本。

楹联丛话 12 卷续话 4 卷楹联杂记 1 卷　集部别集类

清梁章钜辑　清吕恩湛续辑

清同治七年刻本，中国人民大学图书馆藏。

楹联杂记 1 卷　集部别集类

清吕恩湛撰

清道光二十五年刻本,陕西省图书馆藏。

陈云华

清沭阳人。吕恩湛妻。

绿筠仙馆诗存　集部别集类　佚

见民国《重修沭阳县志》卷12。

顾同勋

清沭阳人。

懋斋诗草　集部别集类　佚

见民国《重修沭阳县志》卷12。

周宗洛

清沭阳人。

柳阴书屋诗　集部别集类　佚

见民国《重修沭阳县志》卷12。卷14收其诗1首。

仲绪绍

清沭阳人。

学庸博考　经部四书类　佚

见民国《重修沭阳县志》卷12。

张利传

清沭阳人。

经韵举歧　经部小学类　佚

见民国《重修沭阳县志》卷12。

纪敦伦

清沭阳人。

翠竹轩诗　集部别集类　佚

见民国《重修沭阳县志》卷 12。

黄际临

清沭阳人。

怡云轩诗　集部别集类　佚

见民国《续修阳沭县志》卷 12。

耿嵘美

字峋庵。清沭阳人。沄长子。庠生，早逝。

峋庵诗 1 卷　集部别集类

《耿氏家集汇钞》本。

王焕昭

清沭阳人。

学庸补注　经部四书类　佚

见民国《重修沭阳县志》卷 2。

耿全美

字具庵。清沭阳人。坛三子，嵘美弟。庠生。

具庵诗草摘刊 1 卷　集部别集类

《耿氏家集汇钞》本。

徐履素

清沭阳人。

霁园诗钞　集部别集类

见民国《续修沭阳县志》卷 12。卷 14 收其诗 1 首。

徐廷瑛

字仲符，号芸轩。清沭阳人。增贡生。性耽泉石，喜吟咏。海州建试院，捐巨资，两江总督百龄旌其闾曰“尚义培英”。

梦草轩诗 2 卷　集部别集类

清咸丰元年(1851)碧梧山房刻本，镇江市图书馆藏。

按：民国《续修沭阳县志》卷 14 收其诗 1 首。

耿徵信

字符君。清沭阳人。全美长子。国学生，屡试不售。

符君诗存 1 卷　集部别集类

《耿氏家集汇钞》本。

按：民国《重修沭阳县志》卷 12 著录《兰轩诗草》《梦鹤轩诗草》2 种。

周云凤

字桐冈，号菊庄。清沭阳人。援例任山东嘉祥、蓬莱、费、掖等县知县，平度、东平等州知州，山西霍州直隶州、平阳府知府。性倔强不阿。

(道光)东平州志 30 卷首 2 卷　史部地理类

清周云凤修　清唐鉴、周兆棠纂

清道光五年(1825)刻本，国家图书馆藏。

耿徵庶

字蕃卿。清沭阳人。全美次子，徵信弟。

蕃卿诗存 1 卷　集部别集类

《耿氏家集汇钞》本。

耿徵雨(1790—1861)

字澍屏。清沭阳人。嵘美子。道光二十八年(1848)贡生。与同邑王钦霖、山阳鲁一同以利济苍生相勉。

听雨轩诗钞 3 卷文钞 1 卷　集部别集类

《耿氏家集汇钞》本。

徐焕瀛

字逸仙。清沭阳人。诸生。诗学白居易,淡泊明志,号半隐翁。与上贤同为道光间以文学著者,卒年 89。

半隐堂集　集部别集类　佚

见民国《重修沭阳县志》卷 9 本传。

郑相贤

字咸一。清沭阳人。补诸生后潜心经史。

强识斋录 65 卷　子部杂学类　佚

见民国《重修沭阳县志》卷 9 本传。

耿徵文

字雅季。清沭阳人。全美四子,徵庶弟。

雅季诗存 1 卷　集部别集类

《耿氏家集汇钞》本。

仲会宾(1795—1848)

字梓村。清沭阳人。清高孤峻,博学工诗。不应科举试,与邑人徐广绪、袁奇英、胡翘汉、耿徵雨为性命交,诗歌互答。广绪谓其有万金不换之一副穷骨头,而后有千古常存之真大名。身外无长物,依徵雨为山庄宰 20 年。晚益纵情山川,死于客舍。

养疴录　子部杂学类　佚

耕余集　集部别集类　佚

以上2种见民国《重修沭阳县志》卷12。卷14收其诗4首，卷15收其文1篇。

胡文门

字允存。清沭阳人。道光十年(1830)岁贡生。笃学明经义。

春秋增注4卷　经部春秋总义类　佚

见民国《重修沭阳县志》卷9本传。

王久香

清沭阳人。

伴黄花主人诗草　集部别集类　佚

见民国《重修沭阳县志》卷12。

岳景梅

字味堂。号韡香。清沭阳人。绩学工诗文。尝馆海州伊卢山，记山水文最多。

惜花轩随笔　子部杂学类　佚

按：此多记沭阳故事。

韡香诗草1卷　集部别集类　佚

以上2种见民国《重修沭阳县志》卷9本传。卷14收其诗1首，记道光二十二年(1842)河决口事。另收有同邑袁奇英《题岳韡香诗稿》诗1首。

冯振纲

字敦夫。清道光间沭阳人。庠生。

沐雨轩诗　集部别集类　佚

见民国《重修沭阳县志》卷 9。

王钦霖(? —1837)

字子润,后改字慈雨。初名汝霖,号雨亭。清沭阳人。少负才名,磊落自喜,慕朱家、郭解为人,慷慨多大节。道光二年(1822)出任徐州云龙书院讲席,旋弃去。遍览史汉百家,致力古文词。尝独游古三边,遇佳山水,坐卧其下,饮酒吟诗。走京师,与顾槐三等交。喜谈论古今成败得失。六年成进士,官吏部考功司主事,勤政能自立。晚益折节学道,以老庄为宗。十五年与汪喜孙、潘德舆、丁晏、鲁一同等会陶然亭。

待兰轩存稿 2 卷　集部别集类

清王相辑《友声集》本。此为钦霖手订寄质王相者。

归游集不分卷　集部别集类

稿本,江苏师范大学图书馆藏。

海鸥集不分卷　集部别集类

稿本,江苏师范大学图书馆藏。

壮游集不分卷　集部别集类

稿本,江苏师范大学图书馆藏。

有真意斋外集　集部别集类

稿本,江苏师范大学图书馆藏。

按:王钦霖生平及著述详情可参见李青枝《清代王钦霖诗集佚稿四种及其学术价值》一文(《中国典籍与文化》2013 年第 3 期)。

王吏部遗集 12 卷　集部别集类　佚

海鸥山房诗钞　集部别集类　佚

红蕤仙馆赋钞　集部别集类　佚

有真意斋骈文　集部别集类　佚

疑云集　集部别集类　佚

北游集　集部别集类　佚

边声集 1 卷　集部别集类　佚

以上 7 种见民国《续修沭阳县志》卷 1。

壮云集　集部别集类　佚

真意斋骈文全集　集部别集类　佚

以上 2 种见程芳银主编《宿迁特色文化》。

徐兆鏖

清沭阳人。硋次子。

梦梅花诗　集部别集类　佚

见民国《重修沭阳县志》卷 12。

葛　沅

字春帆。清沭阳人。岁贡生。博学多能，同治十一年(1872)重游泮水。

水利说　史部地理类　佚

兵说　子部兵书类　佚

医学审验　子部医家类　佚

审机书屋书草　集部别集类　佚

以上 4 种见民国《重修沭阳县志》卷 9 本传。

按：民国《重修沭阳县志》艺文志又有《救时管见》1 种，此为沅子益庆撰，故删去。

李蟠根

清沭阳人。庠生，精理学。

四书启蒙　经部四书类　佚

见民国《重修沭阳县志》卷 9 本传。

张印保(1819—1875)

字佩华。清沭阳人。裕生孙。天性慈孝。咸丰五年(1855)、七年岁饥，收养弃婴，年丰，各还其家。
新心篇　子部儒学类　佚
臣子箴　子部儒学类　佚

以上 2 种见民国《重修沭阳县志》卷 12。

胡翘汉

亦作樵汉。字南樵。清沭阳人。义门长子。廪生。山阳鲁一同谓其负绝人之资，淹博沉奥。为文不为深研苦思，顷刻千言。卒年 54。

诗评　经部诗经类　佚
春秋评　经部春秋总义类　佚

按：以上 2 种，见荀德麟主编《淮阴市志》，作“诗春秋评本”。恐误。

四书特解备存　经部四书类　佚
尔雅撷英　经部尔雅类　佚
樵人野史　史部杂史类　佚
建元录　史部史表类　佚
闰唐纪年　史部史表类　佚
樵山录　子部杂学类　佚
锥末录　子部杂学类　佚
息樵亭诗草 10 卷　集部别集类　佚

以上 10 种见民国《重修沭阳县志》卷 9 本传、卷 12 艺文志。卷 14 收其诗 4 首，卷 15 收其文 1 篇。

仲咸中

字符庆。清沭阳人。工医，有神明称，不受酬。卒年 66。

医学 4 卷　子部医家类　佚

见民国《重修沭阳县志》卷 9。

吴光辅

字子翼。清沭阳人。精医术，工诗文书法。以疡医活人甚多，贫者助药饵。卒年76。

集验良方8卷　子部医家类　佚

溪南诗集2卷　集部别集类　佚

以上2种见民国《重修沭阳县志》卷9。

胡嵩林

字中峰，一字香仙。清沭阳人，与仲会宾、王诩相交。

东溪草堂笔记　子部杂学类　佚

东溪草堂诗　集部别集类　佚

以上2种见民国《重修沭阳县志》卷9本传。《重修兴化县志》卷14王诩《叹逝篇·哭东溪·为胡君香仙作》题注。卷14收其《荒年乐府十章》，另收其诗9首。

王　诩(1822—1907)

字子扬。清沭阳人。同治十二年(1873)举人，历权山阳、盐城教谕，泰州学正，海门训导，黄体芳、王先谦推为儒官第一。光绪五年(1879)主讲怀文书院。工诗，为山阳鲁一同入室弟子。二十九年辞讲席，养病于家。人谓其卒后道德学问文章沭阳无嗣音者。

建陵山房诗钞10卷　集部别集类

清光绪刻本，国家图书馆藏。

建陵山房诗钞续集7卷　集部别集类　佚

建陵山房文稿赋稿　集部别集类　佚

建陵山房赋稿　集部别集类　佚

以上3种见民国《重修沭阳县志》卷12。卷14收其诗40余首，卷11收其文1篇，卷15收其文2篇。

耿保衡

字少尹。清沭阳人。徵雨长子。附贡生。品洁工诗。

少尹诗 1 卷　集部别集类

《耿氏家集汇钞》本。

胡盍晋

字子康。清沭阳人。翘汉长子。庠生。

四书别参 4 卷　经部四书类　佚

清斋赏异 6 卷　子部杂学类　佚

蕃榆堂诗草 4 卷　集部别集类　佚

以上 3 种见民国《重修沭阳县志》卷 9。

胡盍朋(1826—1866)

字子寿。一字簪廷,号小樵亭主人,别号勿疑轩主人。清沭阳人。翘汉次子,盍晋弟。廪生。年 12 工诗,肆力词章。一生坎坷不遇,年 41 卒。

寿榆草堂赋　集部别集类　佚

见民国《续修沭阳县志》卷 9 传。

白榆堂诗　集部别集类　佚

白榆堂赋　集部别集类　佚

按:民国《续修沭阳县志》卷 9《人物志》载:"《白榆草堂诗赋》共 8 卷。"

九秋诗　集部别集类　佚

十国宫词　集部词曲类　佚

按:民国《续修沭阳县志》卷 9《人物志》:"《十国宫词》《九秋诗》共三卷。"

胡盍朋赋 1 卷　集部别集类

抄本,淮阴师范学院图书馆藏。

勿疑轩传奇四种　集部词曲类　(存二种)

子目:

《鹤相知》

《中庭笑》

《汨罗沙传奇》6 出,1916 年上海吴铁秋铅印本,复旦大学图书馆藏。

《海滨梦》1 卷　署“小樵亭主人撰”,1916 年上海吴铁秋铅印本,复旦大学图书馆藏。

民国《续修沭阳县志》卷 14 收其诗多首,其《荒年乐府六章》包括《叹饥民》《嗟病夫》《悲弃儿》《哀饿殍》等,反映了凋弊衰败的社会现实。卷 15 收其文 1 篇。

胡盍省

字子修。清沭阳人。翘汉三子,盍朋弟。庠生。以医名。

温病条辨补遗录 1 卷　集部别集类　佚

见民国《续修沭阳县志》卷 9。

张梯桂(1827—1900)

字月楼。清沭阳人。附贡生。长于史学及小学,以其余事为吟咏为篆刻。尝自为《金鉴图》一幅,依朱熹《通鉴纲目》,而分明统系正偏、国势离合之意。

音义剖混　经部小学类　佚

按:本书究极形声义之学。

颀秋古意　集部别集类　佚

以上 2 种见民国《重修沭阳县志》卷 9 本传。卷 14 收其诗 3 首。

张豫孚

清沭阳人。

辍耕吟草　集部别集类　佚

见民国《重修沭阳县志》卷12。

耿保遐(1829—1895)

字子远。清沭阳人。徵雨次子,保衡弟。廪监生。读书不重训诂,务求合圣贤心理。年不30即罢省试。喜研天象,精算数,不泥古法。精校《明史稿》《晋书》《唐书》各律历志,实测推验,于徐光启《数理精蕴》致力最深,于南怀仁、汤若望、利玛窦诸家均能抉其优劣。著《实测七曜》及岁差各稿,未成书卒。

蕉窗训蒙录1卷附诗文1卷　子部儒学类

《耿氏家集汇钞》本。

张棣翘(1831—1899)

字楚卿。清沭阳人。从邑人胡翘汉、耿徵雨、郝谦光游,受立身处世之学。门下士多矩步方行之士。慕望溪(方苞)、阮亭(王士禛)为人,因号望亭。

望亭世系1卷　史部传记类　佚

望亭年谱1卷　史部传记类　佚

杭游纪略　史部地理类　佚

格物琐言　子部儒学类　佚

望亭诗文集　集部别集类　佚

以上5种见民国《重修沭阳县志》卷8本传、卷12艺文志。卷14收其《僮阳杂咏》诗1首,卷15收其文3篇。

望亭先生遗著1卷附四山诗　集部别集类

1930年铅印本,中国人民大学图书馆藏。

吴春和

字三翘。又名珊樵。清沭阳人。同治元年(1862)投淮军,在上海、江浙等地与太平军战。事平后保举至军机处记名,遇缺简放水陆总镇懋勇巴图鲁。工诗。

山侨吟草　集部别集类　佚

见民国《重修沭阳县志》卷8本传。

吴其泰

字阶平。清沭阳人。工书能诗,才思敏赡,叉手可成。

劫余录诗　集部别集类　佚

见民国《续修沭阳县志》卷12。

周韶音

字谐伯。清沭阳人。增贡生。赋性狷介,从山阳鲁一同游。于五经多有著述,惜未成书。诗宗陶潜、杜甫,深思淡旨。以数困于州举,观政京师,纳赀授户部郎中、福建司行走。

易说2卷　经部易类

(1) 清刻本,清华大学图书馆藏。

(2) 清宣统二年(1910)周氏重刊本,上海图书馆藏。

按:民国《重修沭阳县志》卷9本传谓本书:"辨而不凿,切而不拘,长于引伸,旁征史例,会萃诸说,无所祖否。"

谐伯诗存　集部别集类　佚

谐伯文存　集部别集类　佚

愤悱集　集部别集类　佚

以上3种见民国《重修沭阳县志》卷12。

通父诗存4卷诗存之余2卷类稿4卷　集部别集类

清鲁一同撰　周韶音等校

清咸丰九年(1859)刻本,淮阴师范学院图书馆藏。

虚白斋文录20卷　集部总集类

见民国《重修沭阳县志》卷15周韶音撰本书序。

按:县志卷14收其诗2首,卷15收其文5篇。

汤保庸

字云台。清沭阳人。

汤云台诗赋遗稿　集部别集类　佚

见民国《续修沭阳县志》卷12。

吕士淳

字小沧。清沭阳人。昌际子。监生。初选奉天府治中兼浑河木税监督,忻州知州。道光十年任直隶绛州知州。精白乃心,俶傥多大节。工真草书法,善画花卉。

万绿山房杂著　子部杂学类　佚

见民国《续修沭阳县志》卷12。

李　恒

字月卿。清沭阳人。蟠根子。同治元年(1862)岁贡生。举止端雅,器量浑深。卒年69。

浣花窗诗文草　集部别集类　佚

见民国《重修沭阳县志》卷9李蟠根传附。

汪映涛(1840—1891)

字云舫。清沭阳人。廪生。初工诗,好金石文。后以文人无补于世,乃究心于农田水利赋税屯垦吏治等,日阅邸抄,考其因革,以见之于实用。知县杨风朝倚办镇事,凡署映涛名者无不行。

荻香堂搞　集部别集类　佚

见民国《续修沭阳县志》卷9本传,谓由弟子所辑。

钱德奎(？—1909)

字梅坡。清沭阳人。洛宾次子。同知衔,工书画。

谈易　经部易类　佚

宋词比较　集部总集类　佚

国学丛书　丛书类　佚

以上3种见1989年《淮阴文史资料》第8辑载李志宏《清代女作家刘清韵》一文。

刘清韵(1842—1915)

名淑曾,号古香,小字观音,别署东海女史。清东海中正(今属灌云)人。沭阳钱德奎妻。父蕴堂为中正商,家财殷实,甚钟爱清韵。6岁即延师教读,12岁时已博览经史,能写诗作赋,并酷爱丹青。与夫以诗词唱和。将马厂旧居辟为书屋,题曰"小蓬莱仙馆"。宣统元年(1909)德奎死后,家道日渐衰微,家徒四壁,终日以诗酒解愁。

小蓬莱仙馆诗词钞　集部别集类

抄本,上海图书馆藏。

见夏冉《〈瓣香阁词〉初探》。

小蓬莱仙馆诗钞1卷　集部别集类

瓣香阁词1卷　集部词曲类

小蓬莱仙馆曲稿1卷　集部词曲类

以上3种刊入光绪三十四年(1908)陈蝶仙(天虚我生)所编《著作林》第5—11期。收诗100首,词100首,散曲5套。又有《补遗》1卷,刊入《著作林》第16期。另有佚诗11首。散曲收入《全清散曲》。

小蓬莱仙馆传奇10种　集部词曲类

清光绪二十六年上海藻文石印社石印本,北京大学图书馆藏。

按:此收传奇10种,为《黄碧签》《丹青副》《炎凉券》《鸳鸯梦》《氤氲钏》《英雄配》《开风引》《飞虹啸》《镜中圆》《千秋泪》。俞樾序曰:“余就此十种观之,虽传述旧事,而时出新意,关目节拍,皆极灵动。视李笠翁(渔)十种曲,才气不及而雅洁转似过之。”清韵本有传奇 24 种,光绪二十三年随夫赴杭州,随身带去 10 种,得俞樾等人之助得以刊行。其余 14 种及部分诗稿留于沭阳马厂旧居。是年秋天沭阳大水,手稿尽漂失。

本条内容参见 1989 年《淮阴文史资料》第 8 辑载李志宏《清代女作家刘清韵》一文。

望洋叹　集部戏曲类

传抄本,私藏。

拈花悟　集部词曲类

传抄本,私藏。

按:以上 2 种见苗怀民《记晚清戏曲家刘清韵两部曾佚失的戏曲作品》。

葛益庆

字子谦。清沭阳人。沅子。

周易解　经部易类　佚

救时管见　史部政书类　佚

以上 2 种见民国《重修沭阳县志》卷 9 葛沅传附。

董维江(1849? —1919?)

字兰田。沭阳人。廪贡生。究心经史,受知林天龄、黄体芳两督学。生平乐育后进,设帐海州中正(今属灌云县)10 余年。年 60 余犹与湘中诸名宿相唱和。辛亥革命后归里,后任仿兰女学校长。1918 年江苏省修通志,任征访。1919 年重修沭阳县志,任分纂,撰食货、学校门,事未完成而卒,由子春沂续成之。

(民国)重修沭阳县志 16 卷　史部地理类

戴仁修　钱崇威总纂　董维江等分纂

(1) 1927 年抄本，淮阴地方志办公室藏。

(2)《中国地方志集成》本。

湘吟草　集部别集类

见民国《重修沭阳县志》卷 16。另，卷 16 收其诗 3 首。

张　儒

字子征。清沭阳人。性好学，尝与宿学老儒往还，家有藏书。光绪二年(1876)曾赴乡试。晚以课孙为乐，卒年 60 余。

辍耕吟 1 卷　集部别集类　佚

见民国《重修沭阳县志》卷 9 本传。

郝文桃

字次门。清沭阳人。光绪十二年(1886)岁贡生。读书务约而精。所为诗文词蕴藉有深致。长于教人。与王谟、周景福等为诗朋。卒年 70 余。

唐乐府拈题三百篇　集部别集类　佚

见民国《重修沭阳县志》卷 12。

周景福

字丹原。清沭阳人。博极群书，不应试，与郝文桃为诗朋。卒年 70 余。

可可轩诗　集部别集类　佚

见民国《重修沭阳县志》卷 12。卷 14 收其诗 6 首。

耿兆丰

字梦鱼。清沭阳人。保遐子。

(民国)重修沭阳县志 16 卷　史部地理类

戴仁修　钱崇威总纂　耿兆丰等与纂

(1) 1927 年抄本,淮阴县方志办原藏。

(2)《中国地方志集成》本。

耿氏家集汇钞　丛书类

耿兆丰辑

1922 年沭阳耿氏铅印本,南京图书馆藏。

子目:

《雪村诗草摘刊》2 卷　清耿沄撰

《峋庵诗》1 卷　清耿嵘美撰

《具庵诗草摘刊》1 卷　清耿全美撰

附《雅季诗存》1 卷　清耿徵文撰

《符君诗存》1 卷　清耿徵信撰

《蕃卿诗存》1 卷　清耿徵庶撰

《听雨轩诗钞》3 卷《文钞》1 卷　清耿徵雨撰

附《少尹诗》1 卷　清耿保衡撰

《蕉窗训蒙录》1 卷附《诗文》1 卷　清耿保遐撰

魏增寿

字仁甫。清沭阳人。循例贡成均。一意下帷讲诵,侧身修行,赋性刚方,严取予。40 以后始攻诗。

惜分斋训子俚言　子部儒学类　佚

见民国《重修沭阳县志》卷 12。

惜分斋不聿闲谈 32 卷　子部杂学类　佚

见民国《重修沭阳县志》卷 9 本传(卷 12 作《不聿闲谈》)。

铁村荒草　集部别集类　佚

见民国《重修沭阳县志》卷 12。卷 14 收其诗 8 首。

按:民国《重修沭阳县志》卷 9 本传载:"著《训子俚言十则》,与《杨园训子书》《梁村示子弟帖》相表里。"

徐寿增

字松南。清沭阳人。性恬淡，取与不苟。

秋镜堂联语　集部别集类　佚

见民国《重修沭阳县志》卷 9 范昌明传附。

汪维祯

清沭阳人。

漱香斋诗　集部别集类　佚

见民国《重修沭阳县志》卷 12。

汪安澜

字晏清。清沭阳人。廪生。贫苦笃学，卒年 54。

染蓝斋诗文稿　集部别集类　佚

见民国《重修沭阳县志》本传。

汤袖海(1865—1910)

字溯轼。清沭阳人。博穷典籍，为文俊拔，屡荐不中，以明经终。肆意经世学，于河流疆域钱谷度支，洞悉源流。王翔以为能继其后者惟有袖海。晚年为家难奔走南北，过金陵题壁，自署东海化禽生。忧患余生，情见乎词。遗稿多佚。

避红园赋 1 卷　集部别集类　佚

见民国《重修沭阳县志》卷 12。

述旧德赋　集部别集类

抄本，见民国《重修沭阳县志》卷 15。

按：民国《重修沭阳县志》卷 9 曰：汤氏“卒宣统二年，年四十五”。故其生卒年如上。

胡鸿恩(1871—1903)

字合浦。清沭阳人。附生。精星象学,尤熟舆地,详究山川形势、道路村落。襟抱宏远。

留香斋笔记　子部杂学类　佚

蛩语吟草　集部别集类　佚

以上2种见民国《重修沭阳县志》卷9本传。卷12艺文志作《留香诗稿》。

骆秀峰(1871—1941)

名金山。生于沭阳,迁居泗阳。承父业习医,内外科疾病兼治,名满淮海。

医案　子部医家类　佚

见严冰《淮阴中医》。

汤　锐(1885—1939)

字建修。以字行。清末民初沭阳人。平居手不释卷,过目成诵,触类旁通。

南中游草残照西风词乡居吟稿　集部别集类

民国排印本,淮阴师范学院图书馆藏。

按:此书前有汤氏《自序》:"壬申夏,余以贾师之招,由金陵溯汉口。遂渡江,登晴川之阁,临黄鹤之楼,吊陈王之旧垄,抚右军之鹅碑。意甚乐也。晚归逆旅,辄与师商量今古。箧中携拙著数种,师独取余少年诗词,以为精力所寄,嘱付剞劂。"详叙缘由。其中《南中游草》收诗近二十首;《残照西风词》收词近十首;《乡居吟稿》收诗二十余首。

建修廿五前文稿不分卷　集部别集类

1932年铅印本,淮阴师范学院图书馆藏。

按:此书前有汤氏自序:"计收骈散文十四篇,皆廿五岁以前之作。

余自十七岁起至廿五岁止，对于旧文学靡有不好。先后所得，即就此两体而言，已不下三四百篇。而随手散失，都不复记忆。十年以来，略窥西籍，妄思搆一新排面，所有著述力避腐化，并诗词亦不作一首，对于此道益复荒落。此十四篇犹为余弟籥云代存，可觇当时面目。顷在武昌，修龄贾师以余诗词付刊并索及文稿。余未有以应，归后发箧得此，即以此寄。余尚待续搜也。壬申九月建修识。”

建陵山房诗集　集部别集类　佚

红楼梦发微　集部别集类　佚

二十五史文稿　集部别集类　佚

咏春百律　集部别集类　佚

以上4种见2013年9月25日《宿迁晚报·奇人汤建修》一文。

耿淑田(1898—1916)

字贞一，一字淑田。沭阳人。兆丰女。

贞一女士遗墨不分卷　史部传记类

1922年耿天适铅印本，南京图书馆藏。

主要参考文献

（万历）宿迁县志　《天一阁藏明代方志选刊续编》本　上海书店出版社　2014年出版

（康熙）泗州志18卷　清莫之翰纂修　《安庆市图书馆藏稀见方志丛刊》本

（乾隆）泗州志11卷　清叶兰纂修　《中国地方志集成》本

（光绪）泗虹合志　清方瑞兰修　清江殿飏、许湘甲纂　清光绪十四年（1888）刻本

（光绪）宿州志　何庆钊修　丁逊之等纂　清光绪十五年（1889）刻本

（嘉庆）宿迁县志6卷　清丁堂修　清臧鲁高纂　清嘉庆十八年（1813）刻本

（同治）宿迁县志19卷　清李德溥修　清方骏谟纂　清同治十三年（1874）刻本

（民国）宿迁县志20卷　严型修　冯煦纂　1935年铅印本

（康熙）桃源县志4卷　清萧文蔚纂辑　清康熙二十四年（1681）刻本

（乾隆）重修桃源县志10卷首1卷　清眭文焕修　清胡礼全纂　清乾隆三年（1738）刻本

（民国）泗阳县志25卷首1卷　李佩恩修　张相文等纂　1925年铅印本

（康熙）沭阳县志4卷　清张奇抱修　清胡简敬纂　清康熙十三年（1674）刻本

（民国）重修沭阳县志16卷　戴仁修　钱崇威总纂　《中国地方志

集成》本

(光绪)重修安徽通志　清沈葆桢　吴坤修　《中国地方志集成》本

宿迁史话　程芳银、金国旗编著　宿迁历史文化丛书　中国文史出版社 2009 年版

宿迁市志　宿迁市地方志编纂委员会　江苏人民出版社 1996 年版

(同治)徐州府志　清同治十三年(1874)刻本

宿城镇志　宿城镇志编纂委员会 2011 年版

宿迁文史资料　宿迁市政协文史委员会 1983 年版(内部资料)

宿迁名人录　宿迁市政协文史委员会 1992 年版(内部资料)

宿迁名人录续集　宿迁市政协文史委员会 1993 年版(内部资料)

宿迁名人　江苏省暨宿迁市政协文史委员会 1999 年版(内部资料)

宿豫文史　宿迁市政协文史委员会 1997 年版(内部资料)

宿城春秋　张福泉　宿城区政协 2005 年版(内部资料)

宿迁特色文化　程芳银主编　苏州大学出版社 2006 年版

泗洪文史资料　泗洪县政协 1982 年版(内部资料)

泗阳名人　泗阳县政协文史委 1983 年版(内部资料)

沭阳文史资料　沭阳县政协文史委 1984 年版(内部资料)

《江苏艺文志・淮阴卷》著录宿迁县补遗　晁成林　《图书馆研究》2016 - 01 - 30

后　记

宿迁市是一个非常年轻的城市，但它却拥有古老的历史：距今5万年前双沟地区就生活着“下草湾人”；秦始皇暴政横行之际，下相人项羽发出的“彼可取而代也”的豪言壮语，激励了一代又一代志士仁人，为争取生存权和发展权，奋起反抗封建统治者。

宿迁悠久的历史养育了无数文人士子，在这块土地上笔耕不辍。

宿迁旧属淮安市，其艺文志亦收录在原《江苏艺文志・淮阴卷》中。此次增订工作中，作为地级市的宿迁，其艺文志单独成卷。我们从原《淮阴卷》中抽出了宿迁、泗阳、沭阳部分，完成增订工作。并根据史志记载，新增了泗洪部分。

在传统文献检索工作发生翻天覆地变化的今天，此次的增订工作，拥有许多得天独厚的条件。

首先是拥有大量的新出古籍目录可供查检。如综合性的《中国古籍目录》、公私图书馆馆藏古籍目录、图录、善本古籍目录等等，均成为此次增订工作的重要依据；

第二，在网络检索系统极度发达的今天，各图书馆及藏书机构的电子书目检索系统亦成为我增订的快捷资源；如国家图书馆的古籍书目数据库，可以方便地检索到善本古籍文献、普通古籍文献及地方志、家谱文献；高校古文献资源库《学苑汲古》可以通过题名、责任者等要素，轻松获取国内外近30家高校图书馆的古籍书目信息；

第三，借着中国古籍普查的春风，全国古籍普查登记基本数据库及江苏省古籍普查登记系统均为我的增订工作提供了极大便利。而且，业已出版的全国各藏书机构的《普查登记目录》也为增订工作提供了极大的方便；

第四,《续修四库全书》《清代诗文集汇编》《中国水利志丛刊》等大型丛书及大量影印出版的地方志等资料,也成为我增订工作的重要依据。

增订中首先做的是作家增补。原《淮阴卷》宿迁部分共收入作者198人。增订本收入作者279人,增加了81人。

二是作品的增辑。文献工作往往也遵循着后出转精的规律。新出版的大量有关宿迁的文史资料中详尽记载了宿迁文化的点滴。如从《宿迁市志》中辑得何九州"因无资未得梓行"的《白雪堂稿》;依据电子数据库,也检索到了不少相关著作。

三是作品版本的增辑。一部作品的版本系统往往反映了作品在流传过程中增删等再创作过程。因此,除了常见版本,本次增订中将所有能见到的版本一一著录,以供研究者参考。

四是原书一些讹误订正。如原书"钱侍辰"条,"字樾坡"之"字"字,讹为"守"字,悉数订正等等。

《江苏艺文志·宿迁卷》的增订工作,虽然取得了一定的成绩,但由于本人学力所限,识见所蔽,肯定还存在许多遗漏和不足。尚祈专家学者批评指正!

侯富芳

2016年12月于淮安

江蘇藝文志

顧廷龍題

国家古籍整理出版专项经费资助项目

江苏省地方志编纂委员会办公室组织编纂

江苏艺文志

（增订本）

南京卷

一

原　主　编　赵国璋
增订本主编　江庆柏
增　订　者　江庆柏　周　忠　杨云海

凤凰出版社

图书在版编目（CIP）数据

江苏艺文志 / 江苏省地方志编纂委员会办公室组织编纂 ; 江庆柏主编. -- 增订本. -- 南京 : 凤凰出版社, 2019.10
ISBN 978-7-5506-3020-8

Ⅰ. ①江… Ⅱ. ①江… ②江… Ⅲ. ①艺文志—江苏 Ⅳ. ①Z812.253

中国版本图书馆CIP数据核字(2019)第224808号

书　　名	江苏艺文志(增订本)
组织编纂	江苏省地方志编纂委员会办公室
主　　编	江庆柏
责任编辑	尤丹丹　吴　琼　孙　州　崔广洲　顾　娟 王　剑　常宁文　张　燕
装帧设计	姜　嵩
出版发行	凤凰出版社(原江苏古籍出版社) 发行部电话025-83223462
出版社地址	南京市中央路165号,邮编:210009
出版社网址	http://www.fhcbs.com
照　　排	南京凯建图文有限公司
印　　刷	苏州市越洋印刷有限公司 苏州市吴中区南官渡路20号,邮编:215104
开　　本	890×1240毫米　1/32
印　　张	477.125
字　　数	12826千字
版　　次	2019年10月第1版　2019年10月第1次印刷
标准书号	ISBN 978-7-5506-3020-8
定　　价	2800.00元(全28册)

(本书凡印装错误可向承印厂调换,电话:0512-68180638)

《江苏艺文志》(增订本)编纂委员会

（一）二〇一四年七月至二〇一六年元月

主　任

方未艾

委　员

蔡金良　牟国义　江庆柏　张乃格

（二）二〇一六年元月至二〇一八年十二月

主　任

漆冠山

委　员

蔡金良　牟国义　方亚光　江庆柏　张乃格

（三）二〇一八年十二月起

主　任

左健伟

副主任

许善军

委　员

牟国义　方亚光　陈　华　江庆柏　张乃格

《江苏艺文志》原编纂委员会名单

《江苏艺文志》增订人员名单

主　　编　江庆柏

增订人员

《南京卷》　江庆柏　周　忠　杨云海

《镇江卷》　彭　义　裴　伟

《常州卷》　叶　舟　朱　隽

《无锡卷》

主　编　徐忆农

副主编　田　丰　马　晴

撰稿人（按姓氏笔画为序）

马　晴　王　萍　方　俊　田　丰

朱　彦　刘　娟　李宏巧　徐忆农

《苏州卷》

主　编　孙中旺　曹培根

撰稿人　孙中旺　曹培根　卿朝晖　姜雨婷

白帅敏

《扬州卷》　李　军

《泰州卷》　周　忠

《南通卷》　顾　启　章国林　鲍宇星

《淮安卷》　侯富芳

《盐城卷》　王　婷

《宿迁卷》　侯富芳

《徐州卷》　薛以伟　张　瑾

《连云港卷》　景红纬

目　录

《江苏艺文志》前言

赵国璋

中华民族有悠久的历史和辉煌灿烂的传统文化。要继承并宏扬民族的传统文化,必须广泛深入地开发文化资源,编制各种典籍目录实为当务之急。我国又是目录学起源很早的国家,公元前一世纪,西汉末年刘向、刘歆父子校理天下遗书,先后撰成《别录》和《七略》,奠定了我国目录学的基础。东汉班固节录《七略》撰成《汉书艺文志》,开创了我国史志书目的先例。以后历代各有制作,形成系列化的具有独创性的我国目录学优良传统。随着社会的发展,文化典籍的日益丰富,目录技术的不断进步,目录学著作的种类与数量都迅猛增长。

建国以来,随着信息时代的到来,作为文化信息载体的目录著作,受到社会各界的重视。如《全国新书目》《全国总书目》等连续出版物相继问世,及时提供了全国范围的图书出版信息,并且为今后的文献积累奠定了坚实的基础。一些大型的综合书目、专题书目,如《十史艺文经籍志》《中国古籍善本书目》《中国丛书综录》《中国地方志联合目录》《四部总录》等陆续出版,为学术研究提供了良好的检索工具。

但是,现有的成绩仍是不够的。我国是一个文明古国,文化遗产极为丰富,目录学上有待开发的领域十分广阔,地方著作目录就是其中之一。地方著作目录习惯上叫作"地方艺文志"。我们这里指的是地方人士(包括一部分侨居或寓居者)的著作目录。地方艺文志,按其性质来说,应是史志书目的分支,大致又可分为省志和府县志两级。由于地方艺文志取材的地域小，更接近于著录对象，就具有“地近则易核，时近则迹真”（章学诚《修志十议》）的优势。地方艺文志不仅对研究地方文献有重要价值，而且对充实完善史志书目也有积极意义。

地方艺文志性质上虽属于史志书目的分支，但是却长期未受到应有的重视。这表现在以下几个方面：一、起源较迟。据唐刘知几《史通·书志篇》记载，北齐、北周间宋孝王著《关东风俗传》中的《坟籍志》，著录了当时邺下文士的著作，这大概是最早的地方艺文志。同第一部史志书目《汉书艺文志》相比，约晚了500年。此后又经历了600余年才有了南宋高似孙的《剡录》（今浙江嵊县地方志），其第5卷、第6卷著录了当地文人的著作，并辑录了有关当地的诗文。这是现存最早的地方艺文志。地方艺文志的大量出现已经是明、清两代的事了。二、内容不纯。地方艺文志顾名思义，当以收录本地人著作目录为限，但事实上并非如此。前述《郯录》即既收目录，又录诗文。流风所及，诚如姚名达所说：“明清志家，多抄诗文而少于目录。”（《中国目录学史》第386页）所收内容尚不止此，姚氏举出乾隆《归德府志·艺文略》竟列出四子目：学宫经籍，名家著述，金石文字，郡县志乘。这是对地方艺文志内容的最广泛的理解。还要补充说明的是，经常有人把著录本地人著作的地方艺文志和辑录有关某地方的地方文献书目并为一类，孙诒让的《温州经籍志》就包含这两部分内容，他把前者称为内编，后者称为外编。其实这是两种性质不同的书目，我们认为分开编写为宜。三、类别不明。地方艺文志是记载一定行政区域内著作之总目，行政区域是一定历史时期国家为进行分级管理而划分的区域。如果说史志书目是一定历史时期的全国总书目（又有通载与断代之分），地方艺文志无疑是相当于这一总书目的地方分卷。容肇祖在1928年发表的《目录学家著述之分途》一文中已把“地方目录及地方志之目录”作为“史家目录”的一个分支，可惜这一正确分类似乎未被广泛采用。四、新修地方志不列“艺文志”这一类目。建国以后，60年代、80年代两次掀起新修地方志的高潮。这是我国文化史上的大事，规模宏大，意义深远。新志中门类齐全，而独无“艺文志”。我们认为这并不足怪，因为“艺文志”是专业性较强的部分，独立出来作为专志之一，比收入地方志中更加适宜。

我国幅员辽阔，历代文献浩如烟海。为了全面地查清这一文化资源，包括已佚的和现存的，我们认为最好的方法之一，是全国各省、市、自治区通力合作，统一体例，各自编好本地区的艺文志。我国已故著名的图书馆学家钱亚新先生，生前得知我们这一想法时，非常赞赏，说："这样我们就有了一部翔实可信的《中华艺文志》了！"是的，这正是我们的最大愿望。一部《中华艺文志》，与先进的电子技术相结合，就名副其实地成为中华民族的信息库，其意义该是何等重大！

这是一项巨大的系统工程，当然不是少数人短期内能够完成的。“千里之行始于足下”，为了促使这一宏伟目标能早日实现，我们不顾力量有限，提出了《江苏艺文志》这一课题，愿意为这一巨大工程添砖加瓦，铺路架桥。

关于“江苏艺文志”，前人已编写过以下几种：(1) 乾隆《江南通志》中的《艺文志》，共 5 卷，收书数千种，依四部分类，著录书名卷数作者，间有作者简介或按语。(2) 清末常熟人潘任编著《江苏艺文志》，存经部稿本 14 册，著录简略，藏南京图书馆。这是清末宣统年间缪荃孙主编的《江苏通志稿》的一部分。(3) 金钺撰《江苏艺文志》，是 1929 年前后纂修的《江苏通志稿》的一部分，全书未完。其《经部》发表于《江苏省立国学图书馆年刊》第 6、7、8 期(1933—1935)；《史部》稿本全 19 册，藏南京图书馆。此书著录极详，其版本项列举收藏该书之各馆藏书目录，近似联合书目的体制，用意甚善，可惜未竟全功。(4) 1945 年汪伪时期以吴廷燮为总纂所编《江苏通志稿》，其中亦有《艺文志》，按当时府县政区分为 17 卷，著录简略而且草率，似为未定稿。这部《通志稿》正在整理中，今后可望出版。

我们这次重新编写《江苏艺文志》，其目标主要有两个。一是求全。凡本省籍人士著、编、注、评、校勘、增补、翻译，以及重要的校刻之书，不论存佚，均加收录。我们认为著作与整理都是文献工作，艺文志应当一视同仁，予以著录。二是求实。材料务必信而有征，表述力求繁简适当，查阅便利，一以向读者负责为宗旨。在编写体制和体例方面有以下5点须加说明：

一、本书为多卷集。以1990年本省行政区划为分卷标准，以每一省辖市及其属县(含县级市)为1卷，全书共分11卷①。每卷内市及直属县作为一个单元，其余属县仍各自作为独立单元。这样的体制使本书可分可合，分之可成为市、县艺文志，合之则为全省艺文志。

二、时间断限。本书收上古至清末(1911)本省籍及定居本省的人士的全部著作。生于晚清活动在民国期间的学人，其著作基本上属于传统文化经、史、子、集范畴者(或谓之“旧学书”)则酌收。这一弹性断限是为了保持传统文化相对的完整性，又不致过多地打乱清末与民国之间的时代界限。

三、全书结构。本书采用“以年系人，以人系书”的编写方法，不同于以著作分类为序的习见的编写法。这种方法的优点是人与书紧密结合，便于“知人论书，因书知人”，相互印证，避免了分类排列、人书脱离或人的介绍失之过简的缺点。这种方法的不足之处是不便于读者“即类求书，因书究学”(章学诚《校雠通义·互著》)。我们补救的方法是：一是每书之下标注类目，二是全书完成之后拟另编《书名分类索引》。

四、关于存佚。大量典籍遭受历代天灾人祸而散佚损毁，古人谓之“书厄”，这是令人痛心的事。《隋书·经籍志》兼记亡书，为后世树立了良好榜样；宋郑樵《校雠略》特著《编次必记亡书论》等篇以阐述其意义；清朱彝尊《经义考》于书名下分别注明存、佚、阙、未见四类，为后来多数书目所遵循。本书简化为三：存、佚、未详(不写)②。因资料不足，有些书存佚难定，不得已只好空着此项留待以后填补。

五、关于零星篇章。本书以著录独立成书的著作为主，但有些人

---

① 增订本以江苏省2016年行政区划分卷，共13卷。

② 增订本凡现存书均已将原标注的“存”字删去，另外标注馆藏单位。

以单篇名作流传人间，有些人集子已佚而总集或其他书籍中保留其若干篇章。吉光片羽，弥足珍贵，本书亦间加著录或在按语中道及。

我们十分感谢江苏省出版总社领导和江苏省出版史志编辑部的同志，他们在目前“出书难”的情况下慷慨接受了本书的出版，并对本书进行了认真的审读编辑，提出了许多宝贵的意见。可以说没有他们的热情支持，要出版这样一部巨著是十分困难的。我们也感谢全国高等院校古籍整理研究工作委员会和江苏省教委、南京图书馆以及各地各单位的编写者，没有他们的关怀、资助、撰稿、协作，我们是不可能顺利完成这部著作的。

我们的专业水平不够，见闻有限，再加上人力不足，时间紧迫，书中难免有不少缺点错误。诚恳希望专家学者和广大读者批评指正！

1991年10月

《江苏艺文志》(增订本)说明

江苏素称人文荟萃之地，是我国著述资源最丰富的地区之一。江苏作家的著述充分体现了江苏人文资源的繁盛局面，在全国具有举足轻重的地位。江苏著述的内容涉及社会生活的各个方面。江苏著述丰富了江苏文化的内涵，提高了整个江苏文化的内在质量。江苏涌现过大量对全国有重大影响的著作，它对民族精神的塑造，对人文科学和自然科学的发展及建设都产生过深远的影响。为全面反映江苏历史上的著作情况，上个世纪 80 年代末，南京师范大学古文献整理研究所与全省有关单位的研究人员合作，在赵国璋教授主持下，编纂出版了多卷本的《江苏艺文志》。1994 年至 1996 年，由江苏人民出版社分卷出版。

《江苏艺文志》出版后，很受读者欢迎。但受制于当时的条件，还存在许多不足。在江苏省地方志编纂委员会办公室与凤凰出版社的支持下，我们从 2014 年开始，组织有关人员对本书进行增订。

增订本保持原书基本体例不变。增订内容包括“订”和“补”两部分。“订”即改正以前的错误，包括姓名、小传、书名、版本、出处等。排序错乱、年份颠倒的加以调整。“补”即增补内容，主要包括增补作家、小传、著作、版本。一些著作还增补了简明扼要的提要。

原《江苏艺文志》采用了“以每一省辖市及其属县(含县级市)为1 卷”且“每卷内市及直属县作为一个单元，其余属县仍各自作为独立单元”这种方式。之所以采用这一种结构形式，主要是为了更完整地展示江苏各地地域文化成就、凸显地域文化特征，同时也是考虑到江苏各地进行的地域文化研究的需要。江苏社会安定，经济繁荣，文化发达，因此江苏地域产生的著作数量也特别多。而这一点已越来越引起各地的关注。许多地方都把挖掘和利用好本地丰厚的历史文化底蕴与名人资源，看作是繁荣和发展地方文化、满足本地人民群众日益增长的精神文化需求、陶冶和提升人们的思想情操，乃至塑造地域形象、打造地域品牌、提升地域核心竞争力的重要条件。因此，江苏各地对整理本地人文资源，都极为重视。许多地方都把本地文献资源的整理，作为打造具有特色地域文化品牌的基础。本书采用的这种结构可以较好地满足社会的这种需要，对江苏地域文化研究，也会带来极大便利。增订本保持了这一体例，同时根据现在的实际情况作了适当调整。

一、分卷作了调整。

原《江苏艺文志》按照江苏省当时的行政区划分卷，分为 11 卷。增订本以江苏省 2016 年行政区划分卷，分为 13 卷。从原来的《扬州卷》中分出《泰州卷》，从《淮阴卷》（今改名《淮安卷》）中分出《宿迁卷》。

二、各分卷的地理单元及其名称相应作了调整。

原《江苏艺文志》每卷内城区及直属县作为一个单元，其余属县（县级市）仍各自作为独立单元。这是考虑到历史上府县同城而治的情况，府城与附郭县之间很难区分，所以都将其合为一地，如南京市、江宁县，镇江市、丹徒县，常州市、武进县，无锡市、无锡县，苏州市、吴县，扬州市、江都县，南通市、通州市，徐州市、铜山县等。近年来这些原附郭县纷纷改名中心城市下辖的区；有些还作了拆分，如无锡县分为锡山区、惠山区（无锡县部分村镇并入了原无锡市郊区），吴县分为吴中区、相城区，等等。这些区域的界线今天很清楚，但要将历史人物一一归属现在的区域，难度则很大。为此本书不再将原附郭县单独列出，而是与原府城（即城市建成区，今多为地级市政府所在地）合并。

原书各市卷中的地理单元，增订本基本仍予以保留。其中部分县、县级市今已改为市辖区。考虑到历史上这些新调整设置的“区”空间相对独立，地域特征较为明显，人们也认可其地域的独立性，与原来的城市核心区的规划建成区（如南京市的鼓楼区、玄武区等）有一定的区别，本书仍按原《江苏艺文志》体例，将其独立成编，不与市区合并。这类市辖区有南京市的江浦区、六合区、溧水区、高淳区，常州市的金坛区，苏州市的吴江区，淮安市的淮安区等。

今天的行政区划相比与原来的行政区划有了很大的变化，有的即使名称相同其实际管辖的范围也有了很多的差异，今天的行政区划名称很难反映历史上的行政区划范围，增订本作了如下改动。原来府县同城的城区，不再列出附郭县的名称，如原《江苏艺文志·南京卷》的“南京市、江宁县”，增订本改为“南京”。其次，各分卷单元不再加上各级行政区划的名称，如原《江苏艺文志·扬州卷》的高邮市、宝应县，增订本分别改为高邮、宝应。其余类推。这样做的目的是为了淡化政区概念，突出地域范围，以使依据今天的行政区划分卷的《江苏艺文志》能更好地契合历史上的同一区域。

其中《淮安卷》的情况要作一些说明。《淮安卷》原名《淮阴卷》，按地区分为淮阴市、淮阴县，淮安市，涟水县，盱眙县 4 个单元（不包括后来析出的宿迁市各地）。2001 年，地级淮阴市更名为淮安市。主城区设清河区、清浦区 2 个区，淮阴县更名为淮安市淮阴区，县级淮安市更名为淮安市楚州区。2012 年，淮安市楚州区更名为淮安区。2016 年，淮安市清河区、清浦区合并更名为清江浦区。与此对应，《淮阴卷》增订本也改名为《淮安卷》。但此卷下各地理单元的名称却成了一个问题。按照本书体例，原《江苏艺文志》的淮阴市、淮阴县（即今天淮阴区、清江浦区所在地）所对应的淮安市城区，应该称为“淮安”。但这和淮安市下辖区淮安区同名。为此，增订本将此两地分别称作“清江浦、淮阴”和“淮安”。前者是指今天淮阴区、清江浦区所在地区，后者是指今天淮安市下辖区淮安区所在地区。《淮安卷》相应分为清江浦、淮阴，淮安，涟水，盱眙 4 个地理单元。这也是不得已的办法。

三、补充了馆藏单位。

原《江苏艺文志》著录的存世图书，只有善本、稿抄本著录了馆藏，一般图书没有著录。为方便读者使用，增订本均著录了馆藏。通常收藏单位只列出一家。收藏单位名称参照《中国古籍总目》的著录。部分私人收藏的图书，若不方便公布收藏者姓名，概著录作"私藏"。凡标注为"私藏"的，都是增订者所见确有原书存在的。

一些图书见之于网络，但没有查到馆藏单位，则著录相应的网址或图书交易平台。如民国淮安人丁闰之，所著《岩阿樵唱诗钞》清刻本藏于淮安市淮安区图书馆。其《再续岩阿樵唱诗钞》，1920 年由淮阴启明印刷所用铅印方式印刷，江北图书公司发行。书价每部大洋三角。与一般看到的民国图书牌记通常写作"版权所有"不同，此书牌记作"版权丁有"。版权页上还有"首集古今体一百七十五首""次集古今体一百五十二首"两行文字。"首集"当指《岩阿樵唱诗钞》，"次集"当指这部《再续岩阿樵唱诗钞》。这部书"孔夫子旧书网"有售，网上展示的图书信息非常完整。但馆藏未能查到。考虑到这些图书确实已经出版且今天依然存在，为方便查考，我们著录了相应的网络信息。

此外还有一些问题需要加以说明。

本书作者不重复出现，也不用互见法。关于同一作者的归属问题，本书大致按照以下方式处理：

若本省同一作者因原籍地与出生地不同见于两地者，一般以原籍所在地立目。如支伟成，一般以其为江都人。查其所著《清代朴学大师列传》叙传，谓支咏，登宋理宗宝祐四年(1256)进士，"是为吾族迁润始祖"。支伟成祖父支恒荣，光绪三年(1877)进士。清朝进士题名碑作江苏镇江府丹徒县人。支伟成是生于江都。故本书仍将支伟成著录于《镇江卷》。

若外省人士寄籍本省者亦予以收录。如方苞家族。方氏原籍安徽桐城，明崇祯中官广西副使者方象乾，自桐城徙金陵，遂为上元人。始居由正街，后移土街。方苞为方象乾曾孙，其母亲为南京六合人，方苞即生于六合留稼村。故本书仍将方苞等著录于《南京卷》。

古代府县隶属时有改变，凡这类作者的归隶，以县级政区今天所在的地级市为准。如宋丁传，王觌撰《丁传墓志铭》云："君姓丁氏，讳传，字传道。泰州如皋县人。"(嘉庆《如皋县志》卷 20)如皋今属南通，其人即归《南通卷》，不以归《泰州卷》。地级市所属县(市、区)作者亦以今天所在地归隶相应地理单元。

女性作者，如果丈夫在本省且有著作，女子随丈夫所在卷。如果女子所嫁丈夫在外省，或者所嫁丈夫虽在本省但无著作，则仍留在原籍。

人物归属有时候还要作综合考察。

例如吴嘉祯，《江宁府志》作六合人，《苏州府志》作吴县人。乾隆《江南通志》卷 130《选举志·举人》作"吴嘉贞"(因避讳改名)，谓"吴县人，六合籍"。卷 123《选举志·进士》则作"吴县人"。而乾隆《江南通志》卷 139《人物志·宦绩》又作江浦人，谓："字源长，江浦人。明季以进士授户部郎。"其著作，顺治《六合县志》卷 12 著录其文集，同治《苏州府志》卷 136 著录其诗 4 卷。查《江浦埤乘》卷 29 记道："吴嘉祯，字源长。父宗周，吴县人，贾于浦子口，因家焉。补六合县学生。"由此可知吴嘉祯本吴县人，其父因经商在浦口落户。吴嘉祯在六合上学，故参加乡试时作"吴县人，六合籍"。后以吴县人参加会试，故进士作吴县人。根据这些情况，我们仍将吴嘉祯收入《苏州卷》。

再如钱国祥，有作吴县(今属苏州)人的，也有作金匮(今属无锡)人的。但查其父钱辰和钱国祥自己的著作，卷端均题作"吴县"，其《共赏集》，亦题作"吴下龠翁钱辰录，子国祥乙生补注"。据此，我们认为钱辰、钱国祥均在《苏州卷》比较稳妥。

再如王荫槐，原籍江苏丹徒，以父王铭贾于盱眙，遂移籍于此。王荫槐自题即为盱眙人。家有偶园在盱眙山第一山麓，藏书数万卷。其藏书印有"盱眙王氏十四间书楼藏书印"等。其《过学斋集》《蠙庐诗钞》卷端均题"盱眙王荫槐"，牌记题"盱眙王氏紫藤花馆藏板"。据此我们将其收入《淮安卷》。

《江苏艺文志》(增订本)酌收外省流寓并定居于江苏的作者著作,但流寓人物尽量控制,不过多收录,收录者一般都是与江苏关系特别密切者。

僧人以法名立目。一般收入原籍所在市卷。

尽管我们在编写体例上也作了种种规定,但古代人们的籍贯是个很复杂的问题,一些人物的地域归隶仍然会有不同看法。我们希望这方面能够做到尽量合理,同时也不希望引起不必要的纷争。

原《江苏艺文志》著录各人著作分别注明了图书类目,并依经、史、子、集、丛书的次序排列。当时图书类目的名称及其顺序,依据的是《中国丛书综录》第2册《子目分类目录》。考虑到全书篇幅巨大,类目的名称及其顺序增订本未作重大改动。

《江苏艺文志》原书各卷末附有作者索引,但没有全书作者总索引,这给读者带来了许多不便。增订本另编了《作者索引》。

参加增订的人员来自南京师范大学文学院、南通大学文学院、常熟理工学院、徐州工程学院人文学院、金陵科技学院人文学院、南京财经大学红山学院、南京图书馆、苏州图书馆、镇江市图书馆、常州图书馆、淮阴师范学院图书馆、苏州博物馆、上海社会科学院历史研究所、镇江市教育局教育科学研究所、江苏春雨教育集团、徐州报业传媒集团等单位。增订本还得到了省内外许多单位和个人的帮助、支持。

今天图书使用的条件与当年相比,有了极大的改善。但尽管我们作了种种努力,也注意充分利用当前有利的文献使用环境,因限于人力、财力,本书尚有许多不完善之处,恳请专家、学者提出批评意见。

原《江苏艺文志》自1987年起开始编纂。全书根据当时江苏省的行政区划分为《南京卷》《镇江卷》《常州卷》《无锡卷》《苏州卷》《扬州卷》《南通卷》《盐城卷》《淮阴卷》《徐州卷》《连云港卷》11卷,由江苏人民出版社于1994年至1996年陆续出版。全书收录江苏籍作者(包括部分外省流寓并定居江苏的作者)27529人。

增订本根据 2016 年江苏省的行政区划分为 13 卷。全书收录作者 29617 人，著作 85309 种。各卷收录的作者和著作数量如下：

各市卷	作者数量	著作数量					
		著作总数	分类统计				
			经部	史部	子部	集部	丛书类
江苏全省	29617	85309	7842	16633	15716	44002	1116
南京卷	2567	8392	721	1500	1749	4298	124
镇江卷	1659	5012	394	1106	1006	2483	23
常州卷	2239	7317	1072	1531	1333	3236	145
无锡卷	4624	11983	1166	2395	2076	6223	123
苏州卷	10789	32573	2474	6177	6109	17371	442
扬州卷	2236	6811	907	1094	1260	3434	116
泰州卷	1364	3022	238	585	561	1614	24
南通卷	1341	2902	232	456	434	1760	20
淮安卷	967	3209	243	908	461	1516	81
盐城卷	474	1141	104	266	198	567	6
宿迁卷	279	653	58	107	141	338	9
徐州卷	832	1783	185	398	301	897	2
连云港卷	246	511	48	110	87	265	1

《江苏艺文志》是具有地域特色的基础性科研项目。《江苏艺文志》展示了江苏文化的辉煌成就，为开展江苏研究提供了切实的文献依据。

《江苏艺文志》原编写人员共 94 人，参加增订的人员共 29 人。在本书开始修订时，我们征求了部分原作者的意见。他们非常支持我们的工作，有的还热情推荐了合适的人选。在增订本出版之际，我们谨向原书的编纂者和出版者致以崇高的敬意。没有原书各位作者的创制，没有原书良好的基础，增订本不可能顺利完成。同时也向为本书的增订和出版作出贡献的所有单位和个人表示衷心的感谢！

因种种原因，书中也存在许多不完善之处，恳请专家、学者提出批评意见。

《江苏艺文志》（增订本）编纂委员会

2017年12月

凡　例

1. 本书著录上古至清末及部分生于晚清而于 1949 年 9 月 30 日之前去世的江苏籍作者著作，酌收外省流寓并定居于江苏的作者著作。

2. 本书以江苏省 2016 年行政区划分卷。每一地级市范围（包括所属区、县及代管县级市）各自成卷，共 13 卷。按照地域顺序排列，依次为：《南京卷》《镇江卷》《常州卷》《无锡卷》《苏州卷》《扬州卷》《泰州卷》《南通卷》《淮安卷》《盐城卷》《宿迁卷》《徐州卷》《连云港卷》。

古代行政区划归入现今相应的地区。清代的分置县仍归并在原县中，如阳湖归并在武进中，镇洋归并在太仓中，不再单独列出。

清代及民国初年原无建置者（如今无锡市所辖新吴区、苏州市所辖张家港市等）亦不单独列出。

历史上属于江苏省今已划归其他省市者（如上海松江、安徽萧县等）不收。历史上不属于江苏省但今已来属者（如盱眙县，原属安徽省）予以收录。

3. 各市卷中的地理单元划分，以现今政区为依据，同时适当参照历史上的政区情况。

4. 本书采用以年系人、以人系书的编纂方法。每一条目包括作者小传与所著书目两部分。

作者以生活年代为序。有明确生年的作者，按生年先后排序。如果遇到年末农历、公历纪年转换需要跨年份的，则同时注明公历月日，以免误解。如金坛冯煦，生年公元纪年通常记作 1843 年。蒋国榜撰

《金坛冯蒿庵先生家传》云:“以道光癸卯二十三年十二月初一日生,得年八十有五。”生日换算成公历是 1844 年 1 月 20 日。本书即著录作1844.1.20。

生年不详或生活年代不详者,按相应活动年份或根据相关文献排在大致相应的位置。

5. 每一市卷根据作者的数量,按照朝代顺序分为若干时间段。民国时期作者,若数量不多则合并在清代中,若有一定数量亦合并在清代中,并标注“清至民国”字样。若数量较多,则单独列为“民国”部分。

跨朝代的作者,依据其卒年所在的朝代,一般不考虑其对新旧朝的政治态度。通常生活在新朝五年以上,即收录在该朝代。

6. 所收书目以编集成册的传统文献为主,酌收有重要影响的零散作品。现代社会科学、自然科学著作及现代文学作品,一般不列入。

7. 著录各人著作依经、史、子、集、丛书的次序排列。书名下注明图书类目。

著作现存的,著录版本及收藏单位。收藏单位一般只列出一家。收藏单位名称参照《中国古籍总目》的著录。部分私人收藏的图书,若不方便公布收藏者姓名,概著录作“私藏”。凡标注为“私藏”的,都是修订者所见确有原书存在的。

部分著作仅知版本,不明馆藏。收藏单位只好暂付阙如,留待以后补出。

著作已佚的,标注“佚”字,并注明出处。存佚情况不明的,不标“佚”字。

8. 丛书子目在 10 种以下者全部列出,10 种以上且《中国丛书综录》已收者注明“子目从略”。如该丛书不见于《中国丛书综录》或与之有异的,则子目一一列出,以备查检。

9. 全书另编《作者索引》。

江苏省行政区划沿革

江苏省历代建置

《禹贡》扬州及徐州之域。春秋时分属吴、楚，亦兼鲁、宋之疆。后越灭吴，并其地。战国时为楚地。秦置会稽、鄣诸郡。

汉初置吴、楚二国。元封五年(前106)置十三部刺史，分属扬、徐二州。后汉因之。

三国时扬州属吴，徐州属魏。晋亦为扬、徐二州。东晋都建康，扬州遂为王畿。刘宋仍为扬、徐二州，改晋之侨州曰南徐、南兖二州。萧齐及梁初仍为扬、徐、南徐、南兖州。天监中增东徐州，而淮表属魏。大宝以后江北尽入于高齐。陈承梁绪，仅保江南，亦置扬州、南徐等州。祯明初增置吴州，而江淮地属齐，旋属后周。

隋开皇九年(589)平陈，置扬州、徐州总管府。大业初改为丹阳、江都、毗陵、吴郡、彭城、东海、下邳等郡。唐武德初复改诸郡为州。贞观初分属江南及淮南道。开元二十一年(733)又分江南为东、西道。昭宗时为杨行密所据。

五代时杨隆演建吴国，李昪代之，是为南唐。都建康。周显德五年(958)，克淮南十四州，以江为界。

宋开宝八年(975)，平南唐，分江南、淮南二路，及分属两浙路。熙宁中分江南为东、西二路，淮南为东、西二路，亦分属为浙西路。

元分属河南江浙行中书省。

明初定鼎建康，改集庆路曰应天府，建为京师。永乐二年(1404)改建北京，以为行在。正统六年(1441)定北京为京师，以应天府为南京。府六、州一，皆在直隶内。

本朝(按：此指“清朝”)改置江南省，治江宁府。顺治十八年(1661)分属左、右布政使司。康熙六年(1667)改为江苏省。雍正二年(1724)升太仓、海、通三州皆为直隶州。十一年升徐州为府。乾隆三十二年(1767)以通州、崇明沙地析置海门厅。领府八、直隶州三、厅一。

以上见乾隆《大清一统志》卷49

清代江苏省行政区划

江宁府(两江总督驻地，驻上元县)

上元县、江宁县、句容县、溧水县、江浦县、六合县、高淳县

淮安府(驻山阳县)

山阳县、阜宁县、盐城县、清河县、安东县、桃源县

扬州府(驻江都县)

江都县、甘泉县、扬子县(按：原称仪真县，后名仪征县，宣统元年改名扬子县)、高邮州、兴化县、宝应县、泰州、东台县

徐州府(驻铜山县)

铜山县、丰县、沛县、邳州、宿迁县、睢宁县、萧县(按：此下今属安徽省)、砀山县

通州直隶州

如皋县、泰兴县

海州直隶州

赣榆县、沭阳县

海门直隶厅

苏州府(江苏巡抚驻地，驻吴县)

太湖厅、靖湖厅、吴县、长洲县、元和县、昆山县、新阳县、常熟县、昭文县、吴江县、震泽县

太仓直隶州

镇洋县、崇明县(按:此下今属上海市)、嘉定县、宝山县

常州府(驻武进县)

武进县、阳湖县、无锡县、金匮县、江阴县、宜兴县、荆溪县、靖江县

镇江府(驻丹徒县)

太平厅、丹徒县、丹阳县、金坛县、溧阳县

松江府(按:今属上海市,此略)

以上据《清史稿·地理志》五

2016年江苏省行政区划

省会南京。全省辖13个地级市,55个市辖区、21个县级市、20个县。合计96个县级行政区划单位。县级以上行政区划一览:

南京市

玄武区、秦淮区、建邺区、鼓楼区

浦口区、栖霞区、雨花台区、江宁区、六合区、溧水区、高淳区

无锡市

梁溪区、锡山区、惠山区、滨湖区、新吴区

江阴市、宜兴市

徐州市

鼓楼区、云龙区、贾汪区、泉山区、铜山区

新沂市、邳州市、丰县、沛县、睢宁县

常州市

天宁区、钟楼区、新北区、武进区、金坛区

溧阳市

苏州市

姑苏区、虎丘区、吴中区、相城区、吴江区

常熟市、张家港市、昆山市、太仓市

南通市

崇川区、港闸区、通州区

启东市、如皋市、海门市、海安县、如东县

连云港市

连云区、海州区、赣榆区

东海县、灌云县、灌南县

淮安市

淮安区、淮阴区、清江浦区、洪泽区

涟水县、盱眙县、金湖县

盐城市

亭湖区、盐都区、大丰区

东台市、响水县、滨海县、阜宁县、射阳县、建湖县

扬州市

广陵区、邗江区、江都区

仪征市、高邮市、宝应县

镇江市

京口区、润州区、丹徒区

丹阳市、扬中市、句容市

泰州市

海陵区、高港区、姜堰区

兴化市、靖江市、泰兴市

宿迁市

宿城区、宿豫区

沭阳县、泗阳县、泗洪县

以上据有关资料编制

《南京卷》原编写人员名单

主　编　杨云海

副主编　李成杭

撰稿人（按姓氏笔画为序）

江庆柏　汤大民　杨云海　李成杭　张　瑗

宛雨生　赵国璋　夏晓臻　谢秉洪

《南京卷》引言

杨云海

今南京市行政区划，辖有江宁、江浦、六合、溧水、高淳五县。旧称南京别名江宁、上元。五代至清季，江宁、上元两县多为同城而治，地隶今南京市区和江宁县。故本卷所称南京人当含今南京市区及江宁县人，别置江浦、六合、溧水、高淳四属县。

南京的历史地位特殊。尤其是六朝、南唐、明代、民国时期，地处京畿，人文荟萃。凡因官、从商、弄文、事百业而寄居者，比比皆是，故人物籍贯殊难定限。为避免和其他卷及外省同类书产生不必要的重复，除遵循全书凡例所规定者外，本卷对于入选著者更限于以下几条原则：(1) 六朝以来，凡载籍泛隶为丹杨、润州、溧阳、历阳等者，均不取。唐以后泛称江东、金陵者亦不取。(2) 自东晋南渡始置侨郡，下逮明代官绅徙京师者，虽史乘恒以郡望为人物标籍，稍加细致，则一一皆可认定其居里。本卷收确已定居南京者。(3) 凡生平活动主要在南京地区，且对后世影响较大者，本卷亦酌予收录。按年代插入排列，不予另分。释、道、妇女亦同此例。

南京地方之有艺文志，以现存文献稽考，殆肇自南宋景定《建康志》（卷 33 至卷 37，称《文籍志》）。但审其体例，实昉自高似孙《剡录》，仅略录当时两学所藏四部书目、书版书、石刻目，以及并非出自本地人之手的若干单篇诗文而已。其后，如至正《金陵新志》、正德《江宁县志》、万历《江宁县志》等，均不志艺文，或如嘉靖《南畿志》、万历《上元县志》

以及清代一部分方志，纵立艺文，率多体例不纯，著录疏略。清嘉庆中，姚鼐主纂《重刊江宁府志》（一作《新修江宁府志》），卷 54 至卷 56 为艺文志，其中卷 54 为按四部著录本地人之书目，卷 55 为记南京文献（本地和外地著者有关南京的著作目），卷 56 为选录有关南京的文章。这反映了乾、嘉之际目录学、方志学理论和著录实践发展的影响，是地方艺文志编著体例的一大变化。同治中，由汪士铎任总纂的《续纂江宁府志》卷 9 艺文志，卷上为补充著录南京人撰四部书目，卷下为著录南京金石碑记，已渐趋专门著录地方著作目录的体例。此种体例，在仍由汪士铎等纂的同治《上江两县志》中，似更趋于明朗化，该志卷 12 艺文考（传为甘元焕所撰），卷上为著录南京历代书版藏书，卷中为著录南京人四部书目，卷下为记南京地区的金石碑记，则是既记藏书，又记著作了。江浦、六合、溧水、高淳四属县的县志，凡有艺文志者，大致情况亦如此。

值得一提的是，明清两代，若干专题记撰南京乡邦文献的著名笔记体掌故书，其书虽非专为志书，但其中的有些内容，如周晖《金陵琐事》卷 2“佳句”条之撮录南京诗人姓名及诗句，卷 3“唐江宁诗人”条、《续琐事》卷下“诗集”条专记南京著者及诗集名称；顾起元《客座赘语》卷 7“金陵人金陵诸志”条之专记南京人著志书；甘熙《白下琐言》卷 5 记前贤考证本地之著述等，已成为后世艺文志取资的渊薮之一。

但总的来说，旧志所志艺文，除体例有缺陷外，著录不全，存佚不分，非综观其他文献目录，则不足起到地方著作目录的参考作用。

到民国间，在清季以来地方著作目录撰述蔚然成风的影响下，陈诒绂在《金陵通传》等资料的基础上编辑成《金陵艺文志》，才算有了记述南京地方著作的专书。但此志取材较偏，亦不记版本及存佚，且流传不广，影响甚微。金陵藏书家宗舜年亦有一部《金陵艺文志》，稿本藏于南京图书馆，迄今未曾整理出版，影响更小。

虽然如此，前辈筚路蓝缕之功皆不可没。

本卷之编，力求尽全，希冀能在前人的基础上有新的发展。在取材范围上，已注意突破前人囿于史乘、总集，而广搜于书目题跋，以及专史、别集、杂撰、笔记，注意吸收近人之研究成果，更于文史之外的医、农、兵、艺诸学科亦详加著录。在著录内容上，亦突破历来地方艺文志仅著录撰、编、辑、修、纂、注等著述形式，而扩大至于校勘和刊刻，并分别著录存佚和详记版本。此实为对旧志著录范畴之扩充，亦为新时期地方艺文志不可或缺的内容。

《南京卷》共收录作家 2676 人，其中南京市、江宁县 2027 人。江浦县 144 人，六合县 236 人，溧水县 95 人，高淳县 174 人。

本志力求比前人同类著作更有助于参考实用，以之作为南京方志的一个分支。然限于主客观条件，挂漏错误，在所难免，拾遗补阙，此俟来日。幸博雅是正之。

1992 年 6 月 19 日

于南京图书馆

《南京卷》(增订本)删除了原书收录的一些与南京关系不大的作者，故收录人数比原书要少。现收录作者 2567 人，其中南京 1926 人，江浦 142 人，六合 232 人，溧水 92 人，高淳 175 人。收录著作 8392 种。

增订者记

2019 年 4 月 8 日

南京市行政区划沿革

南京市

江苏省省会。战国楚置金陵邑，“金陵”之名始此。秦为秣陵县地，属会稽郡。汉属丹阳郡。东汉建安十七年(212)吴主孙权改秣陵为建业，并移建业县、丹阳郡治于此。后历为郡、州、府、路治所。黄龙元年(229)，吴自武昌徙都于此，南京建都自此始。西晋太康元年(280)复名秣陵，并分置临江县。翌年改称江宁县。三年分淮水(今秦淮河)南为秣陵县，淮水北为建邺县。建兴元年(313)因避愍帝司马邺讳改建邺为建康。东晋和南朝宋、齐、梁、陈均都此。隋开皇九年(589)废建康入江宁，改丹阳郡置蒋州。大业三年(607)复丹阳郡。唐武德三年(620)称扬州，改江宁为归化县。七年改扬州为蒋州，八年再改扬州，九年州治移江都(今扬州市)，改归化为白下县，属润州。贞观九年(635)改白下复称江宁县。至德二年(757)升为江宁郡，次年(乾元元年)改升州。上元二年(761)江宁县改名上元，并废升州，至光启三年(887)复置。五代吴分置江宁县，自此以迄明、清，上元、江宁二县同城而治。武义二年(920)升升州为金陵府。南唐昇元元年(937)改为江宁府，立为京都。北宋开宝八年(975)改升州，天禧二年(1018)再升江宁府。南宋建炎三年(1129)改建康府。元至元十四年(1277)置建康路。天历二年(1329)改集庆路。元末朱元璋克集庆后改应天府。明洪武元年(1368)建都曰南京，今名自此始。十一年改称京师。永乐十九年(1421)迁都北京(今北京市)后复称南京。清初改应天府为江宁府，属江南省。康熙六年(1667)属江苏省，为两江总督驻地。1853—1864 年太平天国时称天京。累计六朝(三国吴、东晋和南朝宋、齐、梁、陈)以及五代南唐、明初、太平天国，定都于此者凡 436 年。1912 年，孙中山就任中华民国临时大总统于此，称南京府，旋改江宁县，为江苏省省会。1914—1927 年置金陵道，1927 年国民政府建立，定南京为首都，析原南京城外郭以内和江浦县浦口镇始置南京市，直隶国民政府行政院。1928 年改为南京特别市。1930 年改称南京直辖市。又称“首都市”。1949 年南京市由中华人民共和国中央人民政府直辖。1952 年改江苏省辖市，为省人民政府驻地。1957 年并辖江宁、江浦、六合三县，1983 年原镇江地区溧水、高淳二县并入。

2016 年南京市辖玄武区、秦淮区、建邺区、鼓楼区、浦口区、栖霞区、雨花台区、江宁区、六合区、溧水区、高淳区。

附:江宁区

西晋太康元年(280)分建业置临江县，二年更名江宁县，寓“江外无事，宁静于此”之意。治今江宁镇，属扬州丹阳郡。隋大业初并建康、湖熟、丹阳诸县入江宁，属丹阳郡，移治今南京市区。唐武德三年(620)改江宁为归化县，九年改白下县，贞观九年(635)又为江宁。至德二年(757)于县置江宁郡，乾元元年(758)改为升州，兼置浙西节度使。上元二年(761)废州，改江宁为上元县，属润州。五代吴天祐十四年(917)析上元再置江宁县，属升州，自此二县同城而治。宋属江宁府。元属集庆路。明属应天府。清属江宁府。1912 年改南京府，旋废府存江宁县，并省上元县入江宁县，为江苏省省会，仍治今南京市区。1914—1927 年为金陵道治。1927 年划城郊置南京市，1934 年移治东山镇。1934—1937 年为江宁行政督察区专员公署驻地。1949 年 5 月由南京市领导。

2001 年 1 月江宁撤县建区。

浦口区

明洪武九年(1376)析六合孝义乡，和州遵化、怀德、任丰、白马四乡，滁州丰城乡而置，以古六合县宣化镇(即今浦口镇)旧称而名江浦县，属应天府。原治浦子口(今浦口)，洪武二十四年(1391)迁旷口山新开路口(今珠江镇)。清属江宁府。1912 年仍称江浦县。1914—1927 年属金陵道。1958 年初次属南京市，1971 年再属南京市。2002 年 4 月，原浦口区、江浦县撤销，成立新的浦口区。

六合区

春秋为楚棠邑。汉置堂邑县，属临淮郡。东汉属广陵国。晋复属临淮郡，永兴元年(304)于县置堂邑郡。安帝改秦郡，并改县为尉氏县。南北朝州、郡废置者再。隋初郡废，开皇四年(584)改尉氏县为六合县，以境内有六合山而名。大业初属江都郡。唐武德七年(624)于县置方州，贞观初废，县属扬州。五代南唐于此置雄州，周显德中州徙，仍为六合县。宋属真州。元因之。明属应天府。清属江宁府。1912 年仍为六合县。1914—1927 年属金陵道。1949 年属苏北行署区泰州专区。1958 年初次属南京市，1975 年再属南京市后至今。2002 年 4 月，原大厂区、六合县撤销，成立新的六合区。

溧水区

隋开皇十一年(591)析溧阳县西境及丹阳(今江宁县小丹阳)故地东境置，属丹阳郡，县因溧水(古称濑水)得名。唐属江南西道宣州。北宋属江南东路江宁府。南宋属建康府。元元贞元年(1295)升县为州，属集庆路。明洪武二年(1369)复为县,属应天府。清因之,属江宁府。1912 年仍称溧水县。1914—1927 年属金陵道。1934—1937 年属江宁行政督察区。1949 年属苏南行署区镇江专区。1983 年 3 月属南京市。2013 年 2 月撤县建区。

高淳区

秦汉溧阳县地。隋、唐属溧水县。北宋设高淳镇,为高淳得名之始。元属溧水州。明弘治四年(1491)析溧水县西南部置县,属应天府,县治设高淳镇(今改淳溪镇),因以得名。清属江宁府。1912 年仍称高淳县。1914—1927 年属金陵道。1934—1937 年属江宁行政督察区。1949 年属苏南行署区镇江专区。1983 年 3 月镇江地区撤销后划归南京市。2013 年 2 月高淳撤县建区。

(摘自单树模主编《中华人民共和国地名词典·江苏省》,商务印书馆 1987 年出版。根据 2016 年江苏省行政区划设置略作改动。)

人　名　表

南京一

三国至隋

唐宋元

明

南京二

清至民国

南京三

江　浦

元　明

清

六　合

晋至明

清

溧　水

唐至明

清

高　淳

宋元明

南京一

三国至隋

诸葛恪(203—253)

字元逊。三国时琅邪阳都人。瑾子。汉末避乱江东，遂家建业，故宅面对青溪。初拜都骑尉。历官太子中庶子，转左辅都尉，拜抚越将军，领丹阳太守，进威北将军，封都乡侯，迁大将军。孙权临终，征领太子太傅，以辅少主。孙亮即位，拜太傅。后为孙峻所杀，葬于石子冈。《三国志》有传。

诸葛子 5 卷　子部杂学类　佚

见《隋书・经籍志》，注云："梁有，亡。"

按：清严可均《全三国文》卷 65 收其文 7 篇。逯钦立《先秦汉魏晋南北朝诗・魏诗》卷 12 收其诗 1 首。

纪　骘(？—265)

名一作陟。字子上。三国吴丹阳秣陵人。瞻父。孙亮时为中书郎。孙休时为中书令，出为豫章太守。孙皓甘露元年(265)，以光禄大夫使魏，以善应对为司马师所礼遇。还卒。传见《三国志》卷 48 裴松之注。

纪骘集 3 卷　集部别集类　佚

见《隋书・经籍志》，注云："梁有录一卷，亡。"

按：《新唐书・艺文志》作 2 卷。清严可均《全三国文》卷 73 收其文 1 篇。

陶　浚(约280前后)

晋丹阳秣陵人。璜弟。仕吴至镇南大将军,荆州牧。入晋为散骑常侍。《晋书》陶璜传附。

陶浚集3卷　集部别集类　佚

见《旧唐书·经籍志》。

按:《隋书·经籍志》作2卷录1卷,注云亡。《新唐书·艺文志》作2卷。清黄逢元《补晋书艺文志》著录同《隋书·经籍志》,云:"本《七录》。"

张　闿(265—328)

字敬绪。晋丹阳建康人。昭曾孙。司马睿曾引为安东参军,转丞相从事中郎。睿为晋王,以佐翼功,赐爵丹阳县侯。及登位,出补晋陵内史,晋大司农。苏峻之乱,与王导俱入宫侍卫。峻平,以尚书加散骑常侍,赐爵宜阳伯,迁廷尉。以疾解职,拜金紫光禄大夫,寻卒。《晋书》有传。

张闿集2卷录1卷　集部别集类　佚

见《隋书·经籍志》注。

按:清严可均《全晋文》卷115收其文3篇。

王　廙(276—322)

字世将。晋琅邪临沂人,居建康。丞相导从弟,元帝姨弟。封武陵县侯,拜尚书郎,出为濮阳太守。元帝镇建康,乃弃郡过江,以为司马,守庐江、鄱阳,还镇石头。王敦召为荆州刺史。元帝即位,进《中兴赋》。王敦构难,奉命往喻,为敦所留。寻病卒,还葬建康。谥曰康。《晋书》有传。

周易注10卷　经部易类　佚

见《旧唐书·经籍志》《新唐书·艺文志》。《隋书·经籍志》著录3

卷，注云："残缺。梁有十卷。"

按：本书亦名《易注》《周易王氏注》《周易王世将义》等，今存辑本均为1卷，分别如下：

(1)《汉魏二十一家易注》本。

(2)《玉函山房辑佚书》本。

(3)《汉学堂丛书》本。

(4)《黄氏逸书考》本。

(5)《笺易注玄堂遗书》本。

(6)《清经解》本。

出后者为本父母服议1卷　经部仪礼类　佚

见《通典》卷96。清王仁俊辑，有《玉函山房辑佚书续编》本。

王廙集10卷　集部别集类　佚

见《隋书・经籍志》，注云："梁三十四卷，录一卷。亡。"

按：清严可均《全晋文》卷20收其文10篇。逯钦立《先秦汉魏晋南北朝诗・晋诗》卷11收其诗5首。

郭　璞(276—324)

字景纯。晋河东闻喜(今属山西)人，因战乱避居建康，终其身。生平笃志博学，洽闻强记。擅诗赋，长于阴阳卜筮历算，尤精通方言训诂。元帝时为著作佐郎，迁尚书郎。因反对王敦作乱，被杀于南冈，葬玄武湖内。今湖内环洲有"郭仙墩"，相传是其衣冠冢。《晋书》有传。

毛诗拾遗1卷　经部诗经类　佚

见《隋书・经籍志》。

按：《北堂书钞》卷129、《艺文类聚》卷60、《太平御览》卷347、《初学记》卷28并引之。清马国翰有辑本1卷，收入《玉函山房辑佚书》。

毛诗略4卷　经部诗经类　佚

见《隋书・经籍志》，注："梁又有《毛诗略》四卷，亡。"

尔雅注　经部尔雅类

(1) 宋刻10行本,清顾广圻跋,国家图书馆藏。

(2) 清影宋抄本,徐乃昌跋,上海图书馆藏。

(3) 元雪窗书院刻本,国家图书馆藏。

(4) 元刻本,国家图书馆藏。

(5) 明景泰七年(1456)马谅刻本,天津图书馆藏。

(6) 明嘉靖四年(1525)张景华、黄卿刻本,国家图书馆藏。

(7) 明嘉靖十七年吴元恭刻本,国家图书馆藏。

(8)《五雅》本。

(9)《格致丛书》本。

(10)《拜经堂丛书》本。

(11)《古逸丛书》影刻宋蜀大字本。

(12)《天禄琳琅丛书》影印南宋监本。

(13)《敦煌秘籍留真新编》本(存卷中)。

(14) 2015年上海古籍出版社王世伟校点本。

按:《尔雅》版本很多,不能备举,兹列举现存宋元明刻诸善本以见大略。并列举若干丛书本。其校注本、注疏本主要有《尔雅注疏》,晋郭璞注、唐陆德明音义、宋邢昺疏,《十三经注疏》本、《四库全书》本等。

尔雅音2卷　经部尔雅类　佚

晋郭璞、孙炎撰

见《隋书·经籍志》。

按:《旧唐书·经籍志》《新唐书·艺文志》题作《尔雅音义》1卷,郭璞撰。又,今有《尔雅音义》辑本2种:

(1)《尔雅音义》1卷,清马国翰辑,《玉函山房辑佚书》本。

(2)《尔雅音义》1卷,清黄奭辑,《汉学堂丛书》本。

尔雅图10卷　经部尔雅类　佚

见《隋书·经籍志》。

按:《旧唐书·经籍志》《新唐书·艺文志》作1卷。清丁国钧《补晋书艺文志》云:"《隋志》'十'字疑有讹误。"《册府元龟》卷605引题为《尔雅图谱》。

尔雅图赞 2 卷　经部尔雅类　佚

见《隋书·经籍志》,注云:“梁有《尔雅图赞》二卷,亡。”今有《尔雅图赞》辑本 5 种,并 1 卷:

(1) 清王谟辑,《汉魏遗书抄》本。

(2) 清严可均辑,《观古堂所刻书》本。

(3) 清钱熙祚辑,《指海》本。

(4) 清马国翰辑,《玉函山房辑佚书》本。

(5) 清黄奭辑,《汉学堂丛书》本。

三苍 3 卷　经部小学类

晋郭璞注。见《隋书·经籍志》,注云:“秦相李斯作《苍颉篇》,汉扬雄作《训纂篇》,后汉郎中贾鲂作《滂喜篇》,故曰《三苍》。”

按:郭璞为《三苍》作注,古书引用作《三苍解诂》,或作《苍颉解诂》。故清代三家辑本均分立《三苍》《苍颉》2 目。按之隋、唐史志,实只《三苍注》1 种。今有辑本如下:

(1)《三苍》1 卷,清马国翰辑,《玉函山房辑佚书》本。

(2)《苍颉篇》1 卷,清马国翰辑,《玉函山房辑佚书》本。

(3)《三仓解诂》1 卷,清黄奭辑,《黄氏逸书考》本。

(4)《苍颉解诂》1 卷,清黄奭辑,《黄氏逸书考》本。

(5)《三仓解诂》1 卷,清顾震福辑,《小学钩沈续编》本。

(6)《仓颉解诂》1 卷,清顾震福辑,《小学钩沈续编》本。

方言注 13 卷　经部小学类

汉扬雄撰　晋郭璞注

(1) 宋庆元六年(1200)寻阳郡斋刻本,国家图书馆藏。

(2) 明正德四年(1509)李珏刻本,国家图书馆藏。

(3) 明抄本,卷 7 至卷 13 配清抄本,丁丙跋,南京图书馆藏。

(4)《格致丛书》本,王念孙校,上海图书馆藏。

(5)《古今逸史》本。

(6)《武英殿聚珍版》本。

(7)《抱经堂丛书》本,附校正补遗1卷。

(8)《四部丛刊》本。

(9) 双鉴楼据宋庆元六年(1200)本影刻本,附校记1卷。

(10) 周祖谟、吴晓铃《方言校笺及通检》,1956年科学出版社出版。

按:此书全称为《輶轩使者绝代语释别国方言》,或作《绝代语释别国方言》,是我国第一部方言学著作。郭璞是最早为此书作注者。版本很多,不能备举,兹列举现存宋明刻诸善本以见大略。并列举若干丛书本。清代有戴震《方言疏证》,钱绎《方言笺疏》,王念孙《方言疏证补》等,可参考。

汉书注　史部正史类　佚

见清黄逢元《补晋书艺文志》引《汉书叙例》,云:"止注相如传序及游猎诗赋。"

汉书音义　史部正史类　佚

见清丁国钧《补晋书艺文志》引李善《文选》注。按:"跋即《汉书注》。"

水经3卷　史部地理类　佚

晋郭璞注。见《隋书·经籍志》。

按:《旧唐书·经籍志》作2卷,题郭璞撰。《新唐书·艺文志》作:"桑钦《水经》三卷,一作郭璞撰。"清丁国钧《补晋书艺文志》云:"《通典》谓璞注解《水经》,疏略多迂怪,今不存。毕沅《山海经注》谓此书隋、唐二志皆次在《山海经》末,当即海内中经文。"

临安地志　史部地理类　佚

见宋钱俨《吴越备史》卷1。

按:清秦荣光《补晋书艺文志》题作《临安志》。

山海经　子部周秦诸子类

晋郭璞注。著者佚名,近代学者多疑为战国时书,经秦汉人增删而成。《汉书·艺文志》数术略形法家著录《山海经》13篇，汉刘歆另据32篇本改编为18篇，《隋书·经籍志》史部地理类著录晋郭璞注本23卷，《旧唐书·经籍志》以下均作18卷。《四库全书总目》改入子部小说家类。今据《中国丛书综录》改入子部先秦诸子类。

(1) 宋淳熙七年(1180)池阳郡斋尤袤刻本，国家图书馆藏。

(2)《道藏》本，原缺卷14、15，附图赞1卷。

(3)《道藏举要》本。

(4) 明成化元年(1465)吴宽抄本，国家图书馆藏。

(5) 明成化四年北京国子监刻本，国家图书馆藏。

(6)《山水二经合刻》本。

按：此书凡两刻，明嘉靖中吴郡黄省曾刻本，清乾隆中天都黄晟槐荫草堂刻本。

(7) 明万历十三年(1585)周如山大业堂刻本，国家图书馆藏。

(8)《古今逸史》本。国家图书馆藏此本，有清黄丕烈用宋本、吴宽抄本、黄省曾刻本校过。

(9)《格致丛书》本。

(10)《秘书二十一种》本。

(11)《四库全书荟要》本。

(12)《四库全书》本。

(13)《四部丛刊》本。《四部丛刊》二次印本以成化四年刻本为底本，附黄丕烈校勘记。

又按：《山海经》版本很多，不能备举，兹列举现存宋明刻诸善本以见大略。并列举若干丛书本。校注本颇多，如：明王崇庆《山海经释义》18卷图1卷(嘉靖十六年自序刻本，北京大学图书馆藏)，清吴任臣《山海经广注》18卷图5卷(乾隆五十一年金阊书业堂刻本)，清毕沅《山海经新校正》附《古今本篇目考》1卷(《经训堂丛书》本)，袁珂《山海经校注》附索引(1980年上海古籍出版社出版)等。

山海经图赞　子部周秦诸子类

（一）2卷附录1卷

《秘册汇函》本。

（二）2卷

(1)《观古堂所刊书》本。

(2)《观古堂汇刻书第一集》本。

(3)《郎园先生全书》本。

（三）1卷

(1)《覆古介书前集》本。

(2)《子书百家》本。

(3)《百子全书》本。

(4)《艺海珠尘》本，有《补遗》1卷。

(5)《重订汉唐地理书钞》本。

(6)《指海》本。

按：《山海经》原有图，久佚。今图系后人补画。郭璞作注时，为每图写了一篇4句有韵的赞文。赞文亦失传，后人从《道藏》本录出附《山海经》以行。又有清王谟、钱熙祚、严可均等辑本。

足本山海经图赞　子部周秦诸子类

1958年古典文学出版社出版。

按：今人张宗祥发现一元人写本，比《道藏》本多30余篇，相同的各篇文字也有出入，经整理后题为此本。

山海经音2卷　子部周秦诸子类　佚

见《隋书·经籍志》。

按：《隋书·经籍志》不著撰人，列在《山海经图赞》后。清黄逢元《补晋书艺文志》云："璞音古本别行，今已散入注中。"

穆天子传6卷　子部周秦诸子类

晋郭璞注

(1)《道藏》本。

(2)《范氏奇书》本。

(3) 明杨仪万卷楼抄本,清冯舒校并跋,国家图书馆藏。

(4) 明万历刻本,南京图书馆藏。

(5) 明抄本,国家图书馆藏。

(6) 清光绪间翁斌孙抄本,录卢文弨校跋,国家图书馆藏。

(7)《古今逸史》本。

(8)《汉魏丛书》本。

(9)《四库全书》本。

按:《穆天子传》又名《周王传》《周王游行记》,系古小说。《隋书·经籍志》《旧唐书·经籍志》列史部起居注类。《新唐书·艺文志》入史部实录类。《四库全书总目》始列入小说家类。今据《中国丛书综录》列入周秦诸子类。书成于战国时期,撰者不详。晋咸宁五年(279)汲冢所出竹书之一。郭璞为之作注。《古今伪书考》云:"《穆天子传》称璞注者,盖即取璞所注《山海经》以移入之故,因谓璞注也。"《穆天子传》版本很多,不能备举,兹列举现存明刻诸善本以见大略。并列举若干丛书本。

夏小正注　子部农家类　佚

见清黄逢元《补晋书艺文志》引葛洪《神仙传》卷9《郭璞传》。

星经1卷　子部历算类　佚

晋郭璞注。见清黄逢元《补晋书艺文志》引《通志·艺文略》。

周易林5卷　子部术数类　佚

见《隋书·经籍志》,注:"梁有,亡。"

按:此书魏晋至隋唐列为禁书。

周易新林4卷　子部术数类　佚

周易新林9卷　子部术数类　佚

以上2种见《隋书·经籍志》。

按:清吴士鉴《补晋书经籍志》云:"四卷本本传作十篇。九卷本与四卷本分著。"清黄逢元《补晋书艺文志》引郭璞传云:"又钞京、房诸家要最,更撰《新林》十篇。"清丁国钧《补晋书艺文志》云:"《日本见在书目》五行家载璞《周易新林占》三卷，即此四卷本书。”又，以上二书魏晋至隋唐为禁书。

易洞林(一作周易洞林解)3 卷　子部术数类

(1)《易洞林》1 卷，《说郛》(宛委山堂)本。

(2)《周易洞林》1 卷，清王谟辑，《汉魏遗书钞》本。

(3)《易洞林》，清刘学宠辑，《青照堂丛书》本。

(4)《易洞林》3 卷补遗 1 卷，清马国翰辑，《玉函山房辑佚书》本。

(5)《易洞林》1 卷，清黄奭辑，《黄氏逸书考》本。

(6)《郭氏易占》1 卷，清王仁俊辑，《玉函山房辑佚书续编》本。

按：《旧唐书・经籍志》《新唐书・艺文志》作《周易洞林解》3 卷，《宋志》《崇文总目》作《周易洞林》1 卷。清黄逢元《补晋书艺文志》引璞传云：“撰前后筮验六十余事，名曰《洞林》。”是书魏晋至隋唐列为禁书。今传为后人辑本。

葬书 1 卷　子部术数类

(1)《葬经》2 卷，《地理大全》本。

(2)《葬书》1 卷，《四库全书》本。

(3)《葬经》1 卷，《廿二子全书》本。

(4)《郭氏葬经删定》1 卷，明黄复初辑，《地理真诀》本。

(5)《古本葬经》1 卷，佚名注，《津逮秘书》本。

(6)《古本葬书》1 卷，《学津讨原》本。

(7)《葬经内篇》1 卷，《崇文书局汇刻书》本。

(8)《刘江东家藏善本葬书》1 卷附校讹 1 卷，元吴澄删，元郑谧注，清胡珽撰校讹，《琳琅秘室丛书》本。

按：《读书敏求记》题此书作《郑谧注释郭璞葬书》，卷同。

(9)《刘江东家藏善本葬书》1 卷附《校讹》1 卷《续校》1 卷，清董金鉴撰续校，《琳琅秘室丛书》(光绪)本。

按：《葬书》，一名《葬经》，为伪书，见《通志・艺文略》。清钱曾《读书敏求记》卷 3 著录《郑谧释注郭璞葬书》1 卷，云：“《葬书》世鲜善本，流俗所传二十篇，皆后人增益。建安蔡季通去其十二，内外各分篇四。其杂篇二首，俗本散入正书中。更为犁定，叙次井然矣。玄默生郑彦渊得此书于刘庶凡，云传之于杜待制，继又得王伯昌手录孙院判本，标题下书‘刘江东家藏善本’七字。二者俱有吴草庐题跋，而孙本尤为精密，因加订定，从而释之。凡经曰云云，皆引《青乌经》中语也。”

续葬书1卷　子部术数类　佚

见《直斋书录解题》，注云：“称郭景纯，鄙俗依托。”

九天玄女青囊海角经　子部术数类

旧抄本，清祝尔宏手跋，台湾“中央图书馆”原藏。

八五经3卷　子部术数类　佚

见宋赵希弁撰《郡斋读书后志》卷2，云：“右序云：黄帝书八五，谓八卦五行。虽后人依托者，而其辞亦驯雅。相墓书也。”《直斋书录解题》卷12著录作1卷。

易立成林2卷　子部术数类　佚

见清文廷式《补晋书艺文志》，云：“《隋志》题郭氏，盖亦依托景纯者。”

按：清黄逢元《补晋书艺文志》云：“全祖望《读易别录》定为郭璞撰。”是书魏晋至隋唐列为禁书。

易脑1卷　子部术数类　佚

见《旧唐书·经籍志》《新唐书·艺文志》，题郭氏撰。

按：《隋书·经籍志》有《易脑经》1卷，题作郑氏。是书魏晋至隋唐列为禁书。

卜韵1篇　子部术数类　佚

见《晋书》本传。

按：《神仙传》引作《卜繇》。是书隋唐时列为禁书。

周易玄义经1卷　子部术数类　佚

见《宋史·艺文志》。

易八卦命录斗内图1卷　子部术数类　佚

易斗图1卷　子部术数类　佚

以上2种见《隋书·经籍志》。

按:此二书魏晋至隋唐时皆列为禁书。

三命通照神白经3卷　子部术数类　佚

见《宋史·艺文志》。

按:是书宋、元、明列为禁书。

易髓　子部术数类　佚

是书著录有以下3种:

(一) 1卷本,见《旧唐书·经籍志》《新唐书·艺文志》,不著撰人。

(二) 8卷本,见《宋史·艺文志》,注云:"晋人撰,不知姓名。"

(三) 10卷本,题作《周易髓》,见《通志·艺文略》。

玉照定真经1卷　子部术数类

旧本题晋郭璞撰　晋张颙注

(1)《四库全书》本。

(2)《四库全书珍本初集》本。

按:《四库全书总目》云:"旧本题晋郭璞撰,张颙注。考《晋书》璞传不言璞有此书,《隋志》《唐志》《宋志》以及诸家书目皆不著录,惟叶盛《菉竹堂书目》载有此书一册,亦不著撰人,盖晚出依托之本。张颙亦不知何许人,勘验书中多涉江南方言,疑书与注文均出自张颙一人之手,而假名于璞以行。术家影附,往往如此,不足辨也。"又谓:"虽文句不甚雅驯,而大旨颇简洁明晰,犹有《珞琭子》及《李虚中命书》遗意。所言吉凶应验,切近中理,亦多有可采。如论年仪、月仪、六害、三奇、三交、四象之类,尤多所阐发。惟推及外亲女婿,以曲说穿凿,不免牵强附会耳。"

元经10卷　子部术数类

晋赵载注

(1)《选择丛书集要》本。

(2)《阴阳五要奇书》本。

五行传　子部术数类　佚

见清丁国钧《补晋书艺文志》。

易通统卦验元图 1 卷　子部术数类　佚

易新图序 1 卷　子部术数类　佚

拨沙成明经 1 卷　子部术数类　佚

青囊经 2 卷　子部术数类　佚

锦囊经 1 卷　子部术数类　佚

玄堂品诀 3 卷　子部术数类　佚

八仙山水经 1 卷　子部术数类　佚

周易穿地林 1 卷　子部术数类　佚

地理碎金式 1 卷　子部术数类　佚

周易窍书 3 卷　子部术数类　佚

周易括地林 1 卷　子部术数类　佚

以上 11 种见《通志·艺文略》。

按:清丁国钧《补晋书艺文志》云其中多伪书。

青囊补注 3 卷　子部术数类　佚

见宋赵希弁撰《郡斋读书后志》卷 2,云:“右晋郭璞撰。世传葬书之学,皆云无出郭璞之右者,今盛行多璞书也。按:璞传载葬母事,世传盖不诬矣。璞未几为王敦所杀。若谓祸福皆系于葬,则璞不应择凶地以取祸;若谓祸福有定数,或它有以致之,则葬地不必择矣。呜呼!璞自用其术尚如此,况后遵其遗书者乎。”

周易察微经 1 卷　子部术数类　佚

周易鬼御算 1 卷　子部术数类　佚

周易逆判 1 卷　子部术数类　佚

易鉴 3 卷　子部术数类　佚

以上 4 种见《宋史·艺文志》,与郭璞《周易玄义经》1 卷并列,不另著撰人。清文廷式《补晋书艺文志》录为郭璞撰。

晋灾异簿 2 卷　子部术数类　佚

见《崇文总目》。

狐首经 1 卷　子部术数类　佚

见《直斋书录解题》，云："称郭景纯序，亦依托也。"

龟目神书 1 篇　子部术数类　佚

见清文廷式《补晋书艺文志》引旧抄本。

按：以上 3 种文廷式云为郭璞撰。

老子经注　子部道教类　佚

见清文廷式《补晋书艺文志》引《文选·上林赋》注。

楚辞注 3 卷　集部楚辞类　佚

见《隋书·经籍志》。

按：《旧唐书·经籍志》《新唐书·艺文志》作 10 卷。

郭璞集 17 卷　集部别集类　佚

见《隋书·经籍志》，注云："梁十卷，录一卷。"

按：《旧唐书·经籍志》《新唐书·艺文志》作 10 卷，《宋史·艺文志》作 6 卷。本传云所著碑诔诗赋百卷。清严可均《全晋文》卷 120—123 收其文共 4 卷。逯钦立《先秦汉魏晋南北朝诗·晋诗》卷 11 收有郭璞诗。

郭弘农集 2 卷　集部别集类

(1)《七十二家集》本，《附录》1 卷。

(2)《汉魏六朝百三名家集》本。

郭景纯集 2 卷　集部别集类

《乾坤正气集》本。

郭弘农集　集部别集类

《增定汉魏六朝别解》本。

郭弘农集选 1 卷　集部别集类

清吴汝纶评选。有《汉魏六朝百三家集选》本。

郭璞奏　集部别集类　佚

见清黄逢元《补晋书艺文志》引《御览》卷 802。

杂赋注本 3 卷　集部总集类　佚

见清丁国钧《补晋书艺文志》。

王　导(276—339)

字茂弘。晋琅邪临沂人，东晋渡江，遂定居建康。少有识量，才智过人。元帝为琅邪王时，导知天下已乱，劝王招揽贤俊以结人心。后任安东王司马，劝王移镇建康，以图称帝大业。在建康为政清静，朝野依赖，号为仲父。元帝即位，以为丞相。历事元帝、明帝、成帝三朝，出将入相，官至太傅。卒谥文宪，葬南京城北幕府山以西。《晋书》有传。

王导集 11 卷　集部别集类　佚

见《隋书·经籍志》，注云："梁十卷，录一卷。"

按，清黄逢元《补晋书艺文志》云："《书钞》卷三四、七三，《通典》卷三二，《御览》卷二六五均引作《王丞相集》。"清严可均《全晋文》卷 19 收其文 21 篇。

谢　鲲(281—324)

字幼舆。晋陈郡阳夏(今河南太康县)人。避乱渡江，居乌衣巷，遂为六朝时金陵谢氏之祖。子尚，侄安。鲲少知名，有高识，任达不拘，好《老》《庄》，能歌善琴。东海王越辟为掾，转参军。以时政多故，谢病去，避地豫章。王敦引为长史，以讨杜弢功封成亭侯。敦有不臣之迹，鲲知不可匡弼，乃优游寄遇，不屑政事。尝使至都，明帝在东宫见之，甚相亲重。后为豫章太守，莅政清肃，百姓爱之。卒于官。追赠太常，谥康。《晋书》有传。

谢鲲集 6 卷　集部别集类　佚

见《隋书·经籍志》，注云："梁二卷。"

王胡之(？—349？)

字修龄。东晋琅邪籍建康人。廙次子。历吴兴太守、侍中、丹杨尹，迁西中郎将，平北将军、司州刺史，以疾未行而卒。《晋书》王廙传附。

王胡之集10卷　集部别集类　佚

见《隋书·经籍志》，注云："梁五卷，录一卷。"

按：清严可均《全晋文》卷20收其文4篇，逯钦立《先秦汉魏晋南北朝诗·晋诗》卷12收其诗2首。

王彪之(305—377)

字叔虎。东晋琅邪籍建康人。廙弟彬之次子。年20须鬓皓白，人称"王白须"。初为著作佐郎，历官至吏部尚书、仆射、尚书令。卒赠光禄大夫、开府仪同三司。谥简。生平博闻多识，并谙江左旧事，缄之青箱，世谓王氏青箱学。《晋书》王廙传附。

庐山记　史部地理类　佚

见清文廷式《补晋书艺文志》。

王彪之集20卷　集部别集类　佚

见《隋书·经籍志》，注云："梁有录一卷。"

按：清严可均《全晋文》卷21收其文40篇，逯钦立《先秦汉魏晋南北朝诗·晋诗》卷14收其诗4首。

谢　尚(308—357)

字仁祖。东晋建康人。鲲子。幼颖慧，善音乐，博综群艺，为司徒王导所器重。袭父爵咸亭侯。补给事黄门侍郎。出为建武将军、历阳太守。建元中，迁南中郎将，督豫州四郡，领江州刺史，转西中郎将。督扬州六郡诸军事、豫州刺史，镇历阳。桓温作乱，拜安西将军。永和中，进尚书仆射。升平初，征拜卫将军，加散骑常侍，未至，卒于历阳。谥简。《晋书》有传。

孝经注　经部孝经类　佚

见清秦荣光《补晋书艺文志》。

谢尚集10卷录1卷　集部别集类　佚

见《隋书·经籍志》,注云:"梁十卷,录一卷,亡。"

按:清严可均《全晋文》卷83收其文4篇,逯钦立《先秦汉魏晋南北朝诗·晋诗》卷12收其诗3首。

谢　安(320—385)

字安石,世称东山先生。原籍陈郡阳夏,寓居会稽东山,年40余以官东晋,遂定居建康。历征西司马、吴兴太守,征拜侍中,迁吏部尚书。司马曜即位,为尚书仆射,进中书监、录尚书事,封建昌县公。苻坚入寇,加征讨大都督。坚破,进拜太保,出镇广陵。以疾还都。卒,赠太傅,谥文靖。《晋书》有传。

谢安集10卷　集部别集类　佚

见《隋书·经籍志》,注:"梁十卷,录一卷。"

按:清严可均《全晋文》卷83收其文6篇,逯钦立《先秦汉魏晋南北朝诗·晋诗》卷13收其诗3首。

王　洽(323—358)

字敬和。东晋琅邪籍建康人。导三子。晋康帝时为散骑中书郎。穆帝时为中军长史、司徒左长史、建武将军、吴郡内史。征拜领军,寻加中书令,固辞不就。《晋书》有传。

王洽集5卷　集部别集类　佚

见《隋书·经籍志》,注云:"五卷,录一卷。"

按:清严可均《全晋文》卷19收其文4篇。

谢　万

字万石。东晋阳夏籍建康人。安弟。少有时誉,工言论,善属文。辟司徒掾,迁右西府属,不就。简文帝作相,召为辅军从事中郎,迁豫州刺史,领淮南太守,监司、豫、冀、并四州军事。军溃。废为庶人。后复以为散骑常侍。卒年42。《晋书》有传。

周易系辞注2卷　经部易类　佚

集解孝经(一作孝经注)1卷　经部孝经类　佚

以上2种见《隋书·经籍志》。

谢万集16卷　集部别集类　佚

见《隋书·经籍志》。注云:"梁十卷。"

按:清严可均《全晋文》卷83收其文6篇,逯钦立《先秦汉魏晋南北朝诗·晋诗》卷13收其诗4首。

谢　玄(343—388)

字玄度。东晋陈郡阳夏籍建康人。安侄。初为桓温掾,转征西将军桓豁司马,征拜建武将军、兖州刺史,领广陵相,监江北诸军事。进冠军将军,加领徐州刺史,封东兴县侯。以破苻坚功,封康乐县公。还镇淮阳,移镇东阳,转散骑常侍、左将军、会稽内史。卒赠车骑将军、开府仪同三司。谥曰献武。《晋书》有传。

内外书仪4卷　史部政书类　佚

见《隋书·经籍志》。

谢玄集10卷　集部别集类　佚

见《旧唐书·经籍志》《新唐书·艺文志》。

按:清严可均《全晋文》卷83收其文10篇。

谢　朗

字长度,小字胡。东晋阳夏籍建康人。安侄。善言玄理。官终于东阳太守。体弱早卒。《晋书》谢万传附。

谢朗集6卷录1卷　集部别集类　佚

见《隋书·经籍志》,注云:"亡。"

谢道韫

名一作道蕴。东晋阳夏籍建康人。安侄女，王凝之妻。凝之及诸子为孙恩所害后，寡居会稽终。工诗。

论语赞　经部四书类

《绿窗女史》本。

谢道韫集 2 卷　集部别集类　佚

见《隋书·经籍志》。

按：清严可均《全晋文》卷 144 收其文 1 篇。逯钦立《先秦汉魏晋南北朝诗·晋诗》卷 13 收其诗 3 首。

王　珣(350—401)

字元琳，小字法护。东晋琅邪籍建康人，流寓吴县。导孙，洽子，谢安婿。少为桓温掾，转主簿、大司马参军、中军长史、给事黄门侍郎。后忤谢安，出为豫章太守，迁秘书监。安卒，迁侍中。晋孝武帝雅好典籍，珣以文学见重，累官至尚书右仆射，转左仆射，复领太子詹事。当有大手笔，皆珣所草。安帝初，迁尚书令，加散骑常侍。卒赠车骑将军，谥献穆。《晋书》有传。与弟珉均以书名世。《晋书》有传。

虎丘记　史部地理类　佚

见清文廷式《补晋书艺文志》引《艺文类聚》卷 8。

伯远帖　子部艺术类

写本，故宫博物院藏。

王珣集 11 卷　集部别集类　佚

见《隋书·经籍志》，注云："并目录。梁十卷，录一卷。亡。"

按：清严可均《全晋文》卷 20 收其文 9 篇。逯钦立《先秦汉魏晋南北朝诗·晋诗》卷 14 收其诗 1 首。

王　珉(351—388)

字季琰，小字僧弥。东晋琅邪籍建康人。洽子，珣弟，谢安婿。少有才艺，善行书，名出珣右。辟主簿，历著作散骑郎、国子博士、黄门侍郎、侍中。曾代王献之为中书令。卒赠太常卿。曾作《团扇歌》，被后人列为乐府之一体。《晋书》有传。

论语注　经部四书类　佚

见清吴士鉴《补晋书经籍志》。

伤寒身验方1卷　子部医家类　佚

见日本丹波元胤《中国医籍考》，云："《七录》收，佚。"

王珉集10卷　集部别集类　佚

见《隋书·经籍志》，注云："梁录一卷。"

按：清严可均《全晋文》卷20收其文4篇。逯钦立《先秦汉魏晋南北朝诗·晋诗》卷14收其诗1首。

王　谧(360—407)

字稚远。东晋琅邪籍建康人。劭子。导四子协早卒无嗣，以继之。袭爵武冈侯，拜秘书郎，转丞，历侍中。桓玄时，仕至司徒兼太保，封武昌县开国公。玄败，以本官加侍中，领扬州刺史、录尚书事。卒赠侍中、司徒，谥文恭。《晋书》有传。

王谧集10卷　集部别集类　佚

见《隋书·经籍志》，注云："录一卷。"

按：清严可均《全晋文》卷20收其文7篇。

谢　韶

字穆度，小字封。东晋阳夏籍建康人。万子。少有名。官至车骑司马。早卒。《晋书》谢万传附。

谢韶集3卷　集部别集类　佚

见《隋书·经籍志》,注云:“亡。”

谢　混(? —412?)

字叔源,小字益寿。东晋阳夏籍建康人。安孙。孝武帝时尚公主,袭父爵,历中书令、中领军、尚书左仆射、领选。以党刘毅被诛。《晋书》有传。

谢混集 3 卷　集部别集类　佚

见《隋书·经籍志》,注云:“梁五卷。”

按:清严可均《全晋文》卷 83 收其文 1 篇。逯钦立《先秦汉魏晋南北朝诗·晋诗》卷 14 收其诗 5 首。

集苑 60 卷　集部总集类　佚

东晋谢混辑

见《新唐书·艺文志》。《旧唐书·经籍志》作“谢琨撰”。“谢琨”当是“谢混”之误。《隋书·经籍志》著录 45 卷,未题撰人,注云:“梁六十卷。”

文章流别本 12 卷　集部总集类　佚

见《隋书·经籍志》。

王　诞(375—413)

字茂世。南朝刘宋琅邪籍建康人。恬孙、琨子。少袭爵,历官骠骑长史。桓玄辅政,徙广州,为卢循平南府长史,还除员外散骑常侍,未拜。太尉刘裕请为咨议参军,转长史,迁吴国内史。刘裕起兵,为辅国将军。卒赠唐县侯。《宋书》有传。

王诞集 2 卷　集部别集类　佚

见《隋书·经籍志》。

按:清严可均《全晋文》卷 19 收其文 1 篇。

四帝诫 3 卷　集部总集类　佚

见《隋书·经籍志》,注云:“梁有,亡。”

王准之(378—433)

字元曾，一作元鲁。南朝刘宋琅邪籍建康人。彪曾孙。博闻多识，兼明《礼》《传》，赡文辞。初为晋太尉主簿，出补山阴令。讨卢循有功，封都亭侯。宋初，除御史中丞，坐事免。后拜黄门侍郎。元嘉中，历侍中、都官尚书，改领吏部，迁丹阳尹。卒赠太常。《宋书》有传。

仪注　史部政书类　佚

王准之文　集部别集类　佚

以上2种见《宋书》本传。

按：清严可均《全宋文》卷19收其文2篇。

王　弘(379—432)

字休元。南朝刘宋琅邪籍建康人。导曾孙、珣子。隆安末为会稽王道子骠骑主簿。义熙初，为武帝镇军咨议参军，封华容县侯，累迁太尉左长史，领彭城太守。宋初，为尚书仆射，迁江州刺史。永初元年(420)，进爵为公。三年，加卫将军，开府仪同三司。文帝即位，进司空，封建安郡公。元嘉九年(432)，进太保、领中书监。卒谥文昭。《宋书》有传。

书仪10卷　史部政书类　佚

见《隋书·经籍志》。

王弘集1卷　集部别集类　佚

见《隋书·经籍志》，注云："梁二十卷，录一卷。"

按：清严可均《全宋文》卷18收其文1卷。

谢灵运(385—433)

小名客儿。南朝刘宋陈郡阳夏籍建康人，居住乌衣巷。玄孙。少好学，博览群书，工书画，文章与颜延之齐名。晋时袭封康乐公。刘裕以为太尉参军。裕即位，迁太子左卫率。少帝时出为永嘉太守。性好山水，所至则为题咏。逾年称疾去，移居会稽，以游放歌诗自娱。文帝征为秘书监，迁侍中。寻假东归，与族弟惠连等以文章赏会，共为山泽之游。孟颉诬之，诣阙自陈，遂以为临川内史。在郡游放如故。有司劾之，徙广州，伏诛。《宋书》有传。近人叶瑛、郝昺衡等各编有《谢灵运年谱》。

要字苑 1 卷　经部小学类　佚

见《隋书·经籍志》，题谢康乐撰。

晋书 36 卷　史部别史类　佚

见《隋书·经籍志》。今存二家辑本，均为 1 卷：

(1) 清黄奭辑，《汉学堂丛书》本、《黄氏逸书考》本。

(2) 清汤球辑，《广雅书局丛书》本、《丛书集成初编》本。

游名山志(一作游名山记) 1 卷　史部地理类　佚

居名山志 1 卷　史部地理类　佚

以上 2 种见《隋书·经籍志》。

金刚般若波罗蜜经注解 4 卷　子部佛教类

刘宋谢灵运等注译

1928 年李氏其园刻本。

谢灵运集 19 卷(一名谢康乐集、谢康乐诗)　集部别集类　佚

见《隋书·经籍志》，注云："梁二十卷，录一卷。"今存辑本如下：

(1)《六朝诗集》本，1 卷。

(2) 明万历十一年(1583)焦竑序、沈启原刻本，4 卷，清华大学图书馆藏。

(3)《汉魏诸名家集》本，4 卷。

(4)《汉魏六朝百三名家集》本，2 卷。

(5)《增定汉魏六朝别解》本，与何承天、颜延之、鲍照合 1 卷。

(6)《三家诗》本，2 卷。

(7)《陶谢诗集》本，3 卷。

(8)《七十二家集》本，8 卷。

(9)《汉魏六朝名家集初刻》本，5 卷。

(10)《如皋冒氏丛书》本，题《谢康乐集拾遗》，1卷。

(11) 近人黄节辑本，题《谢康乐诗》4卷《补遗》1卷，有1925年清华大学铅印本。

谢康乐诗钞　集部别集类

刘宋谢灵运撰　清曾国藩选　王定安增辑

清同治间传忠书局刊《三十家诗钞》本。

谢康乐集选　集部别集类

刘宋谢灵运撰　清吴汝纶评选

《汉魏六朝百三家集选》本。

谢康乐诗注　集部别集类

刘宋谢灵运撰　近人黄节注

(1) 1958年人民文学出版社校订重印清华大学铅印本。

(2) 2008年中华书局出版。

谢灵运诗选　集部别集类

叶笑雪选注

1957年古典文学出版社铅印本。

谢灵运集校注　集部别集类

顾绍柏校注

1987年中州古籍出版社出版。

谢灵运集　集部别集类

李运富编注

1999年岳麓书社出版。

谢灵运集笺释　集部别集类

张兆勇笺释，2017年中国社会科学出版社出版。

设论集5卷　集部别集类　佚

连珠集5卷　集部别集类　佚

以上2种见《旧唐书·经籍志》《新唐书·艺文志》。

诗集50卷　集部总集类　佚

谢灵运诗集100卷　集部总集类　佚

诗集抄10卷　集部总集类　佚

杂诗钞10卷录1卷　集部总集类　佚

诗英9卷　集部总集类　佚

赋集92卷　集部总集类　佚

七集10卷　集部总集类　佚

以上7种谢灵运辑，见《隋书·经籍志》。谢灵运诗集100卷由谢灵运辑，张敷、袁淑补。

策集6卷　集部总集类　佚

刘宋谢灵运辑

晋元正宴会诗集4卷　集部总集类　佚

晋伏滔、袁豹，刘宋谢灵运辑

以上2种见《旧唐书·经籍志》。

新撰录乐府集11卷　集部总集类　佚

回文诗集1卷　集部总集类　佚

以上2种为谢灵运辑，见《旧唐书·经籍志》《新唐书·艺文志》。

三谢诗集8卷　集部总集类

刘宋谢灵运、谢惠连，南齐谢朓撰

明嘉靖十年(1531)辽藩朱宠瀼梅南书屋刻本，国家图书馆藏。

三谢诗1卷　集部总集类

刘宋谢灵运、谢惠连，南齐谢朓撰　宋唐庚辑

(1) 明正德十六年(1521)胡琼刻本，国家图书馆藏。

(2) 明刻本，天一阁博物馆藏。

(3) 抄本，上海图书馆藏。

(4) 1983年上海古籍出版社影印南宋嘉泰四年(1204)谯令宪重修本。

雷次宗(386—448)

字仲伦。南朝刘宋豫章南昌人。少入庐山,事释慧远。笃志好学,尤明《三礼》《毛诗》。隐居不受本州辟。元嘉十五年(438)征至京师,开馆于鸡笼山,聚徒教授。寻又筑室于钟山西岩下,谓之招隐馆。除给事中不就,加散骑侍郎。卒葬钟山。《宋书》《南史》并在《隐逸传》。

周易注　经部易类　佚

见《经典释文叙录》。

毛诗序义 2 卷　经部诗经类　佚

见《隋书·经籍志》。

按:《经典释文叙录》作《诗序义》,无卷数。

毛诗义 1 卷　经部诗经类　佚

见《隋书·经籍志》,注云:"梁有,亡。"

周礼注　经部周礼类　佚

见《经典释文叙录》。

略注丧服经传 1 卷　经部仪礼类　佚

见《隋书·经籍志》。

今有辑本,并 1 卷:

(1)《汉魏遗书钞》本。

(2)《玉函山房辑佚书》本。

(3)《黄氏逸书考》本。

五经要义 1 卷　经部群经总义类　佚

见《隋书·经籍志》,注云:"梁十七卷,雷氏撰。"

今有辑本,并 1 卷:

(1)《汉魏遗书钞》本。

(2)《玉函山房辑佚书》本。

(3)《黄氏逸书考》本。

豫章古今记(一名豫章记)3 卷　史部地理类　佚

见《宋史·艺文志》。

今有辑本：

(1)《说郛》(宛委山堂)本,1卷。

(2)《五朝小说》本,1卷。

(3)《五朝小说大观》本,1卷。

(4)《玉函山房辑佚书》本,1卷。

(5)《麓淡庐丛稿》本,1卷。

(6)《说郛》(商务印书馆)本,不分卷。

雷次宗集16卷　集部别集类　佚

见《隋书·经籍志》,注云:"梁二十九卷,录一卷。"

按:清严可均《全宋文》卷29收其文4篇。

谢　密(392—433)

字弘微,以字行。南朝刘宋陈郡阳夏籍建康人。韶孙,继从叔峻为嗣。曾与同族灵运、瞻曜等为文会,谓之"乌衣之游"。初官黄门侍郎,迁尚书吏部郎,领中庶子,加侍中。卒赠太常。《宋书》《南史》有传。

谢弘微集2卷　集部别集类　佚

见《隋书·经籍志》,注云:"亡。"

王昙首(394—430)

南朝刘宋琅邪籍建康人。导曾孙,弘弟。兄弟分产,唯取图书。仕晋为琅邪王大司马属从。入刘宋,为宜都王镇西长史。文帝即位,以侍中领骁骑将军,迁太子詹事。卒谥文。《宋书》有传。

王昙首集2卷　集部别集类　佚

见《隋书·经籍志》。

按:清严可均《全宋文》卷18收其文2篇。

谢　元

字有宗。南朝刘宋陈郡阳夏籍建康人。灵运族弟。元嘉中为殿中曹郎，领祠部，累迁尚书左丞，除太尉咨议参军，未拜。为何承天所劾，遣归。《宋书》有传。

内外书仪 4 卷　史部政书类　佚

见《隋书·经籍志》。

谢元集 1 卷　集部别集类　佚

见《隋书·经籍志》，注云："亡。"

按：清严可均《全宋文》卷 33 收其文 2 篇。

陆修静(406—477)

字元德。南朝刘宋吴兴东迁（今浙江吴兴东）人。笃好文籍，旁究象纬。早年弃家修道。好方外游。元嘉末在建康卖药，宋文帝命左仆射徐湛请入宫讲道，固辞而去。后去庐山修道。曾与陶渊明、僧惠远结社庐阜。宋明帝泰始三年(467)，奉命至建康，居崇虚馆广收道经，加以整理甄别，集经戒、方药、符图等 1228 卷，分为《洞真经》《洞玄经》《洞神经》三洞，奠定了"道藏"初步基础。所撰《三洞经书目录》为最早的一部道藏目录。卒谥简寂先生。宋徽宗时封为丹元真人。陈国符《道藏源流考》有传。

老子道德经杂说 1 卷　子部道教类　佚

见《宋史·艺文志》。

三洞经书目录（一名灵宝经目）　子部道教类　佚

见《法苑珠林》。

灵宝经目序 1 卷　子部道教类

收入《云笈七签》卷 4。

服御五牙道引元精经 1 卷　子部道教类　佚

见《通志·艺文略》。《宋史·艺文志》作《五牙导引元精经》。

升元步虚章 1 卷　子部道教类　佚

见《通志·艺文略》。

灵宝步虚词 1 卷　子部道教类　佚

步虚洞章 1 卷　子部道教类　佚

以上 2 种见《崇文总目》。

必然论 1 卷　子部道教类　佚

荣隐论 1 卷　子部道教类　佚

遂通论 1 卷　子部道教类　佚

归根论 1 卷　子部道教类　佚

明法论 1 卷　子部道教类　佚

自然因缘论 1 卷　子部道教类　佚

五符论 1 卷　子部道教类　佚

三门论 1 卷　子部道教类　佚

以上 8 种见唐释法琳《辩正论》卷 8。

陆先生答问道义 1 卷　子部道教类　佚

陆先生黄顺之问答 1 卷　子部道教类　佚

以上 2 种见《道藏阙经目录》卷上。

太上洞玄灵宝众简文 1 卷　子部道教类

陆先生道门科略 1 卷　子部道教类

以上 2 种有《道藏》本。

洞玄灵宝斋说光烛戒罚灯烛愿仪 1 卷　子部道教类

(1)《道藏》本。

(2)《道书》本。

洞玄灵宝五感文 1 卷　子部道教类

太上洞玄灵宝授度仪 1 卷　子部道教类

以上 2 种有《道藏》本。

灵宝道士自修盟真斋立成仪　子部道教类

《道书》本。

金箓斋仪　子部道教类　佚

玉箓斋仪　子部道教类　佚

九幽斋仪　子部道教类　佚

解考斋仪　子部道教类　佚

涂炭斋仪　子部道教类　佚

三元斋仪　子部道教类　佚

以上6种见《道书·无上黄箓大斋立成仪》卷16。

按:《茅山志》卷10云"所著斋戒仪范百余卷",盖指以上诸书。

灵芝瑞草象2卷　子部道教类

见清钱曾《读书敏求记》卷2"种艺",略云:"祥符元年,王钦若献芝草八千一百九十三本,又献泰山芝草三万八千余本。六年,丁谓献芝草三万七千余本。七年,又献九万五千本。予每笑人主侈言符瑞,臣下贡谀者,不独野鸟可以为鸾,即朝菌咸可名芝矣。今观修静此图,令人兴童初萧闲之想。"其书今已不可见。

王　微(415—453)

字景玄。南朝刘宋琅邪籍建康人。导玄孙,弘侄。少好学,善属文,工书,解音律及医卜。初为司徒祭酒,历转太子中舍人。除南平王右军咨议参军、中书侍郎、吏部郎,皆不就。为文好古词,颇为袁淑赞誉。《宋书》有传。

王微集10卷　集部别集类　佚

见《隋书·经籍志》,注云:"梁有录一卷。"

按:清严可均《全宋文》卷19收其文9篇,逯钦立《先秦汉魏晋南北朝诗·宋诗》收其诗5首。

明僧绍(?—483)

字休烈,一字承烈。南朝齐平原鬲(今山东平原县北)人,徙居建康。宋元嘉中举秀才,明儒术。后历官多不就。宋末,依其弟在青州任，住弇榆山栖云精舍。弟罢任，随归，住金陵摄山，与僧远友善。所居处即后世栖霞寺。入齐，累征不就，卒。《南齐书》有传。

易系辞注　经部易类　佚

见《经典释文叙录》。

今存辑本1卷，有《玉函山房辑佚书》本。

集解丧服经传2卷　经部仪礼类　佚

见《隋书·经籍志》。

按：《隋书·经籍志》题为田僧绍撰。《旧唐书·经籍志》作《丧服纪注》2卷。《新唐书·艺文志》作《仪礼注》2卷。

逆降义1卷　经部仪礼类　佚

见《隋书·经籍志》，注云："田僧绍撰。梁有，亡。"

孝经注1卷　经部孝经类　佚

见《隋书·经籍志》，注："梁有，亡。"

按：清严可均《全齐文》卷14收其文1篇。

王僧谦(415?—443)

南朝刘宋琅邪临沂籍建康人。珣孙，微弟。仕宋为太子舍人。早卒。《宋书》王微传附。

王僧谦集2卷　集部别集类　佚

见《隋书·经籍志》，注云："亡。"

王　素(418—471)

字休业。南朝刘宋琅邪临沂籍建康人。彪之五世孙。少有志行，家贫隐居不仕。宋孝武帝孝建、大明及明帝泰始中，屡征不就，声誉甚高。尝为《蚿赋》以自况，终老。《宋书》有传。

王素集16卷　集部别集类　佚

见《隋书·经籍志》，注云："亡。"

王逡之(？—495)

字宣约。南朝齐琅邪籍建康人。彪之曾孙，珪之堂兄。少好学。仕宋为吴令。宋顺帝升明末，王俭重儒术，逡之以著作郎兼尚书左丞，参定齐朝仪礼，转国子博士。建元二年(480)，上表立学，兼著作，转通直常侍，骁骑将军。出为宁朔将军，历南康相、光禄大夫，加侍中。《南齐书》有传。

丧服世行要记 10 卷　经部仪礼类　佚

见《隋书·经籍志》。

清马国翰有辑本，1 卷，收入《玉函山房辑佚书》。

三代起居注钞 15 卷　史部编年类　佚

见《旧唐书·经籍志》《新唐书·艺文志》。

齐永明起居注 25 卷　史部编年类　佚

见《隋书·经籍志》及《南齐书》本传。

按:《隋书·经籍志》不著撰人，本传不著卷数。

续俭百家谱 4 卷　史部传记类　佚

见《隋书·经籍志》。

按:王俭撰有《百家集谱》10 卷，是书为其续作。郑樵《通志·艺文略》作《续百家谱》。

礼仪制度 13 卷　史部政书类　佚

见《隋书·经籍志》。

按:清严可均《全齐文》卷 8 收其文 2 篇。

王僧绰(423—453)

南朝刘宋琅邪籍建康人。导玄孙、昙首子。尚太祖长女东阳献公主。初为江夏王司徒参军，累迁尚书吏部郎，转侍中。刘劭弑立，转吏部尚书，寻遇害。宋孝武即位，追赠金紫光禄大夫，谥愍侯。《宋书》有传。

汉魏以来废诸王故事　史部杂史类　佚

见《宋书》本传。

按：徐崇《补南北史艺文志》云："《隋志》未收。按《南史》本传，文帝欲废太子劭，令撰是书。"

王僧绰集 1 卷　集部别集类　佚

见《隋书·经籍志》，注："亡。"

木连理颂 2 卷　集部别集类　佚

见聂崇岐《补宋书艺文志》。

颂集 20 卷　集部总集类　佚

刘宋王僧绰辑

见《隋书·经籍志》，注云："亡。"

王僧达(423—458)

刘宋琅邪籍建康人。导玄孙，弘少子。元嘉中为始兴王浚后军参军，除太子舍人，迁洗马，出为宣城太守，徙义兴。宋孝武时官尚书右仆射，转吴郡太守，坐免。孝建二年(455)，除太常，又罢。大明中，累迁中书令、黄门郎。僧达自负才。每怨位卑，终以陷谋乱，赐死。《宋书》有传。

王僧达集 10 卷　集部别集类　佚

见《隋书·经籍志》，注云："梁有录一卷。"

按：清严可均《全宋文》卷 19 收其文 7 篇。逯钦立《先秦汉魏晋南北朝诗·宋诗》卷 6 收其诗 5 首。

王僧虔(426—485)

南朝齐琅邪籍建康人。导玄孙，昙首孙，僧绰弟。宋元嘉中除秘书郎、太子舍人，累迁尚书令。入齐，转侍中抚军将军、丹杨尹，授左光禄大夫。出为征南将军、湘州刺史。武帝即位，授侍中、左光禄大夫。开府仪同三司。卒赠司空，谥简穆。《南齐书》有传。

评书1卷　经部小学类　佚

图书会粹6卷　经部小学类　佚

以上2种见《宋史·艺文志》。

能书人名12卷　史部传记类　佚

见《南齐书》本传。

按:今存《能书录》1卷,有《说郛》(宛委山堂)本。

吴地记1卷　史部地理类　佚

见宋王尧臣撰、清钱东垣辑释《崇文总目辑释》。清章宗源《隋书经籍志考证》作《吴郡地理记》。

古迹11卷　集部总集类　佚

见《南史》本传。

按:徐崇《补南北史艺文志》收入总集类,云:"《齐书》本传十二卷。《隋志》未收。"

又按:王僧虔集未见著录。严可均《全齐文》卷8收其文14篇,其中有《书赋》等名篇。

王珪之(?—491前)

南朝齐琅邪籍建康人。逡之堂弟。齐建元中为祠部郎中,累迁至长水校尉。永明九年(491)前卒。《南齐书》王逡之传附。

齐职仪(一作齐职官仪)50卷　史部政书类　佚

见《隋书·经籍志》,注云:"梁有《齐仪》四十九卷,亡。"

按:清严可均《全齐文》卷8收其文1篇。

周　颙

字彦伦。南朝齐汝南安城人,寓居建康。工隶书,兼善《老》《易》,长于佛理。初为刘宋益州主簿,宋明帝以颙言辞辩丽,引入殿内。入齐,为始兴王前军咨议、直侍殿省。在钟山西岩立隐舍,休沐居之。终日长蔬,颇以为适。转国子博士兼著作。卒于官。生平通经典,并长于声韵。为六朝时期诗韵的倡导者之一。《南齐书》有传。

周易论 10 卷　经部易类　佚

见《隋书·经籍志》，注云："梁有三十卷，亡。"

孝经义疏　经部孝经类　佚

见《南齐书·文惠太子传》。

四声切韵　经部小学类　佚

三宗论　子部佛教类　佚

以上 2 种见《南史》本传。

周颙集 8 卷　集部别集类　佚

见《隋书·经籍志》，注云："梁十六卷。"

按：清严可均《全齐文》卷 12 收其文 7 篇。

陶季直(437—531)

南朝梁丹阳秣陵人。好学，淡于名利。仕齐为尚书比部郎，转司空主簿，迁东莞太守，转镇西咨议参军。萧鸾专政，出为辅国长史、北海太守，复为骠骑咨议参军，兼尚书左丞，迁建安太守。梁时，为给事黄门侍郎，辞疾还乡里。天监初，就家拜太中大夫，不复出。梁武帝曾说："梁有天下，遂不见此人。"《梁书》有传。

京都记　史部地理类　佚

见《建康实录》卷 2。

按：景定《建康志》卷 16《疆域志》"津渡·五城渡"条引其文曰："陶季直《京都记》：'五城边淮带湖，祖道送归多集此处。'"卷 18《山川志》"溪涧"引其文曰："陶季直《京都记》云：'京师鼎族在青溪埭，尚书孙玚、尚书令江总宅，当时并列溪北。'"卷 19《山川志》"沟渎"引其文曰："《京都记》：'京师鼎族在潮沟北。'"卷 22《城阙志》"园苑·古桂林苑"引其文曰："陶季直《京都记》曰：'建康县北，汉朝为桂林苑。'"可见当时建康城中形胜。

王　俭(442—489)

字仲宝。南齐琅邪籍建康人。导五世孙，僧绰子。幼袭父爵为豫宁侯。拜驸马都尉，为秘书郎、太子舍人、秘书监。宋顺帝昇明中，为侍中、太尉长史。齐初，迁尚书右仆射，领吏部。仕齐，历官左仆射、太子詹事、尚书令、国子祭酒、太子少傅，领中书监。卒赠太尉，谥文宪。为秘书丞时，曾依《七略》撰《七志》，又撰定《宋元徽元年四部书目录》，对我国古典目录学有重要贡献。《南齐书》有传。

尚书音义 4 卷　经部尚书类　佚

见《旧唐书·经籍志》。

丧服古今集记 3 卷　经部仪礼类　佚

见《隋书·经籍志》。

按:《南齐书》本传作《古今丧服集记》。

丧服图 1 卷　经部仪礼类　佚

见《隋书·经籍志》。

礼论要钞 10 卷　经部三礼总义类　佚

见《隋书·经籍志》,注云:"梁三卷。"

按:《南史》本传载何承天撰《礼论》300 卷,俭钞为 8 帙。清姚振宗《隋书经籍志考证》谓:"八帙当为八十卷,六朝人多以十卷为帙,见《金楼子·著书篇》。《隋志》不载此,云十卷、梁三卷者,当是十三卷之误。《南史》本传所谓又别钞条目十三卷者即是。"《通志·艺文略》题作《礼论要帖》。《玉海》作《钞写礼论》八帙。

礼答问 3 卷　经部三礼总义类　佚

见《隋书·经籍志》。

礼义答问 8 卷　经部三礼总义类　佚

见《隋书·经籍志》。

清马国翰有辑本 1 卷,《玉函山房辑佚书》本。

春秋公羊音 2 卷　经部春秋公羊传类　佚

见《旧唐书·经籍志》《新唐书·艺文志》。

百家集谱10卷　史部传记类　佚

吊答仪10卷　史部政书类　佚

吉书仪2卷　史部政书类　佚

以上3种见《隋书·经籍志》。

皇室书仪7卷　史部政书类　佚

见《旧唐书·经籍志》《新唐书·艺文志》。

齐高帝受禅仪注　史部政书类　佚

见《南齐书·高帝本纪》。

新集诸州谱12卷　史部地理类　佚

见《通志·艺文略》。

宋元徽元年四部书目录4卷　史部目录类　佚

见《隋书·经籍志》。

按:《隋书·经籍志》序云:"宋元徽元年王俭造目录,大凡一万五千七百四卷。"《南齐书》本传题作《元徽四部书目》,《旧唐书·经籍志》题作《元徽元年书目》,均为简称。

今书七志70卷　史部目录类　佚

见《隋书·经籍志》。

按:《宋书·后废帝纪》载:元徽元年(473)八月,王俭表上所撰《七志》30卷。《经典释文序录》引称:"《七志》省'今书'二字。"《南齐书》本传载:俭上表求校坟籍,依《七略》撰《七志》40卷,上表献之。旧《唐志》注云:"王俭撰,贺纵补。"新《唐志》注云:"贺纵补注。"则知《七志》原著当为30卷或40卷,经贺纵增补为70卷。王重民《中国目录学史论丛》(1984年中华书局铅印本)有专论《七志》和《七录》一节,可参考。

王俭集51卷　集部别集类　佚

见《隋书·经籍志》,注云:"梁六十卷。"

按:《文选》卷46有任彦升撰《王文宪集序》,可参。明张溥有辑本1卷,收入《汉魏六朝百三名家集》。清吴汝纶有选本1卷,收入《汉魏六朝百三家集选》。严可均《全齐文》卷9至卷11共3卷收其文54篇。逯钦立《先秦汉魏晋南北朝诗·齐诗》卷1收其诗7首。

王僧祐(? —493?)

字胤宗。南朝齐琅邪临沂籍建康人。导五世孙。幼聪悟,为从兄俭所重。举秀才,为骠骑法曹,羸疾不堪受命。雅好《老》《庄》,工草隶,善鼓琴。刘瓛荐为著作佐郎,迁司空祭酒,转齐晋安王文学。永明末,为太子中舍人,黄门郎。卒于官。《南史》有传。

王僧祐集10卷　集部别集类　佚

见《隋书·经籍志》,注云:"亡。"

按:逯钦立《先秦汉魏晋南北朝诗·齐诗》卷1收其诗1首。

王智深

字云才。南朝齐琅邪临沂籍建康人。导族裔。少从谢超宗学文。初为宋建平王西曹书佐,未到职。齐武帝时,为豫章王大司马参军兼记室。迁竟陵王司徒参军。后免官卒于家。《南齐书》有传。

宋纪30卷　史部别史类　佚

见《南齐书》本传。《新唐书·艺文志》题为《宋书》30卷。《通志》注云:"旧六十一卷,残缺。"清王仁俊有辑本1卷,收入《玉函山房辑佚书补编》。

陶弘景(456—536)

字通明,自号华阳隐居,晚号华阳真逸、华阳真人。南朝梁丹阳秣陵人。齐高帝时为诸王侍读,拜左卫殿中将军。从陆修静弟子孙游岳学道。永明十年(492),辞职隐句曲山(即今江苏句容大茅山)。梁武帝早尝与之游。及即位,征之不出,然朝廷每有大事无不咨询,时有"山中宰相"之称。生平读书万余卷,好道学,善琴棋,工草隶。性好著述,尚奇异,老而弥笃。尤精阴阳五行、风角星算、山川地理、医术本草、帝王年历之学。晚年移居陶吴镇(今江宁县南)。卒谥贞白先生。《梁书》有传。

尚书序注　经部尚书类　佚

见《华阳隐居先生本起录》(陶弘景从子翊撰,见宋张君房《云笈七签》卷107)。

毛诗序注1卷　经部诗经类　佚

三礼目录注1卷　经部三礼总义类　佚

以上2种见《隋书·经籍志》,注云:"亡。"

论语集注10卷　经部四书类　佚

孝经集注1卷　经部孝经类　佚

以上2种见《南史》本传,不著卷数。《隋书·经籍志》著录卷数,书名分别作《集注论语》《集注孝经》,注云:"亡。"

帝王年历5卷　史部编年类　佚

见《梁书》本传。

按:《华阳隐居先生本起录》云:"起三皇至汲冢竹书为止,检五十家书历异同共撰之也。"

梦记　史部杂史类　佚

见《梁书》本传。

按:《华阳隐居先生本起录》云:"此一记先生自记所梦征想事,不以示人。"

三国志赞述1卷　史部史评类　佚

见《华阳隐居先生本起录》。

草堂法师传1卷　史部传记类　佚

见《旧唐书·经籍志》《新唐书·艺文志》。

按:《隋书·经籍志》著录,题为《梁故草堂法师传》,不著撰人。

名医别录3卷　史部传记类　佚

见《中国医籍考》。《隋书·经籍志》著录,阙名。《通志·艺文略》作陶弘景撰。

山图　史部地理类　佚

见清章宗源《隋书经籍志考证》引《太平寰宇记》。

古今州郡记 3 卷　史部地理类　佚

见《南史》本传。

按:《华阳隐居先生本起录》云:“并造西域图一张。”

玉匮记 3 卷　史部地理类　佚

见《南史》本传。

按:《华阳隐居先生本起录》云:“说名山福地事。”

负仪集 3 卷　史部地理类　佚

见《华阳隐居先生本起录》。

古今刀剑录 1 卷　史部金石类

(1)《百川学海》(咸淳)本。

(2)《百川学海》(弘治)本。

(3)《汉魏丛书》本。

(4)《广汉魏丛书》本。

(5)《四库全书》本。

(6)《增订汉魏丛书》本。

(7)《龙威秘书》本。

(8)《指海》第 13 集本。

(9)《汉魏小说采珍》本。

此书一作《刀剑录》,有以下版本:

(1)《山居小玩》本。

(2)《群芳清玩》本。

(3)《说郛》(宛委山堂)本。

(4)《五朝小说》本。

(5)《五朝小说大观》本。

(6)《美术丛书》本。

(7)《说郛》(商务印书馆)本。

按:《宋史·艺文志》入子部小说类。《直斋书录解题》入子部杂艺类。《四库全书总目》入子部谱录类,云:"是书所记帝王刀剑,自夏启至梁武帝,凡四十事。诸国刀剑,自刘渊至赫连勃勃,凡十八事。吴将刀,周瑜以下凡十事。魏将刀,钟会以下凡六事。然关、张、诸葛亮、黄忠皆蜀将,不应附入吴将中,疑传写误佚'蜀将刀'标题三字。又董卓、袁绍不应附魏,亦不应在邓艾、郭淮之间,均为颠舛。至宏景生于宋代,齐高帝作相时已引为诸王侍读,而书中乃称顺帝准为杨玉所弑,不应以身历之事,谬误至此。且宏景先武帝卒,而帝王刀剑一条乃预著武帝谥号,并直斥其名,尤乖事理。疑其书已为后人窜乱,非宏景本文矣。然考唐李绰《尚书故实》引《古今刀剑录》云,自古好刀剑多投伊水中,以禳膝人之妖。与此本所记汉章帝铸剑一条虽文字小有同异,而大略相合。则其来已久,不尽出后人赝造。或亦张华《博物志》之流,真伪参半也。"

老子注 4 卷　子部周秦诸子类　佚

见《旧唐书·经籍志》《新唐书·艺文志》。

按:刘汝霖《陶弘景著述表》作《老子内外集注》4 卷。引《华阳隐居先生本起录》云:"并自立意。"

鬼谷子注　子部周秦诸子类

(一) 3 卷本

(1)《道藏》本。

(2)《道藏举要》本。

(二) 3 卷附录 1 卷本

《四部丛刊》本。

(三) 3 卷附录 1 卷篇目考 1 卷本(清秦恩复校并撰篇目考)

(1)《石研斋四种》本。

(2)《湖北先正遗书》本。

(3)《四部备要》本。

(四) 3 卷附录 1 卷校记 1 卷本(陈乃乾辑校记)

《古书丛刊》第 2 辑本。

（五）1卷本

（1）明绵眇阁刊本。

（2）《二十子》本。

（3）《十二子》本。

（4）《子汇》本。

按:《读书敏求记》云:“其《转丸》《胜箧》二篇，今亡。贞白曰:‘或云即《本经》《中经》是也。’”

真人水镜10卷　子部兵书类　佚

见《隋书·经籍志》（不著撰人）、《旧唐书·经籍志》《新唐书·艺文志》。《宋史·艺文志》入五行类，题《真人水照》13卷，《校勘记》云:“镜改照，宋人讳改。”《玉海》车服类作《真人水镜经》。宋王尧臣撰、清钱东垣辑释《崇文总目辑释》题《真人水鉴》12卷，改镜为鉴，亦避宋讳。

按:此书自唐至明列为禁书，见《中国禁书大观》。

握镜1卷　子部兵书类　佚

见《旧唐书·经籍志》。《新唐书·艺文志》作3卷。《宋史·艺文志》五行类著录有《握镜图》1卷、《握鉴方》3卷。《通志·艺文略》，宋王尧臣撰、清钱东垣辑释《崇文总目辑释》有《握鉴方》3卷，皆不著撰人。

按:《握镜》为唐时禁书。《握镜图》《握鉴方》为宋、元、明禁书。

太公孙吴书略注2卷　子部兵书类　佚

见《华阳隐居先生本起录》。

陶隐居本草10卷　子部医家类　佚

见《隋书·经籍志》，注:“亡。”

本草经集注7卷　子部医家类　佚

见《隋书·经籍志》，注:“亡。”

按:《旧唐书·经籍志》题作《本草集经》，《新唐书·艺文志》题作《集注神农本草》，卷数皆同。《南史》本传题为《本草集注》。王重民《敦煌古籍叙录》有《本草集注序录》残卷1卷（收入《吉石庵丛书》初集本，罗振玉撰题记）。

太清草木集要2卷　子部医家类　佚

见《隋书·经籍志》,注:"陶隐居撰。"

补阙肘后百一方9卷　子部医家类

晋葛洪撰　梁陶弘景补阙　金杨用道增修

按:《隋书·经籍志》有葛洪《肘后方》6卷,注云:"梁二卷。"又有陶弘景撰《补阙肘后百一方》9卷,注云"亡"。新、旧《唐志》作《补肘后救卒备急方》6卷。《直斋书录解题》题作《增补肘后百一方》3卷。《道藏》本题作《葛仙翁肘后备急方》8卷,与《中国善本书提要》著录明刻本题同。版本参见《镇江卷》"葛洪"条。

陶氏效验方6卷　子部医家类　佚

见《隋书·经籍志》,注云:"梁五卷。"有姓无名。新、旧《唐志》题作陶弘景撰《效验方》10卷。《华阳隐居先生本起录》题作《效验施用药方》5卷。

灵奇秘奥1卷　子部医家类　佚

见《宋史·艺文志》。

药总诀1卷　子部医家类　佚

见《中国医籍考》。《通志·艺文略》作《集药诀》,别有《药总诀》1卷,似复载。

天仪说要1卷　子部历算类　佚

见《隋书·经籍志》。

天文星经5卷　子部历算类　佚

见《宋史·艺文志》,题陶隐居撰。

按:此书宋、元、明列为禁书。

象历1卷　子部历算类　佚

见《宋史·艺文志》。

括星诗1卷　子部历算类　佚

见《宋史·艺文志》。注:"不知作者。"

按:《金陵通传》及陈诒绂《金陵艺文志》著录。

七曜新旧术疏 2 卷　子部历算类　佚

占候　子部历算类　佚

以上 2 种见《南史》本传。

算数艺术杂事 1 卷　子部历算类　佚

举百事吉凶历 1 卷　子部历算类　佚

以上 2 种见《华阳隐居先生本起录》。

五行运气 1 卷　子部术数类　佚

见《宋史·艺文志》。

按:《江南通志》题作《五行运气图》5 卷。是书宋、元、明时列为禁书。

证应集 3 卷　子部术数类　佚

见《宋史·艺文志》。

按:是书宋、元、明列为禁书。

易髓 3 卷　子部术数类　佚

见《宋史·艺文志》。

按:《旧唐书·经籍志》《新唐书·艺文志》均作 1 卷,不著撰人。《宋史·艺文志》道家类作 8 卷,注云:"晋人撰,不知姓名。"五行类则著录作 3 卷,题陶隐居撰。宋王尧臣撰、清钱东垣辑释《崇文总目辑释》亦题为 3 卷。

陶隐居 1 卷　子部术数类　佚

见《宋史·艺文志》。

按:宋王尧臣撰、清钱东垣辑释《崇文总目辑释》卷四作《陶隐居林》1 卷,注云:"《玉海》引《崇文总目》同。"

周易林 1 卷　子部术数类　佚

见《宋史·艺文志》。

按:《崇文总目辑释》引朱彝尊曰:"《通志略》作陶宏景撰。然前已有《陶隐居林》一卷,疑此书非宏景撰也。"

占筮略要 1 卷　子部术数类　佚

风雨水旱饥疫占要1卷　子部术数类　佚

以上2种见《华阳隐居先生本起录》。

学苑100卷　子部典故类　佚

梁陶弘景辑

见《南史》本传。

按:《华阳隐居先生本起录》云:"《学苑》十秩百卷,此一书先生常云:群书舛杂,欲探一事,不可遍检。乃钞撰古今要用,以类相从,为一百五十条,名为《学苑》。比于《皇览》十倍该备,近赐翊语:'吾无复此暇,汝可踵成之。此书若毕,于学问手笔家,无复他寻之劳矣。'"

世语阙字2卷　子部小说类　佚

续临川康王世说2卷　子部小说类　佚

以上2种见《华阳隐居先生本起录》。

周氏冥通记　子部小说类

(一) 4卷本

(1)《道藏》本。

(2)《秘册汇函》本。

(3)《津逮秘书》本。

(4)《丛书集成初编》本。

(5)《四库全书存目丛书》本。

(二) 题作《冥通记》1卷

(1)《唐宋丛书》本。

(2)《合刻三志》本。

(3)《说郛》(宛委山堂)本。

(4)《五朝小说》本。

(5)《五朝小说大观》本。

(三) 题作《冥通记》:

《旧小说》甲集本。

按:此书《隋书·经籍志》《旧唐书·经籍志》皆作1卷,入史部杂传类。《隋志》不著撰人，旧《唐志》始题陶弘景撰。《新唐书·艺文志》亦作1卷，入子部道家类。《宋史·艺文志》小说类作《周子良冥通记》4卷。《崇文总目》小说类题为《周子良冥通录》，释云："《宋志》录作记，四卷。《通志略》不著撰人，云记梁隐士周子良与神仙感应事。"《四库全书总目》道家类存目著录，题"周子良撰"。

太清诸丹集要4卷　子部道教类　佚

练化杂术1卷　子部道教类　佚

合丹节度4卷　子部道教类　佚

服饵方3卷　子部道教类　佚

以上4种见《隋书·经籍志》，题陶隐居撰。

按：《南史》本传有《合丹法式》，《华阳隐居先生本起录》题作《合丹药诸法式节度》，或是同一书。

真诰　子部道教类

（一）20卷本

（1）《道藏》本。

（2）明万历二十八年（1600）刻本，国家图书馆藏，有清张步瀛校并跋，清程天焘跋。又北京大学图书馆藏本有张尔田跋。

（3）明万历二十八年（1600）刻三十二年俞安期重修本，国家图书馆藏。

（4）清顺治十八年（1661）钱谦益家抄本，国家图书馆藏。

（5）《四库全书》本。

（6）《学津讨原》本。

（7）《金陵丛书》本。

（8）《道藏举要》本。

（9）日本《续大藏经》本。

（10）1923年至1925年上海涵芬楼影印日本《续藏经》本。

（11）《丛书集成初编》本。

（12）1962年台北艺文印书馆影印《道藏》附《续道藏》本。

(13) 2011 年中华书局赵益点校本。

(二) 10 卷本,残:

明嘉靖二年(1523)韦兴刻本,附明李振卿辑《萨真人戒行实录》1卷,南京图书馆藏。存卷 1 至卷 6、卷 9 至卷 10,《实录》全。

(三) 不分卷本

(1)《重刊道藏辑要》本。

(2)《说郛》(商务印书馆)本。

(3)《旧小说》甲集本,收一则。

按:《旧唐书·经籍志》《新唐书·艺文志》《宋史·艺文志》及《文献通考》均著录 10 卷。《四库全书总目》作 20 卷,云:"盖后人所分析也。"其书分为《运象篇》《甄命授》《协昌期》《稽神枢》《阐幽微》《握真辅》《翼真检》七篇。"所言皆仙真授受真诀之事,兼及药物、导引、按摩及其他道教修养之术。"(《四库全书总目》)

登真隐诀 3 卷　子部道教类

《道藏》本。

按:《旧唐书·经籍志》《新唐书·艺文志》《文献通考》《郡斋读书志》并作 25 卷。《宋史·艺文志》作 35 卷。宋王尧臣撰、清钱东垣辑释《崇文总目辑释》作 60 卷。今通行本存 3 卷。

太清玉石丹药要集 3 卷　子部道教类　佚

太清诸草木方集要 3 卷　子部道教类　佚

神仙药食经 1 卷　子部道教类　佚

神仙服食方 10 卷　子部道教类　佚

神仙服食药方 10 卷　子部道教类　佚

服玉法并禁忌 1 卷　子部道教类　佚

以上 6 种见新、旧《唐志》,未著撰人。

养性延命录 2 卷　子部道教类

(1)《道藏》本。

(2)《道藏举要》本。

(3)《道藏精华录》本,1 卷。

(4) 明蓝格抄本,台湾大学图书馆藏。附录 2 卷。

(5) 2015 年中华书局出版王家葵校注本。

按:宋王尧臣撰、清钱东垣辑释《崇文总目辑释》作《养生延命录》1 卷。

导引养生图 1 卷　子部道教类　佚

神仙玉芝瑞草图 2 卷　子部道教类　佚

以上 2 种见《宋史·艺文志》。

上清握中诀　子部道教类

《道藏》本。

养生经 1 卷　子部道教类　佚

陶真人金丹诀 1 卷(一作 3 卷)　子部道教类　佚

达灵经 1 卷　子部道教类　佚

以上 3 种见宋王尧臣撰、清钱东垣辑释《崇文总目辑释》。

洞玄灵宝真灵位业图 1 卷　子部道教类

唐闾丘方远校定

(一)《洞玄灵宝真灵位业图》1 卷

(1)《道藏》本。

(2)《重刊道藏辑要》本。

(二)《真灵位业图》1 卷

(1)《广百川学海》本。

(2)《说郛》(宛委山堂)本。

(3)《五朝小说》本。

(4)《五朝小说大观》本。

(三)《灵宝真灵位业图》1 卷

(1)《秘册汇函》本。

(2)《津逮秘书》本。

(3)《丛书集成初编》本。

按:《四库全书总目》收入道家类存目,称本书系伪托。提要云:"此书杜撰凿空,又出《真诰》之下。其用纬书灵威仰、赤熛怒、曜魄宝、含枢纽之名,已属附会,而易叶光纪为隐侯局,尤为无据。至以孔子为第三左位太极上真公,颜回为明晨侍郎,秦始皇为酆都北帝上相,曹操为太傅,周公为西明公,比(按:当为'北'字)少傅,周武王为鬼官北斗君,则诞妄殆不足辨。王世贞、胡震亨乃取《真诰》及《玉检大录》诸书详为考核,殆亦好奇之过矣。"

图像集要　子部道教类　佚

见《南史》本传。

太山赤文洞神三箓(集)1卷　子部道教类

唐李淳风注

《道藏》本。

抱朴子注20卷　子部道教类　佚

集金丹药白要方1卷　子部道教类　佚

服云母诸石药消化三十六水法1卷　子部道教类　佚

服草木杂药法1卷　子部道教类　佚

断谷秘方1卷　子部道教类　佚

消除三尸诸要法1卷　子部道教类　佚

撰集服霖导引法1卷　子部道教类　佚

集人间诸却灾患法1卷　子部道教类　佚

以上8种见《华阳隐居先生本起录》。

经目　子部道教类　佚

太上众经目　子部道教类　佚

三十六部尊经目　子部道教类　佚

以上3种见《道教义枢》卷2《三洞义》第五,题陶隐居撰。

陶弘景集30卷　集部别集类　佚

陶弘景内集15卷　集部别集类　佚

以上2种见《隋书·经籍志》。

贞白先生陶隐居文集2卷　集部别集类

宋傅霄编集　陈桷校勘

（1）明嘉靖二十三年（1544）文嘉据宋绍兴刻本抄本，国家图书馆藏。

（2）明嘉靖四十年吴郡史臣纪据文嘉本增校抄本。

按：此本为汲古阁旧藏，周叔弢得于津门，现藏国家图书馆，见《藏园群书经眼录》及《自庄严堪善本书目》（天津古籍出版社1985年）。

（3）明崇祯二年（1629）叶奕等合抄本。木犀轩旧藏，现藏北京大学图书馆，见《木犀轩藏书题记及书录》。《藏园群书经眼录》卷12作1卷。

华阳陶隐居集2卷　集部别集类

（1）《道藏》本。

（2）明朱大英刻本，复旦大学图书馆藏。

（3）明末毛氏汲古阁刊《道藏八种》本。

（4）《宛委别藏》本。

（5）《指海》本。

（6）《道藏举要》本。

（7）明嘉靖刻本，有附录1卷。

（8）《观古堂所刊书》本。

（9）《观古堂汇刻书》本。

（10）《郎园先生全书》本。

（11）清抄本，湖北省图书馆藏。

梁陶贞白先生文集2卷附录1卷　集部别集类

明吴郡黄省曾编　赣郡黄注校

（1）明嘉靖三十一年赣郡萧斯馨刻本。木犀轩旧藏，现藏国家图书馆。

（2）明嘉靖三十一年（1552）赣郡萧斯馨刻本朱多煃、朱多炡重修本，上海图书馆藏。

陶贞白集2卷　集部别集类

明吴郡黄省曾编　新安汪士贤校补

(1)《汉魏诸名家集》本。

(2) 明省吾堂刻本,山东省图书馆藏。

(3) 清桂芳堂本,山东省图书馆藏。

按:此本盖从黄注校本出。

陶隐居集2卷　集部别集类

抄本,南京图书馆藏。

陶隐居集4卷附录1卷　集部别集类

《七十二家集》本。

陶隐居集1卷传记1卷　集部别集类

明嘉靖间史臣纪抄本,明史臣纪、傅增湘跋,徐郙、陆润庠、劳健等题款,国家图书馆藏。

陶隐居集1卷　集部别集类

(1) 明崇祯元年(1628)抄本。本犀轩旧藏,现藏北京大学图书馆。

(2)《汉魏六朝百三名家集》本。

(3)《梁名家集》本,国家图书馆藏。

(4) 清东武刘氏味经书屋抄本,清刘喜海校并跋,国家图书馆藏。

陶贞白集1卷附录1卷校勘记1卷　集部别集类

清汪振之撰校勘记

《金陵丛书》本。

陶通明集　集部别集类

《增订汉魏六朝别集》本。

陶隐居集选1卷　集部别集类

清吴汝纶评选

《汉魏六朝百三家集选》本。

陶弘景集校注　集部别集类

王京州注

2009年上海古籍出版社出版。

按:刘永霞撰有宗教学博士论文《陶弘景研究》(四川大学2006年)。论文以陶弘景的传记、本人的著述等资料,研究陶弘景的生平、信仰及其三教观,陶弘景创立茅山宗及茅山宗的特点,道教炼养理论和方法方面的贡献和特色,并通过分析陶弘景的诗文介绍其文学成就和总体的精神追求与价值取向。

王　揖

南朝梁琅邪临沂籍建康人。导五世孙,僧虔子,志弟。仕齐入梁,历黄门侍郎、太中大夫,出为东阳太守。《南史》王志传附。

王揖集5卷　集部别集类　佚

见《隋书·经籍志》。

按:清严可均《全梁文》卷48收其文1篇。逯钦立《先秦汉魏晋南北朝诗·梁诗》卷2收其诗5章。

王　籍

字文海。南朝梁琅邪临沂籍建康人。导六世孙,僧祐子。仕齐为余杭令。诗才似谢灵运,草书学孔琳。梁天监中,为湘东王咨议参军,转会稽郡。境有云门、天柱山。籍游之或累月不返。至若耶溪,赋诗有"蝉噪林逾静,鸟鸣山更幽"句,为世所誉。寻坐免。起为中散大夫,卒于官。《南史》有传。

王籍集10卷　集部别集类　佚

见《南史》本传。云湘东王为之集。

按:逯钦立《先秦汉魏晋南北朝诗·梁诗》卷17收其诗2首。

王　融(468—494)

字元长。南朝齐琅邪籍建康人。僧达孙。少警慧,博涉有文才。举秀才,历官参军,迁太子舍人、秘书丞、丹阳丞、中书郎兼主客郎。竟陵王萧子良以为宁朔将军。齐武帝疾笃，以欲立萧子良而得罪郁林王萧昭业，下狱死。《南齐书》有传。

王融集 10 卷　集部别集类　佚

见《隋书·经籍志》。

按：清严可均《全齐文》卷 12 收其文 28 篇。逯钦立《先秦汉魏晋南北朝诗·齐诗》卷 2 收其诗 54 首。

司马褧(？—518)

字元素，一作元表。晋室后裔，世居京邸，遂为南朝梁时建康人。父燮，通《三礼》，仕齐为国子博士。褧少传家业，手不释卷。少与任昉善，昉亦推重之。梁天监初，诏定《五礼》。褧以尚书祠部郎修嘉礼，凡所建白，多所施行。累迁御史中丞，出为宣毅南康王长史，迁晋安王长史。《梁书》有传。

嘉礼仪注 112 卷　史部政书类　佚

见《梁书》本传。

按：《南史》本传作 116 卷。

文集 10 卷　集部别集类　佚

见《梁书》本传。

按：据本传称，是集为庾肩吾所编。

司马褧集 9 卷　集部别集类　佚

见《隋书·经籍志》。

按：清严可均《全梁文》卷 58 收其文 2 篇。

王　寂

字子玄。南朝齐琅邪临沂籍建康人。导五世孙，僧虔幼子。仕至秘书郎，卒年 21。《南齐书》有传。

王寂集 5 卷　集部别集类　佚

见《隋书·经籍志》，注："梁有，亡。"

按:逯钦立《先秦汉魏晋南北朝诗·齐诗》卷5收其诗5章。

王　暕(477—523)

字思晦。南朝梁琅邪临沂籍建康人。俭次子。尚齐淮南公主,拜驸马都尉。齐明帝时,除骠骑从事中郎。入梁,除太子中庶子,历侍中、五兵尚书,出为晋陵太守。征为吏部尚书。累迁侍中、尚书左仆射,领国子祭酒。卒谥靖。《梁书》有传。

王暕集21卷　集部别集类　佚

见《隋书·经籍志》。

按:清严可均《全梁文》卷48收其文1篇。逯钦立《先秦汉魏晋南北朝诗·梁诗》卷5收其诗2首。

阮孝绪(479—536)

字士宗。南朝梁尉氏人。目录学家。年13通五经。性淡泊,终身隐居不仕。博学多闻,耽于书史,以收集天下文献为己任,凡家有藏书,书有目录者,必思录于名簿。所撰《七录》一书,创七部分类法,对古代目录学有很大贡献。卒后门人私谥文贞处士。《梁书》《南史》有传。

文字集略6卷　经部小学类　佚

见《隋书·经籍志》。《旧唐书·经籍志》《新唐书·艺文志》并作1卷。

按:原书已佚,今存辑本:

(1) 清任大椿辑,王念孙校

《小学钩沉》本。

《小学类编附编·小学钩沈》本。

《翠琅玕馆丛书》(冯兆年辑)本。

《芋园丛书》本。

(2) 清马国翰辑,1卷

《玉函山房辑佚书》本。

(3) 清黄奭辑,1 卷

《汉学堂丛书》本。

《黄氏逸书考》本。

(4) 清顾震福辑

《小学钩沈续编》本。

(5) 清王仁俊辑,1 卷

《玉函山房辑佚书续编》本。

(6) 龙璋辑,1 卷

《小学蒐佚》(上编)本。

正史削繁 94 卷　史部史钞类　佚

见《隋书·经籍志》。《旧唐书·经籍志》《新唐书·艺文志》并作 14 卷。

高隐传 10 卷　史部传记类　佚

见《隋书·经籍志》。《旧唐书·经籍志》作 2 卷。

按:《南史》本传云:"上自炎皇,终于天监末,斟酌分为三品。"《梁书》本传、清严可均《全梁文》卷 66 收其《高隐传论》。

七录 12 卷　史部目录类　佚

见《隋书·经籍志》。

按:原书已佚。今仅存"序目"及《七录》辑本。

(一)《七录序目》1 卷

(1)《晋石厂丛书》本。

(2) 清抄本,国家图书馆藏。

按:"序目"亦收入《广弘明集》《续古文苑》《全梁文》卷 66。

(二)《七录》辑本

(1) 2 卷,清抄本,卷下附考清臧庸辑,国家图书馆藏。

(2) 1 卷,民国间抄本,卷下附考清臧庸辑,国家图书馆藏。

(3) 2 卷,民国间积跬步斋抄本,卷下附考清臧庸辑,国家图书馆藏。

(4) 不分卷,吴氏式古训斋抄本,国家图书馆藏。

(5) 不分卷,抄本,国家图书馆藏。

(6) 不分卷,潍县高氏抄本,国家图书馆藏。

(7) 1卷,清朱大源校,道光七年(1827)刘氏味经书屋抄本,国家图书馆藏。

(8) 1卷,清王仁俊辑,《玉函山房辑佚书续编》本。

(9)《续修四库全书》本。

王　筠(481—549)

字元礼,一字德柔。南朝梁琅邪临沂籍建康人。导六世孙,揖子。幼聪慧,年16作《芍药赋》,时人誉之。与从兄泰并有文名,为昭明太子所称许。累官太子詹事。生平所撰文,以一官为一集,凡百卷。《梁书》有传。

中书表奏30卷　史部政书类　佚

吏部集10卷　集部别集类　佚

太府集10卷　集部别集类　佚

以上3种见《梁书》本传。

王筠集11卷　集部别集类　佚

见《隋书·经籍志》,注云:"并录。"

中书集11卷　集部别集类　佚

见《隋书·经籍志》,注云:"并录。"

按:《旧唐书·经籍志》《新唐书·艺文志》皆作10卷。《梁书》本传云:"一官为一集,自洗马、中书……太府各十卷,尚书三十卷,凡一百卷。"

中庶子集10卷　集部别集类　佚

见《旧唐书·经籍志》《新唐书·艺文志》。

左佐集11卷　集部别集类　佚

见《隋书·经籍志》,注云:"并录。"

按:《旧唐书·经籍志》《新唐书·艺文志》均题作《左右集》10卷。

临海集11卷　集部别集类　佚

见《隋书·经籍志》,注云:“并录。”

按:《旧唐书·经籍志》《新唐书·艺文志》《梁书》本传皆作10卷。

尚书集9卷　集部别集类　佚

见《隋书·经籍志》,注云:“并录。”

按:《旧唐书·经籍志》《新唐书·艺文志》作11卷。《梁书》本传作30卷。

洗马集10卷　集部别集类　佚

见《旧唐书·经籍志》《新唐书·艺文志》。

王詹事集1卷　集部别集类

《汉魏六朝百三名家集》本。

王詹事集选1卷　集部别集类

清吴汝纶评选

《汉魏六朝百三家集选》本。

谢几卿

南朝梁陈郡阳夏籍建康人。灵运曾孙,超宗子。少有神童之誉,年12召补国子生。及长,性通脱,好饮酒。博学有文采,长于玄理。仕齐,为晋安王主簿。入梁,历尚书左丞、太子率更令,迁左光禄长史。《梁书》有传。

谢几卿集　集部别集类　佚

见《梁书》本传。

按:清严可均《全梁文》卷45收其文2篇。

王　规(492—536)

字威明。南朝梁琅邪临沂籍建康人。俭孙。起家秘书郎,累迁太子洗马。后为萧纲咨议参军、新安太守,除中书黄门侍郎。敕侍东宫,为昭明太子所礼遇。普通中，授侍中，复为晋安王纲长史，除散骑常侍、太子中庶子，领步兵校尉。辞疾不拜。筑室于钟山宋熙寺以居。卒，赠光禄大夫，谥文。《梁书》有传。

续汉书注 200 卷　史部别史类　佚

王规集 20 卷　集部别集类　佚

以上 2 种见《梁书》本传。

按：逯钦立《先秦汉魏晋南北朝诗·梁诗》卷 15 收其诗 2 首。

昙　瑗(496? —577?)

未详本姓。南朝陈时金陵人。有才学，能诗文，以持律名于时。陈顼时，授僧正，主持光宅寺。辞不就。与洪偃唱和。太建中卒，为立白塔、建碑于寺。《续高僧传》有传。

僧家书仪 5 卷　史部政书类　佚

见《隋书·经籍志》。

十诵疏　子部佛教类　佚

戒本羯后疏　子部佛教类　佚

昙瑗集 8 卷　集部别集类　佚

以上 3 种见《续高僧传》本传。

按：《隋书·经籍志》著录《昙瑗集》作 6 卷。清严可均《全陈文》卷 18 收其文 2 篇。逯钦立《先秦汉魏晋南北朝诗·陈诗》卷 10 收其诗 1 首。

颜　协(498—539)

字子和。南朝梁琅邪临沂籍建康人。之推父。博涉群书，工于草隶。初为湘东王萧绎常侍，兼府记室。绎出镇荆州，转正记室。时与吴郡顾协同在幕，二人同名，才学相亚，人称“二协”。及卒，萧绎著《怀旧诗》以伤之。《南史》有传。

晋仙传 5 篇　史部传记类　佚

日月灾异图 2 卷　子部历算类　佚

颜协集 20 卷　集部别集类　佚

以上 3 种见《南史》本传。

王　锡(499—534)

字公嘏。南朝梁琅邪临沂籍建康人。导七世孙,琳次子。幼好学,致损右目。天监中,除秘书郎,与张缵齐名。历太子洗马,封永安侯。累迁吏部郎中,称疾不拜。《梁书》有传。

王锡集 7 卷　集部别集类　佚

见《隋书·经籍志》,注云:"并录。"

按:清严可均《全梁文》卷 59 收其文 1 篇。逯钦立《先秦汉魏晋南北朝诗·梁诗》卷 15 收其诗 2 首。

谢　徵(500—536)

名一作微。字玄度。南朝梁陈郡阳夏籍建康人。璟子。好学,善属文,见赏于世。与裴子野、刘显同官友善。萧衍时官中书舍人,除尚书左丞。中大通六年(534)出为北中郎豫章王长史、南兰陵太守。大同二年(536)卒。《梁书》有传。

丧服要纪 5 卷　经部仪礼类　佚

晋贺循撰　梁谢徵注

见《旧唐书·经籍志》。

谢徵集 20 卷　集部别集类　佚

见《梁书》本传。

按:逯钦立《先秦汉魏晋南北朝·梁诗》卷 15 收其诗 1 首。

王　褒(?—572 后)

字子深,一字子渊。北周琅邪临沂籍建康人。导八世孙,规子。博览史传,尤工属文,善草隶。弱冠举秀才,除秘书郎。梁武帝嘉其才，以鄱阳王恢女妻之，袭南昌县侯，历秘书丞、宣城王文学，拜安成内史。侯景之乱，转南平内史。萧绎召为吏部尚书、左仆射。入周，授车骑大将军、仪同三司。周明帝宇文毓雅好文学，褒与庾信特加亲待，因加开府仪同三司。宇文邕继位，除内史中大夫。建德(572)以后，颇参朝议。寻授太子少保，迁少司空。官终宜州刺史。卒年64。《周书》有传。

王氏江左世家传20卷　史部传记类　佚

见《隋书·经籍志》。

象经1卷　子部艺术类　佚

北周王褒注

见《隋书·经籍志》《新唐书·艺文志》。

按:《隋书·经籍志》入兵家类。本传云:“高祖(宇文邕)作《象经》，令褒注之。”

桐柏真人王君外传1卷　子部道教类　佚

见《宋史·艺文志》。

王褒集21卷　集部别集类　佚

见《隋书·经籍志》，注云:“并录。”今存辑本有:

(1)《六朝诗集》本，题《王子渊集》，1卷。

(2)《汉魏六朝百三名家集》本，题《王司空集》，1卷。

(3)《增订汉魏六朝别解》本，题《王司空集》，不分卷。

王司空集选1卷　集部别集类

北周王褒撰　清吴汝纶评选

《汉魏六朝百三家集选》本。

按:清严可均《全后周文》卷7收其文1卷。逯钦立《先秦汉魏晋南北朝诗·北周诗》卷1收其诗46首。

颜　晃(510—562)

字元明。南朝陈琅邪临沂籍建康人。协弟。少孤贫，好学有文采，为世所知。仕梁，为邵陵王记室参军，累至中书侍郎。入陈，累迁员外散骑常侍，兼中书舍人，掌诏诰。卒谥贞子。《陈书》有传。

颜晃集 20 卷　集部别集类　佚

见《陈书》本传。

司马暠(？—576 后)

字文升，小字罗儿。晋室后裔。南朝陈建康人。父子产，为梁武帝外兄。暠仕梁，累至正员郎。萧绎时，除太子庶子。魏克荆州，随入长安。陈太建八年(576)，自周还，历位通直散骑常侍、太中大夫。卒于官。《陈书》有传。

司马暠集 10 卷　集部别集类　佚

见《陈书》本传。

江　总(519—594)

字总持。南朝陈济阳考城(今河南兰考)人。因官居建康，故居在青溪，志载所谓"江令宅"即为其地。唐朝诗人刘禹锡《金陵五题》中有《江令宅》一诗："南朝词臣北朝客，归来唯见秦淮碧。池台竹树三亩余，至今人道江家宅。"幼聪颖，笃学有文采。家传赐书数千卷，昼夜寻读，未尝辍手。仕梁，历丹阳佐史，尚书殿中郎、太子洗马、临安令、太子中舍人。侯景之乱，流寓岭南。入陈，为太子詹事。后主即位，擢仆射尚书令，不持政务，日与后主宴游后庭，与诸文士共为艳诗，号为狎客。君臣昏乱，以至灭亡。入隋，复拜上开府。卒于江都。《陈书》有传。

江总集 30 卷　集部别集类　佚

江总后集 2 卷　集部别集类　佚

以上 2 种见《隋书·经籍志》。今有辑本 2 种，题《江令君集》，分别如下：

(1)《汉魏六朝百三名家集》本，1 卷。

(2)《增订汉魏六朝别解》本，1 卷。

江令君集选 1 卷　集部别集类

陈江总撰　清吴汝纶评选

《汉魏六朝百三家集选》本。

按：清严可均《全隋文》卷 10、卷 11 收其文 2 卷。逯钦立《先秦汉魏晋南北朝·陈诗》卷 7、卷 8 收其诗 2 卷。

颜之仪(523—591)

字子升，一作升。隋琅邪临沂籍建康人。协长子。博涉群书，好为辞赋，曾以文学见重于梁元帝。梁亡入周，仕麟趾学士，迁司书上士。历至西疆郡守。隋开皇初，征还京师，进爵新野县公，拜集州刺史，致仕卒。《周书》有传。

颜之仪集 10 卷　集部别集类　佚

见《周书》本传。

颜之推(531—590 后)

字介。北齐琅邪临沂籍人，生于建康。协次子，之仪弟。承家学，博览群书，精小学，以文学著名于世。初仕梁为散骑侍郎。入北齐，官至黄门侍郎、平原太守。齐亡入周，为御史上士。隋开皇中召为太子文学，卒于官。《北齐书》有传。缪钺编有《颜之推年谱》，收入 1963 年三联书店版《读史存稿》。

训俗文字略 1 卷　经部小学类　佚

见《隋书·经籍志》。

急就章注 1 卷　经部小学类　佚

见《旧唐书·经籍志》《新唐书·艺文志》。

笔墨法 1 卷　经部小学类　佚

见《新唐书·艺文志》。

证俗音字 4 卷　经部小学类　佚

见《宋史·艺文志》。今有多家辑本，题《证俗音》1卷，版本如下：

(1)《小学钩沈》本。

(2)《小学钩沈续编》本。

(3)《小学类编附编》本。

(4)《翠琅玕馆丛书》(冯兆年辑)本。

(5)《芋园丛书》本。

(6)《小学蒐佚》(下编)本。

字始3卷　经部小学类　佚

见《宋史·艺文志》。

颜氏家训　子部儒学类

(一) 7卷附《考证》1卷本

(1) 元刻本，上海图书馆藏。

(2) 清抄本，鲍廷博校，国家图书馆藏。

(3)《抱经堂丛书》本。

(4)《知不足斋丛书》本。

(5)《龙溪精舍丛书》本。

(6)《渭南严氏孝义家塾丛书》本。

(7)《诸子集成》本。

(8)《丛书集成初编》本。

(9)《四部备要》本。

(二) 2卷本

(1) 明正德十三年(1518)颜如瓌刻本，国家图书馆藏。

(2) 明嘉靖三年(1524)傅钥刻本，上海图书馆藏。

(3) 明嘉靖间程伯祥刻本，国家图书馆藏。

(4) 明万历三年(1575)颜嗣慎刻本，国家图书馆藏。

(5) 明万历六年颜志邦刻本，青海省图书馆藏。

(6)《格致丛书》本。

(7)《汉魏丛书》本。

(8)《广汉魏丛书》本。

(9) 明天启三年(1623)刻本,南京图书馆藏。

(10) 明郝之璧刻本,上海图书馆藏。

(11) 明刻本,冯武校。国家图书馆藏。

(12) 清康熙五十八年(1719)朱轼刻本,中国科学院图书馆藏。

(13)《四库全书荟要》本。

(14)《四库全书》本。

(15)《增订汉魏丛书》本。

(16)《子书百家》本。

(17)《百子全书》本。

(18)《关中丛书》本。

(三) 1卷本

(1)《居家必备》本。

(2)《增定汉魏六朝别解》本。

(3)《说郛》(宛委山堂)本。

(4)《五朝小说》本。

(5)《五朝小说大观》本。

按:《颜氏家训》影响很大,流传甚广,兹列举善本及部分丛书本于上。后人注解、翻刻亦多,其中影响较大的有今人王利器的《颜氏家训集解》(1980年上海古籍出版社铅印本,后多次重印)。

集灵记20卷　子部小说类

见《隋书·经籍志》。

按:《旧唐书·经籍志》《新唐书·艺文志》均著录10卷。今有辑本如下:

(1)《说郛》(宛委山堂)本。

(2)《古今说部丛书》本。

(3)《古小说钩沈》本。

冤魂志(一名还冤志、还冤记)3卷　子部小说类见《隋书·经籍志》。今有辑本如下：

(1)《续百川学海》本，1卷。

(2)《宝颜堂秘笈》本，1卷。

(3)《唐宋丛书》本，1卷。

(4)《说郛》(宛委山堂)本，1卷。

(5)《四库全书》本，3卷。

(6)《诒经堂藏书》本，1卷。

(7)《五朝小说》本，1卷。

(8)《五朝小说大观》本，1卷。

(9)《增订汉魏丛书》本，1卷。

(10)《古今说部丛书》本，1卷。

(11)《旧小说》本，24则。

(12)《敦煌秘籍留真新编》(下卷)本，残1卷。

颜之推集30卷　集部别集类　佚

见《北齐书》本传。

按：清严可均《全隋文》卷13收其文3篇。逯钦立《先秦汉魏晋南北朝诗·北齐诗》卷2收其诗5首。

稽圣赋1卷　集部别集类　佚

见《宋史·艺文志》。

七悟1卷　集部总集类　佚

见《隋书·经籍志》。

按：《新唐书·艺文志》题《七悟集》1卷。

诸葛颍(536—612)

字汉。隋丹阳建康人。初仕梁邵陵王参军事，转记室。侯景之乱，投奔北齐，官至太子舍人。入周，不得迁调，杜门不出者十余年，因得博通《周易》、图纬、仓雅、《老子》《庄子》之学。入隋，晋王杨广引为参军事，转记室。大业初，迁著作郎，甚见亲幸。从征吐谷浑，加正议大夫。

后从北巡，卒于道。《隋书》有传。

桂苑珠丛 100 卷　经部小学类　佚

见《旧唐书·经籍志》《新唐书·艺文志》。

桂苑珠丛略要 20 卷　经部小学类　佚

隋诸葛颍、曹克等合撰

见《旧唐书·经籍志》《新唐书·艺文志》，不著撰人。今存辑本 4 种，均为 1 卷：

(1)《玉函山房辑佚书》本。

(2)《汉学堂丛书》本。

(3)《黄氏逸书考》本。

(4)《小学蒐佚》本。

北伐记 7 卷　史部地理类　佚

见《隋书·经籍志》。

按：《隋书》本传题作《銮驾北巡记》3 卷。

巡抚扬州记 7 卷　史部地理类　佚

见《隋书·经籍志》。

按：《旧唐书·经籍志》题作《巡总扬州记》，卷同。《隋书》本传题为《幸江都道里记》1 卷。

洛阳古今记 1 卷　史部地理类　佚

见《隋书》本传。

种植法 77 卷　子部农家类　佚

相马经 60 卷　子部农家类　佚

以上 2 种见《旧唐书·经籍志》《新唐书·艺文志》。

马名录 2 卷　子部农家类　佚

见《隋书》本传。

淮南王食经并目 165 卷　子部医家类　佚

见《隋书·经籍志》，不著撰人，注云："大业中撰。"

按：《旧唐书·经籍志》作 120 卷，《新唐书·艺文志》作 130 卷。

淮南王食目 10 卷　子部医家类　佚

淮南王食经音 13 卷　子部医家类　佚

以上 2 种见《旧唐书·经籍志》《新唐书·艺文志》。

玄门宝海 120 卷　子部典故类　佚

见《旧唐书·经籍志》《新唐书·艺文志》。

按:《隋书·经籍志》不著撰人。

诸葛颍集 20 卷　集部别集类　佚

见《隋书》本传。注云:“大业中撰。”

按:《旧唐书·经籍志》《新唐书·艺文志》作 14 卷。逯钦立《先秦汉魏晋南北朝诗·隋诗》卷 5 收其诗 6 首。

王　胄(558—613)

字承基。隋琅邪临沂籍建康人。导八世孙,筠次孙。少有逸才。仕陈,历太子舍人、东阳王文学。隋灭陈,晋王广引为博士。仁寿末,从征林邑,以功授帅都督。大业初,为著作佐郎。以文词为炀帝所重,与虞绰齐名。从征辽东,授朝散大夫。诸葛颍谮之,炀帝爱其才而不罪。杨玄感败,坐徙边,道亡,潜还江左,为吏所捕,坐诛。《隋书》有传。

大业起居注　史部编年类　佚

见刘知几《史通》卷十二《古今正史》第二《隋书》,云:“炀帝世唯有王胄等所修《大业起居注》,及江都之祸,仍多散逸。”

王胄集 10 卷　集部别集类　佚

见《隋书·经籍志》。

按:清严可均《全隋文》卷 14 收其文 1 篇。逯钦立《先秦汉魏晋南北朝诗·隋诗》卷 5 收其诗 17 首。

唐宋元

庾　抱(？—618)

唐江宁人。其先徙自颍川(今河南许昌)。工属文。隋开皇中为延州参军,累调吏部。尚书牛弘知其有学术,给笔札令自序,援笔而成。后补元德太子学士。唐高祖兵起,太子建成引为陇西公府记室,文檄多出其手。新旧《唐书》有传。

庾抱集10卷　集部别集类　佚

见《旧唐书》本传,《新唐书·艺文志》。

按:《旧唐书·经籍志》作6卷。《全唐诗》卷39收其诗5首。《金陵诗征》卷3收有其诗。

吉　藏(549—623)

世号嘉祥大师。生于金陵。唐高僧。俗姓安,本西域安息人,先世避仇移居南海,住交广(今越南、广西)间,后迁金陵而生吉藏。父出家,法名道谅。藏年7岁,亦从兴皇寺法郎大师学三论,从学27年,深通玄旨。隋开皇九年(589)陈亡,藏年42,东游会稽,居嘉祥寺。后又往天台从智顗学禅宗。开皇末召入京。入唐为京师延兴寺住持。藏深究佛学,三论宗至藏而大成。道宣《续高僧传》有传。

三论玄义2卷　子部佛教类

(1) 清光绪二十五年(1899)金陵刻经处刻本。

(2)《续修四库全书》本。

(3) 1987年中华书局韩廷杰校释本。

中观论疏26卷附1卷　子部佛教类

姚秦鸠摩罗什译　吉藏疏

(1) 清光绪二十五年(1899)金陵刻经处刻本。

(2) 1915 年金陵刻经处刻本。

(3)《续修四库全书》本。

(4) 1994 年台湾新文丰出版社公司出版。

十二门论疏 4 卷　子部佛教类

姚秦鸠摩罗什译　吉藏疏

1915 年金陵刻经处刻本。

百论疏 14 卷　子部佛教类

1918 年金陵刻经处刻本。

金刚般若波罗蜜经义疏 6 卷　子部佛教类

法华游意 2 卷　子部佛教类

胜鬘师子吼一乘大方便方广经宝窟 15 卷　子部佛教类

以上 3 种有金陵刻经处刻本。

仁王护国般若波罗蜜经疏 8 卷　子部佛教类

北京刻经处刻本。

维摩诘所撰经义略疏 5 卷　子部佛教类

(1)《续藏经》本。

(2) 日本元禄十一年(1698)刻本,台湾"中央图书馆"原藏。

华严经游意(一作净名玄论维摩略疏)1 卷　子部佛教类

维摩诘所撰经义疏 6 卷　子部佛教类

妙法莲华经义疏 12 卷　子部佛教类

妙法莲华经疏略 6 卷　子部佛教类

妙法莲华经论疏 3 卷　子部佛教类

无量寿经义疏 1 卷　子部佛教类

观无量寿佛经义疏 1 卷　子部佛教类

大般涅集经游意 1 卷　子部佛教类

金光明经疏 1 卷　子部佛教类

弥勒上生经游意 1 卷　子部佛教类

大品经义疏 10 卷　子部佛教类

大品经游意 1 卷　子部佛教类

大乘三论略章 1 卷　子部佛教类

大乘玄论 5 卷　子部佛教类

以上 14 种有《续藏经》本。

法华玄论 10 卷　子部佛教类

(1) 北京刻经处刻本。

(2) 日本天和三年(1683)刻本,台湾"中央图书馆"原藏。

按:吉藏关于法华之著作凡 4 种:一曰《法华玄论》,二曰《法华游意》,三曰《法华义疏》,四曰《法华统略》。

二谛章 3 卷　子部佛教类

(1)《续藏经》本。

(2) 日本宝永七年(1710)刻本,2 卷,台湾"中央图书馆"原藏。

刘允济

唐江宁人。南齐学者刘瓛六世孙。工文辞,与王勃齐名。唐初进士,除著作佐郎,迁左史、兼直弘文馆。武后朝,除著作郎,擢凤阁舍人。以事坐免。复为修文馆学士。卒于官。新、旧《唐书》有传。

鲁后春秋 20 卷　史部别史类　佚

见《旧唐书·经籍志》。

刘允济集 20 卷　集部别集类　佚

见《旧唐书·经籍志》《新唐书·艺文志》。《全唐诗》作 10 卷。

按:《全唐诗》卷 63 收其诗 4 首。

金门待诏集 10 卷　集部总集类　佚

见《旧唐书·经籍志》《新唐书·艺文志》。《宋史·艺文志》作 5 卷。

孙处玄

一作处立，避唐讳又作处元。唐江宁人。武则天长安中，官左拾遗。神龙初，论时事不合，归里。开元初，荐不起。善属文，有诗名。《旧唐书》有传。

润州图经 20 卷　史部地理类　佚

见《旧唐书·经籍志》。《新唐书·艺文志》题作《润州图注》。

按：《新唐书·艺文志》集部注云："江宁有右拾遗孙处玄(等)十八人。皆有诗名。殷璠汇次其诗为《丹杨集》者。"

又按：《全唐文》卷 266 收其文 1 篇。《全唐诗》卷 114 收其诗 2 首及残句。

徐延寿

唐江宁人。开元间处士。以诗名。殷璠称其诗婉娈艳美。

徐处士集　集部别集类　佚

见《金陵艺文志》。

按：《新唐书·艺文志》集部注云其诗收入殷璠辑《丹杨集》。《全唐诗》卷 114 收其诗 3 首。

王昌龄(？—756)

字少伯。籍贯旧有太原、京兆、江宁三说，《旧唐书》本传以为京兆(今西安)人。盛唐著名边塞诗人。王导裔孙。开元十五年(727)进士，授汜水尉，迁江宁丞。二十二年中宏辞，迁校书郎。后以不护细行，贬龙标尉。安史乱起，为谯郡刺史闾丘晓所杀。诗以七绝见长，尤以登第之前赴西北边塞所作边塞诗最著，有"诗家夫子王江宁"之誉。新、旧《唐书》及《唐才子传》有传。谭优学编有《王昌龄行年考》，载 1963 年 2 月中华书局版《文学遗产》第 12 辑。

瑞应图 1 卷　史部传记类　佚

见《宋史·艺文志》传记类。

王昌龄集5卷　集部别集类　佚

见《旧唐书·经籍志》《新唐书·艺文志》。

按:《崇文总目》载《王昌龄诗》1卷。《郡斋读书志》作6卷。《直斋书录解题》载《王江宁集》1卷。《宋史·艺文志》作10卷。《全唐诗》卷140至卷143载其诗4卷。王重民等《全唐诗外编》收其诗2首。空海(遍照金刚)《献书表》,《献杂文表》(载陆心源辑《唐文续拾》卷16)中有《王昌龄集》1卷。《全唐文》卷332收其文6篇。

王昌龄诗集3卷　集部别集类

(1) 明正德十四年(1519)勾吴袁翼刻本,台湾"中央图书馆"原藏。

(2) 明正德间刻本,北京大学图书馆藏。

(3)《唐百家诗》本(嘉靖刻)。

(4) 明抄本,四川省图书馆藏。

王昌龄诗集2卷　集部别集类

(1)《唐诗二十六家集》本(嘉靖刻)。

(2)《唐人小集》本(嘉靖刻)。

(3)《唐人集》本(明铜活字印)。

盛唐王昌龄诗集1卷　集部别集类

《十家唐诗》本。

王龙标诗集4卷　集部别集类

清光绪十年(1884)遂宁书局刻本,北京师范大学图书馆藏。

王昌龄诗集5卷　集部别集类

日本享保十八年(1733)日本京都屋市郎兵卫刻本,北京大学图书馆藏。

王昌龄诗集　集部别集类

黄明校编

江西人民出版社1981年《百花洲文库》第1辑本,1993年新1版。

王昌龄诗注　集部别集类

李云逸注

1984 年上海古籍出版社出版。

王昌龄集编年校注　集部别集类

胡向涛、罗琴校注，2000 年巴蜀书社出版。

王昌龄集　集部别集类

曾亚兰编校，2000 年岳麓书社出版。

续乐府古解题 1 卷　集部总集类　佚

见《宋史・艺文志》。

按：《宋史・艺文志》入乐类。《新唐书・艺文志》乐类著录郄昂《乐府古今题解》3 卷，注云："一作王昌龄。"《唐才子传》载《古乐府解题》1 卷。

诗格 1 卷诗中密旨 1 卷　集部诗文评类

（1）《格致丛书》本。

（2）《诗学指南》本。

（3）明钱塘胡氏校刻本，题《王少伯诗格》1 卷，南京图书馆藏。

按：《新唐书・艺文志》载《诗格》2 卷，《崇文总目》同。《直斋书录解题》作《诗格》1 卷、《诗中密旨》1 卷。《四库全书总目》谓此两书出于依托。罗根泽《中国文学批评史》考二书恐非皆伪。《诗格》指出："诗有三境，一曰物镜，二曰情境，三曰意境。""意境"与"境界"作为专门术语被广泛应用于诗词的品评。

陈　羽(733—?)

《金陵琐事》卷 3"唐江宁诗人"条列其为江宁人。一作江东人。贞元八年(792)进士，与陆贽同年。历官东宫尉佐。工于诗。《唐才子传》卷 5 有传。生平据傅璇琮主编《唐才子传校笺》卷 5。

陈羽诗集 1 卷　集部别集类

《唐诗百名家全集》本。

按：《宋史・艺文志》载《陈羽诗》1 卷。《全唐文》卷 546 存其《明水赋》1篇。《全唐诗》卷348收其诗1卷。王重民等《全唐诗外编》收其诗1首。张璋、黄畲《全唐五代词》(上海古籍出版社1986年)卷1收其词2首。

冷朝阳

唐江宁人。大历四年(769)进士。登第后不待授官,即归江宁省亲,当时著名诗人李嘉祐、韩翃、钱起等均有诗送别。后为潞州节度使薛嵩从事。工诗善书,为大历间著名诗人之一。

冷朝阳集　集部别集类　佚

见《唐才子传》卷4,云:"有集传世。"

按:《全唐文》卷513收其文1篇。《全唐诗》卷305收其诗11首。王重民等《全唐诗外编》收其诗1首。

韦楚老(803—841)

名寿朋,以字行。唐江宁人。长庆四年(824)进士。官中书舍人、左拾遗,国子祭酒。开成时,李德裕以钱帛事上章倾陷牛僧孺,楚老与魏謩、令狐绹等连章劾德裕。后辞职东归,居金陵,常乘驴经市中。与杜牧同年,情好相得。工诗,气概淳雄,语亦豪健。所作古乐府居多。《唐才子传》卷6有传。

韦楚老集　集部别集类　佚

见《金陵通传》卷4本传。

按:《全唐诗》卷508收其诗2首及残句(名作常楚老)。

来　择

字无择,号秣陵子。唐秣陵人。敬宗宝历元年(825)举贤良方正、能直言极谏科。见《登科记考》卷20。

秣陵子集1卷　集部别集类　佚

见《新唐书·艺文志》《宋史·艺文志》。

按:《宋史·艺文志》又著录其集3卷。

金陵子

唐江宁人。

龙虎还丹诀2卷　子部道教类

《道藏》本。

按:本书言外丹黄白术。

孙元晏

唐江宁人。工诗。

六朝咏史诗1卷　集部别集类　佚

见《金陵诗征》卷4,云:"咏金陵事为一集者,实自元晏始。"

览北史3卷　集部别集类　佚

见《宋史·艺文志》。亦为咏史诗。

按:《全唐诗》卷767收其诗1卷。

左　偃

南唐人。居金陵。不仕。能诗。为韩熙载所称。

钟山集1卷　集部别集类　佚

见《宋史·艺文志》。

按:《补五代史·艺文志》作《左偃集》1卷。《全唐诗》卷740收其诗10首。

朱　存

五代金陵人。南唐保大时(943—957),尝取吴大帝及六代兴亡成败之迹,作《金陵览古诗》200章,后世地志家多引以为据。《南畿志》有传。

金陵览古诗2卷　集部别集类　佚

见《宋史・艺文志》。《宋志》又著录《金陵诗》1卷。《崇文总目》《通志・艺文略》作《金陵古迹诗》4卷。

按:《全唐诗》卷757收其诗1首。王重民等《全唐诗外编》收其诗10首。《金陵诗征》卷4收有其诗。孔凡礼《宋诗纪事续补》卷1自《景定建康志》中辑出《秦淮》《石头城》《段冈石》《北渠》《新亭》《乌衣巷》等诗16首,所咏均为金陵山水地理。

朱遵度

南唐人。本青州书生,好读书,喜藏书,人称"朱万卷"。隐居不仕。保大中,卜居金陵,时人又号"幕府书橱"。《宋史》朱昂传附。

漆经3卷　子部工艺类　佚

见《宋史・艺文志》。清顾櫰三《补五代史艺文志》作1卷。

鸿渐学记1000卷　子部典故类　佚

南唐朱遵度编

见清顾櫰三《补五代史艺文志》。

梅妃传　子部小说类　佚

见《千顷堂书目》卷15,收入明司马泰《古今汇说》卷13。

群书丽藻1000卷目50卷　集部总集类　佚

南唐朱遵度编

见《宋史・艺文志》。

按:《宋史・艺文志》史部目录类著录朱遵度《群书丽藻目录》50卷,集部总集类著录宋遵度《群书丽藻》1000卷《目》50卷,疑"宋"乃"朱"之讹。又,《全唐文》卷893收其文1篇。

孟宾于(904? —983)

一作宾宇。字国仪。五代连州人,归南唐居江宁。后晋天福九年(944)进士。以诗名,与诗人李昉同年友好。仕南唐历官水部郎中、丰城县令、涂阳县令。以罪废,隐玉笥山,自号群玉峰叟。马令《南唐书》

有传。

孟水部诗集　集部别集类　佚

见傅璇琮主编《唐才子传校笺》。

按：宾于诗集原有《金鳌集》《湘东集》《金陵集》《玉笥集》《剑池集》5种。咸平二年（999）合为一集，称《孟水部诗集》，共505首。集今佚。《直斋书录解题》著录1卷。《宋史·艺文志》有《金鳌诗集》2卷。《文献通考》《四库阙书目》作《孟宾于诗》1卷。《补五代史艺文志》作《金鳌集》1卷。《全唐诗》卷740收其诗8首。王重民等《全唐诗外编》收其诗1首。《金陵诗征》卷35收有其诗。孔凡礼辑《宋诗纪事续补》卷1收其诗3首。

刁　衎(945—1013)

字元宾。宋升州上元人。仕南唐为秘书郎、集贤校理。从李煜归宋，授太常寺太祝。太平兴国中，诏群臣言事，衎上《谏刑》书，迁大理寺丞，献文40篇。真宗时，献所著《本说》10卷，又预修《册府元龟》。书成，授兵部郎中。衎以纯淡平雅知名于时，恬于名位，善谈笑，喜弈棋，为人笃厚。《宋史》有传。

本说10卷　子部儒学类　佚

治道中术3卷　子部杂学类　佚

以上2种见《宋史·艺文志》《崇文总目》。

野编20卷　子部杂学类　佚

元宾集　集部别集类　佚

以上2种见同治《上江两县志》卷12。

按：《西昆酬唱集》收其诗2首。清厉鹗《宋诗纪事》卷6收其诗1首。《金陵诗征》卷5收有其诗。

洪　湛(963—1003)

字惟清。宋升州上元人。幼好学，能诗。南唐李煜时举进士，有声誉。入宋,再举雍熙二年(985)进士第三名。历典数州、直史馆。端拱初(988),累官比部员外郎。真宗时凡五使西北议边要。后坐事流儋州。遇赦,移惠州,卒于途。《宋史》有传。

龆年集 10 卷　集部别集类　佚

见《宋史》本传,云:"未冠,录所著十卷,名为《龆年集》。"

洪湛集 10 卷　集部别集类　佚

见《宋史》本传。《金陵通传》卷 5 本传作 15 卷。

按:《金陵诗征》卷 4 收有其诗。

周启明

字昭回。宋升州人。太宗时,以书谒翰林学士杨亿,大见赞赏,由是知名。四举进士皆第一。真宗景德中,举贤良方正科,报罢。归里教弟子百余人,不复有仕进意,里人称为处士。仁宗即位,除试助教,迁秘书郎,改太常丞,卒。生平笃学,藏书数千卷,多自手抄。《宋史》有传。

诗赋笺启杂文　集部别集类　佚

见《宋史》本传,谓有 1600 余篇。

按:《宋诗纪事》卷 7 收其诗残句 2 联。

邵　亢

字兴宗。宋升州人。幼聪慧,举茂才。仁宗时,累官集贤校理。英宗时,历知制诰、东宫右庶子。神宗立,迁龙图阁直学士、枢密直学士、知开封府,拜枢密副使。以资政殿学士出知越州,徙郑、郓、亳三州。卒赠吏部尚书,谥安简。《宋史》有传。

兵说 10 篇　子部兵书类　佚

兴亡论 10 卷　子部杂学类　佚

以上 2 种见《宋史》本传。

按:《宋诗纪事》卷 17 收其诗 1 首。《金陵诗征》卷 5 收有其诗。

邵　必

字不疑。宋升州人。宝元元年(1038)进士，除上元主簿，擢国子监直讲。时宋祁进《礼记》石经本，请必同上殿以备顾问。进集贤校理，同知太常礼院。出知常州，召为开封推官，坐事谪监邵武军酒税。后复起。神宗朝知谏院，编集仁宗文集。迁宝文阁直学士，权三司使，加龙图阁直学士，知成都。卒于道，年64。

邵必集　集部别集类　佚

见同治《上江两县志》卷12。

李　琮

字献甫。宋江宁人。仁宗庆历八年(1048)进士，授宁国军推官，荐知阳武县，擢江东转运判官。曾在金陵、太平、宣城间主持筑惠民圩40里，奏陈盐法16事，累官度支判官、转运副使、朝散大夫。哲宗元祐中，官至刑部侍郎。寻以宝文阁待制知杭州，累加上柱国、陇西郡开国侯。卒年75。赠太师、襄国公。《宋史》有传。

文集10卷　集部别集类　佚

见万历《江宁县志》。

王安石(1021—1086)

字介甫，号半山。宋抚州临川(今属江西)人。以父益官江宁府通判，遂家金陵。庆历二年(1042)进士。仁宗嘉祐三年(1058)，上万言书，主张改革政治。神宗熙宁二年(1069)，任参知政事，次年拜相。因积极推行青苗、均输、市易、免役、农田水利等新法，抑制官僚豪绅的特权，遂遭保守派反对，熙宁七年被迫辞退。次年再相，九年再辞。后退居江宁，封荆国公，世称荆公。故居在今南京市中山门内半山坡。卒谥文，封舒王。其诗文雄健峭拔，为“唐宋八大家”之一。《宋史》有传。清顾栋高撰有《王荆国文公年谱》3卷，清蔡上翔撰有《王荆公年谱考略》25卷。

易解14卷　经部易类　佚

见《宋史·艺文志》《直斋书录解题》。

按:《郡斋读书志》作《易义》20卷。《文献通考》作《易解》20卷。

新经书义13卷　经部尚书类　佚

见《宋史·艺文志》。

洪范传1卷　经部尚书类　佚

见《宋史·艺文志》《郡斋读书志》《文献通考》。

新经毛诗义20卷　经部诗经类　佚

见《宋史·艺文志》。

按:《直斋书录解题》《文献通考》作《新经诗义》30卷。《解题》云:"亦《三经义》之一。皆雱训其辞,而安石释其义。"《郡斋读书志》卷1上云:"皇朝熙宁中,置经义局,撰《三经义》,皆本王安石说。《毛诗》先命王雱训其辞,复命安石训其义。书成,以赐太学,布之天下,以取士云。"

舒王诗义外传12卷　经部诗经类　佚

三十家毛诗合解义100卷　经部诗经类　佚

宋吴纯编　王安石解义

以上2种见《宋史·艺文志》。

诗经新义不分卷　经部诗经类

宋王安石、王雱撰　程元敏辑

《三经新义辑考汇评》本(1986年台湾编译馆印)。

诗义钩沉　经部诗经类

宋王安石著　邱汉生辑校

1982年中华书局出版。

新经周礼义22卷　经部周礼类　佚

见《宋史·艺文志》《郡斋读书志》《文献通考》。《直斋书录解题》作《周礼新义》22卷。

周官新义16卷附考工记解2卷　经部周礼类

(1)《四库全书》本。

(2)《墨海金壶》本。

(3)《粤雅堂丛书》本。

(4)《经苑》本。

(5)《王安石全集》本。

(6)《丛书集成初编》本。

(7) 清抄本,无《考工记解》,湖北省图书馆藏。

(8)《故宫珍本丛刊》本。

(9) 2016 年四川大学出版社点校本。

礼记要义 2 卷　经部礼记类　佚

见《郡斋读书志附志》。

左氏解 1 卷　经部春秋左传类　佚

见《宋史·艺文志》。

论语解 10 卷　经部四书类　佚

见《郡斋读书志》《文献通考》。

论语通类 1 卷　经部四书类　佚

见《宋史·艺文志》。

孟子解 42 卷　经部四书类　佚

宋王安石等撰。

见《文献通考》。

孝经解 1 卷　经部孝经类　佚

见《郡斋读书志》《文献通考》。

按:《郡斋读书志附志》有《孝经义》1 卷。

三经义辨 10 卷　经部群经总义类　佚

见《崇文总目》。

群经新说 12 卷　经部群经总义类　佚

论五经疑难新说 3 卷　经部群经总义类　佚

以上 2 种见《郡斋读书志附志》。

字说 24 卷　经部小学类　佚

见《宋史·艺文志》《文献通考》《崇文总目》。

舒王日录 12 卷　史部传记类　佚

见《宋史·艺文志》。

按:《郡斋读书志》《文献通考》作《王氏日录》80 卷。《直斋书录解题》作《熙宁日录》40 卷,《解题》云:"书本有八十卷,今止有其半。"

钟山日录 20 卷　史部传记类　佚

见《郡斋读书志》。

熙宁奏对 78 卷　史部政书类　佚

见《宋史·艺文志》。

按:《通志·艺文略》作《熙宁奏对日录》100 卷。

南郊式 110 卷　史部政书类　佚

熙宁详定编敕等 25 卷　史部政书类　佚

以上 2 种王安石编,见《宋史·艺文志》。

老子注 2 卷　子部周秦诸子类

宋王安石撰　容肇祖辑

1979 年中华书局铅印本。

庄子解 4 卷　子部周秦诸子类　佚

扬子解 1 卷　子部儒学类　佚

以上 2 种见《郡斋读书志附志》。

相鹤经 1 卷　子部农家类

宋王安石订

(1)《百川学海》本。

(2)《夷门广牍》本。

(3)《说郛》(宛委山堂)本。

(4)《五朝小说》本。

王氏杂说 10 卷　子部杂学类　佚

见《郡斋读书志》《文献通考》。

注维摩诘经 3 卷　子部佛教类　佚

见《宋史·艺文志》。

楞严经解10卷　子部佛教类　佚

见《郡斋读书志附志》。

佛书杂说1卷　子部佛教类　佚

见《四库阙书目》。

临川先生文集100卷目录2卷　集部别集类

(1) 宋绍兴二十一年(1151)两浙西路转运司王珏刻元明递修本，国家图书馆藏。

(2) 宋绍兴间刻本，北京大学图书馆藏，存卷52—55。

(3) 宋刻本(《临川王荆公先生文集》)，北京大学图书馆藏。

(4) 宋刻元明递修本，山东省图书馆藏。

(5) 明嘉靖三十九年(1560)何迁抚州刻本，国家图书馆等藏。

(6) 明隆庆五年(1571)刻本，大连图书馆、杭州图书馆藏。

(7) 明万历四十年(1612)王凤翔光启堂刻本(《新刻临川王介甫先生诗文集》)，国家图书馆藏。

(8) 明刻本，国家图书馆等藏。

(9)《四库全书荟要》本。

(10)《四库全书》本。

(11) 清光绪九年(1883)听香馆刻本(《王临川全集》)，复旦大学图书馆藏。

(12) 清光绪九年溧阳缪氏小山石山房刻本(《王临川全集》)，国家图书馆藏。

(13) 清光绪九年小岖山馆刻本(《王临川全集》)，国家图书馆藏。

(14)《四部丛刊》据明嘉靖抚州刻本影印本。

(15)《四部备要》据明刻本校刊本。

(16) 抄本(《王临川集》)，清□彦和校，上海图书馆藏。

临川王先生荆公文集100卷　集部别集类

(1) 明初刻本，明徐㶿题识。日本内阁文库藏。存卷1—63。

（2）明嘉靖十三年建阳书林安正堂刻本，北京大学图书馆、上海图书馆藏。《中国善本书提要》云：“危素校。有吴澄序，应从元本出。”

（3）明嘉靖二十五年应云鸑刻本，国家图书馆、南京图书馆藏。

（4）明万历四十年抚东王氏光裕堂金陵刻本，明李光祚校，国家图书馆藏。

（5）明万历间石城王荆岑刻本（《王临川集》），明李光祚校，北京大学图书馆藏。

（6）明绍兴刻本，山东省图书馆藏。

（7）明刻本，国家图书馆藏。

临川先生文集　集部别集类

（1）1959 年中华书局上海编辑所铅印本，以明嘉靖三十九年刻本为底本，校以宋绍兴刻本、小岯山馆刻本，另以岛田翰、陆心源、朱孝臧、唐圭璋诸人所辑王氏诗、文、词佚篇，汇为 1 卷，为《临川集补遗》附书后。

（2）1971 年中华书局香港分局铅印本。

临川文集 63 卷　集部别集类

清光绪十年大兴殷氏六瑚堂刻本，国家图书馆藏。

王文公文集　集部别集类

（1）1962 年中华书局上海编辑所影印本，据江安傅氏原藏宋刻残本，缺卷以国家图书馆藏日本宫内省图书寮藏本照片补足影印。

（2）1974 年上海人民出版社铅印本，唐武标校。以影印宋龙舒本为底本，校以明应云鸑等刻本。

王临川全集 24 卷　集部别集类

（1）清宣统三年（1911）上海扫叶山房石印本，国家图书馆藏。

（2）1923 年上海扫叶山房石印本，国家图书馆藏。

王文公文集 70 卷　集部别集类

缪氏藕香簃黑格抄本，国家图书馆藏。

王安石文集 62 卷拾遗 1 卷诗集 38 卷拾遗 1 卷　集部别集类

《王安石全集》本。

王临川全集 38 卷　集部别集类

1970 年台北艺文印书馆据严复评点本影印本。

临川先生全集录 4 卷　集部别集类

清储欣选

《唐宋十大家全集录》本。

评注王临川集 4 卷　集部别集类

清储欣评

1925 年上海大通书局石印本，南开大学图书馆藏。

王荆文公诗笺注 50 卷目录 3 卷年谱 1 卷　集部别集类

宋李壁注　刘辰翁评点　《年谱》宋詹太和撰

按：此书版本，王水照《记日本蓬左文库所藏〈王荆文公诗李壁注〉》(《文献》1992 年第 1 期)介绍甚详，此择要著录如下：

(1) 元大德五年(1301)王常刻本，国家图书馆藏。

(2) 明初刻本，清季振宜旧本，今存台湾。南京图书馆藏本，存 29 卷。

(3) 朝鲜翻元大德本，见《台湾公藏善本书目人名索引》。

(4) 朝鲜古活字印本，日本蓬左文库藏骏河御让本。按：此系宋、元两种刻本的合编重刻，既保留宋本的原貌，又加入元本的内容，当系世存孤本。

(5) 清乾隆六年(1741)张宗松清绮斋刻本，四库所收即此本。国家图书馆、上海图书馆、南京图书馆等处藏。

(6) 日本天保七年(1836)刻本，国家图书馆藏。

(7) 1922 年张元济据明初刻本影印本。

(8) 1928 年上海受古书店据清绮斋刻本影印本。

王荆公诗注 50 卷补遗 1 卷　集部别集类

《四库全书》本。

王荆文公诗 40 卷　集部别集类

宋李壁笺注　刘辰翁评点

日本抄本，上海图书馆藏。

王荆文公诗笺注　集部别集类

宋李壁笺注

(1) 1958年中华书局上海编辑所铅印本，以清张宗松清绮斋刻本为底本，校以影刻元大德本及《四部丛刊》本，有异同之处，均作校记附每篇诗之后。

(2) 2010年上海古籍出版社高克勤点校本。

王荆公文集笺注

宋李壁注　李之亮补笺

巴蜀书社2002年出版。

王荆公诗集补注4卷文集注14卷　集部别集类

宋王安石撰　清沈钦韩注

稿本，上海图书馆藏，存文集补注10卷；南京图书馆藏，存诗集补注4卷。

王荆公诗集李壁注勘误补正4卷王荆公文集注8卷　集部别集类

清沈钦韩撰

《嘉业堂丛书》本。

王荆公诗文沈氏注　集部别集类

清沈钦韩注

(1) 1959年中华书局上海编辑所铅印本，此书稿本经近人王秉恩取《宋史》及明嘉靖本《临川集》勘订，于1927年用木板刊刻。中华书局据此稿排印，并校正了一些误字。

(2) 1977年中华书局香港分局铅印本。

王荆文公诗补注　集部别集类

李详补注

民国间稿本，国家图书馆藏。

王半山诗笺注50卷　集部别集类

《昌平丛书》本。

宋荆公王介甫先生古诗 1 卷　集部别集类

清道光六年抄本,国家图书馆藏。

王介甫先生集 2 卷　集部别集类

《临川文献》本。

临川集补 1 卷　集部别集类

清陆心源辑

《潜园总集·群书校补》本。

临川集拾遗 1 卷　集部别集类

罗振玉辑

(1) 1918 年上海聚珍仿宋印书局铅印本,国家图书馆藏。

(2) 民国罗福苌抄本,国家图书馆藏。

王临川文集 4 卷　集部别集类

清宣统二年上海会文堂书局石印本,国家图书馆藏。

王荆公文集注 8 卷　集部别集类

清沈钦韩注

(1) 清宣统间刻本,上海图书馆藏。

(2) 清扬州刻本,国家图书馆藏。

(3) 清刻本,国家图书馆藏。

(4) 清末苏州沈氏刻本,北京大学图书馆藏。

按:《贩书偶记》卷 13 著录此书,注云:"无刻书年月,约宣统间刊。此版后归刘氏嘉业堂,增刊《王荆公诗集李壁注勘误补正》四卷。"

宋大家王文公文钞 16 卷　集部别集类

明茅坤评选

(1)《八大家文钞》本。

(2) 明刻本,茅阎叔重订本,国家图书馆藏。

音注王介甫文 1 卷　集部别集类

明茅坤选　沈伯经音注

1923 年上海文明书局石印本,南京图书馆藏。

临川文1卷　集部别集类

清高塘集评

《唐宋八大家文钞》本，国家图书馆藏。

王介甫文1卷　集部别集类

《八大家文钞》本。

宋王荆公文4卷　集部别集类

抄本，佚名批校，南京图书馆藏。

王文公集汇选6卷　集部别集类

明陈文燧辑

明万历十六年(1588)陈文燧刻本，浙江图书馆藏。

王荆公文选2卷　集部别集类

明董应举评选

明崇祯六年(1633)刻本，日本内阁文库藏。

王临川文选1卷　集部别集类

清孙琮选

《山晓阁文选》本。

王文选1卷　集部别集类

清陈兆岂选

《陈太仆批选八家文钞》本。

临川文选　集部别集类

清抄本，上海图书馆藏。

临川集录3卷　集部别集类

《古文渎编八种》本。

王介甫文2卷　集部别集类

(1)《圣宋文选全集》本。

(2) 旧抄本，国家图书馆藏。

(3) 抄本，国家图书馆藏。

王介甫文钞1卷　集部别集类

《八代文钞》本。

王文精选　集部别集类

清吕留良选

《吕晚村八家古文选》本。

王文约选　集部别集类

清和硕果亲王选

清同治四川刻《九种古文约选》本。

王荆公集　集部别集类

清吴汝纶编

莲池书社铅印本。

宋王荆公文集摘粹 4 卷　集部别集类

明慎蒙辑

明嘉靖三十六年(1557)何其智等刻本，北京大学图书馆、南京图书馆藏。

按:《中国善本书提要》云:“据危素本选辑成编。”

临川王先生文粹 4 卷　集部别集类

明徐师曾辑

明万历吴江董汉策刻本，国家图书馆藏。

王安石散文选集　集部别集类

王水照、高克勤编撰

1997 年上海古籍出版社出版。

王安石散文选集　集部别集类

洪本健选注

2005 年百花文艺出版社出版。

王临川尺牍 1 卷　集部别集类

《唐宋十大家尺牍》本。

王介甫尺牍 2 卷　集部别集类

(1) 1917 年上海商务印书馆铅印本，南京图书馆藏。

（2）1935年上海商务印书馆铅印本，上海图书馆藏。

临川王介甫表启2卷　集部别集类

明陶望龄选

明天启刻本《唐宋六家表启》本。

王临川奏状1卷　集部别集类

《四部备要·临川集》本。

王临川书牍　集部别集类

1914年上海文瑞楼石印本，国家图书馆藏。

王半山稿1卷　集部别集类

《可仪堂一百二十名家制义》本。

半山诗粹　集部别集类

旧抄本，复旦大学图书馆藏。

临川诗钞1卷　集部别集类

清吴之振、吕留良同选

《宋诗钞》初集本。

临州诗集1卷　集部别集类

《宋代五十六家诗集》本。

临川集补钞1卷　集部别集类

清管庭芬选

《宋诗钞补》本。

半山诗钞6卷　集部别集类

清姚培谦选

《唐宋八家诗》本。

王安石诗附年谱1卷　集部别集类

夏敬观选注并撰《年谱》

1940年长沙商务印书馆铅印《学生国学丛书》本。

按：1974年至1976年间出版王安石诗文选读、选注本甚多，兹概从略。

王荆公奉使集1卷　集部别集类

见《四库阙书目》。

临川诗选1卷　集部别集类

清陈讦选

《宋十五家诗选》本。

王荆公唐百家诗选20卷　集部总集类

(1) 宋刻递修本,国家图书馆藏,存卷9—16。

(2) 宋绍兴间抚州刻本,上海图书馆藏,存卷1—9。

(3) 清康熙四十三年(1704)商丘宋荦刻本,国家图书馆藏。

(4) 清康熙四十三年山阳丘迥刻双清阁印本,南京图书馆藏。

(5)《四库全书》本。

(6) 清道光间刻本,国家图书馆藏。

(7) 1928年上海商务印书馆仿宋活字铅印本,南京图书馆藏。

(8) 1934年上海商务印书馆仿宋活字铅印本,南京图书馆藏。

(9)《王安石全集》本。

(10) 1986年中华书局影印本,存卷1—9。

(11)《中华再造善本》本。

(12) 日本昭和十一年(1936)东京静嘉堂文库影印宋刻本,存10卷。

按:《四库全书总目》卷186著录本书,提要云:"是书去取,绝不可解,自宋以来,疑之者不一,曲为解者亦不一,然大抵指为安石。惟晁公武《读书志》云:'《唐百家诗选》二十卷,皇朝宋敏求次道编。次道为三司判官,尝取其家所藏唐人一百八家诗,选择其佳者凡一千二百四十六首,为一编。王介甫观之,因再有所去取,且题曰:欲观唐诗者,观此足矣。世遂以为介甫所纂。'其说与诸家特异。案《读书志》作于南宋之初,去安石未远。又晁氏自元祐以来旧家文献,绪论相承,其言当必有自。"则认为此书本由宋敏求编次,王安石在其基础上再作取舍。

建康酬唱诗 1 卷　集部总集类　佚

四家诗选 10 卷　集部总集类　佚

送朱寿昌诗 3 卷　集部总集类　佚

以上 3 种见《宋史·艺文志》。

半山词 1 卷　集部词曲类

(1)《宋明九家词》本(明抄)。

(2)《宋元明八家词》本(清何元锡抄)。

(3) 抄本,与《耐轩词集》合订,国家图书馆藏。

临川先生歌曲 1 卷补遗 1 卷附校记 1 卷　集部词曲类

朱祖谋撰校记

《彊村丛书》本。

四家胡笳词 1 卷　集部词曲类　佚

见《直斋书录解题》,云:"蔡琰、刘商、王安石、李天白也。"

王安石全集　丛书类

1935 年上海大东书局铅印本,南京图书馆藏。

子目:

《王安石年谱》4 卷附《遗事》1 卷　清顾栋高撰

《王安石文集》62 卷《拾遗》1 卷

《王安石诗集》38 卷《拾遗》1 卷

《周官新义》16 卷《考工记解》2 卷

《唐百家诗选》20 卷　宋王安石辑

王安石全集　丛书类

宁波等校点,1996 年吉林人民出版社出版。

王安石全集　丛书类

1999 年上海古籍出版社出版。

王安石全集　丛书类

王水照主编

2016 年复旦大学出版社出版。

子目：

第1册：《易解》《礼记发明》《字说》

第2册：《尚书新义》《诗经新义》

第3册：《周礼新义》《三经新义附录》

第4册：《熙宁奏对日录》《老子注》《楞严经解》

第5册：《临川先生文集一》

第6册：《临川先生文集二》

第7册：《临川先生文集三》

第8册：《唐百家诗选》

第9册：《老子训传》《南华真经新传》《元泽佚文》（三种其子王雱撰）

第10册：《王安石全集附录》

陈　辅

字辅之，自号南郭先生。宋江宁人。不事科举。尝从王安石游。宋吴炯《五总志》记道："少从介甫游，介甫授以经旨，辅之曰：天生相公辅亦读书，天不生相公辅亦读书，愿自见也。"与王安石政见不同。安石在位，不与之通。及安石退归金陵，复从之游，苏轼甚称之。王安石有《和陈辅秀才金陵即事》诗云："南郭先生比鶡鴠，年年过我未愆期。休论王谢当时事，大抵乌衣祗旧时。"工诗文，善赏鉴。

南郭集前集10卷后集20卷　集部别集类　佚

见同治《上江两县志》卷12。

按：《宋诗纪事》卷28收其诗2首，小传云有《诗集》40卷。

诗话　集部诗文评类

(1) 曾慥《类说》录有13则。

(2)《说郛》(宛委山堂)本，录有13则。

按：以上2种去其相重者，凡24则。

(3) 郭绍虞《宋诗话辑佚》本。

王　雱(1044—1076)

字元泽。宋临川籍江宁人。安石子。性敏锐,未冠已著书数万言。治平四年(1067)进士。累官天章阁待制兼侍讲。安石改革政治,雱多所赞助。生平勤学博通,经史而外,兼通佛、老,尤长字书。《宋史》有传。

新经尚书义 13 卷　经部尚书类　佚

见《郡斋读书志》卷 1 上,提要云:"熙宁六年,命吕惠卿兼修国子监经义,王雱兼同修撰。王安石提举,而雱董是经。颁于学官,用以取士。士或少违异,辄不中程,由是独行于世者六十年。而天下学者喜攻其短,自开党锢之禁,世人羞称焉。"

按:《直斋书录解题》作《书义》13 卷。《文献通考》作《新经尚书》13 卷。《宋史》本传作《书义》。

诗义　经部诗经类　佚

见《宋史》本传。

论语解 10 卷　经部四书类　佚

见《宋史・艺文志》。

按:《郡斋读书志》《文献通考》作《论语口义》10 卷。《郡斋读书志》题王元泽撰。

注孟子 14 卷　经部四书类　佚

见晁公武《郡斋读书后志》卷 2。

按:晁公武《郡斋读书后志》卷 2 著录王安石《解孟子》14 卷,王雱《解孟子》14 卷,许允成《解孟子》14 卷,提要云:"右皇朝王安石介甫素喜《孟子》,自为之解。其子雱与其门人许允成皆有注释。崇观间场屋举子宗之。"

尔雅　经部尔雅类　佚

见《文献通考》卷 190。

字书误读 1 卷　经部小学类

(1)《居家必备》本。

(2)《说郛》(宛委山堂)本。

(3)《书三昧楼丛书·同文考证》本。

(4)《青照堂丛书》本。

(5)《字学三种》本。

(6)《同文考证四种》本。

(7) 清仁和龚氏抄本,台湾"中央图书馆"原藏。

按:《中国丛书综录》误作王雱撰。

老子训传　子部周秦诸子类　佚

见《宋史》本传。

按:《郡斋读书志》《文献通考》作《注老子》2卷。

道德真经集注10卷附释音1卷　子部周秦诸子类

宋王雱等撰

(1)《道藏》本。

(2)《道藏举要》本。

注庄子10卷　子部周秦诸子类　佚

见《郡斋读书志》《文献通考》。

南华真经新传20卷拾遗1卷　子部周秦诸子类

(1)《道藏》本。

(2) 明抄本,国家图书馆藏。

(3)《四库全书》本。

(4)《道藏举要》本。

(5) 清光绪七年(1881)抄本,叶昌炽批校并题记,庞可盦观款,台湾"中央图书馆"原藏。

(6) 清抄本,南京图书馆藏。

元泽先生文集36卷　集部别集类　佚

见《郡斋读书志》卷5下。

按:《郡斋读书志》云:"雱未冠,著书已数千百言。举进士,为旌德尉。作策三十余篇，极论天下事。”又云：“雱论议刻深，常称商君以为豪杰之士，言不诛异议者法不行。尝劝安石诛不用命大臣。……集乃崇宁中卢崇编。”《宋诗纪事》卷25收其诗4首。《金陵诗征》卷36收有其诗。《全宋词》收其词1首。

又按：2016年复旦大学出版社《王安石全集》第九册，收入王雱著作三种：《老子训传》《南华真经新传》《元泽佚文》。

黄　履(？—1102)

字安中。宋邵武(今福建省邵武市)人，因官居江宁。仁宗嘉祐二年(1057)进士，累官知制诰。哲宗时，历翰林学士、御史中丞，拜尚书右丞，知江宁府。徽宗立，召为资政殿学士兼侍读，复拜右丞。曾入元祐党籍。《宋史》有传。

金陵杂咏　集部别集类　佚

见《金陵诗征》小传。

按：《宋诗纪事》卷21收其诗1首。《金陵诗征》卷36收有其诗。

胡　恢

宋江宁人。博闻强记，善篆隶。以臧否人物失官10余年，潦倒贫困。韩琦执政，令篆国子监石经，复官华州通判。卒于任。

南唐书10卷　史部杂史类　佚

见清王士禛《池北偶谈》卷19。

按：《池北偶谈》卷19《胡恢书》云：“《南唐书》今止传陆游、马令二本，胡恢书久不传，惟江阴赤岸李氏有之。李即忠毅公应升之叔，忘其名矣。按：恢金陵人，《梦溪笔谈》称恢博物强记，善篆隶。韩魏公当国，恢献诗云：‘建业关山千里远，长安风雪一家寒。’公怜之，令篆太学石经。官华州推官而卒。”

李　耕

字耕道。宋江宁人。琮次子。初试通直郎。工诗。慕陶渊明之为人，遂隐居不仕。

台山遗稿　集部别集类　佚

见同治《上江两县志》卷12。

按：《金陵诗征》卷5收有其诗。

李少云

宋金陵女。洁志炼丹。

梅花吟　集部别集类　佚

见《金陵艺文志》。

按：宋许顗《彦周诗话》云："有李氏女者，字少云。本士族，尝适人，夫死无子，弃家着道士服，往来江淮间。仆顷年见之金陵，其诗有云：'几多柳絮风翻雪，无数桃花水浸霞。'殊无脂泽气。又喜炼丹砂，仆亦得其方，大抵类魏伯阳法，而有铢两加精详者也。"又云："病中作梅花诗云：'素艳明寒雪，清香任晓风。可怜浑似我，零落此山中。'寻卒。"

吴　可

字思道，号藏海居士。宋上元人。少从荣天和学诗，有诗名，为苏轼、刘安世诸人称赏。官至团练使。宣和末，授武节大夫致仕。后寓新安，以诗隐终。

藏海居士集2卷　集部别集类

(1) 清乾隆间翰林院抄本(《永乐大典》辑本)，四库底本。清丁丙跋，南京图书馆藏。

(2) 抄本，中国科学院图书馆藏。

(3)《四库全书》本。

(4) 清道光十六年(1836)抄本，南京图书馆藏。

(5) 清道光二十一年金陵吴氏双梧轩刻《金陵宋人四种》本，南京图书馆藏。

(6)《宋人集甲编》本。

(7) 抄本，中国科学院图书馆藏。

(8) 清抄本，有诗话1卷，上海图书馆藏。

(9) 传抄朱绪曾刻本，有诗话1卷，南京图书馆藏。

按：《四库全书总目》卷157著录此书，云："所存篇什无多，而大致清警，与谢逸、谢迈兄弟气格相近。"

藏海居士诗集1卷　集部别集类

《宋元人诗集八十二种》本。

藏海诗话1卷　集部诗文评类

(1) 清乾隆间翰林院抄本(《永乐大典》辑本)，四库底本。清丁丙跋，南京图书馆藏。

(2)《四库全书》本。

(3)《知不足斋丛书》本。

(4)《函海》本。

(5)《历代诗话续编》本。

(6)《七子诗话》本。

(7) 1915年同文图书馆石印本《吴礼部藏海诗话合刻》本，与元吴师道撰合刻，苏州大学图书馆藏。

(8) 日本明治三十九年至大正元年(1906—1912)青木嵩山堂大阪铅印《萤雪轩丛书》本，日近藤元粹辑评，北京大学图书馆藏。

按：诗话另有抄本，附《藏海居士集》后，版本见上。郭绍虞《宋诗话考》云："此书各本均为一卷。惟赵魏《竹崦盦传钞书目》作二卷。不知为传写之误，抑赵氏所得真是二卷本。如是二卷，别较辑自《永乐大典》者当更完备。惜未见其书也。"《四库全书总目》卷195著录此书，云："其论诗每故作不了了语，似乎禅家机锋，颇不免于习气。""然及见元祐旧人，学问有所授受。所云：'诗以用意为主，而附之以华丽，宁对不工，不可使气弱，足以救西昆秾艳之失。'又云：'凡看诗须是一篇立意，乃有归宿处。'……皆深有所见。所论有形之病、无形之病，尤抉摘入微。其他评论考证，亦多可取。而胡仔《苕溪渔隐丛话》、魏庆之《诗人玉屑》网罗繁富，俱未及采录。则在宋代已不甚显。固宜表而出之，俾谈艺者有考焉。"

惠 洪(1071—1128)

俗姓彭。一名德洪，字觉范。宋宜丰(今江西省宜丰县)人(《郡斋读书志》作喻姓，高安人)。少孤。能文，尤工诗。尝为钟山定林寺僧，一度住金陵清凉寺。生平著作颇富。《宋高僧传》有传。

禅林僧宝传30卷临济宗旨1卷　史部传记类

(1) 明万历刻本，山东省图书馆藏。

(2)《四库全书》本，附宋释庆老撰《补禅林僧宝传》1卷。

(3) 清光绪六年(1880)常熟刻经处刻本，上海图书馆藏。

按：《四库全书总目》卷145云："禅宗自六祖以后，分而为二。一曰青原，其下为曹洞、云门、法眼；一曰南岳，其下为临济、沩仰。是为五宗。嘉祐中，达观昙颖尝为之传，载其机缘语句，而略其终始行事。惠洪因缀辑旧闻，各为之传，而系以赞，凡八十一人。"

石门题跋2卷　子部艺术类

(1)《津逮秘书》本。

(2)《丛书集成初编》本。

林间录14卷　子部佛教类　佚

见《直斋书录解题》。《郡斋读书志》《文献通考》作4卷。

林间录2卷续集1卷　子部佛教类

(1) 明万历十二年(1584)顾云程刻本，国家图书馆藏。

(2) 嘉兴楞严寺《续藏经》本。

(3)《四库全书》本。

(4) 清同治十一年(1872)常熟禅寺刻本，南京图书馆藏。

（5）清光绪二十七年扬州藏经院刻本，国家图书馆藏。

按：《四库全书总目》卷145云：“晁公武《读书志》称是书所记皆高僧嘉言善行，然多订赞宁《高僧传》诸书之讹，又往往自立议论，发明禅理，不尽叙录旧事也。”

临济宗旨1卷　子部佛教类

（1）嘉兴藏《续藏经》本，《禅林僧宝传》附。

（2）《四库全书》本。

妙法莲华经合论7卷　子部佛教类

后秦释鸠摩罗什译经　宋释惠洪造论

（1）明万历十三年（1585）冯梦祯刻本，北京大学图书馆藏。

（2）嘉兴藏《续藏经》本。

（3）1914年南京金陵刻经处刻本，20卷，宋释惠洪造，宋张商英撰，北京大学图书馆藏。

寂音尊者智澄传10卷　子部佛教类

（1）明万历十三年刻本。

（2）嘉兴藏《续藏经》本。

（3）清光绪二年金陵刻经处刻本，南京图书馆藏。

石门文字禅30卷　集部别集类

（1）明万历二十五年径山兴圣万寿禅寺刻《径山藏》本，南京图书馆藏。

（2）《四库全书》本。

（3）1921年常州天宁寺刻本，辽宁大学图书馆藏。

（4）《武林往哲遗著》本。

（5）《四部丛刊初编》据明刻本影印本。

（6）《禅门逸书初编》本，1980年台湾明文书局据《四库全书》本影印。

（7）1985年江苏扬州广陵古籍刻印社影印《武林往哲遗著》本，辽宁大学图书馆藏。

按:《四库全书总目》卷 154 云:“其诗边幅虽狭,而清新有致,出入于苏、黄之间,时时近似。在元祐、熙宁诸人后,亦挺然有以自立。固未可尽排也。集中有寂音自序一篇,述其生平出处甚悉。”

石门文字禅集补钞 1 卷　集部别集类

《宋诗钞补》本。

石门诗钞 1 卷　集部别集类

《宋诗钞初集》本。

石门文字禅诗钞 1 卷　集部别集类

清初虞山钱氏抄本,台中图书馆藏。

石门诗钞 1 卷　集部别集类

民国间上海有正书局铅印本,南京图书馆藏。

物外集 2 卷　集部别集类　佚

见《宋史·艺文志》。《直斋书录解题》《文献通考》皆作 3 卷。

筠溪集 10 卷　集部别集类　佚

见《郡斋读书志》卷 4 下。

甘露集 9 卷　集部别集类　佚

见《通志·艺文略》。

冷斋夜话 10 卷　集部诗文评类

(1) 元至正三年(1343)刻本,国家图书馆藏。

(2)《稗海》本。

(3)《津逮秘书》本。

(4) 明刻本,国家图书馆藏。

(5)《艺海汇函》本。

(6) 清初刻本,上海图书馆藏。

(7)《四库全书》本。

(8)《学津讨原》本。

(9) 清抄本,华东师范大学图书馆藏。

(10)《笔记小说大观》(第 6 辑)本。

(11)《殷礼在斯堂丛书》本。

(12)《丛书集成初编》本。

(13)《宋诗话汇编》本。

(14) 2012 年上海古籍出版社出版。

按:《宋史·艺文志》入小说类,作 13 卷。《郡斋读书志》《文献通考》皆作 6 卷。《直斋书录解题》作 10 卷。

冷斋夜话 1 卷　集部诗文评类

(1)《说郛》(宛委山堂)本。

(2)《古今说部丛书四集》本。

(3)《说郛》(商务印书馆)本,不分卷。

(4)《旧小说丁集》本,收 7 则。

石门洪觉范天厨禁脔 3 卷　集部诗文评类

(1) 明刻本,国家图书馆藏。

(2) 明抄本,国家图书馆藏。

(3) 1958 年上海商务印书馆影印本,华东师范大学图书馆藏。

(4) 2010 年据明活字印本影印本,浙江师范大学图书馆藏。

按:《四库全书总目》卷 197 云:"是编皆标举诗格,而举唐、宋旧作为式。然所论多强立名目,旁生支节。"又云:"所谓古诗押韵换韵之类,尤茫然不知古法。严羽《沧浪诗话》称《天厨禁脔》最害事,非虚语也。"

陈　克(1081—1137)

字子高,自号赤城居士。宋临海(今属浙江)人。少时随父宦学四方,后侨居金陵(今江苏南京)。屡举不第。绍兴七年(1137),吕祉节制淮西抗金军马,荐为幕府参谋,辟为敕令所删定官。后随充淮东参谋。诗多情致,词尤工。

东南防守利便 3 卷　史部政书类

宋陈克、吴若撰　宋吕祉辑

(1) 明崇祯八年(1635)浣花居刻本,南京图书馆藏。

(2) 清抄本，国家图书馆藏。

(3)《芝园秘录初刻》本。

(4)《艺海珠尘》本。

(5)《学海类编》本。

(6)《丛书集成初编》本。

(7)《四库全书存目丛书》本。

按：《四库全书总目》卷75云："宋陈克、吴若同撰。考《宋史·吕祉传》，祉知建康，与吴若等共议，作此书上行在。大略谓立国东南，当联络淮甸、荆、蜀之势，盖专为南宋立言者也。"

天台集10卷外集4卷长短句3卷　集部别集类　佚

见《直斋书录解题》卷20。

按：《宋史·艺文志》作《天台诗》10卷。

陈子高遗稿1卷　集部别集类

《两宋名贤小集》本。

陈子高遗诗1卷补遗1卷附录1卷　集部别集类

《赤城遗书汇刊》本。

赤城词1卷　集部词曲类

(1)《赤城遗书汇刊》本。

(2)《彊村丛书》本。

(3)《校辑宋金元人词》本。

秦　桧(1090—1155)

字会之。宋江宁人。徽宗政和五年(1115)进士，又中词学兼茂科。靖康间累迁御史中丞。曾随徽、钦二帝被金人拘留，归。南宋绍兴间，为高宗相，力主和议，阻止收复北方领土。杀岳飞，放逐张浚、赵鼎，一时忠臣良将诛锄略尽，和议遂成。为相19年，易执政28人。晚年残忍尤甚，几兴大狱，为历史上著名奸臣。《宋史》有传。

绍兴重修六曹寺监库务通用敕令格式54卷　史部政书类　佚

绍兴重修常平免役敕令格式54卷　史部政书类　佚

以上2种宋秦桧等撰，见《宋史·艺文志》。

绍兴监学法26卷目录25卷申明7卷对修厘正条法4卷　史部政书类　佚

宋秦桧等绍兴十三年(1143)表上。

见《直斋书录解题》卷7。

按：《宋诗纪事》卷39收其《题范文正公书伯夷颂后》诗1首："高贤邈已远，凛凛生气存。韩范不时有，此心谁与论。"

郑　夬

字扬庭。宋江宁人。精《易》学，得邵雍之传。曾任并州盂县主簿。

时用书12卷　经部易类　佚

明用书9卷　经部易类　佚

易传辞3卷　经部易类　佚

易传辞后语1卷　经部易类　佚

以上4种见《宋史·艺文志》。

周易传12卷　经部易类　佚

见《郡斋读书志》卷1上。

按：《郡斋读书志》云："姚嗣宗谓刘牧之学受之吴秘，秘受之夬。夬又作《明数》《明象》《明传道》《明次例》《明范》五篇。邵雍言夬窃其学于王豫，沈括亦言夬之学似雍云。"乾隆《江南通志》卷190作《易传易测》30卷。

周易集注6卷　经部易类　佚

宋刘牧、郑夬撰

见明朱睦㮮《授经图义例》卷4。

按：《授经图》有刘牧《周易注》6卷。又别出刘牧、郑夬二家《周易集注》6卷。《宋史·艺文志》作《宋刘牧郑夬注周易》7卷。《经义考》有《刘郑注周易》6卷，引胡一桂云："集刘牧、郑夬二家所注，集者不知名。"

何　若

字任叟。宋上元人。宣和六年(1124)进士,仕至淝州推官。绍兴中,召除正字,擢御史,除签书枢密院事。以忤秦桧,托疾家居。博洽工文,精《尚书》《春秋》学,尤擅史学。

尚书讲义　经部尚书类　佚

春秋讲义　经部春秋总义类　佚

汉唐史评　史部史评类　佚

风山集　集部别集类　佚

以上4种见同治《上江两县志》卷12。

按:《金陵诗征》卷6收有其诗。

胡　铨(1102—1180)

字邦衡,号澹庵。宋庐陵(今江西省吉安市)人。与李纲、赵鼎、李光并称为"南宋四名臣"。建炎二年(1128)进士,除抚州军事判官,转承直郎。居父忧,从乡先生萧楚学《春秋》。绍兴五年(1135),除枢密院编修官,抗疏诋和议,上疏乞斩王伦、秦桧、孙近三人头。桧怒其逆己,诏除名,编管昭州。隆兴二年(1164),权兵部侍郎。乾道初(1165),以集英殿修撰,知潭、泉二州,留为工部侍郎。七年,除宝文阁待制,留经筵。以资政殿学士致仕,卜居建康。卒谥忠简。《宋史》有传。

易解　经部易类　佚

见《宋史》本传。

易传拾遗10卷　经部易类　佚

见《直斋书录解题》卷1,云:"大概宗主程氏,而时出新意于《易传》之外。李光泰发为之序,其曰拾遗者,谦辞也。"

按:此书一名《周易拾遗》,见《宋诗话考》小传。

书解4卷　经部尚书类　佚

周礼传12卷　经部周礼类　佚

以上2种见《宋史·艺文志》。

周礼解6卷　经部周礼类

(1)《胡忠简公经解》本。

(2)《豫恕堂丛书》本。

(3) 朱丝栏旧抄本，台湾"中央图书馆"原藏。

按：是书即《周礼传》之别称。

礼记传18卷　经部礼记类　佚

见《宋史·艺文志》。

礼记解14卷　经部礼记类

《胡忠简公经解》本。

按：《宋诗话考》小传作30卷。《宋人传记资料索引》小传作13卷。

二礼讲义(一作经筵二礼讲义)1卷　经部三礼总义类　佚

见《宋史·艺文志》。

春秋解16卷　经部春秋总义类

《胡忠简公经解》本。

春秋集善15卷　经部春秋总义类

清抄本，清沈登善校，王欣夫跋，复旦大学图书馆藏。

按：《宋史·艺文志》作13卷。《郡斋读书志》卷5下、《直斋书录解题》卷3作11卷。《郡斋读书志》云："其说多引《易》以证之。"《宋诗话考》作30卷。

经筵玉音问答1卷　史部传记类

(1)《知不足斋丛书》本。

(2)《笔记小说大观》(第8辑)本。

(3) 清初商丘宋氏抄本，邓邦述题记，台湾"中央图书馆"原藏。

(4) 清宣统间抄本，张寿镛题识，国家图书馆藏。

奏议6卷　史部政书类　佚

见《宋史艺文志补》。

学编礼3卷　史部政书类　佚

活国本草3卷　子部医家类　佚

以上2种见《宋诗话考》小传。

澹庵胡先生文集30卷　集部别集类

清初抄本，上海图书馆藏。

胡澹庵先生文集32卷　集部别集类

(1) 清乾隆二十二年(1757)练月楼刻本，国家图书馆藏。

(2) 日本昭和四十二年(1967)影印乾隆二十二年练月楼刻本，日本京都大学图书馆藏。

胡澹庵文集32卷补遗1卷　集部别集类

(1) 清道光十三年(1833)胡文恩读书堂重刻本，南京图书馆藏。

(2) 1970年台北汉华文化事业股份有限公司据道光本影印本。

(3)《宋庐陵四忠集》本，有附录2卷。

澹庵文集25卷　集部别集类

清抄本，山西文物局藏。

胡澹庵先生文集6卷　集部别集类

(1) 清初抄本，浙江大学图书馆藏。

(2) 清抄本，鲍廷博校，丁丙跋，南京图书馆藏。

胡澹庵先生文集6卷附1卷　集部别集类

《附》鲍廷博辑

(1) 清乾隆鲍氏知不足斋抄本(《四库全书》底本)，鲍廷博校并题识，上海图书馆藏。

(2)《四库全书》本。

(3)《宋元人诗集八十二种》本。

澹庵集1卷　集部别集类

《两宋名贤小集》本。

胡澹庵尺牍2卷　集部别集类

1918年商务印书馆铅印本。

胡忠简公文集补遗3卷附录3卷　集部别集类

《胡忠简公经解》本附。

胡忠简公诗钞 5 卷　集部别集类

清范希仁编

清古盐范氏也趣轩抄《宋人小集》本，台湾“中央图书馆”原藏。

澹庵诗话 2 卷　集部诗文评类　佚

见《宋诗话考》。

澹庵词 1 卷　集部词曲类

(1)《宋五家词》本，南京图书馆藏。

(2) 清抄本，北京大学图书馆藏。

澹庵长短句 1 卷　集部词曲类

(1)《别下斋丛书》本。

(2)《四印斋所刻词·南宋四名臣词集》本。

(3)《又次斋词编》本。

(4)《丛书集成初编》本。

(5) 抄本《典雅词》本，台湾故宫博物院藏。

(6) 近人沈韵斋手抄《宋人词四种》本，台湾“中央图书馆”原藏。

胡忠简公经解三种　丛书类

清乾隆五十三年(1788)庐陵胡氏余杭官署刻本，北京大学图书馆藏。

子目见上。

钟离松

字少公，一字其绍。宋江宁人。绍兴十八年(1148)进士。孝宗乾道中，以朝请郎知兴化军。《绍兴十八年同年小录》云：“本贯建康府江宁县建业坊。”明凌迪知《万姓统谱》卷 125 有其小传，云：“为人退然自下，治郡如治剧邑，穷日之力而继以火。善驭吏，如造父之于马，善牧民，如卜式之于羊。尝奏蠲民租，诏为尽除之。”

莆阳居士蔡公文集 36 卷　集部别集类

宋蔡襄撰　钟离松编

(1) 宋刻本，清朱锡庚跋，国家图书馆藏。序目、卷1—6、卷35—36配清抄本。

(2) 抄本，湖南师范大学图书馆藏。

按：《金陵诗征》小传云："王十朋知泉州，求《蔡忠惠集》而不得，松访得其书，重编为三十六卷。"

宋蔡忠惠文集36卷蔡忠惠别纪10卷　集部别集类

宋蔡襄撰　钟离松编　《别纪》明徐𤊹编

明万历四十四年(1616)蔡善继双瓮斋刻本，清丁丙跋，南京图书馆藏。

宋端明殿学士蔡忠惠公文集36卷别纪补遗2卷　集部别集类

宋蔡襄撰　钟离松编　《别纪补遗》明宋珏编

(1) 清雍正、乾隆间蔡仕舢逊敏斋刻本，北京师范大学图书馆藏。

(2) 清光绪十九年(1893)逊敏斋刻本，北京大学图书馆藏。

王千秋

字锡老，号审斋。宋东平(今属山东)人。孝宗时流寓建康。工词，风格秀拔，卓然为南宋一大家。

审斋词1卷　集部词曲类

(1)《宋名家词》本。

(2)《百家词》本。

(3)《宋元名家词》本。

(4)《四库全书》本。

(5)《山左人词》本。

(6)《中国文学珍本丛书》第1辑《宋六十名家词》本。

(7)《四部备要》本。

(8)《万有文库》本。

按：《四库全书总目》卷198云："据卷内有《寿韩南涧生日》及《席上

赠梁次张》二词。南涧名元吉，隆兴中为吏部尚书；次张名安世，淳熙中为桂林转运使。是千秋为孝宗时人矣。惟安世诗称千秋为'金陵耆旧'，与陈振孙所称为东平人不合，或流寓于金陵耶？"又云："其体本花间，而出入于东坡门径，风格秀拔，要自不杂俚音。南渡之后，亦卓然为一作手。"

曾 祐

字禹任，一字伯贡，更名震，号东老。宋江宁人。曾官主簿。工诗，为杨万里所重。

群玉集　集部别集类　佚

见同治《上江两县志》卷12。

曾 极

字景建，一字云巢。宋临川籍，寓建康。工诗文。慨慷尚气节，为朱熹称赏。晚年以《江湖集》事得罪，谪道州，卒。

舂陵小雅　集部别集类　佚

见明彭大翼《山堂肆考》卷123。

金陵百咏1卷　集部别集类

(1)《四库全书》本。

(2) 清道光二十年(1840)金陵刻本，南京图书馆藏。

(3)《观古堂所刊书》本。

(4)《观古堂汇刻书》(第2集)本。

(5)《郎园先生全书》本。

(6) 清宣统三年(1911)南昌道署刻本，北京师范大学图书馆藏。

(7) 清抄本，清丁丙跋，南京图书馆藏。

(8) 清抄本，清孙文川跋，北京大学图书馆藏。

按：《四库全书总目》卷160云："此乃其咏建康故迹之作。皆七言绝句，凡一百首。词旨悲壮，有磊落不羁之气。罗椅尝谢其惠《百咏书》

云:‘不知景建是何肺腑,能办此等恼人语于千载下。’今观其诗,如《天门山》云:‘高屋建瓴无计取,二梁刚把当殽函。’《新亭》云:‘江右于今成乐土,新亭垂泪亦无人。’大抵皆以南渡君臣画江自守,无志中原而作。其寓意颇为深远。”

朱舜庸

宋建康人。博学好古,自里巷口传至仙佛之书无不综览。

金陵遗事　史部地理类　佚

见明彭大翼《山堂肆考》卷 123。

按:朱舜庸曾用 20 余年之力编写此书,庆元中(1195—1200),由留守吴琚改编为《续建康志》。嘉庆《江宁府志》卷 54、55 分别著录朱舜庸《续建康志》10 卷、《建康续志》10 卷,均即此书。又《金陵艺文志》著录《续建康志》10 卷,《金陵事迹志》2 种,当亦指此书。

苏　泂

字召叟。宋山阴人。颂四世孙。少从祖父师德宦游建康,遂以定居。曾从陆游学诗。后入建康留守赵善湘幕为删定官。工诗,词意清拔,与辛弃疾、周文璞等相唱和。所撰《金陵杂兴》200 首颇得时誉。

泠然斋集 20 卷　集部别集类　佚

见《文献通考》。《直斋书录解题》作 12 卷。

泠然斋诗集 8 卷　集部别集类

(1)《四库全书》本。

(2)《四库全书珍本初集》本。

(3) 清赵氏星凤阁抄本,清赵辑宁校,丁丙跋,南京图书馆藏。

(4) 清传钞《四库全书》本,北京大学图书馆藏。

(5) 清末庐江刘氏远碧楼抄本,天津图书馆藏。

(6) 1933 年傅增湘乌丝栏抄《四库全书》本,国家图书馆藏。

按:《四库全书总目》卷 163 云:“生平所与往来唱和者,如辛弃疾、刘过、王柟、潘柽、赵师秀、周文璞、姜夔、葛天民等，皆一时知名士。集中又有《送陆游赴修史之命》诗云：'弟子重先生，丱角以至斯。文章起婴慕，德行随萧规。'是洞本从学于游，诗法流传，渊源有自。故其所作皆能镵刻淬炼，自出清新，在江湖诗派之中可谓卓然特出。其《金陵杂咏》多至二百首，尤为出奇无穷。"原本久佚。四库馆臣自《永乐大典》中辑得诗集8卷。现存《永乐大典》录苏泂诗43条，馆臣漏辑6条。漏辑者见栾贵明辑《四库辑本别集拾遗》。

金陵杂兴1卷附录1卷　集部别集类

(1) 清道光二十年(1840)金陵吴继曾双梧轩刻本，国家图书馆藏。

(2) 抄本，复旦大学图书馆藏。

(3) 清抄本，清孙文川跋，北京大学图书馆藏，附《金陵百咏》后。

按：朱绪曾《开有益斋读书志》卷5附吴继曾跋云："苏召叟《金陵杂兴》二百首，从《泠然斋集》录出，亦文澜阁传抄本也。"

泠然斋诗余1卷　集部词曲类　佚

见《直斋书录解题》卷21。

按：《全宋词》第4册收其词2首。

陈自明(1190? —1270?)

字良甫。宋抚州临川(今属江西)人。官建康府医学教授，侨居建康。家世业医。自明工妇科、外科，有名于时。

外科精要3卷　子部医家类

宋陈自明撰　明薛己注

(1) 明嘉靖间刻本，国家图书馆藏。

(2)《薛氏医按二十四种》本。

(3)《薛氏医按十六种》本。

按：是书于南宋景定四年(1263)写成。

外科精要3卷补遗1卷　子部医家类

宋陈自明撰　明薛己注　《补遗》明熊宗立撰

明刻本，中医科学院图书馆藏。

妇人大全良方24卷辨识修制药物法度1卷　子部医家类

元勤有堂刻本，国家图书馆藏。

妇人大全良方24卷　子部医家类

(1) 清乾隆七年刻本，成都中医药大学图书馆藏。

(2)《四库全书》本。

(3) 清乾隆、嘉庆间刻《博古堂丛书》本，广州中医药大学图书馆藏。

(4) 清嘉庆六年(1801)郁文堂刻本，河南中医学院图书馆藏。

(5)《薛氏医按二十四种》本。

(6)《薛氏医按十六种》本。

(7)《中国医学大成》本，题《校注妇人良方》24卷，明薛己注。

新刊妇人良方补遗大全24卷　子部医家类

宋陈自明编　明熊宗立补遗

(1) 明天顺八年(1464)熊氏种德堂刻本，卷2、卷21—24配清抄本，重庆图书馆藏。

(2) 明正德四年(1509)建阳书林陈世璜存德堂刻本，国家图书馆藏。

三刻太医院补注妇人良方24卷　子部医家类

宋陈自明撰　明薛己补注

(1) 明建邑书林余彰德刻本，辽宁中医药大学图书馆藏。

(2) 明金陵书林唐富春刻本，南京图书馆藏。

(3) 明杨轸飞四知馆刻本，浙江图书馆藏。

(4) 明书林余氏书瑞堂刻本，重庆图书馆藏。

(5) 明嘉靖二十七年(1548)沈氏刻本，首都图书馆藏。

(6)《薛氏医书十六种》本。

(7) 清东溪堂刻本，上海图书馆藏。

新编备急管见大全良方10卷诊脉要诀1卷　子部医家类

清抄本,国家图书馆藏。

周端臣

字彦良,号葵窗。宋建康人。光宗绍熙三年(1192)寓临安。曾官御前应制、国子助教。工诗。

葵窗集　集部别集类　佚

见《金陵通传补遗》卷1本传。

葵窗词稿1卷　集部词曲类

《校辑宋金元人词》本。

按:宋陈起《江湖后集》卷3收周端臣诗1卷。《宋诗纪事》卷71收其诗6首。

李　坚

宋建康人。工诗。

阳羡百咏　集部别集类　佚

见同治《上江两县志》卷12。

按:《宋诗纪事》卷69收其《题宜兴冲寂观》诗1首。

陈　巳

字九成。其先自豫章徙金陵,居镇淮桥西之竹街。幼能属文,长通经术,从学者众。晚厌科举,潜心义理之学。家起看山楼,吟诗著书以自适。理宗淳祐中,江东安抚使荐之,遽卒。

周礼详说　经部周礼类　佚

四书讲义　经部四书类　佚

建康志人表　史部传记类　佚

南窗漫录　子部杂学类　佚

以上4种见《金陵通传》卷7本传。除《建康志人表》外,余3种并见《景定建康志》。

按:《金陵诗征》卷36收有其诗。

尹起莘

字耕道,一字尧庵。宋建康人。学问赅博,隐居不仕。卒葬新亭乡之印塘村。

资治通鉴纲目发明59卷　史部编年类

(1) 明洪武十一年(1378)建安书坊刻本,国家图书馆藏,存卷33—45。

(2) 明初刻本,李明常跋,哈尔滨图书馆藏,存卷33—39。

(3) 明内府刻本,南京图书馆藏。

(4) 清雍正八年(1730)至十一年刻本,辽宁省图书馆藏。

(5) 清雍正八年至十一年刻嘉庆重修同治十三年(1874)补刻本,国家图书馆藏。

(6) 清雍正八年至十一年刻嘉庆重修同治十三年(1874)补刻光绪续补本,国家图书馆藏。

文公先生资治通鉴纲目59卷　史部编年类

宋朱熹撰　尹起莘发明　元汪克宽考异　王幼学集览

明初刻本,上海图书馆藏,存卷1—13、卷22—51,明陈继儒跋;国家博物馆藏,存卷52—59。

文公先生资治通鉴纲目59卷　史部编年类

宋朱熹撰　尹起莘发明　元汪克宽考异　王幼学集览　明陈济正误

明建安书林刘宽裕刻本,上海图书馆藏。

文公先生资治通鉴纲目59卷　史部编年类

宋朱熹撰　尹起莘发明　元汪克宽考异　王幼学集览　明张光启纂辑

明建安书林刘宽裕刻本,天津图书馆藏。

资治通鉴纲目59卷　史部编年类

宋朱熹撰　尹起莘发明　元汪克宽考异　王幼学集览　明陈济正误　明冯智舒质实

(1) 明弘治十一年(1498)书林慎独斋刻本,北京大学图书馆藏。

(2) 明弘治十四年日新堂刻本,天津图书馆藏。

(3) 明嘉靖八年(1529)慎独斋刻本,辽宁省图书馆藏。

(4) 明嘉靖十年书林杨氏清江书堂刻本,辽宁省图书馆藏。

(5) 明嘉靖十三年江西按察使司刻十四年张鲲重修本,上海图书馆藏。

(6) 明嘉靖间吉澄刻本,甘肃省图书馆藏。

(7) 清光绪八年(1882)退补斋刻本,上海图书馆藏。

御批通鉴纲目 59 卷　史部编年类

宋朱熹撰　尹起莘发明　刘友益书法　元汪克宽考异　王幼学集览正误　冯智舒质实　诸家所著汇于逐条之下　清圣祖御批

《四库全书荟要》本。

按:《金陵诗征》卷 8 收有其诗。

王扔之

宋建康人。工医。

伤寒活人书　子部医家类　佚

见嘉庆《江宁府志》卷 54。

唐　淳

宋建康人。道士。

黄帝阴符经注 2 卷　子部道教类

(1)《道藏》本(正统刻)。

(2)《合刻阴符经》本(天启刻)。

(3)《阴符经十二家注解》本(明抄)。

(4)《阴符经九种》本(明抄)。

按:《四库全书总目》卷147著录《阴符经注》1卷,提要云:“旧本题金陵道人唐淳撰。前有至大己丑孟绰然序,称不知淳为何代人。其说皆主于内丹。中称‘天性人也,人心机也,立天之道以定人也’十六字,为杜光庭所加。则五代后人矣。”《国史经籍志》、清钱大昕《补元史艺文志》作2卷。

李　锜

字仲和,号明山。元建康人。宋理宗宝祐元年(1253)进士,官至无为州节制官。后以屯田分司,徙居溧水。入元不仕。工书法,擅诗。

稽古韵　经部小学类　佚

存古正字编　经部小学类　佚

以上2种见《金陵通传》本传。

白　朴(1226—?)

原名恒,字仁甫。后改名朴,字太素,号兰谷。元真定(今河北正定县)人。戏曲家。幼遭丧乱,依元好问长成,受其指点,学问日进。至元十七年(1280)移居金陵,从诸遗老放情山水,日以诗酒优游,数辞辟荐。工诗词散曲。其诗现已无存,词作写景怀古,多故国之想,散曲则多抒发个人哀愁。尤以杂剧名家,与关汉卿、马致远、郑光祖并称为“元曲四大家”。卒年无考,大德十年(1306)后事迹不详。

兰谷先生天籁集1卷附录1卷　集部词曲类

清抄本,国家图书馆藏。

天籁集2卷摭遗1卷　集部词曲类

(1) 清康熙间杨友敬刻本,国家图书馆藏。

(2)《石莲龛汇刻九金人集》本。

天籁集2卷　集部词曲类

(1) 清初抄本(《四库全书》底本),上海图书馆藏。

(2)《四库全书》本。

(3) 清抄本,上海图书馆藏。

(4)《四印斋所刻词》本。

(5) 收入《白朴戏曲集校注》。

天籁集 2 卷附录 1 卷　集部词曲类

(1) 清赵氏小山堂抄本,国家图书馆藏。

(2) 清抄本,国家图书馆藏。

(3) 清抄本,清盛起校,清丁丙跋,南京图书馆藏。

天籁集补遗 1 卷　集部词曲类

孙德谦辑

《金源七家文集补遗》本,稿本,上海图书馆藏。

天籁集摭遗 1 卷　集部词曲类

民国《饮虹簃所刻曲》本。1980 年广陵古籍刻印社影印。

天籁集编年校注　集部词曲类

徐凌云校注,2005 年安徽大学出版社出版。

按:此次校勘,以唐圭璋编《全金元词》为底本,以《九金人集》本对校,参以《四库全书》本、《四印斋所刻词》本,择善而从,不单出校记,有异文者,附见于注释之中。

又按:《四库全书总目》卷 199 著录《天籁集》2 卷,提要云:“是本乃所作词集,世久失传。康熙中,六安杨希洛始得于白氏之裔,凡二百篇。前有王博文序,后有孙作序,及曹安赞。希洛以示朱彝尊,彝尊分为二卷,序而传之。朴词清隽婉逸,意惬韵谐,可与张炎《玉田词》相匹。惟以制曲掩其词名,故沈晦者越数百年。词家选本,遂均不载其姓字。朱彝尊辑《词综》时,亦尚未见其本,书成之后乃得之。书虽晚出,而倚声家未有疑其伪者。盖其词采气韵,皆非后人之所能,固一望而知为宋、元人语矣。”

秋夜梧桐雨(一作唐明皇秋夜梧桐雨)　集部词曲类

(1)《改定元贤传奇》本。

(2)《古名家杂剧》本。

(3)《古杂剧》本。

(4)《脉望馆钞校本古今杂剧》本。

(5)《元曲大观》本。

(6)《元明杂剧》本(国学图书馆影明本,中国戏剧出版社影国学图书馆本)。

(7)《中国文学珍本丛书第一辑·元人杂剧全集》本。

(8)《古本戏曲丛刊四集·古杂剧》本。

(9)《古本戏曲丛刊四集·脉望馆钞校本古今杂剧》本。

(10)《元曲选》本。

(11)《四部备要》本。

(12)《元人杂剧选》本。

(13)《古今名剧合选·新镌古今名剧酹江集》本。

(14)《古本戏曲丛刊四集·古今名剧合选·新镌古今名剧酹江集》本。

(15)《古本戏曲丛刊四集·元明杂剧四种》本。

(16)收入《白朴戏曲集校注》。

墙头马上(一作裴少俊墙头马上)　集部词曲类

(1)《古名家杂剧》本。

(2)《脉望馆钞校本古今杂剧》本。

(3)《元明杂剧》本。

(4)《中国文学珍本丛书第一辑·元人杂剧全集》本。

(5)《古本戏曲丛刊四集·脉望馆钞校本古今杂剧》本。

(6)《元曲选》本。

(7)《四部备要》本。

(8)《古今名剧合选·新镌古今名剧柳枝集》本。

(9)《古本戏曲丛刊四集·古今名剧合选·新镌古今名剧柳枝集》本。

(10)收入《白朴戏曲集校注》。

花月东墙记(一作董秀英花月东墙记)　集部词曲类

(1)《脉望馆钞校本古今杂剧》本。

(2)《孤本元明杂剧》本。

(3)《古本戏曲丛刊四集·脉望馆钞校本古今杂剧》本。

(4)《中国文学珍本丛书第一辑·元人杂剧全集》本(残本)。

(5)收入《白朴戏曲集校注》。

流红叶(一作韩采苹御水流红叶)　集部词曲类

箭射双雕(一作李克用箭射双雕)　集部词曲类

以上2种版本有:

(1)《中国文学珍本丛书第一辑·元人杂剧全集》本。

(2)收入《白朴戏曲集校注》。

钱塘梦一折　集部词曲类

《汇刻传奇·西厢记五剧》本附。

银筝怨(一作薛琼琼月夜银筝怨)　集部词曲类　佚

崔护谒浆　集部词曲类　佚

祝英台(一作祝英台死嫁梁山伯)　集部词曲类　佚

斩白蛇(一作汉高祖斩白蛇)　集部词曲类　佚

游月宫(一作唐明皇游月宫)　集部词曲类　佚

高祖归庄　集部词曲类　佚

萧翼智赚兰亭记　集部词曲类　佚

绝缨会(一作楚庄王夜宴绝缨会)　集部词曲类　佚

阎师道赶江江　集部词曲类　佚

秋江风月凤凰船　集部词曲类　佚

以上10种见《录鬼簿》白朴传。

太和正韵　集部词曲类　佚

朝野新声　集部词曲类　佚

以上2种见嘉庆《江宁府志》卷54。

白仁甫杂剧　集部词曲类

《中国文学珍本丛书第一辑·元人杂剧全集》本。

白朴戏曲集校注　集部词曲类

元白朴撰　王文才校注

1984年人民文学出版社出版。

按:此收白朴存世杂剧与散曲,附编4种,为:《白朴杂剧全目提要》《白朴戏曲评论汇辑》《天籁集编年》《白朴年谱》。

张　𫄨(1236—1302)

字达善,学者称导江先生。其先蜀之导江人,徙居建康。尝从金华王柏学,深究朱子之学。元至元中,为江宁学官,讲学特精,从游者甚众。以荐授孔、颜、孟三氏教授。《元史》有传。

丧服总类　经部仪礼类　佚

见《千顷堂书目》卷2、清钱大昕《补元史艺文志》。

冕弁冠服　经部仪礼类　佚

见乾隆《江南通志》。

释奠仪注1卷　经部仪礼类　佚

见《千顷堂书目》卷2、《补元史艺文志》。

孝经口义1卷　经部孝经类　佚

见《千顷堂书目》卷3、《补元史艺文志》。

经说　经部群经总义类　佚

见《补元史艺文志》、清金门诏《补三史艺文志》。

四经归极　经部群经总义类　佚

见《千顷堂书目》卷3、《补元史艺文志》。

按:《明内阁书目》列杂部,题张达,脱"善"字。

阙里通载　史部地理类　佚

见《千顷堂书目》卷3、《补元史艺文志》。

导江文集(一作张𫄨文集)　集部别集类　佚

见《补元史艺文志》。

按:《金陵诗征》卷37收有其诗。

陈　钺

字宜之,号月观,学者称慈湖先生。元当涂人,居建康。宋度宗咸淳七年(1271)进士。以不附贾似道,除镇巢军判官,寻为江东制置使。后摄府学教授,托疾辞归。

慈湖文集　集部别集类　佚

见《金陵通传》卷7本传。

黎廷瑞

字祥仲。元鄱阳籍,寓居建康。宋度宗咸淳七年(1271)进士,授肇庆府司法参军。宋亡,以隐终。工诗,与陈钺同居金陵,为诗友。

芳洲集3卷　集部别集类

(1) 清刻本,江西图书馆藏。

(2)《四库全书》本。

(3)《豫章丛书·鄱阳五家集》本,附魏元旷撰校勘记1卷,胡思敬校勘续记1卷。

芳洲诗余1卷　集部词曲类

《彊村丛书》本。

廖应淮

元建昌(今江西省永修县)人,寓居建康。善占验。

历髓　子部术数类　佚

星野指南　子部术数类　佚

元元集　集部别集类　佚

以上3种见《金陵诗征》卷36。

孙　辙(1262—1334)

字履常,学者称澹轩先生。元金陵人,徙居临川。家居教授,问业者甚众。地方屡辟,皆不就。生平学行纯笃,善为文章。后以遗逸特举,亦不仕。《元史》有传。

孙辙集　集部别集类　佚

见清金门诏《补三史艺文志》。

淡轩诗　集部别集类　佚

见《补元史艺文志》《补辽金元艺文志》。

按:《元诗纪事》卷 12 收有其诗残句。《金陵诗征》卷 9 收有其诗。

王云起

字霖仲,号友山。元江宁人。王安石弟安上八世孙。治《春秋》学。元时任澧州路儒学教授,尝充湖广行省考试官,改旌德主簿不赴,以疾卒于家。

友山遗稿　集部别集类　佚

定林漫稿　集部别集类　佚

以上两种见同治《上江两县志》卷 12。

按:《金陵诗征》卷 10 收有其诗。

胡天祺

元上元人。

译史　史部杂史类　佚

见元杨翮《佩玉斋类稿》、清朱绪曾《开有益斋读书志》卷 5。

余东卿

元上元人。

秦淮棹歌　集部别集类　佚

见元杨翮《佩玉斋类稿》、清朱绪曾《开有益斋读书志》卷5。

江永之

元上元人。

雷钟小稿　集部别集类　佚

见元杨翮《佩玉斋类稿》、清朱绪曾《开有益斋读书志》卷5。

唐本道

元上元人。

九曲韵语　集部别集类　佚

见元杨翮《佩玉斋类稿》、清朱绪曾《开有益斋读书志》卷5。

王仁甫

元上元人。

恤灾诗　集部别集类　佚

见元杨翮《佩玉斋类稿》、清朱绪曾《开有益斋读书志》卷5。

孔肃夫

元上元人。

自然亭诗　集部别集类　佚

见元杨翮《佩玉斋类稿》、清朱绪曾《开有益斋读书志》卷5。

丁　复

字仲容。元天台(今浙江省天台县)人。官集庆路训导,因移家金陵,住城北。延祐初(1314),游京师,与杨载、范椁同时被荐,不就。乃放情诗酒,浪迹江淮间,三徙而定居。生平负诗名,所作不下数千篇,脱稿即弃去,故多散佚。

桧亭集(一作桧亭稿)9卷　集部别集类

(1)《四库全书》本。

(2)《四库全书珍本三集》本。

(3) 清抄本,题《桧亭稿》,陆心源校并跋,国家图书馆藏。

(4) 清抄本,题《桧亭稿》,有《拾遗》1 卷,清丁丙跋,丁立诚校,南京图书馆藏。

(5)《台州丛书己集》本,有《拾遗》1 卷。

桧亭稿 5 卷　集部别集类

清抄本,国家图书馆藏。

桧亭集 1 卷　集部别集类

《元诗选二集》本。

按:《四库全书总目》卷 167《桧亭集》提要云:"平生所作不下数千篇,脱稿即弃去,故多所散佚。其婿饶介之及其门人李谨之各据所得,搜辑成帙。介之所编称《集》,谨之所编称《续集》,今皆未见其本。此本乃至正十年南台监察御史张惟远合二集编为九卷,刊于集庆学舍者。其称《桧亭》,盖以所居有双桧,复日哦诗其下,因以为名。集中有《次韵介之双桧亭诗》,即其地也。复诗不事雕琢,而意趣超忽,自然俊逸。其才气横溢,魏文帝所谓笔墨之性殆不可胜者,几乎近之。"朱绪曾《开有益斋读书志》卷 5 云:"南台监察御史张惟远合编为九卷。至正十年(1350)刊于集庆学,有中山李恒、永嘉李孝先、临川危素、上元杨翮四序。"

杨刚中

字志行,世称通微先生。元上元人。翮父。尝从学于张䇓。辟立江宁县学,历建康路学正,徽州路学教授、福建廉访司照磨。延祐元年(1314),聘主江西乡试,迁江东廉访司照磨。泰定中,改江浙儒学提举,召为翰林待制、兼国史馆编修。寻以病归。卒年 74。通经,为文奇奥简涩,动法古人。而不屑为世俗平凡语。《元史》杨载传附。

易通微说　经部易类　佚

见元张铉撰《至大金陵新志》卷13下之上。朱彝尊《经义考》卷45同。

诗讲义　经部诗经类　佚

见元张铉撰《至大金陵新志》卷13下之上。

霜月斋集40卷　集部别集类　佚

见《补元史艺文志》《补辽金元艺文志》。

按:《元史》本传、嘉庆《江宁府志·艺文》作《霜月集》。《金陵诗征》卷9收有其诗。

谢宗可

元金陵人。作《咏物诗》百篇传世而知名。时人谓其诗绮靡而不伤于华,平淡而不流于俗。

咏物诗1卷　集部别集类

(1) 明天启二年(1622)朱之蕃刻《三家咏物诗三种》本。

(2) 明蒋氏抄本,蒋玢、郭柏苍跋,北京大学图书馆藏。

(3)《元诗选初集》本。

(4)《四库全书》本。

(5)《四库全书珍本六集》本。

(6) 抄本,国家图书馆藏。

(7) 旧抄本,附明瞿佑、瞿宗吉《咏物诗》1卷后,台湾"中央图书馆"原藏。

咏物诗2卷　集部别集类

(1) 清乾隆五十六年(1791)冰丝馆刻本,南京图书馆藏。

(2) 清抄本,南京图书馆藏。

(3) 清刻本,南京图书馆藏。

按:《四库全书总目》卷168本书提要云:"宗可此编,凡一百六首,皆七言律诗。如不咏燕蝶而咏睡燕、睡蝶,不咏雁莺而咏雁字、莺梭。其标题亦皆纤仄,盖沿雍陶诸人之波,而弥趋新巧。"

戚　光

字子云。元江宁人。官集庆路训导。熟于江南掌故，以著《南唐书音释》《集庆路续志》而知名。《金陵通传》卷 9 有传。

唐年世总释　史部编年类　佚

见同治《上江两县志》卷 12。

南唐书 18 卷音释 1 卷　史部载记类

宋陆游撰　《音释》元戚光撰

(1) 明嘉靖四十三年(1564)钱谷抄本，钱谷跋，国家图书馆藏。

(2) 明万历间陆氏紫薇堂抄本，清□梦庄跋，南京图书馆藏。

(3) 明天启三年(1623)鲍山刻本，山东省图书馆藏。

(4)《秘册汇函》本。

(5)《陆放翁全集》本，国家图书馆藏本有清陆贻典、黄丕烈校并跋，清冯武抄补缺页并校。

(6)《四库全书》本。

(7)《述古丛钞》本。

(8)《南唐书合刻》本。

(9) 清光绪九年(1883)刻本，北京大学图书馆藏。

(10)《藏修堂丛书第二集·南唐书合刻》本。

(11)《翠琅玕馆丛书(黄任恒辑)·南唐书合刻》本。

(12)《芋园丛书》本。

(13)《丛书集成初编》本。

(14)《国学基本丛书》本。

(15)《四部备要·陆放翁全集》本。

(16)《四部丛刊续编》影印明钱谷抄本，附张元济《校勘记》。

(17) 清读史精舍绿格抄本，题《南唐书笺注》，宋陆游撰，元戚光音释，清周在浚注，台湾"中研院"历史语言研究所傅斯年图书馆藏。

南唐书 18 卷音释 1 卷　史部载记类

宋陆游撰　音释元戚光撰　清周在浚笺注

(1) 清乾隆间吴氏拜经楼抄本，国家图书馆藏。

(2) 清抄本，上海图书馆藏。

集庆路续志　史部地理类　佚

见《千顷堂书目》卷8，注云："天历二年(1329)，南台御史赵世延命郡士光辑。"亦见《补元史艺文志》。《补辽金元艺文志》作1卷。

按：《四库全书总目》卷68《至大金陵新志》提要云："郡人戚光于至顺间尝修有《集庆续志》，而任意改窜，多变旧例，未为详审。"又谓《至大金陵新志》："元代故实，则本之戚光《续志》。"清钱曾《读书敏求记》卷2陆游《南唐书》条云："光尝辑《金陵志》，搜访文献，大有考证，为当时所称许。藏书家鲜有知其氏名者矣。"

王复元

名泰来，以字行。其先由大名徙金陵，遂为建康人。宋末，以诗名于时。举乡贡，入太学。旋弃去，放浪江湖间。元至元中，受召见于集贤殿，授以官，力辞归。卒年73。

王复元集　集部别集类　佚

见《金陵通传》卷9本传。

李谨之

元上元人。丁复门人。

李谨之诗稿　集部别集类　佚

见元杨翮《佩玉斋类稿》、清朱绪曾《开有益斋读书志》卷5。

戴启宗

一作起宗，字同父。元金陵人。官龙兴路儒学教授。通经博学，尤精医道。

脉诀刊误2卷附录2卷　子部医家类

(1) 明嘉靖元年(1522)吴体刻本,国家图书馆藏。

(2) 明嘉靖刻本,国家图书馆藏。

(3)《石山医案八种》本。

(4) 明万历二十四年(1596)刻本,上海中医药大学图书馆藏。

(5) 明汪邦铎刻本,安徽省图书馆藏。

(6) 明刻本,中华医学会上海分会图书馆藏。

(7)《四库全书》本。

新刻脉诀刊误 2 卷　子部医家类

《格致丛书》本。

脉诀刊误集解 2 卷附录 1 卷　子部医家类

元戴启宗撰　明汪机辑

(1) 明崇祯六年(1633)刻本,上海图书馆藏。

(2)《指海》本。

(3) 清光绪二十年(1894)上海图书集成印书局铅印本,中医科学院图书馆藏。

(4) 清光绪二十二年励志斋刻本,南京图书馆藏。

(5)《周氏医学丛书》(此书初集名《周澂之校刻医学丛书》)本。

(6) 清宣统元年(1909)借月山房刻本,重庆图书馆藏。

(7)《丛书集成初编》本。

按:日本丹波元胤《中国医籍考》云:“取《内经》及越人、仲景、华佗、叔和等历代名医之书,讨订六朝高阳生《脉诀》之误。复集古医经及诸家书为之注解,去缪说,正本源。”

五运六气撰要　子部医家类　佚

活人书辨　子部医家类　佚

以上 2 种见丹波元胤《中国医籍考》、徐春甫《古今医统》。

悟真篇注疏 8 卷　子部道教类

宋翁葆光注　宋陈达灵传　元戴起宗疏

(1)《道藏》本。

(2)《道藏举要》本。

按:《千顷堂书目》卷16著录3卷。《补元史艺文志》著录云"至元元年"。

艾　朴

字元守。元鄱阳(今江西省波阳县)人,移家金陵。

山晖堂集6卷　集部别集类

明万历三十二年(1604)艾容校写本,见《金陵诗征》卷37朱绪曾注。其书今未见馆藏。

皇华集2卷　集部总集类　佚

见《开有益斋读书志》卷6。

按:《金陵诗征》卷37收有其诗。

王　谌

字之常。元江宁人。喜为诗。于医学尤精。生平不仕,教授于乡。

唐人音韵　经部小学类　佚

见《金陵诗征》卷10。

王国杰

字隽父。元上元人。历官建康学正、溧水教谕、柳州教授、徽州路紫阳书院山长。

北山集　集部别集类　佚

见《金陵通传补遗》卷1本传。

按:《金陵诗征》卷9收有其诗。

翁有夔

元江宁人。

翁氏家乘　史部传记类　佚

见《金陵通传补遗》卷 1。

王　翊

字圣韶。元江宁人。

钟山泉声集　集部别集类　佚

见同治《上江两县志》卷 12。

雨花老人

元金陵僧人。姓氏不详。

雨花老人诗集　集部别集类　佚

见《金陵艺文志》引《五台清凉传》。

明

杨　翮(？—1370？)

字文举。明上元人。刚中子。少承父训，工诗古文，善八分书。初为江浙行省掾。元至正中，官休宁主簿，历江浙儒学提举，迁太常博士。时朝政混乱，还金陵。明太祖入集庆，洪武三年(1370)征为纂修官，与修《大明集礼》。后以谪死。嗜学好古，尝建长宜斋以贮鼎彝。当时名流多与之游。

佩玉斋类稿1卷　集部别集类

《元诗选二集》本。

佩玉斋类稿13卷　集部别集类

(1) 清康熙间抄本，上海图书馆藏。

(2) 清抄本，清丁丙跋，南京图书馆藏。

佩玉斋类稿10卷　集部别集类

(1)《四库全书》本。

(2)《四库珍本初集》本。

佩玉斋类稿10卷补遗1卷　集部别集类

(1) 清劳权抄本，劳权校并跋，清丁丙跋，南京图书馆藏。

(2) 清代旧抄本，台湾"中央图书馆"原藏。

(3) 抄本，邓邦述手书题记，清朱绪曾跋，台湾"中央图书馆"原藏。

佩玉斋类稿12卷　集部别集类

清道光间抄本，清诸成璋校并跋，复旦大学图书馆藏。

按：此书是重要的元代南京地方文献。《补辽金元艺文志》著录此书外，另有《佩玉斋集》10卷。

元　极

明浙江天台人。为僧录司左阐教，住持金陵灵谷寺。

园庵集 10 卷　集部别集类　佚

见《千顷堂书目》卷 28。

宗　泐(1318—1391)

俗姓周。字季潭，世号全室禅师。明临海(今浙江省临海县)人。8岁从元高僧笑隐学佛于中天竺，寓意词章，尤精隶古。洪武四年(1371)，明太祖征江南有道僧人，应召称旨，住天界寺。五年，朝廷建广荐法会于蒋山太平兴国寺，受命升座说法。十一年，命往西域求遗经。十三年还朝，授僧录右善世，仍住天界寺。坐胡党免死，谪凤阳槎峰，三载召还。后示寂于江浦石佛寺。平生潜心研经，间亦作诗。

全室西游集 1 卷　史部地理类　佚

见《千顷堂书目》卷 28。

般若波罗蜜多心经注解 1 卷　子部佛教类

明释宗泐、释如玘注

(1) 日本弘教书院刻《大藏经》本。

(2) 日本宽永十五年(1638)中野市右卫门刻本。

(3) 明崇祯五年(1632)嘉兴楞严寺刻本。

金刚般若波罗蜜经注解 1 卷　子部佛教类

明释宗泐、释如玘注

(1) 日本弘教书院刻《大藏经》本。

(2) 明崇祯五年嘉兴楞严寺刻本。

(3) 3 卷，日本翻刻本。

按:《千顷堂书目》卷 16，《明史·艺文志》作《金刚经注》1 卷。

般若波罗蜜多心经注解 1 卷金刚般若波罗蜜经注解 1 卷　子部佛教类

明释宗泐、释如玘注

(1) 清光绪二年(1876)长沙刻经处刻本,国家图书馆藏。

(2) 清光绪十四年刻本,吉林大学图书馆藏。

(3) 1913年长沙刻经处刻本。

(4) 1929年金陵刻经处刻本。

楞伽阿跋多罗宝经4卷　子部佛教类

南朝宋释求那跋陀罗译　明释宗泐、释如玘同注

(1) 明成化三年(1467)刻本,天津图书馆藏。

(2) 明刻本,北京文物局藏。

楞伽阿跋多罗宝经注解4卷　子部佛教类

南朝宋释求那跋陀罗译　明释宗泐、释如玘注

(1) 清光绪四年长沙刻经处刻本,上海图书馆藏。

(2) 清抄本,上海图书馆藏。

金刚般若波罗蜜经注解1卷　子部佛教类

后秦释鸠摩罗什译　明释宗泐、释如玘注

(1) 明万历间刻本,美国哈佛大学燕京图书馆藏。

(2) 清光绪二年长沙刻经处刻本,吉林大学图书馆藏。

般若波罗蜜多心经1卷　子部佛教类

唐释玄奘译　明释宗泐、释如玘注

(1) 明嘉靖三十四年(1555)邸荣刻本,南京图书馆藏。

(2) 清同治十三年(1874)昭庆寺刻本,黑龙江省图书馆藏。

般若波罗蜜多心经注解1卷　子部佛教类

唐释玄奘译　明释宗泐、释如玘注

(1) 清乾隆五十二年(1787)永琅刻本,北京大学图书馆藏。

(2) 清道光十四年(1834)刻本,上海图书馆藏。

般若波罗蜜多心经集注　子部佛教类

唐释玄奘译　唐释法藏、宋释智圆疏　元释元粹、释性澄,明释宗泐、释如玘注

明刻本,国家图书馆藏。

释全室集 1 卷　集部别集类

《盛明百家诗》本。

全室集 8 卷补 1 卷　集部别集类

抄本，日本静嘉堂藏。

全室集 10 卷　集部别集类

抄本，上海图书馆藏。

全室外集 9 卷续 1 卷　集部别集类

(1) 明永乐间刻本，上海图书馆藏。

(2)《四库全书》本。

(3)《四库全书珍本六集》本。

(4) 清抄本，题《补刊全室外集》，国家图书馆藏。

(5)《赤城遗书汇刊》本。

(6)《四库明人文集丛刊·荥阳外史集(外二种)》本。

(7) 2013 年黄山书社出版《明别集丛刊》本。

全室外集 6 卷　集部别集类

清初抄本，上海图书馆藏。

全室外集 8 卷　集部别集类

抄本，台湾“中研院”历史语言研究所藏。

按：《四库全书总目》卷 169 本书提要云：“宗泐虽托迹缁流，而笃好儒术。故其诗风骨高骞，可抗行于作者之间。”

守　仁(？—1391)

字一初，号梦观。元末富阳(今浙江省杭州市富阳区)人。少曾与同邑古春(释如兰)同学于杨维桢，授《春秋》经史之学。世乱，出家于四明延庆寺。后住持杭州灵隐寺。明洪武十五年(1382)，征授僧录司左讲经，升右善世，因居江宁。能诗。偶以吟咏恶帝，遂被废置。二十四年，主金陵天禧寺，旋寂。

梦观集 6 卷　集部别集类　佚

见《千顷堂书目》卷28。本作《梦觉集》，卢文弨校改为今名。

梦观集1卷　集部别集类

《盛明百家诗》本。

杨　牖

字文开。明上元人。翮弟。工文。

杨牖文集　集部别集类　佚

见《金陵通传》卷9杨翮传附。

马　琬

字文璧，以字行。号鲁钝生、灌园人。明初江宁人。少有志节，曾从杨维桢学《春秋》。元末寓云间，与清江贝琼善。洪武初，官抚州同知。精小学篆籀，工古歌行，尤工诸画。

偏旁辩证　经部小学类　佚

见《千顷堂书目》卷3。

灌园集　集部别集类　佚

见《千顷堂书目》卷17。

按：《列朝诗集》《金陵诗征》卷11皆收其诗。《明诗综》卷13、《明诗纪事》甲签卷19各收其诗1首。

王　茂

字伯昌，晚号东村老人。其先自曹县徙建康，遂为江宁人。博学工文。元至正中进士，累官户部尚书，出为福建行省左丞。明兵下福州，因返江宁，授刑部尚书，力辞。后被安置安庆，以老病放还。

东村野老诗稿　集部别集类　佚

见《金陵通传》卷9本传。

王　显

字征仲，自号溪渔子。明上元人。性脱略不羁，读书耻为章句。尝来往于江淮间，结交侠客异人。后翻悔所为，买书数千卷苦读之，为文奇伟刚健。入明不仕。隐居以终。

南唐烈祖开基记 5 卷　史部载记类　佚

见《金陵通传》卷 9 本传。

按：明顾起元《客座赘语》卷 4“古志搜访”条著录作 10 卷。

夏　煜(？—1405)

字允中。明金陵人。诗人丁复入室弟子。元至正十六年(1356)，辟为行中书省博士。十八年，调浙东分省兼巡抚。伐陈友谅时，代朱元璋草檄赋诗。洪武元年(1368)，总制浙东诸府。明成祖攻占南京，处死。《明史》有传。

允中集　集部别集类　佚

见《千顷堂书目》卷 17。

按：《列朝诗集》《金陵诗征》卷 11 收有其诗。《明诗综》卷 12、《明诗纪事》甲签卷 19 各收其诗 1 首。

朱元璋(1328—1398)

字国瑞。明濠州钟离(今安徽凤阳)人。幼孤，为皇觉寺僧。元末，投郭子兴军，为亲兵。子兴卒，以功为诸将奉为吴国公，旋称吴王。灭陈友谅、张士诚，平定江南，遂移师西北，克燕京。十五载而成帝业。建都应天府为南京，在位 31 年。庙号太祖，谥高皇帝，年号洪武。吴晗著有《朱元璋传》。

太祖御注洪范 1 卷　经部尚书类　佚

见《千顷堂书目》卷 1，注云：“帝尝命儒臣书《洪范》揭于御座之右，因自为注。洪武二十年(1387)二月成书。”

御制西征记1卷　史部杂史类

御制平西蜀文1卷　史部杂史类

以上2种有：

(1)《纪录汇编》本。

(2)《纪录汇编选刊》本。

(3)《丛书集成初编》本。

(4)《影印元明善本丛书》本。

太祖御制皇陵碑1卷　史部传记类

(1)《纪录汇编》本。

(2)《纪录汇编选刊》本。

(3)《丛书集成初编》本。

(4)《影印元明善本丛书》本。

太祖御制中山武宁王碑文1卷　史部传记类

太祖御制为政要录1卷　史部政书类

以上2种见《千顷堂书目》卷10。

相鉴20卷　史部传记类

明洪武十三年内府刻本，台湾“中央图书馆”原藏，缺《贤臣传》卷5、6，《奸臣传》卷3、4。

按：《千顷堂书目》卷10著录，注云：“洪武十三年，罢中书省，命儒臣与国子生取历代史所载相臣，贤者自萧何至文天祥八十二人为传十六卷，不贤者自田蚡至贾似道凡二十六人为四卷。命编修吴沉序之，太祖亦自制序冠焉。”

逆臣录　史部传记类

(1) 明抄本，北京大学图书馆藏。

(2) 王天有等点校，1991年北京大学出版社出版。

按：该书是明初蓝玉党人供词，明太祖敕命翰林官撰录。每份供词前有招供人的姓名、年龄、籍贯、身份及与蓝玉关系等介绍，是现存蓝玉案的最直接资料。

臣戒录　史部传记类

明洪武间内府刻本，台湾“中央图书馆”原藏，存卷5—9。

按：《千顷堂书目》卷10著录，注云：“洪武十三年正月，胡惟庸谋叛事觉，命翰林侍臣纂录历代诸侯王宗戚宦官之属悖逆不道者，凡二百十二人，备其行事，以类书之。六月书成，颁布中外。”

御制纪梦1卷　史部传记类

(1)《纪录汇编》本。

(2)《纪录汇编选刊》本。

(3)《影印元明善本丛书》本。

礼制集要1卷　史部政书类

明嘉靖宁藩宗室朱宸洪刻本，台湾“中央图书馆”原藏。

按：《千顷堂书目》卷9注云：“命学士刘三吾编辑官民服舍器用等类成书，以戒僭越。凡为目十有三，自冠服、器用以至仪从、奏启、书押，皆有等第。洪武二十八年十一月成。”

存心录18卷　史部政书类

见《千顷堂书目》卷2。

按：《千顷堂书目》注云：“洪武元年三月己亥，帝以祭祀为国家大事，念虑或怠，则无以接神明。乃命礼官及诸儒臣编集郊社、宗庙、山川等仪，及历代帝王祭祀、感应祥异，可为鉴戒者，为书以进。四年七月辛亥朔书成。”

孝慈录1卷　史部政书类

见《千顷堂书目》卷2。

按：《千顷堂书目》注云：“洪武七年九月庚寅，成穆贵妃孙氏薨。敕礼官定丧服之制，乃敕翰林学士宋濂等考定古制为是书。十一月庚戌书成，上自为序刊行。”

宪纲1卷　史部政书类

见《千顷堂书目》卷9。

按：《千顷堂书目》注云：“洪武四年五月，御史台进，凡四十条。上亲加删定刊行矣。后诸臣有任情增改者，宣宗再令考旧文而申明之，益入后定风宪事宜，正统四年十月颁布。”

明太祖御制为政要录1卷　史部政书类

见《千顷堂书目》卷9。

按：《千顷堂书目》注云：“其书载文武官属体统，及签书案牍次第、军士月俸廪饩，与宿卫之禁、屯田之政。凡十有三条，洪武三十年正月颁行。”

稽制录1卷　史部政书类

见《千顷堂书目》卷9。

按：《千顷堂书目》注云：“洪武二十六年三月，上以诸功臣多武人不知书，往往恃功骄恣，逾越礼分，肆情废法，奢僭不度，因诏翰林院稽考汉唐宋功臣书爵邑之多寡及名号虚实之等第为书，以颁示功臣。自为之序。”

皇明祖训1卷　史部政书类

(1) 明洪武礼部刻本，国家图书馆藏。

(2) 明抄本，台湾“中央图书馆”原藏。

(3) 清康熙间内府抄本，故宫博物院图书馆藏。

(4)《四库全书存目丛书》本。

(5)《中华再造善本》本。

按：《四库全书总目》卷83著录《明祖训》1卷，提要云：“其中多言亲藩体制，大抵惩前代之失，欲兼用封建郡县以相牵制。故亲王与方镇各掌兵，王不得与民事，官吏亦不得预王府事。尤谆谆以奸臣壅蔽离间为虑，所以防之者甚至。”

钦录2卷　史部政书类

(1) 清内府抄本，故宫博物院图书馆藏。

(2) 清抄本，不分卷，台北故宫博物院图书馆藏。

御制大诰1卷　史部政书类

(1) 明洪武十八年内府刻本，国家图书馆藏。

(2) 明洪武二十年太原府刻本，国家图书馆藏。

(3) 清光绪三十一年(1905)铅印本，南京图书馆藏。

(4)《续修四库全书》本。

(5) 抄本，台湾"中央图书馆"原藏。

御制大诰续编1卷　史部政书类

御制大诰三编1卷　史部政书类

以上2种有：

(1) 明洪武十九年内府刻本，国家图书馆藏。

(2) 明洪武二十年太原府刻本，国家图书馆藏。

(3) 清光绪三十一年铅印本，南京图书馆藏。

(4)《续修四库全书》本。

按：《千顷堂书目》卷10注云："洪武十八年十月《御制大诰》成，又明年三月再为《续编》，至十有二月更为《三编》。上以中外臣民染元之俗，往往不安职业，触丽宪章。欲仿成周乃洪大诰治之制，以训诰之。凡为三编，其意切至，而词益加详。每编成，上亲序之。"

孝陵诏敕1卷　史部政书类

明抄本，台湾"中央图书馆"原藏。

太祖御制诏稿1卷　史部政书类

御制诰敕文1卷　史部政书类

国初诏令　史部政书类

高皇帝诏谕辑略3卷　史部政书类

明朱元璋撰　杨起元辑

戒敕功臣铁榜1卷　史部政书类

申明诫谕书　史部政书类

以上6种见《千顷堂书目》卷10。其中《太祖御制诏稿》注云："起洪武元年即位，迄五年止。"《国初诏令》注云："洪武一代。"《申明诫谕书》注云："洪武五年八月丙戌书成，颁示天下。"

大诰武臣1卷　史部政书类

(1) 明初刻本，国家图书馆藏。

(2) 明嘉靖十二年(1533)张惟恕刻蓝印本，上海图书馆藏。

(3) 清光绪三十一年铅印本，南京图书馆藏。

(4)《续修四库全书》本。

按：《千顷堂书目》卷10注云："洪武二十年十二月，上以武臣多出自行伍，罔知宪典，故所为往往罹法，乃制《大诰》三十一篇以训。"

御制武臣敕谕1卷　史部政书类

见《千顷堂书目》卷10，注云："洪武二十一年八月颁行，凡八条。"

赐诸番诏敕1卷　史部政书类

明洪武间内府刻本，台湾"中央图书馆"原藏。

御制纪非录1卷　史部政书类

(1) 清抄本，国家图书馆藏。

(2) 清丁氏八千卷楼抄本，南京图书馆藏。

(3) 民国吴县潘氏宝山楼抄本，上海图书馆藏。

御制书稿3卷　史部政书类

见《千顷堂书目》卷10，注云："未即位前与群雄书。"

大明律例33卷　史部政书类

明朱元璋敕纂

明刻本，上海图书馆藏，存卷7—12，卷20—30。

大明律附例30卷　史部政书类

明朱元璋敕纂

明刻本，上海图书馆藏，存卷11—17。

寰宇通衢书1卷　史部地理类

见《千顷堂书目》卷6。

按：《千顷堂书目》注云："洪武二十七年九月书成。先是上以舆地之广，不可无书以纪之，乃命翰林儒臣及廷臣以天下道里数编类为书。"

洪武京城图志1卷　史部地理类

(1) 明弘治五年(1492)刻本，南京图书馆藏。

(2) 抄本,南京图书馆藏。

(3) 1928 年南京中社影印本,南京图书馆藏。

(4)《南京文献》1947 年第 3 号。

(5)《北京图书馆古籍珍本丛刊》本。

(6)《南京稀见文献丛刊》本。

按:本书为明太祖朱元璋敕礼部纂修,记述洪武年间京城气象。是志分宫阙、城门、山川、坛庙、寺观、官署、学校、仓库司局、桥梁、街市、楼馆、厩牧、园圃 13 类。附皇城、京城山川、大祀坛、庙宇寺观、官署、国学、街市桥梁、楼馆 8 图。明洪武二十八年詹事府右春坊右赞善王俊华奉命纂修成书并刊刻行世。朱绪曾《读书志》曾谓得见洪武刊本,称其镂刻精工,字仿松雪。此本今已不可见。《江苏省立国学图书馆印行书籍提要》云:"盖明初南都伟大之规模约具于是。今日建设首都,首宜研阅者也。"

云南志书 61 卷　史部地理类　佚

见《千顷堂书目》卷 7。

按:《千顷堂书目》注云:"洪武十四年,既平云南,上命儒臣考按图籍及前代所有志书,更定而删正之。明年六月书成。"此志今已不存。

资世通训 1 卷　子部儒学类

(1) 明刻本,国家图书馆藏。

(2) 清刻本,国家图书馆藏。

(3)《续修四库全书》本。

按:《千顷堂书目》卷 11 著录,题作《太祖御制资世通训》1 卷,注云:"洪武八年三月成,凡十四章。"

大明清类天文分野书 24 卷　子部历算类

见《千顷堂书目》卷 13。

按:《千顷堂书目》注云:"洪武十七年闰十月,命群臣编辑。书成,赐燕、周、齐、楚等六王。其书以十二分野星次分配天下郡县,又于郡县之下详载古今沿革之由。"

明太祖世宗御笔　子部艺术类

明朱元璋、朱厚熜撰

1919年影印本，南京图书馆藏。

前明太祖新书二帖不分卷　子部艺术类

清光绪、宣统间影印本，国家图书馆藏。

大明太祖高皇帝御注道德真经2卷　子部道教类

(1)《道藏》本(正统刻)。

(2) 明抄本，国家图书馆藏。

按：《千顷堂书目》卷16著录题为《太祖御注道德经》2卷，注云："帝以诸家之注，各有异见，因自为注以发其义。洪武七年成。"

注老子道德真经2卷　子部道教类

清康熙六年刻本，国家图书馆藏。

大明太祖高皇帝御制周颠仙传1卷　子部道教类

(1) 明嘉靖十八年秦汴绣石书堂抄本，南京图书馆藏。

(2) 明抄本，河南省图书馆藏。

(3)《金声玉振集》本，题《周颠仙传》。

(4)《纪录汇编》本，题《御制周颠仙传》。

(5)《国朝典故六十种》本，题《御制周颠仙传》。

(6) 清同治十二年(1873)江西书局刻本，题《周颠仙传》，南京图书馆藏。

(7)《丛书集成初编》本，题《御制周颠仙传》。

(8)《影印元明善本丛书》本，题《御制周颠仙传》。

(9) 1959年北京中国书店影印本，题《周颠仙传》。

(10)《四库全书存目丛书》本，题《御制周颠仙传》。

(11)《说郛》本，题《周颠仙传》。

(12)《五朝小说》本，题《周颠仙传》。

(13)《五朝小说大观》本，题《周颠仙传》。

按：《四库全书总目》卷147著录《周颠仙传》1卷，提要云："明太祖高皇帝御制，纪周颠仙事迹。颠仙，建昌人。少得狂病，其踪迹甚怪。初谒太祖于南昌，随至金陵。后从征陈友谅，旋即辞去。友谅既平，太祖遣使往庐山求之不得。洪武二十六年，太祖亲制此传，命中书舍人詹希庾书之，勒石庐山。后人录出别行，并附以太祖御制《祭天眼尊者文》一首，《群仙诗》及《赤脚僧诗》各一首。《明史·方技传》叙周颠事，即据此文也。”

太祖集注金刚经 1 卷　子部佛教类

见《千顷堂书目》卷 16，注云：“成祖御制序。”

御制文集 30 卷　集部别集类

明初刻本，国家图书馆藏，存 6 卷；清丁丙跋，南京图书馆藏。

按：《千顷堂书目》著录题为《太祖高皇帝御制文集》30 卷，注云：“甲集二卷，乙集三卷，丙集十四卷、诗一卷，丁集十卷。”《明史·艺文志》作《明太祖文集》50 卷《诗集》5 卷。

高皇帝御制文集 20 卷　集部别集类

(1) 明初刻本，上海图书馆藏。

(2) 明嘉靖八年唐胄刻本，复旦大学图书馆藏。

(3) 明嘉靖十四年徐九皋、王惟贤刻本，国家图书馆藏。

(4) 明万历十年(1582)姚士观、沈铁刻本，国家图书馆藏。

(5) 明万历间刻本，上海图书馆藏。

(6) 明万历二十五年明王弘诲刻本，附《训行录》3 卷，上海图书馆藏。

(7) 明万历间南京礼部刻本，附《训行录》3 卷，台湾大学图书馆藏。

(8) 明万历间刻本，附《祖训》1 卷，日本内阁文库藏。

(9) 2013 年黄山书社出版《明别集丛刊》本。

大明太祖高皇帝御制文集 21 卷　集部别集类

明内府红格抄本，存卷 15，国家图书馆藏。

文定公手钞明太祖文不分卷　集部别集类

明吴宽手抄本，明吴宽、明项元汴、清吴荣光跋，上海图书馆藏。

明太祖文集 20 卷　集部别集类

明姚士观、沈铁编校

(1)《四库全书》本。

(2) 2013 年线装书局《明代基本史料丛刊·文集卷》(第 1 辑)本。

明太祖御制文集 1 卷　集部别集类

清红格抄本，国家图书馆藏。

训行录 3 卷　集部别集类

明杨起元注释

明万历间刻本，国家图书馆藏。

朱元璋诗 5 卷　集部别集类

《全明诗》第 1 册。

明太祖集　集部别集类

胡士萼点校　刘学锴审订

1991 年黄山书社出版，2014 年重印。列入《安徽古籍丛书》。

王举直

明金陵人。洪武间刻书家。

雅颂正音 5 卷　集部总集类

明刘仔肩辑

(1) 明洪武三年(1370)金陵王举直刻本，国家图书馆藏。

(2) 四库底本，明洪武三年金陵王举直刻本，国家图书馆藏。

(3)《四库全书》本。

(4)《中华再造善本》本。

按：张秀民《中国印刷史》误记为洪武三十年刻本。

杨景贤

初名暹，改名讷，一字景言，号汝斋，以字行。本为蒙古人，从姐夫姓杨。明洪武中居钱塘，徙居金陵。善琵琶，好戏谑，尤擅乐府。永乐初，颇受宠遇。卒于金陵。《录鬼簿续编》《太和正音谱》有传。

风月海棠亭　集部词曲类　佚

见明朱权《太和正音谱》。《录鬼簿续编》作《月夜海棠亭》。

史教坊断生死夫妻　集部词曲类　佚

见《太和正音谱》。《录鬼簿续编》作《生死夫妻》。

马丹阳度脱刘行首1卷　集部词曲类

(1)《古名家杂剧》本。

(2)《脉望馆钞校本古今杂剧》本。

(3)《元明杂剧》本。

(4)《元曲选》本。

(5)《四部备要》本。

西游记　集部词曲类

(1)《世界文库》本。

(2)《古本戏曲丛刊初集》本。

按:《古本戏曲丛刊初集》收录元吴昌龄撰《杨东来先生批评西游记》6卷，《古典戏曲存目汇考》谓:“《西游记》存本题吴昌龄撰，实误。因吴氏有《唐三藏西天取经》一本，往往混为一剧。”

一箭保韩庄　集部词曲类　佚

大闹东岳殿　集部词曲类　佚

月夜西湖怨　集部词曲类　佚

两团圆　集部词曲类　佚

柳耆卿诗酒玩江楼　集部词曲类　残

红白蜘蛛　集部词曲类　佚

陶秀英鸳鸯宴　集部词曲类　佚

佛印烧猪待子瞻　集部词曲类　佚

偃时救驾　集部词曲类　佚

贪财汉为富不仁　集部词曲类　佚

感天地田真泣树　集部词曲类　佚

楚襄王梦会巫娥女　集部词曲类　佚

以上12种见《录鬼簿续编》《古典戏曲存目汇考》。

按:《玩江楼》存残曲,见《中国戏曲曲艺词典》。

翠西厢　集部词曲类　佚

敌待诏没兴揲□儿　集部词曲类　佚

以上2种见《传奇汇考标目》《古典戏曲存目汇考》。

磨勒盗红绡　集部词曲类　佚

见《古典戏曲存目汇考》。

卢时长老天台梦　集部词曲类　佚

见《录鬼簿续编》《古典戏曲存目汇考》。《元人杂剧钩沈》辑存曲3支。《太和正音谱》有阙名《梦天台》,疑即此本。

按:《全元散曲》收有其小令2支、套数1种,题名杨讷。

王 □

明洪武间金陵刻书家,书坊名金陵王氏勤有堂,一作金陵王氏勤有书堂。为明代南京出书最早的书坊之一。

新刊对相四言杂字　经部小学类

明洪武四年(1371)金陵王氏勤有堂刻本,见《中国印刷史》。

按:此书是一部带图的识字课本,编者不详,或即为王氏勤有堂。《明代版刻综录》题作《魁正对相四言杂字》。

贞观政要10卷　史部政书类

唐吴兢撰

明洪武三年金陵王氏勤有堂刻本,国家图书馆藏。

朱文公校昌黎先生文集40卷　集部别集类

唐韩愈撰　宋朱熹考异　王伯大音释

明洪武十五年金陵王氏勤有堂刻本,国家图书馆藏。

溥 洽(1346—1426)

字南洲,晚号迂叟,又称一雨翁。明浙江山阴人。俗姓陆,为陆游裔孙。出家普济寺,主杭州天竺寺。贯穿经范,旁通儒典,又肆力词章。朱元璋闻其贤,召为僧录司右讲经,有"通东鲁之书,博西来之意"之语。命兼主天禧寺。升左善世。永乐年间,因传言建文年间与明惠帝关系密切,为明成祖囚禁。姚广孝临终前求情方得释。仁宗即位,礼遇特厚。后还南京大报恩寺终老。明杨士奇《东里文集》卷25有《僧录司右善世南洲法师塔铭》。

金刚经经解附录2卷　子部佛教类　佚

见《千顷堂书目》卷16。

雨轩语录5卷　子部佛教类　佚

见《千顷堂书目》卷16、《明史·艺文志》。

雨轩集8卷　集部别集类　佚

见《列朝诗集小传》《明史·艺文志》。《续金陵琐事》《金陵诗征》不著卷数。《千顷堂书目》作《雨轩外集》,卷同。乾隆《江南通志》作《南洲集》。

按:《列朝诗集》《金陵诗征》卷44收有其诗。《明诗综》卷91收其诗1首。

清 滋

字兰江。明天台人。尝说法吴中,后居金陵天界寺。朱元璋曾召对。

兰江语录　子部佛教类　佚

毗卢正印　子部佛教类　佚

望云集　集部别集类　佚

以上3种见《列朝诗集小传》《金陵诗征》小传。《千顷堂书目》卷28作《兰江望云集》2卷。

按:《列朝诗集》,《金陵诗征》卷44收有其诗。《明诗综》卷91收其诗1首。

法　住

字云峰,一字昙锽,号幻庵。明豫章人,金陵灵谷寺僧。来复弟子。编集来复《蒲庵集》。

幻庵诗1卷　集部别集类

明洪武间刻本,台湾“中央图书馆”原藏。

按:《千顷堂书目》卷28、《明史·艺文志》作《幻住诗》,卷同。

释　澂

明江宁牛首山僧。

云巢集　集部别集类　佚

见《金陵诗征》卷44。

谷子敬

明初金陵人。元末时官枢密院掾史。明《周易》,通医理,尤工度曲。幼时曾伤一足。终身引为憾事,乃作《耍孩儿》乐府以寓意,极为工巧,由是知名。明程明善《啸余谱》北曲谱卷十三称“谷子敬之词如昆山片玉”。

三度城南柳1卷　集部词曲类

(一)《吕洞宾三度城南柳》1卷

(1)《古名家杂剧》本。

(2)《杂剧选》本。

(3)《脉望馆钞校本古今杂剧》本。

(4)《元曲大观》本。

(5)《古本戏曲丛刊四集》影印《杂剧选》本。

(6)《古本戏曲丛刊四集》影印《脉望馆钞校本古今杂剧》本。

（二）《吕洞宾三度城南柳杂剧》1卷

（1）《元曲选》本。

（2）《四部备要》本。

（三）《三度城南柳》1卷

（1）《古今名剧合选·新镌古今名剧柳枝集》本。

（2）《古本戏曲丛刊四集》影印《新镌古今名剧柳枝集》本。

卞将军一门忠孝（一名一门忠孝）　集部词曲类　佚

司牡丹借尸还魂（一名借尸还魂）　集部词曲类　佚

邯郸道卢生枕中记（一名枕中记）　集部词曲类　佚

吕孔目雪恨闹阴司（一名闹阴司）　集部词曲类　佚

以上4种杂剧见《录鬼簿续编》。

按：今人庄一拂《古典戏曲存目汇考》于以上5剧皆著录，可参考。《金元散曲》收其套数2种。

李　咏

字太素，一字靖庵，晚号太虚散人。明上元人。家有此乐楼。工医好古，尤善书法，潜心《易》学，以儒医名。

此乐楼集　集部别集类　佚

醉吟稿　集部别集类　佚

以上2种见《金陵诗征》卷11。

李　昱

一名东，字静庵。明上元人。家有怡晚楼。洪武中以医名。喜读书，每得异书必手自抄订，至老不倦。卒年90余。

怡晚楼集　集部别集类　佚

见同治《上江两县志》卷12。

沙福智

明初应天府刻书家。

观世音菩萨普门品经 1 卷　子部佛教类

后秦释鸠摩罗什译

明洪武二十年(1387)应天府沙福智刻本,国家图书馆藏。

陈　恭

字仲复。明上元人。朱元璋谋士遇子。洪武十七年(1384)举人,官至工部尚书。《明史》陈遇传附。

金陵陈氏世德录 1 卷　史部传记类

明陈恭编

明景泰间金陵陈氏家刻本,故宫博物院图书馆藏。

按:《金陵诗征》卷 11 收有其诗。

徐皇后(1362—1407)

明濠州(今安徽凤阳)人,居金陵。中山王徐达长女,明成祖朱棣后。幼贞静好读书,长而博学,精通佛经。洪武九年(1376)册为燕王妃。永乐元年(1403),册为皇后。谥曰仁孝文皇后。《明史》有传。

高皇后传 1 卷　史部传记类　佚

贞烈事实 1 卷　史部传记类　佚

以上 2 种见《千顷堂书目》卷 10。明焦竑《国史经籍志》《宫闺氏籍艺文考略》(《历代妇女著作考》引)于后一种作 2 卷。

内训(一作仁孝文皇后内训)1 卷　子部儒学类

(1) 明楚府正心书院刻本,国家图书馆藏。

(2)《四库全书》本。

(3)《墨海金壶》本。

(4)《珠丛别录》本。

（5）《闺门必读》本。

（6）《女四书》本。

（7）《牖蒙丛编》本。

（8）《故宫珍本丛刊》本。

（9）抄本，南京图书馆藏。

（10）日本《昌平丛书》本。

（11）《中国古代女教文献丛刊》本。

按：《内训》由仁孝皇后"撮《曲礼·内则》之言，与《周南》《召南》诗之小序及传记"，"用述孝慈高皇后之教"（自序）而成。全书共20章，前11章讲述妇女自身德行与修养要求，后9章云如何处理与丈夫、家人及亲戚间之关系。

劝善书20卷　子部杂学类

《永乐大典》本，残存于八十二霰韵"善"字内，现存16841、16842两卷，卷41首缺第一、二页。

按：《四库全书总目》杂家类存目云："书成于永乐三年。其所采辑兼及三教。"

劝善嘉言3卷　子部杂学类　佚

劝善感应1卷　子部杂学类　佚

以上2种见清王士禛《香祖笔记》卷8。

佛说五十三佛大因缘经3卷　子部佛教类　佚

诸佛世尊如来菩萨尊者神僧名经4卷　子部佛教类　佚

以上2种见《千顷堂书目》卷16。

梦感佛说第一希有大功德经（一作观音梦感经）2卷　子部佛教类

《续藏经》本。

诗集1卷　集部别集类　佚

见《国史经籍志》。《然脂集》著录题作《文皇后诗》，卷同。

俞　永

初名允，字嘉言，号月山。明华亭（今上海市松江县）籍，南京人。洪武二十七年(1394)进士，累官礼部主事。奉命使楚，坐还失期，谪长沙通判。曾与修《文献大成》。

山月轩读书记　子部杂学类　佚

春曹诗稿　集部别集类　佚

以上2种见《金陵诗征》卷11。

李　泰

字叔通，一字仙源，私谥安敏先生。祖居鹿邑（今河南省鹿邑县西)，洪武三十年(1397)进士，掌钦天监，遂为上元人。博学知天文。明姚福《定轩诗话》有传。

月令节候考　史部时令类　佚

十六楼集句诗　集部别集类　佚

以上2种见《金陵通传》卷10本传。

按:《金陵诗征》卷11收有其诗。

童碧瑄

字玉壶。明鄱阳籍，徙家应天，遂为南京人。永乐初充钦天监天文生，入文渊阁纂修天文诸书。《帝里明代人文略》有传。

玉壶集　集部别集类　佚

见同治《上江两县志》卷12。

按:《金陵诗征》卷12收有其诗。

马　俊

字惟秀。明上元人。工诗，尤善小令。一生不仕。

诗1卷　集部别集类　佚

见《续金陵琐事》。

按:《金陵诗征》卷15收有其诗。

倪　德

字子润。明上元人。父遴以设奠祭方孝孺被明成祖赐死,乃隐于城南乌龙冈,终身不出。工诗文。

卧云集　集部别集类　佚

见《金陵通传》卷10倪遴传附。

按:《金陵诗征》卷12收有其诗。

张　益(1398—1449)

字士谦,号蠢庵。明江宁人。永乐十四年(1416)进士,选庶吉士,以善书授中书舍人,改大理评事。正统间,与修《宣宗实录》成,改翰林修撰,进侍读学士。十四年(1449),入文渊阁,参决机务。未三月,以随英宗北征,军至土木,死于瓦剌也先军中。代宗立,赠翰林学士。谥文僖。生平博学强记,诗文享时誉。并工书画,尤擅画竹,相传同年夏昶善画竹,与益交,见益作《石渠阁赋》,遂绝笔不复为文,益也绝笔不为画。《明史》有传。

宣宗实录115卷　史部编年类

明杨士奇总裁　张益等预修

(1) 传抄《明实录》本,南京图书馆藏。

(2) 1939—1940年国民政府据南京图书馆藏本影印本。

(3) 明红格写本,国家图书馆藏。

(4) 朱丝栏大字抄本,天津图书馆藏。

(5) 1962年台湾历史语言研究所影印本,附《校勘记》。

(6) 1989年上海古籍出版社影印本。

(7) 2005年线装书局《钞本明初实录》本。

画法1卷　子部艺术类　佚

见同治《上江两县志》卷12。

张文僖集1卷　集部别集类

(1)《乾坤正气集》本。

(2) 2013年黄山书社出版《明别集丛刊》本。

按:《金陵诗征》卷12传注云:“曾孙恕字严亭,刻其集二卷。”《续金陵琐事》《客座赘语》《金陵诗征》小传、《金陵通传》本传皆作《文僖公集》,不著卷数。《千顷堂书目》卷18作《张文僖公集》5卷。

汤胤勣(？—1467)

字公让。明南京人,寓居镇江。明开国勋臣东瓯王和曾孙。应天府诸生。工诗,负才使气,累授锦衣千户。景泰中,署指挥佥事。天顺中,以故谪为民。成化初,复故官,三年(1467)擢都指挥佥事,为延绥东路参将,守孤山堡战死。生平以诗著,为“景泰十才子”之一。《明史》有传。

东谷遗稿13卷　集部别集类

明成化十四年(1478)孙琏、汤齐刻本,国家图书馆藏。

汤将军集1卷　集部别集类

《盛明百家诗》本。

五云清唱集　集部别集类　佚

风雅遗音集　集部别集类　佚

蛙池鼓吹集　集部别集类　佚

六体香奁集　集部别集类　佚

以上4种见《千顷堂书目》卷19注。

按:“景泰十才子”为刘溥、汤胤勣、苏平、苏正、蒋主孝、蒋主忠、沈愚、邹亮、王淮、王贞庆。见《千顷堂书目》卷19王贞庆《茗艼集》注。

王贞庆

字善甫,一字维善,自号金粟主人。明江宁人,原籍淮甸。筑别业于聚宝山中。能书善饮，工诗。与汤胤勣等结诗社，时号“景泰十才子”。

茗芋集　集部别集类　佚

见《千顷堂书目》卷19。

按:《金陵诗征》卷14收有其诗。

罗衡

字景伊，号松轩，又号乐闲。洪武初，其父由吴县徙家京师，遂为应天籍。少负奇气。家有寿椿堂、梦萱楼、挹翠楼，以诗酒隐。

松轩乐闲集　集部别集类　佚

见同治《上江两县志》卷12。

按:《金陵诗征》卷11收有其诗。

巩珍

字国宝。明上元人。宣德五年(1430)，随郑和出使南洋。

西洋番国志　史部地理类

(1) 清彭元瑞知圣道斋抄本，国家图书馆藏。

(2) 1961年中华书局《中外交通史籍丛书》本，向达校注。

(3)《续修四库全书》本。

(4)《四库全书存目丛书》本。

按:《四库全书总目》地理类存目云:“所历凡二十国，于其风土人物，询诸通事，转译汉语，觇缕毕记。至宣德九年编成。所记与《明史·外国传》大概相同，疑史采用此书也。”

又按:《金陵诗征》卷13收有其诗。

朱铨

字士选。明上元人。少从堂兄朱孔阳学书，得钟、王法。为郡弟子员。永乐中，以选写金字经入翰林侍书。宣德初，授翰林侍书，改刑部检校，历郎中。天顺中，为南京刑部侍郎，改贵州右参政，致仕。

明成祖实录130卷　史部编年类

明杨士奇等修　朱铨等预修

明仁宗实录10卷　史部编年类

明杨士奇等修　朱铨等预修

以上2种版本有：

(1) 1939—1940年国民政府据南京图书馆藏本影印《明实录》本。

(2) 1962—1965年台湾“中研院”历史语言研究所影印《明实录》本。

(3) 2005年线装书局《钞本明实录》本。

按:《金陵诗征》卷12收有其诗。

黄　荣

字景茂。明上元人。宣德元年(1426)举人,由教谕升国子博士,进翰林检讨、摄祭酒。致仕家居。

诗文集　集部别集类　佚

见《金陵通传》卷11本传,云:“其孙珊复集。”

按:《金陵诗征》卷12收有其诗。

翰林诗选　集部总集类

见《金陵通传》卷11本传。

金　润

字伯玉。一字静虚。明上元人。正统三年(1438)进士。十四年,除兵部司务。土木之变,进言坚壁清野法,为于谦所重。后出为南安知府,乞归。生平于书无所不读,尤邃于《易》。善画山水,兼通音律。卒年90。

周易图解　经部易类　佚

见《经义考》卷49。

心学探微12卷　子部儒学类　佚

见《千顷堂书目》卷11。

按:《金陵诗征》《金陵通传》不著卷数。乾隆《江南通志》、嘉庆《江宁府志》卷54作《渊学探微》,卷同。

静虚稿　集部别集类　佚

静虚外稿　集部别集类　佚

以上2种见《千顷堂书目》卷19。

按:《金陵诗征》卷12收有其诗。

南山十秀集　集部总集类　佚

明金润辑

见《客座赘语》卷7。

夏源泽

明江宁人。工算学。见近人李俨《明代算学书记》(载1926年《图书馆学季刊》第1卷第4期)。

指明算法2卷　子部历算类　佚

见《千顷堂书目》卷15。

陶元素

字希文。明上元人。正统元年(1436)进士,乞养亲不仕,教授为生。天顺三年(1459)、成化七年(1471)曾两主浙江、河南乡试。工诗文。

史隽　史部史评类　佚

见《金陵通传》卷11本传。

华山杂著　子部杂学类　佚

松云集　集部别集类　佚

万竹山房稿　集部别集类　佚

以上3种见《千顷堂书目》卷19。

按:《金陵诗征》卷12收有其诗。

王　浚

字文通。明上元人。与金润交，擅诗文。正统九年(1444)进士，除山东敖山卫教授，擢国子监博士。天顺初，累官广西提学佥事。致仕归。

嘉遯子集　集部别集类　佚

见《千顷堂书目》卷19。

按:《金陵诗征》卷13收有其诗。

觉　澄(?—1473)

俗姓张，号古溪，又号香严和尚。明蔚州人。天顺五年(1461)，住金陵高座寺。成化九年(1473)示寂。其徒刻其遗集。

雨华集2卷　集部别集类　佚

见《明史·艺文志》。

按:《列朝诗集》《金陵诗征》卷44收有其诗。

孙　本

字仲立，号梅窗，学者称养正先生。明上元人。成化年间在世。性好学，专治《易》。以会试副榜官至荆府长史。卒，倪谦为其作墓志铭。

居诸集　集部别集类　佚

呵砚集　集部别集类　佚

仕学稿　集部别集类　佚

以上3种见《金陵通传补遗》卷2本传。

孙　政

字秉忠，自号抱呆子。明南京人。成化年间在世。居杏花村。世袭指挥。工画，善诗。

秉忠集　集部别集类　佚

见《金陵通传补遗》卷2本传。

按:是集倪谦为之序。《金陵诗征》卷22收有其诗。

严　景

字克企,号彦昭。明江宁人。笃学,通《易》理。永乐中,送入太医院习医,受业于赵友同、吴敏德。景医理精邃,临证诊治,颇有卓见,闻名京师。晚年,家筑颐老堂,啸咏以终。倪谦为撰墓志。

颐老集　集部别集类　佚

见同治《上江两县志》卷12。

按:《金陵诗征》卷12收有其诗。

倪　谦(1415—1479)

字克让。号静存。明上元人,祖籍钱塘。正统四年(1439)进士第三名,官编修。正统十四年奉使朝鲜,翌年归,入直文华殿。天顺初(1457),累迁至学士。三年,主顺天乡试。黜权贵之子,遂构诬谪开平。宪宗即位(1465),复旧职。寻与其子岳同日奉命,入史局纂修《英宗实录》。预修《宋元通鉴纲目》。累迁南京礼部尚书致仕。卒赠太子少保,谥文僖。生平工文,自成一家。《明一统志》卷6有传。

英宗实录361卷　史部编年类

倪谦等预修

(1) 明南云阁抄本,天津图书馆藏。

(2) 明抄本,南京图书馆等藏。

(3) 明瑞香楼抄本,湖南社会科学院图书馆藏。

(4) 明翰林院抄本,台湾"中央图书馆"原藏。

(5) 江苏省立国学图书馆传抄本,南京图书馆藏。

(6) 1939—1940年据江苏省立国学图书馆传抄本影印《明实录》本。

(7) 1962—1965年台湾"中研院"历史语言研究所影印《明实录》本。

(8) 2005年线装书局《钞本明实录》本。

朝鲜纪事1卷　史部政书类

(1)《纪录汇编》本。

(2)《国朝典故六十二种》本。

(3)《国朝典故六十种》本。

(4)《说郛续》本。

(5)《五朝小说·皇明百家小说》本。

(6)《五朝小说大观·皇明百家小说》本。

(7) 明抄本,辽宁省图书馆藏。

(8)《玉简斋丛书》本。

(9) 翁同龢抄本,翁同龢校,国家图书馆藏。

(10)《丛书集成初编》本。

(11)《影印元明善本丛书十种·纪录汇编》本。

(12)《续修四库全书》本。

(13)《四库全书存目丛书》本。

按:《四库全书总目》卷53史部杂史类存目著录,提要云:"是编乃景泰元年谦奉使朝鲜颁诏纪行之作。自鸭绿江至王城,计一千一百七十里,所历宾馆凡二十有八。语意草略,无足以资考证。时朝鲜国王、世子并称疾不迎诏,谦争之不得,亦无如之何。盖新有土木之变,正国势危疑之日也,亦足见明之积弱,虽至近而令亦不行矣。"

寰宇通志119卷　史部地理类

明陈循等纂　倪谦等预修

(1) 明景泰中刻本,天津图书馆藏。

(2)《玄览堂丛书续集》本。

倪文僖公集32卷　集部别集类

(1) 明弘治六年(1493)上元倪岳刻本,南京图书馆藏,有清丁丙跋。

(2) 旧抄本,见《国学图书馆图书总目》。

(3)《四库全书》本，题《倪文僖集》。

(4) 清抄本，南京图书馆藏。

(5) 1991 年上海古籍出版社《四库明人文集丛刊》本。

(6)《武林往哲遗著后编》本，附《补遗》1 卷。

(7) 2013 年黄山书社出版《明别集丛刊》本。

按:《四库全书总目》云:"谦所自编，于生平著作汰存六之一者也。三杨台阁之体，至宏正之间而极弊，冗阘肤廓，几于万喙一音。谦当有明盛时，去前辈典型未远，故其文步骤谨严，朴而不俚，简而不陋，体近三杨，而无其末流之失。虽不及李东阳之笼罩一时，然有质有文，亦彬彬然自成一家矣。"

倪文僖公集 69 卷　集部别集类

抄本，日本静嘉堂文库藏。包括《上谷稿》4 卷、《南宫稿》6 卷、《归田稿》10 卷、《玉堂稿》49 卷。

按:《千顷堂书目》卷 19 著录《玉堂稿》100 卷、《南宫稿》20 卷、《上谷稿》8 卷、《归田稿》42 卷。

辽海编 4 卷　集部总集类

(1) 明成化五年(1469)上元倪岳刻本，国家图书馆藏。

(2) 2003 年北京图书馆出版社影印本。

按:此为奉使朝鲜之作。全书 4 卷，卷一是从明朝京城到朝鲜王京的沿途所见所闻;卷二主要是与朝鲜馆伴郑麟趾等人的唱和之作，另有《朝鲜唱和翰墨稿跋》等诗文;卷三是《朝鲜纪事》，记载从辽阳出发到朝鲜王京沿途的见闻以及倪谦一行在朝鲜的主要活动;卷四分为中朝赠言，即倪谦、司马恂同僚的赠别诗、朝鲜咏别诗等。参见詹杭伦、杜慧月《〈辽海编〉与倪谦出使朝鲜考述》，《北京化工大学学报》(社会科学版)2007 年第 1 期。

皇华集 1 卷　集部总集类

明倪谦等撰　朝鲜郑麟趾编

朝鲜旧刊木活字印本，台湾大学图书馆藏。

奉使朝鲜倡和集1卷　集部总集类

明倪谦辑

《玉简斋丛书》本。

沈　琮

字廷器。明华亭籍，南京旗手卫人。正统十二年(1447)进士，授御史。刚直敢言，出为四川按察佥事。卒于官，葬凤台冈。

休斋稿　集部别集类　佚

见《续金陵琐事》《客座赘语》卷7。

按：《金陵诗征》卷13收有其诗。

贝　琳

字宗器，号竹溪拙叟。祖籍浙江定海，祖、父辈从军至应天，遂定居上元。初投太仆寺卿廖义仲、钦天监五官灵台郎臧珩、司历何洪，求天象之学，得充天文生。正统十四年(1449)，随军至独石。景泰元年(1450)，又抵贺兰山。三年，随征泷水，以占候有功，擢刻漏科博士。天顺初，升五官灵台郎。成化六年(1470)，转监副。八年，改任南京钦天监。卒于官。

七政推步7卷　子部历算类

(1)《四库全书》本。

(2)《四库全书珍本初集》本。

(3) 清丁氏八千卷楼抄本，南京图书馆藏。

(4) 1925年石印本，鞍山市图书馆藏。

(5) 1998年北京出版社出版。

按：《千顷堂书目》有《七政全书》4卷，不著撰人，或即贝书。《四库全书总目》云：《七政推步》即“玛沙伊赫之回回历也。……梅文鼎《勿庵历算书记》曰：‘回回历法刻于贝琳，其布立成以太阴年，而取距算以太阳年，巧藏根数。’”

百中经 10 卷　子部历算类　佚

明贝琳辑

见《千顷堂书目》卷 13，注云："集前监正皇甫仲和遗稿而成。起成化甲午（十年），迄嘉靖癸巳（十二年，1533），六十年。后人又续至壬戌（嘉靖四十一年）止。"（2001 年上海古籍出版社出版瞿起凤、潘景郑整理本）

贺　确

字存诚，自号友菊居士。明上元人。先世陇西，徙四明，再徙金陵，遂以家。少弃制艺，肆力经史，旁及天文地理、医卜之书，无不览究。曾入青溪吟社。应天府尹周叙以其有史才，荐修宋、辽、金三史，力辞不就。以隐终，卒年 93。

友菊诗集 8 卷　集部别集类　佚

见《千顷堂书目》卷 18。

按：《金陵诗征》卷 13 收有其诗。

缪　执

字顺则。明景泰时上元人。

送杜德润诗　集部别集类　佚

见《金陵诗征》浦镛传注。

施　□

明景泰间南京印经铺主。铺名京都聚宝门里西廊下施家。

三官妙经　子部道教类

明景泰三年（1452）京都聚宝门里西廊下施家刻本，见《中国印刷史》。

沈　诚(1424—1493)

一作良诚，字文实，号希明，又号味淡居士。明上元人。诸生。幼孤，事母以孝闻。工画，兴酣落笔，自成一家。意有所感，则形诸歌咏。

居家日记　子部儒学类　佚

见同治《上江两县志》卷12。

童　轩(1425—1498)

字士昂，号雪岩。明鄱阳籍，金陵人。碧瑄子。景泰二年(1451)进士，历至南京吏科给事中，所上封疏，多见采纳。曾抚蜀。迁太常寺少卿，掌钦天监事。累至南京吏部右侍郎，进礼部尚书。卒赠太子少保。人品高洁，清介自守，强学好问。精历算。诗雅淡绝俗。明倪岳《青溪漫稿》有传。

平斋老人传　史部传记类　佚

见《千顷堂书目》卷15，收入明司马泰《文献汇编》。

筹边录　史部政书类　佚

见《客座赘语》卷7、《千顷堂书目》卷8。

孙子释文　子部兵书类　佚

见《宝文堂书目》。

纪梦要览3卷　子部术数类

见《四库全书总目》子部术数类存目。

按：《四库全书总目》云："是书《梦论》一卷、《历代纪梦事实》二卷，卷末'禳梦符'及'占梦法'，则鄙俚荒唐，为异端邪说之尤矣。"

梦征录　子部术数类　佚

见《客座赘语》卷7。

按：《千顷堂书目》卷13注："《遗书目》作《梦兆要览》。"疑即此书之异名。

谈命辨　子部术数类　佚

古礼尚右辨　子部杂学类

枕肱杂说　子部杂学类

以上3种见《千顷堂书目》卷15著录之《广说郛》。

称谓辨　子部杂学类

见同治《上江两县志》卷12。

枕肱亭诗集10卷文集20卷目录2卷附录1卷　集部别集类

明成化六年(1470)万僖刻本,存13卷,国家图书馆藏。

清风亭稿　集部别集类

(1) 明天顺间刻本,8卷,国家图书馆藏。

(2)《四库全书》本,7卷。

(3) 八千卷楼抄本,南京图书馆藏。

(4) 清末翁长森家抄本,8卷,南京图书馆藏。

按:嘉庆《江宁府志》卷54著录其有《海岳涓埃》《谕蜀稿》《醯瓮集》3种。

徐　远

字文穆。明上元人。景泰、天顺间诸生。

居学斋集　集部别集类　佚

见万历《上元县志》。

按:《金陵诗征》卷14收有其诗。

龙　瑄(1427—?)

字克温,号半闲居士。明宜春人。家世习武,官于南京。瑄生于南京。与邱浚、陈献章友善。尝寓荆南,筑室海子山。正德元年(1506)后尚在世。明顾清为作《半闲居士传》。

半闲子20卷　子部杂学类　佚

鹤亭漫语12卷　子部杂学类　佚

海山清啸集8卷　集部别集类　佚

鸿泥集　集部别集类　佚

燕居集　集部别集类　佚

以上5种见《帝里明代人文略》卷13。《千顷堂书目》卷20著录《鸿泥集》20卷、《燕居集》,余不载。《金陵诗征》卷14传注题《鹤亭漫语》8卷,又题《诗集》21卷。

按:《金陵诗征》卷14收有其诗。《明诗纪事》乙签卷11收其诗2首。

邹　和

字允达。明上元人。天顺元年(1457)进士,官知县,累升都御史。治《尚书》学。与倪谦为友。致仕,筑精舍于凤凰台,写《万壑苍烟》卷,以寄慕思。

怀仙吟诗　集部别集类　佚

见《金陵通传》卷12倪谦传附。

按:《金陵诗征》卷14收有其诗。

朱　贞

字惟正,一字息轩。明上元人,旗手卫籍。天顺元年(1457)进士,历至磁州知州,改知邓州,迁南京刑部郎中。出为四川布政司参议,总督松潘粮储。尝与沈琮共镇压松潘黑虎寨义军。乞休归,优游15年而卒。

息轩稿　集部别集类　佚

见《千顷堂书目》卷19。

按:《金陵诗征》卷14收有其诗。

卢　雍(？—1488?)

字廷佐,号保竹。明江宁人。天顺元年(1457)进士,历官兵部主事、郎中,出为福建参议,累升湖广右布政使。

祥刑集览2卷　史部政书类　佚

见《千顷堂书目》卷8。

按:明倪岳《青溪漫稿》卷24《保竹公小传》云:“公官一以仁民爱物为心,所至下必被其惠,尤重刑狱,虑有抑枉。乃于公暇编辑《祥刑集览》一书梓行,以为司刑者式。故公去位,而民思之不置焉。”

关中集　集部别集类　佚

见嘉庆《江宁府志》卷54。

按:《明诗综》卷34、《明诗纪事》戊签卷11各收其诗1首。

顾　言

字如纶,号九峰。明上元人。天顺三年(1459)举人,官处州训导、韩王府教授。

诗2卷　集部别集类　佚

见《续金陵琐事》。

按:《金陵诗征》卷14收有其诗。

沈　钟

字仲律,号休斋。洪武中,其先自长洲甫里徙京师,遂为上元人。天顺四年(1460)进士,除吏部验封司主事,改南京礼部主客司。成化九年(1473)拜山西提学佥事,湖广、山东提学副使。乞休归。平生好赋诗,与沈周、吴宽相酬唱,卒年83。

休斋集1卷　集部别集类　佚

见《千顷堂书目》卷18。《客座赘语》卷6作《休斋稿》。

休翁诗集　集部别集类　佚

见嘉庆《江宁府志》卷54。

晋阳稿1卷　集部别集类　佚

见《千顷堂书目》卷19。

思古斋文集30卷　集部别集类　佚

见万历《上元县志》。

按:《列朝诗集》《金陵诗征》卷14收有其诗。

又按:沈钟与罗伦、章懋、黄仲昭、庄昶、周孟中、林孟和、支玄、项麒、陈壮称"十君子"。见《千顷堂书目》卷19《休斋集》注。

陈　钢(1433—1496)

字坚远,晚号迟宜子。其先鄞人,明初籍太医院,遂世家南京。沂父。成化元年(1465)举人,除黔阳知县,迁长沙通判。弘治元年(1489)辞官归,家居至卒。善书,工诗。《明史》有传。

遗泽稿　集部别集类　佚

见《金陵诗征》卷15。

金　绅(1434—1482)

字缙卿。明上元人。润子。景泰五年(1454)进士,以庶吉士历至刑科给事中。成化中,进都给事,曾进言时政八事。多见采纳。累官南京刑部右侍郎。《南畿志》有传。

青琐献纳稿　史部政书类　佚

见《千顷堂书目》卷30。

心雪稿　集部别集类　佚

见《千顷堂书目》卷19。

按:乾隆《江南通志》卷194作《雪心稿》。乾隆《江南通志》、嘉庆《江宁府志》卷54作《沁雪稿》。

江西巡视稿　集部别集类　佚

见《千顷堂书目》卷19。

按:《金陵诗征》卷14收有其诗。

李景畅

名旻,以字行。明上元人。景泰七年(1456)进士,历官至御史。云南按察佥事。生平尚俭朴,好学,至老不倦。

历代纪年甲子图1卷　史部史表类

明弘治间刻本,国家图书馆藏。

容庵稿　集部别集类　佚

见《千顷堂书目》卷19。

按:《金陵诗征》卷14收有其诗。

史　忠(1437—?)

字廷直。本姓徐,名端本。自号痴翁,又号痴仙,亦号痴痴道人。明上元人。家居冶城旁,有卧痴楼。一生卓荦不羁,工诗善画,能为乐府新声。与同邑徐霖、陈铎,苏州沈周等交善。以隐终。正德十一年(1516)以后尚在世。

卧痴阁汇稿　集部别集类

清初刻本,国家图书馆藏。

痴翁集　集部别集类　佚

见《金陵通传》本传。

按:是集疑即《卧痴阁汇稿》之另名。《金陵诗征》卷18小传作《痴翁遗集》,注云:"附刊其兄说(字草亭)、弟谊(字澡雪)诗。"

江南二隐稿　集部总集类　佚

明史忠、金琮合集

见《金陵诗征》卷18传注,云:"盛仲交(时泰)合金琮诗编为《江南二隐稿》,未梓,毁于祝融。史忠子世揆力为旁求。即卒,授其孙志英,复搜辑遗墨梓之。同里王佩中为之序。"《白下琐言》卷8载《史痴翁诗》1卷,云:"抄本,王佩中序。"

沈　庠

明上元人。成化四年(1468)举人。贵州按察使副使。工诗,与任彦常等游。明高廷愉嘉靖《普安州志》卷九《艺文志》录其《普安分司次丁公韵》诗,云:"万里云山没尽头,孤城一带面溪流。民夷已定非前日,禾黍全收是有秋。近卫设州如倚柱,就崖结屋类层楼。殊方历遍今重到,题诗白鹭洲。"(最后一句有缺字)

(弘治)贵州图经新志17卷　史部地理类

明沈庠修　赵瓒纂

(1) 明弘治间刻本,国家图书馆藏。

(2) 晒印本,天津图书馆藏。

(3) 抄本,上海图书馆藏。

丁　镛

字风仪。明上元人。成化五年(1469)进士,除南京刑部主事,进郎中,出为兴化知府。致仕归。性嗜文学,耽诗,好游,博览经史。《南畿志》有传。

石崖集　集部别集类　佚

见《千顷堂书目》卷20。

按:《明诗纪事》丙签卷6收其诗3首。

王希皋

字北山。明上元人。浚子。能文。

北山稿　集部别集类　佚

见《金陵诗征》卷19。

金　钛

字竹溪,一字子宣。明上元人。隐居不仕。

竹溪集　集部别集类　佚

见《千顷堂书目》卷19。

按:《金陵诗征》卷15收有其诗。

任彦常

字吉夫，号克斋。明上元人，南京江阴卫籍。成化八年(1472)进士，除南京户部主事，历任福建按察司佥事、提督学政。致仕归，与金冕、沈庠等12人游，结诗社，题曰“清恬雅会”。

克斋稿　集部别集类　佚

见《千顷堂书目》卷20。

按:《金陵诗征》卷15收有其诗。

沈　铠

字仲威。明上元人。钟弟。成化八年(1472)进士，官主事。

思古斋集　集部别集类　佚

见《金陵通传》卷12沈钟传附。

按:《金陵诗征》卷15收有其诗。

姚　黼

字大用。明上元人。成化八年(1472)进士，官至知府。工诗古文词。尝与任彦常、沈庠等结“清恬雅会”。

休斋集　集部别集类　佚

见《千顷堂书目》卷20。明陈镐《金陵人物志》作《克斋集》。嘉庆《江宁府志》卷54作《克斋稿》。《金陵通传》卷13任彦常传附著录其有《休斋集》外，又别记著录有《克斋稿》。

按:《金陵诗征》卷16收有其诗。

吴文度(?—1510)

字宪之，号交石。明晋江籍，徙居南京，遂为江宁人。成化八年(1472)进士，除龙泉知县，擢南京御史，出为汀州知府。弘治中，历江西参政，山西、河南布政使。正德元年(1506)，以右都御史巡抚云南。入历户部侍郎。刘瑾屡次责贿,不应。三年,南还为南京右都御史,改南京户部尚书致仕。归居北门桥。瑾诛,未及用而卒。生平力学善文。《明史》有传。

(弘治)汀州府志 17 卷附录 1 卷　史部地理类

明吴文度修　杜观光纂

明弘治十年(1497)刻本,国家图书馆存残卷,又南京图书馆有胶卷。

交石类稿　集部别集类　佚

见明正德、万历《江宁县志》及《金陵通传》本传。《千顷堂书目》卷20、《明史·艺文志》作《交石集》10 卷。

按:《金陵诗征》卷 16 收有其诗。

黄　谦

字㧑之。明江宁人。成化八年(1472)进士,由主事改太医院判。精于医,后遂以为林下业。又能诗善楷,尤工榜书。

古今文房登庸录 1 卷　子部小说类

见《四库全书总目》卷 144 小说家类存目。提要云:"宋林洪有《文房图赞》一卷,元罗先登又为《图赞续》一卷,各系以职官名号。此书因而衍之,所拟诸文,更加征拜诏赞诸名。陈陈相因,皆敝精神于无用之地者也。"

紫芝集　集部别集类　佚

见《金陵诗征》卷 14 司马隆传附。

按:《明诗综》《金陵诗征》卷 15 收有其诗。

姚　福

字世昌,一字守素,号定轩。明上元人,世袭羽林卫千户。博学洽闻,留心古今之事。署其居曰清溪精舍,每俸入则以购书训子弟。里中多从问学。著述甚多,颇赖以存金陵文献。

致堂先生叙古千文1卷　经部小学类

宋胡寅撰　明姚福集解

清抄本,国家图书馆藏。

解发蒙歌　经部小学类　佚

见《千顷堂书目》卷12小说类注。

青溪暇笔　史部杂史类

(一) 1卷本

(1)《顾氏明朝四十家小说》本。

(2)《纪录汇编》本。

(3)《今献汇言》本。

(4)《说郛续》本。

(5)《五朝小说》本。

(6)《五朝小说大观》本。

(7)《说库》本。

(8)《影印元明善本丛书十种·纪录汇编》本。

(9)《影印元明善本丛书十种·今献汇言》本。

(10)《历代小史》本。

(11)《景印元明善本丛书十种·历代小史》本。

按:以上第10、11两种题作《清溪暇笔》。

(二) 2卷本

(1) 明蓝格抄本,上海图书馆藏。

(2) 明邢氏来禽馆抄本,国家图书馆藏。

(3)《国朝典故》本,国家图书馆藏。

(4) 清抄本,上海图书馆藏。

(5)《续修四库全书》本。

(6)《四库全书存目丛书》本。

(三) 20卷本

明抄本,青岛博物馆藏。

按:《千顷堂书目》卷12著录20卷,《四库全书总目》卷128杂家类存目著录3卷,提要云:"是编皆札记读书所得,及杂录耳目见闻。其首卷所述明初轶事,多正史所不载。"

立身警策　子部儒学类　佚

兵谈纂类　子部兵书类　佚

神医诊籍　子部医家类　佚

窥豹录　子部杂学类　佚

以上4种见《千顷堂书目》。《窥豹录》并见《金陵诗征》《金陵通传》本传。

避喧录　子部杂学类　佚

见《千顷堂书目》卷12。

雨堂暇笔　子部杂学类　佚

见《千顷堂书目》卷15,收入明司马泰《文献汇编》。

定轩暇笔　子部杂学类　佚

见《千顷堂书目》卷15,收入明司马泰《广说郛》。

风树亭稿12卷　集部别集类

清金氏文瑞楼黑格抄本,浙江图书馆藏。

见《文瑞楼书目》,又见《嘉业堂钞校本目录》,今不知下落。

按:清徐乾学《传是楼书目》(清道光八年味经书屋钞本)著录此书。朱绪曾《金陵诗征》云:"《风树亭稿》惟桐乡金氏(金檀)《文瑞楼诗目》有其名。余至武林访其书十载不获,后于四明卢氏抱经楼始见钞本十二卷,即金氏物也。卢氏书不许出楼,因手钞以归。"

皇明文苑通编10卷　集部总集类　佚

明姚福编

见《千顷堂书目》卷31、《明史·艺文志》。

定轩诗话　集部诗文评类　佚

见《千顷堂书目》卷15,收入明司马泰《文献汇编》。

咏史诗说　集部诗文评类　佚

见《千顷堂书目》卷12小说类注。

倪　岳(1444—1501)

字舜咨,号青溪。明上元人。谦子。天顺八年(1464)进士,授编修。弘治中累官礼部尚书。文章敏捷,博综经世之务。改南京吏部、兵部,还为吏部尚书。岳风采严峻,善断大事。每满廷聚议,决以片言,闻者悦服。前后陈请百余事,军国弊政剔抉无遗,其论西北用兵害尤切中时弊。卒赠少保,谥文毅。《明史》有传。

祀典奏议　史部政书类

见《千顷堂书目》卷15,收入明司马泰编《文献汇编》卷40。

青溪漫稿24卷附录1卷　集部别集类

(1) 明正德间熊世芳刻本,南京图书馆藏,有清丁丙跋。

(2)《四库全书》本。

(3) 清抄本,缺卷12,存23卷,国家图书馆藏。

(4) 清抄本,南京图书馆藏。

(5) 1991年上海古籍出版社《四库明人文集丛刊》本。

(6)《武林往哲遗著后编》本,有《补遗》1卷。

(7) 2013年黄山书社出版《明别集丛刊》本。

倪文僖公集32卷　集部别集类

明倪谦撰

明弘治六年(1493)倪岳刻本,南京图书馆藏,有丁丙跋。

辽海编4卷　集部总集类

明倪谦撰

(1) 明成化五年(1469)倪岳刻本,国家图书馆藏。

(2) 2003年北京图书馆出版社影印本。

金　琮(1449—1501)

字元玉,自号赤松山农。明上元人。工书,善画梅。倪岳拟荐于朝，未果，山隐终。

江南二隐稿　集部别集类　佚

明史志、金琮合集

参见“史忠”条。

按：《列朝诗集》《金陵诗征》卷17收有其诗。《明诗综》卷26、《明诗纪事》丙签卷10各收其诗1首。

金　泽(? —1513)

字德澜。其先浙江鄞县人，明初徙京师，遂为江宁人。成化二年(1466)进士，累官四川参政，转广东布政使。以副都御史巡抚江西，擢南京刑部侍郎，改兵部，转右都御史，致仕。曾历事三朝，凡48年。《南畿志》有传。

女科百问2卷产宝杂录1卷　子部医家类

(1) 明崇祯十三年(1640)闵齐伋刻本，国家图书馆藏。

(2) 清康熙四十二年(1703)燕诒堂刻本，中医科学院图书馆藏。

(3) 清乾隆六十年(1795)聚锦堂刻本，国家图书馆藏。

(4) 清光绪八年(1882)世德堂刻本，甘肃中医学院图书馆藏。

(5) 抄本，《产宝杂录》1卷，中医科学院图书馆藏。

按：此书一般认为是宋齐仲甫撰，以问答形式记述妇产科主要疾病的治疗方法。王重民《中国善本书提要》根据此书许谷序，谓《女科百问》2卷，《产宝杂录药方》1卷，原藏金泽家。王纶取而录之，命其长子王管加以刊刻。隆庆间王管校核此书，成为此书最早刻本。王重民认为此书是传自金泽，最早刊刻者为王纶子王管。王重民因说：“由此观之：其本出于成、弘之间，盖原无齐仲甫其人，其自序亦后人所伪撰。至伪撰之人为金、为王，抑别为一人，今不可知矣。”

容庵集　集部别集类　佚

见《客座赘语》《千顷堂书目》卷20。

按：《金陵诗征》卷15收有其诗。

董　宣

字继善。明上元人。成化十一年(1475)举人,官青田教谕,仕至王府讲读。

青田杂录(一作青田语录)　子部杂学类　佚

见《金陵诗征》卷16小传。

伊　乘

字德载。明上元人,吴县籍。少从鄞县杨某学《易》。成化十四年(1478)进士,授南京刑部主事,进员外郎,擢四川按察司佥事。年未50,乞归里,家居20年,闭户读书撰述。卒年76。

六书考　经部小学类　佚

音韵指掌　经部小学类　佚

史学撮要　史部史钞类　佚

郡邑纂类　史部地理类　佚

以上4种分别见《千顷堂书目》卷3、卷4、卷6。

伊乘集8卷　集部别集类　佚

见《千顷堂书目》卷20。《金陵诗征》《金陵通传》卷13本传作《味淡集》。

按:明钱谷《续吴都文粹》多载其诗。《明诗综》卷25收其诗1首。

皇明风雅　集部总集类　佚

题明伊乘编

李杜诗句图　集部诗文评类　佚

以上2种见《千顷堂书目》卷31、卷32。

许　荣

字孟仁。明金陵人。工算学,并精于医。见近人李俨《明代算学书志》(载1926年《图书馆学季刊》第1卷第4期)。

新刊小儿痘疹证治 1 卷　子部医家类

《青囊杂纂》本。

九章详注算法 9 卷　子部历算类　佚

见明程大位《算法统宗》(《古今图书集成》本)、清梅瑴成《增删算法统宗》卷首《古今算学书目》、明高儒《百川书志》。

梅　纯

字一之,号损斋。明南京孝陵卫人。成化十七年(1481)进士,除怀远知县。忤时罢归。复袭世职为指挥,官至中都副留守。乞归,一意著述,见奇书即购之。精校雠。

按:《千顷堂书目》卷 5 著录《损斋备忘录》注云:"南京孝陵卫人。"卷 20 著录《损斋集》注云:"江宁人。"明凌迪知撰《万姓统谱》卷 16 梅纯传称"应天府人"。乾隆《江南通志》卷 122《选举志·进士》作江宁人,卷 126《选举志·举人》作应天人。

性理彝训　子部儒学类　佚

见《客座赘语》卷 6。

损斋备忘录 1 卷　子部杂学类

(1)《古今说海》本。

(2)《历代小史》本。

(3)《今献汇言》本。

(4)《学海类编》本。

(5)《丛书集成初编》本。

(6)《影印元明善本丛书十种·历代小史》本。

(7)《影印元明善本丛书十种·今献汇言》本。

(8) 抄本《秘册丛说》之一,国家图书馆藏,题《备忘录》。

(9) 明抄本《国朝典故》之一,作 2 卷,国家图书馆藏。

(10)《四库全书存目丛书》本。

按:《四库全书总目》杂家类存目云:"是书上卷分纪事、纂言、知人、格物四类，下卷分说诗、论文、补阙、拾遗、辨疑、刊误六类。其说诗论文，颇能中理，而亦每伤于迂阔。”

东皋杂谈　子部小说类　佚

见《千顷堂书目》卷15，收入明司马泰《文献汇编》。

损斋集　集部别集类　佚

见《千顷堂书目》卷20。

按：《金陵诗征》卷16收有其诗。

艺海汇函九十三种161卷　丛书类

明梅纯辑

明抄本，南京图书馆藏。

子目详见《中国古籍善本书目·丛部》。

按：《千顷堂书目》卷15著录梅纯《续百川学海》100卷，其注又谓“《遗书目》作吴永著”。今传本作吴永辑，有明刻本。姑著录于此，以供参考。

朱诠钚(？—1509)

号凝斋道人。明应天人。朱元璋玄孙，沈简王模曾孙。成化十九年(1483)初封灵川王。谥恭懿。后以长孙胤移嗣沈，赠沈安王。

凝斋稿1卷　集部别集类

明崇祯元年(1628)沈藩勉学书院刻《沈国勉学书院集》本，国家图书馆藏。

倪　阜

字舜薰，号东冈。明上元人。谦子、岳弟。成化二十三年(1487)进士。入翰林，为庶吉士，授工部主事、郎中，历至山东参政，官终四川布政使。

东冈小稿6卷　集部别集类　佚

见《千顷堂书目》卷20。

朱诚泳(？—1498)

号宾竹道人。明应天人。朱元璋五世孙。弘治元年(1488)以镇安王袭封秦简王。从汤潜名学,博通群书,擅声律。即位后,日赋一诗,积30年。

小鸣稿10卷　集部别集类

(1) 明弘治十一年秦藩刻本,中国科学院图书馆藏,《四库全书》底本。

(2)《四库全书》本。

(3) 2013年黄山书社《明别集丛刊》本。

按:《千顷堂书目》卷17作《宾竹小鸣稿》,卷同。《列朝诗集小传》作《宾竹小鸣集》,无卷数。《四库全书总目》云:"自卷一至卷八皆诗,卷九为杂文,卷十为恩赐胜览录。"

宾竹遗稿3卷　集部别集类

明弘治十六年秦府刻《秦藩世德录》本,南京图书馆藏。

朱仲娴

一名妙端。字令文,号静庵。明成化、弘治间浙江海宁人。尚宝寺卿祚女,教谕周济才妻。晚年因其子梦龄办事南京,遂迁江宁。博览群书,以诗名于时。卒年84(一说80)。

杂文史论5卷　史部史评类　佚

见清沈季友《槜李诗系》卷34。

静庵集10卷　集部别集类

见《列朝诗集小传》闰集。

静庵诗集1卷　集部别集类

清乾隆五十九年(1794)吴氏拜经楼刻本,列入《海昌丽则》中,凡诗46首,补遗诗1首,前有《双鹤赋》1首,后有《附录》1卷。

按:《静庵集》《静庵遗集》《自恬集》殆为诗文集之别称。

朱静庵自怡集 1 卷　集部别集类

清乾隆间海宁吴骞抄本，吴骞朱墨蓝三色批校，清姚景瀛跋，台湾“中央图书馆”原藏。

静庵集 1 卷附录 1 卷　集部别集类

(1) 清吴骞抄本，清姚景瀛校并跋，湖北省图书馆藏。

(2)《拜经楼丛书》本。

静庵剩稿摘钞不分卷　集部别集类

民国间传抄《海昌丽则》本，复旦大学图书馆藏。

徐　珤(1450—1524)

字信之，号石林。明江宁人。弘治三年(1490)进士，授户部观政，除湖广华容知县。入为南京户部主事，改工部，历至浙江布政司参议。致仕归。

梦溪笔谈 26 卷　子部杂学类

宋沈括撰

明弘治徐珤刻本，上海图书馆藏。

石林稿　集部别集类　佚

见《客座赘语》卷 7、《千顷堂书目》卷 21。

按:《金陵诗征》作《石林集》，卷 16 收有其诗。

徐邦宁

字仲谧，号嗣轩。明应天人。徐达六世孙。工吟咏。

习静轩稿　集部别集类　佚

见《金陵通传》卷 10 本传。《金陵诗征》徐京传注作《习静稿》。《续金陵琐事》作《司静庵稿》。

胡　璟

明金陵人。精痘疹科。

秘传痘疹寿婴集1卷　子部医家类　佚

明弘治四年(1491)编,见《江苏历代医人志》引《中医大辞典》医史文献分册。

赵　俊

字克用,号雪岩。明上元人。弘治六年(1493)进士,以御史按治屯田,出为淮安知府。正德初,刘瑾当道,遭谤归,闭户读书终老。

雪岩集　集部别集类　佚

见《金陵通传》卷16王弘传附。

按:《金陵诗征》卷38收有其诗。

俞朝言

明金陵人。

医方集论不分卷　子部医家类

明弘治六年(1493)俞氏绣刻本,中医科学院图书馆藏。

龙　霓

字致仁,号西谿居士。明上元人。瑄子。弘治九年(1496)进士,官浙江按察佥事。与顾璘、罗凤等交。工诗。

诗1卷　集部总集类　佚

明顾璘、罗凤、顾源、龙霓等撰

见《帝里明代人文略》,谓嘉靖二十年(1541)连骑出北郊,穷北山诸胜,合为诗1卷。

按:《明诗纪事》丁签卷7收其诗1首。

许孟仁

明弘治间金陵刻书家。

袖珍方4卷　子部医家类

明李恒撰

明弘治金陵书林许孟仁刻本，国家图书馆藏。

王　敞(1453—1515)

字汉英，号竹堂。明南京锦衣卫籍。成化十七年(1481)进士，除刑科给事中，出巡四川松潘。弘治元年(1488)出使朝鲜，还朝，转通政使。正德三年(1508)，进兵部左侍郎。五年，宁夏宗藩叛乱平，遂擢兵部尚书。六年乞归。生平工诗，归居后开诗社，延故旧。卒赠太子太保。传见《武宗实录》正德十年。

王氏家乘　史部传记类　佚

见《千顷堂书目》卷10。

竹堂诗文稿　集部别集类　佚

见明靳贵《戒庵文集》。

唱和诗2卷　集部别集类　佚

明王敞辑

见清朱绪曾《开有益斋读书志》。

按：是书辑弘治元年王敞使朝鲜时与朝鲜人唱和之作。《明诗综》卷25收其诗3首。

王　銮(？—1519)

字汝和，号西冶。明吴江人，南京锦衣卫籍。正德六年(1511)进士。授吏部主事，迁验封司郎中。武宗南巡，上书力谏，廷杖归卒。生平工诗文。

原治1卷　史部政书类　佚

见陈诒绂《金陵艺文志》。万历《江宁县志》本传、嘉庆《江宁府志》卷54作2篇。《金陵通传》卷16本传作3篇。

西冶遗稿　集部别集类　佚

见《客座赘语》卷7。《千顷堂书目》卷22作《西冶先生遗稿》2卷。

按:《金陵诗征》卷18收有其诗。

卢允贞(1457—1490)

字德恒,一字恒庵,号恒斋。明上元人。雍女,倪岳妻。工诗,善画,尤精白描。明倪岳《青溪漫稿》有传。

璇玑图1卷　子部艺术类　佚

九歌图1卷　集部楚辞类　佚

以上2种见《金陵琐事》。

恒斋稿1卷　集部别集类

收入明倪岳《青溪漫稿》中,版本见“倪岳”条。

张志淳(1458—?)

字进之,号南园。明江宁人,云南籍。成化二十年(1484)进士,除吏部主事,转员外郎,擢太常寺少卿,历官南京户部侍郎。坐列刘瑾党,勒致仕。博学,尤究意诗文书画。正德十五年(1520)尚在世。

宋明谥法1卷　史部政书类

清彭氏知圣道斋抄本,上海图书馆藏。

按:《千顷堂书目》卷9作《谥法》2卷,注云:“古谥法。苏洵修定《谥法》一卷、本朝《谥法》一卷。正德壬申(1512)序。”

西铭通　子部儒学类　佚

见《千顷堂书目》卷11。

按:陈诒绂《金陵艺文志》列此书与《永昌二芳记》入传记类。

永昌二芳记3卷　子部农家类

《永昌张氏丛刻》本。

按:《四库全书总目》子部谱录类存目云:“是编以永昌所产山茶、杜鹃二花为一谱,上卷山茶花品三十六种,中卷杜鹃花品二十种,下卷则二花之故实诗文。”

南园漫录10卷　子部杂学类

(1) 明嘉靖间刻本,国家图书馆藏。

(2) 明纯白斋乌丝栏抄本,台湾“中研院”傅斯年图书馆藏。

(3)《四库全书》本。

(4)《云南丛书初编》本。

(5) 清抄本,中国社会科学院历史所藏。

(6) 清抄本,清丁丙跋,南京图书馆藏。

(7)《丛书集成续编》本。

(8) 云南省文史研究馆《南园漫录校注》,1999 年云南民族出版社出版。

按:作者因读洪迈《容斋随笔》、罗大经《鹤林玉露》二书,仿而为之。《四库全书总目》子部杂家类著录,提要称是书所列各条有立意皆极正大,驳正皆颇明核,亦极详核之处;亦有或失之陋,或失之无稽之处。瑕瑜不掩。“中颇纪载时事,臧否人物,故卷末又有嘉靖五年题后一篇,辨何乔新《抚夷录》之失实,而以书中所载自比于孙盛书枋头事。其所纪录,亦可与《明史》相参考云。”今人李小林等主编《明史研究备览》(1988 年天津教育出版社铅印本)云:“是书以笔记体裁,杂记佚闻,阐发理学。”

南园续录 10 卷　子部杂学类

见《千顷堂书目》卷 12、《明诗纪事》小传。今传本有《南国续录》5 卷,收入《永昌张氏丛刻》。

南园集　集部别集类　佚

见《千顷堂书目》卷 20。

按:《明诗纪事》丙签卷 8 收其诗 1 首。

沈　琪(1461—1522)

一作淇,字汝玉,号雪崖。明江宁人,锦衣卫籍。越父。家居评事街,有瞻云楼。工《毛诗》,长于篇什,尤善鉴识。

雪崖诗 5 卷　集部别集类　佚

见《帝里明代人文略》卷 9。《千顷堂书目》作《瞻云稿》,《客座赘语》作《雪崖诗》,均不著卷数。

按:《金陵诗征》卷 18 收有其诗。

谢承举(1461—1524)

初名璿,字文卿,一字子象,自号野全子。明上元人。从吴珵学,工诗词,擅书法。十试不第,乃隐居。曾与泰州储巏在成化中结檀园社,正德初又结秣陵吟社。与徐霖齐名,时称江东二才子。

采毫录　子部杂学类　佚

日得录　子部杂学类　佚

广陵杂录　子部杂学类　佚

湘中漫录　子部杂学类　佚

以上 4 种见明顾璘《顾华玉集・息园存稿文》卷 5《野全谢先生同继室赠安人汤氏合葬墓志铭》。

谢子象诗集 15 卷附录 1 卷　集部别集类

明嘉靖二十二年(1543)上元谢少南京师刻本,青岛市博物馆藏,存卷 1—12。

谢野全集　集部别集类

《盛明百家诗》本。

按:明顾璘《顾华玉集・息园存稿文》卷 5《野全谢先生同继室赠安人汤氏合葬墓志铭》著录其有《东村稿》《西游稿》《在客稿》等集。

陈　镐(1462—1511)

字宗之,号矩庵。其先会稽人,明初以钦天监籍家南京。少与弟钦有文名。成化二十三年(1487)进士,累官至郎中,出为山东提学副使,迁江西参政,转湖广布政使,以副都御史巡抚沔阳。因镇压汉沔民变触瘴死。谥清肃。《明史》有传。

金陵人物志 6 卷　史部传记类　佚

见《明史》本传。

阙里志　史部地理类

(一) 8卷本

明嘉靖四十三年(1564)刻隆庆三年(1569)增修本,上海图书馆藏。

(二) 13卷本

明正德元年(1506)刻增修本,南京图书馆藏。

(三) 15卷本

题明陈镐纂　孔弘幹续

明嘉靖三十一年孔承爌刻本,国家图书馆藏。

(四) 12卷本

题孔贞丛撰

明万历三十七年(1609)刻本,清华大学图书馆藏。

(五) 24卷本

题明孔允植重修

(1) 明崇祯间刻雍正修补本,国家图书馆藏。

(2)《四库全书存目丛书》本。

按:《四库全书总目》卷59史部传记类存目云:"阙里向无志乘,仅有《孔庭纂要》《祖庭广记》诸书。宏治甲子重修阙里孔庙成,李东阳承命致祭。时镐为提学副使,因属之编次成志。崇祯中,(孔)允植重加订补,是为今本。以图像、礼乐、世家、事迹、祀典、人物、林庙、山川、古迹、恩典、弟子、撰述、艺文,分类排纂。而编次冗杂,颇无体例。"

陋巷志8卷　史部地理类

明陈镐纂　杨光训、吕兆祥等重修

(1) 明正德二年曹来旬刻本,有王鏊跋,国家图书馆藏。

(2) 明嘉靖十三年刻万历四年增修本,上海图书馆藏。

(3) 明刻清印本,美国国会图书馆藏,见《中国善本书提要》。

(4) 明崇祯刻本,6卷,台湾大学图书馆藏。

按:《四库全书总目》卷59史部传记类存目云:"颜子陋巷,相传在曲阜孔庙东北六百步，旧无记载。正德中，提学副使陈镐始为作志。万历中，御史杨光训又续编辑之。兆祥是编盖因二家之本，重为订定。所载皆历代崇祀典礼，而冠以退省从行诸图。”

矩庵漫稿　集部别集类　佚

见《千顷堂书目》卷20。

贻谋集　集部别集类　佚

见《明史》本传。

按：《金陵诗征》卷16收有其诗。《明诗纪事》丙签卷9收其诗1首。

振鹭集1卷　集部总集类

明陈镐编

(1) 明正德元年刻本，浙江图书馆藏。

(2) 明刻本，山东省图书馆藏。

(3)《四库全书存目丛书》本。

见《四库全书总目》卷192集部总集类存目，云：“宏治十六年，孔子六十二代孙袭封衍圣公孔闻韶入觐京师，事毕将还，朝臣咸赋诗赠行。……镐时为山东提学副使，乃合而梓之。以圣系出自殷后，故以《振鹭》为名。”

徐　霖(1462—1538)

字子仁，号九峰道人。又称髯仙。先世自吴县徙南京，遂为上元人。少为诸生，有文名。倜傥不羁，坐事削籍。乃殚力藻翰，工书法，精绘事，所填南北曲，竞传都下。家有快园，喜结宾客。正德中武宗南巡，两幸其宅，多得恩幸。扈从还京，屡命以官，固辞。放归，家居20载。以寿终。与陈铎齐名，均为当时南京曲坛祭酒。

中原音韵注释　经部小学类　佚

见《千顷堂书目》卷3、《小学考》。

南京志　史部地理类　佚

见《客座赘语》卷7。

续书史会要　子部艺术类

见《客座赘语》卷7。

雅颂词录　子部艺术类　佚

明徐霖辑

见《千顷堂书目》卷15，收入明司马泰《文献汇编》卷59。

丽藻堂文集　集部别集类　佚

见《客座赘语》卷7、《千顷堂书目》卷22。《金陵诗征》小传、《金陵通传》本传作《丽藻堂稿》。

徐子仁诗集4卷　集部别集类　佚

见《千顷堂书目》卷22。《续金陵琐事》作《子仁集》。

怀柏先生诗集10卷　集部别集类

明万历四十五年(1617)徐时建等刻本，国家图书馆藏。

端居咏　集部别集类　佚

远游纪　集部别集类　佚

北行稿　集部别集类　佚

皖游录　集部别集类　佚

古杭清游稿　集部别集类　佚

以上5种见《千顷堂书目》卷22。

按：《皖游录》一作《皖湘录》。《列朝诗集》《金陵诗征》卷19收有其诗。《明诗综》卷38、《明诗纪事》丁签卷12各收其诗2首。

快园诗文类选　集部别集类　佚

明徐霖编

见《客座赘语》卷7。《金陵诗征》小传作《快园诗文类》。

明诗综诗稿　集部总集类　佚

明徐霖辑

见《吴门补乘》。

三元记　集部词曲类　佚

见《金陵琐事》。

按:庄一拂《古典戏曲存目汇考》云:"此戏未见著录。……按《三元记》有两种,一演冯京,一演商辂,前者为沈受先撰,后者据《今乐考证》注,亦云沈作。今长乐郑氏(振铎)影印富春堂刊本《商辂三元记》,殆为徐作欤?"

枕中记　集部词曲类　佚

见《金陵琐事》。

按:《古典戏曲存目汇考》云:"此戏未见著录。……明初谷子敬《邯郸道卢生枕中记》及阙名《吕翁三化邯郸店》两杂剧题材相同。"

柳仙记　集部词曲类　佚

见《古典戏曲存目汇考》,云:"此戏未见著录。见《南北词广韵选》征引,云:'兹《柳仙记》乃《幽怪录》所载及古今所传神仙奇事。'并见《三家村老委谈》。谷子敬亦有《三度城南柳》剧,题材同。此必当时徐氏供御所制。此记仅残存曲文数套,未见流传之本。"

留鞋记　集部词曲类　佚

见《金陵琐事》。

按:《古典戏曲存目汇考》云:"此戏未见著录。"

梅花记　集部词曲类　佚

种瓜记　集部词曲类　佚

两团圆　集部词曲类　佚

以上3种见《金陵琐事》《古典戏曲存目汇考》。

绣襦记　集部词曲类

《六十种曲》本,2卷。

按:明郭勋辑《雍熙乐府》中收有徐霖散曲。

张　琮(1463—1530)

字廷献,一作廷宪,一字惕庵。明江宁人。益从孙。学《易》于同乡吴彦华。弘治三年(1490)进士,迁礼部郎中。以忤刘瑾,出为陕西参议。正德初，谪为济宁知州，改监察御史，巡按甘肃。瑾诛，擢按察副使，累升四川布政使。嘉靖初，以右副都御史抚湖广，擢南京工部右侍郎，寻改刑部，进右都御史。致仕。明陈凤《欣慕编》有传。

状元任先生遗稿 2 卷　集部别集类

明任亨泰撰　张琮编

明正德间刻本，国家图书馆藏。

按：《金陵诗征》卷 16 收有其诗。

金　贤(1463—1533)

一作金央，字士希，一字东园。明江宁人。少学《易》于吴彦华。弘治十五年(1502)进士，除仁和知县，入为兵科给事中。以忤刘瑾，出为大名知府，改知延平。乞归。生平与王韦交最深。卒后，顾璘为作《东园先生传》。

春秋纪愚 10 卷　经部春秋总义类　佚

春秋或问 100 篇　经部春秋总义类　佚

以上 2 种见《千顷堂书目》卷 2、《明史・艺文志》。

集何雪渔印谱 2 卷　子部艺术类

明金贤辑

明崇祯间钤印本，国家图书馆藏。

按：《明诗纪事》丁签卷 9 收其诗 1 首。

伊伯熊(？—1534)

字子光。一作字臣举，号虚室。明上元人，祖籍吴县。乘子。正德二年(1507)举人，历知深州、祁州，迁广西柳州府同知。

易学讲义 4 卷　经部易类　佚

见《千顷堂书目》卷 1。

按：《金陵诗征》卷 18 收有其诗。

李　熙(1465—1524)

字师文，时称饮虹先生。明上元人。吴子。弘治九年(1496)进士，除将乐知县，擢御史。正德元年(1506)，抗疏请诛刘谨，廷杖几死，罢归。瑾诛，家居16年，与顾璘、陈沂等交。嘉靖初(1522)，起为饶州知府，转浙江按察司副使。卒于官。《南畿志》有传。

尚友集　集部别集类　佚

明农稿　集部别集类　佚

饮虹遗稿　集部别集类　佚

以上3种见《千顷堂书目》卷21。《明农稿》，《金陵通传》卷16本传作《明农集》。

按:《金陵诗征》卷16收有其诗。

龟山先生集16卷　集部别集类

宋杨时撰

明弘治十五年(1502)李熙、金瓒刻本，国家图书馆藏。

罗　凤(1465—?)

字汝文，一作子文，号印冈，自号简翁。明南京府军右卫人。弘治九年(1496)进士，官御史。出为兖州知府。武帝南巡，以忤上官索取供应，乃移守镇远。复忤巡按御史，再迁石阡。致仕归。家有延休堂，宴宾客。建芳兰阁以储书。性博雅好古，所藏法书名画金石遗刻数千种。凤工诗，晚年尤擅于书。嘉靖二十三年(1544)尚在世。

金陵罗氏书目4卷　史部目录类　佚

见《千顷堂书目》卷10。

延休堂漫录36卷　子部杂学类

见《四库全书总目》小说家类存目。今存1卷：

(1)《说郛续》本，未题撰人。

(2)《四库全书存目丛书》本。

按:《四库全书总目》云:“此书征引蒐辑,颇为繁富。然或录汉、晋以来遗事,而错以有明;或详有明一朝人物典制,而复泛摭前代;古今混淆,巨细错杂,此其失也。又其所载明一代事,如谓刘基识天子气之类,皆杂取小说,不足征信。”又谓其辨袁忠彻《符台外集》谓元顺帝为瀛国公子之谬,“可以释千古之疑”。《千顷堂书目》卷12作《延林堂漫录》36卷。《明史·艺文志》作《漫录》30卷。《金陵诗征》小传、《金陵通传》本传作50卷。

简斋家藏集10卷　集部别集类　佚

见《续金陵琐事》《明诗纪事》小传,云有抄本流传。

诗1卷　集部总集类　佚

明顾璘、罗凤、顾源、龙霓等撰

见《帝里明代人文略》。参见“龙霓”条。

按:《明诗纪事》丁签卷7收其诗1首。

许　堂(1469—1536)

字彦明,号摄泉居士。其先明初由侯官徙实京师,遂为上元人。縠父。爱好法书名画,喜吟咏。与文徵明、顾璘、陈沂等交。顾璘《顾华玉集》有传。

嘉会斋稿2卷　集部别集类　佚

见《客座赘语》卷7、《千顷堂书目》卷22。《金陵通传》作《嘉会轩稿》。

隐居集　集部别集类　佚

见《续金陵琐事》。

按:《列朝诗集》收有其诗。

陈　沂(1469—1538)

字鲁南,初字宗鲁,又字石亭,自号小坡。其先明浙江鄞县人,以医籍居南京,遂入上元籍。钢子。少有文名,博学多才,篆隶、绘事皆称能品，赋咏尤多，文采照映一时。正德十二年(1517)进士，改庶吉士，授编修。进侍讲。嘉靖初，以忤时相张璁，出为江西参议。历山东左参政、行太仆卿。乞归。筑遂初斋，杜门著述。性喜游名山水。初与顾璘、王韦号为“金陵三俊”，后益以宝应朱应登，称“江东四大家”。《明史》有传。

询刍录1卷　经部小学类

(1)《今献汇言》本。

(2) 明抄本《陈鲁南杂著四种》本，国家图书馆藏。

(3)《说郛续》本。

(4)《丛书集成初编》本。

(5)《影印元明善本丛书十种·今献汇言》本。

(6) 明嘉靖刻本《说部零种》之一，见罗振常原著、周子美编《天一阁藏书经见录》。

(7)《四库全书存目丛书》本。

按：《四库全书总目》子部杂家类存目著录，云：“是书取里巷相传讹谬之事及通俗俚语，各为疏正其出处，故以‘询刍’为名。仅十九条，皆不足以资考据。”《千顷堂书目》入小说类。

武宗实录197卷　史部编年类

明陈沂与修

(1) 传钞《明实录》本，南京图书馆藏。

(2) 明红格写本，国家图书馆藏。

(3) 朱丝栏大字抄本，天津图书馆藏。

(4) 1962年台湾“中研院”历史语言研究所影印本，附校勘记。

(5) 1989年上海古籍出版社影印本。

(6) 2005年线装书局《钞本明实录》本。

维祯录1卷附录1卷　史部杂史类

(1)《陈鲁南杂著四种》本。

(2)《四库全书存目丛书》本。

按:《四库全书总目》史部杂史类存目著录,作《维桢录》。提要云:“是书杂记朝廷典章及明初故事,钞撮而成,殊多疏略。”《千顷堂书目》入小说类。

畜德录1卷　史部传记类

(1)《纪录汇编》本。

(2)《国朝典故六十二种》本。

(3)《国朝典故六十种》本。

(4)《古今名贤汇语》本。

(5)《说郛续》本。

(6) 清乾隆四十一年(1776)刻本,南京图书馆藏。

(7)《丛书集成初编》本。

(8)《影印元明善本丛书十种·纪录汇编》本。

(9)《说部零种》本,注云:“前有小引。多记前人善行。”

(10) 清徐氏烟屿楼抄本,与《使疏球录》合1册,国家图书馆藏。

(11)《陈鲁南杂著四种》本。

(12)《四库全书存目丛书》本。

按:“畜”字一作“蓄”。《四库全书总目》列入传记类存目,云:“此书皆纪宣德、正统间名臣言行,人各一二条。”《千顷堂书目》既列入传记类,又列入杂家类、小说类。陈诒绂《金陵艺文志》入儒家类。

宋陈少阳先生尽忠录8卷　史部传记类

明陈沂增辑

(1) 明正德十年丹阳令申理刻本,中国社会科学院文学所藏。

(2) 明天启七年(1627)云间朱国盛四印堂刻本,河南省图书馆藏。

(3) 明翻刻正德十年刻本,台湾“中央图书馆”原藏。

(4) 清武陵仲子文房抄本,复旦大学图书馆藏。

(5) 清抄本,缪荃孙批校,南开大学图书馆藏。

(6) 清彭氏知圣道斋抄本,附《补录》2卷,国家图书馆藏。

(7) 清道光七年(1827)东武李氏受吾鼎斋抄本,附《补录》2卷,清李璋煜跋,国家图书馆藏。

(8) 抄本,国家图书馆藏。

(9) 旧抄本,台湾"中央图书馆"原藏。

金陵人物志　史部传记类　佚

见《千顷堂书目》卷15,收入明司马泰《文献汇编》。

皇明翰林志　史部政书类　佚

见《千顷堂书目》卷10。《明史·艺文志》题《翰林志》1卷。

金陵古今图考1卷　史部地理类

(1) 明正德十一年刻本,台湾"中央图书馆"原藏。

(2) 明天启三年朱之蕃重刻本,与《金陵图咏》《金陵雅游编》合刻,南京图书馆藏。

(3) 明刻本,南京图书馆藏。

(4) 清抄本,国家图书馆藏。

(5) 1929年南京中社影印明正德十一年刻本,南京图书馆藏。

(6) 国学图书馆传抄本,南京图书馆藏。

(7)《南京文献》1947年第4号。

(8)《四库全书存目丛书》本。

(9)《南京稀见文献丛刊》本。

(10)《金陵全书》本。

按:是书别作《嘉靖金陵古今图考》,省称《金陵图考》。以宋元方志为本,据以绘图,图后附以考证,纪金陵建置沿革。图凡十六。自春秋至明代为图十五幅:《吴越楚地图》《秦秣陵县图》《汉丹阳郡图》《孙吴都建邺图》《东晋都建康图》《南朝都建康图》《隋蒋州图》《唐昇州图》《南唐江宁府图》《宋建康府图》《元集庆路图》《国朝都城图》《应天府境方括图》《境内诸山图》《境内诸水图》。又以"城郭规制,随世异态",复作《历代互见图》一幅以辨之。是书对清代及民国南京地方史志的编纂有较大影响。

金陵世纪4卷　史部地理类

明陈沂辑　金鸾补

(1) 明隆庆三年(1569)史际刻本，国家图书馆藏。

(2) 日本昭和四十二年(1967)东京东洋文库影印内阁文库藏明隆庆三年刻本。

(3)《四库全书存目丛书》本。

(4)《南京稀见文献丛刊》本。

(5)《金陵全书》本。

按：作者因长安有《三辅黄图》，开封有《东京梦华录》，杭州有《武林遗事》，金陵作为六朝古都，亦应有类似著作，因撰为本书。《四库全书总目》地理类存目云："分都邑、城郭、宫阙、郊庙、官署、雍泮、衢市、第宅、楼宇、山川、驿路、津梁、台苑、陵墓、祠祀、寺观、识遗、赋咏十八门，粗具大略，不为详赡。沂《金陵古今图考》乃未登第时所作，后官翰林侍讲时，乃续为此书。隆庆中，太仆少卿史际始刊行之。"

金陵诸山游记　史部地理类

周家鼎抄本，2 册，北京大学图书馆藏。

金陵志　史部地理类　佚

明陈沂与纂

见《金陵诗征》传注。

按：志即明正德十年(1515)《应天府志》。

游名山录 4 卷　史部地理类

(1) 明嘉靖间刻本，与《拘虚集》5 卷《后集》3 卷《诗谈》1 卷合刊。

(2)《四明丛书》本。

金陵名山记　史部地理类　佚

见同治《上江两县志》卷 12。

献花岩志 1 卷附诗 1 卷　史部地理类

(1) 明万历三十一年(1603)卢陵欧阳荫校刻本，台湾"中央图书馆"原藏。

(2) 传抄本，南京图书馆藏。

(3)《南京文献》1947 年第 2 号。

(4)《中国佛寺志丛刊》本。

(5)《南京稀见文献丛刊》本。

(6)《金陵全书》本。

按:献花岩位于南京城约 13 公里处的祖堂南麓,相传唐代高僧法融在岩下入定时有鸟衔花翔集之意故名。一说法融在岩下讲《法华经》时,忽然素雪满阶,出现奇花两朵,状若芙蓉,灿若金色故名。正文分为《山石志》《岩洞志》《水泉志》《台甃志》《宫宇志》《卉木志》《异蓄志》7 个部分。

(嘉靖)南畿志 64 卷　史部地理类

明闻人诠修　陈沂纂

(1) 明嘉靖十三年刻本,国家图书馆藏。

(2) 明隆庆、万历间修补嘉靖本,存 28 卷,台湾“中央图书馆”原藏。

(3) 1941 年抄本,北京大学图书馆藏。

(4)《北京图书馆古籍珍本丛刊》本。

(5) 台北成文出版社《中国方志丛书》本。

(6) 1987 年台湾学生书局影印本。

(7)《四库全书存目丛书》本。

(8)《金陵全书》本。

按:南畿即南直隶,此书为南直隶十四府、四直隶州的总志。《四库全书总目》史部地理类存目云:“前三卷为总志,分子目凡八。次列十四府四州,分子目凡十二。采掇尚为简赅,而亦不免于讹漏。”《续修四库全书提要》云:“是书开各省通志之先河,而以留都所在,分疏为难,其事尤艰于省志。兹以总志、分志之法行之,措置可谓适当矣。至取材,古事多采《景定建康》《至大金陵》两志,暨各郡县志,今事唯取官书。体例简要,剪裁有法,良史才也。”

(嘉靖)山东通志 40 卷　史部地理类

明陆釴、陈沂等纂修

(1) 明嘉靖十二年刻本，上海图书馆藏。

(2) 明万历四十五年(1617)补刻本，南京图书馆藏。

(3)《天一阁藏明代方志选刊续编》本。

(4)《四库全书存目丛书》本。

(5)《山东省历代方志集成》本。

泰山考　史部地理类　佚

见《千顷堂书目》卷15，收入明司马泰编《古今汇说》。

诲似录　子部儒学类　佚

存疾录　子部儒学类　佚

以上2种见《金陵诗征》小传。

忠义说义　子部儒学类　佚

忍书　子部儒学类　佚

以上2种见同治《上江两县志》卷12。

按：《千顷堂书目》卷15录《忍书》入杂家类，收入明司马泰《文献汇编》。

拘虚晤言1卷　子部杂学类

(1)《今献汇言》本。

(2)《说郛续》本。

(3)《广四十家小说》本。

(4)《丛书集成初编》本。

(5)《影印元明善本丛书十种·今献汇言》本。

(6) 清光绪间顺德李氏抄本，有李文田手写题记，台湾"中央图书馆"原藏。

(7)《陈鲁南杂著四种》本。

(8)《四库全书存目丛书》本。

按：是书一省题作《晤言》，一作《寤言》。《四库全书总目》杂家类存目云："此书皆所著杂说，共三十四条，大旨用两事比类取譬，申明其义于下,颇近连珠之体,而不用韵。然意主修词,不必尽名言至理也。”《千顷堂书目》入小说类。

石亭杂录　子部杂学类　佚

见乾隆《鄞县志》卷21。

按:清阮元《文选楼藏书记》(清越缦堂抄本)卷四著录《陈石亭杂录》一册,抄本,谓“是书分四类记明代杂事”。

语怪录　子部小说类　佚

善谑录　子部小说类　佚

以上2种见《客座赘语》卷7、《千顷堂书目》卷12。

拘墟迂读　子部小说类　佚

见《千顷堂书目》卷15,收入明司马泰《文献汇编》。

遂初斋集　集部别集类　佚

见《续金陵琐事》。

拘虚集　集部别集类

(1)《拘虚集》5卷《后集》3卷《诗谈》1卷《游名山录》4卷,明嘉靖间刻本,国家图书馆藏。

(2)《拘虚集》6卷,明嘉靖间任卿重刻本。

(3)《拘虚集》5卷《后集》3卷,《四明丛书第四集》本。

(4)《拘虚后集》3卷,清抄本,北京师范大学图书馆藏。

按:是集一题《拘虚馆集》(《续金陵琐事》)、一题《陈沂文集》(《明史·艺文志》)。《千顷堂书目》分别著录《拘虚集》5卷、《续拘虚集》2卷、《石亭文集》12卷。同治《上江两县志》别作《陈沂文集》12卷,《续拘虚馆文集》2卷、《石亭文集》12卷。

陈行卿集1卷　集部别集类

《盛明百家诗前编》本。

纪游集5卷　集部别集类　佚

见《千顷堂书目》卷22。

西苑诗1卷　集部总集类　佚

明文徵明、陈沂等撰

见明文徵明《甫田集》卷10,谓嘉靖四年陈沂、文徵明等游北京西苑,合作《西苑诗》1卷。

古律手抄　集部总集类　佚

明陈沂辑

拘虚诗谈1卷　集部诗文评类　佚

以上2种见《千顷堂书目》卷31、卷32。

按:后一种《千顷堂书目》别收入明司马泰《文献汇编》中,云:"一作陈凤。"

善知识苦海回头(杂剧)　集部词曲类

(1)《杂剧十段锦》本。

(2)《古名家杂剧》本。

(3)明刊《四太史杂剧》本。

按:庄一佛《古典戏曲存目汇考》云:"此戏未见著录。远山堂《剧品》有著录简名《苦海回头》,误题为'周藩诚斋'作。《十段锦》未标作者。校本亦误题作'周王诚斋'撰。……现据日本松泽老泉《汇刻书目外集》收明刊《四太史杂剧》,中有《善知识苦海回头记》,题明陈石亭著,当为陈作无疑。"

按:《南北宫词纪》收有其散曲。

陈鲁南杂著四种5卷　丛书类

明抄本,国家图书馆藏。子目见上。

黄　琮(1470—1524)

字元质。明上元人。少补诸生,作《平蛮》《金陵》二赋得文誉。弘治十八年(1505)进士,授青田知县。时刘瑾擅政,遭忌,谪长乐教谕。瑾诛,迁郏城令,升横州知州。嘉靖初,擢崇府左长史。明顾璘《顾华玉集》有传。

孝宗实录224卷　史部编年类

明黄琮与修

收入《明实录》，版本详见“张益”条。

问官祠记　史部传记类　佚

见《金陵通传》卷16本传。

马政2篇　史部政书类　佚

见《金陵诗征》卷17传注，云：“为郯城令，著《马政》2篇。”

（弘治）浙江省志　史部地理类　佚

明黄琮与修

见《金陵通传》卷16本传。

（弘治）湖南志　史部地理类　佚

见《金陵诗征》卷17传注。

岭南日课　子部杂学类　佚

岭南续课　子部杂学类　佚

楚征日录　子部杂学类　佚

以上3种见《客座赘语》卷7、《千顷堂书目》卷21。

宗说　集部别集类　佚

见《客座赘语》卷7。

按：同治《上江两县志》卷12引《帝里明代人文略》谓系文集。

求志稿　集部别集类　佚

行义稿　集部别集类　佚

青田稿　集部别集类　佚

谪游稿　集部别集类　佚

郯城稿　集部别集类　佚

东归稿　集部别集类　佚

乞养堂稿　集部别集类　佚

以上7种见《客座赘语》卷7、《千顷堂书目》卷21。

按：《金陵诗征》卷17收有其诗。

梁　材(1470—1540)

字大用，号俭庵。明顺天府大城人，南京金吾右卫籍。弘治十二年(1499)进士。历官德清知县、刑部主事。曾撰诛刘瑾文晓谕天下。进郎中，改御史。嘉靖中累迁户部尚书，三掌邦计，出入有度，清廉有节。致仕。后召复原官，加太子少保。又因见谗落职。还归乡里，至卒。隆庆初赠太子太保，谥端肃。《明史》有传。

梁端肃公奏议14卷　史部政书类

明万历三十七年(1609)梁桂茂刻本，上海图书馆藏。

按:《千顷堂书目》卷30作《俭庵疏议》10卷，又著有14卷。《金陵诗征》小传作《俭庵奏议》7卷。

户部题稿　史部政书类

明梁材、李廷相等撰

明白华楼抄本，国家图书馆藏。

按:《金陵诗征》卷17收有其诗。

朱竹坡(1470—1547)

以字行。明上元人。以隐终。

竹坡词曲　集部词曲类　佚

见《金陵诗征》卷22本传。

陈　钦

字谅之，一作亮之，号自庵。明钦天监籍南京人。与兄镐同为成化二十三年(1487)进士，除南京兵部武选司主事，迁刑部员外郎，出为广平知府，擢广东提学副使。卒于官。《明史》陈镐传附。

自庵稿1卷　集部别集类　佚

见《千顷堂书目》卷20。《金陵诗征》小传、《金陵通传》本传作《自庵集》。

按:《金陵诗征》卷16收有其诗。

海山联句录4卷　集部总集类　佚

明陈钦编

见《千顷堂书目》卷20。《金陵诗征》小传、《金陵通传》本传题作《海南联句》。

景　霁

字光甫,一作光父。明上元人。旸宗亲。工诗。

登陟纪吟　集部别集类　佚

避暑吟　集部别集类　佚

以上2种见《续金陵琐事》。

司马隆

字季平,自号爱艺翁。明上元人。其先自陕西徙南京。少勤学,苦读《内经》等医书,继父业以医名南都。

芝居遗稿　集部别集类　佚

见同治《上江两县志》卷12。

周　洁

字玉如。明秣陵人。应天府判张鸣凤妾。工诗。张罢官,随归临桂。

云巢诗1卷　集部别集类　佚

见《千顷堂书目》卷28、《明史·艺文志》。《列朝诗集小传》《金陵诗征》不著卷数。

按:《列朝诗集》《金陵诗征》卷42收有其诗。

朱斗儿

字素娥。明金陵妓。工诗,善画山水小景。曾从陈沂学画。后嫁武昌王光禄。

月波词　集部词曲类　佚

见《众香词》著录。

按:《列朝诗集》收有其诗。

王　炌

字存纳,一字存约,号南渠。明浙江黄岩籍,移居南京。弘治十五年(1502)进士,除太常博士。正德时,屡迁刑科给事中,出为惠州推官。嘉靖初(1522),召复都给事中,擢太仆少卿,改太常。三年,迁应天府尹,再迁南京刑部右侍郎,历至南京右都御史。工诗文。《明史》有传。

南渠存稿16卷　集部别集类　佚

见《千顷堂书目》卷21、《明史·艺文志》。

冠山诗集　集部别集类　佚

见《金陵诗征》卷38小传。

汤　铎

字文振,自称樗散道人。明上元人。与徐霖同时。闲居好著书。

帝里书　史部地理类　佚

见明姚福《青溪暇笔》,云:"汤文振先生闲居好著书。尝言洪武定鼎,有图书纪其官衙街市,曰《都城图志》,今已模糊。乃增新为《帝里书》。"

按:《金陵诗征》卷16收有其诗。

陈　铎

字木宣,号鹿崖。明江宁人。诸生。考授州同,历至保宁府通判。

滇游集　集部别集类　佚

见《金陵通传》卷14本传。

童　时

字用中，号西崖。明江宁人。轩从孙。以荫官太仆寺主簿，徙荆州府通判，兼摄府事。善为诗，家有“早闲堂”。晚以隐终。

明昭代明良录20卷　史部传记类　佚

见《千顷堂书目》卷10。

续名臣言行录　史部传记类　佚

马政奏议　史部政书类　佚

以上2种见同治《上江两县志》卷12。

明三吴水利便览1卷　史部地理类　佚

见《千顷堂书目》卷8，注云：“万历癸丑（四十一年，1613）序。”

西岩漫稿　子部杂学类　佚

早闲堂诗集　集部别集类　佚

联唱录　集部总集类　佚

明童时编

以上3种见同治《上江两县志》卷12。

按：《金陵诗征》卷16收有其诗。

何　钺

字勋伯，一字东谿。明江宁人，钦天监籍。正德六年（1511）进士。授行人，擢浙江道御史，巡按浙江。转荆州知府。调常德。致仕。

东谿稿　集部别集类　佚

见《千顷堂书目》卷22。

按：《金陵诗征》卷18收有其诗。

徐　京

一作谅。字禹量，自号居云子。明应天人。徐达七世孙。正德十一年（1516）补诸生，累举不第，遂出游吴越，与蔡羽、王宠、黄省曾等交。

归而杜门覃思邃讨，往来者唯顾璘、皇甫汸兄弟等。工诗画。

隐总　子部杂学类　佚

见《金陵诗征》卷19传注。

居云集　集部别集类　佚

见《金陵诗征》卷19传注。《续金陵琐事》《客座赘语》作《居云稿》。

吴行稿　集部别集类　佚

浙行稿　集部别集类　佚

以上2种见《客座赘语》卷7。

按：《金陵诗征》卷19收有其诗。

刘　衡

明正德至万历间金陵刻书家。书坊曰建业刘氏孝友堂。主其事者前为刘衡，后为刘秋亭。

联新事备诗学大成30卷　子部典故类

元毛直方撰　明林桢编

明正德十一年(1516)刘衡孝友堂刻本，见《中国善本书提要》。

新刊增补古今名家诗学大成24卷　子部典故类

明李攀龙编

明万历建业刘秋亭孝友堂刻本，浙江图书馆藏。

刘秋亭

明正德至万历间金陵刻书家。书坊名孝友堂。刻书参见“刘衡”条。

刘　雨

字润之。明江宁人。贡生。武宗南巡，索地志，知县白思齐延刘雨、管景、徐霖等编纂，45日书成，雨笔削为多。

(正德)江宁县志10卷　史部地理类

明王诰修　刘雨等纂

(1) 明正德十四年(1519)刻本,国家图书馆藏。
(2) 1938 年铅印本。
(3) 抄本,南京图书馆藏。
(4)《南京文献》1947 年第 5、6 号。
(5) 1987 年江苏广陵古籍刻印社影印本。
(6)《北京图书馆古籍珍本丛刊》本。
(7) 2012 年南京出版社影印本。

按:《金陵诗征》卷 20 收有其诗。

沈 恩

字复之。明江宁人。正德十四年(1519)举人,授深州学正,迁德化知县。

岑嘉州诗集 4 卷　集部别集类

唐岑参著　明沈恩校刊

明正德十五年刻本,国家图书馆藏。

按:《金陵诗征》卷 19 收有其诗。

刘 麟(1475—1561)

字元瑞,一字子振,自号南坦。明上元人。王徽婿。弘治九年(1496)进士。授刑部主事,进员外郎。正德初,出为绍兴知府,以忤刘瑾,黜归金陵,旋徙家湖州。瑾诛,起知西安府,擢陕西左参政、云南按察使。嘉靖初,召除太仆寺卿,进右副都御史,巡抚保定,又以忤中官,再引去。旋起大理寺卿,擢工部尚书,致仕。卒赠太子少保,谥清惠。绩学能文,与顾璘、徐祯卿称“江东三才子”。工诗,与俞允文等结诗社。《明史》有传。

高逸编　史部传记类　佚

见《千顷堂书目》卷 15。

刘清惠公集 12 卷　集部别集类

（1）明万历三十四年(1606)湖州知府陈幼学刻本，上海图书馆藏。

（2）《四库全书》本。

（3）清抄本，南京图书馆藏。

（4）不分卷，明绿格抄本，丁祖荫跋，上海图书馆藏。

坦上翁集　集部别集类

（1）清宣统二年(1910)乌程沈氏睹秘簃抄本，台湾“中央图书馆”原藏。

（2）清抄本，国家图书馆藏。

周　相

字东皋。明上元人。元祖父。通历算占候之学。历官钦天监正，加顺天府丞。

勾股测望论　子部历算类　佚

勾股容方员论　子部历算类　佚

弦矢论　子部历算类　佚

分法论　子部历算类　佚

六分论　子部历算类　佚

以上5种见《金陵诗征》周元传注。

景　旸(1476—1524)

字伯时，号前溪。明上元人。治《易》学，善书、工小篆，文法两汉，诗主盛唐。正德三年(1508)进士第二名，官编修，迁国子司业。请养归。改左中允，管南京司业事。卒于仪真(今江苏仪征)。

前溪集14卷　集部别集类　佚

见《千顷堂书目》卷22。

按：《金陵诗征》卷18收有其诗。

顾　璘(1476—1545)

字华玉，号东桥。明上元人。弘治九年(1496)进士。历官广平知县、河间知府、开封知府等。正德八年(1513)以忤中官谪广西全州。十二年擢台州知府。历浙江左参政，右布政使、右副都御史。嘉靖十六年(1537)为湖广巡抚，召入为刑部右侍郎、工部尚书，以南京刑部尚书致仕。既归，构息园，为当时南都文坛领袖。诗以风格胜，与陈沂、王韦号“金陵三俊”。后宝应朱应登继起，称“四大家”。《明史》有传。

论语类钞　经部四书类　佚

见《千顷堂书目》卷7。

国宝新编1卷　史部传记类

(1)《顾氏明朝四十家小说》本。

(2)《金声玉振集》本。

(3)《纪录汇编》本。

(4)《说郛续》本。

(5)《五朝小说》本。

(6)《五朝小说大观》本。

(7)《丛书集成初编》本。

(8)《影印元明善本丛书十种·纪录汇编》本。

(9) 1959年中国书店影印本。

(10) 日本昭和四十二年(1967)东京东洋文库用美国国会图书馆摄北平图书馆旧藏明嘉靖十五年序刊本影印本。

(11)《四库全书存目丛书》本。

按:《郑堂读书记补》云:“是编为忆其亡友而作，初名《亡友录》，后改今名。所录有李梦阳、何景明、景旸、王韦、唐寅诸人。”

顾氏七记　史部传记类　佚

见《客座赘语》卷7。

拟上风俗议　史部政书类　佚

见《千顷堂书目》卷10。

登衡小记　史部地理类　佚

见《客座赘语》卷7。

太和山记　史部地理类　佚

见《千顷堂书目》卷11。

兴都志24卷　史部地理类

明吴惺修　顾璘纂

(1) 明嘉靖二十一年朱丝栏抄本,台湾"中研院"傅斯年图书馆藏。

(2) 晒印本,国家图书馆藏。

按:《千顷堂书目》卷11注云:"嘉靖二十年修,明年三月进呈,已而以其载献帝事实于志体例不合,命改修。"

顾尚书书目6卷　史部目录类　佚

见《千顷堂书目》卷10。

近言1卷　子部儒学类

(1)《顾氏明朝四十家小说》本。

(2) 明嘉靖沈与文繁露堂刻本,国家图书馆藏。

(3) 传钞明刊顾氏文房小说本,国家图书馆藏。

(4)《四库全书存目丛书》本。

浮湘稿4卷山中集4卷凭几集5卷续集2卷息园存稿14卷文集9卷缓恸集1卷国宝新编1卷近言1卷　集部别集类

(1) 明嘉靖间吴郡沈氏繁露堂刻本,上海图书馆藏。

(2)《山中集》4卷,2013年黄山书社出版《明别集丛刊》本。

按:中科院图书馆藏此集汇印本,题作《顾东桥集八种》(缺《息园存稿文集》9卷)。

浮湘稿4卷山中集10卷凭几集5卷续集2卷息园存稿诗14卷文9卷缓恸集1卷　集部别集类

(1)《四库全书》本。

(2) 1991年上海古籍出版社《四库明人文集丛刊》本。

按：是编为顾璘诗文全集。《四库全书》提要云："是编凡分六集：一曰《浮湘稿》四卷，由开封府知府谪全州知州时作。二曰《山中集》十卷，移病家居时作。三曰《凭几集》五卷，四曰《凭几续集》二卷，皆官湖广巡抚时作。五曰《息园存稿文》九卷《诗》十四卷，并刻于嘉靖戊戌。附录曰《缓恸集》一卷，官工部侍郎时伤其亡女之作。"

顾华玉集 34 卷　集部别集类

清黑格抄本，34 卷，南京图书馆藏。

顾华玉集 40 卷　集部别集类

(1)《金陵丛书》本。

(2) 清抄本，南京图书馆藏。

顾华玉集 35 卷　集部别集类

抄本，日本静嘉堂文库藏。

东桥诗集 14 卷文 12 卷　集部别集类

明抄本，国家图书馆藏。

顾司寇集 1 卷　集部别集类

《盛明百家诗》本。

王摩诘诗集 7 卷　集部别集类

唐王维撰　宋刘辰翁编　明顾璘评

(1) 明凌濛初刻闵氏朱墨套印《盛唐四名家集》本，南京图书馆藏。

(2) 清光绪五年(1879)方氏碧琳琅馆刊朱墨套印本，台北故宫博物院藏。

韦苏州集 10 卷拾遗 1 卷　集部别集类

宋刘辰翁编　明高栋、顾璘、杨慎、钟惺、谭元春等评

明刻套印本，国家图书馆藏。

逊志斋集 24 卷附录 1 卷　集部别集类

明方孝孺著

(1) 明正德十五年顾璘刻本，南京图书馆藏。

(2) 明万历间刻本，国家图书馆藏。

文瑞集 2 卷　集部总集类

明刻本，天一阁博物馆藏。

盛明十二家诗选　集部总集类　佚

见《千顷堂书目》卷 31。

唐音 14 卷　集部总集类

元杨士弘编　明顾璘评

明嘉靖二十年温秀山房刻本，浙江图书馆藏。

批点唐音 15 卷　集部总集类

元杨士弘编　明顾璘评

(1) 明嘉靖二十年温秀刻四十四年李蓑重修本，国家图书馆藏。

(2) 明崇祯三年(1630)吴钺西爽堂刻本，南京图书馆藏。

(3) 民国间沔阳卢氏慎始基斋用明嘉靖刻本影印本，日本东京大学东洋文化研究所藏。

(4) 日本享和二年(1802)翻刊吴钺重订本，台北故宫博物院藏。

按：顾璘嘉靖二十年撰序云："余告还江南，始学诗，一意唐风。若所批点《唐音》，乃其用力功程也。往年携在开封，遭祸失去。今奉役承天，有王生康，忽持见还，意甚惜之。洛阳(温)生秀读之雅合，请梓于襄阳。"

诗 1 卷　集部总集类　佚

明龙霓、顾璘、罗凤、顾源等撰

见《帝里明代人文略》，谓嘉靖十二年连骑出北郭，穷北山诸胜，合为诗 1 卷。

顾华玉词 1 卷　集部词曲类

(1)《金陵丛书》本。

(2) 抄本，见《国学图书馆图书总目补编》。

顾　旋(1479—1546)

字舜玉，号溪亭。明上元人。诸生。

芳园会册　集部总集类　佚

明顾旋、顾瑭、顾阶撰

见《帝里明代人文略》卷5。

按:《金陵诗征》顾玠传注:是编又名《芳园雅会册子》《芳园雅集》。据《金陵通传》顾瑭传,此书又名《燕雅集》。

又按:《金陵诗征》卷17收有其诗。

张　含(1479—1565)

字愈光。一字禺山。自号题野荒民。明江宁人,云南永昌籍。志淳子。正德二年(1507)举人,后不谒选,隐于里。其学出于李梦阳,少与杨慎同学。博极群书,工诗。

张愈光诗文选8卷附录1卷　集部别集类

明张含撰　杨慎选

(1) 明嘉靖间刻本,上海图书馆藏。

(2) 明嘉靖间刻崇祯十四年(1641)张今傅、清康熙间张辰等递修本,南京图书馆藏。

(3)《云南丛书初编》本。

(4)《丛书集成续编》本。

(5) 2013年黄山书社出版《明别集丛刊》本。

张愈光诗文选不分卷　集部别集类

明张含撰　杨慎辑

抄本,章紫伯旧藏,北京大学图书馆藏。

禺山诗4卷　集部别集类

明嘉靖间张氏家塾刻本,北京市委党校图书馆藏。

张禺山戊巳吟3卷附作诗1卷续1卷　集部别集类

明张含撰　杨慎评

(1) 明嘉靖间刻本,国家图书馆藏。

(2)《四库全书存目丛书》本。

张禺山集1卷　集部别集类

《盛明百家诗》本。

重刊张愈光诗集6卷　集部别集类

清道光十三年(1833)保山范仕义刻本,天津图书馆藏。

张愈光诗选1卷　集部别集类

清抄本,上海图书馆藏。

艰征集1卷　集部别集类

明蓝格抄本,天一阁博物馆藏。

升庵选禺山七言律诗1卷　集部别集类

明嘉靖三十九年(1560)锡山华云刻本,国家图书馆藏。

按:《千顷堂书目》著录有《张含诗集》4卷、《张愈光诗文选》5卷、《铁桥诗集》1卷。《金陵诗征》传注云:"其全集分《小言贵精》《荒音霭迺》凡十余种。"《四库全书总目》集部别集类存目著录《禺山文集》1卷《诗集》4卷。

双溪点春园诗集3卷　集部别集类

履影诗集1卷　集部别集类

以上2种有《永昌张氏丛刻》本。

雪山庚子稿不分卷　集部别集类

明木公撰　张含批点

明嘉靖间刻本,云南图书馆藏。

李诗选　集部别集类

唐李白撰　明张含辑　杨慎批点

(1) 明嘉靖二十四年张氏家塾刻本,10卷,国家图书馆藏。

(2) 明朱墨印本,5卷,美国国会图书馆藏。

(3)《云南丛书二编》本,4卷。

杜诗选6卷　集部别集类

唐杜甫撰　明张含辑

明闵氏朱墨印本,国家图书馆藏。

李杜诗选11卷　集部总集类

明张含选　杨慎批

(1) 明闵暎璧刻套印本,南京图书馆藏。

(2)《四库全书存目丛书》本。

按:此包括《李诗选》5卷、《杜诗选》6卷。《杜集书录》外编卷2著录《李杜诗选》8卷,恐误。又《明代版刻综录》卷5著录《李杜诗余》11卷,恐亦是"诗选"之误。

唐诗绝句精选4卷附刻1卷拾遗1卷　集部总集类

明张含编　杨慎评点

明嘉靖二十六年张氏万卷堂刻本,天一阁博物馆藏。

鲍　山

字元刚,号在斋。明安徽婺源籍,居上元。居城西近吉祥寺,寺有古梅山,因建拜梅庵于寺中,焦竑为之记。

南唐书18卷音释1卷　史部载记类

宋陆游撰　《音释》元戚光撰

明正德八年(1513)歙县鲍山刻本,浙江大学图书馆藏。

野菜博录3卷　子部农家类

(1) 明天启二年(1622)刻本,南京图书馆藏。

(2) 4卷,《四库全书》本。

(3)《四部丛刊三编》本,据明刻本影印。

(4) 1922年新学会社石印本,南京图书馆藏。

(5) 1935年国学图书馆影印本,南京图书馆藏。

(6) 1999年北京华夏出版社影印《中国本草全书》本。

(7) 1999年北京图书馆出版社影印出版《中国中医研究院图书馆藏善本丛书》本。

(8) 2007年山东画报出版社整理本。

(9) 2013年浙江人民美术出版社《古刻新韵二辑》影印本。

按:此书各本除《四库全书》本为4卷本外,其余均为3卷本。从卷数上看,四库本比明刻本还多出一卷。但实际上是四库本把明刻本的卷一分作了卷一、卷二,另外增加了两种野菜;又把明刻本的卷三分作为卷三、卷四,另外增加了一种树木。而明刻本的卷二整整一卷,没有被四库本收录。所以就收录野菜的数量看,明刻本(《四部丛刊三编》本)收录435种,而四库本只收录262种,少了173种,数量上少了差不多是40%。《四库全书总目》对此书评价很高,云:“尝入黄山,筑室白龙潭上七年,备尝野蔬诸味。因次其品汇,别其性味,详其调制,著为是编。”又云:“木饥金穰,理可先知;尧水汤旱,数亦莫遁。有备无患,不厌周详。苟其有益于民命,则王道不废焉。书虽浅近,要亦荒政之一端也。”

异苑10卷　子部小说类

宋刘敬叔撰　鲍山校刊

《四库全书》本。

按:《金陵诗征》卷39收有其诗。

张　翊(1485—1511)

字惟忠。明初,先世以富实自吴徙南京,遂为上元人。父晟,多藏书。弘治十七年(1504)举人,官大理评事。其学注重历代史事及明初朝章国故,旁涉天文地理、星卜草木之书。

宋临莫录　史部传记类　佚

元名臣言行录4卷　史部传记类　佚

以上2种见《客座赘语》卷7。

竖鉴录　史部传记类　佚

见《金陵诗征》卷17传注,云:“为珰焰而作。”

王以旂(1486—1553)

字士招,号石冈。明江宁人,吴县籍。正德六年(1511)进士,授上高县令。累官兵部右侍郎兼右佥都御史，总理河漕。寻拜南京右都御史。累迁工部尚书、左都御史、兵部尚书。出督陕西，代为三边总制。在镇6年，卒于固原。赠太子少保，谥襄敏。治河按边，皆以功见，暇以词章为应酬。《明史》有传。

漕河奏议 4 卷　史部政书类　佚

见明过庭训《本朝分省人物考》卷13。

按：《千顷堂书目》作《王襄敏公奏议》10卷，注云：一作12卷。《明史·艺文志》作《奏议》10卷。《客座赘语》卷7作《漕河撮稿》。《四库全书总目》史部诏令奏议类存目云："当嘉靖时，徐、吕二洪水竭，运船胶滞，命以旂以兵部右侍郎兼佥都御史，总理河漕。逾年，渠水通，晋秩一等。是编其督漕时题奏章疏。前后无序跋，亦无目录，不知为完本否也。"

督府稿　史部政书类　佚

见《金陵通传》本传。《客座赘语》卷7、《金陵诗征》小传皆作《督府稿奏议》。

王襄敏公集 4 卷　集部别集类

(1) 明万历元年(1573)王篇刻本，南京图书馆藏。

(2)《四库全书存目丛书》本。

(3) 2013年黄山书社出版《明别集丛刊》本。

按：《千顷堂书目》卷22、《明史》皆作《石冈集》4卷。《四库全书总目》作《襄敏集》4卷，提要云："是集为其子篇所编，凡诗二卷，文二卷。以旂治河、按边，皆以功见，而词章不著于当时。此集所存，大抵皆应酬作也。"

王文光

字有孚。明上元人。正德举人。嘉靖中曾官叙州知府、定海县令。

日本国考略 1 卷补遗 1 卷　史部地理类

明薛俊纂　王文光增补

(1) 明嘉靖九年(1530)金陵王文光刻本,无锡市图书馆藏。

(2) 蓝格抄《国朝典故》本。

(3)《四库全书存目丛书》本。

按:一作"汪文光",见罗振常原著、周子美编《天一阁藏书经见录》。《四库全书总目》史部地理类存目云:"嘉靖二年,日本国使宗设来贡,抵宁波。未几,宋素卿等亦至。互争真伪,自相残杀。所过州县,大肆焚掠。浙江濒海之地,人民苦之。俊因纂辑是书,大略言防御之事为多,而国土、风俗亦类入焉。然见闻未广,所辑《沿革》《疆域》二略,约举梗概,挂漏颇多。属国中兼及新罗、百济等国,不知新罗、百济在宋时已为朝鲜所并,其时并无是国矣。又序世系但及宋雍熙以前,而不载元以后国王名号,亦疏漏也。"

顾 瑭(1486—1562)

字名玉,号桐庄。明上元人。璘堂弟,玠兄,李逢旸岳父。因恩例授八品散秩。工诗。

芳园会册 集部总集类 佚

明顾瑭、顾旋、顾玠撰

见《帝里明代人文略》卷5。

按:是集由顾瑭编,唱和者有堂兄弟玑、琛及李逢旸等。

罗 辂(1487—1535)

字质甫,号半窗。明江宁人。衡孙。正德三年(1508)进士,授中书舍人,改南大理评事,出知江西袁州府,改南昌,复补南康。擢按察副使,为王守仁所重。转山东副使,升顺天府丞,迁大理寺少卿。卒葬江宁薛家山。工诗文。

半窗子集 集部别集类 佚

见同治《上江两县志》卷12。

按:《金陵诗征》卷18收有其诗。

顾　璟(1489—1553)

字英玉，号横泾。明上元人。璘从弟。正德九年(1514)进士，除南京工部主事。武宗南巡，备顾问，迁南京兵部郎中。以奉旨草冗员得隙，谪知许州，历官温州府同知、山东按察佥事、河南副使，以谗罢归。训蒙自给，晚得风疾，卒。《明史》有传。

寒松斋存稿4卷　集部别集类　佚

见《千顷堂书目》卷22。

按:《明史·艺文志》作《寒松斋稿》4卷。

又按:《列朝诗集》《金陵诗征》卷19收有其诗。《明诗综》卷35、《明诗纪事》戊签卷12各收其诗3首。

盛　鸾(1492—1560)

字天祥，一字德辉，自号养拙翁。明上元人。时泰父。

贻拙堂集　集部别集类　佚

见《金陵诗征》卷20。

贻拙堂乐府2卷　集部词曲类　佚

见万斯同《明史》卷137。

按:《金陵诗征》卷20收有其诗。

顾　源(? —1565)

字清甫，一字丹泉，自号宝幢居士。其先自越徙金陵，明锦衣卫籍，遂为南京人。少负俊才，工诗，善草书，喜画水墨，尤好山水之游。与顾璘、陈沂、盛时泰、姚淛、严宾相友善。家在城南，有日涉园，藏彝鼎法书名画，玩咏其间，陈沂曾为诗赞其胜概。中年以后，栖心内典，遂与世遁。

玉露堂稿4卷　集部别集类　佚

明顾源撰　焦竑辑　顾以庶重辑

见《千顷堂书目》卷23。《列朝诗集小传》云："万历间焦状元竑刻居士《玉露堂稿》四卷。"

按：《列朝诗集》《金陵诗征》卷20收有其诗。《明诗纪事》己签卷17收其诗5首。

诗1卷　集部总集类　佚

明龙霓、顾璘、罗凤、顾源等撰

见《帝里明代人文略》。参见"顾璘"条。

张　□

明金陵刻书家，书坊名"建业张氏"。

开元天宝遗事4卷　子部小说类

五代王仁裕撰

明建业张氏铜活字印本，国家图书馆藏。

按：张秀民《中国印刷史》云：此书"不记年月，乃覆宋严州本。旧为明代著名艺术家文徵明藏书，有玉兰堂印。文氏卒于嘉靖三十八年(1559)，年九十岁。则此书亦当为弘、正或嘉靖间印本。"《中国通俗小说书目》著录。

果　斌

字半峰。明嘉靖初南京天界寺僧。工诗。少时曾从顾璘游。

半峰集1卷　集部别集类

《盛明百家诗》本。

按：《明诗综》卷91收录其诗，《诗话》引顾起纶云："半峰诗多成于中夕，沉思苦索而后得之，对客挥毫非所能也。正如南能腰石碓米已熟，但欠筛在。"朱彝尊云："半峰少从顾华玉游，而诗未得其一体。"

司马泰(1492—?)

字鲁瞻，号西虹，自号龙广山人。明江宁人。沈琪婿。嘉靖二年

(1523)进士，授南京监察御史。尝疏论给事中陈洸、太监崔文，置于理，宪度肃然。又陈留都军民利害七事，曰革船料以通商贾，节派买以苏铺户，议房钞以苏民困，处流民以实京师，便法守以恤军士，采物料以足供应，重将领以振军威。称切要。出为怀庆、嘉兴、济南知府，皆有惠政。致仕归。筑园曰“怀洛”。藏书极富。时与友人为诗会。以编撰著述终其生。嘉靖四十一年尚在世。《帝里明代人文略》有传。

南都野记　史部杂史类　佚

见乾隆《江南通志》卷191《艺文志》。

五同传　史部传记类　佚

南都奏记　史部政书类　佚

以上2种见《千顷堂书目》卷15，收入明司马泰编《文献汇编》，今已佚。《五同传》亦见《澹生堂藏书目》著录。

牛坞志　史部地理类　佚

见《千顷堂书目》卷15，收入明司马泰编《广说郛》。亦见《澹生堂藏书目》著录。

嘉兴府水政图志　史部地理类　佚

见《千顷堂书目》卷15，收入明司马泰编《文献汇编》。

知次录　子部儒学类　佚

见《千顷堂书目》卷12。

湖南书院学约　子部儒学类　佚

见《千顷堂书目》卷15，收入明司马泰编《古今汇说》。

杂识录　子部杂学类　佚

见《金陵诗征》卷19小传。

西虹视履录　子部杂学类　佚

见《千顷堂书目》卷12。

河馆闲谈4卷　子部小说类　佚

见明焦竑《国史经籍志》卷4。

护龙河上杂言1卷　子部小说类　佚

见《千顷堂书目》卷12。亦见《澹生堂藏书目》著录。

荫白堂稿　集部别集类　佚

见《千顷堂书目》卷23。

按:《金陵诗征》小传著录40卷。

怀洛园集　集部别集类　佚

见嘉庆《江宁府志》卷54。

山居百咏　集部别集类　佚

见《续金陵琐事》。

按:《金陵诗征》传注云:"西虹还林下,筑室方山之麓,为《山居百咏》,其子份写图成卷。《金陵诗征》卷19收有其诗。"

边华泉集8卷　集部别集类

明边贡撰　刘天民编

明嘉靖十七年司马泰刻本,山东图书馆藏。

诗宗汇韵26卷　集部总集类

明司马泰辑

明抄本,郑州大学图书馆藏。

骚坛白战录1卷　集部总集类

明司马泰辑

清劳氏丹铅精舍抄本,劳格校并跋,国家图书馆藏。

风雅会编　集部总集类　佚

南部英华　集部总集类　佚

以上2种明司马泰编,见《千顷堂书目》卷31。

三余雅会录　集部总集类　佚

明司马泰编

见《金陵诗征》卷19传注,云:"与卢绅、王诰、马绅、杨大章等作诗,得四十八首,集之。"

龙广山人小令　集部词曲类　佚

见《千顷堂书目》卷32。

文献汇编(一作明文献录)100 卷　丛书类　佚

广说郛 80 卷　丛书类　佚

古今汇说 60 卷　丛书类　佚

再续百川学海 80 卷　丛书类　佚

三续百川学海 30 卷　丛书类　佚

史流十品 100 卷　丛书类　佚

以上 6 种均司马泰编,见《千顷堂书目》卷 15。子目从略。

杨　抡

字文甫,号桐庵,又号鹤淑。明江宁人。嘉靖间人。工琴曲。

太古遗音 2 卷　子部艺术类

(1)《琴谱合璧》本。

(2) 清初抄本,清顾曾寿跋,上海图书馆藏。

(3) 清道光二十八年(1848)湘农抄本,天津图书馆藏。

伯牙心法 1 卷　子部艺术类

(1)《琴谱合璧》本。

(2) 明万历间刻本,中国科学院图书馆藏,有抄配。

(3) 明末刻本,南京图书馆藏。

真传正宗琴谱不分卷　子部艺术类

明万历间刻本,中国科学院图书馆藏。

琴谱合璧 3 卷　子部艺术类

明杨抡辑

(1) 明万历三十七年(1509)自刻本,北京大学图书馆藏。

(2)《四库全书存目丛书》本。

按:《中国善本书提要》云:"是书汇《太古遗音》二卷,《伯牙心法》一卷而成,故曰'合璧'。"《四库全书总目》子部艺术类存目著录,《伯牙心法》提要云:"每词各有解题,词旨浅拙。至谓墨子为梁惠王时人,其陋可想矣。"《太古遗音》提要云:"焦竑《经籍志》有《太古遗音》四卷,称袁均哲著，今未之见。或抢窃其书而改窜之，未可知也。”

管　景

字子山。明上元人。嘉靖二年(1523)贡生，官广信府检校，摄永丰知县，改上饶。迁布政司检校。罢官归，居武定桥，与梁材宅相南北。

(正德)江宁县志 10 卷　史部地理类

明王诰修　刘雨纂　管景与修

(1) 明正德十四年(1519)刻本，国家图书馆藏。

(2) 1938 年铅印本。

(3)《南京文献》1947 年第 5、6 号。

(4) 抄本，北京大学图书馆、上海图书馆、南京图书馆藏。

(5)《北京图书馆古籍珍本丛刊》本。

(6)《金陵全书》本。

(万历)应天府志 32 卷　史部地理类

明程嗣功修　王一化纂　管景与修

(1) 明万历五年(1577)刻本，日本内阁文库藏，南京图书馆有胶卷。

(2) 明万历二十年补刻本，日本尊经阁文库藏。上海图书馆有胶卷。

(3)《四库全书存目丛书》本。

(4)《金陵全书》本。

(嘉靖)永丰县志 4 卷　史部地理类

明管景纂修

(1) 明嘉靖二十三年刻本，宁波天一阁博物馆藏。

(2) 1964 年《天一阁藏明代地方志选刊》本。

西浦稿　集部别集类　佚

见《续金陵琐事》。

按:《金陵诗征》卷 19 收有其诗。

金大车(1494—1537)

字子有，号方山。明江宁人。其先西域默伽国人，东来后居永平(治所在今河北省卢龙)，明太祖赐姓金，徙其高祖洵于江宁(今南京)，遂为江宁人。贤长子。嘉靖四年(1525)举人。从顾璘学。又与谢少南、陈凤、高远等在青溪结文会。嗜古博学，于周秦以下诸书无不究读。诗法孟浩然、刘禹锡，文尤奥衍。客死于淮安。《列朝诗集小传》有传。

款识录　史部金石类　佚

收入明司马泰《文献汇编》卷82，见《千顷堂书目》卷15。

金子有集1卷　集部别集类

(1) 明嘉靖二十六年何世守刻本，国家图书馆藏。

(2)《盛明百家诗》本。

(3)《金陵丛书》本。

(4) 抄本，国家图书馆藏。

(5) 旧抄本，题《金子有诗集》1卷，有道光三年(1823)黄丕烈手书题记，附金大舆《金子坤诗集》5卷，台湾"中央图书馆"原藏。

金　銮(1494—1583)

字在衡，一字白屿，亦作伯屿。明陇西人，随父徙居南京。工诗歌，解音律，性豪爽。与盛时泰、陈芹、许榖、余孟麟等为友，结青溪诗社。一生不仕。《四友斋丛说》有传。

摄山栖霞寺志3卷　史部地理类

明嘉靖间释兴善刻本，天一阁博物馆藏。

按：本书题"长洲文伯仁德承考订，上元金銮在衡编辑，住持兴善校梓"。文伯仁(1502—1575)为南直隶长洲人，文徵明从子。兴善，俗姓薛，14岁落发为僧。嘉靖三十一年(1552)至隆庆二年(1568)住持栖霞寺。卷一纪沿革、生植、形胜、畜产、创立、流衍、建置、事迹、支派、湮没、镌刻、兴复，卷二收六朝诗14首、唐诗16首、宋诗5首，卷三收六朝文

11 首、唐文 1 首、国朝文 2 首,附本县优免帖一通。天一阁藏本为海内孤本。参见柯亚莉《天一阁藏五种孤本明代专志考录》(《西南交通大学学报(社会科学版)》2008 年第 9 卷第 6 期)。

金白屿集 1 卷　集部别集类

《盛明百家诗》本。

徙倚轩诗集 1 卷　集部别集类

明嘉靖间任近臣校刻本,天一阁博物馆藏。

按:《中国善本书提要》云:"是集仅五言律诗百十首,盖非全本也。"

金在衡诗辑　集部别集类

抄本,见《明清江苏文人年表》引用书目。

坐隐先生精订金伯屿萧爽斋乐府 1 卷　集部词曲类

明金銮撰　汪廷讷订

明万历间汪廷讷环翠堂刻《四词宗合刻四种》本,国家图书馆藏。

萧爽斋乐府 2 卷　集部词曲类

(1)《诵芬室丛刊初编》本。

(2)《饮虹簃所刻曲・金陵二名家乐府三种》本。

(3) 1948 年南京市通志馆印《金陵二名家乐府三种》本。

(4) 1989 年上海古籍出版社出版骆玉明点校本。

按:此集卷上收套曲 24 首,卷下收小令 134 首。其散曲萧爽清丽,音律和协,兼善诙谐之趣。何元朗《曲论》谓:"南都自徐髯仙后,惟金在衡最为知音。善填词,其嘲调小曲极妙,每诵一篇,令人绝倒。"《列朝诗集小传》丁集本传云:"尝取古词,辨其字句清浊,为一书,填词者至今祖之。"是金銮另有"词谱"类著作,惜已不可见。

金大舆

字子坤,号平湖。明江宁人。大车弟。诸生。曾与兄同学诗于顾璘。耽诗文,性旷达,处贫终老。卒后,友人长洲郭第卖所藏古鼎,刻其诗行世。

金子坤集 1 卷　集部别集类

《金陵丛书》本。

按:《千顷堂书目》卷 23 著录 2 卷。

金子坤诗集 5 卷　集部别集类

旧抄本,有清道光三年(1823)黄丕烈手书题记,附于金大车《金子有诗集》后,台湾"中央图书馆"原藏。

人日草堂诗 1 卷　集部总集类　佚

明朱曰藩、金大舆、顾应祥等合撰

见《列朝诗集》丁集。参见"顾应祥"条。

朱承綵

字国华。明应天人。齐王榑裔孙。

小山社草　集部别集类　佚

见《金陵诗征》卷 23 小传。顾起元为作序。

按:《金陵诗征》卷 23 收有其诗。《明诗综》卷 85 收其诗 1 首。

朱可涅

字泉亭。明应天人。齐王榑后裔。工诗。

同春集　集部别集类　佚

见《金陵诗征》卷 23 朱承綵传注。

高　远

字近思,号致庵。明江宁人。嘉靖七年(1528)举人,官汝州知州。曾与谢少南、陈凤、金大车等结青溪文会。

饮虹稿　集部别集类　佚

见《续金陵琐事》,云有抄本,今不可见。

按:《金陵诗征》卷 20 收有其诗。《明诗纪事》戊签卷 16 收其诗 1 首。

徐天赐

字申之。明应天人。徐达裔孙。袭封锦衣将军。筑东园于城东南隅，即今白鹭洲一带，时为雅集之所。工诗。

东园雅集　集部总集类　佚

明徐天赐辑

见《金陵诗征》徐京传注。

徐时雨

字润甫，号尊轩。明应天人。邦宁子。能诗。

一榻轩稿　集部别集类　佚

见《金陵通传》卷10本传。

葛　清

字惟元。明孝陵卫人。嘉靖十年(1531)进士。深于禅旨。

冰壶稿1卷　集部别集类　佚

见《千顷堂书目》卷23。

马闲卿

字芷居。明上元人。陈沂继妻。工诗，善书，亦擅山水白描。80岁后卒。

山水白描册　子部艺术类　佚

见《明史·艺文志》。

芷居集1卷　集部别集类

《盛明百家诗》本。

按:《众香词》礼集收其词1首。

余　光

字晦之，号古峰。明江宁人。梦麟父。嘉靖十一年(1532)进士，除大理评事，擢浙江道御史。曾屡疏时政，出按山西。还都，又以劾严嵩，出按广东。以言事被逮，削籍归。《明史》有传。

两京赋 2 卷　集部楚辞类

见《千顷堂书目》卷 31。《金陵诗征》传注云："与盛仲交《两京赋》，今俱载《存征录》中。"

古峰集 3 卷　集部别集类　佚

见《千顷堂书目》卷 23。

按：《帝里明代人文略》作 2 卷。《金陵诗征》卷 20 收有其诗。

谢少南

字应午，号与槐。明上元人。承举子。博学多闻。嘉靖十一年(1532)进士，除南京刑部主事，改大理寺评事，进御史，督学畿辅。拜春坊左司直，兼翰林院检讨。出为广西提学佥事，擢陕西参议，督学陕西，迁河南布政使。嘉靖中，曾与陈凤、高远、金大车等结青溪文会。《明史》顾璘传附。

射礼纂要 1 卷　经部仪礼类　佚

见《千顷堂书目》卷 2。

(嘉靖)全州志 6 卷　史部地理类　佚

明谢少南重修

见《四库全书总目》地理类存目。《提要》略云："此志辑于嘉靖己酉(二十八年，1549)。全州旧有志，少南重加修辑。"《千顷堂书目》卷 7 作 7 卷。

三辅黄图 6 卷　史部地理类

明谢少南、孔文谷同校

明嘉靖三十二年唐时英刻本，湖南省图书馆藏。

粤台稿2卷　集部别集类

见《四库全书总目》别集类存目，提要云："是集乃其提学广西时所作，诗与文各一卷。"

河垣稿1卷　集部别集类　佚

谪台稿1卷　集部别集类　佚

以上2种见《千顷堂书目》卷23。

按：《四库全书总目》卷177《粤台稿》提要云："《千顷堂书目》别载少南《河垣稿》一卷、《谪台稿》一卷，今未见传本，疑其佚矣。"

谢与槐集　集部别集类

《盛明百家诗》本。

泾野先生五经说21卷　丛书类

明吕柟撰

(1) 明嘉靖三十二年谢少南刻本，国家图书馆藏。

(2)《四库全书存目丛书》本。

子目：

《泾野先生周易说翼》3卷

《泾野先生尚书说要》5卷

《泾野先生毛诗说序》6卷

《泾野先生礼问》2卷

《泾野先生春秋说志》5卷

沈　越(1501—1570)

字中甫，初号麓村。因治别业于韩山之阴，遂号韩峰，晚年自称新亭野老。世居建康长干里，明初以闾右徙置云南，永乐中，复归隶锦衣卫。嘉靖十一年(1532)进士，授罗田令，调平江，擢山东道御史，巡按江西。以忤严嵩，左迁开州通判，终德安府同知。归，闭门著书终老。生平博学多著述。《帝里明代人文略》有传。

春秋分国便览　经部春秋总义类　佚

春秋传集解　经部春秋总义类　佚

以上2种见《客座赘语》卷7。

通鉴纪事前编　史部编年类　佚

见嘉庆《江宁府志》卷54。

西巡纪行　史部杂史类　佚

诏狱始末　史部杂史类　佚

以上2种见万历《江宁县志》卷8本传。

三党编　史部杂史类　佚

见《客座赘语》卷7。

皇明嘉隆两朝闻见纪12卷　史部杂史类

明沈越撰　子沈朝阳等编

(1) 明万历二十七年(1599)沈朝阳等刻本，南京图书馆藏。

(2)《四库全书存目丛书》本。

按：《四库全书总目》云："取世、穆两朝政迹，汇次成编。起正德十六年世宗即位，止于隆庆六年。朱之蕃谓其为野史之良。然所采书目自《明伦大典》以下仅四十一种，未为赡备。而所附案之文，如五元臣皆不利之类，亦体杂说部。"

宋史详节　史部史钞类　佚

诸史撮钞　史部史钞类　佚

以上2种见《客座赘语》卷7。

藩镇传　史部传记类　佚

见《客座赘语》卷7。

韩峰随笔　子部杂学类　佚

澶渊杂著　子部杂学类　佚

以上2种见《客座赘语》卷7。

闻见杂录　子部杂学类　佚

见《客座赘语》卷7。

新亭漫稿　集部别集类　佚

见《客座赘语》卷7。

皖湘录　集部别集类　佚

远游记　集部别集类　佚

以上2种见《金陵通传》本传。

按：嘉庆《江宁府志·艺文》校勘记云："《皖湘录》。徐霖所著。"

麓村诗草　集部别集类　佚

见《客座赘语》卷7。

按：《金陵诗征》卷20收有其诗。《明诗纪事》戊签卷18收其诗1首。

词谱续集附余　集部词曲类　佚

见《客座赘语》卷7。

顾　玠(1501—?)

字秉玉，一字蓉江。明上元人。璘从弟，瑭弟。官应天府阴阳学正。

海槎余录1卷　史部地理类　佚

见《千顷堂书目》卷7。

芳园会册　集部总集类　佚

明顾旋、顾瑭、顾玠撰

见《帝里明代人文略》卷5。参见"顾旋"条。

按：《金陵诗征》卷17收有其诗。

许　榖(1504—1586)

字仲诒，号石城。明上元人。堂子。曾从顾璘学。嘉靖十四年(1535)进士，累官南京尚宝司卿。三十年，免官致仕。家居30余年，广交游，负时名。

石室仙机5卷　子部艺术类

明许榖辑

（1）明万历间金陵世德堂刻朱墨套印本，国家图书馆藏。

（2）清刻本，辽宁省图书馆藏。

按：本书是明代出版的围棋综合性古谱集。比较完整地收集了明代以前的围棋文献资料，内容包括历代诸家围棋赋文诀要、全局谱、受子谱以及各种开局、死活棋势等。

武林稿 1 卷容台稿 1 卷符台稿 1 卷二台稿 1 卷省中稿 4 卷　集部别集类

明嘉靖间刻本，国家图书馆藏。

许太常归田稿 11 卷　集部别集类

明万历十五年（1587）卓明卿刻本，南京图书馆藏。

省中稿 4 卷容台稿 1 卷符台稿 1 卷二台稿 1 卷许太常归田稿 10 卷　集部别集类

《四库全书存目丛书》本。

按：此底本为明嘉靖四十二年黄国卿刻本、明嘉靖黄希宪等刻本、明万历十五年刻本等。《四库全书总目》别集类存目著录《省中稿》2 卷、《二台稿》2 卷、《归田稿》10 卷，提要云："《二台稿》《归田稿》皆诗集。惟《省中稿》兼有杂文。诗格颇爽俊，当其合处，时得古人之意，而失于芟择，多参以应俗之作，遂不免沙中金屑之憾。《千顷堂书目》载所作尚有《武林稿》一卷，此本不载，或装辑者偶佚欤？"《明史·艺文志》据《千顷堂书目》，将四稿并作 17 卷。《明代版刻综录》作明万历十五年吴自新刻本。

许石城集 1 卷　集部别集类

《盛明百家诗》本。

按：《续金陵琐事》载《二台》《外台》《武林》《省中》《归田》稿，嘉庆《江宁府志·艺文》引《江南通志》称其为《石城五稿》。《客座赘语》卷 7 载《奉常稿》《归田稿》。《千顷堂书目》作《省中稿》4 卷、《二台稿》1 卷、《归田稿》10 卷、《武林稿》1 卷，《明史·艺文志》指此四稿并作 17 卷。嘉庆《江宁府志·艺文》校勘记云："《省中稿》二卷，《二台稿》二卷，《归田稿》四卷，见《四库存目》。縠别有《奉常稿》四卷。疑《外台稿》即在《二台稿》中也。”

康太和留省稿 20 卷停云馆摘稿 12 卷　集部别集类　佚

明许縠选

见《千顷堂书目》卷 23。

明太保费文通公集选要 6 卷　集部别集类

明费寀撰　许縠、刘同升选

(1)《二文公文集》本，南京图书馆藏。

(2) 明末铅山费氏刻本，南京图书馆藏。

(3)《四库全书存目丛书》本。

按：《四库全书总目》别集类存目著录，作《费文通集选要》6 卷。

鹤江先生颐贞堂稿 6 卷　集部别集类

明蔡昂撰　许縠编

明刻本，见《中国善本书提要》。

世翰堂稿 10 卷　集部别集类

明林庭机著　许縠选

明万历间刻本，国家图书馆藏。

张　合(1506—1553)

字懋观，号贲所。明江宁人，云南永昌籍。含弟。少以诗为顾璘所赏。工书画，性嗜学。嘉靖十一年(1532)进士，历官至湖广按察副使，以疾归。明焦竑《国朝献征录》有传。

台阁名言 6 卷　史部政书类

见清朱绪曾《开有益斋读书志》卷 4。

按：《开有益斋读书志》云：“此书自‘宪典’‘人物’至‘利用’‘录事’凡二十八门。原名《寅载》。石城许縠更题其首曰《台阁名言》，并为之序。罗璧于《拾遗》引万见春云：‘……其纪载时事，如杨一清、马理、湛若水等俱不讳其过，亦明人杂家之翘楚也。’”

宙载2卷　子部杂学类

(1) 清抄本,国家图书馆藏。

(2)《云南丛书初编》本。

(3)《丛书集成续编》本。

贲所诗文集　集部别集类　佚

见《金陵诗征》卷20小传。

按:《金陵诗征》传注云:“贲所先生诗文已散失。”《开有益斋读书志》云:“懋观有《贲所诗文集》,罕传本。《滇南诗系》收懋观《履影》诗,亦从此书采出。”《金陵诗征》卷20收有其诗。《明诗纪事》戊签卷8收其诗1首。

陈　凤

字元举。一字羽伯(一作羽白),号玉泉。南京人,原籍昆山。少与金大车、许穀等先后从顾璘学。又与谢少南、高远等结文会于青溪。嘉靖十四年(1535)进士,除南阳推官,改彰德,转刑部主事,擢江西佥事、四川参议,调陕西。卒于官。生平好学工诗。

大事记　史部编年类　佚

见《客座赘语》卷7。

善行录　史部传记类　佚

见同治《上江两县志》卷12。

欣慕编　史部传记类

明周晖《二续金陵琐事》附载。

按:《千顷堂书目》卷15著录作2卷,并收入明司马泰《文献汇编》。

感遇篇　子部杂学类　佚

舟谈　子部杂学类　佚

以上2种见《客座赘语》卷7。

宛地梓4卷　子部杂学类　佚

见《千顷堂书目》卷15。

东还赋1卷　集部楚辞类　佚

见《千顷堂书目》卷31。

清华堂稿择存6卷附录1卷　集部别集类

明陈凤著　冯惟讷编　杨慎批点

明嘉靖间刻本，国家图书馆藏。

陈参议集1卷　集部别集类

《盛明百家诗》本。

西台雅粟　集部总集类　佚

明陈凤编

见《金陵诗征》卷21传注。

万　勋

字公著。明上元人。

柳溪吟稿　集部别集类　佚

见《金陵诗征》卷20吴世纪传注。

伊　泽

字绍先。明上元人。乘族人。工诗。

九峰樵唱集　集部别集类　佚

见《金陵诗征》卷20。

赵君耀

明金陵人。嘉靖间书商，创“金陵书坊”。

胎产须知2卷　子部医家类

明无名氏撰　徐邦直校增

明嘉靖十四年(1535)金陵书坊赵君耀刻本，台湾“中央图书馆”原藏。

按：是书一名《便产须知》。《贩书偶记续编》误著录为约万历间刊。

廖文光

字士龙。明上元人。嘉靖十六年(1537)举人,官清江知县。曾捕治严嵩横仆,为巡按所荐,升广信同知,进户部员外郎。以工部郎中罢归。家居20余年,啸咏自乐。卒年80。

万历统天赋　集部楚辞类　佚

玄宜集　集部别集类　佚

以上2种见《千顷堂书目》卷31、卷23。

按:《金陵诗征》卷21收有其诗。

卢　璧

字国贤,一字玉田。明南京金吾右卫籍,上元人。嘉靖十七年(1538)进士,历南京户部主事,升彰德、汉阳知府。入为苑马少卿。致仕归,杜门谢客。生平峭直,雅好艺菊。宅畔有园,花时召宾友吟赏其间。卒年78。

治漳备忘录　史部政书类　佚

见《客座赘语》卷7。嘉庆《江宁府志·艺文》作《漳浦备忘录》。

东篱品汇录2卷　子部农家类

(1) 明嘉靖四十二年芳兰室刻本,台湾"中央图书馆"原藏。

(2) 油印本,国家图书馆藏。

按:《千顷堂书目》卷9作6卷。嘉庆《江宁府志·艺文》校勘记云:"朱绪曾云,一名《菊谱》。"

雨山墨谈　子部杂学类　佚

客中闲话　子部杂学类　佚

以上2种见《客座赘语》卷7。

关中集　集部别集类　佚

见《千顷堂书目》卷23。

按:陈诒绂《金陵艺文志》既著录卢璧《关中集》,复又著录卢雍撰

《关中集》,所据为乾隆《江南通志》,误。又,《金陵诗征》卷21收有其诗。

张正蒙

字子明。明江宁人。诸生。居通济门外,临河结庐。万历间,曾与曹学佺、柳应芳等结诗社,号曰“金陵社集”。以隐终。卒年90余。生平有诗近万首。

蓬藁集　集部别集类　佚

见《客座赘语》卷7。

按:《列朝诗集》《金陵诗征》卷20收有其诗。《明诗综》卷63收其诗2首。《明诗纪事》庚签卷26收其诗1首。

吴　珣

字良瑞,号玉泉。明南京人。贡生。官绥安教谕。晚告归。

警行录7卷　子部儒学类　佚

见《金陵诗征》卷20传注。

按:陈诒绂《金陵艺文志》误作吴珣。又《金陵诗征》卷20收入其《归耕诗》。

朱厚烨(? —1556)

明应天人。宪宗朱见深孙。嘉靖二十年(1541)嗣封益庄王。性嗜学术,留心经史。

勿斋文集5卷　集部别集类　佚

咏史诗　集部别集类　佚

以上2种见《千顷堂书目》卷17。

按:《列朝诗集》收有其诗。

邢一凤(1509—?)

字羽伯,一字雉山。本姓徐。明南京龙江右卫人。嘉靖二十年(1541)探花。除编修,历侍讲。三十五年,改官南太常寺少卿。后家居。生平留心民间疾苦,工篆隶楷法。尝与盛时泰、许穀、金銮、余孟麟等交。隆庆六年(1572)尚在世。

雉山集 集部别集类 佚

见《金陵诗征》卷21小传。

按:《金陵诗征》卷21收有其诗。《明诗纪事》戊签卷21收其诗1首。

散曲 集部词曲类

见明陈所闻编《南北宫词纪》。

张 铎(1509—?)

字鸣治,一字士鸣,或作世鸣,号秋渠。明上元人。嘉靖二十年(1541)进士,选庶吉士,转监察御史,巡按辽东。工诗。卒于二十三年后。

秋渠集 集部别集类 佚

见《金陵诗征》卷21小传。

按:《客座赘语》卷7作《秋渠诗》。《续金陵琐事》记"诗一卷"。

海岱集 集部别集类 佚

见《金陵诗征》卷21小传。

按:《明清江苏文人年表》载:嘉靖二十三年,以官事到泰山,著《海岱集》。《金陵诗征》卷21收有其诗。《明诗纪事》戊签卷21收其诗1首。

吴 栋

字隆吉,号白湾。明南京人。嘉靖二十年(1541)副榜进士,官广州府同知。罢归，无复仕进，以隐终。工诗文。

白湾集　集部别集类　佚

见《金陵诗征》卷21小传。

殷　迈(1512—1582)

字时训，一字秋溟，号白野。明南京人。肄业南雍。嘉靖二十年(1541)进士，除户部主事，改南京吏部，进郎中。出为江西左参议、贵州提学副使。致仕归。隆庆初起为浙江提学副使，历四川右布政使。复致仕。又起原官，擢南京太仆寺卿。万历中，拜南京太常卿，升礼部右侍郎，主南京国子监，致仕。曾栖天界寺。性尚玄泊。生平博学通经，并通佛经。

幻迹自警1卷　史部传记类

(1) 明见独山房抄本，黄裳跋，国家图书馆藏。

(2) 1948年上海合众图书馆据嘉业堂藏明抄本迻抄，上海图书馆藏。

惩忿室欲编　子部儒学类　佚

见《金陵诗征》卷21小传。

按:《千顷堂书目》卷11作1卷。

逍遥诀　子部杂学类　佚

测言　子部杂学类　佚

停云馆野语　子部杂学类　佚

山窗漫录　子部杂学类　佚

以上4种见《金陵诗征》卷21小传。

按:《客座赘语》卷7载《测言》外3种。《千顷堂书目》作《闲云馆野语》1卷、《逍遥馆测言》1卷。《列朝诗集》《金陵诗征》卷21收有其诗。《明诗纪事》戊签卷21收其诗1首。

陈　鹤

字九皋，号鸣轩，一作鸣野，一号海樵先生。明浙江山阴人，寓居金陵，并卒于此。嘉靖间举人，以例袭官百户，不受。性知好古，善诗、画。《国朝献征录》有传。

陈山人小集 1 卷　集部别集类

明嘉靖十六年(1537)歙县方廷玺校刻本，台湾"中央图书馆"原藏。

陈海樵律诗 2 卷　集部别集类

明嘉靖三十年朗宁太守王修斋刻本，台湾"中央图书馆"原藏。

路伯镗

字元振，号东溟。明上元人。嘉靖二十年(1541)进士，除刑部主事。

侑闲斋集　集部别集类　佚

见《千顷堂书目》卷 23。

叶　贵

明福建建阳人，寓南京。刻书家。其书坊为金陵名肆之一，名"金陵书坊建阳叶贵近山书舍"，亦名"金陵书林叶贵近山堂"。以精刻称。

新刻七十二朝四书人物考注释 40 卷　经部四书类

明薛应旂撰　朱焯注释

明万历书林叶近山刻本。

按：是书一名《新刻四书人物注》，见《明代版刻综录》。

孔圣全书 35 卷　史部传记类

明蔡复赏编

(1) 明万历十二年(1584)金陵书坊叶贵刻本，山东省图书馆藏，缺卷 31。

(2)《四库全书存目丛书》本。

按:《四库全书总目》收入传记类存目。

皇明人物考 6 卷附十二考 1 卷　史部传记类

明焦竑编　翁正春校正

明万历二十三年金陵书林叶贵近山堂刻本,南京大学图书馆藏。

吴梅坡医经会元保命奇方 10 卷　子部医家类

明吴嘉言撰

明万历八年金陵书林叶贵近山堂刻本,台湾"中央图书馆"原藏。

卜居秘髓图解 3 卷新增 3 卷　子部术数类

明熊璥辑

明万历二十三年金陵三山街建阳近山叶贵刻本,美国国会图书馆藏。

新刊汉诸葛武侯演禽书 12 卷　子部杂学类

明何勋撰

明万历金陵书林叶贵近山堂刻本,台湾大学图书馆藏。

新刊名儒举业分类注释百子粹言 6 卷　子部杂学类

明李廷机辑　吴龙征注释

明万历金陵书林叶贵近山堂刻本,南京图书馆藏。

淮南鸿烈解 28 卷　子部杂学类

汉刘安撰

明万历九年叶贵近山堂刻本,清丁丙跋,南京图书馆藏。

辟书考索古今事文玉屑 24 卷　子部典故类

明杨淙辑

明万历金陵书林叶贵近山堂刻本,天津图书馆藏。

象教皮编 6 卷　子部佛教类

明陈士元(环中迂叟)撰

明万历十六年金陵三山街叶近山刻本,南京图书馆藏。

唐荆川先生文集 12 卷续 6 卷　集部别集类

明唐顺之撰

明嘉靖三十二年(1553)金陵书林叶氏近山堂刻本,日本内阁文库藏。

向　黉

字序伯,一字二淮。明上元人。嘉靖二十二年(1543)举人,仕至兴国知州。归老金陵。

二淮集　集部别集类　佚

见《千顷堂书目》卷23。

按:《金陵诗征》卷21收有其诗。《明诗纪事》戊签卷21收其诗1首。

沈九思

字天启,自号颐贞子。明上元人。琮从孙。嘉靖二十二年(1543)举人,后以赴京会试病卒。好藏书,能诗。尝肄业南雍,为吕坤所赏。

颐贞堂稿　集部别集类　佚

见《客座赘语》卷7。

按:《金陵诗征》卷21收有其诗。《明诗纪事》戊签卷21收其诗1首。

陈　芹(1515—1584)

字子野,号横厓。明南京人。幼能诗,工写竹。嘉靖十二年(1533)举人,选崇仁教谕,擢奉新知县,调宁乡。莅官90日,乞归。卜筑新林别业,又于秦淮河上起邀笛阁、五柳亭,与金銮、盛时泰、姚淛等结青溪诗社。居家15年,以隐终。

忠孝说义　子部儒学类　佚

凤泉堂稿　集部别集类　佚

以上2种见《客座赘语》卷7。

子野集　集部别集类　佚

见万历《上元县志》本传。

思古吟　集部别集类　佚

见《金陵诗征》卷20小传。

按:《列朝诗集》《金陵诗征》卷20收有其诗。《明诗综》卷47收其诗3首。《明诗纪事》戊签卷18收其诗2首。

和寒山子诗　集部总集类　佚

见《金陵诗征》卷20小传。

李　晓

字子晦,一字鹤山。明嘉靖间江宁人。工诗。国学生。授嵊县丞,迁沈阳卫经历。

宾柳堂稿　集部别集类　佚

见《千顷堂书目》卷23。

按:《续金陵琐事》谓有抄本。《金陵诗征》卷22收有其诗。

唐廷瑞

明嘉靖间金陵刻书家。

新刻古今名儒黼藻三场百段文锦5卷　集部总集类

明方颐孙撰

明隆庆元年(1567)金陵书林唐廷瑞刻本,吉林大学图书馆藏。

刘　□

明嘉靖至崇祯间金陵刻书家。书坊名怀德堂。

标题事义明解十九史略大全10卷　史部史钞类

元曾先之编　梁寅续

明嘉靖二十三年(1544)怀德书堂刻本,国家图书馆藏。

地理大全二十三种112卷　子部术数类

明李国木辑

明崇祯九年(1636)金陵书林怀德堂刻本,南京图书馆藏。

四六争奇 8 卷　集部总集类

明许以忠编

明天启刘氏怀德堂刻本,见《明代版刻综录》。

朱恬烄(? —1561)

明应天人。朱元璋第二十一子沈简王模第六代孙。嘉靖二十五年(1546)袭封昭定王。

逊学书院集　集部别集类　佚

见《千顷堂书目》卷 17。

黄龙山

明江西弋阳人,寓金陵。以书肆为业,书肆名“金陵精舍”。

新刊发明琴谱 2 卷　子部艺术类

撰人不详

明嘉靖间金陵精舍刻本,南京图书馆藏。

按:《中国善本书提要》云:“自序末题‘弋阳黄龙山寓金陵精舍谨书’。按黄为弋阳著姓,而龙山事迹无考。”

何世守

明上元人。以荫为国子生,除刑部照磨,出为临江通判,改永昌,转安吉知州,进南京刑部员外郎,致仕。卒赠少卿。

抚定木邦记　史部杂史类　佚

荣忠录 10 卷　史部传记类

明嘉靖二十六年(1547)何世守自刻本,天一阁博物馆藏,存卷 8—10。

忠节录大狱录庶狱录清曹录平刑录　史部政书类　佚

止足书　子部儒学类　佚

分阴书　子部儒学类　佚

天边别驾梦谈录又广续别录　子部小说类　佚

志动集续志动集　集部别集类　佚

以上6种见《金陵诗征》卷25。

金子有集1卷　集部别集类

明金大车撰

明嘉靖二十六年何世守刻本，国家图书馆藏。

黄　甲

字首卿，一字凤岩，自号蛰南山人。明上元人。嘉靖二十九年(1550)进士，除吏部主事，进郎中，左迁运判，致仕归。生平博览群书，以文章自负，与李攀龙、王世贞等七子同时而不相附丽。

凤岩山房文草26卷　集部别集类

明万历间刻本，国家图书馆藏，存24卷。

按：此书包括《分余稿》《视政稿》《司封稿》《家食稿》《丁巳稿》《戊午稿》《壬戌稿》《癸亥稿》《甲子稿》《乙丑稿》《丙寅稿》《丁卯稿》《戊辰稿》《己巳稿》《庚午稿》《辛未稿》《壬申稿》《甲戌稿》《独鉴录》《乙亥稿》《丙子稿》《癸酉稿》《丁丑稿》《铨古录》。

朱恬焯(？—1580)

号西岩。明应天人。胤栘长子(一作五子)。嘉靖三十一年(1552)(一作二十四年)封镇康恭裕王。

西岩漫稿　集部别集类　佚

见《千顷堂书目》卷17。

按：《列朝诗集》收有其诗。《明诗综》卷1收其诗1首。

朱恬烄(？—1582)

号西屏道人。明应天人。胤栘次子。嘉靖三十一年(1552)袭封沈宣王。博学工诗。《明史》沈简王模传附。

绿筠轩稿 4 卷　集部别集类

(1) 明万历十八年(1590)朱理尧编《沈国勉学书院集》本。

(2) 明崇祯元年(1628)沈藩勉学书院刻本,国家图书馆藏。

姚　淛

字元白,号秋涧。其先明初自绍兴徙南京,遂为江宁人。少入国子监,力学嗜古。工书,善画梅。谒选,除鸿胪寺署丞。告归,筑市隐园于武定桥侧,交顾璘、顾瑮诸名流,日赏咏其间。喜蓄古玩,精赏鉴。晚乃归心禅乘。

海月楼集　集部别集类　佚

见《四库全书总目》卷 192《市隐园诗文》提要引明李维桢撰本集序。

市隐园诗文　集部总集类

明姚淛编　姚之裔续编

见《四库全书总目》总集类存目。

按:明姚淛及其子之裔所编。《四库全书总目》云:"李维桢作其《海月楼集序》,称为金陵典客,盖以质库为业者也。有别墅在秦淮之东,曰'市隐园',颇有林麓之胜,标为十有八景。招邀一时知名之士为之记序题咏。随得随刊,故不分卷帙,但以初纪、二纪别之。"

延赏编　集部总集类

明姚淛辑

明嘉靖间江宁姚氏原刻本,台湾图书馆藏。

按:《金陵诗征》卷 19 收有其诗。《明诗纪事》己签卷 17 收其诗 1 首。

马汝徯

字诚望,号鹭汀。明南京锦衣卫人。嘉靖三十一年(1552)举人,授庆元知县。性恬淡，工诗善画。书法学王羲之，刻意学习《圣教序》。

马汝徯诗集　集部别集类　佚

见同治《上江两县志》卷12。

胡汝嘉

字懋礼，一字沁南，又字茂禧，号秋宇。明南京人。嘉靖三十二年(1553)进士，官翰林编修。在翰林以言事忤当政，出为山西参议。书、画、诗、词、曲均擅，又富收藏，其藏书与同时司马泰、罗凤俱号充栋。所著小说数种，多奇艳。明陈镐《金陵人物志》有传。

兰芽传　子部小说类　佚

记程德瑜　子部小说类　佚

以上2种见《客座赘语》卷7。

女侠韦十一娘传　子部小说类

收入朝鲜传本《文苑楂桔》中。同治《上江两县志》卷9作《女侠韦一娘传》。

蒨园集　集部别集类　佚

见《金陵诗征》卷22小传。

沁南稿2卷诗余1卷　集部别集类

明万历三年(1575)甘雨堂刻本，南京图书馆藏。

按:《千顷堂书目》卷23卢文弨校改书题"沁"为"心"。

游梁诗集6卷　集部别集类

明吴镄著　胡汝嘉校定

明万历二年(1574)序刻本，国家图书馆藏。

文章正宗钞4卷　集部总集类

宋真德秀选　明胡汝嘉钞并序

(1) 明万历三年刻本，吉林省图书馆藏。

(2) 明万历六年刻本，国家图书馆藏。

按:是书有明万历三年胡汝嘉序、衷贞吉序。衷序云:"《文章正宗》

者，宋真希元（德秀）氏所选也。顾篇帙浩瀚，而用有缓急，后学或苦其多而甘自弃，则希元氏之微意荒矣。建业胡懋礼氏忧之，故又择其最要者得百篇，梓之以嘉惠多士。”

红线记　集部词曲类　佚

见王国维《曲录》。

按：明顾起元《客座赘语》卷7称胡汝嘉“文雅风流，不操常律。其《红线》杂剧，大胜梁辰鱼”。参见《古典戏曲存目汇考》。

散曲　集部词曲类

见明陈所闻编《南北宫词纪》。

张　烈

明江宁人。

明殷遗录　史部传记类　佚

见乾隆《江南通志》卷191。

陈宏世

字延之。明上元人。时深子。诸生。工诗。

延之诗集　集部别集类　佚

金陵古迹诗　集部别集类　佚

以上2种见《金陵诗征》陈沂传注。

按：《金陵诗征》传注云：“《金陵古迹诗》与陈环《金陵百咏》、章恩《金陵揽胜》、谢雒《白门新咏》并传，今皆散佚。”

朱恬烷（？—1594）

号西池道人。明应天人。胤栘七子。嘉靖三十一年（1552）封安庆端懿王。

嘉庆集　集部别集类　佚

见《千顷堂书目》卷17。

按:《列朝诗集》收有其诗。《明诗综》卷1收其诗2首。

朱恬烷

字达庵。明应天人。沈简王模七世孙,泌水庄和王胤櫰子。封镇国将军。

达庵集　集部别集类　佚

见《千顷堂书目》卷17。

按:《明诗记事》甲签卷2收其诗1首。

陈时伸

字元晋,晚号雨峰老农。明上元人。沂从子。嘉靖三十四年(1555)举人,由教授历官广平府同知。乞归。潜心《南华经》,每通二解,删为一诗。居里13年,以诗文终老。卒于万历十二年(1584)后。

南华百篇稿　集部别集类　佚

见《金陵诗征》陈沂传注。

按:嘉庆《江宁府志·艺文》别有《南华长语》1卷,《校勘记》引朱绪曾云:"《南华长语》凡绝句百首,(与《百篇稿》)则一书也。"

遂闲堂集　集部别集类　佚

见《金陵诗征》陈沂传注。

顾应祥

字孝符,一字天池。明上元人。璘孙。《列朝诗集小传》顾璘传附。

人日草堂诗1卷　集部总集类　佚

明朱曰藩、何良俊、金大舆、盛时泰、顾应祥等撰

见《列朝诗集》丁集,谓嘉靖三十八年(1559),顾应祥等一群崇拜杨慎者在南京集会,合作《人日草堂诗》1卷,寄慎滇中。惜慎已先死。

按:《金陵诗征》卷26收有其诗。

朱胤榹(?—1582)

或作胤梗、允梗，号南岑道人。明应天人。沈宪王胤栘弟。与胤栘同以文雅名。嘉靖三十七年(1558)封德平荣顺王。

集书楼稿　集部别集类　佚

见《千顷堂书目》卷17。

按:《列朝诗集》收有其诗。

朱珵坦(?—1600)

明应天人。恬烄次子。嘉靖三十八年(1559)封保定顺惠王。善书法，其诗音节响亮。

清苑山房集　集部别集类　佚

见《千顷堂书目》卷17。

按:《列朝诗集》收有其诗。《明诗综》卷1收其诗1首。

陈　羽

明江宁人。嘉靖间在世。

陈参议集1卷　集部别集类

《盛明百家诗》本。

陈　儒

明金陵人。隆庆间在世。

芹山集40卷　集部别集类　佚

见同治《上江两县志》卷12。

谢一儒

明江宁人。隆庆间在世。

穷鸣集　集部别集类

见同治《上江两县志》卷12。

余孟麟(1528—1610)

字伯祥，一字幼峰。南直隶江宁籍，祁门人。光子。少工诗，与焦竑、朱之蕃、顾起元游。万历二年(1574)进士第二名，授编修，充纂修会典官。历官南京国子监司业、詹事府洗马、掌翰林院事、侍读学士、南京国子监祭酒。乞休归。生平耿介自持，不事权要。优游山水间，宏奖风雅。

余学士集30卷续集1卷　集部别集类

(1) 明万历二十八年(1600)刻本，台湾“中央图书馆”原藏，日本尊经阁文库藏。

(2) 2013年黄山书社出版《明别集丛刊》本。

按:《千顷堂书目》卷25著录32卷。

金陵雅游编　集部总集类

明焦竑、朱之蕃、顾起元、余孟麟撰　余孟麟编

明天启三年(1623)刻本，附于明朱之蕃《金陵图咏》后，国家图书馆藏。

按:余氏识语称，乞休后，因有余暇，遇成事诗若干首，日晴好，每寻山水佳处以眺赏。有得辄援笔记之，得钟山、牛首山、雨花台等20题。每一题均有小序，撮举其概，后附诗一首。焦竑、顾起元、朱之蕃三太史从而和之。后汇成此编。朱之蕃将其与《金陵古今图考》《金陵雅游编》合刻一册。

盛时泰(1529—1578)

字仲交，号云浦，晚号大城山樵。明上元人。鸾次子，沈越婿。嘉靖间贡生，屡试不第。卜居大城山中，又于方山祈泽寺构野筑，时独往之。生平博学多文，才气横溢，脱落不羁。喜藏书，善画水墨山水竹石，工书。以作《两都赋》谒王世贞而得名。文徵明为题其轩曰“苍润”，杨

慎为作《苍润轩记》。曾与陈芹、姚洲等结青溪社，交游多名士。《国朝献征录》有传。

秣陵盛氏族谱 1 卷　史部传记类

明盛时泰编

(1) 明嘉靖四十一年(1562)盛氏苍润轩刻本，国家图书馆藏。

(2) 罗振玉辑刊《百爵斋丛刊》本。

金陵人物志　史部传记类　佚

明陈镐撰　盛时泰辑录

见《客座赘语》卷 7。

金陵纪胜 3 卷　史部地理类　佚

见《千顷堂书目》卷 8。

牛首山志 2 卷　史部地理类

(1) 明万历间刻本，南京图书馆藏。

(2) 抄本，南京图书馆藏。

(3) 国学图书馆传抄本，南京图书馆藏。

(4)《南京文献》1947 年第 1 号。

(5)《中国佛寺史志汇刊》本。

(6)《中国佛寺志丛刊》本。

(7)《四库全书存目丛书补编》本。

(8)《南京稀见文献丛刊》本。

(9)《金陵全书》本。

按：牛首山在南京城南，山有两峰，似牛角相对，故名。一名天阙。是书上卷记述牛首山名胜古迹，分《山名》《岩洞》《池泉》《殿庐》《草树》《法实》诸志纪胜，随附名人诗篇以彰名迹；下卷《游览志》述游览事迹，《丽藻志》述有关牛首山之记、铭、名人游记、诗篇等。《四库全书总目》存目著录，云："其文颇近游记，不尽沿志书窠臼。其艺文多著出某书，亦明人所难。"

栖霞小志 1 卷　史部地理类

(1) 清嘉庆二十四年(1819)金陵甘福友恭堂刻本,南京图书馆藏。

(2) 抄本,南京图书馆藏。

(3)《藕香零拾》本。

(4)《南京文献》1947 年第 2 号。

(5)《丛书集成续编》本。

(6)《中国佛寺志丛刊》本。

(7)《南京稀见文献丛刊》本。

(8)《金陵全书》本。

按:本志是栖霞山志中现存最早的一部,对后来栖霞山志的编纂有一定影响。所记以名胜、庵观、金石为主。《明代版刻综录》记载此志有明万历焦竑刻本,今未见。

方山香茅宇志　史部地理类　佚

大城山志　史部地理类　佚

祈泽寺志　史部地理类　佚

金陵泉品　史部地理类　佚

以上 4 种见《客座赘语》卷 7。

两都赋 2 卷　史部地理类　佚

见《千顷堂书目》卷 31。

苍润轩碑跋纪 1 卷　史部金石类

抄本,国家图书馆藏。

苍润轩碑跋纪 1 卷续纪 1 卷　史部金石类

旧钞本,清魏锡曾手校,邓实手跋,台湾"中央图书馆"原藏。

(1)《风雨楼秘笈留真》本,据清魏锡曾手校旧抄本影印。

(2)《四库全书存目丛书》本。

按:《四库全书总目》目录类存目著录有《续跋》1 卷,云:"是记所书碑版于金陵六朝诸迹为多,率皆借观于人,非尽出所自藏。又多但据墨本,而不复详考原名。"

玄牍记　史部金石类

(一) 1 卷本

(1) 清康熙间抄本，清刘益跋，台湾“中央图书馆”原藏。

(2) 清魏氏绩语堂抄本，清魏锡曾校并跋，南京图书馆藏过云楼藏书。

(3) 清抄本，清丁丙跋，南京图书馆藏。

(4) 清光绪七年(1881)南陵徐乃昌抄本，国家图书馆藏。

(二) 2 卷本

(1) 传抄本，南京图书馆藏。

(2) 1927 年国学图书馆据八千卷楼旧藏抄本铅印本。

(3) 民国盋山精舍铅印本。

(三) 2 卷附录 1 卷本

清东武刘氏原抄《味经书屋金石丛书》本，清杨宝镛手跋，台湾“中央图书馆”原藏。

按：书名因避讳也作《元牍记》。

(四) 12 卷续 1 卷本

清抄本，国家图书馆藏。

茶事汇辑 4 卷(一作茶薮)　子部农家类　佚

明朱曰藩、盛时泰合辑

见《千顷堂书目》卷 9。

阅古编　子部杂学类　佚

见明焦竑《焦氏笔乘》卷 3《霜天晓角词》条。

游吴杂记　集部别集类　佚

见《客座赘语》卷 7。

游燕杂纪 2 卷　集部别集类

明万历三年(1575)自刻本，国家图书馆藏。

大城山全集　集部别集类　佚

见《续金陵琐事》(作 40 卷)、嘉庆《江宁府志・艺文》(作 28 卷)、《客座赘语》卷 7(不著卷数)。《千顷堂书目》《明史・艺文志》作 68 卷

(题《大城山堂集》,《明史·艺文志》缺“大”字)。《金陵诗征》题《大城山人集》。《金陵通传》作《大城山集》。

按:此书一名《苍润轩集》(见《千顷堂书目》卷26)。嘉庆《江宁府志·艺文》校勘记云:“《千顷堂书目》作《苍润轩集》,别有《两都赋》二卷,疑均在全集中。”又,《金陵艺文志》著录时泰有《轩居集》,殆乃据嘉庆《江宁府志·艺文》校勘记,考《列朝诗集小传》所载,应为时泰子敏耕诗集。《列朝诗集》《金陵诗征》卷24收有其诗。《明诗综》卷63收其诗2首。《明诗纪事》庚签卷7收其诗7首。

江南二隐稿　集部总集类　佚

明史忠、金琮合集　盛时泰辑

见《金陵诗征》卷18史忠传注:“盛仲交合金琮诗编为《江南二隐稿》,未梓,毁于祝融。”参见“史忠”“金琮”条。

人日草堂诗1卷　集部总集类　佚

明朱曰藩、何良俊、金大舆、盛时泰、顾应祥等撰

见《列朝诗集》丁集。参见“顾应祥”条。

倪民悦

字公甫。明上元人。岳曾孙。官湖广蕲水知县。工诗。与金銮、许榖、盛时泰、余孟麟等善。

江上编　集部别集类　佚

见《续金陵琐事》。

按:《金陵诗征》卷27收有其诗。明陈所闻《南北宫词纪》收有其散曲。

何汝健(1530—?)

字体乾,号龙崖。明南京人,祖籍无锡。湛之父。嘉靖三十二年(1553)进士,除濮州知州,升工部员外郎,转郎中,转礼部。出补浙江参议。降知冀州。遭诬劾归,杜门至卒。

竹素园稿　集部别集类　佚

见《客座赘语》卷7。《金陵诗征》卷21收有其诗。

按:同治《上江两县志》卷12著录有何汝健等撰《三园稿》,此当为何汝健《竹素园稿》、何湛之《疏园稿》、何淳之《足园集》之合称。

王可立

字丹丘。明上元人。可大弟。诸生。淡于名利,教授为生。年70余犹能作书。

建业风俗记1卷　史部地理类　佚

小程史　子部杂学类　佚

引睡集　集部别集类　佚

诗集　集部别集类　佚

以上4种见《客座赘语》卷7。《建业风俗记》,《千顷堂书目》卷6作《建康风俗记》。

杨希淳(1531—1572)

字道南。明上元人。与吴自新、李逢旸为文友,曾从唐顺之学,后又从耿定向学,推崇王阳明理学。隆庆五年(1571)以补贡至京,翌年归病卒。

庚中纪事1卷　史部杂史类　佚

见《千顷堂书目》卷5。注云:"记嘉靖末南都振武营之变。"

虚游论草2卷　集部别集类　佚

虚游集4卷　集部别集类　佚

以上2种见《千顷堂书目》卷23。

李杨二子遗稿　集部总集类

明李逢旸、杨希淳著　李澄编

明万历十七年(1589)吴自新刻本,南京图书馆藏。

南畿代射录1卷　集部总集类

明杨希淳、管志道等撰

明刻蓝印本，国家图书馆藏。

郑宣化(1535—1584)

字行义，号雄南。明金陵人。嘉靖四十年(1561)举人，四十四年进士，授袁州府推官，迁南京工部主事，改吏部。补兵部郎中，出为邵武知府，卒于任。有惠政。

三华馆集　集部别集类　佚

濯月亭漫稿　集部别集类　佚

瞻紫堂漫稿　集部别集类　佚

以上 3 种见嘉庆《江宁府志》卷 54。

成趣园集　集部别集类　佚

见《客座赘语》卷 7。

按:《金陵诗征》卷 22 收有其诗。

姚汝循(1535—1597)

初名理，字汝循。后改字叙卿，别号凤麓。明上元人，居近凤凰台。嘉靖三十五年(1556)进士，除杞县知县，迁南京刑部主事，进郎中，历知大名府。隆庆初，以谤降为民，归里 10 年，历游燕、赵、楚、蜀间。起为桂阳州同，转嘉州知州。又以忤大学士张居正，再次罢官归里。晚居秦淮，辟锦石山斋以储书及古法书名画，颇称富。工诗，与李登、王元坤、陈所闻、盛敏耕、王元贞等共结白社。晚好讲学。

参同契经文分解 3 卷笺注分节解 3 卷三相类 2 卷　经部易类

题汉魏伯阳撰　元陈致虚解笺　《节解》题汉徐景休撰　《三相类》题汉淳于叔通撰　元陈致虚解

明万历姚汝循刻本，北京大学图书馆藏。

王氏书苑 10 卷补益 12 卷王氏画苑 10 卷画苑补益 4 卷　子部艺术类

明王世贞辑　朱衣、姚汝循同校　《补益》明詹景凤辑

（1）明万历十八年（1590）至十九年王元贞王氏淮南书院刻本，南京图书馆藏。

（2）《四库全书存目丛书》本。

至游子 2 卷　子部道教类

《四库全书存目丛书》本。

按：《四库全书总目》子部道家类存目云：是书“不著撰人名氏。上卷凡十有三篇，下卷凡十有二篇。大旨主于清心寡欲，而归于坎离配合，以保长生……前有嘉靖丙寅（四十五年）姚汝循序，谓原书不著名氏……然则是书也，其亦汝循所托名欤？”

锦石山斋集 24 卷　集部别集类　佚

屏居集 8 卷　集部别集类　佚

浪游集 6 卷　集部别集类　佚

耕余集 8 卷　集部别集类　佚

以上 4 种见《千顷堂书目》卷 23。

按：《四库全书总目》别集类存目云：“汝循自大名罢官归田，著《屏居集》。及嘉州罢后，历游燕、赵、楚、蜀间，著《浪游集》。晚年退耕秦淮，著《耕余集》。”嘉庆《江宁府志·艺文》校勘记谓：“《锦石山房集》二十四卷，盖合《屏居集》计之。”意即为合并《屏居集》《浪游集》《耕余集》以计之。今检三集共 22 卷，卷数与《千顷堂书目》《明史·艺文志》著录稍有不合。疑此三集者，分时成书，姚氏本人或后人乃合编成一集，则题为《锦石山斋集》。又，《金陵通传》本传有《归田集》者，殆即《耕余集》之别称。

姚汝循诗 1 卷　集部别集类

抄本《盛明十二家诗选》本，台北故宫博物院藏。

按：《列朝诗集》《金陵诗征》卷 22 收有其诗。《明诗综》卷 44 收其诗 6 首。《明诗纪事》己签卷 12 收其诗 5 首。

冶城真寓存稿 8 卷　集部别集类

明李登著　姚汝循校

明万历间木活字印本，北京大学图书馆藏。

金陵风雅 40 卷　集部别集类　佚

明姚汝循编

见《国史经籍志》。

按：《金陵通传》本传作《金陵风雅集》70 卷。

殷　序

字汝明。一字尚白。明江宁人。迈子。嘉靖四十年(1561)举人。尝筑室近谢公东山，盘桓著书。

瞻东草堂集　集部别集类　佚

见《金陵诗征》殷迈传注。

殷　康

字汝锡。明江宁人。迈侄。与堂兄序同为举人，仕至潭州府同知。

云栖稿　集部别集类　佚

见《客座赘语》卷 7。

按：《金陵诗征》卷 22 收有其诗。

朱润身

字海峰。明江宁人。嘉靖四十一年(1562)进士，历吏部主事、兵部郎中，出为云南佥事。罢归，居天阙山，以隐终。

海岸先生遗稿　集部别集类　佚

见《千顷堂书目》卷 23。

按：《金陵诗征》卷 22 收有其诗。

顾国辅(1538—1594)

字惟德，号毅庵。明南京人。起元父。万历二年(1574)进士，除刑部主事，迁郎中，出守襄阳知府，擢浙江副使。万历二十年(1592)罢归。

起宝庆知府,卒于任。工诗。

尔雅堂家藏诗说不分卷　经部诗经类

明顾国辅原辑　顾起元续　后人迟文兆等辑

(1) 明万历三十四年刻本,复旦大学图书馆藏。

(2) 清初抄本,浙江图书馆藏。

(3) 抄本,美国国会图书馆藏。

(4) 抄本,2 卷,台湾"中央图书馆"原藏。

按:此书原题顾起元著,经王重民《中国善本书提要》考证,乃为顾国辅著。王氏曰:"按朱氏《经义考》卷一百十五著录起元所著《尔雅堂诗说》四卷,并载其自序云:'先大夫以《诗》起家,隆庆初,读书永庆山房,尝手录诸家诗说,藏诸笥中。余少过庭,爱而习之。独惜《大雅》以下诸篇,阙弗载。比长,诸家之说,辀所涉览。乃窃取其义续之,而门人辈遂板而行之。余不能止也。'……然则此非起元所著,乃其父说《诗》旧稿也。"

雨花编　集部总集类　佚

明顾国辅等撰　朱衣辑

见《金陵通传》卷 19 本传。

按:《金陵诗征》卷 23 收有其诗。《明诗纪事》庚签卷 11 收其诗 1 首。

殷　庆

字子馀,一字玄洲。明江宁人。迈次子,沈越婿。国子生。官开封经历。绩学工文。

北山草堂集　集部别集类　佚

见《金陵诗征》殷迈传注。

赵　经

字念溪。明上元人。嘉靖四十三年(1564)举人,历官费县、延津知县，巡盐御史，进太仆丞、户部员外郎、郎中，出为贵阳知府。罢归。

汉书注考证　史部正史类　佚

明赵经校

见《金陵通传》卷19本传。

金　丹

字赤侯。明上元人。銮子。万历十九年(1591)贡生，官训导。工诗，为白门诗家之一。

赤侯集　集部别集类　佚

见《金陵诗征》陈文忠小传注。

按：《续金陵琐事》载其诗1卷。

罗　焘

字元溥，号渊泉。明南京人。凤玄孙。贡生，授光泽县主簿。好声律，喜藏书。工诗，曾与邢一凤、许穀等结诗社。其诗清新有致。嘉靖三十三年(1554)曾以所藏帖示盛时泰，时泰为作题记。

渊泉集2卷　集部别集类　佚

见《千顷堂书目》卷20。

按：嘉庆《江宁府志·艺文》著录作4卷。《列朝诗集》《金陵诗征》卷26收有其诗。《明诗综》卷26收其诗3首。《明诗纪事》丁签卷15收其诗4首。

戴尚宾

明嘉、隆间金陵刻书家，书坊名“金陵戴氏”，一作“金陵书林戴氏”，又作“戴尚宾金陵书坊”。

阳明文粹　集部别集类　佚

明王阳明撰

明金陵戴氏刻本，见张秀民《中国印刷史》第一章《雕板印刷术的发明与发展》明代刻书地点“书坊本”。

新刊许海岳精选三苏文粹4卷　集部总集类

明许国编

明嘉靖四十四年(1565)金陵书坊戴尚宾刻本，台湾图书馆藏。

新刊许海岳精选分类秦汉文粹6卷　集部总集类

明许国、查铎编

明隆庆四年(1570)戴尚宾金陵书坊刻本，台湾“中央图书馆”原藏。

朱　衣(？—1597)

字正伯，号杜村。先世由山东茌平徙家南京，遂为上元人。之蕃父。少与杨希淳、焦竑、金光初等游，以倜傥称。嘉靖四十三年(1564)举人，除临淄知县，转房县知县，迁沅州知州。乞归。置名人书画古玩以自娱。工诗词。

王氏书苑10卷补益12卷王氏画苑10卷画苑补益4卷　子部艺术类

明王世贞辑　朱衣、姚汝循同校　《补益》明詹景凤辑

(1) 明万历十八年(1590)至十九年王元贞王氏淮南书院刻本，南京图书馆藏。

(2)《四库全书存目丛书》本。

雨山编　集部总集类　佚

明朱衣辑

见《金陵诗征》卷22小传。

按:《金陵诗征》卷22收有其诗。

伊在庭

字维美，一作继美。明吴县籍，上元人。乘曾孙。嘉靖四十四年(1565)进士，官至南京兵部员外郎。精于《易》学。

周易笔记　经部易类　佚

见《千顷堂书目》卷1。

按:《金陵诗征》卷22收有其诗。

李 登

字士龙,一字如真,又字爵庸,别号利仁老生。明上元人。王韦甥。嗜古好学,精六书小篆、钟鼎文字。少为诸生,为督学耿定向所重。嘉靖四十四年(1565)拔贡。除新野知县,改崇仁教谕。弃官归居30年,以讲学教授乡里。又与姚汝循、王元坤、陈所闻、王元贞等起白社、经社、游社、长干社,诗酒唱和。卒年86。《国朝献征录》有传。

如庵家藏易解1卷　经部易类　佚

易知斋易说1卷　经部易类　佚

以上2种见《千顷堂书目》卷1。

校刻五经四书正文　经部群经总义类

明李登编

明万历二十四年(1596)宋廷训、李庭止刻本,北京大学图书馆藏。

按:存6卷:《大学》1卷、《中庸》1卷、《论语》2卷、《孟子》2卷。

六经正义　经部群经总义类

明万历二十四年宋廷训、李登刻本,中国历史博物馆藏。

按:存15卷:《周易》2卷、《书经》2卷、《诗经》3卷、《礼记》6卷、《春秋》2卷。

正字千文2卷　经部小学类　佚

见《千顷堂书目》卷3。

按:《也是园书目》作1卷,不著撰者名氏。

摭古遗文2卷再增摭古遗文1卷　经部小学类

明李登撰　姚履旋增补

(1) 明万历二十二年姚履旋等刻本,北京大学图书馆藏。南京图书馆藏过云楼藏书本,有清王撰校并跋,石贞年跋。

(2) 明万历三十一年李思谦重刻本,首都图书馆藏。

(3) 旧抄本,台湾"中央图书馆"原藏。

按:此书集古钟鼎文字,按韵分编。

重刊详校篇海5卷　经部小学类

金韩孝彦撰　明宋濂诠次　屠隆订正　李登校辑

明万历三十六年李登序刻本,北京大学图书馆藏。

书文音义便考私编5卷难字直音1卷　经部小学类

明万历十五年陈邦泰刻本,故宫博物院图书馆藏。

字学正讹1卷　经部小学类　佚

文书指南2卷　经部小学类　佚

以上2种见《千顷堂书目》卷3。

篆法探源1卷　经部小学类

明李登重订

民国韩登庵手写本,台湾"中央图书馆"原藏。

月令广义24卷卷首1卷附录1卷　史部时令类

明冯应京纂辑　戴任增释　李登参订

(1) 明万历陈邦泰刻本,李登序,南京图书馆藏。

(2)《四库全书存目丛书》本。

(万历)上元县志12卷　史部地理类

明程三省修　李登等纂

(1) 万历二十五年刻本,上海图书馆等藏。

(2)《南京文献》1947年第8、9号。

(3) 抄本,南京图书馆藏。

(4) 1989年江苏广陵古籍刻印社影印明万历本。

(5)《金陵全书》本。

(万历)江宁县志10卷　史部地理类

明周诗等修　李登等纂

(1) 明万历二十六年刻本,国家图书馆等藏有胶卷。

(2) 1989年江苏广陵古籍刻印社影印明万历本。

(3) 抄本,北京大学图书馆藏。

(4)《金陵全书》本。

颜学编　子部儒学类　佚

宝唐语录　子部儒学类　佚

明李登撰　吴道南辑

以上2种见《千顷堂书目》卷11。

般若约钞　子部佛教类　佚

宗镜约钞　子部佛教类　佚

觉海同符　子部佛教类　佚

以上3种见《千顷堂书目》卷16。

冶城真寓存稿8卷　集部别集类

(1) 明万历间木活字印本，北京大学图书馆藏。

(2) 2013年黄山书社出版《明别集丛刊》本。

按：《千顷堂书目》卷26著录又有《续稿》21卷。

路九同(1538—1615)

字道贞，一字瞻溟。明上元人。伯镗仲子。少与焦竑同从王梅亭学。隆庆元年(1567)举人，除湖广通山知县。曾在黄冈代阅试卷，拔熊廷弼第一。后廷弼督学江南，执弟子礼谒之，谢不见。屡忤当事，罢归。《帝里明代人文略》有传。

沧适斋集20卷　集部别集类　佚

见《千顷堂书目》卷24。

按：《金陵诗征》卷23收有其诗。

李逢旸

一作逢阳。字惟明，号翰峰。明上元人，南京金吾后卫籍。隆庆二年(1568)进士，官户部主事，升礼部郎中。为学折服耿定向。与杨希淳、吴自新友善。卒年仅40岁。

李杨二子遗稿　集部总集类

明李逢旸、杨希淳撰　李澄编

明万历十七年(1589)吴自新刻本,南京图书馆藏。

按:《千顷堂书目》卷24著录《翰峰遗稿》2卷,注云:“集为(万历)吴司寇刊。”即指此刻本。

朔朝霞

字曙光。明金陵邀笛步妓。善舞,工于词。终为女道士。

红于词　集部词曲类　佚

见《明词综》卷12,收其词1首。又《众香词》数集收其词2首。《列朝诗集》收有其诗。

龚碧川

明隆庆时金陵刻书家。

小学史断2卷续集1卷附通鉴总论1卷　史部史评类

宋南宫靖一撰　明晏彦文续　《附》明潘荣撰

明隆庆二年(1568)金陵龚碧川刻本,台湾“中央图书馆”原藏。

按:《四库全书总目》史部史评类存目提要云:“是书上起周平王,下迄五代,叙述史事,而裒集宋儒论断,联络成文。”“《续集》一卷,明庐陵晏彦文所编宋元二代之事,附以辽金,又附以西夏、安南,殊无义例。”“以阳节潘荣《通鉴总论》附焉。盖乡塾课蒙之本也。”

徐一鸣

字起凤,号心葊。明江宁人。世袭南京豹韬左卫指挥使。万历间,官舟山参将,升潮漳副总兵。

渌江集12卷附录1卷　集部别集类

明隆庆三年(1569)五泉书院徐卿绪、徐卿述刻本,国家图书馆藏。

按:《金陵诗征》卷26收有其诗。

顾以庶

字复斋。明锦衣卫籍南京人。源次子。万历十年(1582)贡生，官建平训导。

复斋诗文集　集部别集类　佚

见《金陵诗征》卷24。

玉露堂稿4卷　集部别集类　佚

明顾源撰　焦竑辑　顾以庶重辑

见《千顷堂书目》卷23。

按:《金陵诗征》顾以庶传注云:“《玉露堂稿》为焦文端所辑，复斋更为访辑，再梓于郎川，征一时名贤诗文附后。李如真为之序。”

周四达

明万历间金陵刻书家。

重刻古今医鉴16卷　子部医家类

明龚信辑

明万历四年(1576)金陵书林周四达刻本，天津图书馆藏。

焦　竑(1540—1620)

字弱侯，又字从吾，号漪园，别号澹园。生于江宁，祖籍山东日照。南京旗手卫籍。初为诸生，从耿定向读书清凉山崇正书院，复质疑于罗汝芳。万历十七年(1589)状元。除修撰，迁东宫讲读官。二十二年，大学士陈于陛议修国史，欲使竑领其事，事寝。二十五年，任顺天乡试官，因事被劾，贬福宁州同知。年70始升任南京国子监司业，遂辞官在南京讲学。卒谥文端。生平积书数万卷，著述宏富。其学术源于明代泰州学派，师事耿、罗，而又笃信李贽之学。《明史》有传。

易筌6卷附论1卷　经部易类

(1) 明万历四十年自刻本，中国科学院图书馆藏。

(2)《续修四库全书》本。

(3)《四库全书存目丛书》本。

按:《四库全书总目》经部易类存目云:“是书大旨,欲以二氏通于《易》,每杂引《列子》《黄庭内景经》《抱朴子》诸书以释经。”此书清代列为禁书。

禹贡解1卷　经部尚书类

见《千顷堂书目》卷1。

毛诗古音考4卷附读诗拙言1卷　经部诗经类

明陈第编辑　焦竑订正

(1)《一斋集》本。

(2) 明崇祯九年(1636)饭石轩刻本,复旦大学图书馆藏。

(3) 清乾隆十七年(1752)刁戴高抄本,上海图书馆藏。

(4) 清乾隆二十七年徐时作崇本山堂刻本,北京大学图书馆藏。

(5) 清嘉庆十年(1805)《学津讨原》本。

(6) 清道光二十七年(1847)《海山仙馆丛书》本。

(7) 清道光间《凌氏传经堂丛书》本。

(8) 清同治二年(1863)长沙余肇钧明辨斋刻《明辨斋丛书》本。

(9) 清光绪六年(1880)武昌张氏校刻乾隆中濉川徐氏本,复旦大学图书馆藏。

(10) 清抄本,湖南省图书馆藏。

(11) 清抄本,复旦大学图书馆藏。

(12) 1933年渭南严氏校刻《音韵学丛书》本。

(13) 1934年黄氏济忠堂刻本。

(14)《丛书集成初编》本。

(15) 1957年四川人民出版社影印本。

(16) 1988年中华书局标点本。2008年、2011年重新出版,与《屈宋古音义》合一册。

毛诗古音考4卷　经部诗经类

明陈第编辑　焦竑订正

《四库全书》本。

考工记解 2 卷　经部周礼类

见《明史・艺文志》。《千顷堂书目》卷 2 作 1 卷。

按:此书清代列为禁书。

左传钞 6 卷　经部春秋左传类

明刻本,南京图书馆藏。

焦氏四书讲录 14 卷　经部四书类

(1) 明万历二十一年书林郑望云刻本,大连图书馆藏。

(2)《续修四库全书》本。

按:包括《大学》2 卷、《中庸》1 卷、《论语》4 卷、《孟子》7 卷。

皇明百家四书理解集 6 卷首 1 卷　经部四书类

明万历间刻本,日本蓬左文库藏。

新镌皇明百家四书理解集 14 卷　经部四书类

明万历间刻本,日本尊经阁文库藏。

重刻内府原板张阁老经筵四书直解指南 27 卷　经部四书类

明张居正撰　焦竑增补　汤宾尹订正

(1) 明万历三十九年闽建书林易斋詹亮刻本,浙江图书馆藏。

(2) 明天启元年长庚馆刻本,日本内阁文库藏。

(3) 明书林叶显吾刻本,安徽省博物馆藏。

四书直解 27 卷四书指南纂序合参 27 卷　经部四书类

明张居正撰　焦竑增补　顾宗孟订正　李光缙纂　刘曰珩订　陈恒吉合纂

明崇祯刻本,日本东京大学图书馆藏。

新刻比雍二大司成先生课大学多士四书诸说品节 10 卷　经部四书类

明陆可教、叶向高辑　焦竑校

明潭城书林余彰德刻本,日本蓬左文库藏。

新刻七十二朝四书人物考注释 40 卷　经部四书类

明薛应旂撰　焦竑注

明万历三十六年书林舒承溪刻本，国家图书馆藏。

东宫讲义6卷　经部群经总义类　佚

见《千顷堂书目》卷3。

俗书刊误12卷　经部小学类

(1) 明万历间见过斋刻本，四川省图书馆藏。

(2)《四库全书》本。

(3)《四库全书珍本初集》本。

(4) 清抄本，浙江图书馆藏。

按：是书第1卷至第4卷类分四声，刊正讹字，第5卷考字义，第6卷考骈字，第7卷考字始，第8、第9卷考音同字异，第10卷考字同音异，第11卷考俗用杂字，第12卷考字形疑似。《四库全书总目》云："其辨最详，而又非不可施用之僻论，愈于拘泥篆文，不分字体者多矣。"

小学图注9卷　经部小学类

明陈选注　焦竑原辑　张徽典增订

清康熙三十六年养正堂刻本。

按：此见《贩书偶记续编》卷9，注云："图三卷，注六卷。《四库》著录六卷，图阙。"刻本今未知馆藏。

新镌国朝三元品节标题纲鉴大观纂要20卷　史部编年类

明焦竑辑　苏浚删补　李廷机校正

明万历二十六年集义堂黄氏乐吾书轩刻本，北京大学图书馆藏。

新镌百家评林国语全编21卷　史部杂史类

吴韦昭注　明焦竑集评

(1) 明万历二十一年熊云滨刻本，中国科学院图书馆藏。

(2) 明书林种德堂熊冲宇刻本，北京大学图书馆藏。

战国策玉壶冰8卷(一作新镌三状元精选战国策玉壶冰)　史部杂史类

旧题明焦竑批选　翁正春校正　朱之蕃汇评

明万历间刻本，美国国会图书馆藏。

按：《中国善本书提要》云："考《四库存目》卷五十二，载穆文熙《七雄策纂》八卷，疑是书即坊贾偷翻穆本而托之三状元者。卷末有'万历丙辰年（四十四年）孟春月书林郑氏瑞我绣梓'牌记，然则作伪者即郑瑞我矣。"

国策钞 4 卷　史部史钞类

明焦竑辑

明刻本，南京图书馆藏。

史记萃宝评林 3 卷　史部史钞类

明焦竑辑　李廷机注　李光缙汇评

(1) 明万历十八年自新斋余绍崖刻本，国家图书馆藏。

(2) 明万历间万卷楼周对峰刻本，中国科学院图书馆藏。

(3)《四库未收书辑刊》本。

锲吴会元史记要删评林 4 卷　史部史钞类

明万历二十一年萃庆堂刻本，上海图书馆藏。

两汉萃宝评林 3 卷　史部史钞类

明焦竑辑　李廷机注　李光缙汇评

(1) 明万历十九年余明吾自新斋刻本，国家图书馆藏。

(2) 明万历间万卷楼周对峰刻本，中国科学院图书馆藏。

(3)《四库未收书辑刊》本。

锲吴会元两汉要删评林 4 卷　史部史钞类

明吴默选　焦竑注释

明万历二十一年萃庆堂刻本，上海图书馆藏。

纂评注汉书奇编 14 卷　史部史钞类

明焦竑辑　许顺义注

明万历建阳书林余德彰萃庆堂刻本，复旦大学图书馆藏。

国朝献征录 120 卷　史部传记类

明焦竑辑

(1) 明万历四十四年钱塘徐象枟曼山馆刻本，国家图书馆藏。

(2) 1965年台湾学生书局用万历四十四年刻本影印本，收入《中国史学丛书》。

(3) 1987年上海书店影印明刻本。

(4)《续修四库全书》本。

(5)《四库全书存目丛书》本。

(6) 2013年广陵书社影印明刻本。

按：是书一作《国史献征录》，简名《献征录》，又作《焦太史编辑国朝献征录》。《明史·艺文志》作360卷。明代仅刻印一次。清乾隆时列为禁书。《四库全书总目》史部传记类存目云："是书采明一代名人事迹。其体例以《宗室》《戚畹》《勋爵》《内阁》《六卿》以下各官分类标目。其无官者则以《孝子》《义人》《儒林》《艺苑》等目分载之。自洪武迄于嘉靖，搜采极博。然文颇泛滥，不皆可据。又于引据之书或注或不注，亦不免疏略。考竑在万历中，尝应陈于陛聘，同修国史，既而罢去。此书殆即当时所辑录欤？"

熙朝名臣实录27卷　史部传记类

(1) 明末刻本，上海图书馆藏。

(2)《续修四库全书》本。

(3)《四库全书存目丛书》本。

按：《四库全书总目》传记类存目云："此书《明史·艺文志》不著录。前有《自序》，谓明代诸帝有《实录》，而诸臣之事不详，因撰此书。自王侯、将相及士庶人、方外缁黄、僮仆、妾伎无不备载。人各为传，盖宋人《实录》之体。凡书诸臣之卒，必附列《本传》，以纪其始末。而明代《实录》则废此例，故竑补修之。其书郭子兴诸子之死，及书靖难诸臣之事，皆略无忌讳。又如纪明初有通晓四书等科，皆《明史·选举志》及《明会典》所未载。韩文劾刘瑾事，有太监徐智等数人为之内应，亦史传所未详。颇足以资考证。然各传中多引《寓圃杂说》及《琐缀录》诸书，皆稗官小说，未可征信。又或自序事，或仅列旧文，标其书目，于体裁亦乖。所附李贽《评语》，尤多妄诞，不足据为定论也。"

逊国忠节录4卷　史部传记类

见《千顷堂书目》卷10。

锲两状元编次皇明人物要考6卷　史部传记类

明焦竑、翁正春编

(1) 附《大明臣论断》1卷,明万历间三衢书林舒承溪重刻本,国家图书馆藏。

(2) 附《十二考》1卷,明万历二十三年金陵书林近山叶贵刻本,南京大学图书馆藏。

(3)《四库禁毁书丛刊》本,底本为万历间舒承溪刻本。

按:此书书口题"皇明人物考",各卷卷端题"锲两状元编次皇明人物要考"。

藏书68卷　史部传记类

明李贽撰

(1) 明万历二十七年金陵焦竑刻本,南京图书馆藏。

(2)《续修四库全书》本。

(3)《四库全书存目丛书》本。

刻宋郑一拂(侠)先生祠录1卷　史部传记类

明万历三十四年邓镳刻本,国家图书馆藏。

郑介公祠录2卷附闽忠传志1卷清忠祠录1卷　史部传记类

明焦竑撰　《清忠祠录》清廖典撰

清嘉庆间刻本,南京图书馆藏。

明故户部右侍郎赠尚书一川游公(应乾)行状1卷　史部传记类

明万历三十六年刻本,浙江图书馆藏。

京学志8卷　史部政书类

明焦竑、黄应登撰

明万历三十一年刻本,台湾"中央图书馆"原藏。

词林嘉话6卷　史部传记类　佚

见《贩书偶记》卷13《澹园集》注。

词林历官表3卷　史部政书类　佚

见《千顷堂书目》卷9。

金陵旧事10卷　史部地理类

见《千顷堂书目》卷6。

按：今存《焦氏笔乘续集》卷7收98条、卷8收75条。

汉前将军关公祠志9卷　史部地理类

明赵钦汤、焦竑同撰

明万历三十一年赵锡汤刻本，国家图书馆藏。

洛阳伽蓝记5卷　史部地理类

见焦竑《澹园续集》卷7，校订并作记，校迄于万历三十八年。

栖霞小志　史部地理类

明盛时泰撰

见《明代版刻综录》，谓此志有明万历焦竑刻本，今未见。

国史经籍志6卷　史部目录类

(1) 明万历三十年会稽陈汝元函三馆刻本，上海图书馆藏，有严元照跋。

(2) 明万历四十四年钱塘徐象枟曼山馆刻本，南京图书馆藏。

(3) 日本翻刻曼山馆刻本，美国国会图书馆藏。

(4) 清金俊明抄本，上海图书馆藏。

(5) 清康熙三十五年抄本，山西文物局藏，有傅增湘跋。

(6) 清康熙间抄本，台湾"中央图书馆"原藏。

(7) 清初木活字印本，国家图书馆藏。

(8) 清曹琰抄本，国家图书馆藏。

(9) 清卢文弨抄本，天一阁博物馆藏。

按：清抄本国内馆藏甚多，参见《中国古籍善本书目·史部》。

(10) 清徐氏梅隐书屋刻本，浙江图书馆藏。

(11)《粤雅堂丛书》本。

(12)《丛书集成初编》本。

(13) 1959年商务印书馆排印《明史艺文志·补编·附编》本。

(14)《续修四库全书》本。

(15)《四库全书存目丛书》本。

国史经籍志6卷补1卷　史部目录类

清雍正元年(1723)抄本,存卷4—6,《补》全。

按:《四库全书总目》目录类存目云:"是书首列制书类,凡御制及中宫著作、记注时政、敕修诸书,皆附焉。余分经、史、子、集四部,末附《纠缪》一卷,则驳正《汉书》《隋书》《唐书》《宋书》诸艺文志及四库书目、《崇文总目》、郑樵《艺文略》、马端临《经籍考》、晁公武《读书志》诸家分门之误。盖万历间陈于陛议修国史,引竑专领其事。书未成而罢,仅成此志,故仍以国史为名。顾其书丛抄旧目,无所考核,不论存亡,率尔滥载。古来目录惟是书最不足凭。"清乾隆间是书列为禁书。

焦氏藏书目2卷　史部目录类　佚

欣赏斋书目6卷　史部目录类　佚

欣赏斋金石刻目2卷　史部金石类　佚

以上3种见《千顷堂书目》卷10。

老子翼3卷　子部周秦诸子类

明焦竑撰　王元贞校

(1) 明陈长卿刻本,北京大学图书馆藏。

(2) 明万历十六年王元贞刻本,南京图书馆藏。

(3) 明钱省吾刻本,中国科学院图书馆藏。

(4) 明长庚馆刻本,补注刘氏求恕斋抄本,上海图书馆藏。

(5) 明刻本,南京图书馆藏。

(6)《四库全书》本。

老子元翼2卷考异1卷附录1卷　子部周秦诸子类

(1) 清乾隆五年山阳郭氏三多斋刻本。

(2) 台北艺文印书馆《无求备斋老子集成续编》本。

老子翼6卷　子部周秦诸子类

《续道藏》本。

老子翼6卷附录1卷考异1卷　子部周秦诸子类

(1) 清光绪二十一年金陵刻经处刻本，南京图书馆藏。

(2)《金陵丛书》本。

(3)《丛书集成初编》本。

(4)《渐西村舍丛书》本。

(5) 2011年华东师范大学出版社黄曙辉点校本。

老子翼16卷　子部周秦诸子类

日本刻本，国家图书馆藏。

按:《四库全书总目》云:“是编辑韩非以下解《老子》者六十四家，而附以竑之《笔乘》，共成六十五家，各采其精语，裒为一书。其首尾完具，自成章段者，仿李鼎祚《周易集解》之例，各标举姓名，列本章之后。其音义训诂但取一字一句者，则仿裴骃《史记集解》之例，联贯其文，缀本章末句之下。上下篇各为一卷，《附录》及《考异》共为一卷。”“大旨主于阐发玄言，务明清净自然之理。”“于诸家注中为博赡而有理致。盖竑于二氏之学本深于儒学，故其说儒理者多涉悠谬，说二氏之理者转具有别裁云。”

庄子翼8卷庄子阙误1卷附录1卷　子部周秦诸子类

(1) 明陈长卿刻本，北京大学图书馆藏。

(2) 明万历十六年王元贞刻本，南京图书馆藏。

(3) 明长庚馆刻本，补注刘氏求恕斋抄本，上海图书馆藏。

(4)《四库全书》本。

(5)《函海》本。

(6)《金陵丛书》本。

(7) 抄本，南京图书馆藏。

(8)《丛书集成续编》本。

庄子翼8卷附录1卷　子部周秦诸子类

《续道藏》本。

庄子翼 11 卷　子部周秦诸子类

日本刻本,国家图书馆藏。

按:《四库全书总目》云:“体例与《老子翼》同。前列所载书目,自郭象注以下凡二十二家。旁引他说互相发明者,自支遁以下凡十六家。又章句音义自郭象以下凡十一家。”“明代自杨慎以后,博洽者无过于竑,其所引据,究多古书,固较流俗注本为有根柢矣。”《郑堂读书记》云:“《明志》作《庄子翼》八卷、《南华经余事杂录》二卷、《拾遗》一卷,盖《拾遗》即《阙误》,《余事杂录》即《附录》,而误作二卷。”

新锲二太史汇选注释老庄评林 6 卷　子部周秦诸子类

明焦竑注　翁正春评

明万历二十二年(1594)书林詹圣泽刻本,吉林大学图书馆藏。

按:此包括《老子评林》1 卷、《庄子全书评林》5 卷。

管子 1 卷　子部周秦诸子类

明焦竑注　翁正春评

《新锲翰林三状元会选二十九子品汇释评》本。

韩非子 1 卷　子部周秦诸子类

明焦竑注　翁正春评

(1)《新锲翰林三状元会选二十九子品汇释评》本。

(2)《新锲二太史汇选注释九子全书评林》本。

吕氏春秋 1 卷　子部先秦诸子类

明焦竑注　翁正春评

明万历刻《新锲二太史汇选注释九子全书评林》本。

养正图解不分卷　子部儒学类

明焦竑撰　丁云鹏绘图

(1) 明万历二十二年吴怀让刻本,国家图书馆藏。

(2) 明万历间金陵书林奎壁斋刻本。按:这一版本未查到馆藏,此据《明代版刻综录》第 3 卷著录。

(3) 明万历歙县书林汪云鹏玩虎轩刻本,国家图书馆藏。

(4) 明闽蒲郑氏刻本,浙江图书馆藏。

(5) 明刻本,北京大学图书馆藏。

(6) 清康熙八年曹钤刻本,2卷,南京图书馆藏。

(7) 清康熙二十八年刻本,国家图书馆藏。

(8) 清康熙间刻本,国家图书馆藏。

(9)《宛委别藏》本,2卷。

(10) 清嘉庆间阮元进呈抄本,2卷,台北故宫博物院图书馆藏。

(11) 清张栋抄本,河南省图书馆藏。

(12) 抄本,不分卷,首尔大学奎章阁韩国学研究院藏。

养正图解2卷附图赞1卷　子部儒学类

明焦竑撰　《图赞》清高宗弘历撰

清董诰写本,复旦大学图书馆藏。

养正图解1卷御题养正图诗1卷御题养正图赞1卷　子部儒学类

明焦竑撰　《诗》清高宗弘历撰　《图赞》清仁宗颙琰撰

(1) 清光绪二十一年武英殿刻本,国家图书馆藏。

(2)《续修四库全书》本。

按:《千顷堂书目》卷11注云:"万历二十五年(1597)九月修撰竑为皇长子讲官编进。"阮元《四库未收书提要》云:"书中备采前言往行可为则效者,绘之于图,而详为之说。卷首有竑自序及祝世禄序,称此书绘图为丁云鹏,书解为吴继序,并一时知名之士也。"

孙武子品汇释评　子部兵书类

明焦竑与撰

《二十九子品汇释评》本。

唐荆川先生纂辑武编前集6卷后集6卷　子部兵书类

明唐顺之纂　焦竑校

明万历间徐象枟曼山馆刻本,美国国会图书馆藏。参见《中国善本书提要》。

墨苑序1卷　子部工艺类

《十六家墨说》本。

焦太史葬录　子部术数类　佚

见清万斯同《明史》卷134。

焦氏笔乘6卷续集8卷　子部杂学类

明焦竑辑撰　谢与栋、焦尊生校

(1) 明万历三十四年谢与栋刻本,国家图书馆藏。

(2)《粤雅堂丛书》本。

(3)《金陵丛书》本。

(4)《丛书集成初编》本。

(5)《国学小丛书》本。

(6) 1986年上海古籍出版社铅印本。

(7)《续修四库全书》本。

(8)《四库全书存目丛书》本。

(9) 日本庆安二年(1649)刻本,《焦氏笔乘》6卷。

(10) 明王志坚编《王氏说删》本,稿本,1卷,香港大学图书馆藏。

(11) 清焦廷琥编《仲轩群书杂著九十一种》本,稿本,1卷,湖南省社科院图书馆藏。

(12) 2008年中华书局李剑雄点校本。

按:此书清代列为禁书。

笔乘别集6卷　子部杂学类　佚

见《千顷堂书目》卷12。

按:《明史·艺文志》作《焦氏笔乘》总20卷,实含此佚本《笔乘别集》6卷。

支谈3卷　子部杂学类

(1)《宝颜堂秘笈》本。

(2)《丛书集成初编》本。

(3)《四库全书存目丛书》本。

(4) 1914年成都文殊院刻本,东北师范大学图书馆藏。

按:《四库全书总目》杂家类存目提要云:“是书主于三教归一,而并欲阴驾佛老于孔子之上。此姚江末流之极弊,并其本旨失之者。虽亦讲学之言,不复以儒家论之,亦不复以儒理责之矣。”此书清代列为禁书。

焦弱侯问答1卷　子部杂学类

明焦竑撰　潘曾纮编

见《四库全书总目》杂家类存目。

按:《四库全书总目》云:“竑师耿定向而友李贽,于贽之习气沾染尤深。二人相率而为狂禅。贽至于诋孔子,而竑亦至尊崇杨墨,与孟子为难。虽天地之大无所不有,然不应妄诞至此也。曾纮乃缀拾刻之,以教新郑之士子,可以见明季风气矣。”刻本今未见。

东坡先生志林5卷　子部杂学类

宋苏轼撰　明焦竑评

明刻朱墨套印本,国家图书馆藏。

焦氏类林8卷　子部典故类

明焦竑辑　王元贞校　李登整理

(1) 明万历十五年王元贞刻本,南京图书馆藏。

(2)《粤雅堂丛书三编》本。

(3)《丛书集成初编》本。

(4)《续修四库全书》本。

(5)《四库全书存目丛书》本。

(6)《焦氏类林》119则,清会稽童翼驹辑,底稿本,《草亭读书余总稿》第10册,见《国学图书馆图书总目》。

按:此书清代列为禁书。

两翰林纂解诸子折衷汇锦10卷　子部典故类

明焦竑等编

明万历间金陵龚少冈三衢书林刻本,国家图书馆藏。

杨升庵外集100卷　子部典故类

明杨慎撰　焦竑、叶遵编

(1) 明万历四十四年江宁顾起元校刻本,大连图书馆藏。

(2) 明万历四十五年刻明崇祯十一年重修本,国家图书馆藏。

(3) 清道光二十四年桂湖刻本,国家图书馆藏。

(4) 清刻本,吉林省图书馆藏。

山堂肆考 228 卷补遗 12 卷　子部典故类

明彭大翼纂　张幼学增订　焦竑等校

(1) 明万历二十三年金陵书林周显刻本,清华大学图书馆藏。

(2) 明万历四十七年补刻本,南京图书馆藏。

新纂事词类奇 30 卷　子部典故类

明徐常吉辑　焦竑订

明万历间金陵周曰校刻本,北京大学图书馆藏。

明两状元编次皇要考 4 卷　子部典故类

明焦竑编　翁正春辑

明万历二十二年建阳书林余象斗双峰堂刻本,北京大学图书馆藏。

诗学会海大成 30 卷首 1 卷　子部典故类

明焦竑辑

(1) 明万历二十六年刻本,北京大学图书馆藏。

(2) 明万历间刻近圣居印本,中国科学院图书馆藏。

(3) 明刻本,日本东京大学图书馆藏。

按:全名为《新锓翰林校正鳌头合并古今诗学会海大成》。

明世说 8 卷　子部小说类　佚

见《千顷堂书目》卷 12。

玉堂丛语 8 卷　子部小说类

明焦竑辑　清方拱乾校

(1) 明万历四十六年徐象枟曼山馆刻本,国家图书馆藏。

(2) 明万历刘必逵、徐象枟刻本,国家图书馆藏。

(3) 清光绪三十一年铅印本,南京图书馆藏。

(4) 1980 年上海古籍书店影印明刻本。

(5) 1981 年中华书局整理本，收入《元明史料笔记丛刊》。

(6)《续修四库全书》本。

(7)《四库全书存目丛书》本。

按：《郑堂读书记》云："是书又为其门人辈所编辑，非尽出于一人也。其书体裁仿之《世说》，区分准之《类林》。"此书清代列为禁书。

阴符经解 1 卷　子部道教类

(1)《宝颜堂秘笈》本。

(2)《合刻阴符经注释》本。

(3)《丛书集成初编》本。

按：《四库全书总目》云："竑此注虽引张永叔'真土擒真铅，真铅制真汞'之说，似乎神仙家言，而核其宗旨，实以佛理解之，与刘处元注相近。盖竑与李贽友善，故气类薰染，喜谈禅悦，其作此注，仍然三教归一之旨也。"此书清代列为禁书。

阴符经十家注 10 卷　子部道教类

《合刻阴符经注释》本，附《天机经》1 卷。

按：十家为宋黄居真、沈亚夫、蔡氏、邹䜣、俞玉吾、颜善渊、张洪阳、萧真宰、王道渊，明焦竑。

玉堂校传如岗陈先生二经精解全编 9 卷　子部道教类

明陈懿典撰　焦竑考定

(1) 明万历二十二年熊云滨刻本，上海图书馆藏。

(2) 明万历二十二年熊云滨刻清康熙三十四年书林燕诒堂重修本，南京大学图书馆藏。

(3)《四库未收书辑刊》本。

楚辞集解 8 卷卷首 1 卷蒙引 2 卷考异 1 卷天问注补 2 卷　集部楚辞类

明汪瑗集解　汪仲弘补　焦竑订正

明万历间金陵书林唐少村兴贤堂刻本，美国国会图书馆藏。参见"唐少村"条。

焦氏澹园集 49 卷　集部别集类

(1) 明万历三十四年焦氏欣赏斋刻本,有《附录》1 卷。

(2) 明万历三十四年内黄黄云蛟刻本,南京图书馆藏。

(3)《金陵丛书》本。

(4)《续修四库全书》本。

(5)《四库禁毁书丛刊》本。

(6) 1999 年中华书局李剑雄点校本。

(7) 2013 年黄山书社出版《明别集丛刊》本。

焦氏澹园续集 27 卷　集部别集类

(1) 明万历三十四年焦氏欣赏斋刻本。

(2) 明万历三十九年大梁金励、朱汝鳌刻本,国家图书馆藏。

(3)《金陵丛书》本。

(4)《续修四库全书》本。

(5)《四库禁毁书丛刊》本。

(6) 2013 年黄山书社出版《明别集丛刊》本。

按:是书清代列为禁书。《续金陵琐事》作《澹园先生全集》《续集》。《千顷堂书目》卷 25 作《欣赏斋集》49 卷《续集》35 卷,一作《澹园集正续》,卷同。《明史·艺文志》作《澹园集》49 卷《续集》35 卷。

焦澹园集 1 卷　集部别集类

《重修广理学备考》本。

焦弱侯手札不分卷　集部别集类

稿本,冯煦题诗,南京图书馆藏。

陶靖节先生集 8 卷　集部别集类

晋陶潜撰

明万历三十一年焦竑刻本,南京图书馆藏。

谢康乐集 4 卷　集部别集类

南朝宋谢灵运著　明焦竑校

明万历间刻本,美国国会图书馆藏,见《中国善本书提要》。

张于湖集 8 卷附录 1 卷　集部别集类

宋张孝祥撰　明焦竑编

明崇祯十七年张弘开刻《二张集》本，台湾“中央图书馆”原藏。

苏老泉文集 12 卷诗集 1 卷　集部别集类

宋苏洵撰　明茅坤、焦竑等评

(1) 明凌濛初刻朱墨套印本，国家图书馆藏。

(2) 明刻本，北京大学图书馆藏。

坡仙集 16 卷　集部别集类

宋苏轼撰　明李贽评选

明万历二十八年金陵焦竑刻本，南京图书馆藏。

苏长公二妙集 22 卷　集部别集类

宋苏轼撰　明焦竑批点

明天启元年(1621)钱塘徐象枟曼山馆校刻本，台湾大学图书馆藏。

东坡先生尺牍 11 卷　集部别集类

宋苏轼撰　明焦竑批点

明天启元年武林书林徐象枟曼山馆刻本，国家图书馆藏。

许文穆公集 6 卷　集部别集类

明许国撰　叶向高等纂辑　焦竑校并序

明万历三十九年刻本，南京图书馆藏。

按：是书清代列为禁书。

玉露堂稿 4 卷　集部别集类　佚

明顾源撰　焦竑辑　顾以庶重辑

见《千顷堂书目》卷 23，《金陵诗征》顾以庶传注。

金陵雅游编　集部总集类

明焦竑、朱之蕃、顾起元、余孟麟撰　余孟麟编

明天启三年刻本，附于明朱之蕃《金陵图咏》后，国家图书馆藏。

按：参见“余孟麟”条。

中原文献 24 卷　集部总集类

明焦竑编　朱之蕃注　陶望龄评

(1) 明万历二十四年汪元湛刻本,南京图书馆藏。

(2) 明万历二十七年万卷楼刻本,国家图书馆藏(残)。

(3) 明万历间新安汪宗淳等刻本,存子集7卷,台湾"中央图书馆"原藏。

(4)《四库全书存目丛书》本。

按:《四库全书总目》收入总集类存目,云:"是书分《经集》六卷,《史集》六卷,《子集》七卷,《文集》四卷,末附《通考》一卷……殆书贾所伪托也。"《中国善本书提要》著录题为《新镌焦太史汇选中原文献》23卷,云:"惟此本为新安诸汪所托,与他书为金陵坊贾所托者不同耳……其性质与诸史、诸子、诸经'品节'相同……当入之子部,不应入总集类也。"

新锲焦太史汇选百家评林历代古文珠玑19卷　集部总集类

明焦竑辑

(1) 明万历间刻本,国家图书馆藏。

(2) 明万历间王国贤抄本,4卷,美国普林斯顿大学图书馆藏。

新锲焦太史汇选百家评林历代名文珠玑13卷　集部总集类

明焦竑辑

明刻本,苏州图书馆藏。

新锲重订增补名文珠玑不分卷　集部总集类

明焦竑辑

明刻本,天津图书馆藏。

新刊焦太史续选百家评林明文珠玑10卷　集部总集类

明焦竑选

明万历间刻本,国家图书馆藏。

历科廷试状元策8卷总考1卷　集部总集类

明焦竑辑

清初大业堂刻本,东北师范大学图书馆藏。

历科廷试状元策10卷总考1卷　集部总集类

明焦竑辑

(1) 明末刻本,北京大学图书馆藏。

(2) 清雍正十一年古吴怀德堂刻本,北京大学图书馆藏。

(3)《四库禁毁书丛刊》本。

按:是集一名《明状元策》。清代列为禁书。

壬辰翰林馆课纂 23 卷　集部总集类

明翁正春、焦竑等撰

明万历间刘孔当刻本,辽宁省图书馆藏。

新镌十翰林评选注释名家程墨策纂 2 卷论纂 2 卷　集部总集类

明李廷机、焦竑等辑并评

明万历间书林魏卿万瑞堂刻本,华东师范大学图书馆藏。

续文章规范百家批评注释 7 卷　集部总集类

明邹守益选　焦竑评

(1) 明万历二十七年余绍崖自新斋刻本,中山大学图书馆藏。

(2) 明万历三十四年陈氏存德堂刻本,安徽省图书馆藏。

新锲翰林精选注释左国评苑 12 卷　集部总集类

明李廷机辑　明焦竑批点

明万历间刻本,西北大学图书馆藏。

古诗选　集部总集类

明杨慎辑　明焦竑批点

明曼山馆刻本,国家图书馆藏。

汉魏诸名家集二十三种 131 卷　集部总集类

明焦竑编

明万历间刻本,南京图书馆藏。

七言律细 1 卷　集部诗文评类

五言律细 1 卷　集部诗文评类

以上 2 种明焦竑编,明万历间曼山馆刻《古诗九种》之一,上海图书馆藏。

绝句衍义4卷辨体8卷附录1卷增奇5卷搜奇1卷六言绝句1卷五言绝句1卷　集部总集类

明杨慎辑　焦竑批点

(1) 明曼山馆刻本，国家图书馆藏。

(2)《续修四库全书》本。

焦氏杂著十六种　丛书类

见《国学图书馆图书总目》。

二十九子品汇释评20卷卷首1卷　子部杂学类

明焦竑校正　翁正春参阅　朱之蕃圈点

(1) 明万历四十四年宝善堂刻本，国家图书馆藏。

(2) 明郑氏人瑞堂刻本，日本东京大学东洋文化研究所藏。

(3)《四库全书存目丛书》本。

按：是书一名《新镌翰林三状元会选二十九子品汇释评》，子目从略。《四库全书总目》杂家类存目云："其书杂录诸子，毫无伦次。评语亦皆托名，谬陋不可言状。盖坊贾射利之本，不足以当指摘者也。"《中国善本书提要》亦云："卷端有李廷机序，亦是托名。"

注释九子全书(一作九子全书)　丛书类

明焦竑注释　翁正春评

明崇祯间芝城书林詹圣泽刻本，浙江图书馆藏。

子目：

《老子》1卷　周李耳撰

《淮南子》1卷　汉刘安撰

《列子》1卷　周列御寇撰

《庄子》5卷　周庄周撰

《荀子》3卷　周荀况撰

《扬子》1卷　汉扬雄撰

《吕氏春秋》1卷　秦吕不韦撰

《韩非子》1卷　周韩非撰

《文中子》1卷　隋王通撰

两苏经解七种64卷　丛书类

明焦竑编

(1) 明万历二十五年金陵毕氏刻本,国家图书馆藏。

(2) 明万历三十九年豫章顾氏刻本,浙江图书馆藏。

子目:

《东坡先生易传》9卷　宋苏轼撰

《东坡先生书传》20卷　宋苏轼撰

《颍滨先生诗集传》19卷　宋苏辙撰

《颍滨先生春秋集解》12卷　宋苏辙撰

《论语拾遗》1卷　宋苏辙撰

《孟子解》1卷　宋苏辙撰

《颍滨先生道德经解》2卷　宋苏辙撰

按:顾氏刻本与毕氏刻本前6种均同,后一种题为《老子道德经》2卷。

李氏六书6卷　丛书类

明李贽撰　焦竑评点

明万历四十五年痴嗜轩刻本,北京大学图书馆藏。

子目:

《历朝藏书》

《皇明续藏书》

《焚书书答》

《焚书杂述》

《丛书汇纂》

《说书纂庸》

一斋集27卷　丛书类

明陈第撰　焦竑订

(1) 明万历二十三年至四十五年陈氏会山楼刻清汇印本,上海图书馆藏。

子目：

《伏羲图赞》2卷附《杂卦传古音考》1卷

《尚书疏衍》4卷

《毛诗古音考》4卷附《读诗拙言》1卷

《屈宋古音义》3卷

《松轩讲义》1卷

《谬言》1卷

《书札烬存》1卷

《意言》1卷

《五岳游草》7卷

《两粤游草》1卷

《寄心集》6卷

《一斋先生考终录》1卷附《杂文》1卷

（2）明万历二十三年至四十五年陈氏会山楼刻清道光二十八年陈斗初补修汇印本，浙江图书馆藏。这一版本比上述版本多出以下3种：

《七世祖一斋公年谱》1卷，清陈斗初撰

《蓟门塞曲》1卷附《杂文》1卷

《蓟门兵事》2卷

黄　申

字仲甫。明秣陵人。

瓦釜漫记4卷　子部杂学类

明刘世节辑　黄申编次

明万历十八年(1590)金陵绣谷周曰校刻本，国家图书馆藏。

吴自新(1541—1593)

字伯恒，号韫庵，又号中和山人。先世自祁门迁金陵，遂占籍江宁。

少从耿定向学。隆庆二年(1568)进士,授工部都水司主事,补营缮司。历官杭州知府、按察副使、布政使、太常寺卿。以右副都御史巡抚河南,召为南京刑部右侍郎,卒于官。生平好学,晚好《易》,宦邸构洗心轩,家有玩易窝,又起万卷楼以藏书。

大受录　集部别集类　佚

见《千顷堂书目》卷24。

韫庵遗稿　集部别集类　佚

见《金陵通传》卷18本传。

按:《金陵诗征》卷23收有其诗。

许太常归田稿10卷　集部别集类

明许榖撰

明万历十五年(1587)吴自新刻本,南京图书馆藏。参见"许榖"条。

李杨二子遗稿18卷　集部总集类

明李逢旸、杨希淳撰　李澄编

明万历十七年吴自新刻本,南京图书馆藏。

卜　镗

字子振,一字虹泉,自号虹泉子。明江宁人。工诗。隆庆四年(1570)举人,官至长史。

三华馆集　集部别集类　佚

见《千顷堂书目》卷24。

按:《金陵诗征》卷23收有其诗。

萧　相

字汉卿。明江宁人。南京礼部掾。居秦淮上。其诗为金銮所称。

萧汉卿诗集　集部别集类　佚

见《金陵诗征》卷23传注。

宋存德

字惟一，号育斋，又号浴泉。明江宁人。隆庆五年（1571）进士，除安邱知县，历浙江按察知事，转工部主事、刑部员外郎、礼部郎中，至福建按察佥事、兵备副使。卒于官。

鸿雪稿　集部别集类　佚

见《千顷堂书目》卷24。

按：《金陵诗征》卷23收有其诗。

徐廷器

明隆庆、万历间金陵刻书家，书坊名“金陵书林徐廷器东山堂”。

新刊郝鹿野精选论学指南8卷　子部杂学类

明郝鹿野辑

明隆庆六年（1572）金陵书林徐廷器东山堂刻本，台湾“中央图书馆”原藏。

空同先生集63卷　集部别集类

明李梦阳撰

明万历金陵书林徐廷器东山堂刻本，国家图书馆藏。

叶　遵

字循甫。明江宁人。约生当焦竑稍后。曾与柳应芳、陈宏世相唱和。

杨升庵外集100卷　子部典故类

明杨慎撰　焦竑、叶遵编

（1）明万历四十四年（1616）江宁顾起元校刻本，大连图书馆藏。

（2）明万历四十五年刻明崇祯十一年（1638）重修本，国家图书馆藏。

（3）清道光二十四年（1844）桂湖刻本，国家图书馆藏。

(4) 清刻本，吉林省图书馆藏。

按：《客座赘语》卷10云："叶循甫太学遵家本素封，而好韵事。所居水石花木，皆有佳致。诗与柳陈甫、陈延之辈相唱和，翩翩遒上。且学多所通，近焦弱侯先生。《升庵外集》校雠编次，皆循甫笔也。"

萧崇业

明上元人。隆庆五年(1571)进士，官兵科给事中，奉使琉球。官至右佥都御史，提督操江。

使琉球集2卷　集部别集类　佚

见《金陵诗征》卷23小传。

周　元(？—1596)

字长卿，号勾余。明上元人。相孙。万历二十三年(1595)进士，官安阳知县，未一年卒于官所。工诗文。

周长卿集　集部别集类　佚

见《千顷堂书目》卷25。

按：《金陵诗征》卷24收有其诗。

唐廷仁

字龙泉。明金陵人。万历间刻书家，一作"绣谷龙泉唐廷仁"。刻书甚多。

春秋集注30卷　经部春秋总义类

宋张洽撰

明万历元年(1573)金陵书林唐廷仁刻本。

新镌国朝名家四书讲选6卷　经部四书类

明郭伟编

明万历二十四年绣谷唐廷仁刊本，台湾"中央图书馆"原藏。

海篇心镜20卷　经部小学类

明萧良有撰　余应奎订　王廷极、唐廷仁校

明万历金陵书林唐廷仁刻本，美国国会图书馆藏。

重刊增补论策全题性理集要8卷　子部儒学类

明郝孔昭辑

明万历十一年金陵书林唐廷仁刻本，中山大学图书馆藏。

新刻武学经史大成18卷　子部兵书类

明吴可参编

明万历金陵书林唐廷仁刻本，台湾"中央图书馆"原藏。

国朝名公翰藻超奇14卷　集部总集类

明徐宗夔辑

明万历金陵书林唐廷仁刻本，台湾"中央图书馆"原藏。

新编簪缨必用翰苑新书前集12卷后集7卷续集8卷别集2卷　集部总集类

明万历十九年(1591)金陵书肆唐廷仁、周曰校刻本，南京图书馆藏。

历朝翰墨选注14卷　集部总集类

明屠隆编并注

(1) 明万历二十四年金陵唐廷仁世德堂刻本，上海图书馆藏。

(2)《四库全书存目丛书》本。

按：《四库全书总目》集部总集类存目著录作《翰墨选注》，提要云："是书皆历代尺牍，谬妄不可殚述。如前载汉晁错与友人索诗编尺牍一篇曰：'日外入芳圃，知骑气南游。抱恨而返，所谓南山千万峰，尽是相思情也。吟编久客左右，偶欲检点，敢请颁下。霜月更白，尚容渎寒(按："渎寒"有误，原书作"凌寒"，是也。)往见，话前人工拙'云云，则其它可知矣。隆虽纵诞之士，不以学问名，然其陋不应至是。必书肆伪托也。"

胡　贤

字东塘。明浙江东阳人，万历间金陵刻书家。

帝鉴图说　子部儒学类

明张居正、吕调阳辑

明万历元年(1573)金陵书坊胡贤刻本，台湾“中央图书馆”原藏。

医方选要10卷　子部医家类

明周文采编

明金陵书坊胡东塘重刻本，南京图书馆藏。

饶仁卿

字锦溪。明金陵人。万历间刻书家。

新刊晦轩林先生类纂古今名家史纲疑辨4卷　史部史评类

明林有望辑

明万历金陵书林饶仁卿刻本。

翰墨文宗10卷　集部总集类

明杨淙编

明万历元年(1573)金陵书林饶仁卿刻本。

王　籥

字小冈。明江宁人。以旂子。

王襄敏公集2卷　集部别集类

明王以旂撰　王籥辑

(1) 明万历元年(1573)王籥刻本，南京图书馆藏。

(2)《四库全书存目丛书》本。

姚之裔

字伭允，一字幼遐。明江宁人。淛子。诸生。

市隐园诗文　集部总集类

明姚溯编　姚之裔续编

见《四库全书总目》总集类存目。参见“姚溯”条。

按:《金陵诗征》卷20收有其诗。

常　信(1544—?)

字国宗。明上元人。卢璧从婿。隆庆初,以善六书官南印局使,五年(1571)迁抚州府照磨。博学多才。通医理、兵法,并工画。晚年慕耿定向之学。

抚游集　集部别集类　佚

同文集　集部别集类　佚

北上集　集部别集类　佚

振藻集　集部别集类　佚

以上4种见明焦竑《澹园集》卷24。

按:《金陵诗征》卷23收有其诗。

徐龙山

明万历间金陵刻书家。

尺牍清裁56卷　集部总集类

明王世贞编

明万历二年(1574)金陵书林徐龙山、徐东山刻本。

徐东山

明万历间金陵刻书家。

尺牍清裁56卷　集部总集类

明王世贞编

明万历二年(1574)金陵书林徐龙山、徐东山刻本。

洪　恩(1545—1608)

一作宏恩。俗姓黄，字三怀，号雪浪法师。明上元人。年12出家长干寺，与德清(憨山法师)同师无极法师，遂通内外典。并博通经史，旁及诗翰。独好华严圆顿之教，讲场于雪浪山中。缁素凑集，门恒万人。又工诗，被推为明代第一诗僧。周晖称之为“长干三诗僧”之一。万历二十六年(1598)，主南京大报恩寺，重修塔像，事成而去。

金刚般若波罗蜜经解义阳心经　子部佛教类

姚秦鸠摩罗什译　明释洪恩解

1924年上海姚氏助刻本。

心经说1卷　子部佛教类

嘉兴楞严寺藏经本。

雪浪集2卷　集部别集类

(1) 明万历间释通泽刻本，宋荦批并跋，国家图书馆藏。

(2)《四库全书存目丛书》本。

(3) 2013年黄山书社出版《明别集丛刊》本。

雪浪续集2卷　集部别集类

明万历四十六年(1618)吴门管觉仙刻本，国家图书馆藏。

宽　悦

字臞鹤。明上元人。初出家普德寺。优于讲解，兼擅才笔，与雪浪、湛怀齐名。后隐居尧山。

尧山藏草(一作尧山草)5卷　集部别集类　佚

见《千顷堂书目》卷28、《明史·艺文志》。

按:《列朝诗集》《金陵诗征》卷44收有其诗。《明诗综》卷92收其诗1首。

慈　露

号心田。明金陵僧。

云隐集　集部别集类　佚

见《续金陵琐事》。

唯　识

一作唯实。明金陵僧。

唯庵集　集部别集类　佚

见《续金陵琐事》。

清　远

明江宁僧人。

谓师外集　集部别集类

见嘉庆《江宁府志》卷54。

庆　文

明金陵僧。

香林集　集部别集类　佚

见《续金陵琐事》。

贝　琳

字西山，号昙云。明上元人。琳曾孙。承祖业，官钦天监五官司历。

历法要览12卷　子部历算类　佚

历书小帙　子部历算类　佚

杂说　子部杂学类　佚

昙云集　集部别集类　佚

以上4种见《金陵诗征》卷23传注。

朱宣圻(? —1612)

明应天人。蜀献王椿第七世孙,让栩孙。嘉靖四十年(1561)袭封蜀端王。

端园集　集部别集类　佚

见《千顷堂书目》卷17。

蔡浚溪

明万历间金陵刻书家。

纂丘琼山先生大学衍义补英华18卷　经部四书类

明凌遇知辑

明万历三年(1575)金陵书林蔡浚溪刻本,南京图书馆藏。

许仲琳

自号钟山逸叟。明南京人。

封神演义　子部小说类

此书版本较多,今举其最早及易得之版本如下:

(一)《新刻钟伯敬先生批评封神演义》20卷100回

(1) 明金阊舒载阳刻本,日本内阁文库藏。

(2) 清康熙间四雪草堂刻本,上海图书馆藏。

(3) 清雍正十三年(1735)善成堂刻本,上海图书馆藏。

(4) 清乾隆四十七年(1782)茂选楼重刊四雪草堂本,南京图书馆藏。

(5) 清光绪九年(1883)上海扫叶山房刻本,南京图书馆藏。

(6) 清学库山房刻本,辽宁省图书馆藏。

(7) 清善成堂刻本,辽宁省图书馆藏。

(8) 清品文堂刻本,锦州市图书馆藏。

(9) 清经纶堂刻本,辽宁大学图书馆藏。

(二)《新刻钟伯敬先生批评封神演义》10 卷 100 回

清康熙间金陵德聚堂刻本,北京大学图书馆藏。

(三)《绣像封神演义》100 回

(1) 清光绪十六年珍艺书局铅印本,国家图书馆藏。

(2) 清光绪十七年上海广百宋斋铅印本,国家图书馆藏。

(3) 民国间上海炼石书局石印本,上海图书馆藏。

(四)《初刻封神演义》8 卷 100 回

(1) 清嘉庆二十四年(1819)刻本,国家图书馆藏。

(2) 清同治八年(1869)刻本,国家图书馆藏。

(3) 清蔚文堂覆明本,别题《商周列国全传》,北京大学图书馆藏。

(4) 清刻本,国家图书馆藏。

(5) 2002 年全国图书馆文献缩微复制中心影印本,《西谛藏珍本小说插图》第七册。

(五)《绘图封神演义》8 卷 100 回

(1) 清末石印本,国家图书馆藏。

(2) 1913 年上海文华书局石印本,上海图书馆藏。

(3) 1920 年上海共和书局石印本,上海图书馆藏。

(六) 其他

(1) 1973 年人民文学出版社出版。

(2) 2007 年凤凰出版社出版。

(3) 2011 年上海古籍出版社出版。

按:《封神演义》,俗称《封神榜》,又名《商周列国全传》《武王伐纣外史》《封神传》,中国古代神魔小说。本书作者有多种说法。孙楷第、张政烺、柳存仁等主张为兴化陆长庚(即陆西星)作。章培恒认为是许仲琳作,其在江苏古籍出版社出版的《封神演义》所写《前言》中指出:《封神演义》原是流传于"说词者之口",属于民间文学性质的作品,后由许仲琳、李云翔写定,而李云翔是主要的写定者。日本内阁文库藏原刻本

《封神演义》卷二卷端题"钟山逸叟许仲琳编辑";卷首李云翔序云:"余友舒冲甫自楚中重资购有钟伯敬先生批阅《封神》一册,尚未竟其业,乃托余终其事。余不愧续貂,删其荒谬,去其鄙俚,而于每回之后,或正词,或反说,或以嘲谑之语以写其忠贞侠烈之品,奸邪顽顿之态,于世道人心不无唤醒耳。"后人据此推断,此书最初作者为许仲琳,后由李云翔续写完成。

朱理阶(? —1601)

明应天人。恬焮子。隆庆元年(1567)袭封沁水康僖王。工诗,喜交士。《明史》有传。

衡漳稿　集部别集类　佚

沧海拔纱集　集部别集类　佚

以上2种见《千顷堂书目》卷17。

按:《明诗综》卷1收其诗1首。

欧阳廪

字惟縠,一字石林。明上元人。居评事街,家有式好堂。工篆隶诗画。

逸园集　集部别集类　佚

见《金陵诗征》卷23。

盛敏耕(1546—1598)

字伯年,自号壶林,一作壶轩。明上元人。时泰子。诸生。博闻强记,工诗古文词,亦工小令。尝读书永庆山房,与顾起元相切磋。终生不仕,以文名。万历中,曾与李登、王元坤、陈所闻、王元贞、姚汝循等共结白社。又与李登等同被聘纂修县志。明焦竑《澹园集》有传。

(万历)上元县志12卷　史部地理类

明程三省修　李登、盛敏耕等纂

(1) 明万历二十五年(1597)刻本,上海图书馆等藏。

(2) 抄本,南京图书馆等藏。

(3)《南京文献》1947 年第 8、9 号。

(4) 1989 年江苏广陵古籍刻印社影印本。

(5)《金陵全书》本。

轩居集 10 卷　集部别集类　佚

见《千顷堂书目》卷 26。

按:《金陵诗征》卷 24 收有其诗。明陈所闻《南北宫词纪》收其散曲。

德　清(1546—1623)

俗姓蔡,字澄印,号憨山。明安徽全椒人,出家南京报恩寺。好学敏睿,通内外黄老之学,工诗文。寻入五台、栖牢山。万历中,巡行至山东崂山,李太后闻之,为造海印寺。坐私造寺院,遣戍雷阳。神宗去世始赦归,北入曹溪。入庐山。天启三年(1623),卒于宝林。

左传心法　经部春秋左传类　佚

见《中国佛学人名辞典》。

中庸直指不分卷　经部四书类

(1) 清光绪十年(1884)金陵刻经处刻本,南京图书馆藏。

(2) 民国间铅印本,国家图书馆藏。

大学决疑 1 卷　经部四书类

(1) 明万历四十五年(1617)刻本。

(2) 1920 年上海宏大善书局石印本,北京大学图书馆藏。

憨山老人年谱自叙实录 2 卷　史部传记类

明释德清自编　清释福善记录　谭贞默(福征)述疏

(1) 清顺治八年(1651)刻本,国家图书馆藏。

(2) 清光绪十七年红螺山寺刻本,附《曹溪中兴憨山肉祖后事因缘》1 卷,南京图书馆藏。

(3) 1934年上海佛学社铅印本,上海图书馆藏。

(4) 民国间扬州刻经处刻《憨山梦游集》第16册。

(5)《嘉兴谭氏遗书》本。

(6)《北京图书馆藏珍本年谱丛刊》本。

重修曹溪通志4卷　史部地理类

明万历间刻本,华东师范大学图书馆藏。

金刚决疑解1卷般若波罗蜜多心经直说1卷　子部佛教类

(1) 明吴江顾氏刻本,首有万历四十四年自撰题辞,见《郑堂读书记补逸》。

(2) 清陈宝晋等刻本,上海图书馆藏。

(3) 清光绪间木活字印本,见《佛祖心髓》第1册,题《般若波罗蜜多心经直说》1卷。

(4) 清金陵刻经处刻本,上海图书馆藏。

(5) 清末民国初南京刻经处刻本,上海图书馆藏。

观楞伽阿跋多罗宝经记4卷略科1卷　子部佛教类

南朝宋释求那跋陀罗译　明释德清笔记

(1) 明万历三十一年刘弘谟刻本,湖南省图书馆藏。

(2) 明万历三十二年刻本,杭州图书馆藏。

(3) 明万历三十三年刻本,吉林大学图书馆藏。

(4) 明万历三十六年刘弘谟刻本,上海图书馆藏。

(5) 明万历四十年刻本,上海图书馆藏。

(6) 明万历刻朱印本,国家图书馆藏。

(7) 清道光八年(1828)红香馆刻本,北京大学图书馆藏。

(8) 清光绪二年杭州慧空经房刻本,国家图书馆藏。

(9) 清抄本,上海图书馆藏。

观楞伽阿跋多罗宝经记18卷首1卷　子部佛教类

南朝宋释求那跋陀罗译　明释德清笔记

清光绪三十一年金陵刻经处刻《释氏十三经注疏》本,上海图书馆藏。

观楞伽阿跋多罗宝经记18卷补遗1卷　子部佛教类

南朝宋释求那跋陀罗译　明释德清笔记

清光绪三十一年金陵刻经处刻民国补刻本,黑龙江省图书馆藏。

观楞伽阿跋多罗宝经一切佛语心品遮食肉章记1卷　子部佛教类

南朝宋释求那跋陀罗译　明释德清笔记

民国间铅印本,南京图书馆藏。

华严法界境1卷　子部佛教类　佚

见《千顷堂书目》卷16。

大佛顶如来密因修证了义诸菩萨万行首楞严经通议10卷补遗1卷悬镜1卷略科1卷　子部佛教类

清光绪二十年金陵刻经处刻本,南京图书馆藏。

肇论略注　子部佛教类

(1) 清道光十四年刻本,3卷,国家图书馆藏。

(2) 清抄本,3卷,国家图书馆藏。

(3) 清光绪十四年金陵刻经处刻本,6卷,南京图书馆藏。

妙法莲华经通义7卷　子部佛教类

(1) 明万历四十四年丹阳广福寺募刻本,南京图书馆藏。

(2)《续藏经》本,题《妙法莲华经通义》。

(3) 明徐洌刻本,国家图书馆藏。

(4) 清同治至光绪三十四年金陵刻经处刻《释氏十三经注疏》本,20卷,上海图书馆藏。

(5) 旧抄本,台湾"中央图书馆"原藏。

法华击节1卷　子部佛教类

(1) 明万历二十六年释法济等刻本,湖南省图书馆藏。

(2) 清乾隆三年(1738)刻本,上海图书馆藏。

(3) 清乾隆五十七年乐安书屋刻本,南京图书馆藏。

(4) 清同治三年(1864)南京刻经处刻本,国家图书馆藏。

(5) 清光绪间刻本,上海图书馆藏。

云栖大师净土会语1卷净土会语论1卷　子部佛教类

明刻本，南京图书馆藏。

大方广佛华严经纲要80卷大方广佛华严经入不思议解脱境界普贤行愿品　子部佛教类

唐释实叉难陀译　唐释澄观疏　明释德清提纲

(1)《续藏经》本。

(2) 清同治十年绍郡大善寺刻本，南京图书馆藏，存卷1—59。

大方广园觉修多罗了义经直解2卷　子部佛教类

唐释佛陀多罗译　明释德清撰

(1) 明天启二年(1622)新安程梦旸刻本，国家图书馆藏。

(2) 明崇祯七年(1634)性理、性璞刻本，新疆大学图书馆藏。

(3) 清同治五年刻本，国家图书馆藏。

(4) 清光绪十年杭州昭庆寺慧空经房刻本，南京图书馆藏。

(5)《续藏经》本。

大方广园觉修多罗了义经2卷直解2卷　子部佛教类

唐释佛陀多罗译　直解明释德清撰

清红螺山寺刻本，大连图书馆藏。

大乘起信论疏略2卷　子部佛教类

《续藏经》本。

大乘起信论直解2卷　子部佛教类

清光绪十六年金陵刻经处刻《大乘起信论疏解》本，上海图书馆藏。

性相通说2卷　子部佛教类

(1) 明万历四十五年径山化成寺刻本，台湾"中央图书馆"原藏。

(2) 清同治十二年金陵刻经处刻本，1卷，南京图书馆藏。

憨山大师双径录1卷　子部佛教类　佚

见《千顷堂书目》卷16。

慈山诸言1卷答问1卷　子部佛教类

明万历十五年刻本。

憨山大师法语内卷1卷　子部佛教类

清嘉庆二十年(1815)刻本,国家图书馆藏。

憨山法语2卷　子部佛教类

清抄本,国家图书馆藏。

憨山大师净宗法要1卷附进修法要1卷　子部佛教类

清道光二十四年杭州昭庆寺慧空经房刻本,国家图书馆藏。

老子道德经解2卷　子部道教类

(1) 明玉溪菩提庵刻本,清丁丙跋,南京图书馆藏。

(2) 明刻本,国家图书馆藏。

(3) 清同治十二年广州桂耕堂刻本,香港大学图书馆藏。

(4) 清贝氏千墨葊抄本,叶启勋跋,湖南省图书馆藏。

(5) 清光绪元年道山同庆社刻本,上海图书馆藏。

(6) 清光绪十二年金陵刻经处刻本,附《观老庄影响论》,南京图书馆藏。

(7) 1919年刻本,天津图书馆藏。

老子道德经2卷　子部道教类

明释德清注

(1) 明刻本,上海图书馆藏。

(2) 朱批抄本,台湾"中央图书馆"原藏。

道德经发隐2卷　子部道教类

明抄本,香港大学图书馆藏。

庄子内篇注7卷　子部道教类

(1) 明天启元年管觉先毗耶室刻本,南京图书馆藏。

(2) 清抄本,北京大学图书馆藏。

(3) 清光绪十四年金陵刻经处刻本,4卷,南京图书馆藏。

观老庄影响论1卷　子部道教类

(1) 明万历顾广瞻刻本,国家图书馆藏。

(2) 明天启六年刻《快书》本。

(3)《四库全书存目丛书》本。

按:《四库全书总目》道家类存目云:"其书多引佛经以证老、庄,大都欲援道入释,多惝恍恣肆之言。以其借老庄为名,故姑附之道家。其曰'影响论'者,取空谷传声、众响斯应之义也。"

憨山老人梦游集 40 卷　集部别集类

(1) 清顺治十七年毛褒等刻本,常熟市图书馆藏。

(2)《续修四库全书》本,存 39 卷。

憨山大师梦游全集 20 卷　集部别集类

(1) 清顺治十七年耿继茂刻本。

(2) 清咸丰十年广州华林寺刻本,上海图书馆藏。

(3) 清宣统二年(1910)刻本,上海图书馆藏。

(4)《四库未收书辑刊》本。

憨山老人梦游集 55 卷　集部别集类

(1) 清光绪五年江北刻经处刻本,国家图书馆藏。

(2) 清光绪间金陵刻经处刻本,吉林大学图书馆藏。

(3) 民国间扬州刻经处刻本,南京图书馆藏。

(4) 2005 年北京图书馆出版社出版。

憨山老人梦游集 5 卷　集部别集类

清释福善编

(1) 明天启元年庐山法云寺刻本,北京大学图书馆藏,缺卷 3,有抄配。

(2) 明江州左春魁刻本。

(3)《续藏经》本。

(4) 2013 年黄山书社出版《明别集丛刊》本。

憨山大师梦游集不分卷　集部别集类

清抄本,天津图书馆藏,清姚莹俊跋。

憨山大师梦游集摘要　集部别集类

明释德清撰　清释福善辑

清光绪二十五年释楚禅、释醒彻刻本，国家图书馆藏。

憨山大师梦游集摘要2卷东游集法语3则　集部别集类

明释德清撰　清释福梦录

(1) 清光绪十八年红螺山寺刻本，北京大学图书馆藏。

(2) 清光绪二十五年海湖寺刻本，上海图书馆藏。

东游集　集部别集类　佚

见《金陵诗征》卷44小传。

按：《列朝诗集》《金陵诗征》卷44收有其诗。《明诗综》卷92收其诗4首。

周　晖(1546—?)

字吉甫，自号鸣岩山人。明上元人。诸生。博古洽闻，多识往事。隐居不仕。曾与朱之蕃、杜大成等入白门诗社。早年与盛时泰为友，后又与顾起元为文字交。卒于天启七年(1627)后。

金陵琐事4卷续金陵琐事2卷二续金陵琐事2卷　史部地理类

(1) 明万历三十八年(1610)序刻本，南京图书馆藏。

(2) 清光绪间江宁傅春官重刻本，国家图书馆藏。

(3) 1955年文学古籍刊行社影印万历刻本。

(4) 台北成文出版社《中国方志丛书》本。

(5)《南京稀见文献丛刊》本。

(6)《金陵全书》本。

金陵琐事4卷　史部地理类

(1) 清乾隆四十年(1775)张溎活字刻本，南京图书馆藏。

(2) 清道光元年(1821)江宁李鳌文浩堂刻本，南京图书馆藏。

(3) 清道光二年张廷森遡源堂刻本，北京大学图书馆藏。

金陵琐事2卷　史部地理类

(1) 1935年出版《国学珍本文库》本。

(2)《金陵琐事》2卷，民国抄本，吉林大学图书馆藏。

按：周晖尝撰《尚白斋客谈》数卷，皆闻之于客坐之语，“苦家贫，不能梓行”，“乃取《客谈》中切于金陵者，录成四帙，名曰《琐事》”，皆国史未收、方志未备者。本书专记明初以来金陵掌故。焦竑引称“读之可以辨风俗，征善败”。

金陵画品 1 卷　子部艺术类

画谈 1 卷　子部艺术类

清邹钟灵编《绘事晬编》本，道光间依样壶卢山馆抄本，北京大学图书馆藏。

尚白斋客谈　子部杂学类　佚

见《金陵琐事》自序。

山中白云 1 卷　子部杂学类　佚

见《客座赘语》卷 7。

幽草斋集　集部别集类　佚

见《列朝诗集小传》。

按：《列朝诗集》《金陵诗征》卷 23 收有其诗。

周氏曲品 1 卷　集部词曲类

《新曲苑》本。

王文徵

明上元人。太学生。

石室秘传 10 卷　子部艺术类

明王文征编

明万历四年(1576)序刻本，国家图书馆藏。

按：《中国善本书提要》引明万历四年许縠序云：“吾乡太学王子文征，性资颖异，觌览弘博，早耽坐隐，夙好手谈。乃延里中徐氏子文，素以善弈名者，历取往牒，较其异同，且各吐胸臆，而次第裁订之。厘为十卷，汇成全书，览者称善。”

唐　晟

字伯成。明金陵人。嘉靖、万历间刻书家，书坊名"金陵书林唐氏世德堂"，亦作"金陵唐绣谷世德堂"。所刻书以小说、戏曲为主。

新刻沈汉阳先生随寓诗经答 7 卷　经部诗经类

明沈翘楚撰

明万历四十七年(1619)唐晟刻本，国家图书馆藏。

春秋经传集解 30 卷　经部春秋总义类

晋杜预撰　明穆文熙辑评

明万历十六年世德堂刻本，河南省图书馆藏。

通鉴纂要抄狐白 6 卷首 1 卷　史部编年类

明顾充纂　陈禹谟参

明万历四十年唐氏世德堂刻本，台湾"中央图书馆"原藏。

皇明典故纪闻 18 卷　子部典故类

明余继登撰

明万历二十九年金陵书林唐氏世德堂刻本，台湾"中研院"傅斯年图书馆藏。

新刻夷坚志 10 卷　子部小说类

宋洪迈著　明吕胤校　唐晟订　唐祀编次

明万历金陵书林唐晟刻本，国家图书馆藏。

新刻耳谈 5 卷　子部小说类

明王同轨撰　王嗣经校

明万历金陵书坊世德堂刻本，国家图书馆藏。

按:《四库全书总目》小说类存目、《千顷堂书目》作《耳谈》15 卷，王重民谓为增订本，见《中国善本书提要》。

耳谈类增 54 卷　子部小说类

明王同轨撰　夏守成校

(1)明万历三十一年金陵绣谷唐晟、唐祀刻本，国家图书馆藏。

(2)《续修四库全书》本。

(3) 1994 中州古籍出版社出版《明清文言小说选刊》本。

按:《千顷堂书目》《中国善本书提要》著录。《明代版刻综录》著录为“明万历金陵书林唐富春世德堂刻本”。

按:《千顷堂书目》《中国善本书提要》著录。《明代版刻综录》著录为“明万历金陵书林唐富春世德堂刻本”。

绣谷春容 12 卷　子部小说类

题明赤心子汇辑　建业世德堂主人校刊

明万历金陵书林唐氏世德堂刻本,国家图书馆藏。

新刻出像官板大字西游记 20 卷 100 回　子部小说类

明吴承恩撰　华阳洞天主人校

明万历二十年金陵书林唐氏世德堂刻本,东京大学东洋文化研究所藏。

按:《中国善本书提要》略云:“卷九、十、十九、二十又作荣寿堂梓行。卷十六则作‘书林熊云滨重锲’。此五卷字迹稍纤细,殆世德堂版后归熊氏荣寿堂,而此本为荣寿堂修版重印者欤?”

新刊出像补订参采史鉴唐书志传通俗演义题评 8 卷　子部小说类

题姑熟陈氏尺蠖斋评释　绣谷唐氏世德堂(一作周氏大业堂)校定

明万历二十一年唐氏世德堂刻本,日本静嘉堂文库藏。

南北两宋志传(一作南北宋志传通俗演义题评)各 10 卷 50 回　子部小说类

题陈氏尺蠖斋评释　绣谷唐氏世德堂校订

明万历间唐氏世德堂刻本,东京大学东洋文化研究所藏。

冲虚至德真经 8 卷　子部道教类

晋张湛注

明世德堂刻本,残存卷 1—4,美国国会图书馆藏。

南华真经旁注 5 卷　子部道教类

周庄周撰　明方虚名辑注

明万历二十二年金陵唐氏世德堂刻本，台北故宫博物院图书馆藏。

指南录4卷指南后录4卷　集部别集类

宋文天祥撰

明万历十四年金陵书林唐晟刻本，北京大学图书馆藏。

新刻重订出像附释标注琵琶记4卷　集部词曲类

元高明撰　明戴君赐注

明万历金陵书林唐晟刻本，台湾"中央图书馆"原藏。

玉合记2卷　集部词曲类

明梅鼎祚撰

明万历金陵书林唐氏世德堂刻本，国家图书馆藏。

新刊重订出相附释标注香囊记4卷　集部词曲类

明邵灿撰

明万历金陵唐氏世德堂刻本，国家图书馆藏。

新刊重订附释标注出相五伦全备忠孝记4卷　集部词曲类

明邱濬撰　游氏兴贤堂重订

(1) 明万历金陵书林唐氏世德堂刻本，台湾"中央图书馆"原藏。

(2)《古本戏曲丛刊初集》据世德堂刻本影印本。

新刊重订出相附释标注千金记4卷　集部词曲类

明沈采撰

明万历金陵书林唐氏世德堂刻本，南京图书馆藏。

新刊重订出像附释标注拜月亭记2卷　集部词曲类

元施惠撰

(1) 明万历十七年金陵书林唐氏世德堂刻本，国家图书馆藏。

(2)《古本戏曲丛刊初集》据世德堂刻本影印本。

新刊重订出像附释标注裴度香山还带记2卷　集部词曲类

明沈采撰

(1) 明万历金陵书林唐氏世德堂刻本，台湾"中央图书馆"原藏。

(2)《古本戏曲丛刊初集》据世德堂刻本影印本。

新刊重订出相附释标注音释赵氏孤儿记 2 卷　集部词曲类

明阙名撰

(1) 明万历金陵书林唐氏世德堂刻本，南京图书馆藏。

(2)《古本戏曲丛刊初集》据世德堂刻本影印本。

新刊出像双凤齐鸣记 2 卷　集部词曲类

明陆华甫撰

(1) 明万历金陵书林唐氏世德堂刻本，台湾“中央图书馆”原藏。

(2)《古本戏曲丛刊二集》据世德堂刻本影印本。

新镌重订出像附释标注惊鸿记 2 卷　集部词曲类

明吴世美撰

(1) 明万历金陵唐氏世德堂刻本，台湾“中央图书馆”原藏。

(2)《古本戏曲丛刊二集》据世德堂刻本影印本。

新镌重订出像注释节孝记 2 卷　集部词曲类

明高濂撰

(1) 明万历金陵书林唐氏世德堂刻本，国家图书馆藏。

(2)《古本戏曲丛刊初集》据世德堂刻本影印本。

新刻出像音注增补刘智远白兔记 2 卷　集部词曲类

元刘唐卿撰

断发记　集部词曲类

明李开先撰

明金陵世德堂刻本。

紫箫记　集部词曲类

明汤显祖撰

玉簪记　集部词曲类

明高濂撰

水浒记　集部词曲类

明许自昌撰

以上 3 种传奇有明万历金陵世德堂刻本，馆藏待查。

沈朝阳(1547—1623)

字宗明,号凤冈。明江宁人。越长子。万历三十五年(1607)贡生,历高邮训导,池州府学教授、楚府纪善。生平治经学,兼通诸史。

通鉴纪事本末前编12卷宋编10卷元编4卷　史部纪事本末类

明沈朝阳等撰

(1) 明万历间郁冈山房刻本,北京大学图书馆藏。

(2)《四库未收书辑刊》本。

宋史纪事本末10卷　史部纪事本末类

明冯琦原编　陈邦瞻纂辑　徐申、刘曰梧校正　沈朝阳翻阅

(1) 明万历三十三年刻本,上海图书馆藏。

(2) 明万历三十四年黄杏士重刻本,国家图书馆藏。

按:陈原书26卷,沈朝阳改编为10卷。王重民《中国善本书提要》引《四库简目标注》陈鸿绶说云:"原刻单本并为十卷。"故王氏云:"此非原本也。"

皇明嘉隆两朝闻见记12卷　史部杂史类

明沈越撰　沈朝阳、沈乾阳等编次

明万历二十七年沈朝阳等刻本。参见"沈越"条。

沈氏世传　史部传记类　佚

见《金陵通传》卷14本传。

阙里书8卷　史部地理类

明沈朝阳撰　陈之伸补

(1) 明崇祯间刻本,台湾"中央图书馆"原藏。

(2)《四库全书存目丛书补编》本。

按:《帝里明代人文略》《金陵通传》卷14本传作《阙里书略》,不著卷数。

金庭稿　集部别集类　佚

见嘉庆《江宁府志》卷54。

李维桢(1547—1626)

字本宁，自称大泌山人。明京山(今属湖北)籍，侨居金陵。隆庆二年(1568)进士，由庶吉士授编修。万历时，进修撰，出为陕西参议，迁提学副使。天启初，以布政使家居。年70余，召修《神宗实录》。召为南京太仆寺卿，改太常卿。四年(1624)，召为南京礼部右侍郎，进尚书。卒赠太子太保。生平博闻强记，工为文，尤熟悉史事。《明史》有传。

穆宗实录70卷　史部编年类

明张居正等修　李维桢等预修

(1) 1939—1940年国民政府据南京图书馆藏传钞《明实录》本影印本。

(2) 台湾"中研院"历史语言研究所影印通行本。

(3) 2005年线装书局出版《钞本明实录》本。

神宗实录594卷　史部编年类

明顾秉谦等修　李维桢等预修

(1) 1939—1940年国民政府据南京图书馆藏传钞《明实录》本影印本。

(2) 台湾"中研院"历史语言研究所影印通行本。

(3) 2005年线装书局出版《钞本明实录》本。

庚中纪录事1卷　史部杂史类　佚

韩范经略西夏始末记1卷　史部杂史类　佚

国朝进士列卿表2卷　史部史表类　佚

南北史小识10卷　史部史钞类　佚

以上4种见《千顷堂书目》卷5。《列卿表》并见《明史・艺文志》。

按：《南北史小识》，《千顷堂书目》卢文弨补曰："条目凡八：明例、辨误、杂评、纪异、隽疑、比事、琐录、拾遗。"

史通评释20卷　史部史评类

唐刘知几撰　明李维桢评　郭孔延评释

(1) 明万历三十二年(1604)郭孔陵刻本,国家图书馆藏。

(2) 清雍乾间钱塘金氏补刻本,北京大学图书馆藏。

(3)《四库全书存目丛书》本。

按:《四库全书总目》史评类存目云:"维桢所评不出明人游谈之习,无足置论。孔延所释较有引据,而所征故事率不著其出典,亦颇有舛漏。"

镇远侯世家 1 卷　史部传记类　佚

见《千顷堂书目》卷 10。

(万历)山西通志 30 卷　史部地理类

明李维桢纂修

(1) 明万历刻后印本,日本内阁文库藏。

(2)《稀见中国地方志汇刊》本。

黄帝祠额解 1 卷　子部杂学类

(1)《宝颜堂秘笈》本。

(2)《丛书集成续编》本。

按:《四库全书总目》杂家类存目云:"是书乃其奉诏谒黄帝陵,见旧祠取鼎湖之事,额曰'龙髯',乃作是书,以辨其不经。谓骑龙即乘六龙之义,其实子华子已有是说,无庸复赘。又举百家所言黄帝神灵诸事,一一驳诘,词极辨博。实亦司马迁《五帝本纪》文不雅驯、荐绅难言之绪论也。"

新刻批点金罍子 44 卷　子部杂学类

明陈绛著　陶望龄编　李维桢批点

明泰昌间刻本,美国国会图书馆藏。

按:《中国善本书提要》云:"此本又经李维桢批点,刻于江都。"

五杂俎 16 卷　子部杂学类

明谢肇淛撰

明万历李维桢刻本,台湾"中央图书馆"原藏。

新锲官板批评注释虞精集 8 卷　子部杂学类

明周伯耕撰　明李维桢选

明书林郑氏奎璧堂刻本，国家图书馆藏。

按：《四库全书总目》杂家类存目云："是书盖杂家者流。其曰'虞精'，盖取虞人猎百禽之精意也。""其书篇各立名，镕铸故事以成文，欲以博丽见长，而襞积之痕不化。盖借文以隶事，而非用事以成文，故往往堆砌拥肿，不能运掉。"

新刻本宁李先生评训对类 4 卷　子部典故类

明李维桢辑

明万历建阳书林余敬宇刻本，国家图书馆藏。

新刻楚郢大泌山人四游集 22 卷　集部别集类

(1) 明万历间刻本，北京大学图书馆藏。

(2) 2013 年黄山书社出版《明别集丛刊》本。

按：是书清代列为禁书。

大泌山房集 134 卷目录 2 卷　集部别集类

(1) 明万历间刻本，国家图书馆藏。

(2)《四库全书存目丛书》本。

(3) 2013 年黄山书社出版《明别集丛刊》本。

按：《千顷堂书目》《明史·艺文志》著录题作《大泌山房全集》，卷同。《四库全书总目》别集类存目题作《大泌山房集》，无目录 2 卷。王重民《中国善本书提要》云："(美)国会图书馆藏有是集初印本，内容较此本少十数首；盖因此本后印，所多十数首，皆后来所补入者。"

李本宁先生小品 2 卷　集部别集类

明崇祯间《翠娱阁评选十六名家小品》刻本，台北"中央图书馆"原藏。

鲁文恪公文集 10 卷　集部别集类

明鲁铎著　李维桢校

明万历间刻本，国家图书馆藏。

按：《四库全书总目》别集类存目著录题为《鲁文恪存集》，卷同。

二贤言诗　集部诗文评类

明郭子章辑

明万历李维桢刻本，台北故宫博物院图书馆藏。

合刻医书二种 58 卷　丛书类

明万历六年(1578)李维桢刻本，北京大学图书馆藏。

子目：

《玉机微义》50 卷　明徐用诚撰

《医学正传》8 卷　明虞抟编

钦　义(?—1627)

俗姓王，字湛怀。明金坛人，10 岁出家金陵大报恩寺。工诗，能画梅，善鉴别古器物。天启末年元日卒。

焚馀草　集部别集类　佚

剩馀草　集部别集类　佚

以上 2 种见《续金陵琐事》。

按：《金陵诗征》卷 44 传注云："周晖选憨山、雪浪、湛怀曰'长干三诗僧'。"《列朝诗集》《金陵诗征》卷 44 收有其诗。《明诗综》卷 92 收其诗 1 首。

马守贞(1548—1604)

一作守真，小字玄儿，又字月娇，号湘兰。明秦淮妓。工诗，善文词，擅画兰，并擅音乐。万历间，王穉登曾与之相恋，而迎娶不可。湘兰殁，穉登序其诗并为之作传。《列朝诗集小传》有传。

马湘兰诗 2 卷　集部别集类

明万历间刻《香奁诗十种》本。

按：《续金陵琐事》题作《马姬诗》，《众香词》作《湘兰子集》，皆无卷数。《列朝诗集》收有其诗。《明诗综》卷 98 收其诗 1 首。《明词综》卷 12 收其词 1 首。《众香词》数集收其词 9 首。雪樵居士《秦淮闻见录》

收其题画诗4首。

三生传传奇　集部词曲类　佚

见近人王国维《曲录》、清阙名《传奇汇考标目》。

按:明胡文焕编《群音类选》(《格致丛书》本)收此剧残存佚曲,题作《三生传玉簪记》。明凌虚子编《月露香》(明万历间刻本)内收有佚曲,题作《三生记》。

散曲　集部词曲类

收入近人卢前编《明代妇人散曲集》,1935年中华书局聚珍仿宋铅印本。

马美人诗1卷　集部别集类

清冒愈昌辑《秦淮四美人诗四集》本。

研石山樵

清江宁人。事迹不详。

新镌玉茗堂批点按鉴参补南宋志传10卷50回北宋志传10卷50回　子部小说类

明研石山樵订正

(1) 明万历间刻本,国家图书馆藏,存《北宋志传》。

(2) 清聚文堂刻本,南京图书馆藏。

(3) 清光绪十九年(1893)上海宝文书局石印本,上海图书馆藏。

新镌玉茗堂批点按鉴参补出像南宋志传10卷50回北宋志传10卷50回　子部小说类

明研石山樵订正　织里畸人校阅

明末金阊叶昆池刻清重修本,上海图书馆藏。

新镌玉茗堂批点按鉴参补南宋志传10卷50回杨家将传10卷50回　子部小说类

明研石山樵订正

(1) 清同治十一年(1872)经纶堂刻本,南京图书馆藏。

(2) 清体元堂刻本，南京图书馆藏。

绣像北宋金枪全传 10 卷 50 回　子部小说类

明研石山樵订正　废闲主人校阅

(1) 清道光三年(1823)博古堂刻本，首都图书馆藏。

(2)《古本小说集成》本。

按：孙楷第《中国通俗小说书目》卷 2 云："首道光壬午(二年)鸳湖废闲主人序，即万历戊午(四十六年，1618)《北宋志传》玉茗主人序。此与玉茗堂批点本《北宋志传》实为一书。按：清乾隆间清凉道人《听雨轩笔记》三《余记》引当时评话有《金枪》。"此书又名《杨家将演义全传》《北宋金枪全传》《北宋杨家将》。参见《中国通俗小说总目提要》并附录《中国通俗小说同书异名通检》。

新镌玉茗堂批点按鉴参补杨家将传 10 卷 50 回　子部小说类

明研石山樵订正

(1) 清郑五云堂刻本，上海图书馆藏。

(2) 清启元堂刻本，上海图书馆藏。

(3) 清小酉山房刻本，国家图书馆藏。

(4) 清光绪间石印本，上海图书馆藏。

新镌玉茗堂按鉴批点续北宋志天门阵演义十二寡妇征西 4 卷 19 回　子部小说类

明研石山樵订正

(1) 清会元楼刻本，国家图书馆藏。

(2) 清刻本，日本内阁文库藏。

(3) 清光绪十六年刻本，首都图书馆藏。

赵彩姬

字今燕。明金陵妓。南曲中与马守贞齐名。

赵美人诗 1 卷　集部别集类

清冒愈昌辑《秦淮四美人诗四集》本。

按:《列朝诗集》收有其诗。《明词综》卷12收其词2首。《众香词》数集收其词6首。

杜大成

字允修,自号冶山狂生。明上元人,居冶山之麓。嗜声诗,解音律,工小令,善绘画。与朱之蕃、周晖、黄居中等同为"白门新社"诗人。

晞真集1卷　集部别集类　佚

见《千顷堂书目》卷26。

按:《金陵诗征》卷27收有其诗。

纳凉偶笔1卷　集部词曲类　佚

见《千顷堂书目》卷33,注云:"评次诗余。"

按:《金陵诗征》卷27收有其诗。明陈所闻《南北宫词纪》收其散曲。

朱之蕃(1548—1624)

字元介,号兰嵎。明上元人。衣子。幼聪慧,能文善书,并工画。万历二十三年(1595)状元,授修撰,奉命出使朝鲜。归,充会试同考官,转翰林院掌院学士,进南京吏部右侍郎,摄工部。丁母忧,遂不复出。构小桃源于谢公墩北,积鼎彝书画其中,日夕赏鉴。后居龙江关侧至卒。

玉堂厘正字义韵律海篇心镜20卷　经部小学类

(1) 明万历三十一年南都博古堂刻本,台湾"中央图书馆"原藏。

(2) 朝鲜翻刻明博古堂本,台湾"中央图书馆"原藏。

战国策玉壶冰8卷　史部杂史类

旧题明焦竑批选　翁正春校正　朱之蕃汇评

明万历间刻本,美国国会图书馆藏。参见"焦竑"条。

新锲名家纂定注解两汉评林3卷　史部史评类

明汤宾尹编

明天启朱之蕃刻本,见《明代版刻综录》。

金陵图咏附金陵古今图考1卷雅游编1卷　史部地理类

明朱之蕃辑　《图考》明陈沂撰　《雅游编》明余孟麟、焦竑、朱之蕃、顾起元等撰

(1) 明天启三年(1623)朱之蕃金陵刻本,南京图书馆藏。

(2) 台北成文出版社《中国方志丛书》本。

(3) 2007年南京图书馆影印本。

(4)《金陵全书》本。

按:《金陵图咏》亦题《金陵四十景图咏》。卷首有天启三年朱之蕃序,称:"宇内郡邑有志,必标景物,以彰形胜、存名迹。金陵自秦汉六朝,夙称佳丽。至圣祖开基定鼎,始符千古王气,而龙盘虎踞之区,遂朝万邦、制六合。"作者认为之前以八景、十六景题咏金陵者,不足以观金陵名胜全景,于是广为四十景,并请陆寿柏亲历其境,绘为图画。朱氏又各为小引,记其地理位置、古今沿革及可观之景色,后附诗一首。

(万历)南阳府志18卷　史部地理类

明李廷龙修　朱之蕃纂

明万历五年刻本。

按:《中国地方志联合目录》误以"之蕃"作"之藩",云:"国内仅有胶卷或残卷,日本宫内省图书寮藏有全帙。"

玉山名胜集　史部地理类

元顾瑛辑

明万历十三年上元朱之蕃玉华馆刻本,台北故宫博物院图书馆藏。

按:本书辑录顾瑛及友朋对玉山佳处中26个景点的歌咏之作。顾瑛所居池馆之盛,甲于东南,一时胜流,多从之游宴,因裒其诗文为此集。

管晏春秋百家评林4卷　子部周秦诸子类

明陶望龄校阅　翁正春参订　朱之蕃遴选　林世选编次

明万历间刻本,美国国会图书馆藏。

按:《中国善本书提要》云:"卷一至三题为《管子春秋》,卷四《晏子

春秋》。因《晏子》原有‘春秋’之名，而亦称《管子》为‘春秋’，明人之妄自附会率类此。是书当即世选所编，而托之朱之蕃等三人者，《四库存目》卷一百三十二有翰林三状元《二十九子品汇释评》，其伪托之事，正相同。”

哤言10卷　子部儒学类

明范涞著　朱之蕃、晏文辉同参　祝世禄、赵时用订

(1) 明万历四十四年詹光陛等刻本，台湾“中央图书馆”原藏。

(2) 明万历四十五年汪浸等刻本，南京图书馆藏。

(3)《四库全书存目丛书》本。

(4)《续修四库全书》本。

按：《四库全书总目》儒家类存目云：“是编随笔札记，亦语录之类。”

篆法探源1卷　子部艺术类

韩登庵手写本，台湾“中央图书馆”原藏。

二十九子品汇释评20卷卷首1卷　子部杂学类

明焦竑校正　翁正春参阅　朱之蕃圈点

(1) 明万历四十四年宝善堂刻本，国家图书馆藏。

(2)《四库全书存目丛书》本。

按：《中国善本书提要》云：“是书之伪托，《提要》已辨之，卷端有李廷机序，亦是托名。”参见“焦竑”条。

新刻太史汇选古今举业文弢注释评林4卷　子部典故类

题明朱之蕃评注

明万历周昆冈刻本，国家图书馆藏。

鼎镌全补音注书言故事类编10卷　子部典故类

明胡继宗、朱之蕃辑

明万历陈德宗刻本，见《西谛书目》。

新刻吕泾野先生校正中秘元本20卷　子部典故类

宋任广辑　明吕柟校正

明万历间金陵朱之蕃刻本，中国科学院图书馆藏。

奉使朝鲜稿　集部别集类

(1) 明万历三十四年刻本,国家图书馆藏。

(2)《四库全书存目丛书》本。

按:亦见《四库全书总目》别集类存目,清代列为禁书。

咏物诗一卷　集部别集类

明朱之蕃撰　日本井伊友直点

景印弘化元年(1844)序井伊氏仁山堂刊本,东京大学东洋文化研究所藏。

纪胜诗 1 卷　集部别集类　佚

南还杂著 1 卷　集部别集类　佚

廷试策 1 卷　集部别集类　佚

落花诗 1 卷　集部别集类　佚

以上 4 种见《千顷堂书目》卷 25。

东里文集 25 卷　集部别集类

明杨士奇撰　朱之蕃重录

(1) 明万历末重刻本,上海图书馆藏。

(2) 明刻清印本,美国国会图书馆藏。

按:《中国善本书提要》云:"按《四库全书》既载是集入《东里全集》内,《存目》又别载《别本东里文集》二十五卷。余考其内容实相同,不知馆臣何故以别本目之?《提要》引李东阳《怀麓堂诗话》曰:'杨文贞《东里集》手自选择,刻之广东,为人窜入数首。'以意度之,全集本似经后人窜入之本。然则馆臣所谓'别本'者,殆指广东所刻原本欤?"

注释秦汉文纂评林 4 卷　集部总集类

明万历间刻本,见《国学图书馆现存书目》。

新锲名家纂定注解两汉评林 3 卷　集部总集类

明汤宾尹编

明天启间朱之蕃刻本,南京图书馆藏。

全唐名家诗集　集部总集类

明朱之蕃辑

明万历四十年校刻本。

汇刻唐人诗集　集部总集类

明朱之蕃刻本，北京大学图书馆藏，存卷3—11共9卷。

中唐十二家诗12卷　集部总集类

明朱之蕃辑

明万历四十年金陵书林王世茂车书楼刻本，南京图书馆藏。

晚唐十二家诗　集部总集类

明朱之蕃辑

(1) 25卷，明万历四十年朱之蕃刻本，国家图书馆藏。

(2) 12卷，明万历四十六年金陵朱氏刻本，国家图书馆藏。

唐四家诗集4卷　集部总集类

明朱之蕃辑

明万历朱之蕃刻本，国家图书馆藏。

盛明百家诗选34卷首1卷　集部总集类

明朱之蕃辑

(1) 明万历四十四年刻本，国家图书馆藏。

(2)《四库全书存目丛书》本。

按：《盛明百家诗》乃俞宪所辑，朱在俞书中选出十之二三，编为34卷。《四库全书总目》总集类存目云："以诗分体，而不以诗系人，与分家之说名实相迕。首列赋二卷，末附诗余一卷，与编录之体亦乖。其去取尤漫无持择，非善本也。"

当代名公鸿笔百寿类函8卷　集部总集类

明朱之蕃编　明徐榛、吴明郊注

明万历四十四年金陵王凤翔刻本，台北"中央图书馆"原藏。

按：是书全名《兰嵎朱宗伯汇选当代名公鸿笔百寿类函》8卷。

三家咏物诗　集部总集类

明朱之蕃编

明天启二年朱之蕃刻本，台北故宫博物院图书馆藏。

按：此编元谢宗可、明瞿佑、朱之蕃三家咏物诗为一集。

新选七襄章 11 卷　集部总集类

明朱之蕃辑

明万历间刻本，国家图书馆藏。

按：此为尺牍汇辑。

中原文献 24 卷　集部总集类

明焦竑编　朱之蕃注　陶望龄评

按：参见“焦竑”条。

江南春词集 1 卷附录 1 卷附考 1 卷　集部词曲类

明朱之蕃辑　清梁廷枏撰《附考》

《粟香室丛书》本。

词坛合璧四种　集部词曲类

明朱之蕃辑

明金阊世裕堂刻本，国家图书馆藏。

谢一桂

字芳孺，一字天聘。明江宁人。居高桥门。与周晖友善。

窍鸣集(一作蚓窍集)　集部别集类　佚

见《金陵诗征》卷 21。

许天叙

字伯伦，号伦所。明上元人。榖孙。行书师孙过庭。万历七年(1579)举人。官至裕州知州，有善政。

南国贤书 6 卷前编 2 卷　史部传记类

明张朝瑞撰　许天叙增补

(1) 明崇祯六年(1633)董天胤刻本，南京图书馆藏。

(2) 影抄明崇祯陆问礼刻本，6 卷，国家图书馆藏。

(3) 旧抄本,台湾图书馆藏。

胡少山

明万历间金陵刻书家。

新刻考正古本出像注释北西厢记2卷　集部词曲类

元王德信撰　明江右逸乐斋订正

明万历七年(1579)金陵胡少山少山堂刻本。

按:此见《明代版刻综录》著录,馆藏待考。

吴继宗

明万历间金陵刻书家。

刘河间伤寒三书20卷　子部医家类

金刘完素撰

明万历八年(1580)吴继宗刻本。国家图书馆藏。

注释六子要语6卷　子部杂学类

明桂天祥辑　王良材注释

明万历六年金陵书林吴继宗怀川堂刻本。

按:此见《明代版刻综录》著录,馆藏待考。台湾"中央图书馆"原藏有明万历四年刻本《六子要语》,不知与此是否同一版本。

王元贞

字孟起,号肖淮。明上元人。家秦淮上,构阁名卧痴,有桂园在回光寺前。诸生,入国学。精校勘。工诗。尝与李登、王元坤、陈所闻、盛敏耕、姚汝循等结"白社"。

老子翼3卷　子部周秦诸子类

庄子翼8卷庄子阙误1卷附刻1卷　子部周秦诸子类

以上2种明焦竑撰,王元贞校。明万历十六年(1588)刻本,南京图书馆藏。

詹氏性理小辨 64 卷　子部儒学类

明詹景凤撰

(1) 明万历王元贞刻本,南京图书馆藏。

(2)《四库全书存目丛书》本。

王氏书苑 10 卷补益 12 卷王氏画苑 10 卷画苑补益 4 卷　子部艺术类

明王世贞辑　《补益》明詹景凤辑

(1) 明万历十八年至十九年王元贞王氏淮南书院刻本,南京图书馆藏。

(2)《四库全书存目丛书》本。

按:《四库全书总目》艺术类存目《王氏书苑》提要云:"初,世贞纂古书家言多至八十余卷。抚郧阳时,择取十数种付梓。版藏襄阳郡斋,因水涨漂失。寻复以刻本五种畀王元贞,翻刻于金陵,题目《王氏书苑》。万历辛卯(十九年),元贞与詹景凤续刻八种,题曰《书苑补益》。"

艺文类聚 100 卷　子部典故类

唐欧阳询编撰　明王元贞校刊

(1) 明万历十五年原刻本,北京大学图书馆藏。

(2) 清光绪五年(1879)成都宏达堂翻刻王元贞本,南京图书馆藏。

新增说文韵府群玉 20 卷　子部典故类

宋阴时夫编撰　明王元贞增修

明万历十八年王元贞刻本,南京图书馆藏。

焦氏类林 8 卷　子部典故类

明焦竑编　王元贞校

明万历十五年王元贞刻本,北京大学图书馆藏。参见"焦竑"条。

孟起正续集　集部别集类　佚

见《千顷堂书目》卷 26,误将王元贞名作"王元"。《续金陵琐事》作《孟起集》。

卧痴阁集　集部总集类　佚

明王元贞编

见《金陵通传》卷18本传。

桂园社草　集部总集类　佚

明王元贞编

见《金陵诗征》卷23小传。

按:《金陵诗征》卷23收有其诗。

张文辉

一作文晖。字孚之,一字集之,又字华宁。明上元人。万历二十三年(1595)进士,历官南京户部主事、台州知府、长芦转运使。罢归。别购徐氏杏花村园居之。与焦竑父文杰等交善。工诗文。

霞起阁文集　集部别集类　佚

应闲斋诗集　集部别集类　佚

以上2种见《金陵诗征》焦竑传注。

周近泉

明万历间金陵刻书家,书坊名大有堂。刻书甚多。

皇明宝训40卷　史部编年类

明陈治本等编

(1) 明万历三十年(1602)秣陵周氏大有堂刻本,台湾"中央图书馆"原藏。

(2) 1987年台湾学生书局影印本。

(3)《四库全书存目丛书》本。

按:张秀民《中国印刷史》云:是书自"洪、永至隆庆俱全,这与明各朝实录都是研究明史的第一手资料。"《千顷堂书目》著录《皇明宝训》122卷,注云:"自洪武至隆庆凡十朝。万历初大学士吕本汇刊。一作三十九卷。"

御制新颁大明律例注释招拟折狱指南18卷首1卷　史部政书类

明万历金陵书林周近泉刻本,国家图书馆藏。

新镌全像评注古今清谈万选 4 卷　子部小说类

明泰华山人辑

明万历八年金陵书林周近泉大有堂刻本，东京大学东洋文化研究所藏。

按：《中国善本书提要》云："卷端有序，署'泰华山人书于金陵之大有堂'，未审泰华即近泉之别署否？"

历朝尺牍大全 14 卷　集部总集类

明王锡爵辑

明万历三十九年金陵书林大有堂刻本，国家图书馆藏。

刘仕义

字时卿，一字行之。明上元人。万历八年(1580)贡生，除温州教授。博学能文，善谈名理。

新知录 24 卷　子部杂学类　佚

新知稿　集部别集类　佚

以上 2 种见《金陵诗征》卷 23 贝豳传注。

唐　昶

字叔永，一字子和，号对溪。明金陵人。嘉靖、万历间金陵刻书家，书坊名"富春堂"，又作"金陵书林唐氏富春堂""金陵三山街绣谷对溪书坊唐富春""金陵三山街唐氏富春堂"。所刻书除经书、医书、文集、尺牍、琴谱外，以戏曲为多。明代南京书坊唐姓甚多，对溪"富春堂"是其最著者。

礼记集注 10 卷　经部礼记类

元陈澔撰

明万历二十五年(1597)唐氏富春堂刻本，国家图书馆藏。

春秋胡传 30 卷纲领 1 卷提要 1 卷诸国兴废论 1 卷列国东坡图说 1 卷正经音训 1 卷　经部春秋总义类

宋胡安国撰　宋林尧叟音注　《纲领》以下未题撰者

明万历二十五年金陵唐对溪刻本，山东省图书馆藏。

按：以上2种见《中国古籍善本书目·经部》。

新镌增补全像评林古今列女传8卷　史部传记类

汉刘向撰　明茅坤补　彭烊评

明万历十五年金陵书林唐氏富春堂刻本，国家图书馆藏。

武经总要前集22卷后集21卷百战奇法2卷行军须知2卷　子部兵书类

宋曾公亮、丁度等撰　明李进订补

明嘉靖间金陵书林唐氏富春堂刻本，南京图书馆藏。

王叔和脉诀2卷　子部医家类

晋王叔和撰

明嘉靖四十四年(1565)金陵书林唐氏富春堂刻本，国家图书馆藏。

太医院校注妇人良方大全24卷　子部医家类

宋陈自明编　明薛己校注

明金陵书林对溪唐富春刻本，南京图书馆藏。

大六壬神课　子部术数类　佚

见张秀民《中国印刷史》。

琴谱真传　子部艺术类

明杨表正撰

(一) 6卷本

明万历元年金陵书林唐氏富春堂刻本，题《新刊正文对音捷要琴谱真传》，南京图书馆藏。

(二) 10卷本

(1) 明万历十三年金陵书林唐氏富春堂刻积秀堂印本，题《重修正文对音捷要真传琴谱大全》，南京图书馆藏。

(2)《四库全书存目丛书》本。

(3)《续修四库全书》本。

按:《四库全书总目》艺术类存目著录。

新编古今事文类聚前集60卷后集50卷续集28卷别集32卷新集36卷外集15卷遗集15卷　子部典故类

宋祝穆撰　元富大用、祝渊续增

明万历三十二年金陵书林唐氏富春堂刻本,南京图书馆藏。

新刻音释启蒙总龟对类大全8卷　子部典故类

明谢天祐订正

明万历三十六年金陵书林唐氏富春堂刻本,中国科学院图书馆藏。

新刊出像增补搜神记6卷　子部小说类

晋干宝撰

明万历元年金陵书林唐氏富春堂刻本,国家图书馆藏。

新刻夷坚志10卷　子部小说类

宋洪迈著　明冒胤昌校　绣谷唐晟订　唐昶编次

明万历间金陵书林唐晟刻本,国家图书馆藏。

耳谈类增54卷　子部小说类

明王同轨撰　夏守成校

明万历间金陵绣谷唐晟、唐昶刻本。版本参见“唐晟”条。

新刊古今名贤品汇注释玉堂诗选8卷　集部总集类

明舒芬精选　舒琛增补　杨淙辑注

明万历金陵书林唐氏富春堂刻本,国家图书馆藏。

新刻注释云龙翰柬大成6卷称呼2卷活套1卷　集部总集类

明谢天祐辑

明万历七年金陵书林唐氏富春堂刻本,浙江图书馆藏。

皇明馆课标奇21卷　集部总集类

明张位辑

明万历金陵书林唐氏富春堂刻本,天津图书馆藏。

新刻注释氏族对联名家世记4卷　集部总集类

明姜安辑

明万历二十一年金陵书林唐氏富春堂刻本，东京大学东洋文化研究所藏。

新刻出像音注五代刘智远白兔记 2 卷　集部词曲类

元刘唐卿撰

(1) 明万历金陵书林唐氏富春堂刻本，国家图书馆藏。

(2)《古本戏曲丛刊初集》据富春堂刻本影印本，题《新刻出像音注增补刘智远白兔记》2 卷。

(3) 1980 年扬州广陵古籍刻印社影印本。

按：王重民《中国善本书提要》云："北京图书馆藏富春堂刻曲甚多，然无此本，为可贵也。"查今国家图书馆藏书，藏有唐氏富春堂刻本，1 册。王氏当年或未见到。

新刻出像音注花栏王十朋荆钗记 4 卷　集部词曲类

明朱权撰

明万历金陵书林唐氏富春堂刻本，国家图书馆藏。

新刻出像音注吕蒙正破窑记 2 卷　集部词曲类

明阙名撰

(1) 明金陵唐氏富春堂刻本，台湾"中央图书馆"原藏。

(2)《古本戏曲丛刊初集》据富春堂刻本影印本。

新刻出像音注岳飞破虏东窗记 2 卷　集部词曲类

明阙名撰

(1) 明万历金陵书林唐氏富春堂刻本，国家图书馆藏。

(2)《古本戏曲丛刊初集》据富春堂刻本影印本。

新镌图像音注周羽教子寻亲记 4 卷　集部词曲类

明王錂重订

(1) 明万历金陵书林唐氏富春堂刻本，国家图书馆藏。

(2)《古本戏曲丛刊初集》据富春堂刻本影印本。

新刻出像音注唐朝张巡许远双忠记 2 卷　集部词曲类

明姚茂良撰

(1) 明万历金陵书林唐氏富春堂刻本，国家图书馆藏。

(2)《古本戏曲丛刊初集》据富春堂刻本影印本。

新刻出像音注花栏韩信千金记 4 卷　集部词曲类

明沈采撰

(1) 明万历金陵书林唐氏富春堂刻本，国家图书馆藏。

(2)《古本戏曲丛刊初集》据富春堂刻本影印本。

新刻出像音注花栏裴度香山还带记 2 卷　集部词曲类

明沈采撰

明万历金陵书林唐氏富春堂刻本，台湾"中央图书馆"原藏。

新刻出像音注商辂三元记 2 卷　集部词曲类

明沈受先撰

(1) 明万历金陵书林唐氏富春堂刻本，台湾"中央图书馆"原藏。

(2)《古本戏曲丛刊初集》据富春堂刻本影印本。

新刻出像音注释义王商忠节癸灵庙玉玦记 4 卷　集部词曲类

明郑若庸撰

(1) 明万历金陵书林唐氏富春堂刻本，台湾"中央图书馆"原藏。

(2)《古本戏曲丛刊初集》据富春堂刻本影印本。

新刻出像音注刘汉卿白蛇记 2 卷　集部词曲类

明郑国轩撰

(1) 明万历金陵书林唐氏富春堂刻本，台湾"中央图书馆"原藏。

(2)《古本戏曲丛刊初集》据富春堂刻本影印本。

新刻出像音注姜诗跃鲤记 4 卷　集部词曲类

明陈罴斋撰

(1) 明万历金陵书林唐氏富春堂刻本，台湾"中央图书馆"原藏。

(2)《古本戏曲丛刊初集》据富春堂刻本影印本。

新刻出像音注劝善目连救母行孝戏文 8 卷　集部词曲类

明郑之珍撰

明万历金陵书林唐氏富春堂刻本，台湾"中央图书馆"原藏。

新刻出像音注范雎绨袍记4卷　集部词曲类

(1) 明万历金陵书林唐氏富春堂刻本,国家图书馆藏。

(2)《古本戏曲丛刊二集》据富春堂刻本影印本。

新刻出像音注唐韦皋玉环记2卷　集部词曲类

明万历金陵书林唐氏富春堂刻本,台湾"中央图书馆"原藏。

新刻出像音注刘玄德三顾草庐记4卷　集部词曲类

(1) 明万历金陵书林唐氏富春堂刻本,台湾"中央图书馆"原藏。

(2)《古本戏曲丛刊初集》据富春堂刻本影印本。

新刊出像音注韩朋十义记2卷　集部词曲类

明阙名撰　罗祐注

(1) 明万历金陵书林唐氏富春堂刻本,台湾"中央图书馆"原藏。

(2)《古本戏曲丛刊初集》据富春堂刻本影印本。

新刻出像音注薛仁贵跨海征东白袍记2卷　集部词曲类

(1) 明万历金陵书林唐氏富春堂刻本,台湾"中央图书馆"原藏。

(2)《古本戏曲丛刊初集》据富春堂刻本影印本。

新刻出像音注苏英皇后鹦鹉记2卷　集部词曲类

(1) 明万历金陵书林唐氏富春堂刻本,国家图书馆藏。

(2)《古本戏曲丛刊初集》据富春堂刻本影印本。

浣纱记　集部词曲类

明梁辰鱼撰

明万历金陵书林唐氏富春堂刻本,国家图书馆藏。

新刻出像音注花将军虎符记2卷　集部词曲类

明张凤翼撰

(1) 明万历金陵书林唐氏富春堂刻本,台湾"中央图书馆"原藏。

(2)《古本戏曲丛刊初集》据富春堂刻本影印本。

新刻出像音注点板徐孝克孝义祝发记2卷　集部词曲类

明张凤翼撰

(1) 明万历金陵书林唐氏富春堂刻本,国家图书馆藏。

(2)《古本戏曲丛刊初集》据富春堂刻本影印本。

新刊音注出像齐世子灌园记2卷　集部词曲类

明张凤翼撰

(1) 明万历金陵书林唐氏富春堂刻本,南京图书馆藏。

(2)《古本戏曲丛刊初集》据富春堂刻本影印本。

新刻出像点板音注李十郎紫箫记4卷　集部词曲类

明汤显祖撰

(1) 明万历金陵书林唐氏富春堂刻本,台湾"中央图书馆"原藏。

(2)《古本戏曲丛刊初集》据富春堂刻本影印本。

新刻出像音注管鲍分金记4卷　集部词曲类

明叶良表撰

(1) 明万历金陵书林唐氏富春堂刻本,台湾"中央图书馆"原藏。

(2)《古本戏曲丛刊初集》据富春堂刻本影印本。

新刻出像音注司马相如琴心记4卷　集部词曲类

明孙柚撰

明万历金陵书林唐氏富春堂刻本,台湾"中央图书馆"原藏。

寻亲记　集部词曲类

明王錂撰

(1) 明金陵富春堂刻本,国家图书馆藏。

(2)《古本戏曲丛刊初集》据富春堂刻本影印本。

新刻出像音注何文秀玉钗记4卷　集部词曲类

明心一山人撰

(1) 明万历金陵书林唐氏富春堂刻本,台湾"中央图书馆"原藏。

(2)《古本戏曲丛刊初集》据富春堂刻本影印本。

新刻出像音注王昭君出塞和戎记2卷　集部词曲类

明阙名撰

(1) 明万历金陵书林唐氏富春堂刻本,台湾"中央图书馆"原藏。

(2)《古本戏曲丛刊二集》据富春堂刻本影印本。

新刻出像音注薛平辽金貂记 4 卷　集部词曲类

(1) 明万历金陵书林唐氏富春堂刻本,国家图书馆藏。

(2)《古本戏曲丛刊初集》据富春堂刻本影印本。

新刻出相音注劝善目连救母行孝戏文 3 卷　集部词曲类

明郑之珍撰

明金陵书林唐氏富春堂刻本,北京大学图书馆藏。

新刊重订出相附释标注香囊记 4 卷　集部词曲类

明邵宏治撰

明唐氏富春堂刻本,国家图书馆藏。

新刻重订出像附释标注琵琶记 4 卷　集部词曲类

明高明撰

明唐氏富春堂刻本,国家图书馆藏。

新刻全像易鞋记 2 卷　集部词曲类

明沈鲸撰

明唐氏富春堂刻本,国家图书馆藏。

新刻出像音注观世音修行香山记 2 卷　集部词曲类

(1) 明万历金陵书林唐氏富春堂刻本,台湾"中央图书馆"原藏。

(2)《古本戏曲丛刊初集》据富春堂刻本影印本。

按:张秀民《中国印刷史》云:"万历间唐氏各家除刻医书、经书、文集、尺牍、琴谱外,又刻了很多戏曲,其中以唐对溪富春堂为最多,据说有十集百种,现存者……约五十种。"今所搜辑如上,尚不足此数。

绣刻演剧　丛书类

明金陵唐氏富春堂等辑刻。

明万历间刻本,国家图书馆等藏。

按:《中国善本书提要》云:"卷内除题唐氏富春堂、世德堂外,尚有金陵文秀堂、文林阁等名……是编显系两家或数家书林所刻,后其书版殆均归唐氏,始汇印为是编。总为六套,每套十本,都六十本,此仅存五十二本。"子目详见《中国丛书综录》。程有庆《别本〈绣刻演剧〉六十种考辨》(《国家图书馆学刊》1993年第2期)对《绣刻演剧》的情况有详细考证。其文谓,《绣刻演剧》现存3部残书,分别藏于北京图书馆(一部分藏于台湾"中央图书馆")、南京图书馆、上海图书馆。此书共收富春堂刻本30种,文林阁刻本20种,文秀堂刻本1种,继志斋刻本1种,世德堂刻本6种,唐晟刻本1种。唐晟实际就是世德堂主人,故应归入世德堂。《绣刻演剧》集合了5家书坊的旧版,稍加编纂,汇印成一部颇具特色的戏曲选集。这部书的出现,时间在康熙、乾隆时期。程文附有全部60种剧目的名称,并分别标注了出版该剧目的书坊名,凡《古本戏曲丛刊》已经影印的也作了标注。

林　章(1551—1599)

本名春元,字初文。明福建福清人。以避倭寇乱,移家金陵。万历元年(1573)举人。尝入戚继光幕,至苏北。后因事系狱3年。出走燕京。两上书请出海上奇兵,不报。复抗疏请止矿税,再下狱暴病死。

林初文诗文全集不分卷　集部别集类

(1) 明天启间刻本,国家图书馆藏。

(2)《续修四库全书》本。

(3) 2013年黄山书社出版《明别集丛刊》本。

林初文诗选1卷　集部别集类

(1) 明崇祯刻本,中国科学院图书馆藏。

(2)《四库全书存目丛书补编》本。

林孝廉集选1卷　集部别集类

明林章撰　清陈允衡选

《诗慰》初集本。

青虬记(杂剧)　集部词曲类　佚

观灯记(传奇)　集部词曲类　佚

以上2种见《古典戏曲存目汇考》。

王　姬

字美君。原籍福建福清，随夫居南京。林章妻，林古度母。工诗。

美君诗存　集部别集类　佚

见《金陵诗征》卷42。

何湛之(1551—1612)

字公露，号矩所，晚号疏园。明南京人，留守左卫籍。汝健长子。万历十七年(1589)进士，除南京刑部主事，进郎中，补工部郎中。出为江西佥事。历至四川参议。乞体归，居饮虹桥别业，筑疏园，改为元津书院。生平工诗善弈，并工书画。晚耽道、释书。

金刚经偈论疏注2卷　子部佛教类　佚

疏园集(一作疏园稿)　集部别集类　佚

以上2种见《千顷堂书目》卷16、卷25。

归田草　集部别集类　佚

越游草　集部别集类　佚

豫章草　集部别集类　佚

白云草　集部别集类　佚

以上4种见《锡山历朝著述书目考》卷3。

按：嘉庆《江宁府志》卷54著录《归田稿》1种。

陶靖节集2卷　集部别集类

晋陶渊明撰

韦苏州集10卷　集部别集类

唐韦应物撰

以上2种有明天启间何湛之刻《陶韦合刻》本，王国维校并跋，国家图书馆藏。

三园稿　集部总集类　佚

明何汝健、何湛之、何淳之撰

见同治《上江两县志》卷12。参见“何汝健”条。

周廷槐

号前山。明万历间金陵刻书家。河南祥符人，居江宁。亮工祖父。书坊名“前山书屋”。

古今诗韵释义5卷　经部小学类

明龚大器撰

明万历九年(1581)金陵书肆周前山刻本，国家图书馆藏。

新刻增补古今医鉴16卷　子部医家类

明龚信撰　龚廷贤续编　王肯堂订补

明万历金陵书肆周廷槐刻本，天津图书馆藏。

种杏仙方4卷　子部医家类

明龚廷贤撰

(1) 明万历九年书林周廷槐刻本。

(2)《故宫珍本丛刊》本。

山海经18卷　子部小说类

晋郭璞注

明前山书屋覆宋刻本，国家图书馆藏。

程　汉

字孺文。明歙县籍，徙家上元。曾与姚汝循、王元贞等结诗社。一生未仕，以隐终。卒年80余。

栅塘集　集部别集类　佚

见《金陵诗征》卷39。

塘上杂诗　集部别集类　佚

见《续金陵琐事》。

沈乾阳

字君明，一字君之，号耳韩。明江宁人。越子，朝阳弟。诸生。博学工诗文。

皇明嘉隆两朝闻见纪 12 卷　史部杂史类

明沈越撰　沈朝阳、沈乾阳等编次

明万历二十七年(1599)沈朝阳等刻本。参见“沈越”条。

金庭稿　集部别集类　佚

瞻云楼集　集部别集类　佚

以上 2 种见《金陵诗征》卷 27。

黄祖儒

字伯肇，一字叔初，号谏凤。明上元人。甲长子。万历中曾参加李登、盛敏耕、姚汝循等在金陵组织的“白社”。

呓觉草前集 12 卷后集 13 卷　集部别集类

明万历间刻本，台湾“中央图书馆”原藏。

王元坤

字德载。明上元人。世袭指挥。好藏书，每展读至夜分不休。工诗。万历二十年(1592)，与李登、陈所闻、盛敏耕、王元贞、姚汝循等结“白社”，为金陵诗坛一胜事。

雅娱阁集 18 卷　集部别集类　佚

见《千顷堂书目》卷 26。

按:《金陵诗征》卷 20 收有其诗。《明诗纪事》己签卷 18 收其诗 1 首。

何淳之(1553—1602)

字仲雅，号太吴。明南京人，留守左卫籍。汝健次子，湛之弟。万历十一年(1583)进士,除开封推官,进四川道监察御史、福建巡按。卒于官。曾家居垂10年,多文酒之会。素工行书,画山水墨兰尤妙。

寤言1卷　子部小说类　佚

足园集　集部别集类　佚

以上2种见《千顷堂书目》卷12、卷25。

三园稿　集部总集类　佚

明何汝健、何湛之、何淳之撰

见同治《上江两县志》卷12。参见“何汝健”条。

按:《金陵诗征》卷24收有其诗。

周曰校

字应贤,号对峰。明金陵人。万历间金陵著名刻书家,书坊名“周曰校万卷楼”“周曰校仁寿堂”。又有“继志斋”。其鼎盛期,所刻书甚多,经、史、子、集皆有刊刻。卒后继志斋由陈邦泰收买。

新刊大字周易本义4卷图说1卷筮仪1卷　经部易类

宋朱熹撰

明金陵书林周对峰刻本,上海图书馆藏。

新镌删补易经直解12卷　经部易类

明沈一贯撰　李光缙辑

明万历四十三年(1615)万卷楼刻本,清华大学图书馆藏。

书经直解13卷　经部尚书类

明张居正撰

明万卷楼刻大业堂印本,甘肃省图书馆藏。

春秋左传详节句解35卷　经部春秋左传类

宋朱申撰

明万历十三年周曰校刻本,南京图书馆藏,清丁丙跋。

四朋居硃订四书圣贤心诀19卷字画辨疑1卷句辨1卷　经部四书类

明周文德撰

明万卷楼刻三色套印本，国家图书馆藏。

镌玉堂厘正龙头字林备考韵海全书16卷卷首1卷　经部小学类

明李廷机辑

明万历金陵书林周曰校刻本，重庆市图书馆藏。

昭代典则28卷　史部编年类

明黄光升编　陆狮之校

(1) 明万历二十八年金陵周曰校刻本，国家图书馆藏。

(2)《续修四库全书》本。

(3)《四库全书存目丛书》本。

评史心见12卷　史部史评类

明郭大有撰

明万历十二年金陵书林周曰校万卷楼刻本，国家图书馆藏。

汉隽10卷　史部史钞类

宋林钺辑　明吕元调校

明万历十二年金陵周曰校刻本，国家图书馆藏。

新刊京版批评百将传10卷续百将传4卷　史部传记类

宋张预集　明何乔新编　赵光裕评

明万历金陵书林周曰校万卷楼刻本，北京大学图书馆藏。

重广补注黄帝内经素问24卷黄帝内经灵枢24卷　子部医家类

明万历绣谷书林周曰校刻本，浙江图书馆藏。

本草蒙荃12卷　子部医家类

明陈嘉谟撰

明崇祯元年(1628)金陵书林周曰校万卷楼刻本，国家图书馆藏。

新刊万病回春8卷　子部医家类

明龚廷贤辑

明万历二十五年金陵书林周曰校万卷楼刻本，中国医学科学院图书馆藏。

云林神彀4卷　子部医家类

明龚廷贤编　龚懋升等校

明万历金陵书林周曰校刻本，上海图书馆藏。

保赤全书 2 卷　子部医家类

明管橓编　李时中补　施文举校

明金陵书林周曰校刻本，中国中医科学院图书馆藏。

焦氏易林 2 卷　子部术数类

汉焦延寿撰

明万历二十一年金陵书林周曰校万卷楼刻本，国家图书馆藏。

瓦釜漫记 4 卷　子部杂学类

明刘世节辑　黄申编次

明万历十八年金陵绣谷周曰校刻本，国家图书馆藏。

原始秘书 10 卷　子部杂学类

明涵虚子臞仙撰

明万历金陵书林周曰校万卷楼刻本，南京图书馆藏。

新则举业巵言 5 卷　子部杂学类

明武之望撰

明万历二十七年金陵书林周曰校万卷楼刻本，浙江大学图书馆藏。

道古录 2 卷　子部杂学类

明李贽撰

明万历金陵书林周曰校万卷楼刻本，上海图书馆藏。

按：以上 2 种见《清代禁书知见录》。

新刊举业利用六子拔奇 6 卷　子部杂学类

明郭子章辑

明万历十四年金陵书林周曰校刻本，南京图书馆藏。

玉堂椽笔录 14 卷　子部杂学类

明陆翀之辑

明万历金陵书林周曰校万卷楼刻本，浙江图书馆藏。

新编簪缨必用翰苑新书前集 70 卷后集上 26 卷后集下 6 卷续集 42 卷

别集12卷　子部典故类

宋人编

明万历十九年金陵周曰校仁寿堂刻本，南京图书馆藏。

新镌翰林考正历朝故事统宗(一作翰苑汇选历朝故事统宗)10卷　子部典故类

明李廷机考正　丘宗孔增释

明万历二十三年金陵书林对峰周曰校刻本，国家图书馆藏。

卓氏藻林8卷　子部典故类

明卓明卿编　王世懋校

明万历十一年书林周对峰刻本，国家图书馆藏。

新纂事词类奇30卷　子部典故类

明徐常吉辑　焦竑订

明万历间金陵周曰校刻本，北京大学图书馆藏。

叶相国选订百子类函　子部典故类

明叶向高辑

明金陵书林周曰校万卷楼刻本，国家图书馆藏。

新刻顾会元注释古今捷学举业天衢10卷　子部典故类

明顾起元辑　明陆翀之删定

明金陵周曰校万卷楼刻本，国家图书馆藏。

新刻刊正古本大字音释三国志通俗演义12卷　子部小说类

明罗贯中编次

明万历十九年金陵书林周曰校刻本，国家图书馆藏。

按：张秀民《中国印刷史》误以此书为周氏大业堂刻本。

新刊大宋中兴通俗演义8卷附会纂宋岳鄂武穆王精忠录后集2卷　子部小说类

明熊大木撰　附明李春芳编

明万历周氏万卷楼刻本，日本内阁文库藏。国家图书馆存卷1。

新编扫魅敦伦东度记 20 卷 100 回(一作续证道书东游记)　子部小说类

明清溪道人方汝浩著　华山九九老人述

明万卷楼刻本,日本日光晃山慈眼堂藏。

新镌全像包孝肃公百家公案演义 6 卷 100 回　子部小说类

明无名氏撰

明万历金陵书林周曰校万卷楼刻本。

按:是书板心题《全像包公演义》。前有万历二十五年自序,署"饶安完熙生"。《中国通俗小说书目》著录。

新刻全像海刚峰先生居官公案 4 卷　子部小说类

明李春芳撰

明万历三十四年金陵万卷楼刻本,国家图书馆藏。

按:《中国通俗小说书目》题此书作《新刻全像刚峰先生居官公案传》4 卷 71 回。

增定国朝馆课经世宏辞 15 卷续集 15 卷　集部总集类

明沈一贯编　王锡爵辑

明万历十八年金陵周曰校刻本,国家图书馆藏。

国朝名公经济宏词选 12 卷　集部总集类

明汪以时辑

明万历十八年金陵书林周曰校万卷楼刻本,南京图书馆藏。

新刻沈相国续选百家举业奇珍 4 卷　集部总集类

明沈一贯辑

明万历金陵书林周曰校万卷楼刻本,南京图书馆藏。

东垣十书十二种 22 卷　丛书类

明李杲撰

明万历十一年金陵书林周曰校万卷楼刻本,中国中医科学院图书馆藏。子目从略。

陈舜仁

字淳甫，一字敬所，号讱所，又号樗亭。明上元人。万历十一年(1583)进士，历官江山、泰和知县，大理寺右评事。以不附上官，移疾归。博学嗜书，与江宁王杞同为顾起元所重。卒年83。

(万历)应天府志32卷　史部地理类

明汪宗伊、程嗣功修　王一化、陈舜仁等纂

(1) 明万历五年刻本，日本内阁文库藏。南京图书馆有胶卷。

(2) 明万历二十年补刻本，日本尊经阁文库藏。

(3)《四库全书存目丛书》本。

(4)《金陵全书》本。

樗亭稿　集部别集类　佚

见《千顷堂书目》卷26。

按：《金陵诗征》卷24收有其诗。

朱珵尧(？—1621)

号继成子。明应天人。恬烄子。万历十二年(1584)，袭封沈定王。工诗。

崇玉山房稿　集部别集类　佚

见《千顷堂书目》卷17。

沈国勉学书院集四种12卷　丛书类

明朱珵尧辑

(1) 明万历十八年沈藩勉学书院刻本，国家图书馆藏。

(2) 明崇祯元年(1628)沈藩勉学书院刻本，国家图书馆藏。

子目：

《凝斋稿》1卷　明凝斋道人(朱诠鉌)撰

《保和斋稿》5卷　明南山道人(朱允杺)撰

《绿筠轩稿》4卷　明西屏道人(朱恬烄)撰

附《清秋唱和引》1卷　明陈崇庆撰

《修业堂稿》2卷　明继成子(朱理尧)撰

王慎吾

明万历间金陵刻书家。

官常政要十一种21卷　丛书类

明万历十二年(1584)金陵书坊王慎吾刻本,国家图书馆藏。

子目:

《初试录》1卷　明吴遵撰

《新官轨范》1卷

《新官到任仪注》1卷

《居官格言》1卷

《新刊招拟假如行移体式》4卷

《问刑条例》7卷　明舒化等撰

《洗冤录》1卷　宋宋慈撰

《无冤录》1卷

《平冤录》1卷

《新刻法家裒集》2卷

《蒋公政训》1卷　明蒋廷壁撰

朱理熘

字纯甫。明应天人。沈简王模七世孙。封辅国将军。工诗,与理圻等交。

玉田集　集部别集类　佚

见《千顷堂书目》卷17。

闪继迪

字允珍。明上元人,世居南京大功坊,寄籍保山。万历十三年

(1585)举人,官吏部司务。以子仲俨贵,赠检讨。

雨岑园秋兴　集部别集类　佚

吴越游草　集部别集类　佚

广山先生集　集部别集类　佚

以上3种见《金陵诗征》卷24。

朱珵坈

字崇甫。明应天人。沈简王模七世孙,珵增兄弟。工诗。封辅国将军。

玉涧集　集部别集类　佚

见《千顷堂书目》卷17。

吴　谏

明万历间金陵刻书家。

黄帝素问宣明论方17卷　子部医家类

金刘完素撰

明万历十三年(1585)金陵书林吴谏刻本,复旦大学图书馆藏。

黄戌儒

字次著,一作次茂。明上元人。甲次子,祖儒弟。诸生。早卒。

兢辰斋集　集部别集类　佚

见《客座赘语》卷7。

徐　智

明万历间金陵刻书家。

新增说文韵府群玉20卷　经部小学类

元阴时夫编　阴中夫注

明万历十八年(1590)金陵徐智刻本,复旦大学图书馆藏。

王氏画苑10卷　子部艺术类

明王世贞辑

明万历金陵徐智刻本，浙江图书馆藏。

太函集120卷　集部别集类

明汪道民撰

(1) 明万历十九年金陵徐智刻本，南京图书馆藏。

(2)《四库全书存目丛书》本。

按：卷首万历十九年作者自序后题"金陵徐智督刊"。

张如兰

字德馨。明南京人。世袭指挥使。中武举第一，仕至淮徐漕运参将。以子可大功，赠特进荣禄大夫右都督。博极群书，洞达时弊，所至有声绩。

文章兵法谱10卷　子部兵书类　佚

见《列朝诗集小传》丁集中。

功狗集30卷　集部别集类　佚

见《千顷堂书目》卷23。

按：《列朝诗集》《金陵诗征》卷20收有其诗。《明诗综》卷49收其诗1首。

闲中八种16卷　丛书类

明张如兰辑撰

明崇祯四年(1631)自刻本，湖南省图书馆藏。

子目：

《考工记》1卷

《唐僧诗》4卷　明张如兰辑

《月泉吟社》1卷　宋吴渭辑

《学右编》1卷　元吾丘衍撰

《冰月露》3卷

《玉壶冰》1卷　明都穆撰

《秋滩月》1卷　明黄松林辑

《荷叶露》1卷　明张如兰撰

《山园杂记》1卷　明沈文简撰

《归有园麈谈》1卷　明徐学谟辑

附《药语杂录》1卷《厂药语》1卷　明董光宏撰

《朽庵集》2卷　明释宗林撰　张如兰辑

朱理圻

字京甫。明应天人。恬烷子。封辅国将军。工诗,与理埦、理増、理塙四人结社,日课以诗。

玉林集　集部别集类　佚

见《千顷堂书目》卷17。

按:《列朝诗集》收有其诗。

朱效钖

字训甫。明应天人。沈简王模八世孙。封奉国将军。

壶峰集　集部别集类　佚

见《千顷堂书目》卷17。

陈邦泰

字大来。明金陵人。万历间出版家。书坊名"继志斋"。所刻书以戏曲为主。

易因2卷　经部易类

明李贽撰

明万历金陵书林陈邦泰刻本,国家图书馆藏。

书文音义便考私编5卷难字直音1卷　经部小学类

明李登撰

明万历十五年(1587)陈邦泰刻本,故宫博物院图书馆藏。

月令广义24卷附录1卷　史部时令类

明冯应京撰　戴任增释　李登参订

(1) 明万历金陵书林陈邦泰刻本,南京图书馆藏。

(2)《四库全书存目丛书》本。

李卓吾先生遗书2卷附录1卷　集部别集类

明李贽撰

明万历四十六年陈大来继志斋刻本,南京图书馆藏。

坡仙集16卷　集部别集类

宋苏轼撰　明李贽评

明万历二十八年陈氏继志斋刻本,南京图书馆藏。

琵琶记2卷　集部词曲类

元高明著　陈大来校

明万历间继志斋刻本,4卷,日本内阁文库藏。

按:《明代版刻综录》著录题为《新刊河间长君校本琵琶记》2卷。

香囊记2卷　集部词曲类

明邵灿著　陈大来校

(1) 明万历间陈大来继志斋刻本,台湾"中央图书馆"原藏。

(2)《古本戏曲丛刊初集》影印继志斋刻本。

连环记　集部词曲类

明王济著　陈大来校

明万历间继志斋刻本,国家图书馆藏。

重校红拂记2卷　集部词曲类

明张凤翼著　陈大来校

明万历二十九年金陵继志斋刻本,国家图书馆藏。

重校孝义祝发记2卷　集部词曲类

明张凤翼著　陈大来校

明万历间继志斋刻本,国家图书馆藏。

重校吕真人黄粱梦境记2卷　集部词曲类

明苏汉英著　陈大来校

(1) 明万历间继志斋刻本,国家图书馆藏。

(2)《古本戏曲丛刊初集》影印继志斋本。

重校十无端巧合红蕖记2卷　集部词曲类

明沈璟著　陈大来校

(1) 明万历间继志斋刻本,国家图书馆藏。

(2)《古本戏曲丛刊三集》影印继志斋刻本。

重校埋剑记2卷　集部词曲类

明沈璟著　陈大来校

(1) 明万历间继志斋刻本,香港大学冯平山图书馆藏。

(2)《古本戏曲丛刊初集》影印继志斋刻本。

重校义侠记2卷　集部词曲类

明沈璟著　陈大来校

(1) 明万历四十年金陵书林陈大来继志斋刻本,北京大学图书馆藏。

(2)《古本戏曲丛刊初集》影印继志斋刻本。

重校双鱼记2卷　集部词曲类

明沈璟著　陈大来校

(1) 明万历间继志斋刻本,国家图书馆藏。

(2)《古本戏曲丛刊初集》影印继志斋刻本。

重校紫钗记2卷　集部词曲类

明汤显祖著　陈大来校

明万历间继志斋刻本,国家图书馆藏。

重校锦笺记2卷　集部词曲类

明周履靖著　陈大来校

(1) 明万历三十六年金陵书林继志斋刻本,国家图书馆藏。

(2)《古本戏曲丛刊二集》影印继志斋刻本。

重校旗亭记 2 卷　集部词曲类

明郑之文著　陈大来校

(1) 明万历三十一年金陵书林继志斋刻本,国家图书馆藏。

(2)《古本戏曲丛刊二集》影印继志斋刻本。

重校玉簪记 2 卷　集部词曲类

明高濂著　陈大来校

(1) 明万历二十七年金陵书林继志斋刻本,国家图书馆藏。

(2)《古本戏曲丛刊初集》影印继志斋刻本。

重校韩夫人题红记 2 卷　集部词曲类

明王骥德著　陈大来校

(1) 明万历间继志斋刻本,国家图书馆藏。

(2)《古本戏曲丛刊二集》影印继志斋刻本。

新镌量江记 2 卷　集部词曲类

明佘翘著　陈大来校

(1) 明万历三十六年金陵书林继志斋刻本,国家图书馆藏。

(2)《古本戏曲丛刊二集》影印继志斋刻本。

重校北西厢记 5 卷　集部词曲类

明阙名撰

明万历二十六年金陵书林陈大来继志斋刻本,日本内阁文库藏。

按:陈旭耀《继志斋刊〈重校北西厢记〉考述》(《古籍整理研究学刊》2011 年第 5 期)指出,继志斋刊《重校北西厢记》是《西厢记》明刊本中的重要善本之一,现仅日本内阁文库有收藏。继志斋刊本是《西厢记》刊刻史上另一重要明刊本——龙洞山农刻本的覆刻本,其更早源头可以上溯到今存最早的完整刊本——弘治岳刻本。以它为代表的"重校北西厢记"一系刊本,已经构成了明刊《西厢记》中的一大系统,对后来的刊本有着重大影响。

新镌古今大雅北宫词纪 6 卷　集部词曲类

明陈所闻编　陈邦泰辑

明万历三十二年陈邦泰刻本，南京图书馆藏。

新镌古今大雅南宫词纪 6 卷　集部词曲类

明陈所闻编　陈邦泰辑

明万历三十三年陈邦泰刻本，南京图书馆藏。

新镌古今大雅南宫词纪 6 卷北宫词纪 6 卷　集部词曲类

《续修四库全书》本。

卓吾先生李氏丛书十一种 23 卷　丛书类

明李贽撰

明陈氏继志斋刻燕超堂印本，上海图书馆藏。

子目从略。

按：《中国善本书提要》云："陈大来所经营之书坊当名为燕超堂，盖自周曰校书业经营衰落以后，陈氏燕超堂收买继志斋，故是书牌记兼用二坊名也。"

元明杂剧四种 4 卷　丛书类

明陈□辑

明陈氏继志斋刻本，国家图书馆藏。

子目：

《新镌半夜雷轰荐福碑杂剧》1 卷　元马致远撰

《新镌李太白匹配金钱记》1 卷　元乔吉撰

《新镌铁拐李度金童玉女》1 卷　明贾仲名撰

《新镌杜子美沽酒游春杂剧》1 卷　明王九思撰

郑道先

字韬庵，晚号水云逸史。其先明初自闽迁金陵，遂为上元人。嗜吟咏，工画梅，善鼓琴，精六书。

蓄绿亭草　集部别集类　佚

见《金陵诗征》卷 23 小传。

方大镇

字君静，又字宁静、鲁岳，自号野陶翁。明桐城籍，居江宁。学渐长子。万历十七年(1589)进士，授大名推官，历至大理左少卿。魏忠贤当权，乞休。讲学首善书院。魏党毁书院，归隐白鹿山，与门人讲学。魏氏败，迁南京光禄寺卿，辞不出。卒谥文孝。

易意 4 卷　经部易类　佚

见《千顷堂书目》卷 1。

诗意　经部诗经类　佚

礼说　经部三礼总义类　佚

以上 2 种见《安徽艺文考》。

宁淡居奏议 1 卷　史部政书类

(1)《桐城方氏七代遗书》本。

(2) 2013 年黄山书社出版《明别集丛刊》本。

(3) 2015 年国家图书馆出版社《清代家集丛刊》本。

按:《千顷堂书目》卷 30 著录《宁淡居奏议》6 卷，又有《方侍御二疏》1 卷。

宁淡语　子部儒学类

(1) 明万历四十八年刻本，3 卷，新乡市图书馆藏。

(2)《桐城方氏七代遗书》本，2 卷。

(3) 2013 年黄山书社出版《明别集丛刊》本。

(4) 2015 年国家图书馆出版社《清代家集丛刊》本。

按:《千顷堂书目》卷 11 作 8 卷。

荷新韵 2 卷荷新义 6 卷　子部儒学类

(1) 明刻本，日本内阁文库藏。

(2)《四库全书存目丛书补编》本。

见《四库全书总目》儒家类存目，提要云:“始大镇父学渐，讲学桐川。大镇追述父训，及与同社诸人问答之语，诠次成帙，名曰‘荷薪’。

盖亦不忘继述之意。其大旨在辟良知之说,于儒释分别,辨论极详。”亦收入《宁淡居文集》。

田居乙记　子部杂学类

（一）4卷本

（1）明万历三十八年刻本,戏曲研究院图书馆藏。

（2）明刊《明人百家小说》本。

（3）《宝颜堂秘笈汇集》本。

（4）《丛书集成初编》本。

（5）《四库全书存目丛书》本。

（6）抄本,南京图书馆藏。

（7）1990年上海文艺出版社影印1926年上海扫叶山房石印本。

（二）1卷本

（1）《说郛续》本。

（2）《五朝小说》本。

（3）《五朝小说大观》本。

按:《千顷堂书目》卷11及《四库全书总目》杂家类存目均著录4卷。《四库全书总目》云:“是编乃其家居读书时所作。自序谓遇有赏心,辄乙其处,命儿子录之,故名‘乙记’。分四门:一曰潜见,分记学、记仕二子目;二曰筌宰,分记君、记臣二子目;三曰伐阅,分记操持、记作用二子目;四曰居息,分记家论、记性命二子目。所录虽皆前人格言善事,然条缀原文,无所阐发。其出处或注或否,体例亦不画一。”

宁淡居集4卷　集部别集类

明崇祯间远心堂刻本,台湾“中研院”傅斯年图书馆藏。

按:《安徽艺文考》著录为12卷。

宁淡居遗文1卷　集部别集类

（1）《桐城方氏七代遗书》本。

（2）2013年黄山书社出版《明别集丛刊》本。

（3）2015年国家图书馆出版社出版《清代家集丛刊》本。

宁淡居诗集 30 卷　集部别集类　佚

见《安徽艺文考》。

按:《金陵诗征》卷 39 收有其诗。《龙眠风雅》收其诗 18 首。《明诗综》卷 55,《明诗纪事》庚签卷 16 各收其诗 1 首。

张汝元

字太初。明江宁人。万历中诸生。以诗受知于学使陈文烛,擅七言短歌。

张太初集 8 卷　集部别集类

见《四库全书总目》别集类存目,云:"(陈)文烛为序而刊之。其七言短歌,间有作意,而陶冶未精,他体则更减色。文烛《序》中多引二谢以下诗人拟之,盖奖成后进之意,不必甚确也。"

按:《金陵诗征》卷 24 收有其诗。

修禊阁稿 2 卷　集部别集类

明万历十七年(1589)张汝元刻本,台湾"中央图书馆"原藏。

唐少桥

明万历间金陵书坊主,书坊名"汝显堂"。

元亨疗马集 4 卷　子部农家类

明喻本元、喻本亨撰

明万历金陵书林唐少桥汝显堂刻本,南京图书馆藏。

类编伤寒活人书指掌图论 9 卷续 1 卷提纲 1 卷　子部医家类

宋李知先编　元吴恕图论

明万历十七年(1589)金陵书林唐少桥刻本,国家图书馆藏。

孟继孔

字春沂。明南京太医院籍江宁人。少习举业,博学能文。晚工医,尤精儿科、痘疹。与焦竑善。

幼幼集 4 卷　子部医家类

明孟继孔撰辑

明万历二十一年(1593)金陵书林唐鲤飞绣谷履素居刻本,中医研究院图书馆藏。

按:是书包括《孟氏治痘详说》《孟氏杂症良方》《钱氏经验良方》《上用方》4 种。前 2 种为孟氏自撰。日本丹波元胤《中国医籍考》著录《幼幼集》4 卷、《治痘详说》1 卷。《千顷堂书目》卷 14 著录《治痘详说》3 卷。

欧阳昉

字初白。明上元人。廪侄。诸生。工诗文。

入粤集　集部别集类　佚

随自意轩稿　集部别集类　佚

以上 2 种见《金陵诗征》卷 27。

焦文晖

字孚之,一字华宇。明上元人。万历二十三年(1595)进士。官至台州知府,长芦运使。

霞起阁文集　集部别集类

应闲斋诗集　集部别集类

以上 2 种见《金陵艺文志》。

朱可潢

字巨源,一字仲源。明南京人。齐王榑裔孙。博学能文,从李登、焦竑游。雅好宾客,人以得交为快。

小山元赏　集部总集类　佚

见《金陵通传》卷 15。是书为可潢集投赠之作。

鲍正元

明上元人。工诗文。

香雪林稿　集部别集类　佚

南萍居诗　集部别集类　佚

西华初草　集部别集类　佚

以上3种见《金陵通传补遗》卷2。

宋梦聪

明上元人。

育斋子诗1卷　集部别集类　佚

见《续金陵琐事》。

丁用时

明金陵人。与鲍正元、宋梦聪同时。工诗。

珠泉诗　集部别集类　佚

见《金陵诗征》张有德传注。

周履靖

字逸之，初号梅墟，改号螺冠子，晚号梅颠，一称梅痴居士。明嘉兴(一说秀水)人。工书，勤编撰。万历间侨居金陵，开荆山书林。

广易千文1卷　经部小学类

(1)《夷门广牍》本。

(2)《丛书集成初编》本。

(3)《影印元明善本丛书十种》本。

按:《千顷堂书目》卷2著录作《旧广千文》4卷。

景行录　史部传记类　佚

见《千顷堂书目》卷10。

天文占验 1 卷　子部农家类

明周履靖校

茹草编 4 卷　子部农家类

明周履靖辑

菊谱 2 卷　子部农家类

明周履靖、黄省曾同撰

按:周撰上卷,黄撰下卷。《千顷堂书目》卷 12 仅著录 1 卷。

兽经 1 卷　子部农家类

明黄省曾撰　周履靖增

促织经 2 卷　子部农家类

宋贾似道撰　明周履靖续增

狂夫酒语 2 卷　子部工艺类

金笥玄玄 1 卷　子部医家类

明周履靖校

赤凤髓 3 卷　子部医家类

明周履靖辑

唐宋卫生歌 1 卷　子部医家类

明周履靖辑

益龄单 1 卷　子部医家类

明周履靖辑

占验录 1 卷　子部术数类

明周履靖辑

画评会海 2 卷附唐名公山水诀 1 卷　子部艺术类

天形道貌 1 卷　子部艺术类

淇园肖影 2 卷　子部艺术类

罗浮幻暂 1 卷　子部艺术类

九畹遗容 1 卷　子部艺术类

春谷嘤翔 1 卷　子部艺术类

按：以上 6 种在《夷门广牍》中称为《画薮七种》（其中一种非周履靖撰辑）。《千顷堂书目》著录有《画薮七种》9 卷，殆即指此。

以上 17 种有：

(1)《夷门广牍》本。

(2)《丛书集成初编》本。

(3)《影印元明善本丛书十种》本。

又按：《菊谱》1 卷，《续修四库全书》本。

江左周郎艺苑 100 卷　子部艺术类　佚

周氏绘林 16 卷　子部艺术类　佚

绿绮新声 5 卷　子部艺术类　佚

以上 3 种见《千顷堂书目》卷 15。

诗牌谱 1 卷　子部艺术类

明王良枢辑　周履靖校续

(1)《夷门广牍》本。

(2)《游艺四种》本。

(3)《说郛续》本。

(4)《观自得斋丛书别集》本。

(5)《影印元明善本丛书十种》本。

群物奇制 1 卷　子部典故类

明周履靖辑

(1)《夷门广牍》本。

(2)《丛书集成初编》本。

(3)《影印元明善本丛书十种》本。

(4)《续修四库全书》本。

海外三珠 4 卷　子部道教类　佚

见《千顷堂书目》卷 16。

闲云稿 4 卷　集部别集类

野人清啸 2 卷　集部别集类

燎松吟 1 卷　集部别集类
寻芳咏(一作寻芳稿)2 卷　集部别集类
山家语(一作和贯休山家语)1 卷　集部别集类
泛泖吟 1 卷　集部别集类

以上 6 种有：

(1)《夷门广牍》本。

(2)《丛书集成初编》本。

(3)《影印元明善本丛书十种》本。

胜情集 3 卷　集部别集类　佚
山谣 2 卷　集部别集类　佚
逸唱 2 卷　集部别集类　佚
谷声 2 卷　集部别集类　佚
庸调 2 卷　集部别集类　佚
彀音 2 卷　集部别集类　佚
俚语 2 卷　集部别集类　佚
追风集 2 卷　集部别集类　佚
稚音 2 卷　集部别集类　佚
缶歌 1 卷　集部别集类　佚
釜鸣 1 卷　集部别集类　佚
索笑集 2 卷　集部别集类　佚
蛩吟秋砌 2 卷　集部别集类　佚
玩物成咏 4 卷　集部别集类　佚
绀雪新笺 2 卷　集部别集类　佚

以上 15 种见《千顷堂书目》卷 26。

螺冠子咏物诗 26 卷茶歌 1 卷酒咏 1 卷　集部别集类

明万历三十二年(1604)金陵书林叶如春刻本，国家图书馆藏。

梅颠稿选 20 卷　集部别集类

(1) 明万历间刻本，北京大学图书馆藏。

(2)《四库全书存目丛书》本。

赋海补遗 30 卷　集部总集类

明周履靖等辑

(1) 明万历三十五年金陵书林叶如春刻本，国家图书馆藏。

(2)《历代赋学文献辑刊》本。

群仙降乩语 1 卷　集部总集类

明周履靖辑

五杨赓歌 4 卷　集部总集类

晋陶潜撰　明周履靖和

青莲觞咏 2 卷　集部总集类

唐李白撰　明周履靖和

香山旧颂 2 卷　集部总集类

唐白居易撰　明周履靖和

千片雪 2 卷　集部总集类

元冯子振撰　明周履靖和

鸳湖唱和稿 1 卷　集部总集类

毛公坛唱和诗 1 卷　集部总集类

以上 7 种有：

(1)《夷门广牍》本。

(2)《丛书集成初编》本。

(3)《影印元明善本丛书十种》本。

梅坞贻琼 6 卷　集部总集类

(1)《夷门广牍》本。

(2)《四库全书存目丛书》本。

江左周郎诗苑 32 卷　集部总集类　佚

追和全唐酒咏 6 卷　集部总集类　佚

追和明千家诗 50 卷　集部总集类　佚

古今诗选 16 卷　集部总集类　佚

历朝酒歌12卷　集部总集类　佚

以上5种为周履靖编辑，见《千顷堂书目》卷31。

骚坛秘语3卷　集部诗文评类

(1)《夷门广牍》本。

(2)《丛书集成初编》本。

(3)《影印元明善本丛书十种》本。

按：《千顷堂书目》卷32著录作2卷。

和唐宋元明酒词2卷　集部词曲类　佚

见《千顷堂书目》卷33。

唐宋元明酒词2卷　集部词曲类

明周履靖辑

按：《千顷堂书目》卷32著录作1卷。

鹤月瑶笙4卷　集部词曲类

以上2种有：

(1)《夷门广牍》本。

(2)《丛书集成初编》本。

(3)《影印元明善本丛书十种》本。

锦笺记52卷　集部词曲类

(1)《六十种曲》本。

(2) 明万历金陵书林唐氏文林阁刻本。

(3)《绣刻演剧》本。

(4)《古本戏曲丛刊二集》本。

夷门广牍　丛书类

明周履靖辑

(1) 明万历二十五年金陵荆山书林刻本，南京图书馆藏。

(2)《影印元明善本丛书十种》本。

(3) 1990年书目文献出版社影印明万历刻本。

按：《四库全书总目》云："是编广集历代以来小种之书，并及其所自著。盖亦陈继儒《秘籍》之类。夷门者，自寓隐居之意也。”各书著录本书之品种、卷数均不相同。《四库全书总目》子部杂家类存目著录86种。《中国善本书提要》著录美国国会图书馆藏为106种106卷，《明代版刻综录》著录106种162卷，《千顷堂书目》著录为120卷。子目从略。

祇洹馆丛刻六种　丛书类

明万历间金陵荆山书林刻本，美国国会图书馆藏。

按：《中国善本书提要》著录云：“考诸家书目无此名，盖为坊贾杂凑成编，又杜撰此名耳。此六种有五种在《夷门广牍》内。”

香奁诗十种12卷　丛书类

明万历刻巾箱本，见《历代妇女著作考》附录一，子目未详。

独孤寋

字吾体。明江宁人。自少嗜读。究心义理之学，精于《易》。工书，善医。躬守厉行，以贫卒。

易寤　经部易类　佚

书起　经部尚书类　佚

理学资深录　子部儒学类　佚

以上3种见嘉庆《江宁府志》卷54。

陈所闻

字荩卿。明上元人。诸生。工诗识曲。万历二十年(1592)，曾与李登、王元坤、盛敏耕、王元贞、姚汝循等结“白社”。以隐终。

清凉帖1卷　子部艺术类

明刻本《闲清小品二十七种》本。

萝月轩集　集部别集类　佚

见《金陵诗征》卷27。

新镌古今大雅北宫词纪6卷　集部词曲类

明陈所闻编　陈邦泰辑

明万历三十二年陈邦泰刻本，南京图书馆藏。

新镌古今大雅南宫词纪 6 卷　集部词曲类

明陈所闻编　陈邦泰辑

明万历三十三年陈邦泰刻本，南京图书馆藏。

新镌古今大雅南宫词纪 6 卷北宫词纪 6 卷　集部词曲类

(1) 1959 年上海中华书局铅印本。

(2)《续修四库全书》本。

按：吴晓铃有《南北宫词纪校补》1 卷，1962 年中华书局出版。

北宫词纪外集 3 卷　集部词曲类　佚

见《明清江苏文人年表》万历三十三年注。

濠上斋乐府　集部词曲类　佚

见同治《上江两县志》卷 12。

按：是集为散曲集。

黄方儒

亦作方胤、方印、方荫。字仲坤，号醒狂。明上元人。甲三子，戌儒弟。工词曲。书斋署曰“陌花轩”。

陌花轩小集　集部词曲类　佚

曲庵词馀　集部词曲类　佚

以上 2 种见《客座赘语》卷 7。

陌花轩小令　集部词曲类

见《客座赘语》卷 7。明陈所闻《南北宫词纪》收入其曲作。

陌花轩杂剧（一作柳浪杂剧七种）　集部词曲类

(1) 清顺治间原刻本，卷首有马丽华序文，内附眉批。国家图书馆藏。

(2) 1931 年武进董氏诵芬室影刻本。

按：本书包括《倚门》《再醮》《淫僧》《偷期》《督妓》《娈童》《惧内》各

一折，皆举市井敝俗描摹出之。参见《续修四库全书总目提要》。

张四维

字治卿，号笔文，又号午山，别署五山秀才，一作玉山秀才。明上元人。诸生。与顾起元交。好词曲。尝与陈所闻以曲相赠答。

章台柳　集部词曲类　佚

见《客座赘语》卷7。

按：庄一拂《古典戏曲存目汇考》云："此剧（传奇）原有明刊本，不传。"

璃璋记　集部词曲类　佚

见《曲海总目提要》。

双烈记2卷　集部词曲类

（1）《六十种曲》本。

（2）清康熙十一年（1672）吴郡甘淡道人抄本，戏曲研究院图书馆藏。

（3）《古本戏曲丛刊二集》本。

按：《古典戏曲存目汇考》云："汲古阁原刻本、清康熙间吴郡甘淡道人抄本（程砚秋藏），及梅兰芳藏旧抄本，俱别题《麒麟记》。"

溪上闲情　集部词曲类　佚

见《千顷堂书目》卷33。

按：本书为散曲类。康熙《江宁县志》作《溪山闲情》。《客座赘语》《金陵通传》作《溪上闲情集》。

崔士元

字伯仁。明上元人。诸生。

拘虚集　集部别集类　佚

偶然集　集部别集类　佚

以上2种见《续金陵琐事》。

按:《金陵诗征》卷24收有其诗。

唐际云

明金陵人。万历、崇祯间刻书家,书坊名“金陵书林唐际云积秀堂”。

性理大全70卷　子部儒学类

明胡广等辑

明万历二十五年(1597)金陵书林唐际云积秀堂刻本,天津图书馆藏。

明诗归10卷卷首1卷卷末1卷　集部总集类

明钟惺、谭元春选

明崇祯积秀堂刻本,国家图书馆藏。

道书全集35种94卷　丛书类

明阎鹤洲编

明万历十九年金陵书林唐际云积秀堂刻本,上海图书馆藏。

周宗孔

字竹潭,以字行。明金陵人。万历间刻书家,书坊名“嘉宾堂”。

按:张秀民《中国印刷史》分周宗孔、周竹潭、周氏嘉宾堂为三家,误。

春秋左传释义评苑20卷首1卷　经部春秋左传类

明王锡爵撰

明万历十八年(1590)金陵书林周竹潭嘉宾堂刻本,国家图书馆藏。

大明律例注释祥刑冰鉴30卷　史部政书类

明周萃辑

明万历二十七年周竹潭嘉宾堂刻本,南京图书馆藏。

诸子品节50卷　子部杂学类

明陈深辑

(1) 明万历十八年金陵书坊周竹潭刻本，北京大学图书馆藏。

(2)《四库全书存目丛书》本。

按：《四库全书总目》杂家类存目云："是书杂抄诸子，分内品、外品、小品。内品为老子、庄子、荀子、商子、鬼谷子、管子、韩子、墨子；外品为晏子、子华子、孔丛子、尹文子、文子、桓子、关尹子、列子、屈原、司马相如、扬子、吕览、孙子、尉缭子、陆贾新语、贾谊新书、淮南子；小品为说苑、论衡、中论。""盖书肆陋本也。"

诸经品节 20 卷　子部杂学类

明杨起元撰　刘汝浃订讹

(1) 明万历秣陵竹潭周宗孔刻本，苏州图书馆藏。

(2)《四库全书存目丛书》本。

按：《四库全书总目》杂家类存目云："是编删纂道、释二家之书。""起元传良知之学，遂浸淫入于二氏，已不可训。至平生读书为儒，登会试第一，官跻九列，所谓国之大臣，民之表也。而是书卷首乃自题曰比邱，尤可骇怪矣。"

古今玄屑 8 卷　子部小说类

明万历二十年金陵书林周竹潭嘉宾堂刻本。

新刻乙未科翰林馆课东观弘文 10 卷　集部总集类

明刘元震、刘楚先编

明万历二十五年金陵书林周竹潭嘉宾堂刻本，北京大学图书馆藏。

皇明翰阁文宗 10 卷　集部总集类

明黄洪宪选

明万历金陵书坊周竹潭刻本，国家图书馆藏。

皇明百大家文选 17 卷　集部总集类

明杨起元、朱国祚辑

明万历十三年(1583)金陵书林周竹潭刻本，中国科学院图书馆藏。

甄 伟

号钟山居士。明南京人。

重刻西汉通俗演义 8 卷 101 回　子部小说类

题钟山居士建业甄伟演义　绣谷后学敬弦周世用订讹　金陵书林敬素周希校锓

(1) 明万历四十年(1612)金陵周氏大业堂刻本,日本宫内省图书寮藏。

(2) 剑啸阁评原本,北京大学图书馆藏。

(3) 清初拔茅居刻本,为西汉、东汉合刻,其中《西汉演义》凡 6 卷,系从剑啸阁本出,大连图书馆藏。

(4) 清经纶堂刻本《西汉全传》,从剑啸阁本出,南京图书馆藏。

(5) 清味经堂刻本,从剑啸阁本出,南京图书馆藏。

(6) 清嘉庆二十年(1815)同文堂刻本,8 卷 100 回,与清远道人《东汉演义评》合刻,南京图书馆藏。

(7) 清光绪十八年(1892)上海广百宋斋铅印本,8 卷 100 回。

(8) 清善成堂刻本,题《西汉演义评》,8 卷 100 回,卷首有明袁宏道序,吉林市图书馆藏。

(9) 2012 年华夏出版社出版。

(10) 2002 年全国图书馆文献缩微复制中心影印《西谛藏珍本小说插图》(第三册)本。

按:上述诸本除大业堂周氏原刻本外,多不题撰人。参见《中国通俗小说总目提要》。

黄居中(1562—1644)

字立父,一字明立,号海鹤。明晋江人。虞稷父。万历十三年(1585)举人,除上海教谕,转国子监丞,擢黄平知州不赴,遂定居金陵,家马路街,构千顷斋以藏书,手自抄撮,约 6 万卷。崇祯间,曾与龚贤、范凤翼等共结“白门诗社”。

古史60卷　史部别史类

宋苏辙撰　明黄居中等校

明万历三十九年南京国子监刻本，南京图书馆藏，有清丁丙跋。

论世录　史部史评类　佚

见《金陵诗征》卷39。

文庙礼乐志10卷　史部政书类　佚

见《千顷堂书目》卷3。

皇明文征论录　史部传记类　佚

千顷斋藏书目录6卷　史部目录类　佚

以上2种见《千顷堂书目》卷10。

千顷斋杂录10卷　子部杂学类　佚

见《千顷堂书目》卷12。

雅俗辨1卷　子部杂学类

《快书》本。

徐氏笔精8卷　子部杂学类

明徐𤊹撰辑　邵捷春订正　黄居中编次

明崇祯间刻本，国家图书馆藏。

千顷斋初集26卷　集部别集类

(1) 明刻本，中国科学院图书馆藏。

(2)《续修四库全书》本。

(3) 2013年黄山书社出版《明别集丛刊》本。

千顷斋二集40卷三集4卷　集部别集类　佚

二酉斋诗6卷　集部别集类　佚

以上2种见《千顷堂书目》卷25。

昙英集4卷　集部别集类

明释昙英撰　黄居中选

明末阆峰阁刻本，台湾“中央图书馆”原藏。

明文征　集部总集类　佚

　　黄居中编

　　见《千顷堂书目》卷31。

吴用先

　　字体中，一字本如。明桐城籍，移家金陵。万历二十年(1592)进士。历官佥都御史，巡抚四川。以病乞归。复起为兵部尚书。总督蓟辽。珰祸起，致仕卒。

周易筏语　经部易类　佚

　　见《金陵诗征》卷39。

寒玉山房集　集部别集类　佚

　　见《金陵诗征》卷39。

黄复儒

　　字叔遁。明上元人。甲四子，方儒弟。才名颇著。顾起元尝序其集。

振秀阁集　集部别集类　佚

　　见《客座赘语》卷7。

陈文忠

　　字少泉。明上元人。诸生。工诗文。晚年以诗酒自娱。

诗文汇稿　集部别集类　佚

　　见《重刊江宁府志·艺文》。

　　按:《金陵诗征》卷23收有其诗。

方　登

　　字舜庸，一字啸门，自号樵城子。明上元人。家冶山之麓。工诗善画。卒年70。

樵城山人诗(一作半苍轩稿)2卷　集部别集类　佚

见《千顷堂书目》卷26。

按:《列朝诗集》《金陵诗征》卷23收有其诗。

陈　昂(? —1620)

字尔瞻,一字云仲,自号白云先生。明莆田人,徙居金陵。与姚汝循善。汝循死,无所依,卖卜秦淮,数年竟以贫死。

白云集7卷附录1卷　集部别集类

(1) 明万历四十六年(1618)宋珏翻刻本,国家图书馆藏。

(2) 明崇祯十三年(1640)林古度等重刻本,国家图书馆藏。

(3) 清汪氏裘杼楼蓝格抄本,上海图书馆藏。

(4)《四库全书存目丛书》本。

(5) 2013年黄山书社出版《明别集丛刊》本。

白云集10卷　集部别集类

清顺治三年(1646)左桢抄本,南京图书馆藏。

按:《四库全书总目》别集类存目云:"是集前有钟惺所作传,称集本十六卷,又排律一卷。昂没后散佚无存。万历戊午(四十六年,1618),其同里宋珏重加裒集,仅得五言律诗七百首,七言律诗十二首。其诗颇学少陵、右丞,得其形似。"王重民《中国善本书提要》云:"《存目》盖据宋珏刊本著录,此本有林古度重刻序,述翻刻诸本甚详。序云:'白云先生诗自万历末季为予识遇于委巷,时借之归读,未及还去而先生没。先生诗各体俱备,一没遂散失焉,仅留此五言六卷于予手。庚戌(按:误,当为甲戌,即崇祯七年,1634)携入燕,与钟伯敬(惺)谋梓之以传,伯敬醵诸同寅金刊于大行署中,板置署,反似官物,不得广行。而其同里宋比玉(珏)复得七言律十二首,复醵金刊于南都,比玉没而板遗失。历今三朝,岁丁丑(崇祯十年),西粤滕伯伦明府又抄宋氏本,而独立梓于秦淮,甫卒业而携之官入署,又未能广行,以厌海内人之求。予往往有遗憾焉!因亦购宋氏本,谋翻前板,李周生不生欣然合力,遂命剞劂,资犹未足，一旦闻于叶雁湖民部，乐为成之。予友吴能尚又合《孙太初诗》刊于闽。计此刻合前有五板在世。”

姚履旋(1564—1622)

字允吉。明江宁人。之裔长子，履素兄。工六书篆籀。万历四十四年(1616)贡生，除扬州训导，擢巴东知县。解职还。

摭古遗文2卷再增摭古遗文1卷　经部小学类

明李登撰　姚履旋增补

(1) 明万历二十二年姚履旋等刻本，南京图书馆藏。

(2) 明万历三十一年李思谦刻本，南京图书馆藏。

(3)《四库全书存目丛书》本，据明万历二十二年姚履旋等刻本影印。

孔门传道录16卷　史部传记类

明张朝瑞撰

明万历二十六年上元姚履旋、顾瑞祥刻本，国家图书馆藏。

湖海纪游　史部地理类　佚

见《续金陵琐事》。

方正学先生逊志斋集24卷外纪2卷　集部别集类

明方孝孺撰　丁宾等校　姚履旋参阅

明万历四十年丁宾等刻本，美国国会图书馆藏。

香雪集　集部别集类　佚

见《金陵诗征》卷27。

刘　氏

明江宁人。琅琊王集敬妻，王相母。幼善属文。守寡60年，卒年90。

女范捷录1卷　子部儒学类

明刘氏撰　王相订注

(1) 清光绪六年(1880)江南李光明庄刻《女四书》本，南京图书馆藏。

(2) 清光绪十一年刻本,国家图书馆藏。

(3) 清光绪十三年刻本,国家图书馆藏。

(4) 清光绪十四年共赏书局刻本,国家图书馆藏。

(5) 清光绪十八年善成堂刻本,国家图书馆藏。

(6) 清金陵奎壁斋刻本,国家图书馆藏。

(7) 1916 年上海会文堂书局石印本,国家图书馆藏。

(8) 1920 年上海铸记书局石印本。

(9) 1926 年上海大众书局铅印本《福寿宝藏》本,日本京都大学图书馆藏。

(10) 2017 年燕山出版社出版《中国古代女教文献丛刊》本。

古今女鉴　子部儒学类

见王相《女范捷录》题注。

唐　谦

字益轩。明万历间金陵刻书家。

新刊宋国师吴景鸾秘传夹竹梅花院纂 3 卷　子部术数类

宋吴景鸾撰

明万历二十六年(1598)金陵书林唐谦刻本,国家图书馆藏。

新刻重校增广圆机活法诗学全书 24 卷　子部典故类

明杨淙编　王世贞校

明万历二十六年金陵绣谷益轩唐谦刻本,南京图书馆藏。

新编评注通玄先生张果星宗大全 10 卷　子部道教类

题唐张果撰　明陆位删补

明万历二十二年金陵书林唐谦刻本,南京图书馆藏。

郑思鸣

鸣一作明。字元美。明歙县籍。万历、崇祯间金陵出版商,书坊名“金陵书林奎壁斋”,一作“奎壁堂郑思鸣”。

书经集传 6 卷　经部尚书类

宋蔡沈撰

明金陵奎璧斋刻本，辽宁大学图书馆藏。

诗集传 8 卷　经部诗经类

宋朱熹撰

明金陵奎璧斋刻本，中国科学院图书馆藏。

精镌海若汤先生校订音释海篇统汇 20 卷卷首 1 卷次卷 1 卷　经部小学类

明金陵奎璧堂郑思鸣刻本，南京大学图书馆藏。

春秋传 30 卷纲领 1 卷提要 1 卷列国图说 1 卷诸国兴废说 1 卷　经部春秋总义类

宋胡安国撰传　余未著撰人

明末金陵奎璧斋刻本，青海省图书馆藏。

养正图解 2 卷　子部儒学类

明焦竑撰　丁云鹏绘

明万历间金陵书林奎璧斋刻本。按：这一版本未查到馆藏，此据《明代版刻综录》第 3 卷著录。

新镌乐府名时曲万家锦 2 卷　子部艺术类

明万历金陵书林郑思鸣奎璧斋刻本。按：这一版本未查到馆藏，此据《明代版刻综录》第 3 卷著录。

新锲官板批评注释虞精集 8 卷　子部杂学类

明周伯耕撰

明书林郑氏奎璧堂刻本，台湾“中央图书馆”原藏。

急览类编 10 卷　子部典故类

明施泽深纂

明天启间奎璧堂郑思鸣刻本，台湾“中央图书馆”原藏。

鼎镌诸方家汇编皇明名公文隽 8 卷　集部总集类

明袁宏道辑　邱北麟补　吴从先注

明泰昌元年(1620)金陵书林郑思鸣奎璧斋刻本,北京大学图书馆藏。

歌林初集十六种二集十四种　丛书类

明万历金陵状元镜书林郑思鸣奎璧斋宗圣楼刻本,镇江市博物馆藏。

子目从略。

周时泰

字敬竹。明金陵人(《明代版刻综录》作羊城人,误)。嘉靖、万历间刻书家。书坊名"秣陵周时泰",亦作"秣陵博古堂",或"金陵博古堂"。《中国善本书提要》云:"(其所出书)版式与周曰校刻书相类似,余疑其有亲属关系。"

镌杨会元真传诗经主意冠玉4卷　经部诗经类

明杨守勤撰

明万历三十三年(1605)金陵博古堂刻本,见《中国古籍善本书目·经部》。

新刊校正古本历史大方通鉴41卷首1卷　史部编年类

明李廷机、叶向高校正

明周时泰博古堂刻本,国家图书馆藏。

皇明大政纪25卷　史部编年类

明雷礼辑　谭希思续辑　朱锦等校

(1)明万历三十年金陵博古堂刻本,国家图书馆藏。

(2)《续修四库全书》本。

(3)《四库全书存目丛书》本。

新刻蒐集群书记载大千生鉴6卷　子部典故类

明刘维诏辑

明末金陵车书楼王世茂、博古堂周时泰刻本,国家图书馆藏。

世说新语注3卷　子部小说类

南朝宋刘义庆撰　梁刘孝标注

明万历十七年周时泰博古堂刻本，国家图书馆等藏。

邹南皋集选 7 卷　集部别集类

明邹元标撰

明万历三十五年周时泰博古堂刻本，南京图书馆藏。

庄学士集 8 卷　集部别集类

明庄天合撰

明万历周时泰博古堂刻本，南京图书馆藏。

榖城山馆诗集 20 卷文集 42 卷　集部别集类

明于慎行著　邢侗校　郭应宪编

明万历三十五年周时泰博古堂刻本，南京图书馆藏。

新刊邵翰林评选举业捷学宇宙文芒 12 卷　集部总集类

明邵景尧评选　卢效祖辑

明万历二十七年周时泰博古堂刻本，北京大学图书馆藏。

元曲选一百种 100 卷　丛书类

明臧懋循辑

明万历四十三年周时泰博古堂刻本，国家图书馆藏。

唐汝询(1565—?)

一作汝珣，字仲言。明华亭籍，移居金陵。5 岁时两目全盲，以耳听受学，苦学有成。工诗文，精唐诗。万历四十三年(1615)在上海结雅社，与王圻等唱和。次年，移居金陵，又交何栋如等。

顾氏诗史 15 卷　史部史评类

明唐汝询纂

(1) 明万历二十八年刻本，国家图书馆藏。

(2)《四库全书存目丛书》本。

按:《四库全书总目》史评类存目题作《诗史》，云:“旧本题明顾正谊撰。……考钱希言《戏瑕》曰:‘昔尝于太原斋头见云间刻《顾氏诗史》，阅之乃中翰正谊名也。……后余过云间，乃知华亭有词人唐汝询仲言者，目双瞽，著成是书，顾氏以三十金诡得之。”

酉阳舌琐一卷　子部小说类

清咸丰六年(1856)张尔耆抄本，复旦大学图书馆藏。

酉阳山人编蓬集 10 卷后集 15 卷　集部别集类

(1) 明万历刻本，国家图书馆藏。

(2) 清乾隆二十四年(1759)唐元素重修本，南京图书馆藏。

(3)《四库全书存目丛书》本，据乾隆二十四年本影印。

唐诗选 7 卷　集部总集类

明唐汝询编

(1) 明闵氏朱墨印本，山东省图书馆藏。

(2)《四库全书存目丛书》本。

(3)《续修四库全书》本。

按:《四库全书总目》总集类存目云:“旧本题明李攀龙编，唐汝询注，蒋一葵直解。……攀龙所选历代之诗，本名《诗删》，此乃摘其所选唐诗。汝询亦有《唐诗解》，此乃割取其注，皆坊贾所为。”王重民《中国善本书提要》著录《唐诗选》7 卷，明闵氏朱墨印本，美国国会图书馆藏，原题李攀龙选订、王穉登参评。王重民云:“此即唐汝询、蒋一葵注解七卷本，去其注解，而朱印王穉登等评语于眉端耳。”由此可见，当时李选，唐、蒋注解本广为流行，其后唐氏之名不显，而蒋氏之名独传。

唐诗解 50 卷　集部总集类

明唐汝询编

(1) 明万历四十三年杨鹤刻本，国家图书馆藏。

(2) 清顺治十六年(1659)万笈堂刻本，南京图书馆藏。

(3)《四库全书存目丛书》本。

删订唐诗解 24 卷　集部总集类

明唐汝询编　吴昌祺删节

(1) 清康熙四十年(1701)诵懿堂刻本，南京图书馆藏。

（2）《续修四库全书》本。

按：此本选唐诗人 184 家，诗 1000 余首。重在初、盛，略于中、晚。注释颇详，公允稳妥，故多被后世选本所引用。见孙琴安《唐诗选本六百种提要》。

汇编唐诗十集 40 卷目录 7 卷　集部总集类

题明唐汝询编

明天启间刻本，北京大学图书馆藏。

按：是集又有题明唐汝询辑，蒋汉纪增释，王士禛重订者。然王士禛在《带经堂诗话》卷 4 中否认参与重订，故不知究竟为何人重订。见《唐诗选本六百种提要》。

顾起元(1565—1628)

名培，以字行。又字太初、邻初，自号遁园居士。明江宁人。国辅长子，王可大婿。少好博览，学问赅博。万历二十六年(1598)进士，授编修，迁南京国子监司业，历左谕德、右庶子，兼翰林侍讲、侍读，南京国子监祭酒、詹事府少詹事兼侍读学士，累至吏部左侍郎。辞归，筑园于南京城西南花露岗，名遁园，潜心著述。曾七征为相不起。福王时赠尚书，谥文庄。其藏书可与顾璘、焦竑相比。生平著述颇丰。

尔雅堂家藏诗说　经部诗经类

按：此书旧题顾起元撰。王重民《中国善本书提要》考证，此书为起元父国辅旧稿，非起元所著。详见“顾国辅”条。

毛诗正变指南图 1 卷诗经金丹汇考 1 卷诗经难字 1 卷　经部诗经类

（1）明版筑居刻朱墨套印本，北京师范大学图书馆藏。

（2）《中华再造善本》本。

新刻顾邻初太史硃批诗经金丹 8 卷首 1 卷　经部诗经类

明顾起元撰　潘晓辑

明版筑居刻本，日本内阁文库藏。

中庸外传 2 卷首 1 卷　经部四书类

《归鸿馆杂著八种》本。

读孟私笺 2 卷　经部四书类　佚

见《经义考》卷 235。注云:“未见。”

新刻顾邻初先生批点四书大全 5 卷　经部四书类

明末光启堂刻朱墨套印本。辽宁省图书馆藏。

范氏后汉书批评 100 卷　史部正史类

明顾起元撰

明万历四十七年刻本,上海图书馆藏。

顾氏小史 10 卷　史部传记类

《归鸿馆杂著八种》本。

金陵名贤咏六十首　史部传记类　佚

见《金陵诗征》《明诗纪事》小传。

按:《金陵诗征》传注载有金陵名贤 62 人姓名。兹从略。《金陵艺文志》作《金陵名贤杂咏小传》。

名公像记 1 卷　史部传记类

伤逝记 1 卷　史部传记类

以上 2 种题遁园居士撰,有《说郛续》本。

寒松馆游览诗　史部地理类　佚

见《启祯两朝遗诗小传》。

客座赘语 10 卷　史部地理类

(1) 明万历四十六年自刻本,南京图书馆藏。

(2) 清初抄本,上海图书馆藏。

(3) 清道光中汝南家塾刻《赖古堂藏书十种》本。

(4) 清同治十年(1871)潘芷洲抄本,南京图书馆藏。

(5) 清光绪间甘氏津逮楼刻本。

(6)《金陵丛刻》本。

(7) 1987 年中华书局《元明史料笔记丛刊》本。谭棣华、陈稼禾点校。

(8)《续修四库全书》本，据明万历四十六年刻本影印。

(9)《四库全书存目丛书》本，据明万历四十六年刻本影印。

(10) 2005 年凤凰出版社张惠荣校点本。

(11)《南京稀见文献丛刊》本。

(12) 2012 年上海古籍出版社孔一校点本。

(13)《金陵全书》本。

按：《四库全书总目》小说家类存目云："是书所记，皆南京故实及诸杂事，其不涉南京者不载，盖亦金陵琐事之流。特不分门目，仍为说部体例耳。虽颇足补志乘之阙，而亦多神怪琐屑之语。至《前闻纪异》一百条，全录旧文，取充卷帙，尤为无取矣。"

客座赘语摘钞　史部地理类

陈作霖辑

陈作霖辑《冶麓山房丛书》本。

诸寺奇物记 1 卷　史部地理类

题遁园居士著

《说郛续》本。

金陵古金石考目 1 卷　史部金石类

(1)《归鸿馆杂著八种》本。

(2) 清抄本，国家图书馆藏。

(3)《愢园丛书》本。

(4) 旧抄本，美国国会图书馆藏。

(5)《四库全书存目丛书》本，据明万历四十八年刻本影印。

按：《四库全书总目》目录类存目云："其书于金陵所有古金石，以年代排纂，各纪所在及撰人、书人姓名，无所考证。"

遁居士批庄子内篇 1 卷　子部周秦诸子类

《归鸿馆杂著八种》本。

商子 2 卷　子部周秦诸子类

周商鞅撰　明杨慎评　顾起元释　朱蔚然订

明天启刻《合诸名家批点诸子全书》本。

鱼品 1 卷　子部农家类

题遁园居士撰

《说郛续》本。

潘方凯墨序 1 卷　子部工艺类

《十六家墨说》本。

壶天呹语 1 卷　子部杂学类

《归鸿馆杂著八种》本。

雪堂随笔 5 卷　子部杂学类

(1)《顾太史编年集》本。

(2)《四库禁毁书丛刊》本。

销夏小品 1 卷　子部杂学类

《顾太史编年集》本。

拾芥新声　子部杂学类　佚

见今人雷梦辰《清代各省禁书汇考》。

天都载 6 卷　子部杂学类

明马大壮撰　顾起元等校

明万历三十八年序刻本，国家图书馆藏。

说略　子部典故类

(一) 30 卷本

(1) 明万历四十一年新安吴德聚刻本，国家图书馆藏。

(2)《四库全书》本。

(3)《金陵丛书》本。

(4) 旧抄本，台湾“中央图书馆”原藏。

(二) 60 卷本

明顾起元撰　顾起凤订

明天启四年(1624)顾起凤刻本，国家图书馆藏。

按：《明清江苏文人年表》载：万历三十三年，起元解京职归，失《说略》稿。四十一年，访得《说略》副本，重订为30卷刊行。天启四年(1624)，增订《说略》为60卷刊行。《四库全书总目》略云："是编《明史·艺文志》作六十卷。考起元自序，全书实止三十卷，与此本相合，盖《明史》偶误也。其书杂采说部，体系条列，颇与曾慥《类说》、陶宗仪《说郛》相近，故《明史》收入小说家类。然详考体例，其分门排比，编次之法，类同类书。但类书隶事，此则纂言耳。"《千顷堂书目》著录30卷为初本，又著录有60卷本，清吴骞校云："《遗书目》三十卷。"王重民《中国善本书提要》分别著录30卷及60卷两种版本，其《提要》参见本书"顾起凤"条。此书清代亦列为禁书。

锓顾太史续选诸子史汉国策学玄珠2卷　子部典故类

明顾起元辑

明万历建阳书林熊冲宇种德堂刻本。

新刻顾会元注释古今捷学举业天衢10卷　子部典故类

明顾起元辑　陆翀之删定

明金陵周曰校万卷楼刻本，国家图书馆藏。

杨升庵外集100卷　子部典故类

明杨慎撰　焦竑、叶遵编

明万历四十四年江宁顾起元校刻本，大连图书馆藏。

遁居士戏墨1卷　子部小说类

《归鸿馆杂著八种》本。

紫府奇玄11卷　子部道教类　佚

见《千顷堂书目》卷16。

懒真草堂集诗20卷文30卷　集部别集类

(1) 明万历四十六年自刻本，浙江大学图书馆藏。

(2)《金陵丛书》本，名《懒真草堂集》20卷，内缺卷11至卷17，实存13卷。

(3)《四库禁毁书丛刊补编》本。

(4)《懒真草堂集》文30卷，2013年黄山书社出版《明别集丛刊》本。

遁园存稿4卷　集部别集类

(1)《归鸿馆杂著八种》本。

(2)《顾太史编年集》本。

遁园漫稿4卷　集部别集类

(1)《归鸿馆杂著八种》本。

(2)《四库禁毁书丛刊》本。

蛰庵日录4卷　集部别集类

(1)《归鸿馆杂著八种》本。

(2)《顾太史编年集》本。

(3)《四库全书存目丛书》本。

按:《四库全书总目》别集类存目云:“是集乃其天启壬戌、癸亥两年所作诗文。曰‘蛰庵’者,自序谓足疡至冬辄发,每寒月即自茧一室,塞向墐户。尝自笑以为似昆虫之入蛰,因以名其庵云。”

顾太初先生诗选2卷　集部别集类

明顾起元撰　傅振商辑

明崇祯刻本,中国科学院图书馆藏。

按:《千顷堂书目》卷25著录顾起元还有《寒松斋稿》《归鸿馆稿》《武陵稿》。

金陵卧游六十咏1卷　集部别集类

《顾太史编年集》本。

卓氏遗书2卷　集部别集类

明卓敬撰

明天启顾起元刻本,国家图书馆藏。

新刻陶顾二会元类编苏长公全集40卷首1卷　集部别集类

宋苏轼撰　明陶望龄辑　顾起元补订

明刻本,山东省图书馆藏。

弇州山人续稿选38卷　集部别集类

明王世贞撰　顾起元辑

明刻本，南京图书馆藏。

金陵雅游编　集部总集类

明余孟麟编　焦竑、朱之蕃、顾起元与撰

明天启三年(1623)刻本，附于明朱之蕃《金陵图咏》后，国家图书馆藏。

饯送白阳毕大司农归里诗1卷　集部总集类

明顾起元等撰

稿本，清朱长湝跋，山东省图书馆藏。

新锓施会元精选旁训皇明鸿烈集10卷　集部总集类

明顾起元辑　施凤来等评　鲁史旁训

明万历书林詹霖宇刻本，复旦大学图书馆藏。

锲熙朝名公书启连腴8卷　集部总集类

明顾起元辑

明万历二十九年萃庆堂刻本，重庆市图书馆藏。

锓顾太史续选诸子史汉国策举业玄珠3卷　集部总集类

明顾起元辑

明万历书林种德堂熊冲宇刻本，吉林大学图书馆藏。

客座曲语1卷　集部词曲类

《新曲苑》本。

按：清张梦征《青楼韵语广集》收其散曲。

归鸿馆杂著八种25卷　丛书类

明万历、天启间顾氏归鸿馆刻本，国家图书馆藏。

子目见上。

顾太史编年集15卷　丛书类

明刻本，国家图书馆藏。

子目见上。

周显明

明万历间金陵刻书家。

山堂肆考228卷补遗12卷　子部典故类

明彭大翼纂　张幼学增订　焦竑等校

明万历二十三年(1595)金陵书林周显刻本,浙江图书馆藏。

王　杞

字宗禹,一字子美,号云池。明江宁人。万历十四年(1586)贡生,官安义知县。辞归。筑古胜阁于家园,终老其间。生平蕴藉豪放,为焦竑、顾起元所重。工诗,曾入诗社。卒年近90。

越台小草　集部别集类　佚

见《金陵诗征》卷24。

甘　旸

字旭甫,号寅东。明江宁人。篆刻家。

集古印谱5卷印正附说1卷　子部艺术类

明万历二十四年(1596)秣陵甘氏钤拓本,国家图书馆藏。

集古印谱4卷印正附说1卷　子部艺术类

1922年上海扫叶山房石印本,南京图书馆藏。

按:《贩书偶记续编》载是书又名《甘旭印正》。

印章集说1卷　子部艺术类

(1)《篆学琐著》本。

(2)《美术丛书》本。

(3)《续修四库全书》本。

甘氏印集4卷　子部艺术类

明万历间钤印本,南京图书馆藏。

吴桂宗

明万历间金陵刻书家，书坊名“文枢堂”，坊主有二人：吴桂宗、吴桂宇。王重民云“或是吴勉学后人”。

性理大全 70 卷　子部儒学类

明胡广等奉敕撰　吴勉学重校

明万历间文枢堂刻本，北京大学图书馆藏。

唐诗纪 170 卷　集部总集类

明吴琯编

明刻吴桂宗文枢堂刻本，首都图书馆藏。

吴桂宇

明万历间金陵刻书家，书坊名“文枢堂”。参见“吴桂宗”条。

萧腾鸿

字庆云。福建建阳人。明万历、天启间金陵刻书家。与其子少衢（一作渠）在金陵所开书坊名“师俭堂”。别有萧徵韦者，不详与腾鸿关系，书坊亦称“师俭堂”。

鼎镌钦颁辨疑律例昭代王章 5 卷备例 1 卷　史部政书类

明熊鸣岐撰　钱士晋正讹

明万历金陵建阳书林萧少衢师俭堂刻本，国家图书馆藏。

古今悬鉴 7 卷　子部杂学类

明吴从先撰

明天启六年（1626）金陵建阳书林萧少衢师俭堂刻本，台湾“中央图书馆”原藏。

鼎镌十二方家参订万事不求人博考全编 6 卷　子部典故类

题明博览子辑

明萧少渠师俭堂刻本，国家图书馆藏。

镌眉公陈先生评选庄子南华经隽 4 卷　子部道教类

明陈继儒辑

明万历金陵建阳书林萧少衢师俭堂刻本，中国科学院图书馆藏。

李相国九我先生评选苏文汇精 6 卷　集部别集类

宋苏洵、苏轼、苏辙撰　明李廷机选

明万历金陵建阳书林萧少衢师俭堂刻本，浙江图书馆藏。

陈眉公评选秦汉文隽 4 卷　集部总集类

明陈继儒编评

明天启金陵建阳书林萧少衢师俭堂刻本，南京图书馆藏。

鼎镌诸方家汇编皇明名公文隽（简称皇明文隽）8 卷　集部总集类

题明袁宏道选

(1) 明泰昌元年(1620)师俭堂萧少衢翻刻本，美国国会图书馆藏。

(2)《四库全书存目丛书》本。

新刻李于麟先生批评注释草堂诗馀隽 4 卷　集部词曲类

明吴从先辑

明天启金陵建阳书林萧少衢师俭堂刻本，南京图书馆藏。

鼎镌陈眉公先生批评幽闺记 2 卷释义 2 卷　集部词曲类

元施惠撰　明陈继儒评

明书林萧腾鸿师俭堂刻本，国家图书馆藏。

鼎镌幽闺记 2 卷　集部词曲类

元施惠撰　明陈继儒评

明书林萧腾鸿师俭堂刻本，南京图书馆藏。

鼎镌陈眉公先生批评琵琶记 2 卷释义 2 卷　集部词曲类

元高明撰　明陈继儒评

明书林萧腾鸿师俭堂刻本，国家图书馆藏。

鼎镌琵琶记 2 卷　集部词曲类

元高明撰　明陈继儒评

明书林萧腾鸿师俭堂刻本，国家图书馆藏。

鼎镌绣襦记2卷　集部词曲类

明薛近兖撰　陈继儒评

明书林萧腾鸿师俭堂刻本,南京图书馆藏。

鼎镌玉簪记2卷　集部词曲类

明高濂撰　陈继儒评

明书林萧腾鸿师俭堂刻本,南京图书馆藏。

鼎镌红拂记2卷　集部词曲类

明张凤翼撰　陈继儒评

明书林萧腾鸿师俭堂刻本,国家图书馆藏。

鼎镌陈眉公先生批评西厢记2卷钱塘梦1卷　集部词曲类

元王德信、关汉卿撰　明陈继儒评

明书林萧腾鸿师俭堂刻本,上海图书馆藏。

鼎镌西厢记2卷　集部词曲类

元王德信、关汉卿撰　明陈继儒评

明书林萧腾鸿师俭堂刻本,国家图书馆藏。

明珠记2卷　集部词曲类

明陆彩撰　陈继儒评

明师俭堂刻本,南京图书馆藏。

麒麟罽2卷　集部词曲类

明陈与郊撰　陈继儒评

明师俭堂刻本,上海图书馆藏。

六合同春12卷　集部词曲类

明书林萧腾鸿刻清乾隆十二年(1747)修文堂印本,国家图书馆藏。

子目:

《鼎镌西厢记》2卷　元王德信、关汉卿撰　明陈继儒评

《鼎镌幽闺记》2卷　元施惠撰　明陈继儒评

《鼎镌琵琶记》2卷　元高明撰　明陈继儒评

《鼎镌红拂记》2卷　明张凤翼撰　陈继儒评

《鼎镌玉簪记》2卷　明高濂撰　陈继儒评

《鼎镌绣襦记》2卷　明薛近兖撰　陈继儒评

唐鲤跃

字锦池。明万历、崇祯间金陵刻书家。书坊名全称“金陵唐氏文林阁”，又称“集贤堂”。主持人为唐鲤跃、唐惠畴。张秀民《中国印刷史》以“金陵唐氏文林阁唐锦池（又称集贤堂）、唐惠畴”和“金陵书林唐鲤跃集贤堂（又称唐鲤跃文林阁）”为两家。《明代版刻综录》作一家。

春秋公羊传12卷考1卷　经部春秋公羊传类

明闵齐伋裁注

明末文林阁唐锦池刻本，山西省图书馆藏。

春秋穀梁传12卷考1卷　经部春秋穀梁传类

明闵齐伋裁注

明末文林阁唐锦池刻本，山西省图书馆藏。

刘向古列女传7卷续1卷　史部传记类

汉刘向撰

明万历三十四年(1606)金陵唐氏文林阁刻本，南京图书馆藏。

皇明奏疏6卷　史部政书类

明吴道行辑

明万历三十五年金陵书林文林阁刻本，上海图书馆藏。

图绘宗彝8卷　子部工艺类

明杨尔曾编

明万历三十四年金陵书林文林阁刻本，南京图书馆藏。

丹溪心法附余24卷首1卷　子部医家类

元朱震亨撰

明万历金陵书林唐鲤跃文林阁刻本，南京图书馆藏。

新镌徐氏家藏罗经顶门针2卷鄙言1卷　子部医家类

明徐之镇撰

明万历金陵书林唐鲤跃集贤堂刻本，国家图书馆藏。

新刻太医院校授丹溪秘藏幼科捷径全书 4 卷　子部医家类

题元朱震亨藏　明傅绍章校

明文林阁唐锦池刻本，上海图书馆藏。

五种秘窍全书 17 卷附 1 卷　子部典故类

明甘霖撰

明万历金陵书林唐鲤跃文林阁刻本，中国科学院图书馆藏。

按：此书包括《选择通书秘窍》3 卷、《奇门遁甲秘要》2 卷、《天星秘窍图书》1 卷、《地理秘窍》1 卷、《罗经秘窍图书》10 卷。附《新镌唐氏寿域》1 卷，明王福贤撰。

渊海子平 5 卷　子部典故类

宋徐升辑

明崇祯七年（1634）金陵书林唐鲤跃集贤堂刻本，见《明代版刻综录》。

李卓吾批点世说新语补 20 卷　子部小说类

明何良俊补　明李贽批点

明万历金陵书林唐鲤跃刻本，见《明代版刻综录》。

校正重刊官板宋朝文鉴 150 卷目录 3 卷　集部总集类

宋吕祖谦编

明刻金陵唐锦池刻本，复旦大学图书馆藏。

重校投笔记 4 卷　集部词曲类

明丘浚撰

重校锦笺记 2 卷　集部词曲类

明周履靖撰

重刻出像浣纱记 4 卷　集部词曲类

明梁辰鱼撰

重校义侠记 2 卷　集部词曲类

明沈璟撰

新刻牡丹亭还魂记 4 卷　集部词曲类

明汤显祖撰

重校玉簪记 2 卷　集部词曲类

明高濂撰

重校注释红拂记 2 卷　集部词曲类

明张凤翼撰

新刻全像古城记 2 卷　集部词曲类

明佚名撰

重校拜月亭记 2 卷　集部词曲类

元施惠撰

以上 9 种有：

(1) 明万历金陵书林唐氏文林阁刻本。

(2)《绣刻演剧》本。

新刻全像易鞋记 2 卷　集部词曲类

明沈鲸撰

新刻全像胭脂记 2 卷　集部词曲类

明童养中撰

以上 2 种有：

(1) 明万历金陵书林唐氏文林阁刻本。

(2)《绣刻演剧》本。

(3)《古本戏曲丛刊初集》据文林阁刻本影印本。

新刻全像高文举珍珠记(简名高文举珍珠记)2 卷　集部词曲类

明佚名撰

新刻全像观音鱼篮记 2 卷　集部词曲类

明佚名撰

新刻全像汉刘秀云台记 2 卷　集部词曲类

明蒲俊卿撰

新刻全像包龙图公案袁文正还魂记 1 卷　集部词曲类

明欣欣客撰

重校剑侠传双红记 2 卷　集部词曲类

明佚名撰

重校四美记 2 卷　集部词曲类

明佚名撰

新刻五闹蕉帕记 2 卷　集部词曲类

明单本撰

新刻全像点板张子房赤松记 2 卷　集部词曲类

明佚名撰

新刻狄梁公返周望云忠孝记 2 卷　集部词曲类

明金怀玉撰

新刻校正全像音释青袍记 2 卷　集部词曲类

以上 10 种有：

(1) 明万历金陵书林唐氏文林阁刻本。

(2)《绣刻演剧》本。

(3)《古本戏曲丛刊二集》据文林阁刻本影印本。

官常政要二十二种 41 卷　丛书类

明崇祯间金陵书坊唐锦池、唐惠畴刻本，北京大学图书馆藏。

重刻合并官常政要全书二十九种 50 卷　丛书类

明崇祯间金陵书坊唐锦池、唐惠畴刻增修本，浙江图书馆藏。

按：以上 2 种子目见《中国古籍善本书目·丛部》。

焦尊生(? —1609)

字茂直，又字不害。明上元人。竑长子。万历二十五年(1597)贡生，早逝。

方舆胜略外夷 6 卷　史部地理类

明焦尊生辑

明万历间刻本，台湾“中研院”傅斯年图书馆藏。

天都载6卷　子部杂学类

明马大壮撰　顾起元、焦尊生等校

明万历三十八年序刻本，国家图书馆藏。

焦氏笔乘6卷续集8卷　子部杂学类

明焦竑辑　谢与栋、焦尊生同校

版本参见“焦竑”条。

诗集1卷　集部别集类　佚

见《客座赘语》卷7。

按：《金陵诗征》卷24收有其诗。

周　□

明万历间金陵刻书家，书坊名怀德堂。

焦氏说楛7卷　子部杂学类

明焦周撰

(1) 明万历四十一年(1613)南京周氏书林怀德堂刻本，南京大学图书馆藏。

(2)《续修四库全书》本。

(3)《四库全书存目丛书》本。

牡丹亭还魂记2卷　集部词曲类

明汤显祖撰

明万历二十六年怀德堂刻本，北京大学图书馆藏。

王　臣

字希皋。明上元人。

北山诗　集部别集类　佚

见《续金陵琐事》。

刘　潢

字师藩。明上元人。

檀桥集　集部别集类　佚

见《金陵诗征》卷27。

按:《明诗纪事》庚签卷30收其诗1首。

唐建元

明万历间金陵刻书家。

钟伯敬先生朱评词府灵蛇4卷　集部词曲类

明钟惺评　李光祚辑

明万历金陵唐建元朱墨套印本,国家图书馆藏。

王洛川

明万历间金陵刻书家。

新刊大宋宣和遗事4卷　子部小说类

宋佚名撰

明万历金陵王氏洛川校正重刻本,国家图书馆藏。

王良相

明万历间金陵刻书家。

新刻月林丘先生家传礼记摘训10卷　经部礼记类

明丘橓撰

明金陵王良相刻本,湖南省图书馆藏,残存卷5、6。

雷　鸣

字大震。明金陵人。嘉靖至崇祯间刻书家。

济生方8卷　子部医家类

宋严用和撰

明金陵书林雷鸣刻本。

按:《增订四库简目标注》云:“原本久佚,今从《永乐大典》录出。”又云:“《孝慈堂目》有《真元板严氏济生方》六卷。《四库全书总目》子部医家类著录。”

产宝诸方 1 卷　子部医家类

无名氏撰

明金陵书林雷鸣刻本。

按:是书原本亦久佚,此乃从《永乐大典》录出。《四库提要》子部医家类著录。

济生产宝论文 2 卷　子部医家类

阙名撰

明嘉靖雷鸣金陵书林刻本,浙江图书馆藏。

子华子 2 卷　子部杂学类

晋程本撰

明崇祯雷鸣刻本,北京大学图书馆藏。

李澄源

明万历间金陵刻书家。

重刊增补燕居笔记 10 卷　子部杂学类

明何大抡撰

明万历金陵书林李澄源刻本,复旦大学图书馆藏。

周文华

明万历间金陵刻书家。

吴状元荣进集 3 卷　集部别集类

明吴伯宗著　吴兆璧辑　傅文兆校

明万历间金陵周文华刻本,国家图书馆藏。

唐少村

明万历间金陵书坊主，书坊名“唐少村兴贤堂书铺”，亦作“金陵书林唐少村兴贤堂”。

大字伤寒指掌图　子部医家类

明金陵唐少村兴贤堂刻本。

楚辞集解8卷首1卷蒙引2卷考异1卷天问注补2卷　集部楚辞类

明汪瑗集解　汪仲弘补　焦竑订正

明万历间金陵书林唐少村兴贤堂刻本。

龚邦录

明万历间金陵刻书家。

古今经世格要28卷　子部杂学类

明邹泉撰

(1) 明万历金陵书坊龚邦录刻本，国家图书馆藏。

(2)《四库全书存目丛书》本。

马　电

字元赤。明上元人。与顾起元交。工诗及大幅画。

游梁记　史部地理类　佚

见《客座赘语》卷9。

入蜀稿　集部别集类　佚

见《续金陵琐事》。

孙　旭

字景初，号宝林。明上元人。以诸生负盛名。晚弃举业，隐居当涂葛阳山，所交多为名流。工诗，亦工书。

啸月堂集40集　集部别集类　佚

见《金陵诗征》韩管传注。

张振英

字元度，号苦竹君。明江宁人。诸生。与顾起元交善。家徒四壁，淡泊自如。年未40卒。

潭西集　集部别集类　佚

见《金陵诗征》卷26。

张　藩

字茂楚，号涉园。明上元人。诸生。博学能诗，多识古文奇字。

渡江集　集部别集类　佚

苏田集　集部别集类　佚

祠居集　集部别集类　佚

以上3种见《金陵诗征》卷26。

陆华甫

明万历间金陵人。

新刊出像双凤齐鸣记2卷　集部词曲类

(1) 明万历间金陵书林唐富春世德堂刻本，国家图书馆藏。

(2)《古本戏曲丛刊二集》据世德堂刻本影印本。

郭元极

字玄生。明江宁人。

皇明律范23卷　集部总集类

明郭元极选

明万历间刻本，北京大学图书馆藏。

钱志立

字尔卓，一字镜水。明桐城籍，寓居金陵。万历间人。诸生。

白门缶音集　集部总集类　佚

明钱志立辑

见《金陵诗征》卷39。

毛少池

明万历间金陵刻书家。

副墨8卷　集部别集类

明汪道昆撰

(1) 明万历二年(1574)金陵书肆毛少池刻本，山东省图书馆藏。

(2)《四库全书存目丛书》本。

龚少冈

明万历间金陵刻书家。

新锓丹溪朱先生心法大全4卷　子部医家类

元朱震亨撰

明金陵龚少冈刻本，国家图书馆藏。

王若屏

字惟俨。明金陵人。

续藏书27卷　史部传记类

明李贽撰

(1) 明万历三十九年(1611)王若屏刻本，南京图书馆藏。

(2)《续修四库全书》本。

汪宗姬

字肇郃，一字海云，又字师文，号休吾子。明上元人，徽州籍。工画山水人物，并擅诗文，尤能戏曲。

儒数类函62卷　子部典故类　佚

见《千顷堂书目》卷15。

按：道光《徽州府志》作《儒函数类》36卷。

颖秀堂稿　集部别集类　佚

见《金陵诗征》卷26。

丹管记(传奇)　集部词曲类　佚

续缘记(传奇)　集部词曲类　佚

以上2种见《古典戏曲存目汇考》。

冯　啸

字阆风。明上元人。工诗。

香烟集　集部别集类　佚

见《金陵诗征》卷26。

冯　化

字化之。明上元人。

香醉集　集部别集类　佚

见《金陵通传补遗》卷2。

李向阳

字惺庵。明上元人。工诗。

樵居集　集部别集类　佚

见《金陵诗征》漆经传注、《金陵通传补遗》卷2。

吴文企

字季弱，号白雪。明南京旗手卫籍。万历二十六年(1598)进士，除户部主事，历郎中，出为宁波知府，转湖州，终陕西按察副使。归置香雨楼，潜吟其上。

恕庵惭录　子部儒学类　佚

见《千顷堂书目》卷25。

菰芦集　集部别集类　佚

见《金陵诗征》卷25，注云："其《菰芦集》，在湖所作诗，颇饶清韵。"《明诗综》卷58收其诗4首。

何如宠

字康侯，一字芝岳。明桐城籍，徙居金陵。万历二十六年(1598)进士，由编修历至武英殿大学士。崇祯四年(1631)，赐第金陵，致仕。卒赠太傅，谥文端。《明史》有传。

后乐堂集　集部别集类　佚

见《千顷堂书目》卷25。

按:《金陵诗征》卷39收有其诗。

庞玉宣

明金陵人。

庞氏族谱　史部传记类

见同治《上江两县志》卷12。

熊云滨

明万历间金陵刻书家，书坊名"金陵荣寿堂"，一作"熊氏荣寿堂"。云滨为建阳籍，居金陵，故其书坊又称"建阳书林宏远堂熊云滨"。

精刻编集阳宅真传秘诀6卷　子部术数类

明李邦祥撰

明万历二十七年(1599)建阳书林宏远堂熊云滨刻本,国家图书馆藏。

张一儒(1570—?)

字彦先。明上元人。贡生。与顾起元往来。博洽工诗文,取法汉魏六朝。崇祯初,曾与吴𫴸、王潢等加入复社。被荐不出,以隐终。

张征君集　集部别集类　佚

懒眼斋集　集部别集类　佚

以上2种见《金陵诗征》卷28。

黄应登

字征甫,一字少龙。明南京水军左卫籍江宁人。万历四十四年(1616)贡生,官德清教谕,历侯官教谕,转广西教授,归里。曾与焦竑共事纂辑,后授徒卖文以终。顾起元推其与焦竑同为金陵著述之富者。

列卿记　史部传记类　佚

见《金陵诗征》卷27。

京学志8卷　史部政书类

明焦竑、黄应登撰

明万历三十一年刻本,台湾"中央图书馆"原藏。

谢山暇录10卷　子部杂学类　佚

见《客座赘语》。

按:《金陵诗征》传注引顾起元序云:"《暇录》十卷,区其目:读书、稽古、征今、存疑、偶记、规诲、文字、幽奇、方技、寄情、琐资、资识、诗话、诗秀凡十四目,一切载籍见闻中,可法、可戒、可辩、可驳、可咏、可讽者,无不区分而胪列之。"

偶然语　子部杂学类　佚

谢山诗文草　集部别集类　佚

以上2种见《金陵诗征》卷27。

陈嘉谋

一作嘉谟。明江宁人。诸生。官吴江训导。工诗文,通经,兼精释老学。

周易就正略义5卷　经部易类　佚

见《千顷堂书目》卷1。

梦醒纪臆1卷　子部杂学类　佚

见《千顷堂书目》卷12。

老子疏述1卷　子部道教类　佚

读阴符大旨1卷　子部道教类　佚

太上感应篇句解8卷　子部佛教类　佚

以上3种见《千顷堂书目》卷16。

北游集　集部别集类　佚

见《金陵诗征》卷28。

李宗城

字汝藩。明上元人。言恭子。袭封父爵。能文好诗。家于金陵,尝结诗社。

汝藩稿　集部别集类　佚

见《续金陵琐事》。

按:《金陵诗征》卷22收有其诗。

洪　宽

字仲韦。明应天人。好吟咏,耽书法。

鹤游堂帖　子部艺术类　佚

蝶庵集　集部别集类　佚

以上2种见《金陵通传》卷19。

吴声孺

以字行。明上元人。年17补诸生。以诗名。卒年27。

耽休草　集部别集类　佚

见《金陵诗征》陈珆传注，谓“黄叔迺梓其稿，顾文庄（起元）序之”。

翟文炳

字德孚。明上元人。工诗。与顾起元交。

阴符解　子部道教类　佚

金刚经解　子部佛教类　佚

以上2种见《客座赘语》卷7。

杨一洲

字伯海，一字万壑。明江宁人。喜游，善画山水。以诸生终。

柬中集　集部别集类　佚

见《金陵诗征》卷23。

陈玉秀

明金陵人。

古今律条公案7卷　子部小说类

题海若汤先生汇辑　金陵陈玉秀选校

明万历后期书林师俭堂刻本，日本内阁文库藏。

按：亦见《中国通俗小说总目提要》附录《〈中国通俗小说书目〉补编》卷6著录，云：“海若为汤显祖之号，疑系伪托。”

姚履素

字允初。明上元人。漸孙，履旋弟。万历二十九年（1601）进士，除刑部主事，擢广东提学副使，转琼州兵备佥事。曾为海瑞请谥荫。乞归，葺市隐园以居，觞咏其间。卒年70。

征黎始末　史部杂史类　佚

湖海游记　史部地理类　佚

以上2种见《金陵诗征》卷26，收有其诗。

适楚纪胜　史部地理类　佚

市隐园诗文纪　集部总集类　佚

明姚履素编

以上2种见《千顷堂书目》卷26。

何栋如(1572—1638)

字充符，一字子极，号天玉。明南京留守右卫人。湛之子。曾与顾起元、俞彦等结文社。万历二十六年(1598)进士，除襄阳推官，忤税监陈奉，系狱4年。释归，家居17年。天启初，始起为南京兵部主事，进太仆少卿，充军前参赞。坐诬冒饷募兵，再下狱，戍滁阳。崇祯初，复官。致仕卒。《明史》有传。

易正15卷　经部易类

明周鵬撰　何栋如校

明崇祯刻本，日本内阁文库藏。

乡饮图考1卷　经部仪礼类　佚

文庙雅乐考2卷　经部乐类　佚

以上2种见《千顷堂书目》卷2。

楚事纪略　史部杂史类

辽事纪略　史部杂史类

出山疏牍初续　史部政书类

实用编　史部政书类

明何栋如辑

经武编　史部政书类

明何栋如辑

以上5种见《续修四库全书提要》。《出山疏牍初续》,《千顷堂书目》题作《督府奏议》。

皇祖四大法12卷　史部政书类

(1) 明万历四十三年自刻本,浙江图书馆藏。

(2)《四库全书存目丛书》本。

按:《锡山历朝著述书目考》卷3著录作《先朝四大法》。

恢复议　史部政书类　佚

见《金陵诗征》卷25。

道一编5卷　子部儒学类　佚

见《千顷堂书目》卷11。

梦林玄解34卷卷首1卷　子部术数类

明陈士元辑　何栋如增辑

(1) 明崇祯九年(1636)东吴何氏刻本,国家图书馆藏。

(2)《续修四库全书》本。

(3)《四库全书存目丛书》本。

淮南指要　子部杂学类　佚

见《锡山历朝著述书目考》卷3。

石城会语　子部杂学类　佚

见《金陵诗征》卷25。

近溪要语　子部杂学类

明顾起元辑

摄园稿　集部别集类

祖东草　集部别集类

商音　集部别集类

以上4种见《续修四库全书提要》。

南音1卷　集部别集类　佚

见《千顷堂书目》卷25。

续南音　集部别集类　佚

结夏草　集部别集类　佚

文成外编　集部别集类　佚

以上3种见《锡山历朝著述书目考》卷3。

何太仆集10卷　集部别集类

(1) 明末刻本，中国社会科学院历史研究所藏。

(2)《金陵丛书》本。

(3)《丛书集成续编》本。

(4) 2013年黄山书社出版《明别集丛刊》本。

按：此书清代列入禁书目。《金陵诗征》卷25、《明诗综》卷58、《明诗纪事》庚签卷19均收录其诗。

元　豫

明南京人。万历间在世。

卧游录　史部地理类

见同治《上江两县志》卷12。

吴国贤

字一所。明上元人。万历间诸生。邃于《易》。尝读书吉祥寺，从游甚众。所得束脩悉以购书贮楼中，任弟子取读。

白土山房集　集部别集类　佚

见同治《上江两县志》卷12。

张　维

字管文，号淇澳。明上元人。官指挥。

青藜阁稿　集部别集类　佚

见《续金陵琐事》。

淇澳稿　集部别集类　佚

见《金陵诗征》卷24。

焦　周

字茂潜，一字茂孝，又作茂叔。明上元人。竑次子。万历三十一年(1603)举人。博洽好古，不求仕进。

说楛 7 卷　子部杂学类

(1) 明万历四十一年南京周氏怀德堂刻本，南京大学图书馆藏。

(2) 明刻清印本，国家图书馆藏。

(3)《续修四库全书》本。

(4)《四库全书存目丛书》本。

按：是书一名《焦氏说楛》。《四库全书总目》子部杂家类存目云："其书皆刺取诸书中新颖之语，及闻见所及可资谈噱者，杂载成编，不分门类。其称《说楛》者，取荀子'说楛勿听'之义也。"

天都载 6 卷　子部杂学类

明马大壮撰　顾起元、焦尊生、焦周等校

明万历三十八年序刻本，国家图书馆藏。

按：《金陵诗征》卷 26 收有其诗。

程国祥

字仲若，一字我旋。明上元人，居卢妃巷之八条巷，后改名程阁老巷。少受业于焦竑。万历三十二年(1604)进士，除确山知县，调尧山。迁南京吏部主事，调礼部。以不附魏忠贤党，被除名。崇祯二年(1629)，起稽勋员外郎，转考功郎中。擢大理寺右丞，历太常卿，南京通政使，迁工部侍郎。调户部。九年，拜尚书。十一年，改礼部尚书兼东阁大学士。十二年，以议兵饷忤旨，乞休归。《明史》有传。

诗集　集部别集类　佚

见《金陵诗征》卷 26。

周希旦

字如山。明万历间金陵出版商，书坊名“金陵书林周希旦大业堂”，又作“绣谷周氏大业堂”。所刻有经书、医书、小说等。

书经直解 13 卷　经部尚书类

明张居正撰

明金陵万卷楼刻大业堂印本，甘肃省图书馆藏。

灵岳山房重订四书浅说 13 卷　经部四书类

明陈琛撰

明金陵大业堂刻本，湖北省图书馆藏。

四书考 1 卷　经部四书类

明张位撰

明万历周氏大业堂刻本，甘肃省图书馆藏。

汇辑舆图备考全书 18 卷　史部地理类

明潘光祖汇辑　李云翔考订

明大业堂刻本，美国国会图书馆藏。

保赤全书 2 卷　子部医家类

明管橓编辑　李时中增补　施文举校正

明万历金陵大业堂翻周曰校刻本，南京图书馆藏。

编注医学入门 7 卷首 1 首　子部医家类

明李梴撰

明万历金陵书林周如山大业堂刻本，南京图书馆藏。

重刻西汉通俗演义 8 卷 101 则　子部小说类

明甄伟撰　周希旦校

明万历四十年(1612)金陵周氏大业堂刻本。

按：孙楷第《中国通俗小说书目》卷 2《明清讲史部》著录，云：“绵纸。无图。正文写刻，半叶十四行，行三十字。日本宫内省图书寮。”

重刻京本增评东汉十二帝通俗演义 10 卷　子部小说类

明谢诏撰　金陵周氏大业堂评订

明周氏大业堂刻本。

按:孙楷第《中国通俗小说书目》卷 2《明清讲史部》著录,云:“无图,字扁体。半叶十二行,行二十八字。日本宫内省图书寮。”

东西晋演义 12 卷　子部小说类

明无名氏撰　陈氏尺蠖斋评释　周氏大业堂校

明万历四十年周氏大业堂刻本,国家图书馆藏。

按:孙楷第《中国通俗小说书目》卷 2《明清讲史部》著录,云:“图嵌正文中。记绘工曰‘王少淮写像’。半叶十二行,行二十四字。眉栏有注释。北京大学图书馆。”本书包括《西晋志传》(一作《西晋志传题评》)4 卷、《东晋志传》(一作《东晋志传题评》)8 卷。《明代版刻综录》著录题明杨尔曾撰,明万历四十六年金陵书林周如山大业堂刻本。

李卓吾先生批评西游记 100 回　子部小说类

明吴承恩撰　李贽评

明万历金陵书林周氏大业堂重刻本。

按:孙楷第《中国通俗小说书目》卷 5《明清小说部乙》著录,云:“法国巴黎国家图书馆藏。缺第一、第二两回。”

山海经释义 18 卷　子部小说类

晋郭璞撰　明王崇庆释义

明万历金陵书林周如山大业堂刻本,台湾“中央图书馆”原藏。

袁中郎全集 24 卷　集部别集类

明袁宏道撰

明崇祯周如山大业堂刻本,上海图书馆藏。

卜豫吉

字介甫,号快庵。明上元人。镗次子,履吉弟。工诗。

啸余集　集部别集类　佚

快庵草　集部别集类　佚

以上 2 种见《金陵诗征》卷 25。

卜有征

字伯符，号虬岩。明上元人。万历二十八年(1600)举人。历官昌邑知县、莱州同知。卒于官。工诗文。

瞻紫堂灌月亭漫稿　集部别集类　佚

见《金陵诗征》卷 26。

灌蔬园诗集 7 卷　集部别集类

明李本祎著　黄体仁校　卜有征校刊

明万历四十年序刻本，国家图书馆藏。

孙起都

字幼如。明应天人。少工诗，善楷书。长习经义，亦擅曲。万历三十七年(1609)曾应乡试被黜。未仕。与顾起元为友。万历四十一年曾校吴从先《小窗清纪》。

意在亭诗　集部别集类　佚

见同治《上江两县志》卷 12。

按：明陈所闻《南北宫词纪》收其散曲。

李　佺

字象元。明应天人。诸生。与顾起元相往来。善谈经。未仕。

竹浪斋稿　集部别集类　佚

遂园稿　集部别集类　佚

以上 2 种见《金陵诗征》卷 27。

纪振伦

字春华，别号秦淮墨客，一作秦淮寓客。明江宁人。擅著小说传奇。所作前人多题无名氏作，王重民《中国善本书提要》始考其真名为纪振伦。

杨家通俗演义 8 卷　子部小说类

题秦淮墨客校阅　烟波钓叟参订

此书全名《新刻全像杨家府世代忠勇通俗演义》，传本又作《杨家府演义》《杨家将演义》《杨家通俗演义》《杨家将》等。主要版本有：

(1) 明万历二十一年(1593)唐氏世德堂刻本。书名《南北两宋志传》，共 20 卷 100 回，其中的后半部为《北宋志传》10 卷 50 回，叙述杨家将故事，后单独成书，有明建阳余氏三台馆刻本，文台余氏双峰堂刻本、玉茗堂批点本等。

(2) 明万历三十四年卧松阁刻本，国家图书馆藏。

(3) 明万历三十四年天德堂刻本，台湾"中央图书馆"原藏。

(4) 清康熙、乾隆间刻本，辽宁省图书馆藏。

(5) 清乾隆四十一年(1776)宝仁堂刻本，题《新刻杨家府世代忠勇演义志传》6 卷，国家图书馆藏。

(6) 清乾隆五十一年天德堂刻本，题《新镌杨家府世代忠勇演义志传》，北京大学图书馆藏。

(7) 清嘉庆十四年(1809)书业堂刻本，题《杨家将演义》。

(8) 清同治元年(1862)刻清光绪八年(1882)修本，题《绣像杨家将》。

(9) 清卧松阁刻本，题《杨家将世代忠勇演义志传》，国家图书馆藏。

(10) 清刻本，题《杨家将世代忠勇演义志传》，南京图书馆藏。

(11) 1915 年上海千顷堂石印本，题《杨家将》，即《北宋志传》。

(12) 1935 年上海启智书局铅印本，题《杨家将》，即《北宋志传》。

(13) 1944 年重庆说文社铅印本，题《杨家将及其考证》，即《北宋志传》和《杨文广平闽全传》合刊。卫聚贤考证。

(14) 1956 年上海文化出版社删改本，题《杨家将演义》，即据《北宋志传》删改，罗奋校订，42 回。

(15) 1980 年上海古籍出版社铅印本,题《杨家府演义》,列入《中国古典小说研究资料丛书》。以清嘉庆十四年书业堂本为底本,参校明万历三十四年刻本,分段标点。

(16) 1980 年北京宝文堂铅印本,题《杨家将演义》。据清启元堂刻本,以《北宋志传》为底本,并参阅玉兰堂、体元堂两种刻本标点、分段、订正。

(17) 1981 年北京出版社铅印本,以明万历三十四年刻本和清乾隆五十一年天德堂刻本作底本,整理、标点。

(18) 1981 年豫章书社铅印本,题《杨家将演义》。

(19) 1990 年上海古籍出版社出版,题《杨家府世代忠勇演义志传》。

续英烈传 5 卷　子部小说类

题空谷老人编次　秦淮墨客编校

(1) 清道光二十年(1840)双桂堂刻本,北京大学图书馆藏。

(2) 清光绪八年盛德堂刻本,南京图书馆藏。

(3) 清集古斋刻本,国家图书馆藏。

(4) 清励园书室刻本,国家图书馆藏。

(5) 清会文堂刻本,国家图书馆藏。

(6) 1912 年国民图书局石印本,辽宁省图书馆藏。

(7) 1990 年上海古籍出版社出版《古本小说集成》本。

(8) 1991 年中华书局出版《古本小说丛刊》本。

(9) 2014 年中州古籍出版社出版马敏校点本。

按:是书演建文逊国事。首有秦淮墨客序,孙楷第以为"似作者即纪氏"。

七胜记 2 卷　集部词曲类

(1) 明万历间唐振吾刻本。

(2)《古本戏曲丛刊二集》据唐振吾刻本影印本。

按:是剧存本原题《武侯七胜记》,坊刻题《新镌武侯七胜记》。庄一拂《古典戏曲存目汇考》云:"远山堂《曲品》列入无名氏。《曲海总目提要》有此本，云：‘不知何人所作。’秦淮墨客校。”

三桂记 2 卷　集部词曲类

(1) 明万历间唐振吾刻本。

(2)《古本戏曲丛刊二集》据唐振吾刻本影印本。

按：是剧存本原题《三桂联芳记》，坊刻题《镌新编全像三桂联芳集》。庄一拂《古典戏曲存目汇考》云：“《今乐考证》著录。远山堂《曲品》《传奇品》《曲考》《曲海目》并见著录。题秦淮墨客校正、唐氏对溪刊行。”

折桂记　集部词曲类

(1) 明万历间唐振吾刻本。

(2) 碧蕖馆过录唐振吾刻本，傅惜华旧藏。

按：是剧一作《折桂传》。庄一拂《古典戏曲存目汇考》云：“远山堂《曲品》著录。《今乐考证》《曲录》俱列入无名氏。《曲海总目提要》有此本，谓：序云秦淮居士，未审果为何人。”

红梅记 2 卷(传奇)　集部词曲类

题秦淮墨客校正

明万历间刻本。

按：是剧坊刻题《新刊出相点板红梅记》。

葵花记 2 卷(传奇)　集部词曲类

题秦淮墨客校正

明唐振吾广庆堂刻本，国家图书馆藏。

剑舟记(传奇)　集部词曲类　佚

见《曲海总目提要》。

新刻出相点板八义双杯记 2 卷(传奇)　集部词曲类

题秦淮墨客校正

明万历间金陵唐振吾广庆堂刻本，上海图书馆藏。

重校四美记 2 卷(传奇)　集部词曲类

明秦淮墨客校

明万历间金陵唐氏文林阁刻本，上海图书馆藏。

新编全像点板西湖记 2 卷(传奇)　集部词曲类

明秦淮墨客校

明万历间金陵唐振吾刻本，国家图书馆藏。

镌新编全相霞笺记 2 卷(传奇)　集部词曲类

明秦淮墨客校正

(1) 明万历间金陵唐振吾广庆堂刻本，国家图书馆藏。

(2)《绣刻演剧(六十种曲)》本(明末汲古阁刻)。

新刊分类出像陶真选粹乐府红珊 16 卷　集部词曲类

明秦淮墨客辑

(1) 明万历唐振吾刻清嘉庆五年积秀堂印本，大英博物馆藏。

(2) 台湾学生书局影印《善本戏曲丛刊三辑》本。

(3)《续修四库全书》本。

按：此书明刻本一般认为已佚。书凡 16 卷，依庆寿、伉俪、诞育、训诲、激励、分别、思忆、捷报、访寻、游赏、宴会、邂逅、风情、忠孝节义、阴德、荣会 16 类，收录《琵琶记》《投笔记》《香囊记》等杂剧、戏文、传奇 61 部，共 99 个单出。参见蒋山《〈乐府红珊〉叙考》(《牡丹江教育学院学报》2008 年第 2 期)。

绿窗女史　丛书类

题明秦淮寓客辑

明末心远堂刻本，上海图书馆等藏。

按：是书凡分 10 部，若干目，附图。10 部为：闺阁、宫闱、缘偶、冥感、妖艳、节侠、神仙、妾婢、青楼、著撰。“闺阁”部载《女论语》《女戒》《中馈录》《打马图》之类；“著撰”部载士女诗文，余均为唐、宋人传奇小说。子目详见《中国丛书综录》《中国丛书综录补正》。《中国古籍善本书目・丛部》著录为 14 卷。

陈　纪

明金陵人。

篆字书法1卷隶书字法1卷　子部艺术类

明陈纪校书　郑汉音释

明崇祯九年(1636)刊,见《贩书偶记续编》。

焦润生

字茂慈。明上元人。竑三子。以荫授主事,官曲靖知府,为孙可望所害死。

文概2卷　集部总集类

明焦润生编

明崇祯三年(1630)琅琊李天相刻本,台湾"中央图书馆"原藏。

按:《金陵诗征》卷26收有其诗。

纪　青(? —1638)

字竺远,晚号竹翁。明季上元人。诸生。博洽好古,好为诗古文。家贫任侠,遍游天下,多结交知名士。与冯啸并以才著。卒年60余。

桦冠集　集部别集类　佚

无缝庵诗存　集部别集类　佚

铁船草　集部别集类　佚

以上3种见《金陵诗征》卷30。

葛如龙

字云蒸,一字无湖。明上元人。诸生。工诗。隐居以终。卒年70余。顾起元曾为其诗集作序。

竹护斋稿　集部别集类　佚

见《客座赘语》卷7。《续金陵琐事》作《云蒸集》。

按:《金陵诗征》卷26收有其诗。

王起宗

字振之。明南京锦衣卫籍上元人。万历举人。官漳州府通判。《东西洋考》卷七《饷税考·陆饷》记道:“万历四十五年,督饷通判王起宗呈详番舶载米回港征税,如西国米例。”

东西洋考12卷　史部地理类

明张燮撰

明万历四十六年(1618)王起宗刻本,南京图书馆藏。

杨名世

明江宁人。万历三十七年(1609)贡生,官沂水训导。嗜古博学。致仕归后,与黄应登俱以著述称,惜所作多失传。

读史偶钞　史部史钞类　佚

咏归集　集部别集类　佚

以上2种见《金陵诗征》卷26。

张可大(?—1631)

字观甫。明应天人。如兰子。世袭南京羽林左卫千户。万历二十九年(1601)武进士,历官登莱总兵官,进右都督。孔有德攻登州,城陷投环死。赠太子少傅,谥庄节。生平好学能诗。敦节行,有儒将风。《明史》有传。

南京锦衣卫志20卷　史部政书类　佚

见《千顷堂书目》卷9。

北海游记　史部地理类　佚

见《帝里明代人文略》卷8。

海防图说　子部兵书类　佚

见《金陵通传》卷20。

新镂葛稚川内篇4卷外篇4卷　子部道教类

晋葛洪撰　明张可大评校　慎懋官阅

明万历间刻本，美国国会图书馆藏。

按：《中国善本书提要》云："持与慎氏原本相校，其就慎氏原书上板甚明。书题改'抱朴子'为'葛稚川'，其剜补之迹又甚明。"《中国善本书提要》又著录《抱朴子内篇》4卷《外篇》4卷，提要云："按此本实翻慎懋官校刻本，卢舜治序谓曾校宋本、明藩本者，大言欺人耳。慎本约刻于万历十二年，此本刻于万历二十七年，后于慎本者盖十五年。"

真州稿　集部别集类　佚

娄江稿　集部别集类　佚

电白稿　集部别集类　佚

舟山稿　集部别集类　佚

白下集　集部别集类　佚

以上5种见《千顷堂书目》卷26注。

牟子集　集部别集类　佚

驶雪集　集部别集类　佚

以上7种见《金陵诗征》卷26。

按：《列朝诗集》《金陵诗征》卷26收有其诗。《明诗综》卷72、《明诗纪事》庚签卷24各收其诗1首。

余大成(1580—1642)

字集生，一字世奕，本姓徐。明江宁人。梦麟外孙，过嗣为孙。万历三十五年(1607)进士，除户部主事，历员外郎，转兵部郎中。天启五年(1625)，以忤魏忠贤削籍归。崇祯初，起尚宝卿，历迁太常卿，除山东巡抚。后罹罪受逮，得诸方申辩，始出狱赴京，颇受崇祯帝厚待。崇祯十五年(1642)，因对时局失望，悉取生平奏议诸稿焚之，旋逝。生平耿直好学，曾创竹西书院于南京驯象门外，讲学其间。又曾与应天府尹张玮等组观社，讨论艺文、时政。并工弈，喜读禅。《明史》有传。

四梦稿 4 卷　集部别集类　佚

见《千顷堂书目》卷 26。

按:《帝里明代人文略》卷 6 本传分别作《龙湫残梦》《龙湫杂梦》《龙湫蛰梦》《龙湫腐梦》。此稿多侈谈佛法。《金陵诗征》卷 26 收有其诗。

胡宗仁

字彭举,一字长白,自署懒仁。明上元人,居近冶城。工诗,善画。一生未仕。与钟惺、谭元春、林古度等为友。曾与魏之璜等共结画社。

知载斋稿 2 卷　集部别集类　佚

明胡宗仁撰,明钟惺定。见《帝里明代人文略》卷 20。

按:《帝里明代人文略》卷 20 本传云:"其自写有'贫惟尊酒在,诗岂众人传'之句,则其风格可想。"明朱谋垔《画史会要》卷 4 云:"胡宗仁字彭举,善山水,亦能诗,有《知载斋稿》。其中可作画本者,如'老树穿云出,重楼夹水开''人从浅水度,路向断山通',皆是画意。"《明诗综》卷 68 诗话引姚园客云:"胡彭举如空山泉落,薄晚霞明。"清周亮工《赖古堂集》卷 15《胡元润移居诗序》云:"长白先生《知载斋集》,高秀朴老,伯敬(钟惺)当时极推之,而长白未尝与伯敬同调。其诗传者颇少,近虞山先生搜之'列朝选'中,亦弗备。予欲为刻其全集,力弗逮也。"《列朝诗集》《金陵诗征》卷 27 收有其诗。《明诗综》卷 68 收其诗 3 首。《明诗纪事》庚签卷 7 收其诗 2 首。

韵诗 1 卷　集部别集类　佚

见《千顷堂书目》卷 26。

李贞姗

字淡如。明金陵桃叶妓。工书画,能诗。

韵芳集　集部别集类　佚

见《历代妇女著作考》引清王士禄编《然脂集》。

何棫如

字子新。明南京人。淳之子。诸生。有文名。

纽兰集　集部别集类　佚

见《金陵诗征》卷25。

陈翼飞

字元朋。明平河(今山西临汾西南)人,徙家金陵。万历三十八年(1610)进士,除宜兴知县。罢官归,终老金陵。

史待50卷　史部史钞类　佚

见《千顷堂书目》卷4。

慧阁诗8卷　集部别集类

见《四库全书总目》别集类存目,云:"大抵墨守七子流派,音节宏壮,而切响甚稀。间附以四六序,尚颇工整。"

紫芝集　集部别集类　佚

长梧集　集部别集类　佚

以上2种见明顾起元《懒真草堂文集》。

文俪　集部总集类

明陈翼飞辑

(1) 明万历三十八年新都毕懋康刻本,18卷,国家图书馆藏。

(2) 明天启、崇祯间刻本,14卷,南京图书馆藏。

(3)《四库全书存目丛书补编》本。

按:《四库全书总目》总集类存目云:"是书所录,自汉及唐,皆以骈俪为主,略依《文选》之例,惟不载诗,与《文选》稍异耳。"

己未、庚申、辛酉、壬戌行卷　集部总集类　佚

见《懒真草堂文集》顾起元撰《文俪序》。

按:《金陵诗征》卷39收有其诗。

顾起凤

字羽王，一字醒石。明江宁人。起元弟。万历三十八年(1610)进士，官大理评事，升鸿胪寺卿，出为湖湘学政。曾校顾起元《懒真草堂集》。

圣门志 6 卷　史部传记类

明海盐吕元善纂辑　上海杜士全、江宁顾起凤参考

(1)《盐邑志林》本。

(2) 明天启、崇祯间刻本，美国国会图书馆藏。

按：王重民《中国善本书提要》云："是书盖纂成于天启间，刻入《盐邑志林》。原刻六卷，后印本改为五卷。此本亦就《盐邑志林》本删改而成，然其刷印时间，当在五卷之前。"

(3)《影印元明善本丛书十种》本。

(4)《丛书集成初编》本。

说略 60 卷　子部典故类

明顾起元辑　顾起凤订

明天启四年(1624)顾起凤刻本，国家图书馆藏。

按：王重民引顾起元自序云："余旧有《说略》四十卷(按：当为三十卷之误)，新安秘书吴君业已板而行之武林矣。久之，于诸类存目颇有所增益润饰，因改添原题。而多分其卷数，甫至六十卷，仲氏羽王视楚学政，命犹子肇昆，雠勘而刻之。"《金陵诗征》卷 27 收有其诗。

沙含玉

字玉府。明万历、天启间金陵人。

罗整庵先生存稿 20 卷　集部别集类

明罗钦顺撰　郭一鄂等订　陈梦旸、沙含玉编

明天启间刻本，美国国会图书馆藏。

按：参见王重民《中国善本书提要》。

陈 珆

字玉台。明上元人。诸生。善画,能诗。

梅花集 集部别集类 佚

见《金陵诗征》卷27。

周文炜(? —1658)

字赤之,一字坦然,号如山。明末祥符(今河南开封)人。亮工父。国子监生。天启二年(1622)任诸暨主簿,后左迁王府官,辞官还白下(南京),从事刻板印刷业。

观宅四十吉祥相1卷 子部杂学类

(1)《昭代丛书》(康熙)本。

(2)《昭代丛书》(道光)本。

(3)清道光中汝南家塾刻《赖古堂藏书十种》本。

(4)《忏花庵丛书》本。

(5)《丛书集成续编》本。

(6)收入周亮工《因树屋书影》第1卷。

按:此谓家庭的吉祥与否,可从寻常日用之间来观察。其子周亮工《因树屋书影》卷1记道:"先大人著述甚富,常作《观宅四十吉祥相》,有益于世道人心,备录于此。案头无淫书。架上无齐整书。(原注:'本本精良,一一完善,手且未触,目于何有。但观架上,便知腹中。')座上有二三十年前老友,堂中有七八十年前古桌椅,门下有祖父遗留庞眉皓首老仆。(原注:'如此方称得世家,如此方免得漆气。')"

新刻京台公余胜览国色天香10卷 子部小说类

明吴敬所编辑 周文炜重刻

清初刻本,美国国会图书馆藏。

按:王重民《中国善本书提要》云:"孙子书(楷第)先生《日本东京所见中国小说书目提要》页二三四著录万历十五年周氏万卷楼重刻本,则是来源尚远在万历之前。盖敬所据某一此类书旧本增辑，别题其本为《国色天香》也。文炜亦无考，封面题‘敬业堂梓行’，当为文炜书坊。又是书不似大梁刻本，殆文炜有书坊在江南；或文炜本江南人，其族源自大梁也。”

诗敩　集部别集类　佚

四留堂诗集　集部别集类　佚

适倦集　集部别集类　佚

旅尘集　集部别集类　佚

以上4种见《千顷堂书目》卷28。

朱之臣

字无易，一字菊水。明莆田籍，居金陵。万历四十一年(1613)进士，历官江西右布政。以蜚语下狱，旋释。累官至南京兵部左侍郎。

梅龙集　集部别集类　佚

见《金陵诗征》卷40。

按：《明诗纪事》庚签卷21收其诗2首。

萧少衢

一作少渠，字世熙。明金陵刻书家，建阳人。腾鸿子。书坊名师俭堂。刻书详“萧腾鸿”条。

徐扬先

字仲方。明江宁人。万历四十一年(1613)进士。

国史纪闻12卷　史部史钞类

明张铨撰

明天启徐扬先刻本，北京大学图书馆藏。

廖孔悦(1584—1636)

字傅生。明上元人。诸生。博学强记,性喜幽旷,与何栋如交善。后隐居于祈泽山龙泉以终。明何栋如《何太仆集》有传。

朝鲜史略6卷　史部杂史类

明廖孔悦等订

明万历四十五年(1617)刻本,国家图书馆藏。

柏枝洞记　史部地理类　佚

见《金陵通传》卷22。

按:《金陵诗征》卷26收有其诗。《明诗纪事》庚签卷30收其诗3首。

朱泰玉

字无瑕,小字馥。明金陵人,桃叶渡边名妓。幼学歌舞于朱长卿,遂冒姓。举止谈笑,风流蕴藉。长而通文史,工诗善书。万历三十七年(1609),秦淮诗社会集各方名流,泰玉诗出,众皆逊色。后归栖霞禅师而终。

绣佛斋集　集部别集类　佚

见《列朝诗集小传》。

按:《列朝诗集》收有其诗。《明诗综》卷98收其诗1首。《明词综》卷12收其词1首。

朱美人诗1卷　集部别集类

清冒愈昌辑《秦淮四美人诗四集》本。

方孔炤

字潜夫,号仁植。明桐城籍,居江宁。大镇子,以智父。万历四十四年(1616)进士,历官至右佥都御史,巡抚湖广。为杨嗣昌劾罢逮治,谪戍绍兴。久之释归。崇祯末起故官,屯田山东、河北,兼理军务。后督师大名，未赴。北京陷，南奔。弘光立，马、阮当政，不仕归隐。生平博学通经，工诗文。《明史》郑崇俭传附。

周易时论合编15卷周易时论合编图象几表8卷　经部易类

(1) 清顺治十七年(1660)刻本，北京大学图书馆藏。

(2)《续修四库全书》本。

(3)《四库全书存目丛书》本。

按:《四库全书总目》易类存目云:"是书即其罢官后所著。凡图象、几表八卷，上下经系辞，说卦、序卦、杂卦十五卷。其立说以时为主，故名'时论'。盖孔炤初筮仕，即撄珰祸。及膺封疆之任，值时事孔棘，又遭齮龁，有所忧患而发于言，类多证据史事，感慨激烈。"此书为清代禁书。

尚书世论二卷　经部尚书类　佚

见马其昶《桐城耆旧传》卷5《方巡抚传》。

诗经永论4卷　经部诗经类

(1) 清抄本，中国科学院图书馆藏。

(2) 清抄本，国家图书馆藏。

春秋窃论　经部春秋总义类　佚

见《千顷堂书目》卷1。

按:此书为清代禁书。

切韵声源　经部小学类　佚

见《清代各省禁书汇考》。

大明师中表不分卷　史部编年类

明崇祯间刻本，辽宁省图书馆藏。

西库随笔1卷　史部杂史类

(1)《桐城方氏七代遗书》本。

(2) 2015年国家图书馆出版社出版《清代家集丛刊》本。

全边略记12卷　史部地理类

(1) 明崇祯元年(1628)桐城方氏原刻本，国家图书馆藏。

(2) 清抄本，清李文田校注并跋，国家图书馆藏。

(3) 1930 年北平图书馆重印崇祯本。

(4)《续修四库全书》本。

(5)《四库禁毁书丛刊》本。

按：此书为作者任职方员外郎时所作。卷 1 至卷 11 分别编年记载了自朱元璋北伐至天启以前明朝边疆、内地及沿海地区发生的重要战事；边镇及各地都司卫所的建立，粮饷军额及其沿革变化；城堡军屯等军事设施的建设；官员有关军事建设的重要奏议等。卷 2 载有"师中表"及"神势图"，以明全国军情大势。每卷之后，附有"职方氏论"，指明利害，抨击时弊。《千顷堂书目》注云："于明一代边备为详。"此书是研究明代军事的重要文献。清代列为禁书。

大明神势图　史部地理类

明刊《全边略地》附图，见前书按语。

职方旧草 2 卷　史部政书类

抚楚疏稿 1 卷　史部政书类

抚楚公牍 1 卷　史部政书类

知生或问 1 卷　子部儒学类

刍尧小言 1 卷　子部杂学类

以上 5 种有：

(1)《桐城方氏七代遗书》本。

(2) 2015 年国家图书馆出版社出版《清代家集丛刊》本。

礼节论不分卷　子部杂学类　佚

见马其昶《桐城耆旧传》卷 5《方巡抚传》。

诸子蟠痏　子部杂学类　佚

见《清代各省禁书汇考》。

环中堂集 20 卷　集部别集类

清徐乾学《传是楼书目》。

按：此书清代列为禁书，参见姚觐元《清代禁毁书目四种》。

鹿湖潜草　集部别集类　佚

见《金陵诗征》卷40。

按:《明诗综》卷61收其诗4首。《明诗纪事》庚签卷23收其诗1首。

吴令仪

字棣倩。明桐城人，居金陵。方孔炤妻，以智母。自幼勤学不倦。婚后，师事孔炤姐维仪。博学，工诗文，喜书史，精通佛经。卒年30。

虘佩居遗稿　集部别集类　佚

明吴令仪撰　方维仪编

见《千顷堂书目》卷28。

按:《安徽艺文考》作《吴令仪集》。《明诗综》卷86收其诗1首，《龙眠风雅》收其诗14首，《桐旧集》收其诗4首，《桐山名媛诗钞》收其诗3首。

方大任

字玉成，一字逢吉，号赤城山人。明桐城籍，居江宁。万历四十四年(1616)进士，官至副都御史，巡抚顺天。告归。学殖赅博，工力深厚。生有吟癖，未尝一日废，每岁必装成一帙，故其集甚多，惜不传。

霞起楼诗10卷　集部别集类　佚

见《金陵诗征》卷40。

按:《明诗综》卷61收其诗3首。《明诗纪事》庚签卷23收其诗1首。

卓发之(1587—?)

字左车，一字莲旬。明瑞安籍，徙居南京，筑裓园于清凉山下以居。人月父。副贡生。博雅能文。崇祯九年(1636)后去世。

裓园螺史　子部杂学类　佚

见《金陵诗征》卷39，作于天启五年(1625)。

漉篱集25卷遗集1卷　集部别集类

明崇祯间传经堂刻本，国家图书馆藏。

读书堂稿12卷　集部别集类

明叶灿撰　卓发之评点并序

明崇祯间刻本，国家图书馆藏。

今文线　集部总集类　佚

经世略　集部总集类　佚

以上2种卓发之编，见《金陵诗征》卷39。

按：《明诗纪事》庚签卷29收其诗1首。《明词综》卷4收其词1首。

唐鲤飞

字季龙。明临川人，万历间金陵刻书家。

新刻幼幼集4卷　子部医家类

明孟继孔撰

明金陵书林唐鲤飞履素居刻本，中医科学院图书馆藏。

镌补雷公炮制药性解6卷　子部医家类

明末唐鲤飞刻本，甘肃省图书馆藏。

笺释梅亭先生四六标准40卷　集部别集类

宋李刘撰　明孙云翼笺释

明万历间金陵唐鲤飞校刻本，北京大学图书馆藏。

叶如春

明万历间金陵刻书家。

螺冠子咏物诗26卷茶歌1卷酒咏1卷　集部别集类

明周履靖撰

明万历三十二年(1604)金陵书林叶如春刻，国家图书馆藏。

赋海补遗集30卷　集部总集类

明周履靖等辑

明万历三十五年金陵书林叶如春刻本，国家图书馆藏。

唐翀宇

明万历间金陵刻书家。

新刊通鉴纲目59卷前编25卷续编27卷　史部编年类

宋朱熹撰　《前编》明南轩编　《续编》明商辂编

明万历金陵书林唐翀宇刻本，复旦大学图书馆藏。

新锓太医院参订徐氏针灸大成6卷　子部医家类

明徐凤编

明万历三十三年(1605)金陵唐翀宇刻本，上海图书馆藏。

张大用

明江宁人。约万历间在世。

留都士女表　史部传记类　佚

见同治《上江两县志》卷12。

郭坦庵

明上元人。万历间在世。以贡生授推官，不就。

易经解疑正谊　经部易类　佚

见《金陵通传》卷26。

王继文

明上元人。万历间在世。

桂园社草　集部总集类

明王继文辑

见同治《上江两县志》卷12。

朱庆椝

字仲望，一字小碧。明南京人。齐王榑裔孙。工诗、善书，喜游山水。

箨冠集　集部别集类　佚

见《千顷堂书目》卷17。

按：《金陵诗征》卷27收有其诗。《明诗综》卷85收其诗1首。

宋扔之

字和吉，号谦斋。明上元人。诸生。

鹑笑集　集部别集类　佚

见《金陵诗征》卷27。

王世茂

字尔培，号养恬。明豫章籍，居金陵。万历、天启间刻书家，书坊名“金陵王氏车书楼”。

新刻精纂详注仕途悬镜8卷　史部政书类

明王世茂辑　蒋时机校订

明天启王世茂车书楼蒋氏石渠阁合刻本，国家图书馆藏。

新刻吕泾野先生校正中秘元本20卷　子部杂学类

宋任广辑　明吕柟校

明万历四十年(1612)金陵书林王世茂车书楼刻本，国家图书馆藏。

新刻搜集群书记载大千生鉴6卷　子部典故类

明刘维诏、张应泰等辑

(1) 明末金陵王世茂车书楼、周时泰博古堂刻本，国家图书馆藏。

(2)《故宫珍本丛刊》本。

按：《明代版刻综录》一作明刘维诏撰，明万历三十年金陵书林王世茂车书楼刻本，注云：“该书内容与后人所编《百岁叙谱》相同。”

山堂肆考宫集48卷商集48卷角集48卷徵集48卷羽集36卷补遗12卷　子部典故类

明彭大翼编

明万历二十三年金陵书林王世茂刻本，南京大学图书馆藏。

车书楼选刻历朝翰墨鼎彝10卷　集部总集类

明朱锦鉴定　王世茂参阅

(1) 明车书楼王世茂刻本，南京图书馆藏。

(2)《四库全书存目丛书》本。

按：《四库全书总目》集部总集类存目云："不著编辑者名氏，但标曰'车书楼选刻'。卷首有金溪聂文麟序，称养恬集辑古名公牍札，溯周而下，迄于宋元，莫不详加订正。亦不知'养恬'为谁也。所录皆踳驳不伦，如《左氏传》所载诸辞命问答，如薛侯长滕之类，特假言词，非寓书策，且出于左氏润饰之文。乃至指为其人之笺札，标署其姓名，殊为杜撰。其他颠倒舛谬，更不可缕举。盖书肆射利之本耳。"

云笺一统8卷　集部总集类

明许以忠辑

明万历三十八年金陵书林王世茂车书楼刻本，台湾"中央图书馆"原藏。

批点崇正文选12卷　集部总集类

明施策选辑

明万历四十三年金陵书林王世茂车书楼刻本，浙江图书馆藏。

中唐十二家诗12卷　集部总集类

明朱之蕃辑

明万历四十年金陵书林王世茂车书楼刻本，南京图书馆藏。

兰嵎朱宗伯汇选当代名公鸿笔百寿类函释注8卷　集部总集类

明朱之蕃编　徐榛、吴明郊辑注

明万历四十三年金陵书林王世茂车书楼刻本，台湾"中央图书馆"原藏。

车书楼汇辑各名公四六争奇8卷　集部总集类

明许以忠选　王世茂、蒋时机合校

明万历四十八年车书楼王世茂刻本，国家图书馆藏。

按：以上5种见《明代版刻综录》。

车书楼汇辑皇明四六丛珠4卷内阁官制事宜1卷　集部总集类

明许以忠辑　王世茂注

明万历四十八年金陵书林傅梦龙刻本，南京图书馆藏。

四六明珠8卷首1卷　集部总集类

明朱锦选　王世茂、虞邦誉注

明万历金陵书林王世茂刻本，北京大学图书馆藏。

尺牍争奇8卷　集部总集类

明张一中选　王世茂校

明天启间车书楼刻本，国家图书馆藏。

车书楼汇辑当代各名公短札字字珠新集　集部总集类

明项桂芳辑　许以忠选　王世茂注

明泰昌元年(1620)金陵书坊傅春溟刊本，台湾"中研院"傅斯年图书馆藏。

车书楼汇选名公新制云翰宝珠编　集部总集类

明许以忠选　王世茂订

写本，韩国首尔大学奎章阁韩国学研究院藏。

岳石帆先生鉴定四六宙函30卷　集部总集类

明李自荣编　王世茂注

明天启六年(1626)刻本，国家图书馆藏。

车书楼选注当代名公四六天花8卷　集部总集类

明许以忠选　王世茂注

明末刻本，国家图书馆藏。

王敬宇

明万历间金陵刻书家。

李氏说书 6 卷　经部四书类

明李贽撰

明万历书林王敬宇刻本，国家图书馆藏。

车书楼新刻当代名公尺牍类函 8 卷　集部总集类

明许以忠辑

明万历金陵书林王敬宇刻本，南京图书馆藏。

王世烘

字近川。明金陵人。万历间刻书家。

香雪笺 8 卷　子部艺术类

明许以忠、王焞辑

明万历书林王世烘刻本，见《明代版刻综录》。

李　潮

字时举，号少泉，一字时行。明金陵人。万历、崇祯间出版家，书坊名“金陵李潮聚奎楼”，又作“秣陵聚奎楼”。所刻书经、史、子、集皆备。

羲经十一翼 5 卷　经部易类

明傅文兆撰

明万历金陵书林李潮聚奎楼刻本，南京图书馆藏。

书经补注 6 卷　经部尚书类

明徐大仪撰

明崇祯金陵聚奎楼刻本，河南省图书馆藏。

诗通 4 卷　经部诗经类

明陆化熙撰

明万历金陵书林李少泉刻本，复旦大学图书馆藏。

诗经百方家问答4卷　经部诗经类

明徐奄鹏撰

明万历建业书林李潮刻本,东北师范大学图书馆藏。

春秋繁露17卷附录1卷　经部春秋总义类

汉董仲舒撰　明孙矿等评

明末聚奎楼刻本,天津图书馆藏。

皇明百方门问答四书意15卷　经部四书类

明郭伟撰　明柯仲炯等校

明万历四十五年(1617)金陵李潮聚奎楼刻本,重庆市图书馆藏。

新刻明政统宗30卷附录1卷　史部编年类

明涂山撰

明李潮聚奎楼刻本,国家图书馆藏。

诸子纲目类编8卷附昭代子快1卷　子部杂学类

明李元珍辑

明末聚奎楼刻朱墨套印本,天津图书馆藏。

雪庵清史5卷　子部杂学类

明乐纯撰

(1) 明书林李少泉刻本,国家图书馆藏。

(2)《四库全书存目丛书》本。

小窗清笺4卷　子部杂学类

明吴从先撰

明书林李潮刻本,北京大学图书馆藏。

谑浪4卷　子部杂学类

明郁履行撰

明万历秣陵聚奎楼刻本,国家图书馆藏。

李卓吾汇撰注释万形实考6卷　子部典故类

明李贽撰

明书林少泉李潮刻本,中国历史博物馆图书馆藏。

新刊王氏青箱余10卷　子部小说类

明王兆云撰

明万历间书林聚奎楼刻本,国家图书馆藏。

子目:

《绿天脞说》2卷

《广莫野语》2卷

《惊座摭遗》2卷

《客窗随笔》2卷

《碣石剩谭》2卷

新锲明诗十二家类钞8卷　集部总集类

明穆光胤辑

明万历三十九年金陵书林李潮刻本,北京师范大学图书馆藏。

陈眉公先生十集4卷　丛书类

明陈继儒撰

明末聚奎楼刻本,首都图书馆藏。

按:卷1《读书镜》,卷2《狂夫之言》《续狂夫之言》《安得长者言》,卷3《眉公笔记》《书蕉》《香案牍》,卷4《尚白斋镘读书十六观》附《书画金汤》《眉公群碎录》《岩栖幽事》附《枕谭》。

又按:《明代版刻综录》还著录明刘曰宁编《新刻刘云峤太史摘纂然然故事》、明丁绍轼纂《新镌十六翰林拟纂酉戌科场急出题旨棘围丹篆》,明万历金陵书林李潮聚奎楼刻本;明许以忠辑《车书楼校刻四六词坛》6卷,明万历金陵书林李潮刻本。因未见馆藏,故著录于此。

唐振吾

字国达。明万历间金陵书坊主,坊名"金陵书林唐振吾(国达)广庆堂"。所刻书除经部、集部书外,以戏曲为多。

新刻七名家合纂易经讲意千百年眼16卷　经部易类

明陈际泰等撰

明万历金陵书林唐国达广庆堂刻本，南京图书馆藏。

新刻徐玄扈先生纂辑毛诗六帖讲意 4 卷　经部诗经类

明徐光启撰

明万历四十五年(1617)金陵书林广庆堂唐振吾刻本，上海图书馆藏，有罗振玉跋。

礼记手说 12 卷　经部礼记类

明陈鸿恩撰

明崇祯四年(1631)金陵书林唐振吾广庆堂刻本，南京图书馆藏，存卷 1—10。

新刻张太岳先生集 47 卷　集部别集类

明张居正著　明雷恩霈、马启图校

明万历四十年绣谷唐国达广庆堂刻本，南京图书馆藏。

缑山先生集 27 卷　集部别集类

明王衡撰

明万历四十四年金陵书林唐振吾广庆堂刻本，南京图书馆藏。

王文肃公文集 55 卷　集部别集类

明王锡爵著　王时敏校

明万历金陵书林唐国达广庆堂刻本，国家图书馆藏。

新刻刘直洲先生文集 10 卷　集部别集类

明刘文卿撰

明万历间唐国达刻本，北京大学图书馆藏，存卷 1—8。

珂雪斋近集 10 卷楚狂之歌 1 卷小袁幼稿 1 卷近游草 1 卷　集部别集类

明袁中道撰

(1) 明万历金陵书林唐国达广庆堂刻本，国家图书馆藏。

(2)《续修四库全书》本。

(3)《四库禁毁书丛刊》本。

新刻癸丑科翰林馆课 4 卷　集部总集类

明顾秉谦辑

明万历四十三年金陵书林唐振吾广庆堂刻本,国家图书馆藏。

新刻出像葵花记 2 卷(传奇)　集部词曲类

题秦淮墨客校正

明唐振吾广庆堂刻本,国家图书馆藏。

新编出像点板宵光记 2 卷　集部词曲类

明徐复祚撰

(1) 明万历金陵书林唐振吾广庆堂刻本。

(2)《古本戏曲丛刊初集》据广庆堂刻本影印本。

新编全像点板窦禹钧全德记 2 卷　集部词曲类

明王稺登撰

(1) 明万历金陵书林唐振吾广庆堂刻本,国家图书馆藏。

(2)《古本戏曲丛刊二集》据广庆堂刻本影印本。

新刻出相音释点板东方朔偷桃记 2 卷　集部词曲类

明吴修德撰

(1) 明万历金陵书林唐振吾广庆堂刻本,国家图书馆藏。

(2)《古本戏曲丛刊二集》据广庆堂刻本影印本。

新刻出相音释点板留伯仁八黑收精剑丹记 2 卷(传奇)　集部词曲类

明谢天祐撰

明万历唐振吾广庆堂刻本,上海图书馆藏。

新镌武侯七胜记 2 卷　集部词曲类

三桂记(一作三桂联芳记)(传奇)　集部词曲类

以上 2 种为明纪振伦撰,版本有:

(1) 明万历金陵书林唐振吾广庆堂刻本。

(2)《古本戏曲丛刊二集》据广庆堂刻本影印本。

折桂记(传奇)　集部词曲类

序云秦淮居士撰

(1) 明万历金陵书林唐振吾广庆堂刻本。

(2) 碧藻馆过录唐振吾刻本，傅惜华旧藏。

镌新编全相霞笺记 2 卷(传奇)　集部词曲类

明秦淮墨客校正

明万历间金陵唐振吾广庆堂刻本，国家图书馆藏。

新编全相点板西湖记 2 卷(传奇)　集部词曲类

明秦淮墨客校

明万历间金陵唐振吾刻本，国家图书馆藏。

新刻出相点板八义双杯记 2 卷(传奇)　集部词曲类

明薛旦撰　题秦淮墨客校正

(1) 有万历金陵书林唐振吾广庆堂刻本，上海图书馆藏。

(2)《古本戏曲丛刊二集》据广庆堂刻本影印本。

李洪宇

明万历间金陵刻书家。

新刻九我李太史校正大方性理全书(存 67 卷)　子部儒学类

明胡广等奉敕撰　李廷机校正

明金陵书坊李洪宇刻本，台北故宫博物院图书馆藏。

李衷一先生清源洞文集 6 卷　集部别集类

明李光缙撰

明万历四十一年(1613)书林李洪宇刻本，国家图书馆藏。

千古斯文 28 卷　集部总集类

明徐奋鹏辑并评

明万历四十三年书林李洪宇刻本，台湾“中央图书馆”原藏。

诗坛合璧　集部总集类　佚

明李洪宇编刊，见张秀民《中国印刷史》。

郑大经

字道常，一作道来。明建阳人。万历、天启间金陵出版商。张秀民

《中国印刷史》记其书坊名曰“金陵书林郑大经四德堂”，亦作“奎璧堂”。《明代版刻综录》记为“建阳书林郑大经四德堂”。

尚书秘旨6卷精镌尚书笥中利试题旨秘诀　经部尚书类

前一书题宋蔡沈撰　后一书明陈台撰

明天启七年(1627)郑氏奎壁堂刻朱墨套印本，天津图书馆藏。

诗经秘旨8卷　经部诗经类

明陈遂卿撰

明天启六年书林郑大经刻朱墨套印本，重庆市图书馆藏。

古今道脉45卷　经部四书类

明徐奋鹏撰

明万历四十三年至四十六年(1615—1618)金陵书坊郑大经奎壁堂刻本，南京图书馆藏。

按:是书包括《大学》3卷、《中庸》8卷、《论语》20卷、《孟子》14卷。

喻子十三种秘书兵衡13卷　子部兵书类

明喻龙德撰　金之丹、龚居中汇辑

明天启间钟山郑大经刻本，中国科学院图书馆藏，存12卷:卷1—7,卷9—13。

新锲官版批评注解释虞精集8卷　子部杂学类

明周伯耕撰　徐奋鹏评

(1) 明书林郑大经刻本，无锡市图书馆藏。

(2)《四库全书存目丛书》本，据郑大经刻本影印。

新锲袁中郎校订旁训古事镜12卷　子部典故类

明邓志谟撰

明万历四十三年(1615)建阳书林郑大经四德堂刻本，北京大学图书馆藏。

新刻四六旁训古事苑23卷　子部典故类

明邓志谟撰

明万历四十五年金陵书林郑大经四德堂刻本，北京大学图书馆藏。

欧阳坦

字安道。明上元人。廪侄孙。继家学,工诗画,精鉴赏。

废然集　集部别集类　佚

见《金陵诗征》卷 27。

郭大有

字用亨。明江宁人。熟精史事。《北山诗话》有传。

新刻官板大字评史心见 12 卷　史部史评类

(1) 明万历十二年(1584)周对峰刻本,陕西省图书馆藏。

(2) 明万历十五年张诚刻本,题《评史心见》,北京师范大学图书馆藏。

(3)《四库全书存目丛书》本,据周对峰刻本影印。

按:《四库全书总目》史评类存目云:"是书取古人事迹标题,每事为论。"

邓志谟

字景南。自号百拙生,又号竹溪散人。江西饶安人,寓金陵。明万历间在金陵开设书坊"丽正堂"。

南九宫谱 31 卷　子部艺术类

明沈璟编

明万历金陵丽正堂刻本。

新刊四六旁注古事苑 23 卷　子部典故类

明邓志谟撰

明万历四十四年(1616)丽正堂刻本。

按:以上 2 种见《明代版刻综录》,馆藏待查。

兰雪堂古事苑定本 12 卷　子部典故类

(1) 康熙兰雪堂刻本,中国科学院图书馆藏。

(2)《续修四库全书》本。

(3)《四库全书存目丛书》本。

王凤翔

别号荆岑。明万历、天启间金陵刻书家。王安石二十二世孙。书坊名“白门书林王荆岑”，亦作“光启堂”“光裕堂”。张秀民《中国印刷史》将王凤翔，王荆岑光启堂、金陵光裕堂分列为三家。

新镌笔洞山房批点诗经捷渡大文 4 卷　经部诗经类

明徐奋鹏撰

明天启王荆岑刻本，复旦大学图书馆藏。

诗经副墨　经部诗经类

明陈祖绶撰

明末光启堂刻本，复旦大学图书馆藏。

礼记思 5 卷　经部礼记类

明赵僎撰

(1) 明天启七年(1627)白门书林王荆岑等刻本，北京师范大学图书馆藏。

(2)《续修四库全书》本。

新刻顾邻初先生批点四书大全 5 卷　经部四书类

明顾起元批点　丁嘉猷校订

明天启金陵光启堂刻朱墨套印本，石家庄市图书馆等藏。

新刻七翰林纂定四书主意定本 12 卷　经部四书类

明张以诚等撰

明万历金陵书林王荆岑光启堂刻本，开封市图书馆藏，存 11 卷：卷 1—3，卷 5—12。

欧阳文忠公集 130 卷目录 12 卷附录 4 卷　集部别集类

宋欧阳修撰

明万历四十三年金陵书林王凤翔光启堂刻本，天津图书馆藏。

新刻临川王介甫先生集 100 卷　集部别集类

宋王安石著　明李光祚校

明万历四十年(1612)王凤翔光启堂刻本,南京图书馆藏。

重刻黄文节公山谷先生文集30卷外集14卷别集20卷　集部别集类

宋黄庭坚撰

明万历金陵书林王凤翔光启堂刻本,南京图书馆藏。

新刻吕新吾先生文集10卷　集部别集类

明吕坤撰

明王凤翔刻本,国家图书馆藏。

兰嵎朱宗伯汇选当代名公鸿笔百寿类函8卷　集部总集类

明朱之蕃编　徐榛、吴明郊注

明万历四十四年金陵书林王凤翔刻本,台湾"中央图书馆"原藏。

精选分注当代名公启牍琅函6卷　集部总集类

明许以忠辑　虞邦誉注

明万历金陵书林王凤翔光启堂刻本,国家图书馆藏。

车书楼选注当代名公新制四六明珠8卷首1卷　集部总集类

明朱锦辑　王世茂、虞邦誉注

明金陵书林王凤翔光启堂刻本,北京大学图书馆藏。

傅春溟

明金陵刻书家。

精选当代名公短札字珠9卷　集部总集类

明许以忠辑　吴明郊注

明万历四十五年(1617)金陵书林傅春溟刻本,北京大学图书馆藏。

陈良弼

明江宁人。万历末年在世。

辅之诗2卷　集部别集类　佚

见同治《上江两县志》卷12。

马云锦

明上元人。万历、天启间在世。

马云锦诗文集　集部别集类

见同治《上江两县志》卷12。

傅昌辰

字少山。明秀水人，居金陵。万历、崇祯间书商，书坊名“书林傅昌辰版筑居”，亦作“绣谷傅昌辰(少山)”。

易经抉微8卷　经部易类

明李行志、梁廷栋撰

明天启五年(1625)版筑居刻三色套印本，天津图书馆藏。

张太史纂著书经主意金丹6卷首1卷　经部尚书类

明张鼎撰

明版筑居刻朱蓝套印本，日本内阁文库藏。

批点毛诗振雅6卷　经部诗经类

明张元芳、魏浣初撰

明天启四年版筑居刻朱墨套印本，国家图书馆藏。

新刻顾邻初太史硃批诗经金丹8卷首1卷　经部诗经类

明顾起元撰　潘晓辑

明天启书林傅昌辰版筑居刻本，日本内阁文库藏。

经世挈要24卷　史部政书类

明张燧撰

(1) 明崇祯六年(1633)书林傅昌辰版筑居刻本，国家图书馆藏，存20卷。

(2)《四库禁毁书丛刊》本。

广舆记24卷　史部地理类

明陆应阳辑

明万历二十八年(1600)书林傅昌辰版筑居刻本,北京师范大学图书馆藏。

汇辑舆图备考全书 18 卷　史部地理类

明潘光祖汇辑　李云翔参订

明崇祯六年金陵傅昌辰版筑居原本,南京图书馆藏。

名医类案 12 卷　子部医家类

明江瓘辑

明万历十九年书林傅昌辰版筑居刻本,南京图书馆藏。

百子金丹 10 卷　子部医家类

明郭伟辑注

明天启书林傅昌辰版筑居刻本,华东师范大学图书馆藏。

来禽馆集 28 卷　集部别集类

明邢侗著　范景文阅

(1) 明万历四十六年金陵傅氏版筑居刻本,国家图书馆藏。

(2)《四库全书存目丛书》本。

艾　容

字子魏。明上元人。天启元年(1621)副贡生。尝客山东总兵刘总幕中,后游燕、秦、豫、兖等地。还里,以隐终。

微尘阁稿　集部别集类　佚

见《千顷堂书目》卷 28。

按:《金陵诗征》卷 28 收有其诗。

李一白

字更生。明上元人。天启七年(1627)举人,官阳山知县,工诗。

湖熟志　史部地理类　佚

见同治《上江两县志》卷 12。

陈　珽

字闇生。明江宁人。天启七年(1627)举人。未仕。工词。

古今诗余醉 15 卷　集部别集类

明陈珽编订

明崇祯九年(1636)十竹斋刻本,北京大学图书馆藏。

汪　伟(？—1644)

字叔度,一字长源。明休宁人,寄籍上元。崇祯元年(1628)进士,官翰林院检讨,充东宫讲官。十六年充会试同考官。卒赠少詹事,谥文烈。清谥文毅。《明史》有传。

江防绸缪疏 1 卷　史部政书类　佚

见《金陵艺文志》。《明史》本传不著卷数。

按:《金陵诗征》卷 28 收有其诗。《明诗综》卷 72 收其诗 1 首。

阮元声

字霞屿。明云南马龙州籍,上元人。崇祯元年(1628)进士,官吏部员外郎。

南诏野史 1 卷　史部地理类

明倪辂集　杨慎标目　阮元声删润

(1) 明祁氏淡生堂抄本,上海图书馆藏。

(2) 明抄本,大理图书馆藏。

(3) 清环碧山房抄本,国家图书馆藏。

(4) 清抄本,南京图书馆藏。

(5) 清坊刻本,南京图书馆藏。

(6)《四库全书存目丛书》本。

按:《四库全书总目》载记类存目云:"旧本题曰昆明倪辂集,成都杨慎标目,滇中阮元声删润。……此书大抵阮元声之所为,倪辂、杨慎皆依托也。”

博识续笺 4 卷　子部杂学类

《敬修堂丛书》本。

□□集　集部别集类　佚

见《千顷堂书目》卷 28。

宋鲁斋王文宪公遗集 12 卷补遗 1 卷　集部别集类

宋王柏撰

明崇祯五年(1632)阮元声刻本,南京图书馆藏。

金华文征 20 卷　集部总集类

明阮元声、高倬选

明崇祯五年刻本,南京图书馆藏,有清丁丙跋。

金华诗粹 12 卷姓氏传略 1 卷　集部总集类

明阮元声评选　杨德阁参订　戴应鳌编次

(1) 明崇祯间刻本,南京图书馆藏。

(2)《四库全书存目丛书》本。

按:《四库全书总目》总集类存目云:“是书辑自梁迄明婺人所作诗 254 家,皆以体分。每篇后间附评语。搜辑颇富,而略远详近,未免失之泛滥。”

刘沈合集　集部总集类

明阮元声辑

明崇祯五年刻本,上海图书馆藏。

按:是编辑合梁刘峻《刘孝标集》2 卷《附录》1 卷、梁沈约《沈隐侯集》16 卷《附录》1 卷成书。

袁应兆

一作兆登,字瑜石。明江宁人。崇祯中举人,官休宁教谕。

大乐嘉成 1 卷　经部乐类

(1) 明崇祯六年(1633)王佐刻本,故宫博物院图书馆藏。

（2）《四库全书存目丛书》本。

（3）《故宫珍本丛刊》本。

按:《四库全书总目》经部乐类存目云:“明自洪武二十六年颁大成雅乐于天下,令学宫依式制造。然奉行者或举或不举,其举者或久而废,故明之季年,休宁学尚不备乐。应兆乃与知县王佐考核定制,编为此书。实明一代享祭先师之乐谱,非一县之乐谱也。”

重刻定宇陈先生增广通略 4 卷　史部史评类

元陈栎撰

明崇祯八年袁应兆刻本,南京图书馆藏。

万古法程 1 卷　史部政书类

见《四库全书总目》史部政书类存目,云:“是书统载学宫从祀先贤先儒名氏位次,而考证其是非。”

按:《金陵诗征》卷 23 收有其诗。

刘　旋(?—1637)

字石钟,一字递生。明上元人。少笃学,以孝友闻。崇祯二年(1629)恩贡,选授四川崇宁知县。十年张献忠军入蜀,抵御死。赠尚宝寺丞,谥忠烈。

四书标解　经部四书类　佚

迎曦阁社草　集部别集类　佚

以上 2 种见同治《上江两县志》卷 12。

杨　宛(?—1644)

字宛叔,道号闲公。明金陵名妓。能诗,善草书。曾与名士茅元仪结合。元仪殁,归国戚田弘遇。崇祯甲申之变,逃出京师,间道还金陵,死于途。

钟山献 4 卷续 1 卷再续 2 卷三续 2 卷　集部别集类

（1）明天启间刻本,无续集,有傅汝舟序。

(2) 明天启及崇祯四年(1631)、八年茅氏玄穑居刻本,国家图书馆、上海图书馆、浙江图书馆藏,均为残本。

(3) 清光绪二十三年(1897)抄本,南京图书馆藏,无《三续》。

(4) 清丁丙抄本,南京图书馆藏,无《三续》。

胜客草　集部别集类　佚

见《历代妇女著作考》引《宫闺氏籍艺文考略》。

宛叔词 1 卷　集部词曲类

抄本,《钟山献》附,南京图书馆藏。

钟山献诗余 1 卷　集部词曲类

明杨宛撰　卢前增辑

1948 年刻本,南京图书馆藏。

按:《列朝诗集》收有其诗。《明诗综》卷 98 收其诗 4 首。《明词综》卷 12 收其词 3 首。

蔡朝圣

字应侯。明上元人。崇祯六年(1633)举人。

月寻集　集部别集类　佚

见《金陵诗征》卷 28。

董天胤

字善佑。明江宁人。

南国贤书 6 卷前编 2 卷　史部传记类

明张朝瑞撰　许天叙增补

明崇祯六年(1633)董天胤刻本,南京图书馆藏。

程　上

字云扶。初名震,字乾一,又名文。明上元人。国祥子。诸生。

凌云集　集部别集类　佚

见《金陵诗征》卷30。

凌世韶

字苍舒，一字君沭，一作官球，又字纳沙。明歙县籍，江宁人。崇祯七年(1634)进士。授福清知县，左迁汀州经历，署宁化县，迁严州推官，擢户部主事，晋郎中。忤时去位。明亡，逃于禅门，隐居以终。

纳沙草　集部别集类　佚

见《千顷堂书目》卷28。

按：《金陵诗征》卷29收有其诗。

顾其言

明江宁人。

明百将传4卷　史部传记类

见雷梦辰《清代各省禁书汇考》，云："末附《刘綎传》一篇。语有触碍。"乾隆四十二年(1777)遭禁。

按：《贩书偶记续编》著录明江东顾□□少轩编《皇明将略传》，无刻书年月，约明天启间刊。不知与此是否为同一书。

邢振羽

字翔之。明金陵人。

蓂亭纪事4卷　子部杂学类

明张光孝著　邢振羽校

明万历间刻本，国家图书馆藏。

余昌宗

明建安(今福建建瓯县南)人，寓居金陵。

是路录7卷　子部杂学类

明崇祯间刻本，上海图书馆藏，张祥河批校。

艺林寻到源头 8 卷　子部典故类

明余昌宗辑

(1) 明万历间刻本,国家图书馆藏。

(2) 明书林余恒刻本,国家图书馆藏。

按:《中国善本书提要》云:"按朱永昌序云:'余友寓金陵有年矣。'然则昌宗殆为建安余氏之设坊于金陵者。"

卓人月(? —1636)

字珂月,一字蕊渊。先世浙江瑞安籍,随父发之侨寓南京,遂为江宁人。崇祯八年(1635)副贡生。才情横溢,工为诗文,为吴伟业器重。与孟称舜、袁于令相善,并工词曲。曾入复社。惜早逝。

续千文　经部小学类　佚

见雍正《浙江通志》卷 178,云:"所撰《续千文》稳帖而奇肆。诗亦不为格律所拘。"

卓氏世传　史部传记类　佚

贞元轶事　子部杂学类　佚

以上 2 种见《金陵诗征》卷 40。

杂说 1 卷　子部杂学类

明卓人月辑　徐士俊评

明末刻本,国家图书馆藏。

卓珂月先生全集 16 卷(蕊渊集 12 卷蟾台集 4 卷)　集部别集类

明崇祯十年传经堂刻本,国家图书馆藏。

蟾台集 4 卷　集部别集类

清初卓天寅、卓长庚刻本,南京图书馆藏。

女才子集　集部总集类　佚

明卓人月编

临文订谬　集部诗文评类　佚

以上 2 种见《金陵诗征》卷 40。

古今词统　集部词曲类

明卓人月编　徐士俊评

(一)《古今词统》16 卷

明崇祯间刻本,国家图书馆藏残本 5 卷。

(二)《古今词统》16 卷附《徐卓晤歌》1 卷

明崇祯六年刻本,国家图书馆藏。

(三)《古今词统》16 卷《杂说》1 卷附《徐卓晤歌》1 卷

(1) 清初刻本,上海图书馆藏。

(2)《续修四库全书》本。

(四)《诗余广选》16 卷附《徐卓晤歌》1 卷

崇祯间刻本,国家图书馆藏。

(五)《草堂诗余》16 卷附《徐卓晤歌》1 卷《杂说》1 卷

明末刻豹斋印本,国家图书馆藏。

寤歌词 12 卷　集部词曲类　佚

见清王昶《明词综》卷 6"卓人月"题注。诗话云:"《花草蒙拾》云:卓珂月自负逸才,词统一书,搜采鉴别,大有廓清之力。乃其自运,去宋人门庑尚远。王言远云:蕊渊于词家有意出新,独辟生面,但于宋人蕴藉处不无快意欲尽之病。"《明词综》收其词 1 首。

唐伯虎千金花舫缘(杂剧)　集部词曲类

明孟称舜原本　卓人月重编

(1)《盛明杂剧》本。

(2)《诵芬室丛刊二编》本。

按:庄一拂《古典戏曲存目汇考》云:"此剧即改孟称舜《花前一笑》而作。"

新西厢　集部词曲类　佚

见《明清江苏文人年表》明崇祯九年。

方孔炳

一名思,字尔孚,别号退谷。明桐城人,居江宁。崇祯诸生。

宋遗民录传　史部传记类　佚

见《安徽艺文考》。

退谷集　集部别集类　佚

见《金陵诗征》卷40。

王同轨

字行父。明黄冈人。以贡生为江宁令,遂徙江宁。后官南京太仆寺丞。喜集异闻,诗有风格。

新刻耳谈15卷　子部小说类

(1) 明万历三十年(1602)书林余泗泉刻本,中国人民大学图书馆藏。

(2) 明刻本,国家图书馆藏。

(3)《四库全书存目丛书》本。

(4) 1990年中州古籍出版社《明清文言小说选刊》本。

耳谈类增54卷　子部小说类

(1) 明万历三十一年金陵唐氏世德堂刻本,南京图书馆藏。

(2)《续修四库全书》本。

(3) 1994年中州古籍出版社点校本。

东坡寓黄集3卷　集部别集类　佚

明王同轨编

见《千顷堂书目》卷32。

王　登

字升之。明上元人。庠生。

红蕉馆集　集部别集类

见《金陵诗征》卷26。

王僧邵

字彦伦。明上元人。

朏明草　集部别集类　佚

见《金陵诗征》卷27。

王孟瑛

字吉修。明上元人。庠生。

玉华馆诗集　集部别集类　佚

见《金陵诗征》卷27。

按:《金陵艺文志》又著录有《玉华堂稿》一种。

傅汝舟(1588—?)

字远度,自号昆白君。明上元人,京卫籍。国子生。同艾容同称为金陵二奇士。诗风豪放,标格岸然。

傅远度集□种□卷　集部别集类

明刻本,国家图书馆、南京图书馆、天一阁博物馆、江西省图书馆藏,均为残本,存8种15卷。《中国古籍善本书目》著录子目如下:

《七幅庵》1卷。按:此集另有《快书》本。

《吴游记》1卷

《唾心集》2卷

《步天集》2卷

《英雄失路集》2卷

《拔剑集》3卷

《箜篌集》2卷

《藏楼集》2卷

傅子八集8卷　集部别集类

明天启七年(1627)茅元仪刻本,中国科学院图书馆藏。

按:《傅子八集》子目见下。

庄管集1卷七幅庵集1卷唾心集1卷步天集1卷英雄失路集1卷拔剑集1卷箜篌集1卷藏楼集1卷鸳鸯回纹诗1卷　集部别集类

《四库未收书辑刊》本。

按:此9种著作未题总名。在《鸳鸯回纹诗》后有天启七年茅元仪撰《题傅子八集》。所称"八集",即除《庄管集》以外的8种。此外还有崇祯二年莫春岳阳社弟龚之祥题于秦淮之《读八集诗》。由此可见,此《四库未收书辑刊》本即是将《庄管集》与中国科学院图书馆藏《傅子八集》合为一书。

傅山人集1卷　集部别集类

《盛明百家诗》本。

续傅山人集1卷　集部别集类

《盛明百家诗》本。

傅梦龙

字见田。明金陵人。刻书家。书坊名"金陵书林傅梦龙",一作"白下书林傅梦龙"。

车书楼汇辑皇明四六丛珠4卷内阁官制事宜1卷　集部总集类

明许以忠辑　王世茂注

明万历四十八年(1620)金陵书林傅梦龙刻本,南京图书馆藏。

郝婉然

小名赛,字蕊珠。明金陵妓。通诗文。楷书有昭文郝文珠门风。

调鹦集　集部别集类　佚

见《历代妇女著作考》引《然脂集》。

毕 著

字韬文。明歙县人，居金陵。布衣王圣开妻。能诗。

韬文诗稿 集部别集类 佚

见《金陵诗征》卷42。

王 黉

明天启间金陵刻书家。

罗整庵先生存稿20卷困知记8卷 集部别集类

明罗钦顺著 金陵沙含玉编 金陵王黉督梓

明天启间刻本，美国国会图书馆藏。

韩国藩

字价卿，号襄宇。明金陵人。《续金陵琐事》称其为太守，余不详。

涉园稿 集部别集类 佚

见《续金陵琐事》，云："千首律诗。"

法 通

字从实，一字从石。明金陵摄山僧。

谭品余签 子部杂学类 佚

见《金陵诗征》卷44。

白云霁

字明之，自号在虚子。明上元人。南京冶城山朝天宫道士，后居茅山。

道藏目录详注4卷 史部目录类

明白云霁撰 李杰注

(1) 明天启间刻本，国家图书馆藏。

（2）清康熙间刻本，国家图书馆藏。

（3）清康熙间刻道光二十五年（1845）重修本，国家图书馆藏。

（4）《四库全书》本。

（5）清抄本，北京大学图书馆藏。

（6）《道藏》本。

（7）清秦氏石研斋刻本，国家图书馆藏。

（8）民国间徐世昌退耕堂影印文津阁《四库全书》本。

（9）《万有文库》本。

（10）清抄本，国家图书馆藏。

（11）清乾隆间刻本，南京图书馆藏。

按：此书天启六年（1626）撰。所著录之标题、卷数、存缺，与《正统道藏》间有不同。《四库全书总目》子部道家类提要云："是书成于天启丙寅。以道藏之文，分门编次。大纲分三洞、四辅十二类。"又云："顾其书名则历代史志皆著于录，故今亦存其总目，见彼教之梗概焉。"

续道藏经目录1卷　史部目录类

（1）清康熙间刻本，国家图书馆藏。

（2）《道藏》本。

（3）民国间徐世昌退耕堂本。

按：《金陵诗征》卷44收有其诗。

唐贞予

明末金陵刻书家。

新镌五福万寿丹书6卷　子部医家类

明龚居中撰

明天启间金陵书林唐贞予、周如泉刻本，国家图书馆等藏。

周如泉

明天启、崇祯间金陵刻书家。书坊名"万卷楼周如泉"。殆为周曰校子侄辈。崇祯初曰校下世后,如泉主持万卷楼书坊事。传世所刻书以医书为主。

书义会真录19卷　经部尚书类

明牛应元撰

明天启间万卷楼周如泉刻本,陕西省图书馆藏。

图像本草蒙筌12卷首1卷　子部医家类

明陈嘉谟纂辑　叶棐等校补

明崇祯间万卷楼周如泉刻本,国家图书馆藏。

新镌五福万寿丹书6卷　子部医家类

明龚居中撰

明天启间金陵书林唐贞予、周如泉刻本,国家图书馆等藏。

唐廷扬

明末金陵刻书家。

云林医圣增补医鉴回春8卷　子部医家类

明龚廷贤撰

明崇祯间金陵书林唐廷扬刻本,北京大学图书馆藏。

地理天机会元删补35卷　子部术数类

明徐之镆编

明崇祯金陵书林唐廷扬刻本,南京图书馆藏。

唐　玉

字心云。明末金陵刻书家。

新刊翰府紫泥全书8卷　史部政书类

题明唐玉辑

明崇祯间金陵唐心云刻本,台湾"中央图书馆"原藏。

李文孝

字希禹。明金陵人。明末刻书家。

媚幽阁文娱 9 卷　集部总集类

明郑元勋辑

(1) 明崇祯间李文孝刻本,北京大学图书馆藏。

(2)《四库禁毁书丛刊》本。

按:此书卷末牌记作“白门李文孝希禹梓”。

王若之

字湘客。明山东益都籍。户部尚书基孙。历官河南参议,服官留都,移家金陵,遂居江宁。性嗜古,明亡避地姑熟(今安徽当涂),干戈崎岖,独载三代古鼎彝法书名画。后死于金陵。事见王士禛《居易录》。

王若之集　集部别集类　佚

见王士禛《居易录》卷 12。

慧轩集　集部别集类　佚

见《金陵诗征》卷 41。

罗彝序

字伯伦。明上元人。

燕石斋小草　集部别集类　佚

见《金陵诗征》张藩传注。

吟啸主人

姓名不详。明南京人。见近人孙楷第《中国通俗小说书目》。

近报丛谭平虏传 2 卷　子部小说类

明崇祯四年(1631)刻本,日本内阁文库藏。

按:此书不题撰人,或以为作序之吟啸主人即为本书作者。此书合邸报与传闻语(即“丛谭”)以叙后金犯明京师事。参见《中国通俗小说总目提要》。

董 玹

明金陵人。

五运六气详解1卷　子部医家类

伤寒秘要2卷　子部医家类

伤寒五法2卷　子部医家类

以上2种明陈长卿撰　董玹订

以上3种明崇祯五年(1632)刻《十竹斋袖珍本医书》本,中医研究院图书馆藏。

艾 宁

字子敉。明江宁人。工诗,并擅书史、山水绘事。

和陶诗　集部别集类　佚

见《金陵诗征》卷39闪知愿传注。

刘玄芝

字秀生。明金陵人。京山李营室妾。

宫词　集部别集类

见《宫闺氏籍艺文考略》。

按:刘玄芝《宫词》百首,清周之标选入《兰咳集》卷4,计37首。

朱谋晋

字康侯,一字公退。明宁献王权七世孙。由南昌徙居金陵。以隐终。生平读书修词,才名蔚起。

羔雁集　集部别集类　佚

淹留集　集部别集类　佚

芜城集　集部别集类　佚

巾车集　集部别集类　佚

以上4种见《千顷堂书目》卷17,吴骞补又著录《谋晋初录》4卷,即以上4种之合集。

西堂诗1卷　集部别集类　佚

庐山诗1卷　集部别集类　佚

以上2种见《千顷堂书目》卷17吴骞补。

按:《列朝诗集》《金陵诗征》卷30收有其诗。《明诗纪事》甲签卷2收其诗2首。

陈家擎

明江宁人。崇祯间在世。

稼堂遗稿　集部别集类　佚

见同治《上江两县志》卷12。

郑　埏

明江宁人。崇祯间在世。

随笔　子部杂学类　佚

见同治《上江两县志》卷12,原注云:“弟某所编。”

吴日昶

字函三,一字澹庵。明桐城籍,居金陵。用先子。崇祯时荫中书舍人。

世仪堂集　集部别集类　佚

见《金陵诗征》卷40。

按:《明诗综》卷70收其诗1首。

吴金陵

字邦畿。明龙泉(今贵州省凤冈县)籍,生于金陵,遂为金陵人。工琴、画,尤善画鹰。

琴谱指南　经部乐类　佚

画鉴直指　子部艺术类　佚

以上2种见《千顷堂书目》卷2,卷15。

沈开云

字世开。明江宁人。越孙,乾阳子。诸生。明亡不知所终。

云岫集　集部别集类　佚

延清堂稿　集部别集类　佚

以上2种见《金陵诗征》卷34。

汪　候

字钟英。明末上元人。

潭上拟言　集部别集类　佚

见《金陵诗征》卷30。

宋　嵋

字山眉。明上元人。

鹪笑斋集　集部别集类　佚

见《金陵诗征》卷31。

周维藩

明江宁人。治《易》学。

阐微易学宗旨　经部易类　佚

见嘉庆《江宁府志》卷54。

易震吉

字月槎。明上元人。

秋佳轩诗余 12 卷　集部词曲类

明崇祯间刻本，南京图书馆藏。

郑尚玄

字幼白。富沙(今广东惠阳东)人，寓金陵。明末创书坊“人瑞堂”。

对学汇编 16 卷　子部典故类

明唐采臣撰

明崇祯间人瑞堂刻本，见《明代版刻综录》，馆藏未见。

新镌翰林三状元会选二十九子品汇释评 20 卷　子部典故类

明焦竑校　翁正春参　朱之蕃圈点

明郑氏人瑞堂刻本，日本东京大学东洋文化研究所藏。

新镌全像通俗演义隋炀帝艳史(一作风流天子传)8 卷 40 回　子部小说类

题明齐东野人编

明崇祯间人瑞堂刻本，南京图书馆藏。参见《中国通俗小说总目提要》。

姚　宣

明金陵人。

闻见录 1 卷　子部杂学类

明抄本，湛江市图书馆藏。

按:《增订晚明史籍考》云:“是书杂记明季时事。”

寅斋闻见 1 卷　子部小说类

明末毛氏汲古阁抄本，国家图书馆藏。

唐　时

字宜之，自称妙意老人。明上元人。曾官楚府长史，弃归。筑室乌龙潭侧，以隐终。工诗善书。

周礼分类辑述　经部周礼类　佚

见同治《续纂江宁府志》卷9。

频伽音　子部杂学类　佚

巾驭乘　子部杂学类　佚

以上2种见《金陵诗征》卷31。

莲花世界　子部杂学类　佚

见《金陵通传》卷24。

高桂枝

字树秋，一字畸庵。明应天人，寄籍云南。桂王闻其名，以礼召之。桂枝知事不可，遁去山中不出，以隐终。工诗。

畸庵草　集部别集类　佚

见《金陵诗征》卷32。

曹大用

明应天人。

留都士女表　史部传记类　佚

见《金陵通传补遗》卷2。

陈　震

明金陵人。

草堂清话4卷　子部小说类

旧抄本，见《贩书偶记续编》。

陈　喆

字书吉。明江宁人。

火攻玄机 10 卷　子部兵书类

抄本,残存 8 卷,南京图书馆藏。

清啸生

一作清笑生。明江宁人。

喜逢春 2 卷　集部词曲类

(1)《玉夏斋传奇》本。

(2)《十种传奇》本。

(3)《长乐郑氏汇印传奇》本。

(4)《古本戏曲丛刊二集》本。

按:是剧清乾隆时列为禁书。

黄大可

明金陵人。

诗囊恨　集部词曲类　佚

见《古典戏曲存目汇考》,云:"此戏未见著录。《传奇汇考标目》别本著录之,注云:'李贺事。'其他戏曲书簿未见记载。"

收春醉客

姓名未详。明金陵人。

曲中曲(杂剧)　集部词曲类

见《古典戏曲存目汇考》,云:"此戏未见著录。《群音类选》附刻此剧曲文,署曰'秦淮收春醉客编'。其他戏曲书簿未见著录。"

傅仁宇

字允科。明江宁人。著名眼科医生。

审视瑶函(一作眼科大全、傅氏眼科审视瑶函)6卷　子部医家类

(1) 明崇祯十七年(1644)焕文堂刻本,中国医学科学院图书馆藏。

(2) 1958年上海卫生出版社铅印本。

按:本书刊本甚多,清代有济世堂、带月楼、三让堂、二友堂、姑苏会文堂等刻本,民国间有江东书局、广益书局、扫叶山房、大成书局等石印本。参见《中医图书联合目录》。

柯凤梃

字涟水。明江宁人。官南都学官。罢官后居凤凰台侧。

遁斋偶存　集部别集类　佚

见《金陵诗征》卷32。

金鎏珂

字润寰。明上元人(一云钱塘人,寓金陵)。少有神童之目,比长业医。

明医医鉴　子部医家类　佚

体仁编　子部医家类　佚

儿科慈幼录　子部医家类　佚

以上3种见《中国医籍通考》第2卷。

潘问奇

字之客,号雪帆。明钱塘人,寄寓金陵,并殁于金陵。葬扬州平山堂侧。

拜鹃堂集　集部别集类　佚

见《金陵诗征》卷41。

颜宗孔

字希之，号且庵。明上元人。

百花诗　集部别集类　佚

见《金陵诗征》周掌文传注。

程鸿烈

明江宁人。

周易会占　子部术数类

《说郛续》本。

叶尔亨

明江宁人。

游九华集唐诗　集部别集类　佚

见《金陵通传补遗》卷2。

钟　沂

字洛甫。明上元人。

桂棹集　集部别集类　佚

见《金陵诗征》卷27。

孙瑶华

字灵光。明上元人。金陵名妓。后归新安汪宗孝(字景纯)，卜居白门城南，筑楼六朝古松下。好读书赋诗，又好蓄古书画鼎彝，精鉴别。时人方之李清照。

远山楼稿　集部别集类　佚

见《列朝诗集小传》闰集。

按:《明诗综》卷98收其诗1首。

郑如英

字无美，小名妥。明金陵妓。工诗文，所作尺牍，或数十言，或三四言，莫不淋漓委折。

郑美人诗1卷　集部别集类

清冒愈昌辑《秦淮四美人诗四集》本。

红豆词　集部词曲类　佚

见《众香词》数集。

按：《明词综》卷12收其词1首。《众香词》收其词5首。

杨　琰

字玉香。明金陵旧院妓。工诗词。与闽县名士林景清题诗唱和，遂许嫁景清。后林归闽，杨洁身以待，题“一清”自名其轩。早卒。

一清轩词　集部词曲类　佚

见《众香词》数集。

按：《列朝诗集》收有其诗。《明词综》卷12收其词1首。《众香词》收其诗3首。

徐惊鸿

一名翩，又名翩翩，字飞卿。明金陵妓。后为尼，号慧月。能诗词，书可左右手正反双下，时称绝技。归于江上郁公子。

秋水词　集部词曲类　佚

见《众香词》数集。

按：《明诗综》卷98收其诗1首。《众香词》收其词2首。

卞　赛

一名赛赛，自称玉京道人。明上元名妓，后为女道士。知诗词，工小楷，善画兰，擅琴。年18游吴门，侨寓虎丘。寻归秦淮，遇乱复游吴门，作道人装。逾两年，渡钱塘，归于东中一诸侯，不得意，复归吴。依良医郑保御，筑别馆以居，长斋绣佛。又十余年而卒，葬于锡惠山祗陀庵。

玉京道人集　集部别集类　佚

见《众香词》数集，收其词 3 首。

马如玉

字楚屿，一姓张，从假母姓。明金陵妓。家南市楼，徙居旧院。熟精《文选》、唐音，善小楷八分及绘画，耽吟咏。倾动当时。后受戒栖霞苍霞法师，易名妙慧。卒年 30 余。

楚屿集　集部别集类　佚

谢尘诗　集部别集类　佚

以上 2 种见《历代妇女著作考》引《然脂集》。

鹤间词　集部词曲类　佚

见《众香词》数集。

按：《列朝诗集》收有其诗。《明词综》卷 12 收其词 1 首。《众香词》收其词 4 首。

寇皑如

字贞素。明金陵名妓。寇白门妹。幼即颖异，沉厚晦默。诗各体俱工，善演杂剧。尝入秦淮诗社。

逊雪楼集　集部别集类　佚

见《众香词》数集。

按：《明词综》卷 12 收其词 1 首。《众香词》收其词 2 首。

范　翩

字留云：明金陵旧院名妓。才慧而敏，词多清艳。

锦香词　集部词曲类　佚

见《众香词》数集，收其词 3 首。

崔嫣然

字重文，小字媚儿。明金陵妓。性耽图史，工诗。所居有幻影阁，书帙横陈，茗香精洁。好与名人词客游。

幻影阁集　集部别集类　佚

见《众香词》数集。

按：《列朝诗集》收有其诗。《明词综》卷 12 收其词 1 首。《众香词》收其词 3 首。

郝文珠

字昭文。明金陵朱市妓。能文章，工诗，尤工书法。

夜光词　集部别集类　佚

见《众香词》数集，收其词 2 首。《列朝诗集》收有其诗。

顿　文

字少文，又字琴心。明金陵旧院妓。琵琶顿老孙女。

翠拥楼词集　集部词曲类　佚

见《众香词》数集。

按：《明词综》卷 12 收其词 1 首。《众香词》收其词 3 首。

大　澍

字时了。明应天人。为嘉善大圣寺僧。

瘦烟草　集部别集类　佚

见《千顷堂书目》卷 28。

大　云

字独任。明江宁人。石头庵僧。

莆庄吟　集部别集类　佚

见《金陵诗征》卷44。

南　音

字真钝，自称黄梅老人。明金陵蒋山佛国寺僧。

和中峰梅花百咏　集部别集类　佚

见《金陵诗征》卷44，云："《梅花诗》合梓为上下卷。"

正　煜

字西畴，号樗庵。明金陵蒋山佛国寺僧。

和中峰梅花百咏　集部别集类　佚

见《金陵诗征》卷44。

髡　残

俗姓刘，字介秋，一字石溪，又号白秃，一号残道者。明武陵人。少为僧，后住持天界寺。工诗，并工山水画。

石溪道人山水册不分卷　子部艺术类

日本大正十年(1921)大阪博文堂合资会社影印本，国家图书馆藏。

浮查诗集　集部别集类　佚

见《金陵诗征》卷44。

可　浩

字月泉。明灵台寺僧。能文章。善绘葡萄，世宝之。

月泉诗集　集部别集类　佚

见《金陵诗征》卷44。

智　舷

字苇如，号秋潭。自称黄叶老人。明上元人。工诗能画。曾参校陈继儒辑《逸民史》。

黄叶庵诗草 2 卷　集部别集类

明崇祯十年(1637)吴龙媒刻本,南京图书馆藏,存卷上。

秋潭老人黄叶庵诗稿 1 卷　集部别集类

明末刻本,台湾“中央图书馆”原藏。

黄叶庵遗稿 1 卷　集部别集类

明智舷撰　钱继章辑

《人琴集》本。

黄叶庵诗集 1 卷　集部别集类

清嘉庆三年(1798)抄本,上海图书馆藏。

海　湛

明天宁寺主持。工绘山水兰竹。

雨花台志　史部地理类　佚

见《客座赘语》卷 7。

郑　鸾

明金陵人。

始拙堂乐府 2 卷　集部词曲类　佚

见《千顷堂书目》卷 32。

徐南强

明建康人。工医。

伤寒十论　子部医家类　佚

见《金陵通传补遗》卷 1。

孟介石

明上元人。医家。

幼科直言　子部医家类　佚

见同治《上江两县志》卷12。

竹痴居士

明秣陵人。

齐东绝倒　集部词曲类　佚

见清姚燮《今乐考证·明传奇》。

余五化

明金陵人。

登辽纪事　史部杂史类

见雷梦辰《清代各省禁书汇考》,谓有抄本,乾隆四十六年(1781)遭禁。

一真子

明江宁人。

续草堂诗余2卷　集部总集类

明一真子辑

明刻本,见《江苏省立国学图书馆图书总目》。

江蘇藝文志

顧廷龍題

国家古籍整理出版专项经费资助项目

江苏省地方志编纂委员会办公室组织编纂

江苏艺文志

（增订本）

作者笔画索引

作者首字拼音索引

原　主　编　赵国璋

增订本主编　江庆柏

凤凰出版社

作者笔画索引

说　明

一、《作者笔画索引》以作者首字笔画为序，标注此人在本书各市卷的卷名及页码；笔画数相同者以起笔之一（横）、丨（竖）、丿（撇）、丶（点）、乙（折）为序。首字相同者，以第二字笔画为序。余类推。

二、《作者笔画索引》收录《江苏艺文志》（增订本）各市卷的作者。以《江苏艺文志》（增订本）立目的人物姓名为条目，其下标注所在市卷的名称、页码。

三、姓名相同者，如是同一市卷的，一般在人名后加注字号。如：

陆　龙（字在田）

陆　龙（字御天）

陆　龙（字霖苍）

字号不详者，根据情况加注一个简明的识别标记。

四、一些作者不知其名，用“某　氏”表示，主要是一些女性，在人名后加注“×××妻”“×××女”“×××母”等字样。如：

毛　氏（杨蕴辉母）

李　氏（叶九道妻）

也有一些“某　氏”可能是男性，索引亦根据实际情况，加注一个简明的识别标记。如：

邓　氏（盱眙人）

四、每一佚名作者均单独列目，用地名和页码加以区分。

五、僧人用法名，不加“释”字。但单名僧人加“释”字，如：

释　向

作者笔画索引

三　画

四　画

江苏艺文志

五　画

六　画

江苏艺文志

作者笔画索引

江苏艺文志

作者笔画索引

七　画

作者笔画索引

作者笔画索引

江苏艺文志

作者笔画索引

八　画

作者笔画索引

九　画

十　画

作者笔画索引

十一画

十二画

十三画

十四画

十五画

十六画

十七画

十八画

二十画

二十一画

作者首字拼音索引

《作者首字拼音索引》，以作者首字拼音为序，注明此字在《作者笔画索引》中的页码。

D

E

F

J

K

L

M

N

O

P

Y

Z

江蘇藝文志

顧廷龍題

国家古籍整理出版专项经费资助项目

江苏省地方志编纂委员会办公室组织编纂

江苏艺文志

（增订本）

常州卷

二

原 主 编 赵国璋

增订本主编 江庆柏

增 订 者 叶 舟 朱 隽

凤凰出版社

常州二

孙　璟(？—1811)

字荣组，一字虹如。清阳湖人。国子监生，诰赠奉直大夫。好读书，以早孤弃进士业，于书无所不窥，尤以明理为务。性至孝，好振施困乏。与宜兴吴德旋相友善。

字学考　经部小学类　佚

见道光《武阳合志》卷32。

吕兆行(1762—1809)

字汇吉，号漪园。清阳湖人。诸生。

春秋左氏传分国纪事本末12卷　史部纪事本末类　佚

史鲭20卷　史部史钞类　佚

以上2种见道光《武阳合志》卷32。

灯窗杂志6卷　子部小说类　佚

国朝咏物诗选20卷　集部总集类　佚

吕兆行辑

吕兆行诗余1卷　集部词曲类　佚

以上3种见道光《武阳合志》卷33。

刘嗣绾(1762—1820)

字简之，亦作柬之、醇甫，号芙初、扶初，又号撄宁子。清阳湖人。汝器子，琬怀弟。少颖异，早游京师，知名当世。嘉庆十三年(1808)会元，改庶吉士，散馆授编修。在翰林十余年，归主东林书院。诗词骈文，少作明艳，中年则以沉博排奡胜，晚更清遒骏迈，以凌厉之笔，达幽隐之思，为一时所崇。室名有寓园、尚䌹堂、且住斋、画舫斋，荭花阁、澄怀园、澹香秋圃、不易居斋、半粟山房、碧山后社等。

龙泉寺(北京)记1卷　史部地理类

《小方壶斋舆地丛钞》本。

尚䌹堂文集2卷　集部别集类

清光绪九年(1883)刻本,常州图书馆藏。

尚䌹堂骈体文2卷　集部别集类

(1)《尚䌹堂集》本。

(2)《花雨楼丛钞》本。

尚䌹堂尺牍1卷(一名刘芙初先生尺牍)　集部别集类

《尺牍丛刻》本。

尚䌹堂诗集52卷筝船词2卷骈体文2卷(一名尚䌹堂集)　集部别集类

(1) 清道光六年(1826)大树园刻本,天津图书馆、南开大学图书馆藏。

(2) 清光绪九年刻本,常州图书馆藏。

(3) 清同治八年(1869)刻宣统二年(1910)印本,黑龙江图书馆藏。

(4)《续修四库全书》本,据天津图书馆藏本影印。

(5)《清代诗文集汇编》本。

尚䌹堂诗52卷筝船词2卷骈体文2卷律赋1卷试帖2卷制艺不分卷　集部别集类

清同治八年重刻本,常州图书馆藏。

尚䌹堂试贴辑注　集部别集类

清刘嗣绾撰　张熙宇辑评　王植桂辑注

(1) 清同治九年京师琉璃厂刻本,北京大学图书馆藏。

(2) 清光绪十二年《七家诗辑注汇抄》本,上海图书馆藏。

五人词合刻　集部词曲类

清末刻本,首都图书馆藏。

尚䌹堂文集2卷　集部别集类　佚

见《清史稿·艺文志》。

按:《西营刘氏先世著述考》著录为4卷。

批杜工部全集　集部诗文评类　佚

见《杜集书录》引《带经堂六十周年纪念书目》。

筝船词 1 卷　集部词曲类

(1)《随园三十种》本。

(2)《随园三十八种》本。

(3)《清名家词》本。

杨新甲(1762—1824)

字振华，一字艾山，号西园。清阳湖人。诸生。世居孟墅里，以耕读为业。幼即能诗，稍长笃于经学，尤精于《易》，名重乡里。

读易管窥 6 卷　经部易类　佚

见道光《武阳合志》卷 32，注云"存"。

读史质疑问 10 卷　史部史评类　佚

见《清代毗陵书目》卷 2。

西园诗钞 9 卷　集部别集类　佚

见《清代毗陵书目》卷 4。

西园诗 1 卷　集部别集类

收入李兆洛辑《旧言集》。

龚望曾(1762—1831)

字子与，号秋硐。清武进人。增广生。

水村先生年谱 1 卷　史部传记类

(1) 清道光十年(1830)南丰刘斯嵋刻本，国家图书馆藏。

(2)《北京图书馆藏珍本年谱丛刊》本。

是为元刘埙年谱。

水云村吟稿 12 卷首末 2 卷　集部别集类

元刘埙撰　清龚望曾编。

清道光十年南丰刘斯嵋刻本，国家图书馆藏。

恽秉怡(1762—1833)

字洁士,号梧冈。清阳湖人。诸生。道光元年(1821)举孝廉方正,因年老辞。曾入都授甥麟庆书,题室名曰静存。一生淡于仕进,以清操自厉,而务为经济之学。书画皆入能品,书以徐浩为宗,画承家学,先善画竹,后工山水。

静存堂诗集　集部别集类　佚

见道光《武阳合志》卷33,注云:“是集无卷数,为《沙阳集》《燕台续稿》《之江游草》《壬申集》《癸酉集》。”

静存堂文稿　集部别集类　佚

见道光《武阳合志》卷33。

周　锦(1763—1806)

字絅堂,号石邻。周鲁存子,周怀绶父。清武进人。增监生,积学通方。

风月阁诗词集8卷　集部别集类

抄本,南开大学图书馆藏。

风月阁诗文集不分卷　集部别集类

抄本,南京大学图书馆藏。

张　榛(1763—1816)

字廷选。清武进人。

赐纶堂集　集部别集类　佚

见《清代毗陵书目》卷8。

徐　芬(1763—1829)

字仰舒,又字侠仲,号梓溪。清阳湖人。嘉庆十四年(1809)贡生。

梓溪诗钞6卷　集部别集类　佚

见道光《武阳合志》卷33。

钱清选(1763—1829)

字近光,一字芗林,号邃斋。乾隆时武进人。清远弟。诸生。工词善诗。郁郁不得志,潦倒终生。

邃斋遗稿　集部别集类　佚

见《清代毗陵书目》卷4。

汤瑶卿(1763—1831)

清阳湖人。修业女,同邑张琦妻。善书,工诗,能刺绣,以意剪彩,方寸间为山川人物,亭台鱼虫,栩栩如生。夫家贫时,冬无棉衣,食不果腹,率四女刺绣易米,以碎米为粥,日进一餐。张琦得令山东馆陶县,随同到任,未数年卒。诸女克承家学。

蓬室偶吟1卷　集部别集类

(1)《宛邻书屋丛书》本。

(2)《武进张氏家集》本。

(3)《酌古准今》本。

(4)《常州先哲遗书》本。

(5)《清代闺秀集丛刊》本。

按:《蓬室偶吟》附张琦《宛邻文》2卷《诗》2卷后。

吴兆庄(1764—1812)

原名兆庆,字培德,号静斋。清武进人。监生。

三礼质疑12卷　经部三礼总义类　佚

见《清代毗陵书目》卷7。

春秋补义8卷　经部春秋总义类　佚

见道光《武阳合志》卷32,注云"存"。

恽在宽(1765—1823)

字翼之,号雪樵。清武进人。兰枝弟,秉怡堂弟。邑廪生。尝历燕赵,出塞远游。

雪樵诗稿　集部别集类　佚

见《恽氏先世著述考略》。

孙　让(1765—1832)

字于丕,号访山。清阳湖人。璟子。嘉庆七年(1802)进士。选授山西临县知县,改选安徽怀远县知县。所治以通民隐为务,尤尽心于水利。曾招友人李兆洛纂修县志。因罣吏议去官,后候补安徽,署凤阳府同知,发山西候补,历署繁畤、太平县知县,补临县原缺,复罣吏议休致。至山东馆陶知县、亲家张琦署中,疾作,未几卒。

(嘉庆)怀远县志 28 卷　史部地理类

清孙让修　李兆洛、董士锡等纂

(1) 清嘉庆二十四年活字本,北京大学图书馆藏。

(2) 1937 年排印本,安徽省图书馆藏。

(3) 抄本,安徽省图书馆藏。

(4)《中国地方志集成》本。

张　琦(1765—1833)

初名翊,字翰风,号宛邻。清阳湖人。惠言弟,汤瑶卿夫。父卒后4月生。家清贫,赖母纺织度日。兄弟刻苦励学,然久困场屋。年 50,始举嘉庆十八年(1813)顺天乡试,补实录馆誊录官。年 60,始试邹平、章丘知县,道光六年(1826)任馆陶知县,卒于任所。所至政绩斐然。琦博学多才,于史学、舆地学、《文选》学、校勘学,及诗、词、古文、书法均卓然成家。嘉庆中,兄中年病逝,子珏孙继夭,遂悉心学医,终成名家。《清史稿》有传。

战国策释地 2 卷　史部杂史类

(1)《宛邻书屋丛书》本。

(2)《广雅书局丛书》本。

(3)《式训堂丛书》本。

(4)《新阳赵氏丛刻》本。

(5)《丛书集成初编》本。

(6) 上海书店《丛书集成续编》本。

(7) 民国间朱丝栏抄本，收入《江阴金氏家藏稿》，国家图书馆藏。

兵家杂著 2 卷　子部兵书类　佚

见道光《武阳合志》卷 33。

本草述录 6 卷　子部医家类

清刘若金撰　张琦节抄

抄本，中医研究院图书馆藏。

素问释义 10 卷　子部医家类

(1) 稿本，国家图书馆藏。

(2)《宛邻书屋丛书》本。

(3)《四库未收书辑刊》本，据《宛邻书屋丛书本》影印。

长沙药解 4 卷　子部医家类

伤寒悬解 14 卷首 1 卷末 1 卷　子部医家类

四圣心源 10 卷　子部医家类

素灵微蕴 4 卷　子部医家类

以上 4 种清黄元御撰

庄氏慈幼书 2 卷　子部医家类

清庄一夔撰

以上 5 种医书均由张琦序刊，收入《宛邻书屋丛书》(国家图书馆藏本)。见《中国丛书综录补正》。

宛邻杂著 1 卷　子部杂学类　佚

见道光《武阳合志》卷 33。

宛邻文 2 卷　集部别集类

(1)《宛邻书屋丛书》本。

(2)《武进张氏家集》本。

(3)《酌古准今》本。

(4) 清光绪十七年(1891)排印本,常州图书馆藏,内辑得旧本所无之文 5 篇。

(5)《常州先哲遗书》本,6 卷。

(6) 上海书店《丛书集成续编》本。

(7)《续修四库全书》本,据《常州先哲遗书》本影印。

按:张舜徽《清人文集别录》称"琦论及诗文,立论甚卓"。

宛邻诗 2 卷　集部别集类

(1)《宛邻书屋丛书》本。

(2)《武进张氏家集》本。

(3)《酌古准今》本。

(4) 清光绪十六年庄钟济刻本,常州图书馆藏,是本较前本多辑诗数十首。

(5) 清光绪十七年排印本,与《宛邻文》2 卷合刻。常州图书馆藏。

宛邻先生残稿 1 卷　集部别集类

稿本,有吕景端跋,上海图书馆藏。

李诗录 4 卷　集部别集类　佚

杜诗录 4 卷　集部别集类　佚

以上 2 种张琦辑

见光绪《武阳志余》卷 7。按:《清代毗陵书目》卷 8 作《李诗通》《杜诗通》。

拟古诗 3 卷　集部总集类

清光绪二十一年庄允懿广东刻本,国家图书馆藏。

按:是集选编张氏父子诗。首卷收张琦诗,2、3 卷收张曜孙诗。

宛邻书屋古诗录 12 卷(亦简称古诗录)　集部总集类

(1) 清嘉庆二十年刻本，上海图书馆藏。

(2)《宛邻书屋丛书》本，常州图书馆藏。

(3) 清同治八年(1869)刻本，常州图书馆藏。

(4) 1926 年扫叶山房石印本，常州图书馆藏。

立山词　集部词曲类

(1) 宛邻书屋刻本。

(2)《武进张氏家集》本。

(3)《酌古准今》本。

(4)《云自在龛丛书》本。

(5)《清名家词》本。

(6) 上海书店《丛书集成续编》本。

按：道光《武阳合志》卷 33 作《宛邻词》1 卷。

蓉影词 1 卷　集部词曲类

清徐准宜、张琦等撰

(1) 清嘉庆二十二年刻本，国家图书馆藏。

(2) 1922 年惜阴堂排印本，上海图书馆藏。

词选 2 卷附录 1 卷　集部词曲类

清张惠言、张琦选　《附录》清郑善长辑

版本参见“张惠言”条。

雌雄剑　集部词曲类　佚

玉尺记　集部词曲类　佚

以上 2 种见清支丰宜《曲目新编·国朝杂剧》补遗。

鸳鸯剑 2 卷　集部词曲类　佚

见清张曜孙辑《明发录·先府君行述》。

按：《清代毗陵书目》作《鸳鸯剑曲》，疑即《曲目新编》著录之《雌雄剑》。

宛邻书屋丛书　丛书类

清道光十年至二十年张氏宛邻书屋刻本。

按:是书随刻随印,各本子目互有异同。《中国丛书综录》著录10种附1种,子目:

(1)《战国策释地》2卷

(2)《素问释义》10卷

(3)《宛邻书屋古诗录》12卷

(4)《宛邻诗》2卷附《蓬室偶吟》1卷,清汤瑶卿撰

(5)《立山词》1卷

(6)《宛邻文》2卷

(7)《纬青遗稿》1卷

(8)《明发录》1卷

(9)《词选》2卷《附录》1卷

(10)《续词选》2卷,清董毅辑

国家图书馆藏本。凡12种,与《综录》相较,多出6种:

(1)《东海记》1卷《附录》1卷　清王曦撰附录孙星衍撰

(2)《长沙药解》4卷　清黄元御撰

(3)《庄氏慈幼书》2卷　清庄一夔撰

(4)《伤寒悬解》14卷首1卷末1卷　清黄元御撰

(5)《四圣心源》10卷　清黄元御撰

(6)《素灵微蕴》4卷　清黄元御撰

按:少《宛邻诗》《宛邻文》《立山词》《明发录》4种。

赵兰瑞(1765—1834)

字馥堂。渊鉴孙。清武进人。

青门耆旧录　史部传记类　佚

见《清代毗陵书目》卷7。

关中日记　子部儒学类　佚

湟中纪闻　子部儒学类　佚

妙香斋随笔　子部杂学类　佚

妙香斋诗文集　集部别集类　佚

以上4种见《清代毗陵书目》卷8。

董良史(1765—1844)

原名熊祥,字大名。清武进人。

古桐轩诗稿　集部别集类　佚

见光绪《武阳志余》卷7。

徐准宜(1766—1837?)

字仲平,号泉初。清武进人。钧子。乾隆六十年(1795)举人,官顺天府粮马通判。博学多识,通天文、地理、算法,读史论古有卓识。工书法,博涉魏晋唐宋诸家,尤致力赵孟頫。性耿介,待人以诚。丁母忧归,居家10年,卒于清道光年间。

原学1卷　子部儒学类　佚

读书随笔4卷　子部儒学类　佚

前言往行编20卷　子部儒学类　佚

知人金鉴2卷　子部儒学类　佚

求知斋训言2卷　子部儒学类　佚

以上5种见《清代毗陵书目》卷8。

格物编1卷　子部儒学类　佚

见《清代毗陵书目》卷3。

宝雪斋帖　子部艺术类　佚

见《清代毗陵书目》卷3,云有自刻本。

心远斋剩稿1卷　集部别集类

清光绪八年(1882)不远复斋刻本,常州图书馆藏。

此书为徐准宜弟子恽彦琦将其八股制艺七篇集与何逢辰《乐在堂剩稿》合刻,为《徐何二先生剩稿》。

急先务斋诗文集4卷　集部别集类　佚

见《清代毗陵书目》卷8。

蓉影词1卷　集部词曲类

清董基诚、徐准宜等辑

(1) 清嘉庆二十二年(1817)刻本,国家图书馆藏。

(2) 1922年惜阴堂排印本,上海图书馆藏。

按:此书收清徐准宜、张琦、魏襄、赵植庭、董基诚、杨士昕、管贻萉、董士锡、昭文邵广铨、泾县包世臣、余鼎、佚名氏等12人词作合集。

费淑芬

清武进人。徐准宜妻。

绣余吟稿　集部别集类　佚

见《清代毗陵书目》卷5。

徐　璇

字嗣昭。室名藕香轩。清阳湖人。钧女,准宜妹。父邃于学,嫂费淑芬亦能诗。璇幼习庭训,熟史事,能古文,工诗。

藕香轩草　集部别集类　佚

见光绪《武阳县志》卷28。

孙星海(1766—?)

字邃堂。清阳湖人。孙星衍族弟。诸生。

广复古编30卷　经部小学类

(1) 稿本,南京图书馆藏。

(2) 2018年凤凰出版社《南京图书馆藏未刊稿本集成·经部》影印本。

孔子集语17卷　子部周秦诸子类

孙星衍、孙星海等辑

(1)《平津馆丛书》本。

(2)《二十二子》本。

(3)《二十五子汇函》本。

(4)《子书二十二种》本。

(5)《子书二十八种》本。

(6)《子书四十八种》本。

(7)《续修四库全书》本,据《平津馆丛书》本影印。

按:《清代毗陵书目》卷2注云:"是书星衍与从子婿龚庆、族弟星海辑录,属严可均重加搜补编次成书。"

孙漪蕙

字佩秋。清阳湖人。星衍侄女,会稽萧以霁妻。

诗微室草　集部别集类　佚

见《两浙輶轩续录》、《清代闺阁诗人徵略》卷7。

臧　庸(1767—1811)

初名镛堂,字在东,又字东序,后改名庸,字用中,一字西成。室名拜经。清武进人。琳玄孙。与弟礼堂同师卢文弨于龙城书院,尽得其学,并从钱大昕、段玉裁等讨论学术。精研经学,治学根据经传,剖析精微。擅长校雠,清嘉庆初,助阮元编纂《经籍纂诂》《十三经注疏校勘记》。卢文弨誉之为"校书天下第一"。一生困于场屋,以诸生终。《清史稿》有传。

子夏易传1卷　经部易类

周卜商撰　清孙冯翼辑　臧庸述

《问经堂丛书》本。

按:此书为臧庸辑并述。庸以为是韩婴所撰,非卜子夏。所采唯《释文》《正义》《集解》,不取宋以后。

马王易义1卷　经部易类

汉马融、魏王肃撰　清臧庸辑

《问经堂丛书》本。

周易郑注12卷附叙录1卷　经部易类

汉郑玄撰　宋王应麟辑　清丁杰后定　清张惠言订正　《叙录》臧庸撰。

(1)《湖海楼丛书》本。

(2)《丛书集成初编》本。

周易注疏校纂3卷　经部易类　佚

见光绪《武阳志余》卷7。

注引臧氏《自序》略云:"余师卢绍弓学士撰《周易注疏辑正》九卷、《略例》一卷,以校正《易疏》之讹。受读下因录其切要可据者为《校纂》三卷。"

毛诗马王征4卷　经部诗经类

《问经堂丛书》本。

毛诗郑笺校字1卷　经部诗经类

清抄本,清费念慈题款,国家图书馆藏。

韩诗遗说2卷订讹1卷　经部诗经类

(1)《仰视千七百二十九鹤斋丛书》本。

(2)《灵鹣阁丛书》本。

(3)《丛书集成初编》本。

(4) 清抄本。清赵之谦校并跋。北京大学图书馆藏。

按:清顾广圻以为辑《韩诗》者众,此为最精。

韩诗遗说2卷订讹1卷　经部诗经类

稿本,上海图书馆藏。

按:此为作者后来重校厘定之本。嘉庆十四年(1809),阮元弟子朱为弼求此书抄本,作者因将书稿作了修订。其题跋云:"此庸旧辑本。嘉庆己巳三月,晤嘉善朱椒堂驾部于杭州抚署,索钞此册寄都中。余假归里门,为校正数事,命奴子潘寿写以诒之,余为复勘。时四月十九日,用中记于常州岳园。"

韩诗遗说2卷　经部诗经类

清董氏六一山房抄本，有清董沛、赵之谦校并跋，宁波天一阁文物保管所藏。

韩诗遗说2卷订讹1卷补1卷　经部诗经类

清臧庸辑　陶方琦补

姚氏咫进斋抄本，中山大学图书馆藏。

诗考异4卷　经部诗经类

清抄本，国家图书馆藏。

按：此书大致如宋王应麟《诗考》，但逐条必自考辑，绝不依循王本。

诗经小学4卷　经部诗经类

清段玉裁撰　臧庸录

(1)《拜经堂丛书》本。

(2)《清经解》本。

(3) 道光五年(1825)抱经堂刻本，国家图书馆藏。

释颂1卷　经部诗经类

清抄本，清费念慈题款。国家图书馆藏。

周礼贾马注　经部周礼类

清臧庸辑

见道光《武阳合志》卷32。

仪礼丧服马王注1卷　经部仪礼类

汉马融、魏王肃撰　清臧庸辑

《问经堂丛书》本。

卢氏礼记解诂1卷补遗1卷附录1卷　经部礼记类

汉卢植撰　清臧庸辑

(1)《拜经堂丛书》本。

(2)《邠斋丛书》本。

(3) 上海书店《丛书集成续编》本。

蔡氏月令章句2卷　经部礼记类

汉蔡邕撰　清臧庸辑

(1)《拜经堂丛书》本。

(2)《邴斋丛书》本。

(3) 清光绪十年(1884)上海文艺斋巾箱本,福建省图书馆藏。

(4) 上海书店《丛书集成续编》本。

月令杂说1卷　经部礼记类　佚

汉蔡邕撰　清臧庸辑

见《清史稿》本传。

王肃礼记注1卷　经部礼记类

清臧庸辑

见《清代毗陵书目》卷1。

三礼目录1卷　经部三礼总义类

汉郑玄撰　清臧庸辑

(1)《拜经堂丛书》本。

(2)《邴斋丛书》本,作《郑氏三礼目录》1卷。

(3) 上海书店《丛书集成续编》本。

乐记二十三篇注1卷　经部乐类　佚

清臧庸辑

见《清史稿》本传。

郑注论语2卷　经部四书类

清抄本,国家图书馆藏。

孝经郑氏解1卷　经部孝经类

汉郑玄撰　清臧庸辑

(1) 陈澧批校本,(甲)广东省立中山图书馆藏,(乙)《中国古籍珍本丛刊·广东省立中山图书馆卷》本。

(2)《知不足斋丛书》本。

(3)《丛书集成初编》本。

(4) 1924年曹元弼刻本,后附《六艺论》逸文。

孝经郑注解辑1卷　经部孝经类

汉郑玄撰　清陈鳣集　臧庸述　严可均辑　陈文瑞增订

清道光二十七年春云笈仙房刻本，上海图书馆藏。

孝经考异1卷　经部孝经类　佚

见《清史稿》本传。

尔雅古注钞3卷　经部尔雅类

稿本，臧庸校并跋，南京图书馆藏过云楼藏书。

按：此书即《尔雅汉注》原稿，于嘉庆七年、光绪十三年两次刊行时名《尔雅汉注》。稿本中天头等处增添文字颇多，卷中有作者注云“涂改添注五百五十余字”，刻本虽已收入，却不尽相同。此本卷前《尔雅古注辑存条例》亦未见于两次刻本中，故此稿本应为臧氏著书过程中一次修改稿。稿本钩乙增删，与刻本定稿两相对照，可识作者著书为学历程。钤有“沈树镛印”“韵初”白文印。

尔雅汉注3卷　经部尔雅类

(1)《问经堂丛书》本。

(2)《槐庐丛书》本。

(3)《丛书集成初编》本。

六艺论1卷　经部群经总义类

汉郑玄撰　清臧琳辑　臧庸补辑

(1)《拜经堂丛书》本。

(2)《邧斋丛书》本，作《郑氏六艺论》1卷。

圣证论1卷　经部群经总义类

魏王肃撰　清臧庸辑

见《国朝先正事略》卷33。

皇朝经解16卷　经部群经总义类

清嘉庆十七年养一斋校刻本，国家图书馆藏。

经义杂记30卷叙录1卷　经部群经总义类

《拜经堂丛书》本。

按:《经义杂记》30卷,为庸高祖父琳撰,庸作《叙录》1卷。

拜经日记12卷　经部群经总义类

(1) 清抄本,清费念慈题款。国家图书馆藏。

(2)《拜经堂丛书》本。

(3)《清经解》本,收8卷。

(4)《续修四库全书》本,据北京大学图书馆藏拜经堂丛书本影印。

按:此书为仿其高祖琳《经义杂记》而作,王念孙推崇备至,曾"用笔圈识其精确不磨者十之六七"。

拜经文集1卷　经部群经总义卷

《清经解》本。

唐石经考异不分卷附补不分卷　经部群经总义类

清钱大昕撰　臧庸补　民国孙毓修辑

(1)《涵芬楼秘笈》影印清袁又恺手抄本。

(2) 上海书店《丛书集成续编》本。

圣证论1卷　经部群经总义类　佚

魏王肃撰　清臧庸辑

见《国朝先正事略》卷33。

释颂1卷五岳释1卷　经部小学类

清抄本。国家图书馆藏。

通俗文1卷叙录1卷　经部小学类

汉服虔撰　清臧庸辑

(1) 清嘉庆四年自刻本,常州图书馆藏。

(2)《邃雅斋丛书》本。

(3) 上海书店《丛书集成续编》本。

说文旧音考3卷　经部小学类　佚

见《清代毗陵书目》卷1。

汉书音义3卷叙录1卷　史部正史类

隋萧该撰　清臧庸辑

(1)《拜经堂丛书》本。

(2)《木犀轩丛书》本。作《汉书音义》3卷《补遗》1卷。

(3) 上海书店《丛书集成续编》本。

帝王世纪1卷　史部别史类　佚

晋皇甫谧撰　清臧庸辑

贾唐国语注1卷　史部杂史类　佚

汉贾逵撰　清臧庸辑

以上2种见《国朝先正事略》卷33。

孔子年表1卷　史部传记类

清嘉庆十七年养一斋刻本,北京大学图书馆藏。

按:《清史稿》本传称,其叙《孟子年谱》,辨齐宣王、湣王之讹,闽县陈寿祺叹为绝识。

孝节录6卷　史部传记类

清嘉庆十年都下自刻本,国家图书馆藏。

按:孝节为庸弟臧礼堂卒后私谥,本书为臧礼堂传记及相关挽诗汇编。

列女传补注校正8卷　史部传记类

汉刘向撰　清王照圆撰补注　臧庸、王念孙校正

(1) 清嘉庆十七年栖霞郝氏晒书堂刻本,国家图书馆藏。

(2) 清光绪八年刻本,上海图书馆藏。

(3)《续修四库全书》本,据清嘉庆本影印。

阮氏七录2卷　史部目录类

梁阮孝绪撰　清臧庸辑

(1) 清抄本,国家图书馆藏。

(2) 民国间抄本。

(3) 民国间积跬步斋抄本。

(4)《续修四库全书》本,据国家图书馆藏清抄本影印。

按:以上3种均国家图书馆藏。

臧氏文献考 6 卷　史部目录类　佚

尸子 1 卷　子部周秦诸子类　佚

清臧庸辑

以上 2 种见《清代朴学大师列传》卷 4。

新镌大字女儿经 1 卷　子部儒学类

(1) 清状元境聚珍书局蒙学读本，南京图书馆藏。

(2) 清宛委山堂刻本，上海图书馆藏。

(3)《故宫珍本丛刊》本。

(4) 2017 年燕山出版社《中国古代女教文献丛刊》本。

按：是《女儿经》为七言句，讲述女子日常行为规范，比之《女三字经》更为详细，更为口语化。如“为甚事，穿了耳，恐怕听张还听李。还加一对耳环儿，务要时常来记取。为甚事，钮了扣，恐怕头回左与右。”

新译大方广佛华严经音义 2 卷附叙录 1 卷　子部佛教类

唐释慧苑撰　清臧庸辑叙录

(1)《拜经堂丛书》本。

(2) 清同治八年(1869)仁和曹氏重刻本，南开大学图书馆藏。

拜经堂文稿不分卷　集部别集类

(1) 清抄本，费念慈题款，国家图书馆藏。

(2) 2010 年国家图书馆出版社《国家图书馆藏钞稿本乾嘉名人别集丛刊》本。

拜经堂文集 5 卷　集部别集类

(1) 1930 年上元宗氏影印汉阳叶氏旧藏写本，常州图书馆、湖北省图书馆藏。

(2)《续修四库全书》本，据湖北省图书馆藏本影印。

(3)《清代诗文集汇编》本。

(4) 2016 年凤凰出版社出版《常州先哲遗书续》本。

按：是集光绪《武阳志余》卷 7 作 6 卷，《国朝先正事略》卷 33、《清代毗陵书目》卷 4 均作 4 卷。《清经解》本收录“《拜经文集》1 卷”(见经部)。

拜经堂丛书10种61卷附录2卷　丛书类

清臧庸辑

(1) 清乾隆嘉庆间武进臧氏拜经堂刻本,北京大学图书馆。

(2) 1935年日本东方文化学院京都研究所影印臧氏刻本,上海图书馆藏。

子目从略。

李文喆(1767—1848)

字吉甫,一字倬云,号玉坡。清武进人。嘉庆十二年(1807)举人。清道光中由滁州训导擢盐城教谕,诲士极勤。沉浸典籍,工诗文,善书法。间亦作画,写菊极妙。构室曰"养性",啸咏其中。

桑梓潜德录5卷续录4卷三集6卷　史部传记类

清张慎原辑　施周、刘芳等增辑　毕应箕、李文喆等续　汤成烈、刘翊宸再续

清光绪六年(1880)刻本,常州图书馆藏。见"张慎"条。

山水人物考　子部艺术类　佚

见《清代毗陵书目》卷3。

见闻纪异16卷　子部小说类

清刻本,国家图书馆藏。

诗古文集　集部别集类　佚

见《国朝书画家笔录》卷3。

三老联吟集　集部总集类　佚

李文喆、徐遂、张芳龄撰

见《清代毗陵书目》卷5。

谢锦蕴(1767—1856)

清阳湖人。谢聘女,诸生赵廷伟妻。工擘窠书。早寡,以苦节称。

林下吟集(一作林下集)　集部别集类　佚

见《国朝闺秀正始续集》。

庄素馨(1768—1790)

字少青。清武进人。钧次女,永济崔景俨妻。自幼聪慧好学,及笄已积诗百首。年18归崔氏。景俨父龙见为杭州通判,母钱孟钿,故尚书钱维城女,知书工诗。妇姑倡和,相得益彰。后通判左迁,全家返常。未几病故。

蒙楚阁集　集部别集类　佚

见光绪《武阳县志》卷28。

按:是集亦作《蒙楚阁遗诗》《蒙楚阁遗草》《蒙楚阁诗钞》。景俨所辑。

徐宗郑(1768—1815)

字叔瞻,号泷槎。清武进人。乾隆六十年(1795)举人,历官山西洪洞、交城知县。

叔瞻诗1卷　集部别集类

收入李兆洛辑《旧言集》。

李庆来(1768—1817)

字章有,号鹿耔,又号北山。清武进人。用楫玄孙,英子。贡生,任山阳县训导。博学,工诗文。尤善书,初学欧颜,后出入宋四家。顺天乡试时,其书法颇受赏识,与刘镛并称。又与同邑著名书家钱伯垌齐名,时称“钱李”。

李氏三忠事迹考证不分卷　史部传记类

李庆来、李复来、李述来编

(1) 清道光十七年(1837)刻本,上海图书馆藏。

(2) 清光绪十年(1884)刻本,上海图书馆藏。

按:本书记李用楫、李来、李颀殉节事。《贩书偶记》著录:“无刻书年月，约嘉庆间刊。”

武舟公年谱　史部传记类

李庆来编

(1)《李氏三忠事迹考》本。

(2)《北京图书馆藏珍本年谱丛刊》本。

按：是书为《李用楫年谱》。

六止庵随笔 2 卷　子部儒学类　佚

观复斋帖　子部艺术类　佚

以上 2 种见《清代毗陵书目》卷 3。

簌涵斋随笔 2 卷　子部杂学类　佚

见道光《武阳合志》卷 33。

肯堂古文稿 1 卷　集部别集类　佚

北山诗钞　集部别集类　佚

以上 2 种见道光《武阳合志》卷 33。

章有诗 1 卷　集部别集类

收入李兆洛辑《旧言集》。

沈箱传(1768—1827)

原振南，字青业，号补斋，晚号抱经佚老。清武进人，世居焦垫(今焦溪)。诸生。砥行勤学，不偶于世。少负文誉，秋试累荐不售。诗文率真，以抒写怀抱。清嘉庆中，巡抚汪志伊赏其文，欲招致之，不就而罢。

姑树山房吟稿　集部别集类　佚

见道光《武阳合志》卷 33。

庄曾仪(1769—1807)

一作曾诒。字传永，一字心崖。清武进人。幼孤，母夏氏抚育成人。长而学识渊博，多才艺。书画碑帖篆刻皆工。篆书学《碧落碑》，楷书、行书学赵孟頫。为人诚挚亢爽。与陆继辂相友善，而“继辂言行有所过差，传永蹙然如芒刺之在体”。见其改正后，始心安。客死于昆山，年仅39岁。

庐乡公牍　史部政书类　佚

见《清代毗陵书目》卷2。

养直居诗4卷　集部别集类　佚

见道光《武阳合志》卷33。

传永诗　集部别集类

收入李兆洛辑《旧言集》。

词约2卷　集部词曲类

庄曾仪辑

清刻本，国家图书馆藏。

杨士煐(1769—1822)

字增益，清武进人。太学生。

雨檐剩草　集部别集类　佚

见《清代毗陵书目》卷4。

李兆洛(1769—1841)

字申耆，号绅琦，晚号养一老人。清阳湖人。嘉庆十年(1805)进士，改翰林院庶吉士，授安徽凤台县知县兼理寿州事。在任7年卓有政绩，以父忧辞官。好读书，藏书逾5万卷，皆手加丹黄。少从吕岳自学，后从卢文弨于龙城书院。工诗古文，专心于考据训诂，又致力于史地之学。论文主张骈散合一，辑《骈体文钞》为范本。主讲江阴暨阳书院20年，文人学者辈出。曾主持铸造铜质天球仪、日月行度铜仪。《清史稿》有传。

四书释故　经部四书类　佚

见《清代毗陵书目》卷1，注云：“张惠言辑上《论》，陆耀遹辑下

《论》，李兆洛辑《学》《庸》《孟子》。”

石经考 1 卷　经部群经总义类

(1) 清咸丰三年(1853)武进高氏维风堂刻本，上海图书馆藏。

(2) 清光绪十年(1884)赵氏抄本，清赵烈文跋，南京图书馆藏，与《端溪坑研记》合订。

(3) 1927 年抄本，国家图书馆藏，有“健之”印。

(4)《历代石经研究资料》第三辑影印国家图书馆藏本。

历代略 1 卷　史部史钞类

(1) 清光绪三年礼延书院刻本，上海图书馆藏。

(2) 清辨志书塾刻本，常州图书馆藏。

按：此书为蒙学课本。

邹道乡年谱 1 卷　史部传记类

(1) 清道光十一年(1831)邹氏留余草堂刻本，上海图书馆藏。

(2) 清同治九年(1870)南海邹氏永诜堂刻本，上海图书馆藏。

(3) 清光绪七年苏州宝华山房刻本，上海图书馆藏。

(4)《北京图书馆藏珍本年谱丛刊》本。

按：此为宋邹浩(1060—1111)年谱，附《道乡先生文集》后。

纪元编 3 卷末 1 卷(又名历代纪元编)　史部政书类

清李兆洛撰　六承如集录

(1) 清道光十一年辈学斋刻本，湖北省图书馆藏。

(2)《粤雅堂丛书》本。

(3)《李氏五种》本。

(4) 清光绪十四年上海蜚英馆石印本，上海图书馆藏。

(5) 清光绪十八年竹素书局重刻本，郑文焯批注并跋，国家图书馆藏。

(6)《丛书集成初编》本。

(7)《四部备要》本。

(8)《东方学会丛书初集》本，罗振玉校订，又名《重订纪元编》。

(9)《续修四库全书》本，据湖北省图书馆藏本影印。

周公行状　史部传记类

清道光四年刻本，上海图书馆藏。

按：为《周系英行状》。

历代地理志韵编今释20卷附皇朝舆地韵编2卷　史部地理类

(1) 清道光十七年辈学斋刻本，国家图书馆藏。

(2)《李氏五种》本。

(3) 清光绪元年羊城马氏集益堂重刻本，福建省图书馆藏。是书附清马贞榆撰《历代地理志韵编今释校勘记》1卷、《地理志韵编唐志补阙正误考异》1卷、《皇朝舆地韵编校勘记》1卷。

(4) 清光绪十二年重刻本，国家图书馆藏。

(5) 清光绪十八年长沙竹素书局刻本，湖南图书馆藏。

(6) 清光绪二十四年上海扫叶山房石印本，常州图书馆藏。

(7) 清光绪二十九年上海蜚英馆石印本，常州图书馆藏。

(8)《四部备要》本。

(9)《续修四库全书》本，据复旦大学图书馆藏《李氏五种》本影印。

历代地理沿革图1卷　史部地理类

清六严绘　马徵麟增辑

(1)《李氏五种》本。

(2) 清光绪十八年长沙竹素书局刻朱墨套印本，湖南图书馆藏。

按：清恽毓嘉、恽毓鼎撰《李氏历代舆地沿革图校勘记》，有清光绪十四年自刻本，常州图书馆藏。

皇朝一统舆图1卷　史部地理类

(1) 清同治四年刻本，与《恒星赤道经纬度图》合刻，天津图书馆藏。

(2)《李氏五种》本。

(嘉庆)凤台县志12卷　史部地理类

清李兆洛修纂

(1) 清嘉庆十九年刻本，浙江省图书馆藏。

(2) 1924年排印本，吉林大学图书馆藏。

(3) 1936年颍上静胜斋排印本，上海图书馆藏。

(4) 晒印本，安徽省图书馆藏。

(5)《续修四库全书》本，据浙江省图书馆藏本影印。

(嘉庆)东流县志30卷　史部地理类

清吴篪修　李兆洛、张成孙等纂

(1) 清嘉庆二十三年刻本，复旦大学图书馆藏。

(2) 抄本，南京大学图书馆藏。

(3)《续修四库全书》本，据复旦大学图书馆藏本影印。

(4)《中国地方志集成》本。

(嘉庆)怀远县志28卷　史部地理类

清孙让修　李兆洛、董士锡等纂

(1) 清嘉庆二十四年活字本，上海图书馆藏。

(2) 1937年排印本，安徽省图书馆藏。

(3) 抄本，安徽省图书馆藏。

(4)《中国地方志集成》本。

按：《清代毗陵书目》卷2云："孙让知怀远县，李兆洛为修县志。未成，延(董)士锡续修。"

(道光)江阴县志28卷首1卷　史部地理类

清陈延恩修　李兆洛、周仲简纂

清道光二十一年刻本，上海图书馆藏。

(道光)武进阳湖县合志36卷首1卷　史部地理类

清孙琬、王德茂修　李兆洛、周仪晧等纂

(1) 清道光二十三年刻本，国家图书馆藏。

(2) 清光绪十二年活字本，上海图书馆藏。

游浮山记1卷　史部地理类

《小方壶斋舆地丛钞》本。

海国纪闻2卷　史部地理类　佚

见《清代毗陵书目》卷2。

按：据《李申耆先生年谱》记载，清道光元年，兆洛于广州就所见闻及吴兰修《海录》一书，略加条定，编成《海国集览》1卷，疑即此书。

李兆洛游记日记　史部地理类　佚

刊定顾祖禹读史方舆纪要　史部地理类　佚

以上2种见《清代毗陵书目》卷2。

暨阳答问4卷　子部儒学类

(1) 清道光二十二年海虞顾氏抄本，北京大学图书馆藏。

(2)《蒋氏三种》本。

(3)《常州先哲遗书》本。

(4) 上海书店《丛书集成续编》本。

按：是书为李兆洛口授，其弟子蒋彤录。

端溪砚坑记1卷　子部工艺类

(1)《花近楼丛书》稿本，国家图书馆藏，是本附《端砚铭》1卷。

(2) 清咸丰三年武进高氏维风堂刻本，上海图书馆藏。

(3)《粟香室丛书》本。

(4)《美术丛书》本。

(5)《邈园丛书》本。是本作《端溪研坑记》。

(6) 清光绪十年赵氏抄本，清赵烈文跋，南京图书馆藏，与《石经考》合订。

(7)《续修四库全书》本，据《邈园丛书》本影印。

辨志书塾所见帖6卷　子部艺术类　佚

清李兆洛辑

清道光十四年刻本。

合刻恒星赤道经纬度图一统舆图　子部历算类

(1) 清同治四年刻本，与《皇朝一统舆地全图》合刻，天津图书馆藏。

（2）清咸丰元年江阴六严刻朱墨印本，陕西省图书馆藏。

道光甲辰元赤道恒星图不分卷　子部历算类

清李兆洛撰　冯桂芬补

清同治七年吴县冯氏用《道光甲午岁差赤道恒星图说》版补成刻本，上海图书馆藏。

日知录集释32卷刊误2卷续刊误2卷　子部杂学类

（1）《扫叶山房丛钞》本。

（2）《四部备要》本。

按：据《清代毗陵书目》卷3注：此书《集释》及《刊误》出于嘉定毛岳生、吴江吴育、嘉定黄汝成之手。另据清蒋彤《养一先生年谱》道光十三年所记，知蒋彤亦参校此书。

养一斋文集20卷补遗1卷诗集8卷　集部别集类

清道光二十三年武进高氏维风堂木活字本，上海图书馆藏。

养一斋文集20卷补遗1卷诗集8卷文集续编6卷校字1卷　集部别集类

（1）清道光二十四年其子李慰望刊，高氏维风堂木活字本，山东省图书馆藏。

（2）《续修四库全书》本，据山东省图书馆藏本影印。

（3）《清代诗文集汇编》本。

按：清魏源为李兆洛作传，论曰："自乾隆中叶后，海内士大夫兴汉学，而大江南北尤盛，锢天下聪明知慧，使尽出于无用之一途。申耆先生，生于其乡，独治《通鉴》《通典》《通考》之学。疏通知远，不囿小近，不趋声气，年甫三十，而学大成。"（见《古微堂外集》卷4）

李养一先生文集20卷诗集4卷诗余1卷　集部别集类

清咸丰二年武进高氏维风堂刻本，上海图书馆藏。

养一斋诗集4卷　集部别集类

清光绪四年江阴刻本，常州图书馆藏。

养一斋文集20卷　集部别集类

(1) 清光绪刻本，常州图书馆藏。

(2)《四部备要》缩印本。

按：张舜徽《清人文集别录》云："兆洛既没，其门人辑录遗文，初以活字印行。后复有咸丰二年刊本，为二十四卷，版毁于火。光绪初，汤成烈等合校二本，重编为二十卷，此本是已。"

辨志书塾文钞不分卷诗钞不分卷词钞不分卷　集部别集类

清抄本，国家图书馆藏。

养一斋文录 1 卷　集部别集类

(1)《国朝文录》本。

(2) 清光绪二十六年上海扫叶山房石印本。

养一斋尺牍(一名李申耆先生尺牍)1 卷　集部别集类

《尺牍丛刻》本。

李养一酬世诗文不分卷　集部别集

抄本，上海图书馆藏。

李申耆先生手札　集部别集类

有正书局民国影印本，上海图书馆藏。

批集千家杜工部集　集部别集类　佚

清李兆洛批

见《杜集书录》卷 9。

骈体文抄 31 卷　集部总集类

清李兆洛辑

(1) 清道光间合河康绍镛刻本，山东省图书馆、常州图书馆藏。

(2) 清同治六年刻本，常州图书馆藏。

(3)《四部备要》本。

(4) 世界书局仿古字版。

(5) 1990 年中州古籍出版社据世界书局版影印。

(6)《续修四库全书》本，据山东省图书馆藏本影印。

皇朝文典 74 卷　集部总集类

清李兆洛辑

(1) 清嘉庆二十年刻本,上海图书馆藏。

(2) 2016 年学苑出版社《稀见清代四部辑刊》影印本。

旧言集　集部总集类

清李兆洛辑

(1) 清道光元年刻本。

(2) 清道光九年刻本,常州图书馆藏。

(3) 凤凰出版社 2015 年版《常州历史文献丛书》第二辑本。

按:道光元年本辑武进籍 32 人诗。九年本增辑为初编、次编、广编三编。《初编》辑录明末至清道光间常州 74 人诗(包括元年本 32 人在内);《次编》辑宜兴、江阴两县 12 人诗;《广编》辑外邑 5 人诗。各附小传。

小山嗣音 4 卷　集部总集类

清李兆洛辑

清嘉庆十九年金陵刻本,湖南图书馆藏。

按:此书辑明以来安徽寿春人诗。

江干香草集　集部总集类　佚

见《清代毗陵书目》卷 5。此辑江阴人诗。

八代全文　集部总集类

按:据《武进李申耆先生年谱》:道光二年,李兆洛在扬州搜集上古文,欲撰《八代全文》,上自汉魏,迄于隋。至道光五年,纂成《八代全文》,凡二部。其一以时代前后相次,一则以类相从,分数十门。另据承载《李兆洛〈八代全文〉残稿考述》(载《史林》1993 年第 2 期),《八代全文》有部分残稿现仍藏于许光世后人处。并经考证,以为严可均辑《全上古三代秦汉三国六朝文》并未抄袭《八代全文》,可参看。

养一斋诗余(一作蜩翼词)1 卷　集部词曲类

(1) 清光绪四年至八年重刻本。《养一斋文集》附。

(2)《四部备要》本。《养一斋文集》附。

李氏五种 28 卷　丛书类

(1) 清同治九年李鸿章金陵刻本，常州图书馆、复旦大学图书馆藏。

(2) 清光绪四年马贞榆重刻本，首都图书馆藏。

(3) 清光绪十四年上海扫叶山房石印本，常州图书馆藏。

(4) 清光绪十八年金陵书局刻本，南开大学图书馆藏。

(5) 清光绪十八年长沙竹素书局重刻本，首都图书馆藏。

(6) 清光绪二十四年上海扫叶山房石印本，天津图书馆藏。

(7) 1968 年台北文海出版社《中华史地名著丛刊》本。

收 5 种 28 卷。子目见上。

按：原《常州卷》著录李兆洛撰《廿一史提纲歌》2 卷，有清道光五年江楚书局刻本。另外《清代毗陵书目》著录有清同治十年御香书屋刻本。查该书最早本为清乾隆五年御香书屋刻本，其时李兆洛尚未出生。周中孚《郑堂读书记》著录该书作者为上海人李兆六。今将此书从李兆洛名下删去，并加说明于此。

钱惠尊(1769—1846)

字诜宜。清阳湖人。适女，同邑陆继辂妻。事姑孝，能处贫。娴吟咏。

五真阁吟稿 1 卷　集部别集类

(1) 附陆继辂《崇百药斋文集》后。参见“陆继辂”条。

(2)《清代闺秀集丛刊》本。

法致万(1770—1824)

字冠卿。清武进人。文淦父。业医。

医林玉尺　子部医家类　佚

见光绪《武阳县志》卷 28。

谢　增(1770—1827)

字仲伟,一字重威,号藕汀。清武进人。嘉庆十四年(1809)进士。曾任国子监学正,候选知县。

(嘉庆)密县志16卷首1卷　史部地理类

清景纶修　谢增纂

(1) 清嘉庆二十二年刻本,北京大学图书馆藏。

(2) 1990年中州古籍出版社铅印本。

丁履恒(1770—1832)

字道久,号若士,晚号东心,一作冬心。清武进人。存与婿。嘉庆六年(1801)拔贡,十三年召试二等,充文颖馆誊录官,授赣榆县学教谕。道光七年(1827)官山东肥城知县。喜言经世之略,尝讲求农田水利、钱法、盐政、兵制,皆有论说。少从长兄履泰学,后师事卢文弨、段玉裁、张惠言、恽敬等,研精声韵训诂之学,治经无汉、宋门户之见。与同里李兆洛、张琦、陆继辂等相友善。工词曲、书画,诗文亦名盛于时。

毛诗名物志　经部诗经类　佚

左传通义　经部春秋左传类　佚

春秋公羊例　经部春秋公羊传类　佚

以上3种见《清代毗陵书目》卷1。

说文谐声类篇(一作形声类篇)　经部小学类

(1) 稿本。4卷,上海图书馆藏。

(2) 清抄本。4卷,分《形声类篇》1卷,《通合篇》1卷,《余论》1卷,《类篇校勘》1卷。国家图书馆藏。

(3)《形声类篇》5卷,《大亭山馆丛书》本。

(4)《形声类篇》2卷、《余论》1卷、附《校勘》1卷,《佞汉斋丛书》本。《校勘》清庞大堃撰,国家图书馆藏。

(5)《形声类篇》2卷、《余论》1卷,1936年北京大学影印本,国家图书馆藏。

按:本书分古韵为19部,清王念孙称其"论韵诸篇,精心研综,纤悉靡遗,本韵合韵,条理秩然"。

(6)《清代稿本百种汇刊》本。

(7)《续修四库全书》本,据《佞汉斋丛书》本影印。

谐声表10卷　经部小学类　佚

见《清代毗陵书目》卷1。本书疑即《形声类篇》。

爱日堂自治官书　史部政书类　佚

见《清代毗陵书目》卷2。

水经注游水疏证　史部地理类

清咸丰四年(1854)木活字本,与《思贤阁文集》合刊,国家图书馆藏。

宛芳楼杂著　子部杂学类　佚

望云听雨山房札记　子部杂学类　佚

以上2种见《清代毗陵书目》卷3。

思贤阁诗集8卷　集部别集类

清咸丰四年武进丁氏木活字本,常州图书馆藏。

按:包括卷1《庚辛吟草》、卷2《辛甲存草》、卷3《燕齐游草》、卷4《雪鸿存草》、卷5、6《删除草》、卷7《沤寄剩草》、卷8《山泉草》。

思贤阁文集4卷　集部别集类

清咸丰四年武进丁氏木活字本,国家图书馆藏。

骚赋杂文　集部别集类

丁履恒抄本,华东师范大学图书馆藏。

熊湘游草　集部别集类　佚

见《续碑传集》卷76包世臣所作墓碑传。

宛芬楼唱和诗1卷　集部总集类　佚

清丁履恒、庄芬秀撰

见《清代毗陵书目》卷5。

思贤阁词草 2 卷　集部词曲类

　　清咸丰四年聚珍本，附于《思贤阁诗集》后。

倚声写韵斋词稿　集部词曲类　佚

　　见《续碑传集》卷 76 包世臣所作墓碑传。

庄芬秀

　　字柔芝，又字静媛。清武进人。逢原次女。丁履恒妻。少时从嫂学诗，所赋多沉郁之思。

宛芳楼诗抄　集部别集类　佚

　　见光绪《武阳志余》卷 7。

宛芳楼唱和诗 1 卷　集部总集类　佚

　　清庄芬秀、丁履恒撰

　　见《清代毗陵书目》卷 5。

刘仲钊(1770—1833)

　　原名嗣崇。字元之，号藉山。清阳湖人。汝器次子。增监生。

双桂诗集 4 卷　集部别集类　佚

律赋 1 卷　集部别集类　佚

　　以上 2 种见《西营刘氏先世著述考》《清代毗陵书目》卷 4。

杨之浩(1770—1843)

　　字孟学，号见山。清武进人。监生。

松石山房诗草　集部别集类　佚

　　见光绪《武阳志余》卷 7，注云“存”。今未见。

白　英(1770—1848)

　　字仪宾。号钟阳。清武进人。

华潭居士诗稿 2 卷首 1 卷　集部别集类

白英子白环辑

清光绪十年(1884)木活字本,华东师范大学图书馆藏。

唐本铨(1771—1806)

字仲襄。清武进人。为垣子。诸生。早孤,家贫甚,15岁为塾师以养母。刻苦勤学,博极群书,诗文洒脱,不拘法度,且长于天文历算之学。终以劳苦致病,咯血早卒。

白云篇　子部术数类　佚

见《清代毗陵书目》卷3。

杨汝器(1771—1821)

字镛在,号小髯。清武进人。金监父。通医。

女科正宗　子部医家类　佚

见光绪《武阳志余》卷7。

恽　珠(1771—1833)

字珍浦,号星联,晚号蓉湖道人,又自称毗陵女史。室名红香馆。清阳湖人。寿平族孙女,毓秀女,秉怡妹;完颜廷鏴妻,麟庆母。13岁能诗,工刺绣,从族姑恽冰习画,得其法,闺中有“三绝”之目。《清史稿》有传。

兰闺宝录6卷　史部传记类

清恽珠辑

(1) 清道光十一年(1831)红香馆刻巾箱本,北京大学图书馆藏。

(2) 2017年燕山出版社出版《中国古代女教文献丛刊》本。

鹤背青囊　子部医家类　佚

清恽珠辑

按:清程孟梅跋《正始集》云:“太夫人(恽珠)就养官舍,发愿济人,乃详考古今仙传良方,手录成帙,名曰《鹤背青囊》。”

红香馆诗词草 2 卷　集部别集类

(1) 清嘉庆十九年(1814)刻本,国家图书馆藏。

(2) 清咸丰十一年(1861)刻本,国家图书馆藏。

(3) 清同治五年(1866)重刻,有次孙媳蒋重申跋,国家图书馆藏。

(4)《喜咏轩丛书》影印清嘉庆本。

(5)《清代诗文集汇编》本。

(6) 上海书店《丛书集成续编》本。

(7)《清代闺秀集丛刊》本。

(8) 2015 年中华书局出版《清代闺阁诗集萃编》本。

二曲先生集 22 卷　集部别集类

清李颙撰

清道光八年恽珠重刻本,苏州大学图书馆藏。

闺秀正始集 20 卷附录 1 卷补遗 1 卷　集部总集类

清恽珠编

(1) 清道光十一年红香馆刻本,常州图书馆藏。

(2) 2016 年学苑出版社《稀见清代四部辑刊》影印本。

按:此书选清代 933 位妇女诗 1700 余首。《历代妇女著作考》载其《弁言》及《例言》。

闺秀正始续集 10 卷附录 1 卷补遗 1 卷　集部总集类

清恽珠编

清道光十六年红香馆刻本,常州图书馆藏。

按:《正始集》刊成,四方投寄者仍很多,恽珠全部予以收录。病笃,以所手订者命孙女妙莲保编为续集。计收诗 1229 首,593 人。末附妙莲保辑《红香馆挽词》。《历代妇女著作考》录其《序》及《小引》。

庄颖曾(1771—1833)

字芬佩。清武进人。关和长子,赵怀玉婿。清嘉庆六年(1801)拔贡,安徽英山教谕。善属文。

云岩山房稿(一作听松楼集)　集部别集类　佚

见《武阳志余》卷7。

骈体文草　集部别集类　佚

听松楼试帖　集部别集类　佚

词草　集部词曲类　佚

以上3种见《庄氏族谱》。

陆耀遹(1771—1836)

字绍闻,号劭文。清阳湖人。清道光元年(1821)举人,官淮安府学教谕。后选授阜宁训导,卒于任。工诗词,长于尺牍,与其叔继辂齐名,时称"二陆"。酷嗜金石文字,曾访碑于陕西、山西。随所至搜辑摹拓,详加考证,补王昶《金石萃编》之未备,成《金石续编》。

论语注1卷　经部四书类　佚

论语辨义　经部四书类　佚

乡党考1卷　经部四书类　佚

以上3种见《清代毗陵书目》卷1。

四书释故　经部四书类　佚

见《清代毗陵书目》卷1,注云:"张惠言辑上《论》,陆耀通辑下《论》。"

(嘉庆)咸宁县志26卷首1卷　史部地理类

清高廷法、沈琮修　陆耀遹、董祐诚纂

(1) 清嘉庆二十四年(1819)刻本,天津图书馆藏。

(2) 1936年排印本,国家图书馆藏。

(3) 台北成文书局《中国方志丛书》本。

(嘉庆)韩城县续志5卷　史部地理类

清冀兰泰修　陆耀遹纂

(1) 清嘉庆二十三年刻本,国家图书馆藏。

(2) 韩城市志编纂委员会1985年标点本。

(3) 台北成文出版社《中国方志丛书》本。

金石续编 21 卷　史部金石类

(1) 清同治十三年(1874)双白燕堂刻本,南京图书馆藏。

(2) 清光绪十九年(1893)上海宝善书局石印本,常州图书馆藏。

(3) 1919 年扫叶山房石印本,常州图书馆藏。后多次重印。

(4) 台湾新文丰出版公司《石刻史料新编》(第一编)本。

(5) 北京图书馆出版社 2003 年版《历代石刻文献全编》第 3 册(存第 13—19 卷)。

(6)《续修四库全书》本,据双白燕堂刻本影印。

双白燕堂文集 2 卷外集 8 卷　集部别集类

(1) 清光绪四年刻本,常州图书馆藏。

(2)《清代诗文集汇编》本。

按:本书外集又名《画墁剩稿》,收奏折、公牍、寿文等。

双白燕堂诗集　集部别集类

(1) 清道光二十二年双白燕堂刻本,复旦大学图书馆藏。

(2) 清同治六年刻本,南京图书馆藏,8 卷。

(3) 清抄本,湖南图书馆藏。

(4)《清代诗文集汇编》本。

集唐诗 2 卷　集部别集类

(1) 清道光二十二年双白燕堂刻本,复旦大学图书馆藏,与《双白燕堂诗集》合刻。

(2) 清同治六年刻本,南京图书馆藏,与《双白燕堂诗集》合刻。

(3)《清代诗文集汇编》本。

双白燕堂酬应俪体文集 5 卷　集部别集类

听云山馆抄本,南京图书馆藏。

姑射词人客陕西抚部笺牍 6 卷　集部别集类

清陆耀遹等撰　毕承昭辑

清抄本,国家图书馆藏。

按：是书为陆耀遹入毕沅幕时所代撰笺牍，分庆贺类、问唁类。

庄翊昆(1771—1860)

字心衢，一字新渠，晚号新渠遁叟。清武进人。候选府经历。以学术、文章见重于乡里。

古字集录考证 4 卷　经部小学类　佚

史鉴辑要 4 卷　史部史钞类　佚

以上 2 种见光绪《武阳志余》卷 7。

常郡八邑艺文志 12 卷　史部目录类

卢文弨原编　庄翊昆校补

(1) 清咸丰九年(1859)木活字本，上海图书馆藏。

(2) 清光绪十六年(1890)重刻本，上海辞书出版社图书馆、复旦大学图书馆藏。

(3)《续修四库全书》本，据上海辞书出版社图书馆藏本影印。

(4) 凤凰出版社 2017 年《常州历史文献丛书》第三辑。

按：卢文弨于乾隆后期讲学于龙城书院，纂修是书，未竟而卒。稿藏于庄氏。翊昆惧其日久散佚，乃作校补，增文 60 余首，厘为 10 卷，目录加“续补”二字。于咸丰中以聚珍版印行。清光绪十六年重刊，总校为庄毓鋐，由多人分别校订，复增补为 12 卷。

杨含辉

字晓霞。清武进人。元锡女，庄翊昆妻。从父学，耽文史，能诗。

冷香阁诗抄　集部别集类　佚

见光绪《武阳志余》卷 7。

陆继辂(1772—1834)

字祁孙，一作祁生、祈孙，亦字又商、商对、季木，号霍庄、修平居士、崇百药斋主人。清阳湖人。嘉庆五年(1800)举人，授合肥县学训导。

与修《安徽通志》等，甚得时誉。道光九年(1829)入邓廷桢安庆幕中。以修志叙劳，迁江西贵溪知县，三年引疾归。曾师事庄宇逵、恽敬，结交张琦、丁履恒、庄曾仪、洪饴孙等，学日进。工词曲，擅古文，尤致力于诗。与董士锡同被推为阳湖文派、常州词派重要作者。亦通文字音韵之学，喜金石书画，与从子耀遹齐名，时称“二陆”。著述颇富，多传于世。《清史稿》有传。

左传音义 2 卷　经部春秋左传类

收入《合肥学舍札记》卷 7、8。

先太孺人年谱　史部传记类

(1)《崇百药斋集》本。

(2)《北京图书馆藏珍本年谱丛刊》本。

贞珉录 4 卷　史部传记类　佚

清陆继辂辑

见《清代毗陵书目》卷 2，注云：“本书乃继辂辑时人为其母林氏所撰志、赞、铭、诔等文，曾锓板行世，又嘱包世臣书石。”

陆氏科第表　史部传记类　佚

见《清代毗陵书目》卷 2

(道光)安徽通志 260 卷首 6 卷　史部地理类

清陶澍、邓廷桢修　李振庸、韩玖等纂

(1) 清道光五年《安徽通志》稿纸抄本，存《艺文门》经、子两部，湖南省图书馆藏。

(2) 清道光十年刻本，天津图书馆藏。

(3) 清抄本，华南师范大学图书馆藏。

按：此即陆继辂参与纂修之本。《清史稿》本传云，继辂“以修安徽省志叙迁贵溪令”。据清戴燮元辑《瑞芝山房诗抄》于道光四年载：“阳湖陆继辂纂《安徽通志》艺文部成。”此与湖南省图书馆所藏《艺文门》正合。又据继辂《崇百药斋三集》卷 6，道光九年，邓廷桢主修的《安徽通志》成，彼正在廷桢幕中。旋以修志有功，迁江西贵溪知县。

（嘉庆）洛阳县志 60 卷　史部地理类

清魏襄修　陆继辂纂

（1）清嘉庆十八年刻本，北京师范大学图书馆藏。

（2）1916 年石印本，华东师范大学图书馆藏。

（嘉庆）续修郯城县志 10 卷　史部地理类

清吴堦修　陆继辂纂

（1）清嘉庆十五年刻本，北京大学图书馆藏。

（2）1928 年排印本，中国人民大学图书馆藏。

（3）台北成文出版社《中国方志丛书》本。

江北通志　史部地理类　佚

清陆继辂纂

见《清代毗陵书目》卷 2。

洛阳金石录　史部金石类

清陆继辂、魏襄辑

民国抄本，上海图书馆藏。

古镜录　史部金石类　佚

见《清代毗陵书目》卷 7。

春芹录　子部小说类　佚

见《清代毗陵书目》卷 3。

合肥学舍札记　子部杂学类

（1）清嘉庆二十五年合肥学舍刻本，10 卷，国家图书馆藏。

（2）清道光十六年刻本，12 卷，中国人民大学图书馆藏。

（3）清光绪四年（1878）兴国州署刻本，10 卷，华东师范大学图书馆、常州图书馆藏。

（4）《续修四库全书》本，据华东师范大学图书馆藏本影印。

按：本书论及《说文》，时有精到处，丁福保《说文诂林》多所采录。

离骚释韵　集部楚辞类

收入《合肥学舍札记》卷 12。

崇百药斋文集 20 卷续集 4 卷三集 12 卷　集部别集类

(1) 清嘉庆二十五年合肥学舍刻本，湖北省图书馆、清华大学图书馆藏。

(2) 清道光四年刻本，湖北省图书馆藏。

(3) 清道光八年刻本，北京大学图书馆藏。

(4) 清光绪四年兴国州署刻本，有《三集》，常州图书馆藏。

(5)《续修四库全书》本，据湖北省图书馆藏本影印。

(6)《清代诗文集汇编》本。

崇百药斋文录 1 卷　集部别集类

《国朝文录》本。

删定望溪先生文　集部别集类　佚

见《清代毗陵书目》卷 5。

七家文钞 7 卷　集部总集类

清陆继辂、薛玉堂辑

道光元年刻本，国家图书馆藏。

按：所选 7 人，为刘大櫆、方苞、姚鼐、朱仕琇、彭绩、张惠言、恽敬，人各 1 卷。

淝水兰言录　集部总集类　佚

见《清代毗陵书目》卷 5，注云"本书乃继辂司训合肥时选其弟子生员之诗而成"。

清邻词 1 卷　集部词曲类

本书为《崇百药斋文集》之卷 13。见《全清词抄》卷 15。

碧桃记 1 卷　集部词曲类

《香苏山馆全集》本，存 1 折，南京图书馆藏。

洞庭缘 1 卷　集部词曲类

(1) 清光绪六年鸳湖盛阜昌刻本，常州图书馆藏。

(2)《香苏山馆全集》本。

按：凡 16 出。据《聊斋志异》之《织成》及《西湖主》两则互为牵合谱写而成。

秣陵秋　集部词曲类

稿本,南京图书馆藏。

按:本传奇为庄逵吉所作,未完,后由陆续作。参见"庄逵吉"条。

词律评　集部词曲类　佚

词综评　集部词曲类　佚

以上2种见《全清词抄》卷15。

庄廉甲(1773—1795)

字总群。清武进人。述祖长子。妻钱维城孙女。廉甲早逝,无子。以弟文灏子毓鋐为嗣。

补拙斋诗文稿4卷　集部别集类　佚

见道光《武阳合志》卷33。

总群诗　集部别集类

收入李兆洛辑《旧言集》。

汤贻恩(1773—1806)

字邦翰,号云田。清武进人,雄业子,成烈父。浙江候补盐运司,运判。

梅斋诗稿1卷　集部别集类　佚

见道光《武阳合志》卷33。

洪饴孙(1773—1816)

字孟慈,一字祐甫、右甫,小字寿眉,自号青埵山人。清阳湖人。亮吉长子。嘉庆三年(1798)举人,二十年由国史馆誊录议叙选授湖北东湖县知县。勤政助学,颇有政声,在官10月而卒。其诗导源陶、谢。博闻强识,经史、地理、氏族、职官、目录诸学俱精,惜著述各编多手创未就。

补续汉书艺文志 2 卷　史部正史类　佚

见《清代毗陵书目》卷 2。

世本辑补 10 卷　史部别史类

汉应劭、宋衷、魏宋均注　清洪饴孙补辑

(1) 清嘉庆二十三年琳琅仙馆刻本,国家图书馆藏。

(2)《世本八种》本。

按:或谓洪书未及刊行,副本为江都秦嘉谟所得,遂据为己有,易其名梓之。

三国职官表 3 卷　史部史表类

(1) 清道光二年(1822)李兆洛刻本,国家图书馆藏。

(2)《广雅书局丛书》本。

(3)《史学丛书》本。

(4)《正觉楼丛刻》本。

(5)《丛书集成初编》本。

(6)《二十五史补编》本。

(7)《续修四库全书》本。

史目表 2 卷　史部史评类

(1) 清李兆洛刻本,华东师范大学图书馆藏。

(2) 清光绪四年(1878)启秀山房重刻本,苏州大学图书馆藏。

(3)《续刻北江遗书》本,常州图书馆藏。

(4)《洪北江全集》本,常州图书馆藏。

(5) 1921 年东南大学石印本,附江标、王仁俊、陈钟凡校补。

历代后妃纪不分卷　史部传记类

(1) 稿本,中国科学院图书馆藏。

(2)《中国科学院文献情报中心藏古籍珍本丛书》本。

梁书州郡志 3 卷　史部地理类　佚

见道光《武阳合志》卷 32。

汉书地理志考证　史部地理类　佚

隋书经籍志考证　史部目录类　佚

以上2种见《清代毗陵书目》卷2。

毗陵经籍志(一作毗陵艺文志)4卷　史部目录类

缪氏藕香簃抄本,缪荃孙校,国家图书馆藏。

青埵山人诗集10卷附行略墓志1卷　集部别集类

(1) 清光绪十年闽县陈氏西江使廨刻本,常州图书馆藏。

(2)《清代诗文集汇编》本。

岳　昶(1773—1860)

字晋昌。清武进人。以医名世。咸丰十年(1860)死于战乱。

药性集要便读3卷　子部医家类

(1) 清道光二十三年(1843)嵩阳书屋刻本,中国中医科学院图书馆藏。

(2) 清咸丰元年艺海堂刻本,解放军医学图书馆藏。

按:《清代毗陵书目》卷3著录6卷。《江苏历代医人志》作《药性集要便览》3卷。

许储源(1774—1811)

原名可达,字文泉,号竹闲。清武进人。沅兄。钦天监算学生。

竹闲诗钞　集部别集类　佚

味肋诗文草　集部别集类　佚

以上2种见光绪《武阳志余》卷7。

杨鼎高(1774—1816)

字夔调。清阳湖人。少受业于庄宇逵,南北十试均不售。工诗,与丁履恒、洪饴孙、管绳莱等齐名,常相唱和。

溪山清暇居集6卷　集部别集类　佚

见道光《武阳合志》卷33,注云:"存。"

庄绶甲(1774—1828)

字卿珊。清武进人。存与孙。以附监生考取州吏目。曾受业于其从叔述祖,尽通其祖《公羊春秋》《毛诗》《周官》之学,尤精于《尚书》。时与张惠言、丁履恒、刘逢禄辈相研讨,学益进。曾与刘逢禄讨论五经,病文多讹舛,又以读书必先审文字,乃可进求义理,因约共纂考异。绶甲分校《诗》《书》,纂成《尚书考异》3卷。其于小学多得之述祖。存与所著诸书,多未刊布,绶甲次第付梓,已刻者则续补未备。每一书竟,即探求旨趣,附记简末,惜刊刻未竟而卒。

周易古本1卷　经部易类　佚

见道光《武阳合志》卷32。

尚书考异3卷　经部尚书类

《拾遗补艺斋遗书》本。

按:此书原为29卷,后散佚,仅存14卷,《大诰》而下,有录无书。今3卷本为其子润改编。

周官礼郑氏注笺10卷　经部周礼类

见《清代毗陵书目》卷1。

释书名1卷　经部小学类

(1)《拾遗补艺斋遗书》本。

(2)清光绪十五年(1889)木活字本,常州图书馆藏。

(3)《丁丑丛编》本。

(4)《丛书集成新编》本。

按:光绪《武阳志余》卷7注:是书"首论河图、洛书、八卦为造字之始;次及六书、八体,及魏晋以来字书;末详简策笔墨缣纸之属。自为注,详其出处。赅博古雅,亦初学必读书也。"

迁改格　子部儒学类　佚

见《清代毗陵书目》卷3。

拾遗补艺斋文抄1卷　集部别集类

拾遗补艺斋诗抄1卷　集部别集类
拾遗补艺斋词抄1卷　集部词曲类
以上3种有：
(1)《拾遗补艺斋遗书》本。
(2)《清代诗文集汇编》本。
拾遗补艺斋遗书　丛书类
(1) 清道光十八年(1838)刻本,国家图书馆藏。
(2) 清抄本,国家图书馆藏。
收5种7卷,子目见上。

管琢圻(1774—?)

字隐轩,号守默,清阳湖人。邑庠生。
苹雨山房诗钞2卷　集部别集类
见《清代毗陵书目》卷4。

李复来(? —1834)

字心陔。清武进人。诸生。萼子。幼孤,从伯兄庆来受学。资性聪颖,少涉初唐诸家诗,长从同邑王甗治经义,于义理、考证、词章之学多有所见。庆来以先世事编《李氏三忠事迹考证》,复来助其搜辑,又以三忠事迹征集海内知名人士诗文,收入书中。
李氏三忠事迹考证不分卷　史部传记类
清李庆来、李复来、李述来编
(1) 清道光十七年(1837)刻本,上海图书馆藏。
(2) 清光绪十年(1884)刻本,上海图书馆藏。参“李庆来”条。
无祇悔斋诗集8卷　集部别集类
清道光十五年刻本,北京大学图书馆藏。

管学汾(1775—1804)

字叔仪,一字岑阳,号健庵,清武进人。世铨子。郡庠生。

松涛小草　集部别集类　佚

竹簌词　集部词曲类　佚

以上2种分见《清代毗陵书目》卷4、5。

丁嘉幹(1775—1825)

字渊初,一字介庵。清武进人。清嘉庆十三年(1808)进士,官至户部员外郎。

树珊轩诗草2卷　集部别集类　佚

见《清代毗陵书目》卷4。

刘铭隽(1775—1832)

原名铭鼎,字冲度,号蓝雪。清阳湖人。可培长子。监生。

之川奇险略(一作蜀游险要)2卷　史部地理类　佚

客楚日记2卷　史部地理类　佚

以上2种见《西营刘氏先世著述考》、光绪《武阳县志》卷28。

吕子珊(1775—1850)

榜名瑾,字佩襄,号翼士,清武进人,宛平籍。瀌孙。嘉庆十五年(1810)举人。官河南偃师县知县。天性纯挚,好学深思,至老不倦。

明史摘要备览　史部史钞类　佚

子珊孙懋先《自怡轩诗钞》跋云:"未刊。"

自怡轩诗钞1卷　集部别集类

(1) 清咸丰刻本,国家图书馆藏。

(2) 清同治十三年(1874)刻本,南京图书馆藏。

黄兰雪(1775—1851)

字香冰。清宜兴人。阳湖伍嗣兴妻，伍兆灿母。工诗词。

月珠楼诗抄 1 卷　集部别集类

民国《毗陵伍氏合集》本。

月珠楼词　集部词曲类

《小檀栾室闺秀词抄》本。

余保纯(1775—1853)

字与屏，一字冰怀，号祐堂。清武进人。嘉庆七年(1802)进士，官广东高明、番禺知县。居乡期间曾负责孟渎、德胜、澡港三河开浚事务。后历任潮州、嘉应、惠州、南雄等知州。道光十九年(1839)协助林则徐办理禁烟，次年升广州知府。二十一年 5 月英军进攻广州，奕山命保纯与英人义律议和，5 月 27 日代签《广州和约》。5 月 30 日，三元里人民围攻英军于泥城四方炮台，奕山接受义律求救，派保纯驱散群众，英军得脱险回舰，激起公愤极大。9 月主持院试时，生员罢考，被革职。

(道光)直隶南雄州志 34 卷首 1 卷　史部地理类

清余保纯等修　黄其勤纂　戴锡伦续纂修

清嘉庆二十四年修，清道光四年续修刻本，复旦大学图书馆藏。

谢　珍(1775—1855)

字宝斋，一字瑞周。清武进人。湛恩子。少聪颖，受业程国仁，不图仕取，淡于荣利，终生研摩《易》学和理学，世称“隐君子”。

踵息庐稿(一作息庐稿)4 卷　丛书类

(1) 清光绪九年(1883)刻本，常州图书馆藏。

(2)《酌古准今》本。

(3)《武进谢氏丛书》本。

子目：

《易学赘言》2卷

《三返斋语录》(一作《毛古庵语录》,录明毛宪语)1卷

《踵息庐粹语》1卷

胡 莹

清常州人。

秋鸣初集2卷 集部别集类

清嘉庆二十四年(1819)刻本,国家图书馆藏。

董 威

亦名用威,字子中。清阳湖人。工诗。

学苑堂诗稿1卷 集部别集类

《烟画东堂小品》本。

王 甗

字瑶舟。清阳湖人。贡生。性狷介好洁,学宗高攀龙。治经不倚传注,但取经文触类旁通,一生致力于《周易》《春秋》之学。清道光中卒。

读国风1卷 经部诗经类

清道光二十九年(1849)阳湖王氏刻本,国家图书馆藏。

春秋王氏义15卷 经部春秋类 佚

见光绪《武阳志余》卷7。

按:古人说《春秋》者多宗三传,王氏独以为《春秋》有书法而无褒贬,故作此书。

四书札记2卷 经部四书类 佚

见道光《武阳合志》卷32。

性理五图 子部儒学类 佚

见《清代毗陵书目》卷3。

墨池残滀4卷　子部小说类

清道光二十九年阳湖高焯刻本,国家图书馆藏。

梨云阁杂文2卷　集部别集类

清道光二十九年阳湖王氏刻本,国家图书馆藏。

学易五种　丛书类

(1) 清道光二年炉雪山房刻本,常州图书馆藏。

(2) 清抄本,南开大学图书馆藏。

子目:

《周易半古本义》8卷

《周易象纂》1卷

《周易图剩》2卷

《周易辨占》1卷

《周易校字》2卷

段玉振

字谐轩。清阳湖人。幼嗜吟咏,不喜举子业,工诗。与钱伯垌、许亦鲁等过从甚密。所作多毁于兵火。

听香馆诗钞6卷　集部别集类　佚

见光绪《武阳县志》卷28。

听香馆诗续钞(一名听香馆诗剩)　集部别集类

(1) 清光绪七年(1881)玉振曾孙段绍襄刻本,2卷,上海图书馆藏。

(2) 清光绪二十五年活字本,1卷,常州图书馆藏。

按:《续钞》系搜集佚稿而成。

吴　巩

字师曾。清武进人。少孤,好史学。曾官四川邛州知州等。在蜀数十年,颇有政绩。

(嘉庆)华阳县志44卷首1卷　史部地理类

清吴巩、董淳修　潘时彤等纂

(1) 清嘉庆二十一年(1816)刻本,北京师范大学图书馆藏。

(2) 清光绪十八年(1892)补刻本,南开大学图书馆藏。

(嘉庆)巩州直隶州志46卷　史部地理类

清吴巩修　王来遴纂

清嘉庆二十三年刻本,华东师范大学图书馆藏。

朱镜江

字月波。清常州人。

绣像四香缘　集部词曲类

(1) 清道光五年(1825)刻本,32卷32回,国家图书馆藏。

(2) 清道光十三年刻本,4卷32回,国家图书馆藏。

(3) 清同治五年(1866)刻本,首都图书馆藏。

(4) 清光绪二十年(1894)石印本,16卷32回,国家图书馆藏。

绣像六美图30卷30回　集部词曲类

清朱镜江、章惟善撰

清同治九年武林顾氏务本堂刻本,国家图书馆藏。

按:《古典戏曲存目汇考》卷12作四川人,谓本书有光绪间四川抄本,凡4卷,四川省图书馆藏。《明清江苏文人年表》据关德栋《胡氏弹词目订补》谓作者是常州人。《订补》一文收入所著《曲艺论集》(中华书局1958年版)。

徐子威

字云樵,号野泉。清常州人。其父作幕山东,乃定居于济南。

海右初集8卷补1卷　集部别集类

清嘉庆十七年(1812)刻本,国家图书馆藏。

云樵诗选不分卷　集部别集类

清嘉庆刻本，青岛市图书馆藏。

李宝琮

字敬甫。清阳湖人。官直隶某县知县。

(道光)霍邱县志 12 卷　史部地理类

清张家鼎、朱炳南修　李宝琮等纂

清道光五年(1825)刻本，上海图书馆藏(存卷 3 至 12)。

屠　英

清武进人。

(道光)肇庆府志 22 卷首 1 卷　史部地理类

清屠英等修　江藩等纂

(1) 清道光十三年(1833)刻本，湖南图书馆藏。

(2) 清光绪二年(1876)刻本，华东师范大学图书馆藏。

(3)《续修四库全书》本，据清光绪二年本影印。

杨时泰

榜名鸿乙，字穆如，又字贞颐、密云。清武进人。嘉庆二十四年(1819)举人。道光六年(1826)大挑一等，署山东莘县知县，卒于任。习医，深究《灵枢》《素问》，得江南名医周之幹遗蕴。治病注重临床实践，不墨守成规，尤善以脉理诊断脏腑寒热、虚实，医名颇著。

本草述钩玄 32 卷　子部医家类

(1) 清道光二十二年毗陵涵雅堂刻本，北京大学图书馆藏。

(2) 清同治十一年(1872)薛氏家刻本，首都图书馆藏。

(3) 清同治十一年活字本，内蒙古自治区图书馆藏。

(4) 清常州韩文焕斋刻本，上海中医药大学图书馆藏。

(5) 清刻本，中国中医科学院图书馆藏。

(6) 1921 年上海进化书局石印本，中国中医科学院图书馆藏。

(7) 抄本,湖南省图书馆藏。

(8)《四库未收书辑刊》本,据清同治十一年活字本影印。

(9) 1985 年据清道光本影印本。

脉诀　子部医家类　佚

见《清代毗陵书目》卷 3。

活阎罗断案　子部佛教类

清杨时泰录、戒显辑

上海医学书局《佛学丛书》民国铅印本,上海图书馆藏。

周秋斋

字竹安。清武进人。曾游幕岭南。

载阳堂意外缘 18 回　子部小说类

(1) 清光绪二十一年(1895)上海书局石印本,复旦大学图书馆藏。

(2) 清末民国抄本,天津师范大学图书馆藏。

按:此书首《绣像载阳堂意外缘辩》,尾署“秋斋自序”,次道光辛巳(元年,1821)白下梓材龚晋题于花山官舍序。参见《中国通俗小说总目提要》。

张奉书

字宜亭。清武进人。道光十六年(1836)任四川新都知县。任内整修学宫、考棚及书院,增加书院学田。所修《新都县志》,订正讹误、充实内容,较前志异常详实。并鼓励邑人重刊当地著名学者杨慎著作《升庵外集》。修复桂湖等名胜古迹。于修葺仓廒、修桥铺路等,亦不遗留余力。

(道光)新都县志 18 卷首 1 卷　史部地理类

清张奉书等修　张怀洵等纂

(1) 清道光二十四年刻本,北京大学图书馆藏。

(2) 1914 年刻本,复旦大学图书馆藏。

(3) 1928年铅印本，上海辞书出版社图书馆藏。

张绍南

清武进人。

孙渊如先生年谱2卷　史部传记类

清张绍南撰　王德福续撰

(1) 清光绪二十三年(1897)刻本，常州图书馆藏。

(2) 清光绪二十四年阳湖孙氏刻本，常州图书馆藏。

(3)《藕香零拾》本，即据孙本翻刻。

(4) 清海虞顾氏抄本，国家图书馆藏。

(5)《北京图书馆藏珍本年谱丛刊》本。

按:梁廷灿《年谱考略》云:“嘉庆十六年(1811)渊如五十九岁以前为张撰，六十岁以后则王续成之。”

吴　纯

字粹卿。清武进人。监生，官陕西紫阳县知县。

(道光)紫阳县志8卷首1卷　史部地理类

清陈仅、吴纯修　杨家坤、曹学易纂

(1) 清道光六年(1826)刻本，北京师范大学图书馆藏。

(2) 清道光二十三年刻本，北京大学图书馆藏。

(3) 清光绪八年(1882)吴世泽补刻本，南京大学图书馆藏。

达　如

字恒赞，又号絀庵。清武进天宁寺僧。

佛祖心髓9卷附录1卷　子部佛教类

释达如辑

(1) 清道光元年(1821)刻本，常州图书馆藏。

(2) 清光绪十三年(1887)刻本，复旦大学图书馆藏。

(3) 1922 年常州天宁寺刻经处铅印本，辽宁大学图书馆藏。

恒赞如禅师语录　子部佛教类

天宁寺刻经处清宣统二年(1910)刻本，上海图书馆藏。

学庸寱言 1 卷　子部佛教类　佚

见光绪《武阳志余》卷 7，注云：是书讲率性之道，未发之中，贯串儒、释、道三教合一的宗旨。

庄盘珠

字莲佩。清阳湖人。关和女，举人吴轼妻。少承家学，耽吟咏，及笄，已积诗数百首。诗多幽怨凄楚之音，人以比之李贺。时填小词，亦清隽可嘉。体弱病肺，卒年 25 岁。

秋水轩集(一作紫薇轩集、莲佩诗草、莲佩诗钞)2 卷　集部别集类

(1) 清光绪二年(1876)思补楼校印巾箱本，苏州大学图书馆藏。有盛宣怀识。收诗 57 首，词 88 首。

(2) 清光绪十年刻，如皋冒俊辑《林下雅音集》本，北京大学图书馆藏。后有冒俊增辑诗、词补遗、小传及题词。

(3)《如不及斋汇钞》本。题作《秋水轩诗》，北京大学图书馆藏。

(4)《清代闺秀集丛刊》本。

(5) 2015 年中华书局出版《清代闺阁诗集萃编》本。

秋水轩词(一作紫薇轩词)1 卷　集部词曲类

(1) 清道光二十一年(1841)可月楼刻本，南京师范大学图书馆藏。

(2) 清光绪二年思补楼校刊巾箱本，苏州大学图书馆藏。

(3) 如皋冒俊《林下雅音集》本。(2)(3)两本均收入《秋水轩集》，诗词合刻。

(4)《小檀栾室汇刻闺秀词》本。

按：光绪《武阳志余》卷 7 著录，并注：“盘珠词脱胎易安，缠绵悲婉，自成一家。”

刘琬怀

字撰芳，号韫如。清阳湖人。汝器女，嗣绾姐，典史金坛虞朗峰妻。幼承慈训，以诗名。

小问月楼诗钞 6 卷　集部别集类　佚

见《西营刘氏先世著述考》。

问月楼草　集部别集类　佚

见《清代闺阁诗人征略》卷 5、光绪《武阳志余》卷 7。

补栏词 1 卷　集部词曲类

《小檀栾室汇刻闺秀词》本。

按：据琬怀自序，词集原名《红药栏词》，遗失后将所记录出又成数十阕，名曰《补栏词》。

袁履洁

清武进人。嘉庆十八年(1813)举人。

周易贯义　经部易类　佚

清光绪间刻本。

尚书字训　经部尚书类　佚

禹贡图解　经部尚书类　佚

仪礼节解　经部仪礼类　佚

礼记字训　经部礼记类　佚

春秋释例　经部春秋总义类　佚

六经札记　经部群经总义类　佚

诗书贯义　经部群经总义类　佚

以上 7 种均见《清代毗陵书目》卷 1。

蒋承曾

字松如，清阳湖人。诸生，道光元年(1821)诏天下举孝廉方正之士，蒋承曾与陆耀遹、恽秉怡、黄乙生四人入选。

周易明辞　经部易类　佚

见道光《武阳合志》卷32。

陆振簪

字云谷。清武进人。

燕游草1卷　集部别集类　佚

见道光《武阳合志》卷33。光绪《武阳志余》作《鹤皋燕游草》，谓选入《毗陵百家诗》。

胡　僩

字慄侯。清武进人。乾隆十八年(1753)举人。性狷介，通经学，长于论史，屡试不第，殁于京邸。

十三经典义9卷　经部群经总义类　佚

晋书详评4卷　史部正史类　佚

酌史12卷　史部史评类　佚

以上3种见道光《武阳合志》卷32。

子史诗赋典义9卷　子部典故类　佚

见道光《武阳合志》卷33。

张　侗

字邦彦，一字之屏，号古愚。清武进人。少习举子业。暇辄好阅览史书，讲求经世之学。后奉父命从商致富，有卓识大度，常谓事关利害之大者，不可不争，以免为人欺凌鱼肉；若小事则忍让。清嘉庆十二年(1807)岁饥，邑中委侗董赈事。持之甚谨，不足，则倾囊以助，民甚德之。

瓻室寓言1卷　集部别集类　佚

见道光《武阳合志》卷33。

高星紫

字次薇。清武进人。嘉庆十八年(1813)举人,官甘泉县训导。博学多才。书工汉隶,兼善画。

玉堂楷法帖　子部艺术类　佚

见《清代毗陵书目》卷3。

顾文炳

字子明,室名尚志斋。清武进人。道光元年(1821)举人。早年入龙城书院,与臧庸、李兆洛同学,随卢文弨通经学,博通训诂,于《十三经注疏》能条举无遗。

春秋地名考　经部春秋总义集　佚

见道光《武阳合志》卷32。

费开荣

字子敷。清武进人。清嘉庆年间在世,尝官安徽知县。

月波词(一作铜鼓馆词)12卷　集部词曲类　佚

见《全清词抄》卷16,并收其词3首。

毛苟一

字人龙。清武进人。儿科医家风彩子。承继父业,每日临证及行事,皆簿记功过以自省。善诗。

梦余草　集部别集类　佚

见道光《武阳合志》卷33。

杨燕诒

号竹溪。清阳湖人。工诗。

竹溪诗草2卷　集部别集类　佚

见道光《武阳合志》卷 33,注云“存”。

庄　观

字海门。清武进人。吴县庠生。

萍江诗集　集部别集类　佚

见《清代毗陵书目》卷 4。

邹来孝

清武进人。副贡生。

左传汇解 10 卷　经部春秋左传类　佚

四书汇解 24 卷　经部四书类　佚

以上 2 种见道光《武阳合志》卷 32。

丁来复

清武进人。

周易探微　经部易类　佚

尚书校正　经部尚书类　佚

毛诗约笺　经部诗经类　佚

礼记提要　经部礼记类　佚

春秋汇览　经部春秋类　佚

以上 5 种见道光《武阳合志》卷 32。

董　榖

清常州人。

纪游存集 1 卷　集部别集类　佚

见道光《武阳合志》卷 33。

徐元玫

清武进人。

金刚经如解1卷　子部佛教类　佚

见道光《武阳合志》卷33。

钱筠村

清武进人。

钱筠村遗诗　集部别集类　佚

见《清代毗陵书目》卷4。

秉　密

清武进僧人。

恒斋诗钞　集部别集类　佚

见道光《武阳合志》卷33。

遁　北

清武进僧人。

心经如法1卷　子部佛教类　佚

见道光《武阳合志》卷33。

江　杲

清武进僧人。

蒲庵诗草　集部别集类　佚

见道光《武阳合志》卷33。

戒　润

号得雪。楚人，说戒天宁寺，倡建九莲阁。

楞严贯珠　子部佛教类　佚

见道光《武阳合志》卷 33。

徐玉谭

字婉珠。清武进人。荐一女，无锡孝廉薛玉堂(1758—1835)妻。卒年 24 岁。

绣余小草　集部别集类　佚

见《江苏诗征》卷 163。

薛福媛

字瑶台。清常州人。杨凤翥妻。能诗，生活贫苦。

牡丹花国小史　子部小说类　佚

遗香集　集部别集类　佚

以上 2 种见道光《武阳合志》卷 33，注云："死后凤翥选其遗诗刻之。"

庄镜清

清阳湖人。书蒔女，江阴王苏(1763—1816)妻。

椒花室诗草 1 卷　集部别集类　佚

见《清代毗陵书目》卷 5。《历代妇女著作考》引《江上诗钞》云："是书由婿季芝昌梓行。"

庄玉芝

清武进人。暎(1718—1801)六女。汪和鼎继妻。

兰荪阁遗草　集部别集类　佚

见光绪《武阳志余》卷 7。

庄婉娴

清武进人。炘次女,周之冕妻。

筠怀小草　集部别集类　佚

见光绪《武阳志余》卷7、《庄氏族谱》卷16下。

按:或谓婉娴为张浩妻,误。据《庄氏族谱》,浩为庄炘长女婿。

汪　氏

清江宁人。涛女。武进庄隽甲妻。

佩香斋诗稿　集部别集类　佚

见光绪《武阳志余》卷7。

臧礼堂(1776—1805)

字和贵。清武进人。庸弟。初从兄学,后师事钱大昕,学业大进。精小学,善校雠。精研《说文解字》,深受段玉裁、王引之推重。浙江巡抚阮元闻其名,延至杭州。嘉庆二年(1797)与兄庸助阮氏编《经籍纂诂》,兄弟均任总纂。母疾,割股和药以进,竟早卒。后人私谥孝节先生。

尚书集解案6卷　经部尚书类　佚

三礼注校字6卷　经部三礼总义类　佚

补严蔚左传贾服注3卷　经部春秋左传类　佚

春秋注疏校正6卷　经部春秋总义类　佚

以上4种见《清史列传》本传。

孝经郑氏解1卷　经部孝经类

汉郑玄撰　清臧庸、臧礼堂辑

(1) 清抄本,有陈澧批校,广东省图书馆藏。

(2) 清光绪二十年(1894)刻本,天津图书馆藏。

(3)《知不足斋丛书》本。

(4)《丛书集成初编》本。

南宋石经考 2 卷　经部群经总义类　佚

见《清史列传》本传。

说文解字经考 3 卷　经部小学类

抄本,北京大学图书馆藏。

说文引经考 13 卷　经部小学类　佚

见《清史列传》本传。

重编说文系传 15 卷　经部小学类　佚

臧礼堂辑

《清史列传》卷 68 本传云:"臧氏好许氏《说文》,以南唐徐氏兄弟治此,楚金尤专业,而世传小徐本,转写讹异阙者,据大徐本补之,益失真。得元板熊氏《韵会举要》所引小徐善本,重辑《说文系传》十五卷。"

按:道光《武阳合志》卷 32 著录有《说文纂补》一书,《清代毗陵书目》卷 1 云:"原名《重编说文系传》十五卷。"

增订孙星衍仓颉篇　经部小学类　佚

见《清代毗陵书目》卷 1。

晋书 2 卷　史部正史类　佚

南齐臧荣绪撰　清臧礼堂辑

孝传 130 卷　史部传记类　佚

爱日居笔记 6 卷　子部杂学类　佚

以上 3 种均见《清史列传》本传。

刘逢禄(1776—1829)

字申受,号申甫,别号思误居士。清武进人。纶孙。嘉庆十九年(1814)进士,选翰林院庶吉士,散馆改礼部主事。道光四年(1824)补仪制司主事。少从外祖父庄存与学,专治《春秋公羊传》。复从其舅父庄述祖受《尚书》《夏小正》及六书、古籀之学。与同邑张惠言共究《易》义,旁治古韵、《九章》《星经》。于《春秋》偏重《公羊传》,专主董仲舒、何休学说，上自《左传》《穀梁传》，下至许慎、郑玄，皆致攻驳。为清代著名今文经学家、常州学派奠基人。魏源、龚自珍皆从之受公羊学。于《易》主虞翻，《书》主马（融）、郑（玄），于《诗》初尚毛氏，后好齐、鲁、韩三家。晚年精研韵学，颇多卓见。著作宏富，所辑及手著之书，计210余卷。《清史稿》有传。

虞氏易言补　经部易类

(1) 清抄本，北京大学图书馆藏。

(2)《续修四库全书》本，据北京大学图书馆藏本影印。

易虞氏变动表1卷　经部易类　佚

六爻发挥旁通表1卷　经部易类　佚

卦气解1卷　经部易类　佚

易象赋　经部易类　佚

卦气颂　经部易类　佚

卦象阴阳大义1卷　经部易类　佚

以上6种均见《清史稿》卷482本传。

周易明辞说　经部易类　佚

见光绪《武阳志余》卷7。

尚书今古文集解30卷　经部尚书类

(1) 清钞稿本，香港大学冯平山图书馆藏。

(2) 清抄本，有张穆手书书衣书名，佚名圈点，湖南图书馆藏。

(3)《清经解续编》本，末附清刘葆桢、刘翰藻撰校勘记1卷。

(4)《续修四库全书》本，据《清经解续编》影印。

书序述闻1卷　经部尚书类

(1)《清经解续编》本。

(2)《续修四库全书》本，据《清经解续编》影印。

按：述庄述祖之说。

诗声衍卷　经部诗经类

清刘逢禄撰　泰兴陈潮补注

清光绪二十二年(1896)思贤书局刻本,复旦大学图书馆藏。

按:此书《贩书偶记》著录,无卷数。魏源《师友记》卷2作《诗声演》27卷。道光《武阳合志》卷32作28卷。《清代毗陵书目》卷1亦为28卷,并注曰:“论入声同部异用及异部同用,较诸家尤为明备,段玉裁犹未及见。”参见《刘礼部集》按语。

毛诗谱3卷　经部诗经类　佚

诗说2卷　经部诗经类　佚

以上2种见《清代朴学大师列传》。

仪礼决狱4卷　经部仪礼类　佚

见《清史列传》本传。

夏时考1卷　经部大戴礼记类　佚

见《清史稿·艺文志》。

夏时经传笺1卷　经部大戴礼记类　佚

见《清史稿》本传。

按:疑即上述《夏时考》。

石渠礼论1卷　经部三礼总义类　佚

汉戴圣撰　清刘逢禄辑

见《清史列传》本传。

禘议1卷　经部三礼总义　佚

见道光《武阳合志》卷32。

左氏春秋考证2卷　经部春秋左传类

(1)《清经解》本。

(2)1933年北平朴社排印本,北京大学图书馆藏。

(3)《古籍考辨丛刊》本。

(4)《续修四库全书》本,据《清经解》本影印。

箴膏肓评1卷　经部春秋左传类

发墨守评1卷　经部春秋公羊传类

公羊春秋何氏解诂笺1卷　经部春秋公羊传类

以上3种有《清经解》本。

春秋公羊经何氏释例10卷　经部春秋公羊传类

(1)《清经解》本。

(2)清嘉庆间养一斋刻本，国家图书馆藏。后附《公羊释例后录》6卷。

(3)《经学辑要》本。

(4)《续修四库全书》本，据国家图书馆藏本影印。

按：梁启超对刘氏此书评价甚高，云："其书亦用科学的归纳法研究，有条贯，有断制，在清人著述中，实最有价值之创作。"(《清代学术概论》)

公羊释例后录6卷　经部春秋公羊传类

清嘉庆养一斋《春秋公羊经何氏释例》后附。

按：是书凡《公羊申墨守》1卷、《广墨守》1卷、《左氏申膏肓》1卷、《广膏肓》1卷、《榖梁申废疾》1卷、《广废疾》1卷。《申墨守》即《公羊春秋何氏解诂笺》，《申膏肓》即《左氏春秋考证》。

公羊春秋何氏释例30篇　经部春秋公羊传类

见《清史稿》卷482。《雪桥诗话》卷10作30卷。

答难2卷　经部春秋公羊传类　佚

见《清史稿》本传。

榖梁废疾申何2卷　经部春秋榖梁传类

(1)《清经解》本。

(2)《续修四库全书》本，据清经解本影印。

申何难郑4卷　经部春秋榖梁传类　佚

按：疑即《榖梁废疾申何》之别本。

春秋论上下篇4卷　经部春秋总义类　佚

春秋赏罚格1卷　经部春秋总义类　佚

中庸崇礼论1卷　经部四书类　佚

以上4种见《清史稿》本传。

论语述何2卷　经部四书类

(1)《蛰云雷斋丛书》本。

(2)《清经解》本。

四书是训 15 卷　经部四书类

(1) 清嘉庆八年刻本,上海图书馆藏。

(2)《聚学轩丛书》本。

(3) 上海书店《丛书集成续编》本。

五经考异　经部群经总义类　佚

见《清代毗陵书目》卷 1。原注:“仅成《易》《春秋》各一卷。”

说文衍声纪　经部小学类　佚

见《清史列传》本传。

纬略 2 卷　经部谶纬类　佚

见《清史稿》本传。

汉纪述例 1 卷　史部编年类　佚

见《清史稿》本传。

庚辰大礼记注长编 12 卷　史部政书类　佚

东陵勘地图说 1 卷　史部地理类　佚

以上 2 种见《清代朴学大师列传》。

手摹两京十六省舆地图 1 册　史部地理类　佚

见《清代毗陵书目》卷 2。

天官书经星补　子部历算类

《刘礼部集》本。

甘石星经疏证 2 卷　子部术数类　佚

见《清代朴学大师列传》。

春闲杂录 1 卷　子部杂学类　佚

见《清代毗陵书目》卷 3。

刘礼部集 12 卷　集部别集类

(1) 清道光十年思误斋刻本,浙江图书馆藏。

(2) 清光绪十八年延晖承庆堂重刻本,上海图书馆藏。

(3)《续修四库全书》本，据浙江图书馆藏本影印。

(4)《清代诗文集汇编》本。

按：是集卷1—10文，卷11诗词并其子承宽撰行状，卷12附录《麟石文钞》(次子承宠遗稿)。清李兆洛为逢禄撰传，称其“一意志学，洞明经术，究极义理。凡所著书，不泥守章句，不分别门户，宏而通，密而不缛”(《养一斋文集》卷14)。张舜徽则以为“逢禄所以大过人者，尤在能发凡起例。若是集卷四、卷五所载《公羊》诸例，固已极其渊邃，不愧专门名家。即卷七所载《诗声衍》条例二十一则，详究字书，博综传注，循流溯原，穷极要眇，非深通文字、声韵、衍变异同之故者，何足以语此！”(《清人文集别录》)

八代文苑40卷　集部总集类　佚

唐诗选40卷　集部总集类　佚

以上2种均见《清代毗陵书目》卷5。

刘逢禄词　集部词曲类

收入《刘礼部集》。

按：《全清词钞》卷18收其词2首。

绝妙好词20卷　集部词曲类　佚

词雅5卷　集部词曲类　佚

清刘逢禄辑

以上2种均见《清代毗陵书目》卷5。

董琬贞(1776—1849)

字双湖，号蓉湖。浙江海盐人，汤贻汾妻。娴于诗画。嫁贻汾后，画益工。山水、花卉皆长，尤善画梅，题句亦佳。曾在岭南画梅寄仕九江贻汾，系以《卜算子》，情意缠绵。

汤雨生夫妇子女画册　子部艺术类

上海有正书局1920年影印本，上海图书馆藏。

画梅楼合笔1册　子部艺术类　佚

见李宝凯《毗陵画征录》卷下。按:是画册为汤贻汾官大同时,与夫人及子女合作。

双湖诗文词集　集部别集类　佚

见清单士厘《清闺秀艺文略》。

按:《全清词钞》卷33收其词1首。

庄镇方(1776—1850)

原名祖诚,字秩寓。清武进人。议叙从九品,未任实职。

四书五经字义注释16卷　经部群经总义类　佚

见《清代毗陵书目》卷1。

周仪暐(1777—1846)

字伯恬。清阳湖人。嘉庆九年(1804)举人。初官陕西山阳县知县,颇有政绩。后调署凤翔县知县,不久以年老辞官。工六朝文体,尤深于诗,与同里陆继辂、李兆洛并著盛名。后出游四方,见闻悉著于诗,积稿甚富。

(道光)武进阳湖县合志36卷首1卷　史部地理类

清孙琬、王德茂修　李兆洛、周仪暐纂

(1) 清道光二十三年(1843)刻本,国家图书馆藏。

(2) 清光绪十二年(1886)活字本,国家图书馆藏。

桐城县志30卷　史部地理类　佚

见《清代毗陵书目》卷2。

夫椒山馆骈文1卷　集部别集类

《毗陵周氏五世诗集》本。

夫椒山馆诗21卷补遗1卷　集部别集类

(1) 清道光二十七年味尘轩刻本,北京大学图书馆藏。

(2) 1918年铅印本,常州图书馆藏。

(3)《清代诗文集汇编》本。

夫椒山馆诗集 22 卷　集部别集类

(1)《毗陵周氏家集》排印本。

(2)《毗陵周氏五世诗集》本。

夫椒山馆诗　集部别集类

稿本,苏州图书馆藏。

按:有道光间张琦、梅曾亮、龚自珍跋,陆继辂等题款,存卷 1 至 2,5 至 14,16,18—22。

惟雒斋诗 4 卷　集部别集类

稿本,苏州图书馆藏。

按:有清祝卓评,吴育、董国华、周仪暐跋,庄绶甲题款,诗凡 500 余首,皆《夫椒山馆集》所未收。

惟雒斋诗钞 1 卷　集部别集类

《宛上同人集》本。

味隽斋词　集部词曲类

抄本,上海图书馆藏。

许　沅(1777—1848)

字康泉、仲青,号赘翁。清阳湖人。亦鲁子。诸生。久客京师,屡试不第,遂绝意仕取,砥节砺学,潜心经籍,兼攻数学,造就后进。才士周祖培、周昆弟等均出其门下。沅认为“汉儒训诂,繁博多破碎;宋儒矫之,又空疏鲜据”,而主张“集诸儒说,折衷汉宋,一归纯粹”。学者称“贞通先生”,与同郡进士许融,并有“常州二许,文中之虎”之誉。

四书一偶 70 卷　经部四书类　佚

见光绪《武阳志余》卷 7。

四书异解异读 58 卷　经部四书类　佚

见《清代毗陵书目》卷 1。

许氏证经异句 27 卷　经部群经总义类

许沅辑

清光绪十一年(1885)陆嗣章抄本,南京图书馆藏。

子目:

《周易证经异句》3 卷

《尚书证经异句》1 卷

《毛诗证经异句》1 卷

《周礼证经异句》1 卷

《夏小正证经异句》1 卷

《左传证经异句》4 卷《外传》1 卷

《公羊证经异句》1 卷

《穀梁证经异句》1 卷

《四书证经异句》4 卷

《尔雅证经异句》7 卷

《伪书证经异句》2 卷

群经异句异学 96 卷　经部群经总义类　佚

见光绪《武阳志余》卷 7。

考字 3 卷　经部小学类　佚

引用辑误 2 卷辑异 7 卷　经部小学类　佚

汲古私津 30 卷　子部儒学类　佚

以上 3 种见光绪《武阳志余》卷 7。

浮笠山人古文(一作篆士山房古文钞)4 卷　集部别集类　佚

骈体文钞 5 卷　集部别集类　佚

篆士山房诗钞(一作浮笠山人集)50 卷　集部别集类　佚

篆士山房诗集 26 卷　集部别集类　佚

以上 4 种见光绪《武阳县志》卷 28。

乾坤一篆湾山房诗录 14 卷　集部别集类　佚

见清光绪《武阳志余》卷 7。是书为其门人周沐润仿《渔洋精华录》例辑录。

杨传棨(1777—1850)

字屺怀,号槐溪,晚号槐轩、慕如。清阳湖人。嘉庆三年(1798)举人,授容城知县。性耿直,与上官不合,免职归里。研治《春秋》三传、《毛诗》等,有文誉。

毛诗疏解　经部诗经类　佚

见清徐廷华撰《杨传棨墓志铭》,载《续碑传集》卷43。

三传异同考　经部春秋类　佚

见《清代毗陵书目》卷1。

怀芳阁集　集部别集类　佚

见《清代毗陵书目》卷8。

赵钟彦(1777—1850)

字任之,号研雨。嘉庆五年(1800)举人,十三年进士。翰林院庶吉士,散馆授河南新野县知县,历任湖北蕲水县知县、署均州知州。工书。

(道光)淮宁县志27卷　史部地理类

清永铭修　赵钟彦、吴纯夫纂

清道光六年(1826)刻本,华东师范大学图书馆藏。

董光远(1778—1805)

字印传,号心郊。清武进人。昕子。

星郊诗文草　集部别集类　佚

见光绪《武阳志余》卷7。

庄　涛(1778—1821)

字希山。原名传甲。清武进人。国子监生。

知足斋诗集　集部别集类　佚

见光绪《武阳志余》卷7。

观喻诗集　集部别集类

收入李兆洛辑《旧言集》。

刘铭常(1778—1829)

字恺臣，号册安，又号了幻生。清阳湖人。可培次子。附生。

了幻生诗钞10卷　集部别集类　佚

见《西营刘氏先世著述考》。

按：《清代毗陵书目》卷4作刘鸣常，误。

汤寿名(1778—1829)

字宝卿，号春岩。清武进人。国子监生。笃嗜医学。辨析伤寒与其它温热病之差异，颇为精到。

温热一隅1卷　子部医家类　佚

见光绪《武阳志余》卷7，并录其《自序》。

执中蕴义4卷　子部道教类

汤寿名等辑

(1) 清道光十三年(1833)常州谈氏刻本，上海图书馆藏。

(2) 清同治三年(1864)安成广生堂刻本，上海图书馆藏。

(3) 清同治十三年常州玄真坛刻本，常州图书馆藏。

刘文蔚(1778—1846)

字闲荫，号通轩。清阳湖人。培原次子。道光二年(1822)进士。官四川温江县知县，擢简州知州。

雷波琐记1卷　史部地理类

(1) 清道光十二年刻本，常州图书馆藏。

(2) 清咸丰三年(1853)严与鹤抄本，北京大学图书馆藏。

(3) 清光绪三年(1877)初日楼重刻本，吉林大学图书馆藏。

按：《西营刘氏先世著述考》著录为2卷。

述德堂文钞8卷　集部别集类　佚

见《西营刘氏先世著述考》，云："存。"

汤贻汾(1778—1853)

字雨生，又字若仪，号粥翁、扫云子、琴隐道人。清武进人。荀业子，母杨氏，著《断钗吟》。贻汾袭云骑尉世职，历任安徽、江苏、粤东、山西、浙江等省守备、都司，升至温州镇副将，因病未赴任。退隐江宁，租居周济家保绪园，后于城北筑别墅"双溪千树独家村"，焚香鼓琴，悠然尘外，海内文人名士多与交游。咸丰三年(1853)，太平军攻克南京，投池自尽。谥"贞愍"。诗、书、画无不精工，风流文采，倾动一时。画为嘉道后期大家，与戴熙同称"绝艺"。精通音律，著传奇数种。民国陈韬编有《汤贞愍公年谱》(1933年汤氏排印本)。

画筌析览1卷　子部艺术类

(1) 清嘉庆十九年(1814)汤贻浚刻本，2卷，国家图书馆藏。

(2)《花近楼丛书》本。

(3)《述古丛钞》本。

(4)《藏修堂丛书》本。

(5)《翠琅玕馆丛书》(黄任恒辑)本。

(6)《艺术丛书》本。

(7)《芋园丛书》本。

(8)《画论丛刊》本。

汤雨生夫妇子女画册　子部艺术类

上海有正书局1920年影印本，上海图书馆藏。

双忠合璧　子部艺术类

清汤贻汾、戴熙撰

手写本，南开大学图书馆藏。

汤雨生罗浮十二景　子部艺术类

1936年商务印书馆影印刘崧生藏本，南京大学图书馆藏。

画梅楼合笔1册　子部艺术类　佚

见李宝凯《毗陵画征录》卷下。

按:画册为汤贻汾官大同时,与夫人及子女合作。

汤贞愍公遗诗1卷　集部别集

抄本,上海图书馆藏

汤贞愍公诗钞1卷　集部别集类

抄本,南京图书馆藏。

琴隐园诗集36卷附词集4卷　集部别集类

(1) 清同治十三年(1874)刻本,国家图书馆藏。

(2) 清光绪元年(1875)刻本,复旦大学图书馆藏。

(3)《续修四库全书》本。

(4)《清代诗文集汇编》本。

琴隐园诗1卷　集部别集类

清咸丰五年《三节合编》本。

汤贞愍公遗诗　集部别集类

抄本,上海图书馆藏。

画梅楼倚音1卷　集部词曲类

《清名家词》本。

琴隐园词集4卷　集部词曲类

(1) 清咸丰九年刻本,常州图书馆藏。

(2) 清同治十三年刻本,华东师范大学图书馆藏。

琴隐园词稿1卷　集部词曲类

《同人词选》本。

江东词社词选1卷　集部词曲类

清汤贻汾辑

清道光二十六年(1846)刻本,上海图书馆藏。

逍遥巾　集部词曲类

(1) 清抄本,国家图书馆藏,听云居士、茗山老人评点。

(2) 清抄本,国家图书馆藏。

(3) 清抄本,首都图书馆藏。

(4) 1936年南京襄社石印本,北京大学图书馆藏。

按:此杂剧作于道光二年灵丘都司任上,计四折,为《寻梦》《卜梦》《衲访》《巾盟》。

剑人缘　集部词曲类　佚

见庄一拂《古典戏曲存目汇考》卷12引姚燮《今乐考证》,谓旧有刻本,战乱后散失,不可复得。

梯仙阁三种曲　集部词曲类　佚

见《清代毗陵书目》卷5。

按:《曲目新编》著录为《剑人缘》《双补恨》《逍遥巾》3种。

李述来(1778—1868)

字绍仔。清武进人,侨籍仁和。庆来族弟。诸生。工书善画,诗笔清雅,尤以五言见长。幼读《通鉴》,每于书中疏漏,引以为憾。因博览群书,广集诸家注解,著《读通鉴纲目条记》。一生未仕,阮元视学浙江时召为幕宾。晚年因战乱而流离,卒年91岁。

读通鉴纲目条记20卷首1卷　史部编年类

(1) 清嘉庆七年(1802)莳芗阁刻本,南京图书馆藏。

(2) 清光绪八年(1882)群玉山房刻本,国家图书馆藏。

(3)《续修四库全书》本。

李氏三忠事迹考证不分卷　史部传记类

清李庆来、李复来、李述来编

(1) 清道光十七年(1837)刻本,上海图书馆藏。

(2) 清光绪十年刻本,上海图书馆藏。参“李庆来”条。

莳芗诗草3卷　集部别集类

稿本,附于清汤成烈《古藤书屋杂著》稿本后,天津图书馆藏。

莳芗诗草不分卷　集部别集类

稿本，南京图书馆藏。

窜余存稿不分卷　集部别集类

稿本，南京图书馆藏。

余西旅稿不分卷　集部别集类

稿本，南京图书馆藏。

陈渡草堂集　集部别集类　佚

见《清代毗陵书目》卷4。

胡嗣超(1778—?)

字善延，号鹤生。清武进人。文英子。任通州库大使，迁崇文门税课大使。研究岐黄十数年，深通《风经》《伤寒论》诸书。

易卦图说6卷　经部易类

(1) 清道光十七年(1837)香雪斋刻本，国家图书馆藏。

(2) 稿本，中国科学院图书馆藏。

伤寒杂病论16卷　子部医家类

清道光二十七年海隐书屋刻本，天津图书馆藏。

海隐书屋四种　丛书类

稿本，国家图书馆藏。

子目：

《海隐书屋诗稿》1卷

《海隐杂记》2卷

《祖茔讼案》1卷

《名胜纪游集》1卷

庄鲁驷(1779—1821)

字思裁，号斯才。清武进人。国子监生。

望云轩诗钞　集部别集类　佚

见光绪《武阳志余》卷7。

袁廷吉(1779—1844)

字次修,号迪斋,一号春江。清武进人。岁贡生,候选训导。工诗普词,潜研经史,善勉后生,文名甚著。累试不第而淡然处之。

桑梓潜德录5卷续录4卷三集6卷　史部传记类

清张其荣原辑　清施周、刘芳等增辑　毕应箕、李文喆、袁廷吉等续辑　汤成烈、刘翊宸等再续

清光绪六年(1880)刻本,常州图书馆藏。

蕉窗小录1卷　子部小说类　佚

见《清代毗陵书目》卷3。

授经堂诗钞8卷　集部别集类　佚

见光绪《武阳县志》卷28。

怡孙馆词草2卷　集部词曲类　佚

见《清代毗陵书目》卷5。

张伯藩(1779—1854)

字骥高,又字翰山,号北野。清武进人。为人勤谨淳朴。与同邑李兆洛、刘嗣绾友好。工诗,为陈希曾、吴慈鹤所赞赏。科场不利,捐纳从九品,入闽作吏,历署马港昭厅、罗东巡检,十余年始补崇安县五夫巡检。

蠡溪诗草8卷　集部别集类　佚

见光绪《武阳志余》卷7,有清姚莹、陈用光《序》。

姚　信(1779—1856)

字德良,号让庭。清常州人。太学生,议叙州同衔,诏举乡饮正宾。

黄天荡修堤全录　史部政书类

清光绪七年(1881)刻本,中国人民大学图书馆藏。

芙蓉湖修堤录8卷　史部政书类

（1）清光绪十五年聚珍本，上海图书馆藏。

（2）清光绪三十三年木活字本，上海图书馆藏。

毕应箕

字耀寰，自号雨亭。清阳湖人。本姓吴，过继表戚毕某，遂依其姓。父早逝，事母以孝闻。生平深嗜《许文正公遗书》和《薛文清公读书录》。常与同郡苏谨人、吴士模、屠南琛诸人论学。卒于清道光间，卒年七十八。

桑梓潜德录5卷续录4卷三集6卷　史部传记类

清张其荣原辑　清施周、刘芳等增辑　毕应箕、李文喆、袁廷吉等续辑　汤成烈、刘翊宸等再续

清光绪六年(1880)刻本，常州图书馆藏。详见“张慎”条。

白华山志4卷　史部地理类　佚

清毕应箕、吴土模撰

见道光《武阳合志》卷32，注曰“存”。

汤洽名(1780—1820)

字谊卿，号春帆。清武进人。清嘉庆时出赀为州同知。又以算学考取天文生，未结业即归里，以著书修业为事。曾出游楚、豫。少聪敏，喜读书，从张惠言学，能诗文，兼通天文、数学、星算。历算尤为精专，与内弟庄缤树相互切磋，有所发明。

穀梁春秋例1卷　经部春秋穀梁传类　佚

见道光《武阳合志》卷32。

汉书分野星度斠误1卷　史部正史类　佚

见道光《武阳合志》卷33。

补梁书艺文志1卷　史部正史类　佚

补陈书艺文志1卷　史部正史类　佚

山海经道里考1卷　子部周秦诸子类　佚

以上3种见光绪《武阳志余》卷7。

太初米长编2卷　子部历算类　佚

勾股算指1卷　子部历算类　佚

以上2种均见道光《武阳合志》卷33。

遡砚斋诗稿6卷　集部别集类　佚

赋稿1卷　集部别集类　佚

杂文稿1卷　集部别集类　佚

以上3种均见道光《武阳合志》卷33。

北魏张渊观象赋补注1卷　集部别集类　佚

见清道光《武阳志余》卷7。

按:以上11种,最初均见于清吴德旋撰《谊卿汤君传》,并云:"藏于家。"

遡砚斋诗稿　集部别集类

收入李兆洛《旧言集》。

吕子珏(1780—1825)

字孟产。清阳湖人。尔禧子,子班兄。监生,钦加同知衔。清道光间曾任安徽灵宝、黟县、桐城知县。

(道光)黟县续志　史部地理类

清吕子珏修　詹锡龄纂

(1) 清道光五年刻本,华东师范大学图书馆藏。

(2) 清同治十年(1871)刻本,厦门大学图书馆藏。

(3) 台北成文出版社《中国方志丛书》本。

(4)《中国地方志集成》本。

按:《续志》附正志各类后。

陆　容(?—1830?)

字蓉镜,号芙卿。清阳湖人。诸生。为文艳丽,与吴颉鸿、庄缙度、赵申嘉、徐廷华、汪士进、周仪颗并称“毗陵后七子”,容最不得志。

仪欧阁诗遗稿　集部别集类

(1) 清道光二十年(1840)王子梅刻本,北京大学图书馆藏。

(2)《清代诗文集汇编》本。

巢睫词　集部词曲类　佚

见《清代毗陵书目》卷5。

按:《全清词钞》卷20收其词5首。

金砺嗣(1781—1807)

字石卿,号云阁。清武进人。诸生。

石卿印存1卷　子部艺术类　佚

见《清代毗陵书目》卷8。

吴孝铭(1781—1842)

字伯新,一字柏心。清武进人。嘉庆十四年(1809)进士,改庶吉士,散馆授工部主事,充军机章京,历任鸿胪光禄少卿、通政参议,授顺天府丞、江西学政等,在枢廷20余年,以公正廉明著。

枢垣题名4卷　史部传记类

吴孝铭辑

(1) 清道光七年(1827)刻本,上海图书馆藏。

(2) 清道光十八年刻本,浙江图书馆、南京大学图书馆藏。

(3) 清咸丰同治递增本,北京大学图书馆藏。

(4) 清光绪十年(1884)重修本,中国人民大学图书馆藏。

(5)《续修四库全书》本,据浙江图书馆藏本影印。

按:本书包括《军机章京题名》2卷和《军机大臣题名》2卷,其中前一种有道光八年有嘉树轩单刻本。

刘延朗(1781—1854)

字子润,号月邻。清阳湖人。嗣富长子。监生。以孙宗海赠通奉大夫。

月龛诗存4卷　集部别集类　佚

见《清代毗陵书目》卷8。按:《西营刘氏先世著述考》云:“稿交顾蒹塘先生,遂毁于庚申(1860)之难。”

庄　轸(1782—1811)

字叔枚,号于亭。清阳湖人,钧子。国子监生。少孤贫,欲以力学致通显。生平疾恶如仇,为文奔放恣肆。有司以为狂,辄抑之。既困于场屋,遂嗜酒暴饮,恒悲歌慷慨,泣下沾襟。久之,无以自存。会有姊之婿官南昌,往依之。疽发于颐,卒。

洗心宧吟稿　集部别集类　佚

见光绪《武阳志余》卷7。

巢　林(1782—1829)

又名祚土,字午峰,号砚北,又号子山,又号述庵。清武进人。监生,候选布政司经历。

续江村消夏录4卷　子部艺术类　佚

见道光《武阳合志》卷33。

七砚斋古近诗2卷　集部别集类　佚

见《巢氏宗谱》。

董士锡(1782—1831)

字晋卿,一字损甫。清武进人。达章子。嘉庆十八年(1813)副贡,候选直隶州州判。幼从大母受《孝经》章句,及就外傅读诸经史,悉能通解。年16,从舅父张惠言学,工于词,于虞翻《易》义尤精。家贫,客游养生，曾馆张敦仁、阮元等处。又历主南通紫琅书院、扬州广陵书院、泰州书院讲席。古文辞赋诗词皆精，殚心于阴阳五行家之言数十载，自谓所得甚深。与陆继辂交最深，时人亦并称之，然观其文辞，实不逮继辂。

(嘉庆)怀远县志28卷　史部地理类

清孙让修　李兆洛、董士锡纂。

(1) 清嘉庆二十四年活字本，国家图书馆藏。

(2) 1937年排印本，安徽省图书馆藏。

(3) 抄本，安徽省图书馆藏。

(4)《中国地方志集成》本。

按：此志诸书均题"孙让修，李兆洛纂"。《清代毗陵书目》卷2云："未成，延士锡续修。"

续行水金鉴156卷　史部地理类

清潘士恩等修　俞正燮、董士锡同纂

清道光十二年(1832)河库道署刻本，有图1卷。中国人民大学图书馆藏。

按：《清代毗陵书目》卷2云："是书河督黎世序聘士锡纂修三载，未成，世序卒，遂中止。后张河督及副河督潘锡恩仍聘士锡继修，成之。"

阴符经解　子部兵书类　佚

遁甲烟波钓叟歌解　子部术数类　佚

遁甲因是录2卷　子部术数类　佚

遁甲通变录2卷　子部术数类　佚

以上4种见《清代毗陵书目》卷3。

形气正宗　子部术数类　佚

见《清代朴学大师列传》。

齐物论斋集22卷　集部别集类　佚

见《清代毗陵书目》卷4。

按：此集含赋2卷、文6卷、诗8卷、词3卷、外编3卷。

齐物论斋文集　集部别集类

(1) 清道光二十年江阴暨阳书院刻本,6 卷,上海图书馆藏。

(2) 清抄本,6 卷,国家图书馆藏。

(3)《问影楼丛刻初编》本,删卷末《怀远水利志》,5 卷。

(4)《续修四库全书》本,6 卷,据上海图书馆藏本影印。

(5) 上海书店《丛书集成续编》本。

(6)《清代诗文集汇编》本,6 卷。

(7) 2016 年凤凰出版社出版《常州先哲遗书续》本。

(8) 2010 年国家图书馆出版社《国家图书馆藏钞稿本乾嘉名人别集丛刊》本。

齐物论斋赋 1 卷附词 1 卷　集部别集类

《受经堂汇稿》本,清道光三年刻本,上海图书馆藏。

蕊峰樵者集 2 卷　集部别集类

清芝严撰　董士锡辑

清同治六年(1867)刻本,国家图书馆藏。

蓉影词 1 卷　集部词曲类

清董士锡、张琦等撰

(1) 清嘉庆二十二年刻本,国家图书馆藏。

(2) 1922 年惜阴堂排印本,上海图书馆藏。

萍聚词 1 卷　集部词曲类

清蒋学沂、董士锡等撰。

清嘉庆二十四年刻本,上海图书馆藏。

齐物论斋词 1 卷　集部词曲类

(1)《受经堂汇稿》本,《齐物论斋赋》附,清道光三年刻本,上海师范大学图书馆、上海图书馆藏。

(2)《云自在龛丛书》本。

(3)《清名家词》本。

(4)《广川词录》本。

(5)《续修四库全书》本,据上海师范大学图书馆藏本影印。

(6) 上海书店《丛书集成续编》本。

裘植兰

清常州人。

萍聚词 1 卷　集部词曲类

清裘植兰、董士锡等合撰

清嘉庆二十四年(1819)刻本,上海图书馆藏。参见“张成孙”条。

程应权

字子衡,号小庄。清武进人。鹏次子。清道光六年(1826)进士。改庶吉士,散馆授编修。工词。

程应权词　集部词曲类　佚

见《清代毗陵书目》卷 5,注云:“其书名俟考。”

萍聚词 1 卷　集部词曲类

清程应权、蒋学沂等撰

清嘉庆二十四年(1819)刻本,上海图书馆藏。

按:《全清词抄》卷 19 收其词 5 首。

薛光炜(1782—1863)

字楚莲,字荔浦。清武进人。诸生。

瘦云山人诗钞 5 卷　集部别集类　佚

见光绪《武阳县志》卷 28。

瘦云山人诗稿 1 卷　集部别集类　佚

光绪《武阳志余》卷 7,有杨梦篆序。

醉碧轩词钞 1 卷　集部词曲类　佚

见光绪《武阳县志》卷 28。

钱相初(1783—1814)

字申甫。清阳湖人。梦云长子。嘉庆十五年(1810)举人。考取觉罗官教习,候选知县。喜为诗,工骈体文。

申甫骈体文 1 卷　集部别集类　佚

见道光《武阳合志》卷 33。

申甫诗　集部别集类

收入李兆洛辑《旧言集》。

申甫词 2 卷　集部词曲类　佚

见《清代毗陵书目》卷 5。

赵植庭(1783—1831)

字树三,一作曙山,号公槐,一作宫槐,又号仲櫰。清阳湖人,寄籍顺天。嘉庆十三年(1808)进士,选庶吉士,改刑部主事、郎中。道光二年(1822)署户部粮厅,九年授湖北安陆知府,旋再任刑部郎中,充总办,负责秋审,卒于官。工诗词,善绘山水。

倚楼吟诗草　集部别集类　佚

见《清代毗陵书目》卷 4。

倚楼词 1 卷　集部词曲类

《三家词录》本。

蓉影词 1 卷　集部词曲类

清董士锡、赵植庭等撰

(1) 清嘉庆二十二年刻本,国家图书馆藏。

(2) 1922 年惜阴堂排印本,上海图书馆藏。

参见"董士锡"条。

吕嗣麟(1783—1838)

字伯翔。清武进人。兆行子。道光二年(1822)举人,拣选知县。

性孝友，父殁，家贫甚，尽心抚育两幼弟，后均成人入仕。

毛诗鸟兽草木虫鱼纂要2卷　经部诗经类　佚

见道光《武阳合志》卷32。

徐夔钧(1783—1851)

字博兼，号阆宾。清武进人。应熙孙。平时喜谈经济，尝游幕荆襄，当道争相延聘。道光六年(1826)进士。官陕西咸阳县知县。兴水利，课农桑，多行善政，秦民爱之。其诗旨淡而有文采，有中晚唐格调。

书经汇说4卷　经部尚书类　佚

见《清代毗陵书目》卷1。

虢季子白宝盘铭释文宝盘诗　史部金石类　佚

清徐夔钧辑

见《清代毗陵书目》卷2。

温经堂诗钞4卷　集部别集类

(1) 清抄本，中国社会科学院文学研究所藏。

(2) 清咸丰四年(1854)春晖堂刻本，南京图书馆藏。

虢季子白盘征和诗1卷　集部总集类　佚

清徐夔钧辑

见光绪《武阳县志》卷28。

蒋　芸(1783—1859)

字荔宾。清阳湖人。蒋鹏昌女，盐经历赵廷彦妻。

竹居诗集　集部别集类　佚

竹居词　集部词曲类　佚

以上2种见《正始续集》《清代毗陵书目》卷5。

毛师坚(1784—1835)

字子固，一字志古。清阳湖人。燧传子。县学生。孝友温醇，诗文古雅，饶有父风。

来鹤轩诗钞 4 卷　集部别集类　佚

见《清代毗陵书目》卷 4。

史福臻(1784—1837)

字会五，一字荔洲。清阳湖人。道光二年(1822)举人，官安徽太和县教谕。博涉群书，尤长于诗。少时好雄奇瑰丽之作，后以抒写性灵、淡泊自得为宗。

荔洲吟稿　集部别集类　佚

见道光《武阳合志》卷 33。

管绳莱(1784—1839)

字孝佚，亦作孝逸。清武进人。世铭孙。少承家学，有文才，尤长于古文辞。累试不中，入赀为知县，选湖南安化，亲老改近省。道光六年(1826)官安徽含山知县，十一年以疾告归。

万绿草堂杂录 2 卷　子部小说类　佚

见《清代毗陵书目》卷 3。

万绿草堂诗 20 卷文稿 4 卷　集部别集类

稿本，南开大学图书馆藏。

万绿草堂诗 20 卷首 1 卷　集部别集类

(1) 清光绪十二年(1886)径北书屋聚珍本，常州图书馆藏。

(2)《清代诗文集汇编》本。

居业堂文集 20 卷首 1 卷　集部别集类

清王源撰　管绳莱编

清道光十一年读雪山房刻本，国家图书馆藏。

凤孙楼词 2 卷　集部词曲类

(1) 清道光间刻本。

(2) 清光绪元年重刻本，华东师范大学图书馆藏。

(3) 清抄本,题名为《凤孙楼填词》,与周青《柳下词》合订,国家图书馆藏。

周怀绶(1784—1859)

字藕珊,号亦山。清阳湖人。诸生。懋祺父。少有大志,以维风俗正人心为己任。后十应省试不售,绝意仕进,以著述自娱。游历甚广,所为诗文宏富。

蟫食余编 6 卷　子部杂学类

稿本,山东省图书馆藏。

耕道猎德斋吟稿 6 卷　集部别集类

(1) 稿本,北京大学图书馆藏。

(2) 清光绪九年(1883)济南刻本,南开大学图书馆、首都图书馆藏。

(3)《南开大学图书馆藏稀见清人别集》本。

耕道猎德斋诗文集 10 卷　集部别集类

稿本,山东省图书馆藏。

耕猎斋咏史乐府上下卷　集部别集类

清周怀绶著　吕振骐辑注

(1) 清道光二十九年(1849)历城马国翰刻本,清华大学图书馆藏。

(2) 清咸丰二年(1852)琉璃厂律古斋刻本,南京图书馆、北京大学图书馆藏。

(3) 清咸丰八年琉璃厂律古斋刻本,中国社会科学院文学研究所藏。

(4) 清光绪七年刻本,有补遗 1 卷,国家图书馆藏。

洪符孙(1784—?)

字幼怀。清阳湖人。亮吉次子。国子监生。精研史学,工诗文。

禹贡地名集说 2 卷　经部尚书类

(1) 抄本,故宫博物院图书馆藏。

(2)《故宫珍本丛刊》本。

(道光)鄠陵县志 18 卷　史部地理类

清何鄂联修　洪符孙纂

清道光十二年(1832)刻本,国家图书馆藏。

(道光)禹州志 26 卷　史部地理类

清朱炜修　姚椿、洪符孙纂

(1) 清道光十五年刻本,南京大学图书馆藏。

(2) 清同治九年(1870)增刻本。增续 2 卷,清杨景纯、赵甲祥增纂,国家图书馆藏。

齐云山人文集 1 卷　集部别集类

(1)《云自在龛丛书》本,常州图书馆藏。

(2) 上海书店《丛书集成续编》本。

齐云山馆诗集 4 卷　集部别集类

(1) 清咸丰元年(1851)刻本,南开大学图书馆藏。

(2) 清稿本,南开大学图书馆藏。

齐云山人纪游十图诗 1 卷　集部别集类

清道光间刻本,国家图书馆藏。

齐云山人文甲集 4 卷乙集 4 卷诗集 12 卷　集部别集类　佚

见《清代毗陵书目》卷 4。

蒋学沂(?—1834?)

字小松。清阳湖人。工骈体文,能诗词。嘉庆二十五年(1820)曾为山东刘喜海作《小忽雷歌》。

金乡城守日志　史部杂史类　佚

见《清代毗陵书目》卷 2。

闽谈 1 卷　子部小说类

抄本,南京图书馆藏。

按：与《菰米山房文钞》等合订。

菰米山房文钞1卷骈文钞1卷　集部别集类

抄本，南京图书馆藏。

藕湖词1卷　集部词曲类

(1) 抄本，南京图书馆藏。

(2) 清嘉庆二十一年木活字本，有吴氏题记，首都图书馆藏。

(3) 清光绪二年(1876)刻本，南京图书馆藏。

(4) 1936年刻本，南京图书馆藏。

萍聚词1卷　集部词曲类

清蒋学沂、董士锡等撰。

清嘉庆二十四年刻本，上海图书馆藏。

紫兰宫传奇1卷　集部词曲类

麒麟阁传奇1卷　集部词曲类

以上2种抄本，中国艺术研究院图书馆藏。

刘　仪(1785—1838)

原名佶兰，字翰俶，号五山。清武进人。遵陆子，晓华父。以文著。嘉庆十八年(1813)举人。署浙江分水、宁海、长兴知县。

五山文稿　集部别集类　佚

见《中国人名大辞典》。

刘延和(1785—1847)

字子宽，号璞人。清阳湖人。虞友兰孙，嗣绾子。增贡生。官云南布政司库大使。

滇游纪年诗钞7卷　集部别集类　佚

见《西营刘氏先世著述考》。

庄绽澍(1785—1860)

字玉繁，晚号适斋。清武进人。诸生。存与曾孙。经学承家学，精通律历，兼工隶书。家贫，出游四方，尝读书国子监，而秋试屡黜。垂老家居，嗜酒，性平和，未尝以年高博学骄人。太平军入常州，死于战乱。著述甚富，多散佚。

易乾凿度考证1卷　经部谶纬类　佚

五经算术疏证1卷　子部历算类　佚

古术纪原1卷　子部历算类　佚

太初历考证3卷　子部历算类　佚

以上4种均见光绪《武阳志余》卷7。

原按：大旨以历法自太初术以前皆四分之一，至刘歆三统始改八十一分日之四十三。《班志》误合太初、三统为一，而《史记·历书》后人乃以为褚先生所续，非迁原本。谢应芝序曰："庄君玉繁，精于汉太初术"，"顾君已老，书无副本。余遂欲刊于木而广布之，无使汉儒绝学放废坠失焉！其可乎？"则此书盖曾刊行。然《武阳志余》已注"并佚"。

谢士元(1786—1864)

字伯良，号方宣。清武进人。诸生。绩学砺行，耿介脱俗，在乱离中憔悴而死。

谢方室遗文1卷　集部别集类

清光绪间木活字本。上海图书馆藏，名《敬业堂文稿》。

按：光绪《武阳志余》卷7注云："文学刘海峰，得其雅饬。此卷皆其暮年所作。"

盛　隆(1786—1867)

字树堂，号惺予，别号龙溪主人，晚号拙园叟。清武进人。洪仁子。嘉庆十五年(1810)宛平籍举人。十九年会试选授内廷方略馆誊录官，旋以知县发浙江，历任安吉、太平、长兴、德清、孝丰、归安、山阴、海宁诸州县，所至有政声。幼聪颖，及长潜心经史，务为有体有用之学，晚年犹好学不倦。

人范须知 6 卷　子部儒学类

(1) 清同治二年(1863)石竹山房刻本，常州图书馆藏。

(2) 1924 年上海道德书局印本，苏州大学图书馆藏。

董基诚(1787—1847)

字子诜，一字耜莘，号玉椒。清阳湖人。嘉庆二十二年(1817)进士。官至河南开封府知府，颇著政声。工骈体文，与弟祐诚及方履钱齐名。

粤东记录　子部儒学类　佚

见《清代毗陵书目》卷 3。

螟巢集　集部别集类　佚

应世文稿　集部别集类　佚

以上 2 种见《清代毗陵书目》卷 4。

自知室文集 4 卷　集部别集类

清董基诚、董祐诚撰

清道光十四年(1834)刻本，清华大学图书馆藏。

移华馆骈体文 4 卷　集部别集类

清董基诚、董祐诚撰

(1) 清道光六年刻本，北京大学图书馆藏。

(2)《董方立遗书》本，常州图书馆藏。

(3)《清代诗文集汇编》本，2 卷。

(4) 2015 年国家图书馆出版社出版《清代家集丛刊》本。

子诜骈体文钞 1 卷　集部别集类

《国朝十家四六文钞》本。

玉椒词 2 卷　集部词曲类

《广川词录》本。

按：光绪《武阳志余》卷7作《螟巢词》。

蓉影词1卷　集部词曲类

清董基诚、董士锡等撰

(1) 清嘉庆二十二年(1817)刻本，国家图书馆藏。

(2) 1922年惜阴堂排印本，上海图书馆藏。

参见“董士锡”条。

杨　垣(1787—1848)

字星伯，别号薇庵。清武进人。超子。少孤，力学，文名甚著，兼擅书画。壮岁客游，足迹半天下。居京师最久，以议叙得官，不就。年62慕浙中西湖之胜，寓居半年，感疾卒。所作诗文甚夥，而未经辑录，经乱多佚。

读易山房诗文集　集部别集类　佚

见光绪《武阳志余》卷7。

抱璞山房诗抄1卷　集部别集类

《大亭山馆丛书》本。

吴孝锷(1787—1852)

字伯容，号宝虹。清武进人。道光元年(1821)举人，曾任华亭教谕、署松江府教授，保举即选知县。

听雨楼词4卷　集部词曲类　佚

见光绪《武阳志余》卷7。

庄宝煊(1787—1854)

字仔珊。清阳湖人。道光十七年(1837)举人。有文誉。设塾授徒，号为名师。

直疑笔记　子部儒学类　佚

见《清代毗陵书目》卷3。

警谦书屋文存1卷诗存1卷遗稿1卷　集部别集类

1941年铅印本，常州图书馆藏。

庄咏篪(1787—1854)

字仲吹，一字惠昆，号笠樵。清阳湖人。诸生。笃志励学，谙熟桑梓故事。清道光间助李兆洛修志，多所校订。

邵青门(长蘅)年谱1卷　史部传记类　佚

抄本。见杨殿珣《中国历代年谱总录》。

楚园先生年谱　史部传记类　佚

周室世谱　史部传记类　佚

笠樵遗诗　集部别集类　佚

以上3种见光绪《武阳县志》卷28。

庄云驹(1788—1825)

字步芳，号秀冶。清武进人。太学生。

自乐轩诗集　集部别集类　佚

见《清代毗陵书目》卷4。

周仪万(1789—1815)

字仲凡，仪暐弟，清武进人。

听落花轩乐府　集部词曲类　佚

见道光《武阳合志》卷33。

恽文燮(1789—1819)

字灿之，号绮崖。清武进人。廪贡生。好古文，平日深研韩欧文集。工书法。

梦花轩稿　集部别集类　佚

见恽宝惠《恽氏先世著述考略》。

张成孙(1789—1838)

字彦惟,又字子乔。清武进人。惠言子。从庄述祖学。工骈文,善历算,经学尤精于《礼》。

说文谐声谱9卷　经部小学类

《清经解续编》本。

按:自清儒发明据谐声以求上古韵部以来,诸古音学家均对谐声偏旁的研究十分重视。庄述祖析古韵为19部,未竟其业而属之张惠言,惠言复析为20部,作《说文谐声谱》而归之述祖。成孙既学于述祖,得其大要,乃重订父书,析古韵为21部,成50卷。其分部与王念孙、江有诰相类似。书成未刊,清龙启瑞节录为9卷,清王先谦据以辑入《清经解续编》。

说文谐声谱50卷附录2卷　经部小学类

(1) 稿本,国家图书馆藏。

(2) 1934年叶景葵据原稿石印本,华东师范大学图书馆、常州图书馆藏。

(3) 稿本,上海图书馆藏,存卷1—43,45—46,51—52。

(4)《续修四库全书》本,据华东师范大学图书馆藏本影印。

按:叶景葵《卷庵书跋》云:"余友王欣夫大隆告余谓《国粹学报》载郑叔问《南献征遗》,附邓氏秋枚案语,谓光绪时广州有刊行足本,阳湖吴氏翌寅曾与校勘,并于他处曾见刊者主名。又邓氏《国粹学报》后附《捐赠书目》,亦载此书等语。余闻而欣喜,加意访求,迄无知者。惟欣夫决非谰言。嗣抄得屠敬山君一序,知拟刻者为揭阳县知县庄君心嘉,为珍艺先生族孙,皋文弟翰凤先生之孙婿。"《叶景葵杂著》云:"此人似尚存(后云实已于1932年卒),未闻有刻书之举。大约当时曾拟编刊,敬山序而未刻,犹之子居序而未刻也。"

谐声谱摘抄　经部小学类

清光绪十三年(1887)龙继栋抄本,武汉大学图书馆藏。

字体疏源　经部小学类

稿本,北京大学图书馆藏。

颍上职官表 1 卷　史部政书类

清末至民国初抄本,国家图书馆藏。见《贩书偶记》卷 8。

端虚勉一居文 3 卷　集部别集类

(1) 清道光二十年(1840)江阴暨阳书院刻本,国家图书馆藏。

(2)《常州先哲遗书》本。

(3) 上海历史文献图书馆抄本,上海图书馆藏。

(4) 上海书店《丛书集成续编》本。

张彦惟答方彦闻书三篇　集部别集类

海源阁刻本,国家图书馆藏。

萍聚词 1 卷　集部词曲类

张成孙等辑

清嘉庆二十四年(1819)刻本,上海图书馆藏。

赵仁基(1789—1841)

字厚祉,一作厚子,别号悔庐。清阳湖人。申乔五世孙,钟书子。清道光六年(1826)进士。历任江西宜春、崇仁、安徽泾县知县,清道光十四年补涂州(今四川汶川县西南)知州,官至湖北按察使。曾从师李兆洛、陆继辂、吴育、周仪暐等,通经史,工诗。

江水论 1 卷　史部地理类

《国朝文汇》本。

功令文 1 卷　史部政书类　佚

见《清代毗陵书目》卷 2。

九叠山房文集(一作悔庐文集)2 卷　集部别集类　佚

九叠山房诗集 7 卷　集部别集类　佚

和陶诗 1 卷　集部别集类　佚

以上3种见《清代毗陵书目》卷4。

九叠山房诗存1卷　集部别集类　存

《宛上同人集》本。

九叠山房词1卷　集部词曲类　佚

见《清代毗陵书目》卷5。

吴仪澄(1789—1847)

字靖夫，号秋渔。清武进人。士模子。清道光六年(1826)进士，选庶吉士，后知顺天宛平县。曾刊定其父遗稿。

诗经申义10卷　经部诗经类

清吴士模撰　子吴仪澄校刻

(1) 清道光十五年泽古斋刻本，北京大学图书馆藏。

(2) 清光绪十六年(1890)泽古斋重刻本，北京大学图书馆藏。

详见“吴士模”条。

秋渔遗稿　史部政书类　佚

见光绪《武阳县志》卷28，注云“存”。

管贻葄(1789—1848)

字树荃，号芝生。清阳湖人。幹贞孙。清嘉庆十八年(1813)举人，官河南固始知县。工词，与沈三白、刘喜海、李兆洛交往甚密。

裁物象斋诗钞1卷　集部别集类

(1) 清同治三年(1864)管燠龢刻本，南京图书馆藏。

(2) 清光绪二十一年(1895)刻本，常州图书馆藏。

湘雨斋词草1卷　集部词曲类

(1) 清光绪二十一年刻本，常州图书馆藏，与《裁物象斋诗钞》合刻。

(2) 清抄本，福建省图书馆藏。

蓉影词1卷　集部总集类

清管贻莳、董士锡等撰

(1) 清嘉庆二十二年(1817)刻本,国家图书馆藏。

(2) 1922年惜阴堂排印本,上海图书馆藏。

杨士昕(1789—?)

字邵起。清武进人。嘉庆二十四年(1819)举人,官直隶宁津县知县。与董基诚、祐诚称"三才"。长于医,免官后居保定行医。工诗文,善画瓜果,随意挥洒,颇有韵致。亦工词。

蓉影词　集部词曲类

清董士锡、杨士昕等编

(1) 清嘉庆二十二年刻本,国家图书馆藏。

(2) 1922年惜阴堂排印本,上海图书馆藏。

徐　倘(1790—1814)

字儒珍。清阳湖人,徐廷鉴女,周仪颢妻。

幽阁诗草　集部别集类　佚

见道光《武阳合志》卷33。

栖香词　集部词曲类　佚

见《清代毗陵书目》卷5。

吕　福(1790—1819)

字清岩。清武进人。星垣女,同邑江川知县陶郢妻。工诗。

绿云山房诗存　集部别集类　佚

见《历代妇女著作考》引《清闺秀艺文略》。

方履篯(1790—1831)

字彦闻,一字术民,自署江左侨民。清阳湖人,原籍直隶大兴。自幼好学,少长游京师,才识益进。嘉庆二十三年(1818)举人。道光六年

(1826)署福建永定知县，调闽县知县。为学于诗文、经史、天文、地理、氏族、钱币及六书、九章之法、梵夹之典，皆有涉足。所作骈体文，沉博绝丽，格韵韶秀，为嘉庆、道光间骈文作手。诗宗六朝，又喜为长短句。酷嗜金石文字，曾行程万里，搜访金石碑刻，所积近万种，多王昶《金石萃编》、孙星衍《寰宇访碑录》所未载。又精志乘之学。道光十一年，闽县久旱，祷雨时中暑卒。

希姓录1卷　史部传记类

复姓录　史部传记类

以上2种见《清代毗陵书目》卷2，注云："书稿藏其后裔宾穆处。"

(道光)河内县志36卷　史部地理类

清袁通修　方履篯、吴育纂

清道光五年刻本，南开大学图书馆藏。

(道光)永定县志32卷　史部地理类

清方履篯修　巫宜福纂

(1) 清道光十年刻本，天津图书馆藏。

(2) 抄本，福建师大图书馆、福建省图书馆藏。

(道光)武陟县志36卷　史部地理类

清王荣陛修　方履篯纂

(1) 清道光九年刻本，复旦大学图书馆藏。

(2) 清光绪八年(1882)刻本，上海辞书出版社图书馆藏。

(3) 1931年铅印本，中国人民大学图书馆藏。

金石萃编补正4卷　史部金石类

清光绪二十年上海醉六堂石印本，华东师范大学图书馆藏。

渑池新郑鹿邑碑目　史部金石类

(1) 清光绪二十年上海醉六堂石印本，华东师范大学图书馆藏，与《金石萃编补正》合刊。

(2) 辨志书塾抄本，上海图书馆藏，有赵烈文跋。

河内金石记1卷补遗1卷　史部金石类

(1) 清道光五年《河内县志》本，南开大学图书馆藏。

(2) 台北新文丰出版公司《石刻史料新编》本。

泉谱 1 卷　史部金石类　佚

富蘅斋碑目 6 卷　史部金石类　佚

以上 2 种见《清代毗陵书目》卷 2，注云："此书稿藏其后裔宾穆处。"

伊阙访碑录 3 卷　史部金石类　佚

《清代毗陵书目》卷 2 云："吴县朱记荣《国朝未刊遗书志略》作《伊阙石刻录》6 卷。郑叔问言：彦闻壮岁好游嵩岳，恒以拓工自随，所得石墨冷品为多。"

按：清陈寿祺撰墓志铭作《伊阙石刻录》6 卷。

万善花室诗集 4 卷词稿 1 卷　集部别集类

(1) 清道光十一年家刻本，复旦大学图书馆藏。

(2) 清光绪间刻本，南京图书馆藏。

(3) 抄本，上海图书馆藏。

按：梅曾亮撰《方君墓表》云"著诗文词集 13 卷"。

万善花室骈体文钞 1 卷　集部别集类

《国朝十家四六文钞》本。

万善花室文稿　集部别集类

(1) 清道光十一年家刻本，7 卷，天津师范大学图书馆藏。

(2) 清朱印刻本，作 4 卷，南开大学图书馆藏。

(3)《畿辅丛书》本。

(4)《云自在龛丛书》本，作文稿 6 卷，续集 1 卷。

(5) 清光绪十二年(1886)溧阳缪氏小岯山馆刻本，常州图书馆藏，6 卷续编 1 卷附录 1 卷。

(6)《丛书集成初编》本，用《畿辅丛书》本排印。

(7)《续修四库全书》本，据《畿辅丛书》本影印。

(8)《清代诗文集汇编》本。

万善花室词稿1卷　集部词曲类

(1) 清道光八年家刻本,首都图书馆藏。

(2)《云自在龛丛书》本。

(3)《清名家词》本。

吴颉鸿(1790—1838)

原名鸿谟,字嘉之,号笛江。清武进人。道光十三年(1833)进士,历官山西崞县、五台、灵石、临汾诸县知县,平阳府通判等,多善政。工古文及骈俪诗词,名重乡里,与赵申嘉、庄缙度、周仪颢、陆容、徐廷华、汪士进并称"毗陵后七子"。

荃石居类抄9卷　集部别集类

(1) 清咸丰八年(1858)上元吴氏刻本,国家图书馆藏。

(2) 清光绪十六年(1890)浙江小米山庄刻本,常州图书馆藏。

按:本书包括诗7卷、骈体文1卷、词1卷。

荃石居词1卷　集部词曲类

(1) 清咸丰八年上元吴氏刻本,国家图书馆藏。

(2) 清光绪十六年浙江小米山庄刻本,常州图书馆藏。

按:本书即《类抄》之卷9;《全清词抄》卷20著录作2卷,收其词2首,并谓作者为上元人,误。

费庚吉(1790—1842)

字植之,一字迪甫,号耕亭,别号慕韩。清武进人。怀礼孙。嘉庆二十四年(1819)进士,授礼部主事。道光七年(1827)充《大清通礼》纂修官。十七年,补湖广道监察御史,旋改河南汝宁府知府。二十二年,调知开封府,抵任7日后改授福建粮储道,卒于军。笃学工文,官京师20年,时以训导后进为己任,从游甚众。

毛诗约旨30卷　经部诗经类　佚

历代名臣管见录12卷　史部传记类　佚

宗庙时享次第考 4 卷　史部政书类　佚

治汝官书 4 卷　史部政书类　佚

以上 4 种均见《清史列传》卷 76。

墨诀 1 卷　子部工艺类

《逊敏堂丛书》本。

冶经斋稿 1 卷　集部别集类

清同治二年(1863)刻本,常州图书馆藏。

费耕亭诗文集 12 卷外集 1 卷　集部别集类　佚

见《清史列传》卷 76。

邹　澍(1790—1844)

字润安,亦作闰庵。清武进人。汝奎子。家贫,有孝行。刻苦自励,博涉群书,通晓天文推步、地理形势沿革,诗、古文均卓然成家。然不自表露,隐于医以自给。道光元年(1821)诏举山林隐逸,乡人议推荐之,固辞。所著多医书,能深得仲景制方精意,为世人所称。

明典 54 卷(一作明史长编)　史部别史类　佚

见《清代毗陵书目》卷 2。

常州府忠义祠录 5 卷　史部传记类

清道光十四年(1834)刻本,苏州图书馆藏。

医经书目 8 卷　史部目录类　佚

见光绪《武阳县志》卷 28。

本经疏证 12 卷本经续疏 6 卷本经序疏要 8 卷　子部医家类

(1) 清道光二十九年刻本,上海辞书出版社图书馆、常州图书馆藏。

(2) 清道光常州长年医局刻本,国家图书馆藏。

(3) 清道光常州麟玉山房刻本,南京中医药大学图书馆藏。

(4) 清道光刻本,内蒙古中蒙医研究所图书馆藏。

(5) 清咸丰八年(1858)歙县洪氏刻本,天津图书馆藏。

(6) 清咸丰八年日昇山房据常州长年医局刻本重刻本,中国中医科学院图书馆藏。

(7) 清咸丰八年周日新堂刻本,安徽中医学院图书馆藏。

(8) 清咸丰八年常郡韩文焕斋据常州长年医局重刻本,中国中医科学院图书馆、常州图书馆藏。

(9) 清同治十二年(1873)反经堂重刻本,首都图书馆藏。

(10) 清光绪间常州晋升山房刻本,辽宁中医药大学图书馆藏。

(11) 1918年日昇山房石印本,河南中医学院图书馆藏。

(12) 千顷堂书局石印本,南京大学图书馆藏。

(13) 节抄本,南通市图书馆藏。

(14) 1957—1958年上海卫生出版社排印本。

(15) 1959年上海科技出版社排印本。

(16)《续修四库全书》本,据上海辞书出版社图书馆藏本影印。

医书叙录1卷　子部医家类　佚

医经杂说1卷　子部医家类　佚

以上2种见《清代毗陵书目》卷3。

伤寒通解4卷　子部医家类　佚

医理摘要4卷　子部医家类　佚

以上2种见光绪《武阳县志》卷28。

伤寒金匮方解(一作长沙方疏证)6卷　子部医家类　佚

读医经笔记3卷　子部医家类　佚

以上2种见光绪《武阳志余》卷7。

沙溪草堂文集1卷　集部别集类　佚

沙溪草堂杂著1卷　集部别集类　佚

沙溪草堂诗集1卷　集部别集类　佚

以上3种见光绪《武阳县志》卷28。

契桅录4卷　分类未详　佚

见1957—1958年上海卫生出版社排印本《本经疏证、续疏、续疏要》前周仪颢撰《邹润安先生传》。

汤建中(1790—1851)

字德卿,一字允叔。清阳湖人。道光元年(1821)举人,任山东运河同知,补河内县丞。有司旧辖水碓数十座,赖以向百姓敛财。建中尽废禁约,听从百姓取水用。

沁河备览4卷　史部地理类　佚

见《清代毗陵书目》卷2。

筠绿山房诗集4卷词草1卷　集部别集类

(1) 清光绪十九年(1893)刻本,常州图书馆藏。

(2)《清代诗文集汇编》本。

筠绿山房诗草3卷词草1卷　集部别集类

稿本,南京图书馆藏。

筠绿山房杂文8卷　集部别集类　佚

见《清代毗陵书目》卷4,云有刻本行世。未见。

徐象贤(1790—1863)

字庆誉,号棣庭,又号惺甫,清常州人。

鹳阳诗文集　集部别集类　佚

见《清代毗陵书目》卷4。

董祐诚(1791—1823)

初名曾臣,字方立,号兰石。清阳湖人。基诚弟。嘉庆二十三年(1818)举人。少喜文章,善为汉魏六朝之文。曾游陕西,作《西岳华山神庙赋》,名动西安。稍长更肆力于律历、数理、舆地、名物之学,尽通诸家法,而自出新意,终以此消耗精力,年仅33而卒。撰述甚丰,兄基诚裒刻其遗稿为《董方立遗书》。

(嘉庆)长安县志36卷　史部地理类

清张聪贤修　董曾臣纂

（1）清嘉庆二十年刻本，国家图书馆藏。

（2）清同治十二年（1873）补刻本，国家图书馆藏。

（3）1936年铅印本，国家图书馆藏。

（4）台北学生书局《新修方志丛刊》本。

（嘉庆）咸宁县志26卷首1卷　史部地理类

清高廷法、沈琮修　陆耀遹、董祐诚纂

（1）清嘉庆二十四年刻本，北京师范大学图书馆藏。

（2）1936年铅印本，国家图书馆藏。

按：以上2志均为清代名志，梁启超等甚为赞赏。

皇朝一统舆地全图　史部地理类

（1）清道光十二年（1832）阳湖李氏辨志书塾刻本，湖南图书馆藏。

（2）清道光二十一年六严缩摹重刻本，国家图书馆藏。

（3）清咸丰六年（1856）长沙胡氏重刻本，书名作《皇清地理图》，湖南图书馆藏。

按：此图依清康熙、乾隆两朝内府舆图仿绘，以道光二年为断。后有李兆洛附识数条。

水经注图说残稿4卷　史部地理类

（1）《董方立遗书》本。

（2）清光绪六年（1880）会稽章寿康刻本，北京大学图书馆藏。

游牛头山记1卷　史部地理类

《小方壶斋舆地丛钞》本。

三统术衍补1卷　子部历算类

（1）《董方立遗书》本。

（2）《测海山房中西算学丛刻初编·董方立算书》本。

（3）《西学富强丛书》本。

斜弧三边求角补术1卷　子部历算类

椭圜求周术1卷　子部历算类

堆垛求积术1卷　子部历算类

以上三种均有：

(1)《董方立遗书》本。

(2)《董方立算书》本。

(3)《西学大成》本。

割圜连比例术图解 3 卷　子部历算类

(1)《董方立遗书》本。

(2)《董方立算书》本。

(3)《续修四库全书》本，据《董方立遗书》本影印。

五十三家历术 10 卷　子部历算类　佚

见《道光武阳合志》卷 33，云：“祐诚又撰《五十三家历术》，今有录无书。”《清代毗陵书目》卷 8 注明已佚。

董方立文甲集 2 卷乙集 2 卷兰石词 1 卷　集部别集类

(1)《董方立遗书》本。

(2)《续修四库全书》，据《董方立遗书》本影印。

(3)《清代诗文集汇编》本。

兰石斋骈体文钞 1 卷　集部别集类

(1)《国朝十家四六文钞》本。

(2) 清光绪七年刻《后八家四六文钞》本，题名作《董祐诚四六文钞》。

移华馆骈体文 4 卷　集部别集类

清董祐诚、董基诚撰

(1) 清道光六年刻本，内蒙古自治区图书馆藏。

(2)《董方立遗书》本。

(3) 清光绪十四年阳湖刻本，国家图书馆藏。

(4) 2015 年国家图书馆出版社出版《清代家集丛刊》本。

兰石词 1 卷　集部词曲类

(1)《董方立遗书》本。

(2)《清名家词》本。

(3)《广川词录》本。

董方立遗书　丛书类

(1) 清道光十年京都文德斋刻本，南开大学图书馆藏。

(2) 清咸丰、同治间成都重刻本，收书11种，多《移华馆骈体文》和《偶成集》(祐诚次子贻清诗集)2种。上海辞书出版社图书馆、北京大学图书馆藏。

(3) 清光绪间上海制造局重刻本，收9种16卷。北京师范大学图书馆藏。

子目见上。

董方立算书5种7卷　丛书类

(1) 清嘉庆二十四年刻本，复旦大学图书馆藏。

(2) 清道光十年京都文德斋刻本，常州图书馆藏。

(3) 清同治八年成都董贻清重刻本，北京大学图书馆藏。

(4) 清光绪间上海江南制造局重刻本，南京师范大学图书馆藏。

(5)《测海山房中西算学丛刻初编》本。

子目见上。

管遹群(1791—1843)

字兆箴，号椒轩。清武进人。干贞子。道光三年(1823)进士，授户部主事，升郎中。历官贵州粮储道、长芦盐运使、江西按察使、安徽布政使、浙江巡抚等，为官正直，善理冤狱。以劳得暴疾卒。

浙江道光二十三年分题节销年未完县场课并已未完解存解数文册1卷　史部政书类

清管遹群编

清道光二十三年稿本，国家图书馆藏。

管遹群奏稿不分卷　史部诏令奏议类

清抄本，湖南社会科学院图书馆藏。

仙舫漪流室诗钞　集部别集类　佚

见《清代毗陵书目》卷 4。

吴卿弼(1791—1845)

字岩夫,号涤庵,又号伯明。清阳湖人。诸生。喜读书,善篆刻,工词曲及诗古文。

蒉华屋蜕余(一作蒉华屋蜕稿)6 卷　集部别集类

(1) 清光绪十六年(1890)晚香堂刻本,天津图书馆藏。

(2) 清绿丝栏抄本,1 卷,首都图书馆藏。

按:本书卷 1 名《峡琴词》,卷 2 名《蜕香词》,卷 3 名《弹指声》,卷 4 名《双头莲曲》,卷 5 名《催妆曲》,卷 6 名《联句》,乃作者寻常酬应所著诗余楹联也。

蒉华馆诗稿 12 卷　集部别集类　佚

蒉华馆古文 120 篇　集部别集类　佚

以上 2 种见《清代毗陵书目》卷 4。

古文选注 64 卷　集部总集类　佚

见《清代毗陵书目》卷 5。

按:卿弼侄孙赵福俊《涤庵公事略》谓以上 3 种未付梓。

李毓华(1791—1861)

原名颊,榜名毓华,字叶藏,号英望,别号即庵。清武进人,岳生父,兆洛侄。嘉庆二十四年(1819)举人,历官广东四会县知县,署佛山同知。

黄天荡修堤录 2 卷续录 2 卷　史部政书类

李毓华辑　姚信续辑

清光绪七年(1881)刻本,中国人民大学图书馆藏。

按:光绪《武阳志余》卷 7 云:"自明周文襄公筑围成田,民享其利,嗣寖废寖兴。国朝道光间大小堤溃,集资重筑,是编成于此时。首载文襄德政颂及历次修堤碑记、官书条约。……《续录》纪同治季年修堤事。”参见“姚信”条。

陆循应(1791—1870)

字子良。清武进人。耀適长子。官至河南南阳典史。工小词。年80卒。

鸥汀词草1卷　集部别集类

清同治十年(1871)陆承亨刻本,南京图书馆藏。

言启方(？—1842？)

字俣卿,号芝泉。清武进人。道光元年(1821)举人。幼颖悟,读书过目成诵,少年即能文。博览群籍,潜心古学,尤工于诗。曾任知县,因吏事繁忙,恐废学业,遂改任下邳学正。清道光十九年,以老病告归,年余卒。

禹贡注1卷　经部尚书类　佚

见《清代毗陵书目》卷7。

胶莱河运道图说不分卷　史部地理类

抄本,上海图书馆藏。

孟渎图说1卷　史部地理类

稿本,南京图书馆藏。

有竹居诗草不分卷　集部别集类

手定稿本,台湾“中央图书馆”原藏。

有竹居存稿3卷　集部别集类

《友声集》本。

有竹居诗钞2卷二集2卷　集部别集类

(1) 清光绪二年(1876)、五年刻本,北京大学图书馆藏。

(2)《清代诗文集汇编》本。

甲辰稿　集部别集类

2016年学苑出版社《稀见清代四部辑刊》本。

言　雅

字韵卿，言启方女，嫁曹氏，丈夫于清咸丰十年(1860)死于战乱，雅憔悴寡居。

芝香吟草　集部别集类

附于《有竹居诗钞》后刊行

(1) 清光绪二年(1876)刻本，北京大学图书馆藏。

(2)《清代诗文集汇编》本。

(3)《清代闺秀集丛刊》本。

臧　相(1792—1822)

字木斋。清武进人。庸子。道光元年(1821)举人。少承家学，传父业，深通经史，亦工文。

汉学师承记　史部传记类　佚

见《清代毗陵书目》卷2。

恽汇昌(1792—1860)

字子骈，号莼芗。清阳湖人。秉怡次子。增贡生，候选训导。死于清咸丰十年(1860)太平军攻克常州时。

莼芗堂文稿　集部别集类　佚

见《恽氏先世著述考略》。

张绍英(1792—?)

字孟缇。清阳湖人。琦长女，常熟刑部员外郎吴廷鉁妻。幼好学，既长，博览经史，遂传父学。工诗词，与沈湘佩友善，常相唱和。其五言古诗有建安风骨，七古及近体亦不失晚唐风格。张氏四女皆能诗，而孟缇功力尤深。

澹菊轩诗初稿4卷词1卷　集部别集类

(1)《阳湖张氏四女集》本。

(2)《酌古准今》本。

(3)《清代闺秀集丛刊》本。

(4) 2015年中华书局出版《清代闺阁诗集萃编》本。

澹菊轩诗稿1卷　集部别集类

《国朝闺阁诗钞》本。

澹菊轩诗续稿3卷词续稿1卷　集部别集类　佚

底稿本,见《贩书偶记续编》卷18。

国朝列女诗录　集部总集类　佚

张绍英辑

见《清代毗陵书目》卷5。

澹菊轩词1卷　集部词曲类

(1)《阳湖张氏四女集》本,附诗稿后。

(2)《小檀栾室汇刻闺秀词》本。

伍兆灿(1793—1834)

字受堂,一字竹因。清阳湖人。嗣兴子,兆蟠兄。幼年读书于顺天府,成年后曾为绥定郡守端斋幕客。承家学,工诗,而存者甚少。

青爱山房诗抄1卷　集部别集类

民国《毗陵伍氏合集》本。

赵申嘉(1793—1851)

字芸酉。清阳湖人。翼孙。嘉庆二十一年(1816)举人。才华横溢,曾客游粤、楚、燕、豫等地,一时名公巨卿与之交。"毗陵后七子"之一。诗文颇多散佚。

芸酉集3卷　集部别集类

咸丰九年(1859)木活字本,国家图书馆藏。

芸酉诗文遗稿2卷　集部别集类　佚

见《清代毗陵书目》卷 4。

赵申嘉诗余　集部词曲类　佚

见《清代毗陵书目》卷 5。

按:《全清词钞》卷 18 作《芸西诗余》1 卷,收其词 2 首。

董　襄(1793—1862)

字赞卿,一字凤翼,号啸山,清常州人。

岩溪诗草　集部别集类　佚

见《清代毗陵书目》卷 4,注云:"稿本。"

左　昂(1793—1870)

清阳湖人。辅子。

杏庄府君自叙年谱　史部传记类

(1) 清道光年间刻本,上海图书馆藏。

(2)《北京图书馆藏珍本年谱丛刊》本。

按:是谱左辅自编至道光三年(1823),其后由左昂等续成。

章政徽(1794—1856)

字令修。清江阴人,阳湖恽汇昌继室。好诗书,工刺绣。居处俭约,衣多补缀犹不弃。善造酱,其法多独出心裁。年 63 卒。

酱谱 1 卷　子部工艺类　佚

见光绪《武阳志余》卷 7,云:"汇昌刊行之。"

赵　起(1794—1860)

字于冈。清阳湖人。翼孙。道光二十年(1840)举人,以叙劳保至中书。善画,工诗词。平生不求仕进,所居曰约园,以文翰自娱。咸丰十年(1860)太平军攻常州,与邑人偕团练抵抗,城破自杀。室名十二峰山房。

约园藏墨　子部艺术类

清拓本，常州南田纪念馆藏。

约园词稿 13 卷　集部词曲类

咸丰六年自刻本，常州图书馆藏。

按：本书原缺卷 11、12 两卷，其自序亦未说明缘故。

约园词稿 10 卷　集部词曲类

清光绪二十六年(1900)春霭堂刻本，北京大学图书馆藏。

赵起词稿 1 卷　集部词曲类

清道光抄本，上海图书馆藏。

张缃英(1795—1824)

字纬青。清阳湖人。琦次女。年 13 学为诗。既长，诗词俱工，行间有奇气，而多哀怨之音。年 20 嫁江阴章政平。早卒。

纬青遗稿 1 卷　集部别集类

(1)《阳湖张氏四女集》本。

(2)《宛邻书屋丛书》本。

(3)《酌古准今》本。

(4)《粟香室丛书》本。

(5)《江阴丛书》本。

(6)《清代闺秀集丛刊》本。

纬青词 1 卷　集部词曲类

(1)《宛邻书屋丛书》本。附诗稿后。

(2)《小檀栾室汇刻闺秀词》本。

瞿　澄(1795—1860)

原名惇裕，一名鉴澄，字仲恂，号心谷。清武进人。培子。四处游幕，太平军攻陷常州，自尽死。

鸿雪斋尺牍 6 卷　集部别集类

清道光二十二年(1842)富春堂刻本,南京图书馆藏。

鸿雪斋诗文稿　集部别集类　佚

见光绪《武阳县志》卷28。

谢应芝(1795—1862)

字子阶,号浣村,晚号蒙泉子。清阳湖人。清嘉庆间廪贡生。工诗古文辞,精研经学,尤推尊汉儒,而立身行事,则一本宋儒。

书义　经部尚书类　佚

诗义　经部诗经类　佚

王荆公诗义　经部诗经类　佚

诗地理考　经部诗经类　佚

夏小正观义　经部大戴礼记类　佚

春秋义经部　经部春秋总义类　佚

以上6种均见光绪《武阳志余》卷7。

会稽山斋经义1卷　经部群经总义类

《会稽山斋全集》本。

元史义　史部正史类　佚

见《清代毗陵书目》卷2。

续古今人表　史部史表类　佚

见光绪《武阳志余》卷7。

顾孝子素行录　史部传记类

谢应芝辑

《毗陵谢氏丛书》本。

旅史　史部传记类　佚

郡国方舆通释　史部地理类　佚

以上2种见光绪《武阳志余》卷7。

蒙泉子1卷　子部杂学类

《会稽山斋全集》本。

会稽山斋文12卷诗5卷　集部别集类
会稽山斋文续6卷诗续1卷　集部别集类
会稽山斋词1卷　集部词曲类

以上3种均有《会稽山斋全集》本，常州图书馆藏。

唐文类纂　集部总集类　佚
诗说12卷　集部诗文评类　佚

以上2种见光绪《武阳志余》卷7。

会稽山斋全集27卷　丛书类

光绪十四年(1888)刻本，常州图书馆藏。

子目见上。

会稽山斋先生全集　丛书类

(1) 光绪间子谢绍安重刻本，常州图书馆藏。

(2)《清代诗文集汇编》本。

收5种、22卷。

子目：

《会稽山斋文》12卷

《会稽山斋诗》5卷

《会稽山斋词》1卷

《经义》50首

《蒙泉子》3卷

刘承宽(1796—1853)

字子容。清武进人。逢禄长子。嘉庆二十一年(1816)举人。考授咸安宫官学教习。分发山西，历署朔州、孝义知县，任陵川、安邑知县。为官清廉，有政声。室名味经斋。

辑古今四声通转略1卷　经部小学类　佚
容庵诗文稿　集部别集类　佚

以上2种见《西营刘氏先世著述考》《清代毗陵书目》卷1、4。

张　钺(1796—1853)

原名映辰，字子扬，号鲁斋，又号鲁农。清武进人。邑庠生。

禹贡精义新参　经部尚书类

清道光十九年(1839)刻本，常州图书馆藏。

按：光绪《武阳志余》曰："是书以胡氏《禹贡锥指》仅按国初郡邑，且卷帙浩繁，初学苦之。为约举其义。合以新增郡邑，以便蒙读。"

汪士进(1796—1858)

字逸云。清武进人。道光二十三年(1843)举人。以文章名世，擅长诗词，曾任延陵书院山长。著述等身，多毁于战乱。

汪逸云先生时文抄　集部别集类

不远复斋清光绪七年(1881)刻本，上海图书馆藏。

鬘云轩文稿 2 卷诗稿 4 卷　集部别集类　佚

见《清代毗陵书目》卷 4，注云："《粟香五笔》作《采真舍集》，未刊。"

鬘云轩词 2 卷　集部词曲类

清同治十一年(1872)都门刻本，上海图书馆藏。

听雨词 1 卷　集部词曲类

清张曜孙辑刻《同声集》本。

陈　森(约 1796—约 1870)

一作陈森书。字少逸，号采玉山人。清常州人。早年科举不得志。道光三年(1823)游京师，次年入兵部尚书汪氏幕中。常出入青楼，搜集异闻，创作传奇小说。

品花宝鉴 60 回　子部小说类

(1) 清道光二十九年(1849)幻中了幻斋刻本，复旦大学图书馆藏。

(2) 清咸丰二年(1852)刻本，河南大学图书馆藏。

(3) 清光绪三十四年(1908)石印本，北京大学图书馆藏。

(4) 朱丝栏抄本，清华大学图书馆藏。

(5) 1913年石印本，作《燕京评花录》，天津图书馆藏，此书有2000年中国戏剧出版社《传世孤本珍稀小说》本。

(6) 民国铅印本，又名《怡情佚史》，辽宁图书馆藏。

(7)《申报》馆排印本。

(8) 1987年北京文学古籍刊行社影印本。

(9) 民国铅印本，复旦大学图书馆藏，题作《都市新谈》。

按：此书以梅子玉和男伶杜琴言的同性恋情为中心线索，摭集青楼、里巷见闻而成。先成前30回，森出京漫游，道光二十九年回京，续成后半。越三年而有刻本。民国初，坊间出现石印本，易名《燕京评花录》6卷，后又有翻印本，改名《怡情佚史》。

梅花梦传奇2卷　集部词曲类

(1) 稿本，国家图书馆藏。

按：上有吴企宽、庄缙度、刘沅、孙昭、冒广生、邓裕厘、庄蕴宽等题诗，魏德音题词，张盛藻跋。

(2) 1921年诗盦石印本，北京大学图书馆藏。

魏　襄(？—1846)

字赞卿，号曾颂。清武进人，寄籍大兴。元子。嘉庆十年(1805)进士。历知河南永宁、洛阳、山东招远、惠民等县，擢江西广饶九南道，改甘肃平庆泾道。后入朝为太仆寺少卿。文章渊雅，尤长于词。承家学而邃于医。

(嘉庆)洛阳县志60卷　史部地理类

清魏襄修　陆继辂纂

(1) 清嘉庆十八年刻本，北京师范大学图书馆藏。

(2) 1916年石印本，华东师范大学图书馆藏。

蓉影词1卷　集部词曲类

清董基诚、魏襄等辑

(1) 清嘉庆二十二年刻本,国家图书馆藏。

(2) 1922 年惜阴堂排印本,上海图书馆藏。

按:《全清词抄》卷 16 收其词 3 首。

樽酒词 1 卷　集部词曲类

(1) 清嘉庆二十二年刻本,上海图书馆藏。

(2) 清刻本,南京图书馆藏。

钱　湘(1797—1822)

字季蘋。室名绿梦轩。清武进人。适女,湖北按察使阳湖赵仁基继妻。幼入家塾,随诸兄读五经四子书。年 23 适赵氏。贤慧体弱,婚后 4 年卒。诗作思致清逸,尤喜填词,所诣远出诗上。

绿梦轩乐府　集部别集类　佚

见道光《武阳合志》卷 33。

绿梦轩遗词 1 卷　集部词曲类

《小檀栾室汇刻闺秀词》本。

汤用中(1797—1850)

字芷卿,号亮甫。清阳湖人。道光十九年(1839)乙榜进士。曾任扬州盐官及知县等职。工文。

翼驷稗编 8 卷　子部小说类

(1) 清道光二十八年刻巾箱本,华东师范大学图书馆藏。

(2) 清道光二十九年刻本,南京图书馆藏。

(3) 清同治八年(1869)刻本,有武进徐廷评,常州图书馆藏。

(4) 1915 年国学维持社铅印本,上海图书馆藏。

(5)《笔记小说大观》本。

(6) 2017 年文物出版社《稀见笔记汇刊》排印本。

续聊斋志异 4 卷　子部小说类

清汤用中撰　徐廷华评

清末铅印本，首都图书馆藏。

养不知斋稿　集部别集类　佚

见《清代毗陵书目》卷8。

庄若韫(1797—1852)

清武进人。善宝女。福建台湾府台湾县知县管裕畴妻。

遗徽集　集部别集类　佚

见光绪《武阳志余》卷7。

汪　暕(1797—1858)

字仲穆，别号淡余。清阳湖人。昉兄。道光十四年(1834)举人。淡于荣利，不求仕进，常居京师教授弟子。诗宗陶韦，篇帙无多，而意境甚高。

淡余诗钞(一作淡余诗略)3卷　集部别集类

清咸丰八年(1858)刻本，常州图书馆藏。

高承钰(1797—?)

字式之。清阳湖人。荃子。诸生。受业于李兆洛之门。能文，虑事精敏。经战乱因伤病废，遂自号半士。

半士吟1卷半士吟稿1卷　集部别集类

清同治二年(1863)刻本，南京图书馆藏。

李养一先生文集24卷石经考1卷端溪砚坊记1卷　集部别集类

清李兆洛撰　高承钰编

清咸丰元年至三年(1851—1853)维风堂刻本，上海图书馆藏。

刘承宠(1798—1827)

字麟石，一字子中。清武进人。逢禄次子。嘉庆二十四年(1819)举人。官知县。才藻绝世，力学嗜古。英年遽卒，士论惜之。

麟石诗文钞2卷　集部别集类

为《刘礼部集》卷12附录。参见“刘逢禄”条。

庄与龄(1798—1846)

原名长龄。字寿朋,号菊溪。清武进人。附监生。以子贵诰封奉政大夫。

秀水诗集　集部别集类　佚

见《清代毗陵书目》卷4。

刘养浩(1798—1871)

原名学于,字宝如,号淡庵。清武进人。可毅祖父。邑增生。

蓼花村题壁吟　集部别集类　佚

淡庵遗训　集部别集类　佚

以上2种见《清代毗陵书目》卷4。

徐嵩生(1798—1876)

初名兴澍,字申甫,号蔗汀。清武进人。道光十四年(1834)河南榜举人,二十五年进士。曾任编修、广东肇庆知府。

吏箴2卷　史部政书类　佚

见《清代毗陵书目》卷7。

张纶英(1798—?)

字婉紃。清阳湖人。琦三女,同邑监生孙劼妻。幼与诸姊妹共学诗,宗汉魏,不为绮丽语。年31,二姐早逝,为排遣哀思,乃悉力学书。能作寻丈巨幅大字,刚健沉毅,为诸名家称许。外国使者往往购之以归。诸甥侄皆从之学书,得其所传。琦晚年买宅里中,遗命纶英佐弟曜孙理家务。家无余资,生计艰难,赖纶英擘画有方,未尝匮乏。

绿槐书屋诗初稿2卷附录5卷　集部别集类

(1) 清道光二十七年(1847)隶华馆刻本,北京大学图书馆藏。

(2)《阳湖张氏四女集》本。

(3)《清代闺秀集丛刊》本。

按:《附录》5卷:卷1、2为纶英49岁时诸亲友所赠寿辞;卷3、4为弟曜孙辑纶英所画《肄书图》诸家题辞;卷5为其丈夫49岁逝世后诸家悼念文字,如传略、象赞、哀辞。

绿槐书屋诗稿3卷　集部别集类

清同治七年(1868)重刻本,常州图书馆藏。

按:后有杨金鉴跋,谓原编2卷,咸丰初毁于兵火。同治七年,吕寯孙于陕中觅得原刊本,为重刻之,益以近作1卷,而续题诸词附焉。时纶英年逾七十,犹健朗不衰。

国朝闺阁诗钞一百种　集部总集类

清张纶英等编

清同治十三年嫏嬛别馆刻本,国家图书馆藏。

丁嘉葆(?—1848)

字诵孙。清武进人。履恒子。道光十八年(1838)进士,选庶吉士,散馆授编修,擢侍读,充日讲起居注官,升左庶子。二十六年视学贵州。二十八年按试石阡,以暑疾卒。诗承家学,早岁即裒然成集,通籍后造诣益纯。于学无所不窥,尤嗜金石文字。

金石林时地考2卷寒山金石林部目1卷　史部金石类

明赵均撰　清丁嘉葆校藏

旧抄本,美国国会图书馆藏。

按:《金石林时地考》有《四库全书》本、《粤雅堂丛书》本,《寒山金石林部目》有《晨风阁丛书》本,文字与旧抄本有出入。见《中国善本书提要》。

历代金石分域编　史部金石类　佚

见《清代毗陵书目》卷2。

丁嘉葆日记　史部传记类

（1）抄本，国家图书馆藏。

（2）《历代日记丛抄》本。

（3）凤凰出版社2013年版《常州历史文献丛书》第一辑《晚清常州名贤日记四种》本。

澄园日札　子部小说类　佚

见《清代毗陵书目》卷3。

庄缙度(1799—1858)

字景裴，一字伯邕，号眉叔、枚叔，别号伽龄居士、黄雁山人。清阳湖人。道光十六年(1836)进士。授户部主事，河南、广西司行走，加员外郎衔。朝考入选，未用。时京官有发河工学习之例，缙度以发河朝满，改山东曹州府曹河同知、署兖州府运河同知。工诗词，善楷书。

黄雁山人诗录　集部别集类

（1）稿本，4卷，国家图书馆藏。

（2）稿本，首都图书馆藏，存卷17—18，另一残卷，有佚名圈点，有浮签。

黄雁山人诗录1卷诗余1卷文1卷　集部别集类

稿本，南京图书馆藏。

按：扉页有“癸巳八月初六日汤用中拜读于皖江臬署”数字。卷首有“迦龄居士”“枚叔”二章。全稿有作者亲笔修改多处。诗稿卷首原题“迦龄集第二十四卷”，墨笔钩去，改为“黄雁山人诗录卷”。诗余卷首题“迦龄集诗余二”。文前无标题。前后不一，似非定稿。

迦陵庵诗钞1卷　集部别集类

《宛上同人集》本。

黄雁山人集（一作伽林集）　集部别集类　佚

见《清代毗陵书目》卷4。原注：《粟香五笔》云：“得其《伽林集》十七卷。”书名与此不同。

黄雁山人词 4 卷　集部词曲类

云轮阁抄本，北京大学图书馆藏。

吴应台(1799—1859)

字六府，号涵芙，清阳湖人。琦子。道光十九年(1839)举人。曾任河南内乡知县。

金丝桃馆诗集 4 卷　集部别集类　佚

见光绪《武阳志余》卷 7。

庄　敏(1799—1860)

原名孟绵，字喋缘，一字蝶园。清武进人。颖曾子。弱冠举秀才。幼承家学，精熟《诗经》《晋书》，尤工诗。与洪龂孙、汤成烈、杨承造等相友好。一子早夭，旋复丧偶。屡试不第。后多次受直省学使聘请，得游览山川，选拔材艺，结识良朋。太平军攻常州，参与守城，城破自杀。

晋隽　史部典故类　佚

见光绪《武阳志余》卷 7。

按：清汤成烈《蝶缘庄君传》曰："君尝采《晋书》分类集录，谓之《晋隽》。末复附采范书、《南史》，以赫蹏小字书携巾箱，供士林之玩。"

蝶园诗钞　集部别集类　佚

见光绪《武阳县志》卷 7。

庄延准(1799—1860)

字之久，后改名国勋。清武进人。恽敬婿。后纳粟为监生，屡困省试，遂绝意进取。穷研经史，治古文辞益工，然不轻以示人。以经学教后进，循循善诱，反复譬解，时称名师。太平军攻入常州，死于战乱。

左氏春秋辨正　经部春秋左传类　佚

实事求是斋文稿　集部别集类　佚

以上 2 种见光绪《武阳志余》卷 7、《庄氏族谱》卷 16 下。

陈蕴莲(1799—1869)

字慕青，号蓉江女史。清江阴人，阳湖左晨妻。能诗，善画花鸟。同晨至天津为官，以诗画相切磋，一时有“赵管”之誉。

信芳阁诗草 5 卷　集部别集类

清咸丰元年(1851)刻本，复旦大学图书馆藏。

按:《历代妇女著作考》云:“前有潘素心女史序、兄祖望序及自序，后有其夫左晨跋，凡诗四卷。又重印本补第五卷，增方廷瑚、萧德宣序。”又引《名媛诗话》云:“慕青集中，杰作颇多，诗书画皆臻神妙。伉俪情笃，宦隐津门。”

信芳阁诗余 1 卷　集部词曲类

清咸丰元年刻本，复旦大学图书馆藏。

汪　昉(1799—1877)

字叔明，一作菽民、叔民，别号菽翁、艺民、啜菽老人、梦衲庵老人。清阳湖人。暕弟。道光二十五年(1845)举人。咸丰三年(1853)大挑知县，发山东，借补布政司经历，旋补济阳同知，改莱州府同知，不数年以老乞归。工诗，善书画，与兄齐名。其画苍劲古雅，直窥宋元诸大家。

梦衲庵诗偶存 1 卷　集部别集类

清光绪十年(1884)鄂城刻本，常州图书馆藏。

汪昉书札　集部别集类

清粘贴本，国家图书馆藏。

梦衲庵诗抄 2 卷　集部别集类　佚

见《清代毗陵书目》卷 4，注云“存”。

梦衲庵集　集部别集类　佚

见光绪《武阳县志》卷 28，注云“存”。

刘绍凯(1800—1845)

字伯原,号博园。清阳湖人。用和长子。监生。

晓兰诗文抄　集部别集类　佚

见《清代毗陵书目》卷4。

须弥保(1800—1859)

字芥安。清阳湖人。

尘不到斋诗稿1卷　集部别集类

(1) 清道光间原刻本,常州图书馆藏。

(2) 清咸丰间刻本,南京图书馆藏。

费伯雄(1800—1879)

字晋卿,号砚云子。清武进孟河人。文纪子。孟河名医代出,费氏业医,至伯雄已历七世。道光十二年(1832)贡生,无意做官,秉承家业专攻医术,悉心参究《素问》《灵枢》及仲景以下诸名医著述,在脉理方面造诣极深,又擅治杂症,医名传播大江南北,活人甚多。《清史稿》称"清末江南诸医,以伯雄最著"。

医醇剩义4卷附医方论4卷　子部医家类

(1) 清同治二年(1863)序刻本耕心堂藏板,国家图书馆藏。

(2) 清同治四年广州登云阁刻本,广东省立中山图书馆藏。

(3) 清同治四年刻本,苏州大学医学院图书馆藏。

(4) 清光绪三年(1877)刻本,国家图书馆藏,《费伯雄医书二种》本。

(5) 清光绪十四年上海扫叶山房刻本,中国科学院国家科学图书馆藏。

(6) 清光绪二十年上海图书集成印书局铅印本,中国中医科学院图书馆藏。

(7) 清光绪二十五年上海锦章书局石印本，贵阳中医学院图书馆藏。

(8) 清光绪二十七年上海书局石印本，中国中医科学院图书馆藏。

(9) 清光绪三十四年上海广益书局石印本，中国中医科学院图书馆藏。

(10) 清光绪刻本，四川省图书馆藏。

(11) 清刻本，中国科学院国家科学图书馆藏。

(12) 1912 年耕心堂铅印本，上海图书馆藏。

(13) 1913、1917 年上海萃英书局石印本，南京图书馆藏。

(14) 1936、1941 年中国文学书局铅印本，辽宁省图书馆藏。

(15) 抄本，新疆医科大学图书馆藏。

(16)《费氏全集》本。

(17) 上海科学技术出版社 1959 年排印本。

按：据伯雄自序称，本书原著为 24 卷，系将数十年临证心得笔之于简，都为一集。后因战事，坊刻及家藏副本大部毁于火，乃追忆录出，编成此 4 卷本。

食鉴本草 1 卷　子部医家类

(1)《珍本医书集成》本。

(2)《费氏食养三种》本。

(3) 清光绪九年刻本，天津中医药大学图书馆藏。

(4) 抄本，上海辞书出版社图书馆藏。

本草饮食谱 1 卷　子部医家类

清费伯雄辑

《费氏食养三种》本。

医方论 4 卷　子部医家类

(1) 清同治四年刻本，北京中医药大学图书馆藏。

(2) 清同治五年耕心堂刻本，天津中医药大学图书馆藏。

(3) 清光绪三年刻本，国家图书馆藏，《费伯雄医书二种》本。

(4) 清光绪十四年上海扫叶山房刻本,中国中医科学院图书馆藏。

(5) 清光绪二十七年上海书局石印本,天津医学大学图书馆藏。

(6) 清末铅印本,国家图书馆藏。

(7) 1936 年上海文瑞楼书局石印本,成都中医药大学图书馆藏。

(8) 1936、1941 年上海中国文学书局铅印本,成都中医药大学图书馆藏。

(9) 民国铅印本,南京图书馆藏。

(10) 萃英书局石印本,广东省立中山图书馆藏。

(11) 抄本,黑龙江中医药大学图书馆藏。

(12) 石印本,扬州市图书馆藏。

(13) 1983 年中医古籍出版社影印本。

(14)《费氏全集》本。

怪疾奇方 1 卷　子部医家类

(1) 清光绪十年众宝室刻本,天津中医药大学图书馆藏。

(2) 1929、1937 年上海中医书局铅印本,中国中医科学院图书馆藏。

费伯雄医案　子部医家类

(1) 清张庚薇抄本,题《费伯雄先生医案》,上海图书馆藏。

(2) 1916、1917 年上海萃英书局铅印本,中国科学院上海生命科学信息中心生命科学图书馆藏。

孟河费氏医案　子部医家类

清费伯雄、费纯甫撰

1964 年上海科学技术出版社铅印本。

内经摘要 1 卷　子部医家类

清光绪三十一年鹅溪菊轩氏抄本,中国中医科学院图书馆藏。

药性摘录 1 卷食物 1 卷　子部医家类

清费伯雄签定

京江文成堂清光绪刻本,上海图书馆藏。

增评医方集解　子部医家类

清汪昂辑　费伯雄评

(1) 清光绪二十二年上海图书集成印书局铅印本,湖南图书馆藏。

(2) 清光绪三十年上海周月记书局石印本,湖南图书馆藏。

(3) 上海共和书局1914年铅印本,上海图书馆藏。

费批医学心悟　子部医家类

清程国彭撰　费伯雄批注

1939年人文印书馆铅印本,天津市医学科学技术信息研究所藏。

古今千家名医万方类编30卷　子部医家类

上海六艺书局刻本,泸州市图书馆藏残本。

文氏医方汇编十种　子部医家类　佚

清费伯雄编

见《清代毗陵书目》卷3。

咽喉脉证通论1卷　子部医家类

见《江苏历代医人志》,注谓系审定宋僧缺名之藏本,内附《喉痧正的》《急救喉疹要法》。

留云山馆文抄1卷诗抄2卷　集部别集类

留云山馆诗醇24卷　集部诗文评类

以上3种有《费氏全集》本。

留云山馆偶存2卷　集部别集类

清同治二年刻本,厦门大学图书馆藏。

留云山馆诗余1卷　集部词曲类

《费氏全集》(民国本)。

费氏全集(一作费伯雄先生医书)　丛书类

(1) 清同治二年武进费氏耕心堂刻本,国家图书馆藏。

(2) 清光绪二十七年上海书局石印本,中国中医药大学图书馆藏。

(3) 1912年孟河费氏耕心堂排印本,常州图书馆藏。

子目见上。

许　棫(1800—1881)

字太眉，一字梦西，自号三檀老翁。清阳湖人。沅子。诸生。九赴乡试不中。咸丰元年(1851)荐举孝廉方正，辞不就。主讲道南书院十余年。工诗，精小学。诗体苍劲，风格遒上。

经义札记　经部群经总义类　佚

见光绪《武阳志余》卷7。

读说文杂识1卷　经部小学类

(1) 清光绪七年(1881)刻本，常州图书馆藏。

(2)《许学丛书》本。

(3)《丛书集成初编》本。

按：据清恽祖翼跋，是书为许氏80岁后著作，门生冯銈得手稿而传之。

重修马迹山志8卷首1卷　史部地理类

清许棫等纂修

(1) 清光绪六年木活字本，常州图书馆藏。

(2)《中国佛寺志丛刊续编》本。

(3)《无锡文库》本。

按：马迹山，简称马山，雄峙太湖中。山志此前凡四修，后俱佚。光绪六年，许棫恐"旧稿散佚，新迹日淹"，于是搜集资料，编为此书。内容有马迹山全图、马迹总记、湾名总记、峰岭(泉、石附)、河港(津渡、桥梁附)、赋役、户口、风俗、物产、灾异、祠祀(寺观附)、古迹、冢墓、科举、仕宦(杂宦附)、人物等。记事至光绪五年。此书以山名志，实为地方小志。

读韩文札记　子部杂学类　佚

见光绪《武阳志余》卷7。

楹语偶存1卷　集部别集类

清光绪刻本，常州图书馆藏。

东夫山堂诗选8卷附三橿老屋词4卷　集部别集类

清许棫撰　冯銈选

清光绪十三年庄毓鋐刻本,常州图书馆藏。

东夫山堂诗稿6卷　集部别集类

抄本,南京图书馆藏。

东夫山堂诗集16卷　集部别集类　佚

以上2种见光绪《武阳志余》卷7。

张纨英(1800—?)

字若绮。清阳湖人。琦四女,太仓王曦妻。早寡,依弟曜孙居。张氏诸女皆以才名闻于世,而纨英既善诗文,复擅书画,尤工篆法,为世所称。

餐枫馆文集2卷　集部别集类

(1)《阳湖张氏四女集》本。

(2)《阳湖张氏四女集》抄本,上海图书馆藏。

(3)《清代闺秀集丛刊》本。

按:卷1载序传表记哀辞19首,卷2为"国朝列女诗传"47首。

邻云友月之居诗初稿4卷　集部别集类

(1)《阳湖张氏四女集》本。凡诗213首,附录71首。

(2)《阳湖张氏四女集》抄本,上海图书馆藏。

餐枫馆词　集部词曲类　佚

见《全清词钞》卷33,收其词2首。

许亮弼

清武进人。

周易虞义直解11卷　经部易类

清咸丰五年(1855)轩溪书屋刻本,苏州大学图书馆藏。

吴颐庆

字少苑。清阳湖人。诸生。深通堪舆之学。

地理体用合编 4 卷　子部术数类

清林士恭、吴颐庆合撰

清同治元年(1862)金陵坊刻本,国家图书馆藏。

按:本书亦名《地理全体大用合编》。卷 1 至卷 3 名《地理全体》,为怀远林士恭撰,吴颐庆订补;卷 4 名《地理大用》,为吴颐庆撰。

段希孟

字齐贤。清武进人。玉振子。幼丧父,事母孝,刻苦攻读。及长,深研中医幼科,晚年综合生平心得,纂成《痘疹心法》一书。

痘疹心法 12 卷首 1 卷　子部医家类

(1) 清光绪二十一年(1895)刻本,常州图书馆藏,5 卷。

(2) 清光绪二十五年活字本,常州图书馆藏。

按:卷首有崔征彦撰家传及《痘疹碎金赋》。正文包括总论、发热、出见、起发、成实、收靥、落痂、余毒等篇,并有歌括 203 首及古今验方。

念莪斋诗草 4 卷　集部别集类　佚

见《清代毗陵书目》卷 4。

崔曾益

一名曾颐,字仲迁,号云龛。清阳湖人。清道光二十三年(1843)举人。官至浙江通判。

(同治)续猗氏县志 4 卷　史部地理类

清周之桢修　崔曾颐纂

(1) 清同治六年(1867)刻本,上海图书馆藏。

(2) 清光绪六年(1880)重印本,上海图书馆藏。

拜石山房词　集部词曲类　佚

见《清代毗陵书目》卷 5。

按:《全清词抄》卷 22 收其词 4 首。

陈肇镛

字子俶。清武进人。明善曾孙。道光十七年(1837)举人。官至河南知府,卒于任。嗜金石图籍,收藏甚富,精于鉴赏。著名"龙门二十品"即肇镛所录。

梅花书屋藏临帖　子部艺术类

清陈肇镛编刻

清同治八年(1869)刻本。

刘帖　子部艺术类　佚

清刘墉书　陈肇镛刻

见《清代毗陵书目》卷 3。

曹乐斋

清武进人。医家。曾录《素问》有关运气之论,列司天、在泉、客主加临诸图数十幅,按值年用药,编成歌括。

仲景全书运气掌诀录(简称运气掌诀录)1 卷　子部医家类

(1) 清光绪二十年(1894)成都邓氏崇文斋刻本,上海图书馆藏。

(2) 1929 年上海受古书店石印本,南京图书馆藏。

(3) 石印本,天津中医药大学图书馆藏。

(4)《仲景全书》本。

(5)《张仲景医学全书》本。

吴斐融

字仲山。清阳湖人。云上子,斐有弟。世业医,嗣父兄业,精外科,与费伯雄同时齐名。尝捐饷得二品衔,年 80 余卒。

吴斐融医案　子部医家类

抄本，常州戚墅堰医院何炜文藏。

真　嵩

一字普能。清武进人，天宁寺住持。早年通宗乘，晚年修净业，禅、净兼修，洞明公案，戒律精严。

佛说阿弥陀经摘要易解 1 卷　子部佛教类

(1) 清光绪五年(1879)钱塘灵虚等刻本，上海图书馆藏。

(2) 1923 年上海涵芬楼影印本，上海图书馆藏。

净土诗 1 卷　集部别集类

清释真嵩撰　释德润录

(1) 清同治七年(1868)杨日昇刻本，南京图书馆藏。

(2) 钱塘灵虚等清光绪五年刻本，上海图书馆藏。附于《佛说阿弥陀经摘要易解》后。

(3) 清光绪五年杭州刻本，北京大学图书馆藏。附于《佛说阿弥陀经摘要易解》后。

净土诗 1 卷附临终舟楫要语 1 卷　集部别集类

三余堂丛刻本。

沈　凤(？—1852)

字香卿。清武进人。宜黄陈偕灿(1790—1861)妻。陈偕灿，工诗与骈体文，有《鸥汀渔隐诗集》。

琴韵阁遗草 1 卷　集部别集类

(1) 清道光二十年(1840)附于忏琴阁刻《鸥汀渔隐诗》，清华大学图书馆藏。

(2) 清咸丰三年(1853)季夏小维摩室刻本，上海图书馆藏。前有其夫所作序及自序，末附《悼亡诗》1 卷。

(3)《清代诗文集汇编》本。

钱　瑗

字浣生，一字玉瑗。清云南昆明人，寄籍宛平。符祚女，工部主事武进苏寿鼎妻。工诗能画，尤善填词。

冷红小榭诗草　集部别集类

蔡殿齐编《国朝闺阁诗钞续编》本，清同治十三年(1875)嫏嬛别馆刻本，收诗20首，国家图书馆藏。

小玲珑舫词稿1卷　集部词曲类　佚

见《历代妇女著作考》卷19，云："番禺叶氏藏有抄本。凡词五十八阕，前有蒋萼序。"

钱衡龄

字蘅舲。清丹徒人。玺三女。随父流寓湖湘，适武进刘廷冕。廷冕负才未试，夫妇侍父于武陵七载，相得甚欢。道光十四年(1834)父卒，逾年夫又卒。茕茕无依，寄人篱下，含荢茹苦，抚育孤儿。其诗风格清新，感情深挚。

霜月吟2卷　集部别集类

清道光二十年黄本骥虎痴刻本。

按：是集由衡龄亲戚黄本骥摘感述诗"斜月满阶霜满地"句名其集曰《霜月吟》，并携至学署付梓。《西营刘氏著述考》误作《露月吟诗钞》。

程兆洛

原名绍洛。清武进人。一飞孙，甸芳次子。约清道光时人。副贡生。以学行称，事亲惟谨。

秋园遗草　集部别集类　佚

见《清代毗陵书目》卷4。

程兆和

字香谷，一字凤喈。清武进人。一飞孙，甸芳三子。与兄兆丙、兆洛皆以学行称，事亲孝谨。道光十五年(1835)举人。大挑一等，官安徽阜阳县知县。有政声。精医，工词，能文章。

伤寒温病异同辨　子部医家类　佚

见《清代毗陵书目》卷3。

香谷诗文钞　集部别集类　佚

见《清代毗陵书目》卷4，注云"存"。

桐隐词稿(一作春谷词)1卷　集部词曲类　佚

见光绪《武阳县志》卷28。

按：《全清词钞》卷20收词一阕。

谈　沄

字云西，号鸿儒。清阳湖人。道光八年(1828)举人，官四川垫江知县。工词。

云西词1卷　集部词曲类　佚

见《清代毗陵书目》卷5。

按：《全清词钞》卷19收其词2首。

李　湰

字听涛，别号六八翁。清武进人。与麋澳同以宜兴羽士潘元仁为师。工人物山水，笔势秀逸。

阴骘文全图　子部艺术类　佚

见《毗陵画征录》。

陆鼎晋

字康侯。清武进人。道光间诸生。性淡泊，工诗文。

茶巢词1卷　集部词曲类

见《清代毗陵书目》卷5。

按:《全清词钞》卷20作《茶巢小隐词》,收其词1首。

法履端

字启元。清武进人。惠子。继祖业,行医闻世。

脉法金针1卷　子部医家类　佚

见光绪《武阳县志》卷28。

邵文卓

字向如。清武进人。业医,善治小儿痧痘。年80卒。

痢疾辨　子部医家类　佚

见道光《武阳合志》卷29《人物志》本传。

沈端明

字朗园。清阳湖人。诸生。

朗园小草　集部别集类　佚

见《晚晴簃诗汇》卷99。

陈景蕃

字君仲,号讱斋。清武进人。诸生。博览群书,潜心理学。

四书辑略　经部四书类

识小录　子部杂学类

圃田日记1卷续录1卷　子部杂学类

以上三种稿本,台湾"中央图书馆"藏。

讱斋随笔　子部杂学类　佚

见光绪《武阳县志》卷28。

毛景昌

字介侯。清武进人。儿科医家毛凤彩孙。初学儿科，后习方脉。深明医理，治大症辄奏效。

医论　子部医家类　佚

见光绪《武阳县志》卷28。

金　璋

字锡瓒，号逸溪主人。清武进人。乐善好施。岁灾，出储粟赈济，不足则卖田。倡建书院、义学，又施舍医药棺木，家因而中落亦不悔。

逸溪主人自序1卷　集部别集类　佚

自怡诗草4卷　集部别集类　佚

以上2种见《清代毗陵书目》卷4，注："未刻。"

吴鼎成

清武进人。诸生。

吴秀才诗文稿10卷　集部别集类　佚

见《清代毗陵书目》卷4。

徐　瑛

清常州人。

芳荪书屋诗文集　集部别集类　佚

见《清代毗陵书目》卷5。

段殿元

清武进人。

晚香室诗钞4卷　集部别集类

见光绪《武阳县志》卷28。

虞青选

清武进人。

周易消息图解　经部易类　佚

见《清代毗陵书目》卷1。

沈素言

清武进人。

野堂诗钞6卷　集部别集类　佚

见道光《武阳合志》卷33，注："是集《梦怀草》《行路草》《归来草》《市门草》《隙驹草》《高斋草》。"

李振先

清武进人。

四书管窥　经部四书类　佚

拙存斋集　集部别集类　佚

以上2种见《清代毗陵书目》卷1。

蒋国佐

清武进人。医家，能治疑难杂症。

岐素精诠　子部医家类　佚

见道光《武阳合志》卷33。

庄　泰

清武进人。

里庵集　集部别集类　佚

见《清代毗陵书目》卷4。

吴懋济

清武进人。

群经通诂 50 卷　经部群经总义类　佚

两汉书地志集证 25 卷　史部正史类　佚

以上 2 种分见《清代毗陵书目》卷 1、2。

庄如珠

清武进人。文和长女。县丞常熟蒋继鳌妻。

凝晖楼稿　集部别集类　佚

见光绪《武阳志余》卷 7。

程闺贞

字梅雪。清武进人。父疾割股和药以进，竟以此致疾而殁，年 20。

竹篱茅舍诗词遗稿　集部别集类　佚

见清沈善宝辑《名媛诗话》。

瞿畹香

清常州人。宜春巡检阳湖吴昌之妻。能诗。

藜香阁集(一作藜阁诗草)　集部别集类　佚

见道光《武阳合志》卷 33。

杨瑾华

字映蟾。清阳湖人。晋藩女，慈溪岑云鹤妻。清道光间在世。工词。

杏花山馆词　集部词曲类

见《小檀栾室闺秀词钞》。《全清词抄》卷 33 收其词 1 首。

杨璿华

字蕴萼。清阳湖人。晋藩女，瑾华妹，宜兴徐某妻。早寡，长守父母身边，能诗词，亦善篆隶。

听秋声馆诗(一作听秋馆诗)　集部别集类　佚

杏花山馆词　集部词曲类

以上2种见《清代毗陵书目》卷5。

按：杨瑾华著有《杏花山馆词》，杨璿华亦有同名词集。未知《清代毗陵书目》是否有误，姑两见之，存疑待考。

听秋声馆词　集部词曲类　佚

见《全清词抄》卷33收其词1首。

吴　铤(1801—1832)

字耶溪，一作邪溪。清阳湖人。诸生。曾从宜兴吴德旋学，通经学，尤致力于古文。名书室曰绍韩书屋，以示崇仰韩愈。

毛诗笺注　经部诗经类　佚

见《清代毗陵书目》卷1。

绍韩书屋文集　集部别集类　佚

吴耶溪遗文　集部别集类　佚

以上2种见《清代毗陵书目》卷4。

文翼3卷　集部诗文评类

(1) 清道光十年(1830)刻本，国家图书馆藏。

(2) 清抄本，常州图书馆藏。

(3) 清抄本，国家图书馆藏。

(4) 2016年凤凰出版社出版《常州先哲遗书续》本。

刘钧贻(1801—1853)

字涵芝，号兰谷。室名养云堂。清阳湖人。道光五年(1825)举人。

十五年大挑一等以知县发四川，补梁山县，调仁寿，官至合州知州。处事明决，善理繁剧。善属文，未仕时尝居京师授徒，弟子多贵显。

养云轩诗钞　集部别集类　佚

见《西营刘氏先世著述考》，云“未刻”。

养云堂试帖 2 卷　集部别集类

清同治十三年(1874)袁江节署刻本，国家图书馆藏。

按：附于弟子恩锡撰《承恩堂诗集》后。

方荫华(1801—1856)

字季娴。清武进人。履籛妹，赵仁基继室。通经史，兼涉绘事。工诗词，常与仁基相唱和。

双清阁印存不分卷　子部艺术类

清钤印本，常州图书馆藏。

双清阁诗抄 1 卷诗余 1 卷　集部别集类

(1) 抄本，题为《双清阁剩稿》，天津图书馆藏。

(2)《喜咏轩丛书》本。

(3)《清代闺秀集丛刊》本。

按：其集为其子烈文所辑。凡诗 88 首，诗余 14 首。

左　晨(1801—1865)

字向庭，号亦庐，清阳湖人。辅五子。官五品衔候选光禄寺署正，长芦小直沽批验大使。

亦吾庐偶存不分卷　集部别集类

稿本，天津图书馆藏。

陆敏政(1801—1871)

字子忠。清武进人。道光十四年(1834)举人。幼治《尔雅》《说文》，稍长，博览诸经，对马融、郑玄诸家及唐宋注疏无不究其家法。家贫，常为四方之游，曾官襄校，后授盐城教谕。年71卒。所著多散佚。

经字辨正　经部群经总义类　佚。

见光绪《武阳志余》卷7。

陆兑贞(1801—?)

清武进人。继辂女。

重排说文篇目　经部小学类

收于陆继辂《合肥学舍札记》卷9。

汤绶名(1802—1846)

字寿民，一字封民。清武进人。贻汾长子。袭云骑尉，官盐城守备。精四体书，善画墨梅、山水、桃花，工篆刻，并善鼓琴。

画眉楼摹古印存　子部艺术类　佚

见《广印人传》。

刘道伦(1802—1848)

字君直，一字果庭，号孟惇。清阳湖人。延朗子。郡廪生。以军功议叙分发浙江，候补从九品，例授登仕郎。

南雅堂诗稿2卷　集部别集类　佚

见《西营刘氏先世著述考》《清代毗陵书目》卷4。

恽光宸(1802—1860)

字濬生，号薇叔，室名养拙斋。清阳湖人。彦琦父。道光十八年(1838)进士，选庶吉士，授编修，典试河南、浙江。十九年迁广东督粮道，擢江西按察使。咸丰年间参与镇压太平军。九年(1859)擢江西巡抚，十年卒于官。

养拙斋诗文集　集部别集类　佚

见《恽氏先世著述考略》。

史致谔(1802—1872)

字士良,号子愚。清阳湖人。籍宛平,祖籍溧阳。其祖父始迁常州。道光十八年(1838)进士。改庶吉士,散馆授编修,兼国史、方略诸馆职。凡大礼盛典。进奉文字,咸出其手。二十八年授江西广信府知府。咸丰二年(1852)调权南昌。同治元年(1862)左宗棠官浙江巡抚,荐任为宁绍台道。曾参与镇压太平军起义。清同治五年冬致仕。

毗陵科第考8卷　史部传记类

明赵熙鸿原编　清刘汉卿、钱人麟、庄柱续编　钱人麟、庄柱增订　史致谔、汤成烈、陆黻恩、庄毓鋐校补

(1) 清道光二十年刻本,南京图书馆藏。

(2) 清同治七年续刻本,常州图书馆藏。

(3)《常州历史文献丛书》第3辑《常州科举史料三种》。

按:乡科起明洪武至清同治,甲科起梁天监间至清同治。

浙江忠义录10卷附续编2卷　史部传记类

史致谔等纂

清光绪浙江采访忠义局刻本。

外国往来函件不分卷　史部政书类

抄本,南京图书馆藏。

军务要件不分卷　史部政书类

稿本,南京图书馆藏。

慎书斋杂记　子部小说类　佚

见《清代毗陵书目》卷3。

庄士彦(1803—1871)

字子彦,一字眉生、梅生。清阳湖人。缙度弟。太学生。以诗文名世。

红薇馆烬余草6卷词1卷　集部别集类

稿本,北京大学图书馆藏。

梅笙词 1 卷　集部词曲类

(1)《同声集》本。

(2) 清稿本,中国科学院图书馆藏,清同治十年(1871)自编,书衣题《楳笙词》。

陆黻恩(1803—1874)

字亚章,号紫峰、息庵。清阳湖人。道光十九年(1839)举人,选授知县。工诗,擅骈文,名重乡里。里居授徒,多有成就。

息庵自订年谱 1 卷　史部传记类

稿本,南京图书馆藏。

陆尔熙墓志铭 1 卷　史部传记类

清同治刻本,上海图书馆藏。

陆氏嘉话 6 卷　史部传记类　佚

见《清代毗陵书目》卷 2。

明史兵事略　史部政书类　佚

见《清代毗陵书目》卷 7。

稗海摘要 40 卷　子部典故类　佚

见《清代毗陵书目》卷 8。

读秋水斋读书记 3 卷　子部儒学类

《读秋水斋文稿》附。

读秋水斋文稿 6 卷　集部别集类

(1) 清光绪十六年(1890)活字本,常州图书馆藏。

(2)《清代诗文集汇编》本。

读秋水斋诗稿 16 卷　集部别集类

(1) 清同治七年(1868)刻本,北京大学图书馆藏。

(2)《清代诗文集汇编》本。

伍兆蟠(1803—1884)

后更名振藩,官名晋藩,字印宸,一字稚卿,号蕉隐。清阳湖人。嗣兴子,兆灿弟。承家学,工诗。又通天文、历算、兵法、书法等,著述甚丰。

蕉林书屋著易编　经部易类　佚

乐考　经部乐类　佚

以上2种见《清代毗陵书目》卷1。

兵鉴军徽　子部兵书类　佚

天文历律考　子部历算类　佚

后书谱　子部艺术类　佚

以上3种见《清代毗陵书目》卷3。

蕉林书屋诗抄1卷赋抄1卷　集部别集类

蕉林书屋词抄1卷　集部词曲类

以上2种均为民国《毗陵伍氏合集》本。

董　毅(1804—1851)

初名思诚,字子远。清阳湖人。士锡子。道光二十年(1840)举人。为人静默狷洁。工文词,精篆法,得传外祖父张惠言之学。

蜕学斋词2卷　集部词曲类

(1)《广川词录》本。

(2)1938年铅印本,常州图书馆藏。

续词选2卷　集部词曲类

董毅辑

(1)《张皋文笺易诠全集》本。

(2)《宛邻书屋丛书》本。

(3)《袖珍古书读本》本。

(4)《四部备要》本。

(5)《续修四库全书》本,据宛邻书屋本影印。

薛子衡(1804—1856)

字子选。清常州人。廪生。曾师事刘逢禄。博通经史，尤精《易》《诗》，亦能文。

序卦释义(一作卦序释义)2卷　经部易类　佚

国风二南说　经部诗经类　佚

以上2种见《清代毗陵书目》卷1。

薛氏手泽录1卷　史部传记类　佚

见《清代毗陵书目》卷7。

辑志私言1卷　史部地理类。

未见有单行刊本，收入《武阳志余》卷7《经籍补遗》，论述清代常州历次修志之得失。

常州经籍叙录3卷　史部目录类　佚

见《清代毗陵书目》卷2。

真正铭斋文集6卷　集部别集类　佚

见《清代毗陵书目》卷4。

薛子瑜(1804—1856)

字瑾之，清阳湖人。曾任奎文阁典籍。

大清一统志356卷　史部地理类

清薛子瑜校

清道光二十九年(1849)薛子瑜校刊木活字本，南京图书馆藏。

按：《大清一统志》为官修地方总志，此为薛子瑜校刊本，残存341卷，缺卷首、卷1—15。

吕佺孙(1804—1857)

字元相，一字尧仙，号兰溪。清阳湖人。子班子，子珏侄。道光十六年(1836)进士，改庶吉士，官至福建巡抚。咸丰七年(1857)以病乞归，卒。

精于鉴赏，搜集古砖甚富，何绍基、赵之谦称之为收藏古砖第一人。

运甓轩钱谱　史部金石类　佚

金石存考　史部金石类　佚

以上2种见《清代毗陵书目》卷2。

百砖考　史部金石类

(1)《滂喜斋丛书》本。

(2)《丛书集成初编》本。

(3) 清末民初抄本，首都图书馆藏，

毗陵出土孝建四铢拓本1卷　史部金石类

吕佺孙辑

1934年丁福保影印本，北京师范大学图书馆藏。

运甓轩古印存1卷　子部艺术类

吕佺孙辑

清钤印本，有佚名题识及批跋，天津图书馆藏。

洪齮孙(1804—1859)

又名德方，字祐甫，又字子龄、芝舲。清阳湖人。亮吉幼子。道光十九年(1839)举人，官广东镇平县知县。少孤，刻苦自励。精历史、舆地之学。其文多与汤成彦所著相混淆。

补梁疆域志4卷　史部地理类

(1) 清道光十五年江阴刻本，常州图书馆藏。

(2)《广雅书局丛书》本，常州图书馆藏。

(3)《历代地理志汇编》本。

(4)《史学丛书》本。

(5)《丛书集成初编》本。

(6)《二十五史补编》本。

战国地名备考　史部地理类　佚

汉魏六朝隋唐地理书目考证　史部目录类　佚

按:《地理书目考证》一书在洪齮孙、汤成彦二人文集中各有《序》一篇,均谓自撰,序文又雷同,究属谁作,待考。

以上2种见《清代毗陵书目》卷2。

淳则斋文钞2卷　集部别集类

清抄本,国家图书馆藏。有赵之谦、庄蕴宽跋。

淳则斋骈文1卷　集部别集类

(1) 清光绪五年(1879)授经堂刻本,国家图书馆藏。

(2) 清汤成彦抄本,南京图书馆藏。

(3) 清宝云斋乌丝栏抄本,国家图书馆藏。

淳则斋诗2卷　集部别集类

稿本。《古藤书屋杂著》(清汤成烈撰)附,天津图书馆藏。

淳则斋骈体文36篇诗集8卷　集部别集类　佚

见《清代毗陵书目》卷4。

吴颐吉(1804—1873)

字纫生,号少溪,室名仙蝶楼。清阳湖人。诸生。博览文史,通晓星历,工诗,长于记事。咸丰十年(1860)太平军攻克常州,奔走他乡,其所见闻,尽以诗歌记之。

仙蝶楼诗存4卷　集部别集类

1917年南通翰墨林书局铅印本,常州图书馆藏。

谢兰生(1804—1898)

原名仁溢,字善賸,又字畹季,号厚庵,别号巽行。清武进人。珍子。任浙江县丞,晚任临安知县,未一年,因病去职。鸦片战争期间,经办浙省粮食、军械,于当地战役知之颇详。战后广为搜集殉难职官事迹,撰成《思忠录》等书,以表达抗御外侮之志。兰生家学渊源,爱乡邦文献,对谢氏著述搜罗考订尤勤。生于外患频仍之际,其治学能以通经致用为标的。

易经微蕴　经部易类　佚

谭经存要　经部群经总义类　佚

以上2种见《清代毗陵书目》卷1。

军兴本末纪略1卷　史部杂史类

(1)《咏梅轩丛书》本。

(2) 清同治十一年(1872)木活字本,上海图书馆藏。

(3)《毗陵谢氏丛书》本。

史鉴论略书纪年2卷　史部史评类　佚

见《清代毗陵书目》卷2。

厚庵自叙年华录1卷　史部传记类

清光绪二十四年(1898)刻本,南京图书馆藏。

咏梅轩思忠录2卷　史部传记类

《咏梅轩丛书》本。

龟巢先生崇祀录4卷　史部传记类

清谢兰生辑

《毗陵谢氏丛书》本。

思贤录5卷续思贤录3卷　史部传记类

明谢应芳辑　清谢量增订　谢兰生补辑

清光绪十年活字本,常州图书馆藏。

谢氏源流1卷　史部传记类

清谢兰生注

《毗陵谢氏丛书》本。

咏梅轩类编残2卷　史部传记类

《毗陵谢氏丛书》本。

咏梅轩景忠录2卷　史部传记类　佚

见《续修四库全书提要·子部》。

舆图总论注释2卷　史部地理类

(1)《咏梅轩全书》本。

(2)《毗陵谢氏丛书》本。

重建黄洲桥志6卷首1卷　史部地理类

清道光二十年(1840)序刻本,上海图书馆藏。

圣学源流5卷续编3卷补遗1卷　子部儒学类

清谢兰生辑

《毗陵谢氏丛书》本。

十家语录摘要2卷　子部儒学类

清谢兰生辑

(1)《咏梅轩全书》本。

(2)《毗陵谢氏丛书》本。

(3)《酌古准今》本。

常惺录4卷　子部儒学类

清谢兰生辑

《武进谢氏丛书》本。

咏梅轩札记1卷增订1卷存要1卷剩稿1卷　子部儒学类

(1)《咏梅轩丛书》本。

(2)《毗陵谢氏丛书》本。

(3)《酌古准今》本。

咏梅轩仰观录2卷　子部术数类

(1)《咏梅轩全书》本。

(2)《毗陵谢氏丛书》本。

(3)《酌古准今》本。

天文仰观录续编2卷　子部术数类

清末刻本,常州图书馆藏。

咏梅轩稿6卷　集部别集类

(1) 清同治八年刻本,常州图书馆藏。

(2)《毗陵谢氏丛书》本,常州图书馆藏。

三才集　集部别集类

明末福康鲁桂四藩纪略乐府60章　集部别集类

以上2种见《清代毗陵书目》卷4。

谢氏清芬诗录16卷　集部总集类

清谢兰生辑

《毗陵谢氏丛书》本，常州图书馆藏。

按：是书辑录自晋谢尚至明谢晋诗作凡十五家。

国朝正雅汇芳诗辑15卷　集部总集类

汇芳词选　集部总集类

以上2种见《清代毗陵书目》卷5。

咏梅轩丛书　丛书类

清道光二十九年至三十年咏梅轩刻本，常州图书馆藏。

子目：

《咏梅轩思忠录》2卷

《军兴纪略》1卷

《咏梅轩杂记》1卷《补遗》1卷　附《姚公遗迹诗钞》3卷　清姚怀祥撰

咏梅轩全书5种10卷　丛书类

清光绪年间刻本，常州图书馆藏。

子目：

《舆图总论注释》2卷

《十家语录摘要》2卷

《咏梅轩劄记》1卷《增订》1卷《存要》1卷《剩稿》1卷

《咏梅轩仰观录》2卷

毗陵谢氏丛书　丛书类

清光绪毗陵谢氏瑞云堂排印本，常州图书馆藏。

子目：

《军兴纪略》1卷

《龟巢先生崇祀录》4卷

《谢氏源流》1卷

《咏梅轩类编》残2卷

《舆图总论注释》2 卷
《圣学源流》5 卷《续编》3 卷《补遗》1 卷
《十家语录摘要》2 卷
《咏梅轩劄记》1 卷《增订》1 卷《剩稿》1 卷
《咏梅轩仰观录》2 卷
《咏梅轩稿》6 卷
《谢氏清芬诗录》16 卷

武进谢氏丛书 17 种 52 卷　丛书类

清道光至光绪间刻本，常州图书馆藏。

子目：

《圣学源流》5 卷　清谢兰生辑撰
《思贤录》5 卷《续录》3 卷　元谢应芳撰
《怀古录》3 卷　元谢应芳编
《辨惑编》4 卷《附录》1 卷　元谢应芳编
《踵息庐稿》4 卷　清谢珍辑撰
《谢氏源流》1 卷　清谢兰生注
《龟巢先生崇祀录》4 卷　谢兰生辑
《咏梅轩诗稿》5 卷　谢兰生撰
《咏梅轩思忠录》2 卷　谢兰生编校
《咏梅轩杂记》1 卷　谢兰生撰
《军兴纪略》1 卷　谢兰生撰
《咏梅轩姚公遗迹诗钞》3 卷　谢兰生编校
《咏梅轩仰观录》2 卷　谢兰生续编
《咏梅轩方舆记略》1 卷《续》1 卷　谢兰生辑
《舆图总论注释》1 卷　谢兰生注
《十家语录摘要》2 卷　谢兰生辑
《常惺录》4 卷　谢兰生辑
《咏梅轩景忠录》(缺)

《常惺续录》(缺)

赵振祚(1805—1860)

字伯厚,号芝舫,清武进人,怀玉侄孙,学彭子。道光十五年(1835)进士,改庶吉士,散馆授编修。二十二年迁詹事府赞善。喜读书,尤其致力于明史。少从舅氏刘逢禄,通《春秋》《易》《礼》。因丁母忧归里,办团练,咸丰十年(1860)太平军攻入常州,被杀,著述多毁于兵燹。

明堂考 1 卷　经部礼记类　佚

见《清代毗陵书目》卷 1。

汤成烈(1805—1880)

字果卿,晚号确园。清阳湖人。雄业孙,贻汾侄。道光十一年(1831)举人。历任浙江武康、永康、永嘉知县,玉环同知,多次报请大吏减免赋税,发粮赈灾。同治初,太平军攻克江、浙,成烈奔走淞沪间,献防守策,未被采纳。力学强记,潜心经世之学。为官时,以修志和办学为急务。归里后,掌教延陵书院十余年。光绪四年(1878)修《武阳县志》,次年书成。

补后汉公卿表 1 卷　史部史表类　佚

见清光绪《武阳志余》卷 7。

季汉书目录 1 卷　史部别史类

抄本,上海图书馆藏。

季汉书 66 卷　史部别史类

(1) 稿本,中央党校图书馆藏。

(2) 稿本,南京图书馆藏,有黄元寿跋。

(3) 抄本,中国人民大学图书馆藏。

筹海刍言 1 卷　史部政书类　佚

见光绪《武阳志余》卷 7、《清代毗陵书目》卷 2。

按:是书针对清道光年间英军侵犯我海防而作。《志余》另处著录为2卷。

历代赋役兵志食货考80卷　史部政书类　佚

宋辽金元谥法考3卷　史部政书类　佚

国朝名人爵里谥略4卷　史部政书类　佚

毗陵献征8卷杂记4卷　史部传记类　佚

姓氏韵编4卷　史部传记类　佚

以上5种均见光绪《武阳志余》卷7。

经史人名韵编不分卷　史部传记类

(1) 稿本,上海图书馆藏。

(2)《古藤书屋杂著》本。

按:光绪《武阳志余》卷7著录为16卷。

明臣谥略不分卷　史部传记类

稿本,江西省图书馆藏。

按:光绪《武阳志余》卷7著录为《明臣谥法考》2卷。

国史列传(阳湖籍)1卷　史部传记类

《古藤书屋杂著》本。

怀忠录6卷首1卷末1卷　史部传记类

清汤成烈辑

(1) 清咸丰四年(1854)刻本,上海图书馆藏。

(2)《中华历史人物别传集》本。

按:是书为纪念汤贻汾而辑。

武阳庚申殉难贞烈忠义录1卷武进县庚申忠义录总编1卷武阳庚申义贞节烈录正编1卷武进县庚申殉难义贞烈录总编1卷　史部传记类

清汤成烈辑

(1) 清同治十二年(1873)刻本,光绪二年补刻本,上海图书馆藏。

(2) 1915年铅印本,上海图书馆藏。

桑梓潜德录三集6卷　史部传记类

清汤成烈、刘翊宸、庄毓铉、薛绍元等撰

清光绪六年刻本，常州图书馆藏。

毗陵科第考 8 卷　史部传记类

明赵熙鸿原编　清刘汉卿、钱人麟、庄柱续编　钱人麟、庄柱增订　史致谔、汤成烈、陆黻恩、庄毓鋐校补

版本参见“史致谔”条。

毗陵历代史传 2 卷　史部传记类

（1）《古藤书屋杂著》本。

（2）稿本，中国科学院图书馆藏，题为《常州府志人物志稿》。

余光倬行述　史部传记类

清光绪刻本，首都图书馆藏。

汤氏家乘 14 卷首 1 卷　史部传记类

清同治十三年木活字印本，上海图书馆藏。

（光绪）武进阳湖县志 30 卷首 2 卷末 1 卷　史部地理类

清王其淦、吴康寿修　汤成烈等纂

（1）稿本，南京图书馆藏。

（2）稿本，上海图书馆藏。

（3）清光绪五年刻本，常州图书馆藏。

（4）清光绪三十二年重印本，贵州省图书馆藏。

（5）《中国地方志集成》本。

（道光）缙云县志 18 卷首 1 卷　史部地理类

清汤成烈修　尹希伊、余伟纂

（1）清道光二十九年刻本，国家图书馆藏。

（2）待云书屋杂抄本，有《缙云县志抄》1 卷、《补抄》1 卷。

（咸丰）永嘉县志摘抄　史部地理类

清汤成烈纂修　王景澄摘抄。

按：是书 32 卷，洪焕椿《浙江方志考》云尚有孙诒让玉海楼传抄本。《中国方志综录》误作 27 卷，《清代毗陵书目》卷 7 误作 28 卷。

环永判略 2 卷　子部法家类　佚

杂记 4 卷　子部杂学类　佚

以上 2 种均见光绪《武阳志余》卷 7。

古藤书屋文钞 2 卷　集部别集类

清古藤书屋蓝丝栏抄本，国家图书馆藏。

古藤书屋剩稿、文钞　集部别集类

抄本，上海图书馆藏。

按：存剩稿卷 1、文钞卷 10。

古藤书屋甲集 3 卷乙集外编 1 卷　集部别集类

稿本，上海图书馆藏。

按：乙集存卷 3—5。

古藤书屋文甲集 12 卷附录 1 卷乙集 6 卷诗稿 6 卷　集部别集类

(1) 清稿本，天津图书馆藏。

(2)《天津图书馆稿本丛书》本。

古藤书屋集 26 卷　集部别集类

(1) 清稿本，常州图书馆藏。

(2) 2016 年凤凰出版社出版《常州先哲遗书续》本。

古藤书屋集不分卷典训恭纪 1 卷退园随笔 1 卷淳则斋杂录 1 卷　集部别集类

清汤成烈撰　张曜孙评跋

稿本，上海图书馆藏。

古藤书屋文钞 1 卷　集部别集类

古藤书屋抄本，中国科学院图书馆藏。

汤成烈杂著 1 卷附张曜孙节用议 1 卷　集部别集类

清龚橙抄本，中国社会科学院文学研究所藏。

紫藤山馆文稿不分卷　集部别集类

抄本，南京图书馆藏。

清淮词 2 卷　集部词曲类

(1) 稿本，上海图书馆藏。

(2) 稿本,有张曜孙跋,上海图书馆藏。

(3) 清同治元年刻本,常州图书馆藏。

(4) 清刻本,北京师范大学图书馆藏。

(5) 1922 年刻本,上海图书馆藏。

缙云文征 20 卷补编 1 卷　集部总集类

汤成烈辑

(1) 清道光三十年五云书院刻本,上海图书馆藏。

(2) 清光绪二年刻本,南开大学图书馆藏。

(3) 1938 年刻本,上海图书馆藏。

古今词话 4 卷　集部诗文评类　佚

见光绪《武阳志余》卷 7。

古藤书屋杂著九种附二种　丛书类

汤成烈撰

稿本,天津图书馆藏。

子目:

《古藤书屋文钞》7 卷

《古藤书屋文甲集》2 卷《乙集》5 卷《外编》1 卷

《古藤书屋诗稿》1 卷

《清淮词稿》2 卷

《典训恭纪》5 卷

《经史人名韵编》不分卷

《国史列传》(阳湖籍)1 卷

《退园随笔壬》2 卷

《毗陵历代史传》2 卷

附:

《莳芗诗草》3 卷　清李述来撰

《淳则斋诗》2 卷　清洪龄孙撰

吴自征(1805—1883)

榜名梦征,字月耕。清武进人。德坊子。道光十七年(1837)举人,大挑二等,选授盐城教谕,升镇江府教授。少受益于王甗,精举业,工古文辞。

蹋迹丛谭　子部典故类

燕游日记　子部小说类

以上2种见光绪《武阳志余》卷7,注云"存"。

瓢城吟草合抄12卷　集部别集类　佚

京江吟草　集部别集类　佚

拙冷斋古文　集部别集类　佚

以上3种见光绪《武阳志余》卷7并注云"存";《清代毗陵书目》卷4谓有稿本。今未见。

刘　荫(1806—1832)

字佩萱。清武进人。树初女,江阴缪征甲妻。

梦蟾楼遗稿　集部别集类

(1)清道光二十六年(1846)毗陵徐氏刻本,上海图书馆藏。

(2)清同治光绪间张文虎《舒艺室丛稿》本,南开大学图书馆藏。

按:是集凡收诗68首。《清代毗陵书目》卷5云:"南汇张文虎刊入《舒艺室丛稿》,误刘荫为刘寿萱。"

董文馥(1806—1860)

字梓美,号子梅,清常州人。咸丰十年(1860)殉难,祀忠义祠,世袭云骑尉。

董文馥诗文草、文余浪墨　集部别集类　佚

见《清代毗陵书目》卷4。

刘绍文(1806—1871)

字昀谷。清阳湖人。俨长子。历官四川城口厅、雷波厅、成都府通判,井研、新都、遂宁县知县,擢候补同知。

(道光)城口厅志20卷首1卷　史部地理类

清刘绍文修　洪锡畴纂

清道光二十四年(1844)刻本。

左　智(1806—1871)

字若愚,号懒余。清武进人。官光禄寺署正。

芬陀庵诗钞2卷　集部别集类　佚

见《清代毗陵书目》卷4,注云:"未刻。"

按:《毗陵诗录》卷6收其诗3首。

刘晓华(1807—1841)

字廉方。清阳湖人。仪子。以次子祖荫诰赠朝议大夫。

廉方文稿　集部别集类　佚

见《中国人名大辞典》。《毗陵文录》卷4收文2篇。

蒋　彤(1807—1844)

原名兰亭,字儒宗,号丹稜,一作丹棱、丹楞。清阳湖人。诸生。曾师事李兆洛。道光十四年(1834)与黄汝成、吴育等共校《日知录集释》。博通经史,亦能文,尤精于考《礼》。治学主博综而蔑拘守,不屑以专门名家。承兆洛遗风,宗《公羊》之学,继承常州今文学派之余绪。

周官要论1卷　经部周礼类　佚

周官札记2卷　经部周礼类　佚

以上2种见《清代毗陵书目》卷7。

仪礼丧服表不分卷　经部仪礼类

(1) 养一斋抄本,天津图书馆藏。

(2)《天津图书馆藏孤本秘籍丛书》本。

(3)《中国古籍珍本丛刊·天津图书馆卷》本。

丧服传异说集辨 1 卷集传 6 卷　经部仪礼类　佚

服求集义 10 卷　经部仪礼类　佚

外藩事略 8 卷　史部杂史类　佚

以上 3 种见《清代毗陵书目》卷 7。

史微 3 卷　史部史评类　佚

见《清代毗陵书目》卷 2。

养一先生年谱 3 卷附武进李养一先生小德录 1 卷　史部传记类

(1)《蒋氏三种》本。

(2) 清光绪十三年(1887)金吴澜木活字巾箱本,常州图书馆藏。

(3)《嘉业堂丛书》本。

(4)《近代中国史料丛刊》本。

按:本书又名《李申耆先生年谱》《武进李先生年谱》。所载谱主李兆洛著述及学术见解,有助于研究清代学术。所附《先师小德录》载兆洛零碎言行,有助于了解其人治学与为人。

暨阳答问 4 卷　子部儒学类

蒋彤辑

(1) 清道光二十二年海虞顾氏抄本,北京大学图书馆藏。

(2)《蒋氏三种》本。

(3)《常州先哲遗书》本。

(4) 上海书店《丛书集成续编》本。

按:本书记平时所闻李兆洛之言,参见"李兆洛"条。

日知录集释 32 卷　子部杂学类

清黄汝成笺　蒋彤参校

(1) 清道光十四年黄氏家刻本。

(2)《四部备要》本。

(3) 1985年上海古籍出版社影印清道光本,附录多种。

丹棱文钞4卷　集部别集类

(1)《蒋氏三种》本。

(2)《常州先哲遗书》本。

(3) 丛书集成新编本。

(4)《清代诗文集汇编》本。

蒋氏三种　丛书类

清道光至光绪洗心玩易之室刻朱墨套印暨木活字印本,国家图书馆藏。

子目见上。

姚华国(1807—1851)

字文山。清阳湖人。清道光二十年(1840)乡试副榜。亲老家贫,应友人聘游西安。后入国子监肄业,期满议叙候选训导。闻母疾,星夜驰归。生平乐善好施,多行义事。清道光年间英军进犯长江,在常郡组织团防,后益究心武备方略。曾与李兆洛考究中外舆地、天文、算学,并课其子弟。家藏书至五千余卷。

西行杂咏草1卷附词　集部别集类

(1) 清光绪三年(1877)致敬堂刻本,南京图书馆藏。

(2) 清光绪十九年致敬堂木活字本,有增益,南京图书馆藏。

按:光绪三年陆初望序云:"今此所存惟《西行杂咏》1卷,为昔日幕游关中之作。"

冯　晟(1807—?)

字少山。清武进人。冯立朝玄孙,冯秉桓侄,咸丰二年(1852)进士。改庶吉士,散馆为宜章、五台知县,官至湖南候补知府。

谈屑4卷　子部小说类

清同治九年(1870)刻本,清华大学图书馆藏。

铭苍轩诗2卷附笏石斋文稿1卷秋红山馆试帖诗存1卷　集部别集类

清同治九年刻本，中国科学院图书馆藏。

杨大镛(？—1857)

字伯厚，号卓斋。清武进人。监生。工诗善书，精于经世、考古之学。客皖30年，咸丰七年(1857)太平军克安徽各府县，于霍山被杀。

都梁采香集　集部别集类　佚

见光绪《武阳县志》卷28，《清代毗陵书目》卷4、卷8。

孙廷镛(1808—1850)

字树仪，号竹来，一号荀甫。清阳湖人。星衍嗣子。诸生。

没成集　集部别集类　佚

无补集　集部别集类　佚

酿春词1卷　集部词曲类　佚

以上3种见《清代毗陵书目》卷4、5。

按：《全清词钞》卷18收其词1首。

史昌寿(1808—1858)

原名致诒，字味若，一字伯顺。清武进人，大兴籍。福臻子。清道光二十四年(1844)举人。官江西进贤知县。军中病故，赠同知。

天尺轩诗文集　集部别集类　佚

见《清代毗陵书目》卷4。

张曜孙(1808—1863)

字仲远，号升甫，晚号复生。清阳湖人。惠言侄，琦子。道光二十三年(1843)举人，官至湖北督粮道。少承家学，尤精于医。任知县时，常为民治病，终日不倦。能诗善画，擅折枝花卉，诗工五言，文宗汉魏，又喜论兵。

扁鹊仓公列传　史部传记类　佚

见光绪《武阳志余》卷 7。

明发录 1 卷　史部传记类

张曜孙辑

(1)《宛邻书屋丛书》本。

(2)《武进张氏家集》本。

(3)《酌古准今》本。

按:是集录其父张琦表志传状及母汤瑶卿之墓铭行略。

先府君行述 1 卷　史部传记类

(1) 清道光木活字本,上海图书馆藏。

(2) 清光绪十七年(1891)铅印本,吉林大学图书馆藏。

悼亡录　史部传记类

(1) 清谨言慎好之居刻本,国家图书馆藏。

(2)《中华历史人物别传集》本。

按:是书为张曜孙夫人包孟仪亡故后的传记及悼词汇编。

谨言慎好之居日记 1 卷　史部传记类

稿本,上海图书馆藏。

产孕集 2 卷　子部医家类

(1) 清道光十七年刻本,国家图书馆藏。

(2) 清道光二十五年刻本,浙江省中医药大学图书馆藏。

(3) 清道光二十六年京师养闲草堂刻本,国家图书馆藏。

(4) 清道光刻本,浙江图书馆藏。

(5) 清同治四年(1865)毗陵杨氏活字本,国家图书馆藏。

(6) 清同治七年蕴璞斋藏板,国家图书馆藏。

(7) 清同治七年三松堂刻本,上海图书馆藏。

(8) 清同治十年福州刻本,北京大学图书馆藏。

(9) 清光绪二十四年刻本,常州图书馆藏。

(10) 1914 年吴曾善排印本,上海图书馆藏。

(11) 1916 年陈四持堂石印本,国家图书馆藏。

(12) 1916 年李春谢宝树堂石印本,内蒙古自治区图书馆藏。

(13) 1916 年石印本,南京图书馆藏。

(14) 1927 年上海千顷堂书局石印本,上海中医药大学图书馆藏。

(15) 1930 年天津积善堂石印本,国家图书馆藏。

(16) 1936 年上海大东书局铅印本,长春中医药大学图书馆藏。

(17)《珍本医书集成》本。

(18)《中国医学大成》本。

重订产孕集 2 卷补遗 1 卷　子部医家类　佚

见《清代毗陵书目》卷 4。

续红楼梦稿 20 回　子部小说类

(1) 存稿本 9 册,20 回,周绍良藏。书按原书 120 回写起,未续完。

(2)《红楼梦资料丛书·续书》本,1990 年北京大学出版社。

谨言慎好之居诗 18 卷　集部别集类

清光绪三十年刻本,国家图书馆藏。

惜分阴斋诗 9 卷　集部别集类　佚

见《清代毗陵书目》卷 4。

拟古诗录 3 卷　集部总集类

清光绪二十一年庄允懿广东刻本,国家图书馆藏。

按:卷 1 张琦撰,张曜孙辑;卷 2 卷 3 张曜孙撰。

阳湖张氏四女集 5 种　丛书类

清张曜孙辑

清道光中阳湖张氏宛邻书屋刻本,国家图书馆藏。

子目:

《澹蘜轩诗初稿》4 卷《词》1 卷　清张䌌英撰

《纬青遗稿》1 卷　清张𦈡英撰

《绿槐书屋诗初稿》2 卷《附录》5 卷　清张纶英撰

《邻云友月之居诗初稿》4 卷　清张纨英撰

《餐枫馆文集》2卷　清张纨英撰

同声集9种　丛书类

清张曜孙辑

清道光至同治间刻本,复旦大学图书馆藏。

子目:

《塔影楼词》1卷　清吴廷轸撰

《鹿门词》1卷　清王曦撰

《玉涂词》1卷　清潘曾玮撰

《听雨词》1卷　清汪士进撰

《桐华仙馆词》1卷　清王宪成撰

《冰蚕词》1卷　清承龄撰

《海国归櫂词》1卷　清刘耀椿撰

《无著词》1卷　清龚自珍撰

《梅笙词》1卷《附录》1卷　清庄士彦撰

武进张氏家集六种　丛书类

清嘉庆十四年至道光二十年(1809—1840)刻本,国家图书馆藏。

子目:

《茗柯文》初编1卷二编2卷三编1卷四编1卷　嘉庆十四年刻本,清张惠言撰

《茗柯词》1卷　嘉庆十四年刻本,清张惠言撰

《宛邻文》2卷　道光二十年刻本,清张琦撰

《宛邻诗》2卷　道光十九年刻本,清张琦撰

《立山词》1卷　道光十九年刻本,清张琦撰

《蓬室偶吟》1卷　道光二十年刻本,清汤瑶卿撰

《明发录》1卷　道光二十年刻本,清张曜孙撰

按:此书书名为国家图书馆代拟,刊刻者疑为张曜孙。

杨金监(1808—1869)

原名鉴,字用民,号柔克,别号薖园。清武进人。伦孙。善属文,才思敏捷。尝以廪贡生应顺天乡试,挑取誊录,候选训导,保加员外郎,不就。曾主讲山西解梁书院,以经史课士。咸丰二年(1852)太平军占领南京,避地乡间及江北。善医,活人甚众。

莲园文抄不分卷　集部别集类

清光绪十六年(1890)世承堂杨氏活字本,常州图书馆藏。

汤光启(1809—1856)

原名浦名,字冠卿,号仲甫,清阳湖人,世澍父。监生。

桐影轩词 1 卷　集部词曲类　佚

见《清代毗陵书目》卷 5。

按:《全清词钞》卷 23 收其词 3 首。

沈启谟(1809—1885)

字定猷,号讦斋。清武进人。诸生。读书不求功名。

靖逆纪略 12 卷　史部杂史类　佚

姓氏考略 4 卷　史部传记类　佚

以上 2 种见《清代毗陵书目》卷 2。

独学轩杂俎 44 卷　子部杂学类　佚

见光绪《武阳志余》卷 7,《晋陵沈氏族谱》作《碧桃轩杂俎》。

庄济美(1810—1839)

字子星,一字诒葆,号锡斋,清武进人。咏篪子,善孙父。诸生。

惺惺斋诗　集部别集类　佚

惺惺斋词 1 卷　集部词曲类　佚

以上 2 种见光绪《武阳县志》卷 28,注曰:“存。”今并佚。

汪本铨(1810—1854)

字衡甫,别号淡庵。清阳湖人。道光九年(1829)进士,官至浙江布政使,署巡抚,乞养归。太平军克江宁,在籍办团练,以疾终。

淡庵遗稿　集部别集类　佚

见《清代毗陵书目》卷4。

陈素贞(1810—1862)

字纫秋。清浙江嘉善人,阳湖伍兆蟠妻。工诗词。

织云楼诗集5卷　集部别集类

清光绪二十六年(1880)刻本,郑州大学图书馆藏。

按:此书卷1至卷3为诗,卷4为文,卷5为词。

织云馆诗钞　集部别集类　佚

织云楼词　集部词曲类　佚

以上2种见《清代毗陵书目》卷5。

庄受祺(1810—1866)

字蕙生,一字卫生。清阳湖人。道光二十年(1840)进士,翰林院庶吉士。授编修,道光二十三年任山西副主考,历任闽、湘、浙等地知府、按察使、布政使。曾与太平军作战。后辞官养病于湖南益阳,卒。

随时录　史部传记类

(1) 稿本,北京大学图书馆藏。

(2)《北京大学图书馆藏稿本丛书》本。

按,是书收录庄受祺咸丰年间在湖北的大批来往书信、公牍,其中许多涉及太平天国战争实况和清军军中内幕。

维摩室遗训4卷　子部儒学类

庄受祺撰,庄仲济编

1913年刻本,常州图书馆藏。

维摩室随笔　子部杂学类　佚

见光绪《武阳志余》卷7。

枫南山馆遗集7卷末1卷　集部别集类

(1) 清同治十三年(1874)浙江书局刻本,常州图书馆藏。

(2) 清光绪元年(1875)刻本,复旦大学图书馆藏。

(3)《清代诗文集汇编》本。

周赞襄(？—1860)

字润之。清武进人。咸丰八年(1858)捐赀助饷,钦赐举人。加捐户部郎中、知府。咸丰十年太平军攻常州,假归守城,城陷投水死。

松烟肥研斋恽帖2卷　子部艺术类

清咸丰四年刻本,常州图书馆藏。

洪金贡(？—1860)

字彦先。清阳湖人。亮吉曾孙。廪贡生。官候选训导。太平军攻入常州,战死。

鹉鸽馆诗文稿　集部别集类　佚

见《清代毗陵书目》卷4。

曹　禾(？—1860)

字青岩,号畸庵。清阳湖人。原籍安徽含山。业医,精痘法,曾任五品御医。自幼嗜书,博学多闻,能诗文。亦喜言兵。咸丰三年(1853)随赵振祚办阳湖团练,十年,太平军攻克常州城,被炸死。

痘法述原(一作痘医蠡测录)3卷　子部医家类

清道光二十四年(1844)惜阴书屋活字本,上海图书馆藏。

冲用编入药镜4卷　子部医家类

(法)萧廷芝等注　曹禾辑

抄本,上海图书馆藏。

医学读书志2卷附志1卷　子部医家类

(1)《双梧书屋医书》本。

(2) 清光绪九年(1883)章同寿抄本,国家图书馆藏。

(3) 1981年中医古籍出版社整理排印本(无附志)。

疡医雅言13卷　子部医家类

《双梧书屋医书》本。

痘疹索隐1卷　子部医家类

《双梧书屋医书》本。

痈疽禁方录　子部医家类

清曹禾撰　槁南老人节录

清光绪二十五抄本,南京中医药大学图书馆藏。

痈疽外篇12卷　子部医家类

清抄本,南京中医药大学图书馆藏,缺卷1—2。

外科五书　子部医家类　佚

疡医蛾术录　子部医家类　佚

以上2种见《清代毗陵书目》卷3。

双梧书屋医书　丛书类

清咸丰二年曹氏双梧书屋刻本,中国中医科学院图书馆藏。

子目见上。

庄定安(?—1860)

原名裕晋,字子咸,号蓉舸。清阳湖人。太学生,分发四川,历任华阳、仁寿县知县,以军功升直隶州知州、知府用。

蕉窗夜雨诗稿　集部别集类　佚

见《清代毗陵书目》卷4。

春园唱和集　集部总集类　佚

清洪亮吉、庄馨、庄定安同撰

见《清代毗陵书目》卷8。

按:是书《清代毗陵书目》列入已佚书类,定安卒时洪亮吉已 115 岁,距亮吉之死已 51 年,两人相差不止一辈,似无共相唱和之理。疑为亮吉与庄馨所作,定安编刻。然原书已佚,无从稽核,姑录以备考。

来鹤堂词稿　集部词曲类　佚

见《清代毗陵书目》卷 5。

程端颖(? —1860)

字蕴吟,一字小芝。清昭文(今常熟)人,武进高书耕妻。幼敏慧,读书通大义,能诗喜琴,工绘事。夫早卒,子恺熊以幕游死异乡。太平军攻克常州城,遂自尽。

还珠楼集 6 卷　集部别集类　佚

见《小檀栾室闺秀词钞》。

绣余小草 1 卷　集部别集类　佚

见《桑梓潜德录三集》。

熙湖避兵草 1 卷　集部别集类　佚

还珠词　集部词曲类　佚

以上 4 种又均见《清代毗陵书目》卷 5。

汤成彦(1811—1868)

字梅生,又字心匏,号秋史。清直隶清苑籍,阳湖人。道光二十一年(1841)进士,官刑部主事,因纵借籍案被罢官。流落于秦蜀之间,卖文自给,客死于蜀。博闻强识,才思敏捷,以诗名当世,风格瑰伟,集中文多和好友洪齮孙《淳则斋集》相淆乱,两家后人亦难分辨。

季汉书 64 卷　史部正史类

稿本,南京图书馆藏。

仓曹人物不分卷　史部传记类

汤成彦辑

稿本,南京图书馆藏。

梅隐庵言事 6 卷　史部政书类　佚

见光绪《武阳县志》卷 28。

武进阳湖县志 30 卷　史部地理类

汤成彦纂

稿本,现存 17 卷,南京图书馆藏。

汉魏六朝隋唐地理书目考证　史部地理类　佚

见《清代毗陵书目》卷 2。

按:此书洪齮孙、汤成彦集中各有自序一篇,皆谓书为自撰,序又雷同,作者为谁,待考。

三十六芙蓉吟馆文集不分卷　集部别集类

(1) 清咸丰六年(1856)刻本,南京大学图书馆藏。

(2) 清稿本,天津图书馆藏。

听云仙馆俪体文集 4 卷补编 1 卷续集 2 卷　集部别集类

(1) 清咸丰十一年刻本,南开大学图书馆藏。

(2) 清同治八年(1869)江阴缪焕章刻本,国家图书馆藏。

(3) 清光绪二十七年(1901)刻本,常州图书馆藏。

听云仙馆酬应俪体文 2 卷　集部别集类

抄本,北京大学图书馆藏。

听云仙馆诗文集 10 卷　集部别集类

(1) 清同治八年江阴缪焕章刻本,常州图书馆藏。

(2)《清代诗文集汇编》本。

按:含《听云仙馆俪体文集》4 卷《补编》1 卷《续集》2 卷《诗集》2 卷《词》1 卷附《西游吟草》1 卷。

三十六芙蓉吟馆诗文存不分卷　集部别集类

(1) 稿本,天津图书馆藏。

(2)《中国古籍珍本丛刊·天津图书馆卷》本。

西游感怀吟草 1 卷梅隐庵词 1 卷　集部别集类

清咸丰三年锦城浣花草堂刻本,常州图书馆藏。

梅隐庵集苏楹帖 1 卷　集部别集类

清光绪十九年贵筑高氏刻本,北京大学图书馆藏。

归云草堂赋稿 2 卷　集部别集类　佚

三十六芙蓉吟馆诗集 4 卷　集部别集类　佚

梅隐庵联句 2 卷　集部总集类　佚

集苏联句 1 卷　集部总集类　佚

汤成彦辑

以上 4 种均见光绪《武阳县志》卷 28。

洪稚存先生北江诗话 6 卷　集部诗文评类

清洪亮吉撰　汤成彦评点

清咸丰七年庆符周锡光刻本,国家图书馆藏。

汤秋史遗著　丛书类

稿本,南京图书馆藏。

子目:

《听云仙馆经说》1 卷

《同治甲子至丁卯寓蜀日记》4 卷

《同治癸亥寓蜀还都日记》1 卷

《听云仙馆主人日记》1 卷

《三十六芙蓉吟馆尺牍》2 卷

《道光壬寅至庚戌祭寿文墓志序记弃余草》1 卷

《听云仙馆诗存》1 卷

《听云仙馆文存》1 卷

《咸丰甲寅中秋诗文存草》1 卷

《咸丰乙卯客滇诗文存草》1 卷

《函牍稿》4 卷

《自怡悦斋尺牍》1 卷

《自怡悦斋应酬俪体文存》1 卷

《听云仙馆骈体文》1 卷

袁秉亮(1811—1872)

字子暹,一字柳溪。清武进人。道光二十四年(1844)举人。官湖北枝江县知县。

四书条辨 6 卷　经部四书类

清同治八年(1869)卧雪草庐刻本,吉林大学图书馆藏。

鲙残集诗钞不分卷　集部别集类

清同治三年秋蓮轩刻本,常州图书馆藏。

鲙残杂钞 6 卷　集部别集类

清同治三年秋蓮轩刻本,国家图书馆藏。

秋蓮轩制义　集部别集类

清同治元年刻本,上海图书馆藏。

陆初望(1811—1881)

字文泉,号访山,清阳湖人。诸生。李兆洛弟子。工词赋。屡试不第,橐笔游四方。后因兵乱,流离转徙。

关帝心日编 10 卷　史部传记类

清同治十二年(1873)刻本,天津图书馆藏。

怀白轩初稿 16 卷　集部别集类

清同治五年刻本,国家图书馆藏。

按:内含诗钞 10 卷、词钞 2 卷、文钞 2 卷、骈文 1 卷、赋钞 1 卷。

怀白轩诗钞 10 卷词钞 2 卷文钞 2 卷南北曲 1 卷骈文 1 卷赋钞 1 卷　集部别集类

(1) 清同治五年刻本,上海图书馆藏。

(2)《清代诗文集汇编》本。

按:《全清散曲》收录 2 首。

宋嗣璟(1811? —1850)

字仁安,清武进人。

自励斋赋钞 1 卷　集部别集类

民国铅印本,常州图书馆藏。

冯燮坤(1812—1867)

原名赞元,字仲慈。清武进人。道光二十五年(1845)进士。官贵州即用知县,补遵义,署松桃直隶同知、郎岱厅同知,俱有政声。咸丰间以功提升台拱同知,署思州知府,以疾告归。为官清廉,谢官后侨寓湖南,赖授徒自给,一时知名之士,多出其门。寻卒。

振新堂诗古文辞 60 卷　集部别集类　佚

见光绪《武阳志余》卷 28。

赵纯碧(1813—1850)

字粹媛。清武进人。李岳生妻,赵仁基女。

微波阁诗 1 卷词 1 卷　集部别集类

清光绪三十一年(1905)《李氏倡随集》本,国家图书馆藏。

按:此集凡诗 43 首,词 8 首。

吴　咨(1813—1858)

字圣俞,又字哂予,别号适园。清武进人。尝官山东盐大使。颖悟过人,从李兆洛游,通六书之学,工篆、隶。能画花鸟、虫鱼,得恽寿平遗意。尤精篆刻,曾寄居江阴陈式金家,为其刻印颇多。

适园印印 4 卷　子部艺术类

(1) 清道光三十年(1850)陈式金刻本,上海图书馆藏。

(2) 清宣统三年(1911)石印本,常州图书馆藏。

按:本书亦名《吴圣俞先生印谱》,江阴陈式金辑。

续三十五举　子部艺术类　佚

见韩天衡《中国印学年表》。

按:《三十五举》乃元吾邱衍《学古编》之别名,专为篆刻印章而作。

李岳生(1813—1860)

字子乔。清武进人。兆洛从孙。诸生。结发即能诗,及冠已成集。诗才清丽,中年乃忧时感事,多激楚之音。论诗自汉魏以至清人,其源流正变,了如指掌。兼工词,守其乡张惠言、董士锡词风。咸丰十年(1860)太平军攻常州时,率兵抗拒,兵变被杀。

李氏倡随集　丛书类

魏允恭编

(1) 清光绪三十一年(1905)邵阳魏氏石印本,复旦大学图书馆藏。

(2) 2015年国家图书馆出版社出版《清代家集丛刊》本。

子目:

《小元池仙馆诗》1卷《词》1卷　李岳生撰

《味薏居诗》1卷《词》1卷　李岳生撰

《越雪庵诗》1卷《词》1卷　李岳生撰

《微波阁诗》1卷《词》1卷　赵纯碧撰

吕嗣彬(1813—1882)

字芝卿,号桐生,号半盲老人。清阳湖人。光辰叔。主张读书务为有用之学,视诗为余事。然尝从洪齮孙学诗,得览其家《卷施阁》《更生斋》诸诗集,因以学有渊源,工力颇深。诗作甚丰,多毁于太平天国时期。

古今杂记2卷　子部杂学类　佚

诗词钞8卷　集部别集类　佚

以上2种见清薛绍元撰《听鹂山馆劫余草序》,均毁于兵火。

听鹂山馆劫余草1卷词钞1卷　集部别集类

清光绪八年(1882)刻本，南京图书馆藏。

恽光业(1813—1884)

字畹乡，清阳湖人，光辰弟，祖祁、祖翼父。官至安徽候补道。擅花卉，不失南田遗意。

蚕桑备览 1 卷　子部农家类

清恽光业、恽祖祁撰

清光绪三年(1877)刻本，国家图书馆藏。

何　祎(1813—1890)

号纤影老人。清宜兴县人。赵振禋妻，何文敏女。通经史，工诗书画。晚年以绘画自给。

欠山阁诗 5 卷　集部别集类　佚

见《清代毗陵书目》卷 5。

按：观庄赵氏族谱作《倚云阁诗》4 卷。

沈　珂(1813—?)

字云浦。清武进人，祖籍江阴。耀鋆女，会昌知县武进黄曾慰妻。工诗善画。在会昌结湘吟社，相与唱和。

醉月楼诗　集部别集类　佚

醉月楼词剩　集部词曲类　佚

以上 2 种见《清代毗陵书目》卷 5。

按：《江阴县续志》《粟香随笔》著录作《醉月轩诗词》。

赵云卿

字友月。清武进人。赵胜(字邦英)长女，书卿、韵卿姐。清道光初其父致仕后，随居成都。承母教，能诗善词。诗作疏宕工整。

兰陵三秀集　集部总集类

(1) 清道光十三年(1833)刻本,南京图书馆、苏州大学图书馆藏。

(2)《清代闺秀集丛刊》本。

子目:

《绣余小咏》《诗余》 赵云卿撰

《绿窗藏稿》 赵书卿撰

《寄云山馆诗抄》 赵韵卿撰

寄愁轩诗存草 集部别集类

吴县潘氏藏红格旧钞本。见《闺籍经眼录》。

按:前后无序跋,凡诗 200 首。

赵书卿

字佩芳。清武进人。云卿妹。道光初其父致仕后,随居成都。承母教,喜吟咏。诗作温和雅致。

兰陵三秀集 集部总集类

(1) 清道光十三年(1833)刻本,南京图书馆、苏州大学图书馆藏。子目见“赵云卿”条。

(2)《清代闺秀集丛刊》本。

赵韵卿(1813—?)

字友莲,后更字悟莲。清武进人。书卿妹,山阴潘廷灏室。

寄云山馆诗钞 10 卷词钞 2 卷 集部别集类

(1) 清光绪二十六年(1900)刻本,南开大学图书馆藏。

(2)《南开大学图书馆藏稀见清人别集丛刊》本。

兰陵三秀集 集部总集类

(1) 清道光十三年(1833)刻本,南京图书馆、苏州大学图书馆藏。子目见“赵云卿”条。

(2)《清代闺秀集丛刊》本。

寄云山馆诗余 集部词曲类

见《小檀栾室闺秀词钞》。

赵镛谟(1814—1836)

字鹤皋。清阳湖人。吕采芝夫。诸生,早卒。

舒怀诗草　集部别集类　佚

见《清代毗陵书目》卷4。

按:《毗陵诗录》卷5收其诗34首。程缙畴云:"鹤皋人宽弘简默,文亦清矫,不同时尚,诗有唐音。"

杨贞淑(1814—1851)

字药生,又字眉影,号慧清道人。清常州人。嘉兴秦光第妻。

眉隐楼初学稿不分卷　集部别集类

稿本,上海图书馆藏。

按:是稿为秦光第手书,内有秦光第所撰传、跋,兼有诸名家手书题辞钤印。后于光绪十八年(1892)九月为吴县朱记荣购得,并书跋语。

刘曾慈(1814—1859)

字欢如。清阳湖人。延和女,锡山侯晟妻。能诗词,工绘事。

岁寒馆诗稿　集部别集类　佚

岁寒馆词稿　集部词曲类　佚

以上2种见《西营刘氏先世著述考》。

刘则祁(1814—1884)

字子京。清阳湖人。烜孙,国龄子。国子学监生。官福建候补知县,加同知衔,历署惠安、海澄、清流、南靖、建安、松溪县知县。

诗稿　集部别集类　佚

见《西营刘氏先世著述考》。

庄　汝(1814—1898)

榜名雯。字雨文，号云浦。清阳湖人。道光二十年(1840)副榜贡生，二十六年顺天举人。任咸安宫教习，官至兵部职方司主事。

物原类考1卷　子部典故类　佚

见《庄氏族谱》卷16下。

盛　康(1814—1902)

字勖存，号旭人，别号待云庵主，晚号留园主人。清武进人。隆子，宣怀父。道光二十四年(1844)进士，授工部主事，历官安徽庐州、宁国、直隶诸州府。咸丰间任湖北督粮道、武昌道，署布政使、按察使，后移任浙江杭嘉湖兵备道、按察使。少承庭训，生平为学不务章句，期于致用。寄情金石书画，留心乡邦文献，刻书甚多。

资治通鉴补294卷　史部编年类

明严衍撰　清盛康刻

清同治十二年(1873)至光绪二年(1876)木活字印本，首都图书馆藏。

皇朝经世文续编120卷　子部儒学类

清盛康、盛宣怀编

(1) 清光绪十六年至二十一年思补楼刻本，复旦大学图书馆藏。

(2) 1972年台湾文海出版社影印《清朝经世文编及索引八种汇刊》本。

(3) 1966—1973年台湾文海出版社《近代中国史料丛刊》本。

(4) 2010年学苑出版社出版《清代经世文全编》本。

按：是书盛宣怀虽无其名而实主其事。

经世文粹8卷续编8卷　子部儒学类

清贺长龄辑　盛康续辑

《周氏师古堂所编书》本，北京大学图书馆藏。

言声均(1814—?)

字訒斋。清武进人。

蠹余残稿2卷　集部别集类

光绪间味闲斋木活字本,天津图书馆藏。

沈际昌(1815—1857)

字子常。清阳湖人。咸丰元年(1851)举人。少负异才,稍长博涉群书,嗜读《春秋》三传,留心经世之学,且好兵家言。曾助同里前浙江布政使汪本铨集乡兵对抗太平军。善属文,平生著述颇富,战后所遗无几。

诗古文辞　集部别集类　佚

见光绪《武阳县志》卷28。

留香阁遗稿1卷　集部别集类

清光绪十二年(1886)古东都刻本,南京图书馆藏。

吕采芝(1815—1874)

字嘉华,一作寿华。清阳湖人。子珏女,同邑赵镛谟妻。素习倚声,精音律。善绘画。幼年丧父,婚后经年而寡。嗣子成立,方生孙又复亡故,苍凉凄厉之情一寓于词。

幽竹斋小草2卷　集部别集类

(1) 清同治十三年(1874)刻本。

(2)《清代闺秀集丛刊》本。

按:光绪《武阳县志》卷28作《幽小草》。

秋笳词1卷　集部词曲类

(1) 清同治十三年刻本。

(2)《小檀栾室汇刻闺秀词》本。

(3)《清代闺秀集丛刊》本。

吕采芙

字撷芬。清阳湖人。子珏女，采芝妹。刑科给事中吴县蒋彬蔚妻。工诗词。

梅隐诗钞 2 卷　集部别集类　佚

见《清闺秀艺文略》。《吴县志》作《撷芬诗词抄》。

卜起元(1815—1880)

字贞甫，幼字安桥，晚号潜宾。清武进人。少补诸生。留心经世之学，屡上书当道言事，咸目为狂。官浙江候补从九品，未授而卒。

潜庄文钞 6 卷　集部别集类

清光绪五年(1879)武进卜氏甬江刻本，常州图书馆藏。

按：光绪《武阳志余》卷 7 云："是编手自编定，不屑屑于模仿，率抒愤懑不平之气。有自序。"

周腾虎(1816—1862)

原名瑛，字韬甫，一作弢夫。清阳湖人。仪暐三子。嗜读书，博览强记，雄于论辩，工诗文。入京应试不利。曾多次上书言事，颇受曾国藩、宗稷辰赏识，特以人才保荐，清咸丰初与左宗棠同召入都，因母忧未行。咸丰十年(1860)，太平军攻克苏州，上书言防守太湖之策，曾国藩复荐之于朝。未果，旋卒。

秣营琐记　史部杂史类

(1) 稿本，苏州图书馆藏。

(2)《太平天国稀见史料三种》本，中华全国图书馆文献缩微中心 1995 年影印。

按：记江南大营中诸事。

先德小识 1 卷　史部传记类

(1) 1935 年排印本。

(2)《毗陵周氏五世诗集》本附。

餐芍华馆日记　史部传记类

(1) 稿本，苏州图书馆藏。

(2)《太平天国稀见史料三种》本，中华全国图书馆文献缩微中心1995年影印。

按：内含《乐天居日记》《达绸缪斋日记》，记咸丰二年至三年、七年、八年至十一年事。

周腾虎日记　史部传记类

《中国近现代稀见史料丛刊》(第六辑)本。收录《餐芍华馆日记》《秣营琐记》两种。

餐芍华馆诗集8卷蕉心词1卷　集部别集类

(1) 清光绪十九年(1893)毗陵周氏刻本，常州图书馆藏。

(2)《毗陵周氏家集》本。

(3)《毗陵周氏五世诗集》本。

(4)《清代诗文集汇编》本。

餐芍花馆诗10卷　集部别集类

清周腾虎撰　杜文澜、赵烈文评

稿本，苏州市图书馆藏。

采兰斋诗2卷　集部别集类

稿本，苏州市图书馆藏，有包世臣跋。

批点杜诗镜铨　集部别集类

抄本，南京图书馆藏。

银汉槎传奇2卷18出　集部词曲类

清李文瀚填词　贺仲瑊正谱　周腾虎评校

清道光二十五年(1845)刻本，国家图书馆藏。

毗陵周氏三种6卷　丛书类

清光绪三十一年长沙刻本，常州图书馆藏。

子目：

《先德小识》1卷

《餐芍华馆随笔》2卷

《餐芍华馆遗文》3卷　其中《餐芍华馆遗文》有《清代诗文集汇编》本

余光倬(1816—1877)

原名汝同，字省来，号幼冰。清武进人。保纯子。道光二十七年(1847)进士，历任刑部主事、直隶司郎中、安徽司主事、刑部秋审处总办等职。因在刑部秋审处拟何桂清为斩立决，遭受何氏一党打击，以丁忧归，不复出。少好学，文思敏捷。重然诺，以不欺为本。

秋曹例案汇录4卷　史部政书类　佚

见《余氏家谱》。

方骏谟(1816—1879)

字元徵，一字耐余。清武阳湖人。履筏子。以诸生官安徽直隶州知州。工文善词，精地志之学。所修徐州、宿迁二志，赅雅可法。一生淡于名利，曾国藩称其"不求闻达，行谊卓然"。

(同治)徐州府志25卷　史部地理类

清吴世熊、朱忻修　刘庠、方骏谟、方楷等纂

(1) 清同治十三年(1874)刻本，北京大学图书馆藏。

(2)《中国地方志集成》本。

(同治)宿迁县志19卷　史部地理类

清李德溥修　方骏谟纂

清同治十三年刻本，北京大学图书馆藏。

徐州舆地考1卷　史部地理类

《小方壶斋舆地丛钞》本。

长江图　史部地理类

按：其子方楷曾绘有《长江图稿》1幅附《安徽府厅图稿》13幅，据

《清代毗陵书目》卷2云："《长江图》，黄翼升付印，遂冒其名。序中载明采用曾文正公(国藩)幕僚稿。"现收入于马徵麟编《长江图说》，同治九年木刻版本，有国家图书馆藏本。当即此图。

方徵君遗稿不分卷　集部别集类

(1) 抄本，西南大学图书馆藏。

(2)《中国古籍珍本丛刊·西南大学图书馆卷》本。

敬业述事之室文　集部别集类　佚

见《清代毗陵书目》卷4。注云："稿藏其孙宾穆处。"

耐余书屋诗余1卷　集部词曲类　佚

见《清代毗陵书目》卷5。

按：《全清词抄》卷24收其词1首。

史致泽(1816—1888)

原名应鼎，字燮甫。清阳湖人。清道光十七年(1837)举人，拣选知县。天资颖悟。工诗词，属对极工。

荆余草堂遗诗　集部别集类　佚

见《清代毗陵书目》卷4。

荆余草堂词1卷　集部词曲类　佚

见《清代毗陵书目》卷5。

按：《全清词钞》卷21收其词1首。

潘清撰(1816—?)

字丽亭。官督粮道，清武进人。

挹翠楼诗钞4卷　集部别集类

(1) 清咸丰六年(1856)刻本，上海图书馆藏。

(2) 清同治二年(1863)刻巾箱本，常州图书馆藏。

挹翠楼诗话4卷　集部诗文评类

清同治二年刻巾箱本，南京图书馆藏。

费兆钺(1816—?)

清武进人。监生,候选通判,光绪初曾任合州知州。

(光绪)合州志16卷首1卷 史部地理类

清费兆钺修 程业修纂

清光绪四年(1878)刻本,北京大学图书馆藏。《续修四库总目提要》作光绪二年刻本。

庄裕崧(1817—1863)

字味诗,号少甫。清武进人。太学生。分发四川,历署绵竹、罗江知县。改发甘肃,补平凉府盐茶同知,署知府。以军功擢升知府,加道衔。

鸣秋山馆诗集 集部别集类 佚

见《清代毗陵书目》卷4。

恽世临(1817—1871)

字季咸,号次山,一号听云。清武进人。道光二十五年(1845)进士。入翰林,散馆改主事,观政吏部,累转郎中、记名御史,掌山西道监察御史。京察一等,授湖南长沙遗缺知府,擢岳常澧道,晋布政使,旋奉命巡抚湖南,未几被劾罢归。为官廉勤,内娴朝廷掌故,外谙郡国利病。罢官后侨寓吴中,寓庐有老栎树,因署所居是栎存草堂。

(同治)武陵县志48卷 史部地理类

清恽世临等修 陈启迈等纂

清同治二年(1863)刻本,复旦大学图书馆藏。

恽中丞官书摘钞1卷鼎州治迹纪略1卷常德防务盐厘案档1卷 史部政书类

清同治四年刻本,北京大学图书馆藏。

恽世临奏折61件 史部政书类

稿本,南京图书馆藏。

清同治二年抄本,国家图书馆藏。

栎存草堂文集　集部别集类　佚

见《清代毗陵书目》卷 4。

高宅旸(1817—1876)

字丽中,人称味蓼先生。清武进人。诸生。不求仕进,耽于诗,尤长歌行。多抒写古今之盛衰、世事之变迁。

味蓼轩诗钞 10 卷　集部别集类

清光绪五年(1879)封邱何氏刻本,常州图书馆藏。

按:是集为作者之友赵国华所辑,卷首有何家琪撰《味蓼先生墓志铭》。

盛　廉(1818—1846)

字镜存,号谨人。清常州人。隆子,康弟。工诗。

莲初吟草　集部别集类　佚

清木活字本。《清代毗陵书目》卷 4 著录,馆藏待查。

袁绩懋(1818—1858)

字藕庵,字厚安。清阳湖人,宛平籍。俊子。性通敏,读书过目成诵,号称淹雅。清道光二十七年(1847)进士第三人及第,授编修。改刑部主事。后以道员赴闽。会办延平府军事,署延建邵道。太平军入闽,清咸丰八年(1858)九月十二日战死于顺昌城。赠按察使,世袭骑都尉。后又于常州、顺昌奉特旨建祠,民国时追谥文节。《清史稿》有传。

诸经质疑 12 卷　经部群经总义类　佚

通鉴正误 10 卷　史部编年类　佚

汉碑篆额考异 2 卷　史部金石类　佚

以上 3 种均见《清史稿》本传。

味梅斋烬余草 4 卷　集部别集类

清光绪六年(1880)福州刻本,上海图书馆藏,题为《袁绩懋诗草》。

按:分《枢禁吟薇草》42 首、《箬舸南游草》103 首、《锄兰艺蕙草》20 首、《桃源渔隐诗草》134 首各一卷。

味梅斋偶存 1 卷　集部别集类

稿本,有袁绩懋题识,即《枢禁吟薇草》,存诗 96 首,上海图书馆藏。

承　越(1818—1873)

字耀珊,号小坡。清阳湖人。咸丰元年(1851)举人。官河南候补知府。工诗善词。

听云山庄诗词 1 卷　集部别集类

(1)《敬修堂丛书》本。

(2)《清代诗文集汇编》本。

按:《全清词钞》卷 24 收其词 1 首。

菊社吟草 1 卷　集部总集类

承越辑

《敬修堂丛书》本。

按:《全清词钞》卷 24 收其词 1 首。

听云山房剩稿　集部别集类　佚

见光绪《武阳志余》卷 7。

伍继勋(1818—1883)

原名锡组,字士植,号次荪。清武进人。幼聪敏,有经济才。入曾国藩幕,为胡林翼调办军务。以劳绩保用知县,升直隶州知府,留鄂,历署汉阳兴山知县、汉阳知府等。同治八年(1869)以知府升用,九年檄修潜江、天门等县堤工。在鄂 40 余年,始治兵,继治水,颇著劳绩。

(同治)兴山县志 10 卷首 1 卷　史部地理类

清伍继勋修　范昌棣纂

清同治四年(1865)刻本,华东师范大学图书馆藏。

刘翊宸(1818—1910)

字云樵,号遯庵。清阳湖人。叔寅长子。道光二十四年(1844)举人。选授福建长乐县知县。历官至福建候补道,署盐法道按察使司。

桑梓潜德录5卷续录4卷三集6卷　史部传记类

清张慎原辑　施周、刘芳等增辑　毕应箕、李文喆等续　汤成烈、刘翊宸等再续

清光绪六年(1880)刻本,常州图书馆藏。

许　珣(?—1868)

字士询,号问樵。清武进人。

餐霞室诗草　集部别集类　佚

见《清代毗陵书目》卷4。

谢秉文(1819—1852)

原名孟甲,入京后又改名会文,字梦葭。清阳湖人,大兴籍。璜兄。诸生。受业于汤成彦,才气俊迈,尤长于诗。道光二十七年(1847)入都,授经于文蔚邸,未几卒。汤成彦、朱锡卿有诗吊之。

剪红轩诗稿1卷　集部别集类

《谢氏家集》本。

钱　钧(1819—1877)

字邦灿,号廉村。清阳湖人。少家贫,乃弃举子业学贾。然性好读书,经史子集,无不该览。蓄书不下万卷,清咸丰间,避难于江北如皋,藏书悉毁于战火,因请人绘《坐拥百城图》以寄意。又取古人"读书便佳,为善最乐"语意,名其堂曰"佳乐",并以名其集。

佳乐堂遗稿1卷　集部别集类

(1) 清光绪三十一年(1905)活字本,南京图书馆藏。

(2)《阳湖钱氏家集》本。

陈丽芳(1819—1902)

清武进人。浙江萧山郑孝庭妻。

寿筠簃诗草 1 卷　集部别集类

1925 年刻本,南京图书馆藏。

按:刻本前有汪承祖等序,后有朱祖谋后序,男熙志略,重印本补录李静等序。

黄志述(1819—?)

字仲孙。清武进人。景仁嗣孙。李兆洛弟子。道光、咸丰年间在世。

先友爵里名字考　史部传记类

两当轩集考异 2 卷　集部别集类

按:以上 2 种均收入志述所编刻之《两当轩集》。

两当轩集 20 卷考异 2 卷附录 6 卷　集部别集类

黄志述编

(1) 清咸丰八年(1858)黄志述刻本,上海图书馆藏。

(2) 清同治十二年(1873)集珍斋据咸丰本重排木活字本,但略有出入,上海图书馆藏。

(3)《续修四库全书》本,据上海图书馆藏本影印。

(4)《清代诗文集汇编》本。

两当轩集 22 卷考异 2 卷附录 6 卷　集部别集类

黄志述编

(1) 清咸丰八年黄志述刻本,北京师范大学图书馆藏。

(2) 清同治六年刘履芬抄本,国家图书馆藏。

(3)《国家图书馆藏抄稿本乾嘉名人别集丛刊》本。

(4) 2016 年国家图书馆出版社《两当轩集珍本选刊》影印本。

按：是为黄集最完善本，由景仁孙志述编刻。此集以黄景仁手定诗稿15卷、词稿3卷为底本，又从吴修刻本增诗27首，从赵希璜刻本增诗3首，编为第16卷。在咸丰八年八月刻成后，庄竹安忽于家中捡得景仁"丙戌至壬辰"诗作"初稿百余纸"；志述遂取之校改第16卷，又与徐廷华、庄敏、陆黻恩、周腾虎共同审定，去其重出，编成补遗2卷，22卷本《两当轩集》在咸丰八年十二月刊成。共收诗1170首，词216首，遗文6篇。志述又仿《韩集考异》之例，作《考异》2卷，为校勘记；《附录》6卷，为序跋、传状志文、唱酬题赠、年谱、诗评及友人名字爵里考。

史致准(1820—1881)

字伯平。清阳湖人。咸丰九年(1859)举人。历官云南呈贡县、文山县知县，权安平同知等。后辞官归里，闭门著述。耽学，博涉经史百家。说经宗庄存与、刘逢禄二家，尤精于天文、律历、算法，著述宏富。

汉书地理志古地今释2册　史部地理类　佚

见《清代毗陵书目》卷2。

校订历书稿26卷　子部历算类

稿本，南京图书馆藏。

星历书2卷　子部历算类　佚

古历考2卷　子部历算类　佚

太初历辨　子部历算类　佚

授时术增解　子部历算类　佚

乾象月行三道术详注　子部历算类　佚

钦天术校注　子部历算类　佚

麟德术校注　子部历算类　佚

宣明术校注　子部历算类　佚

景福术校注　子部历算类　佚

皇极术校注　子部历算类　佚

大衍术校注　子部历算类　佚

以上11种均见《清代毗陵书目》卷3。

史伯平先生所著书　丛书类

清光绪间刻本，常州图书馆藏。

子目：

《尚书绎闻》1卷

《读左评录》1卷

马文植(1820—1907)

原姓蒋，字培之，晚号退叟。以字行。清武进孟河人。年13受名医费伯雄赏识，传授医术，后从嗣祖马省三临床16年，精通内外科，擅治伤寒，为孟河世医马氏族中之翘楚。光绪六年(1880)应诏进京为慈禧治病，备受赏识，宠赐有加。在京9月余，治愈显贵者多人，名声大震。因太监索贿急，借口昏眩旧疾发作而告归。卜居锡山，门庭若市。

纪恩录1册　史部传记类

清光绪十八年刻本，常州图书馆藏。

马培之先生医案1卷　子部医家类

《三三医书》本。

马培之内科医案2卷　子部医家类

清抄本，中国中医科学院图书馆藏。

马培之外科医案　子部医家类

(1) 清抄本，天津医学高等专科学校图书馆藏。

(2) 清抄本，中国中医科学院图书馆藏。

(3) 清光绪二十四年扫叶山房刻本。

(4) 1931、1940年上海中医书局铅印本，中国中医科学院图书馆藏。

(5) 1939年四明慈竹草堂印本，上海中医药大学图书馆藏。

(6)《三三医书》本。

(7)《中国近代医学丛选》本。

外科传薪集 1 卷　子部医家类

(2)《珍本医书集成》本。

(3) 1959 年人民卫生出版社铅印本。

按:是书为马氏治疗外科常用而疗效较高的验方。治疗症候包括痈疽瘰疬、眼耳喉等候,疗法有内服外用,剂型有丸散膏丹。

医略存真 1 卷　子部医家类

清光绪二十四年刻本,南京中医药大学图书馆藏。

马评陶批外科全生集 4 卷附新增马氏试验秘方 1 卷　子部医家类

清王维德撰　马文植评　陶祥忻批

《中国医书大成》本。

急救百病济世回生良方 2 卷　子部医家类

马文植评

清光绪十九年积善堂石印巾箱本,天津图书馆藏。

马氏医论　子部医家类

《医药丛书五十六种》本。

孟河马培之医家论精要　子部医家类

吴中泰编纂

1985 年人民卫生出版社排印本。

马评喉科论　子部医家类　佚

愚斋医案　子部医家类　佚

马批验方新编　子部医家类　佚

以上 3 种见《清代毗陵书目》卷 3。

马氏医论　子部医家类

见《江苏历代医人志》,云:"未刊稿,由德僧安汝贤得之老友赵晴初处,安作序。"

医药舌鉴　子部医家类　佚

药性歌诀　子部医家类　佚

青囊秘传　子部医家类　佚

马氏丸散集　子部医家类　佚

马氏经验方　子部医家类　佚

外科集腋　子部医家类　佚

务存精要　子部医家类　佚

以上7种均见1988年版《武进县志》第25篇人物本传。

史致驯(1820—?)

字佳若，晚号灌园。清阳湖人。浙江按察司经历，保举知县，授昌化县知县，历任镇海、归安、嘉善等县知县，因守杭州出力，加知府衔，升定海厅同知，后以道员归部候选。

(光绪)定海厅志30卷首1卷　史部地理类

清史致驯修　陈重威、黄以周纂

(1) 清光绪三年(1877)修，十一年黄树藩刻本，中国人民大学图书馆藏。

(2) 清光绪二十八年(1902)补刻本，中国人民大学图书馆藏。

(3) 清宣统元年(1909)丁中立补刊光绪十一年本，国家图书馆藏。

(4) 1914年重印清光绪二十八年本，中国科学院图书馆藏。

(5)《中国地方志集成》本。

庄宝珠(1821—1871)

清武进人。玮长女。工诗善画。年十八配史致驯。家贫，典质妆奁助夫攻读。姑在堂，以针黹供甘旨。待客以礼。致驯后官至浙江定海同知，有政声，人以为实贤内助所致。

翠环仙馆诗钞2卷　集部别集类　佚

见光绪《武阳县志》卷28、《清代毗陵书目》卷5。

董保成(1821—1878)

字云阶。清武进人，官安徽补用道，候补知府。

白云精舍诗钞 1 卷　集部别集类

（1）清同治十三年（1874）陆初望跋刻本，北京大学图书馆藏。

（2）民国抄本《武进诗存》本，中国科学院图书馆藏。

赵曾向（1821—1882）

字郎甫，一字心日，号啬庵。清阳湖人。翼曾孙，忠弼子。咸丰二年（1862）进士，改庶吉士。散馆授编修。七年丁父忧归。同治二年（1863）复入都，充国史馆提调，升赞善，明年授浙江金华知府。光绪八年（1882）卒于任。幼专心好学，未弱冠即通晓群经诸子。治学以宋儒为宗。曾整饬丽正书院，刻《近思录》《丽正书院课艺》等，兴办义学，颇多造就。

东南纪略　史部杂史类

（1）《大亭山馆丛书》本。

（2）中国史学会编《中国近代史资料丛刊·太平天国》本。

（3）《太平天国史料专辑》本。题为《滋扰苏杭节略》，附于谢绥之《燐血丛钞》本。

按：此书述太平军攻占苏常始末，原未题撰人，当代学者张道贵、董蔡时均认为乃赵曾向所撰。

行素位斋公牍　史部政书类　佚

见《清代毗陵书目》卷 2。

收养规目、经理章程　史部政书类　佚

见清赵彻诒撰《啬庵府君年状》。

啬庵文集　集部别集类　佚

见《清代毗陵书目》卷 4。

孙清载（1821—1886）

字笛仲。清武进人。与庄毓鋐同补博士弟子员，后又同应同治三年（1864）岁贡。于书无所不览，尤究心于濂洛关闽之学，肆力于诗古文词。

竹懒山房吟稿 4 卷　集部别集类

清光绪十五年(1889)木活字本,天津图书馆藏。

朱仪训(1821—?)

字雪塍,又字燮臣。清武进人。咸丰三年(1853)进士,官至山西道御史,归里后任龙城书院山长。

工部纂修则例　史部政书类

清曾鉌、朱仪训等纂修

稿本,6 册。国家图书馆藏。存 9 卷,卷 84 至 91、93。

时敏堂诗钞 1 卷　集部别集类

清光绪刻本,华东师范大学图书馆藏。

时敏堂制艺　集部别集类

清光绪刻本,日本国会图书馆藏。

时敏堂唱和诗录存 1 卷　集部总集类

清翁振铭刻本,残本,南京图书馆藏。

左白玉(1822—1856)

字小莲。清阳湖人,辅女、言良玺妻。

餐霞楼轶稿 2 卷　集部别集类

(1) 清光绪三十四年(1908)《言氏家集》排印本,北京大学图书馆藏。

(2)《清代闺秀集丛刊》本。

按:前有清同治五年(1866)上谕。诗稿 1 卷,诗余 1 卷。

董亮贻(1822—1861)

字仲明,号俪青,基诚子,清常州人。监生,浙江候补通判。

思无邪斋词　集部词曲类　佚

见《清代毗陵书目》卷5。

汤　鋐(1822—1870)

后名铼,字东笙。清阳湖人。寄籍顺天,九试不第。历摄山东商河、曹县、钜野、临淄知县,授宁海知州。善文翰,工书,与吴咨齐名。尤擅花卉,风枝露叶,生态逼真,与阳湖汪昉、正定王荫昌并称。

艳秋阁集　集部别集类　佚

见《清代毗陵书目》卷4。是书最初著录于清赵国华《山东宁海知州汤君家传》。

庄毓鋐(1822—1890)

字俊甫,号伟堂。清武进人。廉甲嗣子。岁贡生。候选训导,署丹阳县教谕、诏文训导。

桑梓潜德录三集6卷　史部传记类

清张慎、汤成烈、庄毓铉、薛绍元等先后合撰

清光绪六年(1880)刻本,常州图书馆藏。参见"张慎"条。

(光绪)常州府志传稿不分卷　史部传记类

稿本,常州图书馆藏。

团练纪实2卷　史部政书类

清庄毓鋐、薛绍元撰。

附光绪《武阳志余》后。版本见该书。

(道光)武进阳湖县合志36卷首1卷　史部地理类

清查文经等修　李兆洛等纂　庄毓鋐等校改

清光绪十二年据道光二十二年(1842)本印木活字本,常州图书馆藏。

(光绪)武阳志余12卷首1卷　史部地理类

清庄毓鋐、陆鼎翰纂修

(1) 清光绪十四年木活字本,复旦大学图书馆藏。

(2) 台湾《中国方志丛书》本。

(3)《中国地方志集成》本。

常郡八邑艺文志 12 卷　集部总集类

清卢文弨辑　庄翊昆补　庄毓鋐重刊总校

(1) 清光绪十六年重刻本，常州图书馆藏。卷首有光绪十六年重刻陆鼎翰序、乾隆五十七年(1792)卢文弨原序、咸丰九年(1859)庄翊昆序。

(2)《续修四库全书》本。

(3) 凤凰出版社 2017 年版《常州历史文献丛刊》第三辑本。

王铭西(1822—1893)

字愚溪。清阳湖人。廪贡生，候选训导。天性戆直，好议论古今，不避贵显，人以为痴，因自号大痴。自幼受业宜兴欧里青、同里许仲青、庄子珊诸人，为文奥衍奇肆。精《十三经注疏》，博采众家，自抒所见，成《春秋》学著作 3 种。对天文地理亦有研究，尤熟吴中水利。布政使黄彭年延请编纂《江苏水利全书》，稿成辞归，数年卒。

春秋属比考例 2 卷　经部春秋总义类

有清王先谦跋

(1) 稿本，南京图书馆藏。

(2) 1935 年南京陶风楼影印本，华东师范大学图书馆藏。

(3) 2018 年凤凰出版社《南京图书馆藏未刊稿本集成·经部》本。

春秋五行灾异卦炁属比考 1 卷　经部春秋总义类

有清戴望题款

(1) 稿本，南京图书馆藏。

(2) 1935 年国学图书馆藏影印本，清华大学图书馆藏。

(3) 2018 年凤凰出版社《南京图书馆藏未刊稿本集成·经部》本。

春秋比类颧例 2 卷　经部春秋总义类

清夏炜如跋　戴望等题款

(1) 稿本，南京图书馆藏。

(2) 2018年凤凰出版社《南京图书馆藏未刊稿本集成·经部》本。
春秋考证6卷　经部春秋总义类

见《清代毗陵书目》卷1。

左传杜解补正1册　经部春秋左传类

国学图书馆藏影印本,南京图书馆藏。

五学小学述2卷校勘记1卷　经部小学类

清庄述祖撰　王铭西、薛绍元撰校勘记

清光绪九年(1883)刻本,黑龙江图书馆藏。

常州武阳水利书不分卷　史部地理类

(1) 清同治十二年(1873)序刻本,常州图书馆藏。

(2) 凤凰出版社2015年版《常州历史文献丛书》第二辑《清代常州地方史料汇编》本。

江苏水利全书　史部地理类　佚

见《清代毗陵书目》卷2。

陈　烺(1822—1903)

字叔明,号潜翁,别号云石山人,又称玉狮老人。清阳湖人。邑庠生。幼年苦读,屡试不第。壮年授徒皖、粤,学生多通显。年50始以盐官需次浙江。工诗善画,精音律,善度曲。晚年杜门研究佛学。

读画辑略4卷　子部艺术类

《文艺丛刻》本。

禅真问答1卷　子部佛教类　佚

禅真语录4卷　子部佛教类　佚

以上2种见《清代毗陵书目》卷3。

云石山房剩稿不分卷　集部别集类

稿本,南京图书馆藏。

玉狮堂传奇十种(一作玉狮堂十种曲)　集部词曲类

(1) 清光绪十一年(1885)武林刻本,常州图书馆藏。

(2) 清光绪十七年刻本,常州图书馆藏。

子目:

《仙缘记传奇》2卷

《蜀锦袍传奇》2卷

《燕子楼传奇》2卷

《海虬记传奇》2卷

《梅喜缘传奇》2卷

《同亭宴传奇》1卷

《迴流记传奇》1卷

《海雪唫传奇》1卷

《负薪记传奇》1卷

《错姻缘传奇》1卷

悲风曲杂剧1卷　集部词曲类

《玉狮堂十种曲》附。

谢　璜(1823—1860)

字玉阶。阳湖人。秉文弟。业儒,兼商。卒于咸丰十年(1860)太平军战事中。

吉祥止止室剩稿1卷　集部别集类

子谢祖芳辑

钱振锽辑刻《毗陵谢氏家集》本。

陈亮畴(1823—1869)

字德生,号鲁农。清武进人。咸丰三年(1853)进士,改庶吉士,散馆授编修,提督云南学政。咸丰十年,家毁于战乱,仅三子得免。亮畴差罢北归,虽授职御史,恒郁郁不乐,乞假漫游,同治八年(1869)卒于武昌。平生勤学博览,贯彻百家,尤工书法,所书武昌黄鹤楼铭,魄力雄伟,世称杰作。

心潜书屋诗存1卷词剩1卷　集部别集类

清光绪三十二年(1906)刻本,上海图书馆藏。

心潜书屋遗稿　集部别集类　佚

见《清代毗陵书目》卷4。

董贻清(1823—1871)

字叔纯。清阳湖人。祐诚次子。道光二十三年(1843)举人。官四川青神知县,调补成都知县,以军功历保知府,有政绩。

按:《董氏家乘》及清顾复初《偶存集序》均谓贻清卒于清同治十年(1871),然清四川总督吴棠奏折谓卒于清同治十一年。录以备考。

援守井研纪略1卷　史部杂史类

(1) 清刻本,首都图书馆藏。

(2) 清同治十一年刻本,常州图书馆藏,与《偶存集》合刻。

(3) 抄本,中山大学图书馆藏。

(4)《清代诗文集汇编》本。

(同治)直隶绵州志55卷　史部地理类

清董贻清修

清同治十二年刻本,天津图书馆藏。

偶存集1卷　集部别集类

(1) 清同治十一年刻本,常州图书馆藏,与《援守井研纪略》合刻。

(2)《清代诗文集汇编》本。

按:此为诗集,自题曰"余事偶存"。

盛　赓(1823—1900)

字璞存,号朴人,别号莪园逸叟。清武进人。廉弟。少承家学。官湘31年,历任长沙、善化、浏阳、沅江、安乡、道州等州县,升授桂阳直隶州知州,以清廉著称。

(同治)浏阳县志24卷　史部地理类

清王汝惺、盛赓、汪亮清等修　邹焌杰等纂

(1) 清同治十二年(1873)刻本,首都图书馆藏。

(2)《中国地方志集成》本。

(光绪)道州志12卷首1卷　史部地理类

清李镜蓉、盛赓修　许清源、洪廷揆纂

(1) 清光绪四年(1878)刻本,华东师范大学图书馆藏。

(2)《中国地方志集成》本。

恽崇儒(1823—1901)

字学乾,号开之。清武进人。致力经传,旁及诸子百家学,以反身为本。

履和堂集　集部别集类　佚

见《恽氏先世著述考略》。

金士麒(1823—1903)

字仁甫。清武进人。太学生。曾在广东做官。工诗,善画墨梅。

易义来源4卷　经部易类

《刻鹄斋丛书》本。

绿野草堂诗稿　集部别集类　佚

见《清代毗陵书目》卷4,注云:"稿本。"

绿野草堂词稿　集部词曲类　佚

见《清代毗陵书目》卷5,注云:"稿本。"

杨传第(1824—1861)

字听胪,号汀鹭。清阳湖人。颂清子。道光二十九年(1849)举人,候选河南知府,后任鲁东河总督黄赞汤幕僚。工骈体文及诗词,笃守常州词派。咸丰十一年(1861)饮药殉母死。

古今韵考附记1卷　经部小学类

(1) 清咸丰九年汉阳叶氏刻本，国家图书馆藏。

(2)《天壤阁丛书》本。

(3)《关中丛书》本。

(4)《咫进斋丛书》本。

(5)《丛书集成初编》本。

汀鹭文抄3卷诗抄2卷　集部别集类

清同治十一年(1872)刻本，清华大学图书馆藏。

杨听庐遗书1卷　集部别集类

蓝格抄本，北京大学图书馆藏。

汀鸳诗余1卷　集部词曲类

(1) 清同治十一年刻本，清华大学图书馆藏。

(2)《云自在龛丛书》本。

(3) 上海书店《丛书集成续编》本。

刘　灏(1824—1865)

又名嚣，字闰生，一字粹甫。清武进人。遵夔子。由军功官湖南通判。解饷至贵州，以劳累卒。喜吟咏，诗笔俊逸。工绘事，山水苍劲，花卉娟秀。

玉蕨蕤室剩草1卷　集部别集类

清同治十一年(1872)刻本，常州图书馆藏。

玉蕨蕤室诗余　集部词曲类　佚

见《清代毗陵书目》卷5。

王　镡(1824—1868)

初名倬，字子相，号逸荛。负不羁材，谋食四方，落落寡合，老而不遇。

钓琴轩诗钞4卷　集部别集类

清光绪十七年(1891)刻本,常州图书馆藏。

吕俊孙(1824—1870)

原名长孙,字元颐,一字曼叔。清阳湖人。子珏子。道光二十六年(1846)举人。选授知县,加捐知府,发陕西补同州,升按察使。同治元年(1862)陕中回族起事,守城坚拒。四年,以守城功擢潼商道,莅任未久,卒。

征修白水县暗门记 1 卷　史部地理类

清同治九年刻本,天津图书馆藏。

见素抱璞斋诗存 6 卷　集部别集类

(1) 清同治十一年自刻本,南京图书馆藏。

(2)《清代诗文集汇编》本。

曼香书屋词 1 卷　集部词曲类

《三家词录》本。《全清词抄》卷 22 收其词 3 首。

杨宗时(1824—1875)

字坤培,号春生。清阳湖人。武英殿供事,运同衔,历署襄阳、天门知县等,兼襄阳府粮捕通判。

(同治)襄阳县志 7 卷首 1 卷　史部地理类

清杨宗时修　崔淦纂　吴耀斗续修　李士彬续纂

(1) 清同治十三年(1874)刻本,南京大学图书馆藏。

(2) 1914 年石印本,武汉大学图书馆藏。

(3) 1930 年重印清同治本,上海图书馆藏。

伍　峻(1824—1884)

字申甫。清阳湖人。兆蟠子。浙江候补从九。

绿芸馆诗抄　集部别集类　佚

见《清代毗陵书目》卷 4。

吕懋恒(1824—1902)

字慎伯,号久庵,清阳湖人。咸丰五年(1855)考取誊录,历任国史馆议叙,盐大使,署龙山、麻阳等知县,补益阳知县,调麻阳知县,补直隶州知州。

(同治)益阳县志25卷首1卷　史部地理类

清姚念畅、吕懋恒修　赵裴哲纂

(1) 清同治十三年(1874)刻本,国家图书馆藏。

(2)《中国地方志集成》本。

(光绪)龙山县志16卷首1卷补刻1卷

清符为霖修　吕懋恒纂　谢宝文续修　刘沛续纂

(1) 清光绪四年(1878)续修本,中山大学图书馆藏。

(2)《中国地方志集成》本。

黄怀孝(1824—1902)

字武番,号存斋。清武进人。诸生。博学宏识,善古文,终生以授徒为业。著作多毁于兵乱。

江上孤忠录1卷　史部杂史类

明黄明曦原纂　清黄怀孝、龚丙吉重订

(1)《艺海珠尘》本。

(2)《江阴丛书》本。

(3)《粟香室丛书》本。

(4)《丛书集成初编》本。

(5)《痛史》本,题明赵曦明辑,《增订晚明史籍考》作"赵明曦"。

按:本书记阎应元死守江阴、屡败清兵事。有道光二十六年(1846)黄怀孝自序。《增订晚明史籍考》卷14云:"是书一题曰赵明曦,一题黄明曦,取二书相较,《粟香室丛书》本凡有忌讳处皆已删去,大致相同,恐即一书。"

存斋古文1卷续编1卷　集部别集类

《粟香室丛书》本。

龚丙吉

字少卿。清阳湖人。

江上孤忠录1卷　史部杂史类

明黄明曦原纂　清黄怀孝、龚丙吉重订。

参“黄怀孝”条。

周元豹(1824—?)

原名瑄，小名湑生，字次威，号蔚甫。腾虎弟，清武进人。捐纳府经历，指发湖南，保升知县，署永兴、新化知县。

玉禅花室诗1首　集部别集类　佚

见《清代毗陵书目》卷4。

玉禅花室词1卷　集部词曲类　佚

见《清代毗陵书目》卷5。

刘达善(1825—1875)

字子迎。清阳湖人。道光二十四年(1844)举人。选授湖南知县，累官至山东登莱青兵备道、东海关监督。

刘达善日记　史部传记类　佚

刘达善遗稿　集部别集类　佚

以上2种见《西营刘氏先世著述考》，云:“未梓。”

陆鼎敩(1825—1883)

字小峰。清武进人。黻恩子。官安徽歙县知县，为政清廉尽职，所至多所兴建。卒于任。

(同治)霍邱县志16卷首1卷　史部地理类

清陆鼎敩、王寅清纂修

(1) 清同治九年(1870)活字本,天津图书馆藏。

(2)《中国地方志集成》本。

陆鼎文行略1卷　史部传记类

清陆鼎敩、陆鼎翰撰

清同治刻本,上海图书馆藏。

显考紫峰府君行状1卷　史部传记类

清陆鼎敩、陆鼎翰撰

清光绪元年(1875)刻本,上海图书馆藏。

陆　恒(1825—1891)

字卫卿。清武进人。循应女。同邑刘灏妻。

苍梧集　集部别集类　佚

见《清代毗陵书目》卷5。

哀弦集1卷　集部别集类

抄本,上海图书馆藏。

按:《全清词钞》卷34收其词2首。

陆　蒨(?—1853)

字芝仙。清阳湖人。同邑谢士俊妻。工诗词。初伉俪甚笃,后其夫沉湎于酒,为谗言所中,休弃归里,长斋奉母,口不言文。咸丰三年(1853)拒侮被害。

倩影楼遗稿诗1卷词1卷　集部别集类

(1) 清同治二年(1863)皖南洪氏双庆堂据咸丰六年金韵仙木活字本精刻本,华东师范大学图书馆藏。

(2)《清代闺秀集丛刊》本。

按:《历代妇女著作考》云:"原有魏谦升序、张应昌、金绳武等及闺秀吴藻、赵我佩、徐德惠等题词,皋亭山民谱《鸩妇怨》曲。重刻增程秉钊、程曾洛序。凡诗一百三十二首(内附韩瑛女史诗二首),词四十一首。”

倩影楼遗词 1 卷　集部词曲类

(1)《十家词汇》本。

(2)《小檀栾室汇刻闺秀词》本。

沈一清

清武进人。

历代状元录 2 卷附历代状元条存 1 卷补遗 1 卷　史部传记类

清光绪二年(1876)刻本,上海图书馆藏。

历朝状元录 2 卷历朝状元录条存 1 卷补遗 1 卷汉至隋年号 1 卷三朝再见集 1 卷　史部传记类

清同治六年(1867)静观山房、光绪十三年晋陵咏梅轩谢氏续刻本,上海图书馆藏。

龚　淦

字泽山,号笠泽山人。清阳湖人。咸丰年间在世。

耕余琐闻 8 集　子部小说类

清同治十一年(1872)体仁堂刻本,有佚名圈点,南京图书馆藏。

按:是书抄录所闻所见事,谓始耕以舌,继耕以笔,故以名书。有咸丰八年(1858)自序。稿本约有十余集,因力不能尽刻,先刻 8 集,以天干八字命集。《贩书偶记》卷 12 作 8 卷,光绪《武阳县志》卷 28、《清代毗陵书目》卷 3 作 7 卷,又以作者为龚淦,均误。

冯　銈

字铁衣,号石溪。清阳湖人,世居马迹山。诸生,为许棫得意门生。明经,工诗,精字学。植品励学,略如其师。忧时感事,悉发于歌咏,取法杜陵,时近陶、韦。世评其诗:“贞不绝俗,和而有节。”卒于光绪间。

石溪诗存2卷　集部别集类

清光绪二十九年(1903)刻本,常州图书馆藏。

东夫山堂诗选8卷附三樯老屋词4卷　集部别集类

清许棫撰　冯銈选辑

清光绪十三年庄毓鋐刻本,常州图书馆藏。

树滋斋梅花诗稿　集部别集类　佚

见《清代毗陵书目》卷4。

张秉成

字兆嘉。清武进人。少好读书,及长,遇太平天国起义,得足疾,乃渡江求治于诸名医,不瘳,遂悉心学医,发愤欲治天下之疾。同治三年(1864)返里,悬壶乡梓,愈人无算。取前人著《本草》数十种,朝夕研读,以为皆不便初学,乃自著《本草便读》一书,人以为便,继成诸书亦皆以"便读"为名。至光绪末尚健在。

本草便读　子部医家类

(1) 清光绪二十二年(1896)毗陵张氏刻本,常州图书馆藏。2卷。

(2) 清光绪二十二年毗陵张氏刻本,南京中医药大学图书馆藏。4卷。

(3) 清光绪二十四年盛氏刻本,北京中医药大学图书馆藏。

(4) 清光绪二十四年上海千顷堂书局石印本,国家图书馆藏。

(5) 清光绪间苏州绿荫堂刻本,江西中医学院图书馆藏。

(6) 清光绪刻本,天津医学高等专科学校图书馆藏。

(7) 清宣统二年(1910)扫叶山房石印本,苏州市图书馆藏。

(8) 1912年上海江东书局石印本,首都图书馆藏。

(9) 1913年上海章福记书局石印本,上海中医药大学图书馆藏。

(10) 1922年常州华新书社刻本,吉林省图书馆藏。

(11) 1936年上海启智书局铅印本,成都中医药大学图书馆藏。

(12) 1957年上海卫生出版社铅印本。

(13) 1958年上海科技卫生出版社铅印本。

成方便读4卷　子部医家类

(1) 1933、1940年千顷堂书屋石印本,复旦大学图书馆藏。

(2) 抄本,中国科学院图书馆藏。

(3) 1958年上海科技卫生出版社铅印本。

脉诊便读　子部医家类

(1) 抄本,南京图书馆藏。

(2) 清光绪二十九年刻本,常州图书馆藏。

(3) 1928年上海千顷堂书局重印本,上海中医药大学图书馆藏。

(4) 1928年江阴宝文堂刻本,上海图书馆藏。

徐廷华

字子楞。清阳湖人。诸生。工诗词古文。负才气而科场失意。游迹所至,为当道所重。晚年客死鄂中。其父赓飏与缮御制集,得皇上所赐一规八棱砚,廷华取以名斋。

续聊斋志异4卷　子部小说类

清汤用中撰　徐廷华评

清末铅印本,首都图书馆藏。

一规八棱砚斋集诗钞6卷文钞1卷类钞1卷时文1卷　集部别集类

(1) 清光绪九年(1883)徐氏武昌寓斋刻本,常州图书馆藏。

(2)《清代诗文集汇编》本。

一规八棱砚斋词钞(一作一规八棱砚斋词)1卷　集部词曲类

清光绪九年刻本,常州图书馆藏。

汪学成

清武进人。

感应篇印谱1卷　子部艺术类

拓本,南京图书馆藏。

史　燊

清武进人。

四子考音正字便读 19 卷　经部小学类

抄本，上海图书馆藏。

千字文四声类编补 8 卷　经部小学类

承启堂黑格抄本，南京图书馆藏。

程泳涵

字鸣一。清阳湖人。约咸丰时人。诸生。

剑胆琴心词 1 卷附潇湘秋雨舸词 1 卷　集部词曲类

清光绪十三年(1887)刻本，郑州大学图书馆藏。

问梅庵诗余 1 卷　集部词曲类

《苔岑丛书》本。

陆庆颐

字鞠人，一作鞠仁。清武进人。诸生。绩学能文。游京师时，朝鲜使者洪冠岩见其诗，颇赏识，携归刊行于世。后主讲川沙观澜书院，编讲义以授生徒。治学宗朱熹。

观澜讲义 1 卷　子部儒学类

清光绪八年(1882)津河广仁堂刻本，北京师范大学图书馆藏。与杨希闵《读书举要》合刻。

有性情斋文钞 8 卷诗钞 1 卷　集部别集类　佚

见《清代毗陵书目》卷 4。

吴起凤

字才九。清武进人。同治元年(1862)进士，十三年署湖南靖州直隶州知州，在任 6 载。归隐后复建龙城书院，任山长。殁于光绪中叶，享年80。

(光绪)靖州直隶州志12卷首1卷末1卷　史部地理类

清吴起凤、劳铭勋修　唐际虞、李廷森纂

(1) 清光绪五年(1879)刻本,华东师范大学图书馆藏。

(2)《中国地方志集成》本。

才九遗稿　集部别集类　佚

见《清代毗陵名人小传稿》。

汪亮清

字晋莱。清武进人。士进子。清同治间曾官浏阳知县。工诗词。

(同治)浏阳县志24卷　史部地理类

清王汝惺、盛赓、汪亮清等修　邹浚杰等纂

清同治十二年(1873)刻本,首都图书馆藏。

碧罗诗庵古今体诗40卷　集部别集类　佚

见光绪《武阳县志》卷28。

碧罗诗庵词1卷　集部词曲存

清光绪十七年(1891)刻本,上海图书馆藏。

吕应靖

字篁饬。清阳湖人。

静庐词1卷　集部词曲类

清光绪三十年(1904)刻本,吉林大学图书馆藏。

吴曾辉

清阳湖人。光绪初曾任四川威远县令。

(光绪)威远县志三编4卷　史部地理类

清吴曾辉修　吴容纂

(1) 清光绪三年(1877)刻本,北京大学图书馆藏。

(2) 1937年石印补版本,国家图书馆藏。

(3)《中国地方志集成》本。

(4) 台湾学生书局《新修方志丛刊》本。

张芑孙

字绮孙。清武进人。咸丰二年(1852)举人。

梦兰草堂诗集1卷　集部别集类

清俞世球撰　张芑孙评

清光绪六年(1880)刻本,常州图书馆藏。

钱雄万

字心荣,号性山。清武进人。道光至同治间人。行医,精于幼科,擅治痧痘。

医津2卷　子部医家类

清钱雄万辑

1922年武进钱氏贻直堂铅印本,常州图书馆藏。

徐　堉

清阳湖人。昆六世孙。

毗陵徐氏家集4种5卷　丛书类

徐堉辑刻

清光绪六年(1880)毗陵徐氏刻本,常州图书馆藏。

子目:

《遁斋偶笔》2卷　清徐昆撰

《画溪诗集》1卷　清徐昆撰

《家传》1卷　清徐昆撰

《小有斋自娱集》1卷　清徐钧撰

顾成章

字泳植。后更名福棠。清武进人。诸生。

周礼医官详说1卷　经部周礼类

清光绪十九年(1893)铅印本,上海图书馆藏。

论语发疑4卷　经部四书类

清光绪十八年木活字本,上海图书馆藏。

西崖经说4卷　经部群经总义类

(1) 清光绪十八年(1892)刻本,复旦大学图书馆藏。

(2) 清光绪间木活字本,上海图书馆藏。

孙子集解13卷　子部兵书类

清光绪二十六年木活字本,国家图书馆藏。

按:署名顾福棠撰。

心经注　子部佛教类　佚

见《清代毗陵书目》卷3。

薛　熙

字耘卿。清武进人。

耕绿草堂诗草　集部别集类

清光绪二十三年(1897)刻本,常州图书馆藏。

姚岳松(?—1889)

字彦森,官吉林补用同知,候补通判,曾任吉林电报分局委员,后随李金镛办理漠河金矿,卒于任,赠道衔。

还读斋诗钞　集部别集类

民国抄本《武进诗存》本,中国科学院图书馆藏。

滨湖拙隐

常州被陷始末1卷　史部杂史类

稿本，南京图书馆藏。

程浣青

佚名。清武进人。汪嚣亭妻。工诗词。

浣青遗稿　集部别集类　佚

清咸丰六年(1856)刻本。

虎青词　集部词曲类　佚

见《清代毗陵书目》卷5。

吴　淳

字朴庵。清武进人。诸生。

圣学入门2卷　子部儒学类　佚

居家要言　子部儒学类　佚

以上2种见《清代毗陵书目》卷3。

张兰诏

清阳湖人。诸生。

屺轩集1卷　集部别集类　佚

见道光《武阳合志》卷33。

张曾慎

清阳湖人。诸生。

惜阴小草3卷　集部别集类

见道光《武阳合志》卷□。

蒋鸿渐

清武进人。六安州学正。

竹梅斋杂组　子部小说类　佚

见道光《武阳合志》卷33。

薛华升

清武进人。诸生。

四书注疏考异4卷　经部四书类　佚

四书参解1卷　经部四书类　佚

西域风土记闻2卷　史部地理类　佚

以上3种见道光《武阳合志》卷32。

艺墨杂著4卷　子部儒学类　佚

按:道光《武阳合志》卷33原注云:“是书分先训、景行、见闻、祛惑、考异、存疑,凡六目。”

珍奇清赏6卷　子部艺术类　佚

以上2种见道光《武阳合志》卷33。

杨梦篆

字师韩。清武进人。新甲子。幼从父受经学,好学深思,受知于阳湖县令张作南,五试皆冠,补诸生。后从作南学,益肆力于经史,兼通天文历算。又学古文于李兆洛。所著甚富。

礼记述疑6卷　经部礼记类　佚

见光绪《武阳志余》卷7,注谓“有抄本存”。

汉书摘徽2卷　史部史评类　佚

见光绪《武阳志余》卷7。

前汉书地理考证　史部地理类　佚

见光绪《武阳志余》卷7,注谓有抄本存,未刊。

护花轩古文6卷诗1卷　集部别集类　佚

见光绪《武阳志余》卷7,《清代毗陵书目》著录古文为8卷。

吴　峻

清武进人。

寻乐轩诗　集部别集类　佚

见《清代毗陵书目》卷4。

蒋景翔

清武进人。

词韵辨要　经部小学类　佚

方言1卷　经部小学类　佚

以上2种见《清代毗陵书目》卷1。

名宦录1卷　史部传记类　佚

见《清代毗陵书目》卷2。

钵心录1卷　子部儒学类　佚

联芳考1卷　子部儒学类　佚

物产汇录1卷　子部工艺类　佚

蓬窗谈苑6卷　子部小说类　佚

以上4种见《清代毗陵书目》卷3。

漱芳诗钞1卷续钞1卷时物七律1卷圩荡杂录1卷　集部别集类　佚

漱芳文钞甲集2卷乙集1卷　集部别集类　佚

以上2种见《清代毗陵书目》卷4。

程嗣三

清武进人。

深柳居诗文稿　集部别集类　佚

见《清代毗陵书目》卷8。

李觐光

清武进人。

枕流阁诗草　集部别集类　佚

见《清代毗陵书目》卷4。

汪岑孙

清武进人。

山可轩遗稿　集部别集类　佚

见《清代毗陵书目》卷4。

管　炜

清武进人。

楼溪诗集4卷　集部别集类　佚

见《清代毗陵书目》卷4。

杭源浚

清常州人。

凌云集4卷　集部别集类　佚

粤游吟草8卷　集部别集类　佚

以上2种见《清代毗陵书目》卷4。

孙　鹤

清武进人。

孙吴六韬三略翼注　子部周秦诸子类　佚

见光绪《武阳县志》卷28。

济　永

清武进僧人。

梅花诗钞　集部别集类　佚

见道光《武阳合志》卷 33。集唐诗凡 200 首。

钱静婉

清武进人。州同知同邑汪和鼎妻。

静婉阁遗草　集部别集类　佚

见道光《武阳合志》卷 33。

伍宗仪

字兰仪，号觉梦山人。清阳湖人。赞易次女，宜兴陆雁峰（？—1860）妻。酷爱阳湖庄盘珠词。金武祥《粟香三笔》有传。

绿荫山房词　集部词曲类　佚

见《清代毗陵书目》卷 5。

盛如华

清常州人。思道女，枫溪陈杞孙妻。

绣余集　集部别集类　佚

见道光《武阳合志》卷 33。

钱素芬

字琼兰。清阳湖人。长洲蒋其恕妻。

蕉窗诗草　集部别集类　佚

见《国朝闺秀诗柳絮集》。

潘沅

字漱石。清常州人。女。

鳞羽幽情集　集部别集类　佚

见《国朝闺秀诗柳絮集》。

徐舒

字幼安。清常州人。义宁知州博野雷学淦妻。

怡真室诗稿　集部别集类　佚

见清黄秩模编《国朝闺秀诗柳絮集》。

李氏

清武进人。庄高驷妻。泗州学正李施缙女。

永晖堂诗钞　集部别集类　佚

见《庄氏族谱》《清代毗陵书目》卷5。

徐氏

清武进人。秦振才妻。家贫，事翁姑孝。夫授徒里中，徐氏亦为童子师，以教学酬金助甘旨。暇则寄情吟咏。

玉峰焚余诗草　集部别集类　佚

见光绪《武阳县志》卷28。

荆氏

清常州人。女。

荆安人诗稿　集部别集类　佚

见《清代毗陵书目》卷5。

谢昌霖(1826—?)

字小庵,一字雨亭。清武进人。兰生子。监生。授青田县典史,白石司巡检,后军功保举莆田、光泽、松溪、福清、长汀、永定诸县知县。

(乾隆)长汀县志 33 卷首 1 卷末 1 卷　史部地理类

清刘国光、谢昌霖修　丁上达纂

(1) 清咸丰四年(1854)刻本,北京大学图书馆藏。

(2) 清光绪五年(1879)增刻本,国家图书馆藏。

问月楼词　集部词曲类　佚

见《清代毗陵书目》卷 5。

按:《全清词抄》收其词 3 首。

刘曾撰(1827—1891)

字咏如,号芙孙,晚号咏雩老人。清阳湖人。延和四子。诸生。官湖南候补县丞,因军功历保知府,加道衔,简放辰州府知府。

治辰公牍 10 卷　史部政书类　佚

救生局总记 10 卷　史部政书类　佚

义田总记 2 卷　史部政书类　佚

滩险图说 1 卷　史部政书类　佚

以上 4 种均见《西营刘氏先世著述考》。

戴　青(1827—1906)

字书卿,号洗蕉老人,室名洗蕉吟馆。清归安人。阳湖恽世临妻。工诗画。

洗蕉吟馆诗钞 1 卷词钞 1 卷　集部别集类

清宣统二年(1910)子炳孙写印本,常州图书馆藏。有光绪四年(1878)洗蕉老人自序及时人批注。

云圃秋吟 1 卷　集部总集类　佚

清光绪十三年家刻本。

按：清俞樾《序》略云："洗蕉老人有《落叶诗》四章，易笏山(佩绅)方伯见而和之，余亦从而和之，属和者数十家。老人汇而刻之，名自《云圃秋吟》。"其子女之和章，亦附刻于末。

刘培芬(1828—1871)

原名绍沅，字子江，号诵华。室名秋云鹤梦居、说约斋。清阳湖人，寄籍顺天大兴。历官福建知府，摄宁化县事。工词。

说约斋古文 2 卷　集部别集类　佚

秋云鹤梦居骈文 1 卷　集部别集类　佚

秋云鹤梦居诗 4 卷　集部别集类　佚

以上 3 种见《清代毗陵书目》卷 4，云："稿本在刘持原处。"

秋云词 2 卷　集部词曲类

抄本，上海图书馆藏。

按：与吴韫华《分绿窗遗稿》合订。

吴韫华

清武进人。福建知府阳湖刘培芬妻。

分绿窗遗稿 1 卷　集部别集类

抄本，上海图书馆藏。

按：与刘培芬《秋云词》合订。

汤　钰

清武进人。

芙蓉湖修堤录 8 卷　史部地理类

清汤钰辑

清光绪十五年(1889)聚珍本，上海图书馆藏。

按：芙蓉湖，一名射贵湖，又名上湖，烟波浩荡，广袤百里，跨阳湖、无锡两县界。江阴漕船由常出京口,必先渡此湖。明朝周忱治湖成田,筑圩御水,因名芙蓉圩。道光二十年(1840),张之杲任阳湖知县,亲见圩内水害,圩民遭难,而筑圩工程又极其艰巨,因辑为"修堤录",为后人修圩之依据。光绪年间镇海金士准任阳湖知县,着意收罗地方水利之书。以张书为经史之要,乃重加刊印,并增加了道光以后的内容。此书包括芙蓉湖全图、图说、破围筑圩记、卷宗、按田派夫说、大围说、水口说、封基说、河荡说、村落说、桥梁说、风俗说、土产说等。

吕耀斗(1828—1889)

字庭芷、定子。清阳湖人。道光三十年(1850)进士,改庶吉士,授翰林院编修。咸丰九年(1859)任陕甘主考官。历官至直隶永定河道,署天津道。学识渊博,受左宗棠、马新贻器重。喜填词,所作《鹤缘词》经谭献删定为精品。又旁通画理,善写墨兰梅竹,随意涉笔,自成逸品。

(光绪)丹徒县志 60 卷首 4 卷　史部地理类

清何绍章、冯寿镜修　吕耀斗等纂

(1) 稿本,存 30 卷,上海图书馆藏。内容详略与刻本有所不同。

(2) 清光绪五年(1879)刻本,清华大学图书馆藏。

(3)《中国地方志集成》本。

鹤缘词 1 卷　集部词曲类

清光绪二十六年阳湖吕氏敬止堂刻本,常州图书馆藏。

恽彦琦(1828—1893)

字莘农、亦韩。清阳湖人,寄籍顺天大兴。光宸子。咸丰九年(1859)进士。授礼部主事,升郎中,铨授湖北督粮道,调汉黄德道,署按察使。

青林山房杂志不分卷　子部杂学类

朱丝栏稿本,国家图书馆藏。

匏瓜录 10 卷　子部杂学类

明芮长恤撰　清恽彦琦校

清光绪间恽氏刻本，南开大学图书馆藏

损斋杂录4卷　子部杂学类　佚

见《清代毗陵书目》卷3。

谢鹏飞(？—1878)

字隐庄。清武进人。咸同间从军，后为总税务司赫德署理文书，熟谙洋务，与当时中西文人如曾纪泽、郭嵩焘、王韬、丁韪良及日人中村正直等均有交往，著有《四为堂焚余草》。

圣学要言　子部儒学类

抄本，南开大学图书馆藏。

四为堂焚余草2卷附1卷　集部别集类

清光绪十九年(1893)石印本，国家图书馆藏。

史致谟(1829—1893)

原名嘉祯，字彰圣，一字幹甫，号清虚道人。清阳湖人。监生。清光绪四年(1878)官湖北潜江知县。工篆隶。

(光绪)潜江县志续20卷首1卷　史部地理类

清史致谟修　刘恭冕、郭士元纂

清光绪五年传经书院刻本，华东师范大学图书馆藏。

学制记　史部纪事本末类

清光绪刻本，南京图书馆藏。

云深处印存1卷　子部艺术类

史致谟辑

清咸丰九年(1859)钤印本，常州图书馆藏。

管　晏(1829—1894)

字平仲，一字敬伯。清阳湖人。绳莱子。曾官河南知县，署山东运河厅同知。在左宗棠、阎敬铭戎幕多年，甚得时誉。承家学，工诗能文。

吴门三相传略　史部传记类

清刻本，吉林大学图书馆藏。

山东军兴纪略22卷舆图1卷　史部纪事本末类

清管晏、张曜合撰

(1) 清光绪二年(1876)稿本，南开大学图书馆藏。

(2) 清光绪十一年山东书局刻本，华东师范大学图书馆藏。

(3)《申报馆丛书》本。

径北草堂文存1卷　集部别集类

补读书斋抄本，天津图书馆藏。

径北草堂诗集4卷词稿1卷文集1卷　集部别集类

清末抄本，天津图书馆藏。

径北草堂印须集不分卷　集部总集类

管晏辑

清光绪刻本，国家图书馆藏。

左锡旋(1829—1895)

字芙江，一字小桐。清阳湖人。昂女。武进袁绩懋继妻。幼从张缙英学。工诗词，善书画。画宗恽南田，花卉竹石秀逸有致，而书法尤精。30岁时夫卒于福建，锡璇独寓闽中，生活拮据，而不废笔墨。画荻教子，有贤母风。《清史稿·列女传》有传。

清三家墨迹1卷　子部艺术类

清姚鼐、左锡璇等撰

左芙江书影印稿手稿集订本，复旦大学图书馆藏。

碧梧红蕉仙馆偶存诗草1卷　集部别集类

碧梧红蕉馆吟草1卷　集部别集类

碧梧红蕉仙馆诗草1卷　集部别集类

碧梧红蕉吟馆诗草偶存2卷诗余偶存1卷　集部别集类

抄本，上海图书馆藏。

碧梧红蕉吟馆诗余偶存1卷　集部词曲类

抄本，上海图书馆藏。

碧梧红蕉仙馆诗余偶存1卷　集部词曲类

石印本，上海图书馆藏。

碧梧红蕉馆词1卷　集部词曲类

《小檀栾室汇刻闺秀词》本。

张维垣(1829—1908)

字济清，清武进人。同治、光绪间名医。

医学指掌2卷　子部医家类

清光绪三十二年(1906)刻本，天津中医药大学图书馆藏。

蒋曰豫(1830—1875)

字侑石，自号后白石生。室名滂喜斋、问奇堂。清阳湖人。少有文才。父丧，弃举业，纳粟得畿辅知县。咸丰中为鸡泽县令，同治中任元氏县令、蔚州知州。清讼除弊，课士励学，以功迁直隶州同知。参修《畿辅通志》。以声音文字为穷经之要，工诗文隶篆。

月令校正月令章名　经部礼记类　佚

两汉条记　史部史评类　佚

以上2种见光绪《武阳县志》卷28。

(同治)畿辅通志300卷首1卷　史部地理类

清李鸿章等修　黄彭年、蒋曰豫等纂

(1) 清同治十年(1871)修，光绪十年(1884)刻本，国家图书馆藏。

(2) 清宣统二年(1910)石印本，国家图书馆藏。

(3) 1934年商务印书馆影印本，附关键词索引。

问奇室诗集2卷续集1卷文集1卷秋雅1卷　集部别集类

(1)《蒋侑石遗书》本。

(2)《清代诗文集汇编》本。

蒋侑石遗书　丛书类

清光绪三年莲池书局刻本，常州图书馆藏。

子目：

《滂喜斋学录》11卷

《诗经异文》4卷

《韩诗辑》1卷

《论语集解校补》1卷

《国语贾景伯注》1卷

《离骚释韵》1卷

按：此书又有2014年国家图书馆出版社出版《楚辞文献丛刊》本。

《许叔重淮南子注》1卷

《两汉传经表》2卷

《问奇室诗集》2卷《续集》1卷《文集》1卷

《秋雅》1卷

赵熙文(1830—1880)

字敬甫。清阳湖人。仁基次子。幼贫嗜学，与弟烈文齐名。以幕僚保安徽候补同知、直隶州知州，性廉洁。好书版碑帖，精文字训诂。

说文解字古今通说14卷　经部小学类　佚

说文引经异字1卷　经部小学类　佚

以上2种见《清代毗陵书目》卷1。

古今通俗文字集说　经部小学类　佚

见光绪《武阳志余》卷10本传。

历代画家姓氏韵谱　史部传记类　佚

山水指南　子部艺术类　佚

艺苑师承　子部艺术类　佚

以上3种见光绪《武阳志余》卷7，注：存稿本未刊。

集古印略一册　子部艺术类　佚

清光绪十六年(1890)辑。见韩天衡《中国印学年表》。

阳湖赵氏印存一册　子部艺术类　佚

清光绪二十一年辑,见韩天衡《中国印学年表》。

弱侯文存5卷诗存2卷　集部别集类　佚

见《清代毗陵书目》卷4。

赵细琼

字英媛。清武进人。仁基季女,熙文妹,衡山陈钟英妻。

听雨轩诗　集部别集类　佚

见清道光《武阳志余》卷7。

按:《江苏通志稿·列女志》作《听雨轩诗词》,谓有抄本。

刘宗海(1830—1896)

字湘笙,号缃孙。清阳湖人。寄籍浙江钱塘县。道伦长子。廪贡生。官候选教谕,至安徽六安直隶州知州。

颍上从戎琐记4卷　史部杂史类　佚

锦树山房诗文集　集部别集类　佚

以上2种见《西营刘氏先世著述考》。

胡景堂(1830—1911)

字东翘。清阳湖人。附贡生。

阳湖舜河水利备览4卷　史部政书类

(1) 清光绪十五年(1889)木活字本,天津图书馆藏。

(2)《中国水利志丛刊》本。

谢秉彝(1831—1860)

字会阶,又字香谷。清阳湖人。秉文四弟。业儒,兼商。卒于咸丰十年(1860)太平军战事中。

运甓小馆吟稿 1 卷　集部别集类

谢祖芳辑

《谢氏家集》本。

张晋礼(1831—1862)

字报之，清阳湖人，曜孙子。同治初与父曜孙皆病死上海，晋礼先卒，终年 32 岁。无子。

棣华馆诗课 12 卷　集部总集类

张晋礼辑

(1) 清道光三十年(1850)宛邻书屋武昌刻本，中山大学图书馆藏。

(2) 清同治元年(1862)重刻本，佚。

(3) 2015 年国家图书馆出版社出版《清代家集丛刊》本。

按：是集凡辑 6 女子诗，皆晋礼戚属。王采蘋、王采蘩、王采藻、王采蓝，皆其姑母纨英女。采蓝继嗣于姑母纶英，纶英适孙氏，故更名孙嗣徽。张祥珍为晋礼姊，纨英子王臣弼妻。李娈字紫畦，河南光山人，为晋礼父曜孙妾。

王采蘩

字筐香。清太仓人。曦女，阳湖张琦外孙女，武进魏骥妻。父早卒，从母纨英依舅曜孙居。幼从姨母张纶英学书。能诗文，工隶书，善绘画。魏骥卒后，采蘩以诗书绘画供养婆母。

慕伏师班之室诗集　集部别集类　佚

见光绪《武阳志余》卷 7。

棣华馆诗课 12 卷　集部总集类

清张晋礼辑

此书收张祥珍、王采蘋、王采蘩、王采藻、王采蓝(后名孙嗣徽)、李娈诗。详见“张晋礼”条。

王采藻

字锜香。清太仓人。曦女,阳湖张琦外孙女,武进吕懋荣继室。受业于舅父张曜孙。工诗画。夫病,采藻日夜护理,积劳成疾卒。

仪宋斋诗存　集部别集类　佚

见光绪《武阳志余》卷7。

棣华馆诗课12卷　集部总集类

清张晋礼辑

此书收张祥珍、王采蘋、王采蘩、王采藻、王采蓝(后名孙嗣徽)、李娈诗。详见"张晋礼"条。

张祥珍

清阳湖人。曜孙长女,王臣弼妻。与弟晋礼均生于清道光十一年(1831)祖母汤氏逝世前,年代无考。

棣华馆诗课12卷　集部总集类

清张晋礼辑

此书收张祥珍、王采蘋、王采蘩、王采藻、王采蓝(后名孙嗣徽)、李娈诗。详见"张晋礼"条。

管　乐(1831—1884)

字才叔,又字更生。清阳湖人。绳莱子,晏弟。诸生。承家学,博学能文,与兄齐名,时称"二管"。善纵谈豪饮,以作幕终其生。同治十三年(1874),曾任上海华人创办的第一份报纸《汇报》主笔。

游养心斋文　集部别集类　佚

见《清代毗陵书目》卷4。

才叔遗诗3卷　集部别集类

清光绪十二年(1886)径北书屋刻本,国家图书馆藏。

才叔遗诗1卷　集部别集类

清光绪刻本，与《径北草堂印须集初刻》合刻，国家图书馆藏。

才叔遗文2卷　集部别集类

清光绪读雪山房刻本，存下卷，常州图书馆藏。

才叔遗稿不分卷　集部别集类

1928年武进管凤龢石印本，国家图书馆藏。

谢　润(1831—1892)

字葆初。清武进人。县学生。早年得手颤病，弃举业，专攻医学。从父汉廷学，又问业于孟河马氏。以清初叶天士等三大医家为宗，博览各派学说。家贫，夜晚无灯火，则默诵《伤寒论》《金匮》《内》《难》等书。乐于施济贫病，光绪十八年(1892)因肺病卒。

医林纂要数十卷　子部医家类　佚

见《清代毗陵名人小传稿》卷9。

按：是书未刊行，后由其孙谢观因其原稿而损益之，成360万言之《中国医学大辞典》，1921年商务印书馆出版，风行海内。

左锡嘉(1831—1894)

字韵卿，一字小云，号浣芬、婉芬、冰如。清武进人。昂女，锡璇妹。幼好读书，善书画，工诗词。年22嫁华阳曾咏为继室。曾咏早殁，率子迁居成都杜甫草堂之侧，卖画为生。踵门求购者不绝，时有“纸贵”之誉。其画宗恽南田没骨法，设色鲜明，不落常径。诗词多幽愤感慨之语，浑厚处直逼汉魏。

曾氏家训1卷　子部儒学类

《曾太仆左夫人诗稿》合刻本。

冷吟仙馆文存1卷　集部别集类

《曾太仆左夫人诗稿》合刻本。

冷吟仙馆诗稿8卷　集部别集类

(1)《曾太仆左夫人诗稿》合刻本。

(2)《清代闺秀集丛刊》本。

(3) 2015 年中华书局出版《清代闺阁诗集萃编》本。

冷吟仙馆诗余 1 卷　集部词曲类

(1)《曾太仆左夫人诗稿》合刻本。

(2)《小檀栾室汇刻闺秀词》本。

(3)《清代闺秀集丛刊》本。

曾太仆左夫人诗稿合刻　丛书类

(1) 清光绪十七年(1891)晋昌官署刻本,四川大学图书馆藏。

(2)《清代诗文集汇编》本。

子目:

《吟云仙馆诗稿》1 卷　曾咏撰

《冷吟仙馆诗稿》8 卷　左锡嘉撰

《冷吟仙馆诗余》1 卷　左锡嘉撰

《冷吟仙馆文存》1 卷　左锡嘉撰

《附录》1 卷　左锡嘉撰

《事略》1 卷　左锡嘉撰

《曾氏家训》1 卷　左锡嘉撰

沈懋嘉(1831—1897)

字庚明,清武进人。同治九年(1870)举人。官浙江候补知县。

耕饲室词　集部词曲类　佚

见《清代毗陵书目》卷 5。

汤世澍(1831—1902)

字润之,晚号修叟,别号春雨楼主人。清武进人。光启子。国子监生。精绘事,工写生。初得同邑吴圣俞法,笔意清隽。中年后变以己意,务为工丽,花卉鲜艳如生。书学米芾,题识精美,时誉比之古人三绝。石印各谱摹刻,传遍海内。光绪二十年(1894)所绘百花屏,由安徽巡抚沈仲复进献慈禧太后祝寿,声名愈盛。画署修叟,年逾70犹点笔不倦。为近世江南赋色大宗,毗陵画学中兴名家。

百花册　子部艺术类　佚

见李宝凯《毗陵画征录》卷下。

袁绩庆(1832—1888)

字飏庭,号藕生、意园。清武进人。诸生。官浙江泰顺县知县。

味秋轩稿　集部别集类　佚

见《清代毗陵书目》卷4。

赵烈文(1832—1893)

乳名来求,字惠甫,号能静居士。清阳湖人。仁基子,熙文弟。清咸丰五年(1855)应曾国藩聘至南昌,七年丁忧家居,校辑《世德录》。九年移居苏州木渎。同治四年(1865)李鸿章聘续纂《昭忠录》,十一年官易州知州,光绪元年(1875)辞归。精金石。

(光绪)广昌县志14卷首1卷末1卷　史部地理类

清赵烈文修　刘荣等纂

(1) 清光绪元年刻本,上海图书馆藏。

(2) 台北成文出版社《中国方志丛刊》本。

(3)《中国地方志集成》本。

庚申避乱实录(一作庚申日记)　史部杂史类

《太平天国丛书》(第二辑)本。

按:是书记咸丰十年太平军攻占江浙之经过,起二月,止七月李秀成攻略上海。具有史料价值。

淮军平捻记12卷　史部杂史类

(1) 清同治刻本,复旦大学图书馆藏。

(2)《申报馆丛书续集》本。

(3) 台北文海出版社1969年版《近代中国史料丛刊》本

(4)《续修四库全书》本，据复旦大学图书馆藏本影印。

按：是书由赵烈文帮助周世澂辑成，署世澂名，详“周世澂”条。

落花春雨巢日记不分卷　史部传记类

(1) 稿本，5 册，南京图书馆藏。

(2) 赵氏能静居抄本，1 册，南京图书馆藏。

(3) 1962 年抄本，5 册，南京图书馆藏。

按：《落花春雨巢日记》，开始于咸丰二年正月初七(1852 年 2 月 26 日)，终至于咸丰六年六月二十五日(1856 年 7 月 26 日)。其后因母亲方荫华去世而中断。

能静居日记不分卷　史部传记类

(1) 稿本，台湾“中央图书馆”原藏。

(2) 赵氏能静居抄稿本，南京图书馆藏。

(3) 1965 年台湾学生书局《中国史学丛书》影印原稿本。

(4)《续修四库全书》本。

(5) 2013 年岳麓书社标点本。

(6) 1962 年中华书局《太平天国史料丛编简辑》本，选录其 1860—1868 年间纪事。

按：日记从咸丰八年五月初四日(1858 年 6 月 14 日)开始，记至光绪十五年六月二十日(1889 年 7 月 17 日)，前后长达 32 年。赵烈文曾为曾国藩、曾国荃机要幕僚，在日记中记录了大量清军(主要是湘军)与太平军作战的详细情况，对当时的其他重要史事也有记载，是我国近代史上著名日记之一，历来为近代史研究者重视。赵烈文子赵宽《小脉望馆书目》，著录有《能静居日记》54 本，又有重抄《能静居日记》54 本。南京图书馆所藏为抄稿本，亦即清稿本。这部日记抄写非常认真，全部 54 册，从头到尾，一笔不苟。台湾“中央图书馆”原藏本是原稿本。

白下从戎日记　史部传记类

(1) 抄本，上海图书馆藏。

(2) 2017 年国家图书馆出版社出版《上海图书馆藏稿钞本日记丛

刊》本。

按:此为清同治二年至三年日记。

常州观庄赵氏支谱 18 卷　史部传记类

赵烈文等修

清光绪二年活字本,南京图书馆藏。

磁州批牍 5 卷　史部政书类

稿本,南京图书馆藏。

石鼓文纂释 1 卷　史部金石类

(1) 清光绪十一年刻本,常州图书馆藏。

(2)《石鼓文研究丛刊》本。

按:陈乃乾《阳湖赵惠甫先生年谱》谓光绪八年撰《石鼓文纂释》成,集宋以来诸家释,以己意是正之,间出新义数条。十年写定,十一年付刻。

金石录补存 1 卷　史部金石类

赵氏能静居抄本,南京图书馆藏。

赵惠甫书札不分卷　集部别集类

稿本,2 册,南京图书馆藏。

能静居函稿不分卷　集部别集类

稿本,4 册,南京图书馆藏。

天放楼集　集部别集类　佚

见《清代毗陵书目》卷 4。

能静词草 1 卷　集部词曲类

抄本,北京大学图书馆藏。

丁绍基(1832—1898)

字听彝,号汀鹭,别号杏舲。清武进人。嘉葆子。承家学,能诗词,尤精金石之学。

春秋左传读本　经部春秋左传类

清英和奉敕撰　丁绍基校写

清抄本，南开大学图书馆藏。

三国志　史部正史类

晋陈寿撰　清吴铤校　丁绍基校并跋

《十七史》本，常州图书馆藏。

仁民爱物斋手藏碑目并考证10卷　史部金石类

(1) 丁同方光绪三十年(1904)抄本，有缪荃孙、丁国钧跋，上海图书馆藏。

(2) 稿本，上海图书馆藏。

(3) 稿本，南京大学图书馆藏，无考证。

求是斋碑跋4卷　史部金石类

(1)《适园丛书》本。

(2)《丛书集成续编》本。

(3)《石刻史料新编》本。

(4) 2016年凤凰出版社出版《常州先哲遗书续》影印《适园丛书》本，书名作《求是斋金石录》。

求是斋手藏碑目　史部金石类

稿本，南京大学图书馆藏。

历代金石分域编　史部金石类　佚

丁绍基补

见《清代毗陵书目》卷2。

吕氏春秋26卷　子部杂学类

战国吕不韦撰　汉高诱集解　清丁绍基校

清乾隆五十三年(1788)毕氏灵岩山馆《经训堂丛书》本，上海图书馆藏。

中说10卷　子部儒学类

隋王通撰　宋阮逸注　丁绍基校并跋

明敬忍居刻本，上海图书馆藏。

近迂斋偶存　集部别集类

清末至民国初朱格抄本，国家图书馆藏。

蕉影轩词　集部词曲类　佚

见《清代毗陵书目》卷5，注云："有稿本。"

许衍熙(1834—1863)

字鸿臣，号宽甫。清阳湖人。棫次子。笃志经史，潜心小学。诗追谢灵运。善篆刻，擅长画山水。同治二年(1863)，随父避太平军，殁于常熟。

郄庵遗稿1卷　集部别集类　佚

见光绪《武阳志余》卷7。

郄庵词　集部词曲类　佚

见《清代毗陵书目》卷5。

庄士敏(1834—1879)

字仲求，一字海春，号玉余，室名愳思斋。清武进人。附贡生。好交游。爱读经史。精于骈文。洞晓晋宋以下骈体正变。以累试举人不第，入资为州同知，分发福建。屡参马新贻等幕，闻见广博，颇善治军理财，为总督所赏识。后为霞浦令，卒于任。

三国志斠正　史部正史类　佚

见清谭献《庄仲求小传》。

滇事总录2卷　史部杂史类

清光绪十四年(1888)湖北崇文书局刻本，常州图书馆藏。

玉余外编文钞1卷　集部别集类

《大亭山馆丛书》本。

玉余尺牍附编8卷　集部别集类

(1)《大亭山馆丛书》本。

(2)《扫叶山房丛钞》本。

玉余尺牍续编4卷　集部别集类

清光绪十年吴门刻本，苏州大学图书馆藏。

能思思斋文集　集部别集类　佚

见《清代毗陵书目》卷4。

庄善孙(1834—1899)

更名庆孙，字伯扬。清武进人。考取供事，议叙县丞。分发湖北补用知县，未赴。

询刍笔记　子部杂学类　佚

见《清代毗陵书目》卷3。

古椿轩诗草2卷　集部别集类

清光绪二十七年(1901)木活字本，常州图书馆藏。

恽思赞(1834—1895)

原名守和，字节甫，号竹坡。咸丰八年(1858)举人。大挑知县，浙江巡抚杨昌濬称书生习吏治，以恽思赞为最。后告病归，主管善堂，致力水利，任劳任怨，贡献良多。又精岐黄，应手辄效。

孟河口夹江上下坝外涨滩归公报缴各案　史部政书类

恽思赞等撰

清光绪活字印本，国家图书馆藏。

陆尔熙(1835—1871)

字广敷，号缉斋。清阳湖人。同治二年(1863)进士。官翰林院编修，记名御史。为文精密，不肯苟下一字。官京师，与人不通声气。

缉斋诗钞2卷　集部别集类　佚

见《清代毗陵书目》卷4。

庄嘉淦(1835—1876)

字叔苹。清武进人。同治六年(1867)拔贡。署新阳县训导，加国子监典簿衔，又特授萧县教谕，升知县，加同知衔。

心心室医简　子部医家类　佚

心心室赞言　子部杂学类　佚

以上2种见《清代毗陵书目》卷3。

心心室文存　集部别集类　佚

见《清代毗陵书目》卷4。

按：上述3书《庄氏族谱》卷16下著录。但作者作庄淦。淦(1844—1900)字仔今，太学生，员外郎，三品衔，浙江候补同知，升用知府。未知孰是。

吴唐林(1835—1890)

字子高，号晋壬，别号苍缘(一作苍篆)。清阳湖人。咸丰十一年(1861)举人。少客乔松年幕，以赀郎改浙江候补知府。工诗词，善分隶，有文誉。

尚书职官表1卷　经部尚书类　佚

毛诗释疑4卷　经部诗经类　佚

以上2种见《清代毗陵书目》卷1。

春秋列女传汇编2卷　史部传记类　佚

姓氏通八种50卷　史部传记类　佚

以上2种见《清代毗陵书目》卷2。

毗林薛墅吴氏族谱22卷　史部传记类

清光绪九年(1883)常州履成堂木活字本，南开大学图书馆藏。

横山草堂文集16卷诗集18卷　集部别集类　佚

横山草堂外编　集部别集类　佚

以上2种见《清代毗陵书目》卷4。

横山草堂词1卷　集部词曲类

《侯鲭词》本。

离骚疏证1卷　集部楚辞类　佚

见《清代毗陵书目》卷4。

苍山录别诗3卷　集部总集类

吴唐林等辑

清光绪十五年刻本，常州图书馆藏。

侯鲭词　丛书类

清光绪十一年杭州刻本，复旦大学图书馆藏。

子目：

《空一切庵词》1卷　清邓嘉纯撰

《琼华室词》1卷　清俞廷瑛撰

《窥生铁斋词》1卷　清宗山撰

《剑虹庵词》1卷　清边保枢撰

《横山草堂词》1卷　清吴唐林撰

白兰昌(1835—1903)

监名凤文，字子馨。清武进人。白英孙。太学生。

惇素堂诗古文4卷　集部别集类

清光绪十年(1884)刻本，常州图书馆藏。

杨葆彝(1835—1907)

一作保彝。字佩瑗，号遁阿、大亭山人。清阳湖人。以荫袭职，保知县，在浙历任诸县，所至有政声。早岁耽志经史，兼事文辞，于诗则古体取法魏晋，近体宗效盛唐。中年历经丧乱，阅世日深，尤负经济大略。咸丰十年(1860)后播迁流离，久寓浙中，晚年隐居会稽山阴之州山，致力于义理之学。亦工书画，喜刻书。著述甚富，遗稿多藏于家。

孟子说义7卷　经部四书类　佚

见《清代毗陵书目》卷1，注云："稿藏其孙曾威处。"

学记章句1卷　经部礼记类　佚

乐记章句1卷　经部礼记类　佚

以上2种见《清代毗陵书目》卷1。

墨子经校注2卷　子部周秦诸子类　佚

见《清代毗陵书目》卷2,注云:"稿藏其孙曾威处,并谓瑞安孙诒让曾采其说入《墨子间诂》。"

寄蜗琐语12卷　子部儒学类　佚

见《清代毗陵书目》卷3,注云:"稿藏其孙曾威处。"

区田图说1卷　子部农家类

杨葆彝辑

《大亭山馆丛书》本。

画艺知服4卷　子部艺术类　佚

书艺知服4卷　子部艺术类　佚

以上2种见《清代毗陵书目》卷3。

遁阿诗抄4卷　集部别集类

1933年大亭山馆铅印本,国家图书馆藏。

海国杂事诗3卷　集部别集类　佚

见《清代毗陵书目》卷4,注云:"稿藏其孙曾威处。"

毗陵杨氏诗存五种附编三种　集部总集类

杨葆彝编

(1) 清光绪刻《大亭山馆丛书》本。

(2) 2015年国家图书馆出版社出版《清代家集丛刊》本。

毗陵词派　集部词曲类　佚

杨葆彝辑

见《清代毗陵书目》卷5。

囊云词　集部词曲类

1933年大亭山馆铅印本,国家图书馆藏。

大亭山馆丛书　丛书类

杨葆彝辑

清光绪六年至十四年(1880—1888)家刻本,常州图书馆藏。子目从略。收25种39卷。

高遷阁丛书　丛书类

清刻暨抄本，国家图书馆藏。

子目略。

遁阿剩稿八种　丛书类　佚

见《清代毗陵书目》卷3，注云："稿藏其孙曾威处"。

子目：

《恫阴蟑谈》1卷

《双桐燕语》1卷

《安昌小志》1卷

《茜亭漫录》1卷

《清夏随笔》1卷

《州山小志》1卷

《山中病榻录》1卷

《遁阿画跋》1卷

余思诒(1835—1907)

原名斯沛，字雨亭，又字翼斋，号易斋，晚号草庐一翁。清武进人。纳赀在工部行走。因好探求"西学之用"，被驻外大臣刘瑞芬奏调为驻英、法、意、比等国随员。光绪十三年(1887)奉命与邓世昌等将在英所造之致远、靖远二舰与在德所造之经远、来远二舰护送回国。旋任直隶武备学堂提调，次年任天津电报招商局专办。光绪二十三年任驻美国旧金山总领事。三年期满回国，以道员分发山东候补。

驻英日记　史部传记类　佚

英国地理学详说　史部地理类　佚

古巴政治风俗考　史部地理类　佚

以上3种均见《余氏家谱》。

楼船日记4卷　史部地理类

(1) 清光绪二十七年石印本,上海图书馆藏。

(2) 清光绪二十八年排印本,与《罗经差》合刻,南京图书馆藏。

(3) 清光绪三十年山东官书局排印本,上海图书馆藏。

(4) 清光绪三十二年山东官书局排印本,国家图书馆藏。

(5) 中华全国图书馆文献缩微复制中心影印本。

(6)《历代日记丛钞》本。

(7)《北洋海军航海日记四种》本,山东画报社 2013 年版。

(8) 2017 年岳麓书社出版《走向世界丛书续编》本。

按:记载作者与邓世昌一起护送新近竣工的“致远”“靖远”“来远”“经远”四艘军舰回国行程中的所见所闻。

古巴节略　史部地理类

《小方壶斋舆地丛抄》本。

归航陈迹 1 卷　史部地理类

稿本,上海图书馆藏,亦题《航海琐记》。

罗经差不分卷　子部历算类

清光绪二十八年排印本,与《楼船日记》合刻。

一贯录庐笔记　子部杂学类　佚

见《余氏家谱》。

航海琐记　丛书类

稿本,甘肃省图书馆藏。

子目:

《罗经差》

《海战要略》

《风性说》

《归航陈迹》

《楼船日记》

按:《罗经差》《楼船日记》《归航陈迹》另有版本见上,《风性说》《海战要略》原文则分别在《楼船日记》卷 3、4 中。

吕继午(1835—?)

原名家稑，榜名继午，字稼生，号芸农。清武进人。嗣麟子。清光绪元年(1875)举人。官广东候补知县。

晋书诸王表1卷　史部史表类　佚

王子侯表1卷　史部史表类　佚

数典要览2卷　史部政书类　佚

以上3种见《清代毗陵书目》卷2。

述德编　史部传记类

清吕继午纂辑

清光绪三十一年(1905)木活字印本，国家图书馆藏。

杂著1卷　子部儒学类　佚

见《清代毗陵书目》卷3。

钱绍文(1835—?)

字子宣，又字襄卿。清武进人。监生。补直隶州同知，坐迁宜章知县。同治初署桂阳知县，七年(1868)代理浏阳知县。

(同治)桂阳县志22卷首1卷　史部地理类

清钱绍文、孙光爕修　朱炳元、何俊纂

(1) 清同治六年木活字本，南京大学图书馆藏。

(2)《中国地方志集成》本。

(同治)浏阳县志24卷　史部地理类

清王汝惺、钱绍文、汪亮清等修　邹浚杰等纂

(1) 清同治十二年刻本，首都图书馆藏。

(2)《中国地方志集成》本。

按:《续修四库提要》云:“肇修于知县诸城王汝惺，嗣为知县鄞县童恩、武进钱绍文、应山万修廉、武进汪亮清、盛赓、大兴罗庆芩相继接修。自同治丁卯(1867)迄癸酉(1873)，七年书始告成。任编纂者，乃邑绅邹

浚杰等。”

吴准仁(1836—1880)

字泽甫,一字宅甫,号雨芗,原名沛霖。清武进人。监生。历任山东博平、齐河、邹县知县等。

判存 4 卷　史部政书类　佚

见光绪《武阳志余》卷 7。

吴　玓(1836—1882)

一作屿。字瑟甫,或作瑟若,别号郁离子。清武进人。贡生。工书画,尤善细书。高才博学,通诗古文辞,一生负才不遇,歌诗多激楚之音。

杯珓经 1 卷　子部术数类

《大亭山馆丛书》本。

按:本书题郁离子撰。

绳武堂文集不分卷　集部别集类

稿本,南京图书馆藏。

吴瑟甫歌诗 1 卷　集部别集类

《大亭山馆丛书》本。

张式曾(1836—1886)

字孟则。清武进人。晋仁子,洪亮吉曾孙婿。

说文证异 5 卷　经部小学类

(1) 稿本,南京图书馆藏。

(2) 2018 年凤凰出版社《南京图书馆藏未刊稿本集成·经部》本。

按,据顾廷龙先生言,安吴胡氏朴学斋有影写本。此书本周伯琦《六书正伪》体例,推而广之,分作《异义正误》《异体并用》二目。

沈昌宇(1836—1887)

字子佩，一字紫醅，别号竹亭，室名泥雪堂，清武进人。同治三年(1864)举人，后为直隶候补知县，署永昌县知县。少经乱离，长复怀才不遇，与丁绍基、任道镕、吕耀斗等相交，以吟咏寄托其身世之感。填词百篇皆商声，多凄怆之音。卒于署所。

泥雪堂诗钞 9 卷　集部别集类

1917 年日进公司铅印本，常州图书馆藏。

泥雪堂词钞 5 卷　集部词曲类

1917 年日进公司铅印本，常州图书馆藏。与《诗钞》合刊。有光绪三年(1877)自序。

按：《诗钞》《词钞》旧有稿本，1917 年其子湛钧合二本为一书，又将自己幼年于案头所抄辑之 15 首诗词，一并增入付排。

王熙彬(1836—1899)

又名国均，字颂平。清武进人。同治七年(1868)进士，分发权安徽桐城知县。因办事刚直，不合长官旨意而去官，补淮安府儒学教授。光绪十七年(1891)以知县分发贵州。曾两任乡试阅卷官，一任榷局。二十五年卒于贵州。

公余偶录 2 卷　子部杂学类　佚

横希草堂诗集 4 卷　集部别集类　佚

杂著文赋 2 卷　集部别集类　佚

制艺 10 卷　集部总集类　佚

以上 4 种均见《清代毗陵名人小传稿》本传。

赵　宏(1836—1911)

原名克俭，字元曾，号子钦。保举县丞。素娴算法，曾在江南制造局翻译馆从事绘图和译书工作。

西药新书8卷　子部医家类

(英)马汀台耳、麦斯考脱等辑　舒高第口译　赵宏笔述

1912年江南制造局刻本,南京大学图书馆藏。

按:赵宏在江南制造局翻译馆绘制插图的译著尚有:《地学浅释》(玛高温译,华蘅芳述);《冶金录》(傅兰雅译,赵元益述);《防海新论》(傅兰雅译,华蘅芳笔述);《行军测绘》(傅兰雅译,赵元益口述);《代数术》(傅兰雅译,华蘅芳述);《测候丛谈》(金楷理译,华蘅芳述)。

徐寿基(1836—1920)

字桂琦。清末民初武进人。光绪六年(1880)进士。补山东莱阳县知县。博学工文,著述颇丰,并精鉴赏。室名有志学斋、酌雅堂、知味轩、天绘园等。

易学2卷　经部易类　佚

见《清代毗陵书目》卷1。

读诗多识录2卷　经部诗经类　佚

见《清代毗陵书目》卷1。

春秋释义　经部春秋总义类　佚

见《清代毗陵书目》卷1。

春秋释地韵编5卷首1卷　经部春秋总义类

(1) 清光绪十二年桓台县刻本,常州图书馆藏。

(2)《志学斋集》本,常州图书馆藏。

诗经贯解4卷　经部诗经类

(1) 清光绪刻本,题为《诗经离句贯解》。

(2) 酌雅堂清刻本,复旦大学图书馆藏。

四书联璧1卷　经部四书类

清光绪十六年刻本,常州图书馆藏。

经义悬解5卷　经部群经总义类

清光绪十五年刻本,常州图书馆藏。

刘君作山诔 1 卷　史部传记类

清光绪间刻本，吉林大学图书馆藏。

甲子纪年表 1 卷　史部政书类

陈事记略 1 卷　史部政书类

以上 2 种有《志学斋集》本。

集义会收支清帐　史部政书类

徐寿基等辑

(1) 清光绪二十六年木活字本，上海图书馆藏。

(2) 2015 年凤凰出版社《江苏近现代社会救济与慈善文献丛刊》本。

按：集义会是民间自行成立的小区慈善组织，始建于同治六年(1867)，由常州城士绅冯寅亮、徐寿基等纠成义会，每年举会一次。会员由本图内各商号及居民组成，会员根据实际情况按标准捐交会钱。徐寿基在《集义会启》中指出取名“集义”，是要“爰纠同志，亦聚群谋，裘由集腋而成，鼎以众擎而举。会名集义，本可大可久之规，事本同仁，期实政实心之用，庶几乐观，厥成永垂不朽焉尔”。本书是集义会光绪二十六年度的收支帐目，采用中国传统的旧管、新收、开支、实在四柱表的形式。集义会由会员捐款创办，每年也会收到固定的会钱会洋，但典息收入占据了其经费来源的重要部分。

万寿亭重建纪事本末 1 卷　史部地理类

(1) 清宣统二年(1910)刻本，常州图书馆藏。

(2)《志学斋集》本。

(3) 凤凰出版社 2015 年版《常州历史文献丛书》第二辑《清代常州地方史料汇编》本。

九河指地 3 卷　史部地理类

清抄本，国家图书馆藏。

玩古 1 卷　史部金石类

《岭南玉社丛书》本。

世德堂家训　子部儒学类　佚

独论 1 卷　子部儒学类　佚

以上 2 种见《清代毗陵书目》卷 3。

品芳录 1 卷　子部农家类

(1) 清光绪十二年乐意吟馆刻本，常州图书馆藏。

(2)《志学斋集》本。

续广博物志 16 卷　子部典故类

(1)《志学斋集》本。

(2)《续修四库全书》本，据《志学斋集》本影印。

玉谱类编 4 卷　子部艺术类

酌雅堂骈体文集 2 卷　集部别集类

知味轩时文剩稿 1 卷　集部别集类

知味斋乡墨 3 卷　集部别集类

以上有《志学斋集》本。

东游偶吟草 1 卷　集部别集类

清刻本，南京图书馆藏。

尾声集偶存　集部别集类

(1) 清刻本，华东师范大学图书馆藏。

(2)《志学斋集》本。

渔洋秋柳诗诠 1 卷　集部别集类

徐寿基辑注

(1) 清光绪桂树冬荣之室刻本，常州图书馆藏。

(2)《志学斋集》本。

志学斋集 7 种 32 卷　丛书类

清光绪中武进徐氏刊本，常州图书馆藏。

子目：

《经义悬解》5 卷

《春秋释地韵编》5 卷首 1 卷

《甲子纪年表》1卷

《续广博物志》16卷

《酌雅堂骈体文集》2卷

《旷论》1卷

《品芳录》1卷

按:此据《中国丛书综录》著录。

志学斋集9种36卷　丛书类

清光绪中徐氏刊本,中国科学院图书馆藏,子目较《中国丛书综录》多《知味轩时文剩稿》1卷、《知味斋乡墨》3卷(含乙亥、己卯、庚辰各1卷)。

志学斋集10种38卷　丛书类

清光绪民国间武进徐氏刊本,苏州大学图书馆、日本京都大学图书馆藏。

子目较《中国丛书综录》少《旷论》1卷,多《万寿亭重建纪事本末》1卷、《玉谱类编》4卷、《渔洋秋柳诗诠》1卷、《尾声集偶存》1卷。

按:《志学斋集》除上述子目外,另据孙殿起《丛书书目拾遗》卷10,还有子目5种:《诗经贯解》4卷,《四书联璧》1卷,《九河指地》3卷,《山东境内历代黄河迁徙图志》1卷,《陈事记略》1卷。

徐志源(1837—1877)

字伯英,号梦榴,一号左泉。清武进人。官国子监绳愆厅监丞,管理琉球学务。

吟香草堂遗诗　集部别集类

(1) 清光绪三十年(1904)刻本,常州图书馆藏。

(2) 1933年影印手稿本,题为《吟香草堂初稿》,南京图书馆藏。

恽祖翼(1837—1901)

字叔谋,号崧耘。清常州人。同治三年(1864)举人。历任湖北督粮道、湖北按察使、浙江布政使。在浙免浮赋、杜绝中饱、兴修水利，颇有政绩。1900 年曾代表巡抚加入张之洞、刘坤一发起的东南互保。寻授浙江巡抚，加兵部尚书衔。

宦游政稿 1 卷　史部政书类

家刻本，中国科学院图书馆藏。

强恕斋公牍　史部政书类

清光绪二十年(1894)刻本，中国人民大学图书馆藏。

续纂两浙盐法备考　史部政书类

清光绪二十五年刻本，首都图书馆藏。

浙省地漕减浮厘捐核实细数备考 1 卷　史部政书类

鄂游偶识 1 卷　集部别集类

浙游续识 1 卷　集部别集类

此书当即《抚浙奏议》1 卷，按：《恽氏先世著述考略》云："原刻《寒松堂奏疏》四卷，传本已尠，亟付剞劂，用广流播。"

以上 3 种有《强恕斋三种》本。

强恕斋三种　丛书类

清光绪二十六年浙江书局本，北京大学图书馆藏。

子目见上。

庄鼎臣(1837—1905)

字苏甫，晚号觉生，清阳湖人。鼎彝兄。同治六年(1867)举人。

庄鼎臣日记　史部传记类

(1) 稿本，上海图书馆藏。

(2) 凤凰出版社 2013 年版《常州历史文献丛书》第一辑《晚清常州名贤日记四种》本。

陆蓉佩(1838—1860?)

清阳湖人。鼎晋女，赵念植聘妻。念植亡，过门守贞。

光霁楼词 1 卷　集部词曲类

《小檀栾室汇刻闺秀词》本。

恽彦彬(1838—1920)

字次远,晚号樗园。清阳湖人。同治十年(1871)进士,授翰林院庶吉士。历任詹事府内阁学士、工部侍郎兼管钱法堂事务、日讲起居注官。光绪九年(1883)任会试考官,十九年任江西乡试主考官,旋充广东学政。任满归里。民国九年(1920)卒,时溥仪尚在宫,谥文简。

光绪十四年戊子科广东乡试录不分卷　史部传记类

清恽彦彬等编

清末刻本,南京图书馆藏。

武进公款公产说明书附表　史部政书类

清恽彦彬辑

民国石印本,上海图书馆藏。

按:公款公产为一地所公有,且其中含有慈善性质,尤其为贫困无告之民生命之所系。因此《说明书》强调,所有款项产业出入支配,都应公布于众,以便社会监督。但当时武进县帐略刊布失时,使社会甚为疑虑。故由恽彦彬领衔,向县知事姚浚发出公函,要求县公款公产处清厘一切收支款项,并予以公布。

恽氏先德遗墨　子部艺术类

清恽彦彬辑

拓本,常州南田纪念馆藏原石,拓本藏常州图书馆。

按:《清代毗陵书目》卷 3 云:"凡恽厥初诗扇一、恽向诗扇一、恽日初致唐君知札一、恽格致宋漫堂札稿一,有赵怀玉跋。此系彦彬刻石。又恽格(南田)书札十二通。南田十二札原系新安汪堘爱石山房所刻,乱后石散,彦彬得此数石,合为《恽氏先德遗墨》。"

樗园文存 1 卷　集部别集类　佚

恽宝惠《恽氏先世著述考略》云:"兹编文字皆公所自辑存,似尚系稿本也。”

方　楷(1839—1891)

又名恺,字子可,又字引康。清武进人。骏谟子。官国子监典簿。励志进学,于书无所不览,尤以天算地舆专家名世。清光绪时应两广总督张之洞聘,至广州为数学教授。著作甚富,以《代数通艺录》《水经注图》最有名。诗词古文亦有法度,又工山水画,偶作小品,有倪云林、文徵明风韵。

易说2卷　经部易类　佚

春秋朔闰考2卷　经部春秋总义类　佚

经文通释　经部群经总义类　佚

段氏古韵编17卷　经部小学类　佚

以上4种见《清代毗陵书目》卷1。

平定三藩目表1卷　史部杂史类　佚

平定发匪目表2卷　史部杂史类　佚

以上2种见《清代毗陵书目》卷2。

元徵府君行状1卷赵太宜人行状1卷　史部传记类

清光绪刻本,南京图书馆藏。

新校晋书地理志1卷　史部地理类

(1)《广雅书局丛书》清光绪二十一年(1895)刻本,国家图书馆藏。

(2)《历代地理志汇编》丁编《晋书地理志》附。

(3)《丛书集成初编》本。

(4)《二十五史补编》本。

(5)清算鹤量鲸室绿格抄本,国家图书馆藏。

武功县志勘证1卷　史部地理类

明康海纂　清方楷勘误

朝邑县志勘证1卷　史部地理类

明王道修　韩邦靖纂　清方楷勘误

以上2种有清同治十三年(1874)刻本,国家图书馆藏。

长江图稿1幅附安徽府厅图稿13幅　史部地理类

马徵麟编《长江图说》,清同治九年刻本,国家图书馆藏本。

按:《清代毗陵书目》卷2云:"《长江图》,黄翼升付印,遂冒其名。序中载明采用曾文正公(国藩)幕僚稿。"

(同治)徐州府志25卷　史部地理类

清吴世熊、朱忻修　刘庠、方骏谟、方楷等纂

(1) 清同治十三年刻本,北京大学图书馆藏。

(2)《中国地方志集成》本。

(同治)宿迁县志19卷　史部地理类

清李德溥修　方骏谟、方楷纂

(1) 清同治十三年刻本,国家图书馆藏。

(2)《中国方志丛书》本。

晋书地理志刊证2卷　史部地理类　佚

见《子可方府君征哀录》,《清代毗陵书目》卷2作《晋书地理志考证》。

水经注图　史部地理类　佚

见《清代毗陵名人小传稿》卷9本传。

大地全球图例148页　史部地理类　佚

见《子可方府君征哀录》,《清代毗陵书目》卷2作《大地全球图稿》。

宁绍台三府图稿1幅　史部地理类　佚

清光绪粤海图说5卷　史部地理类　佚

四裔古国疆域考　史部地理类　佚

地球图例　史部地理类　佚

西汉百三郡国图　史部地理类　佚

以上5种见《清代毗陵书目》卷2。

三统历衍式2卷附1卷　子部历算类

(1) 清光绪十二年粤东博学馆刻本,常州图书馆藏。

（2）清光绪十四年刻本，常州图书馆藏。

代数通艺录16卷　子部历算类

（1）清光绪十六年阳湖方宾穆刻本，国家图书馆藏。

（2）清光绪二十二年《时务报》石印本，常州图书馆藏。

笔算初阶　子部历算类

清光绪广州古经阁刻本，国家图书馆藏。

代数阐蕴16卷　子部历算类　佚

句娄文6卷诗2卷　集部别集类　佚

以上2种见《清代毗陵书目》卷4。

慨然集1卷　集部别集类

抄本，中国科学院图书馆藏。

句娄词1卷　集部词曲类

《三家词录》本，1921年铅印本，国家图书馆藏。

樽酒消寒词1卷附录1卷续录1卷　集部词曲类

清方楷编　刘庠续编

清光绪十一年粤东刻本，常州市图书馆藏。

陆尔昭(1839—1901)

字玉遐，号惕身。清武进人，原籍元和。光绪八年(1882)举人，曾官江夏知县。

珍抱斋诗钞1卷诗余1卷　集部别集类

稿本，有张惟骧跋，南京图书馆藏。

汪赞纶(1839—1921)

字作黼，晚号铜沙余叟。清武进人。光绪二十一年(1895)进士，官知县，民国后任江苏典业公会第一任会长。

毗陵汪作黼先生八十寿言汇录不分卷　集部总集类

1918年汪氏石印本，常州图书馆藏。

周世澂(1840—1877)

字孟舆，一字虔生，号贞蹇居士。清阳湖人。腾虎子。自幼从父读书，博观经史。后随父居曾国藩幕多年。同治元年(1862)入江南书局任襄校，时刊《船山遗书》，多所校正。以辑《淮军平捻记》一书为李鸿章赏识，保荐以知县分发直隶。奏派总办直隶张家口矿务。

后汉郡国志考　史部正史类　佚

见《清代毗陵书目》卷 2。

淮军平捻记 12 卷　史部杂史类

(1) 清同治刻本，复旦大学图书馆藏。

(2)《申报馆丛书》续集本。

(3) 台北文海出版社 1969 年版《近代中国史料丛刊》本。

(4)《续修四库全书》本，据复旦大学图书馆藏本影印。

贞蹇居士自订年谱　史部传记类　佚

见《春瀑山馆诗存》卷首胡玉缙撰《周孟舆先生传》。

春瀑山馆诗存 1 卷　集部别集类

(1)《毗陵周氏家集》本。

(2)《毗陵周氏五世诗集》本。

蔡承己(1840—1896)

字君贻，又字季谟。清武进人。监生。早年弃儒习贾，然每晚必泛览典籍。咸丰十年(1860)奉母避地靖江。

咏晖草堂遗稿 2 卷　集部别集类

1931 年铅印本，常州图书馆藏。

按：《毗陵诗录》录其诗 5 首。

袁毓卿(1840—1911)

字子芳。清阳湖人。袁绩懋、左锡璇女。金士麟妻。工词喜画。

桐荫书屋未定草 1 卷　集部别集类

桐荫书屋诗草 1 卷　集部别集类

此二种有《金武祥粟香室丛抄》本,南京图书馆藏。

桐阴书屋词　集部词曲类　佚

见《清代闺阁诗人征略》卷 10。

按:《全清词抄》卷 33 收其词 2 首。

陆鼎翰(1840—1913)

字彦和。清武进人。黼恩子,鼎敩弟。同治廪贡生,候选教谕。好学不倦,晚喜佛禅,自号无闷居士。

书序汇纂　经部尚书类

清光绪十五年(1889)陆氏善庆堂重印本,附于陆士楷《尚书汇纂》后,北京大学图书馆藏。

陆鼎文行略 1 卷　史部传记类

清陆鼎敩、陆鼎翰撰

清同治刻本,上海图书馆藏。

显考紫峰府君行状 1 卷　史部传记类

清陆鼎敩、陆鼎翰撰

清光绪元年刻本,上海图书馆藏。

海烈妇祠录 1 卷　史部传记类

清光绪十四年刻本,常州图书馆藏。

周文襄公年谱　史部传记类

明周仁俊等辑　陆鼎翰补辑

清光绪十五年木活字本,上海图书馆藏。

陆氏人物辑传　史部传记类

清末抄本,国家图书馆藏。

(光绪)武阳志余 12 卷首 1 卷　史部地理类

清庄毓鋐、陆鼎翰纂修

（1）清光绪十四年木活字本，常州图书馆藏。

（2）台湾《中国方志丛书》本。

（3）《中国地方志集成》本。

无闷居漫稿　集部别集类

稿本，南京图书馆藏。

蒲溪渔唱词　集部词曲类　佚

见《中国人名大辞典》。

刘心瑶（1841—1907）

原名心宝，又名莘保，字莘伯，又字心白。清武进人。刘种之孙。星炜玄孙。自幼好玉，善辨真伪，自号玉通生。遭乱离，远历秦陇黔楚，足迹半天下。于诗致力尤深，取法盛唐而上溯汉魏，尤擅长乐府、五言。

玉纪补1卷　史部金石类

（1）《江阴丛书》本。

（2）《粟香室丛书》本。

（3）《岭南玉社丛书第一集》本。

（4）《玉说荟刊》本。

（5）《美术丛书》本。

秋窗笔记2卷　子部小说类　佚

见《清代毗陵书目》卷3。

玉通生诗钞不分卷　集部别集类

清光绪十八年（1892）活字本，华东师范大学图书馆藏。

按：是书从《囊存诗钞》录出。

玉通诗选2卷拾遗1卷　集部别集类

清光绪二十七年刻本，常州图书馆藏。

按：是书亦从《囊存诗钞》录出。

囊存诗钞5卷别集1卷文1卷约言1卷　集部别集类　佚

见《清代毗陵书目》卷4，云："未刻。"

古诗十九首心解1卷　集部总集类　佚

囊存词1卷　集部词曲类　佚

以上2种见《清代毗陵书目》卷5。

史悠厚(1842—1917)

字芩宾,一字夷清,号阆仙,晚号酒翁,自署平陵子。清武进人。一生以作幕、授馆为业。

酒翁年录　史部传记类

清史悠厚自编　子史久传续成

1917年铅印本,常州图书馆藏。

按:此谱自记至宣统三年(70岁)止,谱前有自序及钱振锽所作《史芩宾先生传》。

豹隐山房文录初稿1卷诗录初稿1卷　集部别集类

稿本,上海图书馆藏。

赵彻诒(1842—?)

初名初诒,字伯度。曾向子。顺天乡试挑取誊录,议叙盐大使,福建候补同知。

啬庵府君年谱　史部传记类

(1) 光绪间阳湖赵氏刻本。

(2)《北京图书馆藏珍本年谱丛刊》本。

按:是书为《赵曾向年谱》。

庄鹤群(1842—?)

字芸孙。清武进人。候选县丞。

墨痴吟草11卷悼亡诗1卷　集部别集类　佚

见《清代毗陵书目》卷4。

课余初学草　集部别集类　佚

航海往还草　集部别集类　佚
守拙草　集部别集类　佚
明湖寄迹草　集部别集类　佚
陶山草　集部别集类　佚
联吟草　集部别集类　佚
清泉移砚草　集部别集类　佚
行旅草　集部别集类　佚
清泉守拙草　集部别集类　佚
平陆安砚草　集部别集类　佚

以上10种均见《庄氏族谱》卷16下。

沈世铨(1843—1886)

字子衡,号芷衡。清末阳湖焦垫人。捐职县丞。以军功保山东钜野知县,调署惠民知府,卒于掖县知县任。

(光绪)惠民县志30卷首1卷末1卷　史部地理类

清沈世铨修　李勖纂

(1) 清光绪十二年(1886)刻本,北京大学图书馆藏。

(2) 清光绪二十五年柳堂校补刻本,中山大学图书馆藏。

麟川鸿印1卷附棣州鸿印　集部别集类

清光绪九年退思堂刻本,北京大学图书馆藏。

唐韫贞(1843—1893)

字佩蘅。清武进人。与忠女,同邑董介贵妻。光绪年间在世。工词。

秋瘦阁词1卷　集部词曲类

《小檀栾室汇刻闺秀词》本。

按:《董氏家乘》作《秋瘦轩词》。

雨窗词1卷　集部词曲类　佚

见《清闺秀艺文略》。

按:《董氏家乘》《全清词钞》卷 34 著录《雨窗轩词》3 卷,《全清词钞》收其词 3 首。

何嗣焜(1843—1901)

字眉孙,一作梅生,号定庵。清末武进人,诸生。光绪间历参张树声、倪文蔚、盛宣怀幕,官至知府,尝总理上海南洋公学,规划颇闳远。

南洋公学章程 1 卷　史部政书类

清光绪二十四年(1898)铅印本,北京大学图书馆藏。

张靖达公奏议 8 卷首 1 卷　史部政书类

清张树声撰　何嗣焜编

清光绪二十五年刻本,国家图书馆藏。

存悔斋文稿 4 卷附入蜀纪程 1 卷　集部别集类

(1) 1917 年武昌刻本,常州图书馆藏。

(2)《清代诗文集汇编》本。

张兆麟(1843—1908)

后名元度,字秋舫。清阳湖人。贡生。少逢太平天国起义,离乡远游,自称"所至历七千余里"。文章豪放。不拘泥八股程式,乃"十试省闱尚不得一展平生之志,仅以学博,就职射阳"。后久官淮安教谕。每课士,评语往往累千百言,至以王通、胡瑗自比。尝任江南制造局会办,署淮安知府。

寒松晚翠堂初集外集 4 卷诗集 3 卷制艺 1 卷　集部别集类

清光绪十七年(1891)刻本,常州图书馆藏。

巢　峻(1843—1909)

字崇山,晚号卧猿老人。清末武进孟河人。世医,兼长内外科,清同治、清光绪年间行医沪上 40 余年,门庭若市。医理及临症经验造诣很深，后辈及门人多得其传。

千金珍秘　子部医家类

抄本，上海中医药大学图书馆藏。

孟河巢崇山先生医案　子部医家类

抄本，南京图书馆藏。

恽祖祁(1843—1919)

原名祖源，字心耘、筱芗，号莱复。清武进人。由监生捐纳盐运大使，保升同知，分发湖南零陵县知事，后会办江苏江防等营。光绪三十一年(1905)发起创建常州府中学堂，并筹建常州商务分会。三十四年，以商会余款，创建商会图书馆。

芝城公牍杂存1卷　史部政书类

清光绪四年刻本，吉林大学图书馆藏。

恽氏家乘66卷首1卷　史部传记类

1917年光裕堂木活字本，常州图书馆藏。

茅麓明农树艺有限公司清查报告　史部政书类

清宣统元年(1909)木活字本，国家图书馆藏。

厦门日本租界始末各卷宗　史部政书类

清抄本，天津图书馆藏。

义学汇编不分卷　史部政书类

清光绪四年刻本，常州市图书馆藏。

恽元复(1844—1911)

字伯初，号祖南，别署醉墨翁，晚号莲瑞老人。清常州人。寿平六世孙。工画，所存画册，花卉、翎毛、草虫、蔬果以及松竹、梅石，诸体毕具，众妙并发，深得南田笔意，人称“询足振恽氏之家风，惠艺林于无既者”。

莲瑞老人画册　子部艺术类

1930年中华书局珂罗版影印本，国家图书馆藏。

盛宣怀(1844—1916)

字杏荪,号愚斋,又号止叟、次勋、幼勖、薇孙、补楼等。清末常州人。隆孙,康子。同治五年(1866)补县学生员,10年中三应乡试均不售,遂绝意科举。九年入李鸿章幕,出任轮船招商局会办、督办,中国电报局总办,又任山东登莱兵备道兼东海关监督,天津海关道兼津海关监督。光绪二十二年(1896)起,相继接办汉阳铁厂、大冶铁厂、萍乡煤矿,督办中国铁路总公司,创办中国通商银行。后历任工部左侍郎、中国红十字会会长、邮传部尚书等职,翁同龢谓之"今之卜式、桑羊也"。辛亥年(1911)与四国银行团签订湖广铁路借款合同,激起四川保路风潮,成为武昌起义的导火线,被革职。工诗文,于治事余暇颇寄情于图书、金石、书画,留心乡邦文献,广为搜集刊布。

显考旭人府君行述　史部传记类

清盛宣怀、盛善怀撰

清光绪石印本,上海图书馆藏。

合肥相国七十赐寿图不分卷　史部传记类

清杨宗濂、盛宣怀辑

清光绪十八年石印本,常州图书馆藏。

三公奏议21卷　史部政书类

清光绪二年武进盛氏思补楼刻本,天津图书馆藏。

奏请推广中央银行先齐币制折片清单　史部政书类

清宣统元年(1909)铅印本,上海图书馆藏。

会奏遵旨筹划川粤汉干线路收回详细办法原折　史部政书类

清载泽、盛宣怀、端方撰

清宣统三年铅印本,上海图书馆藏。

盛宣怀档案　史部政书类

(1) 盛宣怀等撰,稿本,上海图书馆藏。

(2)《盛宣怀档案选编》,2015年上海古籍出版社《国家清史编纂委员会档案丛刊》影印本。

按:盛宣怀遗稿内容多,数量大。八十年代起在上海整理编纂,按专题分辑出版,已出一部分,如《盛宣怀档案资料选辑》等。

盛宣怀主办汉阳铁路时期与外人往来有关函件　史部政书类

盛氏留园二十四间梅花书屋抄本,上海图书馆藏。

办案函稿不分卷　史部政书类

稿本,上海图书馆藏。

武进盛杏荪宫保尺牍手迹1卷　史部政书类

稿本,南京图书馆藏。

蚕桑备要　史部政书类

清光绪二年武进盛氏思补楼刻本,首都图书馆藏。

验收轨制章程　史部政书类

清宣统三年邮传部参议厅法制科铅印本,首都图书馆藏。

津河广仁堂征信录4卷　史部政书类

清光绪十年刻本,天津图书馆藏。

英国续议通商行船条约不分卷　史部政书类

清吕海寰、盛宣怀撰

清光绪二十八年铅印本,天津图书馆藏。

芦汉铁路人工借款合同　史部政书类

清盛宣怀等订

清光绪二十四年铅印本,湖南图书馆藏。

正太铁路华俄银行借款条议　史部政书类

清盛宣怀等订

清光绪二十九年铅印本,湖南图书馆藏。

汴洛铁路比商借款条议　史部政书类

清盛宣怀等订

清光绪二十九年铅印本,湖南图书馆藏。

沪宁铁路英商借款条议　史部政书类

清盛宣怀等订

清光绪二十九年长沙裕湘印书局铅印本，湖南图书馆藏。

中日通商行船条约续约1卷　史部政书类

清盛宣怀等订

清光绪刻本，青海图书馆藏。

醴洙铁路购地造路制车各款收支四柱清册　史部政书类

清盛宣怀编

清光绪三十二年稿本，国家图书馆藏。

造送萍醴铁路工程购地造路造车各款收支银两数目清册　史部政书类

清盛宣怀编

清光绪三十一年稿本，国家图书馆藏。

铁路公司造送淞沪铁路购地造路造车养路等项收支细数四柱清册　史部政书类

清盛宣怀编

清光绪二十八年稿本，国家图书馆藏。

淞沪铁路展造滨北一程并行车收支细目清册　史部政书类

清盛宣怀编

清光绪三十一年稿本，国家图书馆藏。

京汉铁工程自清光绪三十年拾月至十一月收支各款译册　史部政书类

清盛宣怀编

清光绪三十二年稿本，国家图书馆藏。

商办汉冶萍煤铁厂矿有限公司推广加股详细章程　史部政书类

清盛宣怀编

清光绪三十四年铅印本，国家图书馆藏。

查勘旅顺骆马山煤铁矿招商试办章程　史部政书类

清盛宣怀编

清光绪刻本，国家图书馆藏。

愚斋东游日记　史部地理类

(1) 清末刻本,国家图书馆藏。

(2) 附于《愚斋存稿》后。

(3) 2017 年岳麓书社出版《走向世界丛书》本。

按:记载了作者考察日本工业、教育等方面的见闻和思考。

盛氏图书馆藏善本书目 4 卷　史部目录类

清盛宣怀藏并编

民国间愚斋抄本,国家图书馆藏。

思补楼藏书目录　史部目录类

稿本,上海图书馆藏。

愚斋图书馆藏书目 18 卷　史部目录类

(1) 抄本,南京图书馆、吉林大学图书馆藏。

(2) 1932 年上海大成印务局铅印本,上海图书馆藏。

盛氏图书馆善本书目 1 卷　史部目录类

(1) 南陵徐氏民国积学斋蓝格抄本,上海图书馆藏。

(2) 民国愚斋乌丝栏抄本,上海图书馆藏。

(3)《清代私家藏书目录题跋丛刊》本。

皇朝经世文续编 120 卷　子部儒学类

清盛康、盛宣怀编

(1) 清光绪十六年至二十一年思补楼刻本,复旦大学图书馆藏。

(2) 1972 年台湾文海出版社影印《清朝经世文编及索引八种汇刊》本。

(3) 1966—1973 年台湾文海出版社《近代中国史料丛刊》本。

(4) 2010 年学苑出版社出版《清代经世文全编》本。

按:是书盛宣怀虽无其名而实主其事。

盛宣怀未刊信稿　集部别集类

清盛宣怀撰　北京大学历史系近代史教研室整理

1960 年中华书局排印本。

按:本书为现已找到的盛宣怀亲笔函稿的一部分,据原函整理,略加注释，标点排印。

盛宣怀书札　集部别集类

清稿本，国家图书馆藏。

盛宣怀书札　集部别集类

清粘贴稿本，国家图书馆藏。

许乃钊、盛宣怀函札　集部别集类

清末稿本，国家图书馆藏。

盛宣怀往来函牍　集部别集类

清末稿本，香港中文大学图书馆藏。

愚斋存稿100卷首末各1卷　集部别集类

(1) 1929年盛思颐等思补楼刻本，上海图书馆藏。

(2) 1980年北京中国书店影印本。

(3)《续修四库全书》本，据思补楼补刻本影印。

(4)《近代中国史料丛刊》本。

(5)《清代诗文集汇编》本。

(6) 2018年上海人民出版社出版。

常州先哲遗书　丛书类

(1) 清光绪中武进盛氏愚斋刻本，常州图书馆藏。

(2) 2010年南京大学出版社影印本。

按：本书是清代常州府所属地区先哲经典文献的汇编，以常州府城所在的武进、阳湖作者为主，也包括无锡、江阴、宜兴等地作者。本丛书延缪荃孙主其事，原拟分三集刻，后只刻成初集及后编补遗(即续集)，共79种。子目从略。

卫生丛书　丛书类

1912年铅印本，上海图书馆藏。

按：今存有丁福保《卫生学问答》、日本藤田灵斋《心身强健之秘诀》等。

徐名立(1844—?)

字丽亭。清武进人。直隶州知州,曾任浙江开化知县。

(光绪)开化县志 14 卷首 1 卷　使部地理类

清徐名立、潘绍铨修　潘树棠纂

(1) 清光绪二十四年(1898)刻本,北京大学图书馆藏。

(2)《中国地方志集成》本。

蒋炳章(? —1894)

字君铨。清阳湖人。绩学,工诗文。

醒栩草堂遗稿不分卷　集部别集类

(1) 清光绪二十一年(1895)刻本。

(2) 清宣统三年(1911)木活字本,复旦大学图书馆藏。

醒栩草堂诗文遗稿 4 卷　集部别集类　佚

按:见清光绪二十一年李祖廉撰《醒栩草堂遗稿跋》,谓蒋氏去世之明年,祖廉取其旧日所寄之古今体诗若干首刊刻之。后其夫人庄氏复辑诗文遗稿 4 卷,因事倥偬而未及印行。

丁畹芬(1845—1861)

字静兰。清武进人。士衍女,赵承谷聘妻。咸丰十年(1860)承谷殁,十一年二月自经死,年仅 17。

静兰诗文稿　集部别集类　佚

见《历代妇女著作考》引《清闺秀艺文略》。

赵　穆(1845—1894)

原名垣,字穆父、仲穆,又字穆庵,号牧园、琴鹤生,晚号老铁。清武进人。早年受业于扬州吴廷飏,后独树一帜,从学者甚众。工篆刻,刀法圆健,善画菊花、佛像。尝游苏州、杭州,搜集金石碑版。

赵仲穆印谱 5 种 32 册　子部艺术类

清光绪钤印本，北京大学图书馆藏。

按：包括《圣庙祀典爵里姓氏印谱》8 册、《古高士传印谱》4 册、《红楼人竞集西厢词句印谱》8 册、《百将百美印谱》8 册、《铁如意斋印存》4 册。

赵仲穆印存 1 卷　子部艺术类

清钤印本，常州图书馆藏。

董　威(1847—1883)

字步鳌，号剑秋。清武进人。保成子。补用知府，南河候补同知。精篆刻，工词章，尤长于诗。

剑秋印书不分卷　子部艺术类

清钤印本，常州图书馆藏。

见《中国印学年表》同治十年(1871)条，云："董威辑自刻印成《剑秋印书》一册二卷，亦名《古今百二甲子印谱》。"同治十一年条云："董威辑摹刻印成《剑秋印书》一册二卷，亦名《飞鸿堂印萃》。"

一沤集文钞 3 卷诗钞 6 卷　集部别集类

清光绪十八年(1892)刻本，上海图书馆藏。

李宝翰(1847—1887)

字佩宜，一字培彝，清武进人。翼清长子，宝章、宝淦兄。9 岁能文，同治十三年(1874)入京赴试不售。曾居白彬幕中，为治官书 8 年。后家居，卒于清光绪年间。好读书，工诗文。著作由其后人刊行。

临池臆说 1 卷　子部艺术类　佚

见《清代毗陵书目》卷 3。

天弢阁诗钞 4 卷　集部别集类

(1) 清光绪十四年(1888)武进李氏木活字本，常州图书馆藏。

(2)《清代诗文集汇编》本。

天弢阁文 4 卷　集部别集类　佚

见光绪《武阳志余》卷7。

天弢阁词4卷　集部词曲类　佚

见《清代毗陵书目》卷5。

刘康来(1847—1891)

字作山,号琢珊,又作倬山。清阳湖人。诸生。官户部山东清吏司主事,后改官浙江候补知府。

潼关洛都访碑记1卷　史部金石类　佚

见《西营刘氏先世著述考》,云:"陈璚、吴唐林序。"

庄宝澍(1847—1901)

原名安泳,字甘来,号仲芳。别号赤鹦词人,懒翁、樗叟、红豆词人。清武进人。诸生,官江西候补典史。

直疑笔记　子部儒学类　佚

见《清代毗陵书目》卷3

庄宝澍日记　史部传记类

(1) 稿本,上海图书馆藏。

(2) 凤凰出版社2013年版《常州历史文献丛书》第一辑《晚清常州名贤日记四种》本。

懒翁诗词2卷　集部别集类

1934年铅印本,上海图书馆藏。

懒翁诗　集部别集类　佚

见《清代毗陵书目》卷4。

刘炳照(1847—1917)

原名照行,字光珊,一字柏荫,号羹塘,又号语石,晚号复丁老人。清末阳湖人。念勋子。诸生。官候补训导。工词。

语石印谱1卷　子部艺术类

民国铃印本，上海图书馆藏。

感知集 2 卷　集部别集类

(1) 清光绪三十一年(1905)浔溪刘氏刻本，常州图书馆藏。

(2)《清代诗文集汇编》本。

复丁老人诗记 1 卷续 1 卷　集部别集类

(1) 清光绪三十四年刻本，上海图书馆藏。

(2) 清宣统二年(1910)刻本，上海图书馆藏。

(3)《清代诗文集汇编》本。

无长物斋诗存 4 卷　集部别集类

(1) 抄本，子起甲校字，石门沈焜醉愚校录，南京图书馆藏。

(2) 清光绪三十四年刻本，上海图书馆藏。

(3)《清代诗文集汇编》本。

(4) 2017 年广陵书社出版《民国诗集选刊》本。

语石诗文存　集部别集类　佚

见《清代毗陵书目》卷 4。

晨风庐唱和诗存 10 卷　集部总集类

清刘炳照等辑

1914 年刻本，南开大学图书馆藏。

蜕尘吟社唱和诗第一集 1 卷　集部总集类

清刘炳照等辑

1914 年王鼎梅铅印本，复旦大学图书馆藏。

留云借月庵词　集部词曲类

(1) 清光绪十九年吴唐林等刻本，5 卷，上海图书馆藏。

(2) 清光绪二十四年刻本，8 卷，中山大学图书馆藏。

(3)《清代诗文集汇编》本。

留云借月庵词续 1 卷　集部词曲类

(1) 清光绪二十五年常州刻本，郑州大学图书馆藏。

(2)《清代诗文集汇编》本。

无长物斋词存5卷　集部词曲类

(1) 1914年刻本，上海图书馆藏。

(2)《清代诗文集汇编》本。

按：内有《梦痕词》（上下）、《焦尾词》（上下）、《春丝词》。

陈允颐(1848—1899)

字养原，一作养源。清武进人。亮畴长子。清同治十二年(1873)举人。随黎庶昌出使俄罗斯，归任驻日本横滨等地领事。回国后官内阁中书，以道员分发湖北候补，为湖广总督张之洞延至督署。旋授浙江杭嘉湖兵备道兼杭州关监督，办理开埠事宜，后署盐运使、按察使。

兰墅诗存2卷　集部别集类

(1) 清光绪三十二年(1906)杭州刻本，常州图书馆藏。

(2)《清代诗文集汇编》本。

方　恮(1849—1878)

字子谨，一字退斋。清阳湖人，原籍大兴。履钱孙，赵烈文婿。监生。少承家学，博览群籍，名其居曰"愿读十年书室"。稍长，探求古文义法于桐城诸家。通音韵训诂，熟习典章文物。又善书画鉴赏及金石文字之学。推崇章学诚论著，以为"能探窥六艺之精微，群言之奥旨"。光绪元年(1875)，李鸿章招修《畿辅通志》，为黄彭年校所刊《蒋侑石遗书》。年30卒于保定莲池书局。

说文字原表1卷　经部小学类　佚

广韵分母表9卷　经部小学类　佚

同文考异3卷　经部小学类　佚

以上3种见《清代毗陵书目》卷1。

建置表1卷　史部史表类　佚

兵事表1卷　史部史表类　佚

以上2种见清方恒《先兄子谨事状》。

读通鉴杂记2卷　史部史评类　佚
方志举例　史部地理类　佚
历代战功图要　史部地理类　佚

以上3种见《清代毗陵书目》卷2。

(同治)畿辅通志300卷首1卷　史部地理类

清李鸿章等修　黄彭年等纂　方恮与纂

(1) 清光绪十年刻本。

(2) 清宣统二年(1910)石印本。

(3) 1934年商务印书馆影印本。附关键词索引。

汉石存佚考2卷　史部金石类　佚

见《清代毗陵书目》卷2。

方恮文稿1卷　集部别集类

赵氏能静居抄本,南京图书馆藏。

方恮遗文1卷　集部别集类

按:清黄彭年《常州二子传》称本书附刻于《蒋侑石遗书》,今未见。

蒋侑石遗书　丛书类

清蒋曰豫撰　方恮校

清光绪三年保定莲池书局刻本。子目参见"蒋曰豫"条。

钱向杲(1849—1906)

原名福荪,字仲谦,号鹤岑。清阳湖人。钧子。少有大志。清光绪元年(1875)举人。其后名场屡困,上书不用。乃购地二亩筑寄园,隐居其中。平生博览经史,慷慨尚气,关心国家兴亡。长于诗,雄浑激昂,论者称其"为李为杜,牢笼众有"。又通医学。

夷夏用兵鉴古录40卷　史部杂史类

清钱向杲评注

清光绪二十年钱氏木活字本,国家图书馆藏。

按:中法战争(1884)后忧心国事,历时10年精心结撰而成。

望杏楼志痛编 2 卷　史部传记类

清光绪二十一年活字印本,国家图书馆藏。

望杏楼志痛编补　史部传记类

清光绪二十五年活字印本,国家图书馆藏。

保身必览 2 册　子部医家类

清光绪二十七年木刻本,常州图书馆藏。

九峰阁诗草 4 卷　集部别集类

清光绪十五年木刻本,常州图书馆藏。

九峰阁诗集 6 卷文集 4 卷　集部别集类

《阳湖钱氏家集》本。

毗陵课艺 7 卷　集部总集类

清谭钧培辑　钱向杲等著

清光绪三年文焕斋刻本,上海图书馆藏。

按:此书为时任常州知府谭钧培集历年龙城书院、延陵书院课试佳者文卷为《毗陵课艺》,并作序。入课艺者有钱向杲、杨传第、沈昌宇、卜文焕、李锡蕃、周舫、史致诰、高侍曾等。

张志仁(1849—1906)

原名学衡,字雪矶,晚号髯翁。清武进人。曾任县丞、福建候补巡检,后任职于台湾机器制造局、大冶矿务局。工诗文篆刻,善画,尤擅墨菊。其诗西篆刻,有"南田兰绝"之誉。晚年寓居上海,篆法益精。

铁如意斋印存四册　子部艺术类　佚

见《张氏家谱》。有光绪二十六年(1900)韩朗序、光绪二十二年作者自序。

李宝章(1849—1929?)

字縠宜,一字谷伊,号斐园,宝翰弟,宝淦兄。同治十二年(1873)举人,官至浙江候补道。工山水,花卉。

绍闻杂述 8 卷　子部杂学类

清稿本，国家图书馆藏。

待盦题画诗存 1 卷附诗余偶 1 卷续编 1 卷　集部别集类

1914 年木活字本，华东师范大学图书馆藏。

待盦题画诗存 1 卷　集部别集类

1924 年木活字本，吉林大学图书馆藏。

縠遗诗存不分卷　集部别集类

稿本，南开大学图书馆藏。

薛绍元(1850—1901)

字平堦，清武进人，子衡子。光绪十五年(1889)举人。

台湾通志不分卷　史部地理类

清唐景崧修　蒋师辙、薛绍元纂

(1) 稿本，上海图书馆藏。

(2) 台北成文出版社《中国方志丛刊》本。

澎湖厅志 14 卷首 1 卷　史部地理类

清林豪修　薛绍元删补

台北成文出版社《中国方志丛刊》本。

桑梓潜德录三集 6 卷　史部传记类

清张慎撰　庄毓鋐、汤成烈、薛绍元等续撰

清光绪六年刻本，常州图书馆藏。参见“张慎”条。

团练纪实 2 卷　史部政书类

清庄毓鋐、薛绍元纂

附光绪《武阳志余》后。

宝铭斋读书志　子部儒学类　佚

见《清代毗陵书目》卷 3。

武夷卧游诗 1 卷　集部别集类

抄本，上海图书馆藏。

谢祖芳(1850—1906)

名以知,字景熹,又字养田,号祖芳。清末阳湖人。璜子。钱振锽姑丈。少年时期即以诗鸣于庠序间,为名诸生。后屡困场屋,遂弃举子业,而作诗不辍。其诗清真宕逸,不假修饰,不为险怪,动合自然。

双仙小志　史部传记类

清光绪二十四年(1898)木活字本,上海图书馆藏。

寄云阁诗钞4卷　集部别集类

《谢氏家集》本。

许嘉仪(?—1879)

字仙圃。清代华亭人,汤世熙继室。博学多能,精医道。擅写颜柳擘窠大字。工诗词,古体豪迈,近体宕逸,词远宗漱玉,近仿秋水(庄盘珠)。曾谓"作诗如作人,须求清真雅正,毋事缘饰绮靡"。

天风佩韵轩草2卷诗余1卷　集部别集类

清光绪十三年(1887)活字本,南京图书馆藏。

按:是集其子汤东晖校,夫汤世熙跋。

丁同曾

清武进人。

说文群经字諟正4卷　经部小学类　佚

见《清代毗陵书目》卷1,注:"稿本。"

丁女贞孝录1卷　史部传记类

丁同曾等辑

(1) 清同治二年(1863)刻本,已佚。

(2) 清光绪二十七年(1901)重刊本,国家图书馆藏。

(3)《中国历史人物别传集》本。

按：是书为丁同曾等为纪念其妹丁静兰所辑，丁静兰事迹详见“丁静兰”条。

陈廷儒

字匊生。清阳湖人。世业医，早年随父应诊，讲求医理，得其传，临证用药颇精当。同治十三年(1874)至光绪十九年(1893)间多次赴京应试，往来于北京、天津、济南、江阴、上海等地，救治危症患者甚多。时人交誉，声望籍甚。

诊余举隅录3卷　子部医家类

(1) 清光绪二十四年刻本，常州图书馆藏，又名《诊余偶束》。

(2) 清抄本，上海交通大学医学院图书馆藏。

(3) 1933年苏州国医书社铅印《王氏医学丛书》本，贵阳中医学院图书馆藏。

(4)《珍本医书集成》本。

博爱堂医学气化录要　子部医家类

宣统元年(1909)刻本，浙江中医研究院藏。

医学可观　子部医家类　佚

未刊行。见《中医人物词典》。

郑良弼

清武进人。

乾坤易简录1卷　子部术数类

清涵虚抱壶之斋刻本，湖北省图书馆藏。

刘棫林

清武进人。光绪十一年(1885)官湖北鹤峰州知州。

(光绪)鹤峰州志续修14卷首1卷　史部地理类

清长庚、厉祥官主修　刘棫林承修　陈鸿渐纂

(1) 清光绪十一年刻本,国家图书馆藏。

(2) 清光绪二十五年谢绍佐增刻本,国家图书馆藏。

(3) 1934 年鹤峰县铅印本,重庆图书馆藏。

按:1934 年本由刘子亚校补,封面改题《鹤峰县志》。

杭楚沅

清常州人。

雪蕉轩残稿不分卷　集部别集类

清同治九年(1870)刻本,常州图书馆藏。

雪蕉轩诗余 1 卷　集部词曲类　佚

见《贩书偶记续编》卷 20,注云:"无刻书年月,约清光绪间刊。"

史恩绵

字仲平,一作中平。清武进人。幼习篆、籀,好周秦碑刻。稍长致力于文字训诂,熟习《说文》之学。

说文易检 14 卷附识 1 卷末 2 卷　经部小学类

(1) 1917 年涵芬楼影印清光绪九年(1883)史氏刻本,国家图书馆藏。

(2) 1923 年上海商务印书馆影印稿本,湖南省图书馆藏。

(3) 2013 年上海书店出版社影印稿本。

吴懋时

号归云山人,又号血性男子、佩椒山人等。

归云草庐杂存 1 卷　集部别集类

清光绪三十四年(1901)木活字本,常州图书馆藏。

程蕙英

字茝侪。清阳湖人。系出名门,性耽翰墨。家贫,常以授徒为生。

曾作《凤双飞》弹词，才气横溢，纸贵一时。其所为诗，纯乎阅世之言，亦非寻常闺秀所能。

北窗吟稿　集部别集类　佚

见《清代毗陵书目》卷5。

凤双飞全传52卷　集部词曲类

(1) 抄本，50回，北京大学图书馆藏，存1—5，7—16，18—26。31—38，40—43，45—50回。

(2) 清抄本，52回，首都图书馆藏。

(3) 清光绪二十四年(1898)怡怡轩石印本，42回，复旦大学图书馆藏。

(4) 清光绪二十五年上海书局石印本，前有瑞芝室主人序，52回。常州图书馆藏。

(5) 1923年上海江左书林石印本　佚23、24两卷，北京大学图书馆藏。

(6) 1988年中州古籍出版社校点本，名《凤双飞·前传》，出前20回。

按：谭正璧《弹词叙录》云："蒋瑞藻《小说考证》卷7引《缺名笔记》有作者小传。"邓之诚《骨董琐记》卷5云："全书数十万言，结构遣词，远在《天雨花》《再生缘》之上。"

杨庆华

字申甫。清阳湖人。清同治年间在世。曾官浙江巡检。

绿云馆词　集部词曲类

见《全清词抄》卷25，收其词1首。

吴文郁

号钝庵。清武进人。

钝庵遗诗1卷　集部别集类　佚

见《清代毗陵书目》卷4。

钱心坦

名屏万,改育万,字心坦,号三山,以字行。清武进人。早岁与伯兄象山均有神童之誉。好读书,工词翰。长攻家传医学,尤擅幼科及湿温时症。

钱心坦医案20卷　子部医家类　佚

见《清代毗陵书目》卷3。

史恩绪

清阳湖人,宛平籍。致谔子。同治九年(1870)举人,议叙分发浙江知县。

爱日山房学草　集部别集类　佚

见《清代毗陵书目》卷4,注:"未刻。"

丁毓杰

字馨芝。清武进人。清同治间在世。

怜香词　集部词曲类　佚

见《全清词钞》卷26,收其词1首。

赵　忱

字孟农。清武进人。

析芳椒居诗草　集部别集类　佚

见《清代毗陵书目》卷4。

按:《毗陵诗录》卷7收其诗5首。

张　诰

一名浩,字玉琳,别号观我生。清武进人。清同治、光绪间在世。

性慷慨豪迈,不苟取与,嗜酒善歌,妙语解囊。善天文历数之术,贫甚,则制浑天仪售之,自谓“靠天吃饭”。精绘事,所写墨竹奇石,师法文同、吴镇;画梅拟王冕,气韵淡远,诗亦俊逸。

观我生墨稿竹谱 1 卷　子部艺术类　佚

落霞楼印存 1 卷　子部艺术类　佚

如此斋诗钞 2 卷　集部别集类　佚

以上 3 种见《清代毗陵书目》卷 3、卷 4。

符　莹

字玉相,号琴台。清武进人。道光八年(1828)副贡生。随吴孝铭视学福建多年。卒年 60 岁。

思永斋文集 3 卷补过斋诗 2 卷　集部别集类　佚

见《清代毗陵书目》卷 4。

薛　涵

字沛之。清武进人。咸丰年间在世。秉性冲淡,老于诸生。常往来闽楚江皖间。传见金武祥《粟香二笔》。

自怡轩稿　集部别集类　佚

见《清代毗陵书目》卷 4。

按:《毗陵诗录》卷 7 有其诗 9 首,《毗陵文录》卷 7 有其文 1 篇。

谢　方

号黄叶村人。清武进人。

黄叶村人诗　集部别集类　佚

见《清代毗陵书目》卷 7。

高昕炤

字小山。清武进人。书法怀素,诗学皮(日休)、陆(龟蒙)。困于小试，潦倒以终。

枣香馆诗草 4 卷　集部别集类　佚

见《清代毗陵书目》卷 4。

殷家济

字约斋。清阳湖人。弃科举，专心为诗，与其甥冯鉎相唱和。性孝友宽厚，世人称长者。

约斋诗　集部别集类　佚

见《中国人名大辞典》。

毕召勋

字文荦。清武进人。

学古斋杂著　子部儒学类　佚

楚游草　集部别集类　佚

以上 2 种分见《清代毗陵书目》卷 3、4。

张覆照

字复园。清武进人。约道光以后人。

琴学述　子部艺术类　佚

见光绪《武阳县志》卷 28，注曰“存”。

复完诗钞　集部别集类　佚

见光绪《武阳县志》卷 28。

金　梅

字蕙生。清武进人。诸生。精于医。嗜吟咏，工词。

吟医偶存　集部别集类　佚

见《清代毗陵书目》卷 4。

陈绍琦

字功魏。清武进人。家贫弃举业,躬耕以自给。擅长古文辞及诗。

荷溪诗　集部别集类　佚

见《清代毗陵书目》卷4。

陈配玉

清武进人。

横秋阁诗草　集部别集类　佚

见《清代毗陵书目》卷4。

杨一鹗

清武进人。工诗。

东野逸鸣初集　集部别集类　佚

见《清代毗陵书目》卷8。

东野逸鸣二集　集部别集类　佚

见道光《武阳合志》卷33,注云“存”。今未见。

蒋跃衢

清武进人。

霁江诗钞　集部别集类　佚

见《清代毗陵书目》卷4。

丁性初

清武进人。

斯桐馆遗诗　集部别集类　佚

见《清代毗陵书目》卷4。

段绍襄

清武进人。

丛桂轩诗钞 2 卷　集部别集类　佚

见《清代毗陵书目》卷 4。

谢近仁

清武进人。

爱日轩文稿　集部别集类　佚

见《清代毗陵书目》卷 4。

许心宸

清武进人。

金石录补 12 册　史部金石类　佚

见《清代毗陵书目》卷 4。

陈金盘

清武进人。诸生。

三易发蒙 3 卷　经部易类　佚

图书一得 1 卷　经部易类　佚

以上 2 种见光绪《武阳志余》卷 7。

蒋明纯

清武进人。

敦素瘦吟集　集部别集类　佚

见光绪《武阳县志》卷 28。

陆崇简

清武进人。

梦梨山房剩稿　集部别集类　佚

见光绪《武阳县志》卷28。

陆　襄

清武进人。

耕读山房诗8卷　集部别集类　佚

见《清代毗陵书目》卷4。

李少槃

清武进人。

蜀游草　集部别集类　佚

见《清代毗陵书目》卷4。

郑碧云

清武进人。女。

有子楼后集　集部别集类　佚

见光绪《武阳志余》卷7。

顾　莲

字藕芬。清无锡人。珩女，武进杨长春妻。卒年20岁。

余爪集　集部别集类　佚

见《清代毗陵书目》卷5。

朱　瑛

清武进人。胡惟德妻。

紫霞仙馆集　集部别集类　佚

见《历代妇女著作考》卷 8 引《清闺秀艺文略》。

恽亚芬

字幼晖。一作名幼晖，字亚芬。清阳湖人。汇昌女。同邑冯承熙妻。

识小录　子部典故类　佚

传抄本。

本书搜集古人姓名以备劝酒之用。见《恽氏先世著述考略》。

篆香阁吟稿　集部别集类　佚

(1) 稿本，无序跋，见《历代妇女著作考》卷 16。

(2) 传抄本，有谢应芝序，见光绪《武阳志余》卷 7。

史　氏

清武进人。佳若女，别驾陆章甫妻。年 24 卒。

醉霞仙馆诗(一作醉霞仙馆诗词)　集部别集类　佚

见《清代毗陵书目》卷 5。

薛　氏

清武进人。

手泽录 1 卷　史部传记类　佚

见光绪《武阳县志》卷 28。

费承祖(1851—1913)

字绳甫。清武进人。伯雄孙，应兰子。幼承庭训，精医术。中年因承办崇明盐务迁居上海，诊务繁忙。在危、大、急、奇诸症方面造诣尤深。

费绳甫先生医案　子部医家类

抄本，上海中医药大学图书馆藏。

临诊便览　子部医家类

抄本，广东省立中山图书馆。《中国中医古籍总目》著录为佚名。

孟河费氏医案　子部医家类　佚

见《江苏历代医人志》，注谓有抄本。

钱　鏴(1851—1919)

字绍云。清阳湖人。光绪二十九年(1903)进士。官安徽庐江、怀宁，山东博山、利津、济阳、历城、兰山等县知县，所至治绩卓著。荐升道员，历任芦汉铁路总办，黑龙江漠河金矿督办，直隶洋务局总办，北洋大学堂总办、保定高等学堂总办。后调奉天创办全省学务。民国改元，授西路观察使，辞不就。卒于天津寓庐。

史记正误　史部正史类　佚

见《清代毗陵名人小传稿》卷10。

庚子年漠河金厂停办事册　史部政书类

钱鏴编

清光绪三十二年关东印书馆铅印本，内蒙古大学图书馆藏。

改订俄约调查纲目表　史部政书类

清宋小濂、钱鏴编

清宣统二年(1910)铅印本，国家图书馆藏。

(光绪)庐江县志16卷首1卷　史部地理类

清钱鏴修　卢钰、俞燮奎纂

清光绪十一年活字本，国家图书馆藏。

适斋文存4卷　集部别集类　佚

见《清代毗陵书目》卷4，云："未刊。"

费勋藩(1852—1888)

原名久祺，字啸秋，号龢生。清武进人。廪生。

知不足斋文集6卷　集部别集类　佚

见《清代毗陵书目》卷4。

吕德骥(1852—1906)

字誉千。清阳湖人。思勉父。弱冠以文名,补县学生,10应乡试不售。光绪十八年(1892)丁继母忧归,遂弃举业。为学惇笃,少服膺经训,号所居曰“抱经遗室”。晚好经世之学,喜读史。

先考日记　史部传记类

稿本,存华东师范大学李永圻处,部分摘录于上海古籍出版社2012年版《吕思勉先生年谱长编》。

抱经遗室读书随笔　子部杂学类　佚

抱经遗室诗集　集部别集类　佚

以上2种见李永圻《吕思勉先生编年事辑略》,载《常州文史资料》1984年第5辑。

举业法程　集部别集类

珠光剑气　集部别集类

此二种均为稿本,存华东师范大学李永圻处,为时文选录,部分摘录于《吕思勉先生年谱长编》。

方　恒(1852—1910)

字子永。清阳湖人。恮弟。尝教授天津水师学堂,积资保举知县。光绪十九年(1893)中举,分发江西,权石城,有治绩,卒于任。治学宗许慎、郑玄,研精《三礼》,尤邃于《说文》,亦工书法。章乃羹为作传,载《双松室遗著》卷首。

周礼征赋考　经部周礼类

三礼宗法解　经部三礼总义类

以上2种均收入《双松室遗著》。前者仅成《田赋》1卷,后者最为精密,并各附以表。

传注流别2卷　经部群经总义类　佚

说文诠雅6卷　经部小学类　佚

以上2种见《清代毗陵书目》卷1。

食货志考　史部正史类　佚

毗陵耆旧传　史部传记类　佚

以上2种见《清代毗陵书目》卷7。

地理急就篇(一作郡县急就篇)　史部地理类

收入《双松室遗著》。

双松室遗著2卷　集部别集类

1936年铅印本,与方怡《韩庐劫余剩稿》合印,上海图书馆藏。

按:此书卷上为文集,卷下乃其所集联语。

吴翊寅(1852—?)

字孟棐,一字逌庵。学者称悔庵先生。清阳湖人。光绪十七年(1891)举人,授广东龙川县知县。十七岁时假馆武昌崇文书局,从江夏钱桂林学诗。后游学四方,时有题咏。为文直抒胸臆,不规摹前人,颇有纵横跌宕之作。博涉经史,洞悉时务,尤精于《易》。著述甚富。

周易彖传消息升降大义述1卷　经部易类

(1)《广雅书局丛书》本。

(2)《吴翊寅所著书七种》本。

周易消息升降爻例1卷　经部易类

易汉学考2卷附易汉学师承表1卷　经部易类

以上2种有:

(1)《广雅书局丛书》本。

(2)《吴翊寅所著书七种》本。

(3)《续修四库全书》影印《广雅书局丛书》本。

周易上下例诂述6卷　经部易类　佚

易系辞大义述1卷　经部易类　佚

以上2种均见《周易象传消息升降大义述》附《遁庵所著书总目》。

汉置五经博士考1卷　经部群经总义类

(1)《广雅书局丛书》本。

(2)《吴翊寅所著书七种》本。

遁庵说经1卷　经部群经总义类　佚

见《遁庵所著书总目》。

释名疏证校议1卷　经部小学类

《广雅书局丛书》本《释名疏证》附。

十六国春秋纂录校本校勘记1卷　史部载记类

(1)《广雅书局丛书》本。

(2)《丛书集成初编》本。《十六国春秋纂录校本》附。

督河奏疏10卷　史部政书类

清许仙屏撰　吴翊寅校

清光绪元年刻本，河南大学图书馆藏。

广雅书局史学丛书目录　史部目录类

《广雅书局丛书》本。

重刊晋书地理志补正2卷　史部地理类　佚

见《遁庵所著书总目》。

遁庵言事集2卷　集部别集类

(1)《广雅书局丛书》本。

(2)《吴翊寅所著书七种》本。

曼陀罗花室诗3卷文3卷词1卷　集部别集类

(1)《广雅书局丛书》本。

(2)《吴翊寅所著书七种》本。

(3)《清代诗文集汇编》本。

清溪惆怅集2卷　集部别集类

《广雅书局丛书》本。

曼陀罗花室集外文1卷　集部别集类　佚

见《遁庵所著书总目》。

常州骈体文录31卷　集部总集类

清吴翊寅、屠寄辑

(1) 清光绪十六年广州刻本,复旦大学图书馆、常州图书馆藏。

(2) 1958年北京古籍出版社影印本。

(3)《续修四库全书》本,据复旦大学图书馆藏本影印。

(4) 2016年国家图书馆出版社《历代地方诗文总集汇编》本。

按:本书亦名《国朝常州骈体文录》。参见"屠寄"条。

曼陀罗花室词1卷　集部词曲类

(1)《广雅书局丛书》本。

(2)《清代诗文集汇编》本。

曼陀罗花室全集　丛书类

《广雅书局丛书》本。

子目:

《周易象传消息升降大义述》2卷

《周易消息升降爻例》1卷

《曼陀罗花室文》3卷《集外文》1卷

《曼陀罗花室诗》3卷

吴翊寅所著书七种　丛书类

清光绪十九年至二十一年广州刻本,中国科学院图书馆藏。

子目见上。

程　梫(1853—1908)

字仲芬,号静岩,别号逸秋。清末武进人。兆缙女,阳湖吕德骥妻,思勉母。通晓经史,能诗文。

先妣日记　史部传记类

稿本,存于华东师范大学李永圻处,部分摘录于李永圻、张耕华《吕思勉先生年谱长编》。

读书随笔1卷　子部杂学类　佚

见李永圻、张耕华《吕思勉先生年谱长编》。

逸秋诗钞　集部别集类

先妣遗墨　集部总集类

稿本,存于华东师范大学李永圻处,《逸秋诗钞》为程氏诗作,《先妣遗墨》为抄录亲友诗词之作,部分摘录于《吕思勉先生年谱长编》。

沈韵兰(1853—1916)

字淑英。杭州籍,居南昌。子宜女,光绪六年(1880)嫁阳湖瞿倬为继室。幼承母教,端重寡言,于书史外兼习绘事。长工吟咏,性喜词翰。尤爱《小仓山房诗集》,谓随园"专主性灵,不事雕琢"。诗词亦似之,清新隽永。

倚梅阁诗集4卷集唐诗1卷词钞1卷　集部别集类

清宣统元年(1909)木活字本,常州图书馆藏。

倚梅阁诗集4卷续集1卷词钞1卷续集1卷　集部别集类

1917年铅印本,苏州大学图书馆藏。

按:《历代妇女著作考》多《集唐》1卷。

龚肇宗(1853—1919)

字少栩,别号两华道人,清武进人。良若子。自小随母习诗书画。初学仕女,后学花鸟。山水临写唐宋元明以来诸家,以王石谷为归宿,摹石谷画数百本,几欲乱真。尝从军陇上,以河工劳保巡检,留河南,权商城。常为歌诗自遣。光绪十八年(1892)为东河河道总督许振祎所创书院堂壁绘丈二花鸟屏十二幅,深受世人称赞。

论画2卷　子部艺术类　佚

蝶影庵诗4卷　集部别集类　佚

以上2种分见《清代毗陵书目》卷3、卷4。

钱祝祺(1853—?)

字松生。清阳湖人。曾在保定等地作幕。嗜学而淡于仕宦，中年后辞职归里。

(光绪)德州志略　史部地理类

清钱祝祺纂修

清光绪抄本，国家图书馆藏。

归求集 13 卷　子部儒学类

清钱祝祺辑

清光绪二十二年(1896)刻本，北京大学图书馆藏。

按：是集有《存雅堂学轨》5 卷、《理筌》1 卷、《政鹄》3 卷、《词赘》4 卷。

存雅堂学轨 5 卷理筌 1 卷政鹄 2 卷　子部儒学类

清光绪刻本，上海图书馆藏。

存雅堂学轨 3 卷　子部儒学类

清光绪刻本，国家图书馆藏。

存雅堂诗存 2 卷杂著 2 卷　集部别集类

按：此书合称《词赘》4 卷。附刻于《归求集》后。

左元成(1853—?)

字得斋，清阳湖人。昂子，福建候补通判。

崇祀贤良录 1 卷　史部传记类

清宣统二年(1910)木活字本。

按：是书附于清左辅编左昂等续编《杏庄府君自叙年谱》后。

陶　钧(1854—1905)

字郢声。清武进人，寄籍顺天府大兴县。光绪十九年(1893)举人。

五柳堂遗稿　集部别集类　佚

见《清代毗陵书目》卷4。

恽炳孙(1854—1919)

字季文,有室名澹如轩,晚号澹翁。清武进人。世临子。光绪十一年(1885)拔贡,入赀官内阁中书。淡于荣利,遂乞假南归,家居奉母。好排难解纷,扶危济困。曾师事俞樾。

显考次山府君行述　史部传记类

(1) 清刻本,国家图书馆藏。

(2)《中华历史人物别传集》本。

澹如轩诗钞附词钞　集部别集类

1922年仿宋聚珍本,常州图书馆藏。

按:卷首有清光绪二十四年俞樾序、澹翁传。卷尾有恽毓龄跋。

澹如轩续编1卷　集部别集类

清光绪二十五年苏州刻本,郑州大学图书馆藏。

按:是书为炳孙清光绪二十四年秋缥缈峰题壁诗60首。

澹如轩试帖2卷　集部别集类

清光绪二十年(1894)刻本,郑州大学图书馆藏。

钱惠荪(1854—1934)

清末民国间阳湖人。钧次女,同邑谢祖芳妻。谢仁、谢泳之母。性耽吟诵。

双存屋诗草　集部别集类

《谢氏家集》本。

陈重威(1854—1937)

字容民,号澹斋。清武进人。

(光绪)定海厅志30卷首1卷　史部地理类

清史致驯修　陈重威、黄以周纂。版本见"史致驯"条。

刘可毅(1855—1900)

原名毓麟。字葆真。清武进人。光绪十八年(1892)会试第一,授编修。颖慧嗜读,博闻强记,经史大义,皆能循流讨源。熟悉中外形势及咸同间军事。工诗古文,入许振祎河督幕,代草诗文,皆精致。二十三年应孙家鼐邀,充京师大学堂教习,讲授五代史,引人入胜。

九通通248卷　史部政书类

清刘可毅辑

清光绪二十八年武进刘氏刻本,上海图书馆藏。

会试朱卷　史部别集类

清光绪刻本,国家图书馆藏。

刘太史文集2卷　集部别集类

(1) 清宣统二年(1910)刻本,上海图书馆藏。

(2)《清代诗文集汇编》本。

按:是书封面名《刘葆真太史文集》,扉页名《刘葆真太史遗稿》。

宋四书文正义　集部总集类

清刘可毅辑

清光绪二十四年刻本,上海图书馆藏。

明文才调集6卷　集部总集类

清许振祎辑　刘可毅校

清光绪十九年刻本,常州图书馆藏。

经义初编　集部总集类

清刘可毅编

清光绪二十七年常州刻本,苏州大学图书馆藏。

谢钟英(1855—1901)

清武进人。葆初子。光绪十四年(1888)举人。中举后入都,与一时闻人游,声誉大起。初在江苏布政使黄彭年署参政论学,后入武昌张之洞督署幕。十七年应台湾巡抚邵友濂聘，赴台帮助整治台南盐务。后以知县衔去湖南协助清丈洞庭湖沙田。戊戌(1898)后返里，授徒讲学。曾师事王先谦，好学，擅医，尤精于古地理。

三国大事表　史部史表类

补三国疆域志补注15卷三国疆域表2卷三国疆域志疑1卷　史部地理类

以上2种有：

(1) 清光绪二十四年(1898)湖南刻本，常州图书馆藏。

(2)《二十五史补编》本。

(3)《四库未收书辑刊》本。

补水经注洛水泾水武陵五溪考1卷　史部地理类

《南菁书院丛书》本。

费念慈(1855—1905)

字屺怀，号西蠡，晚署归牧散人、艺风老人。清末武进人。光绪十五年(1889)进士，改庶吉士，散馆授编修。在词馆与文廷式、江标齐名。十七年任浙江副主考。因事被劾，寄居苏州。笃学好古，博闻强识，精通天文、历算、金石、目录之学，善鉴赏，长于书法，兼擅山水画。

周礼政要　经部周礼类

清孙诒让、文廷式、费念慈等撰

(1) 稿本，上海图书馆藏。

(2) 抄本，上海图书馆藏。

(3) 稿本，温州图书馆藏。

按：是书因盛宣怀与费念慈筹划变法条奏，由费念慈致信金坛知县胡调元，转托孙诒让完成。孙诒让遂以《周礼》为纲，于光绪二十七年五月十五日完成《变法条议》四十篇。盛宣怀又函请文廷式补写，再由费念慈对二稿作统一整理，以《周礼政要》为题。此本即为修改稿，与现

《周礼政要》篇目有所不同，且有批改痕迹。后孙诒让于所办瑞安普通学堂自行刊印，作教授弟子之用。此后至民国，有多个版本，曾风行一时。

费屺怀藏书目　史部目录类

蓝印纸复写本，上海图书馆藏。

潘文勤公遗集目　史部目录类

稿本，上海图书馆藏。

浙江乡试录：光绪辛卯正科　史部传记类

清费念慈编

清光绪十七年刻本，华东师范大学图书馆藏。

归牧集 1 卷　集部别集类

(1) 1928 年刻本，上海图书馆藏。

(2)《清代诗文集汇编》本。

费念慈手札　集部别集类

稿本，国家图书馆藏，与盛昱、王懿荣、汪鸣銮、江标、端方手札合订。

白氏讽谏集　集部别集类

唐白居易撰

中兴间气集　集部别集类

唐高仲武撰

以上 2 种有

(1) 费念慈据影宋本刻本，北京大学图书馆藏。

(2)《�斋所刻书》本。

趛斋所刻书　丛书类

费念慈辑

1921 年海宁陈氏影刻本，北京大学图书馆藏，子目见上。

庄鼎彝(1855—1909)

字茗甫,又字调敷、茗夫。别号一堰山樵。清武进人。平生好经世致用之学。年18举秀才,36岁中举。两试进士不第,遂绝意科举。后任汉口招商局文案达15年。八国联军入侵后,国势危殆,以为强国之本在于教育,遂返故乡,创办冠英两等小学堂及幼女学,成效卓著,工诗文,善书法。

汉书异同札记5卷　史部正史类　佚

见蒋维乔《庄茗甫先生传》。

两汉不列传人名韵编10卷　史部传记类

1935年商务印书馆排印本,中国科学院图书馆藏。后附四角号码人名索引。

一篑草堂诗钞3卷　集部别集类

1934年民国铅印本,常州图书馆藏。

潘振华(1855—1912)

字奏平。清阳湖人。

鸥舫诗文钞10卷　集部别集类

(1) 1935年铅印本,上海图书馆藏。

(2)《近代中国史料丛刊》本。

薛鸿年(1855—1916)

字叔平,又字叔苹,自号杈亭外史。清武进人。贡生。官湖南同知,摄醴陵知县。后升道员,负责总办萍乡至湘潭株洲铁路。擅诗,工骈体文。好治金石,尤善小篆。

思永斋印存1册　子部艺术类

清光绪十年(1884)印本,常州图书馆藏。

思方斋诗草　集部别集类

稿本，南京图书馆藏。

洪述祖(1855—1919)

原名熙，字荫之、印之，号观川居士，觉庵，在狱时自称念难老人，室名如水斋。清阳湖人。饴孙曾孙，深父。附贡生，以佐幕为生，历官至候补道员。民国后曾任内政部秘书，因刺杀宋教仁案而终处绞刑。

洪节母张太宜人征诗启　史部传记类

洪熙辑

清光绪刻本，国家图书馆藏。

如水斋读书志闻　子部杂学类

清宣统元年(1909)阳湖洪氏排印本，上海图书馆藏。

如水斋诗　集部别集类　佚

见《道咸同光四朝诗史甲集》卷六，并录其诗十一首。

张　新(1855—1922)

字有铭。清末武进蓉湖人。少好学，光绪三年(1877)秀才。后业医，精通脉理，宿疾沉疴，多有效验。为贫者治病辄不取酬。所居美蓉圩地势低洼，遇潦成灾。新董理圩务，尽力筑堤赈灾。数十年无大害，圩民德之。

芙蓉湖修堤录 8 卷　史部地理类

清光绪三十三年木活字本，上海图书馆藏。

杨福祺(1855—1923)

字君耆，别号不饮先生、阳湖逸叟。清末阳湖人。莘农子。少承家学，博学多文，通经史。以孝悌忠信教人，文章经学为时人所重，辛亥(1911)以后杜门不出，著述十余种藏于家。

周易义疏 6 卷　经部易类

1922 年刻本，常州图书馆藏。

石颀书屋文钞 13 卷　集部别集类

1919 年活字印本

(1) 中国人民大学图书馆藏。

(2)《中国人民大学古籍珍本丛刊》本。

按:其中卷 1 至卷 4 为论、义、说、议及读书札记等;卷 5 为《诗经》各篇解;卷 6 为《周易互义》;卷 7 为《周易大象》,卷 8 为传、事、记、叙、序等;卷 9 为述略、逸事、家传、哀词等;卷 10、卷 11 为《春晖志实》上、下;卷 12、卷 13 为《东坡先生年谱》上、下。

石颀书屋文抄 6 卷附来燕集 1 卷春晖志实 1 卷　集部别集类

1919 年活字印本,常州图书馆藏。

来燕集 1 卷春晖志实 1 卷　集部别集类

1912 年活字印本,华东师范大学图书馆藏。

曾　懿(1855—1927)

字伯渊。清华阳人。武进袁学昌妻,袁绩懋、左锡璇媳,曾咏、左锡嘉长女。通书史,善课子。《清史稿·列女传二》有传。

女学篇　子部儒学类

中馈录　子部儒学类

医学篇　子部医家类

以上三种有《古欢室全集》本。

古欢室诗集 3 卷词集 1 卷　集部别集类

(1)《古欢室全集》本。

(2)《清代诗文集汇编》本。

古欢室全集　丛书类

清光绪刻本,上海图书馆藏。

子目见上。

庄清华(1855—1941)

原名宝华，字仲成，号晓徵。清末民国间武进人。家贫，年18，即以训蒙为生。七赴乡试不售。改赴顺天乡试，中光绪二十年(1894)举人。以国事日非，遂不复应试。曾随盛康、盛宣怀任《皇朝经世文编续编》分校，寓苏州留匿，后赴沪入宣怀幕。乡试后以国史馆誊录议叙知县，升用直隶州分发山西。历充山西电报、电话局总办、法政学堂提调、陆军监狱长等职。1912年返常，历任苏州、镇江、烟台等电报电话局长。升兰州电报局长兼甘肃邮政总监，未赴。卒于沪。

毗陵庄氏增修族谱32卷首末各1卷　史部传记类

庄清华总纂

1935年铅印本，常州图书馆藏。

晓徵老人八十自述1卷　史部传记类　佚

慈荫堂日记60卷　史部传记类　佚

以上2种均见《清代毗陵名人小传稿》卷10本传。

慈荫堂家训1卷　子部儒学类

抄本，上海图书馆藏。

按：《清代毗陵名人小传稿》卷10本传著录为10卷。

慈荫堂杂著1卷　子部杂学类　佚

见《清代毗陵名人小传稿》卷10本传。

听瀑山房散作不分卷　集部别集类

清光绪稿本，上海图书馆藏。

恽毓荣(1855—?)

字仲申，号叔元。清武进人，附贡生。

恽杏耘行述　史部传记类

清恽毓荣、恽毓龄撰

清光绪七年(1881)木活字本，上海图书馆藏。

恽氏义庄规条　史部政书类

清光绪二十八年木活字本，上海图书馆藏。

花甲唱和集　集部总集类　佚

稀龄唱和集　集部总集类　佚

以上2种见恽宝惠《恽氏先世著述考略》恽毓龄传附。

汪孝宽(1855—?)

字子韶。清武进人。暕孙。幼善读书。成年肆力于西文、舆地、诗古文辞。与吕景端友善，常相唱和。光绪五年(1879)举人。赴京兆试不第，适殁幼子，抑郁以终。

梦萱室遗诗1卷　集部别集类

(1)《大亭山馆丛书》本。

(2) 清宣统元年(1909)排印本，常州图书馆藏。

费聪彝(1856—1892)

字蓉生，一字听孙，号榕僧，清武进人。游幕山东，因河工案以县丞分省，加同知衔。

公羊传释义　经部春秋公羊传类　佚

十六国春秋年表　史部史表类　佚

以上2种分见《清代毗陵书目》卷1。

汤淑清(1856—1892)

字菊仙。清武进人。嘉兴李镛妻，巴金(李芾甘)祖母。

晚香楼诗稿2卷词钞1卷　集部别集类

(1) 清光绪三十四年(1908)刻本。

(2) 1915年李氏四种刻本，四川大学图书馆藏。

按：《历代妇女著作考》云：鱼尾题《李氏诗钞》，与濮贤娜《意眉阁诗词稿》、李道漪《霞绮楼仅存稿》合刻。末有女道沅，外孙濮思舁、思祜复校。

屠　寄(1856—1921)

初名庚。字敬山、归甫、静山，号枚君、师虞、无闷居士，结一宧主人。清末民初常州人。光绪十八年(1892)进士，改庶吉士，散馆授工部主事，出任淳安知县。二十一年后任黑龙江舆图局总纂、京师大学堂教习等职。曾入广雅书局，与缪荃孙同校《宋会要》辑稿本。辛亥革命后，任国史馆总纂。工诗词骈文，后改攻史地之学，尤擅长蒙古史，所撰《蒙兀儿史记》，对《元史》多有补正，为史学名著。

元朝秘史 10 卷续 2 卷　史部别史类

屠寄校

清抄本，常州图书馆藏。

蒙兀儿史记 160 卷首 1 卷　史部别史类

(1) 1934 年结一宧刻本，常州图书馆藏。

(2) 1958 年古籍出版社印本。

(3) 1962 年中华书局印本。

(4) 1983 年台湾鼎文书局出版。

(5) 1984 年北京市中国书店出版。

(6) 1989 年上海古籍出版社出版《元史二种》本。

(7) 2007 年内蒙古人民出版社蒙古语版(1,2 卷)。

(8) 2010 年内蒙古人民出版社蒙古语版(1—5 卷)。

按:此一名著惜为未完稿，民国初年先出 10 册，后出 4 册，至 1934 年始由其子孝实、孝宧相继补写刻出，共 28 册。列目 160 卷，实存 146 卷。此虽残本，但内容仍胜过其他元史著作。其优点是能大量搜集外国资料，翻译收入。对洪钧《元史译文证补》有缺者，多能补之。对西北、西南诸汗国的沿革和地理都有详尽的考订。对蒙古各部的记载亦较洪书为详。即元朝大事，也多有他书未载者。参见柴德赓《史籍举要》。

黑龙江驿程日记 4 卷　史部地理类

稿本，上海图书馆藏。

黑龙江舆地图 1 卷舆图说 1 卷　史部地理类

(1)《辽海丛书》本。

(2) 上海书店《丛书集成续编》本。

中国地理学教科书 3 卷　史部地理类

清光绪三十二年铅印本，陕西省图书馆藏。

洛阳伽蓝记注校勘记 5 卷　史部地理类　佚

见《屠敬山先生年谱》(载《武进文史资料》第 2 辑)，谓 1900 年在蒙古遇盗被劫而遗失。

京师大学堂史学科讲义　史部史论类

清光绪宣统间京师大学堂铅印本，北京大学图书馆藏。

结一宧骈体文 2 卷结一宧诗略 3 卷　集部别集类

(1) 清光绪十六年广州陶濬宣刻本，常州图书馆藏。

(2)《清代诗文集汇编》本。

结一宧诗略 3 卷　集部别集类

2017 年广陵书社出版《民国诗集选刊》本。

乡试会试朱卷　集部别集类

屠寄撰

清光绪刻本，国家图书馆藏。

国朝常州骈体文录 31 卷附结一宧骈体文 1 卷　集部总集类

清屠寄、吴翊寅辑

(1) 清光绪十六年广州刻本，南京图书馆、常州图书馆藏。

(2) 1958 年北京古籍出版社影印本。

(3)《续修四库全书》本，据复旦大学图书馆藏本影印。

(4) 2016 年国家图书馆出版社《历代地方诗文总集汇编》本。

按：清代是我国骈文复兴的时期，清代常州府又是清代骈文写作最为兴盛、繁荣的地区之一。刘星炜、张惠言、李兆洛、孙星衍、洪亮吉、董基诚、董祐诚、方履篯、赵怀玉、刘嗣绾、洪符孙、洪齮孙等，都是清代常州骈文写作的佼佼者。本书辑录清初至清末常州重要的骈文家43个人，显示了常州骈体文写作的整体实力。张惟骧《清代毗陵书目》卷5云："此书与吴翊寅同辑，付刊时屠寄主其事。遂独尸其名，并附自作骈文一卷于后。"待考。参见"吴翊寅"条。

赵凤昌(1856—1938)

初名坦，字荣庆，号竹君。清武进人。早年纳资报捐杂职，分省广东候补，初入广东布政使姚觐元署中，后入张之洞幕，颇受赏识，参预机要，后因参案罢职，遂常驻上海，成为立宪派代表人物，参与东南互保、立宪维新、辛亥革命等近代诸要政，影响巨大，人称"山中宰相""民国产婆"。

赵凤昌藏札　集部总集类

(1) 稿本，国家图书馆藏。

(2) 2009年国家图书馆《国家清史编纂委员会文献丛刊》影印本。

按：《赵凤昌藏札》又称《近代史料信札》，共36函，109册，系赵凤昌与当时政界、商界、教育界、军界、艺术界等各界高层人士往还信件、电报的合辑，是研究清史、民国史、辛亥革命史及当时社会风情的重要史料。

刘树屏(1857—1917)

字葆良。清末武进人。凤书长子。幼年家境清寒，刻苦自励。治诗古文辞，皆有家法。清光绪十六年(1890)进士，改庶吉士，授检讨。十九年充顺天乡试同考官。甲午战争后究心新学，提倡教育改革，有经世之志。曾与武进地方人士协力将龙城书院改办为常州致用精舍。后调任安徽徽宁池广太兵备道兼芜湖关监督。任关监督3月，即革除陋规，悉以充公，以其款创办皖南中学。又至上海筹办上海澄衷中学并任校长。后代理南洋公学监督，出任津浦铁路南段总办等。民国后未再任职。

澄衷蒙学堂字课图说4卷检字1卷类字1卷　经部小学类

清光绪二十七年上海澄衷蒙学堂印书处刻本，上海图书馆藏。之后多次重印。

廿史论菁华5卷　史部史评类

清刘树屏鉴定

清光绪二十四年石印本。

二十四史尚友录8卷　国朝尚友录1卷　史部传记类

清刘树屏辑

上海文记书庄清光绪九年石印本，福建图书馆藏。

外交统系表2卷　史部政书类

清刘树屏辑

咫远社1913年铅印本，上海图书馆藏。

外交统系表节本1卷　史部政书类

清刘树屏辑

京华书局民国四年(1915)铅印本，上海图书馆藏。

外交纲要2卷　史部政书类

清刘树屏辑

咫远社1913年石印本，1914年再版，上海图书馆藏。

外交纲要节本1卷　史部政书类

清刘树屏辑

京华书局1915年铅印本，上海图书馆藏。

中外新旧条约汇刻13卷首1卷　史部政书类

清刘树屏等辑

1913年石印本，上海图书馆藏。

按：诗集未见著录，《毗陵诗录》卷8收其诗3首。

恽毓嘉(1857—1919)

字孟乐,号苏斋、梎翁。清阳湖人。彦琦子。光绪十八年(1892)进士。改庶吉士,授编修,外补福建延平知府。辛亥革命后退隐上海。生平尤致力于史地之学。

李勤恪公政书 10 卷首 1 卷　史部政书类

清李瀚章撰　恽毓嘉等辑

清光绪三十二年石印本,国家图书馆藏。

李氏历代舆地沿革图校勘记　史部地理类

清恽毓龄、恽毓嘉、恽毓鼎同撰

清光绪十四年家塾刻本,常州图书馆藏,参“恽毓龄”条。

草书千字文　子部艺术类

清恽毓嘉书

1917 年上海亚震图书局石印本,厦门大学图书馆藏。

恽毓龄(1857—1936)

字季申,号阁存,晚号灵萱。清末阳湖人。毓荣弟。清光绪十四年(1888)举人。官内阁中书,任满外用,署安庆知府,晋道员。辛亥革命后退隐上海。

李氏历代舆地沿革图校勘记　史部地理类

清恽毓龄、恽毓嘉、恽毓鼎同撰

清光绪十四年家塾刻本,常州图书馆藏。

按:清李兆洛《历代舆地沿革图》辗转传钞,误缺益甚。毓龄乃与毓嘉等取各史地志,改正误缺,成《校勘记》。见恽宝惠《恽氏先世著述考略》。

恽杏耘行述　史部传记类

清恽毓荣、恽毓龄撰

清光绪七年(1881)木活字本,上海图书馆藏。

灵萱诗存　集部别集类　佚

见《恽氏先世著述考略》，原注云："公所为诗未见定稿，晚岁与淞滨诸老常相倡酬，其散见于《甲乙消寒集》及《梨云集》者，约百余首，并仿《南宋杂事诗》体例，咏明弘光南都事凡四十首，每首各有注。"

莲社诗钟　集部总集类

清恽毓龄等撰

1926年铅印本，南京师范大学图书馆藏。

王　翰(1857—?)

字季猷。清阳湖人。潜心读书，善诗能文。乡举屡不中，常以诗鸣不平。论诗推崇晚唐，诗作圆转清和，亦近晚唐风格。

耕余草4卷　集部别集类

1922年常州新群印刷所铅印本，常州图书馆藏。

谢植范(1858—1898)

字君规，又字漱芳。清武进人。祖芳弟。岁贡生。

覆瓿遗稿　集部别集类

《谢氏家集》本。

奚绍声(1859—1895)

字雪珊。清武进人。

锡三文稿1卷　集部别集类

1937年阳湖吴镛刻《敬修堂丛书》本。

吕景端(1859—1930)

字幼龄，号蛰庵，又号药禅。清末民初阳湖人。光绪八年(1882)举人。初官于京师，十五年任内阁中书。历充幕宾，晚年居盛宣怀幕最久，盛氏重要笔札，多出其手。以文章知名海内，诗词亦工丽秀逸。于史学用功最深，以数十年时间搜集唐至清代史论文章两千多篇，考订编次，辑为《史论汇选》。

释邑 1 卷　经部小学类

清光绪十八年抄本，国家图书馆藏。

续明史四谱　史部正史类　佚

见《清代毗陵书目》卷 2。

史论汇选甲编 8 卷乙编 8 卷丙编 8 卷　史部史评类

清光绪二十四年刻本，常州图书馆藏。

按：据此书《序例》称，全书收文两千篇，拟编为 10 集。

史论钩沉 8 卷　史部史评类

清光绪二十八年困学斋刻本，湖南图书馆藏。

退一步斋诗集 16 卷文集 4 卷蕉轩续录 2 卷　集部别集类

清方濬师撰　吕景端编

清光绪十八年武进徐氏铅印本，天津图书馆藏。

鲸华社诗钟选存 2 卷　集部总集类

清吕景端辑

(1) 清光绪三十一年上海通元书局石印本，常州图书馆藏。

(2) 2013 年国家图书馆出版社《清末民国旧体诗词结社文献汇编》影印本。

药禅词稿　集部词曲类　佚

见《清代毗陵书目》卷 5。

按：《全清词钞》卷 35 收其词 1 首。

赵保静(1859—?)

字寿山，号明轩，又号长左，晚号白云翁。

柳非韩难 2 卷　集部诗文评类

清光绪二十九年(1903)刻本，常州图书馆藏。

费久大(1859—1919)

榜名彝训。字铁臣,号当仁、玉虹老人。清末武进人。光绪二十年(1894)举人,湖北候补知县。博学多才艺,尤精于钟鼎文,书法古拙,卓然成家。著述甚众,付梓者少,大都散佚。

杂著　子部杂学类

玉虹楼卮言　集部别集类

以上2种见1988年《武进县志》。

余　端(1859—?)

聊园志盛1卷　集部总集类

1923年铅印本,常州图书馆藏。

陈　范(1860—1913)

初名彝范。字叔柔,号梦坡、蜕翁、蜕庵。清武进人,原籍湖南衡山。清光绪十五年(1889)举人。十七年任江西铅山知县,因教案落职,移居上海。1900年接办《苏报》,为鼓吹资产阶级民主革命最早之报纸。因发表邹容《〈革命军〉自序》、章太炎《序〈革命军〉》等文被查封,造成轰动一时之苏报案。后流亡日本,与孙中山结识。清光绪三十一年返沪被捕。次年保释,流落浙湘。辛亥革命后,曾任《太平洋报》《民主报》编辑,并参加南社、国学商蜕社活动。

陈蜕庵先生文集　集部别集类

1914年12月铅印本,上海图书馆藏。

蜕翁诗词刊存　集部别集类

1914年刊本,苏州图书馆藏。

按:是集包括《蜕庵诗集》及《蜕庵词稿》两部分。词作不多,诗凡2集7卷。首集1—4卷,分别收其《映雪轩初稿》《烟波吟舫诗存》《息庵诗》。二集5—7卷,分别收《闲情香草诗》《夜梵集》《蜕僧余稿》。

蜕翁诗词文续存　集部别集类

民国刊本，苏州图书馆藏。

按：是集包括《陈蜕庵诗续集》《蜕庵词续稿》《陈蜕庵文续集》3 部分。其中仍以诗为多，共收《卷帘集》《残宵梵诵》上下卷及残句附录。文以体分，量亦不少。词仅 10 首。

以上 3 书均为其妹丈汪文溥编辑，并由柳亚子、姚石子、高吹万、汪文溥集资出版。注明为“非卖品”，无出版单位，书名亦文溥题签。

程祖尉(1860—?)

原名骏適，字竹森，号二范。清末武进人。光绪二十一年(1895)举人。

济人神效方　子部医家类

清程祖尉辑

清光绪二十八年经世文社石印本，中国中医科学院图书馆藏。

赵　震(1861—?)

字少芬。清末民国间常州人。赵植庭曾孙。

毗陵诗录 8 卷　集部总集类

赵震辑

1922 年铅印本，常州图书馆藏。

按：是书辑存清初至民国年间常州人诗作，以搜遗存逸为宗，凡已刻印及生存人之作均不录。大致以年代前后为序，首列姓名，下注字号科第官阶。

毗陵文录 8 卷　集部总集类

赵震辑

(1) 1931 年铅印本，常州图书馆藏。

(2) 2016 年国家图书馆出版社《历代地方诗文总集汇编》本。

按：是书凡例略云：“《诗录》既竟，复取乡先哲遗集，汇为一编。”又按:黄绮《毗陵文录跋》略云:"吾邑赵少芬先生以古稀矍铄之年,搜讨邑中先哲巨儒之诗文而录存之。"

三家词录　丛书类

赵震辑

1921年铅印本,常州图书馆藏。

按:清末民国间史敬《毗陵诗录跋》云:"赵子先有《三家词录》之刻。三家者,其曾祖赵树三(植庭)先生《倚楼词》,其祖母弟吕曼叔(吕隽孙)先生《曼香词》,其外舅方子可(恺)先生《句娄词》也。"

龙之章(? —1911)

字绘堂。清末阳湖人。医家。因子早卒,而决心著医书行世。

学医真诠　子部医家类

抄本,上海中医药大学图书馆藏。

蠢子医4卷　子部医家类

(1) 1914年项城县志局张三宝石印本,天津医学高等专科学校图书馆藏。

(2)《珍本医书集成》本。

董受祺(1862—1921)

字绶紫,后名祺。清阳湖人。光绪十五年(1889)举人,捐内阁中书,改同知,分发山东。十九年总办宿州盐运兼精健营统领,擢道员,后罢职。1918年司法部荐补湖南高等审判厅书记官长,1920年客京师。后至库伦,在与俄军交战中阵亡。少工词赋,喜谈兵略。

风风雨雨轩骈散文集　集部别集类　佚

见《清代毗陵书目》卷4。

铸铁词1卷　集部词曲类

清光绪二十五年刻本,国家图书馆藏。

碧云词1卷　集部词曲类

(1) 1922年诵芬室刻本,国家图书馆藏。

(2)《广川词录》本。董康序云:"此卷皆罢官丧偶后作。"

吮雪词1卷　集部词曲类　佚

见《全清词钞》卷38,收其词1首。

承槐卿(1862—1945)

又名恩诏,字鼎文、亦农。清末民国间武进焦溪人。蓉坡子。四代儒医。承家学,19岁起精研医术,先后在上海、宜兴、无锡、常州等地行医,声誉卓著,晚年定居常州。诊病察疾,慎思明辨,以平淡取胜。尤擅内科。传其医术者有70余人,远及浙、皖两省。

承槐卿先生医案　子部医家类

承槐卿侄孙承博渊辑。见《江苏中医》1963年第2期。

按:"医案"介绍承槐卿治肝阳头痛、温毒、湿毒、湿温、暑湿、疟疾、泻痢、虚损、失音、吐血、痰饮、呃逆、噎膈反胃等病案27例。

恽毓鼎(1863—1918)

字薇孙,号澄斋。清末武进人,大兴(今属北京市)籍。光绪十五年(1889)进士,任翰林院侍讲侍读学士。后升日讲起居注官、国史馆提调、咸安宫总裁、武英殿纂修编书处总办,并充光绪乙未、辛丑、壬寅(二十一年、二十七年、二十八年)科会试同考官。毓鼎博综群籍,治诗古文辞皆有心得。善书法,精医理,对《金匮要略》研习尤深。

三国志评林(依原志卷数)　史部正史类

见恽宝惠《恽氏先世著述考略》,云:"先府君专力于承祚,此书始于壬午(1882)乡举后,用武昌官书局仿汲古阁刊本过录诸家评语,并随时以己所心得细批眉端,而不注重校勘。不肖曾将府君手批逐条钞出,编为二册,拟先印单行本。所过录诸家评语,另再合辑付梓。"参见李宝淦《汉堂类稿》中《三国志平议》。

前秦书　史部载记类

稿本，北京师范大学图书馆藏，残存1—5，10—22卷。

清光绪帝外传（一作崇陵传信录）1卷　史部杂史类

（1）《满清野史三编》本。

（2）粲秀簃抄本，南京图书馆藏。

（3）稿本，上海图书馆藏。

（4）《续修四库全书》本，据上海图书馆藏本影印。

会试硃卷　史部传记类

清恽毓鼎撰

清光绪十五年刻本，国家图书馆藏。

澄斋日记37册　史部传记类

（1）稿本，国家图书馆藏。

（2）1963年恽宝惠油印本。

（3）浙江古籍出版社2004年标点本。

澄斋奏稿（一作簪毫集）4卷　史部政书类

（1）国家图书馆藏稿本。

（2）浙江古籍出版社2007年标点本。

按：此为光绪二十三年充日讲起居注官至宣统二年（1910）所陈奏言事，由长子恽宝惠录副，共4卷，藏于家。

中国北京世界教育会记载　史部政书类

清恽毓鼎编

清宣统二年铅印本，北京大学图书馆藏。

李氏（兆洛）历代舆地沿革图校勘记16卷　史部地理类

清恽毓龄、恽毓嘉、恽毓鼎同撰

清光绪十四年恽氏家塾刻本。参“恽毓龄”条。

云峰书院励学语1卷　子部儒学类

清光绪二十四年刻本，北京师范大学图书馆藏。

金匮痉病篇正义1卷　子部医家类

1913年家刻巾箱本，国家图书馆藏。

金匮新注大略　子部医家类　佚

见《江苏历代医人志》。

澄斋医案　子部医家类　佚

见《恽氏先世著述考略》，云：“先府君为人医疾，辄记其病情脉象用法处方于每日日记中，由孙辈摘录成编。”

杂钞10卷　子部杂学类　佚

见《清代毗陵书目》卷3。

澄斋诗钞4卷　集部别集类

(1) 1963年恽宝惠油印本，常州图书馆藏。

(2)《清代诗文集汇编》本。

按：恽毓鼎所作诗仅附录日记中，别无稿本，由其子恽宝惠从中抄出，又于随处发见者补入，依编年体编排。《恽氏先世著述考略》云：“仿编年体例厘为三卷，府君诗见于《续畿辅诗传》者经选录为一卷。”

澄斋文稿钞存1卷　集部别集类　佚

见《恽氏先世著述考略》。

按：油印本《澄斋诗钞》卷首“著者简历”云“有《文存》三卷”。

直省乡墨权舆　集部总集类

清恽毓鼎选评

清光绪二十八年京都博文斋刻本，河南大学图书馆藏。

韩亭继咏图题辞　集部总集类

清恽毓鼎等撰并书

清稿本，天津图书馆藏。

屠宇昌(1863—1924)

字准伯。清武进人。诸生。少时丧父，奉母训刻苦励学。及长，从刘可毅游，通经史。后肄业于武林诂经精舍，为俞樾所赏识。历试不第，出游四方，历浙、皖、楚、湘、鲁、豫、燕、辽诸省，讲经授徒近30年。晚年归里研究《易》学，喜谈性理。卒后，子聿同搜集其生前诗文残稿，得数十章，编成付梓。

准伯遗稿 1 卷　集部别集类

1933 年铅印本，常州图书馆藏。

汤仰晖(1863—1938)

老子考证 1 卷　子部周秦诸子类

1939 年铅印本，复旦大学图书馆藏。

赵　宽(1863—1939)

字君闳，号止扉，又号传侯。清末民国间武进人。烈文子。诸生。曾官嵊县、富阳知县，民国供职于江南官产处，富藏书。抗战中寄居上海，困穷潦倒，遂以藏书易米。

时务条陈　史部政书类

上海集成报馆清光绪二十七年(1901)铅印本，上海图书馆藏。

小脉望馆书目不分卷　史部目录类

(1) 稿本，南京图书馆藏。

(2)《南京图书馆藏稀见书目书志丛刊》本。

今日何成　史部传记类

稿本，日记。据陈左高《历代日记丛谈》及《清代日记汇钞》应为上海图书馆藏，但并未在检索目录中发现。

周述祖(1863—1940)

原名荄，字孳明，号默庵，又号豫园。清阳湖人。腾虎孙，世澄子。监生。湖南候补按察使司狱，即补通判。

毗陵周氏家集　丛书类

周述祖辑

(1) 1928 年毗陵周氏铅印本，常州图书馆藏。

(2) 2015 年国家图书馆出版社出版《清代家集丛刊》本。

按：收5种37卷。内容与《毗陵周氏五世诗集》基本相同，仅少2卷，详下。

毗陵周氏五世诗集　丛书类

周述祖辑

1936年毗陵周氏学乐堂刻本，常州图书馆藏。

子目：

《鸥亭诗草》4卷　清周溱撰

《海上篇》1卷　清周情撰

《夫椒山馆集》22卷　清周仪暐撰（此本有骈文1卷）

《餐芍华馆诗集》8卷《蕉心词》1卷　清周腾虎撰

《春瀑山馆诗存》1卷　清周世澂撰

附：《先德小识》1卷　清周腾虎撰（此本有）

按：此丛书内容与《毗陵周氏家集》基本相同，仅多出2卷。

沈湛钧(1863—?)

原名光烽，字仲盍，自号渊尤，别号喻龙山人。清末民国间武进人。昌宇子。通经学，工古文辞。早年努力于文字校勘之学，治学严谨。曾点校《十三经》及先秦诸子之书多种。

十三经商榷　经部群经总义类　佚

墨子经校正集释　子部周秦诸子类　佚

韩非子正误注释　子部周秦诸子类　佚

淮南子正谬　子部杂学类　佚

以上4种均见其弟子刘明祺《知非斋骈文录古文录》序。

知非斋骈文录2卷古文录1卷　集部别集类

清刘明棋编订

(1) 清光绪三十二年(1906)刻本，常州图书馆藏。

(2)《清代诗文集汇编》本。

泥雪堂诗钞9卷词钞5卷　集部别集类

清沈昌宇撰　沈湛钧编校

1917年日进公司排印本。参见“沈昌宇”条。

烬余室制艺　集部别集类　佚

见光绪二十一年作《烬余室制艺自序》(收入《知非斋古文录》),云:“今春忽于废纸堆中捡得癸未初作廿余首,除字画笔迹无从辨识外,尚有可识者十五首,爰拨冗钞录,颜曰《烬余室制艺》。又频年诸作之尚存者亦编次附后。”

谈理熙(? —1913)

字筱莲,号澹庵,又号白云词人。清阳湖人。诸生。博涉多能,善诗文,尤工词曲。小幅山水,神韵疏秀,有元人遗意。

孝娥碑传奇　集部词曲类　佚

见清金武祥《粟香五笔》。金云:“谈小莲茂才以所撰《孝娥记》传奇相示。以刘心白所遇沈娥事。贞媛孝烈,深情如绘。心白先生有长篇七古记之,得此愈足以垂不朽。”

潘烈士投海　集部词曲类

(1) 清光绪三十二年(1906)起连载于《小说七日报》。

(2) 戏曲改良社清光绪三十四年排印本,4卷,上海图书馆藏。

(3) 阿英《晚清文学丛钞·说唱文学卷》,中华书局1960年版。

(4) 张庚《中国近代文学大系(1840—1919)》第5集,上海书店出版社1996年版。

按:《潘烈士投海》述直隶通州人潘英伯在日本投海殉国事,标为“立宪预备,改良社会新戏”,由名伶潘月樵、孙菊仙等演出,是近代戏曲改良运动中影响较大的京剧时装戏,在“海派”京剧形成史上颇有地位。

周维翰(1864—1910)

字雪樵。清末常州人。贡生。通西学,善医。光绪三十年(1904)于上海创办《医学报》。旋组织中国医学会,以《医学报》为会刊。是为中国首创的中医期刊及最早的全国性医学团体。后应聘赴晋，任山西医学馆教务长。三十四年辞职归，游北京，返上海，卒于胃癌。

西史纲目35卷　史部地理类

清光绪二十七年经世文社石印本，常州图书馆藏。

按：此书一经发行，多次重印。

史论启蒙1卷　史部史评类

清周维翰评选　嵇铨注释

清光绪三十年木活字本，湖南图书馆藏。

李宝淦(1864—1919)

字经畦，又字经彝、汉堂，晚号荆遗。清末民国初武进人。宝章弟。诸生。清光绪初官湖南候补道，署湖南提学使。三十一年(1905)奉命赴日本考察，回国后将访日见闻编为《日游琐记》一书，刊行于世。辛亥革命后，隐居上海。博学工诗文，常以诗抒写其愤世嫉俗之怀。著述颇富。

日游琐识1卷　史部地理类

清光绪三十二年汉口维新印书馆铅印本，常州图书馆藏。

节世录1卷　史部传记类

清光绪间刻本，吉林大学图书馆藏。

诸子文粹62卷续编10卷　子部周秦诸子类

1917年商务印书馆排印本，常州图书馆藏。

汉堂札记2卷　子部儒学类　佚

见《清代毗陵书目》卷3。

花甲翻新印谱　子部艺术类

钤印本，常州图书馆藏。

汉堂类稿9种30卷　丛书类

1923年从子李祖年排印本，常州图书馆藏。

子目：

《汉堂文钞》1 卷《补遗》1 卷

《汉堂诗钞》14 卷

《濯缨室诗钞》3 卷

《问月词》1 卷

《五史平议》12 卷(《三国志平议》2 卷、《晋书平议》3 卷、《魏书平议》3 卷、《北齐书平议》2 卷、《周书平议》2 卷)

《吕氏春秋高注补正》1 卷

按:作者原拟作《诸史平议》,未竟而卒,所成者仅五史。

马伯藩(1864—1930)

别名蒋驰誉,号百凡老人。清末民国间武进孟城人。世医。为马文植侄辈,得文植家法而偏于温补,擅长内外科。

孟河马伯藩先生医案　子部医家类

1929 年泰兴刘光祖抄本,南京图书馆藏。

柳溪别墅医案　子部医家类　佚

见 1988 年上海人民出版社出版《武进县志》人物本传。

吴　放(1864—1932)

原名蔚元,字蔚文,一字我才,号松龛,一号剑门。清末阳湖人。幼聪慧,读书倍于常人,工吟咏。应府县试皆第一。王先谦斥为狂生,遂绝小试,屡赴乡试,皆不第。走燕冀两粤求职又不遇,悲愤异常,遂一以吟咏书怀,笔力苍健,和者颇多。与朱承先、金武祥、余倍芳等筑聊园半墅草堂,拓苔岑行社,春秋雅集,海内与会者常百数十人。晚年双目失明,穷愁抑郁而卒。

苔岑吟社尚齿表 1 卷苔岑吟社闺秀题名录 1 卷苔岑吟社先友录 1 卷　史部传记类

清吴放等辑

1923 年铅印本,南京图书馆藏。

苔岑社史序齿录1卷　史部传记类

清吴放等辑

1925年铅印本，南京图书馆藏。

剑门诗集4卷附3卷　集部别集类

1918年铅印本，常州图书馆藏。

吴天残唱1卷　集部词曲类

清光绪刻本，常州图书馆藏。

骚情词1卷　集部词曲类

(1) 清光绪二十五年(1899)刻本，南京师范大学图书馆藏。

(2) 清光绪刻本，首都图书馆藏，增《雁声赋》。

十二楼墨缘录1卷　集部别集类

止谈风月庐诗录1卷　集部别集类

松龛诗钞1卷　集部别集类

霓裳新咏1卷　集部别集类

半野草堂珊瑚网1卷　集部别集类

衲兰新吟1卷　集部别集类

以上诸书均收入于《苔岑丛书》。

剑门诗文集　集部别集类

剑胆词　集部词曲类

以上2种见《清代毗陵名人小传》卷10本传。

苔岑丛书　丛书类

清吴放等辑

(1) 1918年至1930年武进苔岑社铅印本21册，北京师范大学图书馆藏。

(2) 2013年国家图书馆出版社《清末民国旧体诗词结社文献汇编》本。

汤　旆(1865—1894)

字鞠隐，号企翔。清武进人。国培子。性孤介，通训诂，工词章，同辈以诗人目之。困于场屋，郁郁而卒。

鹿非子诗集 1 卷　集部别集类　佚

见《清代毗陵书目》卷 8。

丁甘仁(1865—1926)

名泽周，字甘仁，以字行。清末民国间武进孟河人。初师马仲清，继从马文植学，得内外喉三科之长，在苏州等地行医。后经巢崇山引荐，到上海仁济善堂药号施诊，治愈喉痧一症达万余人，医名大振，遂在上海开设诊所。民国初年任江苏医学会副会长。1916 年起，联合中医界人士夏应堂、谢观等，集资创办中医专门学校和女子中医学校，之后又办起南北、广益二中医院，并捐资兴办义学、养老院等社会福利事业。孙中山曾赠与"博施济众"金字匾额。

上海中医学校章程　史部政书类

民国初铅印本，上海中医药大学图书馆藏。

脉学辑要　子部医家类

1917 年石印本，上海中医药大学图书馆藏。

按：是书为上海中医专门学校课本。

药性辑要　子部医家类

1917 年上海中医专门学校铅印本，上海中医药大学图书馆藏。

沐树德堂丸散集　子部医家类

清光绪石印本，上海中医药大学图书馆藏。

百病医方大全　子部医家类

(1) 1929、1931 年上海卫生报铅印本，上海中医药大学图书馆藏。

(2) 1932 年上海铅印本，苏州大学医学院图书馆藏。

(3) 吴兴潘乐时抄本，上海中医药大学图书馆藏。

喉痧症治概要　子部医家类

（1）1927 年孟河崇礼堂铅印本，南京图书馆藏。

（2）1927 年上海丁氏医室铅印本，上海中医药大学图书馆藏。

（3）《丁甘仁医案》附录。

喉痧病案　子部医家类

抄本，中国科学院上海生命科学信息中心生命科学图书馆藏。

丁甘仁医案　子部医家类

（1）清抄本，天津中医药大学图书馆藏，题名为《孟河丁氏医案全集》，存卷 2—3。

（2）1927 年上海华丰印刷铸字所铅印本，上海中医药大学图书馆藏。

（3）1927—1937 年孟河崇礼堂铅印本，附《喉痧症治概要》，上海中医药大学图书馆藏。

（4）1931 年上海商务印书馆铅印本，中国中医科学院图书馆藏。

（5）1931 年上海文明书局铅印本，贵阳中医学院图书馆藏。

（6）1936 年华北国医学院铅印本，名《医案讲义》，施今墨选辑，中国中医科学院图书馆藏。

（7）1947 年丁氏三世医庐重印本，复旦大学医科图书馆藏。

（8）抄本，广州中医药大学图书馆藏。

（9）1960 年上海科学技术出版社铅印本。

丁甘仁医案精华　子部医家类

抄本，上海图书馆藏。

思补山房医案　子部医家类

1931 年海陵罗塘萃农医室铅印本，长春中医药大学图书馆藏。

丸散膏丹国药配制法　子部医家类

丁甘仁编

1948 年仓昌书局铅印本，上海中医药大学图书馆藏。

成药全书目录　子部医家类

丁甘仁编

1934年国医出版合作社铅印本，上海市中医文献馆。

孟河丁氏用药法　子部医家类

丁甘仁编

铅印本，南京中医药大学图书馆藏。

医经辑要7卷　子部医家类

丁甘仁编

上海中医专门学校铅印本，上海中医药大学图书馆藏。

脉学辑要　子部医家类

1917年石印本。

按：是书为上海中医专门学校课本。

喉痧症治概要　子部医家类

(1) 1927年孟河崇礼堂铅印本。

(2)《丁甘仁医案》附。

丁甘仁医案　子部医家类

(1) 1927年石印本。

(2) 1927年上海华丰印刷铸字所铅印本。

(3) 1927—1937年孟河崇礼堂铅印本，附《喉痧症治概要》。

(4) 1936年华北国医学院铅印本，名《医案讲义》，施今墨选辑。

(5) 1947年丁氏三世医庐重印本。

(6) 1960年上海科学技术出版社铅印本。

药性辑要　子部医家类

珍方辑要(一作丁甘仁临诊一百十三法)　子部医家类

丁甘仁晚年出诊医案　子部医家类

百病医方大全　子部医家类

沐德堂丸散集　子部医家类

丁甘仁家传内外实用经验神效验方　子部医家类

丁甘仁家传珍方　子部医家类

以上7种均见1988年《武进县志》第25篇人物本传。

孟河丁氏秘方录　子部医家类

见《中医人物词典》。

史清畹(1866—1899)

清阳湖人。恽毓德妻。史悠元女。

史女士诗稿1卷　集部别集类　佚

见《历代妇女著作考》,注谓《清闺秀艺文略》著录而未见。

恽毓庚(1866—1910)

字次寅。清常州人。官山东直隶州知州。工诗。

思恒室诗赋稿　集部别集类　佚

见《清代毗陵书目》卷4。

按:《毗陵诗录》卷8收其诗4首。

姚祖泰(1866—1928)

字安甫,晚号半轩。清末阳湖人。光绪二十八年(1902)乡试副榜。科举制度废除后,在家乡北夏墅镇创办学聚两等小学,并主持钟英小学教务。嗣迁居城内开门讲学,师事者甚多。书法宗颜柳,求书者益夥。

学聚堂初稿6卷　集部总集类

清姚祖泰、姚祖颐、姚祖晋合撰

清光绪二十四年活字本,常州图书馆藏。

按:此为三人合集。前4卷姚祖泰撰,包括经学、史地、舆地、杂著四类。卷5姚祖颐撰,卷6姚祖晋撰。

周葆贻(1866—1938)

字企言。江苏武进人。早年入仕途,辛亥革命后回乡,曾任武进女子师范、私立常州中学(今市二中)等校国文教员。抗日战争前创办兰社，弟子甚多。

诗经全部分类辑对13卷附诗经诗词联语杂组1卷　经部诗经类

1933年常州刻本，常州图书馆藏。

诗经集联1卷　经部诗经类

民国间金山高氏食古书库传抄本，复旦大学图书馆藏。

企言随笔1卷附1卷　子部杂学类

1935年铅印本，常州图书馆藏。

企言诗存2卷　集部别集类

1935年铅印本，常州图书馆藏。

企言诗词集3卷附随笔1卷　集部别集类

1935年铅印本，常州图书馆藏。

武进兰社男女弟子诗词百人集2卷　集部总集类

(1) 1939年铅印本，南京图书馆藏。

(2) 2013年国家图书馆出版社《清末民国旧体诗词结社文献汇编》影印本。

按：自民国十六年(1927)至二十六年十年间，兰社男女弟子计有数千。葆贻遂选百余名男女弟子之作，汇为此集。出版“说明”称本书“多世家子弟闺秀之作，计有一百二十余人”。部分弟子名下有小传。此虽为诗词集，也可借以看到江南地方私人教学并男女同学之情形。

瞿世琬(1866—?)

字蘧庵，清末武进人。瞿廷韶子，诸生。安徽补用知府，历署寿州、宿州、六安直隶州知州，宣统间辞官，隐于六安。曾入南社。

赓甫府君行述　史部传记类

瞿世琬等辑

(1) 清刻本，国家图书馆藏。

(2)《中华历史人物别传集》本。

按，是书为瞿廷韶传记。

李宝嘉(1867—1906)

字伯元,号芋香、南亭亭长、游戏主人、讴歌变俗人等。清末武进人。清光绪十九年(1893)秀才。中日甲午海战后,忧心如焚,一心救亡图存。二十二年去上海,创办《指南报》《游戏报》《世界繁华报》。以恢谐之笔,写媄俗之文,成为晚清小报的开创者。二十九年主编商务印书馆《绣像小说》半月刊。同年荐应经济特科,不赴。所作小说宣传了改良主义思想,暴露了清朝官场的黑暗腐败,为晚清四大谴责小说家之一。又善诗词、书画、篆刻。

芋香室印存 1 册　子部艺术类

木刻水印线装本,常州博物馆藏。

南亭笔记 16 卷　子部典故类

(1) 1919 年上海大东书局石印本,胡寄尘校订,1923 年再版,上海图书馆藏。

(2) 1983 年上海古籍出版社影印大东书局本。

按:书中杂有后人文字。

海天鸿雪记 20 回　子部小说类

(1) 清光绪二十五年《游戏报》分期刊载。

(2) 清光绪三十年上海世界繁华报馆出版,南京图书馆藏。

官场现形记 60 回　子部小说类

(1) 清光绪二十七年起《世界繁华报》连载。

(2) 清光绪二十七年至三十二年繁华报馆分五编出版,北京大学图书馆藏。

(3) 清光绪三十年粤东书局石印本,南京图书馆藏。

(4) 清宣统元年(1909)崇文堂石印本,改订初版,题名《增注绘图官场现形记》,有欧阳钜源批注,首都图书馆藏。

(5) 1927 年亚东图书馆排印本,有汪原放、汪协如标点分段,上海图书馆藏。

(6) 1935 年世界书局出版,天津图书馆藏。

(7) 1954 年北京宝文堂书店铅印本,南京图书馆藏。

(8) 1957 年人民文学出版社铅印本,张友鹤校订,1979 年重印。

(9)《续修四库全书》本,据北京大学图书馆藏本影印。

按:书作于清光绪二十七年至三十一年间,原定 10 编,每编 12 回,共 120 回。实际完成 5 编 60 回。

文明小史 60 回　子部小说类

(1) 清光绪二十九年《绣像小说》第 1 号开始连载。

(2) 清光绪二十九年至三十一年商务印书馆铅印本,国家图书馆藏。

(3) 1955 年通俗文艺出版社铅印本。

(4) 1956 年上海文化出版社铅印本。

活地狱 43 回　子部小说类

(1) 清末商务印书馆铅印本,国家图书馆藏。

(2) 1956 年上海文化出版社出版,赵景深校订并序。

按:此书原在《绣像小说》上连载,至 39 回李氏卒,由吴趼人续作第 40 至 42 回,欧阳钜源续作第 43 回。

中国现在记 13 回(未完)　子部小说类

(1) 清光绪三十年《时报》连载。

(2) 收入阿英编《晚清文学丛钞·小说卷》,1960 年中华书局铅印本。

南亭四话 9 卷　集部诗文评类

(1) 1925 年上海大东书局石印本,国家图书馆藏。

(2) 1985 年上海书店影印大东书局本。

按:此书包括《庄谐诗话》4 卷、《庄谐联话》3 卷、《庄谐词话》1 卷、《庄谐丛话》1 卷。所记诗词联语,多涉及清代人物,亦有对时事的讥刺。间混有别人的文字。

庚子国变弹词 40 回　集部词曲类

（1）清光绪二十七年十月至二十八年十月《世界繁华报》连载。

（2）清光绪二十八年繁华报馆出版，首都图书馆藏。

（3）清宣统二年商务印馆出版，改名《绘图秘本小说义和团》，仅收前20回，南京图书馆藏。

（4）1935年良友图书公司出版袖珍本，阿英编校，南京图书馆藏。

（5）收入阿英编《庚子事变文学集》，1958年中华书局铅印本。

醒世缘弹词14回　集部词曲类

（1）清光绪二十九年《绣像小说》陆续刊载。

（2）收入阿英编《晚清文学丛钞·说唱文学集》，1960年中华书局铅印本。

淞水骊歌　集部总集类

东京来青阁清光绪二十六年铅印本，上海图书馆藏。

按：时日本友人永井禾原将归国，李宝嘉与文社众友人在天香阁为其饯行，李宝嘉集众友人诗为《淞水骊歌》。

李伯元全集　丛书类

1997年江苏古籍出版社排印本。

张鹤龄(1867—1908)

字长孺，号筱圃，清阳湖人。光绪十八年(1892)进士。博览经史，精通英语。通籍后尤致力新学，研究西方政治学术。戊戌维新，应诏直言。变法失败，险遭不测。张百熙主持创办京师大学堂，任副总教习、代总教习，实际主持学堂工作。旋调湖南学务处总办、洋办局总办、按察使，后病故于奉天提学使任。张氏一生于教育、外交卓有贡献。初至奉天，即设师范讲习班以培训新学师资，办通俗白话报以广事宣传。不数年而奉天省新式学校达2000余所，名列全国前茅，成绩尤著。

变法经纬公例论2卷　史部政书类

（1）清光绪二十六年刻本，国家图书馆藏。

（2）1913年谭延闿铅印本，复旦大学图书馆藏。

按：书前有作者自订序例，书后有谭延闿、王式通跋。

重订堂舍条规1卷　史部政书类

清张鹤龄辑

清光绪二十九年铅印本，国家图书馆藏。

京师大学堂伦理学经学讲义初编不分卷　子部哲学类

清张鹤龄讲述

清光绪京师大学堂铅印本，北京大学图书馆藏。

拟庾子山咏画屏诗24首　集部别集类

收入《晚清簃诗汇》卷178。徐世昌曰："余督东三省，时筱圃任奉天提学使，极倚重之。而商榷吏事，鲜及诗文。近得其《拟庾子山咏画屏诗》24首，结思流响，几欲乱真。当是少作，盖自通籍后殚心新学，不暇为此矣。"

会试朱卷合集　集部总集类

清张鹤龄等撰

清光绪刻朱墨印本，国家图书馆藏。

潘明德(1867—1928)

字元度，号和林。武进人。家贫，7岁入塾，17岁务农，兼习手艺。偶得医书，如获至宝，刻苦钻研，为人治病，颇有疗效。乃行医于扬中八字桥、武进孟城。后迁上海，就教于邑人孟河名医丁甘仁，医术大进，求医者日众。潘氏不忘儿时失学之苦，乃捐献6000余元，于家乡小河创私立民德小学，贫儿得免费入学，乡民深感之。好事者赠以"嘉惠儒林""蒙以养正"匾额，藉表敬佩感激之情。

医法提要　子部医家类

1914年铅印本，上海图书馆藏。

姚祖颐(1867—1934)

字养斋。清末阳湖人。祖泰弟，祖晋兄。

学聚堂初稿6卷　集部总集类

清姚祖泰、姚祖颐、姚祖晋合撰

清光绪二十四年(1898)活字本,常州图书馆藏。卷5祖颐撰。参“姚祖泰”条。

程　湝(1867?—1940)

字白葭,号葭深、白葭居士、皎嘉,室名苍苍葭室。清末民国间武进人。曾任英国传教士李提摩太的秘书,光绪二十六年(1900)随沈仲礼赴山西,主持创办《晋报》。喜藏书画,书法浑厚,诗亦清秀,与赵熙、易顺鼎唱和较多。抗战期间病殁上海。

丙午日本游记附录1卷　史部地理类

(1) 清光绪三十三年铅印本,国家图书馆藏。

(2) 2016年岳麓书社《走向世界丛书续编》排印本。

女儿箴　子部儒学类

(1) 民国刻本,南京图书馆藏。

(2) 2017年燕山出版社出版《中国古代女教文献丛刊》本。

按:本书共辑六部女子教育之作,依次分别为《儒教阃德篇序》《曹大家女诫》《宋尚宫女论语》《吕近溪先生女小儿语》《吕新吾先生闺范》《曾文正公语录》。

董　康(1867—1947)

字授经,又字绶金、绶经,自署诵芬室主人。清末民国间武进人。受祺弟。光绪十六年(1890)进士。曾任法律馆提调、刑部主事。1911年辛亥革命后赴日本研习法律。回国后历任大理院院长、司法总长、财政部长、币制局总裁等职。1922年赴欧美考察实业,1924年任上海各法团运动收回公廨代表。1926年避难去日本,回国后任上海法科大学校长,兼北京大学法科教授。抗战时期在华北“临时政府”和汪精卫“国民政府”中任伪职。1947年病死北京狱中。董氏是著名藏书家和刻书家，大致以辛亥为界，前期以收藏为主，后期以刻印为主。除自刻外，并代吴昌绶、陶湘涉园、蒋汝藻密韵楼等刊刻图书。台湾苏精《近代藏书三十家》中有《董康诵芬室》一篇，台湾刘绍唐主编《民国人物小传》第4册有传。

书舶庸谭4卷　史部传记类

(1) 1928年董康影印本，上海图书馆藏。

(2) 1930年上海大东书局影印1928年本，书函题《董康东游日记》，上海图书馆藏。

(3) 1939年董氏诵芬室校刻重订本，9卷，上海图书馆藏。

按：本书记1926年底董康第4次东游日本，往来京都、东京间事。始于十二月三十日登船，终于次年五月一日回到上海。其书大旨有三：一访求古书，尤重日本藏书史；二搜访小说，记载我国流传日本的旧小说甚详；三记下诸多情诗。有1930年胡适序。1936年后几次东渡，继续撰作，有所增订。

诵芬室河东君行述手稿　史部传记类

稿本，上海图书馆藏。

毗陵马节母懿行题辞1卷　史部传记类

董康等辑

1921年铅印本，常州图书馆藏。

春秋刑制考1卷刑法宜注重礼教1卷前清考试制度1卷中国修订法律之经过1卷中国编纂法典概要1卷　史部政书类

民国铅印本，上海图书馆藏。

比部招议1卷　史部政书类

董康鉴定

1935年大东书局石印本，上海图书馆藏。

追记前清考试制度　史部政书类

1934年日本东方文化研究所油印本，国家图书馆藏。

集成刑事证据法　史部政书类

1942年刻本，上海图书馆藏。

中国法制史　史部政书类

董康撰　孙祖基辑

法学杂志民国铅印暨抄本，上海图书馆藏。

秋审制度(第一编)　史部政书类

1941年津馆刻本。

日本刑法　史部政书类

(日)岩谷孙藏修订　清章宗祥、董康合译

清光绪三十一年修订法律馆铅印本，首都图书馆藏。

调查日本裁判情形　史部政书类

董康等撰

清光绪三十三年油印本，上海图书馆藏。

调查日本裁判监狱报告书　史部政书类

清光绪三十三年北京农工商部印刷科铅印本，首都图书馆藏。

日本陆军刑法日本海军刑法　史部政书类

董康、章遹骏译

清光绪三十一年中外法制调查局修订法律馆铅印本，国家图书馆藏。

日本陆军刑法二编日本海军刑法二编　史部政书类

董康译　章宗祥校

清光绪三十一年修订法律馆铅印本，天津图书馆藏。

民法亲属继承两篇修正案　史部政书类

中国法制小史(一作中国法制史讲演录)　史部政书类

以上2种均见台北刘绍唐主编《民国人物小传》第4册本传。

补南齐书经籍志4卷　史部目录类

黎世蘅、董康鉴定　陈鸿儒等编

2册，第1册民国间董康蓝印本，第2册抄本，是刻本的底本，缺第39页。国家图书馆藏。

曲目韵编2卷　史部目录类

(1)《重订曲苑》本。

(2)《增补曲苑》本。

曲海总目提要46卷　史部目录类

(1) 1928年上海大东书局铅印本,1930年再版,常州图书馆藏。

(2) 1959年人民文学出版社据大东本校订重印,加有按语,附索引。

按:此书董康据清人《乐府考略》整理而成,吴梅、陈乃乾、孟森等校订。著录元明清三代杂剧、传奇684种,简介剧情、考证故事来源,附作者小传。后北婴编著《曲海总目提要补编》(人民文学出版社,1959)对董书有修订补充。

敦煌书录　史部目录类

1942年抄本,上海图书馆藏。

皕宋楼藏书源流考　史部目录类

(日本)岛田翰撰

(1) 清光绪三十三年武进董康京师刻本。

(2) 1957年上海古典文学出版社与《吴兴藏书录》合为1册出版。

嘉业堂藏书志23册　史部目录类

(1) 稿本,上海图书馆藏。

(2) 抄本,国家图书馆藏。1—17册署缪荃孙修,18—23册署董康修。

诵芬室藏目不分卷　史部目录类

(1) 抄本,南京图书馆藏。

(2)《中国著名藏书家书目汇刊》本。

(3)《南京图书馆藏稀见书目书志丛刊》本。

武进董氏刻印书　史部目录类

1925年中国书店铅印本,国家图书馆藏。

千秋绝艳图　子部艺术类

董康辑

武进董氏影印本,上海图书馆藏。

课花庵词 1 卷　集部词曲类

《广川词录》本。

读曲丛刊　丛书类

董康辑

《诵芬室丛刊》本。

诵芬室丛刊　丛书类

董康辑

清光绪至民国间董氏刊,天津图书馆藏。

初编子目:

《中吴纪闻》等 15 种,清光绪三十四年至 1922 年刻成,其中 7 种据旧本影刻。

二编子目:

《读曲丛刊》7 种,1917 年刊。

《盛明杂剧》初、二集各 30 种,1918 年及 1925 年刊。

《石巢传奇》4 种,1919 年刊。

《新编五代史平话》等 4 种,1917 年刊。

广川词录　丛书类

董康辑

1940 年董氏校刊本,上海图书馆藏。

按:本书所录皆清代及民国年间董氏诸家词集,除董俞一人外,其余均为江苏武进人。清代常州是清代词创作的重镇。丛书所辑武进董氏诸人,如董元恺、董以宁、董潮、董士锡、董基诚、董祐诚等,在词创作上都有重要成就。本书显示了常州董氏在常州文化史上的独特地位,赵尊岳《广川词录序》云:"尝溯三百年来,词学昌明,超轶前代,惟曲阜孔氏以外,未有家刻蝉嫣如董氏兹集者。"子目从略。

赵佩湘(1868—1891?)

字润宾。清武进人。江阴陈裔仲妻。

润宾遗稿 1 卷　集部别集类

清光绪十八年(1892)陈裔仲刻本,南京图书馆藏。

刘　刚(1868—1893)

原名明福,字受卿,号镜元。清阳湖人。附贡生。

抱闳词稿 1 卷　集部别集类　佚

见《西营刘氏先世著述考》。

蒋维钟(1868—1899)

字岳庄。清武进人。树德次子。弱冠即通览天文历算之书。时邑中创设致用精舍,被选入舍肄业,殚精竭虑,深入研讨,往往发前人所未发。光绪二十五年(1899)病卒,仅 32 岁。

曲线新说堤积术辨合 1 卷　子部历算类　佚

见《清代毗陵书目》卷 3。

蒋南棠(1868—1900)

原名廷槐,字树声,亦作树森。清阳湖人。钱希夫。少孤。弱冠为邑名秀才,补贡生。工书法,善作大字,盘郁奋张,字愈大而愈遒,一时少年形模其书者以为能,号为"蒋字"。家贫,累年客武汉,为人笔札。好为诗,多羁旅慷慨悲愁之音。失意困顿者读之,往往泣下。庚子(1900)岁末,抱病自楚归,一夕而卒。年仅 33 岁。

求拙斋遗诗 1 卷　集部别集类

(1) 民国木活字本,与清钱希《云在轩诗集》合刊,上海图书馆藏。

(2)《钱氏家集》本。

恽毓德(1868—1904)

字叔坤,一字顾庐,清阳湖人。光绪十七年(1891)举人。

壬辰春试记　史部传记类

(1) 稿本,常州图书馆藏。

(2) 凤凰出版社 2013 年版《常州历史文献丛书》第一辑《晚清常州名贤日记四种》本。

恽毓良(1868—1930)

字眉卿,清阳湖人。祖翼长子。太学生。候选直隶州知州,江西候补知府。

恽崧耘行述　史部传记类

清恽毓良、恽毓珂编

(1) 清光绪二十九年(1903)刻本,上海图书馆藏。

(2)《中华历史人物别传集》本。

按:此书记其父祖翼一生功名事迹。

恽母高太夫人行述　史部传记类

清恽毓良、恽毓珂编

清光绪二十八年刻本,上海图书馆藏。

孟　森(1868—1938)

字莼荪,号心史。清末民国间武进人。早年丧父,家境艰难,受母督教,聪颖好学。14 岁(光绪七年)受知周戴凡,中过秀才。光绪二十四年(1898)应何嗣焜聘,赴沪南洋公学(今交通大学前身)执教。因恃才自负,对课程多訾议,被调至译学馆主译务。二十八年至广西边防督办郑孝胥署任记室。二十九年至东京法政大学学习。归国后入商务印书馆编译政法书兼主办《东方杂志》,后又主持《时事新报》。清宣统元年(1909)五月,当选为江苏咨议局议员。辛亥革命后曾任共和党执行书记，国会议员，宪法起草委员会委员。后厌倦政治而从事著述。参加过商务版《辞源》编校工作。1914 年出版《心史史料》第 1 册，是其治史学之始。1929 年起，任南京中央大学、北京大学历史系教授，研究明清史，直至去世。

周易 9 卷附略例 1 卷校记 1 卷　经部易类

魏王弼、韩康伯注理　唐陆德明音义　《略例》王弼撰　唐邢璹注　陆德明音义　《校记》孟森撰

日本昭和三年(1928)东京文求堂用铁琴铜剑楼藏宋本影印本，国家图书馆藏。

宋椠大字本孟子校记　经部四书类

稿本，内蒙古自治区图书馆藏。

汉书古今人表通检　史部正史类

载民国中央研究院《历史语言研究所集刊》第 6 集第 3 号(1936 年)。

清史传目通检　史部正史类

载民国《国立北平图书馆藏・馆刊》6 卷 2—3 号(1932 年)。

按：此《通检》将《清史稿・列传》《满汉名臣传》《国史列传》《清史列传》中的传主编入索引。

明清史讲义　史部别史类

1981 年中华书局铅印本。

按：是书系在北京大学历史系教学所用的讲义。

明代史　史部别史类

(1) 1957 年台北中华丛书委员会排印本。

(2) 1975 年台北县永和镇华世出版社修订本。

清史讲义　史部别史类

(1) 1947 年上海中国文化服务社排印本。

(2) 1965 年台北文星书店排印本。

心史史料第 1 册　史部别史类

1914 年排印本，国家图书馆藏。

清朝前纪　史部别史类

1930年上海商务印书馆排印本，上海图书馆藏。

明元清系通纪前编1卷正编15卷　史部编年类

1934年北京大学排印本，上海图书馆藏。

按：前编1卷，正编15卷。按明代的纪元叙清代的世系，故名。此书把清肇祖孟哥帖木儿以前事迹，列入前编，肇祖与明太祖同时，即从洪武时逐年叙述，至明嘉靖三年（1524）为止，已有15卷（以后各卷未出）。

清初三大疑案考实　史部杂史类

（1）1934年北京大学排印本，上海图书馆藏。

（2）台湾《近代中国史料丛刊》本。

霜猿集校订补注1卷　史部杂史类

孟森编纂

1916年商务印书馆排印本，上海图书馆藏。

夷氛纪闻跋不分卷　史部杂史类

1936年孔思礼抄本，上海图书馆藏。

清初史料四种　史部杂史类

见《清代毗陵书目》卷2。

明清史论著集刊　史部史评类

孟森撰　商鸿逵选编

1959年中华书局排印本。

明清史论著集刊续编　史部史评类

孟森撰　商鸿逵选编

1986年中华书局排印本。

李秀成供　史部传记类

1936年排印本，上海图书馆藏。

董小宛考编年1卷　史部传记类

（1）《心史丛刊》本。

(2)《北京图书馆藏珍本年谱丛刊》本。

孟心史日记　史部传记类

2018年凤凰出版社点校本。

按:收录《粤行随笔》《留都交涉记》《观察蒙古郭尔罗斯后旗报告》《旅行松花江日记》《养疴日记》5种,据手稿或期刊点校。

日本陆军学校章程汇编　史部政书类

孟森译述

南洋公学译书院清光绪间铅印本,上海图书馆藏。

日本宪兵制　史部政书类

孟森译述

南洋公学译书院清光绪间铅印本,上海图书馆藏。

日本军队给与法　史部政书类

孟森、杨志询译述

清光绪间铅印本,上海图书馆藏。

谘议局章程讲义　史部政书类

孟森辑

上海预备立宪公会清宣统元年铅印本,上海图书馆藏。

地方自治浅说1卷　史部政书类

商务印书馆清宣统元年铅印本,上海图书馆藏。

按:本书在清宣统间多次重印,并有盗版无数。

商法调查案理由书　史部政书类

秦瑞玠、汤一鹗、孟森、孟昭常等撰

清宣统元年铅印本,国家图书馆藏。

广西边事旁记14卷　史部地理类

清光绪三十一年商务印书馆排印本,南京图书馆藏。

蒙古郭尔罗斯后旗旅行记1卷　史部地理类

《古今游记丛钞》本。

辽左纪游杂咏1卷　史部地理类

1930年铅印本，国家图书馆藏。

曲海总目提要46卷　史部目录类

董康根据清人《乐府考略》整理而成。参加整理的有吴梅、王国维、孟森、陈乃乾等。

(1) 1928年上海大东书局排印本，1930年再版，上海图书馆藏。

(2) 1959年人民文学出版社据大东本重校印，并加按语，附索引。

辽碑九种跋尾1卷　史部金石类

1932年国立北京大学季刊抽印本，上海图书馆藏。

步兵操典2篇　子部兵书类

日本陆军省辑　孟森译

南洋公学译书院清光绪二十七年铅印本，上海图书馆藏，后有重印。

步兵部队教练书　子部兵书类

日本陆军省辑　孟森译

南洋公学译书院清光绪三十年铅印本，上海图书馆藏。

仁寿纪游诗册1卷　集部总集类

孟森辑

1930年铅印本，上海图书馆藏。

心史丛刊三集16种19卷　丛书类

(1) 1916—1917年上海商务印书馆排印本，国家图书馆藏。

(2) 1936年上海大东书局排印本。此本第三集无《文艺谈》《心史笔粹》2种，国家图书馆藏。

(3) 台湾《近代中国史料丛刊续编》本。

一集子目：

《奏销案》1卷

《朱方旦案》1卷

《科场案》1卷

《顺天闱》

《大狱记略缀余》

《江南闱》

《河南山东山西闱》

二集子目：

《西楼记传奇考》1卷

《王紫稼考》1卷

《横波夫人考》1卷

《孔四贞事考》1卷

《金圣叹考》1卷，附《罗隐秀才》1卷

三集子目：

《袁了凡斩蛟记考》1卷

《董小宛考》1卷

《小说题跋》。有《跋聊斋志异颠道人》1卷、《纪文襄公见鬼事》1卷。

《文艺谈》2卷

《心史笔粹》1卷

《丁香花》1卷

《字贯案》1卷

《闲闲录案》1卷

孟森著作集　丛书类

2006年中华书局出版。

按：本书收录孟森《清朝前纪》《心史丛刊》《满洲开国史讲义》《明史讲义》《清史讲义》《明元清系通纪》等专著，其余散篇论文分别辑为《明清史论著集刊》《孟森政论文集刊》，共8种。

管凤龢(1868—1938)

字洛声，一作洛生。清武进人。官辽宁海城知县、新民府知府、奉天高等审判厅厅丞，曾在海城创办《海城白话演说报》，这是东北创办的最早的中国人期刊。民国后出掌北洋造币厂,考订古今中外币制沿革綦详,晚岁隐居北戴河,编有《北戴河志》。

(光绪)海城县志不分卷　史部地理类

管凤龢、陈艺等修　张文藻等纂

(1) 清光绪三十三年(1907)修,清宣统元年(1909)铅印本,国家图书馆藏。

(2)《中国地方志集成》本。

(宣统)新民府志不分卷　史部地理类

管凤龢纂修

(1) 清宣统元年铅印本,北京大学图书馆藏。

(2)《中国地方志集成》本。

四十日之万八千里日记　史部传记类

清宣统二年铅印本,上海图书馆藏。

星源善公事略　史部传记类

清末朱丝栏抄本,国家图书馆藏。

新村唱和诗　集部总集类

管凤龢辑

1936 年石印本,北京师范大学图书馆藏。

方宾穆(1868—1938)

字燮尹,号夨台。方楷子,光绪二十年(1894)副贡,曾任南京方言学堂监督、保定高等学堂总教习,发起组织书业公会与面粉业公会。文章、词赋、方舆、天算皆能窥其奥,工篆籀,山水尤具天才。

皇清例授修职佐郎国子监典簿衔显考子可方府君征哀录　史部传记类

方宾穆等辑

(1) 清光绪刻本,国家图书馆藏。

(2)《中华历史人物别传集》本。

是书为方宾穆等纪念其父方楷所集传记、悼词等汇刊。

赵椿年(1868—1942)

字剑秋,一字春木,晚署坡邻老人。江苏常州人。翼五世孙。肄业于江阴南菁书院。光绪十四年(1888)举人,次年任国史馆校对、玉牒馆分校。二十四年成进士,以知府分发江西,巡抚长白松寿延入幕,任文案,旋任瑞州知府。1903年清政府设商部,历任郎中、参事、币制局提调、盐政处谘议等。辛亥革命后,任农商参事,历任财政部次长、税务处会办、总统府财政顾问、审计院副院长等。1928年辞职回乡,整理著作。通金石文字之学,亦工诗。

覃研斋石鼓十种考释1卷　史部金石类

《覃研斋三种》本。

按:本书初稿成于1931年,后经夏孙桐、章钰订正,柯绍忞、陈垣、汪荣宝、许宝蘅等审定,于丙子(1936)始付印。

覃研斋诗存3卷　集部别集类

《覃研斋三种》本。

按:本书第一卷起甲子(1924),止己巳(1929),收古今体诗124首;第二卷起庚午(1930),止乙亥(1935),收古今体诗117首;第三卷附少作,起光绪壬辰(1892),止宣统己酉(1909),收诗43首。三卷共收诗284首。

覃研斋三种　丛书类

1936年刻本,北京大学图书馆藏。

子目包括:

(1)《覃研斋诗存》3卷,赵椿年撰。

(2)《清声阁诗余》6卷,吕凤撰。

(3)《覃研斋石鼓十种考释》1卷,赵椿年撰。

史悠抚(1868—?)

原名悠联。字季育。清武进人。诸生。官湖北候补同知。

瓶斋诗草　集部别集类　佚

见《清代毗陵书目》卷4。

姜汝谟(1868—?)

字增寿，号鸣皋。清末民国武进人，汝济弟，光绪二十年(1894)举人。官知州。工棋。

范西屏四子谱注1卷　子部艺术类

清范世勋撰　姜汝谟注

1913年《小说月报》第4卷第5—12号附载，未有单行本行世。

刘雍来(1869—1917)

字拱璧，号逸云。清末民国初阳湖人。曾撰第七子。太学生。初因捐输巨款以赈灾民，循例得盐运副，后擢盐运司，分发两淮候补。辛亥革命后归里，与乡人创设长年医局。

小莊花阁诗存2卷　集部别集类　佚

见《西营刘氏先世著述考》。

李祖年(1869—1928)

字搢臣，号纪堂。清末民国间武进人。宝俭侄。光绪二十年(1894)进士，选授庶吉士，散馆任山东文登县知县，后历任历城、泰安、益都知县，山西宁武、泽州、汾州、太原知府。民国初任山西国税筹备处处长兼财政司司长，旋擢财政厅长、全国烟酒事务署署长等职。祖年于清末即厉行新政，知益都时，创办蚕桑学堂、东益绸布工艺局，促进了当地丝绸业之发展与出口，又创办各级中小学。工书善画，与吴江诗人金松岑、费韦斋相唱和。

(光绪)文登县志14卷首1卷　史部地理类

清李祖年修　于霖逢纂

(1) 清光绪二十三年修，1922年排印本，中国人民大学图书馆藏。

(2) 1933年排印本，华东师范大学图书馆藏。

(3) 台北成文书局《中国方志丛书》本。

(光绪)益都县图志54卷首1卷　史部地理类

清张承燮、李祖年修　法伟堂纂

清光绪三十三年刻本，北京师范大学图书馆藏。

圣译楼丛书　丛书类

清李祖年辑

清光绪三十四年武进李氏刻本，清华大学图书馆藏。

收3种10卷。

子目：

《律服考古录》2卷　清杨峒撰

《山左碑目》4卷　清段松苓撰

《徐雨峰中丞勘语》4卷　清徐士林撰

吕　凤(1869—1934)

字桐花。清末民国间武进人。赵椿年妻。有才女名，工篆书兼擅绘事，尤工倚声，为词家所重，称“桐花夫人”。卒于北京。

清声阁吟草　集部别集类　佚

见《清代毗陵书目》卷5。

按：疑即下书。

清声阁诗草　集部别集类　佚

见雷瑨、雷瑊辑《闺秀诗话》。

清声阁词四种(一作清声阁诗余)6卷　集部词曲类

1936年《覃研斋三种》本，北京大学图书馆藏。

按：收词4种：卷1—3为《清声阁词》，卷4为《和小山词》，卷5为《和漱玉词》，卷6为《和淑贞词》。

庄兆钤(1869—1935)

字和庵,号遽祖。武进人。邑庠生。江苏候补县丞,保升知县,奏调山西,加五品衔盐政院佥事。

胥园府君年谱略1卷　史部传记类

(1) 毗陵庄氏增修族谱卷12下,1936年铅印本。

(2)《北京图书馆藏年谱丛刊》本。

按:此书为庄兆钤为其先祖庄肇奎所撰年谱。

徐佑成(1869—1939)

又名涵,字涵生。室名补恨楼。阳湖人。监生,曾居庄蕴宽江苏都督幕中。

补恨楼词2卷附怀青庵词1卷　集部词曲类

《补恨楼词》清徐佑成撰　《怀青庵词》清李祖廉撰

清光绪二十一年(1895)刻本,南京图书馆藏。

汤心存(1870—1912)

字仲恒,一字寿生。清末民国间武进人。诸生。毕业于南京陆师学堂。光、宣间任四川督练公所帮办、陆军学堂、宪兵学堂监督,为赵尔巽所赏识。除川边兵备道,未抵任。辛亥革命后,曾任陆军部少将参议官等职。年43病卒。

餐秀馆诗词稿　集部别集类

见《清代毗陵名人小传稿》卷10。

按:此中诗词有与其妻吕慧依《红渠仙馆诗词稿》唱和之作。

方　怡(1870—1913)

字子顺。清末阳湖人。恮、恒弟。幼失父母,随兄恮游学。光绪十九年(1893)副贡生。初任广东永水知县,旋调两广总督陶模处主持奏疏，又督粮储、治盐政，晋知府，后主管广东学务。提倡新政，创办学堂，筹办全省警察事务等。善诗古文辞。于学长于考据掌故，潜心研究世界政治历史。

韩庐劫余剩稿　集部别集类

1936年铅印本，与方恒《双松室遗著》合印，上海图书馆藏。

陶　瑢(1870—1925)

字宝如，一字剑泉，号心庄、见南山人。湘孪生兄。盛宣怀记室，官至知县，著名书画家。

日本政治地理七编　史部地理类

日本矢津昌永撰　清陶瑢译

清光绪二十八年(1902)商务印书馆铅印本，湖南省社会科学院图书馆藏。

陶宝如印谱1卷　子部艺术类

清末钤印本，常州图书馆藏。

陶　湘(1870—1940)

字兰泉，号涉园。藏书室名“皕嘉斋”。原籍武进，长于浙江慈溪。为近代重要藏书家、目录学家、刻书家。三赴乡试不售，光绪十六年(1890)以大兴县学生员保送鸿胪寺序班，后纳资加捐保举浙江候补知府，旋升直隶候补道。经同邑盛宣怀保举，历任京汉路北路养路处、机器处总办，行车副监督，上海三新纱厂总办。民国以后，历任招商局、汉冶萍煤矿董事，天津中国银行经理，北京交通银行总行经理，天津裕元纱厂经理。1929年起任故宫博物院图书馆专门委员。雅好典籍，藏书多达30万卷。其收藏不重宋、元古本，特别喜爱明清精刊本，如明代汲古阁刊本、凌氏、闵氏套印本，明刻附图诸书、五色红格医书，清武英殿刊本。凡开化纸所印者皆收之，一时有“陶开花”之称。各种丛书亦收罗甚备。后丛书全部售与日本东方文化学院京都研究所，共574种，包括宋刊本《百川学海》和明抄本《儒学警悟》这两部中国丛书之始祖。误以足本500册《石仓诗选》杂其中，极为可惜。辛亥以后，尤以1921—1931年间以刻印古籍为主，其刻书之精可与董康诵芬室齐名，多由其弟心如为之督造。所印书字画工雅，楮墨精良，多影刻、影印本。工艺精绝，有时胜过原书。

唐石经　经部群经总义类

陶湘代张宗昌刻本。

1926年张氏皕忍堂刻本，国家图书馆藏。

按：伦明云：陶氏为张宗昌刻《唐石经》，亦精。《书目答问补正》蒙文通按：张宗昌有覆刻本，凡阙文均双钩补足。

八经白文　经部群经总义类

1921—1931年间陶湘影印宋巾箱本，国家图书馆藏。

汇刻十三经义疏(样本)　经部群经总义类

陶湘等编

1931年朱印本，国家图书馆藏。

昭代名人尺牍续集附小传24卷　史部传记类

陶湘辑印

(1) 清宣统三年(1911)天宝石印局影印本，首都图书馆藏。

(2) 1921年刻本。

(3)《近代中国史料丛刊续编》本。

按：《昭代名人尺牍》《昭代名人尺牍小传》，清吴修辑刻。

涉园年略(一作武进陶涉园七十年纪略)　史部传记类

(1) 1939年铅印本，上海图书馆藏。

(2)《北京图书馆藏珍本年谱丛刊》本。

按：本谱自叙至1939年止。记家事及仕历外，以记著述及刻书等事为主。凡所刻书之叙跋凡例，均加收录，是研究目录版本的重要参考资料。

显考晋甫府君行述　史部传记类

陶湘等撰

清光绪二十二年木活字本，上海图书馆藏。

先兄宝如公事略　史部传记类

抄本，上海图书馆藏。

营造法式 36 卷　史部政书类

(1) 1925 年陶湘于故宫文献馆发现 1 叶半宋本，遂仿其板式字体，石印彩图，上海图书馆藏。

(2) 1929 年商务买下陶氏板图，据以重印。

(3) 1954 年商务据《万有文库》本重印。

(4) 2013 年中国书店影印本。

畿辅丛书初编总目　史部目录类

清王灏编　陶湘辑

(1) 1913 年铅印本，国家图书馆藏。

(2) 1913 年晒印本，国家图书馆藏。

涉园陶氏鉴藏明版书目录　史部目录类

1931 年排印本，上海图书馆藏。

按：陶氏收藏明版书 1000 余部，后逐渐散去。最后一批 80 余种，收归中央图书馆藏，现存台湾“中央图书馆”。

武进陶氏涉园精刻印书籍目录　史部目录类

1930 年排印本，国家图书馆藏。

故宫殿本书库现存目 3 卷附录 1 卷　史部目录类

1933 年故宫博物院图书馆藏铅印本，上海图书馆藏。

涉园所见宋版书影二辑　史部目录类

1937 年影印本，上海图书馆藏。

涉园藏石目　史部目录类

1921—1931 年间刻本，上海图书馆藏。

程雪楼集 30 卷(一作程巨夫全集)　集部别集类

元程巨夫撰　陶湘刻

1921—1931 年间陶湘据明洪武本刻，上海图书馆藏。

景刊宋金元明本词 40 种　丛书类

(1) 前 17 种清末民国间吴昌绶辑刻，有清宣统三年至民国六年(1911—1917)仁和吴氏双照楼影印本，国家图书馆藏。后 23 种陶湘续辑，有 1917—1923 年武进陶氏涉园影印本。抗战前少量印行，又合称《双照楼词正续编》，上海图书馆藏。

(2) 后来陶氏又补刻 3 家，未正式印行。1961 年中华书局将全书 43 种一并出版，题名《影刊宋金元明本词》，线装本，31 册。

(3) 1962 年中华书局将陶氏补刻的 3 种合印为 1 册，题名《影刊宋金元明刊本词补编》，独立发行。

儒学警悟 6 种　丛书类

(1) 1922 年陶湘刻本，上海图书馆藏。

(2) 1982 年天津古籍书店影印陶本。

托跋廛丛刻 10 种　丛书类

陶湘辑

(1) 涉园刻本，上海图书馆藏。

(2) 2011 年中国书店出版社影印本。

涉园墨萃 12 种　丛书类

(1) 民国陶湘涉园石印本，南京图书馆藏。

(2) 1994 年中国书店影印本。

按：本书为陶湘任故宫博物院专门委员时辑历代名本精印而成的墨苑名著合集。辑宋以后专著 10 种：《墨谱法式》3 卷、《墨经》1 卷、《墨史》3 卷、《墨法集要》1 卷、《墨海》10 卷《附录》1 卷、《墨表》4 卷、《鉴古斋墨薮》4 卷《附录》1 卷、《中州墨录》3 卷、《内务府墨作则例》1 卷、《南学制墨札记》1 卷。另附《中山狼图》《利玛窦题宝像图》各 1 卷。

喜咏轩丛书 35 种　丛书类

陶湘辑

(1) 民国涉园石印本，上海图书馆藏。

(2) 2016年北京联合出版公司影印本。

按:写工画工绝精之《天工开物》即此丛书之第1种,1929年印。

百川学海100种　丛书类

1927年陶湘据宋咸淳本影刊,上海图书馆藏,缺卷据明弘治无锡华氏覆宋本摹补,依宋本目次编排。

百川书屋丛书9种续编7种　丛书类

正编1930年陶湘涉园影印,续编1931年影印,上海图书馆藏。

景汲古阁钞宋金词7种　丛书类

陶湘辑

(1) 据明毛氏汲古阁抄本影印,上海图书馆藏。

(2) 1971年高雄学海出版社影印本,2016年再印。

武进陶氏涉园合印闺秀诗　丛书类

1928年影印本,国家图书馆藏。

子目:

《红香馆诗草》1卷　恽珠撰

《双清阁诗》1卷　方荫华撰

《芸香馆遗诗》2卷　那逊兰保撰

《吟茳馆遗诗》1卷　路秀珍撰

武进陶氏书目丛刊　丛书类

1933年陶湘排印本,上海图书馆藏。

子目:

《明吴兴闵板书目》

按:陶氏所藏汲古阁刻本,闵、凌二家套印本书先售与满族荣厚,再归于溥仪,建国后归辽宁省图书馆藏。

《明毛氏汲古阁刻书目录》

按:陶氏对汲古阁刻书极其珍视,花了30余年功夫,编目540余种。

《明代内府经厂本书目》　明刘若愚撰,陶湘重辑

《清代殿板书始末记》

按:此目《中国丛书综录》收录,《北京图书馆藏普通古籍总目(目录门)》不收。

《清代殿板书目》

《武英殿聚珍板书目》

《武英殿袖珍板书目》

《钦定校正补刻通志堂经解目录》

《钦定石经目录》

《昭仁殿天禄琳琅前编目录》 清于敏中等编,陶湘重辑

《昭仁殿天禄琳琅续编目录》 清彭元瑞等编,陶湘重辑

按:《天禄琳琅前编》《续编》,《丛书综录》作为1种;《北京图书馆藏普通古籍总目(目录门)》作为2种。

《五经萃室藏宋版五经目录》

《钦定文渊阁四库全书目录》

《摛藻堂四库全书荟要目录》 清于敏中等编

《内府写本书目》

《武英殿造办处写刻刷印工价并颜料纸张定例》

辽宁省图书馆藏陶湘旧藏闵凌刻本集成 丛书类

辽宁省图书馆编。2015年中华书局出版。

按:本书精选辽宁省图书馆所藏陶湘旧藏闵齐伋、凌濛初刻本96种彩色影印,是目前国内第一部最为系统、全面地揭示闵凌刻本原始风貌的大型图书。全130册。

孟昭常(1871—1919)

原名瑢。字庸生,号沤风。清末民国间武进人。森弟。光绪十七年(1891)举人。二十四年至南洋公学教书。二十九年赴日本法政大学留学。回国后主张立宪,与张謇等在上海成立预备立宪公会,任副会长,创办《预备立宪公会报》,任主编。宣统元年(1909)当选江苏咨议局

议员，进京请愿，留资政院任议员。民国后任农商部参事。旋往黑龙江集资成立近思垦荒公司，任黑龙江实业厅长，筹办戊通公司购买俄国船舶。后东北收回航权，军阀排斥异己，郁郁而归，至大连病殁。

公民必读初编　史部政书类

清光绪三十四年上海预备立宪公所铅印本，复旦大学图书馆藏。

公民必读二编　史部政书类

清宣统元年上海预备立宪公所铅印本，首都图书馆藏。

城镇乡地方自治宣讲书　史部政书类

清宣统元年上海中新书局铅印本，华东师范大学图书馆藏。

财政渊鉴六编 8 卷　史部政书类

民国汤一鄂、孟昭常、杨志洵等撰

民国铅印本，四川大学图书馆藏。

沤风诗文初集 1 卷附集哀挽录校勘记　集部别集类

1919 年铅印本，常州图书馆藏。

按：《毗陵诗录》卷 8 收其诗 2 首，《毗陵文录》卷 8 收其文 1 篇。

鲸华社诗钟选存不分卷　集部总集类

孟昭常辑

清光绪三十一年刻本，常州图书馆藏。

毛善珊(1871—1933)

名彬年，号枕陶。清末民国间武进人。少慧，年 15，举秀才。以家为世医，故立志从医。闭门攻读医籍 3 年，医理渐精。其行医，既能吸取前人经验，而处方用药，多所创新。愈人无数。名闻武进、宜兴、无锡等地。

毛氏湿温治验　子部医家类　佚

见 1988 年版《武进县志》。

唐　驼(1871—1938)

字孜权。清末民国间武进人。幼孤,家贫,时读时辍,不得竟其学。未冠即致力楷书,寒暑无间。以习字过勤,右背隆起,因弃其名,改名曰驼,号曲人。先后受文明书局、商务印书馆聘写教科书,并以卖字为副业。中国图书公司经营不善,生存岌岌可危,经理林康侯遂聘驼为副理,公司因以复兴。辛亥革命后,入中华书局,主持印刷所,以终其身。曾将卖字所得,在常州建安邦小学。

兰蕙小史 3 卷附卷 1 卷　子部农家类

民国吴思元编　唐驼校订

1923 年铅印本,南开大学图书馆藏。

伍　璜(1871—?)

又名世璜,字渭英。清末民国间武进人。曾任京汉铁路汴洛铁路工程、京汉南干购地会办,河南、无锡交通银行行长。与张惟骧等友善,热心搜集乡贤遗稿,广为刊布。

饮渌轩随笔 2 卷　子部小说类

秋水亭诗抄 1 卷　集部别集类

以上 2 种俱为伍宇澄撰。1932 年伍璜依嘉庆单刻本铅印行世。

毗陵伍氏合集 21 卷　丛书类

清伍宇昭原辑　民国伍璜补辑

1935 年铅印本,常州图书馆藏。

子目:

《舣舟亭集》5 卷《补遗》1 卷　清伍宇昭撰

《蓉湖吟稿》6 卷　清伍鲁兴撰

《磊轩小稿》1 卷《补遗》1 卷　清伍嗣兴撰

《餐玉词》1 卷　清伍嗣兴撰

《月珠楼诗抄》1 卷　清黄兰雪撰

《淡斋诗草》1 卷　清伍以仁撰

《青爱山房诗抄》1 卷　清伍兆灿撰

《蕉林书屋诗抄》1 卷《词抄》1 卷　清伍兆蟠撰

《附录》1 卷，伍世熊辑

附录内容有：

清史承豫《蒙溪诗话》1 则

清袁枚《随园诗话》1 则

清汤大奎《炙砚琐谈》1 则

清万之蘅、汪玉珩、张衢、伍鲁兴评《月珠楼诗》各 1 则

恽毓巽(1872—1904)

字季庵，一字艾斋，号静园、东园客。清阳湖人。毓鼎弟。光绪十九年(1893)恩科举人。两次会试不第，遂罢。纳赀为内阁中书，并不就官。其学专治《春秋左传》，于舆地、官制、谥法均有考证。善诗，家有园亭之胜，每集合皆吟咏倡和。善词，于宋爱张炎、吴文英，于清喜朱彝尊，所作亦于朱为近。

春秋地名考异 3 卷　经部春秋总义类　佚

以下 5 种均见《恽氏先世著述考略》。原注云："原抄本，有清光绪二十四年自序。"

春秋卿大夫世系表 2 卷　经部春秋总义类　佚

《考略》原注云："原钞本。有清光绪二十五年自序。"

春秋谥法考略 3 卷　经部春秋总义类　佚

《考略》原注云："原稿本，有清光绪二十六年自序。"

翦红藏碑目 1 编　史部金石类　佚

《考略》原注云："有清光绪三十年自序。"

翦红诗草 8 卷　集部别集类　佚

《考略》原注云："稿本。"

翦红词草 1 卷　集部词曲类

清宣统二年(1910)恽毓鼎北京序刻本,常州图书馆藏。

沈同芳(1872—1919)

原名志贤,字幼卿,号越若,一号蠡隐。清末武进人。幼颖悟。16岁成秀才,20岁举于乡。光绪二十年(1894)进士。由翰林院庶吉士、授编修,改河南唐县知县。在任两年引疾辞官。后在山东咨议局、上海铁路学会、江苏铁路公司等任秘书。自幼喜翰墨,尤工骈文。所撰公文稿甚众,多收入《万物炊累室类稿》中。

新疆特用道英吉沙尔直隶同知黄君传　史部传记类

清宣统二年(1910)铅印本,国家图书馆藏。

万物炊累室乙集2卷　集部别集类

清光绪二十二年刻本,上海图书馆藏。

万物炊累室骈文1卷　集部别集类

清光绪间木活字印本,常州图书馆藏。

鸾箫集2卷补编1卷　集部别集类

沈同芳辑

清光绪二十二年羊城成文堂刻本,常州图书馆藏。

按:此书为辑其友人投赠之作。

羲亭诗稿1卷　集部别集类　佚

万物炊累室乙集2卷　集部别集类　佚

以上2种见《清代毗陵书目》卷4。

万物炊累室类稿　丛书类

(1) 清宣统三年铅印本,常州图书馆藏。

(2)《清代诗文集汇编》本。

子目:

《中国渔业历史》1卷

《公言集》3卷

《刻鹄集》3卷

《秘书集》10 卷

按：沈氏在山东咨议局、上海铁路学会、江苏铁路公司等处任职秘书，以撰写公文为事。此书《秘书集》《公言集》皆为公文、章折、批示等文书。其中《公言集》乃其为江苏铁路、江苏学务所撰文稿七十二篇、杂录十篇，是有关江苏铁路、教育建设的重要文献。

钱　希(1872—1930)

幼名应贞，字梦龟。清末民国间阳湖人。向杲女，振锽姊。同邑蒋南棠继室。夙有才名。光绪二十六年(1900)，南棠病逝；后三年，子细侯又以急惊风夭。希痛不欲生，遂患心疾，沉疴日甚，竟以病卒。

云在轩笔谈 1 卷　子部杂学类

云在轩诗集 3 卷　集部别集类

以上 2 种版本有：

(1) 木刻本，与清蒋南棠《求拙斋遗诗》合刊，天津图书馆藏。

(2)《钱氏家集》本。

(3)《清代闺秀集丛刊》本。

恽毓珂(1872—1936)

字瑾叔，一字佩璁，号瘦兰。清阳湖人。祖翼次子，毓良弟。太学生，工部郎中，浙江候补道，署温处道、两浙盐运使。少笃学，文章绮丽。辛亥革命后，隐居上海。

恽崧耘行述　史部传记类

清恽毓珂、恽毓良编

清光绪二十九年(1903)刻本，上海图书馆藏。

敝帚千金文集　集部别集类　佚

稿本。

春华行馆诗　集部别集类　佚

稿本。所收为早年之作。

俟庐诗文存　集部别集类　佚

稿本。是集为晚年删定本。

以上3种均见恽宝惠《恽氏先世著述考略》。

兰窗瘦梦词　集部词曲类　佚

见《全清词钞》卷38人物小传,收其词3首。

恽毓留

字选芬。清阳湖人。毓湘姐,翁顺孙妻。工诗。

絮吟楼诗稿　集部别集类　佚

见《历代妇女著作考》卷16引《清闺秀艺文略》。

恽毓湘

字锜蘋。清阳湖人。毓留妹,庞树楷妻。工诗。

瘦篁吟馆诗稿　集部别集类　佚

见《历代妇女著作考》卷16引《清闺秀艺文略》。

左运奎(1872—?)

字子魁。清武进人。左智孙。自幼嗜长短句。稍长,随父官浙江,与吴苍缘、刘光珊相交,得窥填词门径。又与山阴金夔伯结词社于西湖,斥"诗余"之说为俚儒之言,而谓词乃"骚之余"。

迦厂词4卷　集部词曲类

清宣统二年(1910)序刻本,常州图书馆藏。

刘佩缞(1873—1901)

清武进人。允中女,钱方琦继妻。能诗,通音律,长考订。方琦染时疫殁,同日以身殉。

侯国僭都辑略　史部地理类

随园诗话削繁12卷　集部诗文评类

清袁枚、刘佩镶纂　钱建初补纂

以上2种有《得天爵丛书》本，国家图书馆藏，详见“钱方琦”条。

潘鸣球(1873—1932)

字霞青。清末民国间武进人。光绪三十年(1904)进士。历任河南沈邱、洛阳、沁县、陕县、商县等知县，署怀庆知府。民国初，任财政部秘书、科长。返里后，曾任县修志局副主任。

养和堂类稿　集部别集类　佚

见1988年版《武进县志·人物》。

课艺汇稿不分卷　集部总集类

南菁书院辑　清潘鸣球等撰

清光绪二十五年至二十八年稿本，中国人民大学图书馆藏。

潘　奇

字逸如。清武进人。鸣球妹，安徽即用知县程适妻。词法南唐，书宗北魏，晚年兼工绘事。清宣统初任荆溪女子学堂校长。

冰琴初集2卷　集部别集类　佚

女子教育谈1卷　集部别集类　佚

绿猗吟草2卷　集部词曲类　佚

以上3种均见《光宣宜荆续志》卷9下才淑类。

李祖廉(1873—?)

字绿茹，又字洛如，清武进人。李宝章子。能为词，多感伤凄楚之作。

怀青庵词1卷　集部词曲类

清光绪二十一年(1895)刻本，常州图书馆藏。

按：附清徐佑成《补恨楼词》后。

庄　炎(1873—?)

原名钟澂，庠名达行，字秉翰，一字炳汉。清武进人，庄允懿子。附生，官广西候补知县，民国后任署江苏南汇、盐城、常熟等县知事，清理江苏全省沙田局总办等职。

毗陵庄氏经籍录初稿　史部目录类

武进庄氏玉青馆稿本，上海图书馆藏。

王理中(1874—1917)

字冠时，一字贯时，别号梦潜生。清武进人。世业鹾，精盐策之学。宣统二年(1910)后出任丹阳、无锡盐事。捐资助成常州藏书阅报社、理化研究会，创办新群书社，附设新群小学。热心教育，勇于任事，积劳成疾而卒，学界惜之。

寸心草堂剩稿 1 卷　集部别集类　佚

见《清代毗陵名人小传稿》本传，云："理中生平为文多不存稿，卒后其子春渠搜集遗稿，得诗十余首，辑为《寸心草堂剩稿》一卷，藏于家。"

缪　华(1874—1920)

字补笙，一字韵华。清末民国间武进人。刘钟岳继妻。卒于彝陵。

韵庐自娱诗词草 2 卷　集部别集类　佚

1925 年刻本。

吕景蕙(1874—1924)

字若苏，号璇友。清阳湖人。景端妹，同邑赵铨年妻。自幼好学，年 15 即能文善诗，金武祥刊《毗陵闺秀诗文集》搜采及之，一时为士林传诵。邑中办女校，被聘为教师，教导有方，多所成就。后随兄嫂居上海，赁屋设塾，并就外馆数处任教。虽生活困苦，然日手一编，好学不辍。所作诗词多忧时感怀之什，而无凄苦之音。民国初年卒，年 51 岁。

纫佩轩诗词草1卷　集部词曲类

1934年排印本,国家图书馆藏。

按:此本收词,未收诗。《全清词钞》卷34收其词1首。

吕永萱(1875—1904)

字颂宜。清末阳湖人。德骥女,思勉姊,武进丁守铭妻。少受教于父母,又受学于薛念辛,通经史,工诗词。

碧云词　集部词曲类

稿本,存于华东师范大学李永圻处,部分诗文刊于《吕思勉先生年谱长编》中。

钱振锽(1875—1944)

字梦鲸,号谪星,后号名山,又号庸人。早年自署星影庐主人,晚年自署海上羞客;又每于书画上自署藏之。殁后乡人谥为清惠先生。清末民国间阳湖人,世居东门。向杲子。早岁即以文名。光绪二十九年(1903)进士,以刑部主事用。屡上书言事,均留中不用。宣统元年(1909)弃官还乡,以读书、教书、著书为务,兼以卖字为生。讲学"寄园"垂20年。平生好善尚义,多次卖书救灾。抗日战起避地上海,坚持民族气节。抗战胜利前一年逝世。毕生著作甚多,主要著作为《名山集》。

显考鹤岑府君行述　史部传记类

清光绪三十二年木活字本,上海图书馆藏。

钱向杲行述　史部传记类

钱振锽等撰

清光绪木活字本,上海图书馆藏。

杨文照八十三岁寿序　史部传记类

1939年石印本,上海图书馆藏。

钱氏家语1卷　子部儒学类

民国刻本,常州图书馆藏。

良心书 1 卷　子部儒学类

(1)《名山全集》本。

(2) 民国间活字排印本,国家图书馆藏。

谢氏家传法帖 1 卷　子部艺术类

钱振锽辑

清光绪石印本,常州图书馆藏。

星影楼文草 1 卷诗草 1 卷诗剩 1 卷壬辰以前存稿 2 卷杂言 1 卷尺牍 1 卷杂著 1 卷诗外集 1 卷四书文 1 卷　集部别集类

清木活字本,天津图书馆藏。

星隐楼集不分卷　集部别集类

清木活字本,国家图书馆藏。

星隐楼尺牍 1 卷　集部别集类

光绪间木活字本,国家图书馆藏。

快雪轩诗草 3 卷　集部别集类

清木活字本,常州图书馆藏。

快雪轩文钞课余闲笔　集部别集类

清光绪十八年活字本,国家图书馆藏。

谪星集初集二集三集四集　集部别集类

《阳湖钱氏家集》本。

名山集 44 卷　集部别集类

光绪间刻本,湖北省图书馆。

名山六集补 3 卷　集部别集类

民国间木活字及铅印本,国家图书馆藏。

名山六集补 6 卷　集部别集类

民国间木活字及铅印本,北京大学图书馆藏。

名山文约初编 15 卷续编 10 卷三编　集部别集类

(1) 初编、续编有民国木活字排印本,上海图书馆藏。

(2) 三编有抗战时期铅印本,吉林大学图书馆。

按:此为自选文集,《中国丛书综录》未收三编。

名山文集 14 卷　集部别集类

清末刻本,首都图书馆藏。

名山诗集 13 卷附词 2 卷海上词 4 卷　集部别集类

(1) 1947 年木活字本,常州图书馆藏。

(2) 1984 年影印 1947 年本。

按:此为自选诗词集,包括《名山诗词》《海上羞客诗》《海上词》。

名山诗集 5 卷　集部别集类

(1) 1926 年胡考古斋刻本,常州图书馆藏。

(2) 民国间木活字本,湖南省图书馆藏。

(3) 2017 年广陵书社出版《民国诗集选刊》本。

名山小言 4 卷谪星文草 4 卷谪星诗草 4 卷名山乙亥存稿 4 卷北窗吟草 1 卷　集部别集类

民国刻本,山东大学图书馆藏。

谪星诗草 4 卷　集部别集类

(1)《阳湖钱氏家集》本。

(2) 抗战时期上海铅印本。

(3) 2017 年广陵书社出版《民国诗集选刊》本。

课徒草 5 卷　集部别集类

(1)《名山集》附刻本。

(2) 民国间木活字本,国家图书馆藏。

(3) 1939 年铅印本,上海图书馆藏。

课徒续草 1 卷　集部别集类

民国间木活字本,国家图书馆藏。

海上羞客诗三编　集部别集类

民国间铅印本,国家图书馆藏。

名山全集　集部别集类

清、民国印本。

按:此为钱振锽个人文集。据钱振锽后人介绍,钱振锽生前未编《名山全集》,近姑从《中国丛书综录》立其名。各图书馆收藏钱振锽集,名称也互不统一,兹举其大概著录。

《名山集》,包括:《谪星文初编》1 卷《二编》2 卷《三编》2 卷,《谪星说诗》1 卷,《谪星词》1 卷,《谪星笔谈》3 卷,《名山文集》14 卷《诗集》2 卷,《名山诗集》5 卷,《名山三集》20 卷,《名山五集》10 卷,《名山六集补》6 卷,《名山七集》《文》4 卷《诗》1 卷《词续》1 卷《诗话》1 卷《小言》1 卷《名山录》1 卷,《名山文考》1 卷,《名山词》1 卷,《钱氏家语》1 卷,《良心书》1 卷,《语类》3 卷,《课徒草》1 卷《续草》1 卷《三刻》2 卷《四刻》1 卷《文省》1 卷,《江阴节义略》1 卷(明张佳图撰),《阳湖钱氏家集》16 卷,《乩诗录》1 卷(钱振锽辑),《求拙斋遗诗》1 卷(清蒋南棠撰),民国阳湖钱氏活字本、铅印本,存 20 种,21 册,北京大学图书馆藏。

《名山文约》15 卷《续编》10 卷《三编》6 卷《名山六集》11 卷《谪星词》1 卷《名山词》1 卷《名山诗话》1 卷《文省》1 卷《肯哉文钞》1 卷(清吴堂撰)《晚村集偶证》1 卷《栖香阁藏稿》1 卷(清李藻撰)《课徒草四刻》1 卷《名山七集》9 卷《名山八集》1 卷,民国间铅印本、刻本,13 册,复旦大学图书馆藏。

《钱振锽全集》附《钱室家集》,《阳湖钱氏家集》,民国刻本,44 册,北京师范大学图书馆藏。

《名山六集补诗》1 卷《词续》1 卷《文》1 卷,民国铅印本,1 册,上海图书馆藏。

《谪星初集》6 卷,清光绪三十三年木活字本,3 册,国家图书馆藏。

《谪星二集》5 卷,清光绪三十三年木活字本,2 册,国家图书馆藏。

《谪星三集》5 卷,清光绪三十三年木活字本,2 册,国家图书馆藏。

《谪星四集》1 卷,清木活字本,1 册,国家图书馆藏。

《名山六集补文》3 卷《诗》1 卷《诗话》1 卷《小言》1 卷,民国木活字本,1 册,上海图书馆藏。

《名山七集文》4 卷《诗》1 卷《词续》1 卷《诗话》1 卷《小言》1 卷《名

山录》1 卷，民国木活字本，2 册，上海图书馆藏。

《名山八集文》1 卷《文约三编》6 卷，民国铅印本，2 册，上海图书馆藏。

《名山诗词集》，民国木活字本，1 册，上海图书馆藏。

《名山课徒草》1 卷，1939 年铅印本，1 册，上海图书馆藏。

《名山诗集》13 卷《名山词》1 卷《续》1 卷《海上词》1 卷《续》1 卷《海上词三编》1 卷《海上词四编》1 卷，民国铅印本，4 册，上海图书馆藏。

《名山诗集》5 卷，1926 年刻本，1 册，上海图书馆藏。

《名山文约》15 卷《续编》10 卷，民国木活字本，6 册，上海图书馆藏。

《名山文集》14 卷《诗集》2 卷《词》1 卷，民国木活字本，4 册，上海图书馆藏。

钱振锽后人钱璱之先生《话说〈阳湖钱氏家集〉》一文（原载常州市民俗研究会等主办《谱牒文化》2009 年第 2 期），对钱振锽著作的情况有具体说明，兹摘要引录如下。钱振锽的早期著作，主要即为《家集》中的“谪星”诗文（更早尚有《快雪轩文钞》），其中期、晚期著作则均用《名山集》为总名，从初集至九集续，均以线装本（或木刻、或铅印）行世。另有单行本《名山诗集》（共十三卷，附词六编，1926 年温州版，1947 年常州版，1971 年台湾版、1984 年上海版）。其本人著作之所以早期总标“谪星”、后期总标“名山”，其原因可从作者自撰《钱振锽传》文中得知：“其书初名《谪星集》，以生前有星异故。后其父遗言曰：‘尔性高疏，当著书名山以老。经世，俗事也，非尔任。’遂改名《名山集》。”但作者对早年收入家集的《谪星诗草》还是很重视的，晚年在避难上海时，曾以铅字本重新整理印行，分为四卷，收入从光绪十六年至光绪三十四年的诗作。集中还有一些断句，作者把它们改写成组词《望江南》，共十四阕，他说：“家园旧句，未忍弃也，足之成词，以寄乡思。”（见《名山诗集》中的《海上词》三编）

求拙斋遗诗 1 卷　集部别集类

蒋南棠撰　钱振锽辑

民国间木活字排印本，上海图书馆藏。

传我室集　集部别集类　佚

据钱瑶之考，此乃早岁作，未刻。

名山诗话2卷　集部诗文评类

清光绪三十三年木活字本，常州图书馆藏。

名山丛书　丛书类

民国刻本，常州图书馆藏。

(1)《文省》1卷选辑古人文章而为之省字。有《名山集》附刻本。

(2)选辑古人著作：

《梅泉诗选》1卷　朝鲜黄玹撰

《江阴节义略》1卷　明张佳图撰

《祥桂堂诗草》4卷　清刘秉衡撰

《卫衷剩稿》1卷　清芮长恤撰

《肯哉文钞》1卷　清吴堂撰

《栖香阁藏稿》1卷　清李藻撰

以上均为《名山集》附刻本。

(3)《名山丛书》七种，包括文话、诗话、词话、书论、联语、音辨、山话。未刊印，存稿本。

按：《中国丛书综录》将此丛书收入《名山全集》，未知何据，录以备考。

阳湖钱氏家集　丛书类

(1)清光绪三十三年活字排印本，常州图书馆藏。

(2)民国活字印本，存1册，南京图书馆藏。

(3)2015年国家图书馆出版社出版《清代家集丛刊》本。

子目：

《佳乐堂遗集》　清钱钧撰

《九峰阁诗集》《文集》　清钱向杲撰

《谪星诗草集》　钱振锽撰

《谪星文三编》　钱振锽撰

《名山文考》　钱振锽撰

《云在轩诗集》　清钱希撰

《云在轩笔谈》　清钱希撰

《北窗吟草》　清钱永撰

《求拙斋遗诗》　清蒋南棠撰

按：钱振锽后人钱璱之先生《话说〈阳湖钱氏家集〉》一文（原载常州市民俗研究会等主办《谱牒文化》2009年第2期，亦见http://blog.sina.com.cn/xbzhl），对《阳湖钱氏家集》的出版有具体说明，兹摘要引录如下。《阳湖钱氏家集》，曾经印行多次，不止一个版本。笔者从家藏的旧书中，至少发现两种大同小异的本子：一称《钱氏家集》，刊印于清光绪三十三年；一称《阳湖钱氏家集》，刊印于民国时期，即二十世纪三十年代之初。前者刊于钱向杲逝世之后，后者刊于钱希逝世之后。编印者均为钱振锽。这两个版本，所收诗文大体相同而详略有异：

甲、《钱氏家集》三十四卷，附《钱氏丛书》二种。子目如下：

《佳乐堂遗稿》一卷，清钱钧撰。收古近体诗七十八首，后附《坐拥百城图》跋以及自挽联语。钱钧（1819—1877），字邦灿，号廉村。少家贫，乃弃举子业学贾。然性好读书，蓄书不下万卷。咸丰间，避难于江北如皋，藏书悉毁于战火，因请人绘《坐拥百城图》以寄意。又取古人“读书便佳”“为善最乐”语意，名其堂曰佳乐，并以名其集。

《九峰阁诗集》6卷。卷一记光绪十三年送妹还北，从常州到如皋、掘港、姜堰、扬州、瓜洲、金山等，诗中所记，可考见长江两岸沿途风情。

《九峰阁文集》4卷，以上两书钱向杲撰。卷首有张兆麟《九峰阁记》、金武祥序和作者自序，卷末附词十二首、联八副和文七篇。钱向杲（1849—1906），字仲谦，号鹤岑。钧子。光绪元年（1875）举人。其后名场屡困，上书不用，乃购地二亩筑“寄园”，隐居其中。平生博览经史，慷慨尚气，关心国家兴亡。长于诗，雄浑激昂。

《谪星初集》6 卷

《谪星二集》5 卷

《谪星三集》5 卷，以上三书钱振锽撰。书中包括诗、文、笔记、笔谈、杂著等。

《云在轩诗集》3 卷

《云在轩笔谈》1 卷，以上二书钱希撰。钱希(1872—1930)，字梦龟。向杲女，振锽姊，蒋南棠继室。夙有才名。光绪二十六年，南棠病逝；后三年，子细侯又以急惊风夭。希痛不欲生，遂患心疾，沉疴日甚，竟以病卒。

《北窗吟草》1 卷，钱永撰

《谪星词》1 卷又附《对联》《断句》1 卷，钱振锽撰

以上均属《钱氏家集》，共为 34 卷。

另附《钱氏丛书》两种：

《乩诗录》1 卷

《求拙斋遗诗》1 卷，蒋南棠撰。卷首有钱振锽文和谢永等题诗。

乙、《阳湖钱氏家集》十六卷，附录二种。子目如下：

卷一：《佳乐堂遗集》，钱钧撰

卷二至卷七：《九峰阁诗集》卷一至卷六，未收《九峰阁文集》，钱向杲撰

卷八至卷十一：《谪星诗草》卷一至卷四，未收文章杂著，钱振锽撰

卷十二至卷十五：《云在轩诗草》卷一至卷三、《云在轩笔谈》一卷，钱希撰

卷十六：《北窗吟草》一卷，钱永撰。钱永(1888—1977)，字墨渊，亦作墨云，又字梦蛟。振锽妹。

附录二卷

《乩诗录》，有钱钧题辞，由钱振锽辑

《求拙斋遗稿》，蒋南棠撰。蒋南棠(1868—1900)，原名廷槐，字树声，亦作树森，阳湖人。钱希夫，补贡生。工书法，好为诗，多羁旅慷慨

悲愁之音。卒年33。

以上两种版本即34卷本的《钱氏家集》和16卷本的《阳湖钱氏家集》。此外还有一些不同版本，所收诗文，详略稍异，但研究时基本上可参照上述两本。

谢氏家集　丛书类

1912年钱振锽辑印，常州图书馆藏。

子目：

《剪红轩诗稿》1卷　清谢秉文撰

《吉羊止止室剩稿》1卷　清谢璜撰

《运甓小馆吟稿》1卷　清谢秉彝撰

《寄云阁诗钞》4卷　清谢祖芳撰

《双存书屋诗草》1卷　清钱蕙荪撰

《覆瓿遗文》1卷　清谢植范撰

《青山草堂词钞》1卷　清谢仁撰

《青山草堂诗钞》1卷　清谢仁撰

《瓶轩词钞》1卷　清谢泳撰

《瓶轩诗钞》1卷　清谢泳撰

按：谢氏祖芳乃振煌姑父。谢氏一门风雅，谢祖芳在世时即有意总谢氏诗文付刻，未竟而卒，子仁、泳又相继而亡。钱氏于国破家丧之际，受姑母之托，终成谢氏文集。文集收其姑父先世谢秉文、秉彝、璜诗各一卷，姑父谢祖芳诗四卷，姑母钱蕙荪诗一卷，姑父季弟谢植范遗文一卷，姑父子仁、泳兄弟诗词凡四卷。

毗陵三少年词　丛书类

钱振锽辑

民国木活字本，上海图书馆藏。

子目：

《青山草堂词钞》1卷　清谢仁撰

《瓶轩词钞》1卷　清谢泳撰

《留我相庵词》1卷　清药伽(吕光辰)撰

董迪光(1875—?)

原名祉惓，又名羲唐，字吉甫。陆军部主事，民国后任国务院印铸局主事，公报课课长等职。

四瓶斋诗草偶存1卷　集部别集类

1929年铅印本，常州图书馆藏。

一尺园诗1卷词1卷　集部别集类

1939年铅印本，吉林大学图书馆藏。

六六研余集1卷　集部别集类

1941年铅印本，吉林大学图书馆藏。

吴殿瑛(1875—?)

字俪笙，别号松髯老人。清末民国间阳湖人。画家。自童年入蜀，纵览山川名胜，放笔作画。壮年返里，广求前人名迹，朝夕临摹，以资取法。历30年，积存珍品百余幅。

时敏斋藏画录1卷　子部艺术类

1930年香雪民抄本，常州图书馆藏。

高粹曾

字纯士。清武进人。诸生。豪饮健谈，尤负书名。书法二王，银钩铁画，风格瘦硬。晚好小学韵书，欲有所发明，著书未成而卒。

鲸华社钟选2卷　集部总集类

高粹曾辑

清光绪三十一年(1905)上海通元书局石印本，常州图书馆藏。

马冠群

字良伯。清末武进孟河人。

奉天地略 1 卷　史部地理类

牧厂地略 1 卷　史部地理类

吉林地略 1 卷　史部地理类

黑龙江地略 1 卷　史部地理类

顺天地略 1 卷　史部地理类

直隶地略 1 卷　史部地理类

江苏地略 1 卷　史部地理类

安徽地略 1 卷　史部地理类

江西地略 1 卷　史部地理类

浙江地略 1 卷　史部地理类

福建地略 1 卷　史部地理类

湖北地略 1 卷　史部地理类

湖南地略 1 卷　史部地理类

河南地略 1 卷　史部地理类

山东地略 1 卷　史部地理类

山西地略 1 卷　史部地理类

陕西地略 1 卷　史部地理类

甘肃地略 1 卷　史部地理类

四川地略 1 卷　史部地理类

广东地略 1 卷　史部地理类

广西地略 1 卷　史部地理类

云南地略 1 卷　史部地理类

贵州地略 1 卷　史部地理类

蒙古地略 1 卷　史部地理类

察哈尔地略 1 卷　史部地理类

喀尔喀地略 1 卷　史部地理类

西套厄鲁特地略 1 卷　史部地理类

青海地略 1 卷　史部地理类

新疆地略 1 卷　史部地理类

以上 29 种均有《小方壶斋舆地丛钞》(再补编)本。

中外舆地汇钞 14 卷　史部地理类

清光绪二十年(1894)文瑞楼石印本,北京大学图书馆藏。

医悟 12 卷　子部医家类

(1) 清光绪十九年刻本,上海图书馆藏。

(2) 清光绪二十三年寄庑刻本,上海图书馆藏。

脉法韵语　子部医家类

按:即《医悟》卷 1、2。

强学汇编 19 卷　子部新学类

清光绪二十四年上海文瑞楼石印本,上海图书馆藏。

马宝文

字芷名,一作芷民,又字相如,自号柳隐词人。清武进人。诸生。多侧艳悼亡词,情感真挚。

沧海粟　子部杂学类

稿本,上海图书馆藏。

茶山草堂诗　集部别集类　佚

茶山草堂词　集部词曲类　佚

以上 2 种分见《清代毗陵书目》卷 4、卷 5。另顾廷龙撰《梁溪余氏负书草堂秘笈书目》载有《茶山草堂词》稿本 1 册。

谢炳耀

字彬如。清武进人。

医存 28 卷　子部医家类

续医存　子部医家类

以上 2 种抄本,上海中医药大学图书馆藏。

董　复

小字运生。清常州人。保成孙,威子。光绪十七年(1891)副贡,以主事分部学习行走。

广方言1卷　经部小学类　佚

董氏方雅21卷　经部小学类　佚

以上2种见《清代毗陵书目》卷1。

史记前后汉书三国志晋书宋书南齐书梁书陈书南史辨疑各1卷　史部正史类　佚

大事记33卷　史部编年类　佚

十六国年表1卷　史部史表类　佚

以上3种见《清代毗陵书目》卷2。

东篱集2卷文集2卷　集部别集类

(1) 1925年铅印本,常州图书馆藏。

(2) 民国抄本《武进诗存》本,中国科学院图书馆藏。

按:清末民国间屠寄《〈一沤集诗钞〉题辞》云:"阿运少孤知父执[原注:君(指董威)长子复,小字运生],去岁过江从我游。新诗数卷有风类,乳虎已看气食牛。"

谢遂畅

清武进孟河人。从顾兆麟游。后行医沪上,业务甚佳,藏书亦富。

中国医学大辞典　子部医家类

谢观、谢遂畅等编

(1) 1921年商务印书馆排印本,上海图书馆藏。

(2) 1954年商务印书馆重印本,上海图书馆藏。

徐东梧

字芝春。清末武进人。有才干,客游四方,为当道所重。晚年归里，犹悯时忧世，屡上书言事，或以为迂，则不以为然。其诗亦忧国忧民，激越慷慨。

条陈1卷附录1卷　史部政书类

清宣统元年(1909)铅印本，上海图书馆藏。

晓翠山房诗存　集部别集类　佚

见《清代毗陵书目》卷4。

徐异学

字点撰。清末武进人。入龙城书院肄业，师从华世芳，精算学。

沿沂亭算稿4卷　子部算学类

光绪二十七年刻本，常州图书馆藏。

按：含《量粟布捷径》1卷、《万象一原》校勘记1卷、《曲率回求》1卷、《积分难题》1卷。

钱梦鲲

清常州人。

诗话2卷　集部诗文评类

清宣统间木活字本。

定　念

清武进僧人。继普能后为天宁寺主持。规复寺宇，利益后进，当时号为宗匠。

定念和尚语录1卷　子部佛教类

清光绪五年(1879)钱塘灵虚等刻本，上海图书馆藏。

附于《佛说阿弥陀经摘要易解》后，详见“释真嵩”条。

红芙女史

清武进人。

益智录1卷　子部儒学类

清光绪二十六年(1900)精刻巾箱本,宁波天一阁文物保管所藏。

路秀贞

字春波。清贵州毕节人。毗陵某氏妻。

吟荭馆遗诗1卷　集部别集类

(1)《喜咏轩丛书》本。

(2)《武进陶氏涉园合印闺秀诗》本。

顾兆麟

清末武进孟河人。医生。曾从名医陆懋修(1818—1886)学,得其传。工诗,勤于著述。

金针集　子部医家类　佚

见《江苏历代医人志》。

徐　绚

清武进人。

瑞杏堂集　集部别集类　佚

见《清代毗陵书目》卷4。

刘景栻

清武进人。

石鼓斋诗存　集部别集类　佚

见《清代毗凌书目》卷4。

须方岳

字亦咨,一字蓉岩,自号补桐轩主人。清阳湖人。

聊摄丛谈6卷　子部小说类

清光绪十二年(1886)文英堂刻本,国家图书馆藏。

许 焕

清武进人。

小湖诗钞2卷 集部别集类 佚

见《清代毗陵书目》卷4。

陈 瑛

清武进人。

湖海诗钞6卷 集部别集类 佚

见《清代毗陵书目》卷4。

乌季韶

清武进人。晚清名中医,善幼儿科。

幼科问难2卷 子部医家类 佚

痘科金针4卷 子部医家类 佚

以上2种见《清代毗陵书目》卷3。

钱汝璜

清武进人。

闻樨庵吟草 集部别集类 佚

见《清代毗陵书目》卷4。

松 门

清武进僧人。

近体诗2卷 集部别集类 佚

见《清代毗陵书目》卷4。

吴浣云

清武进人。赵琳妻。

长宜阁诗草录　集部别集类　佚

见《历代妇女著作考》,注谓《清闺秀艺文略》著录而未见。

恽元箴

字婉如。清阳湖人。俞承修妻。

靖宇室诗草　集部别集类　佚

见单士厘编《清闺秀艺文略》。

庄芝馨

清阳湖人。适杨氏。

逸韵轩稿　集部别集类　佚

见金武祥《粟香五笔》、《清代毗陵书目》卷5。

钱方琦(1876—1901)

字骏华,室名得天爵斋。清阳湖人。镕子,刘佩纕夫。读书博通,作古文恢张雄厚。语当世之务,动辄数千言。曾随父仕宦,回里后一意著述,不妄交游。学医于舅父孟河费氏。光绪二十七年(1901)冬,白喉流行,死者无数。方琦行医救人,逼近视人喉部,竟传染而卒。

俚言考4卷　经部小学类　佚

经说2卷　经部群经总义类　佚

庸言3卷　子部儒学类　佚

得天爵斋丛考8卷　子部杂学类　佚

行军救急法2卷　子部医家类　佚

以上5种见《清代毗陵书目》卷3。

续读史兵略18卷　子部兵书类

清钱方琦撰　王藼常校　其子钱建初参订　佚名再订

(1) 清光绪间稿本,中国社会科学院历史研究所图书馆藏,见《明清稀见史籍叙录》。

(2)《得天爵斋丛书》本。

按:《清代毗陵书目》卷3作20卷,《中国兵书知见录》作17卷。

温疫论提要上下卷　子部医家类　佚

见《清代毗陵书目》卷3。

得天爵斋遗稿文1卷诗1卷　集部别集类

1922年木活字本,常州图书馆藏。

文章缘起补1卷　集部诗文评类　佚

见《清代毗陵书目》卷5。

得天爵斋丛书　丛书类

稿本,国家图书馆藏。

子目:

《续读史兵略》18卷　钱方琦纂,1956年抄

《得天爵斋诗文集二种》3卷　钱方琦撰,1957年抄,包括(甲)《得天爵斋诗剩》1卷,(乙)《得天爵斋文集》2卷

《研经庐杂议》8卷　钱方琦撰,1959年抄

《方言拾补》6卷　钱方琦撰,1959年抄

《文章缘起订误》1卷　钱方琦撰,1958年抄

《白缠喉证治余说》1卷　钱方琦撰,1959年抄

《随园诗话削繁》12卷　袁枚、刘佩缞纂,钱建初补纂,1955年抄

《侯国僭都辑略》1卷　刘佩缞撰,1956年抄

《今白华堂诗词选》2卷　汤令仪撰,1959年抄

《二通札记》2卷　钱方琦摘纂,1959年抄

《钱骏华先生年谱》1卷《附录》1卷　钱建初编

按:本书系王遽常校,钱建初参订,张联芳缮写,子目前冠《钱骏华先生年谱》,钤有"王遽常印""瑗仲""遽常章草"印。

沈保枢(1876—1902)

字子璿。清阳湖人。附贡生。精算学。

阳湖沈氏算学初刻4卷二刻8卷　子部算术类

清光绪二十七年(1901)刻本,常州图书馆藏。

龙城书院课艺不分卷　集部总集类

清华世芳、缪荃孙辑　沈保枢等纂

(1) 清光绪二十七年木活字本,上海图书馆藏。

(2)《中国历代书院志》本。

按:是书为龙城书院分经古、致用二精舍后,自清光绪二十二年至光绪二十七年历年经史、舆地、算学课艺,入课艺者包括沈保枢、孟森、蒋维乔、姚祖泰、许指严等人。

谢　仁(1876—1911)

字仁卿,一字莼卿。清阳湖人。诸生。父祖芳,为同邑东门钱钧之婿,故世称"谢氏学东门。"仁与弟泳,皆钱振锽表弟,三人志同道合,常相唱和。长于诗词,其词选入《全清词钞》《清词菁华》。

青山草堂诗钞　集部别集类

《谢氏家集》本。

青山草堂词钞1卷　集部词曲类

(1)《谢氏家集》本。

(2)《毗陵三少年词》本。

吴　怡(1876—1915)

字欢佩,又字纫萱。清末武进人。翊寅女,庄炎和妻。幼聪颖,好读书,喜吟咏。能文,尤长于诗。

玉青馆诗草1卷　集部别集类

1915年石印本,常州图书馆藏。

于定一(1876—1932)

字谨怀。清末民国间武进人。宣统元年(1909)当选为江苏咨议局议员。民国元年(1912)任丹徒县知事。后任职上海商务印书馆发行部。1919年后与人合资创办常州纺织股份有限公司。曾任县商会副会长、会长。

谨怀年谱　史部传记类

见《知非集》卷首。此谱叙至1925年50岁止。

于张组完女士征诗启,哀挽录伤逝编　史部传记类

于定一辑

1919年铅印本,上海图书馆藏。

组完女士哀挽录　史部传记类

于定一辑

1919年铅印本,上海图书馆藏。

武进工业调查录　史部政书类

武进县商会1929年铅印本,上海图书馆藏。

敬劝常州布庄改良说　史部政书类

民国铅印本,上海图书馆藏。

知非集　集部别集类

1925年华北印书局排印本,常州图书馆藏。

延爽集4卷　集部别集类

1931年振群印刷所铅印本,上海图书馆藏。

张肇宪(1876—?)

字芝庭,一字志定。清武进人。式曾子,晋礼嗣孙。郡庠生。

梦柯庐诗存　集部别集类　佚

见《清代毗陵书目》卷4,《张氏宗谱》作《梦柯诗文集》。

谢荫昌(1877—1930)

字演苍。清末民国间武进人。庠生。光绪二十七年(1901),在上海参加"爱国学社",任《选报》编辑。次年应山西巡抚岑春煊聘办《晋报》。后去日本,留学于明治大学。三十年回国,被奉天提学使、同乡张鹤龄聘为学署科长,并负责办三省公报。民国以后历任督学署图书课长,教育科长;张作霖时,任东北教育厅厅长、交通银行哈尔滨分行经理等。

清光绪东华录100卷　史部编年类　佚

谢荫昌、过汉秋、吴友梅等合纂

上海书局铅印本。

演苍年史1册　史部传记类

(1) 1929年吉林吉东印刷社铅印本,常州图书馆藏。

(2)《北京图书馆藏珍本年谱丛刊》本。

按:此即作者自编年谱,叙至1929年而止。

北海道拓殖概观　史部政书类

(日本)北海道厅编　清杨成能、谢荫昌译

清宣统二年(1910)奉天图书印刷所铅印本,北京大学图书馆藏。

世界教育统计年鉴　史部政书类

(日本)伊东佑穀著　清谢荫昌编译

清宣统二年奉天学务公所印刷所铅印本,北京大学图书馆藏。

最新经世文续120卷　集部总集类　佚

谢荫昌编

上海书局铅印本。

袁励准(1877—1935)

字珏生,号中州,别署恐高寒斋主。清末民国间常州人,籍宛平。光绪二十四年(1898)进士,授编修。二十八年任京师大学堂监督。三十一年创办实业学堂任监督。其间两充会试同考官。民国后，历任清史馆编纂、辅仁大学美术系教授。善书能画，行楷宗米芾，篆学李阳冰，画学马远。能诗。喜蓄墨，颇多佳品。

西山游记2卷南游日记1卷　史部地理类

民国恐高寒斋刻本，南京图书馆藏。

房山终南华山西山游记　史部地理类

清光绪二十七年抄本，首都图书馆藏。

中州墨录3卷　子部艺术类

《涉园墨萃》本。

中州侍讲画存　子部艺术类

袁励准绘

1935年影印本，中山大学图书馆藏。

恐高寒斋诗2卷　集部别集类

1930年朱印本，国家图书馆藏。有袁励准赠宝熙题签。

谢　泳(1878—1911)

字仁湛，亦字柳湖。清阳湖人。祖芳子，仁弟。觐虞及现代书画家稚柳之父。泳兄弟皆为邑名诸生，常与表兄钱振锽相唱和。光绪二十九年(1903)通籍后作客湘汉。宣统三年(1911)春，患腹疾于萍乡，抱病归，旋即去世。

瓶轩诗钞　集部别集类

《谢氏家集》本。

瓶轩词钞1卷　集部词曲类

(1)《谢氏家集》本。

(2)《毗陵三少年词》本。

恽铁樵(1878—1935)

名树珏，字铁樵，以字行。别号冷风、焦木、药庵、黄山民。清末民国间武进人。家世医，铁樵造诣尤深。早年就读上海南洋公学。曾在上海《小说时报》上发表创作的文言短篇小说与翻译的长篇小说，后任商务印书馆《小说月报》首任主编。中年后弃文行医，问业名医汪莲石，深究《内经》《伤寒》之学。博采中西之长，力主汇通中西医。1925年创办铁樵中医函授学校，1933年办铁樵函授医学事务所。编辑出版《铁樵医学月刊》。为培养中医人才、发展中医事业作出过重要贡献。

群经见智录3卷　子部医家类

(1) 1922年武进恽氏铅印本(附《古医经论》)，中国中医科学院图书馆藏。

(2) 1937年新中医学出版社铅印本，中国中医科学院图书馆藏。

(3)《药庵医学丛书》本。

(4)《铁樵函授中医学校讲义十七种》本。

按：又名《内经纲要》《内经要义》。

生理新语5卷　子部医家类

(1) 1928、1936年恽氏铅印本，国家图书馆藏。

(2) 1936年上海中医书局铅印本，上海市中医文献馆藏。

(3)《恽铁樵医书四种》本。

(4)《药庵医学丛书》本。

按：又名《新生理》。

病理概论1卷　子部医家类

(1)《药庵医学丛书》本。

(2)《铁樵函授医学讲义二十种》本。

按：作者本临诊经验，对中医所谓表、里、虚、实、寒、热、上、下八字界说各定标准。语浅意深，可施实用。

病理各论1卷　子部医家类

(1)《药庵医学丛书》本。

(2)《铁樵函授医学讲义二十种》本。

伤寒广要讲义　子部医家类

《铁樵函授医学讲义十七种》本。

伤寒论讲义　子部医家类

《铁樵函授医学讲义十七种》本。

伤寒论辑义案6卷　子部医家类

(1) 1928、1929年上海商务印书馆铅印本,国家图书馆藏。

(2) 1941、1946年上海千顷堂铅印本,浙江中医药大学图书馆藏。

(3)《药庵医学丛书》本。

按:原日本丹波元胤辑,集注27家,铁樵增5家。除陈修园外,古今最著名注家网罗殆尽。

又按:附《章太炎先生霍乱论》。

伤寒论研究4卷　子部医家类

(1) 1924年上海商务印书馆铅印本,上海中医药大学图书馆藏。

(2) 1924、1935年恽氏铅印本,国家图书馆藏。

(3) 1948年新中医学出版社铅印本,中国中医科学院图书馆藏。

(4) 抄本,上海图书馆藏。

(5)《药庵医学丛书》本。

按:是书为研究仲景《伤寒论》专著。卷3对中西病理互证及西医疗法详作探讨。

金匮辑义讲义6卷　子部医家类

《铁樵函授医学讲义十七种》本。

金匮方论2卷　子部医家类

(1) 1934年油印本,上海图书馆藏。

(2) 1948年新中医学出版社铅印本,中国中医科学院图书馆藏。

(3)《铁樵函授医学讲义二十种》本。

脉学发微4卷　子部医家类

(1) 1928年孙永祚抄本,贵阳中医学院图书馆藏。

(2) 1930、1931年上海新群印刷所铅印本,武汉大学图书馆藏。

(3) 1933年铅印本,四川省图书馆藏。

(4) 1936 年上海章巨膺医寓铅印本，上海中医药大学图书馆藏。

(5)《恽铁樵医书四种》本。

(6)《药庵医学丛书》本。

(7)《铁樵函授医学讲义十七种》本。

(8)《铁樵函授医学讲义二十种》本。

按：又名《脉学讲义》。1926 年作，不蹈前人之说，独抒己见。

十二经穴病候撮要 1 卷　子部医家类

(1) 1941 年上海铅印本，中国中医科学院图书馆藏。

(2)《药庵医学丛书》本。

论药集 1 卷　子部医家类

《药庵医学丛书》本。

按：1929 年作。就各种古方之习用者，据本人经验作创造性说明。有病位、药位及变更药位方法。凡有用验方并收其中。

药物学讲义　子部医家类

《铁樵函授医学讲义十七种》本。

验方新按　子部医家类

《铁樵函授医学讲义二十种》本。

医家常识讲义　子部医家类

《铁樵函授医学讲义二十种》本。

临证录　子部医家类

民国恽铁樵撰　章次公等录

抄本，浙江中医药大学图书馆藏。

热病学 1 卷　子部医家类

《药庵医学丛书》本。

按：1930 年作。论 5 种伤寒中温病、湿温、暑温、流行性脑膜炎颇详。

温病明理 4 卷　子部医家类

(1) 1928、1936 年上海民友印刷公司铅印本，上海图书馆藏。

（2）1928年徐衡之抄本，贵阳中医学院图书馆藏。

（3）《药庵医学丛书》本。

（4）《铁樵函授医学讲义二十种》本。

按：1927年作。伤寒温病，聚讼已久。是书从根本着笔，使纠纷悉解。其解释《灵枢》，尤为明白。

温病讲义　子部医家类

《铁樵函授医学讲义十七种》本。

章太炎霍乱论　子部医家类

（1）刘复撰《伤寒论霍乱训解附录》。

甲：1931、1940年中国古医学会铅印本，上海图书馆藏。

乙：1931、1932年上海三友实业社铅印本，南通大学医学院图书馆藏。

（2）《伤寒论辑义按附录》。

（3）《铁樵函授医学讲义十七种》本。

杂病论讲义　子部医家类

《铁樵函授医学讲义十七种》本。

金匮翼方选按5卷　子部医家类

（1）《药庵医学丛书》本。

（2）《铁樵函授医学讲义二十种》本。

风劳臌病论3卷　子部医家类

（1）1941年上海章氏医寓铅印本，上海中医药大学图书馆藏。

（2）《药庵医学丛书》本。

神经系病理治要　子部医家类

《铁樵函授医学讲义二十种》本。

妇科大略1卷　子部医家类

（1）1941年上海千顷堂书局铅印本，成都中医学大学图书馆藏。

（2）1941、1948年上海大方印务局铅印本，吉林省图书馆藏。

（3）《药庵医学丛书》本。

(4)《铁樵函授医学讲义十七种》本。

保赤新书 4 卷　子部医家类

(1) 1924、1926、1928、1930、1936、1941 年武进恽氏铅印本，上海图书馆藏。

(2) 1928 年陶瑗恕抄本，云南省图书馆藏。

(3)《药庵医学丛书》本。

(4)《恽铁樵医书四种》本。

按：1925 年作，内容为胎教、种痘、痧疹、慢惊，以实际经验为主参用西医学说。白话体。

幼科讲义　子部医家类

《铁樵函授医学讲义十七种》本。

幼科　子部医家类

上海铁樵函授中医专门学校铅印本，上海图书馆藏。

痧疹防救法　子部医家类

1937 年沙市上海印刷公司石印本，中国中医科学院图书馆藏。

惊风经验谈痧子调护法合刻　子部医家类

民国铅印本，中国中医科学院图书馆藏。

梅疮见垣录 1 卷　子部医家类

(1)《鳞爪集》本。

(2)《铁樵函授医学讲义二十种》本。

临证笔记 1 卷　子部医家类

(1) 1948 年上海民友印刷公司铅印本，中国中医科学院图书馆藏。

(2)《药庵医学丛书》本。

药庵医案全集 8 卷　子部医家类

(1) 1936 年抄本，陕西中医学院图书馆藏。

(2)《药庵医学丛书》本。

(3)《铁樵函授医学讲义十七种》本。

答问汇编　子部医家类

《铁樵函授医学讲义十七种》本。

医学平议 1 卷　子部医家类

(1) 铅印本,镇江市图书馆藏。

(2)《药庵医学丛书》本。

论医集 2 卷　子部医家类

(1) 1948 年上海民友印刷公司铅印本,中国中医科学院图书馆藏。

(2)《药庵医学丛书》本。

恽铁樵演讲录 1 卷　子部医家类

(1) 1935 年上海新群印刷所铅印本,上海图书馆藏。

(2)《药庵医学丛书》本。

铁樵杂著　子部医家类

1941 年上海民友印刷公司铅印本,上海市中医药大学图书馆藏。

鳞爪集　子部医家类

《药庵医学丛书》本。

包括《霍乱新论》1 卷、《验方新按》1 卷、《金匮方论》1 卷、《梅疮见垣录》1 卷。

国医馆与恽铁樵往来之文件　子部医家类

铅印本,上海市中医药大学图书馆藏。

恽铁樵医书四种　子部医家类

(1) 1928 年上海华丰印刷铸字所铅印本,中国中医科学院图书馆藏。

(2) 2007 年福建科学技术出版社出版。

子目见上。

恽铁樵遗著选　子部医家类

董其圣、潘文奎编注。1989 年上海科学技术文献出版社出版。

恽铁樵医案　子部医家类

孙玲，刘松林编著。2009年上海科学技术出版社出版。

恽铁樵中医函授讲义选编　子部医家类

伍悦、林霖校。2009年学苑出版社出版。

恽铁樵伤寒论讲义　子部医家类

(1) 2015年福建科学技术出版社出版。

(2) 2017年中国医药科技出版社出版。

医学史　子部医家类

医学入门　子部医家类

课艺选刊　集部别集类

以上3种均见《江苏历代医人志》。

铁樵函授医学讲义十七种　丛书类

民国间铅印本，上海中医药大学图书馆藏。

子目见上。

铁樵函授医学讲义二十种　丛书类

民国间铅印本，中国中医科学院图书馆藏。

子目见上。

药庵医学丛书　丛书类

(1) 1928年铅印本，中国医学大学图书馆藏。

(2) 1941—1948年章氏医寓铅印本，浙江图书馆藏。

(3) 1948年上海新中医学出版社排印本，上海图书馆藏。

(4) 1954年上海千顷堂书局石印本，上海图书馆藏。

子目：

第一辑

《论医集》1卷

《医学平议》1卷

第二辑

《群经见知录》3卷

《伤寒论研究》4卷

《温病明理》5卷
《热病学》1卷
第三辑
《生理新语》5卷
《脉学发微》5卷
《病理概论》1卷
《病理各论》1卷
第四辑
《临证笔记》1卷
《临证演讲录》1卷
《金匮翼方选按》5卷
《风劳臌病论》3卷
第五辑
《保赤新书》4卷
《妇科大略》1卷
《论药集》1卷
第六辑
《十二经穴病候撮要》1卷
《神经系病理治疗》1卷
《鳞爪集》4卷
第七辑
《伤寒论辑义按》6卷
第八辑(1949年排印)
《药庵医案全集》8卷

恽铁樵医书合集　丛书类

2010年天津科学技术出版社出版。

蔡　钺(1878—1944)

原名先勗,字琴保,号有庆,别号焦桐,武进人。承已子。毕业于江阴南菁高等学堂,任教于苏州府中学堂、南菁高等学堂、南京佛教师范学堂、冠英小学,民国后曾任靖江师范讲习所所长、金坛县视学,后先后任教于省立第三师范学校、省立女子蚕桑学校。

微积八线　子部历算类　佚

代数多项乘方式解法　子部历算类　佚

植物通论　子部杂学类　佚

化学通论　子部杂学类　佚

以上见《蔡氏族谱》。

双溪毓秀馆吟草 1 卷　集部总集类

蔡钺编

1939 年铅印本,与武进兰社男女弟子诗词百人集合刊,南京图书馆藏。

按:此书辑武进张墅桥河头村蒋旭初三女一子诗。

恽宝元(1879—1907)

字翊虞。自署篆情侍史。清武进人。毓嘉长子。经史词章均广为博览,读书处名虚白斋。尤长于诗,与其叔恽敏巽共创诗钟社。入大兴县学,援例为兵部主事。光绪二十八年(1902)京寓遭火灾,诗稿皆散佚。

虚白斋遗著辑存　集部别集类　佚

恽宝惠《恽氏先世著述考略》云:"惠返毗陵,偶检得兄昔年所为书院课艺,凡经史、舆地、典制、诗词,都若干篇,亟为校辑而付嗣子珍藏之。"

香咳集　集部总集类　佚

恽宝元辑

见《恽氏先世著述考略》，云：“皆历代闺媛之作。”

庄　俞(1879—1940)

字百俞，又字我一，别号梦枚楼主。清末民国间武进人。鼎彝子。清末即力主维新。光绪二十九年(1903)，与蒋维乔、何海樵等创设演说会、藏书阅报社，旋受聘为武阳公学教员。后辞去教职，到沪与人共创“人演译社”，译刊欧日科学书籍。未几，入商务印书馆编译所，历任编译员、国文部长、分庄科长兼总管理处秘书等职。参加编写的《初小国文》《高小国文》等，为我国最早之新式国文教材，并独自著《新体国语教科书》《新体国语教授书》《实用国语文法》等多种教材。抗战爆发后离沪，隐居太湖马迹山。未几病逝。

岱玖公年谱 1 卷　史部传记类

(1) 1936 年《毗陵庄氏增修族谱》卷 12。

(2)《北京图书馆藏珍本年谱丛刊》本。

按：此为庄俞为其先祖庄有可所撰年谱。

苏甫公年谱 1 卷　史部传记类

(1) 1936 年《毗陵庄氏增修族谱》卷 12。

(2)《北京图书馆藏珍本年谱丛刊》本。

按：此为庄俞为其嗣父庄鼎彝所撰年谱。

江苏教育会收支报告　史部政书类

朱叔源、庄俞辑

1920 年铅印本，上海图书馆藏。

我一游记　史部地理类

1936 年商务印书馆铅印本，南京图书馆藏。

武进庄大久先生遗书总目 1 卷　史部目录类

1935 年商务印书馆刻本，国家图书馆藏。

应用联语粹编　子部艺术类　佚

见《庄氏族谱》卷 16 下。

伍世熊(1879—?)

字兆觐,号叔觐。清阳湖人。曾以花翎四品衔官湖南补用通判,后署华容知县。

毗陵伍氏合集附录1卷　集部诗文评类

伍世熊辑

1935年本。《毗陵伍氏合集》附。

按:是书辑史承豫、袁枚、汤大奎等人读《伍氏合集》评语。

吕光辰(1880—1911)

字绪承,号侠迦。清末武进人。光绪三十二年(1906)拔贡,官福建某县县丞,后改八品京官。性情纯笃,工诗,推崇黄仲则,所作亦相类,多忧深思哀。宣统三年(1911)闻母疾归,抵里母已故世,亦以哀伤过甚而逝。其诗词生前未刊,后由同邑钱振锽编订刊行。

留我相庵文集4卷　集部别集类　佚

1912年刻《吕绪承先生遗集》目录中有此书,注曰"嗣出"。

留我相庵词1卷　集部词曲类

《毗陵三少年词》本。

按:是本题药迦撰,即吕光辰。

吕绪承先生遗集　丛书类

1912年阳湖钱振锽刻本,常州图书馆藏。

子目:

《留我相庵诗草》4卷

《留我相庵词》1卷

《花月平分馆绮语》上下卷

伍　达(1880—1913)

字博纯,清末武进人。清光绪间秀才。宣统二年(1910)任武阳劝学所总董。任内增设小学百余所,为发展初等小学奠定基础。是年冬,派往日本考察学务,对该国社会教育尤为留意。辛亥后,孙中山任临时大总统于南京,受教育总长蔡元培聘,规划社会教育。袁世凯秉政迁都北京,遂绝意仕进。然仍以发展社会教育为己任。联络同志,成立中华全国通俗教育研究会于上海,每月刊印《通俗教育研究录》,风行一时。自任理事,总编辑。以经费缺乏,独力支撑为艰,心力交瘁,未几病卒。

乐曲问答　子部艺术类

伍达编

清光绪三十三年(1907)上海科学书局铅印本,北京大学图书馆藏。

按:伍氏当时所作通俗教育文章甚多,均散见于当时报章杂志,并有《通俗教育设施法》及《日本学务考察记》等单行本。

李法章(1880—1926)

字冷厂。清末民国间武进人。毕业于南昌优级师范。擅写文章,曾佐江西都督吴复初幕。辛亥革命后,归里办学,任第五区学务委员,执教于江苏代田女子中学、无锡竟志女子师范学校等。

太平天国志19卷　史部传记类

1923年常州华新书社铅印本,北京师范大学图书馆藏。

梁溪旅稿初编2卷二编2卷　史部传记类

1922年无锡锡成公司排印本,上海图书馆藏。

按:作者拟撰写《近代名人传》,本书为其中一部分。因采稿艰难,全书未能完成。

赣江归棹记1卷　史部地理类

1920年铅印本,上海图书馆藏。

冷厂文存1卷　集部别集类

1920年无锡锡成公司排印本,常州图书馆藏。

恽福成(1880—1939)

字履柏，原名成福。清末阳湖人。彦彬孙。曾受业王闿运。光绪二十八年(1902)以荫生应德宗廷试，取录一等第一名。外用授职通判，分发江西。三十二年署理南昌府总捕江防同知，秋九月去任。

恽子1卷　子部杂学类

清宣统元年(1909)金陵明通印刷社铅印本，上海图书馆藏。

修身集义1卷修身集义补1卷佛说1卷教经1卷万国金鉴语要1卷　子部佛教类

恽福成辑

清宣统元年铅印本，上海图书馆藏。

按：与徐筠《素书》合刊。

钱　钧(1880—1942)

字同增，号幼幼馆主，后以字行。清武进人。世代行医，生平所起危症，不可数计。曾创立武进国医学会，抗战中避乱沪上，1942年秋积劳病卒。子今阳为沪上名医。

小儿卫生要言1卷　子部医家类

钱同增医案20卷　子部医家类

以上2种见《清代毗陵书目》卷3。

幼幼科讲学记　子部医家类

见上海中医药大学主编《近代中医流派经验选集》，以上诸书均藏于钱今阳处。

张伯熙(1880—1949)

字祖咏，一字明达。清末民国间武进人。承父业，精岐黄。1919年起在上海行医。兼通内外科，尤擅时症。曾任武进诚济医院医务主任，全国医药总联合会学术委员，上海中医专科学校副校长等职。1926

年创办杂志《医界春秋》，严斥余云岫之废止中医案。生平以维护发扬祖国医学传统为己任。

蓉湖医案10卷　子部医家类　佚

见《江苏历代医人志》。

刘岳寿(1881—1898)

清武进人。心珩女。

蘋香诗草　集部别集类

附于刘心珩《玉通生诗钞》后。

姚祖晋(1881—1930)

字公鹤、云鹤、之鹤，清末阳湖人。祖泰、祖颐弟。

学聚堂初稿6卷　集部总集类

姚祖泰、姚祖颐、姚祖晋合撰

清光绪二十四年(1898)活字本，常州图书馆藏。卷6祖晋撰。参“姚祖泰”条。

吴　枬(1881—1942)

字伯乔，又字我尊。清末民国间武进人。少聪颖，后师事宁乡程子大，学益进。博综技艺，书法、围棋、音律、剧曲等俱臻工妙。曾留学日本，参加春柳剧社。回国后应张謇之邀，讲学南通伶工学社达八年之久。抗战间因病居上海所作诗文，多伤时忧国之作。

友杏庵诗1卷补编1卷文抄1卷　集部别集类

1942年徐震铅印本，常州图书馆藏。

刘巽权(1882—1923)

字脊生。清末民国间武进人。诸生。少年锐志于学，刻苦自励。在里任教于私立溪山小学，收入悉以购书，闻见益洽。民国后任江苏省立第二工业学校国文教员。体素弱，以病卒。

刘子遗稿三编6卷　集部别集类

1930年铅印本，常州图书馆藏。

张惟骧(1883—1948)

初名惟让。字季易，一作寄逸。清末民国间武进人。少好学，毕读诸经，好诗古文。既长，博通群籍，尤长文献考据之学。辛亥革命后，历任北京政府财政部税务司主事、公债司佥事等职。北洋政府解体，返常后入农民银行工作。抗战时抱病辗转于重庆、桂林、昆明等地。抗战胜利后回沪，旋卒。书斋名小双寂庵。宋人张守监军义阳，结茅为庵，名曰"双寂"，以示其"游心尘世之外，放意山水之间"之意。邹浩为张守撰《双寂记》。邹浩、张守均著籍毗陵，为张惟骧乡先哲，张氏因题所居曰"小双寂庵"，以志向往而寄遐思。一生勤于著述。

春秋年表　经部春秋类　佚

见作者《丙寅冬日书怀》七律四首，有句云："犹忆西窗辛苦事，《春秋年表》荡无遗。"自注："昔日曾辑《春秋年表》一书，稿留里中。丁巳年(1917)赁居不戒于火，所蓄书籍及此稿遂付一炬。"

世族谱　史部传记类

清同治光绪刻乡会试朱卷汇定本，南京图书馆藏。

乌青镇志44卷首1卷　史部地理类

民国卢学溥修　朱辛彝、张惟骧纂

(1) 朱丝栏稿本，台湾"中央图书馆"原藏。

(2) 1936年刻本，南京图书馆藏。

(3)《中国地方志集成·乡镇志专辑》本。

按：据张惟骧之子张学元云："是书实为父亲所撰。卢出资所修，故曰卢修。朱系卢浙江同乡，协助搜集资料及誊写。主要执笔者实为父亲。"

勿殇录1卷　史部传记类

稿本,上海图书馆藏。

双溪收支记不分卷　子部杂学类

倚芦诗草1卷词草1卷　集部别集类

稿本,上海图书馆藏。

挽联残稿　集部别集类

稿本,上海图书馆藏。

小双寂庵诗文稿不分卷　集部别集类

稿本,上海图书馆藏。

小双寂庵勘书图题词1卷　集部总集类

稿本,上海图书馆藏。

按:张惟骧一生著述甚多,大多与常州地方有关,因请涿州胡佩衡(冷庵)作"小双寂庵勘书图",并征社友题诗。张惟骧作有《丙寅冬日书怀七律四首》。今图未见,仅存诗友题诗,题诗者有孙雄、路朝銮、金秉燧、陆树棠、郭曾炘、黄式叙、闵尔昌、金兆蕃、刁良枢、恽毓龄等。

小双寂庵丛书18种　丛书类

(1) 稿本(全),上海图书馆藏。

(2) 稿本,5种,常州图书馆藏。

(3) 小双寂庵刻本6种,常州图书馆藏。

(4) 常州旅沪同乡会排印本3种,上海图书馆藏。

子目:

《清代毗陵名人小传稿》10卷

(1) 上海图书馆藏,稿本。

(2) 常州图书馆藏,稿本。

(3) 1944年常州旅沪同乡会排印本,上海图书馆藏。

按:时作者远赴昆明,稿寄存上海某戚处。付印未得作者同意,并增补多人。作者后知此事,虽对得以出版感到快慰,但对某些内容颇觉不尽如人意。

(4) 台湾《近代中国史料丛刊续编》本。

按:除此而外,1928 年《武进商报》曾逐日选载。

(5)《清代地方人物传记丛刊》本。

(6)《江苏人物传记丛刊》本。

按:《小传》原名《征献》,共 10 卷,末卷为闺秀,刊印时新增者约百数十家,除以时代有数人插入前卷外,特添辑为第 10 卷,而以闺秀移作第 11 卷。

《清代名人同姓名略》1 卷

上海图书馆藏,稿本。

《清代名人小名录》1 卷

(1) 上海图书馆藏,稿本。

(2) 常州图书馆藏,稿本。

《疑年录汇编》16 卷附《补录》1 卷《分韵人表》1 卷

(1) 上海图书馆藏,稿本。

(2) 1925 年小双寂庵刻本,常州图书馆藏。

按:清钱大昕考求名人生卒年,得 363 人,著《疑年录》。后续补者蜂起。编者汇集诸家著作,加以订正,并增补己所考订者百余人,凡 3928 人。汇编入此书的著作有:清钱大昕《疑年录》4 卷、清吴修《续疑年录》4 卷、清钱椒《补疑年录》4 卷、清陆心源《三续疑年录》10 卷、清张鸣珂《疑年赓录》2 卷、民国闵尔昌《五续疑年录》2 卷。

《疑年录汇编补遗》10 卷附《分韵人表》1 卷

上海图书馆藏,稿本。

《疑年录外编》8 卷附《分韵人表》1 卷

上海图书馆藏,稿本。

《历代帝王疑年录》1 卷

(1) 上海图书馆藏,稿本。

(2) 1926 年小双寂庵刻本,常州图书馆藏。

《毗陵名人疑年录》6 卷

(1) 上海图书馆藏,稿本。

(2) 常州图书馆藏,稿本。

(3) 1944 年常州旅沪同乡会排印本,上海图书馆藏。

(4)《清代地方人物传记丛刊》本。

(5)《江苏人物传记丛刊》本。

按:本书仿钱大昕《疑年录》之例,著录春秋时吴季札至民国年间常州名人之生卒年份,以人物生年为序。张惟骧长期致力于常州地方文献之整理,故其所记多有依据。

《清代毗陵书目》8 卷

(1) 上海图书馆藏,稿本。

(2) 常州图书馆藏,稿本。

(3) 1944 年常州旅沪同乡会排印本,上海图书馆藏。

(4)《地方经籍志汇编》本。

按:此书收录清代武进、阳湖两县人著作三千种左右。书目收录极为完备,是研究清代武进、阳湖两县著作情况及文化发展情况最重要的著作。《常州教育学院院刊》1989 年第 4 期发表了张惟骧《自齐至明毗陵书目》。由此自南北朝至清代的著作情况基本完备。

又按:上述 2 书出版经过同《清代毗陵名人小传》,但均按原稿刻印,作者未有异议。

《名人生日表补》1 卷

(1) 上海图书馆藏,稿本。

(2) 1927 年小双寂庵刻本,常州图书馆藏。

按:常熟孙雄作《名人生日表》,张氏为之作《补》。

《续名人生日表》1 卷

(1) 上海图书馆藏,稿本。

(2) 常州图书馆藏,稿本。

《重订名人生日表》1 卷

上海图书馆藏,稿本。

《名人忌日表》1 卷

上海图书馆藏,稿本。

《太史公疑年考》1 卷

(1) 上海图书馆藏,稿本。

(2) 1928 年小双寂庵刻本,常州图书馆藏。

(3)《北京图书馆藏珍本年谱丛刊》本。

《历代讳字谱》2 卷附《家讳考》1 卷

(1) 上海图书馆藏,稿本。

(2) 1932 年小双寂庵刻本,常州图书馆藏。

《明清巍科姓氏录》2 卷

(1) 上海图书馆藏,稿本。

(2) 1940 年小双寂庵刻本,常州图书馆藏。

《小双寂庵琐谈》2 卷

上海图书馆藏,稿本。

《小双寂庵文稿》4 卷《诗稿》2 卷

上海图书馆藏,稿本。

吴　芙(1884—?)

民国间武进人。稚晖长女。

女诫注释　子部儒学类

(1) 抄本,上海图书馆藏。

(2) 2017 年燕山出版社出版《中国古代女教文献丛刊》本。

按:本书为俚语本,用无锡俚语白话,通俗地讲解曹大家《女诫序》的意思。书前有七字俚语题辞,云:"《女诫》注释快读熟,一切道理自明白。既能学像曹大家,何必念经与念佛。再讲天文地理搭算术,已与小家之女有分别。"作者解释了《女诫》的含意,强调了女子读《女诫》的重要性。正文部份是对《女诫》曹大家序的讲解,先录序、原文,后以俚语翻译,再逐字逐词讲解。文字浅近,非常口语化,一般妇女都能通晓明白。

杨焕升(1885—1946)

字孟超，号霞峰。清末民国间武进人。少贫困，刻苦读书，学有所成。复从钱振锽学，并任助教多年。后返横山桥家乡课徒讲学，以治学谨严，教导有方，远近从学者甚多。抗战爆发，携眷避难内地。曾一度沦落湖北宜昌，后执教于四川乐山乌龙寺复性书院。以积劳成疾，卒于四川宜宾。

读书笔记　子部杂学类

霞峰文集　集部别集类

见1988年版《武进县志》。

庄文亚(1886—?)

字愤亚，清华次子。民国间武进人。英国伦敦大学土木工程专业毕业，历任法国巴黎《世界画报》编辑、上海永年人寿保险公司华经理长、长茂洋行伦敦分行总、英国博德运厂广告部主任、英国沙威斯洋行驻华总经理等职。

无逸窝日记　史部传记类

稿本，上海图书馆藏。

南亚非利加史2卷　史部地理类

稿本，上海图书馆藏。

全国文化机关一览　史部目录类

1934年世界书局铅印本，上海图书馆藏。

屠聿方(1889—1917)

字缅才。清末民国间武进人。历任南菁中学、常州府中学教员。天资聪颖，少时不事举子业，刻苦自学算学，通算术、三角、代数、微积分。终因劳累过度病卒。

简捷乘法1卷　子部历算类　佚

和较术释义1卷　子部历算类　佚

代数讲义1册　子部历算类　佚

微积分难题解答2册　子部历算类　佚

以上4种均见《清代毗陵书目》卷3、《清代毗陵名人小传稿》卷10。

郁　秾(1890—?)

玉带草堂题襟集1卷　集部总集类

郁秾辑

1924年铅印本,常州图书馆藏。

按:玉带草堂为郁秾读书处,民国初年,郁秾与吴放、余端创苔岑吟社,玉带草堂距吟社不远,同仁往往聚集于此,郁秾首倡七言长句一首,和者众多,是集便为郁秾辑各家倡和诗。

辨园四十酬唱集1卷　集部总集类

郁秾等撰

1930年铅印本,北京大学图书馆藏。

潘　项(1894—?)

潘鸣球子,清末民初武进人。

潘霞青先生年谱　史部传记类

(1) 抄本,上海图书馆藏。

(2) 1933年铅印本,国家图书馆藏。

(3)《北京图书馆藏珍本年谱丛刊》本。

谢觐虞(1899—1935)

一名子楠,字玉岑。清末民国间武进人。泳子,过继于伯父仁。少孤贫,为钱振锽学生,并娶钱氏长女素蕖为妻。执教于温州十中、上海南洋中学、商学院等校。与词学家朱祖谋、叶恭绰交往,与学者夏承焘、画家张善孖、大千兄弟交谊深笃。工辞赋,善书画,中年以后特以词名世。悼亡后，自号“孤鸾”，未几病卒。

玉岑遗稿4卷　集部别集类

1944年上海铅印本，常州图书馆藏。

第1卷文，第2卷诗，第3卷《白菡萏香室词》，第4卷《孤鸾词》。

谢玉岑诗词集4卷　集部别集类

1989年常州市文学工作者协会铅印本。

按：是书附钱小山撰《小传》及子女怀念文章3篇。卷末有钱王瑟之《后记》。

许光世

字剑虹。清末民国间阳湖人。宣统三年(1911)与蔡晋成组织上海自治编辑社，并在其中任职。

(宣统)西藏新志3卷　史部地理类　存

清许光世、蔡晋成纂

宣统三年上海自治编辑社铅印本。参见“蔡晋成”条。

魏声龢

字邵卿。清末民国间武进人。旅居吉林20余年，见闻颇广，精于东北舆地。

鸡林旧闻录3卷　史部地理类

1913年吉林印刷社铅印本，国家图书馆藏。

按：《续修四库提要》云：“是编之成，半由各地所采访，半由平昔所睹闻。其所取材，每为外间所罕见。”日本《东方文化研究所汉籍分类目录》作5卷。

吉林地理纪要2卷　史部地理类

魏声龢纂

(1) 1913年吉林印刷社铅印本，北京师范大学图书馆藏。

(2) 1918年吉东印刷社铅印本，常州图书馆藏。

(3) 1960年吉林省图书馆藏油印本。

最近中国实业界进化史　史部政书类

上海点石斋光绪三十二年(1906)石印本,上海图书馆藏。

李宝凯

字渊府。清末民国间武进人。

毗陵画征录2卷　史部传记类

1933年李氏铅印本,常州图书馆藏。

按:本书著录宋元至民国年间常州画家事迹,附时人评论。卷首影印李氏家庭名人真迹。书按画家姓氏笔画为序,同姓者则以年代先后为次。有1932年自序。

沈乾一

字博元。清末民国间武进人。民国期间居上海。

丛书书目汇编附补遗　史部目录类

(1) 1928年上海医学书局排印本,复旦大学图书馆藏。

(2) 1970年台北文海出版社重印本。

汉药神效方　子部医家类

(日)石原保秀撰　民国沈乾一译

民国间上海医学书局本,上海中医药大学图书馆藏。

中医浅说　子部医家类

《万有文库》本。

董　宪

字伯度,民国间武进人。复子。交通部上海高等工业专门学校土木科毕业,扬州省立第八中学校数理化教员。

含碧堂诗稿14卷附词1卷　集部别集类

(1) 1933年铅印本,常州图书馆藏。

（2）民国抄本《武进诗存》本，中国科学院图书馆藏。

章　贡

鸿逵诗草1卷　集部别集类

1944年民益印刷所铅印本，常州图书馆藏。

邹静九

民国武进人。

韩非子法学之研究　子部周秦诸子类

《无锡国学专修学校丛刊》第2册。

沈　莼

清武进人。

韵蝉剩稿1卷　集部别集类　佚

见《清代毗陵书目》卷5。

以下诸书或为集体著作，或为佚名所著，均不著具体撰人。

古今希姓韵编6册　史部传记类

古今氏族复姓韵编4册　史部传记类

古今著姓源流韵编2册　史部传记类

古今国部复姓韵编2册　史部传记类

韵字书互佚通异姓韵编4卷　史部传记类

以上5种见《清代毗陵书目》卷3。原注：曾见稿本。

晋陵校士录　史部传记类

明刻本，上海图书馆藏。

常州府古今人名录地名录1卷　史部传记类

抄本，南京图书馆藏。

清代武进诸人事略1卷　史部传记类

清钞本，湖南图书馆藏。

修建湖塘桥同善录不分卷　史部政书类

清光绪二年(1876)木活字本，常州图书馆藏。

武阳官书录2卷　史部政书类

武阳志书局辑

(1) 清光绪六年志书局辑刻本，常州图书馆藏。

(2) 凤凰出版社2015年版《常州历史文献丛书》第二辑《清代常州地方史料汇编》本。

光绪武阳保卫局抄件1卷　史部政书类

抄本，南京图书馆藏。

浚河录　史部政书类

(1) 清光绪十八年木活字本，上海图书馆藏。

(2)《中国水利志丛刊》本。

按：此书为清光绪十二年至光绪十七年常州城内河道修浚的记录。

延寿河册4卷　史部政书类

(1) 清光绪二十年木活字本，南京图书馆藏。

(2)《中国水利志丛刊》本。

毗陵新政新科考卷1卷　史部政书类

清光绪二十八年上海书局石印本，淮安区图书馆藏。

常州育志小学堂章程不分卷　史部政书类

清光绪二十八年铅印本，上海图书馆藏。

武阳河工征信录12卷　史部政书类

清五河总局编

清光绪二十九年刻本，北京大学图书馆藏。

武阳两邑南运河工程征信录1卷　史部政书类

清五河总局编

清光绪二十九年活字本，常州图书馆藏。

武阳公立高等小学堂丙午改良章程1卷　史部政书类

清光绪三十二年木活字本，上海图书馆藏。

纪常州粹化女学开办始末及劣绅仇阻情形1卷　史部政书类

常州粹化女学辑

清光绪三十二年石印本，上海图书馆藏。

粹化女学第二年报告1卷　史部政书类

常州粹化女学辑

清光绪三十三年铅印本，上海图书馆藏。

粹化女学第三年报告1卷　史部政书类

常州粹化女学辑

清光绪三十四年铅印本，上海图书馆藏。

常州府中学堂新修简章　史部政书类

清光绪三十四年铅印本，南京图书馆藏。

常州粹化女学复立乞助启　史部政书类

常州粹化女学编

清刻本，北京师范大学图书馆藏。

疏浚武阳南运河征信录不分卷、疏浚武阳老孟河征信录不分卷、疏浚武阳开河征信录不分卷、疏浚武阳西塘东塘运河征信录不分卷、疏浚孟渎德剩滆港三河征信录4卷　史部政书类

清光绪活字本，天津师范大学图书馆藏

龙城书院备考1卷　史部政书类

清刻本，南京图书馆藏。

龙城书院分设致用经古精舍公牍1卷　史部政书类

龙城书院辑

清光绪刻本，上海图书馆藏。

常州府中学堂工程清册　史部政书类

清光绪木活字本，上海图书馆藏。

武阳公立小学堂拟章1卷　史部政书类

武阳公立小学堂辑

清光绪木活字本，上海图书馆藏。

常州武阳初等小学堂暂定章程1卷附师范传习所章程1卷　史部政书类

清光绪刻本，上海图书馆藏。

武阳教育会简章1卷　史部政书类

武阳教育会辑

清光绪宣统间木活字本，上海图书馆藏。

武阳城乡区域始末记　史部政书类

(1) 清宣统元年(1909)木活字本，常州图书馆藏。

(2) 凤凰出版社2015年版《常州历史文献丛书》第二辑《清代常州地方史料汇编》本。

常州府中学堂辛亥年常年费收支四柱清册　史部政书类

常州府中学堂辑

清宣统三年石印本，上海图书馆藏。

常州共和宣讲会第一次成立大会广告　史部政书类

清宣统三年油印本，上海图书馆藏。

常州府志汇考18卷　史部地理类

抄本，中国科学院图书馆藏。

按：此即《古今图书集成》常州部内容。

阳湖武进舆地全图1卷　史部地理类

清末刻本，贵州省图书馆藏。

江苏常州佛经流通所有板经目不分卷　史部目录类

江苏常州佛经流通所编

民国天宁寺刻本，上海图书馆藏。

武进诗存　集部总集类

编纂者不详，现存4种，民国抄本，中国科学院图书馆藏。

子目：

《含碧堂诗》　清董宪

《白云精舍诗钞》30首　清董保成

《还读斋诗钞》16首　清姚岳松

《东篱集》4卷　清董复

征铭录1册　集部总集类　佚

见《清代毗陵书目》卷5。原注：此册编辑各家所撰王曰旦墓诗等诗文及书札等。

金坛

唐至元

储光羲(707—767)

唐润州延陵(今丹阳县南)人。居庄城西村,在今金坛县西北。族望兖州(今属山东),故亦称鲁国人。开元十四年(726)进士,历任安宜(今宝应县南)、汜水(今河南成皋)等县尉,天宝中官监察御史。曾隐居终南山,与王维为"伯仲之欢"。安禄山陷长安,受伪职。乱平后自归,被系入狱,贬死岭南。擅长五言古诗,为著名田园诗人。殷瑶称其诗"格高调逸,趣远情深"。

九经外义疏 20 卷　经部群经总义类　佚

正论 15 卷　子部儒学类　佚

以上 2 种见殷瑶《河岳英灵集》卷中:"瑶尝睹公《正论》十五卷、《九经外义疏》二十卷,言博理当,实可谓经国之大才。"

储光羲集　集部别集类　佚

今本《储光羲诗集》前顾况序曰:"其文篇赋论凡七十卷。"《新唐书·艺文志》作 70 卷,《宋史·艺文志》仅存 2 卷,大都散佚。

储光羲诗集　集部别集类

宋晁公武、陈振孙均著录 5 卷。

(1)《中唐十二家诗集》本,5 卷,明嘉靖二十九年(1550)毗陵蒋孝刻本,国家图书馆藏。

(2)《全唐诗》收储诗 224 首,与故宫《天禄琳琅现存书目》中《储集》相同。

(3)《四库全书》本。

(4) 明铜活字《唐人集》本,5 卷,国家图书馆藏。

(5) 1992年上海古籍出版社出版《四库唐人文集丛刊》本。

储光羲诗集5卷附录1卷　集部别集类

附录近人储皖峰辑

《储氏丛书》本。

戴叔伦(732—789)

字幼公，一作次公。唐润州金坛人。少师事萧颖士，为门人冠。约至德、广德间成进士。大历初，刘晏管盐铁，叔伦在其转运府任职。建中元年(780)出为东阳令，次年赴湖南，入曹王李皋幕，随至江西。贞元元年(785)守抚州刺史，作均水法，郡人称便。迁容州刺史兼御史中丞，政绩卓著。叔伦能文，尤以诗著。诗风清丽质朴，感情真挚深婉。部分诗反映农民疾苦，继承了杜诗传统。《新唐书》有传。

述稿10卷　集部别集类　佚

见《新唐书·艺文志》《宋史·艺文志》。民国《金坛县志·艺文志》作《戴幼公集》10卷。

戴叔伦诗2卷　集部别集类

(1) 明初铜活字《唐人集》本。

(2)《唐五十家诗集》本。

(3)《唐百家诗》本。

(4)《唐诗百名家全集》本，附《补遗》1卷。

(5) 明胡震亨编《唐音统签·丁签》本。

(6)《全唐诗》本。

(7)《唐人五十家小集》本。

(8)《横山草堂丛书》本。

戴叔伦诗集校注　集部别集类

蒋寅校注。1993年上海古籍出版社出版，2010年重版修订。

戴叔伦诗文集笺注　集部别集类

戴文进笺注。2013年南京师范大学出版社出版。

姚　辟(？—1066)

字子张。北宋金坛人。皇祐元年(1049)进士,授陈州项城令、通州通判,所至有政声。究心六经,曾问学一时名流如欧阳修、王安石等。

太常因革礼100卷(原缺卷51—67)　史部政书类

宋欧阳修、苏洵、姚辟同撰

《四库未收书提要》著录。

(1)《宛委别藏》本。

(2)《广雅书局丛书》本。

(3)《丛书集成初编》本。

按:(2)(3)版本附清廖廷相撰《太常因革礼校识》2卷。

荆溪唱和1卷　集部总集类　佚

姚辟编

见《宋史·艺文志》。

陈　廓(1060—1114)

字彦明。宋金坛方洛港人。亢子。登熙宁九年(1076)进士。官句容主簿、长社令,改知吉水县、楚邱县,升知处州。岁饥,赈救有方。移广东路转运判官。同列多以献羡(赋税余额)进用。廓曰:"财,民力也。有羡当还以及民,可剥民以为己利乎?"移广东提刑,复除广西,未行而卒。

陈廓诗文集30卷　集部别集类　佚

见光绪《金坛县志·政绩》本传。

张　悫(1065—1128)

字诚伯。宋河间乐寿人,南渡后居住金坛。元祐六年(1091)进士。累迁龙图阁学士、计度都转运使。靖康元年(1126),康王赵构开大元帅府,悫筹集粮钞甚力。徽、钦被掳,力劝高宗即位,授户部尚书,除同知枢密院事，措置户部财用兼御营副使。善理财，谋国尽忠，遇事敢谏，积劳而逝。卒谥忠穆，葬金坛上元乡望张原。《宋史》有传。

巡社法　史部政书类　佚

《宋史》本传云，依唐人遗意，“募民联以什伍，而寓兵于农，使合力抗敌，谓之巡社，为法精详，前此论民兵者莫及也。诏集为书行之”。

唐府兵遗制　史部政书类　佚

见《京口耆旧传》卷9。

河朔岁计足用集　史部政书类　佚

《京口耆旧传》卷6：“州县以匮告亟，悉取诸郡财谷出入之数为之籍号，曰《河朔岁计足用集》，其法……凡三十四郡赋入之登耗，利源之兴废，用度之增损，一开编而尽得之，因得以通融有无。”

蒋　猷(1065—1130)

字仲远，一字冠权。宋润州金坛人。元丰八年(1085)进士，政和四年(1114)拜御史中丞兼侍读，有直声。奏论士风浮薄，廷臣惟以善伺人主意、承望宰执风旨为才，以耿介特立、守正不回者为愚，共嗤笑之，此风大不可长。又疏劾孟昌龄、徐铸等奸状，上怒，遂罢官职，迁兵部尚书。七年知贡举，改工部、吏部尚书。宣和七年(1125)召为刑部尚书。靖康初(1126)奉表起居上皇于淮阴，且特诏贬童贯，遂奉上皇还京，徙兵部尚书。建炎三年(1129)避敌于明州，次年卒。《宋史》有传。

夏祭敕令格式　史部政书类　佚

见《宋史·艺文志》，注：“卷亡。”

陈　序

字彦育，自号碧岩居士。南宋金坛人。廓、度之堂兄弟。不事科举而工于诗，与同乡谭知柔相倡和。娶寇氏，为莱公寇准之后裔。绍兴初，朝廷思澶渊之功，录准后人，无在者，乃补陈序为监行在权货务都茶场门。绍兴二十五年(1155)春并代理详定一司敕令所删定官，满岁正式任命。改任签书保宁军节度判官所公事。

碧岩诗集　集部别集类　佚

见民国《金坛县志·艺文志》。

谭知柔

字胜仲。南宋金坛人。政和八年(1118)进士。历官太平丞、兴化令,知德安、茶陵县,通判邵州,除宗正丞,终秘书少监。有政声。积学嗜古,肆力为文章,好吟诗,尤工绝句。

华阳居士集　集部别集类　佚

见民国《金坛县志·艺文志》。

陈从古(1122—1182)

一作从吉。字唏颜,号洮湖。南宋金坛人。维子,廓孙。绍兴二十一年(1151)进士。授富阳尉,邵州教授,监行在榷货务都茶场,擢司农寺簿,罢归。起知蕲州,寻迁提点湖南路刑狱,就除本路转运判官。擢知襄阳府,后擢知衢、饶、信三州,皆不果行。淳熙九年(1182)卒。从古力学工文,喜作诗。尝取《易·复》六五义,名其斋曰"敦复"。

万历会同30卷　子部术数类　佚

见《直斋书录解题》,误作3卷,注:"陈从古撰。以前书(指《三历会同》10卷)推广之,书坊售利之具也。"按:《文献通考》作30卷。《宋史·艺文志五》作《类编图注万历会同》30卷,作者则作陈从吉。

闻见录5卷　子部杂学类　佚

见民国《金坛县志·艺文志》。

洮湖集　集部别集类　佚

见光绪《金坛县志·文学》本传。

洮湖词1卷　集部词曲类　佚

见《直斋书录解题》。

按:《全宋词》收其词1首,采自《全芳备祖》。

汤邦彦

字朝美，一作德美。南宋金坛人。鹏举孙。乾道八年(1172)中博学鸿词科。累官枢密院编修、左司监兼侍讲。节度使张说权势赫然，无敢撄之者，邦彦劾其奸赃，乃降说为明州观察使，责居抚州3年。邦彦请分扬、庐、荆南、襄阳、金州、兴元、兴州为七路，每路文臣一人充安抚使，治民；武臣一人充都总管，治兵，以规恢复。报可。性开爽。乐施与，家有积谷，尽散以拯乡党饥。

颐堂文集　集部别集类　佚

见民国《金坛县志·艺文志》。

丁　明

字子公。南宋金坛人。权孙。少嗜学，闭户读书20余年。穷困几不能自存.但未尝有不足之色。两举于乡。淳熙十四年(1187)特恩廷试对策，授迪功郎。为人旷达而清廉，年85卒。乡里私谥博雅先生。

读史通考(一作诸史通考)20卷　史部史评类　佚

直说50篇　子部杂学类　佚

事类(一作千门万户)100卷　子部典故类　佚

以上3种见民国《金坛县志·艺文志》。

刘　宰(1167—1240)

字平国，晚自号漫塘病叟。祖籍沧州景城(今属河北)人。后移居丹阳，其父蒙庆定居金坛。南宋绍熙元年(1190)进士。授江宁尉，真州司法，泰兴令，有能声。仕至浙东仓司干官。反对韩侂胄出兵，告归奉祠。理宗立，屡辞官不就。隐居故里金沙八景之一"漫塘春水"处30余年。在乡置社仓，创义役，定折麦钱额，毁淫祠84所。于书无所不读，为文淳古质直。卒年74，谥文清。《宋史》有传。

京口耆旧传9卷　史部传记类

(1)《四库全书》本。

(2)《守山阁丛书》本。

(3) 清道光二十九年(1849)贺鸣谦刻本。

(4)《粤雅堂丛书三编》本。

按:此书原本已散佚,四库馆臣自《永乐大典》辑出,分为9卷。又,此书为刘宰撰,全祖望于《宋元学案》中已言之。《四库全书总目》传记类1云"不著撰人名氏",今经陈庆年、余嘉锡等考定为刘宰所撰。详《四库提要辨证》。

京口耆旧传校证　史部传记类

王勇、李金坤校证,2016年江苏大学出版社出版。

荒政续录　史部政书类　佚

见《金陵通传补遗》卷1本传。

语录10卷　子部儒学类　佚

见《宋史》本传、民国《金坛县志·艺文志》。

漫塘刘先生文前集36卷　集部别集类

(1) 明正德十六年(1521)任佃刻、嘉靖八年(1529)王臬续刻本,国家图书馆藏。

(2) 明万历三十二年(1604)刻本,国家图书馆藏。

(3) 明活字本,台湾"中央图书馆"原藏。

(4)《四库全书》本(书名《漫塘文集》)。

漫塘诗钞1卷　集部别集类

(1)《宋诗钞初集》本。

(2)《宋代五十六家诗集》本。

赵时侃

字和仲。南宋金坛人。秦王赵德芳9世孙。幼时能过目成诵,汤邦彦评其文曰:"异日必当金声玉振。"始以承恩为武进尉。庆元二年(1196)登进士,历任句容令,常州通判,滁州守,婺州帅,所至有声。终工部侍郎、右文殿修撰。博闻强记，明习故典，勤于著述。

容斋笔录50卷　子部杂学类　佚

三桂笔录50卷　子部杂学类　佚

晬盎录10卷　子部杂学类　佚

拙逸手编20卷　子部杂学类　佚

以上4种见民国《金坛县志·艺文志》

王　遂

初字颖叔，改字去非，号实斋。南宋金坛人。嘉泰二年(1202)进士，授富阳主簿。绍定三年(1230)知福建邵武军兼招捕司参议官，后知安丰军。历任国子监主簿，监察御史，右正言，工部尚书。疏奏极论进君子，退小人。刘宰称其为文雄健，无世俗浮靡之气。卒谥正肃。《宋史》有传。

诸经讲义60卷　经部群经总义类　佚

正肃奏议20卷　史部政书类　佚

以上2种见民国《金坛县志·艺文志》。

实斋心学论1卷　子部儒学类　佚

见《国史·经籍志》卷4。

实斋文集　集部别集类　佚

见民国《金坛县志·艺文志》。

刘用行

字圣与。南宋金坛人。嘉定元年(1208)进士。累官中奉大夫，知赣州，以莆田县开国男致仕，赠光禄大夫。

北山集　集部别集类　佚

见民国《金坛县志·艺文志》。

陈　昉

字毅甫。南宋金坛人。宝祐元年(1253)进士。授吴县尉,历知海陵县,监杭州和济局院,迁朝议郎南宗主簿。

杂说3卷　子部杂学类　佚

毅斋文稿　集部别集类　佚

见民国《金坛县志·艺文志》。

吕　江

字子恒,又字叔济,自号四平翁。宋末金坛人。幼慧敏,8岁能著文,有诗名。曾从王遂问求道之旨,知《近思录》为要,乃深入钻研。咸淳四年(1268)成进士,授迪功郎,历江东漕举。主吴县学政,士子多所成就。景炎元年(1276)归里,隐四平山,学者称四平先生。年80无疾而终。

山中山外吟稿　集部别集类　佚

苏台凤台集　集部别集类　佚

以上2种见民国《金坛县志·艺文志》。

栖白庵诗　集部别集类　佚

见光绪《续纂句容县志》卷200。

费　震

字廷玉。宋末金坛人。不求仕进,卒年77岁。

五经四书奥义　经部群经总义类　佚

碧稷文集　集部别集类　佚

以上2种见民国《金坛县志·艺文志》。

张志道

字潜夫。南宋金坛人。弱冠有文名,通天文律历之学。刘宰延之家塾。宁宗求直言，上封事言建储迁都之策。理宗初，朝廷屡征，皆托疾不行。信国公赵葵辟置幕府。宋亡，闭门著书，额所居曰“定轩”。食不给，处之泰然。

易传 30 卷　经部易类　佚

见清卢文弨《补辽金元艺文志》、清钱大昕《补元史艺文志》。

见闻录 1 卷　子部杂学类　佚

定轩文集 10 卷　集部别集卷　佚

以上 2 种见民国《金坛县志・艺文志》。

王去疾

字吉甫。元金坛人。宋乡贡进士。入元，任镇江茅山书院台长，历台州路、杭州路儒学教授。以镇江录事致仕。

直溪集　集部别集类　佚

见至顺《镇江志》卷 19。

按：元张之翰《西岩集》卷 18 有《跋王吉甫直溪诗稿》。

陈　钧

字公秉，又字太和。自号静住。元温州乐清人，徙居金坛。初任常州路晋陵县丞，升常州路治中、林州知州，不赴。除浙西道劝农营田副使，至元三十一年(1294)改衢州路治中，饶州路浮梁州知州，湖南榷茶提举，卒年 57。通诸经，尤长于《易》。

原理、原数 2 篇　经部易类　佚

陈提举文集　集部别集类　佚

见《元诗选癸集(丁)》、民国《金坛县志・流寓》。

按：《元诗选癸集》收其诗 5 首。

顾岩寿

亦作严寿，字子静。元金坛人。以儒进。历茅山书院院长，本路儒学教授，广德路总管府知事，湖州路总管府经历，建康路总管府推官。器识宏远，博学通时务。居官30年，政声颇佳。以疾归，移居丹徒，卒于家。

顾子静集　集部别集类　佚

见民国《金坛县志·艺文志》。

曹　俞

字舜咨。元金坛人。辟建德路儒学教授。说一经，不移日可竟，尤长于《春秋》，熟贯诸史，上下数千载事，口能道之。诗文甚工。

舜咨集　集部别集类　佚

见民国《金坛县志·艺文志》。

雪村聚禅师

俗姓刘。元金坛人。博精经典，至正间入句容崇明寺观音院。戒行孤高，语言超迈，讲经说法，不迷正理。

雪村语录　子部佛教类　佚

见钱大昕《补元史艺文志》、民国《金坛县志·仙释》。

顾　观

字利宾。元金坛人。岩寿子。元季为星子县尉。少从赵孟頫游，工诗。一时名公巨卿皆欲置之馆阁，道路阻绝，不果召。临川危素复荐之，亦不果。素评其诗"清丽雅畅"，为之序。尊异甚至。

容斋集2卷　集部别集类　佚

见清卢文弨《补辽金元艺文志》、钱大昕《补元史艺文志》。

明

史 迁

字良臣，号清斋。明金坛人。元末隐居教授，笃学慎行。洪武初屡征起知蒲城，迁忻州守，十三年(1380)复知廉州。所至以治称。工诗文。归田10年，作《老农赋》以自见，又有追和元好问诗300余首。

青金集8卷　集部别集类

影钞明成化本，国家图书馆藏。

常 钦

字惟心。明金坛人。俗姓王。聪颖过人，稍长，读六经一览无遗。受戒普照寺，后住持仪真天宁寺。洪武初，上令住持甘露说法，听者千余人。一日忽整理箧中经衲，分赠诸僧。书完一偈，掷笔而逝。

损叟集　集部别集类　佚

见民国《金坛县志·艺文志》。

按：民国《金坛县志·仙释》本传作《捐叟集》。

虞 谦(1366—1427)

字伯益。明金坛人。洪武二十八年(1395)由国子生擢刑部郎中，出知杭州。永乐初为大理寺少卿。时天津卫仓库失火，焚粮数十万石，御史谓主管者盗之，纵火以自盖，逮近800人，论死者以百计，余皆流配。谦上告其用刑苛滥，得论减。七年，皇太子监国，奏升谦为都察院右副都御史。仁宗即位，改大理寺正卿。尝应诏上言7事，皆切中时务。谦工诗画，有倪瓒风致。《明史》有传。

玉雪斋诗集3卷　集部别集类

(1) 明宣德元年(1426)刻本,台北故宫博物院藏。

(2) 清嘉庆间刻本,2卷,南京图书馆藏。

王　振

字起宗。明金坛人。洪武中入太学,永乐中举孝廉,授监察御史,任福建、陕西巡抚。后出守交趾(今越南中、北部)13载,选贤举能,众所信服。改知温州府,未几致仕归。振持节清廉,萧然如寒士,终身以书史自娱。

竹雪斋稿(一作竹雪集)　集部别集类　佚

见光绪《金坛县志》卷15。

高　迁

字景升。明金坛人。永乐九年(1411)举人。官光山教谕、国子监学录。尚书胡濙荐出使日本,改行人,赐一品服。使还,上嘉其不辱使命,擢翰林院编修,赐龙凤砚、龙涎墨、倭扇,并题诗扇上以荣之。正统中,宦者王振用事,杀侍讲刘球,迁疏救不听,乃辞疾归。卒祀乡贤。《明史稿》有传。

菊庵集　集部别集类　佚

见民国《金坛县志·艺文志》。

史　潜

明金坛人。正统元年(1436)进士。

名贤诗法3卷　集部诗文评类

明正统间自刻本,国家图书馆藏。

于　镃(1448—1526)

字南金,号契玄。明金坛人。湛父。成化十年(1474)举人,知万载县。平生喜读书，尤究心理学，宗法程朱。

契翁中说录(亦作中说、中说指归)2卷　子部儒学类

(1) 明嘉靖十六年(1537)于湛刻蓝印本，国家图书馆藏。

(2)《中说》，清光绪八年(1882)刻本，南京图书馆藏。

(3)《续修四库全书》本。

段　敏(1460—1514)

字惟勤。明金坛人。南宋名医康年裔孙。少孤贫，弘治三年(1490)进士。知新城、庐陵，为政简厚，讼为之少，升户部郎中。时刘瑾擅权，敏忤其意，迁福建佥事，转浙西参议。正德间卒于官，年55。敏为人谦逊冲和，而于义所不可，则坚持不苟同。居官近30年，家无中人之产。能诗。

南洲集　集部别集类　佚

见民国《金坛县志·艺文志》。

王　臬(1477—1554)

字汝陈。明金坛人。樵父。正德十二年(1517)进士。授兵部主事。与黄巩等上疏谏武宗南巡，同被杖谪。嘉靖初，起武库主事，改南京户部，擢吏部郎中。出知东昌府、宁波府。致仕山东按察司巡海副使。臬笃于忠孝，淡于荣利，度量宽宏。

迟庵先生集8卷诗集4卷　集部别集类

(1) 明刻本，中科院图书馆藏。

(2)《四库未收书辑刊》本。

于　湛(1488—1555)

字莹中，号素斋。明金坛人。镃子。正德六年(1511)进士。授兵部主事，历职方郎中。十四年宁王朱宸濠起兵，湛早有察觉，有功平乱。历官山西布政、河南副都御史、陕西巡抚。嘉靖十五年(1536)吉囊据朔

方，入侵凉州、宁夏等地。湛与总制刘天和合兵击之。十六年任总河副都御史，黄河南徙，奏请塞白马湖，开上流入旧黄河，河患以平。累官至户部侍郎，抚治郧襄。《明史稿》有传。

素斋政书 6 卷　史部政书类　佚

见民国《金坛县志·艺文志》。

素斋先生集 5 卷附褒卹录 1 卷　集部别集类

明刻本，日本尊经阁文库藏。

潘　时

字一中。明金坛人。嘉靖间贡生，官浙江余姚教谕。以疾归。居天荒湖之滨，吟咏自适。

潘时诗集　集部别集类　佚

见民国《金坛县志·五贡》本传。

王　烨(1499—1552)

字韬孟，号樗庵。明金坛人。嘉靖十四年(1535)进士。授吉安推官，迁南京吏科给事中。在官时尝劾罢方面官 39 人，直声甚著。曾以"贪婪无耻"诸语弹劾严嵩，并及严世蕃，出为山东佥事。嵩又藉事夺其官。归后环堵萧然，数年卒。《明史·谢瑜传》附。

樗庵日录 1 卷　子部儒学类

(1)《碧琳琅馆丛书》本。

(2)《芋园丛书》本。

樗庵王先生集 7 卷　集部别集类

明万历元年(1573)刻本，国家图书馆藏。

于　业(1518—1592)

字建公。明金坛人。嘉靖二十六年(1547)进士。授嘉善知县，擢御史，巡视边关，提督北畿学政。

(嘉靖)嘉善县志8卷　史部地理类　佚

明于业修　郁天民等纂

按:《千顷堂书目》卷7、雍正《浙江通志》卷253(误作"郁大民"修)、光绪《嘉善县志》卷36、《浙江方志考》著录。嘉靖二十九年修。

太和集　集部别集类　佚

见民国《金坛县志·艺文志》。

张祥鸢(1520—1586)

字道卿,别号虚庵。明金坛人。弱冠举于乡,嘉靖三十八年(1559)进士。四方名士争与之游,尤与杜静台友善,切究心性之学。严嵩欲见之,终不往。循例授户曹,浮沉十余年,练达公务。张居正当国,出为盐运司运判,升云南知府。执法平反,触忤当路,居一年,万历元年(1573)引疾归。与于孔兼、王樵、曹塾辈交游。长于诗,以清润为主,与诗坛"后七子"相过往。

华阳洞稿22卷　集部别集类

明万历十七年刻本,南京图书馆藏,《四库全书存目丛书》影印。

虚庵集　集部别集类　佚

见《千顷堂书目》卷23。

曹大章(1521—1575)

字一呈,号含斋。明金坛人。邦彦子。嘉靖三十二年(1553)进士,授翰林院编修。性颖敏,工诗文,善散曲,喜于喧闹处作文。读书不重记诵,人问之,则引据古今,滔滔不穷。门人张祥鸢谓其诗学李白,文学司马迁。擅长戏曲,曾为魏良辅《南词引正》作序。嘉靖三十八年作诗为严嵩寿,次年与嵩子交恶被黜。张祥鸢《华阳洞稿》卷7有行状。

燕都妓品1卷(署冰华梅史)　子部小说类

(1)《重订欣赏编》本。

(2)《绿窗女史》本。

(3)《说郛续》本。

莲台仙会品1卷　子部小说类

(1)《绿窗女史》本。

(2)《说郛续》本。

秦淮士女表1卷　子部小说类

(1)《重订欣赏编》本。

(2)《说郛续》本。

广陵女士殿最1卷(署萍乡花史)　子部小说类

(1)《绿窗女史》本。

(2)《说郛续》本。

曹太史含斋先生文集15卷　集部别集类

(1) 明万历二十八年(1600)曹祖鹤刻增修本,浙江图书馆藏,《四库全书存目丛书》影印。

(2)《金坛曹氏集》本,10卷,中科院图书馆藏。

按:《明史·艺文志》作《含斋稿》20卷。《四库全书总目》别集类存目5作16卷,《中国善本书提要》曰:"因卷十又分上、下,馆臣合计之故也。"

雁书记　集部词曲类　佚

见《明清江苏文人年表》引明张祥鸢《华阳洞稿》。

王　樵(1521—1599)

字明逸,一作明远,号方麓。明金坛人。臬子。嘉靖二十六年(1547)进士。授行人,迁刑部员外郎。曾因严于执法,与严嵩忤,出为山东佥事。移疾归。万历初,张居正柄国,起补浙江佥事,擢尚宝卿。刘台劾居正,居正乞归。诸官奏留,樵独请全谏臣以安大臣,居正大恚,出为鸿胪卿。后擢南京都察院右都御史。樵精于经学,《易》《书》《春秋》,皆有纂述。谥恭简。《明史》有传。

周易私录不分卷　经部易类　佚

见《四库全书总目》易类存目1。

尚书日记16卷　经部尚书类

(1) 明万历十年(1582)刻本，南开大学图书馆藏。

(2) 明万历二十三年刻本，国家图书馆藏。

(3) 明万历二十五年平阳蔡立身刻本，台湾“中央图书馆”原藏。

(4) 明崇祯五年(1632)庄继光重修本，福建图书馆藏。

(5)《四库全书》本。

按:《增订四库简明目录标注》云:“明刊《尚书日记》未定本有二。又有《书帷别记》，刊本(见下)。樵晚年增删《日记》，又以《别记》并入，成此十六卷。”

书帷别记4卷　经部尚书类

明万历间王启疆、王肯堂等刻本，国家图书馆藏。

按:《四库全书总目》尚书类存目2著录，谓“此书则为科举而作。曰《别记》者，所以别于《日记》也”。

诗考　经部诗经类　佚

见《本朝分省人物考》卷29。

按:《方麓集》卷2有《诗考序》。

周官私录　经部周礼类　佚

见光绪《金坛县志》卷15。

按:《方麓集》卷2有《周官私录序》。

春秋辑传13卷宗旨1卷春秋凡例2卷　经部春秋类

(1) 明万历四十七年刻本，上海图书馆藏。

(2)《四库全书》本。

四书绍闻编8卷　经部四书类

明万历二十四年贺知忍刻本，重庆图书馆藏。

戊申笔记1卷　史部杂史类

按:此笔记记嘉靖二十七年朝事，收入《方麓集》中。

紫薇堂劄记1卷　史部杂史类

按:此书收入《方麓集》中。

槜李记1卷　史部杂史类

(1)《盐邑志林》本。

(2)《景印元明善本丛书十种》本。

(万历)重修镇江府志36卷附图1卷　史部地理类

明王应麟修　王樵等纂

(1) 明万历二十四年刻本,台北故宫博物院藏。

(2) 明万历二十四年刻、天启五年(1625)增修本,天津图书馆藏。

(3) 抄本,南京图书馆藏。

大明律附例30卷慎刑说1卷　史部政书类

明王樵笺释　《慎刑说》王肯堂撰

(1) 明刻本,国家图书馆藏。

(2) 清抄本,国家图书馆藏。

(3) 清抄本,南京图书馆藏。

(4) 清康熙二十八年(1689)娄水夏张琪刻本,有《图注》1卷《检验死伤指南》1卷,日本东方文化研究所藏。

(5) 清康熙三十年刻吴县顾鼎重编本。改称《王仪部先生笺释》30卷首1卷末1卷,国家图书馆藏。

读律私笺28卷附录1卷　史部政书类

明万历间刻本,国家图书馆藏。

按:《明史》本传称此书"甚精核"。

计曹判事　史部政书类　佚

西曹判事　史部政书类　佚

以上2种见光绪《金坛县志》卷15。

老子解1卷　子部周秦诸子类

按:此书收入《方麓集》卷13。

评定周易参同契　子部道教类　佚

见光绪《金坛县志》卷15。

按:《方麓集》卷2有此书序。

方麓居士集16卷　集部别集类

(1) 明万历间刻本,台湾"中央图书馆"原藏。

(2) 清抄本,11卷,南京图书馆藏。

(3)《四库全书》本。

按:《四库全书总目》别集类25云:"其集凡有二本。一为文九卷,《老子解》一卷,诗一卷。一即此本,凡诗文十四卷,又《戊申笔记》一卷,《紫薇堂劄记》一卷。"

潘　槐

字廷卿。明金坛人。万历中贡士。任庐州训导。代理英山知县,甫4月而颂声大作。同官忌之,移疾归。好学,博综群书。与顾宪成、高攀龙讲学于八卦亭。

鸣志录　子部杂学类　佚

见民国《金坛县志·儒林》本传、《艺文志》。

按:《本传》将"槐"误作"桃",谓著有《鸣志录》诗数百篇。

邓伯羔

字孺孝。明金坛人。万历间贡生,二十四年(1596)曾助王樵修府志,后即隐居金坛县西天荒湖之铜马泉。伯羔博学洽闻,撰著甚富。朝廷屡召授官,不赴,日徜徉钓雪亭,或往来两浙,与诸名流倡和。

古易诠29卷　经部易类

明万历二十六年刻本,南京图书馆藏。

今易诠24卷　经部易类　佚

见《明史·艺文志》《经义考》《四库全书总目》易类存目1。民国《金坛县志·艺文志》作20卷。

艺彀3卷艺彀补1卷　子部杂学类

(1) 抄本,2卷,上海图书馆藏。

(2)《四库全书》本。

按:《艺彀补》,民国《金坛县志·艺文志》作3卷。

卧游集4卷　集部别集类　佚

天荒馆诗草2卷　集部别集类　佚

以上2种见《金坛县志·隐逸》本传、《艺文志》。

虞　郊

字元伯。明金坛人。以父命应书算科抵京,父病危归里。郊熟悉江南水利,陈于河院,大奖之。抚院闻其贤,纳其议,罢朱家港建陵之役。又条陈江南利弊12事,抚院下达各县参照执行。与邑令议通大廷桥新旧2渠,长20余里,旋绕14村,为闸二,以便蓄泄,民大便之。

十义类编　史部杂史类　佚

忠孝录撰略　史部传记类　佚

见民国《金坛县志·忠节》本传。

于孔兼(1538—1615)

字元时,号景素。明金坛人。湛孙。万历八年(1580)进士。授九江府推官、礼部主事,再迁仪制郎中。十七年,神宗下诏于诸子中并封三王,孔兼与员外郎陈泰来合疏争之,未报。孔兼又谏,被采纳。二十一年,考功郎中赵南星主京察,要路私人,贬斥殆尽,被削职。孔兼疏救,帝积前恨,谪安吉判官,遂投牒归。家居20年,杜门著书。筑室西郊,颜其堂曰"志矩",名其亭曰"八卦",讲肄其中。天启中,孔兼已前卒,赠光禄寺少卿。《明史》有传。

四书两家粹义　经部四书类　佚

见民国《金坛县志·艺文志》。

景素公自叙年谱1卷　史部传记类

清抄本,国家图书馆藏。

春曹奏疏　史部政书类　佚

见《千顷堂书目》卷30。

明朝十先生语录　子部儒学类

明万历三十七年自刻本，上海图书馆藏。

忆语4卷续忆语1卷　子部儒学类

明刻本，日本内阁文库藏。《愿学斋存语》2卷《述语》4卷《忆语》4卷《续忆语》2卷，见《千顷堂书目》卷11。

于景素先生山居稿10卷首1卷　集部别集类

（1）明万历四十年刻本，北京大学图书馆藏。

（2）《明别集丛刊》本。

江州余草4卷　集部别集类

明万历三十一年刻本，日本尊经阁文库藏。

于景素集不分卷　集部别集类

《广理学备考》本。

培元堂六子书16卷　丛书类

明刻本，国家图书馆藏。

于孔兼辑

子目：

《魏庄渠先生书》3卷

《罗整庵先生困知记》1卷

《后渠子》4卷

《泾野集》4卷

《念庵子》2卷

《遵岩子》2卷

王尧封(1543—1613)

字尔祝，号华冈。明金坛人，寓居上元。诸生，被督学耿定向赏识。万历十一年(1583)进士，除户部主事，进郎中。尝上砭时弊13事，出为南昌知府，降许州州判。擢知沧州，复谪兖州通判，进南京刑部主事，转户部郎中,出为贵州思南知府。乞休归。生平酷嗜书,翻阅购置无虚日,藏书颇富。

学惠斋稿 12 卷　集部别集类　佚

见《本朝分省人物考》卷 29。《千顷堂书目》卷 25 不著卷数。《明代帝里人文略》《金陵通传》本传作《学惠斋摘稿》。

按:《金陵诗征》卷 24 收有其诗。

曹　塾

字启伦。明金坛人。万历十三年(1585)拔贡,授太常寺丞。与友人张祥鸢相倡和,有诗集。

曹塾诗集　集部别集类　佚

见光绪《金坛县志·孝义》本传。

王肯堂(1549—1613)

字宇泰,号念西居士,又号损庵。明金坛人。樵子。万历十七年(1589)进士。选翰林院庶吉士,授检讨。倭寇朝鲜,疏陈十议,愿假御史衔练兵海上。疏留中,乃引疾归。家居 14 载,医疗民疾,广泛搜集医学文献,撰写医书。三十四年,吏部侍郎杨时乔荐补南京行人司副,终福建参政。肯堂好读书,尤精于医。所编《六科证治准绳》《古今正统医脉全书》等,整理保存了许多医学著作,影响极大。《明史·王樵传》附。

尚书要旨 36 卷　经部尚书类

明万历间刻本,国家图书馆藏。

按:《四库全书总目》尚书类存目 2 著录为 30 卷。

尚书过庭录　经部尚书类　佚

见民国《金坛县志·艺文志》。

五经义府　经部群经总义类　佚

见民国《金坛县志·艺文志》。

论语义府 20 卷　经部四书类

(1) 明刻本，华东师范大学图书馆藏。

(2) 清康熙三年(1664)刻本，中科院图书馆藏。

大明律附例 30 卷(一作律例笺释)慎刑说 1 卷　史部政书类

明王樵笺、王肯堂释　《慎刑说》王肯堂撰

详“王樵”条。

证治准绳 8 卷　子部医家类

《六科证治准绳》本。

杂病证治类方(一作类方准绳)8 卷　子部医家类

王肯堂辑

(1)《六科证治准绳》本。

(2) 明末刻本，不分卷，上海图书馆藏。

伤寒证治准绳 8 卷　子部医家类

(1) 明万历三十二年刻本，上海图书馆藏。

(2) 清初刻本，中医科学院图书馆藏。

(3)《六科证治准绳》本。

伤寒理镜 6 卷　子部医家类

王肯堂撰　卜曰乂汇解

明刻本，国家图书馆藏。

疡医准绳(一作外科准绳)6 卷　子部医家类

(1) 明万历三十六年自刻本，国家图书馆藏。

(2)《六科证治准绳》本。

外科准绳简纂　子部医家类

王肯堂辑　无名氏简纂

抄本，北京中医研究院图书馆藏。

幼科证治准绳 9 卷　子部医家类

(1)《六科证治准绳》本。

(2) 清光绪十八年(1892)石经堂刻本，南京图书馆藏。

女科证治准绳 5 卷　子部医家类

王肯堂辑

《六科证治准绳》本。

胤产全书4卷　子部医家类

(1) 明刻本,广州中医药大学图书馆藏。

(2) 明书林乔山堂刻本,附《妇人脉法》1卷《提纲》1卷,国家图书馆藏。

(3) 清康熙间刻本,中华医学会上海分会藏。

胎产证治　子部医家类

1934年上海中医书局铅印本。

产宝百问5卷　子部医家类

原题元朱震亨纂辑　明王肯堂订正

(1) 明杨懋卿刻本,中医科学院图书馆藏。

(2) 明末吴门德馨堂刻本,吉林图书馆藏。

(3) 清朱文堂刻本,国家图书馆藏。

针灸准绳　子部医家类　佚

见民国《金坛县志·艺文志》。

端本堂考证脉镜　子部医家类

抄本,湖南省图书馆藏。

平疴帖括　子部医家类

抄本,上海中医药大学图书馆藏。

王宇泰药性赋附脉决　子部医家类

抄本,上海中医药大学图书馆藏。

重订灵兰要览2卷　子部医家类

明王肯堂辑　清顾金寿评订

(1)《三三医书》本。

(2)《中国医学大成》本。

医学正宗　子部医家类　佚

见民国《金坛县志·艺文志》。

医辨3卷　子部医家类

明王肯堂辑

日本元禄(1688—1703)间刻本。

医镜4卷　子部医家类

(1)《医药镜》本。

(2) 清顺治四年(1647)刻本,上海图书馆藏。

(3) 清刻本,上海图书馆藏。

(4) 抄本,上海图书馆藏。

订补古今医鉴16卷　子部医家类

明龚信辑　龚廷贤续　王肯堂订补

(1) 明万历十七年叶华生刻本,北京大学图书馆藏。

(2) 清康熙二十三年刻本,山东图书馆藏。

医学津梁6卷　子部医家类

明王肯堂撰　清岳昌源删补　陈洙重订

(1) 1919年千顷堂书局石印本,国家图书馆藏。

(2) 民国间孚华书局石印本,南京图书馆藏。

(3) 上海学海书馆石印本,上海图书馆藏。

按:本书原名《医镜删补》,经陈氏改订,乃易今名。

医学穷源集6卷　子部医家类

明王肯堂撰　殷宅心辑释

(1) 清嘉庆十三年(1808)刻本,国家图书馆藏。

(2) 清嘉庆二十二年刻本,苏州大学图书馆藏。

王肯堂先生医案　子部医家类

清抄本,国家图书馆藏。

肯堂医论3卷　子部医家类

(1) 明刻本,题作《新镌医论》,国家图书馆藏。

(2) 清初汲古阁抄本,题作《医论》1卷,上海图书馆藏。

(3)《三三医书》本。

(4)《中国医学大成》本。

按:《千顷堂书目》卷14作《王氏医论》4卷。

明医指掌10卷　子部医家类

明皇甫中撰　王肯堂订补

(一)10卷本:

(1)明天启二年(1622)刻本,上海图书馆藏。

(2)明金阊传万堂刻本,浙江图书馆藏。

(3)清顺治十四年刻本,故宫博物院藏。

(4)清乾隆四十四年(1779)瀚海楼刻本,上海图书馆藏。

(二)附《诊家枢要》1卷《药性赋》4卷(元李杲撰)《药性解》6卷(明李士材编)本:

(1)明天启二年古吴汪复刻本,中医科学院图书馆藏。

(2)明天启二年五云堂刻本(实即汪复刻本而易其扉页)。

郁冈斋帖　子部艺术类

明万历三十九年刻本。

郁冈斋笔麈(一作念西笔麈)4卷　子部杂学类

(1)明万历三十年刻本,国家图书馆藏。

(2)1930年北平图书馆据万历刻本铅印本,南京大学图书馆藏。

按:《四库全书总目》杂家类存目5著录,谓此书论药方者十之三四。

八识规矩解1卷　子部佛教类

明刻本,中山大学图书馆藏。

王肯堂参禅要诀1卷　子部佛教类　佚

见《明史·艺文志》。

六科证治准绳(一作证治准绳)44卷　丛书类

王肯堂辑

子目:

《证治准绳》8卷

《杂病证治类方》8 卷

《伤寒证治准绳》8 卷

《疡医准绳》6 卷

《幼科证治准绳》9 卷

《女科证治准绳》5 卷

(1) 明万历三十年刻本,上海图书馆藏。

(2) 明崇祯十七年(1644)刻本,中科院图书馆藏。

(3) 清康熙三十八年金坛虞氏补修本,中国中医科学院图书馆藏。

(4) 清乾隆十四年带月楼刻本,河南图书馆藏。

(5)《四库全书》本,题作《证治准绳》120 卷。

(6) 清乾隆五十八年程永培刻本,上海图书馆藏。

(7) 清九思堂刻本,题名《九思堂重订证治准绳》,国家图书馆藏。

(8) 清旧学山房刻本,中国中医科学院图书馆藏。

(9) 清光绪十八年广州石经堂刻本,浙江图书馆藏。

(10) 清光绪十八年图书集成书局铅印本,国家图书馆藏。

(11) 清光绪二十五年西蜀善成堂刻本。

(12) 1953—1959 年上海卫生出版社(印 1—4 册)、上海科学技术出版社(印 5—6 册)影印明万历本。

(13) 1959 年上海科学技术出版社新 1 版铅印本。

按:《明史》云:肯堂"所著《证治准绳》,该博精粹,世竞传之"。

古今医统正脉全书 44 种 206 卷　丛书类

明王肯堂辑

子目见《中国丛书综录》,从略。

(1) 明万历二十九吴勉学校刻本,南京图书馆藏。

(2) 明万历新安吴氏刻清初金陵蕴古堂重修本,北京大学图书馆藏。

(3) 清江阴朱文震校刻本,故宫博物院藏。

(4) 清光绪十八年浙江书局刻本,黑龙江图书馆藏。

（5）清光绪三十三年京师医局修补朱文震原版重印本，国家图书馆藏。

（6）1923年北京中医学社修补朱文震原版重印本。

按：清曹禾《医学读书志》对王肯堂医学著作有总括性评述，略谓：其《医统正脉》集书44种，自《素问》《灵枢》以下，继以守真，终于陶华，皆沿金元以来结习。《证治准绳》6种，凡44册，皆一年而成。二种虽采掇繁富，而珠砾杂收，茫无去取。《医论》《笔麈》，泛述医事，颇精卓可观。

洪应明

字自诚，号还初道人。明金坛人。早年离乡学道，遍访名师，曾经作过地方官吏。晚年归隐茅山，潜习著述。所著《菜根谭》有金坛于孔兼《题词》，二人时代当相去不远。

月旦堂新镌绣像列仙传4卷　史部传记类

明万历刻本，国家图书馆藏。

仙佛奇踪8卷　子部小说类

（1）明万历刻本，国家图书馆藏。

（2）《喜咏轩丛书》本，作《月旦堂仙佛奇踪》。

寂光境3卷　子部小说类

明刻本，美国国会图书馆藏。

按：《寂光境》是《仙佛奇踪》记佛事部分。此本收西竺佛祖19人，中华佛祖42人，人各一图像，见《中国善本书提要》。

菜根谭（一作处世修养篇）　子部杂学类

（1）明刻本，国家图书馆藏。

（2）清乾隆间常州天宁寺校刻本，徐州图书馆藏。

（3）清道光十五年（1835）刻本，南京图书馆藏。

（4）清咸丰二年（1852）篆云斋刻本，天津图书馆藏。

（5）清光绪十三年（1887）扬州藏经禅院重刻本，国家图书馆藏。

(6) 1922 年福建汀州医院石印本,北京大学图书馆藏。

(7)《喜咏轩丛书》本。

(8) 1989 年巴蜀书社出版袁廷栋校注本,附日本本所有而中国本皆无的 153 条,以作《续遗》。

(9) 1989 年浙江古籍出版社出版王同策《菜根谭注释》。

(10) 2013 年中华书局出版。

(11) 2015 年崇文书局出版。

(12) 2016 年中华书局出版。

(13) 2018 年线装书局出版。

菜根谭 1 卷婆罗馆清语 1 卷　子部杂学类

明洪应明撰　民国周学熙节录

《周氏师古堂所编书》本。

长生铨　子部释道类

明刻本,国家图书馆藏。

史树德

明金坛人。万历间任浙江余姚知县。

(万历)新修余姚县志 24 卷　史部地理类

明史树德修　余姚杨文焕等纂

明万历二十九年(1601)刻本,台北故宫博物院藏。

义　公(? —1627)

字湛怀。明金坛人。王氏子,10 岁出家于金陵报恩寺。20 岁,远游名山,参访耆宿,建黄曲社于尧山,后返长干。新安汪仲嘉为建阁,进行禅修,遂不复出。士大夫多从之游。天启七年(1627)元日,沐浴跏趺,端坐而逝。是年,上元周晖选其诗 30 首,附憨山、雪浪二老之后,名曰《长干三僧诗》。

长干三僧诗　集部总集类　佚

见民国《金坛县志·仙释》本传。

于　秉(1558—1640)

字文渊。明末金坛人。贡生，以子然封辽东卫经历。

茜花唾余集　集部别集类　佚

见民国《金坛县志·艺文志》。

于仕廉(1559—1645)

字振方，号元贞。明金坛人。孔兼再从弟。幼失恃，苦学力行。万历十四年(1586)进士，累官至南京户部右侍郎，有清望。时承平久，士大夫率以名位自高，不识世务，仕廉独精于兵农战守之略。管通州粮储，使军役修浚城河4000丈，建节水闸，岁省车运费数千金。升山东按察副使，分守莱州。时倭侵朝鲜，与莱仅隔一水，乃上书巡抚，改筑莱城，备御完固，倭不敢犯。天启二年(1622)引疾归。甲申(1644)闻变，痛哭累日。次年，南都陷，绝粒而死。《明史稿》有传。

修河通城书　史部地理类　佚

职掌录　史部政书类　佚

救荒书　史部政书类　佚

以上3种见《千顷堂书目》、民国《金坛县志·艺文志》。

于玉瑞

字信甫。明金坛人。孔兼子，玉全弟。郡庠生。性至孝，好学力行。崇祯元年(1628)巡按御史闻于朝。年80余犹撰述不辍。

儒门一勺　子部儒学类　佚

见光绪《金坛县志·孝义》本传。

按：本书系节录宋代周敦颐、程颐、程颢、张载、朱熹诸儒之书而成。

于玉立(1561—1620)

字中甫。明金坛人。万历十一年(1583)进士,除刑部主事,进员外郎。为人刚直敢言。巡抚魏学曾以哱拜部落案系诏狱,举朝知其冤,莫敢白。玉立得其实,具爰书上得雪,直声满朝,擢本部郎中。又劾阁臣申时行与郑戚畹相表里,帝怒,几不测,会皇子生,免归。与东林通声气,攻东林者谓玉立遥制朝权,以是诟病东林。家居久之,数被推荐,终不出。天启初,玉立已前卒,赠尚宝卿。《明史》有传。

如庵奏疏　史部政书类　佚

见民国《金坛县志·艺文志》。

汤宗元

字养初。明金坛人。勉明父。性孝,以父患足痹,因穷究方饵,以医名。好善乐施,多义行。卒年 92。

自娱集　集部别集类　佚

见民国《金坛县志·艺文志》。

符应乾

字健甫。明金坛人。万历三十四年(1606)举人。任湖南零陵知县,升江西南康府同知。后掌教白鹿洞书院。

锋讲　子部儒学类　佚

见民国《金坛县志·艺文志》。

张文遂

字振凡。明金坛人。善医,尤长于胎产科。万历四十年(1612)授太医院官。子祥元,字元如,亦以医名,授太医院吏目。

保生集要 1 卷　子部医家类　佚

见《江苏历代医人志》、乾隆《金坛县志》。

史维堡

字心传，号纯台。明金坛人，寄籍浙江仁和。万历四十四年(1616)进士，官永新知县。拓文庙，置义仓，士民德之。升顺天府通判，终工部主事。

尚书晚订12卷　经部尚书类

明史维堡、史元调撰

明崇祯间刻本，温州市图书馆藏。

杨肇芳

字葆元。明金坛人。万历间贡生，官训导。

尚书副墨6卷　经部尚书类

明杨肇芳撰　杨胤奇删补

(1) 明崇祯四年(1631)集虚斋刻本，中国科学院图书馆藏。

(2)《四库未收书辑刊》本。

王纲振

明金坛人。

尚书逆志　经部尚书类　佚

见民国《金坛县志·艺文志》。

禹贡逆志1卷　经部尚书类　佚

见《明史·艺文志》。

按：或为《尚书逆志》之别本。

汤勉明(1564—1664)

字允僶，一字逸云。明末金坛人。宗元子。自幼力学，为文敏捷。事继母孝，时人比之黄宪、徐稚。

寒竹斋稿　集部别集类　佚

见光绪《金坛县志·文学》本传。

王懋锟(1566—1629)

改名历昌,字伯弢,号葵园。明金坛人。樵孙,彦泓父。万历三十一年(1603)举人。天启三年(1623)任福建南安知县,坐累去。

羼提集　集部别集类　佚

见光绪《金坛县志》卷15、民国《金坛县志·艺文志》。

王葵园诗2册　集部别集类

王元茹手写本,见《藏园群书经眼录》卷16。

汤励行

字处柔。明末金坛人。宗元子,勉明弟。明亡,弃诸生,隐居乐善。

自娱集　集部别集类　佚

见光绪《金坛县志·孝义》汤宗元传附。

王　都(1571—1642)

明金坛人。天启二年(1622)进士,三年授福建建宁知县,擢工科给事中。崇祯末,李自成攻入北京,《小腆纪年》卷4记云:"三四品京堂掠死者,太常寺卿金坛王都,或曰释而遁也。"

兵家要略　子部兵书类　佚

见民国《金坛县志·艺文志》。

庄仲祥(1571? —1644)

字瑞之。明末金坛人。年21,补博士弟子员。父以苦学失明,仲祥日侍侧,口诵古史数十则,常到4鼓,以减老人长夜之苦。崇祯甲申(十七年,1644),闻变大恸,疽背发卒,年70余。

尚书笔筌　经部尚书类　佚

见光绪《金坛县志·孝义》本传。

王荣图(? —1644)

字介休。明末金坛人。诸生。性朴实,不苟言笑。崇祯末,闻北京陷大恸。不食,7 日死。

寒袇余墨文集　集部别集类　佚

见民国《金坛县志·艺文志》。

王　鐕(1579—1647)

字叔闻。明金坛人。崇祯十七年(1644)贡于朝,不赴。好读书,性嗜酒,诗文往往乘醉落笔。尝游荆湘,又至长安。登临吊古,忧时感世,发之于诗。崇祯末闻变后,悲歌流涕,有沉渊立槁之志。一日,从里人饮,大醉,病卧 3 日,遂不起。

史论 1 册　史部史评类　佚

见民国《金坛县志·艺文志》。

王叔闻先生诗钞 5 卷　集部别集类

王鐕撰　吴培源选

清乾隆七年(1742)四世从孙王霖清芬堂刻本,中科院图书馆藏,《四库禁毁书丛刊》影印。包括《云溪存草》《病余存草》《楚游草》《北征草》《罗隐秀才遗稿》各 1 卷。

丰蔚堂诗稿　集部别集类　存

稿本,南京图书馆藏。

吴履中(1587—1649)

字玄汭,号喧山。明末金坛人。天启五年(1625)进士。

余廉堂集 8 卷　集部别集类

清康熙元年(1662)王元晋刻本,国家图书馆藏。

王 甡

字无量。明末清初金坛人。崇祯间岁贡。

学案 1 卷　子部儒学类

(1) 约清康熙间刻本,见《贩书偶记续编》。

(2)《积书岩六种》本。

按:《四库全书总目》儒家类存目 3 著录,谓是编大旨主于救姚江末流之失,盖因双峰饶鲁之书而为之。饶鲁,号双峰,宋人。历主讲于东湖、白鹿、西涧、安定诸书院。

集程朱格物法 1 卷朱子读书法 1 卷　子部儒学类

王甡审订

《积书岩六种》本。

王彦泓(1593—1642)

字次回。明金坛人。懋锟(历昌)子。崇祯时以岁贡为华亭县训导。崇祯十五年(1642)卒于官。博学好古,喜作艳体诗,格调近于唐人韩偓之香奁体,词不多作,而善改昔人词,殊有加毫颊上之致。善书法。

疑雨集 4 卷　集部别集类

(1) 清康熙十五年(1676)亦园侯文灿刻本,2 卷,国家图书馆藏。

(2)《乐府小令》本。

(3)《观古堂汇刻书》第 2 集本。

(4)《郎园先生全书》本。

疑云集 4 卷　集部别集类　佚

泥莲集　集部别集类　佚

以上 2 种见民国《金坛县志》卷 9 本传。

于鉴之

字昭远,又字昭彦,号西梵。明末金坛人。玉立子。贡生。少聪颖，能诗词，与弟銮俱从钱谦益游，深思汲古，为钱所爱赏。然不得志，年50犹困场屋，抑郁发病卒。清顺治四年(1647)钱谦益与于鸾曾为搜集遗诗。《列朝诗集小传》有传。

西梵先生诗稿　集部别集类　佚

松石朋诗余　集部词曲类　佚

以上2种见《江苏诗征》卷19。

于　鸾(1595—?)

字御君。明末金坛人。玉立子，鉴之弟。贡生。少聪颖，能诗，与兄俱从钱谦益游，颇为所赏。屡困场屋，清康熙十三年(1674)尚在世，年已80。

视慧斋诗集　集部别集类　佚

见《江苏诗征》卷19。

于重庆(1598—1656)

字怿先。明末金坛人。崇祯四年(1631)进士。授工部主事，历成都知府，分巡山东济南道。

思痛记略　史部杂史类　佚

研雨斋前后稿　集部别集类　佚

以上2种见民国《金坛县志·艺文志》。

周　镳(1600—1645)

字仲驭。明末金坛人。钟兄。天启四年(1624)乡试第一，崇祯元年(1628)进士。授南京户部主事，改礼部主事。疏请恤录建文死难诸臣。五年，以论责中官用事被斥为民。与宣城沈寿民读书茅山，名益高。十一年，曾密主驱阮(大铖)运动。十五年起用为北京礼部主事，进郎中。十七年，京师陷，南京福王立，马士英执政，阮大铖附之，镳被诬下狱，勒令自尽。弘光元年(清顺治二年，1645)书绝命词，自缢死。《明史·姜曰广传》附。

逊国忠记 18 卷　史部传记类

(1) 明崇祯间刻本,国家图书馆藏。

(2)《四库全书存目丛书》本。

按:《四库全书总目》谓,此书载建文死事诸臣,备录无遗。

奏疏 1 卷　史部政书类　佚

见《千顷堂书目》卷 30。

曹宗璠

字汝珍,号愓咸。明末清初金坛人。大章孙。崇祯四年(1631)进士。入复社。授黄岩知县,调封丘,告归。复起上林苑监丞。清顺治十八年(1661)借通海案兴大狱,被逮至南京审讯,几被杀。长于诗,诗宗温、李。

游金华洞记 1 卷　史部地理类

《小方壶斋舆地丛钞》第 4 帙本。

南华泚笔 2 卷　子部周秦诸子类

《金坛曹氏集》本。

麈余 1 卷　子部小说类

(1)《昭代丛书》(道光)本。

(2)《古今说部丛书》本。

(3)《说库》本。

昆禾堂集 10 卷　集部别集类

洮浦集 10 卷　集部别集类

以上 2 种均有《金坛曹氏集》本。

于　颖

颖,亦作颕。字颖长、长公,号九瀛。明末金坛人。崇祯四年(1631)进士,授工部主事,以工部员外郎差督南中河道。升郎中,历知顺德、西安二府，罢归。十五年任绍兴知府。福王立(1644)，起知绍兴府，分巡宁绍台道。清兵至杭，颍密谋举义。鲁王至越(1645)，擢正右佥都御史，督师，率兵抗清。清顺治三年(1646)六月，清兵至，鲁王航海去，颍扈从不及，由海道还京口。十年，在南京编写《今鲁史》。后黄冠以终。《小腆纪传》有传。

今鲁史　史部别史类　佚

见清杨风苞《秋室集·南疆逸史十二跋》《增订晚明史籍考》。

拂黛斋稿　集部别集类　佚

见民国《金坛县志·艺文志》。

周　铨

字简臣。明末初金坛人。钟兄。少负隽才，与弟钟齐名。天启间，年甫20余，所选时艺盛行江左几20年。崇祯九年(1636)举于乡，次年成进士，授上虞县令。有编修陈某，骄横乡里。铨大创其仆，诸宦震慑，合谋陷之，谪代州判官。

史论10卷　史部史评类　佚

见民国《金坛县志·艺文志》。

醉石居未焚集　集部别集类

明崇祯刻本，东北师范大学图书馆藏。

张远心(1610？—？)

字无岩。明末金坛人。明弼子。贡生。

西园集　集部别集类　佚

翰雾集　集部别集类　佚

见光绪《金坛县志·例贡》本传。

史　惇

字子有。明末金坛人。崇祯三年(1630)举人，十三年就教廷试，阅卷特用第一，同进士，授户部山东司主事，升九江知府。时左良玉为李自成所败，顺江而下，多杀掠。巡抚议闭城拒之，惇恐左疑则兵变，请往见良玉，良玉大喜，禁士卒毋犯。寻以直忤大吏，归里。

恸余杂记(一作痛余杂录)1卷　史部杂史类

见《增订晚明史籍考》卷21。

(1) 旧钞本，南京图书馆藏。

(2) 鄦公钟室抄本，国家图书馆藏。

(3)《花近楼丛书》本。

(4)《续知不足斋丛书》本。

(5)《四库禁毁书丛刊》本。

按：此书记明万历以来朝野杂记。

于　鑨

字友石，原名美钟，字逵夫。明末金坛人。孙慎行甥。崇祯十五年(1642)副榜，左副都御史张玮以贤良荐，不受。归隐于下区别业，闭门谢客，读书著书历数十年，其学得于舅氏，而不欲立门户。好古笃行，人谓其可与王塈匹。

易经注疏　经部易类　佚

太极图义　子部儒学类　佚

蟾庵涂说　子部杂学类　佚

蟾庵说余　子部杂学类　佚

以上4种见民国《金坛县志·艺文志》。

王锡瑞

字公信。明末金坛人。崇祯十五年(1642)副贡。以父年高目翳，日具酒食，延耆旧与父欢饮剧谈。暇则诵经史以娱父。

尚书印可　经部尚书类　佚

春秋翼传　经部春秋类　佚

以上2种见民国《金坛县志》卷9本传。

周　钟(？—1645)

字介生。明末金坛人。铨弟。天启三年(1623)太仓张采、张溥来访，与钟结盟，后同入复社，为复社领袖。崇祯十六年(1643)登进士。次年在北京归向李自成农民起义军，旋复南遁。南明弘光二年(清顺治二年，1645)在南京遇害。

周钟遗集　集部别集类

清顺治四年周铨辑刻本。

廿一史文选100卷　集部总集类

周钟选编

明崇祯十五年刻本，湖南图书馆藏。

冯　斐

字可䌹。明末金坛人。崇祯十六年(1643)进士，授中书舍人。

秋吟集　集部别集类　佚

见光绪《金坛县志·进士》本传。

王　朗(1613—1648)

字仲英，自称羼提道人，又曰无生子。明末金坛人。彦泓女，无锡秦德澄妻。生而夙悟，诗词书画，靡不精工，尤长小词。撰著甚富，多因兵乱散失。

羼提阁诗集　集部别集类　佚

见《江南通志》卷194。

断肠草　集部别集类　佚

见《然脂集》。

古香亭词　集部词曲类　佚

见清徐树敏等辑《众香词》。

按:《明词综》收其词1首,《小檀栾室闺秀词钞》收其词4首。

于华玉(1614—?)

字辉山。明末金坛人。崇祯十三年(1640)进士。十五年任浙江西安(今衢县)知县,后改任孝乌知县。

岳武穆尽忠报国传7卷28回　子部小说类

(1) 明末友益斋刻本,国家图书馆藏。

(2)《古小说集成》本。

按:本书不题撰人。据金世俊《叙》及"凡例"后题署,知为于华玉所编。内封中为"精忠传"3字,右栏为"重订按鉴通俗演义"。"凡例"共6则,署"金沙辉山于华玉识于孝乌之卧治轩。"正文中有分段评语及眉批,题"卧治轩评",则评者亦于华玉也。是书病熊大木《大宋中兴演义》10卷之繁芜及末卷摭入风僧冥报之鄙野,删旧编为7卷,每卷4个回目,一事自为起讫,以评语间之。

清

张明弼(1584—1652)

字公亮。明末清初金坛人。崇祯六年(1633)举人,十年进士。授广东揭阳令,政绩卓异,秩满,被谗谪为浙江按察司照磨,群议不平,始调升台州推官。逾年,擢户部陕西司主事,愤马士英、阮大铖当国,不赴。早年从曹大章游,古文诗赋擅名一时。与冒襄等5人义结金兰,为复社重要成员。天启六年(1626)曾作《猘狂国记》,隐诋魏忠贤,几得祸。忧心国事,作《避风岩记》,为散文名篇。卒,葬城西张竹埂村。

尺木居辑诸名公四书尊注讲意20卷　经部四书类

张明弼辑

明崇祯刻本,日本内阁文库藏。

按:附明张溥辑、清吴伟业补《四书尊注大全》后,计《大学讲意》1卷、《中庸讲意》2卷、《论语讲意》2卷、《孟子讲意》7卷。

兔角诠10卷　子部佛教类　佚

见《明史·艺文志》。

萤芝集7卷附评禅粟牀2卷　集部别集类

明张明弼撰　周镳评

(1) 明天启五年吴门书林段君定刻本,中科院图书馆藏,《四库禁毁书丛刊》影印。

(2) 同年段君定刻增补本,7卷,国家图书馆藏。

萤芝全集32卷　集部别集类

明末刻本,有黄石斋、蒋八公2人手批,南京图书馆藏。

萤芝集18卷　集部别集类

清光绪二十四年(1898)于文熚刻本,国家图书馆藏。

癸甲萤芝集 2 卷　集部别集类

明崇祯十六年刻本,国家图书馆藏。

榕城二集 5 卷　集部别集类

明崇祯间刻本,台北故宫博物院藏。

按:此书清代列为禁书。《中国善本书提要》云:"按是集题'榕城',盖以辑刻于知揭阳时。其称'二集'者,殆以是集在《萤芝集》后故也。"

合选名文尘 8 卷　集部别集类

张明弼选辑

明刻本,台湾"中央图书馆"原藏。

蕉书 30 卷

内容未详,见光绪《金坛县志·文学》本传。

蒋鸣玉(1600—1654)

字楚珍,号中完。明末清初金坛人。超父。崇祯十年(1637)进士,任台州府推官时,浙盐场分司官多侵剥灶户,鸣玉请巡院尽革之,归其事于郡邑长,商民称便。弘光南渡,是年秋擢兵科给事中。时内监高起潜兴屯练,渐为民厉。鸣玉疏其不便,撤去之。入清,弃官归里。洪承畴荐参湖南军事。顺治三年(1646)擢山东按察司佥事,分巡兖东道,驻沂州,为政清廉。四年,子超中探花,遂致仕。

尚书讲义舌存　经部尚书类　佚

五经讲义圭约　经部群经总义类　佚

四书讲义舌存　经部四书类　佚

怡曝堂集　集部别集类　佚

以上 4 种均见光绪《金坛县志·进士》本传。

按:《江苏诗征》卷 113 收其诗 2 首。

潘永圜(1608—1678)

字大生。清金坛人。永因兄。

续书堂纲鉴订本 64 卷首 1 卷

潘永圜、潘永因撰

清抄本,故宫博物院藏。

读史津逮 4 卷　史部别史类

(1) 清康熙刻本,北京师范大学图书馆藏。

(2)《四库全书存目丛书》本。

按:此书《四库全书总目·别史类存目》著录。谓“是书成于康熙丙午(五年,1666),自三皇五帝迄于有明”,对“正统”“偏霸”“僭伪”“叛乱”及“藩镇”“皆详其世系,略标事实。”末附《传国玺考》《古今都会考》。《四库全书总目》类书类“宋稗类钞”条下又称此书为其弟潘永因撰,乃误记。

潘永因

字长吉。清金坛人。永圜弟。康熙元年(1662)以金坛官吏借“通海案”滥捕居民,走避平陵。

宋稗类钞 36 卷　子部典故类

清潘永因编辑　兄潘永圜订定

(1) 清康熙八年刻本,国家图书馆藏。

(2) 清雍正掣鲸堂刻本,天津图书馆藏。

(3) 清乾隆三年(1738)刻本,国家图书馆藏。

(4)《四库全书》本。

(5) 1985 年书目文献出版社铅印本,刘卓英点校。

续书堂明稗类钞 16 卷　子部典故类

潘永因辑

(1) 稿本,中国社科院历史所藏。

(2) 清李文田抄本，缪荃孙校正，国家图书馆藏。

(3) 1947 年燕京大学图书馆传抄本，今藏北京大学图书馆，残本。

按：余嘉锡《四库提要辩证》卷 16 引傅以礼谓，《宋稗类钞》《明稗类抄》乃潘永因掠夺李宗孔的著作。余氏怀疑傅说，但姑录之，“亦疑以传疑之义也”。

蒋 超(1624—1672)

字虎臣，号华阳山人。清金坛人。鸣玉子。年 14 冠童子试。顺治二年(1645)中举，四年成进士，廷试一甲第三名。授弘文院编修。八年主浙江试，所拔多知名士。康熙六年(1667)督北畿学政，用论策取士，以古学振起士习。复迁修撰。生平刻苦读书，酷嗜书法，今四川昭觉寺有其榜书。晚年研修释典，手录数百卷。秉性廉静，不近名利。秩满辞官后至维扬，次金陵长干僧舍。溯湘汉入川，居成都金沙寺，后上峨眉山，寓伏虎寺。前在馆时撰《峨眉山志》17 卷，至此又补《峨眉志余》1 卷。康熙十一年返成都，病卒。

峨眉山志 18 卷　史部地理类

(1) 清康熙刻本，南京图书馆藏。

(2) 清康熙刻本乾隆增修本，上海图书馆藏。

(3) 清道光十四年(1834)刻本，上海图书馆藏。

(4) 蒋同超辑印《蒋氏丛书》本。

(5)《续修四库全书》本。

(6)《四库全书存目丛书》本。

(7)《故宫珍本丛刊》本。

论史百篇　史部史评类

1915 年蒋同超辑印《蒋氏丛书》本。

注鹖初刻 1 卷　子部周秦诸子类

清顺治间刻本，故宫博物院藏。

蒋说 2 卷　子部杂学类

蒋同超辑印《蒋氏丛书》本。

绥庵诗稿 1 卷

约清康熙刻本，邓之诚原藏。

张　愿(？—1652)

字誉并，一字修可。清金坛人。顺治五年(1648)举人。披阅六经子史，日盈五寸。海内知名，游其门者率为名士。顺治九年会试，卒。

九科文　集部总集类　佚

张愿选辑

见光绪《金坛县志》卷 9 本传。

史逸裘

字云次。清金坛人。顺治十二年(1655)进士。历兵部职方，掌军政，昭雪疑案无辜者近千人。督学河南，补东兖分巡道。嗜学，终年弗辍。年 62 卒。

五经集论　经部群经总义类　佚

二十一史约　史部史钞类　佚

以上 2 种见民国《金坛县志·艺文志》。

史鉴宗(？—1674)

字绳远，号远公。清金坛人，寄居宜兴。培元子。顺治八年(1651)举人。官南陵县教谕。工诗词，能书善奕，精丹碧山水。邑中名士皆与之交。

青堂诗余 1 卷(一作青堂词)　集部词曲类　佚

见《国朝常州词录》卷 1、《全清词钞》卷 2。

按：《国朝常州词录》收其词 5 首。

曹钟浩

字持原。清金坛人。大章曾孙，宗璠子。顺治十二年(1655)进士，官西宁知县，擢刑部主事，升员外郎。

菉羹园集　集部别集类　佚

见民国《金坛县志·艺文志》。

金坛曹氏集　丛书类

曹钟浩编辑重订，清康熙二十六年(1687)刻本，中科院图书馆藏。

子目：

《曹太史文集》10卷　清曹大章撰

《昆禾堂集》10卷　清曹宗璠撰

《洮浦集》10卷　清曹宗璠撰

《南华泚笔》2卷　清曹宗璠撰

邓　汶

字长鲁。清金坛人。顺治十二年(1655)学使者以德行荐举，不应。后当贡，亦谢去。性质朴笃实，口无饰辞。家贫不以为忧，寄情诗酒，爱作寻访朋好之游，或经年不返。年66卒。

文水集　集部别集类　佚

见民国《金坛县志·艺文志》。

按:《江苏诗征》卷150收其诗1首。

曹　煜

字亮采。清金坛人(一作邳州籍)。顺治十四年(1657)举人，授太仓学正。康熙十四年(1675)浙江同考，升山东莘县知县。倜傥不羁，文才横溢。

绣虎轩文集24卷　集部别集类　佚

见民国《金坛县志·艺文志》。

绣虎轩尺牍8卷二集8卷三集8卷　集部别集类

清康熙传万堂刻本，国家图书馆藏。

汤　格(？—1675)

字天若。清金坛人。顺治六年(1649)聘修《天启崇祯实录》，考授训导。十八年恩贡。与蒋超、于云石、高东生及弟栻等同结文社，号"金沙十子"，艺林颇传诵其文。康熙十二年(1673)受聘纂修郡志，志成寻卒。

天启崇祯实录　史部编年类　佚

汤格与修

见《江苏诗征》卷61引《润故》。

(康熙)镇江府志54卷首1卷　史部地理类

清高得贵修　张九徵、汤格等纂

(1) 清康熙十三年刻本，首都图书馆藏。

(2) 清康熙二十四年刻本，日本内阁文库藏。

南荣山房诗集　集部别集类　佚

见《江苏诗征》卷61、《京江耆旧集》卷3。

按：《京江耆旧集》卷3收其诗1首。

潘　高(1624—？)

字孟升，号鹤江，一号南村。清金坛人。诸生。家贫，性嗜酒，口吃。工诗，常与同邑于梅相倡和。王士祯称其诗"清真古澹，可与邢昉、王庭相颉颃"。沈德潜《清诗别裁》云金坛诗人无出其右者。尝赋诗送袁孝子骏，钱谦益见而悦之，遂相与订交。后学使虞某忌其才，摒黜之，笑曰："固吾愿也。"日沉饮自放，倘徉于龙山、已山之间。《清史列传》有传。

南村诗稿24卷　集部别集类

(1) 清康熙十九年(1680)鹤江草堂刻本，国家图书馆藏。

（2）清光绪间金坛潘氏木活字本，国家图书馆藏。

王锡祉(1624—1700)

字弓铭。清金坛人。贡生。笃行积学，至老不倦。撰著多前人所未发。

孝经集解 2 卷　经部孝经类　佚

史论 12 卷　史部史评类　佚

以上 2 种见民国《金坛县志·艺文志》。

于朋举(1628—1683)

字襄于，一字念劬。清金坛人。顺治五年(1648)举人，六年进士，改庶吉士，散馆，授国史馆检讨。出任福建左参政、四川按察使、山东右布政、湖南布政使。惠政爱民，所至有声。与湖南巡抚忤，被中伤降级归。少失恃，事继母以孝闻。《清史稿》有传。

知非录 1 卷　子部儒学类　佚

见民国《金坛县志·艺文志》。

念庵诗集　集部别集类　佚

见《江苏诗征》卷 19、光绪《金坛县志·政绩》本传。

鹿迹杂咏　集部别集类　佚

见《江苏诗征》卷 19。

玉堂才调集 31 卷　集部总集类

于朋举辑

清康熙十四年(1675)刻本，南京图书馆藏。

于　佶(1628—?)

字吉人。清金坛人。工画。善诗，时人评其诗风近于杜牧。《清画家诗史》有小传。

雪晴斋稿　集部别集类　佚

见《江苏诗征》卷 19。

王诒燕(1636—1713)

字渊翔。清金坛人。明赣州府同知明汲孙。贡生。幼罹国难,失怙恃,养于外家荆氏。既长,家贫力耕。年 32 发愤读书,遂入泮。年 52 拔贡入京,廷试归,选六合县教谕。沉潜理境,为文苦心孤诣。教授乡里,为一邑名宿。

云深处简存　集部别集类　佚

见光绪《金坛县志·文学》本传。

按:《京江耆旧集》卷 6 收其诗 2 首。

于　梅(1637—?)

字象明,别号茶山。清金坛人。祖季鸾以书名,父默斋精于茶事,皆淡于名利。梅承家学,尤以诗名,淳古淡泊,风骨悠然。同邑潘高与相唱和,每为之却步。中年病目失明,终日兀坐如老僧,然与其讨论经学,评骘古今,则口若悬河。湘潭陈鹏年见其诗集为之序,以为是古之鹿门、栗里者流。

茶山诗集 1 卷别集 1 卷　集部别集类

清康熙刻本,吉林大学图书馆藏。

按:《京江耆旧集》、《江苏诗征》卷 19 收有其诗。

陈　蕃

字仲育。清金坛人。顺治岁贡。历太湖训导、山阳教谕,升四川南部县知县。

澹宁集　集部别集类　佚

见光绪《金坛县志·岁贡》本传。

张大心

字天放。清金坛人。明弼子。顺治岁贡。任望江训导、如皋训导。

续唾雾集　史部杂史类　佚

桂栽自咏集　集部别集类　佚

以上2种见光绪《金坛县志·岁贡》本传。

王锡琛

字在亭。清金坛人。顺治例贡。由庠生考州同知，改选武陟县丞，以终养未赴。

订补王樵、王肯堂集　集部别集类　佚

见光绪《金坛县志·岁贡》本传。

汤　复

字六修。清金坛人。

且存诗草　集部别集类　佚

见《江苏诗征》卷61。

徐元骐

骐，一作骥。清金坛人。

且过集1本　佚

还少集1本　佚

以上两种内容不详，见雷梦辰《清代各省禁书汇考》之《两江第十六次奏缴书目》、《中国禁书大观》。

高秋月

字素蟾。清金坛人。炳从祖。顺治四年(1647)补弟子员，康熙十五年(1676)恩贡。与张愿结槐江社，文名甚著。凡经史及四子书、先儒语录，手辑尤勤。宿迁令延主书院，多所成就。年71卒。

庄子释义　子部周秦诸子类　佚

见姜亮夫《楚辞书目五种》“楚辞约注”条。

楚辞约注不分卷　集部楚辞类

与同邑曹同春合著。详“曹同春”条。

王林宗

字辰南，号梅溪。清康熙时金坛人。樵曾孙。

梅溪集　集部别集类　佚

见《京江耆旧集》卷4。

按：《京江耆旧集》收其诗10首。

潘　玠(1643—?)

字长卿。高子。清金坛人。

句溪诗稿3卷　集部别集类

清康熙二十三年(1684)刻本，中科院图书馆藏。

双清堂诗2卷别集3卷　集部别集类　佚

清康熙间刻本，见《贩书偶记》卷14。

徐人鉴

字昭史。清金坛人。康熙间岁贡。天姿高迈，为文敏捷。熟贯经史，口授诸弟子累日不厌。王汝骧等皆出门下。

地理或问　子部术数类　佚

大雅集　集部别集类　佚

以上2种见民国《金坛县志·艺文志》。

于汉翔(1647—1732)

字章云，号岸斋。清金坛人。嗣昌子，枋父。康熙二十一年(1682)

进士。官中书，迁礼部仪制司主事，历员外郎中。官郎中时与太仓吴爆、颍州刘凡、黟县黄元治、曲阜孔尚任、望江龙燮以郎官结社，文名甚著。三十八年出为山西学政，所拔多知名士。四十年以忤巡抚噶礼，中计罢归。性仁让谦厚，著书赋诗，淡泊寡营。

南楼集　集部别集类　佚

紫薇集　集部别集类　佚

容台集　集部别集类　佚

北向吟　集部别集类　佚

绿野闲情集　集部别集类　佚

以上5种见《江苏诗征》、民国《金坛县志·文学》本传。

寄园杂咏　集部别集类　佚

见清赵吉士《林卧遥集》下。

按：康熙三十三年在京赵家作客时所作。

蒋　进(1649—1693)

字度臣，号退庵。清金坛人。鸣玉子，超弟，衡父。顺治间贡生，议叙州判，以子岱生赠承德郎户部湖广司主事。6岁而孤，兄抚养成人。通才博学，尤以诗名。性孝友，任侠好义。曾客于僖王弘晓府，久之，郁郁不得志，其抑塞怆愤崛奇豪迈之气一寓之于诗古文辞。与兄超俱工诗文，而进才过于超。与梅文鼎、杨耕夫、万斯同、刘献廷、王源等有深交。源称其古诗渊源汉魏而参以唐，近体取宋人之华而追踪皇甫曾、卢纶、李嘉祐。

经史百家事类(一名墨农)　子部典故类　佚

劳人革1卷　集部别集类　佚

五七言近体诗4集　集部别集类　佚

此山中诗余1卷　集部词曲类　佚

按：以上4种俱未刊行。见蒋衡《先府君行略》。

退庵选稿2卷诗稿1卷词稿1卷　集部别集类

清康熙刻本，苏州图书馆藏。

退庵诗词钞　集部别集类

（1）桐城王方日刻本。

（2）蒋同超编印《蒋氏丛书》本。

按：《江苏诗征》收其诗21首。

曹丙辉

清金坛人。

姓氏急就篇补遗　史部传记类　佚

天文小说1卷　子部历算类　佚

地理划度1卷　子部术数类　佚

以上3种见民国《金坛县志·艺文志》。

曹同春

字孟序。清金坛人。

楚辞约注不分卷　集部楚辞类

清康熙二十八年(1689)文粹堂刻本，上海图书馆藏。

按：此书乃同春在同邑高秋月旧著基础上修订而成。今人姜亮夫《楚辞书目五种》云：依王逸、朱熹、黄文焕三家书删繁去穿，依文立解，而《天问》为各家所不能言，学有根底，非泛泛著笔者可比。

于　采

字君俞，号培松，一作培崧。清金坛人。少好读书，以文著称。康熙二十九年(1690)举于乡，三十三年成进士。初任香河(今属河北)令，迁安平(今贵州平坝)，多惠政。以扶奖人伦为己任，程课诸生，阴俨、陈法、韩黄等均出其门下。四十九年丁父忧归，里居养母，课训宗党及子孙，年81卒。

培松存稿　集部别集类　佚

见《江苏诗征》卷20。

于天麒

字千英。清金坛人。振父，采族弟。诸生，有才名。康熙二十九年(1690)游京师，泽州陈廷敬见其所著大称赏，延课其子。为援例贡，选用为翰林孔目。熟于词林典故，廷敬将荐于朝，会病卒。

石斋集　集部别集类　佚

见《中国人名大辞典》。

冯基开

字禹开。清金坛人。益嬉子。康熙间太学生。笃学有才，受徐元文等人器重。惜未展其学，病归。年48卒。

槐江草　集部别集类　佚

见民国《金坛县志·艺文志》。

史　岱

字东观。清金坛人。逸裘子。康熙间贡生。敦行积学。选授学正，后补礼部司务。

五祀考　经部三礼总义类　佚

释菜考　经部三礼总义类　佚

以上2种见民国《金坛县志·艺文志》。

补辑孔子家语内篇外篇杂篇　子部儒学类　佚

见光绪《金坛县志·文学》本传。

学山集　集部别集类　佚

见民国《金坛县志·艺文志》。

王　纪

字遵一，号榛逸，晚号三似人。清金坛人。诸生。少颖悟，家贫躬耕。年25从族兄诒燕游。砥行力学。试辄冠其曹。年50客游四方。为人师温而厉,语简而当。行文识见,高卓脱俗。

北游存草　集部别集类　佚

见《京江耆旧集》卷5。

徒然草　集部别集类　佚

古诗笺注　集部别集类　佚

以上2种见《京江耆旧集》卷5、光绪《金坛县志·文学》本传。

按:《京江耆旧集》卷5收其诗1首。

周而衍

字东会,号白云老人。清金坛人。学问渊博。书法仿米芾,尤能作大字。康熙帝南巡,进"海晏河清"四字,几二丈许。亦工诗词文,而诗格清健浑灏,具有宗法。

诗文词及杂著手稿1册　集部别集类　佚

见《京江耆旧集》卷5。

按:《京江耆旧集》收其诗14首,《江苏诗征》收其诗12首。

王允禧(1658—1719)

清金坛人。

怡情集　集部别集类　佚

见民国《金坛县志·艺文志》。

王汝骧(1661—1731)

字云衢,又字耘渠、云敏。清金坛人。康熙贡生。官通江、新津知县,多善政。以事忤上官罢归。归田后,老而益困,掌书院于豫、秦、楚地,日手一编,诗古文独追步于王安石。工制艺,为金坛王氏六子之一。

炳烛集　集部别集类　佚

墙东草堂文集　集部别集类　佚

以上2种见《京江耆旧集》卷4。

墙东杂著1卷　集部别集类　佚

见《四库全书总目》别集类存目11。

按:《京江耆旧集》收其诗3首,《国朝文汇》收其文8篇。

明文治　集部总集类　佚

见清姚椿编《国朝文录》卷20。

王　澍(1668—1739)

字若林,一字箬林、若霖,号虚舟,别号竹云、良常山人。清金坛人。幼家贫,刻苦励学。康熙五十一年(1712)进士,入翰林院供职。六十年被命主管五经篆文馆,迁户科给事中。雍正初任吏部员外郎,三年(1725)致仕归。悦无锡山水明秀,买宅金匮山旁,自号二泉、二泉寓客、恭寿老人。澍博学多识,工书善文,尤以书名。入欧、褚之室,篆书为一代作手。论书为世所称,从学者甚众。为人率真,淡于名利,求书者无虚日。《清史稿》有传。

禹贡谱2卷　经部尚书类

(1) 清康熙四十六年积书岩刻本,湖北图书馆藏。

(2)《四库全书存目丛书》本。

大学困学录1卷　经部四书类

中庸困学录1卷　经部四书类

王澍辑

清乾隆二年刻《积书岩六种》本。

大学中庸本义1卷　经部四书类

《积书岩六种》本。

四书集益6卷　经部四书类

清王澍撰　于光华编

(1) 清乾隆五十二年(1787)刻本,国家图书馆藏。

(2) 清嘉庆四年(1799)刻本,烟台图书馆藏。

竹云题跋4卷　史部金石类

(1) 清乾隆三十二年钱人龙刻本,国家图书馆藏。

(2) 清乾隆三十六年冰壶阁刻《王箬林先生题跋》本。

(3)《四库全书》本。

(4)《海山仙馆丛书》本。

(5)《忏花庵丛书》本。

虚舟题跋10卷又3卷　史部金石类

清乾隆三十五年杨建刻、三十九年续刻本,首都图书馆藏。

虚舟题跋10卷题跋补原3卷　史部金石类

(1) 清乾隆三十六年冰壶阁刻《王箬林先生题跋》本。

(2)《忏花庵丛书本》。

虚舟题跋节抄1卷竹云题跋节抄1卷　史部金石类

清王澍撰　翁方纲辑

稿本,国家图书馆藏。

学案1卷　子部儒学类

王澍辑

《积书岩六种》本。

集程朱格物法1卷　子部儒学类

集朱子读书法1卷　子部儒学类

王澍辑

《积书岩六种》(二书合为一种)本。

朱子白鹿洞规条目20卷　子部儒学类

《积书岩六种》本。

淳化秘阁法帖考正10卷附古今法帖考1卷笔法1卷　子部艺术类

(1) 清雍正间天都秋水藕花居刻本,国家图书馆藏。

(2) 清雍正间汪玉球参正诗鼎斋刻本,首都图书馆藏。

(3) 清乾隆三十三年冰壶阁刻本,天津博物馆藏。

(4) 清乾隆三十三年兰言斋刻本,国家图书馆藏。

(5)《四库全书》本。

(6)《后知不足斋丛书》本。

(7)《四部丛刊三编》本。

禹碑五释 1 卷　子部艺术类

清雍正十年(1732)刻本,黑龙江图书馆藏。

二十一种兰亭 12 册　子部艺术类　佚

积书岩帖 60 册　子部艺术类　佚

王澍辑

以上 2 种见民国《金坛县志·艺文志》。

王虚舟先生墨迹　子部艺术类

1946 年中华书局影印本。

虚舟文集　集部别集类　佚

见《明清江苏文人年表》。

杜诗五古选录　集部别集类

1974 年台湾大通书局《杜诗丛刊》第 3 辑本,据王氏手稿影印。

段　文(? —1741)

清金坛人。玉裁祖。邑庠生。食贫力学,善诲后进不倦。有诗句云:"不种砚田无乐事,不撑铁骨莫支贫。"年 70 余卒。

书法心得录　子部艺术类　佚

见清段玉裁《说文解字注》卷 15 下。

蒋　衡(1672—1743)

原名振生,字湘帆,一字拙存,号拙老人、江南拙叟、函潭老布衣。清金坛竹林镇人。进子。康熙贡生。肆力古学。古文宗大兴王源,书法师山阴杨宾,复博涉晋唐以来各名家迹,遂名噪大江南北。今扬州大明寺前"淮东第一观"5 字即其所书。雍正三年(1725)观碑西安,慨然以写《十三经》为己任,历时 12 载始成。进呈朝廷,授国子监学正衔。

方写经时，以癸卯恩贡部选得英山教谕，两江制军赵公特举博学鸿词，均固辞不赴。《清史稿·王澍传》附。

读易私记　经部易类　佚

见民国《金坛县志·艺文志》

易卦私笺2卷　经部易类

清嘉庆元年(1796)蒋和刻本，国家图书馆藏。

书法论1卷　子部艺术类

《蒋氏游艺秘录》本。

按：清雍正四年，蒋衡与王澍在无锡共论书法，衡撮其大意撰成此书。

拙存堂题跋1卷　子部艺术类

(1)《房山山房丛书》本。

(2)《美术丛书》本，名《拙存堂碑帖题跋》。

(3)《古今文艺丛书》本。

拙存堂文初集8卷　集部别集类

(1) 清乾隆六年(1741)刻本，国家图书馆藏。按：卷1《中庸说》《易卦私笺》，卷2《读诗疑》，卷3至卷6《杂文》，卷7《尺牍》《说诗别裁》《古乐府》《古诗十九首笺》《杜诗纪闻》，卷8《学诗偶存》等。

(2)《清代诗文集汇编》本。

拙存堂文集6卷卷首1卷卷末附录1卷　集部别集类

七世孙蒋同超编校

1915年蒋同超排印《蒋氏丛书》本。

按：卷首为序、传、行述，卷末以家传为主。卷1—卷6为蒋氏文集。

尺牍1册(手迹)　集部别集类　佚

张国淦《历代石经考》引《砚轩随录》云：“数年前过长崎。知事荒川以所藏蒋(衡)《尺牍》一册属题，自署拙老人。”

乐府释1卷　集部诗文评类

《古今文艺丛书》第2集本。

殷南棫

字文莪。清雍正时金坛人。世居洮湖西滏。少弃举子业，性耽吟咏，诗近放翁。喜游山水，当春秋佳日，辄徜徉数日而后已。

霞村诗稿（一作霞村集） 集部别集类 佚

见民国《金坛县志·艺文志》。

按：《京江耆旧集》收其诗4首。

王步青（1672—1751）

字汉阶，又作罕皆，号已山。清金坛人。锡祉孙。雍正元年（1723）进士。选翰林院庶吉士，授检讨。四年告假归。后曾掌教维扬，所造就皆知名士。潜心朱子之学，工时文，为雍正乾隆时时文正宗。晚年颜其斋曰“无逸”。《清史列传》有传。

四书本义汇参（一作四书朱子本义汇参）43卷首4卷 经部四书类

清乾隆十年（1745）敦复堂刻本，国家图书馆藏。

按：张舜徽《清人文集别录》云：“终清之世，士之疲老于场屋者，此书几人手一编。”

三烈女纪略 史部传记类

《旧小说己集》本。

己山先生文集10卷别集4卷 集部别集类

清乾隆十年敦复堂刻本，北京大学图书馆藏，《清代诗文集汇编》影印。

按：《四库全书总目》别集类存目12著录此书，谓是集“原名《竹里草堂遗稿》，乃步青没后其子士鳌所编。后宁化雷鋐督学江苏时，从士鳌取其稿本，重为删定，凡存九十余篇，勒为十卷。用步青别号，改题今名。又别集四卷，皆其时文选本之序论，则士鳌裒辑编次，附刊以行。”今人张舜徽《清人文集别录》云：“学者观此，可以见科举取士之世，塾师之所以教，士子之所以学者奚在”。

莺鸠草　集部别集类　佚

见《江苏诗征》卷50。

敦复斋古文稿（一作己山古文集）　集部别集类　佚

见民国《金坛县志·艺文志》。

王一新

字寓恢，号又蘧。清金坛人。步青弟。诸生。

冶塘诗集　集部别集类　佚

见《江苏诗征》卷50，收其诗1首。

冯汉炜(1682—1738)

字曙云，一字素园。清金坛人。标子。幼孤，遘奇疾，病愈，读书于溧阳竹墅，寒暑不辍者6载。康熙五十七年(1718)进士。授内阁中书，迁兵部员外郎，再迁工部郎中。工诗古文辞，文移不假手吏胥。雍正四年(1726)归里，为黄老之学，养心寡欲。

颐养诠要　子部道教类　佚

清冯汉讳撰　无名氏辑

见清末冯煦《蒿庵类稿》卷23《五世祖曙云府君家传》。

于树范

号舫斋。清金坛人。汉翔子，枋兄，敏中父。郡增生。康熙四十四年(1705)帝南巡，偕弟枋同应召试六部人才之诏，取一等。召入内廷供奉，充武英殿纂修，参与编辑字书、类书数种，书成议叙浙江宣平知县，在任10余年，不名一钱，有“典衣县令”之称。解任归，士民越境泣送者数千人。

康熙字典　经部小学类

佩文韵府　子部典故类

子史精华　子部典故类

以上3种于树范与修，均见光绪《金坛县志·政绩》本传。版本从略。

王荀鹤

字御仙。清金坛人。邑增生。学问渊博，尤熟《庄》《骚》《史》《汉》。为“金坛王氏六子”之一。

六子文抄　集部总集类　佚

王荀鹤辑

见光绪《金坛县志·文学》本传。

于　枋

字小榭。清金坛人。汉翔子，树范弟。诸生。康熙四十四年(1705)帝南巡，应召试列一等，召入内廷纂修。五十三年举人，雍正二年(1724)进士，授翰林院编修，典试广西、山东，称得士。

(乾隆)金坛县志12卷　史部地理类

清杨景曾修　于枋纂

清乾隆十五年(1750)刻本，上海图书馆藏。

李骏奇

字驳六(一作御六，疑“驳”应作“驭”)。清金坛人。贡生。天资高朗，研深理学，以文名于时。馆于句容，远近从游者甚众。与句容笪重光谈《易》，遂悟《说卦》包涵三易之义。年59卒。

三易补遗　经部易类　佚

学庸解义　经部四书类　佚

以上2种见民国《金坛县志·文苑》本传。

于 辰

字向之，号北野，又号后乐。清金坛人。雍正元年(1723)顺天经魁，五年成进士，选翰林院庶吉士，散馆授编修。历充八旗志书纂修、山西正典试、文颖馆纂修、陕西正典试。十三年提督江西学政，朱轼赞其亮节平衡。乾隆四年(1739)督福建学政，闽中试卷辄数万，躬自披阅，无所假手，闽人为立德政碑。升侍讲，充国史馆纂修。八年省亲归，置义田。性嗜学，手不释卷。诗宗杜甫，书法欧阳，著作宏富，并藏于家。

学庸精义　经部四书类　佚

经学考经部　经部群经总义类　佚

八旗通志初集　史部政书类

于辰与修

按：此为官书，版本从略。

稽古录　史部金石类　佚

史学考　史部史评类　佚

堪舆经必读　子部术数类　佚

地理索隐　子部术数类　佚

春介堂法帖　子部艺术类

于辰镌刻

北吟草　集部别集类　佚

永怀集　集部别集类　佚

以上10种均见民国《金坛县志·文苑》本传。其中《学庸精义》《堪舆经必读》《地理索隐》《永怀集》4种又见县志《艺文志》。

刘始兴

字次彦(一作子彦)。清金坛人。雍正十一年(1733)举人，授建德教谕。少宰孙嘉淦荐举博学宏词，补霍邱教谕。安徽巡抚卫哲治荐举经明行修。常斋居默坐，曰："心静方能应物。"生平著述数种，多不传。

尚书古文语录　经部尚书类　佚

见《贩书偶记》卷1，称此书“未见”。

诗益20卷　经部诗经类

清乾隆八年(1743)刻本，中科院图书馆藏，《续修四库全书》影印。

按：此书内分《诗本传》8卷，《诗次问补言》3卷，《诗表》2卷，《杂辨》7卷。

春秋左传集解(一作左氏春秋传志)　经部春秋类　佚

见民国《金坛县志·艺文志》。

按：光绪《金坛县志·文学》本传云此书已刊行，版今无存。

史记指意　史部正史类　佚

楚辞新义　集部楚辞类　佚

以上2种见《贩书偶记》卷1，谓“未见”。

于　振(1691—1647)

字鹤泉，号秋田。清金坛人。天麒次子。雍正元年(1723)进士，殿试一甲一名，授修撰，入直南书房。二年典试河南，事竣，充日讲官。四年督湖北学政，以误增学额贬秩。后补行人司副。乾隆元年(1736)诏举博学鸿词科试，振复授编修。与修官书《子史精华》《律吕正义》，擢侍读学士。生平泛览内外典，以博雅见称。

清涟文钞12卷　集部别集类

清道光十九年(1839)刻本，南开大学图书馆藏，《清代诗文集汇编》影印。

南楼诗草28卷　集部别集类　佚

按：《江苏诗征》《京江耆旧集》收录其诗。民国《金坛县志·文苑》于天麒传附，传后录其《南楼诗草》自序。

蔡　泳(1691—1758)

字一帆，又字珠渊。清金坛人。乾隆六年(1741)贡生，考取州同知。经义诗词，无不精通。善书，尤工篆刻。尝与史震林订交邑中。与段玉裁祖、父两代相交往，玉裁从而受业。卒于乾隆二十三、四年间。其生平见《经韵楼集·蔡一帆先生传》。

律韵辨通　经部小学类　佚

《蔡一帆先生传》谓泳著此书，本诸宋郑庠分古韵为六部，辨时下韵书说通转之谬。玉裁之言古韵，实权舆于是。

唐诗欣遇集　集部总集类　佚

蔡泳辑

裁伪集　集部总集类　佚

蔡泳辑

按：此书为八股文选本。

词式精华　集部词曲类　佚

蔡泳辑

按：此书选宋元明词以讲词律。

以上4种见《蔡一帆先生传》。

史震林(1693—1779)

字公度，初号梧冈，后改悟冈、瓠冈、岵冈，别署瓠冈居士、华阳外史、弄月仙郎、白云教授等。清金坛人。乾隆二年(1737)恩科进士，授广东高要县知县，以母老辞，十二年任淮安府学教授。次年，河决，死人无算，捐资赈济。二十年弃官，往来淮扬间。能文，工诗、词、书、画，时称四绝。喜禅好道，诗文多及仙佛。工八分书，喜摹《曹全碑》。善画树石兰竹，不落前人窠臼。

西青散记　子部小说类

(一) 4卷本

(1) 清乾隆三年吴震生刻本，复旦大学图书馆藏。

(2) 清乾隆间海阳汪氏三余堂刻本，天津师范大学图书馆藏。

(3) 清光绪三十三年(1907)上海广智书局排印本，厦门大学图书馆藏。1987年北京中国书店影印。

(4) 抄本,2种,南京图书馆藏。

(5) 1916年上海古今书室石印本,常州图书馆藏。

(二) 8卷本

(1)《重订西青散记》,清嘉庆十年(1805)句容裴玠刻本,国家图书馆藏。《跋》谓此本乃"墨香司训(指冯金伯)细加参订,分四卷为八卷"。又有史震林《自跋》:"乾隆四十四年五月既望,删削于瓜渚草堂,悟冈记,时八十有七岁。"书前有冯金伯《重刻西青散记序》,说明此书底本是震林晚年手订本。

(2) 清光绪四年王韬据嘉庆本排印本,国家图书馆藏。此本附录有关资料。后附《西青文略》,是王韬得到《华阳散稿》一书前收集到的部分《散稿》中文字。

(3)《申报馆丛书》本,辽宁大学图书馆藏。

按:冯金伯《墨香居画识》曾提到此书初刻本为12卷,不知何据,似为误记。

华阳散稿2卷　集部别集类

(1) 清乾隆三十二年淮阴松槐书屋刻本,国家图书馆藏。

(2) 清光绪九年王韬排印本,国家图书馆藏。

(3)《古今说部丛书》4集本。

(4)《中国文学珍本丛书》本。

华阳诗稿　集部别集类　佚

《墨香居画识》云此书蔡西村刻而未印。

华阳散草　集部别集类　佚

同上,云此书未刊。

游仙散草　集部别集类　佚

同上,云此书未刊。

按:民国《金坛县志·艺文志》作《游仙诗草》1卷。

马　氏

清金坛人。邑庠生王希仁妻。18岁出嫁,以贤孝闻。勤俭持家,善针黹,工丹青,能诗文。年37卒。

奁余草1卷　集部别集类　佚

见民国《金坛县志》卷10本传。

虞鸣球(1708—1787)

字拊石,号锦亭。清金坛人。乾隆六年(1741)举人。七年选武进教谕。十三年成进士。授吏部主事,历官至顺天府尹。奉诏参与"千叟宴",赐诗授杖,颁上方品物,准予告归。生平邃于理学,寿已耄耋,犹手不释卷。

台垣奏议　史部政书类　佚

按:鸣球在官时奏便民数十事,此其奏议。

养心广志录　子部儒学类　佚

虞鸣球辑

按:此书辑儒家修养言论。

锦亭诗抄　集部别集类　佚

锦亭文集　集部别集类　佚

以上4种见光绪《金坛县志·政绩》本传。后2种又见民国《金坛县志·艺文志》。

于　墉

字子瞻。清金坛人。乾隆十八年(1753)选贡,候选知县。

金沙细唾　史部杂史类

本书分《三案唾雾》《湖寇》《僮变》《海氛》等部分,记述明末农民起义,南明弘光朝的建立,金坛、溧阳、嘉定一带的奴变,江南人民的抗清斗争和郑成功北伐的情况。

(1) 旧抄本,国家图书馆藏。

(2) 冯佐哲标点,刊于《清史资料》第2辑,中华书局1981年版。

段世续(1710—1803)

字得莘。清金坛人。玉裁父。邑廪生。赤贫好学,厉行授徒,严课程,善开导。教四子务读经书,勿溺时艺。嘉庆六年(1801),生玄孙义正,赐"七叶衍祥"匾。八年卒于苏州,年94,归葬金坛。

物恒堂制艺　集部别集类　佚

见段玉裁《说文解字注》卷15下。

于雯峻

字次公,号小涪。清金坛人。振子。乾隆十九年(1754)进士,曾官监察御史。

小涪剩草　集部别集类　佚

见《江苏诗征》卷20。

许培荣

清金坛人。

丁卯集笺注8卷　集部别集类

唐许浑撰　清许培荣笺注

清乾隆二十一年(1756)精刻本,国家图书馆藏。

王　嵩(1711—1754)

字岳望。清金坛人。诸生。史馆校录,议叙主簿。

菊畦诗偶存　集部别集类　佚

见《江苏诗征》卷50,收其诗1首。

贺双卿(1714--?)

字秋碧。清金坛人。家世业农。生有夙慧。十余岁,习女红,工巧异常人。其舅为塾师,书馆与之邻,默听悉暗记。雍正十年(1732)嫁绡山里周姓樵子。姑恶夫暴,劳瘁以死。善诗词,小楷亦端妍。生平所为诗词,不欲留墨迹,多以粉笔书草木叶上,其旨幽深窈曲。史震林《西青散记》载其事甚详。

欠愁集　集部别集类

清沈宗畸辑

(1)《拜鸳楼校刻四种》本。

(2)《香艳小品》本。

按:沈宗畸辑自《西青散记》,因署史震林撰。

雪压轩集 1 卷　集部别集类

张寿林辑

(1) 1927 年北平文化学社铅印本,南京图书馆藏。

(2) 2014 年国家图书馆出版社出版《清代闺秀集丛刊》本。

(3) 2015 年中华书局出版《清代闺阁诗集萃编》本。

雪压轩词 1 卷　集部词曲类

《小檀栾室汇刻闺秀词》本。

于敏中(1714—1780.1.14)

字叔子,一字仲常,号耐圃、重棠。清金坛人。乾隆二年(1737)一甲一名进士,授修撰,迁侍讲。先后典山西乡试,督浙江、山东学政。十五年直上书房。历官内阁学士、兵部侍郎、刑部侍郎,二十五年以户部侍郎兼军机大臣。三十八年晋文华殿大学士兼户部尚书。前一年安徽学政朱筠奏请搜集遗书及校办《永乐大典》,得其有力支持。三十八年四库馆开,受命为正总裁。尽管庶务繁多,并数次随銮木兰,出京期间仍与总纂官陆锡熊通数十函,于四库之分别部居,厘订体例等,多有指示。卒谥文襄。《清史稿》有传。

浙程备览5卷　史部地理类

(1)《观自得斋丛书》本。

(2)《丛书集成续编》本。

钦定户部则例126卷　史部政书类

于敏中于乾隆四十一年奉命撰

(1) 清乾隆四十六年武英殿刻本，故宫博物院藏。

(2)《故宫珍本丛刊》本。

按：此书以后经多次修辑。同治十二年(1873)潘祖荫等奉命重撰，100卷，并再次刊行。

国朝宫史36卷　史部政书类

(1)《四库全书》本。

(2)《四库全书荟要》本。

(3)《六经堪丛书》本。

(4)《故宫珍本丛刊》本。

按：清乾隆七年本书原本撰成。二十四年于敏中奉命重修，二十六年修成。

钦定日下旧闻考160卷　史部地理类

(1) 内府刻本，国家图书馆藏。

(2)《四库全书》本。

(3) 1981年北京古籍出版社铅印本。2001年重印。

(4) 2018年北京出版社出版。

按：清初朱彝尊有《日下旧闻》42卷，记北京风土，多引旧文，颇有舛误。乾隆三十九年于敏中奉命率窦光鼐、朱筠等增订为本书。

钦定满洲源流考20卷　史部地理类

清阿桂、于敏中等纂修

(1) 清乾隆四十三年内府刻本，南京图书馆藏。

(2)《四库全书》本。

(3) 清光绪十九年(1893)杭州便益书局石印本,宁夏大学图书馆藏。

(4) 清光绪三十年中西书局石印本,南京图书馆藏。

(5) 1934 年伪满洲国大同学院铅印本,南京图书馆藏。

(6)《近代中国史料丛刊》本。

(7) 1993 年沈阳市古籍书店出版《辽海丛书》本。

(8) 孙文良、陆玉华点校。1988 年辽宁民族出版社出版。

(9) 孙文良、陆玉华点校。2016 年中国国际广播出版社出版。

(10) 2013 年商务印书馆出版

(11) 2014 年国家图书馆出版社出版《中华再造善本续编》本。

钦定天禄琳琅书目 10 卷　史部目录类

清于敏中等编

(1) 清内府抄本,故宫博物院图书馆藏。

(2)《四库全书》本。

(3)《四库全书荟要》本。

(4) 清光绪十年长沙王先谦与《后编》合刻本,南京图书馆藏。

(5) 1995 年中华书局《清人书目题跋丛刊》影印本。按:本书编成之后,多以抄本流传,至光绪十年,始有王先谦刻本。参见刘蔷《天禄琳琅知见书录》附录三《〈天禄琳琅书目〉的抄本与批校本》(2017 年北京大学出版社)。

钦定钱录 16 卷　史部金石类

清乾隆十五年梁诗正、于敏中奉命撰

(1) 清乾隆十六年内府刻本,南京图书馆藏。

(2) 清乾隆三十年刻本,南京图书馆藏。

(3)《四库全书》本。

(4)《四库全书荟要》本。

(5) 清光绪五年茹古室刻本,南京图书馆藏。

(6) 清光绪十二年有弗学斋刻本,南京图书馆藏。

(7) 清光绪十四年上海鸿文书局石印本,南京图书馆藏。

(8) 清光绪三十四年上海集成图书公司仿殿本印本,南京图书馆藏。

(9)《丛书集成初编》本。

(10) 1989 年天津市古籍书店影印本。

(11) 1990 年天津市古籍书店影印本。

(12) 2018 年中国书店影印本。

钦定西清砚谱 24 卷　子部艺术类

清乾隆四十三年于敏中奉命纂辑

(1)《四库全书》本。

(2)《四库全书珍本初集》本。

(3) 2010 年上海书店出版社影印本。

(4) 2014 年中国书店影印本。

(5) 2017 年上海书画出版社影印本。

素余堂集 34 卷　集部别集类

(1) 清嘉庆十一年(1806)刻本,北京大学图书馆藏。

(2)《清代诗文集汇编》本。

于文襄手札　集部别集类

(1) 手稿,国家图书馆藏。

(2) 1933 年北平图书馆影印本,国家图书馆藏。

(3) 台北文海出版社出版《近代中国史料丛刊》本。

(4)《中华再造善本》本。

(5)《国家图书馆藏钞稿本乾嘉名人别集丛刊》本。

四库全书　丛书类

于敏中等任正总裁

(1) 原抄本,台北故宫博物院、国家图书馆、甘肃省图书馆、浙江图书馆藏。

(2) 文渊阁本,1982—1986 年台湾商务印书馆影印本,1986—

1990 年上海古籍出版社影印本。

(3) 文津阁本,2011 年等商务印书馆影印本。

(4) 文澜阁本,2015 年杭州出版社影印本。

摛藻堂四库全书荟要　丛书类

于敏中等任总裁官

(1) 原抄本,台北故宫博物院藏。

(2) 1988 年台湾世界书局影印本。

(3) 2005 年吉林出版集团有限责任公司影印本。

按:乾隆年间在编纂《四库全书》时,择取其中的重要图书,同时编纂了《四库全书荟要》。乾隆三十八年,于敏中被任为《四库全书》正总裁之一,后又任为《四库全书荟要》总裁官之一。《四库全书》今存文渊阁、文津阁、文溯阁、文澜阁四部。《四库全书荟要》今存《摛藻堂四库全书荟要》一部。

曹　阶

字及之,号可斋。清金坛人。

浣香斋诗集　集部别集类　佚

见《金坛县志·艺文志》。

按:《江苏诗征》卷 40 作《浣香草堂诗集》。

蒋　骥(1714—?)

字赤霄,号勉斋。清金坛人。衡子。书法不及其父,特工写真,标形绘相,无不逼肖。

补万姓统谱 180 卷　史部传记类　佚

读史偶记 1 卷　史部史评类　佚

以上 2 种见《明清江苏文人年表》。

续书法论 1 卷　子部艺术类

(1)《蒋氏游艺秘录》本。

(2)《古今文艺丛书》第5集本。

(3)《美术丛书》4集第2辑本。

九宫新式1卷　子部艺术类

(1)《蒋氏游艺秘录》本。

(2)《古今文艺丛书》第4集本。

按:《明清江苏文人年表》著录《九宫图释》1卷,是否本书别名,不详。

读画纪闻1卷　子部艺术类

(1)《蒋氏游艺秘录》本。

(2)《古今文艺丛书》第5集本。

(3)《画论丛刊》本。

(4)《画苑秘笈初编》本。

(5)《续修四库全书》本。

传神秘要1卷　子部艺术类

(1)《四库全书》本。

(2)《蒋氏游艺秘录》本。

(3)《借月山房汇钞》本。

(4)《指海》本。

(5)《泽古斋重抄》本。

(6)《逊敏堂丛书》本。

(7)《式古居汇抄》本。

(8)《四铜鼓斋论画集刻》本。

(9)《美术丛书》2集第7辑本。

(10)《画论丛刊》本。

(11)《续修四库全书》本。

按:此书有乾隆七年(1742)自序。

高　炳

字浒文，一字斧文，号古愚。清金坛人。秋月从孙。以制艺名。王步青谓其“以古文为时文”。诗古文思力清邃，独辟蹊径。五言诗雄秀宕远，七言颇似高岑，近体亦稳秀。

角编　内容不详　佚

瀔川集　集部别集类　佚

以上2种见光绪《金坛县志·文学》高秋月传附。

按：民国《金坛县志·艺文志》谓“《瀔川集》国朝高秋月撰”，误。

古愚诗集　集部别集类　佚

见《京江耆旧集》卷6，收其诗16首。

王梦龙(1724—1770)

字耘台，号莲婴。清金坛人。诸生。以子承启封文林郎。

剧谈1册　子部杂学类　佚

见民国《金坛县志·艺文志》。

按：《京江耆旧集》卷11作《剩谈》。

莲婴诗稿4卷　集部别集类　佚

见民国《金坛县志·艺文志》。

按：《京江耆旧集》收其诗2首。

王　峻

字月虬。清乾隆时金坛人。

淡园诗　集部别集类　佚

见《京江耆旧集》卷8，收其诗2首。

史学海

字若川。清金坛人。善绘古今城郭宫室图。

原图6卷　史部地理类　佚

见民国《金坛县志·艺文志》。

按:同治《上江两县志》卷12《艺文考》著录"史学海《六朝故城图考》六卷",疑即此书。其中若干图收入同治《上江两县志·图说》中。

于光华(1727—?)

字惺介,号晴川。清金坛人。诸生。历游燕、豫、楚、粤。生平笃好《昭明文选》。乾隆二十八年(1763)客广东,始纂《文选集评》,四十三年定稿刊行。

四书集益6卷　经部四书类

清王澍撰　于光华编次

(1) 清乾隆五十二年刻本,国家图书馆藏。

(2) 清嘉庆四年(1799)刻本,烟台图书馆藏。

史记集评　史部正史类　佚

见《江苏诗征》卷20。

心简斋集录6卷　子部杂学类

清乾隆三十四年刻本,南开大学图书馆藏。

鸿爪集　集部别集类　佚

见《江苏诗征》卷20。

感知集　集部总集类　佚

按:《江苏诗征》卷20引《润故》:"晴川以屏伪学辟异端为己任,在粤中取友朋投赠唱和之作刻之,名《感知集》。"又《金坛县志·艺文志》著录光华有《岭南倡和集》,恐为一书。

岭南倡和集　集部总集类　佚

见民国《金坛县志·艺文志》。参见《感知集》。

昭明文选集评15卷首1卷末1卷　集部总集类

(1) 清乾隆四十三年刻本,华东师范大学图书馆藏。

(2) 清同治八年(1869)刻本,题作《重订昭明文选集评》,武汉大学图书馆藏。

按:民国《金坛县志·艺文志》云:计15卷,又首尾各1卷。原本六臣,准绳于何义门、孙月峰。裒集诸家善本,采取引证以羽翼之。声韵音义,靡不详尽。复兼收邵氏手评,方氏集成二书,以补所未逮。

古文分编集评22卷(初集上下5卷、二集上下5卷、三集8卷、四集4卷) 集部总集类 存

清乾隆五十二年刻本,国家图书馆藏。

按:光绪《金坛县志·文学》本传云:此书自唐宋溯西汉,由《左》《国》逮《史记》,下及六朝骈体、十七史评赞,分四集,文章源流,大略赅备。

于 氏

清金坛人。敏中女,衍圣公曲阜孔宪培妻。

就兰阁遗稿 集部别集类 佚

见《历代妇女著作考》引《山东通志》《柳絮集》。

段玉裁(1735—1815)

字若膺,号茂堂,一作懋堂;早年曾字乔林、淳甫;又别号砚北居士、长塘湖居士、侨吴老人。清金坛人。乾隆五十四年(1789)移家苏州阊门外下津桥。世续子。幼颖悟,13岁补博士弟子。乾隆二十五年中举,二十七年在京从戴震问学。三十四年随震入山西,主讲寿阳书院。三十五年起,历任贵州玉屏,四川富顺、南溪、巫山等县令,四十六年引疾归。段氏长于经学,尤精小学,为一代宗师。所著《说文解字注》《六书音韵表》,创获极多,为不朽之作。卒,归葬金坛城西大坝头。《清史稿》有传。

古文尚书撰异32卷 经部尚书类

(1)手稿本,不分卷,有臧庸签注,有清佚名过录钱大昕校注。上海图书馆藏。

(2)《经韵楼丛书》本。

(3)《清经解》本。

(4)《续修四库全书》本。

(5)《四部要籍注疏丛刊本》本。

(6)《段玉裁全书》本。

毛诗故训传定本 30 卷　经部诗经类

(1)《经韵楼丛书》本。

(2)《清经解》本。

(3)《续修四库全书》本。

按:此书在巫山县任内撰成,此后终其生继续修订,功力极深。弟子陈奂因之作《毛诗传疏》。

诗经小学 4 卷　经部诗经类

(1)《拜经堂丛书》本。

(2)《清经解》本。

(3)《续修四库全书》本。

(4) 30 卷本,道光五年(1825)抱经堂刊,国家图书馆藏。

按:此书在巫山县任内撰若干篇,返里后授弟子臧庸读之,庸删烦纂要,编为 4 卷,段氏喜曰:"精华尽在此矣。"

又按:刘盼遂《段玉裁先生年谱》曰:"其全书为三十卷,今不可复见矣。"

诗绠　经部诗经类　佚

刘盼遂《段玉裁先生年谱》曰:"见杨守敬《丛书举要》,存亡未详。或亦《故训传》及《诗经小学》之异名,杨氏未之详察欤?"

周礼汉读考 6 卷　经部周礼类

(1)《经韵楼丛书》本。

(2)《清经解》本。

(3)《续修四库全书》本。

(4) 2010 年薛正兴、赵航整理《经韵楼集》附,凤凰出版社出版。

仪礼汉读考 1 卷　经部仪礼类

(1)《经韵楼丛书》本。

(2)《清经解》本。

(3) 2010 年薛正兴、赵航整理《经韵楼集》附,凤凰出版社出版。

按:嘉庆十九年(1814)段氏年 80,于书后题曰:"《礼经汉读考》一卷,其他十六卷未成,后之人当有能为之者。"酉阳陈光煦在段书基础上续成《仪礼汉读考》17 卷,有宣统元年(1909)石印本。

释拜 1 卷　经部三礼总义类

清嘉庆十二年张敦仁精刻本,国家图书馆藏。收入段玉裁《经韵楼集》卷 6。

按:此书作于嘉庆六年至七年间。

论学制备忘记 1 卷　经部三礼总义类

《昭代丛书》(道光)本。

按:嘉庆十三年春,顾广圻撰刊《学制备忘之记》,与段氏发生笔讼,此即论争信札汇集。

春秋左氏古经 12 卷春秋五十凡 1 卷　经部春秋左传类

段玉裁辑

(1)《经韵楼丛书》本。

(2)《后知不足斋丛书》本。

(3)《续修四库全书》本。

按:清嘉庆十五年,录《左氏》经文,以双行小字附见《公羊》《穀梁》之异。

说文解字读 540 卷　经部小学类

清抄本,残存卷 1 至 6、8,共 7 卷,有龚丽正、王萱铃跋,国家图书馆藏。

按:本书是《说文解字注》一书之长编。始于乾隆四十一年,成于五十九年。

说文解字注 30 卷部目分韵 1 卷六书音韵表 5 卷　经部小学类

(1) 清嘉庆十八至二十年经韵楼刻本，湖南图书馆藏。

(2)《清经解》本。

(3) 清同治六年(1867)苏州保息局补刻本，湖南图书馆藏。

(4) 清同治十一年崇文书局刻本，湖南图书馆藏。

(5) 清光绪三年(1877)成都尊经书院刻本，湖南图书馆藏。

(6) 清光绪七年查燕绪木渐斋刻巾箱本，北京师范大学图书馆藏。

(7) 商务印书馆《国学基本丛书》本，上海图书馆藏。

(8) 1981 年上海古籍出版社影印原刻本，上海图书馆藏。

(9)《续修四库全书》本。

(10) 2007 年凤凰出版社许惟贤点校本，《段玉裁全集》之一。

按:段氏于乾隆五十九年编成长编《说文解字读》，经提炼加工，至嘉庆十二年始完成本书。刘盼遂曰:“许慎著《说文》以明经，先生本经义以注《说文》，故能凑入单微，允称合作。先生遍研五经，皆有造述，故《说文》之学迥非诸家可及。”

又按:《贩书偶记》著录段氏《说文补正》稿本无卷数，今已不知去向。《中国古籍善本书目·经部》著录本书名人批校本有十余种之多，不备举。

汲古阁说文订 1 卷　经部小学类

(1) 清嘉庆二年袁廷梼五砚楼刻本，国家图书馆藏。

(2)《偲进斋丛书》本。

(3)《丛书集成初编》本。

(4)《续修四库全书》本。

按:嘉庆二年七月段氏与袁廷梼以周锡瓒所藏《说文》2 宋刊本、2 钞宋本、1 汲古阁初印本校毛氏 5 次剜改本而成此书。刊行后又经多次修板。刘盼遂曰:“《说文解字注》于正文之删增校改皆根柢此书而不再声言者也，昧者遂讥为武断。”

又按:清严可均撰有《(段氏)说文订订》，有《许学丛刻》本。

说文转注释例　经部小学类

嘉庆十一年段氏与王念孙书云:“拟作《说文转注释例》一书。”是否命笔,未详。

今韵古分十七部表 1 卷　经部小学类

即《六书音韵表》之一。《昭代丛书》(道光本)庚集埤编补本。

诗经韵谱 1 卷群经韵谱 1 卷　经部小学类

此即《六书音韵表》之四、之五的初稿本,有正字而无注,乾隆三十二年与弟玉成共商定之。钱大昕为作序曰:“此书出,将使海内说经之家奉为圭臬,而因文字音声以求训诂,古义之兴有日矣,讵独以存古音而已哉!”三十四年冬至次年二月在京作注释。

六书音韵表 5 卷　经部小学类

本书共五表,表一、四、五已见上。乾隆四十年九月全书完成,表二为《古十七部谐声表》,表三为《古十七部合用类分表》。四十一年以经韵楼名义刻于四川富顺官廨。此后多与《说文解字注》合刻。刘盼遂曰:“古韵十七部之分,实为古韵学之大成。后来十八、十九、二十一、二十二、二十三、二十六、二十八,三十诸部之分,总不越冬及入声问题,实与十七部大体无关。”

段顾合校本一切经音义　经部小学类　佚

段氏与顾广圻合校本玄应《一切经音义》,未刻。见郑文焯《国朝著述未刊书目》(又名《南献遗征》)。

广韵校定本 5 卷　经部小学类

乾隆三十三年段氏馆句容,学生裴玉赠以泽存堂影宋本《广韵》,以此书相随殆终其身。嘉庆七年段氏跋云:“此书相随三十余年,手订讹字极多,后之人将有取于此。”

按:段氏原本不知下落,传世者有过录本多种。如:黄丕烈跋并录段氏校跋、王国维校并跋又录段氏校跋(并北京图书馆藏),清潘锡爵录惠栋、段氏、顾广圻批校(湖北省图书馆藏)等。

集韵校定本 10 卷　经部小学类

段氏以汲古阁影宋抄本《集韵》校康熙四十五年曹寅扬州使院刻

本。汲古阁抄本上有段氏2跋，今藏天一阁文物保管所。段氏校本后归陆心源，《皕宋楼藏书志》卷16有著录。《藏园群书经眼录》有段氏校本，有乾隆五十九年段氏长跋，乃徐梧生遗书。清人过录段氏校跋本有：顾广圻校并录段校跋、陈鳣录段校、韩泰华校并录段跋（并国家图书馆藏），周锡瓒跋并录段校跋（上海图书馆藏），潘锡爵跋并录段、顾校跋（南京图书馆藏）。刘盼遂曰："清瑞安方雪斋成珪得此书传抄本，遂据之作《集韵考正》，将段氏校语尽行收入。"

经典释文校本　经部群经总义类

宋本《经典释文》在钱牧斋绛云楼被焚，幸有传抄本流传。徐乾学刻《通志堂经解》本有臆改之处，段氏有校本，详臧庸《校影宋〈经典释文〉书后》一文。段校有多种过录本（见《中国古籍善本书目》）。《四部丛刊》本《经典释文》即影印通志堂本，后附《校勘记》亦采及段校。

戴东原先生年谱1卷　史部传记类

（1）《戴东原集》附刻本。

（2）《经韵楼丛书》本。

（3）《花雨楼丛抄》本。

（4）《安徽丛书》第6期本，附行状、传、墓志铭。

（5）《北京图书馆藏珍本年谱丛刊》本。

按：此谱于清嘉庆十九年撰成付刻。刘盼遂曰："记戴东原为学次第极详赡，为年谱中之最上模范。"

汉书地理志音释　史部地理类　佚

刘盼遂曰："杨氏（守敬）《丛书举要》有此目。疑今文集五之《校汉书地理志注》《地理志观县考》《朐忍考》三篇，当时曾裁篇别出，自为一书，故杨氏得见此编，而今佚之欤？"

（乾隆）富顺县志5卷首1卷　史部地理类

清段玉裁、李芝纂修

（1）清乾隆四十二年刻本。

（2）清光绪八年翻刻本，国家图书馆藏。

按:段氏乾隆四十一年在四川富顺县任,因旧志阙略不备,乃与邑人李芝共修此志,五阅月而成。

明史十二论1卷　史部史评类

(1)《昭代丛书》(道光)庚集埤编补本。

(2)《续修四库全书》本。

戴东原集12卷覆校札记1卷　集部别集类

《札记》段氏撰,附戴集后

(1)《经韵楼丛书》本。

(2)《四部丛刊》二次印本。

(3)《四部备要》本。

(4)《续修四库全书》本。

经韵楼集12卷　集部别集类

(1)《经韵楼丛书》本。

(2)《戴段合刻》本。

(3)《续修四库全书》本。

(4) 2008年上海古籍出版社出版。

(5) 2010年凤凰出版社出版,《段玉裁全集》之二。

(6)《清代诗文集汇编》本。

按:刘盼遂曰:此本出后人编,故多有录无文。

经韵楼文集补编2卷　集部别集类

刘盼遂编《段王学五种》本。

经韵楼丛书9种112卷　丛书类

清乾隆道光间段氏刻本,南京图书馆藏。

按:或署经韵楼,或署七叶衍祥堂。其中《戴东原集》12卷、《声韵考》4卷为戴震所作,其余均为段氏著作。

段玉裁全书　丛书类

2015年江苏人民出版社影印本。

按:收入《六书音韵表》《古文尚书撰异》《诗经小学》《周礼汉读考》

《仪礼汉读考》《毛诗故训传定本小笺》《经韵楼集》《明史十二论》等著作以及后人所撰段玉裁生平、年谱数种。

曹玉侪

清金坛人。

惜分斋诗集　集部别集类　佚

见民国《金坛县志·艺文志》

于九滋

字畹香。清金坛人。

畹香遗草　集部别集类　佚

见《江苏诗征》卷20。

王志远

清金坛人。

禹贡注释　经部尚书类　佚

中星考　子部历算类　佚

评定唐宋八家文集6卷　集部总集类　佚

王志远辑

以上3种见民国《金坛县志·艺文志》。

王希程

字云鸿。清金坛人。工古文辞。避乱居岱山。

鹤寄轩遗稿　集部别集类

见民国《金坛县志·艺文志》。

按:疑即下书。

鸥寄轩诗存2卷　集部别集类

《蓬山两寓贤诗抄》本,上海图书馆藏。

虞叶蘩

字佩祁。清金坛人。中书顾诒绶妻。

藤花阁草　集部别集类　佚

见清恽珠辑《国朝闺秀正始集》。

于贻和

字节之，号养拙。清金坛人。振孙。贡生。能诗。

爱吾庐吟　集部别集类　佚

见《江苏诗征》卷20。

虞德芬

字玉如。清金坛人。同知郑士杰妻。

伫月山房诗钞　集部别集类　佚

见清恽珠辑《国朝闺秀正始集》。

蒋　和(1750? —?)

字仲和、仲叔，号醉峰，又号小拙。清金坛人。骥子，衡孙。工诗古文辞，书法类其祖，善画似其父，擅人物花卉及墨竹。亦长于训诂六书之学。弱冠游京师，及四库馆开(1773)，以太学生充四库馆篆隶总校。乾隆五十一年(1786)校事告竣，赐举人。时其祖手书石经奉命刻石太学，和董其役，五十八年工竣，补授国子监学正。即引疾归，移家无锡，隐居二泉。著作多存世，其诗文集稿毁于太平天国战火中。

说文字原集注16卷　经部小学类

(1) 清乾隆五十三年刻本，华东师范大学图书馆藏。

(2) 蒋同超编《蒋氏丛书》本。

(3)《四库未收书辑刊》本。

说文字原表1卷　经部小学类

(1)《蒋氏游艺秘录》本。

(2) 金钺辑《许学四种》本(此本附《字原表说》)。

说文部首表　经部小学类

清蒋和撰　王筠校正

金钺辑《许学四种》本。

象形字谱　经部小学类　佚

《蒋氏丛书》列为"待访"目。

书法正宗 4 卷　子部艺术类

《蒋氏丛书》本。

重校分部书法正传　子部艺术类

清光绪元年(1875)刻本,天津博物馆藏。

汉碑隶体举要　子部艺术类

(1)《蒋氏游艺秘录》本。

(2)《蒋氏丛书》本。

按:清乾隆五十八年自序,辑录隶书 800 余字。

学书杂论 1 卷　子部艺术类

(1)《蒋氏游艺秘录》本。

(2)《古今文艺丛书》第 4 集本。

(3)《蒋氏丛书》本。

习字秘诀　子部艺术类

2018 年上海美术出版社出版。

学画杂论 1 卷　子部艺术类

(1)《蒋氏游艺秘录》本。

(2)《古今文艺丛书》第 4 集本。

(3)《画苑秘笈初编》本。

(4)《画论丛刊》本。

(5)《蒋氏丛书》本。

写竹杂记 1 卷　子部艺术类

清乾隆四十七年自跋。

(1) 冯兆年辑《翠琅玕馆丛书》第4辑本。

(2) 黄任恒辑《翠琅玕馆丛书》本。

(3)《艺术丛书》本。

(4)《芋园丛书》本。

(5)《画论丛刊》本。

写竹简明法2卷　子部艺术类

(1) 清乾隆间刻本,湖南图书馆藏。

(2) 清咸丰六年(1856)汉阳叶志诜于两广督署重刻本,首都图书馆藏。

竹谱　子部艺术类

《蒋氏丛书》本。

简明竹谱　子部艺术类

(1) 1986年武汉市古籍书店影印本。

(2) 2014年湖北美术出版社出版。

蒋氏游艺秘录　丛书类

蒋和辑刻

(1) 清乾隆五十九年刻本,国家图书馆藏。

(2)《续修四库全书》本。

按:收蒋衡著作1种,蒋骥著作4种,蒋和著作4种。子目:

《书法论》1卷　蒋衡撰

《续书法论》1卷　蒋骥撰

《九宫新式》1卷　蒋骥撰

《读画纪闻》1卷　蒋骥撰

《传神秘要》1卷　蒋骥撰

《说文字原表》1卷　蒋和撰

《汉碑隶体举要》1卷　蒋和撰

《学书杂论》1卷　蒋和撰

《学画杂论》1卷　蒋和撰

虞　氏

清金坛人。恒斋女,京兆妹,张鼎妻。

凌云楼集　集部别集类　佚

见《京江耆旧集》《柳絮集》。

按:《江苏诗征》作《凌云楼诗草》。

徐　煜

字旭升,号晓亭。清金坛人。

漫吟约钞　集部别集类　佚

见《清诗纪事》11册。

王承启

原名嘉水,字藕庄。清金坛人。梦龙子。乾隆五十七年(1792)举人。官湖南蓝山、邵阳知县,长沙府同知。

芥纳斋初稿　集部别集类　佚

见《京江耆旧集》卷10,收其诗3首。

史　晋

字惕存。清金坛人。嘉庆例贡。以孙贤赠奉直大夫。

覆瓿草文集　集部别集类　佚

见光绪《金坛县志·岁贡》本传。

李玉华

字掌衡。清金坛人。嘉庆岁贡。丁艰后,坐卧一小楼,足不履市者8年。通诸经,尤邃于《易》。授经董溪,从游者仰慕而来,讲贯经义,有前贤所未发。时人以通儒目之。

周易阐微3卷　经部易类　佚

小楼文集8卷　集部别集类　佚

以上2种见民国《金坛县志·艺文志》。

虞树仁

字粹堂。清金坛人。嘉庆十一年(1806)副贡。幼颖敏,年未13已通《十三经》、子、史诸书。尤长于《易》。所著诗古文辞。积卷成帙。以余力习医,济人不倦。年70,吟诗5章,命其子录之,书毕而逝。

三易宗旨　经部易类　佚

见民国《金坛县志·文苑》本传。

段　骧

字右白。清金坛人。玉裁长子,龚自珍舅父。国子监生。少年时为诗哀艳雄奇,晚年自涂乙尽。自珍《己亥杂诗》中有诗记之。

梅冶轩集1卷　集部别集类　佚

见刘盼遂《段玉裁先生年谱》。

段　驯

字淑斋。清金坛人。玉裁女,仁和(今浙江杭州)龚丽正妻,龚自珍母。能诗。

绿窗吟榭诗草1卷　集部别集类　佚

见刘盼遂《段玉裁先生年谱》。

按:清潘衍桐《两浙輶轩续录》云:“淑斋有女自璋,字瑟君,《绿窗吟榭诗草》,其所手写,娟秀可喜。”又按:清吴振棫《国朝杭郡诗续辑》卷43选驯诗凡十余首。

于尚龄

字磻溪。清金坛人。敏中曾孙,冯兰贞夫。道光二年(1822)进士。

道光二年任浙江昌化知县，十九年署嘉兴知府，二十六年补任淮阳知县。

(道光)昌化县志20卷首1卷　史部地理类

清于尚龄修　王兆吉纂　李泉等修订

(1) 清道光三年刻本，北京大学图书馆藏。

(2) 清抄本，国家图书馆藏。

(道光)嘉兴府志60卷首3卷　史部地理类

清于尚龄纂修

清道光二十年刻本，南京图书馆藏。

凝香阁合刻2卷　集部总集类

于尚龄辑

(1) 清道光十三年刻本，上海图书馆藏。

(2) 清同治三年(1864)刻本，国家图书馆藏。

(3) 2015年国家图书馆出版社出版《清代家集丛刊》本。

史素轮

字绮堂。清金坛人。旦兼子。邑庠生。幼如成人，读书过门辄悟。孝顺父母，抚育幼弟。

文稿诗草　集部别集类　佚

见光绪《金坛县志·孝义》本传。

曹无极

字若水。清金坛人。好观书。修身达道，乐天以俟命。

万寿仙书4卷　子部道教类

(1) 清刻本，中科院图书馆藏。

(2)《四库全书存目丛书》本。

按：《四库全书总目》云："是书裒辑调息导引之法。""盖守静默，寡嗜欲，为黄老养生之本。其文虽似不伦，而其理实一家之学也。"

陈凤喈

字心愉。清金坛人。道光中贡生。

愿息斋诗文集　集部别集类　佚

见民国《金坛县志·五贡》本传。《金坛县志·艺文志》误作徐凤喈撰。

冯金铦

字纯夫,又字筠湄。道光廪贡生。生平罕交游,黯默自修。述经史多独得之见。兼精医理,不轻为人诊视。

研经堂诗文集　集部别集类　佚

见民国《金坛县志·文苑》本传,云:此书"门下宿迁王禹畴内翰梓行之。"

惜阴书屋诗1卷　集部别集类　佚

见民国《金坛县志·文苑》本传。

六梅书屋存稿1卷　集部别集类

《友声集》本。

冯兰贞

字香畦,一作馨畦。清金坛人。知府于尚龄妻。

吟翠轩词　集部词曲类

《凝香阁合刻》本。收诗108首,词76首。

李溥原

字泉资,一字百泉。清金坛人。道光十四年(1834)贡生。早游其曾祖玉华之门,为高足弟子。学成授徒家塾,课程先行后文,门下多所成就。《诫子书》尝曰:"志圣贤则德乃修,研经史则言有物。"撰著多毁于兵燹。

禹贡揭要　经部尚书类　佚

按:光绪《金坛县志·文学》本传云:“兵燹后,惟《禹贡揭要》编存。”

二十一史证经策略　史部史钞类　佚

静修斋诗钞　集部别集类　佚

静修斋文稿　集部别集类　佚

以上4种见民国《金坛县志·艺文志》。

范献臣(? —1860)

字南溪。清金坛人。邑庠生。居南乡,不妄求声利,不轻履城市,默然修业,授读里中。咸丰十年(1860)死于兵乱。

求生编2卷　子部杂学类　佚

见光绪《金坛县志·文学》本传,云:咸丰六年,作者“目睹乡邻兵革之惨,慨然志于立言”,编著此书。“进学之道,为善之方,行己待人之要,论古警世之言,有裨学者”。

汤树芬(1785—1860)

字艮庭。清金坛人。咸丰岁贡。自幼力学,望重士林。初受聘设帐扬郡,以父年老辞归。教授乡里,及门多知名士。咸丰十年(1860)太平军攻克金坛城,死于战乱。

毛诗疑义1卷　经部诗经类　佚

毛诗绪言1卷　经部诗经类　佚

唐诗才调集选　集部总集类　佚

汤树芬辑

以上3种见民国《金坛县志·艺文志》。

按:光绪《金坛县志·文学》本传称以上著作“并锓板行世”。

冯调鼎(1789—1854)

字梅羹,一字玉溪。清金坛人。步英子。道光元年(1821)举人。

授安徽蒙城训导，病归。起改江苏丰县训导，调署砀山教谕。旋复任。幼聪颖，9岁《五经》成诵。生平殚心著述。古今体诗，吐弃俗艳，锻炼生新。骈体文古峭俊逸，追步徐庾。咸丰四年(1854)太平军克丰县，死于任所。

城东草堂诗文集80卷　集部别集类　佚

十六家诗抄　集部总集类　佚

冯调鼎辑

按：此书甄录乡前贤自虞谦迄高炳16家诗。

诗抄二集　集部总集类　佚

冯调鼎辑

按：此集采辑百余人诗，各附小传。

谈词14卷　集部词曲类　佚

以上4种见光绪《金坛县志·忠节》本传，谓调鼎所编著4种及“其大父西邕振鹭《制义遗集》并毁丰署，今惟《城东草堂遗文》一卷存”。

冯荫保(1800—1883)

字槐音。清金坛人。咸丰例贡。

洮湖三老合稿　集部总集类

清冯荫保、冯肇蕃、冯元桀合撰　清冯印之编

清光绪三十三年(1907)木活字本，国家图书馆藏。

按：洮湖，又名长荡湖，或称长塘湖，在江苏省南部，跨金坛、溧阳两县。洮湖三老均为金坛冯姓人，因将其诗集合编为此集。

子目：

《玉兰书屋诗集》　清冯荫保撰

《洮东阁诗集》　清冯肇蕃撰

《庆余诗集》　清冯元桀撰

冯肇蕃

字子昌。清金坛人。咸丰例贡。光禄寺署正衔。历署桃源、铜山训导。光绪九年(1883)选授泰兴训导。

洮湖三老合稿　集部总集类

清冯荫保、冯肇蕃、冯元棨撰

参见“冯荫保”条。

冯元棨

字戟堂。清金坛人。咸事例贡。历署句容、萧县、邳州、兴化、睢宁训导。

洮湖三老舍稿　集部总集类

清冯荫保、冯肇蕃、冯元棨撰

参见“冯荫保”条。

于庆元(1812? —1864)

字贞甫,号复斋,又号简斋或复庵。清金坛人。少受知于朱虹舡学使,以附贡试用训导。诗文皆有成就,其师许琳称曰:“文则胎息八家,诗则步武三唐。”死于清军合围太平军之时。

复庵诗抄 1 卷　集部别集类　佚

见清张应昌《清诗铎》。

心简斋集录 1 卷　集部总集类　佚

见民国《金坛县志・艺文志》。

唐诗三百首续选 1 卷　集部总集类

(1) 清刻本,南京图书馆藏。

(2) 清道光大文堂刻本,国家图书馆藏。

(3) 清光绪十四年(1888)北京龙文阁刻本,国家图书馆藏。

(4) 1988 年浙江古籍出版社出版蔡义江、卢炘点校本。

按:孙琴安《唐诗选本六百种提要》(陕西人民教育出版社,1987 年版)收录此书,引述其《例言》,并谓"所选仍多是一些脍炙人口的名篇,质量上似可担当得起续选之名"。

于凤阳(1813—1839)

字梧冈。号凡民。清金坛人。诸生。

桐花轩遗稿 1 卷诗余 1 卷　集部别集类

清道光二十年(1840)刻本,南京图书馆藏。

潘文耀

字星垣。清金坛人。道光二十三年(1843)举人,咸丰二年(1852)进士。授内阁中书,迁宗人府主事,玉牒馆纂修,吏部验封司员外郎兼考功司行走。髫年受经,专志力学。入泮后肆力典籍,时艺益工。壮年游幕粤东,以仲弟病羸返里。仲弟旋殁,举家 20 余口赖笔耕抚蓄,晚年研穷《易》理。

增注来氏易注　经部易类　佚

明来知德撰　清潘文耀增注

见光绪《金坛县志·文学》本传。

于乔龄

字西峰。清金坛人。咸丰元年(1851)举人。能词。

浣绿草堂词　集部词曲类　佚

见《全清词抄》卷 24。

段濬源(1821?—1886?)

字伯岷。清金坛人。载锡子。道光二十九年(1849)拔贡,取八旗官学教习,方传补,闻弟卒,即弃官归。游幕数十年,所至见重。光绪七年(1881)金坛减赋,与有力焉。工文辞书法,大都散佚。卒年 66。民国《金坛县志·儒林》段载锡传附。

丙辰守城日记　史部杂史类

民国《金坛县志》卷16收录《日记》全文。

按:丙辰为咸丰六年(1856),是年四月,太平军攻打镇江清军。

吴规臣

字飞卿,一字香轮。清道光咸丰间金坛人。长洲知县顾鹤妻。曾学诗于陈文述。

晓仙楼诗　集部别集类　佚

见施淑仪《清代闺阁诗人征略》。1915年西泠印社排印《碧城仙馆女弟子诗》本,收诗23首。

于月卿

清金坛人。女。就读于钱塘陈文述碧城仙馆,能诗。

织素轩诗　集部别集类　佚

见《国朝闺秀正始续集》。1915年西泠印社排印《碧城仙馆女弟子诗》收《织素轩诗》17首。

史　氏

清金坛人。宜兴毛瑞斯妻。

植木斋集　集部别集类　佚

见《江苏诗征》卷172。

于　懿

字静宜。清金坛人。乔龄女,无锡邓思锡继妻。能词。

漱芳词　集部词曲类　佚

见徐乃昌《小檀栾室闺秀词抄》。

钱藻濂(？—1861)

字淡皆，号吟安。清丹徒人，寄居金坛。浙江候补县丞，借补按察司司狱。少负异质，习举业，旁及经世之学。凡天文、地理、兵刑、杂家之言无不备览。习拳勇，精六壬。于医尤长喉科。咸丰十一年(1861)太平军攻浙，全家尽殁。

吟安诗词草　集部别集类　佚

见民国《金坛县志·忠节》本传。

薛秉钧(1826？—1865？)

字维衡。清金坛人。邑禀生。家贫好学，为文不拘一体，自秦汉以后诸大家无不撷其精华。咸丰十年(1860)外走江北，悲歌慷慨，多忧时之作。回里后，年40卒。

浣秋轩诗钞　集部别集类　佚

见民国《金坛县志·艺文志》。

张学圣

字古诚。清原籍山西阳曲人。佚女，学雅妹。清金坛于廷机妻。

瑶草集　集部词曲类

见《全清词钞》卷30。

汤　朝

字蕉云，又字椒盈，别字华严女子。清金坛人。长兴沈无咎妻。初以赋金凤花著名。年50卒，葬黄龙山。

蕉云诗集　集部别集类

(1) 清刻本，浙江图书馆藏。附沈无咎《梦华诗稿》后。

(2)《乙亥丛编》本。

笙磬同音集　集部别集类　佚

清沈无咎、汤朝撰

见《武阳县志》《两浙輶轩续录》。

李秉阳

字于夔，号旸谷。清末金坛人。恩贡生。天性敦笃，好学不倦。家贫，日坐斗室，未尝一日废书。尤邃于《易》。著述甚丰。卒年83。

易学会通23卷　经部易类　佚

见民国《金坛县志·艺文志》。注曰：内分《河洛阐奥》《俯仰法象》《先天真原》《后天精蕴》《筮法传心》《变占汇参》《道学本原》《象数引端》《夏商二易拾遗》《卦气辑要》《观物辑要》等11种，外附《说卦补遗义》《观象大凡》2种，共13种。

易学旁通　经部易类　佚

四书臆说　经部四书类　佚

左氏兵法　子部兵书类　佚

八阵图纂要　子部兵书类　佚

天文备要　子部历算类　佚

数学探原　子部历算类　佚

数学控源　子部术数类　佚

地理精义　子部术数类　佚

风角举隅　子部术数类　佚

太乙撮要　子部道教类　佚

卧迂斋文稿　集部别集类　佚

卧迂斋诗稿　集部别集类　佚

董溪诗存　集部总集类　佚

李秉阳辑

按：此书辑乡先辈诗为一集。

以上13种均见民国《金坛县志·文苑》本传。其中《卧迂斋文稿》《董溪诗存》，又见民国《金坛县志·艺文志》。

于　桓

清金坛人。

金坛围城纪事诗 1 卷　集部别集类

收入谢兴尧辑《太平天国丛书》第 3 辑。

虞　溶(？—1877)

字月溪。清金坛人。朝鼎子。邑廪生。同治元年(1862)举孝廉方正,任直隶赞皇知县。光绪三年(1877)以疾卒于会垣。

历代世系谱 2 卷　史部编年类　佚

求忠堂诗文 9 卷　集部别集类　佚

味蓼斋诗词抄 19 卷　集部别集类　佚

以上 3 种见光绪《金坛县志・荐辟》本传,云此三书"未梓"。

汤翼然

字竹亭。清金坛人。早岁从族叔之鼎学。之鼎字式如,恩贡生,博学多才,屡试不售,所著诗文随手散佚。翼然光绪八年(1882)举人,工诗古文辞。

竹亭诗文集　集部别类　佚

见民国《金坛县志・文苑》汤之鼎传附。

曹辅臣

字凤冈。清金坛人。从汤之鼎学。光绪十一年(1885)拔贡。工诗赋,尤留心乡里文献。民国《金坛县志・文苑》汤之鼎传附。

经解 2 卷　经部群经总义类　佚

拥书堂文集 8 卷诗 8 卷　集部别集类　佚

金沙吉羽集 28 卷　集部总集类　佚

曹辅臣辑

按：内收金坛历代文人诗24卷文4卷。

拥书堂词抄1卷　集部词曲类　佚

以上4钟均见民国《金坛县志·艺文志》。

段蓉镜(1836—1920)

字逸樵，号乃占氏。清末金坛人。岁贡生，同治四年(1865)起在故乡河头设馆执教。善书法。

逸樵先生诗集　集部别集类　佚

见民国《金坛县志·五贡》本传。

冯　煦(1844.1.20—1927)

原名熙，字梦华，号蒿庵，晚称蒿隐。清末金坛人。光绪十二年(1886)一甲三名进士，授翰林院编修。二十一年授凤阳知府。当地连年水涝，煦亲临灾区，民受其惠。二十七年迁山西河东道，越一年迁四川按察使，二十九年署布政使，三十一年调安徽，三十三年擢安徽巡抚。时革命日趋高涨，煦上疏请核名实，明赏罚，明年以忤旨罢官。清末民初，奉命办理江、皖、豫东等地赈务，众称善人。煦工诗赋骈文，词的造诣尤深。书宗钟繇，年80尚能作蝇头小楷。曾纂修多种方志，于方志理论亦有所阐发。著作宏富，除以下列举者外，尚有电奏稿、公牍、尺牍、丛稿各若干卷。《清史稿》有传。

冯煦日记45册　史部传记类

见谭正璧《中国文学家大辞典》。云："煦又著有日记45册，积62年，讫殁之日，皆精楷不苟。"

江苏赈务报告　史部政书类

(1) 1925年石印本，上海图书馆藏。

(2) 2015年凤凰出版社出版《江苏近现代社会救济与慈善文献丛刊》本。

按：本书所收《江苏赈务说略》，概述了设立江苏赈务处以应赈抚诸事宜。简列赈灾事项及安置流民之法。分章报告太仓、宜兴、昆山、无锡、江阴、武进、丹徒、丹阳等地区的受灾情况及抚灾事实。所收《江苏防灾会兼办甲子苏省兵灾赈务第一次收支报告书》,简述了救灾举措所取得的进展,复陈赈抚工作捉襟见肘的情形,呼吁广大好善之士声援捐助。末载收支明细。

(民国)江苏省通志稿 352 卷　史部地理类

缪荃孙、冯煦等纂修

(1) 稿本,南京图书馆藏。

(2) 1927 年影印本,湖北图书馆藏。

(3) 1945 年铅印本,南京图书馆藏。

(民国)宝应县志 32 卷首 1 卷　史部地理类

戴邦桢、赵世荣修　冯煦、朱苌生纂

(1) 1932 年铅印本,国家图书馆藏。

(2) 1934 年镇江江南印书馆铅印本,国家图书馆藏。

(3)《中国地方志集成》本。

(民国)宿迁县志 20 卷　史部地理类

严型修　冯煦纂

(1) 1935 年铅印本,南京图书馆藏。

(2) 抄本,上海图书馆藏。

(3)《中国地方志集成》本。

(民国)重修金坛县志 12 卷首 1 卷　史部地理类

冯煦等纂修

(1) 1926 年商务印书馆铅印本,国家图书馆藏。

(2)《中国地方志集成》本。

(光绪)溧阳县续志 16 卷末 1 卷　史部地理类

朱畯等修　冯煦等纂

(1) 清光绪二十五年活字本,国家图书馆藏。

(2)《中国地方志集成》本。

(光绪)凤阳府志21卷　史部地理类

冯煦修　魏家骅等纂　张德霈续纂

(1) 清光绪三十四年木活字本,国家图书馆藏。

(2)《中国地方志集成》本。

建康同游记1卷　史部地理类

《晨风阁丛书》本。

金陵纪游1卷　史部地理类

《古今游记丛钞》本。

蒿盦随笔4卷蒿叟随笔5卷遗属1卷　子部杂学类

(1) 1926年、1927年刻本,南京图书馆藏。

(2)《近代中国史料丛刊》本。

蒿庵类稿32卷续稿3卷奏稿4卷　集部别集类

(1) 1913年刻本(无《奏稿》),中山大学图书馆藏。

(2)《近代中国史料丛刊》本。

(3)《清代诗文集汇编》本。

蒿盦诗稿1卷　集部别集类

(1) 稿本,中国科学院图书馆藏。

(2)《中国科学院文献情报中心藏古籍珍本丛书》本。

賸稿16卷　集部别集类

见魏家骅《冯煦行状》。

蒿庵杂俎1卷　集部别集类

民国间刻本,南京图书馆藏。

按:魏家骅《冯煦行状》作《杂俎》4卷。

蒙香室赋录2卷　集部别集类

(1)《蒙香室丛书》本。

(2)《历代赋学文献辑刊》本。

增广笺注简斋诗注校勘记1卷

宋陈与义撰　宋胡稚笺注　《校勘记》冯煦撰

《四部备要》本。

蒿盦词賸1卷　集部词曲类

(1) 1924年刻本，南京图书馆藏。

(2) 2015年国家图书馆出版社《民国名家词集选刊》本。

蒿庵词2卷(一作蒙香室词稿)　集部词曲类

《清名家词》本。

宋六十一家词选12卷　集部词曲类

冯煦辑

《蒙香室丛书》本。

蒿庵论词1卷(一作蒿庵词话)　集部词曲类

《词话丛编》本。

按：冯氏从汲古阁所刻《宋名家词》中选其精粹编为《宋六十家词选》，并在《例言》中一一加以评论。本书即移录《例言》各条而成。其见解大致与周济、谭献之说相近，是常州词派的理论著作。

徐州二遗民集　丛书类

清万寿祺、阎尔梅撰　冯煦辑

(1) 清光绪十九年临川桂中行刻本，国家图书馆藏。

(2) 1913年铜山王嘉诜等补刻本，辽宁大学图书馆藏。

蒙香室丛书　丛书类

冯煦辑刻

清光绪十三年刻本，北京大学图书馆藏。

按：所收多词选，如《唐五代词选》《宁七家词选》等。

蜀十五家词　丛书类

冯煦辑

清宣统二年(1910)石印本，重庆师范大学图书馆藏。

张竹楼(1850? —1903)

原籍镇江，早年来金坛执教，遂迁居县城。曾入清总兵吴元恺幕，因吴调粤而辞归。又入镇江冬赈局谋事，因病而归，卒于家，年约50余岁。

一片冰心在玉壶　史部杂史类　佚

听竹轩文集　集部别集类　佚

按：据金坛徐永年云，张氏生平著作甚丰，积稿约3尺。后编为《听竹轩文集》。太平天国时避乱居汉口，事息，沿江而下，晚年回忆经历，撰《一片冰心在玉壶》1卷。据其子律均称，书稿均于日军侵占金坛时散佚。

李　源(1866—?)

又名发元，字六逸，号竹溪。清末民初金坛人。通经史，能诗词。因病学医，卓然有成。

竹溪诗草4卷　集部别集类

1988年6月金坛县志办公室油印本。

冯锦裳

字织云。清末民初金坛人。女。

蕴兰阁诗集5卷　集部别集类　佚

见清宦应清编《汉上消闲集》。

溧 阳

宋　元

周　绛

北宋溧阳人。幼入黄山观，从道士杨用柔习道教经典，取名智进。后见县令威仪严正，乃改习儒学，更名绛。太平兴国八年(983)进士。从京城官员外出，任常州太守，终屯田员外郎。

补茶经 1 卷　子部农家类　佚

见嘉庆《溧阳县志·艺文志》。

李朝正(1096—1155)

字治表。南宋溧阳人。建炎二年(1128)进士。出任溧水知县，政绩卓著，升太府寺簿。绍兴十五年(1145)权户部侍郎，与户部侍郎王铁言共同措置两浙经界。未久改奉祠，后又起用任平江知府。

备急总效方 40 卷　子部医家类　佚

见《直斋书录解题》卷 13。

李日普

南宋溧阳人。医家。

续附经验奇方　子部医家类　佚

见《江苏历代医人志》引 1957.6.15—16 日《新华日报》。

孔学诗(1260—1341)

字文卿，号性斋。宋末元初平阳人，占籍溧阳。宋德祐元年(1275)，元兵至金陵，乃率众诣元军门。元将欲官之，辞归，多行善事。

《太和正音谱》将其词曲列为杰作。

大都新刊关目的本东窗事犯(一作秦太师东窗事犯)1卷　集部词曲类

(1)《古今杂剧》本。

(2)《古本戏曲丛刊》第4集,作金仁杰撰,一题孔文卿撰。

(3)《中国文学珍本丛书》本,作《秦太师东窗事犯》。

按:此剧亦题作《地藏王证东窗事犯》,见《古典戏曲存目汇考》卷5。

彭寿之(1292—1305)

字伯龄。元溧阳人。大德三年(1299)被皇上召见,时年8岁。试赋诗,授文学待诏,出入殿省,宴饮赏赐甚优。居6年,归省探家时溺死河中。

彭寿之集　集部别集类　佚

见嘉庆《溧阳县志》本传,谓经战乱已散佚。县志著录有《上梁景二丞相》《谒某尚书》及应制诗。

孔　齐

亦写作孔克齐,字行素,又字静斋。一作字肃夫,号行素,又号静斋。元溧阳人。祖籍曲阜,其父文升赘于溧阳沈氏,遂家此。元顺帝时荐授黄冈书院山长,召为国史编修。元末避兵居鄞之东湖。

至正直记4卷　子部小说类

(1)《粤雅堂丛书》本。

(2)《丛书集成初编》本。

(3) 1987年上海古籍出版社出版。

(4) 2012年上海古籍出版社校注本。

按:题作《静斋至正直记》,卷首有明归有光撰《静斋类稿引》,略云:"(余)得是编于乡塾学究家,喜而手录焉,且为订其舛讹,以俟付之剞劂,以广其传。"《四库全书总目》子部小说类存目1云:"一曰《静斋类稿》,是书亦陶宗仪《辍耕录》之类。别一本题曰《静斋直记》,其文并同,惟分四卷为五卷，而削去各条目录，盖曹溶《学海类编》所改窜也。”清萧穆《记旧钞本至正直记》略云：“甲戌夏余重游吴门，见有写本《静斋至正直记》两部，其一工整，已为刘君彦清所定，余乃购其次者。旋阅刘君所购之本，大半为陶氏《辍耕录》之文，余所得实为孔氏原编。”(《敬孚类稿》卷9)

史敬武

字彦刚，号松隐。元溧阳人。抱道僻处，以小学教其子，明古今治乱之道。至正十二年(1352)红巾军攻溧阳，练兵抵御。后上书元皇太子，以选用人才，扶持纲纪为急务。未报。十七年乡里大饥，以家财分发族人。后屏居乡间。卒年60。

松隐遗文　集部别集类　佚

见嘉庆《溧阳县志·艺文志》，云是集收《上皇太子书》一篇，《葬议》一篇，《楮钱辨》一篇，《忧世记》一篇。末附史舜安撰《兵策》一篇。

杨景铭

字公亮。元溧阳人。有诗名。元末绝意仕进，在沙涨里筑室名“水天清意”。屡次征召皆不就。与同县王遂嘉过从甚密，称韦布交。诗作淡泊清静，盖学韦应物。

水天青意集1卷　集部别集类　佚

见嘉庆《溧阳县志·艺文志》。

史舜安

号东埭。元末溧阳人。敬武子。值元末乱起，遂深研兵法谋略，作《兵策》一篇，进呈朝廷，提出办团练事。至正十二年(1352)红巾军攻州城，敬武父子出资练勇抗之。入明隐居不仕。

兵策1篇　子部兵书类　佚

附见史敬武《松隐遗文》末。

明

史　常(1389—1442)

字原亨。明溧阳人。幼擅书法,永乐三年(1405)以书手被征写《文献大成》(即《永乐大典》)。十三年中进士,授行人。持节出使王侯封国,不辱君命。二十一年任福建建宁知府,以廉厚自守。后辞归。

宜乐堂文　集部别集类　佚

明史常辑

见《明清江苏文人年表》引明杨士奇《东里文集》卷7。

方汝扬

明溧阳人。家境贫苦。深研《易经》,尤精于小学。学者称闻崖先生。

五音会海　经部小学类　佚

见嘉庆《溧阳县志·人物志》本传。

孔　节

明溧阳人。齐裔孙。正统年间至祖籍曲阜,一夜写成咏梅花诗百首,为衍圣公称奇。

梅花百咏1卷　集部别集类　佚

见嘉庆《溧阳县志·艺文志》。

缪　樗(1445—?)

字全之。明溧阳人。成化十一年(1475)进士。授东阳知县,升南京陕西道监察御史,强直敢言。孝宗时陈时政八事,劾大学士尹直等。

终营州判官。

(成化)东阳县志 9 卷　史部地理类　佚

明缪樗纂修

见《浙江方志考》,谓本志修于成化十九年,刊本未见。

史　学(1454—1513)

字文鉴。明溧阳人。成化二十三年(1487)进士。弘治四年(1491)授户部山东司主事,在淮安督察储粮。升浙江司员外郎。在山东、河南监兑。后任河南司郎中,办理辽阳兵饷。调任山东左参政。为官能体察民隐、革除吏弊。因事逮入诏狱,削职为民。遂回乡读书谈道,专事著述。

金渊孝友录　史部传记类　佚

溧阳人物记　史部传记类　佚

埭溪诗集 20 卷　集部别集类　佚

文献全集 18 卷　集部总集类　佚

史学辑

金渊文献录　集部总集类　佚

史学辑

以上 5 种均见嘉庆《溧阳县志・艺文志》。

狄　冲

字仲虚。明溧阳人。嘉靖二年(1523)进士,任江西清江知县,升贵州独山知州。到任后,迁州治于白岩山,因自号白岩山人。改任云南武定府同知,又改调江西瑞州。在任时抑制豪强,恢复社会平静。后迁升南京工部都水司郎中,励精图治。卒于官,检其囊,仅半月俸钱。

春溪诗集 4 卷　集部别集类　佚

见《四库全书总目》集部别集类存目 4。

按:是书分未达、筮仕、南行、移滇、居�、近游、金陵 7 稿。

彭　谦(1479—1544)

字德光。明溧阳人。嘉靖二十三年(1544)进士,工部观政。才气奔放,诗磊落,直抒胸臆。

茭东诗集2卷　集部别集类　佚

见嘉庆《溧阳县志·艺文志》。同书《人物志》本传作《茭东集》。

史　京(1489—1548)

字存望。明溧阳人。学子。由生员入国子监。嘉靖十六年(1537)授思恩府经历,升知府。因功被召入京朝见,为流语所伤,乞归。自题园名"归乐",饮酒赋诗其中。

观斋集　集部别集类　佚

见嘉庆《溧阳县志·人物志》本传。

马一龙(1490—1562)

字应图,一作字负图,号孟河,别号玉华子。明溧阳人。从谦侄。嘉靖二十六年(1547)进士,改翰林院庶吉士,散馆授南京国子监司业,因母年迈多病,五次上疏乞归养。母丧服阕,出补国史检讨。三十八年分校礼闱,擢南少司成摄大司成事。致仕归里,于方山旁建务本书院,又在玉华山筑馆舍,潜心著述。工书,悬腕运肘,落管如飞,评者谓书法一大变。

元图大衍1卷　经部易类

《说郛续》本。

九边图记1卷　史部地理类　佚

见《明清江苏文人年表》。

农说1卷　子部农家类

马一龙辑

(1)《广百川学海》本。

(2)《宝颜堂秘笈》本。

(3)《说郛续》本。

(4)《廿二子全书》本。

(5)《丛书集成初编》本。

按:嘉庆《溧阳县志·艺文志》作《农经》。

玉华子游艺集 26 卷　集部别集类

(1) 明万历三十二年(1604)马震章、马震伯等刻本,国家图书馆藏。

(2)《北京图书馆古籍珍本丛刊》本。

按:是集有《髫年溪上上稿》2 卷,《弱园湖上上稿》2 卷,《读书湖上上稿》4 卷,《读书江上上稿》3 卷,《读书山中中稿》2 卷,《秘书馆中中稿》4 卷,《翰林院中中稿》2 卷,《国子监中中稿》2 卷,《林下下稿》5 卷。《明史·艺文志》、焦竑《国史·经籍志》作 19 卷,李春芳《马一龙墓志铭》作 56 卷,似均非。

彭九龄(1491—1570)

字伯延,号西岩。明溧阳人。擅诗。嘉靖年间以国子生授饶州府幕。后辞归,与本邑马从谦、马一龙等吟咏唱和。晚年失明,自号"朏翁"。其园名归来园。

西岩诗集　集部别集类　佚

见嘉庆《溧阳县志·艺文志》。

马从谦(1495—1552)

字益之,号竹湖,又号碧溪。明溧阳人。嘉靖十四年(1535)进士。授工部主事,治洪有政绩,转任礼部主客司主事。十七年擢尚宝司丞,掌知制诰,进光禄寺少卿,兼翰林院五经博士。勤于政事,曾筹划疏浚漕河等事项。敢于犯颜直谏,曾上疏弹劾严嵩贪奸误国。三十一年,以劾太监杜泰吞没公帑,并请罢斋醮,触怒世宗,被杖杀。文章以议论为主,文辞流畅而恳切,诗作雅健古朴。

尚书日记　经部尚书类　佚

毛诗日记　经部诗经类　佚

礼记同兰集　经部礼记类　佚

四子书心得　经部四书类　佚

丝纶稿 4 卷　集部别集类　佚

应制稿 2 卷　集部别集类　佚

诗文集 18 卷　集部别集类　佚

以上 7 种见嘉庆《溧阳县志·人物志》本传，谓均散佚。

竹湖遗稿(赋诗词 1 卷、奏疏杂文 1 卷)　集部别集类　佚

明马从谦撰　子骅辑录

见嘉庆《溧阳县志·艺文志》。

狄斯彬(1505—1588)

字文中。明溧阳人。冲侄。嘉靖二十六年(1547)进士，供职行人司，升御史。因与马从谦弹劾宦官杜泰贪赃事，被贬边境任宣武县典史。后升任南京兵部主事，备兵布防荆、湖间。辞归编修《山居野志》，后被用作嘉靖《溧阳县志》底本。

山居野志 8 卷　史部地理类　佚

狄斯彬编

地理正传 8 卷　子部术数类　佚

稽命集 10 卷　子部术数类　佚

以上 3 种均见嘉庆《溧阳县志·艺文志》。

皇明律诗类钞 24 卷　集部总集类佚

明万历年间刻本，见《贩书偶记》卷 19。嘉庆《溧阳县志·艺文志》作《明律诗钞》，无卷数。

彭若龙(1508—1558)

字伯乾，号少白。明溧阳人。嘉靖十六年(1537)举人。诗作高浑清劲。

少白诗集 8 卷　集部别集类　佚

见嘉庆《溧阳县志·艺文志》。

金粟斋集　集部别集类　佚

见嘉庆《溧阳县志·人物志》。

马有骦

明溧阳人。

玉兰斋遗稿 2 卷　集部别集类　佚

见嘉庆《溧阳县志·艺文志》。

强　锐

字止之。明溧阳人。以诗画闻名。家贫,未尝向人求助。稍有所得,即寄情于笔墨中。画品清远绝尘,常用以赊酒。

鹿庄诗稿 2 卷　集部别集类　佚

考槃集 12 卷　集部别集类　佚

以上 2 种见嘉庆《溧阳县志·艺文志》。

彭充秀(1532.1.5—1566)

字道荣,号凤庄。明溧阳人。

虚受斋集 4 卷　集部别集类　佚

见嘉庆《溧阳县志·艺文志》。

宋臣熙(1535—1624)

字尧咨,一字缉峰,号起岩。明溧阳人。年未 20 补邑诸生,后任广东新会知县。为政简廉,曾废去渔舟入海纳金。岁时馈献,无以供上官。左迁郴州学正。改荆王府长史,不就乞归,年 90 卒。绩学励行,能诗古文,尤工书法。

缉峰诗集　集部别集类　佚

见嘉庆《溧阳县志·艺文志》。

史继书(1543—1599)

字元秉,号云津。明溧阳人。仕锦衣卫指挥同知。喜读书,工书法。尝结诗社,雅歌投壶。又捐谷赈饥民,割田籍学宫、赡贫士。

云津诗稿1卷　集部别集类　佚

见嘉庆《溧阳县志·艺文志》。

周　晏

字叔夜。明溧阳人。隐居湖东,钻研《易经》。曾游金坛,与王肯堂深谈名理之学。

易征　经部易类　佚

见嘉庆《溧阳县志·艺文志》。

钱自期

字仲翔,晚号澹凡子。明溧阳人。万历十六年(1588)副榜。无意科举,潜心作诗,诗仿陶渊明。

澹凡集　集部别集类　佚

见嘉庆《溧阳县志·人物志》本传,谓是书未刊。

吕昌期

号兰谷。明溧阳人。万历二十六年(1598)进士,授南京户部主事,出任严州知州,升山东参政。有惠政,免除苛捐杂税,识拔才士。及魏忠贤得势,遂辞职返乡。

(万历)续修严州府志24卷　史部地理类

明吕昌期修　俞炳然纂

(1) 明万历四十一年刻本,国家图书馆藏。

(2) 顺治六年(1649)增刻本,浙江图书馆藏。

(3) 台北成文出版社《中国方志丛书》本。

(4) 1990年书目文献出版社出版。

(5)《四库全书存目丛书》本。

宋 劼(?—1647)

初名献,字献孺,更名劼。明溧阳人。臣熙子。万历三十一年(1603)举人。好兵法,重边事,所交多握重兵者。后入都补中书舍人,升户郎陕西司主事,迁山东司郎中、布政司参议,补赵州、昌平州知州。升兵部职方司员外郎、关宁津登四镇监军按察司佥事、太仆寺少卿,出入兵间者20余年。

过海纪略1卷 史部杂史类 佚

见计东撰《改亭集》卷16《前明太仆寺卿溧阳宋公行状》。

按:此书记平定刘兴治乱之经过。

顺义婴难记1卷 史部杂史类 佚

见计东撰《行状》,云:"自赵州之昌平,道经顺义,屡濒于死,义儿马忠负公得脱。"

抚夷志 史部杂史类 佚

见嘉庆《溧阳县志·艺文志》。

奏疏2卷 史部政书类 佚

见计东撰《行状》,云:"其一卷为户部郎督饷东江及为山东佥事参议时所条奏兵饷战守情形。其一卷再起为兵部职方郎,办理关宁津登淮海水师监军时,所条奏粮饷船只进兵方略也。"

还莱始末略1卷 史部政书类 佚

见计东撰《行状》,云:"补奏疏中所未详者也。"

盾渖1卷 史部政书类 佚

见计东撰《行状》,云"皆筹画用兵诸书槅也,始万历己未(四十七年)冬上书"。

如园诗集20卷 集部别集类 佚

见嘉庆《溧阳县志·艺文志》。

虞　许

字两可。初名国儒。明溧阳人。万历四十年(1612)举人,任永丰知县。在任一年,离职归,悠游林泉。擅文辞,工书画。天启三年(1623)应溧阳知县董允升之聘,纂修县志。书成未刊即去世,终年68岁。

溧阳新志　史部地理类　佚

朗斋集10卷　集部别集类　佚

以上2种均见嘉庆《溧阳县志·艺文志》。

张景严

字(或作号)濑滨。明溧阳人,约神宗万历前后在世。工作曲,著传奇。

按:景严,或作景岩。又濑滨,《曲品》作濑宾。《今乐考证》《重订曲海总目》等作漱滨,似不可从。

分钗记　集部词曲类　佚

见《传奇汇考标目》《曲目新编》。传奇,记伍生、二兰事。

沈　祚

字希福。明溧阳人。约明神宗万历前后在世。工于曲。

指腹记　集部词曲类　佚

见姚燮《今乐考证·明院本》。《古典戏曲存目汇考》卷9云:"按戏文有《贾云华还魂记》,《南词叙录》注'溧阳人作',疑即此本。"

史孔吉(1572—1643)

字敬胜,号亦步。明溧阳人。万历三十八年(1610)进士。授南安知县,调任崇安知县。泰昌元年(1620)升户科给事中,天启四年(1624)

起用升为尚宝司卿。因人谓与高攀龙同党，遂休闲在家。崇祯十三年(1640)起用，未赴任，终老于家。

筹边节用　史部政书类　佚

奏疏，见嘉庆《溧阳县志·人物志》本传。

狄颂尧

字永宗。明溧阳人。泰昌元年(1620)贡生，官至王府长史。生平勤于撰述，致力诗古文。终年71岁。

观如室稿　集部别集类　佚

见嘉庆《溧阳县志·艺文志》。

陈献策

字明俞。明溧阳人。天启二年(1622)进士。授行人，两次奉命封藩。因触犯魏忠贤，罢归。崇祯初复起，历任兵、刑、工三科给事中，升都给事，兼管节慎库。又因北党势盛，退职回乡，杜门谢客以终。

旦气说　子部历算类　佚

绛雪斋全集　集部别集类　佚

以上2种见嘉庆《溧阳县志·艺文志》。

彭　璐

明溧阳人。吴颖谓其诗风格高而不刻，气味清而不浊。

今是轩集　集部别集类　佚

见嘉庆《溧阳县志·艺文志》。

滕翰芳

明溧阳人。曾于族中兴办义塾。

泰来集　集部别集类　佚

可继集　集部别集类　佚

以上2种见嘉庆《溧阳县志·人物志》滕养志传附。

马 御

明溧阳人。

禹贡注1卷　经部尚书类　佚

见嘉庆《溧阳县志·艺文志》。

彭祯源(1576—1660)

字之凝，号培和，又号放呆。明末清初溧阳人。学识渊博，为时人推重。晚年致力于诗。

许闲斋诗文集40卷　集部别集类　佚

见嘉庆《溧阳县志·艺文志》。

呆庵集　集部别集类　佚

见嘉庆《溧阳县志·人物志》本传。

濑水彭氏诗存　集部别集类　佚

见《京江耆旧集》，云："培和著《濑水彭氏诗存》，子爰琴(桂)、则翀(极)刻之"。

杨宗简

字文中。明末清初溧阳人。崇祯十三年(1640)进士。入清授严州府建德知县，政尚宽厚，升职方司主事。少以文名，告老归乡后究心图籍史册。

周易析义　经部易类　佚

易醒　经部易类　佚

以上2种见光绪《溧阳县志·艺文志》。

陆禹思

字元锡。明末清初溧阳人。岁贡生。崇祯十三年(1640)特赐进士,授户部主事,差管九门盐法,督饷天津,升广西司郎中。未久免职还乡,隐于渔钓,自号蒹葭子。

钓经 1 卷　子部艺术类　佚

见嘉庆《溧阳县志·艺文志》。

彭　旭

字旦兮。明末清初溧阳人。崇祯十五年(1642)举人。遭家变,藏书万卷均焚于火。遂出游浙东,后在丹阳授徒奉母。母丧期满,派任泰州学正,未几病卒。与芮城(字长恤)为理学之友,与吴颖、马世俊为诗文之友。家变后仍肆力搜求遗书。

礼记通识　经部礼记类　佚

见光绪《溧阳县续志·艺文志》。

彭　珏

号苍水老人。明末清初溧阳人。

滇黔耳闻　史部杂史类　佚

见《增订晚明史籍考》卷 11,按云:"目见李天根《爝火录》(有乾隆十五年(1750)自序)引用书目。"

周　斯

字盛际。明末清初溧阳人。诸生。在家授徒,终生未仕。尊奉程朱理学,以正人心、厚风俗为急务。其古文简练明达。

濑江逸史　史部杂史类　佚

见光绪《溧阳县续志·艺文志》。

治河书 2 卷　史部地理类　佚

山中集 2 卷　集部别集类　佚

以上 2 种见嘉庆《溧阳县志·艺文志》。

马时昌

明末清初溧阳人。

拟槃居见闻摭隽 2 卷　子部杂学类　佚

见嘉庆《溧阳县志·艺文志》。

宋之统

字稚宏。明末清初溧阳人。明崇祯十六年(1643)恩贡。入清后剃发为僧,隐于庐山,号木末。康熙间结茅峰顶,后不知所终。

鸿雪堂稿　集部别集类　佚

梅花诗　集部别集类　佚

台山初集　集部别集类　佚

以上 3 种见光绪《溧阳县续志·艺文志》。

钟　鼎

字玉铉,又字节也。明末清初溧阳人。县学生员。崇尚气节,曾以"孽竖炀聪、衣冠短气",及"廷中鹿马"等语直斥魏忠贤。文章有气势。明亡后改名钟离楚,奔走于闽广间。

惊帆集　集部总集类　佚

捷飞集　集部总集类　佚

以上 2 种钟鼎编选,见嘉庆《溧阳县志·人物志》本传。

史集之

字友益。明末清初溧阳(一作关县)人。工作曲,《新传奇品》评为"倜傥不羁,笑傲一世"。

清风寨　集部词曲类　佚

五羊皮　集部词曲类　佚

以上 2 种均见《传奇汇考标目》卷下。《古典戏曲存目汇考》卷 11

以为前剧演《水浒传》花荣事，后剧演百里奚事。

谢天选

字茂仁，号素安。明末清初溧阳人。布衣。

宝树轩集　集部别集类　佚

见《江苏诗征》卷146。

清

吴　颉(1600—1654)

字子苍。明末清初溧阳人。与堂弟吴颖同时中秀才,时有“二俊”之称。颉淡于仕进,纵情山水,以诗酒自娱。

独园集1卷诗1卷　集部别集类

清抄本,中国社会科学院历史研究所图书馆藏。

按:是书有文11篇,诗150余首。前有康熙十八年(1679)倪灿序、康熙十五年彭会淇序及康熙元年吴颖撰《行状》。

苏文抄　集部别集类　佚

杜诗话　集部诗文评类　佚

以上2种见嘉庆《溧阳县志·人物志》本传,谓失于兵。

吴　颖(1600—1678)

字见末,号长眉,别号茧雪。明末清初溧阳人。明崇祯二年(1629)入复社,九年与本县芮长恤、马世俊等在里结十三子社。清顺治九年(1652)进士,授刑部主事,升郎中。十八年任潮州知府。随军出海,患寒疾,告病归里。晚筑西畴草堂,吟诗作文。颖断狱慎重,不主苛严。学识渊博,有“濑江文献”之目。工诗古文辞。山水画与马世俊并称于时。

闾史12卷　史部杂文类　佚

见嘉庆《溧阳县志·艺文志》。

史轮1卷　史部史评类

《广快书》本。

金陵往哲录　史部传记类　佚

见嘉庆《溧阳县志·艺文志》。

(顺治)潮州府志 12 卷　史部地理类

清吴颖、贺宽纂修

(1) 清顺治十八年刻本,国家图书馆藏。

(2) 清康熙五年(1666)补刻本,国家图书馆藏。

(3) 1957 年广东省中山图书馆油印本。

(4) 1992 年中国书店影印本。

溧阳志 12 卷　史部地理类　佚

吴颖纂

见嘉庆《溧阳县志·艺文志》。

世书 1 卷　子部杂学类

(1)《广快书》本。

(2)《昭代丛书》别集本。

按:嘉庆《溧阳县志·艺文志》作 9 篇。

善易者言 1 卷　子部杂学类

《广快书》本。

茧雪遗稿 1 卷　集部别集类　佚

莼羹堂诗集 2 卷　集部别集类　佚

西畴文集 15 卷　集部别集类　佚

以上 3 种见嘉庆《溧阳县志·艺文志》。

溧诗选 8 卷　集部总集类

吴颖辑

清顺治吴氏农山堂刻本,山东省图书馆藏。

陈名夏(1601—1653)

字百史,别号石云居士。明末清初溧阳人。明崇祯十六年(1643)廷试第三名进士。授编修,升修撰,改户、兵二科都给事。顺治初降清,授修撰，升吏部侍郎，五年(1648)升吏部尚书，七年拜秘书院大学士。十年被劾论死。诗文有名于时。

石云居士文集15卷　集部别集类

(1) 清顺治三年刻本，中科院图书馆藏。

(2)《四库全书存目丛书补编》本。

石云居诗集7卷　集部别集类

(1) 清初刻本，国家图书馆藏。

(2)《清代诗文集汇编》本。

国朝大家制义42卷　集部总集类

陈名夏编

明崇祯间陈名夏石云居刻本，国家图书馆藏。

狄云鼎(1607—1681)

字符甲，亦写作孚甲；或谓字良瞻，号符甲。明末清初溧阳人。不慕荣华，隐居林下。室名古照堂。

古照堂诗集2卷　集部别集卷

1930年铅印本，上海图书馆藏。

按：嘉庆《溧阳县志·艺文志》作6卷。

马世杰(1608—?)

字万长。明末清初溧阳人。顺治八年(1651)岁贡。因患耳病，淡于仕途，于南山授徒，闭门著书。暇则赋诗饮酒，遨游山林。与弟世俊共以文学闻名江南，时称二马。

孑遗集　集部别集类

清钞本，首都图书馆藏。

歙斋集　集部别集类　佚

见嘉庆《溧阳县志·艺文志》。

马世俊(1609—1666)

字章民，一字甸臣，别号匡庵。明末清初溧阳人。世杰弟。崇祯九年(1636)与同县芮长恤等结十三子社。清顺治十八年(1661)一甲一名进士。对策侃侃直陈，称王者天下为家，不宜示同异，时论伟之。康熙三年(1664)由修撰升侍读，充会试同考官。生平博涉经史，好性理之学。诗清正，尤工书画，时有"二右"之名，谓书法如右军王羲之，绘画如右丞王维。山水好作巨幛，不专师法而自出机杼，耸拔夺目。

禹贡注1卷　经部尚书类　佚

十三经汇解　经部群经总义类　佚

以上2种见嘉庆《溧阳县志·艺文志》。

(康熙)宁州郡志2卷　史部地理类

清严敬修　马世俊增修

(1) 清康熙三十四年抄本，国家图书馆藏。

(2) 抄本，中国科学院图书馆藏。

华阳游志　史部地理类　佚

见嘉庆《溧阳县志·艺文志》。

茅山记1卷　史部地理类

方山记1卷　史部地理类

登燕山记1卷　史部地理类

以上3种有见《小方壶斋舆地丛钞》本。

理学渊源录　子部儒学类　佚

见嘉庆《溧阳县志·艺文志》。

匡庵文集12卷诗前集6卷诗集6卷　集部别集类

(1) 清康熙刻本，国家图书馆藏。

(2)《清代诗文集汇编》本。

匡庵诗前集6卷京稿诗集6卷　集部别集类

清光绪二十一年(1895)铅印本，常州图书馆藏。

按：光绪二十一年敬培跋云："匡庵诗两集合十二卷，刊行海内者近二百年。经咸同兵燹后残缺无存，从兄渭川费几许精力觅得完本。甲午（二十年）之秋匡庵文稿培已辑有成编，今于文集排印既竣，即以诗集续印百数十部。其卷帙篇目悉仍原例。"诗前集题自选存，选顺治二年至十七年（1645—1660）诗 491 首，京稿收顺治十八年至康熙五年（1661—1666）诗 327 首。诗前集为诸生孝廉时之诗，京稿为在京之诗。

又按：南京图书馆藏书目录有《匡庵诗前后集》2 册，但 2 册封面、版心等，一题作《匡庵诗前集》，一题作《匡庵诗集》（京稿），2 册时代前后相承，是《匡庵诗集》即所谓《诗后集》，亦即《京稿诗集》。

李杜诗汇注　集部别集类　佚

见嘉庆《溧阳县志·艺文志》。

古其风留人眼　集部词曲类

齐人记集　部词曲类

以上 2 种有顺治间原稿本，参见《清代杂剧全目》。

宋之绳（1612—1669）

字其武，号柴雪。明末清初溧阳人。劼子。崇祯十六年（1643）进士，廷试第二，官编修。明亡仕清，被荐任侍从，充日讲官，升右春坊右中允。顺治十四年（1657）主持顺天乡试，十八年以年例外补江西参议，勤于政事。康熙六年（1667）裁撤参议员额，辞职还乡。为人清正爽直，尤喜奖掖后进。工书，善画兰竹。自撰有年谱。

按：姜亮夫《历代人物年里碑传综表》卒年作康熙十一年，杨殿珣《中国历代年谱总录》同。此处卒年据计东撰《清故江西布政使司参议分守南瑞道宋公行状》（《改亭集》卷 16）。计东乃宋之绳为考官时所得之士，其行状云："自公归抵江都，至将殁，东实从，具悉公贫病无聊状。"其述卒年当属可信。

载石堂诗稿 2 卷载石堂尺牍 1 卷柴雪年谱 1 卷　集部别集类

清康熙十八年缪彤、徐乾学刻本，上海图书馆藏。谱编至顺治六年止。

载石堂集　集部别集类　佚

柴雪诗钞　集部别集类　佚

以上2种见嘉庆《溧阳县志·艺文志》。

鸥天馆集　集部别集类　佚

寄颜轩集　集部别集类　佚

以上2种见《江苏诗征》卷125。

国雅集　集部别集类　佚

见嘉庆《溧阳县志·人物志》本传。

狄　敬(1615—1680)

字文止，号陶邻。明末清初溧阳人。顺治六年(1649)进士，授工部都水司主事。七年视河夏阳(今属陕西)。后巡视湖广学政，崧饬学校，力剔宿弊。升潼关参议。在任惩贪剔蠹，体察民情。康熙六年(1667)解职自潼关还。归家杜门，筑五余轩，置经史图籍其中。深研经学，尤精《尚书》。

尚书蔡传衍义　经部尚书类　佚

见嘉庆《溧阳县志·艺文志》。是书阐发宋蔡沈作《书集传》。

史汉合笺　史部正史类　佚

见熊锡履撰《墓志铭》(《国朝耆献类征》卷207)。

夏镇漕渠志略(一作台河纪略)2卷前集1卷　史部政书类

清顺治间刻康熙间增修本，国家图书馆藏。

按：熊锡履撰《墓志铭》云："庚寅(顺治七年)冬被命视河夏阳……二年而河工告成，仍仿潘氏《河防一览》，编辑源流形势及疏凿利害诸事宜，曰《治河纪略》，付诸剞劂。"

《治河纪略》与上述《漕渠志略》当为同一书。

荷锄倦录　子部杂学类　佚

得闲钞　子部杂学类　佚

陶邻集　集部别集类　佚

以上3种均见熊锡履撰《墓志铭》。

药圃集　集部别集类

清刻本,首都图书馆藏。

药圃文集　集部别集类

清抄本,南京图书馆藏。

芮长恤(1615—?)

字蒿子。初名城,字严(一作岩)尹。室名沧浪亭。明末清初溧阳人。诸生。博通群书,文行为一时冠。为“濑上十三子”之一。崇祯末年,读书南京国子监,访神乐观,考证图籍器物。明亡,弃诸生,更名长恤,隐山中耕读,杜门著述,不与权贵交,足不入市者40年。初以制艺名,后潜心理学,与同县汤泰亨析疑问义无虚日。其经史疑义考证具载《匏瓜录》。所著《纲目分注补遗》证佐分明,具有条理,人称《纲目》功臣。生平著作甚丰,多散佚,半为他人更名刊布。

周易大象传解1卷　经部易类

(1) 清道光十八年(1838)惇叙堂刻本。

(2) 清光绪十年(1884)毗陵恽氏刻本,国家图书馆藏。

按:嘉庆《溧阳县志·艺文志》作《周易大象解》。

四诗正言正4卷续补1卷又续补3卷　经部诗经类　佚

见嘉庆《溧阳县志·艺文志》。

礼记篇目1卷　经部礼记类

道光《昭代丛书》本。

礼记通识38篇　经部礼记类　佚

见嘉庆《溧阳县志·艺文志》。

春秋思问　经部春秋总义类　佚

见强汝询《求益斋文集》卷7《芮岩尹先生传》,云“求之未见”。

论语通识34篇　经部四书类　佚

见嘉庆《溧阳县志·艺文志》。

大学讲义 1 卷　经部四书类

清光绪七年刻本，国家图书馆藏。

中庸顺讲 1 卷　经部四书类

清光绪七年刻本，国家图书馆藏。

匏瓜录 10 卷　经部群经总义类

(1) 清光绪四年刘履芬抄本，国家图书馆藏。

(2) 清光绪十年刻本，常州图书馆藏。

(3) 2016 年学苑出版社《稀见清代四部辑刊》本。

按：《续修四库全书提要》云："是录藏家几二百年，至光绪十年，恽彦琦始序而刊之。"

纲目存疑　史部编年类　佚

见嘉庆《溧阳县志·艺文志》。

通鉴纲目分注拾遗 4 卷　史部编年类

(1) 清康熙二十年(1681)留余堂刻本，中国人民大学图书馆藏。

(2)《四库全书》本，书名作《纲目分注补遗》。

(3) 清光绪十六年溧阳缪氏小岖山馆刻本，常州图书馆藏。

蒿子遗稿 1 卷卫衷剩稿 1 卷　集部别集类

清光绪间木活字本，清华大学图书馆藏。

卫衷剩稿 1 卷　集部别集类

钱振锽辑《名山丛书》本。

沧浪吟　集部别集类　佚

见《国朝先正事略》卷 47。

陈德庆

字舆敬。明末清初溧阳人。献策子。工文章，常与高攀龙、黄道周等交往，学识更为精进。卢象升镇守荆襄，德庆入其幕，多所赞画。顺治三年(1646)中乡试。六年北上会试，中途闻父丧，星夜奔归，遂绝意仕进，潜心修养。

礼记摘训　经部礼记类　佚

礼记摘注　经部礼记类　佚

二十一史经世编　史部史钞类　佚

　　陈德庆编

花事琐言　子部农家类　佚

记异编　子部杂学类　佚

法戒录　子部道教类　佚

介雅堂集　集部别集类　佚

　　以上7种见嘉庆《溧阳县志·人物志》本传及《艺文志》。

汤泰亨

　　字仁只。明末清初溧阳人。十四岁参加武试获第一，后弃武就文，补博士弟子员。明末在江苏扬州授徒，后隐居白盘山。与同里芮城（长恤）谈论《易经》，交往契合。

周易大象传　经部易类　佚

四书从正录　经部四书类　佚

　　以上2种见嘉庆《溧阳县志·艺文志》。

马伯绳(1617—1660)

　　字正则，自号蝶翁，室名丸阁。明末清初溧阳人。天启诸生。明亡后，避居本县洮湖畔。工诗，善画山水，其画入丹阳姜氏画谱。

丸阁诗集　集部别集类　佚

　　见嘉庆《溧阳县志·艺文志》。

狄　恂

　　明末清初溧阳人。

礼记家训12卷　经部礼记类　佚

东园诗稿1卷　集部别集类　佚

以上2种见嘉庆《溧阳县志·艺文志》。

周廷英

别号一明道人。明末清初溧阳人。斯侄。诸生。明亡后不应试，避难于荆溪(今宜兴)别墅。

濑江纪事本末1卷　史部纪事本末类

原题明处士一明道人著。记南明福王弘光乙酉(1645)五月清兵渡江，溧阳彭氏仆潘茂及其弟潘珍等倡立削鼻党，鼓动奴仆抗主诸事。自序题云“乙酉孟冬书于荆溪之别墅”。

传钞本，见《增订晚明史籍考》。

左海古文规矩　集部总集类　佚

见光绪《溧阳县续志·艺文志》。

史　鼎

字枚公。清溧阳人。顺治八年(1651)充贡，授仁怀知县。任期免除浮捐杂税，兴办学校。清军征苗，承办公差无误，上司将推荐朝廷，遂告老还乡。

小坡仙集　集部别集类　佚

见嘉庆《溧阳县志·人物志》本传。

费　达

字于章，号古心。清溧阳人。顺治九年(1652)进士，授户部主事。奉命先后在九江、浒墅征税，简科条，剔奸弊，调剂官商，公私称便。升户部郎中。年满50回家守墓，未再仕。卒年73。

砚读堂诗文集　集部别集类　佚

见嘉庆《溧阳县志·艺文志》。

陈抃若

字晓江。清溧阳人。16岁中秀才,屡应乡试未酬。遂遨游中原,历山海关、居庸关等要塞。文雄奇放纵。顺治十四年(1657)中顺天副榜。回乡著书讲学。深研性理之学,尤重经世之术,于全国山川形势、财赋多寡、道里纵横,均有所规划。所著诗文集326卷,藏于家。

九山园十六种　丛书类　佚

见嘉庆《溧阳县志·艺文志》。

彭　氏

清溧阳人。陈抃若妻。

中馈要略　子部儒学类　佚

见嘉庆《溧阳县志·艺文志》。

吴　环

字象枢。清溧阳人。颉子。幼年从吴颖学《易》,并赴当涂游学。家贫困,房屋不蔽风雨,苦读不懈。工诗,时人比之鲍照、庾信。

历代帝王论类纂　史部史评类　佚

乐府青龙洞次韵诗　集部别集类　佚

以上2种见嘉庆《溧阳县志·人物志》本传。

黄如瑾(1631—1706)

原名念祖,更名如瑾,字聿修,又字昆瞻,号劬云。清溧阳人。顺治十五年(1658)进士。授福州府推官,补天津卫经历。历知静海、海宁、盐山、广宁诸县,任刑部主事、员外郎、郎中,仕金华知府。

读史纪略　史部史评类　佚

见嘉庆《溧阳县志·艺文志》。

黄劬云先生年谱(一作溧阳仙山黄劬云年谱)2卷　史部传记类

(1) 清康熙四十五年刻本，旋毁于火。

(2) 清光绪二十六年(1900)本活字本，南京图书馆藏。

(3)《北京图书馆藏珍本年谱丛刊》本。

按:是谱自记明崇祯四年(1631)至清康熙三十年(1691)事，其后由诸子补续。

彭 鼒

字秋水，号钝叟。清溧阳人。顺治末入云南抚军袁懋功、藩司颜敏幕。康熙元年(1662)题授武定州、禄劝州知州。十一年服阕赴部，复补澄江府新兴州知州。后授翰林院编修，出为行营兵曹，参加平定三藩之役。吴三桂平后，隐居长沙。

放余吟　集部别集类　佚

见《晚晴簃诗汇》卷50。

马 宥

字书渊。清溧阳人。世俊子。幼从父学，广博通达。古文纡余条畅，歌诗爽朗自然。

纲目广论　史部编年类　佚

孝行类辑2卷　子部儒学类　佚

砚畴集4卷　集部别集类　佚

溧诗近选6卷　集部总集类　佚

马宥辑

以上4种见嘉庆《溧阳县志·艺文志》。

马 容

清溧阳人。世俊子，宥弟。

谷含集5卷　集部别集类　佚

见嘉庆《溧阳县志·艺文志》。

钟于序

字东泽。清溧阳人。康熙八年(1069)举人。任安徽绩溪县教谕，升通渭知县。曾受溧阳知县成懋勋之聘,续修县志。

九州史 100 卷　史部杂史类　佚

见嘉庆《溧阳县志·艺文志》。

(康熙)溧阳县志 14 卷　史部地理类

清徐一经纂修　钟于序续修

清康熙六年刻本,南京图书馆藏。

宗规 1 卷　子部儒学类

道光《昭代丛书》本。

王曰曾

字伟度,号省斋。清溧阳人。康熙九年(1670)进士,授中书,充任史官。历任礼、刑二部郎中,大名府分巡道。补西川建南道,调任江西督粮道。户部尚书张鹏翮题荐天下道员清廉第一。升湖南布政使,未及任而卒。

省斋集　集部别集类　佚

叱驭草 4 卷　集部别集类　佚

以上 2 种见嘉庆《溧阳县志·艺文志》。

陈汝善

清溧阳人。

幽栖诗草 1 卷　集部别集类　佚

见嘉庆《溧阳县志·艺文志》。

宋　涵

字叔邃。清溧阳人。诸生。康熙十七年(1678)召试博学鸿词科,罢归。徜徉泉石以终。工诗古文词。

兰楚堂集　集部别集类　佚

见嘉庆《溧阳县志·艺文志》。

陈　周

字二游。清溧阳人。幼年嗜学，映月读书。明末避兵乱居山中。清康熙十七年(1678)不应博学鸿儒荐，遨游江湖，与黄冈杜濬、宁都魏禧、宣城梅文鼎等人讲学游艺，诗歌唱和。晚年深研医学，精通医术。终年75岁。

二史备闻　史部杂史类　佚

濑水备闻　史部杂史类　佚

三才象测　子部历算类　佚

力耕堂近刻　集部别集类　佚

以上4种见嘉庆《溧阳县志·艺文志》。

陈掖臣

清溧阳人。名夏子。任侍卫。

阳斋集　集部别集类　佚

见嘉庆《溧阳县志·人物志》陈名夏传附。

陈鼎臣

清溧阳人。名夏子。任员外郎。

耿斋集　集部别集类　佚

见嘉庆《溧阳县志·人物志》陈名夏传附。

陈舜英

字佩玉。清溧阳人。名夏女。方中通妻。

文阁诗集1卷　集部别集类

附于方中通撰《陪集》之后，清康熙间继声堂刻本，国家图书馆藏。

彭　桂(1630—1703)

原名椅，字爰琴，一字上馨。清溧阳人。祯源长子。24岁中秀才，30岁丧父，即至各地作幕，游历遍鄂、粤、江、淮、齐、赵、幽、冀。后至江宁，参按察使金镇幕。康熙十七年(1678)被荐博学鸿词科，以母疾辞。与施闰章、阎若璩、梅文鼎等交往。诗作沉挚悲郁，不下万首，晚年删存诸词集中。

初蓉阁集(诗集12卷、文集3卷)　集部别集类　佚

见嘉庆《溧阳县志·艺文志》。

谷音集　集部别集类　佚

见《江苏诗征》卷76。

修月集2卷　集部别集类　佚

见光绪《溧阳县续志·艺文志》。

赋论3卷　集部诗文评类　佚

见嘉庆《溧阳县志·人物志》本传。

初蓉词3卷　集部词曲类

清康熙十六年刻本，国家图书馆藏。

泊庵诗余4卷　集部词曲类　佚

见嘉庆《溧阳县志·艺文志》。

彭　极(1634—1705)

字则翀，号建初。清溧阳人。祯源次子。工诗，时人称濑上二彭(桂、极)。

冶云堂集　集部别集类　佚

见《江苏诗征》卷76。

彭　材(1640—1667)

清溧阳人。祯源三子。不事举业，纵览古今典籍。游历半中国，遇有名山大川，多作长诗纪之。卒年28。临终，将所著全部焚毁，仅留《蒌斋稿》。

蒌斋稿　集部别集类　佚

见嘉庆《溧阳县志·人物志》本传。

彭会淇(1641—1719)

字四如，号蒃州。清溧阳人。康熙十五年(1676)进士，授编修，后为国子监司业。历任内阁学士、工部右侍郎，襄赞朝廷政务，治理精当。后因事罢官，回里督训子弟。深研经学，诗、古文清丽流逸。

经进稿(颂赋1卷、诗2卷)　集部别集类　佚

朴学堂诗钞6卷　集部别集类　佚

朴学堂文集2卷　集部别集类　佚

以上3种见嘉庆《溧阳县志·艺文志》。

魏麟徵(1644—?)

亦写作麐徵，字苍石。室名石屋。清溧阳人。康熙六年(1667)进士。授中书，升典籍。二十年任顺天乡试阅卷官。出为登州同知，丁忧服阕，升杭州知府。后改邵武知府。有政绩。每至一地，皆有吟咏文记，辄成册。

四书精义　经部四书类　佚

见嘉庆《溧阳县志·人物志》本传，云未刊。

石屋诗钞8卷补1卷　集部别集类

清康熙刻本，国家图书馆藏。

石屋剩集2卷　集部别集类

清康熙五十二年刻本，国家图书馆藏。

鞠庵集　集部别集类　佚

见《江苏诗征》卷127。

唐诗汇选　集部总集类　佚

见嘉庆《溧阳县志·人物志》本传，云未刻。

石函三种　丛书类

清刻本，国家图书馆藏。

子目：

《西湖和苏诗》1卷

《闽行日记》1卷

《闽中行》1卷

石屋初集1卷二集1卷三集1卷四集1卷　集部别集类

清康熙刻本，国家图书馆藏。

史　事

字左臣。清溧阳人。

左臣遗稿1卷　集部别集类　佚

见嘉庆《溧阳县志·艺文志》。

贺　洁

字靓君。清丹阳人，溧阳史事妻。理家之暇，惟好吟咏。小词颇纤险。

濑水愁人集1卷　集部别集类　佚

见嘉庆《溧阳县志·艺文志》。

濑水词　集部词曲类　佚

见《全清词抄》卷30，收其词1首。

王在中

清溧阳人。

毛许尚书春秋抄　经部群经总义类　佚

见嘉庆《溧阳县志·艺文志》。

马廷鼎(1651？—？)

字宸辅，号补拙。清溧阳人。康熙三十九年(1700)充岁贡生，时已50。因子受曾赠文林郎、象山知县。又因孙彭年貤赠奉政大夫、宣化府同知。

左史发蒙　经部春秋左传类　佚

破愁集　集部别集类　佚

唐宋文类选补　集部总集类　佚

以上3种均见嘉庆《溧阳县志·人物志》本传。

潘天成(1654—1727)

字锡畴，号铁庐。清溧阳黄墟里人。康熙二十一年(1682)寄籍安徽桐城，三十年补安庆府学生。后迁居金陵。幼与父母相失，乞食迎归，备尝艰辛。以贩香售笔为业。尝从宜兴汤之锜游，深悦服之，纂录其训言一卷，又学历算于梅文鼎，学史于方中发，论兵于揭暄。致力理学，设塾授徒。学以养心为体，经世为用。雍正五年(1727)穷饿而死。受业弟子荆溪许重炎辑其遗著为《铁庐集》，并编有《铁庐年谱》。

铁庐集3卷外集2卷后录1卷附铁庐年谱　集部别集类

(1) 清乾隆二十四年(1759)璞堂刻本，无《年谱》，复旦大学图书馆藏。

(2)《四库全书》本，无《后录》《年谱》。

(3) 清当归草堂抄本，南京图书馆藏。

(4) 清光绪十八年(1892)锡类堂木活字本，南京图书馆藏。

按：《年谱》编至康熙六十年而止，另有《北京图书馆藏珍本年谱丛刊》本。《四库全书总目》卷173别集类26《铁庐集》提要云："是集为其门人许重炎所编，冠以小传、年谱。天成学问，源出姚江，以养心为体，以经世为用。其诗文皆抒所欲言，不甚入格。然行谊者文章之本，纲常者风教之源。天成出自寒门，终身贫贱，而天性真挚，人品高洁，类古所谓独行者。其精神坚苦，足以自传其文。故身没嗣绝，而人至今重之。特录其集，俾天下晓然知国朝立教在于敦伦纪，砺名节，正人心，厚风俗。固不与操觚之士论文采之优劣，亦不与讲学之儒争议论之醇疵也。”

史骐生

字千里，号姜塍。清溧阳人。8 岁能诗，15 岁中秀才。康熙二十三年(1684)中顺天乡试，复核时被黜落。生平喜奖掖贫苦之士。

就斋诗文稿　集部别集类　佚

见嘉庆《溧阳县志·人物志》本传。

狄　亿

字立人，号向涛，别号洮湖渔子。清溧阳人。敬子。康熙三十年(1691)进士，改庶吉士，任职翰林院。期满散馆，改调他职，遂告病辞归。居家 40 年，不与权贵通名帖。

畅春苑御试恭纪 1 卷　史部政书类

《昭代丛书》康熙本甲集第二帙、道光本乙集第二帙。

菊社约　子部艺术类

《檀几丛书》本。

洮湖渔子集 10 卷　集部别集类　佚

见《明清江苏文人年表》。

绮霞词 1 卷　集部词曲类

(1)《百名家词钞》本。

(2) 民国仇氏鞠宴斋抄本，南京图书馆藏。

史　夔(1661—1713)

字胄司，号耕岩。清溧阳人。康熙二十一年(1682)进士，改庶吉士，授编修。历任经筵讲官、詹事府詹事。三十八年主持两浙考试，选拔名流颇多。专心钻研周敦颐、朱熹理学，词章有根柢，兼擅书法。

东祀草 1 卷　集部别集类

清乾隆刻本，北京大学图书馆藏。

扶胥集 2 卷　集部别集类

清康熙刻本，南京图书馆藏。

樟台集 1 卷　集部别集类

清康熙刻本，国家图书馆藏。

佩壶集 1 卷　集部别集类　佚

扈跸集 1 卷　集部别集类　佚

以上 2 种见嘉庆《溧阳县志・艺文志》。

观涛集　集部别集类　佚

见《江苏诗征》卷 97。

按：《诗征》引《润故》云："宫詹在馆阁，凡稽古礼文、编纂著作，推为巨手。扈从北巡，著《扈跸集》；典试两浙，著《樟台集》；分理河工，著《观涛集》；祭告南海，著《扶胥集》。"

宋泮僖

清溧阳人。

问斋诗草 2 卷　集部别集类　佚

见嘉庆《溧阳县志・艺文志》。

狄世泰

清溧阳人。

六息草　集部别集类　佚

见嘉庆《溧阳县志·艺文志》

黄梦麟

字砚芝，号匏斋。清溧阳人。如瑾子。康熙二十四年(1685)进士，廷试第三，授编修。二十七年任会试考官，颇能识拔人才。纂修三朝国史及《一统志》。升中允，充日讲起居注官。后告假归乡，不复再出。工诗，古文出入韩愈、欧阳修之间，骈文有六朝风调。

匏斋集 4 卷　集部别集类　佚

见嘉庆《溧阳县志·艺文志》。

费　渊

字含中。清溧阳人。达孙。增贡生，康熙二十七年(1688)援例授四川庆符知县。建文庙，办学塾，有政声。五十二年升直隶保定、河南二府管河同知。后辞归，纵情山水，饮酒赋诗以终。

牧庆草　集部别集类　佚

北游草　集部别集类　佚

清河杂咏　集部别集类　佚

以上 3 种见嘉庆《溧阳县志·人物志》本传，谓不传。

戴翔虹

清溧阳人。

强恕斋全集 8 卷　集部别集类　佚

见嘉庆《溧阳县志·艺文志》。

潘从律

字夏声。清溧阳人。康熙三十年(1691)进士，授翰林院编修，升侍读，后任陕西学政。

放眉集 1 卷　集部别集类　佚

见嘉庆《溧阳县志·艺文志》。

杨　艮

字兼峰，号止庵。清溧阳人。康熙三十年(1691)进士，授广东阳春知县。赴任后创办义学，教民惩贪，政绩卓著。后辞职归里，卒年41。

止庵集　集部别集类　佚

见嘉庆《溧阳县志·艺文志》。

汤之宾

字观光。清溧阳人。康熙三十五年(1696)，岁贡。究心经史，研其指归。所著《周易纂订》，甚为时人所重。

周易纂订　经部易类　佚

见嘉庆《溧阳县志·人物志》本传。

狄士迴

字峻成。清溧阳人。岁中秀才。性刚直，深究经学。喜藏书，至老更甚。

毛诗讲意　经部诗经类　佚

左传分国　经部春秋左传类　佚

四书摘训20卷　经部四书类　佚

以上3种见嘉庆《溧阳县志·艺文志》。

狄　咸

字子咸。清溧阳人。廪膳生。少习经史，生平收藏典籍与名人书法极多。性正直，喜行义。文章深思古朴。终身未能中举，因子累赠朝议大夫。

三传分国　经部春秋总义类　佚

顾镜集　集部别集类　佚

以上2种见嘉庆《溧阳县志·人物志》本传。

毛一鸣

字灵喈。清溧阳人。敦行潜学，与宜兴储大文、长洲陈世治等友善，相互砥砺，切磋学问。以岁贡选安徽繁昌县训导。

周易传义会通　经部易类　佚

仪礼注疏删翼　经部仪礼类　佚

按：光绪《溧阳县续志·人物志》本传作《仪礼注疏删异》。

春秋义类纲要　经部春秋总义类　佚

学庸疏解（大学1卷，中庸3卷）　经部四书类　佚

以上4种见嘉庆《溧阳县志·艺文志》。

狄　宇

字苍成。清溧阳人。康熙三十八年（1699）顺天乡试举人，授山西徐沟知县，未到任卒。为人孝友，平易近人。

禹贡注1卷　经部尚书类　佚

猎古斋稿　集部别集类　佚

以上2种见嘉庆《溧阳县志·人物志》本传。

史　普(1664—1718)

字西眉，号红泉。清溧阳人。鹤龄次子。由副榜入太学。康熙三十九年（1700）进士。授河北静海知县，行政宽厚。未几，告病辞归。返乡后筑红泉花圃，作养亲读书之所。

红泉诗稿　集部别集类　佚

见嘉庆《溧阳县志·人物志》本传。

史　瑗(1671—1740)

字慕劭，号玉溪。清溧阳人。雍正元年（1723）举人，授中书，升刑

部郎，出任思南知府。建中和书院，与士子说文讲学。因病辞归。

在官条议　史部政书类　佚

见嘉庆《溧阳县志·人物志》本传。

春松堂硕存集4卷　集部别集类

清道光二年(1822)刻本，天津图书馆藏。

任兰枝(1677—1746)

字香谷，一字随斋。清溧阳人。康熙五十二年(1713)廷试第二，特赐进士及第，授编修。雍正时署内阁学士兼礼部侍郎，雍正十年充八旗志书馆副总裁，十一年充一统志馆总裁；乾隆时授礼部、户部、兵部尚书，充五朝国史总裁官，朝廷诸礼皆所总治。喜为诗，工古文辞。

见南集(诗2卷、文2卷)　集部别集类　佚

见嘉庆《溧阳县志·艺文志》。

按：书名亦作《见南楼集》，见任兆麟撰《任公兰枝神道碑》，亦作《见南诗稿》，见《江苏诗征》卷89。

任芝发

字香山。清溧阳人。兰枝弟。雍正元年(1723)进士，授户部河南司主事。以子云书官赠奉政大夫。

琴谱钞　子部艺术类

见嘉庆《溧阳县志·艺文志》。

退斋集　集部别集类　佚

见《江苏诗征》卷89。

史贻直(1682—1763)

字儆弦，号铁崖。清溧阳人。夔子。康熙三十九年(1700)进士。以翰林院检讨参与校录《渊鉴类函》，雍正元年(1723)升内阁学士，五年，又以经筵讲官、户部左侍郎与张廷玉等共任《子史精华》南书房校

对。乾隆时历任总督、经筵讲官、五部尚书，累官文渊阁大学士兼吏部尚书。坐事夺职，寻复相，前后居相位近20年。为人明断清峻，宽猛得中。卒赠太保，谥文靖。

钦定工部则例50卷　史部政书类

史贻直等纂

清乾隆间刻本，国家图书馆藏。

浮翠亭文钞2卷　集部别集类

抄本，南京图书馆藏。

狄应麓

字心抑。清溧阳人。补廪膳生，就读虹桥书院，后以贡生入太学。通经史，善文章。

五经经解　经部群经总义类　佚

见嘉庆《溧阳县志·人物志》本传。

强天章

清溧阳人。

易经讲义10卷　经部易类　佚

见嘉庆《溧阳县志·艺文志》。

葛　翰

字羽廷。清溧阳人。贡生。其诗得陶、韦之遗风。

叶园诗稿　集部别集类　佚

见《江苏诗征》卷156。

吕　琦

清溧阳人。康熙四十五年(1706)岁贡，授桃源县训导。生平深研经学。

四书衍注　经部四书类　佚

见嘉庆《溧阳县志·艺文志》。

王　达

清溧阳人。

仅存集10卷　集部总集类　佚

王达辑

见嘉庆《溧阳县志·艺文志》。

彭　风

清溧阳人。

桐花书屋诗集2卷　集部别集类　佚

见嘉庆《溧阳县志·艺文志》。

马受曾

字念功,号石崖。清溧阳人。廷鼎子。康熙四十八年(1709)进士,授浙江象山知县。在任13年,开浚河道,平判讼狱,赈济饥民,多善政。又兴修学校,编纂志书,创建丹山书院。卒于官。

(雍正)象山县志42卷　史部地理类

清马受曾修　袁澄等纂

清雍正七年(1729)刻本。残存17卷(卷9至20,卷38至40),国家图书馆藏。

尝胆斋诗集　集部别集类　佚

见嘉庆《溧阳县志·艺文志》。

潘宷鼎

字实夫,号对溪。清溧阳人。康熙四十八年(1709)进士,授江夏知县。在任兴修学宫,修筑江堤。累擢升刑部郎,转户部,出任西安知府,筑郑白渠，未期年卒。

(康熙)江夏县志52卷　史部地理类

清潘宷鼎、刘宗贤纂修

清康熙五十三年刻本，国家图书馆藏。

彭　阯

字基士。清溧阳人。康熙五十年(1711)举人，六十一年任四川江油知县。雍正元年(1723)、四年两充乡试同考官。

(雍正)江油县志2卷　史部地理类

彭阯纂修

(1) 清雍正五年刻本，国家图书馆藏。

(2) 清乾隆二十六年(1761)瞿缉曾增续雍正本，国家图书馆藏。

(3) 传抄乾隆本，国家图书馆藏。

(4) 影印乾隆本，重庆图书馆藏。

(5) 1959年成都古籍书店油印乾隆本。

按:《县志》收彭氏诗文多篇。

金台草2卷　集部别集类　佚

见嘉庆《溧阳县志·艺文志》。

狄兰标

字雨苍。清溧阳人。康熙五十九年(1720)顺天举人，官江西新建知县。有经济之才。

庐山百咏　集部别集类

见《江苏诗征》卷159。

史贻简

字方涛。清溧阳人。夔子。雍正元年(1723)举人。授内阁中书，升礼部祠祭司员外郎，又升兵部职方司郎中，调任武选。辞归后，与乡里耆旧诗赋唱和。

湖隐庵酬倡集　集部总集类

史贻简编

见嘉庆《溧阳县志·人物志》本传。

周以宁

字安孟。清溧阳人。雍正元年(1723)岁贡。善诗文。以贡生终老。

怡情草　集部别集类

见嘉庆《溧阳县志·艺文志》。

宋　辰

字应龙，号晓村。清溧阳人。雍正四年(1726)举人，选授广西融县知县，改六安州学正。擅书法，工诗。曾参与编写吴学濂纂修之乾隆《溧阳县志》。

渔山诗集2卷　集部别集类

渔山七律2卷　集部别集类

石濑山人诗草8卷　集部别集类

黔游纪略1卷　集部别集类

黔游诗草1卷　集部别集类

以上5种见嘉庆《溧阳县志·艺文志》。

宋啚同

字奕长。清溧阳人。之绳孙。善诗古文，擅书法绘画。著作大多散佚。

列朝总论4卷　史部史评类

见嘉庆《溧阳县志·艺文志》。

潘如俨

字临谷。清溧阳人。秉性耿介，声望素著，一生未应举。雍正十二年(1734)选为贡生，候补训导。工诗文。卒年75。

芟村集　集部别集类

见《江苏诗征》卷33。

陈　珏

字容若。清溧阳人。20岁中秀才，未中举，乃沉醉古学，以诗自娱。

寄庐诗集4卷　集部别集类

寓庵诗词存　集部别集类

以上2种见嘉庆《溧阳县志·艺文志》。

狄以清

清溧阳人。秀才，博学而有文才。精于医术。

砚楼诗稿2卷　集部别集类

见嘉庆《溧阳县志·艺文志》。

任端书(1702—1740)

字揩思，一作进思，号念斋。清溧阳人。兰枝子。乾隆二年(1737)一甲三名进士，授编修。辞职归家，因子嘉春赠奉政大夫，肃州知县。

选择天镜3卷　子部术数类

任端书辑

清乾隆十三年刻本，南京图书馆藏。

南屏山人集11卷　集部别集类

(1) 清乾隆刻本，国家图书馆藏。

(2)《续修四库全书》本。

(3)《四库未收书辑刊》本。

狄枢南

字曼容。清溧阳人。亿子。事亲孝。工文章。卒年41。

毛诗筏　经部诗经类　佚

篛樵稿　集部别集类　佚

以上2种见嘉庆《溧阳县志·人物志》本传。

彭辉萼

清溧阳人。

棣芳吟草4卷　集部别集类　佚

见嘉庆《溧阳县志·艺文志》。

狄　奎

清溧阳人。

红叶山房诗稿1卷　集部别集类　佚

见嘉庆《溧阳县志·艺文志》。

王　宇

字肩寓。清溧阳人。乾隆六年(1741)顺天举人,历任中牟、洛阳、泌阳知县。为官简易,淡于荣利。多作四方之游,登山临水,人事感发,率成诗篇,清婉可诵。

沧凫诗集3卷　集部别集类　佚

涉波吟1卷　集部别集类　佚

折翅吟1卷　集部别集类　佚

宛南吟1卷　集部别集类　佚

反鼓盆诗1卷　集部别集类　佚

萍泊集1卷　集部别集类　佚

期云馆唱和集 2 卷　集部总集类　佚

以上 7 种均见嘉庆《溧阳县志·艺文志》。

狄继善

清溧阳人。

蚕桑问答 1 卷　子部农家类　佚

无刻书年月，约咸丰间刊。见《贩书偶记》卷 9 著录。

狄　飏

字霁岩。清溧阳人。乾隆七年(1742)进士，教习咸阳官。病卒，年 35。

霁岩诗稿 1 卷　集部别集类　佚

见嘉庆《溧阳县志·艺文志》。

黄怀祖

字令思。清溧阳人。乾隆九年(1744)任山东平原县令，乃征集邑中绅者，咨询旧闻，网罗近事，纂成县志。详博精核。为方志中之善本。

(乾隆)平原县志 10 卷首 1 卷　史部地理类

清黄怀祖修　黄兆熊纂

(1) 清乾隆十四年刻本，国家图书馆藏。

(2) 1936 年铅印本，国家图书馆藏。

(3)《中国地方志集成》本。

狄　宽(1711—1791)

字思载，一字元博。清溧阳人。亿孙。乾隆十年(1745)进士。历任巢县、凤阳、太和、望江等地知县，升凤阳府水利清军同知。为治精察果断，不畏强御，兴革利害，整书院，创育婴堂。生平专心图籍，精于史学。

史学提要辑注 4 卷　史部史评类

清乾隆二十八年溧阳狄氏刻嘉庆十一年(1806)重修本,国家图书馆藏。

史奕昂(1712—1791)

字颉(一作吉)甫,号抑堂。清溧阳人。夔孙,贻直次子。乾隆六年(1741)副榜,一品荫庇。历任刑部员外郎,出任兖沂曹州道台。十九年调任甘肃布政使,次年调补福建按察使,二十五年任广东布政使。三十年起升为兵部右侍郎,任拔贡朝考阅卷官。为官有廉政。归田后以文史自娱。

张秋剑工志 2 卷　史部传记类　佚

槐荫轩诗集 1 卷　集部别集类　佚

以上 2 书均见嘉庆《溧阳县志·艺文志》。

陈　兰

清溧阳人。史奕昂妻。

奁余草 1 卷　集部别集类　佚

见嘉庆《溧阳县志·艺文志》。

彭光斗(1713—1798)

字文枢,一字贲园,号退庵。清溧阳人。以謵堂弟。乾隆十八年(1753)选贡,二十四年顺天举人。署理建安知县,改补永定知县,充乡试阅卷官。政绩清明,爱惜人才。博涉经史,兼擅诗词。晚年隐居南郊,摘宋上蔡谢良佐语,题书斋名小歇处。

易经广义　经部易类　佚

见光绪《溧阳县续志·艺文志》。

檀弓序本 3 卷　经部礼记类　佚

三国志校本 1 卷　史部正史类　佚

以上2种均见嘉庆《溧阳县志·艺文志》。

闽琐记1卷　史部地理类

《嵞斋丛书》本。

濑上遗闻4卷　子部典故类　佚

见嘉庆《溧阳县志·艺文志》。

云溪草堂文钞14卷　集部别集类

清乾隆间刻本，内有《读易臆说》《读诗臆说》，国家图书馆藏。

彭贲园诗集12卷　集部别集类

清乾隆五十一年刻本，中山大学图书馆藏。内含《拟古乐府辞》2卷、《咏古篇》1卷、《北游草》1卷、《晋游草》1卷、《闽游草》1卷、《岱游草》1卷、《浙游草》1卷、《月桂轩初稿》2卷。

彭以諴(1713—1802)

字淑谢，号复园。清溧阳人。乾隆二十一年(1756)贡生。四十六年选授来安县训导，以年迈未就，后主讲本地平陵书院。生平主张“力学以穷理为主，敦行以克己为先”。

经义异同　经部群经总义类　佚

经史扎记　经部群经总义类　佚

以上2种均见嘉庆《溧阳县志·人物志》本传。

芜轩经说　经部群经总义类　佚

见《江苏诗征》卷76。

复园诗稿6卷　集部别集类　佚

芜轩杂著2卷　集部别集类　佚

以上2种均见嘉庆《溧阳县志·艺文志》。

抱后轩诗集　集部别集类　佚

见《江苏诗征》卷76。

狄继坤

字阆仙，别号雪衿。清溧阳人。以清子。乾隆十八年（1753）顺天解元，授内阁中书。辞官后主讲芜湖书院。后归故里读书写诗，年69卒。诗作淡泊安雅而又沉绵慷慨。

选斋公存稿1卷　集部别集类

1930年《古照堂诗集》附，上海图书馆藏。

选斋诗钞2卷　集部别集类　佚

见嘉庆《溧阳县志·艺文志》。

周　晓

清溧阳人。

学庸训蒙（大学1卷、中庸2卷）　经部四书类　佚

见嘉庆《溧阳县志·艺文志》。

蒋士楷

清溧阳人。

律吕新书释4卷　子部艺术类　佚

见嘉庆《溧阳县志·艺文志》。

彭　铣

清溧阳人。

随录便览4卷　子部典故类　佚

见嘉庆《溧阳县志·艺文志》。

彭以谌（1721—1806）

清溧阳人。

五经义异同16卷　经部群经总义类　佚

见光绪《溧阳县续志·艺文志》。

袁　畹

清溧阳人。

两间楼诗草2卷　集部别集类　佚

见嘉庆《溧阳县志·艺文志》。

宋　焕

清溧阳人。

易说大纲3卷　经部易类

周易大象传解增注2卷　经部易类

以上2种见嘉庆《溧阳县志·艺文志》。

王　鸣

字士吉。清溧阳人。乾隆十年(1745)进士。选歙县知县,调怀宁县,捐款买米,收养饥民。升亳州知州,办理决河。升绍兴知府,治理水患,雅有吏才。后历任湖南辰州、沅州、永顺、靖州道台。

恤灾纪要　史部政书类　佚

见嘉庆《溧阳县志·人物志》本传。

狄　玔

字玉川。清溧阳人。马班书妻。

玉川诗稿2卷　集部别集类　佚

还珠草1卷　集部别集类　佚

以上2种均见嘉庆《溧阳县志·艺文志》。

按:《江苏通志稿·列女志》作《玉川集》《还珠集》,不著卷数。

狄　珑

清溧阳人。

易经要旨 10 卷　经部易类　佚

见嘉庆《溧阳县志·艺文志》。

吴兆襄

字于鳞。清溧阳人。乾隆十九年(1754)岁贡。后屡试不第,以授徒为业。生平博览群书,擅诗。曾游随园,赠诗袁枚。袁枚极为赏识,收入《同人续集》中。

四书讲义 19 卷　经部四书类　佚

瑶树诗稿(牧霞吟 2 卷、水东草 1 卷、桐川草 2 卷)　集部别集类　佚

牧霞剩稿(武幕草 4 卷、㠀南草 2 卷、界溪草 1 卷)　集部别集类　佚

以上 3 种均见嘉庆《溧阳县志·艺文志》。

周　集

字辰文。清溧阳人。廪生。讲学尊崇程朱,摈斥陆王。

经学说　经部群经总义类　佚

理欲生长图说　子部儒学类　佚

以上 2 种均见嘉庆《溧阳县志·人物志》本传。

周汇中

清溧阳人。集族弟。志向纯厚,为人孝友。

四书别解　经部四书类　佚

近是录　子部儒学类　佚

以上 2 种见嘉庆《溧阳县志·艺文志》。

黄宬

字纯斋。清溧阳人。

古本大学章句　经部四书类　佚

见嘉庆《溧阳县志·杂类志补遗》。称古本与朱熹之说本无不同，区别只在篇章词句的离合，乃另为分别章目。其说大略见于周柄中《四书辨正》。

史鼎辉

清溧阳人。

尚书经解4卷　经部尚书类　佚

见嘉庆《溧阳县志·艺文志》

周柄中(1738—1801)

字理衷，号烛斋。清溧阳人。乾隆三十年(1765)举人。曾游历江湘、渤碣、陕豫诸地，观览山川图记。又居京数年，校《四库全书》，多录秘本，抉发疑义，六十年截取知县，未就职。生平不喜傅会道学。为学既不空谈义理，背弃古训，亦不墨守汉儒，任意牵合，主张依据经史，佐以百家之言，而断以己意。

毛诗考4卷　经部诗经类　佚

诗礼合考4卷　经部诗经类　佚

四书臆解4卷　经部四书类　佚

四书人物冢墓考1卷　经部四书类　佚

以上4种见嘉庆《溧阳县志·艺文志》。

四书典故辨正20卷附录1卷　经部四书类

(1) 清乾隆四十九年刻本，华东师范大学图书馆藏。

(2) 清嘉庆间敬仪堂刻本，天津图书馆藏。

(3) 清道光十年(1830)文萃堂刻本，南京图书馆藏。

(4) 清同治五年(1866)赏奇阁刻本,国家图书馆藏。

(5) 清光绪十二年(1886)善化许氏刻本,常州市图书馆藏。

(6) 清光绪十六年习静斋刻本,国家图书馆藏。

(7)《续修四库全书》本。

四书典故辨正续编 5 卷　经部四书类

(1) 清嘉庆间敬仪堂刻本,国家图书馆藏。

(2)《续修四库全书》本。

石经考 1 卷　经部群经总义类　佚

读书录 1 卷　经部群经总义类　佚

字书韵书合考 1 卷　经部小学类　佚

犹贤录 2 卷　史部传记类佚

名字录 1 卷　史部传记类佚

溧志刊误补遗 2 卷　史部地理类

南郑县志 12 卷　史部地理类佚

周炳中纂

言性图说 1 卷　子部儒学类　佚

读书书后 4 卷　子部儒学类　佚

答问录 2 卷　子部杂学类　佚

杂考 2 卷　子部杂学类　佚

施注苏诗补正 1 卷　集部别集类　佚

以上 12 种均见嘉庆《溧阳县志·艺文志》。

史汝楫(1738—1809)

字南塘,一字治川,晚号静香。清溧阳人,后迁居常州。监生。工诗,善属文。屡试不售。遂绝意仕途,游学大江南北,时与赵翼、洪亮吉、赵怀玉等以诗文相唱和,与董潮、管幹贞等尤称交契。又精书法,与钱伯垧、庄宝书、蒋刘耀齐名。时常州郡城两县所修学宫题榜,多出其手。所作多毁于兵燹,仅存诗数十首。

静香书屋诗抄 1 卷　集部别集类

清宣统三年(1911)常州史耜孙花屿读书堂刻本,常州图书馆藏。

尤来泰

清溧阳人。

东篱仅存集 2 卷　集部别集类　佚

见嘉庆《溧阳县志·艺文志》。

陈继先

清溧阳人。

香谷集 2 卷　集部别集类　佚

见嘉庆《溧阳县志·艺文志》。

史国华(1746—1794)

字济寰,号竹圃。清溧阳人。由举人授国子监学正,乾隆四十五年(1780)进士。升助教。屡迁至吏部考功司主事、文选司员外郎,精熟官吏铨选。五十九年护从车驾至热河,次年病死于任上。喜文章,工书法,多次任乡试、会试阅卷官。

石淙山房诗　集部别集类　佚

见《江苏诗征》卷 98。

吴　桂(1755—1787)

字荫芬。清溧阳人。乾隆三十九年(1774)秀才,以授徒为业。后以廪膳生屡赴乡试不第,曾至秋浦,倦游而归,诗更凄婉。

胥溪草 1 卷　集部别集类　佚

湘烟楼诗草 2 卷　集部别集类　佚

以上 2 种均见嘉庆《溧阳县志·艺文志》。

彭　卓

字伯循，号益斋。清溧阳人。乾隆三十九年(1774)举人。官荆溪县训导、婺源县教谕。

东山草　集部别集类　佚

蚋城草　集部别集类　佚

以上2种均见《江苏诗征》卷76。

史　津

字巨川。清溧阳人。弱岁补诸生，嗜学益笃。淹贯经史，尤精校勘。嘉庆中参与纂修县志及刊定《学宫志》。

(嘉庆)溧阳县志16卷　史部地理类

清李景峄、陈鸿寿修　史炳、史津纂

版本参见“史炳”条。

史　赓(1762—1805)

字殿飏，号竹崖。清溧阳人。

竹崖诗草1卷　集部别集类　佚

岐游草1卷　集部别集类　佚

以上2种均见嘉庆《溧阳县志·艺文志》。

史　炳(1763.1.8—1833)

字黼士，号恒斋，室名句俭山房。清溧阳人。津族侄。乾隆四十二年(1777)举人。后屡试不售。五十九年留京师，朱珪重之，与法式善、王芑孙、胡克家等友善。以咸安宫官学教习期满，嘉庆五年(1800)选兴化县教谕。十六年溧阳知县陈鸿寿聘修县志，三年告成，搜采精博，体例谨严。改泾县教谕，寻截取知县，辞不赴。任校官20余年，以老乞归。精音韵，通西法算术。

大戴礼正义16卷　经部大戴礼记类　佚

见光绪《溧阳县续志·艺文志》。

(嘉庆)溧阳县志16卷　史部地理类

清李景峄、陈鸿寿修　史炳、史津纂

(1) 清嘉庆十八年刻本,国家图书馆藏。

(2) 清光绪二十二年(1896)刻本,溧阳图书馆藏。

(3) 1987年4月溧阳县地方志办公室编译本。

(4)《中国地方志集成》本。

(5) 稿本,宁波市图书馆藏,存卷1—13,15—16。

句俭堂集4卷　集部别集类

(1) 清道光二十九年(1849)莼隐山房刻本,国家图书馆藏。

(2) 1924年铅印本,首都图书馆藏。

杜诗琐证2卷　集部别集类

(1) 清道光五年句俭山房刻本,国家图书馆藏。

(2) 1988年上海书店影印句俭山房刻本。

狄翔鸿(1763—?)

字鉴远。清溧阳人。嘉庆十二年(1807)举人。道光三年(1823)授睢宁县教谕,年已61。在睢宁捐俸置岁修田,增书院膏火,岁饥筹办赈济。后以母老请终养归。

四书约解30卷　经部四书类　佚

敦阖堂课士草1卷　子部儒学类　佚

以上2种均见光绪《溧阳县续志·人物志》本传。

敦阖堂稿　集部别集类　佚

见光绪《溧阳县续志·艺文志》。

泽山书屋制艺　子部儒学类　佚

见《帝王统系略》卷首清俞焕章撰《狄元任墓表》。

潘际云(1763—?)

字人龙，号春洲。清溧阳人。嘉庆十年(1805)进士。由庶常改官安徽霍山知县。辟云程馆，给膏火，助士子攻读。权篆灵璧，值黄河泛滥，淹没田庐无数。因请蠲免赋税，赈济灾民。后移桐城，举治行卓异。旋乞归养，遂不复出。博通经史，长于考据，尤善诗古文辞。

西夏备史　史部载记类　佚

溧阳志商　史部地理类　佚

以上2种均见光绪《溧阳县续志·艺文志》。

(嘉庆)霍山县志8卷首1卷末1卷　史部地理类

清潘际云、阮学溥纂

(1) 清嘉庆二十一年刻本，上海图书馆藏。

(2) 清道光十七年(1837)重印本，南京大学图书馆藏。

(3) 抄本，安徽省图书馆藏。

藏云阁书目　史部目录类　佚

春洲扎记　子部杂学类　佚

学海100卷　子部典故类　佚

苕岑诗辑　集部别集类　佚

以上4种均见光绪《溧阳县续志·艺文志》。

清芬堂集16卷　集部别集类

清嘉庆二十年载石山房刻本，国家图书馆藏。

清芬堂续集6卷　集部别集类

清道光六年载石山房刻本，复旦大学图书馆藏。

潘　兰

字九畹。清溧阳人。乾隆四十三年(1778)岁贡。在乡授读，教戒子孙。因孙际云赠文林郎、霍山知县。

战国地名释7卷　史部杂史类　佚

芝田诗钞 1 卷　集部别集类　佚

以上 2 种均见嘉庆《溧阳县志·艺文志》。

狄尚絅

字文伯。清溧阳人，寄籍顺天。乾隆四十六年(1781)进士。五十七年授安徽黟县知县。嘉庆四年(1799)署广东化州知州。旋补花县知县。十二年擢江西南康知府。所至首重文教，筑石堤，兴水利，薄赋敛。折狱务求公允。在南康先后 24 年，卒于官。

天香流韵轩诗稿　集部别集类　佚

见光绪《溧阳县续志·艺文志》。

狄兆奎

清溧阳人。飏侄孙。乾隆四十八年(1783)举人。擅长文辞。

蔚斋集 1 卷　集部别集类　佚

见嘉庆《溧阳县志·艺文志》。

马鸿猷

清溧阳人。

积分斋诗草 1 卷　集部别集类　佚

见嘉庆《溧阳县志·艺文志》。

狄　瓒

清溧阳人。有司曾召为四库全书馆誊录，以祖母年迈，辞而不就。励志读书，访求经史百家善本。抄录甚多。

柯亭诗赋草 2 卷　集部别集类　佚

见嘉庆《溧阳县志·艺文志》。

吕一儒(？—1792)

字席珍，号璞斋。清溧阳人。为人清廉，闲静和善，生平究心理学。乾隆五十七年(1792)岁贡，于同年去世。

璞斋文集 2 卷　集部别集类　佚

见嘉庆《溧阳县志·艺文志》。

宋孝淳

原名莲，字朴堂。清溧阳人。贡生。

红杏山房诗钞 4 卷　集部别集类　佚

楚北纪游诗钞 4 卷　集部别集类　佚

以上 2 种均见嘉庆《溧阳县志·艺文志》。

王　理

清溧阳人。岁贡生。因弟绶，貤封朝议大夫、詹事府左春坊左庶子。

周易集解　经部易类　佚

音韵辨同　经部小学类　佚

以上 2 种均见嘉庆《溧阳县志·人物志》王皓传附。

王　绶

字介堂。清溧阳人，占籍大兴。官编修。乾隆间因不肯阿谀权臣和珅，未能升官。嘉庆初迁赞善，升侍讲，三年(1798)充贵州正考官，四年视学安徽。十年充会试知贡举，寻擢内阁学士。以礼部侍郎衔归原籍，乞致仕，卒于家。

泽山书屋文集　集部别集类　佚

见光绪《溧阳县续志·艺文志》。

史　蟠(1766—1808)

字伯劭,号补堂。清溧阳人。国华子。嘉庆五年(1800)举人。精于音律,诗作清婉丽密。尤工词,初时淋漓顿挫,豪迈激越;中年以后,伤于哀思,掩抑宛转。

补堂遗诗(樟亭感旧集1卷、蠡波集1卷)　集部别集类

补堂词草(湘颂楼词2卷、都昙别谱1卷)　集部词曲类

以上2种均见嘉庆《溧阳县志·艺文志》。

小兰烟语词　集部词曲类

见《全清词抄》卷15,收其词5首。

史学海(1776—1818)

字若川,号岳求。清溧阳人。

汉书校证24卷　史部正史类

《二十四史订补》影印本。卷6至卷13、卷22至卷24佚。

潘恩简

字人文。清溧阳人。嘉庆五年(1800)举人。经策详赡,考官取以进呈,选泾县训导,迁青浦教谕。卒于官。工散体文,好金石文字。

金石文辨疑　史部金石类　佚

棣华楼诗文集　集部别集类　佚

以上2种均见光绪《溧阳县续志·艺文志》。

宋　庚

字葵湖。清溧阳人。嘉庆七年(1802)进士。分发江西,历任职于弋阳、龙南、湖口、南城诸地,政声卓著。

(嘉庆)湖口县志18卷　史部地理类

清宋康、李煦修洪承训、蔡孔易纂

清嘉庆二十三年刻本，国家图书馆藏。

史　麟(1781—1841)

字仲仁，号启堂。清溧阳人。国华次子。诸生，工诗词。

小红泉山庄诗稿7卷　集部别集类

稿本，国家图书馆藏。

五云溪渔唱1卷　集部词曲类　佚

见《全清词抄》卷16，收其词3首。

葛　鎣(1783—1860)

字云门。清溧阳人。府学生。少豪迈不羁。熟经史百家，喜为诗古文词，精《说文解字》，工篆隶书。晚年笃志经学，研习顾炎武、陆世仪之书。咸丰十年(1860)，死于太平军攻占溧阳。

禹贡注　经部尚书类　佚

见光绪《溧阳县续志·艺文志》。《人物志》本传作《禹贡括》，云"条次水道沿革如指诸掌，毁于兵"。

史复善(1783—1843)

榜名默，字季因，号雅堂。国华四子。清溧阳人。选贡廷试第一，签发浙江，补东阳县。以清慎勤自励，岁饥，请大吏以贷仓谷平粜。后以补买仓谷亏累系狱，久之得白，乃释归。

拙宦诗存6卷　集部别集类

清同治五年(1866)史致炜刻本，南京图书馆藏。

按：包括《吴山索居吟草》1卷、《越游吟草》1卷、《江上扁舟吟草》1卷、《拙余吟草》1卷、《秋蝉吟》2卷。

强　溱(1786—1851)

榜名瑗，字沛崖(韩弼元撰《墓志铭》作字东渊，号沛崖)。室名佩雅堂。清溧阳人。嘉庆十五年(1810)举人。累应进士试不第,谒选得宁国县教谕。后荐以知县用,年已65。选甘肃安定知县。在官4月,卒于任。溱深于经学而期有用于世,晚年尤深于《易》,以为《易》者圣人教人寡过之书。生平好读书,所收之书多自校评,晚岁所藏尚2万5千余卷,由子如询编为《佩雅堂书目》。

周易肤解10卷　经部易类　佚

见光绪《溧阳县续志·艺文志》。《溧阳县续志·人物志》本传及《晚晴簃诗汇》卷121作《易象肤解》。

禹贡说断4卷　经部尚书类　佚

见光绪《溧阳县续志·艺文志》。

诗义质疑16卷　经部诗经类　佚

见光绪《溧阳县续志·艺文志》。《晚晴簃诗汇》卷121作30卷。

经杂考4卷　经部群经总义类　佚

见《晚晴簃诗汇》卷121。

南北史注　史部正史类　佚

见清韩弼元《翠岩室文稿》卷2《强溱墓志铭》,云:"在扬州时,为友人辑《南北史注》,未毕,即之官甘肃,稿亦不知所终。"

史绪　史部史评类　佚

见《晚晴簃诗汇》卷121。

南事隽12卷　史部杂史类　佚

东坡事迹类考6卷　史部传记类　佚

榆窗随笔4卷　子部杂学类　佚

操觚漫录4卷　子部杂学类　佚

以上4种均见光绪《溧阳县续志·人物志》本传。

佩雅堂诗钞2卷　集部别集类

(1)《宛上同人集》本。

(2)清光绪刻本,3卷,南京图书馆藏。有强汝询、汝谔识语云:"安福阮侯亭(文藻)先生辑《宛上同人集》,尽搜府君诗刻之,颇羼入他人之作。汝询等乱定后购得诗集刊本，因覆加校勘，去其误入者，而增未刻诗若干篇，编为三卷，并付剞劂。”

杜诗集评 27 卷　集部别集类　佚

见光绪《溧阳县续志·艺文志》。

四六杂话 7 卷　集部诗文评类　佚

见清韩弼元撰《墓志铭》。

吴大钧

字叔平，号廉山，又号云源。清安徽休宁人，迁溧阳。工山水人物，尤长墨龙，愈大愈妙。善鼓琴，工诗文。为人外和中介。

镜吾西有堂诸稿　集部别集类　佚

见光绪《溧阳县续志·艺文志》。商务印书馆《中国人名大辞典》作《镜吾》《西有堂诸稿》二书。

彭　瑛

字紫亭。清溧阳人。光斗子。岁贡生，候选训导。工诗古文，书法遒劲。

云坨古今体诗杂文 8 卷(诗 6 卷杂文 2 卷)　集部别集类　佚

见光绪《溧阳县续志·艺文志》。

王景安

字静山。清溧阳人。贡生，官安徽知县。《群雅集》称其诗文与彭虎文为“濑水之望”。

静山初草　集部别集类　佚

见《江苏诗征》卷 53。

沈　练

字清渠。清溧阳人。道光元年(1821)举人。官安徽绩溪训导。课士之暇，常与老农圃讲求蚕桑事，民受其利。引退后闻知海阳宜蚕桑，遂迁居其地，海阳之人亦受其化。晚年主讲泾川、淳湖书院。

禹贡因1卷　经部尚书类

清光绪十八年(1892)刻本，国家图书馆藏。

《续修四库全书提要》云："是书杂采诸家之注，为之删润。"光绪《溧阳县续志·艺文志》《人物志》本传均著录有《禹贡汇诠》，当即是书。

广蚕桑说1卷　子部农家类

清光绪十四年刻本，国家图书馆藏。

《贩书偶记》著录同治元年(1862)刊《广蚕桑说辑补》2卷，沈练撰，其子琪补。

陈　栻

字容轩，亦作榕轩。清溧阳人。贡生。嘉庆间任上元训导。道光三年(1823)任江宁教授。

(道光)上元县志26卷　史部地理类

清武念祖修　陈栻纂

(1) 清道光四年刻本，南京图书馆藏。

(2)《中国地方志集成》本。

宋　绪

字菽田。清溧阳人。屡试不售，乃习名法之学，通达政体，为一时名公卿如孙玉庭、卢坤、林则徐等所重。以襄办漕务河工，保州同知。乐善好施，倡设尊经阁、育婴堂。晚年深爱经史粹语格言，手抄成帙。以子晋赠户部侍郎。

思劬集偶存　集部别集类　佚

见光绪《溧阳县续志·艺文志》。

狄子奇

字叔颖，一字惺庵；或云名惺垣，字子奇。清溧阳人。弱冠补弟子员，以监生肄业国子监。道光十五年(1835)举人。历主安徽宿州、河南覃怀书院。生平究心经籍，不屑屑于章句。笃守汉儒，不容一语出入，事必核实，语无含糊。曾助程恩泽纂《国策地名考》，并由程恩泽荐之林则徐。藏书数千卷。病中尽转售他人。

周易推六卷　经部易类

(1) 稿本，湖北省图书馆藏。

(2)《续修四库全书》本。

周易质疑2卷　经部易类　佚

春秋左传质疑12卷　经部春秋左传类　佚

以上2种均见张宗泰《鲁岩交游记》。

四书质疑(一作经学质疑)40卷　经部四书类

(1) 清道光十七年安雅斋刻本，国家图书馆藏。

(2) 清道光二十八年刻本，清华大学图书馆藏。

按：《续修四库全书提要》著录《经学质疑》40卷，云："书分《论语质疑》二十卷、《中庸质疑》四卷、《大学质疑》二卷、《孟子质疑》十四卷。易之曰经学者，以为四书名目起于宋儒，未为古义。其以《中庸》居《大学》之前者，以《中庸》为《礼记》第三十一篇，《大学》为《礼记》四十二篇，故《中庸》应先《大学》。其书于集注章句无可疑者，不复置议，其未协者，则取诸儒之说，间及己见，为之疏证，多精核可取。"

四书释地辨疑1卷　经部四书类　佚

乡党图考辨疑1卷　经部四书类　佚

以上2种见光绪《溧阳县续志·艺文志》。

国策地名考20卷首1卷　史部杂史类

清程恩泽撰　清狄子奇笺

(1) 清道光二十年狄氏刻本，上海图书馆藏。

(2)《粤雅堂丛书》本。

(3) 台湾新文丰出版公司《丛书集成新编》本。

(4)《续修四库全书》本。

按:光绪《溧阳县续志·人物志》本传云:“程侍郎恩泽主讲钟山书院,耳其(子奇)名,属纂《战国策地名考》二十卷。”本志《艺文志》作《国策地名考证》,无卷数。张宗泰《鲁岩交游记》作《战国地名考》。

安雅斋集　集部别集类　佚

见《明清江苏文人年表》。

孔孟编年　丛书类

(1) 清道光中安雅堂刻本,天津师范大学图书馆藏。

(2) 清光绪十三年(1887)浙江书局刻本,国家图书馆藏。

子目:

《孔子编年》4 卷　狄子奇撰

《孔子年谱辑注》1 卷　清江永撰　黄定宜辑注

《孟子编年》4 卷　狄子奇撰

按:光绪《溧阳县续志·艺文志》作《孔孟编年》2 卷。

潘砺襄(1788—1860)

榜名丽襄,字濂浦。清溧阳人。家贫力学,工书法。道光九年(1829)进士,历知浙江义乌、湖南攸县、绥宁诸县。改徐州府教授,寻引疾归,闭门读书,不豫外事。咸丰十年(1860)太平军攻占溧城,乃投河死,年 73。著作毁于兵火。

治心格言 2 卷　子部儒学类　佚

见光绪《溧阳县续志·艺文志》。

莼湖集 4 卷　集部别集类　佚

见光绪《溧阳县续志·艺文志》。《人物传》本传作 2 卷。

彭剑光(1789—1850)

字薛门,号芗林。清溧阳人。诸生。

芗林诗钞 2 卷　集部别集类

清道光三十年(1850)刻本,中科院图书馆藏。

彭剑南(1789—1828)

字小陆,号梅垞。清溧阳人。诸生。

茗雪山房二种曲　集部词曲类

清道光六年(1826)彭氏茗雪山房刻本,国家图书馆藏。

按:内含《影梅庵传奇》2 卷附《忆语》1 卷,成于嘉庆十九年(1814);《香畹楼》(传奇)2 卷,成于道光五年。

史一经(1795—1861)

字君牧,号研余。清溧阳人。

味古斋诗存 2 卷　集部别集类

小沧屿山房诗存 2 卷　集部别集类

以上 2 种有:

(1) 史梦兰刊《止园丛书》本,国家图书馆藏。

(2) 清抄本,国家图书馆藏,各 6 卷。

洮渔遗诗 4 卷　集部别集类

清同治十二年(1873)刻本,中科院图书馆藏。

钱程焕

字达人。清溧阳人。

梦江集　集部别集类　佚

见《江苏诗征》卷 35。

黄　稼

字稚曾。清溧阳人。《京江耆旧集》称其诗情真气洁。

匊园集　集部别集类　佚

见《江苏诗征》卷65。

彭遇隆

字粤治，号瘦吟。清溧阳人。监生。

问津诗钞　集部别集类　佚

见《江苏诗征》卷76。

彭　暻

字云五，号静斋。清溧阳人。诸生。

旧草堂诗存　集部别集类　佚

见《江苏诗征》卷76。

许迺扬

字介山。清溧阳人。丹徒籍诸生。

烬余草　集部别集类　佚

见《江苏诗征》卷100。

陆　御

字东来。清溧阳人。

自偏堂诗集　集部别集类　佚

见《江苏诗征》卷151。

狄　融(？—1858)

初名荣衮，字公一。清溧阳人。道光十九年(1839)举人。咸丰四年(1854)以知县拣发安徽,时太平军起,奉檄治民团以拒之。六年署怀宁县事,七年调五河县,振兴书院,听断尤勤。八年正月署合肥,二月五河陷,复以士民请再署五河,九月捻军复陷五河,融巷战死。

经义类纂　经部群经总义类　佚

识字备览　经部小学类　佚

以上2种均见光绪《溧阳县续志·艺文志》。

凤冈课艺　集部别集类　佚

见《帝王统系略》卷首清俞焕章撰《狄元任墓表》。

宋邦德(?—1874)

字惠人。清溧阳人。道光二十三年(1843)举人。咸丰六年(1856)循例得员外郎,签分刑部湖广司,后入秋审处。同治十年(1871)迁监察御史,次年简放湖南,题补长沙府。在任3年,卒于官。折狱公允,行政勤勉。平生潜心经世学。

祥刑古鉴　史部政书类　佚

见光绪《溧阳县续志·艺文志》。

宋　晋(1802—1874)

字锡蕃,号雪帆。清溧阳人。绪子。道光二十四年(1844)进士。入翰林,散馆授编修。二十七年擢中允,咸丰二年(1852)擢侍读学士,迁光禄寺卿。擢内阁学士,迭署户、工二部侍郎。同治元年(1862)调仓场侍郎。历充文渊阁校理、功臣馆纂修、翰林院撰文、实录馆总纂、国史馆副总裁。熟于经世之务,屡上奏事,为最早主张使用西方器械者之一。

水流云在馆奏议2卷　史部政书类

清光绪十三年(1887)刻本,南京图书馆藏。

水流云在馆诗钞6卷　集部别集类

(1) 清光绪十二年刻本,南京图书馆藏。

(2)《清代诗文集汇编》本。

彭崧毓(1803—1880)

清溧阳人,移居湖北江夏。道光十五年(1835)进士,改翰林院庶吉士。二十四年,任南宁知县。二十七年知腾越厅,寻擢永昌知府。升迤西道。

(同治)江夏县志 8 卷首 1 卷附文征 2 卷　史部地理类

清王庭桢修　彭崧毓纂

(1) 清同治八年(1869)刻本,南京图书馆藏。

(2)《中国地方志集成》本。

求是斋文存 2 卷诗存 2 卷　集部别集类

(1) 清同治十一年养园刻本,北京大学图书馆藏。

(2)《清代诗文集汇编》本。

晚香草 1 卷　集部别集类

清光绪刻本,南京图书馆藏。

求是斋杂存六种　丛书类

清同治刻本,南京图书馆藏。

子目:

《缅述》1 卷附《缅甸风土诗》1 卷　清王家璧撰

按:此书又有台湾新文丰出版公司《丛书集成续编》本。

《云南风土纪事诗》1 卷　清彭崧毓注

《渔舟纪谈》2 卷　清彭崧毓撰

《渔舟续谈》1 卷　清彭崧毓撰

《山中怀往诗》1 卷　清彭崧毓撰

《养亲须知》2 卷(《中馈录》1 卷、《温清录》1 卷)

缪　梓(1807—1860)

字南卿。清溧阳人。道光八年(1828)举人。十五年大挑一等,以知县分浙江,署仙居、奉化等,调充甲辰科(二十四年)同考官。因故去官,为及门讲授经义。咸丰间累官全衢严道按察使,再署盐运使。咸丰十年(1860)太平军攻陷杭州,被杀。赠太常寺卿,谥武烈。门人赵之谦撰有《缪公事状》1卷。

缪武烈公遗集6卷　集部别集类

(1) 清光绪七年(1881)溧阳缪德棻小岖山馆刻本,国家图书馆藏。

(2)《清代诗文集汇编》本。

彭　湘(1811—1893)

字翊清,号心梅。清溧阳人。贡生,官当涂县大信司巡检。诗有唐人风致。

晋风1卷　史部地理类

《安乐延年室丛书》本。

机器录2卷　子部工艺类

清光绪五年(1879)刻本,国家图书馆藏。

适龛诗集　集部别集类

(1) 清同治刻本,8卷,南开大学图书馆藏。

(2) 清光绪元年安徽学署刻本,14卷,南京图书馆藏。

(3)《清代诗文集汇编》本,14卷。

狄元任(1814—1896)

字生甫。清溧阳人。廪贡生。好读书,至老不倦,多购经史,尤笃好《史》《汉》及韩愈文。光绪三年(1877)移居苏州。

帝王统系略　史部传记类

清光绪二十三年刻本,南京图书馆藏。

西汉以来名臣论　史部传记类　佚

见清俞焕章撰《狄元任墓表》(《帝王统系略》卷首)。

泽山书屋墨余集3卷　集部别集类

清光绪二十三年刻本，上海图书馆藏。

狄学耕(1820—1899)

字曼农，一字稼生，室名种月轩。清溧阳人。廪贡。同治七年(1868)任都昌知县。十一年署进贤知县。十二年任南丰知县，光绪七年(1881)再任南丰知县。与修同治《南昌府志》。

(同治)都昌县志 16 卷首 1 卷　史部地理类

清狄学耕修　刘庭辉、黄昌蕃纂

(1) 清同治十一年刻本，国家图书馆藏。

(2)《中国地方志集成》本。

王麟昌(1820—?)

榜名宝纶。字抑言，号仁甫、绳甫。清溧阳人。道光二十四年(1844)举人。

(王氏)支谱 2 卷　史部传记类

王麟昌纂

清同治六年(1867)刻本，南京图书馆藏。

史　册(1821—1860)

字天锡，号竹传。清溧阳人。府学生。以未入流分发浙江。咸丰九年(1859)投效袁甲三营，随富珠隆额攻入清江，追至仓家集为太平天国伏军所杀。袁甲三奏闻，赠主簿衔，荫云骑尉世职。

隆平纪事 1 卷　史部杂史类

道光《昭代丛书》本。

陈　鼒

字作梅。清溧阳人。道光二十七年(1847)进士。历保道员，加二品衔，赏戴花翎，任直隶清河道署按察使。先入曾国藩幕，后由曾氏荐入胡林翼幕，筹划镇压太平军事宜，深得曾、胡赏识。卒于官。

槎溪学易 3 卷　经部易类

清同治十三年(1874)保定莲池书院刻本，苏州大学图书馆藏。

求志集 4 卷　集部总集类

《周氏师古堂所编书》本。

姚光宇

字季眉，一字寄湄。清溧阳人。诸生。援例以县丞分发浙江。在与太平军作战中，以军功升知县。历署会稽、鄞县。破格补鄞县知县，调仁和。有政绩，尤为关心教育。历任海宁、乎湖，擢中防同知。荐保花翎知府，以道员用。晋三品衔，积劳成疾卒。

湖舫课艺　集部总集类

姚光宇辑

见光绪《溧阳县续志・人物志》本传。光宇在仁和，"尤喜培养士类。优给书院膏火。集本邑高材生及寓公、幕客之善举业者，为文社。秋闱揭晓，十隽八九。其文裒然成集曰《湖舫课艺》。杭之人至今艳称之。"

史　瑛

字紫珊。清溧阳人。以增贡生选授兴化县训导，捐升盐课大使。旋以忧去官。生平好舆地学，手绘各省全图藏于家。

各省舆地全图　史部地理类　佚

见光绪《溧阳县续志・艺文志》。

周　璐

字湘浦。清溧阳人。柄中孙。壮年入京师，馆彭邦畴家，并校金台书院课卷。咸丰元年(1851)始举于乡，年已 50 余。一试礼部未第，遂绝意进取，主高淳学山及本县平陵书院。同治三年(1864)，为溧阳死于太平军者 2800 余人作传略。

敬仪堂文集 6 卷　集部别集类　佚

唾余偶存草 2 卷　集部别集类　佚

以上 2 种均见光绪《溧阳县续志·艺文志》。《人物志》谓二书均"藏于家",盖未刊。

强汝询(1824—1894)

字荛叔,一字(或作号)赓廷。清溧阳人。溱子。道光二十九年(1849)以优贡入国子监,咸丰九年(1859)举顺天恩科乡试。同治四年(1865)入山西按察使陈湜幕府。后归,馆江南书局、苏州书局。选授赣榆县教谕,不赴。生平博通经史,旁及方技医卜诸子百家。研习性道,宗尚程朱。好聚书,承父书 2 万 5 千余卷,自购 5 千余卷。沉酣典籍,撰书目及小序颇寓考镜源流之意。晚年覃思著述,不复言用世。成书多种而卒。

春秋测义 35 卷　经部群经总义类

清光绪十五年(1889)流芳阁木活字本,国家图书馆藏。

续春秋测义 2 卷　经部群经总义类

清抄本,国家图书馆藏。

大学衍义续 70 卷　经部四书类

清光绪十一年刻本,国家图书馆藏。

舆地记　史部地理类　佚

佚名撰　强汝询补正

汝询《求益斋文集》卷 5《舆地记序》云:"道光二十二年偶得《舆地记》十册,不著撰人姓氏,观其辞气,盖明季人也。其书详于形势,议论多可取。书系写本,多讹阙,既无别本可校,因以意为补正,差可读。又颇为编次卷目,序而藏之。"

汉州郡县吏制考　史部政书类

(1) 2 卷,《求益斋全集》本。

(2) 1卷,刘履芬抄本,国家图书馆藏。

(3) 1卷,《续修四库全书》本。

佩雅堂书目　史部目录类　佚

强汝询编

此为汝询编其父强溱藏书目录。《求益斋文集》卷4《佩雅堂书目总序》云:"先君子晚岁所藏尚二万五千余卷。先君子所收之书多亲自评校,因编定目序,各以类次。"计分《易》《尚书》《诗》《仪礼》《周官》《礼记》《春秋》《四书》《乐》《尔雅》、正史、编年、儒家、农家、法家、兵家、道家、名家、天文、地理、六书、九数、医书、卜筮、目录、谱录、小说、文集、诗集、词集等30类。类各有小序,叙其源流,评其得失。类序收入《文集》。

女学内外编2卷　子部儒学类　佚

见光绪《溧阳县续志・艺文志》。

垛积衍术4卷　子部历算类

《求恕斋丛书》本。

求益斋诗钞6卷　集部别集类

(1) 清光绪二十一年刻本,南京图书馆藏。

(2)《清代诗文集汇编》本。

求益斋全集5种20卷　丛书类

清光绪二十四年江苏书局刻本,国家图书馆藏。

子目:

《求益斋读书记》6卷

《金坛见闻记》2卷

《汉州郡县吏制考》2卷

《求益斋随笔》2卷

《求益斋文集》8卷

按:文集又有《清代诗文集汇编》本。

强汝谔(1834—1896)

字星源，或作駣原。清溧阳人。贡生。少承家学，与兄汝询、汝谌齐名。曾国荃任两江总督，延入书局任襄校。选震泽县训导。年64卒于官。于学一宗程朱，深疾考据学家支离害道。平生急躬行而务实践，不为空言。精《易》学，谓学《易》当以十翼为主。

周易集议8卷　经部易类

《求恕斋丛书》本。

按：亦作《周易集义》。光绪《溧阳县续志·人物志》本传云："取古今说《易》诸书，择其合于孔义者纂辑之，名曰《周易集义》。"

吏治撮要2卷　史部政书类　佚

见光绪《溧阳县续志·艺文志》。

崇正集2卷　集部总集类　佚

见光绪《溧阳县续志·人物志》本传，云："爰取国朝古文能阐发理学之旨，抉剔汉学之弊者汇为一编，名曰《崇正集》。"

彭君谷(1823—?)

字贻孙，别号洮湖渔隐。清溧阳人。同治二年(1863)进士。由庶常改广东河源知县，历署三水、新会等县，有政声。在粤四充同考官，卒于省。所著词大旨不忘民间疾苦。

洮湖渔隐词钞2卷　集部词曲类

清光绪间刻本，复旦大学图书馆藏。

宋陈寿

字退愚。清溧阳人。晋子。由附贡援例州判，从河南毛昶熙军，以劳保知县。签发直隶，以直隶州用，寻补柏乡县。修桥梁、轻徭役，复兴仁书院，创济养院，多行惠政。未几以擅发帑银赈恤忤布政司，移宰束鹿，复转永年、邢台。所到兴利革弊，以培植人才为己任。父忧归，后置散职以终。

(同治)续修束鹿县志8卷　史部地理类

宋陈寿纂修

(1) 清同治七年(1868)刻本,国家图书馆藏。

(2)《束鹿五志》本。

(3)《中国地方志集成》本。

缪德芬

号谷叟,室名小峄馆、怡云山馆。清溧阳人。早岁曾从军,屡试不第,以军功保举入仕途,官江西垂40年。历权司道,屡充乡试提调,光绪二年(1876)充江西武科乡试提调。少工赋,骈体文为时所重。

怡云山馆骈体文2卷　集部别集类

1929年缪氏仿宋活字本,国家图书馆藏。

按:此文集初名《小峄山馆骈体文》,曾入选张鸣珂《国朝骈体正宗续编》中。

缪　巩(1851—1887)

字坚士。清溧阳人。梓子。幼习经史百家,弱冠后有经世志。光绪五年(1879)乡试第一,寻议叙员外郎,改知府。又以办浙江海运劳归部尽先选用,办理上海洋务局差。十三年谒选入都,中暑而卒。著作稿藏于家。

日记　史部传记类　佚

见光绪《溧阳县续志·人物志》本传。

海上卮言　子部杂学类　佚

见光绪《溧阳县续志·艺文志》。

肩华山馆诗文集2卷　集部别集类

稿本2册,缪钺藏,见《清人诗文集未刊稿本抄本知见目》(《明清诗文研究资料集》第一辑,上海古籍出版社1986年版)。

宋　镄

字德甫，号北台。清溧阳人。光绪年间以廪贡教职援例为浙江嘉兴知县，有政声。未满期，卒于官。

续濑上遗闻　子部典故类　佚

见光绪《溧阳县续志·人物志》本传。

洮湖盟鸥馆诗钞7卷　集部别集类

清道光刻本，国家图书馆藏。

北台诗余　集部词曲类

见《全清词钞》第18卷，收其词1首。

赵　氏

清溧阳人。张敏随妻。幼承家学，工诗词，归敏随后，唱和成集，诗词有超尘出俗之致。

分绿轩诗词剩稿2卷　集部别集类　佚

见光绪《溧阳县续志·艺文志》。

彭履达

字子章。清溧阳人。亲老家贫，以教读资养。生平好陶潜、孟浩然诗。

北林漫稿　集部别集类　佚

见光绪《溧阳县续志·艺文志》。

沈青芝

清溧阳人。医家。

喉科集腋2卷　子部医家类

1982年中医古籍出版社影印传抄本。

沈宝青

清溧阳人。

唐诗谐律 2 卷　集部总集类

清光绪十六年(1890)沈氏归安官舍刻本,国家图书馆藏。

史　静

字琴仙。清溧阳人。

停琴伫月楼诗　集部别集类

1915 年西泠印社聚珍版印本,列入陈文述编《碧城仙馆女弟子诗》,凡诗 11 首。见《历代妇女著作考》。

狄　遂

清溧阳人。

周易要旨续编　经部易类　佚

周礼翼注　经部周礼类　佚

仪礼便蒙　经部仪礼类　佚

十三经注疏分类汇纂　经部群经总义类　佚

人人宝筏　子部儒学类　佚

以上 5 种均见光绪《溧阳县续志·艺文志》。

杨　焯

清溧阳人。

禹贡汇编 1 卷　经部尚书类　佚

见光绪《溧阳县续志·艺文志》。

薛　初

清溧阳人。

禹贡水道　经部尚书类　佚

左传质疑　经部春秋左传类　佚

以上2种均见光绪《溧阳县续志·艺文志》。

杨宗传

清溧阳人。

毛诗析义　经部诗经类　佚

见光绪《溧阳县续志·艺文志》。

宋兆麟

清溧阳人。

五经心解　经部群经总义类　佚

见光绪《溧阳县续志·艺文志》。

杨青琐

清溧阳人。

四书订正　经部四书类　佚

见光绪《溧阳县续志·艺文志》。

许兆培

清溧阳人。

四书萃珍　经部四书类　佚

刑案疑难摘要　史部政书类　佚

以上2种均见光绪《溧阳县续志·艺文志》。

吴　斌

清溧阳人。

孟子七篇总论1卷　经部四书类　佚

见光绪《溧阳县续志·艺文志》。

狄　圻

清溧阳人。

通鉴兵事记　史部编年类　佚

见光绪《溧阳县续志·艺文志》。

毛　邵

清溧阳人。

通鉴会要40卷　史部政书类　佚

见光绪《溧阳县续志·艺文志》。

吕　氏

清溧阳人。狄应辰继妻。

史论2卷　史部史评类　佚

见光绪《溧阳县续志·艺文志》。

尤　吉

清溧阳人。

溧阳县志订正2卷　史部地理类　佚

见光绪《溧阳县续志·艺文志》。

汪日旸

清溧阳人。

寿石斋砚谱　子部工艺类　佚

见光绪《溧阳县续志·艺文志》。

葛斯才

清溧阳人。

漫吟诗草　集部别集类　佚

见光绪《溧阳县续志·艺文志》。

彭　珣

清溧阳人。

沧涯诗钞　集部别集类　佚

歇轩诗钞 2 卷　集部别集类　佚

以上 2 种见光绪《溧阳县续志·艺文志》。

史载熙

清溧阳人。

覆瓿集 2 卷　集部别集类　佚

见光绪《溧阳县续志·艺文志》。

史　琇

清溧阳人。

蓉裳遗草　集部别集类　佚

见光绪《溧阳县续志·艺文志》。

周掌仪

清溧阳人。赵彦琳妻。

环绿轩诗集 2 卷　集部别集类　佚

见光绪《溧阳县续志·艺文志》。

薛鸿基

清溧阳人。

秋水阁诗集　集部别集类　佚

见光绪《溧阳县续志·艺文志》。

史丰照

清溧阳人。

翠云轩诗集　集部别集类　佚

见光绪《溧阳县续志·艺文志》。

施广誉

清溧阳人。

鸣秋馆诗钞　集部别集类　佚

见光绪《溧阳县续志·艺文志》。

狄葆贤(1872—1941)

字楚青，一字平子，号平等阁主人。溧阳人。诸生。弃官为记者。光绪二十八年(1902)偕梁启超东游日本，后经朝鲜回国。不以诗名，但时誉甚高，梁启超谓其诗含有幽怨与解脱两种情质。诗稿尽毁于火，仅有散篇流传。所作诗话也颇有影响。

继配汪观定室人行略 1 卷　史部传记类

1922 年石印本，上海图书馆藏。

汉画第一辑 2 卷　子部艺术类

清光绪间上海有正书局影印本，国家图书馆藏。

平等阁笔记　子部杂学类

(1) 1922 年铅印本，4 卷，常州图书馆藏。

(2) 1932 年上海有正书局铅印本，5 卷，南京图书馆藏。

平等阁诗话 2 卷　集部诗文评类

(1) 清光绪三十四年上海时报馆铅印本，北京大学图书馆藏。

(2) 清宣统二年(1910)有正书局铅印本，国家图书馆藏。

平等阁诗话 2 卷平等阁笔记 5 卷　丛书类

狄葆贤著　段春旭整理

2015 凤凰出版社出版。

史国干(1876—1942)

字哲夫，一作蛰夫。溧阳人。光绪间廪生。善诗文、书法、篆刻，尤长于小学。以教书为业。

六书综 32 卷　经部小学类

1931 年上海商务印书馆石印本，国家图书馆藏。

主要参考文献

咸淳毗陵志　史能之纂　2007年广陵古籍刻印社标点本

(康熙)常州府志　于琨修　陈玉璂纂　《中国地方志集成》本

常州市志　常州市地方志编纂委员会编　1995年中国社会科学出版社出版

常州教育志　常州教育志编纂委员会编　1990年上海人民出版社出版

常州文化志　吴伯瑜等编　1999年中央文献出版社出版

(康熙)武进县志　武俊修　陈玉璂纂　清康熙二十三年(1684)刻本

(乾隆)阳湖县志　陈廷恩等修　清乾隆三十年(1765)刻本

(道光)武阳合志　黄冕修　李兆洛总纂　清光绪十二年(1886)刻本

(光绪)武阳合志　张球修　汤成烈纂　《中国地方志集成》本

(光绪)武阳志余　庄毓鋐等纂　《中国地方志集成》本

武进县志　武进县县志编撰委员会编　1988年上海人民出版社出版

(乾隆)金坛县志　杨景曾修　清乾隆十五年(1750)刻本

(光绪)金坛县志　丁兆基修　汪国凤纂　清光绪十一年(1885)刻本

(民国)金坛县志　冯煦等纂修　《中国地方志集成》本

(乾隆)溧阳县志　吴学濂纂　清乾隆八年(1743)刻本

(嘉庆)溧阳县志　李景峄等修　史炳等纂　《中国地方志集成》本

(光绪)溧阳县续志　朱畯修　冯煦等纂　《中国地方志集成》本

清代毗陵名人小传稿　张惟骧著　《近代中国史料丛刊续编》第13辑　文海出版社1971年出版

毗陵科第考八卷　清乾隆四十九年(1784)文郁斋刻本

毗陵科第考八卷　清道光二十年(1840)刻本

毗陵科第考八卷(乡科起明洪武至清同治,甲科起梁天监间至同治)　清同治七年(1868)刻本

毗陵科第考八卷　清同治十二年(1873)刻本

增续毗陵科第考八卷　清赵熙鸿原编,清刘汉卿等续编、校补　清光绪十八年(1892)刻本

毗陵科第考补编　董緄庵编　上海图书馆藏稿本

京江耆旧集　张学仁、王豫集　清嘉庆二十三年(1818)刻本

常郡八邑艺文志　卢文弨编　《续修四库全书》本

旧言集　李兆洛辑　清道光二年(1822)刻本

毗陵诗录　赵震辑　1922年铅印本

毗陵文录　赵震辑　1922年铅印本

续毗陵诗录　羊牧之辑　《常州古今》1983年内部出版物

常州家谱提要　朱炳国编　2005年中国文联出版社出版

常州词派词选(上下)　孙广华编著　2011年南京大学出版社出版

国朝常州词录　缪荃孙辑　2011年南京大学出版社出版

黄仲则资料汇编　许隽超、康锐编　2012年黑龙江大学出版社出版

安阳杨氏族谱　1914年敦睦堂木活字本

瞿氏宗谱　1913年华鄂堂木活字本

龙溪盛氏族谱　1943年敦睦堂木活字本

毗陵吕氏家谱　清光绪四年(1878)木活字本

毗陵前黄杨氏族谱　清光绪二十一年(1895)木活字本

段庄钱氏族谱　1927年木活字本

观庄赵氏支谱　1928年木活字本

毗陵孙氏家乘　清道光十三年(1833)木活字本

毗陵谢氏宗谱　1917年宝树堂木活字本

毗陵庄氏族谱　1935年铅印本

汤氏家乘　清同治十三年(1874)木活字本

西盖赵氏族谱　清光绪十二年(1886)永思堂木活字本

西营刘氏家谱　1929年铅印本

下浦陆氏本支谱　清光绪十八年(1892)木活字本

新河徐氏宗谱　清咸丰二年(1852)存桂堂木活字本

宜武董氏合修家乘　1927年木活字本

金坛义门王氏族谱十四卷　清光绪二十九年(1903)木活字本

溧阳南门彭氏宗谱四十八卷　1924年木活字本

溧阳彭氏宗谱　1923年木活字本

溧阳史氏宗谱二十卷　1946年铅印本

溧阳周氏宗谱十六卷　1937年木活字本

武进刘逢禄年谱　张广庆著　1997年台湾学生书局出版

武进庄存与、庄述祖年谱　王逸明著　《新编清人年谱稿三种》，2000年学苑出版社出版

臧庸年谱　陈鸿森著　《中国经学》第2辑，2007年广西师范大学出版社出版

庄存与年谱　汤志钧著　2000年台北学生书局出版

左白玉诗词考校　林玫仪著　《台湾“中央研究院”文哲研究所通讯》2011年第2期

左锡璇诗词集辑校　林玫仪著　《台湾“中央研究院”文哲研究所通讯》第17卷第3期、第4期、第18卷第1期

左锡嘉及其诗稿研究　瞿惠远著　2007年台湾政治大学硕士论文

原版后记

本卷以常州教育学院为基点，在该院钱璱之、羊汉先生主持下建组编写。在编写组的努力下，撰写了本卷主要部分的初稿，为全书编写工作的顺利完成打下了坚实的基础。其中史洪、杨欣、宗清元、徐永年、徐伯元、谢忱等先生费心血尤多。南京图书馆江世荣、杜信孚、宛雨生先生审阅、校订了全稿。江苏省出版总社穆纬铭先生对本书的编纂十分关心，提出了许多切实的意见，进行了许多具体的工作，热情组织了本书的出版。责任编辑邱禹先生参加了书稿的讨论，仔细审阅了全稿，使书稿质量有所提高，体例更加完善。在此，我们一并致以衷心的感谢！

《江苏艺文志》编纂委员会

1991 年 10 月

增订本后记

本卷由叶舟完成常州市部分，朱隽作修改和增补；朱隽完成金坛、溧阳部分。

《江苏艺文志》一直是我们的案头必备书，大概在十年以前，便已经陆陆续续开始进行修订，其中部分内容收入在叶舟于2008年完成的博士论文中。此后，叶舟在编纂《清代常州文化系年》时，又对其中常州市部分的清代文献进行了进一步的搜集和整理。非常幸运有《江苏艺文志》增订这样一个机会，可以最终完成这项历时十年的工作，将其奉献给更多的读者。

在查阅资料期间，我们得到了国家图书馆、上海图书馆、南京图书馆、中国科学院图书馆等单位的支持，许隽超、杨旭辉、朱炳国、臧秀娟、陈吉龙等或是提供资料，或是进行指正，我们所在的单位上海社会科学院历史研究所、上海社会科学院图书馆和常州图书馆也为编纂工作提供了各种方便。在编纂过程中，叶舟获得上海社会科学院创新工程特色人才资助和常州大学"周有光语言文化学术研究项目"资助，在此一并表示感谢。

凤凰出版社的责任编辑仔细审阅了全稿，使书稿质量有所提高。在此，我们一并致以衷心的谢意。

在本次编纂工作期间，原《常州卷》主编钱璱之先生、吴之光先生相继去世，谨借此再次表示我们对前贤的深切哀悼。正是他们筚路蓝缕的艰辛开拓，才为我们顺利完成本次编纂奠定了坚实的基础。

叶　舟、朱　隽

2016年12月

江蘇藝文志

顧廷龍題

国家古籍整理出版专项经费资助项目

江苏省地方志编纂委员会办公室组织编纂

江苏艺文志

（增订本）

无锡卷

三

原　主　编　赵国璋

增订本主编　江庆柏

本卷主编　徐忆农

本卷副主编　田　丰　马　晴

撰　稿　人　(以下按姓氏笔画为序)

马　晴　王　萍　方　俊　田　丰

朱　彦　刘　娟　李宏巧　徐忆农

凤凰出版社

江　阴

宋　元

葛　宫(992—1072)

字公雅。宋江阴人。大中祥符元年(1008)进士。授忠正军掌书记,曾知南充县,历知南剑州及滁、秀二州;任秘书监,迁工部侍郎。性敦厚,善属文,为杨亿所称。《宋史》有传。

青旸集 20 卷　集部别集类　佚

见民国《江阴县续志》卷 19。《江上诗钞》卷 2 收其诗 1 首。

葛　密

字子发,号草堂逸老。宋江阴人。宫弟,书思父。庆历二年(1042)进士。为光州推官,仕至太常博士,年 50 致仕。天性恬淡,平生工诗,有西昆高致。卒年 84。《宋史》有传。

上湖集 20 卷　集部别集类　佚

见民国《江阴县续志》卷 19。《江上诗钞》卷 2 收其诗 9 首。

弋阳酬唱 3 卷　集部别集类　佚

隐居唱和 10 卷　集部别集类　佚

注证道歌方外言　集部别集类　佚

以上 3 种见葛立方《韵语阳秋》。

曹　确

字公易。宋江阴人。嘉祐四年(1059)进士。擢为国子监直讲。以文行知名于时,学者翕然师尊之。《宋元学案补遗》有传。

易书论语孟子义及他经解数十卷　经部群经总义类　佚

见乾隆《江阴县志》卷13。

按:《江上诗钞》卷2收其诗2首。

葛书思(1032—1104)

字进叔,晚号虚游子,谥清孝。宋江阴人。密子,胜仲父。熙宁六年(1073)进士。调建德主簿,历封丘主簿,官至朝奉郎。特诏谥清孝。《宋史》有传。

安遇集10卷　集部别集类　佚

见民国《江阴县续志》卷19。《江上诗钞》卷2收其诗3首。

蒋　静

字叔明。宋宜兴人。迁居江阴。元丰二年(1079)进士。历安仁、陈留二县令。徽宗初立,擢职方员外郎,迁国子司业,进祭酒,又为中书舍人,以显谟阁待制知寿州,又徙知江宁府、睦州,官大司成,出知洪州,后告归,加直学士。年71卒,赠通议大夫。《宋史》有传。

寂照堂集　集部别集类

见民国《江阴县续志》卷19。《江上诗钞》卷2收其诗4首。

葛敏修

字圣功。宋江阴人。元祐三年(1088)进士。为确山令,为人孝友,工诗。宋胡铨《澹庵集》卷15有传。

葛圣功文集　集部别集类　佚

见《澹庵集》卷15。

道岷集30卷　集部别集类　佚

见《宋元学案补遗》卷19。《江上诗钞》卷2收其诗1首。

吕天策

字彦发。宋江阴人。隐居不仕。善诗,尤工书法,能兼数体。徽宗时被诏不就，号“吕诏君”。

石刻 10 卷　史部金石类　佚

宋吕天策辑

见乾隆《江阴县志》卷 16。《江上诗钞》卷 2 收其诗 7 首。

余　壹

字进道。宋江阴人。建炎二年(1128)特奏名，尝官福建提刑司干官。

兵筹类要 15 卷　子部兵书类　佚

见《宋史·艺文志》。

曹　峦

字宗山。宋江阴人。琏之子，绍兴八年(1139)进士。以文名世，官至朝奉郎。志在及物。以江阴故废郡，属毗陵，旧无产税，则例民输丁盐钱视他县独倍，力请均之，郡从其请，邑人皆德之。

论语注 10 篇　经部四书类

苕溪集　集部别集类

钟山集　集部别集类

抱关前集　集部别集类

以上 4 种均见嘉靖《江阴县志》卷 12。

戏彩堂稿 20 卷　集部别集类

抱关前后集　集部别集类

以上 2 种均见乾隆《江阴县志》卷 16。

按:《戏彩堂稿》20 卷为子格裒集汇次刊成，楼钥、戴溪为之序。

吕　棐

字元忱。宋江阴人。绍兴三十年(1160)进士。为岳渚法掾，擅发常平仓赈饥。官至朝议大夫、监察御史。编光庙宽恤诏令。

宝鉴论2卷　子部儒学类　佚

见嘉靖《江阴县志》卷16。

葛　峤

字景温。宋江阴人。官至朝请大夫。为人忠信诚笃，为张孝祥、杨万里所推重。

柳先生集45卷外集2卷别录1卷摭异1卷音释1卷附录2卷事迹本末1卷　集部别集类

见《直斋书录解题》卷16，云："方崧卿既刻《韩集》于南安军，其后江阴葛峤为守，复刊《柳集》以配之。《别录》而下，皆峤所裒集也。《别录》者，《龙城录》及《法言注》五则。《龙城》近世人伪作。"

曹　木

字去非。宋江阴人。隆兴元年(1163)进士。官宣教郎。

春秋解　经部春秋总义类　佚

功守要览　子部兵书类　佚

六谓论　子部杂学类　佚

以上3种均见民国《江阴县续志》卷19。

吴　枋

字木方。宋江阴人。约绍兴末年在世。

宜斋野乘1卷　子部杂学类

(1)《百川学海》本。

(2)《顾氏文房小说》本。

(3)《格致丛书》本。

(4)《说郛》(宛委山堂)本。

(5)《艺海珠尘》本。

(6)《续知不足斋丛书》本。

(7)《江阴丛书》本。

(8)《粟香室丛书》本。

(9)《养素轩丛录》本。

(10)《常州先哲遗书》本。

(11)《古今说部丛书》本。

(12)《丛书集成初编》本。

按:《宜斋野乘》本 10 卷,多涉考证,因毁于火,只辑录为 1 卷,传于世。

耿　秉

字直之。宋江阴人。绍兴三十年(1160)进士。历兵部侍郎,兼给事中,直徽猷阁,知平江军府事,官至焕章阁待制。为人清俭。两为浙漕,所至以利民为事。

春秋传 20 卷　经部春秋总义类　佚

五代会史 20 卷　史部杂史类　佚

以上 2 种见嘉定《镇江志》卷 15。

(乾道)新城志　史部地理类　佚

宋耿秉纂修

见雍正《浙江通志》卷 253 著录。此为乾道五年(1169)知新城县时所修,后佚。

丘　崈(1135—1208)

字宗卿。宋江阴人。隆兴元年(1163)进士。历建康府观察推官、国子博士,迁太常博士,出知秀州华亭县,复知吉州,除户部郎中,迁枢密院检详文字。又知鄂州,移江西转运判官,提点浙东刑狱,进徽猷阁,知平江府,升龙图阁;再迁户部侍郎,擢焕章阁学士,知成都府,复进敷文阁学士,知建康府,拜签书枢密院,官至同知枢密院事。以病乞归。谥忠定,一作文定。《宋史》有传。

丘文定集10卷拾遗1卷　集部别集类　佚

见《直斋书录解题》卷18。

唱酬集　集部总集类

宋丘垧等撰。见《常郡八邑艺文志》卷7宋刘宰《题丘忠定与郑检法唱酬集跋》。

文定公词1卷　集部词曲类

(1)《宋元人词》本。

(2)《四印斋汇刻宋元三十一家词》本。

(3)《彊村丛书》本。题《丘文定公词》1卷。

(4) 抄本《粟香室丛钞·宋元江阴二家词》本，南京图书馆藏。

按:《江上诗钞》卷2收其诗13首。

王　宁

字德和。宋江阴人。乾道二年(1166)进士。仕至中奉大夫，直徽猷阁，逮事三朝，有令闻。

笑庵集(一作啸庵集)10卷　集部别集类　佚

见嘉靖《江阴县志》卷12本传。《江上诗钞》卷2收其诗1首。

吴汉英(1141—1214)

字长卿。宋江阴人。乾道五年(1169)进士。少孤，绩学，平生得力于“毋自欺”一语，为陈傅良、钱象祖所重。官至大宗正丞、兵部郎中。

安边十策　史部政书类　佚

更化三札　史部政书类　佚

归去集20卷　集部别集类　佚

以上3种均见乾隆《江阴县志》卷16。《江上诗钞》卷2收其诗1首。汉英因慕陶渊明而名《归去集》。一作《归休集》。

曹　鸿

宋江阴人。

注琴趣外篇 3 卷　集部词曲类　佚

宋晁补之撰　曹鸿注

见《直斋书录解题》卷 21，云："江阴曹鸿注叶石林词。"

按：《琴趣外篇》为晁补之所著，非叶梦得(石林)之作。

黄　浒

字济卿。宋江阴人。淳熙十四年(1187)以承议郎任行在杂买务杂卖场提辖官。

进思录　子部儒学类　佚

见民国《江阴县续志》卷 19。

吴当可

字时文，一字时甫。宋福州人，寓居江阴。竽仲子。开禧元年(1205)进士。历国子监丞、秘书郎，嘉熙三年(1239)正月为监察御史。立朝有谠言直节。晚归乡里，觞咏自怡。

补劓丛稿　集部别集类　佚

见嘉靖《江阴县志》卷 12，云"藏于家"。

王呈瑞

字莘夫。宋江阴人。嘉定四年(1211)进士。仕至太湖宰。以文鸣于当时。

易肤　经部易类　佚

见嘉靖《江阴县志》卷 12。《江上诗钞》卷 2 收其诗 1 首。

丘　济

字汉迪。宋江阴人。埛孙。官至盐铁度支使者。

宦游录　史部政书类　佚

见《江上诗钞》卷2，收其诗1首。

杨端叔

字子正。宋江阴人。嘉定十年(1217)进士。官江东宪干。《宋史》文苑有传。

自嬉集　集部别集类　佚

见民国《江阴县续志》卷19。

靳更生

字春伯。宋江阴人。嘉定十三年(1220)进士。官南海教授。与王呈瑞、杨端叔三人俱以文鸣。《宋史》文苑有传。

南华经解　子部周秦诸子类　佚

见民国《江阴县续志》卷19。

蒋汝通

字亨伯。宋江阴人。绍定二年(1229)进士。隐而不仕，以琴诗图史自娱。好古博雅，尤精性命之学。年80余卒。

江阴军志　史部地理类　佚

见道光《江阴县志》卷17。谓与郭庭坚合修，为江阴县志之权舆。

质疑　子部杂学类　佚

见道光《江阴县志》卷17。谓著此书以祛干支五行配合之误。

引睡集　集部别集类　佚

见民国《江阴县续志》卷19。

薛　式

宋江阴人。

复命篇1卷　子部道教类

(1)《道贯真源》本。

(2)《道藏精华录》本。

包天麟

字仁甫。元江阴人。宋咸淳四年(1268)举博学宏词科。入元避世,累征称疾不起,诏旌其门曰耆德。年83卒。手未尝释卷,邑人号其村曰文林。

易书诗春秋四经传义　经部群经总义类　佚

见康熙《常州府志》卷22。

俞弈曾

字仲山。元江阴人。性高简,喜读书,见异书必收之。宋亡时避难归家,隐而不仕。贵富人欲见之,罕接其面。至元中县学诸生争迎为师,辄辞谢。终生校书不断。

空谷吟稿　集部别集类　佚

见光绪《江阴县志》卷16。

按:民国《江阴县续志》卷19作俞夔曾撰。

陆文圭(1252—1336)

字子方。元江阴人。宋咸淳六年(1270)贡生。幼颖悟,博通经史百家,及天文、地理、律历、医药、算数之学。为文融会经传,东南学者皆宗师之;为人刚明超迈,以奇气自负。于地理考核甚详,凡天下郡县沿革、人物土产,悉能默记,如指诸掌。宋亡,隐居城东,学者称之曰"墙东先生"。朝廷数遣使驰币聘之,以老疾,不果行。

师宣堂文50卷　子部儒学类　佚

元陆文圭辑

见乾隆《江阴县志》卷16。文奎取秦、汉、唐、宋以来文章系民彝世教者，类编为书50卷，名《师宣堂文》。

墙东类稿20卷　集部别集类

(1)《四库全书》本。

(2) 清乾隆翰林院红格抄本，国家图书馆藏。

(3) 20卷补遗文1卷补遗诗1卷，道光十九年(1839)世德堂刊本，国家图书馆藏。

(4) 20卷首1卷补遗1卷，光绪十二年(1886)蓝格抄本，南京图书馆藏。

(5) 清光绪间刊本。

(6) 清抄本，南京图书馆藏。

(7)《常州先哲遗书》本，有补遗1卷、金武祥撰校勘记1卷，南京图书馆藏(佚名批校)。

按:《四库全书总目》云:“是集本二十卷，世久无传。今从《永乐大典》中搜采遗佚，共得文三百余篇、诗词六百余篇，仍依原目厘为二十卷。虽割裂之余，重为辑缀，亡失者已多，而据所存者观之，固元初一作者也。”

墙东诗余1卷　集部词曲类

(1)《四印斋汇刻宋元三十一家词》本，国家图书馆藏(傅增湘校)。

(2)《粟香室丛钞·宋元江阴二家词》本，作《墙东词》，南京图书馆藏。

按:《江上诗钞》卷3收其诗118首。

俞　远

字之近。元江阴人。弈曾子。隐居不仕，好读书，人称“空谷先生”,有问难者应之若响,人不能难。至正间筑土为室,啸歌其中,长吟短咏,语必惊人。卒年72。

豆亭集1卷　集部别集类

《元诗选》三集本。

学诗管见1卷　集部诗文评类　佚

见明孙作《沧螺集》卷3《空谷先生墓砖记》。

按:《江上诗钞》卷3收其诗11首。

张　缙

字敬之。元江阴人。官浙东廉访使大使。

张缙遗稿　集部别集类

见《江上诗钞》卷5,谓遗稿20首。今诗钞收其诗3首。亦收入《张氏吉光集》卷下。

缪　鉴

字君宝,号苔石。元江阴人。隐而不仕。耽读书,躬行孝悌,乐施与。与陆文圭、杨维桢、张端交游,相互倡和。

效颦集1卷　集部别集类

(1)《元诗选》本。

(2)《云自在龛丛书》本,题《苔石效颦集》1卷附1卷。

(3)台北《丛书集成续编》本。

(4)收入缪氏《旧德集》卷1。

惠希孟

字秋崖。元江阴人。学问该博,孝悌持重。《毗陵人品记》卷5有传。

易象钩元10卷　经部易类　佚

杂礼纂要5卷　经部三礼总义类　佚

家范5卷　子部儒学类　佚

以上3种均见民国《江阴县续志》卷19。

丘元镇

字士安，号西愚。元江阴人。定夫孙，基侄。以儒士征授平江路常熟州同知。

丘元镇诗

见《江上诗钞》卷5，收其诗23首。

明

梁　益

字友直，号庸斋。明江阴人。元至正元年(1341)浙江乡科举人。明毛、郑《诗》，通《春秋》文辞，根据典雅，郡中金石传记皆出其手，其教人以变化气质为先。时称浙西学术醇正、可为世之师表者，除陆文圭以外，唯益而已。年51卒。《元史》有传。

尚书补遗　经部尚书类　佚

见清金门诏《补三史艺文志》。

诗传旁通15卷　经部诗经类

(1) 清初抄本，上海师范大学图书馆藏。

(2)《四库全书》本。

(3)《常州先哲遗书》本。

(4) 清光绪二十三年(1897)武进盛氏刻朱印本，复旦大学图书馆藏。

(5) 缪氏云自在龛抄本(缪荃孙跋)，山东大学图书馆藏。

按:《四库全书总目》云:"朱子《诗传》，详于作《诗》之意，而名物训诂仅举大凡。益是书仿孔、贾诸疏证明注文之例，凡《集传》所引故实，一一引据出处，辨析源委。因杜文瑛先有《语孟旁通》，体例相似，故亦以《旁通》为名。……或朱子所未详者，亦旁引诸说以补之。……亦间有与朱子之说稍异者。……是是非非，绝不坚持门户。视胡炳文等之攀附高名，言言附合，相去远矣。卷首为类目，末一卷则其叙说。内一条论秦造父封赵，因录罗泌《国姓纪原》之文，自谓此于《诗传》虽无所系，而宋氏有国，其姓亦当知，故通之。则冗赘之文，汗漫无理，可已而不已者也。前有至正四年太平路总管府推官滨州翟思忠《序》,明朱睦㮮《授经图》遂以《诗传旁通》为思忠作,殊为疏舛。今从朱彝尊《经义考》所辨(案彝尊所引乃陆元辅之言),附订正焉。"

诗绪余 经部诗经类 佚

史传姓氏纂 史部传记类 佚

以上2种见《元史》本传。

七政疑解 子部历算类 佚

见清金门诏《补三史文志》。

三山稿 集部别集类 佚

见《元史》本传。民国《江阴县续志》卷19云:"《江南通志》以《诗绪》为一种,《余史传》为一种,《姓氏纂》为一种,分隶经史子三部内,殊误。"

王 逢(1319—1388)

字原吉,号席帽山人、梧溪子。明江阴人。弱冠有文名,元至正中,尝作《河清颂》,台臣荐之,称疾辞。明洪武中以文学征,坚卧不起,隐于上海之乌泾,筑草堂以居,名最闲园,自号最闲园丁。工诗咏,少时学诗于陈汉卿,得虞集之传,才气宏敞而不失严谨。《明史》有传。

易传10卷 经部易类 佚

见明焦竑《国史经籍志》卷2。民国《江阴县续志》谓此书见于《明史·艺文志》,今查实无其书。

诗经讲说20卷 经部诗经类 佚

见《明史·艺文志》。

诗经疏义20卷诗经疏义纲领1卷 经部诗经类

元朱公迁疏义 明王逢辑录 明何英增释

(1) 元刻本,上海图书馆藏(清吴骞跋)。

(2) 明正德四年(1509)书林克勤堂余氏刻本,上海图书馆藏。

(3) 明嘉靖二年(1523)书林安正堂刘氏重刻本,上海图书馆藏。

重订四书辑释44卷 经部四书类

宋朱熹章句　元倪士毅辑释　元朱公迁约说　明王逢订定通义

明正统五年(1440)詹氏进德书堂刻本,上海图书馆藏。

资治通鉴外纪增义　史部编年类

明王逢释义

明建阳书坊刻本,台北故宫博物院藏。

梧溪集 7 卷　集部别集类

(1) 元至正明洪武间刻景泰七年(1456)陈敏政重修本,国家图书馆藏(卷一至四及他卷缺叶配清初毛氏汲古阁影元抄本,清陆贻典校并跋)。

(2)《元诗选》(初集)本,1 卷。

(3)《四库全书》本。

(4)《知不足斋丛书》本,有补遗 1 卷。(乾隆道光刻、民国影印)

(5) 清同治十三年(1874)思补楼木活字印本,有补遗 1 卷,国家图书馆藏(傅增湘校并跋)。

(6) 清吕氏明农草堂抄本,国家图书馆藏。

(7) 清抄本,国家图书馆藏。

(8) 清抄本,上海图书馆藏,残。

(9) 旧抄本,台湾"中央图书馆"原藏。

(10) 抄本,台北"中央研究院"历史语言研究所藏,有补遗 1 卷。

(11) 胶卷,南京图书馆藏。

(12)《丛书集成初编》本,有补遗 1 卷。

(13)《中华再造善本》本。

(14) 2016 年北京师范大学出版社出版。

按:此集记载宋、元之际人才国事,多史家所未备。每作小序以标其始末,可补史传之未及。前 6 卷王逢生前已刊,末 1 卷由其子掖刻于洪武时。由陈敏政重修于景泰七年,自后传本甚少,至清代,刻本、传抄本渐多。道光间江阴叶廷甲从杨敦厚家藏抄本录出古诗 5 首,作为补遗,附刊于集后。沙曾达《澄江咏古录》卷中有诗云:"巢由清洁敢希踪,高峰黄山席帽峰。泉石耽吟推性适，梧溪遗集仰诗宗。”

释梧溪集订伪 1 卷　集部别集类

明王逢撰　清叶廷申订伪　清顾广圻释

稿本，上海图书馆藏。

许　恕(？—1374)

字如心，号北郭生。明江阴人。工诗，尤长古体，思深旨远，论事多激昂。元至正中，被荐授澄江书院山长，旋去。少有志才，因天下多故，隐而不仕，浩然自得，与山僧相往过。洪武元年(1368)避兵海上，业医。

北郭集 6 卷补遗 1 卷　集部别集类

(1)《元诗选》本，1 卷。

(2)《四库全书》本。

(3)《江阴丛书》本。

(4)《粟香室丛书》本。

按：以上 2 种另有《续补遗》1 卷。

(5) 清曹琰抄本，国家图书馆藏。

(6) 另有《遗集》1 卷，清鲍氏知不足斋抄本，上海图书馆藏。

按：《四库全书总目》云：“是集其子礼部主事节所辑。范余庆《跋》称其后张简编为七卷，今考定原本为六卷。是今本六卷乃其原数。顾嗣立《元诗选》云‘所著《北郭集》十卷’，或‘十’字‘七’字字画相近而误欤。集中每卷之首皆题五七言古一行，其实乃古体近体杂编，殊不可解，疑或传录者所妄加。《补遗》卷内附录其子节诗六首、孙辂诗二首、又许穆诗二首，许云诗一首，则其族孙裔所续入也。恕诗格力颇遒，往往意境沉郁，而音节高朗，无元季靡靡之音。近体颇似陈与义，或其所宗法者在《简斋集》耶。中多愁苦之词。然如《偶成诗》之‘一径豆苗绿，独行溪水西。繁露坠丛竹，新流涨芳堤。偶与樵者语，忽闻幽鸟啼’云云，亦未尝不翛然清远。盖遭逢丧乱，故哀怨独深，有不能率其恬夷之素者矣。”

张　端

字希尹，人称沟南先生。元江阴人。历绍兴和靖书院山长，累官甫昌路儒学教授、海盐州判，江浙枢密院都事。博学好修，擅诗文，与虞集、杨维桢齐名。兼工书法。

沟南漫存稿1卷　集部别集类

《元诗选》本。

按：《千顷堂书目》卷29作《沟南集》，无卷数。

包　英

字叔蕴。明江阴人。元至正七年（1347）举人。任平汀道书院山长，辞归。洪武初以才荐不出，自号静趣居士。少淹贯经史，与同里黄常、惠连俱以博洽闻，独以小学为入德之门，与黄常商定《通义》一书，以为此乃根柢所在。

小学通义　经部小学类　佚

见乾隆《江阴县志》卷17。《江上诗钞》卷5收其诗2首。

孙良有

明江阴人。初以布衣教授乡里，值朝廷征用儒生，召见授官，任白水县县丞。未几以母丧去职归里。

白水诗稿　集部别集类　佚

见明张宣《青旸集·跋白水诗稿》，谓乃自道途游历及在官之日所作，风格恬淡闲雅。

黄　常

字叔彝。明江阴人。与同里包英、惠连并以博洽称。洪武初明经不就，隐居游鲤山，后荐本府训导，二月即告归。复调建阳主簿。

小学训解　经部小学类　佚

见嘉靖《江阴县志》卷17。

按:《千顷堂书目》卷3著录10卷。《江上诗钞》卷8作《小学通义》10卷。

宏书72章　子部儒学类　佚

见《江上诗钞》卷8,收其诗2首。

按:乾隆《江南通志》卷190著录元末王常《小学训》,江阴人。疑与此"黄常"为同一人。

张　庸

字熙载,号用斋。明江阴人。洪武初举明经,授本县儒学训导。

用斋漫稿　集部别集类　佚

见民国《江阴县续志》卷19引《江阴诗粹》。

按:《明诗综》卷15收其诗1首。《江上诗钞》卷8收其诗2首。

全归集　集部别集类

明张庸撰　明张琳编

(1) 6卷,清漱石山房抄本。

(2) 7卷,清抄本,南京图书馆藏。

孙　作

字大雅,又字次知,号东家子,又号旷野居士。门人称清尚先生。明江阴人。元季避兵于吴,张士诚闻而礼召之,以母病辞不往。又客松江。明洪武六年(1373)召修《大明日历》。书成,除翰林院编修,以老病乞改太平府教授。十二年召为南京国子学助教,分教中都,逾年还国学,擢授司业。归卒于家。为人器宇端凝,有俊才,处世不阿世。性无杂好,唯著书自怡。所作文甚为后人推崇。《明史》有传。

能书(一名东家子)4卷后录1卷　子部杂学类

明初抄本,蝴蝶装,黄丕烈跋,存四卷:卷二至四、后录,南京图书馆藏过云楼藏书。

按:本书首有宋濂《东家子传》云:“东家子名作字大雅,……著书十二篇,号东家子”。另一叶文字称:“自号旷野居士,著《能书》十二篇,……更号东家子能书。”《明史·艺文志》《千顷堂书目》等均著录“东家子十二篇”。书中阐述儒学之天道人性,词旨宏博而通达。书成于明洪武间,未曾刊刻,以抄本流传。此本观其纸张、字体、墨色当在明初。内容存教言第□、政言第六;卷三外篇上:玄言第七、□言第□、则言第□;卷四外书下:致言第十、郛言第□、家言第□。题有卷端的仅存卷三和卷四,均题为《能书》,盖卷一至二为内篇一至六,卷三至四为外篇七至十二,总十二篇四卷。曾为黄丕烈收藏并重新裱帧蝴蝶装。末有黄氏跋文一篇,称当时已成残帙。今未见有其他传本。此书入选第五批《国家珍贵古籍名录》。

沧螺集6卷　集部别集类

(1) 明弘治九年(1496)刻本,见金武祥《重刻沧螺集序》。

(2) 明末汲古阁刻本,首都图书馆藏。

(3)《四库全书》本。

(4)《江阴丛书》本。

(5)《粟香室丛书》本。

(6)《常州先哲遗书》本,有补遗1卷。

(7)《元四家集》本。

(8) 民国古书流通处影印毛氏汲古阁写本。

(9) 1991年上海古籍出版社《四库明人文集丛刊》本。

(10) 台北《丛书集成续编》本。

(11) 抄本,见《江苏省国立图书馆图书总目》。

(12) 传抄汲古阁本,有缪荃孙手校,台湾“中央图书馆”原藏。

(13) 2013年黄山书社出版《明别集丛刊》本。

按:《四库全书总目》云:“是集凡诗一卷、文五卷。其诗力追黄庭坚,在元季自为别调。……然才力不及庭坚之富,镕铸陶冶亦不及庭坚之深,虽颇拔俗而未能造古。……至于文则磊落奇伟,而隐有程度,卓然足以自传。(宋濂)《东家子传》谓'他人之文束于理则词不畅,肆于词则理不直。惟作洞瞩千古之上,析之则理胜,辟之则词严,动有据依,皆非臆说。'《明史·文苑传》亦称其文'醇正典雅'云。"

张　宣(1341—1373)

初名瑄,字藻仲。明江阴人。端子。少即善属文,能诗,既长,学问综博,其言益肆而宏。杨维桢等得其诗,大为嘉许。洪武初以考礼征,与修《元史》。太祖亲书其名召对殿廷,即日授翰林编修,呼为"小秀才"。六年(1373)坐事谪徙濠梁,道卒。《明史》有传。

春秋胡氏传标注　经部春秋总义类

四书点本　经部四书类

五经标题　经部群经总义类

以上3种见嘉靖《江阴县志》卷12本传,谓"行者惟《四书点本》,至今留刻郡庠"。

按:《千顷堂书目》卷2《春秋胡氏传标注》注云:"其书明初与《四书点本》并刊于江阴邑庠。"乾隆《江阴县志》卷21有明鲁渊《春秋胡传标注序》,云:"采三传之要义,摭诸说之精华,音义之未明者释之,议论之未合者辨之,标注音释于胡传之上。"

元史210卷　史部正史类

明宋濂、张宣等撰

按:此书主要版本有:

(1) 明洪武三十年内府刻本,北京大学图书馆藏。

(2) 明南监本《二十一史》本,南京图书馆藏,有丁丙跋。

(3) 明北监本《二十一史》本,国家图书馆藏。

(4) 明抄本,国家图书馆藏。

(5) 清乾隆四年(1739)武英殿本。

(6)《四库全书》本。

(7)《摛藻堂四库全书荟要》本。

(8) 清乾隆四十六年刻本。

(9) 清内府抄本,故宫博物院图书馆藏。

(10) 清道光四年(1824)刻本。

(11)《百衲本二十四史》本。

(12) 1976 年中华书局标点本。

(13) 1986 年上海古籍出版社、上海书店合编《新编二十五史》本。

青旸集 8 卷　集部别集类

明洪武初刻本。

青旸集 9 卷附录 2 卷　集部别集类

明正统十年(1445)刻本。

青旸集 5 卷　集部别集类

明正德十六年(1521)刻本。

按:以上 3 种参见缪荃孙《艺风堂文漫存·辛壬稿》卷 3,正德本为缪氏旧藏。

青旸集 4 卷补遗 1 卷　集部别集类

明张宣撰　金武祥辑

(1)《江阴丛书》本。

(2)《粟香室丛书》本。

(3) 台北《丛书集成续编》本。

(4) 无补遗,清缪氏艺风堂抄本(佚名校),南京图书馆藏。

(5) 清抄本,不分卷,国家图书馆藏。

(6) 2013 年黄山书社出版《明别集丛刊》本。

按:沙曾达《澄江咏古录》卷中有"髫龄文艺众相推,天子亲呼小秀才"之句。

缪文华

字君美,号至泉。明江阴人。鉴裔孙。善诗。

秋蛩鼓翼集　集部别集类　佚

见《江上诗钞》卷30,收其诗2首。

徐　津

字季通,号渭川。一作字仲盟。明初江阴人。

徐津诗　集部别集类

见《列朝诗集》甲前集。《江上诗钞》卷26收其诗16首。其诗集名未见。

许　节

字文度。明江阴人。恕子。洪武中以文学举,起家江山县主簿,擢礼部主事。

述古斋集　集部别集类　佚

见民国《江阴县续志》卷19。

葛天民

明江阴人。洪武中举人才,为大理府同知。

野樵逸响1卷　集部别集类　佚

见《千顷堂书目》卷17。

徐　麒(1361—1445)

字本中,号心远。明江阴人。洪武中奉敕持节谕蜀,事竣,乞归侍养。

(宣德)徐氏宗谱　史部传记类　佚

明徐麒修　杨信民笔录

见吕锡生主编《徐霞客家传》。宗谱修于宣德四年(1429)。

严　本(1365—?)

字志道。其先居明昆山,后占籍江阴。以授徒为生,喜读书,遍读五经诸史，不务浮华之词。斥佛道家言，以朱熹《家礼》为本。精究法律。永乐十一年(1413)以荐征，试以疑律，敷析明畅，授刑部主事。仁宗朝，改大理寺正。为人方正，持身谨严，不苟阿徇，不喜苛严，所平反冤狱至多。《明史》有传。

律疑解略　史部政书类　佚

刑统赋辑度 4 卷　史部政书类　佚

以上 2 种见明缪昌期《从野堂存稿》卷 5《严寺正传》。

按：民国《江阴县续志》卷 19 云："《刑统赋辑义》盖取傅霖《刑统赋》，荟萃诸家而约以己意为之者。志传落'赋'字，无卷数，欧阳东凤《晋陵先贤小传》作四卷。"沙曾达《澄江咏古录》卷中《严本用法平恕》诗云："朝廷立法本非苛，文致偏教密网罗。苦志平反殊故纵，力争义理活人多。"

邓　明

字光远，号信心。本交趾郡人，明永乐三年(1405)迎明师，献二十八府州县。授参政，晋行在工部尚书。因子思晦以州守谪江阴主簿，遂居江阴。

南翁梦录　史部杂史类　佚

见民国《江阴县续志》卷 19 引《澄江诗选》。

按：《江上诗钞》卷 8 收其诗 5 首，小传云："著有《南翁梦录》并诗十七首。"

杨信民

明江阴人。任文渊阁纂修，永乐中官日照县县令。

姓源珠玑(又称新刊姓源珠玑)6 卷　史部传记类

(1) 明宣德七年(1432)徐景南刻本，上海图书馆藏。

(2) 明万历二十八年(1600)阎伯子刻本，国家图书馆藏。

(3) 明万历间刻本，台湾"中央图书馆"原藏。

(4) 明万历二十八年金阊世裕堂刻本，中国社会科学院文学研究所藏。

(5) 明刻本，南京图书馆藏。

(6)《四库全书存目丛书》本。

按：亦见《四库全书总目》类书类存目著录，谓“是编以洪武正韵分隶诸姓，而各系古之名人于姓下。分为八十一类。体例极为丛脞”。

精选姓源珠玑 7 卷首 1 卷　史部传记类

明杨信民辑　明李文祥选

明嘉靖十八年(1539)书林郑氏宗文堂刻本，上海图书馆藏。

(宣德)徐氏宗谱　史部传记类　佚

明徐麒修　杨信民笔录

见吕锡生主编《徐霞客家传》。

陈嘉会

字半陶。明江阴人。

春秋三传合解 6 卷　经部春秋总义类　佚

见民国《江阴县续志》卷 19。

(江苏江阴)黄桥陈氏宗谱 8 卷　史部传记类

明陈嘉会等纂修

清光绪十三年(1887)永绥堂木活字印本，无锡市图书馆藏(存卷一至五、七至八)。

(江苏江阴)黄桥陈氏宗谱 10 卷　史部传记类

明陈嘉会等纂修

清光绪三十四年(1908)永绥堂木活字印本，无锡市图书馆藏。

陈　耘(1382—1442)

字德耔，号约庵。明江阴人。永乐中以楷书举。与修《大典》，擢山东道御史，迁浙江按察司佥事。工诗善书。

清约集　集部别集类　佚

见《江上诗钞》卷9,收其诗35首。

陈御史集　集部别集类　佚

见杨复《陈公墓志铭》。

章　砥(1382—1451)

字鸿道,号东岩。明江阴人。读书善吟,多与士大夫倡和。

林塘八咏诗草　集部别集类　佚

见《江阴章氏支谱》卷5。

徐　忞(1393—1475)

字景南,号退庵,别号梅雪。明江阴人。麒长子。生平好尚义举。尝筑室数椽,与文人墨客吟咏其间。

(正统)徐氏宗谱　史部传记类　佚

见吕锡生主编《徐霞客家传》。宗谱修于正统十三年(1448)。

王叔纪

明江阴人。永乐中举秀才。任湖广平江县县丞。

平居集　集部别集类　佚

见民国《江阴县续志》卷19。

按:《江上诗钞》卷9收其诗1首。

朱　绍

字善继。明永乐宣德间江阴人。

唐诗鼓吹续编9卷　集部总集类

明朱绍、朱积辑

见《四库全书总目》总集类存目,云:"是编成于永乐二十二年(1424),盖续《唐诗鼓吹》而作,故所录仍皆七言律诗。"凡宋诗1卷,元诗2卷,明诗6卷。

三先生诗19卷　集部总集类

明朱绍、朱积辑

明宣德九年(1434)自刻本,国家图书馆藏。

郭　谊

字遵王。明江阴人。宣德间诸生。

勿告集　集部别集类　佚

见《杨舍堡城志稿》卷14。

朱　积

字善庆。明永乐宣德间江阴人。绍弟。

唐诗鼓吹续编9卷　集部总集类

明朱绍、朱积编

见《四库全书总目》总集类存目。参见“朱绍”条。

三先生诗19卷　集部总集类

按:版本见“朱绍”条。

刘　源

明江阴人。

注司马法5篇　子部兵书类　佚

见《千顷堂书目》卷13,注云:“正统十一年(1446)八月进于朝,诏赐钞十锭,遣归。”

顾　琳

字汝玉。明江阴人。正统五年(1440)岁贡,任南大理寺副,后乞致仕。居家15年,闭门读书。

平反录　史部杂史类　佚

乡田集　集部别集类　佚

以上2种均见乾隆《江阴县志》卷16。《江上诗钞》卷9收其诗3首。

徐　颐(1422—1483)

字惟正，号一庵。明江阴人。贲长子。精六书。举中书舍人，直文华殿，出入勤慎。后引疾告归，日侍二亲不复出。卒后李东阳、祝允明、文徵明为传赞。

(成化)徐氏宗谱　史部传记类　佚

明徐颐修

见吕锡生主编《徐霞客家传》。宗谱修于成化十年(1474)。

卞　荣(1426—1494)

字华伯，自号兰堂。明江阴人。正统十年(1445)进士。官至户部郎中。景泰间盛有诗名，居郎署二十年，乞诗者塞户，荣对客挥翰，敏捷无比。善画。《国朝献征录》卷30有传。

卞郎中诗集7卷　集部别集类

明成化十二年(1476)刻本，南京图书馆藏。

兰堂集6卷补遗3卷　集部别集类

明卞荣撰　清卞采京辑

清乾隆二十五年(1760)陶城书屋刻本，南京图书馆藏。

按：民国《江阴县续志》卷20云："《国史经籍志》作《卞荣集》，县志传及《明诗综》作《兰堂集》，均七卷。按：今《兰堂集》六卷，为雍正癸丑(十一年，1733)卞采京所辑，乾隆庚辰(二十五年)镌板。又有《补遗》三卷，板存陶城卞氏宗祠。"

又按：《澄汀咏古录》卷中咏卞荣云："自公退食善歌诗，顷刻吟成绝妙词。篇什传抄争赏鉴，大江南北皆口碑。"对其诗作评论甚高。然钱谦益《列朝诗集小传》乙集已谓其诗"往往率易凡近，叫嚣隳突，但以敏捷为能事，无可讽咏者。国初永(乐)、宣(德)后，风尚大都如此。”《四库全书总目》别集类存目亦谓“所作大半皆酬赠哀挽之章，亦多浅率，盖得之太易也”。

育斋先生诗集17卷归田集3卷　集部别集类

明高谷撰　卞荣等编

明弘治四年(1491)序刻本，台湾“中央图书馆”原藏。

朱　熊

字维吉。明江阴人。积子。天顺中岁饥，奉父命出粟赈饥。征入，官通政司知事。

救荒活民补遗书3卷　史部政书类

宋董煟撰　元张光大增　明朱熊补遗

(1) 明常在刻本，清华大学图书馆藏。

(2) 清道光十六年(1836)苕溪江氏刻本。

(3) 抄本，台湾“中央图书馆”原藏。

(4)《四库全书存目丛书》本。

重刊救荒活民补遗书2卷　史部政书类

宋董煟撰　元张光大增　明朱熊补遗

(1) 明万历二十五年(1597)霸州道刻本，台湾“中央图书馆”原藏。

(2) 明万历四十年陕西布政司刻本，南京图书馆藏。

(3) 日本天保七年(1836)刻本，国家图书馆藏。

救荒活民补遗书3卷增补1卷　史部政书类

宋董煟撰　元张光大增　明朱熊补遗

明万历四十五年姚思仁刻本，北京大学图书馆藏。

重刊救荒活民补遗书2卷　史部政书类

宋董煟撰　元张光大增　明朱熊补遗　明王崇庆释断

清同治八年(1869)湖北崇文书局刻本，上海图书馆藏。

按:《四库全书总目》政书类存曰云:“取宋从政郎董煟原书，而益以有明恤赈制诏、及前代好施获福事迹。”《江上诗钞》卷12收其诗3首。

读杜愚得(一作读杜诗愚得)18卷　集部别集类

明单复撰

(1) 明天顺元年(1457)朱熊刻本,北京大学图书馆藏。

(2)《四库全书存目丛书》本。

按:《四库全书总目》别集类存目引宣德九年(1434)黄淮序,谓明杨士奇得本书于湖湘,以授江阴朱善庆兄弟(朱绍、朱积)刻之。实刻于朱熊之手。

章　璠

字质庵。明江阴人。任和顺县学儒官,升昌化县尹。

江阴敔山章氏宗谱　史部传记类　佚

明章璠修

见章锡彭《江阴章氏支谱》卷首章珽自序。

按:此谱已不传,仅存明成化四年(1468)自序,略云:“吾宗八世祖野舟公(章庠)当国朝洪武初,将修成谱,后卒于官,遂不果。璠不肖,援旧图,益而修之。”

徐　泰(1429—1479)

字士亨,更字大同,号白生。明江阴人。景泰七年(1456)顺天乡试第一,选授罗田令。擢知荆门州,在任多行善政。成化十五年(1479)卒于官。明徐溥《谦斋文录》卷6有其墓表。

生白斋集　集部别集类　佚

见乾隆《江阴县志》卷17。

俞　文

字日章。明正统、景泰间江阴人。其父俞璇曾与修《永乐大典》。

学士类编　集部别集类　佚

见乾隆《江阴县志》卷 17。

按:俞文,志传亦写作余文。《学士类编》,志传亦作俞(一作余)璇撰。又明毛宪《毗陵人品记》卷 6 作《学古类编》。

蒋　眉

字嗣昌。明江阴人。

终慕堂稿　集部别集类　佚

见民国《江阴县续志》卷 19。

吴　启

字文举。明江阴人。景泰七年(1456)应天解元,后会试副榜第一,署霍州学正,升浚县知县,后遭父丧归家养其母。

云竹集　集部别集类　佚

见《江上诗钞》卷 9,收其诗 3 首。

李　宗(1433—1473)

字德绍,号雪窗。明江阴人。以诗、字、棋三绝称。

雪窗家藏集　集部别集类

见《千顷堂书目》卷 19。

按:《明诗综》卷 27 收其诗 1 首。《江上诗钞》卷 9 收其诗 82 首,小传谓其族孙李如一撰有其年谱,又云有《雪窗家藏集》抄本,诗 520 首,今并不可见。

蒋　胤

字嗣昌。明成化间江阴人。与李宗相唱和。

终慕堂稿　集部别集类

见《江上诗钞》卷 12,收其诗 14 首。

王　谔

字秉忠。明江阴人。

明珠玉 8 卷　集部别集类

见《四库全书总目》总集类存目。

按:是编成于明成化十年(1474),选明代之诗,自刘基以下凡数百家,所录仅七言律诗一体,盖用《唐诗鼓吹》之例。

徐　山

字仲仁。明江阴人。

(成化)徐氏宗谱　史部传记类　佚

明徐山修

见吕锡生主编《徐霞客家传》。宗谱修于明成化二十一年(1485)。

贡　斌

字良用,更字朝用,号月楼。明江阴人。弘治八年(1495)与其子安甫同领乡荐,选南京左府经历司都事,累官户部员外郎,后致仕。

公余酬应录 2 卷　集部别集类　佚

见民国《江阴县续志》卷 19。《江上诗钞》卷 12 收其诗 4 首。

颜　瑄

字宝之,号一庵。明江阴人。成化二年(1466)进士。官户部主事。才思敏捷。

(天顺)江阴县志　史部地理类　佚

明颜瑄主修

见乾隆《江阴县志》卷首。

一庵诗钞　集部别集类　佚

见《明诗综》卷 28,收其诗 3 首。

按:《江上诗钞》卷11收其诗34首。《明清进士题名碑录索引》成化二年进士作江阴顾瑄,疑著录有误。

雪庭禅师(? —1489)

俗姓桂。明江阴人。生于景泰间。成化九年(1473)参休休翁,爱无字公案,因阅《楞严经》。二十一年住乾明寺。

幻寄集20卷　集部别集类　佚

见乾隆《江阴县志》卷20。

谢　珍

字世宝。明江阴人。成化九年(1473)岁贡。官湖广景陵县丞,升江陵县知县,后乞归。建芸香阁以藏书。

芸香阁文集　集部别集类　佚

见民国《江阴县续县》卷19。《江上诗钞》卷11收其诗2首。

苏　铧

字廷茂。明江阴人。成化中任韶州知府。

武溪集21卷　集部别集类

宋余靖撰

张子寿文集20卷　集部别集类

唐张九龄撰

以上2种有明成化九年(1473)苏铧刻本,均国家图书馆藏。

曹乐清

以字行。明江阴人。

曹乐清诗

见《江上诗钞》卷11,收其诗19首。

徐元献(1455—1483)

字尚贤,号梓庭。明江阴人。颐长子。习举业,于古今卷帙,博记强闻。成化十六年(1480)举人,赴礼部试下第,归,逾年卒。

达意稿　集部别集类　佚

见民国《梧塍徐氏宗谱》卷53《旧传辑略》。

按:《江上诗钞》卷12收其诗4首。

史良佐

字禹臣。明江阴人。弘治十二年(1499)进士。由行人擢御史。劾刘瑾。瑾矫旨下诏狱。屡遭廷杖,削籍南还。瑾诛,起云南副使。浚治海口,得农田千顷,寻告归。

云壑吟稿　集部别集类　佚

见乾隆《江阴县志》卷16。

方　谟

字孔章,号草窗。明江阴人。志称其才藻绝伦,以名诸生入贡太学,明正德十四年(1519)贡生。《邑志》:"性潇洒,尝于席帽山人故址筑小室数间,种桃树千株,号小桃源,作《小桃源记》。"县令李元阳甚重之。

三岛志　史部地理类　佚

见乾隆《江阴县志》卷17。

(弘治)江阴县志14卷　史部地理类

明黄傅修　方谟、张简、苏峦、顾康纂

(1) 明正德十五年刻本,国家图书馆藏。

(2) 影抄本,上海图书馆藏。

(3)《无锡文库》本。

按:黄傅任江阴知县后,慨邑中旧志残缺,而明初贺志"失之浅",天顺颜志"失之驳",于是聘贡生方谟、进士张简、庠生苏峦、顾康,遍索宋绍熙以后各志,“大刊其旧”,“得肯綮,揭纲领”,于弘治十一年(1498)修成。黄傅调升监察御史离任,未能付印。至正德十五年,王泮来任知县,始刊刻行世。记事下限为弘治十一年。全书分为10类89目。卷1至5制治:建置沿革、官治(廨舍属司附)、城池、厢坊、乡都、坛祠、学校、公馆、官宇、邮传、河渠(闸堰井附)、圩岸、桥梁、户口、贡赋、力役、仓库、场务、刑狱、兵卫(形势烽堠附);卷6疆土:封域(道里附)、星分、山川(亭榭附)、田壤、古迹;卷7风俗:士风,农风、工风,商风、妇女风、民风、异教风、通风、方言,人物:道德、名节、孝义,政事、功名;卷8人物:隐逸、文学、列女;卷9名宦:守令、副贰、学职、将官、杂属;卷10宦达:进士、特奏、乡举、诸科、岁贡、杂流、显宦、武职、封赠,杂传:传奉、入赀、名艺、货殖;卷11异端:僧寺、道观、方伎、尼院(女冠附)、翾祠;卷12物产:货之属、谷之属、菜之属、果之属、药之属、木之属、草之属、花之属、竹之属、羽之属、毛之属、鳞之属,介之属、蜾之属、淫飞之属;卷13至14括志:职官、年表、离合图谱、遗事、遗文、变异、大事记、诸志序例次第、考异、杂辩。书前有高宾、方谟两序及凡例。其中《风俗》缺通风、《人物》缺道德、《括志》缺考异。此志为江阴现存最早的志书,通篇“宏纲巨领,罗络无遗,细目苛条,搜剔罔漏”。清初史学家沙张白指出,“吾邑志书莫善于黄志,识既高远,笔复古劲”。而嘉靖志张衮《序》则认为兹编虽“罗终希闻,剖析疑义,雄辞瑰辩,自成家言”,但“多取而寡要,奇搜而眩实”。高宾序其志也批评它“攻或过激,求或过深,颂或过誉,取或过隘”。方谟分纂制治志、人物志。

(正德)江阴续志9卷　史部地理类　佚

明王泮修　方谟、蒋舜文、花实纂

见乾隆《江阴县志》卷首方谟撰序。

按:《续志》记事从弘治十一年始至正德十五年止,以上继弘治《志》。又按:《江上诗钞》卷12收其诗2首。

薛章宪(1455—1514)

亦写作薛章献。字尧卿,晚号浮休居士。明江阴人。诸生。少攻举子业,通《易》《书》《诗》三经,屡试不售,乃弃去。隐而不仕。洽闻博物,性喜山水。尝遍游吴越齐鲁燕赵,寻幽吊古。居常敛肱默坐。赠四川按察司佥事。《毗陵人品记》卷7有传。

鸿泥堂小稿8卷续稿10卷附录1卷　集部别集类

(1) 明嘉靖刻本,上海图书馆藏。

(2) 清缪氏云自在龛抄本,南京图书馆藏。

(3)《四库全书存目丛书》本。

按:明张衮《张水南集》卷5《鸿泥堂续集序》,作《鸿泥堂集》《鸿泥堂续集》共20卷。《四库全书总目》云:"《小稿》刻于正德丁丑,其子布所编。《续稿》刻于嘉靖庚申,邑人沈翰卿所编。诗文皆乏神韵,盖摹古而仅得其貌也。"

薛浮休集1卷　集部别集类

《盛明百家诗前编》本。

按:《江上诗钞》卷14收其诗1卷。

汤　沐(1460—1532)

字新之,号沂乐。明江阴人。弘治九年(1496)进士。除崇德知县,授御史,按山西,举弹无所避,迁湖广按察司佥事。以不附刘瑾,谪武义知县。瑾诛,复广东佥事,理盐政,厘剔奸弊,不畏强御。累迁右副都御史。官浙江、广东布政使,巡抚贵州。嘉靖二年(1523)巡抚四川。入为大理寺卿。后以不肯迎合上意,免官家居。《明史》有传。

汤廷尉公余日录1卷　子部杂学类

《藏说小萃》本。

公余日录1卷　子部杂学类

(1)《藏说小萃》本。

(2)《说郛续》本。

(3)《江阴丛书·藏说小萃七种》本。

(4)《粟香室丛书·藏说小萃七种》本。

(5) 2016年凤凰出版社出版《常州先哲遗书续》本。

汤廷尉家藏集　集部别集类　佚

见《千顷堂书目》卷21。《江上诗钞》卷16收其诗31首。

卞邦本(1460—1539)

字大宁,号桂友。明江阴人。诸生。

卞邦本诗　集部别集类

见《江上诗钞补》卷1,收其《赠竹东砂山石虎门园十景诗》10首。其诗集名未见。

薛　格

字平甫,号清江。明江阴人。成化十六年(1480)举人,弘治六年(1493)进士。改庶吉士,授检讨。后以养病乞归。卒于家,年44。

薛检讨集1卷　集部别集类

明薛格撰　明俞宪辑

《盛明百家诗后编》本。

三凤遗音集2卷　集部别集类

明薛格、薛枢、薛侃撰

见清薛传源《芝塘文稿》卷7《书三凤遗音后》。

按:薛传源谓此集薛枢刻于明嘉靖时,以传其一门之唱。刻本今未见,《江上诗钞》卷13收薛格诗7首。

夏从寿(1463—1537)

字如山,号裕轩。明江阴人。弘治六年(1493)进士。授工部主事,迁户部郎中。以刘瑾要重赂不应落职。谨诛,乃起,历湖广、福建、河南参政参议，擢副都御史，托治郧阳；兼陕洛荆南三省事；四境帖然。以执法不阿，为人所忌，乞致仕归。筑涉趣园，逍遥其中，戒其子勿乞求身后之恩。

夏从寿诗

见《江上诗钞》卷12，收其诗8首。

按:《明人传记资料索引》谓其撰有《裕轩稿》一书。今遍查江阴地方文献，均未见著录此书。姑存此待考。

张　简(1465—1535)

字允敬，号可斋。明江阴人。弘治十八年(1505)进士。正德初授兵部主事，升郎中，官至广东参议。晋阶中顺大夫，以疾致仕归。与修《江阴县志》。其文出入韩柳，诗法盛唐，读书至老不倦。传见《徐文敏公集》卷5。

江阴文献录　史部传记类　佚

见乾隆《江阴县志》卷17。

(弘治)江阴县志14卷　史部地理类

明黄傅修　方谟、张简等纂

(1) 明正德十五年(1520)刻本，国家图书馆藏。

(2) 影抄本，上海图书馆藏。

按:张简分纂疆卫志、风俗志。

文集4卷　集部别集类　佚

见乾隆《江阴县志》卷17。《江上诗钞》卷12收其诗6首。

徐孔能

明江阴人。

(正德)徐氏宗谱　史部传记类　佚

明徐孔能、徐尚德修

见吕锡生主编《徐霞客家传》。

薛　枢

字恩亭，晚号溪山野翁。明江阴人。格弟。性恬退，工诗，日以吟咏自适。

三风遗音集　集部总集类

明薛格、薛枢、薛侃撰

见道光《江阴县志》卷18。民国《江阴县续志》卷19著录2卷。参见清薛传源《芝塘文稿》卷7《书三风遗音后》。

按：薛传源谓此集薛枢刻于明嘉靖年间，其刻本今未见。《江上诗钞》卷13收其诗74首。

葛　谌

字允夫。明江阴人。

韵语阳秋20卷　集部诗文评类

宋葛立方撰

明正德二年(1507)葛湛刻本，国家图书馆藏。

徐瑞成

字孚先。明江阴人。廪生。有文名，时人延训子，辞不就，读书山居庵。精水道，尝注释《禹贡》。

易诗书疏解　经部群经总义类　佚

宋元备考27卷　史部史评类　佚

以上2种见乾隆《江阴县志》卷17。

徐尚德(1470—1553)

字若容。初名元寿，字尚德。明江阴人。元献弟。诸生。折节好学，聚书万卷，广搜唐宋以前旧籍。其学深博，所作跌宕豪迈。晚乃作游仙诗，好道，取室名黄庭。复制僧人衣服服之，因自号衲斋。

(正德)徐氏宗谱　史部传记类　佚

明徐孔能、徐尚德修

见吕锡生主编《徐霞客家传》。

物外英豪　子部杂学类　佚

玉凡山人集　集部别集类　佚

黄庭室稿　集部别集类　佚

以上3种见乾隆《江阴县志》卷7。《江上诗钞》卷15收其诗46首。

高　宾

字舜穆，号一斋。明江阴人。弘治八年(1495)举人，九年进士。官浙江瑞安县令，晋南畿御史，巡察上江，转江西佥事，转参议。以负才任气为同僚所忌，遂罢归。平生以著作自豪，四方多有以乞其为碑铭者。卒年90余。

便产须知　子部医家类

明弘治十三年高宾刻本，上海图书馆藏。

木钟集11卷　集部别集类

宋陈埴撰

明弘治十四年高宾刻本，南京图书馆藏。

徐　淮

字孟义。明江阴人。诸生。好学，有文誉。两兄早逝，父母年老，淮晨昏左右，待熟寝始乘月读书，学者称为读月先生。孜孜汲古，老而弥笃。

徐淮诗　集部别集类　佚

见《江上诗钞》卷12，收其诗11首。其诗集名未见。

承天贵

明江阴人。

(正德)汝州志8卷　史部地理类

明王雄修　承天贵纂

(1) 明正德元年(1506)刻本,宁波天一阁藏。

(2) 1963年《天一阁藏明代地方志选刊》本。

夏仲仁(1471—1525)

字元夫,号后溪。明江阴人。国子生。大吏知其富而好义,使典乡赋。礼遇贤士,周恤亲属及贫乏之士,自奉甚俭。好吟咏。

夏仲仁诗　集部别集类　佚

其诗未见专集名,《江上诗钞》卷15收其诗17首。

薛　金

字子纯。明江阴人。弘治十五年(1502)进士。选庶吉士,授户科给事中,转礼科左给事中。正德初敕查四川等处边粮,又理大同等处边务,皆冒寒犯险,亲履视事,因请劾奸宦,降南京詹事府主簿。后转行人司副,旋晋广西布政司佥事。明李东阳《怀麓堂文后稿》卷17有传。

吾学正传　子部儒学类　佚

治斋集　集部别集类　佚

以上2种见乾隆《江阴县志》卷17。

徐　经(1473—1507)

字直夫,更字衡父,号西坞。明江阴人。元献子。弘治八年(1495)举人。与唐寅以才名相引重。十二年再试礼部,为飞语中伤,罢归。年35卒。

贲感录2卷　集部别集类

明嘉靖二十九年(1550)刻本,吉林大学图书馆藏。

按:《江上诗钞》卷12,收其诗5首。小传谓其子洽刻之。

曹　宏

字毅之,号方湖。明江阴人。正德十一年(1516)举人。十二年进士。知南丰县,后擢山东道御史,又按四川军伍。以母老请侍养,归。年50卒。诗文词逼古作者。

方湖集　集部别集类　佚

见《千顷堂书目》卷22。《江上诗钞》卷16收其诗50余首。

张　谊

字惟正。初号讷斋,晚更号一川。明江阴人。嘉靖五年(1526)贡生。任开州训导,升合州学正。志好编述。建楼藏书,晨夕坐卧其上,搜讨旧文。尝修家谱,著《宗仪》20条以训族人。

读史类聚30卷　子部典故类

明正德间活字印本。

按:明李如一《宦游纪闻序》云:"《类聚》一书,正德初中活字印行,张公曾饷余大父戒庵翁,今犹在敝簏,盖当时校官崇尚实学,非博洽不足以饰羔雉,此殆以供举业。"嘉靖《江阴县志》卷12本传云:"尝读群史,得偶语,类而为编。"

宦游纪闻1卷　子部小说类

(1) 明刻本,国家图书馆藏。

(2) 清抄本,南京图书馆藏。

(3)《藏说小萃》本。

(4)《说郛续》本。

(5)《江阴丛书》本。

(6)《粟香室丛书》本。

(7) 台北《丛书集成续编》本。

(8)《张氏吉光集》本。

(9) 2016 年凤凰出版社出版《常州先哲遗书续》本。

按:万历三十四年(1606)李如一撰序云:"《宦游纪闻》一册,乃在合庠时编其闻见之瑰异者也。先在开庠,有《纪闻》刻行,今湮灭无传。余就所存略加删正,录而藏之。"又云:"纲鉴、性理、五伦诸书,公俱摘要拟题,成袖珍版,以便士林,实当时之绝无仅有者。"

章　素(1477—1558)

字尚质,号菊庄,又号慕云。明江阴人。庠生。

江阴敔山章氏家谱　史部传记类

章素修

见章锡彭《江阴章氏支谱》卷首明嘉靖十二年(1533)章素撰家谱记并后序。

按:章素谓:"订正旧稿,首以世系、次以格目、终则记其行实象赞诗序篇章,自始迁祖之下至素之孙儿一十五世。"其凡例 8 条载章锡彭《江阴章氏支谱》卷首。

朱承爵(1480—1528.1.11)

字子儋,又字子爵,号舜城居士,晚号左庵。明江阴人。国子监生。盛年锐志进取,累试不售,乃弃去,自称磐石山樵。藏书多宋元古本,与李鄂翀同为江阴两大藏书家。又好刻书,所刻甚精,为人推重。与唐寅、文徵明相倡和,正德四年(1509)唐寅过朱承爵,为作《春风第一枝图》。卒年 48,传见《唐伯虎先生集》。

灼薪剧谈 2 卷　子部杂学类

(1) 明抄本,国家图书馆藏。

(2)《四库全书存目丛书》本。

(3) 2016 年凤凰出版社出版《常州先哲遗书续》本。

按:《四库全书总目》云:"其书作于正德癸酉。因腊月大雪,与朋友拥炉夜话，录而成编，故以灼薪为名。然杂抄唐、宋说部之文。如余游褒禅山一条，全录叶梦得《避暑录话》，而注其末曰：'余，叶石林自谓也。'似乎节录古书。而彭渊材禁蛇开井一条，全录惠洪《冷斋夜话》，惟改'使余跋其书'句为'使其宗跋其书'，又似乎冒为己语者。殊不解其何所取义，裒此一编也。殆书肆贾人所为耶？"

存余堂诗话 1 卷　集部诗文评类

(1)《顾氏明朝四十家小说》本。

(2)《藏说小萃》本。

(3) 明崇祯三年(1630)淮南李氏刻《璅探》本。

(4)《说郛》本。

(5)《历代诗话》本。

(6)《学海类编》本。

(7)《江阴丛书》本。

(8) 清抄本，国家图书馆藏。

(9)《常州先哲遗书》本。

(10)《诗学丛书本》。

(11)《四库全书存目丛书》本。

存余堂诗话 1 卷首 1 卷　集部诗文评类

按：《四库全书总目》云："是编凡论诗二十六条，离合参半。如论天厨禁脔假借格之谬，辨《渔隐丛话》论琴阮琵琶诗之非，其说皆确。他论映雪收萤一联，及苏轼少年诗一条，欧阳修学温庭筠一条，亦皆有理。惟所称明人诸诗，多涉芜杂，论乐府必合本题篇名一条，似确而固。至于不知寒山子为何人，则失之眉睫之前矣。"

徐　充(1482—1553)

字子扩，号兼山。明江阴人。年 13 补诸生，弘治九年(1496)被除学籍，年 16 赴试京兆。后因故回乡，闭门谢客，以经学教授其弟亮。为文有晋唐风，间作绘画，意致殊绝，所作《清江纪胜图》为艺林佳品，性介特。

同文书24卷　经部小说类　佚

见明李如一《暖姝由笔序》。

汴游录1卷　史部地理类

《藏说小萃》本。

重订淳化帖释文10卷　史部金石类　佚

老庄集义　子部周秦诸子类　佚

以上两种见明李如一《暖姝由笔序》。

正蒙解　子部儒学类　佚

见《江上诗钞》卷12。

暖姝由笔3卷首1卷　子部杂学类

(1)《藏说小萃》本。

(2) 1卷,《说郛续》本。

(3) 1卷,《江阴丛书》本。

(4) 1卷,《粟香室丛书》本。

(5) 3卷,清末民国初抄本,国家图书馆藏。

(6) 2016年凤凰出版社出版《常州先哲遗书续》本,附汴游录一卷。

按:首1卷为张衮撰墓碣,与徐充撰《六师赞》,明李如一本节序云:"俾先生之浩行笃学,览者得窥其崖略云。"

鼎颐实录　子部杂学类

兼山学圃志　子部杂学类

以上2种见明李如一《暖姝由笔序》。

豹皮囊　子部典故类

见民国《江阴县续志》卷19。

铁砚斋稿　集部别集类

见《千顷堂书目》卷22。

按:明李如一《暖姝由笔序》云:"先生有《铁砚斋稿》三十余册,自弘治丁巳(十年)起,至嘉靖己亥(十八年,1539),凡应酬诗文,皆在焉。"

杜诗注　集部别集类　佚

见乾隆《江阴县志》卷17。

删注文选　集部总集类　佚

见明李如一《暖姝由笔序》。

唐诗类抄　集部总集类　佚

文圃刍荛　集部诗文评类　佚

以上2种见乾隆《江阴县志》卷17。

按:《明诗综》卷43收其诗1首,《江上诗钞》卷12收其诗32首。

徐中孚

字子贞。明江阴人。正德贡生。

乌鼠山人小集16卷　集部别集类

明胡缵宗撰

明嘉靖十八年(1539)徐中孚刻本,南京图书馆藏。

徐　晞

字孟初。明江阴人。永乐中出县掾吏入仕,初授缮工司都事,历工部郎中。英宗即位,试兵部右侍郎,奉命简阅陕西临洮诸卫军士。正统元年(1436)召还,实授右侍郎。复往镇凉州庄浪诸要害,迁南京户部左侍郎。以功晋兵部尚书,充殿试读卷官。天顺元年(1457)致仕。

奇冤录2卷　史部政书类　佚

古今疑案录3卷　史部政书类　佚

殃祥龟鉴2卷　史部政书类　佚

红云冰鉴录10卷　史部政书类　佚

以上4种见民国《江阴县志》卷19。

暨阳遗稿　集部别集类　佚

见《千顷堂书目》卷18。《江上诗钞》卷9收其诗8首。

王　授(1486—1516)

字元予,亦作子予。号瀛洲。明江阴人。诸生,少负异才,修辑家乘。

瀛洲集 20 卷　集部别集类　佚

见民国《江阴县续志》卷 19。

按:《明诗综》卷 69、《江上诗钞》卷 15 各收其诗 1 首。

薛　侃

字云萍。明江阴人。枢子。

三凤遗音集 2 卷　集部总集类

明薛格、薛枢、薛侃撰

见清薛传源《芝塘文稿》卷 7《书三凤遗音后》。参见“薛格”条。

按:《江上诗钞》卷 13 收其诗 11 首。

张　衮(1487—1564)

字补之,号水南。明江阴人。幼刻意问学,年 16 补邑庠生。正德十六年(1521)进士,选庶吉士。改陕西道监察御史。巡视马政,考牧有法,以病自免。寻提督北直隶学校,崇雅黜浮。复召入为翰林院编修,续修《大明会典》,校勘《大学衍义》,分撰郊庙乐歌。寻充经筵展书官,晋讲官。充嘉靖八年(1529)、十一年会试同考官。纂修《祀仪成典》,十五年升左春坊左谕德,晋侍读学士。掌南京翰林院事。充二十年会试主考官。次年掌国子监祭酒,转南京光禄寺卿,致仕。乡居后留心民瘼,振举乡间公益事。平生嗜书,手不释卷。诗法盛唐,清雅俊逸。《张水南集》卷末附有明林树声撰行状。

(嘉靖)江阴县志 21 卷　史部地理类

明赵锦修　张衮纂

(1) 明嘉靖十六年刻本,宁波市天一阁藏。

(2) 1963年《天一阁藏明代地方志选刊》本。

(3) 民国晒印本。

(4) 民国抄本,国家图书馆藏。

水南翰记1卷　子部杂学类

(1) 明嘉靖间刻本。

(2)《藏说小萃》本。

(3)《江阴丛书》本。

(4)《粟香室丛书》本。

(5)《说郛续》本,题明李如一撰

(6)《五朝小说》本。

(7)《五朝小说大观》本。

(8) 台北《丛书集成续编》本。

(9)《张氏吉光集》本。

张水南集11卷　集部别集类

(1) 明隆庆元年(1567)序刻本,台湾"中央图书馆"原藏。

按:据明隆庆元年范惟一撰序,此集先由刘大参、季瑊至二人校之,后由范惟一删订,厘为11卷。此本经明清之际,几乎散失无存,后曾经由朱彝尊等收藏。

(2)《常州先哲遗书后编》本。

(3) 1914年木活字本。

按:此本由张南云从缪荃孙处借得原集,经校对后重印。附《张氏吉光集》2卷。《张氏吉光集》卷下另有张衮遗诗4首,从张氏家谱中录出,为原集未载。

张水南文集11卷　集部别集类

(1) 明隆庆间刻本,天津图书馆藏。

(2)《常州先哲遗书》本。

张水南文集11卷张氏吉光集2卷　集部别集类

明张衮撰(张氏吉光集)张之纯辑

1914年江阴张氏木活字印本，北京大学图书馆藏。

张学士集1卷　集部别集类

《盛明百家诗》本。

张水南集　集部剖集类

明陈体文选刻本。

按：此集为明嘉靖间诗人、江阴陈体文所选刻，选入与诸名人来往诗文，而隐逸者皆删，故入刻者甚少。参见张南云《张水南集后跋》。

徐　臣

字仲邻，号裒峰。明江阴人。尚德子。嘉靖元年(1522)举人。任南平知县，改夷陵州判官。

贞白堂集(一作白堂集)　集部别集类　佚

见《江上诗钞》卷16，收其诗11首。

沈翰卿

字子羽，号石湾，明嘉靖时江阴人。廪生。师事邵宝，有声江左。博极群书，力追古作者。杨仪、文徵明辈皆与缔交。工诗。

沈石湾集1卷　集部别集类

《盛明百家诗》本。

按：《江上诗钞》卷19收其诗1卷。

高叔宗

字子正，号石山。明江阴人。宾侄。诸生。能诗，擅书名，于医学研究尤深。

资集珍方　子部医家类

见乾隆《江阴县志》卷20本传，云："高宾为序，医者秘之。"

丹溪治法心要8卷　子部医家类

元朱震亨撰　明高叔宗校正

(1) 明嘉靖间高叔宗刻本。卷首有嘉靖二十二年(1543)高宾序。

(2) 清宣统元年(1909)武林萧澍霖依明板铅印。

(3) 1983 年人民卫生出版社排印本,南京图书馆藏。

按:《中医图书联合目录》以此书作为明高宾(叔宗)校正,误以高宾、高叔宗为一人。全书共载述丹溪主治各科病症心法 156 种,包括内科杂病、目眼、口齿、痈疡、妇人、小儿病及杂方 24 条,末附以医案拾遗。每一病症皆标有序号,依次编次;其论病因病机、辩证治则等均有条理。

徐　洽(1497—1564)

字悦中,一字恒修,号云岐。明江阴人。经子。太学生,官鸿胪寺主簿。在职九年辞归,优游林泉以终。

云岐小稿　集部别集类　佚

见《江上诗钞》卷 12,收其诗 2 首。小传谓其集曾刻行,今未见。

沈天麟

字桢伯,号养吾。明江阴人。嘉靖元年(1522)举人。授义乌令。岁饥,不待知府令,发仓赈民,坐是解职。居官有节操。

博笑集　集部别集类　佚

见民国《江阴县续志》卷 19。《江上诗钞》卷 20 收其诗 11 首。

曹　骖

字子进,号溪堂。明江阴人。宏三子。诸生。有三吴才子之目。工书善画,词赋卓荦。其祖忠,令分宜,识严嵩。嵩得柄,每召骖,谢不往。尝于舟中朗吟,唐寅闻而交之。骖留心经济,上书当道,当道嘉之。病殇早卒。

曹骖诗

见《江上诗钞》卷 24,收其诗 69 首。

薛　甲(1498—1572)

字应登,号畏斋。明江阴人。章宪子。嘉靖八年(1529)进士。观政礼部,授兵科给事中。指斥方士邵元节,谪湖广布政司照磨,后擢四川淑庐兵备佥事,江西分巡南赣副使。为官勋绩显著。以忤严嵩,归。性刚直,嫉恶如仇。殚心理学,宗紫阳而间取象山、阳明。

易象大旨 8 卷　经部易类

明嘉靖四十年刻本,上海图书馆藏。

四书口义 12 卷(大学 2 卷中庸 2 卷论语 5 卷孟子 3 卷)　经部四书类

清抄《四书口义》本(清徐时栋跋)。

畏斋薛先生绪言 4 卷　子部杂学类

明隆庆间刻本,福建省图书馆藏。

心学渊源录　子部儒学类

心传书院讲义　子部儒学类

以上 2 种见《千顷堂书目》卷 11。

薛兵宪集 1 卷　集部别集类

《盛明百家诗》本。

畏斋薛先生艺文类稿 14 卷续集 3 卷　集部别集类

明薛甲撰　明徐材编

明嘉靖隆庆间刻本,国家图书馆藏,清曾剑跋。

大家文选　集部总集类

《千顷堂书目》卷 31。

徐　亮(1499—1554)

字子寅,号文山。明江阴人。充弟。嘉靖二十年(1541)进士。二十一年知秀水,调汲县,迁通判。平生好蓄古书彝鼎古器。能诗。

鸣哇集　集部别集类　佚

见《江上诗钞》卷 18,收其诗 14 首。

缪　坤

字子厚。明江阴人。名医世家，坤名尤著。性行淳笃。嘉靖间，帅府延至军前疗疫，全活甚多。寿90自志其墓。

方脉统宗　子部医家类　佚

见道光《江阴县志》卷18。

张骥能

字德甫，号冲庵。明江阴人。衮子。少有智略，励志读书。慕古文词而厌帖括，尤长于诗。父有碧山草堂，骥能日引宾朋觞咏其中，复集里中学士为九老诗社、六逸诗社、沧州诗社。清许学夷《沧洲歌》有"玉堂公子美大夫，翩翩逸思世所无"之句。

冲庵诗集　集部别集类　佚

见《张氏吉光集》卷下小传，全稿无存。《张氏吉光集》收其诗11首，系从《澄江诗选后集》录出。《江上诗钞》卷32同。

陈皋谟(1504—1554)

字思赞，号横江。明江阴人。嘉靖二十三年(1544)进士。知蒲州，以身为范，以德化民。蒲人立祠祀之。擢刑部员外郎，迁南京营缮郎中，廉洁奉公如初。杜绝弊源。会倭寇起，檄理城守，冒暑焦劳，卒于官。既卒而有广西佥事之命。善诗。

薄游稿　集部别集类　佚

涨游稿　集部别集类　佚

南游稿　集部别集类　佚

以上3种见道光《江阴县志》卷16。

按:《江上诗钞》卷18收其诗32首。云:共有诗193首。

曹　驹

亦作曹钧，字白谷。明江阴人。宏长子。两举乡饮宾。遵祖父遗训，读书自好，足不出户。凡族有励志读书者，必教育之。抚育孤侄，俾之成立。能诗。

独怀集 2 卷　集部别集类　佚

见《江上诗钞》卷 20，收其诗 35 首。

徐　韦

字明佩，号止庵。明江阴人。国子监生。善诗画隶书。

观梦庵集　集部别集类　佚

见《千顷堂书目》卷 23。

按：《江上诗钞》卷 22 收其诗 10 首，《明诗综》卷 55 收其诗 2 首。

陈崇庆(1506—1581)

字懋贞，号澄江。明江阴人。嘉靖十四年(1535)进士。视政户部，出守蒲州，官终广东按察司佥事。

惜阴录　子部儒学类

尘墅过农稿　集部别集类

以上 2 种均见明吴中行《赐余堂集》。

李　诩(1506—1593)

字原德，号戒庵老人。明江阴人。诸生。绩学多闻，潜心理学。与唐顺之辈互相砥砺，晚谢应举，专事著述，手披口诵，评骘古今。嘉靖三十九年(1560)在里，参加筑城之役，以御倭寇。

续吴郡志 2 卷　史部地理类

(1) 清抄本，台湾“中央图书馆”原藏。

(2)《适园丛书》本。

按:此书补宋范成大《吴郡志》之缺,记古迹、故址、神仙、高士等。

真率窝图册集　史部地理类

见《赤岸李氏宗谱》。

名山大川记　史部地理类　佚

心学摘要　子部儒学类　佚

以上2种见道光《江阴县志》卷17。

戒庵老人漫笔8卷　子部杂学类

(1) 明万历二十五年(1597)李鹗翀刻本,上海图书馆藏(罗振常跋)。

(2)《藏说小萃》本,4卷。

(3) 清顺治五年(1648)李成之世德堂刻本,南京图书馆藏。

(4) 清光绪二十三年(1897)刻本,吉林省图书馆藏。

(5) 清抄本,国家图书馆藏。

(6)《常州先哲遗书》本。

(7) 1982年中华书局出版魏连科校点本。

(8)《丛书集成续编》本。

(9)《四库全书存目丛书》本。

(10)《续修四库全书》本。

按:《四库全书总目》云:"是编为其孙如一刊行,皆所记闻见杂说。诩自号戒庵老人,因以为名。书中称世宗为今上,而又载有万历初事,盖随时缀录,积久成编,非一时所撰集,故前后不免于驳文也。其间多志朝野典故及诗文琐语,而叙次烦猥,短于持择,于凡谐谑鄙俗之事,兼收并载,乃流于小说家言。惟记苏轼、黄庭坚真迹诗句,可补本集之亡佚;记刘基画《蜀川图》,可证《图绘宝鉴》之阙漏。又如论《孟子》古本同异,则较王士祯《池北偶谈》所摘为详。又据《三水小牍》以证洪迈《夷坚志》之蹈袭,辨《两山墨谈》所称苏轼有妹嫁秦观之诞妄诸条,为沙中金屑耳。"

戒庵漫笔1卷　子部杂学类

(1)《说郛》本。

(2)《江阴丛书》本。

(3)《粟香室丛书》本。

(4)《古今说部丛书》本。

孝思便览　子部杂学类

见《赤岸李氏宗谱》。

世德堂吟稿　集部别集类　佚

见道光《江阴县志》卷 17。《江上诗钞》卷 22 收其诗 3 首。

李氏文征录　集部总集类

见《赤岸李氏宗谱》。

黄　恺

字实卿，号三桥。明江阴人。嘉靖十八年(1539)岁贡。官抚州通判。文思敏捷，才名为一时之最。尝领九案，十三试不第，故所著乐府有“九板十三腔”。

三桥乐府　集部别集类　佚

见《江上诗钞》卷 22，收其诗 6 首。

吕　夔

字大章，本姓承，后依舅氏，改姓吕。明江阴人。弃儒行医，精研博访，医术日渐精湛。世人呼为“吕仙”。吴中大疫，夔携药日治百家，皆愈，然夔不受章服。嘉靖时隶籍太医院。

运气发挥　子部医家类　佚

经络详据　子部医家类　佚

脉理明辨　子部医家类　佚

治法捷要　子部医家类　佚

以上 4 种见道光《江阴县志》卷 18。

沙万里(1513—1576)

字应鹏，号九炉。明江阴人。游郡庠不第，遂弃去，耕于青山，自食其力，竹屋茅檐仅蔽风雨。性简傲，不入城市。雅好书史，善古文，尤工吟咏，士大夫多与倡和。

竹窗漫稿　集部别集类　佚

见乾隆《江阴县志》卷17。《江上诗钞》卷25收其诗25首。

陈舜卿

字禹忠，一字敬虞，号天台。明江阴人。嘉靖十九年(1540)举人。任山西平顺县知县，调广信府通判。能诗。

洪忠宣大节录　史部传记类　佚

绪言约说　子部杂学类　佚

以上2种均见民国《江阴县续志》卷19。

天台漫稿　集部别集类　佚

见《江上诗钞》卷25，收其诗8首。

苏　礉

字叔强。明江阴人。嘉靖十九年(1540)举人。任国子监助教，后归，授徒自给。

苏礉诗　集部别集类

见《江上诗钞》卷22，收其诗14首。其诗集名未见。

汤明善

一作汤明义。字汝一。明江阴人。沐孙。嘉靖十九年(1540)举人。敦尚理学。三十七年典试四川，善选人。擢即墨县令，多善政，尤注重学校教育。转严州，杜绝贿赂，昭雪冤案，疏浚河道，迁徙校舍。补湖州，晋袁州丞，为官廉明，民拥戴之，建去思祠。迁淮府左长史。以母老乞归。加四品服致仕。
学礼葺要　经部三礼总义类　佚
五伦分疏　子部儒学类　佚
　　以上2种见道光《江阴县志》卷17。

袁士雅

　　字尔振。明江阴人。工绘染。能诗。
天游草　集部别集类　佚
　　见《江上诗钞》卷22,收其诗6首。

程飞卿

　　字子龙,号文江。明江阴人。工诗。
青啸集(一作清啸集)3卷　集部别集类　佚
　　见《江上诗钞》卷25,收其诗11首。

徐衍芳

　　字汝声,号柴石。明江阴人。洽子。诸生。屡试不第。能诗。
柴石遗稿7卷　集部别集类　佚
　　见《江上诗钞》卷25,收其诗12首。

黄　道(1523—1581)

　　字吉甫,号海南。后改名换姓为赵更生。明江阴人。诸生。乐善好施。嘉靖末,输金6千、米2千石以助筑城防倭寇,岁饥复输米7千石。好古文,工诗。卒年59。
黄赵客集1卷　集部别集类
　　《盛明百家诗》本。
燕山集　集部别集类　佚
白下集　集部别集类　佚

寄润集　集部别集类　佚

游鲁集　集部别集类　佚

乐庵集　集部别集类　佚

画眉集　集部别集类　佚

折柳集　集部别集类　佚

以上7种见道光《江阴县志》卷16。

吉甫诗草1卷补遗1卷附录1卷　集部别集类

清丁宝义编《江阴黄氏家集》本，清抄本，天津市图书馆藏。

伊川击壤集8卷　集部别集类

宋邵雍撰

明隆庆元年(1567)黄道刻本，见《明代版刻综录》卷4。

沈嗣光

字伯章，号鹅江。明江阴人。翰卿子。诸生。由县试入邑庠。博学。工诗。敦尚气谊。

印衣录　史部传记类　佚

见道光《江阴县志》卷17，云："邑令钱钎死倭难，为编《印衣录》。"

按：《江上诗钞》卷26收其诗4首。

又按：《江上诗钞》卷26云："凡三领案有精鉴。"民国《江阴县续志》卷19乃著录《真鉴》一书，误，此非书名。

许　庄

字叔正。明江阴人。工诗。

虑远集　集部别集类　佚

沧江八景诗录1卷　集部别集类　佚

以上2种见民国《江阴县续志》卷19。

康衢集100卷　集部总集类　佚

见《明史·艺文志》。

姚廉敬

字本修。号君山。明江阴人。嘉靖中郡庠生。天资颖异,读书过目成诵,终身不忘。诗法初唐,有才名。年逾30(一说25)卒。

姚本修集1卷　集部别集类

《盛明百家诗后编》本。

按:《江上诗钞》卷22收其诗30首。小传谓所著诗刻本无传,有抄本诗64首。

沈受传

字汝习,号寄寰。明江阴人。天麟子。诸生。少承庭训,博览群书。赋性耿介寡谐,善谈笑。工诗。

言志集　集部别集类　佚

见《江上诗钞》卷28,收其诗13首。

唐　觐

字子朝,号延州。明江阴人。嘉靖三十一年(1552)举人。治学严谨刻苦,学识宏博,读书过目不忘。其论云:"书者天下之公书也,知者天下之公知也。无古无今,无人无己,惟其是而已。"颇为通达。性至鲁。能诗。

延州笔记4卷　子部杂学类

(1)《藏说小萃》本。

(2)《江阴丛书》本。

(3)《粟香室丛书》本。

(4) 台北《丛书集成续编》本。

(5) 2016年凤凰出版社出版《常州先哲遗书续》本。

延州笔记1卷　子部杂学类

(1)《藏说小萃》本。

(2)《说郛续》本。

(3)《江阴丛书》本。

(4)《粟香室丛书》本。

(5)《古今说部丛书》本。

按:本书原有唐氏家刻本,万历间已鲜其传,由李如一刻入《藏说小萃》中。《中国善本书提要》云:“觐阐微订讹,鸿博不及杨慎,而精严殆过之。”

唐宋诗文阐微订讹　集部诗文评类　佚

见《江上诗钞》卷25,收其诗1首。

王　觉

字德修,号沟东。明嘉靖间江阴人。隐居著述。

礼记明音2卷　经部礼记类

明刻本,天一阁。

《四库全书总目》礼类存目云:“大抵据陈澔《集说》,专标字音,因书而及其义,因声而及其形。”

五经四书明音8卷　经部群经总义类

明嘉靖三十二年(1553)黄洪毗刻本,上海图书馆藏。

明音4卷　经部群经总义类

明王觉、胡一愚撰

明万历四十六年(1618)吕纯如刻本,国家图书馆藏。

按:道光《江阴县志》卷17本传云:“其最有功于经学者曰《明音》,举四书五经订其字之点画,韵之同异,音之反切,深析于豪厘疑似之间。闭户二十年始成书。”

邓钦文

字徵甫,一作徵父,号薇山。明江阴人。善小楷,行书得赵孟頫法。画花卉,写意入妙,为胡元瑞等推重。诗摹仿唐贤。嘉靖三十三年

(1554)作《同诸友宿城垣御敌》诗。

邓山人集　集部别集类　佚

见乾隆《江阴县志》卷17本传。

倚竹集　集部别集类　佚

纪游集　集部别集类　佚

以上2种见《千顷堂书目》卷26。《明诗综》卷68收其诗1首。《江上诗钞》卷29收其诗73首。

黄　遵

字行甫，号勉庵。明江阴人。道弟。太学生。

勉庵诗钞1卷　集部别集类

清丁宝义编《江阴黄氏家集》本，清抄本，天津市图书馆藏。

徐大纶

更名如鼎。字原和，号穆斋。明江阴人。诸生。博学。有气节。善诗。

会心偶语　子部儒学类　佚

啸歌集　集部别集类　佚

以上2种见《江上诗钞》卷26，收其诗21首。小传谓二书曾刊行，今未见。

薛　逅

字世会，号企梅。明嘉靖、隆庆间江阴人。诸生。能诗。

和鸣录(一作和鸣集)　集部别集类　佚

见《江上诗钞》卷28，收其诗4首。

夏谦吉(1527—1595)

字道贞，一作道真，号带湖。明江阴人。弱冠为诸生。嘉靖二十六年(1547)弃学籍,卜筑泾洛水西草堂,以诗文自娱。

带湖吟稿　集部别集类　佚

豁问轩诗稿 10 卷　集部别集类　佚

以上 2 种见《江上诗钞》卷 26,收其诗 7 首。

赵应春

字文育,号蟠龙山人。明江阴人。任太医院御医。工医。善诗画。

运气证治 1 卷　子部医家类

明嘉靖三十八年(1559)江阴赵氏刻本,台湾“中央图书馆”原藏。

虫鸣集　集部别集类　佚

见《江阴诗存》卷 29,收其诗 1 首。

沈　奎

字文叔,号剑南。明江阴人。嘉靖三十八年(1559)进士。除户部主事,历郎中。出为浙江按察佥事,分巡嘉湖,迁江西布政司参政,以疾辞归。万历六年(1578)与季科等结大雅堂社。生平沉酣经史,尤笃内行,乐于助人。卒年 62。

归兴集　集部别集类　佚

见《千顷堂书目》卷 23。

剑南集　集部别集类　佚

见道光《江阴县志》卷 17。

按:《明诗综》卷 49 收其诗 1 首。《江上诗钞》卷 26 收其诗 51 首。

许　蓉

字子城,号近川。明江阴人。好古博闻,豪雄有智。嘉靖间受命练兵二千抵御倭寇,被谗下狱,三十九年(1560)释出。性嗜书,购聚宋元名迹,暇则与客人赏鉴题咏,晚喜艺菊及牡丹。隆庆三年(1569)曾作诗记潮溢。自为墓志述生平。

近川诗集 2 卷　集部别集类　佚

见《杨舍堡城志稿》。

按:《江上诗钞补》卷 1 收其诗 8 首。

贡　蕃

字从贵,号龙阳。明嘉靖间江阴人。安甫少子。国子生。能诗。

龙阳遗稿　集部别集类　佚

见《江上诗钞》卷 27,收其诗 9 首。

季　科(1532—?)

字与登,号连江。明江阴人。葵子。嘉靖三十二年(1553)进士。授官行人司,擢礼官行人司,擢礼科给事中,屡升工科都给事中,有清举。擢江西布政使参政,多所厘剔。隆庆元年(1567)以奉母告归,于舍后筑清机园,谢绝世务。万历六年(1578)与沈奎等在里结大雅堂诗社,十一年旅居杭州。

华阳会语　子部杂学类　佚

寄寄堂稿　集部别集类　佚

以上 2 种见乾隆《江阴县志》卷 17。

雪浪集　集部别集类　佚

闲居集　集部别集类　佚

了庵鸥盟集　集部别集类　佚

以上 3 种见《千顷堂书目》卷 23。

按:《明诗综》卷 49 收其诗 3 首。《江上诗钞》卷 27 收其诗 58 首。

郭学良

字元一。明江阴人。寄居无锡。成化间诸生。

存朴集　集部别集类　佚

见《杨舍堡城志稿》卷 14。

顾　儒(1533—1618)

字成宪,号云竹山人。明江阴人。以子言贵受封。其父久病成医,嘱其攻医道,儒遵父命,乃弃科举,研习医学。凡投剂无不效验。无论贫富贵贱,不管寒暑风雨随叩辄赴,布袍徒走诊治。擅切脉决荣枯。有医德。里人私谥为慈惠先生。

简明医要5卷补遗1卷　子部医家类

明万历三十四年(1606)顾儒刻本,国家图书馆藏。

按:皆撰择已经效验之平常方药,分门论病,分病定方。凡难制之方不录,怪异之药不取,故称"简明"。

许　道

字汝达。明江阴人。学夷父。以岁荐,授闻喜丞,廉直不能顺上旨,迁王官。

纲目绪言　史部编年类

见《诗源辩体》附《许伯清传》。

陈体文

字仲约,号委寄。明江阴人。诸生。年少负才气。试不利,则弃之。益肆力于古,所居花竹丛翳,啸歌陶然。工诗。

友录稿6卷　集部别集类　佚

见道光《江阴县志》卷16。

按:《江上诗钞》卷21收其诗105首。并云:体文作诗不留稿,友人花周录藏箧中,刘光济序而梓行之,名《友录稿》。诗无所承袭,共397首。

蒋达化

字本一。明江阴人。隆庆六年(1572)岁贡。孝敬父母及长辈,尊尚古礼。

寒泉精舍稿　集部别集类　佚

见《江上诗钞》卷27,收其诗6首。

蒋鸣琅

字和振,号二怀。明江阴人。嘉靖四十三年(1564)举人。万历二十年(1592)任直隶清远知县。能诗。

北游稿　集部别集类　佚

涨游续稿　集部别集类　佚

续游杂稿　集部别集类　佚

以上3种见《江上诗钞》卷28,收其诗10首。

袁尧臣

字承勋。明江阴人。万历七年(1579)举人。授徐州学正,擢鲁山令。值荒年,人相食,多方奔走议赈,积劳成疾,乞归。

易经通义　经部易类　佚

寐语　子部杂学类　佚

觉言　子部杂学类　佚

芸窗稿　集部别集类　佚

桂亭稿　集部别集类　佚

以上5种见道光《江阴县志》卷17。

徐鸣玉

明江阴人。隆庆间苏州府学训导。

历代人物世名记　史部传记类　佚

见《千顷堂书目》卷10。

范鸣谦

字贞夫。明江阴人。隆庆五年(1571)进士。授龙溪县令。

西湖游览志余 26 卷　史部地理类

明田汝成撰

明万历二十二年(1594)范鸣谦刻本,南京图书馆藏。

姜从周

字良辅,号渭矶。明江阴人。万历间在世。能诗。善书。

姜从周诗

见《江上诗钞》卷 30,收其诗 13 首。其诗集名未见。

陈　本

字稷山。明江阴人。以上舍官南京城中兵马司指挥。能诗。

稷山诗集　集部别集类　佚

见《江上诗钞》卷 22,收其诗 1 首。

奚大章(? —1625)

字廷卿,号道南。明江阴人。耆年硕德,见重乡评。诗以寄兴,或不终篇。

半闲小草　集部别集类　佚

见《江阴诗存》卷 27,收其诗 5 首。小传谓其子选望等辑成篇者 40 首。

袁舜臣

字承华,号巽庵。明江阴人。尧臣弟。嘉靖四十三年(1564)举人。研究天文、地理、律数、兵刑造诣精深。年 41 卒。

律吕　经部乐类　佚

天文四季图　子部历算类　佚

五行棋谱色谱　子部艺术类　佚

以上 3 种见道光《江阴县志》卷 17。

按:《江上诗钞》卷22收其诗5首。

徐　河

字仲图。明江阴人。万历二年(1574)进士。授南通教谕,后为浙江汤溪知县。

(万历)徐氏宗谱　史部传记类

徐河纂修

见吕锡生主编《徐霞客家传》。宗谱修于万历五年,为明代徐氏宗谱中最好的一部。

王廷宾(1545—1585)

字明扬。明江阴人。少为诸生,教授里中。万历十年(1582)顺天举人。安贫教授如故。谒选为德安县令,有惠绩。转袁州司李,平反冤狱。平生清苦,工文。

焦露草　集部别集类

豫游草　集部别集类

以上2种见乾隆《江阴县志》卷17本传,云:"曹石仓采入《十二代诗选》中。

任道翀(1545—?)

字元甫,号东吴。明江阴人。少受塾师学,不喜习章句,嗜唐人声律。日与群狎游,夜篝火习之。能诗。

缘水编　集部别集类　佚

见《江上诗钞》卷31,收其诗28首。

张明孺

亦作张明儒。字元朗,号阳湖。明江阴人。衮孙。隆庆四年(1570)举人。任湖广临湘县知县,迁四川东川军民府通判,转北直隶广平县知县，迁辽东苑马寺主簿，旋升江西上犹县知县。经籍子史具皆淹贯，历任备官均著政绩。乞归后辄喜登临，以寄吟啸。文章有祖风。诗宗宋元。

临湘志　史部地理类　佚

吴越纪游　史部地理类　佚

盖牟杂咏　集部别集类　佚

以上 3 种见《张氏吉光集》卷下。

镜石诗　集部别集类　佚

见民国《江阴县续志》卷 19。

按：《张氏吉光集》卷下谓明孺尚有《教民书》《谕俗图刻》，似非专集名，故不另出。又《张氏吉光集》卷下、《江上诗钞》卷 29 均收其诗 6 首。

赵树萱

字懋惇。明江阴人。

赵懋惇遗稿　集部别集类　佚

见《江上诗钞》卷 30，收其诗 4 首，小传谓其子绎熙手录遗稿 53 篇。

章志远(？—1618)

号栖霞。明江阴人。工医。能诗。尝寓瓜步，后迁高邮。

壶天独啸集　集部别集类　佚

见《江阴诗存》卷 30，收其诗 7 首。

马呈图

字泰初，号林曦。明江阴人。郡庠生。工诗。

挹翠轩副墨 1 卷　集部别集类　佚

见《江阴诗存》卷 30，收其诗 4 首。

按：《江阴诗存》谓马呈图稿多散佚，仅存此书。然今亦不可见矣。

周中立

字正夫，号莲涯。明江阴人。万历八年（1580）岁贡，任丹徒县训导，迁兴化县教谕，晋广东钦州学正，终福建兴化府教授。能诗。

山窗杂咏2卷续集1卷　集部别集类　佚

见《江阴诗存》卷33，收其诗4首。

张纯臣

字邦粹，号存约。明万历间江阴人。

张纯臣诗　集部别集类

张纯臣诗多散失，亦不知其诗集名，《江上诗钞》卷32收其诗14首。

夏树芳(1551—1635)

字茂卿，号习池。明江阴人。谦吉子。以诸生教授乡里，造就甚多，缪昌期即出其门下。万历十三年（1585）举人。以母老不赴公车。养母之余，惟耽著作。隐居毗山东麓，不屑仕进。学识宏博，无所不窥。曾与黄毓祺、董其昌、陈继儒等人为吴震元付刻《宋相眼》募捐，终无成。

女镜8卷　史部传记类

（1）明万历刻本，国家图书馆藏。

（2）2017年燕山出版社出版《中国古代女教文献丛刊》本。

按：《千顷堂书目》卷10注云："起周太任，终于明之捣衣女，凡四百七十五人。万历戊申（三十六年）编。"

玉麒麟2卷　子部杂学类

（1）明万历夏氏清远楼刻本，南京图书馆藏。

（2）明刻本，南京图书馆藏。

按：此专辑幼童故事，共260余人。

栖贞志（一作栖真志）4卷　史部传记类

(1) 明万历夏氏清远楼刻本,南京图书馆藏。

(2) 明万历间刻本,安徽图书馆藏。

(3) 清抄本,国家图书馆藏。

(4)《四库全书存目丛书》本。

按:《四库全书总目》传记类存目云:"足编取周秦至元代之修真栖静者,各详其事迹。"其中时代颇颠乱,亦有牵合不伦之处。

奇姓通 14 卷　史部传记类

(1) 明天启三年(1623)夏氏宛委堂刻本,国家图书馆藏。

(2) 明天启四年夏氏宛委堂刻本,山东大学图书馆藏。

按:以上 2 种刻本内容相同,仅书前序跋略有不同。

(3)《江阴先哲遗书》本。

(4) 台北《丛书集成续编》本。

(5)《四库全书存目丛书》本。

按:乾隆《江阴县志》卷 16 作《奇姓通游》。《四库全书总目》类书类存目云:"是编以杨慎所辑《希姓记录》未备,因复考之上古,下迄于明,取姓氏之不经见者,分韵编次。复姓则另编于后。然引据未博,体例亦往往疏舛。"

琴苑 2 卷　子部艺术类

明万历间刻本,上海图书馆藏。

按:《中国善本书提要》云:"辑古人杂论琴事者为编,盖隶事之书,非审音之作也。"书有万历四十四年自序。

香林牍 1 卷　子部艺术类

明刻本,台湾"中央图书馆"原藏。

茶董 2 卷酒颠 2 卷　子部谱牒类

明夏树芳辑

(1) 明万历间夏氏清远楼刻本,辽宁省图书馆藏。

(2) 明刻本,中国科学院图书馆藏。

茶董 2 卷补 2 卷酒颠 2 卷补 2 卷　子部谱牒类

明夏树芳辑　(补)明陈继儒辑

明刻本，北京大学图书馆藏。

茶董2卷　子部谱牒类

(1) 明万历间夏氏清远楼刻本，南京图书馆藏。

(2) 明刻本，北京大学图书馆藏。

(3)《古今说部丛书》本。

(4)《四库全书存目丛书》本。

按：《四库全书总目》云："是编杂录南北朝至宋、金茶事，不及采造煎试之法，但摭诗句启实，然疏漏特甚，舛误亦多。其曰《茶董》者，以《世说记》干宝为鬼之董狐，袭其文也。前有陈继儒序，卷首又题继儒补，其气类如是，则其书不足诘矣。"

茶董2卷茶董补2卷　子部谱牒类

明夏树芳辑　(补)明陈继儒辑

(1) 明万历间刻本，上海图书馆藏。

(2) 明刻本，北京大学图书馆藏。

酒颠2卷　子部工艺类

(1) 明万历间夏氏清远楼刻本，上海图书馆藏。

(2) 明万历间刻本，国家图书馆藏。

(3) 明刻本，北京大学图书馆藏。

(4)《古今说部丛书》本。

词林海错16卷　子部类书类

(1) 明万历四十六年刻本，国家图书馆藏。

(2) 明万历间刻本，上海图书馆藏。

(3) 清乾隆五十一年(1786)刻本，上海图书馆藏。

(4) 清乾隆间广东刻本，国家图书馆藏(卷二抄配)。

(5)《四库未收书辑刊》本。

词林海错8卷　子部类书类

清抄本，国家图书馆藏。

词林海错□卷　子部类书类

（1）清抄本，国家图书馆藏。

（2）民国间抄本，国家图书馆藏。

词林海错类选 4 卷　子部类书类

明夏树芳辑　清福申禹类选　清陈渭扬校

清道光十年（1830）同安陈荣春刻本，上海图书馆藏。

法喜志 4 卷续志 4 卷　子部佛教类

（1）明万历间夏氏清远楼刻本，国家图书馆藏。

（2）影印《续藏经》本。

（3）《四库全书存目丛书》本。

按：《四库全书总目》释家类存目著录 3 卷，云"是编取历代知名之人，摭其一事一语近乎佛理者，皆谓得力于禅学。凡二百余人。"此为佛教史传书，辑录在俗名士中参禅学道有关的人物。正编收录 208 人，续编收录 157 人。因意在"以儒为禅用"，故有牵强附会之处。

冰莲集 4 卷　集部别集类

（1）明万历间夏氏清远楼刻本，南京图书馆藏。

（2）《天津图书馆孤本秘籍丛书》本。

按：是书专载说佛故事，用复法师写经，掷笔层冰生莲花故事，故名。

消暍集 18 卷　集部别集类

（1）明崇祯元年（1628）江阴夏氏清远楼刻本，台湾"中央图书馆"原藏。

（2）《粟香室丛钞》本，南京图书馆藏。

消暍集 22 卷　集部别集类

2016 年凤凰出版社出版《常州先哲遗书续》本。

消暍集 24 卷　集部别集类

明崇祯间刻本，北京大学图书馆藏。

消暍集 28 卷　集部别集类

明崇祯间刻本，日本尊经阁藏。

消暍集不分卷　集部别集类

民国间广雅书局抄本，国家图书馆藏。

按：王重民《中国善本书提要》著录2种，国家图书馆藏本20卷，北京大学图书馆藏本24卷，王重民以为北大藏本印刷较早，尚未分卷，卷内书题下卷数，及书口卷数皆作墨钉。缪荃孙《艺风唐续书记》卷7著录32卷，云："此集罕见印本，从邑中故家凑集而成，内钞配数十叶，亦旧钞也。"

又按：《江上诗钞》卷36收其诗1卷。

类聚古今群贤咏物诗集不分卷　集部总集类

明夏树芳编

抄本，台湾"中央图书馆"原藏。

黄继立(1552—1594)

字志学，号心所。明江阴人。道子。万历间国学生，官中书舍人。

心所诗稿1卷　集部别集类

《江阴黄氏家集》本，天津市图书馆藏。

邢之章

号绍南。明江阴人。万历间诸生。能诗。

铜钵余音　集部别集类　佚

见《江上诗钞》卷30，收其诗8首。

郭好问

字裕之。明江阴人。诸生。善事父母，里人感之，万历朝旌表孝行。

家庙图说1卷　史部地理类　佚

见《杨舍堡城志稿》卷14。

薛京南

字允宗，号跃渊。明江阴人。邑庠生。能诗。

幽居闲咏　集部别集类　佚

见《江上诗钞》卷31，收其诗2首。

沈大乐

字苓谷，一作兰谷。明江阴人。受传三子。善书画。能诗。

缶鸣集　集部别集类　佚

见《江阴诗存》卷31，收其诗14首。

徐宏对

字懋扬，号澹元。明万历间江阴人。后避地梁溪，更名无，字我无，号且孺。少游庠，再试不第，遂卒业。工诗。年52卒。

吟余漫稿　集部别集类　佚

穷愁录　集部别集类　佚

以上2种见《江阴诗存》卷28，收其诗5首。

按：《江上诗钞》卷35收其诗19首。

李如一(1558.1.9—1630)

本名鹗翀，字如一，后更字贯之。明江阴人。诩孙。诸生，多识古文奇字。应乡试不中，罢去。敦尚理学，好书尤专，事大父父母竭尽孝敬。晚与钱谦益定交。钱氏撰《明史》，如一访辑《后妃》《权佞》等12传，以助之。同时文震孟、陈继儒、史孟麟及同邑缪昌期并称其学行。性喜购书，遇秘册必贻书相问，补阙正讹，校雠同异。

礼经辑正　经部大戴礼记类　佚

见乾隆《江阴县志》卷16。

按：如一以朱熹于《大戴礼记》未有成书，乃网罗钩贯，撰成此书。

友乡有录　史部传记类

明李如一辑

见李成之《重刻戒庵老人漫笔跋》。

江阴李氏得月楼书目摘录1卷　史部目录类

(1)《江阴丛书》本。

(2)《粟香室丛书》本。

(3)《常州先哲遗书》本。

(4) 1916年翁斌孙朱丝栏抄本，国家图书馆藏。

(5) 民国乌丝栏抄本，国家图书馆藏。

(6)《丛书集成续编》本。

(7)《宋元明清书目题跋丛刊》本。

按：此目黄氏士礼居有抄本，后归缪荃孙。缪氏又录副本，以寄表兄金武祥，金氏据此刻入《粟香室丛书》。金氏藏本今藏国家图书馆，已印入《宋元明清书目题跋丛刊》。光绪二十二年(1896)，武进盛宣怀据缪氏所获士礼居旧藏本，刻入《常州先哲遗书》。

五述编　子部儒学类

明李如一辑，见李成之《重刻戒庵老人漫笔跋》。

存余稿8卷　集部别集类

见《千顷堂书目》卷26。

藏说小萃11种26卷　丛书类

明李如一辑

(1) 明万历三十四年(1606)李铨前书楼刻本，国家图书馆藏。

子目：

《汤廷尉公余日录》1卷　明汤沐撰

《宦游纪闻》1卷　明张谊撰

《水南翰记》1卷　明张衮撰

《存余堂诗话》1卷首1卷　明朱承爵撰

《暖姝由笔》3卷首1卷　明徐充撰

《汴游录》1卷　明徐充撰
《戒庵老人漫笔》4卷　明李诩撰
《延州笔记》4卷　明唐覲撰
《洹词记事钞》1卷《续钞》1卷　明崔铣撰
《明良记》4卷　明杨仪撰
《保孤记》1卷附1卷　明杨仪撰
(2)《江阴丛书》本,收7种7卷。
子目:
《公余日录》1卷　明汤沐撰
《宦游纪闻》1卷　明张谊撰
《水南翰记》1卷　明张衮撰
《存余堂诗话》1卷　明朱承爵撰
《暖姝由笔》3卷首1卷　明徐充撰
《延州笔记》1卷　明唐覲撰
《戒庵漫笔》1卷　明李诩撰
(3)《粟香室丛书》本,收7种7卷。
子目同《江阴丛书》本。

夏侣�

名未详。明江阴人。

诗经讲义　经部诗经类　佚

四书讲义　经部四书类　佚

以上2种见《江阴夏氏宗谱》卷首乾隆五十年(1785)张宏泩撰宗谱序。

袁一骥

字季友,一字德良,号晞我。明江阴人。万历十一年(1583)进士。以年少授顺天府学教授,升国子监助教。转礼部,历仪曹祠曹,请建储,请日讲,请复建文年号,即奉旨改正。三十二年补湖广按察使。父病乞归。服除。迁佥都御史,巡抚福建,时税珰高鹭横恣,一骥有禁贩罢税之疏,复笞其党。上得报责鹭激变撤回。闽人欢呼雀跃。寻乞归。闽立专祠祀之。性耿直。能诗。

历代守令传 24 卷　史部传记类

明魏显国撰

明万历三十六年袁一骥刻本,见《明代版刻宗录》卷 4。

归田漫草　集部别集类　佚

见《江阴诗存》卷 28,收其诗 2 首。《江上诗钞》卷 35 同。

吴元良

字善夫,号贞斋。明江阴人。家贫,好远游。书法二王,晚学山谷,得坚劲之致。画苍润,无俗笔。因客死,稿多散失。

吴元良诗

见《江上诗钞》卷 35,收其诗 10 首。

张履正(1560—1619)

字我先,号岵望。明江阴人。汝翼子。万历十七年(1589)进士。选应天府儒学教授,历户部郎中,擢广信府知府。以母老乞归。里人亲之,祀广信名宦祠。善诗。

兼吾堂稿　集部别集类　佚

漪漪馆稿　集部别集类　佚

以上 2 种均见《江阴诗存》卷 28。

按:诗存收其诗 15 首,小传谓《兼吾堂稿》梓行,《漪漪馆稿》未梓。《千顷堂书目》卷 25 作《吾兼堂稿》。《江上诗钞》卷 35 收其诗 33 首。

邓汝楫

字原剡,一作弘济,号济沧,后更云来。明江阴人。明万历七年

(1579)举人。初授慈利令,复调龙门,年57卒于任。

芳芷轩集　集部别集类

见民国《江阴县续志》卷19。

按:《明诗综》卷58收其诗2首,《江上诗钞》32收其诗11首。

吕应钟

字元声,号澄南。明江阴人。夔孙,读子。世为名医,曾任太医院吏目。能传禁方而变通之。擅望气决人生死。或于谈笑间,疗人痼疾。好客好山水亦好诗。

葆元行览　子部医家类　佚

世效丹方(又作世效单方或治效单方)　子部医家类　佚

长春堂诗稿　集部别集类　佚

以上3种见《江上诗钞》卷38,收其诗4首。

吴　尧

字志行,号钟南。明江阴人。尝入邑庠后弃去。隐居青旸溪。喜藏书法名画及鼎彝珍玩。

吴尧诗2卷　集部别集类

见《江上诗钞》卷29,收其诗8首。

顾文熊

字乘虬。明江阴人。副贡生。专意经学,生平赋性高抗,不屑俯仰时辈。为人孝悌。

礼记集解　经部礼记类　佚

按:文熊少治礼经,以陈澔集注多缺误,因参稽众说,分章疏解,又以旧注丧礼多略,乃以《仪礼·士丧礼》及《丧服》经传为主,考郑注及贾、孔二疏,补其未备,名集解行世。

礼运或问　经部礼记类　佚

按：文熊以《礼运》意指精深，作或问，以发其妙得。

孝经内外传　经部孝经类　佚

小学简注　子部儒学类　佚

翼圃新书　子部农家类　佚

脉学指归　子部医家类　佚

本草诠要　子部医家类　佚

历象图书三考　子部术数类　佚

象纬图说　子部术数类　佚

以上9种见乾隆《江阴县志》卷16。

郭士鳌

明江阴人。

觉非集　集部别集类　佚

见《杨舍堡城志稿》卷14。

周元晟

字成之，号翠庭。明江阴人。隐居顾山。能诗。

环翠轩诗集　集部别集类　佚

见《江阴诗存》卷29，收其诗8首，谓是集王稚登为之序。

吴汇奇

字无奇，号镜元。明江阴人。诗多散失。

吴汇奇诗

见《江上诗钞》卷32，收其诗10首。

缪昌期(1562—1626)

字当时，一字又元，号西溪。明江阴人。少善属文，尝从夏树芳习举业。万历四十一年(1613)进士。改庶吉士。梃击事起，昌期怒斥权宦。授检讨时，刘文炳劾之，遂移疾归。天启元年(1621)还朝，寻迁左赞善，进谕德。杨涟劾魏忠贤，时传涟疏乃昌期代草，忠贤恨之。时魏党骄恣，昌期与周宗建被逮，下诏狱。昌期慷慨陈词，竟毙于狱。性纯孝、刚烈。与杨涟、左光斗友善。不媚权贵。福王时，追谥文贞。《明史》有传。

周易九鼎(新镌缪当时先生周易九鼎)16卷首1卷　经部易类

(1) 明崇祯间长庚馆刻本，日本尊经阁藏。

(2) 明末仙源堂刻本，南京图书馆藏。

周易会通12卷　经部易类

明万历四十五年休宁梅田江氏生生馆刻本，重庆图书馆藏。

按：《中国善本书提要》云："原题：缪昌期当时甫阅，熊秉鉴元明甫、程策献可甫订，汪邦柱砥之甫、江柟楚余甫同辑。是书凡例称：'凡先代注疏，名儒语录，及近日时说，一议一见，皆录入无遗。'实则多为旧本所有，新采入者并不多也。姓名题名末题云：'星源詹国俊用章甫、休宁梅田江氏生生馆梓行。仍有外篇十卷，在后续刻。'今未见外篇。"

新镌缪当时先生四书九鼎13卷　经部四书类

明缪昌期纂　(删补征言)明唐士雅辑　明潘文焕补

明末坊刻本，国家图书馆藏。

丙辰涉录　子部杂学类　佚

己未涉录　子部杂学类　佚

以上2种见《从野堂存稿》卷3《己未涉录序》云："余自丙辰里居，有《丙辰涉录》，今踵为己未。"亦见《文贞公年谱》万历四十四年(丙辰)、四十七年(己未)。

从野堂存稿　集部别集类

(1) 8卷，行状1卷(缪虚白编)，谕葬录1卷，明崇祯十年(1637)子缪虚白刻本，上海图书馆藏。

(2) 8卷首1卷末1卷外集1卷，清同治十三年(1874)十世孙缪之镕重订校刻本，南京图书馆藏。

按：此本虽仍是诗文8卷，但经缪之镕重订，篇次与崇祯本已不同。另补首1卷末1卷。外集1卷。首1卷收《明史》本传、图象并缪之镕编文贞公年谱；末1卷，收叙跋后记等。外集则收缪昌期《集古文旨》14条，并缪之镕编赠答、吊挽、遗事等。

(3) 清光绪二十一年(1895)盛氏思惠斋刻《常州先哲遗书》朱印本，南京图书馆藏。

(4) 8卷补遗1卷附录1卷文贞公年谱1卷，《常州先哲遗书》本。

(5)《丛书集成续编》本。

按：以上3种存补遗1卷、年谱1卷、附录1卷。盛宣怀跋云："崇祯本最为完备，今以崇祯本为主，以雍正、同治两本校其得失，择善而从。崇祯本所无者则为《补遗》1卷。同治本刊于海陵，版式最陋，编次无法，有遗事、有赠答、有哀挽、有圈点、有评语，谨将遗事、赠答、哀挽、年谱附刊于此，而圈点、评语未便刊入。"

(6)《续修四库全书》本。

(7)《四库禁毁书丛刊》本。

按：其诗又收入《江上诗钞》卷41，存1卷。另清徐绍基编《人岳萃编》亦收有其诗。

从野堂稿5卷　集部别集类

《乾坤正气集》本。

缪文贞公文集2卷　集部别集类

(1) 清康熙间江阴缪氏刻本，国家图书馆藏。

(2) 清雍正六年(1728)江阴缪氏耕学草堂刻本，大连图书馆藏。

缪文贞公会试硃卷1卷　史部传记类

清光绪间石印及铅印本，国家图书馆藏。

许学夷(1563—1633)

字伯清。明江阴人。早厌弃帖括，惟文史是好。于《左传》《国语》之书皆有手辑。自七岁即能诗，论诗自三百篇以下讫五代，辨其源流，析其正变。万历三十五年(1607)与徐弘祖同游惠山。崇祯六年(1633)与沈鹜、邱维贤、徐益辈22人结沧洲社并为之领袖。为人高洁自好。

许伯清诗稿1卷　集部别集类

明万历四十一年陈所学刻本,国家图书馆藏。

许伯清诗1卷许伯清遗诗补遗1卷　集部别集类

1922年上海上聚庐铅印本,南京图书馆藏。

诗源辩体36卷　集部诗文评类

(1) 稿本,北京大学图书馆藏。

(2) 1987年人民文学出版社点校本。

(3)《中华再造善本》本。

诗源辨体16卷　集部诗文评类

明万历四十一年陈所学刻本,南京图书馆藏。

诗源辨体36卷后集2卷　集部诗文评类

1922年上海上聚庐铅印本,南京图书馆藏。

陈　震

字孟阳。明江阴人。

陈震诗　集部别集类　佚

见《江上诗钞》卷34,收其诗10首。

草堂清话4卷　子部小说类

清抄本,国家图书馆藏。

按,《草堂清话》著者为明初金陵人陈震,曾参加编纂《永乐大典》。是否同一人,待考。

沈　鹜(1564—?)

字飞霞。明江阴人。家贫,好学,工诗。与王稚登、袁宏道相唱和,梁溪孙继皋极爱重之,因招往卜居焉。鹜生平负气节,不以贫故低眉于人。终客死梁溪。

梅花百咏　集部别集类　佚

见《江阴诗存》卷27,收其诗8首。

按:乾隆《江阴县志》卷17谓孙继皋梓行其《梅花百咏》。刻本今未见。《江阴诗钞》卷34收其诗29首。

章　奏

字襄哉。清江阴人。明万历年间诸生。家贫好学,喜作诗,炊烟莫继,亦吟咏不辍。诗文皆以抒写性情。年80余尚为制举业。崇祯初县令以衣冠致宾筵。

易解　经部易类　佚

见光绪《江阴县志》卷17。

易经补义2卷　经部易类

见《江上诗钞》卷51,收其诗2首。

按:以上2种或即同一著作。

刘文基

号武夷。明万历间江阴人。客居京都。善诗。

浪游集　集部别集类　佚

见《江阴诗存》卷30,收其诗2首。又《江上诗钞》卷38收其诗2首。

史　镒

字汝器,号蓉泉。明江阴人。以子邦载封兵部主事。工诗。诗风清婉有致。年60卒。

蓉泉诗草　集部别集类　佚

见《江上诗钞》卷30,收其诗25首。

曹世熙

字尚友，一作友明，号景逸。明江阴人。宏曾孙。明万历年间诸生。崇祯十三年(1640)与徐遵汤等同修《江阴县志》。卒年84岁。

(崇祯)江阴县志8卷　史部地理类

明冯士仁修　徐遵汤、曹世熙等纂

(1) 明崇祯十三年刻本，美国哈佛大学汉和图书馆藏。

(2)《无锡文库》本。

缴湖存笔　子部杂学类　佚

见《江上诗钞》卷40，收其诗16首。

庄正容

字孔章，号隐莘。明万历间江阴人。

庄正容诗

见《江上诗钞》卷37，收其诗35首。

按：庄正容诗未见专集名，《江上诗钞》小传谓有选本诗137首。

邓汝舟

字弘载。明江阴人。汝楫弟。光禄署丞，晋阶征仕郎，七奉诏册封安南，护送朝鲜国使，调陕西，三使辽阳，勘核兵将，俱称职，所至皆有题咏。崇祯四年(1631)晋鸿胪寺少卿，致仕归。

春秋司命　经部春秋总义类　佚

剩住庵稿　集部别集类　佚

以上2种见乾隆《江阴县志》卷14。

按：明许学夷《沧州歌》有"临风抱膝兴不孤，邓君七叶贵蝉冕"之句。《江上诗钞》卷45收其诗6首。

薛　诩

字汝节，号思泉。明江阴人。隐于马家圩。性坦直，好蓄经史。

重刊湖海新闻夷坚续志后集不分卷　子部小说类

明万历间薛诩刻本，国家图书馆藏。

黄继元(1571—1633)

字志善。明江阴人。道子，继立弟。

志善诗稿1卷　集部别集类

清丁宝义编《江阴黄氏家集》本，清抄本，天津市图书馆藏。

周　俊(1571—?)

字伯英，号南岑。明江阴人。隐居贾，与许学夷、邱维贤等在里结沧洲社。能诗，诗风清新脱俗。

周南岑诗稿(一作南岑集)集部别集类　佚

见《江上诗钞》卷33，收其诗55首。

尹嘉宾(1572—1622)

字孔昭，号淡如。明江阴人。万历三十八年(1610)进士。授中书舍人，擢职方司员外郎，奉诏募兵山东，晋湖广佥事。天启元年(1621)升湖广提学副使，次年卒于长沙官署。少耽书史，落落不事生产，为文厌薄时趣，潦倒提笔，短章断行，皆有新意。工诗，里人陈三纲有赠诗云："题咏笔摇沧海色，登临袖满岱宗云。焜煌玉节看南指，江国梅花正待君。"字画瘦劲，晚更杂篆隶出之。又好为新说解字。

焚余诗集1卷　集部别集类　佚

见《千顷堂书目》卷26。

按：尹嘉宾病革时，将其生平著述付之一炬，其子自道掇拾残帙，故名。《江阴诗存》卷32收其诗50首。

尤士晋

字伯升，号惺宇。明江阴人。郡廪生。工诗。

紫薇轩草　集部别集类　佚

层树斋偶吟　集部别集类　佚

以上2种见《江阴诗存》卷297收其诗4首。《江上诗钞》卷37同。

王懋昭

字子初，号澹泉。明江阴人。万历间诸生。尝采录江阴诸先辈诗数十卷，卒后并其自撰文稿均毁于火。

王懋昭诗

王懋昭诗稿毁于火，无专集名，《江上诗钞》卷29收其诗12首。

颜季亨

字会通。明江阴人。曾游于燕，名噪一时。

国朝武功纪胜通考8卷补漏居寓言1卷　史部杂史类

(1) 明天启刻本，国家图书馆藏。清代遭禁。

(2)《四库禁毁书丛刊》本。

时务体要　史部杂史类

见《清代各省禁书总目》。

经世急切时务九十九筹(省称九十九筹)10卷　子部儒学类

(1) 明天启三年(1623)序刻本，上海图书馆藏。

(2)《玄览堂丛书》本。

(3) 1985年辽宁省图书馆扫描本。

(4) 1986年江苏广陵古籍刻印社影印《玄览堂丛书》本。

(5)《四库未收书辑刊》本。

缪钟理

字守恒。明万历间江阴人。幼失父母，事祖至孝。精探医理，有名于时。性乐善好施。

化机渊微 4 卷　子部医家类

见乾隆《江阴县志》卷 16 本传。

高　阶

字晋卿，号山庵。明万历间江阴人。参加沧洲诗社。

高阶诗

高阶诗无专集名，《江阴诗存》卷 33 收其诗 10 首。

按：高阶有《寄周伯英社兄时客海陵》《病起有怀社中诸友》等诗，咏沧州诗社中人。明许学夷《沧州歌》有"时时解带同操觚，高生意态真磊落"之句。《江上诗钞》卷 43 收其诗 16 首。

周时复

字子初，号见心。明江阴人。能诗。

读史一班　史部史评类　佚

见《全毁书目》。

闾史 1 卷　子部小说类

清初刻本。

按：所载多畸人逸事。《江阴诗存》卷 32 收其诗 3 首。

隆　修

号莲舟。明万历间江阴迎福寺僧。尝与许学夷等结沧州诗社，有声诗坛。

诗 1 卷　集部别集类

见《江上诗钞补》卷 10，收其诗 14 首。

许国泰

字长孺，号损庵。明江阴人。万历时郡庠生。性刚介不随流俗。有志经济，每论时事必引古论今，辨其得失，足不越千里而四方形势了如指掌。

周易略说　经部易类　佚

四书略说　经部四书类　佚

以上 2 种均见《江阴诗存》卷 27，收其诗 4 首。《江上诗钞》卷 34 收其诗 6 首。

蒋　谨

字钦之。明江阴人。万历三十五年(1607)进士。除中书舍人，三奉使，有清望。擢都水郎中，治理河淮徐，任江西布政司参政，备兵南瑞。天启五年(1625)奉表入贺，以遭谤削职。崇祯初，诏复职，旋卒。好诗。

左逸 1 卷短长 1 卷　史部杂史类

题明蒋谨辑

(1) 明崇祯五年(1632)蒋世枋刻本，国家图书馆藏。

(2)《四库全书存目丛书》本。

按：此书见《四库全书总目》卷五十二史部杂史类存目，提要云："是书凡《左传逸文》三则，《战国策逸文》三则。二书各有《小引》。前称峄阳樵者获石箧，得竹简漆书《古文左传》。读之中有小抵牾三，余得而录之。或谓秦、汉人所传而托也，余不能辨。后称耕于齐野者，地坟得大篆竹策一帙，曰《短长》。刘向叙《战国策》一名《短长》。所谓《短长》者，岂《战国逸策》欤？然多载秦及汉初事。意文、景之世，好奇之士伪托以撰。前题延陵蒋谨手次，及子世枋重订。又冠以《世枋序》，称二帙为其先人手录，贮箧中者四十年，未详作者谁氏。并所序峄阳、齐野二说亦不知何人。惟是纪事用意，笔法遒古，非秦、汉以下所能道只字云云。

漆书竹简，岂能阅二千年而不毁，其伪殊不足辨也。”延陵为常州古称，江阴明属常州府，故著者或为江阴蒋谨。另据余嘉锡《四库提要辨证》考定，此二书实为明代王世贞所撰，见《弇州山人四部稿》。

紫薇省稿　集部别集类　佚

绿漪轩稿　集部别集类　佚

望晓楼稿　集部别集类　佚

以上3种见道光《江阴县志》卷17。

按：《江上诗钞》收卷45其诗3首。

张绍祖

字世良。明江阴人。衮曾孙。万历四十年(1612)举人。任昆山教谕。工诗。

生春堂稿　集部别集类　佚

见《江上诗钞》卷37，收其诗2首，亦收入《张氏吉光集》卷下。

赵绎熙(？—1628)

字宏光，号祥宇，一字愧蓼。明江阴人。树畇子。以经明行修守诸生者30年。天启元年(1621)贡生。见魏忠贤党焰肆毒，感愤赋诗。

赵绎熙诗　集部别集类

见《江上诗钞》卷43，收其诗22首。其诗集名未见。

戴廷桂

字友莄。明江阴人。诸生。家贫嗜学，好画山水作诗赋。为人方正不苟。性孝友。年未60而卒。

半隐堂稿　集部别集类　佚

渔舫草　集部别集类　佚

雪巢草　集部别集类　佚

吟止稿　集部别集类　佚

以上 4 种见《江上诗钞》卷 45,收其诗 2 首。

李华延

字让父,号凤邻。明万历间江阴人。年 30 余卒。

李华延诗

见《江上诗钞》卷 38,收其诗 40 首。小传云:“诗多散逸,病中掇拾凡九十四首,并自撰挽诗一首。”

张绍芳

一名宪祖。字世俊,号纯我。明江阴人。绍祖弟。万历二十八年(1600)举人。颖异好学,上自《仓颉》篇,钩玄提要,下至诸子百家,多所考证批点。不问外事,日惟吟咏。

纯我诗稿　集部别集类　佚

见《张氏吉光集》卷下,收其诗 4 首。

按:张氏诗稿甚多,早已散佚,此 4 首乃从《澄江诗选后集》录出。

徐文光

字子野,号斗墟。明江阴人。万历二十八年(1600)岁贡生。任海宁、奉化训导。能诗。

闲云馆集　集部别集类　佚

见《江阴诗存》卷 29,收其诗 10 首。《江上诗钞》卷 37 收其诗 11 首。

徐遵尧

字伯勋。明江阴人。

诗酒山水吟　集部别集类　佚

见民国《江阴县续志》卷 19。

陈　棠

字民怀，一字明怀，号企梧。明江阴人。棠避地青旸之桑原，故又称桑原公。画仿元人貌。

碧梧斋稿　集部别集类　佚

见《江上诗钞》卷25，收其诗10首。

庄履严

严亦写作岩。字寿椿，号杏旸。明江阴人。万历天启间在世。工医，诊治有奇验。寄情诗酒，傲然自得。尝卧病经年，不废啸歌。

医理发微　子部医家类　佚

见乾隆《江阴县志》卷20本传，云："习医者宝其书，咸宗尚之。"

妇科百辨　子部医家类

憩樵抄本，上海中医药大学图书馆藏。

复苏草　集部别集类　佚

见《江上诗钞》卷43，收其诗8首。

按：《江阴诗存》卷33著录作《复醒草》，收其诗5首。

季　芬

字蕙綵。明江阴人。诸生。博极群书，喜好吟咏，精通天文、术数、星相，尤精先天养气之旨，许多名家皆拜其为师。后隐居邓尉山。

长春境日记　史部传记类　佚

见道光《江阴县志》卷17。《江上诗钞》卷45收其诗1首。

李奕茂(1586.1.12—1629)

字尔承。清江阴人。如一子。明天启中任光禄寺署丞。能诗。

松韵斋稿　集部别集类　佚

见《江上诗钞》卷37，收其诗1首。

按:《钱牧斋全集》有《书李尔承诗后》。

张　镐

字玉京,号镜岳。明万历间江阴人。明孺孙。邑庠生。幼有隽才,工文,能诗,有名于时。以力学早逝,卒年 26。

元对斋稿　集部别集类　佚

见《江阴诗存》卷 27,收其诗 4 首。

按:《张氏吉光集》卷下、《江上诗钞》卷 34 均收其诗 7 首。

邢　汉(?—1645)

号友石,一作字友石。明江阴人。少试童子不取,乃厌弃科举,崇尚六朝三唐人诗。为人孝谨。有负米南宫石癖,故以友石自号。

亦山集　集部别集类　佚

乐天集　集部别集类　佚

江鸥集　集部别集类　佚

以上 3 种见《江上诗钞》卷 50,收其诗 2 首。

徐弘祖(1587—1641)

字振之,号霞客。明江阴人。衍芳孙。我国古代杰出的旅行家、地理学家。少负奇气,博学好古,襟怀高旷。年 30 遍历天下名山大川,明代两京十三布政司,仅四川未到。每到一地,均为文记之,所著《徐霞客游记》,为百科全书式的地学著作,也是我国古代最著名的地理游记文学名著之一。

徐霞客游记　史部地理类

(1) 明末清初季梦良抄本。季氏曾两次整理此书。第一次成书在明崇祯十五年(1642),后于清顺治二年(1645)毁于火。事后又再次搜集整理,但缺《滇游日记》首册。国家图书馆藏季氏二次抄本残部五册,题《徐霞客西游记》,不分卷。

(2) 清徐建极抄本,原为邓之诚收藏,后转谭其骧处,今存邓克处。抄成于康熙二十九年(1690),不分卷。

(3) 清杨名时抄本。杨氏曾两次抄写此书,第一次在康熙四十八年,今已不传。第二次抄于康熙四十九年,分 12 卷,今藏国家图书馆。此为本书较完整的早期抄本,历来为人重视。

(4) 清鲍氏知不足斋抄本(清鲍廷博校,清吴骞、清唐翰题跋),不分卷,抄于乾隆年间,国家图书馆藏。

(5) 韵石山房抄本,不分卷,中国科学院图书馆藏。

(6) 清初抄本,浙江省图书馆藏。

(7) 清徐最抄本(存游名山记、日游滇记四至七、十至十四、附鸡山纪略、盘江考、溯江纪源、游颜洞、游太华山,清钱樾批校并跋),南京图书馆藏。

(8) 清咸丰二年(1852)刻本,卷首有徐霞客像,此为今所见霞客最早的画像,以后各本画像多本于此。

(9) 清同治十二年(1873)贾淦抄本(清贾淦跋),浙江省图书馆藏。

(10) 清抄本,上海图书馆藏(余绍宋、叶景葵跋,叶景葵校)。

按:以上为现存的《徐霞客游记》抄本,此外国家图书馆、上海图书馆、河南省图书馆等藏有清抄本及名家抄本多种,参见《中国古籍善本目录》史部,兹略。尚有清曹骏甫、史夏隆、李寄、奚又溥、杨天赐、刘南开、梧塍徐氏、夏氏、赵氏、赵日宣等抄本,今均已不传。

(11) 清杨名宁抄本,华东师范大学图书馆藏。

(12) 民国间莫厘樵子标点本。

(13) 1956 年台北《世界文库》本。

(14) 1985 年云南人民出版社出版朱惠荣校注本,不分卷。

(15)《中华再造善本》本。

(16)《无锡文库》本。

按:从万历三十五年(1607)22 岁起,徐霞客开始外出旅游,直至崇祯十三年 55 岁,前后 34 年,徐氏游历了大半个中国,足迹遍及今 19 个省市自治区。徐氏坚持记日记，严谨地记录旅途的经历、考察的情况和心得体会。病逝后，其遗作《徐霞客游记》经季会明等整理成书。

徐霞客游记 20 卷　史部地理类

1928 年商务印书馆出版　丁文江编辑，附《徐霞客旅游路线图》《徐霞客年谱》等，学术价值较大，1986 年商务印书馆重印。

徐霞客游记 14 卷　史部地理类

清光绪七年(1881)瘦影山房木活字印本。

徐霞客游记 12 卷　史部地理类

(1)《四库全书》本。

(2) 清抄本，国家图书馆藏。

(3) 1924 年扫叶山房石印本(徐霞客游记大观)，上海图书馆藏。

(4) 1931 年扫叶山房石印本(徐霞客游记大观)，上海图书馆藏。

徐霞客西游记 5 卷　史部地理类

清抄本，国家图书馆藏。

徐霞客游记 10 卷　史部地理类

(1) 清乾隆四十一年(1776)刻本，南京图书馆藏。

(2)《万有文库》本。

(3)《国学基本丛书》本。

(4)《国学基本丛书简编》本。

(5) 1980 年上海古籍出版社出版褚绍唐、吴应寿整理本，10 卷共 3 册。第 3 册为褚绍唐、刘思源编绘的有关旅行线路图 39 幅。此书根据最新发现的季梦良二次抄本与徐建极抄本整理，是现存版本中最完善的。1982 年上海古籍出版社重印，略去第 3 册旅行线路图，于卷首增加徐霞客游行路线总图 1 幅。

徐霞客游记 10 卷外编 1 卷补编 1 卷

明徐弘祖撰　(外编、补编)清叶廷甲辑

(1) 清乾隆四十一年刻嘉庆十三年(1808)叶氏水心斋增刻本，上海图书馆藏。

（2）清光绪七年瘦影山房木活字印本，南京图书馆藏。

（3）清光绪三十四年集成图书公司铅印本，上海图书馆藏。

黔游日记 2 卷　史部地理类

《黔南丛书》本。

江源考 1 卷　史部地理类

《一瓻笔存》本。

按：《徐霞客游记》一书的版本情况参见唐锡仁、杨文衡著《徐霞客及其游记研究》第六章《〈徐霞客游记〉的整理研究》（1987 年中国社会科学出版社出版）、朱钧侃《〈徐霞客游记〉版本考》（《文献》1997 年第 1 期）。

黄毓祁（1589—1617）

字锡予。明江阴人。毓祺弟。诸生。少颖异，有盛名。早逝，卒年 29。

锡余诗稿 1 卷　集部别集类

清丁宝义编《江阴黄氏家集》本，清抄本，天津图书馆藏。

阿堵集　集部别集类　佚

趷然集　集部别集类　佚

以上 2 种见《江上诗钞》卷 49，收其诗 22 首。

江上二黄先生遗稿　集部总集类

清黄毓祺、黄毓祁撰

见《常郡八邑艺文志》卷 6 清赵曦明《江上二黄先生传稿序》。

贡修龄

字国祺。初名万程。明江阴人。安甫四世孙。万历四十七年（1619）进士。四十八年任东阳县知县，为政清廉，按抚流民。摄义乌事，治行一如东阳。天启五年（1625）内召，补刑曹，引经断狱，称明允。晋升少参，董浙漕。革除陋规。再副闽臬。以介直不容投劾归。里居五年,复任江西少参,分守湖东,与江西巡抚不合辞归。性耿直。工诗。

匡山集　集部别集类　佚

斗酒堂集　集部别集类　佚

以上 2 种见乾隆《江阴县志》卷 16。

按:《斗酒堂集》清代遭禁。《江上诗钞》卷 45 收其诗 4 首。

邓　炜(? —1646)

字香若,一作函若。明江阴人。邑增生。早工制义,诗稿藏于家。

铁犁篇　集部别集类　佚

见《江上诗钞》卷 50,谓已行世。收其诗 2 首。

沈　衍

字启昭。明万历间江阴人。孤贫而嗜学。以家无藏书,为人佣书,过目即能诵能解,因博通经史。绝意婚宦。工诗。性孤傲。晚独居一室,有馈赠者,必峻拒之,人目为沈孤鸿。

沈孤鸿诗集　集部别集类　佚

见《江阴诗存》卷 32,收其诗 6 首。

按:道光《江阴县志》卷 18 本传谓其友人邓林良曾刻其诗集。《江上诗钞》卷 40 收其诗 15 首。

焦　芬

字清父,号鸣时。明江阴人。万历天启间在世。喜宾客,嗜琴书。作诗以寄兴,不求工。与庄履严等相往还。卒年 40。

庚申草　集部别集类　佚

辛酉草　集部别集类　佚

壬戌草　集部别集类　佚

癸亥草　集部别集类　佚

以上 4 种见《江上诗钞》卷 43,收其诗 6 首。

按:庚申等分别为泰昌元年(1620),天启元年(1621)、二年、三年。

周高起(? —1645)

字伯高,号兰馨。明江阴人。诸生。崇祯十二年(1639)曾与徐遵汤等参加修纂《江阴县志》。早岁食饩于庠学,博闻强识,工古文辞。喜校书,毛晋刻书,多出其手校。刻书处名玉桂山房。顺治二年(1645)遇清兵,不屈死。

(崇祯)江阴县志 8 卷　史部地理类

明冯士仁修　徐遵汤、周高起纂

(1) 明崇祯十三年刻本,美国哈佛大学汉和图书馆藏。

(2)《无锡文库》本。

按:崇祯十一年,知县冯士仁延徐遵汤、周高起主纂县志,自 5 月既望,至孟冬修成。下限为崇祯十三年。卷首有旧序、凡例、参修名录、目录。卷 1 职方志:四境图、城池图、江山图、星野、疆域、沿革、山川、古迹,建置志:城池(杨舍堡附)、官署、驻署、学宫、武卫、坛祠(冢附)、河渠(闸堰井附)、坊乡(街巷市镇附)、坊表、桥梁、寺观;卷 2 经野志:禄秩、户口、田赋、里徭、重役、土产、风俗(方言农占附)、灾祥;卷 3 职官志:驻署题名、学台、兵宪、海防、古县令、古县佐、县令、县佐(丞、簿、典史)、教职、武职、杂职(巡筒,阴阳、医药、僧会、道会),选举志:甲科、乡举、贡荐、辟举、武科、例监、杂科、封赠、荫叙、世胄;卷 4 人物志:名宦、乡贤(古今崇祀、古今人物、旌孝、旌义)、列女、方伎、方外,流寓;卷 5 至 7 艺文志:宸翰、奏疏、条议、记、序、书、叙、说、赋、诗词;卷 8 杂俎志:乘逸。前有张凤翮,张嘉嗣,冯士仁序。此志属大编列目,在黄志、赵志基础上,"删繁补逸"而成。前志将诗文题名胜者附于名胜条目下,记署祠者附于署祠条目下,此志则另立《艺文志》以统属之,为清代邑志开了一个先例。冯在《序》中,缅维就任 5 年来治理农田水利、贡赋,文教、武卫以及社会风俗等方面的情况。

洞山岕茶系 1 卷　子部农家类

阳羡名壶系 1 卷　子部工艺类

以上 2 种有：

(1)《檀几丛书》本。

(2)《江阴丛书》本。

(3)《翠琅玕馆丛书》(冯兆年辑)本。

(4)《翠琅玕馆丛书》(黄任恒辑)本。

(5)《粟香室丛书》本。

(6)《常州先哲遗书》本，收《阳羡名壶系》。

(7)《艺术丛书》本。

(8)《芋园丛书》本。

(9) 清乾隆卢文虡抄本，有丁丙跋语，南京图书馆藏。

(10)《阳羡茗壶系》，2012 年中华书局出版。

读书志 13 卷　子部杂学类

明万历四十八年(1620)周氏玉桂山房刻本，国家图书馆藏。

按：《明代版刻综录》卷 1 云“不分卷”。《江上诗钞》卷 52 收其诗 3 首。

李应昇(1593—1626)

字仲达，号次见。明江阴人。诩曾孙。万历四十四年(1616)进士。四十八年授南康府推官。出无辜 19 人于死，撤湖口关税，复白鹿洞书院。士民服其廉明。天启二年(1622)擢福建道御史，屡上疏讥斥陋习，敢言人所不敢言，终为魏忠贤所害。崇祯元年(1628)追赠太仆寺卿，谥忠毅。《明史》有传。

西台小疏　史部政书类　佚

见《清代禁毁书目》。

白鹿书院志 17 卷　史部地理类

明天启二年夏伟刻本，故宫博物院图书馆藏。

落落斋遗集 10 卷　集部别集类

明李应昇撰　明李逊之辑

(1) 明崇祯十七年李逊之刻本,国家图书馆藏。

(2) 南明钱士升等刻本,台湾"中央图书馆"原藏。

(3) 南明钱士升等校刻清康熙间印本,上海图书馆藏。

(4) 明崇祯十七年李逊之刻道光十七年(1837)徐寿昌等重修本,南京图书馆藏。

(5)《乾坤正气集》本,6 卷。

(6) 清光绪二十二年(1896)武进盛氏用明崇祯本重刻红印本。

(7)《常州先哲遗书》本,附录 1 卷。

(8)《四库禁毁书丛刊》本。

按:此书卷 1 卷 2 奏疏,卷 5 至卷 7 西台书牍,均为弹劾魏忠贤党及匡辅时政之作。《江上诗钞》卷 42 收其诗 1 卷。

端友集　集部别集类

明吴钟峦辑

见《东林书院志》卷 10,辑《李氏诗文书札》,辑成于天启六年。

徐应奎

字光甫,号星垣。明江阴人。万历间禀生。尝与同邑袁世茂等结社听松庵。

问渡草　集部别集类

见《江上诗钞补》卷 1,收其诗 2 首。

按:此 2 首诗一首呈姐夫贡修龄,一首步贡修龄诗。

徐公燮

初名熙,字寿朋,一作寿明。明江阴人。天启四年(1624)举人。署嘉兴教谕,崇祯十三年(1640)任浙江孝丰县知县,居官明正。卒于官。

东冈诗史　集部别集类　佚

见《江上诗钞》卷 50,收其诗 2 首。

戚　勋

字伯屏，号羽明。明江阴人。诸生。以例入南雍，授中书舍人。豪迈尚气节。清兵破江阴，勋令妻子先缢，乃举火自焚。乾隆四十一年(1776)赐谥烈愍。《明史》附见侯峒曾传。

佩朱随笔　子部杂学类　佚

留丹集　集部别集类　佚

以上2种见道光《江阴县志》卷16。

按:《江上诗钞》卷50收其诗1首。

沈鼎科(1604—1644)

字铉臣。明江阴人。崇祯四年(1631)进士。官建阳令、袁州推官，干练有为，政绩显著。进兵部车驾司主事，未就职。崇祯帝死，鼎科呕血成疾卒。孝友工文。

蕉露草　集部别集类　佚

豫游草　集部别集类　佚

以上2种见道光《江阴县志》卷17。

按:《江上诗钞》卷52收其诗21首。

贡鹤祯

字鸣之。明江阴人。修龄子。有文名，能诗。年19而夭。

然松斋稿　集部别集类　佚

见《江上诗钞》卷45，收其诗9首。

清至民国

奚巽望(1572—1665)

字翼武。清江阴人。诸生。闭门著书。天性孝友。能诗。

偶尔吟　集部别集类　佚

见《江上诗钞》卷37,收其诗2首。小传谓徐遵汤序行之。今未见。

李　开(1577—1650)

字美儒。清江阴人。诸生。与弟至清俱有才名,开尤恂恂质行。

独被斋稿　集部别集类　佚

见道光《江阴县志》卷18。《江上诗钞》卷45收其诗13首。

陈明时(?—1650)

字汝良。清江阴人。诸生。博综文史,尤精易学,象纬舆图,多所通晓。孝友。工诗文。

天文管窥　子部历算类　佚

息庵诗文集　集部别集类　佚

群芳集　集部别集类　佚

以上3种均见道光《江阴县志》卷16。

按:《江上诗钞》卷51收其诗23首。

夏维藩(1581—1658)

字价卿,号毓初。清江阴人。工医,授冠带。能诗。

时鸣集诗1卷　集部别集类　佚

见《江上诗钞》卷45,收其诗5首。

邱维贤(1581—?)

字念先。清江阴人。偕许学夷创沧洲诗社,集一时名流。搜讨精博,邑中文献得以流传。性萧疏,好吟咏,晚辟小圃吟啸其中。

半禅龛稿　集部别集类　佚

见《江上诗钞》卷44,收其诗70余首。

按:《半禅龛稿》包括《舒臆漫稿》《秣陵硎剑稿》。

澄江诗选37卷后集5卷续集2卷　集部别集类

清邱维贤、许学夷同辑

清乾隆赵曦明抄本,冒广生跋,与清陈芝英辑《江阴诗粹》合抄,上海图书馆藏。

李至清

字超元。清江阴人。开弟。少负轶才,疏荡自放,年12负笈游四方。能诗。年20从钱谦益学,结隐破山。居三年,别去,剃发于尧峰,后蓄发从戎,复弃去,薄游江外。遭诬,毙于狱。

问世集　集部别集类　佚

见《列朝诗集小传》丁集中。

仓腹集　集部别集类　佚

破山集　集部别集类　佚

以上2种见《江上诗钞》卷52,收其诗17首。

徐遵汤(1584—1653)

字仲昭。清江阴人。明崇祯二年(1629)入复社,九年副贡。为人口吃,不能言,及为文,则风发泉涌,杰出一时。万历、崇祯间,曾与族弟徐弘祖两游浙江普陀、天台等名胜。远游所至,其诗益奇纵,黄道周、张溥等皆与游。邹彦吉极赏之。晚归，名所居曰小盘谷。家贫，卖文为生。邑令冯士仁延其主修《江阴县志》，复被邀至靖江共纂《靖江县志》。

徐氏家传　史部传记类

见吕锡生主编《徐霞客家传》。

(崇祯)江阴县志 8 卷　史部地理类

明冯士仁修　徐遵汤等纂

(1) 明崇祯十三年刻本，美国哈佛大学汉和图书馆藏。

(2)《无锡文库》本。

按：崇祯十一年，知县冯士仁延徐遵汤、周高起主纂县志，自五月既望，至孟冬修成。下限为崇祯十三年。是志主要依明弘治黄志、嘉靖张志、删繁补遗，无逸无滥。卷首有旧序、凡例、参修名录、目录，卷一职方志、建置志，卷二经野志，卷三职官志、选举志，卷四人物志，卷五至七艺文志，卷八杂俎志。前志将诗文题名胜者附于名胜条目下，记署祠者附于署祠条目下，此志则另立《艺文志》以统属之，为清代邑志开一先例。

(崇祯)靖江县志 19 卷　史部地理类

明陈函辉修　徐遵汤、许经、薛冈等纂

明崇祯间修清初刻本，国家图书馆藏。

按：卷前有崇祯 14 年陈函辉序，徐、许、薛续序，修辑姓氏，目录、凡例。志中所记门类曰图、星野、疆域、古迹、山川、祲祥、风俗、赋役、营建、秩官、选举、公署、学校、坛庙、人物、艺文等。

清游集　集部别集类　佚

叶剩集　集部别集类　佚

古勺集　集部别集类　佚

招隐集　集部别集类　佚

枫社集　集部别集类　佚

以上 5 种见《江上诗钞》卷 51，收其诗 62 首。

梅天奇

字正平。清江阴人。明末诸生。博古好学,论文不可一世,所作佶倔奇古,甚自负,惟善同邑戚藩文章。明亡,自髡其首,更名有子,号非水船头陀。一生淡泊名利,谢绝贵介。与黄毓祺友善,曾共筑黄梅别墅。著述甚富,多散佚。

易解图说　经部易类　佚

见乾隆《江阴县志》卷 17。

周书集解 4 卷　史部别史类

稿本,见民国《江阴县续志》卷 19。

离骚注　集部楚辞类　佚

见乾隆《江阴县志》卷 17。

按:《江上诗钞》卷 55 收其诗 1 卷。

陆文明

字琼台。清江阴人。诸生。究心理学,精通周易。曾会讲东林书院,远近学易者师之。年八十余卧榻上,诸弟子犹环侍,讲论不辍。

周易大意　经部易类　佚

见道光《江阴县志》卷 17。

仰山子新辑地理条贯 12 卷　子部地理类

清嘉庆二年(1797)金玉楼刻本,上海图书馆藏。

缪虚白(1585—1648)

字采室。清江阴人。昌期长子。

槛车随侍日记录 2 卷　史部传记类

见《东兴缪氏宗谱》。

从野堂存稿 8 卷行状 1 卷谕葬录 1 卷　集部别集类

明缪昌期撰　行状缪虚白编

明崇祯十年(1637)缪虚白刻本,上海图书馆藏。

按:光绪年间盛宣怀曾以此本为主,重印之。参见“缪昌期”条。

实公诗文集 10 卷　集部别集类

见《东兴缪氏宗谱》。

蒋世楠

字季舄。清江阴人。工诗,善隶书。后出家为僧,法名寂通,号遂庵。

蒋世楠诗　集部别集类

见《江上诗钞》卷 51,收其诗 18 首。其诗集名未见。

周之望

字凉武,号木如。清江阴人。邑庠生。精通易理。与黄毓祺辈联九子社,名动公卿。能诗。

木如集　集部别集类　佚

见《江上诗钞》卷 45,收其诗 13 首。

张有恒

字恒初。清江阴人。履正子。诸生。喜读儒先语录,从高攀龙受读书静坐之学,持身严正,学者严惮之。

三戒编　子部儒学类　佚

见乾隆《江阴县志》卷 16 张光家传。

张佳图

字以修,号止庵。清江阴人。明禀贡生,明亡入清后匿迹里中建善庵,授徒不出。顺治三年(1646)与比邻陈端人、许晋臣等结追社,诗词唱和。词旨凄惋,阅者伤之。

江阴节义略 1 卷　史部传记类

(1) 1923 年木活字《名山全集》本。

(2)《陶社丛书》本。

(3) 台北《丛书集成续编》本。

(4)《中国古代地方人物传记汇编》本。

(5) 2007 年上海古籍出版社《明末江阴守城纪事》本。

(6)《江苏人物传记丛刊》本。

止庵吟草　集部别集类

见《江上诗钞补》卷 1,收其诗 8 首。

按:《江上诗钞补》云:"《止庵吟草》《江阴节义略》邑志《艺文》未著录,世亦无知之者。同邑毛瀚甫茂才灏得之于村民字簏间,已半遭鼠啮,急以归其师阳湖钱名山比部(振锽),比部即以《节义略》一书刊入所辑丛书中,其《吟草》尚未之及。会余补辑《江上诗钞》,函索之瀚甫之弟毅甫,先录若干首见示,因急录之。其断句皆幽隽可诵。"

薛钟价

字季藩。清江阴人。年十九补诸生,累试不售。手订缮写五经大家集先儒语录数百卷,扶掖后进,多所成就。卒于顺治年间。

求放心说　子部儒学类　佚

见民国《江阴县续志》卷 20

按:此似非书名,因民国志已著录,姑仍之。《江上诗钞》收其诗 4 首。

黄毓祺(1588—1649)

字介子,一作介兹,号大愚。清江阴人。道孙。明天启元年(1621)恩贡。慷慨负奇气,于学无所不窥,精通佛典。与弟毓湾同负盛名,与缪尊素等结九子社,以清超简古为宗。其诗歌古文排傲雄杰,不屑寄人篱下。曾与夏树芳、董其昌、陈继儒等为吴震元的《宋相眼》捐赀,卒无成。顺治二年(1645)清兵逼江阴,毓祺与徐趋起兵行塘以应,城破,亡命淮南。后被捕入金陵狱。卒于狱中。其弟先卒于明。《明史》附见侯峒曾传。

大愚老人集2卷附录1卷　集部别集类

清丁宝义编《江阴黄氏家集》本，清抄本，天津市图书馆藏。

黄介子诗钞4卷首1卷　集部别集类

(1)《江阴先哲遗书》本。

(2)《明别集丛刊》第五辑本。

大愚老人集1卷　集部别集类

抄本，日本静嘉堂藏。

江上二黄先生遗稿　集部总集类

清黄毓祺、黄毓礽撰

见《常郡八邑艺文志》卷6清赵曦明《江上二黄先生传稿序》。《江上诗钞》卷46收其诗1卷。

古杏堂十种集10卷　集部总集类

见《月城黄氏宗谱》

张有誉(1589—1669)

字谁誉，号圆觉居士。清江阴人。履正次子。天启二年(1662)进士。授南户部主事，榷税芜湖，力持清操。崇祯中出知饶州府，在官七年，迁江西督粮副使、四川按察司。俱有惠政。擢南京户部右侍郎兼右佥都御史，总督粮储，以廉洁奉公著称。晋为南京仓场侍郎、户部尚书，寻加太子太保。明亡后避居青砀镇。性至孝，晚年尤加意《孝经》。能诗。后出家苏州灵岩山为僧。《小腆纪传》卷12有传。

孝经衍义补6卷　经部孝经类　佚

金刚经义趣广演3卷　子部佛教类　佚

以上2种见《明史·艺文志》卷1、卷3。

心经义句诠1卷　子部佛教类　佚

见民国《江阴县续志》卷19。

按:《明诗综》卷 71 收其诗 1 首。乾隆《江阴县志》卷 21 收其文 1 篇。

徐 煜

字德升,号瑶春。清江阴人。明崇祯年间隐居,以诗酒自娱。

元颠集 30 卷　集部别集类　佚

见《江上诗钞》卷 50,收其诗 4 首。

按:《江上诗钞》云:"此诗从《继源堂集》中辑录。原集已在兵火后散失。"

张 拙

字任天,号庸庵。清江阴人。博涉经史,能文章。明亡入清后,无意用世,常以诗歌寄其牢骚幽怨。然胸襟旷逸,诗风淡远,多出于杨万里、范成大间。精书法。生平布袍芒履,随境自得。宅旁有隙地,积土成小山,曰庸山,因自号庸山居士。后客死靖江。

张拙诗

见《张氏吉光集》卷下,收其诗 7 首。

按:张拙诗未知集名,昆山沈圜昱曾作《庸山诗序》,是其已成集。《张氏吉光集》卷下有清张元升《追忆家庸庵叔祖》诗云:"布袍高座气何扬,长啸轩然动夕阳。"《江阴夏氏宗谱》卷 18 收其诗 2 首。《江上诗钞》卷 71 收其诗 4 首。又《江上诗钞》卷 71 有朱廷铉《挽张庸庵》诗云:"犹有头陀诗句在,遗文千载属谁传。"原注云:"庸庵侄大育头陀已先下世。"

张 素

字尔音。清江阴人。家贫乐道,讲四子书微言大义,滚滚不竭。游其门者多登上第去,而素以诸生老。

张素诗文集　集部别集类

见乾隆《江阴县志》卷17本传，云："著诗文数千首，自成一家言。武进杨太史静山极重之，为序其集以行。"此集今已不可见。

葛大宾(1592—1647)

字见如，号屏麓。清江阴人。暇则聚二三知己饮酒赋诗。平生磊落坦诚。伟岸，臂力过人。有先见。

泥补斋集　集部别集类　佚

见《江上诗钞》卷18，收其诗2首。

夏世名(1593—1666)

字舆先，号芜皋，自号最闲俗衲。清江阴人。缪昌期外孙。15岁为诸生。曾从陈克艰学《易》，从张印顶学诗。晚参佛典。

夏世名诗

见《江上诗钞》卷69，收其诗37首。其诗集名已不可知。

许重熙

清江阴人。为晚明耆宿。崇祯时以撰《五陵注略》为诚意伯刘孔昭所纠革职。

嘉靖以来注略(一作五陵注略)14卷　史部杂史类

明崇祯六年(1633)刻本，中国科学院图书馆藏。

按：此记明嘉靖、隆庆、万历、泰昌、天启5朝时事，评骘论断，以为昭戒。每条下，间有董其昌题识：《千顷堂书目》著录许重熙撰《神宗大事纪要》2卷、《先宗关事纪要》1卷，即本书之残本。

江阴守城记1卷　史部杂史类

(1) 清康熙五十四年(1715)刻本，苏州图书馆藏。

(2)《荆驼逸史》本。

(3)《海甸野史》本，题《江阴城守纪事》。

(4)《中国内乱外祸历史丛书》本，题《江阴城守后记》。1951年神州国光社版改称《中国历史研究资料丛书》,1982年上海书店复印。

(5) 台北《明清史料汇编》(第三集)本。

(6) 2007年上海古籍出版社《明末江阴守城纪事》本。

明季甲乙两年汇略3卷　史部杂史类

(1) 清初刻本,清赵之谦跋,国家图书馆藏。

(2) 清初抄本,大连市图书馆藏。

(3) 清抄本,费寅校并跋,浙江图书馆藏。

(4)《续修四库全书》本。

明季甲乙汇编4卷甲申日记4卷　史部杂史类

清抄本,上海图书馆藏。

国朝殿阁部院大臣年表17卷附录1卷　史部传记类

(1) 明刻本,国家图书馆藏。

(2)《四库禁毁书丛刊补编》本。

国朝殿阁部院大臣年表18卷附录1卷　史部传记类

明崇祯刻本,上海图书馆藏。

赐余堂年谱1卷　史部传记类

清乾隆四年(1739)钱佳刻本,附刊于钱士升《赐余堂集》后,国家图书馆藏。

宪章外史续编14卷　史部政书类

(1) 明崇祯刻本,台湾"中央图书馆"原藏。

(2)《四库禁毁书丛刊》本。

(3)《续修四库全书》本。

章式谨

字世望。清江阴人。

章氏家谱　史部传记类

见章锡彭《江阴章氏友谱》卷首明崇祯七年(1634)章式谨撰家谱序。

程如嬰(？—1657)

字晏如。清江阴人。崇祯十六年(1643)贡生,考授知县。感于时事,未赴任,寄迹山林,远隔尘世。平生笃行谊,耻干谒。富于文章,为世所重。晚号月三居士。

明诗归　集部总集类

清程如嬰、朱衣、周捷辑

清顺治七年(1650)绿天阁刻本,中国科学院图书馆藏。

按:《江上诗钞》卷52收其诗19首。

周有士

字克九,号山愚。清江阴人。邑庠生。七乡试而五荐,明天启四年(1624)已拟解,临榜而卷失,主司深惋惜。后落拓不羁,以诗酒自娱,与黄毓祺等联九子社。

山愚稿　集部别集类

见《江上诗钞》卷45,收其诗8首。

夏维炎(1597—1668)

字子朝,号冷然。清江阴人。且读且耕,世传家法。

春秋经义　经部春秋总义类　佚

见《江阴夏氏宗谱》卷14。

韩腾芳

字茂远,一作芳远。清江阴人。官中城兵马司指挥,有干略。崇祯年间以事谪贵州,旋以功复官,授南阳同知。崇祯十七年(1644)明亡后弃官隐东郭之家园,园中有古梅千株,时称梅仙。晚年以诗酒自娱,寿70。

荷戟吟　集部别集类　佚

见道光《江阴县志》卷 18。

按:《江上诗钞》卷 50 著录 2 卷,收其诗 1 首。

张育葵

字午卿。清江阴人。明崇祯元年(1628)进士。官曲江令,锐意厘剔弊端,为上司牵制。适遭艰归,遂不出。喜阐扬忠孝,陈说利病,德施乡里。为文力追先正,能诗。

露园诗文二稿　集部别集类　佚

见乾隆《江阴县志》卷 17。

按:《江上诗钞》卷 47 收其诗 1 卷,共 80 多首。

朱士烈

字孟武。清江阴人。明天启四年(1624)举人。屡上公车不第,遂绝意仕进。然筹时政得失了若指掌。崇祯末上十策,当事嘉之,不能用。

止斋吟　集部别集类　佚

见《江上诗钞》卷 52,收其诗 7 首。

张光家

字德御。清江阴人。有恒从侄。诸生。不沾沾于章句,留心性命之学,与弟光庭以讲学为事。

切己录　子部儒学类

见乾隆《江阴县志》卷 16。

陈三纲

字元举,号素我。清江阴人。棠子。性孝友,安贫乐道,教授自给,不肯干人。善画,尤工秋海棠,人争宝之。

陈三纲诗

见《江上诗钞》卷42，收其诗13首。

徐瑶光

字月仙，号羽衣道人。清初江阴人。徐廷铉妻。

南楼偕隐诗　集部别集类

见《历代妇女著作考》引清王士禄《然脂集》著录。

周有明

清江阴人。

寒塘集　集部别集类　佚

见《江上诗钞》卷45，收其诗3首。

陈芝昌（？—1645）

字旦生，初字芳孺。清江阴人。明时子。善诗。明亡后，感郁成疾卒。

石床集　集部别集类　佚

浣花集　集部别集类　佚

以上2种见《江上诗钞》卷52，收其诗13首。

周荣起（1600—1686）

字仲荣，号砚农。清江阴人。高起弟。诸生。能诗文，工书画，究心六书。汲古阁刊板多出手校。遨游四海，名动公卿。诗文甚富，皆手自抄录，体兼篆隶。二女淑祜、淑禧并工绘事，禧尤著。

本草图谱不分卷　子部医家类

清周荣起、周祜、周禧合绘

(1) 各图绢本，图说纸本。汤溪范氏栖芬室藏。

(2) 抄本，国家图书馆藏。

(3) 1999年北京华夏出版社出版，南京图书馆藏。

(4) 2011 年国家图书馆出版社出版。

按:本书分为金石部、木部、草部、禽部等部分,辅之以图谱,介绍了《本草纲目》的内容。

周荣起诗　集部别集类

见《江上诗钞》卷 54,收其诗 76 首。

张苑白

字阆雪。清江阴人。顺治康熙间在世。与陆橘之父交善。工诗文。以气节自许,人鲜知之。同里陆橘读其诗集,有"风流跌宕贫逾壮,节义文章志更强"之句。

心史纪事　子部杂学类　佚

阆雪先生诗集　集部别集类　佚

以上 2 种见《江上诗钞》卷 61,收其诗 2 首。

徐应星

字赞日。清江阴人。顺治三年(1646)岁贡生。任高淳县训导,常设高座为诸生讲《易》。再补英山,创建文庙,后就职镇江府学教授,知福建邵武县县丞,并摄瓯宁县知县,尤著政绩。以劳成疾乞归。

希陶咏　集部别集类　佚

见乾隆《江阴县志》卷 17。

季维汉

清江阴人。

明弘光乙酉年正月起八月止江阴殉难实迹 1 卷　史部传记类

抄本,国家图书馆藏。

按:本书所记江阴城守之事,与清韩菼《江阴城守记》等书出入不大。

明弘光江阴殉难实迹不分卷　史部传记类

清抄本，上海图书馆藏。

任光禕

字久征，一作久祯，又字天笠，号鹤山，自称澄江樵隐。清江阴人。博学好游，广交四方才士，与黄毓祺、戚藩交善。工诗词书画，晚好释氏，注佛经数种。

众香堂集30卷　集部别集类　佚

见乾隆《江阴县志》卷17，戚藩等为作序。

按：《江上诗钞》卷59收其诗1卷，共65首。

张印顶

初名应鼎，字大玉。明亡后更今名，字大育，又号大育头陀。也有写作顶印的。清江阴人。绍祖子。少博学工诗，善鼓琴，陈继儒与订忘年交，与顾炎武尤契厚。文震孟、钱谦益皆折节与友。夙以知兵闻于时，张玉笥征为军前赞画。闻明崇祯帝死，呕血数升，几成颠疾，自此结庐茅山中，遁为禅。每上山大哭，里人呼张颠。顺治十三年(1656)在南京会钱谦益。其诗初宗袁宏道，后宗陆游。

五朝人物志　史部传记类

见《张氏吉光集》卷下，谓曾刊行。今未见。

江阴近代人物记　史部传记类

见金武祥《江阴艺文志》引《澄江诗选》。

年谱　史部传记类

见张印顶《年谱成作二首》诗，有"六旬年谱笑书成，照胆无劳玉镜明"之句。

大育头陀诗集　集部别集类

见《张氏吉光集》卷下，谓有钱谦益序刻本。

拈花馆初刻　集部别集类

怀古70首　集部别集类

以上2种见《张氏吉光集》卷下，谓印顶自刻。

余生集　集部别集类

见《江阴诗粹》。

岳武穆集　集部别集类

宋岳飞撰

见《张氏吉光集》卷下，谓印顶刻。

按：张氏书已散佚，钱谦益辑《吾炙集》、吴时德辑《同声集》均收有其诗。《张氏吉光集》收其诗34首。清张元升《追忆家头陀叔祖》诗云："狂来诗句惊千古，乱后文章压六朝。"

曹　玑(1604—1657)

字子玉，号兰皋。清江阴人。年14入乡学。少负隽才，求诗画者无虚日。明崇祯十年(1637)进士。以户部主事督临清关。明亡后，黄毓祺事发，人情惧株连，玑竭力营解，家为之落。初辟漫园于城南隅，至是屏迹园居，每沉醉泣下沾襟，抑郁以没。

兰竹谱　子部艺术类　佚

见乾隆《江南通志》卷44。

曹子玉诗集10卷　集部别集类

明末刻本，国家图书馆藏。

按：其中包括《自娱集》1卷、《天许集》1卷、《清啸集》1卷、《珠尘集》1卷、《碎琴集》1卷、《指水集》1卷、《青藻集》1卷。疑有缺。

漫园集　集部别集类　佚

啸歌集　集部别集类　佚

以上2种见乾隆《江阴县志》卷17。

余醉集　集部别集类　佚

见《江上诗钞》卷48，收其诗96首。

兰皋集　集部别集类　佚

见乾隆《江南通志》卷44。

高自卑

字尚矣，号道甓。清江阴人。明诸生。才高学博，不惜千金购书。明亡入清后闭门授徒，潜心性命之学。生平精于六书，著《字书纲鉴》未竟。为文奇肆，不拘绳尺，其诗亦奇警险谲。结交皆当世名人。年72，自志其墓而卒。

春秋合传12卷　经部春秋总义类

清高自卑辑

旧抄本，见清沈德寿《抱经楼藏书志》卷6。

千字文同音通释　经部小学类　佚

见道光《江阴县志》卷17本传，谓"正笔画，核音义，视宣城《字汇》《正字通》为尤详"。

狮山诗史15种　丛书类

见乾隆《江阴县志》卷16本传，谓高自卑自刻其诗。刻本今未见。

张应福

字五高。清江阴人。绍祖子，印顶弟。明崇祯三年(1630)举人。善诗，诗文凌厉而不逾尺寸。早卒。所著诗稿毁于兵火。

鹤岳诗稿　集部别集类　佚

见《江上诗钞》卷50，收其诗2首。亦收入《张氏吉光集》卷下。原诗稿毁于兵火。

孔兴纲(1607—1675)

字元常，号蓼园。清江阴人。年14为诸生。言行笃实，读书不事词章，留心经世，凡边防时务，无不讲习。精研宋朝理学。年53时，从太仓陆世仪游，长世仪5岁，而执弟子礼甚恭。以子毓玑赠文林郎、常山县知县。《清儒学案》有传。

四书讲义2卷　经部四书类

见乾隆《江阴县志》卷16。

东林讲义2卷　子部儒学类

家庙礼则3卷　子部儒学类

以上2种见乾隆《江南通志》。

求野斋诗文10卷　集部别集类

见乾隆《江阴县志》卷16。

按:《江上诗钞》卷64收其诗11首。

章　彩(1609—?)

字瑞生。清江阴人。

章氏家谱　史部传记类　佚

清章彩编

见章锡彭《江阴章氏支谱》卷首康熙十二年(1673)章彩序。

按:支谱卷12收其《八十自述》诗2首,亦见《江上诗钞补》卷2。

曹　玘(1610—1664)

字子瑜,号东皋。清江阴人。玑弟。明崇祯十二年(1637)举人。屡困公车,明亡后绝意进取,辟芜园于舍旁,莳花艺竹。

芜园诗草　集部别集类　佚

见道光《江阴县志》卷18。

按:《江上诗钞》卷50收其诗32首。

徐　祯

字子祥,号拙屈主人。清顺治康熙间江阴人。

怀秋集　集部别集类　佚

见《江上诗钞》卷71,收其诗17卷。

徐　章

字石霞。清江阴人。

山止阁集　集部别集类　佚

见《江上诗钞》卷58,收其诗2首。

戚　藩

字价人。号蘧庵。清江阴人。勋弟。顺治十二年(1655)进士。官陕西安定知县。寻以事去,不名一钱。为人耿介专静,不事浮竞。卒于康熙年间。

名山随笔　子部杂学类　佚

见《江苏诗征》卷159。

戚藩诗　集部别集类

《粟香室丛钞·江阴三家诗钞》本,收其诗81首。南京图书馆藏。《江上诗钞》卷60收其诗59首。

戚蘧庵稿1卷　集部别集类

清嘉庆间江都秦氏石研斋刻《国初十六家精选》本,北京大学图书馆藏。

戚价人稿1卷　集部别集类

(1)《可仪堂一百二十名家制义》本。

(2) 清抄《名家制义》本,国家图书馆藏。

章龙光

字子为。清江阴人。奏子。诸生。善诗。曾授徒如皋。

寒香草　集部别集类　佚

见《江上诗钞》卷50,收其诗7首。

按:章锡彭纂《江阴章氏支谱》卷7收其文5篇。

高　照(1611—1675)

字子返，号尚志。清江阴人。诸生。黄毓祺之高弟，博学多识。贫居教授，曹禾师从之，推其文如韩愈，诗如白居易，全以真气鼓铸，非剽窃者所敢望。

高照诗

见《江上诗钞》卷57，收其诗20首。

黄　觉(1613—1666)

原名大澳，字子瞻。清江阴人。毓溍子。庠生。幼孤，事母尽孝。伯父毓祺系狱，至江宁探狱，家乃破落。隐居定山，环堵萧然，粥糜不给，泊如也。闭户著述，研精经史。

诗通内篇外篇杂篇　经部诗经类　佚

宋后史　史部别史类　佚

静学斋集　集部别集类　佚

以上3种见乾隆《江阴县志》卷17。

子瞻诗稿1卷　集部别集类

清丁宝义编《江阴黄氏家集》本，清抄本，天津市图书馆藏。

按:《江上诗钞》卷58收其诗7首。

何　岳(1613—1677)

字瞻五，号冰蕉，又号樵水。原名如璧，字完之。清江阴人。郡诸生。

自娱堂诗集　集部别集类　佚

见金武祥《江阴艺文志》卷下。

按:《江上诗钞》卷57，收其诗11首。

黄　晞(1613—1692)

原名大湛,字子心。清江阴人。毓祺子。诸生。毓祺被刑,被发旗下为奴。后由僧绍元赎归,毗陵杨冰如延训二子。《明史》附见侯峒曾传。

子心诗稿1卷附录1卷　集部别集类

清丁宝义编《江阴黄氏家集》本,清抄本,天津市图书馆藏。

按:《江上诗钞》卷56收其诗1卷,共72首。

通　琇(1614—1675)

号玉林。杨氏子。清江阴人。年19师磬山无隐和尚,未几大悟,住浙江武康报恩寺。顺治十五年(1658)应召说法称旨,封大觉禅师。寻住杭州天目山狮子正宗禅寺,加封普济能仁国师。康熙间示寂于清江浦慈云寺。

玉林国师药师经题语　子部佛教类

1935年上海东方印书馆铅印本,国家图书馆藏。

普济玉林国师语录12卷年谱1卷　子部佛教类

清同治十三年(1874)杭州昭庆寺慧空经房刻本,国家图书馆藏。

按:《江苏诗征》卷179收其诗1首。

许　观

字上公。清江阴人。明诸生。明亡后更字尚公。刻意力学,博涉经史。明亡时避兵赤岸里,交李逊之,始弃举子业,肆意于诗古文。好为公益事,尝捐资浚河,以子大定赠中宪大夫、湖北盐驿道。

善养集　集部别集类　佚

见道光《江阴县志》卷16本传,云:"多纪述甲乙间(顺治元年甲申、二年乙酉)间事,知言者以为有少陵诗史。"

按:《江上诗钞》卷61收其诗1首。

赵延辅

字受若。清初江阴人。

禹贡图注　经部尚书类　佚

远斋宏议　集部别集类　佚

以上2种见《杨舍堡城志稿》卷14。

章经世

字菊潭，自号了因子。清江阴人。明亡后屏迹闭口，足不出户，以授徒为生。

章氏家谱　史部传记类

章经世参订

见章锡彭《江阴章氏支谱》卷首顺治四年(1647)章经世撰序。支谱卷12收其《自题小象》《了因子自记》诗2首，可作其传看。

朱嘉宾

清初江阴人。孝友力学，长于诗。

管见集　集部别集类　佚

睡觉集　集部别集类　佚

以上2种见道光《江阴县志》卷18。

陈芝英(？—1676)

字英儒，号菊人。清江阴人。明时子。七试棘闱不遇，及纂修邑志，搜讨明代至清康熙十三年(1674)五十年事，意在表微阐幽。未竟而卒，即沈清世修志所据本。

(康熙)江阴县志22卷　史部地理类

清龚之怡修　清陈芝英纂　清沈清世续修

(1)清康熙二十二年刻本，台北故宫博物院藏。

(2)《无锡文库》本。

按:卷首有常州府同知危际泰及沈世清等人序、旧序等,卷1至2提封记,卷3至5食货记,卷6秩祀记,卷7至8职官记,卷9至10选举记,卷11名宦传,卷12至15人物传,卷16外传,卷17至21艺文记,卷22遗事。

深柳堂诗文集　集部别集类

见道光《江阴县志》卷16。

江阴诗粹不分卷续选不分卷　集部总集类

清陈芝英辑

清乾隆赵曦明抄本,冒广生跋,上海图书馆藏。

按:《江上诗钞》卷首"采录诸书"云:"各体分类,不合体裁,虽与章耿光、夏声、陈玫等共相参赞,而所录殊多粗鄙率略之作,与'粹'字之旨迴不侔矣。"

李逊之(1618—1677)

字肤公。清江阴人。应昇子。笃守家学,隐居没世,不屑于仕进。与黄宗羲、邓大临有往来,康熙十一年(1672)魏禧曾为逊之作《落落斋记》。《三朝野纪》有传。

三朝实录20卷　史部杂史类

清抄本,国家图书馆藏。

三朝野纪7卷　史部杂史类

(1) 清道光四年(1824)李兆洛木活字本,南京图书馆藏。

(2)《荆驼逸史》(道光)本。

按:民国间石印本《荆驼逸史》缺卷5、卷6。

(3) 清抄本,国家图书馆藏。

(4) 清抄本,天津人民图书馆藏。

(5) 清抄本,上海图书馆藏,题《三朝野史》。

(6)《中国内乱外祸历史丛书》本,原缺卷5、卷6。

按：1951年神州国光社出版改称《中国历史研究资料丛书》，1982年上海书店复印。

(7)《常州先哲遗书后编补遗》本，3卷，即原书卷1至卷3。

(8)《续修四库全书》本。

泰昌朝记事1卷　史部杂史类

清抄本，有清吴骞、朱昌燕跋，国家图书馆藏。

泰昌朝记事1卷天启朝记事2卷　史部杂史类

清抄本，辽宁省图书馆藏。

崇祯朝纪(又作记)事(一作崇祯朝纪略)4卷　史部杂史类

(1)《常州先哲遗书》本。

(2) 清光绪李文田家抄本，有批注及李文田跋，国家图书馆藏。

(3)《明季野史汇编》本。

(4) 江阴缪氏云轮阁抄本，上海图书馆藏。

(5) 清抄本，国家图书馆藏。

(6) 清刻红印校样本，北京大学图书馆藏。

(7) 清刻本，北京大学图书馆藏。

(8)《四库禁毁书丛刊》本。

按：此即《三朝野纪》卷4至卷7。记明泰昌、天启、崇祯三朝事，原书7卷，乱后散佚。清李慈铭《越缦堂日记》云："是书见闻质实，议论亦平允。肤公身为党人之子，故叙珰祸情事，尤为详尽。"清乾隆五十三年遭禁。

崇祯朝纪略2卷　史部杂史类

清抄本，国家图书馆藏。

李忠毅公年谱　史部传记类

见《曹楝亭书目》，亦见《续修四库全书提要》。

听鹂轩诗　集部别集类

见魏禧《魏叔子文集》卷9《听鹂轩诗叙》，云："江阴李子肤公以工诗闻于人。"

落落斋遗集10卷　集部别集类

明李应昇撰　清李逊之辑

(1) 明崇祯十七年(1644)李逊之刻本，国家图书馆藏。

(2) 南明钱士升等刻本，台湾"中央图书馆"原藏。

(3) 明钱士升等校刻清康熙间印本，上海图书馆藏。

(4) 明崇祯十七年李逊之刻道光十七年徐寿昌等重修本，南京图书馆藏。

(5)《乾坤正气集》本，6卷。

(6) 清光绪二十二年(1896)武进盛氏用明崇祯本重刻红印本。

(7)《常州先哲遗书》本，附录1卷。

(8)《四库禁毁书丛刊》本。

黄大洪(1619—1684)

字子声。清江阴人。毓祺三子。明崇祯五年(1632)诸生。毓祺被执，与兄晞等争死，后俱发旗下为奴。赎归，先其兄卒。

子声诗稿1卷　集部别集类

清丁宝义编《江阴黄氏家集》本，清抄本，天津市图书馆藏。

按:《江上诗钞》卷58收其诗25首。

张龙桢

字亮如。清江阴人。绍祖孙。年未30卒。

剑南集　集部别集类　佚

见《江上诗抄》卷50，收其诗4首。

李　寄

一作李介。字介立，号昆仑山樵、萍客、白眼狂生、三因居士。清江阴人。母周氏，徐弘祖妾，方孕而嫡嫁，以育于李氏，故冒姓李名寄，又以介两姓、事两朝，故字介立。性颖异好学，少应郡试拔第一。后弃去，顺治六年(1649)奉母居定山,授徒为生,十三年入陕。终身不娶。母卒,隐由里山之山居庵,因号由里山人。绝意仕进,不受权贵赠遗。陆次云得其诗甚重之。曾经整理《徐霞客游记》。年 72 卒于钓台村。《天香阁随笔》卷首有自撰《昆仑山樵传》。

天香阁随笔 2 卷　史部杂史类

(1)《粤雅堂丛书》本。

(2)《笔记小说大观》本。

(3)《丛书集成初编》本。

(4) 1934 年陶社木活字本,南京图书馆藏。

按:《随笔》原有 8 卷,后整理为 2 卷。是书杂记明清之际时事,可补史乘之缺,多有其他野史未载之事。

秦志摘录 3 卷　史部杂史类　佚

历代兵鉴 120 卷　史部政书类　佚

兵鉴随笔 16 卷　史部政书类　佚

舆图集要 40 卷　史部地理类　佚

以上 4 种见《昆仑山樵传》。

徐霞客游记　史部地理类

李寄辑

见清徐镇《李介立先生小传》。

按:"游记"经辗转传钞,讹误甚多。康熙二十三年(1684)李寄据曹骏甫、史夏隆抄本重新整理,补入《游太华山记》等篇。

李介立诗钞 4 卷首 1 卷　集部别集类

《江阴先哲遗书》本。

天香阁集 1 卷　集部别集类

(1)《粤雅堂丛书》本。

(2)《笔记小说大观》本。

李介立诗稿 12 卷　集部别集类

清凝香居抄本,重庆市北碚区图书馆藏。

按:此包括《停车集》《髩春集》《谷口集》《附游集》《偕隐集》《晴川集》《鸣蝉集》《听雨集肫余杂咏》《听雨集病余杂咏》《听雨集啸余杂咏》《孤筇集》《息影集》12种,各为1卷。

天香阁文集7卷　集部别集类

天香阁外集1卷　集部别集类

艺圃存稿6卷　集部别集类

搔首一笑　集部词曲类

以上4种见《昆仑山樵传》。

郭　建

字与立。清江阴人。明崇祯年间诸生。卒年91。

岩居集　集部别集类

见《杨舍堡城志稿》卷10本传。

姜　齐

字东美。清江阴人。顺治八年(1651)贡生。官沣县知县,未任即卒。

佛应篇　子部佛教类　佚

西清协韵稿　集部别集类　佚

以上2种见《江上诗钞》卷58,收其诗1首。

堪舆珠玑6卷　子部术数类

清康熙三十年(1691)刻本,上海图书馆藏。

何鹏万(1622—1683)

字天翼,号耶溪。清江阴人。性颖慧,涉猎书史,工吟咏。

困蒿集　集部别集类　佚

见《江上诗钞》卷61,收其诗3首。

夏　霖(1622—1710)

字雨三,号鸥汀。清江阴人。庠生。顺治六年(1649)进士。官河南济源知县,八年充乡试同考官,授户部浙江司主事。钦差督理扬州钞关、刑部广东司主事、陕西司员外郎、浙江绍兴知府。康熙中任山西河东都转盐运使司副使,移四川保宁府知府。年62归里,优游林下数十年。

浩然堂集8卷　集部别集类　佚

敬胜堂文1卷　集部别集类　佚

以上2种见《江阴夏氏宗谱》卷14。

按:宗谱卷15、17收其诗文各1篇,《江上诗钞》卷58收其诗3首。

朱　衣

字子吉。清江阴人。士烈子。恬淡无他,嗜好闭户穷经,尤喜谈诗。家屡空,处之怡然,以赋诗自乐。以子廷铉赠大理寺少卿。

卷斋诗稿　集部别集类　佚

见乾隆《江阴县志》卷16本传,谓藏于家。

明诗归　集部别集类

清朱衣、程如婴等辑

清顺治七年(1650)绿天阁刻本,中国科学院图书馆藏。

按:乾隆《江阴县志》卷16本传云:"仍竟陵之名,实则反之,将以去其非而归于是也。衣故贫,倾赀刊刻,家益落而衣自怡然。"

按:《江上诗钞》卷64收其诗2首。

邓林桢

字克生。清江阴人。顺治年间诸生,积学能文。不遇。

击竹吟　集部别集类　佚

尊伦稿　集部别集类　佚

以上2种见《江上诗钞》卷50，谓《击竹吟》已刻，《尊伦稿》未刊。今并未见。“诗抄”收其诗4首。

项 樾

清江阴人。顺治间诸生。

项氏遗集1卷 集部别集类 佚

见《杨舍堡城志稿》卷14。

徐 桐

字朝阳，号峄山。清江阴人。顺治十一年(1654)廪贡生。任昭文训导。以外孙戴坚赠奉直大夫、台州通判加一级。

宝千诗草 集部别集类 佚

见《江上诗钞》卷106，收其诗30余首。

刘匪居(1625—?)

字蘅斯，号确庵。清江阴人。顺治十一年(1654)副榜。为学贯穿经史。其室左图右书，意况清绝。

南华经注 子部周秦诸子类 佚

见乾隆《江阴县志》卷17，谓“拔奇于向(秀)郭(象)之外。”

杜诗注 集部别集类 佚

见乾隆《江阴县志》卷17，谓“有钱牧斋(谦益)朱长孺(鹤龄)所未及者”。

章耿光(1625—?)

字子觐，号腹庵。清江阴人。奏子，龙光弟。康熙五年(1666)举人，十年任徽州府教授。训诸生敦本立品，创建社学，教化乡里。摄歙县学篆。

礼记纂注 经部礼记类 佚

见乾隆《江阴县志》卷16本传,云:“因患陈澔集注多舛误,更著《札记纂注》,颇详密,学者宗之。”

按;乾隆《江阴县志》卷21收其诗1首,《江上诗钞》卷64收其诗4首,《江苏诗征》卷61收其诗1首。

陆　橘(1625—?)

字子怀,号霜客。清江阴人。家素封,至橘中落,屡试不售。遂弃举业,与赵起英、管天祚辈结社联吟。

陆橘诗

见《江上诗钞》卷64,收其诗113首,并云:“诗稿数千首,其族裔孙吉选钞663首。”

季承禹(1625—?)

字文石(或作文若),江阴人。清兵于顺治二年乙酉、南明弘光元年(1645)攻进江阴,承禹混难民潜出,杜门终身,不再应试。

乙酉纪事1卷　史部传记类

《粟香室丛钞》本。

该书为日记体,记江阴军民抗清事实。

澄江守城纪事1卷　史部传记类

(1) 清抄本,南京图书馆藏。

(2) 上海市历史文献图书馆抄本,上海图书馆藏。

(3)《明末江阴守城纪事》本。

按:本书记江阴军民抗清事实。起弘光元年(己酉)正月初八日,至同年八月二十五日城破,按日记载,其书已残缺不全。北京大学图书馆藏有传抄本《定鼎江南纪略》1册,杂录明季遗事,其中较有系统者,为季承禹撰《乙酉纪事》等。与此当为一书。

澄江乙酉纪事1卷　史部传记类

民国抄本,南京图书馆藏。

按:卷端题《季承禹澄江乙酉纪事原本》,该书所记内容与《乙酉纪事》《澄江守城纪事》相同,但文字有较多出入。大体上当时这类著作甚多,均系民间相互传抄,故各本文字不尽相同。

明弘光乙酉年正月起八月止江阴殉实迹1卷　史部传记类

清季承禹著,吴长卿抄本。

(1) 清抄本,南京图书馆藏。

(2) 民国蓝丝栏抄本,国家图书馆藏。

按:本书由江阴吴长卿从季氏《乙酉纪事》中抄录,较详细记录明弘光乙酉年正月至八月间,江阴人民抗击清军的壮举。

平定江阴日记1卷　史部传记类

清抄本,国家图书馆藏。

沙张白(1626—1691)

初名一卿。字介臣,一作介入,号定峰。清江阴人。震、晋父。诸生。少颖悟,有神童之誉。从陆世仪学,承其指授。博涉群书,凡天文、地理、壬遁之书无不贯通。研极经史,尤精于诗,乐府出入汉魏,撰述甚丰。为人隽爽,与人言倾泻胸臆,无所隐。性兀傲,耻奔竞。与同里曹禾夙好,曹禾为其诗集作序。《读史大略》有传。

毛诗豁　经部诗经类　佚

定峰说诗　经部诗经类　佚

四书豁　经部四书类　佚

四书五经一贯　经部群经总义类　佚

以上4种见沙张白《读史大略自序》。

读史大略60卷附小沙子史略1卷　史部史评类

清沙张白撰　附沙晋撰

(1) 清道光二十五年(1845)刻本,南京图书馆藏。

(2) 清咸丰七年(1857)恭寿堂刻本,国家图书馆藏。

(3) 清光绪二十六年(1900)江阴南菁书院刻本,国家图书馆藏。

(4) 清光绪二十七年上海祥记书店石印本。

(5)《稀见清代四部辑刊》本。

醉秃丛谈　子部杂学类　佚

杂著　子部杂学类　佚

以上 2 种见沙张白《读史大略自序》。

金陵游草　集部别集类　佚

见《常郡八邑艺文志》卷 6 清曹禾撰本书序。

定峰乐府 10 卷　集部别集类

(1) 清康熙刻本，南京图书馆藏。

(2) 清道光十八年刻本，南京图书馆藏。

(3) 清光绪二十四年刻本，附刊 1 卷，南京图书馆藏。

按：沙氏颇重视诗歌的"奖正刺邪、讽谏规箴"的社会作用，认为诗歌应该成为"匹夫匹妇之心声"，而古乐府及唐代以后新乐府多为这类作品，故仿效古乐府、新乐府撰写了大量乐府诗，编为此集。集中作品多以百姓生活为题材，抒发广大人民的不满与愿望。

定峰乐府 10 卷甲子定峰山杂咏 1 卷附诸公论乐府书 1 卷　集部别集类

(1) 清康熙刻嘉庆印本，中国人民大学图书馆藏。

(2)《四库全书存目丛书》本。(底本为清康熙刻嘉庆印本)

定峰文选 2 卷　集部别集类

(1)《重思斋丛书》本。

(2) 1 卷，题作《定峰文钞》，特录斋抄本。

按：清王家枚《定峰文选跋》云："予搜辑邑中文献于故簏中，得先生六世孙仲金所录《定峰文选》及《外集》《禅喜集》凡三册。乃多方辑录，复于《外集》《禅喜集》中择其文之雅驯者若干篇合之，凡五十有七首，重加编次。"

定峰诗钞　集部别集类

清抄本，国家图书馆藏。

按:《中国诗学大辞典》称该书13集,张白早年有《辟莽园诗》之编,徐遵汤于清世祖顺治六年己丑(1649)曾为之作序,后游楚,又有《楚游诗》之编,楚人杜濬为作序。张白生前所刊仅有《定峰乐府》十卷。其诗集《辟莽园诗钞》十三卷未能刊刻,连抄本也很少流传。清穆宗同治十三年甲戌(1874),谢鼎镕得知缪荃孙家有沙诗集,辗转借得,其跋语云:"余浏览一过,则诗系分体而非编年,每卷首叶第二行必署'同学峨眉曹禾选',则是书尚系选本,而非原本也。……但书目载十三卷,逐卷细核,尚少卷五七言古下一卷,则即以选本论,亦尚系残本而非全本可知。然定峰《辟莽园诗钞》,自顾氏心求搜辑《江上诗钞》尚及一见,而后嗣经咸丰庚申之乱,即化劫灰,则居今日而获睹是编,已属先哲呵护之灵,而不得谓非幸事也。"后祝氏又云:"余复竭力搜罗成补遗一卷,以符原书卷数,并遵夏闰枝先嘱将《定峰乐府》本所有律绝概附是编律绝之后。"又云:"至署名不曰《辟莽园诗钞》,而曰《定峰诗钞》者,以是编尚非《辟莽园诗钞》之旧也。不仍曰《定峰诗选》而曰《定峰诗钞》者,以是编不啻《定峰诗钞》之全也。"全编录诗一千余首,按诗体顺序编排。

辟莽园诗钞 13 卷　集部别集类　佚

见金武祥《江阴艺文志》卷下。

按:缪荃孙《江阴县续志》卷20云:"艺风堂藏抄本四巨册,分体后附诗余一卷。"

三铭楼诗稿　集部别集类　佚

后乐堂诗稿　集部别集类　佚

以上2种见王家枚《定峰文选跋》。

李杜合选　集部总集类　佚

唐律晚细　集部诗文评类　佚

诗余　集部词曲类　佚

以上3种见沙张白《读史大略自序》。

按:缪荃孙《江阴县续志》卷20谓:定峰诗文其孙跋称40卷。六世孙仲金有钞藏本18册。

杨履泰(1627—1703)

字紫来,号坦予。清江阴人。幼有至性,善事父母,与弟履恒、履谦友爱甚笃。以子名时贵赠资政大夫、云南巡抚。杨名时《杨氏文集》卷8有《坦予府君行述》。

漫草诗集 4 卷　集部别集类

见《坦予府君行述》。

按:道光《江阴县志》卷16著录作《养浩堂集》,卷28收其诗5首。《江上诗钞》卷67收其诗50首。

陈其难(1628—1721)

字克艰。清江阴人。诸生。博闻强识,凡三通七略之书,购求满室,键户记诵,沿流溯源,终日不倦。晚年潜心宋朝理学之旨,以道学为归宿。巡抚张伯行请其讲易,教谕鲍开、杨名时咸心折之。曾两次与修邑志。

周易本义图系 2 卷　经部易类

清康熙五十五年(1716)刻本。

按:乾隆《江阴县志》卷16作《周易图系图说》,疑即一书。

夏　霈(1629—1689)

字若时。清江阴人。霖族弟。庠生。至性孝友,品行端洁。不图用世,日惟左图右史,以吟咏写其怀,诗尤工。喜行利济事。康熙十七年(1678)大旱,倡捐以工代赈,人称好义若渴。

救荒末议 1 卷　史部政书类　佚

见《江阴夏氏宗谱》卷14。

训蒙要则　子部儒学类　佚

见《江阴夏氏宗谱》卷8。

按:清夏敬秀《正家本论》"家法永守"条识语谓夏霈撰有《亦政编》,

宗谱以此书为其子敦仁撰。参见“夏敦仁”条。

森玉轩遗草 1 卷　集部别集类

见《江阴夏氏宗谱》卷 14。

按:宗谱有嘉庆九年(1804)玄孙祖耀序,云:“高祖父若时先生遗诗旧编六十二首,附诗余二首,其六十四首。后耀从高祖父画象册得张庸庵先生书其感怀诗,比旧多六首,及《辛亥玉熠堂即事》一首,《戊午清明值雨》一首,又于故纸中得到其次叶宾王无题诗,复增旧多九首,通成八十一首。录为一卷,藏于家。”宗谱卷 7 收其诗 13 首,《江上诗钞》卷 58 收其诗 3 首。

贡　梗

字梅然。清江阴人。修龄孙。少受庭训,淡于进取,隐砂山之阳。所居有茂林修竹,亭榭花卉,园可数亩,而水居其半,因以鸥天自号,亦以明其无求于世,无争于人,逍遥自全。好读书,喜为诗歌,不作涂脂抹粉语,亦不作穷愁悲愤之诗。未及中年而卒,遗稿尽散。

鸥天遗稿　集部别集类

见乾隆《江阴县志》卷 21 沙张白《鸥天遗稿序》。

按:贡氏卒后,其子收其遗稿,得若干篇,由沙张白序而刻之。刻本今已不可见。

何　淑(1630—1702)

字德符。清江阴人。文林布衣。

翠微余墨　集部别集类　佚

见《江上诗钞》卷 69,收其诗 6 首。

薛廷祉

字引百。清江阴人。明诸生。矜名节,性不随俗。居陋室,吟诵不辍。明亡入清后每忽忽不乐,尝独行旷野,北向号哭,见者以为狂。时作诗歌以见志。

寸知集　集部别集类　佚

有邻集　集部别集类　佚

以上2种见道光《江阴县志》卷18。

赵起英

字粲兮，号后松。清江阴人。鉴玄孙。顺治十七年(1660)举人。旋以粮累奏销，乃寄情于诗酒。

檀溪诗钞　集部别集类　佚

见《江上诗钞》卷63，收其诗1卷，共37首。小传云："诗文淘炼未净，就湘灵(钱陆灿)所定删为1卷。"

祝邦基

字颂山。清江阴人。端方诚悫，识趣超远，教子弟循循有规矩，与人和乐，能以古处自敦。由监生考职，当选不赴。卒后杨名时撰其墓志。

裕后格言2卷　子部儒学类

清木活字本，南京图书馆藏。

沈　绶

清江阴人。精医术，与同邑名医戚秉恒、黄五辰、陈明祈齐名。

山林相业10卷　子部医家类　佚

见道光《江阴县志》卷18。

黄五辰

清江阴人。精医术。名振于时，与戚秉恒、沈绶齐名。

医宗正旨(一作医家正旨)6卷　子部医家类　佚

见道光《江阴县志》卷18。

管天祚(？—1687)

字月衣，号鳌江。清江阴人。诸生，以文名江左。为文率然兴集，反覆驰骋，而条理井然。诗雄放跌荡。后应巡抚慕天颜聘，以疾归，卒于无锡舟次。

诗文 2 卷　集部别集类　佚

见《江上诗钞》卷 69，收其诗 7 首。

赵铉文

字羡兹。清江阴人。植品方正，矜励名节。尝偕邑令陆天涛及诸名流结江皋吟社。

世德堂古文诗集　集部别集类

见道光《江阴县志》卷 18，谓赵氏梓行行世。刻本今未见。

薛元徵(1632—1701)

字子久，号根颐。清江阴人。元敏兄。诸生。以逋课见褫，年已 30，因一意读书积学，至老不倦，为人孝友忠信。

闲闲居诗　集部别集类　佚

见《江上诗钞》卷 61，收其诗 18 首。

徐世沐(1632—1716)

字尔瀚，晚号青牧，一作青麓。清江阴人。诸生。少孤力学，自幼至老未尝一日释卷，穷年键户纂述，外人罕见其面。笃信朱子，注重切己反求，强调学以致用，务归于实践。曾与无锡高世泰等往来问学。康熙九年(1670)与李颙会。晚岁，李光地、陆陇其皆与其订交，李光地尤推重之。以子恪封文林郎、枣强县知县。《清史列传》有传。

周易存义录 12 卷　经部易类

周易惜阴诗集 3 卷　经部易类

以上 2 种见《四库全书总目》卷 9 易类存目。

按:《四库全书总目》称《周易惜阴诗集》:“是书取经传字义,分题赋咏,或为四言赞,或为五言、七言诗,多至一千余首。盖本张九成《论语诗例》而益曼衍之。其《惜阴录》用吕祖谦本。此集所列《彖》《爻》《象传》次第,则仍用王弼本。其文皆体近歌括,不可入于诗集,今仍附之《易类》焉。”

又称《周易存义录》:“其文与《周易惜阴录》并同。盖自觉其冗杂,删为此本,非别一书也。”

周礼惜阴录 6 卷　经部周礼类

(1) 抄本,上海图书馆藏。

(2)《四库全书存目丛书》本。

按:《四库全书总目》云:“是编于典制罕所考证,惟推求于文句之间,好以臆断。”

心性图 2 卷　子部儒学类

性学吟 4 卷　子部儒学类

以上 2 种见乾隆《江阴县志》卷 16,谓分析异同,多先儒所未备。

按:《四库全书总目》云:“是编(《性学吟》),以诗讲学,皆拈理语为题。”

野吟钞 15 卷　集部别集类

见《江上诗钞》卷 62,谓长洲彭定求为之序。

惜阴录 123 卷　丛书类

见《四库全书总目》。

子目:

《周易惜阴录》46 卷

《尚书惜阴录》6 卷

《诗经惜阴录》20 卷

《周礼惜阴录》6 卷

《仪礼惜阴录》8 卷

《礼记惜阴录》8卷

《春秋惜阴录》8卷

《四书惜阴录》21卷

按:《四库全书总目》云:“(《周易惜阴录》)其解《经》皆以变爻为主,盖宋都絜之绪论。其法为太卜旧法。其说则空谈义理,不出语录之窠臼。”

又称《尚书惜阴录》:“是编乃世沐七十二岁时作。其笃信古文,犹先儒之旧论。至于尊古文而排抑今文,则变本而加厉矣。其排抑今文,惟以不全为辞,不思古文五十八篇亦不足百篇之数也。”

又称《诗经惜阴录》:“是书前有《自记》,又有《小引》,谓曾请正于李光地、陆陇其。每卷皆记其起草缮真之年月,盖亦苦志著述者。然循文衍说,于《诗》教未得其要领也。”

又称《仪礼惜阴录》:“是书逐节逐句分解,撮标注义,颇为明简,较所注他经稍善,然亦疏于考证。”

又称《礼记惜阴录》:“合《曲礼》《檀弓》《杂记》各为一篇,删古本上下之目。《大学》《中庸》二篇则仍从古本,全录以成完书。每篇之首各注其大意,每篇之末各评其得失。所注多袭陈澔之文,而简略弥甚。”

又称《春秋惜阴录》:“是编于《经》义刻意推求,而往往失之迂曲。”

又称《四书惜阴录》:“是书前有胡渭生、赵天润、仇兆鳌《序》并《自记》一首。后有陆陇其《跋》,以陇其《三鱼堂集》勘之,其文相合,实非依托。然其书则不称陇其之所言。据世沐《自记》曰:‘仇沧柱示以关中李中孚《身反录》。中孚曾讲学毗陵,会过一次。彼深惜南浙两省学者害于举业,彼时心不甘南士必逊北士。如此迄今,几三十年,彼学已成,名已立,南士竟无与颉颃。细读其《录》,愈不心服,摘《录》中数处,以质沧柱翁。狂不自量,续为《惜阴二集》,不觉积成二十一卷,几乎有六百叶。’……则世沐此书盖为与盩厔李颙相诟而作。故陇其喜其能排陆、王,为之作《跋》。然讲学以明道,非以求胜。但为朱陆而争,已不免门户之见,况世沐以圣学自任,而不能化一南北之畛域,则先不自克其私心矣,又何学之可讲乎?"又《江上诗钞》收其诗 1 卷,27 首。

徐　瑶(1633—?)

字尹达,号怡亭。清江阴人。幼颖敏,长更沉潜。顺治二年(1645)补诸生,下笔数百言,未尝起草。乾隆间廪贡生。任四库馆誊录,历浙江镇海丞,署昌化县知县,调仁和丞。以子穆霈封赠,复以侄孙士佳貤赠通议大夫,热河兵备道加二级。沉潜于《易》,参究汉宋,融会程朱。即象以求理,本理以玩古,占不袭陈,言不矜新,自联其斋曰:"爱书好客,耻富安贫。"

周易慎思　经部易类　佚

见《江上诗钞》卷 108,收其诗 1 首。

按:李兆洛撰《养一斋文集》为之序。

潘　鼎

字君粲,号在新。清江阴人。康熙十二年(1673)拔贡。

吟余草　集部别集类　佚

见《江苏诗征》卷 33,收其诗 1 首。

陶孚尹(1635—1709)

字诞仙,一作涎先,号篮跛,又号白鹿山人。清江阴人。贡生。康熙二十三年(1684)官桐城训导。越 5 年以疾归。有政声。诗文有才气,未入格。喜结纳名流,姓名俱见集中。

欣然堂集 10 卷(诗 6 卷附词文 4 卷)　集部别集类

清康熙五十一年刻本,中国人民大学图书馆等藏。

按:《江苏诗征》卷 43 收其诗 2 首。《江上诗钞》卷 76 收其诗 92 首。

黄元春

字其仁。清江阴人。

其仁诗稿1卷　集部别集类

清丁宝义编《江阴黄氏家集》本，清抄本，天津市图书馆藏。

周　祜

字淑祜。清江阴人。荣起女，禧姐。工绘事。

本草图谱不分卷　子部医家类

清周荣起、周祜、周禧合绘

(1) 各图绢本，图说纸本。汤溪范氏栖芬室藏。

(2) 抄本，国家图书馆藏。

(3) 1999年北京华夏出版社出版，南京图书馆藏。

(4) 2011年国家图书馆出版社出版。

按：本书分为金石部、木部、草部、禽部等部分，辅之以图谱，介绍了《本草纲目》的内容。

薛元敏

字志粹。清江阴人。元徵弟。康熙二十三年(1684)举人。少孤，与兄同励学，讲明身心性命之旨。四十四年就职盐城教谕。居邓旸里，以维持风俗为己任，学者称其邓旸先生。

教学篇(一作教学编)　子部儒学类

息距篇　子部儒学类

法戒真鉴录　子部佛教类

以上3种见乾隆《江阴县志》卷16。

按：《江上诗钞》卷64收其诗3首。

殷祁雷

字鸣夏，号切轩。清江阴人。诸生。潜研理学，诗文宗唐宋，为邑中所称沙刘殷卞四家之一。

四书讲义条说　经部四书类　佚

鉴绳录　子部儒学类　佚

切轩集　集部别集类　佚

以上3种见光绪《江阴县志》卷17。

韩苏文解　集部总集类　佚

见《江上诗钞》卷64，收其诗22首。

徐　衮

字元硕。清江阴人。善诗。

侣剑集　集部别集类　佚

见《江上诗钞》卷64，收其诗8首。

高慎中

字僧虔，自号补萝居士。清江阴人。照子。廪生。于书无所不读，伸纸千言立就，指陈经义，支分节解，涣若冰释。学者多宗之，杨名时亦出其门下。为诗摆脱窠臼，独往独来。曹禾官翰林时，迎至京师。贵游闻其名，请师事之。慎中拒之，即束装归。

补萝集　集部别集类　佚

见乾隆《江阴县志》卷17。《江上诗钞》卷37收其诗3首。

曹　禾(1637—1701)

字颂嘉，号未庵，又号峨嵋山人。清江阴人。玑子。受业于太仓陆世仪。康熙三年(1664)进士。十八年考取博学鸿儒，擢翰林院编修，受诏与修《明史》。历官内阁中书、国子监祭酒。诗文学杜韩。其诗字字锤炼，与田雯、宋荦等齐名。王士祯定为“都门十子”之冠。

腹庵章公(耿光)传1卷　史部传记类

清抄本，国家图书馆藏。

靖难十六功臣传　史部传记类　佚

见民国《江阴县续志》卷20。

漫园文稿　集部别集类

清康熙三年刻，见《古文汇钞二集》。

未庵初集2卷　集部别集类

清康熙间漫园刻本，中国科学院图书馆藏。

未庵初集4卷　集部别集类

清康熙十二年翁叔元刻本，国家图书馆藏。

未庵初集文稿4卷诗稿4卷　集部别集类

(1) 清康熙十三年至十五年门人翁叔元等刻本，国家图书馆藏。

(2) 文稿4卷，《江阴先哲遗书》本。

按：《贩书偶记》云，文稿卷2以下无卷数。较原目佚《亦园记》《小草山房十友赞》2篇，多《重修江阴督学察院记》1篇。

未庵诗钞4卷　集部别集类

清康熙十五年漫园刻本，国家图书馆藏。

未庵诗钞1卷　集部别集类

清抄本，广东省立中山图书馆。

蓉江曹氏仅存钞不分卷　集部别集类

清宣统元年(1909)抄本，中国科学院图书馆藏。

未庵初集100卷二集140卷　集部别集类　佚

见乾隆《江阴县志》，云：“刻未庵初集一百卷行世，二集一百四十卷藏于家。”

按：《江上诗钞》卷74收有其诗101首。

缪宏仁(1637—1702)

字肤敏。清江阴人。昌期曾孙,畴咸子。幼即端重,长为制艺,熔今铸古,不涉时趋。补博士弟子员,屡试不中,杜门课子,潜心理学诸书。乡里称为长者。

自约言随笔　子部杂学类　佚

见乾隆《江阴县志》卷16。

吴　琳(1637—1710)

字叶书。清江阴人。庠生。笃于伦纪。生平力学博览。

周易讲义10卷　经部易类　佚

见光绪《江阴县志》卷16。

赵鸣銮

字翔九,号雪村,又号赤石山人。清江阴人。赋性高。以诗文鸣,尤工诗。《诗观三集》称:"所为诗,雅丽而苍健。"喜与友人相倡和,至江西,与张芳、邓履中、曾灿辈相倡和。与周荣起、徐章为诗友。与游皆当世名宿,如钱澄之、余怀、钱肃润等。

江西游草　集部别集类　佚

珊瑚后集　集部别集类　佚

以上2种见乾隆《江阴县志》卷17。

按:乾隆志谓曾刊《江西游草》,今未见。

蓉江集　集部别集类　佚

见《江苏诗征》卷107。

按:《江上诗钞》卷68收其诗1卷。

洪梦梨

字蕊仙,号白云道人。清江阴人。

白云遗稿　集部别集类　佚

见《历代妇女著作考》卷12引《撷芳集》，谓梦梨卒后汪西京收拾遗诗编之。

按：《江上诗钞》将其列入附目，谓已佚。《江上诗钞补》卷9自《餐樱庑漫笔》中辑其残诗二句。

裴天锡

字长龄。清江阴人。康熙六年(1667)进士。官内阁中书，随征云贵，知平越府、武昌府。谪太原通判，再调郴州府，将赴任即卒于京。政绩显著。

守鄂录　史部杂史类　佚

见乾隆《江阴县志》卷17本传，云："至今谳决者奉为章程。"

(康熙)湖广武昌府志12卷　史部地理类

清裴天锡修　罗人龙纂

(1) 清康熙二十六年刻本，国家图书馆藏。

(2) 清康熙三十四年朱昌绪补刻本，山东图书馆藏。

(3) 清光绪间翻刻康熙二十六年刻本，湖北省图书馆。

(4) 1940年铅印本，南京图书馆藏。

(5) 民国抄本，北京大学图书馆藏。

按：《江上诗钞》卷73收其诗2首。

姚仪凤(1638—?)

民国《江阴县续志》卷20误作姚凤仪。字羽仪，号梅谷。清江阴人。性耿介，少读书不遇，以掾曹除南安府经历。清白自持，严禁胥役骚扰。委鞫狱，听断明允，大吏贤之。檄署上犹县，勤慎称职，年老乞休。偕其子两人携一行囊、一书簏，就道抵家，颓垣破扉，授徒自给。按：乾隆《江阴县志》卷17作康熙三十九年(1700)乞休归，《江上诗钞》作康熙三十八年卒，道光《江阴县志》等则未注明乞休年代。因不能明，姑附识于此。

横浦集　集部别集类　佚

归来集　集部别集类　佚

以上 2 种均见金武祥《江阴艺文志》卷下。

按:《江上诗钞》卷 65 收其诗 11 首。

张世镕

字行佩,号式庵。清江阴人。有誉从孙。康熙十五年(1676)贡生。自幼厉志于学,博览六经诸史,寒暑不辍。为文浑博深厚,诗歌苍劲,力追正始。

北游稿　集部别集类　佚

梅花书屋稿　集部别集类　佚

以上 2 种见乾隆《江阴县志》卷 17 本传,谓藏于家。

何　梁(1640—?)

字驾澜。清江阴人。岳子。博学多闻,乐隐不仕。

友竹轩诗稿　集部别集类　佚

见《江上诗钞》卷 72,收其诗 18 首。

祝纯嘏

字岵斯,号芸堂,一号野史氏。清江阴人。康熙年间在世。少孤。性好编纂,江阴掌故尤多订正。又董修学宫。朱方增为文表其墓。

江上孤忠录 2 卷孤忠后录 1 卷　史部杂史类

(1) 稿本,南京图书馆藏。

(2) 清抄本,上海图书馆藏。

(3) 无《江上孤忠录》1 卷。《痛史》本;《中国内乱外祸历史丛书第一辑》本。

(4)《孤忠后录》,2007 年上海古籍出版社《明末江阴守城纪事》本。

按:《江上孤忠录》卷首有康熙二十一年(1682)自序,此用纲目体,记江阴城守事。始于顺治元年(1644)清帝定鼎燕京,明朝灭亡,福王称号于南都。明年,清兵南下,清廷所授江阴知县到任,收甲兵,严饬军民薙发。江阴士民呈请留发,不允。于是闰六月初一日,江阴倡议守城,并发兵器安营。二十一日,清兵围城。七月,江阴士民迎原任典史阎应元,积极抵御清兵之进攻。至八月二十一日,江阴城陷。第二日,清兵屠城。此记江阴守城及清兵攻城经过极为详尽,写江阴城破后城内死亡情景尤为惨酷。《孤忠后录》记明永历元年丁亥(清顺治四年,1647),江阴贡生黄毓祺起兵谋复常州、江阴等地,事泄被清兵所捕,死于金陵狱中之事。亦用纲目体。

江上孤忠录 2 卷　史部杂史类

清抄本,上海图书馆藏。

江上孤忠录 1 卷　史部杂史类

清宣统三年(1911)上海商务印书馆铅印本,南京图书馆藏。

孤忠后录 1 卷　史部杂史类

《痛史》本。

愚忠录　史部杂史类

(1) 清初抄本,国家图书馆藏。

(2) 不分卷,清抄本,台北师范大学图书馆藏。

(3) 1 卷,清抄本,北京大学图书馆藏。

(4)《愚忠录》1 卷《后录》1 卷,清抄本,吉林大学图书馆藏。

(5)《野史怆见录》本(《江上愚忠录》1 卷)。

(6)《乡国纪变》本(江上孤忠录)。

(7)《稀见清代四部辑刊》本。

按:是书记江阴城守事。书为纲目体,起福王称号南都,至江阴难民复业止。此大旨抄袭《江上孤忠录》《孤忠后录》之文,并非祝氏另有此书。且卷首录祝氏自序作"嘉庆十一年",亦大误。

愚忠后录1卷　史部杂史类

(1) 清抄本,北京大学图书馆藏。

(2) 清抄本(孤忠后录),上海图书馆藏。

(3)《痛史》本(孤忠后录)。

(4)《中国内乱外祸历史丛书本》(孤忠后录)。

孤忠后录1卷附黄烈妇传1卷　史部传记类

抄本,上海图书馆藏。

释奠考　史部政书类　佚

见道光《江阴县志》卷18。

直省释奠礼乐5卷　史部政书类

清嘉庆十七年(1812)江阴学斋刻本,南京图书馆藏。

棕�诗抄8卷　集部别集类

见《江上诗钞》卷144,收其诗1卷。

戚　赞

字圣俞。清江阴人。诸生。名医秉恒孙。精世业,有隐德。与百朋(字锡我)以医名,并称国手。

伤寒心法　子部医家类　佚

见道光《江阴县志》卷18。

徐源远

字湖昆,一字溯昆。清江阴人。康熙十二年(1673)秀才。与姚仪凤为中表。

粤游草　集部别集类　佚

望洋集　集部别集类　佚

以上2种见《江上诗钞》卷65,收其诗5首。

曹飞捷

字支举。清江阴人。康熙十三年(1674)贡生。学宗程朱。

四书正解　经部四书类　佚

见乾隆《江阴县志》卷17。

周　禧

字淑禧,自称江上女子。清江阴人。荣起女,祜妹。嫁黄氏。精绘事,点染生动。好画翎毛。年八十余益工,士大夫争得片幅以为珍宝。

本草图谱不分卷　子部医家类

清周荣起、周祜、周禧合绘

(1) 各图绢本,图说纸本。汤溪范氏栖芬室藏。

(2) 抄本,国家图书馆藏。

(3) 1999年北京华夏出版社出版,南京图书馆藏。

(4) 2011年国家图书馆出版社出版。

按:本书分为金石部、木部、草部、禽部等部分,辅之以图谱,介绍了《本草纲目》的内容。

画余谱　子部艺术类　佚

见《众香词》著录。

按:《江上诗钞》卷173收其诗2首。

周凤喈

字王士。清江阴人。康熙十七年(1680)秀才。郡丞奚禄诒赏之,因知名。为文纡徐宕折,有李翱、孙樵之风。

字画订讹2卷　子部艺术类

见光绪《江阴县志》卷17。

吴金书

字禹三。清无锡人，侨寓江阴祝塘西庄。

离骚经解　集部别集类

梅庵诗草　集部别集类

以上2种见道光《江阴县志》卷18。

赵鸣珂

字定涵。清江阴人。曾例授州同知。性倜傥。擅经济才，究心边防、海道、河淮诸政。筑壶天园觞咏终老。

社仓末议　史部政书类　佚

筹海运掌图　史部政书类　佚

以上2种见道光《江阴县志》卷18。

广东防海事宜不分卷　史部政书类

江南防海事宜不分卷　史部政书类

以上2种有清抄本，南京图书馆藏。

按：道光《江阴县志》卷18有《江防要览》1种，疑即《江南防海事宜》之别称。

晏海管见8卷　集部别集类

(1) 清刻本。

(2) 抄本，华东师范大学图书馆藏。

按：此刻本未见，民国《江阴县续志》卷20录存清陈鹏年撰序略云："其论会哨传烽则登坛墺间者之阴符也，其论疏瀹决排则浚河导川者之硕画也，其论常平社仓散振诸法则司牧守令拯灾恤患之仁术也。若管测一集，真造化垂示之图书、君相法天之金鉴。"

吴永福(1641—1690)

字荫嘉。清江阴人。康熙十七年(1678)举人，官内阁中书。为文醇正，工诗。江上十七子，吴永福名最著。王士祯器重之。

东园诗草　集部别集类　佚

念劬文稿　集部别集类　佚

京华集　集部别集类　佚

以上3种见道光《江阴县志》卷16。

按：《江上诗钞》卷73收其诗1首。

章为斗(1642—1724)

字汝昭，号忘机。清江阴人。幼涉猎经史，年40不遇，潜心读《易》。尝自题一联云："与臣言忠、与子言孝，先圣之传如此；为善则吉、为恶则凶，今君所问云何？"生平乐善不倦，好施与。《江阴章氏支谱》卷9有子章郁天撰行述。

周易别解　经部易类　佚

沁脾诗稿1卷　集部别集类　佚

以上2种见《江阴章氏支谱》卷5。

陈　粹(1643—?)

字子纯。清江阴人。年十七游庠。康熙二年(1663)武举。为人谦和退谨，能文善诗。

陈粹诗文1卷　集部别集类

见《江上诗钞》卷72，收其诗67首，是集为曾孙泓搜辑。

蔡　鹏(1644—1717)

字鸿宾，号岳樵。清江阴人。诸生。以子寅斗赠文林郎国子监助教加二级。吴三桂作逆，鹏入平寇大将军幕参赞机务，奇谋屡中。康熙十八年(1679)遂授长沙县令，兼署府事。为官勤勉，功略日著。未几被劾罢归。家居三十年，与四方耆硕相交。负奇气，究心天文、地理、兵制诸书。能文章，善议论。性孝谨，有蔡孝子之称。清程嗣立《水南先生遗集》卷5有传。

随征纪事　史部杂史类　佚

薄游杂俎　子部小说类　佚

渔湾小草　集部别集类　佚

以上3种见乾隆《江阴县志》卷17。

按:《江上诗钞》卷73收其诗29首。

梅　楷

字义斋。清江阴人。

序卦1卷　经部易类

孔子易1卷　经部易类

订易法1卷　经部易类

以上3种均为夏氏轲录斋抄本,见民国《江阴县续志》卷20。

赵臣瑗

字二安。清江阴人。康熙九年(1770)秀才。家素封,性豪放。能文章,肆力于诗。著作甚富。好结纳门下客,常数百人居五峰,筑山满楼以待四方名士,与虞山钱陆灿最称莫逆。

山满楼诗集　集部别集类　佚

见《江上诗钞》卷73,收其诗1首。

山满楼笺注唐诗七言律6卷　集部总集类

(1) 清康熙年间山满楼刻本,郑州大学图书馆藏。

(2) 清乾隆四十九年(1784)刻本,南京图书馆藏。

王时霖

字万傒。清康熙间江阴人。性孤介,食贫,课徒不名一钱。刻苦嗜诗,务得诗句乃已。

(乾隆)王氏三沙全谱　史部传记类

清王时霖、王时霈编次

见光绪汇修重刻本《王氏三沙全谱》卷首。

素风堂诗钞 10 卷　集部别集类

见光绪汇修重刻本《王氏三沙全谱》卷首，并收其文 1 篇、诗 7 首、《述祖诗》25 章。

曹震坤

字豫朋，一字伸良，号颖南。清江阴人。邑诸生。

淮游草　集部别集类　佚

乐善堂诗集　集部别集类　佚

以上 2 种均见《江上诗钞》卷 73，收其诗 1 首。

按：《江阴艺文志》卷下作《善堂诗集》。

曹近宸

字臣表。清江阴人。诸生。其文选声研词，苕发颖竖，而神韵飘飘，别有文外远致。诗隽雅越俗。书法迹遒逸。

缪李二公合稿　集部总集类

清曹近宸、张观澜、陶孚尹评

见乾隆《江阴县志》卷 17，云："近宸遗集藏于家。"

葛抚辰(1646—1713)

字全五。清江阴人。增生。

上湖草堂集　集部别集类

见《江上诗钞》卷 64，收其诗 12 首。

朱廷镕

又名廷铉，字玉汝，号近庵，一作觐庵。清江阴人。衣子。康熙八年(1669)举人，谒选上元县教谕。二十一年成进士。授淳化知县。以才能兼摄武功、同官、鄠县三邑，各著政声。历升奉天府丞，大理少卿，皆恪谨尽职，以老致仕。生平长于诗。卒于家。

南楼诗钞 1 卷　集部别集类

清康熙刻本，国家图书馆藏。

江花集　集部别集类　佚

见乾隆《江阴县志》卷 17。

按：《江上诗钞》卷 71 云："著有《南楼》《江花》等集，已梓。"又云："《南楼诗选》五卷二百六十五首。"此书名不见乾隆《县志》，不知是否另有其书，或是《南楼集》之别称。因不能明，姑附志于此。《江上诗钞》收其诗 100 余首。

孔毓玑

字象九，号秋岩。清江阴人。兴纲子。4 岁时父授以唐诗，琅琅成诵。13 岁通子史。曹禾见而器之，招之门下。康熙四十八年(1709)进士。官浙江常山县知县。其文境凡三变，始而细密，继渐雄放，晚益简古。令常山时，勤课诸生，刊《定阳课士录》，其地文风为之一变。《清史稿》附见曹禾传。

(雍正)常山县志 12 卷首 1 卷末 1 卷　史部地理类

孔毓玑修

清雍正元年(1723)刻本，国家图书馆等藏。

秋岩诗古文稿　集部别集类　佚

见乾隆《江阴县志》卷 17 本传。

按：《江上诗钞》卷 64 收其诗 3 首。

马捷元(？—1707)

字联生，号韦庵，一号辍耕子。清江阴人。布衣。工于制举，而生平未尝应试，以笔耕自给。诗于五古、七律尤工。

马捷元诗　集部别集类

见《江上诗钞》卷70,收其诗42首。其诗集名未见。

沙　震(1648—1719)

字农起。清江阴人。张白子,晋兄。康熙九年(1670)秀才。深于史学,摇笔千言,不事删削,晚年以理学为自己行为之准绳。《读史大略》有传。

咏史4卷　史部杂史类　佚

见《江上诗钞》卷83,收其咏史诗1首。

按:志传著录沙震另有《小沙子史略》1卷。此为沙晋撰。参见“沙晋”条。

王　沐(1649—1716)

字圣濡。清无锡人。增生。痛父沙孤早逝,事祖母及母孝养备至。其学博综典故,为文剀切而详整。邑令廷主经学,多所造就。十与秋试不售,有“十上金陵国马蹄,秋风萧飒寓春溪”之句。遂不复试。

圣祖南巡集　史部传记类　佚

秋籁集　集部别集类　佚

以上2种见乾隆《江阴县志》卷17。

按:金武祥《江阴艺文志》卷下作《秋籁绝句百咏》。又《江上诗钞》卷76收其诗22首。

缪　燧(1650—1716)

字雯曜,号蓉浦。清江阴人。贡生。少倜傥。通经史。康熙十七年(1678)授山东沂水县知县。三十四年授浙江定海县知县。历权慈溪、镇海、鄞县及宁波府事。为政22年,政绩显著。定海士人汇编《定海遗爱录》(《云自在龛丛书》本)1卷,颂其功德。

(康熙)定海县志8卷　史部地理类

清缪燧修　清陈瑁等纂

清康熙五十四年刻本，国家图书馆藏。

按：缪氏《旧德集》卷2收其诗7首，卷12收其文1卷。缪荃孙云："今采《定海县志》《普陀山志》《家乘》，共得诗七首，文十余篇。"诗亦见《江上诗钞补》卷二。

陈　鼎(1650—?)

字定九，又字九符。清江阴人。十岁从父入滇，父殁，与母相依为命。少喜任侠，长乃折节读书。受业于梁溪华龙友先生。喜与四方士大夫交，慕东林诸贤，辑其逸事。倦游归隐，以耆寿终，《滇黔土司婚礼记》有传。

十三经注商　经部群经总义类　佚

二十一史疑　史部史评类　佚

留溪附传　史部传记类　佚

留溪别传　史部传记类　佚

留溪托传　史部传记类　佚

十五国人物传　史部传记类　佚

明季殉难诸臣姓名录　史部传记类　佚

三吴人物志　史部传记类　佚

以上8种见金武祥《江阴艺文志》卷下。

忠烈传5卷　史部传记类

见《晚明史籍考》卷18，云：未见书。

留溪外传18卷　史部传记类

(1) 清康熙三十七年(1698)自刻本，南京图书馆藏。

(2)《常州先哲遗书》本。

(3)《丛书集成续编》本。

(4)《四库全书存目丛书》本。

按：《四库全书总目》称是书凡分十三部，曰《忠义》，曰《孝友》，曰《理学》，曰《隐逸》，曰《廉能》，曰《义侠》，曰《游艺》，曰《苦节》，曰《节烈》，曰《贞孝》，曰《阃德》，曰《神仙》，曰《缁流》。所纪皆明末国初之事。其间畸节卓行，颇足以阐扬幽隐。然其事迹由于征送。观卷首《征事启》末附载二行云："凡有事实，可寄至江宁承恩寺前刻匠蔡丹敬家，或扬州新盛街岱宝楼书坊转付"云云，则仍然征选诗文，标榜声气之风，未可据为实录。如张潮诸人，生而立传，殊非盖棺论定之义。其间怪异诸事，尤近于小说家言，不足道也。

东林列传 24 卷末 2 卷　史部传记类

(1) 明刻本，国家图书馆藏（缺卷十至十二）。

(2) 清康熙初年刻本，国家图书馆藏（清傅以礼批注，清蒋凤藻、周星诒批注并跋）。

(3) 清康熙五十年刻本，上海图书馆藏。

(4) 24 卷，《四库全书》本。

(5) 抄本，南京图书馆藏。

(6) 1988 年江苏广陵古籍刻印社影印本。

(7) 1991 年中国书店影印本。

(8) 2016 年凤凰出版社出版《常州先哲遗书续》本。

武备略　史部政书类　佚

见金武祥《江阴艺文志》卷下。

滇黔土司婚礼记 1 卷　史部政书类

(1)《知不足斋丛书》本。

(2)《昭代丛书》(道光)本。

(3)《小方壶斋舆地丛钞》本。

(4)《香艳丛书》本。

(5)《笔记小说大观》本。

(6)《丛书集成初编》本。

黄山史概 1 卷　史部地理类

(1)《昭代丛书》(道光)本。

(2)《小方壶斋舆地丛钞》本。

(3)《黄山丛刊》本。

滇黔纪游 2 卷　史部地理类

(一) 合编本:

(1) 1 卷,《说铃》本。

(2) 1 卷,《知不足斋丛书》本。

(3) 1 卷,《龙威秘书》本。

(4)《四库全书存目丛书》本。

(二) 分编本:滇游记 1 卷、黔游记 1 卷

(1)《学海类编》本。

(2)《小方壶斋舆地丛钞》本。

(3)《黔南丛书》本(只收《黔游记》)。

(4)《丛书集成初编》本。

(5)《说部新书》本。

按:《四库全书总目》称是编为其客游滇黔时所纪。上卷纪黔,下卷纪滇。于山川佳胜,叙述颇为有致,然不免偶出鄙语。

黔游记 1 卷　史部地理类

清抄本,北京大学图书馆藏。

按:本书其余版本见上。

封疆列传 4 卷　史部传记类

清玉谷堂抄本,清李文田、清李盛铎跋,北京大学图书馆藏。

赵淑人(细琼)行述 1 卷　史部传记类

清光绪间木活字印本,上海图书馆藏。

怀庭府君(陈钟英)年状 1 卷

清光绪间木活字印本,上海图书馆藏。

留溪卧游　史部地理类　佚

山川志　史部地理类　佚

异物志　史部地趋类　佚

九边志　史部地理类　佚

西陲志　史部地理类　佚

海岛志　史部地理类　佚

洞天志　史部地理类　佚

异域志　史部地理类　佚

古钱谱　史部金石类　佚

卫道书　子部儒学类　佚

百花志　子部农家类　佚

百草志　子部农家类　佚

百鸟谱　子部农家类　佚

以上 13 种见金武祥《江阴艺文志》卷下。

蛇谱 1 卷　子部农家类

(1)《昭代丛书》(道光)本。

(2)《四库全书存目丛书》本。

虎谱 1 卷　子部农家类　佚

见民国《江阴县续志》卷 20。

竹谱 1 卷　子部农家类

(1)《昭代丛书》(道光)本。

(2)《四库全书存目丛书》本。

(3)《续修四库全书》本。

按:《四库全书总目》称此书记竹之异者凡六十条。

荔枝谱 1 卷　子部农家类

(1) 旧抄本。

(2)《说部新书》本。

(3)《昭代丛书》(康熙)本。

(4)《昭代丛书》(道光)本。

(5)《江阴丛书》本。

(6)《粟香室丛书》本。

(7) 清抄本,北京大学图书馆藏。

(8) 收入2008年中国农业出版社出版彭世奖校注《历代荔枝谱校注》。

按:(5)(6)两种有金武祥撰附录1卷。

村居书　子部杂学类　佚

留溪杂著　子部杂学类　佚

以上2种见金武祥《江阴艺文志》卷下。

邵飞飞传1卷　子部小说类

《香艳丛书》本。

留溪草堂诗稿　集部别集类　佚

见民国《江阴县续志》卷20。

惠　润

字沛苍。清江阴人。畴子。康熙二十四年(1685)进士。知费县。官户部浙江司兼陕西司主事。刑部郎中。锐意求治,因利革弊,勤劳称职,政绩显著。年74卒于官。以子元辂封奉政大夫、刑部湖广司郎中。

盐政全书　史部政书类

清惠润纂修

见《杨舍堡城志稿》卷10。

公余草1卷　集部别集类　佚

景言阁文集2卷　集部别集类　佚

以上2种见《杨舍堡城志稿》卷14。《江上诗钞》收其诗1首。

王时霈

清无锡人。时霖弟。

(乾隆)王氏三沙全谱　史部传记类

清王时霖、王时霈编次

见光绪汇修重刻本《王氏三沙全谱》卷首。

张元升

字时升，号半园，又自号赤石山人。清江阴人。康熙间诸生。自幼奇傲不群，读书别有会心，不屑于帖括，务为有体有用之学。康熙中张伯行巡抚江苏，上万言书，切中时弊。所作古文词峭拔清逸，诗尤超旷。遍游中州、秦陇、两浙、七闽，发为诗歌，益复淋漓慷慨。性特超俊，尘视一切，不喜近贵介。中年后隐居山水间，深耕自给以终老。友人徐恪称“其诗哀以思、其文幽以岸，读其集想见其为人”。

半园集　集部别集类　佚

(1) 30 卷，清抄本，青海民族大学图书馆藏。

(2) 2 卷，清抄本，四川省图书馆藏。

按：集分赋 1 卷、诗 9 卷、杂文 7 卷、尺牍 7 卷、阅史漫笔 5 卷。其诗稿本有 563 首，原集已佚。清沈德潜采其诗 10 首入《清诗别裁集》卷 25。《江上诗钞》卷 85 收其诗 1 卷。《张氏吉光集》据家谱、县志及各家选本录存诗 187 首。清薛传源《芝塘文稿》卷 7 右《书半园集后》一文。

邓鹤在

字皋闻。清江阴人。

自怡集　集部别集类　佚

见《江苏诗征》卷 150，收其诗 2 首。

夏敦仁(1652—1710)

字调元。清江阴人。《四库全书总目》作武进人。霈长子。廪生。继承家学，长于五经，制艺言有本原，自称识字布衣。教人先品诣，次经史，次文艺。在乡集资为同善会。以子宗澜封赠文林郎、国子监监丞。清陆楣《铁庄文集》卷 7 有其墓志铭。

四书字韵 1 卷　经部四书类

见《江阴夏氏宗谱》卷 14，谓曾刊行。今未见。

十七史论要10卷　史部史评类

清夏敦仁撰　夏宗洛校录

见《江阴夏氏宗谱》卷14。

按:宗谱有嘉庆九年(1804)长孙夏祖耀识语云:“卷首为历序帝王年表,自卷一至九卷皆论各朝。每辑之首仍各图世系,起西汉迄五代。”《四库全书总目》史评类存目作《十七史论》9卷年表1卷,云:“是书论断史事,始于汉,终于五代,大抵陈言。每代各列世系于前,僭伪之国皆然,末为年表一卷,以帝王与僭伪并列,而所纪始汉终元,与十七史数亦不相符,未喻其故也。”《提要》将作者作武进人,误。

亦政编20卷　史部传记类

见《江阴夏氏宗谱》卷14。

按:宗谱有祖耀识语云:“是编皆采辑十七史孝友行事之实迹,足为世法则者。”夏敬秀《正家本记》“家法永守”条识语以此书为敦仁父夏霈撰,为“修身以教家之道”。

训蒙要则1卷　子部儒学类

见《江阴夏氏宗谱》卷14,谓曾刊行。今未见。

育麟善果编　子部儒学类　佚

见夏敬秀《正家本论》“家法永守”条识语。

爱日编5卷　集部别集类

清夏敦仁撰　夏宗洛、宗淮校录

见《江阴夏氏宗谱》卷14。

按:宗谱有嘉庆九年曾孙祖耀识语。民国《江阴县续志》卷20云:“《江南通志》有《爱日堂集》,疑即此书。”

鸣阴集　集部别集类

见《江阴夏氏宗谱》卷14。

按:宗谱有嘉庆九年祖耀识语云:“是集之中向有大半,与同学杨凝斋(名时)先生文合刻,兹并无存,而旧录稿本,虽经散佚,尚得蕞而辑之,缮写成帙,以藏于家。”

杭游录1卷　集部别集类

见《江阴夏氏宗谱》卷14。

按:宗谱卷15收其文6篇,卷17收其诗5首。《江上诗钞》卷77收其诗1卷,共30余首。

钱　洁

一作龙钱洁,又作全洁。字瑜素。清常熟人。伯可女,云南龙氏土司继女,江阴陈鼎妻。性婉淑,知书,能诗,尤工词。谙《九章算术》。完颜恽珠等编《国朝闺秀正始集》《清代畴人传》有传。

青螺稿　集部别集类　佚

见《国朝闺秀正始集》卷5,收其诗1首,《江苏诗征》卷166收其诗2首。

蓉亭词　集部词曲类　佚

见清丁绍仪《听秋声馆词话》。《全清词钞》卷31收其词1首。

沙　晋

字桐彷。清江阴人。张白子,震弟。能文。年少即能助父著书,人呼为小沙子。

小沙子史略1卷　史部史评类

附刊于沙张白《读史大略》后。版本参见“沙张白”条。

按:志传均以此书作沙震撰,误。沙张白《读史大略自序》云:“亡儿晋著有《小沙子史略》一卷,绝笔西汉,不忍埋没,附之帙中。”所言甚明。

夏超仪(1653—1726)

字长人。清江阴人。世名子。邑诸生,性挥霍,嗜酒工诗。

泪余草　集部别集类　佚

见金武祥《江阴艺文志》卷下。

按:《江上诗钞》卷73收其诗21首。

姜　礼(1654—1724)

字天叙。清江阴人。精医术,其治病,立功过格,日记得失。有著作行世,子孙世其业。华墅之医,首推姜氏。

姜天叙日记不分卷　史部传记类

稿本,国家图书馆藏。

仁寿镜　子部医家类　佚

见道光《江阴县志》卷18。

本草搜根不分卷　子部医家类　佚

清姜礼撰　清姜健增补

(1) 稿本,南京农业大学图书馆藏。

(2) 清抄本(佚名批),国家图书馆藏。

证治汇理　子部医家类

见《江苏历代医人志》,谓有抄本存张少泉先生家。

风劳膨膈四大证治　子部医家类

1957年江苏人民出版社出版。

黄安雅

字月波。清江阴人。

月波诗稿1卷　集部别集类

清丁宝义编《江阴黄氏家集》本,清抄本,天津市图书馆藏。

缪　植(1655—?)

字深培。清江阴人。康熙五十五年(1716)贡生。以文行与杨名时相交。博学好古,试艺多脍炙人口,雅赡诗赋。为人和厚,邑中公益,悉心筹划。雍正年间选青阳县训导,未赴任即卒。家萧崎,人称凤薖逸叟。

凤薖集(一作凤薖草堂诗集)　集部别集类　佚

诗韵词通韵谱(一作诗词通韵谱)　集部诗文评类　佚

以上2种见乾隆《江阴县志》卷17。

按:《江上诗钞》卷75收其诗31首。光绪间缪荃孙录出收入《旧德集》卷2。

杨履恒(1659—1748)

字孚敬,号藿圃。清江阴人。履泰弟。国子生。少为郡丞掾,后佐人幕,善诗。

本草赘余1卷　子部医家类　佚

隙明碎语1卷　子部杂学类　佚

效颦诗集1卷　集部别集类　佚

以上3种见《江上诗钞》卷76,收其诗12首。

缪思勃(1660—1729)

字子榛,号约轩。清江阴人。昌期曾孙。太学生。少壮好学,晚岁潜心理蕴,充然有得。

松窗笔记　子部杂学类　佚

耕学草堂集　集部别集类　佚

约轩诗文集　集部别集类　佚

以上3种见乾隆《江阴县志》卷17本传,云:"编中多见道语,学者珍贵之。"《江上诗钞》卷82收其诗20首。

杨名时(1661—1737)

字宾实,号凝斋。清江阴人。履泰子。为诸生即究心性命之学。康熙三十年(1691)进士。三十三年散馆授检讨,提督顺天学政。官吏部尚书、贵州布政使、云南巡抚、云贵总督,尤有政绩。雍正年间被诬以赃私,革职。乾隆初召入教皇子,侍直南书房。李光地弟子,光地深重之,助纂《周易折中》《性理精义》等书。其学以存灭为主。卒谥文定。

《清史列传》有传。

周易札记2卷　经部易类

(1)《四库全书》本。

(2) 清抄本,上海图书馆藏。

(3) 抄本,南京图书馆藏。

(4)《杨氏全书》本,题《易经札记》3卷。

(5) 1983年台北新文丰出版公司《大易类聚初编》本。

(6)《文澜阁四库全书选粹》本。

(7) 1997年江苏广陵古籍刻印社《中国古代易学丛书》本。

按:《四库全书总目》称是编乃其读《易》所记,前后无序跋,未详其成书年月,观书中所引证,盖犹在钦定《周易折中》之后。

易义随记8卷　经部易类

(1) 清雍正十年(1732)刻本,上海图书馆藏。

(2)《四库全书存目丛书》本。

诗义记讲4卷　经部诗经类

(1) 清乾隆八年(1743)夏宗澜刻本,国家图书馆藏。

(2)《四库全书存目丛书》本。

按:以上两种题清杨名时讲授、清夏宗澜记。《四库全书总目》以为此说不确,《诗义记讲》提要云:"是编卷首标题江阴杨名时讲授。然观名时之序,则名时以李光地《诗所》授宗澜,宗澜读而自记所见,非名时书也。"参见"夏宗澜"条。

诗经札记1卷　经部诗经类

(1)《四库全书》本。

(2)《杨氏全书》本。

(3) 清抄本,南京图书馆藏。

(4) 清宣统元年(1909)南菁高等学堂刻本,北京大学图书馆藏。

按:《四库全书总目》称是编乃其读《诗》所记,大抵以李光地《诗所》为宗,而斟酌于《小序》、朱《传》之间。其论《关雎》,从《小序》求贤之说,最为明允。其论《郑风》不尽淫诗，而圣人亦兼存淫诗以示戒，论亦持平。

四书札记 4 卷　经部四书类

(1)《四库全书》本。

(2)《杨氏全书》本。

按：《四库全书总目》云："是编乃其读《四书》所记也。《大学》不标古本之名，亦不显言古本、改本之是非，而皆用李光地古本之说。"

辟雍讲义 1 卷　经部四书类

见《四库全书总目》四书类存目，谓《辟雍讲义》乃乾隆元年名时兼领国子监时所讲。

大学讲义 1 卷中庸讲义 1 卷　经部四书类

(1)《杨氏全书》本。

(2)《四库全书存目丛书》本。

滇入都程记 1 卷　史部地理类

(1)《昭代丛书》本。

(2)《小方壶斋舆地丛抄》本。

(3)《丛书集成续编》本。

经书言学指要 1 卷　子部儒学类

(1)《杨氏全书》本。

(2)《江阴丛书》本。

(3)《粟香室丛书》本。

(4) 台北《丛书集成续编》本。

程功录 4 卷　子部儒学类

(1)《杨氏全书》本。

(2)《四库全书存目丛书》本。

按：《四库全书总目》称："是编乃其讲学札记。体例全仿薛瑄《读书录》，然中间颇涉杂论。第四卷中剖析铅汞之说，尤于儒理无关。其亦邹䜣注《参同契》意耶？以大旨醇实，故仍列之儒家焉。"

杨名时诗　集部别集类

抄本《粟香室丛钞·江阴三家诗钞》本，南京图书馆藏。

杨氏全书　丛书类

清杨名时撰　叶廷甲编

(1) 36 卷，清乾隆五十九年(1794)叶廷甲水心草堂刻本，南京图书馆藏。

(2) 37 卷，清宣统元年(1909)南菁高等学堂刻本，南京图书馆藏。

子目：

《易经札记》3 卷

《诗经札记》1 卷

《四书札记》4 卷

《经书言学指要》1 卷

《大学讲义》2 卷

《中庸讲义》1 卷

《程功录》4 卷

《文集》12 卷《别集》6 卷《附录》2 卷

按：37 卷本比 36 卷本多出《杨氏全书附录续编》1 卷，收《四库全书总目》并全祖望、李元度、方苞、袁枚等撰行述事略等(此卷后又收入抄本《粟香室丛抄》中)，题金武祥编、章际治校。

刘臣敬

字恭邵。清江阴人。康熙布衣。绩学有本末，又能以书学训后进。八易寒暑十易稿而成《六经字便》一书。

六经字便　经部小学类

(1) 清康熙五十三年(1714)大树堂刻本，南京图书馆藏。

(2)《四库全书存目丛书》本。

按《四库全书总目》小学类存目云："是书载六经字体，自一画至二十九画，颇能辩正偏旁点画。又于诸字之转音不转音者分类厘订，亦易于省览。特所见古籍无多，故舛误时复不免。”此书有扬名时、耿人龙、薛元敏序，又有康熙五十三年自序。

汤若宰

字而洋。清江阴人。画仿赵孟頫，又从王翚游，尽得其法。晚年杜门课子，年87卒。

锄云诗草　集部别集类　佚

见道光《江阴县志》卷18。

杨履谦(1661—1744)

字德舆，号益斋。清江阴人。履恒弟。太学生。以子名宁封赠山西徐沟县知县。

辟邪说　子部儒学类　佚

快心编　子部儒学类　佚

以上2种见《江上诗钞》卷76，收其诗1首。

章　溥

字大来。清康熙间江阴人。工文。家贫，以授徒自给。邑巨室闻其名，争延致之，训迪谆恳，至老不倦，被其教者多获隽。

学庸赘言　经部四书类　佚

见章锡彭《江阴章氏宗谱》卷5。

按：乾隆《江阴县志》卷17本传云：“辨析异同，可补先儒所未备。”

夏元恩(1662—1724)

字承侯，号詹兮，别号醉红。清江阴人。霖子，准贡生。曾任陕西、宁夏同知，负干略，思以功业自见。持筹运饷，备著劳绩。檄护理督粮道事务，以亏军需牵涉，殁于宁夏。

醉红轩诗稿6卷　集部别集类　佚

见《江阴夏氏宗谱》卷14。

按:《江上诗钞》卷78收其诗1卷,共100余首。

徐　恪(1662—1725)

字昔民,一作息溟。清江阴人。世沐子。康熙二十五年(1686)拔贡。知直隶枣强县,后知广西罗城,以劳卒于雍正二年除夕(公元为1725)。恪见闻博洽,能诗善文,李振裕奉诏纂修《佩文韵府》,延其共襄事。

周易引说　经部易类　佚

见闻稽疑录　子部小说类　佚

按:民国《江阴县续志》卷20误作《见问稽疑录》。

桑梓见闻录　子部小说类　佚

九炉山人集　集部别集类　佚

白华集1卷　集部别集类　佚

以上5种见《江上诗钞》卷79。《江上诗钞》云:"年三十时有《白华集》一卷,北游后遂失。"

玉带翁诗抄　集部别集类　佚

见民国《江阴县续志》卷20。

按:《江上诗钞》卷79收其诗1卷,共100余首。《全清词抄》卷3收其诗1首。

陈　安

字镇公,号虹桥。清江阴人。康熙二十三年(1684)武举。工诗。

芸窗诗草　集部别集类　佚

见《江上诗钞》卷81收其诗47首。

韩　衮

字维能,号江湄。清江阴人。工画花鸟,深得徐崇嗣没骨法。亦能作落墨花。

画法约言 1 卷　子部艺术类　佚

题画偶存 1 卷　集部别集类　佚

按:《江上诗钞》谓以上 2 种皆五七言绝句。

唱和偶存 1 卷　集部别集类　佚

以上 3 种见《江上诗钞》卷 76,收其诗 12 首。

陈　均(1664—1723)

字秉法,号一漠。清江阴人。康熙四十五年(1706)进士。历官翰林院编修,广东学政。

省身八箴　子部儒学类　佚

见民国《江阴县续志》卷 19。

按:《江上诗钞》卷 65 收其诗 3 首。

钱之燧

字元玉,号匏园。清常熟人,徙居江阴。增生。幼孤,事母至孝。从族叔钱陆灿游。十三岁游庠,与何焯等为同门友。康熙三十八年(1699)科举不售,遂绝意进取,唯肆力经史、诗文以自适。

匏村诗稿　集部别集类　佚

见道光《江阴县志》卷 17。

南村诗稿　集部别集类　佚

见《江上诗钞》卷 75,收其诗 20 首。

蒋　培

字谷贻,一作谷诒,号抟风。清江阴人。康熙三十四年(1695)贡生。五岁而孤,以学行为里中式,从游甚众,独契杨名时,以为他日必成栋梁之才。论学先器识而后文艺。晚年寄情诗画。

梅轩集　集部别集类　佚

见乾隆《江阴县志》卷17。

偶然集　集部别集类　佚

见《江上诗钞》卷70,收其诗23首。

邢楚玉

字铉吉。清江阴人。康熙二十五年(1686)庠生。以子和贻赠修职郎,含山县教谕。性孝谨,与兄弟友善。少与杨名时等以文行相砥砺。年30卒。文稿多散佚。

周易节解　经部易类　佚

见乾隆《江阴县志》卷17。

张世纶(1667—?)

字人凤。清江阴人。康熙五十三年(1714)举人。绩学授徒至80不倦。

山翠轩稿　集部别集类　佚

见《江上诗钞》卷83,收有其诗4首。

贡一帆

清乾隆间江阴人。与叶天士同时。医家。

贡一帆先生医案　子部医家类

《珍本医书集成·龙砂八家医案》本。

徐　迈

字月帆。清江阴人。聪慧过人,为人操纸笔立就,云行水流,初无定志。每当文酒宴会,谈笑诙谐,四座皆为绝倒。足迹不至公庭,日惟闭户课徒。素与同里孔毓玑友善。雍正八年(1730)贡生。既贡,不复与检选,又数年而卒。

墨卷约编　集部总集类　佚

清徐迈选

见乾隆《江阴县志》卷17，谓孔毓玑为之序。

王　相

字钟岳。清乾隆、嘉庆年间江阴人。医家。谙于《素问》《难经》。曾寓苏州，赁居叶天士宅旁，叶以难治辞者，就王相治辄愈。叶天士大奇之。

王钟岳先生方案　子部医家类

《珍本医书集成·龙砂八家医案》本。

蓉城医案　子部医家类

抄本，上海中医药大学图书馆。

王　模(1669—1756)

字维赞，号蓼洲。原名学襄。清江阴人。国子生。博览多闻，工古文，尤长于诗。宗唐法，间出入宋大家。四方名士来江上，晨夕赠答，有风雅主人之目。晚筑犁云庄，结诗社。

江上纪闻　史部传记类　佚

蓼洲诗抄　集部别集类　佚

以上2种见金武祥《江阴艺文志》卷下。

据梧容懒斋集　集部别集类

雪蕉词1卷　集部词曲类

以上2种见清夏炜如《钩录斋稿》卷2《蓼洲公家传》。

按：夏炜如云，王模生平著述隆富，卒后皆散佚失传。后由其孙世栋收拾之，止有以上2种。乃积资刊其诗，而以《雪蕉词》及王模从弟王学琦之诗均附于其后。刻本今已不可见。《江上诗钞》卷80收其诗1卷，共百余首。

陈　培

字芷亭。清江阴人。均弟。

燕粤纪游1卷　史部地理类　佚

见《江上诗钞》卷87,收其诗26首。

孙御千

清江阴人。医家

孙御千先生方案　子部医家类

《珍本医书集成·龙砂八家医案》本。

按:此系孙氏自记原本,共11案。

张　耿

字介夫,号石庵。清江阴人。庠生。积学励行,尤好诗歌,规范三唐,间亦别出新意。屡试不入,乃带经负耒,从田夫野老课问农桑,故其诗时与储光羲、孟浩然等相近。

石庵诗钞　集部别集类　佚

见《张氏吉光集》卷下,收其诗3首。

按:原集已佚,此据家谱录存。《江上诗钞补》收其诗2首。

李　崧

字静山,号芥轩。清江阴人。康熙时布衣,侨寓无锡。三十九年(1700)至苏州见沈德潜。不乐仕进,筑室鸿山鹅水间,啸歌自得。其妻吴氏及继妻薛氏并工诗,更倡迭和,传为文坛佳话。其诗简古淡雅,朴至有真味。闲画花草芦雁,时露天趣。年八十余,双目尽盲,犹口占诗,令其幼孙书于鹅湖之滨。豫封一龛,曰白云窝,死即葬焉。《初月楼续闻见录》有传。

芥轩诗草1卷　集部别集类　佚

夕阳村诗草1卷　集部别集类　佚

以上2种均见缪荃孙《艺风堂文漫存》卷4。

浣香词1卷　集部词曲类

清乾隆刻本。

按:《江苏诗征》卷93收其诗3首,《梁溪诗钞》卷26收其诗42首。

薛　琼

字素仪。清长洲人。江阴李崧妻。工诗词,善画竹。与崧居鹅湖浣香阁,有唱随之乐。诗才若水,类不食人间烟火。

绿窗小草1卷　集部别集类

(1) 抄本,见民国《江阴县续志》卷20。

(2) 清雍正间浣香园合刻本,中国科学院图书馆藏(邓之诚跋)。

按:乾隆《无锡县志》卷39著录作《绿园小草》。《清诗别裁集》卷31收其诗1首,《梁溪诗钞》卷52收其诗7首。

绛雪词1卷　集部别集类

(1)《小檀栾室汇刻闺秀词》本。

(2) 清雍正间浣香园合刻本,中国科学院图书馆藏(邓之诚跋)。

徐　锐(1671—1749)

字贡三,又字敬三,号青来。清江阴人。雍正六年(1728)优贡。受业于杨名时。任苏州府训导,为官清正,因受排挤,辞官归里。善书,工小楷。清浦起龙《不是集》有其墓志铭。

易准　经部易类　佚

春秋集传　经部春秋总义类　佚

一得编　子部杂学类　佚

惜阴斋杂录　子部杂学类　佚

以上4种见《江上诗钞》卷93,收其诗3首。

徐东维

清江阴人。

(康熙)徐氏宗谱　史部传记类

清徐东维修

见吕锡生主编《徐霞客家传》。宗谱于康熙四十三年(1704)完稿。

徐畹芝(1672—1694)

字怀芬。清江阴人。长西女,宜兴(一作荆溪)任东阆妻。父早卒,四岁母授以书辄成诵。稍长习女工,喜吟咏。好读书,如笃志之士。

秋芸阁集(一作秋芸阁诗词)　集部别集类

见谢鼎镕《梓闻漫拾》卷下。集有储麟趾序。

按:《江苏诗征》卷163收其诗1首。《江上诗钞》卷173收其诗19首。

沈　芳(1672—1739)

字敦上,号濑庵。清江阴人。诸生。

爱莲堂诗集　集部别集类　佚

榆收集　集部别集类　佚

留笋集　集部别集类　佚

以上3种均见金武祥《江阴艺文志》卷下。

按:《江上诗钞》卷81收其诗4首。

马卿育(1672—1741)

志亦作育卿。字兼若。清江阴人。捷元子。郡诸生,未尝以诗鸣,而诗自细润工秀,七古尤倜傥有气。

静远堂稿　集部别集类　佚

见金武祥《江阴艺文志》卷下。

按:《江上诗钞》卷83收其诗31首。

缪　诜(1672—1748)

字绳孙,号觉轩。清江阴人。宏仁子。康熙四十五年(1706)进士。知宜章、郏县等,政绩显著。

思亲斋遗训　子部儒学类　佚

醒心笔记　子部儒学类　佚

觉轩文编　集部别集类　佚

慭烈堂论文　集部诗文评类　佚

以上4种见道光《江阴县志》卷17。

按:《江上诗钞》卷83收其诗16首。

夏维赞

名未详。清江阴人。

麈谭集　子部杂学类　佚

见《江阴夏氏宗谱》卷首乾隆五十年(1785)张宏淦撰宗谱序。

何家骥(1673—1719)

字驭良,号秋泉。清江阴人。文林布衣。

忘忧集　集部别集类　佚

见金武祥《江阴艺文志》卷下。

按:《江上诗钞》卷83收其诗3首。

王学琦(1673—1728)

字韩起。清江阴人。模从弟。雍正四年(1726)岁贡。博学能文,尤工诗。为人率真,不事奔竞,才名动江左。沈德潜赠以诗云:"白云古寺听宣讲,黄叶闲门想著书。"为四方名流所推许。

燕石集诗抄　集部别集类　佚

见金武祥《江阴艺文志》卷下。

按:《江上诗钞》卷 84 收其诗 14 首。沙曾达《澄江咏古录》卷中有《王学琦石磴联吟》诗。又按:《清诗别裁集》卷 27 有王景琦,字韩起,江南江阴人。贡生。收其《咏淳化里》《同钱青在夜饮赋此赠别》诗 2 首。《江苏诗征》卷 47 同。今查《江上诗钞》卷 84,此 2 诗即在王学琦名下,故王学琦、王景琦实即同一人。另据清夏炜如《驹录斋稿》卷 2《蓼洲公家传》,谓王学琦之诗曾附刻于从兄王模《据梧容懒斋集》后,此集今未见。

徐方高

字星友,号澹园。清江阴人。邑增生。少负隽才,与沈德潜齐名,号称徐沈。工诗,性落拓。老而贫。卒年 80 余。

(乾隆)盱眙县志 24 卷首 1 卷　史部地理类

清郭起元修　清秦懋绅、徐方高纂

(1) 清乾隆十二年(1747)刻本,北京大学图书馆藏。

(2) 抄本,北京大学图书馆藏。

澹园诗草　集部别集类　佚

南游草　集部别集类　佚

以上 2 种见《江上诗钞》卷 97,收其诗 18 首。

程　省

字以三,号存斋。清江阴人。王学琦同时人。究心阴阳八卦。

测字秘牒 10 卷　子部术数类

(1)《百二汉镜斋秘书四种》本。

(2)《文选楼丛书》(艺林山房辑)本,作《相字秘牒》1 卷。

(3) 石印本,南京图书馆藏。

夏元彀(1675—1696)

字弓高,号云野。清江阴人。霖次子。太学生。雅好经史法书名画,多方搜购,手自标识,为文冲雅静细。因劳顿遇疾而卒,年22。

仅存集文　集部别集类　佚

见《江阴夏氏宗谱》卷6。

徐　岳

字亮公。清江阴人。涉猎书传,少应试,一不售,即弃去,日惟杜门,究心河渠、水利、算数之学。矜名节,淡泊名利。少与蔡鹏交善,与赵鸣銮并称里中三友。无子,自称乾一老人,因以名其集。卒年91。

乾一道人集　集部别集类　佚

见乾隆《江阴县志》卷17。

夏宏启

名未详。清江阴人。

礼记启蒙　经部礼记类　佚

见《江阴夏氏宗谱》卷首乾隆五十年(1785)张宏洤撰宗谱序。

翁　照(1677—1755)

字朗夫,号霁堂。原名玉行,字子静。清江阴人。太学生。幼孤贫,王学琦一见异之,教之读,过目成诵。及长,博学善诗文,尤工章奏,出游大江南北,才名籍甚,乾隆初著鸿博,不就。十六年(1751)荐经学,报罢,晚筑三十三山草堂,与沈德潜相约耦耕,结庐为伴,啸歌终隐。以咏蓑衣诗得名,人称"翁蓑衣"。诗在浙幕中亡失过半,所刊仅十之三。《赠书常书稿》有沈德潜撰《征士翁霁堂传》。

赐书堂诗稿4卷文稿6卷　集部别集类

(1) 清乾隆十六年(1751)刻本,南京图书馆藏。

（2）《赐书堂诗稿》1卷，《重思斋丛书》本。

（3）《清代诗文集汇编》本。

按：《江上诗钞》卷89收其诗1卷。

曹　健（1679—1737）

字旋轮，号环庵。清江阴人。廪贡生。与妻邓氏俱能诗。

环庵诗草　集部别集类　佚

见《江上诗钞》卷104，收其诗2首。

张允济（1679—1751）

字天申。清江阴人。诸生。立品端重，姐夫徐溟宰枣强，延主幕务。举乡饮宾。

天申诗稿　集部别集类

见《江上诗钞》卷82，收其诗7首。

按：《江上诗钞》小传云："诗稿甚富，仅见其曾外孙徐绍基所藏一卷七十六首。"

高　方（？—1720）

字义立，号矩亭。清江阴人。工诗古文辞，善二王书法及大小欧阳体，小楷尤工。志趣恬淡，不慕荣利，家居左图右书，意象超远。好游览，欲尽历宇内名胜。尝客都门，谢荐牍。将游匡庐，道池州，山水陡发，沉舟卒。《国朝书画家笔录》有传。

都门小刻　子部杂学类　佚

言行曲直论　子部杂学类　佚

于于道人集　集部别集类　佚

以上3种见乾隆《江阴县志》卷17。

按：《江上诗钞》卷83收其诗9首。

王文震

字梦屺,一作孟起,号寤关。清江阴人。雍正十三年(1735)拔贡。乾隆三年(1738)副贡。少游杨名时门,苦研经书,学识深邃。尤精三礼。乾隆初试授州判,以经学荐,授国子监助教。出知山西吉州。性至孝,清介自持,以诖误落职。《清儒学案》有传。

寤关文集　集部别集类　佚

寤关诗集　集部别集类　佚

以上2种见道光《江阴县志》卷17本传。

晋游诗草　集部别集类　佚

见:《江上诗钞》卷83,收其诗3首。

曹　沂

字思鲁,号蔬圃。清江阴人。岡子。能诗工画,蔡澍所修邑志各山图及澄江八景图,皆出其手。

自明诗集　集部别集类　佚

见金武祥《江阴艺文志》卷下。《江上诗钞》卷104收其诗5首。

缪　问

字芳远,号问芝。清江阴人。精医术,好咏诵。

宋陈无择三因司天方2卷附图说1卷　子部医家类

宋陈言撰　清缪问注

(1) 清嘉庆二年(1797)问芝堂刻本(司天方论),国家图书馆藏。

(2) 清抄本,中华医学会上海分会藏。

自娱草　集部别集类　佚

见《江上诗钞》卷84,收其诗4首。

葛　霆(1682—1752)

字尧中，号旸亭。清江阴人。抚辰子。诸生。至性纯笃，为父请旌孝行，以家贫不得上，请者十余年，卒成其志。乾隆间总督奉诏举善人第一。

道成山人集　集部别集类　佚

见道光《江阴县志》卷 18。《江上诗钞》卷 92 收其诗 10 首。

汤大辂

字乘素，号绮峰，又号竹坡。清江阴人。康熙五十一年(1712)进士。散馆授检讨。幼慧。刻苦自励，尝入虹桥书院肄业。自谓终身得力，实在于此。《词林辑略》卷 2 有传。

周易讲义 5 卷　经部易类　佚

四书语录 10 卷　经部四书类　佚

蓉江草堂诗 8 卷　集部别集类　佚

以上 3 种见道光《江阴县志》卷 17。

夏宗汉(1683—1746)

字生二。清江阴人。敦仁次子，后出嗣敦仁弟敦义。岁贡生。候选训导。性宽裕而气磊落，为文博厚雍容。

大易纂义　经部易类　佚

见《江阴夏氏宗谱》卷 8。

广祈嗣真诠　子部儒学类　佚

见夏敬秀《正家本论》"家法永守"条识语。

莩缘斋文集　集部别集类　佚

见《江阴夏氏宗谱》卷 8。

沈 涛

字洪吕，号次山。清江阴人。乾隆二年(1737)进士。曾任江西长宁县知县，勤政爱民，有惠政，其俗好勇喜斗，每岁春正，为石战戏。南北列队，持石卵相飞，置生死于不顾。涛陈说利害，其弊遂革。高安朱文端、同邑杨名时并以馆职荐，因亲老辞归。主暨阳书院，造就甚众。

江上遗闻1卷　史部传记类

(1) 手稿本，《香山草堂从钞》之一，台湾"中央图书馆"原藏。

(2)《申报馆丛书》本。

(3)《江阴丛书》本。

(4)《粟香室丛书》本。

(5)《中国内乱外祸历史丛书》本，1951年神州国光社版改称《中国历史研究资料丛书》，1982年上海书店复印。

(6) 台北《明清史料汇编》(第二集)本。

(7) 台北《丛书集成续编》本。

(8) 1996年河北教育出版社《清代笔记小说》影印本

(9) 2005年北京图书馆出版社《明清史料丛书八种》本。

(10) 2007年上海古籍出版社《明末江阴守城纪事》本。

(乾隆)长宁县志6卷首1卷　史部地理类

清沈涛等修　沈大中等纂

清乾隆十四年刻本，国家图书馆藏。

念山堂诗集　集部别集类　佚

见道光《江阴县志》卷17。

敦睦堂文稿　集部别集类　佚

见民国《江阴县续志》卷20。

按：《江上诗钞》卷81收其诗43首。

沈　凤(1685—1755)

字凡民，号补萝。又有飒溟、樊溟、凡翁、谦斋、补萝散人、补萝外史、桐君等别号。清江阴人。监生。曾任安徽徽州府同知，七摄县篆，于吏事非所长。康熙四十二年(1703)以书法受知金坛王澍。善八分书，工画山水，潇洒纵逸，不减元人。尤工篆刻，古丽精峭，如李斯、李阳冰复生。自言生平篆刻第一，画次之，字又次之。画多干笔，尝临倪瓒小幅，鉴者莫辨。乾隆十三年(1748)识袁枚，袁枚极重之，随园联额皆其手书。晚年不肯刻石作画而肯书。《国朝画征录》有传。

谦斋印谱1卷　子部艺术类

(1) 清康熙五十三年钤印本，上海博物馆藏。

(2) 清雍正六年(1728)钤印本，天津图书馆藏。

(3) 清乾隆十八年铅印本，西泠印社藏。

章郁天(1687—1752)

原名达义。字时行，号心斋。清江阴人。为斗四子。增生。

章氏家谱8卷　史部传记类　佚

见章锡彭《江阴章氏支谱》卷首章郁天序。

按：据乾隆四年(1739)章郁天自序，谓此谱刻于是年，而嘉庆十七年(1812)章程撰《笏山章氏家谱序》，则谓此谱“将就开雕而又不果”，是未能刊刻，未知孰是。支谱卷12收其诗2首，《江上诗钞补》卷2收其诗1首。

程　铎(1687—?)

字振凡。清江阴人。诸生。袭父贵职任武节将军，补钦天监博士，供奉内廷。精天文、勾股、篆籀之学，尤工篆刻。大小方圆皆合古法，刻成藏秘阁。与杨名时等交善。《国朝书画家笔录》有传。

艺林文墨4卷　子部艺术类　佚

见程铎《四箴堂印谱》自序。

按:此书刻于程铎入都之前,刻印不多,后亦罕见。参见曹吉士《四箴堂印谱序》。

四箴堂印谱　子部艺术类

清道光十三年(1833)曹存朴堂钤印本。

按:卷首有杨名时、蒋溥、汪由敦序及程铎自序。民国《江阴县续志》卷19误作《四箴堂韵潜》。

夏宗洛(1688—1737)

字参三,号凝宇。清江阴人。敦仁三子。庠生。幼通五经,幼弟宗澜尝从其受业。屡试不遇。立品制行言动,皆有规矩。尝立功过格,纪每日所行以自检。于乡里公益义事,多勉力为之。《江阴夏氏宗谱》卷8有传。

圣谕广训详说　子部儒学类

清世宗撰　夏宗洛注

见《江阴夏氏宗谱》卷14。

杨名宁(1688—1754)

字简在,号武屏。清江阴人。名时从弟。雍正元年(1723)拔贡。历知山西徐沟、福建侯官、山东陵县等。颖悟绝人,过目不忘,好学不倦,经史诸子说部无不贯串,长于考证,卢文弨器之,谓名宁古文有晋人风致,间似庄子,诗工于言情。极好抄书,于正史、杂史、诸子及古今诗文,成摘录手抄,共有20余册。《清儒学案》卷48有传。

类音5卷　经部小学类

见《常郡八邑艺文志》卷6自序。

江邑掌故1卷　史部杂学类　佚

见民国《江阴县续志》卷20。

史记录腴　史部史钞类　佚

见《常郡八邑艺文志》卷6自序。

碎金　子部杂学类

见盛宣怀《杂净跋》，谓此乃名宁杂著总名。

杂诤1卷　子部杂学类

《常州先哲遗书本》本，此为《碎金》之一种。

碎录　子部杂学类　佚

水辑　子部杂学类　佚

以上2种见道光《江阴县志》卷17。

日知录校订　子部杂学类

清顾炎武撰　杨名宁校订

见清黄汝成《日知录集释》叙录。杨名宁校订全采入黄汝成《日知录集释》中。

按：《江上诗钞》卷84收其诗34首。

车　书

字辂公，号质斋。清江阴人。监生。少与杨名宁、王学琦、王文震以力学相勖，寒暑无间。性豁达，不立崖岸，至名教所系则持之甚力。善真草二体，晚益遒劲。工尺牍，精弈。久困场屋，佐幕二十年。门人贡震、赵曦明、杜一鸿、朱黼并知名于时。《国朝书画家笔录》有传。

青村杂录　子部杂学类　佚

骥诸闲抄　集部别集类　佚

以上2种均见金武祥《江阴艺文志》卷下。

按：《江上诗钞》卷93收其诗2首。

许　倓

字公安，号拙叟。清江阴人。少孤颖异，补诸生，以增生终。才气雄肆，古文力追韩欧。与包彬、蔡寅斗、杨名宁等交。与修乾隆《江阴县志》。

许傚诗

见《江上诗钞》卷84,收其诗15首。其文集名未见。

沙　枚(1689—1763)

字鸥瞻,号次峰。清江阴人。震次子。增生。杜门读古书,至老不倦。

沙枚诗

见《江上诗钞》卷104,收其诗15首。其文集名未见。

缪敬持(1690—1734)

字以直,室号耕学草堂。清江阴人。思勃子。庠生。

东林同难录附东林同难列传3卷　史部传记类

(1) 清雍正五年(1727)缪敬持耕学草堂刻本,上海图书馆藏。

(2) 清嘉庆二十二年(1817)缪麟抄本,上海图书馆藏。

(3) 清道光五年(1825)叶廷甲刻本,改名为《表忠录》,南京图书馆藏。

(4) 清同治十年(1871)周氏书钞阁抄本(清周星诒校并跋),国家图书馆藏。

(5)《烟画东堂小品》本。

(6) 1934年陶社铅印本,不分卷。

(7) 台北《丛书集成续编》本。

按:《东林同难录》一书,明末桐城左氏刻之。清雍正中,缪敬持订补原书之缺,又辑诸人列传及与东林事迹相关者,合为一册。叶廷甲刻本改名为《表忠录》,后复改原名。

私淑编　史部传记类

见《江阴艺文志》卷下。

耿人龙

字书升，号岵云。清江阴人。康熙五十九年(1720)贡生。为人淳古敦朴，精研儒学，杨名时器之。

易解　经部易类

见乾隆《江阴县志》卷17，谓"盖得诸梅正平之后云"。

韵统图说　经部小学类

见《四库全书总目》小学类存目。

按:《四库全书总目》云:"是书于三十六母删知、彻、澄、娘、敷、微六母，定为三十位。以呼、呵、嘻、嘘四声分配宫、商、角、羽。一声之中，兼摄平、上、去、入，而又分清针、浊针，别为十二通，析为四十八韵。又于十二通之中别为三转。其图有横、直二母，以直母统三十位，横母统四十八韵，故名'韵统'。其苦思密审，亦竭一生之功。然千古之音，随时而异;一时之音，随地而异;一地之音，随人而异;一人之音，随年而异。……人龙乃欲以一人之口吻，强天下万世而从我。其自谓穷极精妙者，以叩他人则扞格矣，岂能行之事乎?"

李天根

原名大本，字天根，号云墟，自号云墟散人。后以字行。清江阴人。迁居无锡。崧子。不应科举。生平不妄言，不疾行。乾隆二年(1737)到苏州访沈德潜。诗学陶渊明、韦应物，有称于时。善制曲。《梁溪文钞》卷38有清钱俊选撰《云墟李先生传》。

爝火录32卷附录1卷　史部杂史类

(1) 稿本，浙江图书馆藏。

(2)《爝火录》32卷附记1卷读史论略1卷历代纪元续表1卷，清抄本，国家图书馆藏。

(3)《爝火录》32卷附记1卷读史论略1卷历代纪元续表1卷，民国间吴兴刘氏嘉业堂抄本，国家图书馆藏。

(4) 清长白赵氏藏传抄本,见《晚明史籍考》。

(5) 34卷,《明季史料丛书》本。

(6) 1986年浙江古籍出版社《明末清初史料选刊》本。

(7)《爝火录》32卷附记1卷读史论略1卷,清抄本,上海图书馆藏。

浣香园笔记　子部杂学类

清道光二十五年(1845)钱日祥校刻并跋,中国书店藏。

滴水集　集部别集类

云墟稿　集部别集类

以上2种见《云墟李先生传》。

按:民国《江阴县续志》卷20著录《云墟稿》1卷,云:"刻于(李崧)《芥轩诗草》后。"刻本今未见。《清诗别裁集》卷28收其诗1首。

白头花烛　集部别集类　佚

紫金环　集部词曲类　佚

颠倒鸳鸯　集部词曲类　佚

李云娘　集部词曲类　佚

芙蓉屏　集部词曲类　佚

撷芳班　集部词曲类　佚

以上6种见《云墟李先生传》。

按:《白头花烛》等3种又见《古典戏曲存目汇考》卷8,谓《紫金环》本事未详。《白头花烛》疑即演康熙间程氏白头花烛时事,《颠倒鸳鸯》本事见《情史》所载明嘉靖间昆山民间时事,即《醒世恒言·乔太守乱点鸳鸯谱》。

闻　诗

字蓉畦。清江阴人。性恬淡,工书及诗。所居有醉云楼,与交游唱和其中。金坛王澍尝主其家,与谈论书法。《国朝书画家笔录》有传。

吾庐诗草　集部别集类

见道光《江阴县志》卷18。《江上诗钞》卷87收其诗70余首。

钱振科

字象六。号半舫。清常熟增生,入籍江阴。之燧子。廉介端方,有儒者风。肆力于学,凡经史古文诸儒之说,莫不穷究。诗多豪放,得力于少陵居多。

四书纂义　经部四书类　佚

砚北诗抄　集部别集类　佚

以上2种见道光《江阴县志》卷17。

按:《江上诗钞》卷104收其诗18首。

程天保(1691—?)

字敬威。清江阴人。康熙五十七年(1718)秀才,性孝谨。笃志励学,能文,豪岸自喜,与人切磋古文之学。四十九年,与沈德潜、徐夔等数十人结社唱和。后以父没哀毁卒。

历朝古歌4卷　集部总集类　佚

明文尤雅集　集部总集类　佚

以上2种见《乾隆《江阴县志》卷17,谓行于世。

包　彬(1692—1749)

字文在,号朴庄,又号惕斋。清江阴人。孔毓玑婿。雍正初举鸿博不就,乾隆三年(1738)举人。力学研经,尤邃于《易》。于先儒讲义别有心得。性严正,邑令蔡澍延修邑志,与同人论乡贤龃龉,遂辞去。后馆于易州,卒,遗文散佚。

易玩8卷　经部易类

清鞠录轩抄本,见民国《江阴县续志》卷20。

按:清李兆洛《养一斋文集》卷7《跋包文在易玩》云:"研究义理,兼综象数,不为汉宋门户。道光十四年(1834)七月武进李兆洛借录副本,因识于后。”

易观　经部易类　佚

易小得录　经部易类　佚

尚书冤辨　经部尚书类　佚

朴庄诗文稿　集部别集类　佚

以上4种见《江上诗钞》卷90，收其诗1卷，51首。

祝锦中

字元章。清江阴人。以州同分发南河。康熙六十一年(1722)任祥符县主簿。赞画河务，治河有法。其策被后人采用。

南河长治策　史部地理类

搜沙十二事宜策　史部地理类

北河犁沙穿渠兼用策　史部地理类

以上3种见道光《江阴县志》卷17卒传。

按：此3策似非专书名，因金武祥《江阴艺文志》卷下已著录，姑仍之。又此3策被清黄汝成载入《日知录注》。《江上诗钞》卷92收其诗12首。

徐　昆(1693—1725)

字琢瑜，号西斋。清江阴人。世沐孙，恪子。康熙六十年(1721)增生。与内弟夏宗澜志同道合，常相唱和。

入粤纪行诗合钞　集部总集类　佚

清徐昆、夏宗澜撰

见金武祥《江阴艺文志》卷下。

按：雍正二年除夕(公元为1725)，其父卒于广西罗城知县任，昆偕夏宗澜同入粤奔丧，纪行诗即作于此时。《江上诗钞》卷88收其诗55首，收夏宗澜诗53首，均为同行入粤沿途唱和之作。

夏亮载(1693—1778)

字熙臣,号湛湖,又号镜清居士。清江阴人。附监生。考授州同知。严峻方洁,知交引重。

偶存诗抄　集部别集类　佚

见金武祥《江阴艺文志》卷下。

按:其集原有诗70余首,《江上诗钞》卷92收其诗7首。

徐廷勋(1694—1773)

字鸣谦。清江阴人。康熙四十七年(1708)补诸生,乾隆七年(1742)岁贡。任池州府学训导。

晚翠轩诗1卷　集部别集类　佚

见《江上诗钞》卷84,收其诗2首。

夏一驹(1695—1751)

字昂千,号一斋,又号凤凰山樵,小字利生。清江阴人。元弢子。太学生。候选府通判。授承德郎。慷慨好礼,博雅爱士。精鉴别,古今碑版书画,钟彝印刻,盈箱叠架。晨夕尊酒,展玩商榷,历久如斯,郡推珍赏第一。《江阴夏氏宗谱》卷8有传。

古印考略1卷　子部艺术类

(1)《篆学琐著》本。

(2)《玉说荟刊》本,作《古印考略摘抄》。

拾古印遗不分卷　子部艺术类

清乾隆三十五年(1770)夏氏半阁刻钤印本,上海博物馆藏。

按:《贩书偶记续编》云:分官印私印各一卷,各印下附释印文及某钮,首有《古印考略》。

画言揆一4卷　子部艺术类　佚

慎密斋印正1卷　子部艺术类　佚

清夏一驹鉴定。陆台篆

见《江阴夏氏宗谱》卷14,有清戚汉广撰序。

黄山游草1卷　集部别集类　佚

见《江阴夏氏宗谱》卷14,有清沈德潜撰序。

按:《江上诗钞》卷92收其诗12首。

严学诚(1695—?)

字向方,号箴三。清江阴人。岁贡生。性行端饬,笃志好学,博通群书。与赵曦明商榷古今,讨论得失,引绳批根,多所校正。乾隆十九年(1754)曾作《自寿》诗,时年60。

易经会观　经部易类　佚

见道光《江阴县志》卷17本传。

大易图说　经部易类　佚

易义枝言　经部易类　佚

习是编　子部儒学类　佚

成淳集　集部别集类　佚

大义集　集部别集类　佚

中兴集　集部别集类　佚

箴山诗抄1卷　集部别集类　佚

诗评　集部诗文评类　佚

以上8种见金武祥《江阴艺文志》卷下。

按:《江上诗钞》卷95收其诗65首。

马　灿

字诞先。清康熙雍正间江阴人。

怙过集　集部别集类　佚

见《江上诗钞》卷91,收其诗7首。

王兆鱼

字端翼，号飞池。清江阴人。雍正时岁贡生。事母孝，为文宏深粤衍，工诗及书法，曾任吴县训导。巡抚陈宏谋重之，尝语僚属曰：“王某学品兼优，真不愧师儒一席。”《国朝书画家笔录》有传。

江苏祀典　史部政书类　佚

见道光《江阴县志》卷17本传。

按：《江上诗钞》卷92收其诗9首。

夏宗澜(1699—1764)

字起八，号震轩。清江阴人。敦仁五子，宗洛弟。诸生。曾师事杨名时，通诸经，尤有志当世之务。乾隆元年(1736)以杨名时荐举经明行修，授国子监监丞，掌绳愆厅，领六堂。后以抗争落职。性刚直，遇事不挠于权贵，故多取时怨。诗文浩瀚雄健，尤善擘窠书。历主莲池、江夏、靖江诸讲席，教人不事举业，以经术为重。与游俱当世硕儒。岁饥，鬻产以赈济乡里饥饿者。《国朝书画家笔录》有传。

易卦札记6卷　经部易类

见《江阴夏氏宗谱》卷14。

按：宗谱有尹会一撰序。《四库全书总目》易类存目作4卷。谓是书惟解上下二经，不及《系辞》以下。前列《易例举要》一篇、《读易指要》一篇。

易义随记8卷　经部易类

清雍正十年(1732)刻本，上海图书馆藏。

诗义记讲4卷　经部诗经类

清乾隆八年夏宗澜刻本，国家图书馆藏。

按：以上两种题清杨名时讲授、清夏宗澜记。夏宗澜罢国子监丞，出都，过保定，为直隶总督孙嘉淦延主莲池书院讲席。因刊此二书。《江阴夏氏宗谱》卷14有清杨名时、秦蕙田等撰序跋。或以为此二书皆由杨名时讲授而宗澜笔录之者,《四库全书总目》以为此说不确,其《诗义记讲》提要云:"是编卷首标题江阴杨名时讲授。然观名时之序,则名时以李光地《诗所》授宗澜,宗澜读而自记所见,非名时书也。"民国《江阴县续志》卷 20 著录《诗义记讲》有夏诒垣传抄本。

弋阳书院学规 1 卷　子部儒学类

震轩文集 10 卷　集部别集类

以上 2 种见《江阴夏氏宗谱》卷 14。

入粤纪行诗合抄　集部总集类　佚

清徐昆、夏宗澜撰

见金武祥《江阴艺文志》卷下。

按:雍正二年除夕(公元为 1725),徐昆父徐恪卒于广西罗城知县任,昆与宗澜同入粤奔丧,纪行诗即作于此时。《江上诗钞》卷 88 收徐昆诗 55 首,收夏宗澜诗 53 首,即为两人入粤沿途唱和之作。《江阴夏氏宗谱》卷 14 收其文 3 篇,卷 17 收其诗 17 首。

何辰拱(1700—1744)

字耀南。清江阴人。诸生。苦学工文。

草堂杂咏　集部别集类　佚

见《江上诗钞》卷 92,收其诗 13 首。

夏宗泰(1700—1767)

字知十,号达斋。清江阴人。霈孙,敦仁侄。国子监生。热心邑中公益事。性端静,好读书,多识大义。尝辑宗谱。未成而卒。

江阴夏氏宗谱　史部传记类　佚

清夏宗泰修纂

见光绪间夏子沐刻《江阴夏氏宗谱》卷首乾隆二十九年(1764)夏宗泰原序。

砥行编 1 卷　子部儒学类

见《江阴夏氏宗谱》卷7。

按:宗谱卷14有子敬仲跋,云:"丙戌(乾隆三十一年,1766)秋,府君著《砥行编》成,召子若孙而命之曰,学莫先于立志,志者行所由成也。"又谓付诸刊刻。刻本今未见。

缪廷录(1700—1776)

字吁俊,号雪堂。清江阴人。太学生,幼端重,性孝谨。嗜书好学,博览经史,旁及医书。缪氏《旧德集》卷2有传。

雪堂诗钞　集部别集类　佚

焚余稿　集部别集类　佚

以上2种见缪氏《旧德集》卷2,收其诗14首。卷13有清缪润《从兄雪堂诗钞序》。《江上诗钞补》卷2收其诗8首。

张学厚

字二渠,号�村。清江阴人。元升孙。庠生。好学攻书,老而弥笃。训迪后进,善诱不倦。文章颇有祖风,尤长于诗。

片玉集　集部别集类　佚

见《张氏吉光集》卷下,收其诗2首。

按:原集已佚,此据《江上诗钞》录出。

盛　金

字兼山。号莒滨。清江阴人。诸生。援例入国学。与夏宗沂、敬渠叔侄为诗友。

浣香集　集部别集类　佚

见《江上诗钞》卷93,收其诗22首。

卞采京

清江阴人。与子存诚、存义同从武进是镜学。

兰堂集 6 卷　集部别集类

明卞荣撰　清卞采京辑

清乾隆二十五年(1760)刻本。

按:书辑于雍正十一年(1733),参见“卞荣”条。

刘启周

清江阴人。

刘启周诗集　集部别集类

见《常郡八邑艺文志》卷 6 赵曦明《刘启周诗集序》。

章文焕(1701—1733)

字金式。清江阴人。为斗孙。工文,善吟咏。少习举业,刻苦自励者十余年。屡试不中,以孙杞贵追赠武功将军,晋授武显将军。

水心草堂诗集 2 卷　集部别集类

见《江阴章氏支谱》卷 10 清张迪撰本书序。支谱卷 10 收其诗 4 首。

夏敬枢(1701—1775)

字慎修,号恒斋,又号鹅江。清江阴人。敦仁孙。庠生。居贫力学,艰苦备尝而不少贬气骨。好行义事,雍正元年(1723)曾随诸叔分厂赈饥。

醉月轩集 1 卷　集部别集类　佚

见《江阴夏氏宗谱》卷 14。宗谱收有雍正十年、十二年盛金,夏宗沂诸人之序,卷 17 收其诗 6 首。

吴　凤

字翥仙,室名晚烟居。清江阴人。负隽才,性孝谨。结庐五峰之阳,栽花莳药,吟啸卒岁,几不知城市为何所。

晚烟居集 1 卷　集部别集类

清康熙间刻本,上海图书馆藏。

《江上诗钞》卷 92 收其诗 1 首。

陈　玄

字廷扬,号椒崖。清江阴人。雍正七年(1729)副贡。擅书法。能诗。

按:民国《江阴县续志》卷 20 作“陈克”,金武祥《江阴艺文志》卷下作“陈元”实即一人。

陈椒崖先生稿　集部别集类

清末抄《江阴金氏家藏稿》本,国家图书馆藏。

借竹轩诗钞　集部别集类

见《江上诗钞》卷 91,收其诗 39 首。

借竹轩唱和词 1 卷　集部别集类

江阴陶社木活字印《陶社丛书》本,上海图书馆藏。

贡　震(1704—1775)

字文安,亦作文磨,一字息甫。清江阴人。乾隆六年(1741)拔贡,十二年副贡。历任安徽建平、灵璧、凤阳等县知县,擢寿州知州。所至雪冤狱,毁淫祠,兴建书院、育婴堂,悉心赈恤、兴修水利,凡便民之事,悉白大府奏行。殁后,入祀建平怀仁祠、灵璧名宦祠。少贫,笃志于学,曾从荆溪潘永季学。文行为乡人所推。能文善书,著述甚富。《国朝书画家笔录》有传。

周易集说 12 卷　经部易类

读易漫记 2 卷　经部易类

毛诗集说 10 卷　经部诗经类

左传随笔 1 卷　经部春秋左传类

纲目校正 4 卷　史部编年类

以上5种见清王家枚《龙砂志略》。

(乾隆)灵璧县志略4卷首1卷附河渠原委3卷河防录1卷　史部地理类

清贡震纂修

(1) 清乾隆二十五年此君草堂刻本,国家图书馆藏。

(2) 抄本,南京图书馆藏(残)。

(3) 清乾隆二十五年此君草堂1934年补版重印本,上海图书馆藏。

(乾隆)凤阳县志16卷首1卷　史部地理类

清贡震等修　吴之员等纂

(1) 清乾隆四十年刻本,南京图书馆藏。

(2) 清光绪二年(1876)刻本,南京图书馆藏。

河防录1卷　史部地理类

河渠原委2卷　史部地理类

以上2种附刊于乾隆《灵璧县志略》后。

灵璧河渠原委3卷灵璧县河防录1卷　史部地理类

(1) 清乾隆二十一年石磬山房刻本,国家图书馆藏。

(2) 抄本,南京图书馆藏。

建平存稿3卷　集部别集类

清乾隆间刻本,上海图书馆藏。《江上诗钞》卷93收其诗5首。

息古堂文草　集部别集类

息古堂诗钞　集部别集类

以上2种见清王家枚《龙砂志略》。

夏敬渠(1705—1787)

字懋修,号二铭。清江阴人。敬枢弟。庠生。英敏果毅,正直不阿,权贵无所干避。崇正学,力辟二氏。通诸经、历代史志,旁及诸子百家,诗赋礼乐兵刑钱谷医算,无不淹贯。貤赠封登仕郎,直隶保安州吏目。其生平足迹几遍海内，所交尽豪贤。既归，屏绝进取，著书以终。《江阴夏氏宗谱》卷 8 有传。

纲目举正 4 卷　史部编年类

(1)《陶社丛书》本，原缺卷 3、卷 4。

(2) 台北《丛书集成续编》本。

按：是书第一前编 27 条，第二正编 71 条，第三续编 85 条，第四续编 73 条。欲举《纲目》中不正之论而悉正之也。

全史约论　史部史评类　佚

见《江阴夏氏宗谱》卷 14。

按：宗谱有夏祖耀按语云："是编因成《纲目举成》，既将《约论》中语采入，故《约论》自晋迄元之论一概不载，仅存秦汉至三国而已。"

医学发蒙 4 卷　子部医家类　佚

见《江阴夏氏宗谱》卷 14，有其自序。

经史余论　子部杂学类

见《江上诗钞》卷 98。

按：此即旧编《浣玉轩文集》之一。

学古编　子部杂学类

见金武祥《江阴艺文志》卷下。

按：此即旧编《浣玉轩文集》之二。

野叟曝言 20 卷　子部小说类

(1) 清光绪七年(1881)毗陵汇珍楼木活字本，有回后总评及文中双行夹批，国家图书馆藏。

(2) 清光绪八年上海申报馆铅字排印巾箱本，此较光绪七年本多 2 回，天津图书馆藏。

(3) 清光绪八年序石印本，有总评无夹批，苏州大学图书馆藏。

(4) 1993 年岳麓书社校点本。

(5) 1993 年作家出版社出版。

(6) 1994 年吉林文史出版社出版。

(7) 1997年人民文学出版社出版。

(8) 2006年上海古籍出版社出版。

(9) 2014年四川大学出版社出版。

按:书成于乾隆年间,初以抄本流传。

第一奇书野叟曝言20卷154回　子部小说类

清光绪七年毗陵汇珍楼活字印本,国家图书馆藏。

第一奇书野叟曝言20卷154回　子部小说类

(1) 清抄本,北京大学图书馆藏。

(2) 清光绪八年申报馆铅印本,南京图书馆藏。

(3) 清光绪八年字林西馆铅印本,上海图书馆藏。

(4) 清光绪八年石印本(野叟曝言),上海图书馆藏。

(5) 清光绪间铅印本,上海图书馆藏。

浣玉轩集4卷　集部别集类

(1) 清光绪十六年刻本,南京图书馆藏。

(2) 1936年重修本,苏州大学图书馆藏。

(3)《清代诗文集汇编》本。

按:《江阴夏氏宗谱》卷14有嘉庆十年(1805)从侄祖耀识语云:"集旧分三目,一为经史余论,一为学古编,一为是集。今其两汉三国以后史论之文已入《纲目举正》者,不赘录,因并三目,择而辑之为一集成四卷。"卷1读经余论,卷2读史余论,卷3序传杂文,卷4杂著。

浣玉轩诗集2卷　集部别集类

见《江阴夏氏宗谱》卷14。

按:《江阴夏氏宗谱》有夏祖耀按语云:"二铭先生诗集旧尚分有《亦吾吟》《向月吟》《五都吟》《鼠肝吟》等编,当时点次校定者,为奉天张弘洤天一氏,临海侯嘉缁夷门氏,竟陵唐建中南轩氏,姑胥李果客山氏,宜兴谢芳连香祖氏,同邑蔡寅斗方三氏,兄敬枢恒斋氏。兹并是题而辑作两卷,仍以自序弁之。"宋谱卷17收其诗27首。

郁䟶吟　集部别集类　佚

五都吟　集部别集类　佚

亦吾吟　集部别集类　佚

吴歈吟　集部别集类　佚

秣锅吟　集部别集类　佚

鼠肝吟　集部别集类　佚

以上6种均见金武祥《江阴艺文志》卷下。

按:据《江阴夏氏宗谱》卷14,以上6种即收于《浣玉轩诗集》中。

唐诗臆解2卷　集部诗文评类　佚

见《江阴夏氏宗谱》卷14,有清惠元点撰序。

赵曦明(1706—1788)

字敬夫,号瞰江山人。初名大润,易名肃。清江阴人。诸生。幼孤贫力学刻苦自励,恒忍饥闭户读。性刚直不从俗。师从同邑车书,佐贡震幕。卢文弨主暨阳讲席,深契之,卢氏主讲钟山书院,邀其同往。图籍数万卷,一一为之校勘。考据淹博精当,称为善本。年80余复注《颜氏家训》,甫脱稿,疾作卒。《清儒学案》有传。

左传私解1卷　经部春秋类

清抄本,清卢文弨校,上海图书馆藏。

江上孤忠录1卷　史部传记类

(1) 抄本,上海图书馆藏(检索目录书名误题《江上孤臣录》)。

(2) 清宣统三年(1911)上海商务印书馆铅印本,南京图书馆藏。

(3)《艺海珠尘》本。

(4)《江阴丛书》本。

按:《丛书集成初编》《明末江阴守城纪事》等作赵曦明撰,《中国古籍总目》题黄明曦撰,该书记明弘光元年(1645)、清顺治二年(1645)阎应元死守江阴城事。向无刻本,传本互异,道光间黄怀素、龚丙吉重加排纂。

桑梓见闻8卷　史部地理类

1933年陶社木活字本，南京图书馆藏。

按：此书流传甚少。民国二十二年(1933)初夏，徐再思从夏勤邦处觅得手抄本，首尾略有残缺。同年秋经谢鼎镕校对后刊印。全书共一百七十余目，内容涉及桥梁、坊巷、祠庙、墓室、人物、诗词、碑铭、著述、轶闻等。其中对县志失载的海防、邑令、县尉、训导等专立条目，进行了补充。

颜氏家训注7卷补遗1卷注补并重校1卷注补正1卷附北齐文苑传颜之推传1卷　子部儒学类

北齐颜之推撰　清赵曦明注　清卢文弨补注重校　清钱大昕补正

(1)《抱经堂丛书》本，国家图书馆藏(清严树萼录、清徐鲲补注、清严元照跋)。

(2)《龙溪精舍丛书》本。

(3)《丛书集成初编》本。

(4)《渭南严氏孝义家塾丛书》本。

(5)《四部备要》本。

(6) 1923年直隶书局石印本。

(7) 1928年成都祥记书庄重印本。

(8) 1939年商务印书馆铅印本。

按：赵注亦被收入今人王利器撰《颜氏家训集解》，上海古籍出版社1980年出版。

读书一得60卷　子部杂学类　佚

见道光《江阴县志》卷17。

中隐堂四六文　集部别集类

瞰江赋抄　集部别集类

以上2种有重思斋抄本，见民国《江阴县续志》卷20。

按：道光《江阴县志》卷17谓其尝手注《陶征士集》《徐庾集》《温李集》《罗昭谏集》诸书。《江上诗钞》卷101收其诗1卷。《常郡八邑艺文志》卷4、卷6各收其文2篇。又《丛书集成初编》收《江上孤忠录》1卷，题明赵曦明撰。查各丛书，此书均作江阴黄明曦撰，姑录存俟考，而不另出。

蔡寅斗（？—1752）

字芳三，号九宾。清江阴人。鹏子。乾隆元年（1736）荐举宏博不就，九年副贡，十二年举人，授国子监助教。天赋警敏，博综典籍，工古今文及骈体韵语，所言皆自出新意，识解独高。喜结天下才士，以文会友。十七年会试，卒于考场。《鹤征后录》有传。

（乾隆）宝坻县志 18 卷　史部地理类

清洪肇楙修　蔡寅斗纂

（1）清乾隆十年刻本，国家图书馆藏。

（2）清抄本，福建师范大学图书馆藏。

（3）1917 年查美咸石印本，国家图书馆藏。

九贤堂诗钞不分卷　集部别集类

九贤堂稿不分卷　集部别集类

以上 2 种有抄本《粟香室丛钞·江阴三家诗钞》本，南京图书馆藏。

按：《九贤堂诗钞》所收诗与《江上诗钞》卷 86 所收诗大体相同，惟《九贤堂诗钞》多出一首，又诗末常有时人评语，亦为《江上诗钞》所无。《九贤堂稿》收九歌、拟乐府及赋，多从《南邦黎献集》录出。

黄明曦

清江阴人。

江上孤忠录 1 卷　史部杂史类

题清黄明曦（一作赵曦明）撰　黄怀孝、龚丙吉重订

（1）《艺海珠尘》本。

（2）《江阴丛书》本。

（3）《粟香室丛书》本。

（4）《丛书集成初编》本，题赵曦明撰。

(5)《痛史》本，题赵曦明撰。

(6)《明清史料五种》本，题赵曦明撰。

按：是书记阎应元死守江阴事。向无刻书，传本互异，道光间黄怀素、龚丙吉重加排纂。

曹　岱(1707—1756)

字青鲁，号西岩。清江阴人。增生。

学行诗草　集部别集类　佚

见金武祥《江阴艺文志》卷下。

按：《江上诗钞》卷104收其诗5首。又云：其甥陶廷梅为之序，凡40余首。

金　鉴

字志达，号敬斋。清江阴人。雍正十年(1732)举人。乾隆元年(1736)以博学鸿词征，六年授国子监助教。后迁刑部主事，谳狱平允。以告养归，三十余年不入城市。《鹤征后录》有传。

丹铅杂录　子部杂学类　佚

述闻录　子部杂学类　佚

以上2种见《粟香二笔》卷6。

尚雅堂集　集部别集类　佚

见道光《江阴县志》卷17。

金志达制艺　集部别集类　佚

见《粟香二笔》卷6，云："所作时艺凡二百余首，有《金志达制艺》刊板行世。庚申(咸丰十年，1860)之乱，毁于火。岁壬申(同治十一年，1872)，严君于长沙获购纪文达公所选《房行书菁华》中刻先生文七篇，又于张月槎主政所选《暨阳文钞》中得一篇，益以家塾钞存文六篇，共十四篇。"

赵元槐

字麟山。清江阴人。乾隆六年(1741)优贡。曾任四川叙州府经历,与夏敬渠为莫逆交。

春风草堂诗集 4 卷　集部别集类　佚

见《江上诗钞》卷 102,收其诗 1 卷。小传谓七律全逸,五律尚存其半。

沈大中(1709—1787)

字用晦,号太冲。清江阴人。涛子。乾隆六年(1741)举人,七年明通榜。曾任泰兴县教谕。

(乾隆)长宁县志 6 卷首 1 卷　史部地理类

清沈涛等修　清沈大中等纂

清乾隆十四年刻本,国家图书馆藏。

黎辉小榭诗抄　集部别集类　佚

见金武祥《江阴艺文志》卷下。《江上诗钞》卷 91 收其诗 17 首。

杨汝钧(1709—1787)

字笃生。清江阴人。幼即耽书,老犹好学。

汀学草 1 卷　集部别集类　佚

见《江上诗钞》卷 97,收其诗 8 首。

苏　珽

字觐威,号藿斋。清江阴人。太学生,例任湖北黄梅县县丞。以与人唱和犯忌讳,几获罪,赖辨明得免。

苏珽诗

见《江上诗钞》卷 103,收其诗 15 首。其诗集名未见。

朱兆南(1712—1786)

字玉峰，号融郊。清江阴人。早游庠，博通经籍，试辄高等，为邑名师。乾隆十九年(1754)岁贡。任建平县训导，年老致仕归。与同邑严学诚时相唱和。

朱兆南诗　集部别集类

见《江上诗钞》卷99，收其诗18首。其诗集名未见。

夏宗沂(1714—1758)

字跃千，一字药芊，号诗台。清江阴人。诸生。霈孙，宗泰弟。绩学工文，习五经，旁搜诸子诗文情节之学，泛博无涯。贡入成均，两与乡试不中，四应京兆试，荐而未遇。以沉博绝丽之才名噪四方。继即讲研性理，与副都宪雷𬭎以理学相切磋。后雷氏视学吴中，延宗沂在署中。雷氏移节浙中，招宗沂入幕阅文，人推明允。暇则泛览名胜，发为歌诗，灵奇虚空。家居与诸老倡为诗文社。《江阴夏氏宗谱》卷7有传。

浣花轩杂著3卷　子部杂学类　佚

浣花轩诗文20卷　集部别集类　佚

以上2种见《江阴夏氏宗谱》卷14。

浇花集诗3卷浣花集词1卷　集部别集类

见《江阴夏氏宗谱》卷7清庄存辑《药芊公传》，谓已刻。

按：宗谱卷14录有徐铎、徐杜臣、张冕冠、蔡寅斗、夏敬渠诸人所作序。刻本今未见。

犹及集20卷　集部总集类　佚

见《江阴夏氏宗谱》卷14。

按：是集皆辑平生所见上下数十年宗工名宿及当日四方乡里交游所作之诗，体例仿王士祯《感旧集》。

又按：《江上诗钞》卷94收其诗60余首。

夏　熊

字孟男，号守愚。清江阴人。一驹长子。太学生。

怡云集诗 1 卷　集部别集类　佚

怡云集词 1 卷　集部词曲类　佚

以上 2 种见《江阴夏氏宗谱》卷 14。卷 17 收其诗 1 首。

徐蒙求(1715—1789)

字养泉，号青溪，又号巽翁。清江阴人。昆子。邑增生。幼孤，一承母训，克承家学。言规行矩，言笑不苟。游京师名动公卿。屡试不遇。

巽翁诗抄 4 卷　集部别集类　佚

见金武祥《江阴艺文志》卷下。

按：《江上诗钞》卷 99 收其诗 30 余首。

徐　梁

字韩山。清乾隆间江阴人。

徐梁诗　集部别集类

见《江上诗钞》卷 94，收其诗 10 首。其诗集名未见。

何仁鉴(1716—1774)

字明远。清江阴人。布衣。有学行。

效鸣集　集部别集类　佚

见《江上诗钞》卷 95，收其诗 5 首。

於国裳

字治光。清江阴人。乾隆十一年(1746)岁贡。

於国裳诗　集部别集类

见《江上诗钞》卷 119,收其诗 25 首。其诗集名未见。

杨文俖

字绍俪。清江阴人。杨名时侄孙女,卢文弨妻。渊源家学。

抱经堂群经校刊记　经部群经总义类

见《国朝正始续集》。

按:《江上诗钞》卷 9 收其诗 1 首,小传谓,卢氏校刊古书最精,文俖亦工校勘,抱经堂群书之刊,文俖与有力焉。

夏敬姒

清江阴人。嫁天水某氏。

幽兰集 1 卷　集部别集类　佚

见《江阴夏氏宗谱》卷 14,有乾隆二十三年(1758)侄夏祖禹序。宗谱卷 17 收夏敬诗 5 首,与此或是同人。

沙继照(1719—1775)

字炳南,号颖峰。清江阴人。枚四子。乾隆十二年(1747)举人。三十八年任婺源县训导。气宇魁梧,经术渊邃。

代掌十卷　子部杂学类　佚

见《江上诗钞》卷 113,收其诗 4 首。

陆　椿(1720—1789)

字士雄,一字峙雍。号惺斋。清江阴人。乾隆三十五年(1770)恩贡。少颖悟,十上省试不中,于书无所不窥。

自怡堂随录 13 卷　子部杂学类　佚

说腋 98 种　丛书类　佚

清陆椿辑

说瓻 114 种　丛书类　佚

清陆椿辑

以上3种见金武祥《江阴艺文志》卷下。

按:《江上诗钞》收其诗18首,又云除上著述外,还有诗古文若干卷。

姜　健

字体乾。清江阴人。继祖父医学,而术益精。晚年好《易》,于五运六气阴阳变化,阐发甚精,故能投剂如神,里中业医者多得其指授。与叶天士为同时人,尝与叶天士比邻而居。

恒斋公方案　子部医家类

《珍本医书集成·龙砂八家医案》本,收7案。

本草搜根不分卷　子部医家类

清姜礼撰　清姜健增补

(1) 稿本,南京农业大学图书馆藏。

(2) 清抄本(佚名批),国家图书馆藏。

夏敬授(1721—1789)

字象辰,一字虚衡,号慕莲。清江阴人。乾隆二十五年(1760)恩科副贡生。候选直隶州州判。专精五经四书,以制艺教四方,所造多知名士。与物无竞,读书课徒外不问外事。

见性集4卷　集部别集类　佚

慕莲诗稿1卷　集部别集类　佚

质参文稿1卷　集部别集类　佚

以上3种见《江阴夏氏宗谱》卷8。卷17收其文2篇。

包　煦(1721—1792)

字苍润,号改斋。清江阴人。彬子,少有神童之目,年13补诸生。工诗力学,卒不遇。

唾余诗草 6 卷　集部别集类　佚

见《江上诗钞》卷 100，收其诗 60 余首。

夏敬一(1721—1798)

字允钦，号慕柳。清江阴人。太学生。少不屑屑于举业，长通经世之务，尤精律学，旁搜深究唐宋以来旧典新条。平生足迹几遍天下，晚年杜门里居，潜心著述。

服制通考 2 卷　史部政书类

见《江阴夏氏宗谱》卷 14。

按：宗谱有夏祖耀按语略云："是书一以今律首服图服制为准，极为详尽。上卷据今而考古，下卷酌今而拟定也。"

大清律目附例示掌（又称律例示掌）4 卷　史部政书类

清乾隆三十九年（1774）澄江夏氏慕柳山庄刻本，北京大学图书馆藏。

卞存诚(1722—1765)

字汝闲，一作字汝南，号香岩。清江阴人。采京长子。孝友敦伦，力学不倦，精《易》理。曾与父采京及其弟存义同从武进是镜学。

一轩诗草　集部别集类　佚

见《江上诗钞》卷 119，收其诗 4 首。

曹基函(1723—1787)

字熙载，号席山。清江阴人。太学生。屡试不第。

按：民国《江阴县续志》卷 20 作"基圃"。

学诗轩稿　集部别集类　佚

见《江上诗钞》卷 113，收其诗 4 首，又云其集蒋荣昌为之序。

徐方誉

字虞让，号溍谦。清江阴人。邑增贡生。考授县丞。

种菜园诗稿　集部别集类　佚

见《江上诗钞》卷97，收其诗1首。

卞存义(1724—1791)

字汝宜，一字树宜。清江阴人。采京次子，存诚弟。通《书》《易》，工颜柳。曾与父及兄同从武进是镜学。

东川吟　集部别集类　佚

见《江上诗钞》卷119，收其诗6首。

夏祖禹(1724—1800)

字文敷，一字澄夫，号笠农。清江阴人。敬一族侄。读书嗜古，工诗文，壮岁出游，兴会所至，悉入篇章。制行方整，乡党钦之。《江阴夏氏宗谱》卷8有传。

笠农诗草　集部别集类　佚

见《江阴夏氏宗谱》卷14。

陈　泓

清江阴人。粹曾孙。诸生。

江阴文献录　史部地理类

活字本。

按：《江上诗钞》列入采用书目中。

姜宇瞻

清江阴人。

宇瞻公方案　子部医家类

《珍本医书集成·龙砂八家医案》本。

高东川

清江阴人。

忠义录　史部传记类

见缪荃孙《艺风堂文集》卷1《高星五传》。谓乾隆间高氏辑成此书,并详请建祠。咸丰年间祠与书版尽毁。其孙星五(名沛)乃节衣缩食,重刻是书。据此,该书曾两次刊刻,今均未之见。

曹　仁

字振麟,号乐山。清江阴人。

岳楼集　集部别集类　佚

乐山集　集部别集类　佚

以上2种见《江上诗钞》卷119,收其诗1首。

涉江诗社录6卷　集部总集类

清曹仁等合撰

见《江上诗钞》卷首“采录诸书”。是书为乾隆间诗人曹仁、沈又约等7人合撰。参见“王世枢”条。

程　铨(1726—1791)

字汇源,号茹圃。清江阴人。祖籍徽州。舜年子。少习商。年30事举业,纳粟为太学生。应试不中,考授县主簿。请归,养母,筑小园以娱晚年。

嘉庆十三年戊辰恩科顺天乡试硃卷1卷　史部传记类

清嘉庆间刻本,上海图书馆藏。

乐真斋诗抄8卷　集部别集类　佚

见《江上诗钞》卷111,收其诗1卷。

沈大坤(1726—1791)

字黄裳,号有山,又号厚庵。清江阴人。淇子。增生。以子达贵,赠奉直大夫,简州知州。

布帆无恙集　集部别集类　佚

见《江上诗钞》卷92,收其诗10余首。

薛大鹤(1726—1796)

字尔成。清江阴人。好山水,喜宾客。养花种竹,瀹茗焚香,悠然自得。

薛大鹤诗　集部别集类

见《江上诗钞》卷119,收其诗16首。其诗集名未见。

墨　隐

清江阴人。

涉江诗社录6卷　集部总集类

清沈又约、僧墨隐等合撰

见《江上诗钞》卷首"采录诸书"。参见"王世枢"条。

卞存廉

字汝清,号耕阳。清江阴人。存义弟。

耕职剩稿　集部别集类

见《江上诗钞》卷120,收其诗1卷,共50余首。

沈湘云

字绮琴。清江阴人。王兆鱼家婢女。幼即伴读闺中。性绝慧,工吟咏。后沉溺于佛典。曾求教于一戒僧,僧以蒲团授之曰:"待此物破时,乃汝证盟候也。"归则终日枯坐,不言,不笑,寻卒。

峡水余音(一作三峡余音)　集部别集类　佚

见民国《江阴县续志》卷20。

按:《江上诗钞补》卷9收其诗1首。《全清词钞》卷33收其词1首。

叶德培

清乾隆时江阴人。

叶德培先生方案　子部医家类

《珍本医书集成·龙砂八家医案》本。

赵宏基

字履谦。清乾隆时江阴人。

留云集　集部别集类　佚

见《江上诗钞》卷106,收其诗3首。

曹桂林(1729—1773)

字馨之。清江阴人。岱子。

馨之存草　集部别集类　佚

见《江上诗钞》卷121,收其诗2首。

夏　犀(1729—1783)

字仲明,号省庵,室名四省斋。清江阴人。一驹次子,熊弟。诸生。

桂阴初集4卷　集部别集类　佚

桂阴二集2卷　集部别集类　佚

近游草3卷　集部别集类　佚

卷石集3卷　集部别集类　佚

以上4种见《江阴夏氏宗谱》卷14。

按:宗谱卷15收其文1篇。《江上诗钞》卷107收其诗1卷,共50余首。

沈大曜(1729—1803)

字藻林，号半隐。清江阴人。乾隆五十年(1785)恩贡。

壶公诗文稿　集部别集类　佚

小湖诗钞　集部别集类　佚

以上2种见《江上诗钞》卷92，收其诗2首。

朱　黼(1729—1822)

初名芾，字大米。后字与持，号画亭。清江阴人。少孤贫，好学不倦，善画工诗。乾隆三十年(1765)献赋及画，蒙恩奖赐，是年拔贡。授沭阳县教谕。后任四川芦山县知县，年老告归，遂家沭阳。山水苍润朗秀，得虞山风致，诗文出于流辈之上，而诗尤工，沈酣温雅，宗法唐人，入蜀诸篇，矫健郁蟠，是其最盛。《清代画史增编》有传。

画亭诗草18卷词草1卷词续2卷　集部别集类

(1) 清乾隆四十三年太岳山房刻增修本，中国科学院图书馆藏。

(2)《四库未收书辑刊》本。

陈世济(1730—1785)

字槎客。清江阴人。均孙。以子炳德知安徽旌德县。

小山书屋吟草　集部别集类　佚

见《江上诗钞》卷114，收其诗13首。

缪　济(1730—1786)

字汝舟。清江阴人。

汝舟诗集　集部别集类

蜀游草　集部别集类

以上2种见缪氏《旧德集》卷3，收其诗7首。《江上诗钞补》收其诗2首。

按:民国《江阴县续志》卷20谓存有稿本。今未见。

殷兆燕

字会詹,号翼轩。清江阴人。乾隆十九年(1754)进士。以子圻赠奉政大夫宝庆府同知。二十九年任伏羌县知县,有惠政。

偶存草　集部别集类　佚

见《江上诗钞》卷108,收其诗55首。

胡文炳

字梅仙。清乾隆时江阴人。

澹一斋诗钞　集部别集类

见《江上诗钞》卷110,收其诗54首。

叶凤冈

字焕采,号儆庵。清江阴人。廷甲父。诸生。少刻苦为学。尚专一书卒业,始易他书。通诸家《易》《说文》。以侄廷策貤赠奉直大夫内阁中书撰文加四级。

养真子稿　子部儒学类　佚

见《杨舍堡城志稿》卷10。

吴　楷

字景儒,号式斋。室名退园。清江阴人。乾隆二十五年(1760)进士。历知云南、永平县,署永昌府同知、弥勒州知州。三十五年迁知腾越州,治腾10年,政绩显著。以军功晋三级。父丧,辞官归里,旋卒。生平撰述甚丰。《湖海诗传》卷22有传。

(乾隆)腾越州志13卷　史部地理类

清吴楷、屠述濂纂修

(1) 清乾隆五十五年刻本。

(2) 清道光间刻本,复旦大学图书馆藏。

(3) 清光绪二十三年(1897)刻本,南京图书馆藏。

(4) 1931年重印清光绪二十三年本。

按;吴楷作《腾越州志》10卷,未付梓。10年后,屠述濂续之,重为排纂,使其体例归一,书成,分为13卷,梓行之。

退园诗文12卷　集部别集类　佚

见光绪《江阴县志》卷17。

退圃集　集部别集类　佚

见《江苏诗征》卷15。

按:"退园",《湖海诗传》等书亦作"退圃"。《江上诗钞》卷104收其诗4首。又谓楷有杂著二十余种。

王　曙

字东田,号稻芗。清江阴人。兆鱼子。诸生。授例入国学,以子苏官翰林院编修、广东道监察御史赠如其官。

王曙诗　集部别集类

见《江上诗钞》卷121,收其诗15首。其诗集名未见。

夏　麒(1731—1778)

字季仁,号也山。清江阴人。一驹三子,犀弟。太学生。赠文林郎,候选知县。

湖上游草1卷　集部别集类　佚

见《江阴夏氏宗谱》卷14。宗谱卷17收其诗2首。

杜一鸿

字仪吉,号于磐,又字西田。清江阴人。车书门人。乾隆二十一年(1756)举人,二十六年进士。任江西龙泉县知县,升南昌府同知。

(乾隆)龙泉县志20卷首1卷末1卷　史部地理类

清杜一鸿修　周埙纂

清乾隆三十六年(1771)刻本,南京图书馆藏。

按:《江上诗钞》卷93收其诗26首。

陶婉如

清江阴人。巨川女,同邑夏麒妻。

安素草　集部别集类

见《江上诗钞》卷173,收其诗11首。

按:《江上诗钞》云此编"子南学为之付梓"。

徐　辰(1732—1805)

字伯龙,号南村。清江阴人。少孤,习商。喜交知名士。平生耽于吟咏。细究诗律,反复推敲,以《新柳》四律得名,人称"徐新柳"。同邑朱成庆云:"南村诗律最细,一字未安,反复推敲,有数年而后定者。"

耕经堂诗抄　集部别集类　佚

见《江上诗钞》卷112,收其诗1卷。

吴鸿璧(1732—1805)

字瑶田,号朴斋,晚号臞仙。清江阴人。诸生。仪观骏伟,拳勇绝人。与人处恂恂若无能也,人有急难,倾身赴之。然未尝妄与人事,必以礼法自处。人皆敬惮焉。《碑传集补》有传。

朴斋诗1卷　集部别集类

(1) 收入清李兆洛辑刻《旧言集》。

(2)《粟香室丛钞》本,南京图书馆藏。

章卫南(1732—1808)

字利川,号萦波。清江阴人。文焕子。幼习举业,不得志,乃习武。年22补县学生。思以武达起家,而生计萧索,乃从事经商。重然诺,尚气谊，好接济乡党姻亲。以武生授州同，嘉庆二十四年（1819）赠武功将军。

裕后格言1卷　子部儒学类

见《江阴章氏支谱》卷10清祝氏撰本书序，略云"甲子（嘉庆九年）秋，余适过谒，见几上有书一卷，翻阅之，无非古人修身立行应时接物之要道。萦波告余曰：此余所手录而成者，汇成一编，使子若孙得所取法云尔。支谱卷十二收其诗二首，其中《耕读谣》一首，亦颇类劝戒格言。"

陶　济

字巨川，号息园。清江阴人。附贡生。博学工诗。以子廷梅赠滁州学正。

享帚集　集部别集类　佚

见《江上诗钞》卷92，收其诗6首。小传云："《享帚集》已佚，仅从其外孙夏南学孝廉《莺里山房诗话》中录《梅花诗》数首。"

缪一经(1733—1791)

字吾三。清江阴人。乾隆间监生。

缪一经诗

见缪氏《旧德集》卷3，收其诗18首。其专集名未见。《江上诗钞补》卷2收其诗9首。

孔广居(1733—?)

字尧山，一字瑶山，亦作瑶衫，号千秋。清江阴人。工诗，擅词章。究心六书之学，善篆隶，工铁笔，精金石，手摩古帖甚多。其刻字与俗工异，毕氏经训堂岾多出其手。时有"白衣翰林"之誉。尝辟生圹，自撰志铭，属梁同书书之，手自刻石。卒年80余。沙曾达《澄江咏古录》卷中有诗云："精研篆隶善诗词，金石兼工嗜古奇。碑帖临摩珍墨宝，翰林美誉播当时。"

说文疑疑 2 卷附 1 卷　经部小学类

清孔广居撰　袁官桂阅　(附)孔昭孔撰

(1) 清嘉庆七年(1802)诗礼堂刻本,国家图书馆藏。

(2) 2 卷,附子孔昭孔撰《续》1 卷,《许学丛书》本。

(3) 2 卷,附子孔昭孔撰《续)1 卷,《丛书集成初编》本。

按:清李兆洛《养一斋文集》卷 13《微明孔君墓志铭》著录此书作 10 卷。

醉心随笔　子部杂学类

夏氏袀录斋抄本,见民国《江阴县续志》卷 20。

按:《江上诗钞》卷 113 收其诗 20 余首。

孔昭质

字检堂,一作鉴堂,号兰溪。清江阴人。诸生。耽吟咏。晚以芦花诗 30 首著名,当时人称孔芦花。与王畴、姜大镛为诗友。季文题其集云:"情于幽处秀味到,淡中真足以传真。"

寄生草　集部别集类　佚

蓝溪诗抄　集部别集类　佚

以上 2 种见《江上诗钞》卷 123,收其诗 90 余首。

夏祖焞(1734—1781)

字尹儒,号诚斋。清江阴人。敬渠子。少勤于学,工诗文,试不售,游京师,考充内阁供事,入方略馆书局,议叙直隶保安州吏目。干练有为,通达政事。丁母艰归,复赴都谒选,染疾卒于京邸。

诚斋遗集 1 卷　集部别集类

联吟草 1 卷　集部总集类

清夏祖焞、沈达撰

以上 2 种见《江阴夏氏宗谱》卷 14。宗谱有乾隆四十五年(1780)同邑沈达序,卷 17 收其文 3 篇。

章世绳(1734—1785)

字诒武,号鸿轩。清江阴人。少孤贫,绩学砥行,博通诸家注疏,说经家推重之。乾隆四十八年(1783)举人。试文脍炙人口。为彭元瑞、谢墉所推重。未见即死,闻者惜之。清李懿曾《天海楼古文钞》卷3有章世绳传。

红杏轩遗集　集部别集类

见沙曾达《澄江咏古录》卷中,谓嘉庆五年(1800)吴江吴士坚刻此集。

按:刻本今未见,《澄江咏古录》收吴士坚撰序,谓其赴京途中,口被单寒,形神劳瘁,得疾,遂不起,家贫,几无以为殓。故沙曾达有诗云:"自古名人多不寿,亚元文字共相推。为贫而死皆章子,造物由来叹忌才。"

吕千云(1734—1787)

字凤珊,号奏轩,别号协节。清江阴人。少业贾,长习举业,屡试不遇。师事朱画亭、刘腾蛟。与陈学海、施民沾、徐辰相友善。耽吟咏。

心声诗抄16卷　集部别集类　佚

梅花百咏　集部别集类　佚

以上2种见《江上诗钞》卷117,收其诗90余首。

按:《江上诗钞》云:尝著《梅花词》百首,《中秋绝句》一千二百首。

沈顺贞

清乾隆间江阴人。大中女,同邑太学生唐铣妻。能诗,深自讳匿,初不为人知。

镜奁遗韵　集部别集类

见《江上诗钞》卷173,收其诗7首。

沈又约

初名大乾。字清臣，号菊人。清江阴人。尚节义，工词章。

沈又约诗　集部别集类

见《江上诗钞》卷110，收其诗15首。

按：《诗钞》小传云："其《悼亡》《落花》诸作，寄托遥深，乌程孙太史人龙为之序。"《悼亡》原有30首，今存6首；《落花》原亦有30首，今存9首，并收入《江上诗钞》。

澄江诗社录6卷　集部总集类

见《江上诗钞》卷首《采录诸书》，沈又约、王世枢等7人合撰。参见"王世枢"条。

沈　达

字亨衢，号立斋。清江阴人。乾隆四十四年(1779)举人。官四川简州知州。

联吟草1卷　集部总集类　佚

清夏祖焞、沈达撰

见《江阴夏氏宗谱》卷14，并有乾隆四十五年沈达序。

按：《江上诗钞》卷114收其诗23首。

薛诞登

字岸先，号漫斋。清江阴人。诸生，贫而好学。卒于乾隆末年。

梦余草1卷　集部别集类　佚

见清薛传源《芝塘文稿》卷6《梦余草诗序》。

按；《江上诗钞》卷91收其诗20余首。小传谓及门族叔洛为印行之，刻本今未见。

王　昉

字药塘，一字补金，号木杠，又号代农。清江阴人。曙弟。廪贡生。工书，好金石文字，应聘为陕西渭阳书院山长。

槐新堂诗抄　集部别集类　佚

见《江上诗纱》卷126，收其诗1卷，共70余首。

幽谷莺声集　集部总集类　佚

见金武祥《江阴艺文志》卷下。集由王昉、蒋清怡、姜大镛、陶文玮、贡良、陆石麟6人同撰。

姜宗岳

字岱瞻，号学山。清江阴人。

学山公案　子部医家类

《珍本医书集成·龙砂八家医案》本。

徐青选

字抡元，号南陔。清江阴人。乾隆二十五年(1760)举人。

徐青选诗　集部别集类

见《江上诗钞》卷121，收其诗12首。其诗集名末见。

王世枢

字协辰，又字亦人，号大木。清江阴人。乾隆间诸生。诗以姿致胜，长于宋词，故七绝尤工。

王世枢诗　集部别集类

见《江上诗钞》卷114

按：王世枢诗未见专集名，《江上诗钞》收其诗12首，系从清程岭梅《琼屑检存》中录出。

涉江诗社录6录　集部总集类

《江上诗钞》卷首《采录诸书》，云："乾隆中诗人沈又约与胡梦锡、胡丕显、王世枢、曹仁、方文灿、僧墨隐结社联吟。凡六集，诗百余首。规例甚严而诗鲜有佳音。"

曹　复(1736—1763)

字朗先，号雨村。清江阴人。禾五世孙，健孙，少颖悟。工诗，所为诗精深刻露。从苦吟得来，特时近寒瘦，而其穷尤甚于郊岛者。未青其衿，遂以哭母致死。人皆惜之。

雨村诗稿　集部别集类　佚

见《江上诗钞》卷118，收其诗117首。

徐　鸿(1736—1796)

字用羽，一字蓉圩。清江阴人。蒙求子。官北直通济库大使，兼管河州判，降补广东海丰县典史，复被议落职。胸襟浩落，泛滥广博。既罢官，穷愁落寞，托之吟咏。卒于粤东。

粤东诗钞　集部别集类

见《江上诗钞》卷121，收其诗21首。

夏敬秀(1736—1800)

字吉修，号虚泉。清江阴人。宗汉三子。少补博士弟子员，工制举文。孤贫废学，以经商自给。年十八乃藉训蒙复得读书，肆力于五经七艺，博涉子史文词。累试不售，以其学教授诸生，多所造就。所与游必知名士。后至山左、河南，所至争迎为学者师，而一时诸名宿亦多高其学行，以相推服。为人敦朴坦易，接人以诚而伉直自喜。文章渊茂畅达，似宽平而意味博永。诗兼唐宋，文学欧苏。《江阴夏氏宗谱》卷8有传。

正家本论2卷　子部儒学类

(1) 底稿本，后有清道光十九年(1839)韩朗如跋，见《贩书偶记续编》。

(2) 清道光十九年刻本,国家图书馆藏。

(3) 民国抄本,南京图书馆藏。

按:作者非常重视对子弟的教诲,认为事亲、敬长、睦族、敦伦为正家之本,故采撷前人正家之论,参以自己心得撰成此家训,以教子孙。本书分为上、下两卷,凡 50 篇,上卷包括事亲尽道、事长克恭、夫妇有别、内外立防、慈幼有方、养蒙以正、宗族宜敦、戚属当睦、尊敬师长、孚信朋友、慎择婚姻、少置妾媵、任恤乡邻、宽待仆婢、义利必明、好恶勿僻、言行当谨、威仪必修、择术宜慎、本业各勤、妇毋专制、子不私财、狭邪必绝,赌博勿耽等 24 篇,主要阐述持家及为人处世的道理;下卷包括勿慕游侠、勿乐盘游、不信术士、宜绝讼端、饮食淡泊、衣服俭洁、堂室坚朴、权量公平、玩好有常、燕喜知节、居丧守礼、安葬及期、祠墓修整、祭祀顺时、五祀当崇、淫祀必绝、异端当拒、捷径勿由、医药当慎、闲书勿藏、不必联宗、不妨分爨、力矫时趋、厚培元气、祖德无忘、家法永守等 26 篇,主要列举了日常生活中应当遵循的一些行为及道德规范。

小学诗 3 卷　子部儒学类

见子夏祖煦《正家本论》后序,谓已刊行。今未见。

按:夏敬秀自序云:"作小学三言诗二篇,一以训幼子,一以训幼女。既又为故事五言古体诗四十首,悉依《小学》立教明伦敬身之纲,次第著之,都为一集,略加注释。"

寤心斋诗文全集　集部别集类

见《江阴夏氏宗谱》卷 14。《正家本论》后序作时文、古文各一帙。

李　颖

字小尹,号蓉山,又号潜伊。清江阴人。嘉庆十五年(1810)以年老恩赐副贡,十八年赐举人。能诗,善书。尤长于行楷。人皆学之。间画老梅,多古致。《国朝书画家笔录》有传。

樵余漫笔 2 卷　史部杂史类　佚

见道光《江阴县志》卷 18 本传,此书多记江上佚事。

蓉山诗抄(一作蓉山诗草)2卷　集部别集类　佚

见道光《江阴县志》卷18本传,言此书有沈德潜之序。

片玉集　集部总集类　佚

清李颖辑

见《江上诗钞》卷122,谓李颖刊行之。刻本今未见。

按:《江上诗钞》收其诗1卷,共70余首。

徐　镇

字筠谷。清江阴人。弘祖族孙。嘉庆十七年(1812)与同邑王苏、许椿颐等作集会。

增订春秋世本图谱1卷　史部别史类

清嘉庆十三年水心斋叶氏刻本,南京图书馆藏。

徐霞客游记10卷　史部地理类

明徐弘祖撰

清乾隆四十一年(1776)徐镇刻本。

按:此刻据清杨名时、陈泓抄本重新校勘,为"游记"第一次刻本,流传极广,影响很大,后世翻刻各本,多出自此本。国家图书馆、中国科学院图书馆有藏本,封面不一,正文内容相同。

陈司兰

清江阴人。蕴莲姊,河南白凤鸣妻。能诗,早卒,所作多散失。

春晖阁诗草　集部别集类　佚

见《江上诗钞》卷9,收其诗1首。并云:"婿白某失其稿,仅存《咏西瓜灯》一律。"

方文灿

字龙章,号拙斋。清乾隆间江阴人。

凌云集　集部别集类　佚

见《江上诗钞》卷113,收其诗7首。

涉江诗社录6集　集部总集类

见《江上诗钞》卷首《采录诸书》,方文灿、沈又约等7人合撰。参见“王世枢”条。

邢定波

字春江。清江阴人。寄籍吴门。武生,任松江提标守备,署游击事。

春江诗集1卷　集部别集类　佚

见《江上诗钞》卷139,收其诗16首。小传谓震泽任兆麟为选梓。

蒋清怡

字素书,号墨庵。清江阴人。父凤池,邑诸生,工书画兼通医理。清怡传其家学,画得元人意而参以米法。

拜石居诗抄　集部别集类　佚

见《江上诗钞》卷130,收其诗30余首。

幽谷莺声集　集部总集类　佚

见金武祥《江阴艺文志》卷下。集由王畸、蒋清怡、姜大墉、陶文玮、贡良、陆石麟6人同撰。

夏祖焘(1738—1799)

字启人,号静斋。小字亲。清江阴人。宗泗孙,敬枢子。庠生。能诗文,喜著杂说,兼通医术。虽处贫困而不移其操守。《江阴夏氏宗谱》卷8有传。

玩月轩集4集　集部别集类　佚

见《江阴夏氏宗谱》卷14。

按:《江上诗钞》卷140收其诗28首。宗谱卷5收其文2篇。

王　璋(1738—1807)

字秉政,号荇亭。清江阴人。乾隆三十一年(1766)秀才,袭云骑尉。品性端谨、朴实,善诱后进。

朱映嘉年谱　史部传记类　佚

见清夏敬秀《正家本论》卷上"事亲尽道"条识语,云:"世侄朱映嘉(咸兴)其殁也,友人王秉政(璋)辑其遗稿。且为年谱。"

守毡稿　集部别集类　佚

见《江上诗钞》卷115。金武祥《江阴艺文志》卷下作《毡稿》。

按:原稿有150余首,今《江上诗钞》仅存24首。

贡　良

字昆坞,号蕴山。清江阴人。

听鹤轩诗抄　集部别集类　佚

见《江上诗钞》卷130,收其诗33首。

幽谷莺声集　集部别集类　佚

见金武祥《江阴艺文志》卷下。集由王畴、蒋清怡、姜大镛、陶文玮、贡良、陆石麟6人同撰。

程岭梅(1739—1814)

字庾南,一作荪田,号复堂。清江阴人。祖籍休宁。贫而力学,往来浙闽、山左、都下,以诗自娱。乾隆五十一年(1786)举人。任砀山教谕,办赈称廉勤。卒年76,贫不能归葬。

一清居古文　集部别集类　佚

借窗诗草　集部别集类　佚

匪石轩时文　集部别集类　佚

以上3种见《江上诗钞》卷131。

琼屑检存　集部总集类　佚

清程岭梅辑

见《江上诗钞》卷首“采录诸书”，云：“录旧游诸作，自师友以至及门，遍及海内，不过偶记一二，非全豹也。”所录诸人之诗及小传均已采入《江上诗钞》。《江上诗钞》卷131收其诗50余首。

徐绍基(1739—1823)

字尹先，号炉峰。清江阴人。早岁知名，11岁试乡闱，嘉庆五年(1800)始中举。口吃，善属文，与李兆洛为莫逆交。门下多知名士。卒后李兆洛为撰墓表。

悟因居士年谱1卷　史部传记类

抄本，北京大学图书馆藏。

按：此谱为吴士坚作。吴士坚(1744—1820)，吴江人，曾任江阴训导、卫辉知府等职。谱中记吴氏家事、任河南卫辉府知府时赈灾等事较详。

人岳草编4卷　史部传记类

清徐绍基编

(1) 清嘉庆十七年耕学草堂木活字本。

(2) 清海虞吴氏抄本，台湾“中央图书馆”原藏。

按：此辑明末东林党死难之士缪昌期、高攀龙、杨涟、左光斗等人书信诗文，并附相关传记资料。以缪昌期为经，而以其他诸人为纬，并详采东林后人李逊之、缪虚白等人书跋，取徐霞客诗“岂有人岳当君怜，精魂已上托乌兔”之意以命篇。

淡明斋诗钞　集部别集类

见《江上诗钞》卷136，收其诗1卷，共80余首。

凤　韶(1740—1811)

一名应韶，字德隆。清江阴人。幼孤贫。织竹为业，尝隔帘听童子读书声，即能背诵。塾师异之，授以书，攻苦不辍。清乾隆五十九年

(1794)贡生。博览强记，以治经名。清李兆洛《养一斋文集》有传。

仪礼钩题　经部仪礼类　佚

左传杜注参事　经部春秋左传类　佚

以上2种见光绪《江阴县志》卷17，云："同藏于家"。

四书补考2卷　经部四书类

清嘉庆间刻本。

学庸明镜1卷　经部四书类

清道光间明恕堂刻本。

凤氏经说3卷　经部群总义类

(1) 清嘉庆二十五年(1820)刻本，国家图书馆藏。

(2)《粤雅堂丛书》本。

(3)《丛书集成初编》本。

读书琐记1卷　经部群经总义类

(1)《艺海珠尘》本。

(2)《江阴丛书》本。

(3)《粟香室丛书》本。

(4)《丛书集成初编》本。

五经辨证　经部群经总义类　佚

见光绪《江阴县志》卷17。

姜大镛(1740—1814)

字鸿儒，一字梦桥，号冶夫。清江阴人。健从子。乾隆三十九年(1774)举人。赐耆士，例赠修职郎太学生。资性英伟、豁达喜施。能文章，工吟咏。精医，名噪大江南北。五十三年江苏按察使琅玕赠"江上阳春"匾额。《江阴龙砂姜氏宗谱》卷1有传。

调鹤山庄医案　子部医家类　佚

鸣秋集　集部别集类　佚

以上2种见《江阴龙砂姜氏宗谱》卷1。

典山庄诗抄　集部别集类　佚

见《江上诗钞》卷128,收其诗1卷共90余首。

幽谷莺声集　集部总集类　佚

见金武祥《江阴艺文志》卷下。集由王昉、蒋清怡、姜大镛、陶文玮、贡良、陆石麟6人同撰。

包　敏(1740—1823)

字起元,号尹农。清江阴人。家贫好学。乾隆五十一年(1786)举人,五十四年进士。令罗山。迁开封府同知,署彰德、陈州、卫辉、归德府事,擢云南楚雄府知府。宽严互用,法不扰而肃。寻乞休归。不名一钱。与同里缪汝和等友善。道光初年卒,年84。

包敏诗　集部别集类

见《江上诗钞》卷137,收其诗9首。其文集名未见。

金　安(? —1798)

字步云,号清亭。清江阴人。质直尚气。为文操笔立就,不以辞色假人。交朱成庆而诗学进,交孔广居而镌刻进,交夏敬秀而文益进。

江阴物产志1卷　史部地理类　佚

倩亭遗诗　集部别集类

以上2种见金武祥《江阴艺文志》卷下。

按:《江上诗钞》卷124收其诗1卷,共38首。

倩亭诗钞1卷　集部别集类

敬修堂丛书本(民国木活字印)。

缪孟翘

一作梦翘,字樊君,一作燮君。清江阴人。未婚守志,以贞女称,故自号冬青子。能诗。完颜恽珠等编《国朝闺秀正始集》有传。

恤纬吟草　集部别集类　佚

见《国朝闺秀正始集》卷 12,收其诗 1 首。

杨敦厚

字仲威。清江阴人。名时孙。诸生。以子景赠奉直大夫、内阁中书,加四级。

江阴诗存 70 卷　集部总集类

清杨敦厚辑

抄本,南京图书馆藏,存 1 册,自卷 26 至卷 34。

按:南京图书馆藏本选录周俊至李应昇共 40 余人诗作,各有小传。所录诗采自《澄江诗选》《澄江诗选续集》《江阴诗粹》《五朝人物小志》及县志。前有金伯豫手书识语,略云:"此《江阴诗存》残本也,今所存仅此一册。光绪丙申(二十二年,1896)友王君晞玉持赠,以其传本甚尠,且字迹韶秀不俗,缘补订残页而藏之。"《江上诗钞》卷首《采录诸书》批评此书云:"尚多挂漏,所选亦未纯。"

周　书

字湘帆。清江阴人。年十六补诸生,未 30 卒。

春晖吟草　集部别集类　佚

见《江上诗钞》卷 121 收其诗 6 首。

夏　荦(1741—1796)

字轶群,号逸云。清江阴人。一驹四子,麒弟。太学生。赠修职郎、河南南召县丞。

拾古印遗　子部艺术类　佚

珍直录 4 卷　子部艺术类　佚

以上 2 种见《江阴夏氏宗谱》卷 6、卷 14。宗谱卷 17 收其诗 1 首。

徐继芳

清江阴人。东维仲孙。

(乾隆)徐氏宗谱　史部传记类

清徐继芳修。

见吕锡生主编《徐霞客家传》。此谱修成于乾隆四十六年(1781)。

缪　琪

字缜庵。清江阴人。乾隆三十六年(1771)举人,四十年进士。官至广西养利州知州。缪氏《旧德集》卷3有传。

于役吟　集部别集类　佚

岭南再至集　集部别集类　佚

以上2种见《江上诗钞补》卷4,收其诗17首。

按:缪氏《旧德集》卷3收其诗24首。

张　锜(1742—?)

字天石,号练江。清江阴人。乾隆五十一年(1786)举人,次年中进士。授湖北武昌知县,性方介,洁清自矢。以年老改官淮安府教授。

张锜诗　集部别集类

见《江上诗钞》卷121,收其诗26首。共诗集名未见。

夏敬颜(1743—1791)

字恖威,号苣隈。原名敬天,字子畏。清江阴人。宗沂次子。国子生。少有志操,制艺雍容和雅,诗赋秀丽。历主文幕,衡鉴公明。后游山东,病殁济宁旅社。

江阴夏氏宗谱　史部传记类　佚

见光绪间夏子沐刻《江阴夏氏宗谱》卷首乾隆五十年(1785)张宏泾撰宗谱原序及夏敬颜撰宗谱跋。

鸿雪轩存稿1卷　集部别集类

蓬鹤轩存稿1卷　集部别集类

以上2种见《江阴夏氏宗谱》卷14，宗谱卷17收其诗2首。《江上诗钞》卷103收其诗15首。

屠　绅(1744—1801)

字贤书，号笏岩，又号磊砢山人。清江阴人。乾隆二十八年(1763)进士。历官云南寻甸州知州。屡充乡试同考官，得人称盛。后由广州入都，殁于京邸。酷慕汤显祖，但为文务作古涩艳异，晦其义旨。

六合内外琐言20卷　子部小说类

(1) 清石渠阁刻本，南京图书馆藏。

(2) 清刻本，国家图书馆藏。

(3)《申报馆丛书》本。

(4) 1911年上海国学扶轮社石印本，南京图书馆藏。

六合内外琐言(琐蛣杂记)12卷　子部小说类

(1) 清乾隆五十八年(1793)木活字印本，哈尔滨师范大学图书馆藏。

(2) 清嘉庆二年(1797)刻本，上海图书馆藏。

(3) 清光绪间维扬集贤堂刻本，上海图书馆藏。

(4) 清木活字印本，国家图书馆藏。

(5) 1914年石印本，东北师大图书馆藏。

蟫史20回　子部小说类

(1) 清嘉庆五年(1800)庭梅朱氏刻本，南京图书馆藏。

(2)《申报馆丛书》本。

新野叟曝言20卷　子部小说类

清宣统元年(1909)上海小说进步社铅印本，吉林大学图书馆藏。

笏岩诗抄1卷　集部别集类

《粟香室丛书》本。

鄂亭诗抄 1 卷　集部别集类

见《江上诗钞》卷 121,收其诗 15 首。

按:疑即《笏岩诗抄》。

鄂亭诗抄 1 卷附录 1 卷　集部文评类

(1)《江阴丛书》本。

(2)《粟香室丛书》本。

(3) 诗话 1 卷,《二余堂丛书》本。

鄂亭诗话 1 卷　集部诗文评类

(1)《二余堂丛书》本。

(2)《粟香室丛书》本。

缪秉源(1744—1805)

字汇川。清江阴人。乾隆间附监生。

缪秉源诗

见缪氏《旧德集》卷 3,收其诗 10 首。其专集名未见。《江上诗钞补》卷 3 收其诗 6 首。

苏　泉(1744—1807)

字养源,号恕斋。清江阴人。孝友谨厚,读书刻苦。屡试不售,以诗酒自娱。

自历斋存质稿　集部别集类　佚

见《江上诗钞》卷 132,收其诗 3 首。小传有祝纯嘏序。

缪炳泰(1744—1808)

字象贤,或写作象宾,号霁堂。清江阴人。少读书,家贫资,远游以养亲。历滇黔粤不得意。久之以能画人像游吴中,无所遇,转入武林,声誉大噪。后入宫为乾隆帝绘像。乾隆四十九年(1784)高宗南巡,赐举人。擢内阁中书,官至兵部郎中,车驾司行走,记名知府。《清史稿》有传。

纪恩诗全稿　集部别集类　佚

见《清史稿艺文志》

按:《江上诗钞补》卷4收其《南巡恭纪》诗5首,又《恩荣恭纪》诗3首。亦收入缪氏《旧德集》卷3。

缪　晋

字申浦,号省薇。清顺天大兴籍,江阴人。乾隆三十九年(1774)举人,四十年进士。授翰林院编修,升侍读,官至山西平阳府知府。缪氏《旧德集》卷4有传。

岸舫斋吟稿12卷　集部别集类

稿本,见民国《江阴县续志》卷20。

按:《江上诗钞补》卷4收其诗16首,缪氏《旧德集》卷4收其诗80余首。

夏祖畴(1745—1813)

字锡范,号雪湾,小字健。清江阴人。庠生。性情和霭,丰度端凝。工诗文。

雪湾诗草　集部别集类　佚

见《江阴夏氏宗谱》卷5。

缪执玉(1745—1818)

字元圃,号庭心。清江阴人。附监生。乾隆四十二年(1777)顺天乡试,挑取誊录。

缪执玉诗　集部别集类

见缪氏《旧德集》卷3,收其诗10首。其专集名未见。诗亦见《江上诗钞补》卷4。

缪汝梅(1745—1823)

字一峰。清江阴人。乾隆三十五年(1770)秀才,与阳邑杨渔溪互称莫逆。缪氏《旧德集》有传。

一峰诗稿　集部别集类　佚

见缪氏《旧德集》卷3,收其诗9首。《江上诗钞补》卷3收其诗5首。

胡大士

字立三,号逸山。清江阴人。乾隆间在世。工诗,得其家传。

逸山吟草1卷　集部别集类

见《江上诗钞补》卷4。

按:《江上诗钞补》收其诗92首,小传云:"逸山生平出处不甚可考,诗稿亦散失无存,其族人致尧先生(胡本绅)偶于逆旅中得其诗一小卷,喜极,以示王慰三先生,先生题五古一首于其端云:'我读逸山诗,如识逸山面。肺肝冰雪莹,划吐珠玉变。一镫守中唐,不为旁门眩。山水养冲襟,风花入吟卷。寥寥墨数行,精金经百炼。'洵逸山身后知己也。亟录之,以发潜德幽光云。"

胡梦阳

清乾隆间江阴人。

涉山诗社录6集　集部别集类

见《江上诗钞》卷首《采录诸书》,乾隆闻江明诗人沈文约、胡梦阳等7人合撰。参见"王世枢"条。

陆石麟

字宝摩,号梅宾。椿子。附监生。寓居南京12年。

山满楼诗抄　集部别集类　佚

见《江上诗钞》卷129，收其诗50余首。

幽谷莺声集　集部别集类　佚

见金武祥《江阴艺文志》卷下。集由王昉、蒋清怡、姜大墉、陶文玮、贡良、陆石麟6人同撰。

夏鸿轩(1746—1805)

字乘起，号宾南。原名祖谋，字承芑，号询庵。清江阴人。敬授长子。为文不尚华藻而书理明达，及门甚众。

询庵文集1卷　集部别集类　佚

询庵赋草　集部别集类　佚

以上2种见《江阴夏氏宗谱》卷14。

夏朝楷(1746—1813)

字端闻，号讷斋。清江阴人。诸生，元恩曾孙。少颖敏善属文，博览群书。立品端谨。家极贫，怡然自得。《江阴夏氏宗谱》卷6有传。

自怡诗集3卷　集部别集类　佚

见《江上诗钞》卷132，收其诗12首。

陈　瑛

字渭英，号瑚海。清江阴人。乾隆五十一年(1786)岁贡，十试秋闱皆不中。

湖海诗钞24卷附词钞4卷　集部别集类

清嘉庆九年(1804)漱石山房刻本，南京图书馆藏。

投瓴钵集2卷　集部别集类

陈氏抄本，见民国《江阴县续志》卷20

云知吟草6卷　集部别集类

见《江上诗钞》卷96，收其诗87首。

嘤鸣集　集部总集类

清陈瑛辑

见金武祥《江阴艺文志》卷下。

陶文玮

字灿辰，号补梅。清江阴人。国子生。候选县丞，能书工诗，善写山水。素志高尚，不慕荣利。家有学圃，筑亭其中。栽花种树，招友赋诗以自乐。

欣然堂诗抄　集部别集类　佚

见《江上诗钞》卷127，收其诗70余首。

幽谷莺声集　集部总集类　佚

见金武祥《江阴艺文志》卷下。集由王昉、蒋清怡、姜大墉、陶文玮、贡良、陆石麟6人同撰。

曹廷梓(1747—1807)

字柱南，一作梓南，号讷甫。清江阴人。乾隆三十三年(1768)诸生。性孝，品行端正忠厚。受知于曹秀先，潜心经义，尤精易理。

健忘笔记10卷　子部杂学类　佚

讷甫诗稿2卷　集部别集类　佚

以上2种见《江上诗钞》卷137，收其诗13首。

陶　浚

字素良，号西村。清江阴人。济弟，天资纯孝，好施与。邑有义举辄以身先之。

浙游笔记　史部地理类

见《江上诗钞补》卷3，收其诗1首。

赵　氏

清江阴人。同邑夏鸿轩(1746—1805)妻，能诗词。

天水诗剩　集部别集类　佚

见《江阴夏氏宗谱》卷8夏鸿轩传附。

钱廷栋

清江阴人。

四知堂印谱不分卷　子部艺术类

清钱廷栋摹　杨德敷刻印

清钤印本，上海图书馆藏。

按：孙殿起《贩书偶记》著录有清乾隆四十三年(1778)袖珍本。

杨德敷

清江阴人。

四知堂印谱不分卷　子部艺术类

清钱廷栋摹　杨德敷刻印

清钤印本，上海图书馆藏。

史有光(1749—1820)

字问樵，号然冰。清江阴人。诸生。父揆，家故饶，好施予。有光性任侠，耽吟咏，不善生产。慷慨善周人急，家遂日落。乃囊笔远游。北过齐鲁抵燕赵，晚南渡彭蠡，逾岭南峤。往往数载不归。生平所历俱见于诗。初学王维，后博诸家，独抒性灵。以外孙季芝昌貤赠修职郎，国子监学录。嗣赠光禄大夫，户部左侍郎加六级。

问樵诗抄8卷　集部别集类

清嘉庆七年(1802)小曲阿山房刻本，天津师范大学图书馆藏。

按：叶廷甲跋曰："初名宫，字蟾宾，号问樵。"《江上诗钞》卷135收其诗86首。

问樵诗续抄5卷补遗1卷　集部别集类

清道光二十六年(1846)太平院署刻本，国家图书馆藏。

粤游纪行诗　集部别集类　佚

见金武祥《江阴艺文志》卷下。

邢廷藻(1749—1831)

字洼庭，号江湄。清江阴人。诸生。

邢廷藻诗　集部别集类

见《江上诗钞》卷113，收其诗51首。其诗集名未见。

赵同贡(1749—1833)

字廷实，号衡夫。清江阴人。为人廉介，好学，能文章。屡试不中，遂淡于进取，专以教读为事，多所成就。

甘老吟草　集部别集类　佚

晦余集　集部别集类　佚

以上2种见《杨舍堡城志稿》卷10本传。

严陛如(1750？—1825)

字允升，号运青。清江阴人。学诚孙。廪生，游幕中州徐宿间。

严陛如诗　集部别集类

见《江上诗钞》卷137，收其诗14首。其诗集名未见。

金孝因

字谷诒，号养愚。一作字南珍。号溶川。清江阴人。廪贡生。有声黉序。南北闱屡荐不售。所著诗古文甚富，名重一时。卒年未满50。无嗣。

且且吟2卷　集部别集类　佚

蓼心拾余1卷　集部别集类　佚

以上2种见《粟香二笔》卷6。

按：金氏曾将其所作寄其甥周絅堂，为人所攘，所存仅此两种3卷。

金武祥得抄本诗数十首，又文一篇，刻入《江阴金氏文剩》中。又《江上诗钞》卷151收其诗30首。

孙 璟

字晋庭，号蔡斋，又号蔗塘。清江阴人。太学生。幼贫不能读，从其父谋食于贾，而未尝废书，所见无通晓。精医术，求治者趾错于户。以其暇为诗，托兴萧远。

碍间草4卷 集部别集类 佚

见清李兆洛《养一斋文集》卷4《孙晋庭碍间诗草序》。

按：李兆洛序作于道光十二年(1832)，称其诗“即事喻旨，就怀取适，导气以达畅，融情以求和”。《江上诗钞》卷125著录3卷，并谓子韶刊印行世。刻本今未见，《江上诗钞》收其诗1卷共27首。

缪汝和(1751—1824)

字协衷，号澹园。清江阴人。乾隆四十八年(1783)举人。任四库馆誊录，签分浙江知县，历任上虞、分水、诸暨、金华、遂昌、缙云等县，摄湖州、处州二州同知，最后任余杭知县。为人强敏，精于吏职，于谳狱尤明。学问淹博，与同时诸名人交，与同里包敏，同郡洪亮吉、孙星衍、左辅等皆为契友。清陆黼恩《读秋水斋文》卷5有墓志铭。

红薇轩诗 集部别集类 佚

见缪氏《旧德集》卷5，收其诗4首。《江上诗钞》卷114收其诗2首。

陈炳德(1751—1820)

字伯谦，号吉甫，别字渔史。清江阴人。蓝济子。乾隆四十三年(1777)拔贡。朝考一等第一。为时相和珅所抑。引见未用久之。后得丰县教谕。嘉庆十年(1805)以卓异授安徽旌德知县。明慎用刑。忤巡抚胡克家落职。

（嘉庆）旌德县志 10 卷　史部地理类

清陈炳德修

（1）清嘉庆十三年刻本，上海图书馆藏。

（2）1925 年旌德吕氏石印本，国家图书馆藏。

（3）《中国地方志集成》本。

（4）2010 年黄山书社出版。

嵎山集　集部别集类　佚

见《江上诗钞》卷 134，收其诗 120 余首。

按李兆洛《养一文斋文集》、民国《江阴县续志》卷 15 均作《一嵎山房稿》若干卷。

夏祖侚(1752—1794)

字曾祜，号南溪，小字宪。清江阴人。祖畴弟。庠生，赠文林郎，太常寺博士。性简而好文，困穷不得志，卒于京师。

南溪诗草　集部别集类　佚

见《江阴夏氏宗谱》卷 5。

夏祖燿(1752—1818)

字纯甫，一字羽扬，号庚阳，又号舫斋。清江阴人。宗洛孙，廪生。嘉庆元年(1796)岁贡，就职训导，赠中议大夫。考文订古，与夏祖熊相颉颃，而书法过之。干才论断，尤为同邑钦服。陈炳德任安徽旌德知县，聘修县志，去取不苟，人服其公允。晚年荟萃宗谱，斟酌尽善，小传咸出其手，各如其分。《江阴夏氏宗谱》卷 8 有传。

江阴夏氏宗谱　史部传记类

见光绪间夏子沐刻《江阴夏氏宗谱》序。

按：夏子沐云："九世祖履中公（敦礼）以旧谱毁于明季，手纂谱稿未竟，十世祖维四公（宗淮）、知十公（宗泰）、跃千公（宗沂）踵其事，起八公（宗澜）复考订规议。稿成，十二世偲威公（敬颜）重为编辑，十二世庚阳公(祖燿)择有学行者各系小传。”今宗谱中屡见其按语。

(嘉庆)旌德县志10卷　史部地理类

清陈炳德修　夏祖燿等与修

版本见“陈炳德”条。

森玉轩遗草1卷　集部别集类　佚

清夏霈撰　夏祖燿重辑

见《江阴夏氏宗谱》卷14。参见“夏霈”条。

浣玉轩文集4卷　集部别集类

清夏敬渠撰　夏祖燿重辑

(1) 清光绪十六年(1890)刻本。

(2) 1936年重修本。

浣玉轩诗集2卷　集部别集类

清夏敬渠撰　夏祖燿重辑

见《江阴夏氏宗谱》卷14。参见“夏敬渠”条。

按:夏氏宗谱卷15收其文1篇,《江上诗钞》卷132收其诗17首。

薛传源(1753—1821)

字河明,一字资塘,或作芝塘,晚自号小黄山樵。清江阴人。幼颖悟。嘉庆十三年(1808)岁贡。候选训导。造就后辈,勤恳不倦。生平嗜学。工诗文。其诗不事雕饰,文如行云流水。清李兆洛《养一斋文集》卷15有《薛资塘先生传》。

易诂商3卷　经部易类

清道光刻《滇史一得编》附刻本。

毛传广义　经部诗经类

见《芝塘文稿》卷6《毛传广义序》云:“不揣固陋,取《毛传》而广其义,于辞有未达者则顺而宣之,意有未明者则玩而出之,其所已解者则著为他处之例,其所未解者则原其未解之由,至于好为异说,不能与《传》相发明,则辨其非。”

读史一得编10卷　史部史评类

清道光刻本，附《易诂商》3卷。

防海备览10卷　史部政书类

(1) 清乾隆五十八年(1793)刻本，南京图书馆藏。

(2) 清嘉庆十六年望山堂刻本，南京图书馆藏。

海防紧要10卷　史部政书类

清抄本，浙江省图书馆藏。

江干丛语(一作江干丛草)12卷　子部杂学类

清嘉庆十九年刻本，南京图书馆藏。

挥暑耳谭　子部杂学类　佚

见《养一斋文集》卷15。

芝塘诗文稿　集部别集类

(1) 清嘉庆二十年序刻本，上海图书馆藏。

(2)《清代诗文集汇编》本。

按：包括《芝塘诗稿》15卷、《文稿》15卷、《诗续稿》3卷、《文续稿》1卷。

夏祖熊(1754—1785)

字梦占，号健斋，又号困学山人，室名曰新斋。清江阴人。庠生。幼质鲁而肆力于学，长遂博通群经及儒先古说，历代正史，《通鉴》各编，无弗淹贯。其诗书不肯一字放过。其说理细如茧丝。尤笃好性命之学，知命达天之旨。学从程朱入而反复濂洛关闽诸书，卒年仅32岁。以胞侄孙子鎏贻赠奉直大夫知州衔、直隶宁晋知县。

禹贡说1卷　经部尚书类　佚

洪范说1卷　经部尚书类　佚

盘庚训义正宗1卷　经部尚书类　佚

尚书疑义随记4卷　经部尚书类　佚

诗经疑义随记4卷　经部诗经类　佚

周礼集传 14 卷　经部周礼类

仁礼义集录 8 卷　经部仪礼类　佚

按:宗谱有乾隆五十年(1785)自序。

丧礼要义纂论 3 卷　经部仪礼类　佚

按:宗谱附注云:“服制、礼制、居忧吊问。”

大学格致诸说汇辩 1 卷　经部四书类　佚

春秋四传正义 32 卷　经部春秋总义类　佚

按:宗谱有乾隆四十三年自序,略云:“其为书也,四传并录,而附以文定(杨名时)之说,参以诸儒之辩,间亦窃附己意焉。”

经义守约 6 卷　经部群经总义类　佚

按:宗谱录其内容云:“第一易简述旨,第二传心阐义,第三二南正训,第四大学详说,第五中庸发微,第六乐记提要。”

读史记随笔 1 卷　史部史评类　佚

农商问对 7 卷　史部政书类　佚

按:宗谱有乾隆四十六年自序。

道学宗旨 5 卷　子部儒学类　佚

心开札记 1 卷　子部儒学类　佚

按:宗谱有乾隆四十六年自序。

见闻论要 1 卷　子部杂学类　佚

读书疑义随记　子部杂学类　佚

陆象山全集纂要 4 卷　集部别集类　佚

历朝古文举正 32 卷　集部总集类　佚

按:宗谱有乾隆四十三年自序。此辑宋代周敦颐、程颢、程颐、张载、朱熹五家之文。

以上 20 种见《江阴夏氏宗谱》卷 14。

易学大成 24 卷　丛书类　佚

见《江阴夏氏宗谱》卷 14。

子目:

《周易诸家经本异同》第一

《周易汉志古文》第二

《周易费氏古文》第三

《周易通论异同》第四

《易书通例异同》第五

《周易程传精要》第六

《周易明理汇说》第七

《周易卦爻要会集说》第八

《周易卦序异同》第九

《周易玩辞异同》第十

《史传合晚会编》第十一

《周易本义原本》第十二

《易学启蒙原本》第十三

《图书异同》第十四

《观象异同》第十五

《极数异同》第十六

《观变异同》第十七

《占筮异同》第十八

《易传集序》第十九

《周邵发蕴纂要》第二十

《易家杂说杂辩》第二十一

《易传诸家优劣汇说》第二十二

《易外传汇略》第二十三

《学易管见》第二十四。

按:宗谱有夏祖燿按语云:“吾弟此书规体甚大,立志甚深。既分类成编,而又随类各著己见。且以孔子《文言》只有乾坤二卦,于十翼之义未备,昔人尝谓其阙亡,欲俟此书竣后,每卦各为续文言传。乃书乍脱初稿,遽膺沉疾,敲订商榷之功尚尔缺如,而续传竟成虚愿矣。”

叶廷甲(1754—1832)

字保堂,号梅江,别号云樵。清江阴人。乾隆四十二年(1777)贡生。卢文弨治经用法,廷甲师事之,得其旨解经。不偏主汉宋说,博观约取。与赵翼交好。生平雅好典籍,构静观楼水心斋,置书五万余卷。名臣遗志著述未布者必梓行之。暇即披阅,发幽阐潜。年逾古稀,犹历名山大川,所至皆诗记之。以子天庆赠儒林郎。

增订春秋世本图谱1卷　史部别史类

清徐镇撰

清嘉庆十三年(1808)叶廷甲校刊,水心斋叶氏藏板,南京图书馆藏。

历代年表8卷　史部史表类　佚

叶氏得姓考1卷　史部传记类　佚

叶氏进士考1卷　史部传记类　佚

词科录　史部传记类　佚

古今同姓名录辑补　史部传记类　佚

文庙从祀考　史部传记类　佚

三代以下人物考　史部传记类　佚

浙东访宗支日记　史部传记类　佚

历代名臣谥法考　史部政书类　佚

古今学校考　史部政书类　佚

舆图指掌天下沿海形势考　史部地理类　佚

以上11种见《国朝耆献类征初编》卷442。

杨舍堡城志稿14卷首1卷　史部地理类

清叶廷甲原著　叶长龄纂修

(1) 清光绪九年(1883)江阴叶氏活字本,南京图书馆藏。

(2)《中国地方志集成》本。

徐霞客游记10卷外编1卷补编1卷　史部地理类

明徐弘祖撰　清叶廷甲辑补编

(1) 清乾隆四十一年刻嘉庆十三年叶氏水心斋增刻本,国家图书馆藏。

(2) 清光绪七年(1881)瘦影山房木活字印本,南京图书馆藏。

(3) 清光绪三十四年集成图书公司铅印本,上海图书馆藏。

严江水道考　史部地理类　佚

九华山志考　史部地理类　佚

黄山纪游编　史部地理类　佚

太湖游记　史部地理类　佚

古今钱谱　史部金石类　佚

训子书　子部儒学类　佚

知今录　子部儒学类　佚

天文辑略　子部历算类　佚

古今书画录　子部艺术类　佚

水心斋札记　子部杂学类　佚

保堂诗文抄 2 卷　集部别集类　佚

以上 11 种见《国朝耆献类征初编》卷 442。

梧溪集 7 卷附补遗　集部别集类

明王逢撰　清叶廷甲校并辑补遗

(1)《知不足斋丛书》本。

(2) 清同治十三年(1874)思补斋活字印本。

(3)《丛书集成初编》本。

(4) 抄本,台北"中央研究院"历史语言研究所藏。

按:嘉庆十八年廷甲赴浙,访藏书家鲍廷博,借旧本校《梧溪集》,作补遗。

杨氏全书　丛书类

清杨名时撰　叶廷甲编

(1) 36 卷,清乾隆五十九年叶廷甲水心草堂刻本,南京图书馆藏。

(2) 清光绪三十四年刻本,南京图书馆藏。

(3) 37 卷,清宣统元年(1909)南菁高等学堂刻本,南京图书馆藏。

按:子目参见“杨名时”条。又《江上诗钞补》收其诗 2 首。

薛　钿(1754—1835)

字徵安,号绮轩。清江阴人。大鹤子。恬淡寡欲,言笑不苟。书宗赵孟頫,年 70 余犹能作蝇头小楷。

遗诗 1 卷　集部别集类　佚

见《江上诗钞》卷 133。小传谓其诗共 110 首,其孙桂嘱顺季慈选录,乃录 8 首。

袁存诚(1754—1839)

字守初,号闲斋。清江阴人。诸生。性落拓,晚年贫困。

秋虫吟草 3 卷　集部别集类

见《江上诗钞》卷 138,收其诗 1 卷。

高应飞

字见龙。清江阴人。乾隆四十四年(1779)举人。性倜傥不羁,年 30 余卒。

高应飞诗　集部别集类

见《江上诗钞》卷 119。

按:高应飞诗未见专集名,《江上诗集》称其诗甚富,收其诗 27 首。

缪　治(1755—1817)

字理斋。清江阴人。例监生,挑取誊录。长于吟咏,所为诗绵丽缜密,于春秋佳日,与朋旧往来道故,视世之纷纷营竞泊如也。又善诲人,后进修谒,与之言忠孝大经,而不及功利。缪氏《旧德集》卷 5 有传。

理斋遗稿　集部别集类　佚

见《江上诗钞补》卷3,收其诗6首。缪氏《旧德集》卷5收其诗10首。

缪述祖(?—1789)

字少瀛。清江阴人。乾隆四十九年(1784)廪生。

缪述祖诗　集部别集类

见缪氏《旧德集》卷5,收其诗10首。其专集名未见。《江上诗钞补》卷4收其诗6首。

胡丕显

字学圃,号拙庵。清江阴人。文炳次子。

桐华集　集部别集类　佚

见《江上诗钞》卷113,收其诗2首,系从《涉江诗社录》录出。参见“王世枢”条。

俞赓唐

清江阴人。

列翠轩吟草1卷　集部别集类

见民国《江阴县续志》卷20。

孙　玮

字藕堂。清江阴人。璟弟。太学生。习医术,好吟咏。

菊畦诗草12卷　集部别集类　佚

见《江上诗钞》卷132,收其诗4首。

按:民国《江阴县续志》卷20作《菊花诗草》。

沈　丰(1756—1793)

字宝贤,号瑶圃。清江阴人。乾隆五十一年(1786)举人。五十八年会试，以策中小疵被摈，赍志没于京师。

沈丰诗　集部别集类

见《江上诗钞》卷137，收其诗19首。其诗集名未见。

沈　治(1756—1811)

字黼廷。清江阴人。隐居教授不求进取，医卜星相之学无所不通，占候尤奇验。制艺诗词随成随弃，不自收拾，致多散佚。

积善堂诗抄　集部别集类　佚

见金武祥《江阴艺文志》卷下。

按：《江上诗抄》卷139收其诗30余首。

夏南学(1756—1811)

字稼成，号云畴。清江阴人。一驹孙，麒长子。乾隆五十一年(1786)举人，例授文林郎，拣选各县。与薛传源交之最笃。其诗学与年俱增，诗才调风情，俱入长庆以下诸名家之室。《江阴夏氏宗谱》卷6有传。

云畴杂著1卷　子部杂学类　佚

云畴文集1卷　集部别集类　佚

韵香诗集1卷　集部别集类　佚

莺里山房诗话1卷　集部诗文评　佚

以上4种见《江阴夏氏宗谱》卷14。

按：《江上诗钞》卷148著录《文露轩诗抄》，此或即《韵香斋诗集》之别名。《江上诗钞》卷148收其诗40余首。《澄江赋约》收其赋1篇。

朱咸庆

字荫嘉，一字映葭，又作映嘉。清江阴人。乾隆间增生。笃学工诗。筑小万卷楼以藏书画。昼则课徒，夜由研诵，恒至夜分不辍。卒年39岁。

字林正讹 2 卷　经部小学类　佚

小万卷楼诗文集 8 卷　集部别集类　佚

以上 2 种见光绪《江阴县志》卷 16。

按:《江上诗钞》卷 115 收其诗 60 余首。

又按:清夏敬秀《正家本论》卷上"事亲尽道"一条识语云:"世侄朱映嘉(咸庆)年十五时割臂以疗母,其殁也,友人王秉政(璋)辑其遗稿,且为年谱。"

俞省斋

清江阴人。

蜗寄轩吟草 1 卷　集部别集类

见民国《江阴县续志》卷 20。

缪执方(1758—1812)

字司直,号浦南。清江阴人。乾隆间邑庠生。

缪执方诗

见缪氏《旧德集》卷 5,收其诗 10 首。其专集名未见。《旧德集》卷 13 收其文 1 篇。《江上诗钞补》卷 4 收其诗 8 首。

严觐颜(1758—1837)

字持安,号拙髯。清江阴人。学诚孙,陛如弟。诸生。性方梗不阿,与汪道平、袁存诚等交。

严觐颜诗　集部别集类

见《江上诗钞》卷 146,收其诗 27 首。

按:《江上诗钞》小传谓觐颜诗稿甚富,晚自焚之,仅从其友人所存录数首。其诗集名已不可知。

曹大荣(1759—1800)

字蓉三,初字步云,晚字蓼子。清江阴人。邑诸生。

逊斋诗抄5卷　集部别集类　佚

见《江上诗钞》卷142,收其诗50余首。

夏柔嘉(1759—1816)

字甫德,一字待园,号艾之。清江阴人。朝楷弟。邑廪贡生。例赠文林郎国子监典簿。博学工诗文,闲写兰竹花鸟,笔意超妙。为人豪宕清介,落落远俗。严取与,不妄交游,惟与祝应玑学行相砥,称莫逆交。《江阴夏氏宗谱》卷6有传。

俪语纪数　子部典故类　佚

见金武祥《江阴艺文志》补。

师竹轩赋抄不分卷　集部别集类

(1) 清道光十八年(1838)刻本,南京图书馆藏。

(2) 清同治八年(1869)夏氏刻本,南京图书馆藏。

按:《江上诗钞》卷137收其诗8首。

吴　簪

字竹坪。清江阴人。精医。凡群医束手者,延诊辄愈。

医方摘要4卷附2卷　子部医家类

清吴簪、周履端编选

(1) 清嘉庆四年(1799)清慎堂刻本。

(2) 清抄本,中医研究院图书馆藏。

姜大铨(1760—1809)

字选公,号愚谷。清江阴人。工医学,喜吟咏,文笔清新。

近山草堂诗存(一作近山草堂遗稿)1卷　集部别集类

见《江上诗钞补》卷3,收其诗12首。

按:《江上诗钞补》云:此编"附刊从兄大镛《鸣秋集》后"。

金捧阊(1760—1810)

字玠堂,一字驾堂,号静然。清江阴人。鉴子,孙星衍舅。嘉庆七年(1802)岁贡。性孝。少显文才,长攻苦力学,孜孜不倦。平生勤于著述,淡泊名利。其诗文宏肆。卒后,封赠修职郎候选蒙城训导、两广候补盐运司运同。《守一斋客窗笔记》有传。

韵字辨重18卷　经部小类　佚

见《粟香二笔》卷6。民国《江阴县续志》卷20作6卷。

客窗偶笔4卷　子部小说类

(1) 清嘉庆二年守一斋刻本,南京图书馆藏。

(2) 清咸丰九年(1859)三槐堂刻本,国家图书馆藏。

(3)《稀见清代四部辑刊》本。

客窗偶笔4卷二笔1卷　子部小说类

清同治十二年(1873)刻本,南京图书馆藏。

守一斋笔记4卷客窗二笔1卷　子部小说类

(1)《江阴丛书》本。

(2)《粟香室丛书》本。

守一斋古文　集部别集类　佚

见《守一斋客窗笔记》恽汇昌所作传。

按:恽汇昌云:"乾隆戊申(五十三年,1788),孙渊如,其甥也,延之兖州官署,著《客窗偶笔》八卷,用齐谐体以寓劝惩,刊板行世。中表缪申浦出守平阳,先生乃作山右之行,著《客窗又笔》,凡忠孝节烈,与夫畸人侠客之可传而几乎湮没者,皆搜访确实,揣摩曲肖,极尽其情。爰择其尤者,汇为一册,署曰《守一斋古文》。"

守一斋制艺剩稿1卷　集部别集类

清金捧阊撰　金应澍辑订

稿本，南京图书馆藏。

守一斋诗词　集部别集类　佚

见《粟香二笔》卷6。

山水清音词1卷　集部词曲类　佚

北绛琴心词1卷　集部词曲类　佚

以上2种见《常州词录》卷11。

叶廷策

字子清，号卣铭。清江阴人。嘉庆五年(1800)举人，官内阁中书，派充撰文，兼充文渊阁检阅。丁外艰归，不出里居二十年，以造学为任。少从郡中诸经师游，释经有本。

经义撷疑2卷　经部群经总义类　佚

见《杨舍堡城志稿》卷9。

章　灏

字立先。清江阴人。

全城章氏宗谱　史部传记类

见章锡彭纂《江阴章氏支谱》卷5，云："《全城章氏宗谱》年久失修，公补其残阙，手写八帙。碑铭传志，考订详确，搜录无遗。"

按：章氏支谱卷7、卷9收其文4篇。

殷　铭

字新之，一字鸿章，号柳园。清江阴人。成童时从同邑程岭梅游，出语便有作家风味。后一意于诗。人谓其《楚游草》直欲追踪杜甫秦州、入蜀诸诗。

楚游集　集部别集类　佚

见《江上诗钞》卷114，收其诗11首。

殷 圻

字玉田，号芥舟。清江阴人。兆燕子。乾隆五十八年(1793)进士。官宝庆府同治。

雪蓬集 7 卷附春波词 1 卷　集部别集类

清抄本，国家图书馆藏。

按：《江上诗钞》卷 114 收其诗 13 首。

沙 照(1761—1805)

字耀苍，号春船。清江阴人。乾隆五十四年(1789)举人。以子楷堂貤赠修职郎，宿迁县教谕，晋朝议大夫同知衔，山东高范县知县加一级。束身砥砺，孝友可风。

小书巢诗文集 8 卷　集部别集类　佚

见《江上诗钞》卷 145，收其诗 30 余首。

王应辰(1762—1817)

字奕山，一作协山，号聋园。清江阴人。嘉庆六年(1801)进士。选四川新繁县知县。颇得士民心。绝苞苴之私，又使酒谩骂，遂以诖误去官。

郄村集　集部别集类　佚

姑熟游草　集部别集类　佚

金台剩稿　集部别集类　佚

无心居士诗草　集部别集类　佚

蔗香诗草　集部别集类　佚

以上 5 种见《江上诗钞》卷 145，收其诗 20 余首。

章朝枢(1762—1841)

字仲翔，号竹溪。清江阴人。卫南次子。国学生，候选县主簿，例授登仕郎，赠武功将军。

澄江章氏支谱　史部传记类

清章朝枢修　章诒燕、章燮总纂

见章锡彭《江阴章氏支谱》卷首章仁基撰序，云："道光丁亥（七年，1827）祠宇落成，辛丑年（二十一年）伯祖竹溪公主修支谱，先伯父翼凡（诒燕）、澧塘（燮）两公为总纂。"道光二十一年李兆洛曾为该谱撰序。其凡倒15条全载章锡彭《江阴章氏支潜》卷首，此为章氏历年谱例中最为详尽者。

王　苏(1763—1816)

字侪峤，号延庚。清江阴人。幼通敏，父曙课以诗古文辞，挥笔立就，少长博闻强记。彭元瑞目为异才。乾隆五十三年(1788)天津召试第一，五十五年进士。改庶吉士，授翰林院编修，擢湖广监察御史。敢言，有直声。出守河南卫辉府知府。诗文出入六朝唐宋，一代风流，名重海内。以婿季芝昌贻赠荣禄大夫，吏部左侍郎兼管三本事务。《词林辑略》有传。

喻林一叶24卷　子部典故类

明徐元太辑　清王苏删

(1) 清乾隆刻本，北京大学图书馆藏。

(2) 清咸丰二年(1852)藻思堂刻本，南京图书馆藏。

按：此取徐元太《喻林》，辍其精华，去其繁复，重为编集而成。原书共120卷，分为10门。子目580余。王苏合5卷为1卷，共24卷。门类子目刻悉仍其旧。其书所采设譬之辟，并征引古籍以说明之。

试畯堂文钞1卷　集部别集类

(1) 清道光二十六年(1846)季芝昌太平院署刻本，湖南省图书馆藏。

(2) 1933年陶社活字本，有补1卷，南京图书馆藏。

(3)《清代诗文集汇编》本。

试畯堂诗集12卷赋钞4卷　集部别集类

（1）清嘉庆二十年(1815)滇南严烺刻本，南京图书馆藏。

（2）清道光二年季芝昌刻本，复旦大学图书馆藏。

按：沙曾达《澄江咏古录》卷中《王苏诗文擅绝一时》诗有“艺苑蜚声惊健笔，诗文丽稚集珍传”之句。

桑寄生斋诗1卷　集部别集类

清末刻《方雪斋诗》附，广东省立中山图书馆藏。

祝百十(1763—1827)

字筱珊，一作筱山、小珊，号子常。清江阴人。士模子。年19入常州府学。道光元年(1821)举孝廉方正，以衰疾不赴庭对。性豪放，笃于交友，与张惠言、李兆洛等相互切磋文学。乾隆五十四年(1789)曾与张琦、陆继辂、祝百五等在常州举文会。读书不拘章句，工诗词、古文。为文俊洁廉悍，诗则绵邈深长。《养一斋文集》卷14有传。

爱日草堂诗抄4卷文抄1卷　集部别集类　佚

见《桐城文学渊源考》卷5。

爱日草堂诗存初集5卷后集7卷　集部别集类

清道光十年刻本，中国科学院图书馆藏。

抱璞斋遗集20卷　集部别集类　佚

见民国《江阴县志》卷20。

祝氏华鄂集15卷　集部总集类

清祝百十、祝百五撰　李兆洛辑刻

（1）清道光十年刻本，国家图书馆藏。

（2）2015年国家图书馆出版社出版《清代家集丛刊》本。

按：收祝百十《草堂诗选》12卷，祝百五《瘦丰诗词》3卷。《江上诗钞》卷143收其诗1卷。

汪道平(1763—1841)

原名涛。字洊门,或作海门,号髯伯,一号洊道人。清江阴人。嘉庆十二年(1807)举人,任安徽泾县训导。以七事谘部,年70致仕归。性喜交友,与陈士安、祝纯嘏等诗酒为乐,浙江余光治称莫逆。工隶书。

余力学文书室文集　集部别集类　佚

见民国《江阴县续志》卷15本传。

希自然斋诗抄(一作希自然斋诗存)　集部别集类

见《江上诗钞》卷146,收其诗26首。

许　烘

字翔千,号桐山。清江阴人。

小湖诗草2卷　集部别集类

见《江上诗钞》卷150,收其诗1卷。

花　蔚

字焕文,号云岩,清嘉庆间江阴人。太学生。与陈士安交好,常相唱和。

晚香吟草2卷　集部别集类

清嘉庆二十二年(1817)刻本,中国社会科学院文学研究所藏。

按:《江上诗钞》卷156收其诗11首。

夏翼陛(1764—1831)

字升阶,号藕亭。清江阴人。祖焘子。久困场屋,设馆沙洲。耽吟咏。

藕亭遗诗2卷　集部别集类　佚

见《江上诗钞》卷151,云:"遗诗二卷,兹录三首,以存其人云。"

章　程(1765—1829)

字叔千,号楚江。清江阴人。卫南三子,贡生。性静默,诗文风力沉厚。工举业,屡试不售。凡邑中兴作徭役、灾荒劝分诸事,争为之。训子孙以读书孝悌为本。《江阴章氏支谱》卷 8 有李兆洛撰《楚江公传》。

笏山章氏家谱　史部传记类

清章程纂刻

见章锡彭《江阴章氏支谱》卷首嘉庆十七年(1812)章程序。

按:章程序云:"上自远祖,则图本派,下至近代,乃分四支,而凡旁支始分祖,仍一一注明。是名为支谱,实则通谱也。自今镌刻之后,家置一部。"刻本今未见。其书凡例 13 条载章锡彭《江阴章氏支谱》卷首。

翠竹轩文稿　集部别集类　佚

娱志斋诗集　集部别集类　佚

以上 2 种见章锡彭《江阴章氏支谱》卷 5。

按:支谱卷 10 有清刘倬撰《娱志斋诗序》,卷 12 收其诗 3 首。《江上诗钞补》卷 3 收其诗 1 首。

缪　绂(1765—1839)

字芷亭。清江阴人。乾隆六十年(1795)恩科举人。任顺天宁河知县,因案以县丞降补,官至平泉州州判。

缪绂诗稿　集部别集类

见缪氏《旧德集》卷 5,收其诗 9 首。小传谓其稿未刊。《旧德集》卷 13 收其文 2 篇。

朱佩霞(1765? —1798?)

清江阴人。惠安女,同邑赵晟妻,年 12 能诗,后喟然曰:"吟咏非女子事。"遂不复作。稿毁于火。卒年 34。

甲辰集　集部别集类　佚

见《江上诗钞》卷175，收其诗3首。

按：《江上诗钞》略云。"颜其集'甲辰'，以止于是年也。稿再毁于火。子湘搜辑得九首，兹录三首。"甲辰或指乾隆四十九年(1784)。

叶　熊

字应昌，清江阴人。

袖中金2卷　子部医家类　佚

叶氏珍藏秘方12卷　子部医家类　佚

以上2种见民国《江阴县续志》卷20。

夏光炤(1766—1820)

字君圃，号砚堂。清江阴人。西学次子。嘉庆十七年(1812)岁贡，授徒自给，奖掖备至，贫困者不收学费。《江阴夏氏宗谱》卷6有传。

稀到楼诗抄2卷　集部别集类　佚

见《江上诗钞》卷151，收其诗3首。

程　遵(1766—1822)

字鸿书，号艾之，又号过生。清江阴人。铨孙，诸生。能诗文，工书，贫而好义。游幕中州，当道推重。

程遵诗　集部别集类　佚

见《江上诗钞》卷151，收其诗48首。其文集名未见。

薛献可

原名约。字雯博，号华农。清江阴人。道光二十六年(1846)80余岁贡。品行敦实，博学多才，工古文，研经能得要领。卒年90。《清儒学案小传》卷12有传。

毛诗名物同异辨　经部诗经类　佚

见光绪《江阴县志》卷17本传。

春秋经朔表4卷　经部春秋总义类　佚

见清李兆洛《养一斋文集》卷4本书序。

四书姓名补注　经部四书类　佚

说文检字摘难　经部小学类　佚

以上2种见光绪《江阴县志》卷17本传。

六书学古编　经部小学类　佚

见清李兆洛《养一斋文集》卷4本书序。

八影唱和集　集部总集类

清薛献可辑

见《江上诗钞补》卷首“采用书目”。

按:《江上诗钞》卷156收其《八影诗》及《续八影诗》各8首。序云:“庚午(嘉庆十五年,1810)秋闱期近,名心淡然,同人促余应试,因成八影诗,寓意且索和焉。”八影为帆影、雁影、梅影、帘影、云影、菊影、蝶影、鞭影。又云:“约作《八影诗》,同人和者甚众,因复成《续八影》,数觅不鲜,知不免贻笑大方也。”续作为竹影、燕影、塔影、月影、帐影、桥影、絮影、烛影。《江上诗钞》另收有薛淇、薛潢等人所作和诗。

祝百五(1767—1830)

字炳季,一作丙季,号秀峰,又号瘦丰。清江阴人。百十弟。道光九年(1829)府学岁贡。平生多客游于外。性情淳挚,与其兄及庄曾仪、陆继辂等交善。为诗喜集句,自出机杼者百无一二。清吴育《吴山子遗文》有传。

瘦丰诗存3卷　集部别集类

清道光十年刻爱日草堂诗存附,中国科学院图书馆藏。

瘦丰诗钞2卷　集部别集类

清抄本(佚名校正),广东省立中山图书馆藏。

祝氏华鄂集15卷　集部总集类

清祝百十、祝百五撰　李兆洛辑刻

(1) 清道光十年(1830)刻本,国家图书馆藏。

(2) 2015年国家图书馆出版社出版《清代家集丛刊》本。

按:收祝百十《草堂诗选》12卷、祝百五《瘦丰诗词》3卷。

百衲琴谱　集部词曲类

见清陆继辂《崇百药斋续集》卷3,此专集李商隐诗句。

按:《江上诗钞》卷147收其诗1卷。《全清诗抄》卷15收其词1首。

郭　忭

字体信,号兰皋。清江阴杨舍人,乾隆五十二年(1787)诸生。幼孤,长好读古文辞,博通诸史。为文灏瀚,得韩、苏意。尤长于制举文,人谓有顺治前辈风力。嘉庆十九年(1814)岁饥,稽户散赈。晚游广东。归文益奇。乐为后进启迪。

尚志堂合稿　集部总集类　佚

清郭忭、郭元亮撰

见《杨舍堡城志稿》卷10本传。

陈士安(1769—1821)

字白洲。清江阴人。廪生。为文宗成弘。受知于汤金钊侍郎。书法古拙。诗力追齐梁,同辈中自成一家。性方鲠,品端重,及门所造甚众。

枕虚斋诗抄　集部别集类　佚

见《江上诗钞》卷149,收其诗64首。

枕虚斋文賸1卷　集部别集类

《陶社丛书》本(1931—1935年江阴陶社木活字印本),上海图书馆藏。

孔昭孔(1769—1831)

字微明,一字味茗。清江阴人。广居子。幼从父学《说文》,诵四书五经,旁及子史百家,皆能通其大意。长继父业,称重诸公间,为人清廉而沉毅,工刻石。清李兆洛《养一斋文集》卷13有传。

夏小正考正1卷　经部大戴礼记类　佚

见《养一斋文集》卷13《微明孔君墓志铭》,谓已刻。刻本今未见。

夏小正注解2卷　经部大戴礼记类　佚

见《蠊庐诗抄》。

按:以上2书疑即同书异名。

说文疑疑2卷附1卷　经部小学类

清孔广居撰　袁官桂阅　(附)孔昭孔撰

(1) 清嘉庆七年(1802)诗礼堂刻本,国家图书馆藏。

(2) 2卷,附子孔昭孔撰《续》1卷,《许学丛书》本。

(3) 2卷,附子孔昭孔撰《续》1卷,《丛书集成初编》本。

按:清李兆洛《养一斋文集》卷13《微明孔君墓志铭》著录此书作10卷。《微明孔君墓志铭》又云:"杂古文及随手条记数卷,宪三方属予整次而传之。"

葛　湘

字吟舫。清江阴人。律采七韵,学穷五际。读史看经之暇,耽于诗词。故能驯致怿词,应弦赴节。有苏辛之豪,而敛其继逸;有周秦之丽,而洗其铅华。李兆洛谓其词可传。精于医术,与陈熙治祖父为莫逆。

五碧螺中诗集6卷　集部别集类　佚

见《春鹂词》目录后清叶长龄跋文。

春鹂词2卷　集部别集类

(1) 清光绪五年(1879)刻本,上海图书馆藏。

(2) 1934年陶社木活字本,南京图书馆藏。

按:此集又作《葛吟劬先生词稿》。清叶长龄编次,陈熙治、周溶校刊。葛湘自谓其诗聊以寄兴,词则用力稍勤,似尚堪质诸世。

黄　恬

字兰皋,号退谷。清江阴人。乾隆五十九年(1794)举人。嘉庆十三年(1808)任福建浦城知县。治民宽猛相济。又修桥梁,缮城垣。凡所兴作皆有利民生。以病乞改太仓州学正。与梁章钜、林则徐、庆霖等皆有诗词唱和。

(嘉庆)新修浦城县志40卷首1卷　史部地理类

清黄恬修　祖之望、朱秉鉴纂

(1) 清嘉庆十六年刻本,南京图书馆藏。

(2) 清抄本,福建师范大学图书馆藏。

退谷集2卷　集部别集类

清道光二十九年(1849)三莸堂刻本,中国社会科学院文学研究所藏。

《江上诗钞》卷114,收其诗19首。

陈诗观

原名观。字五门,一字午门,号吾春。清江阴人。嘉庆十三年(1808)副贡。家素封,好学不倦,受业于王东田。南北闱十余试,至老不辍。以子良显,任宁国县训导。赠如其官。

陈诗观诗

见《江上诗钞》卷154,收其诗69首。又《澄江赋约》收其赋3篇。

汤百纯(1770—1796)

字清芬,一字石华。清江阴人。裕之女,同邑陈诗观妻。

山烟楼草2卷　集部别集类

清道光十七年(1837)刻本,郑州大学图书馆藏。

按:此编录百纯诗集《石华小草》1卷,凡诗93首;词集《玉琴余韵》1卷,凡词33首。总名《山烟楼草》,感旧而名之也。民国《江阴县续志》卷20著录为汤百华撰。

夏东学(1770—1834)

字海渔。清江阴人。荦子。授修职郎,河南南召县分防县丞,内阁供事。

海渔印存　子部艺术类　佚

见《江阴夏氏宗谱》卷14,有乾隆五十六年(1791)从兄夏柔嘉跋文。

缪　烜(1770—1843)

字旭之。清江阴人。荃孙族父,乾隆五十二年(1787)庠生。佐刘镮学使幕,晚客孔传坤官舍。文翰双美。尤工古近体诗,诗宗唐人。嘉庆十八年(1813)由燕赴豫,道出滑台,遇匪而逃,书箧遗失。

旭之诗集1卷　集部别集类

稿本,见民国《江阴县续志》卷20。

按:缪氏《旧德集》卷7收其诗1卷,并录其自序,谓嘉庆十六年,长洲王芑孙与法式善尝为点定删存诗稿2册,因遇难而佚。后于友人所录存及自己追忆成者,录为1册。《旧德集》卷13收其文10篇。《江上诗钞补》卷3收其诗36首。

沈　绮

字素君,清常熟人。江阴诸生殷墉妻,少孤。读书数行并下,诗文外,博通经史律历之学,著作甚多。年26(一作21)而卒。

管窥一得12卷　史部史评类

文集4卷　集部别集类

四六2卷　集部别集类

以上3种见《国朝闺秀正始集》卷12。

环碧轩诗集1卷　集部别集类

《国朝闺阁诗抄》本。

唾花词1卷　集部词曲类

徐庾补注4卷　集部总集类

以上2种见《国朝闺秀正始集》卷12。

赵　宁

字管亭。清江阴人。

江防集要1卷　史部政书类

《学海类编》本。

章　杞(1771—1824)

字季高，号午桥。清江阴人。卫南四子，程弟。少喜三略七书及楼船阵法，兼习骑射。嘉庆四年(1799)武科进士。十一年选授浙江衢州营游击，升镇海参将，杭州协副将。道光初授镇守广东南韶连镇总兵，统辖三江清远佛岗等处地方总兵，晋授振威将军。工诗善画。诗淡远似韦应物，书法董其昌。初出纪昀之门。藏书数千卷，多兵书。《江阴章氏支谱》卷8有清徐松撰传。

寒翠山庄诗集3卷　集部别集类

见章锡彭《江阴章氏支谱》卷5。

按：支谱卷12收其诗8首，又收其词2首。沙曾达《澄江咏古录》卷中有诗云："武士亦当知大义，暇宜立学训兵戎。职膺专间工诗楷，坐镇雍容儒将风。"

蒋镇藩(1772—1832)

字莪泾，一字峨金。号适航。清江阴人。道光二年(1822)岁贡。少颖悟。家贫，刻苦力学。常与祝百十、汪道平、夏翼谋等诗酒往来。

年61卒。李兆洛撰有墓志铭。

适航诗抄6卷　集部别集类　佚

见《江上诗钞》卷153,收其诗1卷。

夏翼朝(1773—1843)

字循陔,号秋芗。又号蠊翁,小字男。清江阴人。鸿轩长子。嘉庆六年(1801)举人。授盱眙县学教谕,署训导,擢淮安府学教授。笃于治经,综涉群史,旁赅百家之说,游艺词赋皆能。精隶书,名冠江左,收讨名人遗墨甚力。与李兆洛交重30年。《江阴夏氏宗谱》卷5有传。

蠊庐诗集8卷　集部别集类

(1) 清道光二十三年(1843)江阴夏氏学须静斋刻本,上海图书馆藏。

(2)《清代诗文集汇编》本。

按:《江上诗钞》卷152收其诗1卷共80余首。

蠊庐制艺2卷　集部别集类　佚

见《江阴夏氏宗谱》卷14。

按:清李兆洛《养一斋文集》卷6有《夏循陔制艺序》。宗谱卷15收其文1篇。

蒋孚吉(1773—1844)

字芝山。清江阴人。嘉庆八年(1803)常州府学诸生,游楚三十余年,晚归故里。

秋斋初稿1卷　集部别集类　佚

见《江上诗钞》卷156,收其诗23首。

朱保忠

字进佳,一作靖嘉,号竺山。清江阴人。兆南孙。乾隆五十八年(1793)诸生。

缶鸣集 3 卷　集部别集类

见《江上诗钞》卷 155，收其诗 48 首。

沈　琳(1775—1822)

字秀瞻，一字丽川，号萝石。清江阴人。治子。道光元年(1821)举人。品性端正忠厚。乡里奉为楷式。二年卒，年 48。

瑞莲轩诗抄　集部别集类

见《江上诗钞》卷 157，收其诗 41 首。

王　鼒(1775—1852)

字蔚堂。清江阴人。诸生。言行端严，不染时习，一乡钦仰。

王鼒诗　集部别集类

见《江上诗钞》卷 158，收其诗 14 首。其诗集名未见。

沈　埰(1776—1831)

字稼卿，号瀛帆。清江阴人。道光五年(1825)举人。

沈埰诗　集部别集类

见《江上诗钞》卷 157，收其诗 10 首。其诗集名未见。

陈若蕴(1776—1842)

清江阴人。陈瑛长女，诗观胞妹，王艺妻。与妹蕙蕴俱能诗。

陈若蕴诗　集部别集类

见《江上诗钞》卷 174，收其诗 14 首。

缪麟书

字文戴，号绂庭。清江阴人。嘉庆十一年(1806)贡生。

缪麟书诗　集部别集类

见缪氏《旧德集》卷 5，收其诗 16 首。小传谓其有未刊诗稿。

王思静

字固安，号近村。清江阴人。嘉庆间诸生。

王思静诗　集部别集类

见《江上诗钞》卷133，收其诗44首。其诗集名未见。

金　皋

字枚偶，一字曙洲。清江阴人。赵翼孙女婿。幼颖悟。嘉庆九年(1804)举人。曾任安徽望江教谕。道光七年(1827)官建德教谕，勤于课士，倡修文庙。擢知县，未及赴选而卒。性淡泊。沉酣经史，晚益致力古文。工骈体诗词，诗学得赵翼指授。《粟香二笔》卷6有传。

(道光)修武县志10卷首1卷　史部地理类

清冯继照修　清金皋、袁俊纂

(1) 清道光十九年刻本，南京图书馆藏。

(2) 清同治七年(1868)孔继中增刻本。

弁山堂诗稿　集部别集类　佚

见民国《江阴县续志》卷20。

按：宣统《建德县志》卷15谓有《君子斋诗》传世。

弁山堂时文　集部别集类　佚

见《粟香二笔》卷6，谓计百篇，金葆任旌德知县时曾刊行之，未几毁于兵火。又谓其有《君子斋试帖》犹存数十首，赋2首刊载《律赋新编》及《澄江赋约》中，制艺存4首，金武祥一并刻入《江阴金氏文剩》中。

赵金笏

清江阴人。

春晖书屋诗钞2卷　集部别集类

(1) 清嘉庆二十四年(1819)伦叙堂刻本。

(2) 清道光二十三年(1843)刻本，北京大学图书馆藏。

游蜀诗钞3卷　集部别集类

（1）清嘉庆二十三年刻本，中国社会科学院文学研究所藏。

（2）清道光二十五年伦叙堂刻本，北京大学图书馆藏。

曹　景(1780—1829)

字灿霄，号石屏。清江阴人。国子生。

烬余集　集部别集类　佚

寄傲轩诗抄　集部别集类　佚

以上2种见《江上诗钞》卷158，收其诗4首。

周兰仙

字婉娴，一作畹娴。清江阴人。协祖长女。同邑徐琛妻。性贤淑。能诗。与妹筠友唱和颇多。卒年29。

竹香楼稿1卷　集部别集类

见《江上诗钞》卷175，收其诗5首。

陈　觐

字九墀。清江阴人。诗观弟。邑诸生。

陈觐诗　集部别集类

见《江上诗钞》卷154，收其诗21首。

陈继德

字晋亭。清江阴人。国子生。持躬端谨。母年登大耋，孝养备至。性好利济。工篆书兼精铁笔。

绳斋印谱1卷　子部艺术类

《古今文艺丛书》本。

孙　韶(1780—1849)

字虞钧，号啸岩。清江阴人。璩子。道光八年(1828)岁贡，就职训导。少颖悟，攻举业，及门造就甚众。中年以医术名世。

啸岩制艺　集部别集类

见《江上诗钞》卷155，收其诗4首。小传谓制艺曾刊刻，今未见。

顾师竹

字仲雅，号倚山，晚号小松雪居士。清江阴人。美子。嘉庆十二年(1807)举人。道光七年(1827)任安徽太平县训导。后主讲仙源书院，教授经义、治事。截取知县，不赴。归里后，以著述自娱。年69卒。平生品行清白，严于律己，为士林楷式。工书法。初学赵孟頫，后摹欧阳询。

诸史武备考30卷　史部史评类　佚

法帖书画跋2卷　子部艺术类　佚

克成管窥6卷　子部杂学类　佚

朴砚斋集4卷　集部别集类　佚

朴砚斋诗话1卷　集部诗文评类　佚

以上5种见《杨舍堡城志稿》卷14。

许椿颐(1781—1813)

字鲁泉，号杏滨。清江阴人。少孤，颖悟过人。嘉庆十三年(1808)钦赐举人。选觉罗官学教习。再试，落第，抑郁而归。纵情诗酒，豪迈不羁。十七年与徐镇、王苏等作集会。年33卒。

鸥舫斋诗抄5卷　集部别集类　佚

五台游草　集部别集类　佚

扣舷吟2卷　集部别集类　佚

以上3种见《江上诗钞》卷159，收其诗1卷。《澄江赋约》收其赋

6篇。

徐　焕

字剑光，号一痴。清嘉庆道光时江阴人。性傲岸，不投时好。善画工诗，诗有奇气。

一痴诗草　集部别集类　佚

见《江上诗钞补》卷4，收其题画诗1首。

沈　墀(1782—1824)

字印泉，号质轩。清江阴人。嘉庆八年(1803)诸生。

润六轩诗稿　集部别集类　佚

见《江上诗钞》卷157，收其诗4首。

夏翼和(1782—1830)

字于蕃，一字渔帆。清江阴人。鸿轩侄。庠生，研经学，工制艺，尤精会计。尝幕游河南，以书算兼行而名噪河工。争思聘之，以母老固辞，《江阴夏氏宗谱》卷8有传。

周易汇纂臆读4卷　经部易类　佚

禹贡汇纂臆读1卷　经部尚书类　佚

以上2种见《江阴夏氏宗谱》卷14。

陈　炳(1782—1845)

字燮堂。清江阴人。道光九年(1829)常州府学庠生。少习商，好吟咏。家贫，馆云亭，以困乏卒。

谀闻杂记　史部杂史类　佚

次知堂文集　集部别集类　佚

以上2种见《江阴陈氏宗谱》卷22。

次知堂诗集4集　集部别集类　佚

见《江上诗钞》卷166,收其诗12首。云:诗集4卷共161首诗。

许　容

字晓山。号亦髯。清江阴人。诸生。

亦髯诗抄　集部别集类　佚

见《江上诗钞》卷160,收其诗1卷。

王　琢(1783—1833)

字式如,号璞人。清江阴人。诸生。少受业于汪道平,书法遂得其传。好吟咏。家贫,以课徒为生。

王琢诗　集部别集类

见《江上诗钞》卷161,收其诗22首。其诗集名未见。

钱秉德(1783—1838)

字复斋,号亦士。清江阴人。嘉庆十八年(1813)举人。历任四川射洪、乐山、雅安县知县。贫而好学,性伉爽,居官清劲,在乐山最久,尤多惠政。道光十二年(1832)分校乡闱,得人称盛。

钱秉德诗　集部别集类

见《江上诗钞》卷161,收其诗17首。其诗集名未见。

金　谔(1783—1860)

字一士。清江阴人。捧闾子。嘉庆二十四年(1819)举人。历任嘉定教谕,蒙城训导。砥砺廉隅,以正士习。性平和温厚。自幼嗜为诗,为赵翼、洪亮吉所叹。其诗格律淳古、性真体婉。所作约三千余首。后毁于乱。缪荃孙《艺风堂文集》卷1有其墓表。

南游笔记草本　史部地理类

见金武祥《笃慎堂烬余诗稿跋》。

笃慎堂烬余诗稿　集部别集类

清金谔撰　金应澍辑

(一) 8 卷本

(1) 清金应澍抄本,南京图书馆藏。

(2) 清同治十二年(1873)长沙刻本,国家图书馆藏。

(二) 2 卷附文稿 1 卷

(1)《江阴丛书》本。

(2)《粟香室丛书》本。

(3)《丛书集成续编》本。

按:金谔诗原有三四千首,时人欲合古文、骈体、时艺及词为全集,以付刊刻。经战乱散佚。后其子应澍多方搜得 200 余首,仿前全集次第,分为 8 卷,于同治十二年刊刻。后应澍子武祥又依原本次序,合为上下卷,计存 186 首,未成篇者不再列入。

嘯崖山人剩稿 8 卷　集部别集类

清金应澍抄本,南京图书馆藏。

小厓先生剩稿杂存　集部别集类

清末抄《江阴金氏家藏稿》本,国家图书馆藏。

嘯崖山人烬余诗稿　集部别集类

清抄本,国家图书馆藏。

笃慎堂古文剩　集部别集类

清光绪十年(1884)金武祥抄本,国家图书馆藏。

徐曙霞

字晓彤。清江阴人。世沐五世孙。嘉庆八年(1803)诸生,幼孤,家贫,事母孝。性耿直不苟。精研性理诸书。

心性图参注(一作参注心性图)　子部儒学类　佚

见光绪《江阴县志》卷 20 艺文志、卷 17 本传,谓藏于家。

沙　沂(1784—1831)

字咏庭,号约斋。清江阴人。廪贡生,援例任湖北石首县知县,加捐知州,以病归。

沙沂诗　集部别集类

见《江上诗钞》卷158,收其诗34首。其诗集名未见。

章士杰(1784—1860)

字晓鳌,号漱泉。清江阴人。附贡生。候选太常寺典簿。工文,多讽议。乡里之公益事,多急为之。《江阴章氏支谱》卷8有汪彦树撰传。

砚香书屋文稿　集部别集类

橘乐轩骈体文　集部别集类

以上2种见《江阴章氏支谱》卷5。

按:支谱卷10收其文2篇,卷12收其诗2首。卷10另有清郑经撰《砚香书室文稿序》,谓其书曾付刻。刻本今未见。

杨景曾

字俊凡,号若荪。清江阴人。敦厚子。嘉庆二十四年(1819)进士。入词林馆,改内阁中书,升典籍。官四川石硅厅同知,未赴任。主讲暨阳书院,士人文体一归于雅正。性狷介,不妄交游。工词赋。《词林辑略》卷5有传。

(道光)江阴县志28卷首1卷　史部地理类

清陈延恩修　李兆洛、杨景曾、周仲简纂

(1) 清道光二十年(1840)刻本,国家图书馆藏。

(2)《无锡文库》本。

按:此志创修于道光十九年四月,次年八月修成。其中《乡贤》门,未经部议复准,暂缺,由后任知县金咸续成。此志"体例精严,裁制有法""尤以卷首之凡例,论断极精""如指诸掌,诚他志所鲜也""《风俗》一门，有《二氏》《游民》二目，于乡曲陋习，痛切言之，殆近于良史之笔”（《续修四库全书提要》）。县志各图，较前志精密。江阴属长江要地，故于武备详记江防之攻守险要。古迹、艺文等卷，辑存文选史料很多。其中如《与按院周观所书》，记述倭寇犯县罪行甚为具体；《劾张鹤龄疏》揭露皇亲寿宁侯张鹤龄家人纠集党羽，钳制客商，尽夺一方民利，反映社会矛盾较为深刻，故当时有“善本”之称。

按：《江上诗钞》卷161杨景曾小传云：“纂修邑志，徇周仲简意，擅斥乡贤，致为公论所不满。”

兰言书屋诗钞　集部别集类

见光绪《江阴县志》卷17本传。《江上诗钞》卷161收其诗4首。

澄江赋约4卷　集部总集类

清杨景曾辑　汤士恺等注　钱维桢校

（1）清咸丰七年（1857）竹雅山房刻本，陕西省图书馆藏。

（2）清道光二十五年金陵宝仁堂刻本，南京图书馆藏。

（3）抄本，南京图书馆藏。

（4）2017年国家图书馆出版社《历代赋学文献辑刊》本。

按：此选录江阴文人赋篇，各篇后均有评析、题解及赋中典故的详尽注释。

诗赋合钞　集部总集类

清季芝昌、杨景曾撰

见清钱振纶《丹魁堂外集》目录识语，谓杨景曾选芝昌及自己所作诗赋编成此集。

缪　纁（1785—1848）

字荨亭。清江阴人。

东游诗草　集部别集类　佚

见《江上诗钞补》卷4，收其诗1首。

按：缪氏《旧德集》卷5收其诗8首。

沙纪堂(1785—1857)

字廉伯,号鞠生。清江阴人。照子。嘉庆十一年(1806)诸生。少孤,长游楚、浙。性谦和,与世无争。诗文、书画兼长,尤工吟咏。

鞠山诗抄　集部别集类　佚

见《江上诗钞》卷162,收其诗百余首。

苏　干

字维翰。清江阴人。嘉庆十一年(1806)诸生。

江阴列女志14卷　史部传纪类

清道光十七年(1837)刻本。

江阴孝悌录1卷　史部传记类

清道光十八年刻本。

按:以上两书订正了乾隆间蔡澍纂修《江阴县志》的错误,并续载以乾隆九年以后之事。

徐光授

清江阴人。

(道光)徐氏宗谱　史部传记类

见吕锡生主编《徐霞客家传》。此谱修于道光六年(1826)。

赵　球

字绅佩,一字琳圃。清江阴人。监生。嘉庆二十一年(1816)任浙江平湖知县。

政书5篇　史部政书类　佚

见清包世臣《安吴四种》总目叙。

郎　倌(1787—1815)

字握兰,一字秀山,号白鹤山樵。清江阴人。诸生。少颖悟,工画,好吟咏,所交皆知名士,以诗文相切磋。卒年29。

郎倌诗　集部别集类

见《江上诗钞》卷161,收其诗17首。其诗集名未见。

赵　湘(1788—1807)

字云骧,号楚山。清江阴人。朱佩霞子。幼敏悟,从师于汪道平。嘉庆十一年(1806)诸生。次年卒,年20。

一鹤轩诗赋　集部别集类　佚

见《江上诗钞》卷161,收其诗4首。小传云:"梁溪邵吟泉(涵初)选入《云墩集》"。

王　戴

字薇庵,清无锡人,嘉庆十八年(1813)举人。嗜《十三经注疏》及《二十二史》,读《玉海》三通,并撰提要,手钞成帙。与包尹农、汪海门、夏循等结忘年交。一上公车,即甘韬晦。文思敏捷,清奇浓淡,不拘一格。奖掖后进,一时及门鼎盛,岁阅文八九百首。晚年量泉煮茗,手植花木以自娱。

博我编钞6集　集部别集类

清王戴撰　曹毓瑛等编辑

见曹毓瑛《薇庵公传》(载《王氏三沙全谱》卷首)。

按:《王氏三沙全谱》卷首载其子王汝仪同治七年(1869)跋云,武进李兆洛评是集"文凡三变,始而清腴,继而高华,已而超脱,而皆识踞题巅,力透纸背"。是书为门人刘畏阶手抄本,今未见。

王翃稙(1789—1825)

字伯颖。清江阴人。苏女，季芝昌妻。幼秉母庄镜清之教，夙能吟咏。归芝昌后，有唱和之乐，时有佳句。其诗随意所寓，轩爽豁达，一如其为人。32岁起渐信佛，常诵经素食。道光五年(1825)病殁。《茗韵轩遗诗》有传。

茗韵轩遗诗1卷　集部别集类　佚

(1) 清咸丰十一年(1861)至同治四年(1865)紫琅寓馆刻本，附季芝昌《丹魁堂诗集》后，南京图书馆藏。

(2)《清代诗文集汇编》本。

(3)《清代闺秀集丛刊》本。

按：此书前有其夫芝昌《序》，后有其子念诒《识》。

沙心培(1789—1846)

字正之，号云楼。清江阴人。例授浙江黄岩县知县。服阕，补湖北江陵知县，有惠政。调江夏，以才干称。卒于任所。

沙心培诗　集部别集类

见《江上诗钞》卷164，收其诗11首。其文集名未见。

祝陛芸(1789—1849)

字芸芳，一字毅方，号宛舟。清江阴人。道光八年(1828)优贡。操行纯正，为学者楷模。善训迪后辈。及门多知名士。工小篆。曾分纂道光《江阴县志》。《国朝书画家笔录》卷4有传。

宛舟诗抄　集部别集类　佚

见《江上诗抄》卷164，收其诗62首。《澄江赋约》收其赋4篇。

吴　渊

字冰渔。清江阴人。簪子。以医名。读《内经》《素问》诸书，得其奥窍。为文肆力于古而尤长于诗。

江干纪闻　子部小说类

见民国《江阴县续志》卷16。

吴云昭

字晋佳。清江阴人。贡生。

寄鸥诗草　集部别集类

见民国《江阴县续志》卷16。

曹宗玮

字蔗畦。清江阴人。道光七年(1827)廪贡生。资性聪敏。口吃，不善诵读。师从李兆洛，博览群书。尤肆力于宋代理学。工制举文。《桐城文学渊源考》有传。

观复堂文赋稿　集部别集类　佚

暨阳曹氏仅存稿　集部总集类　佚

清曹宗玮、曹毓英编

花雨填词草　集部别集类　佚

以上3种见民国《江阴县续志》卷20。

周　卓

字立斋，号�轩。清江阴人。监生。

周卓诗　集部别集类

见《江上诗钞》卷161，收其诗32首。

杨　楷(1791—1854)

字谷书，号裴山。清江阴人。道光十六年(1836)贡生，工书法。

杨楷诗　集部别集类

见《江上诗钞》卷166，收其诗19首。小传云所录诗多在安徽学幕中作。

沙楷堂(1791—1856)

字伟卿,号研珊。清江阴人。纪堂弟。嘉庆二十三年(1818)举人。任宿迁教谕、山东高苑知县。捕获巨盗,擢直隶州知州。劳累成积,卒于官。

砚山诗抄　集部别集类　佚

见《江上诗钞》卷163,收其诗1卷。

章诒燕(1791—1859)

原名燕。字鹭门,号翼凡。清江阴人。士杰弟。嘉庆二十一年(1816)举人,道光三年(1823)、六年会试,挑取誊录内阁中书,协办侍读,充文渊阁校理,同史馆、方略馆总校。选授贵州广顺州知州,创修义塾等,士民德之。署安南县知县,加直隶州知州衔,有惠政。两任道光二十三年、二十四年恩科贵州乡试同考官,所得皆知名士,如丁宝桢等。后乞病归里。绩学工古文,专心治经史,长于史论,深入班马室,喜诗赋,似吴伟业。章锡彭《江阴章氏支谱》卷8有丁宝桢撰传。

读史诤言4卷　史部正史类

(1) 清道光二十九年沧粟斋刻本,南开大学图书馆藏。

(2)《江阴先哲遗书》本。

史记诤言2卷　史部正史类

抄本,台湾"中央图书馆"原藏。

按:《江阴章氏支谱》卷5著录《史记诤言》2卷。卷10有清钱协和撰《史记净言序》及清宗稷辰撰《史记诤言跋》。

笏山谱牒　史部传记类

清章诒燕、章燮修

见《江阴章氏支谱》卷8章诒燕撰《澧塘公传》,云:"道光丁酉(十七年)余俸满归省,以暇同修《笏山谱牒》。笏山者,萦波公以名其堂,即以为本文之谱名也。谱失修已久,余与君(章夔)均任其劳,阅三月稿始成。”或以此谱为章朝枢修,章诏燕等纂。参见“章朝枢”条。

黔游日记2卷　史部地理类　佚

见《江阴章氏支谱》卷5。

按:此为道光二十五年诒燕由贵州任上返里时,游览沿途名胜所作之诗。

(道光)江阴县志28卷首1卷　史部地理类

清陈延恩修　李兆洛、周仲简纂　章诒燕等分纂

(1) 清道光二十年刻本,南京图书馆藏。

(2)《无锡文库》本。

沧粟斋诗文稿　集部别集类

章氏抄藏本,见民国《江阴县续志》卷20。

按:《江阴章氏支谱》卷10有清张生洲撰《沧粟斋文稿序》云:“庚寅(道光十年)夏始得见其所为诗,又见其所为《史记诤言》,今乃得其制义全稿读之,理足而气至,神动而法随。词多而意不掩,思深而语不晦。”又《支谱》卷12有清张生洲、陆模、吴葆晋题《论粟斋诗集》诗。《支谱》收其文4篇,收其诗16首。《江上诗钞补》卷6收其诗19首。

季芝昌(1791—1861)

字云书,号仙九。清江阴人。道光十二年(1832)进士。授编修,累官都察院左都御史、军机大臣、闽浙总督等,其间视学山东、浙江、安徽。为官公正清廉,得人称盛。咸丰三年(1853)引疾归乡。追谥文敏。其文曾得宣宗赞赏。《清史稿》有传。

丹魁堂自订年谱1卷附感遇录1卷　史部传记类

(1) 稿本,台湾“中央图书馆”原藏。

(2) 台北《历代名人年谱大成》本。

(3) 台北《近代中国史料丛刊续编》本。

(4)《北京图书馆藏珍本年谱丛刊》本。

按:是谱亦题《季芝昌自订年谱》1卷,自记至咸丰十年,子念诒补记卒前数月事。《感遇录》记所受各种宠遇。又年谱另与其文集合刊。

季文敏公日记不分卷感遇录1卷(清道光二十九年至咸丰十年)　史部传记类

稿本,南京图书馆藏。

(安徽青阳)青阳季氏支谱15卷首1卷　史部传记类

清光绪二年(1876)贵德堂刻本(书名据版心题,八修本),哈尔滨师范大学藏。

季芝昌奏稿不分卷　史部政书类

(1) 清抄本,北京大学图书馆藏。

(2) 清抄本(季仙九奏稿),上海图书馆藏。

浙江清查事宜1卷　史部政书类

清咸丰刻本,南京图书馆藏。

丹魁堂自订年谱一卷感遇录一卷丹魁堂外集四卷丹魁堂诗集七卷附王甥稙茗韵轩遗诗一卷　集部别集类

(1) 清咸丰十一年至同治四年(1865)递刻本,南京图书馆藏。

(2)《清代诗文集汇编》本。

怡云仙馆试帖　集部别集类

见清钱振纶《丹魁堂外集》目录识语,谓由芝昌婿张述庭选刻之。刻本今未见。

诗赋合钞　集部总集类

清季芝昌、杨景曾撰

见清钱振纶《丹魁堂外集》目录识语,谓杨景曾选由芝昌及自己所作诗赋编成此集。又杨景曾辑《澄江赋约》亦收芝昌赋13篇。

徐　闻

字宇恬。清江阴人。嘉庆二十一年(1816)举人。任太湖县训导。事亲以孝闻,在官以文行励诸生。志称其品端学粹。

寄斋存稿　集部别集类　佚

见光绪《江阴县志》卷17。

谢　蕙

字亩芳。清江阴人。霖子。嘉庆十七年(1812)诸生,以子琪封为奉直大夫。先后师事赵翼、洪亮吉、李兆洛。善作文章,尤工诗。有春草堂,日夕吟咏其间。其诗有幽深之趣,无雕琢之饰。

春草斋诗集4卷　集部别集类

清光绪八年(1882)刻本,苏州图书馆藏。

章　烜(1793—1862)

字兰渚,号兰主。清江阴人。杞子。国学生,幼喜读诸子史书,不屑为章句之学,中年随宦浙江。工诗,初宗李义山,寓讽议于缛丽,变而为白居易,多纪事之作。后历游浙江、广东,广交游,人谓其诗作在尤杨范陆间。工书画,善写竹石,以魄力雄劲胜。喜藏书,至万卷。《江阴章氏支谱》卷8有陈熙治撰传。

亦有花月楼书画跋8卷　史部目录类

题画诗2卷　子部艺术类

二兰吟稿印谱2卷　子部艺术类

书画刻石8卷　子部艺术类

以上4种见《江阴章氏支谱》卷5。

二兰吟稿诗集8卷　集部别集类

留删集2卷　集部别集类

以上2种见《江阴章氏支谱》卷3。

按:支谱卷10收其文2篇,卷12收其诗7首。又卷12有章诒燕《兰主弟辑〈二兰草堂吟稿〉索题即送其往粤东省亲》诗1首,论其诗风甚详。又有祝陛芸《题兰渚先生二兰草堂诗集》诗。沙曾达《澄江咏古录》卷中有诗云:“作画吟诗本性真,襟期潇洒出风尘。幽兰淡竹如人品，泼墨淋漓世所珍。”

康学海

字孟渊，号表东。清江阴人。科举屡试不中，以布衣终。

敝帚集　集部别集类　佚

瓦全鸣集　集部别集类　佚

石瓠小草　集部别集类　佚

以上3种见《江上诗钞》卷165，收其诗56首。

章　熊(1794—1829)

字映墀，亦写作荫池。清江阴人。朝枢三子。邑庠生，候选卫千总，例授武略佐骑尉。精医学，兼通疡科。治病每有奇效。解音律，工琴。

医理指南2卷　子部医家类

见《江阴章氏支谱》卷5。

按：支谱卷10有清章烜撰本书序，云：“分脉理，审虚实，所以养精血也；理制法，明针砭，所以慎经络也。至于七情六欲。分致病之由；五脏六腑，表主病之象。辨脉辨舌，不厌其详，用补用泻，贵分其类。”

章　夑(1794—1857)

字理堂，号澧塘。清江阴人。程三子。附贡生，候选儒学训导。多疾，乃学禅定，不复理举业。喜吟咏。其诗清隽绝俗，人比之于高常侍。以子绍基职诰封奉直大夫。咸丰三年(1853)以助饷议叙复设训导。章锡彭纂《江阴章氏支谱》卷8有章诒燕撰传。

笏山谱牒　史部传记类

清章诒燕、章夑修

参见章诒燕条。

楹联丛话　子部艺术类

见章锡彭《江阴章氏支谱》卷 3。

习静斋诗集 2 卷　集部别集类

见章锡彭《江阴章氏支谱》卷 5。

按:民国《江阴县续志》卷 20 著录此书为 4 卷。《江阴章氏支谱》卷 7 收其文 1 篇,卷 12 收其诗 12 首。又《江上诗钞》卷 165 收其诗 4 首。

吴初鸿

字信帆。清江阴人。初振兄。

韫辉诗集　集部别集类　佚

见民国《江阴县续志》卷 20。

缪庭桂

字实生,一字文舟,号滋云。清江阴人。道光五年(1825)拔贡。历官四川长寿知县、巴州知州。缪氏《旧德集》卷 6 有传。

震无咎斋集 12 卷　集部别集类

稿本,见民国《江阴县续志》卷 20。

按:缪氏《旧德集》卷 6 收其诗 100 余首。

章树荣(1797—1860)

字芸台,号朴斋。清江阴人。程四子,燮弟。性诚笃,敦古谊,曾作立身论守色戒说以规训子侄。文章得力于古名大家,无浮靡之习。屡试不中,以廪贡生选淮安府桃源县学教谕,升国子监典籍。

味蔗斋文稿　集部别集类

见《江阴章氏支谱》卷 10 清陈友莲、章诒燕撰本书序。

按:此书为章树荣所撰制义文,陈序称其文不矜才、不使气,渊雅冲和,与其人略相等。

蓉江大小题文　集部总集类

清章树荣选辑

见《江阴章氏支谱》卷10自序。

按：此辑江阴制义文150篇。其自序云："陈白洲前辈尝汇两代巨公著作，辑为《梓里人文录》。吾犹虑其隘且略也，爰本其意而变通之，本朝乡先辈所著暨师友同志之作则广搜而精择之。"

吴初振(1798—1854)

字子愚。清江阴人。性喜吟咏，与兄初鸿朝夕讨论，遂工诗。

四偏吟草　集部别集类　佚

见《江上诗钞补》卷5，收其诗5首。

刘　镐

字在京，号西雍。清江阴人。康学海妹夫，布衣。作诗多哀怨之音。卒年44。

刘镐诗　集部别集类

见《江上诗钞》卷165，收其诗15首。其诗集名未见。

郑　经(1799—1874)

字守庭。清江阴人。道光十七年(1837)举人。太常寺博士。主讲敏文书院，教导学士以经史为根底。品性敦实孝友，卖产赈饥，宣讲乡约。晚年开凿沙洲套港，以防旱涝。生平学务实践。为文力矫时趋，主张师宋，而不可废汉学。

燕窗闲话2卷　史部传记类

清光绪十七年(1891)刻本，国家图书馆藏。

乡约直解　史部政书类　佚

见光绪《江阴县志》卷17本传及卷20艺文志。

现行乡约条约(一作江阴乡约汇编)　史部政书类

清同治六年(1867)刻本，南京图书馆藏。

按：乡约，犹言乡规民约，指在乡里中订立的共同遵守的、适用于本乡本地的规约。本书辑录历代乡约及有关文牍，是研究清代地方自治的重要文献。

夏炜如(1799—1877)

字永曦，号怡云。清江阴人。少孤绩学，年19补博士弟子员。师事李兆洛，受古文法。于书无所不窥，尤致力者为《三国志》《晋书》《南北史》及《方舆纪要》《天下郡国利病书》等，凡中外之形胜、山川之险要及古今得失治乱之所系，了如指掌。久困乡举，后以岁贡生就职直隶州州判，又以筹防功加同知衔。清李鸿章撰有《怡云先生传》。

(光绪)江阴县志30卷首1卷　史部地理类

清卢思诚、冯寿镜修　李念贻、夏炜如纂

(1) 清光绪四年(1878)刻本，国家图书馆藏。

(2) 1968年台北市江阴同乡会影印《江阴县志五编》本。

(3)《中国地方志集成》本。

(4)《无锡文库》本。

按：清光绪二年，卢思诚奉命始修，以备"省志权舆"，因延季念诒总纂，学优行卓者分司其事，参加者有傅介福等人。旋因卢思诚调离，中经光绪三年继任知县沈伟田续修，最终由再继任知县冯寿镜在光绪四年八月修成付印。下限为光绪四年。卷首旧序、修辑姓氏、凡例、江阴县志全图、马家圩图说。书中篇目设置基本同于道光志，唯增《冢墓》《忠义总纲》(附寇变纪略)各1卷。书前载有江苏督学使者林天龄及卢思诚、沈伟田、冯寿镜、李文耀《序》。在内容记述上也"皆援述而不作之例，不能辄有所增损"(《续修四库全书提要》)。其新增道光二十年以后共38年内容，如减民赋、广学额、设水师等"维新之治"，以及治河成绩与疏浚年份，沙洲涨坍升豁等皆备载详悉。尤其卷29《忠义总纲》及其附录，记述太平军于庚申年四月十三日(1860年6月2日)攻陷江阴城的经过颇详，其史实不为正史所载。

㪺录斋集4卷　集部别集类

1913 年夏勤邦刻本，南京图书馆藏。

按：《江阴夏氏宗谱》卷 17 收其诗 1 首。

孙怀之

清江阴人。清介无他嗜好，读书外唯从事于篆刻。

怀之印谱　子部艺术类

见清夏炜如《韬录斋稿》卷 1《孙怀之印谱序》。

承培元

字守丹，一字受亶。清江阴人。道光二十三年(1843)优贡生。师承李兆洛，学有成就。精于《说文》。能文章，工篆刻。《清史稿》附李兆洛传。

夏小正集释　经部大戴礼记类　佚

经滞揭橥 1 卷　经部群经总义类

以上 2 种见《清史列传》本传。

按：民国《江阴县续志》卷 20 谓《经滞揭橥》有云自在龛抄本。

说文引经证例 24 卷　经部小学类

广潜研堂说文答问疏证 8 卷　经部小学类

以上 2 种有：

(1)《广雅书局丛书》本。

(2) 台北《丛书集成续编》本。

说文解字系传校勘记 3 卷　经部小学类

清承培元、夏灏等撰

(1) 清道光十九年祁寯藻校刻影宋抄本，南京图书馆藏。

(2) 清光绪九年(1883)江苏书局重刻祁氏本。

(3)《古经解汇函・小学汇函》本。

(4)《四部备要》本。

(5)《丛书集成初编》本。

按:此书署名祁寯藻撰,实成于江阴承培元、夏灏等人之手。附刊于祁刻与重刊祁刻本《说文解字系传》后。卷末有道光十九年承培元跋。

说文部目测　经部小学类

　　轲录轩抄本,见民国《江阴县续志》卷20。

说文类考　经部小学类

　　见金钺《江苏艺文志》,云:"郑文焯曰,稿藏陈翔翰处,埋缊岁久,虑零佚也。"金氏注云:"翔翰名熙治,江阴人。同治孝廉,官内阁中书。未知此稿今尚存否。"

篆法辨诀1卷　经部小学类

　　清承培元撰　张之纯注

　　(1) 清咸丰间刻本,中国科学院图书馆藏。

　　(2) 清末刻本,国家图书馆藏。

　　(3) 1913年刻本,南京图书馆藏。

　　(4) 2014年浙江古籍出版社出版。

籀雅　经部小学类　佚

　　见民国《江阴县续志》卷20。

同文一隅2卷　经部小学类

　　(1) 清道光十四年暨阳书院刻本,北京大学图书馆藏。

　　(2) 清光绪二十年暨阳书院刻本,上海图书馆藏。

管子弟子职注释　子部周秦诸子类　佚

　　见光绪《江阴县志》卷17本传。

夫须山馆诗抄　集部别集类

　　重思斋抄本,见民国《江阴县续志》卷20。

　　按:《全清词钞》卷21收其诗3首。

夫须山馆诗稿1卷　集部别集类

　　清承培元撰　吴镛辑

　　《敬修堂丛书》本(民国木活字印)。

承受亶先生古近体诗1卷词稿1卷　集部别集类

清承培元撰

1927年木樨香馆木活字本，南京图书馆藏。

按：附清钱令昌撰《劫灰集》1卷，清钱钟瑾撰《锦囊佳什诗钞》1卷。此书封面题"江阴承守丹先生杂箸附刻常熟钱仲暹先生劫灰集"。目录后有丁卯(1927年)旧历二月钱钟瑜志："承守丹太夫子诗词稿二卷，先君子受业门下时所钞。原题曰《承受亶师杂著》。光绪十三年丁亥岁，先君子重为编订。篇中多古字，不熟《说文》者多恨难读。谢君冶盦(谢鼎镕)既为作跋，复将古体字签注今文，然其中仍有不经见者。(钟瑜)复查考字典，略注音说于其文字下。诗词中多承太夫子自注者，亦载明原注。"钱令昌、钱钟瑾父子系常熟人。令昌问学承培元门下时，抄录承氏所作诗词，光绪十三年重新编订成册。江阴谢鼎镕作跋并校正，令昌子钟瑜将其父兄诗集一并校刻。

朱仁奉

清江阴人。

朱仁奉印谱　子部艺术类　佚

见清李兆洛《养二斋文集续编》卷1。李兆洛为作序云："江阴朱君仁奉，高雅渊默，予素识之。道光庚子(二十年，1840)首夏持所为《印谱》示予，且属为序。"

郭元亮

字际之。清江阴人。忭子。道光五年(1825)拔贡生。少颖悟，为文豪迈。未及廷试而卒。

尚志堂合稿　集部总集类　佚

清郭忭、郭元亮撰

见《杨舍堡城志稿》卷10郭忭传。

高观澜

清江阴人。

江阴忠义恩旌录 6 卷　史部传记类

(1) 清道光十三年(1833)刻本,国家图书馆藏。

(2) 清同治十三年(1874)重刻本,上海图书馆藏。

高　敏

字铁珊。清道光间江阴人。

紫云仙琯初集 8 卷　集部总集类

高敏辑

(1) 清嘉庆二十五年(1820)本,常熟市图书馆藏。

(2) 清道光间坊刻本。

(3) 2015 年台北经学文化事业有限公司《稀见清代四部辑刊》影印本,据嘉庆二十五年刻本影印。

紫云仙琯二集 8 卷　集部总集类

清道光四年(1824)刻本,常熟市图书馆藏。

紫云仙琯三集 8 卷　集部总集类

清道光四年刻本,常熟市图书馆藏。

试帖紫云仙琯 8 卷紫云仙琯二集 8 卷紫云仙琯三集 8 卷　集部总集类

高敏辑

清令德堂刻本,国家图书馆藏。

瀛奎玉律赋钞 4 卷　集部总集类

高敏辑

清道光十年刻本,国家图书馆藏。

瀛奎玉律二集 4 卷　集部总集类

高敏辑

清道光十八年刻本,苏州大学图书馆藏。

按：以上2种各收赋120篇。

六承如(1800—1853)

字赓九。清江阴人。六严族叔。咸丰二年(1852)恩贡生。少孤，笃学。为李兆洛高弟。工舆地学。助李兆洛辑《地理韵编》，手绘舆地图。能文，不趋时。《清史稿》附李兆洛传。

纪元编3卷末1卷　史部政书类

清李兆洛撰　六承如辑录

(1) 清道光十一年(1831)辈学斋刻本，上海图书馆藏。

(2)《粤雅堂丛书》本。

(3)《李氏五种》本，国家图书馆藏(郑文焯批校并跋)。

(4) 清光绪十四年(1888)上海蜚英馆石印本，上海图书馆藏。

(5) 清光绪十八年竹素书局重刻本，郑文焯批注并跋，国家图书馆藏。

(6)《丛书集成初编》本。

(7)《四部备要》本。

(8) 无末卷，《东方学会丛书初集》本，罗振玉校订。

按：《纪元编》将历代帝王年号按韵进行编排，卷末为历代皇帝陵寝名之韵编。清李鸿章称此书为"读史者之绀珠"。

皇朝一统舆图1卷　史部地理类

清李兆洛撰　六承如辑

《李氏五种》本。

皇朝舆地略1卷　史部地理类

清六承如辑　清冯焌光增补

(1) 清同治二年(1863)广州宝华坊刻本，上海图书馆藏。

(2)《小方壶斋丛钞》本(舆地略)。

(3)《小方壶斋舆地丛钞》本(舆地略)。

皇朝舆地略1卷皇朝舆地韵编1卷附皇朝内府舆地图缩摹本1卷　史

部地理类

清六承如辑　(皇朝舆地韵编)李兆洛撰　(皇朝内府舆地图缩摹本)六严绘

(1) 清道光间辨志书塾刻本，上海图书馆藏。

(2) 清咸丰十年长沙刻本，国家图书馆藏。

(3) 清咸丰十一年山西藩署刻本，上海图书馆藏。

(4) 清同治四年四知堂刻本，上海图书馆藏。

(5) 清翻刻同治四年四知堂刻本，上海图书馆藏。

(6) 清光绪十年湖北省官书处刻本，南京图书馆藏。

历代地理志韵编今释20卷附皇朝舆地韵编2卷　史部地理类

清李兆洛辑　六严、六承如等编集

版本参见“六严”条。

恒星赤道经纬度图　子部历算类

清六承如、六严等绘

(1) 清道光二十年刻本，有图19帙。

(2) 清咸丰元年朱墨蓝三色套印本。附恒星赤道总图、大清一统志分野图、十二重天高卑之图等，共63帙。

按:《江上诗钞》卷8收其诗9首。

缪焕章(1801—?)

字仲英。原名步青。清江阴人。荃孙父。道光十七年(1837)举人。贵州候补道，赏戴花翎。喜吟咏。在贵州戎幕，与杨兆琼、龚秉琳、沈丙莹唱酬甚多。

三朝北盟会编节要40卷　史部编年类

手书稿本，见民国《江阴县续志》卷20。

遗爱录1卷　史部传记类

清光绪间刻本，上海图书馆藏。

云樵诗草(一作吟樵诗草)　集部别集类

见缪氏《旧德集》卷 8 及民国《江阴县续志》卷 20。

按:《旧德集》卷 8 云:"先君子喜吟咏,而不甚收拾。少年所作悉毁于庚申之难。在黔中戎幕,与杨雅林兆琼年丈、龚润珊秉琳、沈菁上丙莹唱酬多,又在成都寓所为白蚁蛀蚀。今搜辑丛残,仅存数十首。"《旧德集》卷 8 收其诗 53 首,卷 13 收其文 3 篇。

云樵诗话(一作云樵外史诗话)2 卷　集部诗文评类

1918 年缪荃孙艺风堂刻本,南京图书馆藏。

按:卷 1 有自叙云:"生平于国朝人最服膺查先生初白集,而集之佳处《瓯北诗话》中尽之矣。今取行状、墓志、年谱,并择取他人论初白诗汇成一卷。"

顾书城

字紫电,一字芝田,一作子田,又字小侯。清江阴人。师竹子。同治五年(1866)廪贡。常熟、昭文两县世族争延课教其子弟。品行端正。擅长古文词。论史有独特之见,解经皆有依据。

抱璞斋经说　经部群经总义类　佚

抱璞斋史论　史部史评类　佚

抱璞斋杂著　子部杂学类　佚

抱璞斋诗文　集部别集类　佚

以上 4 种见民国《江阴县续志》卷 15。

抱璞斋遗集 20 卷　集部别集类　佚

见民国《江阴县续志》卷 20。

薛承宣

字子布,号桐孙。清江阴人。太学生。任沁水知县。负才早逝。

规过 3 卷　经部春秋左传类

隋刘炫撰　清薛承宣辑补

清刻本,国家图书馆藏。

读左小记 2 卷　经部春秋左传类

清道光间刻本，有俞正燮序。

读左小记 2 卷规过 3 卷　经部春秋左传类

清刻本，国家图书馆藏。

问梅草　集部别集类　佚

黟游草　集部别集类　佚

以上 2 种见《江上诗钞》卷 168，收其诗 14 首。

郭鸿飞

字立甫，一作笠夫，号湘宾。清江阴杨舍人。道光十一年(1831)岁贡。历任吴江、长洲、金坛教谕，丹徒训导。以提携后辈为己任。倡举文社。性至孝。耽于吟咏，工诗词。其诗善学袁枚，其文宏雅。兼善词赋，乡里人以词赋知名者，皆鸿飞倡之。

烂柯山房诗抄　集部别集类　佚

见《杨舍堡城志稿》卷 14。

按：光绪《江阴县志》卷 17 作《赏雨茅屋诗抄》。

烂柯山房文赋稿　集部别集类　佚

见金武祥《江阴艺文志》卷下。

按：《常州词录》卷 26 收其词 1 首。《杨舍城志稿》卷 14 收其诗 4 首。

章第荣(1802—1876)

字及廷，一字鼎铭，号云巢。清江阴人。程五子，树荣弟。附贡生。工诗赋，喜填词，词风近黄庭坚。家有豫园，暇则于园之吾馨室焚香煮茗，随意讽咏。性耿介，不喜与外事，捐置田产，以供刊刻善书，又捐田建义庄。《江阴章氏支谱》卷 8 有赵佐宸撰传。

浣香移赋稿 2 卷　集部别集类

见《江阴章氏支谱》卷 5。

豫园赋钞　集部总集类

清章第荣选辑

见《江阴章氏宗谱》卷 10 章树荣本书序。

搭截大观文　集部总集类

清章第荣选辑

见《江阴章氏宗谱》卷 10 章诒燕本书序。

按:章诒燕《搭截大观文序》云:"前曾有《豫园赋钞》之刻,固已海内风行。"又云:"复裒集诸家文稿及岁科试牍,选录截题文,付诸梓人,以公同好,计得文七十余篇。"据此,以上 2 书均曾刊刻。刻本今未见。

吾馨室词 2 卷　集部词曲类

见《江阴章氏支谱》卷 10 夏炜如本书序。

按:支谱卷 7、卷 10 收其文 3 篇,卷 12 收其诗 4 首、词 4 首。

尤　钠(1803—1847)

字桂山。清江阴人。国子生。

尤钠诗　集部别集类

见《江上诗钞》卷 167,收其诗 17 首。其文集名未见。

夏　培(1803—1860)

字厚栽,小字升吉。清江阴人。南学侄。绩学苦行。尝从李兆洛学,为其所赏识。后累困小试,安贫杜门,研究经史,尤专意舆地学。曾助李兆洛纂书。《江阴夏氏宗谱》卷 8 有传。

历代地理沿革图 1 卷　史部地理类

清李兆洛纂　夏培与纂

见《江阴夏氏宗谱》卷 8,云:"申耆先生著《历代舆地沿革图》成十六朝,公与参校之役,复为补三国一朝。"版本参见《常州卷》"李兆洛"条。

缪赞熙

字阿卿。清江阴人。诸生,四川候补知州。室名薰和吟馆。

薰和吟馆诗存　集部别集类　佚

见缪氏《旧德集》卷8,收其诗16首。又卷13收其文1篇。

沙念祖(1806—1836)

字慎之,号前湖居士。清江阴人。沂子。太学生,候选州同。勤学励行,能诗善画。

沙念祖诗　集部别集类

见《江上诗钞》卷168,收其诗13首。其诗集名未见。

夏子龄(1806—1870)

字百初,一作伯初,号祝三,一号竹珊。清江阴人。祖甸孙。廪生。道光十六年(1836)恩科会元,改主事,签分礼部。历任直隶深泽、河南汲县知县,擢宛平、再擢易州直隶州知州,署保定府同知。晚好书,曾参订江阴高敏辑《瀛奎玉律二集》。

莞尔轩集　集部别集类

见《江阴夏氏宗潜》卷8。宗谱卷15收其文2篇,卷17收其诗7首。

缪徵甲(1807—1846)

字少微,号布庐。清江阴人。荃孙族兄,庠生。少聪慧,早饮才名。道光十二年(1832)与张文虎同参加乡试。屡试不中。娶毗陵刘荫,遂侨居常州。性豪放率真,交一时名士。先后丧偶、丧父母,抑郁而卒。

存希阁诗录1卷　集部别集类

清光绪九年(1883)刻本,与刘荫《梦蟾楼诗录》1卷合刻,中国科学院图书馆藏。

按:其诗亦收入缪氏《旧德集》卷9。其文2篇收入《旧德集》卷13。又收入《江上诗抄》卷167。缪荃孙云:"其诗稿为阳湖弟子徐君静立蓉所录,旧友张文虎藏之三十年,光绪甲申(十年)为刻于南菁讲舍,而印本罕见。荃孙复从家乘及手稿选增十余首,并得文二篇,汇入此集。"

王 堃(? —1852)

字简卿,号翼清。清江阴人。家枚祖父。道光十二年(1832)举人。二十九年任崇明教谕,咸丰二年(1852)任高淳训导。以积劳成疾卒于官。生平好读书,书室名宛委山房,藏书3万卷。后遭乱,书多散佚。从李兆洛学古文,精校雠。且喜为温、李之诗,典雅瑰丽。《桐城文学渊源考》有传。

筹海备览　史部政书类　佚

守望辑要　史部政书类　佚

以上2种见民国《江阴县续志》卷20。

宛委山房制艺　集部别集类

见《宛委山房剩稿》王润生跋。

按:此书曾刊入清王闿运《江左制艺》中。

宛委山房剩稿(一作宛委山房诗词剩稿)1卷　集部别集类

清王堃撰　王家枚辑刻

《重思斋丛书》本。

按:缪荃孙序云:"长篇巨制不可复见,只七言律十余首,典雅瑰伟,犹可想见才气之盛,锻炼之工。"

金安世

原名晋康。字子晋,号介轩。清江阴人。武祥从伯父,道光十二年(1832)举人。大挑以知县用,历任江西会昌、石城、浮梁知县。为政清廉,治从宽简,执法甚严。以劳卒于官。性孝。精研经籍及程朱理学。品学为时所重。《粟香二笔》卷6有传。

三礼考证10卷　经部三礼总义类　佚
北游日记10卷　史部传记类　佚
管窥录6卷　子部杂学类　佚
介石轩文抄12卷　集部别集类　佚

以上4种见光绪《江阴县志》卷17本传。

按:金武祥《粟香二笔》云:“先生应试久,又常授徒,所作时艺最多,经乱悉毁。今得壬辰闱艺一首,于章君补斋所选《澄江大小题文》中得一首,于张君月槎所选《暨阳文钞》中得一首,又于友人读本中得二首,丞录登之。”收入金武祥辑《江阴金氏文剩》。又《粟香五笔》卷1有《介轩日记并诗》1条。

王汝仪

字一如。清江阴人。戴子。咸丰十年(1860)恩贡。幼颖悟,九岁能文,长益工。性和而介。俭以自守,谦以接物,文行俱优。为诸生近四十年,岁科试必列高等。教授门下士成名者近二百人。

素风堂杂著2卷　子部杂学类
古稀吟诗集2卷　集部别集类

以上2种见民国《江阴县续志》卷15。

按:学使李联琇曾序其文稿,并赠以联云:“长者居马粪巷,筮之得鸿逵爻。”上本《南史》隐其姓,下据《周易》隐其名。

六　严

字德只,号逊志斋主人。清江阴人。承如族侄。诸生。师事李兆洛,助其辑《舆地韵编》,手绘舆地图。《清史稿》附李兆洛传。

大地全球一览全图8卷　史部地理类

清咸丰元年(1851)刻本,台北“故宫博物院”藏。

历代地理沿革图1卷　史部地理类

清六严绘　马征麟增辑

（1）清同治十年(1871)金陵刻本,天津图书馆藏。

（2）清同治十一年刻本,国家图书馆藏。

（3）《李氏五种》本。

（4）清光绪十八年(1892)长沙草素书局刻本,东台市图书馆藏。

李申耆天文地舆图　史部地理类

清咸丰二年朱墨蓝三色套印本。

皇朝内府舆地图缩摹本　史部地理类

清六严绘

清道光二十年(1840)刻本,国家图书馆藏。

其他参见“六承如”条。

按:此图亦名《皇朝一统舆地全图》。

历代地理志韵编今释20卷附皇朝舆地韵编2卷　史部地理类

清李兆洛辑　六严、六承如、宋景昌、徐思锴编集

（1）清道光十七年崇学斋木活字本,国家图书馆藏。

（2）《李氏五种》本。

（3）清光绪元年羊城马氏集益堂重刻本。

（4）清光绪十四年重刻本,南京图书馆藏。

（5）清光绪十八年长沙竹素书局刻本,南京图书馆藏。

（6）清光绪二十九年上海蜚英馆石印本,南京图书馆藏。

（7）《四部备要》本。

（8）1935年商务印书馆《国学基本丛书》本。

（9）1992年江苏广陵古籍刻印社影印本。

恒星赤道经纬度因　子部历算类

清六承如、六严等绘

（1）清道光二十年刻本,有图29帙。

（2）清咸丰元年朱墨蓝三色套印本。附恒星赤道总图、大清一统志分野图、十二重天高卑之图等。共63帙。

七政四余万年图1卷　子部历算类

(1) 稿本，镇江市博物馆藏。

(2) 清咸丰二年刻本，南京图书馆藏。

王 氏

清江阴人。同邑道光五年(1825)诸生叶垣妻。

漱润轩诗抄 集部别集类 佚

见《杨舍堡城志稿》卷14。

周 璈

字稼山。清江阴人。道光三十年(1850)恩贡，任直隶州州判。品端学粹，尤留心经世之学。

绥英纪略16卷 史部别史类

见光绪《江阴县志》卷17。民国《江阴县续志》卷20谓王家枚重思斋藏有《江上纪事》1卷，即《纪略》之卷16。

缪葆忠

字秋坪。清江阴人。道光间庠生。

缪葆忠诗 集部别集类

见缪氏《旧德集》卷10，收其诗19首。卷13收其文1篇。其文集名未见。

陆志渊

字静夫，号匏落散人。清江阴人。诸生，因病，遂弃举业。专研词学。白南唐、北宋以下，穷究诸家体例，剖析清严。性朴诚，家境困窘，每口歌声不断，击节微吟至终夜。

兰纫词1卷 集部词曲类

瓠落词1卷 集部词曲类

以上2种有《云自在龛丛书》本。

按:《续修四库全书总目》称“其词颇见工力,雕琢之处,往往能以平淡出之”。“志渊论词,谓作词之妙,须句丽而意曲,字新而韵峭,起如俊鹘奋翮,结如孤鹤戛音云云,皆心得之言也”。

叶长龄

字曼生,一字眉青,号眉生,或作眉笙,晚号羡翁。清江阴人。延甲长孙。同治三年(1864)岁贡。就职训导加内阁中书衔。家故有静观楼多藏群籍,纵观博览。从承培元学音韵,因声训诂而正文字。江、戴、钱、阮之绪罔不兼综毕贯。喜广搜金石,考源流,辨真伪。于词章服膺吴锡麟,所作多相似。

杨舍堡城志稿14卷首1卷　史部地理类

清叶长龄纂　叶钟敏重辑

(1) 清光绪九年(1883)活字本,南京图书馆藏。

(2)《中国地方志集成》本。

虞椒鹃语诗词　集部别集类　佚

古今体籁音集　集部别集类　佚

宝瓠集　集部别集类　佚

以上3种见民国《江阴县续志》卷15。

按:《常州词录》收其词2首。

顾季慈

字心求。清江阴人。道光十年(1830)诸生。家贫,刻苦励学。古文、诗歌皆有卓识。

懒云诗文集5卷　集部别集类　佚

见光绪《江阴县志》卷17。

江上诗钞175卷　集部总集类

清顾季慈辑

(1) 清稿本,存56卷,台湾“中央图书馆”原藏。

(2) 1931 年陶社校木活字本,南京图书馆藏。

(3) 2003 年上海古籍出版社出版。

(4) 抄本,3 册,国家图书馆藏。

按:谢鼎镕《梓闻漫拾》卷 6 云:"都凡八百余家,虽其间或以诗存人,或以人存诗,不无一二可删之作,而要其探讨之勤,搜罗之富,直可谓集诸家之大成矣。"

蓉江诗序腋 1 卷　集部总集类

《陶社丛书》本,上海图书馆藏。

蓉江诗话 2 卷　集部诗文评类

(1) 金武祥粟香室抄本。见民国《江阴县续志》卷 20。

(2) 陶社木活字印本。

宋景昌

字冕之,一作勉之。清江阴人。道光十年(1830)诸生。师事李兆洛及沈钦裴,曾助李兆洛辑《历代地理韵编》《今释皇朝舆地韵编》等。学问渊博。能古文,尤工天文、历数之学。《畴人传三编》卷 3 有传。《清史稿》卷 485 附李兆洛传后。

皇朝藩部要略 18 卷皇朝藩部世系表 4 卷　史部地理类

清祁韵士纂　清毛岳生编(皇朝藩部世系表)清宋景昌辑　清徐松订　清张穆校

(1) 清道光间筠渌山房刻本,上海图书馆藏。

(2) 清光绪十年(1884)浙江书局刻本,南京图书馆藏。

藩部世系表　史部传记类　佚

见《清儒学案》卷 13。

开方之分还原术 1 卷　子部历算类

清宋景昌补草　邹安鬯补图

(1) 清光绪间贵池刘世珩刻本,辽宁省图书馆藏。

(2)《粟香室丛书》本。

(3)《江阴丛书》本。

(4)《聚学轩丛书》本。

补玉鉴细草　子部历算类　佚

星纬测量　子部历算类　佚

以上2种见金武祥《开方之分还原术序》。

详解九章算法札记1卷　子部历算类

教书九章札记4卷　子部历算类

杨辉算法札记1卷　子部历算类

以上3种有:

(1)《宜稼堂丛书》本。

(2)《丛书集成初编》本。

杨辉(演)算法杨辉(演)算法札记1卷　子部历算类

宋杨辉撰(杨辉演算法札记)清宋景昌撰

(1) 清道光二十二年刻本,北京大学图书馆藏。

(2) 清抄本(清宋景昌校并跋),中国科学院自然科学史研究所藏。

数书九章18卷附数书九章札记4卷　子部历算类

宋秦九韶撰(札记)清宋景昌撰

清道光二十二年(1842)刻本,南京图书馆藏。

详解九章算法1卷算类1卷附札记1卷　子部历算类

宋杨辉撰(札记)清宋景昌撰

1924年上海石印本,辽宁省图书馆藏。

弧矢开方草1卷　子部历算类

清抄本,南京大学图书馆藏。

贾明法

字怀清。清江阴人。天资灵敏,精研天文地理、卜筮诸书,工诗善书画。《国朝书画家笔录》有传。

同声音韵集　集部别集类　佚

见光绪《江阴县志》卷18本传。

夏　灏(1811—1843)

字忍庭，一字慎庭。清江阴人。柔嘉孙。廪贡生，江苏试用训导。好古学，博闻强记，精通经术，能正汉儒之误，兼善医术。曾为祁嶲藻勘《说文》，甚精核。卒于济宁舟次。

说文解字系传校勘记3卷　经部小学类

清承培元、夏灏等撰

参见“承培元”条。

按：《江上诗钞》卷168收其诗16首。

金应澍(1811—1891)

字晴初，晚号澹庵。清江阴人。谔子。初不得人识，弃举业游中原，结交名士，道义切磋，学有成。咸丰遭乱后，整理先人遗文，刻版印刷。光绪间以子武祥封为中议大夫、两广候补盐运使司运同。性孝谨。工小楷。年80尚能在灯下书写。清谭献《复堂文续》卷4有传。

期颐笃庆　史部传记类

清末抄《江阴金氏家藏稿》本，国家图书馆藏。

松筠阁贞孝征诗启　史部传记类

清同治十二年(1873)刻本，上海图书馆藏。

澹庵醒语　子部杂学类

抄本，见民国《江阴县续志》卷20。

澹堂自娱草2卷附澹庵词剩1卷　集部别集类

清金应澍撰　金武祥辑

(1)《江阴丛书》本。

(2)《粟香室丛书》本。

自娱诗草4卷　集部别集类

稿本，台湾“中央图书馆”原藏。

怡源澹然书屋诗草　集部别集类

清末抄《江阴金氏家藏稿》本，国家图书馆藏。

守一斋制艺剩稿 1 卷　集部别集类

清金捧阊撰　金应澍辑订

稿本，南京图书馆藏。

笃慎堂烬余诗稿 8 卷　集部别集类

清金谔撰　金应澍辑

版本参见“金谔”条。

笃慎堂烬余诗稿 2 卷文稿 1 卷　集部别集类

清金谔撰　金应澍辑

(1) 清同治十二年(1873)长沙刻本，国家图书馆藏。

(2)《江阴丛书》本。

(3)《粟香室丛书》本。

啸崖山人烬余诗稿　集部别集类

清金谔撰　金应澍补

清抄本，国家图书馆藏。

汪翼鲲(1813—1844)

字北鱼，号抱孙。清江阴人。道平孙。年 12 随侍，赴其祖父泾县任，年 20 游庠。久客泾县，所交多知名士。精推算。

天籁山房诗钞　集部别集类

见《江上诗钞》卷 169，收其诗 1 卷。

章　培(1813—1860)

字莪原。清江阴人。烜长子。附贡生，试用训导，例授修职郎。

宝石斋诗 1 卷　集部别集类　佚

见《江阴章氏支谱》卷 4。

曹毓英(1813—1866)

字琢如,一字子瑜。清江阴人。道光二十三年(1843)举人。累官郎中、鸿胪寺少卿。咸丰十一年(1861)在军机大臣上学习行走,迁顺天府丞。同治元年(1862)任大理寺少卿,授军机大臣。二年调兵部,四年擢左都御史,官兵部尚书。内娴掌故,外知四方利病,殚心竭虑。五年卒。赠太子少保,谥恭悫。《清史稿》有传。

暨阳曹氏仅存稿　集部总集类　佚

见民国《江阴县续志》卷20。

季念诒(1813—1886)

原名富甲。字钧谋,一字芑伯,号颐叟。清江阴人。芝昌子。道光三十年(1850)进士,官翰林院编修。

江阴县忠义录不分卷　史部传记类

清光绪四年(1878)木活字本,上海图书馆藏。

道光三十年庚戌科会试硃卷1卷　史部传记类

清道光间刻本,上海图书馆藏。

(季芝昌)遗爱录　史部传记类

清季念诒编

清光绪刻本,北京大学图书馆藏。

(江苏江阴)青阳季氏支谱15卷首1卷　史部地理类

清光绪二年木活字印本(重修本),上海图书馆藏。

(光绪)通州直隶州志16卷首1卷末1卷　史部地理类

清梁悦馨等修　季念诒等纂

(1) 稿本,上海辞书出版社藏,不全。

(2) 清光绪元年刻本,上海图书馆藏。

(3) 台北《中国方志丛书》本。

(4)《中国地方志集成》本。

（光绪）江阴县志 30 卷首 1 卷　史部地理类

清卢思诚等修　季念诒、夏炜如纂

（1）清光绪四年刻本，南京图书馆藏。

（2）1968 年台北市江阴同乡会影印《江阴县志五编》本。

（3）《中国地方志集成》本。

（4）《无锡文库》本。

按：清光绪二年，卢思诚奉命始修，以备"省志权舆"，因延季念诒总纂，学优行卓者分司其事，参加者有傅介福等人。旋因卢思诚调离，中经光绪三年继任知县沈伟田续修，最终由再继任知县冯寿镜在光绪四年八月修成付印。下限为光绪四年。卷首旧序、修辑姓氏、凡例、江阴县志全图、马家圩图说。书中篇目设置基本同于道光志，唯增《冢墓》《忠义总纲》（附寇变纪略）各 1 卷。书前载有江苏督学使者林天龄及卢思诚、沈伟田、冯寿镜、李文耀《序》。在内容记述上也"皆援述而不作之例，不能辄有所增损"（《续修四库全书提要》）。其新增道光二十年以后共 38 年内容，如减民赋、广学额、设水师等"维新之治"，以及治河成绩与疏浚年份，沙洲涨坍升豁等皆备载详悉。尤其卷 29《忠义总纲》及其附录，记述太平军于庚申年四月十三日（1860 年 6 月 2 日）攻陷江阴城的经过颇详，其史实不为正史所载。

缪重熙

字心农，号星熊。清江阴人。汝和孙，洪亮吉外孙。道光十三年（1833）常州府学诸生。性孝。家贫，刻苦力学。素工制举文，词赋亦卓然可观。咸丰年间，族侄缪荃孙曾从其学应试诗文。缪氏《旧德集》卷 8 有传。

检身集要 12 卷　子部儒学类

桂荫轩稿 2 卷　集部别集类

以上 2 种见道光《江阴县志》卷 16。民国《江阴县续志》卷 18 本传、卷 20 艺文志谓存稿本。

按:缪氏《旧德集》卷8著录《桂荫轩诗》12卷,收其诗49首。

包 注

字笺经。清江阴人。廪贡生。学有根柢。太平天国战争后,与从侄栋成创义塾,移寺庙田充塾费。劝乡里息讼。足迹未尝一践公门。卒年70。

劫余集　集部别集类　佚

醉经草堂文集　集部别集类　佚

以上2种见民国《江阴县续志》卷16本传。

汪廷桂(1815—1849)

字子馨。清江阴人。道平侄。议叙九品。平生踪迹以幕游安徽为多。

微月清光之室志闻1卷　子部杂学类

怀椒糈馆古今体诗1卷　集部别集类

微月清光之室古今体诗1卷　集部别集类

以上3种见《江上诗钞补》卷6,收其诗60首。其中25首选自《怀椒糈馆古今体诗》,余选自《微月清光之室古今体诗》。

陆 桢

字子干。清江阴人。道光十九年(1839)举人。性颖悟,善诙谐。事亲以孝,急公好义,学行醇笃。居君山之麓以北外,创义塾,寒暑不避,积劳成疾卒。

崇义祠志1卷　史部杂史类

《武林掌故丛编》本。

陆桢诗　集部别集类

见《江上诗钞》卷168,收其诗14首。

叶长华

字禾庚，号实士。清江阴人。长龄弟。幼颖敏，有才气。屡试不中，母疾，遂弃举业。家故多藏书，承其祖学，日研览之，三年几遍。后潜心《说文》，从承培元受形声训诂音韵之学，一意治经，暇兼及诸史。

论语本字考证 10 卷　经部四书类　佚

尔雅郝义补考 3 卷（一作尔雅考文兼义）　经部尔雅类

以上 2 种见《杨舍堡城志稿》卷 14。

经文考证　经部群经总义类　佚

见《江阴艺文志》卷下。

魏书通鉴考异 5 卷　史部编年类　佚

见《杨舍堡城志稿》卷 14。

何　栻(1816—1872)

字莲舫，一作廉昉，号悔余。清江阴人。道光二十五年(1845)进士。官江西建昌、吉安知府，以疏放谪官，不得志。遂寄迹扬州。天资聪明，少工词章，尤长于骈偶。素为曾国藩所重，相与酬唱。其诗悲歌慷慨而不掩缠绵之致。善书，能画山水。家多藏书。《近代名人小传》有传。

悔余庵全集 32 卷　集部别集类

清咸丰至同治刻本，中国科学院图书馆藏。

子目：

《真气集》3 卷

《我愧之集》

按：咸丰七年刻本。

《文波集》6 卷（扉页又题《悔余诗稿》第 4 集）　卷端题何栻著，黄之晋、冯询等评。

按：卷首有《真气文波两集总序》云："文之集日真气，因于天也；诗之集曰文波，因于地也。”

《剑光集》4 卷

按：卷首有清陈昆《己未小除夕读廉睹太守诗集》，此为咸丰九年。卷端各卷均署陈昆评。

《焦桐集》3 卷

按：首有咸丰八年自序。

《寒灰集》5 卷

按：卷首有咸丰七年自撰《寒灰、江风两集总序》。此序亦见《江风集》卷首。又有冯询序、黄之晋题词。署冯询评。

《江风集》5 卷

按：扉页题《悔余乐府》。前有清咸丰八年徐思庄、七年袁翼谷、杨照荣序，陈庆龄、吴清华题词，咸丰七年自序。卷 1 乐府，共 122 首，卷 2 汉书乐府 118 篇，卷 3 后汉书乐府 121 篇，卷 4 后汉书乐府 90 篇，卷 5 十九谣 19 首，又登高台 16 首、丁巳岁得自题乐府后 10 首，共计 116 篇。有咸丰七年何鸣盛后序。

《鲂赪集》3 卷

《衲苏集》(一作悔余庵集句楹联)2 卷

按：扉页题同治元年刻。卷首有同治元年勒方锜序。此集苏轼诗句而成联。其自序云：“既乃拟摘句图学作对法，随手纂录，共得三千余联，分为上下两卷。”

悔余庵集 31 卷　集部别集类

(1) 清同治四年鸠江戎幄刻本，国家图书馆藏。

(2)《清代诗文集汇编》本。

子目：

《悔余庵文稿》9 卷

《悔余庵诗稿》13 卷

按：此本与咸丰本相比较，各卷末另署集名，天头及篇末评语亦去掉。篇次亦重加编定。又《文稿》将咸丰本各诗集卷首之自序亦一并编入。

《悔余庵乐府》4卷

按：此即咸丰本之《江风集》5卷合并重编为4卷。篇次略有差异。

《余辛集》(一作悔余庵尺牍)3卷

按：此即咸丰本之《鲂赪集》，为何氏所撰尺牍。何栻《焦桐集》卷3《复汪芸轩沈子山杨漱云书》后有自记云："余自壬寅(道光二十二年)佐慧秋谷师东河幕府，作尺版稿五百余篇，皆为签宝索去，备抄袭用，余亦一笑授之。嗣有所作，并不起稿，稿亦不留。箧中收存数百篇，系大女及犹子彦猗所录。丙辰(咸丰六年)与人并烬，碎纸中拣得一本，系大女手迹。将来别为一录，兹登数篇，以备杂文一种。一此尺牍乃于疏放后编定。"

《衲苏集》(一作悔余庵集句楹联)2卷

按：此本刻于同治元年。

衲苏集2卷　集部别集类

宋苏轼撰　清何栻手纂

民国红格抄本，国家图书馆出版社藏。

余辛集(悔余庵尺牍)不分卷　集部别集类

(1) 稿本，上海图书馆藏。

(2) 抄本，中国科学院图书馆藏。

闻和见晓斋初稿不分卷　集部别集类

稿本，上海图书馆藏。

南塘渔父诗钞2卷　集部别集类

民国间抄本，存卷上，南京图书馆藏。

江风集乐府4卷谣1卷　集部别集类

清抄本，首都图书馆藏。

寒灰集4卷　集部别集类

清抄本，首都图书馆藏。

陈式金(1817—1867)

字以和,号寄舫。清江阴人。爔唐父。以同知分发浙江,不赴。继加三品封典。性恬淡端谨。耽于金石、书画,收藏甚富,精于鉴别。善而山水。初法王蒙,后近于吴历。与沈焜、吴俊等相互推服。筑"适园"于城南,为一时名胜。内有易画轩,人求其画必以诗易。

适园印印　子部艺术类

清吴咨篆刻　清陈式金辑

(1) 清道光三十年(1850)刻本,南京图书馆藏。

(2) 清宣统三年(1911)汪洵石印本,南京图书馆藏。

按:是谱由陈式金辑录,共收入吴咨印作 225 方。吴咨(1813—1858),字圣俞,江苏武进人。通六书之学,精篆刻。曾寄居陈式金家。

自娱录 16 卷　子部艺术类　佚

清陈式金辑

稿本。见季念冶《陈寄舫司马传》。此汇陈式金藏画原题。

适园自娱草 2 卷易画轩题赠诗文汇编 3 卷　集部别集类

1914 年木活字印本,南京图书馆藏。

蒋春霖(1818—1868)

字鹿潭。清江阴人。寄大兴(今北京)籍,尊典次子,诸生。幼随父在荆门知州任所读书。父死,家道中落,奉母归京师,屡试不中。咸丰二年(1852)官两淮富安场盐大使。七年,母卒,去官,移家东台。年 51 卒。早岁工诗,风格近李商隐。后专力填词。其词讲究律度,工造境,注意炼词炼句。在咸丰间颇受称誉。谭献将其与纳兰性德、项鸿祚并列。《粟香室文稿》有传。

水云楼诗剩稿 1 卷(一作水云楼烬余稿)　集部别集类

(1)《江阴丛书》本。

(2)《粟香室丛书》本。

(3)《云自在龛丛书》本。

(4)《清代诗文集汇编》本。

水云楼诗词稿合本 3 卷　集部别集类

民国有正书局铅印本，华东师范大学图书馆藏。

按：包括《水云楼词》1 卷、《水云楼烬余稿》2 卷。

蒋鹿潭年谱考略、水云楼诗词辑校　集部别集类

冯其庸著

1986 年齐鲁书社出版。

水云楼诗词笺注　集部别集类

清蒋春霖著　刘勇刚注

2011 年上海古籍出版社出版。

水云楼词 2 卷　集部词曲类

(1) 清咸丰八年刻本，重庆图书馆藏。

(2) 清咸丰十一年刻本，国家图书馆藏。

(3) 清朱格抄本，国家图书馆藏。

水云楼词 2 卷续 1 卷　集部词曲类

(1) 清咸丰活字本，湖南省社会科学院图书馆藏。

(2) 清同治十一年(1872)湖南思贤书局刻本，上海图书馆藏。

(3) 清同治十二年湖南思贤书局刻本，南京图书馆藏。

(3)《曼陀罗华阁丛书》本。

(4)《云自在龛丛书》本。

(5) 清光绪三十四年(1908)归安章震福铅印本，国家图书馆藏。

(6) 清光绪间严州刻本，北京师范大学图书馆藏。

(7) 民国间吴中丁氏适存庐刻本，复旦大学图书馆藏。

(8)《清名家词》本。

(9)《清代诗文集汇编》本，与《水云楼诗剩稿》合刊。

按：(2)(5)(7)3 种无《续》1 卷。

水云楼词续 1 卷　集部词曲类

(1) 清光绪二年严州重刻本,南京图书馆藏。

(2) 清光绪十二年刻本,国家图书馆藏。

水云楼词全集　集部词曲类

1933年汉文正楷印书局白宣铅印本,南京大学图书馆藏。

按:包括《水云楼词》2卷、《水云楼词续》1卷、《水云楼词补遗》1卷。

夏寅宾

字青炜。清江阴人。增生。

夏寅宾诗　集部别集类

见《江上诗钞》卷171,收其诗14首。其诗集名未见。

徐汝恒(1819—1855)

字士惟,一作思惟,号景初。清江阴人。绍基孙。诸生。家贫而好学。性喜静而寡言。

致远斋诗抄　集部别集类　佚

见金武祥《江阴艺文志》卷下。

按:《江上诗钞》卷171收其诗32首。

夏子鎏(1819—1884)

字上珍,号庾孙。清江阴人。祖耀孙。附监生。咸丰九年(1859)恩科乡试,挑取誊录,议叙县丞,分发直隶。张之洞调办营务,叙功保知县;署鸡泽,补宁晋,调玉田。在任兴学、治水、理讼,有政绩。事详缪荃孙《艺风堂文续集》卷1。

(光绪)玉田县志30卷首1卷　史部地理类

清夏子鎏修　李昌时等纂

(1) 清光绪十年(1884)刻本,国家图书馆藏。

(2)《中国地方志集成》本。

(光绪)慶陶续志采访事实原编不分卷　史部地理类

清光绪六年编清抄本,民族文化宫藏。

郭宫桂

字子芳。清江阴人。道光二十四年(1844)举人。大挑二等,官高淳县学训导,加内阁中书衔。

半茧斋杂记1卷　子部杂学类　佚

半茧斋诗2卷　集部别集类　佚

半茧斋古文2卷　集部别集类　佚

以上3种见光绪《江阴县志》卷14。

沙拥皋(1820—1846)

字和甫,号承育。清江阴人。永基孙。道光二十一年(1841)诸生。少颖悟。工诗,音多哀楚。后因断弦,悼亡之作居多。伤心而卒,年27。

情石集　集部别集类　佚

见《江上诗钞》卷170,收其诗1卷。

蒋玉棱

字溥卿,春霖从子。清江阴人。曾任知县。

冰红集附诗　集部词曲类

抄本,收入南京图书馆藏《粟香室丛钞》中。

按:此为蒋氏词集,分《青春鹦鹉词》《汉上题襟词》《梁州雅词》《屑玉词》《镂尘词》5集,总题曰《冰红集》。附诗13首,题曰《苦壶诗钞》。其名下字号或作公颇、受因、颣青。

苦壶诗钞1卷　集部别集类

《粟香室丛钞》本,南京图书馆藏。

《词综补遗》称其诗虽较词为少,而炼意炼句,戛戛独造。

南北史宫闱杂事诗(又称南北史宫词)6卷　集部别集类

抄本,南京图书馆藏。

冰红集不分卷　集部别集类

稿本,国家图书馆藏。

冰红词4卷　集部词类

见《词综补遗》。

六汝猷

字子嘉。清江阴人。承如子。同治六年(1867)优贡,朝考一等,分发浙江试用知县。

金粟斋诗抄3卷　集部别集类

见民国《江阴县续志》卷20,谓存稿本。

章子铭

清江阴人。

龙砂章氏支谱4卷　史部传记类

清章子铭等编

清光绪二十二年(1896)起英堂木活字本,南京图书馆藏。

黄　芙

字瘦蓉。清江阴人。

竹雨楼集　集部别集类

见清陈芸《小黛轩论诗诗》。

吴士瑛

字甫恬,号壶芦山人。清江阴人。太学生。精通《素问》诸书。

痢疾明辨1卷　子部医家类

《三三医书》本,有万青藜序。

折肱心悟明辨　子部医家类

抄本，苏州大学图书馆藏。

按：本书为痢疾病证专论，首先指出痢疾证治当辨明虚实寒热，强调辨六经表里阴阳虚实寒热是治痢要诀，主张应根据六经不同兼证而选方用药；其在述说每一病证治法之后，均附以病案佐证。书中还载有辨治痢与治泻不同，辨痢属大小肠之病、辨治痢补中益气之谬、辨治痢用二术之谬，以及血痢、产后痢、休息痢等篇，并附三十四首常用治痢方。

吴甫恬先生自存医案　子部医家类

清光绪间抄本（佚名题识），南京图书馆藏。

按：本书收录吴氏治疗咳嗽、痢疾、噎嗝等内科病症验案四十七例，每案证以因脉治俱全，复诊亦有详细记录。

陈　性

字原心。清江阴人。善单剑，喜谈兵。尤好玉，有八十一玉山房。

玉纪1卷　史部金石类

（1）《曼陀罗华阁丛书》本。

（2）《江阴丛书》本。

（3）《粟香室丛书》本。

（4）清光绪二十三年（1897）香海阁刻本，内蒙古自治区图书馆藏。

（5）清光绪二十五年西泠印社吴氏活字印本，哈尔滨市图书馆藏。

（6）清末抄本，南京图书馆藏。

（7）1914年西泠印社活字本。

（8）《静园丛书》本。

（9）《岭南乐社丛书第一集》本。

（10）《玉说荟刊》本。

（11）《美术丛书初集第二辑》本。

八十一玉山房玉纪1卷　史部金石类

清陈性撰　清操翰廷撰补著

清光绪十九年皖城怀玉山房刻本，北京师范大学图书馆藏。

剑说　子部兵书类　佚

阴符经注　子部术数类　佚

以上 2 种见民国《江阴县续志》卷 20。

蒋　莼

字季莲，一作寄莲。清江阴人。金武祥妻叔。廪贡生。性耿介，笃内行。以孝名于里。能文，工吟咏。金武祥《粟香随笔》有传。

吟秋轩剩稿　集部别集类

见《粟香随笔》卷 2、民国《江阴县续志》卷 20。

张元灏

字月槎。清江阴人。道光三十年(1850)进士。

道光二十六年丙午科顺天乡试硃卷 1 卷　史部传记类

清道光间刻本，上海图书馆藏。

得月楼赋钞 4 编　集部总集类

清张元灏选评　耿觐光、茅谦笺注

(1) 清道光二十四年序刻本。

(2) 清咸丰十年(1860)刻本，首都图书馆藏。

(3) 清光绪十五年上海积山书局石印本，见《贵州省古籍联合目录》。

(4) 清光绪二十年畬经堂刻本。

(5)《历代赋学文献辑刊》本。

新注得月楼赋钞　集部总集类

(1) 清光绪七年(1881)刻本，苏州大学图书馆藏。

(2) 清光绪十三年石印本，苏州大学图书馆藏。

章　塄(1821—1852)

字卓初，号秋水。清江阴人。炬三子，培弟。国学生，候选县丞。工古文，诗似王维、孟浩然。工书画。书入能品。多用楷笔，得《圣教》意，后似米芾。山水宗王翚，写生宗陈淳。善铁笔，神似文彭。解音律。藏书五万余卷，因题其室名五万卷藏书之室。《江阴章氏支谱》卷8有清祝善诒撰传。

简斋印谱2卷　子部艺术类

秋水芙蕖吟馆诗文集3卷　集部别集类

以上2种见《江阴章氏支谱》卷5。支谱卷12收其诗16首。

夏翼南(1821—1873)

字鹏翎，一字彭龄。清江阴人。增贡生。颖悟质直，有识断，不为模棱两可语。诗文汪洋恣肆，不受羁勒。道光二十六年(1846)荐不售，乃游安徽、河南间。《江阴夏氏宗谱》卷8有传。

烬余诗草　集部别集类　佚

见《江阴夏氏宗谱》卷14。

周馨桂(1821—?)

字小山。清江阴人。道光二十一年(1841)诸生，数十年足不出户。性落落寡合，不求人知。学宗李绍自。年六十余，常静坐默诵《十三经》。

诗说　经部诗经类　佚

诗传补义　经部诗经类　佚

经说　经部群经总义类　佚

日省录　子部儒学类　佚

以上4种见民国《江阴县续志》卷15。

养斋诗文集　集部别集类

重思斋抄本。见民国《江阴县续志》卷20。

养斋诗集4卷诗话1卷　集部别集类

稿本，南京图书馆藏。

按：《养斋诗集》稿本今藏南京图书馆，该馆著录作四卷。而实际上在四卷之前，另有诗一卷。这一卷诗都是从四卷本中摘录出来的，都已见于正集四卷。从内容上看，虽然没有增加，但形式上却成了五卷。周馨桂之所以要在自己完整的诗集之前再辑录其中部分诗篇另成一卷，是因为不满于叶长龄对自己诗歌的批评。叶长龄亦为江阴人，曾向周馨桂借阅诗集，意欲收入总集中。叶长龄读其诗后，提出了尖锐的批评。这引起了周馨桂极大的不满，因而从自己的全部诗作中删选出八十二首，辑为一卷，以让世人明了自己诗歌作品的实际价值，也借以反驳叶长龄的攻击。其《养斋诗话》1卷，即专为批评叶长龄而作。

章　埏(1822—1860)

字海秋，一字乃秋，号咫斋。清江阴人。烜四子，堮弟。道光三十年(1850)诸生。候选按察使司知事，例授修职郎。工诗文。得学使李联琇器赏。古今体诗机杼自运，极似吴莲洋、黄景仁，最服膺朱彝尊、而不喜王渔洋。原喜填词，后曰："此非考音律辨韵母不可，吾不能耐此。"遂不作。喜藏书，至万余卷。尝考订杜甫集，至数易稿。善山水，最不喜作楷法，而笔法绝似兜沙经。咸丰十年(1860)太平军攻克江阴，被执死。

毛诗朱传释未详1卷　经部诗经类　佚

九经文字异读1卷　经部群经总义类　佚

国名考2卷　史部杂史类　佚

咫斋史论2卷　史部史评类　佚

卮言1卷　子部杂学类　佚

曝裈集2卷　子部杂学类　佚

咫斋诗文集 8 卷　集部别集类　佚

按：民国《江阴县续志》卷 20 作《咫斋初稿》。

江干香草补 2 卷　集部总集类

以上 8 种见章锡彭《江阴章氏支谱》卷 5。

按：《江阴章氏支谱》卷 8 有向高撰传，谓其书大半散佚，传录有其《题君思误书图句》，论校书之难。又《江阴章氏支谱》卷 12 收诗 8 首。

章　坊(1822—1865)

字礼安，号子彦。清江阴人。诒燕长子。廪贡生，奉檄署通州训导，不赴。自幼厚重，能承堂上欢。性友爱，好施予。以诗书自砥励。文以清华胜，诗抒写性灵，雅近元白。以孙宸治赠奉政大夫。章仁基等编《江阴章氏支谱》有传。

友菊轩文稿古今体诗 2 卷　集部别集类

见章锡彭《江阴章氏支谱》卷 5。

按：《江阴章氏支谱》卷 12 收其诗 1 首。

小沧粟斋遗集 1 卷　集部别集类

见民国《江阴县续志》卷 20。

谢　舲

字莲士，一字莲絜，号谢亭。清江阴人。初官广西隆安县尉。咸丰中以军功累擢镇安府知府，竭力防御时乱，颇有善绩。镇人祀之名宦祠。

谢亭集 4 种 7 卷　丛书类

清光绪八年(1882)江阴谢氏毓芝堂刻本，天津图书馆藏。

子目：

《莲絜诗翰释文》1 卷

《莲絜诗存》2 卷《续集》2 卷

《南征日记》1 卷

《箧外录》1卷

薛　镛(？—1881)

字子振。清江阴人。诸生，官鸿胪寺序班，有文名。性耿介，以不愿趋承权奸而去官。当时士大夫重其文，又高其行，交相推引，历充学使襄校职20余年，于浙尤久，爱其山水之胜也。光绪七年(1881)试嘉兴，以病卒。生平所作诗多散逸。

养余诗集4卷　集部别集类

见民国《江阴县续志》卷16，此为其晚年所录成。

程　珍

字殿扬。清江阴人。玢弟。太学生。喜吟咏。年81卒。

百泉吟稿　集部别集类　佚

见光绪《江阴县志》卷18本传。

徐圣才

清江阴人。

(同治)徐氏宗谱　史部传记类

清徐圣才修

见吕锡生主编《徐霞客家传》。此谱修于同治十三年(1873)。

汪翼麒(1824—1854)

字晋瞻，号二颠。清江阴人。翼鲲弟。道光二十七年(1847)诸生。性潇洒。善吟咏。

听雨轩诗抄　集部别集类

见《江上诗钞》卷172，收其诗61首。

章仁基(1824—1880)

字厚卿,号筱云。清江阴人。第荣子。优廪贡生。咸丰六年(1856)岁旱,出资助赈,加太常寺博士衔,试用教谕。历任新阳县学训导、镇江府学教授、溧阳县学教谕。同治元年(1862)制科征召孝廉方正,以亲老辞。勤披读,工文,从游者日众,族中子侄大半受业其门。曾分纂光绪《江阴县志》。

江阴章氏支谱16卷首1卷　史部传记类

清章仁基等编

清光绪五年(1879)木活字本,南京图书馆藏。

求是轩课徒草　集部别集类

见章锡彭《江阴章氏支潜》卷5。支谱卷7、卷8收其文3篇。

姚若蘅(1824—1885)

字芷湄,号沅碧。清桐城人,江阴夏诒钰妻。幼慧,习画,兼娴吟咏。教子孙桐学诗学书。画笔晚年愈苍逸。

红香阁小草1卷　集部别集类

见夏孙桐《观所尚斋文存》卷7《姚太夫人事略》谓藏于家。

童　玮

字钰夫,一字奉沂。清江阴人。道光二十四年(1844)诸生,附贡生,候选训导。后以子炳佳封赠奉直大夫。

驹隙轩诗抄(一作驹隙轩诗草)3卷　集部别集类　佚

唾余诗草4卷　集部别集类　佚

以上2种见《杨舍堡城志稿》卷14。

沈士绘(1825—1867)

字沛堂,号梅村。清江阴人。

红楼山馆存稿不分卷　集部别集类

清光绪二十九年(1903)刻本,南京图书馆藏。

张　氏(1825—1897)

清江阴人。师善次女,同邑章振基妻,出嫁时惟携《灵枢》《素问》等医书及杜甫、陆游、王维诸诗集。夙娴针黹,刺绣惟妙惟肖。遇旱涝之年,则研究医书,预备药物以救治人。晚年耽吟咏,训子女曰:“诗言志,尚性爽也,徒事雕琢,失其真矣。”尤喜读袁枚诗。春秋佳日,振基诗成,必有和作。

绣余吟1卷　集部别集类　佚

见章锡彭《江阴章氏支谱》卷8吴孝恺撰章振基、张氏合传。

包　琪

字赓鹿。清江阴人。光绪间诸生,性豪爽,博通经史,为文有古大家风。

敝帚千金文集　集部别集类　佚

小绿天庵诗钞　集部别集类　佚

以上2种见民国《江阴县续志》卷15本传。

周大枢

清江阴人。

周易井观　经部易类

(1) 清抄本,上海图书馆藏。

(2) 不分卷,抄本,南京图书馆藏。

小绿天庵诗钞　集部别集类　佚

见民国《江阴县续志》卷15本传。

吴　烜

字孔彰。清江阴人。太学生。善画猿猱，作品惟妙惟肖，多置奇石怪石，气象肃然。

蚕桑捷效　子部农家类

见光绪《江阴县志》卷18。

吴　诚

清江阴人。

算学一隅二种2卷　子部历算类

清光绪二十四年(1898)宁波储材学堂刻本，清华大学图书馆藏。

割圜通解4卷代数术详解1卷　子部历算类

清光绪二十四年江苏书局刻本，北京大学图书馆藏。

割圜通解1卷代数术详解1卷　子部历算类

清光绪二十七年小仓山房石印《富强斋丛书续全集》本。

微积一隅3卷　子部历算类

理翁诗钞　集部别集类

以上2种见《顾山镇志稿》。

邵清儒

字正蒙。清江阴人。附贡生。捐田，改文社为书院，上林颂之。喜吟咏，摹绘山水景物不落俗套。

正蒙诗草2卷　集部别集类　佚

见民国《江阴县续志》卷16。

章振基(1827—1883)

字仲新，一字鸣一。清江阴人。燮子，后为照嗣子。国子生。少喜陶渊明、陆龟蒙诗。不喜帖括，曰："桎梏人之才智，奚事以此弋功名耶?”后得怔忡疾,乃弃学业,藉吟咏以养病。日用不足,以课徒为生。其授徒先教其立志。不就富家之聘,专择寒素子弟训迪之。暇则种花赋诗以乐。

洗桐轩诗稿 2 卷　集部别集类

见《江阴章氏支谱》卷 8 清吴孝恺撰传。

章　畸(1827—1906)

字稚荪。清江阴人。烜六子,埏弟。不乐举子业,潜心研究经史诸子百家书。国学生。喜藏书,遇善本必重价购之,至万卷。工书。精通算学,初读《周髀》诸书,既得《数理精蕴》习之,及代数晚出,合天元借根诸理而一之,益加邃密。光绪三年(1877)移居苏州。性耿介绝俗。《江阴章氏支谱》卷 8 有清夏勤邦撰传。

守三田斋藏书目录 4 卷　史部目录类

见《江阴章氏支谱》卷 5 文学,云:“尝汇集祖(尊杞)、父(章烜)及诸昆季(章塄、章埏等)书五万卷,简其重复猥琐,定著千七百种二万八千卷,详加考证,分八部四十类。”

陈静英

清江阴人。同邑孙鹤书妻。生长世族。嗜读书,尤精史学,论成败得失,洞悉原委。鹤书早卒。生二女无子,乃依其次婿以终。金武祥《粟香四笔》有传。

撷秀轩剩稿 2 卷附词　集部别集类

蚼录斋抄本,见民国《江阴县续志》卷 20。

按:此编为诗集,附诗数首。又附录静英长女孙韵仙诗数首,次女即逸仙女史,搜辑残剩,并为母撰事略。

孔庆弥(1828—1851)

字卿远。清江阴人。昭孔孙。诸生,少颖悟,师事李兆洛。为文深思熟虑，语必惊人。精考据学。年 24，病卒。

玉肥皂斋稿　集部别集类　佚

见《江上诗抄》卷 172，收其诗 3 首。小传谓其稿已刊行，今未见。

夏诒钰(1828—1882)

字苑卿，号砚斋。清江阴人。子龄长子。贡生，光绪元年(1875)任直隶永年县知县，卓异加一级，在任有政绩。

(光绪)永年县志 40 卷首 1 卷　史部地理类

清夏诒钰纂修

(1) 清光绪三年刻本，南京图书馆藏。

(2)《中国地方志集成》本。

按：其子夏孙桐撰《范卿府君行述》谓本志于河渠、碑碣、人物、艺文尤致详审。

十五砚斋诗草　集部别集类

见夏孙桐《观所尚斋文存》卷 7《先考永年府君行述》。

按：《江阴夏氏宗潜》卷 15 收其文 1 篇。

沈保靖(1828—1903)

字仲维，号品莲，别号怡云。清江阴人。咸丰八年(1858)举人。历官江西广饶九南道，江西按察司按察使，摄布政使。光绪七年(1881)迁福建布政使。法越之战起，出谕：发库款 30 万以济市面，人心始定。后被劾夺职。不久复官，曾奉朝命创办江南制造局。十七年以年老力衰请归，遂不出。品行敦实。自幼颖悟好。长游于京师，受业于李鸿章。诸史百家无所不览，尤留心经世大略，服膺程颐、朱熹理学。为文雄沉恣肆。《清史稿》卷 452 有传。

读孟集说 2 卷　经部四书类

《怡云堂全集》本。

沈君(燿鍌)墓表 1 卷合祔志铭 1 卷附先妣赵太夫人行略 1 卷　史部传

记类

清沈受祺撰　(先妣赵太夫人行略)清沈保靖撰

清同治十一年(1872)木活字印本,上海图书馆藏。

(江苏常州)常州白洋桥沈氏宗谱22卷首1卷末1卷

清光绪二十三年春晓堂木活字印本,美国哥伦比亚大学图书馆藏。

怡云堂集不分卷　集部别集类

清同治十一年刻本,常州图书馆藏。

怡云堂诗草不分卷　集部别集类

抄本,中国科学院图书馆藏。

怡云堂全集六种7卷　丛书类

清宣统刻本,南京图书馆藏。

子目:

《怡云堂内集》1卷

《怡云堂戊子集》1卷

《怡云堂杂文》1卷

《怡云堂诗集》1卷

《读孟集说》2卷

《韩非子录要》1卷

怡云堂全集16卷　丛书类

清宣统元年(1909)刻本,常州市图书馆藏。

章　型(1829—1880)

字敬安,别字儆庵,号镜涵。清江阴人。诒燕次子,坊弟。同治六年(1867)举人,拣选知县,大挑二等即用教谕。少喜《左传》,潜研经史。发于文,沉雄激荡,不求合时好。尝谓"乾嘉以来,儒生专尚考据,一字一物辨论累千万言,其弊也流于琐碎而不赅。道咸以降,士夫好穷义理,明心见性,束书至不暇观,其弊也至于空虚而无薄",乃融汉宋门户之见,以切实用为归。又取国内传译西方之书反复诵读之,又将报纸上有关朝章国故列邦之强弱兴亡者，摘录成帙。
烟尘纪略 1 卷　史部杂史类
史鉴论断辑要 4 卷　史部史评类

以上 2 种见《江阴章氏支谱》卷 5。按：支谱卷 8 徐世昌撰墓志铭云："甄采百家评论之确论，析为数卷，提其要，曰《史鉴论断》。"

经世文章　史部政书类

见徐世昌撰墓志铭，云："简择《通鉴》精粹于奏议，都为一集。"

半读轩文稿(一作半读轩文赋稿)1 卷　集部别集类
寄瓠诗草 1 卷　集部别集类

以上 2 种见《江阴章氏支谱》卷 5。

按：支谱卷 8 本传谓其书均藏于家，未刻。支谱卷 10、卷 11 收其文 2 篇。

张简重

字子仁，晚号雪髯漫叟，清咸丰同治间江阴人。喜访名胜古迹，好聚古碑帖，价重不惜。构小琅嬛室藏书数万卷。卒年 80。

鸥闲草堂诗集　集部别集类
敝簏漫稿　集部别集类
寄鸿草　集部别集类

以上 3 种见民国《江阴县续志》卷 16。

鸡博诗钞　集部总集类

清张简重选。

见沙曾达《澄江咏古录》卷中，云："搜罗文献殆尽，学使李联琇为之序，并赠联云'家同故物金楼子，道路新编毛局翁。'"

吴　达

字东旸，号澹园老人。清江阴人。生平刚直不阿，壮年患病几为庸医所误，因愤而从医。聚医书不下百数十种，精研之，垂四十年，立方必详书脉案，究其脏腑经络，辨其表里阴阳，以明其症之所在。其子间亦留心医学，有所疑即讯，达于答示之外，遇有奇险之症而获奇效者，乃录一二。

医学求是　子部医家类

清光绪六年(1880)江阴方桥余庆堂刻本，南京中医药大学图书馆藏。

医学求是 3 卷附医案 1 卷　子部医家类

清光绪十一年江阴方桥余庆堂刻本，山西省图书馆藏。

医学求是 2 集医案 1 卷　子部医家类

(1) 清光绪十一年刻本，天津中医药大学图书馆藏。

(2) 1919 年江阴宝文书庄重印前本，南京中医药大学图书馆藏。

(3) 1921 年大成书局石印本，南京中医药大学图书馆藏。改题为《吴东旸先生医书三十二种》，其内存实系论文 32 篇。

按:《医学求是》《医案》同时又印单行本。全书三十一篇，初集十篇，二集二十一篇，主要论辨伏暑、血证、咳嗽、痰饮、外感寒热、胃脘腹痛、运气应病、小儿惊风等。并指出拘泥于运气学说及滥投滋阴之弊，后录前贤医案，附入作者验案，可资借鉴。

陆蕙芬

清江阴人。

冰宜阁诗草 1 卷　集部别集类

见民国《江阴县续志》卷 20。

王尔度

字顷波。清光绪时江阴人。附贡生。广东候补盐大使。旋归，不复出，精篆刻，仿完白山人邓石如，几能乱真。篆书亦浑朴有法。

古梅阁仿完白山人印剩 1 卷续编 1 卷　子部艺术类

清王尔度篆刻　清陈以和辑

(1) 清同治十一年(1872)铃印本,上海图书馆藏。

(2) 清光绪元年(1875)古梅阁铃印本,辽宁省图书馆藏。

徐庭翼

字素庵。清江阴人。世业儒,好吟咏。性孝,太平天国战争后以授徒供养祖母及寡嫂孤侄。立功过格劝导一方。知县李超琼目为孝悌君子,并作诗奖之,有"胜地今名双孝里,慎余况早有吟坛"之句。年58卒。

慎余诗稿1卷　集部别集类　佚

见民国《江阴县续志》卷15本传。

周慰曾(1830—1900)

字筱唐,又字小唐、拙生。清江阴人。赓良长子。道光二十七年(1847)廪贡生。任奉贤训导。以实学课士,造就多人。性孝。能诗文,尤喜书。得李兆洛赏识。

地理抉微3卷　史部地理类

青村训士语1卷　子部儒学类

医案6卷　子部医家类

以上3种见《蓉江散人遗文》。

蓉江散人遗文12卷遗诗1卷首1卷　集部别集类

1918年铅印本,南京图书馆藏。

夏勤墉(1831—1860)

字懋高,一字阳孟。清江阴人。炜如长子。诸生。少勤于学,稍长,为文章倜傥多奇气。好论兵及天下大事。太平天国时,尝献策曾国藩。后往游皖南,入婺源县幕。复返江阴筹办城防事。所著书多散佚。《江阴夏氏宗谱》卷8有传。

纪事约言2卷　史部史评类

(1)《正觉楼丛刻》本。

(2) 台北《丛书集成续编》本。

按：夏勤墉自序云："史莫要于《通鉴》，而《纪要》因《鉴》而类叙其本末者也。故取袁枢、陈邦瞻之《纪事本末》，自春秋后以迄于宋，据其编次而条说之。"

韩绛玉

字月亭。清江阴人。保申女，同邑周沛然妻。年26而寡。守常事姑，克尽如职。能诗。卒年50。志书亦作韩纬玉。

青帘诗草1册　集部别集类

见《江上诗钞》卷175，收其诗4首。

王润生

字慰三。清江阴人。堃侄。廪贡生。博闻强识，弱冠雄于文。中年尤以词章称著，教授乡里，造就甚宏。生平纯静缄默，与俗无忤。

拙好轩诗稿4卷　集部别集类

清宣统元年(1909)木活字印本，中国社会科学院文学研究所藏。

夏挺芝

字再阳，清同治时江阴人。诸生，积学立品。工二王(羲之、献之)书，人争宝之。《国朝书画家笔录》有传。

运笔指南1卷　子部艺术类

稿本，见民国《江阴县续志》卷20。

包栋成

字分彦。清江阴人。注从侄。同治三年(1864)贡生，试用训导。熟贯经史子集，擅长诗赋，为学使李联琇特赏。与从叔注创办义塾，出资甚多。

棠轩赋诗钞　集部别集类　佚

见民国《江阴县续忠》卷15本传。

王泰阶(1835？—1899)

字景韩，一字平三，晚更号謦庵。清江阴人。堃子。增生。翰林院待诏，五品蓝翎。少承家学，纵读其父宛委山房藏书。年35始入邑庠，旋补增广生。四应乡举不第，遂绝意进取，授徒里中。居家力持俭约，族邻有难则急之。日手一编，无间寒暑，里中志传半出其手。诗境苍老。操行高洁。

吴纪游草1卷　史部地理类

越纪游草1卷　史部地理类

以上2种见《青箱室钞》卷首李超琼撰《王君平三家传》。

青箱室诗抄1卷　集部别集类

清王泰阶撰　清王家枚辑

《重思斋丛书》本。

按：李超琼撰序谓有《青箱诗文抄》6卷，藏于家。

俞静贞

字兰卿。清江阴人。

寡鹄轩遗草(一作沈节母遗稿)2卷　集部别集类　佚

见民国《江阴县续志》卷20。

顾保畴

字伦叙。清江阴人。季慈子。诸生。以孝闻。为学务求实际。遇忠孝节义事，悉发之于诗。学使黄体芳创建南菁书院，甄录省经学，仅得优等者五，保畴为其一。

秋园文集1卷　集部别集类

秋园诗集5卷　集部别集类

以上2种见民国《江阴县续志》卷15。

峡猿集　集部别集类

江洲集　集部别集类

鹪寄集　集部别集类

绿窗吟草　集部别集类

拙庵词草　集部词曲类

以上5种见民国《江阴县续志》卷20。

祝善诒

字荔香。清江阴人。以军功保直隶州。咸丰五年(1855)顺天福贡,同治六年(1867)举人。考取内阁中书。工书法,擅文誉,在京师时吏部尚书英桂重之,延课其子。及门多知名士。

从军随笔　史部杂史类　佚

悔榆斋诗古文集　集部别集类　佚

以上2种见民国《江阴县续志》卷15。

吴　俊

一作隽,字子重,号冠英。清江阴人。处士。工诗书画,人称三绝,写真尤得古法。卒年83。

鸿雪偶留不分卷　子部艺术类

清光绪十二年(1886)刻本,南京图书馆藏。

叶可仪

字鸿九。清江阴人。增生。性超旷,不屑以章句自缚。经史外,治医及杂学。

梦蕉轩诗文1卷剩稿1卷　集部别集类　佚

见民国《江阴县续志》卷15。

季纶全(1837—1907)

清江阴人。

季念诒行述　史部传记类

清季纶全等撰

清光绪十三年(1887)刻本,南京图书馆藏。

诰授通奉大夫四品卿翰林院编修先考君梅府君暨诰封夫人旌表孝行先妣苏太夫人行述 1 卷　史部传记类

清季纶全等撰

清末常熟刻本,南京图书馆藏。

江阴季纶全盐务汇稿　史部政书类

(1) 清光绪朱丝栏抄本,国家图书馆藏。

(2) 2009 年国家图书馆出版社《稀见明清经济史料丛刊》本。

(3)《国家图书馆藏清代税收档案史料汇编》本。

按:汇稿所记繁多复杂,都为光绪十七年(1891)前后事,涉及设官分职、发放月俸、操演军队、整顿纪律、请假事宜、盐场保护等等。汇稿要求对废弛已久的营务加以整顿,安良除奸,以保商恤民为念。

两浙盐法续纂备考 12 卷　史部政书类

清杨昌濬修　清季纶全等纂

(1) 清同治十三年(1874)刻本,浙江图书馆藏。

(2) 2009 年国家图书馆出版社《稀见明清经济史料丛刊》本。

屈醒陶醉室主人选订雅令　子部艺术类

清季纶全选

清光绪二十三年刻本,国家图书馆藏。

通俗篇选　子部典故类

清翟灏辑　季纶全选订

清光绪二十六年江阴季纶全栩园刻本,吉林大学图书馆藏。

古谣谚选 1 卷　集部总集类

清杜文澜辑　清季纶全选订

清光绪二十六年江阴季氏栩园刻本，国家图书馆藏。

江阴季氏丛刻　丛书类

清季纶全辑

清光绪中江阴季氏栩园刻本，清华大学图书馆藏。

子目：

《纪元考》1卷　清陈夔龄辑

《鸿雪偶留》1卷　清季佑申辑

《诹吉新书》1卷　明董潜撰

《成语》1卷　清赵翼辑

《占候》1卷　明徐光启辑

《冷香室遗稿》1卷　清王佩珩撰

《读史论略》1卷　清杜诏撰

《百衲琴》1卷　清秦云、秦敏树撰

张逸藻(1839—1865)

字文若。清江阴人。元灏女，同邑章钜妻。工诗词，多清新婉约之作。长调有学苏辛者，有“生无百岁，死有千秋”豪宕语，则不易得之闺阁中。清金武祥《粟香四笔》及《江阴章氏支谱》有传。

凝晖阁诗　集部别集类　佚

锦钱词稿　集部词曲类　佚

以上2种见《粟香四笔》卷4。

柏荫轩诗词2卷　集部别集类　佚

见《江阴章氏支谱》卷4，疑即前二部合编。

按：《江阴章氏支谱》卷12收其诗1首，词3首。《全清词钞》卷34收其词3首。

曹 俨

字公望。清江阴人。诸生。幼孤。家贫，训蒙养母，兼自课从弟。游蜀中，崎岖万里，文境益奇。

补江阴县志　史部地理类

日出入时刻表　子部历算类

中星更录　子部历算类

以上3种见民同《江阴县续志》卷16，云："南菁书院山长南汇张文虎刊行之。"

章永基(1840—1894)

字季修，号逸樵。清江阴人。燮三子。附贡生。议叙八品，候选训导，例授修职郎。父授以六朝唐宋人诗集，能识其旨归。以授徒为生，自甘淡泊，未尝干求人。

味根书屋文稿1卷　集部别集类

松鹤草堂赋稿1卷　集部别集类

鸥闲草堂吟稿1卷　集部别集类

以上3种见《江阴章氏支谱》卷8清潘鸣球撰章永基传。

按：潘氏传云："其《鸥闲草堂吟稿》，则往往颉颃古作者，盖先生于诗既上承家学渊源，而晚岁亦耽禅悦，得静中趣，故所造愈深焉。"支谱卷12收其诗2首。

葛 渭

字渭萱。清江阴人。同治九年(1870)贡生。天资颖异，好学不厌，诗文学唐宋诸家法。

两渔草集　集部别集类

见民国《江阴县续志》卷15本传，谓由门人李滐代刻。

顾　鹏

字万程。清江阴人。好吟咏，与京江张师穆、邑东赵士标、曹炳、王世椿等结社联吟。为人立品纯粹，人多重之。

顾鹏诗　集部别集类

见《江上诗钞》卷104，收其诗34首。

叶翔离

字彪夫。清江阴人。佳出嗣子。同治五年(1866)庠生。幼聪颖。8岁棋艺入妙品。长耽于性理之书，于宋儒学派能疏其流别。壮年通等韵学。性嗜群籍。购储名校精本数千卷，披读不倦。遭乱，书散佚。工古近体诗，沈著有气格。

文选音　经部小学类　佚

见《杨舍堡城志稿》卷10。

六懿淑

字慎仪。清江阴人。汝猷女，同邑庠生胡本绅妻。娴针黹，工诗。读书讲求义理，以为身范。有贤孝之名于里。

绣余吟稿1卷　集部别集类　佚

见民国《江阴县续志》卷17本传。

章同瑞(1841—1903)

原名瑞钟。字芝生，号芝仙。清江阴人。附贡生，候选詹事府主簿，授奉政大夫。工书，入能品，都宗苏孙芝，寻丈大字与蝇头小楷并能作之。篆隶善皋白山子体，铁笔法居商谷派。乡试不遇，乃举奇傲勃郁之气，尽发于书，尤雄于草书，奇姿异态，变幻笔端。《江阴章氏支谱》卷8有清徐士佳撰传。

人寿室印稿2卷　子部艺术类

见《江阴章氏支谱》卷5。卷12收其诗1首。

金武祥(1841—1926)

原名则仁，又名淮生，别号粟香，因其家居江阴大岸，故析其字又号一斥山人。江阴人。应澍子。学者，藏书家。少博览群书，尤喜唐宋诗词。光绪十六年(1890)任广东赤溪知县，历任广东督粮道、两广盐运使。一生致力于江阴地方文献的收集、整理、出版。曾耗巨资收集书画古董，藏书三万册，多加以校订谬误。

表忠录(刘师勇)卷附录1卷　史部传记类

思忠录(王安节)1卷附录1　史部传记类

以上2种金武祥辑，有《粟香室丛书》本。

松筠阁贞孝录不分卷附录1卷　史部传记类

金武祥辑

(1)《江阴丛书》本。

(2)《粟香室丛书》本。

(3) 台北《丛书集成续编》本。

金府君(应澍)家传1卷　史部传记类

清光绪十七年刻本，上海图书馆藏。

显考金晴初(应澍)府君行述1卷　史部传记类

清光绪十七年刻本，上海图书馆藏。

粟香室日记(清同治元年、同治三年至民国八年)　史部传记类

(1) 稿本，上海图书馆藏。

(2) 2017年国家图书馆出版社出版《上海图书馆藏稿抄本日记丛刊》本。

按：清同治元年、三年至光绪三年日记，原题金淮生日记。

阳羡风土记1卷附校刊记1卷补辑1卷续补辑1卷考证1卷　史部地理类

晋周处撰　清王谟辑　(校刊记补辑)金武祥撰　(考证)章宗源撰

《粟香室丛书》本。

赤溪杂志2卷　史部地理类

(1)《江阴丛书》本。

(2)《粟香室丛书》本。

(3) 1卷,《小方壶斋舆地丛钞》本。

漓江杂记1卷　史部地理类

(1)《江阴丛书》本。

(2)《粟香室丛书》本。

(3)《小方壶斋舆地丛钞》本。

(4) 台北《丛书集成续编》本。

重修崖山新志　史部地理类

明万历刻本,金武祥手跋,台湾"中央图书馆"原藏。

木兰书屋藏书目不分卷　史部目录类

(1) 清至民国间朱丝栏稿本《江阴金氏家藏稿》本,国家图书馆藏。

(2)《清代私家藏书目录题跋丛刊》本。

粟香行箧书目不分卷　史部目录类

(1) 清末朱丝栏稿本《江阴金氏家藏稿》本,国家图书馆藏。

(2)《清代私家藏书目录题跋丛刊》本。

粟香室藏丛书目录不分卷　史部目录类

稿本,南京图书馆藏。

按:此稿本四册,书衣题"汇刻书目(粟香室藏本)",凡收录金氏所藏丛书130余种,每种均开列子目。据其题签,似即效顾氏《汇刊书目》之意,就自藏丛书编成此目,方便检阅使用。

江阴艺文志2卷校补1卷　史部目录类

金武祥撰　(校补)王家枚撰

(1)《江阴丛书》本。

(2)《粟香室丛书》本。

(3) 台北《丛书集成续编》本。

(4)《地方经籍志汇编》本。

按:《江阴艺文志》成书于光绪十七年,金氏以既往方志收藏艺文惟重诗文而略于书目,又经咸丰庚申之变,邑中耆旧著述多毁于兵燹,乃广事搜访付刊流传。复念此事须先编书目以补邑志之阙,方得其纲领,遂益事搜采,并据历代正史、方志、人物传记以及公私书目诸家文集等,凡出本县之著作,不论存佚一并汇而录之。是编前冠自序,次载凡例。凡上下两卷,不分部类,一依著者时代之先后为序。上卷著录宋、元、明三朝诸家之书,下卷著录清朝及清朝闺秀诸家之书,或一目一书,或一目连举数书,每目下注撰人名氏并明其出处。计收录宋、元、明三朝202家之书384部,清朝300家之书549部,合共502家之书933部。卷后附王家枚"校补"一编,计有宋、元、明三朝66家96部,清朝78家119部。

荔枝谱1卷附录1卷　子部农家类

(1)《江阴丛书》本。

(2)《粟香室丛书》本。

(3)台北《丛书集成续编》本。

粟香随笔8卷二笔5卷　子部杂学类

稿本,北京大学图书馆藏。

粟香随笔8卷二笔8卷三笔8卷四笔8卷五笔8卷　子部杂学类

(1)《江阴丛书》本。

(2)《粟香室丛书》本。

(3)抄本,北京大学图书馆藏。

(4)清光绪间刻本,国家图书馆藏。

(5)民国间上海扫叶山房石印本,辽宁省图书馆藏。

(6)台北《丛书集成续编》本。

(7)《续修四库全书》本。

(8)2017年凤凰出版社点校本。

按:金氏在《五笔》卷一"缘起"条介绍编纂意图与经历称:"余纂《粟

香随笔》八卷，续成《二笔》《三笔》《四笔》各八卷，都三十二卷，始于光绪辛巳，迄于辛卯，凡十年。每得两卷，即付剞劂，以本非著述，聊备遗忘。偶一覆视，疵累不可胜言，又复艰于改补，嗣是衔恤里居，考献征文，积久成卷。游踪所至，凡载之日记者，亦摘录数条，以志鸿爪，各标题目，用便检寻。”胡玉缙称是编盖仿洪迈《容斋随笔》而作，然迈学问淹博，其书辨证考据，颇为精确；武祥学不逮迈之什一，虽间及朝章国故、遗闻轶事，而所论以诗词居多。金氏自序又称此书信手编辑，无所谓体例，诗词较多，难免琐屑猥杂之讥。《随笔》刊于光绪七年，《二笔》刊于光绪九年，《三笔》刊于光绪十三年，《四笔》刊于光绪十七年。

粟香室文稿1卷　集部别集类

（1）清光绪二十六年刻本，首都图书馆藏。

（2）《清代诗文集汇编》本。

陶庐杂忆1卷陶庐杂忆续咏1卷陶庐杂忆补咏1卷　集部别集类

台北《丛书集成续编》本。

陶庐杂忆续咏1卷　集部别集类

稿本，国家图书馆藏。

陶庐杂忆补咏1卷　集部别集类

（1）稿本（缪荃孙、华世芳、李宝洤、恽毓巽、陈昭常等评），上海图书馆藏。

（2）稿本，国家图书馆藏。

陶庐杂忆补咏不分卷　集部别集类

稿本，北京师范大学图书馆藏。

陶庐五忆1卷　集部别集类

清宣统三年（1911）刻本，国家图书馆藏。

陶庐六忆1卷　集部别集类

稿本，国家图书馆藏。

陶庐七忆1卷　集部别集类

稿本，国家图书馆藏。

陶庐八忆 1 卷　集部别集类

稿本，国家图书馆藏。

陶庐后忆 1 卷　集部别集类

2017 年广陵书社出版《民国诗集选刊》本。

陶庐杂忆 1 卷陶庐杂忆续咏 1 卷陶庐续忆补咏 1 卷陶庐后忆 1 卷陶庐五忆 1 卷陶庐六忆 1 卷　集部别集类

(1)《江阴丛书》本。

(2)《粟香室丛书》本。

(3)《清代诗文集汇编》本。

(4) 2017 年广陵书社出版《民国诗集选刊》本。

按："陶庐"诸忆多记载江阴地区乡邦文化、田园风物、里巷歌谣等，其在《陶庐六忆》中写道"重编前后陶庐咏，别署乡关杂事诗"，自注云"余有前后六忆诗……皆记数十年来所历山川古迹风土人情，而于故乡景物尤咏叹而长言之"。

漓江游草 1 卷　集部别集类

(1)《粟香室丛书》本。

(2) 抄本，桂林市图书馆藏。

(3) 台北《丛书集成续编》本。

(4) 2017 年广陵书社出版《民国诗集选刊》本。

芙蓉江上草堂诗稿　集部别集类

(1) 2 卷，清同治间稿本。

(2) 4 卷，清同治间诸家评选底稿本。

(3) 10 卷，清光绪间清稿本。

(4) 4 卷，清光绪间清稿本。

按：以上 4 种均为台湾"中央图书馆"原藏。

(5) 台北文海出版社《清代稿本百种汇刊》本。

(6) 台北文海出版社《近代中国史料丛刊续编》本，影印同治间诸家评选底本。

按:是书收金氏五、七言律诗,绝句,古诗等约二百余首,有诸家评语。其诗清华名隽,独抒性情。于感念时事,则悲歌讽谕。大抵为咏物、写景、述怀、名胜题咏等。

湘生诗草不分卷　集部别集类

清稿本,台湾"中央图书馆"原藏。

木兰书屋试帖 1 卷诗赋偶存 2 卷律赋 1 卷　集部别集类

自刻本,南京图书馆藏。署名"金则仁"。

澹盦自娱草 2 卷附澹盦词剩 1 卷　集部别集类

清金应澍撰　清金武祥辑

(1)《江阴丛书》本。

(2)《粟香室丛书》本。

墙东类稿 20 卷补遗 1 卷附校勘记 1 卷　集部别集类

元陆文圭撰　校勘记金武祥撰

(1)《常州先哲遗书》本,南京图书馆藏(佚名批校)。

(2) 台北《丛书集成续编》本。

按:校勘记亦收入《粟香五笔》卷 3。

青旸集 4 卷补遗 1 卷　集部别集类

明张宣撰　金武祥辑

(1)《江阴丛书》本。

(2)《粟香室丛书》本。

朴斋诗 1 卷　集部别集类

清吴鸿璧撰　金武祥辑

《粟香室丛书》本。

笏岩诗钞 1 卷　集部别集类

清屠绅撰　金武祥辑

《粟香室丛书》本。

沈子磻遗文 2 卷　集部别集类

清沈铭石撰　金武祥辑

《粟香室丛书》本。

冰泉唱和集 1 卷续和 1 卷再续和 1 卷附录 1 卷闰集 1 卷　集部总集类

霞城唱和集 1 卷　集部总集类

以上 2 种有:

(1)《江阴丛书》本。

(2)《粟香室丛书》本。

(3) 台北《丛书集成续编》本。

江阴金氏文剩　集部总集类

金武祥辑

清同治十二年(1873)刻本。

按:此辑金氏 12 人之文 47 篇,各为跋语如小传。跋语亦见《粟香二笔》。12 人为:金映日、金鉴、金诠、金孝因、金捧閶、金谔、金相、金皋、金安世、金之铭、金葆、金秉哲。

二周集三种 4 卷　丛书类

金武祥辑

清光绪刻本。

江阴丛书　丛书类

金武祥辑

清光绪宣统间江阴金氏粟香室岭南刻本,南京图书馆藏。

子目从略。

粟香室丛书　丛书类

金武祥辑

清光绪至民国间江阴金氏刻本,南京图书馆藏。

子目从略。

按:《江阴丛书》刊刻于光绪宣统年间。民国年间,金武祥又补刻了部分图书,改题为《粟香室丛书》。

粟香室丛钞　丛书类

抄本,南京图书馆藏。

（1）46 种 111 卷，抄本，40 册，南京图书馆藏。

（2）22 种 25 卷，抄本，24 册，南京图书馆藏。

（3）41 种 71 卷，抄本，70 册，南京图书馆藏。

按：此丛钞各本天头、卷端多有金武祥校语。序言大多有涂改之处，有些属于版式规定，对刻工而言。有“粟香所藏”（白文方印）、“陶庐”（朱文方印）等藏书印。此丛钞除已收入《粟香室丛书》者外，尚有抄写本多种。书目如下：

《春秋土地名》　晋京相璠撰

《吴地理志》　晋张勃撰

《读仪礼记》2 卷　清张惠言述

《江阴氏族志稿》

《杨文定公传状汇录》

按：此录江阴杨名时之传记资料。

《六家题识》

按：此集清钱塘丁敬、金农、黄易、奚冈、蒋仁、陈鸿寿六家书画金石题识。

《膳夫经手录》　唐杨晔撰

《云林堂饮食制度集》　明倪瓒撰

《墨子经说解》　清张惠言撰

《三悟集》旧题明姚广孝撰

按：三悟指星悟、穴悟、心悟。封面页题“毗陵张氏谨言慎好之居抄本，光绪乙未（二十一年）金氏粟香室重录”。

《东皋杂钞》3 卷　清董潮撰

《消暍集》　明夏树芳撰

《啬生居文集》2 卷　清李保泰撰

按：此为宝山李保泰未刊文集抄本，其曾孙托金武祥刻入《粟香室丛书》未果。前有 1912 年金武祥撰序等。

《啬生居诗集剩稿》　清李保泰撰

《吴瑶田庄西君诗钞附庄莲佩诗钞》

按:此为江阴吴鸿璧、阳湖庄关和、阳湖庄盘珠三人诗钞。扉页有“光绪壬辰(十八年)金氏粟香室录养一斋《旧言集》本”等字样,并有“粟香所藏”印记。

《南湖遗草》 清张应兰撰

《端甫遗稿》 清张岳骏撰

《冰红集》附诗 清蒋玉棱撰

《桐荫书屋未定草》 清袁毓卿撰

《桐荫书屋词草》 清袁毓卿撰

《胡文忠手翰》2卷

按:此为胡林翼致金武祥兄逸亭商榷兵事之书札,多为胡林翼集中未刊之稿。前有光绪元年、十八年周家楣、金武祥等序。

《粤督尺牍》 清张之洞撰

《宋元江阴二家词》

按:此为宋邱㟁《文定公词》、元陆文圭《墙东词》。

《女史诗存》并词

按:此包括沈珂《醉周轩诗词剩摘抄》《归安查慕仙诗摘抄》、陆媛《紫蝴蝶花馆诗存》、平素娴《香闺杂咏五十首》、陆蓉佩《光霁楼词》、钱媛《小玲珑词舫》,共6种。

《周氏昆仲遗著》

按:此包括周星鉴《传忠堂古文》,周星誉撰文、《鸥堂日记》,周星诒《窳櫎诗质》《瑞瓜堂诗钞》。

《四言杂体》

按:此包括马荣祖《文颂》(上下)、袁枚《续诗品》32首、黄钺《二十四画品》、郭祥伯《十二词品》、杨伯夔《续十二词品》、王再咸《花品四十八首》。均为品评之作。

《弹指词补遗》 清顾贞观撰

《紫荃山馆词》 清石赞清撰

《冰蚕词》 清承龄撰

《蕉心阁词》 清周继煦撰

《新莺词》 清况周仪撰

《湘芬阁词》 清舒佐尧撰

《倩影楼诗余》不著撰人

按:以上7种合订1册。

《江上孤忠录》

《江阴三家诗钞》 清戚藩、杨名时、蔡寅斗撰

江阴金氏家藏稿 丛书类

清至民国间抄暨刻本,国家图书馆藏。

按:书名由国家图书馆拟定,共90册。编者不详,据情理推测,应是金武祥。丛书颇为庞杂。所收有江阴金武祥一家人的著作(金谔,谔子应澍,应澍子武祥,武祥子兆芝、和),有江阴地方人士的著作(陈玄),亦有常州人士的著作(张琦、洪亮吉),还有一些属于杂抄,如《(民国初政事辑文)》等。因此书少有人知,故将其子目一并列出如下,按序号排列。中有缺号,或是已经散佚。

《金氏清芬录》 清李超琼等撰,清至民国间抄本,1—3

《诵芬录》 清李超琼等撰,清至民国间抄本,4—5

《江阴金氏宗谱》 民国间抄本,6—7

《期颐笃庆》 清金应澍撰,清末至民国间抄本,8—10

《小匡先生剩稿杂存》 清金谔撰,清末抄本,12

《笃慎堂古文剩》 清金谔撰,清光绪十年金武祥抄本,13

《怡源澹然书屋诗草》 清金应澍撰,清光绪十六、十七年朱格稿本,14

《守拙斋诗稿》 清末抄本,15

《仲安诗稿》 清金和撰,清末抄本,16

《仲安遗诗》 清金和撰,清末绿丝栏稿本,17

《粟香行年录》 金武祥编,民国间抄本,18。按:录至民国十年,附

《粟香老人自挽联》

《粟香行年录》 金武祥编，民国间抄本，19。按:录至宣统二年

《粟香行年录》 金武祥编，民国初稿暨抄本，20。按:录至民国五年(1916)

《木兰书屋藏书目》 金武祥编，清至民国间朱丝栏稿本，22—26

《粟香行箧书目》 金武祥编，清末朱丝栏稿本，27—32

《陶庐杂忆续咏》一百首 金武祥撰，清末至民国初稿本，33

《陶庐杂忆续咏》一百首 金武祥撰，民国间抄本，34。按:卷末附行年录稿本3页

《陶庐杂忆续咏》一百首 金武祥撰，清末稿本，35

《陶庐杂忆补咏》一百首 金武祥撰，清末稿本，37

《陶庐五忆》一百首 金武祥撰，民国间稿本，38—40

《陶庐六忆》一百首 金武祥撰，民国间清样稿本，44—45

《陶庐六忆》一百首 金武祥撰，民国间稿本，46

《陶庐六忆》一百首 金武祥撰，民国间稿本，47

《陶庐七忆》一百首 金武祥撰，民国间稿本，49

《陶庐七忆》 金武祥撰，民国间稿本，50

《陶庐七忆》一百首 金武祥撰，民国间稿本，51—52

《陶庐八忆》 金武祥撰，民国间稿本，53

《许学征文》 民国间抄本，54—63

《禹贡》 民国七年抄本，64—65

《战国策释地》二卷 清张琦撰，民国间朱丝栏抄本，66—67

《补三国疆域志》二卷 清洪亮吉撰，民国间朱丝栏抄本，68

《晋略州郡表》 民国间朱丝栏抄本，69—70

《国语地名考》 民国间朱丝栏抄本，71—72

《战国策地名考》 民国间抄本，73—74

《汉地理考》 民国间朱丝栏抄本，75

《地理释名稿抄》 民国间抄本，76

《甲申随笔》 清末抄本,77
《木兰书屋辑稿》 清末抄本,78
《序跋题诗杂钞》 清末抄本,79—80
《记事珠》 金兆芝记,清末抄本,81
《粟香室书目》 清末朱丝栏抄本,82。附诗抄
《癸卯日记》 金兆芝撰,清光绪二十九年稿本,83
《制艺诗文汇抄》 清末抄本,84
《诗文钞稿合订》 民国间抄本,85
《庚子年后上谕抄》 民国初抄本,86
《民国初政事辑文》 民国初抄暨铅印本,87
《金刚般若波罗蜜经》 清陈澧订,民国间抄本,88
《醉墨诗余》 清黄曾慰撰,清末抄本,89。书衣题《盱水醉墨诗余》
《陈椒崖先生稿》 清陈玄撰,清末抄本,90

孔广业

字伊人,号静子。清江阴人。诸生。

藕梦堂初稿　集部别集类　佚

病鹤吟　集部别集类　佚

以上2种见《江上诗抄》卷131,收其诗50余首。

柳宝诒(1842—1901)

医名冠群。字谷孙。清江阴人。光绪二年(1876)岁贡。十二年任正红旗官学教习。在京师行医,名噪于时。后归隐于乡,著书授徒。性温和忠厚。博学多识。能文工书,尤精于医,善治温热症。手创致和堂药号。

温热逢源3卷　子部医家类

(1)《三三医书》本。

(2)《中国医学大成·温暑丛刊》本。

(3) 1959年人民卫生出版社铅印本。

评选静香楼医案(柳选尤氏医案)2卷　子部医家类

清尤怡撰　清柳宝诒辑评

(1)《柳选四家医案》本(光绪惜余小舍刻)。

(2) 清抄本(柳选尤氏医案),华西医科大学图书馆藏。

按:尤怡字在泾,自号饲鹤山人,江苏长洲(今苏州)人。邃于医学,于仲景书尤能钻研古训,独标心得。柳氏在序中称尤怡"所著有《伤寒论贯珠集》《金匮心典》《医学读书记》均刊行,惟此案未经授梓,其附刻于《读书记》后者,仅有三十余条,非全本也。次本为吾邑吴氏所抄藏,咸丰兵燹后,诒于詹文桥张氏斋头见之,假归抄录,复就其中选精粹者,得十之五,评录如左,分上下两卷……乃观此案,论病则切理餍心,源流俱澈,绝不泛引古书;用药则随证化裁,活泼泼地,从不蹈袭成方"。

评选爱庐医案1卷　子部医家类

清张大爔撰　清柳宝诒辑评

《柳选四家医案》本。

按:柳宝诒称"下爱庐医案若干条,胥江张大曦仲华所著也。仲华道光时人,以医术驰名江浙间。原刻上下两卷,共一百余案,咸丰时刻于苏州,未几毁于兵燹,遂少传本。甲午夏,诒于友人案头得见抄本,假归读之,见其论病选药,思路深沉,用法精到,颇能独开生面,发前人所未发。惟刻意争奇,不肯稍涉平境,因之议论有过于艰深者,立方有流于纤巧者,窃念方药之道,动关性命,非如词章曲艺,刻意随人好恶,各自成家,是必博稽精采,……因就所抄本精选而加评焉,共得二十四条,令门人录而存之"。

评选继志堂医案2卷　子部医家类

清曹存心撰　清柳宝诒辑评

《柳选四家医案》本。

按:曹存心,字伯仁,别号乐山,常熟福山人,精于医术。柳宝诒称"先生所著,有《琉球百问》《继志堂语录》《过庭录》《延陵弟子纪略》诸书，经先生之孙博泉玉年裒集锓刻，……特其所著医案，于《过庭录》《延陵弟子纪略》外未有传本。今年夏，偶于有人处得见其门弟子所录存者，惜中多阙误，因假归钞录，为之次第整理，删其繁乱，撷其精粹，间或赘以评语，以发明其用意之所在，钞成上下两卷”。

评选环溪草堂医案3卷　子部医家类

清王泰林撰　清柳宝诒辑评

(1)《柳选四家医案》本。

(2) 清光绪三十年石印本，华西医科大学图书馆藏。

(3) 清柳宝庆抄本，中医科学院图书馆藏。

(4) 清末时中书局石印本，国家图书馆藏。

(5) 抄本，上海中医药大学图书馆藏。

按：王泰林，字旭皋，世为无锡人。得其舅氏嘉庆道光间名医高锦亭之传，始先以疡医行，后以内科行。柳宝诒称“所著有《西溪书屋夜话录》《医方歌括串解》及《环溪草堂医案》诸书，均未梓行。其医案为门弟子随时抄录，未经分别去取，不免繁复者多，余所得见者，盖有五六本，详略互异，因属及门诸子删其繁乱，重为抄辑，最后得王家桥顾君莲卿本，系先生晚年之作，又得方君耕霞新刊本，案甚繁复，颇有方案足取而为他本所未载者，一并补录，简其精粹，分为三卷，间有未尽之意，随加按语以阐明之”。

素问说意　子部医家类

柳冠群方案　子部医家类

临证治验案　子部医家类

惜余医案　子部医家类

惜余医话　子部医家类

仁术志　子部医家类

以上6种皆抄本，见《江苏历代医人志》。

惜余小舍医案　子部医家类

抄本，苏州大学医学院藏。

按:本书主要辑录柳氏治疗内伤杂症之临床验案,尤以内风、肝风、肝气、痰火、痉厥、不寐、虚损、失血等病症为详。

柳选四家医案 8 卷　丛书类

清柳宝诒选评

(1) 清光绪三十年惜余小舍刻本,南京图书馆藏。

(2) 清光绪三十年文瑞楼石印本。

(3) 5 卷,清光绪三十一年刻本,上海图书馆藏。

(4) 清光绪三十四年刻本,天津图书馆藏。

(5) 清宣统二年时中书局石印本,南京中医药大学图书馆藏。

(6) 抄本,中医科学院图书馆藏。

(7) 1941 年上海千顷堂书局铅印本。

(8) 1941 年上海春江书局铅印本。

(9) 1957 年上海卫生出版社铅印本。

(10) 1959 年上海科学技术出版社出版。

(11) 1983 年江苏科学技术出版社铅印本。

(12) 2008 年中国中医药出版社出版。

子目:

《评选静香楼医案》2 卷　清尤怡撰

《评选继志堂医案》2 卷　清曹存心撰

《评选环溪草堂医案》3 卷　清王泰林撰

《评选爱庐医案》1 卷　清张大爔撰

江阴柳氏医学丛书(一作惜余小舍医学丛书)12 种　丛书类

见民国《江阴县续志》卷 20。

子目:

《素问说意》

《温热逢源》3 卷

《虐痢逢原》2 卷

《惜余医话》4 卷

《评选静香楼医案》2 卷

《评选继志堂医案》2 卷

《评选环溪堂医案》3 卷

《评选爱庐医案》1 卷

《评选琴川医案》3 种

《梓贤医案》16 家

《清芬医案》

《鸿雪医案》

按:此丛书只印了其中 4 种,即《柳选四家医案》。

祝誉彬

字愓臣。清江阴人。同治六年(1867)举人。嘉定金山县教谕。夙承家学,博雅能文。教授二十余年,远近推为名师。光绪间曾与纂《江阴县志》,以孙葆元赠奉政大夫。

同治六年丁卯科并补行咸丰十一年辛酉科江南乡试硃卷 1 卷　史部传记类

清同治间刻本,上海图书馆藏。

味义耕斋诗稿(一作味义根斋诗稿)1 卷　集部别集类

偶存集　集部别集类

以上 2 种见民国《江阴县续志》卷 15。

燹余片羽集 2 卷　集部总集类

清祝誉彬辑

见民国《江阴县续志》卷 15,云此书“南皮刘有铭为之序”。

邢晋咸

字占卿,号月塘。清光绪时江阴人。

月塘香草集 2 卷　集部别集类

清光绪十九年(1893)月塘寄庐刻本,南京图书馆藏。

孙树桂

字月仙。清江阴人。

经畲堂医案 1 卷　子部医家类　佚

见民国《江阴县续志》卷 20。

夏勤邦(1844—1914)

字彦保。清江阴人。炜如三子。为李一阳高足。奉亲家居,补诸生。通经学、小学。曾就傅兰雅习算术、天文、舆地之学。工文章。久困场屋,游幕燕赵齐越,搜访宋元以来乡先哲遗著,手自钞录,寒暑无间。历 50 余年,有千余卷,并录副本贻人。晚为缪荃孙招佐京师图书馆。辛亥后,与缪居沪上,并课其诸子读经。年 74 卒。卒前数月手钞之书与著述悉毁于火,人莫不悼惜。

青旸集补遗 1 卷　集部别集类

夏勤邦辑

《粟香室丛书》本《青旸集》附。

按:此辑明张宣遗诗 14 首,均为《青旸集》所未收,分别辑自《江阴诗粹》及续选、《明诗综》。诗后间有附注。

缪荃孙(1844—1919)

字炎之,号筱珊,晚号艺风老人。清江阴人。焕章子。目录学家、金石学家。太平天国时期举家迁四川华阳,同治六年(1867)中四川乡试举人。结识目录学家李文田,遂潜心目录学。光绪二年(1876)进士。执教张之洞所办经心书院,又历任京师学监、翰林院编修、江楚编译书局主任。主讲南菁、钟山诸书院。三十二年倡立江南图书馆。辛亥革命后避居上海,延为清史馆总裁。生平精研文史,酷嗜金石,收罗石版碑版甚富。又喜藏书、刻书。

孟子音义 2 卷札记 1 卷　经部四书类

宋孙奭撰　(札记)缪荃孙撰

清光绪元年成都刻本,国家图书馆藏。

宋校勘五经正义奏请雕板表 1 卷　经部群经总义类

宋孔维等撰　缪荃孙录

《艺风堂读书志》本。

蜀石经校记 1 卷　经部石经类

(1) 稿本(存《左传》卷 15),中国科学院图书馆藏。

(2)《古学汇刊》本。

(3) 民国间积学斋抄本,国家图书馆藏。

(4)《中国科学院文献情报中心藏古籍珍本丛书》本。

方言 2 卷　经部小学类

清傅云龙纂　缪荃孙辑

清光绪间刻本,中国科学院图书馆藏。

清史稿 529 卷　史部正史类

赵尔巽、缪荃孙等总纂

(1) 关外一次本。

(2) 关内本。

(3) 关外二次本。

(4) 1977 年中华书局标点本。

(5) 1986 年上海古籍出版社、上海书店合印《新编二十五史》本。

按:《艺风堂文集》卷 5 有《国史孝友传序》《国史隐逸传序》,云:"荃孙前在史馆续修《儒林》《文苑》两传(原注:旧稿四卷),创修《孝友》《隐逸》两传(原注:有目无书),均有定稿。又接修《公主》《土司》两传(原注:有目无书),《艺文》一志(原注:旧稿十卷),与总裁议不合,乞假归,初稿尚留荃孙所。"上海图书馆藏缪荃孙撰《清史列传稿》稿本,存《儒林传》2 册、《文苑传》4 册、《孝友传》《隐逸传》1 册。

东都事略校记 1 卷　史部别史类

(1) 东都事略校识,1 卷,稿本,上海图书馆藏。

(2)《适园丛书》本。

(3) 台北《丛书集成续编》本。

安禄山事迹 3 卷附校记 1 卷　史部杂史类

唐姚汝能撰　(校记)缪荃孙撰

(1)《唐开元小说六种》本。

(2)《郎园先生全书》本。

(3) 台北《丛书集成续编》本。

蜀梼杌校记 1 卷　史部杂史类

稿本,国家图书馆藏。

国朝事略 8 卷　史部杂史类

(1) 清光绪三十二年江楚编译局石印本,国家图书馆藏。

(2) 清光绪三十三年广东学务公所铅印本,国家图书馆藏。

按:此书内封题金陵江楚编译官书局编辑,实成于缪荃孙之手。

北燕百官表 1 卷　史部史表类

后凉百官表 1 卷　史部史表类

北凉百官表 1 卷　史部史表类

南凉百官表 1 卷　史部史表类

西凉百官表 1 卷　史部史表类

夏百官表 1 卷　史部史表类

以上 6 种有《二十五史补编》本。

五代史方镇表 10 卷　史部史表类

见年谱光绪六年。

补五代史方镇表 5 卷　史部史表类

稿本,北京大学图书馆藏。

南朝史精语 10 卷附札记 1 卷　史部史钞类

宋洪迈辑　(札记)缪荃孙辑

(1)《对雨楼丛书》本。

(2)《择是居丛书初集》本。

(3) 台北《丛书集成续编》本。

清史列传稿不分卷　史部传记类

稿本(存《儒林传》2 册、《文苑传》4 册、《孝友传》1 册、《隐逸传》1 册),上海图书馆藏。

国史儒林传 2 卷　史部传记类

《古学汇刊》本。

国史儒林传 2 卷文苑传 2 卷循吏传 1 卷贤良传 2 卷　史部传记类

清阮元撰

清同治刻本,缪荃孙批校本,重庆市图书馆藏。

循良传稿　史部传记类

(1) 稿本,北京大学图书馆藏。

(2) 1987 年天津古籍出版社出版《北京大学图书馆馆藏稿本丛书》本。

按:此即缪氏为国史馆所撰的循良类人物传记未刊稿本。

国史儒林传 2 卷　史部传记类

《古学汇刊》本。

按:此分宋学为上卷,汉学为下卷。

续碑传集 86 卷首 2 卷　史部传记类

(1) 1910 年江楚编译书局刻本,南京图书馆藏。

(2) 1973 年台北文海出版社《近代中国史料丛刊》本。

(3) 1984 年江苏广陵古籍刻印社影印本。

(4) 1987 年上海古籍出版社缩印本,附人名字号索引。

(5) 1988 年上海书店影印本,附人名索引。

按:本书有缪氏自撰 20 余人传记,复征引姚莹、李元度等 350 家著述及地方志书 16 种,收道光、咸丰、同治、光绪四朝人物 1100 余人。

续碑传集补　史部传记类

稿本,北京大学图书馆藏。1987 年天津古籍出版社出版《北京大学图书馆馆藏稿本丛书》影印。

按:此为缪氏补充《续碑传集》而编集的清代数百名人物的碑传文。

国朝名人小传1卷　史部传记类

稿本,北京大学图书馆藏。

华阳国志巴郡士女逸文1卷　史部传记类

晋常璩撰　缪荃孙辑

《艺文堂读书志》本。

孔魏韩李四先生年谱四种4卷　史部传记类

(1) 南陵徐氏刻本。

(2)《烟画东堂四谱》本。

按:包括《孔北海(融)年谱》《韩翰林(偓)诗谱略》《魏文靖公(了翁)年谱》《补辑李忠毅公(应昇)年谱》各1卷。

傅青主先生年谱1卷　史部传记类

清丁宝铨编　缪荃孙、罗振玉校订

(1) 清傅山《霜红龛集》附。

(2)《北京图书馆藏珍本年谱丛刊》本。

顾亭林先生年谱1卷附校补1卷　史部传记类

清张穆撰　缪荃孙校补

《嘉业堂丛书》本。

瞿木夫先生自订年谱1卷　史部传记类

清瞿中溶撰　缪荃孙校定

厉樊榭先生年谱1卷附录1卷　史部传记类

清朱文藻撰　缪荃孙订

以上2种有:

(1)《嘉业堂丛书》本。

(2)《北京图书馆藏珍本年谱丛刊》本。

羽琌山民逸事1卷　史部传记类

清魏源、缪荃孙撰

(1)《古学汇刊》本。

(2) 不分卷，抄本，上海图书馆藏。

(浙江金华)金华王氏世系表□卷　史部传记类

缪荃孙纂修

清光绪二十六年刻本，苏州大学图书馆藏(残)。

(浙江绍兴)兰陵缪氏世谱不分卷　史部传记类

清宣统三年刻朱印本(书名据版心题)，国家图书馆藏。

补辑李忠毅公年谱1卷　史部传记类

(1)《烟画东堂四谱》本。

(2)《北京图书馆藏珍本年谱丛刊》本。

艺风老人自订年谱1卷　史部传记类

(1) 1936年北平文禄堂刻本，有《行状》1卷，国家图书馆藏。

(2) 1971年台北《中国历代名人年谱汇编》本。

(3) 台北《近代中国史料丛刊》本。

(4) 影印本《艺风老人日记》附刊本。

(5)《北京图书馆藏珍本年谱丛刊》本，有《行状》1卷。

(6)《晚清名儒年谱》本。

按：年谱记治学、交游及著书、刻书事甚详。

艺风老人日记　史部传记类

(1) 不分卷，手稿本，北京大学图书馆藏。

(2) 1986年北京大学出版社影印手稿本。

按：日记主要记载缪氏后半生的交游和学术活动，于金石的访求摹拓、版本的鉴识流传、古籍的丛编刊行、史传方志的定目编纂等，记载尤详。附缪荃孙自订年谱，另编有人名书名索引。

光绪二年丙子恩科会试硃卷1卷　史部传记类

清光绪间刻本，上海图书馆藏。

同治六年丁卯科带补元年壬戌恩科四川乡试硃卷1卷　史部传记类

清同治间刻本，国家图书馆藏。

缪氏考古录不分卷　史部传记类

1935 年铅印本，南京图书馆藏。

按：此辑缪氏历代族人中有名声者。

大金集礼校勘记 1 卷　史部政书类

(1)《广雅书局丛书》本。

(2)《丛书集成初编》本。

日游汇编 4 卷　史部政书类

(1) 清光绪二十九年高等学堂刻本，上海图书馆藏。

(2) 2017 年岳麓书社出版《走向世界丛书》本。

按：记载了作者考察日本教育的收获，内容包括高校讲义、诸校沿革、考察学务游记、访书记等。

日本考察学务游记 1 卷附访书记 1 卷　史部政书类

缪荃孙、徐乃昌撰

清光绪二十九年刻本，上海图书馆藏。

(光绪)昌平州志 18 卷　史部地理类

清吴履福等修　缪荃孙等纂

(1) 清光绪五年修，初稿本，国家图书馆藏卷 2—8，11，12。

(2) 清光绪十二年刻本，南京图书馆藏。

(3) 1939 年铅印本，南京图书馆藏。

(光绪)顺天府志 130 卷附录 1 卷　史部地理类

清周家楣等修　缪荃孙等纂

(1) 稿本，存卷一至十八、六十九至七十一、一百十三，北京大学图书馆藏。

(2) 清光绪十二年刻本，上海图书馆藏。

(3) 清光绪十五年重刻本。

按：此本刻印前曾加覆校，改正添补前刻 2400 多字，并增天文、田赋二表的校勘表。

(4) 清光绪二十八年补刻本。

(5) 1987 年北京古籍出版社据光绪十五年刻本标点出版。

按:此为记叙清末顺天府地区最完备之志,以“语语征实,不取空文”为编纂宗旨。

(光绪)湖北通志　史部地理类

清张之洞修　缪荃孙纂

见缪荃孙撰年谱。此志后未成稿,然缪氏实多参预其事。年谱中记述颇详。《艺风堂文集》卷4有《光绪湖北通志序录》等文。国家图书馆藏稿本《艺风堂杂著三种》亦收有《湖北通志·艺文志》一种。

江苏省通志稿　史部地理类

缪荃孙总纂

稿本,常熟市文管会藏(残)。

按:此志始修于宣统元年,由江苏省通志局主持,缪荃孙任总纂。辛亥革命起,通志局撤消,志书编纂亦停止。仅有缪荃孙《江苏金石志》、陈作霖《江苏兵事纪略》单独刊行。

(民国)江阴县续志28卷附江阴近事录3卷　史部地理类

陈思修　缪荃孙纂

(1) 1921年刻本,南京图书馆藏。

(2) 1968年台北市江阴同乡会影印《江阴县志五编》本。

(3) 台北《中国地方志丛书》本。

(4)《中国地方志集成》本。

(5)《无锡文库》本。

按:此志始修于1917年仲春,由缪氏手定凡例,分任同人纂辑,1919年成书,1921年刊刻。记事上自光绪五年,下迄宣统三年。该志“宗实斋说,以赓续前志为准”,“比事属词,上承前志,阙者补之,误者正之”(志序、叙录)。内容上因时移事易而作相应的斟酌增删,如因科举废,学堂兴,则将学校获奖之毕业生列入《选举表》,并详载鸦片战争、太平天国以来江阴的变化,如《物产》所附《实业表》,详列茧行、布厂、纱厂,反映了清末民初蚕桑业和纺织业的兴起。此外,对人物传纠谬也较多。书末所附《江阴近事录》亦系缪氏纂辑,其中录存民国元年至七年史事。此录中《澄台戕官记》《收炮闩记》《郭兵纵劫记》，反映了民初南北斗争和民军内部的矛盾冲突在江阴的表现。

元和郡县志阙卷逸文3卷　史部地理类

唐李吉甫撰　缪荃孙辑

(1)《云自在龛丛书》本。

(2) 台北《丛书集成续编》本。

京师坊巷志10卷附考证1卷　史部地理类

朱一新、缪荃孙撰

(1)《求恕斋丛书》本。

(2) 台北《丛书集成续编》本。

泺源小志1卷　史部地理类

缪荃孙藕香簃誊清稿本，北京大学图书馆藏。

按：小志为光绪十七年缪荃孙主讲济南泺源书院时编纂。书衣钤“荃孙”阳文朱印。

中吴纪闻6卷附校勘记1卷　史部地理类

宋龚明之撰　(校勘记)缪荃孙撰

《汇刻太仓旧志五种》本。

吴兴山墟名1卷　史部地理类

刘宋张玄之撰　缪荃孙辑

吴兴记1卷　史部地理类

刘宋山谦之撰　缪荃孙辑

以上2种有：

(1)《云自在龛丛书》本。

(2) 台北《丛书集成续编》本。

荆州记1卷　史部地理类

刘宋盛弘之撰　缪荃孙辑

稿本，国家图书馆藏。

(永乐)泸州志2卷　史部地理类

明□□纂　清缪荃孙辑

(1) 抄本,北京文物局藏。

(2) 民国间成都铅印本,上海图书馆藏。

秦淮广记 3 卷　史部地理类

缪荃孙编

1924 年商务印书馆铅印本。

唐书艺文志注 4 卷　史部目录类

(1) 清藕香簃抄本,中国科学院图书馆藏。

(2) 清稿本,题名《唐书艺文志考》,残,3 卷,国家图书馆藏。此系邓之诚旧藏。

按:王先谦欲作《新旧唐书合注》,因请缪荃孙作《唐书艺文志注》。

辽艺文志 1 卷　史部目录类

(1)《二十五史补编》本。

(2) 台北《国学名著珍本汇刊》本。

按:此亦收入王仁俊《辽史艺文志补证》。

重编红雨楼题跋 2 卷　史部目录类

明徐𤊹撰　缪荃孙重辑

(1) 稿本,北京大学图书馆藏。

(2)《峭帆楼丛书》本。

(3) 1969 年台北广文书局《书目三编》本。

士礼居藏书题跋记 6 卷　史部目录类

清黄丕烈撰　潘祖荫辑

缪荃孙手抄辑本,华东师范大学图书馆藏。

士礼居藏书题跋记续 2 卷　史部目录类

清黄丕烈撰　缪荃孙辑

(1)《灵鹣阁丛书》本。

(2)《丛书集成初编》本。

(3) 1985 年江苏广陵古籍刻印社影印《灵鹣阁丛书》本。

士礼居藏书题跋再续记2卷　史部目录类

清黄丕烈撰　缪荃孙辑

《古学汇刊》本。

荛圃藏书题识10卷补遗1卷荛圃刻书题识1卷补遗1卷　史部目录类

清黄丕烈撰　缪荃孙、章钰等补辑

(1) 1919年金陵书局刻本，上海图书馆藏。

(2) 1991年江苏广陵古籍刻印社影印本。

(3) 台北《书目丛编》本。

(4) 台北《书目类编》本，收《荛圃刻书题识》1卷《补遗》1卷。

按：此书将《士礼居藏书题跋记》《续记》《再续记》3书及后来新得之篇目重为编次，共622篇。

清学部图书馆方志目1卷　史部目录类

(1)《古学汇刊》本。

(2) 台北《书目类编》本。

清学部图书馆善本书目5卷　史部目录类

(1)《古学汇刊》本。

(2) 民国间京师图书馆抄本，国家图书馆藏。书名由该馆代拟。

宋元书影　史部目录类

(1) 清末缪荃孙影刻本，国家图书馆藏。

(2) 民国间有正书局影印本。

(3) 1998年江苏广陵古籍刻印社影印本。

拟清史稿艺文志稿　史部目录类

手稿本，国家图书馆藏。书名为该馆代拟。

词小说谱目录目　史部目录类

民国间绿丝栏抄本，国家图书馆藏。

愚斋图书馆藏书目录18卷附录2卷　史部目录类

缪荃孙等编

1932年上海大成印务局铅印本,吉林省图书馆藏。

按:附丛书目1卷、经史子集未分类书目1卷。

天一阁失窃书目不分卷　史部目录类

民国间抄本,国家图书馆藏。

艺风堂藏书记8卷　史部目录类

(1) 清光绪二十六至二十七年缪荃孙家刻本,南京图书馆藏。

(2) 汉阳周氏津逮宧抄本,复旦大学图书馆藏。

(3) 1919年德化李氏抄本,北京大学图书馆藏。

(4) 江苏广陵古籍刻印社《艺风堂藏书记等四种》本。

(5) 台北《书目丛编》本。

(6) 精抄本,台湾"中央图书馆"原藏。

(7)《清人书目题跋丛刊》本。

艺风藏书续记8卷　史部目录类

(1) 1912至1913年缪荃孙家刻本,南京图书馆藏。

(2) 江苏广古籍刻印社《艺风堂藏书记等四种》本。

(3)《清人书目题跋丛刊》本。

艺风藏书再续记7卷　史部目录类

(1) 稿本,北京大学图书馆藏。

(2) 1940年燕京大学图书馆铅印本,上海图书馆藏。

(3) 1962年中华书局刊本。

(4) 江苏广陵古籍刻印社《艺风堂藏书记等四种》本。

(5)《清人书目题跋丛刊》本。

按:此书原题《艺风堂新收书目》。

琉璃厂书肆后记补记　史部目录类

1914年海宁陈乃乾慎初堂铅印本。

艺风堂题跋1卷　史部目录类

《国学丛刊》石印本。

嘉业堂藏书志不分卷　史部目录类

缪荃孙、吴昌绶等撰

手稿本，复旦大学图书馆藏。

书目答问　史部目录类

(1) 清光绪元年刻本，北京师范大学图书馆藏。

(2) 清光绪二年四川初刻初印本。

(3) 清光绪二年四川修订重刻本，国家图书馆藏。

(4) 清光绪三年濠上书斋重刻本，国家图书馆藏。

(5) 清光绪四年吴县潘霨影刻本，国家图书馆藏。

(6) 清光绪五年陈文珊刻本，国家图书馆藏。

(7) 清光绪八年皖垣铅印本，国家图书馆藏。

(8) 清光绪十四年上海蜚英馆石印本，南京图书馆藏。

(9) 清宣统元年上海扫叶山房石印本，南京图书馆藏。

(10)《书目答问补正》5 卷，范希曾补正，1931 年国学图书馆铅印本。

(11)《书目答问补正》5 卷，范希曾补正，1963 年北京中华书局影印本。

书目答问汇补　史部目录类

来新夏等汇补

2011 年中华书局出版。

按：《书目答问》一般认为是张之洞在任四川学政期间为回答生童"应读何书，书以何本为善"之问而编写的。而缪荃孙则说此书是自己所编。其撰年谱光绪元年云："八月执贽张孝达(之洞)门下受业，命撰《书目答问》四卷。"而在光绪三十四年所作的《半岩厂所见书目序》中，说是"随同助理"张之洞编。从现有资料看，说缪荃孙与《书目答问》完全无关，恐怕缺乏根据。以张之洞的地位和权力，缪荃孙决不敢无中生有。缪荃孙在为盛宣怀愚斋图书馆编目时，给盛宣怀写过一封信，里面也提到过这件事："现在无一书不过目，无一字不自撰，直与撰《书目答问》一样。"(《缪荃孙书信选・与盛杏荪书》，南京师范大学《文教资料简报》1982年第2期)缪荃孙再一次明确说《书目答问》是自己编写的。从实际情况来分析,说缪荃孙在张之洞的指导下编成此书,可能较为符合实际。他们共同参与了本书的编写。不过按照当时的通例,由张之洞独自署名公之于世。又此书版本甚多,此处择要著录。

金石录30卷附札记1卷今存碑目1卷　史部金石类

宋赵明诚撰　附缪荃孙撰

(1)《结一庐朱氏剩余丛书》本。

(2)《嘉业堂丛书》本。

(3) 台北《丛书集成续编》本。

集古录目10卷原目1卷　史部金石类

宋欧阳棐撰　缪荃孙辑

(1)《云自在龛丛书》本。

(2) 台北《石刻史料丛书》(乙编)本。

苍崖先生金石例10卷附札记1卷　史部金石类

元潘昂霄撰　(札记)缪荃孙撰

(1)《随庵徐氏丛书》本。

(2) 台北《丛书集成续编》本。

江西金石目1卷　史部金石类

《顾氏金石舆地丛书》本。

江苏金石志24卷附待访目2卷　史部金石类

(1) 1927年影印本,南京图书馆藏。

(2) 台北《石刻史料丛书》(甲编)本。

按:此为民国《江苏通志稿》单行本。

(3)《江苏金石记》,28卷,稿本,北京大学图书馆藏。

山右石刻丛编40卷　史部金石类

(1) 稿本,南京大学图书馆藏。

(2) 清光绪二十七年刻本,南京图书馆藏。

(3) 1988年山西人民出版社影印光绪本。

(4) 台北《石刻史料丛书》(甲编)本。

按:缪荃孙年谱光绪二十四年云:"山西胡中丞聘之寄《山右石刻丛编》稿本,嘱订定。为检拓本补入一百余种,并加考成书四十卷。"

艺风堂金石文字目 18 卷　史部金石类

(1) 稿本,上海图书馆藏。

(2) 清光绪三十二年长沙王先谦湖南刻本,上海图书馆藏。

(3) 江苏广陵古籍刻印社《艺风堂藏书记等四种》本。

(4) 台北《石刻史料丛书》(乙编)本。

艺风堂金石文字目 3 卷　史部金石类

缪氏艺风堂抄本(缪荃孙校补),国家图书馆藏。

再补寰宇访碑录不分卷　史部金石类

沤雪唫舫抄本,国家图书馆藏。

云自在龛金石目不分卷续编不分卷　史部金石类

稿本,上海图书馆藏。

金石钞不分卷　史部金石类

《艺风堂杂著》本。

慎子 2 卷补遗 1 卷逸文 1 卷附内篇校文 1 卷　子部周秦诸子类

周慎到撰　(补遗逸文)缪荃孙辑　(校文)孔毓修辑

《四部丛刊》本。

慎子内篇 1 卷外篇 1 卷逸文 1 卷　子部周秦诸子类

稿本,国家图书馆藏。

云自在龛笔记 6 卷　子部杂学类

云自在龛笔记 1 卷　子部杂学类

以上 2 种有《古学汇刊》本。

云自在龛随笔 4 卷　子部杂学类

(1) 稿本,国家图书馆藏,不分卷;南京图书馆藏,存金石、书籍 2 卷。

(2) 稿本,中国科学院图书馆藏。

(3) 1958 年商务印书馆印本。

云自在龛随笔 6 卷　子部杂学类

江阴缪子彬抄本,北京大学图书馆藏。

云自在龛笔记存 2 卷　子部杂学类

稿本,中国科学院图书馆藏。

邵氏闻见录校记 1 卷　子部杂学类

稿本,北京大学图书馆藏。

艺风阁校书随笔不分卷　子部杂学类

稿本,北京大学图书馆藏。

三水小牍 2 卷逸文 1 卷附录 1 卷

唐皇甫枚撰　缪荃孙校补

(1) 清光绪十五年刻本,南京图书馆藏。

(2) 清光绪间缪荃孙家抄本(缪荃孙校),南京图书馆藏。

(3) 1925 年刻本,南京图书馆藏。

《云自在龛丛书》本。

京本通俗小说 7 卷　子部小说类

缪荃孙辑

(1)《烟画东堂小品》本。

(2) 1920 年江阴缪氏刻本,北京大学图书馆藏。

(3) 民国间商务印书馆排印本。

(4) 民国间亚东图书馆排印本,与叶德辉刊《金虏海陵王荒淫》,总题《宋人话本八种》。后复去《海陵王》,题《宋人话本七种》。

(5) 1954 年古典文学出版社据缪荃孙影刻本标点排印。

(6) 1959 年中华书局上海编辑所标点本。

(7) 1988 年上海古籍出版社重印本。

安禄山事迹 3 卷附校记 1 卷　子部小说类

唐姚汝能撰　(校记)缪荃孙撰

(1)《唐开元小说》本(又称唐人小说本)。

(2)《郎园先生全书》本。

艺风堂文集 8 卷　集部别集类

清光绪二十六年刻本，南京图书馆藏。

艺风堂文集 7 卷外集 1 卷　集部别集类

(1) 清光绪二十七年刻本，国家图书馆藏。

(2)《清代诗文集汇编》本。

艺风堂文续集 8 卷外集 1 卷　集部别集类

(1) 清宣统二年刻本，上海图书馆藏。

(2) 清宣统二年刻 1913 年印本，国家图书馆藏。

(3)《清代诗文集汇编》本。

艺风堂文漫存 12 卷(辛壬稿 3 卷癸甲稿 4 卷乙丁稿 5 卷)　集部别集类

(1) 清宣统二年刻本，国家图书馆藏。

(2) 清宣统二年刻民国二年印本，上海图书馆藏。

(3)《清代诗文集汇编》本。

按：以上 3 种台北《近代中国史料丛刊》本合称《艺风堂文集》。

艺风堂文别存 1 卷　集部别集类

清末江阴缪氏刻本，国家图书馆藏(吴昌绶题记)。

艺风堂别钞不分卷　集部别集类

抄本，中国社科院历史所藏。

艺风堂赋稿 2 卷　集部别集类

清光绪二十七年缪九畴抄本，南京图书馆藏。

缪筱珊先生家书 1 卷　集部别集类

稿本，国家图书馆藏。

艺风堂诗存 4 卷附碧香词 1 卷　集部别集类

(1) 1939 年燕京大学图书馆铅印本，上海图书馆藏。

(2) 1985 年北京市中国书店影印燕京大学本。

(3)《清代诗文集汇编》本。

(4) 2017年广陵书社出版《民国诗集选刊》本。

按:卷1《萍心集》《巴歈集》,卷2《北马南船集》《秋窗集》,卷3、卷4《息影集》上下。1938年邓之诚跋略云:"艺风先生尝刻所为诗,毁于辛亥国变后,复手订诗凡四卷,附《碧香词》一卷,未及授梓,逮于戊午冬下世。后十余年令子子受始再刻之而未印行。前年之诚为作介,以畀燕京大学图书馆。"

艺风先生文1卷　集部别集类

稿本,北京大学图书馆藏。

艺风堂别钞不分卷　集部别集类

抄本,中国社会科学院历史研究所藏。

艺风堂杂钞8卷　集部别集类

缪禄保抄本,中国科学院图书馆藏。

抄本,国家图书馆藏。

东坡集校记2卷　集部别集类

《四部备要》本《东坡集》附。

重刊明成化本东坡七集111卷附校记2卷东坡先生年谱1卷　集部别集类

宋苏轼撰　(校记)缪荃孙撰　(东坡先生年谱)宋王宗稷编

清光绪三十四年至宣统元年洹阳端方宝华盦翻刻明成化本,国家图书馆藏(章钰校并跋;傅增湘校并跋)。

司空表圣文集校记1卷　集部别集类

《嘉业堂丛书》本《司空表圣文集》附。

鸿庆居士集补遗20卷　集部别集类

宋孙觌撰　缪荃孙辑

(1) 稿本(存卷一至十、十九至二十,陈成跋),国家图书馆藏。

(2)《常州先哲遗书》本。

鸿庆居士集补遗10卷　集部别集类

宋孙觌撰　缪荃孙辑

民国刻朱印本，上海图书馆藏。

翠微南征录 10 卷首 1 卷附补书 1 篇诗 1 篇　集部别集类

宋华岳撰　(补)缪荃孙撰

清活字印本，国家图书馆藏。

拙斋集补遗 1 卷　集部别集类

金王寂撰　缪荃孙辑

稿本，北京大学图书馆藏。

静轩集 5 卷附录 1 卷　集部别集类

元阎复撰　(附录)缪荃孙撰

《藕香拾零》本(光绪刻)。

剡源集逸文 1 卷　集部别集类

元戴表元撰　缪荃孙辑

艺风堂读书志本。

剡源集校 1 卷　集部别集类

缪荃孙撰

《艺风堂读书志》本。

剡源逸稿 7 卷　集部别集类

元戴表元撰

(1) 清缪氏藕香簃抄本(缪荃孙校并跋)，上海图书馆藏。

(2) 清抄本，南京图书馆藏。

(3) 抄本，国家图书馆藏。

清河集 7 卷附录 1 卷　集部别集类

元元明善撰　(附录)缪荃孙撰

《藕香拾零》本(光绪刻)。

圭斋集补遗 1 卷　集部别集类

元欧阳玄撰　缪荃孙辑补

抄本，国家图书馆藏。

丹邱生集 5 卷补遗 1 卷附录 1 卷　集部别集类

元柯九思撰　曹元忠、缪荃孙辑

清光绪三十四年武昌柯氏刻本，南京图书馆藏。

丹邱集不分卷　集部别集类

元柯九思撰　缪荃孙编

编者手稿本，台湾“中央图书馆”原藏。

重刻校正唐荆川先生文集 12 卷外集 3 卷补遗 5 卷附录 1 卷　集部别集类

缪荃孙编

清光绪三十年金陵书局刻本。

辽文存 6 卷　集部总集类

缪荃孙辑

清光绪间缪氏云自在龛刻本，南京图书馆藏。

孙伯渊先生文集 6 卷　集部别集类

清孙星衍撰　缪荃孙辑

清末江阴缪氏云轮阁抄本，中国科学院图书馆藏。

结一庐遗文 2 卷　集部别集类

清朱学勤撰　朱溍辑　缪荃孙编

清光绪三十四年刻本，国家图书馆藏。

期不负斋集 14 卷(政书 9 卷文集 5 卷)首 1 卷　集部别集类

清周家楣撰　缪荃孙编

清光绪二十一年刻本，国家图书馆藏。

三唐人集　集部总集类

缪荃孙辑

1915—1916 年缪氏刻本。

子目：

《欧阳行周文集》10 卷附《校记》1 卷　唐欧阳詹撰　校记缪荃孙撰

《孙可之文集》10 卷　唐孙樵撰

《皇甫持正集》6 卷附《校记》1 卷　唐皇甫湜撰　校记缪荃孙撰

旧德集 14 卷　集部总集类

缪荃孙辑

(1)《云自在龛丛书》本。

(2) 台北《丛书集成续编》本。

(3) 2015 年国家图书馆出版社出版《清代家集丛刊》本。

按:卷 1 至卷 10 收缪氏先人诗,卷 11 收缪徵甲妻刘荫、缪邦基妻胡琼瑶 2 人之诗,卷 12 至卷 14 收缪氏先人文。

名儒草堂诗余 3 卷　集部词曲类

元凤林书院编

元刻本,缪荃孙艺风堂抄补本,台湾"中央图书馆"原藏。

云自在龛汇刻名家词　集部词曲类

清光绪间江阴缪氏云自在龛刻本,国家图书馆藏。

国朝常州词录 31 卷　集部词曲类

缪荃孙辑

清光绪二十二年江阴缪氏云自在龛刻本,国家图书馆藏。

云自在龛丛书　丛书类

缪荃孙辑

清光绪中江阴缪氏刻本,南京图书馆藏。

子目从略。

按:本丛书先后汇刻五集。第一至第三集汇辑晋至清人著作,随得随刻,板式颇不一致。第四集为清代十七名家词。第五集为缪氏家集。

对雨楼丛书　丛书类

缪荃孙辑

清光绪中江阴缪氏影刻本,国家图书馆藏。

子目:

《南朝史精语》10 卷附《札记》1 卷　宋洪迈撰　《札记》缪荃孙撰

《荀子考异》1 卷　宋陆佃撰

《诗品》3 卷　梁钟嵘撰

《茅亭客话》10 卷　宋黄休复撰

《宾退录》10 卷　宋赵与时撰

藕香零拾　丛书类

缪荃孙辑

(1) 清光绪宣统间刻本,南京图书馆藏。

(2) 1963 年杭州古籍书店重刻本。

(3) 1968 年台北广文书局影印光绪宣统刻本。

(4) 1982 年江苏广陵古籍刻印社重印原刻本。

子目从略

烟画东堂小品　丛书类

缪荃孙辑

1920 年江阴缪氏刻本,上海图书馆藏。

子目从略。

艺风堂读书志　丛书类

缪荃孙辑

民国江阴缪氏刊本,南京图书馆藏。

子目:

《宋校勘五经正义奏请雕版表》1 卷　宋孔维等撰　缪荃孙录

《华阳国志巴郡士女逸文》1 卷　晋常璩撰　缪荃孙辑

《建炎以来朝野杂记逸文》1 卷　宋李心传撰　缪荃孙录

《九国志校》1 卷　缪荃孙撰

《九国志逸文》1 卷　宋路振撰　缪荃孙辑

《郯源集校》1 卷　缪荃孙撰

《郯源集逸文》1 卷　元戴表元撰　缪荃孙辑

艺风堂杂著三种不分卷　丛书类

稿本,北京大学图书馆藏。

子目:

《艺风先生文》

《湖北通志·艺文志》

《金石钞》

艺风堂汇刻　丛书类

缪荃孙辑

缪荃孙云自在龛刻本，南京图书馆藏。

子目：

《经义模范》1卷　佚名撰

《作义要诀》1卷　元倪士毅撰

《四六金针》1卷　清陈维崧撰

董方立遗书　丛书类

清董祐诚撰

清同治八年董贻清成都刻本。

按：缪荃孙撰年谱同治八年云："在成都书局，是年为董叔纯姻丈校刻《方立遗书》。"

南菁书院丛书八集41种　丛书类

王先谦、缪荃孙辑

清光绪十四年江阴南菁书院刻本，国家图书馆藏。

子目从略。

按：书由王先谦主编，纂辑之事多半出于缪荃孙之手，故去取极为谨审。

聚学轩丛书　丛书类

刘世珩辑

（1）清光绪中贵池刘氏刊本。

（2）台北《丛书集成续编》本。

按：缪荃孙撰年谱光绪二十四年云："为刘聚卿观察刻丛书。"三十年又云："是年《聚学轩丛书》即行，荃孙举旧藏书应刻者助之。"年谱列有丛书目录。

常州先哲遗书　丛书类

(1) 清光绪中武进盛宣怀刻本,南京图书馆藏。

(2) 2010年南京大学出版社影印本。

按:此丛书署盛宣怀辑。据《艺风堂文漫存·乙丁稿》卷3《常州先哲遗书正续集缘起》及《艺风堂自订年谱》,此丛书由缪荃孙任搜辑并校勘,盛宣怀出资刊刻。《乙丁稿》附丛书目录,与传本出入颇大。

又按:缪荃孙撰年谱中多次提及为姚觐元等人校刻书多种;又台湾"中央图书馆"原藏有缪荃孙手校本多种,参见《台湾公藏善本书目人名索引》。此处从略。

缪荃孙全集　丛书类

张廷银、朱玉麒主编

2013至2014年凤凰出版社出版。

按:《缪荃孙全集》,分"诗文""目录""金石""笔记""日记""杂著"六大类,全14册,为缪荃孙著述的首次结集。收录了缪荃孙的文集(包括诗、文、词、赋、词话),史传、史表,碑传,日记、年谱、家谱,目录,金石,笔记,校记、辑佚等在内的著作。

日记(全四册)

《缪荃孙全集·日记》部分,又称《艺风老人日记》,收录了缪荃孙从1888年至1919年间32年间的日记。按年代分卷编排,详细记载了其学术、交游等活动。

笔记(一册)

收录缪荃孙笔记类的著述,共《云自在龛随笔》6卷、《云自在龛笔记》3卷、《艺风阁校书随笔》不分卷、《秦淮广记》3卷四种著作。

诗文(全二册)

收入缪荃孙自撰诗文,包括《艺风堂文集》《艺风堂文续集》《艺风堂文漫存》《艺风堂诗存》《碧香词》《艺风堂赋稿》《艺风堂集外诗文》《艺风堂书札》等8种。

目录(一册)

收入缪荃孙关于目录学的著作《艺风藏书记》《艺风藏书续记》《艺

风藏书再续记》《清学部图书馆善本书目》《清学部图书馆方志目》《词小说谱录》《唐书艺文志注》《辽艺文志》共 8 种。

金石(全五册)

收入缪氏《江苏艺文志》2 册、《艺风堂金石文字目》1 册、《金石分地编目》2 册。所收金石碑目皆为缪荃孙亲自访求而来。

杂著(一册)

收录缪荃孙著述中的杂著部分,包括图书校勘记、史传、年表、年谱、方志等著作。书名如下:

《补五代史方镇表》

《艺风老人年谱》

《顾亭林年谱校补》

《厉樊榭先生年谱》

《孔北海年谱》

《魏文靖公年谱》

《韩翰林诗谱略》

《补辑李忠毅公年谱》

《缪氏考古录》

《蜀石经校记》

《孟子音义札记》

《东都事略校记》

《大金集礼校勘记》

《安禄山事迹校记》

《南朝史精语札记》

《云韬堂绍陶录校记》

《蜀梼杌校记》

《九国志校记》

《金石录札记》

《金石例札记》

《宋台州本荀子与熙宁本同异记》
《邵氏闻见录校记》
《欧阳行周集校记》
《皇甫持正集校记》
《乐章集校勘记》
《文潞公文集校勘记》
《东坡集校记》
《剡源集校记》
《循良传稿》
《羽琌山民逸事》

黄　馥

字筱云，一字幼芳。清武进人。黄曾慰女，江阴金武祥妻。秉承母教，好为韵语。《清代闺阁诗人征略》有传。

怡红轩诗词（一作怡红轩稿）　集部别集类　佚

见民国《江苏省通志稿·列女志》本传。

方仁渊(1844—1926)

又名思梅，字耕霞。江阴人。少攻举业，笃好经史诗文。壮年从名医邵杏泉学，于常熟城挂牌行医，求诊者踵接。遇疑难大证，必苦思冥索，力求挽救。尝谓为医者，当时时以病人之痛苦为自己之痛苦。暇时与邵松年、俞钟颖、刘石香等诗文酬和。曾创办《常熟医学会刊》共出版26期，为常熟县医学月刊之始。方氏不仅擅长医术，而且工擘窠大字，精于诗词。

舌苔歌诀1卷　子部医家类

清光绪三十四年(1908)常熟方亦政堂刻本，南京图书馆藏。

倚云轩医案、医话、医论　子部医家类

稿本，中医科学院图书馆藏。

新编医方汤头歌诀1卷附舌苔歌1卷　子部医家类

清光绪三十四年常熟方亦政堂刻本，南京图书馆藏。

王旭高临证医案4卷　子部医家类

清王泰林撰　方仁渊参订

(1) 清光绪二十四年方氏倚云吟馆刻本，国家图书馆藏。

(2) 抄本，苏州图书馆藏。

(3) 1934年无锡日升山房刻本。

(4)《珍本医书集成》本。

(5) 1965年上海科技出版社校勘重印本。

(6) 1987年人民卫生出版社张殿民、史兰华点校本(《中医古籍整理丛书》本)。

按：本书为方仁渊将所收集到的王氏医案，经整理，厘为4卷，依类编次，分为26门，每门下加附方氏按语。世称"方本"。其后的刊本对"方本"有所删改。光绪间江阴柳宝治选刻《柳选四家医案》，其中《环溪草堂医案》，大部分内容即取自"方本"。1987年本，以"方本"为底本，参校其他各本，并略有调整。

医方概要　子部医家类

1935年苏州利苏印书社版，上海图书馆藏。

今雨旧雨楼诗集2卷　集部别集类

抄本，中医研究院图书馆藏。

今雨旧雨诗集倚云吟草　集部别集类

1914年倚云吟馆木活字印本，上海图书馆藏。

倚云吟草1卷　集部别集类

(1) 1914年倚云吟馆木活字印《今雨旧雨诗集》附，中国社科院历史所藏。

(2) 抄本，中医研究院图书馆藏。

章钟亮(1845—1909)

字恂斋,一作新斋,一字虞钦,号墨稼,晚号芦髯翁。清江阴人。坊三子。光绪二十年(1894)举人。候选教谕。性和平,生平刻苦嗜学,操守谨严,不苟取与,所学无汉宋门户之见,喜吟咏,工诗古文,辞风华赡,悉以清真雅正为正宗。晚年诸作酷似陆游,时出入于元白之间。著述尤富。曾馆于合肥李氏。科举废后归里,任高等小学长,兼任修身学科,前后三年。以子宸治赠奉政大夫。章锡彭等编《江阴章氏支谱》卷8有张之纯撰传。

光绪二十年甲午科江南乡试硃卷1卷　史部传记类

清光绪间刻本,上海图书馆藏。

纪元编1卷　史部编年类

修身教科书　子部儒学类

墨稼庐文存2卷　集部别集类

墨稼庐诗草5卷　集部别集类

宣哲集14卷　集部别集类

以上5种见民国《江阴县续志·文苑》本传。

墨痴倡和集2卷　集部总集类

清章钟亮、张之纯撰

清光绪二十九年(1903)木活字本。

按:张之纯号痴山,此合两人之作而成集。《澄江咏古录》卷中云:“老辈风流缅昔时,墨痴唱和擅诗词,阴垂桃李门墙盛,几见传薪接我师。”

墨稼庐词存1卷　集部词曲类

见民国《江阴县续志·文苑》本传。

按:《江阴章氏支谱》卷11收其文1篇,卷12收其诗13首。

墨稼庐遗集5卷　集部别集类

陶社木活字印本,常熟市图书馆藏。

张洵佳(1845—?)

字少泉，晚清江阴华墅镇人。同治十二年(1873)优贡，历署河南上蔡、宁陵、陈留知县。光绪二十一年(1895)归里，曾掌教梁丰书院，精通医学。

张氏宗谱4卷　史部传记类

1939年抄本，上海图书馆藏。

按：该谱系1921年续修，修成后未及刊印，此次钞写，生卒年月填至1937年。内容依次为卷一遗训、家训、规约、仪注等，卷二系表，卷三行述、墓铭、祭文，卷四诗文。

爱吾庐诗钞6卷　集部别集类

(1) 清光绪三十三年铅印本，上海图书馆藏。

(2) 清宣统二年(1910)铅印本，国家图书馆藏。

子目：

《篚余集》1卷

《游梁集》1卷

《沧海归帆集》1卷

《归田集》1卷

《论古》上、下集

向　高

字仰止。清江阴人。同治九年(1870)举人。性耿介。读书教授，不履公庭。临川李联琇学使嘉其学行，延课侄辈。光绪间曾任《江阴县志》分纂。著作多劫于火。卒年70。

周礼考工记注疏汇解　经部周礼类　佚

春秋四传汇解　经部春秋总义类　佚

以上2种见民国《江阴县续志·行谊》本传。

寄生吟草1卷　集部别集类　佚

见民国《江阴县续志》卷20。

文选批本　集部总集类　佚

见民国《江阴县续志·行谊》本传。

陈熙治

字翔翰。清江阴人。同治九年(1870)举人,考取内阁中书,少负隽才,生平博览群籍。于《说文》许氏学考核详细,能解前人所未解。合肥李瀚章闻其名,延至两湖督署,诲其子。归,掌礼教,延书院,崇尚理法,犹有先正遗风。

同治九年庚午科并补元年壬戌恩科江南乡试硃卷1卷　史部传记类

清同治间刻本,上海图书馆藏。

燕侨斋剩稿1卷　集部别集类

抄本。见民国《江阴县续志》卷20,云:此编录熙治杂存诗文词并日记共一册。

燕侨斋试帖1卷　集部别集类

清光绪二十七年(1901)石印本,北京大学图书馆藏。

燕侨斋文剩1卷词1卷　丛书类

《陶社丛书》本。

吴云阶

字泰符。清江阴人。复札子。附贡生。为人和易,好施与,不居名。从承培元游,通声音训诂之学。著作经乱散佚。以孙增甲赠通议大夫翰林院编修加四级。

毛诗音义　经部诗经类　佚

见民国《江阴县续志》卷20。

夏子沐(1846—?)

字飏初。清江阴人。优廪贡生,候选训导。例授奉政大夫,五品衔。

江阴夏氏宗谱18卷首1卷　史部传记类

清光绪十六年(1890)夏子沐刻本,南京图书馆藏。

按:此谱前6卷为夏氏世系、世录,卷7卷8为志传行状。卷14为著述,征引备家序跋甚详。卷15至18为文辞诗词。夏子沐撰跋文对《夏氏宗谱》纂修经过叙述甚详。

浣玉轩集4卷　集部别集类

清夏敬渠撰　清夏子沐辑

清光绪十六年刻本,复旦大学图书馆藏。

缪珠荪

字霞珍,一字稚青。清江阴人。玉藻女,荃孙堂妹,金匮邓乃溥妻。少孤,鞠于伯父,暇辄吟咏。嫁邓氏后,有闺房唱和之乐。其词秀倩可读。以娩难卒。《云自有龛随笔》有传。

霞珍词1卷　集部词曲类

《小檀栾室汇刻闺秀词》本。

章锡智(1847—1896)

字哲望,号寄渔。清江阴人。仁基长子。廪膳生,议叙九品,例授登仕郎,六品封典,赠儒林郎。性爽直,好施与,教子甚严,一以行己立身为本。通六书,善铁笔,兼工绘画,尤擅长画梅。喜作折技小品,有逸致,时或纵笔为之,得金农遗意。《江阴章氏支谱》卷8有清陈宗彝撰传。

训子遗言1卷　子部儒学类　佚

楹联随笔1卷　子部艺术类　佚

以上2种见章锡彭《江阴章氏支谱》卷5。

缪祐孙(1847? —1890?)

字柚丞,一作右岑,又作柚岑。清江阴人。荃孙堂弟。弱冠游学金陵,以书院课文见赏。又与同学冯煦、顾云、刘寿曾等相切磋,学益进。光绪十二年(1886)进士。点户部主事,旋考取外国游历员。十三年七月游历俄国,历时二年。后调任总理衙门章京,升员外郎。工诗文,擅绘画。中风疾而卒,年44。

汉书引经异文录证6卷　史部正史类

(1) 稿本,北京大学图书馆藏。

(2) 清光绪十一年刻本,南京图书馆藏。

按:民国《江阴县续志》本传作《汉书引经考证》10卷。

光绪十二年丙戌科会试硃卷1卷　史部传记类

清光绪间刻本,上海图书馆藏。

光绪八年壬午科顺天乡试硃卷1卷　史部传记类

清光绪间刻本,上海图书馆藏。

俄游汇编　史部地理类

(一) 稿本,不分卷,北京大学图书馆藏。1987年天津古籍出版社出版《北京大学图书馆馆藏稿本丛书》本影印。

(二) 12卷本

(1) 清稿本,上海图书馆藏。

(2) 清光绪十五年秀文书局石印本,南京图书馆藏。

(3) 清光绪二十四年上海书局石印本。

(4) 台北《近代中国史料丛刊》本。

(5) 2017年岳麓书社出版《走向世界丛书》本。

按:汇集了作者游历俄国两年,对俄罗斯的军事、历史、疆域、道路、山川、经济、人文等方面考察调研的成果,以及记录考察过程的日记等。

(三) 8卷本

(1) 清光绪二十一年上海江左书林石印本,上海图书馆藏。

（2）清光绪二十四年上海书局石印本，南京图书馆藏。

（3）清光绪三十年石印巾箱本。

按：12 卷本、8 卷本卷次不同，但内容完全相同。8 卷本将 12 卷本之卷 7 山形志、水道纪，与卷 8 之舟师实、陆军制、户口略合并为 1 卷。又将 12 卷本之卷 9、10、11、12 共四卷日记合并为 1 卷。

（四）《小方壶斋舆地丛抄》本。选目如下：

《俄罗斯源流考》1 卷

《取悉毕尔始末记》1 卷

《取中亚细亚始末记》1 卷

《俄罗斯疆域编》1 卷

《通俄道里表》1 卷

《俄罗斯山形志》1 卷

《俄罗斯水道记》1 卷

《俄罗斯户口略》1 卷

《俄游日记》1 卷

按：丛抄本系从《俄游汇编》中抄出，未抄原书之铁路表、舟师实、陆军制三种。

俄游日记 4 卷　史部地理类

（1）稿本，北京大学图书馆藏。

（2）清光绪间铅印本，上海图书馆藏。

（3）《北京大学图书馆馆藏稿本丛书》本。

俄游日记 1 卷　史部地理类

（1）稿本，北京大学图书馆藏。

（2）《小方壶斋舆地丛抄》本。

（3）《北京大学图书馆馆藏稿本丛书》本。

俄游日记 3 卷　史部地理类

清光绪间铅印本，国家图书馆藏。

江阴缪氏藏书目 1 卷　史部目录类

稿本，北京大学图书馆藏。

柚岑诗钞 1 卷　集部别集类

稿本(陈国璋题诗)，北京大学图书馆藏。

思误书室赋钞 1 卷　集部别集类

抄本，北京大学图书馆藏。

缪氏制艺稿 1 卷　集部别集类

稿本，北京大学图书馆藏。

章锡恭(1849—1903)

字寿甫，号菊泉。清江阴人。仁基次子，锡智弟。例贡生。候选光禄寺署正，诰授奉政大夫。精医术，尤善疡科、喉齿科。《江阴章氏支谱》卷 8 有清章元治撰传。

医科心得 2 卷　子部医家类　佚

见《江阴章氏支谱》卷 5。

缪　楷

字啸仙。清江阴人。光绪二十三年(1897)拔贡。就职直州判。性孝善。甫成童，能背诵十三经，故精于经学，廷试归，多病，闭户潜修，著述日富。

诗经大义 8 卷　经部诗经类

见民国《江阴县续志》卷 20。

尔雅稗疏 4 卷　经部尔雅类

《南菁札记》本。

按：民国《江阴县续志》卷 20 著录作 2 卷。

经余随笔 2 卷　经部群经总义类

(1)《陶社丛书》本。

(2) 台北《丛书集成续编》本。

玉篇笺证 10 卷　经部小学类

江阴方言 1 卷　经部小学类

以上 2 种均见民国《江阴县续志》卷 20。

按:民国志谓其《江阴方言》1 卷“刻入志”,此当指本志卷 9《风俗志》中“方言”一门。

章钟颖(1850—?)

字欲仙,亦作毓仙,号毓千。清江阴人。同瑞四弟。考取国子监肄业生,候选翰林院待诏,例授登仕郎,貤封奉政大夫。

江阴章氏支谱 10 卷首 1 卷　史部传记类

章钟颖主修　章锡彭主纂

清宣统三年(1911)刻本,南京图书馆藏。

陈毓英

字景伊。清江阴人。江西候补府经历。

梦兰仙馆诗草 1 卷　集部别集类

见民国《江阴县续志》卷 20。

杨敦诗

字芝香。清江阴人。光绪七年(1881)恩贡。就职直隶州州判。能文,喜吟咏。师事郑经,郑称为“纯粹书生”。三官镇创设培善堂,凡保婴恤孤、宣讲乡约等事,皆谨承师志,实力奉行。

周易纂语　经部易类　佚

毛诗纂语　经部诗经类　佚

春秋纂语　经部春秋总义类　佚

四子书纂语　子部儒学类　佚

云怡斋诗草　集部别集类　佚

以上 5 种见民国《江阴县续志》卷 16 本传。

章钟祜(1853—1897)

字绍庚，号翼苏。清江阴人。型长子。幼承家学，专攻举业，入南菁书院肄业，为王闿运等器重。光绪十五年(1889)恩科举人。授奉直大夫，拣选知县。刻苦绩学，能文，尤擅长词章乐府。《江阴章氏支谱》卷8有清王家枚撰传。

如轲轩文赋诗稿3卷(一作4卷)　集部别集类

三国志小乐府1卷　集部别集类

五代史小乐府1卷　集部别集类

以上3种见《江阴章氏支谱》卷5。

谢光绮

原名崧，字方山。清江阴人。舲子。寄籍顺天，廪贡生。兵部候补主事，职方司行走，广西盐法道，赏戴花翎。富收藏，有书名，喜画兰，诗宗杜甫，一时有三绝之称。桂林名胜处题咏殆遍，皆楷书石刻。

志别录2卷　子部典故类

清谢光绮编

清光绪十五年(1889)桂林刻本。

迟粤集　集部别集类

耐岁寒草　集部别集类

以上2种均为稿本，见民国《江阴县续志》卷20。

方山诗钞不分卷　集部别集类

清光绪元年刻本，无锡市图书馆藏。

篷吟草1卷　集部别集类

清光绪十九年京师刻本，国家图书馆藏。

张森玉

字宝书。清江阴人。道光二十七年(1847)诸生。

数学超凡14卷　子部历算类

清缪楷抄藏本，见民国《江阴县续志》卷20及金武祥《江阴艺文志补》。

杨家麟

字石卿。清江阴人。附贡生，擅铁笔。年24应县试，列前茅。忽闻弟乘汽轮失事。捐试事，觅得弟尸，棺殓以归。后游幕吉林。父卒讣至，值战乱，道阻不通。日夜哀泣，病卒于吉林道署。

吉林成案汇编　史部政书类

清杨家麟辑

见民国《江阴县续志·孝弟》本传。

史余萃览4卷　史部杂史类

《申报馆丛书续集》本。

胜国文徵4卷　史部杂史类

《申报馆丛书》本。

倚云轩印谱1卷　子部艺术类

稿本，见民国《江阴县续志》卷20。

印存6册　子部艺术类

见民国《江阴县续志·孝弟》本传。

张之纯(1854—?)

字尔常，号痴山。江阴人。光绪二十六年(1900)恩贡，安徽候补州判。

春秋繁露1卷　经部春秋总义类

《评注诸子菁华录》本。

文字源流　经部小学类

1926年商务印书馆版，南京图书馆藏。

按：该书共5章，讲述文字的起源、类别、变迁，以及文字学上其他的必须的知识等。

文字源流参考书1卷　经部小学类

1925年上海商务印书馆铅印本，湖南省图书馆藏。

篆法辨诀1卷　经部小学类

清承培元撰　张之纯注

(1) 不分卷，清咸丰间刻本，中国科学院图书馆藏。

(2) 不分卷，清末刻本，国家图书馆藏。

(3) 1913年刊本。

江阴倭寇旧闻不分卷　史部传记类

1919年铅印本，南京图书馆藏。

此书记载明嘉靖三十二年(1553)至三十七年间倭寇进犯江阴以及江阴军民奋勇守城之事。

赵焕文殉节纪1卷　史部传记类

1915年铅印本，上海图书馆藏。

评注诸子菁华录18种　丛书类

张之纯评注

(1) 1918年12月商务印书馆初版。

(2) 1919年11月商务印书馆再版。

子目：

儒家5种

《晏子春秋》1卷　周晏婴撰

《荀子》1卷　周荀况撰

《贾子新书》1卷　汉贾谊撰

《春秋繁露》1卷　汉董仲舒撰

《扬子法言》1卷　汉扬雄撰

道家5种

《老子》2卷　周李耳撰

《文子》1卷　周辛钘撰

《庄子》3卷　周庄周撰

《列子》1卷　周列御寇撰

《鹖冠子》1卷

法家3种

《管子》1卷　周管仲撰

《商君书》1卷　周商鞅撰

《韩非子》1卷　周韩非撰

墨家1种

《墨子》1卷　周墨翟撰

杂家3种

《尸子》1卷　周尸佼撰

《吕氏春秋》1卷　秦吕不韦撰

《淮南子》1卷　汉刘安撰

兵家1种

《孙子》1卷　周孙武撰

痴山随笔2卷　子部杂学类

铅印本，南京图书馆藏。

张水南文集11卷张氏吉光集2卷　集部别集类

明张衮撰　（张氏吉光集）张之纯辑

1914年江阴张氏木活字印本，北京大学图书馆藏。

中国文学史　集部诗文评类

1922年版商务印书馆，南京图书馆藏。

墨痴唱和集　集部别集类

（1）2卷，清光绪二十九年刻本，南京图书馆藏。

（2）1卷，清光绪间刻本，南京图书馆藏。

章际治（1855—1923）

字琴若，一字岑石。清江阴人。光绪二十四年（1898）进士。朝考一等，点翰林院庶吉士，授编修，派京师大学堂分教习、军机处存记、江苏南菁文科高等学堂监督、江苏谘议局议员。喜藏书，于经学一门尤能融会贯通。幼喜习算学，后肄业南菁书院，曾从英人傅兰雅游，学大进。购置中西算书，补缺正讹。卒，门人以其清白守节、内外如一，私谥曰贞悫。

光绪二十四年戊戌科会试硃卷 1 卷　史部传记类

清光绪间刻本，上海图书馆藏。

光绪八年壬午科江南乡试硃卷 1 卷　史部传记类

清光绪间刻本，上海图书馆藏。

藏书目录　史部目录类

见《江阴章氏支谱》卷 10 本书序。

笔算备旨 2 卷　子部历算类

数学备旨 2 卷　子部历算类

代数备旨 2 卷　子部历算类

浮翠舫杂著 2 卷　子部杂学类

浮翠舫诗文集 2 卷　集部别集类

以上 5 种见《江阴章氏支谱》卷 4。支谱收其文 6 篇，收其诗 1 首。

章锡明(1856—?)

原名锡元。字成望，一字诚昉。清江阴人。振基长子。附贡生。国子监典籍衔，候选训导，例授修职郎。性坦率，安分安贫，不慕荣利，古文词以淡远胜，诗以隽永胜。

楹联随笔　子部艺术类　佚

皖游笔记　子部杂学类　佚

倦游室诗草　集部别集类　佚

以上 3 种见《江阴章氏支谱》卷 5。卷 12 收其诗 2 首。

夏孙桐(1857—1941)

字闰枝。江阴人。诒钰子。光绪八年(1882)举人,后移居京师,捐主事。十八年中进士。授翰林院编修。历充乡试、会试考官。三十三年以京察记名简授浙江湖州知府。其间先摄宁波知府。调撮杭州。辛亥革命后避地上海,聘修《清史稿》。后又佐徐世昌辑《晚晴簃诗汇》及《清儒学案》。1915年袁世凯筹划帝制,夏深恶痛之,乃离京远走。与章太炎、蔡元培、叶恭绰、梁启超等均有诗文信札往还。文集卷首有1939年撰自述。

光绪十八年壬辰科会试硃卷1卷　史部传记类

清光绪间刻本,上海图书馆藏。

光绪八年壬午科江南乡试硃卷1卷　史部传记类

清光绪间刻本,上海图书馆藏。

旧京琐记10卷　史部杂史类

民国间刻本,南京图书馆藏。

清史稿529卷　史部正史类

赵尔巽、夏孙桐等总纂

(1) 关外一次本。

(2) 关内本。

(3) 关外二次本。

(4) 1977年中华书局标点本。

(5) 1986年上海古籍出版社、上海书店合印《新编二十五史》本。

按:夏孙桐除对《清史稿》编纂多所规划外,还纂修《诸臣传》中嘉庆、道光、咸丰、同治四朝,又复辑《循吏传》《艺术传》。其《观所尚斋文存》卷6有《清史馆上赵馆长书》等文,专论本书修纂事宜。张舜徽《清人文集别录》卷23云:"如此忠告之辞,在当时诚为罕见,可谓尽心于修史之役矣。即以所据书法凡例、编辑大意以及传志、说帖诸篇而论,亦复熟谙史例,通知著述之法。孙桐自通籍后,入翰林,留馆职十余年,究悉往事，尤习知嘉、道、咸、同、光、宣诸朝掌故，故整齐旧传，易于为役。”

清儒学案 208 卷　史部传记类

(1) 1939 年北京文楷斋刻本，南京图书馆藏。

(2) 1959 年、1985 年北京中国书店重印本。

(3) 1990 年中国书店《海王村古籍丛刊》本。

按：此书署徐世昌编，实成于夏孙桐之手。《观所尚斋文存》卷 6 有《拟清儒学案凡例》等文，专论本书编纂事宜。

西国政艺通考　史部政书类

见“自述”。

辛丑广东乡试录　史部政书类

夏孙桐等辑

见《观所尚斋文存》卷 2 本书序。此为光绪二十七年充广东乡试副考官时所辑。

观所尚斋诗存 2 卷补遗 1 卷文存 7 卷　集部别集类

(1) 1939 年中华书局铅印本，国家图书馆藏。

(2) 2017 年广陵书社出版《民国诗集选刊》本。

按：书前有俞陛云序，又 1939 年闰盦老人八十三岁自识，称“平生足迹半海内，远而桂岭，近而杭湖”，诗起光绪十二年，止 1938 年，补遗为少作及删存之诗，文存录赋、论、序、记、跋、传、书、杂著等 96 篇。

晚晴簃诗汇 200 卷　集部总集类

(1) 1928 年退耕堂刻本，复旦大学图书馆藏。

(2) 1989 年中国书店影印退耕堂本。

(3) 1990 年中华书局点校本。

按：此书署徐世昌辑，实由夏孙桐等助成之。

悔龛词 1 卷续 1 卷观所尚斋文存补遗 1 卷　集部别集类

铅印本，南京图书馆藏。

悔龛词 1 卷　集部词曲类

《彊村遗书·沧海遗音集》本。

烟沽渔唱5卷　集部词曲类

朱祖谋、夏孙桐编选

1933年天津须社铅印本，南京图书馆藏。

按：是集为词社社课之选。民国十七年（1928）夏至二十年（1931）春，寓居天津的林葆恒、郭则沄诸词人结为须社，每月三聚首，限调限题填词，三年间凡百集会，得词千阕，影响颇巨。大江南北社外词人闻声相和者亦甚众。须社之后，沪之沤社、宁之如社、沪之声社、午社接踵而起。本书前有"须社词侣题名"，凡20家：陈恩澍、查尔崇、李孺、章珏、周登皞、白廷夔、杨寿枬、林葆恒、王承垣、郭崇熙、徐沅、陈实铭、周学渊、许钟璐、胡嗣瑗、陈曾寿、李书勋、郭则沄、唐兰、周伟。又有"社外词侣题名"，为陈宝琛、樊增祥、夏孙桐，夏敬观等13人。前六十集诸作由朱祖谋选定，后四十集诸作由夏孙桐选定。二十集为一卷，凡五卷。社外词人相和之作皆附录于每集之后。另有非社课分题之什，别为二卷附后（刊本未见）。以诸词人追汐社之遗风，啸傲沧鸥之畔，喁于烟汐之间，故名之曰《烟沽渔唱》。

徐浚明

清江阴人。

（光绪）梧塍徐氏宗谱35卷　史部传记类

徐浚明修

清光绪三十二年（1907）木活字本，上海图书馆藏。

何彦升(1860—1910)

原名彦谷，守秋荤。清江阴人。栻子。光绪十五年（1889）副贡。随铁岭杨儒使美国、日本、秘鲁等国。摄古巴总领事。旋随使俄粤，参与海牙和平会议第一次会议。二十九年授山东登莱青胶道兼东海关监督。有惠政。三十四年擢直隶按察使，迁甘肃布政使，再擢新疆巡抚，卒于凉州行馆。早困科场，长历中外，晚任疆圻，未尝废学。途经无所不窥。笺记诗赋，文藻烂然。而尤究心考订。

群经训纂　经部群经总义类

汉书音义证补　史部正史类

佚籍钩沉　史部目录类

斑蚃　子部兵书类

以上4种见民国《江阴县续志》卷20。

章锡彭(1860—?)

原名锡朋。字咏莪，号祖龄。清江阴人。优廪贡生，选用训导，例授修职郎。性警敏，少孤贫，苦励学，幼即能文，诗文以才华胜。工书擅长楷法，有赵孟𫖯风骨。喜于纨扇作蝇头字，人皆宝之。

江阴章氏支谱16卷卷首1卷　史部传记类

章钟颖主修　章锡彭主纂

清宣统三年(1911)木活字印本(书名据书签题)，南京图书馆藏。

按：其中卷10、卷12收本族人所撰文与诗词。又支谱卷8、卷10收其文2篇。

梅文明

字笑山。清江阴人。光绪十一年(1885)举人。博涉书史。擅长骈散文。会试屡不售，馆延庆州数年，得燕赵慷慨悲歌之概，故其所为诗尤有奇杰气。与同里朱尔楷友善，诗文亦与齐名。游幕辽东。助李桂林辑《吉林通志》。

吴贞女女贞集1卷　史部传记类

梅文明辑

清光绪十七年刻本，国家图书馆藏。

按：吴氏(1855—?)，刘世榕聘妻。

笑山诗钞4卷　集部别集类

梅文明撰　黄光明辑

抄本，南开大学图书馆。

笑山诗钞 1 卷　集部别集类

梅文明撰　黄光明辑

1919 年章华廷铅印本，国家图书馆藏。

按：此书为《泠陉草》《跧山草》《代谷草》合编而成。

朱尔楷

字敬斋。清江阴人。与同里举人梅文明友善，诗文亦与齐名。

候虫吟诗 3 卷　集部别集类　佚

见民国《江阴县续志》卷 20。

吴文涵(1865—1928)

字王纯。江阴人。邑庠生。从无锡张聿青习医，深得仲景心法。在顾山镇行医，治病多效。1903 年迁常熟。曾举办常熟中医学会，参与编辑《常熟医学月刊》。著有《运气稿》数篇，载于《绍兴医学报》。

张聿青医案 20 卷　子部医家美

清张聿青撰　吴文涵辑

(1) 1918 年江阴吴氏铅印本。

(2) 1923 年再版铅印本。

(3) 1929 年上海萃英书局石印本。

(4) 1935 年重印上海萃英书局石印本。

(5) 1963 年上海科学技术出版社出版标点本。

行素书室医草　子部医家类

见《常熟图书馆藏书目录》。

章元治(1865—?)

字赓墀，一字耕士，号侍丹。锡智长子。清江阴人。宣统元年(1909)恩贡。就职直隶州州判。秉承家学，敦品励行。工诗文，笔意豪放，不落俗套。性嗜酒，微醉，随意吟咏，未尝以绳墨自拘。

秋吟小草　集部别集类

文稿　集部别集类

课鹤草堂课徒草　集部别集类

以上3种见《江阴章氏支谱》卷5。支谱收其文2篇，卷12收其词1首。

金兆芝

字伯豫。清江阴人。武祥长子。

癸卯日记　史部传记类

清光绪二十九年(1903)稿本，收入《江阴金氏家藏稿》本，国家图书馆藏。

按：日记起清光绪二十九年七月，迄同年八月。

记事珠　子部杂学类

清末抄《江阴金氏家藏稿》本，国家图书馆藏。

钱荣国

字缙甫。清江阴人。光绪二十一年(1895)贡生。署苏州府学教授兼教谕。幼读，能通经义，长并通《灵枢》《素问》诸医书。肄业南菁书院，益从事著述。

易经讲义　经部易类　佚

书经讲义　经部尚书类　佚

诗经讲义　经部诗经类　佚

诗经白话解　经部诗经类　佚

礼记丧服传令释　经部礼记类　佚

论孟通俗解　经部四书类　佚

伤寒论汇解　子部医家类　佚

以上7种见民国《江阴县续志》卷15。

诗经白话注 4 卷　经部诗经类

清光绪三十四年江阴礼延学堂刻本，上海图书馆藏。

新增医方汤头歌诀 1 卷经络歌诀 1 卷　子部医家类

清汪昂撰　钱荣国改增

(1) 清宣统元年(1909)蹑云庐刻本，上海图书馆藏。

(2) 1930 年上海大一统书局石印本。

(3) 抄本，上海图书馆藏。

知医捷径不分卷　子部医家类

1924 年江阴钱氏石印本，南京图书馆藏。

按：成书于光绪二十七年，又名《家常必备知医捷径》。本书为医学入门书，钱氏谓书中所述皆医家常法，极浅易。其内容包括脉诊、舌诊、问症、望色、辩证、汗吐下和四法，以及伤寒、温病、内科杂病、妇科诸证的辩证治疗。

春雨堂诗钞　集部别集类

见民国《江阴县续志》卷 15 本传。

字本义 1 卷　丛书类

《陶社丛书》本。

曹　偶

清江阴人。

古春草堂笔记 1 卷　子部小说类

1931 年铅印本，南京图书馆藏。

王家枚(1866—1908.1.18)

字吉臣，号寅孙。清江阴人。泰阶子。光绪二十年(1894)举人。援例签分农部主事。幼慧，年 19 入邑庠，试辄优等，文名藉甚。南菁书院肄业。攻词章骈俪之学，胎息醇古，不作唐以下人语。嗜书成癖，以馆谷之资，尽置书籍，见异编必重价购之。于邑中先辈著作竭意搜罗钞纂，篇幅小者则汇刻之。事详《碑传集三编》卷41缪荃孙《王生吉臣家传》。

显妣章宜人行述1卷　史部传记类

清王家枚、王家枢撰

清光绪二十九年木活字印本，上海图书馆藏。

晋书集注　史部正史类

见民国《江阴县续志》卷15本传。

国朝汉学师承记续编1卷　史部传记类

见《王生吉臣家传》。

息甫先生(贡震)年谱1卷　史部传记类

清光绪二十八年木活字印本，上海图书馆藏。

光绪二十年甲午科江南乡试硃卷1卷　史部传记类

清光绪间刻本，上海图书馆藏。

华墅镇志4卷　史部地理类

见《王生吉臣家传》。

龙砂志略10卷首1卷　史部地理类

清光绪三十三年稿本，中央民族大学图书馆藏。

按：龙砂，即龙山、砂山，在江阴华士镇北。此志卷首凡例、目录，卷一地理(附桥梁)，卷二山川，卷三田赋(附物产)，卷四公廨，卷五祠宇，卷六古迹，卷七风俗，卷八选举，卷九艺文，卷十人物(附杂记)。尹楚兵《江苏艺文志无锡卷补正》称"稿本今存六卷，缺《地理》《田赋》《风俗》《人物》及《杂记》。"

梓里咫闻录2卷　史部地理类

见《王生吉臣家传》。

按：《家传》云："又杂取诸家文集有关于吾邑文献者，条记成帙，于新志所阙者补之，所略者详之。"民国《江阴县续志》卷20谓有稿本。

江阴艺文志2卷校补1卷　史部目录类

金武祥撰　校补王家枚撰

(1)《江阴丛书》本。

(2)《粟香室丛书》本。

(3) 台北《丛书集成续编》本。

(4)《地方经籍志汇编》本。

按:王家枚"校补"一编,计有宋、元、明三朝66家96部,清朝78家119部。

重思斋遗著2卷　集部别集类

(1) 清宣统元年(1909)天全堂木活字印本,复旦大学图书馆藏。

(2)《清代诗文集汇编》本。

龙砂诗存2卷　集部总集类

见民国《江阴县续志》卷20,谓有家藏抄本。

按:此本未见,其所辑诗已收入谢鼎镕《江上诗钞补》。

重思斋丛书　丛书类

清王家枚辑

清光绪中江阴王氏重思斋刻本,国家图书馆藏。

子目:

《定峰文选》2卷　清沙张白撰　清光绪二十四年刻本

《赐书堂诗稿》1卷　清翁照撰　清光绪二十六年刻本

《宛委山房诗词剩稿》1卷　清王堃撰　清光绪二十七年刻本

《青箱室诗钞》1卷　清王泰阶撰　清光绪二十七年刻本

章钟祚(1866—?)

字砚芳,号耕复。清江阴人。型三子,钟祜弟。协参领衔,朝考二等,用教职,署南汇县训导,黑龙江官署二等秘书官,升用知县,任江苏陆军二十三混成协书记官。光绪二十九年(1903)优贡生。性颖敏,幼承家学,博览群书,能文,以才气胜,不拘于绳墨。

光绪二十九年癸卯科江苏优贡卷1卷　史部传记类

清光绪间刻本,上海图书馆藏。

古文奏记存稿　史部政书类　佚

黑龙江官制编　史部政书类　佚

历史地理教科书　史部地理书　佚

师涤轩杂著　子部杂学类　佚

覆瓿集　集部别集类　佚

寄庐诗草　集部别集类　佚

书札汇编　集部别集类　佚

以上7种见《江阴章氏支谱》卷5。卷12收其诗1首。

曹家达(1868—1938)

字颖甫，又字尹季、尹孚，号鹏南，晚署拙巢老人。江阴人。光绪二十八年(1902)举人。父秉生，叔朗轩，房师秦芍龄，皆明医理。后肄业南菁书院。山长黄以周乃汉学大师，兼精医学。家达皆承其学。1910年移居上海，曾任上海中医专门学校教授，并在上海慈善团体同仁辅元堂参加医疗工作。日军侵华，江阴沦陷，不屈殉难。家达为方派代表人物，处方用药均依准《伤寒》《金匮》。善词章。诗宗汉魏乐府与渔洋山人。

丁甘仁先生作古纪念录　史部传记类

曹家达编

铅印本。

诸子精华录　子部周秦诸子类

见《中国历代医史》。

曹氏伤寒发微4卷　子部医家类

(1) 1931年上海昌明医药学社铅印本，国家图书馆藏。

(2) 1956年上海千顷堂书局石印本。

(3) 福建科学技术出版社2007年本。

书首有《伤寒论》原序、著者自序、丁仲英序、沈松年序及凡例。卷一至三为太阳、阳明篇，卷四为少阳、太阴、少阴、厥阴、霍乱、阴阳易差后劳复等篇,后附跋。对《伤寒论》原文及方剂进行了阐发,颇能启迪后学,反映了曹氏研究《伤寒论》及临床的心得体会,对学者具有指导意义。注文或参西医说,间有牵强之处。

金匮发微4卷　子部医家类

曹家达注

(1) 1936年上海医学书局铅印本。

(2) 光华医学杂志社铅印本。

(3) 学苑出版社2008年本。

按:该书成于1931年,刊于1936年,曹氏对《金匮要略》二十二篇原文加以注释,力求提要钩玄,不标新立异,亦不泥于一家;既分析精义,又结合临床心得以为佐证,并校订部分原文,纠正前人一些错误或不当的注解。曹氏“发微”亦间以西医解剖、生理知识阐释经义。

曹氏伤寒金匮发微合刊　子部医家类

(1) 1956年上海千顷堂书局铅印本,南京图书馆藏。

(2) 1956—1957年上海卫生出版社铅印本(即前项纸版重印)。

(3) 1956年上海科技出版社铅印本(即前版重印)。

曹颖甫医案　子部医家类

(1) 1925年铅印本。

(2) 1932年苏州国医书社铅印本,收入《王氏医学丛书》。

经方实验录曹颖甫医案　子部医家类

曹家达撰　姜佐景编按

(1) 1937年姜氏医庐铅印本。

(2) 1947年上海千顷堂铅印本。

气听斋诗钞2卷　集部别集类

抄本,镇江市图书馆藏。

笙磬同音集4卷　集部别集类

1911年石印本,中国科学院图书馆藏。

梅花集2卷　集部别集类

1927年铅印本，南京图书馆藏。

气听斋骈文零拾1卷　集部别集类

《陶社丛编》本。

贞园诗钞不分卷　集部别集类

清丁锡彭撰　曹家达选

清末石印本，山东省图书馆藏。

冰庵遗稿2卷　集部别集类

赵清瑞撰　曹家达等辑

1921年铅印本，首都图书馆藏。

南雅集　集部总集类

曹家达编

1918年启明孚记印刷所铅印本，华东师范大学图书馆图书馆藏。

沧社古今诗选　集部总集类

1925年铅印本，南京图书馆藏。

章锡奎(1869—?)

字仰苏，号松庵。清江阴人。永基子。庠生。光绪二十八年(1902)恩正科举人，会试挑取誊录，拣选一等，河南补用知县，加同知衔，教育练习所毕业学员。天性笃诚，力学不倦。工诗古文词，喜作山水，所摹临诸家，能得倪瓒、恽格之神似。

光绪二十八年壬寅补行二十六年庚子二十七年辛丑恩正科江南乡试闱艺1卷　史部传记类

清光绪间刻本，上海图书馆藏。

松盦集3卷续集不分卷　集部别集类

1927年苍石斋铅印本，无锡市图书馆藏。

缪载昌

原名祺，一名载昌，字吉夫。清江阴人。庠生。屡试不中，家计日穷，乃淡于进取，不求闻达。任武进县立第七高小学教务长，任职10余年。好行慈善事。光绪宣统间协办顺直帐务。中年后息影家园，耕读传家。曾协修《缪氏大统宗谱》。

养晦篇20余卷　子部儒学类

见《江左锡山缪氏大统宗谱》卷6李鉴明《载昌先生序略》。

赵清瑞

字冰焕，一作彬焕。清江阴人。光绪十五年(1889)补诸生。

冰庵文抄　集部别集类

冰庵诗抄　集部别集类

以上2种稿本，见民国《江阴县续志》卷20。

胡本绅

原名仁恺，字致尧。江阴人。庠生。幼孤，性狷谨，刻苦嗜学。叔无子，以本绅兼祧。岁试列一等，依次当食饩，限满无缺，适叔故，尽孝，不补。居乡，以信义感人，赈贫恤寡，岁以为常。宣统元年(1909)征召孝廉方正，不就。曾任民国《江阴县续志》采访员。

(江苏江阴)澄江香山胡氏宗谱50卷首1卷　史部传记类

清光绪二十九年(1903)江阴荣寿堂木活字印本，上海图书馆藏。

历代帝王世系纪元汇纂1卷　史部史表类

稿本，见民国《江阴县续志》卷20。

章锡名(1870—?)

原名锡信。字诚叔，一字塍莪，号可嘉。江阴人。仁基三子，锡恭弟。附监生，山东候补知县，法政学堂司法毕业员，诰授奉政大夫。

客中杂录1卷　子部杂学类　佚

见《江阴章氏支谱》卷4。卷11收其文1篇。

戚云门

字楚山。江阴人。

戚云门先生方案　子部医家类

见《江苏历代医人志》。

金　和(1871—1891)

字仲安。清江阴人。武祥子。性少钝。年十五始毕五经,学为制艺。好地理之学,讨究至精。闲喜为诗。自谓有山水缘,多纪游诗。光绪十七年(1891)以疾卒。《粟香室丛书》有金武祥撰事略。

仲安遗草1卷　集部别集类

(1)《粟香室丛书》本。

(2)《江阴丛书》本。

仲安诗稿　集部别集类

清末抄《江阴金氏家藏稿》本,国家图书馆藏。

仲安遗诗　集部别集类

清末绿丝栏稿本,《江阴金氏家藏稿》本,国家图书馆藏。

寄梧轩诗草1卷　集部别集类

稿本,南京图书馆藏。

祝廷华(1871—1939)

字丹卿,号毅丞。江阴人。光绪二十九年(1903)进士。授吏部主事,文选司兼验封司行走。后辞官还乡。辛亥革命前参加同盟会。民国元年(1912)江阴同盟会分部成立,任分部部长。祝廷华致力于兴办地方实业和举办各类学堂。曾任县劝学所所长十多年。抗战期间,日伪威逼其出任"维持会长",遭严词拒绝。

江上诗钞补11卷　集部总集类

祝廷华鉴定　谢鼎镕辑

1931年陶社校印本活字本，附《江上诗钞》后。

怡园剩稿1卷　集部别集类

《陶社丛编》本。

陶社丛书第二集14种　丛书类

祝廷华编

1931年陶社木活字印本，南京图书馆藏。

按：祝廷华在江阴刘伶巷购地20亩，建亭台阁榭、假山曲水俱全的祝氏怡园。光绪三十四年在祝氏怡园内成立诗社陶社。祝廷华任社长。诗社“以正人心、维风教为职志”（祝廷华《江上诗钞跋》）。《陶社丛书》为祝廷华仿《常州先哲遗书》例，选编该丛书未收及同时代江阴文士之著作。南京图书馆所藏为第二集。

子目：

《葛文康小品》不分卷　宋葛胜仲撰

《葛文定文剩》不分卷　宋葛邲撰

《邱文定文剩》不分卷　宋邱密撰

《圆觉居士剩稿》不分卷　明张有誉撰

《杨文定公条记》不分卷　清杨名时撰

《枕虚斋文剩》不分卷　清陈士安撰

《怀椒糈馆杂著》不分卷　清汪廷桂撰

《微月清光室志闻》不分卷　清汪廷桂撰

《撷秀轩随笔》不分卷　清陈静英撰

《徐侍御奏议》不分卷　清徐文洞撰

《陈副宪奏稿》不分卷　清陈名侃撰

《字本义》不分卷　清钱荣国撰

《蓉江诗序腋》不分卷　清顾季慈辑

《无名氏诗》不分卷　按：此收《江上诗钞》不能归类之诗。

朱佩兰

清江阴人。夏某妻。

吟香室遗诗不分卷　集部别集类

1912年石印本,国家图书馆藏。

六祖瀛

字苇杭。清江阴人。光绪十八年(1892)补诸生。

懒吟诗草1卷　集部别集类

见民国《江阴县续志》卷20,谓存稿本。

刘　珏

字步周,号濯足扶桑客。江阴人。游学日本。明治三十六年(1903)回国。勤于笔耕,少年撰述已四十余万言。多年未公诸于世。

国朝史宬拾沉60卷　史部杂史类

时事丛钞4卷　史部杂史类

以上2种见《增注东洋诗史》卷首《濯足扶桑客书目》,谓待印。

蛮触风云录30卷　史部杂史类

海国名媛传2卷　史部传记类

坤舆集要30卷　史部地理类

模黄氏本五省长江图说　史部地理类

皇舆形胜图摘要1册　史部地理类

以上5种见《濯足扶桑客书目》,谓付印。印本今未见。

续万国史记86卷　史部地理类

见《濯足扶桑客书目》,谓待印。

增注东洋诗史3卷　史部地理类

题濯足扶桑客著

清光绪二十九年(1903)江阴中西实学书馆排印本,南京图书馆藏。

按:本书原名《日本竹枝词》,后应日本友人之意改称今名。所咏有日本之历史、地理、人物、风土、名胜及明治维新后之人才政党制度改革诸事。诗缺少神韵,而以征实见长。

续耳谈1卷　子部小说类

见《濯足扶桑客书目》,谓付印。印本今未见。

日东新曲　集部词曲类

(1) 刊载于《扬子江白话报》。

(2) 清光绪三十一年(1905)小说林排印本。

(3) 1936年文盛堂书局排印本。

子目:

《追父》　演菅原刈谷姬事。

《诀儿》　演楠木正成事。

《训子》　演楠夫人事。

《授徒》　演德富苏峰事。

《斥猴》　演武士妻事。

《蹈海》　演橘媛事。

《拒友》　演西乡隆盛事。

《救侠》　演望东尼事。

按:此剧8种总题作《海天啸传奇》,一名《大和魂》。《日东新曲》为其原名。前有作者光绪三十一年自序,谓摭拾东瀛史事,排演成篇,本忠义慈孝之风,写雄武侠烈之概,俾我国上下社会,阅是书者如睹海邦人物,激发武情。后有批注。自序谓"共得杂剧十六出,分为上下二编一。今所传者仅八出,是为上编,下编未刊行。傅惜华《清代杂剧全目》、庄一拂《古典戏曲存目汇考》题作刘珏撰,字步洲。傅惜华云:"虽题为'传奇',然每出各演一事,实杂剧体也。"

麈隐杂著16种20卷　丛书类

见《濯足扶桑客书目》,谓付印。印本今未见。

子目:

《读史卮言》

《时务目论》

《古文》

《骈体》

《熙朝琐记》

《防守江阴条议附图》

《委内瑞拉国志略》

《五洲零拾》

《地理丛谈》

《读书便览》

《苏行日记》

《拥鼻吟》

《鸿雪篇》

《译文新义释》

《廛隐日记》

《廛隐笔记》

郑觐文(1872—1935)

字光裕。江阴人。民族音乐家、古琴演奏家。幼喜民乐,习奏琵琶、古琴。1911年至上海私立仓圣明智大学教授古乐,1920年在上海创立大同乐会。为发展民族音乐作了大量工作。

箫笛新谱　子部艺术类

(1) 1924年出版,馆藏待查。

(2) 1930年文明书局第7版,中国人民大学图书馆藏。

按:内分上、下卷。上卷为箫笛的原理及练习方法,下卷收笛谱34首。郑氏认为在中国民族乐器中,有琴谱、琵琶谱、筝谱等,关于箫笛的谱集则很少见。为了弥补这一空白,郑氏编写了箫和笛在历代的使用情况、箫笛的音位图、吹奏法以及学习时所应该注意的问题,同时提出改革箫笛的主张。

中国音乐史5卷附编2卷　子部艺术类

1929年大同乐会出版，南京图书馆藏。

郑觐文集　集部别集类

2017年重庆出版社出版。

按：《郑觐文集》收录了郑觐文的著作《中国音乐史》《雅乐新编》《箫笛新谱》，郑觐文的文论和演讲稿，以及人们对郑觐文和大同乐会的评论。研究郑觐文的著作可以了解他的音乐思想、音乐理论和实践的建树。其《雅乐新编》的版本馆藏待查。

张南云

江阴人。

张氏吉光集2卷　集部总集类

张南云辑

1914年刻本，附明张衮《张水南集》后。

按：此集收张氏先代之人诗歌杂著，汇为一编。卷上收张谊《宦游纪闻》1卷、张衮《水南翰记》1卷；卷下为"先代遗诗"，收张缙、张昺、张衮、张骥能、张明孺、张嘉孺、张拙、张绍祖、张绍芳、张师召、张镐、张应鼎、张应福、张龙祯、张元升、张耿、张学厚等17人之遗诗或补遗诗。各系以小传。所采均为乾嘉之前人。前有张之纯序，后有张南云识语。其所辑诗后被谢鼎镕采入《江上诗钞补》。

戚金泉

清江阴人。工医。

戚金泉先生方案　子部医家类

见《江苏历代医人志》。

陈常原

原名荣，字声镛。清江阴人。附贡生。为人刚正廉直，并究心经史掌故之学。于近代人中服膺曾国藩，尝撮录其嘉言至行，为座右铭。宣统元年(1909)诏举孝廉方正，力辞不赴，卒年57。

至性堂存稿　集部别集类

见民国《江阴县续志》卷16。

郁闻尧

江阴人。

医界现形记4卷　子部小说类

郁闻尧撰　殷铭甫、沙念勤校订

清光绪三十二年(1906)上海商务印书馆代印铅印本，上海图书馆藏。

吴希萼(1877—1905)

一作希鄂。字铧卿，一字苇青。清江阴人。冠英孙，铭育子。少孤，秉祖教。善丹青，能诗。性聪颖，博闻强识。读书目数行下，虽历久不忘。为人慷爽。体羸多病，年28卒。能诗，多随手弃去，存世者十之一二而已。

劫海吟1卷　集部别集类

1923年铅印本，南京图书馆藏。

按：《劫海吟》一作《崆峒倚剑庐诗集》。谢鼎镕跋云：苇青喜言诗，而体羸善病，不任苦吟。偶有所作，非豪士语，即仙灵语。

章　霖(1877—?)

字肖琴，号慰农。清江阴人。际治长子。优附生。日本宏文学院速成师范科毕业生。东游日本期间，于师范各学科，尤专教育心理诸科。曾任江阴县视学员兼劝学所总董。幼承家学，为文畅茂条达，宗法于方苞、刘大櫆。

扶桑鸿雪日记3卷　史部传记类

参观学堂笔记2卷　子部杂学类

航海诗存1卷　集部别集类

以上3种见《江阴章氏支谱》卷5。支谱收其文15篇，收其诗4首。

按：章霖另编有高等小学中国历史、地理教科书各2卷。

何震彝(1880—1916)

字鬯威，号穆忞。祖籍江阴，生于扬州。彦升子。光绪三十年(1904)进士。官内阁中书、邮传部郎中。幼擅吟咏，性聪颖，读书目数行下，邃经史，工文词，旁及金石彝鼎，精通英语、日语。何氏取《乐府诗集》"鞮芬而狄香"之意和其弟晋彝分别名其读书室为"鞮芬室""狄香室"。何氏藏书丰富，以收藏敦煌卷子出名，后被日本人购去，今藏日本京都藤井氏有邻馆。其弟在其去世后，将4万余册藏书售予涵芬楼，后日军轰炸上海，涵芬楼所藏善本古籍几乎全毁，何氏藏书亦遭灭顶之灾，张元济日记有对其藏书的记载。

三礼微言述　经部三礼总义类

公羊何氏抉微　经部春秋公羊传类

南齐书食货志、刑法志、地志钩沉　史部正史类

以上3种见民国《江阴县续志》卷20。

纳尔逊传　史部传记类

何震彝译

上海商务印书馆本，南京图书馆藏。

学务条议　史部政书类

清光绪三十二年吴云记书局铅印本，国家图书馆藏。

江苏学务总会文牍　史部政书类

沈同芳著，何震彝编纂。

缩微品，国家图书馆藏。

江阴艺文志 4 卷　史部目录类

何震彝撰

《中国科学院文献情报中心藏稀见方志丛刊》本。

唐碑著录　史部金石类

江苏见存石刻目补　史部金石类

以上 2 种见民国《江阴县续志》卷 20。

谤书　子部儒学类

钱瑞生撰　何震彝编次

民国间铅印本，国家图书馆藏。

咎书　子部儒学类

清宣统三年(1911)扬州集贤斋铅印本，国家图书馆藏。

鞮芬室近诗　集部别集类

(1) 清宣统元年铅印本，南京图书馆藏。

(2) 2017 年广陵书社出版《民国诗集选刊》本。

词苑珠尘 1 卷　集部别集类

清光绪三十三年铅印本，国家图书馆藏。

江天清吹　集部别集类

见民国《江阴县续志》卷 20。

一黴尘集 5 卷　集部总集类

何震彝校录

清宣统元年何氏鞮芬室铅印本，南京图书馆藏。

按：此辑王毓菁、陈延铧、梁鸿志、闵尔昌诸人之诗。自序谓："排比写定，得二十人，都若干首。"今见南京图书馆藏本仅 5 卷。自卷 1 至卷 5，卷各一人。

郇园辑雅　集部总集类

清刻本。

诗最　集部总集类

诗董　集部总集类

辽文励　集部总集类

骈体文甄　集部总集类

词林思旧录　集部词曲类

以上5种见民国《江阴县续志》卷20。

韫芬室词甲稿5卷　集部词曲类

(1) 清光绪二十七年铅印本,国家图书馆藏。

(2) 清光绪三十二年铅印本,作1卷,国家图书馆藏。

八十一寒词1卷　集部词曲类

清宣统元年铅印本,南京图书馆藏。

章廷华

原名国华。字绂云。江阴人。宣统元年(1909)举人。附贡生。北京大学堂毕业,以中书科中书用,改度支部七品小京官。后任福建南安知县。少时沉溺帖括,后从林纾学古文。

论文琐言1卷　集部诗文评类

《云在山房丛书》本。

金保恒

字福庭。江阴人。光绪三十年(1904)诸生。

复庵剩墨　集部别集类　佚

见民国《江阴县续志》卷20。

徐再思(1890—1947)

名通。字介常,再思为其笔名。江阴人。报人。曾创办《晶报》三日刊,并先后任江阴《商报》《民声》《大声》《江声》等报副刊主编。1946年9月,江阴新闻记者公会成立,被推为主席。熟谙地方掌故。

江阴战事记不分卷　史部杂史类

(1) 1925 年商报馆出版，南京图书馆藏。

(2) 2007 年厦门大学出版社出版《中国稀见史料》本。

按：本书专记齐卢之战江阴人民所受战争之苦。卷首徐再思撰《缘起》云："我邑惨罹兵灾，所受痛苦深矣。战前备尝拉夫之苦，战时则大遭焚掠之劫。炮火惊天，流弹如雨。置身绝地，生命在呼吸之间。"编者亲身经历了这场战争，事后回忆，有"俨同再世"之感。战后，商报馆钱保和发起编辑江阴战事记，同人遂请徐再思任主编，征集稿件，完成了此书的编辑。主要内容有：战事之起因、战时之要塞、江阴战区战事记、死亡灾民调查补遗、毁屋调查表、战后关于赈恤之紧要公牍等。

澄江旧话不分卷　史部地理类

(1) 1930 年铅印本，南京图书馆藏。

(2) 1999 年中国文联出版社出版。

按：作者熟谙地方掌故，凡本邑风土民情、名人轶事、地方古迹、人物传奇、奇闻趣谈，多成文方便，后辑为此书出版。

刘　复(1891—1934)

原名寿彭。江阴人。文学家、语言学家。生于江阴城内西横街一寒士家庭。光绪三十一年(1905)考入常州府中学堂就读。1911 年初，应翰墨林小学校长之聘，回母校任教。与吴研因等编辑《江阴杂志》。因见吴研因提倡白话文，笔名"咄农"，自谦才识只及吴的一半，故改名"半农"。辛亥革命爆发，毅然去清江参加革命军。后赴上海谋生，进开明剧社任编辑。1917 年在陈独秀主编的《新青年》上先后发表《我之文学改良观》《诗与小说精神上的革新》，响应文学革命的号召。是年夏，应蔡元培之邀，出任国立北京大学预科国文教员。与陈独秀、李大钊、钱玄同等积极从事新文化运动，对社会上的封建复古思想进行批判。1920 年 3 月赴欧深造，初入英国伦敦大学大学院，在语音实验室工作，次年夏转至法国巴黎大学，专攻实验语音学，创声调推断尺和"刘氏音鼓甲钟”。1925年获法国国家文学博士学位，被吸收为巴黎语音学会会员，论文《汉语字声实验录》被列为巴黎大学语音学院丛书之一。同年秋归国，担任多所大学教授，后专任北大中国文学系教授及研究文史部主任，为北大研究所创立语言学实验室。1934年冒暑深入内蒙古一带考察方言方音，不幸染上回归热病，7月病逝。

十韵汇编　经部小学类

刘复等编

1935年国立北京大学出版组石印本，国家图书馆藏。

按：此书以《古逸丛书》覆宋本《广韵》为枢纽，对照排列九种韵书残卷，是研究汉语音韵学的重要资料。

四声实验录　经部小学类

1924年由群益书社出版，南京图书馆藏。

按：作者有感于传统语言学中的四声之说过于主观、模糊，因此利用外国现代化的语音实验仪器(浪纹计)对汉语十二种方言的声调进行了实验研究，写成此书。全书除“引言”和“余论”外，分“声音之断定”“语音与乐音”“浪纹计”“计算与作图”“声音与对数”“已实验的四声”六个部分。第一部分实验说明声音的产生及其因素。这部分还强调指出汉语的声调主要是由音的高低构成的，同时也与音的长短有关。最后一部分是此书的重点，作者对十二种汉语方言进行了科学的实验研究，对每一种方言都分别用分图、总图、五线谱、标声符号，四个部分把汉语声调的高低、长短、曲直、强弱一一标明作为实录，故名《四声实验录》。这是我国第一部实验语音学作品，它第一次为汉语的声调提供了“量”(数)的和“型”(图)的依据，它对当时的国语统一运动和后来的推广普通话都起了重要作用。1950年中华书局重印。

汉语字声试验录(法文)　经部小学类

1925年法文初版。

按：馆藏单位待查，此见“孔夫子旧书网”。《刘半农年谱》云：“作为法国巴黎大学语音学院丛书之一种在法国初版，署名刘复，国内由群益书社和北新书局代售。”

比较语音学概要　经部小学类

法保尔·巴西著　刘复译

(1) 1930 年商务印书馆出版，南京图书馆藏。1933 年重印。

(2) 1971 年台北泰顺书局出版。

(3) 2013 年东方出版社出版《民国大学丛书》本。

(4) 2013 年商务印书馆出版《汉译世界学术名著丛书》本。2017 年重印。

按：1933 年年作为中华教育文化基金董事会编委会主编《大学丛书》之一，由上海商务印书馆再版。赵元任作序，书分引言、本书之取旨、语言之构成、语音中的节落等。

宋元以来俗字谱　经部小学类

刘复、李家瑞合编

(1) 1930 年国立中央研究院历史语言研究所铅印本，清华大学图书馆藏。

(2) 1957 年文字改革出版社出版。

按：该书收集宋刊古书《古列女传》《大唐三藏取经诗话》等 12 种戏曲、小说中出现的俗字，从中可以了解八九百年以来简化字的演变过程。

中国文法通论　经部小学类

(1) 1919 年北京大学出版部铅印本，南京大学图书馆藏。

(2) 1920 上海群益书社铅印本，复旦大学图书馆藏。

(3) 1921 上海群益书社铅印本，吉林大学图书馆藏。

(4) 1924 上海群益书社铅印本，复旦大学图书馆藏。

(5) 2012 年岳麓书社出版。

国语运动略史(法文)　经部小学类

在法国用法文初版。

按：馆藏单位待查，此见“孔夫子旧书网”。其提要有 1925 年上海群益书社抽印本，见“民国图书数据库”。《刘半农年谱》“在巴黎初版，署名刘复，国内由群益书社和北新书局代售”。

中国文法讲话　经部小学类

（1）1932年上海北新书局初版，南京图书馆藏。

（2）1937年上海北新书局四版，见“民国图书数据库”。

（3）1946年上海北新书局出版，南京图书馆藏。

按：本书分“总说”“名词及代词”两部分。体例与作者的《中国文法通论》大体相同，因为该书是为高中生所写，所以“讲话大半仍通行文法书之旧，旧说之可信者悉采之”。该书仅系上册，后未及续写。

赛金花本事　史部传记类

刘半农初纂，商鸿逵纂就

（1）1934年星云堂书店发行，南京图书馆藏。

（2）1985年岳麓书社出版。

（3）2006年中国人民大学出版社出版。

（4）2012年江西教育出版社出版。

（5）2016年中央编译出版社出版。

按：该书有商鸿逵序、插图，讲述赛金花一生传奇故事，末附年表。

太平天国有趣文件十六种　史部政书类

刘复编

1926年上海北新书局初版，国家图书馆藏。

半农谈影　子部艺术类

（1）1927年北京真光摄影社初版。

（2）1928年开明书店再版。

（3）1930年上海开明书店三版，南京图书馆藏。

（4）中国摄影出版社2000年版，国家图书馆藏。

按：该书叙述了对摄影的看法和一些美术摄影的基本法则，其摄影构图理论对后来的艺术摄影有着一定的影响，为我国二三十年代的摄影艺术理论的发展奠定了基础。初版、再版馆藏待查，再版见“孔夫子旧书网”。

北京光社年鉴(第1册)　子部艺术类

刘复编

1928光社出版。影印光社社员1927年作品。见“民国图书数据库”。

敦煌掇琐　子部杂学类

刘复编著

(1) 民国间国立中央研究院历史语言研究所专刊,南京师范大学图书馆藏。

(2) 1957年中国科学院考古研究所编辑室重印。

(3) 1980年商务印书馆出版。

(4) 1984年台湾“中央研究院”历史语言研究所出版。

(5) 1985年台湾新文丰出版有限公司出版《敦煌丛刊初集》本。

(6) 1999年甘肃文化出版社出版《中国西北文献丛书续编》本。

按:书分上、中、下三辑,分别于1925年、1932年、1934年出版。上辑刻本,为有关民间文学的写本,如俗赋、变文、曲子词等,普通刻印,中辑双色套印有版画,为关于社会情事的写本,如户籍、契约等;下辑木活字本,为语言文字的写本,如韵书、字书等。

何典　子部小说类

清张南庄原著　刘半农标点

(1) 1926年北新书局初版。

(2) 1929年北新书局版,南京图书馆藏。

(3) 1969年台北东方文化书局影印本。

按:此书从人们读之生疑的角度命名。古时为文,讲究语出经典,不从流俗。而是书用俗语谚语,写阴曹地府的鬼怪之事,幽默滑稽,读之不禁发问“语出何典?”即以为名。

茶花女　子部小说类

法小仲马著　刘半农译

1926年北新书局初版，南京图书馆藏（未注明出版时间）。

法国短篇小说集　子部小说类

刘半农译

1927年北新书局出版，清华大学图书馆藏。

按：参见《刘半农年谱》。该书作为北京中法大学丛书之一，由北新书局初版。收拉萨尔的《狗约》，那法尔的《不幸的情人》《小兄弟的罪恶》，服尔德的《若脑与戈兰》《八巴贝克与法奇尔》，底得罗的《戈姆与尸体》，嚣俄的《克洛特格欧》，弗洛倍尔的《游地狱记》，阿雷费的《梦》，左拉的《失业》《猫的天堂》《爱情的小蓝外套的故事》，丹梭询《黑珠》，阿雷司的《邮电局里的女职员》等。

新诗歌集　集部别集类

1925年版，参见《刘半农年谱》。

瓦釜集 集部别集类

1926年北新书局出版，国家图书馆藏。

按：方言民歌集，该诗集封面题字钱玄同，选器马叔平，制篆陈万里，序歌周作人。收1917—1925年所作诗歌120首。

扬鞭集3卷　集部别集类

（1）1926年北京北新书局出版，南京图书馆藏。

（2）1998年中国文联出版公司出版（《中国现代诗歌名家名作原版库》）。

（3）2000年河北少年儿童出版社出版。

（4）2000年新疆青少年出版社（《中华文学名著百部》）。

（5）2009年辽海出版社出版。

（6）内蒙古少年儿童出版社出版（《新课标学生必读名家名作原版库》），出版年份待查。

按：刘半农在序中称这本诗集是他将“十年以来所做所译的诗歌小品，删存若干首，按时期先后编为一集，即用第一首诗第一二两字定名为‘扬鞭’”。

半农杂文　集部别集类

(1) 1934 年北京星云堂书店初版,国家图书馆藏。

(2) 1994 年河北教育出版社出版。

(3) 2018 年海燕出版社初版。

署名刘复,收《自序》"著者小影二帧"并文章 45 篇。

半农杂文二集　集部别集类

(1) 1935 年良友图书印刷公司版,南京图书馆藏。

(2) 1983 年上海书店出版(《中国现代文学史参考资料》)。

中国杂文:刘半农集　集部别集类

2015 吉林出版集团有限责任公司出版。

初期白话诗稿　集部总集类

刘半农编

(1) 1933 年影印本,国家图书馆藏。

(2) 1984 年书目文献出版社影印本。

(3) 2010 年北京出版社影印本。

按:收录李大钊、沈尹默、沈兼士、周作人、胡适、陈衡哲、鲁迅、陈独秀等八人诗歌。

国外民歌译第 1 集　集部总集类

1927 年北新书局初版。

按:此集收国外民歌 36 首,有周作人序。

中国俗曲总目稿　集部词曲类

刘复、李家瑞合编

(1) 1932 年国立中央研究院历史语言研究所铅印本,南京图书馆藏。

(2) 1973 年台北文海出版社影印本。

(3) 1993 年台北"中研院"历史语言研究所影印本。

(4) 2011 国家图书馆出版社《民国文献资料丛编》影印本。

(5) 2011 年台中文听阁图书有限公司出版《民国时期文学研究丛

书》影印本。

按:作者说:“我们从民国十七年冬季开始工作,一面编目,一面采访搜集,到现在排印完毕出版,共费了三年多功夫。”本总目收录河北、江苏、广东、四川、福建、山东、河南、云南、湖北、安徽、江西等11省的俗曲六千多种。全书按曲名字数多寡排列,每一曲本又注明版本、卷页、流行地区,并引用开首的几句唱词。

刘天华(1895—1932)

字寿椿。江阴人。民族音乐家、民乐作曲家、演奏家。父宝珊为清末秀才。复弟。自幼对音乐有浓厚的兴趣,经常聆听庙会、宗教场合的民间音乐。1909年考入常州府中学,习奏各式铜管乐器,初步学习西洋音乐的乐理等知识。1922年春受聘为北大“音乐研究会”琵琶导师,仍坚持向民间艺人、外国学者学习音乐艺术、理论。1927年间与吴卓生、柯政和等联名发起成立“爱美乐社”,创办社刊《新乐潮》,同时酝酿成立“国乐改进社”,强调“借助西乐,研究国乐”。1932年因前往天桥听锣鼓谱感染猩红热,医治无效去世。

梅兰芳歌曲谱附五线谱　子部艺术类

刘天华记谱　齐如山、徐兰园、马宝明参订

(1) 1930年石印本,南京图书馆藏。

(2) 1943年国剧研究社出版,南京图书馆藏。

(3) 2018年山西人民出版社、三晋出版社出版《近代散佚戏曲文献集成·名家文献编》本。

二胡练习谱　子部艺术类

刘天华编　陈振铎选

民国间河北省立女子师范学院石印本,国家图书馆藏。

安次县吵子会乐谱　子部艺术类

佛曲谱　子部艺术类

以上2种见朱汉国、杨群主编《中华民国史》,为未完稿。

佚　名

秋声集　集部别集类　佚

断猿集　集部别集类　佚

铩羽集　集部别集类　佚

寒香阁草　集部别集类　佚

以上4种见金武祥《江阴艺文志》卷下。

江蘇藝文志

顧廷龍題

国家古籍整理出版专项经费资助项目

江苏省地方志编纂委员会办公室组织编纂

江苏艺文志

（增订本）

无锡卷

四

原　主　编　赵国璋

增订本主编　江庆柏

本 卷 主 编　徐忆农

本卷副主编　田　丰　马　晴

撰　稿　人　(以下按姓氏笔画为序)

马　晴　王　萍　方　俊　田　丰

朱　彦　刘　娟　李宏巧　徐忆农

凤凰出版社

宜兴

晋至元

周　处(240—297)

字子隐。西晋义兴阳羡(今宜兴)人。三国吴鄱阳太守鲂子。少孤,不修细行,州里患之。与南山之虎、长桥之蛟并称为"三害"。处乃射虎斩蛟。入吴(今苏州)从陆机、陆云求学,励志为善。仕吴为东观左丞。归晋,迁御史中丞,纠劾不避权贵。秦雍氏帅齐万年反,帝命讨之,力战死。建武元年(304),追赠为平西将军清流亭侯,谥"孝"。《晋书》有传。清邑人蒋汝诚曾辑刊《忠义集》3卷,已佚。

吴书30卷　史部别史类　佚

见文廷式《补晋书艺文志》卷2。

风土记1卷　史部地理类

(1)《说郛》(宛委山堂)本。

(2)《五朝小说》本。

(3)《五朝小说大观》本。

周处阳羡风土记1卷　史部地理类

晋周处撰　清王谟辑

《汉唐地理书钞》本。

《汉唐地理书钞存》本。

晋周处风土记1卷　史部地理类

晋周处撰　清黄奭辑

《汉学堂知足斋丛书》本。

阳羡风土记1卷附校刊记1卷补辑1卷续补辑1卷考证1卷　史部地理类

晋周处撰　清王谟辑　(校刊记补辑)民国金武祥撰　(考证)清章宗源撰

《粟香室丛书》本。

按:《风土记》,《隋书·经籍志》作3卷,《旧唐书·经籍志》《新唐书·艺文志》俱作10卷,已佚。今传本系后人所辑。《风土记》亦称《阳羡风土记》,此书撰辑时间不详,早佚,后人有多种辑本。此书记载地区,据姚鼐《江宁府志》考证,知其"皆概言吴越风土,非专志阳羡也"。记载内容,据现存辑本考察,虽"所得见者仅十之二三,然而亭邑、古迹、山水、节候、风俗、舟车、器服、物产、果实、草木、鸟兽、虫鱼,品类略备"。从后人辑本中可以略知周处编纂地方志书态度及方法,首先广收各种有关资料,然后分门别类加以记载,并在正文下加注解释,力求条理清楚,通俗易懂。故实为今宜兴地区一部早期地方志书,对后世志书影响较大,如宋《景定建康志》、明《洪武苏州府志》《嘉靖吴邑志》等皆引此书资料。

默语30篇　子部儒学类　佚

见《补晋书艺文志》卷4。

法　云(467—529)

南朝齐梁间宜兴阳羡僧人。周处七世孙。7岁出家。初为僧成、玄趣、宝亮弟子,与僧旻为友。曾听僧柔、慧次讲《成实论》等经论。年30,于妙音寺讲《法华经》,声名顿起。天监初,敕为光宅寺主,创立僧制。普通六年(525)拜大僧正,为南北朝时成实宗师之一,与智藏、僧旻并称为梁代三大法师。

成实论义疏42卷　子部佛教类　佚

见《续高僧传》卷5。

梁武帝下诏令诸名僧各撰《成实论义疏》,法云将经论合撰为《成实论义疏》,分40科共42卷。

灌　顶(561—632)

俗姓吴,字法云。隋唐时义兴(今宜兴)人,后迁临海章安(今属浙江),故又称章安大师。7岁依摄静寺慧拯出家,29岁受具足戒。拯公寂,南朝陈至德元年(583)到天台山修禅寺拜智颛为师,至隋开皇十七年(597)智颛寂,未离左右。智颛为天台不迁之宗,所讲《法华玄义》《摩诃止观》等,均由灌顶集录成书。仁寿二年(602)又赴京师,宏开《法华》,发扬师说,来学者众,被尊为天台五祖。生平著作宏富。《续高僧传》有传。

天台智者大师别传(一作隋天台智者大师别传)1卷　史部传记类

唐灌顶撰

(1)《初刻南藏》本。

(2)《永乐南藏》本。

(3)《永乐北藏》本。

(4)《径山藏》本。

(5)《乾隆大藏经》本。

(6) 清光绪五年(1879)杭州许灵虚刻本,上海图书馆藏。

(7)《频伽藏》本。

(8)《弘教藏经》本。

(9)《卍正藏经》本。

(10)《大正藏》本。

仁王护国般若经疏5卷　子部佛教类

隋智颛说　唐灌顶记

(1)《初刻南藏》本。

(2)《乾隆大藏经》本。

(3) 清光绪十一年江北刻经处刻本,国家图书馆藏。

观音玄义2卷　子部佛教类

隋智颛说　唐灌顶记

(1)《赵城金藏》本。

(2)《初刻南藏》本。

(3)《乾隆大藏经》本。

观音义疏(一作观世音经疏)2卷　子部佛教类

隋智𫖮说　唐灌顶记

(1)《赵城金藏》本。

(2)《初刻南藏》本。

(3)《乾隆大藏经》本。

大般涅槃经玄义2卷　子部佛教类

唐灌顶撰

(1)《赵城金藏》本。

(2)《初刻南藏》本。

(3) 明万历十年(1582)□仁德刻本,南京图书馆藏。

(4)《乾隆大藏经》本。

(5) 清光绪八年金陵刻经处刻本,北京大学图书馆藏。

大般涅槃经疏33卷(或34卷,26卷,18卷)子部佛教类

唐灌顶撰　唐湛然撰

(1)《赵城金藏》本。

(2)《初刻南藏》本。

(3)《乾隆大藏经》本。

金光明经玄义2卷(或1卷)　子部佛教类

隋智𫖮说　唐灌顶录

(1)《赵城金藏》本。

(2)《初刻南藏》本。

(3)《乾隆大藏经》本。

(4) 清光绪七年姑苏刻经处刻本,国家图书馆藏。

金光明经玄义拾遗记6卷　子部佛教类

隋智𫖮说　唐灌顶录　宋智礼述

(1)《初刻南藏》本。

(2)《乾隆大藏经》本。

金光明经文句 6 卷(或 5 卷,3 卷)　子部佛教类

隋智𫖮说　唐灌顶录

(1)《赵城金藏》本。

(2)《初刻南藏》本。

(3)《乾隆大藏经》本。

请观音经疏 1 卷　子部佛教类

隋智𫖮说　唐灌顶录

(1)《初刻南藏》本。

(2)《乾隆大藏经》本。

(3) 清光绪十年钱塘许灵虚刻本,国家图书馆藏。

菩萨戒义疏 2 卷　子部佛教类

隋智𫖮说　唐灌顶记

(1)《赵城金藏》本。

(2)《高丽藏》本。

(3)《乾隆大藏经》本。

释禅波罗蜜次第法门 10 卷(或 12 卷)　子部佛教类

隋智𫖮说　唐法慎记　唐灌顶再治

(1)《赵城金藏》本。

(2)《初刻南藏》本。

(3)《乾隆大藏经》本。

(4) 清光绪三十四年扬州藏经院刻本,国家图书馆藏。

四念处 4 卷　子部佛教类

隋智𫖮说　唐灌顶记

(1)《赵城金藏》本。

(2)《初刻南藏》本。

(3)《乾隆大藏经》本。

(4) 清光绪三年(1877)江北刻经处刻本,国家图书馆藏。

观心论疏5卷(或3卷)　子部佛教类

唐灌顶撰

(1)《赵城金藏》本。

(2)《初刻南藏》本。

(3)《乾隆大藏经》本。

释摩诃般若波罗密经觉意三昧(一作觉意三昧)1卷　子部佛教类

隋智𫖮说　唐灌顶记

(1)《初刻南藏》本。

(2)《乾隆大藏经》本。

(3) 清光绪五年龙城曾氏刻本,上海图书馆藏。

(4) 清光绪二十九年扬州刻本,大连图书馆藏。

(5) 清刻本,国家图书馆藏。

天台八教大意(一作八教大意)1卷　子部佛教类

唐灌顶撰

(1)《初刻南藏》本。

(2)《乾隆大藏经》本。

(3) 清宣统元年(1909)扬州藏经院刻本,国家图书馆藏。

国清百录4卷　子部佛教类

唐灌顶纂

(1)《资福藏》本。

(2)《赵城金藏》本。

(3) 清刻本,国家图书馆藏。

(4) 清沈氏十经斋抄本(沈涛跋),国家图书馆藏。

方等三昧行法1卷　子部佛教类

隋智𫖮说　唐灌顶记

(1)《赵城金藏》本。

(2)《高丽藏》本。

(3)《初刻南藏》本。

法华三昧忏仪 1 卷　子部佛教类

隋智颉撰　唐灌顶记

《乾隆大藏经》本。

以上 17 种另有以下版本:

(1)《永乐南藏》本。

(2)《永乐北藏》本。

(3)《径山藏》本。

(4)《频伽藏》本。

(5)《弘教藏经》本。

(6)《卍正藏经》本。

(7)《大正藏》本。

妙法莲华经玄义 20 卷(或 10 卷)　子部佛教类

隋智颉说　唐灌顶记

(1) 宋刻本,国家图书馆藏(存卷 2 至 8、10)。

(2) 宋刻本,北平图书馆原藏(存 1 卷)。

(3) 明万历间刻本,上海图书馆藏。

(4) 清刻本,南京图书馆藏。

(5) 清宣统二年江北刻经处刻本,北京大学图书馆藏。

妙法莲华经文句 20 卷(或 10 卷)　子部佛教类

隋智颉说　唐灌顶记

(1) 宋刻本,美国柏克莱加州大学图书馆藏。

(2) 明刻本,湖南省图书馆藏。

(3)《乾隆大藏经》本。

摩诃止观 20 卷(或 10 卷,5 卷)　子部佛教类

隋智颉说　唐灌顶记

《乾隆大藏经》本。

以上 3 种另有以下版本:

(1)《崇宁藏》本。

(2)《毗卢藏》本。

(3)《资福藏》本。

(4)《赵城金藏》本。

(5)《高丽藏》本。

(6)《初刻南藏》本。

(7)《永乐南藏》本。

(8)《永乐北藏》本。

(9)《径山藏》本。

(10)《频伽藏》本。

(11)《弘教藏经》本。

(12)《大正藏》本。

法华经玄义释签 20 卷(或 40 卷,10 卷,11 卷) 子部佛教类

隋智𫖮说　唐灌顶记　唐湛然释

(1)《崇宁藏》本。

(2)《毗卢藏》本。

(3)《资福藏》本。

(4)《赵城金藏》本。

(5)《高丽藏》本。

(6)《初刻南藏》本。

(7)《永乐南藏》本。

(8)《永乐北藏》本。

(9)《径山藏》本。

(10)《乾隆大藏经》本。

(11) 清咸丰八年(1858)刻本,南京图书馆藏。

(12) 清抄本,南京图书馆藏。

(13) 清光绪七年昭庆律寺经房刻本,国家图书馆藏。

(14) 清金陵刻经处刻本,上海图书馆藏。

(15) 清光绪十七年昭庆律寺经房刻本,日本国会图书馆藏。

(16) 清宣统二年江北刻经处刻本,国家图书馆藏。

(17)《频伽藏》本。

(18)《弘教藏经》本。

金光明经疏 12 卷　子部佛教类

隋智觊说　唐灌顶录

1918 年金陵刻经处刻本,吉林大学图书馆藏。

法华文句记会本 30 卷 子部佛教类

隋智觊说　唐灌顶记　唐湛然述

摩诃止观辅行会本 10 卷　子部佛教类

隋智觊说　唐灌顶记　唐湛然述

以上 2 种均有《卍正藏经》本。

维摩经文疏 28 卷　子部佛教类

隋智觊撰　唐灌顶续补

金光明经玄义拾遗记会本 6 卷　子部佛教类

隋智觊说　唐灌顶录　宋知礼述　明明得会

阿弥陀经义记(一作佛说阿弥陀经义记)1 卷　子部佛教类

隋智觊说　唐灌顶记

(1) 1918 年金陵刻经处刻本,上海图书馆藏。

(2) 1921 年北京刻经处刻朱印本,北京大学图书馆藏。

(3) 1921 年北京刻经处刻本,辽宁省图书馆藏。

(4)《大正藏》本。

涅槃经玄义文句 2 卷　子部佛教类

唐灌顶记　道暹撰

涅槃经会疏 36 卷　子部佛教类

唐灌顶撰　唐湛然再治

梵网经菩萨戒经义疏 2 卷　子部佛教类

隋智觊说　唐灌顶记

仁王经合疏3卷　子部佛教类

隋智𫖮说　唐灌顶记　明道霈合

《径山藏》本。

以上7种均有《卍续藏经》本。

蒋　俨(610—687)

字鲁敬。唐义兴人。卿子。贞观中擢明经第，为左屯卫兵曹参军。太宗将征辽东，应募为高丽使者，人皆惮行，俨奋曰："以天子雄武，四夷畏威，蕞尔国敢图王人？有如不幸，固吾死所也"。为莫离支所囚，不屈，内窟室中。高丽平，乃得归。归后，帝壮其节，拜朝散大夫。历官至右卫大将军，以太子詹事致仕卒。新、旧《唐书》有传。

蒋俨集(一作詹事集)5卷　集部别集类　佚

见《新唐书·艺文志》。

按:《全唐文》卷160收其文1篇。

薛　登(647—719)

原名谦光。唐义兴人。士通子。博通文史，善议论。与徐坚、刘子玄齐名。文明中调阆中主簿，开元初累官至太子宾客，坐子累归田里。卒赠晋州刺史。新、旧《唐书》有传。

四时记20卷　子部农家类　佚

见《新唐书·艺文志》。

许景先(？—731?)

唐义兴人，居洛阳。真定公绪曾孙。少举进士。授夏阳尉。神龙初(705)拜左拾遗，擢中书舍人。与齐澣、王丘、韩休、张九龄更知制诰，以雅厚称。开元中，帝自择刺史，景先首中其选，自吏部侍郎出为虢州刺史。卒侍中。新、旧《唐书》有传。

训诰集8卷　史部政书类　佚

见道光《续纂宜荆县志》卷9。

按:《全唐诗》卷111收其诗5首,《全唐文》卷268收其文2篇。张说曰:“许舍人之文,虽乏峻峰激流,然词旨丰美,得中和之气。”

蒋 洌

唐义兴人。仪凤年间宰相高智周外孙,挺长子。举进士。历礼、吏、户三部侍郎,累官至尚书左丞。父卒,与弟涣庐于墓侧,植松柏千余株,人推其孝友。新、旧《唐书》有传。

义兴蒋氏大宗碑1卷 史部传记类 佚

见道光《续纂宜荆县志》卷9。

按:《全唐诗》收其诗7首。

湛 然(711—782)

俗姓戚。唐常州荆溪(今宜兴南)人。世称“荆溪尊者”,又称“妙乐大师”。家世业儒,独好佛法。年17访道浙东,从芳岩受天台止观。20岁入天台八祖玄朗之门,尽传其学。38岁于宜兴净乐寺出家,又到越州(治所在今浙江绍兴)从昙一学律,后在吴郡(今苏州)开元寺弘扬台教。天宝十三年(754)玄朗寂,继其席,住天台山国清寺,以中兴天台宗为己任。提出“无情有性”,说木石等无情之物亦有“佛性”,发展了天台宗教义,成为天台宗九祖。《宋高僧传》有传。

大般涅槃经疏33卷(或34卷,26卷,18卷) 子部佛教类

唐灌顶撰 唐湛然撰

(1)《赵城金藏》本。

(2)《初刻南藏》本。

(3)《永乐南藏》本。

(4)《乾隆大藏经》本。

止观义例2卷 子部佛教类

唐湛然述

(1)《赵城金藏》本。

(2)《初刻南藏》本。

(3)《永乐南藏》本。

止观大意 1 卷　子部佛教类

唐湛然撰

(1)《赵城金藏》本。

(2)《永乐南藏》本。

(3)《乾隆大藏经》本。

十不二门 1 卷　子部佛教类

唐湛然撰

(1)《永乐南藏》本。

(2)《乾隆大藏经》本。

金刚錍 1 卷　子部佛教类

唐湛然撰

(1)《赵城金藏》本。

(2)《永乐南藏》本。

(3)《乾隆大藏经》本。

法华三昧行事运想补助仪 1 卷附略法华三昧补助仪 1 卷　子部佛教类

唐湛然撰

《乾隆大藏经》本。

以上 6 种均有以下版本：

(1)《永乐北藏》本。

(2)《径山藏》本。

(3)《频伽藏》本。

(4)《弘教藏经》本。

(5)《卍正藏经》本。

(6)《大正藏》本。

法华经玄义释签(一作妙法莲华经玄义释签)20 卷(或 40 卷，10 卷，11

卷） 子部佛教类

隋智𫖮说　唐灌顶记　唐湛然释

(1)《崇宁藏》本。

(2)《毗卢藏》本。

(3)《资福藏》本。

(4)《赵城金藏》本。

(5) 宋刻本，美国柏克莱加州大学图书馆藏(存卷一)。

(6)《高丽藏》本。

(7)《乾隆大藏经》本。

(8) 清咸丰八年(1858)刻本，南京图书馆藏。

(9) 清抄本，南京图书馆藏。

(10) 清光绪七年(1881)昭庆律寺经房刻本，国家图书馆藏。

(11) 清金陵刻经处刻本，上海图书馆藏。

(12) 清光绪十七年昭庆律寺经房刻本，日本国会图书馆藏。

(13) 清宣统二年(1910)江北刻经处刻本，国家图书馆藏。

法华经文句记(一作妙法莲华经文句记、法华文句记)30 卷(或 20 卷，10 卷，17 卷） 子部佛教类

唐湛然撰

(1)《崇宁藏》本。

(2)《毗卢藏》本。

(3)《资福藏》本。

(4)《赵城金藏》本。

(5) 宋绍兴安吉州宝云院释怀就等刻本，上海图书馆藏(不全)。

(6)《高丽藏》本。

(7)《乾隆大藏经》本。

(8) 清光绪七年(1881)姑苏刻经处刻本，国家图书馆藏。

止观辅行传弘决(一作摩诃止观辅行传弘决、止观辅行传宏决)40 卷(或 15 卷，22 卷，10 卷） 子部佛教类

唐湛然述

(1)《崇宁藏》本。

(2)《毗卢藏》本。

(3)《资福藏》本。

(4)《赵城金藏》本。

(5) 明天启六年(1626)刻本,长春图书馆藏。

(6) 明刻本,上海图书馆藏(不全)。

(7) 清同治八年(1869)刻本,国家图书馆藏。

(8) 清光绪八年(1882)常熟刻经处刻本,上海图书馆藏。

(9) 清光绪间许灵虚刻本,国家图书馆藏。

(10) 清光绪十年(1884)刻本,上海图书馆藏。

(11) 清金陵刻经处刻本,上海图书馆藏。

(12) 清扬州刻经处刻本,国家图书馆藏。

(13) 清抄本,国家图书馆藏。

以上3种另有以下版本:

(1)《初刻南藏》本。

(2)《永乐南藏》本。

(3)《永乐北藏》本。

(4)《径山藏》本。

(5)《频伽藏》本。

(6)《弘教藏经》本。

(7)《大正藏》本。

科十不二法门1卷　子部佛教类

唐湛然述　宋知礼科

十不二门指要钞(一作指要钞)2卷　子部佛教类

唐湛然述　宋知礼钞

(1)《永乐南藏》本。

(2)《永乐北藏》本。

(3)《径山藏》本。

以上2种均有以下版本：

(1)《初刻南藏》本。

(2)《频伽藏》本。

(3)《乾隆大藏经》本。

(4)《大正藏》本。

始终心要1卷　子部佛教类

唐湛然撰

(1)《永乐南藏》本。

(2)《永乐北藏》本。

(3)《径山藏》本。

(4)《乾隆大藏经》本。

(5) 清光绪十八年金陵刻经处刻本，辽宁大学图书馆藏。

(6) 清光绪二十七年龙城邓在达刻本，国家图书馆藏。

(7) 清光绪二十八年刻本，北京大学图书馆藏。

(8) 清宣统元年扬州藏经院刻本，国家图书馆藏。

法华文句记会本30卷　子部佛教类

隋智𫖮说　唐灌顶记　唐湛然述

摩诃止观辅行会本10卷　子部佛教类

隋智𫖮说　唐灌顶记　唐湛然述　实观分会。

以上3种均有《卍正藏经》本。

观心诵经法记1卷　子部佛教类

隋智𫖮说　唐湛然述

摩诃止观辅行搜要记10卷　子部佛教类

唐湛然述

十不二门指要钞详解2卷　子部佛教类

唐湛然释签　宋可度详解　明正谧分会。

清福德因缘堂刻本，上海图书馆藏。

法华五百问论(一作释疑、破斥窥基撰法华经玄赞)3 卷　子部佛教类

唐湛然述

授菩萨戒仪 1 卷　子部佛教类

唐湛然述

华严经愿行观门骨目(一作华严经骨目)2 卷　子部佛教类

唐湛然述

《大正藏》本。

维摩经略疏 10 卷(或 8 卷)　子部佛教类

隋智𫖮说　唐湛然删略

(1) 清光绪八年长沙刻本,国家图书馆藏。

(2)《大正藏》本。

维摩疏记 3 卷(或 6 卷)　子部佛教类

唐湛然述

法华经三大部科文 16 卷(子目:玄义科 5 卷,文句科 6 卷,止观科 5 卷)　子部佛教类

唐湛然述

妙法莲花经文句科(一作法华文句科)6 卷　子部佛教类

(1)《崇宁藏》本。

(2)《毗卢藏》本。

(3) 宋刻本,国家图书馆藏(存卷四至五)。

摩诃止观科文 5 卷(或 10 卷)　子部佛教类

唐湛然撰

(1)《崇宁藏》本。

(2)《毗卢藏》本。

(3) 宋刻本,国家图书馆藏(存卷一、三)。

涅槃经会疏 36 卷　子部佛教类

唐灌顶撰　唐湛然再治

金刚錍科(一作科金刚錍)1 卷　子部佛教类

唐湛然撰　宋净岳科

(1)《初刻南藏》本。

(2)《乾隆大藏经》本。

(3)《频伽藏》本。

(4)《弘教藏经》本

以上 14 种均有《卍续藏经》本。

天台法华玄义科分 5 卷　子部佛教类

唐湛然述

(1)《崇宁藏》本。

(2)《毗卢藏》本。

始终心要科 1 卷　子部佛教类

唐湛然撰　宋净岳科文

(1)《频伽藏》本。

(2)《弘教藏经》本。

始终心要义疏 1 卷　子部佛教类

唐湛然撰　宋释静修疏

(1) 1932 年释雪琳铅印本，上海图书馆藏。

(2) 1937 年上海良华印刷所铅印本，齐齐哈尔图书馆藏。

维摩经疏会本 10 卷　子部佛教类

唐湛然撰

清光绪四年(1878)刻本，上海图书馆藏。

妙法莲华经观世音菩萨普门品文句 1 卷　子部佛教类

隋智觊说　唐湛然撰记　宋遵式释颂

1921 年北京刻经处刻本，上海图书馆藏。

止观辅行传宏决(辅行记)1 卷　子部佛教类

唐湛然撰　清胡澍辑

《滂喜斋丛书》本。

唐湛然辅行记 40 卷　子部佛教类

唐湛然撰　清张心泰辑

《梦梅仙馆丛书》本。

摩诃止观义例释 6 卷　子部佛教类

唐湛然义例　宋处无(处元)释

1925 年扬州众香庵刻本,上海图书馆藏。

十不二门指要钞详评[解]　子部佛教类

唐湛然释签　宋可度详解

清刻本,北京大学图书馆藏。

礼拜观想偈略释　子部佛教类

唐湛然撰　清智旭释

清刻本,国家图书馆藏(有缺叶)。

蒋　乂(747—821)

本名武。字德源。唐义兴人。将明子。自幼聪颖,从外家攻读,及长博通群籍。精历代沿革,尤长史才。性朴直,好学不倦。藏书 15000 余卷。在朝居史职 20 年,曾受命删正制敕、与修《德宗实录》等。累官至秘书监,封义兴县公。卒赠礼部尚书,谥曰懿。新、旧《唐书》有传。

德宗实录 50 卷　史部编年类　佚

大唐宰辅录 70 卷　史部传记类　佚

唐蒋乂、樊绅、林宝、韦处厚、独孤郁撰　裴增监修

以上 2 种见《新唐书·艺文志》。

凌烟阁功臣传　史部传记类　佚

秦府十八学士传　史部传记类　佚

史臣传　史部传记类　佚

以上 3 种见《新唐书·艺文志》,注云:"凌烟阁功臣、秦府十八学士、史臣等传四十卷。"

元和删定制敕 30 卷　史部政书类　佚

唐许孟容、韦贯之、蒋乂、柳登等集

见《新唐书·艺文志》。

蒋　系

字大中。唐义兴人。乂长子。善属文，得父典实。初授昭应尉，直史馆。历官至检校尚书右仆射，封淮阳郡公。新、旧《唐书》有传。

宪宗实录 40 卷　史部编年类　佚

唐沈传师、宇文籍、蒋系、李汉、陈夷行、苏景胤撰　杜元颖、韦处厚、路隋监修

见《新唐书·艺文志》。

蒋　偕

字大化。唐义兴人。乂三子。以父荫入仕。历官左拾遗，转补阙、主客郎中，兼史馆修撰。与修《唐历》，大中八年(854)参撰《文宗实录》。新、旧《唐书》有传。

文宗实录 40 卷　史部编年类　佚

唐卢耽、蒋偕、卢告、牛丛撰　魏谟监修

见《新唐书·艺文志》。

李深之文集 6 卷又 1 卷　史部传记类

唐李绛撰　蒋偕辑

明抄本(又 1 卷配清抄本)，国家图书馆藏。

李深之文集 6 卷补 1 卷　史部传记类

清抄本，南京图书馆藏(清丁丙跋)。

李相国论事集(一作李深之文集)6 卷　史部传记类

唐李绛撰　蒋偕辑

(1)《四库全书》本。

(2)《指海》本。

(3) 清抄本，劳格校并跋。国家图书馆藏。

(4)《畿辅丛书》本。

(5) 清彭氏知圣道斋抄本(清彭元瑞校并跋),上海图书馆藏。

(6) 抄本,南京图书馆藏。

(7)《丛书集成初编》本。

按:后4种附《遗文》1卷。《全唐文》卷684收其文1篇。《四库全书总目》云:"旧本题曰《李深之文集》,唐李绛撰。深之,绛字也,陇西人。擢进士。补渭南尉。……今考其书,乃唐史官蒋偕编绛奏议之文与论谏之事。虽以集名,实魏征《谏录》之类也。前有大中五年偕《自序》,称今中执法夏侯公授余以公平生所论谏,凡数十事。其所争皆磊磊有直臣风概,读之令人激起忠义。始自内廷,终于罢相,次成七篇,著之东观,目为《李相国论事集》云云。……所存惟为翰林学士时四十六事,为户部侍郎四事,为宰相时十五事,共六十五条。……编次芜杂,亦乖体例。然遗闻旧事,纪录颇详。多新、旧《唐书》所未载,亦足以备考核"。

续唐历22卷　子部历算类　佚

唐韦澳、蒋偕、李荀、张彦远、崔王宣撰　崔龟从监修

见《新唐书·艺文志》。

蒋　防(792? —835?)

字如城,又字子徵,一作子微。唐义兴人。初官右拾遗。元和中李绅荐为司封郎,知制诰。长庆元年(821)进翰林学士,四年贬为汀州刺史,继改连州刺史。大和二年(828)调袁州刺史。才思敏捷,能诗善文,尤以传奇小说著名。

霍小玉传　子部小说类

(一) 无卷数

(1)《虞初志》本。

(2)《旧小说》本。

(3) 汪辟疆校录《唐人小说》本。

(二) 1卷

(1)《绿窗女史》本。

(2)《说郛》(宛委山堂)本。

(3)《五朝小说》本。

(4)《五朝小说大观》本。

(5)《唐人说荟》本。

(6)《唐代丛书》本。

(7)《龙威秘书》本。

(8)《艺苑捃华》本。

(9)《无一是斋丛抄》本。

(10)鲁迅辑《唐宋传奇集》本。

(11)《晋唐小说畅观》本。

按:此传奇小说写妓女霍小玉和文人李益的恋爱悲剧,谴责了李益玩弄女性的卑劣行径。正如明胡应麟所说:“此篇尤为唐人最精采动人之传奇,故传诵弗衰。”明汤显祖《紫箫记》即取材于此。

幻戏志1卷　子部小说类

(1)《合刻三志》本。

(2)《唐人说荟》本。

(3)《唐代丛书》本。

(4)《龙威秘书》本。

(5)《旧小说》本,名《幻戏志二则》。

(6)《丛书集成初编》本。

(7)《晋唐小说畅观》本。

该书一卷四则,记法师传说。《中国古代小说总目》称“检其文字,全系删节《太平广记》所引《续仙传》《仙传拾遗》诸书而成。盖明人伪纂此书,妄题书名作者”。

马自然传1卷　子部小说类

(1)《古今说海》本。

(2)《旧小说》本,无卷数。

《中国古代小说总目》认为作者为五代沈汾,称“此篇原出《续仙传》

上卷,《太平广记》卷三三引。《古今说海》说渊部别传家自《广记》录入,题《马自然传》,不著撰人,文有删削,后又载《旧小说》乙集。记杭州盐官人马湘(字自然)种种神异”。

蒋防赋集 1 卷　集部别集类　佚

蒋防集 1 卷　集部别集类　佚

以上 2 种见《宋史·艺文志》。

按:《全唐文》收其文 27 篇。《全唐诗》收其诗 12 首。

喻　凫

唐义兴人。开成五年(840)进士。授校书郎。终乌程令。喻凫以诗名。学贾岛为诗,与姚合、方干、无可、顾非熊等唱和,为诗尚苦吟,多作五律,不事藻绘,务去陈言,其诗在当时受到很高评价,大约因为他生前没有刊刻,而后遭遇唐末五代乱世,所作多有散佚。明胡震亨《唐音癸签》评为“闲远朗秀,选句功深”,然伤于小巧,无高古之气。唐张为《诗人主客图》列其为“清奇雅正”李益之及门者。

喻凫诗集(喻凫诗)1 卷　集部别集类

(1)《唐百家诗·晚唐四十二家》本。

(2)《唐诗百名家全集》本。

(3)《唐人五十家小集》本等。

(4) 唐四十四家诗本(明抄,喻凫诗)

按:《全唐诗》卷 543 收其诗 64 首。

蒋　凝

字海涵,一字仲山。后唐义兴人。唐咸通(860—873)进士。后唐天成(926—929)年间官侍读学士。姿容如玉,颖敏过人,文思赡丽,朝中号为“玉笋班”。

蒋凝赋 3 卷　集部别集类　佚

见《新唐书·艺文志》《宋史·艺文志》。《全唐文》卷 804 收其赋 2 篇。

蒋　堂(980—1054)

字希鲁,号遂翁。宋宜兴人。大中祥符五年(1012)进士。授楚州团练推官。仁宗朝历官左谏议大夫,知苏州。庆历初,诏天下建学官。汉文翁石室在孔子庙中,堂广其室为学官,选属官以教诸生,士人称之。以礼部侍郎致仕,迁居苏州。卒赠吏部侍郎。为人清修纯饬,遇事毅然不屈,贫而好施。延誉后进,至老不倦。好学,工文辞,嗜诗,工书。《宋史》有传。

吴门集20卷　集部别集类　佚

见《宋史》本传。

春卿遗稿1卷　集部别集类

(1)《四库全书》本。

(2) 清观稼楼抄本,国家图书馆藏。

(3) 清抄本,南京图书馆藏,丁丙跋。

春卿遗稿1卷续编1卷补遗1卷附录1卷　集部别集类

(1)《常州先哲遗书》本。

(2) 清光绪二十九年(1903)李盛铎抄本,国家图书馆藏。

(3)《丛书集成续编》本。

春卿遗稿2卷　集部别集类

清光绪二十九年李盛铎红格抄本,国家图书馆藏。

春卿遗稿1卷续编1卷　集部别集类

(1) 清光绪三十三年抄本,天津图书馆藏。

(2) 清抄本,浙江图书馆藏。

按:《四库全书总目》云:"此集题曰'春卿',仍举其致仕之官,所未详也。碑称其有高情,富清藻,多所缀述,尤邃于诗。其间所得,往往清绝。善作尺牍,思致简诣。时人得之,藏为名笔。及退居林下,神机日旺。虽饮食寝处,未尝忘诗,亦天性然。有文集二十卷。本传亦称其好学工文词,尤嗜作诗。与碑文合。所载文集卷数亦同。然原集今不传。

此本乃明天启中堂二十世孙镄掇拾佚稿而成。凡赋一篇、诗三十七篇、记一篇，不及原集十分之一。其间惟诗独多。则碑所云尤邃于诗者信也。其诗虽兴象不深，而平正通达，无雕镂纤琐之习。北宋遗集，流传日少，录之亦可备一家焉。”

单　锡

字君赐，一字君贶。宋宜兴人。世居邑东乡湖㳇。嘉祐二年(1057)进士。累知江西德兴县。与苏轼同年。轼爱其贤，以兄子妻之。读书无不该贯，明阴阳图纬星历之学。苏轼有《祭单君贶文》。

宜兴风土记　史部地理类　佚

见道光《续纂宜荆县志》卷9。

蒋之奇(1031—1104)

字颖叔。宋宜兴人。滂子，堂侄。嘉祐二年(1057)进士。又举贤良方正，擢监察御史。神宗初，累迁殿中侍御史，以诬劾欧阳修贬官。旋迁淮东转运副使，岁饥民流，募使修水利以食流者。历官至观文殿学士、知杭州。因事降职，以疾告归。卒谥文穆。工书法，传世墨迹有《遂往法济帖》《辱节帖》《北客帖》。有文集、杂著百余卷。《宋史》有传。

尚书解14卷　经部尚书类　佚

见宋晁公武《郡斋读书志》卷1，云：“皇朝顾临、蒋之奇、姚辟、孔武仲、刘敞、王会之、周范、苏子才、朱正夫、吴放所撰，后人集之为一篇，然非完书也。”清朱彝尊《经义考》卷79云：“按是书所集，相传凡二十家，晁氏所未及者：司马光、王安石、黄通、杨绘、陆佃、李定、苏洵、胡瑗、张晦之、程颐。”

逸史(一作汉史)20卷　史部杂史类　佚

见嘉庆《宜兴县旧志》卷8本传。参蒋芾《逸史》按语。

广州十贤赞1卷　史部传记类　佚

老子解2卷　子部周秦诸子类　佚

老子系辞解2卷　子部周秦诸子类　佚

孟子解6卷　子部儒学类　佚

刍言五十篇　子部儒学类　佚

卮言集5卷　集部别集类　佚

北扉集9卷　集部别集类　佚

西枢集4卷　集部别集类　佚

荆溪前后集89卷　集部别集类　佚

别集9卷　集部别集类　佚

蒋之奇集1卷　集部别集类　佚

以上11种见《宋史·艺文志》。

三径集1卷　集部别集类

(1)《两宋名贤小集》本。

(2)旧抄本,台湾"中央图书馆"原藏。

该书为诗别集,计诗二十四首。

蒋之翰之奇遗稿1卷　集部总集类

宋蒋之翰、蒋之奇撰

《常州先哲遗书》本。

单　锷(1031—1110)

字季隐。宋宜兴人。锡弟。嘉祐四年(1059)进士。得第以后不就官,独留心于吴中水利,尝独乘小舟,往来于苏州、常州、湖州之间,经30余年,凡一沟一渎无不周览其源流,考究其形势。因以成书,苏轼尝为状进于朝。著有《诗》《易》《春秋》义解,博考诸家之说,以己意论断之。有诗数百篇,佚。事迹见慕容彦逢《单季隐墓志铭》,《摛文堂集》卷一五。

吴中水利书1卷　史部地理类

(1)《四库全书》本。

(2)《墨海金壶》本。

(3)《守山阁丛书》本。

(4)《常州先哲遗书第一集》本。

(5) 清抄本，有缺叶，北京大学图书馆藏，有明嘉靖十二年(1533)谷继宗序，又卜云吉识语。

(6) 清光绪二十六年(1900)刻本，上海图书馆藏。

(7)《丛书集成初编》本。

按:《四库全书总目》称:“元祐六年，苏轼知杭州日，尝为状进于朝。会轼为李定、舒亶所劾，逮赴御史台鞫治，其议遂寝。明永乐中，夏原吉疏吴江水门，浚宜兴百渎，正统中，周忱修筑溧阳二坝，皆用锷说。”

邵　材

字圣规。宋宜兴人。熙宁五年(1072)以第一名，与父潜同登进士。历官监察御史。时王安石行新法，忌司马光，一日语材曰:“劾去司马，大官可立待。”材毅然曰:“君实正人也，可厚诬之乎!”即自劾归。后终鸿胪卿。

奏议 70 卷　史部政书类　佚

文集 30 卷　集部别集类　佚

以上 2 种见嘉庆《宜兴县旧志》卷 8。

钱　即(1054—1124)

字中道。宋宜兴人。熙宁九年(1076)进士。初授安州司理，累官显谟阁学士，知延安府，所至有声。政和初，童贯宣抚陕西，患物价腾贵，严设科条，又行均粜法。陕西骚然。即上疏极陈其害，坐贬永州团练副使。后以龙图阁学士致仕。卒谥忠定。《宋史》有传。

临安县钱氏坟庙碑记 1 卷　史部传记类

宋钱即撰　清钱泳辑

清乾隆五十九年(1794)表忠观刻本，上海图书馆藏。

忠定奏议 70 卷　史部政书类　佚

钱忠定文集30卷　集部别集类　佚

以上2种见道光《续纂宜荆县志》卷9。

马　令

宋宜兴人。祖父元康熟知南唐旧事，欲撰《南唐书》未及而卒。令继遗志，于崇宁四年(1105)撰成。首为先主李昪、嗣主李璟、后主李煜书5卷，次为列传24卷，谱1卷。虽不及陆游重修之本简洁，然创始有功，书法亦谨严不苟。

南唐书30卷　史部载记类

(1) 明初刻本，国家图书馆藏(清张载华校，清方若蘅题款，清单学傅跋)。

(2) 明嘉靖二十年(1541)姚咨茶梦斋抄本，国家图书馆藏。

(3) 明嘉靖二十九年顾汝达万玉楼刻本，南京图书馆等藏。

(4)《四库全书》本。

(5)《墨海金壶》本。

(6)《述古丛钞》本。

(7)《藏修堂丛书》本。

(8)《四部丛刊续编》影印嘉靖本，附校勘记1卷。

(9)《芋园丛书》本。

(10)《翠琅玕馆丛书》(黄任恒辑)本。

(11)《丛书集成初编》本。

(12)《南唐书补注》18卷，嘉业堂丛书本。

(13)《南唐书合刻》本。

按:《补注》以陆游书为底本，将马令书分别入注，可供参考。《四库全书总目》云:“每序赞之首，必以‘呜呼’发端，盖欲规彷《五代史·记》，颇类效颦。于诗话小说，不能割爱，亦不免芜杂琐碎，自秽其书。又如《建国谱》之叙地理，仅有军州而无县，则省不当省。《世系谱》不过出自唐吴王恪，于《先主书》首一句可毕，而复述于《唐书》以前，尤繁不当繁，亦乖史体，均不及陆游重修之本。然椎轮之始，令亦有功。且书法亦谨严不苟，故今从新、旧《唐书》之例，并收录焉。”

慕容彦逢(1067—1117)

字淑遇，一作叔遇。家世居伊洛，祖官宜兴，故为宜兴人。6岁丧母，锐志于学，穷经缀文，才藻富赡。元祐三年(1088)进士。官铜陵、金华主簿，瀛州防御推官，崇阳知县。复中绍圣二年(1095)初设之弘词科，迁淮南节度推官，越州州学教授。元符元年(1098)改宣德郎，擢主国子监簿，迁太学博士。崇宁元年(1102)除秘书省校书郎，未几擢监察御史，兼权殿中侍御史。受知徽宗，列禁近、官侍从者15年，一时典册多出其手。累官至刑部尚书。卒谥文定(按：刘兴祖《摛文堂集序》称“公讳彦逢，字叔遇，文友其谥云”。)。

礼记解　经部礼记类　佚

见道光《续纂宜荆县志》卷9。

政和五礼新仪240卷目录5卷　史部政书类

(1)《四库全书》本。

(2)《四库全书珍本初集》本。

按：原本240卷，《四库》奉存220卷，缺卷74、88—90、108—112、128—137、200。卷75、91、92亦佚其半。

又按：陈振孙《直斋书录解题》卷6云：“议礼局官知枢密院郑居中、尚书白时中、慕容彦逢、学士强渊明等撰。首卷，祐陵御制序文；次九卷，御笔指挥；次十卷，御制冠礼；余二百二十卷，局官所修也。”《朱子语录》云“政和间修《五礼》，一时奸邪以私智损益，疏略抵牾，更没理会，又不如《开元礼》”。

外制20卷　史部政书类　佚

内制10卷　史部政书类　佚

奏议5卷　史部政书类　佚

讲解5卷　子部儒学类　佚

文集 20 卷　集部别集类　佚

以上 5 种见《永乐大典》卷 539 收《慕容彦逢墓志》。

慕容彦逢集 30 卷　集部别集类　佚

见《宋史·艺文志》。

按:是集为其孙纶重编本。

摛文堂集 15 卷附录 1 卷　集部别集类

(1) 清乾隆间翰林院抄本(四库全书底本),北京大学图书馆藏。

(2)《四库全书》本。

(3)《常州先哲遗书》本。

(4) 清抄本,南京图书馆藏。

按:《四库全书总目》别集类云:"《志》称所著文集二十卷、外制二十卷、内制十卷、奏议五卷、讲解五卷,藏于家。合计之,当为大十卷。而《宋史·艺文志》载有《慕容彦逢集》三十卷,其目与《志》颇不合。今按彦逢孙纶原序,称因兵火散失,纶搜访所得,分为三十卷。命工镂版,目以《摛文堂集》。则是集乃纶所重编,《宋史》据以著录,故与《墓志》互异也。……谨据《永乐大典》所载,分类裒辑,厘为诗二卷,杂文十三卷,而以《谥议》《墓志铭》别为一卷附之。"

单子发

一名发。宋宜兴人。锷长子。举八行科,政和五年(1115)进士。官太学录。

续风土记　史部地理类　佚

见道光《续纂宜荆县志》卷 9。

按:参见张国淦《中国古方志考》。

唐　棣

字彦思。宋宜兴人。政和五年(1115)进士。历官秘书少监。尝受业于理学家程颐。

唐氏遗编 4 卷　子部儒学类

见《四库全书总目》儒家类存目。

此书系程颐与门人平日问答之记录，已入二程之遗书。康熙间其裔孙一学等重刊于家塾，乃易以《遗编》之名，末附《桐友遗编》一卷，则一学之父所作，一学又与其弟诗及开绪各附已见，列各条之下。

伊川语录 2 卷　子部儒学类

唐氏所记程颐师说一百四十余条，邑人周冲刻。见嘉庆《宜兴县旧志》卷 8 唐棣本传。

蒋　璨(1085—1159)

《旧志》误作灿。字宣卿，号景坡。宋宜兴人。子美子。13 岁丧父，伯父之奇抚育成人。博览载籍，操笔成章。以之奇荫补将士郎。崇宁中为兰溪主簿，历平江、临安二府，锄刈强梗，豪黠畏之。累官敷文阁待制。工诗，奇丽清婉。善书，大者径尺，小者如蝇头，怪奇玮丽，独步一时。

诗文 30 卷　集部别集类　佚

见宋孙觌撰《蒋公墓志铭》，载《鸿庆居士集》卷 37。

景坡堂诗集 10 卷　集部别集类　佚

见道光《续纂宜荆县志》卷 9。

按：《全宋词》收其词 1 首。

孙觌《蒋公墓志铭》谓其诗“清醇雅奥，声比字属，皆中律吕”，诗风与苏轼相近，其词“巧丽清新，不蹈袭前人一言一语”。

周　葵(1098—1174)

字立义，一作惇义。宋宜兴人。少力学，自乡校移籍京师，两学传诵其文。宣和六年(1124)进士。调徽州推官。高宗时除御史，在职两月，言事至 30 章，且历举所行不当事凡 20 条。孝宗时参知政事。后求退，加资政殿大学士致仕。晚号“惟心居士”。卒谥惠简。《宋史》有传。

惠简奏议5卷　史部政书类　佚

见道光《续纂宜荆县志》卷9。

圣传录1卷　子部儒学类　佚

见《直斋书录解题》卷9，云："自尧舜至孔孟圣传正统，为绝句诗二十章，而各著其说，自为一家，然无高论。"《宋史》本传作"《圣传诗》二十篇"。

周惠简文集30卷　集部别集类　佚

见道光《续纂宜荆县志》卷9。

蒋　芾

字子礼。宋宜兴人。之奇曾孙。绍兴二十一年(1151)进士第二，授建康府推官。孝宗时累迁起居郎兼直学士院。首先奏请加意边防及拔将材于行伍，又采众论参已见为《筹边志》进上。拜右仆射，同中书门下平章事兼枢密使。以议和战拂帝意，服阕，除观文殿大学士、知绍兴府、提举洞霄宫。辱以言者论落职，建昌军居住。期年，有旨自便。再提举洞霄宫，卒。《宋史》有传。

逸史(一作汉史)20卷　史部杂史类　佚

见陈振孙《直斋书录解题》卷5，云："丞相阳羡蒋芾子礼撰。其曾祖魏公之奇颍叔所记《逸史》，殆数百册，兵火散失。捃摭遗稿，得六百六十事，为十九门。淳熙改元书成，为之序。"

筹边志　史部政书类　佚

见《宋史》本传。

荣敏奏议　史部政书类　佚

见道光《续纂宜荆县志》卷9。

吴师尹

宋宜兴人。绍兴三十年(1160)进士。

涂浮集　集部别集类　佚

见道光《续纂宜荆县志》卷9。

王　谌

字子信，自称画溪吟客。宋宜兴人。

潜泉蛙吹集1卷　集部别集类　佚

见道光《续纂宜荆县志》卷9。

按：《全宋词》收其《渔父词》7首，词题云："嘉熙戊戌（二年，1238）春一日，画溪吟客王子信为亚愚诗禅上人作《渔父词》七首。"

王志道

字希圣。宋宜兴人。

阆风咏稿1卷　集部别集类　佚

见道光《续纂宜荆县志》卷9。

储文璧

宋宜兴人。能谦父。

涩字集　集部别集类　佚

见道光《续纂宜荆县志》卷9。

储文郁

宋宜兴人。

瓮鸡集　集部别集类　佚

见道光《续纂宜荆县志》卷9。

蒋　捷

字胜欲，号竹山。宋末宜兴人。博学工词，精通小学。南宋咸淳十年（1274）进士。宋亡后隐居太湖中竹山。元大德间宪使臧梦解、陆垕交章荐其才，卒不就。平生著述，以义理为主。词作多故国之思，风格以悲慨清峻为主，对后世影响颇深，与周密、王沂孙、张炎并称“宋末四大家”。

小学详断　经部小学类

见倪灿撰、卢文明校正《宋史艺文志补》《千顷堂书目》卷3。

竹山词1卷　集部词曲类

(1)《宋名家词》本。

(2)《四库全书》本。

(3)《景刊宋金元明本词四十种》本。

(4)《彊村丛书》本，附民国朱祖谋《校记》1卷。

(5)《中国文学珍本丛书第一辑》本。

(6)《四部备要》本。

(7)《百家词》本。

(8)《全宋词》本。

(9) 1988年上海古籍出版社出版。

按：《四库全书总目》卷一百九十九云：“其词练字精深，词音谐畅，为倚声家之榘矱。间有故作狡狯者。”

王天觉

字师尹，号觉轩。元宜兴人。宋王审琦之后裔。稽古嗜学，以文艺知名。元初与赵孟頫、邓文原、牟应龙相友善，被荐为镇江淮海书院山长，延祐二年(1315)升镇江路学教授，迁兰溪州判官，辞归不复仕。诗文不事雕琢，雅会天趣。尝筑别墅于梅林，曰“觉老山居”。及卒，邓为撰墓碑，由赵书石。

觉轩集10卷　集部别集类　佚

见钱大昕《补元史艺文志》卷4。

董　蕃

字子衍。元宜兴人。性情冲淡随和，不慕荣利。元初举茂异，荐授钓台书院山长，不就。

通鉴质疑　史部编年类　佚

见《千顷堂书目》卷5、倪灿《补辽金元艺文志》。钱大听《补元史艺文志》作《通鉴音释质疑》。

许应祁

字芳所，号松轩。元宜兴人。举明经茂异，善古文。为儒官，历任安徽歙县主簿和浙江山阴知县。致仕卒。

松轩文集　集部别集类　佚

见钱大昕《补元史艺文志》卷4。

储能谦(1271—1344)

字有大。元宜兴人。文璧子。有文名。事亲孝，教四子俱通经术。宋亡入元，名其宅为“樗巢”。

樗巢风月集15卷　集部别集类　佚

学步邯郸集10卷　集部别集类　佚

以上2种见道光《续纂宜荆县志》卷9。

储惟贤

字希圣。元宜兴人。能谦子。至正元年(1341)举人，七年再举解元。工诗文，博学多才。曾任浙江湖州路安定书院山长，后授钓台书院山长，未赴任。

绿椒词　集部词曲类　佚

见道光《续纂宜荆县志》卷9。

王余庆

元宜兴人。

惺惺道人遗稿　集部别集类　佚

见道光《续纂宜荆县志》卷9。

明

吴　源

字士源。明宜兴芳庄里人。洪武初征授兰溪教谕，以耳疾不赴。与同郡马孝常、王彝斋、倪云林辈为诗友。

菊存诗集　集部别集类　佚

见道光《续纂宜荆县志》卷9。

吴　云(？—1375)

字友云。明宜兴清泉乡人。性明敏，善诗词，工山水。本为元端本堂司经，后改翰林待制。明洪武初举宏文馆校书郎，出为湖广行省参政。五年(1372)，拜刑部尚书。八年九月，使招谕云南，铁知院令诈为元使，改制书共绐梁王。云誓死不从，遂被杀。后谥忠节。《明史》有传。

天文志杂占1卷　子部历算类　佚

见《千顷堂书目》卷13、《明史·艺文志》。

马　治(1332—？)

字孝常。明宜兴人。少好学，精通经史，诗文典雅冲淡，善真行书。元末与吴县周砥隐居西涧，以诗唱和。洪武初以诸生举授内丘知县，迁建昌府同知。《明史》有传。

海渔集6卷　集部别集类　佚

见《千顷堂书目》卷17。

荆南倡和集1卷　集部总集类

明周砥、马治撰

(1) 明成化五年(1469)李廷芝刻本,北京大学图书馆藏(清黄丕烈跋)。

(2) 明刻本,南京图书馆藏(清丁丙跋)。

(3) 清汪氏裘杼楼抄本(存诗集1卷),上海图书馆藏。

(4) 清抄本(存诗集1卷),上海图书馆藏。

(5) 又称《履道荆南倡和集》1卷,《元诗选》本。

(6)《四库全书》本。

(7) 无锡县图书馆抄本,见《无锡图书馆乡贤部书目》。

按:《四库全书总目》卷一八八云:"元至正癸巳、甲午、乙未三年,周砥(履道)遭乱,客治家,治馆砥于宜兴荆溪之南,随事倡和,积诗一卷为《荆南倡和集》,录成二帙,各怀其一。……治入明为内邱县知县,迁建昌府知府,与高启友善,遂以此集手录本付启。启复以与吕敏,……敏后归诸马氏。成华间,乡人李廷芝携至京师,俾李应祯、张弼校正付梓。"周砥,字履道,姑苏人,侨居宜兴。洪武时以人才授兴国州判。善画山水,《明史》有传。

王文静

名晏,以字行。明宜兴人。元末兵乱,隐居不仕,以吟咏自娱。舍旁皆植梅,自号梅西。诗词清丽。书画师宋克、王蒙,能造其妙。明洪武中以贤良征,辞不就。

蝇声集5卷　集部别集类　佚

见《千顷堂书目》卷17。

储惟德

字希崇。明宜兴人。有文名。洪武初朱元璋夜半微行,得识其人,乃赐儒籍。充常州府学教授,转国子监,兼东宫说书。

春秋本末　经部春秋总义类　佚

见嘉庆《宜兴县旧志》卷8本传。

西野文集　集部别集类　佚

见道光《续纂宜荆县志》卷9。

储士衡

明宜兴人。

四书疑解　经部四书类　佚

见道光《续纂宜荆县志》卷9。

储立夫

明宜兴人。洪武四年(1371)举人。官庄浪州州判。

曼声集　集部别集类　佚

见道光《续纂宜荆县志》卷9。

储可求

名才，一名季德。字可求，以字行。明宜兴人。潜心理学，洪武初举明经，任本县训导，累官礼部右侍郎。

五松清响集　集部别集类　佚

见《千顷堂书目》卷17。

储祖复

明宜兴人。

泰轩稿　集部别集类　佚

见道光《续纂宜荆县志》卷9。

储祖勤

明宜兴人。

君山集　集部别集类　佚

见道光《续纂宜荆县志》卷9。

储敬受

字克庄。明宜兴人。洪武十三年(1380)举明经,授陕西葭州学政、北平涿州判官,以最荐擢四川道监察御史,兼理兵备事。

霜台集　集部别集类　佚

见道光《续纂宜荆县志》卷9。

储　埏

明宜兴人。洪武二十四年(1391)府学贡生,官山东布政使。

官余录20卷　史部政书类　佚

见道光《续纂宜荆县志》卷9。

任伯通

字公启。明宜兴人。移居吴江,卜筑庞山湖滨。性好道学。寿90卒。

易外别传订正　经部易类　佚

见嘉庆《同里志》卷22。

参同契章句　子部道教类　佚

栖逸诗稿　集部别集类　佚

以上2种见道光《续纂宜荆县志》卷9。

储　祉

明宜兴人。

居易轩集　集部别集类　佚

见道光《续纂宜荆县志》卷9。

徐　鉴(1390—1450)

字子明。明宜兴人。永乐三年(1405年)举人。任刑部主事。尝与夏原吉同谏成祖北征,因而系狱。洪熙元年(1425)复官,迁户部郎中。宣德中出知琼州,有惠政。及去,民皆思之。《明史》有传。

续列卿表10卷　史部史表类　佚

见道光《续纂宜荆县志》卷9。

沈　彛(1414—1473)

字懋常,晚号五湖一老人。明宜兴人。荣子。年18理家,卓然有绪。景泰五年(1454)岁灾,赈米济民数百斛,有负债者,则焚其券,所活甚众。弘治中以子晖秩追赠右副都御史。

南山十景唱和诗　集部总集类　佚

明沈彛辑

见道光《续纂宜荆县志》卷9。

杭　伦

字宗理。明宜兴人。永乐、宣德年间在世。能诗,尤善作行楷书。以子济秩赠吏部主事。

省斋集1卷　集部别集类　佚

见道光《续纂宜荆县志》卷9。

蹇　曦

字朝阳,自号乐正老人。明宜兴人。

倪云林先生诗集6卷附录1卷　集部别集类

明倪瓒撰　蹇曦辑

(1) 明天顺四年(1460)蹇曦刻本,台湾"中央图书馆"原藏。

(2) 清抄本,北京大学图书馆藏。

按:参见本卷无锡地区"倪瓒"条。

徐　溥(1428—1499)

字时用,号谦斋。明宜兴溪隐人。鉴孙。景泰五年(1454)进士。由编修累官华盖殿大学士。性凝重有度。居内阁12年,从容辅导,爱护人才。屡遇大狱,及逮系言官,委曲调剂,天下阴受其福。卒,谥文靖。《明史》有传。

大明会典180卷　史部政书类

明徐溥等原修

(1) 明正德六年(1511)司礼监刻本,国家图书馆藏。

(2) 明翻刻正德司礼监本,台湾"中央图书馆"原藏。

(3)《四库全书》本。

按:《四库全书总目》卷八十一云:"其体例以六部为纲,吏、礼、兵、工四部诸司,各有事例者,则以司分。户、刑二部诸司但分省而治。共一事例者,则以科分。大抵以洪武二十六年诸司职掌为主,而参以《祖训》《大诰》《大明令》《大明集礼》《洪武礼制》《礼仪定式》《稽古定制》《孝慈录》《教民榜文》《大明律》《军法定律》《宪纲》十二书。于一代典章,最为赅备。凡史志之所未详,此皆具有始末,足以备后来之考证。"

文靖疏稿2卷　史部政书类　佚

见道光《续纂宜荆县志》卷9。

谦斋文录(徐文靖公谦斋文录)4卷　集部别集类

(1) 明嘉靖三十年(1551)徐遵道刻本,上海图书馆藏(清曹培享跋)。

(2) 明嘉靖间宜兴徐垚刻本,天津图书馆藏(四库全书底本)。

(3) 明嘉靖间宜兴徐垚刻徐启钊、徐绍淹重修本,南京图书馆藏。

(4) 明刻本,日本内阁藏。

(5)《四库全书》本。

(6) 清嘉庆间木活字印本,北京大学图书馆藏。

(7) 清光绪二年(1876)世德堂木活字印本,国家图书馆藏。

(8) 1970 年台北文海出版社影印本。

(9) 1991 年上海古籍出版社《四库明人文集丛刊》本。

(10)《明别集丛刊》第一辑本。

按:《四库全书总目》卷一百七十云:"溥于孝宗时在内阁十二年,与刘健、谢迁等协心辅治,不立异同。然于事有不可者,侃侃力争,多所匡正。其文章不如器量,当时已有公评。然有德之言,终与涂饰字句者异,是又不能不以其器量重其文章矣。"

谦斋文录 8 卷　集部别集类

清道光十一年(1831)宜兴徐氏看梅花所重刻本,南京图书馆藏。

徐文靖公谦斋集 8 卷　集部别集类

明嘉靖八年宜兴徐文炯刻本,中国科学院图书馆藏。

徐　瀹

字时新。明宜兴人。

恒斋诗稿　集部别集类　佚

见道光《续纂宜荆县志》卷 9。

沈　晖(? —1518)

字时旸,号豫轩。明宜兴人。彝子。天顺四年(1460)进士。授南京户部主事。以都察院右副都御史巡抚郧阳、湖广,迁南京工部右侍郎,遭谗乞休。居家慎交接,好学至老不倦。楷书得颜真卿笔意,诗有魏晋遗风。

豫轩集　集部别集类　佚

见《千顷堂书目》卷 19。

龟山先生集 35 卷年谱 1 卷附录 1 卷语录 2 卷　集部别集类

宋杨时撰　年谱宋黄去疾撰

明正德十二年(1517)沈晖刻本,复旦大学图书馆藏。

按:《明诗综》卷26收其诗1首。

邵璨

字文明。明宜兴人。读书广学,志意诚恳。性耽词赋,晓音律,尤精于弈。善论古人行谊。每有所契,则意气跃然。

乐善集　集部别集类　佚

见道光《续纂宜荆县志》卷9。

香囊记(一作五伦传香囊记)2卷　集部词曲类

(1) 明万历金陵陈氏继志斋刻本,国家图书馆藏。

(2)《六十种曲》本。

(3)《古本戏曲丛刊初集》影印继志斋本。

按:《曲海总目提要》卷五称"名曰《香囊记》者,九成佩一香囊,遗失战场中,败军拾得,误报九成已死。其妻邵贞娘守节多年,避贼流离。香囊复失,有赵公子者得之,遣媒求婚,贞娘控告观察使,而观察使即九成者,因此复合。故名《香囊记》"。又名《香囊五伦传》《五伦新传》。

重订出相附释标注香囊记4卷　集部词曲类

《绣刻演剧》本。

邵鉴

字原明。明宜兴人。风度清雅,萧然物外,与世无争。诗词简淡。与族人邵璨交契。

结蓑吟1卷　集部别集类　佚

见道光《续纂宜荆县志》卷9。

邵珪

字文敬。明宜兴人。成化五年(1469)进士。授户部主事,历员外郎中,出为严州知府,迁思南。善书工棋。诗有"半江帆影落樽前"句,为人称赏,因称"半江先生"。

邵半江诗(一作半江集)5卷附录1卷　集部别集类

明正德间刻本,国家图书馆藏。

按:明李东阳《怀麓堂诗话》中评论邵珪诗云:"邵文敬善书工棋,诗亦有新意,如'江流白如龙''金蕉双角短'之类,又有'半江帆影落樽前"之句,人称"邵半江'。"其集以"半江"名,缘此。

邵半江存稿4卷　集部别集类

明万历四十六年(1618)邵维桢等刻本,湖南省图书馆藏。

卜　同

字从大。明宜兴人。成化十一年(1475)进士。累官湖广佥宪。才思敏捷,千余言可立就。

毅斋集　集部别集类　佚

见道光《续纂宜荆县志》卷9。

王　玉

字汝瑛。明宜兴人。成化末举明医,隶太医院。弘治初,每用药有奇效,帝与太后甚嘉宠之,赐麒麟服、犀带。累官通政使。

璞庵医案　子部医家类　佚

见道光《续纂宜荆县志》卷9。

储　材

明宜兴人。成化十七年(1481)进士。

菜庵集　集部别集类　佚

见道光《续纂宜荆县志》卷9。

杭　济(1452—1534)

字世卿,号泽西。明宜兴人。伦长子。幼颖悟,10岁能诗。弘治六年(1493)进士。历官员外郎、福建学政、河南左参政,累至福建右布政使。清廉正直，有政声。正德十二年(1517)以老乞休，日与诸弟即席联句，觞咏湖山间。尤精楷书。

泽西文集6卷　集部别集类　佚

联句稿　集部别集类　佚

以上2种见嘉庆《宜兴县旧志》卷8本传。

按:《千顷堂书目》卷21作《泽西集》6卷，卢校“西”下有“诗”字。《明史·艺文志》作《杭济诗集》6卷，或即此书。

杭方伯集6卷　集部别集类　佚

见道光《续纂宜荆县志》卷9。

二杭诗集1卷　集部总集类

明杭济、杭淮撰

(1)《盛明百家诗》本。

(2)《明别集丛刊》第五辑本。

按:俞宪《盛明百家诗·二杭诗集》:“孝庙以还，李空同、何大复二公首倡诗学，一时扬袂而起者，如徐迪功、熊士选、康对山、王浚川辈，不啻数十家。宜兴杭泽西、双溪昆季，亦同声而应者也。今考其诗，虽才力各殊，要不可废，乃于全集中摘取入彀者各数十篇，用备采览，名《二杭诗集》。”此集分为杭济撰《杭世卿集》、杭淮撰《杭东卿集》两部分。

陆万里

明宜兴人。成化二十年(1484)进士。任章邱知县。长于史学。

国史举领20卷　史部史评类　佚

见道光《续纂宜荆县志》卷9。

按:嘉庆《宜兴县旧志》卷8本传引此书自序，谓成书于嘉靖十三年(1534)。

李　瀛(1455—1519)

字宗渊。明宜兴人。性木讷而博洽善文。恃才自好，郁郁寡合。

家居授徒自给，门生多取高科，己则再试再绌，遂绝意举业，以古文自见。弘治九年(1496)至苏州访文徵明，诉遭际，徵明为作《衍毁》。后贫益甚，潦倒以终。

健斋集　史部地理类　佚

宜兴新志　史部地理类　佚

以上2种见文徵明撰《李宗渊先生墓志铭》，载《甫田集》卷30，云："著《健斋集》，似游录，《宜兴新志》，多未脱稿。"

吴　俨(1457—1519)

字克温，号宁庵。明宜兴人。纶从子。成化二十三年(1487)进士。历侍讲学士。刘瑾窃柄，闻俨家多赀，啖以美官。俨峻拒之，罢官。瑾诛，复职，累迁南京礼部尚书。武宗北巡，俨切谏不报。卒，赠太子少保，谥文肃。《明史》有传。

吴文肃公摘稿(吴文肃摘稿)4卷　集部别集类

(1) 明万历十二年(1584)吴氏家刻本，南京图书馆藏(四库全书底本，清丁丙跋)。

(2)《四库全书》本。

(3) 抄本，日本静嘉堂藏。

(4) 1991年上海古籍出版社《四库明人文集丛刊》本。

(5)《明别集丛刊》第一辑本。

(6) 2016年凤凰出版社出版《常州先哲遗书续》本。

按:《四库全书总目》卷一百七十一云:"正德初，俨主顺天乡试，以《为臣不易》命题，为刘瑾所怒，以飞语罢去。瑾诛，乃复进用。其程文今在集中。史称刘瑾闻俨家多赀，遣人啖以美官。俨峻拒之，瑾怒。会大计群吏，中旨罢俨官。即其事也。其集初藏于家。至万历甲申，其孙士遇始刊版。同邑王升、武进庄煦及其仲孙达可为删而存之，故名曰《摘稿》。俨当何、李未出以前，犹守明初旧格，无钩棘涂饰之习。其才其学，虽皆不及李东阳之宏富，而文章局度舂容，诗格亦复娴雅。往往因题寓意，不似当时台阁流派，沿为肤廓。虽名不甚著，要与东阳肩随，亦足相羽翼也。”

吴文肃公摘稿2卷　集部别集类

明刻本，东北师范大学图书馆藏。

忠节录　集部总集类　佚

按：道光《县志》引史问和言：“吴忠节公云死滇难，其时士大夫挽章并其诰命遗书皆毁于火。自徐少师溥、王巡抚诏、李太仆应桢表幸之后，缙绅先生遂多题咏。同邑吴文肃公编纂成帙，颜曰《忠节录》而付之梓。”

瑞芝文瑞瓜诗　集部总集类

按：道光《县志》引吴超言：“公先茔生芝，一时名公卿以诗文相赠，汇而成卷。后公圃中丝瓜有一蒂三四茎者，公先作诗，诸公卿属而和之，汇刻成卷。”今有宜兴市图书馆藏《孝感双瑞集》上下2卷，民国二十年(1931)世德堂重印，疑即是书。

以上2种见道光《续纂宜荆县志》卷9。

杭　淮(1462—1538)

字东卿，号复溪。明宜兴人。伦次子，济弟。天性孝友。师事武进钱孝。弘治十二年(1499)进士。授刑部主事。正德间官云南提学副使，严条约，变士习，振起僻陋。官至南京总督粮储、右副都御史致仕。廉明平恕，以志节著。喜聚书。与兄济并负诗名，与李梦阳、徐祯卿、王守仁等相唱和，诗格清健。

双溪文集10卷　集部别集类　佚

见道光《续纂宜荆县志》卷9。

杭双溪先生诗集(双溪集)8卷　集部别集类

(1) 明嘉靖十四年(1535)宜兴杭洵刻本，日本静嘉堂藏。

(2) 明嘉靖间刻本，南京图书馆藏(清丁丙跋)。

(3) 明刻怡野堂印本，国家图书馆藏。

(4)《四库全书》本,题《双溪集》8 卷。

(5) 1991 年上海古籍出版社《四库明人文集丛刊》本。

(6) 2016 年凤凰出版社出版《常州先哲遗书续》本。

按:《四库全书总目》卷一百七十一云:"《双溪集》八卷,浙江朱彝尊家曝书亭藏本。……与兄济并负诗名。与李梦阳、徐祯卿、王守仁、陆深诸人递相唱和。其诗格清体健,在弘治、正德之际不高谈古调,亦不沿袭陈言,颇谐中道。此本乃其弟洵所编,为朱彝尊曝书亭旧藏。卷末有彝尊手题两行,称'康熙辛巳九月十九日,竹垞老人读一过,选入《诗综》一十四首'。各诗内亦多圈点甲乙之处,盖其辑《明诗综》时所评骘。今《诗综》本内所录淮诗篇数,并与自记相同。中如《打牛坪诗》第三联,原本作'碧障自云生',而彝尊改作'蔓草自春生';《王思槐过访诗》第三联,原本作'野竹过墙初挺秀',而彝尊改作'挺拔',亦间有所点定,皆较原本为善。且称'其诗遒炼如茧丝,抽自梭肠,似涩而有条理。五言尤擅场'。持论亦属允惬云。"

二杭诗集 1 卷　集部总集类

明杭济、杭淮撰

参见"杭济"条。

方　册

一作方策。明宜兴善权寺僧。

善权寺古今录 10 卷　集部总集类

(1) 清嘉庆九年(1804)黄欢郎抄本,国家图书馆藏。

(2)《北京图书馆古籍珍本丛刊》本。

按:此书录善权寺(今作善卷寺)古今石刻碑文,并录古今诗,自三国孙皓天册元年(275)至明弘治十七年(1504)。道光《续纂宜荆县志》卷 9 作方策。

杭濂

字道卿。明宜兴人。伦三子，淮弟。诸生。天资秀颖，志尚高古。工诗文，不喜为举业。游吴中，与文徵明等为友。卒后徵明为序其遗稿。

杭大川稿　集部别集类　佚

见道光《续纂宜荆县志》卷9。

储南

明宜兴人。弘治十五年(1502)进士。官户部主事。

石楼集　集部别集类　佚

见道光《续纂宜荆县志》卷9。

储徵

明宜兴人。

草庵集　集部别集类　佚

见道光《续纂宜荆县志》卷9。

万善

字克一。明宜兴人。好读古书，不习举子业。长于吟咏。嘉靖间举乡饮大宾，坚辞不出。邑令王铃高其行，躬造礼之，定为布衣交。卒年84。

为庵集3卷　集部别集类　佚

见道光《续纂宜荆县志》卷9。

沈敦

明宜兴人。正德年间例仕宣化主簿。

东窝诗草　集部别集类　佚

见道光《续纂宜荆县志》卷9。

周　冲(1485—1532)

字道通。明宜兴人。幼以孝闻。正德五年(1510)举于乡,司训万安。从王守仁学,复游湛若水门。尝曰:"湛之体认天理,即王之致良知也。"擢应城令,教化大行。民为立生祠。后官至唐府长史。学者称"静庵先生"。《明史》有传。

孝经刊误　经部孝经类　佚

养正录　子部儒学类　佚

新泉问辨录　子部儒学类　佚

按:此系与同门蒋信集师说之作。

以上3种见《国朝献征录》卷105。

希颜日抄　集部总集类　佚

见道光《续纂宜荆县志》卷9。

吴　仕

字克学。明宜兴人。幼警颖,长尤嗜学。正德九年(1514)进士。初授户部主事,累迁山西、福建、广西、河南四省提学副使,升四川参政。后引疾致仕家居,吟诵不辍。

颐山私录10卷　集部别集类　佚

见《千顷堂书目》卷22。道光《续纂宜荆县志》卷9作《颐山诗稿》10卷。

颐山私稿10卷　集部别集类

(1) 明嘉靖十九年(1540)刻本,上海图书馆藏。

(2) 明刻本,国家图书馆藏。

沈　敕

字克宽,一作克寅。明宜兴人。彝孙,晖侄。嘉靖十二年(1533)选贡生，十七年卒业于南京国子监。官江西布政司都事。谢病归，以读书著述自娱。

曲洧旧闻 10 卷　子部杂学类

宋朱弁撰　明沈敕刻

东轩笔录 15 卷　子部杂学类

宋魏泰撰　明沈敕刻

以上 2 种有明嘉靖三十四年沈敕楚山书屋刻本。

荆溪外纪 25 卷　史部地理类

明沈敕辑　李文校正

(1) 明嘉靖二十四年宇村书屋刻本，南京图书馆藏。

(2)《常州先哲遗书》本。

(3)《丛书集成续编》本。

(4)《四库全书存目丛书》本。

(5)《南京图书馆藏稀见方志丛刊》本。

按：荆溪，宜兴别名，此书辑录荆溪一邑艺文人物，采自唐宋元诸家诗集、二十一史之列传、各公署寺观碑记以及郡邑志，所涉荆溪之文献搜罗殆尽(《叙荆溪外纪后》)。前二十卷为与宜兴有关的历代名人的诗词碑记奏议和题跋；后五卷分列节义传记、列传记、寓贤记、风土记拾遗、纪遗杂说，辑录宜兴当地人物及风土人情。可作为宜兴地志的补充。盛宣怀跋称此书为"地方志外编最可传者"。

徐文辉(1491—1570)

字朝章，号龙潭。明宜兴人。溥孙。以荫入太学。嘉靖中授光禄天官署丞。累迁岷府左长史。

世恩录　史部政书类　佚

见道光《续繁宜荆县志》卷 9。

按：自序略曰："辉以先世屡蒙朝廷恩典，自六世祖伯祥公迄今，百余年中间，受敕书二道，诰命十八道，敕命八道，谕祭文十二道，钦依议田奏一本，子孙嗣守勿坠，恐其久而轶也，敬汇而梓之。”

卜云吉(1497—1548)

字允臧，号恢庵先生。明宜兴人。嘉靖十九年(1540)贡生，授竹山教谕。

恢庵集　集部别集类　佚

见道光《续纂宜荆县志》卷9。

屠继祖

字述之。明宜兴人。监生。嘉靖二年(1523)任浙江桐庐主簿。八年，升海宁县丞。

(嘉靖)桐庐县志8卷　史部地理类

明屠继祖修　濮溉纂

明嘉靖五年刻本，上海图书馆藏(存卷1—2)。

汤建衡

字平仲。初名鄞，字以山。明宜兴人。天性孝友，喜急人难。嘉靖十年(1531)举人。官江西新城知县。四十年，城遭攻击，建衡躬亲临阵，坚守城池。事后乞归。新城人为歌诗一册纪其功，曰《制胜安民集》。

浙东纪闻　史部杂史类　佚

怀南贤已　子部杂学类　佚

按：道光《续纂宜荆县志》卷9作《贤已稿》。

燕台感遇集　集部别集类　佚

黎川归田　集部别集类　佚

按：道光《续纂宜荆县志》卷9作《黎川归田集》。

云泾集　集部别集类　佚

以上5种见嘉庆《宜兴县旧志》卷8本传。

吴 慎

字南川。明宜兴人。嘉靖元年(1522)举人。与华亭徐阶为同年至契。阶登相位,慎未尝一见。

学易启蒙 10 卷　经部易类　佚

见道光《续纂宜荆县志》卷 9。

蹇 徐

字伯和。明宜兴人。国子监生。工书善画,得石田、十洲笔意。

浪游草　集部别集类　佚

见道光《续纂宜荆县志》卷 9。

路其直

号坦庵。明宜兴人。幼孤,克自树立,古朴温厚,事兄抚侄,曲尽恩义。励志文学,尤长于说诗。以同邑万士和、王升等为畏友。嘉靖十四年(1535)廷试第一。旋以老告归,家居训子。

四书求是　经部四书类　佚

五经讲义　经部群经总义类　佚

以上 2 种见道光《续纂宜荆县志》卷 9。

李延谧

字子静,自号孤山。明宜兴人。父早逝,事母孝。嘉靖十三年(1534)贡生,授龙门知县,改益府教授。晚举乡饮耆宾。与修县志,未竟卒。

四书大成录　经部四书类　佚

见道光《续纂宜荆县志》卷 9。

万士和(1516—1586)

字思节,号履庵。明宜兴人。受业武进唐顺之。嘉靖二十年(1541)进士。隆庆中以礼部左侍郎引疾归。万历初,起为礼部尚书。条上崇俭等事,多犯时忌。卒以积忤张居正,谢病去。居正殁,起南礼部尚书,不赴。谥文恭。《明史》有传。

万文恭公摘集12卷外集1卷　集部别集类

明万士和撰　王升选

(1) 明万历二十年(1592)义兴万春素履斋刻本,国家图书馆藏。

(2) 明万历二十年义兴万春素履斋刻清康熙间可师堂印本,上海图书馆藏。

(3)《四库全书存目丛书》本。

(4)《明别集丛刊》第二辑本。

按:《四库全书总目》别集类存目4作《履庵集》,盖据版心所刻书题著录。《四库全书总目》云:"《履庵集》十二卷,浙江巡抚采进本。……是集凡诗词三卷,杂文九卷。其官江西、贵州、湖广、山东,以至为宗伯时事迹,颇散见于其中。然过任自然,罕铸词之功,盖士和受业唐顺之,能不染七子雕绘之习? 而殚心吏事,又未能竟其业也。"外集1卷,专辑传状碑铭等。

万履庵集1卷　集部别集类

《盛明百家诗前编》本,国家图书馆藏。

续万履庵集1卷　集部别集类

《盛明百家诗后编》本。

二妙集12卷　集部总集类　佚

见《四库全书总目》总集类存目。提要云:"初,唐顺之选汉魏至明之诗为《二妙集》,盖取陈献章论诗法与理俱妙之语以名其书。士和受业于顺之,因摘其中七言律诗、七言绝句二体,又益以顺之七言律诗一卷,共为十二卷。唐取杜甫、王维、刘长卿、韦应物、王建、张籍、吕嵒七人。宋取王安石、黄庭坚、邵子、朱子四人。元取刘因一人。明取庄杲、王守仁二人。顺之长于古文,至诗道则全然不解。持论以谈理为宗,尤不可与口舌争。士和序中亦称集成而世无好者,则是非之心人皆有之矣。”

蒋允磐

明宜兴人。

锋室词　集部词曲类　佚

见道光《续纂宜荆县志》卷9。

汤鹤翔

字雪翎。明嘉靖、隆庆间宜兴人。邑廪生。深研经学,工诗古文辞,有文誉。与文湛持、马素修、黄介子相友善。

麟经直编　经部春秋总义类　佚

北游集　集部别集类　佚

以上2种见道光《续纂宜荆县志》卷9。

卜以学

号耻庵。明宜兴人。云吉子。万历元年(1573)举人,官按察副使。

世恩堂诗集1卷　集部总集类　佚

见道光《续纂宜荆县志》卷9,并引路同申曰:卜耻庵先生仿唐廖氏家集之例,自始迁宜兴祖安素公,下数七世,至其父恢庵公,共十家之诗,都为一集,名曰《世恩堂集》。而耻庵后人又以耻庵之诗附焉。

吴敦复

明宜兴人。仕子。万历元年(1573)举人。

飞翠楼稿集　集部别集类　佚

见道光《续纂宜荆县志》卷9。

王　升

字世新。原名革，督学耿定向牒送岁贡，改名升，人称“孚斋先生”。明宜兴人。少孤，奉母孝，安贫好学。初受业于万古，又学于唐顺之，并游罗念庵、王龙溪门。学以程朱为准的。嘉靖四十三年(1564)岁贡，以荐司训京兆。后出为成都通判，有廉誉。迁盐课提举，遂挂冠归。万历十七年(1589)，知县陈遴玮延修县志。

新刊举业精义四书蒙引(四书蒙引)15卷(大学2卷中庸2卷论语4卷孟子7卷)　经部四书类

明庄煦、王升编

(1) 明万历十五年刻本，山东省图书馆藏。

(2)《四库全书》本。

按:《四库全书总目》云:“明蔡清撰。清有《易经蒙引》，已著录。其作此书，初已有稿本而遗失，乃追忆旧文，更加缀录。久而复得原稿，以两本相校，重复过半，又有前后异同未归画一者。欲删正而未暇，乃题为‘蒙引初稿’，以明其非定说。《虚斋集》有是书《序》，述其始末颇详。嘉靖中武进庄煦参校二稿，刊削冗复，十去三四，辑成一书而刊之。书末又别附一册，则煦与学录王升商榷订定之语也。清人品端粹，学术亦醇。此书虽为科举而作，特以明代崇尚时文，不得不尔。至其体认真切，阐发深至，犹有宋人讲经讲学之遗，未可以体近讲章，遂视为揣摩弋获之书也。”

四书蒙引别录1卷　经部四书类

(1) 明万历十五年刻本，日本米泽市图书馆藏。

(2) 明万历间刻本，山东省图书馆藏。

(3)《四库全书》。

左氏鲁史　经部春秋左传类　佚

见道光《续纂宜荆县志》卷9。

读春秋左氏赘言12卷　经部春秋左传类

明万历间刻本，美国国会图书馆藏。原题“荆溪后学王升著，同邑后学吴骙校”。是书所辨，重在书法。

四书辑略　经部田书类　佚

（万历）宜兴县志10卷

明陈遴玮修　王升纂

（1）明万历十八年刻本，国家图书馆藏。

（2）《无锡文库》本。

（3）2017年常州市金坛古籍印刷厂影印本。

（4）2017年方志出版社点注本。

按：遴玮，字剑华，四川富顺人，嘉靖五年进士。万历十四年任宜兴县令。陈遴玮莅政之第三年，聘王升、周图宾等人共纂邑志。在明万历二年韩容《宜兴县志》基础上，于万历十七年“重订辑成新志”，次年刻印。记事远追秦汉，近迄于搁笔之时。凡71目。编者“有所按著，必其有关因革益损之大者，据事直书”，“会要而折其衷”（徐显卿《序》），引史证志，“悉补旧籍之所缺遗”。徐显卿《序》并评价道：“事核而不溢，文简而不靡，例严而不苛，取善广而不徇，存疑辩惑，标形会景，烦疏有体而不放。”

四先生语略论宗　子部儒学类　佚

五伦分疏　子部儒学类　佚

武经七书解　子部兵书类　佚

孚斋文集6卷　集部别集类　佚

《县志》原按：“是书本名《金鹅漫稿》，道光辛卯（十一年，1831）族孙国华等重刻。”

孚斋诗集2卷　集部别集类　佚

以上5种见《续纂宜荆县志》卷9。

王孚斋集4卷　集部别集类

清刻本，宜兴市图书馆藏。

王孚斋集8卷　集部别集类

清光绪六年(1880)一枝窠刻本,上海图书馆藏。

吴文肃公摘稿 4 卷　集部别集类

明吴俨撰　王升等校选　吴士遇等编次

明万历十二年吴氏家刻本,四川省图书馆藏。

万文恭公摘集 12 卷外集 1 卷　集部别集类

明万士和撰　王升选

版本参见“万士和”条。

俞　霑(1536—1607)

字时泽。明宜兴人。万历五年(1577)进士。授台州府推官,迁南吏部主事,擢大名兵备副使。念亲老,乞休归。后荐起山东、江西副使,皆不赴。

四子解　子部儒学类　佚

见道光《续纂宜荆县志》卷 9。

任元亨

明宜兴人。家中聚书万卷,以著述名时下。

十七史节评　史部史评类　佚

见道光《续纂宜荆县志》卷 9。

吴　骙

明宜兴人。隆庆四年(1570)贡生。官山东莱州通判。

祠堂条约　子部儒学类　佚

见道光《续纂宜荆县志》卷 9。

许世祥

字文潜。明宜兴人。诸生。性好古,六经诸史,无不研究。僻处一室曰“静庵”。同邑万士和、王升,皆其生平至契。晚耽玄学,潜心长生久视之术。卒年80余。

性理纂要　子部儒学类　佚

许氏家约　子部儒学类　佚

完真录　子部道教类　佚

伴闲集　集部别集类　佚

以上4种见道光《续纂宜荆县志》卷9。

路云龙

字伯际。明宜兴人。其直子。忠信沉潜，为万士和、周讷溪高弟。万历八年(1580)进士。历官蕲州、建吕、永州，有惠政。后备兵黔南，擢江西参政。卒于官。

毛诗讲义　经部诗经类　佚

牧政译编　史部政书类　佚

思石十议　史部政书类　佚

风木斋集　集部别集类　佚

以上4种见道光《续纂宜荆县志》卷9。

吴达可(1541—1621)

字叔行，号安节。明宜兴人。俨从孙。万历五年(1577)进士。历知会稽、上高、丰城县，并有政声，选授御史，视盐长芦。岁饥，绘上饥民14图，力请赈贷。改按江西，税使潘相不法，达可力折之。寻陈新政大计，痛规首辅沈一贯。累进通政司左通政。乞休卒。《明史》有传。

周恭节公年谱1卷　史部传记类

清光绪二十七年(1901)木活字印本，上海图书馆藏。

奏疏遗稿　史部政书类　佚

见《四库全书总目》诏令奏议类存目。

三邑政略　史部政书类　佚

银台政纪　史部政书类　佚

日省编　子部儒学类　佚

乙卯诲孙谕族说　子部儒学类　佚

以上 4 种见道光《续纂宜荆县志》卷 9。

诸儒语要 20 卷　子部儒学类

明唐顺之辑，吴达可序刻。

明万历三十年刻本，北京图书馆等藏。

按：《四库全书总目》卷九十六云"《诸儒提要》二十卷，浙江巡抚采进本。……是编采诸儒之言。十四卷以前以人分，凡周子、二程子、张子、谢良佐、杨时、胡宏、朱子、张栻、陆九渊、杨简、王守仁十有二家。十五卷以下以类分，其为某人之言或注或不注，阅之殊不甚了了"。

荆南漫稿　集部别集类　佚

贞裕卷　集部总集类　佚

按：系纪念达可嗣母屠夫人的唱和集。

以上 2 种见道光《续纂宜荆县志》卷 9。

三忠文选　集部总集类　佚

见《四库全书总目》总集类存目 3，云："是编录嘉靖朝三谏臣之文，一周怡，一杨爵，一刘魁。"

吴梦熊

字应望。明宜兴人。俨孙。万历五年(1577)进士。官乌程知县。性恭谨好学。

石亭山庄文集　集部别集类　佚

见道光《续纂宜荆县志》卷 9。

陈一经(？—1601)

字怀古。明宜兴人。性至孝。设义塾，置义田，乡党私谥曰"孝洁先生"。

四书大全纂 13 卷　经部四书类

明万历四十四年(1616)子于廷刻本,山东省图书馆藏。

陆时叙

明宜兴人。

荆溪杂录　子部杂学类　佚

浮世余吟　集部别集类　佚

以上2种见道光《续纂宜荆县志》卷9。

曹司宰

明宜兴人。景阳子。隆庆元年(1567)举人,历官南京刑部郎中。

中议3卷　史部政书类　佚

见道光《续纂宜荆县志》卷9。

曹司直

明宜兴人。三旸子。荫生。天才俊逸,为士林所推。惜早卒。

象罔编　内容不详　佚

靡旃笔记4卷　子部杂学类　佚

剑吹楼稿20卷　集部别集类　佚

以上3种见道光《续纂宜荆县志》卷9。

按:《千顷堂书目》卷12著录《剑吹楼笔记》4卷,或即《靡旃笔记》之别称。

蒋宏宪

字成甫。明宜兴人。士元子。万历十三年(1585)举人。授吴江县教谕,内擢户部主事。万历三十八年赈山西饥民,后差榷河西税,均廉慎为民,有时誉。差满入京,卒于旅次。商民集数百金为赙,子允仪遵遗命悉却之。

清余集5卷　集部别集类　佚

见道光《续纂宜荆县志》卷9。

吴 鹏

字图南。明宜兴人。约万历十年(1582)前后在世。

金鱼记　集部词曲类　佚

见明吕天成《曲品》,云:“此即韩君、柳姬事,自(梅鼎祚)《玉合》出而吴本无色,然亦可行。”

张纳陛

字以登,号文石。明宜兴人。万历十七年(1589)进士。由刑部主事改礼部。与顾宪成等争三王并封,又争拾遗事,谪邓州判官,乞假归。工画山水竹石。生平尚气节,与顾宪成共讲学东林书院,天启中赠光禄寺少卿。《明史》有传。

易学饮河8卷　经部易类　佚

见《四库全书总目》易类存目2。

张仪部疏稿续钞2卷　史部政书类　佚

云声阁集3卷　集部别集类　佚

以上2种见道光《续纂宜荆县志》卷9。

储 滂

号近溪。明宜兴人。因军功授承德郎,淡于仕进,家居课子著书,建别业南臧草堂为读书处。

鉴古　子部儒学类　佚

鉴心　子部儒学类　佚

以上2种见宜兴《南臧储氏分支谱》卷3载万历四十四年(1616)王以宁撰《近溪公传》。

任景龙

字畏十。明宜兴人。元亨子。少承家学，喜读先儒之书。壮年遍游浙江、福建、广东，所交多贤士如陈继儒、文震孟等。既屡试不第，遂结庐祖茔之侧，题曰“依云小筑”。建宗祠，辑宗谱，教授乡里。

群书汇考　史部目录类　佚

初学一脔　子部儒学类　佚

以上2种见道光《续纂宜荆县志》卷9。

史孟麟

字际明，号玉池。明宜兴人。万历十一年(1583)进士。官至太常少卿。张差一案，廷臣请究主使，御史刘光复因召对下狱，孟麟具疏救之。后以请立皇太孙被谪。潜心理学，建明道书院，一时俊彦多出其门，学者称为启新先生。崇祯初，追赠礼部右侍郎。《明史》有传。

史太常三疏1卷附赵南星二疏1卷　史部诏令奏议类

明万历四十四年赵南星刻本，台湾“中央图书馆”原藏。

沈龙岗先生言行录　史部传记类　佚

史玉池疏稿　史部政书类　佚

玉池语录　子部儒学类　佚

明道附言2卷　子部儒学类　佚

史玉池集　集部别集类　佚

亦为堂集4卷　集部别集类　佚

按：《四库全书总目》别集类存目谓其集凡奏疏1卷、明道附言1卷、诗草1卷、文章1卷。又一别本题曰《史太仆集》，所载亦同，盖一书而再刻也。

以上6种见道光《续纂宜荆县志》卷9。

潘守正

字子贞。明宜兴人。万历十七年(1589)进士。授广信府推官,多平反冤狱。擢户部主事,督运通州。遭诬,左迁赣令,以廉明治之。历官南京工部虞衡司郎中。

性理约编　子部儒学类　佚

见道光《续纂宜荆县志》卷9。

储昌祚

字肩宇。明宜兴人。万历十七年(1589)进士。任鄱阳、浦城知县,有政绩。历重庆兵备佥事,致仕归。昌祚中举时,同县万士和曾以居官勿行贿、受贿为戒,昌祚终身守其言。

伊川击壤集8卷　集部别集类

宋邵雍撰　明储昌祚、储显祚校刊

明万历四十二年刻本,国家图书馆藏。卷端有昌祚序及隆庆元年(1567)万士和序。《中国善本书提要》云:"以其分类考之,盖翻万(士和)本也。"

按:《明词综》卷4收其词1首。

许有谷

字子仁。明宜兴人。王升婿。诸生。以博雅名。凡所见闻忠臣节妇事迹,各赋一诗以纪其事。上司行部采风,必以此书呈送。万历十七年(1589)王升修宜兴县志,尝赞成之。

古今贞烈维风什4卷　史部传记类

(1) 明万历许用中刻本,天津图书馆藏。

(2)《四库全书存目丛书》本。

按:《四库全书总目》云:"其书大旨为表扬贞烈而作。按舆志区分,各以人系其地。由古迄明,每地分列传标题、列名不标题二类。其标题者各题七言绝句，不标题者粗举事迹而已。凡例称词虽浅俚，意取劝扬。是书长短，有谷已自道之矣。”

皇明忠义存褒什 2 卷　史部传记类

（1）明万历间刻本，美国国会图书馆藏。

（2）明崇祯间刻本，天一阁藏。

（3）《四库全书存目丛书》本。

按：此书记建文诸臣死难事迹，凡缙绅士一百有四人，介胄士三十有七人，附太监一人。

忠贞合璧　史部传记类　佚

见道光《续纂宜制县志》卷 9。

按：疑即上 2 书的合刻本，所谓“凡所见闻忠臣节妇佳话，备赋诗以纪其事”。

堵维常（1562—1611）

字永彝，一字冲宇。明宜兴人。胤锡（一作允锡）父。诸生。矜名节，敦品行，以至诚之学为本。佣书养志，淡泊自如。郡守杜承式重其文行而怜其贫，荐于江都宦族作馆，以亲老辞。遗之金，亦固辞。

诗经泽书　经部诗经类

明堵维常撰　清堵胤锡辑

清嘉庆十六年（1811）吴骞拜经楼抄本（清吴骞跋），南京图书馆藏。

三经泽书　经部群经总义类　佚

明堵维常撰　清堵胤锡辑

见《锡金志外》卷 3，云：“案《经义考》作堵维常撰，即允锡父。允锡为湖广提学副使时，辑父遗书，黄虞稷有序。（旧）志作允锡，误。”

按：道光《续纂宜荆县志》卷 9 著录堵维常撰《诗笺》《礼笺》《春秋笺》三书，著录堵允锡撰《诗经泽书》、《礼经泽书》5 卷、《春秋泽书》4 卷。

汤　聘

字起莘，自号南园处士。明末宜兴人。8岁能咏桂花诗，时称神童。补博士弟子员，绝意仕进。居家笃孝友，敦礼仪。暇则吟啸林圃间。

南园处士集　集部别集类　佚

见道光《续纂宜荆县志》卷9。

吴正志

原名秉忠，字子矩。明宜兴人。达可子。幼承家训，讲学东林。万历十七年(1589)进士。授刑部主事，迁光禄寺寺丞。出为江西湖西道佥事，擢南京刑部郎中。《明史》有传。

泉上语录　子部儒学类　佚

云起楼诗文集　集部别集类　佚

以上2种见道光《续纂宜荆县志》卷9。

圆　悟(1566—1642)

字觉初，号密云。明宜兴人。蒋氏子，初习儒。读《六祖坛经》有省悟，乃于万历二十二年(1594)投龙池传祖出家，苦修得悟，龙池传以衣拂。四十五年继席龙池祖庭。凡六坐道场，弟子逾3万。后署浙江天童山。崇祯十四年(1641)敕主南京报恩寺，以老病辞。次年寂于苏州通玄寺。

密云禅师语录(一作天童语录)12卷附塔铭、行状、年谱　子部佛教类

明释圆悟撰　塔铭清钱谦益撰　行状、年谱释道忞编撰

(1) 清乾隆三年(1738)刻本，国家图书馆藏。

(2) 22卷，清光绪二十五年(1899)刻本，国家图书馆藏。

(3) 1989年文物出版社影印本。

(4) 2008年上海古籍出版社点校本。

（5）2008年民族出版社影印本。

按：是书又称《密云老和尚语录》。卷首载序。卷一：住直隶常州龙池山万门禅院、浙江台州天台山通玄禅寺语录。卷二：浙江嘉兴金栗山广慧禅寺、福建福州黄檗山万福禅寺语录。卷三：浙江宁波鄮山育王广利禅寺、再住浙江广慧禅寺、浙江宁波天童山景德禅寺语录。卷四：上堂开示、小参、晚参、入堂、室中开示、偶言。卷五：入室、勘辨、问答机缘。卷六：问答机缘、行繇、法语。卷七、八：书问、举古。卷九：拈古、征古、别古、代古。卷十：颂古。卷十一：偈。卷十二：赞、佛事、杂著、行状。

天童密云禅师辩天说3卷　子部佛教类

明释圆悟撰　清释道忞辑

清刻本，上海图书馆藏。

天童密云和尚辟妄七书1卷　子部佛教类

明释圆悟撰　清释道忞等辑

明崇祯间王朝式刻本，南京图书馆藏。

天童和尚辟妄救略说10卷　子部佛教类

明崇祯间刻本，北京大学图书馆藏。

民国间上海有正书局铅印本，南京图书馆藏。

密云圆悟禅师天童直说□卷　子部佛教类

清刻本，上海图书馆藏。

龙池幻有禅师语录12卷　子部佛教类

明释正传撰　明释圆悟等辑

明崇祯间镇江金山江天寺刻本，存卷1至8，上海图书馆藏。

龙池幻有禅师语录10卷　子部佛教类

明释正传撰　明释圆悟等辑

清宣统二年（1910）常州天宁寺刻本，上海图书馆藏。

吴懋植

字汝成。明宜兴人。

尚书讲义　经部尚书类　佚

禹贡注　经部尚书类　佚

左氏家抄　经部春秋左传类　佚

启蒙夜记　经部小学类　佚

以上 4 种见道光《续纂宜荆县志》卷 9。

陈于廷(1567—1635)

一作于庭，字孟谔。明宜兴人。一经子。万历二十三年(1595)进士。历知光山、秀水、唐山 3 县，征授御史。历官吏部左侍郎。因忤魏忠贤，被斥为民。崇祯初，起南京右都御史，召拜左都御史。五年(1632)，又以拟罪援引不当帝意，削籍归。居 2 年卒。福王时赠少保，谥端毅。《明史》有传。

读易私笺　经部易类　佚

见《金陵通传》卷 22。

四书大全纂 13 卷　经部四书类

明陈一经撰

明万历四十四年陈于庭刻本，山东省图书馆藏。

宝泉新牍 2 卷　史部政书类

(1) 明天启四年(1624)刻本，国家图书馆藏。

(2)《续修四库全书》本。

端毅疏稿 2 卷　史部政书类　佚

见道光《续纂宜荆县志》卷 9。

按：疑即前书的翻刻本，因端毅其卒后谥号。

定轩存稿 3 卷　集部别集类

明刻本，北京故宫博物院图书馆藏。

石莲洞罗先生文集 25 卷　集部别集类

明罗洪先撰

明万历四十五年陈于庭刻本，北京大学图书馆藏。

纪录汇编　丛书类

明沈节甫辑

(1) 明万历四十五年陈于廷刻本，国家图书馆藏。

(2)《景刊元明善本丛书十种》本。

子目从略。

按:《四库全书总目》卷一百三十四曰"《纪录汇编》二百十六卷，浙江鲍士恭家藏本。明沈节甫编。节甫，乌程人。嘉靖己未进士。官至工部左侍郎。谥端靖。是书采嘉靖以前诸家杂记，裒为一集，凡一百一十九种。其中有关典故者多已别本自行。其余如王世贞《明诗评》之类，则文士之余谈；祝允明志怪之类，又小说之末派；一概阑入，未免务博好奇，伤于冗杂。且诸书有全载者，有摘钞者，甚或有一书而全录其半，摘钞其半者，为例亦复不纯，卷帙虽富，不足取也"。

何士晋(? —1626?)

字武莪。明宜兴人。万历二十六年(1598)进士。初授宁波推官，擢工科给事中，后移广西参议，强直敢言。光宗立，擢尚宝少卿，迁太仆。天启二年(1602)以右佥都御史巡抚广西。四年擢兵部右侍郎，总督两广军务，兼广东巡抚。明年遭御史田景新之诬，除名，愤郁卒。思宗朱由检立，复官赐恤。《明史》有传。

文公家礼仪节 8 卷　史部政书类

明丘濬撰

明万历四十六年何士晋刻本，国家图书馆藏。

何武莪疏稿 1 卷　史部政书类　佚

见《千顷堂书目》卷 30。

工部厂库须知 12 卷　史部政书类

(1) 明万历间刻本,南京图书馆藏。

(2)《玄览堂丛书续集》影印万历本。

按:该书述明代工部职掌、条例及所属厂库诸项规则。

厂库须知 6 卷　史部杂史类

《皇明修文备史》本。

赐余草不分卷　史部诏令类

明万历四十三年刻本,杭州图书馆藏,存国本二疏、职掌六疏。

董孝子庙志 8 卷　史部传记类

明崇祯间刻本,南京图书馆藏。

汤兆京(1568? —1619?)

字伯闳,号质斋。明宜兴人。万历二十年(1592)进士。授丰城知县。征授御史,出按宣府、大同。旋掌河南道,佐孙丕扬掌察典,力持公议。再出按顺天诸府,复掌河南道等。居官廉正耿直,累疏言事,以不得其职乞归。天启中赠太仆少卿。《明史》有传。

灵萱阁集 8 卷　集部别集类

明万历末刻本,台湾"中央图书馆"原藏。

按:《四库全书总目》卷一百七十九云:"《灵萱阁集》八卷,浙江孙仰曾家藏本。……兆京廉正鲠直,佐孙丕扬掌察典,尤力持公议,为群小所嫉;然律身严正,虽屡遭排击,卒不能以一言污之。其制行甚高,诗文非所属意,亦皆不入格。"

吴宗仪

字象于。明宜兴人。万历二十二年(1594)举人。授新河知县,迁延安同知,分司神木。莅任久,清操益著。迁福建盐运司运同。卒于官。

醒世篇　子部儒学类　佚

蒙士八箴　子部儒学类　佚

劝民条约　子部儒学类　佚

清裕堂文集　集部别集类　佚

逍遥堂小草　集部别集类　佚

以上5种见道光《续纂宜荆县志》卷9。

王闻道

字元览。明宜兴人。诸生。力学敦行。邑侯刘永基赠以额曰:"真修宿学"。

圣学　子部儒蒙类　佚

修学　子部儒学类　佚

识学　子部儒学类　佚

备学　子部儒学类　佚

以上4种见道光《续纂宜荆县志》卷9。

王永图

字惟怀。明宜兴人。14岁时,无锡顾宪成见其天资聪颖,以女许之,携归教迪,遂以无锡籍补诸生。万历二十八年(1600)领乡荐。三十二年,从宪成讲学东林书院。历官刑部员外郎。崇祯初晋郎中,出守韶州。后以病乞假归,卒于道。

俭斋文集　集部别集类　佚

见道光《续纂宜荆县志》卷9。

李　适

字叔安。明宜兴人。性恬退,喜吟诵。或以非礼相加,辄笑而遣之。寿93举乡饮大宾。

安晚诗集　集部别集类　佚

见道光《续纂宜荆县志》卷9。

陈一教

字磵云。明宜兴人。一经从弟。万历二十九年(1601)进士。官潮州提学副使。

孙宗伯集 10 卷　集部别集类

明孙继皋撰

明万历十三年陈一教、刘毅刻本,国家图书馆藏。

蒋如奇

字一先,号盘初。明宜兴人。万历二十五年(1597)举人,四十四年进士。初选部曹,出守广信,屡转东兖道。有政声。以母老乞归养。家居 10 年,荐起补湖西道,转浙江参政,督粮入京卒。赠光禄寺卿。善书法,潇洒绝俗。喜吟咏,诗格古秀,能自成家。

岱游记　史部地理类　佚

阙里志　史部地理类　佚

以上 2 种见道光《续纂宜荆县志》卷 9。

净云枝帖 6 种　子部艺术类

墨拓本,南京图书馆藏,存卷 2、4。

咏风堂漫记　集部别集类　佚

见道光《续纂宜荆县志》卷 9。

明文致 20 卷　集部总集类

明蒋如奇辑

明崇祯二年(1629)咏兰堂刻本,南京图书馆藏。

吴继芳

明宜兴人。驭子。万历二十五年(1597)举人。

汉川十景图诗文编　集部别集类　佚

见道光《续纂宜荆县志》卷 9。

季世儒

字振末，号卓庵。明宜兴人。能书善画，精音律。散曲《江儿水》中有“花尽江南”之句。

奇梦记　集部词曲类

明季世儒撰　明周延儒评　明赵安期删润

明万历间刻本，仅存下卷，戏曲研究院图书馆藏（傅惜华旧藏）。

王继贤

字弓若。明万历间宜兴人。

笠泽堂文集　集部别集类　佚

见《千顷堂书目》卷26。

储显祚

字文曙。明宜兴人。昌祚弟。万历四十四年（1616）进士。授户部主事。天启元年（1621）差理延宁粮储，便宜调剂军饷，军心以安。迁襄阳知府，以法裁制恣横贵戚。值魏忠贤用事，遂乞归。崇祯初起补下江道，再升湖北道，调榆林道，升陕西按察使。

历朝史断30卷　史部史评类　佚

筹边纪略20卷　史部政书类　佚

以上2种见道光《续纂宜荆县志》卷9。

伊川击壤集8卷　集部别集类

宋邵雍撰　明储昌祚、储显祚校刊

明万历四十二年刻本。参“储昌祚”条。

徐　琳

字廷玺。明宜兴人。

见闻纪训2卷碧里杂存1卷　子部杂学类

明陈良谟、董谷撰

明万历四十三年(1615)徐琳刻本。

按:《见闻纪训》为志怪小说集,书中记明代怪异故事,而往往以为天命定数所致。书中故事多言因果定数,略嫌酸腐。唯卷末部分故事能见民间疾苦,则不无可取。书中故事多委婉曲折,变幻多端,颇具小说意味。《碧里杂存》采辑明初君臣轶闻传说,小说成分较大,兼及志人志怪。

王　超

字景升,一字东皋。明宜兴人。性超然,衣冠朴雅,有古人风致。善画。适意处,辄题写,人争求之。

东皋野语　子部杂学类　佚

见道光《续纂宜荆县志》卷9。

曹师稷

字铭石。明宜兴人。景阳孙。万历四十四年(1616)进士。由中书擢刑科给事中。謇謇谔谔,有古直臣风。奉命封荆藩,卒于道。

铭石疏稿1卷　史部政书类　佚

见道光《续纂宜荆县志》卷9。

吴　鼎

字肩之。明宜兴人。弱冠即有志于圣贤,博极群书,潜心理学,受业于王升门,以正心诚意为务。既壮,受业武进薛敷教、钱启新,无锡顾宪成、高攀龙诸先生门,讲学问道,所得益深。归与史孟麟切磋靡间。玉池创明道书院,一时名贤云集,鼎皆与焉。造就后进,门下日盛。

四书心见录　经部四书类　佚

四书考　经部四书类　佚

壁经考　经部群经总义类　佚

观省悟　子部儒学类　佚
知非篇　子部儒学类　佚
莫忘篇　子部儒学类　佚
师门问答切磋日记　子部儒学类　佚
游艺录　子部艺术类　佚
应世录　子部杂学类　佚
蒙养诗　集部别集类　佚
醒迷诗篇　集部别集类　佚
海完诗稿　集部别集类　佚
往答书柬　集部总集类　佚

以上13种见道光《续纂宜荆县志》卷9。

蒋如纨

字叔度。明宜兴人。如奇弟。诸生。工诗，抒写性情以自娱。善书，尤工行草，得兄笔法。

草韵墨海16卷　子部艺术类　佚

见嘉庆《宜兴县旧志》卷8本传，云："藏于家。"

笔山诗稿1卷　集部别集类　佚

见道光《续纂宜荆县志》卷9。

吴士贞

原名贞彦，字元滋。明宜兴人。仕孙。9岁丧父。万历三十四年(1606)举人，天启五年(1625)进士。授上虞知县。崇祯元年(1628)捐资筑堤，民称"吴公堤"。摄余姚篆，擢礼科给事中。卒于官。

冰心斋诗集　集部别集类　佚
三草斋诗　集部别集类　佚

以上2种见道光《续纂宜荆县志》卷9。

许际昌

明宜兴人。有谷侄。万历三十一年(1603)举人。有子三:肇篆、肇篪、肇箕,皆有文名。

会真馆课　集部别集类　佚

奋翮斋集　集部别集类　佚

以上2种见道光《续纂宜荆县志》卷9。

储　澈

字刚夫,改字康夫。明宜兴人。少为诸生,有声。从武进钱一本受理学,遂弃学子业,专心求道。生平好静坐,不耐烦俗。祁彪佳请见,欲以所著书荐于朝,以疾辞。

同易疑义　经部易类　佚

春秋属比直书　经部春秋总义类　佚

四书精义　经部四书类　佚

几希日记　子部儒学类　佚

以上4种见道光《续纂宜荆县志》卷9。

毛士龙(?—1644?)

字伯高,号禹门。明宜兴人。万历四十一年(1613)进士。授杭州推官,熹宗即位,擢刑科给事中。天启年间因劾权奸,遭魏忠贤忌恨,削籍归。崇祯初忠贤伏诛,士龙复官致仕。崇祯十四年(1641)始起漕储副使,督苏松诸郡粮。十五年冬入为太仆少卿,明年擢左佥都御史,谢病归。明亡后卒。《明史》有传。

毛氏爰书　史部政书类　佚

见道光《续纂宜荆县志》卷9。

蒋允仪(? —1642?)

字闻韶。明宜兴人。宏宪子。万历十四年(1616)进士。授桐乡知县,移嘉兴。天启二年(1622)擢御史,巡按陕西,条上筹边8事。五年还朝,出为湖广副使。因忤魏忠贤,被劾削籍。崇祯元年(1628)荐起御史,掌河南道事,陈计吏8则。擢太仆少卿。四年以右佥都御史抚治郧阳。七年因事下狱、戍边。十五年论荐,未及用而卒。刚正直疏,有政声。《明史》有传。

西台疏草2卷　史部政书类　佚

按秦疏草2卷　史部政书类　佚

抚郧疏草1卷　史部政书类　佚

淡香园文集　集部别集类　佚

以上4种见道光《续纂宜荆县志》卷9。

按:《千顷堂书目》卷30作《蒋侍御疏草》4卷。

吴正己

字舆则。明宜兴人。尝与文震孟、张纳陛讲学东林。万历四十三年(1615)进士。为蒙城教谕,升国子学录,后迁湖广郧襄兵备。乞归,年71卒。

开美堂集　集部别集类　佚

见道光《续纂宜荆县志》卷9。

许用中

字允泰。明宜兴人。

古今贞烈风什4卷　史部传记类

明许有谷撰

明万历许用中刻本,天津图书馆藏。

许用卿

字羽可。明宜兴人。有谷侄。万历四十三年(1615)举人。历官光泽、铅山、宁德等县知县。所至有“神明父母”之称。

雪鸿集 1 卷　集部别集类　佚

见道光《续纂宜荆县志》卷 9。

蒋　觐

字拱北。明宜兴人。万历四十六年(1618)举人,四十七年进士。授赵州知州,天启二年(1622)调河南信阳州。课最,擢兵部车驾司员外郎,六年进郎中。出为大同兵备佥宪,寻进河南兵备副使。崇祯四年(1631)除河南清军驿传盐法道。所至清廉勤政,有政声。积劳成疾,卒于官。

空明轩宦稿　集部别集类　佚

见嘉庆《宜兴县旧志》卷 8 本传。

吴正心

字诚先。明宜兴人。正已弟。崇祯三年(1630)举人。授云南富民知县。捐俸移建泮宫,与士子讲学课艺,邑人立碑记之。官至户部郎中。

滇中诗集 10 卷　集部别集类　佚

见道光《续纂宜荆县志》卷 9。

史夏隆

字趾祥,又名翥。明宜兴人。孟麟子。崇祯十六年(1643)进士。授南昌府推官。清兵下江西,城破死难。

谯岩文集　集部别集类　佚

见道光《续纂宜荆县志》卷 9。

邓秉贞

字予坦。明宜兴人。工诗古文。不求仕进。

高僧传　史部传记类　佚

见道光《续纂宜荆县志》卷 9。

禹笑斋诗　集部别集类　佚

安隐集　集部别集类　佚

以上 2 种见《千顷堂书目》卷 26。

邓予坦集 8 卷附蒋子言 1 卷　集部别集类

蒋子言，清蒋伟撰

明崇祯八年(1635)刻本，见《贩书偶记续编》卷 13。

汤启祥

明宜兴人。子源清为明崇祯十五年(1642)举人，清顺治十五年(1658)进士。

石城草　集部别集类　佚

见道光《续纂宜荆县志》卷 9。

路　进

字修期。明宜兴人。云龙孙。与父文范同登天启四年(1624)举人，崇祯元年(1628)进士。初守金华，多善政，民立石颂德，名“甘棠碑”。迁杭嘉湖道，累进七省漕储，巡视河道兼山东左布政。明亡，遂隐居不出。

治苕八法　史部政书类　佚

守湖辑要　史部政书类　佚

以上 2 种见道光《续纂宜荆县志》卷 9。

陈于鼎

字尔新。明宜兴人。

麟旨定 12 卷　经部春秋总义类

明崇祯间刻本，南京图书馆藏。

许颖昌

字友白。明宜兴人。品行高洁，举贤良方正，不受职。

灌亩吟　集部别集类　佚

见道光《续纂宜荆县志》卷 9。

吴鸣虞

字两阶。明宜兴人。天启二年(1622)进士。授户部主事，晋郎中。崇祯元年(1628)，特擢文选司郎中。三疏乞休，乃予告归。

典剧奏疏 1 卷　史部诏令奏议类

明崇祯间刻本，台湾"中央图书馆"原藏。

两阶诗草　集部别集类　佚

见道光《续纂宜荆县志》卷 9。

陈贞贻

字孙谋。明宜兴人。于廷子。4 岁能为骈体，10 岁为文，太守欧阳公器重之，补博士弟子员，益刻苦读书，玉潭阁经史诸集丹铅殆遍，旁及稗官乐府，尤酷嗜苏轼文，放笔千言，江左文坛推为盟主。后于廷为侍御按江右，与税珰为难忤旨，几蹈不测，贞贻惊闻得疾卒。吉水邹之标题其墓曰："笃行好学，大儒孙谋陈子之墓"。

史纲纂评　史部史评类　佚

性理大全　子部儒学类　佚

桃花诗谜　子部艺术类　佚

以上 3 种见道光《续纂宜荆县志》卷 9。

当炉记　集部词曲类

见《远山堂曲品》。参见《古典戏曲存目汇考》卷 10。

周延儒(1593—1643)

字玉绳,号挹斋。明宜兴人。万历四十一年(1613)进士第一。崇祯二年(1629)任东阁大学士。次年为首辅。六年,被温体仁排挤罢相。十四年再起,任用东林党人,请略减赋税,以缓民怨。十六年,清兵入关,自出督师,避敌不战,虚报战功,为人所劾,革职赐死。《明史》有传。

二十三史绮编 17 卷　史部史钞类

明刻本,上海图书馆藏。

片野堂诗 1 卷　集部别集类　佚

周挹斋稿　集部别集类　佚

以上 2 种见道光《续纂宜荆县志》卷 9。

万　濯(1595—1645)

原名近,字行远,号紫函,一号蓉石。明宜兴人。万树之父。少颖慧,有志操。万历四十六年(1618)举人。由学博擢户部主事。崇祯十五年(1642),命监淮安仓务。升本部郎中。甲申之变后绝命于淮安官署,年 51。

二十二君子赞 1 卷　史部传记类　佚

按:《县志》引史问和曰:"先生榷税淮安,不与甲申之变,故作此赞。族人兰鹤书石刻之。"

意园集 10 卷　集部别集类　佚

以上 2 种见道光《续纂宜荆县志》卷 9。

吴　炳(1595—1648)

字可先,号石渠,室号粲花斋主人。明宜兴人。万历四十七年

(1619)进士。授湖广蒲圻知县。崇祯中,历官江西提学副使。永历时,官至礼部尚书兼东阁大学士。后从朱由榔转徙湘桂,为清军掩执,解衡阳,不屈死。清乾隆时赐谥忠节。少时即好戏曲,所著《粲花斋五种曲》,以临川汤显祖之笔,协吴江沈璟之律,为汤、沈两家之调人,在中国古典喜剧中独树一帜。参见于成鲲《吴炳与粲花》(复旦大学出版社,1991)。《明史》有传。

说易1卷　经部易类　佚

雅俗稽言　经部小学类　佚

督学吴公祀名宦录　史部传记类　佚

按:此系裒集推崇吴氏之词,录而成书。

绝命诗1卷　集部别集类　佚

以上4种见道光《续纂宜荆县志》卷9。

粲花斋新乐府五种　丛书类

(1) 明金陵两衡堂刻本,国家图书馆藏。

(2)《奢摩他室曲丛第二集》本。

(3)《古本戏曲丛刊三集》本。

子目:

《绿牡丹传奇》2卷

《疗妒羹传奇》2卷

《画中人传奇》2卷

《西园记》2卷

《情邮记》2卷

按:《绿牡丹》《疗妒羹》2种亦收入《汇刻传剧》。《绿牡丹》有罗斯宁校注本,1985年上海古籍出版社铅印本。《情邮记》有于成鲲点校本,收入所著《吴炳与粲花》中。

粲花斋新乐府四种8卷　集部曲类

(1) 明末刻两衡堂印本,国家图书馆藏。

(2) 清初刻本,国家图书馆藏。

子目：

《绿牡丹传奇》2 卷

《疗妒羹传奇》2 卷

《画中人传奇》2 卷

《西园记》2 卷

西园记 2 卷　集部曲类

明崇祯间刻本，南京图书馆藏。

情邮传奇 2 卷 43 出　集部曲类

(1) 明崇祯间刻本，国家图书馆藏（吴梅跋）。

(2) 清青萝书屋刻本，国家图书馆藏。

画中人传奇 2 卷　集部曲类

明崇祯间刻本，上海图书馆藏。

赵天锡

字范于。明宜兴人。崇祯八年(1635)岁贡生，九年举人。十三年官江苏吴县教谕，升北雍学正。病卒。为人笃于孝友忠信，文名倾动州郡。曾主国山大社，讲学于明道书院，同邑士大夫多出其门。

明性正字　子部儒学类　佚

见嘉庆《宜兴县旧志》卷 8 本传，云："行世。"

写心篇　子部儒学类　佚

见道光《续纂宜荆县志》卷 9。

任名臣

字赞勿。明宜兴人。天启元年(1621)副榜，博学有才。

蘧蘧庵诗稿 2 卷　集部别集类　佚

见道光《续纂宜荆县志》卷 9。

吴允初

字未孩。明宜兴人。俨玄孙。崇祯元年(1628)进士。官黄冈知县,清理漕弊,士民德之。

清漕八辨　史部政书类　佚

见道光《续纂宜荆县志》卷9。

王　榜

明宜兴人。天启七年(1627)举人,崇祯十三年(1640)特用进士。官衢州知府。

易学讲义　经部易类　佚

见道光《续纂宜荆县志》卷9。

许启洪

字任宇。明宜兴人。天启四年(1624)举人。官钦州知州。以堵胤锡荐,累官副都御史,巡视广西。后农民军到,死难。

偶吟十种　集部别集类　佚

见道光《续纂宜荆县志》卷9。包括:《烟寺吟》《白门游随笔》《鹅笼浪语》《破闷诗》《南园漫兴》《听秋吟》《姑苏舫中诗》《破涕草》《梦蕉吟》《伴雪居》。

许任宇偶吟10种(烟寺偶吟、鹅笼集说、南园漫兴、白门游随笔、破闷诗各1卷)　集部别集类

明末刻本,中国科学院图书馆藏。

杜门草7卷附拟古诗十九首1卷目录2卷　集部别集类

明崇祯间项宗尧刻本,天津图书馆藏。

卢象升(1600—1638)

字建斗,号九台,一字斗瞻,又字介瞻。明宜兴人。天启二年

(1622)进士。授户部主事,擢大名知府。善骑射,娴将略,能治军。崇祯二年(1629)清兵入关,率兵破走之。又奉命镇压李自成等农民起义军,督师郧阳。历任右佥都御史、右副都御史。八年八月总理直隶、河南、山东、湖广、四川军务,升兵部尚书。十一年清兵入关,象升竭力主战,总督宣大、山西军务,驻师保定,为主和派所忌,处处掣肘。遭诬,罢尚书职,以侍郎用。清军包围保定,力战死。十五年追赠太子少师,南明福王追谥忠烈。清康熙四十一年(1776)改谥忠肃。《明史》有传。

鹿太常传1卷鹿忠节公(善继)传1卷鹿解元传1卷　史部传记类

明卢象升撰　(鹿忠节公传)明方象瑛撰　(鹿解元传)明范士楫撰

清乾隆间刻本,湖北省图书馆藏。

忠烈公疏略　史部政书类

见《千顷堂书目》卷30,卢文虡注云:"忠烈有《郧阳奏疏》一卷、《总理奏疏》一卷、《三楚奏疏》一卷、《宣大奏疏》三卷。"

卢忠肃公集10卷附忠烈公纪实1卷　史部政书类

清嘉庆十八年(1813)木活字印本,国家图书馆藏。

按:此10卷均为奏议,附明崇祯十五年杨廷麟撰《卢大司马纪实》。

明大司马卢公奏议10卷首1卷　史部诏令奏议类

(1) 清道光九年(1829)卢氏祠堂刻本,上海图书馆藏。

(2) 清光绪元年(1875)施惠刻本,南京图书馆藏。

(3) 清光绪三十四年刻本,天津图书馆藏。

按:是集为象升曾侄孙豪然所编,清蒋攸铦重为编定,凡分抚郧、抚楚、总理宣云等项奏议,末附尺牍、湄隐园记、卢大司马纪实。参见"卢豪然"条。

卢象升疏牍12卷　史部政书类

(1) 清乾隆刻本,见《抱经堂藏书志》卷20。

(2) 1984年浙江古籍出版社排印本。

按:浙江本此据道光刻本标点排印,将原卷2所附《抚郧公牍》列为卷3,另将原卷10之附录及卢氏之书信合为1卷,列为卷12。

卢忠烈公遗集不分卷　集部别集类

明卢象升撰　明杨廷麟辑

清抄本，青海省图书馆藏。

卢忠烈公集2卷　集部别集类

明卢象升撰　清卢安节辑

清乾隆二十七年(1762)刻宜兴卢氏忠节全编本，国家图书馆藏。

卢忠肃公集10卷附录1卷　集部别集类

清嘉庆十八年木活字印本，南京图书馆藏。

卢忠肃公集12卷首2卷附录1卷　集部别集类

明卢象升撰

(1) 清光绪元年宜兴卢氏家祠刻本，国家图书馆藏。

(2) 清光绪元年宜兴卢氏家祠刻三十四年重修本，南京图书馆藏。

(3)《明别集丛刊》第五辑本。

按：清施惠跋云："原刻《忠肃公奏议》十卷，别本诗文各一卷，今汇次为十二卷。"本书凡例云："豪然刻本凡十二卷，题曰《忠节全编》，兹即其本及卢氏家藏疏稿校勘付梓。"又云："卢氏家藏疏稿十卷5《忠节全编》略同，惟分卷稍异耳。"又本书葆文跋云："同治初年，官绅鸠资……重刊公全集行世。"是卢集有同治刻本，今未见。

忠肃集3卷　集部别集类

明卢象升撰　清卢天驭等编

(1) 清康熙二十七年刻本。

(2) 2卷，《四库全书》本。

(3) 1991年上海古籍出版社《四库明人文集丛刊》本。

按：《四库全书总目》别集类25云："此则为其诗文集也。初刻于康熙戊辰(二十七年)，为其幼子天驭、孙声谐所编，万锦雯序之。后其曾孙安节又搜罗遗墨，补葺此本。第一卷为诗、诗余、传、墓志，第二卷为记、书，第三卷为《明史》列传、年谱、世表。"《千顷堂书目》卷27题曰《忠烈公文集》2卷，盖用明福王时旧谥；清既改溢忠肃，书名亦随改。又

《四库全书》本实收2卷，无卷3所收传记资料。

卢忠肃公文集2卷　集部别集类

《乾坤正气集》本。

忠节全编12卷　集部别集类

清卢象升撰　卢豪然辑

按：参见“卢豪然”条。

卢忠肃公书牍1卷　集部别集类

(1)《借月山房汇钞》本。

(2)《丛书集成初编》本。

按：嘉庆十三年张铎《卢忠肃公书牍跋》谓，嘉庆三年，张铎与洪亮吉同至宜兴茗岭，象升后裔卢华以象升文集相赠。后张海鹏刻《借月山房汇钞》，张铎乃录集中书牍数十则，厘为1卷相送。

湄隐园时文　集部别集类　佚

见道光《续纂宜荆县志》卷9。

谈孺栗

字养蒙。明宜兴人。少颖敏，通经术，笃志宋儒理学。与永定邵维桢为道义交。晚以布衣主讲东林、明道书院，所至问业负笈者如云，升堂析疑，闻者莫不叹服。

东林讲义　子部儒学类　佚

见道光《续纂宜荆县志》卷9。

邵维桢

字震寰。明宜兴永定里人。诸生。以学行主讲东林明道书院。

半舫斋诗　集部别集类　佚

见道光《续纂宜荆县志》卷9。

陈玉蟾

号澹慧居士。明宜兴人。

评点凤求凰 2 卷 30 出　集部词曲类

(1) 明崇祯间刻本,国家图书馆藏,吴梅、卢前跋。

(2) 清初刻本,国家图书馆藏。

吴维翰

明宜兴人。

金陵琐事集　史部地理类　佚

见道光《续纂宜荆县志》卷 9。

毛重芳

明宜兴人。

偶吟词　集部词曲类　佚

见道光《续纂宜荆县志》卷 9。

俞祚熹

明宜兴人。

春秋提要 30 卷　经部春秋总义类　佚

见道光《续纂宜荆县志》卷 9。

岳　俭

字重本。明宜兴人。诸生,岳飞后裔。尝搜摭岳飞事实为一帙,且请于当路,为定祀典,葺祠墓。无后,族人公议世祀于祠。

岳氏家略　史部传记类　佚

见道光《续纂宜荆县志》卷 9。

路之廷

明宜兴人。

周易讲义　经部易类　佚

易图谱　经部易类　佚

四书解　经部四书类　佚

小题国玺集　集部总集类　佚

以上4种见道光《续纂宜荆县志》卷9。

万晋圻

明宜兴人。

憩余轩诗集　集部别集类　佚

见道光《续纂宜荆县志》卷9。

张素位

明宜兴人。

通真观志14卷　史部地理类　佚

见道光《续纂宜荆县志》卷9。

吴贞启

字元行。明宜兴人。崇祯十年(1637)进士。精于时艺,纂组经语,妙绝一时。由礼部员外典试山东。崇祯末,以参政督学广东,皆称得士。卒于官。

拈古百吟　集部别集类　佚

万花楼稿　集部别集类　佚

以上2种见道光《续纂宜荆县志》卷9。

萧邻之

字邻起。明宜兴人。诸生。明亡，悲愤得疾卒。

井泥稿　集部别集类　佚

见道光《续纂宜荆县志》卷9。

陈贞禧(？—1645)

字寿先。明宜兴人。诸生。工词曲。江南沦陷后，曾随明中书卢象观起兵张渚，抗击清军，于清顺治二年(1645)不屈死。

梅花梦传奇　集部词曲类　佚

见《今乐考证》。参见《古典戏曲存目汇考》卷11。

清

周　鼎(1569—1657)

字在调，号实甫。清宜兴人。明万历四十一年(1613)进士。授平阳府推官。历官至总河侍郎。以开泇河功，进工部尚书。崇祯十一年(1638)冬，移镇临清，后以年老罢归。

仲志 4 卷　史部传记类

(1) 明刻清印本，美国国会图书馆藏。

(2)《四库全书存目丛书》本。

按：原题总督河道工部尚书宜兴周鼎重订，济宁儒学训导赵时雍编次，六十一代嗣孙仲于陛校梓。《四库全书总目》传记类存目云："是编乃刘天和官总督河道都御史时，以济宁仲家浅有先贤仲子祠，故志其建置之由，而并及其生平行事大略，名之曰《令名志》。"《中国善本书提要》云：万历间胡瓒改为《泗源志》。崇祯间，仲氏裔孙九卿，九卿子于陛，递有增辑，始题今名。盖九卿卒后，于陛始付之梓。此本有清顺治间敕诰，则又为入清以后所增刻者。"

总河疏稿　史部政书类　佚

见道光《续纂宜荆县志》卷 9。

毛之隽

字伯元，号日华。清宜兴人。明万历三十七年(1609)举人。授宿松县教谕。崇祯年间迁北雍学正，转南京户部主事，出为临江守，寻推荆南节度。入清不仕，归里后布衣蔬食数十年。卒年 93。

庆余集　集部别集类　佚

见道光《续纂宜荆县志》卷9。

王行可

字见行。清宜兴人。明万历四十年(1612)举人。官武平知县。入清后卒。

王见行先生遗稿　集部别集类　佚

见道光《续纂宜荆县志》卷9。

杭鸿逵

清宜兴人。

五经纂要　经部群经总义类　佚

见道光《续纂宜荆县》卷9。

李　翥

清宜兴人。明天启七年(1627)寓居杭州辑修《慧因寺志》。

慧因寺志12卷附录1卷　史部地理类

清李翥辑

(1) 明崇祯间刻本,中国社会科学院文学研究所藏。

(2)《武林掌故丛编》本。

按:是书又名《慧因高丽寺志》《玉岑山慧因高丽华严教寺志》。寺在杭州南山,后唐天成二年(927)吴越忠武肃王建。《志》分原始、景物、祖德、檀护、宫宇、碑记、传志、杂文、题咏、法嗣等目。

李　泾

字宗沽。清宜兴人。适子。明天启四年(1624)副榜。工诗善词,廉介有父风,并为士林所重。

客窗寄兴录　子部杂学类　佚

见道光《续纂宜荆县志》卷9。

谢　遴(1595—1663?)

字汇先。清宜兴人。明崇祯六年(1633)举人。家贫,抚育兄弟成人,家境渐裕,乐善好施。不受招聘。入清,构竹屋以居约20年。晚岁举乡饮大宾。卒年69。

易志　经部易类　佚

见道光《续纂宜荆县志》卷9。

是亦楼存稿　集部别集类　佚

见《千顷堂书目》卷28。

天放居诗　集部别集类　佚

说诗志　集部诗文评类　佚

以上2种见道光《续纂宜荆县志》卷9。

按:《明诗综》卷73收其诗2首,《明诗别裁集》卷10收其诗1首。

汤思孝

字次曾,一字元祥。清宜兴人。生而丧父,母秦氏抚养督课,授以经史。发愤自励,有文誉,其俪体尤见称于世。值世事多变,著述多散佚。

愧斋文集　集部别集类　佚

四忠诗叙　集部别集类　佚

乐府和2卷　集部别集类　佚

《县志》原注:"自序略曰,《和》者,和明李文正东阳咏史之乐府,其上卷五十六首,下卷四十五首,共得一百一首。"

以上3种见道光《续纂宜荆县志》卷9。

陶册词　集部词曲类

见《全清词抄》卷7,收其词1首。蒋景祁编《瑶华集》收其词8首。

蒋思宸

清凤阳籍宜兴人。明崇祯六年(1633)举人。

聃姿遗集　集部别集类　佚

见道光《续纂宜荆县志》卷9。

李　浡

字涵生,号云柯。清宜兴籍,回县人。

片云亭集　集部别集类　佚

见《江苏诗征》卷94,收其诗1首。

李　竑

清宜兴人。守俊子。明天启四年(1624)副榜。

四书说案　经部四书类　佚

见道光《续纂宜荆县志》卷9。

潘绍显(?—1648)

字景纯。清宜兴人。守正子。明崇祯十七年(1644)以副贡谒选在都。李自成起义军进逼北京,陈急策3条,特予优擢。城陷,间道归,杜门不出。入清,督抚交荐,终不起。

余清园集　集部别集类　佚

见道光《续纂宜荆县志》卷9。

陆　志

字斌侯。清宜兴人。邑诸生。明崇祯元年(1628)应募勤王,至京口,闻解严,返。转赴闽粤。后归,弃诸生,以隐居终。

澹庵年谱1卷　史部传记类　佚

见道光《续纂宜荆县志》卷9。

澹庵笔记　子部杂学类　佚

见嘉庆《宜兴县旧志》卷8本传引。

任允淳

字环生，号猗瞻。清宜兴人。明崇祯七年(1634)以举人授望江教谕，权县事。后授车驾司主事，出为夔州知府。值明亡，未赴任，家居抑郁而卒。

守御约编　子部兵书类　佚

见道光《续纂宜荆县志》卷9。

徐懋曙

字复生。清宜兴人。明崇祯四年(1631)进士。授部曹，典试粤东，改知吉安。历任黄州、宁波知府。所至多惠政。入清后，家居不仕。

且朴斋诗稿不分卷　集部别集类

清光绪二十五年(1899)刻本，南京图书馆藏。

周正儒

原名肖儒。清宜兴人。明崇祯十三年(1640)进士。兄延儒及第，登宰相位，正儒绝不作贵介气，潜心读书，文誉籍甚。

皇城疏草　史部政书类　佚

焚余诗稿　集部别集类　佚

以上2种见道光《续纂宜荆县志》卷9。

即山轩稿　集部别集类　佚

见道光《续纂宜荆县志》卷8本传。

周濂学

字仲瀛，原名硐寺。清宜兴宋渎里人。明诸生，研精理学，于宋儒之书靡所不究。尝问道于同邑储刚夫，偕游锡山，谒道南祠，过访吴素衣、华讱庵。两先生俱称之，授以《真儒一脉》二册。既归，学问大进。入清，隐居教授以卒。

易学金针　经部易类　佚

靖献录　史部传记类　佚

按：嘉庆《宜兴县旧志》卷8本传谓："又广搜逊国时与难诸臣一百九十六人，都为一集，颜曰《靖献录》。"

以上2书见道光《续纂宜荆县志》卷9。

吴叙彝

号泥絮道人。清宜兴人。清初祝发于鹅山精庐，名人往来倡和，常满丈室。万𣜬《阳羡古迹诗》有云："金鹅山下庐，云足道人住；高躅不可寻，惟见沾泥絮。"

移锡词　集部词曲类　佚

见道光《续纂宜荆县志》卷9引万𣜬诗注。

曹茂才

清宜兴人。与蒋伟、万谦等相契。尝游塞外千余里，还观华山，再登峨嵋。

名山志　史部地理类　佚

见道光《续纂宜荆县志》卷9。

许肇篆

字图远。清宜兴人。际昌长子。邑诸生。幼承家学，偕弟肇镜、肇箕相切磋。有文名。

双剑集　集部别集类　佚

伴骚集　集部别集类　佚

问天集　集部别集类　佚

味外集　集部别集类　佚

以上4种见道光《续纂宜荆县志》卷9。

路 迪

字惠期,号海来道人。清宜兴人。明浙江副使文范子,与进为同胞。善骑射舞槊,能万人敌。时农民起义高涨,迪尝有志荡平,结交天下奇士。入清,乃散客,隐居玉女潭、罨画间40余年。

鸳鸯绦传奇2卷　集部词曲类

(1) 明崇祯间刻本,国家图书馆藏(王立承跋)。

(2)《喜咏轩丛诗》本。

(3)《古本戏曲丛刊二集》本。

按:该剧以杨直方与张淑儿的恋爱故事为线索,展示了明末社会"虏骑纵横"、文官爱财、武官爱命、忠良掣肘和盗贼横行的动乱局面,隐喻了作者救时悯亡之深意。

堵胤锡(1601—1649)

因避雍正帝名讳胤禛作允锡。字锡君,改字仲缄,号牧游。清宜兴人。维常子。世居宜兴前亭,生于武进夹山。6岁丧母,10岁丧父。19岁应童试,上《安边十策》,自请北行佐熊廷弼。明泰昌元年(1620)入无锡邑庠。崇祯四年(1631)回宜兴,依附岳父家。六年举于乡,十年以无锡籍成进士。授兵部主事,晋员外郎,出为长沙知府。南明时,福王命为湖广参政。唐王拜右副都御史,实授巡抚,加兵部右侍郎兼右佥都御史。与湖广总督何腾蛟联合荆襄13家军,共同抗清,永历得以立国。桂王时擢兵部尚书、东阁大学士。当时政见纷歧,未能竟其所长,赍志以殁,时论惜之。谥文忠。《明史》有传。

诗经泽书2卷　经部诗经类

明堵维常撰　清堵胤锡辑

清嘉庆十六年(1811)吴骞拜经楼抄本(清吴骞跋),南京图书馆藏。

春秋说义5卷　经部春秋总义类　佚

见《锡金考乘》卷12。

三经泽书　经部群经总义类

明堵维常撰　清堵胤锡辑

见《锡金志外》卷3,云:"案《经义考》作堵维常撰,即胤锡父。胤锡为湖广提学副使时,辑父遗书,黄虞稷有序。(旧)志作胤锡,误。"

按:道光《续纂宜荆县志》卷9著录堵维常撰《诗笺》《礼笺》《春秋笺》三书,著录堵胤锡撰《诗经泽书》、《礼经泽书》5卷、《春秋泽书》4卷。

(明)史纲2卷　史部别史类　佚

见《堵文忠公年谱》崇祯九年。

堵忠肃公年谱1卷　史部传记类

清堵胤锡自撰　清任源祥续　清□□编

(1) 清嘉庆十年(1805)海宁吴骞抄本(清吴骞校),国家图书馆藏。

(2)《北京图书馆藏珍本年谱丛刊》本。

(3)《无锡文库》本。

按:本谱叙事起自万历二十九年(1601),止于顺治六年(1649)。吴骞跋语称该谱不知何人手辑,疑其即从张夏本节录。

堵文襄公年谱1卷　史部传记类

清堵胤锡自撰　清任源祥续　清□□编

(1) 清抄本(清吴骞校并跋),上海图书馆藏。

(2) 清光绪十一年(1885)童斐抄本,国家图书馆藏。

(3)《北京图书馆藏珍本年谱丛刊》本。

(4)《无锡文库》本,据光绪十一年童斐抄本影印。

按:本谱叙事起自万历二十九年,止于顺治六年。内容与之前的嘉庆吴骞抄本、道光刻本均有异同。

堵文忠公年谱1卷　史部传记类

清堵胤锡自订　任源祥续　张夏编

(1) 清道光二十三年(1843)潘氏静日轩刻本,南京图书馆藏。

(2) 清同治十三年(1874)木活字印本,国家图书馆藏。

(3) 抄本,南京图书馆藏。

(4)《北京图书馆藏珍本年谱丛刊》本。

按:本谱叙事起自万历二十九年,止于顺治六年。谱主自记年史至崇祯十七年二月,其后则任源祥所续,张夏合而编之。然其书当时未付梓,各家竞相传录,或详或略,至道光间始择校雠精善之本刊行,即此谱。

堵文忠公年谱 1 卷　史部传记类

清堵胤锡自订　任源祥续　周恭寿编

(1) 清光绪十三年刻《堵文忠公集》本,国家图书馆藏。

(2)《北京图书馆藏珍本年谱丛刊》本。

(3)《无锡文库》本,据光绪十三年刻《堵文忠公集》本影印。

榷政纪略 4 卷奏疏 1 卷莅政八箴 1 卷　史部政书类

明崇祯间刻本,国家图书馆藏。

星沙守城议　史部政书类　佚

长沙府志　史部地理类　佚

按:张夏曰:"征郡中文士十余人,共事搜讨,而公手裁之,书成,咸称直笔。"今存崇祯十二年刻本《长沙府志》残本,或与胤锡有关。

以上 2 种见道光《续纂宜荆县志》卷 9。

堵文忠公集 6 卷　集部别集类

《乾坤正气集》本。

堵文忠公集 10 卷年谱 1 卷附录 1 卷　集部别集类

(1) 清道光二十八年邑人潘士超静日轩刻本,上海图书馆藏(清傅以礼跋)。

(2) 清光绪十三年周恭寿刻本,南京图书馆藏。

(3)《明别集丛刊》第五辑本。

按:道光刻本为公集始刻本,咸丰间书版俱毁。光绪本乃后人重编本,已非原书。参见《增订晚明史籍考》。

李慈铭《越缦堂读书记》称"阅《堵文忠公集》,凡十卷。一至三为奏议，四为书启，五为论著，六为传志，七为序文，八九为辞章，十为附录”。

马革集　集部别集类　佚

见道光《续纂宜荆县志》卷9。

只可吟2卷　集部别集类　佚

见《千顷堂书目》卷28。

按：《振绮堂书录》著录10卷刻本。

耐可吟　集部别集类　佚

见乾隆《无锡县志》卷39。

周廷求

字近于。清宜兴人。明诸生。入清后绝意举业，数十年足不入市，闭户著书。凡历数星象靡不通晓。

易经天敲　经部易类　佚

诗经大成　经部诗经类　佚

春秋二十编3卷　经部春秋总义类　佚

二十一史纂　史部史钞类　佚

以上4种见道光《续纂宜荆县志》卷9。

陈于泰

字大来，一字谦茹。清宜兴人。一教子。明天启七年(1627)举人，崇祯四年(1631)进士，殿试第一。官翰林院修撰。入清后弃家为僧，以隐逸终。

补六十二卦文言　子部术数类　佚

绣胸斋稿　集部词曲类　佚

以上2种见道光《续纂宜荆县志》卷9。

按：《全清词钞》卷3收其词1首。

翟振龙

字起文，号雷谷。清宜兴人。明诸生。负奇气，娴韬略。性慷慨，有经济才，为堵胤锡十友之一。张石叟校士河南，以礼罗致之。又移幕四川，见官兵腐败，知事不可为。明亡遂不出，归隐洮湖滨，自号洮湖逸人。

历代纪年　史部史表类　佚

握奇图　子部兵书类　佚

五行类事　子部术数类　佚

负刍杂识　子部杂学类　佚

清娱集　集部别集类　佚

粤游草　集部别集类　佚

蜀游草　集部别集类　佚

鹿田草　集部别集类　佚

游梁草　集部别集类　佚

以上 9 种见清李兆洛《养一斋文集》卷 16《旧言集诗人小传》，并云："予妇翁路组引先生访得《清娱集》遗稿于其裔孙，内母舅史鉴楼先生录存其诗百余首，其余稿不复可寻求矣。"其诗收入李兆洛辑《旧言集》。

储邦辅

字荩卿。清宜兴人。贡生。为文飚发泉涌，忧国忧时之志，形诸诗篇。选松江府训导，迁上海教谕。城破，自尽于明伦堂，子封从死。

纪程诗　集部别集类　佚

国山集　集部别集类　佚

以上 2 种见道光《续纂宜荆县志》卷 9。

储福畤

字九游。清宜兴人。有文名。明崇祯十五年(1642)副榜,十七年例得副贡。明亡,隐居不仕。

划峰楼集 1 卷　集部别集类　佚

秋色亭词　集部词曲类　佚

以上 2 种见道光《续纂宜荆县志》卷 9。

周圣瑞

清宜兴人。明崇祯间廪监生。家贫不能举火,与世介然无求。卢象升督宣大时,疏荐为教谕。

易疑　经部易类　佚

礼辨　经部礼记类　佚

春秋细义　经部春秋总义类　佚

四书窥　经部四书类　佚

元籁集　集部别集类　佚

以上 5 种见道光《续纂宜荆县志》卷 9。

蒋　曜

字合明。清宜兴人。明崇祯六年(1633)举人,清顺治十五年(1658)进士。慷慨任侠,急人之难,几欲以身许之。未仕而卒。

贯城集 3 卷　集部别集类　佚

见道光《续纂宜荆县志》卷 9。

戴　英

字上慎,一字育之。清宜兴人。明崇祯六年(1633)举人,七年进士。授户部主事。擢户科给事中,督漕淮济,有政声。持节册封怀庆、新昌两藩,刚正直疏,颇有时誉。终以刚直不容,因事罢归。明亡后杜门谢客,惟与山僧、隐逸交。

谏垣疏抄　史部政书类　佚

见道光《续纂宜荆县志》卷9。

禹门寺志6卷　史部地理类　佚

见《四库全书总目》地理类存目,云:"禹门寺在宜兴之龙池山。是编前志山寺、僧侣,后纪碑铭、序记、诗文,多未雅驯。"

陶隐庵诗集　集部别集类　佚

见道光《续纂宜荆县志》卷9。

任皞臣(?—1650)

字翼王。清宜兴人。明末以贡谒选署河南柘城知县,调署永城。崇祯十七年(1644)铨选湖广安仁知县,以道阻未赴。历官清介。明亡后杜门课子,自号元栖。

表忠记　史部传记类　佚

见道光《续纂宜荆县志》卷9。

陈贞慧(1604—1656)

字定乍。清宜兴亳村人。于廷子。明万历间廪生,与冒襄、侯方域、方以智,时称四公子。崇祯十一年(1638),阮大铖以逆案久锢,谋复用,贞慧与吴应箕等作《南都防乱公揭》攻之。南明福王时,大铖为兵部尚书,陷贞慧于狱。旋得释。入清,隐居不出,足不入城市者10余年。《清史稿》有传。

书事七则1卷　史部杂史类

(1) 书事七则1卷山阳录1卷秋园杂佩1卷,清康熙二十七年彊善堂患立堂刻本,南京图书馆藏。

(2)《昭代丛书》(道光)本。

(3)《常州先哲遗书·陈定生先生遗书》本。

(4)《陈处士遗书》本。

(5)《说库》本。

(6)《昭代丛书新编》本

按:是书杂记明熹宗天启四年(1624)至清世祖顺治十年(1653年)三十年间史事,共七则。即明天启四年甲子会推事,明神宗万历五年丁丑(1577)张居正、明思宗崇祯十一年戊寅(1638)杨嗣昌先后夺情事,崇祯十七年甲申南中迎立事,崇祯十一年戊寅防乱公揭本末,顺治十年癸巳毗陵事,顺治五年戊子华吏部允诚死节事,及周季子事。成书于顺治十一年。每事各述其原委,简明切要,多为可信,可供研究明季史事参考。

过江七事1卷　史部杂史类

(1)《痛史》本。

(2)《中国内乱外祸历史丛书》本。

山阳录1卷　史部传记类

(1)《陈氏家言》本。

(2)《昭代丛书》(道光)本。

(3)《常州先哲遗书·陈定生先生遗书》本。

(4)《陈处士遗书》本。

(5)清抄本(清吴骞跋),国家图书馆藏。

(6)《说库》本。

(7)《丛书集成续编》本。

按:是书名曰山阳,取向秀闻笛语意。首为五先生赞,记陈继儒、文震孟、张玮、黄允诚等事略。次为乙酉(顺治二年)四君子赞,记侯峒曾、夏允彝等事略。次十子篇,记吴应箕、杨廷枢等事略。次二子篇,记黄毓祺、张溥事略。附一人,陈裸。后十三人学同、道同、志同。平生多兄事弟畜者,终以伯仲篇。尤详于死事,或死于国难,或死于党狱,或死于感愤,或死于疾病。每篇先叙其意,后有赞语,足资参考。

交游录　史部传记类　佚

见《国朝耆献类征》卷463。

毗陵栖逸志 1 卷　史部传记类　佚

见道光《续纂宜荆县志》卷 9。

秋园杂佩 1 卷　子部艺术类

(1)《陈氏家言》本。

(2)《昭代丛书》(道光)本。

(3)《粤雅堂丛书》本。

(4)《赐砚堂丛书未刻稿》本。

(5)《常州先哲遗书·陈定生先生遗书》本。

(6)《陈处士遗书》本。

(7) 清抄本,国家图书馆藏。

(8)《说库》本。

(9)《丛节集成初编》本。

(10)《美术丛书》本。

(11) 台北《丛书集成续编》本。

(12) 1988 年吉林文史出版社《中华美术丛书》本。

按:清顺治五年(1648)作者避居亳村,此书即写于该年。园指作者避居地中的园圃,时逢秋季,故称秋园。书中所记大都是作者触目所及的物品,其中不少是古人珍重的佩物,故称《杂佩》。作者所述佩物,不过是借物寓意,以寄托他对前朝及复社旧友的怀恋,及对现实的不满。

皇明语林 12 卷　子部小说类　佚

雪岑集　集部别集类　佚

八大家文选　集部总集类　佚

以上 3 种见《国朝耆献类征》卷 463。

陈定生先生遗书三种　丛书类

《常州先哲遗书》本。子目见上。

陈处士遗书　丛书类

清光绪二十六年(1900)宜兴任光奇弇山铎署刻本。子目见上。

潘廷瑜

字君钦。清宜兴人。绍显子。诸生。明亡后绝意仕进,常散资周济贫乏。

西园集　集部别集类　佚

见道光《续纂宜荆县志》卷 9。

吴洪昌

字亦如。清宜兴人。明崇祯七年(1634)进士。授建德知县。清操自励,治民多惠政。擢礼部仪制司主事。以疾假归。

有怀堂诗文集　集部别集类　佚

见道光《续纂宜荆县志》卷 9。

吴国华

字以文。清宜兴人。工词翰。明崇祯七年(1634)进士。授编修,充经筵日讲官。十五年,典试浙江,拔名士黄涛、王自超等数十人。升国子司业。赡贫周急,大度好施。官终右春坊右谕德。

四香居士集　集部别集类　佚

见道光《续纂宜荆县志》卷 9。

储懋端

字孔规,号象岩。清宜兴人。

留都见闻录　史部杂史类　佚

酒政商　子部艺术类　佚

志怪录　子部小说类　佚

倚云楼集　集部别集类　佚

以上 4 种见道光《续纂宜荆县志》卷 9。

路　迈

字子就。清宜兴人。遴兄。明崇祯七年(1634)进士。授暨阳知县。以卓异,擢仪曹,旋迁铨曹员外郎。以二亲春秋高,告归侍养,家居赋诗自娱。入清后,以事连逮入狱,屡经部鞫,卒于家。

明心录　子部儒学类　佚

梦余诗草　集部别集类　佚

天香阁遗集1卷　集部别集类　佚

以上3种见道光《续纂宜荆县志》卷9。

苎萝志8卷　集部总集类

明张夬、路迈辑

(1) 明崇祯间刻本,国家图书馆藏。

(2) 明崇祯十年路迈刻本,中国科学院图书馆藏。

许肇篪(? —1654)

字埙友,号二符。清宜兴人。际昌次子,肇篆弟。弱冠游庠。未几明亡,遂弃举子业。然钩贯经史,自天官书及钱漕兵屯盐马诸利弊,靡不熟悉。醉则为诗,曼声以歌之,若荆卿牧羝诸曲,哀思郁抑,闻者叹息。

钓筒集1卷　集部别集类　佚

见道光《续纂宜荆县志》卷9。

吴起龙

字渥龙。清宜兴人。明崇祯六年(1633)武举。明亡后,曾纠集义勇,从楚宗室于长兴搏战小湄,败绩。清顺治三年(1646),闻南明唐王立,奔闽。明年正月至衢州,遇督师黄鸣俊,复开化,又奏捷于遂安,拜御营总兵官,挂印都督同知。后浙闽俱失,乃退保怀玉山。十二月与清兵战于德兴之十三都,相持2月,粮尽援绝,遂死。

一善贻谋录　子部杂学类　佚

见道光《续纂宜荆县志》卷9。

蒋　伟

字韦人，又字端揆，晚号南山老樵。清宜兴人。明诸生。弱冠从邓秉贞学，博览群书，工诗古文。诗功力深厚，追踪风雅，自成一家。学行兼优，里中士多师之。明亡藏身岩野，躬耕采樵，自食其力，忧时感事，一发诸诗。与同邑隐士俞南占、曾茂才、万津微交游卒后，有诗万首散佚，族孙锡震为辑其遗稿八百余章梓行之。

蒋子言1卷　子部儒学类

附于明邓秉贞《邓予坦集》后，见《贩书偶记续编》卷13。

蒋韦人诗集　集部别集类　佚

见道光《续纂宜荆县志》卷9。

按：锡震师储欣为此书作《蒋韦人诗序》，收入《在陆草堂文集》卷5。

储懋时

字翼子，号遁翁。清宜兴人。明崇祯十七年(1644)序贡，候选训导，淹贯群籍，著述等身。储欣受经门下，得其训指。晚遇风疾，默写《二十一史》，勒成编年、纪传二书，加以论断。

二十一史纪传详节　史部史钞类　佚

通鉴编年　史部编年类　佚

按：《县志》原注引储欣曰："二书一起《尚书》，止《元史》，一起《春秋》经传，止元《鉴》。晋谶杂六朝俳秽，宋之冗而俚，随手芟芟，换字润句，即彬然可诵。"

南华心得　子部周秦诸子类　佚

以上3种见道光《续纂宜荆县志》卷9。

卢象晋

字锡侯。清宜兴人。象升弟。诸生。明崇祯十二年(1639)曾伏阙请死边事,以为妄而不用。明亡后奉母隐匿深山,后为剃发事出家为僧,人称卢三和尚。母卒,弃家远游。《明史》有传。

处士遗书 1 卷　集部别集类　佚

见道光《续纂宜荆县志》卷 9。

许际科

字兆登。清宜兴人。邑诸生。工古文辞。阐发经学,尤邃易理,并通古名将韬略。所著书为汤之锜、潘天成等珍视。

韦编三集　经部易类　佚

《县志》原按:"一集曰训诂家言,二集曰谈经济大略,三集以六十四卦谈战阵法。"

尚书影言　经部尚书类　佚

壁经悬镜　经部群经总义类　佚

以上 3 种见道光《续纂宜荆县志》卷 9。

许明铉

字君实。清宜兴茫溪里人。诸生。弱冠知名,至老犹手不释卷,尝录汉唐以来遗事,及时事之可资谈论者,汇为一编,藏于家。

如镜编 24 卷　史部杂史类　佚

见道光《续纂宜荆县志》卷 9。

许树伟

字汉节。清宜兴人。以兄树远死国难,遂绝意进取。父以逋赋获罪,树伟身代之。事解,纵情诗酒以终。

栎辕诗集　集部别集类　佚

见道光《续纂宜荆县志》卷9。

毛元策

字裴明。清宜兴人。明崇祯十五年(1642)举人。有文名,选旌德教谕。

(顺治)旌德县志10卷　史部地理类

清王融修　清毛元策等纂

清顺治十三年(1656)刻本,国家图书馆藏。

五先斋文集　集部别集类　佚

见道光《续纂宜荆县志》卷9。

吴应恂

字九迪,别字旭海。清宜兴芳庄里人。明崇祯十年(1637)进士。知福建同安县。后补长沙,有"吴青天"之誉。十七年三月燕京变后,新抚何腾蛟疏荐于朝,且聘为武昌监军。比至南都,见朝事日非,告归。入清后卒。

来晓斋诗　集部别集类　佚

见道光《续纂宜荆县志》卷9。

潘廷选

字均范,号晓山,室名斗映楼、双桂轩。清宜兴人。廷瑜弟。诸生。少工文,潜心理学,深研《西铭》《太极》诸书。明亡后奉双亲隐于乡。康熙初倡修文庙,经营劳瘁。晚益喜为诗,与同县周启隽、徐喈凤、陈维崧六七人联吟社。卒后祀乡贤。

斗映楼诗文集　集部别集类　佚

双桂轩诗　集部别集类　佚

以上2种见道光《续纂宜荆县志》卷9。

许君建

字憩园。清宜兴人。邑增生。与徐汝舟屏居山寺3年,学大进。游海陵,馆于李氏。邑人知其学邃,争相延请,生徒日盛。尝曰:"冬可辍裘,夏可撤帐,而书不可一日废也。"

古学经纬48卷　子部儒学类　佚

瞿职楼诗　集部别集类　佚

明文自怡集32卷　集部总集类　佚

以上3种见道光《续纂宜荆县志》卷9。

戴元韶

原名允夔。清宜兴人。英子。明崇祯十二年(1639)举人。清顺治十二年(1655)官安徽泾县教谕。

辛巳词　集部词曲类　佚

见道光《续纂宜荆县志》卷9。

黄　琦

字惺儒。清宜兴人。诸生。颖敏好学,精易经,擅诗文。明崇祯初知县骆天闲季考,屡取冠军,备受赞誉。终身授徒自给。清顺治末以子锡朋秩,赠文林郎、安仁县知县。

周易讲义　经部易类　佚

诗古文2卷　集部别集类　佚

以上2种见道光《续纂宜荆县志》卷9。

卢象观(?—1645?)

字幼哲。清宜兴人。象晋弟。明崇祯十五年(1642)进士。明亡后,南明福王朱由崧授中书舍人。清顺治二年(1645)间道抵家。清兵将至宜兴,象观起义兵与战,兵败。又与从兄象同往浙江长兴从通城王,兵败战死。乾隆年间谥忠节。《明史》有传。

荆溪卢司马殉忠录1卷　史部传记类

清许德士撰　卢象观订

(1)《荆驼逸史》(道光)本。

(2)《荆驼逸史》(宣统石印)本,题《荆溪卢司马殉忠实录》。

(3)《海甸野史》本。

(4)《明季史料丛书》本。以上2种题《荆溪卢司马九台公殉忠实录》。

按:李慈铭《越缦堂读书记》称"《荆溪卢司马殉忠录》,宜兴许德士著,记忠肃公卢象升战死事,称其弟象观同订"。

卢幼哲先生遗草　集部别集类　佚

见道光《续纂宜荆县志》卷9。

萧　鄂

字倩衎。清宜兴人。幼颖悟,以文名。与陈贞慧、王尔俞、任源祥诸人以气节相尚。明亡,寄居僧寺以卒。

绿荫轩集　集部别集类　佚

见道光《续纂宜荆县志》卷9。

许肇箕

字裘远。清宜兴人。际昌三子,肇篪弟。诸生。年40,父际昌卒。服阕,遂出游。谒张侗初于华亭。复从陈继儒游,文名鹊起,海虞、金沙、云间、武林诸名士,时相唱和。明亡,走湖州大箬山为僧,自号"腐铁"。

铁和尚诗稿　集部别集类　佚

见道光《续纂宜荆县志》卷9。

储 秬

字二禾。清宜兴人。澣子。博学善文,能继承家学,所著书识者称之。

周易集义　经部易类　佚

见道光《续纂宜荆县志》卷9。

许以忠

字孝移。清宜兴人。颖昌子。初与华亭诸名士结"五经社"。晚隐城南苏浙交界之大潮山,自号"伊蒿道人"。

伊蒿集　集部别集类　佚

见道光《续纂宜荆县志》卷9。

史 氏

清金坛人。培元女,宜兴毛重泰妻。顺治二年(1645)重泰起兵太湖,氏常以匕首自随。及重泰死,氏抱婴儿赴水,或怜而钩其袖。氏以匕首断袖死。

洮坏诗词遗集　集部别集类　佚

见道光《续纂宜荆县志》卷9。

徐腾蛟

字德蜚,又字文光,号默庵。清宜兴人。博学工诗文。诗得少陵气格,文亦古峭有奇致。顺治九年(1652)恩贡(按:《人物志》作康熙四十七年(1708),今从《选举志》)。廷试上卷,授内阁中书。时魏柏乡、刘安邱倡兴诗会,腾蛟诗一出,共推白眉,声噪都下。以随征湖南功,题授辰沅守道。后因忤直指使,罢官归。

纪年笺　史部编年类　佚

混茫篇　集部别集类　佚

默庵诗集　集部别集类　佚

巢云阁集　集部别集类　佚

以上4种见道光《续纂宜荆县志》卷9。

徐尧章

字唐山。清宜兴人。副贡生。幼受业于高攀龙，勤苦力学，攀龙授以濂洛宗旨，辄能会悟。生平持重节义，刚介寡合，居恒屡空，而奖掖后进，如恐不及。与族兄腾蛟中翰、陈维崧检讨，号称“荆溪三子”。

清荣堂文集　集部别集类　佚

见《江苏诗征》卷7，并收其诗3首。

张　钰

清宜兴人。

耘心集　集部别集类　佚

见道光《续纂宜荆县志》卷9。

吴　箕

字弓武。清宜兴人。永龄仲子。明亡入清后，绝意仕进，以养亲著书为事，远近称为古君子。

春秋明心录　经部春秋总义类　佚

见道光《续纂宜荆县志》卷9。

许德士

字雪城。清宜兴人。明卢象升总督宣云，闻德士有济世才，束帛聘之，奏疏文稿多出其手。卢受诬死，棺不敢闭，德士抚尸号泣，慷慨具疏，为卢讼冤。

枢督相左机缘1卷　史部传记类　佚

见道光《续纂宜荆县志》卷9。

荆溪卢司马殉忠录(一作殉忠实录,又作荆溪卢司马九台公殉忠实录)1卷　史部传记类

(1)《荆驼逸史》本。

(2)《海甸野史》本。

(3)《明季史料丛书》本。

吴春枝

字元萼。清宜兴人。正己子。明崇祯十年(1637)进士。南明唐王时,官至兵部尚书。闽破后,为僧于普陀岩山寺。以省母归,卒。

入台疏草　史部政书类　佚

广肃堂集　集部别集类　佚

以上2种见道光《续纂宜荆县志》卷9。

吴固本

字白涵。清宜兴人。士贞子。精于琴,《潇湘水云》一操,时人比之《广陵散》。明亡,隐居不出,陈维崧尝赠以词。

具知录　史部地理类　佚

见道光《续纂宜荆县志》卷9,原注云:"吴超曰:是书考核舆图,以古今攻取守战事实分缀其间,每出议论,必推究所以得失之故云。"

狎鸥砚诗稿　集部别集类　佚

见道光《续纂宜荆县志》卷9。

狎鸥词　集部词曲类　佚

见《全清词钞》卷4,收其词1首。

路　邁

字子将,号屺望。清宜兴人。少与兄迈互为师友。顺治九年(1652)进士。以母老归侍终养。服阕补刑曹,多所平反。迁永平知府,在郡3年,卒于官。

(康熙)永平府志24卷首1卷　史部地理类

清路遴修　清宋琬纂　清常文魁续纂修

清康熙二年(1663)修十八年续修刻本,国家图书馆藏。

望古斋集　集部别集类　佚

种玉楼诗　集部别集类　佚

以上2种见道光《续纂宜荆县志》卷9。

任　驷

清宜兴人。

历陈民隐疏稿1卷　史部政书类　佚

见道光《续纂宜荆县志》卷9。

朱　绂

字应臣,一字南涯。清宜兴人。岁贡生,玉山县学训导。以诗名,时人称之曰:"江湖兴逸,足迹不履乎城衢;风月怀高,诗名洋溢乎远近。"

翠云堂集　集部别集类　佚

见嘉庆《宜兴县旧志》卷8。

周世臣(1612—1655)

号颖侯。清宜兴人。明崇祯十三年(1640)进士。知汉川县,以建言革职。补检校,擢兴化府推官。明亡后,清抚军土国宝再三聘之,世臣致书固谢,有七不可之说。顷之,以蜚语株连论死。

周颖侯集5卷　集部别集类　佚

见道光《续纂宜荆县志》卷9。

按:《明诗综》卷78、《江苏诗征》卷82各收其诗1首,《明词综》卷6收其词2首。

吴乔森

字迂于，一字负夏。清宜兴城塘里人。明诸生。少负气节，与同邑萧邻之为道谊交。入清后，披发为头陀，结庐里东隙地，绕屋皆树梅，因自号"梅城发僧"。

周易支义 4 卷　经部易类　佚

占佳斋集 10 卷　集部别集类　佚

长吉诗心注　集部别集类　佚

唐李贺撰　清吴乔森注

以上 3 种见道光《续纂宜荆县志》卷 9。

吴　湛(1613—1650)

字济明，一字又郏。清宜兴人。明崇祯九年(1636)中副榜。曾佐其族子贞启于粤东督学任，一时名士无不与之缔交。入清后以诗酒自废，与陈维崧交善。

粤东纪游(一作粤游日记)　子部小说类　佚

按：陈维崧谓，湛在粤东时，"间摘其风土人物幽丽可喜者为《粤东日记》，语绝类刘义庆《世说新语》。"

匣吟草　集部别集类　佚

以上 2 种见道光《续纂宜荆县志》卷 9。

粤歌 1 卷　丛书类

《函海》本。

陆梦珠

字燕燕，又字绿珠、绿仙，自号红衲道人。清嘉定人，宜兴周延儒侍人。延儒卒，乃悒悒不得志，流落江湖间。后为尼。

梦珠诗 1 卷　集部别集类　佚

见《历代妇女著作号》卷 6 引《然脂集》。

储福观

宁耀远。清宜兴人。顺治年间在世。

篆云词　集部词曲类

见《全清词钞》卷3,收其词1首。

吴洪化

字以藩,一字贰公。清宜兴人。明崇祯九年(1636)举人,入清官教谕,后隐于龙池僧舍卒。

分霞居士集　集部别集类　佚

惜云词(一作屑云词)　集部词曲类　佚

以上2种见道光《续纂宜荆县志》卷9。

岳　骥

字千里。清宜兴人。

野存集　集部别集类　佚

见道光《续纂宜荆县志》卷9。

吴维垣

字具茨。清宜兴人。明崇祯十五年(1642)副贡生。

宝书堂集　集部别集类　佚

见道光《续纂宜荆县志》卷9。

许可觐

清宜兴人。

叙事解疑　子部儒学类　佚

见道光《续纂宜荆县志》卷9。

胡世定

清荆溪人。

(顺治)松阳县志10卷　史部地理类

清佟庆年修　胡世定纂

清顺治十一年(1654)刻本,南京图书馆藏。

(顺治)遂昌县志　史部地理类　佚

清徐治国修　胡世定纂

见胡世定《宣平县志序》、王橙《(乾隆)遂昌县志序》(崔建英《日本见藏稀见中国地方志书录》引)。

(顺治)龙泉县志10卷　史部地理类

清徐可先修　胡世定等纂

清顺治十二年刻本,日本内阁文库藏。

按:胡序及子目见崔建英《日本见藏稀见中国地方志书录》。

(顺治)宣平县志10卷　史部地理类

清侯杲修　胡世定纂

清顺治十三年刻本,日本内阁文库藏。

按:胡序及子目见崔建英《日本见藏稀见中国地方志书录》。

蒋永修

字慎斋,号纪友。清宜兴人。如斗子。顺治二年(1645)举人,四年进士。授湖广应山知县,举卓异,擢刑科给事中。刚直敢言,有"真谏官"之誉。历官至湖广提学副使,葺学校,饬士习,振文风,楚人悦服。升陕西参政,未赴任卒。

孝经集解1卷　经部孝经类　佚

见《四库全书总目》孝经类存目,云:"是编顺文诠释,以训童蒙,乃其官给事中督学湖广时所作。本与《小学》合刊,名曰《孝经小学集解大全》。以宋儒杂纂之本与圣经并为一编,拟不于伦,难于著录。今分为二书，各存其目焉。”

四垣疏稿　史部政书类　佚

见道光《续纂宜荆县志》卷9。

日怀堂奏疏4卷　史部政书类

(1) 清康熙天藜阁刻本，浙江图书馆藏。

(2)《四库全书存目丛书》本。

(3)《清代诗文集汇编》本。

按：《四库全书总目》卷181云：“《奏疏》则官刑科给事中时所上。”

小学集解6卷　子部儒学类　佚

见《四库全书总目》儒家类存目。

蒋慎斋遇集5卷　集部别集类

(1) 清康熙天藜阁刻本，浙江图书馆藏。

(2)《四库全书存目丛书》本。

(3)《清代诗文集汇编》本。

按：《四库全书总目》别集类存目8题《慎斋遇集》5卷，云：“是编裒其平生之文，名曰遇集，言即所遇而成文也。中多记贵州、湖广风土。”

慎斋遇集5卷　集部别集类

清康熙间刻本，北京大学图书馆藏。

莅楚学记1卷　集部别集类

(1) 清康熙天藜阁刻本，浙江图书馆藏。

(2)《四库全书存目丛书》本。

(3)《清代诗文集汇编》本。

按：《四库全书总目》卷181云：“其《学记》则康熙十九年提学时作。”

效吟集1卷　集部别集类　佚

北征集1卷　集部别集类　佚

日怀堂集　集部别集类　佚

以上3种见道光《续纂宜荆县志》卷9。

蒋龙光

字誉文，又字芳萼。清宜兴人。顺治二年(1645)举人，十二年进士。授中书舍人，迁刑部郎中，出补通蓟道。丁外艰服阕，补福建巡海道。调江西湖东道半载，会裁缺，解任年余，补浙江驿传道。所至有政声。以老乞休。

日省录1卷　子部儒学类　佚

见道光《续纂宜荆县志》卷9。

集庆堂诗草1卷　集部别集类

清康熙十九年(1680)刻本，见《贩书偶记续编》。

黄　峤

字柱山。清宜兴人。诸生。工古文，能诗。

青萍内集　集部别集类　佚

青萍外集　集部别集类　佚

以上2种见嘉庆《新修宜兴县志》卷3本传。

储丙先

清宜兴人。

周易鸿书2卷　经部易类　佚

见道光《续纂宜荆县志》卷9。

周培信

清宜兴人。

史钞　史部史钞类　佚

见道光《续纂宜荆县志》卷9。

邵　蕡

字幼节。清宜兴永定里人。工诗文，隐居力学，与吴门徐俟斋、无锡张秋绍、同郡鲁桐声为友。康熙初，郡守骆钟麟倡兴延陵书院，集究心理学者相与讲论，聘为祭酒。

毖民遗集　集部别集类　佚

见道光《续纂宜荆县志》卷9。

周汉石

清宜兴人。文思深沉，每有作辄引被蒙头竟日卧，起则振笔疾书，出语惊人。

谷城遗集　集部别集类　佚

见道光《续纂宜荆县志》卷9。

许揆卿

清宜兴人。

心经注疏　子部佛教类　佚

心经翻　子部佛教类　佚

以上2种见道光《续纂宜荆县志》卷9。

吴贞吉

清宜兴人。正志孙，洪亮子。明崇祯九年(1636)举人。能诗。

春曙楼稿　集部别集类　佚

见道光《续纂宜荆县志》卷9。

吴其雷

字清闻。清宜兴人。少工文。以顺治二年(1645)拔贡入闽，授兵科给事中。升御史中丞，督抚两粤。后卒于广西柳州洛容县。

清闻诗集　集部别集类　佚

见道光《续纂宜荆县志》卷9。

陈所长

清宜兴厚和里人。明末与族弟琅同游督师史可法幕，琅为谘议参军。扬州城破，琅自刎死，所长以马革裹其尸归。后数年卒。

声思草　集部别集类　佚

见道光《续纂宜荆县志》卷9。

陈宗大

字几士。清宜兴人。以祖于廷荫，官户部主事。

民部集　集部别集类　佚

杞忧封事　集部别集类　佚

贤奕草　集部别集类　佚

以上3种见道光《续纂宜荆县志》卷9。

周启嶲

字立五。清宜兴人。起家寒微，年17始就学。顺治四年(1647)进士。官庶子。后解官归，杜门著书。为人澹然若木，故以"澹木"名其斋。

澹木斋文集8卷　集部别集类　佚

澹木斋诗集4卷　集部别集类　佚

以上2种见道光《续纂宜荆县志》卷9。

按：《国朝文汇》甲集卷7收其文5篇。

任源祥(1618—1675)

初名元祥。字王谷，号善卷子，又号息斋，室名鸣鹤堂。清宜兴人。诸生，明亡后弃举业，有经世之志。以诗古文知名，其诗歌吸收众家之长，而主要宗尚杜甫，集中多赠酬之作，其古文在当时尤负重名，内容上多与时务政事相关，为文多哀悼抗清志士。陈维崧、顾贞观曾共邀为国仪之社。顺治九年(1652)与侯方域相会，十年至嘉兴做幕僚。康熙十一年(1672)与魏禧相会于常州。晚年与修县志，稿将成而卒，遂散佚不全。

赋役私议　史部政书类

见道光《续纂宜荆县志》卷9。

按：今文集卷1有《赋役议》上中下3篇，当即为此书。

堵忠肃公年谱1卷　史部传记类

明堵胤锡自撰　清任源祥续　清□□编

堵文襄公年谱1卷　史部传记类

明堵胤锡自撰　清任源祥续　清□□编

堵文忠公年谱1卷　史部传记类

明堵胤锡自订　任源祥续　张夏编

堵文忠公年谱1卷　史部传记类

明堵胤锡自订　任源祥续　周恭寿编

以上年谱版本参见“堵胤锡”条。

鸣鹤堂诗集11卷　集部别集类

清康熙二十六年刻本，国家图书馆藏。

鸣鹤堂文集10卷　集部别集类

清乾隆十一年(1746)刻本，北京大学图书馆藏。

鸣鹤堂文集2卷　集部别集类

清任源祥撰　瞿源洙集评　任重光校

清同治十二年(1873)任重光刻本，书名页题“任王谷集”，南京图书馆藏。

鸣鹤堂文集10卷诗集11卷(一作任王谷先生集)　集部别集类

(1) 清光绪十五年(1889)重刻本，任道镕校订。书名页题“任王谷先生文集”。南京图书馆藏。

(2) 清光绪十六年刻本，书名页题“任王谷先生文集”。国家图书馆藏。

(3)《清代诗文集汇编》本。

按：源祥卒后，其妻黄氏敛其遗稿，纺绩刺绣10余年，倾其资刊行之。参见黄锡朋、储欣等撰《鸣鹤堂诗集序》。

万廷仕(1618—?)

字大士。清宜兴人。由拔贡生擢令临漳，以断案神速著称。年未40，即解组归。与邑中名士为诗文会，执文坛牛耳终其身。

余庵集　集部别集类　佚

见道光《续纂宜荆县志》卷9。

黄锦霏

清宜兴人。

万楼倬集　集部别集类　佚

见道光《续纂宜荆县志》卷9。

吴　唐

字仲文。清宜兴人。邑诸生。嗜学耽书，经术茂美。

易学便蒙4卷　经部易类　佚

四书大义10卷　经部四书类　佚

五经边井4卷　经部群经总义类　佚

策略待问2卷　史部政书类　佚

南华经纂注4卷　子部周秦诸子类　佚

儒术源流3卷　子部儒学类　佚

堪舆要旨2卷　子部术数类　佚

确庵文集2卷　集部别集类　佚

确庵诗集4卷　集部别集类　佚

以上 9 种见道光《续纂宜荆县志》卷 9。

周季琬(1620—1667)

一作季畹,字禹卿,号文夏。清宜兴人。顺治九年(1652)进士。改庶吉士。十三年授监察御史,官湖广巡抚。善山水,工诗。

致远堂文集　集部别集类　佚

寻烟草　集部别集类　佚

梦墨轩诗余(一作梦墨轩词)1 卷　集部词曲类

以上 3 种见道光《续纂宜荆县志》卷 9。

按:《全清词钞》卷 2 收其词 3 首。

任绳隗(1621—1679)

字青际,号植斋,更名方斗。清宜兴人。皞臣子。幼颖悟,有文名。顺治十年(1653)从吴伟业参加虎丘集会,十四年举人,十八年以户粮奏销案褫革,仍复原名。乃肆力坟典,殚心著述。词作与陈维崧齐名,人称"阳羡双绝"。

直木斋全集 13 卷　集部别集类

(1) 清康熙十六年(1677)刻本,南京图书馆藏。

(2) 清同治间刻本,南京图书馆藏。

(3) 清光绪三年(1877)刻本,南京图书馆藏。

(4) 清光绪十四年刻本,南京图书馆藏。

(5)《清代诗文集汇编》本。

冰弦词　集部词曲类

直木斋词选 3 卷　集部词曲类

以上 2 种见《全清词钞》卷 2。

万　谦

字谦之。清宜兴人。明诸生。年 16 游庠。入清后不赴举,与邓秉贞、曹茂才为世外交。歌诗饮酒终其身。

河渚集　集部别集类　佚

见道光《续纂宜荆县志》卷9。

任　赟

室名日勖斋、羽丰斋。清宜兴人。以孙启运秩赠征仕郎、翰林院检讨。

相道编10卷　子部儒学类　佚

耕余笔志1卷　子部杂学类　佚

日勖斋诗集10卷　集部别集类　佚

羽丰斋诗集10卷　集部别集类　佚

以上4种见道光《续纂宜荆县志》卷9。

胡　山

初名日新，字天岫，一字葤汀。清宜兴人。明诸生。入清后流寓浙江嘉兴梅会里，卖药自给。缺衣少食，而歌声琅琅不绝。饮酒辄醉，醉则吟诗以寄傲。诗作激昂萧瑟，五律尤胜。

胡天岫诗不分卷　集部别集类

清抄本，吉林师范大学图书馆藏。

按：是书收胡天岫诗1卷，壬子诗草1卷，癸丑1卷，东武吟（庚申）1卷，与众集（词）1卷，凡5卷。首有屠焯、李符、钱樟、朱迈、诸序。

葤汀稿　集部别集类

寓庐稿　集部别集类

以上2种见《清诗纪事》遗民卷。

按：《江苏诗征》卷21收其诗1首。

黄羲时

字宓公。清宜兴人。顺治八年（1651）举人。有文誉，与同邑吴其雷、卢象观、蒋永修等订秋水社，切磋砥砺。

待庵文稿　集部别集类　佚

见道光《续纂宜荆县志》卷9。

汤之锜(1621—1682)

原名锜，又作琦。字世调，号默斋。清宜兴人。至性纯笃，安贫力学。明亡，即弃举子业。以宋儒周子主静之说为宗。为学务切近，无缘饰，主“力行”，弃“多辨”。郡守聘其讲学毗陵，延主东林、延陵诸书院讲席，均不就。卒后门人金敞、顾培等奉祀之。《清史稿》有传。

默斋易说(一作易论)3卷　经部易类　佚

静坐约言　子部儒学类　佚

以上2种见道光《续纂宜荆县志》卷9。

偶然云10卷　集部别集类

清乾隆间刻本，南京图书馆藏。

按：《四库全书总目》云“是集冠以《约言》一卷。《江南通志》称其论学以‘周子主静之说’为宗，仿高攀龙《复七规》《春秋两会》，即指是约也。文录二卷，解《易》《春秋》独多，余亦讲学之文。诗录三卷，仿《击壤集》体；语录二卷，大抵衍先儒绪论，《行录》《行状》共一卷，则其门人所辑也。”

储方荣

字令元。清宜兴人。顺治三年(1646)举人，候选知县。诗才凌厉，杂著文及经义为时所重，工书画。

骏坡文集　集部别集类　佚

见道光《续纂宜荆县志》卷9。

吴龙章

清宜兴人。驭孙。顺治九年(1652)进士。任完县知县，官至吏部主事。

廿一史类抄　史部史钞类　佚

见道光《续纂宜荆县志》卷9。

任　观

字展文。清宜兴人。顺治间贡生。

天王经注　子部佛教类　佚

见道光《续纂宜荆县志》卷9。

任观词　集部词曲类　佚

按:《全清词钞》收其词2首。

史洁珵

字玉涵。清宜兴人。明诸生。入清后不赴举。与汤之锜、吴存庵友善。安贫乐道,以读书自娱。好赈贫乏。年74,力疾书"一心不乱"四字而卒。

放贷赈说　史部政书类　佚

见道光《续纂宜荆县志》卷9。

感应类钞不分卷　子部道教类

清光绪间刻本,南京图书馆藏。

德育古鉴不分卷　子部道教类

(1) 民国佛教净业社排印本,南京图书馆藏。

(2) 1931年上海国光印书局排印本,南京图书馆藏。

(3) 2015年苏州古吴轩出版社出版。

按:古吴轩版此书有民国聂其杰"重印序"云:"《德育古鉴》,原名《感应类钞》,先君(聂缉椝)尝序而刊之。"

史惟彦

清宜兴人。孟麟孙。

荆水遗闻　史部传记类　佚

见道光《续纂宜荆县志》卷9。

按:《县志》引任安士曰:"先生太仆(史孟麟)文孙,目击明季国初邑中遗事,于周、陈、王、储、卢、吴诸大姓尤为详悉,俱能不没其本真。"

许翙

清宜兴人。肇篪子。幼孤。家贫不能读书,由从兄翎督课之。及长,力学有成。

砚吾遗稿　集部别集类　佚

见道光《续纂宜荆县志》卷9。

吴贞度

清宜兴人。顺治十一年(1654)举人,十二年进士。官庶吉士。

临风阁偶存集　集部别集类　佚

见道光《续纂宜荆县志》卷9。

陈维崧(1625—1682)

字其年,号迦陵。清宜兴人。贞慧长子。少以诸生负盛名,与王士祯、宋计东有"江左三凤凰"之称。维崧清癯多须,时称"陈髯"。性落拓,馈遗随手尽。独嗜书,虽舟车不辍。康熙十八年(1679)举博学鸿词科,试列一等。授翰林院检讨,与修《明史》。为文数千言立就。其散文亚于骈体。诗始为雄丽跌宕,一变而为沉郁,横绝一世。词至1600余首,尤凌厉光怪,变化若神。维崧身在北国,萦怀江南山水,以史馆需人,不果归。《清史稿》有传。

两晋南北集珍6卷　史部史钞类　佚

见《四库全书总目》史钞类存目。

按:《四库全书总目》云:维崧以四六擅名,此书采南北朝故实,各加标目。盖即以备骈体采掇之用。前有《自序》,作于康熙丙辰,乃未举制之前四年也。

妇人集 1 卷　史部传记类

清陈维崧撰　冒褒注

(1)《赐砚堂丛书新编》本。

(2)《昭代丛书》(道光)本。

(3)《海山仙馆丛书》本。

(4)《如皋冒氏丛书》本。南京图书馆另藏有如皋冒褒注寿松堂绿格抄本。

(5) 清孙氏寿松堂抄本(清丁丙跋),浙江图书馆藏。

(6) 补 1 卷,冒丹书补,清孙氏寿松堂抄本(清孙峻跋),南京图书馆藏。

(7)《香艳丛书》本。

(8)《丛书集成初编》本。

按:道光《续纂宜荆县志》卷 9 作 4 卷。

湖海楼诗集 8 卷　集部别集类

(1) 清康熙二十六年患立堂刻本,国家图书馆藏。

(2)《四部丛刊》本。

湖海楼诗稿 12 卷　集部别集类

清陈维崧撰　李仙原等选

(1) 清康熙六十年刻本,国家图书馆藏。

(2) 清光绪二年(1876)江宁春生堂刻本,四川省图书馆藏。

陈其年先生湖海楼全集　集部别集类

清陈维崧撰　清王士祯、徐乾学选

清刻本,国家图书馆藏。

陈迦陵文集 14 卷　集部别集类

清康熙二十六年刻本,南开大学图书馆藏。

陈迦陵文集 6 卷俪体文集 10 卷迦陵词 30 卷　集部别集类

(1) 清康熙二十八年陈宗石患立堂刻本,国家图书馆藏。

(2)《四部丛刊》本。

湖海楼集拾遗 1 卷　集部别集类

清陈维崧撰　冒广生辑

(1) 清宣统元年(1909)刻本,国家图书馆藏。

(2)《晨风阁丛书》本。

湖海楼全集四种(一作湖海楼全集 51 卷,又作湖海楼诗集 12 卷补遗 1 卷词集 20 卷文集 6 卷俪体文集 12 卷)　集部别集类

(1) 清乾隆六十年(1795)宜兴陈氏浩然堂家刻本,国家图书馆藏(清杨伦校)。

(2) 清光绪十七年江苏任光奇重校刻本,国家图书馆藏。

(3)《清代诗文集汇编》本。

湖海楼诗集 12 卷补遗 1 卷　集部别集类

清光绪十八年弇山铎署刻本,国家图书馆藏。

陈检讨集 12 卷诗钞 10 卷词钞 8 卷　集部别集类

清陈维崧撰　同里蒋景祁,顾贞观等选

清康熙二十三年天藜阁刻本,中央民族大学图书馆藏。

按:是书又名《陈检讨其年全集》,见《贩书偶记》卷 14。

陈检讨诗钞 10 卷词钞 12 卷　集部别集类

清陈维崧撰　清蒋景祁等辑

清康熙间刻本,中国科学院图书馆藏。

陈维崧诗　集部别集类

2006 年广陵书社点校本。

陈检讨集选不分卷　集部别集类

清抄本(有朱墨笔圈点批校),国家图书馆藏。

陈检讨集(一作陈检讨四六)20 卷　集部别集类

清陈维崧撰　程师恭注

(1) 清康熙三十三年有美堂刻本,复旦大学图书馆藏。国内馆藏另有批校本多种,参见《中国古籍善本书目·集部》。

(2) 清康熙间郁文堂刻本,国家图书馆藏。

(3) 清乾隆三十五年亦园刻本,浙江省图书馆藏。

(4) 清乾隆三十五年味经堂刻本,北京师范大学图书馆藏。

(5)《四库全书》本。

(6) 清道光二年(1822)金阊步月楼刻本,国家图书馆藏。

(7) 清同治六年(1867)成都古桂山房刻本,湖南省图书馆藏。

(8) 清同治十三年大文堂刻本,国家图书馆藏。

(9) 清光绪江西渔古山房翻刻乾隆本。

(10) 清末上海文瑞楼石印本,国家图书馆藏。

(11) 清刻本,辽宁省图书馆藏。

(12) 清抄本,湖北省图书馆藏。

(13) 民国间上海鸿章书局石印本。

湖海楼尺牍(一名陈其年先生尺牍)1卷　集部别集类

《尺牍丛刻》本。

亦山草堂遗稿6卷　集部别集类

清陈维嵋撰　陈维崧辑

清康熙患立堂刻《陈氏家言》本。

归震川先生文选8卷　集部别集类

明归有光撰　清陈维崧选评

《四大家文选》本(康熙刻),国家图书馆藏。

日下唱和诗不分卷　集部总集类

清陈维崧、赵士麟撰

清黑格抄本,南京图书馆藏。

箧衍集12卷　集部总集类

清陈维崧选

(1) 稿本,中国科学院图书馆藏。

(2) 清康熙三十六年蒋国祥刻本,南京图书馆藏。

(3) 清乾隆二十六年金匮华绮校刻本,南京图书馆藏。

(4) 清宛委书局铅印本。

(5) 民国国光书局铅印本，苏州大学图书馆藏。

(6) 民国神州国光社铅印本。

(7)《四库禁毁书丛刊》本。

箧衍集 11 卷　集部总集类

清陈维崧选

清抄本，湖南省图书馆藏。

按：陈维崧选清初诸名公一百五十七人之作八百四十九首，其中多明遗民诗，深藏箱内，秘不示人，故名。其去世十五年后，乡人蒋国祥始整理刻印。

今文选 8 卷　集部总集类

清陈维崧、冒禾书、冒丹书辑

清初刻本，国家图书馆藏。

按：陈维崧在序中称其师陈子龙抗清投水自杀后，文集散落，"常欲勒为一书，续成先师遗志"，故着手选编是集。其后冒禾书、丹书亦参与选编，又将当时的志士夏允彝、钱鼎瑞、赵而忭、梅朗中等七十五人的代表作品，编为一集。体裁多样，因其是同时代人的作品选集，故名。

三储稿选　集部总集类　佚

见道光《续纂宜荆县志》卷 9。

按：是书系储方庆、储善庆、储振 3 人策论文汇集，由陈维崧、储福益、陈斑选定。

四六金针 1 卷　集部诗文评类

(1)《学海类编》本。

(2)《四库全书存目丛书》本。

(3)《丛书集成初编》本。

按：见《四库全书总目》诗文评类存目，称"此书载《学海类编》中，取元陈绎曾《文说》中所论四六之法，割剥成编。颇为浅陋，必非维崧之笔。殆以维崧工于四六，故假其名。犹《木天禁语》之托言范椁，《诗法家数》之托言杨载耳”。

乌丝词 4 卷　集部词曲类

(1)《国朝名家诗余》本。

(2)《四部备要》本。

(3)《四家诗余》本。

该集为陈维崧在顺治十三年(1656)至康熙七年旅居京华时所填之词,誉满天下,为人称赏。

迦陵词全集 30 卷　集部词曲类

(1) 清康熙二十八年陈宗石患立堂刻本,国家图书馆藏。

(2)《湖海楼全集》本(见上)。

(3)《四部丛刊》本。

(4)《四部备要》本(题《湖海楼词集》30 卷)。

(5)《续修四库全书》本。

按:陈氏一生填词不辍,或一日可得数十首,为历来词人词作最多者,被尊为"阳羡派"领袖。作词效法苏、辛,以豪放为主,兼有清真娴雅之作,多抒发抑塞磊落胸怀。尤可贵者是其词能注意反映现实,描写民间疾苦,另有部分描写山河风光、各色人等生活的作品。陈词缺点是一发无遗,略嫌粗率,少浑厚。

湖海楼词全集 20 卷　集部词类

(1) 清乾隆六十年刻本,上海图书馆藏。

(2) 清光绪十七年弇山铎署刻本,国家图书馆藏。

陈检讨词钞 12 卷　集部词曲类

(1) 清康熙二十三年天藜阁刻本,上海图书馆藏。

(2) 清蒋景祁刻本,安徽无为县图书馆藏。

(3) 清刻本,北京师范大学图书馆藏。

迦陵词稿不分卷　集部词曲类

稿本,南开大学图书馆藏。

迦陵词 1 卷　集部词曲类

《百名家词钞初集》本。

按：美国哈佛大学燕京图书馆藏有《陈检讨填词图》附题词，释大汕绘图，梁清标、王士祯、朱彝尊等填词。图上题款"岁在戊午闰三月廿四日为其翁维摩传神释汕"，是此图作于康熙十七年，在陈维崧己未召试鸿博前一年。此为宜兴陈氏药洲缩绘合刻本，有乾隆五十九年沈初序。

亦山草堂遗词 2 卷　集部词曲类

清陈维嵋撰　陈维崧辑

清康熙间患立堂刻《陈氏家言》本。

荆溪词初集 7 卷　集部词曲类

清陈维崧、曹亮武、潘眉辑　吴雯评

(1) 明末刻本，北京大学图书馆藏。

(2) 清康熙十七年序刻本，国家图书馆藏。

(3) 清抄本，北京大学图书馆藏。

今词苑 3 卷　集部词曲类

清陈维崧、吴本嵩、吴逢原、潘眉辑

清康熙十年徐喈凤南硐山房刻本。

古今别肠词选 4 卷　集部词曲类

清赵式撰辑　陈维崧等评点

(1) 清康熙二十四年聆蛩书屋刻本，南京图书馆藏。

(2) 清康熙四十八年遗经堂刻本，国家图书馆藏。

按：该书取今昔名词出自别肠者，赏析品题，汇为一编，共选录宋至清代各家词九百余首，赵氏词作亦列于其中。卷一至二为小令，卷三为中调，卷四为长调，同一调名，或列一体或列若干体，或选一首或选若干首不等。各词皆代拟标题，原作之题、序一概删削，大失旧貌，最为选家陋习，间有名家圈点和夹注夹批，多仅仅三二字。此书选择不精，编选者也承认是编之中不无俚鄙淫哇之语，盖受《草堂》选词及明人选词影响所致。康熙十九年辑成，得时贤陈维崧、王士祯、尤侗等人点评。

贯华堂第六才子书西厢记8卷醉心篇1卷附图　集部词曲类

清金圣叹　陈维崧订

(1) 清康熙间本衙精刻本，见《贩书偶记》卷20。

(2) 清刻本，北京大学图书馆藏。

才子西厢醉心篇　集部词曲类

清陈维崧订

(1) 清道光二十九年刻《第六才子书》本。

(2) 清刻本，国家图书馆藏。

宜兴陈氏家言14卷　丛书类

清陈维崧等编

清康熙间陈氏患立堂刻本，南京图书馆藏。

子目：

《山阳录》1卷　清陈贞慧撰

《书事七则》1卷　清陈贞慧撰

《秋园杂佩》1卷　清陈贞慧撰

《亦山草堂遗稿》6卷　清陈维嵋撰

《亦山草堂遗词》2卷　清陈维嵋撰

《花萼倡和》1卷　清陈维岳、陈宗石撰。古人以"花萼"比喻兄弟或兄弟间和睦友爱的情谊。

《崇祀乡贤录》1卷附《颍川三世崇祀征诗录》《题崇祀录后》　此辑录有关陈氏入祀宜兴乡贤的文牍。

《陈氏家言》1卷　清陈维岳、陈宗石撰。所辑为陈宗石亡妻侯氏所作传记文、陈宗石《悼亡诗》等。

按：此辑维崧父贞慧及维崧弟维嵋、维岳、宗石昆仲之作。宜兴陈氏是明清之交江南著名文化家族，族中弟子皆雅擅吟咏，驰名文苑。本书则显示了一个家庭的文学创作成就。

莫大勋(？—1684)

字圣猷，号鲁岩。清宜兴人。顺治十一年(1654)举人，十八年进士。康熙八年(1669)官浙江嘉善知县。在任7年，惩豪猾，屏苞苴，修学宫，为民请命，有政声。十四年擢刑科给事中，正文体，严计典，定律例，论者以为有陆贽、唐介之风。卒于京。

魏塘政略　史部政书类　佚

见嘉庆《宜兴县旧志》卷8本传，附录是书自序。

按：魏塘为嘉善县之古称。

约斋诗集　集部别集类

见《江苏诗征》卷157，并收其诗1首。

按：《全清词抄》卷2收其词1首。

史纪夏

字大音。清宜兴人。擅长制艺，后学多游其门。顺治十二年(1655)进士。授江西安仁知县。滨江负山，以多盗坐黜。归橐萧然，仍授经著书。嗜酒，每饮酣兴发，狂歌时曲，诙谐玩世，或以晋人风流目之。

尚书巽注　经部尚书类　佚

论孟臆解　经部四书类　佚

以上2种见道光《续纂宜荆县志》卷9。

储福白

清宜兴人。

深柳堂诗集1卷　集部别集类　佚

见道光《续纂宜荆县志》卷9。

徐喈凤

字鸣岐，号竹逸。清宜兴人。顺治十五年(1658)进士。官永昌府推官。工诗词。归田后自号荆南墨农。与同邑任绳隗、吴本嵩、潘眉、蒋景祁等交善。

读史随笔　史部史评类　佚

见道光《续纂宜荆县志》卷9。

(康熙)重修宜兴县志10卷图1卷　史部地理类

清李先荣修　徐喈凤纂

(1) 清康熙二十五年(1686)刻、乾隆二年(1737)增刻本，天津图书馆藏。

(2)《无锡文库》本。

按：清康熙十二年，史令宗尧延邑人陈维岱等人协修县志，未成。二十三年秋，蔡令司霑延邑人徐喈凤修纂，阅四五月稿成授梓，因蔡令去职，遂辍。二十五年秋，李先荣莅任，经徐喈凤等人"细加润色，捐俸鸠工"，不数月而成。全志凡十志，卷首序、凡例、目录、纂修姓氏、图，卷一舆地志，卷二官师志，卷三营建志，卷四赋役志，卷五学校志，卷六风俗志，卷七选举志，卷八人物志，卷九艺文志，卷十杂志。

会仙记1卷　子部小说类

台湾《国学基本丛书四百种旧小说己集》本。

愿息斋文集不分卷　集部别集类

清康熙九年荫绿轩刻本，南京图书馆藏。

愿自斋诗文集(一作愿息斋集)　集部别集类　佚

滇游草(一作滇游诗集)　集部别集类　佚

以上2种见道光《续纂宜荆县志》卷9。

按：《江苏诗征》卷6收其诗2首。

荫绿词1卷　集部词曲类

《百名家词钞》本。

荫绿轩词正续集 2 卷　集部词曲类

清光绪二十六年(1900)木活字印本,南京图书馆藏。

荆南墨农全集　丛书类

见《四库全书总目》别集类存目 9,谓:“是编首曰《滇游诗集》,次曰《愿息斋诗文集》,又附《荫绿轩词》初集、续集,及《秋泛诗余》《南游诗余》四种。”

万锦雯(1625—1696)

字云黻,号怀蓼。清宜兴人。顺治十二年(1655)进士。历于潜、洪洞、广宗令。所至有循声。擢中书舍人,不就。性耽书史。家居不入城市,长吏不通一刺。

全史类编 233 卷(又称二十一史类编)　史部史钞类　佚

深柳堂文集 3 卷　集部别集类　佚

以上 2 种见道光《续纂宜荆县志》卷 9。

万　贞

清宜兴人。

闲闲集 1 卷　集部别集类　佚

见道光《续纂宜荆县志》卷 9。

丁　玑

字介夫。清宜兴大儒里人。少补诸生,屡试不售。颇悉邑中典故,康熙初曾参与邑志的修纂,书垂成而罢。又拟与陈维崧合撰“荆溪外史”,以备邑乘之用。然未及成书,即以老病卒。

帝王世谱　史部史表类　佚

历代科名考　史部政书类　佚

以上 2 种见道光《续纂宜荆县志》卷 9。

周　成

清宜兴人。

文莱仙剩墨　集部别集类　佚

见光绪《宜荆新志》卷10。

陈玉铸

字卫玉。清宜兴人。于泰子。邑诸生。

悦山楼集　集部别集类　佚

见道光《续纂宜荆县志》卷9。

徐翙凤

字声岐，号竹虚。清宜兴人。喈凤弟。天资敏异，经史百家无不通贯。工诗词，斗酒后数千言立就。同邑许岂凡、黄珍伯、陈其年咸推其才气奇崛。中年，绝意进取，乃筑“我园值亭”以自娱。

馌亭老农诗词稿　集部别集类　佚

见道光《续纂宜荆县志》卷9。

储贞庆

字雪持。清宜兴人。方庆兄。顺治间诸生。工诗词。

挹蔼楼集8卷　集部别集类　佚

雨山词　集部词曲类　佚

以上2种见道光《续纂宜荆县志》卷9。

孙元宗

字紫缙。清宜兴人。

悔迟诗集　集部别集类　佚

见道光《续纂宜荆县志》卷9。

储　赓

清宜兴人。显祚孙。顺治十一年(1654)举人。候选知县。

正己录12卷　子部儒学类　佚

见道光《续纂宜荆县志》卷9。

卢士登

字时谓。清宜兴人。幼孤,苦志力学。顺治十六年(1659)进士。授武昌府推官。康熙五年(1666)任乡试考官,取士多孤寒宿学。六年告归。二十三年复起,借补长芦盐运司。二十六年以内艰归。家居时,力倡捐赈,凡邑有大事,必至公庭争可否。性耽诗,常与二三故旧会小园。

黄鹤楼诗1卷　集部别集类　佚

十二雅诗1卷　集部别集类　佚

按:道光《续纂宜荆县志》卷9注引卢璟曰:"按《东观汉记》'请上雅寿',注:雅,酒冋也。冋,呼下反。《说文》大杯亦为冋。盖公有大杯十二,各题诗一首也。"

本立堂诗3卷　集部别集类　佚

本立堂词3卷　集部词曲类　佚

以上4种见道光《续纂宜荆县志》卷9。

按:《江苏诗征》卷20收其诗1首。

陈维嵋(1630—1672)

字半雪,一字文鹭。清宜兴人。贞慧次子,维崧弟。邑诸生。不谐于俗,一时名士多与之游。家素贫,后益困,惟以诗酒自娱。

亦山草堂遗稿6卷遗词2卷附崇祀乡贤录1卷　集部别集类

清康熙间陈氏彊善堂刻本,中国科学院图书馆藏。

亦山草堂遗稿6卷　集部别集类

亦山草堂遗词 2 卷　集部词曲类

以上 2 种有康熙间患立堂刻《陈氏家言》本，湖北省图书馆藏。

亦山草堂南曲　集部词曲类　佚

见《明清江苏文人年表》。

万　树(1630—1688)

字花农，一字红友，号山翁，自号三野先生。清宜兴人。其学识明达，以国子生游都下。才名籍甚，然不轻与人交。客游秦、晋，归购吴氏鹦鹉园故址，葺而居之，绕园种绿杨，名曰“堆絮”，名其轩曰“萝隐”。两广总督吴兴祚爱其才，延至幕中，奏议皆出其手，暇则制曲为新声。后归自粤中，殁于西江舟次。

左传论文　经部春秋左传类　佚

花农集　集部别集类　佚

堆絮园集　集部别集类　佚

以上 3 种见道光《续纂宜荆县志》卷 9。

璇玑碎锦(散曲)2 卷　集部词曲类

(1) 清乾隆五年(1740)扬州江氏柏香堂刻本，国家图书馆藏。

(2) 清光绪十三年(1887)刻本，北京师范大学图书馆藏。

(3)《昭代丛书》(道光)本，1 卷。

(4)《四库全书存目丛书》本。

按:《四库全书总目》云:“是集皆回文诗图，上卷三十幅，下卷三十幅，各以名物寓题，组织颇巧，然亦弊精神于无用之地矣。苏若兰事，不可无一，亦不必有二也。”

香胆词 1 卷　集部词曲类

《百名家词钞》本。

按:道光《续纂宜荆县志》卷 9 著录 3 卷，《全清词钞》题作《堆絮词》。

珊瑚珠(杂剧)　集部词曲类　佚

舞霓裳(杂剧)　集部词曲类　佚

藐姑仙(杂剧)　集部词曲类　佚

青钱赚(杂剧)　集部词曲类　佚

焚书闹(杂剧)　集部词曲类　佚

骂东风(杂剧)　集部词曲类　佚

三茅宴(杂剧)　集部词曲类　佚

玉山会(杂剧)　集部词曲类　佚

玉双飞(传奇)　集部词曲类　佚

锦尘帆(传奇)　集部词曲类　佚

十串珠(传奇)　集部词曲类　佚

万金瓮(传奇)　集部词曲类　佚

金神凤(传奇)　集部词曲类　佚

资齐鉴(传奇)　集部词曲类　佚

以上14种见《古典戏曲存目汇考》。参见傅惜华《清代杂剧全目》。

词律20卷　集部词曲类

(1)清康熙二十六年(1687)万氏堆絮堂刻本,清华大学图书馆藏。

(2)清康熙二十六年万氏堆絮园刻保兹堂印本,国家图书馆藏。

(3)《四库全书》本。

按:该书为探讨词的格律的书,故名《词律》,收唐宋元词660调,1180余体。作者校订平仄音韵和句法异同,确定规格,纠正过去流传词谱不少错误。但也有考核不精之处,往往为别人所指责。

词律20卷拾遗8卷补遗1卷　集部词曲类

清万树撰　拾遗徐本立撰　补遗杜文澜撰

(1)清光绪二年杜文澜校刻本,《校勘记》散附各阕之下,国家图书馆藏。

(2)《四部备要》据光绪本排印本。

(3)1957年中华书局据《四部备要》本排印本。

(4)1984年上海古籍出版社影印光绪本,2013年重印。

按:杜文澜另撰《词律校勘记》2卷,有《曼陀罗花阁丛书》本。沈茂章撰《万氏词律订误例》，载《词学季刊》第3卷第4号。

拥双艳三种　集部词曲类

清康熙二十五年粲花别墅刻本。

子目：

《风流棒传奇》2卷

《念八翻传奇》2卷

《空青石传奇》2卷

乐府十六种　集部词曲类　佚

见道光《续纂宜荆县志》卷9。

万　卓

清宜兴人。

南园时艺　集部别集类　佚

见道光《续纂宜荆县志》卷9。

吴学录

字青可。清宜兴人。诸生。天资颖敏，于学无所不窥，尤精天官书。晚岁著书授徒，门下多奇士。清初承明季饥荒之后，田多不治，学录绘图作诗，呈慕抚军天颜，抚军特疏入奏，尽免逋赋，阖郡赖之。

八阵图说　子部兵书类　佚

天下地利关津要害图说　史部地理类　佚

以上2种见光绪《宜荆新志》卷10。

万　彦

字我惟。清宜兴人。顺治十七年(1660)进士。生而颖异，弱冠博涉经史，为文有根抵。甫释褐，以逋赋案黜官。遂游历东南，探禹穴，涉武夷。反棹西江，匡庐、彭蠡诸名胜无不到。以故见识愈广，文亦日益工。性坦率无城府，族党有匮乏者，周恤备至。

万瞻石真稿　集部别集类　佚

见道光《续纂宜荆县志》卷9。

吴玉麟

又名本嵩(见《全清词钞》)。字天石。清宜兴人。

善权山房稿　集部别集类　佚

见道光《续纂宜荆县志》卷9。

都梁词1卷　集部词曲类　佚

见《全清词钞》卷8,并收其词1首。

陈　闻

字闻生。清康熙间宜兴人。

弦清词1卷　集部词曲类　佚

见《全清词钞》卷7,并收其词2首。

储善庆

字长能。清宜兴人。康熙六年(1667)连捷成进士。任井陉知县。文才吏治,为时所称。

三储稿选　集部总集类　佚

见道光《续纂宜荆县志》卷9"储福益"条,收储方庆、善庆、振三人策论之文。

叶　超

字志高。清宜兴人。诸生。书学米芾,时得褚遂良笔意。尝谓武进恽寿平云:"学米先须从褚入,是从源以溯流。吾今先学米而后学褚,欲因流以穷源。其趋一也。"

莪庐诗草　集部别集类　佚

见道光《续纂宜荆县志》卷9。

徐见龙

字文升，一字铁仙。清宜兴人。翙凤族弟。性坦直无城府。弱冠能文，邑中先达咸以大器目之。应试辄抑于有司，遂废举业，寓情诗酒。

快意堂诗稿　集部别集类　佚

见道光《续纂宜荆县志》卷9。

仇兆麟

字人玉，一字我云。清宜兴人。诸生。工诗文，江左诸名士多相往还，与仇兆鳌尤为至好。乡里地势低洼，常渍涝成灾。兆麟出资筑堤挡水，清丈芦滩，民得其利。

通鉴体裁　史部史评类　佚

万姓文星7卷　史部传记类　佚

按：《县志》原注云："储欣曰：仇子用周兴嗣千字四言体，汇萃昔人姓谱，创《万姓文星》一书，言如繁星之丽天而成乎文也。"

武经秘要1卷　子部兵书类　佚

故事童求　子部小说类　佚

我云诗草　集部别集类　佚

仇子后艺1卷　集部别集类　佚

客园诗余　集部词曲类　佚

以上7种见道光《续纂宜荆县志》卷9。

储福益

清宜兴人。

三储稿选　集部总集类　佚

清储福益等选

见道光《续纂宜荆县志》卷9，注云："陈维崧、陈斑同选储方庆、储善庆、储振策论之文，汇为此集。"

任大烈

字松涛，室名见山楼。清宜兴人。性孤介，不与世合。弱冠尝一应童子试，遂绝意进取，坐卧小楼中，日事吟哦30余年。

见山楼稿　集部别集类　佚

见道光《续纂宜荆县志》卷9。

储福宗

字天玉。清宜兴人。懋时子。顺治康熙间在世。工诗词。

岳隐词　集部词曲类

见道光《续纂宜荆县志》卷9。

按：《全清词钞》卷3收其词1首。

卢天驭

清宜兴人。象升幼子。

忠肃集3卷　集部别集类

明卢象升撰　清卢天驭、卢声谐等编

(1) 清康熙二十七年(1688)刻本。

(2)《四库全书》本。

按：旧本题《忠烈集》，见“卢象升”条。《四库全书》本乃其曾孙安节补辑，参见《四库全书总目》别集类。

任绳宠

字吉士。清宜兴人。绳隗弟。布衣，工诗。明亡隐居鹿堡山房。

翠微山人集6卷　集部别集类　佚

见道光《续纂宜荆县志》卷9。

按：嘉庆《宜兴县旧志》卷8作《翠微山房集》。《江苏诗征》卷89收其诗4首。

杨天荣(1630—?)

字子升。清宜兴人。年15明亡,淡于进取,性好吟咏。家贫,笔耕为业,然乐于周急济困。

自怡集　集部别集类　佚

见道光《续纂宜荆县志》卷9。

储　欣(1631—1706)

字同人,号在陆,居处名在陆草堂。清宜兴人。性笃学,嗜经史。尝受经于储懋时。约里中友人共读,规定月课日程。以制艺名时,古文简洁明畅,自谓于先秦两汉唐宋诸大家之文多能成诵。康熙二十九年(1690)中举,年已60。会试不第,遂闭门著书教授以终,门下士有成就者甚多。

左传选14卷　经部春秋左传类

(1) 清雍正间刻本,大连市图书馆藏。

(2) 清乾隆七年(1742)刻本,上海图书馆藏。

其他刻本参见《中国古籍总目·经部》。

左传选12卷　经部春秋左传类

(1) 清雍正三年(1725)受祉堂刻本,清华大学图书馆藏。

(2) 清嘉庆十年(1805)文盛堂刻本,济南图书馆藏。

左传选不分卷　经部春秋左传类

(1) 清嘉庆十年大德堂刻储氏七种本。

(2) 清抄本,南京图书馆藏。

公羊传选2卷　经部春秋公羊传类

清乾隆三十八年同文堂刻本,上海图书馆藏。

公羊传选1卷　经部春秋公羊传类

清储欣评　清储芝参述

(1) 清乾隆四十九年受祉堂刻本,上海图书馆藏。

(2) 清光绪九年(1883)静远堂刻本,上海图书馆藏。

穀梁传选　经部春秋穀梁传类

(1) 2卷,清乾隆三十八年同文堂刻本,上海图书馆藏。

(2) 1卷,清乾隆四十九年受祉堂刻本,上海图书馆藏。

春秋指掌30卷前事1卷后事1卷　经部春秋总义类

清储欣、蒋景祁辑

(1) 清康熙二十七年天藜阁刻本,上海图书馆藏。

(2) 清乾隆五十四年刻本,上海图书馆藏。

(3)《四库全书存目丛书》本。

按:《四库全书总目》春秋类存目谓其书"于三《传》及胡氏《传》外多取冯梦龙《春秋指月》《春秋衡库》二书,盖科举之学也。末附《春秋前事》一卷,皆《国语》之文;《后事》一卷,备录《左传》小邾射来奔以下诸事,亦用冯氏之例"。

储批四书集注19卷　经部四书类

清谢氏毓兰书屋刻本,南京图书馆藏。

按:陈作霖《冶麓山房藏书跋尾·储批四书跋》云:"宜兴储氏以古文名家,父子弟昆自相师友,出其余技,以点定本经。至其排行之疏密,与行世之本不同,而字画精工,尤可宝玩。书凡六册。"

惟是集1卷　经部四书类

抄本,沁芳阁批,南京图书馆藏。

按:此为清任启运、储欣、储在文等人合撰,摘取《论语》《孟子》之语而论之。

国语选4卷　史部史钞类

清光绪九年静远堂刻本,上海图书馆藏。

战国策选　史部史钞类

(1) 不分卷,清雍正元年刻本,南京图书馆藏。

(2) 4卷,清乾隆四十九年刻本,吉林省图书馆藏。

(3) 4卷,清光绪九年静远堂刻本,南京图书馆藏。

(4)《稀见清代四部辑刊》本。

史记选6卷　史部史钞类

清储欣评　储芝参述

(1) 清乾隆十年受祉堂刻本,上海图书馆藏。

(2) 清光绪九年重刻本,上海图书馆藏。

(3) 清刻本,国家图书馆藏,清翁同龢题记。

(4)《稀见清代四部辑刊》本。

按:此选大旨在有裨举业,所谓录文非录史也。路工《访书见闻录》中《储欣在〈项羽本纪〉中的批语》可参看。

在陆草堂文集不分卷　集部别集类

清康熙二十九年吴曹直刻本,国家图书馆藏。

按:该书共67篇,凡传11篇,论5篇,序18篇,记9篇,书信4篇,杂著20篇。

在陆草堂文集6卷　集部别集类

(1) 清雍正元年储掌文淑慎堂刻本,国家图书馆藏。

(2) 清光绪十七年重刻本,中国科学院图书馆藏。

(3) 台湾《近代中国史料丛刊》本。

(4)《四库全书存目丛书》本。

(5)《清代诗文集汇编》本。

按:见《四库全书总目》别集类存目。储欣门人吴之彦等撰"文集凡例"云:"原编十卷,计文二百余首。兹并十为六,先梓百篇,务取精也。外有诗2卷,沉雄新辟,兼有杜韩,俟续刻以公同好。"亦见《郑堂读书记》卷70。诗集今未见。

在陆文钞1卷　集部别集类

《国朝二十四家文钞》本。

在陆草堂课艺　集部别集类　佚

见道光《续纂宜荆县志》卷9。

遁庵文集12卷附录1卷　集部别集类

清储方庆撰　储欣评

(1) 清康熙四十一年储右文等刻本。

(2) 清道光间补刻本。

(3) 清光绪二年储氏祠堂重刻本。

按:参见“储方庆”条。

西汉文选 4 卷　集部总集类

(1) 清乾隆十年受祉堂刻本,上海图书馆藏。

(2) 清乾隆五十年二南堂刻本,南京图书馆藏。

(3)《古文选七种》本。

唐宋八大家类选 14 卷　集部总集类

清储欣评　储芝参述

(1) 清乾隆十年二南堂刻本,国家图书馆藏。

(2) 清光绪九年静远堂刻本,南通大学图书馆藏。

按:此将唐宋韩愈、柳宗元、欧阳修、苏洵、苏轼、苏辙、曾巩、王安石八家古文按体分类,各加评语。分为奏疏、论著、书状、序记、传志、词章 6 大类,各大类下又分若干小类。卷首有储欣撰“引言”。

隆万大小题文选　集部总集类　佚

天崇大小题文选　集部总集类　佚

以上 2 种见道光《续纂宜荆县志》卷 9。

古文菁华　集部总集类

清储欣评

1915 年上海鸿宝斋石印本,北京大学图书馆藏。

古文选七种不分卷　丛书类

清储欣辑评

按:储欣《古文选》七种,分别是:《左传选》14 卷、《公羊传选》2 卷、《穀梁传选》1 卷、《国语选》4 卷、《战国策选》4 卷、《史记选》6 卷、《西汉文选》4 卷,共 35 卷。各图书馆收藏完缺不一,版本见上各书。

唐宋十大家全集录 10 种 52 卷　丛书类

清储欣辑

(1) 清康熙四十二年松麟堂刻本,南京图书馆藏。

(2) 清光绪八年江苏书局重刻本,国家图书馆藏。

(3)《四库全书存目丛书》本。

子目:

《昌黎先生全集录》8卷,唐韩愈撰

《河东先生全集录》6卷《外集录》1卷,唐柳宗元撰

《习之先生全集录》2卷,唐李翱撰

《可之先生全集录》2卷,唐孙樵撰

《六一居士全集录》5卷《外集录》2卷,宋欧阳修撰

《老泉先生全集录》5卷,宋苏洵撰

《东坡先生全集录》9卷,宋苏轼撰

《栾城先生全集录》6卷,宋苏辙撰

《南丰先生全集录》2卷,宋曾巩撰

《临川先生全集录》4卷,宋王安石撰

按:《四库全书总目》总集类存目云:"是编乃仿明茅坤《唐宋八家文钞》,增李翱、孙樵为十家。各为批评,亦间附考注。"

储善闳(1632—1708)

字大声,号颖亭,晚又自号抑庵。清宜兴人。善庆族弟。少有文思。康熙八年(1669)举人,二十四年任山阳教谕,乞归养母。性淡泊,力学嗜古,好宋儒理学。

四书毛诗文　经部群经总义类　佚

见陈时夏撰《颖亭公传》(《储氏分支谱》卷5)。

南臧储氏宗谱　史部传记类　佚

清康熙八年储善闳辑稿,见《南臧储氏分支谱》卷首"历世修谱纪名"。

性理解　子部儒学类　佚

古文持风　集部总集类　佚

诗选　集部总集类　佚

以上3种见陈时夏撰《颖亭公传》。

路念祖

字敬止。清宜兴人。以国学生考授州司马。工诗古文辞。

耐庵集　集部别集类　佚

见道光《续纂宜荆县志》卷9。

徐江嵩

字羽清。清宜兴人。鲁钊曰："徐子胸罗万卷，浮沉市隐。数年之间，缮为一书，凡八十余卷，内分四种：首神境，次仙迹，次异事，次奇物，为天地留不尽之藏也。"

石笈丛编80余卷　子部典故类　佚

云璈二集4卷　集部别集类　佚

以上2种见道光《续纂宜荆县志》卷9。

按：《国朝常州词录》卷5收其词2首。

任培元

清宜兴人。教授弟子以朱熹小学为准绳，以为先使识义理，即转事农工商贾，终不入大恶。尝定宗法18则。

家训珍言　子部儒学类　佚

见道光《续纂宜荆县志》卷9。

储方庆(1633—1683)

字广期。清宜兴人。善庆弟。康熙六年(1667)进士。授清源知县，有善政。十七年举博学鸿词，试罢复以原官用。时适抱疾，遂告归，自号遁庵。好学善文，时以善庆、方庆与储振为"三储"。子五人，右文、大文、在文、郁文、雄文，并中进士、举人，时誉为“五凤朝阳”。

东湖记 1 卷　史部地理类

《小方壶斋舆地丛钞》本。

储遁庵文集 12 卷附录 1 卷　集部别集类

清储方庆撰　储欣评

(1) 清康熙四十一年储右文等刻本，南京图书馆藏。

(2) 清康熙末增刻道光间补刻本，中国人民大学图书馆藏。

(3) 清光绪二年(1876)刻本，南京图书馆藏。

(4)《四库未收书辑刊》本。

(5)《清代诗文集汇编》本。

按：魏象枢作墓志铭，谓其文“倜傥幻化，义不与古今人苟合，为当世所称”。作各体诗千首，皆散佚，文二百篇，刊为《遁庵文集》。《中国人民大学图书馆古籍善本书目》有康熙刻本，附注云：“清康熙五十二年增刻李光地序。‘弘’‘宁’皆被剜去末笔，盖道光间补版后印本。”

三储稿选　集部总集类　佚

见道光《续纂宜荆县志》卷 9“储福益”条，原注云：“陈维崧、陈斑同选储方庆、储善庆、储振策论之文，汇为此集。”

陈九畴

字宾周。清荆溪人。邑诸生。年 40 丧偶不再娶。与子朝熙及陈杰、陈克猷等称“陈氏七子”。

二陈遗稿　集部总集类　佚

清陈九畴、陈朝熙撰

见道光《续纂宜荆县志》卷 9。

陈　斑

清宜兴人。康熙二十年(1681)序贡，官黟县训导。

三储稿选　集部总集类　佚

见道光《续纂宜荆县志》卷 9。

按：是书系储方庆、储善庆、储振 3 人策论文汇集，由陈斑、陈维崧、储福益选定。参见“储福益”条。

吴梅鼎

一名雯，字天篆。清宜兴人。正己孙。未弱冠而孤，事祖母及母孝养备至。工诗词，善书法，精画山水翎毛。与兄天石并称一时。

醉墨山房赋稿　集部别集类　佚

醉墨山房词稿　集部词曲类　佚

以上 2 种见道光《续纂宜荆县志》卷 9。

按：《江苏诗征》卷 11 收其诗 1 首。

陈维岳(1636—1712)

字纬云，晚号苦庵。清宜兴人。贞慧三子，维嵋弟。刻苦励学，与兄皆以诗古文辞名世。徐乾学、朱彝尊皆推重之。自其父去世后，长期漂流在外为幕客。后以太学生考选州判，未赴任，闭门著述，终老于家。

崇祀乡贤录 1 卷　史部传记类

纪序传表 1 卷　史部传记类

以上 2 种有《宜兴陈氏家言》本。

秋水阁文钞 1 卷　集部别集类　佚

见《四库全书总目》别集类存目 10，云：“此其传写残本，仅存赋十篇，杂文十五篇。卷首有同里蒋景祁序。”

陈纬云诗稿　集部别集类　佚

蜡凤吹箫二集　集部别集类　佚

潘鬓诗　集部别集类　佚

以上 3 种见道光《续纂宜荆县志》卷 9。

花萼倡和 1 卷　集部总集类

清陈维岳、陈宗石撰

《宜兴陈氏家言》本。

红盐词 3 卷　集部词曲类　佚

见《全清词钞》卷 5,并收其词 2 首。朱彝尊《曝书亭集·红盐词序》称"宜兴陈其年诗余绝妙天下……其弟纬云继之,撰《红盐词》三卷,含宫咀商,骎骎乎小弦大弦迭奏,而不失其伦。……纬云之词,原本《花间》,一洗《草堂》之习。其于京师风土人物之盛,咸载集中"。

蒋宗琳

字玉持。清宜兴人。宗玺兄。工篆隶及镌刻。其画功力深厚,白描观音像,极缥渺虚无态,尤长花鸟。惜为书名所掩,知之者少。

书法要录　子部艺术类　佚

集陶诗　集部别集类　佚

以上 2 种见道光《续纂宜荆县志》卷 9。

蒋　春

字景文。清宜兴人。诸生。孝母爱弟。工诗古文,风格多雅。性嗜书,喜游藏书之家,好聚罕见之书。先后师事汤之锜、金敞精研理学。

宜兴蒋氏人物考 4 卷　史部传记类　佚

见道光《续纂宜荆县志》卷 9。

练溪草堂集　集部别集类　佚

见嘉庆《宜兴县旧志》卷 8 本传。

吴熙桢

字蘖亭。清宜兴城塘里人。乔森子。诸生。邃于经学。

周易汇成 17 卷　经部易类　佚

鼓吹集　集部别集类　佚

以上 2 种见道光《续纂宜荆县志》卷 9。

曹亮武(1637—?)

原名磺(或作"璜"),字南耕,号渭公。清宜兴人。顺治十一年(1654)前后在世。早岁丧父,从舅父陈贞慧学,受业于侯朝宗。工于词,与陈维崧中表齐名。其缠绵婉约之致不减维崧,而才气稍逊,故纵横跌宕,终不能与之匹敌也。

南耕草堂诗稿二卷　集部别集类

清康熙刻《南耕词》附本,国家图书馆藏。

按:《四库全书总目》别集类存目,云:"此集乃其读书庐山时所作。凡一百八首,题曰第二集。后又附以甲子岁诗十八首,题曰第三集。盖残缺不完之稿也。"第一集今佚。国家图书馆藏清康熙刻本《南耕词》,书名叶题:"诗稿附后",即为第二、三集。

南耕词 6 卷　集部词曲类

按:《四库全书总目》词曲类存目云:"《南耕词》先刻五卷,其第六卷乃丧偶后所作,续刻于后,而以《悼亡词》十阕附之。"

岁寒词 1 卷　集部词曲类

按:《四库全书总目》词曲类存目云:"是书为康熙癸亥、甲子两年所作。其同里陈枋遍和之,名《荆溪岁寒词》,亦附刻集内。"

以上 2 种有:

(1) 清康熙二十九年(1690)合刻本,国家图书馆藏。

(2)《四库全书存目丛书》本。

(3)《续修四库全书》本。

叠韵词 1 卷　集部词曲类

清康熙二十九年合刻本,国家图书馆藏。

按:清康熙二十九年《南耕词》6 卷、《岁寒词》1 卷、《叠韵词》1 卷合刻。

南耕词 1 卷　集部词曲类

《百名家词钞》本。

词韵1卷　集部词曲类　佚

见道光《续纂宜荆县志》卷9。

荆溪词初集7卷　集部词曲类

清曹亮武、陈维崧、潘眉辑　吴雯评

(1) 明末刻本,北京大学图书馆藏。

(2) 清康熙十七年序刻本,南京图书馆藏。

(3) 清抄本,北京大学图书馆藏。

按:是编唯收宜兴本邑词家,长官与流寓者亦间收入,共83家词874首。以小令、中调、长调排列,仍不出明人选词常法。

许昌国(1638—1722)

字一清,一字仔赓,号愧庵。清荆溪人。康熙五十五年(1716)序贡生。与溧阳潘天成友善,游汤之锜门,习濂溪主静之学。文名噪一时。

课徒训儿1卷　子部儒学类

语孟绅言1卷　子部儒学类

心性源流1卷　子部儒学类

以上3书均收入《薪槱集》。

薪槱集4卷附年谱1卷行略1卷　集部别集类

清许昌国撰　(年谱)清许重炎编

(1) 清乾隆间璞堂刻本,南京图书馆藏。

(2)《四库全书存目丛书》本。

按:《四库全书总目》卷185云:"是书首《杂著》,次《论学》,次《论古》,次《课徒训儿》,各为一卷,大抵皆语录之类。《后集》一卷,则附录也。末有其子重炎所作《年谱》,按其事状,盖亦笃行好修之士,故集中讲学之语,多能切实近理,特不以著作见长耳。"

陈　濂

清宜兴人。

陈氏七子文稿　集部总集类　佚

清陈濂辑

见道光《续纂宜荆县志》卷9。

按:七子指九畴字宾周,朝熙字新翰,杰字西耀,克猷字浣初,克勤字行素,之纪字课南,洛字怀之。

陈维岱

字石闾,一字鲁望。清宜兴人。明末顺天府知事贞达子。贞达死国难,维岱悲愤终身,不求仕进。工诗古文,与从兄维崧、维岳酬唱篇什甚富,惜殁后全稿被女夫某持去,遂致遗失。徐喈凤纂修县志,延维岱及潘大儒共其事,商榷厘定,皆资一人之力。

二十一史约编　史部史钞类　佚

增广二十一史约编　史部史钞类　佚

石闾词1卷　集部词曲类　佚

以上3种见道光《续纂宜荆县志》卷9。

按:《全清词钞》卷2收其词1首。

吴　济

字幼滋,一字默池。清宜兴人。补邑弟子员,以教授自给。所作诗每年为一编,多散佚。

竹所剩言1卷　子部杂学类　佚

半帙草　集部别集类　佚

按:作于康熙八年(1669)。

娱花集　集部别集类　佚

按:作于清康熙十四年。

即心庵草　集部别集类　佚

按:作于清康熙二十二年。

以上4种见清李兆洛《养一斋文集》卷16《旧言集诗人小传》,其诗收入李兆洛辑《旧言集》。

默池诗草 2 卷　集部别集类　佚

见道光《续纂宜荆县志》卷 9。

蒋宗玺

字玉峰。清宜兴人。宗琳弟。工篆隶及镌刻。

月午楼诗稿　集部别集类　佚

见道光《续纂宜荆县志》卷 9。

吴仲立

字仲侯。清宜兴人。为诗幽澹闲适，有自得之趣。

仲侯山人遗稿　集部别集类　佚

见道光《续纂宜荆县志》卷 9。

万锦霏

字云倬。清宜兴人。受业汤之锜。为编次其遗书，其师一言一行悉记之。

子汤子庸行录　子部儒学类　佚

万云倬集　集部别集类　佚

以上 2 种见道光《续纂宜荆县志》卷 9。

吴　沄

清宜兴人。陈维岩妻。

镜花集 1 卷　集部别集类　佚

见道光《续纂宜荆县志》卷 9。

周　蘅

清宜兴人。

景莲诗存　集部别集类　佚

见光绪《宜荆新志》卷10。

吴退贻

清宜兴人。负气自豪，落笔数百言立就。其诗涵演驰骤，不名一体。

退贻诗集　集部别集类　佚

见道光《续纂宜荆县志》卷9。

董儒龙

字蓉仙，号神庵。清宜兴人。进士绍邦子。幼擅文誉。与同邑曹亮武、陈维崧、潘眉为诗文至契。康熙二十五年(1686)官贵州威宁经历，后考授湄潭知县，署平远州知州。因与上司不合告归。生平博极群书，著述甚富。年逾七旬尚日手一编。

柳堂订讹略2卷　经部小学类

清雍正四年(1726)刻本，福建省图书馆藏。

按：道光《续纂宜荆县志》卷9原注引吴潆曰："神庵于其暇日作《订讹略》一册，凡字画之差谬，音韵之舛错，考订略备。此虽神庵之绪余，而其学问渊深，亦从可见矣。"

古音骈字不分卷附乡音俗字统考不分卷　经部小学类

清抄本，国家图书馆藏。

经书精义3卷　经部群经总义类　佚

嘉言类纂3卷　子部儒学类　佚

学古大义4卷　子部儒学类　佚

刍莞窃议1卷　子部杂学类　佚

以上4种见道光《续纂宜荆县志》卷9。

柳堂诗稿不分卷　集部别集类

清康熙五十四年刻本，中山大学图书馆藏。

对偶佳句上下卷　集部总集类

清董儒龙辑

清抄本，国家图书馆藏，存下册。

柳堂词　集部词曲类　佚

见道光《续纂宜荆县志》卷9。

按：清蒋景祁辑《瑶华集》收其词1首。《全清词抄》收其词2首。

蒋扶晖

清宜兴人。顺治十七年(1660)举人。康熙十二年(1673)进士。三十三年任河南浚县知县。

奇门秘要　子部术数类　佚

见道光《续纂宜荆县志》卷9。

储　振(1642—1690)

字玉依，号退庵。清宜兴人。少工制艺。康熙六年(1667)进士，改内翰林弘文院庶吉士，八年授检讨，九年充会试同考官，十五年擢洗马。十九年擢右春坊右庶子，充三朝实录纂修官。二十三年任日讲起居注官。二十四年丁内艰，二十九年服阕将赴京，微疾而终。

荆峰集　集部别集类　佚

见道光《续纂宜荆县志》卷9。

三储稿选　集部总集类　佚

见道光《续纂宜荆县志》卷9"储福益"条，原注云："陈维崧、陈斑同选储方庆、储善庆、储振策论之文，汇为此集。"

徐邦祯

字炳忱。清宜兴渎里人。好读书，多善行，生平待同族戚属皆厚。

四书析疑录　经部四书类　佚

择言集　子部儒学类　佚

瀚村诗文稿　集部别集类　佚

以上 3 种道光《续纂宜荆县志》卷 9。

万嗣恭

字继美。清宜兴人。增生。聪颖绝人。工举业,屡试不售,益发愤读书。思为名山业,博综经史,晚更潜心性理,融会儒先说。

四书讲义　经部四书类　佚

笔数类纂 30 卷　子部典故类　佚

以上 2 种见道光《续纂宜荆县志》卷 9。

任文炜

字简斌,号新庵。清宜兴人。后迁溧阳。康熙二年(1663)举人,授无锡教谕。以子兰枝官赠光禄大夫,祀乡贤。

新庵诗稿　集部别集类　佚

见《江苏诗征》卷 89,并收其诗 1 首。

史逢年

字荆溆,一字京如,号鉴园。清宜兴人。孟麟曾孙。康熙间附贡生。为同邑储欣高弟。善属文,尤长于诗。风格明丽,略近杜牧、李商隐。

滆湖草堂稿 1 卷　集部别集类　佚

见道光《续纂宜荆县志》卷 9。

按:《江苏诗征》卷 97 收其诗 9 首。

陈宗石(1643—?)

字子万,别字寓园。清宜兴人。贞慧四子,维岳弟。国子监生。康熙十七年(1678)官山西黎城县丞,二十六年升授北直隶安平知县,又内擢户部陕西司主事。后以被议降级,遂不复出。少孤贫,入赘商丘侯氏，发愤读书，所交皆当世君子，而与礼法之士尤亲。故诸兄以辞赋显而宗石独以治行称。

陈氏琬琰集 10 卷　史部传记类

见《元明清中州艺文简目》引《中州艺文录》卷九。

（康熙）安平县志 10 卷　史部地理类

清陈宗石纂修

(1) 清康熙二十六年患立堂刻本，南京图书馆藏。

(2) 清康熙三十一年增刻本，南京图书馆藏。

宜兴陈氏家言 1 卷　子部儒学类

《宜兴陈氏家言》本。

患立堂文集　集部别集类　佚

寓园诗集　集部别集类　佚

以上 2 种见道光《续纂宜荆县志》卷 9。

二峰山人诗集

见徐世昌《晚晴簃诗话》，云"陈宗石，字子万，号寓园，商丘籍，宜兴人。由知县历官户部主事。有《二峰山人诗集》。"《元明清中州艺文简目》作"《二峰山人诗集》十卷"。

悼亡诗 1 卷　集部别集类

《宜兴陈氏家言》本。

花萼倡和 1 卷　集部总集类

清陈维岳、陈宗石撰

《宜兴陈氏家言》本。

储国珍

字君用。清宜兴人。康熙年间曾为苏州王正祥点订曲谱。

新定十二律昆腔谱 16 卷　集部词曲类

清王正祥纂曲　卢鸣銮、施铨参订　储国珍点板

(1) 清康熙停云室刻本，国家图书馆藏。

(2) 民国贵池刘氏暖红室刻本，国家图书馆藏。

(3) 1958年上海古典文学出版社出版，南京图书馆藏。

(4) 1972年台北鼎文书局影印本。

按：本书系南曲谱。其体制一反九宫十三调的分类方法，而以古阴阳十二律配之，厘曲牌为12卷，另设“闰月”“通用”“附录”“犯调”各1卷，凡16卷。各卷中引子、联套曲体、兼用曲体、单词曲体、尾声分别排列。

新定十二律京腔谱16卷附新定考正音韵大全1卷新定重校问奇一览2卷　集部词曲类

清王正祥编　卢鸣銮、施铨参订　储国珍点板

(1) 清康熙二十三年(1684)停云室刻本，南京图书馆藏。

(2) 抄本，4卷，北京大学图书馆藏。

(3) 1984年台北台湾学生书局影印本。

(4)《续修四库全书》本，影印停云室刻本。

新定宗北归音6卷　集部词曲类

清王正祥纂曲　卢鸣銮、施铨参订　储国珍点板

(1) 清康熙二十五年停云馆刻本，国家图书馆藏。

(2) 清康熙刻朱墨套印本，沈国连点板，上海图书馆藏。

陈克猷

字浣初。清宜兴人。邑诸生。与陈九畴、陈朝熙父子，及陈杰、陈克勤、陈之纪、陈洛等称“陈氏七子”。

桐引山房集　集部别集类　佚

陈氏七子文稿　集部总集类　佚

清陈克猷等撰　陈濂辑

以上2种见道光《续纂宜荆县志》卷9。

周世贤

字祇言。清宜兴人。季琬子。康熙间以拔贡官五河教谕，著司铎事宜。举卓异，擢咸阳县令。寻忤上官，失职归。

(康熙)五河县志5卷　史部地理类

清李云景原本　郑鼐增订　周世贤等纂

清康熙二十二年(1683)增刻本，国家图书馆藏。

闲闲堂杂著初编4卷　集部别集类　佚

见道光《续纂宜荆县志》卷9。

莫士超

清宜兴人。大勋长子。诸生。以文学名于时。

晓窗词　集部词曲类　佚

见道光《续纂宜荆县志》卷9。

任宏嘉

字葵尊，别字丹莪。清宜兴人。绳隗子。康熙十五年(1676)进士。由行人擢御史，官山东道兼江南道时，曾上"十渐疏"，得旨议行。旋擢奉天府丞转通政司参议，以敢言称，直声震朝野。三十九年丁母忧归。服阕，卒于家。《清史稿》有传。

葵尊公奏疏1卷　史部政书类

(1) 清光绪十四年(1888)刻本，国家图书馆藏。

(2) 2016年学苑出版社出版《稀见清代四部辑刊》本，题《银台疏稿》。

按：道光《续纂宜荆县志》卷9作《银台疏稿》2卷。

葵尊文集　集部别集类　佚

见道光《续纂宜荆县志》卷9。

储　抡(?—1692?)

字瀛杰。清宜兴人。振弟。性醇谨嗜学。康熙二十一年(1682)进士。授江西临川知县,有政声。充二十九年乡试同考官,历2载,卒于官。临川人士纪其治绩16则,崇祀名宦。

储瀛杰联捷真稿　集部别集类　佚

见道光《续纂宜荆县志》卷9。

周　涟(?—1685)

字澻芹。清宜兴人。少负人望。康熙十七年(1678)序贡,官英山训导。

澻芹传稿　集部别集类　佚

见道光《续纂宜荆县志》卷9。

吴曹直

字以逊,一作以巽。清宜兴人。康熙十七年(1678)举人。授韩城令。升刑部云南司主事,转户部浙江司。充文武两闱同考官,简广东正主考。以年老乞假归,卒于家。

尚书含音集　经部尚书类　佚

史隽　史部史评类　佚

宋史选评　史部史评类　佚

恭受堂集　集部别集类　佚

山渔偶存诗　集部别集类　佚

秋英词　集部词曲类　佚

以上6种见道光《续纂宜荆县志》卷9。

按:《全清词钞》卷4收其词1首。

在陆草堂文不分卷　集部别集类

参见“储欣”条。

宋诗选20卷　集部总集类

清吴曹直、储右文辑

清康熙二十六年(1687)刻本,上海图书馆藏(清朴亭居士跋)。

徐焕龙(约1645—1698)

字友云。清宜兴人。康熙五年(1666)举人。资性超拔,好读书,工诗古文辞,援笔而就,脱稿后任人取去。乡荐后屡困春闱,遂弃仕进。杜门注《周易》《毛诗》,阐扬经义,不受汉宋诸家牢笼;所著《屈辞洗髓》,了若发蒙,刻版行世,远近咸珍重之。

周易象解(一作大易象解)　经部易类　佚

毛诗辨补　经部诗经类　佚

四书疑剩　经部四书类　佚

以上3种见道光《续纂宜荆县志》卷9。

屈辞洗髓5卷简明音释附　集部楚辞类

清徐焕龙撰　(音释)徐瑶撰

(1) 清康熙三十七年无闷堂刻本,上海图书馆藏。

(2) 清康熙间刻本,南京图书馆藏(无音释)。

按:该书为屈原的作品作注释,所以称"屈辞",髓即精髓,指事物精要的部分,即通过注释分析,将屈原作品中的精华部分呈现出来。是书五卷,首为储欣之序,序后为目录,篇次顺序全依王逸《楚辞章句》,但题下删去"经""传"等字,并合《远游》《卜居》《渔父》为一卷。目录之后为徐瑶《屈辞简明音释》,徐瑶为焕龙之侄,受叔父之命而作此音释。《屈辞简明音释》以屈辞原顺序为次第,逐一从各篇中摘字注音,其中字多者则独立为篇,字少者跳格音释,不另为讫。然后注释正文,之后又徐瑶一篇跋文。

无闷堂稿　集部别集类　佚

见道光《续纂宜荆县志》卷9。

蒋景祁(1646—1699)

原名玘,后改祁复,后又改景祁。初字次京,又字京少,一作荆少,晚号炳学。清宜兴人。少承家学,通经史,善属文,尤以诗词名于时。与陈维崧诸人相唱酬,颇受王士祯赏识。然屡困于试。康熙十八年(1679)岁贡生。二十七年赴都谒选,得官候选同知。会得疾,居京邸,惟闭户著述。三十四年南归营葬双亲。卒于家。

按:蒋氏卒年多有争论,此据赵秀红《清初词人蒋景祁行年简谱》引蒋运昌《炳学公行述》:"府君生于顺治三年丙戌三月十二日戌时,卒于康熙三十八年己卯三月三十日午时,享年五十有四。"

春秋指掌 30 卷前事 1 卷后事 1 卷　经部春秋总义类

清储欣、蒋景祁撰

(1) 清康熙二十七年天藜阁刻本,南京图书馆藏。

(2) 清乾隆五十四年(1789)刻本,上海图书馆藏。

(3)《四库全书存目丛书》本。

九代说史　史部史评类　佚

见道光《续纂宜荆县志》卷 9。

东舍集 2 卷　集部别集类

清康熙四十一年蒋开泰刻本,北京文物局藏。

岁寒吟　集部别集类　佚

见道光《续纂宜荆县志》卷 9。

苑西集 12 卷附北墅抱瓮录　集部别集类

清高士奇撰　蒋景祁编

清康熙间钱塘高氏朗润堂原刻本,四川省图书馆藏。

心声集 5 卷　集部别集类　佚

见赵秀红《清初词人蒋景祁行年简谱》。云:"蒋景祁曾在弱冠前赴江西省亲远游,涉长江,过鄱阳湖,登滕王阁,登览吊古,归里后辑远游所作诗为《心声集》五卷。”陈维崧《〈蒋慎斋遇集〉序》、任绳隗《直木斋全集》卷十一《蒋次京〈心声集〉序》曾语及此。

陈检讨集12卷诗钞10卷词钞8卷　集部别集类

清陈维崧撰　蒋景祁、顾贞观等选

清康熙二十三年天藜阁刻本。

按：是书又名《陈检讨其年全集》，见《贩书偶记》卷14。

陈检讨诗钞10卷词钞12卷　集部别集类

清陈维崧撰　清蒋景祁等辑

清康熙间刻本，中国科学院图书馆藏。

辇下和鸣集　集部总集类

清蒋景祁编

清康熙三十一年刻本，上海图书馆藏。

是书收吴雯《莲洋诗》，博尔都《白燕栖诗草》，孔尚任《岸堂稿》，袁启旭《中江诗略》等，共十三人，人各一集。

燕台唱和集　集部总集类　佚

见道光《续纂宜荆县志》卷9。

罨画溪词1卷　集部词曲类

《百名家词钞》本。

按：宋荦云：“《罨画溪词》清苍似片玉，流丽似草窗，并不作意标新，而一种矜贵之气，自浮动楮墨间。京少于词不特技通三昧，抑且品居第一，逐影循声之流，正未足以语此也。”

梧月词2卷　集部词曲类

见道光《续纂宜荆县志》卷9。

按：中华书局版《瑶华集》黄克《序》云：“今存。”朱彝尊《曝书亭集》卷四十“京少所刻《梧月词》凡二百四十余阕，秾而不靡，直而不俚，婉曲而不晦，庶几可嗣古人之逸响”。蒋景祁的同乡友人董儒龙作《贺新郎·挽蒋京少》评价蒋氏词学成就，及对其坎坷一生的深深同情：“公子才名重。忆童年、梦征红杏，人呼小宋。《梧月》《竹山》词一派，近与迦陵伯仲。此犹是先生余勇。若论襟期与资质,视群儿,如虱居裈缝。谁不拟,栋梁用。”

瑶华集 22 卷附名家词话 1 卷孙谦词韵略 1 卷词人姓氏爵里表 1 卷　集部词曲类

清蒋景祁辑

(1) 清康熙二十五年天藜阁刻本,南京图书馆藏。

(2) 1982 年中华书局据康熙本缩印本,末附新编“词姓氏词牌笔划索引”。

(3)《四库禁毁书丛刊》本。

按:是书为清词选集。全集选人 507 家,选同 2467 首。按小令到长调的顺序编排。其中有自选词作 80 余首。因其中收入钱谦益等人词,故清代被列为禁书。参见孙殿起《清代禁书知见录》。

史陆舆

字亦石。清宜兴人。康熙十八年(1679)进士。选庶常,散馆改部曹,补刑部主事,迁员外郎。遇大狱,多所平反。转礼部郎中。三十二年典湖南乡试;次年,差福建督学。四十年协理河工;阅三载,河务告竣,即引归。自幼嗜学,晚年弥笃,于城南筑室曰“舫斋”,晨夕披吟不倦,诗古文淳茂恬雅。

舫斋诗集　集部别集类　佚

见道光《续纂宜荆县志》卷 9。

潘　眉

字元白,号莼庵。清宜兴人。附贡生。康熙十八年(1679)授湖南溆浦知县。时吴三桂未平,眉谒宁南靖寇大将军勒尔锦,愿效力麾下。勒尔锦命督军饷,师赖以济。勒尔锦欲特疏上闻,不果,回溆任。调迁安知县,寻擢大名府同知,兼署浚县知县,以卓异擢福建兴化府知府。禁杂派,均典税,兴学校,为上所器重。卒于任。

樗年集　集部别集类　佚

拙存堂集　集部别集类　佚

以上2种见道光《续纂宜荆县志》卷9。

杜诗论文56卷　集部别集类

清吴见思撰　潘眉评

(1) 清康熙十一年常州岱渊堂刻本，上海图书馆藏。

(2) 清康熙间吴郡宝翰楼刻本，上海图书馆藏。

(3)《四库全书存目丛书》本。

按：《四库全书总目》卷174云："据其《凡例》，盖拟举杜诗典故别为一书，名曰《杜诗论事》。故此编但诠释作意，谓之《杜诗论文》。夫笺注典故，所以明文义也。论事自论事，论文自论文，是已两无据矣。"

荆溪词初集7卷　集部词曲类

清陈维崧、曹亮武、潘眉辑　吴雯评

(1) 明末刻本，北京大学图书馆藏。

(2) 清康熙十七年刻本，上海图书馆藏。

(3) 清抄本，国家图书馆藏。

今词苑3卷　集部词曲类

清陈维崧、吴本嵩、吴逢原、潘眉辑

清康熙十年徐喈凤南磵山房刻本，国家图书馆藏。

史鸿轩(1650—1703)

字翰臣，号澹人。清宜兴人。

四书管见6卷　经部四书类　佚

琐窗随笔1卷　子部杂学类　佚

诗词1卷　集部别集类　佚

以上3种见清史周沅《留与集》卷3《先君澹人家传》。

吴　琠

清宜兴人。鸣虞孙。康熙十一年(1672)举人,十八年进士。官莆田知县。

梦云词　集部词曲类　佚

见道光《续纂宜荆县志》卷9。

王于臣

原名绍,字越生。清康熙间宜兴人。

凫亭词1卷　集部词曲类　佚

见道光《续纂宜荆县志》卷9。

按:《全清词钞》收其词1首。

路仍起

字介繁。清宜兴人。博学能文,兼工书画,慨然有经济志。康熙四十三年(1704)钦赐举人,四十八年成进士。选庶常。给假归省,卒于家。

史学纲领　史部史钞类　佚

莅政资言　史部政书类　佚

讷庵诗文集　集部别集类　佚

启祯文选　集部总集类　佚

以上4种见道光《续纂宜荆县志》卷9。

陈履端

字求夏,号晚耘。清宜兴人。维崧嗣子。贡生。少擅隽才,为文赡丽有家风。以明经授山阳训导。肄课之暇,偕诸名流觞咏无虚日。

晚耘文集　集部别集类　佚

水东诗近草　集部别集类　佚

以上2种见道光《续纂宜荆县志》卷9。

爨余词1卷　集部词曲类　佚

见《全清词钞》卷7,并收其词2首。

徐　瑶

字天璧,一作天碧,号端斋,又号离骚墨人。清宜兴人。喈凤子,焕龙侄。康熙间增贡生。沉毅好学。工诗古文辞。经史子集,靡不披览。父殁后历游南北,遍访名胜。每诗出,辄广为传诵。

太恨生传1卷　子部小说类

(1) 台湾《国学基本丛书四百种》中《旧小说》己集本。

(2)《香艳丛书》本。

髯参军传1卷　子部小说类

台湾《国学基本丛书四百种》中《旧小说》己集本。

屈辞洗髓5卷简明音释附　集部楚辞类

清徐焕龙撰　(音释)徐瑶撰

清康熙三十七年(1698)刻本。参见"徐焕龙"条。

爱古堂文稿1卷爱古堂诗稿1卷桂子楼词集1卷爱古堂俪体1卷　集部别集类

清康熙间刻本,国家图书馆藏。

爱古堂俪体4卷　集部别集类

清光绪二十六年(1900)木活字本,南京图书馆藏。

学古堂古文1卷桂子楼古文1卷桂子楼俪体1卷爱古堂俪文1卷桂子楼词集2卷　集部别集类

1939年抄本,北京大学图书馆藏。

按:《贩书偶记》卷14孙殿起注云:学古堂,又名爱古堂,亦名桂子楼。

端斋漫稿　集部别集类

见道光《续纂宜荆县志》卷9。

双溪泛月词1卷　集部词曲类

《百名家词钞甲集》本。

按：聂先云："近来词家好尚不同，取舍互异，要皆不得绝妙好词耳。今观天璧之词，字字出人意想外，句句如在人口头边。创语尖新，炼调逸响，不雕刻以失之文，不变幻以失之野，足称一代作者。"陈玉璂云："天璧家学既深，天才尤巨，诗赋古文无不擅绝。其词凌今轹古，先学秦、辛，多豪健之致；近乃精研姜、史，益复秀艳无比。阳羡虽多才，不得不于南州俯首矣。"狄亿云："天璧才擅众长，词不一格，或瑰玮如梦窗，或清劲如白石，或绮丽婉约如美成少游。"陈廷焯云："狄立人谓天璧才擅众长，词非一格。尤展成谓此调惝恍迷离，得神光掩映之妙。余谓此词诚佳，真高唐、洛神之流，但与梦窗体格貌似而神不似，不必拟梦窗也。"

离墨词2卷　集部词曲类

见《全清词钞》卷8，收其词3首，小传云："《离墨词》二卷，一名《双溪泛月词》，又名《桂子楼词》。"

吴之甲

字仲将。清宜兴人。

香雪楼诗词集　集部别集类　佚

见道光《续纂宜荆县志》卷9。

仇元善

清宜兴人。兆麟子。诸生，工诗文。

楚葵诗草　集部别集类　佚

楚葵诗余　集部词曲类　佚

以上2种见道光《续纂宜荆县志》卷9。

徐巩

字天玉，别字畏山。清宜兴人。翙凤子，喈凤侄。诸生。少承家学，工诗文。与从兄瑶齐名，一时名士多与之游，而同里诸生张霖、张吉尤称莫逆。

金鹅山人诗 8 卷　集部别集类　佚

侘傺诗集 6 卷　集部别集类　佚

却愁诗集 2 卷　集部别集类　佚

湖山词 5 卷　集部词曲类　佚

却愁词 2 卷　集部词曲类　佚

编年词 5 卷　集部词曲类　佚

诗余 10 卷　集部词曲类　佚

以上 7 种见道光《续纂宜荆县志》卷 9。

湖山词 1 卷　集部词曲类

《百名家词钞》甲集本。

按：《国朝常州词录》收其词 8 首。陆次云称："荆溪陈子其年才情盖世，而尤擅长于倚声，广陵一绝，难乎嗣音。近得徐子天璧、天玉两人，天璧才调不下其年，而天玉亦骎骎乎与阿兄竞爽。观《湖山》一词，风流艳逸，深浑瑰奇，几欲驾《乌丝》而逼《迦陵》。一门瑜亮，旗鼓相当，会见并驱中原，万人辟易，岂直称雄于铜官玉女间已耶？"徐宾称："天玉摆落近世气习，敛情约性，因狭出奇，淹贯唐宋大家。而一门之中，纷唱迭吟，世所未有。然其思益新，句愈工，良以参雅颂轶风骚者，有贤父兄也。天璧敷畅才华，倾于海内；天玉陶冶尘思，进于古人。孰云雁行不甘比也耶？"

吴滐

字玉涛。字晋陶。清宜兴人。国华孙。官广东三水县丞。画兰竹超绝，露叶烟苞，含馨吐秀，穷极变态。尤工诗，晚号载月翁。

吴晋陶四书文　集部别集类　佚
载月轩诗集　集部别集类　佚
百花词话　集部词曲类　佚
　　以上3种见道光《续纂宜荆县志》卷9。
静香词　集部词曲类　佚
　　见《全清词钞》卷7,并收其词1首。

吴　宗

　　字企儒。清宜兴人。诸生。潜心理学。家贫,事亲善养志。季昆七人,宗居三,析产独取其羸瘠。尤好施予,称贷典衣,救从子,赎孤女,行事多类此。
澹疑斋集　集部别集类　佚
　　见道光《续纂宜荆县志》卷9。

徐　宽

　　字时介。清宜兴人。国子监生。幼奇慧,喜读书。严寒盛暑,手一编不辍;夜有所疑,不能待旦,篝灯辨明之然后已。家藏书,评点殆尽;手录古书,几倍于所藏。与储欣为邻,交善。从兄珏美尤相契合,每说经论文,穷日夜不倦。
霞想楼集　集部别集类　佚
月士稿　集部别集类　佚
　　以上2种见道光《续纂宜荆县志》卷9。

徐一麒

　　字鹿友。清宜兴人。康熙三十一年(1692)岁贡生。好学积德,乡党称隐君子。
深柳堂集　集部别集类　佚
　　见道光《续纂宜荆县志》卷9。

徐士英

字廷德。清宜兴人。

采山集 1 卷　集部别集类　佚

见道光《续纂宜荆县志》卷 9。

吴　渊

字玉溪。清宜兴人。国华孙，渫弟。弱冠补诸生。工制艺，尤肆力于诗。南走山阴、会稽、北渡滹沱、易水，览山川之胜，诗益工。晚筑远山楼城西隅，日与兄啸咏其上。王渔洋称之曰："清深雅健，掷地当作金石声。"

远山楼诗 1 卷　集部别集类　佚

远山楼词 1 卷　集部词曲类　佚

以上 2 种见道光《续纂宜荆县志》卷 9。

仇元艺

清宜兴人。元善弟。诸生，工诗文。

葆斋诗草　集部别集类　佚

葆斋诗余　集部词曲类　佚

以上 2 种见道光《续纂宜荆县志》卷 9。

谢　旭

字义占。清宜兴人。康熙二十四年(1685)岁贡生。事母孝。好行善事，两次救援外来落难者数人。遇岁歉，率先捐赈。乡人誉称"孝义先生"。

西堂四书名物考　经部四书类　佚

知非录　子部儒学类　佚

一经斋诗文集　集部别集类　佚

以上3种见道光《续纂宜荆县志》卷9。

陈　枋(1656—1692)

字次山。清康熙间宜兴人。工诗词古文，与陈维崧齐名。少从储欣学，以诸生入国学，卒于京师。

水榭诗稿　集部别集类　佚

见道光《续纂宜荆县志》卷9。

香草亭词1卷　集部词曲类　佚

见《全清词钞》卷8，并收其词1首。

潘宗洛(1657—1715)

字书原，号巢云，又号垠谷。清宜兴人。廷选子。少曾从任源祥、储欣学。康熙二十七年(1688)进士。授检讨，充日讲起居注官。三十五年、四十七年分别任陕西、顺天乡试考官。历晋内阁学士兼礼部侍郎，总裁政治典训，寻任湖南巡抚。五十二年罢归。五十四年二月部云城崩塌，奉旨分修。以疾告假归，冬卒于家。

文集20卷　集部别集类　佚

见道光《续纂宜荆县志》卷9。

潘中丞文集4卷　集部别集类

(1) 清乾隆二十二年(1757)潘文熙等刻本，上海图书馆藏。

(2)《四库全书存目丛书》本。

(3)《清代诗文集汇编》本。

按:《四库全书总目》别集类存目云:"诗文多台阁之作，奏疏、序记、家训等篇，明白质直，视其文颇为胜之。卷末有储大文所作传，以为古文词上宗《史记》，诗由玉溪诣少陵，皆以千古第一人推之，则非其实也。"

巢云词　集部词曲类

见《全清词钞》卷6，并收其词1首。

郁士超

字峻升,别字古愚。清宜兴人。士选弟。康熙三十八年(1699)举人,四十五年进士。选授河南扶沟县知县。率民筑堤,根除水患,邑民德之。秩满,召为主事,以年老告归。

郁峻升稿　集部别集类　佚

见道光《续纂宜荆县志》卷9。

蒋师韩

字若黎。清宜兴人。诸生。先后师史周沅、潘铁庐。与邑张江永、许重炎为至友,以经学相砥砺。

不卒草1卷　集部别集类　佚

见道光《续纂宜荆县志》卷9。

史元楷

字幼芳。清宜兴人。卜居南郊,旁临清池,老树皆合抱。前后植梅、桃、梧、桂数本,名之曰“澹园”。中藏法书、图画及古书数千卷。与比邻徐焕龙、董儒龙投契,风晨月夕剧谈于茗碗笔床间,诗词唱和尤多惊人语。所著古文辞一帙,嗣子崧裒集之。

澹园遗稿　集部别集类　佚

见道光《续纂宜荆县志》卷9。

吴元豹

字师古。清荆溪人。少有才子之名。弱冠挟册浪游,历云间、会稽。前辈秦松龄、毛奇龄、朱彝尊俱引为忘年交。年几30始补博士弟子。寻卒。

他山存稿1卷　集部别集类　佚

见道光《续纂宜荆县志》卷9。

陈朝熙

字新翰。清荆溪人。九畴子。邑诸生。工文,邃于程朱之学,尤耽陆陇其语录。后以劳瘁死。

屈词指要　集部楚辞类　佚

二陈遗稿　集部总集类　佚

清陈九畴、陈朝熙撰

以上2种见道光《续纂宜荆县志》卷9。

万夔辅(1658—1733)

字伯安,一字砚涛,号鹤溇。清宜兴人。士和后人,迅子。康熙间岁贡生。工词翰。韵语不事雕琢,一归真挚。性孤介正直,姜宸英因科场案被累,死狱中,亲入狱经纪其后事。

鹤溇诗选　集部别集类

清康熙刻本,国家图书馆藏。

鲭余集6卷续集6卷　集部别集类

清乾隆刻本,天津图书馆藏。

餐华词　集部词曲类　佚

见道光《续纂宜荆县志》卷9。

卢声谐

清宜兴人。象升孙。

忠肃集3卷　集部别集类

明卢象升撰　清卢天驭、卢声谐等编

(1) 清康熙二十七年(1688)刻本。

(2)《四库全书》本。

按:旧本题《忠烈集》,参见“卢象升”条。

储　芝

字五采。清宜兴人。欣子。诸生。制义不离前人规矩，门下士科举中式者甚多。从兄方庆曰："文如山人木客，约而弥达，盖得梅花芬澹之性者也。"乃自号梅隐。以子掌文例赠文林郎，纳溪知县。

公羊传选 1 卷　经部春秋公羊传类

参见"储欣"条。

穀梁传选　经部春秋穀梁传类

参见"储欣"条。

史记选 6 卷　史部史钞类

清储欣评　储芝参述

参见"储欣"条。

仅存集　集部别集类　佚

见道光《续纂宜荆县志》卷 9。

唐宋八大家类选 14 卷　集部总集类

清储欣评　储芝参述

参见"储欣"条。

蒋锡震(1662—1739)

字岂潜，一作契潜，号清溪，又号平川渔者、涧上丈人。清宜兴人。幼喜诵《庄》《骚》《文选》，长师事同邑储欣。曾参与编定储欣《在陆文抄》。性慷爽，喜酣饮，好独游，遍历齐、燕、豫、楚、章江、淮阴等地，赋诗盈箧。康熙四十八年(1709)进士。授翰林院编修。五十七年出为直隶庆云知县。在任 3 年，政为诸邑最。以不善事上官，不得志告归。家居 18 载，与友好诗酒往还。储大文《存研楼文集》卷 13 有《蒋平川传》。

易说 1 卷　经部易类　佚

中州志 1 卷　史部地理类　佚

大芦寺源流考 1 卷　史部地理类　佚

论书偶抄　子部艺术类　佚

韦弦录　子部杂学类　佚

暑窗杂录　子部杂学类　佚

见闻日记　子部杂学类　佚

按:道光《续纂宜荆县志》卷9作《见闻杂记》。

困学自得钞　子部杂学类　佚

会心札记　子部杂学类　佚

以上9种见《蒋甲川传》。

青溪草堂文偶存2卷登岳谣1卷　集部别集类

清光绪二年(1876)刻本,温州市图书馆藏。

青溪草堂文2卷　集部别集类

清光绪九年刻本,上海图书馆藏。

蒋岂潜时文　集部别集类　佚

见道光《续纂宜荆县志》卷9。

青溪诗偶存10卷　集部别集类

(1) 清雍正悠然楼刻本,南京图书馆藏。

(2)《四库全书存目丛书》本。

(3)《清代诗文集汇编》本。

按:《四库全书总目》别集类存目云:“是集分二十二种,曰:《辍耕草》《北征集》《渡河集》《赘疣集》《北游草》《楚游草》《还山草》《汗漫吟》《北行草》《归耕草》《章江草》《还山草》《后北游草》《涉江草》《洛游草》《灌园草》《游燕草》《庐中吟》《后章江草》《还山吟》《金台草》《学制集》。自己巳(康熙二十八年)至壬寅(六十一年)凡三十四年之作,皆以年编次。”

青溪集12卷　集部别集类

清光绪刻本,苏州图书馆藏。

诗话杂录　集部诗文评类　佚

见《蒋平川传》。

储右文

字云章，室名敬义堂。清宜兴人。方庆长子。康熙十六年(1677)举人。铨选湖广京山知县，因卓异至京，特命以知州衔领福建宁德县事。在县协工修筑塘坝，无水患。又编船联甲，增设哨船，巡缉洋面。在任6年，以案牍劳顿，力请养疾归。

文牒10卷　史部政书类　佚

敬文堂集4卷　集部别集类　佚

以上2种见道光《续纂宜荆县志》卷9。

按：《全清词钞》卷4收其词1首。

宋诗选20卷　集部总集类

参见“吴曹直”条。

储　迥

清宜兴人。康熙三十二年(1693)附贡，候选训导。

寄庵集2卷　集部别集类　佚

滇吟集　集部别集类　佚

以上2种见道光《续纂宜荆县志》卷9。

任震行

字德新。清宜兴人。诸生。与储芝日砺文艺，工诗古文辞。

勤贻堂稿　集部别集类　佚

见道光《续纂宜荆县志》卷9。

储大文(1665—1743)

字六雅，学者称画山先生，又号樊桐居士。室名存砚楼、九峰楼。清宜兴人。右文弟。幼随父方庆清源任所，后归受业从祖储欣，偕兄弟读书九峰楼。康熙四十八年(1709)奉玄烨命，在京与太仓王奕清等修纂《词谱》《曲谱》。六十年进士。改翰林院庶吉士，散馆授编修，旋告病归。潜心古学，尤究心地理之学。后主讲扬州安定书院，门下士请业者远近毕集。时何焯等共推大文为文坛祭酒。

(雍正)山西通志 230 卷　史部地理类

清觉罗石麟修　储大文纂

(1) 清雍正十二年(1734)刻本，南京图书馆藏。

(2)《四库全书》本。

(3) 清嘉庆十六年(1811)衡龄校刻本，北京大学图书馆藏。

按：《四库全书总目》卷 68 云：“雍正七年，石麟等奉诏纂辑，乃开局会城，因旧本续加增订。旁咨博访，广其类为四十。凡遗闻故事，比旧加详。其发凡起例者为原任庶吉士储大文。大文于地理之学颇能研究，所著《存砚楼集》，订正舆记者为多。故此志山川形势，率得其要领。其特立《经籍》一门，乃用施宿《会稽志》、袁桷《四明志》之例，亦有资考据云。”

河套志略 1 卷　史部地理类

(1)《小方壶斋丛钞》本。

(2)《小方壶斋舆地丛钞》本，作《河套略》1 卷。

按：该书简述河套地区地理沿革、城池古迹、山川河流、四至八到。套内有川二十条，又有六山、八故城、一寺和牌楼等。于考证河套地区古迹、沿革、地名等有参考价值。

游石柱山记 1 卷　史部地理类

《小方壶斋舆地丛钞》本。亦见《存砚楼文集》卷 12。

贺兰山口记 1 卷　史部地理类

《小方壶斋舆地丛钞补编》本。亦见《存砚楼文集》卷 6。

存砚楼文集(又作存研楼文集)16 卷二编 2 卷　集部别集类

(1) 清乾隆九年(1744)吴炜、洪肇楙等刻本，国家图书馆藏。

(2)《四库全书》本。

(3) 清光绪元年(1875)静远堂刻本，复旦大学图书馆藏。

(4)《清代诗文集汇编》本。

按:《四库全书总目》卷 173 云:"大文初以制艺名。归田后,乃潜心古学,尤究心于地理。故全集十六卷,而论形势者居七卷,凡山川阻隘边关厄塞靡不详究。"又云:"其它杂文间有隶事太繁之失,而征引典博,终胜空疏,但取其所长可矣。"

存砚楼二集 25 卷　集部别集类

(1) 清乾隆十九年储氏家刻本,南京图书馆藏。

(2)《四库未收书辑刊》本。

(3)《清代诗文集汇编》本。

玉井金梅集　集部别基类　佚

储会元真稿　集部别集类　佚

九峰楼课艺　集部别集类　佚

明文透宗集　集部总集类　佚

以上 4 种见道光《续纂宜荆县志》卷 9。

万作霖

字甘来。清宜兴人。由贡生考取镶蓝旗教习,授内黄令。时飞蝗大起,亲督捕治,不为灾。摄篆临漳,亦有惠政。

捕蝗管见　子部农家类　佚

行役草　集部别集类　佚

以上 2 种见道光《续纂宜荆县志》卷 9。

谢方琦

字应云,号西堂。清宜兴人。遴孙。康熙三十五年(1696)举人。人品高洁,孝友博学。善吟咏,诗格潇洒绝俗。为文直追《史》《汉》。

东墅集　集部别集类　佚

见嘉庆《宜兴县旧志》卷 8 本传。

谢应云全集　集部别集类　佚

咏雪亭唱和诗 1 卷　集部总集类　佚

清谢方瑜、谢方连等撰

诗型 8 卷　集部诗文评类　佚

以上 3 种见道光《续纂宜荆县志》卷 9。

按:《国朝文汇》甲集卷 39 收其文 1 篇。《江苏诗征》卷目收其诗 16 首。

王梦彪

字在山。清宜兴人。康熙四十五年(1706)附贡生。

官谷山人诗稿　集部别集类　佚

见道光《续纂宜荆县志》卷 9。原按:妾金荃《药兰小草》附。

金　荃

清宜兴人。王梦彪妾。

药兰小草　集部别集类　佚

见道光《续纂宜荆县志》卷 9。

按:王梦彪《官谷山人诗稿》后附。

吴　崇

字冲扶。清宜兴人。康熙三十五年(1696)举人。少从舅氏储欣游。超识远趣,间出一艺,欣惊异之。工画山水。后馆燕邸,以疾卒。

文集　集部别集类　佚

见嘉庆《续纂宜荆县志》卷 8 本传。

储云庆

清宜兴人。

衡中诗草　集部别集类　佚

见道光《续纂宜荆县志》卷 9。

储在文

字礼执，亦作理质，号中子，室名待园。清宜兴人。大文弟。少敏悟，偕兄弟读书九峰楼。康熙四十四年(1705)玄烨南巡，献诗引见，列籍六馆。四十八年成进士。授翰林院编修。曾与修《历代诗余》，分纂《周易折衷》，协修《万寿盛典》。五十四年院试第一，直南书房。五十六年乞假归。假满，遂称疾家居，屡征不起。子4人，传泰、晋观、鼎泰、兆丰，并登科。

尚书疑义5卷　经部尚书类　佚

见道光《续纂宜荆县志》卷9。

惟是集1卷　经部四书类

抄本，沁芳阁批，南京图书馆藏。

按：此书为储欣、任启运、储在文等合撰，摘收《论语》《孟子》之语而论之。

游海岳庵记1卷　史部地理类

《小方壶斋舆地丛钞》本。

待园文集8卷　集部别集类　佚

见道光《续纂宜荆县志》卷9。

经畬堂自订全稿4卷　集部别集类

清康熙五十三年(1714)敦化堂刻本，泰安市图书馆藏。

按：《国朝文汇》甲集卷45收其文3篇，云："有《经畬堂文集》，今版不存，其裔孙仅录得数首。"

周亦鲁

字型曾。清宜兴人。涟子。诸生。承家学，能文章，尤以德行自励，其论学笃信朱子。尝病《四书大全》未尽合朱子意，乃汇文集、语类诸说别成一书。

易注大全10卷　经部易类　佚

见清光绪《宜荆新志》卷10。

四书述朱大全40卷　经部四书类

清康熙六十一年(1722)云种居刻本,上海图书馆藏。

按:内含《大学述朱大全》3卷、《中庸述朱大全》3卷、《论语述朱大全》20卷、《孟子述朱大全》14卷。

杨怀远

字文来。清宜兴人。甲先父。诸生。家贫力学,读书有疑义,必究其所以然,不愿盲从。毕生刻苦,著述甚丰。

周礼疑　经部周礼类　佚

四书明辨录　经部四书类　佚

五经疑　经部群经总义类　佚

以上3种见乾隆《江南通志》卷163《人物志・儒林》。

经正集　经部群经总义类　佚

见道光《续纂宜荆县志》卷9。

宜兴乡评备考不分卷　史部传记类

清抄本(存卷二至三、六至八),南京图书馆藏。

按:道光《续纂宜荆县志》著录其《荆溪乡评备考》,与此应是同一书。

限田均田制　史部政书类　佚

古今祭礼　史部政书类　佚

诸儒源流考　子部儒学类　佚

以上3种见乾隆《江南通志》卷163《人物志・儒林》。

闺范　子部儒学类　佚

究斋杂录　子部杂学类　佚

以上2种见道光《续纂宜荆县志》卷9。

任开孙

字德新。清宜兴人。诸生。康熙年间游储欣门,日与欣子储芝谈文论艺。晚年擅长诗古文辞。

问奇草　集部别集类　佚

见道光《续纂宜荆县志》卷9。

谢芳连

字皆人,别号香祖山人。清宜兴人。方琦弟,监生。博学工诗,诗风近王渔洋。有时誉,名公卿多欲礼致之。康熙五十三年(1714)与修《钦定皇舆全览》。议叙以知县用,不就。

香祖刁说3卷　经部三礼总义类

清谢芳连撰　张克和注

清乾隆十三年(1748)刻本。

风华阁俪体　集部别集类　佚

香祖诗庯　集部别集类　佚

以上2种见道光《续纂宜荆县志》卷9。

按:《江苏诗征》卷146作《香祖诗》,收其诗1首。

诗庯6卷　集部别集类

清康熙间写刻本,国家图书馆藏。

风华馆俪体不分卷　集部别集类

清光绪二十四年(1898)刻本,国家图书馆藏。

画溪西堂稿　集部另集类　佚

见《晚晴簃诗汇》卷63,收其诗5首。

吟台二子时文　集部总集类　佚

清谢芳连、任启运撰

咏雪亭唱和诗1卷　集部总集类　佚

清谢芳连、谢方琦等撰

以上2种见道光《续纂宜荆县志》卷9。

潘旂

字鲁观，室名语古堂。清宜兴人。曾从储欣学。康熙三十八年(1699)举人，选授直隶南宫县知县。为政廉慎，暇则与诸生讲论文艺。在任3年，归里，闭门读书。卒年74。

语古堂文集　集部别集类　佚

见道光《续纂宜荆县志》卷9。

路衡(？—1725)

字埌初。清宜兴人。康熙五十四年(1715)进士。辞馆职，告归侍养。寻丁外内艰。服阕，授顺昌令，一切兴除诸务，次第举行。以积劳成疾，莅任7月，卒于官。

省斋诗钞　集部别集类　佚

见逆光《续纂宜荆县志》卷9。

任启运(1670—1744)

字翼圣。居近古钓台，人称钓台先生。清荆溪人。少颖悟，嗜读书。雍正九年(1731)与修《江南通志》，十一年成进士。授检讨，上书房行走。乾隆初署日讲起居注官，寻擢中允。四年(1739)晋侍讲学士，七年擢都察院左佥都御史，八年充三礼馆副总裁官，寻升宗人府府丞。九年卒。少博览诸子百家，后一意治经，其《仪礼》研究尤称精核。《清史稿》有传。

周易洗心9卷　经部易类

(1)《四库全书》本。

(2) 清乾隆四十七年刻本，国家图书馆藏。

(3) 清光绪八年(1882)一本堂重刻本，国家图书馆藏。

(4) 旧抄本，见《善本书室藏书志》卷1。

按:《四库全书总目》卷6云:“是编大旨谓读《易》者当先观图像,故首卷备列诸图。自朱子、邵子而外,如国朝李光地、胡煦所作诸图,皆为采入,而又以己见推广之,端绪颇为繁赜。”“然其诠释《经》义,则多发前人所未发。大抵观象玩辞,时阐精理,实不尽从图书生解。其文句异同,亦多从马、郑、王弼、王肃诸家之本,即或有不从旧本,必注某本作某字,以存古义,亦非图书以外废训诂而不言。然则其研寻奇偶,特好语精微而已,非如张行成等竟舍经而谈数也。”

周易洗心3卷首1卷　经部易类

清抄本,天津图书馆藏。

周易洗心11卷　经部易类

清嘉庆间上海彭氏刻《钓台遗书》本。

周易洗心7卷首2卷　经部易类

(1) 清抄本(清丁丙跋,《四库全书》底本),南京图书馆藏。

(2)《四库全书》本。

周易洗心10卷　经部易类

清雍正八年刻本,湖北省图书馆藏。

其他版本参见《中国古籍总目·经部》

尚书章句内篇5卷外篇2卷　经部尚书类

(1) 稿本,南开大学图书馆藏。

(2) 清刻本,中国科学院图书馆藏。

(3)《任氏遗书》本。

(4)《四库未收书辑刊》本。

尚书约注4卷末1卷　经部尚书类

(1) 清雍正八年宝弘堂刻本,湖北省图书馆藏。

(2) 清光绪十二年任道镕刻本,国家图书馆藏。

(3)《十三经读本》本。

(4)《任氏遗书》本。

(5)《四库未收书辑刊》本。

田赋考1卷　经部周礼类

(1)《清经解续编》本。

(2)《任氏遗书》本。

宫室考1卷　经部仪礼类

(1)《四库全书》本。

(2) 清嘉庆九年(1804)任氏家刻本,国家图书馆藏。

(3)《任钧台先生遗书》本。

(4) 清道光二十二年(1842)清芬堂刻本,南京图书馆藏。

(5)《荆溪任氏遗书》本。

(6)《清经解续编》本。

(7)《聚学轩丛书》本。

(8)《任氏遗书》本。

按:《四库全书总目》卷20礼类云:"是书于李如圭《释宫》之外别为类次,曰门、曰观、曰朝、曰庙、曰寝、曰塾、曰宁、曰等威、曰名物、曰门大小广狭、曰明堂、曰方明、曰辟雍,考据颇为详核。"又云:"如此之类,则颇为精审,可以与郑《注》相参矣。《仪礼》一经,久成绝学。启运能研究钩贯,使条理秩然。中间有疵谬,而大致精核,要亦不愧穷经之目矣。"

礼记章句10卷　经部礼记类

(1) 清乾隆三十八年任氏清芬堂刻本,国家图书馆藏。

(2) 清光绪二十一年刻本,国家图书馆藏。

(3)《任氏遗书》本。

(4)《四库全书存目丛书》本。

(5)《续修四库全书》本。

按:《四库全书总目》卷24礼类存目云:"是编前有康熙戊戌《自序》,盖其未通籍时所辑也。"

夏小正注　经部大戴礼记类　佚

见道光《续纂宜荆县志》卷9。

天子肆献祼馈食礼纂3卷　经部三礼总义类

(1)《四库全书》本。

(2) 清乾隆间清芬堂刻本,国家图书馆藏。

(3) 2卷,《任钓台先生遗书》本。

(4)《荆溪任氏遗书》本。

(5) 2卷,《皇清经解续编》本。

(6)《任氏遗书》本。

按:《四库全书总目》卷20礼类云:"是编以《仪礼》特牲、少牢馈食礼皆士礼,因据三《礼》及他传记之有关于王礼者推之,不得于经,则求诸注疏以补之。"又云:"启运考正薛图之误,俱精核分明。存而录之,与《续仪礼通解》亦可以详略互考焉。"

三礼义疏　经部三礼总义类

清任启运、吴绂等纂修

(1) 稿本,不分卷,国家图书馆藏。

(2) 清乾隆年间抄本,182卷,国家图书馆藏。

包括:《周官义疏》48卷行1卷,《仪礼义疏》48卷首2卷,《礼记义疏》82卷首1卷。见《北京图书馆古籍善本书目》。

夏小正小传1卷　经部大戴礼记类

清抄本,复旦大学图书馆藏。

四书约旨19卷附孟子考略1卷　经部四书类

(1) 清乾隆五年刻本,上海图书馆藏。

(2) 清乾隆三十六年清芬堂刻本,国家图书馆藏。

(3) 清光绪九年任一本堂家塾仿清芬堂原板重校刻本,有任道镕跋文,国家图书馆藏。

(4) 清光绪二十年浙江官书局依任氏家塾原本刊行,国家图书馆藏。有族孙任锡汾跋文,略云:"是书兵燹以后仅存草本,家塾据以付梓(按:当即光绪九年刻本),体例末尽精善。锡汾来浙后,因取草板至浙,重加厘订,悉划其讹,较草板顿改观焉。"

(5)《任氏遗书》本。

(6)《四库全书存目丛书》本。

按:《四库全书总目》卷 37 四书类存目云:“是编乃平日与门人讲贯、随笔札记之文。其中如论管叔以殷畔,谓管叔监殷,在武王时有功,引《汲冢书》为据之类,亦间有所考证。然大旨为科举作也。”本书刻本卷首录有《四库全书简明目录》,实即《四库全书总目》四书类存目之文,且删去“然大旨为科举作也”一句。

孟子时事考　经部四书类　佚

见道光《续纂宜荆县志》卷 9。

按:《四书约旨》中《孟子卷》卷首有《孟子考略》1 卷,按年考定孟子事迹,未知是否即此所说《孟子时事考》。

惟是集 1 卷　经部四书类

抄本,沁芳阁批,南京图书馆藏。

按:此为清任启运、储欣、储在文等人合撰,摘取《论语》《孟子》之语而论之。

孝经章句 1 卷　经部孝经类

《今古文孝经汇刻》本。《清史列传》卷 68 本传作 10 卷。

按:《四库全书总目》卷 32 孝经类存目云:“是书一遵朱子《刊误》本,而于《传》之十章增‘君子无不敬也’云云一百一十二字。其文与《礼记》小有异同,而今本《孝经》皆无之。启运《自序》称得之山西佛寺中,疑为熊安生所传之本。又云:‘王肃于《家语》言本文有见《戴记》者,后人辄于《家语》除其文。此章之阙,亦必因本文见《戴记》而后人于此除其文也。’按熊安生为北齐人,其传本安得至今犹在?其说无征。且马昭以《家语》为王肃伪作,其说今载《礼记疏》中,言之凿凿。启运乃又引以为证,恐此章亦王肃《家语》之类矣。”

白虎通正讹　经部群经总义类　佚

逸书补　史部别史类　佚

竹书纪年考　史部编年类　佚

以上 3 种见道光《续纂宜荆县志》卷 9。

竹书证传　史部编年类　佚

见《国朝先正事略》卷 34 本传。

按:此与《竹书纪年考》疑为同一书。

史要纂注 7 卷　史部史钞类

清任启运辑　吴兆庆注

(1) 清嘉庆二十二年鄂不斋刻本,国家图书馆藏。

(2) 清嘉庆二十四年荆溪吴氏刻本,南京图书馆藏。

史要 7 卷　史部史钞类

清任启运辑　吴兆庆注　清任麟徵增注

(1) 清光绪十四年上海鸿文书局石印本,国家图书馆藏。

(2) 民国间上海鸿文书局石印本,上海图书馆藏。

(3)《四库未收书辑刊》本。

明大司马卢公年谱 1 卷　史部传记类

清任启运校定,收于卢象升《卢忠肃公集》卷首。

同姓名考　史部传记类　佚

任氏史册备考　史部传记类　佚

以上 2 种见道光《续纂宜荆县志》卷 9。

任氏史禄　史部传记类　佚

见《国朝先正事略》卷 34 本传。

按:此与《任氏史册备考》疑为同一书。

女教经传通纂　子部儒学类　佚

见《国朝先正事略》卷 34 本传。

按:《四库全书总目》卷 98 儒家类存目云:“是编仿朱子《小学》之例,采诸经传及《女诫》《女训》《女史箴》等书,分十三类。曰立教,曰敬身,曰笄礼,曰昏礼,曰事父母舅姑,曰谨夫妇,曰辨内外,曰逮妾媵,曰生子,曰勤职,曰祭礼,曰丧礼,曰贞节。其子翔为之注。末有其门人傅洛等跋,称尚有《女教史传通纂》一书,仿《小学·外篇》之意。今未之见。据翔所附记,此书立教等十一门,乃启运之妻所辑,笄礼、丧礼二门乃其妻没后启运所补。然启运序中不及之，且其妻名氏翔亦未著，故仍以启运之名著录焉。”

女教史传通纂 12 卷　子部儒学类

(1) 清乾隆间刻本，国家图书馆藏。

(2) 2017 年燕山出版社出版《中国古代女教文献丛刊》本，收卷 1 至卷 6。

按：本书共 12 卷，作者“博采闺阁之异操奇节”，依次记录上古至明朝之贤女子事迹，上至后妃公主，下至庶民百姓，所录有四五百人。书前有李光墺序，言此书“得之古今传志及十七史中者十之三四，得之金元四史暨前朝小说者十之五六”。

家礼酌　子部儒学类　佚

见《国朝先正事略》卷 34 本传。

蕊珠合锦　子部典故类

清朱墨抄本，国家图书馆藏。

记事珠　子部典故类

见《清史列传》卷 68 本传。

按：此与《蕊珠合锦》疑为同书。

清芬楼遗稿 4 卷　集部别集类

(1) 清嘉庆二十三年吉林英和北京刻本，南京图书馆藏。

(2) 清光绪十四年任氏家塾刻本，南京图书馆藏。

(3)《荆溪任氏遗书》本。

(4)《常州先哲遗书》本。

(5)《任氏遗书》本。

(6)《丛书集成续编》本。

(7)《续修四库全书》本。

(8)《清代诗文集汇编》本。

按：张舜徽《清人文集别录》云：“当乾隆三十七年下诏访求遗书，至以启运之名，与顾栋高、陈祖范诸人并提。可知其著述见重于世，为时甚早。独其文集迟至嘉庆二十二年，英和始为校刻。此本乃其族孙道镕于光绪中重刊者也。若卷一《与周型曾论旅酬三书》，卷三《为人后者为之子辨》三篇，皆义据湛深，言之成理。至于卷三《遂人匠人沟洫辨》《明堂说》《音律说》《古今尺考误》诸篇，诠证名物，虽不及后来诸家只密，且论断或未尽是，然博究详征，语皆有本，终亦不愧经师之目也。”

清芬楼六种　集部别集类

清乾隆嘉庆刻本，日本内阁藏。

任钓台遗书 4 卷　集部别集类

(1) 清嘉庆十九年彭氏敬修堂刻本，南京图书馆藏。

(2) 清抄本，南京图书馆藏。

任钓台先生遗书 3 种 4 卷　丛书类

清嘉庆十四年刻本。子目见上。

荆溪任氏遗书 5 种 9 卷　丛书类

清光绪十四年任道镕家塾刻本，首都图书馆藏。

任氏遗书 8 种 50 卷　丛书类

1931 年刻本，中国科学院图书馆藏。

徐江普

字舜琴。清宜兴人。少好学，工诗文。喜藏书，书贾至，辄尽舫购之。从储欣游。与储芝、储大文为文友，与水榭蒋平川、黄隆吉为诗友。康熙四十四年(1705)举人，铨注内阁中书，改授知县，皆未赴。

万年统计　子部历算类　佚

籁阁诗存稿 10 卷　集部别集类　佚

以上 2 种见道光《续纂宜荆县志》卷 9。

储玟庆

字从彦，号懒津。清宜兴人。诸生。同里史承豫称其襟怀潇洒。卒年 90 余。

懒津集　集部别集类　佚

见《江苏诗征》卷9,收其诗2首。

黄一麟

字隆吉。清宜兴人。乾隆元年(1736)恩贡生。师事储欣,有"储门十子"之目。参与校刻储欣《唐宋八家类选》诸书。暇与蒋锡震、储大文、谢方琦、萧赵炎诸人,诗酒唱和。言行端谨,同人敬之。晚年当补教授,不就。

水南居存稿　集部别集类　佚

见道光《续纂宜荆县志》卷9。

储　逊

清宜兴人。振子。康熙五十二年(1713)举人。授刑部陕西清吏司办事。

史书撮要　史部史钞类　佚

按:《县志》引自序略云:"取《二十一史》吾邑先哲及莅兹土有文章政事可纪,或非吾邑而隐于此、游于此者,共录为一编。"

证园文集4卷　集部别集类　佚

以上2种见道光《续纂宜荆县志》卷9。

证园文钞不分卷　集部别集类

清抄本,国家图书馆藏。

储　芷

字仲岩。清宜兴人。国子监生。

四观堂经解　经部群经总义类　佚

荷衣集　集部别集类　佚

以上2种见道光《续纂宜荆县志》卷9。

储郁文

字允韬。清宜兴人。在文弟。康熙六十年(1721)与兄大文、雄文同中进士。学问邃深,文章典赡。因性不耐烦剧,得第后,请教职,授徽州府教授。

(乾隆)江南通志200卷首4卷序目1卷　史部地理类

清尹继善等修　黄之隽、储郁文等纂

(1) 清乾隆元年(1736)刻本,南京图书馆藏。

(2)《四库全书》本。

(3) 2010年广陵书社影印本。

(4)《中国地方志集成·省志辑》本。

(5)《金陵全书》本。

按:《四库全书总目》卷68地理类云:"先是,康熙二十二年,总督于成龙与江苏巡抚余国柱、安徽巡抚徐国相等,奉部檄创修《通志》,凡七十六卷。雍正七年,署两江总督尹继善等奉诏重修。乃于九年之冬,开局江宁,属原任中允黄之隽等司其事。因旧志讨论润色,刊除踳驳,补苴罅漏。凡阅五载,至乾隆元年书成,总督宏恩及江苏巡抚顾琮、安徽巡抚赵国麟等具表上之。"

储元韬时文　集部别集类　佚

见道光《续纂宜荆县志》卷9。

曹丽中

字樗年。清宜兴人。诸生。博极群书。尝著《史鉴合编》,起周平王,迄明庄烈,表以纪年,年以纪事。又尝于濑上得内府舆图目,按诸史撰舆史及谱图等,因革损益,批伪订谬,凡阅12年而书成。

韵别　经部小学类　佚

历代统系总图1卷　史部史表类　佚

历代年号甲子图1卷　史部史表类　佚

史鉴合编　史部史表类　佚

史纽 1 卷　史部史评类　佚

历代讳字代字嫌名图 1 卷　史部传记类　佚

舆史 42 卷　史部地理类　佚

谱图 42 卷　史部地理类　佚

历代州郡沿革表 1 卷　史部地理类　佚

香岩杂著 3 卷　子部杂学类　佚

香岩集 3 卷　集部别集类　佚

以上 11 种见道光《续纂宜荆县志》卷 9。

储雄文(1674—1725)

字汜云。清宜兴人。郁文弟。康熙六十年(1721)进士。殚精诗律,尤深于中晚唐及宋元人诗。少从武进邵长蘅游,诗必待邵氏论定而后存。

浮青水榭诗 4 卷　集部别集类

清康熙四十三年(1704)精刻本,复旦大学图书馆藏。

按:道光《续纂宜荆县志》卷 9 作 12 卷。

浮青水榭诗涉江集吴榜集　集部别集类

清康熙四十九年(1710)刻本,上海图书馆藏。

汜云诗　集部别集类　佚

馆课古今文　集部总集类　佚

以上 2 种见道光《续纂宜荆县志》卷 9。

储　恕

字宛若。清宜兴人。岁贡生。工诗文。与储大文、储在文、任启运等齐名。

春秋分国纪事　史部编年类　佚

碎金集　集部别集类　佚

以上2种见嘉庆《宜兴县旧志》卷8本传。

徐承宗

字辅高。清宜兴人。康熙间官临清州判。画仕女仙释神鬼，于刻削见风格，于苍秀见丰神，画山水尤善用墨。

丽江志略1卷　子部杂学类　佚

见道光《续纂宜荆县志》卷9。

徐洪钧

字双南。清宜兴人。瑶子，诸生。喜抄书，经史子集、诗赋骈语，会于心者必手录出，出游必载书箱以行。绩学工诗，诗风沉著。

古艳诗1卷　集部别集类　佚

见清史承豫《苍雪斋俪体》卷下本书序。

栗亭集　集部别集类　佚

见道光《续纂宜荆县志》卷9。

按：《江苏诗征》卷7收其诗7首。

储魁光

清宜兴人。

迎曙轩集4卷　集部别集类　佚

河东储氏汇纂　集部总集类　佚

以上2种见道光《续纂宜荆县志》卷9。

储　惠

号啸舞。清宜兴人。恕弟。受兄指教，亦以文名。

左绮　经部春秋左传类　佚

左传分国纪事13卷　史部编年类　佚

按：《县志》引自序略云：“余《分国纪事》一书，鲁则三家世族为一卷,齐则高、国、栾、高、陈、鲍、崔、庆、管、晏合一卷,郑七穆、宋六族实难分载,惟子产事最多,另为一卷。于楚则令尹为一卷,余若齐鲁交兵为一卷,鲁夫人为一卷,《春秋》书法为一卷,田赋一卷,祭祀一卷,灾异一卷,蛮夷戎狄为一卷,灭国国数为一卷,威仪文辞为一卷。自丁巳(康熙十六年,1677)起,讫戊午(十七年)抄录讫,私以课子,未敢问世。”

碎金集　集部别集类　佚

以上3种见道光《续纂宜荆县志》卷9。

周宸衡

字民先。清宜兴人。诸生。幼受业于储东溪之门,长益精研经史古文,孜孜不倦。教授生徒数十年,善奖掖后进。

渍月廊文钞　集部别集类　佚

见清道光《续纂宜荆县志》卷9。

杨飞熊

字祥占,号朴庄。清宜兴人。康熙三十八年(1699)举人,官安徽泾县教谕。

杨朴庄先生残稿　集部别集类　佚

见道光《续纂宜荆县志》卷9。

秦　淮

字沧澜。清宜兴人。康熙五十四年(1715)曾教授毗陵(今常州)。雍正元年(1723),访同里史周沅共论史事,周沅拾其语作《杨桥晤语记》。四年,充贡生。

大易旁通10卷　经部易类　佚

洪范旁通2卷　经部尚书类　佚

鸡窗曙史6卷　史部杂史类　佚

儒鉴锦囊2卷　子部儒学类　佚

梦花斋女史　子部小说类　佚

以上 5 种见道光《续纂宜荆县志》卷 9。

杭　越

字仍复。清宜兴人。工经义，博通诸子百家，为江左文人领袖。康熙五十六年(1717)经魁。试礼部时，拒受罗致，卒报罢，遂绝意进取。门下士多掇高科。

四书阐真　经部四书类　佚

五经辨义　经部群经总义类　佚

映远堂文集　集部别集类　佚

以上 3 种见嘉庆《宜兴县旧志》卷 8 本传。

史周沅(1677—1733)

字芬远，又字南澜。清宜兴人。鸿轩子。性至孝。念先人志未遂，力学攻苦，年 35 始补邑诸生。屡试不售，授经里中。兴至，或吟小诗。

周易说义　经部易类　佚

尚书说义　经部尚书类　佚

元贞志　子部儒学类　佚

以上 3 种见《留与集》卷 5、卷 7。

留与集 10 卷首 1 卷末 1 卷　集部别集类

清史周沅撰　许重炎编

(1) 清乾隆间璞堂刻本，南京图书馆藏。

(2) 清道光二十四年(1844)璞堂活字印本，天津图书馆藏。

周　鹤

字缑仙。清宜兴人。康熙间附贡生，官陕西麟游知县。四十六年(1707)任湖南永明知县。宦迹所至，辄多题咏，为王士祯等赞誉。

(康熙)永明县志 14 卷　史部地理类

清周鹤修　王缵纂

(1) 清康熙四十八年刻本，北京大学图书馆藏。

(2)《中国地方志集成》本。

宜山堂集 6 卷　集部别集类　佚

见清道光《续纂宜荆县志》卷 9。

吴端升(1678—1723)

字申锡。清宜兴人。由武进籍补诸生。少存至性，志操刚正。日诵经史诸子古文辞，为文章不屑作凡近语。与周钦、张朱铨订荆南社，文名籍甚。后复与储大文、在文，王步青辈相交，文益深沉高古。康熙六十年(1721)进士。入翰林院。通籍后，交学士何焯、湘潭陈鹏年、仪封张伯行诸前辈，益致力于诗骚古文。

容川太史集　集部别集类　佚

荆岚集　集部别集类　佚

瀛州近草　集部别集类　佚

日下唱和集　集部总集类　佚

以上 4 种见道光《续纂宜荆县志》卷 9。

吴　澍

字惠侯。清宜兴人。康熙四十七年(1708)举人。任全椒教谕。邑人周钦、张朱铨倡举荆南社，讲学论文，推澍为祭酒。

吴惠侯文集　集部别集类　佚

见道光《续纂宜荆县志》卷 9。

杨大猷

清宜兴人。

三才衍义　子部杂学类　佚

烟霞小草　集部别集类　佚

以上2种见道光《续纂宜荆县志》卷9。

史凤辉(1679—1758)

字南如。清宜兴人。夙慧,能文章。补郡庠,援例入太学。雍正七年(1729)举京兆,授内阁中书。乾隆十九年(1754)奉旨以知府衔管武昌府同知事。二十三年春告归,卒年80。

楚中纪行诗　集部别集类　佚

藕庄文钞　集部别集类　佚

史南如稿　集部别集类　佚

以上3种见道光《续纂宜荆县志》卷9。

吴宸梧

字圣仪。清宜兴人。康熙间以贡生官舒城县训导。卓异保举知汧阳,后兼摄陇州。在任7年,内迁主政,父老送者千余人,为立德政碑纪其事。

(雍正)增补汧阳志(增补石门遗事)□卷　史部地理类

清吴宸梧等补修　清管旆增续

清康熙五十七年(1718)刻雍正十年(1732)增刻本,国家图书馆藏。

龙舒偶稿1卷　集部别集类　佚

双桂堂偶稿　集部别集类　佚

隃麋(汧阳别称)偶吟　集部别集类　佚

以上3种见《续纂宜荆县志》卷9。

万　棣

字如升。清宜兴人。锦雯孙。雍正六年(1728)举人。任当涂训导,振兴文教,士风丕变。

(乾隆)当涂县志33卷　史部地理类

清张海等修,万棣等纂

(1) 清乾隆十五年(1750)刻本,国家图书馆藏。

(2) 民国石印本,武汉大学图书馆藏。

按:乾隆十五年张海任当涂县令,鉴于"前邑令成君,虽于人物艺文颇增益,余皆如旧本,未必言修"。必须立起炉灶,重新编纂。万棣任县训导,负责编纂。这是一部较完备的志书,该志分图考、建置沿革、星野、疆域、山川、城池、风俗、物产、户口、田赋、公署、学校、祠祀、封爵、职官、名宦、选举、人物、流寓、方伎、烈女、仙释、陵墓、古迹、艺文等25个篇目,共33卷,末附"杂辩"一章。

入峰楼笔记　子部杂学类　佚

见道光《续纂宜荆县志》卷9。

吴振乾

字文严。清荆溪人。诸生。少受业储芝门,工诗文。

桐阴书屋诗钞4卷　集部别集类

见道光《续纂宜荆县志》卷9。

许重炎

字少来,号璞堂。清荆溪人。昌国次子,廪膳生。自幼深沉刻苦,学古人一言一行,立日记簿识之。长从溧阳潘天成、同邑史周沅游,益致力于理学。其于儒书,必悉心参究,求其殊途同归。于阳明之学,则曰:"良知何病?不致则为病;致则何病?失其良则为病。"闻者爽然。殁后,乾隆二十年(1755)滇南李因培督学江苏,表其墓曰"学有本源"。

学庸会通　经部四书类　佚

语孟类次　经部四书类　佚

四书切问　经部四书类　佚

以上3种见道光《续纂宜荆县志》卷9。

愧庵(许昌国)先生年谱1卷　史部传记类

清乾隆间璞堂刻本《薪樵集》附录,南京图书馆藏。

铁庐年谱1卷　史部传记类

见《铁庐集》后，记溧阳潘天成事。另有传抄本，见《江苏省立国学图书馆图书总目》。

璞堂文钞11卷　集部别集类　佚

见《四库全书总目》别集类存目。

按：《四库全书总目》云："是集多讲学之文，而持论平允，无喧争门户之习……文则纵横曼衍，惟意所如，不能一一入格也。"

留与集10卷首1卷末1卷　集部别集类

清史周沅撰　许重炎编

(1) 清乾隆间璞堂刻本，南京图书馆藏。

(2) 清道光二十四年(1844)璞堂活字印本，天津图书馆藏。

铁庐集3卷外集2卷后录1卷　集部别集类

清潘天成撰　许重炎补辑

(1) 清乾隆二十四年刻本，复旦大学图书馆藏。

(2)《四库全书》本。

(3) 清当归草堂抄本，南京图书馆藏。

(4) 清光绪十八年(1892)锡类堂木活字本，南京图书馆藏。

按：《四库全书总目》云："国朝潘天成撰。天成字锡畴，溧阳人。寄籍桐城，为安庆府学生。……是集为其门人许重炎所编，冠以小传、年谱。第一卷为《默斋训言》，天成述其师汤之锜语也。二卷为杂著，天成诗文也。三卷为语录，重炎与蒋师韩记天成语也。《外集》一卷为《勿庵训言》，天成记其师梅文鼎语；二卷为杂著，亦天成遗文补刊者。《后录》一卷，则其墓记之类也。"

张　霖

字绍传。清宜兴塘下里人。国子监生。雍正元年(1723)考授同知。好行善事。

南耕堂诗草1卷　集部别集类　佚

见道光《续纂宜荆县志》卷9。

张朱铨

字阆宾。清荆溪人。邑庠生。为文雅正清醇，根抵深厚。少与同邑吴端升、周钦，号“荆南三子”。数奇不偶，以诸生终。

张阆宾时文　集部别集类　佚

见道光《续纂宜荆县志》卷9。

芮　鼎

字郃新，别字老闲道人。清宜兴人。诸生。

鸡谈集2卷　集部别集类　佚

见道光《续纂宜荆县志》卷9。

范　澜(？—1727)

字观水。清荆溪人。诸生。嗜读书，工制义，古文名重一时。善书，尤长行草。七试有司不售，抑郁病卒。

文集　集部别集类　佚

见道光《续纂宜荆县志》卷9。

吴其涛

字怀青。清宜兴人。宗子，诸生。少受业储大文门，与溧阳潘天成、同邑许重炎友善。教授生徒，熏陶默化，一时推为名师。

纳川古文集　集部别集类　佚

见道光《续纂宜荆县志》卷9。

陈　旋

清宜兴人。枋子。枋未30，卒于京师。旋事母孝，工文章。

百尺楼从好集　集部别集类　佚

见道光《续纂宜荆县志》卷9。

储龙光

字于宾。清宜兴人。为文简练，卓然成家。雍正二年(1724)进士。授户曹。保举日北道，转金衢严道，分巡两粤。后为福建按察使，判决积案，多所半反。以亲老告归终养。

正蓄堂稿　集部别集类　佚

见道光《续纂宜荆县志》卷9。

按:《江苏诗征》卷9收其诗1首。

徐元倬

字卓人。清荆溪人。深究经义，援例入国学。师事许重炎，讲求理学。有弟6人，殚心力教。事寡母30年，族党称孝友。后以子名驹，赠故城知县。

留桂轩集2卷　集部别集类　佚

见道光《续纂宜荆县志》卷9。

吴云栋

字东木。清宜兴人。雍正六年(1728)岁贡。工书法，能文章。

四书问答　经部四书类　佚

寄庐存草　集部别集类　佚

粤游诗草　集部别集类　佚

以上3种见道光《续纂宜荆县志》卷9。

宗芝堂

字秀三。清宜兴人。廪生。幼颖敏，弱冠为文，辄冠其曹，下笔风发泉涌，不名一体。于书无不读，尤淹贯《春秋》三传。

史楷120卷　史部史钞类　佚

见道光《续纂宜荆县志》卷9。

张 毅

清宜兴人。

四书讲义　经部四书类　佚

见道光《续纂宜荆县志》卷9。

周曰旸

字晓山。清宜兴人。方石子。10岁诵古文，未冠补诸生，试辄冠军。所与游多当时名士。既负隽才，且发愤力学，于书无所不读，为文章操笔立就。年76卒。

主静堂诗钞　集部别集类　佚

存存堂文集　集部别集类　佚

以上2种见道光《续纂宜荆县志》卷9。

张 吉

清宜兴人。

深柳堂诗草1卷　集部别集类　佚

见道光《续纂宜荆县志》卷9。

蒋应恒

字恕持。清荆溪人。国子监生。仰慕范仲淹以天下为己任，讲求经世之学，探悉地方利弊。雍正三年(1725)管理户部事务，奉旨蠲免苏州、松江府粮银，民多得利。

条陈民隐议1卷　史部政书类　佚

遵示陈言议1卷　史部政书类　佚

以上2种见道光《续纂宜荆县志》卷9。

周仍履

字礼门。清宜兴人。诸生。

唾余拾笔1卷　子部杂学类　佚

见道光《续纂宜荆县志》卷9。

周　凝

字道存。清宜兴人。髫年援例入国学。稍长肆力于文，尤潜心理学、小学诸书，为士林推重。

周庵迂文集　集部别集类　佚

见道光《续纂宜荆县志》卷9。

储之盘

字宥铭。清宜兴人。康熙五十年(1711)举人，授陕西平凉知县，升云南楚雄知府，署广南府，调知云南府，分巡迤东道。长于断狱，善识拔贤才。

南臧储氏宗谱　史部传记类　佚

清康熙五十年储之盘辑稿

见《南臧储氏分支谱》卷首“历世修谱纪名”。

张怀曾

号退庵。清宜兴人。

观感录1卷　子部儒学类　佚

见道光《续纂宜荆县志》卷9。

按:《县志》引史问和曰:“退庵授经数十年，随乡里所见闻可效可师者录之。”

宗五云

字采三。清宜兴人。康熙五十二年(1713)举人,考取内阁中书,授上元教谕。读书目数行下。工诗古文辞,与伯兄芝堂齐名,时称“宗家笔”。任启运、储龙光、吴端升辈咸推畏友。性高洁,晚好佛书。

荆水钓徒集　集部别集类　佚

见道光《续纂宜荆县志》卷9。

任必大

字希周。清宜兴人。工制举文,困于小试,年27始补博士弟子员,又屡困于乡试。以授徒为生。读书不务博综,一事精炼。史承豫年12尝从其受业。

澥池制义　集部别集类　佚

见史承豫《苍雪斋古文》卷下《任希周先生传》。

万松龄

字星钟,号葆青。清宜兴人。夔辅子。雍正七年(1729)举人,乾隆二年(1737)召试博学鸿词第一,授翰林院检讨。充《一统志》纂修官,分修《授时通考》,分校《御纂唐宋文醇》,校对十三经、二十二史、《明史》,校录《三朝宝训》。编纂书史,至老不倦。文学德行,见推于世。后以年老致仕归。

思俭楼文集12卷　集部别集类　佚

万星钟试艺　集部别集类　佚

以上2种见道光《续纂宜荆县志》卷9。

徐　杏

字步苑。清宜兴人。附监生。储秘书称其“斜月忽相照,翠阴生暮寒”“清磬一声飞鸟下,满山秋色乍凉初”等句,得唐人三昧。

清鋆亭诗1卷　集部别集类　佚

见道光《续纂宜荆县志》卷9。

按:《江苏诗征》卷8收其诗1首。

瞿源洙(? —1753?)

字时夏,一字自崖,号笠洲。清宜兴人。雍正二年(1724)副贡生。幼从舅氏储大文读书九峰楼,好议论古今地形利害和历代典制。八年,随大文赴晋修《山西通志》。乾隆十八年(1753),受大中丞番禺庄有恭礼聘,凡碑铭序记,鸿义巨制,皆出其手。东南学者,翕然宗之。

尚书集要　经部尚书类

见胡玉缙《续四库全书总目三种》引《清吟阁书目》。

笠洲诗钞8卷俪体骈文1卷　集部别集类

清乾隆十二年刻本,中国社会科学院文学研究所藏。

笠洲文集10卷　集部别集类

(1) 清乾隆十九年刻本,北京师范大学图书馆藏。

(2) 清光绪六年(1880)翻刻本。

按:廖鸿章《笠州草堂文集序》云:"其(指储大文)门弟子相依最久,而能知其深者,则惟其甥瞿君时夏。君少孤,育于舅氏。既长,随先生出游,故侍先生最久。耳濡目染,学焉而得其性之所近,不蕲法而法,不蕲才而才。其奇气轶出,崛劲自憙,则又颇相类也。君所为文,先生业以'飙发泉涌,独雄艺苑'许之。"

笠洲诗草8卷　集部别集类

(1) 清乾隆间木活字印本。山东大学图书馆藏。

按:一册一函,十行二十二字,小字双行同,白口,单鱼尾,四周双边;字体大小不一,且有缺字,以墨笔填写;清讳避至乾隆;卷端、版心皆题"笠洲诗草";前无序,仅存目录。

(2) 1914年重辑,继述堂刻本,宜兴市图书馆藏。

笠洲俪体不分卷附补遗　集部别集类

1914 年继述堂刻本，宜兴市图书馆藏。

笠洲时文　集部别集类　佚

见道光《续纂宜荆县志》卷 9。

鸣鹤堂文集 10 卷　集部别集类

清任源祥撰　清瞿源洙集评

清乾隆十一年阳羡任氏刻本，北京大学图书馆藏。

鸣鹤堂文集 10 卷　集部别集类

清任源祥撰　清瞿源洙集评　清任道镕汇辑

清光绪十五年(1889)刻本，国家图书馆藏。

笠洲词　集部词曲类　佚

见道光《续纂宜荆县志》卷 9。

史　崧

字丙章。清荆溪人。元楷嗣子。性嗜学，工古文辞。为储大文高弟。雍正六年(1728)选贡，铨授太平县教谕。曾创建仙源书院，诸生胥德之。年老告归，卒年 90。

过庭文集　集部别集类　佚

见道光《续纂宜兴县志》卷 9。

邵飞鳞

一作飞麟，字企岩，清宜兴漫渎里人，廪生。曾与吴轸(子振)唱和为诗，时储长源、史承豫、史承谦诸诗人咸以为善。承豫并选其诗入《荆南风雅集》中。

漫溪诗草 2 卷　集部别集类　佚

见道光《续纂宜荆县志》卷 9。

史孙述

字志罕。清宜兴人。康熙间附贡生，官淮安府训导。乾隆间官中宪大夫，凤阳府知府。

留岩诗草2卷　集部别集类　佚

见道光《续纂宜荆县志》卷9。

按：《江苏诗征》卷98收其诗3首。

张廷雯

字焕侯，号诩斋。清荆溪人。事亲孝，工制举文。年46始为博士弟子员，寻以高等食饩，然终闲于诸生以卒。

诩斋阅历语1卷　子部儒学类　佚

见道光《续纂宜荆县志》卷9。

史维圆

原名策，一名若遇，字云臣。清宜兴人。工诗善词，颇有文名。

蝶庵词4卷　集部词曲类　佚

见道光《续纂宜荆县志》卷9。

按：《全清词钞》卷5收其词6首。

蝶庵词1卷　集部词曲类

《名家词钞》本。

李　和

字若霖，清康熙间宜兴人。复昌子，诸生。幼习儒业，长好读宋儒书。喜急人难。晚以子荃秩赠奉政大夫、广平府同知。

言提集　子部儒学类　佚

见道光《续纂宜荆县志》卷9。

黄　栋

字兆东，一作肇东。清宜兴人。雍正二年(1724)副贡生。友爱孝悌，喜急人难。授徒自给，门人多有所造就。

黄肇东遗稿　集部别集类　佚

见道光《续纂宜荆县志》卷9。

陈履中(1692—1759)

字执夫，号雁桥。清宜兴人。贞慧孙，父宗石赘于商丘，遂为商丘人。康熙五十年(1711)举人。倜傥颖迈。雍正间累擢御史，出为甘肃布政司参议，分守甘肃、宁夏道，有惠政。后坐事罢归，家居20年卒。平生嗜学，于前贤遗集，辄购求补辑，俾无散亡。藏书数万卷，披诵刻苦若寒畯。其评论古人文集最富。

四书直解　经部四书类　佚

见《国朝耆献类征》卷209。

孟子论文7卷　经部四书类

清抄本，大连图书馆藏。

按：乾隆《归德府志》卷30云："句比字栉，当与宋苏洵硃批《孟子》并行。"

四书臆说4卷　经部四书类

见乾隆《归德府志》卷30。云："安溪李光地作序，极称之。"有刊本，《中州艺文录》10著录。

四书三传合考8卷　经部四书类

见乾隆《归德府志》卷30。谓已行世。《中州艺文录》10著录。

神州山水志8卷　史部地理类

金石文字考2卷　史部金石类

宋州人物志4卷　史部传记类

以上3种见乾隆《归德府志》卷30。

(乾隆)河套志6卷　史部地理类

清陈履中纂

(1) 清乾隆七年(1742)寓园刻本，国家图书馆藏(叶德辉跋)。

(2) 清抄本，天津图书馆藏。

(3) 抄本,北京大学图书馆藏。

(4)《四库全书存目丛书》本。

按:《四库全书总目》卷 74 地理类存目云:“是志成于乾隆壬戌。凡河套之建置、沿革、山川、城堡、关塞、古迹、物产,悉分门汇载。末附以《艺文》二卷。如引《魏书》以证涿祁山之为榆林府地,引《册府元龟》药彦稠为邠州节度使,补五代沿革之阙。又证后魏代郡之即汉朔方郡。据《通鉴注》大城之属朔方,以证《汉书》列传之大城塞,征引颇为繁富。”

性理诠 1 卷　子部儒学类

见《归德府志》卷 30。谓已行世。

寓园纂集 6 种　集部别集类　佚

雁桥诗钞 10 卷　集部别集类　佚

以上 2 种见《国朝耆献类征》卷 209。《中州文献总录》云:“《雁桥诗抄》十卷,未见全帙。《归德府志》引其诗有《五忠祠》《五老祠》《隋堤》《垓下歌》《李令泉》《梁园》《开元寺》《白云寺》《小峨嵋》《谒江淹墓》等十首。道光间杨淮《中州诗钞》,选其诗《垓下歌》《题刘氏江村图》《开元寺》等三首。诗朴实、不事雕凿。《归德府志・艺文略》《中州艺文录》著录。”

壮悔堂文集 10 卷　集部别集类

清侯方域撰　陈履中、陈履平编

(1) 清乾隆十四年强善堂刻本,国家图书馆藏。

(2) 清乾隆二十三年重刊本,题为“外孙陈履中、陈履平编次,外曾孙陈濂、陈淮、陈洛同校”。

按:《壮悔堂记》云:“古称三十为壮,余是时已三十有五矣……平生可悔者多矣,不独名此堂也。”因之以名集。徐作肃选编,凡正集十卷,遗稿一卷。正集卷一、二为序,卷三为书,卷四为奏议,卷五为传,卷六为记,卷七为论,卷八为策,卷九为表、说,卷十为墓志铭、祭文和杂录。遗稿十篇,前有徐邻唐、徐作肃序,胡介祉、田兰芳所作传及年谱,又有贾开宗、徐邻唐、徐作肃、宋荦评语。

尘定轩诗稿　集部别集类

据《商丘县人物续志稿》《中州先哲传》《中州艺文录》10著录。

中原二子七律选　集部总集类

乐府津梁　集部总集类

以上2种见《归德府志》卷30。

储掌文(1687—1770)

字日虞，一字越渔，号云溪、云溪老人。清宜兴人。芝子。康熙五十六年(1717)举人。教授历30余年，乾隆十一年(1746)始就铨选，授四川纳溪知县。纳溪旧名云溪，故以自号。告休解任，留掌锦江书院。归里后整祠规，饬宗政。掌文为储欣孙，得其指授为多，为文雄迈博健，有祖风。卒前自汇所作古文为一集。

云溪文集(又名云溪随笔)5卷首1卷附录1卷　集部别集类

(1) 清乾隆三十六年程徵棨刻本，南京图书馆藏。

(2)《四库全书存目丛书》本。

(3)《清代诗文集汇编》本。

按：《四库全书总目》卷184别集类存目云："掌文……康熙丁酉举人，官四川纳溪县知县。纳溪旧名云溪，故掌文以'云溪'自号。是集，又名《云溪随笔》。自储欣以古文词有名，其家父子兄弟多以此相镞厉。掌文为欣之孙，得其指授为多。今世所传欣选《左》《国》《史》《汉》，及《唐宋十家文》，即其甄录以授掌文者也。"

李飞鲲

字图南，清华亭籍宜兴人。康熙五十年(1711)举人，五十二年进士。授浙江庆元知县，开仓散赈，问民疾苦，有惠政。在任9年，调海宁，后以西海防同知兼署海宁县。修筑海塘，事必躬亲，日夜在堤不少懈。邑民绘《回风退潮图》以颂之。

海塘纪略　史部地理类　佚

嘉会堂文集　集部别集类　佚

以上2种见道光《续纂宜荆县志》卷9。

蒋汝诚

清宜兴人。锡震子。工诗古文辞，曾辑刊晋周处传记集《忠义集》。

忠义集3卷　史部传记类　佚

见道光《续纂宜荆县志》卷9，并引其自序略曰："余尝阅邑志，得危司训《忠义集序》，知吾邑之有是集也。继又阅《荆溪外纪》，得赵令君《忠义集跋》，知是书之已经重刻也。谨按《忠义集序》，旧有谱系事迹及斩蛟、射虎、改励等十三图，又有前代敕谕文字及当代名公诗文，今皆不获而遗，并其板刻亦遗之，趁有如赵令君之叹。余辄以意裒集如干首，厘为三卷，仍其名曰《忠义集》，未知与原本何如。冀或有所参考，以睹其全。乃久之无所得，聊庋案头，长资省览。"

曲木集　集部别集类　佚

见道光《续纂宜荆县志》卷9。

吴　绂

字方来。清宜兴人。少承家学，性颖敏，过目成诵。稍长，才识高迈，学问淹贯。久困诸生，益自淬砺。雍正二年(1724)乡试第一，乾隆二年(1737)成进士。选庶吉士，散馆授编修。后以病乞休。长于文艺，尤邃于三礼。

周官考证　经部周礼类　佚

周礼臆拟　经部周礼类　佚

仪礼考证　经部仪礼类　佚

仪礼臆拟　经部仪礼类　佚

有司彻疑问　经部仪礼类　佚

礼记小笺　经部礼记类　佚

学礼识小录　经部三礼总义类　佚

字学审声　经部小学类　佚
字学订形　经部小学类　佚
梓里旧闻　史部杂史类　佚

按:嘉庆《宜兴县旧志》卷8本传云:“荟萃邑中行义节孝事。”

吴太史稿　集部别集类　佚

以上11种见道光《续纂宜荆县志》卷9。

史逢吉

字西辰,别字恐翁。清宜兴人。

四书定真录　经部四书类　佚

见道光《续纂宜荆县志》卷9。

张　谦

清宜兴人。

定知非诗集　集部别集类　佚

见道光《续纂宜荆县志》卷9。

周　钦

字绍濂。清宜兴人。康熙间选贡,雍正二年(1724)举人。生于寒素,独学无师,笃志发愤,为文综贯经史百家,诣极精妙。曾与张朱铨、吴端升等结荆南社。

推拿书　子部医家类　佚
周绍濂时文　集部别集类　佚

以上2种见道光《续纂宜荆县志》卷9。

任　翔

字紫延。清宜兴人。启运子。少勤读,恪遵庭训,肆力经史。雍正十三年(1735)举人,考授内阁中书。乾隆七年(1742)进士。仍留内阁供职,充玉牒馆纂修,升吏部考功司主事,擢文选司员外郎。二十四年充顺天乡试同考官。生平淡于荣利,工诗古文,书法苏黄。

樵柯山人集 2 卷　集部别集类　佚

潜测集　集部别集类　佚

以上 2 种见道光《续纂宜荆县志》卷 9。

蒋丹生

清宜兴人。

四书汇纂　经部四书类　佚

见道光《续纂宜荆县志》卷 9。

蒋德峻

字尧明。清宜兴人。天资聪颖,有神童之誉,工诗古文辞。

狎鸥主人诗集　集部别集类　佚

见道光《续纂宜荆县志》卷 9。

朱　桓(1697—1763)

字勖为。清宜兴人。雍正十一年(1733)进士。乾隆元年(1736)授翰林院编修。二年试乾清宫,取优等,充八旗志书馆、国史馆纂修。三年充顺天乡试同考官。入直武英殿,兼起居注行走。八年归养回籍,优游林下 20 余年。《清史列传》有传。

毛诗名物略 10 卷　经部诗经类

清乾隆二十八年朱麟徵蔚斋刻本,国家图书馆藏。

历代名臣言行录 24 卷　史部传记类

清嘉庆二年(1797)蔚斋刻本,南京图书馆藏。

其余版本参见《中国古籍总目·史部》。

按:该书录上自秦汉下至明代名臣言行颇为详实。

历代名臣言行录 24 卷首 1 卷　史部传记类

清光绪三十一年(1905)育文书局石印本,国家图书馆藏。

多识集类编12卷　子部典故类　佚

行远类编1卷　子部典故类　佚

拙存集　集部别集类　佚

梧梅唱和集　集部总集类　佚

朱恒、万秋期撰

以上4种见道光《续纂宜荆县志》卷9。

潘良瑜

字毓珍。清宜兴人。幼学于父,刻苦进取。深究理学著作,尤好两汉文章。

闻见编6卷　史部杂史类　佚

毓珍古文集3卷　集部别集类　佚

以上2种见道光《续纂宜荆县志》卷9。

按:嘉庆《宜兴县旧志》卷8本传云:“所遗《古文集》二卷,《闻见编》六卷,皆所善陈鲁瞻手订,藏于家。”

许　璜

清宜兴人。

泊皖集3卷　集部别集类　佚

星查集6卷　集部别集类　佚

以上2种见道光《续纂宜荆县志》卷9。

储元升

字仪羽。清宜兴人。郁文子。博览经史,尤嗜宋明诸儒语录。雍正元年(1723)举人,二年成进士。补苏州府教授,以卓异擢桐城令。岁饥,劝谕赈济,全活甚众。乾隆十六年(1751)迁青县知县,请蠲免积欠,重苏民困。改东明令,设留养所,收恤邻邑难民。改太平府教授。

（乾隆）东明县志8卷续志1卷　史部地理类

清储元升纂修

（1）清乾隆二十一年刻本，国家图书馆藏。

（2）清道光十四年（1834）续增刻本，天津图书馆藏。

（3）1924年铅印本，上海图书馆藏。

剩墨集　集部别集类　佚

见道光《续纂宜荆县志》卷9。按：崔来廷《明清甲科世家研究》称是书有传世。

储晋观（1699—1742）

字宽夫，号恕斋，室名双溪草堂。清宜兴人。在文子。雍正十年（1732）与兄传泰、弟鼎泰同举于乡，时称"三凤"。十一年成进士，改翰林院庶吉士，授翰林院编修，充国史纂修官。乾隆元年（1736）任事明史纲目馆，三年、四年充顺天乡试、会试同考官，七年卒于官。平生稽古好学，不事奔竞。

恕斋诗集　集部别集类　佚

松隐堂集　集部别集类　佚

以上2种见道光《续纂宜荆县志》卷9。

双溪草堂集　集部别集类　佚

见清史承豫《苍雪斋古文》卷上本书序。

陈履平（1699—1749）

字勉夫。清宜兴人。后随父入籍商丘。宗石子，履中弟。历官巡城御史。擢通政司右通政。性严毅，弹劾无所梗避。丁忧归，不复出，与兄优游倡和以终。

陈通政奏草2卷　史部政书类

据清乾隆《归德府志·艺文略》。

南园奏稿4卷　史部政书类　佚

南园诗稿4卷　集部别集类　佚

以上2种见《国朝耆献类征》卷75。

壮悔堂文集10卷　集部别集类

清侯方域撰　陈履中、陈履平编

清乾隆十四年(1749)强善堂刻本,北京师范大学图书馆藏。

南原诗稿2卷　集部别集类

清乾隆二十一年彊恕堂刻本,中国社会科学院文学研究所藏。

按:此编为卒后,其子陈濂编订,前有彭家屏序。

储知行(1700—1769)

字仍叔。清宜兴人。大文子,监生。

存余诗草1卷　集部别集类

清乾隆间刻本,南京图书馆藏。

按:《江苏诗征》作《鼠啮存余草》并收其诗2首。

储元益

清宜兴人。

春帆诗稿　集部别集类　佚

见道光《续纂宜荆县志》卷9。

潘永季

字方林,号纯甫。清宜兴人。少贫穷,客游江阴。雍正七年(1729)举人。乾隆初授国子助教,教学生务必有用于国。秩满,转兵曹主政。旋丁母艰,归里,绝意仕进。工古文辞,精文字学,尤勤于纂述汉唐诸儒义疏与宋儒理学源流。卒年60余。

易辑义　经部易类　佚

易精义　经部易类　佚

诗辑义　经部诗经类　佚

诗精义　经部诗经类　佚

按:《县志》原注引储掌文曰:“先生年十五六谒杨文定公(名时),与讲明经术、经世之学。及入京,师主徐文定公(元梦)家,既而游李文贞(光地)之门,乃知天下之学问文章聚乎此也。是书缵述文贞,兼采两文定所论列,或间参己见。特体三公不尽之意,推类而引伸之,一洗解经经亡之失。”

周易札记 4 卷　经部易类

清乾隆间抄本,山东省图书馆藏。

读史札记　史部史评类　佚

以上 5 种见道光《续纂宜荆县志》卷 9。

读史记札记　史部史评类

《昭代丛书》本。

读明史札记 1 卷　史部史评类

(1)《昭代丛书》本。

(2)《史论汇函》本。

按:此当即潘氏《读史札记》中之两种。沈懋德《读明史札记跋》云:“首占天文、历法诸志,断艰分明,突过晋隋;诸王、功臣诸表,铢两悉称,不下汉唐,固已握全史之要领矣。次论编赋役、立卫所、举贤才以及宗录、庄田诸政,无不一一洞见利弊,自非有才有学有识,其能论断若是之精哉!”

笔述　子部杂学类　佚

见道光《续纂宜荆县志》卷 9。

荆溪老人

清宜兴人。

练忠贞　集部词曲类　佚

见《古典戏曲存目汇考》卷 12。

按:该剧取材明初史实,演练子宁事,但多有虚构增饰。写燕王朱棣起兵靖难，都宪练安（字子宁）因忠于建文帝而被杀，其子练成经同时殉难，另一子练任忠寄居于表叔钱习礼家，钱以女配之为妻。任忠与钱习礼全家乘船至泰州避难，有司奉命搜拿练子宁家属，有人揭发钱家窝藏。不久朝廷下诏宽释，任忠遂得免祸。剧中还穿插了同时人物如黄子澄、齐泰、铁铉、陈瑛等人事迹。原本失传，剧情见于《曲海总目提要》。

唐一麟

清宜兴人。乾隆七年(1742)序贡生，官江宁府训导。

周易晓义不分卷　经部易类

稿本，中央党校图书馆藏。

按：《四库全书总目》易类存目谓是书大旨主于义理，与本义不甚异同，惟不取朱子"变卦"之说。

学庸图注2卷　经部四书类　佚

金陵怀古诗(一作金陵览古诗)1卷　集部别集类　佚

以上2种见道光《续纂宜荆县志》卷9。

王元中

清宜兴人。

鸣鹤山人自订稿　集部别集类　佚

覆瓿集　集部别集类　佚

以上2种见道光《续纂宜荆县志》卷9。

汪　溥

字泽周，号玉田。清宜兴人。诸生。乾隆五年(1740)曾与史承谦、储国钧等集会南园，作阳羡古迹诗。其诗格律既深，意趣近古。

南史液2卷　史部史评类　佚

北史液2卷　史部史评类　佚

玉田山房诗 2 卷　集部别集类　佚

以上 3 种见道光《续纂宜荆县志》卷 9。

按:《江苏诗征》卷 72 收其诗 10 首。

陈秉正

字济庭。清宜兴人。

清壑轩诗草　集部别集类　佚

见道光《续纂宜荆县志》卷 9。

吴　发

字育万。清宜兴人。

吴育万时文　集部别集类　佚

见道光《续纂宜荆县志》卷 9。

吴企刘

字芑流。清宜兴人。澍子。天资颖慧,早露头角。19 岁游庠,21 食饩。为人豪爽豁达,里中有卖妻者,捐金赎之。父有遗券数百金,皆不能偿,一炬焚之。年仅 25 而卒。

西溪草堂文集　集部别集类　佚

见道光《续纂宜荆县志》卷 9。

徐思靖

字晰次。清宜兴人。雍正十三年(1735)举人,铨授甘肃古浪县知县。兴教劝学,捐俸建义学 4 所,又倡捐社谷 5000 石,立五家相保以贷。古邑向不饲蚕,邮致种以推广,民利赖之。改调青浦县教谕,致仕归。

古浪县志 14 卷　史部地理类　佚

鹤沙草堂诗集 5 卷　集部别集类　佚

徐晰次稿　集部别集类　佚

以上3种见道光《续纂宜荆县志》卷9。

徐淳健

字师蔺，一作思令，号桔田。清宜兴人。布衣。喈凤曾孙，洪钧子。幼聪慧，读书善悟，以多病不事举业，惟究心诗古文辞，追踪唐宋，尤善书法。处己谨慎，偶遭横逆，泰然处之，未尝少露辞色。

桔田诗稿　集部别集类　佚

明诗综选　集部总集类　佚

感旧集选　集部总集类　佚

以上3种见道光《续纂宜荆县志》卷9。

荻湖诗集　集部别集类　佚

见《江苏诗征》卷6，收其诗2首。

吕余镇

清宜兴人。嘉庆《新修宜兴县志》卷2《选举志》作："昌镇榜姓余，常熟籍。"雍正七年(1729)举人。

滆湖诗草　集部别集类　佚

岭云集　集部别集类　佚

以上2种见道光《续纂宜荆县志》卷9。

史问和

字屺铭。清宜兴人。庠生。少丧父，从许重炎游。研深理学，文章精实朴茂。尝搜录邑中节孝事付梓。

宜荆烈女传5卷　史部传记类　佚

宜荆经籍志1卷　史部目录类　佚

倪云林阳羡诗钞1卷　集部别集类　佚

清史问和辑

按:《县志》引沈喧曰:“云林游寓宜兴最久,题咏极多,屺铭汇而辑之,计六十篇。”

以上3种见道光《续纂宜荆县志》卷9。

鉴楼文钞8卷　集部别集类

清道光间刻本。

卢安节

清宜兴人。象升曾孙。

明大司马卢公年谱1卷　史部传记类

附刻于卢象升《忠肃集》卷首。

忠肃集3卷　集部别集类

明卢象升撰,清卢安节补编

《四库全书》本。

按:康熙二十七年(1688)卢象升《忠肃集》初刻,后安节续得诗歌4首,传1首,墓志铭1首,书若干首,重为编刻。参“卢象升”条。

蒋豸文

字越珊。清宜兴人。幼聪慧,有时誉,与兄鸿文号“二难”。康熙六十一年(1722)选贡,雍正十三年(1735)举人。

越珊制艺　集部别集类　佚

见道光《续纂宜荆县志》卷9。

杭廷仪

字宸组。清宜兴人。附监生。考授誊录,乾隆七年(1742)议叙湖北宜城县典史。在官18年,有惠政,邑人为立德政碑。

畇耘诗稿　集部别集类　佚

见道光《续纂宜荆县志》卷9。

杭　潮

字枕湖。清宜兴人。乾隆元年(1736)举人。三十四年官江西泸溪县知县。性淡泊,工诗善画。画仿恽南田,得其韵致。

笠西书屋诗草2卷　集部别集类　佚

见光绪《宜荆新志》卷10。

范　度

字转东。清宜兴人。幼孤贫力学,博学能文,惜多散佚。书法多作小行书册,其大幅尤苍劲古拙。

尚书习讲　经部尚书类　佚

震西外集　集部别集类　佚

以上2种见道光《续纂宜荆县志》卷9。

蒋德言

清宜兴人。通经史,工文章。

古今奇耦集　子部典故类　佚

见道光《续纂宜荆县志》卷9,注,注引任安上曰:“此书采录史鉴暨稗官野史一切人物名目汇为一编。”

蒋　岳

清宜兴人。

也学吟1卷　集部别集类　佚

见道光《续纂宜荆县志》卷9。

吴　华

字岳载。清宜兴人。宸梧长子。宸梧宰汧阳时,军需调画多赖之。性好施予,遇岁旱潦,凡诸善事,必首倡之。族戚中贫不能婚葬者悉助之。工诗文，好吟咏。

过庭闻见草　集部别集类　佚

画溪生诗稿　集部别集类　佚

画溪生诗余　集部词曲类　佚

以上3种见道光《续纂宜荆县志》卷9。

王孝咸

字小阮，清宜兴宋渎里人。忠武子，诸生。幼颖悟，工文章，兼工小楷，临抚《黄庭》《乐毅》，无不精妙，得其书者以为宝。

奕叶堂稿　集部别集类　佚

见道光《续纂宜荆县志》卷9。

宋士班

字培元，一字花颠。清宜兴人。布衣，工诗。杨风台序其诗云："先生之诗，本之性情。而发挥众妙，合于天地自然之和。间有疏纵豪宕，亦出入于苏、陆之间。"

花颠诗草　集部别集类　佚

花颠文稿　集部别集类　佚

以上2种见道光《续纂宜荆县志》卷9。

吴俊华

字景文。清荆溪人。邑廪生。少颖悟。从太史吴端升受业，学益邃。其文胎息六经三史，出入唐宋大家。储大文、任启运亟激赏之。

学庸讲义　经部四书类　佚

吴景文集　集部别集类　佚

以上2种见道光《续纂宜荆县志》卷9。

吴 璐

清宜兴人。

荆南漫草 集部别集类 佚

见道光《续纂宜荆县志》卷9。

卢豪然

清宜兴人。象升曾侄孙。

卢象升奏疏6集 史部政书类

见《四库全书》集部《忠肃集》提要,云:"象升奏疏凡六集,其侄孙(按:当作曾侄孙)豪然尝汇刻别行,今未之见。"清卢安节撰《卢忠烈公文集序》亦云:"乾隆壬戌(七年,1742)曾侄孙豪然谨将奏疏之存者选刻。"乾隆二十七年李治运撰《卢忠烈公文集叙》亦云:"(其书)兵火之后散失几尽,曾侄孙豪然博采旁搜,得奏疏十有其八,镌而呈之史馆。"

忠节全编12卷 史部政书类

见光绪三十四年(1908)重修本《卢忠肃公集》凡例,云:"豪然刻本凡十二卷,题《忠节全编》。"又云:"卢氏家藏疏稿十卷,与《忠节全编》略同,惟分卷稍异耳。"

毛时霖

清宜兴人。家贫力学,工诗文书画,旁及星卜术数。

诗文集 集部别集类 佚

见道光《续纂宜荆县志》卷9。

任道南

字绍周。清宜兴人。天性孝友,妹早逝,有子无依,抚育如己子。乐善好施,邑中义举均争先办理。

迟翁偶存稿1卷 集部别集类 佚

见道光《续纂宜荆县志》卷9。

储开济

字容泉。清宜兴人。康熙间国学生，考授州同知。尝从伯父大文读书九峰楼。为文高出众辈，诗歌多惊人语，遂弃举子业。凡生平所过名胜，悉著于诗。家贫，好与名士往还。

闽峤纪事　史部杂史类　佚

听涛轩诗稿　集部别集类　佚

以上2种见道光《续纂宜荆县志》卷9。按：崔来廷《明清甲科世家研究》称有传世。

徐　沄

字楚萍。清宜兴人。雍正十三年(1735)副贡生，官宁远州州判。从同里史承豫学诗法，工文善诗。

蜀游草　集部别集类　佚

见清史承豫《苍雪斋俪体》卷下本书序。

梦北草　集部别集类　佚

入楚吟　集部别集类　佚

东游小草　集部别集类　佚

以上3种见道光《续纂宜荆县志》卷9。

按：《江苏诗征》卷8收其诗1首。

储国钧(1701—1761)

字长源，号石亭、倚楼、放渔，室名抱碧斋。清宜兴人。雄文子。家多藏书，博览强记，能文章，尤喜为诗。精究魏晋以来诸名家乐府、古今体诗，独宗尚唐人。乾隆五年(1740)与同县史承谦、储秘书等集会南园，作阳羡古迹诗。援例入太学，屡试不售，乃浪游淮湘、金陵、浙闽诸山水，以诗酒自娱。晚年复精词律。

抱碧斋诗4卷词1卷(又作抱碧斋集5卷) 集部别集类

(1) 清乾隆三十七年刻本,北京大学图书馆藏。

(2) 清嘉庆间刻本,国家图书馆藏。

(3) 清光绪间木活字印本,南京图书馆藏。

石亭集 集部别集类 佚

见《江苏诗征》卷9。

放渔集2卷 集部别集类 佚

一壑风烟集2卷 集部别集类 佚

中唐十二家诗选 集部总集类 佚

倚楼笛谱词2卷 集部词曲类 佚

以上4种见道光《续纂宜荆县志》卷9。

储麟趾(1701—1783)

字履醇,一字梅夫,号黼斋,室名双树轩。清荆溪人。善庆孙。乾隆四年(1739)进士。改庶吉士,授翰林院编修,协办起居注事,充大清会典、五朝国史纂修官。十四年考选贵州道监察御史,十五年充顺天乡试同考官,晋太仆寺卿,再授宗人府府丞,乞假葬亲,以足疾乞归。教授安徽、扬州诸书院,造就甚多。年82卒于家。《清史稿》有传。

双树轩诗初稿10卷 集部别集类

清乾隆二十三年画溪堂刻本,复旦大学图书馆藏。

双树轩诗初稿12卷 集部别集类

(1) 清乾隆二十五年刻本,北京大学图书馆藏。

(2) 清光绪间木活字印本,中国科学院图书馆藏。

(3)《清代诗文集汇编》本。

心鉴楼文稿 集部别集类

见吴仁安《明清江南著姓望族史》。

任曾贻(1701—?)

字澹存，一作淡岑，号悔堂，室名矜秋阁。清宜兴人。诸生。性高澹，长于风雅。受业储大文及族曾祖任启运门下，得诗文之秘。与同县史承豫、史承谦、储国钧等结为诗社，乾隆五年(1740)曾与诸人集会南园，作阳羡古迹诗。

两汉摘要20卷　史部史钞类　佚

范史掞华4卷　史部史钞类　佚

晋书藻4卷　史部史钞类　佚

庄子钩元　子部周秦诸子类　佚

浙江纪行诗1卷　集部别集类　佚

词隽4卷　集部词曲类　佚

以上6种见道光《续纂宜荆县志》卷9。

矜秋阁词3卷　集部词曲类　佚

见清史承豫《苍雪斋俪体文》卷下本书序。

按：储国钧评价称："任淡岑曾贻词，删削靡曼，独抒性灵，于宋人不沾沾袭其面貌，而能吸其神髓。一语之工，令人寻味无穷。"陈廷焯称："任淡存词凄艳风流，得味外味，真渔川、橙里之亚也。""情词之妙仿佛梦窗。淡存词不沾沾袭宋人之貌，然就淡存词合宋诸家观之，不置之梦窗不可也。"《江苏诗征》卷89收其诗2首，《全清词钞》卷12收其词2首。

万夏期

字伯同，号兰溪。清荆溪人。布衣，与秋期齐名，诗如"牛背一经随陇读，杖头斗酒入城沽"，颇得田家风趣。

春雨轩诗草　集部别集类　佚

见《江苏诗征》卷142。

杨甲先

字鼎传。清宜兴人。怀远子。诸生。

乡评续编1卷　史部传记类　佚

楚辞注2卷　集部楚辞类　佚

以上2种见道光《续纂宜荆县志》卷9。

戴奕曾

字秉周，自号东圃散人。清宜兴人。英曾孙，邑诸生。为人公正耿介。克志励学，有文名。游都中，有当道欲罗致之，卒不通一刺。归里后以诗酒自娱。

东圃诗稿　集部别集类　佚

见清嘉庆《新修宜兴县志》卷3本传。

周士广

字东标。清宜兴人。布衣。

携雪草1卷　集部别集类　佚

见道光《续纂宜荆县志》卷9。

按：《江苏诗征》卷84收其诗2首。

周　藻

字邻翼。清宜兴人。

周邻翼时文　集部别集类　佚

见道光《续纂宜荆县志》卷9。

王执中

字震远。清宜兴人。乾隆三年(1738)举人。(《县志》本传作五年。今从《选举志》)性孝友。三举行优，报部铨叙。以母患疯疾，辞不赴。

饬躬砥行，敦善不怠其学。
学庸折衷　经部四书类　佚
荑村集　集部别集类　佚
竹�居士集　集部别集类　佚

以上3种见道光《续纂宜荆县志》卷9。

万秋期

字孝枚，号拾樗。清荆溪人。国学生。幼颖悟，博览群书，工诗文。屡试不售。痛母早年苦节，无力请旌。乃于乾隆八年(1743)赴都充三礼馆誊录，每日怀饼疗饥，积银千两，请有司详部建坊旌表。期满，议叙以主簿用，耻不由科目，辞不就。
红杏楼诗集20卷　集部别集类　佚

见《江苏诗征》卷142，并收其诗7首。
怀饼钞4卷　集部总集类　佚
梧梅唱和集　集部总集类

清朱桓、万秋期撰

以上2种见道光《续纂宜荆县志》卷9。

万　棨

字云门。清荆溪人。应馨族父。国子监生。以诗名，尝自为笺释，人多传诵之。中年游幕广东，随所见闻，辄笔记之。
事影琐言30卷　子部杂学类　佚
道园类稿10卷　子部典故类　佚
阳羡古迹诗3卷　集部别集类

以上3种见道光《续纂宜荆县志》卷9。县志“艺文”收其阳羡古迹诗23首。

潘师中

字锡三，别字息斋。清宜兴人。诸生。少以孝友称，苦志力学。教人必以"明天理遏人欲"为本。

息斋杂学　子部儒学类　佚

见道光《续纂宜荆县志》卷9。

薛　娟

字浣香。清荆溪人。琳女，朱超妻。

杏花楼唱和集　集部别集类　佚

见《江苏诗征》卷177，并收其诗2首。

蒋　栻

字云洁。清宜兴人。工古文辞。乾隆元年(1736)举人。淡于仕进，授徒自给。

碧岩集　集部别集类　佚

见道光《续纂宜荆县志》卷9。

史承谦(1707—1756)

字位存，号兰浦。清宜兴人。曾祖叔父为史维圆，外曾祖父为徐喈凤，深受其家世影响。诸生。屡踏省门，数奇不遇。乾隆五年(1740)，与同邑储国钧、汪溥、储秘书等集会南园，作《阳羡古迹诗》。承谦诗潇洒不群，尤工于词。其于南渡诸家，不屑句摹篇仿，盖能自出杼轴，而又得体裁之正者。

静学斋偶志4卷　子部杂学类

(1) 清嘉庆间刻本，国家图书馆藏。

(2) 清刻本，南京图书馆藏。

菊丛新话2卷　子部杂学类

清嘉庆元年(1796)刻本,上海图书馆藏(清吴骞批校并跋)。

秋琴集6卷　集部别集类

(1) 清乾隆四十四年刻本,中山大学图书馆藏。

(2) 清刻《史位存著书》本,国家图书馆藏。

青梅轩诗话2卷　集部诗文评类

清刻本,上海图书馆藏(清吴骞等批点)。

小眠斋词2卷　集部词曲类

(1) 清乾隆间刻本,上海图书馆藏。

(2) 清刻本,国家图书馆藏。

史位存著书六种20卷　丛书类

清刻本,国家图书馆藏。

子目:

《爱闲斋笔记》2卷

《静学斋偶钞》4卷

《菊丛新话》2卷

《秋琴集》6卷

《青梅轩诗话》2卷

《小眠斋词》4卷

按:《续修四库全书总目》称:"爱闲斋者,取王俭答齐高帝'臣非敢同高人,只是爱闲多病耳'。盖其跌宕翰墨场,锐意诗词,中年以还,渊渟怡澹,著《止酒赋》以自警,洵有味乎侍中(王俭曾官侍中)之言也。"《静学斋偶钞》为评论诗文之作、朋友酬酌之语。《菊丛新话》则记乾嘉以来梨园琐事,亦多论诗语。《青梅轩诗话》作于乾隆中,时王渔洋神韵诗风风靡天下,谈诗者无不言神韵,其末流之弊至于涂饰风调而遗性情。当此之际,承谦作诗、论诗独能不随时风,自出心眼。《小眠斋词》前2卷编成于乾隆元年,后2卷由其弟史承豫编于其卒后。谢章铤《赌棋山庄词话》云:"其时厉派方张,一唱百和,位存以穷老诸生,独能于时风众势之所趋,卓然不惑而不枉其才,卒之百年论定,虽异己者不能没其所长。”陈廷焯《云韶集》称其词“独标新异，卓然名家，在乾隆初年时，无出其右者”。

史承豫(约1710—1774)

字衎存，号蒙溪。清宜兴人。诸生。与兄承谦并擅诗名。乾隆二年(1737)游食京师，馆储晋观家。五年，参与南园集会。才思清隽，穷年不废吟咏，诗格清丽。每弟兄唱和，谐谑风生，见者以为晋宋人复出。与桐城方贞观、吴兴姚世珏、汉阳彭湘怀称莫逆。

游蜀山记1卷　史部地理类

游善卷洞记1卷　史部地理类

伏牛洞记1卷　史部地理类

以上3种有《小方壶斋舆地丛钞》本

碧云亭杂录　子部杂学类

苍雪斋随笔4卷　子部杂学类

禅宗要指1卷　子部佛教类

苍雪斋诗文集　集部别集类

以上4种见道光《续纂宜荆县志》卷9。

苍雪斋诗12卷　集部别集类

清乾隆三十三年刻本，见《贩书偶记》卷15。

苍雪斋俪体文2卷古文2卷　集部别集类

清嘉庆间刻本，南京图书馆藏。

唐诗隽100卷　集部总集类

见道光《续纂宜荆县志》卷9。

唐贤小三昧集3卷续集3卷　集部总集类

清抄本(佚名批)，南京图书馆藏。

按：此书仿王士祯《唐贤三昧集》，专选唐至德、大历间诗人48家，诗600余首，分上、中、下三卷。卷一自钱起始，至杨衡止，卷二自刘长卿始，至宋济止，卷三自韩翃始，至李宣远止。作者在自序中详细介绍编选缘起与选诗标准，以钱起、刘长卿、韩翃三家选诗最多。对好句偶有圈点，皆用朱笔，然无笺注评点。《续集》为姑幕(武进县东南)周咏棠编，为承豫书之续。参见孙琴安《唐诗选本六百种提要》。

唐贤五十家诗集　集部总集类

见《江苏诗征》卷98。

旧雨集　集部总集类　佚

卯春唱和集1卷　集部总集类　佚

清史承豫、储秘书撰

以上2种见《苍雪斋古文》卷上。

荆南风雅1卷　集部总集类

清史承豫辑

见《苍雪斋俪体文》卷下本书序。

按：此包括储珓庆、谢芳连、徐鸿钧、周士广、蒋炎光、储知行、陈修慈、储国钧、任曾贻、史承谦、邵飞麟、徐湛锷、汪溥、史景植、吴藻、储秘书、史孙逑、瞿源洙、任璇、储宝书20人之诗。

蒙溪诗话　集部诗文评类　佚

苍雪斋词3卷　集部词曲类　佚

以上2种见道光《续纂宜荆县志》卷9。

国朝词隽　集部词曲类　佚

见《全清词钞》卷10，收其词3首。

储元文

字汇初。清宜兴人。布衣。曾与同里谢芳连、史承谦、史承豫、储知行等结为诗社。

抱山集1卷　集部别集类　佚

见清道光《续纂宜荆县志》卷9。

按：《江苏诗征》卷9收其诗3首。

葛廷仕

清宜兴人。

余庵集　集部别集类　佚

见清道光《续纂宜荆县志》卷9。

储有亨

字成谦。清宜兴人。乾隆六年(1741)举人。少刻苦自励精于《左传》,教授40余年,门下多才士。

三传指掌　经部春秋总义类　佚

五萼堂文集　集部别集类　佚

以上2种见道光《续纂宜荆县志》卷9。

史元颖(? —1765)

字映川,一作颖川,自号奕园。清荆溪人。逢年孙。承豫叔,而少其3岁。邑诸生。承大父训,亦工诗。游京兆,屡试不售。晚岁以诗自娱,训子弟勤学砥行,以敦睦为务,一时学者宗之,称为"奕园先生"。

秋树轩遗诗1卷　集部别集类　佚

见清史承豫《苍雪斋古文》卷上本书序。

按:《江苏诗征》卷97收其诗6首。

潘　墀

字士珩。清宜兴人。

剩帚集1卷　集部别集类　佚

见道光《续纂宜荆县志》卷9。

吴　昺

字吟安。清宜兴人。乾隆十七年(1752)附贡生。秉性刚直,治家整肃。因母多病，遂精医术。为人谦厚，与诸弟同居数十载无间言。尝延聘许重炎课诸子弟，重炎甚推重之。

渔村诗集　集部别集类　佚

见道光《续纂宜荆县志》卷9。

史景植(1713—1750)

字思存。清宜兴人。承豫弟。监生。与兄承谦、承豫并著时誉。壮游塞外，诗益沉雄。

燕台草　集部别集类　佚

见《江苏诗征》卷98，并收其诗8首。

楚颂亭遗稿1卷　集部别集类　佚

见清史承豫《苍雪斋古文》卷上《楚颂亭遗诗序》。

史承樽

一作大樽，字冠之。清宜兴人。诸生。

冠之诗钞1卷　集部别集类　佚

见道光《续纂宜荆县志》卷9。

按：《江苏诗征》卷98收其诗1首。

史云彪

字炳之，号柳溪。清荆溪人。监生。

柳溪吟草4卷　集部别集类　佚

见道光《续纂宜荆县志》卷9。

按：《江苏诗征》卷98收其诗10首。

柳溪吟草1卷　集部别集类

抄本，南京图书馆藏。

吴　康

字叔子。清宜兴人。超子。监生。

虹榭稿　集部别集类　佚

见道光《续纂宜荆县志》卷 9。

萧赵炎

字揆三。清宜兴人。诸生。10 岁而孤，事母以孝闻。好古文工诗，不屑章句。乾隆初储大文、将锡震、谢方琦等以诗鸣邑中，皆赞誉之。年 32 卒，论者惜之。

爨桐集　集部别集类　佚

见李兆洛辑《旧言集》(道光九年)本，云："所著古文二卷，诗十一卷，曰《爨桐集》。"收录其诗 18 首。

潘时敏(1714？—1797？)

字惟志。清宜兴人。国子监生。为人宽厚，好救人急难。乾隆四十年(1775)岁饥，倡议赈事，规制尽善。喜制药丸施人，求者相接。嘉庆初与修县志，未成而卒。

(嘉庆)增修宜兴县旧志 10 卷首 1 卷末 1 卷　史部地理类

清李先荣原本　阮升基增修　宁楷等增纂　潘时敏参订

(1) 明嘉庆二年(1797)刻本，国家图书馆藏。

(2) 清同治八年(1869)活字本，天津图书馆藏。

(3) 清光绪八年(1882)刻《宜兴荆溪旧志五种》本。

(4) 民国间重印本。

(5) 1970 年台北成文出版社《中国方志丛书》本。

(6)《中国地方志集成》本。

(7) 2017 年常州金坛古籍印刷厂影印本。

(8) 2017 年方志出版社点注本。

按:此志续康熙25年《重修宜兴县志》,越一载书乃成,记事至雍正3年分县前。卷首序、旧序、凡例、目录、纂修姓氏、县境全图、县城旧图、学宫旧图。书中篇目设置类于康熙陈志,唯删《秩祀》《杂志》,增《武备》《古迹》、改原《艺文》1卷为2卷,及子目稍作增损。此志采辑旧文,谘诸遗献,粗加厘订,追续前书,详今略古,融褒贬于记述之中。但在内容上略有重复,如"《营建》志有废署,与《古迹》复出;《古迹》一志多载前人诗文,与《艺文》复出""工艺无所附属,则不能为陶业立专篇,又乖于纪实也"。

汤　炎

字学海。清宜兴人。贫甚,赁竹间小屋,自号问竹居士。少工文,长弃帖括,肆力诗古文辞,尤喜杜诗。与萧赵炎父子为诗友,储芝父子为文友。

问竹居诗文集　集部别集类　佚

可巢小草　集部别集类　佚

以上2种见道光《续纂宜荆县志》卷9。

俞　钰

字二式。清宜兴人。曾与吴华、汤炎等结国山诗社。

国山社诗存1卷　集部总集类　佚

见道光《续纂宜荆县志》卷9。

按:此书集国山社5成员诗作。

任浣花

字湘芝,室名松筠阁。清荆溪人。宏嘉孙女,同邑吴星槎妻。25岁守寡。工诗词,人称诗思清冽,得岁寒之气。

松筠阁集4卷　集部别集类　佚

只鸳词　集部词曲类　佚

以上2种见道光《续纂宜荆县志》卷9。

按:《江苏诗征》卷171作《松筠阁诗词》3卷,收其诗3首。

萧 伋

字及人,一字二有,号紫桂山人。清宜兴人。赵炎弟。左目重瞳子。读书五行俱下,诗文有奇气。笃志励行,每以正论规人。年20遽卒。

紫桂山人遗稿　集部别集类　佚

见道光《续纂宜荆县志》卷9。

按:李兆洛辑《旧言集》(道光九年)本收其诗2首。

谢渭英

字瑶宣。清宜兴人。诸生。10岁能诗,尝采邑中山川人物古迹,著《闲居杂咏》百首,自为笺释之。白下宁楷见而赏之,以卷中事实收入嘉庆新修邑志。

玉峰小草3卷　集部别集类　佚

见道光《续纂宜荆县志》卷9。

任玉卮

室名拨香斋。清宜兴人。曾贻妹,吴炘妻。诗清婉明丽,词婉峭动人。

拨香斋集2卷　集部别集类　佚

惜香斋词1卷　集部词曲类　佚

以上2种见道光《续纂宜荆县志》卷9。"惜香斋词"疑是"拨香斋词"之误,参见《晚晴簃诗汇》《历代妇女著作考》等。任安《上悔堂随笔》称"妹诗明丽,词尤凄婉"。

按:《江苏诗征》卷171收其诗1首。

储秘书(1718—1780)

字玉函,号华屿,室名缄石斋。清宜兴人。在文孙。乾隆二十六年(1761)进士。选庶吉士,散馆,改户部主事,转刑部,积狱多所平反。三十一年奉命监督北新仓,升本部员外郎,迁吏部稽勋司郎中。出补郧阳府知府。属县大水,乃发粟赈济,又捐俸营建学署,设立书院。后以属邑诖误罢官归。性淡泊,工诗词,与同县任曾贻、史承谦等齐名。

缄石斋诗稿2卷　集部别集类

清乾隆年间刻本,南京图书馆藏。

按:王昶评其诗"浅而实腴,清而不激,正如素练轻缣,雅宜时用"。

过岭集　集部别集类

见清史承豫《苍雪斋俪体文》卷下本书序。

卯春唱和集1卷　集部总集类　佚

清史承豫、储秘书撰

见清史承豫《苍雪斋古文》卷上本书序。

花屿词1卷　集部词曲类

《琴画楼词钞》本。

按:谢章铤云:"玉函与史位存兄弟投分甚深,故词格亦颇相似,沉著则不及耳。"

路学宏(1720—1801)

字宏邵,自号慕堂。清荆溪人。衡子,6岁丧父。稍长,勤学好古,补邑诸生。事嫡母、生母尽孝。乾隆二十六年(1761)孝廉,三十年拔贡生,三十六年举人。四十六年以大挑一等分发陕西试用知县,初摄山阳令。后调权麟游,复授知宜川。所至有声。于学无所不窥,尤深画理,工设色花卉。

黍农居诗草1卷　集部别集类　佚

墨雨余香1卷　集部别集类　佚

以上 2 种见道光《续纂宜荆县志》卷 9。

卢师俭

清宜兴人。象升四世孙。

卢忠烈公年谱 1 卷　史部传记类

清卢安节编　卢师俭注

(1) 清刻本，见杨殿珣《中国历代年谱总录》。

(2) 抄本，上海图书馆藏。

万中道

字体传。清宜兴人。少承父训，刻苦自励。早岁补诸生，有文誉。乾隆十五年(1750)(按《宜兴县志》作十六年)举于乡，联隽成进士。授吏部考功司主事，兼文选司。生平好学，于经书传注能融会贯通，得其要领。尤熟习《三礼》义疏，身体力行。居官廉慎，好引进后学。

周礼精义　经部周礼类　佚

春秋粹　经部春秋总义类　佚

史囊　史部史评类　佚

以上 3 种见道光《续纂宜荆县志》卷 9。

吴　霖

字桐岩。清荆溪人。乾隆三十九年(1774)副贡生。从邑前辈储掌文和曹桂学。为文出入经史，洞彻源流。家贫，课徒 30 余年，后为安徽太湖县教谕。勤于训课，受业诸生多登巍科者。

易义蒙泉　经部易类　佚

见道光《续纂宜荆县志》卷 9。

吴文禧

字景炎。清宜兴人。监生。

兰淑斋偶稿1卷　集部别集类　佚

怡庄偶吟1卷　集部别集类　佚

以上2种见道光《续纂宜荆县志》卷9。

吴钤瑞

字式如。清宜兴人。诸生。笃志好学,务探本源。为文按脉析理,深入大家阃奥。

篆石堂文集　集部别集类　佚

见道光《续纂宜荆县志》卷9。

蒋炎光

字驭日,自号醉吟居士。清荆溪人。诸生。博综古学,善饮能诗。与储国钧、任曾贻、周士广诸人相唱和。屡试不售,益肆力于诗。

毛诗说　经部诗经类　佚

楚词评　集部楚辞类　佚

蛟溪诗集10卷　集部别集类　佚

以上3种见嘉庆《新修荆溪县志》卷3本传,卷4收其诗1首。

潘丽京

字侯服。清宜兴人。诸生。因子曾起早入词馆,遂不复就试。好读书,于经史子集时有阐发。累封赠中宪大夫。乾隆六十年(1795)参加千叟宴。

周礼蒙训揭要　经部周礼类　佚

见道光《续纂宜荆县志》卷9。

沈　岗(？—1795)

字陶章。清荆溪人。诸生。少擅文名,屡试不售。会丁母艰,遂绝意仕进。教授里中,弟子多登甲乙榜。邑中名士结社会文,咸推服其诗文。晚以子兆升秩，赠修职郎、歙县教谕。

峒岩文集　集部别集类　佚

峒岩诗古文 6 卷　集部别集类　佚

以上 2 种见道光《续纂宜荆县志》卷 9。

按：嘉庆《新修荆溪县志》卷 4 收其诗 5 首。《江苏诗征》卷 121 作《峒岩诗文集》，收其诗 1 首。

吴映白

字龙文。清宜兴人。乾隆十八年(1753)举人，十九年隽明通第一，拣发河南，补修武令。越数年，改调四川仪陇令。后以衰迈乞休归，卒于家。

(乾隆)修武县志 20 卷首 1 卷　史部地理类

清吴映白修　李谟等纂

(1) 清乾隆二十二年刻本，台北故宫博物院藏。

(2) 清乾隆三十一年增刻本，国家图书馆藏。

按：兹志书采志、表、传三体，共列二十六门，各系以小序。各目内容于旧志变动较大。旧志沿革极简单，兹则较前加详，先据诸史详叙原委于前，次列表于后。户口、田赋载自顺治以来，其中如卫所之地改为县管，丁银摊入地粮，滋生人口永不加赋等皆为之详细记述。另外，职官门新增名宦目，人物门添加儒林目，全书又新设杂汉门，这些门目的增加较旧志似更完备。

晴浦时文　集部别集类　佚

见道光《续纂宜荆县志》卷 9。

卢豹文

清宜兴人。

自愧集　集部别集类　佚

见道光《续纂宜荆县志》卷 9。

任　谦

字受益。清宜兴人。性孝友,喜读书。乾隆十九年(1754)进士。三十年任灵丘知县。救荒筑城,颇有政绩。赠奉政大夫、陕西留坝厅同知。

晖吉堂稿　集部别集类　佚

见道光《续纂宜荆县志》卷9。

任惇复

字和仲。清宜兴人。曾孙重光咸丰三年(1853)进士,官河南光州同知。惇复赠奉政大夫,户部广西主事,加二级。

吾学篇　子部儒学类　佚

见道光《续纂宜荆县志》卷9。

毛成孟

清宜兴人。

饮古斋诗　集部别集类　佚

见道光《续纂宜荆县志》卷9。

谢又得

字景周,世称次由先生。清宜兴人。炎父。诸生。性醇谨,工古文辞,手订《左》《国》《史》《汉》古文辞,足为后学津梁。与汤先甲为文友。

颜玉轩稿　集部别集类　佚

见嘉庆《新修宜兴县志》卷3本传,云:“长洲沈文恪公为其《颜玉轩稿》作序。”

储师轼

字药坡。清宜兴人。乾隆十七年(1752)举人,十九年明通榜第一。

通经义，工骈文乐府。曾官上元教谕，晚授泗州学正。二十五年充恩科乡试武闱同考官。

药坡诗文集　集部别集类　佚

见道光《续纂宜荆县志》卷9。

按：《江苏诗征》卷9收其诗1首。

刘学周

字方震。清宜兴人。乾隆十七年(1752)举人。会试联隽，授庐州府教授。造士有方，文风丕振。5年后以老病乞休，居家自奉俭朴。与人交，诚笃无伪。

礼记类编8卷　经部礼记类　佚

分国左传12卷　经部春秋左传类　佚

刘学周诗古文集　集部别集类　佚

以上3种见道光《续纂宜荆县志》卷9。

任元玮

字声菲，号半峰。清宜兴人。以五经试礼闱，屡荐不售，考授县丞。为人慷慨有侠气，尝破产以济人急。工隶篆，兼长指墨画。

国书字汇　经部小学类　佚

半峰楼诗稿　集部别集类　佚

以上2种见道光《续纂宜荆县志》卷9。

周　翰

字鹤书。清宜兴人。邑庠生，性纯孝。

哀哀吟1卷　集部别集类　佚

见道光《续纂宜荆县志》卷9。

周　淦

清宜兴人。

沐堂诗词稿 3 卷　集部别集类　佚

见道光《续纂宜荆县志》卷 9。

尹玉麟

字达夫。清宜兴人。好学，工诗古文。弱冠游邑庠，屡试不售，歌吟自娱。

景山堂文集　集部别集类　佚

碧筠斋吟稿　集部别集类　佚

竹筠居士集　集部别集类　佚

以上 3 种见道光《续纂宜荆县志》卷 9。

蒋　绅

字企贤。清宜兴人。诸生。善为文，与刘方震、杨莘徵等结社会文。

文稿　集部别集类　佚

见嘉庆《新修宜兴县志》卷 3 本传，云："所著有《文稿》行世。"

储应泰

清宜兴人。

湖村诗草 1 卷　集部别集类

清道光三十年(1850)问目轩刻本，南京图书馆藏。

储廷椿

清宜兴人。乾隆间在世。

南臧储氏宗谱　史部传记类　佚

清乾隆二十九年(1764)储廷椿、储朝观纂修

见《南臧储氏分支谱》卷首“历世修谱纪名”。

史承楷

字景何。清宜兴人。布衣。

离墨山房诗稿3卷　集部别集类　佚

历朝竹枝词选1卷　集部总集类　佚

以上2种见道光《续纂宜荆县志》卷9。

按:《江苏诗征》卷97收其诗11首。

路芳节

清宜兴人。乾隆间例仕滨州州判。

疏兰小草　集部别集类　佚

见道光《续纂宜荆县志》卷9。

李　宫

字伯茂。清荆溪人。乾隆二十五年(1760)进士。文思敏捷,辞藻华美。与同邑举人谈享励志经籍。

绿荫轩诗文　集部别集类　佚

见道光《续纂宜荆县志》卷9。

储朝观

清宜兴人。乾隆间在世。

南臧储氏宗谱　史部传记类　佚

(1) 清乾隆二十九年(1764)储廷椿、储朝观纂修。

(2) 清乾隆五十八年储朝观纂修。

见《南臧储氏分支谱》卷首“历世修谱纪名”。

丁　炽

字耀南。清荆溪人。家贫，能急人之难。乾隆二十八年(1763)岁饥，袖所积数十金密致经董助赈，戒勿宣。

吟静轩诗稿　集部别集类　佚

见道光《续纂宜荆县志》卷9。

周　申

字效山。清宜兴人。善卜筮，皆断以易理，辄奇中。

周易本志　经部易类　佚

见道光《续纂宜荆县志》卷9。

杭　乐

字乐川。清宜兴人。诸生。为人淳厚，事亲至孝，乐于助人。卒后学宪旌之以“志洁行芳”额。

留闲堂诗稿1卷　集部别集类　佚

见道光《续纂宜荆县志》卷9。

蒋　和(?—1802)

字声依，一作笙伊。清宜兴人。诸生。自幼颖慧，博涉群书，究本寻源。不得志于有司，遂改攻诗。筑室金鹅山下。初善陈大樽《皇明诗选》，后趋唐，尤喜开元、天宝之作。诗才艳逸自成一家。与同里汪宇珍、万香南称莫逆。

金鹅山房文钞6卷　集部别集类　佚

见道光《续纂宜荆县志》卷9，收其诗4首，文2篇。

金鹅山房诗钞4卷补遗1卷　集部别集类

清嘉庆九年(1804)南陔堂刻本，南京图书馆藏。

谢敷远

字景南，一字平邱。清宜兴人。布衣。工诗古文辞。尤工篆刻，北省驰名。

拾翠1卷　子部艺术类

清康熙间钤印本。

若尘诗稿　集部别集类　佚

见道光《续纂宜荆县志》卷9。

按:《江苏诗征》卷146收其诗1首。

蒋云车

字驭禄。清宜兴人。乾隆三十七年(1772)岁贡生。孝友纯笃，器宇浑厚。乐善好施，乡人德之。

律吕数图1卷　经部乐类　佚

见道光《续纂宜荆县志》卷9。

沈光宇

字鹤田。清荆溪人。乾隆二十五年(1760)恩贡生。绩学工文，敦品砥行，敬事孀嫂，抚两侄成立。乾隆三十八年曾为《堵文忠公全集》作序。晚年选定远县训导，未赴任卒。

周易管参　经部易类　佚

修治编　子部儒学类　佚

以上2种见嘉庆《荆溪新志》卷3本传，云:"并藏于家。"

芸窗日记　子部儒学类　佚

见《新志》本传，云:"涉诸书，采其粹言成一集，曰《芸窗日记》，以检束身心，启迪后进。"

乡塾类指　子部儒学类　佚

见《新志》本传，云:"《乡塾类指》一书已刊刻。"

鹤田遗集　集部别集类　佚

见道光《续纂宜荆县志》卷9。

储嘉斌

清宜兴人。

储氏汇纂　史部传记类　佚

储氏诗词汇选　集部总集类　佚

以上2种见《常郡八邑艺文志》卷6清钱维城《储氏诗词汇选序》。

按：钱序云："储子嘉斌辑其宗谱，自唐御史公迄今凡三十三世，分支别派，共若干卷，曰《储氏汇纂》。余既为文以序之，复自御史以下迄今之以诗词名载诸家乘及散见于诸名家选中者摘之，人数十首，或数首，凡二百四十有四人，曰《储氏诗词汇选》。"

顾　培

字锡荫，号迁璞。清荆溪人。乾隆二十一年(1756)举人，官内黄知县。

试吟集　集部别集类　佚

见《江苏诗征》卷135，并收其诗2首。

任震远

字孟馨。清宜兴人。乾隆二十六年(1761)进士。历任江西都昌、瑞昌、大庾、南康，福建同安、邵武知县。三十年南康水灾，力请赈济。倡修轮山书院，士风为之一振。

遂初堂稿　集部别集类　佚

见道光《续纂宜荆县志》卷9。

史　彬

字訚如。清宜兴人。监生。

春浮阁吟稿1卷　集部别集类　佚

见道光《续纂宜荆县志》卷9。

按:《江苏诗征》卷98收其诗6首。

吴　轸

原名藻,字子振,一作子真,号少白。清荆溪人。乾隆十七年(1752)举人,十九年中明通榜,授上元县教谕,荐升四川垫江知县。文章宗《史记》《楚辞》,诗尤神清韵远。66岁卒于任。

沅江草　集部别集类　佚

见嘉庆《荆溪县志》卷3本传。

少白山人诗集4卷　集部别集类　佚

见道光《续纂宜荆县志》卷9。

按:《江苏诗征》卷15收其诗3首。

路　撰

字胜雩。清宜兴人。乾隆十五年(1750)举人,四十八年授肥城令。后以忤上官罢归,著述自娱。卒年81。

四书默识　经部四书类　佚

云亭诗钞　集部别集类　佚

以上2种见道光《续纂宜荆县志》卷9。

储元临

字克庄。清宜兴人。诸生。家贫好学,工诗。年未40而卒,士林惜之。

湘芸阁诗　集部别集类

清乾隆三十六年(1771)刻本,上海图书馆藏(清吴骞跋)。

按:《江苏诗征》卷9收其诗2首。

阳羡五子诗　集部总集类　佚

见清史承豫《苍雪斋古文》卷上本书序。为储元临、陆致远、朱受、张衢、万瑱为5人诗之合集。

闵元恺

清宜兴人。

左传名言2卷　经部春秋左传类　佚

茗山诗草1卷　集部别集类　佚

以上2种见道光《续纂宜荆县志》卷9。

任　璇

清宜兴人。

玉蕊轩诗2卷　集部别集类　佚

见道光《续纂宜荆县志》卷9。

黄中理

字奕清。清荆溪人。诸生。性恬淡，言貌朴讷。自幼好为诗，及与同里张衢交，始得为诗之法。后与张衢、万之蘅名相埒。以诗作谒袁枚，被誉为有王士祯韵味。时与海宁吴骞、无锡秦瀛相唱酬。晚与张衢等攻笺疏之学。

憺忘斋稿4卷　集部别集类

清嘉庆八年(1803)刻本，国家图书馆藏。

萧　挺

字兰颖，号兀峰。清宜兴人。赵炎长子。受业于储大文，工诗古文辞。卒年58岁。

潭阳文集　集部别集类　佚

南溪初稿　集部别集类　佚

南溪近稿　集部别集类　佚

南溪晚稿　集部别集类　佚

南徐草　集部别集类　佚

友竹居诗稿　集部别集类　佚

以上6种见李兆洛辑《旧言集》(道光九年)本,云:“凡数十卷。”收其诗6首。

闵　炽

字元造。清宜兴人。诸生。

半溪遗稿1卷　集部别集类　佚

见道光《续纂宜荆县志》卷9。

潘恩印

字朝赉。清宜兴人。时敏子。与弟恩绂少有文名。乾隆三十六年(1771)举人,乾隆五十年随父就养仪征县学署中。后以举人官仪征县教谕,改选溧阳。改补庐州教授,告归。精医术,贫者求医,不取酬报。

医药折衷84卷　子部医家类　佚

见道光《续纂宜荆县志》卷9。

尹景叔

字学修。清宜兴人。国子监生。好施与,虽未识面者以急告必应之。乾隆四十年(1775)大旱,景叔家非素裕,而称贷以给族人。煮糜食众。后遇凶歉,率以为常。饥民赖以存活者不下千余人。

宋相辑录　史部传记类　佚

见道光《续纂宜荆县志》卷9。

办荒纪事续编　史部政书类

清光绪二十六年(1900)六有堂活字印本,天津图书馆藏。

亦舫斋稿　集部别集类　佚

见道光《续纂宜荆县志》卷9。

陆致远(1739—1795)

字以宁,一字秀石,号缄斋。清荆溪人。乾隆四十八年(1783)举人。少与储国钧、史承豫游,诗词雅赡。后入都,游编修程晋芳、学士翁方纲门,诗学益进。凡六试礼闱不遇,以教谕用。归,卒于道。

采山堂集初稿 1 卷　集部别集类　佚

采山堂续稿 1 卷　集部别集类　佚

以上 2 种见道光《续纂宜荆县志》卷 9。

阳羡五子诗　集部总集类　佚

见清史承豫《苍雪斋古文》卷上本书序,为储元临、陆致远、朱受、张衢、万瑱为 5 人诗之合集。

按:《江苏诗征》卷 153 收其诗 9 首。

万应馨(1743—?)

字华亭(《扬州画舫录》字黍维,号华亭,《黄仲则年谱考略》亦称字黍维)。清荆溪人。幼聪慧警敏,年 15 从卢见曾学诗,以七言排律二百韵为贽。乾隆五十四年(1789)进士。官仁化知县。

鸡肋编 1 卷　集部别集类　佚

中牵编 1 卷　集部别集类　佚

以上 2 种见道光《续纂宜荆县志》卷 9。

按:《江苏诗征》卷 142 收其诗 11 首。

潘桂徵

字蟾宾。清宜兴人。监生,工尺牍。

觉后至言 4 卷　子部儒学类　佚

见道光《续纂宜荆县志》卷 9。

储宗规

字绍来，号钟迪，晚年自号信者居士。清乾隆年间宜兴人。安贫好学，博通经史。工楷书，善吟诗。

信者集 32 集　集部别集类　佚

见宜兴《南臧储氏分支谱》卷 3 载储廷标撰《钟迪公传略》，云："首以天文地理选核分类，俱有注释。"

萧源发

字桃岩，号静涵，自号恬休子。清宜兴人。萧赵炎次子。过继叔父萧伋为嗣。幼孤，长以孝友称。敏丽好学。晚以多病业医，人称良医。

静涵诗存　集部别集类　佚

还淳草　集部别集类　佚

以上 2 种见李兆洛辑《旧言集》(道光九年)本，收其诗 4 首。

黄　湘

字士庵。清荆溪人。布衣，工诗善画。诗遵宋人严羽之说。与同里万之蘅、张衢、族兄黄中理相切磋。画长山水，颇自珍重，不轻易作画赠人。

水墨斋诗集 2 卷　集部别集类

清道光五年(1825)刻本，国家图书馆藏。

妨帽轩吟稿 2 卷　集部别集类

清道光五年刻本，国家图书馆藏。

杭　湘

字枕湖。清宜兴人。诸生。工诗善画，力学早逝。

韵湘遗稿 2 卷　集部别集类　佚

见道光《续纂宜荆县志》卷 7 本传，云："程德赉序之。"

莫峻明

字云格。清宜兴人。诸生。师事同邑储曰虞经明行修。与同里汤敬夫、徐磋砆谈诗论文，相交甚契。嘉庆初修县志，以其耆年宿学，延为参订。

课余养正录　子部儒学类　佚

见道光《续纂宜荆县志》卷7本传，云："藏于家。"

汪　焕

字云章，一字�庄，又作筼章。清宜兴人。幼孤，事母尽孝。曾受业于学博许重俊，肆力诗古文辞。乾隆二十七年(1762)举人，三十四年进士。选授福建崇安知县。历署建阳、南平。四充乡试同考官，颇称得士。归里后，后生有志诗古文者往往从学，亦多所造就。

历代纪年通表1卷　史部史表类　佚

《县志》原按："始尧甲辰，讫崇祯之癸未。征事稽年。"

见山书屋文钞1卷(本传作2卷)　集部别集类　佚

筼庄剩稿　集部别集类　佚

见山书屋词钞1卷(本传作2卷)　集部词曲类　佚

以上4种见道光《续纂宜荆县志》卷9。本传见卷7。

按：《全清词钞》卷11收其词2首。

任　绂

字仲嘉。清宜兴人。乾隆二十七年(1762)举人。历署四川汶川、威远、崇宁、乐至知县，所至有政声。为文沉雄深挚。好奖励后进，门下多知名士。卒于官。

面槐集　集部别集类　佚

见道光《续纂宜荆县志》卷9。

周应枢

清宜兴人。

浤轩制艺　集部别集类　佚

见道光《续纂宜荆县志》卷 9。

潘恩绂

字朝宣。清宜兴人。恩印弟。绩学有声，以举人大挑一等，分发广东，历任合浦、始兴、封川、长宁等县知县。所至劝农养士，与民休息。改选清河训导。

讱斋剩稿　集部别集类　佚

见道光《续纂宜荆县志》卷 9。

储　畹

清宜兴人。

松下轩诗草　集部别集类　佚

见道光《续纂宜荆县志》卷 9。

储　镄

清宜兴人。

亦政堂诗集　集部别集类　佚

见道光《续纂宜荆县志》卷 9。

邵申宝

字汝琮，一字弈。清荆溪人，湘子。弱冠补诸生，壮岁入赀为国子监生。应顺天乡试不售，以所业文教授其徒。后归隐故里。凡 10 余年而卒。好为诗，初似元人学晚唐作，后以陆游为宗。工书法，专师苏轼，与明吴宽相上下。

冶山诗草　集部别集类　佚

见道光《续纂宜荆县志》卷9。

张　衢

字霁青。清荆溪人。嘉庆间岁贡生。少时受经，艺法于刘学周，诗法于史承豫。与同邑万之蘅相切磋。好汲引后学，不计酬金之厚薄，咸尽心教诲之。

滆里集7卷（诗4卷文3卷）　集部别集类

清刻本，镇江图书馆藏。

滆里集5卷（诗3卷文2卷）　集部别集类

清刻本，苏州图书馆藏。

阳羡五子诗　集部总集类　佚

见清史承豫《苍雪斋古文》卷上本书序，为储元临、陆致远、朱受、张衢、万瑱为5人诗之合集。

路云卿

字楚裳。清宜兴人。

路楚裳遗稿2卷　集部别集类　佚

见道光《续纂宜荆县志》卷9。

吴上翰

字卫宝，一字蓉庭。清宜兴人。邑诸生。少喜学书，正书得赵孟𫖯法，而与文徵明为近。

蓉庭集　集部别集类　佚

见道光《续纂宜荆县志》卷9。

徐　滨

字蚓崖。清荆溪人。与万之蘅同里。

宜兴县志刊伪　史部地理类　佚
义庄全书　集部别集类　佚
　　以上2种见道光《续纂宜荆县志》卷9。

吴衡章

　　字菊畦。清宜兴人。博学嗜古，不事举子业。弹琴咏诗，善书，尤精六法。邑宰唐仲冕雅重之。吴骞归海盐，邑名士饯于任氏之衡门，衡章画《衡门惜别图》，写生精妙，为时所称。卒年86。
香茅诗草1卷　集部别集类　佚
　　见光绪《宜荆新志》卷10。

吴绍晋

　　字味崧。清宜兴人。
碧云客馆新乐府3卷　集部词曲类　佚
　　见道光《续纂宜荆县志》卷9。

任朝铨

　　字叔衡。清宜兴人。绂弟。乾隆四十五年(1780)序贡。乐善好施，五十年家乡遭灾，变卖田产以周济贫困。资助亲友婚丧之事，不遗余力。
敬修堂文集　集部别集类　佚
　　见道光《续纂宜荆县志》卷9。

储长庚

　　字继青。清宜兴人。元文子。乾隆四十五年(1780)恩贡生。
吟秋小草　集部别集类　佚
留越吟　集部别集类　佚
　　以上2种见道光《续纂宜荆县志》卷9。

按:《江苏诗征》卷9收其诗1首。

周维桢

清宜兴人。

瑷斋存稿　集部别集类　佚

见道光《续纂宜荆县志》卷9。

朱　受

字敬持,号蔗田。清荆溪人。乾隆四十五年(1780)进士。官户部福建司主事,一秉至公。五十年监督富新仓,调中仓。以疾告归,卒于家。

书绅录　子部儒学类　佚

深柳堂吟卷　集部别集类　佚

以上2种见道光《续纂宜荆县志》卷9。

蔗田诗稿　集部别集类　佚

见《江苏诗征》卷18,并收其诗4首。

阳羡五子诗　集部总集类　佚

见清史承豫《苍雪斋古文》卷上本书序,为储元临、陆致远、朱受、张衢、万瑱为5人诗之合集。

万世清

字泰逢。清宜兴人。秋期子。诸生。

襟溪诗钞2卷　集部别集类　佚

见道光《续纂宜荆县志》卷9。

风月吟　集部别集类　佚

见《江苏诗征》卷142,并收其诗6首。

萧　韶(？—1824)

原名树绩,字仲伟。清宜兴人。源发子。所居近石溪,自号石溪渔亚。因病绝意功名,寄兴诗酒,诗笔雄放瑰奇。

半枝窝偶存草　集部别集类　佚

见道光《续纂宜荆县志》卷9。

按:李兆洛辑《旧言集》(道光九年)本收其诗16首。

戴树屏

字邦翰。清荆溪人。庆曾孙,观次子。工诗善文。乾隆三十七年(1772)进士。官陕西清涧知县,历署米脂、吴堡诸县,皆有政声。上司嘉其能,题署绥德州牧。因亏累罢官。后以军营效力复职,以年迈请改池州府教授。

经义疑问　经部群经总义类　佚

见道光《续纂宜荆县志》卷7本传,云:"藏于家。"

李　芬

字阶玉。清宜兴人。荃兄。副贡生,乾隆五十五年(1790)任宿迁县教谕,整义学,严月课,有声誉。

味闲杂草　集部别集类　佚

见道光《续纂宜荆县志》卷9。

蔡　钦

字亮功。清宜兴人。

文圃山房稿1卷　集部别集类　佚

见道光《续纂宜荆县志》卷9。

路　灿

清宜兴人。

渔舟诗草　集部别集类　佚

见道光《续纂宜荆县志》卷9。

汪玉珩

字宇珍，号夷畦。清宜兴人。诸生。与同邑张起相友善。诗以晚唐为宗，尤工七律今体，早岁曾见赏于袁枚。近人诗爱朱彝尊、梅庚，故颜其居曰“朱梅舫”。

朱梅舫文钞1卷　集部别集类　佚

国山草堂诗2卷　集部别集类　佚

以上2种见道光《续纂宜荆县志》卷9。

按:《江苏诗征》卷73收其诗6首。

朱梅舫诗话2卷　集部诗文评类

清乾隆四十六年(1781)刻巾箱本，见《贩书偶记》卷20。

潘观成

字希仁，一字诚斋。清宜兴人。刻志自励，补博士弟子员，与同邑许重炎同受知于尹会一。乾隆三十六年(1771)进士。选授四川梓潼县知县。五十三年充乡试同考官，管理拉里粮务府，晚岁告归，卒年80余。

拉里风土记　史部地理类　佚

见《县志》，云:“居拉里三年，悉其民风土俗，撰《拉里风土记》，摹写甚工，令阅者如目击其可喜可愕之情状云。”

菲园偶草1卷　集部别集类　佚

以上2种见道光《续纂宜荆县志》卷9。

吴景元

字贻芸。清宜兴人。诸生。

醉月楼诗稿1卷　集部别集类　佚

见道光《续纂宜荆县志》卷9。

周　青

字木君。清荆溪人。济族祖。二人交最密。能文工词。其词多苦涩之味。蹇不遇时，以抑郁卒。

柳下词1卷　集部词曲类

(1) 清道光间刻本，国家图书馆藏。

(2) 清光绪四年(1878)刻本，上海图书馆藏。

(3) 清刻本，国家图书馆藏。

(4) 清抄本，国家图书馆藏。

(5)《求志堂存稿汇编》本。

(6)《云自在龛丛书》本。

(7)《周止庵遗稿》本。

按：周济《柳下词序》云："木君蹇于遇，居恒愁苦怨抑，恤然不可以终日。故其词多酸涩之味，思力沉挚，求之古人，往往而合也。余既常出游，木君益困瘁竟以死。遗词散失，为录其完善者刻之。吾郡多词人，木君足不出里门，概未之识，惟与余相切劘。余不能专精，而木君生死以之，宜其刻琢泰甚，竟夭天年也。曩见木君才三十而叹老，心窃忧之，今信矣，其自谶也。情溢乎词，然则世之富贵寿考而修词者，亦独何哉。"蒋敦复《芬陀利室词话》卷一云："保绪先生有族叔名青，字木君，所著有《柳下词》，保绪序而刻之。以为居恒愁苦怨抑，词多酸涩之味，思力沉挚，求之古人，往往而合。"《续修四库全书提要》云："青思力沉滞，琢字炼句，骤视之，似学梦窗，察其蹊径，亦不尽从四稿来也……青与(周)济词状不同，而其有寄托之旨则一也。"

曹 熙

字子明。清宜兴人。性善笃学。好诗古文。

古香山房诗集 3 卷　集部别集类　佚

见道光《续纂宜荆县志》卷 9。

潘曾起

字文开。清宜兴人。丽京子。乾隆三十七年(1772)进士。以编修历充四库全书纂修官、武英殿分校、文渊阁校理。简放山西正主考,提督贵州、广西学政,升福建道监察御史,署吏科掌印给事中。后以亲老引疾归,居江阴,主暨阳书院讲席。

黔中草　集部别集类　佚

见道光《续纂宜荆县志》卷 9。

周永锜

字伯殷。清宜兴人。

礼仪类编　史部政书类　佚

见道光《续纂宜荆县志》卷 9。

李 荃(1743—1801)

字陛玉,又字佩玉,号竹轩。清宜兴人。芬弟。乾隆三十五年(1770)举人。授内阁中书,充《四库全书》分校官。直内阁兼办诰敕房事,以年满签放直隶广平府同知。五十一年丁内艰,服阕,补山西宁武同知,历署府事。所至勤慎有声。嘉庆元年(1796)告养归。家故贫而性耿介,仕宦 30 年困窭弥甚。沉郁不平之气一寓于诗。

竹轩臆说　子部儒学类　佚

静观剩语　子部儒学类　佚

竹轩文钞　集部别集类　佚

以上3种见清李兆洛《养一斋文集》卷16《旧言集诗人小传》。

九畹斋文集　集部别集类　佚

见道光《续纂宜荆县志》卷9。

竹轩俪体　集部别集类　佚

竹轩诗钞　集部别集类

以上2种见清李兆洛辑《旧言集》(道光九年)本,收其诗45首。

竹轩词2卷　集部词曲类

见《全清词抄》卷11,收其词2首。

按:丁绍仪《听秋声馆词话》卷六称"词至南宋而极工,然如白石、梦窗、草窗、玉田,皆胥疏江湖,故语多婉焉,去北宋疏越之音远矣。我朝竹垞太史尝言,小令当法五代,故所作尚不拘一格。逮樊榭老人专以南宋为宗,一时靡然从之,奉为正鹄。独吾乡诸老,不随俗转。余家有《柳外词》一卷,为阳湖沈鹿坪大令作。……杂诸《乐章集》,几不能辨。又《竹轩词》二卷,为李陛玉司马作。……司马名荃,乾隆戊寅举人,官广平同知,家居宜兴,词亦不失乌丝风格。均未百年,名氏翳如,可慨已"。

任安上(1743—1819)

字澧塘,亦作礼堂、里堂、理唐等,号二痴。清宜兴人。诸生。少从族祖翔受经,因遍阅四部书。好为诗,复从同里史承豫、从父任曾贻受诗法。与里中交好储成章、徐腾蛟等结长溪诗社,皆推安上为祭酒。嘉庆二十一年(1816)又与里中耆旧潘允哲、朱麟征等为南兴九老会。

夏小正1卷　经部礼记类

清任安上注

清抄本,南京图书馆藏。

宜荆县志拾遗(又称宜兴县志拾遗)10卷　史部地理类　佚

宜荆县志艺文志稿4卷　史部目录类　佚

以上2种见道光《续纂宜荆县志》卷9。《县志》卷7本传谓,嘉庆初年县令阮升基等延安上等纂修县志,因意见不合而毁其稿。安上卒后，复有修志之事，其所毁志稿乃复出，后人多资以考订。以上2种即复出之稿。

借舫居诗钞仅存1卷词钞仅存1卷文钞仅存1卷同社仅存1卷　集部别集类

清光绪十五年(1889)澹和堂刻本，南京图书馆藏。

双溪乐府(又作作双溪小乐府)1卷花鸟词1卷　集部词曲类

稿本，清吴骞校，上海图书馆藏。

按：《双溪小乐府》系安上辑录。

潘允哲(1743—1821)

字迂云，一字耆安，室名长溪草堂。清宜兴人。岁贡生。幼承庭训，一生言行必循典则。与任安上、史承豫、谢元淮等交往唱和，嘉庆二十一年(1816)与任安上等共举南兴九老会。数十年间，吟咏不辍，其诗少学韩、苏，晚近李、杜。道光元年(1821)诏举孝廉方正，地方以允哲应，不期月而卒，祀孝悌祠。

春秋分国三传合编12卷　经部春秋总义类　佚

长溪辑录20卷　子部杂学类　佚

以上2种见道光《续纂宜荆县志》卷9。

长溪草堂文钞2卷诗钞2卷词钞1卷　集部别集类

清道光二十六年潘氏壁楼刻本，国家图书馆藏。

长溪草堂集5卷(文钞2卷诗钞2卷词钞1卷)附长溪社诗存5卷　集部别集类

清光绪十二年(1886)春晖堂刻本，河南省图书馆藏。

壁楼唱和集13卷　集部总集类

见道光《续纂宜荆县志》卷9。

古文不朽集　集部总集类　佚

祝英台遗迹词1卷　集部词曲类　佚

以上2种均潘允哲辑，见《明清江苏文人年表》。

板桥南北词 2 卷　集部词曲类　佚

见道光《续纂宜荆县志》卷 9。

沈兆升(？—1820)

字仲超。清荆溪人。岗长子。诸生。从父学诗文，屡试不售，中岁入都，以附监生中乾隆五十九年(1794)顺天举人。翌年丁父艰归。参修《宜荆县志》，主莲池书院讲席。以大挑选授赣榆训导，因病未赴。改授歙县教谕，在任一年而卒。

塾课层级集　子部儒学类

清沈岗选，沈兆升编，国家图书馆藏。

秋崖诗草 8 卷　集部别集类　佚

见道光《续纂宜荆县志》卷 9。

按：光绪《宜荆县志》卷 9 收其诗 2 首。

路元晋

字掌虞。清宜兴人。廪生。博通经史，为邑中名宿。

锡山荆溪两邑赋 1 卷　集部别集类　佚

见道光《续纂宜荆县志》卷 9。

吴廷选

字戛韶，别字石亭。清荆溪人。乾隆四十九年(1784)进士。官至翰林院侍读学士。擅长排律。在词馆足不涉权贵之门，惟与邑人万应馨、陆致远、周葆元等相酬唱，为诗酒之会。丁母忧归，寻卒。

鄂不斋诗 2 卷　集部别集类　佚

见道光《续纂宜荆县志》卷 7 本传。

鄂不斋遗稿 1 卷　集部别集类　佚

见道光《续纂宜荆县志》卷 9。

储成章

字达君。清宜兴人。国钧子。曾与里人任安上、徐腾蛟等结为长溪诗社。

静斋集　集部别集类　佚

见道光《续纂宜荆县志》卷 9。

储研麟

字砚峰，号偏园。清宜兴人。乾隆三十九年(1774)举人，拣选知县。工古文辞，出入韩苏诸大家。主舒城龙山书院讲席 3 年。后归，卒于家。

偏园古文集 4 卷　集部别集类　佚

见道光《续纂宜荆县志》卷 9。

按:《国朝文汇》乙集卷 42 收其文 4 篇。

王于邻

字震六。清宜兴人。诸生。

宜月轩集　集部别集类　佚

见道光《续纂宜荆县志》卷 9。

潘崇体

字际华。清宜兴人。诸生。工诗古文。

漪园集　集部别集类　佚

见道光《续纂宜荆县志》卷 9。

张光照

字兰轩，清宜兴南兴门人，嘉庆间布衣。曾与任安上、徐元僎、陆光远、朱麟徵、路应求、潘允哲、储风仪、史萃恒辈，成南兴九老会，每春秋佳日，迭为宾主，称述古事，周旋竟日。年80余卒。

兴兰谱略1卷　史部传记类

清嘉庆二十三年(1818)仁寿堂木活字印本，北京大学图书馆藏。

沈兆恒

字春畦。清荆溪人。岗次子。诸生，能诗。

澄珠31卷　子部典故类　佚

春畦遗草1卷　集部别集类　佚

以上2种见道光《续纂宜荆县志》卷9。

按：光绪《宜荆县志》卷9收其诗1首。

宗杏林

字锡桂。清宜兴人。五云孙，以善制艺名京师。乾隆四十四年(1779)顺天中式，选授庐江县学训导。及年80，吏部节取为知县，谒选得湖南石门县。未及赴任，卒于京师。

宜荆县志　史部地理类　佚

清宗杏林、沈兆升、戴勉等纂修

见道光《续纂宜荆县志》卷7本传。

周　迪

字纶渭，别字藕塘。清嘉庆间荆溪人，诸生。笃实好学，研穷经训，兼及诗古文词曲，每有所作，人争传诵。尝游浙中天台、雁宕及婺州、黄山、白鹤诸胜，所作尤奇奥。

云沧山房集7卷　集部别集类　佚

见道光《续纂宜荆县志》卷9。

按：《全清词钞》卷16收其词1首。

任　岗

清宜兴人。

研山草堂诗集 1 卷　集部别集类　佚

见道光《续纂宜荆县志》卷 9。

万之蘅(1745—1809)

字直方,别字香南。(按:《〈万氏宗谱〉与万树的家世》称其字瑱为,号香南。)清荆溪人。竹霖子,邑诸生。少与同邑张衢并受诗法于史承豫,故其诗格略相似。论诗则以新城王士祯为宗。

汉关侯事迹汇编 8 卷附录 4 卷　史部传记类

清万之蘅、吴宝谟同辑

清咸丰间刻本。

小兰山房稿 1 卷　集部别集类

清乾隆三十六年(1771)刻本,吴骞跋,上海图书馆藏。

阳羡五子诗　集部总集类　佚

见清史承豫《苍雪斋古文》卷上本书序,为储元临、陆致远、朱受、张衢、万瑱为 5 人诗之合集。

续荆南风雅 1 卷　集部总集类　佚

香南词 1 卷　集部词曲类　佚

以上 2 种见道光《续纂宜荆县志》卷 9。

按:《江苏诗征》卷 142 收其诗 7 首。

储润书(1745—1811)

字玉琴,号旅农,室名秋兰馆。清宜兴人。在文曾孙。乾隆五十四年(1789)优贡生,候选教谕。乾隆间,两淮盐运使曾燠于邗上辟题襟馆,文人雅士多题咏其中,润书亦于会。以诗鸣江汉间 40 余年。其诗秀逸,人以为与储秘书相匹敌。贫而好客。

秋兰馆烬余剩稿 4 卷　集部别集类

清道光十年(1830)刻本，附刻其女廷英《小秋兰馆诗钞》，南京图书馆藏。

汤　翰

字甸宣。清宜兴人。诸生。少好学，攻诗古文辞。初受诗法于张衢，后与邑人杨丹桂、吴觐相与倡和。诗风近中晚唐。

紫霞书楼集 17 卷　集部别集类　佚

见道光《续纂宜荆县志》卷 9。

按：光绪《宜荆县志》卷 9 收其诗 5 首。

谢仍春

字季稚。清宜兴人。诸生。幼颖敏，事亲孝。工古文辞。

事类约纂 8 卷　子部典故类　佚

见道光《续纂宜荆县志》卷 9。

杨丹桂

字荣望。清宜兴官庄里人。乾隆五十一年(1786)举人。少嗜学，长好著述，至老弥笃。诗学韩、苏，与邑人沈于晋相切磋。

后轩闻见录 1 卷　子部杂学类　佚

廉慎堂文钞 6 卷　集部别集类　佚

东里诗话 1 卷　集部诗文评类　佚

以上 3 种见道光《续纂宜荆县志》卷 9。

沈于晋

字德纯。清乾隆间宜兴人。岁贡生。为人谦恭，不自矜许。博学能文，尤喜为诗。诗宗白居易，与邑人杨丹桂相切磋。

演溪诗草 1 卷　集部别集类　佚

见道光《续纂宜荆县志》卷9。

按:光绪《宜荆县志》卷7云:"殁后门人有辑其遗诗者,仅得百数十首而已。"

沈崧林

清宜兴人。

凝香楼集1卷　集部别集类　佚

见道光《续纂宜荆县志》卷9。

吴　佺

清宜兴亳村里人。诸生,工诗。嘉庆间以子大镛秩,封登仕郎、兴平县典史。

砚果轩鹤阴诗草1卷　集部别集类　佚

见道光《续纂宜荆县志》卷9。

吴文斗

字云澜。清宜兴六科圩里人。诸生。性沉静,键户读书,为文高古浑厚。然终困于诸生以卒。

云澜时文　集部别集类　佚

见光绪《宜荆新志》卷10。

吴　岫

字云皋。清荆溪人。画工逸有意度。

爱吾庐遗稿1卷　集部别集类　佚

见道光《续纂宜荆县志》卷9。

徐嘉栋

字隆吉。清荆溪人。岁贡生。嘉庆初客游南楚,抚军姜晟荐主长沙朗江书院讲席，后至武昌又为郡守延请修志。教授弟子先行而后文，尝言“今人但择经师而不择人师，学之所以无本也”。故凡游其门者，咸经明行修，不徒以词章相矜炫。所作诗古文，脱稿后即为人持去。

涧松制艺　集部别集类　佚

见道光《续纂宜荆县志》卷7本传。

留云轩诗钞　集部别集类　佚

见道光《续纂宜荆县志》卷9。

吕士琦

字声谐。清荆溪人。布衣，工吟咏。

石柱山房诗1卷　集部别集类　佚

见道光《续纂宜荆县志》卷9。

按：《江苏诗征》卷101收其诗3首。

潘光诏

清宜兴人。

苎园漫稿10卷　集部别集类　佚

见道光《续纂宜荆县志》卷9。

任映垣

字明翰。清荆溪人。乾隆间增生。刻苦嗜学，工诗古文辞，兼善乐府、骈俪诸体。

晴楼诗草4卷　集部别集类　佚

见道光《续纂宜荆县志》卷9。

双溪乐府1卷　集部别集类　佚

见《江苏诗征》卷89，并收其诗1首。

晴楼诗余1卷　集部词曲类　佚

见道光《续纂宜荆县志》卷9。

任锦心

字岫怀，一作绣怀，号懒真。清荆溪人。乾隆间监生，尝客真州，与方元鹿、尤荫等结诗课。晚年流寓铜陵县顺安镇。

懒真集　集部别集类　佚

见《江苏诗征》卷 89，并收其诗 3 首。

任朝桢

字维周，一字（又称号）午桥。清宜兴人。少攻制义，屡试不售，遂弃举业，专治古文。名闻乡里，与吴德旋等交好。

读史搜遗　史部史钞类　佚

见光绪《宜荆新志》卷 10。

历代名臣集评　史部传记类　佚

见道光《续纂宜荆县志》卷 9。

午桥存稿（又名锦石书屋古文）3 卷附骈体 1 卷　集部别集类

（1）清嘉庆年间活字印本，中国科学院图书馆藏（无骈体）。

（2）清道光十年（1830）锦石书屋刻本，南京图书馆藏。

（3）清道光二十年任煃刻本。

（4）清同治八年（1869）重刊木活字本，中国国家图书馆藏。

（5）清光绪九年（1883）用弇山铎署藏板印本，有光绪十年黄体芳序，华东师范大学图书馆藏。

按：道光二十年刻本有子任煃跋云："《午桥存稿》三卷，旧以聚珍活字录刻，未及刓板，且雠校疏略，谬误间出。今岁始全行授梓，刊讹订误，颇为精审。"同治八年刊本有孙任光熊、光斗、光奇跋略云："先王父午桥遗文若干卷，先君子（煃）曾锓板刻之，校刊极精。今岁秋觏得一集，乃嘉庆时聚珍旧本也。因仍旧本，用活字板刻二百部。"光绪九年聚珍本有任光奇跋语略云："先大父古文存稿兵燹后旧本尽失，光奇等遍处搜访，得嘉庆年间初印聚珍之本，而讹误甚多，各家序言亦皆缺略，重加雠校，仍以聚珍板先印若干部。”原文数百篇，其友吴德慈旋录为三十篇，所作碑传淡远有生气。

香南诗集　集部别集类　佚

见道光《续纂宜荆县志》卷7之1。云：“闻已有刊本而未之见。”

张　起

字采五，一字介轩。清宜兴人。邑诸生。年30余始学为诗，已而好之甚笃。其论诗兼取唐宋，而于唐人中尤嗜李义山。有《读义山绝句》3首，阳湖钱伯垌叹其识议卓越。与同邑汪玉珩友善。

介轩诗集9卷　集部别集类　佚

见道光《续纂宜荆县志》卷9。

许世求

字伯周。清荆溪人。邑禀生。工举业。事母孝，言动有古人风。尝倡修蜀山东坡书院。

是亦堂集　集部别集类　佚

见道光《续纂宜荆县志》卷9。

周　氏

清宜兴人。正儒孙女，贡生任朝登妻。克尽妇道，以贤淑称，好学工诗。尝著《内则集注》，令子女昕夕诵读。

内则集注　经部礼记类　佚

见光绪《宜荆新志》卷8本传。

望山楼诗集　集部别集类　佚

见光绪《宜荆新志》卷10。

按：《江苏诗征》卷171收其诗1首。

许锡周

清宜兴人。

蓼莪合稿　集部总集类　佚

清许锡周、许锡宫、许锡正撰

见道光《续纂宜荆县志》卷9。

任　馥

清宜兴人。

森柏轩遗草　集部别集类　佚

见道光《续纂宜荆县志》卷9。

吴则平

字甸侯，清宜兴芳庄里人，廪生。

字学土音辨1卷　经部小学类　佚

见道光《续纂宜荆县志》卷9。

按：此记宜兴方言。《县志》载其自序。

吕凤遥

清宜兴人。

初调集　集部别集类　佚

见道光《续纂宜荆县志》卷9。

潘德棻

字履常。清宜兴人。诸生。与路同甲相友善。喜读史，尤熟悉明末清初遗文轶事。

荔裳遗稿1卷　集部别集类　佚

见道光《续纂宜荆县志》卷9。

朱　薇

清宜兴人。廪生。善制艺，兼工诗古文辞。早卒。

慢亭遗稿1卷　集部别集类　佚

见道光《续纂宜荆县志》卷9。

按：《江苏诗征》卷18收其诗1首。

钱　芬

清宜兴人。乾隆五十七年(1792)序贡。

蕉雨斋诗3卷　集部别集类　佚

见道光《续纂宜荆县志》卷9。

林　霄

字书云。清荆溪人。子春祖。诸生。为人敦厚，喜读经史。工制举文，然屡应乡试不售。

怀远堂自订稿　集部别集类　佚

见道光《续纂宜荆县志》卷7本传，云："已得咯血疾，取生平所为制艺四十五首，授其子恂，曰《怀远堂自订稿》，卒后乃刊刻行世。"

周　咨

清宜兴人。

禽经注1卷　子部农家类　佚

古禽经注1卷　子部农家类　佚

以上2种见道光《续纂宜荆县志》卷9。

周羽仪

字渐逵。清宜兴人。诸生。

享帚集2卷　集部别集类　佚

见道光《续纂宜荆县志》卷 9。

沈　芬

清宜兴人。

秋岩诗钞 2 卷　集部别集类　佚

秋岩词钞 1 卷　集部词曲类　佚

以上 2 种见道光《续纂宜荆县志》卷 9。

谢　庭

清宜兴人。

东山草堂全集 34 卷　集部别集类　佚

见道光《续纂宜荆县志》卷 9。

按:光绪《宜荆县志》卷 9 收其诗 5 首。

许锡宫

清宜兴人。锡周弟。

蓼莪合稿　集部总集类　佚

清许锡周、许锡宫、许锡正撰

见道光《续纂宜荆县志》卷 9。

吕起云

字丹震。清宜兴人。诸生。性恬淡,一试棘闱,即绝意进取,专事经史之学。晚年喜植花木,风晨月夕,吟啸其间。

省身录 1 卷　子部儒学类　佚

见道光《续纂宜荆县志》卷 9。

任淳文

字进帆。清宜兴人。瑛祖父,庠生。工制艺,游其门者多知名士。

好吟咏，诗风清丽，与沈钦裴、刘铿等相唱和。

进帆文集　集部别集类　佚

醉园诗集　集部别集类　佚

以上2种见光绪《宜荆新志》卷10。

杨一泰

字绍西。清宜兴人。诸生。

小兰吟草1卷　集部别集类　佚

见道光《续纂宜荆县志》卷9。

谢　炎

字日上，自号蒙溪，晚更号溪北。清宜兴人。又得子，诸生。幼承家学，长益自励。处世守礼自谦，不苟同流俗。善行楷书，书宗欧阳询。

溪北诗文遗稿　集部别集类　佚

见道光《续纂宜荆县志》卷9，卷7本传云："藏于家。"

谢文之

清宜兴人。

晴萼楼诗文钞　集部别集类　佚

见道光《续纂宜荆县志》卷9。

许锡正

清宜兴人。锡宫弟。

蓼莪合稿　集部总集类　佚

清许锡周、许锡宫、许锡正撰

见道光《续纂宜荆县志》卷9。

吴莘

字敬伊。清宜兴人。诸生,绂曾孙。喜吟咏,好博览,于秘书不恒经见者,分类摘录成集。

墨海燃犀 子部典故类 佚

醉月轩诗草 1 卷 集部别集类 佚

以上 2 种见道光《续纂宜荆县志》卷 9。

潘会和

字鲁泉。清宜兴人。受《易》于伯父方林。

易微易论杂著 经部易类 佚

天一论 1 卷 经部易类 佚

以上 2 种见道光《续纂宜荆县志》卷 7 本传。云:"著《天一论》数千言,原本河洛,旁阐宋儒诸子绪论,已刊刻行世。"

储蟾桂

字拱球。清宜兴人。乾隆嘉庆间在世,以诗文名于时。

日香楼诗草 1 卷 集部别集类 佚

涡涯诗集 4 卷 集部别集类 佚

杜诗绎评 20 卷 集部别集类 佚

以上 3 种见道光《续纂宜荆县志》卷 9。

傅鸿骞

字杏芳。清宜兴人。增生。工古文辞,与同里诸生蒋维金以经学相切磋,俱有文誉。

经解条辨 经部群经总义类 佚

半舫轩偶钞 集部别集类 佚

以上 2 种见光绪《宜荆新志》卷 10。

任汝修(1756？—?)

字锦中。清宜兴人。弱冠补诸生，嘉庆九年(1804)领乡荐成举人，年已近50。为文沉雄，尤精考据之学。

艺圃诗稿　集部别集类　佚

见道光《续纂宜荆县志》卷9。

周　衮

字粹琦。清荆溪人。乾隆五十一年(1786)序贡，官海州学正。倡建书院，延师其中，严立课程。以劳瘁卒。

补堂文集　集部别集类　佚

见光绪《宜荆新志》卷10。

邹　钧

字映川。清宜兴人。国子监生。工诗文，喜著述。

阳羡历代科名考1卷　史部政书类　佚

见道光《续纂宜荆县志》卷9。

徐承椿

字荫恒。清荆溪人。诸生。有至性，以孝友闻。文名倾一时，不喜标榜。精医术，常施医舍药以济人。乐于周恤贫乏，成人之美。晚岁构别墅于邑西南崇冈山中。

崇冈山房诗草1卷　集部别集类　佚

见道光《续纂宜荆县志》卷9。

马　觐

清宜兴人。

桔香词1卷　集部词曲类　佚

见道光《续纂宜荆县志》卷9。

蒋　骐

一作麒，字亮揆。清荆溪人。乾隆五十三年(1788)举人。嘉庆二年(1797)参修《宜荆县志》。十年钦赐翰林院检讨。长于诗文，喜急人难。勖励后学，门人多中式者。

梦焦集　集部别集类　佚

见道光《续纂宜荆县志》卷9。

周之冕

字丽文。清荆溪人。乾隆五十四年(1789)拔贡，补池州府训导。后以卓异，授安徽太平令，民甚德之。工书法，著述甚丰。

忠义集8卷　史部传记类

(1) 清嘉庆二十年(1815)周之冕刻本，国家图书馆藏。

(2) 清嘉庆二十年荆溪鸿雪轩刻本，卷1插图冠像，国家图书馆藏。

(3) 清周金章重修，清光绪三年(1877)刻本，上海图书馆藏。

似园杂咏1卷　集部别集类　佚

留爪集4卷　集部别集类　佚

集禊集1卷　集部总集类　佚

以上3种见道光《续纂宜荆县志》卷9。

汪　俊

字晴川。清宜兴人。

双溪诗集2卷　集部别集类　佚

见道光《续纂宜荆县志》卷9。

陆诒孙

字谷人。清荆溪人。致远子。

香雪斋诗3卷　集部别集类　佚

香雪斋词2卷　集部词曲类　佚

以上2种见道光《续纂宜荆县志》卷9。

陈　诫

字方孟。清宜兴人。诸生。工文,尝自定其序记传志之文。尹进士寿序谓:"近日可传之作,惟方孟古文,不识前辈邵青门、储画山诸先生见之,激赏当何如也。"其为时推重如此。

桂隐仅存稿　集部别集类　佚

见道光《续纂宜荆县志》卷9。

史　纬

清宜兴义庄里人。监生。敦行嗜学,师事张衢,友事吴德旋。年逾70学不倦。家饶于财,捐赀赈饥,为一乡之最。

自怡轩稿　集部别集类　佚

见光绪《宜荆新志》卷10。有李兆洛序。

史兆麟

一作兆麒。清宜兴人。好诗善文。少时曾请业于张衢。

半舫斋诗集1卷　集部别集类　佚

见道光《续纂宜荆县志》卷9。

潘廷升

清宜兴人。

雉城草1卷　集部别集类　佚

归来草 1 卷　集部别集类　佚

以上 2 种见光绪《宜荆新志》卷 10。

吴德星

字映宸。清宜兴人。觐从祖兄。府学生，少以制艺名于时。诗工近体，有王渔洋风致。门人许杞辑其遗诗行世。

花村剩稿　集部别集类　佚

见道光《续纂宜荆县志》卷 9。

吴岳士

字伯卿。清宜兴人。诸生。

山香词 1 卷　集部别集类　佚

见道光《续纂宜荆县志》卷 9。

吴　闻

字时敏。清荆溪人。诸生。长于史学，喜摘录诸正史、别史中处事之可为师法者，以教弟子。周济曾从之学。

管中见 8 卷　史部史钞类　佚

佐谈 4 卷　子部杂学类　佚

以上 2 种见道光《续纂宜荆县志》卷 9。

吴　琛

字玉溪。清宜兴人。家素丰，乐于救人急难。

玉溪文钞　集部别集类　佚

见光绪《宜荆新志》卷 7。

吴　藻

字宸载。清宜兴西山前人。工诗古文，又善天文术数之学。同里周济即出其门。

易象图说 2 卷　经部易类　佚

谷贻集　集部别集类　佚

以上 2 种见光绪《宜荆新志》卷 10。

朱以致

字瑜堂。清宜兴人。诸生。能文工诗,性行纯笃。

听雪堂诗草 1 卷　集部别集类　佚

见道光《续纂宜荆县志》卷 9。

周鼎玉

字洪五。清宜兴云霭里人。家贫,喜读书,研穷不懈。年逾 50,著成《河洛发挥》1 卷,识者珍之。

河洛发挥 1 卷　经部易类　佚

见道光《续纂宜荆县志》卷 9。

任惇典

字介藩。清宜兴人。诸生。少有文名,工古文辞,善书法。官赠儒林郎,州同衔,直隶州州判。

望云楼文集　集部别集类　佚

见道光《续纂宜荆县志》卷 9。

周　灿

字泰文。清荆溪人。幼孤贫,事母孝。昼樵采,夜读书,尽菽水欢。母殁,鬻宅以葬。

桐庭诗稿　集部别集类　佚

见道光《续纂宜荆县志》卷 9。

潘耀珍

字奕环。清宜兴人。诸生。家贫嗜学,以孝友称。

周易纂要4卷　经部易类　佚

书经纂要6卷　经部尚书类　佚

诗经纂要4卷　经部诗经类　佚

以上3种见道光《续纂宜荆县志》卷9。

卢　劢

字磊庵。清宜兴人。

名山草　集部别集类　佚

见《江苏诗征》卷20,收其诗1首。

顾　镛

清宜兴人。

笠云诗选8卷　集部别集类　佚

见道光《续纂宜荆县志》卷9。

许铨安

字二苐。清荆溪人。邑诸生。肆力古文辞。精于鉴古,审定法书名画,真赝必当。

卢象升年谱　史部传记类　佚

堵允锡年谱　史部传记类　佚

以上2种见道光《续纂宜荆县志》卷7本传。

义乡书屋稿　集部别集类　佚

见道光《续纂宜荆县志》卷9。

汤　谦

字四益，别字守斋。清荆溪人。性行循谨，刻苦励学。乾隆六十年（1795）进士。官内阁中书。嘉庆五年（1800）充广东副主考。旋乞养归里。主蜀山书院讲席数年，卒。

守斋时文　集部别集类　佚

见道光《续纂宜荆县志》卷9，卷7本传云："刻行世。"

李　蓁

字如玉。清宜兴人。诸生。守贫力学，至老不辍。学以朱子为宗，又著意于《南华》一书。

大学格致补传　经部四书类　佚

见道光《续纂宜荆县志》卷7本传，云："谓《大学格致补传》未能申明辨善恶端好恶实义，则下《诚意》章如恶如好二语无根，因就朱子即物穷理意，集古书成语，别作《补传》一章。"

庄子意说6卷　子部周秦诸子类　佚

见道光《续纂宜荆县志》卷7本传，云："为辨晰是非，详加评注，作《庄子意说》六卷。"

楚辞咀剩4卷　集部楚辞类　佚

见道光《续纂宜荆县志》卷7本传，云："遍阅骚经古注，多不当意，亦复注而评之，为《楚辞咀剩》4卷。"

于　震（？—1811）

字竹初。清宜兴人。幼孤贫，弱冠后徒步至京师，以授经为业。久之，入资为国子监生。专治《诗经》。与邑人汪景望最相友善。屡应顺天乡试不售，后客死杭州。

诗经酌注30卷　经部诗经类　佚

见道光《续纂宜荆县志》卷9。

潘星见

亦作星鉴。名耀远，以字行。清宜兴人。弈棋名手，卒年 40 岁。

弈谱　子部艺术类　佚

见道光《续纂宜荆县志》卷 9。

潘　曜

字映辰。清宜兴人。

钓客诗筒 1 卷　集部别集类　佚

见道光《续纂宜荆县志》卷 9。

储文曜

清宜兴人。诸生。

云外楼诗草 1 卷　集部别集类　佚

见道光《续纂宜荆县志》卷 9。

吴刘墙

字立亭。清宜兴人。诸生。性挚而慧，幼时属文已惊长老，中岁授徒，从游者多登第。专力治经，尝病宋聂氏《三礼图》袭谬造虚，多失古制，精心考订，作《三礼图正讹》。

三礼图正讹 2 卷　经部三礼总义类　佚

见光绪《宜荆新志》卷 10。

马焕如

清宜兴人。

研云楼词钞　集部词曲类　佚

见道光《续纂宜荆县志》卷 9。

潘光序

字晓村。清宜兴人。诸生。父恩绂以举人官广东合浦知县，光序随父任10余年。父致仕归，宦橐萧然，光序以笔耕养家。父卒，遂弃举业，专攻古文辞。性淡泊，常手不释卷。著作甚丰，多毁于太平天国战火。

易勺1卷　经部易类　佚

诗勺1卷　经部诗经类　佚

四书质疑10卷　经部四书类　佚

经义恩闻24卷　经部群经总义类　佚

古逸辑览　史部杂史类　佚

怡云山房古文8卷　集部别集类　佚

骈体文4卷　集部别集类　佚

诗稿2卷　集部别集类　佚

制艺2卷　集部别集类　佚

试帖2卷　集部别集类　佚

以上10种见光绪《宜荆新志》卷10。

周之诰

字勖斋。清宜兴人。之冕弟。诸生。性笃挚，敦内行。评注经籍，至老不倦。光绪间以子秩，赠通奉大夫盐运使衔、安徽庐州知府，加二级。

周书增注1卷　经部尚书类　佚

仪礼注释1卷　经部仪礼类　佚

传记偶存　经部群经总义类　佚

闲窗随笔　子部杂学类　佚

勖斋文集　集部别集类　佚

翠浮阁杂咏　集部别集类　佚

以上6种见光绪《宜荆新志》卷10。

周　宏

字汇远。清宜兴人。

楚山词2卷　集部词曲类　佚

见道光《续纂宜荆县志》卷9。

吴　媛

清宜兴人。周宏继室。

桐月诗1卷　集部别集类　佚

见道光《续纂宜荆县志》卷9。

潘云赓

清宜兴人。

昀耕诗略　集部别集类　佚

见道光《续纂宜荆县志》卷9。

顾　恒

字学健。清荆溪人。家贫，菽水娱亲，笃于友谊。探原六籍，作为文章，卓然拔俗，郡邑翕然称之。研精《周易》，晚岁以明经任海州司训，不二年，卒于官。

读易阐微3卷　经部易类　佚

见道光《续纂宜荆县志》卷9。

陈　经(1765—1817)

字景辰，号墨庄。清荆溪人。布衣。少孤苦，曾从同里黄中理受经。既壮，好与邑中诸耆宿游。又执贽县令唐仲冕门下，因得尽交江右诸名士。性厌举子业，喜为诗，旁及笺疏之学。

龙池山游记 1 卷　史部地理类

《小方壶斋舆地丛钞》本。

荆南小志 1 卷　史部地理类

九子山行志 1 卷　史部地理类

百四十斋记 1 卷　史部地理类

以上 3 种收入《陈景辰遗书》本《墨庄杂著》。

墨庄书跋 3 卷　史部目录类

《陈景辰遗书》本。

荆南石刻录 1 卷　史部金石类

收入《陈景辰遗书》本《墨庄杂著》。

续太平广记 140 卷　子部小说类　佚

见道光《续纂宜荆县志》卷 9。

双溪物产疏 15 卷　子部农家类

清嘉庆二十一年(1816)稚春堂刻本,南京图书馆藏。

按:双溪指今宜兴之荆溪,分南北双溪。本书专记双溪物产,兼述山水胜迹。郭麐序云:“凡百谷果蔬虫鱼草木之属,产于兹土者,莫不条分而件系之,辨其名物,详其性与宜,而区其良楛美恶。”本书是叙述宜兴地区物产最完备、最详尽的著作。

墨庄杂著 4 卷　子部杂学类

《陈景辰遗书》本。

按:含《荆南小志》《九子山行志》《百四十斋记》《荆南石刻录》各 1 卷。

寒庖录 4 卷　子部杂学类

见《明清江苏文人年表》。

按:疑即《墨庄杂著》。

墨庄文钞 1 卷　集部别集类

《陈景辰遗书》本。

碧云山房集 3 卷　集部别集类

清嘉庆十七年刻本,国家图书馆藏。

陈景辰遗书(别题墨庄杂著 4 卷书跋 3 卷文钞 1 卷)　丛书类

清嘉庆二十五年刻本,上海图书馆藏。

按:是书含《墨庄杂著》4 卷(包括《荆南小志》1 卷、《荆南石刻录》1 卷、《九子山行记》1 卷、《百四十斋记》1 卷)、《墨庄书跋》3 卷、《墨庄文钞》1 卷。

吴受泰

字林楷。清荆溪人。廷选族侄。幼颖敏,7 岁能书大字。长而善属文。嘉庆五年(1800)岁贡生。廷选督安徽学政,曾延受泰佐校文。两人论文偶有不合,必力争之,然终亦相得如初。

见山诗草　集部别集类　佚

见道光《续纂宜荆县志》卷 9。

周虹友

一作红友,字薇仙。清宜兴人。女。《悔堂笔记》渭其"诗近杜樊川"。

绣余吟　集部别集类　佚

见道光《续纂宜荆县志》卷 9。

按:《江苏诗征》卷 171 收其诗 1 首。

傅维镛

清宜兴人。

积翠楼诗稿 1 卷　集部别集类　佚

见道光《续纂宜荆县志》卷 9。

许廷哲

字潜修。清荆溪人。性孝友,中年后以医术名荆楚间。

保产要旨 4 卷　子部医家类

(1) 清嘉庆十一年(1806)迎曦书屋刻本,上海中医药大学图书馆藏。

(2) 清同治元年(1862)刻本,南京医科大学图书馆藏。

其他版本参见《中国古籍总目·子部》。

按:裘沛然主编《中国医籍大辞典》云:“卷一首述胎前受胎保护八条,小产当慎五条,并载预防堕胎方药,以及妊娠十证的病因病机、治则方药,载方一十四首;次述妊娠杂症七条,载方十二首;后附胎前要方二首。卷二主述临盆诸证治要,强调先期、后期辨证施治,载方六十五首,以及催生药三方,另列难产七因七条、六字真言十三条、临床宜忌八条。卷三论产后禁忌、调治,以脉法见长,独具特色。卷四保婴要则,共载方药一十六首。全书所集内容颇广,选方亦较实用。现存清嘉庆十一年迎曦书屋刻本、清同治元年刻本、清绵荫堂刻本等。”

保产节要　子部医家类

见道光《续纂宜荆县志》卷 9。疑即上书之别称。

傅宾贤

字幼卿。清宜兴人。道光间诸生。工古文辞,尤工词。

绿眠斋词 2 卷　集部词曲类　佚

见道光《续纂宜荆县志》卷 9。

按:《全清词钞》卷 22 收其词 3 首

吴德旋(1767—1840)

字仲伦,别号安蔬居士。清宜兴人。诸生。幼有神童称,既长,以廪贡生入都,三试不售,绝意举业。先从恽敬、张惠言学古文,后乃宗法韩愈。为姚鼐所深赏,由是一意宗桐城。其诗亦澹远绝俗,且善书。当世公卿多以厚币聘之,所得随散去。年 73 卒。《清史稿》有传。

周易本义参疑 6 卷　经部易类

清初月楼刻本，上海图书馆藏。

周易本义参疑4卷　经部易类

(1) 清道光十二年(1832)二西堂刻本，国家图书馆藏。

(2)《稀见清代四部辑刊》本。

按：光绪《宜荆新志·艺文》作10卷。

诗经集传拾遗2卷　经部诗经类

清抄本，天津图书馆藏。

(道光)重刊续纂宜荆县志10卷首1卷　史部地理类

清顾名、龚润森等修　吴德旋纂

(1) 清道光二十年(1840)刻本，南京图书馆藏。

(2) 清同治八年活字本，南京图书馆藏。

(3) 清光绪八年(1882)刻《宜兴荆溪旧志五种》本。

(4)《中国方志丛书》本。

初月楼论书随笔1卷　子部艺术类

(1)《泽古斋重钞》本。

(2)《别下斋丛书》本。

(3)《常州先哲遗书后编》本。

(4)《美术丛书初集》本。

(5)《丛书集成初编》本。

按：是书专论唐以后人书法，凡36条，认为"不学唐人书，终无立脚处"。唐以后书家则推重苏轼、董其昌两家，认为苏书雄逸，董书简淡，对赵孟頫及明清书家则多薄视。

琐窗杂志2卷　子部杂学类

清刘晓华抄本，北京大学图书馆藏。

按：光绪《宜荆新志》卷10著录12卷。

初月楼闻见录5卷　子部小说类

(1) 清道光三年刻本，国家图书馆藏。

(2)《清人说荟》二集本。

初月楼闻见录10卷续录10卷　子部小说类

(1) 清道光间刻本,南京图书馆藏。

(2)《清代笔记丛刊》本。

(3)《笔记小说大观》本。

(4) 台北《近代中国史料丛刊三编》本。

(5)《四库未收书辑刊》本。

按:是书所录"皆吴越、江淮间事,意在阐扬幽隐"(自序),其旨意盖以表彰文献为归,内容以记有清文人逸事为主,亦间及方外、妇女,或采自载记,或凭诸传闻。

初月楼文钞10卷　集部别集类

(1) 清道光三年刻本,南京图书馆藏。

(2)《清代诗文集汇编》本。

初月楼文续钞8卷　集部别集类

(1) 清道光十六年刻本,国家图书馆藏。

(2)《清代诗文集汇编》本。

按:张舜徽《清人文集别录》卷12云"(德旋)与恽敬、张惠言交甚密。自谓学为古文,得二人之助为多。然其文实不逮二人远甚。年几四十,请益於姚鼐,鼐许其善学韩文。由是一意宗桐城。故后之论文派者,咸以德旋隶桐城派。其实德旋文辞卑卑,在桐城文派诸家中,自居中下之科。而其友姚椿,称之为独行笃学之君子。又谓或有訾其文与学者,而卒不敢议其行(见姚氏所撰墓志铭,载《晚学斋文集》卷八)。盖德旋质胜於文,躬行有余。而修辞道短,在当时已有定价矣"。

初月楼诗钞4卷初月楼续诗钞3卷　集部别集类

(1) 清道光刻本,山东省图书馆藏。

(2)《清代诗文集汇编》本。

按:是书有吴德旋自序。其序曰:"余年十七始学为诗,无所师受,徒自以其意求之古人,绝不敢自信。……近年来读古人之诗,觉所见与前有异,因复为之而存之,且而成帙焉。"

初月楼文钞10卷诗钞4卷　集部别集类

(1) 清光绪九年活字印本,天津图书馆藏。

(2) 清光绪十年宜兴周家楣刻本,国家图书馆藏。

按:吴敬承序云"仲伦先生近著八卷,敬承读之,而有思于《易》之道也。……先生之文,篇幅似狭,而实变化无穷也;言论似凡,而要皆伦常之体用也。……若乃文不尽意,言不尽意,如深山鼓琴,闻其声而未有逐其迹,则又在读者之自得之矣"。

初月楼遗编4卷　集部别集类

清道光间刻本,国家图书馆藏。

按:该集收录吴氏晚年所作诗,分为《拊瓴草》《雪泥草》《泽畔微吟草》。

藏密庐文稿4卷　集部别集类

清郑乔迁撰　吴德旋定

清道光间刻本,南京图书馆藏。

初月楼古文绪论1卷　集部诗文评类

清吴德旋述　吕璜录

(1)《别下斋丛书》本。

(2)《花雨楼丛钞·初月楼四种》本。

(3)《常州先哲遗书后编》本。

(4)《文学津梁》本。

(5)《丛书集成初编》本。

(6)《四部备要》本。

(7) 1958年人民文学出版社点校本。1998年重印。

(8)《续修四库全书》本。

按:是书为桐城派古文理论著作,主张师法《史记》《汉书》和唐宋八大家,排斥小说、诗话、时文、尺牍等,论文强调"古淡"。

初月楼文谈1卷　集部诗文评类

《岭西五家诗文集》本《月沧文集》附。

花月楼四种　丛书类

清光绪八年(1882)《花雨楼丛钞》本，南京图书馆藏。

子目：

《初月楼文钞》10卷《续钞》8卷

《初月楼诗钞》4卷

《初月楼古文绪论》1卷

《程子香文钞》2卷

吴　能

字仲修。清荆溪人。嘉庆七年(1802)恩贡生。与邑中汤翰、史兆麟先后以诗名。

耕烟集8卷　集部别集类　佚

见道光《续纂宜荆县志》卷9。

周之型

字半霞。清宜兴人。之冕弟，诸生。性笃挚，敦内行。早岁食饩。尤善诗，古体追汉魏，律宗盛唐。

半霞诗稿12卷　集部别集类　佚

见光绪《宜荆新志》卷8本传。

许祖煜

字远似。清宜兴人。雍正三年(1725)举人。为文典赡宏丽，课士有法，门下多登甲乙榜。晚谒选得安徽婺源教谕，在任6年，一以程朱传注为教，日与诸生讲论不倦。

荆溪野录12卷　史部地理类　佚

莲溪草堂诗文集　集部别集类　佚

以上2种见道光《续纂宜荆县志》卷9。

许玉蟾

字可亭。清宜兴人。岁贡生。幼颖悟,工古文辞。游山右李太守铨任所,主讲凤山书院,文风大振。嘉庆间,任江宁训导,监钟山书院,士林翕服。年80卒。

凤山杂咏　集部别集类　佚

见光绪《宜荆新志》卷10。

吴　翥

清宜兴人。嘉庆间廪贡生。官吴江教谕。

伴月楼诗草1卷　集部别集类　佚

见道光《续纂宜荆县志》卷9。

徐　柽

字佩箴。清荆溪人。诸生。好学工文。嘉庆六年(1801)乡试,房考高守训得柽卷,击节叹赏,欲以冠多士。主司以第一人已定,将稍抑。后历举优行生,辞不赴试。年逾70,每逢祖祠会文,必成一艺,子弟辈莫能与竞胜。居恒周给贫乏,为邑人称道。

南州集　集部别集类　佚

见道光《续纂宜荆县志》卷9。

史国华

字黼才。清宜兴人。嘉庆十三年(1808)岁贡生。性喜典籍,日手一编,寒暑不辍。又喜辑前辈诗文,其无别本者,恒手自抄录。

梓荫轩吟稿1卷　集部别集类　佚

见道光《续纂宜荆县志》卷9。

任潼泽

字显节。清宜兴人。援例授布政司理问。嘉庆六年(1801)建文昌庙、道光十五年(1835)复建崇先祠,皆捐多金。所居乡里常苦干旱,乃请邑令建利农闸,蓄水灌田。

屺亭诗稿　集部别集类　佚

见光绪《宜荆新志》卷10。

崔锡芬

字馥山。清宜兴人。少笃学。乾隆六十年(1795)举人,嘉庆十三年(1808)大挑二等,选安徽婺源县教谕。后龚丽正聘主紫阳书院。

一枝轩制艺　集部别集类　佚

见道光《续纂宜荆县志》卷9。

任　煊

字宣明,一字跂园。清宜兴人。朝桢侄。乾隆六十年(1795)进士。观政吏部,保送军机章京,勤慎称职。由吏部文选司主事升员外郎、考功司郎中,兼文选司掌印郎中。后任直隶永平府知府,升分巡通永河道,旋因失察革职。丁母艰,遂不复出。道光间乡大水,日夜筹议,捐金赈饥。卒年78。

跂园制艺　集部别集类　佚

见道光《续纂宜荆县志》卷9。

任　璁

字瘦嵎。清宜兴人。工医。

双桂轩诗钞1卷　集部别集类　佚

见道光《续纂宜荆县志》卷9。

周邦光

清宜兴人。

皓峰楼文集　集部别集类　佚

见光绪《宜荆新志》卷10。

李　辉

字秩中。清荆溪人。飞鲲子。国子监生,力学工文,喜急人难。

讷斋文集　集部别集类　佚

见嘉庆《新修荆溪县志》卷3本传,云:"著有《讷斋文集》二十余卷,及将卒,尽焚之。"

吴　覲

字荆岷,别字觉庵。清宜兴归美桥人。乾隆六十年(1795)增贡生。少受诗法于阳湖左辅,以杜甫为祖,白居易、李商隐为宗。于近世诗人喜爱吴伟业、朱彝尊。善画,且得恽寿平法。

鷉园随笔4卷　集部别集类

(1) 清道光间刻本,南京图书馆藏。

(2) 清刻本,南京图书馆藏。

鷉园随笔2卷　集部别集类

清末刻本,国家图书馆藏。

鷉园诗集12卷　集部别集类

清道光二年(1822)刻本,复旦大学图书馆藏。

鷉园诗集12卷附鷉园随笔4卷　集部别集类

清道光二年左仲甫刻本,北京大学图书馆藏。

鷉园词　集部词曲类

见《全清词钞》卷15,并收其词1首。

屠用宁

字芸庄，一字聂曜。清荆溪人。

兰蕙镜 1 卷　子部农家类

(1)《艺海一勺》本，有嘉庆十六年(1811)自序。

(2) 清光绪十七年(1891)京江武绍祖抄本，南京图书馆藏。

(3) 清抄本，国家图书馆藏。

按：是书对兰花的瓣壳、审色等鉴别品种的经验进行了归纳总结，至今仍具指导意义。同时以歌谣形式记述了“十二月养兰法”。

周上珍

字麟书。清宜兴人。嘉庆六年(1801)举人。为文出入经史，渊博宏深。摘录古人有裨身心之言自省，兼以励人。大挑知县，以母老不就。训迪多所成就，如陈锡光、徐大勋，溧阳史蟠、史复善，皆出其门下。

璞斋文集　集部别集类　佚

见光绪《宜荆新志》卷 10。

任　英

字绍贤，亦作绍言。清荆溪人。朝桢侄。幼刻苦励学，不苟操行，善为制举文。嘉庆七年(1802)进士。官翰林院庶吉士。

衣堂诗草　集部别集类　佚

见道光《续纂宜荆县志》卷 9。

按：《江苏诗征》卷 89 收其诗 1 首。

胡　淦(1773—?)

字鉴渊。清宜兴人。博极群书，尤邃经学。道光二年(1822)举人。授翰林院典簿，主崇明瀛洲书院。晚年归里，创捐义社，赈济饥民，邑人德之。

五经分类骈珠 12 卷　子部典故类　佚
文选骈珠　子部典故类　佚
怡轩赋钞 1 卷　集部别集类
怡轩试帖初集 4 卷二集 4 卷　集部别集类
　　以上 4 种见光绪《宜荆新志》卷 10。
怡轩诗钞续刻 4 卷　集部别集类
　　清道光十八年刻本，哈佛大学哈佛燕京图书馆藏。
课徒草 2 卷　集部别集类
　　见光绪《宜荆新志》卷 10。

周　曦

字映晖，一字嵎谷。清荆溪人。善属文。嘉庆十八年(1813)拔贡，选授泰兴县学训导。为人醇厚，不喜作奚刻语；文亦如之。卒于官。
嵎谷文存　集部别集类　佚
嵎谷诗钞　集部别集类　佚
　　以上 2 种见《续纂宜荆县志》卷 9。

周　仁

字宗少。清荆溪山溪里人。事母孝。少习举子业，不售于有司，遂肆力经世之学。晚治舆地图，未竟而卒。
荆音韵汇(一作荆言韵汇)2 卷　经部小学类
　　清周仁辑　周鸣锗等注
　　(1) 清道光二年(1822)斯美堂刻本，北京大学图书馆藏。
　　(2) 2016 年中西书局出版，题《荆音韵汇：两百年前的宜兴话》。
　　按：本书是一部按照十八世纪荆溪县方音音系(对应今江苏省丁蜀话)编排的《康熙字典》简编索引。该书注重辩证正体俗体以及形近易讹之字，为乡里举业服务。该书根据十八世纪荆溪方音，列二十四韵部，四十二声纽，平上去三声。合口呼单列一组合口声纽表示，入声韵独列为一个韵部。按照“韵部—声纽—‘三呼’—声调”的次第编排。共收 9687 个字头。

见知录　子部兵书类　佚

堪舆约旨　子部术数类　佚

律吕析疑 1 卷　子部艺术类　佚

以上 3 种见道光《续纂宜荆县志》卷 9，称周仁“治形家言，著《堪舆约旨》；治医学，多杂述，未成书；治乐，著《律吕析疑》，治兵家言，为《见知录》”。

史　斑

字少白。清宜兴人。

倚楼词 2 卷　集部词曲类　佚

见道光《续纂宜荆县志》卷 9。

崔锡华

字亦园。清宜兴人。锡芬弟。少有干才。嘉庆十年(1805)英和延请教其子。十四年成进士。授松江府教授，主讲求忠书院。生平重程朱理学，教人务在躬行，力戒空言之弊。

捧砚编不分卷　集部别集类

清同治间刻本，国家图书馆藏。

古文集　集部别集类　佚

见光绪《宜荆新志》卷 10。

潘　凝

字树型。清宜兴人。诸生。好读儒书，与路同辰等交好。

惕斋札记 1 卷　子部儒学类　佚

见道光《续纂宜荆县志》卷 9。

潘辰雅

字观尚。清宜兴人。好治兵家言。既长，与同邑史屺铭学，以无锡高攀龙为宗。后好老庄及佛教。与周济、李兆洛交好。母丧后，出游天台山国清寺。

静寄轩诗文钞 3 卷　集部别集类

清光绪六年(1880)刻本，北京大学图书馆藏。

静寄轩集 2 卷　集部别集类　佚

见道光《续纂宜荆县志》卷 9。

按：清李兆洛《养一斋文集》卷 4 有《静寄轩诗文目序》。清周家楣《期不负斋文集》卷 5 有《潘观尚先生静寄轩诗文钞跋》。

储麟炳

字丽岩。清宜兴人。庠生。曾祖福，父蟾桂，俱以诗文名。麟炳少耽古籍，为文工赡。

仪礼易易读　经部仪礼类　佚

松过居日钞 2 卷　子部杂学类　佚

数教初编 4 卷　子部典故类　佚

按：《县志》原注引任安上曰："《数教》一编为目六，曰天道、天时，曰地舆、地产，曰人道、人事。尤于人事类极详赡，分资秉、学问、伦类、统绪、氏族、命名、谥讳、符瑞、妖氛、爵列、礼制、官制、禄制、祭祀、庙制。虽识小之书，亦考古之一助也。"

增订编珠　子部典故类　佚

惟桑草　集部别集类　佚

湖楼集　集部别集类　佚

以上 6 种见道光《续纂宜荆县志》卷 9。

张锡光

清宜兴人。

友兰书屋草　集部别集类　佚

见光绪《宜荆新志》卷10。

吴士真(1776—?)

字湘卿。清宜兴人。监生。少时其诗即为唐仲冕所赏识。

湘卿诗钞5卷　集部别集类

清嘉庆间少逸山房刻本,有嘉庆十九年(1814)自记,南京图书馆藏。

何文敏

字功甫,一字桃溪。清荆溪人。道光年间任广西太平府知府。

秋蓼亭词1卷　集部词曲类

清嘉庆二十一年(1816)刻本,上海图书馆藏。

按:《全清词钞》卷21收其词2首。《续修四库全书总目》云:"是编凡四十阕,前有赵怀玉序一篇、吴锡麒题诗二首。怀玉序云:'读悼亡诸阕,使人增伉俪之重;读《壶中天》,使人深《蓼莪》之悲;读《霜叶飞》,使人触羊、左、范、张之感。'今观集中《霜叶飞》(哀周达邦)、《壶中天》(清明感旧)、(散步和兴问),又《壶中天》《惜余春慢》《浪淘沙》《瑶花》诸阕,皆悼亡之作,哀叹绸缪,读之兴感,全以情胜,不必束以词格。赵序云云,不可尽谓为虚誉也。"

广莫轩词1卷　集部词曲类

清道光九年(1829)刻本,国家图书馆藏。

路同辛

清宜兴人。

城隍会赋1卷　集部别集类　佚

见道光《续纂宜荆县志》卷9。

路同申

字申宣,别字蒙山。清宜兴人。嘉庆十三年(1808)岁贡生。少而俊迈,从其舅氏史问和学,受程朱书,究明性命之要。然持议好独出己见,于六经皆有论说,往往发前人所未发。著书20余种,积百余卷。

易说　经部易类　佚

书说　经部尚书类　佚

诗说　经部诗经类　佚

四礼疑疑论4卷　经部礼类

明吕坤原撰　清路同申续纂

清抄本,国家图书馆藏。

四礼翼翼说4卷　经部礼类

明吕坤原撰　清路同申续纂

清抄本,国家图书馆藏。

春秋塾训　经部春秋总义类　佚

大中本义2卷　经部四书类　佚

论语类说　经部四书类　佚

孟子编年　经部四书类　佚

乡土语音讹传录　经部小学类　佚

鉴略2卷　史部史钞类　佚

读史随笔　史部史评类　佚

巡方御史论　史部史评类　佚

史说1卷　史部史评类　佚

以上12种见道光《续纂宜荆县志》卷9。

西域三记3卷附1卷　史部地理类

清光绪三年(1877)路氏立本堂刻本,上海图书馆藏。

按：新疆本末第一，回疆本末第二，卫疆本末第三。

宜兴八志　史部地理类　佚

西江倦游录　史部地理类　佚

九子辨　子部历算类　佚

过庭录10卷　子部儒学类　佚

百原篇　子部杂学类　佚

按：三才第一，世运第二，经史第三，学术第四，政事第五，人治第六。

蒙山文钞8卷　集部别集类　佚

蒙山诗钞　集部别集类　佚

以上8种见道光《续纂宜荆县志》卷9。

路陟思

字屺瞻。清宜兴人。善易学，覃精研思，能于太平极图分绘六十四卦阴阳对待相生之法，不爽铢黍。其究学堪舆，悉本此旨。

地理醒音　子部术数类　佚

见道光《续纂宜荆县志》卷9。

周汝为

清宜兴人。鸿逵父。敦行力学，有声庠序。

困庵文集　集部别集类　佚

见光绪《宜荆新志》卷10。

宋景梅

字体仁。清宜兴人。诸生。

休亭漫草2卷　集部别集类　佚

见道光《续纂宜荆县志》卷9。

储徵甲

字纪堂，室名种竹山房。清宜兴人。嘉庆九年(1804)举人，积学工文。任安徽青阳教谕，门徒甚盛。嘉庆、道光两次参与纂修县志。著述颇富，惜多散佚。

(嘉庆)增修宜兴县旧志10卷首1卷末1卷　史部地理类

清李先荣原本　阮升基增修　储徵甲分修

(1) 清嘉庆二年刻本，国家图书馆藏。

(2) 清同治八年(1869)活字本，暨南大学图书馆藏。

(3) 清光绪八年(1882)刻《宜兴荆溪旧志五种》本。

(4) 民国间重印本。

(5) 1970年台北成文出版社《中国方志丛书》本。

(6)《中国地方志集成》本。

(7) 2017年常州市金坛古籍印刷厂影印本。

(8) 2017年方志出版社点注本。

按：此志续康熙二十五年(1686)《重修宜兴县志》，越一载书乃成，记事至雍正三年(1725)分县前。篇目设置类于康熙陈志，唯删《秩祀》《杂志》，增《武备》《古迹》，改原《艺文》1卷为2卷(卷10、卷末)，及子目稍作增损。

(道光)重刊续纂宜荆县志10卷首1卷　史部地理类

清顾名、龚润森修　吴德旋纂　储徵甲分修

(1) 清道光二十年刻本，南京图书馆藏。

(2) 清同治八年活字本，南京图书馆藏。

(3) 清光绪八年刻《宜兴荆溪旧志五种》本。

(4)《中国方志丛书》本。

种竹山房诗钞10卷词钞2卷　集部别集类

清道光十三年(1833)刻本，中国社会科学院文学研究所藏。

汪景望

字企山。清宜兴人。少有志于学。家贫，入京佣书给食。后兼学画，遂以书画名于时。与同邑于震相友善。嘉庆九年(1804)举顺天乡试，以大挑二等候选太平教谕。未几卒。

周易绎传6卷首1卷　经部易类

(1) 清道光四年(1824)西文盛堂刻本，上海图书馆藏。

(2)《稀见清代四部辑刊》本。

储廷英

字松友，室名小秋兰馆。清宜兴人。润书三女，长洲韩霞轩妻。

小秋兰馆诗钞　集部别集类

清道光十年(1830)刻本，附刻于储润书《秋兰馆烬余剩稿》后，南京图书馆藏。

吴　谔

字少萼。清宜兴人。绂玄孙。少家贫，以经教授邑中，有先辈名家之风。与阳湖孙励、婺源程德赉，以学问文章相砥砺。诗学晚唐，画入能品。曾出游太原，归后数年卒。

水西山房诗文草3卷　集部别集类　佚

见道光《续纂宜荆县志》卷9。

路同戉

清宜兴人。

说文象意汇纂　经部小学类　佚

见道光《续纂宜荆县志》卷9。

徐熏

字良卿。清荆溪人。滨族孙。为人不苟同于俗。亦善撰述,为万之蘅所称。

榕香词 集部词曲类 佚

见道光《续纂宜荆县志》卷9。吴县沈钦韩为作序。

吴辰

字景枢。清荆溪人。岫子。道光五年(1825)恩贡生。年17而孤,家贫习贾,非所好,卒发愤励学,身体力行。尝与同里潘凝、路应廷讲学。初治诗,近大历诸贤风格,晚学陶渊明。古文亦以醇雅为宗,识者称之。荆溪令欲以举孝廉方正,固辞乃止。卒年79,学者称"梅谷先生"。

禹贡图考 经部尚书类 佚

猗莱堂笔记 子部杂学类 佚

梅谷文草 集部别集类 佚

翠竹山房诗 集部别集类 佚

以上4种见光绪《宜荆新志》卷10。

石鸣玉

字望庚。清宜兴知过里人。力学能文,尝与同邑任泰、胡淦,溧阳彭虎文等举森社,会课角艺,屡冠其曹。家素丰,慷慨好施。道光初举孝廉方正,邑人谋以鸣玉应,固辞乃止。

百艺录 子部杂学类 佚

见道光《续纂宜荆县志》卷9,由邵金彪辑而序之。

周本智

字德辉。清宜兴人。嘉庆十八年(1813)廪贡生。工文章。原本经史，屡荐不售，乃肆力于诗古文辞。一时名士如任安上、潘允哲、万望、汤翰、吴衡章皆推重之。

友梅斋集　集部别集类　佚

东珠集　集部别集类　佚

芸庵遗稿　集部别集类　佚

以上3种见光绪《宜荆新志》卷10。

刘　镗

字彭甫，晚号弦斋。清宜兴人。诸生。自少以诗文称。长游京师，转客中州，羁南粤，前后10余年。古文益进，持论极谨严。平生著述甚多，多未梓行。

诗信　经部诗经类　佚

诗询　经部诗经类　佚

左午1卷　经部春秋左传类　佚

以上3种见光绪《宜荆新志》卷10。

荆南人物考　史部传记类　佚

见《宜荆新志》卷8本传。吴德旋作序。

桑梓见闻录3卷　史部地理类

清光绪二十七年(1901)正谊山房木活字本，南京图书馆藏。

文信　集部诗文评类　佚

见光绪《宜荆新志》卷10。

吴　莹

清宜兴人。

皖江游草1卷　集部别集类　佚

见道光《续纂宜荆县志》卷9。

张　锦

字秋圃。清宜兴人。嘉庆十八年(1813)廪贡生。游京师,肄业成均,司成见其文,击节叹赏,延课子弟。一时名士皆与之交。锦得其切磋,遂以诗古文名。晚岁深研经学。

五经阐义 12 卷　经部群经总义类　佚

蛾隐居士文集 6 卷　集部别集类　佚

一瓢斋诗钞 4 卷　集部别集类　佚

以上 3 种见光绪《宜荆新志》卷 10。

汤　溶

字纡洲。清宜兴人。嘉庆十五年(1810)举人。工诗古文,善书。

知非斋诗草 1 卷　集部别集类　佚

见道光《续纂宜荆县志》卷 9。

按:光绪《宜荆新志》卷 9 收其诗 2 首。

周　济(1781—1839)

字保绪,号未斋,晚号止庵,一作止安,别号介存居士。清荆溪人。嘉庆十年(1805)进士。两度官淮安府学教授。少与同郡李兆洛、泾县包世臣以经世之学相切磋,兼通兵家言。曾侨居南京春水园,潜心著述,持论好独出己见。工书画,书学王献之,画以北宋为宗。在词学、史学、文字学等方面均有所建树。《清史稿》有传。

论语问答 8 卷　经部四书类　佚

说文字系 10 卷　经部小学类　佚

说文韵原 40 卷　经部小学类　佚

以上 3 种见清周佐臣《求志堂存稿汇编》跋。

按:周济《介存斋文稿》卷 2 有其《说文字系》《说文韵原》二序。《说文字系序》后有门人冯元耀识语云:“此书二十万言,未及梓行。耀尝手录二通，一存友人谌展卿处，并沈于劫，此序仅存。”《说文韵原序》后冯元耀识语云：“此书注释小字近百万言，今序存书亡。”

晋略 66 卷　史部别史类

(1) 清道光十八年(1838)刻本，上海图书馆藏。

(2) 清光绪二年(1876)味隽斋重刻本，上海图书馆藏。

(3)《四部备要》本。

(4)《四库未收书辑刊》本。

按：该书含本纪 6 篇，表 5 篇，列传 36 篇，国传(记十六国史迹)11 篇，汇传(相当于“类传”)7 篇，另仿司马迁《史记・太史公自序》撰《序目》1 篇。自言此书为一生精力所聚，实亦其一生志略所寓，故诸论赞中，于攻防地势，必反覆探究，颇有指归，非徒考订之作。

晋略□卷　史部别史类

稿本，存序目、职官表、后秦外纪第六、西夏外纪第七、南凉北凉西凉外纪第八、后燕南燕北燕外纪第九，上海图书馆藏。

晋略 1 卷　史部别史类

《史论汇函》本。

味隽斋史义 2 卷　史部史评类

(1) 清道光十二年刻本，上海图书馆藏。

(2)《周止庵遗稿》本。

(3)《求志堂存稿汇编》本。

(4)《续修四库全书》本。

按：周氏与李兆洛、张琦、包世臣等以经世之学相切磋，于学术主张求实。认为司马迁撰《史记》，以“究天人之际，通古今之变，成一家之言”为主旨，其真义是欲申礼制名教之防。是书取《史记》五帝本纪至太史公自序凡五十八篇逐一发论，力求从史中总结出治乱本末。

准鹾问答 1 卷　史部政书类

《求志堂存稿汇编》本。

八阵图说　子部兵书类　佚

见清周佐臣《求志堂存稿汇编》跋。

折肱录1卷　子部艺术类

(1)《周止庵遗稿》本。

(2)《求志堂存稿汇编》本。

味隽斋文稿无卷数　集部别集类

清道光间刻本，卷数叶数均属墨丁，见《贩书偶记》卷17。道光《续纂宜荆县志》卷9著录4卷。

介存斋文稿2卷　集部别集类

(1) 清光绪三年刻本，复旦大学图书馆藏。

(2)《求志堂存稿汇编》本。

按：张舜徽《清人文集别录》称："是集仅录杂文三十三篇，而论涉学术者绝少。卷一《原情》《原识》《原略》《原度》《原几》《原才》《原直》诸篇，架空立论，漫汗靡归。而《井田议》《区田议》《盐法议》，书生之见，迂阔难行，与包世臣同一病痛。卷二《说文字系序》《说文韵原序》，尤多傅会之辞，系风捕景，见讶通方。其门人冯元耀识其尾，谓二书皆仅存其序，而稿本均亡。余则以为即其不亡，亦未必能传于后也。"

止庵遗稿4卷　集部别集类

(1) 清道光二十年刻本，北京大学图书馆藏。

(2) 抄本，国家图书馆藏。

止庵遗集3卷　集部别集类

清宣统元年(1909)武进盛氏刻本，重庆图书馆藏。

介存斋诗4卷文稿2卷淮鹾问答1卷　集部别集类

清光绪间周佐臣刻本，复旦大学图书馆藏。

介存斋诗4卷　集部别集类

清道光三年刻本，中国科学院图书馆藏。

介存斋诗6卷　集部别集类

清道光间刻本，南京图书馆藏。

止庵遗集文1卷诗1卷　集部别集类

(1) 清道光间刻本,复旦大学图书馆藏。

(2)《常州先哲遗书》后编本。

介存斋文稿2卷附淮鹾问答1卷介存斋诗6卷味隽斋词1卷存审轩词2卷附柳下词1卷储素楼词1卷　集部别集类

《清代诗文集汇编》本,据清光绪十八年荆溪周氏刻《求志堂存稿汇编》本影印。

存审轩词2卷　集部词曲类

(1) 清抄本,北京师范大学图书馆藏。

(2) 清道光三年荆溪周氏刻本,国家图书馆藏。

(3)《求志堂存稿汇编》本。

(4) 清刻本,上海图书馆藏。

(5) 1卷,《常州先哲遗书》本。

(6)《续修四库全书》本。

味隽斋词1卷　集部词曲类

(1)《清名家词》本。

(2)《求志堂存稿汇编》本。

(3) 清抄本,南京图书馆藏。

按:《存审轩词》《味隽斋词》二种为早期作品,《味隽斋词》是对《存审轩词》的改订,二者目录同。

止庵词1卷　集部词曲类

(1)《周止庵遗稿》本。

(2)《常州先哲遗书》后编本。

按:此为其晚年作品。

词选1卷　集部词曲类

清张惠言辑　清董毅、周济续增

清抄本(清莫友芝批校),台湾"中央图书馆"原藏。

宋四家词选1卷　集部词曲类

周济辑

(1) 清道光十三年《词选七种》本,杭州大学图书馆藏。

(2) 清道光间刻本,南京图书馆藏。

(3)《滂喜斋丛书》本。

(4) 清光绪二十一年元和江氏刻本,北师大图书馆藏。

(5) 清光绪三十四年刻本,国家图书馆藏。

(6)《丛书集成初编》本。

(7) 1958 年上海古典文学出版社出版。

(8) 1961 年香港商务印书馆出版。

(9) 1962 年台北广文书局出版。附《介存斋论词杂著》。

(10)《续修四库全书》本。

按:此选录宋词人 51 家,词作 230 首。以周邦彦、辛弃疾、王沂孙、吴文英四家分领一代,其他各家附属于四家之后。编者在序中品评两宋词人的成就得失,并提出"问涂碧山(王沂孙),历梦窗(吴文英)、稼秆(辛弃疾),以还清真(周邦彦)之浑化"的学词主张。

介存斋论词杂著 1 卷词辨 2 卷　集部词曲类

清道光二十七年潘曾玮合刻本,南京图书馆藏。

其他版本参见《中国古籍总目·集部》

介存斋论词杂著 1 卷附宋四家词选目录序论 1 卷　集部词曲类

(1)《词话丛编》本。

(2)《词学小丛书》本。

词辨 2 卷附介存斋论词杂著 1 卷　集部词曲类

(1) 清道光二十七年刻本,国家图书馆藏。

(2) 清光绪四年刻本,国家图书馆藏。

(3)《续修四库全书》本。

周氏止菴词辨 2 卷　集部词曲类

清周济撰　清谭献评

清刻本,国家图书馆藏。

海燕记传奇　集部词曲类　佚

见清陆继辂《崇百药斋集》《虞美人》词题。

陶诗谱　集部诗文评类　佚

见《明清江苏文人年表》。

周止庵遗稿(文1卷附折肱录并序诗1卷词1卷)　丛书类

清道光二十年刻本。

周未斋遗稿三种10卷　丛书类

抄本,北京故宫博物院图书馆藏。

周止庵遗稿　丛书类

清道光三年刻本,南京图书馆藏,有"鬻书籍为不孝""陈宝晋读""不薄今人爱古人"诸印。

子目:

《介存斋诗》6卷

《味隽斋词》1卷

《柳下词》　清周青撰

《味隽斋史义》2卷

求志堂存稿汇编16卷　丛书类

清周济撰

清光绪十八年周恭寿刻本,南京图书馆藏。

子目:

《味隽斋史义》2卷

《介存斋文稿》2卷

《淮鹾问答》1卷

《介存斋诗》6卷

《存审轩词》2卷

《折肱录》1卷　光绪十四年周佐臣、周振庸刊

附:

《柳下词》1卷　清周青撰　光绪四年周佐臣刊

《储素楼词》1卷　清苏穆撰　光绪四年刊

周济词集辑校　集部词曲类

2016年华东师范大学出版社出版。

按:本书对周济词作进行了全面搜集整理与校勘,以其《味隽斋词》《止庵词》为底本,校以《存审轩词》及各种总词集、选本。收词共208首。附录收周济侧室苏穆《贮素楼词》83首。

路元暹(1781—1860)

字封岩。清宜兴人。道光二十八年(1848)府学岁贡生。事亲孝,年近七旬犹依依孺慕。生平独耽经史。教授里门,巷不容车,而执业者满旁舍,弟子以次转相授,多知名士。晚岁推为经师祭酒,邑人尊之。效怀素体作草书,一时纸贵。

怡安堂诗稿　集部别集类　佚

怡安堂文稿　集部别集类　佚

以上2种见光绪《宜荆新志》卷10。

陈　赋

字晓榭,清宜兴周铁桥人。嘉庆六年(1801)拔贡。读书过目成诵。道光二十年(1840)参与修邑志。与吴德旋、路同申和武进李兆洛友善,日以诗古文辞相切磋。中年目盲,口授经义,生徒随听随录。

四书直指　经部四书类　佚

见光绪《宜荆新志》卷10。

路　氏

清宜兴人。张森起聘妻。

晚霞诗草　集部别集类　佚

见道光《续纂宜荆县志》卷9。

路同辰

字辰宣，别字墨山。清宜兴人。嘉庆九年（1804）举人。少与兄同申并有才名，好为诗。及中举，与同岁生周济并公车应礼部试，道途逆旅间相唱和。后以五河训导保举知县，选授福建大田县，未及任而卒。

系吐集 2 卷　集部别集类　佚

见道光《续纂宜荆县志》卷 9。

吴　淞

字半江。清宜兴人。诸生。弱冠即善吟咏，储徵甲为序其诗。博览群书，熟悉邑中掌故，恒与族兄辰考定前言往行，纂录成帙。其文纯雅平正，为前辈所称。

梅亭诗草 1 卷　集部别集类　佚

见光绪《宜荆新志》卷 10。

史颖修

清宜兴人。

小窗词 2 卷　集部词曲类　佚

山间明月词 1 卷　集部词曲类　佚

镜花词 1 卷　集部词曲类　佚

以上 3 种见道光《续纂宜荆县志》卷 9。

周保极

字洪五。清宜兴人。

尚志楼文集 10 卷诗集 4 卷　集部别集类　佚

见道光《续纂宜荆县志》卷 9。

张　缥

字云卿，号陶轩。清宜兴棠下里人。嘉庆二十四年(1819)恩贡生。幼颖敏，读书目数行下，淹贯经史，行文雅正。

陶轩文钞　集部别集类　佚

见光绪《宜荆新志》卷10。

任履祥

字旋吉。清宜兴人。诸生。

南涧山房诗草　集部别集类　佚

见道光《续纂宜荆县志》卷9。

汪文月

字梅芬。清荆溪人。彩书姐，广西太平府经历何文敏继妻。工诗善画。

静好轩吟稿　集部别集类　佚

见《清代闺阁诗人征略》卷6汪彩书传附。

钱　氏

清宜兴人。周升妻。

问月轩诗集　集部别集类　佚

见光绪《宜荆新志》卷10。

申泽溥

字景云，之焕孙，监生。之焕曾任宜兴知县，罢官后，子孙入籍宜兴。

卧云楼诗　集部别集类　佚

见道光《续纂宜荆县志》卷9。

刘　越

字轶伦。清荆溪人。嘉庆十三年(1808)举人,选安东教谕。喜奖掖后进,振兴文教,勤于课士,受业生相继登贤书,学风丕变。后以老乞休,归而卒。

连水诗存2卷　集部别集类　佚

见道光《续纂宜荆县志》卷9。

谢于磐

清宜兴人。嘉庆十八年(1813)恩贡生。

牧余草1卷　集部别集类　佚

见道光《续纂宜荆县志》卷9。

按:光绪《宜荆新志》卷9收其诗3首。

蒋　科

字汝登。清宜兴人。工诗古文辞,同邑张衢、海宁吴骞甚重之。长子颂芬,死于咸丰间兵事。

醉经斋古文稿　集部别集类　佚

晴峰吟稿　集部别集类　佚

以上2种见光绪《宜荆新志》卷10。

蒋　谨

字茂恩。清宜兴人。良榆子。道光五年(1825)岁贡生。中岁后不复应试。承家学,工古文辞,以唐宋大家为宗,有时誉。

菉漪古文1卷　集部别集类　佚

菉漪时文1卷　集部别集类　佚

以上2种见道光《续纂宜荆县志》卷9。

蒋　称

字梦吉。清宜兴人。诸生。持己甚严，待人诚挚慷慨。咸丰间以子嗣珍秩赠奉直大夫、光禄寺署正。

临溪轩诗草1卷　集部别集类　佚

见道光《续纂宜荆县志》卷9。

李共辰

字篑轩。清宜兴人。力学能文，然久困童子试。事母以孝闻，抚孤侄胜于己出。咸丰初以子杜文秩赠征仕郎、内阁中书衔、溧水教谕。

五经精粹　经部群经总义类　佚

历代史疑辨　史部史评类　佚

缀园唱和集　集部总集类　佚

清李共辰辑

以上3种见光绪《宜荆新志》卷10。

杨荫椿

清宜兴人。

稗记拾遗　子部小说类　佚

见道光《续纂宜荆县志》卷9。

陈　燧

字启醇。清宜兴湖汊里人。工诗文。嘉庆十五年(1810)举人，两应礼部试不售。以母老归，遂绝意仕进。尝建立义仓，开浚官河，力行诸善事。

息亭集　集部别集类　佚

见道光《续纂宜荆县志》卷9。

陈　懋

字锡钝。清宜兴湖汉里人。监生。有义行。

拥翠楼稿　集部别集类　佚

见光绪《宜荆新志》卷10。

万　鹏

字晓沧。清宜兴人。道光五年(1825)廪贡生。性嗜学。课子弟无间寒暑,门下士多擢巍科者。每闻见一善,必书揭于壁。有仆数人,咸为娶妇,分以资,焚券遣之。

说诗新语　经部诗经类　佚

轶云课艺　集部别集类　佚

经籍艺文笺　集部诗文评类　佚

以上3种见光绪《宜荆新志》卷10。

潘应柱

清宜兴人。岁贡生。教授里中,门下士成名者甚众。工诗,有文名。

棣园诗稿　集部别集类　佚

见道光《续纂宜荆县志》卷9。

任　煃

字宇昭。清宜兴人。朝桢次子。诸生。道光间纂修县志,悉心采访孝友贞节事迹。创立栖流所、善堂,岁荒办赈,整顿族规。同治年间赠奉直大夫、湖北随州州同。

忠孝汇编　史部传记类　佚

旌节录　史部传记类　佚

以上2种见光绪《宜荆新志》卷10。

(道光)重刊续纂宜荆县志10卷首1卷　史部地理类

清顾名、龚润森修　吴德旋纂　任熣分纂

(1) 清道光二十年(1840)刻本,南京图书馆藏。

(2) 清同治八年(1869)活字本,南京图书馆藏。

(3) 清光绪八年(1882)刻《宜兴荆溪旧志五种》本。

(4)《中国方志丛书》本。

惜字杂说　子部杂学类　佚

见光绪《宜荆新志》卷10。

任午桥存稿3卷　集部别集类

清任朝桢撰　任熣编刻

清道光二十年刻本。参见“任朝桢”条。

周廷谦

清荆溪人,灿子。折节读书,一遵庭训。嘉庆十五年(1810)举人。或侵其先人冢地,成大狱,廷谦以死争之,竭蹶劳瘁,竟以陨身。

桐庭诗稿　集部别集类　佚

见道光《续纂宜荆县志》卷9。

李翠莲

清宜兴人。女,幼承母教,能诗词。邑有吴生,文名藉甚,父以翠莲诗词求生点定,女心折,求一见焉。父殁,叔父强以女字富贾,乃抑郁而卒,年仅21岁。

翠莲诗稿2卷　集部别集类　佚

见光绪《宜荆新志》卷8本传。

吴　珍

清宜兴人。

杏林斋稿8卷　集部别集类

清道光间刻本，镇江图书馆藏。

任　泰

字阶平。清宜兴人。启运后人。为诸生时，段玉裁曾延请训其子，又与阮元为翰墨之交。道光六年(1826)进士。官庶吉士。相国英和器重之，荐修国史。泰淡于宦情，不赴。散馆，历主钟山、尊经书院讲席十余年。

质疑(一作经学质疑)1卷　经部群经总义类

(1) 清道光间木活字印本，国家图书馆藏。

(2)《仰视千七百二十九鹤斋丛书》本。

(3)《丛书集成初编》本。

清芬楼质疑1卷馆课1卷杂著1卷　子部杂学类

清道光间活字印本，国家图书馆藏。

按:《贩书偶记》卷11云:"此《杂著》即任启运传稿。"

清芬楼集3卷　集部别集类

清道光间木活字印本，国家图书馆藏。

戴连城

字国琛，一字璞山。清荆溪人。荣子。嘉庆二十一年(1816)副贡生，道光八年(1828)举人。年幼丧母，事父以孝闻，生平无疾言妄语。曾佐两淮鹾使幕，校安定梅华书院课艺。

璞山文集　集部别集类　佚

见光绪《宜荆新志》卷10。

戴廷栋

字味琴，一字松云。清荆溪人。官候选县丞。

绮云山房遗韵　集部词曲类

见《全清词抄》卷16，收其词1首。

汪彩书

字桂芬。清荆溪人。文月妹,戴廷栋妻。

双梧轩诗　集部别集类　佚

联吟集　集部别集类　佚

以上2种见《清代闺阁诗人征略》卷6。

周鸣鸾

清宜兴人。

兰轩诗钞　集部别集类

韵轩赋钞　集部别集类

松轩试帖　集部别集类　佚

以上3种见光绪《宜荆新志》卷10。

徐廷枢

清宜兴人。

蓼轩存稿　集部别集类　佚

见光绪《宜荆新志》卷10。

丁馥书

字惺斋。清荆溪人。嘉庆二十五年(1820)岁贡生,少以文行为乡里推重。其后文益高,品益粹;处己甚约,取与甚严。暇与子弟讲论经史疑义,娓娓不倦。卒年74。

梦松堂集　集部别集类　佚

见道光《续纂宜荆县志》卷9。

潘谦受

字竹虚。清宜兴人。光序子。附监生。工诗古文,游京师,有名声。授徒终生。

竹虚小题文　集部别集类　佚

如不及斋诗 2 卷　集部别集类　佚

以上 2 种见光绪《宜荆新志》卷 10。《新志》卷 8 本传云:“弟子多造就者,为梓其《小题文》及试律行世。”

欧　赋

字雰堂。清宜兴人。郡增生。性坦直,无城府。幼与弟文友爱,对床风雨,有苏家轼、辙风。工古文辞。邑名宿吴德旋、潘光序竞为延誉。尝自当铺归,遇歙人有急难,即倾囊付之。

四书蠡测 1 卷　经部四书类　佚

见光绪《宜荆新志》卷 10。

史绍闻(? —1860)

字讷堂。清荆溪人。幼颖异。道光三年(1823)进士。选徽州教授。绩溪胡肇智、婺源王友端、歙县宋梦兰皆受业门下。年未 50 引疾归。与兄承槃煮茗论文,不与外事。咸丰十年(1860)死难。

湘真阁文　集部别集类　佚

湘真阁诗集　集部别集类　佚

以上 2 种见光绪《宜荆新志》卷 10。

徐人龙

字自牧。清宜兴人。家贫,有至性。刻苦自学,以至于成。年 40 后绝意科举,授经自食。门下多穷经实践之士。

求心篇　子部儒学类　佚

身心日检　子部儒学类　佚

衣言录　子部儒学类　佚

筠窗寤歌　子部杂学类　佚

疗饥集　集部别集类　佚

以上5种见道光《续纂宜荆县志》卷9。

任　晟

字曙堂。清宜兴人。惇典子。早慧。道光五年(1825)拔贡。工诗古文辞，曾得英和赞赏。贺长龄辑《皇朝经世文编》，延其入幕，多所商定。解馆日尽以所得金购书归，从事著述，至老不倦。

周易卦辞集说汇纂　经部易类　佚

春秋三传折衷论解　经部春秋总义类　佚

粤逆纪事　史部杂史类　佚

离骚阐义　集部楚辞类　佚

望云楼古文　集部别集类　佚

骈体文稿　集部别集类　佚

曙堂试律　集部别集类　佚

以上7种见光绪《宜荆新志》卷10。《新志》卷8本传分别作《易义集成》《春秋四传折衷》《离骚述意》。

罗景高

字凝山。清宜兴人。诸生。敦族谊，工文章。

五经经解　经部群经总义类　佚

凝山文集　集部别集类　佚

以上2种见光绪《宜荆新志》卷8本传。

周秉钧

字静斋。清宜兴人。诸生。少承家训，研经励行，尤以济物为心，多义举。晚岁犹训孙辈读五经，背诵解说，一丝不苟。光绪间以子荫南秩，封修职郎、海州学正。又以孙家楣秩，晋赠荣禄大夫二品衔、顺天府府尹，加二级。

评注左传12卷　经部春秋左传类　佚

见《光宣宜荆续志》卷11。

储　材

字西屏。清宜兴人。道光年间附贡生。事孀居嗣母70余年，视诸侄如子。林则徐任江苏巡抚时，奖其孝友，屡赠以文。

鸰原哀草　集部别集类　佚

见光绪《宜荆新志》卷10。《新志》卷8本传云："生平所著诗文，经兵燹俱尽，惟哭季弟诗绝句三十首，曰《鸰原哀草》，刊行焉。"

邵金彪

字秋仙，原名彪祥。清宜兴人。诸生。少时见重于同邑潘辰雅、周济、路同申及武进李兆洛。上自天文地理，下及方伎农工，靡不周习。道光间两游京师，后得序贡归。

花经三十三章　子部农家类　佚

绿绮琴曲　子部艺术类　佚

秋仙文集　集部别集类　佚

秋仙诗集　集部别集类　佚

以上4种见光绪《宜荆新志》卷10。

钱富邦

清宜兴人。

医林阐要　子部医家类　佚

见光绪《宜荆新志》卷10。

周　氏

清荆溪人。麟瑞女，杭斗文(焕之)妻。

餐柏吟稿1卷　集部别集类　佚

见光绪《宜荆新志》卷10。

邹汝济

字兰楫。清宜兴人。诸生。家贫授徒为业，以能文名于时，工诗。

兰楫诗草　集部别集类　佚

见光绪《宜荆新志》卷10。

任　昕

字晓峰。清宜兴人。惇典子。早慧，与兄晟同补博士弟子员，以明经终。尝居东郭怡园，门下多知名士。

怡园赋钞　集部别集类　佚

见光绪《宜荆新志》卷8。

周　徵

字慕陶。清宜兴人。诸生。事父母孝。妹寡而贫，周养备至。世父曦卒于泰兴，从弟皆幼，为迎丧归葬。平生读书刻苦，至老弥笃。

述古懿行录　史部传记类　佚

晓峰楼文集　集部别集类　佚

以上2种见光绪《宜荆新志》卷10。

欧　文

字西青。清宜兴人。赋弟。嘉庆二十一年(1816)举人，道光二年(1822)进士。历任广西罗城、来宾和山东文登、单县知县，所至有循声。举卓异，寻以劳卒。

道光二年壬午恩科会试朱卷1卷　史部传记类

清道光间刻本，国家图书馆藏。

(道光)文登县志10卷　史部地理类

清蔡培、欧文修，林汝谟纂

清道光十九年刻本，国家图书馆藏。

养疴漫吟　集部别集类　佚

闲斋时文钞　集部别集类　佚

粤岭登高词　集部词曲类　佚

以上3种见光绪《宜荆新志》卷10。

万贡璆(1788—1860)

字香巢。（按：《〈万氏宗谱〉与万树的家世》称字石君，号香巢，别号冷香，又号红香。）清宜兴人。少与泾县包世臣、江都符保森、邵阳魏源、同郡李兆洛相引重。购旅园以奉亲，广植花木，词人多从其游。性伉爽，喜任事，邑有善举，咸推董理。工书画，苍朴有韵。

云台山志　史部地理类　佚

见光绪《宜荆新志》卷10。

祝英台近山房诗钞2卷词钞1卷　集部别集类

清道光三十年(1850)刻本，国家图书馆藏。

按：魏源《祝英台近山房诗钞序》云：“诗至唐贤为造极，而唐诗绝少善本，《品汇》庶称大观。然详初、盛而略中、晚。中、晚则详开元而略元和。《品汇》以浑成含蓄为宗，后贤以才调风情为重，鸿蒙既辟，风气顿开，业踵事而增华，讵胶柱而鼓瑟！唯放其才情之所至，而驯造于神韵之自然，则吾香巢先生是篇有焉。先生是集如白乐天迄王、孟诸家，不拘徯径，直摅胸臆，或因时感怀，或缘情绮靡，未始非初盛之阶梯，而《品汇》之鼓吹也。用抒管见，以弁篇首。”

祝英台近山房词钞1卷　集部别集类

清刻本，北京大学图书馆藏。

祝英台近山房词4卷　集部词曲类　佚

见清光绪《宜荆新志》卷10

祝英台近山房曲谱　集部词曲类

清万贡璆辑

清抄本,北京大学图书馆藏。

粉舌缘传奇　集部词曲类　佚

见光绪《宜荆新志》卷10。

苏　穆(1790—?)

一名姞,又名挨,字佩襄。清山阳人。宜兴周济妻。颖慧好学,工诗古文词。

贮素楼诗　集部别集类　佚

见光绪《宜荆新志》卷10。

贮素楼词1卷　集部词曲类

(1) 清道光刻本,安徽师范大学图书馆藏。

(2) 清光绪四年(1878)周振镛校刻本。

(3) 清光绪二十二年(1896)南陵徐氏刻《小檀栾室汇刻闺秀词》本,河南大学图书馆藏。

(4)《求志堂存稿汇编》本。(按:该丛书中作"储素楼词")

(5) 1986年扬州江苏广陵古籍刻印社影印本。

(6) 2016年华东师范大学出版社《周济词辑校》本。

按:其词集名《贮素楼词》《储素楼词》两见。

万贡珍(1796—1861)

字荔门。清宜兴人。望次子,贡璆弟。道光三年(1823)进士。由庶常改官户曹,官湖南布政使司布政使,署湖南巡抚,以大理寺卿致仕,是晚清重臣。

蟾香榭文集4卷　集部别集类　佚

蟾香榭诗集2卷　集部别集类　佚

以上2种见光绪《宜荆新志》卷10。

程嘉杰

字卧梅。清宜兴人。嘉庆二十三年(1818)举人,道光年间授南陵训导,以卓异升知县,发江西,历保同知直隶州。咸丰三年(1853)任铅山知县。居官谨慎。

梅花吟馆诗草　集部别集类　佚

见光绪《宜荆新志》卷10。

按:《全清词钞》卷18收其词2首。

傅隐兰

字文卿。清宜兴人。知县程嘉杰妻。工词。

刈兰吟　集部别集类　佚

见光绪《宜荆新志》卷10。

刈兰轩词钞1卷　集部词曲类

见《全清词钞》卷32,并收其词1首。

任和徵

清荆溪人。烜女,徐丽金妻。幼颖慧,工诗古文。

吟秋阁诗存　集部别集类　佚

见光绪《宜荆新志》卷10。

陆与乔(?—1860)

字子卿。清宜兴上头里人。贫而好古,善鉴别名人书画,字体奇逸。师事吴德旋,工诗古文。生平未尝应有司试。早岁丧偶,不复娶。号所居楼曰"匣琴楼"。

匣琴楼诗集　集部别集类　佚

见光绪《宜荆新志》卷10。

储　阶

字斯复。清宜兴人。麟炳子。生员。性闲远，以诗文名于时。

南臧储氏宗谱　史部传记类　佚

清道光五年(1825)储阶纂订，见《南臧储氏分支谱》卷首“历世修谱纪名”。

(嘉庆)增修宜兴县旧志 10 卷首 1 卷末 1 卷　史部地理类

清李先荣原本　阮升基、宁楷等增纂　储阶等分纂

(1) 清嘉庆二年(1797)刻本。

(2) 清同治八年(1869)活字本，南京图书馆藏。

(3) 清光绪八年(1882)刻《宜兴荆溪旧志五种》本。

(4) 民国间重印本。

(5) 台北《中国方志丛书》本。

(6)《中国地方志集成》本。

(7)《无锡文库》本。

(8) 2017 年方志出版社点注本。

瘦峰偶存稿 1 卷　集部别集类　佚

见道光《续纂宜荆县志》卷 9。

蒋维城

字义和。清宜兴人。诸生。幼丧父。食贫力学，无间寒暑。工文章，屡赴省试不售。晚益好学不倦，宗族子弟，赖以造就。

人生十则　子部儒学类　佚

见光绪《宜荆新志》卷 10。

储　潮

字问涛。清宜兴人。道光二年(1822)举人，拣选知县。少能文，家贫苦学。乡举后，文课不失期者 10 余年。善诗，好吟咏，积稿 1500 首。

芸窗杂咏 1 卷　集部别集类　佚

见光绪《宜荆新志》卷 10。

万　秉

清宜兴人。

筱乡诗钞　集部别集类　佚

见光绪《宜荆新志》卷 10。

朱　珩

字宝田，一字少白，号桔亭。清宜兴人。不乐举业，以音律自娱。好菊，深秋菊盛之际，常招饮诸词人，唱和其间，同县吴德旋谓其词得力于南宋诸大家。

桔亭词稿　集部词曲类

见光绪《宜荆新志》卷 10。

按：《全清词钞》卷 16 收其词 4 首。

桔亭词 1 卷补遗 1 卷　集部词曲类

清光绪二十三年(1897)刻本，上海图书馆藏。

吴景墙

字森斋，清宜兴六科里人。弱冠受知学使姚文僖，补县学生。道光五年(1825)拔贡。廷试偶有失误，归而教授弟子。治经荟萃众说，择善而从，不欲以著述自炫。尝续修《宜兴荆溪县志》，翔实典雅，为传世之作。临终诫其子：勿作哀启，毋乞铭诔。卒年 85。

(光绪)宜兴荆溪县新志 10 卷首 1 卷末 1 卷　史部地理类

清施惠、钱志澄修　吴景墙等纂

(1) 清光绪八年(1882)刻《宜兴荆溪旧志五种》本。

(2) 1921 年铅印本。

(3) 1970 年台北成文出版社《中国方志丛书》本。

(4)《中国地方志集成》本。

(5)《无锡文库》本。

程嘉烈

字伟卿。清宜兴人。嘉杰弟。援例就国子生,应京兆试,因母丧罢试归。性孝友,为文豪放。工书,体兼颜柳。咸丰年间广东巡抚耆龄延主章奏书檄。

章粤笔耕录　子部杂学类　佚

哀江南词50阕　集部词曲类　佚

以上2种见《光宣宜荆续志》卷9。

周鸿逵

字云路。清宜兴人。汝为子。诸生。早岁丧父,事母孝,40年如一日。抚弟成立。邃经学,善训迪。经其指授,辄获仕进。年逾六旬,犹诵读不辍。

健庵文稿　集部别集类　佚

见光绪《宜荆新志》卷10。

孙履泰

清宜兴人。

集唐诗钞　集部别集类　佚

见光绪《宜荆新志》卷10。

潘光淳

字楚青。清宜兴人。廪生,有文誉。

听彝堂古文　集部别集类　佚

听彝堂时文　集部别集类　佚

以上2种见光绪《宜荆新志》卷10。

吴　山

字有美。清宜兴归美里人。诸生，中年补博士弟子员。为文有精思，不喜制举业。潜心算术，尝以三角八线之法，折减倍加，推求星度。又好作回文诗，极巧穷工。太平军下宜邑，率团抗拒受伤死。

天学分度 10 卷　子部历算类　佚

瓣香阁回文诗 1 卷　集部别集类　佚

璇玑锦余图 4 卷　集部别集类　佚

以上 3 种见光绪《宜荆新志》卷 10。

徐廷华

清宜兴人。

昔轩文存 1 卷　集部别集类

黑格抄本，南京图书馆藏。

陈锡光

字阆散。清宜兴人。读书过目成诵。初书院试，邑令疑其幼，面试之，累冠童子试。逾岁，补附学生，旋饩于庠。省闱历十三荐不售，乃绝意仕进。尝客维扬。古文学韩、柳，诗宗陶、韦，词曲豪迈绮旎，骈体沉博绝丽，积稿至 5000 首。卒年 70 余。

韵疑、韵辨　经部小学类　佚

播九谷集　子部农家类　佚

雕虫集　集部楚辞类　佚

厂庐汇草　集部别集类　佚

幕游草　集部别集类　佚

以上 5 种见光绪《宜荆新志》卷 10。

潘士超

清宜兴人。

堵文忠公集 10 卷　集部别集类

清堵胤锡撰

清道光二十八年(1848)潘士超静日轩刻本,南京图书馆藏。

按:此书卷 10 为附录,乃潘士超所辑传状碑铭之文。

原　诘

字又维,号放庵。清宜兴人。原籍太仓。性耿介,喜填词。春秋佳日,独行踟蹰,触景抒词。

红豆词　集部词曲类　佚

见《全清词钞》卷 34,收其词一首。

许体言

字思恕。清宜兴人。诸生。幼承家学,博通经史。文以古大家自期,身后稿散佚。

就花轩文集　集部别集类　佚

远山文草　集部别集类　佚

以上 2 种光绪见《宜荆新志》卷 10。

路起涛

字鉴渊。清宜兴人。岁贡生。平生以古狂狷自任,不为迂拘无用之学。尝诵明高忠宪(攀龙)语曰:"士无常品,要在不失其人之本色而已。"然起涛外若简易,内实峻整。教子严。课徒不计酬金,尽心教诲。中年邃于《易》。咸丰初徵孝廉方正,学师将以荐举,力辞。卒后题旌曰"望重儒林"。

读易辨 3 卷　经部易类　佚

读史随笔　史部史评类　佚
卜筮偶得 1 卷　子部术数类　佚
鉴渊古文钞 1 卷　集部别集类　佚
鉴渊诗钞 2 卷　集部别集类　佚
悼亡集 1 卷　集部别集类　佚

以上 6 种见光绪《宜荆新志》卷 10。

徐其志(？—1860)

字伯宏，号谌人。清荆溪人。诸生。保举训导。曾入杨袁浦幕。博极群书，工古文诗词，尤讲求经世之学，为同郡李兆洛入室弟子。咸丰十年(1860)死于战乱。

音学撮语 1 卷　经部小学类　佚

见光绪《宜荆新志》卷 10。

治河总略　史部地理类　佚

见光绪《宜荆新志》卷 8 本传。

客窗杂记 2 卷　子部杂学类　佚
叩囊韵语　子部兵书类　佚
古文 2 卷　集部别集类　佚
听雨楼诗 2 卷　集部别集类　佚

以上 4 种见光绪《宜荆新志》卷 10。

瑞云词 1 卷　集部词曲类

清咸丰四年管城李銮扬刻本，上海图书馆藏。

汶上缘曲 1 卷　集部词曲类　佚

见光绪《宜荆新志》卷 10。

徐慎独(1800？—1860)

字迂伯。清宜兴人。倜傥不群，善篆隶，工诗文。不事举业，留心经世之学，尝考时政得失，作治安十策。道光二十、二十一年间(1840—

1841)海疆事棘，作平夷策六篇。时曾国藩官翰林，闻而访之，并书“海内奇男子，江南大布衣”楹联赠之。母殁，慎独号痛，冢庐3年。咸丰十年(1860)宜兴城陷，与族兄俱自沉于溪。

治安十策　史部政书类　佚

平夷策6篇　史部政书类　佚

见光绪《宜荆新志》卷8本传。

史青照

清宜兴人。

几何原本详解3卷　子部历算类　佚

见《光宣宜荆续志》卷11。

邹铜士(？—1860)

字翔藻。清宜兴人。廪生。家贫嗜学，从路元暹游。为文清真简古，不随时俗。年30余，始补诸生。

五经奥义5卷　经部群经总义类　佚

古文1卷　集部别集类　佚

翔藻吟草1卷　集部别集类　佚

以上3种见光绪《宜荆新志》卷10。

朱希镐

字松坪。清宜兴人。医家。

究心编痘科2卷　子部医家类

清道光十年(1830)刻本，上海中医药大学图书馆藏。

周应麟(？—1860)

字仁吾。清宜兴人。监生。性好施与，戚党借贷，不取息，不责偿。咸丰十年(1860)死于战乱。

尚书大旨　经部尚书类　佚

见道光《续纂宜荆县志》卷9。

史景灏

字子真。清宜兴人。廪生。敦品谊，能文章。家贫授徒，陶冶曲至。徐家杰、徐鸣皋昆季从之游，皆掇巍科。

课徒文钞　集部总集类　佚

见光绪《宜荆新志》卷8本传。

吴同午

字午生。清宜兴人。辰子。少通敏，博览群书，为文简洁有法，喜收集书画碑刻。工诗善书，著作颇多。

陈迦陵(维崧)年谱　史部传记类　佚

茶山集　集部别集类　佚

咏史诗　集部别集类　佚

小桐华馆吟稿　集部别集类　佚

以上4种见光绪《宜荆新志》卷10。

汤全锡

宁慕云。清宜兴人。知府何愚妻，侍郎何彤然母。博通经史，儿孙皆自督课。尤工绘事。

五云阁吟草　集部别集类　佚

见《历代妇女著作考》引《正始续集》。

蒋颂芬(？—1860)

字子香。清宜兴人。科长子。诸生。以古文名于时。死于咸丰间兵事。

海霞楼古文6卷　集部别集类　佚

海霞楼诗钞 2 卷　集部别集类　佚

以上 2 种见光绪《宜荆新志》卷 10。

李树龄

字松崖。清宜兴人。师事路元暹。与隐逸、高僧交往，日相切磋，以诗古文名。教授数十年，学风精严。咸丰元年(1851)恩贡生，就职州判。太平军兴，避居乡间，郁郁致疾卒。

漉浍剩稿五种　集部丛书类　佚

见光绪《宜荆新志》卷 10。

沈云骧

字霞轩。清荆溪人。4 岁丧父，兄云从抚之。道光五年(1825)举人，十五年进士。授陕西府谷知县，迁韩城县。亟除宿弊，廉明有政声。乞疾归。晚以诗文自娱。

秦归草　集部别集类　佚

谷贻堂诗集　集部别集类　佚

以上 2 种见光绪《宜荆新志》卷 10。

储　鸿

字衍斋。清宜兴人。道光十二年(1832)举人，候选知县，能文，工诗词。久居京师，诗文脱稿后，辄为人传诵。

碧云词　集部词曲类　佚

见光绪《宜荆新志》卷 8。

袁文敏

字仲泰。清宜兴人。监生。累试不售。力行善举。咸丰六年(1856)大旱，倾其资赈济，全活甚众，受赏五品衔。晚年犹好学不倦，尤喜读《易》，与周于郊相切磋。

读易臆说　经部易类　佚

见《光宣宜荆续志》卷9本传。

杭　璠

字景山。清宜兴人。道光二十一年(1841)恩贡生。少孤,事母以孝闻。刻苦读书,无间寒暑。

执中蕴义4卷　子部儒学类

佚名撰　清汤寿名、杭璠、吴奎光参订

(1) 清道光十三年谈克顺等刻本。

(2) 清光绪元年(1875)阳羡吴和安重刻本,南京图书馆藏。

蒋家芬

清宜兴人。科次子。工诗古文,尤好为词,有南宋遗风。

拾唾诗草2卷　集部别集类　佚

怜影词　集部词曲类　佚

以上2种见光绪《宜荆新志》卷10。

黄星照

字劼园。清宜兴人。道光十二年(1832)附贡生。博学工诗。奖掖后进,乐善好施。二十二年因捐赈加训导衔。

览古琐言　子部杂学类　佚

效颦集　集部别集类　佚

环山楼诗集　集部别集类　佚

以上3种见光绪《宜荆薪志》卷10。

林子春(1801—?)

字仰之,号彦斋。清荆溪人。霄孙。工古文,擅诗赋。

怀远堂诗稿1卷文稿1卷赋稿1卷字学举隅1卷　集部别集类

清活字印本，南京图书馆藏。

路廷铨

清宜兴人。

石林　子部杂学类　佚

无咎斋诗草　集部别集类　佚

以上2种见光绪《宜荆新志》卷10。

徐祝封

字尧农。清宜兴人。诸生。精医理，病家争相延致，取效如响，而受酬甚微。曰："吾非藉此糊口，第既如此，不容不尽吾心耳。"

医学汇纂10余卷　子部医家类

见《光宣宜荆续志》卷9本传。谓所著"惜身后残阙矣"。

高　槐

清宜兴人。

云溪诗钞4卷　集部别集类　佚

见光绪《宜荆新志》卷10。

储世臣

字子周。清宜兴人。自幼颖敏，绩学工诗词，以上舍生终身。

鸿雪馆词草　集部词曲类　佚

见光绪《宜荆新志》卷10。

蒋　氏

自号浣垢老人。清宜兴人。陈敦吾妻。

浣垢吟草　集部别集类　佚

见《历代妇女著作考》引《正始续集》。

蔡锡晋

清宜兴人。

百衲2卷　子部杂学类　佚

见光绪《宜荆新志》卷10。

杨宗洛

清宜兴人。好读书。屡试不售，遂精研医术。与无锡王济时切磋，术益进。其业师赵明经文炳客扬州，患虚损疾，往诊之。丹阳名医王献廷后至，阅其方曰："此可终身服也。"服之果效。

旷直医案　子部医家类　佚

见光绪《宜荆新志》卷10。

任　瑛(1803—1884)

字憩堂。清宜兴人。淳文孙。道光二十七年(1847)进士。以知县发湖南，补桃源县知县，又调补武陵，后摄知祁阳。时岁多饥，乃行平粜，置社仓，导民积谷。寻调桂阳，移嘉禾，复调永顺。后以功晋知府，引疾归。

缀园诗文全集　集部别集类　佚

见《光宣宜荆续志》卷11。

朱丽宣

字曙升。清宜兴人。道光十三年(1833)进士。由庶常改官工部主事，考取军机章京，升员外郎，记名御史。遭忧服阕，将赴都未行，卒于家。工诗文，楷法秀绝。

格言10则　子部儒学类　佚

见光绪《宜荆新志》卷11。

任　馨

字郑国。清宜兴人。道光八年(1828)举人。性和品峻,数十里内有争讼,一言立解。与族子光斗、族孙庚宣,筹捐经费,倡立救婴堂,使贫苦人家不再溺女婴。

地舆类考8卷　史部地理类　佚

见光绪《宜荆新志》卷10。

高　照

清宜兴人。

荆东拾渖　子部杂学类　佚

见光绪《宜荆新志》卷10。

高　质

清宜兴人。

耕余集1卷　集部别集类　佚

见光绪《宜荆新志》卷10。

储宪良

清荆溪人。

安素轩诗钞2卷词钞1卷　集部别集类

清道光十四年(1834)刻本。

徐　煊

字讱堂。清宜兴人。道光十四年(1834)举人。工诗文,深思远虑,直追先正。

半舫诗钞　集部别集类　佚

见光绪《宜荆新志》卷10。

任光熊

清宜兴人。烓子。咸丰同治年间在世。

仅可草　集部别集类　佚

见光绪《宜荆新志》卷10。

李晋绅

字秋泉。清宜兴人。工诗古文辞。

知非集古文2卷　集部别集类　佚

秋泉吟1卷　集部别集类　佚

红豆词钞1卷　集部词曲类　佚

以上3种见光绪《宜荆新志》卷10。

蒋星榆

字白庵。清宜兴人。诸生。有文誉,当道多礼聘之。从游者亦多掇科甲。

见心集文选　集部别集类　佚

见光绪《宜荆新志》卷8本传。

萧　引

字楚良。清宜兴人。府学生。守正安贫,屡试不售,同学则有袭其文登第者。

奇门遁甲2卷　子部术数类　佚

见《光宣宜荆续志》卷11。

蒋光泰(？—1860)

字琺丰。清宜兴人。鳞翔子。诸生。咸丰十年(1860)与族侄孙赓南避兵西畲里,同绝食死。

爱吾庐课徒草　集部别集类　佚

见光绪《宜荆新志》卷8蒋鳞翔传附。

杨怀璐

字玉叔。清宜兴人。诸生。工诗古文，名倾一时。卒年30，论者惜之。

韵花馆诗草2卷　集部别集类　佚

见道光《续纂宜荆县志》卷9。

徐　城

字仲坚。清道光间荆溪人。其志弟。工诗词。

听雨楼诗1卷　集部别集类　佚

听雨楼词1卷　集部词曲类　佚

以上2种见光绪《宜荆新志》卷10。

按：《国朝常州词录》收其词2首。

储翼群

字廉泉。清宜兴人。道光间恩贡生，候选州判。博览多识，为文雅健雄深。

廉泉存稿　集部别集类　佚

见光绪《宜荆新志》卷10。

高　煦

清宜兴人。

破闲斋诗集1卷　集部别集类　佚

见光绪《宜荆新志》卷10。

范　铭

字竹亭。清宜兴人。笃于孝友，乐善好施。为文清刚隽永。道光十七年(1837)举人。官翰林院典簿。

一得草2卷　集部别集类　佚

自得草1卷　集部别集类　佚

以上2种见光绪《宜荆新志》卷10。

李杜文(？—1860)

字冠唐。清宜兴人。共辰子。工诗善词。弱岁补诸生。如皋知县范某得其闱艺，甚赏之，招入署。道光十七年(1837)举人，选授内阁中书衔，官溧水县学教谕。咸丰十年(1860)奉母避兵事居乡间，遇乱被害。

流亡略　史部杂史类　佚

朗吟诗草1卷　集部别集类　佚

以上2种见光绪《宜荆新志》卷10。

率意吟草2卷　集部别集类

见光绪《宜荆新志》卷8本传，云："所著多散失，惟存《率意吟草》二卷。"

醉经阁今古文存　集部总集类　佚

见光绪《宜荆新志》卷10。

杨素仁

字君叔，自号远尔居士。清宜兴人。性高洁，淡于仕进，不与达者交。留心经世之学，精习技击。老无所用，则闭户读书，研经尤勤。工书法，兼虞、褚、欧、柳诸家之长。

评注左氏传　经部春秋左传类　佚

见《光宣宜荆续志》卷9本传。

潘镜沆

清宜兴人。

闲云山馆诗钞　集部别集类　佚

见光绪《宜荆新志》卷10。

潘宅仁

字诒清。清宜兴人。谦受子。廪贡生。少承家学,究心掌故,诗文有法度。壮岁远游浙、闽、赣诸省,旅浙最久。主台州书院讲席,累修府县志。归后授徒。光绪初受聘续修宜兴县志,寻辞去。

(同治)孝丰县志10卷首1卷　史部地理类

清刘濬修　潘宅仁等纂。

清光绪五年(1879)刻本,国家图书馆藏。

其他版本参见《中国古籍总目》。

骈体文钞2卷　集部别集类　佚

梅生赋钞2卷　集部别集类　佚

思芩轩诗钞2卷　集部别集类　佚

以上3种见《光宣宜荆续志》卷11。

杨翼亮(1809?—1899?)

字尧门。清宜兴人。博通经史,旁及词章诸子百家,于舆地、律吕、勾股、韵学,无不贯通。然不拘于举业,素怀济世之志,屡上书当道,言内外危机,切中时弊,主张更张法令。闻者或骇其怪,或病其迂,终不得用。遂归隐乡里,深研易理,暇则与婺源齐学裘相唱和。91岁卒。

译古含奇3卷　子部术数类

清光绪十三年(1887)杭州三元坊小酉堂书坊刻本,上海图书馆藏。

按:是书分上、中、下3卷6册,《光宣宜荆续志》卷9本传作6卷。

(江苏宜兴)官庄杨氏宗谱4卷　史部传记类

清光绪二十六年彝叙堂木活字印本，上海图书馆藏(存卷一、三至四)。

志远轩诗草 1 卷　集部别集类　佚

见《光宣宜荆续志》卷 9 本传。

徐荣仁

字宅安。清宜兴后石湾人。熙仁弟。学行与兄齐名，而敬事之。与兄杜门教授，多所成就，达者争欲延致，终谢绝。

鉴湖草堂文集　集部别集类　佚

见《光宣宜荆续志》卷 11。

按:《续志》将其名误作徐宅仁。

吴　迁(? —1860)

字启堂，号止斋。清宜兴人。早有文誉，壮岁游京师，与同邑潘金相交善。金相馆都中，缙绅子弟从游者辄获巍科，迁门下尤多显达。道光十九年(1839)举人。晚归里，足迹鲜至城邑，邑令亦无知之者。咸丰十年(1860)死于难，文集亦散佚。

启堂制艺　集部别集类　佚

存性堂诗稿　集部别集类　佚

以上 2 种见光绪《宜荆新志》卷 10。

止斋文集　集部别集类　佚

见光绪《宜荆新志》卷 8 本传。

古文稿　集部总集类　佚

见光绪《宜荆新志》卷 10。

扫　叶(? —1863)

法名悟帚。清宜兴人。孙氏子。本业儒，自幼学诗，多雄词绮语，与同县潘宅仁、潘元达、王斯恭诸人联诗社相倡和。中年游秦楚。太平天国时避地山中，劝募集资，以粥为赈。病卒。

扫叶诗存 2 卷　集部别集类　佚

见光绪《宜荆新志》卷 10。《县志》卷 8 本传云："遗集二卷，僧云帆梓行。"

任光第

字石坪。清宜兴人。同治间岁贡生。重然诺，有古风。为文守先正矩度，从学者甚众。

水云居诗钞　集部别集类　佚

见《光宣宜荆续志》卷 9，云："经乱散失。"

徐　铭

字缄三。清宜兴人。煊族人。诸生。绩学敦行，为文长于理境，深入显出。

易说 2 卷　经部易类　佚

求善略说 1 卷　子部儒学类　佚

闲斋笔记　子部杂学类　佚

以上 3 种见光绪《宜荆新志》卷 10。

徐廷模

字直夫，一作直甫。清咸丰间荆溪人。工诗词古文，尤善书画。受篆隶法于怀宁邓传密。喜画松鹤，苍劲入古。

诗草 2 卷　集部别集类　佚

直养斋词(一作直斋词)4 卷　集部词曲类　佚

以上 2 种见光绪《宜荆新志》卷 10。

按:《国朝常州词录》卷 24 收其词 4 首。

吴乃希

字喻唐。清宜兴人。廷瑞子。少颖慧，为任晟入室弟子。工文章，善书翰，尤长于诗，绵丽沉郁，出入玉溪、昌谷间，一时文人相与倡和。然屡赴省闱不售，以明经终。

洗心研虑斋诗钞 3 卷　集部别集类　佚

见光绪《宜荆新志》卷 10。

烬余草 2 卷　集部别集类

清光绪九年(1883)刻本，中国科学院图书馆藏。

烬余草 3 卷(辛亥集、丙辰集、复然编各 1 卷)　集部别集类

清光绪十一年吴念萱刻本，南京图书馆藏。

吴振辅

字竹逸。清宜兴人。佾生。事亲孝，常经理祠产，增置田宅，规制秩然。

竹逸山房诗草　集部别集类　佚

见《光宣宜荆续志》卷 11。

徐宗襄

初名元恺，字慕云。清宜兴人。幼以神童名，弱冠补诸生。避喧深山古刹间，博涉群书，静参奥旨。道光二十九年(1849)举人，官内阁中书。寻改山东知县，累权冠县、平阳等地。工诗词，深于词学。

避兵笔记　史部杂史类　佚

河上吟 2 卷　集部别集类　佚

云门草 2 卷　集部别集类　佚

西行草 2 卷　集部别集类　佚

登岱记游草 1 卷　集部别集类　佚

柏荫轩絮月萍云词 2 卷　集部词曲类　佚

以上 6 种见《光宣宜荆续志》卷 11。

渡江草 1 卷　集部别集类

西行草 1 卷　集部别集类

以上 2 种有《徐氏一家集》本(稿本)。

絮月词 1 卷　集部词曲类

《明湖四客词钞》本。

柏荫轩絮月词 1 卷柏荫轩萍云词 1 卷柏荫轩词续存 1 卷　集部词曲类

清光绪间刻本,国家图书馆藏。

储炳照

原名炳,字蔚斋。清宜兴人。诸生。好吟咏,与任懋先、叶超等唱和。爱画溪山胜景,后隐居湖檐山中,以诗书自娱。

草堂吟　集部别集类　佚

寄生草　集部别集类　佚

以上 2 种见光绪《宜荆新志》卷 10。

潘元达

字石溪。清宜兴人。附贡生。精敏具才干,乡试不中,遂致力于诗,与同县潘宅仁、王斯恭、吴乃希、释扫叶诸人联社相倡和。

(江苏宜兴)蜀山潘氏宗谱 12 卷末 1 卷　史部传记类

清光绪十三年(1887)遗安堂木活字印本,上海图书馆藏(存卷九至十二、末)。

石溪诗集 6 卷　集部别集类

清光绪十二年耕砚轩刻本,南京图书馆藏。

按:《光宣宜荆续志》卷 9 本传云:“垂老删次所作,才存数卷,周京尹家楣为之序,乃刊行之。”

瀫里诗集　集部别集类

清张衢撰,潘元达辑刻。见“张衢”条。

任溥霖(？—1863)

字问渠，号学寿主人。清宜兴人。廪贡生，丹徒训导。为文敏捷伉爽，不作空言。冯桂芬亟称其文，遂与定交。咸丰中主办江宁团练，与太平军战。同治二年(1863)以忧愤卒。

学寿主人偶稿　集部别集类　佚

见《光宣宜荆续志》卷9，谓“兵乱散失，诸子为之裒集，仅得数卷。”

刘廷玉

字蕴白。清宜兴人。廪生。幼孤，事母孝。博学强记，能文工书。岁科试常冠军。授徒十余载，门下率知名士。著作多佚。

四书考镜　经部四书类　佚

四书人物备考　经部四书类　佚

经解　经部群经总义类　佚

读史论略　史部史评类　佚

以上4种见光绪《宜荆新志》卷10。

任熊飞

字渭纶。清宜兴人。补府学生。绩学励行，举业外兼工诗词。与同县名士潘宅仁、徐保辰等友善，会文课诗，互相切磋。

慧轮诗钞　集部别集类　佚

见光绪《宜荆新志》卷10。

烬余诗存2卷　集部别集类　佚

见《光宣宜荆续志》卷10。

欧阳晋(？—1853)

字可伯。清宜兴人。文子。9岁能仿李白为歌诗，及长，倜傥有大志，文战辄冠军，以优行，贡成均。咸丰初，署江宁府教授。三年(1853)

春,太平军攻克金陵,自经死。同治初,邑人朱人澂为立衣冠墓于雨花台。

韵珊诗草　集部别集类　佚

见光绪《宜荆新志》卷10。

任光斗

原名茂华,字筱春。清宜兴人。光熊弟。咸丰元年(1851)恩贡举人,两摄荆门州同知。同治五年(1866)曾率民团与捻军作战。加知州衔,赏蓝翎,补随州同知,创烈山书院。

任氏先德录12卷　史部传记类　佚

半舫居文钞　集部别集类　佚

汉东吟1卷　集部别集类　佚

以上3种见光绪《宜荆新志》卷10。

戴佩金

清荆溪人,廷栋女。

槐荫轩诗草　集部别集类　佚

见《清代闺阁诗人征略》卷6汪彩书传附。

蒋作霖

字纫堂。清宜兴人。道光二十九年(1849)大水,率诸昆季悉出藏谷充赈,里中富室继之,活人无算,以此叙从八品衔。咸丰六年(1856)旱疫,战后安置难民,皆出大力。一生造福乡梓,邑人德之。晚岁以孙善先秩,加二级赠奉直大夫。

沟渠利溉录1卷　子部农家类　佚

见光绪《宜荆新志》卷10。

李树培

字万峰。清宜兴人。精医术，治病多应手愈。长子逊庄世其业。

八阵图说　子部医家类　佚

见光绪《宜荆新志》卷 8 本传，云："析风、寒、署、湿、虚、实、内、外"8 证。

卢　焕

字葆光。清宜兴人。诸生。苦读绩学，寒暑一编。遇文社，虽远必至。

艾溪诗草 2 卷　集部别集类　佚

见光绪《宜荆新志》卷 10。

徐睿周

字商卿，号东篱。清咸丰间荆溪人。诸生。

篱角闲吟 2 卷　集部词曲类

清光绪五年(1879)涂英馆刻本，北京师范大学图书馆藏。

崔书黼(1813—1870)

字仲纶。清宜兴人。道光二十年(1840)岁贡生，咸丰二年(1852)副贡生。以古文为人所许，博诵勤思，不为空虚迂阔之学。晚嗜金石，以善书名。著述甚富。

四书经义丛考　经部四书类　佚

尘闲文钞　集部别集类　佚

诗源分体　集部别集类　佚

以上 3 种见光绪《宜荆新志》卷 10。

赵立成

字礼堂。清宜兴人。能文工诗,道光二十三年(1843)举人。一试春官不售,遂绝意仕进,授经终其身。与同邑吴尹卿交契。

四书题解　经部四书类　佚

吟荃诗集　集部别集类　佚

以上2种见光绪《宜荆新志》卷10。

崔乃翚

字芋堂。清宜兴人。锡华孙。道光十七年(1837)举人,咸丰六年(1856)进士。两充乡试分校,皆称得士。后补陵县知县,以母忧未及任。少承祖训,晚年尤好地理。李鸿章聘修《畿辅通志》"河渠志"。又檄令视河道,乃亲历详考。卒于京师,年67。著述为时推重。

(同治)畿辅通志300卷首1卷　史部地理类

清李鸿章等修　黄彭年等纂　崔乃翚分纂

(1) 清同治十年(1871)修,光绪十年(1884)刻本,南京图书馆藏。

(2) 清宣统二年(1910)石印本,北京师范大学图书馆藏。

(3) 1934年上海商务印书馆影印光绪刻本,南京图书馆藏。

(4)《中国地方志集成·省志辑》本。

按:是志修於同治十年,光绪十年开刻,十二年告竣行世。记事止于光绪九年。其"河渠"记述甚详,不仅对直隶诸河治理作了记述,并列有治河说一目,辑录自汉至清治河之论,对今天研究治理河北诸河具有借鉴价值。

治河说1卷　史部地理类

清抄本,南京图书馆藏。书名本馆自拟。

丛桂望时文　集部别集类　佚

见光绪《宜荆新志》卷10。

徐启南

清宜兴人。

永江诗草　集部别集类　佚

见光绪《宜荆新志》卷10。

徐贞宜

清宜兴人。戴廷栋子妇。

同声吟草　集部别集类　佚

见《国朝闺阁诗人征略》卷6汪彩书传附。

周荫南

字爱棠。清宜兴人。秉钧子。道光十一年(1831)恩科举人,曾主霍山书院,课文之外,以敦行勖多士,晚任海州学正。少时潜心闽洛之书,其学以辨义利为先。故自授徒迄居官,皆著实效。

萼桦堂制艺　集部别集类　佚

尺牍偶存　集部别集类　佚

以上2种见光绪《宜荆新志》卷10。

周爱棠尺牍不分卷　集部别集类

清同治十二年(1873)刻本,镇江图书馆藏。

曹炳夔

字铁香。清宜兴人。幼精敏,从伯兄锡晋学,为文出入经史,根柢蟠深。道光二十三年(1843)举人,二十五年进士。官翰林院庶吉士,工部屯田司主事。

令裕堂试帖2卷　集部别集类　佚

见光绪《宜荆新志》卷10。

许　懋

字立甫。清宜兴人。道光二十年(1840)举人。事父母孝,邃于经学,邑东南知名士多出其门。

读鉴一隅　史部史评类　佚

劫余编　集部别集类　佚

以上2种见光绪《宜荆新志》卷10。

李炳章

字蔚堂。清宜兴人。诸生。与诸生吴淞同巷居,相交甚契。屡荐不售,困顿无聊之慨,发为文章,为时人所称许。

秋吟草　集部别集类　佚

见光绪《宜荆新志》卷10。

汤士梅

字辛园。清宜兴人。附贡生。咸丰间候选训导,以教授为业。文宗桐城方氏,旁通星学。

地理管窥　子部术数类　佚

见光绪《宜荆新志》卷8本传。

王斯恭

字迂村。清宜兴人。诸生。家贫力学,经艺高古,小试辄绌。年40,学使临川李联琇至,始搜遗得之,明年饩于庠。尤工诗词,深古简淡,同辈翕服。

莪园诗钞　集部别集类　佚

莪园词钞　集部词曲类　佚

以上2种见光绪《宜荆新志》卷10。

徐之桢

字芝庭。清宜兴人。诸生。笃于行谊，笔耕奉母。族兄廷抡令崇安，招之往，以亲老辞。母年89卒，哀毁骨立。抚弟友爱。

迎湖诗稿　集部别集类　佚

迎湖续稿　集部别集类　佚

以上2种见光绪《宜荆新志》卷10。

徐家杰(1817—1895)

字伟侯。清宜兴人。寄籍宛平，一桂次子。道光二十四年(1844)举人，二十七年会元进士。历任山东阳信、益都知县。后仲子致靖入词垣，乃就养京师，主金台书院讲席10余年，德行文艺为一时所宗。

正谊堂诗文全集　集部别集类　佚

见《光宣宜荆续志》卷11。

周恩澍

字春涛。清宜兴人。徵子。少嗜学，为文卓荦，尤工俪体及诗赋。家贫授徒，发明四书、五经义类异同，学者翕然宗之。既入都，中咸丰二年(1852)恩科举人，充咸安宫教习，考取国子监学正。唐训抚皖，聘之办文案，改保知县。

六经辑要　经部群经总义类　佚

骈体杂存　集部别集类　佚

知不足斋诗集　集部别集类　佚

春涛制艺　集部别集类　佚

雨甘轩试律2卷　集部别集类　佚

以上5种见光绪《宜荆新志》卷10。

周守勋

字凝远。清宜兴人。事亲以色养，亲殁祭必泣，爱弟至终身不分家。晚年幕游楚北，得千金钞票于道，守三日得失主还之，赠以百金不受。

拳石山房诗钞 2 卷　集部别集类　佚

见光绪《宜荆新志》卷 10。

周柄仁

原名奉璋。清宜兴人。咸丰间岁贡生。

区种说　子部农家类　佚

见光绪《宜荆新志》卷 10。

傅佩芝

清宜兴人。隐兰女。

如芝轩稿　集部别集类　佚

见《光宣宜荆续志》卷 9。

宗　锦

字蜀江。清宜兴人。道光二十四年(1844)举人。性好善。承父志，设“永兴仓”。又请于邑令，仿隋长孙平法，每年丰亩出谷 1 升，储以待赈。邑令上其事，大府嘉之，檄诸郡通行。

旌孝录　史部传记类　佚

《县志》原按：为宋孝子风仪作。

宗忠简公(宗泽)年谱 1 卷　史部传记类　佚

以上 2 种见光绪《宜荆新志》卷 10。

周于邠

字用光，清宜兴洋塘里人。少好学，性孝友。道光二十九年(1849)大水，首创施粥，先后六阅月，全活甚众。晚年笃嗜程朱之学。

读易管见3卷　经部易类　佚

至知录　子部儒学类　佚

鸣珂集3卷　集部别集类　佚

《县志》原按：中有治安策六，御夷策五，海防策四，屯田策三，三吴水利书一。欧阳晋序。

以上3种见《光宣宜荆续志》卷11。

史登贤

字燮堂。清宜兴人。诸生。少孤贫，善事母，10岁始学句读。任晟赏之，引之门下。既壮，博学能文，下笔敏捷，篆隶绘事皆工。

粤逆纪略　史部杂史类　佚

怀人集　集部别集类　佚

以上2种见光绪《宜荆新志》卷8本传。

徐钟辉

字玉峰。清宜兴人。附贡生。工制艺，兼及诗古文辞。书学颜体。兵燹后以授徒自给，常接济贫困乡邻，为亲友抚育遗孤。晚年举债券悉付诸火。

蕴石山房文稿4卷　集部别集类　佚

诗文杂著8卷　集部别集类　佚

以上2种见《光宣宜荆续志》卷11。

徐恩贵

字念初，号宝卿。清宜兴人。咸丰元年(1851)举人。积学敦品，尝置册书言动以自省。工古文诗词。年未40而卒。
困学斋文集　集部别集类　佚
晓湖词稿　集部词曲类　佚
　　以上2种见光绪《宜荆新志》卷10。
　　按:《国朝常州词录》收其词2首。

潘福山

　　字西屏。清宜兴人。诸生,约咸丰间在世。以学行闻,好读乡先贤著作,身边常置汤之锜、史周沅诸人书,以为乃理学真传。
西屏诗草　集部别集类　佚
　　见清光绪《宜荆新志》卷10。
西屏剩稿1卷　集部别集类
　　清光绪间刻《石溪诗集》附,南京图书馆藏。

潘钟岳

　　字鹤亭。清宜兴人。文思敏捷,太平军欲招之,不从,饿死。
鹤亭经解　经部群经总义类　佚
鹤亭赋钞　集部总集类　佚
　　以上2种见光绪《宜荆新志》卷8本传,谓"梓行"。

徐承基

　　字继畬,晚号迂园。清宜兴人。增生,早有文誉,久困省试。咸丰间李联琇视学江苏,深加叹惋。后教授里中,门下多知名士。
课徒草　集部别集类　佚
怀辉堂制艺　集部别集类　佚
　　以上2种见光绪《宜荆新志》卷8本传。

储炳章

清宜兴人。

仁素堂古文　集部别集类　佚

覆瓿集　集部别集类　佚

同人唱和集　集部总集类　佚

以上3种见光绪《宜荆新志》卷10。

任夔奏

字鸣一。清宜兴人。诸生。诗文高洁有家法，中年习天算，推测日月五星躔度，造诣颇深。

简明四书图考　经部四书类　佚

简明人物备考　史部传记类　佚

简明面线算法　子部历算类　佚

以上3种见光绪《宜荆新志》卷10。

周湛霖

字兰舟。清宜兴人。徵子，增贡生。性孝友，博学多才，与兄恩澍齐名，有"二难"之目。尝游浙江，一时名流，如薛时雨、吕耀斗、吕书青等，皆与订文字交，迭相唱和。

周孝侯(处)年谱1卷　史部传记类

周简惠(葵)年谱1卷　史部传记类

(1) 以上2书合为1册，有光绪七年(1881)活字印本，国家图书馆藏。

(2)《北京图书馆珍藏珍本年谱丛刊》本。

孝侯风土记辑注2卷　史部地理类　佚

兰舟文集2卷　集部别集类　佚

如不及斋诗存2卷　集部别集类　佚

忠义集补注2卷　集部总集类　佚
如不及斋词存2卷　集部词曲类　佚
以上5种见《光宣宜荆续志》卷11。

周之斌

一作子斌，字勖卿，清宜兴云霭里人。咸丰六年(1856)大旱，设敦善堂于宋渎，施粥赈饥，全活甚众。十年(1860)，太平军下江南，以团防功，保安徽直隶州州判。

五云外史4卷　子部小说类　佚
课徒草1卷　集部别集类　佚
自勉斋赋钞1卷　集部别集类　佚
以上3种见光绪《宜荆新志》卷10。

周大镛(？—1860)

字鹿引。清荆溪蜀庄里人。性严毅。为学务根柢，治经史尤深邃。江苏学使李联琇器重之，补府学生。里人贺之，大镛曰："吾但计学之成否，区区者何足计。"咸丰十年(1860)死于兵难。

读史札记6卷　史部史评类　佚
浥兰堂文稿4卷　集部别集类　佚
以上2种见《光宣宜荆续志》卷9本传。

徐鸣皋

字慕袁。清宜兴人。一桂三子，家杰弟。道光二十三年(1843)举人，同治七年(1868)进士。官江西知县，累任星子、南城、清江、宜春、雩都、广丰、都昌、万载等县。所至清积牍，兴学校，与民休息，有政声。性不喜事上官，故不克安其位。读书数行俱下，过目辄能背诵。精医术，应手而愈，然不肯轻试，曰："吾恐术不精，致误人也。"

同治七年戊辰科会试硃卷1卷　史部传记类

清同治间刻本，上海图书馆藏。

（同治）星子县志14卷首1卷　史部地理类

清蓝煦、徐鸣皋修　曹徵甲等纂

（1）清同治十年刻本，国家图书馆藏。

（2）《中国地方志集成》本。

条教录　史部政书类　佚

情伪录　史部杂史类　佚

史韵补　子部典故类　佚

鸿雪闲谈　子部杂学类　佚

以上4种见《光宣宜荆续志》卷11。

周　玮(？—1860)

字少瞻。清宜兴人。应麟子。诸生。曾历游郡县幕，操守廉慎。咸丰间卒于兵难。

闲闲草堂集　集部别集类　佚

见光绪《宜荆新志》卷10。

周谷华

字耿之。清宜兴人。附贡生。少颖敏，读书过目不忘。工制艺，尤长律赋，书法出入赵孟頫、董其昌间。与邑人戴振鹭、吴乃希辈并以诗名。

安分轩诗赋1卷　集部别集类　佚

见《光宣宜荆续志》卷11。

蔡锡朋

字心莪。清宜兴人。诸生。绩学能文。咸丰间参与抵抗太平军，失败后守亲墓于湖滨，抑郁卒。

棠荫古文6卷　集部别集类　佚

见光绪《宜荆新志》卷10。

葛翰章

字墨卿。室名乐在斋。清宜兴人。性高洁,喜读书,淡仕进。所作古文、诗词及骈体、尺牍,有清新俊逸之致。

乐在斋古文　集部别集类　佚

乐在斋诗钞1卷　集部别集类　佚

苏诗摘句韵编　集部别集类　佚

七家诗注释　集部总集类　佚

乐在斋词1卷　集部词曲类　佚

以上5种见光绪《宜荆新志》卷10。

汤大镛

字夔笙。清宜兴人。增贡生。9岁丧父,由母程氏抚养课读。及长,刻苦自励,然十试省闱不第。晚岁经理县中善举及族务,克尽其力。曾参订光绪八年(1882)本《宜兴荆溪县新志》。

萱寿室苦吟草　集部别集类　佚

见《光宣宜荆续志》卷9本传,云:"兵毁不存。"

徐士烝

字嗣根,号祖香。清咸丰间荆溪人,监生。工词,喜游览,遇佳山水辄行吟忘返。月夕花晨,与诸友倚声按拍,甚相得。又善医,凡疑难杂症,投剂辄效。

息庵词1卷　集部词曲类　佚

见清光绪《宜荆新志》卷10。

按:《国朝常州词录》收其词2首。

徐鸣时

字镜湖。清宜兴人。咸丰间贡生，候选训导。幼聪颖，及长，博览群书，于天文、星学、卜算、岐黄，俱有造诣。工隶篆，尤善古文诗词。

读左心得　经部春秋左传类　佚

读庄心得1卷　子部周秦诸子类　佚

离骚浅注　集部楚辞类　佚

听蕉雨轩赋1卷　集部别集类　佚

听蕉雨轩词曲　集部词曲类　佚

以上5种见光绪《宜荆新志》卷10。

任道镕(1823—1906)

字砺甫、筱近，号寄鸥、寄翁、阳羡老民。清宜兴人。烜子，吴兰畹夫。咸丰初以拔贡选授奉贤训导，官湖北当阳、江夏知县，迁直隶顺德府知府，擢河南开归陈许道。光绪元年(1875)补授河南按察使，四年擢浙江布政使，五年调直隶布政使。二十二年任河道总督，二十七年调补浙江巡抚，兼学政。二十八年因病乞休。性勤敏，精于吏职。《清史稿》有传。

寄鹤馆日记　史部杂史类

(1) 稿本，上海图书馆藏。

(2) 2017年国家图书馆出版社出版《上海图书馆藏稿抄本日记丛刊》本。

按：日记起光绪七年，止九年。此系光绪初山东地区清兵训练见闻录，也记述了清军镇压捻军的资料。还记及与翁同龢、吴大澂等人的交往，附诗若干首。详《学林漫录》10集(中华书局，1985)陈左高《简介清代稿抄本日记十二种》一文。

读史六百韵　史部史评类

清同治刻本，南京图书馆藏。

寄鸥馆政书 4 卷　史部政书类　佚

诸子格言　子部儒学类　佚

以上 2 种见《光宣宜荆续志》卷 11。

寄鸥游草 11 卷存稿 1 卷　集部别集类

(1) 清光绪十三年刻本,国家图书馆藏。

(2)《清代诗文集汇编》本。

鸥馆闲吟　集部别集类

清光绪十六年刻本,南京图书馆藏。

鸣鹤堂文集 10 卷诗集 11 卷(一作任王谷先生集)　集部别集类

清任源祥撰　任道镕校订

清光绪十五年刻本,南京图书馆藏。

按:任道镕本书跋云:"吾祖王谷公诗集刊于康熙丁卯,海内风行。兵燹后书板无存。幸族叔申福家藏旧本一部,携至吴门,将就梓,从弟光奇曰:《鸣鹤堂文集》已刊于锡汾,诗集非异人任矣。遂措金付手民寿诸梨枣,道镕两与校订焉。"参"任源祥"条。

沅兰词　集部词曲类

清刻本,见《历代妇女著作考》。

按:此为道镕与继妻吴兰畹闺中唱和之作。

寄鸥馆集五种　丛书类

稿本,清华大学图书馆藏。

子目:

《寄鸥馆奏议》不分卷《补编》不分卷

《东河奏疏》不分卷

《浙抚奏疏》不分卷

《寄鸥馆杂著》不分卷《拾遗》不分卷

《庚辛笔记》不分卷

宗心澄

字直卿。清宜兴美栖里人。廪贡生。与县学生官渎里人陈常相友契。少年勤学，立品端谨，不喜举子业，终身究心于身心性命之学。

鄂桦堂庭训　子部儒学类　佚

见《光宣宜荆续志》卷11。

朱良弼

字小农。清宜兴人。附贡生。喜吟咏，善骈文。太平天国时避地乡曲，太平军令司文牍，乃自毁其目。

瞽人自叙1卷　集部别集类

清同治年间刻本，南京图书馆藏。

程熙春

字少颖。清宜兴人。援例以知县分发四川，署崇庆州事，治团练，镇压太平军。以军功保花翎直隶州知州，晋三品衔。累任射洪、筠连、太平等县知县，以知府改官浙江。

大清律七言集成2卷　史部政书类

清光绪四年(1878)刻本，国家图书馆藏。

(同治)筠连县志16卷　史部地理类

清程熙春修　文尔炘等纂

(1) 清同治十二年(1873)刻本，国家图书馆藏。

(2)《中国地方志集成》本。

按：程熙春在序中介绍修志缘起道，同治十一年到任时期，有感于康熙年间县志较为简洁，且流传不广，仅有抄本。同时为了记录康熙以后筠连县发生的事迹，表彰近年来军民同仇敌忾之情状，敦励风俗，遂有修志想法。十二年春延请文尔炘等修志。

储文典

清宜兴人。咸丰年间在世。

南臧储氏宗谱　史部传记类　佚

清咸丰八年(1858)储文典、储奇逢纂修,见《南臧储氏分支谱》卷首"历世修谱纪名"。

任重光

字静三。清宜兴人。源祥族孙。咸丰三年(1853)进士。同治初任河南光州知州。后调至僧格林沁军前,参与镇压捻军。

咸丰三年癸丑科会试硃卷1卷　史部传记类

清咸丰间刻本,上海图书馆藏。

金石补遗　史部金石类　佚

知止斋文集4卷　集部别集类　佚

以上2种见《光宣宜荆续志》卷11。

知止斋遗编3卷附录1卷外编1卷　集部别集类

清光绪十八年(1892)任元濬刻本,国家图书馆藏。

鸣鹤堂文集2卷　集部别集类

清任源祥撰　瞿源洙集评　任重光校

清同治十二年(1873)任重光刻本,国家图书馆藏。

按:任重光跋云:"族祖王谷(任源祥)旧有文集十卷诗集十一卷行世,咸丰十年,原板毁于火。兹将经世之文先行重刻,徐容陆续付梓。"

储广厚

字少岳。清宜兴人。道光末增贡生。性友爱,好学工文。任吴县训导。

鸿雪尺牍　集部别集类　佚

见光绪《宜荆新志》卷10。

储奇逢

清宜兴人。咸丰年间在世。

南臧储氏宗谱　史部传记类　佚

清咸丰八年(1858)储文典、储奇逢纂修。参“储文典”条。

戴振鹭

原名葆熙,字子和。清宜兴人。同治年间增贡生,连城子。幼颖悟,有神童之目。累试不第。工诗,不自矜惜,多散佚。

吟红仙馆杂存 1 卷　集部别集类　佚

瀛洲诗稿 1 卷　集部别集类　佚

以上 2 种见《光宣宜荆续志》卷 9 本传,云:“后人掇拾丛残,仅得《吟红仙馆杂存》一卷,《瀛洲诗稿》一卷。”

屠镜心

一作敬心,又作锦心,别号扫花主人。清荆溪人。用仪女,邑庠生任星咸妻。

玩月轩诗草　集部别集类　佚

见光绪《宜荆新志》卷 10。

爨余吟 2 卷　集部别集类

清光绪元年(1875)刻本,国家图书馆藏。

按:上卷诗 29 首,下卷诗 54 首,诗余 22 首,试帖 8 首,赋 3 首。

绣余吟　集部别集类

见徐雁平《清代文学世家姻亲谱系》引《传家集存遗》《宜兴筱里任氏家谱》。

陈　常

字育之。清宜兴官渎里人。县学生。与同邑宗心澄善。立品端谨,不喜举子业,究心于身心性命之理。

管见篇　子部儒学类　佚

见《光宣宜荆续志》卷11。

许乃武

清咸丰同治间宜兴人。后以子时中封资政大夫四川补用道。

木民漫笔　子部杂学类　佚

见《光宣宜荆续志》卷11。

蒋贻芬

字幼香。清宜兴人。科季子,监生。工诗文,具才识。咸丰十年(1860)尝率团练抵抗太平军。同治三年(1864)随清军攻占县城,保巡检加五品衔。晚年吟诗自娱。

(光绪)宜兴荆溪县新志10卷首1卷末1卷　史部地理类

清施惠、钱志澄修　吴景墙等纂

版本见"吴景墙"条。此志舆地图绘大半为贻芬手笔。

悟白吟草　集部别集类　佚

见《光宣宜荆续志》卷11。

徐玮文(1826—?)

字植之。清宜兴人。同治三年(1864)举人。累试礼部不售,考取觉罗官学教习,历补正蓝、正白等旗教习,议叙知县。后馆于长白将军宗室岐元家达10余载。光绪二年(1876)始成进士。选庶吉士,三年散馆改吏部主事。寻以知府分发广东,为总督张之洞器重,一权韶州府事,再摄琼州,所至有政绩。逾年解任引疾归。当道复延致书局,岁余谢去。生平笃于孝友,与人交,久而益敬。县中善举,靡不尽力。

易学一得4卷　经部易类　佚

见《光宣宜荆续志》卷11。

稿本，辽宁省图书馆藏。

说诗解颐 2 卷续 1 卷　经部诗经类

（1）稿本，南京师范大学图书馆藏。

（2）清光绪九年刻朱墨套印本，国家图书馆藏。

春秋纪事　经部春秋总义类　佚

读书录　子部儒学类　佚

以上 2 种见《光宣宜荆续志》卷 11。

诗古文词若干卷　集部别集类　佚

见《续志》卷 9 本传。

史道章

清宜兴人。

筱荫轩诗集　集部别集类　佚

见《光宣宜荆续志》卷 11。

徐为倬

字芝田。清宜兴人。咸丰九年(1859)举人，嘉定县教谕。工制艺，能骈文，尤工楹联，著名一时。晚年治古文，攻词尤力。

楹联琐语　子部艺术类　佚

拙斋诗文　集部别集类　佚

听玉吟馆词集　集部词曲类　佚

以上 3 种见《光宣宜荆续志》卷 11。

徐人骥

字云门。清宜兴人。诸生。性和易，敦品励学，善尺牍，尤工书法。曾随冯誉骥抚陕，为掌书记兼缮奏牍，后幕游浙江，司记室者数十年。累试不第，50 岁后遂绝意进取。

茧性生随笔　子部杂学类　佚

红豆吟馆诗稿　集部别集类　佚

以上2种见《光宣宜荆续志》卷11。

徐学熙

字敬之，清宜兴宋庄人。增贡生，性孝友，笃信程朱之学。授徒40年，训诲后进，以明陆清源、陈献章为宗主，所成就甚众。

四书奥义摘要　经部四书类　佚

近思录小笺　子部儒学类　佚

五种遗规札记　子部儒学类　佚

一榻轩诗文　集部别集类　佚

以上4种见《光宣宜荆续志》卷9本传。

按：《续志》卷11《艺文志》作其父徐普莹撰，误。

万邦安

字蔼卿。清宜兴人。诸生。性耿介，幼丧母，事父以孝闻。刻苦励学，融贯经籍。时邑令万立钧深器异之。

易经类纂2卷　经部易类　佚

周易变卦说2卷　经部易类　佚

易经类联26卷　经部易类　佚

诗经类编6卷　经部诗经类　佚

春秋类编20卷　经部春秋总义类　佚

以上5种见《光宣宜荆续志》卷11。

宗茂冬

字卧松，清宜兴美栖里人。廪贡生，性好善。同治初太平军失败后，田畴荒芜，民不得食。茂冬奔走呼号募粟，分给乡里。其它施棺造桥诸善事，无不勉力为之。

哦松诗钞　集部别集类　佚

见《光宣宜荆续志》卷9本传。

史学璆

清宜兴人。

阳羡音韵1卷　经部小学类　佚

切音便览1卷　经部小学类　佚

见《光宣宜荆续志》卷11。

徐沅瑞

字元之。清宜兴人。杏儒子。廪贡生，袭云骑尉。笃学励行，里人敬之。太平军至，避地泰兴，就书院课，藉膏奖以自给。后归里，设帐授徒，从游者众。耽著述，工俪体文。尝校勘徐溥《谦斋文录》及储欣所选《古文七种》。

续纂徐文靖(溥)年谱　史部传记类　佚

双桂轩课徒草　集部别集类　佚

以上2种见《光宣宜荆续志》卷9本传。

三友斋诗文集　集部别集类　佚

见《光宣宜荆续志》卷11。

储廷杰

字少蟾，号漱石山人。清宜兴人。诸生，保训导。幼丧父，家贫嗜学。咸丰十年(1860)母失，四出侦访，凡6年始得，奉以归，授徒养母。

漱石山人随笔　子部杂学类　佚

见《光宣宜荆续志》卷11。

周家骏

字庄卿。清宜兴人。诸生，少从兄人骏学，有文誉。太平军被镇压后，曾官淮安盐巡检，仍事教读。

娱晚轩制艺　集部别集类　佚

见《光宣宜荆续志》卷9本传。

欧阳泰

字信仲。清宜兴人。岁贡生。邑人任道镕任浙藩时屡以书招，辞不赴。居乡砥砺文行，教诲后进，于举子业外，兼为诗古文辞。

可远堂集16卷　集部别集类　佚

见《光宣宜荆续志》卷11。

李　氏

清咸同间宜兴人。李树龄女，周受霈妻。幼善读，有得于唐宋人诗古文辞。归周氏后，治家谨严，以贤能宽厚称。精于医，家人有疾治立愈。卒年79岁。

杏云室绣余吟草　集部别集类　佚

暮年吟咏1卷　集部别集类　佚

以上2种见《光宣宜荆续志》卷9本传，云："著《杏云室绣余吟草》，经乱佚。暮年吟咏，都一卷，待梓。"

葛鸿图

字秋江。清宜兴人。诸生。致力于诗词古文，旁及书画纂刻。家有园，杂植嘉卉，词人多从之游。

怡云堂古文1卷　集部别集类　佚

秋江词钞2卷　集部词曲类　佚

以上2种见《光宣宜荆续志》卷11。

许　氏

清宜兴人。葛鸿图妻。

针余草2卷　集部别集类　佚

见光绪《宜荆新志》卷10。

陈楣贺

字杏庄。清宜兴人。赋孙，附贡生。从潘元达游，能诗，且精医术。

艺菊轩诗集　集部别集类　佚

见《光宣宜荆续志》卷11。

任光奇(1832—?)

字卓儒，号闲叟。清宜兴人。光斗弟。弱冠补府学生，同治三年(1864)保五品蓝翎，光绪六年(1880)宜兴荆溪续修县志，分纂“节孝”。寻铨镇洋训导。工书，晚年治古文甚勤。曾积资刊刻乡先辈单锷、陈维崧、谢方连等遗著多种。

(光绪)宜兴荆溪县新志10卷首1卷末1卷　史部地理类

清施惠、钱志澄修　吴景墙等纂　任光奇分纂

版本见“吴景墙”条。

愿学斋文稿4卷　集部别集类

稿本。见陈乃乾《清代碑传文通检》附《清代文集经眼目录》。

湖海楼文集6卷　集部别集类

清陈维崧撰　任光奇重刊

清光绪十七年涹山铎署重刻本，见张舜徽《清人文集别录》。

储秀玉

字佩璜，室名天香楼。清宜兴人。炳焕女，施某妻。幼聪颖，能诗文。

天香小草　集部别集类　佚

见光绪《宜荆新志》卷10。

按：宜兴县志以储秀玉、储慧均为储炳焕女，未知孰前孰后，姑以秀玉为长。

邵子锵

字玉如。清宜兴工文里人。岁贡生。以制艺有声于时。尝搜刊《堵文忠公集》。

韫玉堂文集　集部别集类　佚

见《光宣宜荆续志》卷11。

堵文忠公集10卷　集部别集类

清堵胤锡撰　清邵子锵辑刊

清光绪十三年(1887)序刻本。

按:堵胤锡集凡两刻:道光二十八年邑人潘士超刻本,经乱书版俱毁。光绪十三年邑人重新辑刻之,即今通行本。邵氏搜刊者当为光绪本。

周家楣(1835—1887)

字小棠,一作筱塘。清宜兴人。荫南长子。咸丰九年(1859)进士。曾两任顺天府府尹。后官至通政使,署吏部左侍郎。慷慨好施。累主外交,不激不随,弭巨患于无形,持国家之大体。实心任事,所至有声。《清史稿》有传。

周小棠日记　史部传记类

稿本,见《宜兴文史资料》。

文庙贤儒景行录6卷　史部传记类

清周家楣辑　郑沂补辑

清光绪十一年(1885)刻本,国家图书馆藏。

咸丰九年己未科会试硃卷1卷　史部传记类

清咸丰间刻本,上海图书馆藏。

期不负斋政书9卷　史部政书类

(1) 清光绪二十一年刻《期不负斋集》本。

(2) 台北《近代中国史料丛刊》本。

(3) 2009年辽海出版社出版《中华民国史史料四编》本。

(光绪)顺天府志130卷附录1卷　史部地理类

清周家楣等修　缪荃孙等纂

(1) 稿本,河北省博物馆藏。

(2) 清光绪十二年刻本(各家所藏间有十五年重校二十八年补刻本),国家图书馆藏。

(3) 1987年北京古籍出版社据光绪十五年刻本标点出版。

(4)《续修四库全书》本。

(5)《中国地方志集成》本。

期不负斋诗录不分卷　集部别集类

清同治十二年(1873)京师刻本,中国社会科学院文学研究所藏。

期不负斋集14卷　集部别集类

(1) 清光绪二十一年刻本,南京图书馆藏。

(2)《清代诗文集汇编》本。

按:由缪荃孙编校,包括《政书》9卷、《文集》5卷。

蒋　萼(1835—1915)

字跗棠,自号醉园居士。清宜兴人。诚长子。少颖悟,受业于岳父储炳焕门,举业外兼习诗词、骈俪文。后从陈锡光、路光遲两明经游。咸丰十年(1860)避地南昌。同治间补诸生,光绪元年(1875)举人。八年官高邮州学正,十四年为视父疾去职。与宜兴知县万立钧、荆溪训导顾云等结诗社。参修光绪八年本《宜荆县志》。后任丹徒县教谕7年。时科举废,岁俸甚微,然怡然自乐,培养出柳诒徵、叶玉森等知名学者。

光绪元年乙亥恩科江南乡试硃卷1卷　史部传记类

清光绪间刻本,上海图书馆藏。

醉园诗存　集部别集类

(1) 13卷,《爱吾庐稿》本,国家图书馆藏。

(2) 26卷闰集1卷首年谱1卷,民国初铅印本,复旦大学图书馆藏。

(3) 25卷,民国初铅印本,中国科学院图书馆藏。

按:13卷本,为萼生前与妻储慧弟彬若所作合刊之《爱吾庐稿》本。26卷闰集1卷首年谱1卷,为萼去世后其子兆兰等于1916年增补编订,约刊于1916年或稍后。年谱为其子兆兰、兆夔撰。

阳羡唱和集2卷　集部总集类

清万立钧、蒋萼撰

清光绪十七年刻本,南京图书馆藏。

按:是集卷末附有万立钧子光涵、光瀛、蒋萼子兆兰、兆夔唱和诗。

醉园斋白词1卷　集部词曲类

清光绪三十一年铅印本,南京图书馆藏。

爱吾庐稿3种21卷　丛书类

清蒋萼辑

(1) 清光绪十二年宜兴蒋氏刻本,南京图书馆藏。

(2) 2015年国家图书馆出版社出版《清代家集丛刊》本。

子目:

《醉园诗存》13卷　清蒋萼撰

《次园诗存》5卷　清蒋彬若撰

《哦月楼诗存》2卷附《诗余》1卷　清储慧撰

储　慧

字啸凰,室名哦月楼、哦月轩。清宜兴人。炳焕女,蒋萼妻。幼读书知大义,好作诗,与从兄光烈相究切。年20嫁萼,夫妇唱和,伉俪相得。事姑舅勤慎贤孝,课子苦读。卒年57,萼为赋悼亡诗近百首。

哦月楼诗存3卷诗余1卷诗余续附1卷　集部别集类

(1) 清光绪十一年(1885)铅印本,中国科学院图书馆藏。

(2)《清代闺秀集丛刊续编》本。

哦月楼诗存2卷附诗余1卷　集部别集类

《爱吾庐稿》本。

哦月楼诗余1卷　集部词曲类

(1)《爱吾庐稿》本。

(2)《小檀栾室汇刻闺秀词》本。

按:《历代妇女著作考》卷20作《哦月楼诗存》3卷《诗余》1卷《续》1卷,乃据光绪《宜荆续志》著录。又谓“光绪十一年乙酉(1885)排印本,与其夫蒋彬若《替竹庵词》合印”,误。参见“蒋萼”条。

储锡禄

清宜兴人。

鞠园诗稿　集部别集类　佚

见光绪《宜荆新志》卷10。

储淳士

亦作醇士,字丽江。清荆溪人。咸丰间诸生,能文,工诗词,阮元谓其诗格学王维、白居易,而其寓意则从《诗经》出,晚年自订诗词稿。光绪间以子家藻赠中议大夫,四品顶戴,浙江松阳知县。

安素轩诗草　集部别集类　佚

见光绪《宜荆新志》卷10。

安素轩萍寄草　集部词曲类

见《全清词钞》卷25,并收其词1首。

吴兰畹

字宛之。清宜兴人。原籍常熟,贵州罗斛州州判吴似汉女,任道镕继妻。敬奉姑嫜,综理内政,罔不恳至。工诗词,善绘事。近体诗尤得杜甫风格,常与道镕相唱和。又尝绘《退食联吟图》。艺林传为佳话,题咏殆遍。

灌香草堂初稿(灌香草堂诗稿)1卷　集部别集类

(1) 清同治五年(1866)宜兴任氏刻本,国家图书馆藏。

(2)《国朝闺阁诗钞》本。

(3)《清代闺秀集丛刊》本。

沅兰词　集部词曲类

清刻本,见《历代妇女著作考》。

按:道镕字筱沅。此为道镕、兰畹夫妻唱和之作。

吴协心

字镜如。清宜兴人。景墙子。同治九年(1870)举人,光绪六年(1880)大挑二等,九年选授天长县教谕,以父忧未赴。博综群籍,长于考据,尤精许、郑之学。尝馆无锡。后游京师,与潘祖荫、张之洞、梅启照、周家楣、朱孔彰互相切磋,学问益邃。嗣是名公巨卿,争相延致。尝任淮南、江苏各书局校勘,敷文、崇文、紫阳各书院、诂经精舍阅卷。光绪七年景墙纂修《宜荆新志》,协心随侍在局,凡分纂之稿,悉综辑而检勘焉。

同治九年庚午科并补元年壬戌恩科江南乡试硃卷1卷　史部传记类

清同治间刻本,上海图书馆藏。

说文稽古编(原题浑沌记)　经部小学类　佚

见《光宣宜荆续志》卷11。

吴乾体

清宜兴人。

凭虚阁诗集18卷　集部别集类　佚

见《光宣宜荆续志》卷11。

许士熊(?—1866)

字履远。清宜兴人。懋子。嗜古力学,文名籍甚。太平军下江南,避居江北,受业者遍及七州邑,称为名师。同治三年(1864)中举,逾年而卒。

明史摘略　史部史钞类　佚

见光绪《宜荆新志》卷10。

高阳遗稿　集部别集类　佚

见《光宣宜荆续志》卷11。

葛自超

字啸崖。清宜兴人。诸生，贫而有守，致力于诗古文辞，尤邃史学。

啸崖古文　集部别集类　佚

面山楼诗稿　集部别集类　佚

以上2种见《光宣宜荆续志》卷11。

蒋彬若(1837—1913)

字次园，自号山樵。清宜兴人。诚次子。岁贡生，候选训导。少与兄萼同师，咸丰十年(1860)避地南昌。同治五年(1866)以诗古文补诸生。长年侍父，以孝谨闻。为人深沉多智，自举业外兼工诗赋，文笔敏妙。10试乡闱不第，乃绝意进取。晚年笃嗜倚声，尤精慢令，赋物妙肖，寄托遥深。

次园诗存　集部别集类

(1) 5卷，《爱吾庐稿》本。

(2) 6卷，民国初蒋兆兰补刻本，南京图书馆藏。

按：5卷本，为蒋彬若生前与兄萼、嫂储慧所作合刊之《爱吾庐稿》本。6卷本，增补卷6计诗41首。为其晚年或去世后由侄兆兰增补编定重刊。

替竹庵词5卷　集部词曲类

清蒋彬若撰　蒋兆兰编校

清光绪三十一年(1905)铅印本，南京图书馆藏。

按：卷1为《山樵新唱》，有“光绪二十二年丙申春月蒋山樵自识”。卷2至5为《老去词》甲、乙、丙、丁稿，有“岁在丙申黄花开后次园老人自识”。

潘钟瑜

字宝卿。清宜兴人。诸生。庆军统领吴长庆督师江左,招钟瑜入幕。光绪八年(1882)随吴长庆出师平定朝鲜内乱,朝鲜文学家乐从其游。酷爱《史》《汉》,常客游各地,与张謇、袁世凯、朱铭盘等订文字交。后以贡生就职直州判。

史汉菁华　史部史钞类　佚

通鉴论四编　史部史评类　佚

以上2种见《光宣宜荆续志》卷9,云:"读《通鉴》有所得,手书别纸,加以论断,先后成四编。"

徐德治

字政星,清宜兴湫溪里人。诸生,性笃孝。读书为文,勤奋刻苦,历30余年,积稿至2500篇。妙解音律,工诗词,下至星卜诸技,无不钻研。

耐寒斋诗词合稿　集部别集类　佚

见《光宣宜荆续志》卷11。

许士照

字朗山。清宜兴人。士熊弟。光绪二十一年(1895)岁贡生,翰林院待诏。父懋耄年失明,士照日侍左右,为引说古事以破闷。兄士熊殁,教其孤成立。勤学不倦,年逾70犹默诵经史。

涤愆斋存稿　集部别集类　佚

见《光宣宜荆续志》卷11。

任　凯

字捷三。清宜兴人。同治三年(1864)举人,官泰州学正,成就甚众。太平天国时期赴沪设乡导局,引清军攻占宜兴。太平军失败后,综理宜兴善后事宜,卒于官。

诗经臆说　经部诗经类　佚

见《光宣宜荆续志》卷 11。

崔望贤

字竺三。清宜兴人。同治三年(1864)举人,候选知县。授徒为业,重师道,对弟子约束甚严,以文行相勉。性峻洁,不妄交游,潜心宋儒理学。

学说 1 卷　子部儒学类　佚

发蒙必读 1 卷　子部儒学类　佚

竺三时文　集部别集类　佚

以上 3 种分别见光绪《宜荆新志》卷 8,卷 10。

周敬之

清宜兴人。崔望贤妻。工古文辞。

古文 1 卷　集部别集类　佚

见光绪《宜荆新志》卷 10。

许聘之

字石田,清宜兴茫溪里人,附贡生。工隶书,能诗。

未灰诗钞　集部别集类　佚

见《光宣宜荆续志》卷 11。

路嘉惠

清宜兴人。浙江知州路珩女。父母相继病,每夜必择稗官野史可惊可喜之事述之以娱亲心,虽倦极弗顾。生有捷才,闻节烈等事必咏之以诗。卒年 23。

愁病录　集部别集类　佚

见《光宣宜荆续志》卷 9 下本传。

徐致靖(? —1917)

字子静。清宜兴人。家杰次子。光绪二年(1876)进士。选庶吉士,授编修,官至侍读学士。甲午(光绪二十年)战后,徐氏主张变法,上《保荐人才折》,保荐康有为、梁启超、谭嗣同等维新派人士。变法失败,交刑部严讯,本拟斩,改判永远监禁。二十六年八国联军侵入北京,始出狱待罪,诏赦免。其论文主博通今古,发抒义理,服膺梨洲、船山之学。爱好昆曲,得叶堂一派唱法精髓,著称于时。

奏议无卷数　史部政书类

见《光宣宜荆续志》卷 11。

徐府君(又称显考伟侯府君)行状　史部传记类

清光绪二十三年刻本,上海图书馆藏。

光绪二年丙子恩科会试硃卷 1 卷　史部传记类

清光绪间刻本,上海图书馆藏。

义兴洑溪徐氏家乘 20 卷首 1 卷　史部传记类

清光绪三十三年世德堂木活字印本,上海图书馆藏。

(光绪)上虞县志校续志 50 卷首 1 卷末 1 卷　史部地理类

清储家藻修　徐致靖纂

(1) 清光绪二十五年刻本,国家图书馆藏。

(2) 台北成文出版社《中国方志丛书》本。

(3)《中国地方志集成》本。

仅叟诗文　集部别集类　佚

见《光宣宜荆续志》卷 11。

按:徐致靖生年各书均作 1826 年,考其父家杰生年为 1817 年,其长子仁铸生年为 1863 年,徐致靖生年作 1826 年似不可靠。今姑录以俟考。

张树荣

字椒生，清宜兴棠下里人，监生。以制艺授徒，有声于时。

艺古斋文集　集部别集类　佚

见《光宣宜荆续志》卷 11。

任凤翚

字梧冈。清宜兴人。性至孝，好读书，能文善诗。

自怡斋稿　集部别集类　佚

见《光宣宜荆续志》卷 9。

储家藻

字仲章。清宜兴人。在文六世孙，潜心经世之学。同治初为浙江巡抚左宗棠掌文书奏章，以功保浙江知县。光绪初任松阳知县，捐资振兴书院。五年(1879)任端安知县，十五年调义乌县，十八年补上虞县。治理 10 年，民甚安之。后以政绩保道员，在任候选。二十九年调补平阳。致仕归，杜门不与外事。工书法。

(光绪)上虞县志校续 50 卷首 1 卷末 1 卷　史部地理类

清储家藻修　徐致靖纂

(1) 清光绪二十五年刻本，国家图书馆藏。

(2) 台北成文出版社《中国方志丛书》本。

(3)《中国地方志集成》本。

谢　鸿

字顾清。清宜兴人。光绪间附贡生，候选训导。性高洁，精于易理，通天算，尤长堪舆之学。尝任竺西高等小学堂校长，积极参与创建竺西书院。工书法，宗欧阳询，里中诸碑多出其手。治诗古文辞，不自矜惜，多散佚。

顾清剩稿1卷　集部别集类　佚

见《光宣宜荆续志》卷9本传,云:“殁后其子搜辑遗文汇订《顾清剩稿》一卷。”

朱元曦

字玉夫。清宜兴人。好读书,古文时艺,并有功力。以廪生考取八旗官学教习,保训导,累试进士不第。尝任宝应县教职,罢归。以生计无着,复游皖赣,累主记室。

敝帚生诗文集　集部别集类　佚

见《光宣宜荆续志》卷9。

储凤藻

字丹岩。清宜兴人。同治十二年(1873)拔贡,本科举人。太平天国时避地泰兴,会试不第,乃授徒为业。生平笃信程朱理学,人以为宜兴自汤之锜、许重炎之后,惟有此人。

言善录　子部儒学类　佚

性理汇纂　子部儒学类　佚

以上2种见《光宣宜荆续志》卷11。

家训　子部儒学类　佚

见《光宣宜荆续志》卷9本传。

黄国璋

清宜兴人。好习河道水利等事,曾为河官,治永定诸河。

直隶五河图说1卷　史部地理类

石印本,见《续修四库全书提要》史部。

任新培

清宜兴人。

爱红馆诗词　集部别集类　佚

见《光宣宜荆续志》卷 11。

汪文安

字冠唐。清宜兴人。尝官湖南候补道。中年卜居吴门,以著书自娱,尤究心于掌故。所作诗多散佚。

十一朝东华录揽要 114 卷　史部编年类

清光绪二十九年(1903)商务印书馆印本,上海图书馆藏。

按:本书据蒋良骐《东华录》、王先谦《东华续录》、潘颐福《咸丰朝东华续录》三书汇辑而成,起清天聪朝,讫同治十三年(1874)。

潘　铭(? —1890?)

字眉山。清宜兴人。同治九年(1870)举人,七试进士不第。工古文辞,善书画。尝游朝鲜,多所撰述,文名甚噪。守朱熹读书法,静坐常至夜分,光绪十六年(1890)母病剧,日夜侍奉,感受寒疾卒。

同治九年庚午科并补元年壬戌恩科江南乡试硃卷 1 卷　史部传记类

清同治间刻本,上海图书馆藏。

西域黄河图考　史部地理类　佚

望溪楼文集　集部别集类　佚

以上 2 种见《光宣宜荆续志》卷 11。

许时中

字午楼。清宜兴人。乃武子。同治九年(1870)江南乡试第一,光绪六年(1880)大挑为四川知县,初摄宜宾,寻补纳溪,二十五年调德阳,逾年还任纳溪。中曾罢职,奉父侨居江宁。川督赵尔巽疏雪其冤,复原职,权知眉州直隶州事。以主筹防局有功,奏保二品衔以道员用。会清廷退位(1911 年),引疾归江宁终老。

自怡斋古文　集部别集类　佚

见《光宣宜荆续志》卷 11。

纪月吟旌阳留别唱和集合编　集部总集类

清许时中编

纳溪刻本，无刻印年月。四川省图书馆藏。

储廷棻

字柏如。清宜兴人。欣畲孙。同治九年（1870）举人，光绪六年（1880）大挑一等，分发湖北即用知县。

同治九年庚午科并补元年壬戌恩科江南乡试硃卷 1 卷　史部传记类

清同治间刻本，上海图书馆藏。

在陆草堂文集 6 卷　集部别集类

清储欣撰　储廷棻重校

清光绪十七年刻本，南京图书馆藏。

按：光绪十七年储欣畲孙汝翼《在陆草堂文集跋》云："吾族先哲著作俱镌板行世，兵燹尽毁。克复后，同族诸君量力筹赀，次第刊刻，族兄柏如实主其事。"

周安仁

清宜兴人。同治九年（1870）举人。官崇明教谕，以廉惠称，通形家言。

同治九年庚午科并补元年壬戌恩科江南乡试硃卷 1 卷　史部传记类

清同治间刻本，上海图书馆藏。

地学简明揭要 2 卷　子部术数类

清光绪二十五年（1899）刻本，上海图书馆藏。

周恭寿

字伯匡。清宜兴人。岁贡生。少受业舅氏徐杏儒门，尝纠族人醵资刻周济所著《晋略》，独任校雠。又辑其诗文杂著，刻《求志堂存稿汇存》。注释储欣所选唐宋大家文选 7 种,校勘《堵文忠公集》。晚年自号块然翁。为文朴实,说理不事雕饰。

文韵汇编　经部小学类　佚

史鉴钞类　史部史钞类　佚

庭训志要　子部儒学类　佚

按:此书由其子德咸裒集而成。

以上 3 书见《光宣宜荆续志》卷 9 本传和卷 11。

堵文忠公集 10 卷年谱 1 卷附录 1 卷　集部别集类

清堵胤锡撰

清光绪十三年(1887)周恭寿校刻本。

求志堂存稿汇存　丛书类

清周济撰

清光绪十八年周恭寿刻本,南京图书馆藏。

沈铭石

字子磻。清荆溪人。云骧季子。少孤,性耿介,不近公府。敦品励学。治举业兼古文,有名于时,从学者甚众。光绪五年(1879)举人,官候选教谕。一赴会试不第,便绝意进取,以课徒自给。与徐葆辰交契,相约置书互读。六年续修宜荆县志,任分修。中岁早逝。

沈子磻遗文正编 1 卷外编 1 卷　集部别集类

清沈铭石撰　顾云、蒋兆兰辑刻

《粟香室丛书》本。

唐文通纂　集部总集类　佚

见顾云《沈子磻遗文》序,《遗文》首篇为其自序。

陈任旸(1841? —1911)

字寅谷(按:《江苏旧方志提要》作"字宾谷,号耐叟")。清宜兴人。任培风季子,出嗣其舅陈时。以廪贡生注籍教职。两江总督曾国藩檄委综理焦山救生局务，任事数十年，员司称职。又与京口士绅相习，县有善举，靡不悉力赞成之。性倜傥，善交际。工书善画，小诗清婉可诵。

(光绪)北固山志14卷首1卷　史部地理类

周伯义编　陈任旸订

(1) 陈任旸辑《京口三山志》本。

(2)《中华山水志丛刊》本。

(光绪)金山志二十卷首二卷　史部地理类

清周伯义撰　陈任旸订

清陈任旸辑《京口三山志》本。

焦山续志8卷　史部地理类

清陈任旸辑

(1) 清陈任旸辑《京口三山志》本。

(2)《故宫珍本丛刊》本。

按:《北固山志》内容丰富，体例严谨。划分为"形胜、建置、古迹、碑刻、人物、杂识、艺文七门，各有子目"。又在杂识前增加了"纪要"一门，"纪要多从各门中抽出，如史中之有世纪，得此全书眉目皆清，事多从简，注以详之，分年录入"。资料丰富，论证精研。陈氏志在经世，讲求实用，因此《续志》着重于水利、武备等问题。

京口三山志　史部地理类

清陈任旸辑

清同治光绪间宜兴陈氏月圆人寿室合刻本，南京图书馆藏。

按:此辑录有关镇江三山的志书三部，包括:《焦山志》26卷《首》1卷《续志》8卷，清吴云辑，《续志》清陈任旸辑;《金山志》20卷首2卷，清周伯义辑，陈任旸订;《北固山志》14卷首1卷，清周伯义辑，陈任旸订。

孙子十三篇直讲1卷　子部兵书类

(1) 清光绪三十一年月圆人寿室刻本，天津图书馆藏。

(2)《孙子集成》本。

焦山六上人诗19卷　丛书类

清陈任旸辑

清光绪间刻本，南京图书馆藏。

子目：

《借庵诗钞》12 卷　释清恒撰

《秋屏诗存》1 卷　释觉灯撰

《性源诗存》1 卷　释觉诠撰

《月辉诗存》2 卷　释了禅撰

《芥航诗存》1 卷　释大须撰

《懒余吟草》2 卷　释圣教撰

按：焦山六上人诗亦收入 2017 年广陵书社出版《中国历代僧诗总集》。

余景和(1847—1907)

字听鸿。清宜兴人。候选主簿。太平天国时随兄去武进孟河，苦读医书，更从费兰泉及从父麓泉学。后行医常熟，贫者免酬金，尤甚者并予药资，全活甚众。尝翻刻叶天士所选《医衡》一书，以惠来学，兼以济世。

伤寒启蒙集稿 7 卷　子部医家类

清柯琴撰　余景和注

稿本，辽宁中医药大学图书馆藏。

伤寒六经病解　子部医家类

清光绪十七年(1891)抄本，辽宁中医药大学图书馆藏。

余注伤寒论翼不分卷　子部医家类

清柯琴撰　余景和注　能静居士评

(1) 稿本(7 卷)，中国科学院图书馆藏。

(2) 清咸丰四年(1854)刻本，南京中医药大学图书馆藏。

(3) 清光绪十九年(1893)会稽孙思恭刻本，北京中医药大学图书馆藏。

(4) 清光绪十九年苏州谢文翰斋刻本，中国科学院图书馆藏。

(5) 清光绪十九年上海文瑞楼石印本，中国科学院图书馆藏。

(6) 清光绪三十一年集古山房刻本，北京中医药大学图书馆藏。

其他版本参见《中国古籍总目》。

外证医案汇编 4 卷　子部医家类

(1) 稿本，中国科学院图书馆藏。

(2) 清光绪二十年会稽孙氏刻本，中国科学院图书馆藏。

(3) 清光绪二十年来青阁云记刻本。

(4) 清光绪二十年苏州绿荫堂刻本，中国中医科学院藏。

(5) 清光绪二十六年会稽孙氏刻本，中国中医科学院藏。

(6) 清光绪三十一年集古山房刻本，国家图书馆藏。

(7) 文瑞楼石印本，苏州大学图书馆藏。

按：此系搜集叶天士、薛遵白，缪遵义、陈学三等名医外科医案而成。

诊余录(一作余听鸿医案、针余集)不分卷　子部医家类

(1) 抄本，上海图书馆等。

(2) 1918 年海虞寄舫校刊铅印本，上海图书馆藏。

(3) 1935 年千顷堂书局印本。

(4) 余氏医寓铅印本。

俞宗海

字紫澜。清宜兴和桥人。事母孝，因侍母疾，遂知医。同治十二年(1873)举人，议叙知县，署东城兵马司指挥。寻改授泰州学正。至则葺治讲堂及尊经阁，一时文风蔚兴。其居乡，亦勇于为公，凡有兴设，辄为规划章制。

医术辨症 4 卷　子部医家类　佚

见《光宣宜荆续志》卷 11。

潘祖荣(？—1883?)

字冠卿。清宜兴人。光绪元年(1875)举人。尝在周家楣等家课授子弟。累试进士不第,官内阁中书。乞假南归,至天津谒见李鸿章。后在家乡蜀山创建东坡书院讲堂,热心地方公益事业。九年再进士不第,悒悒致疾,卒于京师。

同治十二年癸酉科江南选拔贡卷1卷　史部传记类

清同治刻本,上海图书馆藏。

(光绪)宜兴荆溪县新志10卷首1卷末1卷　史部地理类

清施惠、钱志澄修　吴景墙等纂　潘祖荣分纂

版本见“吴景墙”条。

汪　桐

字冠侯。清宜兴人。文安弟。陈澧弟子。官乌镇同知,宰汤溪、常山等县,曾官浙江知府,俱有政声。诗法少陵。凡周秦汉魏六朝以至唐宋诸大家文,皆手自选抄,积百余卷。

静斋诗钞　集部别集类　佚

见《江苏诗征》卷168。

徐应轸

字子展。清宜兴人。沅瑞长子。光绪十九年(1893)举人。童时即有声庠序。弱冠后教授江浙间。其弟子中科第者以百数,应轸却40岁后始隽乙科,考授山东盐大使。辛亥革命后,一度权审检事。

花萼楼诂经精义　经部小学类　佚

见《光绪宜荆续志》卷11。

朱春泽

清宜兴人。

越中吟1卷　集部别集类　佚

见《光宣宜荆续志》卷11。

周光萼

字杏生。清宜兴人。光绪元年(1875)举人。五年,大挑二等,选授昆山县教谕。在官逾10年,一以体恤寒士、造就通才为己任,弟子执经请业者踵相接。晚年罢职归,琴书外无长物。

光绪元年乙亥恩科江南乡试硃卷1卷　史部传记类

清光绪间刻本,上海图书馆藏。

语录类辑　子部儒学类　佚

翼燕居遗训　子部儒学类　佚

白话闲吟　子部杂学类　佚

以上3种见《光宣宜荆续志》卷9本传、卷11艺文。

周葆颐

字牧卿。清宜兴人。湛霖子。诸生。性至孝。尝入浙东丽水县幕,办事清介。

蜀东闻见录2卷　史部地理类　佚

客窗随笔2卷　子部杂学类　佚

牧卿诗文集5卷　集部别集类　佚

以上3种见《光宣宜荆续志》卷9本传、卷11艺文。

潘钟杰

字沅溪。清宜兴人。以读书不遇,投笔从戎,为清军统领吴长庆所器重。光绪八年(1882)吴长庆平定朝鲜内乱,以钟杰总粮台兼参军事。事平保奖知县,旋乞假归省。假满即家居终养,修桥梁,办平粜,任事不辞劳苦。

潘承基(聚贤)行述1卷　史部传记类

清光绪十年木活字印本，上海图书馆藏。

东华录约编 20 卷　史部编年类　佚

闲吟草堂诗词　集部别集类　佚

以上 2 种见《光宣宜荆续志》卷 9。

吴　鋆

字剑泉。清宜兴人。笃学工文，兼及词赋。早岁补县学生。旋食廪饩、贡成均，任直隶州州判，分发浙江。浙抚任道镕以经济特科荐，不赴。历主浙中诸名公幕府，与俞兆蕃尤相得。兆蕃摄藩司，保举之升知县，寻奉檄署鄞县。清亡，弃官侨居上海。奉化士民夙闻其贤，赴沪请长民政，勿许。四明报馆闻之，延为主笔。

铁花馆笔记　子部杂学类　佚

多闻景见录　子部杂学类　佚

新谐铎　子部小说类　佚

眉山馆诗钞　集部别集类　佚

铁花文集　集部别集类　佚

以上 5 种见《光宣宜荆续志》卷 9 本传、卷 11 艺文。

任　侃

字少渔。清宜兴人。增贡生。詹事府主簿。遍读方书，遂精医理，济人急难而不求报偿。工书法。

伤寒条辨　子部医家类　佚

验方集成　子部医家类　佚

以上 2 种见《光宣宜荆续志》卷 9，谓“藏于家”。

崔乃选

字子遴。清宜兴人。光绪四年(1878)举人。工诗文，游历四方，参山东学使幕 12 年，识拔多知名士。尝主讲东昌启文书院。晚年耽书史，论事多卓见。

肖音集4卷　集部别集类

清光绪四年刻本，河南省图书馆藏。

潘坤吉

字香溪。清宜兴人。通医学及形家星命之言，喜吟咏。

集诗存稿　集部别集类　佚

见《光宣宜荆续志》卷11。

蒋兆兰(1855—1938?)

字香谷。清末民国间宜兴人。萼长子。增贡生。少随父客江西，濡染家学，以词鸣于时。返宜兴后，与上元顾云为至交，学益进。与修《宜兴荆溪县续志》。光绪二十五年(1899)参加胡金石等创办的寒碧词社。1920年与徐致章等创办白雪词社。词作婉约清丽。晚岁客授苏州。

先考府君年谱1卷　史部传记类

清蒋兆兰、蒋兆夔撰

附于清蒋萼撰《醉园诗存》。

唱和诗　集部总集类

附于清蒋萼、万立钧撰《阳羡唱和集》卷末，参该书按语。

青蕤庵诗4卷　集部别集类

1940年刻本，中国社会科学院文学研究所藏。

青蕤庵诗钞1卷词钞1卷　集部别集类

抄本，中国科学院图书馆藏。

青蕤庵词4卷　集部词曲类

1939年宜兴任氏刻本，南京图书馆藏。

冰玉词　集部词曲类

清蒋兆兰、任援道撰

见冒广生撰《青蕤庵词序》。

乐府补题后集甲编1卷乙编1卷　集部词曲类

清徐致章、蒋兆兰编

1928年白雪词社刻本，南京图书馆藏。

按：甲编辑徐致章、蒋兆兰、程适、储凤瀛、储蕴华、徐德辉、储南强、任援道、李丙荣、陈思等10人唱和词147首。乙编增王朝阳、赵永年2人，凡12人唱和词157首。

词说1卷　集部词曲类

（1）1926年铅印本，复旦大学图书馆藏。

（2）《甲戌丛编》本。

（3）《词话丛编》本。

吴　铆

字鱼步。清宜兴人。振辅孙。附贡生。候选训导。笃学工诗文，与同县潘家钰、周凤飞、任剀、潘家瑞等会文课诗。

吟香书屋诗词合钞　集部别集类　佚

见《光宣宜荆续志》卷11。

吴　蓥

字铭泉。清宜兴人。燕弟。诸生。工篆刻。

寿石山房印谱　史部金石类　佚

见《光宣宜荆续志》卷9本传。

任坤三

字含章。清宜兴人。诸生。因母以暴疾卒，迫不及救，遂研精医理，蓄良药，得暴疾者多获救。平居授徒，务求实用。

屋溪诗集　集部别集类　佚

见《光宣宜荆续志》卷9。

潘绍周

字挺生。清宜兴人。光绪二十四年(1898)进士。授广西宣化知县。染瘴疾,归里授徒为业。以命运多舛,郁郁而卒,终年43。于制艺外旁涉诗歌词曲,善奕。

光绪八年壬午科江南乡试硃卷1卷　史部传记类

清光绪间刻本,上海图书馆藏。

光绪二十四年戊戌科会试硃卷1卷　史部传记类

清光绪间刻本,上海图书馆藏。

混沌录　子部儒学类　佚

西宅吟草　集部别集类　佚

漱芳集百种曲　集部词曲类　佚

以上3种见《光宣宜荆续志》卷11。

王　湛

清宜兴人。

槐荫轩文稿　集部别集类　佚

见《光宣宜荆续志》卷11。

法文淦

字功甫。清光宣间宜兴县人。冠卿子。世业医。克传家学,治病如神。于伤寒一科造诣尤深。四方求医者,舟舆争辏其门。当时邻近县邑诸医,大抵渊源文淦,称为“法派”。

伤寒详解　子部医家类　佚

诊余丛谈　子部医家类　佚

以上2种见《光宣宜荆续志》卷9本传。

徐致章

字焕琪，号拙庐。清宜兴人。光绪十四年(1888)举人，官浙江瑞安知县。

同治十二年癸酉科江苏选拔优行贡卷1卷　史部传记类

清同治间刻本，上海图书馆藏。

拙庐词草4卷　集部词曲类

见《全清词钞》卷36，并录其词1首。

乐府补遗后集甲编1卷乙编1卷　集部词曲类

清徐致章、蒋兆兰编

1922年白云词社刻本。参见“蒋兆兰”条。

铁庵隐士

别号雁宕灿花生、剑南白芙奇叟。清宜兴隐士。本姓阮，为阮元曾孙。

宜兴奇案双坛记(一作奇异双坛记)2卷20回　子部小说类

查潘斗胜全传(一作新辑查潘斗胜香国绮谈)4卷30回　子部小说类

以上2种有光绪二十七年(1901)上海书局石印巾箱本。

按：参见《中国通俗小说总目提要》。

储凤林

清宜兴人。光绪十一年(1885)举人，拣选知县。

(宜兴)南臧储氏分支谱12卷卷首1卷卷末1卷　史部传记类

(1) 清光绪十九年永绥堂木活字本。

(2) 1929年永绥堂刻本，郑州大学图书馆藏。

葛荫覃

字丙生。清末宜兴人。选授四川纳溪知县，赴日本考察农林诸政。

归国后上任,锐行新政,考绩常最。辛亥革命时川中独立,官吏多被戕逐,荫覃以百姓爱戴独全。

日本游历记略　史部政书类　佚

见《光宣宜荆续志》卷9本传。

朱启勋(1857—1902)

字又笏,室号味道腴室。清宜兴人。幼好小学,年长治经。举优行用知县,不就,讲学钱塘。工书法,善骈文,俞樾、谭献盛推挹之。光绪二十年(1894)进士。官编修,兼直史馆,寻以御史记名,充大学提调。晚通医理,二十六年任医局提调,积劳病卒。

朱又笏遗文不分卷　集部别集类

稿本,浙江大学图书馆藏

味道腴室诗文集　集部别集类　佚

骈体文林类钞　集部总集类　佚

以上2种见《光宣宜荆续志》卷11。

程　适

字肖琴,号蛰庵。清宜兴人。光绪二十三年(1897)拔贡,官安徽知县。

蛰庵类稿附词　集部别集类　佚

见《全清词钞》卷37,并收其词3首。

徐仁铸(1863—1900)

字研甫,一作研父,号缦愔。清宜兴人。致靖长子。光绪十四年(1888)举人,联捷成进士。入翰林。十九年充四川主考。又提学湖南。性敏悟,学综中西,湘人士翕然宗之。以戊戌党籍罢官。痛父羁诏狱,上章请代,勿许,母朱氏又病殁,哀痛致疾卒。

光绪十五年己丑科会试硃卷1卷附光绪十四年戊子科顺天乡试硃卷1

卷光绪十四年戊子科覆试卷1卷　史部传记类

清光绪间刻本，上海图书馆藏。

辎轩今语不分卷　子部新学类

《中西学门径书七种》本

呻吟今语2卷　子部新学类　佚

见《光宣宜荆续志》卷11。

涵斋遗稿1卷附遗文1卷　集部别集类

(1) 1919年上海聚珍仿宋印书局排印本，南京图书馆藏。

(2)《清代诗文集汇编》本。

按：录自光绪十七年至二十六年所作诗67首，附文4篇。

四川乡试闱墨光绪十九年癸巳恩科不分卷　集部总集类

清朱琛、徐仁铸同辑

衡文堂刻本，日本京都大学人文科学研究所藏。

储凤瀛

字映波。清宜兴人。光绪二十九年(1903)举人，官两浙盐运副使。

光绪二十九年癸卯恩科江南乡试卷1卷　史部传记类

清光绪间刻本，上海图书馆藏。

萝月词　集部词曲类

见《全清词钞》卷38，并收其词1首。

李雪痕

女，清末宜兴人。

雪痕诗草1卷　集部别集类

1942年排印本。

徐仁镜(1870—1915)

字莹甫。清宜兴人。致靖次子，仁铸弟。光绪十九年(1893)举人，二十年会元，官编修。善属文，书法尤秀逸。性和蔼，平生无疾言遽色。戊戌(1898)父入诏狱，请代勿许。侍父圜扉者3年，忧伤劳瘁，积成痼疾，后卒于都门，年46。

俄彼德变政记　史部地理类　佚

日本变政记　史部地理类　佚

以上2种见《光宣宜荆续志》卷11。

最新中学教科书计学　子部新学类

美罗林氏原著　奚若译述　徐仁镜、杨天骥校订

学校管理法　子部新学类

1905年上海商务印书馆版。

徐德辉(1873—?)

字倩仲。清宜兴人。

宜兴徐氏世泽之宝不分卷　集部总集类

明徐琳、徐溥书，清徐德辉编

民国初石印本，复旦大学图书馆藏。

按：此收录宜兴徐琳、徐溥父子两人墨迹及后人所撰传记、题词。是书由陆润庠题签，内封由张謇于民国七年(1918)十月题写。徐琳(渔隐公)墨宝前有小像及王僎、谢迁二家赞词，徐溥(文靖公)墨宝前有小像及李东阳、谢迁、吴宽三家赞词。徐溥所书《上苑春游图跋》后有民国二年陆润庠题记，民国二年七月任锡汾跋文，民国八年八月章钟海《书徐文靖上苑春游图跋后》，以及徐德辉、徐致靖、徐致章、徐学曾四家题诗。全书后有民国二年五月徐镜清及同年立秋日徐致治跋。

又按：宜兴市图书馆另藏有《宜兴徐氏传家墨迹》，1918年影印本，1册。这一种与《宜兴徐氏世泽之宝》部分内容相同，但有许多增补，有后世子孙题词，并有陆润庠、蒋兆兰、徐兰墅、侯鸿鉴、储南强、钱振锽、俞复手书题词，钱基博、徐氏二十世孙徐德辉、二十二世孙徐致靖、二十四世孙徐瀛等题词、感言。此书亦有民国二年二十二世孙徐

致治跋。以上两书未知确实是为两种图书，还是因装订有误而致使内容有差异。

任　卓

字乖叟。清宜兴人。

女铎　子部儒学类

(1) 稿本，上海图书馆藏。

(2) 2017年燕山出版社出版《中国古代女教文献丛刊》本。

按：本书名为“女铎”，作者希望能“借镜于女子”(自序)，在自警之同时，以警世人。全书《正编》按时间顺序依次叙述上古至清历代女子之贤良事迹，《附编》则叙述历代女子之“恶行”，《外编》记录“外国女子之可取者”。书后又有四册《补遗》。每传前标题下有注，每传后有作者按语，“或据事以陈义，或触类而旁通，藉此芜辞，发抒刍议”(例言)。

三近居诗词类纂不分卷　子部典故类

三近居书画丛谭4卷　子部艺术类

以上2种稿本，上海图书馆藏

三近居文录　集部别集类

2008年台北文听阁图书有限公司《民国文集丛刊》第一编本。

三近居词选初稿8卷　集部词曲类

任卓选

稿本，上海图书馆藏。

屠用仪

字羲曜。清荆溪人。诸生。天资过人，于诸子百家无不披览。好吟咏，兼喜琴，手录琴谱10余册。尤长于医，大江南北延请者无虚日。

三疟得心集2卷　子部医家类

见道光《续纂宜荆县志》卷9。

按:《全国中医图书联合目录》定此书成书年代为 1937 年。《中国中医药学术语集成》云:“二卷,成书于 1937 年。屠氏把三日疟分为少阴疟、厥阴疟、太阴疟,并分别定方治之。上卷论述三日疟的渊源、病因、病机、辨证及治则;下卷以方论为主,列方二十余首。”

主要参考文献

无锡志 4 卷　佚名纂　《锡山先哲丛刊》本。

(弘治)重修无锡县志 36 卷　明吴凤翔修　李舜明纂　明弘治七年(1494)刻本

(万历)无锡县志 24 卷图 1 卷　明周邦杰修　秦梁等纂　明万历二年(1574)刻本

(康熙)无锡县志 42 卷　清徐永言修　严绳孙等纂　清康熙二十九年(1690)刻本

(乾隆)无锡县志 42 卷　清王镐修　华希闵纂　清乾隆十六年(1751)刻本

(乾隆)金匮县志 20 卷　清王允谦修　华希闵纂　清乾隆七年(1742)刻本

(嘉庆)无锡金匮县志 40 卷首 1 卷　清秦瀛纂　清嘉庆十八年(1813)刻本

(道光)无锡金匮续志 10 卷首 1 卷　清李彭龄修　杨熙之纂　清道光二十年(1840)刻本

(光绪)无锡金匮县志 40 卷首 1 卷　清裴大中等修　秦缃业等纂　清光绪七年(1881)刻本

锡金识小录 12 卷　清黄印纂　清光绪二十二年(1896)王念祖活字本

锡山补志 1 卷　清钱泳纂　《锡山先哲丛刊》本

锡金志外 5 卷　清华湛恩纂　清道光二十三年(1843)刻本

锡金考乘 14 卷首 1 卷　清周有壬纂　清光绪二年(1876)世瑞堂活字本

锡金续识小录 6 卷　窦镇纂　1925 年活字本

无锡开化乡志 3 卷　清王抱承纂　萧焕梁续纂　1916 年侯学愈活字本

瞻桥小志 4 卷　清王鉴纂　清乾隆二年(1737)刻本

无锡富安乡志稿 28 卷　奚铮纂　稿本

愚公谷乘　明邹迪光撰　《锡山先哲丛刊》本

东林书院志 22 卷　清高廷珍等编　清乾隆初年刻本

忍草庵志 4 卷　清刘继增辑　清光绪十三年(1887)刻本

无锡南禅寺志 4 卷首末各 1 卷　侯狷纂　1949 年铅印本

锡金科第考 6 卷　高镤泉辑　清宣统二年(1910)木活字本

锡金游庠同人自述汇刊　蒋士栋等编　1931 年铅印本

无锡名人辞典　赵永良主编　1989 年南京大学出版社出版

锡山历朝书目考　高镤泉编　清光绪二十八年(1902)刻本

无锡县立图书馆乡贤部书目　刘书勋编　1920 年铅印本

无锡先哲遗书书目　孙祖基编　1941 年铅印本

无锡先哲遗书续目　孙祖基编　上海图书馆藏 1941 年稿本

无锡市图书馆馆藏地方文献目录　无锡市图书馆编　1984 年无锡市图书馆复印本

无锡市图书馆馆藏地方文献目录续编　无锡市图书馆编　1986 年无锡市图书馆复印本

无锡艺文志长编　辛幹撰　2015 年上海古籍出版社出版

无锡地方文献选目　陶宝庆编著　1992 年南京出版社出版

无锡方志辑考　钱建中著　2006 年世界知识出版社出版

梁溪诗钞 58 卷　清顾光旭辑　清嘉庆元年(1796)双桥草堂刻本

续梁溪诗钞 24 卷　侯学愈辑　1920 年无锡锡成公司排印本

锡山文集 20 卷　清王史直编　王史鉴续编　华湛恩重编　清道光二十年(1840)鹅湖华氏刻本

梁溪文钞 40 卷附续钞 6 卷　清周有壬辑　附许珏等辑　1914 年

游艺斋木活字本

锡山秦氏诗钞卷首1卷前集8卷今集10卷　清秦彬编　清道光十九年(1839)刻本

锡山秦氏文钞12卷首末各1卷　秦毓钧辑　1930年咏烈堂排印本

(嘉靖)江阴县志21卷　明赵锦修　张衮纂　1963年《天一阁藏明代地方志选刊》本

(乾隆)江阴县志24卷首1卷　清蔡澍纂修　清乾隆九年(1744)刻本

(道光)江阴县志28卷首1卷　清陈延恩修　李兆洛等纂　清道光二十年(1840)刻本

(光绪)江阴县志30卷首1卷　清卢思诚等修　季念诒等纂　清光绪四年(1878)刻本

(民国)江阴县续志28卷　陈思修　缪荃孙纂　1921年刻本

杨舍堡城志稿14卷首1卷　清叶长龄纂　叶钟敏重辑　清光绪九年(1883)江阴叶氏活字本

梓闻漫拾3卷　谢鼎镕撰　民国铅印本

澄江咏古录3卷　沙曾达撰　1933年自娱斋铅印本

江阴青衿录不分卷　张仲麟辑　1921年铅印本

江阴艺文志2卷　金武祥辑　清光绪十七年(1891)粟香室刻本

旧德集14卷　缪荃孙辑　清光绪二十二年(1896)刊《云自在龛丛书》本

江阴诗存　清杨敦厚辑　南京图书馆藏抄本,残存1册

澄江赋约4卷　清杨景曾辑　清道光二十五年(1845)金陵宝仁堂刻本

江上诗钞175卷诗钞补11卷　清顾季慈辑　谢鼎镕补辑　1931年陶社校印木活字本

(万历)宜兴县志10卷　明陈遴玮修　王升纂　明万历十八年

(1590)刻本

(嘉庆)增修宜兴县旧志10卷首末各1卷　清李先荣原本　阮升基增修　宁楷等增纂　清嘉庆二年(1797)刻本

(道光)重刊续纂宜荆县志10卷首1卷　清顾名等修　吴德旋纂　清道光二十年(1840)刻本

(光绪)宜兴荆溪县新志10卷首末各1卷　清施惠等修　吴景墙等纂　清光绪八年(1882)刻本

光宣宜荆续志12卷首1卷　陈善谟等修　周志靖纂　1921年刻本

江阴家谱提要　顾玉生著　2008年中国文联出版社版

无锡文库　2012年凤凰出版社出版

《江苏艺文志·无锡卷》著录江阴市作者及著作的舛误和遗漏　张耀宗　《江苏地方志》2005年3期。

《江苏艺文志·无锡卷》补正　尹楚兵　《图书馆杂志》2015年12期。

《万氏宗谱》与万树的家世——兼及宜兴万氏家族的文学创作　郑志良　《清代文学研究集刊》第2辑

清初词人蒋景祁行年简谱　赵秀红　《南阳师范学院学报》2008年5期

刘半农年谱　徐瑞岳编著　1989年中国矿业大学出版社版

后　记

《江苏艺文志》为南京师范大学古文献整理研究所科研项目。《无锡卷》由本书编纂委员会成员分工编写。南京图书馆古籍部的同志参加编写了无锡市、无锡县(清代以前)和江阴市的部分条目，宜兴市政协文史委员会、天津师范大学的同志参加编写了宜兴市的部分条目。宛雨生先生审阅了江阴初稿。高洪钧先生审阅了宜兴初稿。最后由编纂委员会分工定稿。目录和索引由徐忆农、王玫编制。

本书常务副主编张瑗先生为本书的编纂做了大量工作，我们对他的不幸逝世，表示深切的哀悼。

在本书编写过程中，得到了南京师范大学、无锡市、南京大学等单位和地区图书馆古籍部的大力支持。特别是南京图书馆古籍部对本书支持尤大，在该馆行将搬迁、条件十分困难的情况下，仍为我们查阅资料提供了最大方便。本所《清代别集总目》编写组制作的大量清代集部资料卡也为本书的编写提供了切实的版本依据。江苏省出版总社穆纬铭先生对本书的编纂工作给予了最大支持，责任编辑邱禹、徐飞先生对本书的编辑付出了辛勤劳动。因此，没有整个社会的大力支持和协助，本书要编纂出版是不可能的。在此，我们谨表示衷心的感谢。由于我们水平有限，同时也限于人力、财力，本书尚有许多不完善之处，我们恳请专家、学者提出批评意见。

《江苏艺文志》编纂委员会

1993 年 5 月

江蘇藝文志

顧廷龍題

国家古籍整理出版专项经费资助项目

江苏省地方志编纂委员会办公室组织编纂

江苏艺文志

（增订本）

苏州卷

五

原　主　编　赵国璋

增订本主编　江庆柏

本卷主编　孙中旺　曹培根

撰　稿　人　孙中旺　曹培根　卿朝晖　姜雨婷
白帅敏

凤凰出版社

吴江一

宋　元

谢　炎(962? —995?)

字化南。宋富阳人。父崇礼尝为中吴军节度推官，故又为苏州人。涛弟。慕韩柳为文，与杭州卢稹齐名，时称卢谢。端拱初举进士，调补昭应主簿，徙伊阙，知华容、公安二县。《宋史》卷441有传。

按：炎兄涛有子曰绛者，知邓州，号东泽谢氏。东泽属吴江震泽，即谢氏迁居至吴江。见弘治《吴江志》卷10荐举篇。

谢化南文集20卷　集部别集类　佚

见乾隆《震泽县志》卷15。

谢　绛(994—1039)

字希深。宋富阳人，迁居吴江。炎侄，以文学知名。为人修洁酝藉，善议论，喜谈时事。年15起家，试秘书省校书郎。举大中祥符八年(1015)进士甲科，知汝阴县，迁太常丞，通判常州，迁兵部员外郎，为三司度支判官。景祐中召试知制诰，判吏部太常礼院，请知邓州。历官清廉，卒之日，家无余资。《宋史》卷295有传。

注韩非子20卷　子部周秦诸子类

(1) 明《正统道藏》本。

(2)《明刻道藏举要》本。

注公孙龙子3卷　子部周秦诸子类

(1) 明《正统道藏》本。

(2) 明《二十家子书》本。

(3) 明《子汇》本。

（4）《四库全书》本。

（5）《守山阁丛书》本。

（6）《佞汉斋丛书》本。

（7）《墨海金壶》本。

（8）《四部备要》本。

（9）《道藏举要》本。

谢希深文集 50 卷　集部别集类　佚

见乾隆《震泽县志》卷 15。

按：绛曾作《圣治箴》5 篇，见《吴郡志》卷 25。

谢景初（1020—1084）

字师厚，号今是翁。宋富阳人，迁居吴江。绛子。庆历六年（1046）进士，知余姚县，有政绩。久迁至司封郎中，历通判秀、汾、唐、海等州，迁湖北运判，历成都府提刑，至屯田郎。博学能文，尤长于诗。黄庭坚为其婿。

宛陵集　集部别集类

见民国抄《震泽县志续》卷 10。

按：《直斋书录解题》卷 17 载《宛陵集》60 卷《外集》10 卷，云："宣城梅尧臣圣俞撰。凡五十九卷为诗，他文赋才一卷而已。谢景初所集，欧公为之序。"《四库全书总目》别集类 6 载"其诗初为谢景初所辑，仅十卷，欧阳修得其遗稿增并之，亦止十五卷"云云，可知此集乃梅尧臣所撰，谢景初所辑也。

谢景平（1032—1064）

字师同，一字师宰。宋富阳人，迁居吴江。绛子。以荫试秘书省校书郎，守将作监主簿，中进士第，为佥书崇信军节度判官厅公事，监楚州西河，转般仓，终秘书丞。

诗书传说数 10 篇　经部诗经类　佚

见《宋史》卷295《谢绛传》附。

王伯起

字圣时。宋福清人，迁居吴江震泽。为人高识，少入京师受经于王安石，学文于曾巩。游曾公亮父子间。举进士不第，遂归隐。名所居曰“酉室”，司谏江望为之记，称其未尝妄干人。后闻程颐在涪陵，命嗣子苹往从之游，遂为程门高第。卒赠右宣教郎。年93。

唱道野集　集部别集类　佚

见乾隆《震泽镇志》卷20。

王　苹(1082—1153)

字信伯，号震泽。其先福清人，父仲举始徙居吴江震泽镇。伯起嗣子。苹为程颐门下高弟，资禀清粹，平居恂恂儒者，及语当世之务，民俗利病，若习于从政者。绍兴四年(1134)以赵鼎荐赐进士出身，除秘书省正字，官至左朝奉郎。卒葬长兴茅栗山，门人章宪铭其墓。嘉熙元年(1237)知府王遂祠之学宫，宝祐初里人沈义甫立像震泽乡校，以门人陈长方、杨邦弼配，号“三贤”。

周易传1卷　经部易类

明弘治中十一世孙观编刻本。

按：《四库全书》本《王著作集》卷7为《著作与尹和靖讲易》，疑即为此。

宋宫教所录　经部仪礼类　佚

见同治《苏州府志》卷138。

论语集解　经部四书类　佚

古今语说　经部四书类　佚

以上2种见《中吴纪闻》卷4。

按：道光《震泽镇志》卷11《古今语说》条小注云：“集古今《论语》说，取其与所见合者为一书，是《语说》即《集解》之初稿，然或以其兼采异同之说，《集解》成而此稿仍存于世，故《中吴纪闻》并列其目。”又本卷《论语集解》条有其《自题论语后》跋。

宋著作王先生文集8卷　集部别集类

(1) 宋淳熙三年(1176)吴中府学刻本。

(2) 宋宝祐间王思文刻本。

(3) 明弘治中十一世孙观编刻本。

按：以上3种见《震泽镇志》卷11。

(4) 清道光三年(1823)沈眉寿重编刻本。

(5) 清赵氏小山堂抄本，国家图书馆藏。

(6) 清抄本，国家图书馆、南京图书馆藏。

(7) 清末南城李氏宜秋馆抄本，湖南师范大学图书馆藏。

(8)《宋人集·丁编》本。

(9)《四库全书》本。

按：根据书前四库提要可知此本即来源于明弘治中十一世孙观编刻本。

(10)《宋集珍本丛刊》本。

宋著作王先生集1卷附录1卷　集部别集类

清抄本，上海图书馆藏。

周　宪

字可则。宋永丰(一作信州)人，迁居吴江。初从吕本中游，后受学于王苹。秀才朴茂，自蒙与进。晚追录师训若干条为《纪善录》。朱熹颇不以是录为然，王守仁则极称之。

震泽纪善录1卷　集部别集类

(1) 宋淳熙三年(1176)刻本，见《宋著作王先生文集》序。

(2) 明王观重刻本，见《宋著作王先生文集》序。

(3)《四库全书》本，附《王著作集》后。

(4) 清抄本，上海图书馆藏。

陈长方(1117—1157)

字齐之。宋长乐人,迁居吴江。侁子。生长外家,从王苹游。绍兴八年(1138)举进士,授江阴教授,寻归居吴中步里,终日闭户,研究经史,学者称唯室先生,与弟少方号称二陈。

尚书讲义5卷　经部尚书类　佚

见《唯室集》卷5,宋胡百能撰《陈唯室先生行状》。

礼记传　经部礼记类　佚

见同治《苏州府志》卷138。

春秋私记32篇　经部春秋总义类　佚

见《唯室集》卷5。

唯室两汉论1卷　史部别史类　佚

宋刻本,见《直斋书录解题》卷18。

按:《陈唯室先生行状》作《两汉论》10卷。

汉唐论2卷　史部别史类　佚

见同治《苏州府志》卷138。

辨道论1卷　子部儒学类　佚

见《唯室集》卷5。

步里客谈2卷　子部小说类

(1)《永乐大典》本。

(2)《四库全书》本。

(3)《墨海金壶》本。

(4)《守山阁丛书》本。

(5)《说郛》(商务印书馆)本。

(6)清《惜寸阴斋丛抄》抄本,上海图书馆藏。

唯室集4卷附录1卷　集部别集类

(1)《永乐大典》本。

(2)《四库全书》本。

(3)《四库全书珍本初集》本。

(4) 清乾隆间四库馆初写本,台湾"中央图书馆"原藏。

(5) 清法氏存素堂抄《宋元人诗集八十三种》本,1卷,国家图书馆藏。

(6) 清抄本,丁丙跋,南京图书馆藏。

(7) 文澜阁传抄本,见《皕宋楼藏书志》卷83。

(8) 清宜秋馆抄本,有增辑1卷,中国社会科学院文学研究所藏。

按:《陈唯室先生行状》载其有"文集十四卷",今未见。

王 谊

字正仲,一字汉臣,自号拙乡居士。宋吴江人。苹从子。师事杨邦弼,以学行鸣于时。初秦桧秉政,天下共愤其误国。谊时年14,于书塾拈纸作御批曰"可斩秦桧,以谢天下"。为仆所告闻于朝,逮赴廷尉,狱具当诛,桧阅其牍,以为年尚幼,言于上,偏置象州。至桧死,乃得归。遂绝意仕进,以著述自娱。

春秋类书　经部春秋总义类　佚

拙乡居士集50卷　集部别集类　佚

以上2种见弘治《吴江志》卷6。

王 楙(1151—1213)

字勉夫,号分定居士。王苹从孙,宋吴江人。少失所怙,事母以孝闻。性恬淡寡欲,好著书。少尝有志功名,母没,绝意进取。题所居曰"定分斋"。乡里人皆谓之善人君子。

野客丛书30卷附录野老记闻1卷　子部杂学类

(1) 明嘉靖四十一年(1562)王谷祥刻本,南京图书馆藏。

(2) 明钮氏世学楼抄本,31卷,国家图书馆藏。

(3) 明抄本,清黄丕烈跋,无附录,存卷1—15,国家图书馆藏。

(4) 明抄本,存卷16—23,无附录,上海图书馆藏。

(5)《稗海》本。

(6)《四库全书》本。

(7)《笔记小说大观》本。

(8)《古今文艺丛书》本。

(9) 日本承应二年(1653)刻本,北京大学图书馆藏。

野客丛书 12 卷　子部杂学类

《宝颜堂秘笈》本。

按:此本为节本。

野老记闻 1 卷　子部杂学类

(1)《野客丛书》附录本。

(2)《说郛》本。

巢睫稿笔 50 卷　集部别集类　佚

见康熙《吴江县志》卷 22。

按:乾隆《震泽县志》卷 20 本传小注:"史元曰:宋郭绍彭墓志称楙居笠泽,楙为吴江人无疑。今刻丛书冠以长洲,误也。"查郭绍彭《宋王勉夫圹铭》载:"家本福之福清,自其曾大夫徙平江,后居笠泽。"故补录于此。

王　份

字文儒。宋吴江人。少力学工诗文,隆兴中以特恩补大冶令。律身清谨,政尚宽恕,修学校,置田养士。县产铁,旧有铁务病民,份奏减其额,民德之,绘像祀之。致仕归,作室于雪滩,号臞庵居士。

臞庵集 10 卷　集部别集类　佚。

见乾隆《吴江县志》卷 46。

赵磻老

字渭师。宋东平人,迁居吴江黎里,孝宗朝以书状官随范成大奉使金国,成大荐之,擢正言,乾道八年(1172)以右通直郎知楚州,入为太府寺丞，复由两浙转运副使知临安府，除秘阁修撰，权工部侍郎，坐事谪饶州。

抽庵杂著 30 卷　子部杂学类　佚

抽庵外集 4 卷　集部别集类　佚

以上 2 种见《直斋书录解题》卷 18。

抽庵词 1 卷　集部词曲类

(1)《宋元三十一家词》本。

(2)《吴氏石莲庵刻山左人词》本。

(3) 清初汲古阁抄《宋五家词》本。

(4) 清抄《宋六家词》本。

(5) 清初抄《宋八家词》本。

(6) 清劳权抄《典雅词十种》本。

(7) 民国吴江柳氏抄本，上海图书馆藏。

王德文(1190—1246)

字周卿。宋吴江人。楙子。资禀颖悟，承家学。从真德秀、魏了翁游。以筑边城功补承信郎，调宁国酒税，摄华亭尉，兼造船场市舶。转承节郎，授南桥酒官。磨勘当转官，谢归。

注鹤山先生渠阳诗 1 卷　集部别集类

(1) 明刻本，黄丕烈跋，国家图书馆藏。

(2) 清光绪影宋刻本，贵池刘世珩玉海堂，国家图书馆藏。

(3)《玉海堂景宋元本丛书》本。

(4)《铁琴铜剑楼丛书》本。

王　敉

字行父。宋吴江震泽人。德文子。终日清坐，不闻有声。所著纪事极该博。

云峤类要　子部小说类　佚

见《宋元学案补遗》卷 29。

陆唐英

字文宗，改名俊。宋吴江人。云龙子。太学生，景定中以理学征授迪功郎，忤时相弃官归。

乐安遗稿　集部别集类　佚

见《吴郡陆氏支谱·窦巷支》。

杨　娃

娃一作珪。宋会稽人，世居吴江平望里，后流徙临安。懿女。宁宗恭圣皇后妹，故人称杨妹子。以艺文供奉内廷。工诗，善书画。尝画《赵清献琴鹤图》，又有《菊花图》颇精。书法极似宁宗，故宁宗所题画多由其代笔。有题马远《松院鸣琴图》，波撇秀颖有韵。

题画诗 1 卷　集部别集类　佚

见道光《平望志》卷 10。

孙　锐(1199—1277)

字颖叔，号耕闲居士，别号耕闲老人。宋吴江人。珽子。咸淳七年(1271)举于乡，十年登进士，佥判庐州。时元兵南侵，因愤贾似道误国，挂冠归。隐居平望之桑磐村，卒于洞庭，葬桑磐祖茔旁。

孙耕闲集 1 卷　集部别集类

(1)《玉雨堂丛书》本。

(2) 清金氏文瑞楼抄《宋人小集六十八种》本。

(3) 清乾隆间知不足斋抄本，北京大学图书馆“大仓文库”藏。

(4) 清抄本，国家图书馆藏。

(5) 1934 年江安傅氏抄本，宋孙锐撰，赵时远编，有补遗 1 卷，国家图书馆藏。

(6)《续修四库全书》本。

(7)《宋集珍本丛刊》本。

赵时远

字无近，一作无逸，号渐磐野老。宋吴江人。隐居平望桑磐村。魏王廷美九世孙。工诗兼善画，与孙锐倡和，为莫逆交。

赵时远诗　集部别集类　佚

见《宋诗纪事补遗》卷93。

按：国家图书馆藏清嘉庆三年（1798）刻光绪十四年（1888）重修南沙席氏刻《元诗选》有《渐磐野老诗》。

耕闲集1卷补遗1卷　集部别集类

宋孙锐撰，赵时远编，版本见“孙锐”条。

沈义甫

甫又作父，字伯时。宋吴江震泽人。嘉定十六年（1223）领乡荐，仕至南康军白鹿洞书院山长，以文鸣于时。宋亡隐居不仕，长于词曲，学者称时斋先生，卒年78。

遗世颂　集部别集类　佚

时斋集　集部别集类　佚

以上2种见同治《苏州府志》卷138。

乐府指迷1卷　集部词曲类

(1) 明万历十一年（1583）刻本，附刻于陈耀文撰《花草粹编》后。国家图书馆藏。

按：南京图书馆藏本有清丁丙跋并题诗。

(2)《四库全书》本，题《沈氏乐府指迷》。

(3)《砚北偶钞》本。

(4)《指海》本。

(5) 清乾隆四十四年（1779）乐是庐刻本，中国人民大学图书馆藏。

(6) 清道光八年（1828）重刻本，国家图书馆藏。

(7) 清咸丰七年(1857)金绳武评花仙馆活字印本，南京图书馆藏。

(8) 清抄本，中国社会科学院文学研究所藏。

(9)《四印斋所刻词》本。

(10) 1915年陈氏百尺楼丛书《笠泽词征》后附本，陈去病校订。

(11)《词话丛编》本。

(12)《词学小丛书》本。

(13) 1948年上海中华书局铅印本，《乐府指迷笺释》1卷，宋沈义父辑，蔡嵩云笺释。

叶　茵(1200—?)

名亦写作箘，字景文。宋吴江笠泽人。家富藏书。曾于宝祐五年(1257)刻唐陆龟蒙撰《甫里集》及自编《附录》。具体卒年不可考，据其文稿推算，享年90岁以上。

顺适堂吟稿甲集1卷乙集1卷丙集1卷丁集1卷戊集1卷　集部别集类

(1) 宋嘉定至景定间临安府陈解元宅书籍铺递刊本，台湾"中央图书馆"原藏。

(2) 清抄本，与宋吴浚《宋吴允文集》合抄，国家图书馆藏。

(3) 清抄本，国家图书馆藏。

(4) 清抄《六十家名贤小集》本，清彭元瑞校补并跋，国家图书馆藏。

(5) 清抄《宋人小集五十五种》本，作《前集》1卷《续集》1卷，国家图书馆藏。

(6) 清抄《宋人小集六十八种》本，金氏文瑞楼，国家图书馆藏。

(7) 清刻《南宋群贤小集》本，国家图书馆藏。

(8) 清抄《南宋群贤诗》本，上海图书馆藏。

(9) 清抄《群贤小集六十八种》本，国家图书馆藏。

(10) 清抄《宋四十三家集》本，国家图书馆藏。

(11)《两宋名贤小集三百八十卷》本,南京图书馆藏。

(12)《汲古阁影宋抄南宋六十家小集》本。

(13)《宋百家诗存》本,1 卷。

(14)《江湖小集》本,《四库全书》收。

(15)《丛书集成三编》本。

原　妙(1238—1295)

号高峰。宋吴江徐氏子,15 岁出家嘉禾密印寺。咸淳十年(1274)入西天目师子岩参道。榜其室曰“死关”。

高峰和尚禅要 1 卷　子部佛教类

元释持正录　洪乔祖编

(1) 元至元三十一年(1294)刻本,甘肃省图书馆藏。

(2) 明刻本,国家图书馆藏。

(3)《卍续藏经》本。

高峰原妙禅师语录 2 卷　子部佛教类

(1) 明刻本,国家图书馆藏。

(2) 清初刻本,作《高峰大师语录》1 卷,南京图书馆藏。

(3) 清光绪二年(1876)福德因缘堂刻本,作 1 卷,浙江图书馆藏。

(4) 清光绪十五年金陵刻经处刻本,作 1 卷,国家图书馆藏。

张　渊(1264—?)

字清夫,号心远,又号用拙道人、湖南野逸。元吴江人。皇庆中以荐为征东儒学提举。博学好古有诗名,曾学书于赵孟𫖯,年 77 犹在世。

心远堂集　集部别集类　佚

见《千顷堂书目》卷 29 杭世骏补。元虞集作序。

按:弘治《吴江志》卷 10 载:“家有心远堂,有诗集传世。”嘉靖《吴江县志》卷 14 作“张清夫诗集”。乾隆《震泽县志》卷 31 作“心远堂集,一作素心堂诗集”。国家图书馆藏南沙席氏刻《元诗选》有《湖南野逸诗》。

朱　凤

元吴江人。良实父。

樵唱集　集部别集类　佚

见乾隆《吴江县志》卷46。

陆行直(1275—?)

字季道，号湖天居士。元吴江人。元中叶荐授翰林典籍，至治元年(1321)致仕归，筑别业于分湖东，一时名士如杨维祯、倪瓒皆与之游。常泛轻舟携笔床茶具往来烟波间，人称陆隐君。至正九年(1349)犹存。工诗及书画。

词旨1卷　集部词曲类

(1)《宝颜堂秘笈续集》本《乐府指迷》2卷。下卷即陆行直撰《词旨》。

(2)《广百川学海》本。

(3)《说郛》(宛委山堂)本。

(4)《砚北偶抄》本。

(5)《诗触》本。

(6)《艺海珠尘》本。

(7)《学海类编》本。

(8)《四印斋所刻词》本。

(9)《古今文艺丛书》本。

(10)《中国文学珍本丛书》本。

(11) 1915年陈氏百尺楼丛书《笠泽词征》后附本。

(12)《词话丛编》本。2卷，清胡元仪释，民国陈去病重订。

(13)《词林纪事》本。

按：国家图书馆藏南沙席氏刻《元诗选》有《湖天居士诗》。

萧国宝

字君玉，号辉山。元山阴人。以乡举官吴江，遂家于此。工诗。

萧辉山存稿1卷附苇庵稿1卷　集部别集类

(1) 清抄本，南京图书馆藏。

按：《辉山存稿》乃至顺二年(1331)其嗣子英所编次，孔涛序。此抄本为崇祯十二年(1639)十五世孙云程重编。附录为萧云程撰。

(2) 旧抄本，见《皕宋楼藏书志》卷110。

(3) 清康熙三十三年(1694)长洲顾氏秀野草堂刻《元诗选·初集·甲集》本，国家图书馆、厦门大学图书馆藏。

(4)《四库全书存目丛书补编》本。

王朝臣

字熊翁。元吴江人。泰定元年(1324)进士，官太子司经。少从金吉父游。天文、地理、阴阳、历算诸书悉得其指授，工诗词，以清真隽雅为主。吴江州判官张显祖谘以太湖水利，无不切中事宜。邑建垂虹桥，聘董其事。捐铁掬以襄厥工。登第后益究心经世之学。居官正色立朝，丞相脱脱器之。

或默轩诗文集　集部别集类　佚

见同治《盛湖志》卷9。

王原杰

名又作元杰，字子英。元吴江人。至正四年(1344)举于乡，值兵乱不仕，隐居教授，深于性理之学。为诗文雅健高古，学者称贞白先生。卒葬吴江陈思村柳字圩。

春秋谳义9卷　经部春秋总义类

(1) 明末抄本，山东省图书馆藏。

(2) 抄本，12卷，南京图书馆藏。

(3)《四库全书》本。

按:《增订四库简明目录标注》著录有万卷楼抄本、诒经堂本等。

贞白英华集　集部别集类　佚

水云清啸集　集部别集类　佚

以上 2 种见乾隆《吴江县志》卷 46。

按:国家图书馆藏南沙席氏刻《元诗选》有《贞白先生诗》。

盛　舆

字敬之。元吴江人。初为震泽镇教谕,升锦州学正。至正间兵兴,参谋浙省军政,擢崇德州判官。尝受《易》于郡人龚子敬,好古博识,医卜地理之书无不通究。

韵书群玉　子部典故类　佚

滴露斋稿　集部别集类　佚

以上 2 种见同治《苏州府志》卷 138。

丁　敏

字巽学,号朦生。元吴江人。博学好古诗文,元末不仕,隐居吴山之麓。

朦庵集　集部别集类　佚

见弘治《吴江志》卷 6。

智　宽

字裕之,号云海。元吴江人。至元五年(1339)由吴江圣寿禅院主持嘉禾三塔景德寺。

云海倡和诗　集部别集类　佚

见民国抄《震泽县志续》卷 10。

明

朱良实

字子诚，号百拙老人。明吴江人。凤子。好读古书，在元末有文名，入明已老，隐居不仕，以诗文自娱，卒年80余。

松陵续集　史部地理类　佚

按：乾隆《吴江县志》卷52有至元六年（1340）吴江知州干文传序。

渔唱稿　集部别集类　佚

按：洪武十七年（1384）自定。

以上2种见弘治《吴江志》卷6。

守拙集　集部别集类　佚

见乾隆《吴江县志》卷46。

按：国家图书馆藏南沙席氏刻《元诗选》有《百拙老人诗》。

弘　道（1315—1392）

字竺隐，号存翁。明吴江人。沈氏子。13岁出家本邑之密印寺。长，谒元叟不契，去依鲁山文学台教，力究不懈，能通诸种疏钞。后复从我庵游，出主延庆。洪武三年（1370）敕主杭州灵山，十年诏注《楞伽经》等，颁行天下，以为典式。十五年出任僧录左善世，二十四年退居长干寺，次年圆寂。

楞伽经注解　子部佛教类　佚

见《千顷堂书目》卷16。

吴　简

字仲廉，号守约，自号月潭居士。明吴江桃墩人。元季举于乡不利，遂杜门积学。寻以荐授郡学训导，升绍兴学录。洪武四年(1371)应诏至京，授昆山主簿，以疾辞归，优游林泉，卒年82。

按：《垂虹识小录》卷4、《吴中人物志》均作年83卒。

诗义　经部诗经类　佚

见同治《苏州府志》卷138。

论语提要　经部四书类　佚

史学提纲　史部史评类　佚

以上2种见弘治《吴江志》卷6。

守约斋集　集部别集类　佚

月潭诗集　集部别集类　佚

以上2种见同治《苏州府志》卷138。

按："守约斋集"，弘治《吴江志》卷6作"守约集"。国家图书馆藏南沙席氏刻《元诗选》有《月潭居士诗》。

薛　穆

字公远，号澹园。明吴江人。博学攻诗文，善楷书，尤精墨竹。洪武初以人才授柳州州判，卒于官。

北涧生稿　集部别集类　佚

见清光绪十四年(1888)南沙席氏重修《元诗选》。

王　智

字炳耳。明吴江人。朝臣子。操行高洁，张士诚据吴，屡召不赴，隐居教授，年近八旬卒，门人私谥廉静先生。

存诚录8卷　子部儒学类　佚

淮清堂文集　集部别集类　佚

以上2种见同治《盛湖志》卷9。

邹　奕

字弘道。明吴江人。秀目美髯，貌若玉雪。议论英发，文辞高古。元至正七年(1347)举人，后登进士，调饶州录事。明洪武初为御史，十七年(1384)出知赣州府。后坐事谪甘肃20余年。永乐元年(1403)以蹇义荐召还。

吴樵稿　集部别集类　佚

见嘉靖《吴江县志》卷25。

顾　谅

字季友，自号痴叟。明吴江后陆巷人。早岁多从故老游，见闻殊广。性坦夷，不事畛畦。元末兵乱，隐居吴山之麓40年，结庐曰怡斋。王行为撰传。

仪礼注　经部仪礼类　佚

见《千顷堂书目》卷2。

凌　昌

字正卿。明吴江同里镇人。家世业儒，聪慧强记，尤邃于书。微词奥义，多所发明，从元儒潘如珪游。元至正间举于乡，道阻不复就试，以图史自娱。为文章汪洋而明洁，放言极论，一归于理。明洪武十二年(1379)举明经，授县学训导，迁太平教授，卒于官。

仪古集　集部别集类　佚

见乾隆《吴江县志》卷46。

徐　衍

字仲易，明吴江人。洪武十二年(1379)以人才荐，授工部主事。

仲易诗集　集部别集类

见弘治《吴江志》卷 10。

按:弘治《吴江志》卷 10 作“秋泽人”,即今吴江梅堰社区秋泽村。《垂虹识小录》卷二作“仲易诗钞”。

顾　麒

明吴江同里人。

家范　子部儒学类　佚

见嘉庆《同里志》卷 22。

吴　藻

字文伯,明吴江人。性聪敏,永乐元年(1403)以明经举,辞以亲老不就,遂教授于乡。

质庵集　集部别集类　佚

见乾隆《震泽县志》卷 24。

黄　本

字本中。明吴江人,先世自江夏迁吴,元末张士诚据吴,本避地同里,授徒资养,遂留家焉。洪武中举明经,为武夷训导,历会昌教谕。于经史百家之书,研极理趣,文章丰腴雅驯,诗词藻丽。

白庵遗稿　集部别集类　佚

见嘉庆《同里志》卷 22。

谢　常(1340? —?)

字彦铭。明吴江人。少与陶振同师杨维祯。洪武十五年(1382)举秀才,召见试《丹凤朝阳赋》称旨。欲官之,以母年百有六岁请归终养,许之,遂隐震泽之东溪。卒年 83。

桂杆诗集 1 卷　集部别集类

(1) 清初叶氏小有堂抄本,清黄丕烈跋,国家图书馆藏。

(2) 清金氏文瑞楼抄本,上海图书馆藏。

(3) 清抄本,清刘喜海跋,中国科学院图书馆藏。

按:有清道光六年(1826)刘喜海题记。有"刘喜海印""大兴朱氏竹君藏书之印"(朱筠)、"结一庐藏书印"(朱学勤)。

东溪集　集部别集类　佚

见弘治《吴江志》卷15、《千顷堂书目》卷17。

盛　逮(1344—1436)

初名棣,字景华,别号居密。明吴江一都人。洪武初以贤良应召,赐冠带,参大臣议事。与中书参政陈宁议不合,以疾辞归。代弟谪戍宁夏,后游关中,得异人导引法。卒年93。

原道集　集部别集类　佚

见乾隆《吴江县志》卷46。

朱应辰

字文奎,号寄翁。明吴江绮川人。少治《礼》。元末屡试不中乃弃去。从会稽杨维祯学,为古文词。洪武四年(1371)以荐应诏起,乞近地养亲。十三年授本郡儒学训导,后改江阴。学多伎能,诗文衍畅,精篆籀之学,善白描人物。

漫钞10卷　子部杂学类　佚

见《吴县志・艺文考一》。

湫芳集(一作寄翁集)3卷　集部别集类　佚

见乾隆《吴江县志》卷32。

萧　规

字元则,号竹园。其先湘潭人,明初徙居吴江之汾湖,后徙苏城。始从释氏,已而从儒,好读书,不求禄仕。其学长于《春秋》《毛氏诗》,以贩鬻自给,人称竹园先生。文郁茂有体裁。

湘山樵寓集　集部别集类　佚

见弘治《吴江志》卷6。

窦德远

明吴江四都人。洪武四年(1371)以儒学征授礼部主客郎中,后升本部侍郎。

(洪武)松陵志　史部地理类　佚

见崇祯《吴江县志》卷首,存窦氏自序及书中目录。

吴　复

字孟修。明吴江人。简子。湖广佥事,有文名。洪武六年(1373)被征官隰州,十四年再被举,旋以事系狱死。

甲子循环图　子部历算类　佚

霞外稿　集部别集类　佚

雪区稿　集部别集类　佚

以上3种见同治《苏州府志》卷138。

铁崖先生古乐府10卷乐府补6卷　集部别集类

元杨维祯撰　明吴复编

(1) 元至正末年刊本,台北故宫博物院藏。

(2) 明毛氏汲古阁刻本,国家图书馆藏。

(3) 明成化五年(1469)刘傚刻本,国家图书馆、复旦大学图书馆藏。

(4)《四部丛刊》本,据明成化间刻本影印。

(5) 清抄本,国家图书馆藏。

(6) 1921年武进董康诵芬室刻本,国家图书馆藏。

盛唐诗选　集部总集类　佚

见同治《苏州府志》卷138。

吴　颐

字希程。明吴江人。简子,复弟。县学训导,有文名。

桃溪集　集部别集类　佚

见弘治《吴江志》卷10。

沈　黻

字有庄。明吴江双杨人。洪武四年(1371)举明经,赐光禄酒馔,寻放还。尝应辟署县学西斋事。家世治《尚书》。卒年83。

西斋稿　集部别集类　佚

见弘治《吴江志》卷11。

任仲真

字直生。明吴江人。仁发曾孙。世居吴淞青龙江。幼赋白鹤诗,见赏于杨维祯。比长,喜读经世之略。洪武六年(1373)举人材,官南康郡丞,引疾归。访旧吴江,爱其风土淳朴,遂卜筑庞山湖滨。游方孝孺之门。

蕁香小集　集部别集类　佚

有竹居诗稿　集部别集类　佚

以上2种见嘉庆《同里志》卷22。

凌德修

字子成。明吴江人。昌子。洪武二十一年(1388)举明经。初为嘉定训导,迁宁县、广昌教谕。吴骥称其文章皆本义理而有实用。寿终于家。

盱江集　集部别集类　佚

见乾隆《吴江县志》卷46。

陶 振

字子昌，自号东海钓鳌客。其先华亭人，赘于庞山谢氏，遂为吴江人。少与谢常学于杨维祯，兼治《诗》《书》《春秋》三经。洪武二十三年(1390)举明经，授县学训导，迁安化教谕卒。天才超逸，诗词豪俊，负重名于时。

云间清啸集 1 卷　集部别集类

(1) 清初叶氏小有堂抄本，国家图书馆藏。

(2) 清金氏文瑞楼抄本，天一阁博物馆藏。

(3) 清抄本，国家图书馆藏。

陶振赋 1 卷　集部别集类　佚

见《千顷堂书目》卷 31。包括《紫金山》《金水河》《飞龙在天》赋三篇。

钓鳌集　集部别集类　佚

见《千顷堂书目》卷 17、《松陵文献》卷 9。

按：朱彝尊《曝书亭集》卷 52 收《跋钓鳌集》。《垂虹识小录》卷 6 云："著有《钓鳌集》《紫金山赋》，今不传。止遗《分湖赋》。"康熙《吴江县志》卷 45 载其所作《分湖赋》。

张 璹

字季连。明吴江人。世居越溪，以家财雄于乡，而璹独轻财好学，三吴名士多从之游，自号南村居士。闭门自守，州县征辟皆不就。洪武二十九年(1396)坐党祸籍其家。

陶庵集　集部别集类　佚

见乾隆《吴江县志》卷 46。

陈 序

号桂轩居士。明吴江人。博极群书，工古文辞，尤长于诗。治家有矩度,内外肃然。筑墙周屋外,课徒自给,时称墙里陈家。年20余食饩为诸生祭酒。

日涉园诗史　集部别集类　佚

见嘉庆《同里志》卷22。

史仲彬(1361—1427)

字文质,号清远。明吴江黄溪人。建文中任侍读学士。京师被朱棣攻陷,惠帝出走,彬期会于神乐观,与牛景先潜以舟载至家。后惠帝去,屡密覲之。以从亡故为里仇连讼狱死。临终书《致身录》,嘱子晟存之,以待后世知其君臣之艰苦。

致身录1卷　史部杂史类

(1) 明刻本,国家博物馆藏。

(2) 明末抄本,福建省图书馆藏。

(3) 清抄本,国家图书馆藏。

(4)《碎锦汇编》49种本。

(5)《逊国逸书》本。

(6)《广百川学海》本。

(7)《说郛续》本。

(8)《学海类编》本。

(9)《逊敏堂丛书》本。

(10)《乾坤正气集》本。

(11) 抄本,上虞罗振常,上海图书馆藏。

致身录1卷附录2卷　史部杂史类

(1) 明崇祯二年(1629)史兆麟刻本,作附编2卷,上海图书馆藏。

(2) 清康熙八年(1669)史在相刻本,国家图书馆、上海图书馆藏。

按:国家图书馆藏本《致身录》1卷附编1卷,附录1卷,为明史仲彬编、陈思尧编、钱士升订,史册释。上海图书馆藏本仅存附编1卷。

(3) 清抄本,乌丝栏,国家图书馆藏。

世祖学士忠献公致身自序不分卷　史部杂史类

(1) 清康熙间编者手稿本,台湾"中央图书馆"原藏。

(2) 1987 年台湾学生书局影印本。

按:同治《苏州府志》卷 104 载史鉴传。潘柽章以吴宽所撰墓志及鉴家状考之,乃知仲彬为鉴曾祖,以商赀为税长。洪熙中尝上书阙下,盖富而好侠者。且未曾入仕,何论从亡,因辨《致身录》之为伪撰,与《明史》合。

奇忠志 1 卷附建文从亡诸臣考 1 卷　史部传记类

清抄本,上海图书馆藏。

按:《建文从亡诸臣考》为史兆斗撰。

何　源(1368—1453)

初名德源,字幼澄。明吴江同里人。洪武二十九年(1396)举人,授德州学政。为政廉明,州人号曰赛包家。正统初擢江西布政使,自号东吴遗老。

澄庵集　集部别集类　佚

见乾隆《吴江县志》卷 46。

盛　寅(1374—1441)

字启东,以字行,号退庵。明吴江一都人。逮子。郡人王宾得医术于金华戴原礼,宾无子,以授寅。复讨究诸方书,遂大有名。永乐初为医学正科,坐累,输作天寿山,监工者奇之,令主书算。后言于成祖,召见。进药有效,授御医,赏赐甚厚。仁宗立,求出为南京太医院,宣德中召还。正统元年丁父难归。将赴京,忽遘疾,自诊其脉曰:"吾不起矣。"遂不服药。临终作诗三首。《明史》卷 299 有传。

医经秘旨 2 卷　子部医家类

(1) 抄本,上海中医药大学图书馆藏。

(2) 1924 年杭州三三医社铅印《三三医书》本。

（3）《中医古籍小丛书》本。

秘传脉药玄微　子部医家类

稿本，上海中医药大学图书馆藏。

盛御医集（一作流光集）　集部别集类

见乾隆《吴江县志》卷 46。

盛　偲（1394—1462）

字文勉，号竹雪山人。明吴江人。通经史，达礼义。永乐中，膺贤良荐，以养亲辞未仕。卜筑横塘授徒自给。性好吟咏。

盟鸥集　集部别集类　佚

见乾隆《吴江县志》卷 46。

按：嘉靖《吴江县志》卷 22 作"盛偲，字文勉，贤良。据盛谱增入"。乾隆《吴江县志》卷 25 载"偲以养亲辞"，则可补其小传。

陈克礼

逸其名，号雪轩。明吴江人。硕德清修，下帷教授，从游者翕然。云间陶育、桂林屠允时造其庐相唱和。

莺湖八景志　史部地理类

见道光《平望志》卷首。前有宣德五年（1430）卢瑛序、正统十三年（1448）陶育序。

平望志　史部地理类　佚

见道光《平望志》卷 18。

按：道光《平望志》卷 8 云："陈克礼、曹孚相继辑志，惜乎不传。"又道光《平望志》卷 18 有引自"陈克礼志"文，可知陈克礼确有辑《平望志》，已佚。

莫　震（1409—1489）

字廷威。明吴江绮川人。正统四年（1439）进士。五年知嘉鱼县，改知海盐。迁建宁通判，署邵武府事，赐敕旌异。迁延平府同知，致仕归。

霆威日记6卷　史部传记类　佚

见乾隆《吴江县志》卷46。

(正统)嘉鱼县志3卷　史部地理类

明莫震修　孙允恭纂

(1) 明正统十四年(1449)刻本，台北故宫博物院藏。国家图书馆等藏胶卷。

(2) 抄本，上海图书馆藏。

(3)《原国立北平图书馆甲库善本丛书》本。

石湖志6卷　史部地理类

明莫震撰　莫旦增补

(1) 明刻本，国家图书馆藏。

(2)《续修四库全书》本。

(3)《吴中小志丛刊》本

(4) 2015年广陵书社出版《中国风土志丛刊续编》本。

按：石湖在苏州盘门西南4.3公里处。宋范成大归隐石湖养老，构别业于湖上，名石湖精舍。宋孝宗御书"石湖"二字以赐，其名始显。此书卷一御书、图像，卷二总叙、乡都、山水、城郭、公署、村巷、宫室、祠祀、桥梁，卷三园第、梵宫、神宇、坊牌、科贡，卷四乡贤，卷五仕宦、隐逸、孝子、列女、名僧、风俗、翰墨，卷六土物、坟墓、杂记，在明代方志中堪称上乘。

家礼节要1卷　子部儒学类　佚

由庵集19卷　集部别集类　佚

莫震诗文集22卷　集部别集类　佚

以上3种见乾隆《吴江县志》卷46。

史　珩(1414—1467)

字廷贵，号友桂。人称桂轩居士。明吴江黄溪人。鉴父。县志皆云永乐十五年(1417)岁贡生，疑有误。官桂阳知县。晚居宜晚楼，以琴诗娱老。卒年54。

宜晚楼集　集部别集类　佚

见乾隆《吴江县志》卷46。

按：史鉴《西村集》卷8《先考友桂府君行状》载："先考讳珩，字廷贵，姓史氏，号友桂。人或称桂轩居士。"又明徐有贞《鸿都歌赠史廷贵》，可知其字为"廷贵"。

凌淑□(1414—1446)

明吴江烂溪人。史珩妻。善琴。

琴谱2卷　子部艺术类　佚

见道光《黄溪志》卷6。

按：史鉴《西村集》卷8《先考友桂府君行状》载："初取张氏，即先妣，同邑烂溪里人。本凌姓，今太常卿信从姊也。……永乐甲午十一月十日生，生十七年，归先君。归如其生之年，以正统丙寅十一月二十九日卒。"

袁　颢(1414—1494)

字孟常，号菊泉。原籍嘉善，后入赘芦墟徐氏，遂为吴江人。精于医，每以太素脉悬断祸福。

周易奥义8卷　经部易类　佚

春秋传30卷　经部春秋总义类　佚

以上2种见同治《苏州府志》卷139。

主德篇　子部儒学类　佚

见乾隆《吴江县志》卷46。

袁氏家训 2 卷　子部儒学类

（1）抄本，上海图书馆藏，作“袁氏家训丛书”。

（2）明袁黄辑《袁氏丛书》本。参见《续修四库全书提要》子部。

袁氏脉经 1 卷　子部医家类

袁氏针经 1 卷　子部医家类

痘疹论　子部医家类

内经辨疑　子部医家类

运气图说　子部医家类

惠幼良方　子部医家类

以上 6 种见上海图书馆藏《袁氏家乘附书目》之《袁氏丛书书目》。

袁氏痘疹全书 3 卷　子部医家类

明袁颢撰　袁祥增修

明刻本，国家图书馆藏。

袁氏痘疹丛书 5 卷　子部医家类

明书林双峰堂刻本，国家图书馆藏。

按：本书由袁颢创稿，袁祥增修，袁仁删正，袁黄、袁裳、袁衷同述，袁锡寿订，袁若思校。

吴　骥

字材良。明吴江同里人。洪熙元年(1425)举明经，授浚县训导。正统元年(1436)改寿昌，迁清丰教谕。博学强记，教人严而有法，时称名师。山西、河南、陕西诸省乡试，凡五聘为考官，所取皆名士，卒年 83。

同里先哲志 4 卷续 10 卷　史部传记类

明吴骥撰　清章梦易续

（1）清刻本，吴江图书馆藏。

（2）清抄本，上海图书馆藏。

同里先哲志 1 卷续 2 卷　史部传记类

清梧阴书舍抄本，苏州图书馆藏。

蒙庵集　集部别集类　佚

归田稿　集部别集类　佚

以上2种见乾隆《吴江县志》卷46。

吴　镇

字扬稽。明吴江人。能诗。

湖海耆英集　集部总集类　佚

见乾隆《吴江县志》卷46。《明诗综》卷22收其诗1首。

按：乾隆《震泽县志》卷9作"扬稽"，据此改。

陈　宣

字子昭，号鹤麓。明吴江人。宣德四年(1429)举人，官玉山教授，升国子监学录。工诗文，善画。曾画盛湖八景。

鹤麓绪言　集部别集类　佚

见《松陵人物汇编》卷2。

梅　衡

号藏密道人。明吴江人。世居尚湖，器宇宏达，材长果断。工诗。

瓢溪集6卷　集部别集类　佚

见乾隆《吴江县志》卷46。

梅　鼐

字致中。明吴江人。衡子。乐善好礼，工吟咏，所居号臞庵，有林泉之趣，以寿终。

臞庵稿15卷　集部别集类　佚

见乾隆《吴江县志》卷46。

沈士静

字玄修。明吴江庵村人。宣宗时人。工文好古，精程朱之学。聚徒讲论，终身无仕进之志。

易说宗要　经部易类　佚

悟心微论　子部儒学类　佚

以上 2 种见顺治《庵村志·隐逸》。

汝　旻

字思元。明吴江人。父文玑好施与，旻承父教，正统二年(1437)岁荒，首先输粟赈济，诏赐七品冠带。喜为诗。

桂轩集　集部别集类　佚

见嘉庆《黎里志》卷 6。

吴　本

字云冈。明吴江人。

(正统)增辑松陵志　史部地理类　佚

见崇祯《吴江县志》卷首。增辑于明正统七年(1442)。

梅　俊

字彦英。明吴江人。

雪轩诗稿 8 卷　集部别集类　佚

见乾隆《吴江县志》卷 46。

夏　庆

明吴江人。

菊轩集 4 卷　集部别集类　佚

见乾隆《吴江县志》卷 46。

任　敏(1421—1508)

原名孜,字懋善,又作懋长。明吴江人。仲真孙。以长洲籍僦居虎丘山塘,读书佛慧庵。正统十三年(1448)进士,授刑部观政,湖广司主事,历员外郎。持法明允,多所平反,擢广东琼州知府。丁母艰归,以积劳卒。尝修辑家乘,文洪为之序。工诗善弹琴。

琴理1卷　子部艺术类　佚

见嘉庆《同里志》卷22。

经笥堂类稿4卷　集部别集类　佚

吴江曲十调　集部词曲类　佚

山塘竹枝词　集部词曲类　佚

以上3种见《虎阜志》卷7。

梅　伦(1424—1494)

字彦常。明吴江人。鼐子。正统十三年(1448)进士。十四年九月授刑部主事,历员外郎。天顺八年(1464)劝乞归养,居瓢溪。久为郎官,雍容无躁竞心,时论贤之。成化初复起南刑部,持法宽仁。擢湖广右参议,提调武当山,兼理军务。职事既简,益务清静。数引方士治道术者与修导引法,遂无意仕进,引年致仕。

归田集3卷　集部别集类　佚

余庵集12卷　集部别集类　佚

以上2种见乾隆《吴江县志》卷46。

盛　昶(1425—1484)

字允高,号晋斋,晚号休休翁。明吴江一都人。景泰二年(1451)进士。授御史。清山东马政,以灾伤上疏乞蠲民赋。后巡按广东,老吏见其文牍罔不汗下。劾巡抚侍郎揭稽不法,稽坐左迁。六年七月以时多灾异偕同官倪敬等上疏谏忤旨,谪古田典史,天顺元年(1457)迁罗江知县，擢叙州知府。卒年60。《明史》卷162有传。
休休翁集　集部别集类　佚
谪居余暇集　集部别集类　佚
以上2种见《平江盛氏家乘初稿》卷14。

尹　宽(1426—1483)

字孟容，号江南布衣，又号易斋居士。明吴江黎里人。隐居不仕，与郡人杜琼、陈宽辈齐名。工诗善书，乡闾子弟多师之。
易斋稿　集部别集类　佚
见乾隆《吴江县志》卷46。外弟汝讷为编次。

任中权

字洪器。明吴江人。秀之父。肄业北太学，授太常寺典簿。迁寺丞，盛有诗名，与信阳何景明友善。
洪器诗遗　集部别集类　佚
见嘉庆《同里志》卷22。

莫　旦(1429—?)

字景周，号鲈乡。明吴江人。震子。成化元年(1465)领乡荐。博学工诗文。卒业太学作《一统》《贤关》二赋，名动京师，授新昌训导，迁国子监学正，乞归。年80余卒。
(弘治)吴江县志22卷　史部地理类
(1) 明弘治元年(1488)刻本，附录1卷，台湾“中央图书馆”原藏。国家图书馆藏有胶卷。
(2) 清然松书屋传抄明弘治本，上海图书馆藏。
(3) 1922年薛凤昌邃汉斋传抄本，上海图书馆藏。
(4)《原国立北平图书馆甲库善本丛书》本。
(5) 台北《中国方志丛书》本。

(正德)吴江续志3卷　史部地理类　佚

明正德二年(1507)刻本,见崇祯《吴江县志》卷首。今已佚。

(天顺)松陵志10卷　史部地理类　佚

见崇祯《吴江县志》卷首莫旦《自序》。

石湖志6卷　史部地理类

明莫震撰　莫旦增补

(1) 明刻本,国家图书馆藏。

(2)《续修四库全书》本。

(3)《吴中小志丛刊》本。

(4) 2015年广陵书社出版《中国风土志丛刊续编》本。

(成化)新昌县志16卷　史部地理类

明李楫修　莫旦纂

(1) 明成化十三年修,正德十六年刻本,上海图书馆藏。国家图书馆藏有胶卷。

(2) 明正德十四年刻本,台北故宫博物院藏。

(3) 抄本,南京地理与湖泊研究所藏。

(4)《原国立北平图书馆甲库善本丛书》本。

(5) 1989年新昌县志办铅印本。

大明一统赋3卷　史部地理类

(1) 明嘉靖十五年(1536)郑普刻本,北京大学图书馆藏。

(2) 明嘉靖十六年司马泰刻本,南京图书馆藏。有"嘉惠堂丁氏藏书之记""八千卷楼珍藏善本"等印。

(3) 明嘉靖三十年汪云程刻本,国家图书馆藏。

(4) 明万历间钱塘胡氏刊《格致丛书》本,4卷,台湾"中央图书馆"原藏。

按:有明王苍虬题记,明赵宽跋。跋文《书大明一统赋后》:"弘治二年岁次己酉冬十月之吉,赐进士刑部郎中门壻赵宽谨识。"有"王氏二十八宿砚斋藏书之印"朱文方印。

(5) 2017 年国家图书馆出版社《历代赋学文献辑刊》本。

(6)《四库禁毁书丛刊》本。

(7) 2013 年黄山书社出版《明别集丛刊第一辑》本。

大明一统赋补 4 卷　史部地理类

(1) 明刻本,国家图书馆藏。

(2) 明弘治间刻本,台北"中研院"傅斯年图书馆藏。

按:北京大学图书馆亦有藏本,缺卷 3 卷 4。

(3) 明嘉靖间刻本,美国国会图书馆藏。

(4)《明别集丛刊第一辑》本。

一统赋删 1 卷　史部地理类

《格致丛书》本。

贞孝录　子部儒学类　佚

学业须知 4 卷　子部儒学类　佚

鲈乡集 4 卷　集部别集类　佚

以上 3 种见同治《苏州府志》卷 138。

苏州赋　集部别集类

抄本,华东师范大学图书馆藏。首有袁学澜题识。

曹　孚

字颙若,自号枫江布衣。明吴江平望人。谨六世孙。为人朴厚端谨,工诗文。成化二十一年(1485)作《仁济渡记》,记里中兴建。兼精楷书。隐居不仕,有劝以改图者弗听,颜其楼曰声佳。与同邑史鉴、尹宽、凌震为诗酒交,时有"四大布衣"之名。弘治元年(1488)与莫旦、吴宽等泛莺脰湖。

平望镇志　史部地理类　佚

枫江集　集部别集类　佚

以上 2 种见道光《平望志》卷 8。

王　云

字时望。明吴江震泽人。诸生。云居家孝友，好古力学，积书几千卷，皆评阅数过，丹黄相覆。早岁能诗，与沈周、周用为友，学者称葵南先生。嘉靖中卒，年76。

葵南先生集　集部别集类　佚

见同治《苏州府志》卷138。

按：道光《震泽镇志》卷11有清吴炎撰《王葵南先生麻湖遗草序》一文。

汤　涤

字新之。明吴江人。成化二年(1466)进士，授清江尹。

思庵杂稿　集部别集类　佚

见乾隆《分湖志》卷4。

何　昇

字寅宾。明吴江同里人。源孙。成化二年(1466)以贡授曲阳训导。能诗文，虽贫未尝干谒，年66卒。

归闲稿　集部别集类　佚

见同治《苏州府志》卷138。

汝　讷(1433—1493)

字行敏。明吴江黎里人。景泰四年(1453)举人。成化三年(1467)以善书授中书舍人，迁南京武选员外郎，进郎中。时王恕为尚书，讷与同郡李应祯等并以文学为恕宾客。出为汀州知府。忧归，服除补南安，威惠并行。弘治二年(1489)罢归卒。居官清廉，为人坦易。善谈论，喜为诗，书法得晋人体，小楷尤遒美。学者称周菴先生。

松陵志20卷　史部地理类　佚

学鸣集 15 卷　集部别集类　佚

北游集　集部别集类　佚

以上 3 种见乾隆《吴江县志》卷 46。

按:明史鉴《西村集》卷 8 有《故中宪大夫江西南安府知府汝君行状》。

王　贵

字玉川。明吴江人。朝臣曾孙。天顺七年(1463)由人才荐举通经,官左春坊司谏。性端直凝重,不为权贵所右,九载不迁。归田后益肆力濂洛关闽之学,诗文多涉世教。

玉川书塾问答 20 卷　子部儒学类　佚

见《垂虹识小录》卷 2。

史　鉴(1434—1496)

字明古,自号西村。明吴江黄溪人。珩子。博学洽闻,肆力为诗文,雄深古雅,崛然成家。与人论事辩说超卓,虽尊贵无所屈。尤长于史论,并深究钱谷水利之事。居穆溪之西,有园亭林木之胜,客来清淡弥日。其治家严如官府。巡抚王恕与论政务,深器其材。

礼纂　经部三礼总义类　佚

礼疑　经部三礼总义类　佚

以上 2 种见同治《苏州府志》卷 138。

西村十记 1 卷附录 1 卷　史部地理类

(1) 清光绪八年(1882)正修堂丁氏刻本,南京图书馆藏。

(2)《西湖集览》本。

(3)《武林掌故丛编》本。据清光绪八年钱塘丁氏嘉惠堂刻板重印。

史西村江海经游草稿 4 卷　史部地理类

稿本,2013 年 11 月日本古籍拍卖会拍卖,后由中国买家拍得。

按：书前有“吴兴刘氏嘉业堂藏书记”印。本书主要记载明天顺七年(1463)史鉴跟随赈灾人士从盛泽出发，经平望、松陵前往维扬通州解救饥荒之事，记录沿途所遇人和事。

小雅堂日抄　子部儒学类　佚

西村杂言　子部杂学类　佚

以上2种见乾隆《吴江县志》卷46。

西村集8卷附录1卷　集部别集类

(1) 明嘉靖八年(1529)史璧刻本，国家图书馆、上海图书馆藏。

(2) 清乾隆五年(1740)抄本，上海图书馆藏。

(3) 清乾隆十一年史开基刻本，国家图书馆藏。

(4)《四库全书》本。

(5) 清抄本，清丁丙跋，南京图书馆藏。

(6)《四库明人文集丛刊》本。

(7)《明别集丛刊第一辑》本。

西村集6卷　集部别集类

明史鉴撰　清钱云校

稿本，见《柳亚子集外诗文辑存》之《养余斋松陵书目》卷4。

西村先生集28卷附录1卷　集部别集类

(1) 清初抄本，国家图书馆藏。清徐釚录，钱谦益题识，徐渭仁跋。

(2) 清抄本，南京图书馆藏。清丁丙跋。无附录1卷。

西村文抄5卷附西村集抄1卷　集部别集类

清诒经堂抄本，上海图书馆藏。

西村先生全集22卷　集部别集类

清抄本，上海图书馆藏。

西村先生集21卷附编1卷　集部别集类

清抄本，苏州博物馆藏。

史山人集1卷　集部别集类

《盛明百家诗》本。

大明文约　集部总集类

见《史氏家乘》卷19,纂于弘治二年(1489)。

按:史鉴于成化十二年(1476)曾以官命纂《运河志》三篇,记吴中运河。见《史氏家乘》卷22。

吴　珵(1436—1487)

字元玉,号石居,晚号青龙上人。明吴江梅堰人。成化五年(1469)进士,拜南京工部主事,历员外郎,迁太仆少卿。性好学,工诗文。善画山水,法戴进。卒年52。

石居遗稿　集部别集类　佚

见同治《苏州府志》卷138。

按:乾隆《江南通志》卷122《选举志·进士》己丑科张升榜著录道:"吴珵,江宁人。"《千顷堂书目》卷20注作:"大兴籍,上元人。"嘉靖《吴江县志》卷21云:"《登科考》作'顺天府,大兴籍,吴县人',未知何谓,郡志列于吴江,墓志又云十七都人。此必见之真也。"卷24有其传。

叶　绅(1440—1505)

字廷缙,号毅斋。明吴江人。成化二十三年(1487)进士。除户科给事中,改吏科。历礼科左给事。弘治十年(1497)太子年17,犹未出阁,绅请择讲官教谕。寻以修省陈八事,末言去大奸,专劾李广,又极陈大臣恩荫葬祭之滥,擢尚宝少卿,卒。《明史》卷180有传。

黄门奏疏10卷　史部政书类　佚

毅斋文集40卷　集部别集类　佚

以上2种见《吴中叶氏族谱》卷57。

汝　泰(1440—?)

字元吉,一字其通。明吴江人。讷从子。年50始登科,弘治九年(1496)进士。拜南京考功主事,出知永州知府,卒于官。未第时,与同郡李应祯、吴宽,同邑姚明、史鉴并以文学著名,所撰文章传播远近。

性理补注　子部儒学类　佚

见光绪《黎里续志》卷4。

来斋集　集部别集类　佚

见乾隆《吴江县志》卷46。

吴　亿

明吴江人。

管窥集　集部别集类　佚

默庵集　集部别集类　佚

以上2种见乾隆《吴江县志》卷46。道光《平望志》卷14收其诗1首。

宋文昌

明吴江人。

居易稿6卷　集部别集类　佚

见乾隆《吴江县志》卷46。

宋　恩

明吴江人。文昌子。

仰高集　集部别集类　佚

见乾隆《吴江县志》卷46。

姚　明

字景昭,一字视卿,号月桥居士。明吴江长桥人。工古今诗文,兼善书法。成化十三年(1477)举人,授贵溪知县,调南靖。母丧归,会子坐事论死,走京师讼之,遇疾卒。卒年64。

月桥遗稿　集部别集类　佚

见乾隆《吴江县志》卷46。

任秀之

字秋山。明吴江人。敏嗣子，本生父中权。赋性高迈，与陈淳、王宠善，构别业于庞山湖东。素精兵书，讲求经世之略。嘉靖中倭寇起，尝佐参政任环御寇有功。又荐严家兄弟，提兵所向辄以捷闻，时有"严家五义，任门三杰"之称。未几以劳瘁卒。

中丞集注　集部别集类　佚

湖村集　集部别集类　佚

陶集评略　集部诗文评类　佚

以上3种见嘉庆《同里志》卷22。

任之重

字道村。明吴江人。敏子。少英特不凡，补吴邑诸生，寻以岁贡入太学。嘉靖间，倭寇入犯苏松。之重素精壬遁韬钤之学，遂偕兄秀之、之俊参赞军务，屡获战功，上宪欲题授以官，不就而卒。

六壬举要　子部术数类　佚

任之重文集8卷　集部别集类　佚

以上2种见嘉庆《同里志》卷22。

张尚友

字益之。明吴江八斥人。基子。诸生，精春秋之学，吴中治春秋者皆宗之。卒年58。

存笥集6卷　集部别集类　佚

见同治《苏州府志》卷138。

按：钱谦益《牧斋初学集》有《存笥集序》。

袁　祥(1448—1504)

字文瑞,号怡杏。明吴江人。颢子。6岁养于殳氏,延师授之书,上至五经,下至左国史汉、老庄列杨、韩非吕览之属,皆通册通记。后以行医为业。

春秋或问8卷　经部春秋总义类　佚

见《明史·艺文志》。

新旧唐书折衷24卷　史部正史类　佚

见乾隆《苏州府志》卷75。

革除编年　史部杂史类

按:《四库全书存目丛书》收《革除编年》不分卷,不著撰者,据辽宁省图书馆藏明钞本影印。不知是否即本书。

忠臣录　史部杂史类

以上2种见《袁氏丛书书目》。

建文私记1卷　史部杂史类

按:"建文私记"乾隆《苏州府志》卷75载"尤志作《革除编年》"。《四库全书总目》杂史类存目2有提要,云:"不著撰人名氏。《浙江通志》作嘉善袁仁撰。而朱彝尊又称陈洪谟有《革除编年》一书。《明史·艺文志》俱无之,未知孰是也。其书提纲列目,用编年之体,诸臣列传即详附目中。大致与诸书所记略同。书末终于建文四年(1402)六月己卯。自庚辰以后至乙丑破金川门,凡十日,事俱阙焉,疑残其末数页也。"

天官纪事　子部历算类　佚

彗星占验　子部历算类　佚

六壬大全36卷　子部术数类　佚

以上4种见乾隆《苏州府志》卷75。

八阵图说　子部术数类　佚

金谷歌注　子部医家类　佚

用药玄机　子部医家类　佚

以上3种见《袁氏丛书书目》。

袁氏痘疹全书3卷　子部医家类　佚

明袁颢撰　袁祥增修

明刻本，国家图书馆藏。

袁氏痘疹丛书5卷　子部医家类

明袁颢撰　袁祥增修，版本参见“袁颢”条。

乐隐编　集部词曲类　佚

乐律通考　集部词曲类　佚

以上2种见《袁氏丛书书目》。

吴　洯(1452—1499)

字汝砺。明吴江人。璩子。成化二十三年(1487)进士，授兵部主事。历员外郎，又进武库司郎中。少不羁好学，工诗，与赵宽齐名，兼善书法。

懒溪集6卷　集部别集类　佚

见道光《平望志》卷7。

赵　宽(1457—1505)

字栗夫，号半江。明吴江一都人。少聪慧。成化十七年(1481)会试，同郡吴宽主试，置第一。时议以宽私其乡里，宽即席作《玉延亭赋》，文义灿然，众始叹服。授刑部主事，历郎中。在部14年以明允称，升浙江提学副使，迁广东按察使，卒。为人平易闲雅，人乐与交。为文丰赡葩藻，诗亦清俊，以未尝属草多散佚。

半江赵先生文集15卷附录1卷　集部别集类

(1) 明正德十四年(1519)刻本，12卷，上海图书馆藏。

(2) 明嘉靖四十年(1561)赵禴刻本，国家图书馆藏。

(3) 清康熙六十年(1721)刻本，上海图书馆藏。

（4）1920年吴江柳氏抄本，上海图书馆藏。

（5）《四库全书存目丛书》本。

（6）《原国立北平图书馆甲库善本丛书》本。

（7）《明别集丛刊第一辑》本。

赵　宏

字充夫。明吴江人。宽弟。为诗有唐人风，不屑应举。

渔庵集1卷　集部别集类

（1）明嘉靖十七年(1538)赵祖玠刻本，上海图书馆藏。

（2）明刻本，南京图书馆藏。

王　哲(1457—1513)

字思德。明吴江人。弘治三年(1490)进士，任监察御史，巡按广东，再按江西。镇守太监董让怙势骄纵，首劾之。迁山东副使，进广东按察使。宁王宸濠横甚，亦为敛迹，累升南京右佥都御史。正德六年(1511)以御史巡赣，为宸濠所鸩不死，以疾乞归，逾年卒。

好斋集10卷　集部别集类　佚

见《千顷堂书目》卷21。

沈　愚

字希贤，一作希颜。明吴江人。弘治五年(1492)贡生，官安福知县。

古直稿　集部别集类　佚

见同治《苏州府志》卷138。

静　可

字笑庵。明吴江人。弘治中主教席于车溪观音精舍。周用尝师之。

笑庵集　集部别集类　佚

见嘉靖《吴江县志》卷14。

陆　鲤

字时化，号野塘。明吴江人。弘治时人。赋资颖异。善诗，模仿汉魏六朝唐人。同名流宴集唱和，飘飘遗世邈若神仙，作《松陵八景诗》。

伤寒论略　子部医家类　佚

钓滩集18卷　集部别集类　佚

以上2种见嘉庆《同里志》卷15。

汝文璧

明吴江人。

假年集　集部别集类　佚

见光绪《黎里续志》卷4。

顾　宽

字惟仁，号感梅。明吴江同里人。性孝友，居母丧，三年不入私室。卒年80余。

感梅诗集　集部别集类　佚

见嘉庆《同里志》卷22。

哀母吟1卷　集部别集类

抄本，见《磨剑室文三集》之《磨剑室钞存乡先辈已刊未刊稿本题记》。

按：本书柳亚子从同里《顾氏族谱》辑录。

汝　砺(1464—1540)

字启商。明吴江人。讷子。以岁贡选授孝感县教谕，升四川庆符知县。性宽和，虽遭横逆不与较。为文以意胜，耻事钩棘，诗萧然有致。

尚书世业录　经部尚书类　佚
叙州府志　史部地理类　佚
三峡诗稿　集部别集类　佚

以上3种见光绪《黎里续志》卷4。

西归集　集部别集类　佚

见乾隆《吴江县志》卷46。

曹 镤

字良金。明吴江六都人。弘治六年(1493)进士，选庶吉士，改刑部主事，恤刑四川，多所平反，进员外郎，左迁东昌府通判，迁兴化同知。性鲠介，都司刘全，为刘瑾族人，恃势不法。镤按其罪，降千户。后擢湖广佥事，才去而刘全籍刘瑾援复旧职，镤感愤而乞休，与顾应祥、文徵明诸人游。为诗文不尚雕琢，又工绘事，于所居积土为山植桐其上，自号桐丘。卒年93。

林归集(内诗10卷古文2卷，一作桐丘集)　集部别集类

见《儒林六都志》卷下著述。《明诗综》卷31收其诗4首。

按:乾隆《震泽县志》卷31作“四卷”。

姜 玄

字玄仲。明吴江人。少博学嗜酒，不就博士第子试，与邢参游，慕好之。居湖滨，足未尝轻诣人。或使其子弟学，亦时遣之。晚年善黄鲁曾、徐缕。鲁曾盖师事徐、姜也。诗务雅澹，极意陶练，每成一诗，辄复捐去。

玉华山人集　集部别集类　佚
宫词1卷　集部词曲类　佚

以上2种见同治《苏州府志》卷138。诗收入《列朝诗集》丁集。

叶　昇(1469—1553)

字世瞻，号云斋。明吴江人。薇父。弘治八年(1495)浙江经魁，嘉靖十一年(1532)进士。授福建蒲田县知县，崇祀名宦祠。历任湖广参政。

南湖诗稿　集部别集类　佚

云斋集　集部别集类　佚

以上2种见《吴中叶氏族谱》卷57。

吴　山(1470—1542)

字静之，号讱庵。明吴江人。洪子。正德三年(1508)进士，授刑部主事、历赣豫川三省巡抚，所至以廉静长厚称。嘉靖二十一年(1542)为刑部尚书，以论翊国公郭勋触帝怒，免官归，道卒。谥忠襄。工词。

吴尚书疏议　史部政书类　佚

见同治《苏州府志》卷138。

治河通考10卷　史部地理类

(1) 明嘉靖十五年刻本，上海图书馆藏。

(2) 明崇祯十一年(1638)吴士颜刻本，国家图书馆藏。

(3) 民国抄本，上海图书馆藏。

(4)《四库全书存目丛书》本。

按:《明词综》卷3收其词1首。

史永龄

字德征，号松邱。明吴江人。鉴子。正德三年(1508)贡士，授翰林院待诏。

梅谱　子部艺术类　佚

浮篓集　集部别集类　佚

以上2种见《松陵文集三编》。

史　臣(1474—1556)

原名曾同，字邦直，号南湖。明吴江人。鉴孙。嘉靖二年(1523)进士。由工部主事，历刑部郎中，出为山东佥事，升云南布政司参议，未任解官。

四书讲义　经部四书类　佚

见《松陵文集三编》卷23。

沈素瑛

明吴江人。沈周女，史永龄妻。善丹青，兼工吟咏。

香奁集　集部别集类　佚

见道光《黄溪志》卷6。

吴　岩(1476—1524)

字瞻之。明吴江人。山弟。正德三年(1508)进士。授行人，迁工科给事中。九年乾清宫灾，岩条上视朝、讲学、建储，及斥养子、出番僧、遣边兵、罢中市凡数十事，言甚切。十三年疏请召还部臣督民逋者，又请遣大臣治东南水利。武宗从其言。迁四川参政卒。

世恩录1卷　史部传记类

明吴岩辑，正德十六年自刻本，国家图书馆藏。

维石奏议2卷　史部政书类　佚

见《千顷堂书目》卷30。同治《苏州府志》卷138作8卷。

周　用(1476—1547)

字行之，号伯川，一作白川。明吴江烂溪人。弘治十五年(1502)进士，授行人，正德初擢南京兵科给事中，累官至吏部尚书。为人端亮有节概。书法俊逸。工画，得沈周指授。布置渲染，备极高雅。卒赠太子太保，谥恭肃。《明史》卷202有传。

读易日记 1 卷　经部易类　佚

见同治《苏州府志》卷 138。邹元标序。

禹贡纂注 1 卷　经部尚书类

清抄本，上海图书馆藏。

书经禹贡节注 1 卷　经部尚书类

清道光二十五年(1845)补读楼刻本，上海图书馆藏。

重订周恭肃公奏疏 1 卷　史部政书类

明周用撰　清周鹤立校

清嘉庆十四年(1809)周鹤立绿满书窗刻本，上海图书馆藏。

周白川泼墨山水　子部艺术类

1929 年神州国光社影印本，南京图书馆藏。

楚辞注略 1 卷　集部楚辞类

清顺治九年(1652)刻本，上海图书馆藏。

周恭肃公集 16 卷附录 1 卷　集部别集类

(1) 明嘉靖二十八年(1549)周国南川上草堂刻本，国家图书馆藏。

(2) 明嘉靖二十八年周国南川上草堂刻天启重修本，陕西省图书馆藏。

(3) 用内阁文库藏万历二十二年(1594)吴江周国南川上草堂刻本影照，作 22 卷，东京大学东洋文化研究所藏。

(4) 清刻本，国家图书馆藏。

(5)《四库全书存目丛书》本。

(6)《明别集丛刊第一辑》本。

周恭肃公词 1 卷　集部词曲类

《明词汇刊》本。

钱　卿(1478—1531)

字廷佐，自号后溪居士。明吴江平望人。正德十四年(1519)举人。弱不胜衣而作文千言立就。家无赀而轻予好施。年 54 卒。

后溪集　集部别集类　佚

见同治《苏州府志》卷138。

陈　理(1478—1538)

字君明，号同川。明吴江同里人。少为诸生，器岸轩特，文笔雄健。正德中提学御史张璇行部再试皆第一。五与乡试不第而卒。尝修县志未就。

四礼规　经部三礼总义类　佚

宋元遗事2卷　史部杂史类　佚

以上2种见同治《苏州府志》卷138。

陈氏族谱　史部传记类　佚

见嘉靖《吴江县志》卷25。

吴江志稿　史部地理类　佚

见明周用《周恭肃公集》卷14《同川陈君明墓志铭》。

同川集　集部别集类　佚

见同治《苏州府志》卷138。

袁　仁(1479—1546)

字良贵，号参坡，一作蓡坡。明吴江人。颢孙。与季本同时相善，故解经往往似之。嘉靖十九年(1540)与人合作讽时文《竹林乡试录》，为地方官吏所疑，惧，焚所著书稿。

大易心法　经部易类　佚

见乾隆《分湖志》卷4。

尚书蔡注考误1卷　经部尚书类

(1)明袁黄刻《袁氏丛书》本。

(2)《四库全书》本。

(3)《艺海珠尘》本。

(4)《学海类编》本。

(5)《翠琅玕馆丛书》本。

(6)《藏修堂丛书》本。

(7)《芋园丛书》本。

(8) 抄本，上海图书馆藏。

按：本书又名《尚书砭蔡编》。

毛诗或问 2 卷　经部诗经类

(1) 明袁黄刻《袁氏丛书》本。

(2)《学海类编》本。

(3)《丛书集成初编》本。

(4)《四库全书存目丛书》本。

三礼要旨　经部三礼总义类　佚

见《袁氏丛书书目》。

三礼穴法 18 卷　经部三礼总义类　佚

见乾隆《分湖志》卷 4。

春秋针胡编 1 卷　经部春秋总义类

《袁氏丛书》本。

春秋胡传考误 1 卷　经部春秋总义类

(1)《袁氏丛书》本。

(2)《四库全书》本。

(3)《学津讨原》本。

(4)《学海类编》本。

(5)《翠琅玕馆丛书》本。

(6)《藏修堂丛书》本。

(7)《芋园丛书》本。

(8) 旧抄本，与明陆粲《春秋胡氏传辨疑》合订，清丁丙跋，南京图书馆藏。

纪年类编 4 卷　史部编年类

(1)《袁氏丛书》本。

(2) 明天启刻本，国家图书馆藏。

纪年备考　史部编年类　佚

地理异同辨 1 卷　史部地理类　佚

本草正讹 1 卷　子部医家类　佚

活人本旨 1 卷　子部医家类　佚

参坡医案 8 卷　子部医家类　佚

天文图注 3 卷　子部历算类　佚

以上 6 种见《袁氏丛书书目》。

庭帏杂录 1 卷　子部杂学类

明袁仁撰　袁衮辑

《袁氏丛书》本。

韵府群玉补遗 40 卷　子部典故类　佚

见同治《苏州府志》卷 138。

一螺集 8 卷　集部别集类

(1)《袁氏丛书》本。

(2) 明万历二十四年(1596)刻本，作 4 卷，台湾"中央图书馆"原藏。

(3) 民国吴江柳氏抄本，上海图书馆藏。

(4) 稿本，吴江张舫澜私藏。

张　源(1479—1566)

字濂卿。明吴江赋溪人。嘉靖元年(1522)领乡荐，选宁波府通判，署慈溪、奉化二县，并有声。而上官以私憾劾，令调用，改判德安，调怀庆。

浮浮山人集　集部别集类　佚

赋溪文集　集部别集类　佚

以上 2 种见同治《苏州府志》卷 138。

吕志坚

明吴江人。汝文玑妻。少时好读《列女传》,晚岁取其事之切于日用者立家范数十条,刊示子孙。年85卒。莆田彭韶为铭墓。

家范1卷　子部儒学类　佚

见嘉庆《黎里志》卷11。

张　禄

字天爵,自号友竹山人、蒲东山人。明吴江人。

词林摘艳10卷　集部词曲类

(1) 明嘉靖四年(1525)刻本,国家图书馆藏。

(2) 明嘉靖十八年吴江张氏刻本,台湾"中央图书馆"原藏。

(3) 明嘉靖三十年徽藩刻本,国家图书馆藏。

(4) 明万历二十五年(1597)内府刻本,国家图书馆藏。

(5) 明刻本,国家图书馆藏。

(6) 民国间抄本,国家图书馆藏。

(7) 1933年惜余轩影印明嘉靖刻本,南京图书馆藏。

(8) 1955年文学古籍社影印嘉靖四年刻本。

南北小令1卷　集部词曲类

1927年海宁陈氏慎初堂铅印本,国家图书馆藏。

崔　澄

字渊父,一作渊甫。明吴江人。少为诸生,已厌场屋之习。及入太学,遂绝意进取,出所藏经史,闭门诵读,穷日夜不休。三年学成,从其师曹孚,谒同郡吴宽、沈周诸名公,质疑订惑,必究其底蕴而后已。尤工于诗,气象风格,力追唐人,卒年仅29。

传响集12卷　集部别集类　佚

见《千顷堂书目》卷20。《明诗综》卷30收其诗3首。

沈　汉(1480—1547)

字宗海，号水西。明吴江人。正德十六年(1521)进士，授刑科给事中。嘉靖初因灾异陈时政缺失，指斥甚切。及刑部尚书林俊去位，复抗章争之。李福达之狱，执法大臣皆下吏，汉执奏，并除名。卒年68。

水西谏疏2卷　史部政书类

(1) 清康熙五十六年(1717)刻本，附刊于沈永宥等辑《吴江沈氏传略》后。南京图书馆藏。

(2) 清康熙六十一年沈氏家刻本，浙江图书馆藏。附沈珣撰《宏所谏疏》1卷。

(3) 清刻本，国家图书馆藏。

沈氏世谏草不分卷　史部政书类

明天启初刊本，台北“中研院”傅斯年图书馆藏。

顾　昺(1489—1548)

字仲光，号平野。明吴江人。旧居北芦墟，后移家北塘，宅后为谐赏园，池馆林泉之胜为松陵第一。正德十二年(1517)进士，授将乐知县，民为立碑表德。后官至汝宁知府。与同邑孙赓、陈策时称江南三才子。

孝经忠经传注　经部孝经类　佚

见乾隆《吴江县志》卷46。

天山集　集部别集类　佚

见《分湖小识》卷5。

按：又名《宦游园居稿》。

庞　滶

明吴江庞山人。正德间苏州卫指挥同知。

吴江集6卷附录1卷　集部总集类

(1) 明嘉靖元年(1522)刻本,见上海国际商品拍卖公司 2009 年春季艺术品拍卖会。

按:是书后有庞潡跋,云:"吴江,即古之松江也。书称三江,既入震泽,应定此其一也。震泽太湖水由江以奔海,屡有风涛之险。宋庆历间始筑长堤,界于江湖之间,横截其流,遂为一方形胜,而亭台观宇,在在有之。自昔高人逸士,多乐游寄籍于此。且路当冲要,骚人墨客,往来络绎,宜其品题赞泳较诸他胜处尤多。在宋治平、崇宁间邑侯孙民榡、王虚中、石处道前后采掇诸作,锓为《松江集》以传。历元迨我皇朝又将三百年。于兹矣风景不殊,人文日盛,而未有续三子之志者。敝邑人也,不忍珠玉毁弃,窃敢与其事焉。第恨僻处山林,不能广询博采,而遗逸尚多,此亦山水之不幸也,原本旧作,间有一二不录者,以其涉于赠寄之稿耳,其《松江集》改为《吴江集》者,各循古今沿革之制云。嘉靖纪元壬午七月朔前怀,庞潡谨识。"

(2) 清抄本,苏州博物馆藏。

(3) 民国间南社抄本,仅存 3 卷,南京图书馆藏。

按:集收前人题咏吴江之诗。南社抄本卷首有柳亚子手书题记,正文书眉间有柳批。本书为 1915 年陈去病于杭州旧书摊上所得,后柳亚子从其借钞。卷 1 收宋诗,前半已缺。卷 2 收元明诗。卷 3 收清诗,亦未完,缺后半部分。

陆　金

字德如。明吴江石里人。正德十二年(1517)进士,授工部主事,历员外郎。出知漳州府,升江西按察司副使卒。历官 20 年,矢志清白,守漳惠政尤著。林居谨约,终日杜门,敝庐数椽,不加营葺,人称其清。

石里诗集　集部别集类　佚

见同治《苏州府志》卷 138。《明诗综》卷 41 收其诗 1 首。

陈　策

字献可，号心蔡，称心蔡子，又号九华山人。明吴江人。博极群书，诗文冲畅典核。嘉靖改元领乡荐，授曹县教谕，卒于官。少年时与同邑顾咼、孙赓称江南三才子。

(嘉靖)曹县志　史部地理类　佚

见光绪《曹县志》卷 1 旧序，有嘉靖十八年(1539)曹县知事隆文良序及陈策自序。

说铃 1 卷　子部杂学类　佚

九华集　集部别集类　佚

东行集　集部别集类　佚

以上 3 种见乾隆《吴江县志》卷 46。

汝　颐

字养和。明吴江人。讷季子。县廪生，屡试不售，入国学。将应京兆试时，讷旧同官、大学士杨一清欲招致门下，卒不往。嘉靖八年(1529)谒选得河东盐运司经历，十七年擢河南开封府鄢陵知县，十九年致仕归。好为诗，尝与同郡祝允明、蔡羽、都无敬、文徵明为耆英诗酒社。

宦成征献录　史部传记类　佚

见嘉庆《黎里志》卷 15。文徵明作序。

沈　啓(1491—1568)

字子由，号江村。明吴江北门人。嘉靖十七年(1538)进士，授南京工部主事，调北刑部主事，历员外郎。官至湖南按察使副使，坐事罢归。博览群籍，凡阴阳、律历、五行、水利之学，靡不研究。晚年卜居鸡窠岭，筑葆真书院。罢官归，著书于此。民国初书楼尚存。

牧越议略　史部政书类　佚

见同治《苏州府志》卷 138。

南船纪 4 卷　史部政书类

(1) 清乾隆六年(1741)沈守义刻本,国家图书馆藏。

(2)《四库全书存目丛书》本。

(3)《续修四库全书》本。

南厂志　史部政书类　佚

见同治《苏州府志》卷 138。

(嘉靖)吴江县志 28 卷首 1 卷　史部地理类

明曹一麟修　徐师曾、沈啓等纂。版本参见"徐师曾"条。

吴江水考 5 卷图 1 卷　史部地理类

(1) 清雍正刻本,苏州图书馆藏。此据苏州图书馆藏书目录、《中国古籍总目》著录。

(2) 清雍正刻嘉庆二十一年沈宝树重修本,浙江图书馆藏。

(3) 清乾隆五年刻本,上海图书馆藏。

(4) 清乾隆五年刻道光四年印本,国家图书馆藏。

(5)《四库全书存目丛书》本。

(6)《中国水利志丛刊》本。

吴江水考增辑 5 卷附编 2 卷　史部地理类

(1) 清光绪二十年(1894)刻本,南京图书馆藏。

(2)《中国科学技术典籍通汇》(技术卷)本。

按:沈啓著 5 卷,后学黄象曦辑。黄氏又增辑附 2 卷。

晴窗便览　子部杂学类　佚

见崇祯《吴江县志》卷 15。

杜律七言注　集部别集类　佚

见康熙《吴江县志》卷 32。

江村诗稿 4 卷　集部别集类

清乾隆十年沈淞精刻本,见《贩书偶记续编》卷 13。是书包括《家居稿》《南北稿》《西台净稿》《越吟稿》《楚吟稿》《鸡窠岭稿》(一作《鸡窠山人集》)6 种。

按:康熙《吴江县志》卷32有其传,载:“所著有《家居稿》《南北稿》《西台净稿》《越吟稿》《楚吟稿》《鸡窠岭稿》《南厂志》《南船志》《牧越议略》《吴江水利考》《杜律七言注》《晴窗便览》若干卷。”

曹应仙

字天桢,号后邱。明吴江人。镤子。嘉靖初授山东临清州州判,后判四川合州,署州事。

湖上稿　集部别集类　佚

归吴编　集部别集类　佚

以上2种见《儒林六都志》卷下著述。

张　铨

字秉道,号蓴江。明吴江人,世居越来溪。嘉靖元年(1522)举人,选胶州知州,迁南安府同知。又摄南康、信丰二县,后入觐,道卒。年52。

张蓴江先生存笥集2卷　集部别集类

明张世俊素心堂刻本,国家图书馆藏。

按:一作“蓴江存稿”。

张世俊

字孟舒。明吴江人。尚友子。为人孝友狷洁。

家刻世集　集部总集类　佚

见同治《苏州府志》卷138。

毛　衢

字大亨,号六泉。明吴江六都人。嘉靖二年(1523)进士。授太平知县,调永康,迁刑部主事,擢四川佥事,进提学副使。性伉直,所至有威惠。工文章,操笔立就。卒于官。

毛六泉学宪诗稿1卷文稿1卷附毛宇征侍郎诗稿1卷　集部别集类

抄本，见《磨剑室文三集》之《磨剑室钞存乡先辈已刊未刊稿本题记》，今未见。

钮仲玉

字贞父，号凫溪。明吴江黎里人。奇穷有节行。博学工诗，与苕中孙一元、同郡黄省曾、王履吉相唱和。

凫溪漫稿　集部别集类

明嘉靖七年(1528)丰坊作序，见《松陵文集三编》卷42。

五浮山人诗集不分卷　集部别集类

(1) 清康熙三十八年(1699)钮斯来刻本，复旦大学图书馆藏。

(2) 清抄本，清华大学图书馆藏。

周　相

字君弼。明吴江人。嘉靖八年(1529)进士，官河南参议。

陆田遗稿　集部别集类　佚

见乾隆《吴江县志》卷46。

赵　祚

字敬延，号东川。明吴江人。嘉靖十三年(1534)举人。

东川集　集部别集类　佚

见《垂虹识小录》卷2。

李　炫

字蒙之，号榆村，明吴江人。嘉靖十三年(1534)岁贡，授遂平教谕。

榆村稿　集部别集类　佚

见同治《苏州府志》卷138。

吴　禄

字子学，号宾竹。明吴江人。县医学候缺训科。

食品集 2 卷附录 1 卷　子部农家类

（1）明嘉靖十六年(1537)刻本，日本国会图书馆藏。

（2）明嘉靖三十五年刻本，国家图书馆藏。

（3）民国间抄本，国家图书馆藏。

（4）1980 年中国书店影印明嘉靖本，复旦大学图书馆藏。

吴邦桢

字子宁。明吴江人。山子。嘉靖三十二年(1553)进士，授刑部主事，累迁湖广按察司副史，后改陕西，兼按察佥事，致仕卒。

迂斋先生崇古文诀 35 卷　集部总集类

宋楼昉编　明吴邦桢、吴邦杰同校

明嘉靖刻本，上海图书馆藏。

陈　沐

明吴江人。

七元禽演　子部术数类　佚

奇门秘要　子部术数类　佚

遁甲全书　子部术数类　佚

以上 3 种见同治《苏州府志》卷 138。

按：奇门秘要，康熙《吴江县志》卷 22 作“奇门纂要”。

史　璧

字伯谦，号龙湾。明吴江人。史臣子。监生。

韭溪集　集部别集类　佚

见《松陵文集三编》卷 25。

徐　行

字剑石。明吴江人。诸生。

说剑斋集 2 卷　集部别集类

清抄本，吴江图书馆藏。

张　基

字承祚，更字德载。因名犯宣宗讳，以字行。明吴江人。铨子。嘉靖十九年(1540)举人。事母孝，于书无所不窥，而尤邃于经术，多所笺纂。隆庆元年(1567)诏求山林遗逸，抚按交荐不应。卒年 59，学者私谥曰靖孝先生。

孝经大义 1 卷　经部孝经类　佚

张氏家乘 2 卷　史部传记类　佚

定性书注 1 卷　子部儒学类　佚

近思录补正　子部儒学类　佚

广颐 1 卷　子部儒学类　佚

读书疑 2 卷　子部儒学类　佚

独鉴 1 卷　子部儒学类　佚

寅害考 10 卷　子部杂学类　佚

养生汇 1 卷　子部医家类　佚

道要 1 卷　子部道教类　佚

感兴诗注 1 卷　集部别集类　佚

张基诗文 2 卷　集部别集类　佚

以上 12 种见明王世贞《弇州四部稿续稿》卷 74《靖孝先生传》。

征行录 1 卷　集部别集类

明张世俊素心堂刻本，国家图书馆藏。附于《张蓴江先生存笥集》后。

周大章(1508—1570)

字一夔,又字章之,号禹川。明吴江人。时邑人多好经术,而大章独明兵法。嘉靖三十一年(1552)举人。明年三月倭寇猝犯青阳港,知县杨芷请为参谋,屡建战功。三十三年六月,倭自昆山掠阊门南下平望,战又立功。巡抚授官,初不受,后官余姚教谕。时瑞安被倭患,吏部遂以大章知瑞安。修筑城墙,倭不敢犯。工古文词,才笔雄建。卒于官。

(嘉靖)吴江县志 28 卷首 1 卷　史部地理类

明曹一麟修　徐师曾、周大章等纂。版本参见"徐师曾"条。

禹祈山人诗略 1 卷　集部别集类　佚

见《吴江诗粹》卷 5。

周禹川集 5 卷　集部别集类

见《四库全书总目》别集类存目 5。包括《文艺集》2 卷,皆所作杂文。《御倭武略》3 卷,前 2 卷载防倭方略,后 1 卷附录投赠诗文,并杂公移札付之类。

顾　节(1509—1552)

字汝重,号敬亭。明吴江人。补邑庠生,例入太学。

顾中父集 2 卷　集部别集类　佚

见乾隆《吴江县志》卷 46。

沈　察(1511—1538)

字体中,号少虚子。明吴江人。啓子。博学能诗文。自《左氏》《离骚》而下多所拟作。嘉靖十三年(1534)举人,寻以应礼部试卒,年仅 28。

少虚山人选稿 2 卷　集部别集类　佚

见同治《苏州府志》卷 138。

叶　薇(1514—1601)

字垣夫，号紫山。明吴江人。升子。隆庆四年(1570)顺天乡试举人。历官山东茌平县知县，海宁州知州，内阁制诰舍人。列名臣传。

北征日记　史部传记类　佚

紫山集　集部别集类　佚

以上2种见《吴中叶氏族谱》卷57。

李　济

字民望。明吴江麻溪人。嘉靖二十一年(1542)贡生，官衡州训导。性至孝，人呼为李孝子。

寓衡稿　集部别集类　佚

续衡稿　集部别集类　佚

以上2种见同治《苏州府志》卷138。

周兆南

字仲阳，号两峰。明吴江谢天港人。用子。嘉靖三十一年(1552)顺天举人，六上春官不第，谒选得浙江杭州织造通判，擢河南许州知州。生平廉洁自守，在杭五载，宦橐如洗。其在许州，户部须征科册例甚严，兆南曰："许民贫，我何忍鞭扑为?"遂致仕归。家居构一别墅，临湖面山读书自得，或弄小诗及古文词。

两峰遗草　集部别集类　佚

见同治《盛湖志》卷12。

沈子禄

字承之。明吴江人。徐师曾友。精医。病死于隆庆间。

经络全书前编1卷后编1卷　子部医家类

《前编》沈子禄撰　《后编》徐师曾撰　清尤乘辑

（1）清康熙二十七年(1688)原刻初印本，苏州图书馆藏。

（2）抄本，中国中医科学院图书馆藏。

（3）清康熙三十年林屋绣刻《博物知本》本，中国中医科学院图书馆藏。

按：本书前编《分野》1卷，明沈子禄原编，徐师曾删定，清顾伟增补，吴陛徽校阅，尤乘辑。后编《枢要》1卷，明徐师曾续，清尤乘辑。

王可大

字元简。一字少冶，号晓山。明吴江人。南京锦衣卫籍。銮子。嘉靖三十二年(1553)进士，授刑部主事，升陕西司员外郎、福建司郎中。忤严嵩，出守台州，在台州曾协助戚继光抗击倭寇。罢归。严嵩败，历官琼州知府。致仕归。卒年70余。

金陵名山记　史部地理类　佚

见《客座赘语》卷7。

国宪家猷56卷　子部典故类

（1）明万历十年(1582)刻本，国家图书馆藏。

（2）明天启元年(1621)周庆胤刻本，北京大学图书馆藏。

（3）《四库全书存目丛书》本。

三山汇稿8卷续稿2卷　集部别集类　佚

白云稿　集部别集类　佚

悬笥集　集部别集类　佚

以上3种见《千顷堂书目》卷23。

按：《金陵诗征》卷21收有其诗。《明诗综》卷44、《明诗纪事》乙签卷12各收其诗1首。

逊志斋集24卷附录1卷　集部别集类

明方孝孺撰

明嘉靖四十年王可大刻本，国家图书馆藏。

徐师曾(1517—1580)

字伯鲁,号鲁庵。明吴江人。嘉靖三十三年(1554)进士,选庶吉士,历吏科给事中,频有建白。世宗方杀戮谏臣,言官缄口,遂乞休。兼通阴阳、律历、医卜、篆籀之说。明王世懋有《徐鲁庵先生墓表》(见《王奉常集》文部卷20)。

今文周易演义12卷首1卷　经部易类

(1) 明隆庆二年(1568)董汉策刻本,国家图书馆藏。

(2)《续修四库全书》本。

易经补义12卷首1卷　经部易类

明嘉靖三十五年三衢翁见山刻本,见《贩书偶记续编》卷1。

礼记集注30卷　经部礼记类

(1) 明万历三年(1575)宋仪望刻本,国家图书馆藏。

(2) 明汤氏刻本,北京大学图书馆藏。与《礼记新义》合刊。

(3) 明万历三年宋仪望刊,清初徐钺左黄氏修补本,台北故宫博物院藏。

(4) 明抄本,安徽省博物馆藏。

(5) 清初闲存堂刻本,清华大学图书馆藏。

(6)《四库全书存目丛书》本。

世统纪年订4卷　史部编年类

明徐师曾撰　清陈钟英订

清刻本,国家图书馆藏。

按:见乾隆《吴江县志》卷46作"《世统纪年》六卷"。

小学史断4卷前编1卷续编1卷　史部史评类

明嘉靖三十三年徐师曾刻本,上海图书馆藏。

按:《小学史断》宋南宫靖一撰,徐师曾音注。《前编》1卷《续编》1卷为徐师曾撰。

历朝通鉴史断10卷　史部史评类

宋南宫靖一撰　明徐师曾补撰

清康熙二年(1663)以厚轩刻本,上海图书馆藏。

南麻徐氏世谱 4 卷　史部传记类

明徐师曾修　清徐廷柱续　徐时元校

按:版本参见“徐廷柱”条。

六科仕籍 26 卷　史部政书类　佚

见乾隆《吴江县志》卷 46。

(嘉靖)吴江县志 28 卷首 1 卷　史部地理类

明曹一麟修　徐师曾等纂

(1) 明嘉靖四十年刻本,上海图书馆、吴江图书馆藏。

按:吴江图书馆藏本卷首有窦德运、吴本、莫旦、孙显、吴洪以及徐师曾撰序 7 篇,内页钤印有“青棠花室藏书”“汉玉钩室”“养闲主人”“复斋爰氏书记”“为君作卧游”等。

(2) 民国晒印本,上海图书馆藏。

(3) 1922 年薛凤昌邃汉斋传抄本,上海图书馆藏。

(4) 民国吴江柳氏抄本,上海图书馆藏。

(5) 2013 年广陵书社点校本。

按:嘉靖《吴江县志》为吴江传世的第二部旧志,在明代诸志中被誉为佳志的代表。内容包括县志旧序、地理志、建置志、食货志、典礼志、官政志、经略志、人物志、杂志等。点校本以吴江区图书馆藏明嘉靖《吴江县志》为底本,并以 1987 年台湾学生书局据嘉靖刻本影印本以及《吴郡志》《续吴郡志》《吴中人物志》等相关地方文献参校。

正蒙章句 8 卷　子部儒学类　佚

见乾隆《吴江县志》卷 46。

经络全书前编 1 卷后编 1 卷　子部医家类

《前编》沈子禄撰,《后编》徐师曾撰。版本参见“沈子禄”条。

校注病机赋 3 卷　子部医家类

(1) 明嘉靖四十五年钦懋熙刻本,国家图书馆藏。

(2)《中国古医籍整理丛书》本。

途中备用方 2 卷　子部医家类

宦学见闻　子部杂学类

以上 2 种见乾隆《吴江县志》卷 46。

医家大法 2 卷　子部医家类　佚

见《中国古医籍书目提要》下。

临川王氏文粹 4 卷　集部别集类

宋王安石撰　明徐师曾辑

明董汉策刻本，国家图书馆藏。

湖上集 14 卷　集部别集类

(1) 明万历九年刻本，上海图书馆藏。

(2) 1920 年吴江柳氏抄本，上海图书馆藏。

(3)《续修四库全书》本。

(4)《明别集丛刊第三辑》本。

文体明辨 61 卷首 1 卷目录 6 卷附目录 2 卷附录 14 卷　集部总集类

(1) 明万历建阳游榕铜活字印本，国家图书馆藏。

(2) 明刻本，国家图书馆藏。

(3) 明万历八年吴江董氏寿桧堂刻本，台北故宫博物院藏。

(4) 明万历十九年吴江令徐仁宇刻本，上海图书馆藏。

(5) 明抄本，上海图书馆藏。

(6) 日本宽文十三年(1673)伊东氏刻本，北京师范大学图书馆藏。

(7)《四库全书存目丛书》本。

按：参见《四库全书总目》总集类存目 2。

文体明辨 46 卷总论 1 卷　集部总集类

明沈芬、沈骐笺注

明崇祯十三年(1640)刻本，美国国会图书馆藏。参见《中国善本书提要》。

文体明辨 48 卷　集部总集类

明崇祯十三年沈氏十经楼刻本，苏州图书馆藏。

诗体明辨 26 卷　集部总集类

(1) 明沈芬、沈骐笺注。明崇祯十三年嘉兴沈氏原刻本，台湾“中央图书馆”原藏。

(2) 清刻本，清华大学图书馆藏。有序目 1 卷。

诗体明辨 10 卷论诗 1 卷　集部总集类

湖上叶生评定。清顺治十五年(1658)还读斋刻本，国家图书馆藏。有“巴陵方氏碧琳琅馆藏书之印”。

诗体明辨不分卷　集部总集类

抄本，上海图书馆藏。

乐府明辨 5 卷　集部总集类

日本宽延二年(1749)刻本，国家图书馆藏。

大明文抄　集部总集类　佚

见《千顷堂书目》卷 31。

咏物诗编 12 卷　集部总集类　佚

见乾隆《吴江县志》卷 46。

诗余 1 卷　集部总集类

(1) 清道光间福申钞本，25 卷，台湾“中央图书馆”原藏。

(2) 抄本，上海图书馆藏。明沈芬、沈骐笺注。

按:即《词体明辨》，在《文体明辨》附录卷 3 至卷 11。

文体明辩序说　集部诗文评类

(1) 民国北京文化学社铅印本，20 世纪 50 年代重新校点。

(2) 1962 年人民文学出版社铅印本，与吴讷《文章辨体序说》合印。1982 年重印。

按:此系《文体明辨》一书之序说，由罗根泽辑出单独成书。

徐伯鲁世说论文　集部诗文评类

清刻本，国家图书馆藏。

顾曾唯(1518—1566)

字一贯，号鲁斋。明吴江同里人。嘉靖三十二年(1553)进士，授金华知县，迁监察御史，巡按广西。引疾乞归。卒年49。

易解(一作“易说”)　经部易类

昆山徐氏传是楼抄本，见《浙江采集遗书总录》甲集。

周易祥蕴13卷　经部易类　佚

西台奏议　史部政书类　佚

以上2种见同治《苏州府志》卷138。《明诗综》卷49收其诗1首。

鲁斋诗集　集部别集类　佚

见道光《苏州府志》卷124。

闽粤杂咏1卷　集部别集类

抄本，见《磨剑室文三集》之《磨剑室钞存乡先辈已刊未刊稿本题记》。

顾曾贯

字一之。明吴江人。曾唯从弟。邑诸生。幼孤好学，读书力行为诸生祭酒。家贫刻苦读书，寒暑无间。深于《易》。卒年52。

易经了义　经部易类　佚

见乾隆《吴江县志》卷46。

恒斋集　集部别集类　佚

见嘉庆《同里志》卷22。

皇甫涣

字时亨。明吴江六都人。嘉靖二十六年(1547)进士。除南昌知县，丁内艰，服阕补固安，皆著能声。转刑部主事，进员外郎。出为广东佥事，擢参议，驻惠潮，擒获林朝曦。功上，加一级，卒坐劾归里，不久起参政，先疽发卒。

莲塘漫笔 1 卷　子部杂学类　佚

见乾隆《震泽县志》卷 15。

黄　乔

字迁乔。明吴江人。县学生。

茶谷集　集部别集类　佚

见同治《苏州府志》卷 138。

周大韶

明吴江人。大章弟。尝从大章参谋幕府，立功海上。尤精水利之学。万历五年(1577)巡按御史林应训议开东南水利，引大韶与其事。

三吴水考 16 卷　史部地理类

明张内蕴、周大韶撰

(1) 明万历十年刻本，存卷 1、卷 2，上海图书馆藏。

(2)《四库全书》本。

兵家绪言　子部兵书类　佚

见乾隆《吴江县志》卷 46。

水利节略 2 卷　史部地理类

清抄本，复旦大学图书馆藏。

按：乾隆《吴江县志》卷 27 有其传，载："今所传者有《水利节略》《兵家绪言》凡数十卷。"根据《翁同龢鉴藏大系略稿》记载，同治二年(1863)翁同龢见《水利节略》十二册，旧抄本。

竹素山房删剩草　集部别集类　佚

见《松陵诗征前编》卷 5。

史羊生(1521—?)

字玄年，号合溪，又号莺湖。明吴江黄溪人。9 岁能文，既长，博综群书，靡不窥其奥旨。后值家难，迁居苏州之葑门，究心岐黄之术。有

《三节祠记》。

合溪诗略(一作“合溪吟略”)　集部别集类

匪峨集　集部别集类

志学稿　集部别集类

以上3种见《史氏家乘》卷19。《志学稿》嘉靖二十七年(1548)自定。

青矜稿　集部别集类

见《松陵文集三编》卷25。

杜　伟

初名嵩,字道升,号虹野,别号静台。明吴江人。少育于沈汉家,从其姓,后归宗。嘉靖三十一年(1552)举人。屡困公车,遂谢归。讲明濂洛旨要。其学以主静为宗,动止皆有法度。江西罗洪先闻其名,延之教子弟。万历二十一年(1593)复会试不第,谒选得南阳府推官,暇时则引诸生谈经义。署篆内乡、新野,专务以德化民。迁工部主事,榷荆州关,不私一钱。引疾归,年71卒,学者称静台先生。

书经说意10卷　经部尚书类

见《四库全书总目》书类存目1,谓有江西巡抚采进本。书分节总论,大旨不出讲章之习,所标某句断者尤陋。

尚书笔记　经部尚书类　佚

四书笔记　经部四书类　佚

以上2种见康熙《吴江县志》卷22。

四书口授3卷　经部四书类　佚

静坐诀　子部儒学类　佚

学聚录80卷　子部儒学类　佚

正学编　子部儒学类　佚

顺性录　子部儒学类　佚

以上5种见同治《苏州府志》卷138。

周叔宗

初名祖，以字行。号交芦居士。明吴江人。用孙。屡试不中，遂弃去。工真草书，初学祝允明，中岁以米芾为师，晚观晋人墨迹，遂穷其妙。名声大噪京师，时人求其泥金书者一字一金，后赝本亦得善值。又深于禅理。风期高素，海内名流多与同游，没于金沙于氏之梵川。

交芦庵稿　集部别集类　佚

见乾隆《震泽县志》卷20。

李　瓒

明吴江人。诸生。与顾宽兄弟善。嘉靖末邑中役派各项多混入正赋征收，名曰平米，总书作奸，多于赋中阴窜诸役，瓒著《赋役论》极辨书册多有伪本。后巡抚林某有清厘赋役之请，实自瓒发之。

同里志　史部地理类　佚

见乾隆《吴江县志》卷46。

崔南阳

字时聘，号青涯。明吴江七都人。嘉靖三十一年(1552)举人，任舞阳知县。南雍中仕至蜀府长史。

艺宛窥观　子部艺术类　佚

见《松陵诗征补编》。

周式南

字仲翰，号养室。明吴江人。用三子。嘉靖三十七年(1558)举人。刚直不阿，以高才负望为墨吏易可久所毁伤，抱志以没。以孙宗建官御史，疏白祖冤。崇祯元年(1628)孝节先生伏阙请全恤，得以忠毅公赠官，追赠太仆寺卿。

养室诗文集　集部别集类　佚

夷贞集　集部别集类　佚

以上2种见同治《苏州府志》卷138。南社抄本《松陵诗滴》收其诗1首。

赵重道

字公载，号文南，又号荆溪外史。明吴江人。宽孙。隆庆二年(1568)贡生，任江阴、宜兴两学训导。少有才名，古文词为当时所推。

文南赵先生三余馆集12卷　集部别集类

明万历四十四年(1616)荆溪赵氏家刻本，吴江图书馆藏。

董汉策

字朝献。明吴江人。隆庆二年(1568)刻印徐师曾撰《今文周易演义》。

诸家篆韵纂要5卷　经部小学类　佚

见同治《苏州府志》卷138。

二王帖10卷　子部艺术类

明万历十三年(1585)董汉策刻本。

按:《二王帖》为董汉策所刻晋王羲之、王献之父子的行书草书帖。分两卷，内收录约138帖，并有附两卷目录评释加以考证。与董氏同时同郡的彭履道曾以小楷书录，并有题跋记述董氏石刻的前后经过。现此本藏于日本国立国会图书馆，书前有“帝国图书馆藏书”印。

白湖存稿8卷　集部别集类

明郑汝美撰　董汉策编

明嘉靖七年(1528)三山郑氏家刊本，台湾“中央图书馆”原藏。

沈　化(1527—1600)

字道中，号笠川。明吴江人。汉孙。博极群书，文名籍甚。尝汇集古今诸名家文，手披口诵不辍。卒年74。

儒宗正脉　子部儒学类　佚

蒙训编　子部儒学类　佚

古文汇抄　集部总集类　佚

以上3种见《吴江沈氏家传·笠川公传》。

袁　裳

字垂卿，号星槎。明吴江人。仁子，黄兄。精天文学。

天文志　子部历算类　佚

三命要诀　子部历算类　佚

选择新书　子部历算类　佚

以上3种见《袁氏家乘附书目》。

沈　位(1529—1572)

字道立，号虹台，更号柔生主人。明吴江人。汉孙，隆庆二年(1568)进士，选庶吉士，授翰林检讨。与修世宗实录。五年为副使，册封肃主，明年还报命，溯河而北，遇漕卒斗变，被殴卒。长古文词。

尚书笔记　经部尚书类　佚

都邑便览　史部地理类　佚

柔生斋稿4卷　集部别集类　佚

柔生斋历代文选20卷　集部总集类　佚

名文品汇　集部总集类　佚

以上5种见乾隆《吴江县志》卷46。另著录有《论文》26则。

按：《千顷堂书目》卷25作"柔生斋稿六卷"。又《吴江沈氏家传·虹台公传》载其所著有《族谱》。疑即为清沈光熙修《沈氏家谱》之蓝本。

王　忠

字子良，号坦庵。明吴江平望声字圩人。巩六世孙。资敏好学，由县学生入国子监。历河南磁州通判，升四川成都府经历。作室于莺湖旁，内有悬榻斋、挹翠轩诸胜，时与亲知顾道行、沈瓒、王叔承相唱和。

枪榆集　集部别集类　佚

梁蜀稿　集部别集类　佚

湖上集　集部别集类　佚

余生草　集部别集类　佚

以上4种见乾隆《吴江县志》卷46。

按：道光《平望志》卷8作"《枪榆集》《梁蜀吟》《湖上稿》《余生草》"。

袁　黄(1533—1606)

原名表，字坤仪，一字了凡。初号学海，晚年自号赵田逸农。明吴江人。仁子。万历十四年(1586)进士。知宝坻县，有善政。擢兵部主事。日本侵朝鲜，佐经略宋应昌军往征，多所策划，中察典免归。博学尚奇，凡河洛、象纬、律吕、水利、戎政，旁及勾股、堪舆、星命之学，莫不究涉。万历二十五年居武塘被聘修嘉善邑史乘。

皇极考　经部易类　佚

见《袁氏丛书书目》。

周易补传4卷　经部易类　佚

石经大学补1卷　经部四书类　佚

中庸疏意2卷　经部四书类　佚

以上3种见同治《苏州府志》卷138。

虞书大旨　经部尚书类　佚

见《袁氏丛书书目》。

书经2卷　经部尚书类

清至民国间抄本，国家图书馆藏。

书经袁了凡先生删注存5卷图1卷　经部尚书类

旧钞本，台湾"中央图书馆"原藏。

书经纂注10卷　经部尚书类

(1) 日本尊经阁文库藏《五经纂注》本。

(2) 明刻本，6卷，日本内阁文库藏。

书经删正 10卷　经部尚书类

明刻本，日本尊经阁文库藏。

禹贡图说 1卷　经部尚书类

抄本，上海图书馆藏。

周礼直解　经部周礼类　佚

见《袁氏丛书书目》。

礼记疏意 23卷　经部礼记类

明袁黄删定　明秦继宗集

清道光十九年(1839)利津石振声刻本，国家图书馆藏。

袁氏易传 12卷　经部易类　佚

尚书大旨 8卷　经部尚书类　佚

毛诗袁注 30卷　经部诗经类　佚

春秋义例 3卷　经部春秋总义类　佚

四书疏意 24卷　经部四书类　佚

见明杨士范《刻了凡杂著序》。

按：以上5种见张献忠《袁黄与科举考试用书的编纂》一文。

四书删正 6卷　经部四书类

(1) 明刻本，日本内阁文库藏。

(2) 明末朱墨套印本，1卷，日本龙谷大学藏。

论语笺疏 10卷　经部四书类

孟子笺疏 10卷　经部四书类

以上2种见《袁氏丛书书目》。

史汉定本 18卷　史部正史类

明万历闽建书林徐氏写刻本，上海图书馆藏。

新镌钞评校正标题皇明资治通纪 12卷　史部编年类

明陈建撰　明袁黄补

（1）明万历间刻本，国家图书馆藏。

（2）《四库禁毁书丛刊补编》本。

纲鉴补注24卷　史部编年类

清光绪二十年（1894）上海宝善书局石印本，苏州大学图书馆藏。

鼎锲赵田了凡袁先生编纂古本历史大方纲鉴补39卷首1卷　史部编年类

（1）明万历三十八年余象斗双峰堂刻本，北京大学图书馆藏。

按：此本有国家图书馆藏明万历间建阳余象斗刻本。书名页题“历史资治纲鉴”，版心题“了凡纲鉴补”。附宋刘恕撰《资治通鉴外纪》、宋金履祥《资治通鉴前编》。

（2）清同治五年（1866）刻本，附录《明纪三编》20卷，南京图书馆藏。

（3）清光绪三十年酉记书局刻本，上海图书馆藏。

（4）《四库禁毁书丛刊》本。底本为明万历三十八年双峰堂刻本。

（5）1924年上海锦章图书局石印本，国家图书馆藏。作“增加批评历史纲鉴补39卷首1卷”。书名页题“加批增补王凤洲袁了凡纲鉴合纂”，版心题“增批袁王纲鉴合编”，附《纲目三编》《福唐桂三王本末》，卷首内附《甲子纪元》清陈弘谋辑。牌记题民国十三年春月印，锦章图书局藏版。

按：本书又名《加批增补王凤洲袁了凡纲鉴合纂》《袁王纲鉴合编》《了凡纲鉴补》《御批增补了凡纲鉴》《增补纲鉴辑要》等。疑为假托袁黄所作。

袁王加批纲鉴汇纂55卷附录1卷　史部编年类

民国扫叶山房石印本，华东师范大学图书馆藏。

新锲李卓吾先生增补批点皇明合并通纪统宗13卷首1卷　史部编年类

明陈建、袁黄、卜大有等同辑

（1）明刻本，北京师范大学图书馆藏。

(2) 日本元禄九年(1696)京都林九兵卫翻刻明末苏州刻本,复旦大学图书馆藏。

旁训史汉芳润史记2卷汉书后汉书3卷　史部史钞类

明万历三十四年刻本,河南大学图书馆藏。卷端有万历三十四年袁黄序。

赋役新书　史部政书类　佚

见乾隆《苏州府志》卷76。

袁了凡先生功过格　子部儒学类

1918年山东莒县刻本,北京大学图书馆藏。

训子言1卷　子部儒学类

(1) 明万历四十六年孙幼安刊本,台湾"中央图书馆"原藏。

(2)《稗乘》本。

(3)《丛书集成初编》本。

(4) 四存学会铅印本,南京图书馆藏胶卷。

(5) 民国间北京中央刻经院铅印本,国家图书馆藏。作"了凡训子书"。

谈文录　子部儒学类　佚

心鹄　子部儒学类　佚

以上2种见《游艺塾文规》。

袁了凡先生立命之学1卷　子部儒学类

东京大学东洋文化研究所藏。

明赐进士袁了凡先生阴骘录1卷　子部周秦诸子类

日本元禄十四年升莲社释忍澄刊本,东京大学东洋文化研究所藏。

资生镜　子部医家类

清嘉庆二十五年(1820)嘉定汗筠斋刻本,山西省图书馆藏。

静坐要诀1卷　子部医家类

(1) 1921年黄陂范氏刻本,北京大学图书馆藏。

(2) 1929年释性怀铅印本,南京图书馆藏。

(3) 1934 年上海佛学书局铅印本。

(4) 2013 年上海古籍出版社标点本。

摄生三要 1 卷　子部医家类

(1) 息尘庵抄《摄生二种合抄》本，上海中医药大学图书馆藏。

(2)《学海类编》本。

(3)《道藏精华录》本。

(4)《丛书集成初编》本。

祈嗣真诠 1 卷　子部医家类

(1)《宝颜堂秘笈》本。

(2) 明万历十八年刻本，北京大学图书馆藏。

(3) 清乾隆四十四年(1779)王氏慎斋刻本，首都图书馆藏。

(4) 明刻本，《尚白斋校镌陈眉公普秘笈合编二百三十种》本。

(5) 清抄本，国家图书馆藏。

(6)《丛书集成初编》本。

(7)《四库全书存目丛书》本。

袁了凡先生家庭四训不分卷　子部杂学类

(1) 清光绪十五年湖北官书处刻本，国家图书馆藏。

(2) 清光绪十九年镇江善化堂刻本，南京图书馆藏。

(3) 1920 年吴江柳氏抄本，上海图书馆藏。

(4) 1929 年佛学推行社铅印本，苏州图书馆藏。

(5) 1935 年习善堂石印本，国家图书馆藏。

(6) 1936 年铅印本，南京图书馆藏。

(7) 1943 年北京中华书局排印袖珍本。

(8) 1948 年长沙湘行印刷厂铅印本，国家图书馆藏。

袁了凡先生家庭四训简注 1 卷　子部杂学类

1943 年北京京华印书局铅印本，国家图书馆藏。

古今经世文衡 28 卷　子部典故类

(1) 明万历书坊龚尧惠刻本，福建省图书馆藏。

(2) 明三吴书坊少冈龚尧惠刻本，日本尊经阁文库藏，书名作《新刻经世文衡》，28 卷，4 册。

增订二三场群书备考 4 卷　子部典故类

(1) 明万历间刻本，清华大学图书馆藏。

(2) 明崇祯五年(1632)刻本，复旦大学图书馆藏。

(3) 明崇祯间刻本，南京图书馆藏。

(4) 明崇祯间大观堂刻本，国家图书馆藏。

(5) 明崇祯间澹思堂刻本，重庆市图书馆藏。

(6) 明崇祯间万卷楼刻本，中国人民大学图书馆藏。

(7) 明崇祯十五年致和堂刻本，上海图书馆藏。

(8) 明刻清印本，上海图书馆藏。

(9) 清康熙元年(1662)刻本，浙江师范大学图书馆藏。

(10)《四库禁毁书丛刊补编》本。

增订二三场群书备考 8 卷　子部典故类

(1) 明崇祯间豹变斋刻本，湖南省图书馆藏。

(2) 明崇祯间澹思堂刻本，重庆市图书馆藏。

(3) 明崇祯间万卷楼刻本，中国人民大学图书馆藏。

合订正续注释群书备考原本 8 卷　子部典故类

明末刻本，中国科学院图书馆藏。

按:以上 3 种袁黄撰、袁俨注。

重订二三场注释群书备考 8 卷　子部典故类

明袁黄撰　叶世俭增注。

(1) 明末刻本，华东师范大学图书馆藏。

(2) 清康熙二年吴门鸣凤堂刻本，南京大学图书馆藏。

群书备考 6 卷续二三场群书备考 3 卷　子部典故类

(1) 明刻本，苏州图书馆藏。续为其子袁俨撰。

(2) 明万历刻本，中国科学院图书馆藏。

抄撮袁坤仪群书备考不分卷　子部典故类

清双桂书屋抄本，北京师范大学图书馆藏。

举业彀率1卷　子部典故类

清抄本，中国科学院图书馆藏。

荆川疑难题意　子部典故类　佚

见《游艺塾续文规》。

按：本书是袁黄参与编纂的第一部举业用书，编纂和出版时间是嘉靖二十九年(1550)。

锲袁了凡先生汇选古今文苑举业精华四集　子部典故类

日本尊经阁文库藏。

表式表括表诓言　子部典故类　佚

见《清代禁毁书目》。

袁了凡先生两行斋集14卷　集部别集类

(1) 明天启四年(1624)嘉兴袁氏家刻本，台湾"中央图书馆"原藏。

(2) 明刻本，山东师范大学图书馆藏。

(3) 清初刻本，上海图书馆藏。

(4) 民国抄本，南京图书馆藏。

新刻八代文宗评注8卷　集部总集类

明袁黄辑　程子侃评　刘宣化注

(1) 明建邑书林叶天熹刻本，南京大学图书馆藏。

(2) 清抄本，无锡市图书馆藏。作"评注八代文腴会选"。

游艺塾文规5卷　集部诗文评类

(1) 明书林叶仰山刻本，国家图书馆藏。

(2)《续修四库全书》本。

游艺塾续文规18卷　集部诗文评类

(1) 明刻本，国家图书馆藏。

(2)《续修四库全书》本。

袁了凡先生释义西厢记　集部词曲类

明休宁汪氏环翠堂刻本，上海图书馆藏。

了凡杂著十一种17卷　丛书类

(1) 明万历三十三年建阳余氏刻本,国家图书馆藏。

(2)《北京图书馆古籍珍本丛刊》本。

子目:

《训儿俗说》1卷　按:本书另有其他丛书本,见上。

《静坐要诀》1卷　按:本书另有单行本,见上。

《祈嗣真诠》1卷　按:本书另有其他丛书本,见上。

《袁生忏法》《净行别品》《河图洛书解》合1卷

《劝农书》1卷　按:本书有《续修四库全书》本。

《皇都水利》1卷　按:本书另有铅印本,南京图书馆藏。又有《四库全书存目丛书》本。

《诗外别传》2卷　按:本书另有清抄本,南京图书馆藏。

《历法新书》5卷　按:本书另有旧抄本,北京大学图书馆藏。

《宝坻政书》4卷

袁氏丛书　丛书类

(1) 7种11卷,明万历刻本,台北"中研院"傅斯年图书馆藏。

(2) 6种9卷,明万历间刻本,台湾"中央图书馆"原藏。

(3) 8种13卷,明万历刻本,日本内阁文库藏。

(4) 6种,日本江户初写本,日本内阁文库藏。

按:以上子目均可参见《中国古籍总目》。另见《续修四库全书提要》子部载有9种本,子目如下:

《袁氏家训》2卷　明袁颢撰　袁祯、袁祥等述

《毛诗或问》2卷　明袁仁撰

《书经砭蔡编》1卷　明袁仁撰

《春秋针胡编》1卷　明袁仁撰

《历代纪年》1卷　明袁俨撰

《纪年类编》4卷　明袁仁汇辑

《一螺集》8卷　明袁仁撰

《袁参坡小传》1卷　明袁衮撰

《庭帏杂录》1卷　明袁衮辑

沈孚闻(1535—1583)

初名令闻，字贞儒，号翼亭，更号芷阳。明吴江人。啓孙。万历五年(1577)进士，授商城知县，以父丧归。逾年卒。

周易日钞 11 卷　经部易类　佚

见《明史》卷 36。同治《苏州府志》卷 138。

潘志伊

字伯衡，一字嘉徵，号少东。明吴江人。嘉靖四十四年(1565)进士，授定州知州。万历二年(1574)刑部郎中，终广西右参政。所至有声。

不遇纪事　史部传记类　佚

山东问刑条议　史部政书类　佚

以上 2 种见同治《苏州府志》卷 138。《明诗综》卷 49 收其诗 1 首。

陈王道

字孟甫，一字敬所，号浩庵。明吴江人。嘉靖四十四年(1565)进士，授鄞县知县，以内艰归。补山东阳信，擢南监察御史，有直声。治鄞以严，治阳信以宽，并以才能廉慎著。卒后两地皆祀之名宦祠。卒年 51。

西台谏草　史部政书类　佚

见同治《苏州府志》卷 138。

宏略奏疏 1 卷　史部政书类

抄本，见《柳亚子集外诗文辑存》之《吴江文献保存会书目》卷 2。

浩庵诗稿　集部别集类　佚

见嘉庆《同里志》卷 22。

宏略堂集 1 卷　集部别集类

抄本，上海图书馆藏。

袁　衮

字补卿，号观海。明吴江人。仁子，黄弟。邑庠生，奉例儒官。

袁参坡小传 1 卷　史部传记类

庭帏杂录 1 卷　子部杂学类

以上 2 种有《袁氏丛书》本。

卜梦熊(1536—1601)

字仲登，号景川。明吴江盛泽人。少习文，善辞赋，后改武。万历元年(1573)举人。会试不售，遂游塞外。东游鸭绿，西至宁夏，南还遍历兖豫越蜀，纵观山水，始返吴江，杜门著书，日事吟咏。所居石林西墅，时驾小艇垂钓盛湖，夜宿兰石不归。兴至，写幽岩瀑布，画理入妙。作有《盛川题景记》和《盛湖八景诗》。

晚香亭集 10 卷　集部别集类　佚

见同治《盛湖志》卷 12。

王叔承(1537—1601)

初名光允，字叔承，以字行。更字承父，晚更名灵岳，字子幻，自号昆仑山人。明吴江人。早弃举子业，纵游齐、鲁、燕、赵，又入闽、入楚。在邺下，郑若庸荐之赵康王，叔承以王无下士实意，赋诗以行。又客大学士李春芳家，性嗜酒。春芳有所撰述，常醉弗应，久之乃谢归。太仓王锡爵其布衣交也。再召，会有三王并封之议，遗书数千言规之，锡爵叹服。其诗极为王世贞兄弟所称。尝纵观西苑园内之胜，作汉宫曲数十阕，流传禁中。尝刊刻《鹤林玉露》。

武林富春游记 1 卷　史部地理类

游金焦两山记 1 卷　史部地理类

以上 2 种日本东京大学东洋文化研究所藏。

潇湘编 2 卷　集部别集类

明万历刻本，南京图书馆藏。

吴越游集 7 卷北游编　集部别集类

刻本，见《浙江采集遗书总录》癸下。

按：《四库全书总目》别集类存目 5 作《吴越游》8 卷。前 6 卷为诗，无锡陈以忠所刻。后 2 卷为杂文，乌程范应期所刻。被列入清代禁毁书。

宫词　集部别集类

(1)《借月山房汇抄》本。

(2)《丛书集成初编》本。

壮游编 3 卷　集部别集类

见《四库全书总目》别集类存目 5。此为叔承入都时所作，清代列入禁毁书。

后吴越游 12 卷　集部别集类

(1) 明万历十四年(1586)吴江知县徐元刻本，台湾"中央图书馆"原藏。

(2)《明别集丛刊第三辑》本。

蟭螟寄杂录 8 卷别录 1 卷尺牍 10 卷　集部别集类　佚

荔子编 2 卷　集部别集类　佚

按：《弇州山人续稿》卷 40 有序。

岳色编 2 卷　集部别集类　佚

芙蓉阁遗稿 3 卷　集部别集类　佚

以上 4 种见同治《苏州府志》卷 138。

楚游编　集部别集类　佚

岳游编　集部别集类　佚

以上 2 种见康熙《吴江县志》卷 35。

王丞父诗 1 卷　集部别集类

清康熙二十八年(1689)原刻本,台湾“中央图书馆”原藏。

王锡命(1537—1606)

字天宇,又字予卿,号文泉。明吴江盛泽人。嘉靖四十一年(1562)进士,历官江西左参议。年36即乞终养。平生折节下人,不谈人过。性好吟咏,冬夏一编,杜门不出者30余年。年70卒。

葆光阁集　集部别集类　佚

见《垂虹识小录》卷5。

孙从龙

字汝化,一字化光,号质庵。明吴江人。隆庆二年(1568)进士。授行人。迁刑部郎中,出知广信府,迁江西副使,引疾归。生平学问得之《易》为多。卒年63。

周易参疑10卷　经部易类　佚

见《明史》卷96。《千顷堂书目》卷1作12卷。

易意参疑首编2卷外编10卷　经部易类

明万历五年(1577)书林翁时化刻本,上海图书馆藏。

经武全编　子部兵书类　佚

见同治《苏州府志》卷138。

孙世庸

字臮江,一字亮冈,号正卿。明吴江斗圩人。隆庆三年(1569)贡生。

台省宝鉴　史部政书类　佚

见《儒林六都志》卷下著述。

沈　倬(1540—1570)

字道章,号涵台。明吴江人。位弟。诸生。隆庆元年(1567)参加鹫峰社，与梁辰鱼、莫是龙等会雨花台。

纪志稿3卷　集部别集类　佚

见同治《苏州府志》卷138。《明诗综》卷55收其诗5首。

顾大典(1540—1596)

字道行，号恒岳，别号衡宇。明吴江人。昺孙。少孤，依母家周氏读书。隆庆二年(1568)进士。授绍兴府教授，迁处州府推官。万历二年(1574)擢刑部主事，改南京兵部，转吏部郎。十二年升山东按察副使，改福建提学副使，忌者中以考功法谪禹州知州，自免归。工书善绘事，又妙解音律，颇蓄歌妓，自为度曲，不入公府。家有谐赏园、清音阁，池台清旷，宾从觞咏不辍。

清音阁集6卷　集部别集类

(1) 明万历刻本，张家口市图书馆藏。

(2) 刻本，见《浙江采集遗书总录》癸下。

青衫记2卷　集部词曲类

(1) 明万历间金陵凤毛馆刻本，国家图书馆藏。

(2)《六十种曲》本。

(3)《古本戏曲丛刊二集》本。

(4)《新定九宫大成南北词宫谱》本。

葛衣记2卷　集部词曲类

(1) 清乾隆四十六年(1781)刻《重订缀白裘新集合编》本。

(2) 清抄本，中国艺术研究院图书馆藏。

(3)《古本戏曲丛刊五集》本。

(4)《新定九宫大成南北词宫谱》本。

义乳记　集部词曲类

(1)《群音类选》本。

(2)《善本戏曲丛刊》本。

风教编　集部词曲类　佚

见《明代传奇全目》卷2。

按:《青衫记》《葛衣礼》《义乳记》《风教编》合称《清音阁四种》。

稽山集2卷　集部别集类

(1) 明刻本,上海图书馆藏。存卷下。

(2) 民国影抄天一阁藏明刻本,上海图书馆藏。存卷下。

海岱吟　集部别集类　佚

闽游草　集部别集类　佚

园居稿　集部别集类　佚

以上3种见同治《苏州府志》卷138。

北行集　集部别集类　佚

见明骆问礼《万一楼集》收《北行集序》。

按:《松陵文集三编》卷32作《北征稿》。

三山稿　集部别集类　佚

括苍稿　集部别集类　佚

南署稿　集部别集类　佚

以上3种见《松陵文集三编》卷32。

赵世美(1542—1622)

字叔彦,号镜吾。明吴江人。赵士谔父。诸生。

镜吾集(一作就闲斋稿)　集部别集类　佚

见同治《苏州府志》卷138。

沈应元

明吴江人。

心学纂言　子部儒学类

见同治《苏州府志》卷138。

按:《千顷堂书目》卷15载《三续百川学海》30卷甲集有《心学纂言》一书。

顾曾瑜

字伯玉。明吴江人。廪生。少与弟曾璘俱蜚声庠序，晚而弃之，以诗酒自娱。

息机稿　集部别集类　佚

见嘉庆《同里志》卷22。

沈与龄

号竹亭先生。明吴江人。工医，不为危言高论，而所治多有效验。

医便初集2卷附1卷　子部医家类

明刻本，无锡市图书馆藏。

吴　秀

字越贤，一字平山。明吴江人。隆庆五年(1571)以乌程籍中进士。授刑部主事，历郎中，出为九江府，迁扬州府知府，再迁福建按察副使，未至被劾免，卒祀乌程乡贤祠。

九江府治绩纪略　史部政书类　佚

见民国抄《震泽县志续》卷10。

林居文稿　集部别集类　佚

见道光《震泽镇志》卷11。

吴承光

明吴江人。

古文抄16卷　集部总集类

明万历六年(1578)刻本，南京图书馆藏。

真　可(1543—1603)

字达观，号紫柏。明吴江沈氏子。年17出家虎丘寺，后游历名山大刹。与德清为至交，与祩宏、德清、智旭并称明四大高僧。主张儒道释三教一致，对佛教各宗并重。以梵夹本《大藏经》阅读不便，乃于万历十七年(1589)在五台山创刻方册《大藏经》，后移刻浙江径山，史称《径山藏》或《嘉兴藏》。因被诬作“妖书”而下狱，三十一年卒于狱中。

八识规矩解 1 卷　子部佛教类

释金刚经 1 卷　子部佛教类

心经要论 1 卷　子部佛教类

心经直谈 1 卷　子部佛教类

心经注解 1 卷　子部佛教类

以上 5 种有民国间商务印书馆影印《卍续藏经》本，国家图书馆藏。

心经出指 1 卷　子部佛教类

见民国《吴县志》卷 58。

紫柏老人集心经说 1 卷　子部佛教类

(1) 清同治十三年(1874)杭州云栖寺刻本，浙江图书馆藏。

按：本书与朝鲜释知讷《真心直说》、明释德清《波若波罗蜜多心经直说》合刻。另有光绪十二年(1886)刻本。

(2) 1915 年金陵刻经处刻本，上海图书馆藏。

紫柏语录 1 卷　子部佛教类

(1) 清光绪十二年刻本，上海图书馆藏，作《紫柏大师法语节录》。

(2) 1924 年佛经流通处刻本，见《内蒙古线装古籍联合目录》。

长松茹退 2 卷　子部佛教类

(1) 明万历间绣水沈氏尚白斋刊本，台湾“中央图书馆”原藏。

(2) 1922 年上海文明书局石印本，台湾“中央图书馆”原藏。

(3)《宝颜堂秘笈》本。

(4)《丛书集成初编》本。

(5)《四库全书存目丛书》本。

紫柏老人集 15 卷首 1 卷　集部别集类

(1) 明天启七年(1627)释三炬刻本，国家图书馆藏，存 14 卷。

(2) 明崇祯四年(1631)刻本,首都图书馆等藏。

(3)《四库未收书辑刊》本。底本明天启七年释三炬刻本。

紫柏老人集 29 卷首 1 卷　集部别集类

(1) 明末刻本,故宫博物院藏。

(2) 清刻本,国家图书馆藏。

(3)《卍续藏经》本。

(4)《故宫珍本丛刊》本。

(5)《明别集丛刊第三辑》本。

紫柏尊者别集 4 卷附录 1 卷　集部别集类

清康熙二十三年(1684)蒲月寂照庵刻本,上海图书馆藏。

紫柏老人瓣香集 4 卷　集部别集类

明真可撰　清广慈、观月辑

清嘉庆二十二年(1817)刻本,南京图书馆藏。

紫柏尊者全集略记修要 3 卷　集部别集类

清光绪抄本,日本国会图书馆藏。

紫柏大师全集　集部别集类

2013 年上海古籍出版社出版标点本。

沈　俊(1544—1626)

字道雅,号养复。明吴江人。沈璟叔父。

养复诗稿 1 卷　集部别集类　佚

见乾隆《吴江县志》卷 46。

周　祯(1547—1623)

"祯"一作"桢"。字伯知,更名之珍。明吴江人。用孙。奇僻而狷,工诗。

不夜斋诗稿　集部别集类　佚

见《千顷堂书目》卷 27。《明诗综》卷 72 收其诗 1 首。

顾曾璘

字元玉,又字玉甫,号华阳。明吴江人。曾唯从弟,曾瑜弟。万历元年(1573)举人。尝从袁黄游,以致知力行为务。兼精医术。

缪仲淳本草经疏　子部医家类　佚

见嘉庆《同里志》卷22。

马　贯

字道卿。明吴江人。万历二年(1574)进士,授九江府理刑,迁刑部主事,累进郎中。适御史刘台以劾张居正获罪,当事者欲致其罪,檄委贯,贯不为动,曰:"吾不敢枉一黔首,乃敢陷一鲠臣。"当事者衔之,出知兴化府。时旁郡有倭患,贯预修城池为保障计,年56卒。

四书宗旨15卷　经部四书类　佚

古今类义24卷　子部典故类　佚

以上2种见同治《苏州府志》卷138。

俞安期(1550—?)

初名策,字公临,更名后改字羡长,号震维居士。明吴江人。诗名与王叔承相埒,尝以长律150韵投王世贞,世贞为之倾倒。性好山水,周览五岳。万历三十七年(1609)以翏翏阁名刻行唐李垕《南北史续世说》。

雍胜略24卷　史部地理类

明李应祥、俞安期撰

(1) 明万历二十五年刻本,台湾"中央图书馆"原藏。

(2) 清抄本,甘肃省天水市图书馆藏。

栖霞编　史部地理类　佚

见《松陵文集三编》卷37。

阁皂山志2卷　史部地理类

(1) 清抄本,上海图书馆藏。

(2) 清康熙刻本,国家图书馆藏。

诗隽类函150卷　子部典故类

(1) 明万历三十七年自刻本,上海图书馆藏。

(2) 明万历三十七年晋陵孟纯礼刻本,国家图书馆藏。

(3)《四库全书存目丛书》本。

唐类函200卷目录2卷　子部典故类

(1) 明万历三十一年自刻本,国家图书馆藏。

(2) 明万历三十一年刻文盛堂重修本,安徽省图书馆藏。

(3) 明万历三十一年刻养正堂重修本,苏州大学图书馆藏。

(4) 明万历三十一年刻德聚堂重修本,北京大学图书馆藏。

(5) 明万历三十一年刻四十六年重修本,首都图书馆藏。

(6) 清刻本,无锡市图书馆藏。

(7) 1986年江苏广陵古籍刻印社影印本。

(8)《四库全书存目丛书》本。

唐类函110卷　子部典故类

明俞安期辑　清钱沾辑

清康熙四十二年(1703)钱沾传抄稿本,台湾"中央图书馆"原藏。

启隽类函102卷职官考5卷目录9卷　子部典故类

(1) 明万历四十五年刻本,上海图书馆藏。

(2)《四库全书存目丛书》本。

类苑琼英10卷　子部典故类

见《四库全书总目》类书类存目2,有两淮盐政采进本,云:"分别事类,纂辑故实,每条止撮举二字,而以原文细注其下。其体例前后颇无伦次,又天文一类尽皆阙如,疑为未成之书也。"

翏翏集40卷　集部别集类

(1) 明万历间刻本,国家图书馆藏。

(2) 明万历间刻本,作28卷,佚卷5、9、10,日本东京大学东洋文化研究所藏。

(3) 清光绪十七年(1891)南城蔡氏《三余书屋丛书》本,作4卷,国家图书馆藏。

(4) 抄本,上海图书馆藏。

(5)《四库全书存目丛书》本。

(6)《明别集丛刊第四辑》本。

按:28卷本为《丹阳草》4卷、《吴中集》3卷、《阳羡集》3卷、《楚中集》10卷、《豫章集》4卷、《新都集》2卷、《岭西集》2卷。

唐诗纪 170卷　集部总集类

明黄德水、吴琯辑　俞策、陆文组等校

明万历刻本,国家图书馆等藏。

诗隽腹腴 50卷　集部总集类

明俞安期撰　清周大槐重辑

清嘉庆二十三年(1818)湘云轩刻本,上海图书馆藏。

庄骚合刻二种 12卷　丛书类

明万历三十五年俞安期翏翏阁辑刻本,国家图书馆藏。

毛寿南

字宇徵,号仁山。明吴江人。万历十四年(1586)进士,授山阴知县。召入拜陕西道监察御史,寻以疾请归,卒葬柳胥村。家风清索,为官不好名,多行实事。

松陵毛氏族谱 5卷　史部传记类

明毛寿南、毛以燵、毛以燧同修　毛丕烈重修

抄本,存3卷,吴江图书馆藏。

仁山诗文集　集部别集类　佚

见同治《苏州府志》卷138。

王顺阳

字敬怀，号恭斋。明吴江人。贵曾孙。国学生，性慷慨，生平耽于诗。泰昌元年(1620)岁饥，首捐米百石，村民德之。

潇洒独吟编　集部别集类　佚

见《垂虹识小录》卷6。文震孟为之序。

周辑符

字泰六。明吴江人。博古好学，诗宗宋元。其五七言近体，温丽典雅，直可比肩唐人。晚年以子宗建知仁和，就养官舍。观书多慨，类纂成编。

虎林八订　子部杂学类　佚

按：文震孟为之序。

晏如斋集　集部别集类　佚

以上2种见乾隆《吴江县志》卷46。

史　谟(1551—1601)

字尔陈，号省韦。明吴江人，秀水籍。万历十年(1582)举于浙。二十年补江右玉山学署，二十三年选授广东南雄府司李。

玉山县志10卷　史部地理类　佚

省韦稿4卷　集部别集类　佚

以上2种见道光《黄溪志》卷4。

吴　默(1551—1637)

字因之。明吴江七都人。万历二十年(1592)进士。授兵部主事，历礼部郎中，迁尚宝司丞，历官至太仆寺卿。晚年徙家吴门，是时文震孟、姚希孟、朱陛宣、张世伟等并以文章气节重乡里，默恒为首。

吴因之易说6卷　经部易类

(1) 明万历三十九年钱玉刻本,江西省图书馆藏。

(2) 清嘉庆五年(1800)刻本,江西省图书馆藏。

新镌吴汪二先生家藏易经宗旨 4 卷　经部易类

明汪鸣鸾、吴默撰

明万历三十四年刻本,国家图书馆藏。

旁注左国芳润 6 卷　史部史钞类

明万历三十六年刻本,河南大学图书馆藏。

按:为《左传》3 卷、《国语》3 卷。

锲吴会史记要删评林 4 卷西汉要删评林 4 卷　史部史评类

明万历二十一年建阳余一贯刻本,上海图书馆藏。

按:《史记要删》另有清刻本,扬州大学图书馆藏。

新锲名家纂定注解两汉评林 3 卷　史部史评类

明詹圣泽刻本,无锡市图书馆藏。

庄子解　子部周秦诸子类　佚

见同治《苏州府志》卷 138。

吴因之稿 1 卷　集部别集类

(1) 明末陈氏石云居刻《国朝大家制义丛书》本。

(2) 清乾隆三年(1738)文盛堂、怀德堂刻《可仪堂一百二十名家制义》本。

(3)《明别集丛刊第四辑》本。

九会元集 9 卷　集部总集类

明吴默、汤宾尹撰　闵齐华辑

明天启元年(1621)闵齐华刻朱墨套印本,国家图书馆藏。

诗法集要　集部总集类

清抄本,朱恒夫私藏。作“吴无障先生诗法集要”。

按:见 2007 年 1 月第 1 期《文献》季刊载《海内孤本〈诗法集要〉的文献价值与诗学意义》一文。

沈　瑾(1552—1604)

字忍之,号客庵。明吴江人。化子。年三十始为苕城弟子员。每出其奇为雄文豪吟,以自表见于当路。当路者亦屡称赏,然终不遇。于诗文长者连辐,短者寥寥数语,咸可诵可思。受业于杜伟、娄江周汝砺两先生之门。

元览斋稿　集部别集类　佚

借一斋稿　集部别集类　佚

天香馆稿　集部别集类　佚

坎蛙吟稿　集部别集类　佚

以上4种见《吴江沈氏家传·客庵公传》。

沈　璟(1553—1610)

字伯英,号宁庵,晚号聃和,别署词隐生。明吴江人。汉曾孙。万历二年(1574)进士。授兵部主事,以病免。寻补礼部员外郎,改吏部。上疏立储,及为王恭妃请封号,忤旨,降行人司正,复升光禄寺丞,以疾乞归,二十余年卒。天启初追录国本建言诸臣,赠光禄寺少卿。精于六书学,善行草书,工诗文。告归后,屏迹郊居,放情词曲。生平精研曲律,致力于戏曲音律的整理和考订,并形成了以其为中心的戏曲创作流派吴江派。《明史》卷206有传。

定大本详大典疏　史部政书类

清康熙五十六年(1717)刻本,附载沈汉《水西谏疏》后,书页不全,仅存篇目,南京图书馆藏。

语绮2卷　子部杂学类

民国吴江柳氏抄本,上海图书馆藏。

沈璟集　集部别集类

徐朔方辑校。1991年上海古籍出版社出版。

按:本集收沈璟今存戏曲、清曲、诗词、文等,有《沈璟著作出版流传简况》等附录多种，是收集沈璟作品最完备的集子。

属玉堂稿 2 卷　集部别集类　佚

见《吴江沈氏诗录》卷 2，收其诗 14 首。

增定南九宫曲谱 21 卷附录 1 卷　集部词曲类

(1) 明文治堂刻本，国家图书馆藏。

(2) 明万历间三乐斋刻本，北京大学图书馆藏。有目录 1 卷。

(3) 明万历四十四年龙骧刻本，北京大学图书馆藏。有目录 1 卷。

(4) 明金阊绿荫堂刻本，中山大学图书馆藏。

(5) 明末吴尚质补刻本，南京师范大学图书馆藏。

(6) 清抄本，北京师范大学图书馆藏。

(7) 民国北京大学石印本，南京图书馆藏。

(8)《善本戏曲丛刊》本。

按：本书又名《南九宫十三调曲谱》《南词全谱》，乃沈璟据蒋考《南九宫谱》改编而成。

广缉词隐先生增定南九宫词谱 26 卷　集部词曲类

明沈璟撰　沈自晋等重定

(1) 明崇祯十二年(1639)刻清顺治十二年(1655)修补本，台湾“中央图书馆”原藏。

(2) 清顺治十二年沈氏不殊堂刻本，国家图书馆藏。

(3) 1934 年影印本，据明刻本影印，国家图书馆藏。

(4) 1937 年北京大学影印原刻本。

(5)《善本戏曲丛刊》本。

(6) 抄本，北京大学图书馆藏。

(7)《续修四库全书》本。

按：本书又名《重定南九宫词谱》《重定南词全谱》《重辑南九宫十三调谱》，是在沈璟《南词全谱》的基础上编纂而成。

词隐新词　集部词曲类　佚

见明王骥德《曲律》卷 4。曾有明吕天成刻本，今佚。

情痴呓语1卷　集部词曲类　佚

曲海青冰2卷　集部词曲类　佚

评点乐府指迷1卷　集部词曲类　佚

以上3种见《明代传奇全目》71页。

南词韵选19卷　集部词曲类

(1) 明虎林刊本,存10卷,台湾“中央图书馆”原藏。

(2) 民国间晒蓝本,国家图书馆藏。

北词韵选□卷　集部词曲类

明沈璟撰　清沈自晋编

明祁氏远山堂抄本,浙江图书馆藏。

按:存卷8。

重校十无端巧合红蕖记2卷　集部词曲类

(1) 明万历间继志斋刻本,吴梅跋,国家图书馆藏。

(2)《古本戏曲丛刊三集》本。

(3)《新定九宫大成南北词宫谱》本。

一种情传奇(一作坠钗记)2卷　集部词曲类

(1) 清顺治七年抄本,戏曲研究院藏。

(2) 清康熙二十八年抄本,姚华校并跋,国家图书馆藏。

(3) 民国间古吴莲勺庐抄本,国家图书馆藏。

(4) 民国初年姚一鄂手抄本,据清康熙间兴庆阁传抄本抄,国家图书馆藏。

(5)《古本戏曲丛刊初集》本。

(6)《郑振铎藏古吴莲勺庐抄本戏曲百种》本。

(7)《新定九宫大成南北词宫谱》本。

义侠记2卷　集部词曲类

(1) 明万历间文林阁刻本,台湾“中央图书馆”原藏。

(2) 明金陵富春堂刻本,北京大学图书馆藏。

(3) 明末毛氏汲古阁刻本,故宫博物院藏。

（4）明末清初致和堂刻《醉怡情杂剧》本，北京大学图书馆藏。

（5）清书林奎壁斋刻《新镌乐府清音歌林拾翠》一集本，国家图书馆藏。

（6）《六十种曲》本。

（7）《绘图缀白裘》本。

（8）《绣刻演剧》本。

（9）《郑振铎藏古吴莲勺庐抄本戏曲百种》本。

（10）《古本戏曲丛刊初集》本。

（11）《苏州博物馆藏古吴莲勺庐戏曲抄本汇编》本。

（12）《新定九宫大成南北词宫谱》本。

重校埋剑记 2 卷　集部词曲类

（1）明万历间陈氏继志斋刻本，北京大学图书馆藏。

（2）1930 年北京图书馆影印继志斋本，南京图书馆藏。

（3）《古本戏曲丛刊初集》本。

（4）1930 年北京图书馆据鄞县马氏不登大雅文库本影印，国家图书馆藏。

（5）《新定九宫大成南北词宫谱》本。

重校双鱼记 2 卷　集部词曲类

（1）明万历间陈氏继志斋刻本，国家图书馆藏。

（2）海盐朱希祖复抄继志斋本，国家图书馆藏。

（3）民国间古吴莲勺庐抄本，国家图书馆藏。

（4）民国间长洲吴氏抄本，国家图书馆藏。

（5）民国间北京图书馆摄影本，国家图书馆藏。

（6）《古本戏曲丛刊初集》本。

（7）《郑振铎藏古吴莲勺庐抄本戏曲百种》本。

桃符记 1 卷　集部词曲类

（1）清康熙四十七年张仲云手抄本，台北故宫博物院藏。

（2）清抄本，国家图书馆藏。

(3) 清抄本,北京大学图书馆藏。

(4) 清抄本,上海图书馆藏。

(5) 孔德学校图书馆抄本,首都图书馆藏。

(6) 民国间古吴莲勺庐抄本,首都图书馆藏。

(7)《古本戏曲丛刊初集》本。

(8)《郑振铎藏古吴莲勺庐抄本戏曲百种》本。

博笑记 2 卷　集部词曲类

(1) 明天启三年(1623)刻本,戏曲研究院藏。

(2)《传真社三种曲》本。

(3)《古本戏曲丛刊初集》本。

(4)《续修四库全书》本,据明天启三年刻本影印。

分钱记　集部词曲类　佚

按:《群音类选》录有散折曲文。

十孝记　集部词曲类

《新定九宫大成南北词宫谱》本。

按:《群音类选》录有散折曲文。

合衫记　集部词曲类　佚

鸳衾记　集部词曲类　佚

分柑记　集部词曲类　佚

四异记　集部词曲类　佚

凿井记　集部词曲类

《新定九宫大成南北词宫谱》本。

珠串记　集部词曲类　佚

奇节记　集部词曲类　佚

结发记　集部词曲类　佚

同梦记　集部词曲类　佚

新钗记　集部词曲类　佚

以上 12 种见《明代传奇全目》卷 2。《南词新谱》中录有曲文残句。

按:以上传奇除《同梦记》《新钗记》外17种,合称《属玉堂传奇》。《同梦记》即其改编《牡丹亭》。

又按:根据《沈璟著作出版流传简况》《明代传奇全目》所载沈璟著有《论词六则》《唱曲当知》《遵制正吴编》《考订琵琶记》《古今词谱》《北词韵选》《古今南北词林辨体》等,均佚。

朱　鹭(1553—1632)

初名家栋,字白民,自号西空居士、青浮子。明吴江盛泽人。诸生。少有俊才,为冯梦祯高足弟子。家贫,授生徒以养父母。父亡后,独游名山。善画竹。少好玄学,解《道德》《参同》之旨。晚弃而归禅,参云栖、憨山二老,结茅华山寺之左。崇祯五年(1632),作辞世偈而卒。

建文书法拟前编1卷正编2卷附编2卷　史部杂史类

(1) 明万历刻本,国家图书馆藏。

(2) 明万历刻天启元年(1621)重修本,南京图书馆藏。

(3) 清抄本,国家图书馆藏。

(4)《四库全书存目丛书》本。

(5)《续修四库全书》本。

名山游草　史部地理类　佚

见清邹漪《启祯野乘》卷14。

拥絮迂谈1卷　子部小说类

(1)《五朝纪事四百七十三种》本。

(2)《五朝小说》本。

(3)《五朝小说大观》本。

(4)《说郛续》本。

(5)《明人百家小说》本。

爱日图原本3卷　子部艺术类

清乾隆间休宁方辅刻本,国家图书馆藏。

青浮子髯籁　集部别集类

见《千顷堂书目》卷 170。

按:《明诗综》卷 72 收其诗 4 首。

庞秉道

字斗华,明吴江人。

人籁编　集部别集类　佚

见乾隆《吴江县志》卷 46。

沈　储(1555—1627)

字道用,号冲台。明吴江人。

谱牒　史部传记类　佚

见《吴江沈氏家传·冲台公传》。

周　祝(1555—1640)

字秀华,号旋淳。明吴江人。用孙,永年父。入太学,授太常寺典簿。学文于冯开之,与王穉登、汤显祖为诗友。游袁黄、王阳明之门。晚筑室太湖之滨,架木阁以居。门人私谥孝康先生。

石斋集　集部别集类　佚

广禅喜集　集部别集类　佚

以上 2 种见《松陵文集三编》卷 34。

空一斋诗　集部别集类　佚

见同治《苏州府志》卷 138。

按:钱谦益《牧斋有学集》卷 20 有《空一斋诗序》。

史中经

字道夫,号星桥。明吴江人。史鹏生子。诸生。

易经口义　经部易类　佚

四书口义　经部四书类　佚

以上2种见《松陵文集三编》卷33。

叶重第(1558—1599)

字道及，号振斋。明吴江人。绍袁父。万历十四年(1586)进士。历官贵州提学佥事。诰赠奉政大夫，崇祀乡贤祠。

义田记　史部政书类　佚

汾湖汇稿　集部总集类　佚

以上2种见《吴中叶氏族谱》卷57。

沈　琦(1558—1606)

字仲玉，号韫所。明吴江人。汉曾孙。万历二十三年(1595)进士。初授淄川知县，补高陵，调三原，以礼部主事征入。疽发背卒。三原、淄川并祀之学官。

家塾私语1卷　子部儒学类　佚

见乾隆《吴江县志》卷46。

珠树轩稿　集部别集类　佚

见《千顷堂书目》卷25。《明诗综》卷63收其诗2首。

沈　瓒(1558—1612)

字子勺，又字孝通，号定庵。明吴江人。璟弟。万历十四年(1586)进士。授南京刑部主事，进郎中，出为江西佥事，居二年乞归。家居十八年，以荐起补广东佥事，甫入境病卒。好作散曲，但多托他人之名行世，故曲名不盛。

定庵尚书大义　经部尚书类　佚

节演世范敷言1卷　子部儒学类　佚

沈氏义庄条约1卷　子部儒学类　佚

以上3种见乾隆《吴江县志》卷46。

近事丛残4卷　子部小说类

(1) 清乾隆五十九年(1794)刻本,国家图书馆藏。

(2) 清嘉庆间刻巾箱本,吉林大学图书馆藏。

(3) 清沈宗德抄本,不分卷,上海图书馆藏。

(4)《明清珍本小说集》本。

静晖堂集 6 卷　集部别集类　佚

见乾隆《吴江县志》卷 46。《明诗综》卷 60 收其诗 3 首。

周应愿(1559—1597)

字公谨。明吴江烂溪人。用曾孙。万历十六年(1588)举人。端方简直,言行不苟,博学有史才,尝辑宋史未就。

印说 1 卷　子部艺术类

(1)《草亭读余志五编》第 16 册,存 10 则,南京图书馆藏。

(2) 清南通州陈嵩秀抄本,北京大学图书馆藏。

(3)《艺海一勺》本,明杨士修节录,作《周公谨印说删》。

(4) 2014 年北京大学出版社出版,由朱天曙编校。

按:《草亭读余志五编》不分卷,清童翼驹撰,稿本,共 21 册,南京图书馆藏。《印说》收录在第 16 册中,共存 10 则。

又按:本书阐述官、私印制之起源和沿革,及治印之篆法、章法、刀法等。分 20 章。

江左集 8 卷　集部别集类

明万历二十四年刻本,日本内阁文库藏。

庄宪臣

字昆明。明吴江人。博雅能文,与弟元臣齐名,时称庄氏二杰。神熹间天下多故,以诸生不得用。悲歌慷慨,发为文章,故其语多指斥边事,绝无忌讳。吴炎称其有经济才。

燕超集 10 卷　集部别集类　佚

见同治《苏州府志》卷 138。

庄元臣(1560—1609)

字忠甫,号方壶。明吴江人。万历三十二年(1604)进士。授中书舍人。好学,喜谈经济,每阅一书必劈肌解族,扼要钩玄,其为古文辞经营极苦,至会意,千言立就。为文论以明古今依者之得失。

四书觉参符20卷　经部四书类　佚

见道光《震泽镇志》卷11。有明张鼐序。

金石撰　史部金石类　佚

时务策　史部政书类　佚

以上2种见同治《苏州府志》卷138。

叔苴子内篇6卷外篇2卷　子部杂学类

(1)《粤雅堂丛书》本。

(2)《子书百家》本。

(3)《百子全书》本。

(4)《丛书集成初编》本。

(5) 1925年上海会文堂书局石印《归振川评点百二十子补遗》本,作3卷。

(6) 民国间抄本,国家图书馆藏。

按:亦见《庄忠甫杂著》。

三才考略13卷　子部典故类

(1) 明万历四十四年庄氏森桂堂刻本,上海图书馆藏。

(2) 清乾隆五十四年(1789)抄本,首都图书馆藏。

(3) 明刻清吴兴严学乾修补本,浙江图书馆藏。

(4)《四库全书存目丛书》本。

凤阁草　集部别集类　佚

见同治《苏州府志》卷138。

曼衍斋文集不分卷　集部别集类

清抄本,南京图书馆藏。

按:庄元臣又著《文论》10篇,见同治《苏州府志》卷138。

曼衍斋草　集部别集类

1957年抄本,厦门大学图书馆藏。

庄忠甫杂著二十八种70卷　丛书类

清初永言斋抄本,国家图书馆藏。

子目包括:《昭代事始》《朝纲变例》《叔苴子》10卷、《叔苴子内篇》12卷《拾遗》1卷、《叔苴子外篇》14卷、《庄子达言》《古诗猎隽》《南华雅言》《重言》《伐山语》《唐诗摘句》《韩吕弋腴》4卷、《二术编》2卷、《庄氏族谱》《水程日记》《治家条约》《家书》《搜微录》《含言解》《涉古记事》《卮言日出》《锦盘奇势》《论学须知》《行文须知》《客谈》《文诀》《阴符经注解》《剪彩》2卷、《杂录》。

按:以上子目未注卷数者,均为1卷。

蒋　杰

字美若,号象岩。祖籍吴江。落籍贵州普安。万历十七年(1589)进士。守广东南雄,以广东副使罢归。晚年因战乱流离荆州。文采风流,诗文清丽。好游历,足迹半天下。崇祯间卒于家。

十七史摘要　史部史钞类　佚

见《千顷堂书目》卷5。

普安续志　史部地理类　佚

见《千顷堂书目》卷8。

白虎通德论2卷　子部杂学类

汉班固撰

明万历二十二年蒋杰刻本,国家图书馆藏。

王廷润

明吴江人。

分湖唱和集　集部总集类　佚

见乾隆《分湖志》卷4。

周　南

字见湖。明吴江人。知识渊博，绩学力行。居东山，授经训子弟。

玉树堂诗1卷　集部别集类　佚

见《乡志类稿》本传。

周之道

字明卿。明吴江人。麟子。诸生。

赘生诗草　集部别集类　佚

见嘉庆《同里志》卷11。

顾而尹

字任卿，号莘岩。明吴江人。万历十九年(1591)举人，授桐乡教谕。孝友文行并重于时，中举后益湛深经术，以道学为己任，从游者日益众。

易统　经部易类　佚

见乾隆《吴江县志》卷46。

四书解　经部四书类　佚

见嘉庆《同里志》卷22。

孙履恒

字仲立，号裒谷。明吴江人。从龙子。万历二十二年(1594)举人，屡试不第，就浙江义乌教谕。识张国维于诸生中。升广东新宁知县。素好言武略，有知兵名，被调博罗抗农民军，因功升肇庆府同知。与惠州守不协，竟持冠归。天启三年(1623)张国维已官巡抚南直都御史，遂延履恒幕下。

廿一史选驳100卷　史部正史类　佚

见同治《苏州府志》卷138。

裒谷子商隱武经七书10卷附武略杂言1卷　子部兵书类

明崇祯二年(1629)刻本,苏州图书馆藏。

客窗余录诗林玉屑22卷　集部别集类

明王光裕撰　孙履恒、罗秀士注

明刻本,台湾"中央图书馆"原藏。

徐履仁(1561—1623)

字熙宇。明吴江人。少攻举业,经史百家无不贯通。匿迹西濛,建稻香楼。

稻香楼集　集部别集类　佚

见《吴江徐氏宗谱》卷3。

赵士谔(1561—1639)

字蹇卿。明吴江人。宽从曾孙。万历二十九年(1601)进士。授会稽知县。入为兵部职方主事,调吏部考功司,改文选,累进郎中,迁太仆少卿。擢佥都御史,巡抚宣府,寻引疾归。

署冏疏稿1卷　史部政书类

抚宣疏稿1卷　史部政书类

赵蹇卿文集3卷　集部别集类

以上3种有明万历间刻本,日本尊经阁文库藏。

中丞诗选　集部别集类　佚

见《千顷堂书目》卷26。《明诗综》卷64收其诗2首。

赵　葵(1563—1617)

字丹府,号栎如。明吴江人。少孤力学,善楷法。年55卒。

萍游草　集部别集类　佚

见《松陵诗征前编》卷6。

知非稿　集部别集类　佚

见《吴江赵氏诗存》卷首。

沈　瑄(1564—1642)

字轶清，号容襟。明吴江人。自晋父。

阅古笔记　集部别集类　佚

见《吴江沈氏家传·容襟公传》。

沈　珣(1565—1634)

字幼玉，号宏所。明吴江人。倬子。万历三十二年(1604)进士。初授中书，迁御史，累官副都御史。巡抚山东，议增兵设防及戢刘兴治乱军，具有才略。时以珣与兄琦、琉称沈氏三凤。崇祯四年(1631)解山东职归。

人物考 150 卷　史部传记类　佚

见同治《苏州府志》卷 138。

宏所谏疏 1 卷　史部政书类

清康熙六十一年(1722)沈氏家刻本，附刻于沈汉《水西谏疏》后，浙江图书馆藏。

沈侍御公疏稿不分卷　史部政书类

明天启初刻本，台北“中研院”傅斯年图书馆藏。

按:《千顷堂书目》卷 30 作 4 卷。是书为明万历四十七八年、泰昌元年(1620)、天启元年(1621)疏稿。是书与《沈氏世谏草》合刊。有“退耕堂藏书记”“新安汪氏”“启淑信印”“寿榕”等印记。

按黔疏稿　史部政书类　佚

抚齐疏稿　史部政书类　佚

以上 2 种见乾隆《吴江县志》卷 46。

净华庵诗稿 2 卷　集部别集类

松陵薛氏邃汉斋抄本，上海图书馆藏。

顾庆延(1567—1615)

字长卿,号碧堂。明吴江人。大典子。诸生,官福建按察司知事。

碧堂诗稿　集部别集类　佚

见《分湖诗钞》卷5。

周道登(？—1633)

字文岸。明吴江人。万历二十六年(1598)进士。由庶事士历迁少詹事。天启时为礼部左侍郎,颇有所争执,以病归。五年(1625)秋,廷推礼部尚书,魏忠贤削其籍。崇祯初与李标等同入阁。素无学术,奏对鄙浅,后以党护枢臣劾罢。《明史》卷251有传。

天启大婚礼仪注　史部政书类　佚

周道登等题请。见《增订晚明史籍考》卷3。

清生阁集　集部别集类　佚

见同治《苏州府志》卷138。

大　德

号湛圆。明吴江僧。受法于震泽浮玉庵真常。以诗名。

浮玉集　集部别集类　佚

见道光《震泽镇志》卷11。

张世伟(1568—1641)

字异度。明吴江人。基孙。有才思,兼工古今文词。少从父游娄江,王世贞及王锡爵许为国器。及长,声名藉甚,一时海内才士皆与缔交,颇恃才简傲。万历四十年(1612),年几50,始举顺天乡试。而忌者构飞语,劾以关节,至对台狱罚三科,天启元年(1621)复试乃得白,屡会试不第,遂筑室名泌园,读书其中。崇祯七年(1634)荐举贤良方正,力辞不就。卒,学者私谥孝节先生。福王时礼部题赠翰林院待诏。

自广斋集16卷附周吏部纪事1卷　集部别集类

(1) 明崇祯十一年刻本,上海图书馆藏。

(2)《四库禁毁书丛刊》本。

(3)《明别集丛刊第五辑》本。

张异度诗1卷　集部别集类

《启祯两朝遗诗》本。

泌园集26卷　集部别集类　佚

鸳湖小草1卷　集部别集类　佚

以上2种见同治《苏州府志》卷138。

潘锡祚

字永甫。明吴江人。志伊子。以荫生为宁卫经历,迁湖广布政司理问,卒于官。好古博识。

南阳问答　子部儒学类　佚

见同治《苏州府志》卷138。

孙宗一

字君贞。明吴江人。万历中嘉兴廪生,后入复社。

易辨　经部易类　佚

春秋辨　经部春秋总义类　佚

学庸臆说　经部四书类　佚

以上3种见《儒林六都志》卷下著述。

周应仪

字元度。明吴江人。用曾孙。官光禄寺署丞。所作小诗,极缠绵温丽,天启三年(1623)校刻宋陆游撰《老学庵笔记》12卷。

南北游草8卷　集部别集类

清刻本,上海图书馆藏。

川上草堂集　集部别集类　佚

见乾隆《吴江县志》卷46。

周应偁

字声仲，号起白。明吴江人。用曾孙。万历二十九年(1601)进士。官宜春知县。治尚清肃，片言决狱，绅不敢干。以私会入觐，途遭悍仆下毒而死。

摭芳圃集3卷　集部别集类　佚

见《垂虹识小录》卷2。其子文衡收拾其诗文刻之。南社抄本《松陵诗滴》作4卷，并收其诗5首。

吕纯如

字孟谐，号益轩。明吴江人。万历二十九年(1601)进士。三十三年授偃师县知县，调洛阳令，仕至兵部尚书。曾刊刻明王觉、胡一愚撰《明音》，董应举撰《崇相集》两书。

学古适用编91卷　子部儒学类

(1) 明崇祯间刻本，台北"中研院"傅斯年图书馆藏。

(2)《四库全书存目丛书》本。

毛以燵

字允奎，号芝山。明吴江人。寿南次子。万历二十八年(1600)举人。初任直隶和州学正。旋丁母忧，服阕，补山东武定州学正，累迁至云南按察司副使漕储道，所至多惠政。见时事日坏，请告归。后辟云南布政使不起，卜居六里庄，题其室曰"审雨斋"。角巾野服，徜徉陇畔。年84卒。

尚书讲义　经部尚书类　佚

见嘉庆《黎里志》卷9。

松陵毛氏族谱5卷　史部传记类

明毛寿南、毛以燧、毛以燧同修　清毛丕烈重修

抄本,存3卷,吴江图书馆藏。

审雨斋诗稿　集部别集类　佚

感红诗　集部别集类　佚

以上2种见嘉庆《黎里志》卷9。山阴王骥德作序。《明诗综》卷67收其诗2首。

毛以燧

字允遂。明吴江人。以燧弟。诸生。入太学受业于沈琦。九赴棘闱不售,乃放情诗酒,与妻汝氏偕隐。与同邑周宗建、吴焕、孙枝芳等八人号松陵八骏。与浙江王骥德友善。骥德临终以所著《曲律》托付,天启五年(1625)以燧将《曲律》刻出。

松陵毛氏族谱5卷　史部传记类

明毛寿南、毛以燧、毛以燧同修　清毛丕烈重修。版本见"毛以燧"条。

槊花馆诗集20卷　集部别集类

见嘉庆《黎里志》卷9、《吴郡文编》卷230。有同里叶绍袁、周永年、张世伟、沈珣等序。

史叔成

字仁甫,一字仁夫。明吴江人。鉴玄孙。万历三十一年(1603)嘉兴府学贡生,官平远教谕。

周易图说　经部易类　佚

见道光《黄溪志》卷6。

南郭藂谈2卷　子部杂学类

清抄本,苏州图书馆藏。

归田杂咏　集部别集类　佚

见道光《黄溪志》卷6。

吴　焕(1572—1640)

字文叔，一字闇生，号亦临。明吴江人。洪曾孙。万历四十四年(1616)进士。授海宁知县，调仁和。丁母忧归，起补内黄县。行取入都，会阉党曹钦程诬劾周宗建，以焕同乡，且代令仁和，疑有私，镌三级。崇祯元年(1628)召为御史，寻出按陕西。五年以病归。久之，起为湖广副使，不赴卒。

按秦奏疏 4 卷　史部政书类　佚

西台奏疏 1 卷　史部政书类　佚

以上 2 种见《千顷堂书目》卷 30。

宁祖武

字仲先。明吴江人。以贡生官肇庆通判。布衣蔬食，不乐仕进。以诗史自娱。

迂公诗草　集部别集类　佚

见《千顷堂书目》卷 26。《明诗综》卷 67 收其诗 2 首。

任世德(1574—1645)

字遂初。明吴江人。少负高才，补邑诸生。天性孝友，中岁丧母，而致一目失明。顺治二年(1645)清兵南下被执，绝食而死狱中。年 72。

淞江诗文集　集部别集类　佚

见《垂虹识小录》卷 3。

王家彦

字季美，号绳河。明吴江麻溪人。万历三十二年(1604)进士，授韶州府推官，有惠政。丁内艰归，服阕补庐州府推官，有才干，乃著为令。三十九年奏最。将入都，巡按委核扬州盐课，坚拒贿赂，乃被奸吏纵官舫于大江中，船几覆。得疾卒于公馆，年53。

易义独断　经部易类　佚

语录汇纂　集部别集类　佚

以上2种见康熙《吴江县志》卷22。

独秀轩集8卷　集部别集类　佚

见乾隆《震泽县志》卷31。

史　册(1575—1639)

字义维，号素心。明吴江人。邑诸生。与卜舜年等友善。家贫力学，留心时事。尝著《水利议》《赋役》诸书。邑侯熊开元重其才，属以更辑县志，未成而卒。

隆平纪事1卷　史部杂史类

(1)《昭代丛书》(道光)本。

(2)《丛书集成续编》本。

(3)《旧小说》本。

(4) 清抄本，2卷，国家图书馆藏。

按：本书史册撰，清曹森、史开基参订，清抄本钤“张燕昌印”“石鼓亭”“延古堂李氏珍藏”等印。

建文世纪　史部杂史类　佚

三闰世纪　史部杂史类　佚

以上2种见同治《苏州府志》卷138。

致身录1卷　史部杂史类

明史仲彬撰　史册注，版本参见“史仲彬”条。

史氏吴中派文献谱不分卷　史部传记类

明史册编　清史在相续编

清抄本，南京图书馆藏。

松陵风雅　史部传纪类　佚

黄家溪志　史部地理类　佚

以上2种见《明清江苏文人年表》引《史氏家乘》卷12。

(崇祯)吴江县志22卷首1卷　史部地理类

明史册撰　清史在相补

清初抄本,南京图书馆藏。

按:本书为海内孤本,参见《江苏旧方志提要》。史在相为史册孙。

沈士哲(1575—1645)

字若生,一字若宇。明吴江人。瑾子。居济农仓东。万历四十二年(1614)举人。授永嘉教谕,迁南康知县。罢归卒。通古学,以孝闻。

家乘考　史部传记类　佚

公车草　史部政书类　佚

以上2种见《吴江沈氏家传·若宇公传》。

南野公余祥刑小记　史部传记类　佚

燕游草　史部地理类　佚

泼翠轩稿　集部别集类　佚

百忍堂集　集部别集类　佚

以上4种见同治《苏州府志》卷138。

沈自昌(1576—1637)

字君克,号潜予。明吴江人。琦子。国子监生。万历三十四年(1606)自北京还。

紫牡丹记传奇　集部词曲类　佚

见《古典戏曲存目汇考》卷10。《吴江沈氏诗录》卷5收诗1首。

任士奇(1577—1617)

字养初。明吴江人。秀孙。少好学,举邑儒士。家居教授。一时贤士皆从之游。常言读书之乐可对古人,为善之乐可对上帝。

左史抄　史部史钞类　佚

孟子日抄　子部儒学类　佚

以上2种见嘉庆《同里志》卷14。

李逢节

字坚侯。明吴江人。万历三十五年(1607)进士。官兵部侍郎、两广总督。

静观斋集　集部别集类　佚

见乾隆《吴江县志》卷46。

沈正宗

字因仲。明吴江人。啓曾孙,万历三十五年(1607)进士,授工部主事,转员外郎。三十九年以浮躁降调,后补浙江布政司理问,未赴,转兵部主事。天启中忤宦官削籍,崇祯初起故官,历山东佥事转河南大梁道参议,寻致仕归。

盗铸酿乱论　史部政书类　佚

平流贼议1卷　史部政书类　佚

以上2种见同治《苏州府志》卷138。

御寇急务不分卷　史部政书类

明崇祯十年(1637)刻本,清华大学图书馆藏。

巡梁稿4卷　集部别集类　佚

见《千顷堂书目》卷26。

周际昌

字华西。明吴江人。周南长子。万历年间补博士弟子员。屡试不售,随父授经东山。

天香馆诗集　集部别集类　佚

见《乡志类稿》本传,附于周南后。

陆　恒

字贞甫。明吴江同里人。万历三十六年(1608)贡入太学。祭酒李廷机拔其文第一,选授贵池县训导。乞归,逾年卒。

自叙篇　史部传记类　佚

见嘉庆《同里志》卷10。

秋浦日笺　集部别集类　佚

见同治《苏州府志》卷138。

曹大义

字子尚,号敬默。明吴江六都人。应仙长子。监生,万历朝历任南北两京兵马司副指挥,升正指挥,终山东兖州府通判。

卷阿漫咏　集部别集类　佚

见《儒林六都志》卷下著述。

曹大武

字子文,号凤梧。明吴江人。应仙次子,大义弟。廪监生。以孝闻。

竹坡集　集部别集类　佚

见《儒林六都志》卷下著述。

胡　闇

字中美。明吴江人。早丧父,由母扶育成人。以孝闻。

三贞集　史部传记类　佚

见嘉庆《黎里志》卷6。是书有嘉善钱士升、秀水姚以亨、同邑陆云祥序。

茅 樗

字曙溟，号逸农。明吴江吴溇人。

新刻增集纪验田家五行 3 卷拾遗 1 卷　子部农家类

元娄元礼撰　明茅樗校

(1) 明万历四十年(1612)茅樗刻本，浙江图书馆藏。

(2) 民国抄本，浙江图书馆藏。

朱 儒

字宗鲁。明万历间吴江人。任太医院院士，后迁院使。

太医院志不分卷　子部医家类

(1) 清初抄本，上海图书馆藏。

(2) 1939 年北京燕京大学图书馆抄本，北京大学图书馆藏。

新刻太医院纂集医教立命元归 7 卷　子部医家类

明万历十八年(1590)闽建潭城书林余成章刻本，甘肃省图书馆藏。

朱陛宣(1579—1634)

字德升。明吴江同里人。万历四十年(1612)举人。待父母至孝，卒年 56，私谥孝介先生。崇祯十年(1637)巡抚祁彪佳以其行义表于朝，诏赠翰林待诏，祀乡贤祠。

聚奎堂文稿　集部别集类　佚

见嘉庆《同里志》卷 22。

朱陛官

字建侯。明吴江同里人。生有至性，年 13 念父贫，遂训蒙于乡，稍获酬金以养父。后教授里中，年 82 卒。

半酣集　集部别集类　佚

见嘉庆《同里志》卷 22。

袁俨(1581—1627)

初名天启，字若思。明吴江人。黄子。万历三十九年(1611)与叶绍袁读书汾湖，天启五年(1625)进士。六年授广东高要知县。有文名。

尚书百家汇解6卷　经部尚书类　佚

见同治《苏州府志》卷138，有董其昌序。

历代纪年1卷　史部编年类

《袁氏丛书》本。

续二三场群书备考3卷　子部典故类

明刻本，苏州图书馆藏。

合订正续注释群书备考原本8卷　子部典故类

增订二三场群书备考8卷　子部典故类

增订二三场群书备考4卷　子部典故类

以上3种明袁黄撰、袁俨注。版本见“袁黄”条。

抱膝斋集3卷　集部别集类

(1) 明抱膝斋刻本，卷中、下配抄本，南京图书馆藏。

(2) 清刻本，上海图书馆藏。

(3) 民国抄本，南京图书馆藏。

按：本书一名“袁若思漫笔”。

周宗建(1582—1626)

字季侯，号来玉。明吴江人。用曾孙，辑符子。万历四十一年(1613)进士。由知县擢御史。天启初，魏忠贤及客氏乱政，宗建首疏劾之，明年宦官权势益炽，宗建复三疏弹劾，忠贤矫旨削籍，诬以赃罪，下狱死。崇祯初赠太仆寺卿，谥忠毅。其学沿姚江之末派，乃颇近于禅。《明史》卷245有传。

论语商2卷　经部四书类

(1) 明万历四十五年刻本，浙江图书馆藏。

（2）《四库全书》本。

（3）抄本，见《郑堂读书记》卷13。

新镌张太史注释标题纲鉴白眉21卷首1卷　史部编年类

明张鼐辑　周宗建、曾楚卿参订

（1）明末李潮刻本，复旦大学图书馆藏。

（2）《四库禁毁书丛刊》本。

周宗建朱卷1卷　史部传记类

清抄本，国家图书馆藏。

周忠毅公奏议4卷附1卷　史部政书类

（1）明崇祯间熊开元刻本，上海图书馆藏。

（2）明天启刻本，上海图书馆藏。

（3）《乾坤正气集》本。

（4）《续修四库全书》本。

重订周忠毅公奏议2卷　史部政书类

清嘉庆十四年（1809）周鹤立绿满书窗刻本，上海图书馆藏。与《周恭肃公奏疏》合刻。

道经解2卷　子部周秦诸子类

抄本，据明天启三年（1623）刻本影抄，上海图书馆藏。

按：康熙《吴江县志》卷22作"老子解"。乾隆四十四年（1779）遭禁。疑即本书。

新刻注释孔子家语衡2卷首1卷　子部儒学类

明书林刘龙田刻本，国家图书馆藏。

八识规矩注　子部佛教类　佚

忠毅公诗稿　集部别集类　佚

以上2种见乾隆《吴江县志》卷46。

新刻周季侯评选名文衡8卷　集部总集类

明刻本，中共中央党校图书馆藏。

周忠毅公残集1卷　集部别集类

明周宗建撰　清周麟书辑

1920年吴江柳氏抄本,上海图书馆藏。与《周忠毅公年谱》合抄。

周永年(1582—1647)

字安期。明吴江人。用裔孙。少负才名,诗文倚待立就。晚扼腕时事,讲求掌故。思以桑榆自奋,遭乱坎坷,卜居吴中西山,未几卒。所著诗累万首,信笔匠心,不以推敲刻凿为能。与弟永言、永肩齐名,时号三安。

中吴志余　史部地理类　佚

见《千顷堂书目》卷6。

邓尉圣恩寺志18卷　史部地理类

(1) 明崇祯十七年(1644)刻清初增刻本,国家图书馆藏。

(2) 清康熙刻本,南京图书馆藏。

(3) 1930年金天羽石印本,华东师范大学图书馆藏。

(4) 抄本,上海图书馆藏。

(5) 1996年江苏广陵古籍刻印社影印《中国佛寺志丛刊》本。

(6)《四库全书存目丛书》本。

(7)《续修四库全书》本。

虎丘志　史部地理类　佚

吴郡艺文志　史部目录类　佚

以上2种见乾隆《震泽县志》卷31。

吴都法乘30卷　子部佛教类

(1) 清初抄本,苏州市西园寺藏。

(2) 清抄本,12卷,国家图书馆藏。

(3) 1931年影印本,南京图书馆藏。

(4) 1936年影印宋版藏经会旧抄本,国家图书馆藏。

(5)《中国佛寺志丛刊》本。

(6)《四库全书存目丛书》本。

周安期诗 1 卷　集部别集类

清初刻《启祯两朝遗诗》本，国家图书馆藏。

怀响斋集　集部别集类　佚

松陵先哲咏　集部总集类　佚

松陵别乘　集部总集类　佚

词规　集部词曲类　佚

以上 4 种见乾隆《震泽县志》卷 31。

按：怀响斋集，一作"怀响斋词"。

周永言

字安仁，号禹祈。明吴江人。永年弟。诸生。崇祯末以荐授中书舍人。能诗。

晚香斋诗余　集部别集类　佚

见同治《苏州府志》卷 138。

周永肩

字安石。明吴江人。永言弟。崇祯末以荐授中书舍人。能诗。花草竹石亦工。

古史谈苑摘录 1 卷　史部杂史类　佚

见同治《苏州府志》卷 138。

周氏族谱 9 卷　史部传记类

清抄本，存 5 卷，苏州博物馆藏。

周廷祚

字长生。明吴江人。宗建子。崇祯初入都为父讼冤。卒后门人私谥孝节先生。

(周忠毅公)行实 1 卷　史部传记类

(1) 明崇祯间熊开元刻本，上海图书馆藏。附刊于《周忠毅公奏议》后。

(2) 1920年吴江柳氏抄本,上海图书馆藏。

按:抄本作"来玉府君行实1卷传1卷神道碑1卷墓志铭1卷"。

周廷禧

字长康。明吴江人。宗建子。诸生。

孽谭类稿　集部别集类　佚

见道光《吴江县志续稿》卷11。

陆绍珩

字湘客。明吴江人。

醉古堂剑扫12卷　子部杂学类

(1) 明天启四年(1624)陆绍珩刻红蓝墨三色套印本,苏州图书馆藏。

(2) 明天启间写刻红格印本,天津图书馆藏。

(3) 清初抄本,浙江图书馆藏。

(4) 民国吴江柳氏抄本,上海图书馆藏。

按:见《柳亚子史料札记》之《上图"吴江柳氏抄本"部分书目》。

仲绍颜(1585—1608)

字尔膺,号克三。明吴江人。嘉族子。有俊才,好读书,工诗文。与卜舜年齐名。万历三十四年(1606)举人,未几病卒,年仅24。

克三集4卷　集部别集类　佚

见同治《盛湖志》卷9。谓同邑周宗建作序,卜舜年欲刊行之,会舜年卒,遂散佚。

仲绍光

字子韬。明吴江人。绍颜弟。年14补嘉兴籍诸生,尝游华亭陈继儒之门，为其所重。

书巢小草6卷　集部别集类　佚

见同治《盛湖志》卷9。

卜舜年(1585—1618)

字孟硕，小字阿桂，号野水。明吴江盛泽人。梦熊子。万历三十二年(1604)读书嘉兴东塔废寺，识陈继儒。风雨一床，四无僧居，青燐野史，吟啸达旦。性喜鬼，市人皆目为狂为怪。四十四年与潘一桂同学，共习《楚辞》。少工画，见赏于董其昌、陈继儒。

奇门秘书　子部术数类

清抄本，上海图书馆藏。

绿晓斋集附诗来附录不分卷　集部别集类

(1) 明崇祯稿本，清王昶跋，辽宁省图书馆藏。

(2)《罗氏雪堂藏书遗珍》本。

绿晓斋外集1卷杂文1卷　集部别集类

清抄本，上海图书馆藏。

绿晓斋自选全集4卷　集部别集类

(1) 明刻本，上海图书馆藏。

(2) 清道光十年(1830)宝敦斋刻本，上海图书馆藏。

(3) 抄本，南京图书馆藏。

绿晓斋诗选1卷　集部别集类

清抄本，苏州图书馆藏。

石林西墅遗稿1卷　集部别集类

清初刻《人琴集七种》本，国家图书馆藏。

庄汝培

字端甫。明吴江人。有诗名。与盛泽卜舜年相唱和。舜年诗思敏捷，少所许可，独钦服汝培，而汝培亦以沉着胜。两人更相推重。

抱膝吟 1 卷　集部别集类

清道光十年(1830)宝敦斋重刻本,上海图书馆藏。附刊于卜舜年《绿晓斋自选全集》后。

汤三俊

字俊民,号伯衡,又号觉宇。明吴江盛泽人。邑诸生。少有才气,通世务,知武略。崇祯七年(1634)入总督三边兵部右侍郎陈奇瑜幕,未几卒于三原道中。

贮真斋遗集 4 卷　集部别集类　佚

见乾隆《吴江县志》卷 46。

顾绍业(1588—?)

字羽甫,改字若采。明吴江芦墟人。补邑庠生。

顾氏族谱不分卷　史部传记类

明顾绍业　顾绍龄纂

顾氏世系表不分卷附撰述表　史部传记类

明顾绍业　顾绍龄纂

以上 2 种有 1918 年南社丛刻抄本,上海图书馆藏。

叶绍袁(1589—1648)

字仲韶,号鸿振,晚号天寥道人。幼育于袁黄家,故名绍袁。明吴江分湖人。重第子。天启五年(1625)进士。选南京武学教授,迁国子助教,虞衡主事,不耐吏职,遂乞终养归。妻及子女并工诗,有文藻,一门之中更相唱和。明亡弃家入余杭之径山为僧,释名木拂,自号栗庵。旋至吴,隐于西山。辑一时死节诸臣为书,未就,感怆成疾卒。

纬学辨义 4 卷　经部谶纬类　佚

见乾隆《吴江县志》卷 46。

启祯记闻录 8 卷　史部杂史类

(1)《痛史》本。

(2)抄本,台湾"中央图书馆"原藏。

按:柳亚子《南明史料书目提要》考定是书为吴郡不知撰人所著,托名于叶绍袁。考证甚详。

读史碎金　史部史评类　佚

见乾隆《吴江县志》卷46。

甲行日注8卷　史部传记类

(1)《荆驼逸史》本,题释木拂撰。

(2)《嘉业堂丛书》本。

(3)台湾文海出版社《明清史料汇编》本。

叶天寥自撰年谱1卷续1卷　史部传记类

天寥年谱别记(一名半不轩留事)1卷附录1卷　史部传记类

以上2种版本有:

(1)《国粹丛书》本。

(2)《嘉业堂丛书》本。

(3)《中国文学珍本丛书·叶天寥四种》本。

(4)抄本,上海图书馆藏。

按:上海图书馆另藏有《叶绍袁自撰年谱》1卷《续纂》1卷,清班香楼抄本。

彤奁续些2卷　史部传记类

明叶绍袁辑

(1)《午梦堂集》本。

(2)《郎园先生全书》本。

(3)《丛书集成续编》本。

(4)《江苏人物传记丛刊》本。

按:吴江叶氏为地区著名文化世族,叶氏三姐妹纨纨、小纨、小鸾尤为著名。绍袁三女小鸾能诗,善弹琴,又擅绘画。崇祯五年秋,婚前五日,突然不起而卒,年仅17。大姐纨纨哭妹过度,不过两月也随妹而去。两姐妹的相继离世，使父亲叶绍袁、母亲沈宜修，及亲朋好友极为哀痛，纷纷写诗撰文，以为悼念。本书即辑录相关诗赋文诔为一编。卷上“名媛挽什”辑录沈纫兰（秀水人）、黄媛贞（嘉兴人）、黄媛介（媛贞妹）等人以及吴江沈氏家族中沈智瑶（小鸾母亲沈宜修妹）、沈宪英、沈华鬘、沈蕙端等人之挽诗。卷下为叶绍袁撰悼诗、祭文，并有叶绍袁长子叶世佺、三子叶世傛撰诔文。

形奁续些选 2 卷附 2 卷　史部传记类

《砚缘集录》本。

疏香阁附集 1 卷　史部传记类

(1)《砚缘集录》本。

(2) 清光绪二十二年(1896)羊城叶氏秋梦庵石印本，中国人民大学图书馆藏。

内史　史部传记类　佚

瑞芝堂制义经义　史部政书类　佚

以上 2 种见《湖隐外史》。

按：《湖隐外史》载“制举义，余与廷尉俱刻二百余篇，经义亦各刻百篇，名瑞芝堂”。

湖隐外史 1 卷　史部地理类

(1)《国粹丛书》本。

(2) 清吴江柳氏养余斋抄本，上海图书馆藏。

(3) 清宣统元年(1909)叶振宗抄本，苏州图书馆藏。

参同契注　子部道教类　佚

楞严集解　子部佛教类　佚

金刚经注　子部佛教类　佚

以上 3 种见乾隆《吴江县志》卷 46。

窃闻 1 卷续 1 卷　子部小说类

(1)《午梦堂集》本。

(2) 清光绪二十二年番禺叶衍兰刻《疏香阁遗集》本，上海图书馆藏。

(3)《砚缘集录》本。

(4)《郎园先生全书》本。

(5)《美化文学名著丛刊》本,有朱剑芒撰附考。

琼花镜 1 卷　子部小说类

(1)《午梦堂集》本。

(2)《砚缘集录》本。

(3)《郎园先生全书》本。

(4)《丛书集成续编》本。

风庐纪事诗　集部别集类　佚

梮麈集　集部别集类　佚

天寥集　集部别集类　佚

以上 3 种见乾隆《吴江县志》卷 46。

按:《千顷堂书目》卷 27 载《迁聊集》,乾隆《吴江县志》卷 46《天寥集》下小注云:"一作迁聊,误。"

叶仲韶诗 1 卷　集部别集类

清初刻《启祯两朝遗诗》本,国家图书馆藏。

秦斋怨 1 卷　集部别集类

屺雁哀 1 卷　集部总集类

以上 2 种版本有:

(1)《午梦堂集》本。

(2)《郎园先生全书》本。

(3)《丛书集成续编》本。

填词集艳　集部词曲类　佚

见《分湖叶氏族谱》。

午梦堂集十二种　丛书类

叶绍袁辑

(1) 12 种 23 卷,明崇祯刻本,国家图书馆藏。

(2) 10 种,明崇祯九年(1636)刻本,上海图书馆藏。

(3) 6 种 10 卷,明崇祯十二年曹学佺刻本,南京图书馆藏。

(4) 6 种 8 卷,清顺治十八年(1661)刻本,国家图书馆藏。

(5) 8 种 9 卷,清乾隆二十三年(1758)刻本,国家图书馆藏。

(6) 7 种 12 卷,1916 年吴江唐氏宁俭堂铅印本,上海图书馆藏。

(7) 1916 年刻本,上海图书馆藏。

(8) 1922 年长沙叶氏刻本,上海图书馆藏。

(9)《中国文学珍本丛书》第一辑本,题《午梦堂全集十二种》。

(10) 2015 年中华书局出版社点校本。

(11)《明别集丛刊第五辑》本。

子目:

《鹂吹(一名午梦堂遗集)》2 卷附 1 卷《梅花诗》1 卷　明沈宜修撰

《愁言(一名芳雪轩遗集)》1 卷附集 1 卷　明叶纨纨撰

《返生香(一名疏香阁遗集)》1 卷附集 1 卷　明叶小鸾撰

《鸳鸯梦》1 卷　明叶小纨撰

《窈闻》1 卷续 1 卷　明叶绍袁撰

《伊人思》1 卷　明沈宜修辑

《百旻遗草》1 卷附集 1 卷　明叶世偁撰

《秦斋怨》1 卷　明叶绍袁撰

《屺雁哀》1 卷　明叶绍袁辑

《彤奁续些》2 卷　明叶绍袁辑

《灵护集》1 卷附 1 卷　明叶世傛撰

《琼花镜》1 卷　明叶绍袁撰

叶天寥四种　丛书类

《中国文学珍本丛书》第一辑本。

子目:

《叶天寥自撰年谱》1 卷《续》1 卷

《天寥年谱别记(一名半不轩留事)》1 卷

《甲行日注》8 卷

沈宜修(1590—1635)

字宛君。明吴江人。珫女，叶绍袁妻。工诗，绮缛有余，微乏清峭。精掇数篇，颇得世赏。并有文藻。书室曰“绣垂馆”。

鹂吹(一作午梦堂遗集)2卷附集1卷　集部别集类

(1)《午梦堂集》本。

(2)《郎园先生全书》本。

(3)《丛书集成续编》本。

(4)《中国文学珍本丛书》本。

鹂吹不分卷　集部别集类

抄本，上海图书馆藏。

绣垂馆遗稿1卷(旧名鹂吹集)　集部别集类

(1) 清康熙叶氏二弃草堂刻《午梦堂诗钞》本，国家图书馆藏。

(2)《四库全书存目丛书》本。

按：据《午梦堂诗钞述略》云：“《鹂吹集》行世已久，兹以篇帙颇繁，谨择十之二三必可传以永世者付之梓。”

鹂吹选(一作午梦堂遗集)1卷　集部别集类

《砚缘集录》本。

梅花诗1卷(又名香雪吟)　集部别集类

(1)《午梦堂集》本。

(2)《郎园先生全书》本。

(3)《丛书集成续编》本。

(4)《中国文学珍本丛书》本。

(5) 抄本，南京图书馆藏，作“鹂吹集梅花诗一百绝”。

伊人思1卷　集部总集类

(1) 明崇祯九年(1636)绣垂馆刻本，国家图书馆藏。

(2)《午梦堂集》本。

(3)《郎园先生全书》本。

(4)《丛书集成续编》本。

(5)《中国文学珍本丛书》本。

按:本书为沈宜修辑女诗人作品而成。

鹂吹词 1 卷　集部词曲类

《小檀栾室汇刻闺秀词》本。

沈宠绥(? —1645)

字君征,号适轩主人。明吴江人。啓曾孙。少为诸生,后以例入太学。倜傥任侠。性聪颖,于音律之学有神悟。以乡人沈璟所撰《南词全谱》辨正宫调声韵虽极精详,但学者知其然,不知其所以然,乃著《度曲须知》。凡南北曲之源流、格调、字母、吐声、收韵诸法,皆辨析其故,指示无遗。又以北曲渐次失传,著《弦索辨讹》,分别开口、张唇、穿牙、缩舌、阴出、阳收口诀及唱法指法,使有法则可循。与《南词全谱》相备,而吴江遂为南北曲之宗。宠绥卒后,李光地见其书,盛称之,谓不但有功于词曲,且可为学者读书识字之助。

度曲须知 2 卷　集部词曲类

(1) 明崇祯十二年(1639)刻本,南京博物院藏。

(2) 明崇祯十二年自刻清顺治六年(1649)沈标重修本,国家图书馆藏。

(3)《中国古典戏曲论著集成》本。

(4)《重订曲苑》本。

(5)《古典戏曲声乐论著丛编》本。

弦索辨讹 3 卷　集部词曲类

(1) 明崇祯十二年刻本,台湾"中央图书馆"原藏。

(2) 明崇祯十二年自刻清顺治六年沈标重修本,国家图书馆藏。

(3)《中国古典戏曲论著集成》本。

沈同和

字志学。明吴江人。美丰姿，善词赋，不长于制艺。万历四十三年(1615)举于乡，乃其亲赵鸣阳之文。次年会试，仅成一艺，余亦鸣阳代作。同和中会元，鸣阳第六，京师哗然。事遂上闻，即命殿前赋梅花诗一百首，顷刻即成。欲赦之，或曰国家以八股取士，未尝用诗。仍令复试，竟日不能成篇，遂与鸣阳同黜，罪以流。时丙辰会录“断么绝六”之谚。后遇赦归，隐居周庄，营别业于镇西张家滨，与浔阳湾陶唐谏善，朝夕往来。妓穆素徽者，四方名士争欲得之，同和匿之张家滨，有不欢于同和者，为《西楼记传奇》，所称池三公子即指同和。

望湖亭传奇　集部词曲类　佚

见《垂虹识小录》卷2。

陈万言

字居一。明吴江人。万历四十七年(1619)嘉兴籍进士。官翰林院庶吉士。

新刻汪会魁书经删润要言2卷　经部尚书类

明汪渐磐撰　陈万言校

明刻本，日本内阁文库藏。

镌陈顾二翰林纂订四书理撑12卷　经部四书类

明陈万言、顾锡畴撰　徐在中评

明积善堂刻本，日本龙谷大学藏。

钘园集14卷　集部别集类

(1) 明天启王起隆刻本，美国哈佛大学哈佛燕京图书馆藏。

(2) 明末刻本，残本存卷1至卷7，浙江省临海县博物馆藏。

按：见《美国哈佛大学哈佛燕京图书馆藏中文善本汇刊总目提要》。

陈庶常遗集4卷　集部别集类

明崇祯三年(1630)王起隆刻本，国家图书馆藏。

鼎镌诸方家汇编皇明名公文隽 8 卷　集部总集类

明袁宏道选　丘兆麟补　陈万言汇评

(1) 明奎壁堂郑氏刻本,上海图书馆藏。

(2) 明金陵萧氏师俭堂刻本,南京图书馆藏。

周日宽

字仲仁。明吴江人。用曾孙。

瓮天集　集部别集类　佚

见同治《苏州府志》卷 138。

王克谐

字季和。明吴江人。县学生。工诗。

王克谐遗稿 1 卷　集部别集类　佚

见道光《平望志》卷 8。

庞承颖

字英胄。明吴江人。泰昌中以贡授望江训导。值三藩之封道,经安庆役夫万人皆濒于死。承颖具言其状于王,竟得免,邑人为立"全活万人碑"。历知黔阳、余干两县,有循声。终瑞州府同知。

易解 6 卷　经部易类　佚

见乾隆《吴江县志》卷 46。

庄世芳

字君声。明吴江人。元臣子。县学生。居震泽之阴,处桑麻之地,迹不入市。

巢雪三集 4 卷　集部别集类

清康熙间抄本,复旦大学图书馆藏。

叶绍泰

字彦和，号来甫。明吴江人。嘉兴邑庠生。重华子。

汉魏别解 16 卷　集部总集类

明黄澍、叶绍泰同辑。见《四库全书总目》杂家类存目 11，谓有内府藏本。

明崇祯十一年(1638)香谷山房刻本，国家图书馆藏。

汉魏六朝别解选不分卷　集部总集类

抄本，台湾"中央图书馆"原藏。

增订汉魏六朝别解 62 卷　集部总集类

明崇祯十五年采隐山居刻本，中山大学图书馆藏。

名文宝符　集部总集类

(1) 明香谷山房刻清印本，上海图书馆藏。

(2)《四库禁毁书丛刊》本。

按：存卷 2 至卷 20。

萧梁文苑 38 卷　丛书类

明阎光世辑　叶绍泰重编

明末刻本，国家图书馆藏。

子目：

《梁武帝集》8 卷

《梁昭明太子集》6 卷

《梁简文帝集》14 卷

《梁代帝王合集》2 卷

《梁元帝集》8 卷

按：《萧梁文苑》另有明刻 21 卷本，无锡市图书馆藏。《梁昭明太子集》6 卷有《四库全书》本。

黄履中

明吴江人。

冰孽草　集部别集类　佚

见《沈君庸先生全集》。

按:沈自征为其诗文作序,有《黄履中冰孽草序》一文。

沈自明

字元朗。明吴江人。少攻书史,兼精医术。崇祯间征为太医院御医,以父年老请终养。举乡饮大宾。

伤寒　子部医家类　佚

三友堂稿　集部别集类　佚

以上 2 种见民国抄《震泽县志续》卷 10。

沈自征(1591—1641)

字君庸。明吴江人。珫子,自继弟。国子监生。好言兵,崇祯二年(1629)永平副使张椿闻其名,延致幕府,为椿谋划甚至。时督师袁崇焕拥兵不朝,大司马募能入袁营者,自征出应。独至焕营,晓以理,力劝入朝。居京师十年,为诸大臣筹划兵事皆中机宜,名声大振,而橐中亦累数千金。乃归山,以家财悉奉佛寺。居吴江之野,茨屋躬耕无悔色。十三年大司马荐之朝,以贤良方正科辟,辞不就,竟卒。颖悟绝人,为诗文立就,不一体,亦不录稿。工乐府。

脍残编　子部杂学类　佚

见乾隆《吴江县志》卷 46。

沈君庸先生集 2 卷　集部别集类

(1) 清抄本,复旦大学图书馆藏。

(2) 1930 年抄本,国家图书馆藏。

渔阳三弄 3 卷　集部词曲类

见乾隆《吴江县志》卷46。

按:即《霸亭秋》《鞭歌伎》《簪花髻》3种杂剧。

鞭歌妓1卷　集部词曲类

(1) 明崇祯刻《古今名剧酹江集》本,国家图书馆藏。

(2)《诵芬室丛刊二编》本。

(3)《盛明杂剧》本。

(4)《古本戏曲丛刊四集》本。

(5)《续修四库全书》本。

霸亭秋1卷　集部词曲类

(1) 明崇祯二年刻本,台湾"中央图书馆"原藏。

(2)《诵芬室丛刊二编》本。

(3)《盛明杂剧》本。

(4)《续修四库全书》本。

簪花髻1卷　集部词曲类

(1) 明崇祯二年刻本,台湾"中央图书馆"原藏。

(2)《诵芬室丛刊二编》本。

(3)《盛明杂剧》本。

(4)《小紫阳阁丛书》本,复旦大学图书馆藏。

(5)《续修四库全书》本。

冬青树　集部词曲类　佚

见邹漪《沈文学传》、《沈君庸先生集》卷首。

君庸先生词　集部词曲类

《惜阴堂丛书》本。

吴应辰

字武平,号璇卿。明吴江人。秀孙。万历间诸生。由邑庠入国学。博通古今,靡不淹贯。生平著述甚多,惜不传世。祖以《春秋》经魁于天下,应辰承祖学研习《春秋》。年44卒。

春秋麟旨 12 卷　经部春秋总义类

明末松陵吴氏刻本，台湾"中央图书馆"原藏。

按：书前有明毛湛、沈士瑞序。

许士焕

字元扬。明吴江同里人。郡诸生。性恬淡，不慕荣利。两赴秋闱不售，年 90 以脾疾终。

鲈乡集（一作世德堂诗）　集部别集类　佚

见乾隆《吴江县志》卷 46。

张　泽

字草臣。明吴江人。诸生。

旨斋诗草 1 卷　集部别集类

明张泽撰　潘一桂选

(1) 明崇祯六年(1633)刻本，北京大学图书馆藏。附刻于《新刻谭友夏合集》后。

(2)《四库全书存目丛书》本。

新刻谭友夏合集 23 卷　集部别集类

明谭元春撰　张泽评

(1) 明崇祯六年刻本，上海图书馆藏。

(2)《四库全书存目丛书》本。

潘一桂(1592—1636)

字无隐，一字木公。明吴江黄溪人。少有诗名。以父贾侨居京口，与镇江章诏相引重。念赋学衰废，乃杜门拟议。与友人钱密纬相砥砺，作《东征》《昌言》诸赋，为时所称。20 余岁归故里，与卜舜年同习《楚辞》，其结撰益工。崇祯五年(1632)唐世孙好词赋，延四方宾客，以书币相招再三，辞之。后游襄阳，世孙已立为王，遣使迎候，一桂不得已乃往。授简赋诗,雍容应教。居一月称疾归。

尚书衍义　经部尚书类　佚

见乾隆《镇江府志》。

古韵通考 20 卷　经部小学类　佚

见乾隆《吴江县志》卷 46。

中清堂集 17 卷　集部别集类

(1) 明泰昌元年(1620)刻本,日本内阁文库藏。

(2) 明天启六年(1626)刻本,台湾大学图书馆藏。

(3) 明崇祯间刻本,南京图书馆藏。

(4) 国学图书馆传抄本,8 卷,10 册,南京图书馆藏。

按:其中诗集 8 卷、赋 3 卷、文集 6 卷。

潘木公集 6 卷　集部别集类

明潘一桂撰　史玄编

明崇祯刻本,中山大学图书馆藏。

元览堂集　集部别集类　佚

见道光《黄溪志》卷 4。

旨斋诗草 1 卷　集部别集类

明张泽撰　潘一桂选

明崇祯六年刻本,上海图书馆藏。

枫叶社诗选 1 卷　集部总集类

清抄本,上海图书馆藏。

赵君邻(? —1626)

字禹钦。明吴江五都人。天启二年(1622)进士。授行人,以风节自持。时魏忠贤肆毒贼害忠良,常恨身无言责,扪心欲绝。四年奉使庆成王府掌行丧礼,明年奉命册封蜀府,冒暑过滹沱河,驻井陉,猝闻周宗建、周顺昌为魏忠贤所杀,哭之呕血,不数日遂卒。

礼记正业 4 卷　经部礼记类

清刻本，湖北省图书馆藏。

赵圣邻

字纫俞。明吴江人。君邻弟。

礼记正业会通不分卷　经部礼记类

清刻本，湖北省图书馆藏。

沈静专

字曼君。明吴江人。璟幼女，宜修从妹。清新苕颖，于姐妹间别是一调。自称“上慰道人”。

适适草 1 卷　集部别集类

(1) 明崇祯十五年(1642)郁华楼刻本，南京图书馆藏。

(2) 抄本，上海图书馆藏。

郁华楼草　集部别集类　佚

颂古 1 卷　集部别集类　佚

以上 2 种见《然脂集》。

张倩倩(1594—1627)

字无为。明吴江人。沈自征妻。叶小鸾舅母，小鸾幼时承其教养。工诗词，作且弃去，小鸾记忆其数首，宜修为作传，诗即附传中。

寄外词　集部词曲类　佚

见《松陵见闻录》卷 5。《明诗综》卷 85 收其诗 1 首。《明词综》卷 11 收其词 1 首。

赵　广

字君益，号怀蓼。明吴江人。世美孙。

饮仙集　集部别集类　佚

见同治《苏州府志》卷 138。

课余杂著1卷　集部别集类　佚

见《吴江赵氏诗存》卷5。

赵　康

字君晋，号石如。明吴江人。广弟。崇祯四年(1631)进士，未仕卒。

燕游遗稿1卷　集部别集类　佚

见同治《苏州府志》卷138。

沈永迪(1596—1640)

字德振，号南村。明吴江人。自昌长子。

南村遗稿　集部别集类　佚

见同治《苏州府志》卷138。

吴铭训(1596—1645)

字绳之。明吴江人。崇祯十五年(1642)副榜贡生。入复社，为张溥、杨廷枢所称。清顺治二年(1645)遇兵被害。

经义集说　经部群经总义类　佚

三史异同考　史部史评类　佚

垂竿集　集部别集类　佚

以上3种见道光《震泽镇志》卷9。

吴氏七子诗选　集部总集类　佚

见同治《苏州府志》卷138。

按：与振奇、振远、端宸、宗潜、宗泌、宲同撰。

吴　道

字实儒，一字养谦。明吴江人。少从庄元臣游，博涉经史，为诸生。履试不获，遂肆力于诗古文。

山响斋诗草　集部别集类　佚

见《千顷堂书目》卷27。《明诗综》卷72收其诗1首。

秦端木

失其名。明吴江黎里人。诸生。

舒啸集　集部别集类　佚

见嘉庆《黎里志》卷首“题咏姓氏考”。

王臣良(？—1645)

字尔谏，号愚庵。明吴江人。上寿族子。补湖州诸生，有文誉，明亡殉难死。

散花集　集部别集类　佚

碧云堂诗文集　集部别集类　佚

以上2种见同治《苏州府志》卷138。《盛湖志》卷12作《碧云轩诗文集》。

沈皇玉

字玉汝。明吴江人。文昌子。少英敏，读书目数行下。性孝友任侠，与人交伉直无所隐。早岁补诸生，参加复社。不喜标榜之习，尝避迹南浔，与同邑张隽，乌程闵声善。为文章直抒所得，不从时俗，晚更旁及佛典。著《金刚心经二解》。年78卒。

鲈乡诗文集　集部别集类　佚

浔溪稿　集部别集类　佚

以上2种见道光《震泽镇志》卷11。

李素甫

字位行。明吴江人。

元宵闹传奇2卷　集部词曲类

(1) 清雍正间抄本,戏曲研究院藏。

(2)《古本戏曲丛刊二集》本。

(3) 民国间古吴莲勺庐抄本,国家图书馆藏。

(4)《郑振铎藏古吴莲勺庐抄本戏曲百种》本。

再生莲　集部别集类　佚

落花风　集部别集类　佚

稻花初　集部别集类　佚

卖愁村　集部别集类　佚

以上 4 种见《传奇汇考标目》卷下。

汝可法

字华日,号觉华。明吴江人。绳烈子。年 17 补诸生。好善举。友朋族党赖以周旋者甚众。直指王志举、学使者李懋芳咸赏识之。

筏喻　子部典故类　佚

佩鉴　子部典故类　佚

大观篇　子部典故类　佚

以上 3 种见嘉庆《黎里志》卷 6。有颜俊彦、吕元和序。

周邦彦

字念祖。明吴江人。大章玄孙。诸生。以世职千户让其弟邦穆。明亡,誓以身殉。顺治三年(1646)冬赋绝命词,一夕走投吴淞江死。

四书笔记　经部四书类　佚

左国参由　经部群经总义类　佚

以上 2 种见乾隆《吴江县志》卷 46。

叶树人(1598—1645)

字古为。明吴江人。好读书。为举子业不利,弃去,为古文辞。清顺治二年(1645)清兵南下,被执死,门人私谥毅烈先生。

春晖堂诗集1卷文集1卷附录1卷　集部别集类

(1) 清道光二十四年(1844)刻本,苏州图书馆藏。

(2) 清咸丰间叶尧蓂刻本,复旦大学图书馆藏。

(3) 清末民初铅印本,国家图书馆藏。

(4)《明别集丛刊第五辑》本。

朱天麟(? —1652)

字游初,一字震青。明吴江韭溪人。初冒沈姓,名天英。10岁随父乞食黎里,托迹全真道院。以昆山籍中万历四十六年(1618)举人,崇祯元年(1628)进士。初任饶州推官,有惠政。官至礼部尚书,拜东阁大学士。清兵逼南宁,永明王朱由榔出走,天麟扶病从之,道卒。

易鼎三然1卷　经部易类

明崇祯三年刻本,台湾"中央图书馆"原藏。

按:见《四库全书总目》易类存目2有提要。

笃亲论　子部儒学类　佚

虞弛七观　子部杂学类　佚

以上2种见宣统《信义志稿》卷17。

按:乾隆《苏州府志》卷76作《虞言七观》。

道统录　子部周秦诸子类　佚

曾子孝诠　子部周秦诸子类　佚

六韬纂述　子部兵书类　佚

天文圜度辨　子部历算类　佚

治统录　子部杂学类　佚

七观斋文集　集部别集类　佚

雉城诗集　集部别集类　佚

一弦草　集部别集类　佚

毋自欺编　集部别集类　佚

以上9种见嘉庆《黎里志》卷6。

按:乾隆《苏州府志》卷76另载有《七闻》《濂溪横渠两先生传》。

朱文靖公观论1卷　集部别集类

抄本,台湾"中央图书馆"原藏。

沈永达(1600—1648)

字孝振。明吴江人。琦孙。浙江秀水诸生。

贵我斋诗稿　集部别集类　佚

见同治《苏州府志》卷138。《吴江沈氏诗录》卷7收其诗6首。

沈自炳(1602—1645)

字君晦,号闻华。明吴江人。自征弟。博学工文词。在复社号为眉目。福王立南都,诏求人才,自炳献赋阙下,以恩贡授中书舍人。往扬州与弟自駉参史可法幕。先是自炳兄自征知天下有变,造渔船千艘于湖。自炳归,与吴昜同起兵。兵败,赴水死。清乾隆四十一年(1776)奉旨入祠。

丹棘堂集　集部别集类　佚

见乾隆《吴江县志》卷46。

沈君晦诗1卷　集部别集类

清初刻《启祯两朝遗诗》本,国家图书馆藏。

张孝起

原名起,字将子。明吴江人。基曾孙。崇祯三年(1630)举人,十三年特赐进士,授廉州推官。桂王入广时,擢为给事中,从走南宁。清兵至,入廉州山中,后被执,不食七日死。

闻见录2卷　史部杂史类

清初抄本,上海图书馆藏。

按:此记清兵兴起辽左,进入关内之事。始于天启元年(1621),终于崇祯十一年清军南攻济南。参见《增订晚明史籍考》卷21。

沈永弼(1605—1638)

字中郎，号元方。明吴江人。士哲长子。

雄飞馆诗文稿　集部别集类　佚

见《吴江沈氏家传·元方公传》。

沈自然(1605—1642)

字君服，一作君硕。明吴江人。自炳弟。沈氏世有文采，自然独工歌诗。有至性，孤峭绝俗。家贫，虽蔬食不给，闭门讽咏不辍。于人少所许可，居母丧，神伤骨立数月而卒，族人私谥孝介先生。

来思集7卷　集部别集类　佚

闲情集　集部别集类　佚

以上2种见《千顷堂书目》卷28。《明诗综》卷79收其诗3首。

潘尔彪(1605—1645)

字京慧。明吴江北麻人。崇祯九年(1636)举人。尝从吴昜、孙兆奎起事。兆奎被执时，尔彪卧病王锡阐家。及闻变，从床上跃起，若将赴斗者，门闭不得出，乃绕室疾走，至夜半以手击案而绝。

虞性草　集部别集类　佚

见同治《苏州府志》卷138。

沈自駉(1606—1645)

字君牧。明吴江人。自炳弟。诸生。性跌宕，所交皆奇杰士。在史可法幕，谓非戡乱才，去而归里。从吴昜起兵，以昜日置酒高会，数谏不听，仰天号恸。兵溃，赴水死。清乾隆四十一年(1776)奉旨入祠。

亡友五君传不分卷附录1卷　史部传记类

清杨秋室抄本，清章悿跋，复旦大学图书馆藏。

顾绍龄(1606—?)

字元修,号文玉。明吴江芦墟人。绍业弟。补邑庠生。

顾氏族谱不分卷　史部传记类

明顾绍业　顾绍龄纂

1918年南社丛刻抄本,上海图书馆藏。

顾氏世系表不分卷附撰述表　史部传记类

明顾绍业　顾绍龄纂

1918年南社丛刻抄本,上海图书馆藏。

昭冥录8卷　子部杂学类　佚

平野午川公遗诗2卷世表1卷家言2卷　集部别集类　佚

以上2种见明顾绍业、顾绍龄纂《顾氏族谱》。

周慧贞(1607—1631)

字挹芬。明吴江烂溪人。文亨女,槜李黄凤藻妻。与沈宜修家仅距三舍,聪颖倩丽,善画,工诗词。

周挹芬诗集2卷　集部别集类　佚

见乾隆《吴江县志》卷46。

霞光集　集部别集类　佚

见《众香词》御集,收其词2首,《撷芳集》作《剩玉篇》。

王尚仁

字桂旸,号山甫。明吴江人。崇祯中尝替弟受罪,县令感其诚,乃免其弟罪。

寄闲吟　集部别集类　佚

见同治《盛湖志》卷12。

徐　鐄

字掌文，号我西。明吴江人。允谦长子，釚从兄。少负才名，弱冠补诸生。通武略。痛叔与弟遭害，感时愤事，建议恢复明朝。清顺治二年(1645)夏，会同邑吴易起义，遂与孙兆奎、沈自炳等合兵长白荡，未几兵败，走宁波，欲从海道入闽，道阻复还。明年与吴易潜约再起兵，易被执，鐄走浙之武康山授徒自给，作《难事诗》3首，以呕血死。

临溪杂咏　集部别集类　佚

我西集　集部别集类　佚

以上2种见嘉庆《黎里志》卷6。《清诗纪事》明遗民卷收其诗1首。

赵　涣(1607—1645)

字少文。明吴江人。广长子。学行醇谨，与吴易、史玄以古文词相切磋，号为东湖三子。工五言。先易卒。

春草堂诗稿1卷　集部别集类　佚

见乾隆《吴江县志》卷46。

唱酬余响1卷　集部别集类

明赵涣、史玄撰

《国粹丛书》本。

东湖唱和集　集部别集类　佚

明赵涣、史玄、吴易撰

见《千顷堂书目》卷28。

孙兆奎(1607—1645)

字君昌，号犹文。明吴江七都人。履恒孙。崇祯九年(1636)举人。好谈经济，入复社。与同邑吴易为同年友。清兵克南京，易以兵部主事归里，兆奎与之教习水师。后兵败被执，劝降不从被杀。

经志斋稿　集部别集类　佚

见《儒林六都志》卷下著述。

叶纨纨(1610—1632)

字昭齐。明吴江人。绍袁长女,适赵田袁氏。3岁能朗诵《长恨歌》,13岁能诗,七绝及词殊有清丽之辞。书法遒劲,有晋人风致。

愁言(一作芳雪轩遗集)1卷　集部别集类　佚

(1)《午梦堂全集》本。

(2)《郎园先生全书》本。

(3)《午梦堂诗钞》本。

(4)《砚缘集录》本,作"愁言选"。

(5)《中国文学珍本丛书·午梦堂全集》本。

(6)《四库全书存目丛书》本。

芳雪轩词1卷　集部别集类

(1)《小檀栾室汇刻闺秀词》本。

(2)《惜阴堂丛书》本。

范邦宿(1612—1645)

字象明。明吴江同里人。性笃孝友。清顺治二年(1645)与叶树人等抗剃发令殉难。

观感诗　集部别集类　佚

见同治《苏州府志》卷138。

吴　易(1612—1646)

字日生,号惕庵、惕斋,又号朔清。明吴江柳胥里人。邦桢孙。生有膂力,好兵法,跅弛不羁。崇祯十六年(1643)进士。福王时谒史可法于扬州,可法异其才,荐授职方主事。募兵屯长白荡,唐王授兵部侍郎,进尚书。鲁王监国,封长兴伯。与清军战,兵败被执死。

客问篇 1 卷　子部杂学类

(1) 清抄本,上海图书馆藏。

(2)《续修四库全书本》。

吴长兴伯集 5 卷　集部别集类

(1)《国粹丛书》本。

(2)《明别集丛刊第五辑》本。

吴长兴伯集 1 卷　集部别集类

清佚名辑,稿本,柳亚子跋,上海图书馆藏。

吴长兴伯集诗 2 卷词 1 卷文 1 卷　集部别集类

抄本,上海图书馆藏。

吴节愍公遗集 2 卷首 1 卷　集部别集类

清道光十三年(1833)吴鸣镛赐书堂刻本,上海图书馆藏。

按:同治《苏州府志》卷 138 作《东湖集》8 卷。

惕斋遗书 4 卷　集部别集类

清蝶园抄本,国家图书馆藏。

梦蟾诗存 1 卷　集部别集类

抄本,上海图书馆藏。

东湖草堂传稿 2 卷　集部别集类

旧刻本,见柳亚子编《养余斋松陵书目》卷 4。

东湖唱和集　集部总集类

明吴易、赵涣、史玄撰

见《千顷堂书目》卷 28。

吴长兴伯词　集部词曲类

《惜阴堂丛书》本。

按:本书词 21 阙,因多为北上谒见史可法及监军淮阴、徐州时所作,故原题《北征小咏》。赵尊岳从《长兴伯遗集》抄本中录出,题作《吴长兴伯词》,收入《明词汇刊》。

曹　熗

字中美，又字神锡、锡缵。明吴江庵村人。以孝母闻。

(顺治)庵村志 1 卷　史部地理类

明曹熗纂　清曹邺增纂

(1) 抄本，苏州大学图书馆藏。有范烟桥题识。

(2) 抄本，苏州博物馆藏。

(3)《甲戌丛编》本。

(4)《中国地方志集成》本。

(5)《丛书集成续编》本。

按：此志起于宋，迄于顺治初年。凡 16 目。于一方文献搜罗甚备，可补县志之缺失。

周耀始

字思桥，号紫岩。明吴江人。诸生。与昜倡议城守。城陷，护老弱出城，未几不食死。

紫岩樵唱　集部别集类　佚

见乾隆《吴江县志》卷 46。

史　玄(？—1648)

字灵籁，一字弱翁。明吴江人。天启四年(1624)举人。自幼居柳胥村。学有根柢，与吴昜、赵涣以古文词相切劘，号为东湖三子。昜死难而玄与涣俱落魄不偶。留心经济，尝从水道至京师，著书论盐筴河漕之要。数游公卿间，以策干时无所遇，困顿以死。诗宗杜甫，老健无敌，古体尤工。

吴江耆旧传 3 卷　史部传记类

(1) 清抄本，上海图书馆藏。

(2)《江苏人物传记丛刊》本。

河行注1卷　史部政书类　佚

盐法志4卷　史部政书类　佚

以上2种见乾隆《吴江县志》卷46。

旧京遗事3卷　史部地理类

(1) 清抄本，丁国钧校，复旦大学图书馆藏。

(2) 清退山氏抄本，存卷1、2，山东省图书馆藏。作《旧京遗事》4卷《帝京纪闻》2卷。

(3) 甥教簃抄《明季纪事》本，见南京大学编《中国丛书目录及子目索引汇编》。

按:国家图书馆藏抄本《明季纪事》不分卷，清王源鲁编，疑即本书。

(4) 文字同盟社铅印本，见《增订晚明史籍考》卷21。

(5) 1929年铅印本，上海图书馆藏。

(6)《京津风土丛书》本。

(7) 1986年北京古籍出版社出版，与夏仁虎《旧京琐记》等合刊。

(8)《四库禁毁书丛刊》本，据清退山氏抄本影印。

梅西杂志2卷　史部地理类　佚

见乾隆《吴江县志》卷46。

史弱翁杂著　子部杂学类

抄本，见清朱筠、朱锡庚《椒花吟舫书目》。

汉武帝集1卷　集部别集类

汉刘彻撰　明史玄辑

明天启刻本，南京图书馆藏。

弱翁诗集10卷　集部别集类　佚

史玄文集8卷　集部别集类　佚

以上2种见乾隆《吴江县志》卷46。《明遗民诗》收其诗6首。

支道林外集1卷　集部别集类

晋释支遁撰　明史玄辑

(1) 明末吴家騆刻本，南京图书馆藏。

(2)《续修四库全书》本。

近体诗遗稿　集部别集类　佚

见清退山氏抄本《旧京遗事》书前松陵徐崧撰《史弱翁所著诸书》。另有《日记》《马政》两种,病革时焚榻前。

潘木公集 6 卷　集部别集类

明潘一桂撰　明史玄编,版本参见"潘一桂"条。

唱酬余响 1 卷　集部总集类

明赵涣、史玄撰

《国粹丛书》本。

东湖唱和集　集部总集类　佚

明赵涣、吴昜、史玄撰

见《千顷堂书目》卷 28。

玉花记传奇　集部词曲类　佚

见《曲海总目提要》。

按:陈去病于 1907 年在《国粹学报》发表《重辑史弱翁、赵少文二先生遗诗》一文。《百城烟水·吴江县》载史玄"所刻有《史弱翁诗集》《河行注》《瓯东唱和集》(刻竣)、《盐法志》(刻未竣,四种板存梅里友人,迁居失)。所著有《吴江耆旧传》(潘力田借去,失)、《梅西杂志》(戊戌冬汝兵过,失)、《史弱翁文集》(原稿托王宽明)、《旧京遗事》(留玉峰东海)。"

叶小鸾(1616—1632)

字琼章,一字瑶期。明吴江人。绍袁三女,小纨妹。工骈体文,词作清丽,兼摹画谱,极其精巧。早卒。

艳体联珠 1 卷　子部小说类

(1)《檀几丛书》本。

(2)《香艳丛书》本。

(3)《娱萱室小品》本。

(4)《红袖添香室丛书》本。

(5)《丛书集成续编》本。

返生香(一作疏香阁遗集)1卷附集1卷　集部别集类

(1)《午梦堂集》本。

(2)《郎园先生全书》本。

(3)《午梦堂诗钞》本。

(4)《中国文学珍本丛书·午梦堂全集》本。

(5)《绿满书窗》本。

(6)《惜阴堂丛书》本。

(7)《砚缘集录》本。

(8)《四库全书存目丛书》本。

(9)《丛书集成续编》本。

(10) 清光绪二十二年(1896)羊城叶衍兰秋梦庵刻本,国家图书馆藏。

疏香阁词1卷　集部词曲类

《小檀栾室汇刻闺秀词》本。

叶小鸾眉子砚题词前集1卷今集1卷闺秀题词1卷　集部词曲类

明叶小鸾撰　清王寿迈辑

《砚缘集录》本。

叶世偁(1618—1635)

字声期。明吴江人。绍袁子。

百旻遗草1卷附集1卷　集部别集类

(1)《午梦堂集》本。

(2)《郎园先生全书》本。

(3)《丛书集成续编》本。

叶世傛(1619—1640)

字威期。明吴江人。绍袁子。庠生。

灵护集1卷附1卷　集部别集类

(1)《午梦堂集》本。

(2)《郎园先生全书》本。

(3)《丛书集成续编》本。

杨　桢

字贞木,号湘云。明吴江人。博学工古文辞。

(崇祯)平望志　史部地理类　佚

见道光《平望志》卷8。

沈华鬘(1622—?)

字端容,一字兰余。明吴江人。自炳次女,宪英妹,丁彤妻。能诗工画。

端容遗稿1卷　集部别集类　佚

见同治《苏州府志》卷139。《吴江沈氏诗录》卷12收其诗6首。《众香词》乐集收其词2首。

叶世儋(1624—1643)

字书期,一字遐期。明吴江人。绍袁子。诸生。

詹言　集部别集类　佚

见《分湖诗钞》卷6。

沈淑女(1625—1641)

字少君。明吴江人。自友女。幼即工诗,未嫁而夭。卒年17。

绣香阁集　集部别集类　佚

见同治《苏州府志》卷139。集焚于火，附见于《林下词选》者只二绝。

吴　旦(？—1645)

字海序。明吴江人。从吴易举兵，众溃，与大兵搏战相持不释，同溺死。其诗工整中有气骨。

约斋诗1卷　集部别集类　佚

见同治《苏州府志》卷138。《江苏诗征》卷12收其诗1首。

萧云程

字渐于。明吴江人。国宝十五世孙。性质厚，好诗。

苇庵稿1卷　集部别集类

(1) 抄本，南京图书馆藏。

(2)《四库全书存目丛书补编》本。

按：本书附于萧国宝《萧辉山存稿》后。

崔　颙

字惟孚，号春江，又号左溪居士。明吴江人。

春江漫稿　集部别集类　佚

见《松陵人物汇编》卷3。

张应麟

字文庵。明吴江人。世居虞山，少补诸生，精医工诗。买田筑室于唐湖之滨。

浪游草　集部别集类　佚

见《松陵人物汇编》卷4。

李　陛

字心梅。明吴江茂材港人。工诗及骈体文。

自怡斋集　集部别集类　佚

见《松陵人物汇编》卷5。

清

计　成(1582—?)

字无否，自号否道人。清吴江人，中年迁居镇江。善绘事，以为豪门势族建造园囿为业，结识钱谦益、阮大铖、郑元勋诸名士，足迹曾历北京、湖广等地。曾将毕身造园实践经验加以总结，于明崇祯七年(1634)写成《园牧》(后名《园冶》)一书。

园冶 3 卷　子部艺术类

(1) 明崇祯刻本，国家图书馆藏。

(2) 明崇祯八年阮大铖刻本，日本国立公文书馆藏。

(3) 抄本，国家图书馆藏。

(4)《喜咏轩丛书》本。

(5)《续修四库全书》本。

(6) 1931 年中国营造学社铅印本，据明崇祯七年安庆阮氏刻本重校印。

(7) 1957 年城市建设出版社出版。

(8) 1981 年北京中国建筑工业出版社铅印本，陈植注释。

(9) 2011 年中华书局注译本。

(10) 2015 年江苏文艺出版社出版。

(11) 2016 年黄山书社出版。

(12) 2017 年中华书局出版。

(13) 2017 年重庆出版社出版。

(14) 2018 年广陵书社影印本。

(15) 2018 年中国建筑工业出版社出版。

按:本书于建园之择地、取材、布局、结构均有所论述,并附系统图释,为我国古代园林艺术重要论著,郑元勋认为本书可与《考工记》相匹。

曹　邺

字莲峰。清吴江人。布衣。

(顺治)庵村志1卷　史部地理类

明曹熗纂　清曹邺增纂。版本参见"曹熗"条。

沈自晋(1583—1665)

字长康,一字伯明,号西来,晚号鞠通生。清吴江人。璟侄。弱冠补博士弟子员,明亡弃去,隐居吴山。善度曲,精音律。词无门户之见,海内词家冯梦龙、袁于令等群相推服。

翠屏山2卷　集部词曲类

(1) 清雍正九年(1731)葛氏瑞宜堂抄本,戏曲研究院藏。

(2)《古本戏曲丛刊二集》本。

(3) 清刻《重订缀白裘新集合编》本。

(4) 抄本《乐府新声》本,国家图书馆藏。

(5)《新定九宫大成南北词宫谱》本。

望湖亭记2卷　集部词曲类

(1)《十种传奇》本。

(2)《古本戏曲丛刊二集》本。

(3) 清刻《十分春色》本,见《中国丛书目录及子目索引汇编》。

(4) 清刻《玉夏斋传奇》本,版本出处同上条。

(5) 清刻《重订缀白裘新集合编》本。

(6) 清昇平署抄本,国家图书馆藏。

(7) 民国间古吴莲勺庐抄本,国家图书馆藏。

(8) 民国间海盐朱希祖抄本,国家图书馆藏。

(9)《缀玉轩曲谱》本,国家图书馆藏。

(10)《郑振铎藏古吴莲勺庐抄本戏曲百种》本。

(11)《新定九宫大成南北词宫谱》本。

黍离续奏 1 卷　集部词曲类

越溪新咏 1 卷　集部词曲类

不殊堂近草 1 卷补遗 1 卷　集部词曲类

以上 3 种版本有:

(1) 吴梅抄本,国家图书馆藏。

(2) 1928 年吴江敦厚堂铅印本,国家图书馆藏。

(3)《饮虹簃所刻曲》本。

按:以上 3 种合为《鞠通乐府》3 卷,有《续修四库全书》本。

耆英会　集部词曲类

《新定九宫大成南北词宫谱》本。或误作沈璟撰。

南九宫谱大全无卷数　集部词曲类

清沈自晋重定　胡介祉增补

(1) 稿本,国家图书馆藏。

(2) 清抄本,南京图书馆藏。

广辑词隐先生增定南九宫词谱(又称南词新谱)26 卷　集部词曲类

明沈璟撰　清沈自晋等重定,版本参见"沈璟"条。

北词韵选□卷　集部词曲类

明沈璟撰　清沈自晋编,版本参见"沈璟"条。

南词谱余杂论　集部词曲类　佚

见《沈璟集·沈氏书目》。

赌墅余音　集部词曲类　佚

续词隐九宫谱　集部词曲类　佚

以上 2 种见《广缉词隐先生增定南九宫词谱》后叙。

按:《今乐考证》又著录自晋有《一种情》传奇。一般以此为沈璟作,故此删。自晋诗无集,《吴江沈氏诗录》卷 5 存诗 3 首。

沈自继(1585—1651)

字君善,号宝威,别号碍影居士。清吴江人。珫子。国子监生。工诗文。性耿介。顺治二年(1645)弃家作浮图。精音律。

平丘集四种　集部别集类　佚

见乾隆《吴江县志》卷46。《全清散曲》收其套数。

针史　集部总集类　佚

见《词苑丛谈》卷9。

按:《松陵女子诗征》卷10载:"杨卯君,字云和,沈自继副室。《词苑丛谈》:卯君,沈君善之侧室。工于绣佛,名流多题咏之作。君善辑《针史》行世。"

按:《历代曲话汇编(清代编)》收其《重辑南九宫十三调词谱述》一文。

顾文亨(1585—1658)

字石父,又字石甫、次元。清吴江人。弱冠补嘉兴府学诸生,屡试不第,意泊如也。为人贞亮和粹,好学不倦。尤深于易象、春秋之旨,旁及律历、星官,无不综究,学至兴处乃废寝忘食,著作甚富,皆根极理数,兼括古今。晚年避乱隐于秀水之郭陵村。

易鉴　经部易类　佚

春秋类记　经部春秋总义类　佚

订补纪事本末　史部纪事本末类　佚

诸史石言　史部杂史类　佚

洪范畴解　子部术数类　佚

皇极经世参　子部术数类　佚

经世声音臆解　子部儒学类　佚

经世总图　子部儒学类　佚

星江杂著　子部杂学类　佚

甲乙帐　子部杂学类　佚

以上10种见同治《苏州府志》卷138。

孝女格天记1卷　子部小说类

《旧小说·戊集》本。

陆文衡(1587—1665)

字坦持，号中台，又号啬庵。清吴江人。明万历四十七年(1619)进士，授工部都水司主事。天启中擢福建福州府知府。崇祯元年(1628)升浙江参政，转四川按察使，升山西右布政。在蜀时以邮符诖误降补河南副使，分守洛阳。时农民军进入河南，力排熊文灿主抚之议，主张清耗蠹以筹饷用，崇祯帝不能用。明亡入清后，杜门不出，后移居苏州娄齐门之间，坐卧一室，以著述自娱。卒年79。

追维往事录2卷　子部杂学类

清陆文衡撰　陆泰增、陆同寿跋

稿本，苏州图书馆藏。

啬庵随笔6卷末1卷　子部杂学类

(1) 清光绪二十三年(1897)陆同寿木活字印本，浙江图书馆藏。

(2) 台湾广文书局《笔记丛编》本。

啬庵手镜2卷　子部杂学类

(1)《吴氏囊书囊甲编》本，作1卷。

(2)《陆氏传家集》本。

方房诗剩1卷　集部别集类

《陆氏传家集》本。

沈静筠

字玉霞，号玉霞内史。清吴江人。位孙女，吕元洲妻。

橙香亭词　集部词曲类　佚

见《众香词》乐集，收其词2首。

金之俊(1594—1670)

字彦章,一字岂凡。号息斋。清吴江人。茅坤外孙。明万历四十七年(1619)进士。官至兵部右侍郎。李自成破京师,被执受刑,自成败乃归。清朝立,授兵部右侍郎,调吏部。清顺治五年(1648)晋工部尚书,改兵部。十年改左都御史,升吏部尚书。十一年晋国史院大学士。十五年以更定官制为中和殿大学士。历加太傅,复改内秘书院大学士。康熙元年(1662)致仕,卒谥文通。《清史稿》卷238有传。

孝献庄和至德宣仁温惠端敬皇后行状1卷附传1卷　史部传记类

(1) 1918年仁和吴氏双照楼刻《松邻丛书》本。附传金之俊撰,上海图书馆藏。

(2) 抄本,南京图书馆藏。

(3)《丛书集成续编》本。

冯母范氏墓志铭1卷　史部传记类

清乾隆二十九年(1764)抄本,国家图书馆藏。

金息斋年谱韵编1卷　史部传记类

清抄本,天津图书馆藏。

按:此本书口有《息斋集》卷六字样,似抄自《息斋集》者。

问心录不分卷　史部政书类

明崇祯刻本,吉林大学图书馆藏。

游洞庭西山记　史部地理类

游南岳记　史部地理类

游天目山记　史部地理类

以上3种有《小方壶斋舆地丛抄》本。

子华子10卷　子部周秦诸子类

周程本撰　清金之俊评

清川南雷鸣寺刻本,上海图书馆藏。

息斋集4卷外集1卷续外集1卷外集补遗1卷　集部别集类

（1）清顺治刻本，南京图书馆藏，有邓之诚跋。

（2）《清代诗文集珍本丛刊》本，作《息斋集》4卷《外集》1卷。

珥笔闲吟1卷　集部别集类

清顺治刻本，南京图书馆藏。

息斋集10卷疏草5卷　集部别集类

（1）清顺治康熙间刻本，国家图书馆藏。

（2）清康熙五年吴江金氏刻本，北京大学图书馆藏。

息斋疏草5卷息斋集2卷外集1卷续外集1卷　集部别集类

清抄本，国家图书馆藏。

金岂凡诗选1卷　集部别集类

《名家诗选》本。

金文通公集20卷诗集6卷奏疏6卷外集8卷　集部别集类

（1）清康熙二十五年怀天堂刻本，上海图书馆藏。

按：中国科学院图书馆藏本有叶景葵跋。

（2）清雍正元年（1723）端介堂刻本，国家图书馆藏。

（3）《续修四库全书》本。

（4）《四库全书存目丛书补编》本。

（5）《清代诗文集汇编》本。

按：《金文通公集》20卷有《清代诗文集珍本丛刊》本。

毛　莹（1594—?）

初名培征，字湛光，一字休文，晚号大休老人。清吴江黎里人。以燧子。早年游庠，工古文辞。穷居自适，屏迹禊湖间，日事吟咏，多方外交，亲友敦劝应试不赴。康熙九年（1670），年77岁，与长洲屠彦征、徐汝璞、昆山郑任在周庄镇作社，合作《四个老人三百岁图》。

晚宜楼集16卷补遗1卷　集部别集类

1921年上海聚珍仿宋印书局铅印本，苏州图书馆藏。

晚宜楼集附诗余杂曲　集部别集类

(1) 清郑宽选,旧抄本,北京大学图书馆藏。

(2)《清代诗文集汇编》本。

晚宜楼文集 1 卷　集部别集类

1926 年吴江柳氏抄本,上海图书馆藏。

晚宜楼杂曲 1 卷　集部词曲类

(1) 清末民初刻本,国家图书馆藏。

(2)《正续饮虹簃所刻曲》本。

按:毛默庵(锡申)、毛丽庵(锡繁)、毛余庵(锡年)、毛绣虎(锡缤)四人著作附毛莹《晚宜楼集》后合成一集存世。

顾祖奎

字元度。清吴江同里人。曾唯孙。明天启元年(1621)举人。崇祯十年(1637)选丹阳教谕,越三年知连城县。后为户部郎中,知南宁府。明亡后祝发于肇庆白云寺而卒。年 66。

五伦箴　子部儒学类　佚

见乾隆《吴江县志》卷 46。

乡约讲说　子部儒学类　佚

哀贤人草　子部儒学类　佚

以上 2 种见嘉庆《同里志》卷 22。

忍仙遗诗 1 卷　集部别集类

抄本,见《磨剑室文三集》之《磨剑室钞存乡先辈已刊未刊稿本题记》。

按:本书附于顾曾唯《闽粤杂咏》后。

顾祖斗

字文度。后改名砼,字雪石。清吴江人。祖奎弟。明亡入清后弃诸生,隐居著书,以扶纲植纪导人为善。尝走万里迎其兄骸骨,挈其子与母归故里。

治心书　子部儒学类　佚

广孝书　子部儒学类　佚

闺德纪略　子部儒学类　佚

以上3种见嘉庆《同里志》卷10、22。

陆云庆

字善卿，又字景卿，号九畹。清吴江人。云祥兄。诸生。性好学，博览群籍，中年笃信惮悦，究心大乘，注金刚经文，年66无疾而逝。

四部类稿64卷　子部典故类

清康熙爱日堂抄本，浙江图书馆藏。

唐诗类编　子部典故类　佚

以上2种见嘉庆《同里志》卷13。

陆云祥

字嘉卿，号凤期。清吴江同里人。明天启七年(1627)举人。好古文诗赋，既登贤书，则益厌薄制举业。所作不践前人蹊径，自成一家言。性高旷，淡于荣利。清顺治间为钟离教谕，学宫大成殿倾圮，为之更新，撰记立石。直指卫公以为贤，疏荐升掖县知县，谢病归，年71卒。

甲乙义师始末　史部杂史类

㑇敩簃抄《明季纪事》本。

浮湘指略　史部地理类　佚

见乾隆《吴江县志》卷46。

筠轩纪略　子部杂学类　佚

筠轩释略　子部杂学类　佚

以上2种见嘉庆《同里志》卷22。

鸿撰堂自选稿2卷　集部别集类　佚

筠轩集　集部别集类　佚

以上2种见乾隆《吴江县志》卷46。

吴有涯

字茂申。清吴江人。明天启七年(1627)举人。数上春官不第,与同郡张溥、杨廷枢倡为复社。崇祯十三年(1640)署金坛教谕,迁平阳知县。首立十禁,又请折海运、止预征,政声大著。清军破南都,入闽中,擢御史,巡按浙东。在闽三月,前后47疏,皆军国急务。以道梗顺治三年(1646)奉朱聿键命使浙江处州,不得达。浙东兵溃,削发为僧,隐邓尉山。久之返故里,当事请一见不可,幽忧发病,不言不出,10余年卒。

客编奏议4卷　史部政书类　佚

燕游草　集部别集类　佚

以上2种见同治《苏州府志》卷138。

孙　淳

字孟朴,一字长源。清吴江人。履恒从子。嘉兴诸生。少负诗名。明天启七年(1627)秋与吴翻、吴允夏等同举复社。时韩敬为两浙领袖,淳独与之忤,失相温体仁意,其党遂具疏倾陷复社,以张溥及淳等为社魁。疏中有“网罗天下豪杰,一手握定朝权”等语,祸几不测。赖祁彪佳、倪元璐上疏白其诬,事得解。家有藏书数万卷。

国表初集二集3卷　史部编年类　佚

见《儒林六都志》卷下著述。

梅绾居存草2卷　集部别集类　佚

见同治《苏州府志》卷138。

梅绾居诗选1卷　集部别集类

清孙淳撰　吴维选

民国吴江柳氏抄本,上海图书馆藏。

孙　杰

清吴江六都人。

痘疹歌诀 2 卷　子部医家类　佚

见《儒林六都志》卷下著述。

吴振鲲

字鹏先。清吴江六都人。曹镤孙。归安庠生，崇祯三年(1630)举人。尝入复社。

聊复言稿　集部别集类　佚

见《儒林六都志》卷下著述。

吴振鲸

字晏如。清吴江六都人。乌程廪生。

周易参解　经部易类　佚

陶庵遗稿　集部别集类　佚

以上 2 种见《儒林六都志》卷下著述。

炤　影

一作照影。字指月。清吴江僧。住梅里江枫庵。与翁仲谦、徐白、顾有孝、朱鹤龄诸先生皆名动当世。而四方名流过其邑者，必借江枫庵以居停，故其诗名亦遍于江湖。

镜斋诗草　集部别集类　佚

见《千顷堂书目》卷 28。《江苏诗征》卷 182 收其诗 4 首。

按:清张世炜《据梧草》有《镜斋诗草序》。

秉　远

字觉先，晚号幻空。清吴江陆氏子。自幼出家南浔长生寺，后主东林寺，为海潮所淹，遂归。好吟咏，少从纪白云论诗。

自鸣集　集部别集类　佚

秋草吟　集部别集类　佚

邗沟别录　集部别集类　佚
海上吟　集部别集类　佚

以上4种见《松陵见闻录》卷7。

明　几

字素行。清震泽郭氏子。披发梅堰显忠寺。能诗。

所之集　集部别集类　佚

见《松陵见闻录》卷7。

行　演

字隐峰。清吴江僧。俗姓王，吕家栅人，出家七都水月庵。20岁参报恩玉林通琇和尚三载，后参古南牧云门和尚，住20年。后住黎里罗汉寺，示疾，卒。

隐峰集　集部别集类　佚

见嘉庆《黎里志》卷6。

觉　源

字若雪，一字梅厂。清吴江僧。丁氏子。受宏觉禅师戒，住萧庵。工诗能文，善书画。

梅厂集　集部别集类　佚
萧庵辑略　集部总集类　佚

以上2种见嘉庆《黎里志》卷6。

赵　清

字幼澄，号鹤田。又更名昊，字日明。清吴江人。赵涣弟。卒年60。

鹤田子集　集部别集类　佚

见《松陵人物汇编》卷5。

迮凤音

字美西，号天放翁。清吴江莘塔人。明亡后绝意仕进，辟园一区，植梅百本，隐居养志。与名士往还，吟咏不辍。

翼云楼藏稿　集部别集类　佚

咏梅百韵　集部别集类　佚

以上2种见《分湖诗钞》卷8。

顾　复

字孟明。清吴江松陵人。诸生。

自怡集1卷　集部别集类

抄本，见《磨剑室文三集》之《磨剑室钞存乡先辈已刊未刊稿本题记》。

顾道喜(？—1659)

字静帘。清吴江人。明万历二十年(1592)进士自植女。诸生许元方妻，许虬母。性癖书，博雅名通。

松影庵词　集部词曲类　佚

见《松陵女子诗征》卷10。

吴允夏

字去盈。清吴江人。秀曾孙。博雅好古，尤邃于理学。性严肃，治家如公府，内外截然，无敢逾者。家世多藏书，篝灯讨论，每至达曙。虽医药卜筮之术，无不究心。入太学累试不第，杜门著述，文词雅健。明崇祯末岁饥米贵，发粟赈济，全活甚众。

震泽镇志　史部地理类

见道光《震泽镇志》卷首凡例，云："震泽镇旧有吴允夏志而传本绝少。"

黄光昇

字羲轮，一字元圃。清吴江麻溪人。冲淡和易，不设城府。性嗜书画，遇前人名迹必倾囊购之，以是家产日削。明亡后所蓄图书尽毁于火，寄居郡城，授徒坎壈而卒。书法擅场，结构入晋唐堂奥，尤上章草，一笔不苟下。有以笺素求者无不应。诗格以自然为宗。

破瓮集(一名闲谷集)　集部别集类　佚

见《千顷堂书目》卷27。《明诗综》卷72收其诗1首。

闲笑集　集部别集类　佚

见康熙《吴江县志续编》卷2。

沈　虬

字次雪，又字双庭，号茧村。清吴江北麻人。以岁贡知钱塘县，后调嘉善，罢归。能诗，尤工书，得文徵明法，盛行于时。

双庭诗稿　集部别集类　佚

见同治《苏州府志》卷138。

按：其另著有《圆圆偶记》《河东君记》均收入于《广虞初新志》。

皇甫钦

字尧臣，一字密安，号罗浮山人。清吴江人。补归安诸生。

罗浮存稿　集部别集类　佚

见乾隆《震泽县志》卷31。《江苏诗征》卷70收其诗1首。

薛大训

字六诘。清吴江人。任世德子。幼为道士，年14弃去，习举子业，从外家薛姓，补青浦县诸生。明崇祯九年(1636)副榜贤良方正，授成都通判，擢衡州府同知，擢知湖州府。因父死于狱中，遂绝意进取，剪发作头陀，自号紫光居士。后疾革，发其著述焚之，长恸而绝，年46。

历代神仙通鉴 60 卷　子部道教类

(1) 明崇祯刻本,国家图书馆藏。

(2) 清刻本,首都图书馆藏,名《古今列仙通纪》。

(3)《四库全书存目丛书》本。

按:《神仙通鉴》清顺治六年(1649)重刻,改名《列仙通纪》。

紫光道人遗稿　集部别集类

见《江苏诗征》卷 89,收其诗 1 首。

沈君谟

字苏门,号莱泾居士,署鹤苍子。清吴江人。与曲家沈自晋同宗。顺治四年(1647)参与校阅《南词新谱》。

一合相 2 卷(一名破镜圆)　集部词曲类

(1) 旧抄本,国家图书馆藏。

(2)《古本戏曲丛刊》本。

(3)《郑振铎藏古吴莲勺庐抄本戏曲百种》本。

(4)《新定九宫大成南北词宫谱》本。

青楼怨　集部词曲类　佚

见郝丽霞《吴江沈氏文学世家研究》一文。

丹晶坠　集部词曲类

《新定九宫大成南北词宫谱》本。

绣凤鸳　集部词曲类　佚

玉交梨　集部词曲类　佚

以上 2 种见《明代传奇全目》。

风流配传奇 2 卷　集部词曲类

(1) 民国间古吴莲勺庐抄本,国家图书馆藏。

(2)《郑振铎藏古吴莲勺庐抄本戏曲百种》本。

沈自友(1594—1654)

字君张。清吴江人。珣子。工诗词,善书。顺治四年(1647)与校《南词新谱》。十年作《鞠通生小传》,记沈自晋事。

绮云斋稿　集部别集类　佚

见乾隆《吴江县志》卷46。《吴江沈氏诗录》卷5收其诗19首。

叶绍颙(1594—1670)

一作绍永、绍容,又作绍邛。原名庆余,字季若,号庆绳。清吴江人。绍袁从兄。明天启五年(1625)进士。初授行人,擢浙江道御史。崇祯七年(1634)巡按广东,任满再按山西。十一年京师戒严,举荐中书舍人陈龙正,论者称其知人。旋擢太仆寺卿,转大理寺卿。闻母病归,明亡,遂隐居不出近30年,卒。

按粤疏草2卷　史部政书类　佚

按晋矜疑　史部政书类　佚

瑞芝堂制义经义　史部政书类　佚

以上3种见《吴中叶氏族谱》卷34。

阳明先生要书8卷附录5卷　集部别集类

明王守仁撰　陈龙正辑　叶绍颙纂

明崇祯八年叶绍颙刻清初叶惻增修本,南京图书馆藏。

按:书前有崇祯八年叶绍颙撰《阳明要书序》云:"几亭(即陈龙正)出其枕中鸿宝,则丹铅先生之集,大约同者什九,异者什一。不觉狂呼剧欢,遂参互而合并之,命曰《阳明要书》。"

沈自籍(1595—1670)

字君嗣,号啸阮。清吴江人。琦子。顺治四年(1647)与校《南词新谱》。七年贡生。授庐州府无为州训导,升武进教谕。性恬淡,诗赋词悉能为之。

啸阮集　集部别集类　佚

见乾隆《吴江县志》卷46。《吴江沈氏诗录》卷5收其诗5首。

张　隽(？—1663)

一名僧愿。字非仲，又字文通，号西庐。清吴江人。诸生。明崇祯二年(1629)入复社。积书甚富。南浔庄廷鑨聘修《明史》，为作有明理学诸儒传，名《与斯集》。史案未发，恐不免，逃于僧舍。后史狱起，就逮于杭州被诛，年70余。

易序测象1卷　经部易类

稿本，上海图书馆藏。

古今经传序略　经部群经总义类

明末抄本，哈尔滨师范大学图书馆藏。

与斯集60卷　史部传记类　佚

按：是书叙次理学诸儒列为8门，一一考其行事。

卖菜言　史部传记类　佚

按：是书为明朝诸人列传，共93篇。

象历　子部历算类　佚

按：是书起自唐尧甲子，终于有明，以史事分直、易、中三百八十四爻。江澄波《古刻名抄经眼录》有《象纬》，疑即是书。

九宫编　子部历算类　佚

按：是书以洛书九效为主，而以凡事之合于九数者配之。

三蔀纪略　子部历算类　佚

以上5种见《儒林六都志》卷下著述。

西庐文集4卷补录1卷　集部别集类

(1) 抄本《二西遗书》本，上海图书馆藏。见《清人诗文集总目提要》。

(2) 清宣统二年(1910)国学扶轮社铅印本，南京图书馆等藏。

(3)《清代诗文集汇编》本。

西庐诗集 1 卷　集部别集类

《二西遗诗》本。

石船诗稿 2 卷　集部别集类

抄本,上海图书馆藏。长洲黄钧跋。

按:《磨剑室文三集》之《磨剑室钞存乡先辈已刊未刊稿本题记》载有《石船诗稿》5 卷补遗 1 卷,稿本,今未见。

东池诗集 5 卷　集部总集类

与陈忱等同撰

(1) 清初抄本,国家图书馆藏。

(2)《清代诗文集珍本丛刊》本。

汝钦授

字子受。清初吴江黎里人。可法子,继叔可任后。聪颖能文,明末遭乱,以书史自娱。手辑家谱,广搜博访 10 余年始卒业,汝氏世次得以考据,先泽得以不泯。卒年 83。嘉兴盛禾为作传。

四体千字文　经部小学类　佚

汝氏世谱　史部传记类　佚

以上 2 种见嘉庆《黎里志》卷 9。

唐尧天

字盛斯。原籍海盐人。祖士遵始迁居吴江黎里。少负俊才,矜重尚气节。与同里汝钦承善。明亡皆杜门匿迹,布衣茹素终其身。

落花诗 1 卷　集部别集类　佚

见嘉庆《黎里志》卷 9。存诗 30 首。嘉兴徐天秩、陆绍琦,同邑吴景果俱有序。

俞南史

字无殊,自号鹿床山人。清吴江人。安期子。顺治四年(1647)避居玄墓青芝坞，朱鹤龄为作《俞无殊山居记》。十三年助顾有孝辑《唐诗英华》。康熙十七年(1678)与金堡会。工诗，和雅冲淡，类其为人。

鹿床稿　集部别集类　佚

见《江苏诗征》卷21。《明遗民诗》收其诗6首。

唐诗揽香集16卷　集部总集类

(1) 清初刻本，国家图书馆藏。

(2) 清写本，上海图书馆藏。

唐诗正30卷　集部总集类

清康熙十四年刻本，清华大学图书馆藏。

马　倬

清吴江人。

巢居集　集部别集类　佚

巢居唱和集　集部总集类　佚

以上2种见《儒林六都志》卷下著述。

潘尔夔

字友龙。清吴江人。明诸生。崇祯十七年(1644)寓居乌程南浔镇。

南浔镇志12卷首1卷　史部地理类

清潘尔夔修　夏光远增　陈可昇、张鸿寯续

(1) 稿本，杭州图书馆藏。

(2) 清曹蓉征抄本，国家图书馆藏。

浔溪文献　史部地理类　佚

涉江草　集部别集类　佚

以上2种见《国朝文汇》甲前集卷19，收其文1篇。

吴晋锡(1599—1662)

字兹受,号燕勒。清吴江人。山玄孙,兆骞父。明崇祯二年(1629)入复社,十三年中进士。授永州推官。性本刚果,以"剪除豪强,爱护小民"自任。时祁阳王敛怨于民,致激起农民冯异之变,祁阳王潜逃,晋锡为平抑之。未几,张献忠进攻衡阳,晋锡固守永州。清顺治二年(1645)五月,清兵南下,晋锡与郝摇旗等联明抗清,分担文武之责,固守永郴。以永历朝政败坏,明军节节败退,湘湖之地,得而复失。时晋锡已官至永郴巡抚,当桂林失守,湘潭沦陷,晋锡知无可为,及剃发为僧,入九疑山,清兵欲招降之不可。

半生自纪2卷　史部传记类

《吴氏囊书囊甲编》本。

孤臣泣血录1卷　史部传记类

(1) 稿本,上海图书馆藏。

(2) 劈敩簃抄《明季纪事》本。

按:是书内容即《半生自纪》。

奇门遁甲　子部术数类　佚

六壬纂要　子部术数类　佚

增补刘伯温玉棹银河集　集部别集类　佚

以上3种见同治《苏州府志》卷138。《江苏诗征》卷11收其诗1首。

徐韫奇(1600—1667)

字季华。清吴江人。釚父。明诸生。好古博学。积书至数千卷。明亡,杜门著述以终。

吴郡志略　史部地理类　佚

徐氏日抄　子部儒学类　佚

闲窗集异　子部杂学类　佚

适志集(一名西濛吟稿)　集部别集类　佚

以上4种见乾隆《吴江县志》卷46。《明诗综》卷79收其诗1首。

事物原始　子部杂学类　佚

见徐釚《南州草堂集》卷30《先府君事略》。

沈应瑞(1600—1684)

字圣符。清吴江人。少负才,以名教为己任。明末与孙淳等同与复社,入清后绝意进取,当事举贤良方正,力辞不就。生平笃于友谊,周人之急无倦色。给事熊开元遣戍定海,迎其家居于别墅,卒年85。

明乐志2卷　史部正史类　佚

介轩遗稿　集部别集类　佚

以上2种见道光《震泽镇志》卷9。

赵　庾(1603—1651)

字涣之,一字大庾。清吴江人。明崇祯十六年(1643)进士,知瓯宁县,有惠政。清顺治三年(1646)六月充闽中乡试同考官,迁行营礼部主事,改文选司,后为灵岩僧继起嗣法弟子,居天台国清寺。八年来吴江,至穆溪遇风舟覆而死。

(甲申)殉节诸臣录　史部传记类

甥敩簃抄《明季纪事》本。

雅南堂诗稿1卷　集部别集类　佚

见《千顷堂书目》卷28。

叶　襄(?—1655)

字圣野。清吴江人。长洲儒学生。明崇祯二年(1629)入复社。十一年列名《留都防乱公揭》。清顺治十一年(1654)与朱鹤龄等集苏州假我堂。

吟稿　集部别集类　佚

红药堂诗　集部别集类　佚

以上2种见《千顷堂书目》卷28。姜垓为之序。

按:《明诗别裁集》卷11收其诗2首。

通　问(1604—1655)

字箬庵。清吴江人。俞安期子。年16忽自惊曰“奈何使身心无措足之地哉”。24岁将婚,竟宵遁至武林,披剃参方,得法于磬山,修住浙之钱塘十八涧。尝主金山龙游寺。顺治十二年(1655)解夏后,将所有具并书籍分散其诸方友,至武康扫磬山塔,晤玉林通琇,托以法门大事,行至吴江应天寺坐逝。

续高僧传　史部传记类　佚

见乾隆《吴江县志》卷46。《江苏诗征》卷179收其诗1首。

续灯存稿12卷增集4卷　子部佛教类

清释通问编　施沛辑　大珍增

(1) 清康熙二十一年(1682)刻本,北京大学图书馆藏。

(2) 民国间上海商务印书馆影印《卍续藏经》本,12卷,国家图书馆藏。

天隐和尚语录15卷　子部佛教类

明释圆修撰　清释通问编

(1) 明崇祯十一年(1638)刻本,台湾“中央图书馆”原藏。

(2) 清初抄本,7卷,萍乡市图书馆藏。

(3)《中华大藏经》本。

箬庵和尚语录10卷　子部佛教类

清释通问撰　释行昱辑

(1) 明刻本,不分卷,作《理安箬庵禅师语录》,南京图书馆藏。

(2) 清光绪二十七年(1901)释清镕刻本,上海图书馆藏。

周　灿(1604—1673)

字光甫，号闇昭。清吴江盛泽人。用五世孙。明崇祯四年(1631)进士。历知宣化、会稽二县，十六年擢浙江道御史。张献忠破长沙，巡抚郭都贤杜门束手。灿巡视险隘，特疏陈兵饷事宜。又以楚疆决裂请敕行间诸臣并力夹击以保江南。又请南漕漕粮各折半以苏民困。请止九江分关以恤商旅。福王立南京，宗室朱统鏍诬劾在籍词臣杨廷麟召健儿谋不轨，灿具疏白其诬。南京亡，遂归不起，惟与同邑高蹈者结惊隐诗社相唱和，以追悼国事恸哭失明卒。

乙丙时事　史部杂史类　佚

是书著于顺治三年(1646)，兼记弘光隆武朝事。见《增订晚明史籍考》卷10。

西巡政略10卷　史部政书类

明崇祯十七年刻本，上海图书馆藏。

周恭肃公家规1卷　子部儒学类

(1) 1920年吴江柳氏抄本，上海图书馆藏。

(2)《吴中文献小丛书》本。

泽畔吟1卷　集部别集类

(1)《吴中文献小丛书》本。

(2)《丛书集成续编》本。

泽畔吟1卷附文1卷　集部别集类

抄本，南开大学图书馆藏。

泽畔吟补遗　集部别集类

抄本，见《磨剑室文三集》之《磨剑室钞存乡先辈已刊未刊稿本题记》。

愿学堂文集18卷诗集2卷使交纪事1卷南交好音1卷使交吟1卷安南世系略1卷　集部别集类

(1) 清康熙刻本，国家图书馆藏。

（2）《四库全书存目丛书》本。

愿学诗集1卷　集部别集类

《百名家诗钞》本。

周侍御公尺牍1卷　集部别集类

清抄本，中国科学院图书馆藏。

计大章(1604—1676)

字采臣，号需亭。清吴江烂溪人。东从祖。早岁声名籍甚，学使黎元宽拔冠其曹。潜心濂洛之学，教授里中高节。桐乡张履祥与交最善。

玩易随笔　经部易类　佚

按：同治《盛湖志》卷12作《读易随笔》。

学庸解玩　经部四书类　佚

见同治《盛湖志》卷12。

中庸解　经部四书类　佚

大学解　经部四书类　佚

洗心斋语录　子部儒学类　佚

洗心斋诗文稿6卷　集部别集类　佚

以上4种见同治《苏州府志》卷138。

赵　瀚(1605—1680)

字砥之，号二持，又号铜谷卧樵。清吴江人。士谔孙。邑诸生，需次当贡，不就，退而耕于野，尽亡其世业。为人和粹，不以气节自高。

和雪堂诗稿　集部别集类　佚

见乾隆《震泽县志》卷31。

再生蔓草　集部别集类　佚

见《吴江赵氏诗存》卷6。

徐　白

字介白，别号笑庵先生。本嘉兴人，徙居吴江。性狷介，不苟取予。以诸生久次当贡，遭乱弃去。隐灵岩之上，作画吟诗。与赵瀚善。

思逝集　集部别集类　佚

竹笑庵遗诗集　集部别集类　佚

以上2种见乾隆《震泽县志》卷31。

章梦易(1605—?)

字宗立，一字两生，号勉斋。清吴江同里人。少工举子业，有盛名。为陈际泰、艾南英辈所称许。中年弃去，潜心经子，晚更喜佛典。年80余卒。

读易鱼筌(一作易筌)　经部易类　佚

宋四先生易学合纂　经部易类　佚

以上2种见《松陵诗征》卷1。

诗经说略12卷　经部诗经类

清抄本，北京大学图书馆藏。

左氏兵法　经部春秋左传类　佚

同里闺德志1卷　史部传记类　佚

以上2种见乾隆《吴江县志》卷46。

同里先哲志4卷续10卷　史部传记类

清抄本，上海图书馆藏。

按：《同里先哲志》明吴骥撰，《续同里先哲志》清章梦易撰。《续同里先哲志》所收人物始于明天顺，止于清康熙年间。

续同里先哲志2卷　史部传记类

清梧阴书舍抄本，苏州图书馆藏。

楚辞补注　集部楚辞类　佚

勉斋全集20卷　集部别集类　佚

鸡跖集　集部总集类　佚

诗源　集部总集类　佚

昌谷集注5卷　集部诗文评类　佚

以上5种见乾隆《吴江县志》卷46。《江苏诗征》卷61收其诗2首。

同归管见　类目不详　佚

见嘉庆《同里志》卷22。

任大任(1605—1693)

字钧衡,号坦斋。清吴江人。士奇子。经史百家,靡不综贯。补博士弟子员。与同邑徐枋、包捷、戴笠等相过从。康熙八年(1669)诏征山林隐逸,以葬亲泣辞。卒年89。门人私谥孝贞先生。

易学纲领　经部易类　佚

诗经解　经部诗经类　佚

以上2种见乾隆《吴江县志》卷46。

中庸解1卷　经部四书类

清康熙间刻本,国家图书馆藏。

皇极声音　子部儒学类　佚

萃古类考　子部典故类　佚

离骚明义　集部楚辞类　佚

垣斋遗稿　集部别集类　佚

马班文定　集部总集类　佚

三苏文选　集部总集类　佚

文选略评　集部总集类　佚

以上7种见同治《苏州府志》卷138。

按:嘉庆《同里志》卷22作《文选评略》。

吴元玉

字佩鸣，号五湖遗客。清吴江人。秀水诸生。

遁庵遗稿　集部别集类　佚

见同治《苏州府志》卷138。

潘　凯(1606—1651)

字仲和，一字岂凡。清吴江人。锡祚子。敦内行，工诗文，究心经世之略。明诸生，连试第一，参加复社，远近知名。明亡，弃诸生，不出以终。朱彝尊为撰墓志。

复社或问1卷　史部传记类　佚

见《增订晚明史籍考》卷5。

平望志4卷　史部地理类　佚

见乾隆《吴江县志》卷46。

本草类方　子部医家类　佚

贻令集　集部别集类　佚

以上2种见同治《苏州府志》卷138。

沈永隆(1606—1667)

字治佐，号冽泉。清吴江人。自晋长子。县学生。从父隐居吴山。诗文词曲皆见称于人。

不殊集　集部别集类　佚

见《吴江沈氏诗录》卷7，收其诗4首。

续范香令传奇　集部词曲类　佚

见《松陵诗征》卷1。

周　琼

字羽步，又字飞卿。后入佛门，佛名性道人。清吴江人。曾为某大老侧室。继又适士人。士人为一缙绅所恶，陷囹圄，自度不能脱，乃命琼往江北如皋避其锋，栖一大姓者家，虽穷迫无怨言。工诗词，诗才清俊，尤长七言绝句。郡中大士有以诗寄赠者，即依韵和答。诗俱慷慨英俊，无闺帏脂粉态。喜纵观古史书，爱吹弹，时作数弄以遣兴。

借红亭词　集部词曲类　佚

比玉新声　集部词曲类　佚

以上 2 种见《众香词》《然脂集》。《比玉新声》与吴琪同撰。《江苏诗征》卷 171 收其诗 4 首。《东皋诗存》卷 39 收其诗 25 首。《全清词钞》卷 30 收词 2 首。

施世杰

字汉三，一字宾王。清吴江五都人。明诸生。博学工文章。

丹桂楼杂制 26 种　丛书类　佚

见清范锴《华笑庼杂笔》卷 6，云："世杰著《丹桂楼杂制》二十六种，中有《酉戌杂记》，盖记乙酉丙戌间事，时以史案之祸，织染多人，事后书禁森严，其家后裔，不知考核可存与否，悉以付火，故皆佚而不传，惟《孙烈士兆奎传》一篇，尚有缮写者。"

子目：《古史录》《经济要略》《英雄经世录》《武略类聚》《识时务必熟舆地图论》《汉唐元明龙飞百战录》《唐宋中兴经略》《马文昇兴复哈密国王记论》《靖历两大恨事说》《万历三大征论》《流寇论》《辨亡论》《孙烈士传》《酉戌杂记》《脉诀辨疑》《星理精言》等。

朱鹤龄(1606—1683)

字长孺，号愚庵，别号愚谷叟、松陵散人。清吴江人。幼颖悟嗜学，学使者奇其文，拔置冠军。嗣后每高等。五战棘闱不隽，明亡后遂绝意进取。初专力词赋，尝笔注杜甫、李商隐诗，故所做颇出入二家。入清，屏居著述，晨夕不辍，行不识途路，坐不知寒暑，人或谓之愚，遂自号愚庵。及与顾炎武友，思专力于经学，颇有造诣。《清史列传》卷 68 有传。

易广义略 4 卷　经部易类　佚

见乾隆《吴江县志》卷 46。

尚书埤传 15 卷补 2 卷首 1 卷末 1 卷书经考异 1 卷尚书考异补 1 卷　经部尚书类

(1) 清康熙间濠上草堂刻本,国家图书馆藏。

(2) 清康熙二十年(1681)刻本,北京大学图书馆藏。

(3)《四库全书》本。

(4) 清抄本,作《尚书埤传》17 卷《书经考异》1 卷,上海图书馆藏。

禹贡长笺 12 卷　经部尚书类

(1) 手稿本,上海图书馆藏。

(2) 清抄本,国家图书馆藏。

(3)《四库全书》本。

古文尚书逸篇 1 卷　经部尚书类

(1) 清康熙间刻本,国家图书馆藏。

(2)《四库全书》本。

诗经通义 12 卷　经部诗经类

(1) 影抄濠上草堂刻本,南京图书馆藏。

(2) 清雍正三年(1725)刻本,国家图书馆藏。

(3) 清海源阁藏旧抄本,国家图书馆藏。

(4)《四库全书》本。

(5)《碧琳琅馆丛书》本。

(6)《芋园丛书》本。

(7) 稿本,作《毛诗通义》12 卷首 1 卷附录 1 卷,上海图书馆藏。清陈钟英跋。

诗经考异不分卷　经部诗经类

清海源阁藏抄本,国家图书馆藏。

读左日钞 12 卷补 2 卷　经部春秋左传类

(1) 清康熙二十年刻本,上海图书馆藏。

(2)《四库全书》本。

左氏春秋集说 10 卷　经部春秋左传类

(1) 清道光五年(1825)刻本,日本大阪府立图书馆藏。

(2) 清道光二十七年强恕堂刻本,中国科学院图书馆藏。

(3)《续修四库全书》本。

春秋凡例 2 卷　经部春秋总义类

明王樵辑　清朱鹤龄参

(1) 清道光五年刻本,日本大阪府立图书馆藏。

(2) 清道光二十七年强恕堂刻本,中国科学院图书馆藏。

(3)《续修四库全书》本。

道德经注解 2 卷　子部周秦诸子类

清顺治间刻本,见《贩书偶记》卷 12。

愚庵杂著 1 卷　子部杂学类

(1)《昭代丛书》本。

(2)《丛书集成续编》本。

(3)《旧小说》本。

杜工部诗集 20 卷文集 2 卷集外诗 1 卷首 1 卷杜诗补注 1 卷年谱 1 卷　集部别集类

唐杜甫撰　清朱鹤龄注

(1) 清康熙九年叶永茹万卷楼刻本,上海图书馆藏。

(2) 清康熙间金陵三多斋刻本,上海图书馆藏。

(3) 清乾隆间金陵三多斋刻本,名《杜诗笺注》。

按:本书原名《草堂会笺》《杜诗新解》,因卷首有钱谦益序,乾隆间列入禁书。乾隆间金陵刻本有改易,书名亦改作《杜诗笺注》。参见《杜集书录》内编卷 4。

(4) 清乾隆四十四年(1779)本立堂刻本,名《杜诗集说》,上海图书馆藏。

(5) 清共赏斋抄本,国家图书馆藏。

(6)《四库禁毁书丛刊补编》本。

按:《杜工部文集》2 卷另有民国初上海大陆书局铅印本。

李义山诗集 3 卷诗谱 1 卷　集部别集类

唐李商隐撰　清朱鹤龄注

(1) 清顺治十六年(1659)金陵叶永茹刻本,上海图书馆藏。

(2) 清乾隆五十八年金陵三多斋刻本,国家图书馆藏。

(3) 清同治九年(1870)三色套印本,上海图书馆藏。

(4) 民国抄本,《匡剑堂先生遗稿》本,国家图书馆藏,作《玉溪诗评》3 卷。

重订李义山诗集笺注 3 卷集外诗笺注 1 卷　集部别集类

唐李商隐撰　清朱鹤龄注　程梦星删补

(1) 清康熙二十五年东柯草堂刻本,上海图书馆藏。

(2) 清乾隆八年汪增宁今有堂刻本,国家图书馆藏。

(3)《四库全书》本。

(4)《摛藻堂四库全书荟要》本。

玉溪生诗意 8 卷　集部别集类

唐李商隐撰　清朱鹤龄注　屈复意

清乾隆四年刻本,国家图书馆藏。书名页题《李义山诗笺注》。

愚庵小集 15 卷附录 1 卷　集部别集类

(1) 清康熙十年金阊童晋之刻本,国家图书馆藏。

(2)《四库全书》本。

(3) 1940 年燕京大学图书馆铅印本,有补遗 2 卷,南京图书馆藏。

(4) 抄本,上海图书馆藏。

(5)《清人别集丛刊》本。

按:附录即《传家质言》。

松陵文征 28 卷　集部总集类

清抄本,南京图书馆藏。

按:本书"凡例"云:"《松陵文征》者,吴江一邑之掌故也。"所辑均为与吴江一地有关之文献，与本邑无关者不载。按类分编，分为赋役、村镇、古迹、官舍、桥梁、寺观、宅居（分上下）、经籍、书画、学校、祠庙、风俗、物产、时事、交游、名宦、寓贤、名臣（分上下）、儒林、文苑、隐居、卓行、艺术、烈女、仙释等类。

群贤梅苑 10 卷　集部总集类

按：《四库全书总目》词曲类存目云："此乃所辑宋人咏梅之词。然详勘其书，乃取宋黄大舆《梅苑》而颠倒割裂之。一卷、二卷即黄书之六卷、七卷，而三卷则如其旧。四卷後八调移为第五卷之首，而五卷中删除九调。六卷、七卷即黄书之一卷、二卷，至八卷则又如其旧。九卷后五调移冠十卷之首，而十卷删去十调。颠倒错乱，殆书贾售伪者为之。鹤龄不至於斯也。"故此书即宋黄大舆《梅苑》。

寒山集　集部总集类　佚

见乾隆《吴江县志》卷 46。

按：此辑曹学佺、徐白诸人诗。

杨　秫（1606—1684）

字硕甫，号雪湖，曾自号二痴，又号不了道人。清吴江平望人。通天人之学与医家言，性落拓不羁。顺治二年（1645）春，常熟瞿式耜巡抚粤西，授祠部员外郎。式耜遇难，秫收葬之。式耜奏疏诗文百余卷仅存十一，惟临难诗四十首，张同敞和诗并遗表，秫密藏之无失，即今所传《浩气吟》。晚年方袍古冠，往来虞山以自适，或以事问之，笑而不答。书法遒劲，诗信口而吟，出人意想。

雪湖诗集　集部别集类　佚

见道光《平望志》卷 7。有陆陇其序。

顾伯宿（1606—？）

字钟生，一字钟星，自号天全子。清吴江人。复社名士。

广喻林 30 卷　子部典故类

清初抄本，辽宁省图书馆藏。

天全子集 1 卷　集部别集类　佚

再生记　集部词曲类　佚

以上 3 种见同治《苏州府志》卷 138。

徐周遇

字隆生。清吴江人。忱裔孙。县学生。家贫以训蒙为业，与同里潘凯友善，喜作诗。

古稽斋集　集部别集类　佚

见道光《平望志》卷 11。桐水颜彦，同邑叶继武、潘耒为之序。

顾世伯

清吴江人。

喦山稿　集部别集类　佚

见嘉庆《同里志》卷 22。

仲时铉

字孺璋，号节庵。清吴江人。明诸生。明亡后绝意进取，惟与周灿、计大章、朱明德、王孙谋等结诗社，名其屋曰“可以栖迟”。

丧礼补注 1 卷　经部仪礼类　佚

仲氏二祀定则 1 卷　经部春秋总义类　佚

漱石斋诗稿 4 卷文稿 4 卷　集部别集类　佚

绿晓斋文稿 4 卷　集部别集类　佚

以上 4 种见乾隆《盛湖志》卷下。《二祀定则》有仲氏自序。

仲时镕

字儒范。清吴江人。时铉弟。诸生，能诗文。与兄同隐，号为三痴，有徜徉肆志之意。

盛湖八景诗　集部别集类

见同治《盛湖志》卷9。

费成烈

字显谟，号西屏。清吴江人。例监生。夙抱奇才，晚益清厉。所作诗篇甚多，俱已散佚。

九华诗抄　集部别集类　佚

映月楼诗抄　集部别集类　佚

闲吟摘句　集部别集类　佚

以上3种见《垂虹识小录·松陵费氏诗集》卷1。

杨　旭

字令若。清吴江人。父本青浦人。有诗名，以周氏壻家于邑之西郊，旭乃补青浦诸生。父殁后，绝意进取。精许氏说文之学，篆书绝类赵宧光。

诗经字说通　经部小学类　佚

四书字说通　经部小学类　佚

以上2种见同治《苏州府志》卷138。

周　琳

字在飞，号亦乡，一作逸乡。清吴江谢天港人。诸生。

逸乡诗抄　集部别集类　佚

见同治《盛湖志》卷12。

孙阳顾

字奏禽，号南庐。清吴江人。明崇祯九年(1636)乌程增生。

易经广注14卷　经部易类　佚

四书管窥5卷　经部四书类　佚

尚书礼记周礼三经纂要　经部群经总义类　佚

姓氏考略　史部传记类　佚

地舆考略　史部地理类　佚

以上5种见《儒林六都志》卷下著述。

儒林六都志2卷　史部地理类

(1) 民国间抄本，南京博物院藏。

(2)《中国地方志集成》本。

圣学提纲2卷　子部儒学类　佚

按：同治《苏州府志》卷138作12卷。

枕流轩杂著4卷　子部杂学类　佚

杜诗五律约解4卷　集部别集类　佚

问心集1卷　集部别集类　佚

枕流轩诗集6卷　集部别集类　佚

唐诗七律约解20卷　集部总集类

以上6种见《儒林六都志》卷下著述。《松陵诗征续编》卷3收其诗1首。

王　载

字咸平，自号湖樵。清吴江湖墓人。铣裔孙。博学通经能古文，为诸生领袖。顺治二年(1645)后归隐湖浦，灌园蔬以养母。时与弟子讲明理学。论者称其学不为人隐，不近名，盖味道而有得者。

湖浦草堂集　集部别集类　佚

明八大家文抄40卷　集部总集类　佚

以上2种见乾隆《震泽县志》卷31。

群史文略　集部总集类　佚

与顾有孝同撰，见同治《苏州府志》卷138。

五朝名家七律英华36卷　集部总集类

清顾有孝、王载同辑，版本参见“顾有孝”条。

张世芳(1608—1670)

字文初,号季淳。清吴江盛泽人。归安籍诸生。为诗气韵高秀,超乎尘表。

萼辉堂集　集部别集类　佚

见《盛泽张氏遗稿录存》小传。

吴宗潜(1608—1685)

初名系。字方轮,号东篱,一作东里。清吴江人。振远弟。秀水县学生。兄弟七人并有隽才,而宗潜尤雄肆,负经世之学。申酉间,与弟宗汉、宗泌往来兵间,数蹈危难。振远死乃归隐严墓村。顺治七年(1650)与沈祖孝、叶继武、吴珂等在里结惊隐诗社,士之高蹈能文者相集其中。尝以序人选诗触忌讳,与同事者系狱,时相唱和,久之得释。遂隐于医,年78卒。

医案　子部医家类　佚

见同治《苏州府志》卷138。

惊隐编(一作惊隐篇)　子部杂学类　佚

见乾隆《震泽县志》卷31。

东篱野人诗草　集部别集类　佚

吴氏七子诗选　集部总集类　佚

按:与振奇、振远、端宸、宗汉、宗泌、寀同撰。

以上2种见同治《苏州府志》卷138。《江苏诗征》卷12收其诗1首。

沈肇开(1609—1658)

字令贻,号云门。清吴江人。瓒子。为人敦厚有识,临财不苟。

语石斋稿　集部别集类　佚

见同治《苏州府志》卷138。

包　捷(1610—1652)

字惊几，号磴庵。清吴江人。明崇祯十五年(1642)举人。以文章气节自任。乱后变姓名居阳山。明亡后入穹窿山为头陀，足不复入城市，采薇灌园。

包惊几诗1卷　集部别集类

清初刻《启祯两朝遗诗》本，国家图书馆藏。

按：《千顷堂书目》卷28、乾隆《震泽县志》卷31均作《西山集》。

包　振

字朗威。清吴江人。捷弟。明崇祯十五年(1642)举人。筑草堂于砚山。啸歌自得，不慕世荣。入复社。

研石山房诗草　集部别集类　佚

见同治《苏州府志》卷138。

吴　翻(1610—1655)

字扶九，号静庵。清吴江人。世居荻塘。貌魁硕，善谈论，少负才名，喜结客。复社初起，与同郡张溥、杨廷枢等实为领袖。明崇祯十一年(1638)列名《南都防乱公揭》。家富于资财，四方来访者甚众。明亡入清后绝意进取，杜门著述。诗文多直抒胸臆，不尚辞藻。所藏明人文集至三千七百家，手自编辑。岁饥，出粟煮粥救济饥民。

读史存信存疑　史部史评类　佚

见同治《苏州府志》卷138。

复社姓氏录1卷南都防乱公揭1卷　史部传记类

清吴翻辑

(1) 清道光十一年(1831)吴山嘉刻本，国家图书馆藏。

(2) 旧抄本，台北"中研院"傅斯年图书馆藏。

升恒堂集　集部别集类　佚

见《千顷堂书目》卷28。同治《苏州府志》卷138作10卷。

吴　翻

字振六。清吴江人。翢弟。有才名。

荻水遗诗　集部别集类　佚

陆石子诗集4卷　集部别集类　佚

以上2种见同治《苏州府志》卷138。《明遗民诗》收其诗1首。

吴　翿

字羽三，一字松岩。清吴江人。少与兄翢、翻具以能文名。长有智略，喜谈兵事。顺治十二年(1655)进士，知澄迈县。在兵间五年，屡有功，为总兵官高进库所抑。丁母艰归。后历知丰城、汉川二县。长于诗，涖官所至，与士大夫相唱和。

松岩诗集(一作梅花草堂诗集)13卷　集部别集类　佚

见同治《苏州府志》卷138。《江苏诗征》卷11收其诗3首。

按：其子吴祖修有《梅花草堂诗集》不分卷，稿本，中国社会科学院文学研究所藏。

徐天俊

字俊人。清吴江人。与吴翢友善。以文学为知县熊开元所极赏。年14即绝意进取，潜心理学。

易经本义解　经部易类　佚

四书解　经部四书类　佚

以上2种见同治《苏州府志》卷138。

周　岗

字子山。清吴江人。周廷谔世父。国学生，考授县丞。

偶吟稿　集部别集类　佚

见同治《苏州府志》卷138。

徐　涛

字澜成，号耕心。清吴江莘塔人，徐师曾玄孙。其先自江城移居莘塔，以读书世其业。

耕心诗草　集部别集类　佚

见《分湖诗钞》卷4。

吴与湛

字子渊，一字樵云，号一庵。清吴江人。明末遭乱后隐居湖墓之荆园，闭户读书，不闻世事。与徐白、俞南史、朱鹤龄、吴兆骞等结诗社于江枫庵。

史概12卷　史部杂史类　佚

殉节忠臣赞1卷　史部传记类　佚

灾祥考12卷　史部时令类　佚

怀友诗1卷　集部别集类　佚

万峰杂咏2卷　集部别集类　佚

以上5种见同治《苏州府志》卷138。

荆园诗钞　集部别集类　佚

见民国抄《震泽县志续》卷10。

顾　伟

字彤伯，一字英白。清吴江同里人。少嗜学。顺治二年(1645)后绝意进取，研辨四书、五经、纲目、诸史，以及司天、职方、历律、算数、经脉、药石、卜筮、占候等书。为人内和外介，非义不取，虽饥寒不妄就人，竟穷约以死。

经络前编分野1卷　子部医家类

明沈子禄原编　徐师曾删定　清顾伟增补　吴陛徵校阅　尤乘

辑,版本参见前"沈子禄"条。

司天考 16 卷　子部历算类

旧抄本,台湾"中央图书馆"原藏。

按:存卷 1 至 2,卷 5 至 16。

唐诗汇选　集部总集类　佚

见《垂虹识小录》卷 7。

古文选　集部总集类　佚

明诗选　集部总集类　佚

以上 2 种见嘉庆《同里志》卷 22。

格轩遗书 45 种　丛书类　佚

见乾隆《吴江县志》卷 46。《江苏诗征》卷 130 收其诗 5 首。《国朝文汇》甲前集卷 8 收其文 1 篇。清潘耒《遂初堂文集》卷 6 有《格轩遗书序》。

顾　御

字履吉,后改姓沈。清吴江人。昺曾孙。顺治二年(1645)举人,仕至工部员外郎。性恬退,自筮仕以至归里,产不逾中人家。后卜居阳羡,以山水自娱。留心堪舆家言。

地理三才典要　子部术数类　佚

去非楼诗　集部别集类　佚

以上 2 种见乾隆《震泽县志》卷 31。《江苏诗征》卷 129 收其诗 1 首。

顾宗玮

字连叔,一字廷敬。清吴江人。文亨子。少颖异,覃思著述,凡图纬声音文学,文亨所未悟者,辄有先悟。先文亨卒。

春秋左氏事类年表 1 卷　经部春秋左传类

(1) 稿本,上海图书馆藏。

(2)《四库全书存目丛书》本。

春秋通例 1 卷　经部春秋总义类　佚

春秋稽疑 1 卷　经部春秋总义类　佚

春秋参同 1 卷　经部春秋总义类　佚

春秋提要发明 1 卷　经部春秋总义类　佚

以上 4 种见乾隆《震泽县志》卷 31。

三传异同 1 卷　经部春秋总义类　佚

春秋图谱 1 卷　经部春秋总义类　佚

春秋笺释 1 卷　经部春秋总义类　佚

春秋余论 1 卷　经部春秋总义类　佚

以上 4 种见《皇朝文献通考》卷 215。

袁　蘅

号今飞。清吴江人。俨长孙。素精医术。

今飞诗稿　集部别集类　佚

见《袁氏家乘续编》。

陈　进

字蒉山。清顺治时吴江人。精篆书，隐居阳山。尝取宋洪遵《钱谱》增辑上下二卷，多所考究。

钱谱 2 卷　子部艺术类　佚

见同治《苏州府志》卷 138。

庄　观

字大令。清吴江人。诸生，攻举子业，后弃去，专力于诗古文词，凡吴中名胜题咏殆遍。人有未见书，必假归手录之，积至数十种，虽严冬酷暑未尝暂缀，其精勤如此。

研斋集　集部别集类　佚

见同治《苏州府志》卷138。

周兰秀

字淑英，一字弱英。清吴江人。应懿女。平湖孙愚公妻。

粲花遗稿　集部别集类　佚

见《全清词钞》卷31，收其词1首。《江苏诗征》卷171收其诗2首。

董二酉(？—1660)

字诵孙。清吴江人。性颖异。过目成诵。年12即赋采芹，下笔千言立就。胸罗全史，贯串古今。清初尚志不出，以诗文自娱。家徒四壁。与张隽最相得，朱庄史案名亦与焉。

尚书集解　经部尚书类　佚

四书集解　经部四书类　佚

以上2种见《儒林六都志》卷下著述。

吴江诗略10卷　集部总集类

清董二酉、张拱乾、顾有孝辑。

(1) 清康熙刻本，上海图书馆藏。

(2) 吴江柳氏抄本，南京图书馆藏。

按：本书辑明代及清初吴江作者之诗，收录甚富，惟作者小传仅著字号。卷末有薛凤昌跋。

史兆基

字建中，号一亭。清吴江人。业医。

红杏山房诗草　集部别集类　佚

见同治《盛湖志》卷12。

邱　乘

字御六。清吴江人。

纫秋词　集部词曲类　佚

见《笠泽词征》卷7。

费时美

字翊明，一字翼民。清吴江人。性敏好学，才大精算，每遇钱谷一握了然，邑宰熊开元、叶翼云皆倚重之。尤敦孝行，好义急公，为合邑倡。中岁奉佛，至老益虔，刊经布施，自奉甚俭。年80余卒。

历朝金刚经持验纪1卷　子部佛教类　佚

见《垂虹识小录·松陵费氏诗集》卷1。

费　誓

字所中，号仲雪。清吴江人。明诸生。入清后弃儒冠，服野服，徜徉山水间。好谈兵，能急友朋之难，为徐晟所重。年50卒。

寒松亭(一作堂)稿　集部别集类　佚

国朝诗选　集部总集类　佚

以上2种见同治《苏州府志》卷138。

按：同治《苏州府志》卷106作“字仲雪”。

计　侨

字逋客。清吴江人，寄寓丹徒。诸生。客居戴公园，明亡后寄居圌峰下之吴沙，与朱叔子为耦耕计。善丹青，足迹遍天下，诗得江山之助，与顾有孝、孙枝蔚等相酬和。康熙元年(1662)撰有《重摹玉烟堂瘗鹤铭记》。

内景黄庭经合注不分卷　子部道教类　佚

见《翁方纲纂四库提要稿》之医家类。

按:翁方纲提要云:"大旨在于摄生,道家者流也。卷前有考证、凡例,谓其文以晋人书石本为据,然其中亦尚间有与石本出入处。后附'解庄'一则,亦因养生之义及之。应存其目。"

抱瓮集　集部别集类　佚

见《京江耆旧集》卷2,收其诗8首。

李　培

字上材,自号休翁。清吴江人。居邑城东门,究心良知之学,豁然有得。杜门谢客。宁都魏禧立传表之。

知非叙略1卷　子部儒学类　佚

寻乐斋稿　集部别集类　佚

以上2种见乾隆《吴江县志》卷46。《江苏诗征》卷93收其诗1首。

董尔基

字宥密。清吴江人。翰林院检讨。

(顺治)续吴江县志不分卷　史部地理类

清董尔基　陈季衍纂修

(1) 清顺治十年(1653)修康熙三年(1664)刻本,国家图书馆藏。

(2) 1920年黄启宗传抄清康熙三年刻本,上海图书馆藏。

(3) 1921年薛凤昌邃汉斋传抄本,上海图书馆藏。

(4) 民国间红格传抄本,上海图书馆藏。

吴江县儒学志7卷　子部儒学类　佚

见乾隆《吴江县志》卷46。

董尔璋

字南珍,号纳庵。清吴江吴溇人。工诗。

纳庵诗集4卷　集部别集类　佚

见《儒林六都志》卷下著述。

按:赵红娟《明清湖州董氏文学世家研究》一文作“十卷”。

仲沈洙

字儒文,号恬静。清吴江人。年17补秀水籍诸生。为文原本六经性理,下逮左史、庄骚、唐宋八家。奇而不诡,质而不靡。学使黎元宽等甚器重。讲学浙西,从游日众。明亡,绝意进取,惟著述自娱,年44卒。

易论古　经部易类　佚

尚书集解　经部尚书类　佚

毛诗集解　经部诗经类　佚

周礼纂　经部周礼类　佚

四书折疑　经部四书类　佚

以上5种见同治《盛湖志》卷12。

盛湖志2卷　史部地理类

清仲沈洙纂　仲枢增纂　仲周霈续补

(1) 清顺治十年(1653)纂康熙五十五年(1716)增纂乾隆三十五年(1770)续补刻本,上海图书馆藏。

(2) 抄本,中山大学图书馆藏。

(3)《中国地方志集成》本。

家礼补注　子部儒学类　佚

性理集要　子部儒学类　佚

采真游集　集部别集类　佚

以上3种见同治《盛湖志》卷12。

邹　洁

字去好。清吴江人。嘉兴诸生。明思宗亡,设法会哭苏府学明伦堂。入清后隐居白龙桥畔,弹琴赋诗以终。

园居诗　集部别集类　佚

见同治《苏州府志》卷138。

蘧庵诗集1卷　集部别集类

抄本,上海图书馆藏。

庄颐由

字禹师。清吴江人。观族弟。性倜傥任侠,工诗词,卓荦有奇致,论者谓在苏黄皮陆间。

觉庵集5卷　集部别集类　佚

见同治《苏州府志》卷138。

潘道谦

字非鸣,号裒庵。清吴江人。明诸生。

梦笔轩诗钞　集部别集类

见《江苏诗征》卷32,收其诗1首。

沈承休

字白卿。清吴江盛泽人。明诸生。性僻好奇,博学嗜古。入清后绝意进取,寄情诗文书画,皆精妙出人意表。年90卒。

眺楼新咏　集部别集类　佚

见同治《盛湖志》卷12。

毕　宿

字象辉,号南村。清吴江人。

自娱草　集部别集类　佚

见同治《盛湖志》卷12。

沈　亮

字元功。清吴江人。顺治二年(1645)取入江庠。

宋元诗选7卷　集部总集类

见《松陵诗征》卷1。

汝钦撰

字子懋。清初吴江黎里人。可起子。顺治五年(1648)秀水籍岁贡生，授沙县训导，升诏安教谕，历署县事。

论语解　经部四书类　佚

松风馆集　集部别集类　佚

以上2种见光绪《黎里续志》卷4。

汝钦採

字方谣。清初吴江黎里人。可畏子。诸生。品行卓越，性孝友。

方谣诗草　集部别集类　佚

见光绪《黎里续志》卷4。

按：嘉庆《黎里志》卷16有潘耒《题方谣诗序》题下小注云："方谣名钦採，诸生。可畏子，煋孙。"

沈自南(1612—1667)

字留侯，号恒斋。清吴江人。自然弟。顺治九年(1652)进士。性恬静，寡言笑，惟好著书。兀坐一室，虽当道闻风请谒，罕见其面。后迫于功令授知蓬莱县，卒于官。

明五朝国史纪事本末不分卷　史部纪事本末类

清抄本　国家图书馆藏。

历代纪事考异40卷　史部纪事本末类　佚

妇人名字录4卷　史部传记类　佚

以上2种见乾隆《吴江县志》卷46。

艺林汇考40卷　子部杂学类

(1) 清康熙间刻本，南京图书馆藏。复旦大学藏本有沈钦韩跋。

(2) 清康熙二年(1663)刻本,27 卷,上海图书馆藏。

(3) 清乾隆十六年(1751)刻本,国家图书馆藏。

(4)《四库全书》本,24 卷。

按:分为《栋宇篇》10 卷、《服食篇》10 卷、《饮食篇》7 卷、《称号篇》12 卷、《植物篇》1 卷。

酬赠草 1 卷沈子律陶 1 卷　集部别集类

清抄本,吴江图书馆藏。

按:《酬赠草》另有民国抄本,上海图书馆藏。

恒斋诗稿 4 卷　集部别集类　佚

乐府笺题 24 卷　集部总集类　佚

清沈自南、顾有孝同撰

吴江竹枝词 1 卷　集部总集类　佚

清沈自南、蒋自远同撰

以上 3 种见乾隆《吴江县志》卷 46。《吴江沈氏诗录》卷 7 收其诗 20 首。

按:蒋自远《松陵诗征前编》卷 9 作"蒋士远"。

蒋士远

一作自远,字开士。清吴江人。少负俊才,曾结枫叶诗社,一时名士多与焉。

吴江竹枝词 1 卷　集部总集类　佚

清沈自南、蒋自远同撰

见乾隆《吴江县志》卷 46。

沈自东(1612—1688)

字君山,自号恬静公子。清吴江人。琉幼子,自南弟。为人孝悌,淳谨好学,能诗文。明诸生,入清后杜门著述。教授子弟赏罚分明,门内肃然,论者以为有万石君家风。

小斋杂制 11 种　丛书类　佚

见乾隆《吴江县志》卷 46。

按：有《丹扆蔵》《譔美篇》（一名《千姓类编》）、《七晋》（一名《贞志赋》）、《文赋》《墨绣赞》《孤山竹阁集》《湖滨步月集》《戊巳新篇》《群书备问》《群书辨讹》《医学博议》11 种。《垂虹识小录》卷 3 载："惟《七晋赋》《丹扆蔵》《譔美篇》刊行于世。"

孙盛瓒

清吴江人。

击碎唾公瓦集 24 卷　集部别集类　佚

见《儒林六都志》卷下著述。

叶小纨(1613—1657)

字蕙绸。清吴江人。绍袁次女，沈永祯妻。工词曲，有俊才。

存余草 1 卷　集部别集类

(1) 清叶燮辑《午梦堂诗钞》本。参见"叶燮"条。

(2) 民国吴江柳氏抄本，上海图书馆藏。

按：见《柳亚子史料札记》之《上图"吴江柳氏抄本"部分书目》。

(3)《四库全书存目丛书》本。

鸳鸯梦　集部词曲类

(1)《午梦堂集》本。

(2)《砚缘集录》本。

(3)《郎园先生全书》本。

(4)《中国文学珍本丛书·午梦堂全集》本。

(5) 清抄本，国家图书馆藏。

(6)《丛书集成续编》本。

(7) 清姚燮编《今乐府选》本，国家图书馆藏稿本。

按：此杂剧共 4 出，内容写昭文琴、琼飞玖、蕙茝香 3 人一段悲欢离合的故事。《鸳鸯梦》的创作，使叶小纨成为中国文学史上第一位有剧作传世的女戏剧家。

沈蕙端(1613—?)

字幽馨，又字幽芳。清吴江人。自晋侄女。顾必泰妻。少工诗词，尤精音律。明崇祯五年(1632)尝作小令挽叶小鸾等，为时传诵。所作散曲收入《南词新谱》。

幽芳遗稿 1 卷　集部别集类　佚

见同治《苏州府志》卷 139。《江苏诗征》卷 174 收其诗 1 首，《全清散曲》收其小令套数。

吴　珂

字匡庐。清吴江人。耿介有节概。与同邑吴宗潜、叶继武等结惊隐诗社，士之高蹈能文者相集之。

匡庐集　集部别集类　佚

见同治《苏州府志》卷 138。《江苏诗征》卷 12 收其诗 1 首。

沈　震

字惊远，号胜之。清吴江人。庠生。

周易讲义　经部易类　佚

见《儒林六都志》卷下著述。

潘　陆

字江如。清吴江人。一桂子。明诸生。生平喜交游，徙居丹徒，清顺治十四年(1657)与陕西李楷、孙枝蔚等在镇江结丁酉社。潘耒称其诗"如老将用兵，纵横挥霍，而纪律森然"。魏耕云："江如四壁萧然，而北海之座恒满。其论诗慷慨，谓钟、谭兴而国亡，是亦法家定案。"

穆溪集　集部别集类　佚

见《江苏诗征》卷 32。

吴宗汉(1614—1654)

字广平,号南村。初名振兰,字九畹。清吴江人。宗潜弟。补湖州府学生。外和而内介,遭伯兄难,弃家远行。久之归。好濂洛之学,充养纯粹,诗体高迈。卒后门人私谥贞孝先生。

南村遗稿　集部别集类　佚

岁寒诗选　集部总集类　佚

以上 2 种见同治《苏州府志》卷 138。《江苏诗征》卷 12 收其诗 1 首。

吴宗泌

初名重晖。字西山,一字郰仙,号晓山。清吴江人。宗潜弟。博学工文辞,强毅耐苦辛,为诗思致深沉,音节遒美,得唐人风格。

西山集　集部别集类　佚

吴氏七子诗选　集部总集类　佚

按:与振远、振奇等六人同撰。

以上 2 种见同治《苏州府志》卷 138。《明遗民诗》《明诗综》收录其诗。

汤豹处(1614—1666)

初名孙振,字雨七。清吴江人。三俊侄。严冷寡交,好吟诗,善鼓琴。工行草书,得祝允明笔意,而画尤入神。独创意画水,名有百余种,灵妙恢奇殆难名状,盖一时绝技也。诗极清,类其为人。明天启三年(1623)据盛泽镇所发现宋碑考订镇史。

贮真斋笔麈　子部杂学类　佚

见《明清江苏文人年表》天启三年引《盛湖杂录》。《全清词钞》卷 6 收其词 1 首。

按:同治《盛湖志》卷1作《贮真斋笔记》。

钮宏儒(1614—1682)

字希醇,一字羲人,晚年自号芥庵老叟。清吴江人。钮琇父。年17寄籍秀水,补博士弟子员。清初汤豹处家被兵燹,肩负宋元书画,跣足来奔,宏儒割宅与居。中岁而后,弃制举业,以诗酒为娱。

芥庵自怡编　集部别集类　佚

见清钮琇《临野堂文集》卷7《先考芥庵府君先妣黄氏孺人行状》。

戴　笠(1614—1682)

字耘野。初名沈鼎立,字则之。清吴江人。天叙孙。明诸生。入清后入秀峰山为僧,久之返初服,居同里。炊烟时绝,杂采朝报杂史,参以见闻,著述不倦,人服其精博,与鹿城顾石户、葛龙仙,苕中张考甫、凌渝庵,娄东陆道威,以通义气节相切磋。

永陵传信录6卷　史部纪事本末类

见《四库全书总目》纪事本末类存目,云有江苏巡抚采进本。

思文大纪　史部杂史类

思文纪略　史部杂史类

鲁春秋　史部杂史类

以上3种有甥敩簃抄《明季纪事》本。

按:《台湾文献从刊》收入《思文大纪》8卷,不著撰人。其弁言云:"《思文大纪》8卷,皆记隆武朝事。起弘光元年(1644)六月唐藩监国于闵省,迄次年九月清兵陷福州、曹学佺等殉难;据事直书,不加论断。书中颇载当时诏谕奏疏,皆为直接史料,尤为可贵。"又云:"是书不知撰人姓氏。谢国桢《晚明史籍考》谓:旧称戴笠耘野所撰,未敢臆断。又谓:据杨凤苞《秋室集》,是书一名《三山野录》,又名《思文纪略》云。"该书另有《痛史》《野史》本。南京图书馆藏清抄本,作明陈燕翼撰。国家图书馆藏清末抄本1卷,作清溪上樵隐撰。柳亚子《续忆劫灰中的南明史料》一文与朱希祖《明季史料题跋》之《校抄本〈思文大纪〉跋》均论证《思文大纪》非戴笠所著。

怀陵流寇始终录 18 卷附录 2 卷　史部杂史类

清戴笠撰　吴殳辑

(1) 清初钱氏述古堂抄本,清傅以礼跋,南京图书馆藏。

(2)《玄览堂丛书续集》本。

(3)《续修四库全书》本。

流寇长编 20 卷始终录 1 卷补遗 1 卷　史部杂史类

清戴笠、吴殳撰

清抄本,国家图书馆藏。

流寇编年 2 卷首 1 卷　史部杂史类

清抄本,上海图书馆藏。

甲申剩事 1 卷　史部杂史类

将亡妖孽 1 卷　史部杂史类

以上 2 种有《玄览堂丛书续集》本。

行在阳秋 2 卷　史部杂史类

(1)《明末野史》本。

(2)《中国内乱外祸历史丛书》本。

(3)《明季稗史汇编》本。

(4) 清抄《八家集》本,国家图书馆藏。

(5) 旧抄《明末野史》本,北京大学图书馆藏。

(6) 劈敦簃抄《明季纪事》本。

(7) 清道光间抄本,台湾"中央图书馆"原藏。

(8) 清裛露轩抄本,题明刘湘客撰,国家图书馆藏。

(9)《明季十家集十二种》本,题明刘湘客撰。

(10)《明季野史三十四种》本,题明刘湘客撰。

圣安书法　史部杂史类

劈敦簃抄《明季纪事》本。

殉国汇编(一作则堂纪事30卷)　史部传记类
骨香集　史部传记类
耆旧集　史部传记类
发潜录　史部传记类

以上4种有甥敦簃抄《明季纪事》本。

按:清潘耒《遂初堂集》卷6有《殉国汇编序》。

又按:乾隆《吴江县志》卷33戴笠小传载:“谓明亡于流寇,综其始末,以日月为次作《寇事编年》。采辑明末死义诸人事迹作《殉国汇编》,自将相至布衣无不详载。别纪烈女为《骨香集》,后死者为《耆旧集》,为《发潜录》。”

五行志　子部术数类　佚

见嘉庆《同里志》卷22。

沈永令(1614—1698)

字闻人,号高陵,以手有枝指自号一指,又号一枝。清吴江人。南康子。顺治五年(1648)浙江副榜贡生,授陕西韩城知县,又官高陵知县,汤斌称其有长者风。诗文词曲书画皆有名,画葡萄、松鼠尤工。诗赋典赡藻丽,间作小词,亦有致。家居40年卒,年85。

退思日录　子部儒学类　佚
深柳堂集七种　集部别集类　佚

以上2种见乾隆《震泽县志》卷31。

按:7种分别为《矜情稿》《片石吟》《四明草》《雪鸿稿》《杂体文》《骈体文》《噀霞阁词》。

噀霞阁词1卷　集部词曲类

《百名家词钞甲集》本。

桃花寨传奇　集部词曲类　佚

见清姚燮《今乐考证》。《全清散曲》收其小令1首。《国朝诗别裁集》卷1收其诗6首。

顾　樵(1614—?)

字樵水，号若邪居士。清吴江人。工画，山水入能品，兼善书法，工诗，有诗、书、画三绝之誉。志尚冲素，与顾有孝等并称高人。康熙三十六年(1697)尚在世。

吴郡名胜志 8 卷　史部地理类　佚

见乾隆《吴江县志》卷 46。

茗游草 1 卷　集部别集类　佚

十七代诗选　集部总集类　佚

以上 2 种同治《苏州府志》卷 138。《明诗综》卷 80 收其诗 1 首。

翁　逊

字仲谦，一字研石，号元明。清吴江人。性高洁，不喜见流俗人，为诗淡远多苦思。乱后西郊多吟社，逊所与倡酬者除徐白、戴笠、顾有孝外未尝妄有所诣。常独行野外，不入城市。晨炊不继，泊如也。邻有好事者或敛粟周之，义不受，卒穷饿以死。

翁仲谦遗稿 1 卷　集部别集类　佚

砚石诗　集部别集类　佚

以上 2 种见同治《苏州府志》卷 138。

叶永建

字玉纯。清吴江人。

莱村草　集部别集类　佚

见《江苏诗征》卷 160，收其诗 1 首。

叶继武(1615—1673)

字桓奏，自号懒道人。清吴江分湖人。明归安诸生。为人温厚靖深，笃于气谊。入清后隐居唐湖之古风庄，有烟水竹木之胜。与同邑吴宗潜、吴珂等结惊隐诗社。同人私谥为高蹈先生。

乙丙日记　史部传记类

甥敦籁抄《明季纪事》本。

带五散人诗集　集部别集类　佚

见《江苏诗征》卷160,收其诗1首。

南山草堂遗集4卷　集部别集类　佚

壬子懒余草　集部别集类　佚

以上2种见《吴中叶氏族谱》卷57。

陈绍文(1615—1680)

字西美。清吴江同里人。王道曾孙。明崇祯十二年(1639)举人。博涉书史。为诗文敏捷,如不注思。尝言士生今日先明出处,不能为谢东山则为申屠蟠耳。明亡遂绝意进取,闭门课子,邃于濂洛之学。年60余卒。

宋元明诸儒心学指要　子部儒学类　佚

后沙语录　子部儒学类　佚

以上2种见同治《苏州府志》卷138。

愔斋集　集部别集类　佚

见嘉庆《同里志》卷22。

按:据陈沂震《狷亭岁记》载"顺治壬辰元旦,予始生。时祖父年三十八,祖母年三十九,父年十八,母年十七。"可以推知陈绍文生于1615年。

张拱乾(1615—1688)

字九临,号愧庵,又号独倚楼先生、浮休居士、枯木道人、贞毅先生。清吴江人。明诸生。文名吴下。入清后,以不剃发被禁,寻得释。晚好学禅,焚香呗诵,习以为常。工书法。

独倚楼遗稿　集部别集类　佚

见乾隆《吴江县志》卷46。

鲈乡汇咏　集部总集类　佚

清顾有孝、张拱乾撰。

见乾隆《吴江县志》卷46。

吴江诗略10卷　集部总集类

清董二西、张拱乾、顾有孝辑。

版本参见“董二西”条。

黄　翰

清吴江人。

楚游草　史部地理类　佚

园居草　集部别集类　佚

以上2种见《儒林六都志》卷下著述。

董梧栖

清吴江人，尔璋子。

疗饥集　集部别集类　佚

见《儒林六都志》卷下著述。

尤本钦

字伯谐，一字上官。清吴江人。与浦龙渊、平章善，才亦相埒，时号“浦尤平”。诗才清丽，尤长于词曲。善草书，仿祝允明笔法，能乱真。少游周忠毅之门，入清后隐居韭溪。与徐枋、徐白以诗简相往来。

琼花馆传奇　集部词曲类　佚

见《全清散曲》，并收其小令一首。《江苏诗征》卷85收其诗1首。

储大任

字思重。清吴江同里人。诸生。善狂草，得张旭法，性狷介不妄应人，故流传者少。亦能诗，长于七律。

亦籁集3卷　集部别集类　佚

见乾隆《吴江县志》卷33。

李玉照(1617—1679)

清会稽人。沈自征继室。擅诗词。年25即夫亡，抚孤守节38年而卒。

无垢吟　集部别集类　佚

见郝丽霞《吴江沈氏文学世家研究》一文。

徐　崧(1617—1690)

字松之，一字嵩之，号臞庵。清吴江人。少从史玄游，有诗名。好游佳山水。

百城烟水9卷　史部地理类

清徐崧、张大纯纂辑

(1) 清康熙二十九年(1690)张大纯影翠轩刻本，国家图书馆藏。

(2) 清抄本，南京博物院藏。

(3) 1920年吴江柳氏传抄清康熙刻本，上海图书馆藏。

(4) 1979年北京中国书店影印康熙二十九年本。

(5) 1983年台北文海出版社影印康熙二十九年本。

(6) 1986年江苏古籍出版社校点本。

(7)《中国名山胜迹志丛刊》本。

(8)《四库全书存目丛书》本。

(9)《续修四库全书》本。

(10)《江苏地方文献丛书》本。

(11)《中国园林名胜志丛刊》本。

按：该书是苏州地方文献专集，记述当时苏州府及其所属吴县、长洲、吴江、常熟、昆山、嘉定、太仓、崇明等各州县的山川形胜、名胜古迹。

先列胜迹名目，次叙地理沿革，人物掌故，再录诸家题咏诗词。

东南舆地记　史部地理类　佚

见乾隆《吴江县志》卷46。

臞庵集　集部别集类　佚

缬林集　集部总集类　佚

以上2种见同治《苏州府志》卷138。《明遗民诗》收其诗4首。

缟纻集　集部总集类　佚

见《松陵诗征》卷4。

云山酬唱不分卷　集部总集类

(1) 清康熙八年刻本，上海图书馆藏。

(2) 清康熙间真竹斋刻本，湖北省图书馆藏。

(3) 2016年学苑出版社出版《稀见清代四部辑刊》本。

诗南初集12卷　集部总集类

清徐崧、陈济生辑

清顺治刻本，南京图书馆藏。

诗风初集18卷　集部总集类

清徐崧、汪文桢、汪森辑

清康熙十二年刻本，上海图书馆藏。

按：该书有陈去病跋，存卷1至2，5至18，共16卷。乾隆四十六年(1781)遭禁。

又按：根据邓晓东《遗民选家与清初诗坛》一文，徐崧编选诗集还有《怀音集》《岁寒诗纪》《南字唱和集》《九日倡和集》《名家诗评》《江山留生集》《鸥前集》《善怀集》等。

顾万祺(1617—?)

字庶其。清吴江人。大典孙。县学生。学诗于王士禛。

三余漫笔　子部杂学类　佚

见同治《苏州府志》卷138。

双桂轩诗抄　集部别集类　佚

见《江苏诗征》卷 129,收其诗 2 首。

玉台遗响 6 卷　集部总集类　佚

清康熙刻本,上海图书馆藏。

朱明德(1618—?)

字不远,号勾吴外史。清吴江人。少治经义有声,明亡入清后隐居烂溪之滨,潜心学道。弟子著录者凡数百人。教授有方,颇有成就。时同隐诸人多轻世肆志,或以语言文字遭祸。明德内介而外和,不为矫激崖异之行,故患难不及。

广宋遗民录　史部传记类　佚

按:顾炎武作《广宋遗民录序》。

耆旧传　史部传记类　佚

以上 2 种见同治《苏州府志》卷 138。

明清纪略不分卷　史部编年类

抄本,上海图书馆藏。

按:起于明万历四十四年(1616),止于清顺治八年(1651,南明永历五年)。

天地间集　集部别集类　佚

五湖集　集部别集类　佚

以上 2 种见同治《苏州府志》卷 138。

吴兆宽(1618—1680)

字弘人。清吴江人。诸生。晋锡长子。工文,更善古文。顺治六年(1649)与弟兆骞同入慎交社,誉流远近。及兆骞被放,乃绝意进取,沉酣典籍,以诗自娱。

爱吾庐诗稿不分卷　集部别集类

清康熙间吴焘刻本,南京图书馆藏。

古香堂文集　集部别集类　佚

见乾隆《震泽县志》卷31。

江楚纪游集　集部别集类　佚

见李兴盛《诗人吴兆骞年谱》。

沈自铤(1618—1680)

字公捍，一字闻将，又字文将，号南庄。清吴江人。自炳族弟。与徐崧同学。以荐为鲁王行人。吴昜之封长兴伯，自铤实奉命以来。鲁王败走，归，遂隐居吴家港，与诸高士为诗社以终。

江东闰位记　史部杂史类　佚

见《增订晚明史籍考》卷9。

南庄杂咏　集部别集类　佚

钓闲集　集部别集类　佚

以上2种见乾隆《吴江县志》卷46。《吴江沈氏诗录》卷7收其诗5首。

吴　溢

字千顷，一字汪度。清吴江人。明崇祯十五年(1642)举人。清顺治四年(1647)列名为《南词新谱》参阅人。顺治十四年授太和教谕。

(顺治)太和县志8卷　史部地理类

清陈大纶修　吴溢、丁亮纂

(1) 清顺治十六年刻本，国家图书馆藏。

(2) 1959年传抄清顺治十六年刻本，上海图书馆藏。

双遇蕉　集部词曲类

《新定九宫大成南北词宫谱》本。

王国佐

号纯斋。清吴江人。明崇祯十五年(1642)岁贡生。

论孟精义 34 卷　经部四书类　佚

见同治《盛湖志》卷 12。

周　安(? —1680)

字安节，一字梅坡。清吴江梅里人。性冲淡，明清易代之际年未 30 即绝意进取，安贫自得，与同邑顾有孝、徐白辈并以诗名。风格清远，不事雕饰而天趣烂然。

湖山吟稿　集部别集类　佚

周安文集 3 卷　集部别集类　佚

松陵诗乘　集部总集类　佚

梅里集　集部总集类　佚

以上 4 种见乾隆《震泽县志》卷 31。《江苏诗征》卷 81 收其诗 3 首。

草阁集 6 卷　集部别集类

清康熙二十一年(1682)刻本，上海图书馆藏。

陈启潜

字际五。清吴江人。顺治五年(1648)举人。康熙十一年(1672)知滑县。县有大兵以牧马役民，民受其困。启潜调剂得宜，复捐奉以补民值，困乃得解。卒于官。

四书心镜　经部四书类　佚

见乾隆《震泽县志》卷 24。宁都魏禧为之序。

李　更

字晋裴，一字非吴。清吴江人。乌程庠生。诗古文词与四六骈体皆洋洋洒洒千言立就。年 50 余始博一衿，所作小题无不穷工极巧。

诗经衍义　经部诗经类　佚

四书问　经部四书类　佚

鹤寄偶存　集部别集类　佚

范陆诗奥　集部诗文评类　佚

以上4种见《儒林六都志》卷下著述。

李　黄

字经渊。清吴江人。博学工诗文，善书。顺治五年(1648)拔贡，康熙六年(1667)除兖州府张秋通判。丁内艰归，年79卒。

类略36卷　子部典故类　佚

读五堂集　集部别集类　佚

焚余集　集部别集类　佚

仕优草　集部别集类　佚

以上4种见乾隆《吴江县志》卷46。南社抄本《松陵诗滴》收其诗18首。

按：乾隆《吴江县志》卷37载："著有《焚余集》《仕优草》行世，《类略》36卷、《读五堂集》藏于家。"

赵　漪(1619—1682)

字若千，号激圆。清吴江人。明福建瓯宁县知县赵庚长子，沄兄。县学生。工诗。

尔室吟　集部别集类　佚

见同治《苏州府志》卷138。

按：其诗见于清赵作舟辑《吴江赵氏诗存》。

沈世楙(1619—1684)

字旂美，一字初授，号默斋。清吴江人。琦曾孙。好古力学，工于诗。明亡入清后与顾有孝、周安辈偕隐相倡酬。

听斫斋集　集部别集类　佚

见乾隆《震泽县志》卷31。《吴江沈氏诗录》卷10收其诗13首。

顾有孝(1619—1689)

字茂伦,号雪滩钓叟,更号雪滩头陀,又号抱瓮老人。清吴江人。诸生。康熙十七年(1678)举博学鸿词,不就。为华亭陈子龙弟子。子龙死难,有孝谢诸生,隐居钓雪滩,以选诗为事。家贫,好客,负重名。所交皆高尚士,与徐白、俞南史、周安为莫逆交。赋诗隽永不苟作。

通鉴博闻　史部史钞类　佚

经武文函(辑历代行兵之文)　子部兵书类　佚

以上2种见同治《苏州府志》卷138。

友约1卷　子部杂学类

(1)《檀几丛书余集》本。

(2)《丛书集成续编》本。

吴郡丛谈　子部杂学类　佚

见同治《苏州府志》卷139。

离骚草木史10卷附拾细1卷　集部楚辞类

战国屈原著　清周拱辰注　顾有孝、王撰评点

清嘉庆八年(1803)圣雨斋刻本,北京大学图书馆藏。

王西樵诗选6卷诗话1卷　集部别集类

清王士禄撰　顾有孝辑

清康熙刻本,国家图书馆藏。

万山楼诗抄2卷　集部别集类

清许虬撰　顾有孝辑

清康熙刻本,国家图书馆藏。

驯鹤轩诗选1卷　集部别集类

清赵端撰　顾有孝辑

(1) 清康熙刻本,中国科学院图书馆藏。

(2)《四库未收书辑刊》本。

停云集2卷　集部别集类

清顾有孝选

抄本，上海图书馆藏。据姚石子附笺题语，本书乃是残本。

雪滩钓叟集　集部别集类　佚

见《千顷堂书目》卷28。

风骚词响20卷　集部总集类　佚

乐府新编　集部总集类　佚

以上2种见同治《苏州府志》卷138。

乐府英华10卷　集部总集类

(1) 清初许闲堂刻本，上海图书馆藏。

(2)《四库全书存目丛书补编》本。

乐府笺题24卷　集部总集类　佚

清沈自南、顾有孝辑。

见乾隆《吴江县志》卷46。

五朝名家七律英华36卷　集部总集类

清顾有孝、赵吉士、王载辑

(1) 清康熙二十六年金阊宝翰楼刻本，上海图书馆藏。

(2) 2016年学苑出版社出版《稀见清代四部辑刊》本。

全唐名家诗式　集部总集类　佚

清顾有孝、陆世楷辑

全唐近体诗抄　集部总集类　佚

今诗英华　集部总集类　佚

以上3种见同治《苏州府志》卷138。

松陵文起　集部总集类　佚

见同治《苏州府志》卷139。

唐诗英华22卷　集部总集类

(1) 清顺治十四年(1657)吴郡宝翰楼刻本，北京大学图书馆藏。有“宝翰楼章”“刘福龄印”。内封镌“吴江顾茂伦先生选《唐诗英华》吴郡宝翰楼”。

(2) 清顺治十四年宁远堂刻本，24 卷(实 22 卷)，中国人民大学图书馆藏。有“陈履平印”“清白之遗”“百人楼”“陈濂印”诸印。

(3) 清康熙学海楼刻本，上海师范大学图书馆藏，作《唐诗英华笺注》。

(4) 民国铅印本，南京师范大学图书馆藏。

(5) 1973 年台北商务印书馆据《岫庐现藏罕传善本丛刊》影印本。

按:《唐诗英华》选唐朝七言律诗，初唐盛唐各 2 卷，中唐 6 卷，晚唐 10 卷，最后 2 卷为衲子、名媛和五代诗人作品，共计诗人 355 人，诗歌 2290 首，每位诗人名下均附小传。钱谦益序称本书“不立阡陌，不树篱棘，分曹递奏，焕然见唐人面目。”

唐诗英华不分卷　集部总集类

明顾有孝辑　清释正诣选抄

(1) 抄本，现为韦力芷兰斋私藏。

(2)《芷兰斋藏稿钞校本丛刊》本。

按:本书为清释正诣手抄本。钤印有:赐书楼、彦冲、赐书楼鉴赏、吴中蒋氏珍藏、正诣、琴川胡氏、骏声、大隆审定、王大隆、芥青、江弢叔、袁又恺藏书、欣夫、三近、芹蹊小丘、曾在东吴袁寿阶处、蒋子芙卿与寓目、邹一桂印、袁廷寿读过、长笛一声人倚楼、辛斋曾寓目焉、随月斋、吴越钱氏鉴藏书画、锄日耕烟、廷寿珍藏、功甫借观等。书前有江湜题跋，知本书原为蒋氏镜古斋旧藏，且极为珍爱。陈氏绀雪斋中未刻入，后其孙蒋培泽请胡芑香绘蒋怀堂小像于前。本书为藏书家韦力芷兰斋所藏，得之于 2009 年上海博古斋秋拍。

明文英华 10 卷　集部总集类

清顾有孝撰　张尚瑗、吴世标合编

(1) 清康熙二十六年刻本，南京图书馆藏。

(2)《四库禁毁书丛刊》本。

赋苑英华 6 卷　集部总集类

清顾有孝编　张拱乾选

清康熙十八年刻本，见《养余斋松陵书目》卷4。

按：本书仅存卷1、卷2，有“虞邨查印”“延瑞”两印，今未见。

百名家英华1卷　集部总集类

清杨为松撰　顾有孝辑

清初米拜堂刻本，国家图书馆藏。

鲈乡汇咏　集部总集类　佚

清顾有孝、张拱乾撰，见乾隆《吴江县志》卷46。

纪事诗抄10卷　集部总集类　佚

清抄本，浙江图书馆藏。残本。

按：本书卷端题“华亭王光承、萧山徐芳声、秀水朱彝尊评点”。

名家绝句抄6卷　集部总集类

清顾有孝、吴兆骞、蒋以敏辑

清刻本，上海图书馆藏。

骊珠集12卷　集部总集类

清康熙九年宁远堂刻本，南京图书馆藏。

闲情集6卷　集部总集类

清顾有孝辑　陆世楷增辑

(1) 清康熙九年刻本，国家图书馆藏。本书因有钱谦益诗并注释，清代遭禁。

(2)《四库禁毁书丛刊》本。

丽则集12卷　集部总集类

清顾有孝辑

明崇祯宁远堂刻本，南京图书馆藏。

按：本书名亦作《枫叶社丽则集》，选辑吴江诗人之诗。

台阁集　集部总集类　佚

邱樊集　集部总集类　佚

以上2种均顾有孝、赵沄同编，见道光《苏州府志》卷125。

吴江诗略10卷　集部总集类

清董二西、张拱乾、顾有孝辑。版本参见“董二西”条。

明七子诗 7 卷　集部总集类

清刻本，苏州大学图书馆藏。有清孙原湘藏印。

江左三大家诗钞 9 卷　丛书类

清顾有孝、赵沄辑

(1) 清康熙六年桐叶山房刻本，浙江图书馆藏。

(2) 清康熙七年绿荫堂刻同光间广雅堂补刻本，复旦大学图书馆藏。

(3) 1921 年上海进化书局石印本，复旦大学图书馆藏。

(4)《四库禁毁书丛刊》本。

(5) 2016 年国家图书馆出版社《历代地方诗文总集汇编》本。

按：此辑钱谦益、龚鼎孳、吴伟业诗，分为《牧斋诗钞》3 卷、《芝麓诗钞》3 卷、《梅村诗钞》3 卷。清代遭禁。

际　时

字圣宣。清吴江僧。宏觉国师法孙。建拈花庵，精戒律。与顾有孝为诗友。

禅余集　集部别集类　佚

见嘉庆《同里志》卷 20。

徐观光

字素民，号仙里。清吴江人。

适兴吟　集部别集类

见《江苏诗征》卷 6，收其诗 1 首。

皇甫沆

字紫洄。清吴江六都人。乌程诸生。能文善诗。有孝行。

蜀中记事日录　史部地理类　佚

见《儒林六都志》卷下著述。

钮　棨

字荪如，号易庵，晚号溪干野老。清吴江东汲港人。琇族兄。诸生。受知于黎元宽副使。筑楼溪滨，种竹莳菊，赋诗饮酒，绝意人世。康熙中年已82尚在世。

独醒编　子部儒学类　佚

贞白楼诗集　集部别集类　佚

以上2种见同治《盛湖志》卷12。《江苏诗征》卷116收其诗4首。

按：清钮琇《觚賸》云："今易庵年已八十有二，无子以继其传。手钞《贞白楼诗》寄余，若冀余之传之者，存其一二，亦可以见兴象之恬，襟怀之峻矣。"

陆旭光

字冰曦。清吴江人。顺治五年(1648)副榜贡生。年31卒。

凝翠楼诗稿2卷　集部别集类　佚

见南社抄本《松陵诗滴》，收其诗8首附词3首。

性　炳

字焕若。清吴江僧。住殊胜寺潮音房。学法于读彻，学诗于毛莹，与潘禹瞻、周叔伦、陆崖诸人为诗文友。

观西楼诗集　集部别集类　佚

见道光《平望志》卷11，有黄容序。

沈绣裳(1620—1665)

字长文，一字素先。清吴江人。自铨长子。

沈长文散曲　集部词曲类　佚

见郝丽霞《吴江沈氏文学世家研究》。

吴兆宫(1620—1679)

字闻夏,号椒亭。清吴江人。晋锡次子,兆宽弟。明崇祯十五年(1642)副榜。工文,与兆宽、兆骞同入慎交社,时称“三凤”。

椒亭诗稿　集部别集类　佚

见乾隆《震泽县志》卷31。《江苏诗征》卷11收其诗1首。

陆　钥(1620—1687)

字子开,号荻存。清吴江人。文衡四子。诗学王维,工骈文。学问渊博旁通,河洛、理数、兵法等皆有论述。中年究心岐黄。

荻存小咏史1卷　史部史评类

读史小识1卷　史部史评类

以上2种有《陆氏传家集》本。

按:《陆氏传家集》为清同治十一年(1872)羲经堂刻本,国家图书馆等藏。

却扫编　子部儒学类　佚

慎言录　子部儒学类　佚

荻存诗稿　集部别集类　佚

以上3种见清陆乃普辑《陆氏先德录》。

净　范(1620—1692)

字为则,号蔗庵,清吴江僧。本姓嵇。年15剃度为僧,住浙江嘉兴东塔寺。善书法。

蔗庵范禅师语录30卷　子部佛教类

清释净范说　释智璋编

(1)《嘉兴大藏经》本。书后有其自序。

(2)《禅宗全书》本。

赵　鸿(1620—1701)

字仪云。清吴江同里人。

潭溪渔隐集 6 卷　集部别集类　佚

见同治《苏州府志》卷 138。

金廷熿

字扉奏,号墨庄。清吴江人。湖州府学生。居曹溪之阳,构载澜轩聚书数千卷。诗尚纵横排宕,常不起草。

墨庄诗集　集部别集类　佚

见《江苏诗征》卷 88,收其诗 1 首。

赵　沄(1621—1675)

字山子,号玉沙。清吴江人。顺治八年(1651)举人。善属文,尤工古今体诗。出入随州、香山之间。初在慎交社与同邑吴兆骞、计东并为昆山徐乾学所推重,既而与顾有孝抄选诗文,名播海内。屡上公车不第,就江阴教谕卒。为人外通而中介,遇大利害敢于任事。尝与邑令张恪论增税力持不可,令怒欲中以危法,久之知其论不可夺乃已。

雅言堂诗稿　集部别集类　佚

邱樊集　集部别集类　佚

台阁集　集部别集类　佚

以上 3 种见同治《苏州府志》卷 138。其中《邱樊集》《台阁集》与顾有孝同编。

哀燕赋　集部别集类　佚

客瞑诗草　集部别集类　佚

以上 2 种见乾隆《震泽县志》卷 31。《国朝诗别裁集》卷 6 收其诗 1 首。

江左三大家诗钞 9 卷　丛书类

清顾有孝、赵沄编，版本参见“顾有孝”条。

沈丁昌(1621—1683)

一名昌，字子言，号圣勷。选举姓丁氏。清吴江人。汉五世孙。补秀水县庠生。顺治五年(1648)浙江副榜贡生，授广东保昌县丞。诗文词曲与族兄永令齐名。

历朝史论　史部史评类　佚

见《吴江沈氏家传·圣勷公传》。

史书辨论 3 卷　史部史评类　佚

闲余阁诗稿　集部别集类　佚

以上 2 种见乾隆《吴江县志》卷 46。《江苏诗征》卷 117 收其诗 5 首。散曲收入《南词新谱》。

岭外集　集部别集类　佚

明史弹词　集部词曲类　佚

以上 2 种见《吴江沈氏家传·圣勷公传》。

沈宪英(1621—1685)

字惠思，又字兰支。清吴江人。自炳女，叶世傛妻。

惠思遗稿 1 卷　集部别集类　佚

见同治《苏州府志》卷 139。《明诗综》卷 85 收其诗 1 首。《明词综》卷 11 收其词 1 首。

沈永启(1621—1699)

字方思，号旋轮。清吴江人。自继子。性颖敏，诗文词皆立就，而词尤工。师事金圣叹。顺治十八年(1661)圣叹以事株累系江宁狱，他弟子皆避匿，独永启与圣寿寺僧敦厚前往探视，并收其遗骸棺敛之，复奉棺置所居吴家港家庵中。人重其气谊。

逊友斋集 2 卷　集部别集类　佚

见《江苏诗征》卷117,收其诗1首。《吴江沈氏诗录》卷7收其诗4首。《全清散曲》收其小令1首。

按:乾隆《震泽县志》卷31作《选友斋集》。

陈启源(? —1689)

字长发,自号见桃居士。清吴江人。康熙间诸生。性严峻,少许可,不乐与外人交,惟读书嗜而不倦。工诗,顾有孝尝称之。晚岁研精经学,尤精研毛诗。所著毛诗稿大旨以小序为宗,其训释句字则采择汉唐宋诸儒之说,数典辨物,咸极精博。

尚书辩略2卷　经部尚书类　佚

见《清史列传》卷68本传。

毛诗稽古编30卷　经部诗经类

(1) 清康熙四十年(1701)赵嘉稷抄本,山东省图书馆藏。

(2)《四库全书》本。

(3) 清嘉庆十八年(1813)陈氏手写刻本,有附录1卷,南京图书馆藏。

(4)《皇清经解》本。

(5) 清光绪九年(1883)同文书局缩印本,南京图书馆藏。

(6) 清抄本,有张敦仁校本、王季烈跋本、钱坫校本,均国家图书馆藏。

(7)《中华再造善本》本。

(8) 2017年中华书局出版。

按:本书成于康熙二十六年。前有朱鹤龄、赵嘉稷等序。前24卷依次解经而不载经文,但标篇目。次为《总诂》5卷,分别为:《举要》《考异》《正字》《辨物》《数典》《稽疑》。末为附录1卷,统论风、雅、颂之旨。

司空见闻录1卷司空历朝诗刻录遗1卷　史部地理类

清康熙间刻本,国家图书馆藏。

读书偶笔 2 卷　子部杂学类　佚
存耕堂诗稿 4 卷　集部别集类　佚
以上 2 种见《清史列传》卷 68 本传。《江苏诗征》卷 25 收其诗 2 首。
无事公诗余　集部词曲类　佚
见同治《苏州府志》卷 138。

吴元方

字友陈。清吴江人。增广生。
太湖赋　集部别集类　佚
万斋草集 4 卷　集部别集类　佚
湖畔竹枝词　集部别集类　佚
以上 3 种见《儒林六都志》卷下著述。

秦凤苞

字轶皋，号孟村。清吴江人。少以读书修行自勖，补湖州府学生，应乡举累荐不售，有招以就京兆试，未就，奉母以终。
四书讲录篇　经部四书类　佚
闲窗杂录　子部杂学类　佚
以上 2 种见道光《平望志》卷 8。《闲窗杂录》有朱彝尊序。
按：根据道光《平望志》卷 8 秦凤苞小传记载，《四书讲录篇》毁于火。
孟村诗集 4 卷　集部别集类　佚
见光绪《平望续志》卷 11。

戚　勋

字元功，号勒斋，又号逃虚子。清吴江平望人。明诸生。入清后杜门教授，不复应试。弟子著录者以百数。晚年居桑盘村，益韬晦，以吟咏自娱，清真闲淡得陶杜之趣。

平望志　史部地理类　佚

町庐集　集部别集类　佚

挈莨词　集部词曲类　佚

以上3种见道光《平望志》卷8。

董如兰

字畹仙。清华亭人。吴江孙志儒妻。工吟咏。

安素斋稿　集部别集类　佚

见《垂虹识小录》卷2。

秋园词抄　集部词曲类　佚

见《众香词》。

杨绛子

清吴江人。柳如是妹。居垂虹亭畔，不与人往来，归心惮悦，颇有警悟。

零鹃阁小集　集部别集类　佚

见《松陵女子诗征》卷10。

顾栋南(1624—?)

字未余，又字季任。清吴江人。诸生。品行端洁，邃于经学，不读无用之书。于濂洛关闽诸儒有心契，一时高士名流咸器之。

易图考　经部易类　佚

见嘉庆《同里志》卷22。

顾氏族谱　史部传记类　佚

见嘉庆《同里志》卷14。

先庙先贤儒赞　史部传记类　佚

续修同里志　史部地理类　佚

以上2种见嘉庆《同里志》卷22。

大儒粹语28卷　子部儒学类

清初刻本，南京图书馆藏。

垣斋稿　集部别集类　佚

见同治《苏州府志》卷138，嘉庆《同里志》卷22作《恒斋稿》。《江苏诗征》卷130收其诗1首。

沈天宝

字竹西。清吴江北麻人。虬子。性恬静，好吟咏。所作清婉玮丽，为同邑潘耒、钮琇辈所推许。兼工书法。家贫，授徒京邸30年，所主皆当世用事大臣，而一无干请，时论高之。既老，中康熙四十四年（1705）顺天乡试。

竹庄漫稿5卷　集部别集类

清刻本，上海图书馆藏。

按：同治《苏州府志》作《竹庄漫稿》12卷《续稿》4卷。《江苏诗征》卷120收其诗4首。

沈瑞玉

字希光。清吴县洞庭山人。张学象为其母。吴江同里顾铭妻。

绣余吟稿1卷　集部别集类　佚

见《历代妇女著作考》卷10引《撷芳集》。

孙　偀

字商声。清吴江吴溇人。桐乡庠生。于书无所不窥，尤研索古文，评注甚精。性孤冷，不喜谐俗。后馆于苏州承天寺，因不满寺僧，投池而卒。

苏文近不分卷　集部别集类

清孙偀、纪镐辑

明末共赏斋刻本，复旦大学图书馆藏。

商声诗选1卷　集部别集类

清孙俣撰　吴维选

1924年吴江柳氏抄本，上海图书馆藏。

自适草1卷　集部别集类　佚

见《明清江苏文人年表》顺治十六年(1659)。

八家文近　集部总集类　佚

古文近　集部总集类　佚

以上2种见《儒林六都志》卷下著述。

海裳缘传奇　集部词曲类　佚

见《明清江苏文人年表》顺治十六年。

颜佩芳

字芳在，一字柔仙。清浙江桐乡人。俊彦女。吴江诸生周代妻。诗清超拔俗，一扫肥腻纤巧之习。卒后，潘耒悼之以诗，有"清言良可味，佳咏少人知"之句。

偶叶草1卷　集部别集类

清抄本，上海图书馆藏。

马天闲

字犹龙，号菊窗。清吴江翁家浜人，后迁三镇地。读书过目成诵，善医工诗。

菊窗集纪略1卷　集部别集类　佚

见道光《平望志》卷8。

秦邦彦

字仪宾，号衡斋。清吴江平望人。

候虫吟5卷　集部别集类　佚

见光绪《平望续志》卷11。

黄元瑶

字玉舟。清吴江人。诗警切，善书法。家贫客游，尝卖字以糊其口。

珠溪集　集部别集类　佚

见乾隆《震泽县志》卷31。《江苏诗征》卷65收其诗1首。

沈　雄

字焕一，号偶僧。清吴江人。诸生。顺治四年(1647)与校《南词新谱》。

柳塘词1卷　集部词曲类

《百名家词钞》本。

古今词话8卷　集部词曲类

清沈雄辑　江尚质增辑

(1) 清康熙二十七年(1688)澄晖堂刻本，南京图书馆藏。

(2) 清康熙二十八年宝翰楼刻本，南京图书馆藏。

(3)《词话丛编》本。

(4) 1920年吴江柳氏抄本，上海图书馆藏。

(5) 1980年北京中国书店影印本。

(6)《四库全书存目丛书补编》本。

(7)《续修四库全书》本。

按：本书分《词话》2卷、《词品》2卷、《词辨》2卷、《词评》2卷。

柳塘词话4卷　集部词曲类

《词话丛抄》本。

按：《柳塘词话》乃从《古今词话》中辑出。《江苏诗征》卷119收其诗2首。

邹淑芳

字蕙祺。清吴江人。常熟严炜妾。能诗，从炜入楚，转苍梧。年24卒。

三生石草　集部别集类　佚

见同治《苏州府志》卷139。

范邦宜

字象和，自号和几。清吴江同里人。邦宿弟。兄殁，抚嫂养侄，闭户勤学。

观感集　集部别集类　佚

见叶树人《春晖堂诗文集序》。

吴　炎(1624—1663)

原名锡珩，字显庚，一字赤溟，又字如晦，号愧庵。清吴江人。宗潜从子。明诸生。明亡后改号赤民，以示不忘故国。隐居教授，不仕于清。初以诗文自豪，所拟古赋及今乐府，皆传诵于时。后专治史学，尤留意明代故实，与潘柽章共撰《明史记》，书未成。遭南浔庄氏史案，遂及于难。

明史记　史部别史类　佚

清潘柽章、吴炎撰。见吴炎《今乐府序》。

国史考异6卷　史部史评类

清潘柽章撰　吴炎订。版本参见“潘柽章”条。

今乐府2卷　集部史评类

上卷吴炎撰　下卷潘柽章撰

(1) 清康熙刻本，中国科学院图书馆藏。

(2) 清灯崖阁蓝格抄本，台湾“中央图书馆”原藏，作《明乐府》。

(3) 清末黄人抄本，国家图书馆藏。作《吴子今乐府》1卷、《潘子今乐府》1 卷。

(4) 1912 年密均楼铅印本,1 卷,上海图书馆藏。

(5) 天真阁抄本,1 卷,上海图书馆藏。

(6) 吴兴刘氏求恕斋抄本,1 卷,浙江图书馆藏。

(7) 江阴缪氏烟画东堂抄本,缪荃孙校,北京大学图书馆藏。

(8)《殷礼在斯堂丛书》本。

(9)《古学汇刊》本。

(10)《丛书集成续编》本。

(11)《四库禁毁书丛刊》本。

吴赤溟先生文集不分卷　集部别集类

(1) 清抄本,国家图书馆藏。

(2)《国粹丛书》本,1 卷附录 1 卷。

癸巳文谱　集部别集类　佚

浩然堂集　集部别集类　佚

汉铙歌解　集部总集类　佚

以上 3 种见《明清江苏文人年表》顺治十年(1653)、康熙二年(1663)。

古乐府解题 3 卷　集部总集类　佚

见同治《苏州府志》卷 138。

麻湖草　集部总集类　佚

见《明清江苏文人年表》顺治六年。

邹　枢

字贯衡,别署酒城渔叟。清吴江人。生于明天启间,卒于清康熙二十年(1681)后。一生放浪自得,置功名于度外。

十美词纪 1 卷　子部小说类

(1)《昭代丛书》本。

(2)《古红梅阁丛抄十种》本。

(3)《丛书集成续编》本。

(4)《红袖添香室丛书》本。

(5)《香艳丛书》本。

(6)《惜阴堂丛书》本。

计　东(1625—1676)

字甫草,号改亭。清吴江人。年15补明诸生。以材略自负。尝著《筹南五论》,上史可法,可法奇之。顺治中举顺天乡试,旋遭奏销案被黜,浪游四方。所至结交贤士大夫,对客议论风发,时或愤激怒骂,人目为狂。诗文纵横跌宕。《清史列传》卷70有传。

读庄日记　子部杂学类　佚

广说铃1卷　子部小说类　佚

中州集　集部别集类　佚

汝颍集　集部别集类　佚

竹林集　集部别集类　佚

以上5种见同治《苏州府志》卷138。

不共书4卷　集部别集类

(1) 明崇祯十七年(1644)计氏枕戈草堂刻本,清江标批点并跋,国家图书馆藏。

(2) 清抄本,国家图书馆藏。

(3)《清代诗文集珍本丛刊》本。

甫里集6卷　集部别集类

清康熙五年(1666)刻本,国家图书馆藏。

改亭文集16卷诗集6卷　集部别集类

(1) 清康熙二十七年计氏读书乐园刻本,南京图书馆藏。

(2) 清康熙三十二年宋荦刻本,南开大学图书馆藏。

(3) 清乾隆十三年(1748)计瑸刻本,苏州图书馆藏。

(4) 清乾隆间汪钝瓮选辑本,南开大学图书馆藏。

(5) 清乾隆间平河赵氏清稿本,不分卷,台湾"中央图书馆"原藏。

(6)《四库全书存目丛书》本。

(7)《续修四库全书》本。

(8)《清代诗文集汇编》本。

按:据计瑸重刊跋可知《改亭文集》即由《中州集》《汝颖集》《竹林集》等删减而成。

改亭文钞 1 卷　集部别集类

《国朝二十四家文钞》本。

改亭文录 3 卷　集部别集类

《国朝文录》本。

计甫草诗 1 卷　集部别集类

《皇清百名家诗》本。

名家英华　集部总集类　佚

见同治《苏州府志》卷 138。

按:上海图书馆藏有计东批注宋朱熹撰《宋名臣言行录》,明崇祯十一年刻本。

赵　淑(1625—1717)

字叔子,号诚斋。清吴江人。瀚从弟。有志操。尝往来吴昜军及浙东鲁王所。顺治三年(1646)归里。年 22 遂弃诸生,隐西郊,不入城市。

诚斋剩稿 1 卷　集部别集类　佚

见乾隆《震泽县志》卷 31。

孙　登(1625—?)

字于岸。清吴江人。明崇祯十五年(1642)湖郡增广生。工医。

医方证绳纂释　子部医家类　佚

见《儒林六都志》卷下著述。

黄凤苞

字远候，一字长翎。清吴江人。诸生。移居郡城，工诗文，吴下士争师之，彭定求亦为其中之一。

悦可堂诗存　集部别集类　佚

见同治《苏州府志》卷138。《江苏诗征》卷65收其诗1首。

范　周

榜名周堃，字端臣，一字挺岳，号雪樵。清吴江人。顺治六年(1649)进士。由翰林院庶吉士历仕河南督粮道。

范雪樵诗1卷　集部别集类

《皇清百名家诗》本。

按：《皇清百名家诗》，清康熙刻本，中国科学院图书馆藏。

周邦彬

字雅生。清吴江人。顺治八年(1651)恩贡生。康熙中为台州同知，每事为民请命，民感其德。

(康熙)大名府志32卷　史部地理类

清周邦彬修　部焕元纂

清康熙十一年(1672)刻本，国家图书馆藏。

漪丽堂集　集部别集类　佚

见同治《苏州府志》卷138。

金石麟

原名嗣麟。字囿黄，号容斋。清吴江人。顺治八年(1651)以嘉兴籍中举人。少年时诗体妃青俪白，专尚藻彩，中年自悔，专学汉魏，有清刚之气。

酿春堂诗稿1卷　集部别集类　佚

见乾隆《吴江县志》卷46。

交翠堂稿　集部别集类　佚

见民国抄《震泽县志续》卷4。《江苏诗征》卷88收其诗1首。

观　树(?—1685?)

字声海，号半壑。清吴江僧。俗姓李。于凤鸣寺剃度。后入浙江桐乡惠云寺，以上定为师。康熙十四年(1675)举僧牧，五辞不果，历职10年卒。工画，擅铁笔，作山水、枯木、竹石皆臻神妙。诗格古淡安雅，清高凄警。

诗存合钞3卷　集部总集类

清释夜川、观树、悟拈撰　黄容选

清康熙四十一年吴江黄容刻本，上海图书馆藏。

按：此收释夜川、释观树、释悟拈诗各1卷。

潘柽章(1626—1663)

字更生，又字力田，一字圣木。清吴江人。凯子。明补桐乡学生。入清后隐居韭溪，肆力于学。家藏书千卷，通晓百家天文地理皇极太乙之书，尤长于考订之学。与吴炎友善，会南浔庄廷鑨史狱起，因撰《明史记》及于难。

明史记　史部别史类　佚

清潘柽章、吴炎撰。见吴炎《今乐府序》。

按：《垂虹识小录》卷4载："与同邑吴赤溟炎草创《明史》，以实录为纲领，若志乘、文集、墓铭、家传，凡有关史事者，一切钞撮荟萃，以类相从，考核精详。"

国史考异6卷　史部史评类

(1) 清初刻本，傅增湘跋，国家图书馆藏。

(2) 清初抄本，南京图书馆藏。

(3)《功顺堂丛书》本。

(4)《丛书集成初编》本。

(5)《续修四库全书》本。

(6)《四库禁毁书丛刊补编》本。

按:故宫博物院图书馆另藏有《文渊阁四库全书》撤出本。

今乐府2卷　史部史评类

上卷吴炎撰,下卷潘柽章撰。版本参见“吴炎”条。

松陵文献15卷　史部传记类

(1) 清康熙三十二年(1693)潘耒刻本,国家图书馆等藏。

按:另中国科学院图书馆有藏本,清徐达源跋。

(2)《北京图书馆古籍珍本丛刊》本。

(3)《续修四库全书》本。

(4)《四库禁毁书丛刊》本。

(5)《江苏人物传记丛刊》本。

星名考　子部历算类　佚

见乾隆《吴江县志》卷46。

辛丑历辨　子部历算类

清抄本,北京大学图书馆藏。

壬林　子部术数类　佚

见乾隆《吴江县志》卷46。

观复草庐剩稿6卷　集部别集类

(1) 民国抄本,国家图书馆藏。书末抄有戴笠、顾炎武等赞咏诗。

(2) 1913年上海神州国光社铅印本,上海图书馆藏。

(3) 1913年松陵钱氏铅印本,书签题《潘力田遗诗》,上海图书馆藏。

观物草庐焚余稿不分卷　集部别集类

(1) 清纫芳茝抄本,北京大学图书馆藏。

(2) 民国抄本,南京图书馆藏。

(3)《清代诗文集汇编》本。

韭溪集　集部别集类　佚

杜诗博议　集部诗文评类　佚

以上2种见乾隆《吴江县志》卷46。

叶　燮(1627—1703)

原名世倌，字星期，号已畦，又号独岩，晚号横山。清吴江人。绍袁六子。康熙九年(1670)进士。授宝应知县。以伉直忤巡抚慕天颜被劾归。遍游四方。晚居吴县横山，筑小园，曰“独立苍茫处”，人称横山先生。工文，喜吟咏。论文以能自立言为主，论诗以杜、韩、苏三家为宗。王士禛称其熔铸古昔，能自成一家。陈见俗障，扫而空之。曾与纂宝应、陈留、仪封等县志。《清史列传》卷70有传。

经文摘谬1卷　经部群经总义类

民国无锡丁氏铅印本，南京图书馆藏。

已畦琐语1卷　史部政书类

(1)《昭代丛书》本。

(2)《丛书集成续编》本。

江南星野辨1卷　史部地理类

(1)《昭代丛书》本。

(2)《丛书集成续编》本。

(3)《四库全书存目丛书》本。

(康熙)吴江县志46卷首1卷　史部地理类

清郭琇修　叶燮等纂

(1) 清康熙二十三年刻本，国家图书馆等藏。

(2) 清光绪间抄本，南京博物院藏。

(3) 民国吴江柳氏抄本，上海图书馆藏。

白田杂著8卷　子部杂学类

清叶燮等撰

抄本，南京图书馆藏。

汪文摘谬1卷附校记1卷　集部别集类

清汪琬撰　叶燮摘

(1)《郎园先生全书》本,叶德辉撰校记。

(2)《丛书集成续编》本。

(3) 1918年梦篆楼刻本,国家图书馆藏,附于《已畦集》后。

已畦集22卷原诗4卷诗集10卷诗集残余1卷附午梦堂诗钞3种3卷　集部别集类

(1) 清康熙叶氏二弃草堂刻本,国家图书馆藏。

(2) 1918年梦篆楼刻本,国家图书馆藏,无《午梦堂诗钞》。

(3)《郎园先生全书》本,无《午梦堂诗钞》。

(4)《四库全书存目丛书》本。

(5)《丛书集成续编》本,无《午梦堂诗钞》。

(6)《清代诗文集汇编》本。

按:其中《原诗》4卷有《续修四库全书》本。

已畦诗集10卷残余1卷　集部别集类

清乾隆二十八年(1763)二弃草堂刻本,南京图书馆藏。

已畦诗旧存2卷语溪唱和1卷禾中唱和1卷　集部别集类

(1) 清康熙叶氏二弃草堂刻本,上海图书馆藏。

(2) 抄本,上海图书馆藏。无《语溪唱和》《禾中唱和》。

已畦诗选余旧存2卷　集部别集类

清杨承业辑,清抄本,南京图书馆藏。

已畦诗近刻3卷　集部别集类

(1) 清康熙叶氏二弃草堂刻本,苏州图书馆藏。

(2) 抄本,上海图书馆藏。

西南行草2卷　集部别集类

清康熙叶氏二弃草堂刻本,上海图书馆藏。

白田唱和集1卷　集部总集类

清叶燮等撰

清刻本,南京图书馆藏。

按：白田，江苏宝应的别称。叶燮担任宝应知县，目睹官场的腐败与民众生活的困顿，在此写下了《纪事杂诗十二首》，以反映宝应民生疾苦。本书所辑诗作大多反映了当时宝应的民生疾苦。

原诗 1 卷　集部诗文评类

(1) 清康熙二十五年叶氏二弃草堂刻本，苏州图书馆藏。

(2) 清抄本，浙江图书馆藏。

(3)《昭代丛书》(道光)本。

(4)《清诗话》本。

(5)《丛书集成续编》本。

(6) 1979 年人民文学出版社校点本，与《一瓢诗话》等合刊。

(7) 2014 年上海古籍出版社出版，作《原诗笺注》，清叶燮撰，蒋寅注。

按：《原诗》是继刘勰《文心雕龙》后的又一部具有理论性和系统性的古代诗话研究性著作。原附刊《已畦集》中，分内外两篇，共 4 卷，后收入《昭代丛书》和《清诗话》中，合为 1 卷。内篇为诗歌原理，其中上卷论源流变化，下卷论诗的创作。外篇为诗歌批评。《原诗》既是一部诗学论著，又是一部美学论著。

词稿 1 卷　集部词曲类　佚

见《吴中叶氏族谱》卷 57。

午梦堂诗钞 4 卷　丛书类

清叶燮辑

(1) 清康熙金阊刘承芳刻本，南京图书馆藏。

(2) 清康熙叶氏二弃草堂刻本，3 种 3 卷，国家图书馆藏。

(3) 抄本，不分卷，上海图书馆藏。

(4)《四库全书存目丛书》本，3 种 3 卷。

子目：

《绣垂缩遗稿》(旧名鹂吹集) 1 卷　明沈宜修撰

《芳雪轩遗稿》(旧名愁言集) 1 卷　明叶纨纨撰

《疏香阁遗稿》(旧名返生香)1卷　明叶小鸾撰

《存余草》1卷　明叶小纨撰

按:此辑自己母亲及三个姐姐之诗作。国家图书馆藏《已畦集》附刻《午梦堂诗钞》无叶小纨《存余草》1种。又《中国丛书综录》第1册作叶绍袁辑,子目与此不同。

王　勰(1628—1654)

字晋刘。清吴江北麻人。顺治九年(1652)进士。授检讨,视学河南,又官湖广提学。工诗文,年27卒于官。

分霞亭稿　集部别集类　佚

见同治《苏州府志》卷138。《江苏诗征》卷46收其诗1首。

孙云球(1628—1664)

字文玉,一字泗滨。清吴江人,僦居长洲虎丘。志儒子。志儒仕漳州知府,母董如兰通文艺,亲授经史。云球幼禀夙慧,年13为县学生,父殁,卖药供母。精于测量,凡有所制造,时人皆服其奇巧。常以意造自然晷,定昼夜,晷刻不违分秒。深研光学,曾用水晶制存目镜、察微镜、万花镜等70余镜。

镜史1卷　子部工艺类

清康熙十九年(1680)刻本,上海图书馆藏。

按:本书为中国首部光学著作。

王锡阐(1628—1682)

字寅旭,又字昭冥,号晓庵,一号天同一生,又号余不。清吴江人。生于明季,当徐光启等修新法时,聚讼盈廷,独闭户著书,潜心测算,务求精符天象。博览群书,精通中西之学。自立新法,用以测日月食,不失分毫。其学与梅文鼎并称精确。《历象考成》所采梅氏以上下左右算交食方向法实本于王氏。然梅氏之学盛行而王氏不显,盖无子传其业,又其遗书皆写本，得之甚难，故知之者少。论者谓梅氏博而大，王氏精而核，各不相掩。《清史列传》卷68有传。

字母原始　经部小学类　佚

续唐诗本纪4卷　史部传记类　佚

以上2种见道光《震泽县志》卷11。

晓庵遗书4种15卷　子部历算类

(1) 清刻本，吴江图书馆藏。

(2) 清乾隆间抄本，清孔继涵校跋，存2卷，国家图书馆藏。

(3) 清抄本，存9卷，南京图书馆藏。

(4)《木犀轩丛书》本。

(5)《丛书集成续编》本。

按：此收《历法》6卷、《历表》3卷、《大统历法启蒙》5卷、《杂著》1卷。

王晓庵先生遗书补编1卷　子部历算类

清光绪十九年(1893)德化李氏木犀轩抄本，北京大学图书馆藏。

历法24种24卷　子部历算类

清抄本，北京大学图书馆藏。

按：此收《太阳盈缩立成》《太阴迟疾立成》《黄赤道率附月离》《冬夏二至太阳行度》《月离转定度立成》《月离转积度立成》《月离闰日转积度立成》《五星立成》《五星段目立成》《五星伏见差度立成》《五星细行捷法》《七政捷法立成》《四余交宫》《四余立成》《四余捷法立成》《赤道积度缩次钤》《赤道交宿度分》《赤道十二宫次宿度钤》《黄道积度宿次钤》《黄道各宿度分》《算黄道十二宫、次、宿、度、钤》《定日钤》《定时刻钤》《日食南北里差立成》各1卷。

历法6卷　子部历算类

(1) 清徐釚家抄本，南京图书馆藏。

(2)《木犀轩丛书》本。

(3)《丛书集成续编》本。

历法表3卷　子部历算类

(1)《木犀轩丛书》本。

(2)《丛书集成续编》本。

丁未历稿　子部历算类　佚

汉书日食辨　子部历算类　佚

圜解2卷　子部历算类　佚

测日小记　子部历算类　佚

按:道光《震泽镇志》卷11有自序。

筹算1卷　子部历算类　佚

三辰晷志　子部历算类　佚

南北两极图浑天歌　子部历算类

按:道光《震泽镇志》卷11有姚汝鼐跋。

以上7种见同治《苏州府志》卷138。

历法3卷赤道次舍1卷历策1卷历说1卷日月左右旋问答1卷五星行度解1卷推步交朔1卷　子部历算类

清抄本,北京大学图书馆藏。

按:附有潘柽章撰《辛丑历辨》1卷。

五星行度解1卷　子部历算类

(1)《守山阁丛书》本。

(2)《中西算学丛书初编》本。

(3)《丛书集成初编》本。

大统历法启蒙1卷补遗1卷　子部历算类

(1) 清抄本,北京大学图书馆藏。

(2)《木犀轩丛书》本。

晓庵新法6卷　子部历算类

(1)《四库全书》本。

(2)《守山阁丛书》本。

(3)《翠琅玕馆丛书》本。

(4)《中西算学丛书初编》本。

(5)《丛书集成初编》本。

按:本书前1卷叙述勾股割圆诸法,后5卷皆推步、七政、交食、凌犯之术。

西洋新法历书10卷　子部历算类

抄本,上海图书馆藏。

晓庵诗集2卷　集部别集类

清王锡阐撰　张生洲编

清康熙间刻本,广东省立中山图书馆藏。

晓庵先生文集3卷晓庵先生诗集2卷　集部别集类

(1) 清道光元年(1821)刻本,吴江图书馆藏。

(2) 清光绪九年刻本,南京图书馆藏。

按:道光《震泽镇志》卷11载《困亨斋集》为道光元年俞钟岳编刊,改题《晓庵先生集》。

又按:《晓庵先生诗集》为清王锡阐撰,张生洲、张海珊辑。北京大学图书馆藏有抄本。

姚汝鼐

字九铉。清吴江震泽人。原籍桐乡。来震泽受业于王锡阐,遂家焉。少工诗,致力于经史。康熙中卒。

黾勉园稿　集部别集类　佚

见道光《震泽镇志》卷11。有王锡阐题辞。

周爰访(1629—1679)

字求卓,号裕哉。清吴江同里人。康熙三年(1664)进士,历任宁晋、荥阳知县。丈田有方,军兴供应无阙,擢昆阳知州。时吴三桂初平,民多流散,招徕安集之。复调南安州,擢礼部仪制司员外,补祠祭司,进郎中。康熙三十五年充山东乡试考官,三十六年督学江西,卒于任。

周氏族谱　史部传记类　佚

学使条约　史部政书类　佚

南昌府志　史部地理类　佚

有容堂真稿　集部别集类　佚

以上 4 种见嘉庆《同里志》卷 11。

裕哉诗稿　集部别集类　佚

见同治《苏州府志》卷 138。《江苏诗征》卷 82 收其诗 1 首。

周爰诏

字凤纶。清吴江同里人。博学工文。从兄爰访校士江左，赞助幕中诸名士阅卷。家谱之修多出其手。

六宜楼诗草　集部别集类　佚

见同治《苏州府志》卷 138。《江苏诗征》卷 83 收其诗 1 首。

沈永乔(1629—1680)

字树人，一字友声，号冷庵。清吴江人。自晋侄。入清不仕。顺治四年(1647)与校《南词新谱》。

丽乌媒　集部词曲类

见清姚燮《今乐考证》，并见《南词新谱》。

按:《新定九宫大成南北词宫谱》本。

玉带城　集部词曲类　佚

见《古典戏曲存目汇考》卷 10。

吴之纪(1629—?)

字天章，一字小修，号慊庵。清吴江同里人。顺治六年(1649)进士。授工部主事，迁湖广按察司佥事。喜书法，摹米芾酷似。诗秀婉，古文拟欧阳修。时曳杖独行与田夫牧竖为伍，相告语，人益是高之。后遭投劾归，杜门不事生产。康熙十二年(1673)与张尚瑗等在吴江重举慎交社,更名时习。

好我斋集　集部别集类　佚

适吟草　集部别集类　佚

以上2种见乾隆《吴江县志》卷46。《江苏诗征》卷11收其诗2首。

陆　璿

字殷六,一字楚分。清吴江人。云庆子。诸生。

关中集　集部别集类　佚

见嘉庆《同里志》卷22。

陆　琇

字淇侯,一字惕庵。清吴江同里人。云庆子。蜚声艺林。戚属金世渼嘱学使某欲援之,托病不与试,世渼益重之,延为塾师。博学善吟诗,有善画者,因诗补图,装成巨册。有松陵八景诗。

客窗吟　集部别集类　佚

绿窗吟　集部别集类　佚

钓滩集　集部别集类　佚

以上3种见《江苏诗征》卷152,收其诗4首。

吴南杓

字融司,号讷庵。原名焱,字佑申。清吴江人。炎弟。诸生。少随父兄,后以文词相角逐,声名著江浙间。其兄遭祸,遂杜门著述不妄见一人。其诗亦日工。人谓其乐府远驾西涯,近匹西堂。其余古今体,声宏而力厚,格老而气苍。五律清老,七言雄健。

知希草　集部别集类　佚

在涧草　集部别集类　佚

豫章草　集部别集类　佚

辽游草　集部别集类　佚

以上4种见《江苏诗征》卷12,收其诗1首。

缪昭质

字素涵。清吴江人。

素涵诗稿　集部别集类　佚

见乾隆《吴江县志》卷46。

宁若生

字璀如。清吴江人。大理寺评事绳武孙女,嘉定侯汸妻。

春晖诗草　集部别集类　佚

见《江苏诗征》卷176,收其诗2首。

仲　治

字涤久,又字岷山,号洁厓。清吴江人。秀水县学生。缪天自弟子。补诸生后,即绝意进取,锐意经史,凡前人未明之义,即补充之。诗古文为昆山徐乾学所推重,留馆于家。康熙十八年(1679)乾学荐举博学鸿词,因丁艰未试而归。与同邑钮琇友善,琇深服其言行。年61卒。

宝日堂集　集部别集类　佚

见乾隆《吴江县志》卷46。《江苏诗征》卷105收其诗1首。

孙　昱

字尔琇,号鲁庵。清吴江人。湖郡庠生。入复社。年96卒。

读史揽要　史部史评类　佚

正气编　史部传记类　佚

奇男子集　史部传记类　佚

以上3种见《儒林六都志》卷下著述。

严孚敬

字来彝。清吴江人。无意宦途，唯以书史自娱，勇于为善。康熙九年(1670)殷家桥大水，乡人贷米，不责其偿，人感其义，呼为严佛子。

易经解　经部易类　佚

见嘉庆《同里志》卷13。

庄之义

字路公。清吴江人。明医理。

伤寒说约　子部医家类　佚

见道光《震泽镇志》卷9。

沈昌宗

字裕昆，号拙斋。清吴江平望人。幼通诸经，邃于易理，旁及谶纬星命之学。尤好金石文字，收藏碑版有数百十种。工书法，为山阴杨宾极推崇。年84卒。

松陵遗诗4卷　集部总集类　佚

见道光《平望志》卷8。

沈以介

一名华植。字芝房。清吴江八都人。性颖敏好古，绝意进取。其学尤长于地理。潘柽章等分撰《明史记》，以介乃博考郡县之沿革及疆域、山川、道路、户口、贡赋，撰为《职方考》4卷。为人谦谨廉直，不事标榜，世亦遂无知之者。康熙中卒，年仅34。

明职方考4卷　史部正史类　佚

读史贯索16卷　史部史评类　佚

以上2种见乾隆《震泽县志》卷31。

按：道光《震泽镇志》卷11载其《读史贯索》自序。

吴　锵(1629—1690)

字闻玮，一字玉川。清吴江人。顺治四年(1647)列名为《南词新谱》参阅人。诸生。工诗，与妻庞蕙纕相唱酬，远近称之。江都宗元鼎为作偕隐歌。康熙二十八年(1689)客如皋冒氏，卒于此，年62。

三藩遗事　史部杂史类

甥敩篗抄《明季纪事》本。

复复堂集　集部别集类　佚

见《清诗纪事》顺治朝卷，收其绝句二首。

西湖唱和诗1卷　集部总集类　佚

见同治《苏州府志》卷138。

庞蕙纕

字纫芳，原名畹，号小畹。清吴江人。吴锵妻。工诗善书，年12即能书额，诗多师古人，名重一时。年56卒。

唱随集　集部别集类　佚

唾香阁诗词集　集部别集类　佚

以上2种见乾隆《吴江县志》卷46。《江苏诗征》卷162收其诗8首。

香奁杂咏　集部别集类　佚

见《众香词》御集，收其词6首。

吴之彝

字绣石。清吴江人。从外舅任大任学。善属文赋诗，淡于功名，不慕荣利。能以礼义自守。年75卒。

吴氏家训　子部儒学类　佚

素庵集　集部别集类　佚

以上2种见嘉庆《同里志》卷22。

沈蕙玉

字畹亭,一字绿庄。清吴江人。举人倪学涵妻。工诗,凄婉幽咽,多感伤之词。年36卒。

聊一轩遗稿1卷　集部别集类

(1) 清乾隆十年(1745)刻本,复旦大学图书馆藏。

(2)《国朝闺阁诗抄》本。

晓　青(1629—1690)

字僧鉴,号碓庵。清吴江僧。朱氏子,祝发郡之休休庵。参灵岩弘储,受戒具为弟子。弘储游广西,命继灵岩席。康熙间尝主常熟三峰寺7年。康熙二十八年(1689)圣祖南巡,召见,赐御诗珍物。年62卒于灵岩,葬莲花峰下。

僧鉴禅师语录32卷　子部佛教类

清释晓青撰　释震道等编

清刻本,国家图书馆藏。

心经句义诠　子部佛教类　佚

见民国《吴县志》卷58。

五会语录　子部佛教类　佚

颂古瞌睡余　子部佛教类　佚

草木唱答　集部别集类　佚

以上3种见康熙《吴县志》卷58。

高云堂诗集16卷恭和御制诗应制诗1卷　集部别集类

清康熙华山刻本,国家图书馆藏。

高云堂文集16卷　集部别集类

(1) 清康熙刻本,国家图书馆藏。

(2) 听香草堂抄本,存1卷,南京图书馆藏。

按:《高云堂诗集》16卷《文集》16卷另有上海图书馆藏清乾隆刻

本，有抄配。

沈世潢(1629—1691)

字茂弘，号耕道。清吴江人。肇开子。风期隽雅，以琴书自娱。顺治十八年(1661)以逋粮案被革学籍。年40后筑室湖滨，与二三素心往来而已。诗近韦柳，不事雕绘。

钓梭集1卷　集部别集类　佚

静绿轩诗草1卷　集部别集类　佚

枫江峦影词(一作东轩稿)1卷　集部词曲类　佚

以上3种见乾隆《吴江县志》卷46。《吴江沈氏诗录》卷8收其诗24首。

张天章(1629—1708)

字汉为，号在斋。清吴江盛泽人。张世芳长子，归安籍诸生。天章年甫14侍父世芳，兵欲刃其父，天章委身翼庇，被数创，流血如注，忍痛不释，兵悯其孝，舍之而去。及父殁，丧葬尽礼。

魏国忠献公浚论语解补注　经部四书类　佚

在斋诗文集　集部别集类　佚

以上2种见《盛泽张氏遗稿录存》小传。

吴　挺

字题仙。清吴江人。吴县诸生。少有才誉，客游齐秦三晋间，久而不遇，卒于涿州。

临风草　集部别集类　佚

旅游草　集部别集类　佚

娱予草　集部别集类　佚

山中草　集部别集类　佚

以上4种见《江苏诗征》卷13，收其诗2首。姜宸英曾为其诗草作序。

陈金篆

字青书。清吴江人。博学工诗，骨格清超，丰神绮丽。与同邑顾樵、徐崧、黄容辈相唱和。

环翠斋诗稿　集部别集类　佚

见乾隆《吴江县志》卷46。《平望志》卷8作《晚翠斋诗稿》。

金祖慎

清吴江人。

圜史1卷　史部金石类

抄本，见《江苏省立国学图书馆现存书目》卷6。

赵　植(1630—1701)

字大生，一字仔上，号天游。清吴江人。涣子。诸生。顺治八年(1651)取入江庠。喜为诗，兼工行楷。

芳树园稿　集部别集类　佚

见乾隆《吴江县志》卷46。《江苏诗征》卷108收其诗1首。

张嘉璘

字搢葵，一字文须。清吴江人。顺治十年(1653)进士。从桐乡张履祥游。

张嘉璘遗稿　集部别集类　佚

见同治《苏州府志》卷138。有顾有孝序。《江苏诗征》卷55收其诗1首。

金　麟

字星若，号西郊。清吴江人。顺治十一年(1654)取入江庠。雍正十年(1732)保举任河南汝州鲁山县知县。

西郊诗稿1卷　集部别集类

抄本,见《磨剑室文三集》之《磨剑室钞存乡先辈已刊未刊稿本题记》。

沈士昇

字起霞。清吴江人。县学生。顺治十一年(1654)取入江庠。

砚农集12卷　集部别集类　佚

见同治《苏州府志》卷138。

姚　佩

清吴江人。

雪香亭稿　集部别集类　佚

见同治《苏州府志》卷138。

孙　蓼(1630—?)

字寿岂。清吴江人。平居好读书,遇有关伦纪者辄记之。

读书鉴　子部儒学类　佚

见乾隆《吴江县志》卷37。

吴兆骞(1631—1684)

字汉槎,号季子,又号秋笳。清吴江人。兆宫弟。顺治十四年(1657)举人。少有俊才。名闻远近。继复社主盟。科场事发,复试,战栗不终卷。审无情弊,遣戍宁古塔。在塞外23年,日与羁臣逐客饮酒赋诗,气壮而才丽。徐乾学为言于纳兰性德,顾贞观亦为乞援。性德未即许,贞观乃作《金缕曲》二阕寄兆骞。性德见之泣下,言于明珠,得纳锾赎归,逾年卒。《清史列传》卷70有传。

天东小纪　史部地理类　佚

见《黑龙江省志·出版图书期刊总目》。

按:清高士奇《扈从东巡日录》中收有残文。

归来草堂尺牍 1 卷　集部别集类

(1) 清末长洲章氏算鹤量鲸室抄本,国家图书馆藏。

(2) 清海丰吴氏石莲庵抄本,上海图书馆藏。

(3) 1937 年北平燕京大学图书馆晒印本,北京大学图书馆藏。

(4)《合众图书馆丛书》本。

按:又名《归来草堂录》。收吴兆骞入狱及戍宁古塔时家书 15 封,寄友人书 20 封。

秋笳集 8 卷　集部别集类

(1) 清康熙间徐乾学刻本,不分卷,邓之诚跋,中国科学院图书馆藏。

(2) 清康熙徐乾学刻雍正四年(1726)吴桭臣增刻衍厚堂印本,浙江图书馆藏。

(3) 清康熙抄本,清鲍倚云批点、鲍康跋,上海图书馆藏。

(4) 清知止草堂翻雍正刻本,南京图书馆藏。

(5) 清光绪抄本,上海图书馆藏。

(6) 抄本,2 卷,南京图书馆藏。

(7)《风雨楼丛书》本,有补遗 1 卷。

(8)《粤雅堂丛书初编》本,有附录 1 卷。

(9)《丛书集成初编》本,有附录 1 卷。

(10)《四库全书存目丛书补编》本。

(11)《续修四库全书》本。

按:本书卷 1 至 3 题《秋笳集》,卷 4 为《西曹杂诗》,卷 5 为《秋笳前集》,卷 6 为《拟古后杂体诗》,卷 7 为《秋笳后集》,卷 8 为《秋笳杂著》。

秋笳集文 1 卷诗 1 卷西曹杂诗 1 卷　集部别集类

清初刻本,上海图书馆藏。

吴汉槎集 6 卷　集部别集类

清道光十一年(1831)王协梦刻本,南京图书馆藏。

吴汉槎诗集不分卷　集部别集类

(1) 清抄本,叶志诜跋,国家图书馆藏。

(2)《清代诗文集珍本丛刊》本。

名家绝句抄 6 卷　集部别集类

清顾有孝、吴兆骞、蒋以敏辑,版本参见“顾有孝”条。

秋笳词 2 卷　集部词曲类　佚

见《全清词钞》卷 2,收其词 2 首。

按:《清史稿艺文志》作 1 卷。

词赋协音　集部词曲类　佚

见《黑龙江省志·出版图书期刊总目》。

按:清张缙彦《域外集》有《词赋协音序》。

叶舒颖(1631—?)

颖一作胤,字学山。清吴江人。燮族侄。顺治间中副榜。工诗,为徐白、顾有孝所称许。

叶学山先生诗稿 10 卷　集部别集类

(1) 清嘉庆十七年(1812)叶耕云抄本,叶去病、叶启发跋,湖南省图书馆藏。

(2) 清嘉庆十七年刻本,湖南省图书馆藏。

(3) 1919 年长沙叶氏刻本,上海图书馆藏。

(4)《郎园先生全书》本。

(5)《丛书集成续编》本。

叶学山诗稿 1 卷补遗 1 卷　集部别集类

清抄本,国家图书馆藏。

沈树荣

字素嘉。清吴江人。叶小纨女,叶舒颖妻。

月波词　集部词曲类　佚

见《众香词》乐集，收其词 5 首。

希谢词　集部词曲类　佚

见乾隆《震泽县志》卷 31。

按：《吴江沈氏诗录》卷 12 收其诗 1 首。

丁　彪(？—1665)

字绣夫。清吴江人。诸生。在慎交社中，与吴兆骞称金石交。年未 30 即卒。

丁绣夫诗集　集部别集类　佚

见同治《苏州府志》卷 138。《江苏诗征》卷 77 收其诗 1 首。

延露堂诗集　集部别集类　佚

见《松陵人物汇编》卷 6。

吴源起

字准庵。清吴江人。居秀水。顺治十八年(1661)进士，为洛阳令，擢工部主事，礼科给事中。性喜游览。尝游岱、华、嵩、衡，作《四岳游记》。后登恒山，又有《北岳游记》。归老于家，年 90 犹存。

吴鼎吾行实 1 卷　史部传记类

清康熙刻本，国家图书馆藏。

洛阳县志 12 卷首 1 卷　史部地理类

清武攀龙修　吴源起增

(1) 清顺治十五年修，康熙十年(1671)增刻本，浙江图书馆藏。

(2) 清康熙四十年钱肇刻本，吉林大学图书馆藏。

四岳游记 1 卷　史部地理类

清康熙青畏堂刻本，上海图书馆藏。

北岳游记　史部地理类　佚

砚山吟稿　集部别集类　佚

以上 2 种见道光《平望志》卷 7。《国朝文汇》卷 32 收其文 1 篇。

潘婉顺

清吴江人。凌谦受妻。

兰窗咏　集部别集类　佚

见道光《震泽镇志》卷 11。

吴学沂

清吴江人。

碎金集　集部别集类　佚

见《儒林六都志》卷下著述。

陆山斗

字圣谋。清吴江人。诸生。杨廷枢门人。

芦中吟　集部别集类　佚

见乾隆《分湖志》卷 4。

沈永馨(1632—1680)

字建芳,一字天选,号篆水,别号豚庵。清吴江人。瓒孙。年 13 遭明亡,遂志于隐居。寄情诗歌,日与四方高士相赠答。五古近陶,今体似韦孟,皆疏淡而有胜致。

通晖楼诗稿 1 卷　集部别集类　佚

采芝堂诗稿(一名新结草堂诗稿)4 卷　集部别集类　佚

以上 2 种见乾隆《吴江县志》卷 46。

辍耕堂诗稿　集部别集类　佚

见乾隆《吴江县志》卷 33。《吴江沈氏诗录》卷 8 收其诗 32 首。《全清散曲》收其小令 1 首。

陆　崖(1632—?)

清吴江人。

自娱集　集部别集类　佚

见乾隆《震泽县志》卷31。南社抄本《松陵诗滴》收其诗5首。

潘　柩

字御云，一字娱云，号愚谷。清吴江人。有忠子。少颖异，发疑问难必造精微。比长，不屑为举业，肆力于古文辞，根柢左史，旁及韩欧诸大家。尝入都，见重于仁和卢琦。旋游辽左，所历山川名胜均有诗。年58卒。

读鉴随笔　子部杂学类　佚

燕台偶草　集部别集类　佚

辽左吟　集部别集类　佚

东山小草　集部别集类　佚

渔山草堂集　集部别集类　佚

唐诗正　集部总集类　佚

以上6种见《平望志》卷8。

姚　汭(1635—1668)

字琮娥。清吴江人。潘柩妻。其父紫书为张履祥高弟，邃以理学。汭听其讨论，于朱、陆之同异了如指掌。暇涉诗歌，得唐贤三昧。后潘子馆吴县东山，遂家焉。

香奁遗稿2卷　集部别集类　佚

见道光《平望志》卷10。《江苏诗征》卷166收其诗1首。

陆　瑶

字斗光，号雪崖。清吴江人。康熙十年(1671)贡入太学。

东江集　集部别集类　佚

漱玉轩集　集部别集类　佚

国朝文讨源　集部总集类　佚

以上3种见嘉庆《同里志》卷12。《江苏诗征》卷152收其诗4首。

陈　锐

字颖长，号轶庭。清吴江人。绍文长子。康熙二十七年(1688)进士。嗜学，于经史及三通诸书，皆丹黄甲乙。清初制义承明季之习，怪诡不经。与弟锷力宗正之。久困场屋，肆力于古文辞，四十九年与张尚瑗、计默等集传清堂，举行文会。

公车新艺　史部政书类　佚

诫子随笔　子部儒学类　佚

泰阿焚余稿　集部别集类　佚

以上3种见嘉庆《同里志》卷12。《江苏诗征》卷25收其诗1首。

陈　锷(1635—1685)

字霜赤，号廉泉。清吴江人。绍文次子，锐弟。康熙十九年(1680)举明经，少与兄并以文章负海内宿望。

廉泉集　集部别集类　佚

课花斋诗抄　集部别集类　佚

以上2种见嘉庆《同里志》卷22。《江苏诗征》卷26收其诗1首。

陈自振

原名鏃，字翼祺，号虚舟。清吴江人。绍文三子，锷弟。诸生。外舅潘耒称为笃实君子。家贫力学，凡17试均不中，士林惜之。

虚舟诗草　集部别集类　佚

见《江苏诗征》卷26，收其诗1首。

陈　鈜

字宁薇，一字省庵，晚号存存子。清吴江同里人。绍文季子。初应童子试不利，补国子生。数试南闱又不售。为人和易，皆以古君子重之。喜为诗，常与侄沂震相唱和。工楷书，法柳公权。卒年73。

省庵诗稿　集部别集类　佚

见嘉庆《同里志》卷22。《江苏诗征》卷26收其诗1首。

孔兴份

清吴江人。

易义旁通　经部易类　佚

见同治《苏州府志》卷138。

震泽见闻录　史部地理类　佚

见乾隆《震泽县志》卷31。

王　济

字日鳞。清吴江陆溪人。本姓庄。年13为诸生，聘王锡阐妹锡蕙，未婚以家祸戍沈阳。及归，隐洞庭翠峰寺。后赘锡阐家，遂从其姓。潜心正学，于身心性命颇有所得，卒年52。

半砚斋集　集部别集类　佚

见乾隆《吴江县志》卷46。

王锡蕙

字树百。清吴江人。锡阐妹，王济妻。自少得兄指授，通历算勾股法。

树百算学　子部历算类　佚

见光绪《乌程县志》卷20。

唱随集5卷　集部别集类　佚

见光绪《震泽镇志》卷 11。《江苏诗征》卷 169 收其诗 8 首。

徐釚(1636—1708)

字电发,号拙存,又号虹亭、菊庄,晚号枫江渔父、松风老人。清吴江西濛港人。韫奇子。诸生。好古博学,积书至数千卷。工诗及词,兼及古文,善画山水。入慎交社,声誉日起。康熙十八年(1679)试鸿博,授翰林院检讨,纂修《明史》。会当外转,遽乞归。所刻乐府,昆山叶方蔼称其"锦丽幽深,耐人寻味"。朝鲜贡使仇元吉见之,以饼金购去。釚天才骏发,下笔数千言,其诗始尚华秀,及与四方豪俊相切磋,格调为一变。《清史列传》卷 71 有传。

游鼓山记　史部地理类

《小方壶斋舆地丛抄》本。

啸虹笔记　子部小说类

(1)《虞初新志》本。

(2)《笔记小说大观》本。

(3)《旧小说》本。

按:本书原作清佚名撰,见《疑年录汇编》卷 9。

南州草堂集 30 卷首 1 卷续集 4 卷菊庄词 2 卷词话 1 卷枫江渔父图题词 1 卷青门集 1 卷　集部别集类

(1) 清康熙三十四年菊庄刻本,国家图书馆藏。

(2)《续修四库全书》本,仅《南州草堂集》30 卷首 1 卷。

(3) 新中国成立后北京中国书店抄本,中国人民大学图书馆藏。

(4)《清代诗文集汇编》本,《南州草堂集》30 卷首 1 卷续集 4 卷。

丰草亭诗 1 卷　集部别集类

清徐釚辑

清抄本,国家图书馆藏。

本事诗 12 卷　集部总集类

(1) 清康熙十一年蚕尾山房刻本,徐州市图书馆藏。

(2) 清康熙四十三年吴中立刻本，南京图书馆藏。

(3) 清雍正间刻本，南京图书馆藏。

(4) 清乾隆二十二年(1757)汪肯堂半松书屋刻本，复旦大学图书馆藏。

(5) 清初写刻本，苏州图书馆藏。

(6)《邵武徐氏丛书》本。

(7)《丛书集成续编》本。

(8)《续修四库全书》本。

(9)《四库禁毁书丛刊》本。

按：本书因收录钱谦益、屈大均诗而入《清代禁毁书目》。

枫江渔父小像题咏　集部总集类

《美术丛书初集》本。

枫江渔父图题词 1 卷重题枫江渔父图 1 卷青门集 1 卷　集部总集类

清康熙五十八年刻本，上海图书馆藏。

艳体诗集不分卷　集部总集类

清徐釚辑

抄本，南开大学图书馆藏。

菊庄词 1 卷　集部词曲类

(1)《清名家词》本。

(2)《百名家词钞初集》本。

(3) 清抄本，不分卷，苏州图书馆藏。

南州草堂词话 3 卷　集部词曲类

(1)《学海类编》本。

(2)《昭代丛书》本，1 卷。

(3) 清末民国间绿格抄本，国家图书馆藏。

词苑丛谈 12 卷　集部词曲类

(1) 清康熙二十七年蛾术斋刻本，上海图书馆藏。

(2)《四库全书》本。

(3)《海山仙馆丛书》本。

(4)《丛书集成初编》本。

(5) 民国间上海有正书局铅印本,南京图书馆藏。

(6) 1981 年上海古籍出版社出版唐圭璋校注本。

按:本书辑晚唐至清初各词家故实、词作及历代评论,分为体制、音韵、品藻、纪事、辨正、谐谑、外编 7 门,采摭繁富,援据详明,为论词者总汇。

柴云词 1 卷　集部词曲类

清丁炜撰　朱彝尊选　吴绮、徐釚评

(1) 清光绪八年(1882)丁延兰刻本,宁波市天一阁博物馆藏。

(2) 民国初抄本,国家图书馆藏。

张美章

清吴江人。

禹贡图说 1 卷　经部尚书类

抄本,浙江师范大学图书馆藏。

屈运隆

字骏声。清初吴江人。邑诸生,以孝友称于家。

(康熙)吴江县志 16 卷寿 1 卷　史部地理类

清郭琇修　屈运隆纂

(1) 清康熙二十四年(1685)清醒堂刻本,上海图书馆藏。

(2) 清康熙二十四年刻三十九年屈培增补本,上海图书馆藏。

(3) 吴江柳氏抄本,上海图书馆藏。

毛锡年

字长孺,号康叔,又号余庵。清吴江人。莹子。喜咏短章,书法秀劲,尤工画,得祖母汝氏文淑传,自称画隐。极萧疏淡远之趣,上沙徐枋甚重之。有《春岸归渔图》,现藏南京博物院。

余庵小草　集部别集类　佚

见嘉庆《黎里志》卷6。

按:毛锡年与毛锡申、毛锡繁、毛锡缜四人著作附毛莹《晚宜楼集》后合成一集存世。

毛锡缜

字生寅,一字绣虎。清吴江人。锡年从弟。诸生。工书嗜古,精小学。

四书五经字考11卷　经部小学类

(1) 清康熙二十四年(1685)刻本,山东大学图书馆藏。

(2) 清康熙二十五年刻本,不分卷,上海图书馆藏。

(3)《四库未收书辑刊》本。

按:毛锡缜与毛锡年、毛锡申、毛锡繁四人著作附毛莹《晚宜楼集》后合成一集存世。

陈　严

清吴江人。

清漪阁诗集　集部别集类　佚

见乾隆《吴江县志》卷46。

张嘉玲(? —1674)

字佩葱,一作佩璁,又字岵瞻。清吴江人。嘉璨弟。明诸生。从桐乡张履祥游。居家造次不违礼。卒年34。

周礼说略6卷　经部周礼类

(1) 抄本,上海图书馆藏。

(2)《四库全书存目丛书》本。

门人所记1卷　子部儒学类

清张履祥撰　张嘉玲记

《杨园先生全集》本。

杨园先生训门人语 3 卷　子部儒学类

清张嘉玲辑

《杨园先生全集》本。

安孝先生遗稿 1 卷　集部别集类

抄本，上海图书馆藏。

按：《江苏诗征》卷 58 收其诗 1 首。《国朝文汇》甲前集卷 6 收其文 4 篇。

荫　在(1637—1674)

字香谷，号桤庵。清吴江僧。俗姓皇甫。罗浮山人尧臣弟。顺治四年(1647)始为六都妙华庵僧。其自述有“九龄失所怙，十一脱尘屣”句，后参月涵和上于浦舡。又有“二十遇异人，授以读书秘”句。复去之海昌，旋归寓双寺。康熙四年(1665)冬随尧封月和上之湘中，以病目先归。六年复至双林，以患疾归，卒于妙华。工诗，诗宗山谷，以幽深古峭为主，兼有似卢仝、刘叉者。与兄尧臣辈相唱和，往往以奇语胜人。

香谷集 6 卷　集部别集类

清康熙三十九年刻本，复旦大学图书馆藏。

沈永禋(1637—1677)

字克将，一字醒公，号渔庄。清吴江人。珣孙。县学生。少工举子业，有声场屋，以数奇不售，遂淡于进取，筑室湖边。所居为明处士盛灿旧居，第中有绮云斋、翠娱堂、藤花阁、天缋楼、梅圃、荷池、小山诸胜。永禋风流蕴藉，仪度春容，啸歌以终。

选梦亭诗稿　集部别集类　佚

聆缶词(一作渔庄词)1 卷　集部词曲类　佚

以上 2 种见乾隆《吴江县志》卷 46。《吴江沈氏诗录》卷 7 收其诗

11首。《全清词钞》卷4收其词3首。

费锡章(1637—1693)

字绣公,号德庵。清吴江人。诸生。嗜学,凡《左》《国》《史》《汉》等书无不手录选定,尤精研《易》理。好吟咏。

易经补注　经部易类　佚

诗文集4卷　集部别集类　佚

古今诗话10卷　集部诗文评类　佚

以上3种见《吴江费氏族谱》卷5本传。《江苏诗征》卷128收其诗1首。

吴兆宜(1637—1709)

字显令,一作宪令。清吴江人。兆骞弟。少为诗赋,修缛整练,有中唐人风。后乃笺注《玉台新咏》诸书,穷日夜不厌,人服其博洽。

东阳双林寺傅大士碑1卷傅大士金刚经颂62章　子部佛教类

陈徐陵撰　清吴兆宜注　黄章新注　释印光增补

1923年孙锵刻本,上海图书馆藏。

徐孝穆集笺注6卷附备考1卷　集部别集类

陈徐陵撰　清吴兆宜笺注　徐文炳备考

(1) 清康熙吴郡宝翰楼刻本,上海图书馆藏。

(2) 清乾隆十九年(1754)淮南阮学浚吴门困学书屋重校刻本,上海图书馆藏。

(3) 清光绪二年(1876)广东翰墨园刻本,上海图书馆藏。

(4) 清光绪四年西斋别墅刻本,上海图书馆藏。

(5) 清善化经济书堂校刻本,上海图书馆藏。

(6) 清扬州艺古堂刻本,上海图书馆藏。

(7)《四库全书》本。

(8)《摛藻堂四库全书荟要》本。

(9)《四部备要》本。

庚开府集笺注 10 卷　集部别集类

(1) 清康熙二十七年(1688)刻本,上海图书馆藏。

(2) 清贵文堂刻本,北京师范大学图书馆藏。

(3)《四库全书》本。

李义山集笺注　集部别集类

(1) 稿本,上海图书馆藏,有叶乃溱跋。

(2)《上海图书馆未刊古籍稿本》本。

韩致尧集笺　集部别集类　佚

茹古斋诗文集　集部别集类　佚

以上 2 种见同治《苏州府志》卷 138。《江苏诗征》卷 12 收其诗 1 首。

玉台新咏笺注 10 卷　集部总集类

陈徐陵辑　清吴兆宜注　程际盛删补

(1) 清乾隆三十九年稻香楼精刻本,北京大学图书馆藏。

按:另上海图书馆藏本,有王文焘录纪昀批校。

(2) 清光绪五年宏达堂刻本,南京图书馆藏。

(3)《四部备要》本。

(4) 1915 年扫叶山房石印本,南京图书馆藏。

(5) 1986 年北京市中国书店影印本。

(6) 1985 年中华书局点校本。2017 年、2018 年中华书局再版。

(7)《四库全书存目丛书》本。

(8)《续修四库全书》本。

(9) 1999 年吉林人民出版社出版。

才调集笺注 10 卷　集部总集类

清吴惠叔抄本,翁同寿跋,上海图书馆藏。

沈　栋

初名嘉楠。字石城，一字晋隐。清吴江人。博览能文，尤工书，与王锡阐游。入清无意仕进，以山水自娱。

浩然堂集　集部别集类　佚

见同治《苏州府志》卷138。

沈永溢(1637—1716)

字三溢，号桐斋。清吴江人。永馨弟。国子监生。

桐斋诗稿1卷　集部别集类　佚

见乾隆《震泽县志》卷31。《吴江沈氏诗录》卷8收其诗4首。

王景宸

清吴江人。

滇南恸哭续记　史部传记类　佚

见《儒林六都志》卷下著述。

吴祖命

字邺衣，一字永堂。清吴江人。诸生。学博词雄。其诗意主独造，人谓与吴祖修相伯仲。

一缣庵诗草47卷　集部别集类　佚

见乾隆《震泽县志》卷31。《江苏诗征》卷12收其诗4首。

叶敷夏

字康哉，号苍霖，自号唐湖渔隐。清吴江人。继武子。诸生。工诗，笔力矫健胜其父。受学于吴宗潜、宗泌兄弟之门。杜门嗜古，不妄交一人。顺治七年(1650)入惊隐诗社。十年拒入慎交社。卒年42。

隐居杂录　子部杂学类　佚

雕虫集　集部别集类　佚

以上 2 种见《松陵诗征》卷 4。

南阳草庐诗集　集部别集类　佚

见同治《苏州府志》卷 138。《江苏诗征》卷 160 收其诗 2 首。

叶敷棻

字兰操。清吴江人。敷夏弟。钦赐八品顶戴。工诗。

环碧堂稿　集部别集类　佚

见道光《平望志》卷 8。

潘　镠

字双南，自号饮人。清吴江人。陆子。工诗，平生以酒为性命。

饮人集　集部别集类　佚

见同治《苏州府志》卷 138。

丹徒集　集部别集类　佚

见杨钟羲《雪桥诗话续集》卷 1。

石帆吟 1 卷　集部别集类

《依园七子诗选》本。

按：《依园七子诗选》7 卷，清徐行、曾灿辑，清康熙间长洲顾氏依园刻，国家图书馆藏。

周　焘

字平园。清吴江人。

名家诗宛初集　集部总集类　佚

清康熙十四年(1675)周焘辑刻本，见《明清江苏文人年表》康熙十四年引《新柳堂集》卷 4。

上　晋

字天揆。清吴江僧。康熙五年(1666)主持如皋西方寺。

天揆禅师语录 1 卷　子部佛教类

1935 年据清康熙十八年刻本影印，上海图书馆藏。

次楠堂山居诗 1 卷　集部别集类　佚

天揆杂咏 1 卷　集部别集类　佚

以上 2 种见乾隆《吴江县志》卷 46。

陈　股

字亦史，号无怀。清吴江人。性好书史。

偶然小草　集部别集类　佚

见乾隆《吴江县志》卷 46。《江苏诗征》卷 27 作《素琴堂遗稿》，收其诗 1 首。

陈世锡

字功纬。清吴江人。诸生。于所居种竹万竿。

竹里吟　集部别集类　佚

见《江苏诗征》卷 27，收其诗 1 首。

易睐娘(1638—1661)

字画奴。清吴江盛泽人。善作花鸟小幅刀札，善吟咏。明崇祯十四年(1644)从父母避乱至姑家。以所配不偶，抑郁而卒，年 24。卒前取诗词稿及幼时所作画悉焚之。

愁盐诗词 1 卷　集部别集类　佚

见同治《盛湖志》卷 10。《江苏诗征》卷 177 收其诗 1 首。

按：同治《盛湖志》卷 10 其小传下有按语云："睐娘，汤豹处女，今隐其姓曰易。"

吴祖修(1638—1694)

字慎思,号柳塘。清吴江人。翺子。为人豪迈有父风。才高学博,困于诸生无愠色,惟惓惓造就后学为务。游其门者多以能诗文知名于时。同郡何焯、吴士玉及同邑张尚瑗、周振业等皆重其品,以老友事之。

柳塘诗集 12 卷　集部别集类

(1) 清康熙三十八年(1699)陈苌、吴晋涛刻本,南京图书馆等藏。

(2) 清康熙四十四年刻本,有邓之诚跋,中国科学院图书馆藏。

(3) 清康熙小山堂写刻本,上海图书馆藏。

(4)《四库全书存目丛书》本。

(5)《清代诗文集汇编》本。

柳塘先生诗稿 1 卷　集部别集类

清抄本,上海图书馆藏,柳亚子跋。

梅花草堂诗集不分卷　集部别集类

稿本,中国社会科学院文学研究所藏。

沈永义(1638—1701)

字二闻。清吴江人。自南子。诸生。诗工于言情,浅语而能动人。

姓氏类编 20 卷　史部传记类　佚

二闻诗集　集部别集类　佚

以上 2 种见乾隆《吴江县志》卷 46。《江苏诗征》卷 118 收其诗 4 首。

叶舒玥(1638—1712)

字康贻,号雨岑。清吴江人。廪贡生。青浦县教谕,尝入慎交社。

雨岑诗文不分卷　集部别集类

抄本,中国社会科学院历史研究所藏。

吴文柔(1638—?)

字昭质。清吴江人。兆骞妹,杨焯妻。

桐听词　集部词曲类　佚

见《众香词》御集,收其词3首。

按:民国《吴县志》卷74载其“尝集元人句,题《二分明月集》,……又集古美人句,题《苏香岩闺吟集》,贯串如己出。”

张天麟(1639—1716)

字东侯,号笏山。清吴江盛泽人。世芳子。诸生。工诗善书,为时所重。康熙九年(1670)岁饥,首捐米三百石。

笏山斋诗抄　集部别集类　佚

见《盛泽张氏遗稿录存》小传,收其诗2首。

叶舒崇(1640—1678)

字元礼,号宗山。清吴江人。燮侄。幼有神童誉。及长,诗古文名振一时。游京师,公卿称美不置。康熙十五年(1676)进士,授中书舍人。举博学鸿词,不及试卒于京邸。

宗山集　集部别集类　佚

哀江南赋注　集部别集类　佚

按:徐炯《哀江南赋注》题识云:“其后吴江进士叶元礼尝注是赋,未就而没。”

谢斋词　集部词曲类　佚

以上3种见同治《苏州府志》卷138。《晚晴簃诗汇》卷37收其诗3首。《全清词钞》卷4收其词3首。

沈永群(1640—1703)

庠名人龙。字焕吉,号晚香。清吴江人。自征次子。

叩霄斋诗余1卷　集部别集类　佚

见《吴江沈氏诗录》卷9。

陈陆虬(1640—1710)

字汝翼，号讷庵。清吴江人。小依于外祖陆氏。康熙二十一年(1682)进士，除浙江新昌知县。多惠政。擢部曹，升温州知府。中外服官清白自矢，年70致仕归。

凝和堂集　集部别集类　佚

讷庵小草　集部别集类　佚

以上2种见同治《苏州府志》卷138。

钮　琇(1640或1644—1704)

字玉樵，号书城，室名临野堂。清吴江人。康熙十一年(1672)贡生。历知河南项城县、陕西白水县，兼摄沈邱、蒲城事，颇多治绩。后为广东高明县令，卒于官。旅榇萧然，数年后方得归葬，高明人祀之于名宦祠。博雅工诗文，簿书之间，不废笔墨。所作《觚剩》一书，记明末清初杂事，其文幽艳凄动，有唐人小说之遗。诗亦变风之流。《清史列传》卷70有传。

白水县志14卷　史部地理类　佚

见乾隆《震泽县志》卷31。

广东月令1卷　史部地理类

(1)《檀几丛书》本。

(2)《古今说部丛书》本。

(3)《丛书集成续编》本。

金石小笺　史部金石类　佚

见同治《苏州府志》卷138。

亳州牡丹述1卷　子部艺术类

杂言1卷　子部杂学类

以上2种有《昭代丛书》(道光)本、《丛书集成续编》本。

枕蜗庵琐语不分卷　子部杂学类

清钮琇辑

抄本,上海图书馆藏。

觚剩8卷续编4卷　子部小说类

(1) 清康熙四十一年临野堂刻本,国家图书馆藏。

(2)《古今说部丛书》本。

(3)《清代笔记丛刊》本。

(4)《笔记小说大观》本。

(5) 1986年上海古籍出版社点校本。

(6) 台湾广文书局《笔记丛编》本。

(7)《说铃》本,1卷。

(8)《旧小说》本。

(9)《四库全书存目丛书》本。

(10)《续修四库全书》本。

(11) 1995年江苏广陵古籍刻印社出版。

(12) 1999年重庆出版社出版。

按:本书清代遭禁。另有民国间石印本多种。本书为笔记体小说,记明末清初杂事,其文有唐人小说之遗风。分正续二编,按故事的性质和内容进行编排,正编8卷,分为《吴觚》3卷、《燕觚》1卷、《豫觚》1卷、《秦觚》1卷、《粤觚》2卷;续编4卷,分为《言觚》《人觚》《事觚》《物觚》。

竹连珠1卷　集部别集类

(1)《昭代丛书》(道光)本。

(2)《古今说部丛书》本。

(3)《檀几丛书》本,不分卷。

(4)《丛书集成续编》本

临野堂文集10卷诗集13卷附诗余2卷尺牍4卷　集部别集类

(1) 清康熙二十九至三十八年刻本,上海图书馆藏。

(2) 清康熙四十一年临野堂刻本,国家图书馆藏。

(3) 抄本,上海图书馆藏,无《尺牍》4 卷。

(4)《四库全书存目丛书》本。

(5)《清代诗文集汇编》本。

揖云斋集不分卷　集部别集类

稿本,山东省图书馆藏。

沈永智(1641—1702)

一名志。字四明,号柳庵。清吴江人。永义弟。县学生。少尝作艳词数首,以轻脱见疑于人。工诗,为舅氏顾有孝所称赏。

柳庵诗稿 1 卷附词　集部别集类　佚

见《江苏诗征》卷 118,收其诗 4 首。

柳庵集　集部别集类　佚

见嘉庆《同里志》卷 22。

朱　虹

字亶初,一字天饮。清吴江人。康熙二年(1663)举人。二十年任扬州府学教授。二十七年改入翰林院任事。

清远堂诗抄　集部别集类　佚

见《江苏诗征》卷 16,收其诗 1 首。

顾鸣杵

名亦写作鸣杼、鸣柱。字舒声,一字纬村。清吴江同里人,曾唯裔孙。吴县诸生。务实学,闭户著书,不求名誉。

吴门啸稿　集部别集类　佚

清啸稿　集部别集类　佚

以上 2 种见《江苏诗征》卷 131,收其诗 1 首。

按:嘉庆《同里志》卷 22 作《清萧稿》。

西郊旅草 1 卷　集部别集类

稿本，见《磨剑室文三集》之《磨剑室钞存乡先辈已刊未刊稿本题记》，今未见。

李受恒

字北山。清吴江人。

缑岭新声　子部艺术类　佚

见同治《苏州府志》卷 138。

吴世标

字赤霞。清吴江人。康熙八年(1669)副榜贡生。为人磊落，下笔神速，以诗文噪吴下，一时宿老皆相推服。然久困于场屋。

燕台诗抄　集部别集类　佚

见《江苏诗征》卷 13，收其诗 1 首。

明文英华 10 卷　集部总集类

清顾有孝撰　张尚瑗、吴世标合编，版本参见“顾有孝”条。

吴　隽

字天斐，一字淡人。清吴江人。性放旷，工诗。少游顾有孝门，多所指授。家贫，以授徒自给。

绿野堂诗存　集部别集类　佚

见乾隆《震泽县志》卷 31。《江苏诗征》卷 12 收其诗 1 首。

沈　畹

字振兰。清桐乡人。吴江吴隽妻。

余香诗草　集部别集类　佚

见《撷芳集》。《江苏诗征》卷 174 收其诗 1 首。

沈友琴

字参荇。清吴江人。永启长女，周钰妻。与妹纤阿，俱工词赋，时称联璧。

静闲居稿 1 卷　集部别集类　佚

见《江苏诗征》卷 174，收其诗 2 首。《众香词》乐集著录《静闲居词》，收其词 5 首。

沈御月

字纤阿。清吴江人。永启次女，皇甫锷妻。

空翠轩吟稿 1 卷　集部别集类　佚

见《江苏诗征》卷 174，收其诗 1 首。

撷芳轩词　集部词曲类　佚

见《众香词》乐集，收其词 4 首。

秦士颖

字锐师。清吴江韭溪人。喜读书。时吴之纪有慎交社，文章气谊咸以非常目之。年 70 余卒。

古韵备考　经部小学类　佚

左国经史八家　史部杂史类　佚

静观楼诗稿　集部别集类　佚

以上 3 种见光绪《平望续志》卷 11。

顾施祯

字林奇，号适园。清吴江平望人。博学好古，以诗酒为乐，与族叔有孝唱和。由诸生入太学，居都中援例谒选得浙江昌化县知县，未赴任卒于都中。

杜工部七言律诗疏解 2 卷　集部别集类

(1) 清康熙二十五年(1686)心耕堂刻本,南京图书馆藏。

(2) 清雍正五年(1727)大德堂刻本,南京图书馆藏。

(3) 清雍正十一年心耕堂刻本,南京图书馆藏。

我真集　集部别集类　佚

岁邮集　集部别集类　佚

歠醨集　集部别集类　佚

以上 3 种见乾隆《吴江县志》卷 46。

盛朝诗选初集 12 卷二集 12 卷　集部总集类

清康熙心耕堂刻本,南京图书馆藏。

昭明文选六臣汇注疏解 19 卷　集部总集类

(1) 清康熙二十六年心耕堂刻本,清华大学图书馆藏。

(2) 清乾隆三十九年(1774)心耕堂刻本,南京图书馆藏。

古文兹程　集部诗文评类　佚

见道光《平望志》卷 8。

钮肇顼

字冠南,号蓼劬。清吴江人。诸生。

耕乐轩诗草　集部别集类　佚

见《江苏诗征》卷 116,收其诗 1 首。

金祖彭

字大年。清吴江人。之俊孙。康熙间以恩荫任山东德州知州。

(康熙)德州志 10 卷　史部地理类

清金祖彭修　程先贞纂

清康熙十二年(1673)刻本,北京大学图书馆藏。

郁大成

字留仙。清吴江人。

竹余书屋诗抄　集部别集类　佚

见《江苏诗征》卷154,收其诗1首。

宋存礼

字莨生,号榆村。清吴江人。汉阳籍,监生,候选通判。

湘舲渔唱　集部别集类　佚

见嘉庆《黎里志》卷首。

董与沂(?—1663)

字濯万。清吴江人。二酉子。年少即能诗文,因牵连庄氏《明史》案被斩首。

边词　集部词曲类　佚

见《松陵人物汇编》卷7。

李　谋

字翼夫。清吴江人。

谷田偶吟　集部别集类　佚

北游草　集部别集类　佚

以上2种见《松陵人物汇编》卷8。

沈大声

字匡夏。清吴江人。雍正元年(1723)以子缵功宁海县学训导,移赠修职佐郎。

蒹葭诗集6卷　集部别集类　佚

见乾隆《震泽县志》卷31。

彻　观

字清涟,号澄庵。清吴江梅里人。俗姓石,为邑人黄容舅父。少从云林谛和尚受具足戒，为山家坝庆寿庵僧，好学不倦。时黄容寓庵中读书，观从之学诗，遂擅名于时。与潘耒、徐釚等相唱酬。

伴竹轩稿　集部别集类　佚

见同治《盛湖志》卷11。

王　莘

字右衡，自号任庵。清吴江人。作《任庵说》以见志。年16即能为古文。文学韩昌黎，有雄直气。为人刚介嫉恶，以诸生教授，人无知者。唯归安茅星来甚重之。年40余卒。

字辨　经部小学类　佚

见清柳兆薰《松陵文录姓氏考》。

史榷　史部史评类　佚

治平金鉴　史部史评类　佚

以上2种见同治《苏州府志》卷138。

山林经济　史部政书类

见《国朝文汇》乙集卷20。

半狂集4卷　集部别集类　佚

见同治《苏州府志》卷138。《松陵诗征续编》卷1收其诗1首。

任庵集　集部别集类　佚

见《松陵诗征续编》卷1。

诸赞　集部总集类

抄本，吴江图书馆藏。

黄徕松

字声岩，号仙寿。清吴江西乙圩人。为锦子。承家学，博览群书。性恬退，不慕荣利。家贫以训蒙自给。工诗古文辞，为邑中诸宿儒所赏。

年号考　史部编年类　佚

救贫方略　史部政书类　佚

经史考异　子部杂学类　佚
诗文丛集　集部别集类　佚
以上 4 种见道光《平望志》卷 8。

秦肇深

清吴江平望人。
诗经纂要 10 卷　经部诗经类　佚
见光绪《平望续志》卷 11。

章　复

字中行，号石桥。清吴江同里人。梦易子。诸生。善诗文。与赵沆友善。
消暑笔记 5 卷　子部杂学类
清章复辑
清末抄本，国家图书馆藏。
焚余文稿不分卷　集部别集类
抄本，中国社会科学院文学研究所藏。
按：同治《苏州府志》卷 138 载有《焚余诗文集》，今未见。《江苏诗征》卷 61 收其诗 1 首。
同川风雅集　集部总集类　佚
见嘉庆《同里志》卷 22。
按：嘉庆《同里志》卷 23 收入章复《同川风雅集叙》一文。

计鉴远

清吴江人。
劝学篇　子部儒学类　佚
见嘉庆《同里志》卷 22。

吴尚采

字知白，一字素先，号无观居士。清吴江人。曾参与校对《林下词选》。

金刚经受持灵验记1卷　子部佛教类

清吴尚采编

清康熙刻本，浙江图书馆藏。

中州诗选2卷　集部总集类

清吴尚采选

抄本，上海图书馆藏。

周　铭(1641—?)

字勒山，原名曾璘，字苍承。清吴江人。工诗词。康熙三十年(1691)至三十三年间，尝往日本。还至鄞县，鄞高士林时跃、高斗权等皆极重之。尝采女子之词，自宋、元、明及清，作《词选》一书。又辑吴江词人之作成《松陵绝妙词选》。

华胥放言(一作华胥诗)3卷戊集不分卷　集部别集类

清刻本，中国社会科学院文学研究所藏。

按：计《梦澥编》《客越吴吟》《吞桃草》各1卷，附《甬上诗话》。

日本竹枝词　集部词曲类　佚

见《明清江苏文人年表》康熙三十三年。

林下词选(一作女子绝妙好词)14卷　集部词曲类

(1) 清康熙十年周氏宁静堂刻本，国家图书馆藏。另藏有金成栋重修本。

(2) 1915年上海中华图书馆石印本，题《女子绝妙好词选》。

(3)《四库全书存目丛书补编》本。

(4)《续修四库全书》本。

华胥语业1卷　集部词曲类

按:本书附刊于1926年吴江薛凤昌邃汉斋铅印本《松陵绝妙词选》4卷后。

松陵绝妙词选4卷　集部词曲类

(1) 清康熙十一年宁静堂刻本,上海图书馆藏。

(2) 1926年薛凤昌邃汉斋铅印本,南京图书馆藏。

按:全书4卷,前两卷所录多明人,后两卷所录均明末清初之人,上起明成化年间,下迄康熙。共105家,词295首。先言词人生平梗概,并品评其文学才情及词风,后载其作品。

周　篆(1642—1706)

字籀书,号草亭。清吴江人。世居青浦,后迁吴江严墓。少颖敏好学,能为诗古文。弱冠后问道于顾炎武,炎武以务本语之,遂博究经史,所作多有关于治体。已而遍游九州,参文武幕府。于所在河渠、兵农、钱谷之事益加谙练。乃悉以其所得发为词章,皆切中当时利弊而律度严密。

蜀汉书81卷　史部杂史类　佚

见乾隆《震泽县志》卷31。

草亭文集2卷诗集4卷补遗1卷　集部别集类

(1) 清嘉庆二十五年(1820)晚香堂刻本,国家图书馆等藏。

(2)《续修四库全书》本。

(3)《清代诗文集珍本丛刊》本。

杜工部诗集集解40卷年谱1卷附录1卷　集部别集类

清抄本,国家图书馆藏。

百六集106卷　集部别集类

见子周廉等编《草亭先生年谱》。

草亭诗说1卷　集部诗文评类　佚

见乾隆《震泽县志》卷31。

吴森札

字文照，号潇湘居士。清吴江人。溢女，周某妻。喜读书坐禅。

小潇湘集　集部别集类　佚

见《众香词》御集，收其词 4 首。

汝钦龙

字云骥。清吴江人。承汪族叔。康熙十一年(1672)举人。能诗。

遗诗 1 卷　集部别集类　佚

见嘉庆《黎里志》卷 9。

董　訚

字方南，号如斋。清吴江人。康熙十二年(1673)进士，选庶吉士。以御试第一授检讨。在翰林十余年，纂修会典、注礼经。迁国子监司业，校文拔士悉除宿弊，声誉大著。丁外艰归，以哀毁卒。

清慎堂集 20 卷　集部别集类　佚

见同治《苏州府志》卷 138。

沈　攀

字云步，一字香山。清吴江人。元龙子。康熙十二年(1673)进士。官灵台知县。工诗，壮年时词藻绮丽，居官后苍茫浑厚，有元结《春陵行》、杜甫《病柏》《枯棕》遗意。

密游草　集部别集类　佚

见《江苏诗征》卷 119，收其诗 6 首。《全清词钞》卷 4 收其词 2 首。

智　津

号元芳。清吴江僧。住圆明庵。初不知书，后忽大悟，凡内典无不通晓，年 80 余犹为人讲说经义。

楞严经疏10卷　子部佛教类　佚

金刚经点缀　子部佛教类　佚

以上2种见道光《震泽镇志》卷11。

智　潮

字香水，号北麻。清吴江僧。蠡泽村杨氏子。少能诗，兼工画。年17剃发永乐寺。往侍抱朴莲于浮玉庵，继随住高峰净名院，猛力参究。抱朴为磬山第四子，传智潮一人，而智潮老不传人。平生瓢笠无定踪，晚归永乐寺。

归来堂诗稿　集部别集类　佚

见乾隆《震泽县志》卷31。《江苏诗征》卷181收其诗1首。

郁杨勋

字钦谐。清吴江芦墟人。少习举子业，补博士弟子员。年50余始为诗。

娱老吟2卷　集部别集类

清康熙五十四年(1715)刻本，中山大学图书馆藏。

按：同邑计默序而行之，沈德潜选入《清诗别裁集》中。据《中国古籍善本书目》载，上海图书馆另藏有清康熙间刻6卷本。

赵　沆(1643—1705)

字子升。清吴江人。沄族弟。少时具勇力，及长折节读书，略观大意即弃去。喜为诗，为前辈顾有孝、朱鹤龄诸先生所称赏，与族兄沄、瀚相唱和，时人莫能轩轾。晚精医术，并入佛教。卒年63。

惕若斋遗诗2卷　集部别集类　佚

见乾隆《吴江县志》卷46。《江苏诗征》卷107收其诗4首。

赵嘉稷(1644—1708)

字书年。清吴江人。沄长子。县学生。承累世清芬,读书好古,为名诸生。尝客游齐鲁三晋,莫不纪之以诗。学于陈启源,与前辈吴祖修等称莫逆交,多唱和之作。

艳雪楼诗　集部别集类　佚

见乾隆《震泽县志》卷31。《江苏诗征》卷108收其诗1首。

按:山东省图书馆藏清陈启源撰《毛诗稽古编》30卷,为清康熙四十年(1701)赵嘉稷抄本,并有其跋。

沈三楙(1644—?)

字天安,改名金镕,又改名楞。清吴江人。自炳孙。补浙江嘉兴学生。后客游奉天,补海城学生,充岁贡生,教习满洲,才名大著。

青溪堂诗稿　集部别集类　佚

见同治《苏州府志》卷138。《吴江沈氏诗录》卷10收诗2首。

范孙萌(1645—1674)

字茂远,号雩苑,自署鲜民。清吴江同里人。研究经史,不习时艺。从戴笠、任大任游。

雩苑丛笔　子部杂学类　佚

见《同里古吴范氏家乘》。

周永龄(1645—1721)

字舜伯,号西冈,又号卓观子。清吴江人。太学生。师事隐君施石农,得濂洛之传。尤通于易。陶情诗酒,时策杖挟弟子从游西湖、灵鹫之间。

兰言集　集部别集类　佚

卓观堂集　集部别集类　佚

以上2种见周岐《周氏家乘》卷3。

潘　耒(1646—1708)

字次耕，号稼堂，晚号止止居士。清吴江人。柽章弟。师事徐枋、顾炎武、王锡阐。淹贯群书。康熙十八年(1679)以博学鸿词征，试授检讨。与修《明史》，作《修明史议》。充日讲起居注官，二十一年充会试同考官。二十三年坐浮躁降调归。四十二年复原官，力辞而止。性至孝，于师门之谊尤笃。性好山水。诗不事雕饰，文章平实而气体浑厚，多论学之作。于音韵之学颇有成就。《清史稿》卷484有传。

遂初堂易论　经部易类

(1) 日本嘉永元年(1848)尚友堂刻本，北京大学图书馆藏。

(2)《无求备斋易经集成》本，台北成文出版社有限公司1976年出版。

类音8卷　经部小学类

(1) 清康熙五十一年潘氏遂初堂刻本，南京图书馆藏。

(2) 清雍正三年(1725)潘氏遂初堂刻本，国家图书馆藏。

(3) 清嘉庆二十一年(1816)吴江孙上珍补刻本，上海图书馆藏。

(4)《韵学丛书四十二种》本。

按:《韵学丛书四十二种》，清丁显辑，此为稿本，北京大学图书馆藏。

(5)《四库全书存目丛书》本。

(6)《续修四库全书》本。

明五朝史稿30卷　史部正史类　佚

见乾隆《吴江县志》卷46。

游西洞庭记1卷　史部地理类

(1)《小方壶斋舆地丛钞》本。

(2)《吴中小志丛刊》本。

按:潘耒谓:“吴中山水莫佳于洞庭，而西山尤胜。他山之秀在岩壁，洞庭之奇在山根。”此即记其与友人同游西山事。

游庐山记1卷　史部地理类

游雁荡山记1卷　史部地理类

游仙岩记1卷　史部地理类

游仙居诸山记1卷　史部地理类

游天台山记1卷　史部地理类

游南雁荡记1卷　史部地理类

游玉甑峰记1卷　史部地理类

游鼓山记1卷　史部地理类

游林虑山记1卷　史部地理类

游中岳记1卷　史部地理类

游金牛山记1卷　史部地理类

游南岳记1卷　史部地理类

游永州三岩记1卷　史部地理类

以上13种有《小方壶斋舆地丛钞》本。

游罗浮记1卷　史部地理类

(1)《学海类编》本。

(2)《小方壶斋舆地丛抄》本。

(3)《丛书集成初编》本。

金石文字记6卷　史部金石类

清顾炎武撰　潘耒补遗

(1)《亭林遗书》本。

(2)《顾亭林先生遗书》本。

(3)《四库全书》本。

(4)《借月山房汇抄》本。

(5)《指海》本。

(6)《泽古斋重抄》本。

(7)《式古居汇抄》本。

救狂砭语1卷救狂后语1卷　子部儒学类

(1) 1981年北京图书馆据康熙三十八年刻本影印,国家图书馆藏。

(2) 1983年上海古籍出版社《瓜蒂庵藏明清掌故丛刊》本,与《金陵览古》等合刊。

(3)《四库禁毁书丛刊补编》本。

按:本书康熙刻本为谢国桢瓜蒂庵私藏。

砚铭1卷　子部艺术类

(1) 清康熙二十七年刻本,附于《鸿爪集》后,上海图书馆藏。

(2)《花近楼丛书》本。

(3) 抄本《清怀丛书》本。

按:《清怀丛书》21种24卷,抄本,南京图书馆藏。

遂初堂全集40卷(诗集16卷文集20卷别集4卷)　集部别集类

(1) 清康熙四十九年刻本,雍正三年补刻,国家图书馆等藏。

(2)《四库全书存目丛书》本。

(3)《续修四库全书》本。

(4)《清代诗文集汇编》本。

按:文集20卷另有清抄本,广东省立中山图书馆藏。

遂初堂稿2卷　集部别集类

稿本,费馨莲、俞震、袁宝树、徐琢、徐康跋,国家图书馆藏。

遂初堂诗2卷　集部别集类

清康熙抄本,吉林大学图书馆藏。

遂初堂外集不分卷　集部别集类

(1) 稿本,上海图书馆藏。

(2) 抄本,浙江图书馆藏。

遂初堂集外诗文稿2卷　集部别集类

(1)《乙亥丛编》本。

(2) 台北文海出版社《明清史料汇编》本。

(3) 抄本,上海图书馆藏。

(4)《丛书集成续编》本。

按:本书乃叶岷从孙氏旧藏手稿中录出,凡诗46首,文7篇。

稼堂文抄1卷　集部别集类

《国朝二十四家文抄》本。

按:乾隆《吴江县志》卷46载《稼堂杂抄》,不知是否一书。

鸿爪集1卷附砚铭1卷　集部别集类

清康熙三十年刻本,国家图书馆藏。

鸿爪集补　集部别集类

清抄本,国家图书馆藏。

雁山百咏　集部别集类

民国永嘉黄氏敬乡楼抄本,温州市图书馆藏。

按:本书内容从《遂初堂集》卷9《台荡游草》中录出。

七家批钱注杜诗20卷　集部别集类

清潘耒等批,参见《杜集书录》内编卷9。

居易堂集20卷　集部别集类

明徐枋撰　清潘耒编

(1) 清康熙间刻嘉庆二十年补刻本,国家图书馆藏。

(2)《明季三孝廉集》本。

赵宗濂(1646—?)

字子静,号淡庵。清吴江人,赵宽后裔。

淡庵诗稿　集部别集类　佚

见《吴江赵氏诗存》卷9。

沈　安(1647—1707)

字又安,号静园。清吴江人。毓升甥。监生。曾为人记室,游江西、广东间。诗律工整,多登临凭吊之作。

静园诗钞　集部别集类　佚

见《江苏诗征》卷119,收其诗1首。

大　涵(1647—?)

字雁黄,号洞庭痴。清吴江平望人。潘氏子。9岁为僧。长参灵岩弘储,继参南潜(董说),从游南岳。归爱台歙山水之胜,遂卓锡此地。在黄山躬耕,闻岭半伐木声有悟,口占一绝,语透宗旨,自是诗遂有名。人谓其诗得南潜精髓。众僧忌之,谋折其足,乃夜遁走。抟雪食之,故自号吃雪子、江城吃雪。后主海宁安国寺席,复出游罗浮,归至肇庆示微疾,说偈而逝。

桂罗壮游集　史部地理类　佚

见乾隆《吴江县志》卷46。

雁黄布衲黄山游草6卷　集部别集类

(1) 清康熙刻本,存卷1、2、5、6共4卷,国家图书馆藏。

(2) 抄本,无卷数,安徽省图书馆藏。

(3) 民国铅印本,安庆市图书馆藏。

(4) 抄本,安庆市图书馆藏。

(5)《清代诗文集珍本丛刊》本。

西湖草1卷　集部别集类　佚

弹指集4卷　集部别集类　佚

南皋集1卷　集部别集类　佚

盐官剩草　集部别集类　佚

以上4种均见光绪《杭州府志》卷114。

补陀南参集　集部别集类　佚

见雍正《浙江通志》卷198。

仲子长

以字行。清吴江人。精篆刻。深得汉魏宋元诸家体势。

印谱2卷　子部艺术类　佚

见同治《盛湖志》卷12。有潘耒序。

周威亮

字幼良。清吴江人。安子。年13以咏史诗见赏徐枋。弱冠补诸生,不得志以死。

谦恕堂稿　集部别集类　佚

见同治《苏州府志》卷138。

王　奂

字维章,号可庵,又号晦夫。清吴江人。康熙十八年(1679)荐举鸿博,因丁艰未试。性喜吟咏,与朱明德、计东诸君相唱和。

倚树堂诗选1卷　集部别集类

清王奂撰　黄容选

清康熙四十二年刻本,上海图书馆藏。

可庵诗抄1卷　集部别集类

清康熙四十二年刻本,上海图书馆藏。与《倚树堂诗选》合刻。

按:本书顾有孝选入《百名家英华集》。

李兼山

字西崑,号癖印生、石耳山人,别署玉涧道人、浮丘社长、泉石主人。清吴江人。性好古,学识渊博,工书,善铁笔。有《印宗》存世。

印宗不分卷　子部艺术类

清康熙四十二年(1703)钤印本,香港"松荫轩"藏。

按:本书封面有黄裳手书"李兼山《印宗》,康熙刻,甲午六月,黄裳装成记"。全书分为两部分,前面为序跋及《刀篆秘指》,后面为《印宗》。

黄元冕

清吴江人。

藕花庄近咏 1 卷　集部别集类

清康熙十八年(1679)五松轩刻本,南京图书馆藏。

按:本书与黄容、王维翰《东华绝句》同刻。

黄　容

字叙九,一字圭庵。清吴江人。彻观甥。少好学能诗,多从长者游,有名于时,生平喜谈忠孝节义事,凡所闻见必纂述之。康熙九年(1670)为太仓邹震谦《云石山居诗》撰题辞。

明遗民录 4 卷　史部传记类

(1) 清初抄本,日本东洋文库藏。

(2)《明遗民录汇辑》本。

卓行录 4 卷　史部传记类

(1) 清康熙三十九年吴江黄氏圭庵刻本,上海图书馆藏。

(2)《四库全书存目丛书》本。

按:《四库全书总目》传记类存目 5 云:"是书成于康熙庚辰(1700),所录多明末国初之事,后有自序,称集中体例,主于表彰潜德,蒐辑逸事,其事迹赫赫在天壤,他书具载者,反不多录。"

忠烈编 2 卷　史部传记类　佚

见乾隆《震泽县志》卷 31。

倚树堂诗选 1 卷　集部别集类

清王奂撰　黄容选

清康熙四十二年刻本,上海图书馆藏。

圭庵诗抄 4 卷杂著 1 卷　集部别集类

清刻本,上海图书馆藏。

东华绝句 10 卷　集部别集类

清黄容、王维翰辑

(1) 清康熙十八年五松轩刻本,南京图书馆藏。

(2) 清道光元年(1821)五松轩刻本,上海图书馆藏。

绮雪斋近咏 1 卷　集部别集类

清康熙十八年五松轩刻本,南京图书馆藏。

按:本书与《东华绝句》同刻。

诗存合钞 3 卷　集部总集类

清释夜川、观树、悟拈撰　黄容选

清康熙四十一年吴江黄氏刻本,上海图书馆藏。

按:此选清代僧人夜川、观树、悟拈 3 人诗,人各 1 卷。

尺牍兰言 10 卷　集部总集类

(1) 清康熙二十年刻本,北京大学图书馆藏。

(2) 1917 年上海有正书局铅印本,上海图书馆藏。

(3)《四库禁毁书丛刊》本。

按:本书黄容与王维翰合选。因本书内有钱谦益、龚鼎孳诸人尺牍,乾隆四十六年(1781)遭禁。

寒山集　集部总集类

见邓晓东《遗民选家与清初诗坛》一文。

黄元昌

字甸六,一作奠六。清吴江北麻人。黄容族弟。康熙三年(1664)武进士。官山东平山卫守备。

深柳堂诗草　集部别集类　佚

见乾隆《震泽县志》卷 31。

沈　澍(1648—1725)

字洄闻,号浣桐。清吴江人。永令次子。监生。南北客游,作诗多立就。

浣桐稿　集部别集类

见《吴江沈氏诗录》卷10,谓原有千余首诗,录5首。

按:《垂虹识小录》卷7载有抄本《浣桐汇稿》2卷。《磨剑室文三集》之《磨剑室钞存乡先辈已刊未刊稿本题记》载《浣桐遗文》2卷,有抄本,今未见。

黄山诗　集部别集类

旧抄本,华东师范大学图书馆藏。

按:本书4册,附注"在著者《浣桐诗集》内",可知即为《浣桐诗集》一部分。

赵南极(1649—1706)

字寿者,号木公。清吴江人。康熙二十一年(1682)取入江庠。工诗古文词。

学吟编　集部别集类　佚

见《吴江赵氏诗存》卷10。

沈永宥(1649—?)

字三密,号竹轩。清吴江人。汉六世孙。

吴江沈氏传略不分卷　史部传记类

清沈永宥等辑录

清康熙五十六年(1717)重刻本,附沈汉《水西谏疏》2卷,南京图书馆藏。

按:本书由汉六世孙沈永宥,七世孙沈始树、沈松等,八世孙沈彤等合辑。

赵震东

字青雷,号喻庵。清吴江人。淑长子。能诗,兼工行楷书。

励思斋诗　集部别集类　佚

见《吴江赵氏诗存》卷10。

蒯逢尧

清吴江人。

仙槎旅馆吟稿　集部别集类　佚

见光绪《黎里续志》卷4。

徐时夏

字丙文，一字常于。清吴江人。康熙二十五年(1686)旅泰州，为孔尚任记室，二十六年与孔尚任、吴绮、龚贤等在扬州共会春江社。二十七年因与孔尚任不合，解馆去。能诗文，兼工书法。一夕暴卒于殊胜寺僧舍。

湖上吟1卷　集部别集类　佚

见《松陵诗征》卷10。

周孝学

字孺仍，号勉斋，又号勉庐。清吴江人。诸生。与同邑李重华、吴觐文诸人联吟社。古诗独好韦柳。诗作风光细腻，感时吊古诸作深得讽喻之体。

勉庐诗钞4卷试草1卷　集部别集类

清康熙五十七年(1718)刻本，上海图书馆藏。

沈国琇

字吕璜。清吴江黎里人。以国子生试京兆，归得膈症，闭户穷居，日摹汉隶以自娱。

家谱考略　史部传记类　佚

西村诗钞　集部别集类　佚

以上2种见嘉庆《黎里志》卷6。

陆　朴

字天诚，号双桥。清吴江人。诸生。工制举业，以屡试不售，遂专力于诗，以生新为主。

双桥诗草　集部别集类　佚

见《江苏诗征》卷152，收其诗2首。

周能察

字以绍，号谨斋。清吴江谢天港人。早卒。

世经堂遗稿1卷　集部别集类

《周氏传家集略三种》本。

按：《周氏传家集略三种》，清周孝垣辑，抄本，上海图书馆藏。子目为《世经堂遗稿》1卷，清周能察撰。《骖鸾集》1卷，清周朱耒撰。《童初室诗词遗稿》1卷，清周元熙撰。

陈　权

字圣谋，号东湖。清吴江人。豪迈有才略，年20余即弃举子业，奔走燕赵，后从军甘肃，以例官贵州南笼府通判。忧归，旋补滇之鹤庆。受命经营新辟苗疆维西，不到三年而极边悉如内地。擢阿迷州知州。

（雍正）阿迷州志24卷　史部地理类

清陈权修　顾琳纂

（1）清雍正刻本，国家图书馆藏。

（2）民国间抄本，缺卷2至6、卷24，国家图书馆藏。

（3）1975年台湾成文出版社《中国方志丛书》本。

维西杂记　子部杂学类　佚

见乾隆《震泽县志》卷31。

滇游集4卷　集部别集类　佚

见《江苏诗征》卷27，收其诗2首。

顾　卓

字尔立，号砚山。清吴江人。布衣。能诗善画，写花草如生。康熙三十四年(1695)馆安和亲王岳端家。年71卒，王命葬后园中。

云笥诗1卷　集部别集类

清康熙三十五年刻本，中国人民大学图书馆藏。

按：本书附刻于清岳端《玉池生稿》后，钤"岳端之印""玉池生"印。

杨　南

字维箕。清吴江人。好学深思，博通经史象纬之学。布衣草鞋教授村墟中。

说易1卷　经部易类　佚

易集注　经部易类　佚

洛书成卦图1卷　子部术数类　佚

以上3种见同治《苏州府志》卷138。

周　立

字立山。清吴江人。

饮香堂集　集部别集类　佚

见同治《苏州府志》卷138。

王自珍

清吴江震泽人。父没于甘肃，自珍时年16，间关万里，扶灵以归。素有弱疾，以疾早夭。

西奔录　集部别集类　佚

见道光《苏州府志》卷94。

包日锦

字咸章，号愚亭。清吴江人。乌程县学生。草书学怀素，晚年颇能神似，兼工诗。乾隆四年(1739)仍在世。

拙村偶草　集部别集类　佚

见道光《平望志》卷8。

包　渊

字震飞。清吴江人。日锦子。善草书。

遗稿　集部别集类　佚

见道光《平望志》卷8。

苏　韦

清吴江人。

纪年类编不分卷　史部编年类

清苏韦辑

清乾隆间刻本，复旦大学图书馆藏。

正　提

字天眉，号问樵。清吴江僧。殷氏子。出家于双林寺南院。喜读书、弹琴、作画，工吟五七言。晚受法于谛辉和尚。卒年77。

问樵集　集部别集类　佚

太湖风土歌　集部总集类　佚

以上2种见《儒林六都志》卷下仙释。

释　向

字明如。清吴江僧。关帝庙梦麟之徒。康熙四十一年(1702)郡绅请主苏州东禅寺。

明如语录 2 卷　子部佛教类　佚

清释向述　行濂编

见同治《盛湖志》卷 12。

金　镠

字士价，号兰畹。清吴江人。家贫嗜学，一椽风雨，日吟哦其中。

耕余草　集部别集类　佚

见《松陵诗征》卷 13。

程维屏

字宪侯，号障堂。清吴江人。

礼记纂注　经部礼记类　佚

历朝诗选　集部总集类　佚

以上 2 种见《松陵人物汇编》卷 8。

沈淑兰

字清蕙，号吴兴内史。清吴兴人。归安知县沈彦章之女，吴江诸生吴方敉妻。

黛吟草 1 卷诗余 1 卷　集部别集类

(1) 清康熙五十五年(1716)浣花轩刻本，无《诗余》1 卷，上海图书馆藏。

(2) 1920 年吴江柳氏抄本，上海图书馆藏。

朱雪英

字韵梅。清吴江人，寄居天长。周莲洲妻。为女史翁静如之媳。与小姑月贞俱能诗。

冰心草 1 卷　集部别集类

清乾隆间刻本，复旦大学图书馆藏。

按:本书附于清翁静如《珠楼余草》后,与周月贞《月贞遗草》合刻。沈德潜合翁静如、周月贞、朱雪英三人诗序而刻之,名《联珠集》。

朱　穆

字汉直。清吴江人。先世自南浔迁同里。高才工文。为诸生,与董闾、包咸相上下。屡试不中,乃肆力于诗。游京师、楚粤10余年,题咏甚多。

易经析疑　经部易类　佚

四书论准　经部四书类　佚

燕台集　集部别集类　佚

罗浮集　集部别集类　佚

楚游草　集部别集类　佚

三苏体要　集部总集类　佚

以上6种见嘉庆《同里志》卷22。《江苏诗征》卷16收其诗1首。

金清琬

字亮升。清吴江人。石麟子。《松陵诗征》谓其父诗以才华胜,清琬诗则以议论胜。

小涛诗余　集部词曲类　佚

见同治《苏州府志》卷138。《江苏诗征》卷88收其诗2首。

陆永传

字莱逸。清吴江人。瑶子。诸生。授徒讲学,年84以贫困卒。

漱玉轩偶吟　集部别集类　佚

见嘉庆《同里志》卷22。《江苏诗征》卷152收其诗1首。

王维翰

字缵文,号约庵。清吴江人。鼎谟嗣孙。年14补青浦县学生,文名日起。康熙二十一年(1682)以例贡入京廷试第一。二十四年授舒城县训导。革除陋规,学使李振裕称为清廉。三十五年补望江县教谕。捐修大成殿、启圣祠、尊经阁,与祭祀之。时巡抚高承爵特举卓异,列监司前,而维翰竟卒。

学圃剩稿　集部别集类　佚

见乾隆《震泽县志》卷31。

按:道光《平望志》卷16有张尚瑗《学圃剩稿序》。

尺牍兰言10卷　集部总集类

与黄容合选。版本参见“黄容”条。

东华绝句10卷　集部别集类

清黄容、王维翰辑,版本参见“黄容”条。

按:道光《平望志》卷8作“东华集”。其《东华集自序》云:“因先梓七绝以问世”,可知即《东华绝句》。

独倚楼近咏1卷　集部别集类

清康熙十八年五松轩刻本,南京图书馆藏,与《东华绝句》同刻。

王梦兰

字素芬。清吴江人。维翰女,吴伟业孙媳,吴德怡妻。工诗,善书。

绣余集　集部别集类　佚

见道光《平望志》卷10。

钱　沾(?—1720)

字上沐,号东畦。清吴江人。允遴孙。为人重厚,学务博览,好网罗旧闻。著书几百余卷,以岁贡生终。

四书大全合参　经部四书类　佚

氏族统志8卷　史部传记类　佚

以上2种见康熙《吴江县志续编》卷2。

皇舆统志14卷　史部地理类

清钱沾辑

稿本,浙江图书馆藏。

(康熙)吴江县志续编10卷　史部地理类

清王前修　包咸、钱沾纂

(1) 清康熙六十年(1721)刻本,上海图书馆藏。

(2) 清抄本,南京图书馆藏。

(3) 抄本,苏州图书馆藏。

广类函130卷　子部典故类　佚

见光绪《吴江县续志》卷35。《江苏诗征》卷35收其诗1首。

包　咸

字自根,号南川。清吴江人。捷子。康熙二十七年(1688)任泰州学正。三十九年进士。知房山县。能文,善任事。年90卒。

(康熙)吴江县志续编10卷　史部地理类

清王前修　包咸、钱沾纂。版本参见“钱沾”条。

南川诗集　集部别集类　佚

见同治《苏州府志》卷138。《江苏诗征》卷39收其诗1首。

七子言志编　集部总集类

清康熙二十九年刻本,见《泰县著述考》卷2。刻本今未见。

沈重熙(1650—1722)

字明华,号六书。清吴江人。世楙子,金圣叹婿。

珠树堂稿　集部别集类　佚

见《吴江沈氏诗录》卷10。

沈　俊(1650—?)

原名范俊,字士伟,号苞山。清吴江人。世潢子。县学生。为文章色古气茂,好作阁体书。

鸿野集　集部别集类　佚

见乾隆《吴江县志》卷46。《吴江沈氏诗录》卷10收其诗4首。

金法筵(1652—1705)

清吴县人。人瑞季女，吴江沈重熙室。7岁能诗，人瑞爱之，有“左家娇女惜余春”句美之。于归后，即以惜春名其轩。

惜春轩稿1卷　集部别集类　佚

见《松陵女子诗征》卷3。

按：《江苏诗征》卷171收其诗3首。《松陵女子诗征》卷3收其诗9首。

陆方涛(1652—1718)

字渭谋，一作惠谋，号即山。清吴江人。钥次子。康熙四十四年(1705)举人。肆力经史制艺，兼工古今体诗。卒年67。

戊庚随笔　子部杂学类

味莼鲈轩诗钞　集部别集类

味莼鲈轩遗文　集部别集类

以上3种有《陆氏传家集》本。

徐　铣(1652—1727)

字公卫，号半江。清吴江北库人，釚弟。康熙二十年(1681)取入江庠。

类略4卷　子部典故类

稿本，见《养余斋松陵书目补编》卷3。

落花诗1卷　集部别集类

抄本，吴江图书馆藏。

陈沂震(1652—?)

字起雷,号狷亭。清吴江人。锷子。工诗有盛名。康熙三十九年(1700)进士。初授四川庆符县,后为营缮司主事,历官礼科给事中。五十五年督学山东,五十九年竣事,转刑科掌印给事中。旋以衰老乞休,卒于家。

按:苏州图书馆藏抄本《微尘集》前有"右调《沁园春》狷亭自题小照丁未暮春,时年七十有六。"

微尘敝帚二集 9 卷　集部别集类

清咸丰元年(1851)芙蓉人镜楼迪州抄本,苏州图书馆藏。

按:《微尘集》5 卷,前 3 卷为诗,第 4 卷为《狷亭岁记》,第 5 卷为《庆符杂记》。《敝帚集》4 卷,前 3 卷为近体、古体及游览诗,第 4 卷为《北池唱和诗》。

微尘诗抄不分卷　集部别集类

清咸丰元年袁清贺手抄本,台湾"中央图书馆"原藏。

狷亭诗稿 12 卷　集部别集类

(1) 稿本,上海图书馆藏。

(2) 稿本,1 卷,上海图书馆藏。

(3) 清抄本,1 卷,国家图书馆藏。

(4)《清代诗文集珍本丛刊》本。

按:据《磨剑室文三集》之《磨剑室钞存乡先辈已刊未刊稿本题记》之《狷亭诗稿》条记载,本书"原目二十一卷,疑分订两册,今失其一,故佚存十二卷,计缺'古体诗'一卷,而'游览'二卷,'北池'二卷、'公车'四卷则全付子虚乌有矣"。而《微尘集》以"公车"诗始,《敝帚集》4 卷,前 3 卷为近体、古体及游览诗,第 4 卷为《北池唱和诗》,目次可补 12 卷本之所缺,大抵均出自《狷亭诗稿》21 卷本。

海岱联吟　集部总集类　佚

见乾隆《吴江县志》卷 46。与高孝本、周龙藻、顾我锜同撰。

按：据《狷亭岁记》载其著有《游桐庐日记》并诗1卷、《庆山诗》5卷、《出蜀诗》1卷、《都门诗》1卷、《家山诗》1卷、《都门日记》《南归日记》等，今未见。

张世炜(1653—1724)

字焕文，号雪窗。清吴江唐湖人。其为诗凡三变，少时喜骈丽之体，力摹六朝三唐而形迹未化。中年好宋元之作，诗格一变。晚年发抒情性，自然成趣。其为文初好作齐梁小赋，每脍炙人口。既而揣摩史汉八家，悟升沉消长之机，明治乱兴亡之理而为古人之文。家酷贫，年13习医术，医有效验，远近延之者无虚日。晚染痰疾，而力学益勤。

伤寒汇参(又名若山居医学读本第三帙伤寒汇参)4卷　子部医家类

清张世炜辑　张守坚订补

清抄本，国家图书馆藏。

按：《贩书偶记续编》卷9载有底稿本。

辑注读素问抄　子部医家类　佚

见道光《平望志》卷8。《据梧草》收其《辑注读素问抄序》。

蒿径丛谈　子部杂学类　佚

见乾隆《震泽县志》卷24。

秀野山房诗草1卷杂著1卷抱甕吟1卷据梧草1卷　集部别集类

(1) 清康熙唐湖老屋刻本，南京图书馆藏。

(2) 清乾隆刻本，无《抱甕吟》，上海图书馆藏。

(3) 清道光二年(1822)刻本，国家图书馆藏。

(4) 清咸丰八年(1858)刻本，上海图书馆藏。

按：本书又名《秀野山房集》，分初集、二集。初集为古今体诗与杂著，即《秀野山房诗草》1卷《杂著》1卷。二集为《抱甕吟》1卷《据梧草》1卷，其中《抱甕吟》附梅花诗绝句百首。

秀野山房诗草1卷　集部别集类

抄本，上海图书馆藏。

临安杂诗1卷　集部别集类　佚

见《明清江苏文人年表》康熙二十一年(1682)。

雪窗文钞　集部别集类　佚

见《垂虹识小录》卷3。

萍寄草　集部别集类　佚

艳雪斋诗草　集部别集类　佚

以上2种见《秀野山房杂著》。

余梦录　集部别集类　佚

见《据梧草》。

读杜管窥1卷　集部别集类

稿本,南京图书馆藏。

按:道光《平望志》卷8作《杜诗正义》。

唐七律隽1卷　集部总集类

稿本,南京图书馆藏。

按:以上2种即《秀野山房病余杂稿》2卷,稿本,南京图书馆藏。

历朝诗约选　集部总集类　佚

唐诗真赏集　集部总集类　佚

以上2种见道光《平望志》卷8。《秀野山房杂著》收其《唐诗真赏自序》。

松陵诗约1卷　集部总集类

清抄本,上海图书馆藏。

按:本书所存共7页,仅为明代吴江卜舜年、庄汝培二人之诗。

吴南龄

字山年,号梅洲。清吴江人。翺子。康熙十七年(1678)、三十二年两中副榜,官灵璧教谕。幼承父兄教,又得岳父朱彝尊指授,故学有源本。

梅洲诗草　集部别集类　佚

见《江苏诗征》卷13,收其诗1首。

汝周录

字其修。清吴江人。从无锡钱肃润、同邑朱鹤龄、长洲宋实颖游。饩于庠几二十年,虽屡困棘闱而才名益著。康熙二十一年(1682)以岁贡生入成均,卒于京。

殉节编　史部传记类　佚

见光绪《黎里续志》卷4。

汝先楷

字端士。清吴江人。周录从弟。性迂谨,好学能诗。

遗稿1卷　集部别集类　佚

见嘉庆《黎里志》卷8。

任梦乾(1655—1727)

字易始。清吴江人。大任子。国学生。平生布衣蔬食,能甘淡泊。

孝经释义1卷　经部孝经类　佚

杜律含英2卷　集部诗文评类　佚

以上2种见嘉庆《同里志》卷22。

爱日居小集　集部别集类　佚

见同治《苏州府志》卷138。

按:同治《苏州府志》卷138作"任启乾"。

吴为旦

字敉功,号拙斋。清吴江人。南杓长子。幼即能诗,才藻迅发,一时无敌。与周龙藻、潘葆光有吴江三异人之称。卒年26。

原古斋集(一作拙斋集)　集部别集类　佚

见乾隆《震泽县志》卷31。《江苏诗征》卷13收其诗2首。

徐　渭

字方思。清吴江黎里人。诸生。康熙十八年(1679)取入江庠。所为诗文皆放言极论,有天马行空之致。

玉峰倡和词　集部词曲类

见嘉庆《黎里志》卷6。

按:本书为徐渭与叶舒璐往复之作。

沈锡爵

字思美,号愚溪。清吴江人。康熙十九年(1680)取入江庠。性好游,平生多义行。

浙东纪游草1卷　集部别集类

清道光二年(1822)刻本,吴江图书馆藏。

按:本书存于柳树芳《养余斋全集》中。

赵　楩

字北山,号梓园。清吴江人。康熙二十一年(1682)取入江庠,卒年64。

梅庄集　集部别集类　佚

见《吴江赵氏诗存》卷10。

汝昌言

字云九。清吴江黎里人。康熙二十二年(1683)崇明籍府学岁贡生。

易经注解　经部易类　佚

礼记注解　经部礼记类　佚

药性歌　子部医家类　佚

以上3种见光绪《黎里续志》卷4。

钮景琦

字云奏，号玉海。清吴江东汲港人。应斗子。康熙二十年(1681)举人。有文行。

尘余杂志8卷　子部杂学类　佚

见乾隆《震泽县志》卷31。

孙　炌

名亦写作玠。字奎章，号立夫。清吴江芦墟人。家有华黍庄，名人多赋诗纪之。游汪琬之门，得其指授。深探理窟，多发于科举文字。诗不多作，颇肖昌黎、东坡。与同邑费洪学、周廷谔为文字友。后侨居武塘，为嘉善县岁贡生。

华黍庄诗集6卷补遗1卷诗余1卷　集部别集类

清孙炌撰　孙念畴编

(1) 清抄本，有柳亚子跋，上海图书馆藏。

(2) 1920年吴江柳氏抄本，上海图书馆藏。

华黍庄诗稿2卷　集部别集类

清初刻本，浙江图书馆藏。

华黍庄诗后集4卷续集2卷　集部别集类

稿本，上海图书馆藏。

秋水集　集部别集类　佚

柳州诗　集部别集类　佚

以上2种见《分湖小识》卷3。

周　嵚

字瞻奇。清吴江人。廷谔兄。诸生。康熙三十五年(1696)为张世炜校定《秀野山房初集》。

琼瑶集4卷　集部总集类　佚

按:《秀野山房杂著》收张世炜《琼瑶集序》,云:"《琼瑶集》者,我友周子瞻奇同王子宾尧采当代应酬之文,手以成集也。"

吴江文粹 24 卷　集部总集类

清周嵚、周廷谔辑。版本参见"周廷谔"条。

宋元尺牍抄 10 卷　集部总集类　佚

见《明清江苏文人年表》康熙三十五年。

周　珂

字有声,一字鸣庵。清吴江人。大章裔孙。淡于名利,喜作诗。年25 病卒。

鸣庵遗稿　集部别集类　佚

见乾隆《吴江县志》卷 46。

计　默

字希深,号菉村。清吴江人。东次子。附贡生。濡染家学,诗文卓绝,名满艺林。为诗风格高老,章法句法悉从杜出。

菉村文集 6 卷诗集 6 卷　集部别集类

(1) 清乾隆间刻本,南京图书馆藏,据《中国古籍总目》著录。

(2) 清道光十年(1830)刻本,上海图书馆藏,据《中国古籍总目》著录。

(3) 清咸丰八年(1858)刻本,上海图书馆藏。

(4) 2016 年学苑出版社出版《稀见清代四部辑刊》本。

菉村诗抄 1 卷　集部别集类

清初刻本,上海图书馆藏。

改亭文集 16 卷诗集 6 卷　集部别集类

清计东撰　计默编,版本参见"计东"条。

姚　瑚(1656—1711)

字攻玉，一字襄期，号蛰庵。清吴江八都人。性耿介，敦尚行义。从学张履祥。

困学编　子部儒学类　佚

见同治《苏州府志》卷138。

沈时栋(1656—1722)

字成厦，一字城霞，又字焦音，别号瘦吟词客。清吴江人。永启子。少承先业。诗赋词曲骈体文皆能为之而尤工于词。所刻词意新律细，彭孙遹等盛称之。其"美人十声"诸咏尤被推重，同人有"前有张三影，后有沈十声"之誉。

古今词选12卷　集部词曲类

(1) 清康熙十三年(1674)耒助经书屋刻本，上海图书馆藏。

(2) 清康熙五十五年沈氏瘦吟楼刻本，国家图书馆藏。

(3) 清抄本，上海图书馆藏。

(4) 1925年上海扫叶山房石印本。

按：本书清沈时栋辑，尤侗、朱彝尊参订。卷首有尤侗、顾贞观序及沈时栋自序。体例按照词调之字数多寡排列，前短章后长篇。共录词调199种，历代词作994首，词人286家。书前有《历代词名家目》注明入选作者姓名、字号等。

瘦吟楼词1卷　集部词曲类

(1) 清刻本，有《瘦吟楼赋》1卷，浙江图书馆藏。

(2) 1928年吴江敦厚堂铅印本，与沈自南《鞠通乐府》合刊。

(3)《饮虹簃所刻曲》本。

词谱1卷　集部词曲类　佚

见乾隆《震泽县志》卷31。《吴江沈氏诗录》卷10收诗5首。

张尚瑗(1656—1731)

字弘蘧，又字损持。清吴江石里人。康熙二十七年(1688)进士，改庶吉士告归。四十二年入京补试散馆，名列二等，出为赣州府兴国知县。丁内艰归。初好庾信集，熟《文选》、唐人集。工诗及骈体文，中岁自悔，专为古文辞，晚年究心《春秋》三传及《国语》《国策》，于前人注解多所补正，著作为诸名宿所叹服。既罢官江右，当事聘为豫章书院长。创立条教，以古学相教，诸生凡所奖拔后皆成名，周学健、帅念祖为其最著者。

诗经辨度　经部诗经类　佚

见乾隆《震泽县志》卷31。

春秋三传折诸44卷　经部春秋总义类

(1) 清雍正元年(1723)刻本，上海图书馆藏。

(2)《四库全书》本。

(3) 抄本，南京图书馆藏。

按：子目为《左传折诸》28卷首2卷、《公羊折诸》6卷首1卷、《穀梁折诸》6卷首1卷。

读战国策随笔1卷　史部杂史类

《昭代丛书》本。

二语折诸18卷　史部杂史类　佚

按："二语"即《国语》《战国策》，书未刊，藏于家。

史论　史部史评类　佚

以上2种见乾隆《震泽县志》卷31。

(康熙)赣州府志78卷首1卷　史部地理类

清黄汝铨修　张尚瑗纂

清康熙五十二年刻本，上海图书馆藏。

潋水志林26卷　史部地理类

(1) 清康熙刻本，国家图书馆藏。

（2）清同治间刻木活字本，国家图书馆藏。

石里杂识 1 卷　子部杂学类

（1）《昭代丛书》本。

（2）《丛书集成续编》本。

石里文集 16 卷　集部别集类

合组集 2 卷　集部别集类

石里诗集 10 种 14 卷　集部别集类

按：此包括《印浦集》2 卷、《眉黄集》1 卷、《桐腴集》1 卷、《劳薪集》1 卷续集 1 卷、《泽家集》2 卷、《南辕集》1 卷、《覆笥集》2 卷、《游赠集》1 卷、《客星集》1 卷、《片石集》1 卷。

以上 3 种见乾隆《震泽县志》卷 31。

石里泽家集 2 卷　集部别集类

（1）清康熙刻本，南京图书馆藏。

（2）《清代诗文集汇编》本。

张石里文稿不分卷　集部别集类

清抄本，苏州图书馆藏。

张弘蘧诗不分卷　集部别集类

稿本，嘉兴市图书馆藏。

偶题 30 首 1 卷　集部别集类

清乾隆刻本，上海图书馆藏。

和十九秋诗 1 卷　集部别集类

清乾隆刻本，上海图书馆藏。

莼江集 1 卷　集部别集类

清康熙刻本，吉林大学图书馆藏。

明文英华 10 卷　集部总集类

清顾有孝纂　张尚瑗、吴世标合编，版本参见“顾有孝”条。

毕纬前

字西临。一名映宸,号宿官。清吴江人。潘柽章甥。诸生。喜为诗,与顾有孝交善。

当泣草　集部别集类　佚

见《濮院志》卷22。

西临诗抄　集部别集类　佚

见乾隆《震泽县志》卷31。《江苏诗征》卷155收其诗3首。

王嘉谟

号上明。清吴江人。康熙三十三年(1694)取入江庠。

待问五十策1卷　集部别集类

抄本,见《磨剑室文三集》之《磨剑室钞存乡先辈已刊未刊稿本题记》。

汝先标

字冠云。清吴江人。少习骑射,康熙三十六年(1697)武进士。好吟咏。

燕山集　集部别集类　佚

见光绪《黎里续志》卷4。

吴　榷

字超士,号习隐。清吴江人。焕孙。康熙三十五年(1696)贡生,颖敏工诗古文。

玉岩仙馆杂著　子部杂学类　佚

吴市偶存草　集部别集类　佚

复始堂稿30卷　集部别集类　佚

以上3种见乾隆《震泽县志》卷31。

观成堂诗稿　集部别集类　佚

见民国抄《震泽县志续》卷10。

冰壶集2卷诗余1卷　集部别集类

稿本，上海图书馆藏。

闲情十咏1卷　集部别集类

清道光六年(1826)长洲顾氏清稿本，台湾“中央图书馆”原藏。

冰壶词　集部词曲类　佚

见《全清词钞》卷4，收其词1首。

范汝桢(1657—1713)

字宁周。清吴江同里人。与弟鸿业同受业于陈锐之门。善指授后进，从游者众。设帐于慧日禅院。

绿满窗草　集部总集类　佚

清范汝桢、范鸿业合编

见《同里古吴范氏家乘》。

史　炜(1657—1730)

字闇章。清吴江人。康熙三十五年(1696)作《致身录十无辨》，坚称明史仲彬从亡事为实，追驳钱谦益。三十九年又与潘耒辩驳此事。

致身录十无辨　史部杂史类

清雍正元年(1723)史炜稿本，中国嘉德2005春季拍卖会拍卖。

按：陈海燕主编《过云楼藏书书目图录》(凤凰出版社，2014)著录此书，称：“此系史氏家传之物。”

日录　史部传记类　佚

见吴江史氏抄本《史氏家乘》卷19。

黄溪志　史部地理类　佚

见吴江史氏抄本《史氏家乘》卷36。

风雅丛谈20卷　子部杂学类　佚

见吴江史氏抄本《史氏家乘》卷19。

竹圃诗钞　集部别集类　佚

竹圃文钞　集部别集类　佚

以上2种见吴江史氏抄本《史氏家乘》卷36。

如椽汇编6卷　集部总集类

清史炜辑

稿本，南京图书馆藏。

沈始树(1658—1737)

字景冯，号真崖，别号雨壑。清吴江人。自南孙，永智长子。好读经史九流百家之书，与朱彝尊纵谈今古，彝尊极称之，以博洽推。长洲陈景云称其诗古文格律并高，寄托遥深，自是高人风致。然平生不多作，作亦常自毁弃。

吴江沈氏家谱10卷首1卷末1卷　史部传记类

清沈始树、沈光熙纂修

1931年国立北平图书馆抄本，国家图书馆藏。

按：此谱于清乾隆五十二年(1787)刊刻，刻本今已佚，此抄本系1931年据乾隆刻本抄录。

吴江沈氏家传1卷　史部传记类

清沈始树、沈光熙纂辑

(1) 清同治六年(1867)沈桂芬重刻本，国家图书馆藏。

(2) 1931年国立北平图书馆抄《吴江沈氏家谱》附录本，国家图书馆藏。

(3) 1931年柳亚子抄本，上海图书馆藏。

(4)《清代民国名人家谱选刊》本。

(5)《江苏人物传记丛刊》本。

按：此《家传》即《吴江沈氏家谱》卷末1卷。

真崖古今杂录　子部杂学类　佚

雨壑遗稿1卷　集部别集类　佚

以上2种见乾隆《吴江县志》卷46。《吴江沈氏诗录》卷10收诗3首。

李　寅

字露桢，号东崖。清吴江人。康熙岁贡生。少颖悟，博览图籍。能诗古文，既而专事经学。每谈一经，必考核传注笺疏而折衷于宋五子之书。其持论以践履为实，以体认天理为本。年71卒。门人私谥文孝先生。生平著述甚多，其《学庸要旨》一书为仪封张伯行称之。

易说要旨2卷　经部易类

（1）清康熙四十三年(1704)精刻本，复旦大学图书馆藏。

（2）《四库全书存目丛书》本。

学庸要旨不分卷　经部四书类

清抄本，国家图书馆藏。

淇园诗文集　集部别集类　佚

见乾隆《吴江县志》卷46。《江苏诗征》卷93收其诗2首。

汝承汪

字鸿书。清吴江黎里人。少孤，学诗于妇翁叶燮，以杜集授之。得其气体，其词悲凉郁勃。

蓼斋诗草1卷　集部别集类　佚

见乾隆《吴江县志》卷46。《江苏诗征》卷101收其诗1首。

赵申祈

字元康，一字谷坛。清吴江人。顺治十二年(1655)例监生，考授中书舍人。

谷坛诗存　集部别集类　佚

见同治《苏州府志》卷138。《江苏诗征》卷107收其诗1首。

赵申初

字元旭，一字蕉圃。清吴江人。申祈弟。康熙二十三年(1684)举人。

蕉圃诗钞　集部别集类　佚

见《江苏诗征》卷107，收其诗1首。

姚　琏

一作姚夏，字四夏。清吴江八都人。瑚弟。学问渊博，善说经。与其兄瑚同游张履祥之门。

小学辑义　经部小学类　佚

见同治《苏州府志》卷138。

杨园张先生年谱4卷附录1卷　史部传记类

清姚琏编　陈梓订补

(1) 清乾隆十八年(1753)刻本，1卷，国家图书馆藏。

(2) 清道光十四年(1834)平湖沈氏补读书斋刻本，上海图书馆藏。

(3) 清道光十四年崔德华手抄本，上海图书馆藏。

(4) 清抄本，清董燿题词，上海图书馆藏。

(5)《北京图书馆藏珍本年谱丛刊》本。

按：此为张履祥年谱，极为简略，后世另有据此谱而增益者。

又按：原志"姚琏""姚夏"著录为两人。据《张杨园先生年谱》载"尝答姚四夏琏曰"，又《王锡阐年谱》清康熙八年己酉(1669)载："由晓庵引姚琏见履祥。不久，姚瑚(字攻玉)、姚琏(字四夏)兄弟俩(吴江浄溪人)去语溪从张履祥问学。"可知"姚琏"字四夏，又原志记载"姚夏，亦名四夏。清吴江人。瑚庶弟。张履祥弟子。"则"姚夏"即"姚琏"。

近思录辑义　子部儒学类　佚

见同治《苏州府志》卷138。

杨园先生全集16种54卷　集部别集类

清张履祥撰　姚琏原辑　万斛泉编次

(1) 清咸丰十一年(1861)刻本,北京大学图书馆藏。

(2) 清同治十年(1871)江苏书局刻本,有年谱1卷,苏州大学图书馆藏。

(3) 1932年大成会刻本,南京大学图书馆藏。

按:本书包括诗、书札、序记、题跋及各类短篇或专题著作。内容广涉经、史、子、集。

元　昂

字晓轮。清吴江僧。性好游,所到之处必纪以诗。

雪斋诗集　集部别集类　佚

见道光《平望志》卷11。有钱汝砺序。

吴树臣

字大冯,号鹤亭。清吴江人。兆宽子。康熙中以拔贡入国子监教习正白旗,选知广东四会县,抚辑有方,擢知四川汉州。以事怒上官被劾降级罢归。朝廷知其诬,寻复官改知潼川州,后迁顺天。转刑部员外郎,进郎中。在刑部二年,平反冤狱甚众,以劳瘁卒于官,年61。

(康熙)肇庆府四会县志增补邑志1卷八景图1卷　史部地理类

清康熙二十五年(1686)刻本,国家图书馆藏。

一砚斋集　集部别集类　佚

见同治《苏州府志》卷138。

涉江草4卷　集部别集类

清康熙三十五年刻本,北京大学图书馆藏。

爱吾庐诗稿　集部别集类

清吴兆宽撰　吴焘、吴树臣校辑,版本参见"吴兆宽"条。

钱汝砺(？—1729)

字竹斐，一字述向，号似嵓。清吴江人。明万历诸生钱士果(字净六，号泊庵)曾侄孙。康熙三十九年(1700)取入江庠。

吴越史　史部正史类　佚

列代忠臣传　史部传记类　佚

以上2种见民国抄《震泽县志续》卷10。

桃花园诗集8卷　集部别集类　佚

见乾隆《震泽县志》卷31。

按:《吴江文献保存会书目》卷4作5卷，今未见。

沈克彬(1660—1723)

字缵闻，一作缵文。清吴江人。永褒长子。康熙十七年(1678)取入江庠。

娱情集　集部别集类　佚

见《松陵诗征》卷13。

沈士楷(1660—1738)

字御英，一作御膺。清吴江人。永智次子。

诗稿1卷　集部别集类　佚

见《吴江沈氏诗录》卷10。

张汝济(1660—?)

字济泓，一字济远，又字晋渊，号印川。清吴江同里人。少工举业，锐意进取。康熙四十年(1701)取入江庠。

印川诗草初集1卷二集1卷　集部别集类

(1) 清乾隆刻本，中国社会科学院文学研究所藏。

(2)《松陵三先生诗集》本。

养素堂诗2卷　集部别集类　佚

见《印川诗草》。

秦　篁

字在六，一字潜菉。清震泽韭溪人。少时随其舅氏嘉兴李氏至广西，寄籍太平府，补诸生，贡入成均。李氏兄弟三人皆以官显，势甚薰灼。微谏之不从，遂拂衣归。遍游大江南北诸名山。精于医，得云间何嗣宗正传，所治多奇效。年70余卒。

一字千金1卷　子部医家类　佚

按：长洲沈德潜序。

粤游草　集部别集类　佚

燕市歌　集部别集类　佚

淮杨杂咏　集部别集类　佚

卷帆集　集部别集类　佚

以上5种见道光《平望志》卷8。

吴允中

清吴江人。

四书困学编　经部四书类　佚

见民国抄《震泽县志续》卷10。

孙　纶

字丹书。清吴江人。

定例成案合镌30卷附逃人1卷续增1卷　史部政书类

清康熙四十七年(1708)吴江乐荆堂刻本，北京大学图书馆藏。

按：本书取康熙初至康熙四十六年春之内部议定、法司校定具题成案与奉旨部颁之现行定例二者合而刻之，以资断案者参考印证，是研究清朝前期法制的重要史料。

王　濂

字学周，号鹤洲。清吴江盛泽人。监生。捐职州同知。饶才略。康熙四十八年(1709)捐米数百石。

畹香小草　集部别集类　佚

见同治《盛湖志》卷12。

钮蕙卜

清吴江人。康熙二十七年(1688)取入江庠。

粤游日记1卷　史部地理类

清康熙刻本，与钮琇《临野堂文集》等合刻，国家图书馆藏。

徐元灏

字武恭，一字蓼庵。清吴江人。康熙三十年(1691)进士。官澄城知县。所作《吴门杂咏》一书，纲罗略备，可补朱长文之《吴郡图经》，钱穀之《续文粹》。性廉洁，在澄城时不取一钱。

吴门杂咏12卷　集部总集类

(1) 清康熙三十八年刻本，上海图书馆藏。

(2) 抄本，中国科学院图书馆藏。

周龙藻

字汉荀，号恒斋。清吴江人。宗建曾孙，振业从弟。岁贡生。诗始出入香山、眉山之间，继而原本风骚，根柢韩杜。研究史学为时推重。为人识高气英，论人是非辨事黑白，龂龂不稍假借，自守甚严。年65卒。

恒斋诗集16卷　集部别集类

(1) 清康熙精刻本，复旦大学图书馆藏。

(2) 清乾隆三十年(1765)刻本，上海图书馆藏。

按:清周汝翼辑《松陵诗所见录》卷10谓其著有《恒斋诗集》40卷《文集》10卷,并收其诗22首。

西陂类稿50卷　集部别集类

清宋荦撰　周龙藻、宋之举编次

清康熙毛扆、宋怀金、高岑刻本,浙江图书馆藏。

海岱联吟　集部总集类　佚

见乾隆《吴江县志》卷46。与高孝本、顾我锜、陈沂震同撰。

周士泰

字起贞。清吴江人。用七世孙。邑诸生。尝学诗于吴祖修,祖修极称之。晚年游京师岁余,得诗400首,皆刻意锤炼,词丽而则,比物托兴,咸出于至性。竟以苦吟致疾死。

西溪诗集5卷　集部别集类　佚

见乾隆《吴江县志》卷46。

周之方

字在卿,自号希硁主人。清吴江人。用裔孙。业织缣以养亲。好诵书,且织且诵,久而思体之于身,谨言信行以见志。

希硁斋集6卷　集部别集类

(1) 清雍正刻本,北京大学图书馆藏。

(2)《四库未收书辑刊》本。

许运昌

字三英,一字鹤俦,号甘泉。清吴江人。康熙贡生。

梅闲书屋诗钞　集部别集类　佚

见民国抄《震泽县志续》卷10。《江苏诗征》卷100收其诗3首。

北池诗草　集部别集类

清康熙间抄本,北京大学图书馆藏。

按:清陈鹏年有《北池诗草序》。

沈兴谷

字仲伦,号竹亭。清吴江平望人。业贾而好弈,邑中无与敌者。后入都寓江震会馆,名籍甚,公卿交币延致邸第。兴谷每论清初善弈者,有林符卿、过百龄二人,然其谱较范西屏、施湘夏之谱尚逊二子也。尝欲采林、过与范、施诸谱,参以自运之局,作弈谱,未竟而卒。

竹亭弈谱　子部艺术类　佚

见道光《平望志》卷8。

倪宗基

字景刘。清吴江人。少承家学,后益刻厉,多淹贯经史。为诸生有名。尝受知于巡抚汤斌。课子极整肃,必以敦伦植品为根本。与人交谦下而不失所守。晚年以子师孟贵受封,益键户著述,以长厚闻以乡里,年87卒。

五经要旨　经部群经总义类　佚

望古轩诗稿　集部别集类　佚

寒芳草堂文集　集部别集类　佚

以上3种见乾隆《震泽县志》卷31。

按:道光《震泽镇志》卷末"《寒芳草堂文集》乃制艺,《五经要旨》亦举业读本"。

孙之屏

字元翰,号砚庵。清吴江吴溇人。康熙二十七年(1688)廪贡生。笃志好学,于书无所不窥,作文始尚高古,终归平淡。年93卒。

易经集解　经部易类　佚

诗经评注　经部诗经类　佚

五经纂要　经部群经总义类　佚

诸子纂要　子部周秦诸子类　佚

家训蒙训　子部儒学类　佚

菊人居文集　集部别集类　佚

以上6种见《儒林六都志》卷下著述。

潘学诗

字雅宜。清吴江人。康熙三十年(1691)取入江庠。

不外堂课余草4卷　集部别集类　佚

见乾隆《吴江县志》卷46。

吴　梅

字克迈。清吴江人。之纪从子。

春雨轩诗草　集部别集类　佚

见《江苏诗征》卷12,收其诗1首。

周天藻

字揆之。清吴江人。少与从兄振业、龙藻相互质证。诗文为当时诸名人所称赏。年32卒。

东谷诗集7卷　集部别集类

见同治《苏州府志》卷138。

按:清周汝翼辑《松陵诗所见录》卷11收其诗9首。《江苏诗征》卷84收其诗3首。

吴尔璜

璜,一作潢。字殿维。清吴江人。康熙四十三年(1704)岁贡生。以子家骐贵,赠礼部侍郎。品端行法,为文法宗先正。

滑叶堂诗稿　集部别集类　佚

见民国抄《震泽县志续》卷4。《江苏诗征》卷12收其诗1首。

陈沂咏

字鸣盛，号莱村，清吴江人。自振子。诸生。

莱村吟稿　集部别集类　佚

见嘉庆《同里志》卷14。

沈廷扬(1661—1718)

字天将，一字柯亭，号对圃。清吴江人。瑾曾孙。县学生。诗多警句，填词亦工。

沈天将诗稿　集部别集类　佚

见乾隆《震泽县志》卷31。《吴江沈氏诗录》卷10收其诗3首。

周振业(1661—1731)

字右序，号意庭。清吴江谢天港人。龙藻从兄。诸生，从桐乡朱彝尊游。少壮时文名甚盛，至老乃以岁贡中雍正元年(1723)副榜。诗亦有名，而不苟作。知近世王学之谬，遂专事宋五子之说以治四书，沉潜研极，洞彻阃奥。有就质者常百难而其答不穷，然亦未尝以讲学为名。

按：乾隆《吴江县志》卷32有小传，载其"忍冻而归，遂病卒。时雍正九年，年七十一"。可知其生卒年应为1661至1731。

周右序先生四书节解14卷　经部四书类

清乾隆十二年(1747)周以持刻本，上海图书馆藏。

南汇县志　史部地理类　佚

见清沈德潜《归愚文钞》卷16。

意庭先生遗集2卷　集部别集类

清雍正刻本，复旦大学图书馆藏。

按：乾隆《吴江县志》卷46作6卷。

范鸿业(1663—1717)

字佑商。清吴江同里人。府增生。学于陈锐。文更沉挚清真,诗则饶有天趣。

绿满窗草　集部总集类　佚

清范汝桢、范鸿业合编

见《同里古吴范氏家乘》。

徐养浩(1663—1719)

字直方,号蓴江。清吴江人。徐釚长子,大椿父。由太学生考授州司马。好读书,兼明水利。

吴中水利志　史部地理类　佚

见《吴江徐氏宗谱》卷4。

张天雯(1663—1728)

字焕若,清吴江盛泽人。张世芳五子。

天文学管窥16卷　子部历算类　佚

见《盛泽张氏遗稿录存》小传。

叶舒璐(1663—1735)

字景鸿,一字镜泓,号分干。清吴江人。雍正元年(1723)贡生。工诗。驱使淹博,属对工巧。古体诗宗长庆,律诗学渭南。康熙六十一年(1722)入皖,周历大江南北。

皖游稿　史部地理类　佚

见《分干诗抄》卷3《自题皖游稿后》。

分干诗抄4卷　集部别集类

(1) 清雍正间刻本,中国社会科学院文学研究所藏。

(2) 清乾隆间写刻本,上海图书馆藏。

(3)《郎园先生全书》本。

(4)《丛书集成续编》本。

(5) 1918 年吴江叶氏愿学斋刻本，国家图书馆藏。

月珮词 1 卷　集部词曲类　佚

见乾隆《震泽县志》卷 31。

吴雯华

字昙素。清吴江人。叶舒璐妻。工诗。其诗清稳雅秀，视叶舒璐律绝诸体，可称嘉耦。

采秀阁诗草 1 卷　集部别集类

(1) 附刻于清康熙五十五年(1716)浣花轩刻沈淑兰《黛吟草》后，上海图书馆藏。

(2) 1920 年吴江柳氏抄本，上海图书馆藏。

魏于云(1664—1684)

清嘉善柳溪人。袁黄曾孙袁华聘妻。善诗。

重集列女传例 1 卷　史部传记类

(1)《昭代丛书》本。

(2)《丛书集成续编》本。

于云残册(原名情种笔记)1 卷　集部别集类

《吴氏囊书囊乙编》本。

焚余稿不分卷　集部别集类

抄本，南京图书馆藏。

嘉善烈女魏于云文 1 卷　集部别集类

1939 年北京燕京大学图书馆晒印本，北京大学图书馆藏。

陈　苌(1664—1711)

字玉文，号雪川。清吴江沙泽人。康熙三十六年(1697)进士。选知桐庐县。在官六年，政声闻远近。会丁外艰归。少工制义，既学诗游于吴祖修之门，得其指授。与同邑周振业、周龙藻、陈沂震、许运昌俱以诗名。又五人行皆第一，邑中谈诗者称为五大。其在桐庐当政务之暇，尝登临山水，啸咏自适。为诗益清真淡远，论者谓其得江山之助。

雪川诗稿 10 卷　集部别集类

(1) 清康熙五十五年刻本，南京图书馆藏。

(2) 清康熙间刻嘉庆二十年(1815)孙上珍补刻本，苏州图书馆藏。

(3) 清乾隆四十一年(1776)莺湖苏啸堂刻本，中国社会科学院文学研究所藏。

(4)《四库未收书辑刊》本。

按：子目分《枫江集》《北征集》《濠上集》《汗漫集》《中州集》《桐江集》2 卷、《风树集》《后中州集》《遗怀集》。

雪浪斋诗稿 3 卷　集部别集类

(1) 清抄本，国家图书馆藏。

(2) 1933 年北平燕京大学图书馆抄本，北京大学图书馆藏。

按：子目分《桐江集》2 卷、《汴游吟》1 卷。

红药斋诗稿 1 卷　集部别集类

抄本，见《磨剑室文三集》之《磨剑室钞存乡先辈已刊未刊稿本题记》，今未见。

张　潮(1664—1724)

字禹乘。清吴江盛泽人。张天章三子。

四书不二字增广辑注　经部四书类　佚

见《盛泽张氏遗稿录存》小传。

按：本书抄本传至张乃藻时因乱而失。

吴桭臣(1664—?)

字南荣，又字苏还。清吴江人。兆骞子。父遣戍宁古塔，生于戍所。康熙二十年(1681)遇赦,桭臣随父入关,终生不仕。

宁古塔纪略 1 卷　史部地理类

(1) 清道光二十年(1840)江阴暨阳书院刻本。附于吴育撰《私艾轩文集》后,江西省图书馆藏。

(2)《赐砚堂丛书新编》本。

(3)《昭代丛书》(道光)本。

(4)《小方壶斋丛抄》本。

(5)《知服斋丛书》本。

(6)《渐西村舍汇刊》本。

(7)《小方壶斋舆地丛抄》本。

(8)《皇朝藩属舆地丛书》本。

(9)《丛书集成初编》本。

(10)《舟车所至》本。有清郑光祖评。

(11)《渐学庐丛书》本。有清李文田注。

(12)《通学斋丛书》本。

(13) 1985 年黑龙江人民出版社出版《龙江三纪》本。

(14) 1993 年吉林文史出版社出版《长白丛书》(五集)本。

(15)《续修四库全书》本。

(16) 2014 年黑龙江教育出版社出版《中国边疆研究文库·初编·东北边疆卷》8。

(17) 2014 年黑龙江大学出版社出版。

闽游偶记 1 卷　史部地理类

《小方壶斋舆地丛抄补编》本。

秋笳集 8 卷补遗 1 卷　集部别集类

清吴兆骞撰　吴桭臣编,版本参见“吴兆骞”条。

吴为爽

字西尹,号憩堂。清吴江人。宗汉嗣孙。补诸生,后弃去,专力于诗。

古今韵通　经部小学类　佚

见乾隆《震泽县志》卷31。

憩堂诗钞　集部别集类　佚

见《江苏诗征》卷13，收其诗4首。

沈咏梅

字梅林。清吴江人。澍女，钱楷妻。性嗜梅花。一夕与钱楷各赋梅花诗30首，一时传为佳话。

学吟稿　集部别集类　佚

见《江苏诗征》卷174，收其诗1首。

周　杭

字祖望，号文潜。清吴江人。爰访侄。嘉善县学生，四试省闱即不复试。生有异质，家贫无书，从人借观，过目不忘。少为文喜徐庾体，后专为古今体。诗宗李杜。与顾我锜善。我锜诗学实杭为之倡。乾隆间卒，年65。

湖干集诗8卷　集部总集类　佚

见乾隆《吴江县志》卷46。《江苏诗征》卷83收其诗1首。

金　氏

清吴江人。诸生周杭妻。杭少好词赋，性落拓不羁，不肯事举业，金氏力劝之，卒成名。寿84。

绣余集　集部别集类　佚

见《江苏诗征》卷171，收其诗1首。

费洪学(1665—1713)

字巽来，号文江。清吴江人。锡章子。康熙三十九年(1700)进士。选博野知县，历三载，政声卓著，卒于官。自幼工举子业，所刊行稿甚风行。兼能诗古文。

周易解8卷　经部易类　佚

东濠诗集4卷文集6卷　集部别集类　佚

以上2种见《吴江费氏族谱》卷5本传。《江苏诗征》卷128收其诗4首。

沈始熙(1666—1707)

字复生,号虚船。清吴江人。永达孙。县学生。髫年即能赋诗,与族父廷楙相唱和,各有佳句,人目为两神童。

虚船诗草　集部别集类　佚

见乾隆《震泽县志》卷31。《吴江沈氏诗录》卷10收其诗5首。

赵文然(1666—1743)

字长文,号双桥。清吴江人。嘉稷子。县学生。嗜古不倦,尤好读书。自历代正史及稗官野乘无不究搜博览,故于前代典实了如指掌。诗篇秀雅无傲志之音,在岁寒社中亦为上乘之作。

通鉴纲目异同条辨　史部编年类　佚

通鉴考异正伪　史部编年类　佚

按:同治《苏州府志》卷138作"通鉴考异正讹"。

古今纪要考证　史部史评类　佚

赵文然诗稿(一作双桥诗稿)　集部别集类　佚

以上4种见乾隆《震泽县志》卷31。

宋国显

字调元,号东庄。清吴江人。安贫乐道,赋诗自得。

东庄农隐集　集部别集类

稿本,北京大学图书馆藏。

程世泽

字跂宗，号定夫。少跛一足，故自号跛翁。其先新安人，明季避乱迁居吴江。工诗善书法。康熙四十四年(1705)圣祖南巡，御试楷书，取13人，世泽名列第七。命入内廷办事，以终养未赴。年68卒。

爱吾庐诗集7卷　集部别集类　佚

见道光《震泽县志》卷9。有金学诗序。

按:同治《苏州府志》卷138作《爱吾庐剩稿》。

徐凤集

字鸿文，号梧冈。清吴江震泽人。

存雅堂集　集部别集类　佚

见《江苏诗征》卷8，收其诗1首。

朱仁熙

字万元，一字育亭，自号云鹤散人。清吴江人。县学生。家贫性耿介，终身不入豪富门。与里中马贻良称莫逆交。两人性情笔墨同以萧散胜。

西堂草　集部别集类　佚

见《垂虹识小录》卷4。

马贻良

字长白，号古愚。清吴江人。云襄子。气度恬雅，胸襟洒脱。少工文，试辄不利。年30即弃举子业，晚境自适，性情夷旷，年68卒。

素心斋诗草　集部别集类　佚

见嘉庆《同里志》卷22。《江苏诗征》卷111收其诗1首。

吴在湄

字湘友，号兰谷。清吴江人。少时为汪琬、潘耒所器重。忽遭家难，僦居吴门以终。

补瓢居诗草　集部别集类　佚

见同治《盛湖志》卷12。

许　源

字宗远，号鹤汀。清吴江人。尝与吴在湄辈诗酒往还。

挂瓢吟　集部别集类　佚

见同治《盛湖志》卷12。

周　松

字鹤翔，号就庵。清吴江人。康熙三十五年(1696)举人。选授容城知县。

就庵诗草　集部别集类　佚

见清周汝翼辑《松陵诗所见录》卷9，收其诗2首。

周景岷

字鲁祈。清吴江谢天港人。灿孙。康熙三十六年(1697)进士。未仕卒。

一经堂诗稿　集部别集类　佚

见清周汝翼辑《松陵诗所见录》卷9，收其诗1首。

周　廉

字来叔。清吴江人。篆长子。善诗有俊才。

草亭先生年谱1卷　史部传记类

清周廉、周勉编

清嘉庆二十五年(1820)晚香堂刻本《草亭文集》卷首附。版本参见“周篆”条。

庄子内篇解　子部周秦诸子类　佚

见乾隆《震泽县志》卷31。

匏园集4卷　集部别集类　佚

见乾隆《苏州府志》卷76。

黄　玑

字长园,后改姓钮。清吴江人。康熙三十七年(1698)贡生。

聊存诗稿　集部别集类　佚

见乾隆《震泽县志》卷31。

唐永龄

字敬承,号舜年。清吴江黎里人。尧天子。康熙三十八年(1699)举人,官淳安教谕。十年归,几无以办其装。

集古类略　子部典故类　佚

东园文抄　集部别集类　佚

以上2种见同治《苏州府志》卷138。

鸣候稿2卷　集部别集类　佚

见嘉庆《黎里志》卷6。《江苏诗征》卷68收其诗1首。

汝学智

字敏功。清吴江黎里人。秀水籍。康熙四十一年(1702)副贡生。

札奏汇编　史部政书类　佚

梯云居判集　集部别集类　佚

以上2种见光绪《黎里续志》卷4。

顾炳文

字星若，号晴山。清吴江人。康熙四十一年(1702)举人，官永定知县。

晴山诗抄　集部别集类　佚

见嘉庆《同里志》卷22。《江苏诗征》卷131收其诗1首。

李世雄

字酣云，号仙客。清吴江人。诸生。与前辈尤珍等相唱和。

惜分斋诗稿　集部别集类　佚

见《江苏诗征》卷93，收其诗1首。

陈　鐄

字广安，号云门。清吴江芦墟人。康熙四十七年(1708)岁贡生。选授滁州全椒学教谕。年79卒。

惕若斋文稿8卷　集部别集类　佚

见《分湖小识》卷2。

沈国正

字沧孺。清吴江八都人，安吉州籍。康熙五十年(1711)举人。官临海训导。

察好集　集部别集类　佚

见同治《苏州府志》卷138。

费元衡

字思任，号洁斋。清吴江人。康熙五十二年(1713)举人。受业张伯行之门。所得成帙，张氏点定而序之。为政有干略。试宰山东莘县，多革除弊政。兼摄冠县及聊城县事，调莱阳，为开引河数道，赈灾恤民。

乾隆初以病乞休，卒于家。

谳语公移示稿条陈 8 卷　史部政书类　佚

聊莘水利详说 1 卷　史部地理类　佚

为学日记 3 卷　子部儒学类　佚

洁斋杂著 4 卷　子部杂学类　佚

课余吟 2 卷　集部别集类　佚

半园诗稿 2 卷诗余 1 卷　集部别集类　佚

以上 6 种见《垂虹识小录·松陵费氏诗集》卷 1。

按：据《垂虹识小录·松陵费氏诗集》卷 1 所载，费氏另著有制义存稿百余篇，选有《周礼节注》《左国史汉八家文》《时艺正宗大家名家》三集。

仲　枢

字拱宸，号亦山。清吴江人。沈洙孙。康熙五十二年(1713)举人。淹贯百家。精通易理诗文，并负重名。其志甚高且远，不欲以诗人自命。为长洲汪琬高足。

盛湖志 2 卷　史部地理类

清仲沈洙纂　仲枢增纂　仲周霈再增纂。版本参见“仲沈洙”条。

亦山诗文稿　集部别集类　佚

见同治《盛湖志》卷 12。《江苏诗征》卷 125 收其诗 1 首。

程国栋

字玉亭。清吴江平望人。补乌程诸生。康熙五十二年(1713)举人。历嘉定、盐城、沛县知县，丁父忧，服阕补范县，调滕县，寻罢去。年 80 余卒。

(乾隆)嘉定县志 12 卷首 1 卷　史部地理类

清乾隆七年(1742)刻本，上海图书馆藏。

(乾隆)盐城县志 16 卷　史部地理类

清程国栋原本　黄垣续集　沈俨续纂

(1) 清乾隆十二年刻本，国家图书馆等藏。

(2) 1960年油印本，首都图书馆等藏。

嘉定碑版志不分卷　史部金石类

《石刻史料新编》本。

吴元伟

字雍来，号惺堂。清吴江人，康熙五十二年(1713)举人。

吴元伟文集　集部别集类　佚

见同治《苏州府志》卷138。

顾鼎勋

字荩臣。清吴江同里人。谨愿老成，勇于事功。里中川桥，捐资易石，行人赖之。又精疡医。康熙中，举乡饮宾，里中皆敬服之。

同里顾氏世系表1卷　史部传记类

1922年南社丛刻抄本，上海图书馆藏。

顾氏族谱8卷首1卷　史部传记类

清顾鼎勋修

清康熙四十二年(1703)务本堂抄本，日本国会图书馆藏。

顾鼎隆

字尔调。清吴江人。诸生。固穷之节，堪与范丹、董京鼎立。严寒积雪，卧无衾席，以稻草两束藉地，夫妇和衣而睡。明日天雨炊无薪，以所藉供灶，至夜端坐达旦，贫困如此。亲友周之亦不轻受，终身不识县门。

周易传义　经部易类　佚

见嘉庆《同里志》卷22。

陈士宁

字安叔。陈士任弟。康熙五十九年(1720)副贡生。

芜城燕斋江汉游草 1 卷　集部别集类

抄本,见《吴江文献保存会书目》卷 4。

安叔遗诗 5 卷　集部别集类

抄本,见《磨剑室文三集》之《磨剑室钞存乡先辈已刊未刊稿本题记》。

按:《芜城燕斋江汉游草》即从《安叔遗诗》中摘录而成。

庞景芳

字钦文,号介轩。清吴江同里人。康熙六十一年(1722)贡生。选授池州训导。年 12 从叶丹桂游。每岁科试必冠其曹。与陈沂配、王植等 7 人结"七子会课",时以祭酒推之。工制举业,兼工草书。在官 6 年,告归后 10 年卒。

畜德编 10 卷　子部儒学类　佚

见乾隆《吴江县志》卷 46。

介轩诗抄　集部别集类　佚

见嘉庆《同里志》卷 11。《江苏诗征》卷 4 收其诗 1 首。

顾景昌

字渭占,号松岩。清吴江人。诸生。与庞景芳交好。

偶吟草　集部别集类　佚

见嘉庆《同里志》卷 22。《江苏诗征》卷 132 收其诗 1 首。

周廷谔(1667—?)

字美斯,自号笠川子,更号浮玉山人。清吴江人。嵚弟。少从长洲宋实颖游。实颖爱其才,以外孙女妻之。肆力于诗,尝以邑人之诗自明迄清分见于诗乘、诗略者不下数百家，乃合选之。复广搜补阙，仿钱谦益《列朝诗集》例，人为小传，考其源流派别，论断有据，美恶不相掩。成书30卷。又续成兄嵚所辑《吴江文粹》，凡四方与邑人所作诗歌、序记、碑铭、传赞、书启、题跋之有关吴江典故者皆收录。

笠川自撰年谱1卷　史部传记类

邃汉斋抄本，上海图书馆藏。

林屋纪游1卷　史部地理类　佚

见《明清江苏文人年表》康熙三十四年(1695)。

笠川志林1卷　子部杂学类

民国抄本，上海图书馆藏。

笠泽诗钞32卷附莼香词3卷　集部别集类

清抄本，南京图书馆藏。诗存21卷，词全。

笠泽文抄44卷　集部别集类　佚

笠泽近稿　集部别集类　佚

贯斋遗集30卷　集部别集类　佚

清周廷谔、殳丹生同编

以上3种见乾隆《吴江县志》卷46。

笠川诗集不分卷　集部别集类

邃汉斋抄本，上海图书馆藏。

笠川文稿　集部别集类

抄本，吴江图书馆藏。

浮玉山人集9卷　集部别集类

(1) 清抄本，国家图书馆藏。

(2)《清代诗文集珍本丛刊》本。

吴江诗粹30卷　集部总集类

(1) 稿本，见《明清江苏文人年表》引用书目。

(2) 清抄本，清顾我钧校，南京图书馆藏。

按:本书收明洪武、永乐之后至作者当时已经去世的吴江诗人之作，依时间分为30卷，其中寓贤4卷、方外1卷、闺秀1卷。有诗人小传，叙其爵里及生平，考其源流派别。南京图书馆藏抄本有“赵兰佩印”“槑山珍藏”诸印，又本书为柳亚子旧藏。

续吴江文粹24卷　集部总集类

清周嵚、周廷谔辑

抄本，北京大学图书馆藏。

冯时叙(1670—1722)

字惟九。号介夫，又号采芝。清吴江黎里人。性诚朴有古人风。

旧雨阁诗抄4卷　集部别集类　佚

见同治《苏州府志》卷138。

沈廷栿(1671—1689)

字冬呈，一作冬星。清吴江人。永宥长子。

醉花集　集部别集类　佚

见乾隆《吴江县志》卷46。

醉花词　集部词曲类　佚

见《全清词钞》卷9，收其词1首。

按：《词综补遗》作“沈栩栩”，即沈廷栿。原《江苏艺文志》另著录沈栩字冬星，有《醉花词》，实为一人。

吴庸熙

字公亮，号西柳。清吴江同里人。之纪孙。国学生。春容大雅，绰然有祖风。任职新宁五年，诗酒外不与一事。生平与人交，宁人负他，无他负人。卒之日，莫不为之叹息。

楚游草不分卷　史部地理类

抄本，上海图书馆藏。

按：柳亚子《养余斋松陵书目》卷4载有《楚游草》4卷，稿本，有

"吴""庸熙渤海"两印。今未见。

陆　凯

字舜扬。清吴江东濠人。雍正二年(1724)贡生。精于制义。居乡教授,从游者多掇科名。里中王锡、王时彦、顾我锜、周慎皆其高弟。选授海门教谕,未任卒。

四书制义　经部四书类　佚

见嘉庆《同里志》卷12。

杨　樗

字襄七,号湘栖。清吴江人。淮从子。李璜女婿。性豪放,博闻强记,喜为诗。晚年境益困,侨寓外家,笔墨外无余事。与吕书成善。

画苑丛谈8卷　子部艺术类　佚

虞初余志2卷　子部小说类　佚

疏步斋诗稿4卷　集部别集类　佚

古文存雅16卷　集部总集类　佚

以上4种见同治《苏州府志》卷138。

国朝乐府选不分卷　集部总集类

抄本,上海图书馆藏。

古今文绘补不分卷　集部总集类

清抄本,山东省图书馆藏。

陈　揆

字圣符。清吴江梅堰人。诸生。殚心于古。自天文、地理以及声韵、卜筮、算数之学,靡不究其精微。

韵征　经部小学类　佚

明史记事详注　史部正史类　佚

广史断　史部别史类　佚

事类骈珠　子部典故类　佚

聊存稿　集部别集类　佚

以上5种见同治《苏州府志》卷138。

默庵诗钞1卷　集部别集类

《江震诗稿汇存》本。

按:此本《江震诗稿汇存》为抄本,1册,南京图书馆藏。本书辑录程庆禄《复安居诗词草存》、陈揆《默庵诗钞》两种。

悟　持

字允修。清吴江僧。严墓吴氏子。住持无碍寺。承家学,亦能诗,静细中复饶秀色。

竹窗诗抄　集部别集类　佚

见民国抄《震泽县志续》卷10。《江苏诗征》卷179收其诗1首。

雪　厂

清吴江僧。张氏子。工书画。投崇义寺月林智定剃发。后得法于古南牧云门,更名道白。后于绍兴宝掌禅院主持大演宗乘。卒年77。

宝掌全集　子部典故类　佚

见乾隆《震泽县志》卷31。

周士选

字道充,号稻香。清吴江人。诸生。能诗,喜与人唱和。

稻香集　集部别集类　佚

见《江苏诗征》卷83,收其诗1首。

陈沂配

字艾山,号息存。清吴江人。锐子。诸生。尝从父受经于徐乾学。乾学纂修《一统志》,开局于洞庭东山,四方名士俱集。沂配得与诸前辈相处，广见闻，故所作诗文皆有宗法。

息存遗稿　集部别集类　佚

见嘉庆《同里志》卷12。《江苏诗征》卷27收其诗1首。

陆亦雋

字蟾光，一字横秋。清吴江人。县学生。工诗。乐府五古直追汉魏。曾游中州。鄂尔泰观风得其卷，延入署，旋为周南、召南两书院山长。少子卒遂归，家居三四年，囊尽复欲之中州。令长子随行，及至，鄂尔泰已入都，前文酒燕会诸人皆风流云散，惟洛阳令某与亦雋有旧，投之，留数月，卒于署，年79。长子不能扶柩归，遂草草葬于洛阳。

中州集20卷　集部总集类　佚

见道光《平望志》卷8。

周　文

字子卜，一字炳如。清吴江人。周邦彬孙。仁和县学生。年45卒。

药渡诗草　集部别集类　佚

见《松陵人物汇编》卷7。

范君义

字元孚，号耨斋。清吴江平望人。耽吟咏。尝游楚中，历潇湘岳麓之胜，莫不纪之以诗。

耨斋遗稿　集部别集类　佚

见道光《平望志》卷8。《江苏诗征》卷124收其诗1首。钱陈群尝为其遗稿作序。

周　岱

字鲁伯，号莘衫。清吴江人。初习刻书，比长学史籀书，兼工篆刻，间为小诗。

青琼阁遗稿 2 卷　集部别集类　佚

见道光《平望镇志》卷 8。

归　荣

原名一志，字与京。清吴江人。归安庠生。

自叙年谱　史部传记类　佚

清贞诗集　集部别集类　佚

以上 2 种见《京兆归氏世谱》卷 8。

潘家顾

字在之，号莲溪。清吴江人。好读书，幼有诗名，以才力胜。遍历名山大川，览今思古，悉寄于诗。时年 16 游阆中锦屏山，赋诗五章，保宁知府夏霖见之大悦，题诗以赠，有“潘子翩翩正少年，挥毫酷似李青莲”句。卒无子，其女兄之女陆氏收其遗稿梓之。

莲溪遗草　集部别集类　佚

见乾隆《震泽县志》卷 31。

且存稿 1 卷　集部别集类

抄本，见《磨剑室文三集》之《磨剑室钞存乡先辈已刊未刊稿本题记》，今未见。

仲　楷

字方裴，号豫庵。清吴江人。枢弟。工诗，从宋范陆入手，上溯汉唐，下迄元明诸家，无不研探精奥。为汪琬入室弟子，故诗笔亦酷似之。

池塘遗草　集部别集类　佚

见同治《盛湖志》卷 12。有仲枢序。

马云襄

字轶超，号舒亭。清吴江人。县学生。尝与庞景芳、陈沂配友善。

舒亭诗抄　集部别集类　佚

见嘉庆《同里志》卷22。

周　勉

字成季，号今图。清吴江人。篆次子，廉弟。

草亭先生年谱1卷　史部传记类

清周廉、周勉编

清嘉庆二十五年(1820)晚香堂刻本，《草亭文集》卷首附。版本参见"周篆"条。

费绍霆(1673—1712)

初名洪谟，字轩文。清吴江人。海盐籍诸生。诗为朱彝尊、潘耒等所称。后师张尚瑗，学益进。

潇碧斋诗稿2卷　集部别集类　佚

见乾隆《吴江县志》卷46。《江苏诗征》卷128收其诗1首。

吴景果(1673—1727)

字旭初，号半淞。清吴江人。邦桢后。康熙四十四年(1705)圣祖南巡，以诸生献赋，召试中选，遂入都分纂《历代诗余》及《子史精华》等书。书成，议叙授怀柔知县。捐俸新学宫，复建温阳书院，并聘为书院长，俾以经籍倡导其邑人，而怀柔文风由此兴。任满当迁，上官以民请令留任。其诗赋为邑潘耒、徐釚辈所推许，后虽服官学未尝辍。

(康熙)怀柔县新志8卷　史部地理类

清吴景果、潘其灿纂修

(1) 清康熙六十年(1721)刻本，国家图书馆藏。

(2) 1916年抄本,国家图书馆藏。

(3) 1935年铅印本,国家图书馆藏。

半淞诗存2卷　集部别集类

《吴氏囊书囊甲编》本。

赐书堂集10卷　集部别集类　佚

见乾隆《震泽县志》卷31。

陈王谟(1673—?)

字虞佐,号东溪。清吴江计家港人。潘柽章甥。柽章以史事株连,二子发遣塞外。康熙三十五年(1696)捐赎例开,王谟为之经营,援例得赎,而以档案参错未得释。王谟为呈请当事,历三部、一总河、二督、二抚、三将军,尽力不懈,卒脱其孤于籍。四十四年充四朝诗馆纂修,中顺天举人。五十一年钦赐进士,选庶吉士。后官刑部广东司主事。乾隆间卒于家。

容膝斋集　集部别集类　佚

见乾隆《吴江县志》卷46。《江苏诗征》卷26作《东溪集》,收其诗1首。

沈庄怀

失其名。清吴江人。喜作诗,有集曰《庄怀诗抄》,因称之为"沈庄怀"。学有原委,于前明掌故最悉。沈德潜曾与之唱和。

荒江唱和集　集部别集类　佚

庄怀诗抄　集部别集类　佚

以上2种见同治《苏州府志》卷138。

金去疾(1674—1728)

字士吉,号药畦。清吴江人。雍正二年(1724)举人。好学工诗文,张损持极赏之。性傲岸,任事果敢。居乡遭陈伯玉之祸,为士林所悲。

春风堂诗文集　集部别集类　佚

见乾隆《震泽县志》卷31。

汪　栋

字峻堂。清吴江人。年14补海盐县学生。师事邑中周振业。工诗古文。所造和平温雅，兼画小山水图章，篆刻俱精好，而书法尤工。尝游京师。为名卿大夫李绂、徐用锡所器重，后以乡试赴杭卒于寓，年29。以子琥贵赠同知。

澹虑堂遗稿4卷补遗1卷　集部别集类

清乾隆八年(1743)汪琥刻本，张元济题识，上海图书馆藏。

意庭先生遗集2卷　集部别集类

清周振业撰　汪栋编

清雍正十二年(1734)刻本，上海图书馆藏。

周朱耒(1675—1727)

字象益，号潜叔。清吴江人。能察子。幼孤，外祖父朱彝尊食而教之。补秀水诸生。后入都馆大学士陈廷敬邸舍，以能诗文工笺注知名。翰林编修万经督学贵州，延往入幕。时白潢为经属知府，尝乞万经撰其母墓志，万经转属朱耒。潢知文出朱耒手，甚重之。及潢巡抚江西，遂委以章奏文檄，并与修通志。雍正三年(1725)两江总督查弼纳荐朱耒品端才练。时朱耒已援例授知州衔，五年引见，命往云南试用，道遇疾，归卒。

陆堂诗学12卷读诗总论1卷　经部诗经类

清陆奎勳撰　周朱耒等校

清康熙三十五年(1696)平湖陆氏小瀛山阁刻本，杭州图书馆藏。

福王谥法考1卷　史部传记类

甥敦簃抄《明季纪事》本。

童初室诗4卷文2卷　集部别集类　佚

见同治《盛湖志》卷 12。

骖鸾集 1 卷　集部别集类

(1)《周氏传家集略三种》本。

(2) 清抄本,杭州图书馆藏。

按:《晚晴簃诗汇》卷 50 收其诗 1 首。南社抄本《松陵诗滴》收其诗 4 首文 2 篇。

王　本(1675—1747)

字自求,号岱之。清吴江人。试不利,遂专事古学,与周杭为唱和友。生平无妄言。

雕虫集　集部别集类　佚

蛩吟草　集部别集类　佚

以上 2 种见嘉庆《同里志》卷 22。

张富仪(1675—1753)

字端揆,号澹斋。清吴江人。候选儒学训导。

澹斋诗稿 1 卷文稿 4 卷　集部别集类　佚

见清张晋昭修《清河世系》。

钱　云

字宛朱,一字厂渚。清吴江人。性好古,工诗及骈体文。为钮琇所称许。钮任广东高明知县时,座客常满,云雄谈豪语旁若无人。衣脏不洗,赠以新衣亦不受,人由是以狂目之,遂自号狂山人。

吴江人物志　史部传记类

清光绪间抄本,南京博物院藏。

按:此志不分卷,仅分官师、武功、孝义、儒林、忠义 5 门。

广绀珠　子部杂学类　佚

见乾隆《震泽县志》卷 19。

南塘狂山人集 23 卷　集部别集类　佚

见乾隆《震泽县志》卷 31。《江苏诗征》卷 35 收其诗 2 首。

按:《吴江文献保存会书目》卷 4 载有抄本 1 卷,今未见。

盛湖诗乘 1 卷　集部总集类　佚

见同治《盛湖志》卷 12,并有清潘昶序、李重华跋。

按:本书有狂山人手写本,柳亚子 1919 年见于陈文濬处,见《磨剑室文三集》之《磨剑室钞存乡先辈已刊未刊稿本题记》。

叶丹桂

原名大鼎,字丹官,号香茗。清吴江人。诸生。康熙四十六年(1707)圣祖南巡,献诗进呈。张伯行抚吴,设纂书馆于紫阳书院,延丹桂等讲说大义。工行楷书,得文、董家法。

尚书经解　经部尚书类　佚

四书大全续编　经部四书类　佚

以上 2 种见《吴中叶氏族谱》卷 33。

渔樵散人集　集部别集类　佚

见嘉庆《同里志》卷 22。

按:《吴中叶氏族谱》卷 33 载"纂有《四书大全续编》《尚书经解》《周易》《诗经》《礼记》《春秋》《周礼》《性理》各书精意。"

顾　藻

字式青。清吴江人。施祯曾孙。诸生。性豪直,善饮酒,能诗。

遗稿 1 卷　集部别集类　佚

见嘉庆《黎里志》卷 9。

程　询

字于岳,号坚忍道人。清吴江人。监生。精医理,工诗。

璅�居诗集　集部别集类　佚

见嘉庆《同里志》卷22。《江苏诗征》卷75收其诗1首。

陆　娟

清吴江人。

绣余吟草　集部别集类　佚

见乾隆《吴江县志》卷46。

沈永震(1679—1743)

字敬齐,一作惊徐,号雷渊。清吴江人。乾隆七年(1742)岁贡生。

雷渊遗稿　集部别集类　佚

见乾隆《吴江县志》卷46。《江苏诗征》卷119作"沈震",并收其诗1首。与此当为一人。

秦时昌(1679—1746)

字枚谔,号雪瓮。清震泽韭溪人。澹泊明志,不撄世纲。尝置一舫,笔床茶灶,往来于太湖之滨,士论高之,谓有天随遗风。

韭溪渔唱集10卷补遗1卷　集部别集类

(1) 清乾隆十年(1745)刻本,宁波市天一阁博物馆藏。

(2)《四库未收书辑刊》本。

咏梅诗集　集部别集类　佚

见同治《苏州府志》卷138。

计元坊

字维严。清吴江人。默子。嘉兴县学生,濡染家学,博览多闻。其诗得力于韩白苏陆而自成一家言。

春山小草　集部别集类　佚

见民国抄《震泽县志续》卷10。同治《苏州府志》卷138作《春山集》。《清诗别裁集》卷26收其诗4首。

计朱培

字传一，号二如。清吴江人。默侄。桐乡籍诸生。好学重交游，有名于时。尝仿《韩诗外传》体著《尚书外传》若干卷，三易稿而成。临没，犹沉吟订正某卷某行，呼其孙改讫而瞑目。

尚书外传　经部尚书类　佚

蓑笠亭集　集部别集类　佚

以上 2 种见乾隆《吴江县志》卷 46。《江苏诗征》卷 137 收其诗 1 首。

按：同治《苏州府志》卷 138 作《蓑笠亭诗钞》。

沈元鉴

字元照，号韬庵。清吴江人。国子生。诗风神秀丽，书逼近率更。壮年游幕四方，多交友。后江南河道总督高斌聘为记室，名益重。

锄经堂诗稿　集部别集类　佚

见同治《盛湖志》卷 12。

朱志广

字约成，一作药岑，又字剪淞。清吴江人。游张大受之门。大受督学黔中招致幕府 6 年。后四方文幕争延致之。晚号卧谷老人。年 84 卒。

滇黔游草　集部别集类　佚

翦菘草堂诗抄　集部别集类　佚

以上 2 种见同治《苏州府志》卷 138。《江苏诗征》卷 18 收其诗 1 首。

张　锦

字禹文。清吴江人。栋父。好吟咏。

南村诗草　集部别集类　佚

见道光《平望志》卷 8。《江苏诗征》卷 58 收其诗 1 首。

孙　元

字曾如，自号也山老人。清吴江人。诸生。与顾寿开等结岁寒诗会。诗宗黄庭坚，以生新为主，人亦简傲。

也山遗稿　集部别集类　佚

见同治《苏州府志》卷 138。

遗珠集　集部别集类　佚

清孙元辑

见《松陵人物汇编》卷 8。

陈文星

字呇亭，号不村。清吴江芦墟人。庠生。

随意草 2 卷　集部别集类

抄本，见《磨剑室文三集》之《磨剑室钞存乡先辈已刊未刊稿本题记》，今未见。

孙　缙

清吴江人。

四勿斋日记　史部传记类　佚

见乾隆《震泽县志》卷 31。

金　氏

清吴江人。中书舍人金秉朴长女，乌程董绍宗妻。

兰玉轩稿　集部别集类　佚

见《历代妇女著作考》卷 11 引《撷芳集》。

仲 梀

字瑶光，号萃翁。清吴江盛泽人。周霈父。行高学博，于书无所不读。所交多名士，仗义疏财。乾隆二十六年(1761)诏赠文林郎。

易经衍义 4 卷　经部易类　佚

见乾隆《盛湖志》卷下。

夏 刚

清吴江人。

夏氏家乘 9 卷　史部传记类

清雍正二年(1724)刻本，中国科学院历史研究所图书馆藏。

陈三锡

清吴江人。

松陵陈氏家谱不分卷　史部传记类

抄本，国家图书馆藏。

按：记事至清雍正间。

陈士任

字彦仲，号琴川。清吴江同里人。沂震子。雍正元年(1723)举人。

四书集注笺疏　经部四书类　佚

(李瀚)蒙求诗注　子部儒学类　佚

耕云草堂集　集部别集类　佚

以上 3 种见嘉庆《同里志》卷 22。《江苏诗征》卷 27 收其诗 1 首。

未学草 1 卷　集部别集类

南冠草 1 卷　集部别集类

抄本，见《磨剑室文三集》之《磨剑室钞存乡先辈已刊未刊稿本题记》。

按：以上2种统名《琴川诗稿》。

陈士醇

字子大，号蓼庄。清吴江同里人，沂震侄。雍正元年(1723)举人。为人气度冲和，无疾言遽色。其举于乡也，出汉阳徐正峰之门。后徐氏调任吴江，复擢守苏郡，士醇不往干求。座主黄叔琳罢职寓吴门，士醇时往谒，修弟子礼不懈。

南溪草堂诗稿　集部别集类　佚

见嘉庆《同里志》卷22。《江苏诗征》卷27收其诗1首。

明　照

字漏云。清吴江僧。俗姓陈，沂震次子。师事文觉禅师。曹锡黼延居松江城铎庵。

漏云诗草2卷　集部别集类

见《国朝松江诗钞》卷57，收其诗6首。

仲周霈

字思则，号资万，别号前村。清吴江人。枢侄。雍正二年(1724)举人。选泰州学正。升直隶深泽知县。年85卒。

盛湖志2卷　史部地理类

清仲沈洙纂　仲枢增纂　仲周霈再增纂。版本参见"仲沈洙"条。

前村吟稿　集部别集类　佚

见同治《盛湖志》卷12。

徐　源

字永涵。清震泽石里人。生有至性，7岁能小诗，号称神童。领雍正四年(1726)乡荐。

诗稿1卷　集部别集类　佚

见乾隆《震泽县志》卷24。

吴梦熊

字象占，号鲈乡。清吴江人。南龄孙。雍正五年（1727）取入江庠。

凝翠堂诗草　集部别集类　佚

见同治《苏州府志》卷138。《江苏诗征》卷14收其诗1首。

陆桂馨（1680—1754）

字元萼，号馥园。清吴江人。方涛长子。雍正十二年（1734）贡生，官丹阳训导。

冷毡漫稿1卷　集部别集类

读未见书斋文抄1卷　集部别集类

以上2种有《陆氏传家集》本。

范　璨（1680—1767）

字电文，又字电闻，号约轩，晚号松岩居士。清吴江南麻九曲港人。雍正二年（1724）进士。入翰林，改知大兴县，以诬罢职，起为河南邓州知州，迁山东莱州知府，累迁湖北巡抚、工部侍郎。

乐志堂集　集部别集类　佚

见同治《苏州府志》卷138。《江苏诗征》卷124收其诗1首。

潘　谦（1681—?）

字敬亭。清吴江人。家贫而嗜词，自谓盛湖菱渡之野人。

纬萧词　集部词曲类　佚

见《笠泽词征》卷27。自康熙三十九年（1700）开始辑录。《全清词》收其词11首。

沈培福(1682—1738)

字元景,号东溪。清吴江人。世楙孙。国学生。7岁能属文,弱冠师事戴名世。慷慨好义。康熙五十二年(1713)在京为戴名世棺敛。尝辑先代诗文稿若干卷,将编集,以客游未果。卒于蜀。所作诗多清稳可靠。

东溪诗稿　集部别集类　佚

见乾隆《震泽县志》卷31。《吴江沈氏诗录》卷10收其诗16首。

沈祖禹(1682—1751)

字所揆,号怡亭。清吴江人。永隆子,彤从兄。喜为诗,学杜甫,笔健词达,无哀艳之篇。

怡亭诗集　集部别集类　佚

见沈彤《族兄怡亭诗集序》。

吴江沈氏诗录12卷　集部总集类

清沈祖禹辑　沈彤校

(1) 清乾隆五年(1740)精刻本,苏州图书馆藏。

(2) 清同治六年(1867)重刻本,国家图书馆藏。

按:本书集明成化至清乾隆间沈氏之诗。总集90人,诗951首。作者均有小传列于前。

吴江沈氏闺秀诗录1卷　集部总集类

见《吴江文献保存会书目》卷4。

李重华(1682—1755)

字实君,号玉洲。清吴江人。寅子。少从长洲张大受游,复学于秀水朱彝尊。张伯行抚吴,创紫阳书院,重华与诸生讲学其中。雍正二年(1724)进士。改翰林院庶吉士。散馆授编修。十年充四川乡试副考官。性好游。入巴蜀,客山左,留览秦关楚塞。诗益雄奇,得江山之助。

颇长于诗，能推求言外之意。时蒋恭棐以古文名，重华以诗名。乾隆八年(1743)修《大清一统志》，分纂江西。《清史列传》卷71有传。

三经附义6卷　经部群经总义类

(1) 清乾隆二十七年刻本，上海图书馆藏。

(2) 清乾隆二十八年万叶堂刻本，仅存《书传附义》2卷，湖北省图书馆藏。

(3)《四库全书存目丛书》本，影印湖北省图书馆藏本。

按：子目为《易传附义》2卷、《书传附义》2卷、《诗传附义》2卷。

蜀道集　集部别集类　佚

见同治《苏州府志》卷138。

贞一斋集10卷续集1卷诗说1卷　集部别集类

(1) 清乾隆间刻本，国家图书馆藏。

(2)《四库未收书辑刊》本。

贞一斋诗说1卷　集部诗文评类

(1)《昭代丛书》本。

(2)《清诗话》本。

(3)《丛书集成续编》本。

(4)《续修四库全书》本。

按：又名《玉洲诗话》。

顾寿开

字熊庆，一字玉洲。清吴江人。伯宿曾孙。布衣。工诗，擅七言古体。与李重华齐名，称"吴江两玉洲"。雍正五年(1727)作《大水行》写当年汉江水患。

汉江棹歌1卷　集部别集类　佚

玉洲诗集　集部别集类　佚

以上2种见《松陵诗征》卷12。

顾时行

字尊夏。清吴江同里人。诸生。以教授生徒为业。

书经旁解　经部尚书类　佚

毛诗音训　经部诗经类　佚

周礼删注　经部周礼类　佚

以上 3 种见嘉庆《同里志》卷 22。

汝蕙芳

字端英。清吴江人。承汪女，陈日升妻。

愁余小草　集部别集类　佚

见光绪《松江府续志》卷 37。

绿窗吟稿　集部别集类　佚

见《松陵女子诗征》卷 10。

王　梁

字绍曾，号茧庭，一作絸庭，又号稻香亭长。清吴江平望人。维翰子。国子生。及壮折节读书，痛自砥砺，遂以诗名于时。其五言古五言律精微澹远，时具妙理。与王藻称“平川二王”。葬母月湖滨，筑舍墓旁。文人墨客至月湖者，必诗酒流连，夜以继日。

(雍正)平望镇志 4 卷首 1 卷　史部地理类

清王梁、王藻、潘昶、张栋纂

(1) 清西郊草堂抄本，上海图书馆藏。

(2)《中国地方志集成》本。

按：本书仅存卷首、卷 1。

月湖读画录 1 卷　子部艺术类

(1)《昭代丛书》本。

(2)《四库全书存目丛书》本。

(3)《丛书集成续编》本。

按:本书仿李日华《六研斋笔记》《紫桃轩杂缀》体例,以所见名画各为品评,凡数十则。其中宋元人画,仅寥寥数轴,余皆明清时人也。

月湖剩稿 4 卷　集部别集类　佚

见同治《苏州府志》卷 138。

按:《四库全书总目》别集类存目 12 作 1 卷,云:"是集仅文二十四首,又多小品,盖犹明季山人之遗风。"

吴覲文

字覲伯,号竹轩。清吴江人。景果侄,有学行。诗赋与景果齐名。雍正五年(1727)诏州县保举诸生之孝友端方者,吴江知县徐永佑以其名上,以疾辞。及上官题允而又以疾辞,遂终老于家。

竹轩诗文稿　集部别集类　佚

见同治《苏州府志》卷 138。《江苏诗征》卷 14 收其诗 4 首。

顾　倬(1683—?)

字熙良。清吴江同里人。诸生。张大受弟子。为人负才尚气,有古士侠风。中年后迁居灵岩。与沈德潜唱和讲论。

万玉清秋轩集 16 卷　集部别集类

清抄本,4 册,泰州市图书馆藏。

计　濂

字莱周。清吴江人。朱培弟。诸生。

病歙草　集部别集类　佚

见同治《盛湖志》卷 12。《江苏诗征》卷 137 收其诗 1 首。

任德成(1684—1772)

字象元,号澹宁。清吴江同里人。梦乾子。诸生。笃于儒行,奉朱子白鹿洞规，因集明以前先正格言与洞规相发明者为一书。居乡勤施济。置义仓，创社塾，乡人德之。雍正初诏举贤良方正。鄂尔泰为布政使欲荐之，固辞乃已。尝浚万顷江达之太湖，里中无水患。《清史列传》卷68有传。

崇先集续编　史部传记类　佚

见嘉庆《同里志》卷22。

白鹿洞规大义4卷附纲目通论1卷　子部儒学类

《四库全书总目》儒家类存目4载此书名作《读白鹿洞规大义》，5卷。《总目》云："是书取朱子《白鹿洞规》原文，各分段落，标于每卷之首，而引历代诸儒名言附于后，凡二百四条。"

澹宁文稿　集部别集类　佚

见嘉庆《同里志》卷22。

丁廷彦(1684—?)

字济川。清吴江人。诸生。其诗不规模古人，而自饶天趣。

江上怡云集8卷　集部别集类

(1) 清乾隆刻本，南京图书馆藏。

(2) 抄本，南京图书馆藏。

(3) 1920年吴江柳氏抄本，上海图书馆藏。

按：本书皆古今体诗，诗编年，约起康熙五十三年(1714)，止于乾隆十七年(1752)。自云："我诗不求工，聊以写意散情，譬之岭上白云，祇可自怡，不堪赠人。"因名其集曰《怡云》。

倪师孟(1685—1746)

字南琛，号峄堂。清吴江人。宗基子。从何焯游。能诗古文词。雍正元年(1723)以归安籍成进士。授编修，以亲老乞养归。乾隆元年(1736)服阕补官，与修《世宗实录》，三年主四川乡试，充国史馆纂修官。归筑梅圃，卒年62。

(乾隆)吴江县志58卷首1卷　史部地理类

清陈莫纕等修　倪师孟、沈彤纂

(1) 清乾隆十二年刻本,上海图书馆藏。

(2) 民国石印本,上海图书馆藏。

(3) 台北《中国方志丛书》本。

(4)《中国地方志集成》本。

(乾隆)震泽县志38卷首1卷　史部地理类

清陈和志修　沈彤、倪师孟纂

(1) 清乾隆十一年刻本,上海图书馆藏。

(2) 清光绪十九年(1893)吴仁杰刻本,上海图书馆藏。

(3) 台北《中国方志丛书》本。

(4)《中国地方志集成》本。

入蜀纪行　史部地理类　佚

按:有周长发序。

南村诗抄　集部别集类　佚

以上2种见道光《震泽镇志》卷11。

梅圃诗抄　集部别集类　佚

见《江苏诗征》卷22,收其诗1首。

盛奕清(1685—1769)

字文起,号卓庵。清震泽人。邑庠生,例赠文林郎。师事陆舜扬、陈骏伟。工书法,善铁笔。

人事琐言3卷　子部儒学类　佚

见《平江盛氏家乘初稿》卷19。

周　沓

字诚哉,号云毫,又号待庵。清吴江平望人。杭子。补博士弟子员。入踬省闱不售,遂绝意进取,足迹不出里巷,闭户著书40余年,教授生徒。晚年目盲,造门受业者日益众。卒年84。

续左传类对赋　经部春秋左传类

宋徐晋卿撰　清周春续

清刻本,国家图书馆藏。

增订左传类对赋　经部春秋左传类

宋徐晋卿撰　清周春重编

清刻本,北京大学图书馆藏。

按:嘉庆《同里志》卷23有周春《续左传类对赋自序》《增订左传类对赋引》。

春秋说疑　经部春秋总义类　佚

中庸贯旨　经部四书类　佚

订正徐秘书原赋　集部别集类　佚

云毫遗文　集部别集类　佚

以上4种见嘉庆《同里志》卷22。

赋类韵初稿　集部别集类　佚

见《松陵诗征续编》卷1,收其诗1首。

种德堂文集　集部别集类　佚

见同治《苏州府志》卷138。

绿香书屋诗稿1卷　集部别集类

抄本,见《磨剑室文三集》之《磨剑室钞存乡先辈已刊未刊稿本题记》。

计　灿

字星躔,号恒斋。清吴江人。监生。

恒斋吟稿　集部别集类　佚

见同治《盛湖志》卷12。

王尚文

字周灿，号絅斋。清吴江人。吴邑庠生。邑建义塾、社仓，每率先为之倡。

家规要旨　子部儒学类　佚

见嘉庆《同里志》卷22。

周志任

字莘传，一作薪传，号梅梁寄客。清吴江人。廷谔子。雍正三年(1725)取入江庠。为人沉静寡言笑，择交游，重然诺。诗有摩诘致。

梅梁寄客草　集部别集类　佚

见《垂虹识小录》卷6。

蒋士谔

字陈谟。清吴江人。雍正七年(1729)推归江庠。教授生徒履满户外。晚好吟咏，得陶公悠然之趣。

吾庐诗文稿　集部别集类　佚

见同治《苏州府志》卷138。

任应鹏

号载扬。清吴江人。雍正十一年(1733)取入江庠。

澹园诗集　集部别集类　佚

见嘉庆《同里志》卷22。《江苏诗征》卷89收其诗2首。

周日藻(1686—1766)

字旭之，号澹宁。清吴江人。宗建曾孙。乾隆十年(1745)进士。少从从兄振业、龙藻游，以名行自励。不乐仕进，吏部咨取不谒选，终身以教学为事，张伯行、陈世倌皆遇以国士。鄂尔泰延教诸子先后7年，不以他事有干请。后主六安书院以终。

编辑意庭四书节解 4 卷　经部四书类　佚

宁斋诗 24 卷　集部别集类　佚

以上 2 种见同治《苏州府志》卷 138。

清华集　集部总集类　佚

见道光《苏州府志》卷 101。

周汝舟

字道夫，号悦汀。清吴江人。龙藻子。郡诸生。入太学。内阁学士吴家骐荐之。后游山左，陕甘总督庆福招修《陕西通志》。归里卒，年 79。乾隆元年(1736)举孝廉方正。

悦汀诗稿　集部别集类　佚

见光绪《吴江县续志》卷 36。清周汝翼辑《松陵诗所见录》卷 11 收其诗 4 首。

陆　霖(1687—1759)

字元蕃，号时圃。清吴江人。方涛次子。诸生。酷爱吟咏。

因树楼集　集部别集类　佚

见《江苏诗征》卷 152，收其诗 2 首。

髫年杂咏　集部别集类　佚

醉陶吟　集部别集类　佚

咏物诗　集部别集类　佚

以上 3 种见《松陵陆氏宗谱》卷 10。

连　灏

字沧洲，号空斋。清吴江莘塔南传村人。凤音裔孙。邑诸生。力学工文。与其弟云龙幕游公卿间。

淮南倡和集　集部总集类　佚

见《分湖小识》卷 3。《江苏诗征》卷 157 收其诗 1 首。

吴重光

字子裕，一字宣三。清吴江人。舒帷祖。参与编纂乾隆《震泽县志》。

湖浦志　史部地理类　佚

见同治《苏州府志》卷 139。

游西洞庭记　史部地理类　佚

见民国抄《震泽县志续》卷 10。

银藤诗草　集部别集类　佚

见同治《苏州府志》卷 138。

吴家骐

字骏起，一字晋绮，号晚枫。清吴江人。尔潢子。康熙五十七年(1718)进士。选庶吉士，授编修。雍正元年(1723)充康熙皇帝实录纂修官。明年督学湖广。后九年迁左赞善，充三朝国史纂修官。十二年迁右庶子，奉命校对三朝实录，明年迁内阁学士。乾隆即位，充皇帝实录副总裁官。乾隆元年(1736)授礼部右侍郎，明年副孙嘉淦主顺天乡试。为人温雅和厚，工诗文，尤长应制体。纂修国史编校实录，才识优而复勤慎，诸总裁甚推任之。年 74 卒。

双砚堂集 10 卷　集部别集类　佚

见乾隆《震泽县志》卷 31。清周汝翼辑《松陵诗所见录》卷 11、《江苏诗征》卷 13 收其诗 2 首。

顾我锜(1688—1733)

字湘南，号帆川。清吴江人。邑诸生。博学强识，为诗古文提笔疾书，千言不竭。从陈沂震游，诗学日进。及沂震督学山东，我锜在其幕。与嘉兴高孝本、同邑周龙藻等相倡和。大学士鄂尔泰官江苏布政时，称其为南国才人冠。雍正九年(1731)与修《江南通志》,分任艺文,参及人物江防职官诸类。以修志积劳遂发疾卒。

通鉴纲目志疑2卷　史部别史类　佚

邑乘备考　史部地理类　佚

堪著斋杂志10卷　子部杂学类　佚

三余笔记6卷　子部杂学类　佚

以上4种见乾隆《吴江县志》卷46。

浣松轩集22卷(诗集6卷文集6卷外集10卷)　集部别集类

见乾隆《吴江县志》卷46。

浣松轩赋稿1卷诗集(编年)6卷诗集(分体)5卷　集部别集类

清嘉庆八年(1803)务本堂刻本,上海图书馆藏。

游洞庭诗1卷　集部别集类

(1) 稿本,南京图书馆藏。

(2) 稿本,又一种,南京图书馆藏。

虞江哀诔文2卷　集部别集类

稿本,见《磨剑室文三集》之《磨剑室钞存乡先辈已刊未刊稿本题记》,今未见。

读本诗6卷　集部总集类

稿本,吴江图书馆藏。

古诗编略15卷　集部总集类

稿本,存7卷,南京图书馆藏。

青邱集选4卷　集部别集类　佚

唐音汇抄200卷　集部总集类　佚

宋诗选10卷　集部总集类　佚

元诗选4卷　集部总集类　佚

以上4种清顾我锜辑,见《松陵人物汇编》卷8。

海岱联吟　集部总集类　佚

见乾隆《吴江县志》卷46。与高孝本、周龙藻、陈沂震同撰。

沈　彤(1688—1752)

字冠云,一作贯云,号果堂。清吴江人。自南曾孙。诸生。少游何焯之门,后入张伯行、杨名时门下。乾隆元年(1736)内阁学士吴家骐荐举博学鸿词,不遇,复荐修《一统志》《三礼书》,授九品官不就归。笃志群经,尤精三礼,论者谓亚于惠士奇而醇于万斯大。兼通医术。及卒,门人私谥文孝先生。《清史列传》卷68有传。

尚书小疏1卷　经部尚书类

(1)《果堂全集》本。

(2)《皇清经解》本。

(3)《四库全书存目丛书》本。

(4)《续修四库全书》本。

毛诗要义30卷　经部诗经类

清劳氏震无咎斋抄本,清劳颎跋,上海图书馆藏。

按:存27卷,缺卷3、4、5。

周官禄田考3卷　经部周礼类

(1)清乾隆十五年徐大椿刻本,中国人民大学图书馆藏。

按:本书钤"曹元忠印""静妙斋藏书""句吴曹氏收藏金石书画之印"等。

(2)《果堂全集》本。

(3)《四库全书》本。

(4)《皇清经解》本。

(5)抄本,上海图书馆藏,与《释骨》同抄。

(6)清至民国张约园抄本,2卷,国家图书馆藏。

仪礼小疏1卷　经部仪礼类

(1)《果堂全集》本,11卷。

(2)《四库全书》本。

(3)《皇清经解》本,8卷。

(4) 清沈廷芳刻本，华东师范大学图书馆藏，作《仪礼小疏》7卷附《监本刻误》3卷。

仪礼郑注监本刊误1卷　经部仪礼类

《果堂全集》本。

春秋左传小疏1卷　经部春秋左传类

(1)《果堂全集》本。

(2)《四库全书》本，题《春秋左氏传小疏》。

(3)《皇清经解》本。

(乾隆)吴江县志58卷首1卷　史部地理类

清陈莫纕等修　倪师孟、沈彤纂

(乾隆)震泽县志38卷首1卷　史部地理类

清陈和志修　沈彤、倪师孟纂，以上2种版本见“倪师孟”条。

寻淮源记　史部地理类

登泰山记　史部地理类

游包山记　史部地理类

游丰山记　史部地理类

以上4种有《小方壶斋舆地丛钞》本。

释骨1卷　子部医家类

(1)《果堂全集》本。

(2)《昭代丛书》本。

(3) 日本抄本，北京大学图书馆藏。

(4) 抄本，上海图书馆藏。

(5)《叶氏丛书》本。

(6)《丛书集成续编》本。

内经本论　子部医家类　佚

气穴考略　子部医家类　佚

以上2种见同治《苏州府志》卷138。

果堂杂著　子部杂学类　佚

见同治《苏州府志》卷138。

果堂集12卷　集部别集类

(1) 清乾隆刻初印本,清王鸣盛批,复旦大学图书馆藏。

(2)《果堂全集》本。

(3)《四库全书》本。

(4)《皇清经解》本,1卷。

按:本书多订正经学文字,援据典核,考证精密。《四库全书总目》别集类26评价其云:"集虽不尚词华,而颇足羽翼经传。其实学有足取者,与文章家又别论矣。"

果堂文录1卷　集部别集类

《国朝文录续编》本。

吴江沈氏诗录12卷　集部总集类

清沈祖禹辑　沈彤校,版本见"沈祖禹"条。

果堂全集6种29卷　丛书类

清乾隆间吴江沈氏刻本,国家图书馆藏。

按:子目为《尚书小疏》1卷、《仪礼小疏》11卷、《春秋左传小疏》1卷、《周官禄田考》3卷、《释骨》1卷、《果堂集》12卷。

徐逢源(1688—1758)

字湛渊,号澹园。清吴江人。徐釚四子。监生。读书自立,一禀庭训。性沉潜,不好名。

笺注李义山诗集　集部别集类

见《吴江徐氏宗谱》卷4。

沈宗湘(1688—1771)

字六如,号莼村。清吴江人。乾隆元年(1736)进士。任新淦知县。邑每岁额输漕四万余石。由县仓运至省城以达于漕船,费用不赀,自来浮收偿费。宗湘力持不可,曰:"宁为吾身累耳。"在任三年,亏费数千金，鬻家产以偿。寻告病归。主笠泽书院。年82卒。

越游草1卷　集部别集类　佚

见《垂虹识小录》卷6本传。

莼村诗稿　集部别集类　佚

见同治《苏州府志》卷138。

金　�

字静宜。清吴江曹村人。康熙六十年(1721)岁贡生。

楚游草　集部别集类　佚

玉兰书屋诗抄　集部别集类　佚

以上2种见民国抄《震泽县志续》卷10。

周轶群

字亦群，号茂堂。清吴江谢天港人。诸生。从振业游。讲程朱之学。诗有风致，无头巾气。

茂堂诗稿　集部别集类　佚

见同治《盛湖志》卷12。《江苏诗征》卷83收其诗1首。

周　星(1689—1762)

字聚五，号碧山。清吴江人。太学生。赋性疏懒，能饮酒，亦不多酗，陶然自得以享余年。课子读书甚严密。

望湖诗集　集部别集类　佚

见周岐《周氏家乘》卷3。

潘其灿(1690—1725)

字景瞻，号朗君。清吴江人。耒季子。康熙五十六年(1717)举人。幼禀庭训，即以通经学古为务，诗古文辞并传家法。会试时会世宗举临雍之礼，献诗十二章，钦取第一。平生外和内介，不肯稍事干谒，居都下四载，未尝一为贵人门下士，旋即南归，一载竟卒。曾参与编修康熙《吴江县志续编》。

(康熙)怀柔县新志 8 卷　史部地理类

清吴景果、潘其灿纂修，版本参见“吴景果”条。

学吟编 3 卷　集部别集类　佚

见乾隆《吴江县志》卷 46。《江苏诗征》卷 33 收其诗 3 首。

马存惕

字乾三。清吴江吴溇人。雍正十三年(1735)贡生。年 60 卒。

水利书　史部地理类　佚

地理纂要　子部术数类　佚

以上 2 种见《儒林六都志》卷下著述。

顾　英

字丹九。清吴江南传村人。与同邑迮云龙同笔砚，互相切劘。既长，复游尤侗之门，得其指授，所作诗文皆有宗法。

撰玉堂诗抄　集部别集类　佚

见《分湖诗苑》，收其诗 5 首。

费士璟

字儒正，一字儒珍。清吴江人。元衡从弟。安贫好学，以著述为事。学有经济，好义急公。雍正二年(1724)分吴江县为震泽县，助建县治。卒无子，其书散佚，为女婿任纯仁所编，是非褒贬不肯苟同而得其正。

桂森斋杂录　子部杂学类　佚

见《垂虹识小录·松陵费氏诗集》卷 1。

攸好斋咏古诗 1 卷　集部别集类　佚

见同治《苏州府志》卷 138。《江苏诗征》卷 128 收其诗 1 首。

按:《垂虹识小录》作《攸好古斋诗》1卷,本书沈德潜作序。

周汝雨

字纯夫,号六浮,自号六浮散人。清吴江人。龙藻子。举孝廉方正。有文名,工于诗。中年幕游关中,历览塞上中州形胜,诗益奇拔。

六浮吟稿4卷　集部别集类　佚

见光绪《吴江县续志》卷36,并载清王元文序。

松陵诗征20卷　集部总集类

清袁景辂编　费周仁、周汝雨辑,版本参见"袁景辂"条。

金　梅

字次调。清吴江曹村人。康熙间乌程诸生。笃于古学,浙江学政颜光敩称其文似陈同甫。尤长于诗,宗唐人而自具风骨,讽诵之如见其人。年42卒。

梦草集1卷　集部别集类　佚

丙子诗草1卷　集部别集类　佚

击辕集1卷　集部别集类　佚

以上3种见《江苏诗征》卷88,收其诗1首。

钱守中

一名牧。字书绅,号远亭。清吴江人。附贡生。官上海教谕。

西畴草堂稿3卷　集部别集类

稿本,上海图书馆藏。《江苏诗征》卷36收其诗1首。

连云龙(1691—1761)

字赓若,又字耕石,号三江渔父。清吴江人。灏弟。雍正十年(1732)顺天举人。乾隆中举鸿博,试罢游滇南总督幕。为诗文千言立就。才高数奇,常郁郁不得志。归家筑室种树著书自娱,所居曰池上草堂,藏书甚多,后散失殆尽。

池上草堂集　集部别集类　佚

见《分湖小识》卷3。

三江渔父集　集部别集类　佚

清迮云龙撰　迮鹤寿辑,见《明清江苏文人年表》清道光十年(1830)。

水竹庄诗草1卷　集部别集类

抄本,见《磨剑室文三集》之《磨剑室钞存乡先辈已刊未刊稿本题记》。

迮三江征君遗稿2卷　集部别集类

清柳树芳手写本,见《养余斋松陵书目》卷4。附《翠亭诗稿》1卷,清曹吴霞撰。

汗漫吟2卷　集部总集类

清刻本,上海图书馆藏。

费一鸣(1691—1766)

字声佩。清吴江人。洪学子。诸生。好读书,工诗,气骨清挺。

贮云轩集　集部别集类

见《江苏诗征》卷128,收其诗1首。

吴　蕙

字兰质。清吴江人。兆骞孙女。诸生费定烈妻。

庾楼吟　集部别集类　佚

见《江苏诗征》卷163,收其诗2首。

王　棣

字伟岳。清吴江同里人。曾翼祖父。康熙五十六年(1717)浙榜举人,年76卒。

伟岳文集　集部别集类　佚

见嘉庆《同里志》卷22。

汝佑霖

字霈三。清吴江人。

雨林诗草　集部别集类　佚

见光绪《黎里续志》卷4。

沈廷光(1692—1760)

字兼立,号恬斋。清吴江人。乾隆元年(1736)会试十名。任广东韶州府仁化县知县,升内府中书科中书。

恬斋遗稿　集部别集类　佚

见《松陵诗征》卷15。

沈　炯(1693—1749)

字逊扬。清吴江人。瓒元孙,彤从弟。康熙五十七年(1718)取入江庠。

禹贡纂注　经部尚书类　佚

南游草　集部别集类　佚

以上2种见《江苏诗征》卷119,收其诗2首。书为沈彤赞赏。

陆　瓒(1693—1756)

一作陆廷瓒,初名无咎,字虔实,又字乾日,号芦墟。清吴江芦墟人。何焯高弟。以三礼馆誊录授保德州吏目,署曲沃巡检。在三礼馆与方苞、李绂最契合。生平笃嗜汉隶,临华山碑至三百余本。其子燿尝以瓒手书徐幹《中论篇》《治学篇》刻石于济宁州学。笔法古劲,足与诸汉碑相颉颃。又缩临华山碑刻石,字大不过三分,而神气遒古,具体而微。

茶仙遗稿　集部别集类　佚

见光绪《吴江县续志》卷36。《江苏诗征》卷152收其诗1首，署名作陆廷瓒。

王　锡(1693—1762)

字觐扬，号半溪。清吴江同里人。康熙五十六年(1717)举人。授江宁县知县，调丰县，以事罢职。后得开复，协办海州事。家居辑家谱，葺墓域，建宗祠。在乡平道路，恤孤寡，多行善举。性嗜诗酒。

吴江王氏新谱5卷　史部传记类

清王锡修　王曾培续修

清乾隆十七年(1752)重刻五十二年续刻本，南京图书馆藏。

栖碧堂集　集部别集类　佚

见光绪《吴江县续志》卷36。《江苏诗征》卷49收其诗1首。

徐大椿(1693—1771)

庠名大业，字灵胎，晚号洄溪道人。清吴江松陵人。养浩子。少业儒，好读道家书，通晓天文、地理、音律、技击等，对东南水利尤所洞悉。以诸生贡太学。后因家人有误于医者，始习医术。年20从学于周振业，博览方书，精研医理。乾隆二十六年(1761)及三十六年两次应召入宫治病。尝官太医院供奉，赠儒林郎。平生著述甚富，尤注重阐发经典医著。

洄溪经义　经部群经总义类　佚

见同治《苏州府志》卷138。

徐氏族谱8卷　史部传记类

清光绪十七年(1891)石麟堂活字印本，南京图书馆藏。

述恩纪略　史部传记类　佚

水利策稿　史部地理类　佚

以上2种见同治《苏州府志》卷138。

道德经注2卷阴符经注1卷　子部周秦诸子类

(1) 清乾隆二十五年刻本,国家图书馆藏。

(2)《四库全书》本。

(3)《徐氏医书八种》本附。

(4)《徐氏杂著》本。

(5)《徐灵胎十二种全集》本。

(6) 民国吴江柳氏抄本,上海图书馆藏。

按:见《柳亚子史料札记》之《上图"吴江柳氏抄本"部分书目》。

内经诠释1卷　子部医家类

《徐灵胎医学全书》本。

难经经释2卷　子部医家类

(1) 清雍正五年(1727)徐氏洄溪草堂刻本,国家图书馆藏。

(2)《徐氏医书六种》本。

(3)《徐氏医书八种》本。

(4)《徐灵胎十二种全集》本。

(5)《四库全书存目丛书》本。

(6)《续修四库全书》本。

(7)《广陵医籍丛刊》本。

难经经释补正2卷附总论　子部医家类

清徐大椿译　廖平补证

(1)《六译馆医学丛书》本,国家图书馆藏。

(2) 抄本,山东医科大学图书馆藏。

伤寒论类方1卷　子部医家类

(1)《四库全书》本。

(2)《徐灵胎十二种全集》本。

(3)《徐氏医书六种》本。

(4)《徐氏医书八种》本。

(5)《徐灵胎医学全书》本。

(6) 抄本，上海图书馆藏。

(7) 民国图书集成局铅印本，不分卷，苏州图书馆藏。

伤寒论类方 12 卷附六经脉证　子部医家类

(1) 清乾隆二十四年刻本，无附《六经脉证》，华东师范大学图书馆藏。

(2) 清末刻本，苏州图书馆藏。

伤寒论类方增注　子部医家类

清徐大椿辑　汪宪奎增辑

民国抄本，上海图书馆藏。

伤寒约编 6 卷　子部医家类

《徐灵胎医学全书》本。

增辑伤寒论类方 4 卷　子部医家类

清徐大椿辑　潘霨增辑

(1) 清同治五年(1866)古吴潘氏刻本，上海图书馆藏。

(2)《铧园医学六种》本。

神农本草经百种录 1 卷　子部医家类

(1) 清乾隆元年刻本，上海图书馆藏。

(2)《四库全书》本。

(3)《徐氏医书六种》本。

(4)《徐灵胎十二种全集》本。

(5)《徐氏医书八种》本。

(6)《陈修园医书四十八种》本。

(7)《徐灵胎医学全书》本。

(8)《南雅堂医书全集》本。

(9) 清光绪抄本，甘肃省图书馆藏。

兰台轨范 8 卷　子部医家类

(1)《四库全书》本。

(2)《徐氏医书六种》本。

(3)《徐灵胎十二种全集》本。

(4)《徐氏医书八种》本。

(5)《徐灵胎医学全书》本。

洄溪秘方　子部医家类

(1) 清光绪五年刻本,中国中医科学院图书馆藏。

(2) 抄本,上海中医药大学图书馆藏。

增注古方新解 8 卷　子部医家类

清徐大椿撰　陆士谔编

1922 年上海世界书局石印本,上海图书馆藏。

洄溪老人二十六秘方附牛痘要法推拿述略　子部医家类

(1) 清光绪刻本,复旦大学上海医学院医科图书馆藏。

(2)《国医小丛书》本。

徐氏医灵 2 卷　子部医家类

徐灵胎抄本,西安医学院图书馆藏。

外科秘本附良方集录图位仁寿堂咽喉杂症秘方　子部医家类

抄本,苏州中医院图书馆藏。

疡科集案类编 2 卷　子部医家类

抄本,南京中医药大学图书馆藏。

外科正宗 12 卷　子部医家类

明陈实功撰　清徐大椿评

(1)《徐氏医书八种》附。

(2)《中国医学大成》本。

疡科选粹　子部医家类

明彭家孟撰　徐大椿批点

1913 年石印本,见《浙江中医药古籍联合目录》。

洄溪医案 1 卷　子部医家类

(1)《医家三书合刊》本。

(2)《徐灵胎十二种全集》本。

(3)《徐氏医书八种》本。

(4)《徐灵胎医学全书》本。

(5)《啸园丛书》本,有附1卷。

(6) 抄本,苏州图书馆藏。

(7)《丛书集成续编》本。

(8)《续修四库全书》本。

洄溪医论札1卷　子部医家类

清咸丰七年(1857)海昌蒋光焴衍芬堂刻本,国家图书馆藏。

医学源流论2卷　子部医家类

(1)《四库全书》本。

(2)《徐氏医书六种》本。

(3)《徐灵胎十二种全集》本。

(4)《徐氏医书八种》本。

(5)《徐灵胎医学全书》本。

(6)《中国医学大成》本。

(7) 袁树珊抄本,镇江市图书馆藏。

(8) 抄本,哈尔滨医科大学图书馆藏。

医贯砭2卷　子部医家类

(1)《徐氏医书六种》本。

(2)《徐灵胎十二种全集》本。

(3)《徐氏医书八种》本。

(4)《徐灵胎医学全书》本。

(5)《四库全书存目丛书》本。

(6)《续修四库全书》本。

脉诀启悟注释1卷　子部医家类

六经病解1卷　子部医家类

杂病源1卷　子部医家类

女科医案1卷　子部医家类

洄溪脉学1卷　子部医家类

舌鉴总论1卷　子部医家类

以上6种有《徐灵胎医学全书》本。

徐批叶天士晚年方案真本2卷　子部医家类

清叶桂撰　徐大椿批

(1) 清光绪十五年介石堂刻本,1卷,上海图书馆藏。

(2)《中国医学大成》本。

临证指南医案10卷　子部医家类

清叶桂撰　徐大椿评

民国著易堂铅印本,苏州图书馆藏。

医论　子部医家类

(1) 清乾隆二十二年刻本,哈尔滨医科大学图书馆藏。

(2) 清同治十二年刻本,吴江图书馆藏。

管见集　子部医家类

稿本,上海图书馆藏。

慎疾刍言1卷　子部医家类

(1) 清乾隆间刻本,国家图书馆藏。

(2)《徐灵胎十二种全集》本。

(3)《灵芝益寿草》本。

(4)《荔墙丛刻》本。

(5)《医学三书合刊》本。

(6)《忏花庵丛书》本。

(7)《啸园丛书》本。

(8)《咫进斋丛书》本。

(9)《徐氏医书八种》本。

(10)《徐灵胎医学全书》本。

(11)《回澜社医书》本。

(12)《徐氏杂著》本。

(13)《丛书集成初编》本。

(14)《中国医学大成》本。

(15) 抄本，上海图书馆藏。

(16)《续修四库全书》本。

医砭(原为慎疾刍言)1卷　子部医家类

(1)《潜斋医学丛书》本。

(2)《潜斋医学丛书十四种》本。

病家论1卷　子部医家类

涉猎医书误伤人论1卷　子部医家类

以上2种有《汉学堂知足斋丛书》本。

征士洄溪府君自序　子部医家类

清洄溪草堂家刻本，中国中医科学院图书馆藏。

待问编　集部别集类　佚

画眉泉杂咏　集部别集类　佚

以上2种见同治《苏州府志》卷138。

洄溪道情1卷　集部词曲类

(1) 清乾隆间刻本，国家图书馆藏。

(2)《徐灵胎十二种全集》本。

(3)《徐氏医书八种》本附。

(4)《徐氏杂著》本。

(5)《散曲丛刊》本。

(6)《娱萱室小品》本。

(7) 稿本，吴江张舫澜私藏，见于网络。

按：本书属于诗歌道情，以道情为诗文，是清代道情的代表作之一。

乐府传声1卷　集部词曲类

(1) 清乾隆间刻本，国家图书馆藏。

(2)《徐灵胎十二种全集》本。

(3)《徐氏医书八种》本附。

(4)《徐氏杂著》本。

(5)《新曲苑》本。

(6)《正觉楼丛刻》本,2卷。

(7) 1982年中国戏曲出版社出版吴同宾等《乐府传声译注》。

(8)《续修四库全书》本。

徐氏医书六种　丛书类

(1) 清乾隆间半松斋刻本,国家图书馆藏。

(2) 清乾隆松风斋刻本,浙江图书馆藏。

(3) 清同治半松书屋刻本,上海图书馆藏。

(4) 清同治十二年湖北崇文书局刻本,上海图书馆藏。

(5) 清光绪刻本,苏州图书馆藏。

子目见上,并见《中国丛书综录》第1册。

徐灵胎医略六书32卷　丛书类

清光绪二十九年上海赵翰香居铅印本,上海图书馆藏。

子目包括《内经诠释》《脉诀启悟》2卷附《经络诊视图》、《药性切用》6卷、《伤寒约编》8卷附《舌鉴图》、《杂病证治》9卷、《女科指要》6卷附《女科治验》。

徐氏医书八种18卷　丛书类

(1) 清咸丰七年海昌蒋氏衍芬草堂刻本岭南小嫏環阁藏板,湖北医药学院图书馆藏。

(2) 清咸丰十年刻本,苏州中医院图书馆藏。

(3) 清同治十二年刻本,上海图书馆藏。

(4) 清光绪四年扫叶山房刻本,国家图书馆藏。

(5) 清光绪十八年湖北官书处刻本,上海图书馆藏。

(6) 清光绪十九年图书集成印书局铅印本,苏州图书馆藏。

(7) 清光绪二十二年珍艺书局铅印本,国家图书馆藏。

(8) 1913年中华书局铅印本,安徽省图书馆藏。

(9) 民国上海千顷堂刻本,福建省图书馆藏。

子目见上，并见《中国丛书综录》第 1 册。

徐灵胎十二种全集　丛书类

（1）清同治间吴江半松斋刻本，国家图书馆藏。

（2）清善成堂刻本，北京师范大学图书馆藏。

（3）清文奎堂刻本，中国中医科学院图书馆藏。

（4）清经元堂刻本，北京中医药大学图书馆藏。

子目见上，并见《中国丛书综录》第 1 册。

徐氏十三种医书　丛书类

（1）清光绪十五年刻本，苏州图书馆藏。

（2）1913 年上海中华书局铅印本，上海图书馆藏。

按：本书为《徐氏医书八种》《徐氏杂著四种》及《外科正宗》揉合而成。

徐灵胎医学全书　丛书类

（1）清咸丰五年刻本，泸州市图书馆藏。

（2）清光绪十九年石印本，天津市图书馆藏。

（3）清光绪三十三年上海六艺书局石印本，上海图书馆藏。

（4）1936 年上海文益书局铅印本，中国中医科学院图书馆藏。

（5）1999 年中国中医药出版社出版。2015 年重印。

（6）2014 年山西科学技术出版社出版。

子目见上，并见《中国丛书综录》第 1 册。

徐灵胎先生杂著　丛书类

（1）清光绪十四年刻本，5 种，国家图书馆藏。

（2）清光绪二十二年珍艺书局铅印本，4 种，国家图书馆藏。附于《徐氏医书八种》后，作《徐氏杂著》。

子目见上，并参见《中国丛书综录》第 1 册。

按：本书国家图书馆藏清光绪十四年刻本为 5 种本，光绪二十二年铅印本为 4 种本，铅印本将《道德经注》2 卷《阴符经注》1 卷并为 1 种。

徐灵胎医书三十二种　丛书类

(1) 民国上海锦文堂书局石印本，吉林大学图书馆藏。

(2) 民国上海集成书局铅印本，上海中医药大学图书馆藏。

子目：《难经经释》《神农本草经百种录》《医贯砭》2卷、《医学源流论》2卷、《伤寒论类方》《兰台轨范》8卷、《慎疾刍言》《洄溪医案》《内经诠释》《脉诀启悟注释》《伤寒约编》6卷、《杂病源》《洄溪脉学》《六经病解》《舌鉴总论》《女科医案》《道德经注》《阴符经注》《洄溪道情》《乐府传声》《证治指南》8卷、《药性切用》《古方集解》《种子要方》《中风大法》《六经脉诊》《舌胎图说》《药性诗解》《叶案批缪》《女科指要》《汤引总义》《经络诊视图》。

按：徐氏医书单刻本甚多，亦易得，故不一一列出。

王　藻(1693—?)

字载扬，号梅沜。清吴江二镇地人。国学生。受知于沈树本。乾隆元年(1736)应鸿词科报罢。工诗，沈德潜称其诗字必典、语必稳、偶必工，舒徐容与，步骤有节，可谓雅音。至京师每与名流分题角韵。吴士玉为学士，闻藻名，以宾礼延致之。士玉领一统志书局总裁官，专委藻检阅，殚精著录，7年志成而士玉卒于位，藻独留京师，无所遇乃归。与里中潘昶等共辑《平望志》。晚客维扬。平生好藏宋板书与青田石印章。

(雍正)平望镇志4卷首1卷　史部地理类

清王梁、王藻、潘昶、张栋纂

(1) 清西郊草堂抄本，上海图书馆藏。

(2)《中国地方志集成》本。

莺脰湖庄诗集15卷　集部别集类

清乾隆刻本，南京图书馆藏。

洞庭游草1卷白门游草1卷　集部别集类

稿本，见《养余斋松陵书目补编》卷4。

吴　然

字益明，号蘧庄。清吴江人。晋锡曾孙。国学生。

诵芬书屋诗草　集部别集类　佚

见民国抄《震泽县志续》卷10，并收其诗1首。

沈　芳

字纫佩，号水村。清吴江芦墟人。刚中父。诸生。师长洲何焯。友陆瓒。究心六书之学，兼作篆书。作篆必以古铜周尺量较，方园长短精严而中规矩。王澍称其篆学可继李斯、李冰。尝谓隶有折无转，篆有转无折，人以为知言。乾隆十二年(1747)聘修江震县志。

水村诗稿　集部别集类　佚

见《分湖小识》卷3。《江苏诗征》卷119收其诗1首。

赵　扬

榜姓沈，字二陶，号鸿轩。清吴江娄字圩人。雍正元年(1723)浙籍武举人。习韬略，善骑射，其枪棍得少林真传。又与新城朱光夏讲论，故击刺尤妙。喜作诗词，曾问诗法于潘耒。其七言歌行颇有豪气，兼工小楷书。

枪棍源流　子部兵书类　佚

弃余草　子部兵书类　佚

以上2种见道光《平望志》卷11。有沈祖惠序。

吴其琰

字恒叔，号学圃。清吴江人。树臣子。少从外舅徐釚及长洲何焯游。雍正七年(1729)拔贡。官陕西清涧知县。创设书院，修筑城垣。工吟咏。

(乾隆)清涧县续志8卷　史部地理类

(1) 清乾隆十七年(1752)刻本,故宫博物院藏。

(2)《故宫珍本丛刊》本。

兴除衍义　子部儒学类　佚

见道光《苏州府志》卷86。

酌古轩诗集30卷　集部别集类

清乾隆三年刻本,上海图书馆藏。

沈鹤立

字闻皋,一字半千。清吴江人。凤举兄。好读书,勤著述,工诗。

读史日抄　史部史钞类　佚

李翰蒙求注　集部别集类　佚

徐察蒙求注　集部别集类　佚

清音阁吟稿　集部别集类　佚

以上4种见乾隆《震泽县志》卷31。

闻皋咏史诗1卷　集部别集类

(1) 抄本,上海图书馆藏。

(2) 稿本,见柳亚子《养余斋松陵书目》卷4。

汪　琥

字玉符,号友苓。清吴江人。栋子。官福建漳州同知。沈德潜称其为政有循声,公暇吟诗,旁参国政,有良大夫之才。

耕砚斋遗稿3卷　集部别集类

清乾隆三十四年(1769)汪鸣珂燕耀堂刻本,吴江图书馆藏。

陈之韵

字载赓。清吴江人。汝为父,元文祖。

辍耕编　集部别集类　佚

见同治《苏州府志》卷138。《江苏诗征》卷27收其诗1首。

陈自焕

字家修。清吴江人。沂配子。湖州府廪生。试辄高等，十赴棘闱，再荐不售，仅以明经例授广文。

周易便读　经部易类　佚

见嘉庆《同里志》卷22。

梅　芬

字素娟，号雪香。清吴江人。陈自焕妻。

绿筠轩诗草1卷　集部别集类

清乾隆三十一年(1766)皆醇书屋刻本，上海图书馆藏。

按：本书附《先妣梅孺人行述》1卷，清陈毓秀撰。吴江图书馆藏民国抄本清张滋兰撰《清溪诗稿》1卷中存有梅芬诗。

陈士载(？—1743)

字勖张，号梅轩。清吴江人。沂配子。县学生。性刚直，人有过必正言相规，朋辈敬惮之。绳督子弟有太邱家法，常啸歌自适。所居后圃有老梅，花时邀同好觞咏其下。后得瘵疾卒。

梅轩诗草　集部别集类　佚

见嘉庆《同里志》卷12。《江苏诗征》卷27收其诗1首。南社抄本《松陵诗滴》收其诗2首词1首。

钮学乾(1694—？)

字沧亭，号蕖村。清震泽人。钮琇孙。年92仍在。

鹦鸮车9卷　子部小说类

稿本，存第7、9卷，见《养余斋松陵书目》卷3。

按：本书署名“松陵半醉书生”撰。

松陵谚考　经部小学类

薬村文稿　集部别集类

以上2种见《柳亚子集外诗文辑存》之《〈薬村诗词钞〉抄本题记》。

薬村诗词钞10卷　集部别集类

1920年吴江柳氏抄本，存卷7至卷10，上海图书馆藏。

薬村笔谈4卷　集部别集类

(1) 抄本，北京大学图书馆藏。

(2) 稿本，疑现藏于韦力处。

按：本书所载多有论诗文语，兼及神异事，以及康、雍、乾三朝民间风貌。

沈凤鸣(1695—1767)

字翰飞，号迂父。清吴江人。自南曾孙。县学生。好博览，尝客游秦中，晚岁杜门习静，与世相忘。

迂父偶存草　集部别集类　佚

见嘉庆《同里志》卷22。

沈　闾

字师闵。清吴江北麻人。博学善为古文，沈彤推重之。乾隆时曾预修《一统志》，并参与编纂乾隆《吴江县志》。

黄帝逸典评注14卷　子部医家类

清沈闾注　张步阶评

清道光四年(1824)稧湖陈氏刻本，上海图书馆藏。

韩文论述12卷　集部别集类

清乾隆刻本，南京图书馆藏。

杜诗笺注　集部别集类

见同治《苏州府志》卷138。

潘　昶

字景昶，号涤汀。清吴江人。有功族孙，补县学生。学诗就正于计默、钱云二人。又学为古文词，与沈彤、沈閬相商榷。閬持论尤严。昶虚心质正，不数年大获许可。虽究心于文词而不忘与前辈琢磨道义。乾隆九年(1744)聘修县志，所撰名宦、文学、艺能、列女诸传，风俗、御寇诸志，悉有体要。卒年55。

家礼居行录　经部仪礼类　佚

四书质疑　经部四书类　佚

志学编　史部杂史类　佚

以上3种见同治《苏州府志》卷138。

(雍正)平望镇志4卷首1卷　史部地理类

清王梁、王藻、潘昶、张栋纂，版本参见"王藻"条。

(乾隆)吴江县志58卷首1卷　史部地理类

清陈葇纕等修　倪师孟等纂　潘昶与纂。版本参见"倪师孟"条。

金莲仙史4卷　子部小说类

(1) 清光绪三十年(1904)刻本，上海图书馆藏。

(2)《古本小说集成》本。

潘昶诗文集　集部别集类　佚

见同治《苏州府志》卷138。

按：潘昶又著有《求生录》及《历朝宫词》1千首。

因　满

字翔胜，号侣云。清吴江僧，胡氏子。脱白于吴县感德庵。

自哂集　集部别集类　佚

见清王鲲编《松陵见闻录》卷7。

实 安

字鹤峰，号云泉。清乾隆间吴江僧，朱氏子。脱白于龙兴寺，进具于扬州天宁寺紫松和尚，得法于本寺振乾老人。主席龙兴寺，又主小云栖。

云泉杂稿　子部杂学类　佚

净明闲咏　集部别集类　佚

以上2种见清顾宗泰编《停云集》方外一，收其诗5首。

潘廷埙

字雅奏，号珠溪，又号切斋。清吴江平望人。耒孙。增广生。承祖父之学，湛深经术。纵笔所如，千言立就，书法宗欧颜二家，尤擅怀素草书，为人直爽，朋辈有过必正言相规。楚中黄观察某聘修志乘，卒于客馆。

切斋诗稿　集部别集类　佚

见道光《平望志》卷8。

程 鉴

字星函，号镜湖。清吴江人。监生，捐职按照磨。性颖敏，好风雅，罗书万卷，坐拥成城。诗喜袁枚、蒋士铨、赵翼三家，风格虽薄，意甚新警。

当山山房诗草　集部别集类　佚

见同治《盛湖志》卷12。

张秀芝

清吴江人。

紫田诗草　集部别集类　佚

见光绪《黎里续志》卷4。

沈凤翔(1696—1751)

字翼飞,一字亦棐。清吴江人。凤鸣弟。尝幕游楚中,客粤作《南行纪程》及诗草若干卷,考据山川胜迹,古今同异,堪资志乘。

南行纪程　史部地理类　佚

见《松陵诗征》卷16。

南游诗草　集部别集类　佚

见《江苏诗征》卷119,收其诗1首。

杨兆麟

字瑞如,号友梅。清吴江人。工诗,怀才早世。

友梅书屋诗草　集部别集类　佚

见《江苏诗征》卷62,收其诗1首。

袁　栋(1697—1761)

字国柱,一字漫恬,号玉田,别署玉田仙史。清吴江同里人。监生,务为博综之学,自唐宋以来经典杂家之书,捃摭解剥,披览指要,成《书隐丛说》。工诗,高远闲放,自露天真。长于填词,好北宋之作,而清新秀隽,自然超逸。善隶书,工写枯木竹石。著述有30余种。

礼记类谋36卷　经部礼记类　佚

见嘉庆《同里志》卷14。

四书补音4卷　经部四书类

清乾隆二十一年(1756)刻本,上海图书馆藏。

大学改本考　经部四书类

清道光间抄《一瓻笔存》本。

按:《一瓻笔存》,清管廷芬编,稿本,天津市图书馆藏。

书隐丛说19卷　子部杂学类

(1) 清乾隆间锄经楼自刻本,国家图书馆藏。

(2) 1921年吴江柳氏抄本,上海图书馆藏。

(3)《四库全书存目丛书》本。

(4)《续修四库全书》本。

按:本书辑唐宋以来经典杂家之书,涉及音韵、诗文、戏剧、人物、风俗、科举、衣食、神怪及轶闻等。

漫恬诗草4卷诗余1卷　集部别集类

清乾隆锄经楼刻本,吴江图书馆藏。

漫恬文存1卷　集部别集类

抄本,上海图书馆藏。

桃笙吟稿1卷　集部别集类

民国吴江柳氏抄本,上海图书馆藏。

按:见《柳亚子史料札记》之《上图"吴江柳氏抄本"部分书目》。

锄经楼诗稿1卷　集部别集类

见《养余斋松陵书目》卷5。

漫恬时艺　集部别集类　佚

漫恬外集　集部别集类　佚

以上2种见嘉庆《同里志》卷22。

唐音拔萃6卷　集部总集类

稿本,有沈德潜批语,上海图书馆藏。

书隐曲说1卷　集部词曲类

《新曲苑》本。

按:本书为任讷从《书隐丛说》中辑录出关于戏曲的16条编成,收录到《新曲苑》中。

玉田乐府8种8卷　集部词曲类

(1) 清乾隆刻本,南京图书馆藏。题"玉田仙史填词,无梦道人批阅"。

(2) 清嘉庆间刻本,傅惜华私藏。见《清代杂剧全目》。

子目:《陶朱公》《郑虎臣》《姚平仲》《鹅笼书生》《白玉楼》《桃花缘》

《江采苹》《赚兰亭》。

按:《清代杂剧全目》所载较南京图书馆藏本少《江采苹》《赚兰亭》两种。

杨 浚

字景伊,号一斋。清吴江人。淮从兄。雍正五年(1727)进士。官广西兴业知县。以文雅饰吏治。进邑中名士饮酒赋诗,每案牍充积,吏抱文书摘纸尾请判。浚坐治事厅堂断决无少偏枉。

一斋偶存草　集部别集类　佚

见同治《苏州府志》卷138。

沈凤举

字德传,号餐琅。清吴江人。鹤立弟。少游桐庐令陈苌幕,遂通律令。性好吟咏,客游50余年。所历山川古迹皆以韵语纪之。然闲云野鹤,身无定踪。所作诗懒于存稿,往往随手散失。后广为搜辑亦仅得数十首。尝与孙元、顾寿开等结岁寒诗会。

闽游草　集部别集类　佚

餐琅诗抄　集部别集类　佚

以上2种见同治《苏州府志》卷138。

秦 预

字勉庭,号后堂。清吴江平望人。

韭溪棹歌百首　集部别集类　佚

见光绪《平望续志》卷11。

周元熙

字缉堂,号抱静。清吴江谢天港人。朱耒子。附贡生。少承家学,工诗文。又谙经世之务。尝以时务策六篇上河帅周学健,周深赏之。

挹静遗稿　集部别集类　佚

见同治《苏州府志》卷138。

按:《垂虹识小录》卷6作《抱静遗稿》。

童初室诗词遗稿1卷　集部别集类

《周氏传家集略三种》本。

迮尚志(1698—1751)

字倍功。清吴江莘塔人。云龙弟。读书谈道,授徒自给。不妄交,独与陆瓒为淡水交,瓒以子燿师事之。燿位至中丞,以文章经济显名于时,得尚志培植之功居多。后10余年究心濂洛诸书,与诗僧德亮相唱酬。蓄书不甚多,皆精整完洁。手自丹黄,于天文星象三礼之图用功尤深。殁后,贫不能葬,燿为之经纪其事。

静念斋诗稿1卷　集部别集类

抄本,上海图书馆藏。

按:同治《苏州府志》卷138作《静学斋诗钞》。

仲廷铨

字黼璜,号翊堂。清吴江人。贻瑛族弟。少游同邑庞端明之门。文固英俊不凡,诗尤磊落多奇。为端明所见赏。后游洞庭东山,为诗社主盟。

双桂轩诗草2卷　集部别集类

(1) 清嘉庆七年(1802)刻本,上海图书馆藏。

(2) 2016年学苑出版社出版《稀见清代四部辑刊》本。

王　鳌

字龙章,号莼江。清吴江人。

自怡草　集部别集类　佚

见《松陵人物汇编》卷8。

仲培发

字亦甫，号绿葭。清吴江人。

懒吟草　集部别集类　佚

见《松陵诗征》卷16。

沈祖惠(1700—1767)

字屺望，号虹舟。清吴江人，嘉兴籍。乾隆十七年(1752)领解第一，其秋会试第二。除江西高安县知县。年34游陕甘学政幕中，始锐意词章。所作《西征赋》赅洽宏深，交河王兰生称为“千年巨制”。其诗亦各体稳称，五律尤高浑峭拔。后倦游归里，授徒乡里，潜心理学，厌薄词章。

四书讲义16卷　经部四书类

按：本书有沈德潜序，见光绪《吴江县续志》卷32。

虹舟四书讲义20卷　经部四书类

(1) 清乾隆间水西书屋刻本，南京图书馆藏。

(2)《四库全书存目丛书》本。

按：本书作“李祖惠”撰，实为一人。

西秦游草　史部地理类　佚

见光绪《吴江县续志》卷36。

西征赋1卷　史部地理类

《昭代丛书》本。

虹舟吟稿　集部别集类　佚

雍肃堂集　集部别集类　佚

以上2种见光绪《吴江县续志》卷36。

近稿拾存1卷　集部别集类

清抄本，上海图书馆藏。

虹舟制艺4卷　集部别集类

清乾隆八年刻本，见《养余斋松陵书目》卷 4。附沈荣河《龙山遗文》1 卷。

虹舟集 9 卷　集部别集类

见清严可均《铁桥漫稿》卷 7。

按：其 9 卷分为《三秦游草》4 卷、《洞庭游草》1 卷、《拾存草》2 卷、《经进草》1 卷。

王奕组(1700—1771)

字九锡，号忍庵。清吴江人。国子生。

震泽王氏家谱 20 卷首 1 卷末 1 卷　史部传记类

清王奕组等纂辑

清乾隆三十六年(1771)刻本，南京图书馆藏。

任思谦(1700—1783)

字纯仁，号可亭，又号复生。清吴江人。德成子。受业于陆陇其弟子张云章，授以宋儒理学著作。补震泽诸生。以贡入太学，时年 40 余，即不应举，唯恐以近名为累。乾隆十四年(1749)诏举经学，有欲以思谦应者，以侍养力辞。年 84 得微疾卒。门人私谥文纯先生。

易要　经部易类　佚

诗谱　经部诗经类　佚

薛胡语要　子部儒学类　佚

皇极经世钤解　子部儒学类　佚

中星考　子部历算类　佚

以上 5 种见《清史列传》卷 68。

朱子近思录　子部儒学类　佚

击壤吟　子部儒学类　佚

经笥堂文集　集部别集类　佚

经笥堂四书文　集部别集类　佚

以上4种见嘉庆《同里志》卷22。

西窗论文　集部诗文评类　佚

见同治《苏州府志》卷138。《松陵诗征续编》卷1收其诗1首。

王　瑗

名摩净。清吴县人。雅宜山人宠孙女，任思谦室。

桐里吟草　集部别集类　佚

见《江苏诗征》卷169，并收其诗1首。

吴梦鳌

字章含，一字耐轩。清吴江人。梦熊弟。县学生。诗蔼如春云，穆如秋风，冲融尔雅不求工而自工。

课余漫吟2卷　集部别集类

清乾隆三十五年(1770)刻本，中国社会科学院文学研究所藏。

按：本书书口题《凝翠堂集》。

孙　鹭

字羽白，号西群。清吴江人。倜傥任侠，多长者交，事有不可，辄见于眉睫。年仅30卒。

西群诗存2卷　集部别集类　佚

见同治《苏州府志》卷138。

秦　昂

字若千。清吴江人。工制艺，弱冠补诸生。屡困场屋，以授徒终老，年73卒。

遗诗1卷　集部别集类　佚

见嘉庆《黎里志》卷9。

黄思睿

号哲甫。清吴江人。客授他方，诗甚工丽，长于近体。

修月山房存稿　集部别集类　佚

见《垂虹识小录》卷6。

丁阮芝

以字行。清吴江人。监生计嘉贻妻。性耽吟咏。

白燕诗　集部别集类　佚

见同治《盛湖志》卷10。

严代言

字有觉。清吴江人。廪生。乾隆六年(1741)以孝建坊旌。

尚书合纂　经部尚书类　佚

三传合纂　经部春秋总义类　佚

四书解　经部四书类　佚

以上3种见嘉庆《同里志》卷10。

蔡仙根

清吴江人。善琴。

琴言1卷　子部艺术类　佚

琴谱大成2卷　子部艺术类　佚

操缦撮要1卷　子部艺术类　佚

以上3种见光绪《黎里续志》卷4。

孙　慧

字昆发。清吴江平望人。迁居黎里。固穷力学，与吕景蒙交最密。工书喜为诗，唐维申每叹赏之。晚益困。年73卒。

孙慧遗诗1卷　集部别集类　佚

见嘉庆《黎里志》卷9。

徐　梅

字调元，号晓村。清吴江人。工画，入逸品，一变家法。

晓村诗稿　集部别集类　佚

百花咏　集部别集类　佚

以上2种见同治《盛湖志》卷12。

顾桂林

字芬来。清吴江人。时行子。雍正三年(1725)取入江庠。

南村诗存　集部别集类　佚

南村制艺　集部别集类　佚

唐宋元明诗的　集部总集类　佚

国朝诗选　集部总集类　佚

以上4种见嘉庆《同里志》卷14、卷22。

赵　楠

字端木，号石厓。清吴江人。雍正七年(1729)副贡生，馆淮南。后游京师，所交尽知名士，工诗古文。乾隆十七年(1752)中举人，抑于礼闱。官丹徒儒学，不数月卒。

周易玩辞不分卷　经部易类

稿本，上海图书馆藏。

易经诗经注存　经部群经总义类　佚

淮南程氏春秋列国考　史部别史类　佚

宝啬堂吟草　集部别集类　佚

以上3种见《垂虹识小录》卷6。

王士松

字揆之，号仰亭。清吴江人。雍正七年(1729)推归震庠。

逊志斋诗抄　集部别集类　佚

见同治《盛湖志》卷12。

费周仁

字开歧。清吴江人，洪学子。雍正七年(1729)推归震庠。岁贡生。家居授徒，从游极盛，造就甚多。邑令聘主笠泽书院，年75卒。

读史提要　史部史评类　佚

东村诗稿　集部别集类　佚

以上2种见同治《苏州府志》卷138。

松陵诗征20卷　集部总集类

清袁景辂编　费周仁、周汝雨辑，版本参见“袁景辂”条。

周汝翼

字右民。清吴江人。日藻子。雍正十年(1732)取入江庠。通经敦行，能世其父学。

兰轩诗稿　集部别集类　佚

风雅绪余20卷　集部总集类　佚

宋金元诗抄　集部总集类　佚

以上3种见同治《苏州府志》卷138。

松陵诗所见录12卷　集部总集类

南社抄本，存卷8至12共5卷，南京图书馆藏。

按：此为柳亚子赠书，卷首有1920年柳氏亲笔题记，并附存柳氏手抄佚名词7首。本书为残稿，就现存五卷可知所收作者下限为乾隆年间。

张毓华

字嵩右，号莲峰，一作西峰，又号木斋。清吴江人。雍正十三年(1735)举人，官金县知县。罢官后为兰山书院长。

二思堂诗草　集部别集类　佚

见《松陵人物汇编》卷8。

范章铭

字又新，号涤躬。清吴江人。管世昌入室弟子。中年游幕山左，年近70始归。

东游草　集部别集类　佚

见同治《盛湖志》卷12。

一　斑

字定宣。清吴江僧。主席古南石佛等刹，退居一螺山房。

耕烟室诗草　集部别集类　佚

见《江苏诗征》卷181，收其诗1首。

袁清风

字月真。清吴江人。杨宇妾。工诗善吟。

清敞楼吟稿　集部别集类　佚

见《江苏诗征》卷166，收其诗2首。

沈清源

字莲坡。清吴江人。锡爵从孙。

莲波诗稿1卷　集部别集类

《松陵丛书》本，见《养余斋松陵书目》卷5。

吴　濂

字淳发，号臞庵。清吴江人。洙兄。乾隆十五年(1750)贡生。通经学古，弟子甚众，周元理兄弟其尤也。姚世荣督学江西，聘佐文幕，掌教豫章书院。立学规，造就来学，士风丕变，所选《制义是程》诸集甚流行。卒年76。

臞庵集　集部别集类　佚

见嘉庆《同里志》卷22。

叶兆封(1702—1760)

字天恒，号质夫。清吴江人。乾隆十五年(1750)岁贡生。选授泰兴县训导。

秋树书塾课艺　集部别集类　佚

见《吴中叶氏族谱》卷57。

缓寻草不分卷　集部别集类

抄本，中国社会科学院历史研究所藏。

按：本书又名《质夫公缓寻草》。

叶兆勋(1702—1767)

字凯承，号潜夫。清吴江人。秀邑庠生。入太学，赠修职郎。

亹亹吟　集部别集类　佚

见《吴中叶氏族谱》卷57。

赵　晟

字谔亭，号蝶园。清吴江人。监生。少入京师游太学，为大司成陆宗楷所赏。后归里以授徒为业。

培塿集　集部别集类　佚

见《江苏诗征》卷108，收其诗1首。

马如谔

字萃群，号笠村。清震泽人。诸生。谭书称其诗格在温飞卿、唐彦谦之间。

笠村诗草　集部别集类　佚

见《松陵诗征续编》卷1，收其诗2首。

沈斯盛(1703—1777)

字西京，号江干，又号柳塘后处士。清吴江人。诸生。精研韵学。

柳塘后处士诗集　集部别集类

见苏州图书馆藏稿本《续松陵诗》。内有《北窗近稿》《越游草》《漫兴吟》《聊存草》。

赵宗坛(1704—?)

字元礼。清吴江人。宗堡兄。县学生。

赵氏族谱8卷　史部传记类

清赵宗坛、赵宗堡辑

(1) 清乾隆三十二年(1767)刻本，南京图书馆藏。

(2) 清抄本，吴江图书馆藏。

按：实7卷。

杨　淮

字禹远，号蒻园，别号吸江。清吴江人。浚从弟。卒年已八旬余。

尺五楼诗稿10卷　集部别集类

见同治《苏州府志》卷138。

按：据柳亚子《磨剑室文三集》之《磨剑室钞存乡先辈已刊未刊稿本题记》载有《尺五楼诗摘存》2卷《诗稿》1卷《词选存》1卷、《梅影遮言》1卷，稿本未刊，民国时藏于黎里沈湛霖处。又有江城费善庆处藏有《尺五楼诗摘存》1册、《匏系续拈选存》1卷、《瓮天清籁选存》1卷、《捉刀小录选存》1卷、《散绮词选存》1卷，以上均稿本未刊。

古艳乐府1卷　集部别集类

(1)《昭代丛书》(道光)本。

(2)《赐砚堂丛书未刻稿》本。

(3)《香艳丛书》本。

(4)《红袖添香室丛书》本。

(5)《丛书集成续编》本。

(6)抄本，上海图书馆藏。

秋兴倡和集1卷　集部总集类

稿本，民国时藏黎里沈湛霖处，今未见。见柳亚子《磨剑室文三集》之《磨剑室钞存乡先辈已刊未刊稿本题记》。

按：柳亚子云："《秋兴倡和集》一卷，杨吸江先生与其子姓分韵唱酬之作也。吸江先生手抄成册，稿本未刊，藏梨里沈湛霖处，余从借抄。"参与唱酬之人有杨淮、杨樗、杨观吉、杨复吉、沈翼苍等。

吴台徵

字配中。清吴江柳塘人。乾隆元年(1736)贡生。

周礼注疏融节　经部周礼类　佚

见乾隆《震泽县志》卷31。

吴汝舟

字梦求。清吴江人。庠生。

古今音会无卷数　经部小学类

稿本，首有乾隆十三年(1748)顾苍如序。见《贩书偶记》卷4。

吴起元

字复一，自号草草居士。清吴江人。之纪曾孙。厌弃俗学，精研六经。居室简陋，仅藏书数百卷而已。所辑书辨析微妙，独有会心。草草于其居，不草草于其学也。

诗传叶音考3卷　经部小学类

见《四库全书总目》小学类存目2，有江苏巡抚采进本。专论三百篇叶音。

草草居士集　集部别集类　佚

见嘉庆《同里志》卷22。

蒯元龙

字乘云。清吴江黎里人。好吟咏。乾隆二十九年(1764)以子承洙赠中宪大夫、府同知加二级。

自怡集　集部别集类　佚

见嘉庆《黎里志》卷6。

吴鸿振

字禹门。清吴江人。家骐子。乾隆元年(1736)举人。

宝书堂集　集部别集类　佚

见《松陵人物汇编》卷8。

郭尚先

清吴江人。乾隆十年(1745)任吴江县令。

屏山草堂诗集1卷　集部别集类

抄本，见《磨剑室文三集》之《磨剑室钞存乡先辈已刊未刊稿本题记》。

潘其炳

字文虎，一字著公。清吴江人。耒子。乾隆元年(1736)贡生。少颖悟，勤学工诗文，从周龙藻游，得其指授。卒年72。

赋役考　史部政书类　佚
地理志　史部地理类　佚
以上2种见同治《苏州府志》卷138。
地学正书　史部地理类　佚
见道光《平望志》卷7。

周清霄

字冠千，号淑霞。清震泽人。乾隆三年(1738)取入江庠。
漱霞诗草　集部别集类　佚
见清周汝翼辑《松陵诗所见录》卷11，收其诗2首。

潘学博

字若思，号耐庵。清吴江东乙圩人。乾隆三年(1738)岁贡生。以文名诸生间40年。喜读史，凡古今成败人物臧否辄以韵语写之。其读史杂著，能发前人所未发。门下生徒数百，经其指授者俱有可观。
读左管见2卷　史部史评类　佚
见乾隆《吴江县志》卷46。
读史杂著　史部史评类　佚
耐庵集　集部别集类　佚
以上2种见同治《苏州府志》卷138。
焚余集　集部别集类　佚
见《松陵人物汇编》卷8。

徐德柄(1705—1756)

字扬烈，号雪峰。清吴江人。为人豪放，豁达过人。中年兼能明医，医无不效。
雪峰诗稿　集部别集类　佚
见《吴江徐氏宗谱》卷4。

张　栋(1705—1778)

字鸿勋，又字玉川，号看云山人。清吴江人。锦子。诸生。家于莺脰湖之滨。工诗文。画笔私淑王原祁，专用干笔，不喜设色。乾隆十六年(1751)两浙雅尔哈善聘纂《南巡盛典》，晚寓维扬，诸巨族争购其笔迹。

(雍正)平望镇志 4 卷首 1 卷　史部地理类

清王梁、王藻、潘昶、张栋纂，版本参见“王藻”条。

看云吟稿(又名古今论画诗)20 卷　集部别集类

(1) 清乾隆间刻本，清华大学图书馆藏。

(2) 清乾隆间刻本，不分卷，复旦大学图书馆藏。

(3) 清乾隆间刻本，24 卷，国家图书馆藏。

周元理(1706—1782)

字秉中，一字丙衷。清吴江人。仁和籍诸生，乾隆三年(1738)举于乡。授直隶蠡县知县，旋调清苑。经总督方观承推荐，任霸州知州，后升宣化知府。历任按察使、布政使、山东巡抚、直隶总督、工部尚书等职。

周氏家乘摘录　史部传记类

清抄本，吴江图书馆藏。

周元理奏疏不分卷　史部政书类

清抄本，南京博物院、南京图书馆藏。

按:南京博物院与南京图书馆所藏奏疏时间不同。

青照楼天崇名文选　集部总集类

清周元理、周元瑛编

清乾隆四十二年刻本，国家图书馆藏。

吴　元

字钟斗，号蔼村。清吴江人。乾隆四年(1739)入府学。

心知集　集部别集类　佚

见《松陵诗征》卷16。

实　暹

字慎初，号锄云道人。清吴江僧。俗姓陆。主嘉兴白莲寺讲席。其弟子名一(1728—1766)曾采其诗入《田衣诗话》。

道廓堂诗钞　集部别集类　佚

见《续槜李诗系》卷40，收其诗4首。

际　盛

字湛圆。清吴江僧。因渎村汤氏子。出家于双林寺南院。笃信宗乘。中年改业读时艺文，高古不售，遂屏弃之，寄兴诗咏。

倒缁集2卷　集部别集类　佚

见《儒林六都志》卷下仙释。谓吴敬夫序而梓之。

吴登俊

字聚升，号半峰。清吴江人。沉酣书史。家落食贫，客游海内。历淮抵赣，度梅岭而南，凡山川风土古迹名胜，均有吟咏。

闽粤闲吟　集部别集类　佚

见《垂虹识小录》卷6。

陈士仲

字公度，号澄溪。清吴江人。自振孙。

澄溪吟草　集部别集类　佚

见嘉庆《同里志》卷22。

钮　默

字契真。清吴江人。史楚珍妻。

寄颦小草　集部别集类　佚

见同治《盛湖志》卷10。

王　彰

字嘉言,号兰皋。清吴江人。自幼出家于纯阳道院,貌清癯,不苟言笑。能诗善书,尤工于画。学常熟王翚,写山水得其意度,时谓出徐溶之上。

兰皋诗草　集部别集类　佚

见道光《吴江县志续稿》卷9。

丁日洪

字曙华。清吴江人。县学生。

秀野楼诗稿　集部别集类　佚

见《松陵人物汇编》卷9。

吴中才

字迪澜。清吴江人。归安增广生。

不违心集　集部别集类　佚

见《儒林六都志》卷下著述。

郑德勋

字书旂,号节斋。清吴江人。邑诸生。为周沓入室弟子。闭门养静,读书外无他嗜好。诗宗盛唐,文追八家。晚岁明于医理,辄以术济人。

郑德勋诗文集　集部别集类　佚

见嘉庆《同里志》卷 14。

张锡珪

字禹怀，一字雨槐，号雨亭，又号逊雪。清吴江人。工小学，暇以铁笔自娱，师法顾苓、陈炳。尤嗜汉章，见有藏者必倾囊倒庋购之。亦工韵语，精书法。乾隆二十四年(1759)辑自刻印成《雨亭印谱》。

雨亭印谱 1 卷　子部艺术类

清乾隆间钤印本，南京图书馆藏。

按：又名《雨亭缪篆》。

印体便览　子部艺术类　佚

见清汪启淑《飞鸿堂印人传》卷 4。

王　楠

字任堂，号勺山，又号松麈老人。清吴江人。濂子。监生。何焯弟子。博学嗜古，富收藏，搜集前代金石文字至千余种。

金石辨证　史部金石类　佚

见同治《盛湖志》卷 12。

话雨楼碑帖目录 4 卷　史部金石类

清王楠、王鲲编，版本参见“王鲲”条。

话雨楼诗抄　集部别集类　佚

见同治《苏州府志》卷 138。

周世清

字敬夫，号茶屿。清吴江人。诸生。乾隆二十九年(1764)与陈毓咸、陈毓升同客江阴，时相唱和。不久卒。

种石楼诗稿　集部别集类　佚

见《江苏诗征》卷 83，收其诗 1 首。

唐维申

字翰思,号莼村。清吴江黎里人。永龄子。能诗,尤工骈体。年17入嘉兴府庠。曾游金华。后随父至京师,考入武英殿纂修。二载闻妻陈氏讣,即弃归。工诗文,为方棨如所称。

磨闲诗文集　集部别集类　佚

见嘉庆《黎里志》卷9。《江苏诗征》卷63收其诗1首。

唐桐封

字心源。清吴江黎里人。永龄子,维申弟。读书敦古,性好饮,醉后辄作诗自娱。年71卒。

愚峰小草1卷　集部别集类　佚

见嘉庆《黎里志》卷6。

唐　瞿

字紫粱。清吴江黎里人。维申子。天姿韶秀,甫成童,每一艺出,里中前辈啧啧称奇。病羸夭。

唐瞿遗诗　集部别集类　佚

见嘉庆《黎里志》卷9。

唐宝霞

字紫庭。清吴江黎里人。维申侄。工诗。与尤世南、徐鼎为莫逆交。年73卒。

艺菘庄诗稿　集部别集类　佚

见嘉庆《黎里志》卷6。

孙立纲

字立三。清吴江人。诸生。元子。善古文词,峭拔不群,诗尤俊迈。画师倪瓒。家极贫,中年羁旅外地。
太瘦生稿　集部别集类　佚
见同治《苏州府志》卷138。

王　楹

字有宁,号宁斋。清吴江人。楠族弟。性耿介不干非义,里党重之。历游西江闽浙间。遇山川胜景辄多吟咏,倦归故里,授徒自给。
蒙彝集　集部别集类　佚
见同治《盛湖志》卷12。

黄阿麟

字麟双,号石云。清吴江人。由太学候选从九品。事父母至孝。
卷石山房诗稿　集部别集类　佚
见光绪《黎里续志》卷4。

吴至慎(1707—1757)

字永修,号林塘。清震泽人。兆宜孙。乾隆元年(1736)举人。官霞浦知县。调闽县。在任4年,所平反疑狱不胜计。以事忤制府被劾去官。逾年陈宏谋为申理补灵山知县,卒于官。工诗。尝品闽产寿山石、素心兰、荔枝为三妙,绘图征诗。
林塘诗稿1卷　集部别集类
《严六堂剩墨》本,清叶乃溱辑,1920年吴江柳氏抄本,上海图书馆藏。
按:《磨剑室文三集》之《磨剑室钞存乡先辈已刊未刊稿本题记》载:"《林塘诗稿》一卷,依薛公侠遼汉斋《松陵先哲集》写本录副。"

马　鳌

字驾六。清吴江芦墟人。乾隆元年(1736)郡学岁贡生。淡于仕进，闭户著书，尤好宋元以来理学诸书。

先儒粹言2卷　子部儒学类

(1) 清雍正四年(1726)刻本，上海图书馆藏。

(2) 清乾隆十四年刻本，华东师范大学图书馆藏。

(3) 清道光七年(1827)素心堂刻本，上海图书馆藏。

(4) 1920年吴江柳氏抄本，上海图书馆藏。

李沛然

字邻哉，号偶圃。清吴江西丁家港人。乾隆元年(1736)进士。任江西瑞州府高安县。

偶圃杂咏　集部别集类　佚

见《儒林六都志》卷下著述。

苏弘遇

字抡青，后改姓叶。清吴江人。好古学工文词。乾隆元年(1736)进士。选泗水知县，廉谨称职。

雪渠遗集　集部别集类　佚

见乾隆《吴江县志》卷46。

周元瑛(1708—1768)

字玉存，号昆冈。清吴江禊湖人。元理弟。贡生。

昆冈诗钞不分卷　集部别集类

清乾隆三十七年(1772)周氏青照楼刻本，湖州市博物馆藏。

青照楼诗集　集部别集类　佚

见民国《吴县志》卷56下。

按：《吴县志》作“周元莹”，疑其误载。

青照楼天崇名文选　集部总集类

清周元理、周元瑛编，版本参见前“周元理”条。

钱养浩

字桐喦。清吴江人。

钱桐喦诗稿不分卷　集部别集类

《松陵三先生诗集》本。

沈裕云

字我瞻，又字东里，号若谷。清震泽人。乾隆二年(1737)进士，官四川崇宁知县。

东里草　集部别集类　佚

西川草　集部别集类　佚

以上2种见《松陵诗征续编》卷7，收其诗2首。

石室存稿2卷诗余附　集部别集类

清道光十七年(1837)震泽沈氏荫远堂刻本，中国人民大学图书馆藏。

沈我瞻诗稿不分卷　集部别集类

《松陵三先生诗集》本。

按:《松陵三先生诗集》清钱焕辑，抄本，吴江图书馆藏。

沈　枫

字伊逊，号渔舫。清吴江人。宗湘子。国学生。风流自许，年未40卒。

效吟小草　集部别集类　佚

见《松陵人物汇编》卷9。

顾我钧(1709—1759)

字陶元，号发千。清吴江人。我锜弟。乾隆九年(1744)举人。三试礼部未第归。教授乡里。精于经学，时谈经学者，必推沈彤与我钧。

秦蕙田奉命修《五礼通考》，并与参校，以为秦氏之书体例终不与徐乾学《读礼通考》相合，且与己所欲为亦有大概不侔者，乃归。

昏礼集传 100 卷　经部三礼总义类　佚

春秋去凿　经部春秋总义类　佚

三传溪毛　经部春秋总义类　佚

松陵耆旧集　史部传记类　佚

同里传信录　史部传记类　佚

为人后考　史部传记类　佚

以上 6 种见嘉庆《同里志》卷 22。

顾发千杂著不分卷　子部杂学类

抄本，上海图书馆藏。

勤补堂集　集部别集类

见同治《苏州府志》卷 138。

陶元文稿　集部别集类

发千近稿　集部别集类

发千订课　集部总集类

以上 3 种见嘉庆《同里志》卷 22。

律赋汇钞 4 卷　集部诗文评类

清乾隆二十三年勤补堂刻本，上海图书馆藏。

钱之青(？—1761)

初名夔臣，字公理，一作恭李，别字数峰。清吴江人。乾隆元年(1736)举人。授山西宁武知县，调榆次知县，官保德知州。

(乾隆)榆次县志 14 卷首 1 卷　史部地理类

清钱之青修　张天泽等纂

清乾隆十三年思风堂刻本，国家图书馆藏。

数峰诗抄 6 卷　集部别集类

清刻本，上海图书馆藏。

五峰行役诗抄　集部别集类　佚

见《江苏诗征》卷36,收其诗2首。

李治运(1710—1771)

字宁人,号漪亭。清吴江人。重华子。雍正八年(1730)进士。授刑部主事,迁员外郎,转礼部郎中。视学山东,出为陕西榆林府知府,转湖北粮道,擢安徽按察使。父忧服阕,授浙江按察使。所至有治绩。工写兰,诗承家学。

成案续编二刻8卷　史部政书类

清李治运辑

(1) 清乾隆间刻本,国家图书馆藏。

(2)《清代成案选编》本。

漪亭诗集6卷　集部别集类　佚

见光绪《吴江县续志》卷36。

李泰运

字开地,号虹桥。清吴江人。重华次子。国学生。

绛雪轩集　集部别集类　佚

见同治《苏州府志》卷138。

按:道光《吴江县志续稿》卷11作《绛雪堂诗草》。

蔡希灏(? —1790)

清吴江黎里人。

医学卮言1卷　子部医家类　佚

见光绪《黎里续志》卷4。

元　定

字云舟。清吴江僧。八都姚氏子。于双林寺南院披剃。研心经史，凡诸子百家无不博览。

半淞集　集部别集类　佚

樵止言　集部别集类　佚

以上 2 种见乾隆《吴江县志》卷 46。

南雅诗观　集部总集类　佚

骊珠集　集部总集类　佚

啸月集　集部总集类　佚

以上 3 种见《儒林六都志》卷下仙释。

秦景昌

字曦芬，号阆史。清震泽韭溪人。乾隆间尝聘修县志。采访详慎，乡僻幽隐，多所阐发。

禹贡考略 1 卷杂文 2 卷　经部尚书类　佚

见道光《平望志》卷 8。

周南宫

字敬叔，号容斋。清吴江人。昚子。工诗文，善琴棋。小试不利，老于场屋，不事浮华，韦布终身。

容斋诗抄　集部别集类　佚

见嘉庆《同里志》卷 22。《松陵诗征续编》卷 3 收其诗 1 首。

容斋偶录 9 卷　集部总集类

稿本，缺卷 4、5、6，上海图书馆藏。

沈　岐

字元凤，号支山。清吴江人。工诗。似晚唐人。李重华极赏之。

支山吟稿　集部别集类　佚

见道光《平望志》卷 8。

陈　诗

字芷仙。清吴江平望人。生员韭溪秦寅继妻。工诗。

延绿阁诗钞　集部别集类　佚

见道光《平望志》卷10。

冯寿朋(1711—1759)

字右洪,号若谷。清吴江人。时叙子。监生。喜藏书帙,亦能诗。与张日华、汤学显辈相唱和。

冯氏宗谱不分卷　史部传记类

清冯寿朋纂修

清嘉庆十四年(1809)木活字本,上海图书馆藏。

若谷诗草1卷　集部别集类　佚

见嘉庆《黎里志》卷6。

陈汝为(1711—1782)

字禹望,号笑庵,又号白云。清吴江人。元文父。监生,授州同知。以孙兆登覃恩赠文林郎、直隶满城县知县。卒年72。

白云山人集6卷　集部别集类　佚

见同治《苏州府志》卷138。《江苏诗征》卷27收其诗1首。

沈光熙(1711—1787)

字明高,号松亭。清吴江人。永智孙。任直隶州通判。

吴江沈氏家谱10卷首1卷末1卷　史部传记类

清沈始树、沈光熙纂修

1931年国立北平图书馆抄本,国家图书馆藏。

按:此谱于清乾隆五十二年(1787)刊刻,刻本今已佚,此抄本系1931年据乾隆刻本抄录。

吴江沈氏家传 1 卷　史部传记类

清沈始树、沈光熙纂辑

(1) 清同治六年(1867)沈桂芬重刻本,国家图书馆藏。

(2) 1931 年国立北平图书馆抄《吴江沈氏家谱》附录本,国家图书馆藏。

(3) 1931 年柳亚子抄本,上海图书馆藏。

(4)《清代民国名人家谱选刊》本。

(5)《江苏人物传记丛刊》本。

按:此《家传》即《吴江沈氏家谱》卷末 1 卷。

陈金品

字长黄,号畹居。清吴江计家港人。王谟孙。监生。

畹居诗抄　集部别集类　佚

见同治《盛湖志》卷 12。

金廷烈(1712—1767)

字竹书,号庸斋。清吴江同里人。例授广西柳州府经历。乾隆四年(1739)义宁苗民起事,委廷烈勘之。后署广宁县知县。审邻县积狱,出死罪多人。升澄海知县,手缚海寇黎天喜等 13 人。擢南澳同知。乾隆三十二年委办京差卒于南昌邸舍。

家谱摘录　史部传记类

清金廷烈等撰

民国油印本,吴江图书馆藏。

居官必览　史部政书类　佚

见嘉庆《同里志》卷 11。

洗冤录 4 卷　子部医家类

清乾隆二十九年刻本,见于 2010 年 10 月 24 日北京德宝庆贺《藏书报》创刊十周年古籍文献专场拍卖会。

按:本书为澄海县衙藏板。书前有乾隆二十九年知澄海县事吴江金廷烈庸斋氏序。

(乾隆)澄海县志 29 卷首 1 卷　史部地理类

清金廷烈纂修

(1) 清乾隆二十九年刻本,国家图书馆藏。

(2) 抄本,广东省立中山图书馆藏。

(3) 1959 年油印本,国家图书馆等藏。

张方湛(1712—?)

字玉川,号分涯。清吴江芦墟人。廪监生。年 16 补博士弟子员。岁科试屡拔前茅,然傲气凌人。曾逆某学使意,置之三等,而文名未尝稍抑,屡荐不售。晚年研究经史之学。

忠文靖节编 1 卷　史部传记类

(1)《昭代丛书》本。

(2)《陆沈丛书》本。

(3)《丛书集成续编》本。

稽古日钞 8 卷　子部儒学类

清张方湛、郁文、王逸虬同辑。版本参见"郁文"条。

席绍芬(1712—?)

字含贞。清震泽人。祜贤三女,金涛妻。

玉映集 2 卷　集部别集类

见《历代妇女著作考》卷 13 引《昆山胡氏书目》。

按:《历代妇女著作考》谓是书友柏手录本。卷上诗 176 首,卷下词 29 首,后有吴友篁评语。道光三十年(1850)曾侄孙金建璜识语云:《玉映集》为第一集,自 12 岁至 29 岁。《哀吟集》为第二集,自 30 岁守寡至 43 岁。自 44 岁以后之诗,无闻焉。半园评语称:三集美不胜收,则暮年之诗为三集。今已散佚无存。

席　钰

字玉华。清吴江人。风华典雅，时人号女书仓。

雨窗掌故　子部典故类　佚

见《松陵女子诗征》卷6。

万维翰

字枫江。清吴江人。乾隆八年(1743)为杜刺史补堂幕僚，驻地潞河。与姜炳璋等友善。喜遨游。

荒政琐言1卷　史部政书类

(1) 清乾隆十七年芸晖堂刻本，国家图书馆藏。

(2) 清乾隆二十八年重刻本，台北历史语言研究所藏。

(3)《四库未收书辑刊》本。

律例图说辨讹10卷　史部政书类

(1) 清乾隆二十一年芸晖堂刻本，国家图书馆藏。

(2) 清乾隆三十六年芸晖堂刻本，台湾大学图书馆藏。

(3)《四库未收书辑刊》本。

幕学举要1卷　史部政书类

《入幕须知五种》本。

刑钱指南3卷　史部政书类

成规拾遗3卷　史部政书类

行简录1卷　史部政书类

以上3种有清乾隆三十九年芸晖堂刻本，国家图书馆藏。

大清律例集注30卷　史部政书类

清万维翰辑　腾京山同订

清乾隆三十四年刻本，中国社会科学院法学研究所藏。

王杯存

字屺望。清吴江人。邑廪生,工举子业。得叔前指授,下笔皆有根柢,试辄冠其曹,一时推为祭酒。王曾翼为其高弟。

定中诗抄　集部别集类　佚

见嘉庆《同里志》卷22。《江苏诗征》卷47收其诗1首。

周王图(1713—1794)

初名元德,字文河,号荃鳌。清吴江人。元瑛弟。乾隆四十年(1775)仁和籍岁贡生。工诗文。累荐不售,主教褉湖书院20余年。

写心集　集部别集类　佚

涤砚斋诗草　集部别集类　佚

以上2种见嘉庆《黎里志》卷6。《江苏诗征》卷84收其诗2首。

钱　新(1714—1769)

字绍洙,号雪岩,晚号灵颜,又号巽斋。清吴江人。乾隆十年(1745)取入江庠。绝意进取,以诗酒娱老。尝辑家谱,寻源究委,世次秩然。弟子王元文谓其诗体格与范成大、陆游为近。

灵颜诗钞　集部别集类　佚

见道光《黄溪志》卷4。

叶　氏(1715—1738)

清吴江人。景文女。秀水张源洪室。

霜闺吟　集部别集类　佚

见《松陵女子诗征》卷10。

王曾垂(1715—1745)

字光模,号秋野子。清吴江人。锡子。国学生。初攻举业,既专医术。耽于禅学，间为吟咏以自适。

栖碧堂诗草　集部别集类　佚

见嘉庆《同里志》卷14。

陆昌言(1715—1787)

字慎余，号月圃。清吴江人。桂馨长子。少为文有根柢，补博士弟子员。乡试屡不中，闭户力学，卒年73。

易经省度　经部易类

姓氏汇谱　史部传记类

以上2种见清陆乃普辑《陆氏先德录》。

月圃偶著1卷　子部杂学类

月圃诗存1卷　集部别集类

以上2种有《陆氏传家集》本。

庄基永(1715—1793或1719—1797)

字奕传，又字红楷，号聋叟。清吴江人。乾隆间贡生，官广西桂林府通判。年79卒。

聋叟却老编10卷续1卷附1卷　子部周秦诸子类　佚

(1) 清乾隆六十年(1795)庄氏刻本，存4卷，嘉兴市图书馆藏。

(2) 抄本，上海图书馆藏。

按：此抄本不分卷，多系歌诀。内容多与修身处世、养身延年有关。

顾思虞

字孚中，晚年自号竹友老人。清吴江南传村人。早入府学，乾隆三年(1738)、六年两荐于乡不售，遂肆力于诗，平生所作不下三千首。

唾余集　集部别集类　佚

自娱草　集部别集类　佚

咏物诗　集部别集类　佚

以上3种见《分湖小识》卷3。

凝香集　集部别集类　佚

见《清诗纪事》康熙朝卷(乾隆朝卷重出),收其诗1首。

竹友轩吟9卷　集部别集类

稿本,有陈去病题记并印。

竹友居士诗草3卷　集部别集类

稿本,有"皎皎霞外"印。

以上2种见柳亚子《养余斋松陵书目》卷4。

竹友老人集古诗抄4卷　集部别集类

清乾隆五十四年刻嘉庆四年(1799)印本,上海图书馆藏。

梅花次和诗1卷　集部总集类

清乾隆三十四年南园书塾刻本,上海图书馆藏。

沈刚中

字需尊,自号北溪居士。清吴江芦墟人。芳子。家多藏书秘册,博物强记。中岁尝渡钱塘,入豫章,抵南粤,浮海至惠州,还客赣江。足迹所至,一发之于文。以布衣终老,独行不改。

分湖志稿8卷　史部地理类

(1) 稿本,上海图书馆藏。

(2) 抄本,南京图书馆藏。

按:南京图书馆另藏有柳亚子家藏抄本,不分卷。

赣州府志　史部地理类　佚

见光绪《吴江县续志》卷34。

石刻考录　史部金石类　佚

北溪文稿　集部别集类　佚

以上2种见《分湖小识》卷2。《松陵诗征续编》卷2收其诗2首。

北溪草堂诗稿7卷　集部别集类

抄本,见《磨剑室文三集》之《磨剑室钞存乡先辈已刊未刊稿本题记》。

宋永麒

字如纶，号春晖。清吴江新杭市人。监贡生。诗任意抒写，不拘格律，五、七言均有风致。

醉吟小草　集部别集类　佚

见同治《盛湖志》卷12。

金廷炳

字酉书，号惕斋。清吴江人。廷烈弟。工举业，好行善事。卒年57。以孙兰原贵，例赠奉政大夫。

啣远楼诗稿2卷　集部别集类

（1）清乾隆三十九年(1774)素位堂刻本，北京大学图书馆藏。

（2）抄本，吴江图书馆藏。

按：本书又名《惕斋诗稿》。

郁吴邑

字若郇，号省斋。清吴江芦墟人，占籍钱塘。学廪膳生。工文词，喜结交。仁和沈廷芳、元和惠栋、同邑沈彤等咸以文字相契合。乾隆间连荐不售，遂绝意进取，专业于诗，师事沈德潜。

四书文1卷　经部四书类　佚

见《分湖小识》卷3。

按：《养余斋松陵书目》卷4载有"《郁若郇四书文》1卷，乾隆十六年(1751)刊本。陈元堃旧藏。有先高祖讳树芳题签并'胜溪居士'印。"今未见。

陆得楩

字禹川，号畏庭。清吴江人。县学生。工诗古文，善医，为叶桂门生。

痘学钩元　子部医家类　佚

见道光《平望志》卷8。

王　岳

字轶凡。清吴江六里舍人。县学生，尝潜心堪舆之学，纵观江浙形胜，凡富贵墓宅悉纪录成编。乾隆二十年(1755)岁饥，煮粥济贫。

堪舆直解5卷　子部术数类　佚

见道光《平望志》卷8。有周煌序。

周玉霖

字霈苍，号澍堂。清吴江人。诸生。为文汪洋恣肆，极为瑰丽。盛年早逝。

澍堂诗抄　集部别集类　佚

见同治《盛湖志》卷12。

陆厥成

字轶亭，号绰庵。清吴江一镇地人。年17应县试见遗，旋寄籍归安，受知于文宗师念祖，补弟子员，累试优等，乾隆六年(1741)、二十一年、三十三年又荐皆不售，乃绝意科场，以授徒讲学为事，及门多知名士。平生锐志于学，于书无不窥。虽以制义名而诗古文亦清超拔俗。沈祖惠见其试古学诸篇，谓专门名家不能过也。

绰庵剩稿　集部别集类　佚

见道光《平望志》卷8。

赵宗堡(1717—1780)

字威远，更字拙存，号峄桐。清吴江人。乾隆元年(1736)举人，选授庐江县知县。

赵氏族谱8卷　史部传记类

清赵宗坛、赵宗堡辑，版本参见“赵宗坛”条。

陈大谟(1717—1792)

字汉广，又字玉蟾，号亦园，又号讷庵。清吴江人。端方好善，能文章。教子善而严。

寄旷庐诗集8卷　集部别集类

(1) 清乾隆年间刻本，4卷，清华大学图书馆藏。

(2) 清嘉庆十四年(1809)竹西草堂刻本，南京图书馆藏。

(3) 抄本，中国社会科学院文学研究所藏。

江庐集5卷　集部别集类

稿本，末附钱大培手札，见《养余斋松陵书目》卷4。

亦园吟草不分卷　集部别集类

抄本，上海图书馆藏。

洞庭游草1卷　集部别集类

清陈大谟、沈璟、邱璋、方洄同撰

清刻本，国家图书馆藏。

王曾培(1718—1761)

字冀驯，一字寄亭。清吴江人。锡侄。乾隆三年(1738)取入江庠。

吴江王氏新谱5卷　史部传记类

清王锡修　王曾培续修

清乾隆十七年重刻五十二年续刻本，南京图书馆藏。

水心集文稿　集部别集类　佚

见嘉庆《同里志》卷22。

沈　翰(1718—1788)

字周屏。清吴江人。啓后。乾隆二十八年(1763)进士。选保定知县。修学官，建仓廪，皆捐俸为之，不以累民。告病归，主讲笠泽书院。

保定县志　史部地理类　佚

见光绪《吴江县续志》卷34。

立斋诗抄　集部别集类　佚

见同治《苏州府志》卷138。《松陵诗征续编》卷2收其诗1首。

任　球(1718—1801)

字夔鸣。清吴江人。从吴濂游。既入太学,不慕仕进。好寻佳山水,凡江浙名胜之区,靡不遍历,即纪以诗。年84无疾卒。

纪游山水录1卷　史部地理类

清乾隆五十七年(1792)刻本,上海图书馆藏。

夔鸣文稿　集部别集类　佚

见嘉庆《同里志》卷22。

陆云高

自号竹海遗人。清吴江人。精于天文推步之学,兼精地理。

望斗仙经注释3卷　子部术数类　佚

见同治《苏州府志》卷138。

王晋谷

字燮公,号理亭。清吴江盛泽人。诸生。

瓣香楼诗抄　集部别集类　佚

见同治《苏州府志》卷138。

王汉荣

字桓如,号力斋,又号旸谷村蛮。清吴江人。监生。

疑我集　集部别集类　佚

见同治《盛湖志》卷12。

程兰言

字明之，一字铭芝。清吴江人。国栋子。补县学生。以文行称于时。工经义尚深刻，诗出入唐宋之间。

尺牍纪事　史部传记类　佚

蠡音余录　子部杂学类　佚

以上2种见道光《平望志》卷11。

铭芝诗存　集部别集类　佚

见同治《苏州府志》卷138。《松陵诗征续编》卷1收其诗1首。

程道源

字溯川，号素园。清吴江平望人。诸生。嗜学工书，经史子集皆有手抄读本。

素园诗稿2卷　集部别集类　佚

见同治《苏州府志》卷138。

周道隆

字学濂，号药帘。清吴江谢天港人。用裔孙。监生，捐职州同。少攻举业，长弃去。参大吏幕事，遨游各省，周览山川，足迹半天下。发为诗歌，名动公卿，宫詹张鹏翀时与唱和。

竹堂诗抄　集部别集类　佚

哲初堂诗集　集部别集类　佚

以上2种见同治《苏州府志》卷138。

沈椿龄

字崧友。清震泽人。乾隆三年(1738)举人。任浙江诸暨知县。

(乾隆)诸暨县志44卷首末各1卷　史部地理类

清沈椿龄修　楼卜瀍等纂

(1) 清乾隆三十八年刻本,存37卷,浙江图书馆藏。

(2) 抄本,存41卷,浙江图书馆藏。

倪若霈

字润寰。清吴江人。乾隆三年(1738)取入江庠。

抟风阁稿　集部别集类　佚

见道光《震泽镇志》卷11。

倪若沾

字祈年。清吴江人。县学生。少颖敏,贯通经史、百家传记,尤究心于《通鉴》《纲目》二书。卒年74。所著甚富,皆散佚不传。张履谓乡里自王高士后笃学者无如若沾者。

史事联珠　史部杂史类　佚

按:同治《苏州府志》作《演联珠》。

读史管窥　史部史评类　佚

按:同治《苏州府志》作《读史蒙求》。

订补陈检讨集注　集部别集类　佚

以上3种见道光《震泽镇志》卷11。

倪若沾骈体文　集部别集类　佚

倪若沾咏史诗　集部别集类　佚

以上2种见同治《苏州府志》卷138。

古诗选　集部总集类　佚

国朝诗选　集部总集类　佚

以上2种见道光《震泽镇志》卷11,有其自序。

曹　磊

本姓吴,字峻岳,号晋鹤。清吴江人。乾隆六年(1741)庠生。

曹吴合谱14卷首1卷　史部传记类

清乾隆四十二年(1777)刻本,浙江图书馆藏。

环翠园诗草　集部别集类　佚

见《松陵诗征续编》卷1,收其诗2首。

庞　塈

字自升。清吴江人。乾隆六年(1741)取入江庠。尝学诗于张尚瑗。

叶泽诗草　集部别集类　佚

见嘉庆《同里志》卷22。

秦　萱

字屺望。清吴江人。乾隆七年(1742)入府学。

雨帆吟稿6卷　集部别集类　佚

见光绪《平望续志》卷11。

黄汝德

字心一,号直斋。清吴江人。乾隆九年(1744)举人。任高苑知县。重气谊,喜吟咏。

归读斋诗稿1卷　集部别集类

清乾隆四十五年刻本,上海图书馆藏。

吴锦驰

字凌槎,号蠖邨。清吴江人。乾隆九年(1744)取入江庠。工制举文,尤长于诗古。晚年游幕楚浙,不得志归。

春余掌记　子部杂学类　佚

淞江渔父草　集部别集类　佚

南枝集　集部别集类　佚

杏圃丛书　丛书类　佚

以上 4 种见同治《苏州府志》卷 138。

赵含章

字夏九，号杞亭。清吴江人。乾隆十年(1745)取入江庠。工制举文，喜作韵语。年 61 卒。

敝簏偶存稿　集部别集类　佚

见《垂虹识小录》卷 6。

朝阳随录　集部别集类　佚

寒灯浸录　集部别集类　佚

以上 2 种见《松陵人物汇编》卷 9。

杨凌霄

字帆舟。清吴江人。乾隆十一年(1746)入府学。

璇玑碎锦 1 卷　集部词曲类

清万树撰　杨凌霄补

《昭代丛书》本，见《吴江文献保存会书目》卷 3。

张夆之

字午山。清吴江人。乾隆十二年(1747)举人，宣平教谕。

北居杂著　子部杂学类　佚

砚邻韵语　集部别集类　佚

以上 2 种见《儒林六都志》卷下著述。

吴大勋

字蓼洲。清吴江人。兆骞孙。乾隆十五年(1750)举人。教习咸安宫，未及仕卒，年仅 30。

遗安书屋诗草　集部别集类　佚

见《江苏诗征》卷 15，收其诗 1 首。

赵士光

字质均，号雪�。清吴江人。乾隆十六年(1751)取入震庠。卒年34。

雪筠诗稿　集部别集类　佚

见《垂虹诗剩》卷8。

沈曰霖(1719—1762)

字骥展，一作既霑，号纫芳。清吴江人。永三子。乾隆十七年(1752)应乡试受挫。长于骈文。

粤西琐记1卷　史部地理类

(1)《昭代丛书》本。

(2)《小方壶斋舆地丛抄》本。

(3)《丛书集成续编》本。

晋人麈1卷　子部小说类

(1)《昭代丛书》本。

(2)《申报馆丛书续集》本。

(3)《丛书集成续编》本。

小潇湘四六　集部别集类　佚

见同治《苏州府志》卷138。

小潇湘诗钞　集部别集类

见《全清散曲》，收其小令《六等曲》，述不同等第的秀才状况。《江苏诗征》卷121收其诗2首。

纫芳词　集部词曲类　佚

粤游词　集部词曲类　佚

以上2种见《全清词钞》卷9，收其词1首。

郁 文

亦名丕烈。字承哉，号澄斋，一作诚斋。清吴江芦墟人。吴邑弟。庠生。客京师最久，屡试不售，自以高才不遇，往往使酒骂座，以是不容于时。尝设帐于朱珪、冯浩家。善鼓琴。

四书文　经部四书类

见《分湖诗苑》，云："刻于《黎阳合编》。"

稽古日抄 8 卷　子部儒学类

清郁文、张方湛、王逸虬同辑

(1) 清乾隆二十九年(1764)秋晓山房刻本，复旦大学图书馆等藏。

(2)《四库未收书辑刊》本。

按：《分湖诗苑》收其诗 2 首。

徐 夔

字大成，号达斋。清吴江平望人。国学生。

凌秀轩诗钞 3 卷　集部别集类

清咸丰七年(1857)重刻本，上海图书馆藏。

吴 照

字景纯，号宛琴。清吴江人。幼即工诗，性喜栖寄禅寺，啸歌永日，与晨钟午磬声相答应。年未仕卒。以嗣子士坚仕，乾隆五十年(1785)赠江阴县训导。

宛琴诗草　集部别集类　佚

见道光《平望志》卷 11。

周如珍

字楚传，号枫江，一号南圃。清吴江人。

读余集　集部别集类　佚

听梧轩吟稿　集部别集类　佚

以上2种见清顾宗泰编《停云集》卷5。

张素居

字台臣。清吴江人。

帆川集　集部别集类　佚

见清顾宗泰编《停云集》卷9。

金以均

字安邦，号秬村。清吴江人。监生。授陕西商南县典史。

粤东游草　集部别集类　佚

见清顾宗泰编《停云集》卷10。

陈毓良

字傅野，号晴岩。清吴江人。士载子。县学生。幼承庭训，所读经史诸书悉能背诵，不遗一字，为诗文极敏捷。中年客授济南，卒于寓舍。

桃源草1卷　集部别集类　佚

见《垂虹识小录》卷7。

王　彬

字秩云。清吴江人。诸生。历官平远知州。

白云草诗集8卷樗园文稿不分卷白云山房诗余1卷　集部别集类

(1) 清咸丰八年(1858)刻本，上海图书馆藏。

(2) 清光绪二十五年(1899)刻本，国家图书馆藏。

王仁寿

字耀珊，一字乐山。清吴江人。

乐山遗诗不分卷　集部别集类

民国抄本，北京大学图书馆藏。

仲凤翔

字可亭，号梧冈。清吴江人。贻煐族子。诸生。赋性和平，持躬笃实，闭户读书，不闻世事。帖括之暇，雅嗜吟咏。

南园集　集部别集类　佚

见同治《盛湖志》卷12。

周孝垣

字稚和。清吴江谢天港人。元熙子。诸生。

周氏传家集略三种　丛书类

清周孝垣辑

抄本，上海图书馆藏。

子目：

《世经堂遗稿》1卷　清周能察撰

《骖鸾集》1卷　清周朱耒撰

《童初室诗词遗稿》1卷　清周元熙撰

徐　楠(1720—1756)

字邦良，号整斋。清吴江黎里人。肆力于诗古文词。乾隆十五年(1750)举人，两上春宫被放，遂不复与试。心力亦稍瘁，年37卒。

扣舷集2卷　集部别集类

(1) 清乾隆二十二年刻本，上海图书馆藏。

(2) 清道光间刻本，附题词2卷、徐兆奎《晴轩诗钞》1卷，浙江图书馆藏。

沈　墀(1720—1784)

字庚伯，号寄庐。清吴江人。文灿长子。乾隆十五年(1750)举人。

合颇语 8 卷　子部杂学类　佚

见郝丽霞《吴江沈氏文学世家研究》一文。

俞希哲(1721—1747)

字天木,一字子与,号秋心,又号豆亭。清吴江人,祖籍休宁。性恬淡。每当深思常闭户不食,家人罕见其面。

子与遗诗　集部别集类

《旧雨遗音》本。

按:本书清顾列星辑入《旧雨遗音》4 种,清乾隆三十一年(1766)刻本,上海图书馆藏。

豆亭诗稿　集部别集类　佚

古诗疏解　集部诗文评类　佚

以上 2 种见嘉庆《同里志》卷 22。

按:希哲尝著有《毛诗私笺》《文选补注》《杜诗臆说》诸书,俱未成。

费振烈(1721—1763)

字扬武,号梅隐。清吴江人。袁栋婿。诸生。好古能文学。刘墉岁试奇其文,拔为第一。以弱病卒。

香吟集　集部别集类　佚

见《江苏诗征》卷 128,收其诗 1 首。

袁睦庵(1721—1806)

号睦庵。清吴江同里人。范时勉妻。

睦庵诗草　集部别集类　佚

见《同里古吴范氏家乘》。

范时勉(1722—1793)

字宝传,号怀溪。清吴江同里人。候选布政司理问,授儒林郎晋赠奉上大夫。工诗文，藏书二万余册。经学之外，凡历算、星律、地理、医卜诸学亦无不习，而于韵学尤精。

韵学类编　经部小学类　佚

帝王世系　史部传记类　佚

垂裕楼诗文稿　集部别集类　佚

雨窗漫录　集部别集类　佚

歌谱集成遗珠　集部总集类　佚

唐诗汇编　集部总集类　佚

以上 6 种见《同里古吴范氏家乘》。

哭孙诗草 1 卷呓殇集 1 卷　集部别集类

清刻本，上海图书馆藏。

冯树栋

字钦亮。清吴江人。家贫，课读自给。晚年以医术行。

春谷学吟草　集部别集类　佚

见嘉庆《黎里志》卷 12。

石　峨

字润缜。清吴江人。冯树栋妻。通文辞，好为小诗。年 30 卒。

永思集 1 卷　集部别集类　佚

见同治《苏州府志》卷 139。《江苏诗征》卷 177 收其诗 1 首。

严而泰

字丽双，号春伯。清吴江人。

富春草堂吟稿　集部别集类　佚

见同治《盛湖志》卷 12。

佚　名

乾隆嘉庆间吴江人。姓名不详。

松陵诗滴不分卷　集部总集类

佚名辑。民国间南社抄本，南京图书馆藏。

按：本书收吴江诗人19人之诗，附词作，原藏吴江薛凤昌处，后由柳亚子借钞。卷首有1921年柳亚子手书题记，略云："集中辑录诸家，如陆旭光、周能察、陆崖、姚佩、屠永龄、赵云贞、李凤吹，均为'诗征'所未及，其他篇什亦绝尠雷同。信瑰宝也。有撰'诗征补编'者，当勿遗此帙矣。"

姚　岱

字鲁望。清吴江人。不与世事，破窗朽几，歌啸自得。

瘦吟集　集部别集类　佚

见嘉庆《同里志》卷22。《江苏诗征》卷39收其诗1首。

陈时敏

字学先。清吴江人。恬澹好学，多贫士交，与秀水张日华、同里潘焜辈唱和。

据梧吟草　集部别集类　佚

见嘉庆《黎里志》卷9。

谭　鉴

字宸照，号天池。清吴江人。工书，喜为诗。与张日华、汝璞、冯寿朋辈交最密。

雪园小草　集部别集类

见《江苏诗征》卷90，收其诗1首。

陈毓咸

字受之，号芝房。清吴江人。毓升从兄。尝从周沓学。嘉庆元年(1796)进士。授国子监学正。以年老归里。精通明代掌故学，兼工诗。无子，朱春生搜其遗诗得200余篇。

红树山庄诗钞2卷诗余1卷　集部别集类

抄本，见《磨剑室文三集》之《磨剑室钞存乡先辈已刊未刊稿本题记》。

戊寅新草1卷　集部别集类

旧写本，见《养余斋松陵书目补编》卷4。

袁松贞

字湘佩。清吴江人。袁定海女，陈毓咸妻。幼禀母训，素娴声律。长归陈毓咸，鸡鸣唱和，其诗词格律日益进，共钦为女学士。

拾翠轩诗草　集部别集类　佚

见嘉庆《同里志》卷17。

按：清顾日新有《拾翠轩诗序》，见其《寸心楼文稿》。

陈毓升(1723—1782)

字行之，又字易门，号砚陶。清吴江人。沂震孙。受业于沈德潜。工诗古文词。诗清遐高卓。袁景辂辑《松陵诗征》未成而卒。毓升续成之。以诸生终。

竹溪社易门诗抄2卷　集部别集类

《江震诗稿汇存》本。

按：《江震诗稿汇存》，抄本，上海图书馆藏。

砚陶诗抄2卷补遗1卷　集部别集类

1919年松陵薛氏抄本，上海图书馆藏。

砚陶小屋诗抄　集部别集类

(1) 稿本,存4卷,南京图书馆藏。

(2) 抄本,6卷,吴江图书馆藏。

砚陶存稿　集部别集类

1919年抄本,吴江图书馆藏。

按:本书据同里金国宝家收藏之陈毓升手稿所抄,据薛凤昌校核。

沈叔度(1723—1783)

字履中,号云洲。清吴江人。乾隆九年(1744)取入江庠。工行楷并善墨梅。

学庸显秘　集部别集类　佚

云洲诗集　集部别集类　佚

以上2种见同治《苏州府志》卷138。

陈毓德

字习庵。清吴江人。自焕长子。国学生。

春草池塘遗文　集部别集类　佚

清陈毓德、陈毓贤撰

见嘉庆《同里志》卷22。

陈毓贤

字种迈。清吴江人。自焕子。有文名。

春草池塘遗文　集部别集类　佚

清陈毓德、陈毓贤撰

见嘉庆《同里志》卷22。

陈毓秀

字嵩生。清吴江人。自焕子。诸生。例贡入太学。受经于虞山陈祖范,称入室弟子。

先妣梅孺人行述 1 卷　史部传记类

清乾隆三十一年(1766)皆醇书屋刻本,上海图书馆藏。

顾学周

字开勋,号卧庐逸老。清吴江南传村人。庠生。工书法,初摹颜柳,继仿松雪,终以襄阳为宗。尤精汉隶,宗陆游。笔法遒劲,所书华山碑、千字文、隶字辨为士林珍重。

卧庐吟稿　集部别集类　佚

见《分湖诗苑》,收其诗 7 首。

卧庐遗诗 1 卷　集部别集类

抄本,见《磨剑室文三集》之《磨剑室钞存乡先辈已刊未刊稿本题记》。

徐继稚

字惠南,号南村,自号集寿老民。清吴江人。监生。少贾,中年折节读书,性喜吟咏。尝集唐宋元明句为迎銮词百首,于乾隆二十七年(1762)高宗南巡时献上。

璇玑分锦图 1 卷　子部艺术类　佚

见《垂虹识小录》卷 7。

集寿斋续二十四孝 1 卷体孝 1 卷医方集验 1 卷　子部儒学类

清乾隆五十六年刻本,上海图书馆藏。

南村诗稿　集部别集类　佚

见同治《盛湖志》卷 12。

望舒吟合稿 1 卷　集部总集类

清徐继稚、龚昇撰

清乾隆二十五年刻本,国家图书馆藏。

龚 昇

字行惠，一字耦影。清吴江人。原籍南昌，其祖始迁居吴江之盛湖。少习举业，尝省父于京师。入太学，试京兆。旋归侍祖母，不复求仕进，授徒以养。喜为诗。

上枝楼诗稿 2 卷　集部别集类

见同治《盛湖志》卷 12。

瘦吟小草 1 卷　集部别集类

抄本，上海图书馆藏。

自吟草 1 卷　集部别集类

稿本，见《养余斋松陵书目》卷 4。

望舒吟合稿 1 卷　集部总集类

清徐继稚、龚昇撰

清乾隆二十五年(1760)刻本，国家图书馆藏。

周允中

字景和，号镜湖，又号涧阿，晚号味闲。清吴江人。孝学子。乾隆十八年(1753)取入江庠。从沈德潜游，诗益进，与金学诗、沈梦祥等唱和。年 70 卒。

因拙轩杂著　子部杂学类　佚

见同治《苏州府志》卷 138。

澹愉堂诗 8 卷　集部别集类

(1) 清乾隆三十一年(1766)刻本，上海图书馆藏。

(2) 清嘉庆刻本，南京图书馆藏。

松陵唱和钞 8 卷　集部总集类

清乾隆刻本，上海图书馆藏。

潘　烺

字日临，号晴虹。清吴江人。乾隆十八年(1753)拔贡生。官当涂县训导。

晴虹吟稿1卷　集部别集类　佚

见同治《苏州府志》卷138。

叶振统

字继庭，号湘湖。清吴江人。乾隆十九年(1754)取入江庠。每逢院试必居高等，而七踬棘闱。

宝燕草　集部别集类

见苏州图书馆稿本《续松陵诗》。

赵　培

字稼伯，号介白。清吴江人。乾隆二十年(1755)取入江庠。诗文清俊，书法工整。早卒。

秋树斋诗稿　集部别集类　佚

见同治《苏州府志》卷138。

朱露阁小草　集部别集类　佚

见《吴江赵氏诗存》卷11。

郭星榆

字南阶，一字东枌，号春岩，又号桂岩。清吴江芦墟人。学洪子。工书。

广六书通考4卷　经部小学类　佚

见《分湖小识》卷2。

曹吴霞

字象雷，一字翠亭。清吴江八角亭人。乾隆二十七年(1762)贡生。先后馆黄溪10余年，门下皆成名士。学务经术，尤熟于史。年71卒。

儒林六都志2卷　史部地理类

清孙阳顾撰　曹吴霞增，版本参见“孙阳顾”条。

五代史节抄　史部史钞类　佚

按：是书在吴霞从侄曹森名下也有，或两人合著，今两存之。

晋游集　集部别集类　佚

以上2种见同治《苏州府志》卷138。《松陵诗征续编》卷2收其诗3首。

翠亭诗稿1卷　集部别集类

清柳树芳手写本，见《养余斋松陵书目》卷4。附清迮云龙《迮三江征君遗稿》后。

黄　灿

字汉章，号星槎。清吴江人。以正父。工诗画，兼善汉隶。尝幕游浙东。

东瓯诗草　集部别集类　佚

见《垂虹识小录》卷6。

陈光昌

字凤占。清吴江人。诸生。明医理，擅女科。馆吴门万年桥某氏，教读楼中。

梧村吟稿　集部别集类　佚

见同治《苏州府志》卷138。

钱金禾

初名与点，字芸倚。清吴江人。以例监生授绛州吏目。缘事罢职，复补平鲁典史，卒于官。能文，尤长于诗。

秦豫游草　集部别集类　佚

见同治《苏州府志》卷138。

张　成

字素涵，号秀谷。清吴江平望人。书法学董其昌，颇秀逸。工诗。年未40卒。

秀谷吟草1卷　集部别集类

稿本，见《磨剑室文三集》之《磨剑室钞存乡先辈已刊未刊稿本题记》，今未见。

半渔集　集部别集类

见苏州图书馆藏稿本《续松陵诗》。

王逸虬

字清滩，一字绕九。清吴江人。家贫力学，为诗古文法律井然。以诸生终。

稽古日钞8卷　子部儒学类

清郁文、张方湛、王逸虬同辑，版本参见"郁文"条。

元圃琳琅　子部杂学类　佚

青滩前后集　集部别集类　佚

以上2种见同治《苏州府志》卷138。

朱方谷

字驭廉，号香岩，一号勉堂。清吴江人。国学生。乾隆间结吟社，奉王逸虬为坛坫主。

勉堂吟课1卷　集部别集类

抄本，见《磨剑室文三集》之《磨剑室钞存乡先辈已刊未刊稿本题记》。

施一潢

字亘天。清吴江人。端重寡言，博通经史。

广陵集　集部别集类　佚

见《江苏诗征》卷5，收其诗1首。

周　诰

字书征，一作书珍。清吴江人。乾隆十八年(1753)副贡生。锐志读书，务求实学，尤熟两汉魏晋诸史。年80余卒。

史贯　史部史钞类　佚

细柳闲吟草　集部别集类　佚

以上2种见同治《苏州府志》卷138。

周　易

字肇羲。清吴江人。诰子。诸生。

周易遗稿1卷　集部别集类　佚

见嘉庆《黎里志》卷9。

赵大业

字扬烈，号毅庵。清吴江人。乾隆十三年(1748)取入江庠。诗笔冲淡近陶韦。与陈毓升同授经城南沈氏。

闲居偶存草　集部别集类　佚

见《江苏诗征》卷108，收其诗1首。

顾时尊(1724—1760)

字媚一。清吴江同里人。幼为举子业,未就,去而学医,不行于世。年37未娶而卒。卒后同邑王元文为撰悼亡诗。

鹍猿小草　集部别集类　佚

见《江苏诗征》卷131,收其诗1首。

袁景辂(1724—1767)

字质中,自号朴村,又号也生。清吴江同里人。栋从侄,棠父。附贡生。尝与里中陈毓升等7人为竹溪诗社。从沈德潜、陈祖范游。时德潜以唐音力绍诗家正轨,景辂宗仰之。以子鸿贵,赠文林郎。

读书问　子部儒学类　佚

朴村文抄　集部别集类　佚

质中时文　集部别集类　佚

以上3种见嘉庆《同里志》卷22。

青山庄课稿　集部别集类　佚

见嘉庆《同里志》卷14。

小桐庐诗草10卷　集部别集类

(1) 清乾隆间爱吟斋精刻本,国家图书馆藏。

(2) 清光绪八年(1882)文苑山房校刻本,南京图书馆藏。

(3) 清宣统元年(1909)袁莼刻本,上海图书馆藏。

(4) 抄本,南京图书馆藏。

(5)《清代诗文集汇编》本。

竹溪会课　集部总集类　佚

见嘉庆《同里志》卷22。

松陵诗征20卷　集部总集类

(1) 清乾隆三十二年(1767)爱吟斋精刻本,苏州图书馆藏。

(2) 2016年国家图书馆出版社《历代地方诗文总集汇编》本。

按:本书清袁景辂编,费周仁、周汝雨辑。选录清初吴江441位诗人之作,依年齿顺序排列,附方外、闺秀。所录诗作下,均有诗人小传,著录字号、世系、著作名称,并科目官位,复引名家评论,附缀未经前人道及之逸事琐言。

续松陵诗5卷　集部总集类

稿本,苏州图书馆藏。

按:本书收录乾嘉间陆燿、王曾翼等40人诗。

徐　璇(1724—1792)

字星标,号静庵。清吴江黎里人。楠弟,达源父。其父祖翼以善弈名,璇幼与客弈辄胜。其为弈绝异他人,人咸奇之。乾隆五十九年(1794)以子达源赠儒林郎布政司理问。

病中吟　集部别集类　佚

见《江苏诗征》卷7,收其诗1首。

袁益之(1724—1802)

字扶九,号竹轩。清吴江人。栋子。乾隆四十七年(1782)贡生。家藏书万卷,披寻略遍。作为文章,熔经铸史,人莫窥其底。与族弟景辂等举竹溪七子诗社,益之为首,沈德潜极称之。

袁益之诗稿不分卷　集部别集类

稿本,上海图书馆藏。

沈　英(1724—?)

初名培本,字海彀。清吴江人。凤鸣次子。工诗善写山水,用篆隶笔,为之深得古法。

慈心宝鉴4卷　子部杂学类

清沈培本辑

(1) 清乾隆二十六年(1761)沈培本、范墨涛刻本,中国人民大学图书馆藏。

(2) 清道光二十一年(1841)苏州三经堂善书局刻本,台北故宫博物院藏。

(3) 1923年蜀西绵竹曹氏刻本,上海图书馆藏。

(4) 1930年北平中央刻经院铅印本,北京师范大学图书馆藏。

诵芬楼集　集部别集类　佚

见同治《苏州府志》卷138。

正　感

字念庭,号逸云。清乾隆间吴江僧。王氏子。住支硎中峰寺。性喜吟咏,与吴泰来、王鸣盛等相唱和。

啸云山房诗钞　集部别集类　佚

见清顾宗泰编《停云集》方外二,收其诗9首。又《湖海诗传》卷56收其诗6首。

吴锦章

字惠中。清吴江人。乾隆间贡生,乌程籍。官西安县学训导,终海盐县学教谕。

易经纂义　经部易类　佚

见民国抄《震泽县志续》卷10。

孙金鉴

字象虹。清吴江人。乾隆九年(1744)诸生。

匠翁诗稿　集部别集类　佚

见《儒林六都志》卷下著述。

周　瑞

字念丰,号濂泉。清吴江人。乾隆十年(1745)取入江庠。

竹简小草　集部别集类　佚

见同治《盛湖志》卷12。

沈廷瑜

字璠若，号雪桥。清吴江人。乾隆十三年(1748)取入江庠。

雪桥诗稿2卷附雪桥观潮图题咏1卷　集部别集类

清嘉庆二十年(1815)刻本，南京图书馆藏。

杨观吉

字熊经，号蓉径，一作蓉镜、蓉锦，别号古山。清吴江人。淮从孙。国子生。于学无所不通，屡踬于试，专习诗古文词。好与前辈博雅者游。天文、地理、河洛、星命、卜筮、医药之术悉究其要，于书法功尤深。晚年又以医名于时。性简傲，卒年70。

鸿雪堂诗存　集部别集类　佚

见《垂虹识小录》卷6。

吴雷发

字起蛟，号夜钟，又号寒塘。清吴江人。诸生。性倜傥。为诗文清矫拔俗，如水镜空明不染纤滓。好游荒村野寺，见古冢残碣摩挲徙倚，长啸其间不忍去。中年后潜心理学。

香天谈薮1卷　子部小说类

(1)《昭代丛书》本。

(2)《香艳丛书》本。

(3)《丛书集成续编》本。

晨钟录　子部杂学类　佚

见同治《苏州府志》卷138。

夜琴诗稿1卷独树轩诗1卷　集部别集类

清抄本，上海图书馆藏。

琴余诗1卷　集部别集类

寒塘诗录2卷　集部别集类

以上2种有抄本，见《磨剑室文三集》之《磨剑室钞存乡先辈已刊未刊稿本题记》。

说诗菅蒯1卷　集部诗文评类

(1)《昭代丛书》本。

(2)《丛书集成续编》本。

(3)《清诗话》本。

按：本书凡39则，全篇以论说诗艺为主。有《昭代丛书》本，后丁福保收入《清诗话》。

苏　氏

清吴江人。吴雷发继室。

香月词　集部词曲类　佚

见《松陵女子诗征》卷10。

吴球发

字夔山，号柳门。清吴江人。雷发从弟。淡于名利，雅好吟咏。

半山诗稿　集部别集类　佚

见民国抄《震泽县志续》卷10。

沈锡麒

字宸章，号冶亭。清吴江人。诸生。工诗画。与震泽潘鹤、同里陈士琳、徐蟾、汝承淇辈交。

冶亭诗稿　集部别集类　佚

见《江苏诗征》卷120，收其诗1首。

皇甫诗

字庆庭，一字韵人。清吴江人。国学生。

苍麋诗稿 2 卷　集部别集类　佚

见同治《苏州府志》卷 138。

严　璆

字卫求，号柳村。清吴江人。代言子。增广生。工诗古文，善颜柳书。四荐乡闱不售。

柳村诗草　集部别集类　佚

见嘉庆《同里志》卷 14。

赵　泰

字用宾，号一琴。清吴江人。庠生。能诗，兼习书画。与里中施仁、张纫茝、张纫荪交，号莺湖四子。

梅花百咏　集部别集类

吟舫集　集部别集类

按：道光《平望志》卷 11 作《停舫吟》。

以上 2 种见苏州图书馆藏稿本《续松陵诗》。

汪鸣珂

字宣纶，号瑶圃。清吴江人。栋孙。由例贡生仕广西上思州知州。工诗，时同里张栋以诗名吴中，与之角逐未肯多让。以边地少书籍，自南中购文史数十种置于书院，使肄业诸生传抄。以劳瘁卒于官。

经方合璧 10 卷　经部群经总义类　佚

见同治《苏州府志》卷 138。

重校圣济总录 200 卷首 1 卷　子部医家类

清汪鸣珂、程勛等校

(1) 清乾隆五十二年(1787)平川燕远堂刻本,缺卷195、199、200,北京大学图书馆藏。

(2) 清抄本,存198卷,无锡市图书馆藏。

(2) 民国抄本,仅目录1卷,浙江省中医药研究院藏。

澹虑堂墨刻8卷　子部艺术类

清乾隆三十六年汪鸣珂编集,吴郡王景桓刻。

按:第一卷为唐模《兰亭序》、王羲之《寒霜帖》《袁生帖》、王方庆《万岁通天进帖》。其中唐模《兰亭序》帖石为明万历二十五年(1597)项德弘旧刻。第二卷为智永《千字文》。第三卷为唐欧薛褚三家书,其中褚书《千字文》为旧刻。第四卷为宋人书,第五卷为赵孟頫及佚名书。第七卷为文徵明书,第八卷为董其昌书。此帖大抵为汪氏以所得项氏旧石纂辑重拓,再补以新刻而成。参见《江苏出版史志》1993年第3期。吉林省图书馆藏清拓本,4卷。

春雨楼诗集　集部别集类　佚

见道光《平望志》卷8。

钝翁全集　集部别集类

清汪琬撰　汪鸣珂重订

清康熙二十三年(1684)至二十四年刻乾隆十六年汪鸣珂重订后印本,宁波市图书馆藏。

程　勋

字懋哉。清吴江人。国栋子。诸生。论文以理精法密为主,每构一艺,稍不惬意,则毁其稿。藏书数万卷,多宋元旧本。尤好金石文字,积二千余卷。

懋斋未定稿　集部别集类　佚

见同治《苏州府志》卷138。

重校圣济总录200卷首1卷　子部医家类

清汪鸣珂、程勋等校,版本参见“汪鸣珂”条。

江蘇藝文志

顧廷龍題

国家古籍整理出版专项经费资助项目

江苏省地方志编纂委员会办公室组织编纂

江苏艺文志

（增订本）

苏州卷

六

原　主　编　赵国璋

增订本主编　江庆柏

本卷主编　孙中旺　曹培根

撰　稿　人　孙中旺　曹培根　卿朝晖　姜雨婷

白帅敏

凤凰出版社

吴江二

施　仁

字敬夫，号兰村。清吴江人。府学廪生。

兰村诗抄　集部别集类　佚

见道光《平望志》卷11。

张纫茝

字芬扬，号少川。清吴江人。栋子。工画山水，笔致疏秀。早卒。

少川诗抄　集部别集类　佚

见道光《平望志》卷11。《松陵诗征续编》卷3收其诗1首。

钱汝楠

字晋裴。清吴江人。少孤好学。乾隆十五年(1750)举人。选平顺知县。时邑中大旱，米价腾贵。亟发仓平粜，又请出社义仓积谷借给饥民，全活无算。卒于官。

南乔诗集　集部别集类　佚

见同治《苏州府志》卷138。

周　羲

字跂之，号墨庄。清吴江人。爰访曾孙。力学工文章，寻以病弃去，专事吟咏，常与里中陈毓升、顾汝敬等往来唱和，晚年工隶书。

采录同里先哲志　史部地理类　佚

见嘉庆《同里志》卷14。

按：嘉庆《同里志》卷首有乾隆五十七年(1792)周羲《采录同里先哲志序》。

墨庄诗钞4卷　集部别集类

清周羲撰　周之桢辑

(1) 清乾隆四十九年刻本，上海图书馆藏。

(2) 稿本,3 卷,广东中山图书馆藏。

墨庄诗钞补余 7 卷　集部别集类

1926 年薛凤昌抄本,吴江图书馆藏。

意中山房集　集部别集类　佚

松陵唱和诗钞 8 卷　集部总集类　佚

按:与同邑周允中、金学诗等合撰。

续同川风雅集　集部总集类　佚

同川竹枝词　集部词曲类　佚

百花词　集部词曲类　佚

以上 5 种见嘉庆《同里志》卷 14。

吕国祚

字申嘉,号玉溪。清吴江人。世以贩蟛蜞为业。家邻问莺馆,蓬蒿一径,萧然意远,里中无人知其能诗者。间有知者,又鄙其业微而贫窭也。

暇日吟 1 卷　集部别集类　佚

见道光《平望志》卷 11。

徐　淳

字葆初,号双桥。清震泽人。乔林父。平时乐于为善,中岁勤于课子,乡人德之。工诗,四方名流游松陵者必造访。袁枚、王鸣盛极称之。

徐淳家传 1 卷　史部传记类　佚

徐淳杂著 2 卷　子部杂学类　佚

古今体诗 1 卷　集部别集类　佚

以上 3 种见《垂虹识小录》卷 3。

双桥书屋诗抄　集部别集类　佚

见同治《苏州府志》卷 138。

金陵杂咏 1 卷　集部别集类

抄本，吴江图书馆藏。

金陵游草1卷　集部别集类

见《垂虹识小录》卷3。

望云楼诗钞　集部别集类

清嘉庆元年(1796)震泽徐氏望云楼刻本，北京大学图书馆藏。

按：本书包括《金陵杂咏》《墓志铭》《双桥剩稿》《行述》。

史开基

字体仁，号蓉庄。清吴江人。国子监生。

隆平纪事1卷　史部杂史类

明史册撰，清曹森、史开基参订，版本参见"史册"条。

宾鸿阁遗稿　集部别集类　佚

见《松陵诗征续编》卷5，收其诗1首。

十家宫词12卷　集部词曲类

清朱彝尊编　史开基校补

清乾隆八年(1743)史开基刻本，国家图书馆藏。

徐　蟾(1726—1760)

字霁堂，号梅仙。清吴江黎里人。楠弟。通经义，与长洲褚廷璋并受知于雷鋐。早卒。

梅仙集　集部别集类　佚

江楼独醒集　集部别集类　佚

以上2种见《江苏诗征》卷8，收其诗4首。

顾佑行

字受祺，一作受基。清吴江同里人。时行族弟。诸生。博极群书。精于考证，何焯极推重之。李馥、沈德潜皆延至其家塾相与讨论。

西津集　集部别集类　佚

见嘉庆《同里志》卷22。

沈桂芳

字际虞，号月岩。清震泽人。沈瑾五世孙。乾隆十六年(1751)入府学。少受知于番禺庄文清。

中庸便义　经部四书类　佚

水经备疏　史部地理类　佚

诸子一隅　子部周秦诸子类　佚

自怡山房集2卷　集部别集类　佚

闲存草1卷　集部别集类　佚

以上5种见《松陵人物汇编》卷9。

沈　埏

字翼廷，号萍乡。清震泽人。瑾裔孙。乾隆三十五年(1770)取入江庠。性孝敬，事兄嫂如事父母。好施与。

孚德堂集　集部别集类　佚

见《松陵人物汇编》卷9。

曹　森

本姓吴。字卓亭，号竹汀。清吴江人。吴霞从侄，磊弟。乾隆十七年(1752)举人。授经黄溪20多年。诗古文词制义以金陈为法。每评阅课文，有理法稍疏者，批抹不少贷，故游其门者，诗文悉合法度，里中文风由是而盛。后任南陵教谕，年67卒。

五代史节抄　史部史钞类　佚

栖翠堂稿　集部别集类　佚

以上2种见《儒林六都志》卷下著述。

竹汀诗文集　集部别集类　佚

见道光《黄溪志》卷5。《松陵诗征续编》卷1收其诗2首。

管　嵩

字可高，号少庾，又号复斋。清吴江人。乾隆十七年(1752)举人。选安徽无为州学正。丁艰服阕，再补靖江县教谕，升浙江淳安知县。学力宏深，兼饶才略。

周易象理浅言 10 卷　经部易类

清张圻撰　孙嘉淦鉴定　管嵩参阅

清乾隆三十三年刻本，浙江图书馆藏。

西江旅笈　集部别集类　佚

钟陵草　集部别集类　佚

以上 2 种见同治《盛湖志》卷 12。

兰臭吟　集部别集类　佚

见同治《苏州府志》卷 138。

陆　燿(1727—1785)

字青来，号郎甫，一作朗夫。清吴江芦墟人。瓒子。乾隆十七年(1752)举人。授中书。出为山东登州府知府，调济南，升山东运河道按察使。后累官湖南巡抚。清勤自励，所至有绩。其学无所不通，工诗文兼长书画，精分隶书。水墨山水落落有大家风，冯金伯、王学浩皆极称之。《碑传集》卷 73 有传。

按：据《清代官员履历档案全编》乾隆三十五年十二月载："臣陆燿，江苏苏州府吴江县举人。年四十四岁。"可知其生年为 1727 年。

大学合抄 6 卷　经部四书类

清乾隆四十一年陆氏切问斋抄本，云南大学图书馆藏。

孝经考证 1 卷　经部孝经类

抄本，上海图书馆藏。

陆燿奏稿　史部政书类

清抄本，国家图书馆藏。

济南谳牍 4 卷　史部政书类　佚

任城漫录　史部地理类　佚

以上 2 种见光绪《吴江县续志》卷 35。

保德风土记 1 卷　史部地理类

《小方壶斋舆地丛钞》本。

山东运河备览 12 卷附图说 1 卷　史部地理类

(1) 清乾隆四十一年切问斋刻本,清华大学图书馆藏。

(2) 清同治十年(1871)中国运河道库刻本,北京大学图书馆藏。

(3) 台湾文海出版社《中国水利要籍丛编》本。

甘薯录 1 卷　子部农家类

(1) 清乾隆四十一年刻本,国家图书馆藏。

(2)《赐砚堂丛书新编》本。

(3)《昭代丛书》本。

(4)《海粟楼丛书》本。

(5)《丛书集成续编》本。

烟谱 1 卷　子部农家类

(1)《昭代丛书》(道光)本。

(2)《丛书集成续编》本。

(3)《续修四库全书》本。

急救方　子部医家类

清乾隆间刻本,山东中医药大学图书馆藏。

切问斋集 16 卷　集部别集类

(1) 清乾隆五十七年晖吉堂刻本,上海图书馆等藏。

(2) 清嘉庆元年(1796)刻本,南开大学图书馆等藏。

(3) 清光绪十八年(1892)江苏书局刻本,12 卷,南京图书馆等藏。

(4)《四库未收书辑刊》本。

切问斋文抄 30 卷　集部总集类

(1) 清乾隆四十年刻本,国家图书馆藏。

(2) 清嘉庆元年刻本，中国人民大学图书馆藏。

(3) 清道光五年(1825)刻本，国家图书馆藏。

(4) 清同治八年金陵钱氏刻本，北京师范大学图书馆藏。

(5) 清光绪十九年合肥李氏刻本，上海图书馆藏。

按：本书为陆燿所选，系网罗清初至乾隆间佳作而成，分学术、风俗、教家、服官等12门。

切问斋文录2卷　集部别集类

《国朝文录续编》本。

切问录文钞3卷　集部别集类

日本天保五年(1834)刻本，北京大学图书馆藏。

诗册不分卷　集部别集类

稿本，苏州博物馆藏。

扣槃集3卷　集部别集类

清刻本，上海图书馆藏。

栖云阁文集15卷诗集16卷诗拾遗3卷　集部别集类

清高珩原撰　陆燿选

清乾隆四十四年刻本，清华大学图书馆藏。

皇朝经世文抄30卷　集部总集类

清同治间金陆钱氏刻本，中山大学图书馆藏。

清名家文粹3卷　集部总集类

清光绪十一年上海福瀛书局刻本，华东师范大学图书馆藏。

张　芹(1727—?)

字望岳。清震泽人。嘉庆十二年(1807)以年81赐举人，十四年授翰林院检讨。

耕余草1卷　集部别集类

清抄本，上海图书馆藏。

吴 洙

字泗传,一字圣水。清吴江人。濂弟。诸生。

增辑先哲志　史部传记类　佚

吴叔子集　集部别集类　佚

以上2种见嘉庆《同里志》卷22。

严 密

字带湖。清吴江人。

独吟稿　集部别集类　佚

见《江苏诗征》卷90,收其诗1首。

施天柱

字一峰,号斗牛。清吴江因渎村人。乾隆十八年(1753)副贡。

海陆游草　集部别集类　佚

淮游漫草　集部别集类　佚

以上2种见《儒林六都志》下卷著述。《松陵诗征续编》卷1收其诗3首。

顾后亨

字伊人,号研山。清吴江人。乾隆十八年(1753)取入江庠。

虫鱼多识诗文集　集部别集类　佚

顾氏诗录　集部别集类　佚

以上2种见《松陵人物汇编》卷9。

吴树珠

字薏庭,号葭湄。清吴江人。乾隆十九年(1754)入府学。工诗文。历游山右粤东诸学幕,又馆中州数年,后往淮北,晚年归里。

擘红余话　子部杂学类　佚

见同治《苏州府志》卷138。

露香阁诗集10卷　集部别集类

(1) 清乾隆间稿本，各卷间有墨笔修改及浮签改正。有"吴树珠""薏庭""葭湄"藏章。中山大学图书馆藏。

(2) 清乾隆五十八年刻本，上海图书馆藏。

(3) 清嘉庆二年(1797)刻本，南京图书馆藏。

按：本书亦作《存觚堂集》。

吴氏诗存　集部总集类　佚

见同治《苏州府志》卷138。

范日省(1728—1758)

字孔传，号研亭。清吴江同里人。国学生。勤于学业，诗最工。喜与时流唱和。

研亭诗钞　集部别集类　佚

见《同里古吴范氏家乘》。

徐　煐(1728—1761)

字昭时，号少泉。清吴江人。监生。为人仁义，好行善。

真容传　史部传记类　佚

臣子备览　子部杂学类　佚

以上2种见《吴江徐氏宗谱》卷4。

冯汝翼(1728—1785)

字行之。清吴江人。时叙孙。工花鸟，写成必有题句。

冯汝翼遗诗1卷　集部别集类　佚

见嘉庆《黎里志》卷6。

沈君平(1729—1756)

字民安,一作明安、蓂舍,号茗庵。清吴江人。培礼长子。乾隆十八年(1753)取入江庠。

卧月楼诗草　集部别集类　佚

见《垂虹诗剩》卷8。

钱大培(1729—1795)

字树棠,号巽斋。清吴江人。之青子。乾隆十七年(1752)副贡生。精究经史,于训诂声音考之甚精,为诗雅健真挚。与陆燿少同学。燿少所许可,独心敬大培,馆之多年,讲学互有切磋。历主庐江、潜江、青州、济宁诸书院,造就人才甚众。晚年归里,选盱眙教谕,赴任两月卒。

餐胜斋诗稿4卷　集部别集类

清嘉庆六年(1801)莺湖琴鹤书庄刻本,南京图书馆藏。

唐五言律诗选不分卷　集部总集类

稿本,上海图书馆藏。

金士松(1729—1800)

字亭立,号听涛。清吴江人。学诗兄。乾隆二十五年(1760)进士。以编修晋位至兵部尚书,五十一年任直隶学政,多次充乡试、会试考官,两命为大考翰詹读卷官。卒谥文简。

严君菊溪传1卷　史部传记类

清乾隆五十年刻本,上海图书馆藏。

乔羽书巢诗内集6卷外集4卷　集部别集类

清嘉庆七年(1802)刻本,上海图书馆藏。

周　锦

字御李,号杜洲。清吴江人。用裔孙。县学生。以经义名于时,尝作《经义论》，谓王安石之改诗赋策论而为经义者，欲以取通经之士也。

类林续纂　子部典故类　佚

见道光《平望志》卷8。

王宗导(1730—1776)

字德音，号懋堂。清吴江同里人。少游太学，出郑虎文之门。乾隆二十四年(1759)应顺天乡试，荐而被落，五年后始得议授广东东莞县佐。居官清谨，上官器其才，委摄西宁、东安、阳山、四会、长乐、兴宁诸邑。后补龙门县令，未及赴任卒。

滇粤杂咏　集部别集类　佚

见嘉庆《同里志》卷11。

茂塘府君遗稿1卷　集部别集类

抄本，上海图书馆藏。

按：本书原为佚名撰，《磨剑室文三集》之《磨剑室钞存乡先辈已刊未刊稿本题记》载《茂塘遗稿》1卷，云："不详其姓名，诗中'王郎'云云，知为王姓。末有从侄观潮一跋，当是湘筠前辈手笔。跋中称'公入资为县佐，有循卓声，洊升龙门令，卒于官'。按《吴江续志》卷十五'例仕'，有乾隆朝王宗导，监生，东莞县县丞，补龙门县知县，必此人也。稿本未刊，藏陈子巢南处，余从借抄，并为考证之如右。"据此可知本书为王宗导撰。

顾汝敬(1730—1806)

原名汝龙。字配京，号蔚云。清吴江人。乾隆五十年(1785)贡入太学，嘉庆九年(1804)钦赐举人。朱春生《铁箫庵文集》卷4有其墓志铭。

同里志稿　史部传记类　佚

见嘉庆《同里志》卷22。

所见碑帖考　史部金石类　佚

画苑　子部艺术类　佚

说丛　子部杂学类　佚

以上3种见《明清江苏文人年表》嘉庆十一年。

研渔庄文集2卷诗集2卷　集部别集类

清顾汝敬撰　朱春生、袁棠辑

清嘉庆道光间子兆芝刻本，南京图书馆藏。

蔚云诗抄　集部别集类　佚

见嘉庆《同里志》卷22。

仲步墀

字集川，号莼溪。清吴江人。周霈子。乾隆二十五年(1760)贡生。屡不得志于南闱，专力于经术，崇尚朴学。邑令唐甄聘修县志未成。

水利考　史部地理类　佚

见《垂虹识小录》卷6。

顾冠贤

字正伦，号听泉。清吴江人。乾隆二十六年(1761)邑试获赏拔。未及院试而殁。

诗草1卷　集部别集类　佚

见《松陵人物汇编》卷9。

顾我鲁

字瞻泰，号东岩。清吴江人。少为诸生有声。性孝友，笃爱其弟。乾隆二十八年(1763)与袁景辂等在里结竹溪社。朱春生《铁箫庵文集》卷3有其小传。

朱萼山房诗抄　集部别集类　佚

见嘉庆《同里志》卷22。

淳古堂诗稿1卷　集部别集类

抄本，见《磨剑室文三集》之《磨剑室钞存乡先辈已刊未刊稿本题记》。

蓟素秋

清吴江人。

梦蘅集　集部别集类　佚

忏碧集　集部别集类　佚

浮黛集　集部别集类　佚

纫华集　集部别集类　佚

以上4种见《历代妇女著作考》卷19引《松陵女子诗征》卷4。

按：《历代妇女著作考》卷19载陈去病云："吾邑境内无蓟姓者。而黎里之蒯，为邑中望族，疑素秋系蒯氏名媛，非蓟姓也。"

又按：其事迹见清王韬《后聊斋志异》。

沈　乐

字夔典，号柳隄。清吴江人。宗湘侄。性颖敏。少即研究经史百家，为文昌明细密。乾隆三十年(1765)举人。国子监学正。卒于京。

小隐诗文稿20卷　集部别集类　佚

见同治《苏州府志》卷138。《松陵诗征续编》卷2收其诗1首。

宋　贵

字慎诸，号镜楼。清吴江人。桐乡籍。乾隆三十年(1765)拔贡生，官宁海教谕。先补西安训导，以忧归。起服后，历权湖州、德清、太平、临安、萧山诸学篆，皆能周恤寒畯，家亦因是稍替。好作诗，随手散弃，或遂火之。

镜楼诗存　集部别集类　佚

见同治《盛湖志》卷12。

盛元芳

字保和。清吴江人。陈松年妻。耽书史，工吟咏。

书云集　集部别集类　佚

见同治《苏州府志》卷131。

汪蕙芬

字畹亭。清吴江人。鸣珂女，程凤坡妻。幼奉庭训，长娴诗礼。既随任塞垣，诗多咏边霜朔雪。兼擅绘事，所写翎毛花卉具臻神妙。年39卒于凤坡官舍。

西凉游草　集部别集类　佚

见道光《平望志》卷10。

徐兰清

字韵芬。清松陵人。庆荣女。

绣余吟草　集部别集类　佚

见《松陵女子诗征》卷9。

翁敏政

字进周，号勉亭。清吴江人。为人诚朴。经商不忘读书，见读书者必举先儒格言相勉励。其藏书多至数万卷。

培风堂藏书目录　史部目录类　佚

见道光《平望志》卷11。吴兴沈在莪序。

顾瑞麟

字六昭。清元和人。吴江任锡蕃室。少通书史，工诗善绘事。卒年57。

焚余稿　集部别集类　佚

见《松陵女子诗征》卷 4。

程庭昭

字幼安。清松江人。吴江孙庚月室。

双燕楼草　集部别集类　佚

见《松陵女子诗征》卷 8。

严　树

字灌英，一字酿林，号墨庵。清吴江人。性耽风雅，诗文之会殆无虚日。广盛湖八景为二十，各系以诗。遍征题咏，诗名籍甚。与计瑸等结诗社于读书乐园。

钓隐吟稿 1 卷钓隐文草 1 卷　集部别集类

稿本，见《养余斋松陵书目补编》卷 4。《江苏诗征》卷 90 收其诗 1 首。

张　霖

字雨方，号望亭。清吴江人。性落拓，好吟咏。从学于王藻、张栋。晚客沛县署。因得登戏马台、歌风台诸胜迹，成书一卷。年 60 余卒。卒前一日取平生诗稿焚之，其友庞鸣冈搜得数十篇。

偪阳游草 1 卷　史部地理类　佚

见道光《平望志》卷 11。

仲贻烘

字汇英，号尘夫。清吴江人。为诗耻言摹仿，词浅意深，外淡中腴，缠绵古质，如其为人。沈德潜深契之，为序其诗。

尘夫诗抄　集部别集类　佚

见同治《盛湖志》卷 9，谓门人史载揆梓行之，今未见。《江苏诗征》卷 125 收其诗 4 首。

朱逢泰

字钧闾，号柳塘。清吴江人。家距太湖仅二里许。门外远山如黛，清溪回环。草堂中种竹莳花，明窗净几。广蓄书画，能鉴别古人真迹。诗清隽迈俗，无纤秾粗犷之习。性情恬淡，不事雕饰。与同邑周味闲、金学诗相善。

画石轩诗集4卷卧游随录4卷　集部别集类

(1) 清嘉庆四年(1799)斯雅堂刻本，上海图书馆藏。

(2)《清代诗文集汇编》本。

秋闱联吟1卷　集部总集类

清朱逢泰辑

见《养余斋松陵书目》卷4。

徐　锦

字组云，号勉斋。清吴江平望人。喜作诗，尤善丹青。从学于张栋之门。栋以其笔致超逸，加意引诱，锦亦深自刻苦，卒以成家。家贫卖画自给。每出游，遇佳山水辄图之，故其画苍秀高雅，无时流甜俗之气。

勉斋诗稿　集部别集类　佚

见道光《平望志》卷8。

题画诗1卷　集部总集类

见《吴江文献保存会书目》卷4。

按：本书为徐锦与陆俊、翁广平同撰。

潘　鹤

字玉堂，号雪巢。清吴江人。学博子。诸生。工诗古文词。篆隶真行草书，山水图画、摹印镌刻皆入能品。并通晓弹琴、围棋、击剑、手角、风角、壬遁、青囊、青乌之术，以至木工、刺绣、冶锻之事。为沈祖惠入室弟子。江西督学周煌与祖惠交，问其门下士之能文者，以鹤对，遂聘入文幕。即归邑中,旧族争延为弟子师。晚年境颇困,诗益工。年66病卒。

篆隶同异考　经部小学类　佚

剑影录　子部杂学类　佚

雪巢遗稿　集部别集类　佚

以上3种见同治《苏州府志》卷138。《松陵诗征续编》卷1收其诗3首。

汤　钟

原名锦,字絅庭,号瑶城。清吴江人。国子生。好读书,为其师顾我钧所赏。屡战文场不得志,遂专力于诗。曾与计瑸等同结诗社于读书乐园。

记存草节录1卷　集部别集类

清嘉庆十九年(1814)琅琊刻本,上海图书馆藏。

按:本书书名页题《瑶城记存草》,版心题《瑶城遗稿》。

计　瑸

字文珍,号筹山。清吴江盛泽人。东族孙。乾隆二十五年(1760)顺天举人,授山东滨州州判,署利津、蒲台、阳信县知县。所至有廉声。工诗文,善书法,又喜写生,得石田翁笔意。归里后杜门不出,惟与严树、汤钟、陈尊源辈结诗社于读书乐园。

松陵耆旧集　史部传记类　佚

按:顾我钧等同撰。

筹山小草　集部别集类　佚

以上2种见光绪《吴江县续志》卷17。

许良弼

字邻哉,号敏亭。清吴江人。诸生。

敏亭遗草　集部别集类　佚

见《江苏诗征》卷100,收其诗3首。

袁宁邦

字惟民,号适斋。清吴江人。诸生。性嗜酒,襟怀潇洒,谈笑生风,每出一言,四座解颐。

适斋诗抄　集部别集类　佚

见嘉庆《同里志》卷22。《江苏诗征》卷29收其诗1首。

袁定海

字静洲,号澹闾。清吴江人。宁邦弟。国学生。幼多疾。弃举子业。性好诗,晚居虎丘。

澹闾诗抄　集部别集类　佚

见嘉庆《同里志》卷14。

王　枚

字莼墟。清吴江人。

归乡吟草　集部别集类　佚

见《松陵诗征续编》卷2,收其诗2首。

朱　坤

字载平。清吴江人。家贫,教授不足自给,卖字以补家用。袁枚采其诗入《随园诗话》。

琴思集　集部别集类　佚

见《松陵诗征续编》卷3,收其诗1首。

陆廷聘

字三之,号莘夫。清吴江同里人。国学生。工画梅竹,多为题咏,艺苑珍之。

红蕉山房印存　子部艺术类　佚

见吴国良《吴江书画印人辑录》。

孙师孟

字征岩，号云峰。清吴江人。监生。从沈祖惠游，深器重之。

春晖阁诗抄　集部别集类　佚

见光绪《平望续志》卷11。《松陵诗征续编》卷5收其诗1首。

陆　俊

字智千，又字皆千，一字不然，号猗竹，晚号鹤癯道人。清吴江平望人。国子生。懂医理。治垂毙之症有活者。作诗文不存稿。初从张栋学画，久厌弃。喜作字画及诗文，不假思索，授笔立就。长洲顾元熙、吴李福评其文谓原本庄列而以韩苏之机格出之，如宋元之杨万里、杨维祯之匹。其书法似赵董。年40余忽得瘫疾。年53卒。

文乐堂墨刻2卷　子部艺术类　佚

题画诗2卷　集部总集类　佚

以上2种见道光《平望志》卷8。《松陵诗征续编》卷5收其诗2首。

按:《题画诗》乃陆俊与徐锦、翁广平同撰，《吴江文献保存会书目》卷4作1卷。

骈拇剩墨不分卷　集部别集类

清嘉庆十五年(1810)课虚斋刻本，上海图书馆藏。

武林游草1卷　集部别集类

抄本，见《磨剑室文三集》之《磨剑室钞存乡先辈已刊未刊稿本题记》。

鹤癯近稿1卷　集部别集类

稿本，见《养余斋松陵书目》卷4。

鹤瘫道人集　集部别集类　佚

见《松陵人物汇编》卷10。

梅士型

字叔醇，号石川。清吴江人。诸生。性介如石，闭户寡交，惟以诗古文自娱。

石川杂咏　集部别集类　佚

见《江苏诗征》卷22，收其诗1首。

费廷珍

字芳五。清震泽人。乾隆年间任秦州知州，创立汉阳书院。以山东青州知府终。

（乾隆）直隶秦州新志12卷首1卷末1卷　史部地理类

清费廷珍修　胡釴等纂

清乾隆二十九年（1764）刻本，上海图书馆藏。

周兆元

字子春。清吴江人。南宫子。善诗文。

砚耘诗草　集部别集类　佚

见嘉庆《同里志》卷22。

浦　熙

清吴江同里人。

杏村诗草　集部别集类　佚

见嘉庆《同里志》卷22。

王元文(1732—1788)

字睪曾，自号北溪。清吴江人。居黄溪。乾隆三十六年（1771）恩贡生。沈祖惠弟子，尝从钱新学。与震泽钱大培、陆燿友善，以文相切磋。后迁震泽之梅堰。

小学言行录　子部儒学类　佚

见同治《苏州府志》卷138。

北溪家训摘录1卷　子部儒学类

清嘉庆二十二年(1817)随喜斋刻本，上海图书馆藏。

北溪文集2卷　集部别集类

清乾隆五十三年刻本，华东师范大学图书馆藏。

北溪诗集20卷文集2卷附录1卷　集部别集类

(1) 清嘉庆十七年随善斋刻本，上海图书馆等藏。

(2)《清代诗文集汇编》本。

按：诗集20卷分《莺湖集》《竹溪集》《断吟集》《篷窗集》《历下集》《益都集》《沂水集》《南旋集》《往来集》《乐群集》《城西集》。

先生小题文敬业编不分卷　集部总集类

清乾隆四十九年刻本，海宁市图书馆藏。

按：清徐乔林《先师王北溪先生暨元配周孺人继配沈孺人合葬墓志铭》云："选先正及国朝小题文《敬业编》坊刻以行，又选《古文精宏集》《古事录》《唐诗路》，欧阳公、陆放翁、元遗山诗钞，皆有成书。"

徐　爔(1732—1807)

字鼎和，号榆村，又号种缘，别署种缘子、镜缘主人等。清吴江人。大椿次子。大椿奉召进京，爔从之，文成公阿桂与为布衣交。不屑为科举之学，以医名，然亦非医者之流。通音律，工于词曲。

蝶梦龛杂著　子部杂学类　佚

见民国抄《震泽县志续》卷10。

曲池花影诗钞　集部别集类　佚

见杜桂萍《戏曲家徐爔生平及创作新考》一文。

梦生草堂诗文集4卷　集部别集类　佚

见《松陵文录》卷 16。

镜光缘传奇 2 卷　集部词曲类

(1) 清乾隆四十三年(1778)梦生堂刻本,国家图书馆藏。

(2)《蝶梦龛词曲》本。

写心杂剧十八种 18 卷　集部词曲类

(1) 清乾隆五十四年梦生堂刻本,国家图书馆藏。

(2) 清抄本,国家图书馆藏。

按:剧分 18 种,皆一折短剧。作者以一生事迹分为 18 节,每节以一折记之。包括:游湖、述梦、醒镜、游梅遇仙、痴祝、虱谈、青楼济困、哭弟、湖山小隐、酬魂、祭牙、月夜谈禅、问卜、悼花、原情、七十寿言、覆墓、入山。《古典戏曲存目汇考》剧目与此同。傅惜华《清代杂剧全目》著录 16 种,剧目名称与此亦有不同。

蝶梦龛词曲　集部词曲类

清乾隆五十四年刻本,上海图书馆藏。

按:收录《镜光缘》传奇与《写心杂剧》18 种,共 6 册。

按:《徐灵胎研究文集》中吴国撰《徐灵胎世系及其相关问题考证》一文载其另著有《双环记填词》2 卷、《道情》1 卷、《禅医问答》1 卷,今未见。《镜光缘》自序又载其著有《联芳楼》,今未见。

钱　蕙

字凝香。清吴县人。珍南女,徐爔妻。

兰余小草　集部别集类　佚

见同治《苏州府志》卷 139。《江苏诗征》卷 166 收其诗 2 首。

李秋蓉

清吴江人。性聪慧。工诗。旧家门第流落烟花,为徐爔宠姬。

浣尘草　集部别集类　佚

见《松陵女子诗征》卷 10。

按：徐爔《镜光缘》传奇前有余集序，云："李秋蓉，吴人，幼孤，寄居尼庵，性慧，通诗书。及笄，有殊色，尼乃鬻之妓家。徐往访，悯其遇，将为赎身。他客从中梗阻，蜚语中徐，示将甘心焉。会有潘某者，高姬志，赎之北游以俟徐。徐至则姬已殁。徐乃谱《镜光缘》传奇以志其哀。"

孙　源

清吴江人。

鉴堂诗稿　集部别集类　佚

北游草　集部别集类　佚

以上 2 种见《儒林六都志》卷下著作。

沈　栾

字馥佩，号醒庵。清吴江人。大本父。县学生。少孤，家道中落，惟残编数卷聊以娱情。

杏照楼诗草　集部别集类　佚

见《垂虹诗剩》卷 8。

程汝明

字玉栗，号润庵。清吴江人。维屏孙。府学生。为诗格正、气清、音和、词雅。

醉六堂诗稿　集部别集类　佚

见《松陵人物汇编》卷 8。

程钟英

字秀伦，号晴岩。清吴江人。汝明弟。国学生。

也吟诗稿　集部别集类　佚

见《松陵人物汇编》卷 8。

王 堡

字连城，号素亭。清吴江人。少孤，为世父抚养，弱冠补诸生。乾隆二十一年(1756)举人。从海盐吴懋政游，工制举义，刊落浮华，一归雅正。淮南太史阮学浚称其文有慕庐先生风格。卒年33。以嗣出子锟贵，赠奉政大夫。

素亭文集　集部别集类　佚

见嘉庆《同里志》卷22。《江苏诗征》卷52收其诗1首。

沈梦祥

后改姓司马。字南耘，号朴堂。清吴江大谢圩人。乾隆二十一年(1756)举人。选安徽灵璧县训导。先是主讲直隶南皮书院。梦祥悉心训迪，遂多有登科甲者。诗清真雅淡，不染纤缛。

朴堂诗文存稿　集部别集类　佚

见同治《盛湖志》卷12。《松陵诗征续编》卷2收其诗1首。

徐作梅

字用和，号渔材，又号鲈乡。清吴江人。乾隆二十一年(1756)顺天举人。方略馆校录。授陕西洋县知县。丁忧服阕补盩厔县。以病告归卒。性孝友，工书法。厘定西安诸碑，校正唐石经为之考，艺林称之。

平定金川凯歌1卷厘定西安府学碑洞记1卷西安府学碑洞唐石经考1卷　史部杂史类

清乾隆四十二年刻本，上海图书馆藏。

劲香窝诗抄4卷　集部别集类

清嘉庆十二年(1807)存拙堂刻本，上海图书馆藏。

徐作梅诗集不分卷　集部别集类

抄本，中国科学院图书馆藏。

仙游潭分韵诗1卷追和东坡原韵1卷　集部总集类

清劲香窝刻本，上海图书馆藏。

秦 彬

字衷皇，又字中皇，号筠亭。清震泽韭溪人。乾隆二十一年(1756)府学贡生。性孝友，好敦人伦，人有家事不睦者必弥缝匡救以全骨肉。与杨大琛、江筠为莫逆。工诗文。精怀素草书，飞舞苍劲，晚更入神，为大学士傅恩所赏。

诗经纂注　经部诗经类　佚

八行录　子部儒学类　佚

以上2种见道光《平望志》卷8。

草书备考4卷　子部艺术类

(1) 稿本，中山大学图书馆藏。

(2) 清刻本，上海图书馆藏。

(3)《清代稿本百种汇刊》本。

事物别名汇纂32卷　子部典故类　佚

巴人诗集6卷　集部别集类　佚

以上2种见民国抄《震泽县志续》卷10。

吴芝光

原名珠光，字魏珍，号蕙畛。清吴江人。乾隆二十一年(1756)举人。

课余漫录　子部杂学类　佚

见同治《苏州府志》卷138。

曹 岩

本姓吴。字怀峰，号桐村。清吴江人。镤九世孙。乾隆二十二年(1757)乌程籍举人。授刑部主事，晋郎中。三十年贵州典试副考官，兼翰林院编修，督学山西。

律表　史部政书类　佚

使游草　集部别集类　佚

碧梧山馆诗集　集部别集类　佚

以上3种见《南浔镇志》第七篇。

灌园近稿　集部别集类　佚

见同治《苏州府志》卷138。《松陵诗征续编》卷2收其诗1首。

李赵龙

字孟起，号荻桥。清吴江人。澄子。乾隆二十五年(1760)举人，授广西柳城知县。

横塘杂咏　集部别集类　佚

津门杂咏　集部别集类　佚

粤游诗草　集部别集类　佚

以上3种见《松陵人物汇编》卷8。

周　璐

字公路，号小濂。清吴江人。少颖悟勤学，从曹森游。乾隆二十六年(1761)取入江庠。

小濂诗稿　集部别集类　佚

见《松陵人物汇编》卷9。

吴山秀

字宸求，一字人虬，号晚青。清吴江人。乾隆二十七年(1762)岁贡生。善山水及写生，工诗文。读书敦行，不涉时习。

拟王之臣与其友绝交书1卷　史部传记类

《香艳丛书》本。

小梅花庵诗集　集部别集类　佚

见《儒林六都志》卷下著述。《松陵诗征续编》卷2收其诗1首。

按：民国抄《震泽县志续》卷10作《晚青诗抄》。

时贤散体文1卷　集部总集类

清小梅花庵手抄本，嘉善县图书馆藏。

沈培成

字夔九，号慕莲。清吴江人。少攻举业，乾隆三十二年（1767）取入江庠。工画，雪竹尤称于时。

吟余书屋诗草　集部别集类　佚

见《垂虹诗剩》卷8。

姚大谟

字扆周，一字赞言。清吴江人。乾隆三十四年（1769）取入震庠。

南枝小草　集部别集类　佚

见同治《苏州府志》卷138。

李大翰

字冠翼。清吴江人。璜长子。少随父在粤佐理幕务，凡所擘画皆当可。由太学授刑部直隶司员外郎。办案详慎，为大学士英廉所器重，旋差赴乌鲁木齐及豫楚等处。擢湖北汉阳知府，将之郡，猝病卒于麻城。轻财好客，雅爱吟咏。

云庄诗抄　集部别集类　佚

轮台使草　集部别集类　佚

以上2种见同治《苏州府志》卷138。

唐在洽

字可群，号载嘉。清吴江人。永龄曾孙。教谕。怀才不遇，咯血而卒。

可群诗钞　集部别集类　佚

见《松陵诗征续编》卷6，收其诗1首。

孙仲英

号春江。清吴江人。诗清雅无俗氛。

映雪居遗稿　集部别集类　佚

见《垂虹诗剩》卷2。

秦玉田

字湘英，号连城，一号借山。清吴江人。县学生。

借山集　集部别集类　佚

见《松陵人物汇编》卷10。

赵鸿藻

字诗涛，号又雪。清吴江人。赵王佐孙。乾隆三十五年(1770)取入震庠。与沈大本交。

寓闲草　集部别集类　佚

见《松陵人物汇编》卷10。

周　南

字敬一，号静轩。清吴江人。乾隆三十五年(1770)入府学。早岁喜为诗，奉黄周星为圭臬，既而宗法沈德潜，晚尤醉心于黄子云。尝与沈大本相习。

静轩诗稿2卷　集部别集类　佚

见同治《苏州府志》卷138。

城南三子诗　集部总集类　佚

清周南、沈大本、薛梦柳撰

见《松陵人物汇编》卷10。

赵　塘

字南叔，号雨屏。清吴江人。培弟。乾隆三十八年(1773)取入江庠。长于诗。体弱善病。年32卒。

玉遮山人诗稿　集部别集类　佚

见道光《黄溪志》卷6。

雨屏小稿　集部别集类　佚

见《吴江赵氏诗存》卷11。

陈尊源

字芳宇，号桂坡。清吴江人。郡诸生。工诗词古文，洋洋洒洒援笔立就。中年游幕诸当道，咸以为重。归主学舍讲席30余年。曾与计瑸等同结诗社于读书乐园。卒年85。

浪游小草　集部别集类　佚

切斋词稿　集部别集类　佚

以上2种见同治《盛湖志》卷12。

桂坡剩稿　集部别集类　佚

见《松陵人物汇编》卷9。

赵宗范(1733—1778)

字蕴韬，号�涛，一作允弢，又号香梦。清吴江人。乾隆二十年(1755)取入江庠。壮岁幕游岭南。

抱膝吟　集部别集类　佚

岭南游草1卷　集部别集类　佚

以上2种见《吴江赵氏诗存》卷12。

王曾翼(1733—1794)

字敬之，号芍坡。清吴江同里人。乾隆二十五年(1760)进士。授户部福建司主事。历陕西道御史，擢甘肃甘凉兵备道，旋调入省督军需局，以监粮出给事落职，起补平凉盐茶同知，擢巩昌知府，迁西宁道，旋调兰州。赋性谦和，然遇军国大计能知原委。在甘省18年，两值军兴，常身兼数职，以才干为李福等所倚重。尝于役哈密叶尔羌，日行戈壁间，奔走二万里，须发顿白。卒于官。

回疆杂咏1卷　史部地理类

（1）《昭代丛书》本。

（2）《丛书集成续编》本。

回疆杂记1卷　史部地理类

《小方壶斋舆地丛钞》本。

居易堂诗集5卷　集部别集类

（1）清乾隆间王祖武刻本，复旦大学图书馆藏。

（2）《续修四库全书》本。

秦守诚(1733—1796)

字千之，号二松。清震泽韭溪人。景昌子。于书无不窥，惟不喜时文。精究医术，访名师，求秘籍，20年学大成，道亦大行。治病必先贫而后富，先乡里宗族而后出远。

湿温萃语　子部医家类　佚

针砭证源　子部医家类　佚

内经度蒙　子部医家类　佚

嘉礼堂诗文集　集部别集类　佚

以上4种见光绪《平望续志》卷11。《松陵诗征续编》卷8收其诗1首。

叶宜雅(1733—1798)

字执闻，号云岫，又号补亭。清吴江人。乾隆二十八年(1763)取入江庠。附贡生，候选训导。

补亭草　集部别集类　佚

见《吴江叶氏诗录》卷4。

赵振业(1733—1805)

字开宗，一字开基，号晚江，又号虚白。清吴江人。乾隆三十九年(1774)举人。授石埭教谕。治经长《春秋》。

学易编　经部易类　佚

太平经世略　经部周礼类　佚

以上2种见《松陵人物汇编》卷8。

读左咫见　经部春秋左传类　佚

三传匡谬　经部春秋总义类　佚

以上2种见光绪《吴江县续志》卷33。

未学草　集部别集类　佚

见同治《苏州府志》卷138。《松陵诗征续编》卷3收其诗1首。

沈宸锡

字听槐。清吴江人。少喜诗，名与蒋业晋等。初宗孤峭，后归平易。

敬堂诗选　集部别集类

见《吴郡甫里人物考》卷13。

沈　椿

字承茂。清吴江人。乐从弟。乾隆三十二年(1767)取入江庠。少随父之江西，又客京师，多游览之作，诗仿晚唐。善谈论，至老豪兴不衰。

竹瘦山房诗抄4卷　集部别集类

清乾隆五十九年刻本，中国社会科学院文学研究所藏。

陈　瑚(1734—1767)

字华夫，号玉门。清吴江人。元文兄。诸生。好为诗。

鸣平集13卷　集部别集类

抄本，存3卷，见《磨剑室文三集》之《磨剑室钞存乡先辈已刊未刊稿本题记》。

按：嘉庆《黎里志》卷16有清沈德潜《鸣平集序》。

钱　珂

字撷芳。清吴江人。之青女，大培妹。幼聪慧，好读书，最爱《通鉴》及汉魏人诗。年13作立春诗，词轻意永。年16卒。

撷芳草　集部别集类　佚

见《江苏诗征》卷166，收其诗1首。

陈汝雨

字谷士，号谷墅。清吴江人。候选布政司理问。

云映堂诗抄4卷　集部别集类　佚

见同治《苏州府志》卷138。《松陵诗征续编》卷2收其诗2首。

实　含

字覆千，号幻游。清吴江僧，震泽吴氏子。脱白于长洲菩提庵，乾隆二十三年(1758)陪沈德潜等游虎丘玉兰院。二十九年春主怡贤禅院。

渔庄近稿　集部别集类　佚

见清顾宗泰编《停云集》方外一，收其诗4首。

李大晋

字锡蕃。清吴江人。秀水籍国学生。乾隆四十年(1775)授福建候补布政司经历，借补福州府古田县丞，历署漳州同知，侯官、龙溪知县。
慰悼编不分卷　史部传记类

稿本，上海图书馆藏。

按：稿本时代为清嘉庆十年(1805)。

李大恒

字南有，号芬谷。清吴江黎里人。大翰弟。秀水籍国学生，官刑部主事。

铁岩小草　集部别集类

抄本，上海图书馆藏。

按：见《柳亚子史料札记》之《上图"吴江柳氏抄本"部分书目》。

吴钟侨(1734—1773)

字惠叔，号荔香。清震泽人。至慎子。弱冠游京师，入太学，受业纪昀之门。敦行好学，能文章兼工书法。乾隆二十一年(1756)举人。历知四川之西充、东乡、峨眉、邻水四县。后授营山知县。卒年40。

川滇行程记1卷　史部传记类

1920年吴江柳氏抄本，上海图书馆藏。

荔香诗草1卷　集部别集类

以上2种有《严六堂剩墨》本。

按：《川滇行程记》记载乾隆三十三年吴钟侨参佐川北西充戎幕，值缅滇用兵，奉委采办马匹。十二月初出发，出成都至云南验收马匹，途值历史古迹，亦加绘述考证。

吴钟俊

号卓群。清震泽人。钟侨弟。

蜀旋日记1卷　史部传记类

《严六堂剩墨》本。

郭元灏(1734—1786)

字晋亭,一字清源,号少山,又号海粟居士。清吴江人。县学生。幼颖异,喜读书,年22补博士弟子员。能为诗古文词,旁及百氏之学。善鼓琴,调弦雅歌,往往有激楚之音。从陆燿游,最得称赏。屡试不售。

深柳读书堂诗稿1卷词稿1卷　集部别集类

抄本,见《磨剑室文三集》之《磨剑室钞存乡先辈已刊未刊稿本题记》。

按:柳亚子云:"海粟居士《沈柳读书堂诗词稿》一帙,为吴柯亭旧藏,后流转入陈梦琴家,余从梦琴后人祥叔丈假归,手录一通,于是天壤间此集始有二本矣。"今未见。

翁纯礼

字嘉会,号素风。清吴江人。补县学生。肆力于诗古文。尝受业于沈祖惠、陆厥成、王鸣盛门,故所著悉有可观。明于医理,熟读历代良医之书。

平望志　史部地理类　佚

医学金针　子部医家类　佚

以上2种见道光《平望志》卷8。《松陵诗征续编》卷1收其诗1首。

爱古堂诗集2卷　集部别集类

《翁氏丛钞》本。

按:《翁氏丛钞》9卷,上海图书馆藏吴江柳氏抄本。民国莺湖翁□辑。其总目为:《爱古堂诗集》2卷、《听莺居文钞》2卷、《翁布衣诗录》2卷、《小蓬海遗诗》1卷、《晚翠楼诗草》1卷、《小苏斋文稿》1卷、《小苏斋随笔》1卷。

郁圯传

字受书，号石公。清吴江芦墟人。吴邑侄。英敏多才，工诗及画。

石公吟稿　集部别集类　佚

见《分湖小识》卷3。

周　镃

字雨畴，号云峰。清吴江人。

紫荆书屋诗稿　集部别集类　佚

见《松陵人物汇编》卷10。

顾德本

字禹封，号卧冈。清吴江人。大本兄。国学生。善写兰。

也园诗钞　集部别集类　佚

见《松陵人物汇编》卷11。

顾大本

字得中，号镜溪。清吴江人。自少读书，困于小试，遂弃帖括，以著述自娱。宅旁治小园，命其斋曰传晓处，暇则饮酒赋诗其中。

重文类纂　经部小学类　佚

增订竹谱　子部艺术类　佚

镜溪外集　集部别集类　佚

以上3种见《分湖小识》卷5。

赵春霖

字霈沾，号京少。清吴江人。士光子。国学生。卒年64。

晋游草　集部别集类　佚

西泠前后游草　集部别集类　佚

历游见闻录　集部别集类　佚

以上3种见《吴江赵氏诗存》卷12。

仲一飞

字鹤年，号竹坡。清吴江人。周霈族孙，贻煐族弟。诸生。为文才气浩瀚，诗饶晚唐风韵。客游于闽，不数年归，仍授徒以老。

红芍山房吟稿3卷　集部别集类　佚

闽游草1卷　集部别集类　佚

以上2种见同治《苏州府志》卷138。《松陵诗征续编》卷2收其诗1首。

沈念祖

字址厚。清吴江人。少事举业，后从缪遵义学医。

寄闲草　集部别集类　佚

见同治《苏州府志》卷138。

朱尔澄

字春池，号振子。清吴江人。国学生。

西窗集1卷　集部别集类

清乾隆刻本，上海图书馆藏。

唐在简

字裕青，号竹书。清吴江人。宝霞子。力学自好，处穷约，一介不妄取。工书法。晚年右手痺，左手犹能作狂草。喜为诗。与仁和布衣陶磐友善，馆吴门时多倡和诗。为唐仲冕所知，厚币聘之，辞以疾，终其身未尝往见，授徒里中以老。

小摩集　集部别集类　佚

竹书偶存草　集部别集类　佚

以上2种见同治《苏州府志》卷138。《松陵诗征续编》卷6收其诗2首。

陈宿文(1735—1778)

字景垣,号怡云,又号海士。清吴江人。国学生。两游燕豫。又因采铜至日本长崎岛,居年余归。

西江游草　集部别集类

见苏州图书馆藏稿本《续松陵诗》。

东游日抄　集部别集类　佚

见《江苏诗征》卷27,收其诗1首。

怡云草堂诗存　集部别集类　佚

见《松陵人物汇编》卷9。

王朝栋(1735—?)

字儒良,一作时亮,号槐轩。清吴江人。嘉庆九年(1804)副贡,时年70。

槐轩诗集8卷　集部别集类　佚

见同治《苏州府志》卷138。《松陵诗征续编》卷7收其诗1首。

陆廷楷(1735—?)

字宝传,号澹斋。清震泽梅堰人。乾隆三十二年(1767)取入震庠。工诗。卒年70余。

澹斋诗钞6卷首1卷　集部别集类

清嘉庆二十三年(1818)苏啸堂刻本,南京图书馆藏。

按:同治《苏州府志》卷138既著录陆廷楷《澹斋诗钞》,又著录陈廷楷《澹斋诗钞》,疑即同一人,故"陈廷楷"不另出。

笔捶琴图题咏1卷　集部总集类

清陆廷楷辑

新写本,见《养余斋松陵书目》卷4。

徐　熼(1736—1760)

号星灿。清吴江人。大椿三子。府学增广生。

易经系辞说2卷　经部易类　佚

晴川楼诗4卷　集部别集类　佚

以上2种见道光《吴江县志续稿》卷11。

金学诗(1736—1809)

字韵言,号莼香,又号二雅,晚号梦余道人。清吴江人。士松弟,沈德潜弟子。乾隆二十七年(1762)顺天举人。任国子监助教,充四库馆分校。时士松方贵显,而学诗不乐仕进,历主沈阳、青山、仪征、笠泽书院。纵游西北东南诸山水,雅意著述。其诗气体华赡,中年后专尚性灵,有萧旷自得之趣。

四书卮言5卷　经部四书类

(1) 清乾隆六十年播琴堂刻本,上海图书馆藏。

(2) 清抄本,存3卷,浙江图书馆藏。

梦余道人自订年谱1卷　史部传记类

清乾隆六十年刻本,浙江图书馆藏。

吴江金氏家谱6卷　史部传记类

清嘉庆三年(1798)刻二十一年补修本,美国哈佛燕京图书馆藏。

历代年号谱6卷　史部编年类

清嘉庆三年刻本,上海图书馆藏。

无所用心斋琐语4卷　子部杂学类

(1) 清乾隆六十年播琴堂刻本,上海图书馆藏。

(2) 清嘉庆刻本,上海图书馆藏。

(3) 2016年学苑出版社出版《稀见清代四部辑刊》本。

砭俗刍言　子部儒学类　佚

见同治《苏州府志》卷 138。

牧猪闲话 1 卷　子部艺术类

(1)《昭代丛书》本。

(2)《丛书集成续编》本。

播琴堂诗集 12 卷文集 6 卷附壤赓集 1 卷　集部别集类

(1) 清乾隆六十年刻本，浙江图书馆等藏。

(2)《清代诗文集汇编》本。

汝　璞

字太璞，号怡云。清吴江黎里人。祖望父。有孝行。与震泽潘鹤、同里陈士琳、徐蟾、汝承淇辈交，工诗画。

心远庐诗抄　集部别集类　佚

见同治《苏州府志》卷 138。《江苏诗征》卷 101 收其诗 2 首。

太璞遗诗存 4 卷　集部别集类

抄本，见《磨剑室文三集》之《磨剑室钞存乡先辈已刊未刊稿本题记》。

凌云鹤

字得阶，号吟香。清吴江人。袁枚称其诗清扬而远闻。

绿萝山房诗草 8 卷　集部别集类　佚

见同治《苏州府志》卷 138。《松陵诗征续编》卷 3 收其诗 2 首。

吟香阁诗　集部别集类　佚

见《松陵人物汇编》卷 10。

程　瑶

字朝章。清吴江人。乾隆三十年(1765)举人。性谦谨和介，不屑随俗波靡。不应会试，授徒以老。

玉舟诗稿　集部别集类　佚

见同治《盛湖志》卷 12。

陈阶琪(1739—1777)

字毓青,号吟香,又号闾峰。清吴江人。大谟长子。乾隆三十三年(1768)副贡。试用教谕。

闾峰诗抄 4 卷　集部别集类　佚

见同治《苏州府志》卷 138。《松陵诗征续编》卷 2 收其诗 1 首。

吟香集　集部别集类　佚

见稿本《吴江叶氏诗录外编》卷 4。

爱日楼文稿　集部别集类　佚

见《颍川陈氏近谱》之《世系表》卷上。

陈元文(1739—1787)

字天求,号简亭。清吴江人。瑚弟。幼颖异,好读书。稍长,工诗赋文章。乾隆三十八年(1773)任四库馆誊录,官江西州同知。卒于官。

古香书屋文抄　集部别集类　佚

粤游草　集部别集类　佚

出塞集　集部别集类　佚

以上 3 种见同治《苏州府志》卷 138。

简亭诗抄 8 卷　集部别集类

(1) 稿本,见《养余斋松陵书目》卷 4。

(2) 清抄本,作《简亭诗草》4 卷,南京图书馆藏。

(3) 民国柳氏抄本,上海图书馆藏。

按:见《柳亚子史料札记》之《上图"吴江柳氏抄本"部分书目》。

陈庭学(1739—1803)

字景鱼,号莼溪。清吴江人。乾隆三十一年(1766)进士。官至甘肃盐驿道。以失察罢官,发往新疆效力,寻放归。朱珪《知足斋文集》卷

5有其墓志铭。

蛾述集16卷　集部别集类

清陈庭学辑

清嘉庆二十年(1815)六君子斋刻本,上海图书馆藏。

按:本书前有嘉庆翁方纲、王念孙序。

塞垣吟草4卷东归途咏1卷　集部别集类

(1) 清嘉庆十年刻本,上海图书馆藏。

(2)《清代诗文集汇编》本。

周孝均(1739—1825)

字叔雅,号谷芬。清吴江谢天港人。元熙子。嘉庆十五年(1810)举人。明年会试后赐国子监学正。师事同邑沈祖惠、曹森。博通经学,六经各有疏解,教授乡里,门下士多所造就。

夏小正偶疏　经部大戴礼记类　佚

四书阐　经部四书类　佚

世经堂日抄　子部儒学类　佚

逊敏堂集　集部别集类　佚

以上4种见同治《盛湖志》卷12。《松陵诗征续编》卷9收其诗1首。

沈宗德(1740—1803)

字翊为,号庚亭。清吴江人。与子钦霖同举于乡。乾隆四十一年(1776)作《浚湖行》,述河工困民。历署靖江、上海教谕。

勤补书庄诗抄1卷　集部别集类

清同治六年(1867)刻本,苏州图书馆藏。

按:附沈钦复撰《西山诗钞》1卷、沈钦霖《织帘居士诗钞》1卷。

丁云锦(1740—1819)

字组裳,号琴泉。清吴江吉水港人。乾隆三十四年(1769)进士。授工部主事,累迁至礼科给事中。五十八年授湖南永州府知府。忧归起补施南,调武昌。嘉庆九年(1804)有蒲圻武举为乱,文报不通。云锦潜由嘉鱼上流小径,直趋蒲圻诱缚贼首,余党遂散。后罢归,年80卒于家。

粤东游草　集部别集类　佚

楚游集　集部别集类　佚

九愚诗余　集部别集类　佚

自怡集2卷　集部别集类　佚

楚江诗余　集部词曲类　佚

以上5种见同治《苏州府志》卷138。《松陵诗征续编》卷2收其诗3首。

沈培玉(1740—?)

字季芳,一作继芳,号谢庭,又号藕庄。清吴江人。斯盛子。性沉静而谈谐隽永,绝异时俗。

息吹草　集部别集类　佚

见《松陵人物汇编》卷10。

沈培元

清吴江梅堰人。以诸生训蒙。取历代形象言尽读之,遂有所悟。

堪舆解惑论　子部术数类　佚

见《江震人物志初稿》。

李会丰

字颂年,号米山。清吴江人。重华孙。国学生。为诗才气雄杰。

小海岳诗抄　集部别集类　佚

见同治《苏州府志》卷 138。

徐　赋

字凌云，号蘅香。清吴江六里舍人。履中父。乾隆四十二年(1777)拔贡，廷试一等。充四库全书馆誊录官。期满议叙授清河县教谕。少从里中沈祖惠学，诗文颇淹雅，工小楷。并工画墨兰，间作山水。后游刘墉、周煌、谢墉文幕，并相器重。校课严明，手定时文名《敬业编》，谢墉序之。年 67 卒于官。

蘅香剩稿　集部别集类　佚

见道光《平望志》卷 8。

庄　斗

字春蕃。清吴江人。乾隆四十三年(1778)取入震庠。

兴民解 1 卷　史部地理类　佚

不朽录　子部儒学类　佚

文山诗文集　集部别集类　佚

以上 3 种见同治《苏州府志》卷 138。

朱钟秀

字鸿声，一作宏升，号雪圃。清吴江人。乾隆四十四年(1779)岁贡生。工诗文，豪于饮，谈谐倾座。年逾 80 而终。

雪圃吟草　集部别集类　佚

见《垂虹识小录》卷 6。

翁纯仁

字体元，号晴川。清吴江人。补县学生。应乡试，屡荐不售，乃绝意科场，下帷教授。年 75 卒。

晴川遗稿　集部别集类　佚

见道光《平望志》卷11。

姚栖霞

清吴江人。岱女。幼聪颖,能辨四声。十龄即解赋诗。年17卒。

剪愁吟1卷　集部别集类

(1) 清乾隆五十七年(1792)朱文琥抄本,清陈寿熊跋,上海图书馆藏。

(2) 清道光元年(1821)刻本,国家图书馆藏。

张国泰

字邦宁,号壶溪。清吴江人。世居葫芦兜,迁八坼,有园亭花木之胜。精医术,工诗。

壶溪吟稿　集部别集类　佚

见《松陵人物汇编》卷10。

陆　绶

字光廷,号紫珊。清吴江人。燿长子。工楷书,充四库馆誊录。年21卒。

紫珊遗稿1卷　集部别集类

抄本,见《磨剑室文三集》之《磨剑室钞存乡先辈已刊未刊稿本题记》,今未见。

陆　纲

字尚之,号华仓。清吴江人。燿子。湖南候补县丞。

华仓偶吟　集部别集类　佚

见柳亚子《分湖诗抄》卷1。

周宫桂

字云蟾,号丹华。清吴江人。振业曾孙。自幼家贫,以亲老废举业,专攻申韩之学。历受诸大府聘,八闽两粤足迹几遍,而于皖省为最久。

寿南堂稿　集部别集类　佚

见同治《盛湖志》卷12。

云蟾居诗抄　集部别集类　佚

见《松陵诗征续编》卷10,收其诗1首。

程以均

字节若。清吴江人。兰言子。读书上口即能背诵。性爱莲。得咯血疾,年22卒。

芙蕖小谱1卷　子部农家类　佚

程以均遗诗1卷　集部别集类　佚

以上2种见道光《平望志》卷11。

黄以正

号小槎。清吴江人。灿子。博学好古,工诗善隶。

松陵黄氏家谱4卷　史部传记类

清黄以正等纂修

清同治十一年(1872)抄本,上海图书馆藏。

吟红馆诗稿　集部别集类　佚

见《垂虹识小录》卷6。

吟红诗社唱和集6卷　集部总集类

清黄以正辑

1921年抄本,吴江图书馆藏。

徐浩然

字沧如，号澹泉。清吴江芦墟人。少攻举业，尤精字学。后入都补国子监生，屡试不售。时毕秋帆制军，聘为记室，书名益盛，遂弃举子业，惟以临池自娱。

涵雅书屋诗稿　集部别集类

见道光《分湖小识》卷5。

吕　英

字赓扬。清吴江黎里人。少有异质，遍览经史。为诗磅礴自喜，不屑受绳墨。旁及书画杂技，靡不究心。家贫以馆谷养亲。曾应粤西上思州知州汪鸣珂之招，未几汪氏卒于任。同时官粤者知英名，走书帛聘，悉却之。后入都，肄业国子监，应京兆试。居京师7年不得志归，自号湘渔，键户课子以终。

西菱杂著2卷　子部杂学类　佚

湘渔吟稿5卷　集部别集类　佚

以上2种见同治《苏州府志》卷138。《松陵诗征续编》卷4收其诗2首。

际　峻

字隐樵。清吴江殊胜寺北山房僧。能诗，工小楷。尝主湖州道场讲席。

隐樵偈余稿　集部别集类　佚

见道光《平望志》卷11。

谭　书

字二酉，号辰山。清震泽人。乾隆三十三年(1768)广东籍举人(后改归本籍)。授崇明县学教谕。崇明在海岛中，风俗皆异，郁郁不得志，乃谢病归。既而以贫故复就职一年，卒于官。工诗古文。

易经　经部易类　佚

易解　经部易类　佚

以上2种见嘉庆《黎里志》卷首“题咏姓氏考”。

临江阁集12卷　集部别集类

(1) 稿本，吉林省图书馆藏。

(2) 民国抄本，附补遗，北京大学图书馆藏。

按：道光《震泽镇志》卷11著录《鸡肋集》《海外集》2种。

陈兆牧

字觐岳，号春帆。清吴江同里人。毓升长子。乾隆五十五年(1790)岁贡生。能诗文。

语花居诗稿　集部别集类　佚

见嘉庆《同里志》卷22。

陈兆騋

字驾千，号谨庄。清吴江同里人。毓升次子。乾隆三十九年(1774)举人。选授宿松教谕，未任卒。

谨庄自订诗文集　集部别集类　佚

见嘉庆《同里志》卷22。

驾千遗墨　集部别集类

(1) 稿本，国家图书馆藏。

(2) 抄本，《清代诗文集珍本丛刊》本。

宋景龢

字兰城，又字蓝岑，号金庭。清吴江新杭里人。嘉庆三年(1798)岁贡生。署崇明、丹徒教谕。师事沈德潜。其论诗谓自汉魏至元明，当穷搜博讨，熔铸古今以成一家言。

曈浮山人诗1卷　集部别集类

(1) 清仲湘辑刻《留爪集》本。

(2) 稿本,台湾"中央图书馆"原藏。

闻川泛棹集4卷　集部总集类

(1) 清乾隆三十五年(1770)刻本,上海图书馆藏。

(2) 抄本,存卷1,上海图书馆藏。

戴素蟾

字月卿,一字柔斋,号魏塘内史。清嘉善人,吴江宋景龢室。工诗文,娴吟咏,亦能曲。

中馈要览6卷　集部总集类　佚

彤管汇编　集部总集类　佚

以上2种见同治《盛湖志》卷12。

清风泾杂咏　集部总集类　佚

见《续修枫泾小志》卷8。

续闻川棹歌　集部总集类　佚

见《历代妇女著作考》卷20。

闵　氏(1741—1799)

清乌程人。廷枢女,周适士室。

秋佩楼诗钞　集部别集类　佚

见《松陵女子诗征》卷10。

吴中奇(1741—1800)

字安行,号瘦夫。清吴江人。负才而贫。性尤奇傲。与王豫善,而避不见王鸣盛、吴德旋等。为诗笔壮若逸虬,词藻又如春葩,嫣然欲绝,不类其为人。

鸿爪山房诗抄　集部别集类　佚

见光绪《吴江县续志》卷37。《江苏诗征》卷15收其诗12首。

任凤纶(1741—1801)

字国华，号丹峰。清吴江人。邑诸生。有文名。屡入秋闱，荐而不售。遘厉疾卒。

丹峰制艺　集部别集类　佚

丹峰诗文集　集部别集类　佚

以上2种见嘉庆《同里志》卷22。

王祖琪(1741—?)

字久望，号谷真。清吴江人。曾垂子。太学生。善篆书，铁笔法文彭。

谷真遗稿　集部别集类　佚

见嘉庆《同里志》卷22。《江苏诗征》卷53收其诗1首。

周适士(1742—1768)

字步南，号容斋。清吴江人。监生。不苟言笑，困顿场屋，抑塞以终。工小赋，有才名。

秋佩楼诗钞　集部别集类　佚

见周岐《周氏家乘》卷3。

陆泰增(1742—1829)

字巨瞻，号淡安。清吴江人。昌言长子。官广德学正。

苜蓿偶谈8卷　子部杂学类　佚

制艺诗赋4卷　集部别集类　佚

见清陆乃普辑《陆氏先德录》。

客窗偶吟1卷　集部别集类

淡安遗文1卷　集部别集类

以上2种有《陆氏传家集》本。

程瑶华

字蛾娥。清吴江人。兰言女，长洲诸生潘世萱妻。

绮霞阁绣余小草1卷 集部别集类

(1) 抄本，上海图书馆藏。

(2)《江南女性别集四编》本。

沈右垣(1743—1806)

字映衡，一字晴岚，号秋农。清吴江人。国子生。

秋农诗稿6卷 集部别集类

1925年抄本，吴江图书馆藏。

徐兆奎(1744—1781)

字友庚。清吴江黎里人。楠子。国子生。工诗。尝与里中朋好结诗社于禊湖书院，分题限韵，挥洒立成。

晴轩诗抄1卷 集部别集类

清道光二十九年(1849)刻本，苏州图书馆藏。

按:附徐鉴撰《徐兆奎行略》。

叶肇元(1744—1819)

字震伯，号竹岩。清吴江分湖人。昉升兄。乾隆四十一年(1776)取入江庠。工制义，远近推重。

分湖近谱 史部传记类 佚

见《吴江叶氏诗录》卷5。

吴士坚(1744—1820)

字中确，号少谷，又号二涪。清吴江人。乾隆三十九年(1774)遵例捐训导。巡抚杨魁檄委紫阳书院书局校勘，为院长彭启丰所赏。后选授沛、靖江、江阴县学训导。以母钱氏年高乞养归，母卒不复出。性嗜学，至老不倦。卒年77。

四部分部字考4卷　经部小学类　佚

见《垂虹识小录》卷3。

四书总字分韵类编　经部小学类　佚

列史蒙拾　史部杂史类　佚

汉书蠡说1卷　史部史评类　佚

以上3种见道光《平望志》卷8。

平望志16卷　史部地理类　佚

见同治《苏州府志》卷139。

课余随笔4卷　子部杂学类　佚

见《垂虹识小录》卷3。

塔影轩笔谈12卷　子部杂学类

清抄本，浙江图书馆藏。

按：署三十三山寓人吴士坚少谷纂。

秋笳集笺注　集部别集类　佚

见道光《平望志》卷8。

骥沙存稿1卷　集部别集类　佚

见《垂虹识小录》卷3。

东里一廛文集1卷　集部别集类

(1) 清吴复亨抄本，南京图书馆藏。

(2) 民国柳亚子抄本，上海图书馆藏。

东里一廛文集2卷诗集15卷　集部别集类

见同治《苏州府志》卷138。

学耨轩文集不分卷　集部别集类

抄本，中国社会科学院文学研究所藏。

按：本书文章按年代排列，自乾隆四十九年至嘉庆二十年(1815)，共52篇。

诗文四六　集部诗文评类　佚

见《垂虹识小录》卷3。《松陵诗征续编》卷3收其诗2首。

周一士(1745—1820)

字胜千，号绮麓。清吴江黎里人。监生，以孙兆桂官。和平简易，好扬人善。幼读书，屡试不售，遂绝意进取。

周氏家乘2卷首1卷　史部传记类

清嘉庆二十五年(1820)刻本，南开大学图书馆藏。

黄子真

字源父，号仙渔。清震泽人。好《易》《老》养生家言。慕武陵渔人黄道真入桃花源事，自号仙渔。

仙渔诗草　集部别集类　佚

诗长4卷　集部别集类　佚

以上2种见同治《苏州府志》卷138。《松陵诗征续编》卷1收其诗1首。

张以智

字幹之。清吴江人。乾隆四十四年(1779)取入震庠。道光十五年(1835)以子履句容县学教谕，貤赠修职郎。

帘谷诗草　集部别集类　佚

见同治《苏州府志》卷138。

管窥豹

字星海，号霞江。清吴江一镇地人。少习举子业。屡抑于有司，不得志，乃纵酒为乐。诗多体物之作，以自抒胸抱。其咏病蝶诗4首，清新婉丽，尤脍炙人口。年29卒。

霞江诗抄　集部别集类　佚

见道光《平望志》卷11。

张以纫

字兰斋。清吴江人。吴汝虞妻。

筱窗小咏　集部别集类　佚

见同治《苏州府志》卷138。

沈翼苍

字行健，号瀛键，一作瀛健，别号芒溪逸客。清吴江西濛港人。诸生。善书，尤精篆隶。诗亦清新。

绘风文抄　集部别集类　佚

芒溪诗草　集部别集类　佚

以上2种见《分湖小识》卷5。

袁　澄

字秋江。清吴江人。栋孙，益之子。

舒闷草1卷　集部别集类

稿本，见《磨剑室文三集》之《磨剑室钞存乡先辈已刊未刊稿本题记》。

袁志让

字遗安。清吴江人。益之子。幼秉夙慧，读书过目成诵。卒年仅15，诗文便已惊人。

怡庵诗稿1卷　集部别集类

抄本，见《磨剑室文三集》之《磨剑室钞存乡先辈已刊未刊稿本题记》。《江苏诗征》卷29收其诗1首。并选入《松陵诗征》中。

按：本书原作《伯父草稿》，今未见。

叶昉升(1747—1773)

字华川，号莲台。清吴江人。肇元弟。与同邑王元文、沈刚中订交。工诗，专学唐人。性灵不及族弟树枚，风骨远过之。卒年不满30。

文竹山房诗稿4卷　集部别集类

(1) 稿本，上海图书馆藏。

(2) 清刻本，上海图书馆藏。

(3) 抄本，6卷附录1卷，南京图书馆藏。

文竹山房集外诗1卷　集部别集类

文竹山房杂著1卷附诗话1卷尺牍1卷　集部别集类

以上2种见《养余斋松陵书目》卷4，今未见。

杨复吉(1747—1820)

字列欧，号笠鸥，别号慧楼。清吴江人。观吉弟。乾隆三十七年(1772)进士。吏部截取知县，年未及壮不谒选。嘉庆元年(1796)知县唐仲冕将举孝廉方正，固辞，一心著述。好楼居，足迹罕至户外。藏书万卷，手不停披，沿流讨源，寸心千古。尤熟于清代人古文说部，寓目殆遍。王鸣盛来主笠泽讲席，引为弟子。商榷古今，搜讨秘籍，相得益彰。有"独角麟一时罕见其匹"之誉。大江南北贤士大夫咸器重之，必过访以资考证，均乐与订金石交。

辽史拾遗补5卷　史部正史类

(1) 清道光元年(1821)钱塘汪氏振绮堂刻本，上海图书馆藏。

(2) 清光绪三年(1877)江苏书局重刻振绮堂本，上海图书馆藏。

(3)《广雅书局丛书》本。

(4)《丛书集成初编》本。

(5)《续修四库全书》本。

辽史拾遗续3卷　史部正史类

(1) 稿本，南京图书馆藏。

(2) 传抄本，5卷，存卷1、2，上海图书馆藏。

(3) 抄本，南京图书馆藏。

史余备考1卷　史部杂史类　佚

元稗类抄　史部杂史类　佚

以上2种见《垂虹识小录》卷3。

昭代丛书五编题跋不分卷　史部目录类

清杨复吉辑

清嘉庆二十三年刻本，上海图书馆藏。

燕窝谱　子部艺术类　佚

见《垂虹识小录》卷3。

梦阑琐笔1卷　子部杂学类

(1)《昭代丛书》本。

(2)《丛书集成续编》本。

按：光绪《吴江县续志》卷35作《梦阑琐笔》16卷《续笔》8卷。

艺苑碎珠　子部典故类　佚

虞初余志24卷补8卷　子部小说类　佚

以上2种见光绪《吴江县续志》卷35。

慧楼诗钞　集部别集类　佚

列欧文稿　集部别集类　佚

以上2种见同治《苏州府志》卷138。

诗文全集22卷诗余4卷　集部别集类　佚

见《松陵人物汇编》卷10。

国朝七家乐府　集部总集类　佚

天崇文阐　集部总集类　佚

律赋丽则　集部总集类　佚

以3种见《垂虹识小录》卷3。

元文选30卷　集部总集类　佚

见光绪《吴江县续志》卷37。

昭代丛书新编50种续编50种广编50种埤编50种别编50种　丛书类

清杨复吉辑

稿本,中国科学院图书馆藏。

昭代丛书　丛书类

清张潮、张渐辑　杨复吉、沈楙德续辑

(1) 清道光十三年吴江沈氏世楷堂刻本,南京图书馆等藏。

(2) 1990年上海古籍出版社影印本。

(3) 2016年广陵书社影印本。

按:本书所辑之书均为清人小品著作,内容兼及四部,采辑甚广,掌故琐记尤多,故以"昭代"为名。道光刻本共11集,561种563卷。分甲、乙、丙、丁、戊、己、庚、辛、壬、癸、别集。甲、乙集为清张潮辑,丙集为张潮、张渐同辑。丁、戊、己、庚、辛五集为乾隆时杨复吉续辑,壬、癸集为道光时沈楙德辑。其甲至辛集,原辑每集50种,沈氏重编时,删去其中部分著作,补入有用之书,每集仍凑足50种,并将删去之60种,另编成别集,附于全书之后。

昭代丛书选钞　丛书类

1912年上海拙翁选抄本,上海图书馆藏。

艺芳阁艺海奇钞14种46卷　丛书类

清杨复吉辑

清嘉庆十三年稿本,北京师范大学图书馆藏。

陈阶瑶(1747—?)

字越琨,号筠溪。清吴江人。阶琪弟。附贡生,累荐不售,遂无进取意。

筠溪诗草1卷　集部别集类

抄本,见《磨剑室文三集》之《磨剑室钞存乡先辈已刊未刊稿本题记》。

陈　纬(1747—?)

字灿文,号理堂。清吴江人。蕊元父。监生。

畹香书屋初稿 1 卷　集部别集类

稿本,见《养余斋松陵书目》卷 4。

蒯长康

原名庆壶。字冰涵,一字冰渊。清吴江人。兆烺侄。好古文诗歌,触景匠心,不为剽剥应酬语。善山水花鸟,兼长八分书。尝参张曜豫南戎幕,积功以府通判候铨,未就。

山外楼诗剩文剩 1 卷　集部别集类

抄本,见《磨剑室文三集》之《磨剑室钞存乡先辈已刊未刊稿本题记》。

吴舒帷

字济儒,一字古余。清吴江人。重光孙。乾隆四十三年(1778)进士。选庶吉士。秀水钱载为教习,深器重之。授编修,历充武英殿国史馆纂修、分校《四库全书》。擢侍读,典山西试。遭父丧归里。主讲云间书院。卒年 54。

吴园周易解 9 卷附录 1 卷　经部易类

宋张根撰　清吴舒帷校

清光绪福建刻本,苏州大学图书馆藏。

尚书解　经部尚书类　佚

十三经传述源流　经部群经总义类　佚

六经同异得失考　经部群经总义类　佚

二十一史抄略　史部史钞类　佚

入粤编　史部地理类　佚

以上 5 种见同治《苏州府志》卷 138。

吴古余制艺 2 卷　集部别集类

旧刻本，见《养余斋松陵书目》卷 4。

顾人模

字鼎周，号晚香。清吴江人。我锜孙。国子生。

课余吟稿　集部别集类　佚

见《松陵诗征续编》卷 8，收其诗 1 首。

陈阶英(1748—?)

字冠群，号晓江。清吴江人。监生。乾隆四十年(1775)官安徽池州府通判。署太平府同知。

晓江诗钞 1 卷　集部别集类

稿本，见《养余斋松陵书目补编》卷 4。《松陵诗征续编》卷 4 收其诗 1 首。

邱　冈(1749—1814)

字昆奇，号笔峰。清吴江黎里人。附监生。师事王元文。与弟璋、璿有三邱之目。

德芬堂诗钞 12 卷　集部别集类

(1) 清乾隆五十七年(1792)刻本，北京大学图书馆藏。

(2) 清嘉庆十年(1805)刻本。16 卷，存卷 1 至卷 6，南京图书馆藏。

(3)《清代诗文集汇编》本。

按：本书 12 卷分别为：《识字集》《西山集》《北游集》《南旋集》《得砚集》《鸭阑集》《萧斋集》《爱鹅集》《策蹇集》《访友集》《花秃集》以及集外诗、词。

笔峰吟草 4 卷　集部别集类

(1) 稿本，6 册，复旦大学图书馆藏。

(2) 稿本,不分卷,浙江图书馆藏。

按:本书不分卷本分为:《饥驱集》《佳城集》《折梅集》《花雨集》《得砚集》《销夏集》《采兰集》。

哀哀录 1 卷　集部总集类

清邱冈、邱璋、邱璿同辑

抄本,见《养余斋松陵书目》卷 2。

史善长(1750—1804)

字仲文,一字诵芬,号赤霞,又号赤崖。清吴江谢天港人。鉴裔孙。以诗名于乾嘉间。其诗数变。少作明丽豪宕,后遭遇困顿,则幽忧悱恻。及游秦陇,复变而为铿锵激楚,有北地遗风。既从军楚中,则感事抒词极慷慨激昂之致。当时,毕沅、王昶、姜晟皆爱士,毕尤称号天下才士,善长先后在其幕府最久。后以病酒卒于家。

弇山毕公年谱 1 卷　史部传记类

(1) 清乾隆刻本,上海图书馆藏。

(2) 清嘉庆四年(1799)经训堂刻本,与毕沅撰《灵岩山人诗集》40 卷合刻,上海图书馆藏。

(3) 清同治十一年(1872)刻本,南京图书馆藏。

青溪书院志　史部地理类　佚

见同治《苏州府志》卷 138。

一谦四益阁文抄 4 卷　集部别集类

(1) 清抄本,国家图书馆藏。

(2) 民国抄本,1 卷,苏州图书馆藏,有柳亚子跋。

按:《磨剑室文三集》之《磨剑室钞存乡先辈已刊未刊稿本题记》载有抄本《一谦四益阁集》8 卷,存卷 4 至 11。

秋树读书楼集 16 卷　集部别集类

(1) 清嘉庆十年刻本,首都图书馆藏。

(2) 清道光十六年(1836)柳树芳胜溪草堂刻《养余斋全集》本附,

上海图书馆藏。

（3）清道光十五年舜湖史家滨宗祠抄本，华东师范大学图书馆藏。

按：本书道光刻本前有阮元、朱休度原序，姚椿、何其伟、柳树芳序。

翡翠巢文稿　集部别集类

清抄本，存卷3、6，山东省图书馆藏。

翡翠巢札稿4卷　集部别集类

清刻本，南京图书馆藏。

翡翠巢词1卷　集部词曲类

见《全清词钞》卷14，收其词2首。

冒亭贯酒集1卷燕筑集1卷　集部词曲类

1919年吴江柳氏抄本，上海图书馆藏。

按：此集即《翡翠巢词》卷5、6。

吴鹤侣

清吴江人。诸生史善长聘室。作诗清隽雅法。卒年23。

鸾影遗稿　集部别集类　佚

见光绪《吴江县续志》卷37。谓史善长序而梓之。

史善庆

字维章，号竹轩，又号榆庄。清吴江人。监生。补陕西雒南县三要司巡检，升雒南知县，未任卒。

竹轩诗抄1卷　集部别集类　佚

见同治《苏州府志》卷138。

柳　球(1750—1816)

字夔击，号厚堂。清吴江人。候选州同知。晚岁好吟咏，为园于宅后，莳花种木，啸歌弗辍。与沈璟为诗友。

燃叶轩稿1卷　集部别集类　佚

稿本，见《养余斋松陵书目》卷 4，今未见。

徐豫吉(1750—1817)

字介于，号石轩。清吴江人。作梅次子。附监生。以四库馆校录议叙，历官直隶顺德同知。

汉南游草　集部别集类　佚

西泠游草　集部别集类　佚

倦游草　集部别集类　佚

以上 3 种见《松陵诗征续编》卷 3，收其诗 1 首。

郭学洪(1750—?)

字容舟，号竹芗。清吴江芦墟人。乾隆四十九年(1784)取入江庠。业医。

药性提要歌诀　子部医家类

(1) 1920 年吴江柳氏抄本，上海图书馆藏。

(2) 1933 年杏花书屋抄本，吴江图书馆藏。

杏华书古今体诗稿 2 卷词稿 1 卷　集部别集类

吴江沈凤笙据稿本传抄本，上海图书馆藏。

按：《养余斋松陵书目》卷 4 作《杏花书屋诗稿》2 卷《词稿》1 卷，稿本，今未见。

李会恩

字燮臣，号紫纶。清吴江人，重华孙。乾隆五十二年(1787)取入江庠。尝问学于沈大本。家贫，授徒自给。

万叶堂诗抄 2 卷　集部别集类

(1) 清嘉庆间刻本，南京图书馆藏。

(2) 清道光二年(1822)青来草堂刻本，吉林大学图书馆藏。

沈祖望

字东表，号竹村。清吴江人。锡麒子。能继父志，工篆书及诗，亦长于画。

芗莲集 8 卷　集部别集类　佚

见同治《苏州府志》卷 138。

严　澄

字剑伦，号损斋。清吴江人。

秋蝉集　集部别集类　佚

见《松陵诗征续编》卷 3，收其诗 1 首。

赵王佐

字书文，号素琴。清吴江人。诸生。学诗于柳塘，诗出入剑南、石湖间。

瓣香诗稿 2 卷　集部别集类　佚

见乾隆《震泽县志》卷 31。《清诗纪事》乾隆朝卷收其诗。

顾　涛

字觐文，号韵林。清吴江娄字圩人。府学廪生。性淡泊，不慕荣利。专一于诗，清真雅正，为后学津梁。里中自王藻、王梁后诗教浸靡，涛为振兴之。尝举诗社于艺英书屋，从学者甚众。工书，得赵、董神韵。年 50 余无疾而逝。

友砚斋剩稿 2 卷　集部别集类

清嘉庆九年(1804)刻本，上海图书馆藏。

朱　玉

字懿安。清吴江人。嘉兴戴彬继妻。读书通经史。彬外出授徒，玉课子甚严。能诗古文,与采芝山人汪亮相唱和。晚精于医。

悦心斋集　集部别集类　佚

见《松陵女子诗征》卷10。

孙仁利

清吴江人。

珠溪集　集部别集类　佚

见民国抄《震泽县志续》卷10。

实　裕

字葆光,号樗庵。清吴江僧。幼出家平望殊胜寺,后主黎里罗汉讲寺。善书,草篆宗赵宧光。画兰神似香谷。

樗庵集　集部别集类　佚

玉带山房唱和诗　集部总集类　佚

以上2种见光绪《平望续志》卷11。有沈璟序。

王元煦

字蔼之,号霁台。清吴江人。廪贡生。任江阴、崇明、华亭县教谕。后以耆英榜授检讨。善隶书,工飞白。古文胎息韩柳,骈体接踵潘江,时以诗酒自娱。任职华亭时,曾参与修志。

霁台诗抄1卷　集部别集类

抄本,上海图书馆藏。

潇碧山房诗草1卷　集部别集类

清王元煦撰　王致纯注

抄本,上海图书馆藏。

陈　基

字树本,号杉山。清吴江盛泽人。精疡医。

痧喉心法　子部医家类　佚

见同治《苏州府志》卷138。

杉山遗稿5卷附1卷　集部别集类

清陈基撰　张澹选

清道光六年(1826)绿晓渔庄刻本,上海图书馆藏。

沈汝霖

字柏山。清吴江人。沾霖兄。廪贡生,官徽州府训导。年72卒于官。

读易偶抄　经部易类　佚

虹桥诗稿　集部别集类　佚

以上2种见同治《苏州府志》卷138。

沈沾霖

字湘葵,一作襄夔,号葆真。清震泽人。汝霖弟。乾隆四十八年(1783)举顺天府乡试,官宁国府训导。卒年72。

限期集览6卷　史部政书类

(1) 清嘉庆十一年(1806)刻本,南京图书馆藏。

(2) 清道光十一年(1831)刻本,北京大学图书馆藏。

江苏成案16卷　史部政书类

清沈沾霖辑　熊枚坚定

(1) 清乾隆五十九年刻本,见《中国法律图书总目》。

(2)《历代判例判牍》本。

(3)《清代成案选编》本。

按:本书共辑录自乾隆四十一年至五十九年间的成案138起,依照《大清律》的体例,以名例、吏、户、礼、兵、刑、工的顺序编排。书前有熊枚序。

西游草　史部地理类　佚

蒙求三字经　子部儒学类　佚

刺字便览　子部艺术类　佚

以上3种见同治《苏州府志》卷138。

李云章

字昭纬。清吴江人。善医，工篆书，能诗。

茝兰集　集部别集类　佚

见道光《平望志》卷8。

周　京

字邑丰，号寄林，又号二木居士。清吴江人。国学生。嗜饮工书，兼好吟咏。平生以文字友朋为性命，与同志结城南诗社。书法宗苏轼，尤善写兰，得陈元素笔意。

五芝堂诗稿4卷　集部别集类　佚

见同治《苏州府志》卷138。卒后柳树芳删存其诗曰《分尧小住吟》。

分尧小住吟　集部别集类

吴江柳氏抄本，上海图书馆藏。

按：见《柳亚子史料札记》之《上图“吴江柳氏抄本”部分书目》。《磨剑室文三集》之《磨剑室钞存乡先辈已刊未刊稿本题记》载：“至《分尧小住吟》之名南一谓不妥，则或径称《周寄林遗诗》亦无不可也”。可知本书又名《周寄林遗诗》。《养余斋松陵书目》卷4载《周寄林遗诗》2卷。

毛丕烈

字元勋，号慎夫。清吴江黎里人。诸生。年40始学医，得叶桂指授，五旬外名始显，切脉定方无不奇中。

松陵毛氏族谱5卷　史部传记类

明毛寿南、毛以炷、毛以燧同修　清毛丕烈重修抄本，存3卷，吴江图书馆藏。

王日升

字鸣镳，号鲈汀。清吴江松陵人。攻举业，少游卜元门，终老童子试。学问醇雅，性情和平。喜吟咏，兼作诗余。

鲈汀诗草　集部别集类　佚

见《垂虹诗剩》卷8。

沈　照

字调芸，号惕庵。清吴江人。沈曰枚子。乾隆三十二年(1767)取入震庠。少孤寒，励志好学，与沈大本交数十年，相爱如昆弟。

惕庵草　集部别集类　佚

见《松陵人物汇编》卷10。

袁　焉

字文牧，号古愚。清吴江人。

春秋读本12卷　经部春秋总义类

清袁焉辑

抄本，有吴江柳亚子题识，上海图书馆藏。

沈大本

字启文，号礼堂，又号半愚。清吴江人。乾隆三十七年(1772)取入震庠。工制义，尤好为诗。诗宗苏、陆，尚性灵。为人质直，好面折人过。三经乡荐，久无所遇。年届七旬，绝意进取。卒年72。

读易日钞54卷　经部易类

稿本，上海图书馆藏。

周易述义24卷　经部易类

清沈大本辑

清抄本，无锡市图书馆藏。

仪礼详义　经部仪礼类　佚

见《垂虹识小录》卷6。

服制考异　经部仪礼类　佚

见同治《苏州府志》卷138。

礼记订讹6卷　经部礼记类

稿本，上海图书馆藏。

读礼日钞36卷　经部礼记类

稿本，上海图书馆藏。

按：以上2种均有吴江柳氏抄本，见《柳亚子史料札记》之《上图"吴江柳氏抄本"部分书目》。

春秋日钞30卷　经部春秋左传类

稿本，见《吴江文献保存会书目》卷1。

中庸口义　经部四书类　佚

读经日钞　经部群经总义类　佚

艺苑时贤小志　史部传记类　佚

以上3种见同治《苏州府志》卷138。

金陵游记1卷　史部地理类

抄本，见《磨剑室文三集》之《磨剑室钞存乡先辈已刊未刊稿本题记》。

松陵诗征续编代采近贤小传存稿3卷　史部传记类

稿本，上海图书馆藏。

按：本书首有"礼堂手册"方印。

读书呓说6卷　子部儒学类

抄本，上海图书馆藏。

城南夜话1卷续话1卷　子部小说类

《吴氏囊书囊甲编》本。

松陵旧闻轶事杂录　子部小说类　佚

见《松陵人物汇编》卷 10。

礼堂诗抄 8 卷　集部别集类

清嘉庆二十一年(1816)刻本,上海图书馆藏。

垂虹诗剩 10 卷　集部总集类

清周之桢辑　沈大本补编　费善庆续编。版本参见“周之桢”条。

吴中漱润集 3 卷　集部总集类

清沈大本等辑

抄本,苏州图书馆藏。

黄大昌

字河清,号禹轩。清吴江人。国学生。

铁人诗草 1 卷　集部别集类

见《吴江文献保存会书目》卷 4。

潘世谦

字克让。清吴江黎里人。妻亡不复娶,自号梅隐。授徒自给,怡然终老。

退庵诗钞 1 卷　集部别集类　佚

见嘉庆《黎里志》卷 12。

李　堂

字搢庭,号香岩。清吴江黄溪人。乾隆三十七年(1772)取入江庠。廪贡生。性孤介,年 81 犹有精悍之气。

诗学源流不分卷　经部诗经类

稿本,上海图书馆藏。

东厢杂识　子部杂学类　佚

香岩诗抄 2 卷　集部别集类　佚

诗学集成 20 卷　集部总集类　佚

佛桑花馆词抄 2 卷　集部词曲类　佚

以上 4 种见同治《苏州府志》卷 138。

词选 20 卷　集部词曲类　佚

见《松陵诗征续编》卷 6。收其诗 4 首。

孙　琪

字宝庭。清震泽人。乾隆三十八年(1773)庠生。

瑶圃诗稿　集部别集类　佚

见《儒林六都志》卷下著述。

陈梦鼎

号振夫。清吴江人。乾隆三十八年(1773)取入震庠。

一鸿堂诗钞 1 卷　集部别集类

见《吴江文献保存会书目》卷 4。

篦中拾存 1 卷　集部别集类　佚

见《垂虹识小录》卷 7。

黄诜桂

号秋岩。清吴江人。乾隆四十三年(1778)取入震庠。

正雅堂黄氏诗钞不分卷　集部别集类

抄本,见《磨剑室文三集》之《磨剑室钞存乡先辈已刊未刊稿本题记》。

赵制锦

字昆和,一作昆壶,号云江。清吴江人。乾隆四十四年(1779)取入震庠。工诗文,善画,尤喜填词。年未 40 而卒。

云江吟稿　集部别集类　佚

东阳草　集部别集类　佚

南沙草　集部别集类　佚

吴门草　集部别集类　佚

以上4种见《吴江赵氏诗存》卷11。

赵新珍

字觐堂，号静谷。清吴江人。乾隆四十四年(1779)取入江庠。后入太学。卒年66。

信口吟　集部别集类　佚

见《吴江赵氏诗存》卷11。

赵鹤鸣

字轩霞，号介轩。清吴江人。乾隆四十六年(1781)取入江庠。

介轩吟稿　集部别集类　佚

见《吴江赵氏诗存》卷12。

金芝原(1751—1814)

字云栽，一作云裁，又字寿潜，号瑶冈。清吴江人。士松子。乾隆四十四年(1779)举人。充景山官学教习，入直薇垣从事票签。撰文详妥得体，旋充内阁侍读文渊阁检阅。以内阁侍读诰敕房提调归。与二三知己吟咏。书法从钟王入赵。性嗜金石碑碣之学，精鉴别名人书画。为翁方纲弟子。

蔬香馆日记不分卷　史部传记类

(1) 清嘉庆间蓝格手稿本，台湾"中央图书馆"原藏。

(2)《中国史学丛书三编》本。

按："蔬香馆"为作者吴江故居之名。日记即自芝原在京为父经营丧事，求翁方纲、纪昀作墓志铭，后奉柩返乡记起。始于嘉庆五年(1800)闰四月，讫九年十二月。日记中备叙乡居情状及游历经过。

蔬香馆法书5卷　子部艺术类

清道光间拓本，见于北京保利2010年6月拍卖会。

按：此为清代汇刻丛帖，金芝原撰集，方云和摹勒。卷1为元人书，卷2至卷4为明人书，卷5为清人书，共40余种。

颐性斋诗集8卷　集部别集类

清刻本，南京图书馆藏。

梅花书屋图题咏　集部别集类

民国吴江柳氏抄本，上海图书馆藏。

按：见《柳亚子史料札记》之《上图"吴江柳氏抄本"部分书目》。

叶肇旸(1751—1828)

字阳谷，号榆庄。清吴江人。昉升弟。震泽庠生。精医学。

榆庄杂录　子部杂学类　佚

见光绪《黎里续志》卷4。

榆庄诗草1卷　集部别集类

清抄本，国家图书馆藏。

按：朱希祖《明季史料题跋》之《稿本叶学山诗稿跋》云"道光中，吴江叶肇旸著《榆庄杂录》二卷……此《杂录》与《榆庄诗草》皆系稿本，似亦未刻，与《学山诗稿》同时购得"云云，知此二种民国时稿本仍在，今未见。

赵承运(1751—?)

字步传，一作步蟾，号玉湖。清吴江人。乾隆四十年(1775)取入江庠。能文工书，尝与沈大本相唱和。

玉湖存稿　集部别集类　佚

见同治《苏州府志》卷138。《松陵诗征续编》卷5收其诗1首。

编柳山庄诗稿　集部别集类　佚

见《吴江赵氏诗存》卷12。

沈钦道(1751—?)

字右文，号桐庄。清吴江人。均长子。乾隆四十三年(1778)取入江庠。诗才奔放，积卷甚富。

买山楼诗稿　集部别集类　佚

见同治《苏州府志》卷138。

徐书城(1751—?)

字南百，号篴斋。清吴江人。监生，任四库全书馆誊录。

吴江徐氏宗谱4卷　史部传记类

(1) 清乾隆五十七年(1792)稻香楼刻本，国家图书馆藏。

(2) 1920年吴江柳氏抄本，上海图书馆藏。

(3)《中国国家图书馆藏早期稀见家谱丛刊》本。

汪良绪

字缵武，号六逊。清吴江人。家贫少藏书，乃典衣购之。有讹字必以旧本校勘。工时文，每县府试必前列而屈于院试，援例为国子生，又屈于省试，乃绝意进取，肆力于古文。年38卒。

退庵剩稿2卷　集部别集类　佚

见道光《平望志》卷8。

凌　坛

字乘鹿，号苇裳。清吴江人。候选州同。家素饶裕，足迹罕至尘市。专工考据，尤熟于史汉。收藏金石碑版甚富。性耽吟咏，叶树枚评其诗云清新冷艳，在唐则李长吉，在明则徐文长。

采柏园古印泽存不分卷　史部金石类

清凌坛辑

清咸丰七年(1857)钤印本，上海图书馆藏。

汉官印考　史部金石类　佚

焚枯丛话　子部杂学类　佚

以上2种见光绪《平望续志》卷11。

金苕花馆诗1卷　集部别集类

清仲湘辑刻《留爪集》本。

徐　埏(1752—1790)

字滨陶,号竹圃。清吴江人。文希金陈,诗法李杜。著述每多惊人语,为博雅所赏识。历任罗平、宣威、嵩明、邓川等州知州,及南关通判、永北直隶同知,后补授镇雄州州同知。

天涯阁诗稿3卷　集部别集类　佚

制义200余篇　集部别集类　佚

以上2种见《吴江徐氏宗谱》卷3。

陈阶琛(1752—1810)

字琅敷,号韫山,又号筤圃。清吴江人。大谟季子。嘉庆十四年(1809)恩贡生,就职直隶州州判。幼聪慧,以文章行谊为同辈所推,尤精六书。尝刻《何氏语林印谱》,妙析奇致,人争购之。生平好商今榷古,徐达源撰《黎里志》资其考订。出资重修禊湖书院。晚年肆力于诗。

何氏语林印谱　子部艺术类　佚

澹如居诗集　集部别集类　佚

韫山制义　集部别集类　佚

以上3种见光绪《黎里续志》卷4、卷8。

颍川陈氏近谱不分卷　史部传记类

清嘉庆七年刻本,浙江图书馆藏。

禊湖杂咏一百首　集部别集类

稿本,北京大学图书馆藏。

盛梦熊(1752—1829)

字吕扬,号芥园。清震泽人。廪贡生,敕授修职郎选用训导。生平淡于营求,不苟言笑。乐善好施,求无不应。道光四年(1824)奉宪开浚河道,捐资督率,不辞劳苦。

瑶花村墅古今诗钞　集部别集类　佚

印须集　集部别集类　佚

以上2种见《平江盛氏家乘初稿》卷18。

任兆麟(1752—1833)

原名廷麟,字文田,一字心斋,号中甫。清吴江同里人。思谦子,大椿族弟。承家学,博闻敦行,从长洲褚寅亮、彭绍升游。自经传子史、音韵古文,均有研究,为王鸣盛、钱大昕所重。建莲泾精舍,祀尹和靖,立教规,讲经义经世之务。《清史列传》卷68有传。

归藏1卷　经部易类

清任兆麟辑

清嘉庆二十三年(1818)方秉哲刻《五代两汉遗书》本,山东省图书馆藏。

尚书古文叙录　经部尚书类　佚

见光绪《吴江县续志》卷33。

毛诗通说30卷　经部诗经类

(1) 清映雪草堂刻本,南京图书馆藏。

(2)《四库未收书辑刊》本,作《毛诗通说》20卷首1卷补遗1卷。

仪礼大要2卷　经部仪礼类

(1) 清乾隆四十六年(1781)同川书院刻本,中国科学院图书馆藏。

(2) 清乾隆忠敏家塾刻本,与《夏小正注》合刻,苏州图书馆藏。

(3)《四库未收书辑刊》本。

大戴礼记1卷乐记1卷　经部礼记类

清任兆麟集注

清刻本,南京图书馆藏。

春秋本义 12 卷　经部春秋总义类

孝经本义　经部孝经类

以上 2 种见《清史列传》卷 68。

孝经 1 卷弟子职 1 卷　经部孝经类

清任兆麟集注

(1) 清道光元年(1821)扫叶山房刻本,上海图书馆藏。

(2) 抄本,上海图书馆藏。

(3) 1935 年商务印书馆铅印本,上海图书馆藏。

三仓考逸补正 1 卷　经部小学类

清任大椿考逸　任兆麟补正

(1)《小学钩沉》本。

(2)《小学类编附编》本。

字林 7 卷首 1 卷　经部小学类

晋吕忱撰　清任大椿考逸　任兆麟补正

清嘉庆二十四年南海曾钊面城楼刻本,浙江图书馆藏。

小尔雅 1 卷　经部小学类

(1)《述记》本。

(2) 民国抄本,浙江图书馆藏。

道学源流续图　史部传记类　佚

清任兆麟、顾震涛等辑

见《吴门表隐》附录。

江震续志稿　史部传记类　佚

见嘉庆《同里志》卷 14。

虎阜志 10 卷首 1 卷　史部地理类

清陆肇域编辑　任兆麟纂正

(1) 清乾隆五十七年西溪别墅刻本,南京图书馆藏。

(2) 1935年苏州永昌祥石印本,苏州图书馆藏。

(3)《中华山水志丛刊》本。

朱子粹言4卷　子部儒学类　佚

见光绪《吴江县续志》卷35。

箫谱1卷　子部艺术类

(1)《吴中女士诗抄》本附。

(2) 抄本,南京图书馆藏。

林屋诗稿1卷　集部别集类

(1) 清乾隆六十年刻《同音集》本,上海图书馆藏。

(2)《有竹居集》本,4卷。

心斋集1卷　集部别集类

(1) 清乾隆四十八年刻本,上海图书馆藏。

(2) 清嘉庆二年刻本,2卷,上海图书馆藏。

(3) 抄本,2卷,吴江图书馆藏。

有竹居集16卷　集部别集类

(1) 清嘉庆二十四年两广节署刻本,上海图书馆藏。

(2) 清道光六年刻本,国家图书馆藏。

(3)《清代诗文集汇编》本。

按:本书卷1至4为《林屋诗稿》,卷5至13为《心斋文稿》,末3卷为《杂著》,包括《声音表》《孟子时事略》《苍颉篇》(任兆麟辑)各1卷。

林屋吟榭不分卷　集部总集类

清任兆麟选

清刻本,嘉善县图书馆藏。

翡翠林闺秀雅集1卷　总集类

《吴中女士诗钞十种》附录本。

按:乾隆五十四年春夏之交,举人沈起凤之女沈纕作翡翠林雅集启事,邀"清溪吟社"社友唱和。响应者有江珠、张滋兰、尤澹仙、朱宗淑、张芬、张芳、沈持玉、刘芝、席蕙文、周澧兰、王寂居、叶兰、陆瑛诸人,而请任兆麟评定优劣。《雅集》仅收《白莲花赋》八篇，余则散见个人诗集之中，亦或有未刻者。

乐安传家集 5 卷补遗 2 卷附世系里居总目 1 卷　集部总集类

清任兆麟辑

清道光元年诒谷堂刻本，南京图书馆藏。

按：此辑录任氏族人诗文。卷首有《世系里居总目》一卷，辑录所收各家简要传记。所辑始自任子。任子，名不齐，字子选，春秋时期楚国人，孔子七十二贤弟子之一。著有《逸语》。

述记(一作三代两汉遗书)　丛书类

(1) 清乾隆五十三年映雪草堂刻本，不分卷，上海图书馆藏。

按：不分卷本无《周易乾凿度》。

(2) 清乾隆五十三年忠敏家塾刻本，34 种 34 卷，复旦大学图书馆藏。

(3) 清嘉庆十五年遂古堂刻本，34 种 34 卷，辽宁大学图书馆藏。

(4) 清嘉庆二十三年方秉哲刻本，8 卷，南京图书馆藏。

(5) 清光绪十年(1884)蜀西廖氏闲云精舍刻本，4 卷，南京图书馆藏。

(6) 清光绪二十一年上海焕文书局石印本，3 卷，南京图书馆藏。

(7) 附于《心斋十种》本后，2 卷，国家图书馆藏。

(8)《四库未收书辑刊》本。

按：此为任兆麟所辑三代两汉之书，34 种子目为：《夏小正》《鬻子》《逸周书》《周公谥法》《武王践阼记》《弟子职》《管子》《老子》《晏子春秋》《家语》《曾子》《书序》《诗序》《孙子》《司马法》《周易乾凿度》《尸子》《荀卿子》《庄子》《楚辞》《小尔雅》《尚书大传》《大戴礼记》《乐记》《贾子新书》《春秋繁露》《韩诗外传》《新序》《说苑》《列女传》《扬子法言》《白虎通德论》《说文》《汉记》，其中《大戴礼记》不分卷，其余均 1 卷。

艺林述记正集 6 卷　丛书类

艺林述记二集 46 种　丛书类

以上2种清嘉庆十五年刻本，国家图书馆藏。

按：其二集46种中有正集34种，续集12种。正集34种应与上条《述记》34种34卷同。

心斋十种20卷　丛书类

清乾隆五十年至五十三年震泽任氏忠敏家塾刻本，南京图书馆藏。

子目：

《夏小正补注》4卷　按：本书又有《续修四库全书》本。

《石鼓文集释》1卷　按：本书又有1935年苏州永昌祥石印本，苏州图书馆藏。

《尸子》3卷《附录》1卷　周尸佼撰　附录清惠栋辑、任兆麟补遗

《四民月令》1卷　汉崔寔撰　清任兆麟辑

《襄阳耆旧记》3卷　晋习凿齿撰　清任兆麟订　按：本书又有《续修四库全书》本。

《寿者传》3卷　明陈懋仁撰　清任兆麟订

《文章始》1卷　梁任昉撰　清任兆麟校

《孟子时事略》1卷　按：本书又有《丛书集成续编》本、《槐庐丛书》本、《孙溪朱氏经学丛书初编》本。

《心斋集诗稿》1卷附《弦歌古乐谱》1卷

《纲目通论》1卷　按：本书又有《古今史学萃珍》本，题作《历代通论》。本书有乾隆四十六年同川书屋刻本，南京大学图书馆藏。

按：此为任氏著作合集。任兆麟为钱大昕高弟，于经史子集、文字音韵无不贯通，此集多为其考补之作。

吴中女士诗钞12种14卷　丛书类

清张允滋选　任兆麟阅定

(1) 清乾隆五十四年刻本，上海图书馆藏。

(2) 1914年溪山子农抄本，上海图书馆藏。

张允滋

字滋兰，号清溪，别号桃花仙子、匠门女史。清苏州人。大受(匠门)曾孙女，任兆麟继妻。受业徐香溪女史之门，工诗文，兼工墨梅。嫁兆麟后偕隐林屋山中，琴瑟唱和，诗学益进。所居潮生阁，即其读书处。与同里张芬等结清溪吟社，世称吴中十子。艺林传诵，与蕉园七子并称。

吴中女士诗钞 12 种 14 卷　丛书类

清张允滋选　任兆麟阅定

(1) 清乾隆五十四年(1789)刻本，上海图书馆藏。

(2) 1914 年溪山子农抄本，上海图书馆藏。

子目：

《清溪诗稿》(一作潮生阁诗草)1 卷　清张允滋撰

《两面楼诗稿》1 卷　清张芬撰

《赏奇楼蠹余稿》1 卷　清陆瑛撰

《琴好楼小制》1 卷　清李嫩撰

《采香楼诗集》1 卷　清席蕙文撰

《修竹庐吟稿》1 卷　清朱宗淑撰

《青藜阁集诗》1 卷《词》1 卷　清江珠撰

《翡翠楼集诗》1 卷《词》1 卷　清沈纕撰

《晓春阁诗稿》1 卷　清尤澹仙撰

《停云阁诗稿》1 卷　清沈持玉撰

附《翡翠林闺秀雅集》1 卷　清任兆麟辑

《箫谱》1 卷　清任兆麟撰

按：本书又名《吴中十子诗抄》。

计宠麟

字子履，号师竹。清吴江人。监生。

自怡小草　集部别集类　佚

见同治《盛湖志》卷12。

周　璩

字思镐，号玉岑。清吴江谢天港人。乾隆四十二年(1777)举人。为文雅炼醇正，诗婉约有风致。

玉岑诗抄　集部别集类　佚

见同治《盛湖志》卷12。

王　锟

字振伯，一字云峰，号翠庭。清吴江同里人。堡子。乾隆四十三年(1778)进士。授兵部主事，迁郎中。出为直隶大名府知府，嘉庆二年(1797)升巩秦阶道。嘉庆四年擢浙江按察使。卒于伏羌公廨，年53。

畿辅安澜志56卷　史部地理类

清王锟、王履泰撰，版本参见"王履泰"条。

先正修身格言　子部儒学类　佚

岷阳杂著　子部杂学类　佚

使黔集　集部别集类　佚

以上4种见光绪《吴江县续志》卷35、36。

退学吟庵诗抄1卷　集部别集类

《柳堂师友诗录初编》本。

按：《柳堂师友诗录初编》清李长荣编，清同治十二年(1873)刻本，国家图书馆藏。

闻喜斋集　集部别集类　佚

见光绪《吴江县续志》卷36。

李　菖

字润芝，号听泉。清吴江新杭市人。监生。诗宗法唐贤。卒年37。

听泉遗诗3卷　集部别集类

(1) 清乾隆间刻本,国家图书馆藏。

(2) 清嘉庆元年(1796)刻本,上海图书馆藏。

按:书前有宋景龢、杨蟠序。《松陵诗征续编》卷6收其诗1首。

刘守忠

字伯卿,号莼香。清吴江人。乾隆四十六年(1781)入府学。

萼辉楼诗稿　集部别集类　佚

见嘉庆《同里志》卷22。《松陵诗征续编》卷3收其诗1首。

徐履中

字恭寿。清吴江人。赋子。乾隆四十六年(1781)取入震庠。

红树山庄遗稿　集部别集类　佚

袁江寓草　集部别集类　佚

以上2种见道光《平望志》卷8。

李　玨

字扶九,号葭湄。清吴江人。乾隆四十六年(1781)取入江庠。性嗜学,于声韵、方言、六书之类,辨析精当。搜罗金石文字甚富。尝论金石书舛讹最多者,莫如都穆《金薤琳琅》。乃尽心校勘,手抄数十部。诗不多作,而持论有卓识。所著为郡中吴翌凤、王芑孙所赏。

葭湄偶存诗　集部别集类　佚

见道光《平望志》卷11。

赵齐峄

字岳青,号鹤汀。清吴江人。基子。乾隆四十六年(1781)取入江庠。性冲澹,于世味泊然。尝客湖南巡抚姜晟幕,又游浙东,皆不久即归。年59卒。

鹤汀遗草1卷　集部别集类

清道光四年(1824)刻本,附刊于赵基《乳初轩诗选》后,南京图书馆藏。

沈宫桂

字云蟾,号念亭。清吴江人。乾隆四十七年(1782)取入震庠。

念亭吟草　集部别集类　佚

见《吴江叶氏诗录外编》卷4。

姚梓生

号春厓,一作春崖,又号湘舟。清吴江人。乾隆四十七年(1782)取入震庠。

松陵唱和集　集部总集类　佚

见《垂虹诗剩》卷1。

沈新锷

字廉锋。清吴江人。乾隆四十七年(1782)取入震庠。诗情绵邈,书法娟秀。

秋崖诗抄　集部别集类　佚

见同治《苏州府志》卷138。

沈　松

字云帆。清吴江吕塔人。乾隆四十七年(1782)取入震庠。沈曰富谓其宗称诗实为先导。

漱石山房诗稿　集部别集类　佚

见同治《盛湖志》卷12。《松陵诗征续编》卷5收其诗1首。

金文城(1753—1804)

字宗元,号问梅。清吴江人。黄钟父。少有遍历名山大川之志,顾以奉母不得远游,乃为《梦游草》,凡名山水必歌咏之。家藏书富万卷。

林屋山人梦游草 15 卷　史部地理类

翠娱楼杂著 1 卷　子部杂学类

翠娱楼诗草 4 卷　集部别集类

翠娱楼诗余 1 卷　集部词曲类

以上 4 种有《务滋堂集》本。

按:《务滋堂集》7 种 44 卷,清嘉庆二十二年(1817)刻本,苏州图书馆藏。本书为清金文城、金锐、金仁、金黄钟合集。子目为:金文城《梦游草》15 卷、《翠娱楼杂著》1 卷、《翠娱楼诗草》4 卷、《翠娱楼诗余》1 卷,金仁《味真山房诗草》2 卷、金锐《其恕斋诗草》18 卷、金黄钟《听雨芭蕉馆诗草》3 卷。

沈　璟(1753—1816)

字树亭,一作树庭,号云巢。清吴江西濛港人。嘉庆五年(1800)领乡荐,三上春官不得志,遂设教莺湖,所造就甚众。作诗华富温密。

沈云巢先生北行日记 1 卷　史部传记类

民国吴江柳氏抄本,上海图书馆藏。

云巢诗抄 10 卷　集部别集类

(1) 清道光三年(1823)艺英书屋刻本,上海图书馆藏。

(2) 抄本,上海图书馆藏。

按:本书刻本子目卷 1、卷 2《云巢室诗稿》,卷 3《倚楼小草》《选竹吟》,卷 4《织网词》《洞庭游草》,卷 5《踏雪吟》《荔支编》《鹿城积雨编》,卷 6《九子砚编》《邓尉探梅编》《小清凉编》,卷 7《云巢诗稿》《雪香吟》,卷 8《拂尘草》,卷 9《瞻云草》《品花编》《楼居小草》《静寄吟》,卷 10《溪山无尽吟》《共怡编》《束装草》《竹外编》《种墨斋随笔》。

洞庭游草1卷　集部总集类

清陈大谟、沈璟、邱璋、方洄同撰，版本参见“陈大谟”条。

月下纳凉词1卷　集部词曲类

清沈璟辑

(1) 清刻本，上海图书馆藏。

(2) 民国吴江柳氏抄本，上海图书馆藏。

陈　燮

字叔理，号秋史。清吴江人。煐弟，焘熊从兄。候补刑部司狱。袁枚、洪亮吉皆与之游，与同邑郭麐、袁棠等人过从尤密。

寒碧轩诗钞6卷题咏1卷　集部别集类

稿本，上海图书馆藏。

按：《寒碧轩诗钞》陈燮撰，《题咏》陈昌錞辑。

袁淑芳

字丽卿。清吴江黎里人。景辂女。陈燮妻。耽诗能画，作白描仕女，有飘逸之致。

拾香楼稿　集部别集类　佚

见光绪《黎里续志》卷10。

徐廷柱

清吴江人。

南麻徐氏世谱4卷　史部传记类

明徐师曾修　清徐廷柱续　徐时元校

清抄本，苏州博物馆藏。

按：此谱徐师曾明万历五年(1577)始修，记事至清乾隆四十年(1775)。

友竹居狀龙吟草文集4卷诗集4卷词集4卷　集部别集类

清抄本,上海图书馆藏。

按:本书徐达源批。

全士潮(1753—?)

字秋涛。清震泽人。乾隆间贡生,由刑部山西郎中升福建福宁府知府。官刑部主事,律例馆纂修。

望云小草　集部别集类　佚

见清袁洁《蠡庄诗话》,并收其诗1首。

驳案新编32卷续编7卷　史部政书类

清全士潮等辑

(1) 清乾隆刻本,南京图书馆藏。

(2) 清嘉庆二十一年(1816)刻本,复旦大学图书馆藏。

(3) 清光绪九年(1883)图书集成局铅印本,南开大学图书馆藏。

(4)《续修四库全书》本。

按:本书全士潮等辑。汇辑清高宗乾隆元年(1736)至四十九年间刑部历年奉谕指驳改拟及大臣援案奏准永为定例之成案。

王履泰

字心兰。清吴江人。锟子。监生。任直隶河间府通判。

畿辅安澜志56卷　史部地理类

清王锟、王履泰撰

(1) 稿本,不全,国家图书馆藏。

(2) 清乾隆武英殿木活字本,上海图书馆藏。

(3) 清光绪二十五年(1899)广雅书局刻本,上海图书馆藏。

(4) 清内府抄本,国家图书馆藏。

(5)《续修四库全书》本。

按:本书为清代记叙河北诸河的专书。全书56卷,分23篇。辑至嘉庆十二年(1807)。

凌凤超

字次瀛，号览园，又号虚台。清吴江人。乾隆四十九年(1784)取入震庠。

慎言录10卷　子部儒学类　佚

榆荫书屋诗草2卷　集部别集类　佚

以上3种见同治《苏州府志》卷138。《松陵诗征续编》卷5收其诗1首。

洞庭游草3卷洞庭游记1卷　集部别集类

清凌凤超、王之佐、王棠同撰

清道光间刻本，南京图书馆藏。

徐汝宁

字湄葭，号海峰。清吴江人。履端子。乾隆五十一年(1786)岁贡生。

醉经楼存稿　集部别集类　佚

见《松陵人物汇编》卷9。

赵　基

字开仲，号药亭。清吴江黄溪人。乾隆五十一年(1786)岁贡生，授金匮训导。刘墉督学江苏时，以古学试苏松士得10余人，赵基与长洲王芑孙尤为所赏识。诗文典丽宏博。

乳初轩诗选4卷外集1卷　集部别集类

清道光四年(1824)刻本，南京图书馆藏。附赵齐峄《鹤汀遗草》1卷、赵云球《莘田遗草》1卷。

按：本书清王芑孙、石韫玉选。

青草滩杂诗1卷　集部别集类

吴江柳氏抄本，上海图书馆藏。

按：见《柳亚子史料札记》之《上图“吴江柳氏抄本”部分书目》。

孙仲辰

字对三。清吴江人。乾隆五十二年(1787)取入震庠。

春秋三传舍选　经部春秋总义类　佚

光庭遗集　集部别集类　佚

以上2种见《儒林六都志》卷下著述。

王庭辉

字觐扆,号小迂。清震泽梅堰人,朝栋子。乾隆五十三年(1788)取入江庠。

小迂剩稿　集部别集类　佚

见《松陵人物汇编》卷10。

连　朗

字辉庭,又字蕴高,号卍川,自号行玉山人。清吴江莘塔南传村人。鹤寿父。入泮充四库馆誊录。议叙县丞不就。乾隆五十四年(1789)举人。授凤阳县训导。主讲淮阴书院。工骈体文,精绘事。初在京师,以工笔山水名于公卿间,归里后则写意花卉较多,人物花草俱入神品。年67卒。

粤游笔谈　史部地理类　佚

见《分湖小识》卷2。

三万六千顷湖中画船录1卷　子部艺术类

(1)《昭代丛书》本。

(2)《丛书集成续编》本。

(3)《美术丛书初集》本。

绘事琐言8卷　子部艺术类

(1) 清嘉庆间雨金堂刻本,国家图书馆藏。

(2) 清抄本,上海图书馆藏。

(3)《续修四库全书》本。

按:本书为画论,专讲绘画器用之作,凡60篇。

绘事雕虫10卷　子部艺术类

清嘉庆十四年(1809)刻本,存卷1至5,吴江图书馆藏。

辨正篆隶雅俗　子部艺术类　佚

见《松陵人物汇编》卷10。

淮上纪闻　子部杂学类　佚

见《分湖小识》卷2。

迮卍川遗诗1卷　集部别集类

清迮鹤寿抄本,南京图书馆藏。

雕虫馆骈体文2卷　集部别集类

清嘉庆刻本,上海图书馆藏。

郢垩集　集部别集类　佚

见《垂虹识小录》卷4。

黎阳倡和诗不分卷　集部总集类

清迮朗辑

清嘉庆二年刻本,上海图书馆藏。

费兆蟾

字峻于,号静斋。清吴江人。廷珍子。县廪贡生。湖北武昌府经历。

制义1卷　集部别集类　佚

见《垂虹识小录·松陵费氏诗集》卷1。

李福昌

字凤书,号伴梧。清吴江新杭市人。菖弟。监生。见义必为,嗜酒耽诗。尝与同邑陈赫、叶树枚结社往还。

伴梧诗存2卷　集部别集类　佚

见光绪《吴江县续志》卷37。《松陵诗征续编》卷6收其诗1首。

李景昌

字耕亭，号琴溪。清吴江新杭市人。福昌弟。监生。喜为诗。

琴溪诗草　集部别集类　佚

见同治《苏州府志》卷138。

雁渚闲吟4卷　集部别集类　佚

见光绪《吴江县续志》卷37。《松陵诗征续编》卷6收其诗2首。

陈　珏(1754—1793)

字聘嘉，号听泉。清吴江人。宿文长子。工诗，常客游。

竹宾诗草　集部别集类　佚

见《松陵诗征续编》卷5，收其诗1首。

西川诗草1卷　集部别集类

稿本，见《养余斋松陵书目》卷4。

陈　岫(1755—?)

字来青，又字双峰，号兼山。清吴江吉水港人。宿文子，珏弟。诗有奇气，稿多散佚。传吴县江声之学，通六书，工篆书，所著于江氏之学多有阐明。

诗考异再补2卷　经部诗经类

稿本，清华大学图书馆藏。

说文通正2卷　经部小学类　佚

见光绪《吴江县续志》卷33。

止水鉴文稿1卷词稿1卷　集部别集类

清道光二年(1822)刻本，上海图书馆藏。

顾　虬(1755—1804)

字意得,号青庵。清吴江人。与朱春生等从顾汝敬学,同结竹溪后社。朱春生《铁箫庵文集》卷4有其墓志铭。

秋梦斋诗稿1卷　集部别集类

《江震诗稿汇存》本。

秋梦斋诗集2卷　集部别集类

(1) 清嘉庆刻本,上海图书馆藏。

(2) 1920年徐孟交抄本,吴江图书馆藏。

张士元(1755—1824)

字翰宣,号鲈江。清吴江人。乾隆五十三年(1788)举人。尝馆大学士董诰第中,浙江巡抚阮元聘主诸暨书院。工古文。以震川为宗法。纡余恬淡,自拔于流俗。家严墓,隐居教授,罕与世接。《清史列传》卷72有传。

嘉树山房集20卷外集2卷续集2卷　集部别集类

(1) 清嘉庆二十四年(1819)张氏刻本,南京图书馆藏。

(2) 清道光六年(1826)刻本,吴江图书馆藏。

(3) 清同治十一年(1872)刻本,吴江图书馆藏。

(4)《清代诗文集汇编》本。

震川文抄4卷　集部别集类

明归有光撰　清张士元选

(1) 抄本,上海图书馆藏。

(2) 清乾隆张士元手抄本,2卷,上海图书馆藏。

按:2卷本有张士元批校,叶景葵跋。

诗学问津集4卷　集部总集类　佚

以上2种见同治《苏州府志》卷138。

费登墀(1755—1824)

字嵩青,号履桥。清吴江人。邑附监生。候选布政司经历,赠朝议大夫。

吴江费氏族谱 10 卷首 1 卷末 1 卷　史部传记类

清费登墀重修　费廷琮、费廷熙补

清光绪十三年(1887)费廷熙抄本,南京图书馆藏。

王　鲲(1755—1830)

字瀛之,号旭楼。清吴江人。楠子。例选州吏目,慷慨有父风。道光三年(1823)大水。邑令议合县助赈银归公举办,鲲执不可。具章程上大吏,设男女老幼三厂,日散米凡三月,饥民赖之。尤勤于著述。考先世所藏金石文字,辑江震两邑文献,订正旧志沿讹。

松陵见闻录 10 卷首 1 卷　史部地理类

清道光九年话雨楼刻本,南京图书馆藏。

话雨楼碑帖目录 4 卷　史部金石类

清王楠藏　王鲲编

(1) 清道光十五年刻本,南京图书馆藏。

(2) 稿本,上海图书馆藏。

(3) 抄本,上海图书馆藏。

(4) 1920 年柳亚子刻本,上海图书馆藏。

(5) 1924 年铅印本,上海图书馆藏。

(6)《东方学会丛书初集》本。

茹古斋碑帖目录 1 卷　史部金石类

抄本,上海图书馆藏。

宝爵斋碑帖目录 2 卷　史部金石类

清王鲲藏　王致望编

清抄本,上海图书馆藏。

养真精舍诗1卷　集部别集类

清仲湘辑刻《留爪集》本。

盛湖诗萃12卷　集部总集类

清王鲲编

(1) 清嘉庆二十一年(1816)刻本,吴江图书馆藏。

(2) 清咸丰五年(1855)王致望刻本,南京图书馆藏。

(3) 稿本,4卷,中国社会科学院文学研究所藏。

(4) 抄本,上海图书馆藏。

按:南京图书馆藏本附有其子致望辑《续编》4卷。本书收录元明至清嘉庆年间盛湖200余家诗人之诗,附寓贤、方外、名媛,各人附有小传。

计蕙仙

字素英。清吴江盛泽人。沈清涵女,陈镐妻。能诗,工小楷。年25病卒。

剩香集　集部别集类　佚

见光绪《吴江县续志》卷37。

徐秀芳

清吴江黎里人。蟾女,李大咸妻。早慧,承父教,与妹彩霞刺绣,暇日事吟咏。临殁,悉以诗稿投炉中曰:"薄命人无留此为后人笑也。"遗诗不及十之一。

秀芳遗诗1卷　集部别集类　佚

见《江苏诗征》卷163,收其诗1首。

徐彩霞

清吴江黎里人。蟾女,李大福妻。与秀芳姐妹为妯娌,诗篇唱酬无虚日。后痛姐殉夫,感悼成疾,未几亦卒。

彩霞遗诗　集部别集类　佚

见嘉庆《黎里志》卷6。卷11谓诗稿尽失，所存若干首，附秀芳遗诗后。《江苏诗征》卷163收其诗1首。

唐凤起

清吴江人。

蛩吟余草1卷　集部别集类

抄本，上海图书馆藏。

顾兆曾(？—1793)

字鹤龄，号恂堂。清吴江同里人。汝敬子。弱冠即游庠，以科试第一食饩，乾隆五十三年(1788)以魁荐不获售。工画山水，得张栋指授。仿王原祁笔，能神肖。

五经疑　经部群经总义类　佚

元明画师类姓录　史部传记类　佚

恂堂诗抄2卷　集部别集类　佚

以上3种见嘉庆《同里志》卷22。

陈　烡(1756—？)

字耀远，号丹峤。清吴江人。候选布政司都事。袁枚尝过其家，洪亮吉亦有赠诗。

慕陶阁诗稿3卷　集部别集类

见光绪《黎里续志》卷4。《松陵诗征续编》卷6收其诗1首。

陈　楙(1756—？)

初名楙学，字光弟，又字四桥。清吴江人。嘉庆元年(1796)取入江庠。耽吟咏。学诗于周味闲、金学诗两先生。志和音雅，不为矜奇炫异之语。

遂高堂诗集10卷　集部别集类

(1) 清嘉庆刻本，南京图书馆藏。

(2) 清嘉庆二十年抄本，上海图书馆藏。

(3)《清代诗文集汇编》本。

西江游草1卷壬申诗草1卷　集部别集类

稿本，见《磨剑室文三集》之《磨剑室钞存乡先辈已刊未刊稿本题记》。

邱　瓆(1756—?)

字琢衡，号铸人，一号东湖。清吴江人。璋弟。诗蹊径独别，晚年尤好作禅语，与兄弟冈、璋时称三邱。

读大学偶记1卷　经部四书类

清嘉庆十九年(1814)刻本。参见《续修四库全书提要》经部。

花依草堂初稿1卷　集部别集类

稿本，见《养余斋松陵书目》卷4，今未见。

长春草庐学诗10卷　集部别集类

清嘉庆十八年刻本，国家图书馆藏。

按：分为卷1《走马集》《拟古集》《言志集》，卷2《墨妙集》，卷3《窥镜集》《诸花香散集》，卷4《神心集》《人日集》《常生集》，卷5《金牛集》，卷6至10《长吟集》。

长春草庐学文1卷　集部别集类

清嘉庆十九年刻本，国家图书馆藏。

一潜居制艺1卷　集部别集类

稿本，见《养余斋松陵书目》卷4。

哀哀录1卷　集部总集类

清邱冈、邱璋、邱瓆同辑

抄本，见《养余斋松陵书目》卷2。

徐　涛(1756? —1792)

字听松,号江庵。清吴江芦墟人。少倜傥不羁。为诗长于近体,沉思刻苦,不轻下一语。诗为袁枚、郭麐等所称。年未40而卒。

碎金集　集部别集类　佚

见清郭麐《樗园销夏录》。

话雨楼遗诗1卷附录1卷　集部别集类

1918年柳亚子铅印本,上海图书馆藏。

按:附录1卷为柳亚子辑。

郭灵芬手写徐江庵诗1卷　集部别集类

1914年影印本,上海图书馆藏。

按:本书影印清嘉庆间郭麐抄本,一名《话雨楼诗集》。

吴德馨

字心香。清震泽人。邱璿妻。生有至性,喜十七史、《通鉴》等书,又嗜欧阳率更法。好吟小诗,绝不轻示人。年28卒。

吴德馨遗诗1卷　集部别集类　佚

见嘉庆《黎里志》卷11。

许琼思

字宛怀,号西湖。清钱塘人。吴江邱璿继妻。工诗善书。

宛怀韵语2卷　集部别集类

见《历代妇女著作考》卷15。

按:胡文楷旧藏有琼思手写稿本,诗58页,词5页。书法极工。卷首附录其母《碧草山房遗诗》。卷末有邱璿跋。本书有胡文楷抄本,见于中国书店2015年春季书刊资料文物拍卖会。《吴江文献保存会书目》卷4载有《宛怀韵语剩稿》1卷,今未见。

袁泰然

清吴江人。

藜照集　集部别集类　佚

见嘉庆《同里志》卷22。

陈明德

清吴江人。

蛩吟集1卷　集部别集类

抄本，见《吴江文献保存会书目》卷4。

张　斗

字玉璇。清吴江黎里人。国学生。不事生产，好藏书，耽吟咏。

洋村吟稿　集部别集类　佚

见嘉庆《黎里志》卷12。

姚　瀛(1757—?)

字文澜，号槎客。清吴江人。国学生，工吟咏，精鉴赏。

香祖居诗抄5卷　集部别集类　佚

清嘉庆二十一年(1816)吴江姚氏刻本，北京大学图书馆藏。

王祖武(1758—1802)

字绳其，号兰江。清吴江人。曾翼子。乾隆四十五年(1780)举人。四十八年北闱值吏部考职名列一等一名。授职州同知。授翰林院庶吉士。检校《四库全书》。后官至江西道监察御史。居官贞廉，勤学孝友。卒于官。

居易堂后集　集部别集类　佚

见嘉庆《同里志》卷11。

费赓墀(1758—1804)

字佩铭,号镜吾。清吴江人。工为文。尝随父奎勋宦游四方。

镜吾集　集部别集类　佚

见《吴江费氏族谱》卷5本传。

陈　谟

字昌言。清吴江人。初为童子师,于经史正句读通训诂而已。及沉潜岁久,学进理明,凡唐宋以来大家之集皆含咀其英华,摹其步骤,故文章精敏过人,而诗律有涵蓄,学者宗之。

陈昌言文稿　集部别集类　佚

见嘉庆《同里志》卷22。

汪玉轸(1758—1809)

字宜秋,号小院主人。陈谟妻。清吴江人。家贫,夫外出五年,独自抚养五儿,俱以针指供给。诗才为时叹服,为袁枚女弟子,《随园诗话》亦采其诗。

宜秋小院诗抄2卷诗余1卷　集部别集类

(1) 清嘉庆刻本,上海图书馆藏。

(2)《女士集汇存》本。

(3) 2015年中华书局出版《清代闺阁诗集萃编》本。

按:其诗由表弟朱春生汇集刊刻而成。

宜秋小院诗稿1卷词1卷　集部别集类

抄本,上海图书馆藏。

翁　桢

字翰廷,号朗庵。清吴江人。

蔗尾诗钞7卷　集部别集类

清抄本，中国社会科学院文学研究所藏。

费温如

字玉瑛。清吴江人。振烈女，王祖庚妻。幼承母教，好读书，爱《通鉴》，即工诗。后专事女红，不欲以诗流传，鲜存稿。卒后搜辑所遗仅十之一二，撰写成帙，母舅袁益之悼以诗文跋其遗草。

玉瑛遗草　集部别集类　佚

见《松陵女子诗征》卷10。

陈大烈

字扬之，号声庵。清吴江人。自少工韵语。弱冠后以疾弃举子业，年未及长即卒。

深竹轩诗草　集部别集类　佚

见嘉庆《同里志》卷22。《江苏诗征》卷28收其诗1首。

庄　康

字祝熙，号静岑。清震泽人。国学生盛某妻。

静远楼稿　集部别集类　佚

见《松陵诗征续编》卷14，收其诗1首。

任　潮

字若韩，号椒圃。清吴江人。与袁棠、郭麐诸人结竹溪诗社。

白水田园诗稿1卷　集部别集类

1921年薛凤昌抄本，吴江图书馆藏。

周　笠

清吴江人。

闽南游草1卷　集部别集类

抄本，见《吴江文献保存会书目》卷4。

张斯翼

清吴江人。

东皋诗集1卷　集部别集类

稿本，见《养余斋松陵书目》卷4。

袁　棠(1760—1810)

字甘林，又字尚木，一字钧调、无咎，号湘瀍，一作湘湄。清吴江人。景辂长子。师事顾汝敬，与同邑郭麐等游，结竹溪诗社。能诗古文，尤长言情之作，郭麐极称其词。嘉庆元年(1796)举孝廉方正。晚岁家落，为两江总督铁保记室。

秋水池堂诗5卷洮琼馆词1卷　集部别集类

(1) 清嘉庆间精刻本，上海图书馆藏。

(2) 抄本，上海图书馆藏。

(3) 2015年国家图书馆出版社出版《清代家集丛刊》本。

秋水池堂诗不分卷　集部别集类

稿本，上海图书馆藏。

按：清郭麐、郭凤题款。

研渔庄文集2卷诗集2卷　集部别集类

清顾汝敬撰　朱春生、袁棠辑，版本参见“顾汝敬”条。

洮琼馆词(一作浓睡楼词)1卷　集部词曲类

(1)《宝彝室集刊》本。

(2)《吴江袁氏诗词三种》本。

(3)《古红梅阁词录》本。

按：《吴江袁氏诗词三种》，清嘉庆道光年间刻本，上海图书馆藏。子目为袁棠《洮琼馆词》1卷、袁陶牲《媚学斋诗存》1卷、袁宬《独笑轩诗稿》2卷《饼桃花馆词》1卷。

赵景运(1760—1822)

字灿星,号云岚,晚号心香。清吴江人。

晋滇游草　集部别集类　佚

见《吴江赵氏诗存》卷12。

朱春生(1760—1824)

字韶伯,号铁门。清吴江人。先世徽州人。故居有铁门,因以为号。尝从顾汝敬游。工诗治古文。与袁棠同里居而才与之颉颃。其文善叙事,令人如耳闻而目见之。

铁箫庵文集4卷诗抄2卷　集部别集类

(1) 清嘉庆九年(1804)袁浦汪氏刻本,北京大学图书馆藏。

(2) 清道光五年(1825)刻本,南京图书馆藏。

(3)《清代诗文集汇编》本。

望望斋诗不分卷　集部别集类

抄本,上海图书馆藏。

研渔庄文集2卷诗集2卷　集部别集类

清顾汝敬撰　朱春生、袁棠辑,版本参见"顾汝敬"条。

吉光片羽集2卷　集部总集类

清朱春生辑

抄本,见《磨剑室文三集》之《磨剑室钞存乡先辈已刊未刊稿本题记》。

唐人诗选1卷李杜合集2卷　集部总集类

清朱春生编

清刻本,南京图书馆藏。

王锡瑞(1760—1836)

字元芝,号应庐。清吴江人。嘉庆六年(1801)举人,拣选知县。喜苏轼诗。

读书日记　子部杂学类　佚
滋树斋诗草　集部别集类　佚

以上2种见清张履《积石文稿》卷15《王君应庐墓志铭》。《松陵诗征续编》卷7收其诗1首。

苏诗注　集部别集类　佚

见《垂虹识小录》卷3。

翁广平(1760—1842)

字海琛，一字海村。清吴江平望人。纯礼子。年47始补府学生。质朴无文采，与人言平和若老妪。尝渡海宿普陀山观日出，归著《日食即日月合璧论》二千言。复著《月盈亏论》《陨星论》，多创解。性喜异书，尝得日本国史《吾妻镜》52卷，嫌其疏略，乃求其国书数十种，撰世系表、地理、风土等，成《吾妻镜补》。唐仲冕令吴江，以修志事分属广平，会去官，广平乃自为之。道光元年(1821)举孝廉方正。

六书原4卷　经部小学类　佚
传国玺考1卷　史部杂史类　佚

以上2种见同治《苏州府志》卷138。

吾妻镜补28卷　史部杂史类

(1) 清嘉庆十九年(1814)稿本，武汉大学图书馆藏。

(2) 清抄本，国家图书馆藏。

(3) 长兴王氏仁寿堂抄本，30卷，上海图书馆藏。

(4) 抄本，美国哈佛大学哈佛燕京图书馆藏。

(5) 1939年北京燕京大学图书馆据美国哈佛大学哈佛燕京图书馆藏抄本传抄，北京大学图书馆藏。

按：同治《苏州府志》卷138另有《吾妻镜补修》34卷。作者在凡例中说："本书本《吾妻镜》与《海东诸国记》《年号笺》《年代揽要》诸书而成，因名《吾妻镜补》。"本书一名《日本国志》。全书内容包括世系表、绘图、地理志、风土志、食货志、通商条规、职官志、艺文志、国语解等，仿正史体例。

书湖州庄氏史狱 1 卷　史部传记类

(1)《嘉业堂丛书》本。

(2) 清咸丰二年(1852)管庭芬抄本,上海图书馆藏。

余姚两孝子万里寻亲记 1 卷　史部传记类

(1)《知不足斋丛书》本。

(2) 清抄本,据《知不足斋丛书》本抄,上海图书馆藏。

(3)《丛书集成初编》本。

(道光)平望志 18 卷首 1 卷　史部地理类

(1) 清道光二十年刻本,国家图书馆藏。

(2) 清光绪十三年(1887)吴江黄兆柽重刻本,国家图书馆藏。

(3)《中国地方志集成》本。

(4) 2011 年广陵书社出版《平望志》(三种)本。

天文论 1 卷　子部历算类　佚

杵臼经 1 卷　子部术数类　佚

金石书画跋尾 4 卷　子部艺术类　佚

以上 3 种见同治《苏州府志》卷 138。

按:光绪《平望续志》卷 11 作《金石书画跋》。

听莺居文抄 30 卷　集部别集类

(1) 清小苏斋抄本,南京图书馆藏。

(2) 清叶氏五百经幢馆抄本,上海图书馆藏。

(3) 2 卷,《翁氏丛钞》本。

(4) 1941 年上海合众图书馆抄本,上海图书馆藏。

(5)《清代诗文集汇编》本。

海村诗文集 30 卷诗话 7 卷　集部别集类

见同治《苏州府志》卷 138。

草亭先生文集 2 卷诗集 4 卷补遗 1 卷　集部别集类

清周篆撰　翁广平辑

清嘉庆二十五年晚香堂刻本，上海图书馆藏。

平望诗存 15 卷　集部总集类　佚

翁氏文献 16 卷　集部总集类　佚

续松陵文献 30 卷　集部总集类　佚

以上 3 种见光绪《平望续志》卷 11。有《平望诗存》自序。

题画诗 1 卷　集部总集类

见《吴江文献保存会书目》卷 4。

按：本书为徐锦、陆俊、翁广平同撰。

叶逢金(1760—?)

字卓前，一作卓全，号鹤舟。清吴江人。乾隆五十四年(1789)恩科进士。

闽游诗草　集部别集类　佚

题画杂诗　集部别集类　佚

以上 2 种见《吴中叶氏族谱》卷 57。

翁广岳

字江琛，号江村。清吴江人。纯礼子。幼颖悟。喜作诗。宗徐昌谷、高子业二家。书法以赵孟頫、文徵明为宗。尝应县试，知县李汝栋拔取第一。得劳怯疾卒。年 37。

江村诗草 2 卷　集部别集类　佚

江村诗话 2 卷　集部诗文评类　佚

以上 2 种见道光《平望志》卷 11。

圆　照

字朗山。清吴江殊胜寺僧。工诗善书，为同里陆俊诗弟子。笔致清隽有法度，为士林所珍赏。年仅 30 卒。

白云窝诗抄　集部别集类　佚

见道光《平望志》卷11。光绪《平望续志》卷10收其诗2首。

庄步墀

字仰颜。清吴江人。基永从子。国学生。工书法,家藏金石甚夥,日事抚临。又得沈宗骞指授,书法益工。晚年仿欧阳法,名尤盛。亦工诗。

一粟山房诗草4卷　集部别集类　佚

见同治《苏州府志》卷138。《松陵诗征续编》卷3收其诗1首。

潘士鉴

字子明。清吴江人。尝从费周仁游,警敏嗜学,喜吟诗,兼精篆刻。

五经印则　经部群经总义类　佚

见同治《苏州府志》卷138。

吴家驹

字昂千,一字航仙。清吴江人。诗才骏发,词采华美。

万蕉轩漫稿　集部别集类

见苏州图书馆藏稿本《续松陵诗》。

冯　泰

字安甫,号芝堂。清吴江人。工诗,渊源唐宋,不名一家。书尤挺秀,体仿率更,精鉴赏。早年家境丰裕,收藏书画彝器必择其极雅者。晚迫于贫困,尽以易粟。后客授以布衣终。

复厚斋诗抄4卷　集部别集类　佚

见同治《盛湖志》卷12。有顾广誉序。

周丰玉

字阆峰,一作阆风,号小山。清吴江谢天港人。用裔孙。嘉庆元年

(1796)恩贡生。制艺奇伟矫健。平居教授乡里,足迹罕入城市。

小山诗稿　集部别集类　佚

见同治《盛湖志》卷12。

滋兰书屋诗抄　集部别集类　佚

见同治《苏州府志》卷138。《松陵诗征续编》卷7收其诗1首。

仲升吉

字骧衢,号慎庵。清吴江人。一飞子。嘉庆元年(1796)取入江庠。早卒。

慎庵遗稿　集部别集类　佚

见同治《盛湖志》卷12。

陆大均

字古遗,号干夫。清吴江人。嘉庆元年(1796)取入震庠。

红影庄诗稿1卷古遗词草1卷　集部别集类　佚

抄本,见《磨剑室文三集》之《磨剑室钞存乡先辈已刊未刊稿本题记》。《松陵诗征续编》卷9收其诗4首。

丁兆宽

原名綖。字君度,号石香,一作若芗。清吴江人。郡诸生。

绿杉野屋稿　集部别集类　佚

见同治《苏州府志》卷138。《全清词钞》卷16收其词1首。《松陵诗征续编》卷10收其诗1首。

史乘长

字翼万,号东溪。清吴江同里人。从任思谦游,补震泽诸生,后循例入太学。授徒自给。年逾70而杜门弦诵,神明不衰。

东溪制艺　集部别集类　佚

见嘉庆《同里志》卷22。

徐佩兰

字畹香。清吴江黎里人。兆奎女，殷嘉树妻。

怡绿斋酬唱集　集部别集类　佚

见《分湖诗抄》卷21。

陈　赫(1761—1828)

字家心，一字公言，号二赤。清吴江人。宿文子，屾弟。负高才，落拓不事生产，好远游。尝游齐鲁燕蓟，渡河洛，经沧海，登天台雁荡。而放于酒，好谩骂，以故益穷无所遇。其诗始学李商隐，及放笔为之类苏轼。自署曰“小琼海”。

禊湖陈氏家乘1卷　史部传记类

稿本，见《养余斋松陵书目》卷2。

小琼海全集21卷　集部别集类

(1) 清嘉庆十九年(1814)刻本，吴江图书馆藏。

(2) 清道光二十二年(1842)刻本，上海图书馆藏。

(3)《清代诗文集汇编》本。

按：初集3卷、二集6卷、三集8卷、四集4卷。

小琼海文集2卷老辛骈语1卷老辛诗余2卷　集部别集类

稿本，见《养余斋松陵书目》卷4。

和答百媚吟1卷　集部总集类

清陈赫辑

民国抄本，上海图书馆藏。

费卿庭(1761—?)

字云临，号朵山。清吴江人。嘉庆十年(1805)进士。选庶吉士，散馆归班需次。十四年撰万字文，贺仁宗50寿诞。南归主讲徽州紫阳书院，以疾还，卒于家。

左传地名考 24 卷　经部春秋左传类　佚

经说 80 卷　经部群经总义类　佚

国朝经义考 6 卷　经部群经总义类　佚

以上 3 种见同治《苏州府志》卷 138。

分韵子史题解 20 卷　经部小学类

清费卿庭辑

清嘉庆十九年远就阁刻本，吴江图书馆藏。

勾吴俚语考 2 卷　经部小学类　佚

吴江城隍庙志 1 卷　史部地理类　佚

以上 2 种见道光《苏州府志》卷 102。

历朝讳考 6 卷　史部政书类　佚

稽古编 80 卷　子部杂学类　佚

以上 2 种见同治《苏州府志》卷 138。

蒯嘉珍

字荫雒，号聘堂，一号铁崖。清吴江黎里人。援例为广西太平府同知。行楷学刘文清，隶尤苍古圆劲。

四子书辨证　经部四书类　佚

举业要录　子部典故类　佚

吏治揭要　史部政书类　佚

疃庆集　集部别集类　佚

以上 4 种见光绪《黎里续志》卷 4。

粤游诗钞 4 卷　集部别集类

清嘉庆十五年(1810)刻本，上海图书馆藏。

按:本书书口题“树滋堂诗集”。自序云:“合燕邑旧稿，约诗十余卷，未遑删定。今年改官粤西，阅五寒暑，成诗编为四卷。”

钱与龄

字九英。清浙江嘉兴人。汝恭女，蒯嘉珍妻，少承曾祖母南楼老人家学，尝署所居曰仰南楼。复得从兄钱载指授，专精六法，无纤媚柔弱之态。工诗，不多作。

闺女拾诵　集部别集类　佚

仰南楼闻见集　集部别集类　佚

以上 2 种见光绪《黎里续志》卷 4。

程际韶(1762—1821)

字夔九，号箫庭。清吴江谢天港人。嘉庆十三年(1808)进士。以知县分发甘肃，署崇信县，补清水县，调宁夏县。升兰州循化同知。

留诗阁诗集 1 卷　集部别集类

稿本，上海图书馆藏。

按：同治《苏州府志》卷 138 作《留诗阁集》4 卷。

彀音偶存　集部总集类　佚

番寨竹枝词 1 卷　集部词曲类　佚

以上 2 种见同治《苏州府志》卷 138。

袁　鸿(1762—?)

字逵堂，一作达堂，号笛生，一作篴生。清吴江人。景辂次子，棠弟。官福建永春州知州。能诗。

铁如意庵诗稿 6 卷　集部别集类

(1) 清道光六年(1826)刻本，浙江图书馆藏。

(2) 清光绪八年(1882)文苑山房校刻本，南京图书馆藏。

(3) 清光绪三十年重刻本，南京图书馆藏。

(4) 清宣统元年(1909)袁莼刻本，南京图书馆藏。

(5)《清代诗文集珍本丛刊》本。

按:与其妻王蕙芳《瑶华仙馆诗钞剩稿》合刻。

王蕙芳

字秋卿。清吴江人。袁鸿妻。

瑶华仙馆诗钞剩稿1卷　集部别集类

(1) 清光绪八年(1882)文苑山房校刻本,南京图书馆藏。

(2) 清宣统元年(1909)刻本,南京图书馆藏。

按:以上2种附刊于袁鸿撰《铁如意庵诗稿》后,一名《秋卿遗稿》。

(3)《女士集汇存》本。

按:《女士集汇存》,抄本,吴江图书馆藏。

袁　浦

字珠还,号廉水。袁鸿从弟。卒年63。

珠还诗草1卷　集部别集类

抄本,见《磨剑室文三集》之《磨剑室钞存乡先辈已刊未刊稿本题记》。

程鹭雝

字振飞,号贲园。清吴江盛泽人。际韶弟。附贡生。

贲园诗稿1卷诗余1卷　集部别集类

抄本,见《磨剑室文三集》之《磨剑室钞存乡先辈已刊未刊稿本题记》。

刘德傅

字青荣,号�轩。清吴江人。国子生。

青藜馆集　集部别集类　佚

见《松陵诗征续编》卷4,收其诗1首。

陈　雍(1763—1822)

字仲淑。清湖南祁阳人。绳祖女，金逢原室。善诗画。

筠心阁吟稿 1 卷　集部别集类

清道光二年(1822)刻本，国家图书馆藏。

顾日新(1763—1823)

一名后朗，字剑峰。清吴江人，长洲籍廪膳生。尝客粤东。识陈沆于逆旅，一见即目为国士。主讲嘉定，毛岳生使就学，时称其有人伦鉴。尤自喜为诗。朱春生《铁箫庵文集》卷 4 有其墓志铭。

寸心楼诗集 42 卷　集部别集类

(1) 清嘉庆十七年(1812)刻本，上海图书馆藏。

(2)《清代诗文集汇编》本。

寸心楼文稿 2 卷补遗 1 卷　集部别集类

(1) 抄本，上海图书馆藏。

(2)《清代诗文集汇编》本。

寸心楼遗文续集 1 卷　集部别集类

抄本，上海图书馆藏。

吴锡祚(1763—1794)

字春林，号润含。清吴江人。乾隆五十年(1785)取入江庠，循例贡入成均，谨悫好学。

春林集　集部别集类　佚

见道光《平望志》卷 7。

赵作舟(1763—?)

字若川，号海帆。清吴江人。

正谊堂诗稿　集部别集类　佚

见同治《苏州府志》卷138。

吴江赵氏诗存12卷　集部总集类

(1) 清道光刻本,国家图书馆藏。

(2) 清嘉庆三年(1798)刻本,吴江图书馆藏。

按:本书共赵氏52人,诗1168首。

马若濂

字印溪,号半园。清吴江人。国子生。尝从金学诗游。

湖上诗钞　集部别集类　佚

塞香居存草　集部别集类　佚

以上2种见《儒林六都志》卷下著述。《松陵诗征续编》卷4收其诗1首。

半园集　集部别集类　佚

湖滨近雅集　集部别集类　佚

以上2种见《松陵诗征续编》卷4。

叶树鹤(1764—1827)

字松千,一作新千,号云坡。清吴江人。乾隆四十九年(1784)取入震庠。

讱斋吟稿　集部别集类　佚

见《分湖小识》卷2。

叶树棠

字召封,号益斋。清吴江人。乾隆五十年(1785)取入江庠。诗多佳句。

益斋诗草3卷　集部别集类　佚

稿本,见《养余斋松陵书目》卷4,今未见。

益斋集外诗1卷　集部别集类　佚

见《养余斋松陵书目》卷4。

范显铤(1764—1834)

字树锋,一字勤波,号鲸波,晚号恕斋。清吴江同里人。国学生。绩学能文,藏书万卷。

秣陵日记　史部传记类　佚

恕斋日抄　史部传记类　佚

敬业堂藏书记　史部目录类　佚

养素斋诗文钞　集部别集类　佚

武林游记　集部别集类　佚

以上5种见《同里古吴范氏家乘》。

仲锦奎

字星联,号斗庭。清吴江人。周霈孙。乾隆五十一年(1786)举人。绩学敦行,人咸目为英异。嗣登贤书,三上公车,屡荐未售。平时兀坐书楼吟咏无闲,病卒。

近垣初稿　集部别集类　佚

见同治《盛湖志》卷12。

姚　舆

字英三,号益斋。清吴江人。乾隆五十二年(1787)取入震庠。喜藏书。

覆瓿集2卷　集部别集类　佚

见同治《苏州府志》卷138。

按:同治《苏州府志》卷138载"原名元燮"。

顾我乐

字正叔,号竹峤。清吴江人。乾隆五十四年(1789)举人。知崇明县。善以文行训迪诸生。有枉被吏议者力为护持。

訡痴阁诗抄 8 卷　集部别集类

清嘉庆二十四年(1819)刻本,南京图书馆藏。

訡痴阁诗钞 10 卷续钞 3 卷　集部别集类

(1) 清道光刻本,南京图书馆藏。

(2) 民国抄本,诗钞 10 卷,上海图书馆藏。

訡痴阁词钞(一作箨香词)2 卷　集部词曲类

清道光刻本,南京图书馆藏。

沈钦复(1765—1804)

字见出,号西山。清吴江人。宗德子。

酉山诗钞 1 卷　集部别集类

清同治六年(1867)刻本,附于宗德《勤补书庄诗抄》后,苏州图书馆藏。

沈金渠(1765—1819)

字汉甫,号春桥。清吴江人。乾隆五十九年(1794)取入震庠。善属文,肆力于诗。诗高华典贵,一以王士禛为宗。

震泽备志 2 卷　史部地理类　佚

见道光《震泽镇志》卷 9。

春风庐诗集 2 卷附录 1 卷　集部别集类

清道光间震泽沈氏刻本,国家图书馆藏。

按:诗集有张士元序,没后弟玉渠梓行。《松陵诗征续编》卷 5 收其诗 4 首。

周鹤立(1765—?)

字子野,又字仲和,号匏叶,一号石落。清吴江人。宗建六世孙。乾隆五十九年(1794)举人。以知县官安徽,署泾县、亳州,补蒙城。父忧服除补定远，改湖北，历官汉川、江陵、黄安，卒于汉阳。

（嘉庆）泾县志 32 卷首 1 卷　史部地理类

清李德淦、周鹤立修　洪亮吉纂

(1) 清嘉庆十一年(1806)刻本，吉林大学图书馆藏。

(2) 1914 年石印本，郑州大学图书馆藏。

(3)《中国地方志集成》本。

重订周恭肃公奏疏 1 卷　史部政书类

明周用撰　清周鹤立校

清嘉庆十四年周鹤立绿满书窗刻本，上海图书馆藏。

衔恤纪行草 1 卷　集部别集类

清嘉庆二十年刻本，上海图书馆藏。

匏叶龛杂组 4 卷外编 1 卷诗存 12 卷诗余 1 卷　集部别集类

(1) 清道光四年(1824)刻本，上海图书馆藏。

(2)《清代诗文集汇编》本，仅《诗存》12 卷附《诗余》1 卷。

按：此《诗存》12 卷起于乾隆五十四年，止于道光元年。子目包括《雕虫初录》《晋游草》《近光集》《筮涉编》《花潭闲咏》《药圃留吟》《淮南代匮编》《黄海探奇草》《蓬馆分笺》《漆园纪略》《衔恤前编》《祥琴录》《陔兰草》《衔恤后编》《寒匏集》。

匏叶龛诗存补遗 1 卷　集部别集类

抄本，见《磨剑室文三集》之《磨剑室钞存乡先辈已刊未刊稿本题记》。

张　萼

字杞山。清吴江人。布衣。无他嗜好，惟喜为诗，所作有石湖风味。

吟雪轩诗稿 1 卷　集部别集类

(1) 稿本，吴江图书馆藏。

(2) 清道光二十三年(1843)刻本，上海图书馆藏。

(3) 2016年学苑出版社出版《稀见清代四部辑刊》本。

南轩吟稿　集部别集类

稿本，吴江图书馆藏。

郑　锐

号海山。清吴江人。璜兄。

樵风阁诗　集部别集类　佚

见同治《苏州府志》卷138。

苔石山房诗稿　集部别集类

1921年抄本，吴江图书馆藏。

史宗伦

字文言，号南野。清吴江人。

淡香诗稿　集部别集类

见《江苏诗征》卷97，收其诗1首。

费士玑

字玉衡，号在轩。清吴江人。受业于王鸣盛、钱大昕之门，得其指授，与鸣盛之学尤能笃信。以岁贡生举嘉庆五年(1800)顺天乡试第二。大挑以知县分发贵州，署都匀通判。归卒于家。

四书音证3卷　经部四书类

清费士玑辑　朱焘同订

(1) 清嘉庆四年刻本，上海图书馆藏。

(2) 清咸丰九年(1859)吴江朱氏刻本，北京大学图书馆藏。

周易汉学通义　经部易类　佚

许氏说文重文补录　经部小学类　佚

音韵表　经部小学类　佚

家塾迩言3卷　经部小学类　佚

帝王表见记　史部政书类　佚
遂初轩吟稿　集部别集类　佚

以上6种见同治《苏州府志》卷138。

朱　焘

清吴江人。

四书音证3卷　经部四书类

清费士玑辑　朱焘同订，版本参见“费士玑”条。

云襄集2卷　集部别集类

清嘉庆九年(1804)刻本，见《养余斋松陵书目》卷4。

梅维鋆

清吴江人。

有筠书屋诗钞1卷　集部别集类

清道光间刻本，上海图书馆藏。

陈大绩

字劭组，号厓楞。清震泽人。能文章，不应科举。诗笔幽峭，苦吟以老。馆邱氏德芬堂10年。

厓楞诗抄8卷　集部别集类

(1) 清嘉庆二十四年(1819)留耕堂刻本，上海图书馆藏。

(2) 清道光刻本，南京图书馆藏。

许振声

初名璠。字佩鸣，号小谷。清吴江人。国子生。

怀真草庐诗钞　集部别集类　佚

见《松陵诗征续编》卷4，收其诗3首。

潘　炤

号鸾坡，别号桃源渔者。清吴江人。嘉庆间官给事中，工诗词。与袁枚友善。

鸾坡居士红楼梦词　集部词曲类

清嘉庆十五年(1810)小百尺楼刻本。见《红楼梦书录》。

按:《钓渭间杂脍》之《从心录》卷中收录《鸾坡居士红楼梦词》32首。

梦花影　集部词曲类　佚

折柳阳关　集部词曲类　佚

小百尺楼小品6种　丛书类

以上3种见《中国戏曲通鉴·清代卷》。

钓渭间杂脍6种7卷　丛书类

清嘉庆十一年小百尺楼刻本，北京师范大学图书馆藏。

子目包括:《海喇行》1卷、《涑水抄》1卷、《从心录》1卷、《西泠旧事百咏》1卷、《小沧桑》1卷。附《乌阑誓》2卷。

按:本书一名《杂脍羹》。《乌阑誓》改编自霍小玉的故事，变悲剧为团圆，乃补恨之作。

程　镕(1766—1843)

字裔堂。清吴江人。大兴籍附贡生。官鸿胪寺序班。豪饮工书，兼善写兰。早年以“月落一声鸡”之句得名，人谓之程一声。

八砖书屋印存不分卷　史部金石类

清程镕辑

钤印本，上海图书馆藏。

飞鸿延年室诗1卷　集部别集类

清仲湘辑刻《留爪集》本。

树蕙堂诗集4卷　集部别集类

见同治《苏州府志》卷138。

王　惇

字宗和，号岫轩。清吴江人。国学生。平生无书不览，阅后至老不忘。

史汉人名异同录　史部传记类　佚

见《垂虹识小录》卷6。

徐乔林

字荫长，号植庵，别号练川外史。清吴江人。淳子。诸生。以廪贡试用儒学训导，官嘉定教谕。有诗名。

望云楼初集7卷二集5卷西濠渔笛谱1卷附望云楼漱芳集2卷　集部别集类

清嘉庆二十一年（1816）复园刻本，上海图书馆藏。

按：上海图书馆另藏有清嘉庆二十一年复园刻本《望云诗集》10卷词1卷。

范文治（1767—1795）

字玉阶，号平三。清吴江人。诸生。

敦诗堂遗稿　集部别集类　佚

见《同里古吴范氏家乘》。

郭　麐（1767—1831）

字祥伯，号频伽，晚号蘧庵，又号复翁、复庵。清吴江芦墟人。少应省试及一应京试均不遇。30岁后遂绝意举业，专业于诗古文词。其诗词尤纵才力所至。性通爽豪隽，好食，酒酣嬉骂，时露兀傲不平之气。嘉庆间成贡生。兼工画，醉后画竹石，别有天趣。晚年侨居嘉善以终。

国志蒙拾2卷　史部正史类

(1)《聚学轩丛书》本。

(2)《灵芬馆集》本。

(3)《丛书集成续编》本。

(4) 抄本，上海图书馆藏。

江行日记 1 卷　史部传记类

(1)《小方壶斋舆地丛抄》本。

(2)《灵芬馆集》本。

(3)《历代日记丛钞》本。

金石例补 2 卷　史部金石类

(1)《校补金石例四种》本。

(2)《灵芬馆集》本。

(3)《姚氏丛刻》本。

(4)《行素草堂金石丛书》本。

(5)《槐庐丛书初编》本。

(6)《式训堂丛书初集》本。

(7)《校经山房丛书》本。

(8)《金石全例》本。

(9)《丛书集成初编》本。

(10) 清光绪吴仰贤抄本，浙江图书馆藏。

灵芬馆印存 2 卷　子部艺术类

(1) 清光绪二十年(1894)钤印本，上海图书馆藏。

(2) 1914 年石印本，作《郭频伽印存》，北京大学图书馆藏。

郭麐书画集　子部艺术类

2001 年上海人民美术出版社出版。

樗园消夏录 3 卷　子部杂学类

(1)《灵芬馆集》本。

(2)《续修四库全书》本。

灵芬馆杂著 2 卷　集部别集类

(1)《花雨楼丛钞续钞》本。

(2)《灵芬馆集》本。

(3) 抄本,中山大学图书馆藏。

灵芬馆诗1卷杂著1卷诗话1卷续1卷　集部别集类

清抄《名家诗词丛抄》本,国家图书馆藏。

灵芬馆集外诗1卷　集部别集类

(1)《江震诗稿汇存》本。

(2) 2卷,1933年北平燕京大学图书馆抄本,北京大学图书馆藏。

(3) 2卷,《清代诗文集汇编》本。

灵芬馆诗初集4卷二集10卷三集4卷　集部别集类

(1) 清光绪十年日本东京拥书城石印本,北京师范大学图书馆藏。

(2)《灵芬馆集》本。

(3) 1913年扫叶山房石印本,上海图书馆藏。

灵芬馆诗一集1卷二集2卷三集1卷　集部别集类

抄本,南京图书馆藏。

消夏三会诗3卷延秋集无卷数续消夏集无卷数　集部别集类

清嘉庆十四年(1809)刻本,见《贩书偶记》卷19。

郭灵芬手写徐江庵诗1卷　集部别集类

清徐涛撰　郭麐书,版本参见"徐涛"条。

郭频伽先生手书诗稿　集部别集类

清郭氏写本,北京大学图书馆藏。

按:本书为摺装,附集外、诗目及散稿。

郭麐诗集　集部别集类

姚蓉等编校。2016年人民文学出版社出版。

按:该书收录《灵芬馆诗》之《初集》4卷《二集》10卷《三集》4卷《四集》12卷《续集》9卷、《爨余集》1卷、《蘅梦词》2卷、《浮眉楼词》2卷、《忏余绮语》2卷、《爨余词》1卷等。诗、词作部分以清嘉、道年间刊刻之《灵芬馆集》为底本,校以许增本、民国本、手稿本、许增重刊本、《四部备要》本等。另附录朱春生辑录《灵芬馆集外诗》1卷、《郭频伽先生手书诗稿》2册，并有《郭麐年谱简编》《传记》《评论》等。

唐文粹补遗26卷　集部总集类

(1) 清嘉庆二十四年刻本，南京图书馆藏。

(2) 清光绪十一年江苏书局刻本，南京图书馆藏。

(3) 清光绪十六年杭州许氏榆园刻本，上海图书馆藏。

按：《增订四库全书简明目录标注》云："或云其书刊至二十六卷为止。原本八十卷，从《全唐文》内选出。"

灵芬馆诗话12卷续6卷　集部诗文评类

(1) 清嘉庆二十一年孙均刻二十三年增修本，浙江图书馆藏。

(2) 抄本，辽宁省图书馆藏。

(3)《续修四库全书》本。

灵芬馆词2卷　集部词曲类

《国朝六家词钞》本。

按：此2卷本即从《灵芬馆词四种》中辑出。

蘅梦词2卷　集部词曲类

浮眉楼词2卷　集部词曲类

忏余绮语2卷　集部词曲类

爨余词1卷　集部词曲类

以上4种又合称《灵芬馆词四种》，版本有：

(1)《榆园丛刻》本。

(2)《丛书集成初编》本。

(3)《四部备要》本。

(4)《清名家词》本，均作1卷。

(5)《灵芬馆集》本。

(6)《续修四库全书》本。

(7)《清代诗文集汇编》本。

蘅梦楼词3卷　集部词曲类

稿本，复旦大学图书馆藏。

按：有徐达源跋，见《中国古籍善本书目》。

灵芬馆词话 2 卷　集部词曲类

(1)《词话丛编》本。

(2)《续修四库全书》本。

词品 1 卷　集部词曲类

(1)《花近楼丛书》本。

(2)《古今文艺丛书》本。

(3)《申报馆丛书续集》本。

(4)《娱萱室小品》本。

(5) 1913 年陈氏百尺楼铅印《百尺楼丛书》本。

三家词品 1 卷　集部词曲类

清郭麐、杨夔生、江顺贻撰

《宝彝室集刊》本。

灵芬馆集 92 卷　丛书类

(1) 清嘉庆道光间刻本，南京图书馆藏。

(2) 1913 年扫叶山房石印本。

按：此包括《灵芬馆诗初集》4 卷、《诗二集》10 卷、《诗三集》4 卷、《诗四集》12 卷、《诗续集》9 卷、《诗话》12 卷、《诗话续》6 卷、《灵芬馆词》6 卷、《杂著》2 卷、《杂著续编》4 卷、《杂著三编》8 卷、《江行日记》1 卷、《樗园消夏录》3 卷、《金石例补》2 卷、《国志蒙拾》2 卷、《爨余丛话》6 卷、《爨余集》1 卷。

程邦宪(1767—1833)

字穆甫，号竹庵，晚号拙存居士。清吴江谢天港人。际韶弟。嘉庆七年(1802)进士。授翰林院编修。道光二年(1822)擢江西道监察御史。五年转户科给事中。六年转鸿胪寺少卿。白皙修髯，风神和易，无疾言遽色。在京虽跻卿列，犹蹴居僧寮，图史外无长物。爱山水，东南名胜，足迹殆遍。工诗，蕴藉淡宕，类其为人。书法得晋人遗意。以疾辞官归。

竹庵奏议 1 卷　史部政书类　佚

见同治《盛湖志》卷 12。

规摹八法 1 卷　子部艺术类

稿本，南开大学图书馆藏。

试帖诗　集部别集类　佚

见《垂虹识小录》卷 3。

按：《垂虹识小录》、原《江苏艺文志》另载有“程邦愚”，即一人也。

迟云吟馆集 4 卷　集部别集类　佚

见同治《苏州府志》卷 138。光绪《吴江县续志》卷 37 作《迟云吟馆诗》，有陶澍序。《松陵诗征续编》卷 7 收其诗 2 首。

按：《磨剑室文三集》之《磨剑室钞存乡先辈已刊未刊稿本题记》载有《迟云吟馆诗抄》1 卷，今未见。

叶树枚(1767—1836)

字条生，号改吟，晚号溉翁。清吴江池亭人。绅裔孙。工诗。穷老苦吟，游吴越间。其诗初刻多尖新之词，遭火，续刻一变而为高淡。晚年好为散体，文亦能清超脱俗。

改吟斋诗 4 卷　集部别集类

清嘉庆十三年(1808)自刻本，叶树枚校改并跋，国家图书馆藏。

改吟斋烬余什一 1 卷　集部别集类

(1) 清道光十四年(1834)自刻本，叶树枚校，国家图书馆藏。

(2)《清代诗文集珍本丛刊》本。

改吟斋集 9 卷　集部别集类

(1) 稿本，清仲湘跋，国家图书馆藏。

(2)《清代诗文集珍本丛刊》本。

延秋小集 1 卷　集部别集类

清道光四年刻本，华东师范大学图书馆藏。

铁呵寮词 1 卷　集部词曲类

抄本，上海图书馆藏。

黄　初

字晓春，号晴岩。清吴江人。乾隆五十六年(1791)取入震庠。性不谐俗，作诗颇自负，所作不多示人。

晴岩诗存 2 卷　集部别集类　佚

梦香斋诗抄 4 卷　集部别集类　佚

以上 2 种见同治《苏州府志》卷 138。《松陵诗征续编》卷 4 收其诗 2 首。

郑　篯

字弱士。清吴江人。璜从兄，朱春生门生。年 22 卒。

弱士诗抄　集部别集类　佚

见同治《苏州府志》卷 138。

白蝴蝶庵诗抄 1 卷　集部总集类

1920 年抄本，吴江图书馆藏。

赵　莲

字咒生。清吴江平望人。自幼性敏，读书过目成诵。初学制举业，好骋才气，不肯俯就绳墨，屡踬于试。嗣亲殁家落，与诗人叶树枚、周柳初饮酒倡和无虚日。意气之豪，有不顾俗子侧目者，里人咸讶其狂。工骈体文，兼善汉隶篆刻，学日益进，而秀敏之资益充以学问。后少年意气消磨殆尽，而纵酒益甚。遂得瘖疾以殁，年 43。

咒笋庵剩稿 1 卷　集部别集类

清咸丰三年(1853)心精微馆刻《莺湖两布衣诗钞》本，上海图书馆藏。

赵晋函

字凤威，号艮甫。清震泽人。诸生。

山间明月词　集部词曲类　佚

见嘉庆《黎里志》卷首。

顾　甦

字瞻麓。清吴江人。后移家魏塘。生平以诗为命。

瞻麓遗诗 1 卷　集部别集类

见《养余斋松陵书目》卷 5。

真　辉

字海印。清吴江僧。主罗汉寺。通彻内典，工诗，与徐达源、孙晋灏、邱孙锦辈唱和。

按指集　集部别集类　佚

见光绪《黎里续志》卷 4。

徐达源(1767—1846)

字岷江，又字无际，号山民，别号小峨山人。清吴江黎里人。璇子。博雅工诗文。诗宗杨万里，晚年学黄庭坚。所交皆海内名士。以翰林院待诏需次京师。性豪迈，喜宾客，特善洪亮吉、吴锡麒、法式善等，袁枚为其家长客。晚年家落，居于镇南，名曰“南溪草堂”。善画墨梅，简老疏古得杨无咎法。间作山水小幅，亦脱略畦径。

吴郡甫里人物考 22 卷　史部传记类

(1) 清道光九年(1829)刻本，苏州市吴中区档案馆藏。

(2) 稿本存卷 5 至 15，苏州图书馆藏。

(3) 抄本，存卷 5 至 22，苏州图书馆藏。

国朝甫里人物志 6 卷　史部传记类

(1) 清抄本，上海图书馆藏。

(2)《江苏人物传记丛刊》本。

按：本书记载了清代560多位甫里名人的传记，其中第6卷为女性传记。每篇传记后有徐达源所作评语。

明徐鲁庵先生事迹汇编1卷　史部传记类

清徐达源辑

清嘉庆十七年(1812)刻本，上海图书馆藏。

涧上草堂纪略2卷　史部地理类

(1) 清嘉庆十四年徐氏孚远堂刻本，苏州图书馆藏。

(2) 清道光二十年刻本，不分卷，苏州大学图书馆藏。

(3)《中国祠墓志丛刊》本。

按：涧上草堂在苏州天平山麓上沙村，为明遗民徐枋旧居。明亡后，徐枋遁迹山林，闭门著书，终身不入城市。徐枋殁后，门人潘耒以其旧居为祠，岁时奠祭。嘉庆元年，祠已倾圮，潘耒曾孙潘晓槎命弟子徐达源重修。嘉庆十三年，徐达源再为重修，并汇集徐枋遗文以及祠堂楹联、题咏等，编成此书。

涧上草堂纪略2卷续编1卷拾遗1卷附明孝廉李巢二先生图咏1卷　史部地理类

(1) 稿本，1册，南京图书馆藏。

(2)《邈园丛书》本。

(3)《丛书集成续编》本。

(4)《蟫隐庐丛书》本。

按：《续编》清毛庆善辑，《拾遗》民国罗振常撰，《图咏》清张廷济辑。

(嘉庆)黎里志16卷首1卷　史部地理类

(1) 清嘉庆十年吴江徐氏孚远堂刻本，上海图书馆藏。

(2) 1989年江苏广陵古籍刻印社影印本，南京图书馆藏。

(3)《中国地方志集成》本。

(4) 2011年广陵书社出版。

水利节略 1 卷　史部地理类　佚

无隐庵笔记 10 卷　子部杂学类　佚

禊湖文拾 2 卷　集部总集类　佚

修养杂录 2 卷　子部儒学类

以上 4 种见光绪《黎里续志》卷 4。

紫藤花馆藏帖 4 卷　子部艺术类

清徐达源辑。有吴江徐氏本，见《续修四库全书提要》子部。

按：此帖有同治十一年(1872)拓本，见《天一阁碑帖目录汇编》。又清道光本，见于 2012 年北京中汉拍卖有限公司秋季拍卖。

紫藤花馆文稿 2 卷词 2 卷　集部别集类

见同治《苏州府志》卷 138。

诚斋诗集 16 卷　集部别集类

宋杨万里撰　清徐达源校

清嘉庆五年香雪草庐刻本，南京图书馆藏。

瓶隐偶抄 1 卷　集部别集类

清嘉庆二十四年吴江徐氏刻本，上海图书馆藏。

新咏楼诗 1 卷　集部别集类

(1) 清仲湘辑刻《留爪集》本。

(2) 民国抄本，吴江图书馆藏。

按：光绪《黎里续志》卷 4 作 12 卷。

新咏楼诗稿 4 卷词稿 3 卷　集部别集类

(1) 吴江沈氏传抄稿本，上海图书馆藏。

(2) 1957 年叶山民抄本，据沈凤笙藏本抄出，仅诗集，不分卷，李军私藏。

徐山民先生文剩 1 卷　集部别集类

顾无咎辑

抄本，见《养余斋松陵书目》卷 4。

禊湖诗拾 8 卷首 1 卷　集部总集类

(1) 清嘉庆十年孚远堂刻本，南京图书馆藏。

(2) 1920 年柳亚子刻本，上海图书馆藏。

按：禊湖，在吴江县东南四十里，一名金钟湖，又名梨花里（亦简称黎里）。镇之西北有禊裤湖（一作禊库湖），故又名禊湖。本书所收即为黎里明代至清嘉庆间作者之诗。

吴郡甫里诗编 12 卷国朝甫里诗编 8 卷　集部总集类

(1) 稿本，苏州图书馆藏。

(2) 1938 年抄本，《吴郡甫里诗编》12 卷附录 1 卷，清华大学图书馆藏。

按：本书为徐达源辑。汇辑自唐陆龟蒙至宋元明列朝人物，又补以闺门、流寓、释道，共 205 人，编为 12 卷，名《吴郡甫里诗编》。徐达源后复增收清代里人诗篇，共 166 人，编为 8 卷，名《国朝甫里诗编》。

南北朝文抄 2 卷　集部总集类

清彭兆荪辑　徐达源校

(1) 清嘉庆四年刻本，吴江图书馆藏。

(2) 清光绪八年(1882)紫云室重刻本，南开大学图书馆藏。

(3) 清抄本，复旦大学图书馆藏。

一声长啸万松间图题词 1 卷　集部总集类

清徐达源、陈诗辑

清嘉庆十六年刻本，上海图书馆藏。

紫藤花馆词 1 卷　集部词曲类

稿本，苏州图书馆藏。

吴琼仙(1768—1803)

字子佩，号珊珊。清震泽人。义伦女，徐达源妻。袁枚女弟子。夫妻均喜为诗，时相倡和。袁枚闻之，尝自吴中过访，以为琼仙之才，在达源之上。擅画，又善临晋唐小楷。

写韵楼诗草 1 卷词草 1 卷　集部别集类

(1) 稿本,国家图书馆藏。

(2)《清代诗文集珍本丛刊》本。

写韵楼诗集 5 卷首 1 卷末 1 卷　集部别集类

(1) 清嘉庆十六年(1811)刻本,苏州图书馆藏。

(2) 清道光十二年(1832)刻本,上海图书馆藏。

(3) 清光绪二十二年(1896)乌程庞氏据道光本重印本,国家图书馆藏。

(4) 抄本,上海图书馆藏。

(5)《清代闺秀集丛刊》本。

(6) 2015 年中华书局出版《清代闺阁诗集萃编》本。

双巢翡翠阁小札　集部别集类

见光绪《平望续志》卷 11。

张孝嗣(1768—1804)

字绳祖,号忆鲈,一号蝶憨。清吴江壶卢兜人。候选直隶州同知。性慷慨好赡给。邻族寒士有乞贷者,无不应。嗜吟爱客,一时知名之士造门无虚日。与歙县鲍廷博称莫逆交。家多藏书,嗜金石,收藏古人名印甚多。

清承堂印赏初集 4 卷二集 4 卷　子部艺术类

清嘉庆十九年(1814)张氏钤印本,南京图书馆藏。

竹松书屋诗存　集部别集类　佚

见同治《苏州府志》卷 138。《松陵诗征续编》卷 6 收其诗 1 首。

清承堂投赠尺牍不分卷　集部总集类

民国吴江柳氏抄本,上海图书馆藏。

叶承柏(1768—1807)

字心如,号澹斋。清吴江人。国学生。好古勤读,工诗,屡试不售。

澹斋诗词钞　集部别集类　佚

养拙居文稿　集部别集类　佚

乍川唱和集　集部总集类　佚

以上3种见《吴江叶氏诗录》卷5。

空　明(1768—1818)

号天寥。清吴江僧。俗姓吴,名鲲,字独游。初为缝衣人,常主郭麐家,因好为诗,与同社诸子唱和。嘉庆二十二年(1817)出家于斜塘雁塔寺,师从广信。以疾卒于寺。

天寥遗稿3卷　集部别集类

(1) 清嘉庆二十四年刻本,北京大学图书馆藏。

(2) 1935年煨芋草堂铅印本,附刊于广信《北莱遗诗》后,上海图书馆藏。

袁宝秋(1768—1833)

字粒我,号稻香。清吴江人。黄七世孙。嘉善庠生。芦墟郭学洪馆甥,遂授徒于翁家。从游者类多成就,30年后,始返赵田故居。平生尤好为诗。

牧笛吟1卷　集部别集类　佚

民国吴江柳氏抄本,上海图书馆藏。

吕晋昭

字进蕃,号默庵。清吴江人。英子。苏州府学生。工书,喜为诗。性至孝,尝刻孝行录图像化导乡里。吴县石韫玉称其立品敦行,举动不苟。

孝行录不分卷　史部传记类

清吕晋昭辑

清道光二十四年(1844)莱香堂刻本,南京图书馆藏。

禊滨草堂文集　集部别集类　佚

自勉斋诗抄　集部别集类　佚

以上 2 种见光绪《黎里续志》卷 4。

陆廷槐(？—1821)

字花谷，号荫亭。清吴江人。性喜金石，见名人篆刻，必购以归。

问奇亭印谱 4 卷　子部艺术类

清陆廷槐辑

清嘉庆十七年(1812)笠泽陆氏钤印本，南京图书馆藏。

蒯步蟾

字际天，号养拙。清吴江人。振基子。乾隆五十年(1785)取入江庠。

春雨楼诗抄 1 卷　集部清别集类　佚

见光绪《黎里续志》卷 4。

秦秉仁

字德全，号静山。清震泽人。

念修堂诗草　集部别集类　佚

见同治《苏州府志》卷 138。《松陵诗征续编》卷 6 收其诗 1 首。

秦秉义

字正由，号铁山。清震泽人。乾隆五十九年(1794)取入震庠。

耕余杂唱 2 卷　集部别集类　佚

倚掉吟 4 卷　集部别集类　佚

苴唊吟 2 卷　集部别集类　佚

梅庵词稿 2 卷　集部词曲类　佚

以上 4 种见光绪《平望续志》卷 11。

秦秉纯

字敏修，号孟亭。清震泽韭溪人。少攻制举业有声，年40乃绝意进取。居贫孝友，为族党所推。与人交外和内介，门弟子多所成就。与同邑翁广平、邱孙梧等相唱酬。

唾余集1卷　集部别集类

清仲湘辑刻《留爪集》本。

按：本书收秦秉纯与翁广平、邱孙梧等相唱酬之诗。

唾余吟草1卷　集部别集类

清抄本，上海图书馆藏。

屠拱垣

原名掞，字藻庭，号荻庄，又号心孩。清吴江黎里人。廪膳生。少以诗文自励，中年后游幕皖江，业益进。晚自号荻庄。性嗜酒。兴酣好为高论，时触人忌而不自知。尝馆里中周氏赐福堂有年。与沈翻、徐达源辈览胜寻芳，分题角韵，相得无间。

鲟灯漫笔　子部杂学类　佚

见光绪《黎里续志》卷11。

一粟斋诗稿1卷　集部别集类　佚

见光绪《吴江县续志》卷36。《松陵诗征续编》卷5收其诗2首。

荻庄诗草　集部别集类　佚

见道光《分湖小识》卷5。

陈　琪

字荫嘉，号玉林。清吴江人。周梦台谓其有用世才而不遇。

漫浪集　集部别集类　佚

见同治《苏州府志》卷138。《松陵诗征续编》卷6收其诗4首。

王家榛(? —1807)

字锡章,号雪香。清吴江人。性豪俊,能文章。早卒。

露香阁诗草 1 卷　集部别集类　佚

见同治《苏州府志》卷 138。《松陵诗征续编》卷 6 收其诗 1 首。

赵以庄

字荫寰,号秋涛。清吴江人。国学生。

秋涛诗稿 1 卷　集部别集类　佚

见同治《苏州府志》卷 138。

孙懋勋

号花山。清吴江人。尝游粤东,归颜其室曰且停桡。工书,善拳勇。豪于饮,醉后归吟咏自乐。年 88 卒。

天籁吟稿　集部别集类　佚

见同治《苏州府志》卷 138。

达　曾

号竺峰。清吴江人。俗姓杨。南浔东藏寺僧。志量阔达,才识过人。尝重建崇福永乐寺,又扩东藏旧刹成名寺。平生淡泊自持,能鼓琴,喜吟咏。画梅亦疏峭历落,得法外意。

香影庵诗稿　集部别集类　佚

见《垂虹识小录》卷 5。

张建谟

字嘉言,号新垞。清吴江人。乾隆五十六年(1791)取入江庠。诗笔清挺,非尝用力于苏者不能。五古得古大家法。

蝉吟小草　集部别集类　佚

见同治《盛湖志》卷12。

至道堂集1卷　集部别集类

清仲湘辑刻《留爪集》本。

钱墀

字舞丹，号春桥，一作春翘。清吴江黄溪人。乾隆五十六年(1791)入府学。嘉庆初邑令唐仲冕将修邑志，会去官未成。墀以采访所得加参稽成志。其体例简净有法度。年77卒。

黄溪志12卷　史部地理类

(1) 清道光十一年(1831)亦陶轩刻本，上海图书馆藏。

(2) 1918年吴江柳氏传抄本，上海图书馆藏。

(3) 抄本，南京图书馆藏。

(4)《中国地方志集成》本。

吴中典略不分卷　史部地理类

清钱墀撰　窦鄂补

稿本，台湾"中央图书馆"原藏。

见闻随笔　子部杂学类　佚

有正味斋集笺注　集部别集类　佚

以上2种见同治《苏州府志》卷138。

亦陶轩诗1卷　集部别集类

清仲湘辑刻《留爪集》本。同治《苏州府志》卷138作6卷。

黄溪诗证10卷　集部总集类

清钱墀、赵兰佩辑

(1) 稿本，存卷1至3、卷7至10，北京大学图书馆藏。

(2) 清江阴缪氏云自在龛抄本，存7卷，中国科学院图书馆藏。

袁兰

字湘州，号二恬。清吴江芦墟人。乾隆五十九年(1794)岁贡生。

为时艺从游者至百十人，诗亦间作。

四书考摘要2卷　经部四书类

抄本，上海图书馆藏。

袁氏家乘1卷附袁氏丛书书目1卷　史部传记类

1920年抄本，上海图书馆藏。

箨石钱先生十国词笺略1卷　史部史评类

(1) 稿本，南京图书馆藏。

(2) 抄本，上海图书馆藏。

二恬随笔不分卷　集部别集类

抄本，上海图书馆藏。

山中白云集1卷　集部别集类

清袁兰撰　柳树芳选

抄本，上海图书馆藏。

蟋蟀吟1卷　集部别集类

偶然吟1卷　集部别集类

和陶集1卷　集部别集类

以上3种见《吴江文献保存会书目》卷4。

漱六草堂制艺1卷　集部别集类

手写本，见《养余斋松陵书目》卷4。

水村秋眺图题咏　集部总集类

清袁兰辑

民国吴江柳氏抄本，上海图书馆藏。

按：见《柳亚子史料札记》之《上图"吴江柳氏抄本"部分书目》。

叶树伟

字立方，一作笠舫，号南村。清吴江池亭人。少孤。乾隆五十九年(1794)取入江庠。性宗阳明良知之学，于宋儒多所龃龉。晚乃究心佛乘，年60余卒。

骈枝集 1 卷　集部别集类　佚

抄本，见《吴江文献保存会书目》卷 4。

讲习编　集部总集类　佚

见光绪《黎里续志》卷 7。

姚慰祖

字竹亭。清吴江人。乾隆五十九年(1794)取入震庠。

梅花楼诗草 1 卷　集部别集类

清抄本，上海图书馆藏。

张芝庭

字春山。清吴江人。生活于乾隆年间。所著赋典雅工丽。

春山诗赋稿　集部别集类　佚

见《清闺秀艺文略》。《松陵女子诗征》卷 4 收其诗 1 首。

王和行

字履安，号西厓。清吴江人。自幼勤学，专意读书，不事生产。乾隆六十年(1795)乡荐，四上春官不得志，士林惜之。搜罗碑版，藏书数千卷。

耕心斋时艺　集部别集类　佚

见《松陵人物汇编》卷 10。

徐　垣

字锦城，号纬堂。清吴江人。乾隆六十年(1795)举人。袁枚门下生。

补不足编不分卷　子部杂学类

手写本，见《养余斋松陵书目补编》卷 3。

纬堂残稿　集部别集类

1923年抄本，吴江图书馆藏。

顾青藜

字赤方，号星杖。清吴江人。乾隆六十年(1795)恩科举人。

自得居剩稿1卷　集部别集类　佚

见同治《苏州府志》卷138。《松陵诗征续编》卷4收其诗2首。

周绍爔

字旭升，号耦樵。清吴江人。嘉庆元年(1796)取入江庠。

耦樵遗稿　集部别集类　佚

见同治《盛湖志》卷12。

周尔宾

原名梦兰，字婉荪，号香谷，晚号退谷。清吴江人。琳子。嘉庆元年(1796)入府学。

古香斋诗草2卷　集部别集类　佚

见同治《苏州府志》卷138。《松陵诗征续编》卷8收其诗1首。

黄石书

字北山。清吴江人。嘉庆元年(1796)取入震庠。湛深经学。

映雪斋易说　经部易类　佚

见同治《苏州府志》卷138。

按:《松陵人物汇编》卷10作《听雪斋易说》。

俞兰台

初字荪环，又字定甫，号纫秋。清吴江人。嘉庆元年(1796)取入震庠。少务博览。凡水利、农田、兵制之类皆留心讨究。继乃反复于程朱遗书，慨然欲为儒者之学。以其余力，习诗古文辞。后交张士元，士元告之曰："学不可杂，杂则不精。"未几遽卒。

晚香堂诗抄2卷续抄2卷附录1卷　集部别集类

清嘉庆十六年刻本，上海图书馆藏。

晚香堂遗文不分卷　集部别集类

清抄本，上海图书馆藏。

费　淑

字翼斋，别号上元侍史。清吴江人。陆孝愉妻，陆燿孙妇。生而端庄，性颖悟。

红梨阁诗草1卷　集部别集类

《女士集汇存》本。

按：《磨剑室文三集》之《磨剑室钞存乡先辈已刊未刊稿本题记》有柳亚子题记。

邱孙梧

字集凤，又字后同，号云枝。清吴江人。冈子。嘉庆二年(1797)取入震庠。多所涉猎奇僻，謷洺不可绳尺。

易安斋诗集6卷　集部别集类

(1) 清嘉庆十四年德芬后圃刻本，南京图书馆藏。

(2) 抄本，南京图书馆藏。

易安斋二集3卷摘录不分卷　集部别集类

抄本，上海图书馆藏。

答眉集节录1卷　集部别集类

稿本，南京图书馆藏。

云心集节录1卷　集部别集类

抄本，见《吴江文献保存会书目》卷4。

打包小草1卷　集部别集类

易安斋论诗集1卷　集部诗文评类

以上2种有稿本,见《养余斋松陵书目》卷4。

吴鸣锵

字铸生,一字佩和,号琛堂,晚号复丁翁。清吴江平望人。士坚侄。道光五年(1825)岁贡生。工诗古文,兼工书。晚年善用鸡毛笔,求书者踵相接。尝游艺江浙间,所交皆知名士。年70余与侪辈论文讲学高谈雄辨无异。

睫巢诗集4卷　集部别集类　佚

见同治《苏州府志》卷138。《国朝文汇》丙集卷4收其文1篇。

睫巢文稿1卷　集部别集类

抄本,南京图书馆藏。

吴鸣鋗

字韵伯,号诗庭。清吴江人。士坚子。附贡生。江阴训导。工制举业,与徐绍基、王苏、王骐樽相切磋。年60卒。

平望志8卷　史部地理类　佚

见《垂虹识小录》卷3。《松陵诗征续编》卷5收其诗1首。

吴鸣镛

字履旋,号云墅,一作云士。清吴江人。嘉庆五年(1800)举人。授六安州训导。

续修六安州志　史部地理类　佚

见《松陵人物汇编》卷10。

吴金寿

原名鸣钧,号子音,又号寄瓢子。清吴江平望人。士坚从子。苏州府学生。嘉庆、道光年间名医吴郡张文燮弟子。尝汇集叶桂、缪遵义、薛雪所著为《三家医案》。

三家医案合刻附医效秘传3卷温热赘言1卷　子部医家类

(1) 清道光十一年(1831)吴氏贮春仙馆刻本灵鹤山房藏板,国家图书馆藏。

(2) 清道光文聚堂刻本,中国中医科学院图书馆藏。

(3) 清光绪元年(1875)上海书局石印本,成都中医药大学图书馆藏。

(4) 清光绪二十年图书集成印书局铅印本,扬州市图书馆藏。

(5) 清光绪二十七年汉读楼石印本,安徽省图书馆藏。

(6) 清宏道堂刻本,湖北省图书馆藏。

(7) 清姑苏绿慎堂刻本,华东师范大学图书馆藏。

(8) 清扫叶山房刻本,中国中医学院图书馆藏。

(9) 1941年春明书局铅印本,1947年再版。

(10)《中国医学大成》本。

三家医案摘抄　子部医家类

清抄本,国家图书馆藏。

吴　机

号雪庵。清吴江人。

怀雨集1卷　集部总集类

清吴机辑

清刻本,上海图书馆藏。

按:本书所选皆嘉靖道光间南汇诗人作品。

费兰墀(1769—1825)

字心谷,又字秀生,号蘧庵。清吴江人。振勋子。嘉庆七年(1802)进士。翰林院庶吉士,授编修。一年即请假归,遂不复出。道光三年(1823)大水,民大饥,致书御史程邦宪,建议用捐官形式筹款赈灾。曾主讲虞山书院,所造皆知名士。于同里镇创立仁善局、仁仁堂等。善诗古文词，年 57 卒。

蘧庵文抄 1 卷　集部别集类

(1) 清道光七年恭寿堂刻本，南京图书馆藏。

(2) 清同治十二年(1873)恭寿堂重刻本，吴江图书馆藏。

沈钦霖(1769—1833)

原名钦临。字仲亨，号芝堂。清吴江人。宗德子。嘉庆六年(1801)进士。授内阁中书。道光十年(1830)转福建平漳同知，署兴化府同知。未几调署台湾海防同知。授安徽庐州府知府。以积劳卒于官。赠道衔。

织帘居士诗抄 1 卷　集部别集类

清同治六年(1867)刻本，附于宗德《勤补书庄诗抄》后，苏州图书馆藏。

织帘居士时文抄不分卷　集部别集类

清光绪四年(1878)刻本，吴江图书馆藏。

吴　音(1769—?)

初名蕙生，字春奏。清吴江人。嘉庆十三年(1808)乡试举人。授桃源训导。主讲通州书院。

养拙斋诗稿　集部别集类　佚

见同治《苏州府志》卷 138。

沈才清

字甄陶，号秋伊。清吴江人。嘉庆十一年(1806)取入江庠。好山水，曾度梅岭揽百粤之胜。晚岁寄迹莺湖、虎阜之间。

古柏轩遗稿 4 卷　集部别集类

清道光十八年(1838)凝瑞堂刻本，首都图书馆藏。

古文辞 1 卷　集部总集类　佚

见光绪《平望续志》卷 8。

严湘帆

字衡九，号晓山。清吴江人。

宜梦楼词　集部词曲类　佚

见《全清词钞》卷 16，收其词 1 首。

王　燕

字翼之，号乙巢。清吴江人。奂族孙。诸生。才高学博，不得志于试，日以著述为事。古文叙事简老，骈体典丽，诗有性灵。

学庸讲义 3 卷　经部四书类　佚

见同治《苏州府志》卷 138。

宝爻阁诗文集　集部别集类　佚

见同治《盛湖志》卷 12。

绿窗三绝谱 6 卷　集部总集类　佚

见同治《苏州府志》卷 138。

按：本书辑历代名媛之工诗书画者，类分三编纪诗，曰条啸纪书，曰有炜纪画，曰素绚。

黄　新

字垲亭。清吴江人。初弟。诗有清气。

澹庵诗存 1 卷　集部别集类　佚

见同治《苏州府志》卷 138。《松陵诗征续编》卷 4 收其诗 1 首。

赵　球

字耀坤，号渔槎。清吴江人。鸿藻子。少颖悟能文，弱冠即殁。

欧丝集　集部别集类　佚

见《吴江赵氏诗存》卷 12。

赵兰佩(1770—?)

字眉山,一字国香。清吴江黄溪人。诸生。仿潘柽章《松陵文献》而成《江震人物续志》一书。

松陵人物补志 12 卷　史部传记类

(1) 清道光十五年(1835)抄本,镇江市图书馆藏。

(2) 吴江柳氏抄本,上海图书馆藏。

按:见《柳亚子史料札记》之《上图"吴江柳氏抄本"部分书目》。

江震人物续志 10 卷补遗 1 卷　史部传记类

(1) 道光二十年刻本,上海图书馆藏。

(2) 抄本,南京图书馆藏。

(3)《江苏人物传记丛刊》本。

按:本书收录清乾隆《吴江县志》《震泽县志》以后两县人物,下限止于道光年间。

江震人物备考 10 卷　史部传记类

(1) 吴江柳氏抄本,上海图书馆藏。

(2)《江苏人物传记丛刊》本。

按:柳亚子云:"(赵兰佩)辑《松陵人物补志》十二卷(其稿本旧藏余家)。嗣以卷帙繁重,体例未纯,复重加编次,析成两籍,一为《江震人物续志》十卷,直接果堂之作,业已付刊行世;一为《江震人物备考》十卷,专补沈志所未备,则仅有传钞之本,余从盛湖施乎盦后人处得窥全豹,爰录副成此,并纪始末于右。"见《江震人物备考》卷首。

眉庵诗抄　集部别集类　佚

见同治《苏州府志》卷 138。《松陵诗征续编》卷 8 收其诗 1 首。

黄溪诗证 10 卷　集部总集类

清钱墀、赵兰佩辑,版本参见"钱墀"条。

卜　亨(1771—1834)

又名万亨，字会嘉，号蕙阶。清吴江人。

卜氏谱略 1 卷　史部传记类

抄本，上海图书馆藏。

按：记事至清光绪间。

潘　眉(1771—1841)

字稚韩，一字无害，号寿生，一号梅伯，自号青棠馆主。清吴江芦墟人。师事同邑郭麐。及长，兼攻古文词，旁通史学。曾客游江右、中州、浙闽，而于粤东最久。主潮州黄冈书院，凡五六年。于天文、舆图、金石、历数，均有研究。以廪贡生终。所著诗文皆手自删汰简之。

说文解字 2 卷　经部小学类　佚

见《分湖小识》卷 3。

三国志考证 1 卷　史部正史类

《昭代丛书》本。

三国志考证 8 卷附月日考旧序　史部正史类

(1) 清嘉庆十五年(1810)潘氏小遂初堂刻本，中国科学院图书馆藏。

(2)《广雅书局丛书》本。

(3)《艺风钞书二十种》本。

按：《艺风钞书二十种》，抄本，缪荃孙编，国家图书馆藏。

(4)《史学丛书》本。

(5)《丛书集成初编》本。

(6)《续修四库全书》本。

(7) 1985 年中华书局出版。

孟子游历考 1 卷　史部传记类

(1) 传抄本，沈楙德跋，国家图书馆藏。

(2)《昭代丛书》本。

(3)《丛书集成续编》本。

(道光)高州府志 16 卷首 1 卷　史部地理类

清黄安涛等修　潘眉纂

清道光七年(1827)刻本,上海图书馆藏。

心镜 4 卷　子部杂学类　佚

丛说 8 卷　子部杂学类　佚

以上 2 种见同治《苏州府志》卷 138。

小遂初堂诗 8 卷文 3 卷　集部别集类　佚

见光绪《吴江县续志》卷 36。

潘寿生诗 1 卷　集部别集类

抄本,见《磨剑室文三集》之《磨剑室钞存乡先辈已刊未刊稿本题记》。

吴绳祖

字雨亭,一字杏园。清吴江莘塔人。少耽吟咏,与侄吴家骐唱和。晚岁潜心医道。

杏园遗诗 1 卷　集部别集类

清咸丰七年(1857)刻本,上海图书馆藏。与吴家骐《守拙斋遗稿》同刻。

翁　燿

号兰洲。清震泽人。嘉庆十一年(1806)取入震庠。

扣槃诗草　集部别集类　佚

见《松陵诗征续编》卷 4,收其诗 4 首。

种纸山房诗钞　集部别集类

(1) 清抄本,存卷 9、卷 10,南京图书馆藏。

(2) 稿本,存卷 6 至卷 8,马骥私藏。

按:柳亚子曾于金祖辉处见所藏稿本,柳亚子亦抄有5卷本,为卷6至卷10。

周　铃

字印青,号映林。清吴江人。孝均子。

映林诗稿　集部别集类

《周氏二家诗录》本。

按:据《磨剑室文三集》之《磨剑室钞存乡先辈已刊未刊稿本题记》所载,本书原无集名,为周廷楣辑。

周　铮(?—1814)

字铁如,号鲈船。清吴江人。铃弟。嘉庆十一年(1806)取入江庠。

鲈船吟稿　集部别集类

《周氏二家诗录》本。《松陵诗征续编》卷10收其诗1首。

郁承泰

字映阶,号南轩。清吴江人。好吟咏。晚年境遇贫困,训蒙糊口,抚时感事,不平之慨皆见于诗。

南轩诗草　集部别集类　佚

见同治《苏州府志》卷138。《松陵诗征续编》卷6收其诗3首。

周　桂

字林一,号子葆。清震泽斜路港人。潘江子。精制举业,屡不得志于有司。专务穷经,尤研精训诂之学。一切异同之辨言之有如指掌。好训迪后进。曾客居吴江邱氏长春草庐。

五经考异　经部群经总义类　佚

历代帝王考　史部传记类　佚

林屋游草　集部别集类　佚

西泠纪游诗　集部别集类　佚

以上4种见光绪《黎里续志》卷11。

吴宗谟

字昌言，号定庵。清吴江人。太学生。

定庵诗稿　集部别集类

见苏州图书馆藏稿本《续松陵诗》。

杨　羲

字仲和，号荻庵。清吴江人。刚子。嘉庆十三年(1808)取入震庠。平生嗜诗嗜砚，30岁后自号砚隐。

砚隐诗存4卷　集部别集类

(1) 清道光二十五年(1845)刻本，上海图书馆藏。

(2) 抄本，上海图书馆藏。

同声集　集部总集类

清李钦、杨羲、陆廷楷等合撰

1921年薛凤昌抄本，吴江图书馆藏。

萧　赞

字襄廷，号湘亭。清吴江人。嘉庆十四年(1809)取入江庠。天分绝高，读书过目不忘，绩学能文。

四书辑要　经部四书类　佚

吴中水利　史部地理类　佚

管窥日录　子部杂学类　佚

读书质疑　子部杂学类　佚

古文稿　集部别集类　佚

以上5种见光绪《黎里续志》卷4。

邱 璋

字礼南，号二如。清吴江黎里人。冈弟。嘉庆十四年(1809)恩贡生。与兄冈、弟璿同师事王元文，时有三邱之目。

诸华香处诗集13卷　集部别集类

(1) 清嘉庆二十年刻本，上海图书馆藏。

(2) 清道光六年(1826)刻本，中国社会科学院文学研究所藏。

(3)《清代诗文集汇编》本。

存研楼诗文集不分卷　集部别集类

清刻本，天津师范大学图书馆藏。

晚安阁时文1卷　集部别集类

晚安阁课孙草1卷　集部别集类

二如岁贡卷1卷　集部别集类

以上3种有刻本，见《养余斋松陵书目》卷4。

洞庭游草1卷　集部总集类

清陈大谟、沈璟、邱璋、方洄同撰，版本参见“陈大谟”条。

哀哀录1卷　集部总集类

清邱冈、邱璋、邱璿同辑

抄本，见《养余斋松陵书目》卷2。

晚阁词稿1卷　集部词曲类

抄本，见《吴江文献保存会书目》卷4。

周凤奇

清吴江人。

周氏宗谱8卷　史部传记类

活字本，中央民族大学图书馆藏。

黄　冈(？—1842)

字竹友,号竹堂,又号祝唐。清吴江芦墟人。嘉庆十四年(1809)取入震庠。工书法,宗颜柳,尤善隶。

疏花馆集　集部别集类　佚

见《分湖诗钞》卷19。

吕泰运

字通士,号蕴谷。清吴江人。嘉庆十四年(1809)取入江庠。

蕴谷诗稿　集部别集类　佚

见《吴江叶氏诗录外编》卷6。

黄河清

字铁人。清吴江人。嘉庆十六年(1811)入府学。

铁吟草1卷　集部别集类　佚

见《垂虹识小录》卷7。

倪廷烺

字小香。清吴江人。嘉庆十六年(1811)入府学。工诗善书法。与徐锜友善。

浣绿草堂诗抄　集部别集类　佚

见《垂虹识小录》卷6。

吴光奎

号补愚。清吴江平望人。嘉庆十七年(1812)入府学。

吴光奎诗1卷　集部别集类

清仲湘辑刻《留爪集》本。

按:此诗附录于唐昌辰《静娱室诗》后。

吴莨生

一名丁华。字瑶圃，号南离。清吴江人。增生。

南离诗存2卷　集部别集类

见同治《苏州府志》卷138。

按：本书据《养余斋松陵书目》卷4载由仲湘辑入《留爪集》29卷本中，作《望古堂诗》1卷，今未见。

金　锐

字一冕，号慕愚，别号七十二峰散人。清吴江同里人。仁兄。工诗。嘉庆十九年(1814)作诗说明米价之贵，斥责大户于中渔利。

其恕斋诗草18卷　集部别集类

《务滋堂集》本。

其恕斋试帖5卷　集部别集类

(1) 清刻本，吴江图书馆藏。

(2) 清道光三十年(1850)金锐抄本，吴江图书馆藏。

按：抄本不全，存卷6至10。

七十二峰散人诗草4卷　集部别集类

清抄本，苏州图书馆藏。

按：本书有金祖辉跋。

金　仁(1772—1815)

字得尊，号铁如，又号蔼堂，一号德修。清吴江人。锐弟。潜心经史，不事华饰。中年贫病交攻，学益粹，作《励志诗》以见品。平生慕邵雍、陈献章之为人。惜客死岭南，年44。

粤游随笔不分卷　史部地理类

清嘉庆至咸丰抄本，中国人民大学图书馆藏。

按：本书为嘉庆十八年(1813)金仁游粤日记。

味真书屋杂著合编2卷　子部杂学类

清金奉尧、金仁撰，版本见“金奉尧”条。

味真山房诗草2卷　集部别集类

(1)《务滋堂集》本。

(2) 抄本，吴江图书馆藏。

按：抄本作《味真书屋诗草》。

彭城学吟社诗草　集部别集类

稿本，上海合众图书馆原藏，今归上海图书馆藏。

郭　凤(1772—1840)

字骧云，一字丹叔。清吴江芦墟人。麐弟。乾隆五十七年(1792)尝从顾汝敬学。晚年乔居嘉善，为童子师。

山矾书屋诗初集10卷二集9卷　集部别集类

《初集》清嘉庆十四年(1809)刻，《二集》清道光三年(1823)刻，上海图书馆藏。

金兰源

字绍盘，号谢堂。清吴江人。诸生。入赀为官，历滇粤，所至有政声。官云南澄江府知府。

金兰源诗2卷　集部别集类　佚

见《垂虹识小录》卷6。

金　俊

一名恭。字寿人。清吴江人。仁弟。

玉尺楼画说2卷　子部艺术类

(1) 抄本，吴江图书馆藏。

(2)《艺海一勺》本。

玉尺楼集4卷　集部别集类

1928 年抄本，吴江图书馆藏。

秋渔吟草集 4 卷　集部别集类　佚

见《垂虹识小录》卷 7。

烟波小舍诗草 4 卷　集部别集类

1923 年抄本，吴江图书馆藏。

殷大埙(1773—1808)

字恺庭，号棣香。清吴江人。增兄。诸生。以侄兆镛官赠光禄大夫、经筵讲官。

棣香文稿　集部别集类　佚

见殷葆深修《江震殷氏族谱》卷 3。

谢宗素(1773—1843)

字贞谷，号履庄。清吴江人。年 19 为生计，弃书读律历游公卿间。晚岁归里，杜门著述。道光三年(1823)邑大水田尽淹，得以全灾实报，民困获苏。

却扫庵存稿 8 卷补遗 1 卷　集部别集类

(1) 清光绪间刻本，不分卷，无锡市图书馆藏。

(2) 1927 年铅印本，上海图书馆藏。

邱孙锦(1773—1844)

原名天锦。字织云，一字余甫，又字质畇，号昼堂。清吴江人。璋子。岁贡生。工书，出入苏、米。其诗陈来泰序之，以为德人之言也。

餐雪斋初稿 3 卷　集部别集类

稿本，见《养余斋松陵书目》卷 4。

按：此稿本有“天锦”“织云”“拈花微笑”等印。

有余地遗诗 6 卷有余地韵语 1 卷　集部别集类

(1) 稿本，浙江图书馆藏。

(2) 清咸丰三年(1853)邱曾诒刻本,南京图书馆藏。

按:本书分《看菊集》《探梅集》《订游集》《云水集》《苔岑集》《西空集》《杏雨集》《品兰集》。

安雅堂诗抄 2 卷　集部别集类

红豆诗抄 2 卷　集部别集类

以上 2 种均邱孙锦辑,见《吴江文献保存会书目》卷 4。

赋钞合璧 2 卷　集部别集类

清邱孙锦辑

稿本,见《养余斋松陵书目》卷 4。

按:此稿本有题记,并"昼堂""诸华香处""者莪居士""书之岁华""有余地"5 印。

迮鹤寿(1773—?)

字兰宫,一作兰公,号青厓,自号蓬莱山人。清吴江莘塔人。朗子。道光六年(1826)进士,授池州府教授。长于考证,凡三代制度皆欲旁搜曲据,证以己说而使之完备。精研古义,必求其原。尝推衍三代土田户口之数,又考夏殷周九州经界,开方计里使封建井田之制皆可推算。参校王鸣盛《蛾术编》亦数万言。年 70 余卒。《清史列传》卷 69 有传。

齐诗翼氏学 4 卷　经部诗经类

(1) 清嘉庆十七年(1812)蓬莱山房刻本,上海图书馆藏。

(2)《皇清经解续编》本。

(3)《续修四库全书》本。

孟子疏证 16 卷　经部四书类

(1) 稿本,上海图书馆藏。

(2) 抄本,22 卷,上海博物馆藏。

孟子疏证班爵禄 16 卷孟子正经界疏证 6 卷　经部四书类

(1) 民国间北平人文科学研究所抄本,中国科学院图书馆藏。

(2) 清抄本,无《孟子正经界疏证》,天津图书馆藏。

按：同治《苏州府志》卷138作“孟子正经界班爵禄疏证一百二十卷”。

韵字急就篇10卷　经部小学类

清沈楙德、迮鹤寿辑

（1）清咸丰元年（1851）刻本，南京图书馆藏。

（2）2016年学苑出版社出版《稀见清代四部辑刊》本。

帝王世纪地名衍4卷　史部杂史类

抄本，上海图书馆藏。

迮氏家乘前集8卷　史部传记类

清迮鹤寿辑

清道光十七年家刻本，南京图书馆藏。

迮氏义庄记1卷　史部传记类

清迮鹤寿编

（1）清道光二十年刻本，上海图书馆藏。

（2）2016年学苑出版社出版《稀见清代四部辑刊》本。

江震潜德编4卷　史部传记类　佚

见《垂虹识小录》卷7。

夏九州经界疏证1卷　史部地理类

殷九州经界疏证1卷　史部地理类

周九州经界疏证1卷　史部地理类

夏九州分土疏证1卷　史部地理类

殷九州分土疏证1卷　史部地理类

周九州分土疏证1卷　史部地理类

以上6种见光绪《吴江县续志》卷33。

蛾术编82卷　子部杂学类

清王鸣盛撰　迮鹤寿参校并注

（1）清道光二十一年沈楙德世楷堂刻本，复旦大学图书馆藏。

（2）1958年商务印书馆铅印本。

(3)《续修四库全书》本。

铧鑼集　集部别集类　佚

见清柳树芳《养余斋三集》卷1。

顾宗海

字银澜，号云泉。清吴江人。德本子。幼年小试，以诗赋见称，两取古学，使补博士弟子员。时家道日落，退以课徒为业，犹得先辈教授子弟之法。卒年76。

赋稿2卷　集部别集类　佚

见《分湖小识》卷5。

分滨唱和草　集部总集类

见《分湖诗钞》卷5。

顾宗濂

字勖唐，号吟波。清吴江人。宗海从弟。

吟波诗稿　集部别集类　佚

见《分湖诗钞》卷5。

周星彩

字景如，一作景云，号白庵。清吴江人。嘉庆二十四年(1819)岁贡生，咸丰元年(1851)与董兆熊同举孝廉方正，已年将80。

时文启秀集　集部总集类　佚

见《垂虹识小录》卷6。

钱渭阳

字翊周，号竹荪。清吴江芦墟人。嘉庆十四年(1809)取入江庠。以治经著于时。

汉易汇阐　经部易类　佚

春秋经释　经部春秋总义类　佚
音律考　子部艺术类　佚
　　以上3种见光绪《吴江县续志》卷33。

王　芬

　　字韵清。清震泽梅堰人。幼以疾弃举业，喜为诗。年22卒。
芸台吟稿　集部别集类　佚
　　见同治《苏州府志》卷138。

陈　琯

　　字烹霞。清吴江鸭头湾人。自少即喜读书，凡经史典籍诸子百家靡不流览，然多食而未化。继与迮鹤寿交。凡所读书历陈疑窦，鹤寿略加剖析，琯灵机触发，诗思大进，不数年间富有卷轴。虽绝粒，终日吟诗常彻户外。后以目疾致瞽。
怡山集　集部别集类　佚
　　见《分湖诗苑》，收其诗3首。

沈　翿

　　本姓凌。字丹起，一字木庵，晚号耐谷。清吴江人。补郡学生。少以诗名，专尚性灵。以病习医制方，人以疾告，医治不计酬谢。
炙砚杂抄　子部医家类　佚
木庵焚余稿　集部别集类
　　以上2种见光绪《黎里续志》卷8。
红叶山庄诗1卷　集部别集类
　　清仲湘辑刻《留爪集》本。
沈木庵先生杂著1卷　集部别集类
木庵选余诗稿1卷　集部别集类
　　以上2种有抄本，见《磨剑室文三集》之《磨剑室钞存乡先辈已刊未刊稿本题记》。

周　霁(1774—1799)

字朗宇,号愚谷。清吴江人。元瑛孙。谔士子。从同邑顾汝敬游。喜为诗,性豪爽,好饮酒,酣辄作不平语。曾游京师,王汝璧、陈毓咸皆器重之。

愚谷遗诗 5 卷　集部别集类

清嘉庆刻本,中国社会科学院文学研究所藏。

按:本书分为《学吟草》3 卷、《北游草》2 卷。

半村居诗抄 1 卷　集部别集类

清道光五年(1825)刻本,上海图书馆藏。

朱庭照(1774—1830)

字庆韶,号少云。清吴江苏家港人。平生豪迈自喜,官楚南布政使理问,摄湘潭县事。未几以母老乞养归。诗酒流连,情文兼挚,尤工尺牍。

湘游草　集部别集类　佚

留云山馆遗稿　集部别集类　佚

以上 2 种见《分湖小识》卷 5。《松陵诗征续编》卷 10 收其诗 1 首。

任昌诰(1774—?)

字承莱。清吴江人。兆麟子。性好学,从钱大昕游。工文善书,早卒。

韩山小稿　集部别集类　佚

见《江苏诗征》卷 89,收其诗 2 首。

石逢龙

字又岩。清吴江人。武生。事母尽孝。善医。

石生医案　子部医家类　佚

见同治《苏州府志》卷138。

范庸润(1775—1818)

一作用润。字心孚，号一峰。清吴江同里人。国学生。工诗善琴。书藏万卷，手自校订。

读易诗钞　经部易类　佚

鉴古斋校书记　史部传记类　佚

以上2种见《同里古吴范氏家乘》。

陆　蓥(1775—1850)

字胜修，又字募伯，号艺香。清吴江人。泰增次子。博闻强记，精史学。在里结吟香社。

问花楼诗钞1卷诗话3卷词话1卷　集部别集类

(1) 稿本，南京图书馆藏。

(2)《陆氏传家集》本。

按:《问花楼诗话》卷1评唐诗，卷2评宋、元、明诗，卷3评本朝诗。

问花楼词话1卷　集部词曲类

(1)《百尺楼丛书》本。

(2)《陆氏传家集》本。

(3)《词话丛编》本

陈　兟(1775—?)

字正怀。清吴江人。

快友初吟草稿1卷　集部别集类

稿本，见《养余斋松陵书目》卷4。

宋承瓛

字执诸,号坡湖。清吴江人。景龢子。国子生。

宋承瓛遗诗　集部别集类　佚

见同治《苏州府志》卷138。

按:据《养余斋松陵书目》卷4所载,《留爪集》29卷本收宋景龢《瞳浮山人遗诗》1卷,附宋承瓛、宋恭敬诗。

际　天

字岫云,号兰坡。清吴江人。无碍寺僧。

潇湘草初集二集　集部别集类

见苏州图书馆藏稿本《续松陵诗》。《松陵诗征续编》卷13收其诗1首。

杨　刚

字鹤街,号毅堂。清吴江人。平生笃于伦纪,性好金石。

墨沈存余　子部艺术类　佚

见同治《苏州府志》卷138。

程绍墩

字韵篁,一作孕篁,号斐园。清吴江人。国子生。乾隆五十一年(1786)顺天乡试誊录,直隶倒马关巡检,清苑县典史。嘉庆七年(1802)升按察司司狱。

斐园草1卷　集部别集类　佚

见同治《苏州府志》卷138。《松陵诗征续编》卷5收其诗1首。

吴　载

字清如,号渔庄。清吴江平望人。嘉庆四年(1799)取入震庠。附贡生。好吟咏,尝与人结竹林吟社。

渔庄诗草 3 卷　集部别集类　佚

见同治《苏州府志》卷 138。《松陵诗征续编》卷 9 收其诗 1 首。

余庄剩稿 1 卷　集部别集类

抄本,上海图书馆藏。

董寅森

字卓甫,一作竹坡。清吴江人。嘉庆五年(1800)取入震庠。善为古文,工隶书,能诗。

吟香居诗抄 6 卷　集部别集类

清道光五年(1825)刻本,中国社会科学院文学研究所藏。

按:本书分为《聚好编》2 卷、《后甲编》2 卷、《自怡编》2 卷。

叶齐贤

原名汝贤。字勤宣,号回庵。清吴江人。诸生。

回庵诗稿　集部别集类　佚

见同治《苏州府志》卷 138。《松陵诗征续编》卷 5 收其诗 1 首。

顾惟俊

字英标,号松溪。清吴江人。附贡生。性沉默,折节读书,屡试秋闱不得志,遂专习医学,存心利济,不责酬谢。暇则耽吟。晚年例应重游泮宫不赴。

策策鸣草　集部别集类　佚

见同治《盛湖志》卷 12。

周　珣

字右璜,号玉圃。清吴江新杭市人。监生。性颖敏,喜务实学,尤邃于《易》。

易图贯义2卷　经部易类　佚

见同治《盛湖志》卷12。

按:光绪《吴江县续志》卷21“珣”作“恂”,字右序。《易图贯义》以伏羲太极配河图,濂溪太极配洛书,明先后天卦画之原。复述乾坤坎离四卦,以申天地水火卦实维四之义。凡先后天方位次序及蓍策变占之道,并为图以发明之,各为说以缀其后,计为图60说24。又《松陵诗征续编》卷7收其诗1首。

蒯谦吉

字青畬,号益堂,晚号守瓶老人。清吴江人。以商籍补钱塘诸生,后归吴江补增广生,援例贡成均,以子兆然官封修职郎。性冲淡,博通经史,训诲子弟循循有法度。选《国朝文醇》为家塾课本,士林奉为楷模。精赏鉴,藏名人书画极富,经其审定者人争宝之。

益堂文稿　集部别集类　佚

国朝文醇　集部总集类　佚

以上2种见光绪《黎里续志》卷4。

周　模

字楷生,号约君。清吴江谢天港人。嘉庆五年(1800)举人。诗文富丽,性情狷介,意所不可,形于词色,不肯以屈曲自容。客京师,无所遇,南归卒。

晓吟楼稿　集部别集类　佚

见同治《盛湖志》卷12。

约君诗钞　集部别集类　佚

见《松陵人物汇编》卷10。

李德仪

清吴江黎里人。

粤西游草　史部地理类　佚

见光绪《黎里续志》卷4。

松云氏

别署九容楼主人。清震泽人。

英云梦传(三生姻缘)8卷　子部小说类

(1) 清嘉庆十年(1805)刻本,南京图书馆藏。

(2) 清光绪十四年(1888)绿荫堂刻本,上海图书馆藏。

(3)《古本小说集成》本。

按:本书8卷16回,题"震泽九容楼主人松云氏撰""扫花头陀剩斋评""嵩山樵子梅村氏校""松云弟良才友云氏镌"。本书描写苏州才子王云与佳人吴梦云、滕英娘的婚恋故事。

金永骥

号兰圃。清吴江人。

爨桐室诗钞　集部别集类　佚

见《垂虹诗剩》卷1。

盛际虞

字允诚,号逊堂。清吴江人。国学生。

逊堂诗草10卷　集部别集类　佚

见《垂虹诗剩》卷1。

樊钟岳

字翰伯,号补之。清吴江闻湖人。国学生。

壶山堂诗　集部别集类　佚

见《吴江叶氏诗录外编》卷5。

刘乾吉

字济寰，一字竹溪，号惕安。清吴江人。嘉庆八年(1803)取入震庠。

竹虚斋诗稿　集部别集类　佚

见《垂虹诗賸》卷2。

蒯兆烺

字介璈，号海珊。清吴江人。议叙从九品。工诗善隶，尤精画山水，远宗大痴，近法麓台。

二十四砚斋诗稿　集部别集类　佚

见光绪《黎里续志》卷8。

蒯兆荣

字寿诠。清吴江人。贡生。嘉庆六年(1801)任詹事府额主簿。

祝乔近稿3卷　集部别集类

抄本，见《吴江文献保存会书目》卷4。

洪潮元

字洽三，号半湖。清吴江盛泽人。嘉庆十年(1805)取入江庠。

四书义索解编10卷　经部四书类　佚

桦叶山房诗2卷　集部别集类　佚

以上2种见《盛湖志补》卷3。

周宝生

字楚孙，号林余。清吴县人。诸生洪潮元妻。幼禀父母训，雅嗜吟咏。

翦红山馆吟草　集部别集类　佚

见同治《盛湖志》卷10。

王观潮

原名友潮。字子愉，号湘筠。清吴江同里人。嘉庆十三年(1808)入府学。耽吟咏。与汤礼祥游，诗益进，性极纯谨。

潇湘吟馆诗集10卷词抄2卷　集部别集类

见同治《苏州府志》卷138。

潇湘吟馆诗1卷　集部别集类

清仲湘辑刻《留爪集》本。

潇湘吟馆诗草　集部别集类

(1) 稿本，不分卷，上海图书馆藏。

(2) 抄本，存卷11、12，南开大学图书馆藏。

(3) 抄本，存4卷，吴江图书馆藏。

沈　岏

字春山。清吴江人。大本子。嘉庆十三年(1808)取入震庠。游幕浙省，耿直不为利动。

左塾吟草　集部别集类　佚

见《垂虹识小录》卷6沈大本传附。

凌　镐

字龙臣，自号天复子。清吴江人。坛子。候选县丞。自幼喜作诗，每多悲愤之音。尝从吴鸣锵游。谓其诗多商声，非少年所宜。遭兵乱，更抑郁不自得。年34卒。

天复园杂著　子部杂学类　佚

易斋诗稿12卷　集部别集类　佚

以上2种见光绪《平望续志》卷11。《杂著》有元和袁学澜序。

孙寿保

字石华。清浙江乌程人。有仪女，吴江凌镐妻。

书楼遗诗 1 卷续集 1 卷　集部别集类　佚

见光绪《平望续志》卷 11。

叶春晖

字丽苍，号湘帆。清吴江人。兰生父。

清寿庵诗草　集部别集类　佚

见光绪《黎里续志》卷 4。

项汝图

字宓行。清吴江人。读书不应举。

大酉山房遗稿　集部别集类　佚

见《松陵诗征续编》卷 4，收其诗 1 首。

柳梦金(1777—1823)

字贡三，号双南。清吴江人。球四子。国学生。

双南诗剩 1 卷　集部别集类　佚

见《分湖柳氏第三次纂修家谱》卷 6。

陈　杲(1777—1828)

字肇昇，号芝林。清吴江人。汝雨次子。国子生。

易述 2 卷　经部易类　佚

见光绪《黎里续志》卷 4。

瑞芝阁诗钞　集部别集类

见《松陵诗征续编》卷 8，收其诗 1 首。

秦丕烈(1777—1829)

字启人,号啸庐,又号半痴道人。清震泽韭溪人。早慧能文。试不得隽,弃而学诗、学画、学医。事亲以孝闻。

啸庐遗诗1卷　集部别集类

清仲湘辑刻《留爪集》本。同治《苏州府志》卷138作4卷。

郑　璜(1777—1837)

字元吉,自号瘦山,晚号赘翁,别号种墨庵主人。清吴江同里人。与其兄锐、从兄籛并以诗继起于郭麐诸人之后,以诗终其身。其诗缠绵婉笃,极哀愉悱恻之致。嘉庆十年(1805)举人。累试春官不第,中年后贫益甚。家毁于火,穷且老,复不得志于校官,仍跌宕自喜。兼工经学。

三国志辨讹　史部正史类　佚

春秋地理志今释20卷　史部地理类　佚

以上2种见光绪《吴江县续志》卷33。

清坐斋诗钞1卷　集部别集类

清道光九年(1829)抄本,临海市博物馆藏。

海红华馆文抄4卷　集部别集类

抄本,上海图书馆藏。本书有董兆熊序。

海红华馆诗钞10卷词钞2卷　集部别集类

清道光十五年刻本,复旦大学图书馆藏。

海红华馆词钞2卷　集部词曲类

抄本,上海图书馆藏。

箨石斋十国词一百首　集部词曲类

清郑璜注

清抄本,苏州图书馆藏。

陈佐猷(1777—?)

初名佐尧。字又吾,号揽洲。清吴江人。熯长子。诸生。

揽洲日记1卷　史部传记类

稿本,上海图书馆藏。

枝仁山馆诗钞4卷　集部别集类

复印稿本,复旦大学图书馆藏。

叶　镄(1778—1832)

字芳春,号兰潭,一作兰昙。清吴江人。嘉庆十三年(1808)贡生。候选知县,方略馆誊录。例授文林郎,即选知县。

散花庵丛语1卷　子部小说类

(1)《甲戌丛编》本。

(2)《丛书集成续编》本。

按:本书为清代杂俎小说集,书中或记载当时遗闻,或议论古今事理。

散花庵杂组1卷散花庵丛语1卷散花庵丛语续编1卷　子部小说类

稿本,南京图书馆藏。

香玉馆诗词抄　集部别集类　佚

见同治《苏州府志》卷138。《松陵诗征续编》卷9收其诗2首。

任昌诗(1778—?)

字雅南,一字翰仙,号苏庵。清吴江人。兆麟次子。国子生。

苏庵诗稿18卷　集部别集类

清嘉庆二十三年(1818)来青楼刻本,上海图书馆藏。

苏庵外集1卷　集部别集类

清嘉庆间刻本,山东省图书馆藏。

陈　尌(1779—?)

字镜墀,号二白。清吴江人。佐猷弟。诸生。

镜墀日记 1 卷　史部传记类

稿本,上海图书馆藏。有柳亚子跋。

桐竹斋诗草 2 卷　集部别集类

见同治《苏州府志》卷 138。《松陵诗征续编》卷 10 收其诗 2 首。

按:据《磨剑室文三集》之《磨剑室钞存乡先辈已刊未刊稿本题记》载有稿本 3 卷,今未见。

周嘉福

原名省焘,字驭楼,号峙亭。清吴江人。嘉庆十三年(1808)举人,官江宁县训导。尝主黎里禊湖书院。年 70 余卒。

重次千字文 1 卷　经部小学类　佚

见《垂虹识小录》卷 7。

偶存抄　集部别集类　佚

见《松陵人物汇编》10。

王麟勋

字斌之,号茗屿。清吴江人。燕弟。嘉庆十五年(1810)岁贡生。专力诗古文学。书宗赵吴兴。

宝砚斋诗抄　集部别集类　佚

见同治《盛湖志》卷 12。

张　露

号药圃。清吴江人。沈大本友。

近村居诗抄 5 卷　集部别集类

清嘉庆二十二年(1817)刻本,国家图书馆藏。

沈　诠

字有真。清吴江人。住全真道院。能诗，有妙悟，人乐与之游。

漱霞居吟草　集部别集类　佚

见光绪《黎里续志》卷11。

孙克莹

清吴江人。

玉岑诗稿　集部别集类　佚

见《儒林六都志》卷下著述。

郑　钰

字湘佩，号竹窗。清吴江人。

披云山房遗稿　集部别集类　佚

见同治《盛湖志》卷12。

蔡　湘

字赋江，号秋水。清吴江人。由太学候选布政司经历。性谦冲。自幼工吟咏，有和随园落花诗10首，一时脍炙人口。居常慷慨仗言，敦行不怠，为乡里所推重。同里徐达源创建众善堂，赖其力以成。又与周芝沅倡修禊湖书院。年59无疾卒。

周官辑注6卷　经部周礼类　佚

传砚楼诗抄2卷　集部别集类　佚

以上2种见光绪《黎里续志》卷4。

陈蕊元(1780—?)

字杏探，一字芸圃。清吴江人。

吟晓楼诗稿1卷　集部别集类

稿本,见《养余斋松陵书目》卷 4,今未见。

花间寻梦图题咏 1 卷　集部别集类

抄本,上海图书馆藏。

按:见《柳亚子史料札记》之《上图"吴江柳氏抄本"部分书目》。

李　嬛(1780—1804)

字子珊,号梦兰。清秀水人。陈蕊元室,卒年 25。

梦兰遗诗 1 卷　集部别集类

附于《吟晓楼诗稿》后,版本见"陈蕊元"条。

按:诗仅 6 首,稿本字迹娟秀,为闺中人手自写存者。今未见。

朱　兰(1780—1815)

字畹芳。清吴江人。绍庭女,沈时春妻。

先得月楼遗诗(原名绣余集)1 卷　集部别集类

(1) 清道光二十四年(1844)刻本,上海图书馆藏。

(2) 清光绪十二年(1886)重刻本,上海图书馆藏。

(3)《女士集汇存》本。

吴　荣(1780—1838)

初名楷,字端培,号静轩。清吴江人。道光五年(1825)拔贡。廷试一等,复试以疾未终卷。南归讲学于乡,从游者众。

聚星草堂诗稿　集部别集类　佚

见同治《苏州府志》卷 138。

周梦台(1780—1839)

字叔斗,号柳初。清吴江谢天港人。灿六世孙。诸生。工书法,姿态秀逸,宗苏长公,颇名于时,间为篆隶,古雅有致。诗文戛戛独造,不蹈近人蹊径。

茶瓜轩诗不分卷　集部别集类

(1) 抄本,上海图书馆藏。

(2) 2016 年学苑出版社出版《稀见清代四部辑刊》本。

初庵剩稿 2 卷　集部别集类

民国柳氏抄本,见《磨剑室文三集》之《磨剑室钞存乡先辈已刊未刊稿本题记》。

褈莲砚斋诗 1 卷　集部别集类

稿本,上海图书馆藏。

周梦台书苏长公尺牍　集部别集类

真迹,苏州图书馆藏。

红梨社诗钞 1 卷　集部总集类

清陈希恕、周梦台辑

清道光十年(1830)刻本,上海图书馆藏。

茶瓜轩词 1 卷　集部词曲类

民国柳氏抄本,上海图书馆藏。

文　峰(1780—1839)

字性恬,号笑溪。清震泽人。吉庆寺僧。

如山居未悟编 1 卷　集部别集类

清道光十九年(1839)秀水陶氏刻本,浙江图书馆藏。

杨秉桂(1780—1843)

字蕊周,号辛甫,晚号蟾翁,又号潜叟。清吴江盛泽人。廷栋兄。道光十七年(1837)岁贡生。善画兰,工填词。好游,所在得山水之契朋友之乐。与昆山王学浩交,爱其画,每晤必有请。

画兰题记 1 卷附录 1 卷　子部艺术类

《花近楼丛书》本。

按:《花近楼丛书》74 种 91 卷补遗 19 种 22 卷附存 8 种 9 卷,清管庭芬编,国家图书馆藏。

潜吉堂杂著1卷　子部艺术类

(1)《甲戌丛编》本。亦附刻于《潜吉堂诗录》后。

(2)《丛书集成续编》本。

潜吉堂诗录2卷词录1卷杂著1卷　集部别集类

清道光二十四年刻本,上海图书馆藏。

赵　函(1780—1845)

初名晋函,字符止,号艮甫,又号菊潭、菊潜。清吴江人。基子。负才气,屡出游。尝从护琉球贡使入都。在邗上佐盐运使郑祖琛选乾嘉两朝诗140卷。所见专集独多,故尤能别白其流派。诗作浑厚。

乐潜堂诗初集2卷二集6卷　集部别集类

清同治七年(1868)修补道光咸丰刻本,南京图书馆藏。

乐潜堂诗二集6卷　集部别集类

清道光十四年(1834)刻本,国家图书馆藏。

飞鸿阁琴意2卷　集部别集类

清道光十六年自刻本,国家图书馆藏。

按:本书又名《乐潜堂词》。

菊潜庵剩稿3卷　集部别集类

(1) 清道光二十三年刻本,南京图书馆藏。

(2) 清道光刻本,2卷,上海图书馆藏。

(3) 清刻本,1卷,上海图书馆藏。

乐潜堂集2卷　集部别集类

《同岑五家诗钞》本。

正声集不分卷　集部总集类

稿本,浙江图书馆藏。

按:本书封面题《拟选乾嘉诗》。

山间明月词　集部词曲类　佚

见嘉庆《黎里志》卷首。

吴家骐(1780—1850)

字彦昭,一字念昭,号柯亭。清吴江芦墟人。家骥兄。嘉庆五年(1800)取入江庠。工诗善医。

杂著 1 卷　集部别集类　佚

见同治《苏州府志》卷 138。

守拙斋遗稿 5 卷　集部别集类

清咸丰七年(1857)刻本,上海图书馆藏。

分湖杂咏 1 卷　集部别集类

民国吴江柳氏抄本,上海图书馆藏。

邵　焜

字惕安,一字铁庵。清吴江人。国子生。诗主清新,工铁笔。

铁花庵诗抄 1 卷　集部别集类　佚

又生草堂诗集　集部别集类　佚

以上 2 种见《松陵诗征续编》卷 10,收其诗 1 首。

计　哲

字圣儒,号梅臞,自号毗耶居士。清吴江人。工书法,精医理。

厉青斋诗存　集部别集类　佚

见同治《盛湖志》卷 12。《松陵诗征续编》卷 7 收其诗 1 首。

赵　琳

字庆一,号伽庵。清吴江人。嘉庆十六年(1811)取入江庠。

长啸集　集部别集类　佚

见同治《苏州府志》卷 138。

达　宗(？—1840)

字云昙，号定川。清吴江人。孙氏子，6岁为罗汉寺僧，闻人转《法华经》即有契。少长受具足戒，居醒庵，移住紫筠庵。日诵法华、华严诸经，戒行精严，罕与人接，怡然简默。与讲论佛法陈说因果，又娓娓不倦，恒以忠孝劝人，感化者亦众。终身破衲蔬食。道光二十年(1840)冬无疾念佛而逝。

金刚金持验续记1卷　子部佛教类

清释达宗辑

清道光十年刻本，浙江图书馆藏。

净土述要　子部佛教类　佚

云昙诗稿　集部别集类　佚

以上2种见光绪《黎里续志》卷11。《述要》有徐达源序。《松陵诗征续编》卷13收其诗1首。

陆日曛

曛一作勋。字元方，一字子方，号花村，又号守瓶。清吴江人。嘉庆十九年(1814)取入震庠。

辛夷花馆诗剩1卷守瓶文剩1卷花村词剩1卷　集部别集类

《松陵陆氏丛著》本。

按：《松陵陆氏丛著》，1927年松陵陆氏刻本，华东师范大学图书馆藏。

周潘江

字又安，号雪浦。清震泽斜路港人。桂父。嘉庆十九年(1814)取入江庠。好学不倦，为文根柢经史，客授吴江毛氏、汝氏。

莲香堂稿　集部别集类　佚

见光绪《黎里续志》卷11。

赵桂生

字轮超，号竹庵，又号嵋伯。清吴江人。丕省子。嘉庆二十二年(1817)取入江庠。官四川简州巡检。入蜀后名益起，宦迹所至辄有修举。尤喜吟咏，恒作诗以纪其事。

峨边载笔2卷　史部地理类　佚

按：光绪《平望续志》卷11作《峨边赘笔》。

西藏纪闻4卷　史部地理类　佚

以上2种见同治《苏州府志》卷138。

赵桂生游记　史部地理类　佚

见光绪《平望续志》卷11。

兰坚阁诗1卷　集部别集类

清仲湘辑刻《留爪集》本。同治《苏州府志》卷138作4卷。

兰坚阁文钞1卷诗钞4卷　集部别集类

民国吴江柳氏抄本，见《磨剑室文三集》之《磨剑室钞存乡先辈已刊未刊稿本题记》，今未见。

莺湖赵氏诗存　集部总集类　佚

见光绪《平望续志》卷11。

武林游草3卷　集部总集类

清殷增、秦清锡、赵桂生同撰，版本参见"殷增"条。

兰坚阁词钞1卷　集部词曲类

民国吴江柳氏抄本，上海图书馆藏。

秦秋光

字岐嶷。清吴江人。诸生。

竹窗诗稿　集部别集类　佚

见嘉庆《黎里志》卷首。

史致坤

清吴江人。

赐福庵鸡冠诗 1 卷　集部总集类

见《养余斋松陵书目》卷 4。

徐娱庭

清吴江人。大椿曾孙。

医案集存　子部医家类

稿本,中国中医科学院图书馆藏。

按:本书为徐娱庭之子徐文清据其父多年的临床经验,分类汇集而成。内容包括内、妇、五官各科 66 种病症,载方 200 余首。

汉槎友札 1 卷　集部总集类

《吴氏囊书囊甲编》本。

按:本书为徐娱庭藏清初诸文人寄吴兆骞塞外书札 10 封,后为吴燕兰收入《吴氏囊书囊》之中。

水上善

字秋白,号吴山羽人。清震泽人。

高隐山楼诗钞 1 卷　集部别集类

(1) 清嘉庆二十二年(1817)刻本,上海图书馆藏。

(2) 清道光间刻本,南京图书馆藏。

按:书前有其嘉庆二十二年自序。

李德新

字维宁,号八愚。清吴江人。秀水籍监生。嘉庆中四川吏目。

滇游草　史部地理类　佚

见光绪《黎里续志》卷 4。

刘芝瑞(? —1818)

字绶青,号梅岩。清震泽人。徐乔林甥。嘉庆十一年(1806)取入震庠。好学不倦,尝就学于沈大本、徐乔林。

砚芝书屋诗抄5卷　集部别集类

清嘉庆二十三年培芸草堂刻本,吴江图书馆藏。

朱霞灿

字翠轩,一字霁堂,号素园。清吴江人。朱方谷从子。嘉庆十一年(1806)取入江庠。家贫,授徒为生。诗学白居易,并工骈文。善书法,又以花鸟画驰名,亦通占卜、医术。

虚白庵诗钞　集部别集类　佚

见《分湖诗钞》卷7。

贞丰八景唱和集1卷　集部总集类

清道光二十四年(1844)刻本,南京图书馆藏。

程　鸿

字逵吉,号小湖。清吴江人。监生。

木天楼诗草　集部别集类　佚

见同治《盛湖志》卷12。

黄巍赫

别号明秀阁外史。清吴江人。为王昙高足。

甲申北都覆没遗闻1卷　史部杂史类

(1) 清宣统三年(1911)陆氏抄本,北京大学图书馆藏。

(2) 民国抄本,国家图书馆藏。

按:书前有柳亚子墨笔题识,钤“颐和园主”“柳亚子”等印。

(3)《稀见明史史籍辑存》本。

按：是书起于明崇祯十七年(1644)正月初一，至是年五月十二吴三桂勾引清兵入燕止。后有吴江陆树棠跋。

明秀阁古文初集1卷二集1卷　集部别集类

清复初堂刻本，上海图书馆藏。

明秀阁集3卷　集部别集类

清同治间刻本，上海图书馆藏。见《中国古籍总目》。

吴有庆

字豫庭，号子余。清吴江人。诗如郊、岛而参以山谷之崛强，以贫困死。

病中吟　集部别集类　佚

见同治《盛湖志》卷12。

王嘉锡

字沛纶，号杜香。清吴江人。嘉庆八年(1803)取入江庠。

梦庚楼诗草　集部别集类　佚

见同治《盛湖志》卷12。

薄游小草1卷　集部别集类

抄本，上海图书馆藏。

赵楚湘

字巽甫。清吴江人。基子。嘉庆十一年(1806)取入江庠。书法赵孟頫，诗合唐音。

秋水船诗稿　集部别集类　佚

见同治《苏州府志》卷138。

姚敬清

字鹤五，号沁余。清吴江人。嘉庆十三年(1808)恩贡。候选州判。

少出阮元之门，曾游粤15年。

鸿寄轩小草1卷　集部别集类　佚

见同治《苏州府志》卷138。《松陵诗征续编》卷9收其诗1首。

汝　谐

字枚吉，号梦塘。清吴江人。嘉庆十四年(1809)取入震庠。善汉隶，工诗。所著极多，皆和易称其为人。

蘅香馆稿4卷　集部别集类　佚

焚砚集　集部别集类　佚

以上2种见同治《苏州府志》卷138。

梦塘诗抄二集4卷　集部别集类

抄本，上海图书馆藏。

按：本书又名《箧存集》。

汝梦塘诗集7卷附词1卷　集部别集类

民国吴江柳氏抄本，上海图书馆藏。

庞佑清

字书田，一作舒恬。清吴江人。嘉庆十四年(1809)取入江庠。

舒恬轩周礼读本6卷　经部周礼类

(1) 清道光二十八年(1848)庞氏精刻本，吴江图书馆藏。

(2) 清光绪十一年(1885)漱芳斋刻本，上海图书馆藏。

春秋左传杜注30卷首1卷　经部春秋左传类

清姚培谦撰　庞佑清补订

清道光七年刻本，上海图书馆藏。

春秋绘12卷　经部春秋总义类

清嘉庆稿本，苏州图书馆藏。

绿满书窗六种　丛书类

清庞佑清辑，嘉庆二十三年刻本，北京师范大学图书馆藏。

子目：

《六如诗钞》1 卷　明唐寅撰

《鹧鸪斑》1 卷　清吴伟业撰

《四书诗》1 卷　清尤侗撰

《庚子消夏录碑帖考》1 卷　清孙承泽撰

《返生香》1 卷　明叶小鸾撰

《小仓山房续诗品》1 卷　清袁枚撰

按:《中国丛书综录》未具编辑者,并作道光元年刊。此从《鹧鸪斑弁言》作庞佑清辑。

赵亨衢

字上行,号子鹤,一作芝鹤。清吴江人。嘉庆十五年(1810)举人。官安徽桐城知县。工书。尝助族弟赵作舟辑《赵氏诗存》。

阁帖汇考 14 卷　子部艺术类

清刻本,上海图书馆藏。

子鹤诗抄 2 卷　集部别集类　佚

见同治《苏州府志》卷 138。《松陵诗征续编》卷 9 收其诗 1 首。

赐归赠别 1 卷雨夜联句 1 卷七君子传 1 卷七人联句诗卷跋 1 卷莺湖唱和诗 1 卷　集部总集类

清赵亨衢辑

清道光刻本,南京图书馆藏。

梅观潮

字素园,号乐亭。清吴江人。国学生。耽吟咏,性喜梅。

雪香吟 1 卷　集部别集类

见《吴江文献保存会书目》卷 4。

张佩兰

字畹香。清吴江人。梅观潮妻。

咏花楼诗存　集部别集类　佚

见《松陵女子诗征》卷10。

吴　涣

字君壮，号右岑。清吴江人。士坚孙。习诗画与法家言，近游旁郡。数载后至楚北，无所遇归，诗益工，画益放。居常嗜酒负气，不可一世，独于文字则始终不厌。

右岑自存稿4卷　集部别集类　佚

见同治《苏州府志》卷138。谓仲湘选入《留爪集》。今未见。《松陵诗征续编》卷12收其诗6首。

许　珠

字孟渊，一字蕊仙。清吴江人。丁月邻女，吴涣妻。幼聪慧，善弹琴。卒年33。

萱宧吟稿1卷　集部别集类

(1)《吴江三节妇集》本。

(2) 1921年抄本，吴江图书馆藏。

写翠楼诗　集部别集类　佚

见《历代妇女著作考》卷15引《正始集》。

费云倬

字星躔，号雨芗。清吴江人。

毛诗稽古编附考1卷　经部诗经类

清费云倬辑

(1) 清嘉庆十九年(1814)刻本，南京图书馆藏。

（2）清光绪九年(1883)同文书局石印本，浙江图书馆藏。

按：附于陈启源《毛诗稽古编》30卷后。

吴兆煌

字戌生，号雪荪。清吴江人。嘉庆二十五年(1820)取入震庠。年30卒。

郑氏爻辰说易4卷　经部易类　佚

听雪楼诗稿2卷　集部别集类　佚

以上2种见同治《苏州府志》卷138。《松陵诗征续编》卷11收其诗2首。

汝宏沅

字荪宜，号蔼人。清吴江人。工诗词，兼通六法。

蔼人遗稿　集部别集类　佚

见光绪《黎里续志》卷4。

汝宏浚

清吴江人。徐达源婿。

小停云馆诗抄　集部别集类　佚

见光绪《黎里续志》卷4。

徐　玖

字丹成，号丸如。清吴江人。达源九女，汝宏浚妻。工楷法，善画梅。年20适同里汝宏浚。未二年寡，逾年孤又夭。晚年境益困，授徒粥画以炊。年69卒。

余娴阁诗草1卷　集部别集类

（1）抄本，上海图书馆藏。

（2）《女士集汇存》本。

古诗抄 8 卷太上黄庭内景经 1 卷　集部总集类

清徐玖编

清道光二十四年(1844)吴江徐氏余娴阁刻本,上海图书馆藏。

范用源

字湘槎。清吴江平望人。监生。熟于掌故。家富藏书,发为文章,具有根抵。后从长洲顾元熙游,学益进。

范用源诗 1 卷　集部别集类

清仲湘辑刻《留爪集》本。

按:此诗附录于唐昌辰《静娱室诗》后。

李持玉

字瑶华。清吴江人。景昌女。长于赋物,隶事亦工。

绿窗草　集部别集类　佚

见同治《盛湖志》卷 12。有庄庆椿序。《松陵诗征续编》卷 14 收其诗 1 首。

周　桢

字用琴。清吴江人。楚兄。桐乡籍附贡生。

愚堂诗钞 4 卷　集部别集类

清道光五年(1825)刻本,南京图书馆藏。

周　楚

字庭楠,号萍江。清吴江人。桐乡籍廪贡生。以例补儒学训导。绩学能文,专力经史。

廿一史标言　史部传记类　佚

续齐召南历代帝王年表　史部传记类　佚

国朝信史年表　史部传记类　佚

以上 3 种见道光《震泽镇志》卷 9。

按：道光《震泽镇志》卷 9 载其有诗古文集，今未见。

汝阶玉

字昆树，号秋士。清吴江人。为诗至炊烟不续，不以屑意。好饮酒，醉则论古今事不倦。

庑下长语　子部杂学类

抄本，苏州图书馆藏。

秋士诗抄 1 卷　集部别集类

清嘉庆十五年(1810)刻本，南京图书馆藏。

亦我庐随笔　集部别集类　佚

见光绪《黎里续志》卷 4。

陈清耀

字蕴辉，号少廉。清吴江人。附贡生。浙江候补县丞。

耦杏山房诗草 1 卷　集部别集类

稿本，见《养余斋松陵书目》卷 4。

浙西于役草　集部别集类

抄本，见《磨剑室文三集》之《磨剑室钞存乡先辈已刊未刊稿本题记》。

少廉诗稿 2 卷　集部别集类

稿本，见《养余斋松陵书目》卷 4。

李伯骧

字浚甫，号石巢。清吴江人。秀水籍诸生。

焦桐山馆诗抄　集部别集类　佚

见光绪《黎里续志》卷 4。

钟　圻

字敬和，号午峰，又号莺湖渔人。清吴江平望人。与赵丕承同里相善，亦同善绘事。工山水，朴老沉厚，笔简意足。初以董源为法，继乃参之董其昌、王原祁，所诣益精。晚年患风痹症，手足常颤，每令侍者蘸笔授之作画，随意所造，不名一家，更深得天成理趣。卒年74。

凝香阁画赘　子部艺术类　佚

午峰诗稿3卷　集部别集类　佚

以上2种见同治《苏州府志》卷138。

陈钟英

字英多，一字玉如，号榄香。清吴江人。岫子。诸生，自言私淑惠栋。与震泽张士元论左氏正朔，往复四千余言，士元深叹服。

世统纪年订4卷　史部编年类

清道光间归礼堂刻本，上海图书馆藏。

享帚集　集部别集类　佚

见光绪《吴江县续志》卷37。

归礼堂三种　丛书类

稿本，福建师范大学图书馆藏。

子目：

《群经咫闻录》1卷

《退息篇》2卷

《说文詹詹》1卷

榄香小品三种　丛书类

清道光四年(1824)归礼堂刻本，南京图书馆等藏。

子目：

《答疑孟》1卷

《驳正朔考》1卷

《辩宜斋野乘》1卷

陆维钰

清吴江人。

松陵陆氏宗谱12卷首1卷末1卷　史部传记类

清道光二十六年(1846)抄本,国家图书馆藏。

金　章(1781—1831)

原名莘原。字衡才,一作衡在,号倬甫。清吴江人。嘉庆元年(1796)取入江庠。

茂萱书塾吟草　集部别集类

茂萱书塾词草　集部词曲类

以上2种存1929年抄本,吴江图书馆藏。

盛　瑶(1781—1837)

字坚白,号芝桥。清吴江人。幼学举业,屡试不售,专力于诗。

寄北斋诗钞　集部别集类　佚

冰玉馆文草　集部别集类　佚

以上2种见《平江盛氏家乘初稿》卷19。

蔡　淇(1781—1837)

字卫川,号竺溪。清湖州人,迁居吴江黎里。嘉庆十五年(1810)举人。两上公车不售,遂以亲老绝意进取。循例纳赀加太常博士衔,与同年李子仙、毛春门诸先辈研习文字,间事吟咏。

挹青楼诗稿　集部别集类　佚

媚学斋诗稿　集部别集类　佚

七逸居诗稿　集部别集类　佚

以上3种见《垂虹识小录》卷3。

按:同治《苏州府志》卷138作“七逸居吟稿”。

陈仪镗(1781—?)

字建舆。清吴江人。

杏春诗稿1卷　集部别集类

稿本,见《养余斋松陵书目》卷4。

按:本书有徐晋镕题记。

骚坛偶集1卷　集部总集类

稿本,见《养余斋松陵书目》卷4。

杨　澥(1781—?)

初名海,字琢堂,一作竹唐,号龙石,别号聋石、聋子、聋道人、野航逸民、石公山人等。清吴江人。工篆刻,早岁宗浙派,后习秦汉印。善刻牙印,又刻竹。

汉四皓石刻题跋集录1卷　史部金石类

清道光十八年(1838)吴门艺芳斋张氏刻本,上海图书馆藏。

汉绥和鼎图说1卷　史部金石类

稿本,天津图书馆藏。

聋石道人甲申年之作　子部艺术类

见《中国篆刻大辞典》。

按:本书为自刻印谱。多为姓名、字号、斋馆、吉语、诗文、图案印。

杨龙石印存不分卷　子部艺术类

(1) 清末有正书局钤印本,浙江图书馆藏。

(2) 清光绪三十四年(1908)西泠印社《潜泉印丛》钤印本,上海图书馆藏。

按:《潜泉印丛》为吴隐所辑。

栗庐藏印不分卷　子部艺术类

1924年钤印本,上海图书馆藏。

龙石山房印稿 8 卷　子部艺术类

见《吴江文献保存会书目》卷 3。

先辈野航子镌印　子部艺术类　佚

清杨澥篆刻　黄增康辑

见《吴门篆刻史研究》。

古松陵七十三老龙石审定印谱不分卷　子部艺术类

清李锦鸿辑　杨澥审定

清钤印本，浙江图书馆藏。

朱培元

初名文琥。字春和，号荔生。清吴江人。江西试用从九品。郭麐为其书斋题名曰“新著书斋”。

新著书斋诗稿　集部别集类　佚

见《松陵诗征续编》卷 7，收其诗 1 首。

庄兆洙

字东山，又字鲁望。清震泽人。元植父。国学生。性行朴醇，与弟兆沄并耽韵语。卒年 61。

东山老人诗剩 1 卷　集部别集类

《震泽庄氏家集》本，南京图书馆藏。

庄祝熙

清吴江人。兆洙妹。

凝远楼诗稿　集部别集类　佚

见《松陵女子诗征》卷 10。

程际青

字尚颜，号怡云。其先歙县人，迁居吴江。世业贾。际青不善贾，且鄙夷之，家日落，遂以不平之气寄以酒。客游无所获，以病卒。与朋侪论理是非，必使胸中无窒碍，有不当辄数复不休。

品石庵稿　集部别集类　佚

见同治《盛湖志》卷12。

韩森宝

一名生宝。字颂伯，一字茶甫。清吴江人。诸生。

韩森宝诗1卷　集部别集类

清仲湘辑刻《留爪集》本。

按：此集附于陆镄撰《郁林山馆诗》后。

茶甫词存1卷　集部词曲类　佚

见同治《苏州府志》卷138。《全清词钞》卷16收其词1首。

周　霞(1782—1801)

字瑞青，号悭斋。清吴江人。霁从弟。能诗。

悭斋游草1卷　集部别集类　佚

见同治《苏州府志》卷138。

吴鸣钧(1782—1819)

字振丰，号云璈。清吴江芦墟人。嘉庆十一年(1806)入府学。家富裕，有才干，好助人，喜结交四方名士。其诗婉约多致，尝就学于钱塘陈鸿寿。

盍簪书屋遗诗1卷附录1卷　集部别集类

(1) 1917年柳亚子校印本，南京图书馆藏。

(2) 民国间吴江柳氏红格抄本，上海图书馆藏。

分湖秋泛图题咏集　集部总集类

抄本，上海图书馆藏。

按：见《柳亚子史料札记》之《上图"吴江柳氏抄本"部分书目》。

张海珊(1782—1821)

字越来，一字铁甫。室名小安乐窝。清吴江人。道光元年(1821)恩科乡试第一，榜发已前卒。论学以程朱为主而不废陆王。《清史列传》卷72有传。

丧礼问答1卷　经部仪礼类　佚

先儒礼经次第　经部仪礼类　佚

以上2种见同治《苏州府志》卷138。

小安乐窝日记1卷　史部传记类

清抄本，上海图书馆藏。

西耒公案初抄　史部政书类　佚

古田舍日记　史部传记类　佚

以上2种见《儒林六都志》卷下著述。

区田说　史部地理类　佚

火攻秘录1卷　子部兵书类　佚

以上2种见同治《苏州府志》卷138。

按:《儒林六都志》卷下著述作《火攻绝要》。

小安乐窝文集4卷诗存1卷　集部别集类

(1) 清道光十一年刻本，国家图书馆等藏。

(2) 抄本，文集1卷，上海图书馆藏。

晓庵先生文集3卷诗集2卷　集部别集类

清王锡阐撰，张海珊、张生洲辑，版本参见“王锡阐”条。

湖阴文钞2卷　集部别集类

清张海珊撰　张特桂辑

清同治十二年(1873)刻本，浙江图书馆藏。

按:本书不仅收张海珊文，亦收有陈根培、潘翃、徐有珂散佚文稿若干。

南池唱和诗存1卷　集部总集类

清张海珊、张履撰

(1) 清道光十一年刻本，附刊于《小安乐窝文集》后，苏州大学图书馆藏。

(2) 清光绪二十年(1894)刻本，附刊于张履《积石文稿》后，上海图书馆藏。

(3) 抄本，浙江图书馆藏。

殷 增(1782—1822)

字曜庭，号东溪，又号乐亭。清吴江平望人。国子生。年14咏蝉有警句，为前辈所赏。弱冠，父兄俱卒，遂弃举业专理家政。喜作诗古文辞，尤好收拾邑中遗稿。前邑人袁景辂曾选刻《松陵诗征》行世。殷增乃自魏晋以迄明季，搜罗遗佚，为《松陵诗征前编》，又以景辂所选以后数十年诗为后编。购得里人潘耒《遂初堂集》板，补其残阙者数十页，亲自校雠遂为完书。

年号考6卷　史部编年类　佚

人参谱8卷　子部农家类　佚

剪烛闲谈　子部小说类　佚

以上3种见同治《苏州府志》卷138。

东溪吟草1卷　集部别集类

稿本，苏州图书馆藏。

孤鸿编4卷首2卷　集部别集类

清同治十年(1871)殷氏齐庄中正堂刻本，上海图书馆藏。

拜汲楼诗稿　集部别集类　佚

见陈去病《浩歌堂诗钞》卷1。

按:《浩歌堂诗钞》卷1载:“夏夕读殷氏《松陵诗征》，时予方尽失其《拜汲楼诗稿》。”

武林游草3卷　集部总集类

清殷增、秦清锡、赵桂生同撰

(1) 清同治八年刻本,上海图书馆藏。

(2) 清抄本,无卷数,国家图书馆藏。

松陵诗征前编12卷　集部总集类

(1) 清嘉庆二十一年(1816)刻本,南京图书馆藏。

(2) 清光绪九年(1883)吴下刻本,上海图书馆藏。

按:本书所辑始自六朝,迄于明季,凡356家。仿唐代殷璠《河岳英灵集》之例,于姓氏之下各系品题。

榴竹居看菊图题咏1卷　集部总集类

清殷增辑

民国吴江柳氏抄本,上海图书馆藏。

按:见《柳亚子史料札记》之《上图"吴江柳氏抄本"部分书目》。

盛豫亨(1782—1823)

字建侯,号簪斋。清震泽人。邑增生。

城南草庐诗文稿　集部别集类　佚

见《平江盛氏家乘初稿》卷8。

殷　炜(1782—1845)

字望昆,号竹岩。清吴江人。殷寿彭叔父。年13下笔为文磊落有奇气。精于篆刻,喜购古钱。

怀古堂印谱3卷　子部艺术类　佚

续泉志5卷　史部金石类　佚

以上2种见殷寿彭《贻赠翰林院编修叔父竹岩公传》。

程与坚

字介石。清吴江平望人。与殷增交。

自适吟　集部别集类　佚

见同治《苏州府志》卷138。

叶乃溱

字涣兮,号戟甫。清吴江人。叶小鸾六世从孙。吴至慎外孙。谙习掌故,善鉴别诗画金石。尝搜访叶绍袁遗著,编辑《叶氏艺文志》《遗文汇辑》。著有《重修疏香阁墓道始末》,刊入叶德辉所辑《疏香阁遗录》中。

叶氏艺文志　史部目录类　佚

遗文汇辑　集部别集类　佚

以上2种见《吴江叶氏诗录》卷5。

严六堂剩墨4卷　集部总集类

清叶乃溱辑

(1) 稿本,上海图书馆藏,陈去病跋。

(2) 1920年吴江柳氏抄本,上海图书馆藏。

子目:吴至慎《林塘诗稿》1卷、吴钟侨《川滇行程记》1卷《荔香诗草》1卷、吴钟俊《蜀旋日记》1卷。

疏香阁主遗像题咏1卷　集部总集类

《松陵丛书》本,见《养余斋松陵书目》卷5。

沈宝禾

字辛畬,号子实。清吴江人。嘉庆十七年(1812)取入江庠。道光三年(1823)与修郡志。功名屡踬,仅以明经终。

毛诗多识录6卷　经部诗经类　佚

春秋左氏分编1卷合编1卷　经部春秋左传类　佚

春秋大事摘要2卷　经部春秋总义类　佚

古史世系谱1卷　史部传记类　佚

姓氏韵编4卷　史部传记类　佚

家谱述8卷　史部传记类　佚

赋稿1卷杂著1卷　集部别集类　佚

范石湖杂兴诗笺 1 卷　集部别集类　佚

南史杂咏 1 卷　集部别集类　佚

听蛙溪舍诗钞 10 卷　集部别集类　佚

以上 10 种见《垂虹识小录》卷 6。

蛙溪鼓吹词 2 卷　集部词曲类　佚

清道光四年刻本，吴江图书馆藏。

吴元相

字子孝，号达庵。清吴江同里人。嘉庆十七年(1812)取入江庠。熟于掌故，诗古文词并有宗法。诗雅近渔洋。

松陵琐缀 6 卷　史部地理类

稿本，存卷 4 至卷 6，南京图书馆藏。

按：本书从各种文献中摘录有关吴江的各类典故、遗事。

夷事略 1 卷　史部杂史类　佚

吴氏统谱　史部传记类　佚

黄叶村人自述 1 卷　史部传记类　佚

愧匏轩随札　子部杂学类　佚

以上 4 种见《垂虹识小录》卷 6。

雨窗杂志 1 卷　子部杂学类　佚

按：《垂虹识小录》卷 6 作《雨窗述闻》。

说鬼董狐 8 卷　子部小说类　佚

以上 2 种见同治《苏州府志》卷 138。

松麈燕谈 32 卷　子部小说类

稿本，存 23 卷，南京图书馆藏。

按：本书存卷 9 至 16，卷 18 至 32。

聊斋志续志□卷　子部小说类

稿本，存卷 1、2，南京图书馆藏。

按：本书《垂虹识小录》卷 6 作《续聊斋志异》10 卷。

玉香阁文稿1卷诗稿1卷　集部别集类

稿本，南京图书馆藏。

赵云球

字炳南，号莘田。清吴江人。齐峄子。嘉庆十八年(1813)拔贡。廷试第一，授刑部七品官，假归卒。

莘田遗草1卷　集部别集类

清道光四年(1824)刻本，附刊于赵基《乳初轩诗选》后，南京图书馆藏。

程庆龄

字锡兹，号紫垣。清吴江谢天港人。际韶子。嘉庆十八年(1813)举人。分发广西试用布库大使，署田州州同。道光十五年(1835)署灌阳知县，十九年署全州州同，以劳瘁得疾，乞假归。年77卒。

粤游草　史部地理类　佚

见同治《盛湖志》卷12。

西延轶志10卷首1卷末1卷　史部地理类

清程庆龄修　蒋菘、唐元纂

(1) 清道光二十年刻本，南京大学图书馆藏。

(2) 清光绪二十六年(1900)西延理苗州署刻本，上海图书馆藏。

心不竞斋诗5卷　集部别集类

稿本，上海图书馆藏。

觉瓮归来吟1卷　集部别集类

抄本，上海图书馆藏。

紫垣诗稿7卷附诗余1卷　集部别集类

抄本，见《磨剑室文三集》之《磨剑室钞存乡先辈已刊未刊稿本题记》。

吴春龙

原名克震,字友江。清吴江人。嘉庆二十年(1815)取入震庠。

六先生遗诗 1 卷　集部别集类

清吴春龙、吴清长同辑

见《吴江文献保存会书目》卷 4。

丁月邻

字素娟。清吴江人。许简妻。

颂琴楼集　集部别集类

吴县潘氏选抄本,存诗 18 首。《松陵女子诗征》卷 5 有《携婿女至先茔》1 首,可补录。见《历代妇女著作考》卷 7。

李王熊

字旋吉,号谷田。清吴江新杭市人。莒子。少孤家贫,以书自娱。年 70 卒。

惟适草堂吟稿 1 卷　集部别集类　佚

清抄本,浙江图书馆藏。

按:本书与李豫康《清晖书屋诗存》同抄。

徐　瀚

字振子,号北海,又号伯海。清吴江人。嘉庆二十二年(1817)取入震庠。附监生。候选道库大使。为人隽爽,诗多佳语。

守砚山房诗抄 4 卷　集部别集类　佚

见同治《苏州府志》卷 138。《松陵诗征续编》卷 11 收其诗 1 首。

费和钦

字春舟。清吴江人。嘉庆二十三年(1818)取入江庠。

避燹吟草　集部别集类　佚

见《垂虹诗剩》卷3。

陈大治

字阶平，号宜堂。清吴江人。嘉庆二十四年(1819)副贡生。

怀瑜轩诗钞　集部别集类　佚

见光绪《黎里续志》卷4。

萧庆清

字治堂，号小兰。清吴江人。嘉庆二十五年(1820)取入震庠。

攒花小堂二集不分卷　集部总集类

清光绪石印巾箱本，南京图书馆藏。

袁陶甡(1783—1799)

字彦群，号双生。清吴江人。棠子。从朱春生学。年17卒于杭州。诗抒写性情，流连光景，委折深至。

媚学斋诗存1卷　集部别集类

《吴江袁氏诗词三种》本。

周芝沅(1783—1835)

字坤荣，号逸坡。清吴江人。王图孙。监生，候选按察司知事。道光三年(1823)输粟赈饥议叙盐课司提举。复同蔡湘捐修禊湖书院。性嗜风雅，暇辄赋诗、鼓琴。

周氏家乘2卷　史部传记类　佚

遂生居诗1卷　集部别集类　佚

以上2种见光绪《黎里续志》卷7。

古芬山馆遗诗1卷　集部别集类

(1) 清抄本，浙江图书馆藏。

（2）1922年铅印本，上海图书馆藏。

按：本书为其子兆烜辑。

钱峙玉(1783—1841)

字翠峰。清嘉善人。钱枚女，柳梦坤室，柳树芳从嫂。

吟秋阁诗草　集部别集类　佚

见同治《苏州府志》卷139。

朱容照(1783—1847)

字景宣，号升斋。清吴江人。庭照弟。国子生。议叙八品。

花好月圆人寿斋遗稿　集部别集类　佚

见同治《苏州府志》卷138。《松陵诗征续编》卷10收其诗1首。

玲珑山馆留删小草　集部别集类

1921年薛凤昌抄本，吴江图书馆藏。

按：据《磨剑室文三集》之《磨剑室钞存乡先辈已刊未刊稿本题记》记载，本书原有稿本，7卷，民国时藏于禊湖朱慕家，今未见。

冯　珍(1783—?)

字子耕，一字玉如，号秋谷。清吴江人。监生。候选按察司照磨。

西山纪游诗抄1卷附词1卷　集部别集类

原刻本，南京图书馆藏。

尊古斋诗抄4卷　集部别集类

清嘉庆刻本，南京图书馆藏。

西泠杂咏1卷　集部别集类　佚

见光绪《黎里续志》卷4。

李　发

字斌元，号瀛仙。清吴江人。诸生。本居钓雪滩，为里人徐湄婿，因家焉。喜为诗,取法唐人。

乳燕集 2 卷　集部别集类　佚

　　见同治《苏州府志》卷 138。《江苏诗征》卷 93 收其诗 2 首。

董云鹤(1784—1847)

　　字松筠。清吴江人。王家榛妻。年 24 寡,课子董兆熊甚勤。

闲窗杂记 2 卷　子部杂学类　佚

　　见同治《苏州府志》卷 139。

涵清阁诗抄 1 卷　集部别集类

　　《吴江三节妇集》本。

吴文俊

　　字心有。清吴江八角亭人。庠生。年 93。

天文地舆图　子部历算类　佚

　　见《儒林六都志》卷下著述。

庄兆沄

　　字临洲,号镜波。清震泽人。兆洙弟。

镜波楼集　集部别集类　佚

　　见《松陵诗征续编》卷 9,收其诗 1 首。

程庆华

　　字缦云,一字实之。清吴江谢天港人。邦宪子。监生。捐职布理问。诗文得顾莼指授。书法挺秀,笔肖欧褚。年 42 卒。

静泰居诗抄　集部别集类　佚

　　见同治《盛湖志》卷 12。

袁　宬(1785—1806)

字仲容,号山史。清吴江人。棠次子。

独笑轩诗稿2卷饼桃花馆词1卷　集部别集类

《吴江袁氏诗词三种》本。

独笑轩文稿1卷　集部别集类

清道光五年(1825)刻本,上海图书馆藏。

按:本书附刊于朱春生《铁箫庵文集》后。

周光纬(1785—1828)

字焕文,又字孟昭,号蓉裳。清吴江黎里人。元理孙。仁和籍附贡生,捐职员外郎。性嗜风雅,工吟咏,得力于杜苏两家。所藏宋元名家书钩摹上石,刻《红蕉馆帖》。

红蕉馆藏真5卷　子部艺术类

清周光纬辑　叶潮摹勒

《中国善本丛帖集刊》本。

红蕉馆琴谱2卷　子部艺术类　佚

见《红蕉馆诗钞》附周宪曾撰《蓉裳公行述》一文。

红蕉馆诗钞6卷　集部别集类

(1) 清咸丰十一年(1861)刻本,上海图书馆藏。

(2) 1924年据咸丰刻本重印本,上海图书馆藏。

红蕉馆词　集部词曲类　佚

见《红蕉馆诗钞》。

王　淑(1785—1836)

字畹兰,号长生。清吴江人。祖武女,周光纬妻。工诗词,在京与李佩金、杨芸相唱和。

竹韵楼诗2卷琴趣1卷　集部别集类

(1) 清道光二十五年(1845)刻本,上海图书馆藏。

(2) 1924 年据道光刻本重印本,上海图书馆藏。

按:其《琴趣》即词集。

陈兴雨(1785—1841)

字傅霖,号枫江。清吴江谢天港人。沂震裔孙。少好学,屡困郡邑试。年长家贫,乃习法家言,往来苏松江扬诸郡。佐吴县幕间,治狱巨细不忽。遇重谳,则一夕数起,或申旦不寐,虽疾病不敢安。沈曰富《受恒受渐斋集》卷 3 有其传。

水竹居诗 1 卷　集部别集类

清仲湘辑刻《留爪集》本。

水竹居吟草　集部别集类

抄本,见《磨剑室文三集》之《磨剑室钞存乡先辈已刊未刊稿本题记》。

费元镕(1785—1847)

字伯瀛,号东洲。清吴江人。兰墀侄,后嗣为其子。道光元年(1821)恩科举人。大挑授安徽休宁县训导,教士一依朱子白鹿洞规,书程子四箴、范氏心箴于座以自省。采访六朝至清休宁贞孝烈妇女得 6200 人,汇请得旌,建坊于街,为文勒石化之。咸丰元年(1851)祀休宁名宦祠。

宝善大全　子部儒学类　佚

见同治《苏州府志》卷 138。

郭　骥(1785—1851)

字超云,号友三。清吴江芦墟人。麐从弟。少贫习商,后学画,并以此名世。

冬学庵诗草不分卷　集部别集类

稿本，南京图书馆藏。《松陵诗征续编》卷11，收其诗1首。

友三集附补遗　集部别集类

抄本，见《磨剑室文三集》之《磨剑室钞存乡先辈已刊未刊稿本题记》。

唐寿萼(1785—?)

字蕙伯，又字惠伯，号子珊。清吴江人，家莺湖。从叶树枚游。少孤而贫，刻意苦吟，而家境益贫。尝一游彭城不得志，归挟医术作近游，所至有文酒之乐，而贫如昔。其为诗，造意必深，炼句必隽，缠绵悽恻，令人不堪卒读。乃其性所近，亦境遇使然。

凫翁亭诗集2卷　集部别集类

《莺湖两布衣诗钞》本。

绿语楼倚声初续集2卷　集部词曲类

清道光十六年(1836)刻本，上海图书馆藏。

顾鸿生

字懋英，号海霞。清吴江人。诸生。与张海珊游。积学能文。

笠泽琐言不分卷　子部杂学类

抄本，上海图书馆藏。

按：本书杂记吴江有关典故。

海霞诗抄8卷　集部别集类

清嘉庆二十一年(1816)南陔草堂刻本，上海图书馆藏。

杨廷栋

字载安，号东甫。清吴江人。秉桂弟。诸生。工填词，于声律尤精。晚年益困，临殁悉焚其稿。

东甫诗余　集部词曲类　佚

见《全清词钞》卷22，收其词1首。

吴 育

字山子，室名归来草堂。清吴江人。兆骞后裔。常客游，晚乃寓常州。阳湖李兆洛、泾县包世臣盛称其古文及其篆书。文品简而淡。道光十四年(1834)与阳湖蒋彤等共校《日知录集释》。

游峡山寺记　史部地理类

游金粟泉记　史部地理类

访苏泉记　史部地理类

以上3种有《小方壶斋舆地丛钞》本。

吴山子遗文1卷　集部别集类

(1)《烟画东堂小品》本。

(2) 2016年凤凰出版社出版《常州先哲遗书续》本，书名作《吴山子文钞》。

按：缪荃孙因访道光本《私艾斋文集》未得，乃辑其文，仅赋1首、书后1首、游记3首、祠堂记1首、传5首、墓志3首，共文14篇，题为《吴山子遗文》。

私艾斋文集6卷　集部别集类

(1) 清嘉庆年间刻本，清华大学图书馆藏。

(2) 清道光二十年江阴暨阳书院刻本，国家图书馆藏。

(3) 清抄本，无锡市图书馆藏。

赵 勤

字敏甫，一字平桥，号篱士。清吴江平望人。监生。

奇雨楼诗1卷　集部别集类

清仲湘辑刻《留爪集》本。光绪《平望续志》卷11作6卷。

翁敦书

字二典，一字咢生，号蘧庐。清吴江人。广平从子。少从广平游，后客游闽楚，题咏甚富。为人真朴，好搜罗遗佚。年65卒。
明御史李模年谱　史部传记类　佚
清翁敦书、沈曰富同辑
三十六鸥水榭诗草　集部别集类　佚
蘧庐近稿　集部别集类　佚
以上3种见光绪《平望续志》卷11。
翁布衣诗录2卷　集部别集类
《翁氏丛钞》本。
陈翁二布衣诗录不分卷　集部总集类
清陈元祥、翁敦书撰　仲湘选　吴云辑
清咸丰刻本，上海图书馆藏。
翁仲联吟稿　集部总集类　佚
见《松陵人物汇编》卷11。

孙李坤

清吴江人。
浣花草堂集　集部别集类　佚
斗西诗稿　集部别集类　佚
以上2种见《儒林六都志》卷下著述。

钱　浚

清吴江人。
吴越钱氏吴江麻溪派宗谱不分卷　史部传记类
清钱浚纂修
清嘉庆二十三年(1818)刻本，国家图书馆藏。

徐庆恩

字声宣，号竹君。清吴江黎里人。廪贡生。生平好诗，不多作，而喜论唐宋诸家。

竹君遗稿　集部别集类　佚

见光绪《黎里续志》卷5。

按:《吴江叶氏诗录外编》卷4作“徐筠鹤”,载其原名庆思,字竹君。

丁学棠

字召亭,号菊坡。清吴江人。云锦孙。少孤力学,弱冠工文章,尤耽韵语。遭祖父丧不及终试,遂以哀毁致疾死。

木兰花馆遗诗1卷　集部别集类

稿本,见《磨剑室文三集》之《磨剑室钞存乡先辈已刊未刊稿本题记》。

王致望(?—1857)

字少吕,又字渭征。清吴江人。鲲子。例贡生。

舜湖纪略6卷　史部地理类

清道光抄本,南京地理研究所藏。

按:南京地理研究所藏有2部,一部不分卷,一部为6卷本。

茹古斋碑帖目录1卷　史部金石类

宝爵斋碑帖目录2卷　史部金石类

以上2种清王鲲藏　王致望编,版本参见“王鲲”条。

盛湖诗萃续编4卷　集部总集类

清咸丰七年(1857)刻本,南京图书馆藏,附于王鲲《盛湖诗萃》12卷后。

琅琊王氏诗抄6卷　集部总集类

清王致望辑

稿本,上海图书馆藏。

金连城

字宝和，号�圃。清吴江人。

待月轩诗草　集部别集类　佚

见《吴江叶氏诗录外编》卷7。

唐昌辰

字淡如。清吴江平望人。道光九年(1829)取入震庠。

静娱室诗1卷　集部别集类

清仲湘辑刻《留爪集》本。

按：本书后附范用源、吴光奎诗。

王致纲

字卞循，号倚帆。清吴江人。元煦子。诸生。喜吟咏，工画。山水法黄子久，蔬果仿陈白阳，兼善飞白。海盐张燕昌极称之。

倚帆诗抄　集部别集类　佚

见同治《盛湖志》卷12。

王致绶

字黼家，号二若。清吴江人。元煦子。

紫薇花馆稿　集部别集类　佚

见同治《盛湖志》卷12。

王致俊

字抡选，号馥乡。清吴江人。麟勋子。道光元年(1821)入府学。为人通脱，遇酒益豪，淡于进取。兴到为诗，援笔立就。

森桂楼诗草　集部别集类　佚

见同治《盛湖志》卷12。

秦钟瑞

号怡庵。清吴江人。丕烈族子。道光元年(1821)取入震庠。

秦钟瑞遗诗　集部别集类

清仲湘辑《留爪集》本。

按:据光绪《平望续志》卷11所载,秦钟瑞诗附于秦丕烈《啸庐遗诗》后。

蒯光焕

榜名成照。字融钧,号娄生。清吴江人。道光元年(1821)恩科顺天举人,由国史馆誊录议叙知县。拣发广西,历署上林、平陆、苍梧知县。太平军起义,练勇防剿积劳卒于营。绩学穷经,而尤深于《易》。

易理汉学指南1卷　经部易类　佚

见光绪《黎里续志》卷4。

(同治)苍梧县志18卷首1卷　史部地理类

清蒯光焕、李百龄修　罗勋、严寅恭纂　黄玉柱、王栋续

清同治十三年(1874)刻本,国家图书馆藏。

姚凤赓

字叔仪,号云门。清吴江人。敬清子。道光二年(1822)举人。卒年39。

梦白云楼诗稿2卷　集部别集类

抄本,见《吴江文献保存会书目》卷4。

按:《磨剑室文三集》之《磨剑室钞存乡先辈已刊未刊稿本题记》载:"《梦白云楼初稿》一卷,邑前辈姚云门先生著。余从薛公侠邃汉斋《松陵先哲集》写本过钞。"

秦清锡

字镜湖，又作敬和，号海门。清震泽韭溪人。道光二年(1822)恩贡生。工制举业，行事动必以礼。其授徒所立条规，颇有可法。其先世居洞庭山，山中之族颇盛，以清锡明谱牒之学，延修《秦氏族谱》。其体例严谨有法，谱成遘疾，归数日而卒。

淮海先生年谱 1 卷　史部传记类

清秦镛编　秦瀛重编　秦清锡重订

清同治十二年(1873)刻本，国家图书馆藏。

历代纪年类编　史部编年类　佚

匪莪集　集部别集类　佚

耻耻山房诗集　集部别集类　佚

以上 3 种见道光《平望志》卷 11。

岝㟧山居诗 1 卷　集部别集类

清仲湘辑刻《留爪集》本。

武林游草 3 卷　集部总集类

清殷增、秦清锡、赵桂生同撰，版本参见“殷增”条。

沈王合稿 1 卷　集部总集类

清秦清锡辑

《松陵丛书》本，见《养余斋松陵书目》卷 5。

陈山寿(1785—?)

初名峙。字如南，一字似京，号子玉。清吴江人。燮子，袁棠甥。工诗词，能鼓琴，善写生，篆刻亦工。

闽游草　集部别集类　佚

见光绪《黎里续志》卷 4。

邓尉寻春图题咏 1 卷　集部总集类

1919 年抄本，上海图书馆藏。

众香庵诗稿1卷词稿2卷　集部词曲类

见同治《苏州府志》卷138。《全清词钞》卷16收其词2首。

按:《吴江文献保存会书目》卷4载有抄本,今未见。

王之佐

字砚农,又字硕农,一字启丹,号翼如,又号澹霞。清震泽梅堰人。道光元年(1821)举孝廉方正制科。博雅好客,工吟咏,兼画兰花。三年水灾,脱粟振济,不避艰险,多所全活。

来清集16卷　集部别集类　佚

见同治《苏州府志》卷138。

种竹山房诗草8卷　集部别集类

稿本,南京图书馆藏。

种竹山房集外诗1卷　集部别集类

见《养余斋松陵书目》卷4。

宝印集6卷附2卷　集部总集类

(1) 清道光十二年王之佐刻本,上海图书馆藏。

(2)《遁庵印书丛书》本。

绘水集3卷　集部总集类

清王之佐辑

(1) 清道光十三年王之佐刻本,上海图书馆藏。

(2) 2015年凤凰出版社出版《江苏近现代社会救济与慈善文献丛刊》本。

白燕倡和集6卷　集部总集类

清王之佐辑

清嘉庆二十一年(1816)刻本,上海图书馆藏。

洞庭游草3卷附洞庭游记1卷　集部总集类

清凌凤超、王之佐、王棠撰,版本参见"凌凤超"条。

青来草堂汇编不分卷　集部总集类

清王之佐辑

清道光十一年刻本，上海图书馆藏。

吴中两布衣集　集部总集类

清王之佐、蒋光煦集

清道光十八年海昌蒋氏别下斋刻本，上海图书馆藏。

按：本书收清陆鼎《梅叶阁诗钞》8卷《文钞》3卷，顾承《行素居诗钞》3卷《文钞》6卷。

王之孚(1786—1812)

字应庄，号诚庵。清震泽梅堰人。之佐弟。为上舍生。写生兼学恽王，笔情超逸。山水秀韵有致。工诗，性通达，好交游。遇佳山水，必自绘图。吴江周梦台为撰传。

画余遗墨1卷　子部艺术类

清道光五年(1825)刻《金海楼合稿》本，上海图书馆藏。

按：王之孚《画余遗墨》与其妻吴椀桃所作《绿窗吟稿》合刊为《金海楼合稿》。

吴椀桃

字倚云。清吴江烂溪人。王之孚妻。

绿窗吟稿1卷　集部别集类

清道光五年(1825)刻《金海楼合稿》本，上海图书馆藏。

吴家骥(1786—1823)

字曜升，号省斋。清吴江人。家骐弟。诸生。好读书，嗜吟咏。

橙香书屋遗稿1卷　集部别集类

清咸丰七年(1857)刻本，上海图书馆藏。

沈　炬(1786—1828)

字树棠,号春庄,一作琛庄。清吴江人。监生,捐职州同。工文翰,善篆隶,并画山水花卉人物,俱超古。所居停云楼藏先贤妙迹甚多。为人貌朴而温,与人交有真意,独书与画不苟为人作。素习医。中岁思以售其术,出游者争乞其笔墨。钱天树精鉴古,见其画叹赏。

停云楼诗 1 卷　集部别集类

清仲湘辑刻《留爪集》本。

题画诗 2 卷　集部别集类　佚

画记 2 卷　集部别集类　佚

杂体 2 卷　集部别集类　佚

以上 3 种均见清沈曰富《受恒受渐斋集》之《先考候选州吏目琛庄府君行实》一文。

叶璃华

字秋霞。清吴江人。小鸾六世侄孙女,树鹤女,沈炬妻。工诗及楷法。

小疏香阁稿　集部别集类　佚

见同治《盛湖志》卷 10。

李　钦(1786—1832)

字思安,号逸云。清吴江人。善铁笔。

李氏世谱□卷　史部传记类

清抄本,存 2 卷,吴江图书馆藏。

同声集　集部总集类

清李钦、杨羲、陆廷楷等合著

1921 年薛凤昌抄本,吴江图书馆藏。

张其泰(1786—1863)

字汇茹,号彦芗。清吴江黎里人。咸丰元年(1851)以恩贡生入成均,例应候铨教谕,辞不赴。家贫,设帐授徒,多所造就。蔡傅梅、张文璿皆出其门。潜心研究《战国策》数十年。

编年国策辑注 10 卷首 1 卷　史部杂史类

清张其泰编次　张深仁辑注　张光荣音释

(1) 手稿本,5 册,南京图书馆藏。

按:本书卷首有其泰曾孙、光荣子张方缵民国年间上江苏省立国学图书馆馆长手书二封,意谓愿将此手稿"割让"该馆,换取百金,以安葬著作者遗骸云云。

(2) 民国抄本,上海图书馆藏。

编年国策残存 1 卷　史部杂史类

江苏省立国学图书馆传抄本,存 1 卷,南京图书馆藏。

编年国策校注不分卷　史部杂史类

稿本,上海图书馆藏。

陈来泰(1786—?)

字仲亨,号讱庵。清吴江人。诸生。性嗜饮忤俗,人目为狂。少从朱春生游。工诗,见称侪辈,与刘履芬、王礼、郑璜等为友。嘉庆九年(1804)作《大水行》述吴中水利事。道光九年(1829)解仪征馆事,还居武林。

寿松堂诗稿 18 卷诗续钞 1 卷诗余 1 卷　集部别集类

抄本,诗稿存 14 卷,其余全。南京图书馆藏。

寿松堂诗稿 18 卷文稿不分卷　集部别集类

清抄本,中国社会科学院文学研究所藏。

寿松堂诗 1 卷　集部别集类

(1) 清仲湘辑刻《留爪集》本。

(2) 民国薛凤昌抄本，吴江图书馆藏。

寿松堂诗话 4 卷　集部诗文评类

清咸丰四年(1854)刻本，南京图书馆藏。

按：本书以录存亲朋之诗事为主，如郭麐、屠倬、朱春生、袁棠、汤贻汾、姚燮等。

陈山甫(1786—?)

初名崚。字穆如，一字子仲，又字少眉。清吴江人。燮次子。候选从九品。少工辞章，喜收藏邑人诗集。

真意斋诗稿　集部别集类　佚

见同治《苏州府志》卷 138。

禊湖陈氏诗存 8 卷　集部总集类

清陈山甫辑　陈昌镎补

(1) 1920 年吴江柳氏抄本，上海图书馆藏。

(2) 2015 年国家图书馆出版社出版《清代家集丛刊》本。

翁承恩

字沐甫，号子雨。清吴江平望人。广岳子。工行楷书，得欧褚法。喜作诗，年 29 卒。

省梦庵吟稿　集部别集类　佚

见道光《平望志》卷 11。

任昌谟(1787—1813)

原名瑞东，字赞廷。清吴江人。昌诰弟。诸生。

松轩诗文稿　集部别集类　佚

见《江苏诗征》卷 89，收其诗 1 首。

陈三陛(1787—1813)

字翊辰，号补堂。清吴江人。尌弟。监生。候选府经历。早年一应科举，不得志，弃去。肆力于诗，兼及书画射弈。得咯血症以卒，年27。

评月楼遗诗3卷　集部别集类

(1) 清嘉庆十九年(1814)刻本，南京图书馆藏。

(2) 1920年补刻本，南京图书馆藏。

补堂初稿1卷　集部别集类

稿本，见《养余斋松陵书目》卷4。

赵畹兰

字秋佩。清秀水人。陈三陛妻。

评月楼诗稿1卷词稿1卷　集部别集类

稿本，浙江图书馆藏。

柳梦坤(1787—1825)

字以宁，号确斋。清吴江分湖人。球子。国学生。工诗。师事同邑姚竹亭先生。

雪香斋遗诗1卷　集部别集类　佚

见同治《苏州府志》卷138。《松陵诗征续编》卷11收其诗1首。

柳树芳(1787—1850)

字湄生，号古查，一作古槎，晚号胜溪居士。清吴江人。居分湖滨之大胜村。伉爽直谅，与人语意无不尽。闻人有病痛，必有施予。先辈遗书未刊者悉刊之，然不刊无益之书，所刻有《陆清献公日记》《华野郭公年谱》、彭兆荪《忏摩录》、史善长《秋树读书楼诗集》等。

读史随笔　史部史评类

日记30卷　史部传记类

以上2种见《分湖柳氏重修家谱》卷11柳兆薰撰《先考古槎府君行略》。

白门游记1卷　史部传记类

近游日记1卷　史部传记类

以上2种有稿本，见《养余斋松陵书目》卷2。

按：南京图书馆藏稿本《白门游记》1卷，佚名撰，疑即此书。

华野郭公年谱1卷　史部传记类

清郭廷翼编　柳树芳重订

清道光二十一年(1841)柳氏胜溪草堂刻本，南京图书馆藏。

河东家乘2卷续编2卷　史部传记类

清柳树芳辑　续编柳兆薰、柳以蕃辑

清光绪八年(1882)刻本，南京图书馆藏。

按：此为《分湖柳氏重修家谱》抽印本。

分湖柳氏家谱10卷　史部传记类

(1) 清道光二十一年刻本，国家图书馆藏。

(2)《养余斋全集》本。

胜溪居士自撰年谱1卷　史部传记类

稿本，南京图书馆藏。

陆清献公日记10卷　史部传记类

清陆陇其撰　柳树芳辑

清道光二十一年柳氏胜溪草堂刻本，苏州大学图书馆藏。

三通汇论　史部政书类　佚

见同治《苏州府志》卷138。

分湖小识6卷　史部地理类

(1)《养余斋全集》本。

(2)《中国地方志集成》本。

养余斋书目1卷　史部目录类

清柳树芳辑

抄本,上海图书馆藏。

按:本书应是最早一种"养余斋书目"。上海图书馆另藏有柳亚子辑《养余斋松陵书目》5卷,为稿本。

经史撷华　子部杂学类　佚

太平庄杂录10卷　子部杂学类　佚

尺牍6卷　集部别集类　佚

以上3种见同治《苏州府志》卷138。

养余斋诗初刻8卷　集部别集类

(1) 清道光十二年胜溪草堂刻本,上海图书馆藏。

(2)《养余斋全集》本。

按:子目为《得闲集》4卷、《孤唱集》2卷、《胜溪竹枝词》1卷、《荆悴集》1卷。

养余斋初集4卷二集4卷三集6卷　集部别集类

(1)《养余斋全集》本。

(2)《清代诗文集汇编》本。

按:初集《得闲集》起自嘉庆十四年(1809)至道光二十三年,二集《黄杨集》起道光七年至九年,三集《汰存集》起自道光十六年至二十二年。

胜溪竹枝词1卷　集部别集类

(1) 清嘉庆二十五年刻本,南京图书馆藏。

(2)《养余斋全集》本。

(3)《中国风土志丛刊》本。

养余斋散体文存　集部别集类　佚

见《先考古槎府君行略》。

分湖诗苑1卷　集部总集类

(1) 1924年刻本,上海图书馆藏。

(2) 1926年吴江柳氏抄本,上海图书馆藏。

按:本书采掇多有出袁景辂、陆日爱两诗征外者,可补两者之缺。

分湖遗诗不分卷　集部总集类

抄本,上海图书馆藏。

按:本书与《分湖诗苑》为同一书。

顾氏三家诗选 1 卷　集部总集类　佚

三亡友诗 1 卷　集部总集类　佚

以上 2 种均为柳树芳辑,见《养余斋松陵书目》卷 4。

读杜随笔　集部诗文评类　佚

读韩随笔　集部诗文评类　佚

读柳随笔　集部诗文评类　佚

读苏随笔　集部诗文评类　佚

以上 4 种共 8 卷,见《先考古槎府君行略》。

养余斋全集　丛书类

(1) 清嘉庆道光中胜溪草堂刻本,国家图书馆藏。

(2) 清道光二十七年刻本,苏州图书馆藏。

子目:

《养余斋初集》4 卷《二集》4 卷《三集》6 卷

《胜溪竹枝词》1 卷

《分湖小识》6 卷

《分湖柳氏家谱》10 卷

《分湖柳氏重修家谱》12 卷

附《雪床遗诗》1 卷《续刻》1 卷　清释德亮撰

《浙东纪游草》1 卷　清沈锡爵撰

《秋树读书楼遗集》16 卷　清史善长撰

沈楙德(1787—1853)

字虞扬,号翠岭。清吴江人。家富有,轻财好侠,喜礼交文士。好藏书,喜收藏宋元明及清初名人尺牍、墨迹,以及稿本、抄本。藏书室名世楷、世美。尤多刊刻遗书。

韵字急就篇 10 卷　经部小学类

清沈棥德、连鹤寿辑，版本见前“连鹤寿”条。

蛾术编 82 卷　子部杂学类

清王鸣盛撰　连鹤寿参校并注，版本见前“连鹤寿”条。

国朝文征 40 卷　集部总集类

清吴翌凤辑

清咸丰间沈棥德校刻本，南京图书馆藏。

国朝古文汇钞初集 176 卷二集 100 卷　集部总集类

清朱珔辑

清道光二十六年(1846)沈棥德刻本，南京图书馆藏。

昭代丛书　丛书类

清张潮、张渐辑　杨复吉、沈棥德续辑，版本见前“杨复吉”条。

按：沈氏辑丁、戊、己、庚、辛 5 集补编，另辑壬、癸 2 集，并重辑别集。

费希濂

字质初，号少云。清吴江人。官浙盐尹，后得军功擢仙居县知县，寻代理府篆。又摄富阳县篆，积劳疾卒于军。

平寇略　史部杂史类　佚

仙居县志　史部地理类　佚

以上 2 种见《垂虹识小录》卷 6。

王　铭(？—1826)

字新盘，号醒庵。清吴江人。国子生。

见山楼遗诗抄 4 卷　集部别集类

清道光七年(1827)吴门六润斋刘万传刻本，国家图书馆藏。

问津草 1 卷　集部别集类

清道光十一年刻本，南京图书馆藏。

沈 焞

字鄂棠，号伴梅。清吴江人。烜弟。监生。捐职府知事。年42卒。

绿荫草庐学吟稿　集部别集类　佚

见同治《盛湖志》卷12。

消闲学吟草　集部别集类

清仲湘辑刻《留爪集》本。

按：据《养余斋松陵书目》卷4所载，沈焞诗附于清仲湘辑刻《留爪集》本沈烜撰《停云楼诗》后。《消闲学吟草》据黄建林《〈吴江艺文志〉补订——以红梨社成员为中心》一文所补。

沈 坚

字确夫，一字伴梅。清震泽人。

伴梅小草　集部别集类

清抄本，吴江图书馆藏。

叶尧蓂(1788—1861)

字朔生，号文炳。清吴江同里人。岁贡生。咸丰元年(1851)任靖江训导。精形家言。为浚邑之东南河，会大吏檄开西乡新港，尧蓂亲履其地，视有为民不便处稍纡折之。后又署阳湖、丹阳。家居时与编修费兰墀等创设善堂甚力。于地学尤精粹。

吴中叶氏族谱　史部传记类

清叶尧蓂等修

清抄本，国家图书馆藏。

地学一隅　子部术数类　佚

地理集说　子部术数类　佚

以上 2 种见光绪《吴江县续志》卷 35。

李王猷

字容镜，一字显若，号耘庵，晚号汕翁。清吴江新杭里人。景昌子，王熊从弟。道光五年(1825)取入震庠。与秀水计光炘、陶淇善。淇赠诗有“芦雪菰烟老钓师”句。王猷以为肖其为人，因为图，并以名其诗。

菰烟芦雪集 6 卷　集部别集类

稿本，见《养余斋松陵书目》卷 4。有族孙龄寿跋。今未见。

闻湖诗续抄 7 卷　集部总集类

清咸丰四年(1854)刻本，上海图书馆藏。

按：本书共录诗 640 余首，收诗人 104 人，时代始于明，终于清咸丰年间。

李王伟

字品佳，号怡园。清吴江新杭市人。景昌次子。

怡园诗草 3 卷　集部别集类　佚

见同治《苏州府志》卷 138。

陈以濙

清吴江人。

养拙居吟草 1 卷　集部别集类

稿本，见《养余斋松陵书目》卷 4。

赵　筠

字竹君，号静芗。清吴江人。勤弟。监生。候选按察司知事。少受书钱大培，又从徐达源游，及交钱塘吴锡麒、阳湖洪亮吉，其见闻益宏扩。尝与徐达源葺徐俟斋高士祠，复得其《居易堂集》板，补刻残缺，俾成完书。又刻钱大培《餐胜斋诗》6 卷。年 70 余仍每晨作字千计。

瓶隐庵诗 1 卷　集部别集类

　　清仲湘辑刻《留爪集》本。同治《苏州府志》卷 138 作 8 卷。

周兆鹏(1789—1816)

　　字起万,号墨君。清吴江人。蒯步蟾婿。监生。性耽文翰,尤喜吟咏。

蕉雪轩诗钞　集部别集类　佚

　　见周岐《周氏家乘》卷 4。

金作霖(1789—1837)

　　字子倩,一字邦荣,号甘叔。清吴江盛泽人。嘉庆十四年(1809)取入江庠。工书,尤善篆刻,仿秦汉遗法。平生不妄交,不轻奏刀,以故知者绝少。

补蹉跎室稿　集部别集类　佚

甘叔诗存 4 卷　集部别集类　佚

　　以上 2 种见同治《苏州府志》卷 138。《盛湖诗萃》作《水西花馆稿》。《松陵诗征续编》卷 11 收其诗 1 首。

范清芬(1789—1842)

　　字德涵,号咏堂。清吴江同里人。廪膳生。候选儒学训导。

留青阁文稿　集部别集类　佚

　　清范清芬辑

　　见《同里古吴范氏家乘》。

金霞起

　　字建标,号赤城。清吴江人。诸生。世居曹村,为盛泽张氏婿,遂家焉。好拳勇,习弓马,兼擅六法。写生远宗崇嗣,近参南田,运笔古艳,力矫时弊。诗亦饶有意趣。

赤城诗稿　集部别集类　佚

见同治《苏州府志》卷138。

潘芳勋

字赞升。清吴江双杨人。

柳西草堂诗稿　集部别集类　佚

见同治《苏州府志》卷138。

黄　涛

字济寰。清吴江人。诸生。

月映楼诗　集部别集类　佚

见同治《苏州府志》卷138。

孙宗武

字竹坡，一字兰坡。清吴江人。道光七年(1827)取入震庠。

一笑草1卷　集部别集类

抄本，上海图书馆藏。

按：见《柳亚子史料札记》之《上图"吴江柳氏抄本"部分书目》。

吴汝谦

字牧之，号益甫。清吴江人。道光十年(1830)取入江庠。

玉寒轩诗稿　集部别集类　佚

见光绪《平望续志》卷11。

郭　桐

字琴材。清吴江人。麐嗣子。

绿蕉馆吟稿1卷　集部别集类

见《养余斋松陵书目》卷4。

费清泩

字梧亭。清吴江人。诸生。

梧亭诗钞 3 卷　集部别集类

熊丸课子图题咏 1 卷　集部总集类

以上 2 种有《松陵丛书》本，见《养余斋松陵书目》卷 5。

吴克震

清吴江人。

五家遗诗 1 卷　集部总集类

清吴克震辑

抄本，上海图书馆藏。

吴山嘉(1790—1837)

字愚甫。清吴江人。翻之后。诸生。少孤。好古力学。高祖有《复社姓氏录》，乃广为收辑，成《复社姓氏传略》。年 45 卒。

禹贡注 1 卷　经部尚书类

清吴山嘉辑

抄本，上海图书馆藏。

复社姓氏传略 10 卷续辑 1 卷首 1 卷　史部传记类

(1) 清道光十一年(1831)吴氏南陔堂刻本，南京图书馆藏。

(2) 1961 年杭州古旧书店油印本，北京师范大学图书馆藏。

(3) 1990 年中国书店影印本，南京图书馆藏。

复社姓氏录不分卷　史部传记类

清吴翻辑　吴山嘉校

清道光十二年刻本，上海图书馆藏。

小顽仙馆诗抄　集部别集类　佚

吴氏七子诗抄　集部总集类　佚

续吴氏诗存　集部总集类　佚

吴氏文存　集部总集类　佚

以上4种见同治《苏州府志》卷138。《松陵诗征续编》卷10收其诗1首。

按:《松陵诗征续编》卷10载其另辑有《孝靖遗集》《赤溟遗集》。

钱清婉(1790—1837)

字韵梅。清吴江人。陈希恕妻。

拥月楼诗存1卷　集部别集类

1922年柳亚子铅印本。附刊于其夫陈希恕《灵兰精舍诗选》后。

按:本书有胡文楷抄本,见于上海博古斋拍卖有限公司2015年秋季艺术品拍卖会。与姚仪庄《思孟阁诗稿》、朱素贞《倚翠楼吟草》合册。

翁　雒(1790—1849)

字穆仲,号小海,又号懋勤。清吴江平望人。广平次子。工画。写人物花鸟如元人设色,艳而仍雅,浓而仍洁。既以画名,诗亦工,论画题画之诗及诗话题跋甚多,皆未刻。

翁小海花鸟草虫册　子部艺术类

(1) 清宣统元年(1909)印本,吴江图书馆藏。

(2) 民国文明书局影印本,南京图书馆藏。

小蓬海遗诗1卷附屑屑集1卷　集部别集类

(1) 清道光二十九年(1849)蒋光煦刻本,吉林大学图书馆藏。

(2)《别下斋丛书》本。

(3)《丛书集成初编》本。

(4)《翁氏丛钞》本。

屑屑集1卷　集部别集类

民国抄本,吴江图书馆藏。

集唐诗4卷　集部总集类　佚

见同治《苏州府志》卷138。

唐论画题画诗　集部总集类　佚

诗话跋语　集部总集类　佚

以上2种见《柳亚子集外诗文辑存》之《〈翁氏丛钞〉抄本题记、人名著述考》条。

陈希恕(1790—1850)

字养吾,号梦琴。清吴江芦墟人。诸生。陈焕子,业医,治疾多效。陈用光《太乙舟文集》卷8有其墓志铭。

杨忠文先生实录5卷　史部传记类

1927年铅印本。民国陈去病补遗。南京图书馆藏。

哀挽录　史部传记类

见《灵兰精舍诗选》附录陈文湝《灵兰精舍全集跋》。

日省簿　子部儒学类

稿本,存嘉庆二十二年(1817),南京图书馆藏。

医案322卷　子部医家类

见同治《苏州府志》卷138。

梦琴图梅花屋图等题咏9卷　子部艺术类

见《灵兰精舍全集跋》。

冬斋杂吟1卷　集部别集类

抄本,上海图书馆藏。

梦琴哭子诗1卷　集部别集类

清道光四年(1824)稿本,浙江图书馆藏。

灵兰精舍诗选1卷闹红一舸词选1卷　集部别集类

(1) 1922年柳亚子铅印本,附其妻钱清婉《拥月楼诗存》,上海图书馆藏。

(2) 抄本,上海图书馆藏。

按:《灵兰精舍全集跋》著录有《灵兰精舍诗》16卷《闹红一舸词》8

卷《杂著》2卷。

灵兰精舍诗录不分卷　集部别集类

清刻本，上海图书馆藏。

游杭小草1卷　集部别集类

见《吴江文献保存会书目》卷4。

吟琴读画楼诗钞1卷　集部别集类

哀弦集1卷　集部别集类

吾有大拙赋钞1卷　集部别集类

以上3种抄本，南京图书馆藏。

续素衣诗1卷　集部总集类

见《灵兰精舍全集跋》。陈希恕《灵兰精舍诗选》中有《续素衣诗》1首。

小赋寸锦三编1卷　集部总集类

清陈希恕辑

清嘉庆二十二年吟琴读画楼刻本，上海图书馆藏。

红梨社诗抄1卷　集部总集类

清陈希恕、周梦台辑

清道光十年刻本，上海图书馆藏。

古鲸琴馆倡和集1卷　集部总集类

玉台倡和集1卷　集部总集类

木香倡和集2卷　集部总集类

饯春倡和集2卷　集部总集类

黠夏倡和集1卷　集部总集类

咏物倡和集2卷　集部总集类

清陈希恕辑

以上6种有《松陵小丛书丙种》本，见《养余斋松陵书目》卷5。

红树怀人阁词1卷　集部词曲类

民国吴江柳氏抄本，上海图书馆藏。

按:上海图书馆藏清刻本清姚椿撰《陈梦琴墓志铭》1卷、顾广誉撰《陈养吾家传》1卷、董兆熊撰《陈梦琴文学诔》1卷、沈曰富撰《妇翁陈先生治疾记》1卷、陈应元等撰《梦琴府君行略》1卷。

徐　�(1790—?)

字韵岩。清吴江人。达源弟。客授山中,与同邑陈来泰、吴县张绍松友善,以诗唱和。

芋香山房诗钞1卷　集部别集类

《三布衣诗存》本。

按:同治《苏州府志》卷138作《芋香山房诗》10卷《文钞》2卷。《三布衣诗存》3卷,清金兰辑,清同治十年(1871)刻本,南京图书馆藏。

芋香山房文稿1卷诗稿2卷诗续稿4卷诗剩稿2卷吴箫词1卷　集部别集类

清抄本,苏州图书馆藏。

按:本书前有道光二十七年(1847)陈来泰序。

费一桂

字桂生,号颂斋。清吴江人。道光八年(1828)举人。殷寿彭撰传称其联捷成进士。出宰山右,后以明经教习八旗。工诗。所作不冒袭盛唐,不皮傅残宋,大抵皆道性情而出以自然者。

枕经楼诗古文集　集部别集类　佚

见《垂虹识小录》卷8殷寿彭撰《费桂生少尹枕经楼诗古文集序》。

陈希曾

字省吾,号鲁斋。清吴江人。陈焕子。

先考章伯府君事略　史部传记类

民国吴江柳氏抄本,上海图书馆藏。

陈　圻

字旬封，号春峤。清吴江人。光绪元年(1875)以孙鸿寿赠奉政大夫同知衔浙江试用知县。

墨池集　集部别集类　佚

见光绪《黎里续志》卷4。

黄楚湘

字子全，号晓槎。清吴江黎里人。道光十五年(1835)取入震庠。少游袁江，遍览江山之胜，归与僧达受结金石缘，绘图征题，晚益肆力于诗。卒年62。

乡党增辑1卷　经部四书类

清黄楚湘、周兆桂、周士钊增辑

(1) 清道光二十八年崇雅堂刻本，上海图书馆藏。

(2) 清同治九年(1870)世楷堂刻本，上海图书馆藏。

稻香草堂诗稿　集部别集类　佚

见光绪《黎里续志》卷7。

言志集　集部别集类　佚

见《垂虹识小录》卷6。

殷汝述

号补庭。清吴江人。道光七年(1827)府庠生。丰裁高峻，不苟言笑。工举业文，兼耽吟咏。

制锦草　集部别集类　佚

见《垂虹识小录》卷6。

吴星灿

字眉峰。清吴江人。精堪舆之学。

三贯集　子部术数类　佚

见光绪《黎里续志》卷8。

陆应槐

字荣卿，号达庵。清吴江人。绚孙。秀水籍诸生。

观妙斋诗钞3卷　集部别集类

养拙庐诗钞4卷　集部别集类

痴钝叟稿1卷　集部别集类

以上3种见《养余斋松陵书目》卷5。

达　尘

字月樵。清震泽人。梅堰显忠寺僧，主长庆寺讲席。与文峰常相唱和。其诗有空灵淡宕之气。

一指窝诗录1卷题画诗余1卷　集部别集类

(1) 清道光二十四年(1844)刻本，上海图书馆藏。

(2) 清咸丰六年(1856)刻本，上海图书馆藏。

蒯关保(？—1854)

字震为，号小厓。清吴江人。嘉珍三子。汉隶丹青能传父学。由太学官浙江温州府经历，调永嘉县丞，摄永嘉知县。旋调贵州定番州、大塘州判，升仁怀知县，历摄婺川、遵义、桐梓县事，补兴义知县。服官30年以德教养，事无不理，故所至民怀其德，吏惮其严。胡林翼称其勤恳廉正有古循吏风。

铜鼓斋印谱2卷　子部艺术类　佚

佐治药言　子部杂学类　佚

以上2种有王尚忠序，见光绪《黎里续志》卷6。本志卷4作《吏治药言》。

问梅轩诗稿　集部别集类　佚

铜彭斋吟草 4 卷　集部别集类　佚

以上 2 种有胡志章序，见光绪《黎里续志》卷 6。

宋志恒

字以方，号漪舫。清吴江人。监生。

赋梅书屋稿　集部别集类　佚

见同治《盛湖志》卷 12。

张　澹(？—1858?)

字耕云，一字新之，号春水。清吴江人。嗜画，得同邑钱志伟指授。中年游武陵，与人倡和，仁和马履泰、钱塘屠倬诸人均与订交。后入武进汤贻汾幕。晚年往来于吴淞间。

玉燕巢印萃　子部艺术类　佚

见光绪《娄县续志》卷 20。

风雨茅堂稿 3 卷三编 2 卷外集不分卷　集部别集类

清抄本，仲湘批，国家图书馆藏。

风雨茅堂外集 3 卷　集部别集类

稿本，朱太忙跋，上海图书馆藏。

归根小草 1 卷　集部别集类

稿本，柳亚子跋，上海图书馆藏。

舜湖杂咏 1 卷　集部别集类

《松陵丛书》本，见《养余斋松陵书目》卷 5。

风雨茅堂稿 1 卷　集部别集类

(1) 稿本，上海图书馆藏。

(2) 清道光五年(1825)刻本，上海图书馆藏。

风雨茅堂诗稿　集部别集类　残

南社抄本，南京图书馆藏。存后编卷 22 戊集《磨杵集上》、卷 23 巳集《磨杵集二》。

按：上海图书馆藏抄本《磨杵集》2卷。

杉山遗稿5卷附1卷　集部别集类

清陈基撰　张澹选，版本参见“陈基”条。

绾春小草1卷　集部总集类

清张澹、陆惠撰

水仙社诗钞1卷　集部总集类

清陆惠、张澹、陆鉴撰

以上2种有清抄本《陆璞卿遗稿六种》本，上海图书馆藏。见上海图书馆编《中国丛书综录补编》。《绾春小草》又有《玉燕巢双声合刻》本。参见“陆惠”条。

庆既令居合稿　集部总集类

花瑞集　集部总集类

以上2种与陆惠合撰，有《玉燕巢双声合刻》本。参见“陆惠”条。

断钗吟4卷　集部总集类

清杨氏撰　张澹、汤绶名编

清道光刻本，上海图书馆藏。

按：武进汤荀业妻杨氏有《断钗诗》，后人题咏甚多，张澹、汤绶名因搜辑编成是集。

玉燕巢双声合刻10卷　集部总集类

清张澹、陆惠合撰，版本参见“陆惠”条。

陆　惠

字璞卿，一字又莹，号苏香，别号素琼仙史。清吴江人。张澹妻。能诗善画，卒年68。

苏香画录1卷　子部艺术类

(1) 1920年朱益明抄本，上海图书馆藏。

(2)《女士集汇存》本。

玉燕巢双声合刻10卷　集部总集类

清张澹、陆惠合撰

清道光七年(1827)刻巾箱本,上海图书馆藏。

按:本书卷首题《玉燕巢双声合刻》,丁亥百花生日刊,版心有"玉燕巢"三字。卷1、卷2《归荑集》上下,为璞卿诗稿。卷3《庆既令居合稿》,为其夫妇唱和之作。卷4《绾春小草》,为其夫妇分赋夏首节物之作。卷5《琴娱室诗》,为璞卿诗稿。卷6《花瑞集》,为其夫妇伉俪唱和之作。卷7、卷8《鸿案联吟》上下,是本已佚。卷9《得珠楼筝语》,为璞卿词稿。卷10《苏香画录》,为璞卿题画之作,有张澹序。

陆璞卿遗稿六种　丛书类

清红格抄本,上海图书馆藏。见上海图书馆编《中国丛书综录补编》。

按:子目包括:《琴娱室诗选》《得珠楼诗选》《得珠楼筝语》《鸿案联吟余稿》《绾春小草》(张澹、陆惠撰)、《水仙社诗抄》(陆惠、张澹、陆鉴撰)、各1卷。此稿之题辞手札甚多,均夹在书中,盖欲刊而未成也。

陆　鉴

字献箴,号子治。清吴江人。

茶神阁诗草　集部别集类　佚

见同治《盛湖志》卷12。

水仙社诗钞1卷　集部总集类

清陆惠、张澹、陆鉴撰

《陆璞卿遗稿六种》本。

吴家衔

字冰仲,号一峰。清吴江人。性不喜与贵人游,中年自放迹,于诗颇刻苦。

瓮天吟草　集部别集类　佚

见《松陵诗征续编》卷12,收其诗1首。

王　棠

字咏之，一字台叔。清震泽人。之孚弟。工水墨写生，兼工诗。古韵出尘，清丽幽著。年44卒。

王棠杂著1卷　子部杂学类

见同治《苏州府志》卷138。

按：《松陵人物汇编》卷11作《蕉雪庵杂著》。

蕉雪庵诗1卷　集部别集类

清仲湘辑刻《留爪集》本。

蕉雪庵诗钞8卷词钞1卷首1卷末1卷　集部别集类

清抄本，南京图书馆藏。

按：《词钞》另有民国吴江柳氏抄本，上海图书馆藏。

洞庭游草3卷附洞庭游记1卷　集部总集类

清凌风超、王之佐、王棠撰，版本参见“凌风超”条。

王之藩

字屏如。清震泽人。棠弟。

鹤守庵诗稿4卷　集部别集类　佚

镜松居词抄2卷　集部词曲类　佚

以上2种见同治《苏州府志》卷138。

张　衔(1791—1835)

字廉甫，又字冰子，号筠友。清吴江人。国子生。按察使司照磨。好吟咏，兼习倚声。弟宝镛、宝钟亦嗜诗，一时有三张之称。事见张嘉荣编《盛泽张氏遗稿录存》。

树萱堂诗1卷　集部别集类

清仲湘辑刻《留爪集》本。

按：《盛泽张氏遗稿录存》“诗存”收其诗36首。

钱志伟

字峻修，号西溪。清吴江珠溪人。性沉敏，凡医卜、音律、书数、篆刻之学靡不深造而窥其奥。善绘画，人物花卉粗细皆工，尤精山水，出入沈周、王翚之间，苍秀有法。

无隐处题画诗　子部艺术类　佚

见《垂虹识小录》卷4。

俞　岳(1791—1864)

字雍封，一字子骏，号少甫，晚自号止斋老人。清震泽人。岁贡生。咸丰初官太仓学正。性嗜佳山水，因习六法，师王学浩。山水晕墨精彩，浑厚秀泽，逼似王时敏。因不喜施赭黛，取"不着色相"四字属其友程庭鹭镌为印钤之。喜作墨梅，苍劲入古。兼工诗，善倚声。古文宗归有光，因题所居曰"归庐"。晚年避地沪上卖画自给，旋卒于嘉定学任。

小吴山馆诗稿不分卷止止斋诗录不分卷小吴山馆少作诗存不分卷归庐遗稿不分卷笠东草堂遗稿不分卷　集部别集类

稿本，中国社会科学院文学研究所藏。

笠东草堂遗稿2卷文集补遗1卷　集部别集类

(1) 清光绪十七年(1891)刻本，复旦大学图书馆藏。

(2) 清光绪间抄本，不分卷，中国社会科学院文学研究所藏。

(3)《清代诗文集汇编》本。

按：此遗稿2卷分为文稿1卷、诗稿1卷。

梦痕录余不分卷　集部别集类

清咸丰八年(1858)刻本，吴江图书馆藏。

金清桂

号粟香。清吴江人。国子生。工画梅。

粤游记　史部地理类　佚

画梅说　子部艺术类　佚

以上 2 种见《垂虹识小录》卷 6。

金　桂

字树荣。清吴江同里人。善弈。时吴中申立功负盛名，桂与之弈，立功不能胜。

金桂弈谱　子部艺术类　佚

见同治《苏州府志》卷 138。

许蔚宗

字叔豹，号质生。清吴江人。诸生。沉静寡酬对，与世落寞而潜心问学。与郑瘦山、袁仲容交好，相互砥砺。

童初仙馆稿　集部别集类　佚

听雨江馆诗抄 5 卷　集部别集类　佚

以上 2 种见同治《苏州府志》卷 138。《松陵诗征续编》卷 8 收其诗 3 首。

许质生诗稿 1 卷　集部别集类

抄本，见《磨剑室文三集》之《磨剑室钞存乡先辈已刊未刊稿本题记》。

陆寿民

字立人，号仲山。清吴江人。补震泽诸生。久不得志，遂研禅理，入之颇深。好为诗，务奇古，初学昌黎、长吉，继乃非汉魏不观，最后始兼取宋以来诸家。卒年 40。

震无咎斋诗 1 卷　集部别集类

清仲湘辑刻《留爪集》本。

褚世镛

字平岩，一字笙伯。清吴江芦墟人。与杨澥同时，擅书法。

怀萼楼日记不分卷　史部传记类

稿本，上海图书馆藏。

按：此日记记载清咸丰四年(1854)至同治二年(1863)事。

怀萼楼诗草初集1卷二集1卷　集部别集类

《松陵丛书》本，见《养余斋松陵书目》卷5。

褚世钦

清吴江人。

琴隐阁诗稿1卷诗余1卷　集部别集类

《松陵丛书》本，见《养余斋松陵书目》卷5。

宋锡祺

清吴江人。

与诵编1卷　集部总集类

见《吴江文献保存会书目》卷4。

范清溶(1792—1810)

原名湇。字浚源，又字仲和，号篪庭，自署吴淞仙子。清吴江同里人。学诗于许蔚宗。

容膝斋诗草　集部别集类　佚

见《同里古吴范氏家乘》。

王希岩(1792—1817)

字沛霖，号竹安。清吴江同里人。嘉庆十四年(1809)取入江庠。

蕉雨山房诗存2卷蕉雨山房试帖1卷　集部别集类

清嘉庆二十五年刻本，吴江图书馆藏。

范根延(1792—1840)

字培基，号芝台。清吴江同里人。例赠修职郎，即选训导。工诗善琴。

敦诗堂琴谱　子部艺术类　佚

见《同里古吴范氏家乘》。

张　履(1792—1851)

原名生洲。字子践，号渊甫。清震泽人。嘉庆二十一年(1816)举人。少从张海珊游，讲程朱之学。于诸经尤精三礼，常以今之情酌古之礼。官句容训导，以正学训示诸生。《清史列传》卷72有传。

丧礼辨误　经部仪礼类　佚

见《清人文集别录》卷15。

李氏家传1卷　史部传记类

清刻本，国家图书馆藏。

按：此记诸城李宜芳、李宜蕃、李林、李梃事。

宗法通考　史部政书类

见《国朝文汇》乙集卷64。

容山教事录1卷　子部儒学类

清道光十八年(1838)华阳精舍刻本，南京图书馆藏。

课经偶记　子部杂学类　佚

炳烛记　子部杂学类　佚

以上2种见《清人文集别录》卷15。

积石文稿18卷诗存4卷南池唱和诗存1卷鲙余编1卷　集部别集类

(1) 清光绪二十年(1894)刻本，上海图书馆藏。

(2) 1928年修补清光绪二十年版印本，吉林大学图书馆藏。

(3)《清代诗文集汇编》本。

按:《南池唱和诗存》1卷《鲙余编》1卷为张海珊、张履同撰,另有抄本,浙江图书馆藏。

静观斋文抄1卷　集部别集类

抄本,上海图书馆藏。

静观斋诗初集　集部别集类

见《积石文稿》卷6。

金黄钟(1793—?)

字律初,号臛甫,又号西村。清吴江同里人。文城子。工诗,诗多宋人俊妙之致而无其率易。同里自袁景辂始倡为诗后,袁棠、顾日新、朱春生、郑镄辈继起,才力各极其至,黄钟后始少衰。尝辑里中耆旧事各成一诗,汇为一集。用笔清矫绝俗,见赏于仁和汤礼祥先生。

听雨芭蕉馆诗草3卷　集部别集类

《务滋堂集》本。

桑梓集2卷　集部别集类

民国油印本,吴江图书馆藏。

听雨芭蕉馆全集22卷　集部别集类

听雨芭蕉馆文稿　集部别集类

以上2种有抄本,见《吴江文献保存会书目》卷4。

听雨芭蕉馆词稿1卷　集部词曲类

抄本,见《磨剑室文三集》之《磨剑室钞存乡先辈已刊未刊稿本题记》。

徐晋镕(1793—?)

字冶伯,又字君寿,号双螺。清吴江人。达源子。郡庠生。尝受业于顾元熙。元熙视学广东,晋镕从之。及卒,护其丧归。为诗益工,其歌咏忠孝节烈之作,淹有忠雅堂之长。陈焘谓"近世称诗者,能深知甘苦、娴体裁,惟晋镕一人而已"。同治时年70余。

岭海纪游集 1 卷　史部地理类　佚
金粟斋试帖 1 卷　集部别集类　佚

以上 2 种见光绪《黎里续志》卷 4。

金粟斋诗赋 1 卷　集部别集类

清刻本，苏州图书馆藏。

望忧草堂诗集（一作忍冬草庐集）30 卷　集部别集类

稿本，存 5 卷，南京图书馆藏。

忍冬老人剩稿 2 卷　集部别集类

抄本，南京图书馆藏。

徐晋镕诗文稿　集部别集类

稿本，吴江图书馆藏。

按：分 2 册，第一册题“丙寅上半年文稿”，第二册题“丙寅下半年诗文稿”，此丙寅，应为同治五年（1866）。

忍冬草庐诗集 2 卷集外诗 1 卷悼亡诗 1 卷　集部别集类

抄本，见《磨剑室文三集》之《磨剑室钞存乡先辈已刊未刊稿本题记》。

闲居新编 4 卷　集部总集类

清徐晋镕辑

清光绪十一年（1885）忘忧草堂刻本，国家图书馆藏。

盛鈵奎（1794—1830）

字锷新，号靖庵。清震泽人。庠生，候选县丞，补博士弟子员。

养愚诗草　集部别集类　佚

见《平江盛氏家乘初稿》卷 18。

金奉尧（1794—？）

字黼唐，号步云，又号苏楼。清吴江人。仁子。嘉庆十七年（1812）取入江庠。

春秋氏族汇考 4 卷　经部春秋总义类

清金奉尧辑

(1) 稿本,上海图书馆藏。

(2)《上海图书馆未刊古籍稿本》本。

金氏族谱 8 卷首 1 卷末 1 卷　史部传记类

清金奉尧辑

抄本,吴江图书馆藏。

味真书屋杂著合编 2 卷　子部杂学类

清金奉尧、金仁撰

抄本,吴江图书馆藏。

萝月榭诗草 5 卷　集部别集类

(1) 清道光四年(1824)刻本,吴江图书馆藏。

(2) 1925 年抄本,3 卷补遗 1 卷,吴江图书馆藏。

张宝鐈(1795—1851)

初名星,字璿甫,更字羡甫,号薇人。清吴江盛泽人。衔弟。李福弟子。嘉庆二十二年(1817)读书里中水杨池馆。绝意进取,以监生充阙里典籍,偶与同辈觞咏为乐。道光四年(1824)蒋宝龄为其题《客舟听雨图》。

伊兰室诗 1 卷　集部别集类

清仲湘辑《留爪集》本。

按:同治《苏州府志》卷 138 作《伊兰室诗稿》2 卷《词稿》1 卷。

花月填词馆绮语 1 卷　集部词曲类

抄本,上海图书馆藏。

按:《盛泽张氏遗稿录存》收其诗 85 首、文 2 篇、词 33 首,并收其自撰挽联。

璿父绮语 1 卷　集部词曲类

小娜嬛词笺 1 卷　集部词曲类

以上2种有《二张先生词剩》本。

殷寿彭(1795—1862)

字雉斟,号述斋。清吴江黎里人。道光二十年(1840)进士。授编修,官至詹事府詹事。以编修充武英殿纂修官,大考一等二名,擢侍讲学士,充起居注官,为山东、广东学政。任满复留。迁詹事府詹事,命下已卒于任。

周氏义庄　史部传记类

清道光十年刻本,吴江图书馆藏。

春雨楼诗集4卷文集1卷骈体文1卷题跋1卷词稿1卷试帖诗1卷　集部别集类

(1) 清同治五年(1866)吴江殷氏三省堂刻本,上海图书馆藏。

(2) 1923年铅印本,吴江图书馆藏。附有《春雨楼哀挽录》2卷。

阴骘文制艺1卷　集部总集类

清殷寿彭鉴定　周宪曾、周兆杰辑　张太龄、沈中坚校刊

清同治七年得见斋刻本,南京图书馆藏。

许　铨(1795—?)

字竹溪,号梦欧阁主。清吴江人。

梦鸥阁诗抄1卷题词1卷寿萱诗抄1卷　集部别集类

(1) 清道光二十六年(1846)刻本,上海图书馆藏。

(2) 1920年柳绳祖刻本,无《寿萱诗抄》,苏州图书馆藏。

梦鸥阁学吟草1卷　集部别集类

稿本,上海图书馆藏。

范时乾(1796—1821)

小名沅,原名湳。字善长,号辰溪、水南懒吟、惕三、范村、古雪、复斋、半隐。清吴江同里人。震庠附贡生。

同里古吴范氏家乘不分卷　史部传记类

清范时乾辑

抄本，吴江图书馆藏。

按：据其小传载此书为《续修谱稿》1卷《传》1卷。

小天一阁诗稿　集部别集类

见《同里古吴范氏家乘》。

按：据其小传载此书刻入《留爪集》，今未见。

顾德贞(1796—1841)

字玉宾，号吴江女史。清吴江人，泰和萧志苏妻。

湘云阁残稿3卷　集部别集类

清道光二十一年(1841)泰和萧志苏刻本，国家图书馆藏。

王锡祚(1796—1850)

字静之，号竹雨，又号节安。清吴江人。以父命持家不与应试，家政之暇，书无不览。善书画，书法尤臻逸品。

竹窗心印录　集部别集类　佚

采芝拾翠集　集部别集类　佚

以上2种见《松陵人物汇编》卷10。

张宗翰(1796—1863)

原名协苍，字云逵，号晓江。清吴江人。嘉庆二十三年(1818)取入震庠。喜吟诗。至晚年兵燹后多愁苦之音，哭难诸作，可作诗史。

匏弃山人诗草　集部别集类　佚

见《垂虹识小录》卷6。

顾佩芳(1796—1875)

字韵仙，一字素芬，晚号怀清老人。清吴江人。兰夫女，范庸润继室。董云鹤表妹，两人时相唱和。

怀清书屋吟稿1卷　集部别集类

《吴江三节妇集》本。

焦雨吟稿1卷　集部别集类

《吴氏囊书囊甲编》本。

怀清书屋续稿1卷　集部别集类　佚

见《同里古吴范氏家乘》。

邱绥寿(1796—?)

字志春，号味梅。清吴江人。一生惟好诗书，与柳兆薰等相唱和。年70余卒。

味古斋诗稿不分卷枯禅室诗余1卷　集部别集类

稿本，南京图书馆藏。

范庸涛(1797—1815)

字学源，一字蕙纕，号竹贤。清吴江同里人。劝学早世。

片月山房诗文钞　集部别集类　佚

见《同里古吴范氏家乘》。

徐　堂(1797—1837)

字仲升，号澹人。清吴江人。潜心宋儒之学，以汉氏为宗，闭门考索。工诗，探源骚选，泛览韩杜白苏，一吐胸中之奇。又精于易。

周易考异3卷　经部易类

(1) 稿本，国家图书馆藏。

(2)《续修四库全书》本。

易经爻辰2卷　经部易类　佚

见同治《苏州府志》卷138。

书古训　经部尚书类　佚

见《续碑传集》卷71董兆熊《徐君澹人墓志铭》。

韩诗述6卷　经部诗经类

稿本,国家图书馆藏。

三家诗述8卷附诗经异义1卷诗经异文1卷　经部诗经类

稿本,苏州图书馆藏。

五经赞1卷　经部群经总义类

清陆荣秬纂　徐堂注

(1) 清同治四年(1865)刻本,国家图书馆藏。

(2)《艺海珠尘》本。

龙峰先生年谱1卷　史部传记类

清徐堂编

(1) 民国间抄本,国家图书馆藏。

(2) 手抄王涵堂诗选本,上海图书馆藏。

(3)《北京图书馆藏珍本年谱丛刊》本。

爱日庐诗集2卷　集部别集类

抄本,南京图书馆藏。

王汝佐

号诘墅。清吴江人。道光十七年(1837)举人。家贫力学。游皖省,览既广,学益进。

卷葹吟草　集部别集类　佚

见《垂虹识小录》卷6。

沈　镐(1797—?)

原名光昌,字宇辉,号愚亭。清震泽人。道光二十七年(1847)进士。授兵部主事,迁郎中。未第时,家居教授,远近推为老师宿儒。及官京师,受学者甚众,论文不辍。曾慨经学日荒而致力于毛诗。

毛诗传笺异义解16卷　经部诗经类

（1）清咸丰间棣鄂堂刻本，南京图书馆藏。

（2）《续修四库全书》本。

沈眉寿（1797—1846）

字子绥，号退甫。清震泽人。少孤，狷介力学。道光三年（1823）重编宋王苹《王著作集》。与乌程纪磊同编《震泽镇志》。

（道光）震泽镇志 14 卷　史部地理类

（1）清道光二十二年刻本，吴江图书馆藏。

（2）民国吴江柳氏传抄本，上海图书馆藏。

（3）《中国地方志集成》本。

仲宗治

字安伯，号子涵。清吴江盛泽人。仲湘从兄。

棣花馆诗存　集部别集类　佚

见《松陵人物汇编》卷 11。

仲　湘（1797—1860）

字壬甫，一字兰修，号子湘。清吴江盛泽人。诸生。交游遍大江南北。在里中，与沈曰富、陈寿熊辈切蹉学行，无意科名。其用力尤在于诗。晚年自定其稿刊行之。又搜辑邑人诗为集，人自为卷，得数十家雕版。卒于咸丰战乱中。

玉峰游草　史部地理类　佚

见同治《苏州府志》卷 138

宜雅堂诗二集 7 卷　集部别集类

清咸丰七年（1857）刻本，南京图书馆藏。

宜雅堂诗不分卷　集部别集类

抄本，南京图书馆藏。

款冬花屋骈文不分卷　集部别集类

1920年抄本,上海图书馆藏。

渔洋先生日修祀诗　集部别集类

清王士禛撰　仲湘辑

清咸丰四年刻本,国家图书馆藏。

陈翁二布衣诗录不分卷　集部总集类

清陈元祥、翁敦书撰　仲湘选　吴云辑,版本参见“翁敦书”条。

西子湖纪游词1卷　集部词曲类

清咸丰间诸家评选底稿本,台湾“中央图书馆”原藏。

宜雅堂词2卷　集部词曲类

稿本,国家图书馆藏。

咒红豆庵词1卷　集部词曲类

1918年吴江柳氏抄本,上海图书馆藏。

绿意庵词1卷　集部词曲类

见《全清词钞》卷16。

宜雅堂词续录1卷　集部词曲类

稿本,南京图书馆藏。

留爪集　丛书类

清仲湘辑

(1) 清刻本,南京图书馆藏。

(2) 清刻本,上海图书馆藏。

(3) 2016年学苑出版社出版《稀见清代四部辑刊》本。

按:本书为仲湘搜辑邑人诗所编之集。今见其书,各册卷端均题“留爪集卷■”字样,未标卷次。作者多为吴江人,且编者与作者多熟悉。兹将《中国丛书综录补编》著录子目录出,以便查考:

《瞳浮山人诗》1卷　清宋景龢撰

《新咏楼诗》1卷　清徐达源撰

《红叶山庄诗》1卷　清沈翱撰

《养真精舍诗》1卷　清王鲲撰

《岞嶨山居诗》1卷　清秦清锡撰

《停云楼诗》1卷　清沈烜撰

《绿意庵诗》1卷　清沈曰寿撰

《受恒受渐斋诗》1卷　清沈曰富撰

《灵兰精舍诗》1卷　清陈希恕撰

《蕉雪庵诗》1卷　清王棠撰

《郁林山馆诗》1卷　清陆镄撰

《亦陶轩诗》1卷　清钱墀撰

《金苕花馆诗》1卷　清凌坛撰

《水竹居诗》1卷　清陈兴雨撰

《兰坚阁诗》1卷　清赵桂生撰

《静娱室诗》1卷　清唐昌辰撰。附范用源诗、吴光奎诗

《至道堂集》1卷　清张建谟撰

《潇湘吟馆诗》1卷　清王观潮撰

《震无咎斋诗》1卷　清陆寿民撰

《奇雨楼诗》1卷　清赵勤撰。附赵志鹤诗

《瓶隐庵诗》1卷　清赵筠撰

《树萱堂诗》1卷　清张衔撰

《玉海书堂诗》1卷　清张宝钟撰

《寿松堂诗》1卷　清陈来泰撰

《啸庐遗诗》1卷　清秦丕烈撰。附李湘诗

《飞鸿延年室诗》1卷　清程镕撰

按:《养余斋松陵书目》卷4所载《留爪集》29卷本子目与此稍有不同,多吴丁华撰《望古堂诗》1卷,吴炳林撰《觉痴山房诗》1卷,张宝鐪撰《伊兰室诗》1卷。

邱曾诒

字福候,号子谦。清吴江人。孙锦子。嘉庆二十五年(1820)入府

学。绩学敦品，为同辈所推。以工书称，亦能诗。

道生楼诗抄 4 卷　集部别集类　佚

见同治《苏州府志》卷 138。

道生楼试艺 1 卷　集部别集类

旧刻本，见《养余斋松陵书目》卷 4。

五峰补禊诗存 1 卷　集部别集类

抄本，见《吴江文献保存会书目》卷 4。

五峰园遗诗　集部别集类　佚

见《松陵人物汇编》卷 10。

蒯金镕

字范之，号萸斋，一作萸斋。清吴江人。谦吉子。道光三年(1823)入府学。博综多文，旁通壬遁。中年失意，复耽禅悦。

兰馨堂诗抄　集部别集类　佚

见同治《苏州府志》卷 138。《松陵诗征续编》卷 12 收其诗 1 首。

沈　焕(？—1837)

字章甫，号星堂，又号文伯。清吴江人。道光五年(1825)举人。少读书，刻励精进，诗必苦吟而成。楷法秀挺峻整，深得欧阳率更笔意。山水仿文徵明法，赋色清雅。

道光五年乙酉科江南乡试魁卷 1 卷　史部传记类

清道光间刻本，上海图书馆藏。

络雨斋稿　集部别集类　佚

见同治《盛湖志》卷 12。《松陵诗征续编》卷 12 收其诗 1 首。

金钟秀(？—1843)

字升之，号子韶。清吴江人。诸生。捐职从九衔。

寒玉庐诗词杂著　子部别集类　佚

见同治《盛湖志》卷12。

沈清风

字献廷，号梧村。清吴江人。劬学能文，工诗善画，隐居教授。尝受知于莫晋，一时名流为之倾倒。伯桐庄称其清真雅正，不愧作家。

梧村诗文集　集部别集类　佚

见《垂虹识小录》卷4。

删余偶抄　集部别集类

抄本，吴江图书馆藏。

倪宝键

字玉门，号又香。清吴江人。廷焜子。道光十三年(1833)取入江庠。贡生。诗画雅洁，兼工倚声。时际兵戎，多感慨之作。

梅花老屋诗稿4卷词2卷　集部别集类　佚

见同治《苏州府志》卷138。《垂虹识小录》卷6本传作《三十树梅花老屋诗稿》。

陆　镄(？—1859)

字钧璈，号蕢乡。清吴江黄家溪人。好藏书、字画，又好诗古文辞。曾参校《黄溪志》。

郁林山馆诗1卷　集部别集类

清仲湘辑刻《留爪集》本。

传画楼杂著　集部别集类　佚

传画楼读书录　集部别集类　佚

以上2种见清顾广誉《悔过斋续集》之《陆蕢乡传》。

任崧珠

字端卿。清吴江人。昌诗次女。张起鹍继妻。

瑶清仙馆草 1 卷　集部别集类

(1) 清同治三年(1864)刻本,浙江图书馆藏。

(2)《女士集汇存》本。

瑶清仙馆词 1 卷　集部词曲类

抄本,上海图书馆藏。

赵绳祖(? —1854)

字子裕,号西桥。清吴江人。国子生。咸丰三年(1853)尝为陆日爱搜辑乡人遗诗。

留余诗抄　集部别集类　佚

见同治《苏州府志》卷 138。《松陵诗征续编》卷 12 收其诗 2 首。

宋千彰

字焕躔,号益庵。清吴江人。志恒从子。

浮螺小客诗草　集部别集类　佚

见同治《盛湖志》卷 12。

黄芸馨

字顺卿。清吴江人。宋千乘妻。年 21 以肺疾卒。

翡翠巢剩稿　集部别集类　佚

见《松陵诗征续编》卷 14,收其诗 1 首。

潘　纬

字季武,号筼坡,又号春如。清吴江人。眉子。道光五年(1825)举人。家贫而操守清苦,力学工文。大挑选镇洋县训导,后授溧水县训导。尝主嘉善魏塘书院,卒后门人私谥曰康惠先生。

心镜 4 卷　子部儒学类　佚

丛说 8 卷　子部杂学类　佚

筼坡诗稿 4 卷　集部别集类　佚

以上 3 种见光绪《吴江县续志》卷 35、37。

袁廷琥

字绣和，号少云，自号缘天居士。清吴江人。道光六年(1826)取入江庠。

书隐楼词稿　集部词曲类　佚

见《笠泽词征》卷 18。

秦炳奎

字朴斋。清吴江人。道光十年(1830)取入震庠。

临证指南医案续编 4 卷　子部医家类

清叶桂撰　秦炳奎编

清抄本，浙江图书馆藏。

清修草堂诗集　集部别集类　佚

见光绪《平望续志》卷 11。

袁廷珍

字儒亨，一作如亨，号琴屿。清吴江人。道光十一年(1831)郡恩贡生。

琴屿山房诗草不分卷　集部别集类

稿本，上海图书馆藏。

按：《磨剑室文三集》之《磨剑室钞存乡先辈已刊未刊稿本题记》载有稿本《琴屿山房诗草》4 卷《词草》1 卷《金陵游草》1 卷。

袁廷瑞

字敏成，号芝庵，一作子安，又号翠珊。清吴江人。廷珍弟。

翠珊轩诗余　集部别集类　佚

见《笠泽词征》卷14。

子安诗草1卷　集部别集类

1920年吴江柳氏抄本，上海图书馆藏。

袁廷璜

字渔庄。清吴江人。同治六年(1867)李鸿章上书请以训导归部选用，并加国子监典籍衔。

小题正轨初编不分卷二集不分卷　集部总集类

(1) 清咸丰二年(1852)刻本，无二集，嵊州市图书馆藏。

(2) 清光绪元年(1875)修斋堂刻本，苏州大学图书馆藏。

邱彭寿

字述之，号紫玫。清吴江人。孙梧子。道光十三年(1833)取入震庠。廪膳生。工诗善画。

听彝堂诗稿4卷　集部别集类　佚

见同治《苏州府志》卷138。

听秋声馆学语1卷　集部别集类

稿本，见《养余斋松陵书目》卷4。

听秋声馆诗集3卷　集部别集类

见《吴江文献保存会书目》卷4。

费公彦

字仲礼，号颂斋。清吴江人。道光十三年(1833)进士。授山西汾西县知县，倡修书院。以功升直隶州知州。旋卒。深于三礼。

周礼郑注疏证　经部周礼类　佚

读论过庭记　子部儒学类　佚

采兰斋诗稿　集部别集类　佚

以上3种见同治《苏州府志》卷138。

颂斋遗稿 1 卷　集部别集类

稿本，见《养余斋松陵书目》卷 4。

王丕烈

字东书，号竹芗。清吴江人。官阙里掌书。

补竹斋诗草　集部别集类　佚

见同治《苏州府志》卷 138。《松陵诗征续编》卷 9 收其诗 1 首。

蔡　鸿

字于磐，号桐岩。清吴江人。早工书，善诗赋。两应小试未售，遂辍读。年 29 卒。

书带草堂集　集部别集类　佚

见同治《苏州府志》卷 138。

蔡　浚

字清源，号梅庵。清吴江人。鸿从弟。性极耐贫，好为诗。冲淡幽隽，人鲜知者。

焦桐馆诗稿 2 卷　集部别集类　佚

见同治《苏州府志》卷 138。《松陵诗征续编》卷 13 收其诗 4 首。

周元圭

字成瑞，号逸甫，一号小华。清吴江谢天港人。道光二十四年(1844)举人。三应礼部试不第，拣选得邑宰。后患足疾，闭门养病。文章渊雅，气度冲和。

吟秋馆诗草 2 卷　集部别集类

(1) 稿本，南京图书馆藏。

(2) 1 卷，《震泽庄氏家集》本。

徐曾泰

字馥田，号兰浦。清吴江人。

南溪草堂诗集 3 卷　集部别集类　佚

见同治《苏州府志》卷 138。《松陵诗征续编》卷 8 收其诗 3 首。

范　河(1798—1814)

一名潄芳，字倬云，号竹筠。清吴江同里人。绩学早世。

稻孙轩诗草　集部别集类　佚

见《同里古吴范氏家乘》。

徐锡第

字云楣，号兰叔。清吴江人。国子生。浙江候补府经历。尝摄临海令，有吏才。

哀弦集 1 卷　集部别集类

附刻于朱萼增《珠来阁遗稿》后，版本参见“朱萼增”条。

按：此集为哀悼其妻朱萼增作。

朱萼增(1798—1825)

字沁香，号芝生。清吴江苏家港人。庭照女，徐锡第妻。年 28 卒。

珠来阁遗稿 1 卷　集部别集类

(1) 清道光六年(1826)刻本，南京图书馆藏。

(2)《女士集汇存》本。

范来凤

字韶九，号铁琴。清吴江黄溪人。诸生。

五屿堂诗集　集部别集类　佚

见同治《苏州府志》卷 138。《松陵诗征续编》卷 8 收其诗 1 首。

张宝钟(1798—1854)

初名镆，一名宝铦。字颖甫，又字尺宝，号昔冶，又号茗叔，亦号艿吏、香吏、香午。清吴江盛泽人。宝鐪弟。诸生。制行谨饬，闭户自修，不征逐声气。

玉海书堂诗1卷　集部别集类

清仲湘辑刻《留爪集》本。

梅边吹笛谱1卷　集部词曲类

饼说庵词1卷　集部词曲类

双属玉亭词1卷　集部词曲类

以上3种有《二张先生词剩》本。

按:《盛泽张氏遗稿录存》收其诗123首、文7篇、词32首。

琯朗阁词钞不分卷　集部词曲类

抄本，上海图书馆藏。

按:据柳亚子题跋可知本书原已散佚，柳亚子从陈文濬处得《梅边吹篴谱》八阕、《饼说庵词》五阕，合仲湘《咒红豆庵词》中附见四阕，陈梦琴医案后附见一阕，又《红梨社诗抄》选录二阕，共计二十阕，补辑成卷，冠以旧名，与张宝鐪《花月填词馆绮语》并行。

沈　焯(1798—1861)

初名雒，字竹宾，号墨壶，又号墨壶外史、墨壶生。清吴江盛泽人。家贫，少尝织缯，去而学画。始工写照画花卉，后从蒋宝龄游，遂学山水，天分甚高。山水宗文徵明，与黄均、黄鞠齐名，胡公寿、杨伯润皆师其法。

沈竹宾山水册　子部艺术类

1926年影印本，南京图书馆藏。

国画　子部艺术类

稿本，吴江图书馆藏。

按:存画 13 幅。

计 钟

清吴江人。

拥书堂吟稿 1 卷　集部别集类

抄本,上海图书馆藏。

秦 源

字止船,号仲清。清震泽韭溪人。

知止居剩稿 1 卷　集部别集类

清刻本,上海图书馆藏。

国朝韭溪诗存 2 卷　集部总集类

(1) 清道光二十二年(1842)刻本,上海图书馆藏。

(2) 清抄本,南京图书馆藏。

按:韭溪在吴江平望镇,为太湖支流,《越绝书》称为韭湖。据殷兆镛序所记,秦源辑录此集,本分为前后二集。前集以章往哲,所登皆已故者;后集兼启后来,所登者皆现存者。今见仅为前集,所录均为清朝人。书中包括两种,卷上为《国朝韭溪诗存》前集,卷下为《国朝韭溪秦氏诗存》前集。按秦源识语,其书本不分同异姓,合为一卷。后以韭溪之地本为秦氏聚居之地,所辑也以秦氏作者为多,乃将本姓、异姓作者分开辑集。南京图书馆藏《国朝韭溪秦氏诗存前集》清抄本,与道光刻本略有差异。

张畹英

原籍王江泾,清吴江平望马某妻。性幽静,好读书。

迎霞楼稿　集部别集类　佚

见道光《平望志》卷 10。

邵嘉谷

字佳谷，号稼甫。清吴江平望人。国学生，官浙江曹江司巡检，调鄞江司巡检。

灵石山房诗稿　集部别集类　佚

见《吴江叶氏诗录外编》卷5。

陈惟金

清吴江人。

煮诗寮诗稿1卷　集部别集类

《松陵小丛书丙种》本，见《养余斋松陵书目》卷5。

陈　泉

清吴江人。

眠琴馆诗稿1卷　集部别集类

《松陵小丛书丙种》本，见《养余斋松陵书目》卷5。

钟　鼎(1799—1871)

字新甫，号琴舟，晚号江沱遗老。清震泽人。生而颖异，读书过目成诵。与张履、俞树滋同受业于张海珊之门。参究性理文学，旁及天官、地志、河渠、兵书、律数诸书，无不浏览。

小林壑文存　集部别集类

小林壑诗剩　集部别集类

以上2种见《震泽镇志续稿》卷11。

小林壑诗钞8卷　集部别集类

(1) 清同治十三年(1874)刻本，吴江图书馆藏。

(2) 清同治元年刻本，不分卷，江苏师范大学图书馆藏。

荻塘棹歌1卷　集部别集类

(1) 清同治十三年刻本，吴江图书馆藏。

(2)《吴氏囊书囊丙编》本。

顾兆芝(1799—?)

字仲龄，一字子寿。清吴江人。汝敬子。诸生。

顾兆芝诗 2 卷　集部别集类　佚

见同治《苏州府志》卷 138。

鱼千里室诗抄 1 卷　集部别集类

清道光十年(1830)刻本，上海图书馆藏。

叶兰生(1800—1874)

字应征，一作子征，号楚芗。清吴江人。春晖子。诸生。工制举业，善率更书。屡应省试不中，肆志于诗。家故贫，客授四方，所至有诗。馆乍浦时与平湖伊佐圻唱和尤多。

三秀轩诗草 1 卷　集部别集类

南社抄本，南京图书馆藏。

楚芗诗稿　集部别集类　佚

见光绪《黎里续志》卷 4。

小横山馆癸丑集 1 卷　集部别集类

抄本，见《磨剑室文三集》之《磨剑室钞存乡先辈已刊未刊稿本题记》。

题蕉馆诗稿 1 卷　集部别集类

《松陵小丛书丙种》本，见《养余斋松陵书目》卷 5。

云蒉酬唱集 1 卷　集部总集类

清叶兰生、伊佐圻同撰

清道光二十八年(1848)刻本，浙江图书馆藏。

姚仪庄

字曼仙。清吴江人。叶兰生妻。

思孟阁诗稿1卷　集部别集类

抄本,上海图书馆藏。

按:本书有胡文楷抄本,见于上海博古斋拍卖有限公司2015年秋季艺术品拍卖会。与钱清婉《拥月楼诗存》、朱素贞《倚翠楼吟草》合册。

庄庆椿(? —1861?)

字子寿,一字介眉,号幸翁,别号更生居士。清震泽人。兆洙长子。国子监生。肆力诗古文辞。与同邑陈寿熊、沈曰富以古文相切磋,卓然成一家言。客授范遵澜家,性豪爽。卒年62。

冬荣室诗钞1卷　集部别集类

闲气集1卷　集部别集类

以上2种有《震泽庄氏家集》本。

按:《闲气集》又题《冬荣室诗词》,庄庆椿与庄人宝同撰,乃吟咏太平天国期间死难吴江、震泽贞士烈妇之作。

幸翁骈体文　集部别集类　佚

幸翁诗存　集部别集类　佚

鹃碧集　集部别集类　佚

怀人集　集部别集类　佚

感逝集　集部别集类　佚

以上5种见同治《苏州府志》卷138。

黄河集1卷　集部别集类

抄本,见《磨剑室文三集》之《磨剑室钞存乡先辈已刊未刊稿本题记》。

按:本书为悼念其爱女而作。

秋灯寻梦图题咏集1卷　集部总集类

《松陵小丛书丁种》本，见《养余斋松陵书目》卷5。

殷寿臻(1801—1863)

字肇骈，号百庭，又号玉叔。清吴江人。寿彭弟。道光二十四年(1844)进士。官翰林院庶吉士、国史馆协修。

帚珍斋诗文集　集部别集类　佚

见殷葆深修《江震殷氏族谱》卷3。

沈文杓

字政衡，号梦斗。清吴江人。诸生。有文誉。喜吟诗。作画度曲，并肆力于古文词。

紫桐花馆诗抄　集部别集类　佚

见《垂虹识小录》卷6。

按：据《养余斋松陵书目》卷4所载，沈文杓诗附于清仲湘辑刻《留爪集》本沈曰富《受恒受渐斋诗》后。

周　璋

字赤南，一字峨山，号莪删。清吴江谢天港人。性孤冷，慎结纳。家贫，尝为句读师。后依人作西陲之行，越十二年归。工画。初以仕女称于时；后弃去，但写花草，尤长于梅，不减不繁得诗人清致。震泽王棠爱其画，与之订忘年交。

西来吟　集部别集类　佚

见同治《盛湖志》卷12。

萍庵诗钞　集部别集类　佚

见同治《苏州府志》卷138。《松陵诗征续编》卷10收其诗1首。

陆　鸿

字叔远。清吴江人。善画山水。

瀚墨余香图题咏 1 卷　集部总集类

清刻本，上海图书馆藏。

陈昌锝

字钟若，号稚仲。清吴江人。燮孙。工诗善书，喜画墨梅，颇饶逸致，尤工铁笔。

阴骘文印谱　子部艺术类　佚

真意斋诗 2 卷　集部别集类　佚

以上 2 种见光绪《黎里续志》卷 4。

寒碧轩诗钞 6 卷题咏 1 卷　集部别集类

《寒碧轩诗钞》陈燮撰，《题咏》陈昌锝辑，版本参见"陈燮"条。

禊湖陈氏诗存 8 卷　集部总集类

清陈山甫辑　陈昌锝补，版本参见"陈山甫"条。

咏物唱和诗 1 卷　集部总集类

清陈昌锝辑

稿本，见《养余斋松陵书目》卷 4。

赵志鹤

清吴江人。

赵志鹤诗 1 卷　集部别集类

清仲湘辑刻《留爪集》本。

按：据《养余斋松陵书目》卷 4 所载赵志鹤诗附于赵勤《奇雨楼诗》后。

英　昭

字抱月。清吴江僧。住永隆庵。能诗，为徐达源诗弟子。

抱月诗稿　集部别集类　佚

见光绪《黎里续志》卷 11。

迮爱莲

清吴江人。鹤寿子。绩学早世。

乡党图考补正 1 卷　经部群经总义类　佚

见同治《苏州府志》卷 138。

蓬莱山房存稿 1 卷　集部别集类

清道光二年(1822)刻本,见《养余斋松陵书目》卷 4。

冯　瑛

字玉英。清吴江人。冯源姊。

冯瑛遗稿　集部别集类　佚

见光绪《黎里续志》卷 12。

冯　源(1802—?)

字达甫,号心泉。清吴江人。国学生。与其妻沈淑馨并能诗,有双修慧业楼,时唱和其中。

蓼莪吟馆诗集不分卷　集部别集类

稿本,中山大学图书馆藏。

按:书中有清道光间王棠、陈寿熊朱墨笔校改并题识。

双修慧业楼倡和集　集部别集类　佚

清冯源、沈淑馨合撰

见《历代妇女著作考》卷 10。

沈淑馨

字咏楼。清吴江人。冯源妻。

双修慧业楼倡和集　集部别集类　佚

清冯源、沈淑馨合撰

见《历代妇女著作考》卷 10。

张与龄(1802—1830)

字芳遐,号杏初,又号涵虚子。清吴江人。孝嗣子。画花鸟渲染特工。能汉隶。年29卒。

克复要言　子部儒学类

清张与龄、张益龄选　张太龄校阅

清同治七年(1868)世美堂刻本,上海图书馆藏。

朱金相(1802—?)

字壬养,又字琴香,号耐先,又号二彝。清吴江人。道光二十四年(1844)取入江庠。

苏家港朱氏支谱　史部传记类

清朱龄增、朱金相合撰

1920年吴江柳氏红格抄本,上海图书馆藏。

张益龄

字进之,又字仲仁,号子谦,自号碧萝主人。清吴江人。孝嗣子。道光六年(1826)取入江庠。少有隽才,工书善词赋。年32卒。

克复要言　子部儒学类

清张与龄、张益龄选　张太龄校阅,版本参见“张与龄”条。

画豳庐诗抄4卷　集部别集类　佚

见同治《苏州府志》卷138。《松陵诗征续编》卷12收其诗4首。

巽峰阁词1卷　集部词曲类　佚

见《笠泽词征》卷27。

张太龄

字季生,号小憨,又号筱龛。清吴江人。孝嗣子。与龄弟。道光九年(1829)入府学。廪贡生。

克复要言　子部儒学类

清张与龄、张益龄选　张太龄校阅，版本参见“张与龄”条。

十二碧琅玕馆诗抄4卷　集部别集类　佚

见同治《苏州府志》卷138。

十二吉祥书屋诗稿　集部别集类　佚

见《分湖诗钞》卷12。

阴骘文制艺1卷　集部总集类

清殷寿彭鉴定　周宪曾、周兆杰辑　张太龄、沈中坚校刊，版本参见“殷寿彭”条。

钱　裕

字友梅。清吴江人。工词。

有真意斋词集2卷　集部词曲类

清道光十四年(1834)刻本，吴江图书馆藏。

按:《贩书偶记》卷20作《有真意斋词集》2卷附《梅花诗》1卷。

有真意斋词谱3卷　集部词曲类

清道光二十一年吴门敦本堂刻本，上海图书馆藏。

按:《贩书偶记》卷20有《词韵》1卷。

郑　培

字价藩，号羡庵。清吴江人。监生。捐职州同。

绿萌斋诗稿1卷　集部别集类

《郑氏三家诗抄》本。

按:《郑氏三家诗抄》，清郑慈谷辑，1920年吴江柳氏抄本，上海图书馆藏。

徐士颖

字逸群，号韵亭。清吴江人。监生。

珊溪吟草　集部别集类　佚

见同治《盛湖志》卷 12。

徐学涛

字寿躔，号子蓉。清吴江人。国子生。工画。年 38 卒。

墨蕉馆诗抄 1 卷　集部别集类

清光绪五年(1879)刻本，上海图书馆藏。

按:《松陵诗征续编》卷 12 收其诗 1 首。

秋灯校书图题咏 1 卷　集部总集类

抄本，见《吴江文献保存会书目》卷 4。

蔡禹松

字甸伯，号吟涛。清吴江人。以焜父。精鉴别古器、碑版之属，搜藏汉铜印及古钱多而且精。尝拓汉印成帙。

荣肇堂钱录 2 卷　子部艺术类　佚

见光绪《黎里续志》卷 4。

史在柱

字天立。清吴江黄溪人。宗伦侄。诸生。

戒园诗稿　集部别集类　佚

见道光《黄溪志》卷 6。

金锡桂

字伯辛，号一山，又号山甫。清吴江曹村人。廪生。性豪爽，喜酒。作诗不假思索，顷刻而成。卒年 50。

左传杂咏　经部春秋左传类　佚

明史杂咏　史部正史类　佚

溪云阁诗选　集部别集类　佚

溪云阁诗文集　集部别集类　佚

以上4种见同治《苏州府志》卷138。《松陵诗征续编》卷9收其诗2首。

溪云阁吟稿1卷续抄1卷　集部别集类

清道光十二年(1832)刻本,上海图书馆藏。

金锡龄

字缄斋。清吴江人。

流觞小榭遗稿不分卷　集部别集类

清道光十年(1830)刻本,复旦大学图书馆藏。

程豹蔚

字又文,号莼溪。清吴江谢天港人。

秦中游草　集部别集类　佚

见同治《盛湖志》卷12。

于鸿藻

清吴江人。

于八先生诗草1卷　集部别集类

稿本,复旦大学图书馆藏。

仲宗濂

字茂如,号莲叔。清吴江人。诸生,积学工文,推重乡间,游其门者,多所造就。道光二十三年(1843)同邑陈宗元、太仓陆希湜为吏礼二部主事,具呈公请给奖。经术宏深,所为诗戛戛独造,不屑与吟场争逐,自道性情,以成一家言。

读左管窥4卷　经部春秋左传类　佚

四书释地辑略2卷　经部四书类　佚

赋珊堂诗文稿　集部别集类　佚

以上3种见同治《盛湖志》卷12。

秦守惇

清吴江人。

家庭直讲4卷　子部儒学类　佚

见光绪《平望续志》卷11。

陆日章

字西村。清吴江人。

西村词草2卷　集部词曲类

《松陵陆氏丛著》本。

西村词稿1卷　集部词曲类

抄本，上海图书馆藏。

殷立杏

字鹤溪，号南斋。清吴江人。监生。读书养静，留心翰墨，家多古迹。任意临仿，遂工山水，宗元季四家，于梅道人法尤为擅长。颇自矜贵，不轻为人作。

碧树山房诗稿　集部别集类　佚

见同治《盛湖志》卷12。

张　桐

字凤巢，号留仙。清吴江闻湖人。国学生。

听竹堂诗稿　集部别集类　佚

见《吴江叶氏诗录外编》卷6。

张家麟

字定庵。清吴江人。少岁客楚南，咸丰五年(1855)避兵到浙，卜居闻溪。平生嗜诗，爱交游。

梦渠山人稿不分卷　集部别集类

清咸丰八年杨象济抄本，吴江图书馆藏。

郑寿南(1803？—？)

字谷愚，号乐耘。清吴江人。监生，补江西南安府经历。

谷愚学吟草1卷诗余1卷　集部别集类

《郑氏三家诗钞》本。

郑寿彭

字静山，号又侨。清吴江人。诸生，与同邑殷寿彭齐名，学使者激赏之，称吴江两寿彭。后屡试不中，处境颇裕，遂无意于仕进，静坐一室，不废吟咏。

步斋学吟草2卷　集部别集类

《郑氏三家诗抄》本。

李　湘(1804—1833)

字叔兰，一字宇春，号雨村，自号铁笛道人。清震泽韭溪人。善八分，汉碣唐碑临摹殆遍，而能自成一家。诗才清婉。早卒。

金粟楼诗1卷　集部别集类　佚

见光绪《平望续志》卷11。

瓶花轩遗稿　集部别集类　佚

见同治《苏州府志》卷138。

李湘诗1卷　集部别集类

清仲湘辑刻《留爪集》本。

李晋贤

字萍江。清吴江人。湘弟。能诗，早卒。

信天巢诗 4 卷　集部别集类　佚

见光绪《平望续志》卷 11。

俞树滋

字德甫，号小秋。清吴江人。兰台子。道光五年(1825)取入震庠。

竹深书屋诗文稿 4 卷　集部别集类　佚

见同治《苏州府志》卷 138。《松陵诗征续编》卷 11 收其诗 4 首。

顾友桂

字步云。一字子仙，号馨山。清吴江人。道光五年(1825)取入江庠。

梅修馆诗草　集部别集类　佚

见《松陵诗征续编》卷 12，收其诗 1 首。

黄兆槐

清吴江人。

万顷波光阁诗抄　集部别集类　佚

见光绪《平望续志》卷 11

黄　潮

字赋江，号秋鹤。清吴江人。光绪二十年(1894)以孙元芝赠奉政大夫蓝翎五品衔。

坐对一山楼诗集　集部别集类　佚

见光绪《黎里续志》卷 4。

陈　锐

字绶青，号荔裳。清吴江黎里人。道光十年（1830）取入江庠。光绪元年（1875）以子陈鸿寿赠奉政大夫同知衔浙江试用知县。

南陔草堂遗稿　集部别集类　佚

见光绪《黎里续志》卷4。

王元之

字兰修。清吴江人。道光十三年（1833）入府学。长于诗，淡于名利。尝设帐里中顾氏者有年。

兰修剩稿1卷　集部别集类

（1）抄本，不分卷，上海图书馆藏。

（2）民国薛凤昌抄本，附于任潮《白水田园诗稿》后，吴江图书馆藏。

王与沂（？—1860）

字英初，号瘦梅，更号赋梅。清吴江人。锡瑞子。道光十五年（1835）岁贡生。

拾慧录　集部别集类　佚

见《松陵人物汇编》卷11。

张　钟（1804—1851）

字锡文，号虞堂。清吴江人。监生。喜读书，兼耽吟咏，师事唐寿萼。于所居之旁辟地筑室，名曰"心精微馆"。春秋佳日，宴集作文酒之社。年48卒。

渔父填词阁诗稿1卷诗余1卷　集部别集类

清咸丰三年（1853）心精微馆刻本，上海图书馆藏。

莺湖两布衣诗钞　集部总集类

清张钟辑

清咸丰三年心精微馆刻本，上海图书馆藏。

按：子目为赵莲《咒笋庵剩稿》1卷、唐寿萼《皃翁亭诗集》2卷。

王师晋(1804—1880)

字以庄，号敬斋。清吴江人。祖籍浙江秀水，曾祖始迁吴江盛泽镇。太平军攻占苏州，父兄皆亡。苏城克复，定居葑门。精研宋儒义理之学，怀才不露。性纯笃，多有义举。

舜湖王氏族谱稿坟墓图1卷　史部传记类

稿本，复旦大学图书馆藏。

资敬堂家训2卷　子部儒学类

(1) 1936年铅印本，国家图书馆藏。

(2)《丛书集成续编》本。

盛超鋆(1805—1846)

字仰韦，号碧岑。清震泽人。候选县左。书学颜真卿，诗宗韦应物，均卓卓可传。

绿绕楼诗钞　集部别集类　佚

见《平江盛氏家乘初稿》卷18。

沈曰寿(1805—1850)

字延之，号笠君，又号金伯。清吴江人。烜子。能承家学，精研医术，并工绘画。

绿意庵诗1卷　集部别集类

清仲湘辑刻《留爪集》本。

陈福畴(1805—?)

原名昌言。字禹廷，一作愉庭，号雨亭。清吴江黎里人。嘉庆二十五年(1820)取入江庠。工制义,门下颇盛。

红蕉馆遗稿 2 卷　集部别集类

清周兆勋撰　陈福畴等评选

清咸丰二年(1852)刻本,苏州大学图书馆藏。

艳雪斋时文 1 卷　集部别集类

清咸丰二年刻本,见《养余斋松陵书目》卷 4。

蔡傅梅(1806—1855)

字未羹,号岭香。清吴江人。湘少子。性高旷,博览群籍,长于诗文,书法酷类董其昌,尤工小楷。道光二十年(1840)恩科顺天举人。及试礼部,得而失者再,乃就拣选知县,好金石文字,赏鉴极精,藏晋唐碑帖及名人尺版甚富。

思无邪居文诗集　集部别集类　佚

岭香诗余 1 卷　集部词曲类　佚

以上 2 种见光绪《黎里续志》卷 4。

陈宗元(1806—1856)

字保之,号柳平。清吴江人。兴雨子。少有志略,道光十三年(1833)进士。以主事用,擢员外郎。咸丰三年(1853)京察一等,简放江西吉安府知府。太平军攻破吉安被杀。冯桂芬《显志堂稿》卷 6 有其传。

退学庐诗集　集部别集类　佚

见同治《苏州府志》卷 138。

董兆熊(1806—1858)

字敦临,一字梦兰。清吴江人。本姓王,父早逝,由母亲董云鹤扶养成人。母姓无后,即改姓董。诸生。专意著述。尝病《新唐书》疏略,乃一一考订其舛漏成书。又以南宋一朝多载道之文,辑《南宋文录》。

又以明代遗民散在天下，成《明遗民录》。兆熊成三书，所阅书不下千余种，故所为骈体文特工。时江震绩学推陈寿熊、沈曰富二人，博学则推董兆熊。又尝助辑《金山县志》30卷。其特爱抄书，斜行密字，每日可得数万言。诗以朴实为主。咸丰元年(1851)举孝廉方正。

新唐书注　史部正史类　佚

见光绪《吴江县续志》卷34。

明遗民录12卷　史部传记类　佚

孝子传2卷　史部传记类　佚

以上2种见《续碑传集》卷79杨象济《董征君墓志》。

陈梦琴文学诔1卷　史部传记类

清刻本，上海图书馆藏。

味无味斋骈文2卷　集部别集类

(1) 清同治十三年(1874)刻本，南京图书馆藏。

(2) 抄本，上海图书馆藏。

味无味斋集10卷　集部别集类

清光绪元年(1875)刻本，南京图书馆藏。

按：分为诗抄7卷、杂文1卷、骈文2卷。

味无味斋诗钞1卷　集部别集类

(1) 清抄《名家诗词丛抄》本，国家图书馆藏。

(2) 民国抄本，7卷，存卷2至3，上海图书馆藏。

(3)《清代诗文集珍本丛刊》本。

樊榭山房诗集笺注8卷续集笺注8卷　集部别集类

(1) 稿本，上海图书馆藏。

(2) 清董氏味无味斋抄本，诗集笺注作9卷，南京图书馆藏。

按：上海古籍出版社1992年6月出版《樊榭山房集》，清厉鹗撰，董兆熊注，陈九思点校。

南宋文录录24卷　集部总集类

(1) 稿本，上海图书馆藏。

(2) 清光绪十七年江苏书局刻本,南京图书馆藏。

(3)《宋集珍本丛刊》本。

吴江三节妇集 3 卷附 1 卷　集部总集类

清董兆熊辑

清咸丰七年刻本,吴江图书馆藏。

按:子目为袁希谢《素言集》1 卷、董云鹤《涵清阁诗抄》1 卷、顾佩芳《怀清书屋吟稿》1 卷、许珠《萱宦吟稿》1 卷。

樊榭山房词 4 卷集外词 4 卷　集部词曲类

清糜研盦刻本,南京图书馆藏。

殷兆镛(1806—1883)

字序伯,一字补金,号谱经。清吴江平望人。增子。道光十五年(1835)举人,二十年成进士。选庶吉士,授编修,官至礼部左侍郎。负经世大略,数上封事,洞悉外情。

庚申都城纪事 1 卷　史部杂史类

(1)《振绮堂丛书》本。

(2) 抄本,上海图书馆藏。

江震殷氏族谱 6 卷　史部传记类

清殷兆镛、殷云鹗同辑

(1) 清光绪九年(1883)殷兆镛刻本,上海图书馆藏。

(2) 1920 年吴江柳氏抄本,上海图书馆藏。

殷谱经侍郎自定年谱(一作齐庄中正堂春梦录)2 卷　史部传记类

(1) 稿本,不分卷,上海图书馆藏。

(2) 清光绪铅印本,吴江图书馆藏。

(3) 1968 年台湾文海出版社影印《近代中国史料丛刊》本。

(4) 台湾文海出版社影印《近代中国史料分类选刊》(丙集)本。

(5) 1975 年台湾广文书局排印《中国历代名人年谱汇编》本。

春明日记 2 卷　史部传记类

稿本，复旦大学图书馆藏。有王大隆跋。

按：载道光二十四年、二十六年至二十八年事迹。

澄怀园日记不分卷　史部传记类

稿本，上海图书馆藏。

按：载咸丰八年(1858)至九年事迹。

齐庄中正堂日记　史部传记类

手稿本，上海图书馆藏。

按：载同治六年(1867)至七年事迹。

陕西乡试题名录　史部传记类

清殷兆镛辑

清咸丰五年刻本，国家图书馆藏。

杂事闻见录1卷　史部政书类

清殷兆镛、僧格林沁撰

抄本，浙江大学图书馆藏。

按：本书为殷兆镛奏谏和议疏与僧格林沁奏夷匪不当议和疏。

良方汇录不分卷　子部医家类

清同治十一年刻本，苏州图书馆藏。

玉尺堂杂著不分卷　子部杂学类

稿本，浙江图书馆藏。

中西时务精华9卷首1卷　子部典故类

清殷兆镛等撰

清光绪二十三年上海书局石印本，上海图书馆藏。

新辑分类时务精华8卷　子部典故类

清光绪二十七年石印本，上海图书馆藏。

齐庄中正堂诗抄17卷首1卷补遗1卷　集部别集类

(1) 清光绪五年初夏刻本，补遗抄本，上海图书馆藏。

(2)《清代诗文集汇编》本。

齐庄中正堂集26卷　集部别集类

清光绪五年莺湖殷氏刻本，上海图书馆藏。

按：本书包括制义12卷、律赋6卷、试帖8卷。

梦盦老人哭子文1卷　集部别集类

旧刻本，见《养余斋松陵书目》卷4。

陆日爱(？—1864？)

字曦叔，号雪亭。家青浦之金泽，占籍吴江。广交游，尝师事太仓毕华珍。与华珍成唱和杂诗各数十首。后得杨园张氏未刻书数卷，刻之。其诗青浦何其超编定。曾官浙江候补府同知。同治三年(1864)遭母丧，旋卒。

寿萱集2卷　史部传记类

清陆日爱辑

(1) 清咸丰三年(1853)刻本，上海图书馆藏。

(2) 1卷，《松陵陆氏丛著》本。

守拙斋未定稿1卷　集部别集类

抄本，上海图书馆藏。

梦逋草堂劫余稿9卷补遗1卷文剩1卷　集部别集类

古柏重青图题识1卷　集部总集类

清陆日爱辑

以上2种有《松陵陆氏丛著》本。

按：《梦逋草堂劫余稿》9卷另有抄本，吴江图书馆藏。

松陵诗征续编14卷　集部总集类

清陆日爱编

清咸丰七年梦逋草堂刻本，南京图书馆藏。

按：编者同乡先辈袁景辂所辑《松陵诗征》成书于乾隆初，自其辑诗后几百年间，邑人多搜罗遗佚以待续者，日爱乃集自己与他人所采编成是书以续之，故名之曰《续编》。全书十四卷，自序后有例言八条，另附参校姓氏。每卷正文先介绍作者，辅以他人评价，后附作品。

王源通(1807—1858)

初名权,小名传声。字蟾生,晚年自号居易子。清吴江人。廷鼎父。诸生。

居易璅语　子部儒学类　佚

片云集　集部别集类　佚

以上2种见同治《苏州府志》卷138。

沈毓桂(1807—1907)

字寿康,一字子征,号赘翁、赘叟、觉斋。清吴江人,世居松陵,后迁黎里。少贫好读书,工吟咏。道光五年(1825)秋因水灾侨寓盘溪,设帐授徒。咸丰十年(1860)避乱沪上。同治五年(1866)选授云南昭通府通判,未到任。曾任《万国公报》编辑,主张“中体西用”。

匏隐庐诗文稿2卷　集部别集类

清光绪二十二年(1896)铅印本,苏州大学图书馆藏。

王恩溥

字佑良,号云舫,自号赘瘤生。清吴江人。铭子。少即力学,屡赴童子试不见售,援例入国学。工书能诗。

云舫小草　集部别集类　佚

见同治《苏州府志》卷138。《松陵诗征续编》卷11收其诗1首。

种蕉庵诗抄1卷　集部别集类

(1) 1921年薛凤昌抄本,吴江图书馆藏。

(2) 清抄本,不分卷,无锡市图书馆藏。

宋方吉

字盈子,号星砚。清吴江新杭市人。景龢孙。桐乡籍诸生。曾与诸前辈结社往还,逸兴颇豪。中年得心悸疾,遂屏去一切,颐养自适。

编竹斋诗稿　集部别集类　佚

见同治《盛湖志》卷 12。

黄　鎏

字小舟。清吴江人。道光十六年(1836)入府学。早卒。

十龄童子草　集部别集类　佚

见《松陵人物汇编》卷 11。

吴炳林

字景初,号宾嵎,一号小浦。清吴江人。道光十九年(1839)举人。

觉痴山房诗抄　集部别集类　佚

见同治《苏州府志》卷 138。《松陵诗征续编》卷 12 收其诗 1 首。

按:本书据《养余斋松陵书目》卷 4 载由仲湘辑入《留爪集》29 卷本中,今未见。

杨炳春(? —1860)

原名庚,字子慎,一字漱芸。清吴江人。刚子,羲弟。道光十九年(1839)举人。拣发浙江知县,历署泰顺、鄞县。咸丰十年(1860)太平天国军克杭州,炳春方奉檄理粮台,被杀。

泰顺从政录 1 卷　史部政书类　佚

见光绪《黎里续志》卷 11。

扶雅堂集 14 卷　集部别集类

(1) 清道光刻本,10 卷,上海图书馆藏。

(2) 清咸丰刻本,上海图书馆藏。

袁汝英

字协铨,号爱庐。清吴江人。廷珍嗣子。道光十九年(1839)取入江庠。

怀梦草 1 卷　集部别集类

稿本，上海图书馆藏。

爱吾庐诗钞 1 卷　集部别集类

抄本，见《磨剑室文三集》之《磨剑室钞存乡先辈已刊未刊稿本题记》。

袁汝夔

字履祥，号西畴。清吴江同里人。

铁如意斋词　集部词曲类　佚

见《笠泽词征》卷 20。

洪文益

字谦之，号受甫。清吴江人。道光二十年(1840)举人，官刑部员外郎。

国朝名人事述 42 卷　史部传记类　佚

续今世说 2 卷　子部小说类　佚

犹及编 2 卷　子部杂学类　佚

居易轩诗草偶存 12 卷　集部别集类　佚

以上 4 种见《盛湖志补》卷 3。

受甫诗草 11 卷　集部别集类

抄本，见《吴江文献保存会书目》卷 4。

周士焵

字守坚，号铁霞。清吴江人。道光二十年(1840)桐乡籍举人。咸丰三年(1853)考取内阁中书。

铁霞遗稿　集部别集类　佚

见《震泽镇志续稿》卷 11。

叶振声

字集之，号子音。清吴江人。道光二十年(1840)举人。拣选知县。好藏书，喜吟咏。

杂著　集部别集类

清叶振声等撰

稿本，吴江图书馆藏。

王阶升

字谱琴。清吴江平望人。道光二十一年(1841)取入江庠。

寄篱吟　集部别集类　佚

见光绪《平望续志》卷11。

史丙奎

字藜光，号侣茳。清吴江谢天港人。道光二十一年(1841)取入震庠。能诗文，书法欧褚两家，从沈镐游，读书周氏古芬山馆。同治间蒯贺荪按察两浙，辟掌记室。

侣茳诗草　集部别集类　佚

见光绪《黎里续志》卷11。

任廷昶

字炳寰，一字彦卿。清吴江人。道光二十一年(1841)取入震庠。咸丰元年(1851)举人。

嵺溪旅稿　集部别集类

抄本，吴江图书馆藏。

任本泉

字一清，号漆园。清吴江同里人。兰生叔父。道光二十二年

(1842)取入震庠。

漆园诗稿3卷　集部别集类

清任本泉撰　柳以蕃订

清光绪九年(1883)刻本,吴江图书馆藏。

黄维翰

字楷生。清吴江人。道光二十二年(1842)取入震庠。

韵史2卷韵史补1卷　史部杂史类

明许遁庵编　朱玉岑续编　黄维翰校注

清刻本,吴江图书馆藏。

黄增禄

字伯谷,一字谷卿,号子芾。清吴江人。道光二十三年(1843)举人。从金子山写山水,出笔幽秀。书法瓯香馆,蝇头小楷,舒卷自如。

拜石词不分卷　集部词曲类

稿本,见于北京保利国际拍卖有限公司2012年12月拍卖会。

按:本书原广韵楼藏。书中有周星誉、施燕辰、姜筠、谭献、袁励、易顺鼎、张祖廉7人题跋。书中内容除写景寄怀之外,题画之作尤多。

严　照

字石帆。清吴江同里人。

静怡编　史部杂史类

抄本,存卷5至卷8,吴江图书馆藏。

孙　楷

字秋伊。清吴江人。道光二十四年(1844)恩贡生。邃于史学,尝在松陵授徒。

蒓溪草堂诗抄4卷　集部别集类　佚

见同治《苏州府志》卷138。

俞树湘

字筠甫，号桐伯。清吴江人。兰台子。道光二十四年(1844)取入震庠。早逝。

考定孔子年谱1卷　史部传记类　佚

见同治《苏州府志》卷138。《松陵诗征续编》卷13收其诗1首。

深竹书屋诗文稿　集部别集类　佚

见《松陵诗征续编》卷13。

吴薇仙

原名宗莲，字小玉，一字薇仙，晚以字行。清吴江人。道光二十五年(1845)取入震庠。尝作《雪梦闲评》百二十回，评《红楼梦》全书。年逾花甲，乞养回籍，精研岐黄之术。

耐辱吟　集部别集类　佚

雪梦闲评120回　子部小说类　佚

按：本书为评曹雪芹所著《红楼梦》之全书也。

以上2种见《震泽镇志续稿》卷11。

黄桂苞

字岳生，号西垞。清吴江人。从池亭叶树伟学，得其指授。为文根柢经史，理精法密。弱冠补县学生，旋食饩，文名藉甚。道光二十九年(1849)学使青麐案临苏州，试辄冠军，拟选拔萃科而桂苞以病辞不赴，遵例以训导候铨。性冲淡，不慕荣利。素多病，常闭门静坐，日以义理相反省。时人以桐城二方比之。兼精地理及天文推步之学。

薇红小舍杂著1卷　子部杂学类　佚

贫交集1卷　集部别集类　佚

兰玉草堂遗稿　集部别集类　佚

以上3种见光绪《黎里续志》卷7。

张　铃(1808—1831)

字韬甫,号子明。清吴江人。金霞起弟子。工花鸟,近宋元人法,与同邑郭骥论画极相契。间为诗。年24卒。

绘水绘月阁诗草　集部别集类　佚

见《盛泽张氏遗稿录存》小传,收其诗1首。

沈同均

字听夔,号禊亭。清吴江人。

暖翠楼学吟草　集部别集类　佚

见同治《盛湖志》卷12。

冯慈祥

字吉甫,号小棠。清吴江人。

梅花屋诗抄　集部别集类　佚

见同治《盛湖志》卷12。

周宪曾(1808—1853)

原名兆熊。字景侯,号应芝。清吴江人。光纬子。道光二十年(1840)顺天举人。擢广东清吏司主事。秩满署直隶广平府同知,分防临洺关。甫数月,太平军北攻,或劝其入城避,坚不可,及兵迫,犹往见督部言事,顾督部已退守,遂驰还。太平军适至,宪曾与客等俱被杀。

学痴吟1卷　集部别集类　佚

见光绪《黎里续志》卷6。

赋秋声处诗草　集部别集类　佚

见同治《苏州府志》卷138。《松陵诗征续编》卷13收其诗1首。

敷春草堂唱和诗1卷　集部总集类

清周宪曾辑

柳无忌辑《松陵小丛书甲种》12卷本，见《养余斋松陵书目》卷5。

阴骘文制艺1卷　集部总集类

清殷寿彭鉴定　周宪曾、周兆杰辑　张太龄、沈中坚校刊，版本参见“殷寿彭”条。

沈曰富(1808—1858)

字沃之，一字文多，号南一，又号子饶。清吴江盛泽人。烜子。道光十九年(1839)举人。师事平湖方坰、顾广誉，震泽张履。顾治诗，张尤长三礼，曰富日闻其绪论，学益进。后受业于姚椿，姚得望溪、惜抱之传，论学以程朱为宗主而兼综汉唐。欲为清儒学案，仅有端绪，举以授曰富，于是始有《夏峰学录》等作。年51以骤疾卒。

易象不分卷　经部易类

抄本，上海图书馆藏。

读诗笔记1卷　经部诗经类

读三礼笔记1卷　经部三礼总义类

以上2种见《受恒受渐斋集》卷6。

夏峰学录　史部传记类　佚

夏峰门人录　史部传记类　佚

以上2种见同治《苏州府志》卷138。

当湖弟子传3卷　史部传记类

清抄本，南京图书馆藏。

明御史李模年谱　史部传记类　佚

清翁敦书、沈曰富同辑

见光绪《平望续志》卷11。

吕塔沈氏族谱稿　史部传记类　佚

见《松陵文录》卷9。

管幼安年谱　史部传记类

王右军年谱　史部传记类
文中子年谱　史部传记类
元鲁山年谱　史部传记类
元次山年谱　史部传记类

以上5种见同治《苏州府志》卷138。

沈端恪公年谱2卷　史部传记类

(1) 清同治十二年(1873)浙江书局刻本,北京大学图书馆藏。

(2) 清光绪二十二年(1896)江苏书局刻《沈余遗书》本。

(3) 清抄本,4卷,国家图书馆藏。

(4)《北京图书馆藏珍本年谱丛刊》本。

杨园渊源录4卷　史部传记类

清光绪《桐乡县志》附刻本,南京图书馆藏。

妇翁陈先生治疾记1卷　史部传记类

清刻本,上海图书馆藏。

壬癸日记　史部传记类　佚
观潮日记　史部传记类　佚
金陵游记　史部地理类　佚
耻躬录　子部儒学类　佚
矧汝轩诗录6卷　集部别集类　佚
集禊帖诗1卷　集部别集类　佚

以上6种见同治《苏州府志》卷138。

葬亲会约1卷　子部儒学类

稿本,上海图书馆藏。

受恒受渐斋集6卷　集部别集类

(1) 清同治八年刻本,南开大学图书馆藏。

(2) 民国抄本,南京图书馆藏。

受恒受渐斋集12卷　集部别集类

(1) 清咸丰九年(1859)刻本,国家图书馆藏。

(2) 清同治八年刻本,北京大学图书馆藏。

(3) 清光绪十三年刻本,南京大学图书馆等藏。

(4)《清代诗文集汇编》本。

受恒受渐斋诗 1 卷　集部别集类

清仲湘辑刻《留爪集》本。

集雅堂诗 8 卷　集部别集类

清末抄本,国家图书馆藏。

国朝文征续编未分卷　集部总集类

清沈曰富辑

见《养余斋松陵书目》卷 4。

樗寮诗话 3 卷　集部诗文评类

清姚椿撰　沈曰富编

清刻本,国家图书馆藏。

需园词稿　集部词曲类

见同治《苏州府志》卷 138。

按:同治《苏州府志》卷 138 载其又有《国朝名臣言行录》《国朝学案》,俱未成书。

程庆禄(1808—?)

字复庵,号筱芗。清吴江人。

复安居诗词草存　集部别集类

《江震诗稿汇存》本,抄本,1 册,南京图书馆藏。

按:本书原名《大吉祥吟馆诗草》。

郑瑞清

字午生,一字霁山。清吴江人。秀水籍诸生。与沈曰富诸人相友善,有高才雄辩,然困于一衿。乱后益无聊,不数年遂病卒。

天星一览 2 卷　子部历算类　佚

求是室诗 6 卷文 4 卷　集部别集类　佚

以上 2 种见同治《盛湖志》卷 12。

沈光鉴

字策耀，一字亮史，号笑梅。清吴江人。镐弟。道光二十四年(1844)举人。主试平湖徐士芬深赏其文，尤称其经艺。四上公车不得志，遂遵例授主事，签分兵部武选司行走。咸丰六年(1856)充武会试同考官。同治元年(1862)李鸿章督师沪上，奏调参幕事，屡膺保奖，力辞不就。旋以病乞归，杜门著述。

易汉学摘要 1 卷　经部易类　佚

字类备要 12 卷　经部小学类　佚

以上 2 种见光绪《黎里续志》卷 8。《字类备要》有同邑殷兆镛序。

蔡文朴

字倬云，一字仲章，号子琴，别号曼仙子。清吴江黎里人。少颖敏，未冠补震泽诸生。工制艺，学使辛从益称其经生之学、才子之文。两赴省试不中，遂弃去。以病故通医术，复精算学。善弈，好读庄子，自号南华散人。气宇豪迈慷慨有古侠士风。与蒯贺荪、陈福畴、徐宝治为莫逆交。卒年 49。

医粹 4 卷　子部医家类　佚

泠善草堂弈谱 1 卷　子部艺术类　佚

听春雨楼文稿 2 卷　集部别集类　佚

曼仙子诗 1 卷　集部别集类　佚

以上 4 种见光绪《黎里续志》卷 7。

费吟芝

清吴江人。吴廷政妻。工诗，兼写山水。

吟芝诗草　集部别集类　佚

见《垂虹识小录·松陵费氏诗集》卷2。

方廷楠

清吴江人。

一穗轩诗编　集部别集类　佚

见《震泽镇志续稿》卷11。

吴　霁

字步云，号一樵。清吴江人。世居西门外杨家桥。

玉浮书屋诗草1卷　集部别集类　佚

见《吴江文献保存会书目》卷4。

马元勋

字成章，一字元功，号云曹，又号蕉庵。清吴江同里人。性坦率，好饮酒，日课一诗。有“东风吹出清明雨，无数夭桃一夜红”句，人称“马夭桃”。

蕉雨轩诗钞4卷　集部别集类

1921年抄本，吴江图书馆藏。

蕉雨轩诗稿初续稿不分卷　集部别集类

稿本，苏州图书馆藏。

读史小草　集部别集类

清马元勋、许延禧撰

见吴江图书馆藏《序文》。

按：本书为抄本，收录吴江乡贤著作序跋。

许延禧

字惕花。清吴江人。蔚宗嗣子。

许氏重修谱系　史部传记类

读史小草　集部别集类

清马元勋、许延禧撰

以上2种见吴江图书馆藏《序文》。

孙孝县

清震泽人。

甲山北湾孙氏宗谱6卷　史部传记类

清道光二十七年(1847)活字本,吉林大学图书馆藏。

按:甲山北湾在吴江震泽,本谱为吴江松陵镇一支。

金文渊

字小觉。清吴江人。兰原长子。监生。历任浙江分水、淳安县知县,湖州府总捕同知。

玉连环草2卷　集部总集类

(1) 清道光二十年(1840)刻本,吴江图书馆藏。

(2) 民国薛凤昌抄本,吴江图书馆藏。

按:本书与其妻于晓霞合撰。包括《笑吟轩稿》《小琼华仙馆稿》各1卷。

玉连环草2卷诗余2卷　集部总集类

清道光二十年刻本,宁波市天一阁博物馆藏。

按:本书《玉连环草》分《笑吟轩稿》《小琼华仙馆稿》,《诗余》亦分《笑吟轩稿》《小琼华仙馆稿》。

于晓霞(? —1861)

字绮如。清金坛人。于尚龄女,金文渊妻。能诗词。笔致佳妙。

小琼华仙馆稿　集部别集类

(1) 抄本,2卷,上海图书馆藏。

(2)《玉连环草》本。

按：本书与其夫金文渊合撰，版本参见“金文渊”条。

(3)《凝香阁合集》本。

按：《凝香阁合集》2卷，清道光十三年(1833)刻本，上海图书馆藏。本书为于晓霞《小琼华仙馆稿》与其母冯兰贞《吟翠轩稿》、叔母陈芳藻《挹秀山庄稿》合刻，其父于尚龄辑。

(4)《江南女性别集初编》本。

金沛霖(1810—?)

字吉甫，号朴庵。清吴江人。兰原子。道光十八年(1838)入府学。工隶篆。曾临《古味花印谱》。

芗芸吟馆诗文集　集部别集类　佚

见同治《苏州府志》卷138。

芗芸吟馆试帖诗草不分卷　集部别集类

清抄本，吴江图书馆藏。

周宝彝(1810—1856，一作1812—1857)

字祖白，一字陈之，号今仙，一作警仙。清吴江人。居谢溪。道光十五年(1835)取入震庠。讲求星学，夜每登屋观察，不惮霜露。未几得疾，弃而习山水，深造高逸，极似沈王。并精诗古文词。

祖白遗编2卷　集部别集类

抄本，中国社会科学院文学研究所藏。

按：本书一册，秀水郭照辑，前有“小停云馆”“之桢”印。有光绪十五年(1889)周之桢识语云：“祖白与嘉禾郭晓楼先生最交契，是编即其所镌，先生可谓谊仁高于生前，意挚于死后也。即倩薛君景伊钞之。”知本书原有刻本。

柳清源(1810—1860)

字鄂生，一字阿松，号松琴，晚号觉翁。清吴江人，居分湖之大港。

梦坤长子。为诗闲适清旷，所居尝毁于火，因葺旁屋居之，署曰焦桐吟馆。

焦桐吟馆诗稿12卷外集1卷杂志3卷词3卷诗话22卷尺牍2卷　集部别集类

见《河东家乘》柳以蕃撰《先考松琴府君行实》。同治《苏州府志》卷138有董兆熊序。

焦桐吟馆小牍1卷　集部别集类

稿本，见《养余斋松陵书目》卷4。

焦桐吟馆诗初集3卷小蓬莱室诗二集3卷　集部别集类

手稿本，上海图书馆藏。

家珍集3卷　集部别集类　佚

见《分湖柳氏第三次纂修家谱》卷6。

韵语杂记17卷　集部诗文评类

(1) 稿本，上海图书馆藏。

(2) 抄本，上海图书馆藏。

按：本书稿本有清徐达源跋。据抄本柳亚子题记所载《焦桐吟馆诗话》22卷即为《韵语杂记》，仅缺5卷。

翁大年(1811—1890)

初名鸿，字叔钧，更字叔均，号陶斋。清吴江人。雒弟。承其家学，工篆刻，笃嗜金石考据，其所校辑书尤为精力所注。论定宋元明清50余家之说。嘉定瞿中溶序之，以为可补欧阳修《集古录》之缺，订顾炎武《金石记》之讹。交游甚广，虽极贫而不轻干谒。

旧馆坛碑考1卷　史部金石类

(1) 抄本，上海图书馆藏。

(2)《湫漻斋丛书》本。

古兵符考略残稿1卷　史部金石类

(1)《晉古丛编》本。

(2)《罗雪堂先生全集四编》本。

陶斋金石文字跋尾1卷　史部金石类

(1)《雪堂丛刻》本。

(2)《罗雪堂先生全集初编至三编》本。

(3)《丛书集成续编》本。

(4)《石刻史料新编第一辑》本。

封泥考略10卷　史部金石类

清吴式芬、陈介祺辑　翁大年考编

(1) 清光绪三十年(1904)上海石印本,辽宁大学图书馆藏。

(2) 清光绪抄本,国家图书馆藏。

续封泥考略4卷　史部金石类

清吴重熹考藏　翁大年编释

(1) 稿本,台湾“中央图书馆”原藏。

(2)《清代稿本百种汇刊》本。

金石著录考1卷　史部金石类

稿本,天津图书馆藏。

陶斋金石考2卷　史部金石类　佚

陶斋印谱2卷　史部金石类　佚

瞿氏印考辨证1卷　史部金石类　佚

以上3种见同治《苏州府志》卷138。

古官印志8卷　史部金石类　佚

见光绪《平望续志》卷11。

古印聚珍　史部金石类　佚

清翁大年、沈昀辑

见《吴江文献保存会书目》卷3。

秦汉印型2卷　史部金石类

清陆元珪　翁大年摹

清道光十七年(1837)钤印本,浙江图书馆藏。

清杭郡书画游艺家辑略不分卷　子部艺术类

清翁大年辑

稿本，浙江图书馆藏。

孙耕闲集　集部别集类

清翁大年辑

见光绪《平望续志》卷11。

何义门集12卷　集部别集类

清何焯撰　韩崇、吴云、翁大年等辑

清宣统元年(1909)平江吴氏刻本，山东大学图书馆藏。

徐鼎勋

字祚宝，号铸生。清吴江人。学涛子。以捐金助饷由太学议叙同知职衔。工写意花卉，而为梅传神尤称妙手，不肯为人轻作。好吟咏。

茹芝山馆诗抄1卷　集部别集类

(1) 清光绪七年(1881)刻本，吴江图书馆藏。

(2) 清光绪十三年刻本，南京图书馆藏。与徐元璋《长春花馆试帖》1卷合刻。

(3) 抄本，不分卷，中国社会科学院文学研究所藏。

按：刻本有同邑李龄寿、蔡召棠序。

梨川八景图题咏2卷　集部总集类

秋灯校书图题咏1卷　集部总集类

清徐鼎勋辑

以上2种有《松陵丛书》本，见《养余斋松陵书目》卷5。

孙文灯

号骏台。清吴江人。诸生。张海珊弟子。朴学有师承。所居滨太湖，收罗湖滨文献，各系以诗，名《湖上掌故集》，论者以为有稗志乘。

读史杂咏　史部史评类　佚

见同治《苏州府志》卷138。

湖上掌故集　史部传记　佚

见同治《苏州府志》卷139。

江苏游草　集部别集类　佚

西湖秋柳诗　集部别集类　佚

海鲸吟稿　集部别集类　佚

以上3种见同治《苏州府志》卷138。

黄尔寿

字锡年，号少鹤。清吴江人。尔康兄，元芝父。以子元芝覃恩貤赠修职郎国子监典簿衔江苏太仓州学正。

稻香草堂吟稿　集部别集类　佚

见《垂虹诗剩》卷4。

黄尔康

字锡侯，号季安，清吴江人。潮子。性耿介有守，敦内行。少习科举业，困于童试，遂遵例入太学。以奇祸忧愤成疾而卒。

俪桂轩吟稿　集部别集类　佚

见光绪《黎里续志》卷7。

赵瑶林

字礼门，号子霞。清吴江人。工诗。与杨羲等友善。游皖不得志，旋至闽为幕僚。后寓居福州府，卒年65。

子霞自述1卷　史部传记类　佚

吟花馆剩稿4卷　集部别集类　佚

选韵轩韵选2卷　集部别集类　佚

百花吟1卷　集部别集类　佚

以上4种见《松陵人物汇编》卷11。

陈宗恕

字宽甫，一字侃府。清吴江谢天港人。宗元弟。咸丰元年(1851)恩科举人。同治十年(1871)大挑候选教谕。为学好深沉之思，覃精算数音韵之学，冥心默契，不由师授。

诗经音韵　经部诗经类　佚

春秋舆地谱　经部春秋总义类　佚

春秋年表　经部春秋总义类　佚

春秋氏族谱　经部春秋总义类　佚

以上4种见光绪《吴江县续志》卷33。

说文考略4卷　经部小学类

稿本，上海图书馆藏。

六书辨略不分卷　经部小学类

抄本，上海图书馆藏。

数学一隅3卷　子部历算类

清末古吴潘诵济抄本，国家图书馆藏。

九章算术细草9卷　子部历算类　佚

见同治《盛湖志》卷12。

王树人

字培百，号亘虹，又号更梅。清吴江人。咸丰元年(1851)入府学，光绪五年(1879)岁贡生。耽诗酒。授徒著述，尤好搜罗遗佚，邑中文献多所裒辑。

松陵人物汇编16卷　史部传记类

(1) 抄本，上海图书馆藏。

(2)《江苏人物传记丛刊》本。

西江幕游记2卷　史部地理类

《吴氏囊书囊甲编》本。

闲云舒卷1卷附亘虹日记1卷　子部杂学类

《吴氏囊书囊乙编》本。

博雅集　集部别集类　佚

见光绪《黎里续志》卷11。

松陵文集12卷首3卷　集部总集类

1920年吴江柳氏抄本，上海图书馆藏。

计　棠

字慰枫，号埜甫。清吴江人。工词曲，善丹青。家贫，课蒙为生，博通经史。年40余卒。

雨窗战莺语录　集部别集类　佚

见《笠泽词征》卷27。

徐　权

原名葵之。字乘荣，号子卫。清吴江人。少受业于陈福畴。为文理法高超，而屡试不利。咸丰三年(1853)取入震庠。

乐乡居诗文稿　集部别集类　佚

见光绪《黎里续志》卷11。

陆锡蕃

字俊三，一作晋三。清吴江人。居同里，课徒自给。

劫余文稿诗稿　集部别集类

1924年薛凤昌抄本，吴江图书馆藏。

丁桂琪

字子琴，一作子勤。清吴江人。兆宽孙。诸生。

读资治通鉴偶记3卷读宋元资治通鉴偶记1卷　史部编年类

抄本，上海图书馆藏。

言志斋诗稿2卷　集部别集类

1920年吴江柳氏抄本，上海图书馆藏。

按：《吴江文献保存会书目》卷4载《言志斋诗》2卷《骈文》1卷《诗余》1卷。

红豆室词稿1卷　集部别集类

吴江柳氏抄本，上海图书馆藏。

绿槲壄屋稿1卷　集部总集类

稿本，上海图书馆藏。

叶奕良(1812—1851)

字万青，号晓山。清吴江人。有孝行。

医方荟编　子部医家类　佚

见《吴中叶氏族谱》卷57。

陈寿熊(1812—1860)

原名燾。字献青，一字子松。清吴江黎里人。杲子。以震泽籍补府学诸生，与沈曰富同登姚椿之门。寿熊则以为百余年来学者厌弃程朱，务为考证训诂之学以求胜前人。而一二文章之士又徒事空言，不以穷经敦行为事。故其为学兼综汉宋，不务表暴，于《易》用力尤深，成著甚多。尝注王鸣盛《蛾术编》、补辑《国朝文征》。《续碑传集》卷71有传。

陈氏易说4卷附录1卷　经部易类

(1) 清光绪二十一年(1895)木活字本，南京图书馆藏。

(2) 清抄本，清诸福坤跋，上海图书馆藏。

(3)《续修四库全书》本。

按：《艺风堂藏书记》卷1谓有稿本。

读易汉学私记1卷　经部易类

(1) 缪氏艺风堂抄本，缪荃孙校，有补抄1卷，国家图书馆藏。

(2)《皇清经解续编》本。

(3)《聚学轩丛书》本。

(4)《续修四库全书》本。

(5)《丛书集成续编》本。

按:本书认为惠栋《易汉学》规模略具,考核实疏,遂加补正。

读易学启蒙私记1卷　经部易类　佚

见《静远堂集》卷首。

按:光绪《吴江县续志》卷33作《读易启蒙》2卷。

周易正义举正　经部易类　佚

周易本义笺　经部易类　佚

周易集义　经部易类　佚

诗说1卷　集部诗经类　佚

考工记拾遗1卷　经部周礼类　佚

明堂图考1卷　经部三礼总义类　佚

以上6种见同治《苏州府志》卷138。

周易集解疏　经部易类　佚

冬官补亡说1卷　经部周礼类　佚

灯窗绀碧1卷　子部杂学类　佚

参同契注　子部道教类

以上4种见光绪《黎里续志》卷4。

静远堂集3卷　集部别集类

(1) 清光绪十八年苏州五亩园刻本,南京图书馆藏。

(2) 清潘钟瑞抄《十家诗》本,1卷,苏州图书馆藏。

(3)《清代诗文集汇编》本。

云蕢馆诗词集1卷　集部别集类　佚

见光绪《黎里续志》卷4。

赵云衢(1812—?)

原名文泉,字醴如,号龙门。清吴江人。咸丰八年(1858)恩贡生。工书,兼写墨画,小品古秀。喜藏诗画书册。晚馆黎里。

咸丰三年江苏恩贡卷1卷　史部传记类

清抄本,浙江图书馆藏。

五石十水吟草　集部别集类　佚

见《垂虹识小录》卷6。

如水堂诗稿　集部别集类　佚

见光绪《黎里续志》卷11。

汝金瓯

字问琳,号南村。清吴江人。金镛兄。工诗。

审雨斋诗抄　集部别集类　佚

见光绪《黎里续志》卷7。

汝金镛

字传钧,号梅村。清吴江黎里人。金瓯弟。监生。长于医书葬经及刑名家言,好为诗。

医学类钞3卷　子部医家类　佚

北厓草堂诗1卷　集部别集类　佚

以上2种见光绪《黎里续志》卷7。

郑　熙

字震山,号子村。清吴江盛泽人。

绿晓庄诗草　集部别集类　佚

见《盛湖志补》卷3。

仲廷机(1812—1885)

原名孙机。字组缦,号支仙。清吴江人。宗濂子。生而颖敏,过目成诵。道光十八年(1838)举人,充景山教习,期满以知县援例为知府,签分浙江。咸丰八年(1858)派综理金处粮台,随提督周天受克复永康、武义等处,以军功加道衔。同治元年(1862)谒巡抚左宗棠于衢州,呈明缘由。三年捐升道员,归部铨选,未几因耳疾回籍。生平笃志好学,手不释卷。在里多办公益事。年74卒,同人设栗主于东学舍。

(同治)盛湖志14卷首1卷末1卷附志补4卷　史部地理类

清仲廷机纂　仲虎腾续纂

(1) 稿本,见于上海国际商品拍卖有限公司2007年春季艺术品拍卖会。

(2) 1925年乌程周庆云刻本,苏州图书馆藏。

(3)《中国地方志集成》本。

望云草庐稿9卷　集部别集类

抄本,上海图书馆藏。

舫斋诗1卷文1卷金石跋2卷　集部别集类　佚

见《盛湖志补》卷3。

陆乃普(1812—1889)

字南临,号秋丞,晚号鸭阑旧主。清吴江人。鋆次子。善书法,兼善绘事,喜鼓琴。奉父命游幕于皖。咸丰初,军事起,钦差大臣胜保调乃普入行营为记室,同治元年(1862)署陕州直隶州知州。

平原派松陵陆氏宗谱8卷　史部传记类

清陆乃普等纂修

清同治十三年木活字本,日本东京大学图书馆藏。

平原松陵陆氏宗谱12卷首1卷　史部传记类

清陆乃普重编　陆延龄校批

1924 年刻本，上海图书馆藏。

磨盾偶唫集 20 卷　集部别集类　佚

见《陆氏先德录》。

陆氏传家集 4 卷附陆氏先德录 1 卷　丛书类

清陆乃普辑

(1) 清同治十一年羲经堂刻本，南京图书馆藏。

(2) 2015 年国家图书馆出版社出版《清代家集丛刊》本。

子目：

《方房诗剩》1 卷　清陆文衡撰

《啬庵手镜》2 卷　清陆文衡撰

《荻存小咏史》1 卷　清陆钥撰　以上卷 1

《味莼鲈轩诗钞》1 卷　清陆方涛撰

《戊庚随笔》1 卷　清陆方涛撰

《味莼鲈轩遗文》1 卷　清陆方涛撰

《冷毡漫稿》1 卷　清陆桂馨撰

《读未见书斋文钞》1 卷　清陆桂馨撰　以上卷 2

《月圃诗存》1 卷　清陆昌言撰

《月圃偶著》1 卷　清陆昌言撰

《客窗偶吟》2 卷　清陆泰增撰

《淡安遗文》1 卷　清陆泰增撰　以上卷 3

《问花楼诗钞》1 卷　清陆鋆撰

《问花楼诗话》3 卷　清陆鋆撰

《问花楼词话》1 卷　清陆鋆撰　以上卷 4

附《陆氏先德录》1 卷　清陆乃普辑

按：此为吴江陆氏先人传记集。始于明陆勋(字吴川)，生于嘉靖十七年(1538)，卒于万历三十四年(1606)。其他尚有陆钥、陆文衡、陆桂馨、陆泰增等，终于自己父亲陆鋆。

蒯伯埙

字奏常，号友篪。清吴江人。活动于太平天国时期。

明臣章奏辑要4卷　史部奏议类

清蒯伯埙辑

稿本，上海图书馆藏。

陆　焯

清吴江人。

汾湖陆氏世系不分卷　史部传记类

清咸丰间写本，上海图书馆藏。

王　礼(1813—1879)

字秋言，一字秉礼、戴传，号秋道人、蜗寄生、白蕉研主、红梨逸史等。清吴江盛泽人。久居上海。幼嗜笔墨，从沈石芗学写花鸟，人物宗陈洪绶。工书法。

王礼花卉册　子部艺术类

见《中国书画家印鉴款识》。

按：《中国书画家印鉴款识》一书为1978年上海博物馆所编，内"王礼"条多数印章取自1844年《王礼花卉册》，疑此册为上海博物馆所藏。

花卉翎毛册　子部艺术类

见于西泠印社2011年春季拍卖会中国书画海上画派作品专场。

蜗寄厂诗剩　集部别集类

抄本，见《磨剑室文三集》之《磨剑室钞存乡先辈已刊未刊稿本题记》。

程　瀚

字海粟。清吴江盛泽人。诸生。与王礼友善。

广六书通10卷　经部小学类

稿本，上海图书馆藏。

柳　埙(1814—1836)

字伯和，号韵生，别号悟闲生。清吴江人。

颐斋诗存1卷　集部别集类

稿本，见《养余斋松陵书目》卷4，今未见。

按：《磨剑室文三集》之《磨剑室钞存乡先辈已刊未刊稿本题记》有柳亚子《颐斋诗补遗》题识。

陈兆熊

清吴江黎里人。国学生。

十三经音韵释略12卷　经部群经总义类　佚

见光绪《黎里续志》卷4。

范恒亨(1815—1862)

庠名守恒。字二如，号子久。清吴江同里人。震庠生。

衡门寤歌诗稿　集部别集类　佚

见《同里古吴范氏家乘》。

陈应元(1815—1868)

字善甫，号骈生。清吴江芦墟人。希恕长子。善医，远近闻名。咸丰十年(1860)后遭乱，不几年患病不起。

梦琴府君行略1卷　史部传记类

清刻本，上海图书馆藏。

敬胜吉斋诗存1卷　集部别集类　佚

见陈文湍《灵兰精舍全集跋》。

金林钟(1815—?)

字聚奎,号竹居。清吴江人。文城子,黄钟弟。

竹居诗草 2 卷　集部别集类

清抄本,吴江图书馆藏。

挽刘烈妇诗 1 卷　集部总集类

1921 年抄本,吴江图书馆藏。

盛金声(1815—?)

字宝迎,号耐三。清震泽人。国学生。性醇厚恬淡,交友必诚信。

游戏文合璧 1 卷　子部道教类　佚

迎曦阁诗存　集部别集类　佚

听松轩课艺　集部别集类　佚

以上 3 种见《平江盛氏家乘初稿》卷 18。

朱谦吉

字牧斋。清吴江同里人。少从金黄钟学,中年遭乱后潜心医学。

春晖阁遗稿　集部别集类

(1) 1920 年薛凤昌抄本,吴江图书馆藏。

(2) 1928 年铅印本,吴江图书馆藏。

按:薛凤昌抄本作《春晖阁诗草》。

柳　墉(1816—1841)

字石生,号少湄,别号分湖小柳。清吴江人。梦坤侄孙。工疡医。以能诗称。

碧梧小榭诗抄 4 卷附补遗 1 卷　集部别集类

抄本,见《磨剑室文三集》之《磨剑室钞存乡先辈已刊未刊稿本题记》。

袁嵩龄(1816—1858)

字翰生,号午桥,又号松巢。清吴江人。道光三十年(1850)进士,选庶吉士,散馆改知县。善书法。

赵田袁氏家谱 1 卷　史部传记类

1920 年抄本,上海图书馆藏。

种玉山庄铁笔 1 卷　子部艺术类

清钤印本,上海图书馆藏。

汪　荣

字仲华,号黼卿。清吴江人。监生。浙江候补府经历,历署桐乡、常山县丞,咸丰九年(1859)署衢州府经历,以守城功授知县。同治间任浙江安吉知县。

(同治)安吉县志 18 卷首 1 卷　史部地理类

清汪荣等修　张行孚等纂

(1) 清同治十三年(1874)刻本,上海图书馆藏。

(2)《中国地方志集成》本。

袁熙龄

字登如。清吴江人。素承家学,娴诗古文词。晚举明经。穷究医理,颇多发明。年 50 卒。

药性分经 6 卷　子部医家类　佚

见《袁氏家乘续编》。

李豫康

字邦宪,号蒁村。清吴江新杭市人。

清晖书屋诗存 1 卷　集部别集类

清抄本,浙江图书馆藏。

按:本书与李王熊《惟适草堂吟稿》同抄。

翁　楠

字柏岑。清吴江人。雒子。待父母至孝。克承家学,年46卒。

茶花草堂诗稿　集部别集类　佚

见光绪《平望续志》卷11。

徐宝浣

字洁甫,号仲宝。清吴江人。晋镕子。道光二十四年(1844)取入江庠。早擅能文名,体素弱,两应乡举被放,奋志攻苦,遂以疾卒,年仅36。

四时读书屋诗1卷　集部别集类

民国间抄本,吉林大学图书馆藏。

按:徐宝浣诗据《养余斋松陵书目》卷4载由仲湘辑入《留爪集》29卷本中,附于徐达源《新咏楼诗录》1卷后。

蔡烺宣

清吴江黎里人。

春林遗诗　集部别集类　佚

见光绪《黎里续志》卷4。

张　谦

字木庵。清吴江道人。住栖真道院。

海余吟稿　集部别集类　佚

见《松陵人物汇编》卷8。

吴士范

字子圣。清吴江道人。住仙源道院。

延陵诗钞　集部别集类　佚

见《松陵人物汇编》卷9。

顾　恒

字笠亭。清吴江道人。住栖真道院。

笠亭吟稿　集部别集类　佚

见《松陵人物汇编》卷8。

徐国钧

清吴江人。

南麻徐氏增修世谱4卷　史部传记类

抄本,苏州博物馆藏。

按:此谱记事至清咸丰五年(1855)。

赵　衢

清吴江人。

鹤生赋钞1卷　集部别集类

清道光刻本,见《养余斋松陵书目》卷4。

蔡尧栋

字巽伯,号云生。清吴江人。性伉爽,敦内行,与人和易而律己甚严。自少通敏,从陈福畴游最久。为学长于史。咸丰二年(1852)举于乡,累上春官不第,就国子监助教。咸丰十年,遭乱,忧愤而死。

枕善居文稿　集部别集类　佚

见光绪《黎里续志》卷7。

蔡宝锟

清吴江人。

枕善居听雨楼合稿 8 卷

清蔡宝锟辑

稿本，佚存 7 卷，见《养余斋松陵书目》卷 4。

周兆勋(1817—1850)

初名兆杰。字隽甫，号少裳。清吴江人。光纬次子，宪曾弟。仁和诸生，候选训导。性真挚，内行纯密，笃志好学。尝征撰《阴骘文制艺》，刻以劝世。

怡安书屋诗集 2 卷　集部别集类　佚

见同治《苏州府志》卷 138。有同里陈福畴序。

红蕉馆遗稿 2 卷　集部别集类

清周兆勋撰　陈福畴等评选

清咸丰二年(1852)刻本，苏州大学图书馆藏。

红蕉馆课艺　集部别集类　佚

见周岐《周氏家乘》卷 4。

诵芬集　集部总集类　佚

以上 2 种见《黎里续志》卷 4。《松陵诗征续编》卷 13 收其诗 2 首。

阴骘文制艺 1 卷　集部总集类

清殷寿彭鉴定　周宪曾、周兆杰辑　张太龄、沈中坚校刊，版本参见“殷寿彭”条。

陶　馥

一作士馥，字兰娟，号咏庄。清浙江秀水人。候选同知琯女，周兆勋继妻。能诗画。

吉羊室遗诗 6 卷　集部别集类

(1) 吴江柳氏抄本，见《吴江文献保存会书目》卷 4。

(2) 抄本，存 5 卷，吴江图书馆藏。

按：卷 1《兰娟吟草初集》、卷 2《二集》、卷 3《霜闺写恨集》、卷 4《驱愁吟草》、卷5《慈湖吟草》附诗余、卷6《劫余吟草》。
红余小憩初稿　集部别集类
学稿　集部别集类
以上2种有稿本,吴江图书馆藏。

周兆桂(1817—1853)

字轮香,号庐仙。清吴江人。芝沅侄。浙江仁和籍监生,官南河邳北通判署高堰通判。能诗。
乡党增辑1卷　经部四书类
清黄楚湘、周兆桂、周士钊增辑,版本参见“黄楚湘”条。
淮阴游草　集部别集类　佚
见光绪《黎里续志》卷7。
湖上草堂集　集部别集类　佚
北游草　集部别集类　佚
以上2种见周岐《周氏家乘》卷4。

仲孙樊(1817—1853)

字补侯,号博山。清吴江盛泽人。周霈玄孙。道光二十五年(1845)进士。以知县分发浙江,摄淳安县。二十八年补临海县,咸丰元年(1851)升中塘海防同知,三年任沪局总持,募兵镇压刘丽川。
窥甲集　集部别集类　佚
见同治《盛湖志》卷12。《松陵诗征续编》卷13收其诗2首。
博山诗草1卷　集部别集类
抄本,见《磨剑室文三集》之《磨剑室钞存乡先辈已刊未刊稿本题记》。

叶广文(1817—1868)

原名淦成,字彦纯,号又山。清吴江人。试用训导,历署青浦、无锡、武进教谕。

叶氏族谱 1 卷　史部传记类

清叶广文纂修

清稿本，吴江图书馆藏。

李达康

字质夫，号绘轩。清吴江新杭市人。

雏音 1 卷　集部别集类　佚

见光绪《吴江县续志》卷 37。

蔡召棠

字封伯，号听香，一号公之甘。清吴江人。鸿子。弱冠补震泽弟子员。十赴乡举，两膺拔萃，皆不得志。道光三十年(1850)以岁贡入成均。复肆力于诗。殷寿彭以诗文名，召棠从之受业。及视学山东、广东，皆引主幕事。光绪五年(1879)选授泰兴训导，以目疾辞不赴。工率更书，负盛名，晚学赵孟頫，更妩媚可爱。年 70 犹能作蝇头楷法。卒年 79。

漱石山房集 16 卷　集部别集类　佚

按：有善化张瀷序。

感逝怀人集各 1 卷　集部别集类　佚

按：有同邑殷兆镛序。

以上 2 种见光绪《黎里续志》卷 4、卷 7。

海岱游草　集部别集类　佚

岭南游草　集部别集类　佚

淛江游草　集部别集类　佚

以上 3 种见光绪《黎里续志》卷 8。

李玖集 1 卷　集部别集类

清蔡召棠辑

南社抄本，南京图书馆藏。

简斯锷

字少愚。清吴江盛湖人。少从吴门名医钟孝存游，精其术。姚铣官吴江知县时，曾患伤寒，他人不能治，斯锷治而愈。

棣华吟馆诗草　集部别集类　佚

见《盛湖志补》卷3。

李道悠(1817—1887)

字子远。清吴江新杭市人。王熊孙。道光二十八年(1848)取入江庠。

闻川志旧诗4卷　史部地理类　佚

见《盛湖志补》卷3。

友善居诗稿1卷　集部别集类

抄本，上海图书馆藏。

求有益斋诗抄8卷　集部别集类

清光绪二十六年(1900)刻本，上海图书馆藏。

按:《盛湖志补》卷3作《求有益斋诗抄》10卷《杂著》2卷。

蒋石林先生遗诗3卷　集部别集类

清蒋之翘撰　李道悠、沈景修编

清光绪二十二年刻本，浙江图书馆藏。

闻湖诗三钞8卷　集部总集类

清光绪十九年刻本，上海图书馆藏。

竹里诗萃16卷　集部总集类

清光绪二十一年荆溪吴氏刻本，板存竹里蒋氏十咏庐，上海图书馆藏。

按:上海图书馆另有1922年续刻本附祝廷锡辑《续编》8卷。

陈文罴(1818—1842)

字赤甫，一字止叔。清吴江人。杲次子。7岁能诗，11岁毕诸经及古文庄老。工制艺诗赋而不屑为。善铁笔，时推杨龚石为海内第一，文罴仿之几不能辨。通六法，得宋元人意。

桐孙庵诗钞　集部别集类　佚

见《松陵诗征续编》卷13，收其诗1首。

柳　坡(1818—1845)

字仲宣，号小园。清吴江人。埙弟。

小园诗剩1卷　集部别集类

抄本，见《磨剑室文三集》之《磨剑室钞存乡先辈已刊未刊稿本题记》。

沈桂芬(1818—1881)

字经笙，号椳香，又号小山。清吴江人，寄籍顺天宛平。道光二十七年(1847)进士，选庶吉士，授编修。咸丰七年(1857)累迁内阁学士，晋礼部左侍郎。同治二年(1863)任山西巡抚，六年任军机大臣兼总理各国事务衙门大臣，九年迁兵部尚书。光绪二年(1876)被劾革职，旋复原官，充翰林院掌院学士，晋太子太保。卒谥文定。

熙朝宰辅录1卷　史部传记类

清潘世恩撰　沈桂芬增　王文韶续

清光绪三十一年刻本，浙江图书馆藏。

粤轺随笔1卷　史部传记类

1942年石印本，上海图书馆藏。

粤轺日记1卷　史部传记类

1942年石印本，中山图书馆藏。

山西疆域沿革图谱5卷　史部地理类

清光绪十三年刻本，中国人民大学图书馆藏。

大清穆宗皇帝实录374卷　史部编年类

清沈桂芬、宝鋆等同撰

清内府抄本，国家图书馆藏。

成均课士录不分卷　集部总集类

清沈桂芬编

清光绪五年刻本，上海图书馆藏。

三沈诗钞3卷　集部总集类

清沈桂芬辑

清同治六年刻本，上海图书馆藏。

按：本书包括沈桂芬曾祖沈宗德《勤补书庄诗抄》、祖父沈钦复《西山诗钞》、本生祖父沈钦霖《织帘居士诗钞》各1卷。

余高熿

本高姓，号蔚人。清吴江人。咸丰二年(1852)举人。资质英敏，文尤精锐。喜围棋，谈文论古之余日以此自遣。年22卒。

南旋草1卷　集部别集类　佚

见《垂虹识小录》卷6。

金之浩

号友琴。清吴江人。黄钟从侄，周之桢妻兄。读书不屑举业，放怀诗酒。尝授徒于松陵董氏。年40卒。

梨云厂诗草　集部别集类　佚

见《垂虹诗剩》卷6。

周之桢

字祝年，号省庵，又号竹岩，一作卓岩。清吴江人。羲子。道光二十八年(1848)取入震庠。工画兰，喜吟诗。客授于外，得友朋唱和之乐，性温厚，好收藏书画碑版。

(嘉庆)同里志24卷首1卷　史部地理类

清阎登云修　周之桢纂

(1) 清嘉庆十七年(1812)同里司署刻本，南京图书馆藏。

(2) 1917年铅印本，吴江图书馆藏。

(3)《中国地方志集成·乡镇志专辑》本。

(4) 2011年广陵书社出版《同里志》(两种)本。

墨庄诗钞4卷　集部别集类

清周羲撰　周之桢辑，版本参见“周羲”条。

小停云馆诗稿3卷　集部别集类

(1) 稿本，中国社会科学院文学研究所藏。

(2) 邃汉斋抄本，吴江图书馆藏。

(3) 清光绪十八年(1892)刻本，作《小停云馆诗别集》，1卷，吉林大学图书馆藏。

卓岩哭子诗　集部别集类

清光绪十六年刻本，吴江图书馆藏。

省庵吟草　集部别集类

稿本，清道光十二年，上海图书馆藏。

垂虹诗剩10卷　集部总集类

清周之桢辑　沈大本补编　费善庆续编

1915年吴江费氏华萼堂刻本，上海图书馆藏。

按：本书卷8为沈大本补编，卷9至10为费善庆续补。

笠泽赠言　集部总集类

清蒋一桂、周之桢等撰

石印本，吴江图书馆藏。

按：蒋一桂(1829—?)，字犀林，安徽无为人。此为蒋一桂至吴江任职与从吴江离任时所作诗及里人相和之诗。

赵　龄

字梦龄，号云门。清吴江人。少聪明过人，与周之桢同砚。后摒弃举业，专肆力于诗，师事陈泰来。

怡云阁诗钞 6 卷　集部别集类

清光绪二十四年(1898)刻本，吴江图书馆藏。

翁　棨

字稚欧，一字蘧庐。清吴江平望人。大年子，广平孙。县学生。网罗散失，克承考据。

平望诗拾 15 卷　集部总集类

抄本，上海图书馆藏。

按：其祖父翁广平原辑有《平望诗存》，咸丰十年(1860)毁于兵火。棨为继先人之志，乃重为搜辑，并改今名。所辑诗人名下各附小传。卷一、卷二宋元明人，卷三至卷八清人，卷九至卷十三寓贤、卷十四方外、卷十五名媛。卷首有光绪十年(1884)俞樾序。

晚翠楼诗草 1 卷　集部别集类

小苏斋文稿 1 卷　集部别集类

小苏斋随笔 1 卷　集部别集类

以上 3 种有《翁氏丛钞》本。

按：《小苏斋文稿》1 卷《小苏斋随笔》1 卷另有民国张宗祥抄本，浙江图书馆藏。《小苏斋随笔》1 卷，稿本，复旦大学图书馆藏。

榴竹居看鞠图题咏 1 卷　集部总集类

清翁棨辑

《松陵丛书》本，见《养余斋松陵书目》卷 5。

吴淑随

字安卿。清吴江平望人。应铨女，奉贤袁修瑾妻。

来帆阁诗集3卷　集部别集类　佚

见光绪《平望续志》卷11。

吴淑升(1819—1877)

字君阶，号允卿。清吴江平望人。淑随妹，震泽县学生蔡绍熙妻。工诗，尤精词律。

梦兰阁诗抄2卷诗余1卷　集部别集类

(1) 抄本，上海图书馆藏。

(2)《女士集汇存》本。

按：见《历代妇女著作考》卷9，谓是书上海图书馆藏有红格抄本。前有秦元文、蔡召棠序，后有光绪十一年(1885)蔡绍熙跋。

柳兆薰(1819—1891.1.4)

原名兆白。字咏南，一字虞卿，号时安，一作莳庵，晚号悟囚生、阨道人。清吴江人。树芳次子。同治六年(1867)副贡生。官丹徒县教谕。章钰《四当斋集》卷8有其墓表。

柳兆薰日记　史部传记类

(1) 稿本，苏州博物馆藏。

(2) 1979年上海古籍出版社出版《太平天国史料专辑》本。

按：本书存稿起自咸丰九年(1859)，止于光绪年间。详记太平军在吴江芦墟、黎里活动，经济税收政策以及清军掳掠情形。

分湖柳氏重修家谱12卷　史部传记类

清柳兆薰等纂修

清光绪七年(1881)胜溪草堂刻本，苏州博物馆藏。

按：柳树芳始修《分湖柳氏家谱》为10卷，柳兆薰继之，有《分湖柳氏重修家谱》12卷。

河东家乘2卷续编2卷　史部传记类

清柳树芳辑　续编柳兆薰、柳以蕃辑，版本参见“柳树芳”条。

松陵文录作者姓氏爵里著述考1卷　史部传记类

(1) 清光绪刻本,上海图书馆藏。

(2)《江苏人物传记丛刊》本。

胜溪钓隐诗录3卷诗余1卷　集部别集类

见《吴江文献保存会书目》卷4。

胜溪钓隐词钞　集部词曲类

见《全清词钞》卷26,收其词1首。

苏词笺略正编2卷类编1卷　集部词曲类

清柳兆薰辑

稿本,上海图书馆藏。

柳清涟(1819—1883)

一作清濂。字林贤,号竹淇。清吴江人。梦坤次子。国学生。候选县丞。

得闲吟诗稿　集部别集类　佚

见《分湖诗钞》卷15。

沈莔生

字洵芳,号子湘。清吴江人。诸生,咸丰十年(1860)至十一年间流离颠沛,未尝取非分财。工诗古文词。以笔耕为业,好奖掖后进。试辄高等,文誉日噪。年70从游者尚众。

劫余草　集部别集类　佚

见《垂虹识小录》卷6。

吟红馆试帖诗课　集部别集类

清光绪八年(1882)刻本,吴江图书馆藏。

周鼎金(1820—1891)

字笑梅。清吴江人。沈昌眉外祖。

残年余墨 2 卷　集部别集类

清周鼎金撰　沈昌眉辑

1923 年铅印本，上海图书馆藏。

袁　龙(1820—1902)

本名汝龙。字起潜，又字瘦倩，号东篱、怡孙，别署老枵、东篱野叟。清吴江人。附贡生。累试不第，家贫以教读为业。工诗文词曲、书画篆刻。

复斋诗草　集部总集类

月舫词稿　集部词曲类

白团扇杂剧　集部词曲类

东篱南北曲　集部词曲类

以上 4 种见《全清散曲》，并收其小令、套数。

庄元植(1820—?)

字叔侯，号子封。清吴江人。庆椿弟。附贡生，捐职知府。咸丰十年(1860)自镇江道署还里中，与庆椿同在周庄抵抗太平军。

居官要览 1 卷　史部职官类

清庄元植辑

清刻本，上海图书馆藏。

蕉花馆文存(一作就正草)1 卷　集部别集类

(1) 清光绪六年(1880)刻本，南京图书馆藏。

(2) 1920 年吴江柳氏抄本，上海图书馆藏。

震泽庄氏家集 12 卷　丛书类

清庄元植辑

清光绪中刻本，南京图书馆等藏。

子目：

《东山老人诗剩》1 卷　清庄兆洙撰

《冬荣室诗钞》1卷　清庄庆椿撰

《闲气集》1卷　清庄庆椿撰

《吟秋馆诗草》1卷　清周元圭撰

《澄观斋诗》1卷　清庄元植撰　光绪元年刻本

《励学室诗存》1卷　清庄元植撰　光绪八年刻本

《寄庐诗草》1卷《续存》1卷　清庄元植撰

《寄庐倡和诗钞》1卷《续钞》1卷《又钞》1卷　清庄元植辑

《寄庐春莫怀人诗》1卷　清庄元植撰

黄增康(1820—?)

名黄云,字叔子,一字玉农、玉笙,号瀛叔,别署黄十九、瀛道人。清吴江人。工篆刻,善古琴,亦能画。印学张锡珪、杨龙石。

先辈野航子镌印　子部艺术类

清咸丰十六年(1856)印本。此为集拓杨龙石刻印。

瀛叔印存　子部艺术类

以上2种见《吴门篆刻史研究》。

停琴馆杂印存　子部艺术类

钤印本,吴江图书馆藏。

吴允桐

字子孝,号远庵。清吴江人。诸生。

玉香阁诗钞　集部别集类

见《磨剑室文三集》之《磨剑室钞存乡先辈已刊未刊稿本题记》。

许福珠

清吴江人。

福珠诗稿1卷　集部别集类

旧写本,见《养余斋松陵书目》卷4。

朱瑞增

字嘉木，又字穆之，号蔼亭，别号庵摩，晚称苏浜樗叟。清吴江苏家港人。庭照从子。例贡生。

庵摩遗诗1卷　集部别集类

抄本，见《磨剑室文三集》之《磨剑室钞存乡先辈已刊未刊稿本题记》。

徐应嬛

字姗若。清吴江人。虹亭六世孙女，朱瑞增妻。

须曼华馆小稿1卷　集部别集类

《女士集汇存》本。

月当楼小稿1卷　集部别集类

抄本，上海图书馆藏。

月当楼唱和集1卷　集部总集类

抄本，上海图书馆藏。

按：本书一名《宜琴仙馆杂著》。

朱龄增

字子祥，号莲卿。清吴江人。国学生。

苏家港朱氏支谱　史部传记类

清朱龄增、朱金相合撰

1920年吴江柳氏红格抄本，上海图书馆藏。

陆亘昭

字兰生，一作兰荪。清吴江人。日爱从子。

诵芬馆诗抄2卷　集部别集类

《松陵陆氏丛著》本。

陆亘辉

字少蒙。清吴江人。

少蒙诗存 1 卷　集部别集类

《松陵陆氏丛著》本。

袁希谢

字寄尘。清吴江人。栋玄孙女,王元炜妻。长于诗词,其诗哀情婉转,语浅意深。

绣余吟草 1 卷　集部别集类

(1) 抄本,上海图书馆藏。

按:无序跋,书眉有评语。凡诗 390 余首,中多闺秀集题词。

(2)《江南女性别集初编》本。

(3)《女士集汇存》本。

素言集 1 卷　集部别集类

《吴江三节妇集》本。朱春生为之序。

寄尘诗稿　集部别集类

寄尘词稿　集部词曲类

以上 2 种收入《南社丛刻》第一集。

按:《南社丛刻》,苏州图书馆藏。

张子衡

字平钧。清吴江人。道光末游学欧美。会太平军起于粤西,平钧上书天王,言攻守兴革之术,且助其向洋人借兵。寻以言不尽用,翛然隐退,终其身不谈时事。善书,好诗。

双柳轩诗钞 2 卷　集部别集类　佚

见清柴萼《梵天庐丛录》。

费　仑

字少山，号二峰。清震泽人。道光二十九年(1849)入府学岁贡生。有文誉。督课后辈甚严，课余以诗酒自娱。

小壶天诗稿　集部别集类　佚

见《垂虹识小录·松陵费氏诗集》卷2。

课余草4卷　集部别集类

民国薛凤昌抄本，吴江图书馆藏。

按：本书分为初二三集，共4卷。稿本民国时藏于费善庆处，又有柳亚子抄本，今均未见。

吴仁杰

字望云。清吴江人。道光三十年(1850)取入震庠。同治四年(1865)入翰林院，视学江西。

殉难传题词1卷　集部别集类

自感叠韵60章1卷　集部别集类

以上2种有清吴燕兰编《吴氏囊书囊乙编》本。

朱光浩

号亮甫。清吴江松陵人。道光三十年(1850)取入震庠。

梅檐小咏诗1卷　集部别集类　佚

见《垂虹诗剩》卷5。

张廷焯

号倬云。清吴江盛泽人。道光三十年(1850)入府学，增贡生。

见闻宝鉴　子部杂学类　佚

枕流漱石居诗抄　集部别集类　佚

以上2种见《盛湖志补》卷3。

王宝书

字森甫，号友杉。清吴江平望人。道光三十年(1850)岁贡生。博通经史，工制举业，后进多所造就。善医，工书，守欧颜家法。

经义蒙求2卷　经部群经总义类　佚

留耕堂经解32卷　经部群经总义类　佚

肘后随笔　子部医家类　佚

以上3种见光绪《平望续志》卷11。

金其相(？—1876)

字小酣，一作笑酣、小奁。清吴江人。沛霖子。有隽才，诗其家学。咸丰元年(1851)取入震庠。附贡生。官浙江安吉、归安知县。

小罗浮最深处壬子集　集部别集类

清抄本，吴江图书馆藏。

求是斋拙存诗草4卷词稿4卷　集部别集类

抄本，上海图书馆藏。

小奁遗集5种12卷　集部别集类

抄本，见《磨剑室文三集》之《磨剑室钞存乡先辈已刊未刊稿本题记》。

金　棫

字小厂，号檩坡。清吴江人。沛霖子，其相弟。道光三十年(1850)取入江庠。工吟咏，尝集彭城诗社。

近蓬莱仙馆稿　集部别集类　佚

见同治《苏州府志》卷138。

金　慧

字静因。清吴江人。沛霖女，嘉兴蔡佛华妻。幼承家学，工吟咏。

变徵余音　集部别集类　佚

见《松陵女子诗征》卷 9。

翁　乐

字次儒，一字均儒。清吴江平望人。棨弟。候选通判。静默寡言，究心金石篆刻。先其兄卒。

说文订讹　经部小学类　佚

金石考杂著　史部金石类　佚

以上 2 种见光绪《平望续志》卷 11。

柳清沦(1822—1843)

字春魁，号梅溪。清吴江人。梦坤少子。能诗，善书画篆刻。年 22 卒。

修梅馆诗钞 2 卷　集部别集类

稿本，见《养余斋松陵书目》卷 4。

陈应亨(1822—1852)

字嘉甫，号俪生。清吴江人。应元弟。

冯氏医案 2 卷　子部医家类

清陈应亨编

抄本，浙江图书馆藏。

学山剩案　子部医家类

清陈应亨编

抄本，南京图书馆藏。

嘉甫诗存 1 卷　集部别集类　佚

见陈文湉《灵兰精舍全集跋》。

范震亨(1823—1874)

庠名守桓。字六如,一字策鳌,号谱菊,又号子修。清吴江同里人。震庠附贡生,候选训导。

二知楼诗稿　集部别集类　佚

见《同里古吴范氏家乘》。

秦廷宝(1824—1860)

字秋原。清吴江人。诸生。太平军克县城,廷宝于韭溪结农夫数百与之为敌,不克被杀。

韭溪志稿　史部地理类　佚

见光绪《平望续志》卷11。

周祥表(1824—1882)

更名炳镕,字庆垓,号禔庭。例贡生,候选盐课司提举。慷慨好义,工诗文,善书法。

延碧庄吟草1卷　集部别集类　佚

见周岐《周氏家乘》卷4。

宋恭敬

字胜吉,号惺甫。先世浙江桐乡,侨寓盛泽,遂为吴江人。志恒从孙。金作霖弟子。作霖作书,恭敬悟其笔法,10余岁能作擘窠大字。喜吟咏,尤喜填词。又工画梅,笔意在金农、钱杜间。

小壶山馆诗词稿　集部别集类　佚

拜石斋词1卷　集部词曲类　佚

以上2种见同治《盛湖志》卷12。

按:据《养余斋松陵书目》卷4所载,《留爪集》29卷本收宋景龢《瞳浮山人遗诗》1卷,附宋承瓛、宋恭敬诗。

汝锡畴(？—1872)

字勤访，号琴舫。清吴江人。因病习医，治温病独有心得。与元和陆懋修交，治生白、灵胎之书，皆探其底蕴，别其得失。

治温阐要 1 卷　子部医家类

1927 年汝人鹤校刊铅印本，国家图书馆藏。

沈宝芬

字傅岩，号岭梅。清吴江人。为文章快意，累累千言。应郡县试皆冠军，因遭父丧不得入学，数年始补县附学生员。十应乡举不中。好读蒋氏葬经，务穷其源。究心堪舆之学，旁通太乙奇门六壬之书，晚年闭户息交，昼夜静坐。年 79 卒。

地理指谬条引 1 卷　子部术数类　佚

见光绪《黎里续志》卷 8。有桂林张永淳序。

程汝松

字盛之，号鹤巢。清吴江人。监生。捐职布理问。

问花楼小草　集部别集类　佚

见同治《盛湖志》卷 12。

吴博厚

字补斋。清吴江人。寄居吴郡。善写真，旁及花鸟，苍劲有法度。尤善草虫鲦鱼，生动有致，为艺林独绝。

吴博厚诗集　集部别集类　佚

见《松陵人物汇编》卷 9。

吴云纪

原名汝恒。字冠宸，号星甫。清吴江平望人。苏州府学生。少有俊才，风神闲远。及长多病，因病习医，内经诸书及唐宋以来名家之所论辨皆能钩索幽隐，尤精于切脉。晚年好道，常至青牛观，弹琴赋诗，怡然自适。

外科须知　子部医家类　佚

女科集说　子部医家类　佚

钝翁笔记　子部杂学类　佚

以上3种见光绪《黎里续志》卷11。

张乃藻(1825—1860)

原名乃淳。字文之，号梦莲，又号庚生。清吴江人。咸丰元年(1851)举人。沈曰富与订望年交。

遗安堂日记　史部传记类　佚

己未庚申日记2卷　史部传记类　佚

希范堂文稿4卷　集部别集类　佚

博议楼赋草　集部别集类　佚

以上4种见《盛泽张氏遗稿录存》小传，收其诗23首、赋4篇，并收其联语。

按：《己未庚申日记》2卷为《遗安堂日记》中所存者，今未见。

博议楼遗诗1卷　集部别集类

(1) 抄本，上海图书馆藏。

(2) 1921年盛泽张氏希范堂铅印本，上海图书馆藏。

盛　源(1825—?)

字有来，号竹君。清震泽人。超鋆子。豁达有大度，而复谨厚。书学率更，兼鲁公笔法。

餐霞吟草　集部别集类　佚

见《平江盛氏家乘初稿》卷18。

蒯馨荪(1826—1876)

字铁孙,一字德馨,号清先。清吴江人。光焕子。星经地志无不通究,尤工诗词,多惊人句,惜所著稿随手散佚。由顺天府大兴籍荫生候选县丞,参刘铭传河南戎幕,以平捻功擢知县。后以积功授知府加三品衔,遵例指分四川。才到省,护督游智开知其有吏才,檄办渝城榷务,多所建白,皆著为令。后刘秉璋入蜀,尤器重之。调办江巴榷务,未莅事而疾,卒于渝城寓馆,年51。

游草偶存1卷　集部别集类　佚

见光绪《黎里续志》卷4。

吴丽珍(1827—1878)

字兰仙。清吴江人。仲廷机妻。幼聪慧,从金学诗孙妇王宝珠学。及归,日事吟咏,工七绝,多性情伦常语。

写韵楼遗草1卷　集部别集类

(1) 清光绪五年(1879)刻本,苏州大学图书馆藏。

按:本书前有李龄寿序,周之桢、沈景修题辞,后有殷兆镛跋,庄人宝撰传,仲廷机撰述略。凡诗21首,起道光二十一年(1841),讫光绪三年。见《历代妇女著作考》卷9引《昆山胡氏书目》。

(2) 胡文楷抄本,上海图书馆藏。

(3)《女士集汇存》本。

(4) 2018年国家图书馆出版社《清代闺秀集丛刊续编》本。

汝锡嘉

号蕉琴。清吴江黎里人。道光三十年(1850)取入江庠。

六书鉴典2卷　经部小学类　佚

见光绪《黎里续志》卷4。

沈元溥

字春敷。清吴江人。咸丰元年(1851)举人。官兵部主事,以劳绩记名直隶州知州加道衔。卒年55。

畿辅纪闻1卷　史部杂史类

《吴氏囊书囊丙编》本。

按:本书记载咸丰八年、十年英法联军攻天津、破僧军、焚烧圆明园及入北京事。

春敷诗稿1卷　集部别集类　佚

见光绪《吴江县续志》卷37。

费华宝

号绶生。清吴江人。咸丰元年(1851)取入江庠。善围棋,工吟咏。

费华宝诗稿1卷　集部别集类

见《吴江文献保存会书目》卷4。

吴　坚

字孟坚,号鲁珊,别号梦一道士。清吴江黎里人。星灿子。善书画,精篆刻,心炙杨澥,自号心聋山人。尝摹汉铜印,赏鉴家不能辨别。

痴卧楼诗1卷　集部别集类

见《吴江文献保存会书目》卷4。

徐树勋(?—1862)

字子敏。清吴江盛泽人。咸丰二年(1852)举人。工文词,以授徒为生。

文昌帝君丹桂籍讲义2卷　子部儒学类

清同治三年(1864)刻本,吴江图书馆藏。

屈佩璋

字上珍，号笏堂。清吴江新杭市人。监生。

醒吟馆稿　集部别集类　佚

见《盛湖志补》卷3。

李我泉

字怀川，晚号叶湖钓叟。清吴江人。咸丰七年(1857)取入江庠。光绪八年(1882)恩贡生，候选州判。

烬余生吟稿　集部别集类　佚

梦苏庵词　集部词曲类　佚

以上2种见《笠泽词征》卷20。

丁保怡

号幼石。清吴江人。咸丰八年(1858)岁贡生。

止止室诗稿1卷　集部别集类

1920年吴江柳氏抄本，上海图书馆藏。

黄兆柽

号子眉。清吴江平望人。咸丰十一年(1861)举人。历户部浙江司员外郎、河南司郎中、军机处行走、方略馆协修、福建道御史等职。

(光绪)平望续志12卷首1卷　史部地理类

(1) 清光绪十四年(1888)刻本，南京图书馆藏。

(2)《中国地方志集成》本。

(3) 2011年广陵书社出版《平望志》(三种)本。

范钟杰

字舫渔。清吴江人。

秋海棠花馆词钞　集部别集类　佚

见《笠泽词征》卷 20。

黄锡荣

号鹤孙。清吴江人。幼承家学，出笔惊人。县试见赏，未院试即卒，年仅 18。

鹤仙遗草　集部别集类　佚

见《垂虹诗剩》卷 5。

黄锡铭

号又新。清吴江人。锡荣弟。从周之桢学。咸丰间卒于会稽。

越游草　集部别集类　佚

见《垂虹诗剩》卷 5。

陆　蓥

字蕃伯，号莱仙。清吴江人。寿民子。同治三年（1864）举人。博闻强记，尤精史学。

闻樨堂稿　集部别集类　佚

见光绪《黎里续志》卷 7。

陈鸿恩

字少云。清吴江人。诸生。

昙云居杂咏 1 卷　集部别集类

抄本，见《磨剑室文三集》之《磨剑室钞存乡先辈已刊未刊稿本题记》。

范其骏

字永绥，号咏三。清吴江人。同治四年（1865）震泽恩贡生，研精制举业，邑中士人争延为弟子师。主讲禊湖书院10余年，多所造就。好吟咏，间画小山水，而尤工篆隶书。

庚申禊湖被难日记1卷　史部杂史类

(1) 稿本，上海图书馆藏。

(2) 1920年吴江柳氏抄本，有1920年柳弃疾手书题识，上海图书馆藏。

(3) 2017年国家图书馆出版社出版《上海图书馆藏稿钞本日记丛刊》本。

按：此记咸丰十年(1860)太平军攻陷震泽事。参见《学林漫录》第10集陈左高《简介清代稿钞本日记十二种》。

按：禊湖，即吴江黎里。此记咸丰十年太平军攻占黎里之事。始于四月初六日太平军攻陷常州，终于六月初八日。所记事件过程较详，其中颇有可资参考者。

历代古人姓氏考　史部传记类　佚

见光绪《黎里续志》卷4。

梦余赘笔6卷　子部杂学类

1920年铅印本，吴江图书馆藏。

按：有同里黄元芝序。

茶余话异1卷　子部杂学类

1920年铅印本，上海图书馆藏。

帐墨居诗抄1卷　集部别集类

清光绪十六年(1890)刻本，吴江图书馆藏。

屈庆镛

字邦千，号友渔。清吴江新杭市人。监生。生性峻洁，喜吟咏，与弟茂垣唱和为乐。

忆山亭稿　集部别集类　佚

见《盛湖志补》卷2。

按:《盛湖志补》卷3作“屈庆墉”。

屈茂垣

字星阶,号壬叔。清吴江新杭市人。庆镛弟。监生。天性孝友,醇谨谦让。

招鹤山房诗稿　集部别集类　佚

见《盛湖志补》卷2。有杨象济序。

按:《盛湖志补》卷3作“屈茂恒”。

费寿康

字廉卿。清震泽人。工山水,雅秀天然,胎息入古。

廉卿诗稿1卷　集部别集类。

《松陵丛书》本,见《养余斋松陵书目》卷5。

盛钟岳(1829—1864)

字靖藩,号虞钦,又号愚卿。清吴江人。性孝友,精举子业,屡困小试。善丹青,并工诗。

秋红吟馆诗草　集部别集类　佚

见《平江盛氏家乘初稿》卷19。

朱　佑(1829—?)

原名钟佑。字右人,号叔陶。清吴江苏家港人。龄增子。

贮月楼唱和小草附枫江赠别图题咏1卷　集部总集类

清朱钟佑、徐小螺同撰,版本参见“徐小螺”条。

徐小螺

号月嫘。清吴江黎里人。咸丰四年(1854)举人金华知府徐宝治女,吴江朱佑妻。

贮月楼唱和小草附枫江赠别图题咏1卷　集部总集类

清朱钟佑、徐小螺同撰

《女士集汇存》本。

按：本书另有吴江柳氏红格抄本，见《历代妇女著作考》卷13引《松陵女子诗征》卷9。

郑恭燮

字孟调，一字理卿。清吴江盛泽人。恭和兄。咸丰九年(1859)取入江庠。早卒。

周官职官考　经部周礼类

见郑恭和《谏果书屋遗诗》之柳亚子序。

吴恢杰

号莲衣。清震泽人。廪贡生。咸丰十年(1860)至湖城佐军务，后至塞外张勤果公营。归后病咯血卒。

西征日记1卷　史部地理类

东归日记1卷　史部地理类

以上2种有：

(1)《吴氏囊书囊丙编》本。

(2) 1980年中央民族学院图书馆编(实际由吴恢杰之孙吴丰培编)《甘新游踪汇编》本。

省身药石1卷　子部杂学类

《吴氏囊书囊丙编》本。

殷云鹗(1832—1903)

字立群，号警仙，又号巢松。清吴江人。兆镛族孙。

江震殷氏族谱6卷　史部传记类

清殷兆镛、殷云鹗同辑

（1）清光绪九年（1883）殷兆镛刻本，上海图书馆藏。

（2）1920 年吴江柳氏抄本，上海图书馆藏。

听雨轩诗钞□卷制义□卷　集部别集类　佚

见殷葆深修《江震殷氏族谱》卷 6。

兰修馆赋稿 1 卷　集部别集类

清顾元熙撰　殷云鹗注

稿本，上海图书馆藏。

按：殷葆深修《江震殷氏族谱》卷 6 载《吴顾合刻赋稿笺注》□卷。

殷文谟

字镐箴，号梦琴。清吴江人。附贡生。浙江奉化县塔山司巡检。

江震殷氏族谱 7 卷　史部传记类

清殷文谟修

清光绪二十九年（1903）齐庄中正堂刻本，上海图书馆藏。

凌　泗（1832—1907.2.1）

字断仲，号磬生，晚自号莘庐。清吴江莘塔人。同治十二年（1873）副贡生。候选内阁中书。师事同邑潘纬、陈寿熊。性和易，好奖后进，为乡所重。光绪初，凌淦编《松陵文录》《吴江续志》二书，泗与同邑李龄寿同任参校。性喜游，曾结伴几游邓尉、虞山、武林。光绪三十一年（1905）废科举兴学堂，出任学务公所总理事。后因年迈辞职，患痰火症而卒。

五亩园志余 1 卷　史部地理类

《望炊楼丛书》本，与谢家福辑《五亩园小志》及任艾生辑《题咏》合刊。

（光绪）吴江县续志 40 卷首 1 卷　史部地理类

清金福曾等修　熊其英、凌淦、凌泗同纂，版本参见“凌淦”条。

苏灾录 1 卷　史部地理类

清光绪刻本，吴江图书馆藏。

松陵水灾新乐府1卷　集部别集类

《吴氏囊书囊甲编》本。

按：稿本《吴氏囊书囊甲编》，南京图书馆藏。

无双诗合刻2卷　集部总集类

清陶然、凌泗撰

清同治十一年刻本，吴江图书馆藏。

桃坞百咏1卷　集部总集类

(1)《望炊楼丛书》本。清谢家福注。

(2)清光绪二十二年凌氏刻1924年修补本，苏州图书馆藏。附《五亩园题咏》。

莘庐遗集　丛书类

1914年沈廷镛刻本，上海图书馆藏。

按：此收《莘庐遗诗》6卷《补遗》1卷、《浮梅日记》1卷《诗余》1卷《文》1卷。附子凌宝树《第六水村居稿》、凌宝枢《小茗柯馆诗词稿》各1卷。

李龄寿(1833—1890)

字君锡，号辛垞，又号匏斋。清吴江盛泽人。诸生。曾任光绪《吴江县续志》校勘，并纂辑职官、选举、人物、艺文、杂记多卷。中年专攻医学，与青浦熊其英善，同以医主莘塔凌淦家。

李儒人表贞录1卷　史部传记类

清光绪十五年(1889)杭州刻本，南京图书馆藏。

(光绪)吴江县续志40卷首1卷　史部地理类

清金福曾等修　熊其英、凌淦、凌泗、李龄寿同纂，版本参见“凌淦”条。

古今医案10卷　子部医家类

清俞震辑　李龄寿重校辑

清宣统元年(1909)上海会文堂石印本,南京图书馆藏。

退庵医案　子部医家类

清凌淦撰　李龄寿编,版本参见“凌淦”条。

匏斋遗稿文1卷诗4卷　集部别集类

清光绪二十二年五亩园刻本,南京图书馆藏。

匏斋存稿不分卷　集部别集类

稿本,1册,国家图书馆藏。

凌　淦(1833—1895)

字仲清,号砺生,又号退庵、东海季连。清吴江莘塔人。泗从弟。咸丰九年(1859)举人。援例候选郎中。应礼部试屡不得志,旋丁母忧归里。与熊其英、李龄寿等分纂县志。采乡人迮鹤寿、陈寿熊遗著上王先谦,由是迮氏之《齐诗翼氏学》、陈氏之《读易汉学私记》并刊入《皇清经解续编》。多举乡里善事,乐奖才技,能济人困乏。光绪三年(1877)中州大饥,与同郡谢家福令主募赀,己与熊其英入汴助赈。事平南归,筑退修书舍,啸歌其中。后卖药海上。中日战争事起,以纵酒且饮且呕血,遂卒,年63。

狂言　子部儒学类

见《垂虹识小录》卷6,署名东海季连。

(光绪)吴江县续志40卷首1卷　史部地理类

清金福曾等修　熊其英、凌淦、凌泗、李龄寿同纂

(1) 清光绪五年刻本,上海图书馆藏。

(2) 清光绪李国琮重印本,上海图书馆藏。

(3)《中国地方志集成》本。

退庵医案　子部医家类

清凌淦撰　李龄寿编

抄本,上海中医药大学图书馆藏。

退庵文稿　集部别集类　佚

见凌泗《从祖弟砺生行略》一文。

退庵诗稿　集部别集类　佚

见刘声木《桐城文学撰述考》卷3。

松陵文录24卷　集部总集类

(1) 清同治十三年(1874)刻本,苏州图书馆藏。

(2) 1920年重印本,吴江图书馆藏。

(3) 2016年国家图书馆出版社《历代地方诗文总集汇编》本。

吴钊森(1833—?)

字良模,号晓钲。清震泽庙头人。年16取经学补诸生,曾赴京兆试,辈下名公以吴大儒称之。尝受业于陈福畴,读书艳雪斋,于经史百家之书研极理趣。长于诗律,辞锋敏捷。精医术。

复社姓氏传略补正不分卷　史部传记类

清吴钊森辑

稿本,上海图书馆藏。

活人一术6卷　子部医家类

同治间乌程蒋维基手抄本,台湾东海大学图书馆藏。

按:本书有清王藻墀手书题记,又有王曰桢跋。

独弦录2卷　子部杂学类　佚

蓬心草1卷　集部别集类　佚

以上2种见《黎里续志》卷11。

叶祥尉(1834—1890)

原名寿尉。字松甫,号静梅。清吴江人。太学生。

守梅诗草　集部别集类　佚

见《吴中叶氏族谱》卷57。

王元榜

字净甫，号倦圃野老。清吴江同里人。

庚癸纪略 2 卷续编 1 卷　史部杂史类

(1) 清玉蕊花窗抄本，上海图书馆藏。

(2) 1961 年抄本，华东师范大学图书馆藏。

(3)《太平天国资料》本。

按：本书详记咸丰十年(1860)至同治二年(1863)太平军在吴江的事迹，续编记同治三年事。

周乾元(1835—1866)

字裳君，号厚夫。清吴江人。少孤，母教甚严。道光三十年(1850)取入震庠。太平军至，祖父遇难，遂落魄以殁。

抒情集　集部别集类　佚

见《笠泽词征》卷 18。

柳以蕃(1835—1892)

字价人，号子屏，晚号韬庐。清吴江人。以附贡生试北闱，罢归。太平天国战争期间所居分湖大港避难来者皆一时魁杰，相与跌荡诗酒间。攻古文，宗桐城姚鼐，诗追苏、黄，乡先生若陈寿熊、沈曰富，同时若吴望云、费延厘辈咸心折之。以笔札自遣，兼通医术，主讲切问书院。

河东家乘 2 卷续编 2 卷　史部传记类

清柳树芳辑　《续编》柳兆薰、柳以蕃辑，版本参见“柳树芳”条。

从弟应墀家传 1 卷　史部传记类

清光绪刻本，见《养余斋松陵书目补编》卷 2。

食古斋文录 1 卷诗录 4 卷诗余 1 卷　集部别集类

(1) 清光绪十九年(1893)谢家福刻本，国家图书馆等藏。

(2) 稿本，苏州市博物馆藏。

子屏手牍 1 卷　集部别集类

抄本，见《吴江文献保存会书目》卷 4。

漆园诗稿 3 卷　集部别集类

清任本泉撰　柳以蕃订，版本参见“任本泉”条。

师皋室时文 20 卷　集部别集类　佚

见《分湖柳氏第三次纂修家谱》卷 6。

费延厘(1835—1893)

字芸舫，一字履绥，号莪庵，又号知修老人。清吴江人。树蔚父。同治四年(1865)进士。历任福建乡试副考官、河南学政。

使闽日记 1 卷　史部传记类

《吴氏囊书囊乙编》本。

沈景修(1835—1899)

字蒙叔，一作梦粟，号蒙庐、汲民，晚号寒柯。清嘉兴王江泾人。战乱后卜居吴江盛泽。少时即负文名，书法为世所推重。咸丰十一年(1861)拔贡。历署萧山县、宁波府训导，寿昌、分水教谕。与费延厘、柳以蕃、李龄寿齐年。

鬘花散影 1 卷　史部传记类

清光绪二十三年(1897)石印本，上海图书馆藏。

蒙庐日记不分卷　史部传记类

稿本，嘉兴市图书馆藏。

按：本书中内容始于光绪九年元月，止于十年二月。

禾郡项氏事略 1 卷天籁阁秘藏书画碑帖残目 1 卷　史部传记类

稿本，浙江省博物馆藏。

表贞录 1 卷　史部传记类

见《养余斋松陵书目》卷 2。

沈景修函牍 1 卷　集部别集类

稿本，浙江图书馆藏。

按：本书收录沈景修致"荫棠仁弟"之书信。浙江图书馆另藏有沈景修致许增信札 4 通。

倚珊哀辞 1 卷　集部别集类

见《养余斋松陵书目》卷 4。

按：本书附《悼亡诗》1 卷，庄文传撰。

蒙庐诗存 4 卷外集 1 卷　集部别集类

清光绪二十一年刻本，上海图书馆藏。

蒋石林先生遗诗 3 卷　集部别集类

清蒋之翘撰　李道悠、沈景修编，版本参见"李道悠"条。

蒙庐诗存 1 卷蒙庐杂著 1 卷井花馆论书 1 卷　集部别集类

稿本，上海图书馆藏。

小桃花盦图题词 1 卷　集部总集类

清沈景修等撰

清光绪石印本，嘉兴市图书馆藏。

闻湖诗三钞续编 1 卷　集部总集类

清光绪十九年刻本，嘉兴市图书馆藏。

按：本书附刻于李道悠《闻湖诗三钞》8 卷后。

井华词 2 卷　集部词曲类

清光绪二十五年刻本，南京图书馆藏。

顾佩英

字湘蘼。清吴江盛湖人。大圻女，沈景修继妻。幼颖敏，善吟咏，喜诵姜白石词。及归沈氏，操内政有法。性修洁自喜，颇好身后名，欣慕古之贤媛。

晕螺阁吟草　集部别集类　佚

见《盛湖志补》卷 2。

周　莲(1835—?)

字心香,别号心香夫人。清吴江黎里人。少承家学,能诗善画。

心香老人诗草 1 卷　集部别集类

民国铅印本,上海图书馆藏。

庄人宝(1835—?)

字质可,号肩百,又号坚伯、兼伯。清震泽人。同治三年(1864)举人。官浙江知府。

庄子寿行述 1 卷　史部传记类

清同治十年刻本,上海图书馆藏。

肄雅堂诗稿 1 卷　集部别集类

坚柏诗馆吟草　集部别集类

以上 2 种有抄本,见《磨剑室文三集》之《磨剑室钞存乡先辈已刊未刊稿本题记》。

闲气集 1 卷　集部别集类

清庄庆椿、庄人宝同撰,版本参见“庄庆椿”条。

香姜阁诗余　集部词曲类

见《全清词钞》卷 26,收其词 3 首。

叶祥熊(1837—1909)

原名世熊。字梦飞,又字光昌,号培卿。清吴江人。邑庠生。以军功选用训导。

蒸里志略 12 卷　史部地理类

(1) 清宣统二年(1910)铅印本,上海图书馆藏。

(2)《中国地方志集成》本。

分湖叶氏族谱不分卷　史部传记类

清叶祥熊纂　叶振宗补

南社抄本，上海图书馆藏。

醉月居诗词抄 2 卷　集部别集类

(1) 清光绪三十年(1904)刻本，南京图书馆藏。

(2) 清宣统二年铅印本，南开大学图书馆藏。

盛　海(1837—?)

庠名际唐，字夔钦，号葵青。清震泽人。金声子。粹于学问，有干济才。性情真挚，尤笃孝友。

忏花室诗草　集部别集类　佚

曼院罗阁见闻随笔 1 卷　集部别集类　佚

虎口余生记 1 卷　集部别集类　佚

以上 3 种见《平江盛氏家乘初稿》卷 18。

盛钟岐(1837—?)

字康之，号省山，一号星杉。清震泽人。光绪五年(1879)举人。性孝友，敦行博学，工制义。

平江盛氏家乘初稿 38 卷首 1 卷末 1 卷　史部传记类

清同治十三年(1874)木活字本，国家图书馆藏。

劫外烟霞诗钞　集部别集类　佚

见《平江盛氏家乘初稿》卷 19。

崇道堂诗话　集部别集类

见《新订清人诗学书目》。

于丙来

清吴江人。光绪五年(1879)举人。

湖滨匪灾纪略 1 卷　史部传记类

《吴氏囊书囊丙编》本。

按：湖滨为苏湖之间道里，西接浙境。咸丰十年(1860)四月十三日，太平军攻克苏州，此记太平军攻占吴江等事。

殷　源(1838—1876)

字小谱，一字筱谱，号宿海。清吴江人。兆镛子。同治十三年(1874)进士，官翰林院庶吉士，移奖五品衔。卒年38。

殷太史稿　集部别集类　佚

见殷葆深修《江震殷氏族谱》卷5。

任兰生(1838—1888)

字畹香，号南云。清吴江同里人。退思园主。同治三年(1864)以府同知入皖，光绪三年(1877)署凤颍六泗道，八年署安徽按察使。后因弹劾卸任，十三年奉檄办皖北赈抚，十四年卒于颍州。

桑蚕摘要1卷　子部农家类

清光绪元年刻本，吴江图书馆藏。

任艾生(?—1902)

原名世珍。字幼莲，一字友濂。清吴江同里人。兰生弟。同治四年(1865)入府学。嗜书画碑版，收藏甚富。书法精妙，尤工诗词。

任学士功绩录　史部传记类

清光绪二十一年(1895)刻本，苏州图书馆藏。

惠泉鸿爪1卷　史部传记类

《吴氏囊书囊甲编》本。

同川纪事百咏1卷　集部总集类

《吴氏囊书囊乙编》本。

五亩园题咏1卷　集部总集类

清光绪二十二年刻1924年修补本，南京图书馆藏。

按：本书与凌泗《桃坞百咏》、谢家福《五亩园小志》、吴宝镕《五亩园怀古》合刊为《五亩园小志题咏合刻》。

华婉若

字花卿。清无锡人。吴江任艾生继妻。

自怡录　集部别集类　佚

课花楼诗词　集部别集类　佚

以上2种见《历代妇女著作考》卷16。

课花楼词草　集部词曲类　佚

见《笠泽词征》卷23人物小传，收其词7首。

屈其镗

字震东，号竹山。清吴江新杭市人。

竹山存草　集部别集类　佚

见《盛湖志补》卷3。

汝　兰(1839—1866)

字佩之，号纫秋。清吴江人。殷云鹏妻。

留香室吟草4卷　集部别集类

1932年铅印本，苏州图书馆藏。

按：本书为《春晓莺语》3卷、《晴天燕语》1卷。自咸丰八年(1858)至十年，共有古今体诗364首。有吴江金祖泽序。

王廷鼎(1840—1892)

原名光熊。字铭之，号梦薇，一号懒鹤。清吴江平望人。家莺湖之滨，后居郡城。源通子。嗜学能诗文，善为骈俪之文，古艳幽秀，有六朝人笔意。兼精医画。俞樾极称之，以清才备末僚于浙。光绪四年(1878)奉檄出居庸关，历时88日，所成日记为时所重。七年，补授丽水县丞。

尚书职官考略不分卷　经部尚书类

民国抄本，宁波天一阁博物馆藏。

字学绎贯1卷　经部小学类

清抄本，中国科学院图书馆藏。

论语考　经部四书类　佚

西湖风味1卷　史部地理类　佚

花市闲吟1卷　集部别集类　佚

绿鹤新音词1卷　集部词曲类　佚

以上4种见俞樾《春在堂文集》之《王梦薇传》一文。

杭防营志4卷首1卷　史部政书类

稿本，国家图书馆藏。

莺脰湖櫂歌(一名紫薇花馆诗稿)1卷　集部别集类

清同治十一年(1872)刻本，苏州图书馆藏。

两髯提倡集1卷　集部总集类

清王廷鼎辑

清光绪七年刻本，华东师范大学图书馆藏。

紫薇花馆集7种　丛书类

清光绪十七年刻本，国家图书馆等藏。

子目：

紫薇花馆小学编

《说文佚字辑说》4卷

《字义镜新》1卷

紫薇花馆经说

《月令动植小笺》1卷

《尚书职官考略》1卷

《读左瑾录》1卷

《退学述存》1卷

紫薇花馆杂纂

《杖扇新录》1卷《补录》1卷

按:此又有《美术丛书》本。

《北征日记》1卷

《南浦行云录》1卷

《彪蒙语录》1卷

《花信平章》2卷

裕德堂一家言

《殒淑集》1卷《附》1卷

《府君(王源通)年谱》2卷

按:此又有咸丰年间家刻《裕德堂一家言》本。

《荣萱集》1卷

紫薇花馆词稿(一名春光百一词)1卷

紫薇花馆诗稿4卷外集2卷西湖百咏1卷西碛雪鸿1卷

紫薇花馆文稿1卷续编1卷

按:以上3种有《清代诗文集汇编》本。

叶祥焕(1840—1904)

原名其焕,字文之,号蔚君。清吴江同里人。附贡生。

慎余堂试帖1卷　集部别集类　佚

见《吴中叶氏族谱》卷57。

沈桂馨(1840—?)

清吴江盛泽人。

沈桂馨日记　史部传记类

稿本,吴江图书馆藏。

杨寿煜

字耀南,号坤生。清吴江人。官浙江按察司照磨。

听松馆诗稿5卷　集部别集类

稿本，存 2 卷，南京图书馆藏。

听松馆词（一作芋纹砚斋词）1 卷　集部词曲类

抄本，上海图书馆藏。

顾希谢

字少敷。清吴江人。

聊自娱斋诗稿 1 卷　集部总集类

清顾希谢、陆锡蕃、叶兆荣撰

民国薛凤昌抄本，吴江图书馆藏。

叶熙恩

原名麐生，字晋甫，又字孟照，号子良。清吴江人。诸生。工诗。性耿介，非其人不交，处境虽困，取予必严。故其发之于诗骨清而神逸，情致婉笃如其为人。年 73 卒。

清漪阁诗抄 2 卷　集部别集类

南社抄本，南京图书馆藏。

张特桂

原名福海，字履成。清震泽人。同治九年（1870）恩贡生。

湖阴文钞 2 卷　集部别集类

清张海珊撰　张特桂辑，版本参见“张海珊”条。

柳应墀（1842—1877）

原名应迟。字子范，号笠云。清吴江人。树芳孙，以蕃从弟。同治九年（1870）岁贡生，就职训导。尝撰《海国图志》未竟。

笠云文稿 10 卷赋钞 2 卷杂识 2 卷　集部别集类　佚

见《分湖柳氏第三次纂修家谱》卷 6。《国朝文汇》丁集卷 7 收其文 1 篇。

徐世勋(1842—1912)

字嘉臣,号藻涵,晚自号钓叟。清吴江人。光绪元年(1875)举于乡,四上春官不第。十六年大挑授教职,任丹阳教谕。宣统三年(1911)迁镇江教授。工诗善饮,善书。

枫江渔唱删存3卷　集部别集类

(1) 清光绪三十一年刻本,吴江图书馆藏。

(2) 1915年刻本,南京图书馆藏。

雪滩钓叟诗存1卷　集部别集类

见《吴江文献保存会书目》卷4。

徐具洲

失名。字具洲。清吴江人。世居南徐村。少病目失明,以耳受书。晓文义,熟于史鉴,能为古今体诗。年41卒。

具洲诗草3卷　集部别集类　佚

咏史诗4卷　集部别集类　佚

以上2种见《松陵文录》卷16。

叶兆荣(1843—1892)

字文伯,号锦堂,又号慕韩。清吴江人。光绪八年(1882)岁贡生,候选训导。

松陵叶氏之谱不分卷　史部传记类

清叶兆荣修　叶奎元订

稿本,苏州图书馆藏。

钟声塔影楼存稿　集部别集类

清光绪二十年刻本,吴江图书馆藏。

塔影楼吟草1卷　集部别集类

民国薛凤昌抄本,吴江图书馆藏。

苦雨酸风集　集部别集类

稿本，吴江图书馆藏。

王家桂(1843—1913)

字辛益，一字冬花。清吴江人。诸生。工诗，兼习韩、申家言，又善书。

冬花杂著1卷　集部别集类

抄本，上海图书馆藏。

冬花遗集5卷　集部别集类

1920年铅印本，上海图书馆藏。

费山寿

名友棠，一作友堂。字山寿，以字行。清震泽人。医家。

官幕同舟录2卷　史部职官类

清同治六年(1867)笠泽三省书屋刻本，国家图书馆藏。

急救应验良方不分卷　子部医家类

(1) 清同治六年笠泽三省书屋刻本，上海图书馆藏。

(2) 清同治十一年刻本，浙江图书馆藏。

(3) 清光绪元年(1875)司狱署刻本，上海图书馆藏。

(4) 清光绪三年仁和葛元煦刻本，上海图书馆藏。

(5) 清光绪六年醴陵刻本，浙江图书馆藏。

(6) 清光绪八年重庆巴县刻本，陕西省图书馆藏。

(7) 清光绪九年成都敬豫堂刻本，上海图书馆藏。

(8) 清光绪十二年刻本，浙江图书馆藏。

(9) 清光绪二十六年杨万清刻本，中国医学科学院图书馆藏。

(10) 清宣统元年(1909)刻本，首都图书馆藏。

(11) 清宣统二年铅印本，国家图书馆藏。

(12) 清末苏城毛上珍刻本，苏州图书馆藏。

(13) 1919 年长沙童氏刻本,上海中医药大学图书馆藏。

(14) 1929 年石印本,上海中医药大学图书馆藏。

急救痧症全集 3 卷　子部医家类

清光绪九年笠泽三省书屋刻本,国家图书馆藏。

急救喉证刺疔合编　子部医家类

清光绪十一年三省书屋刻本,上海中医药大学图书馆藏。

按:包括费山寿撰《急救喉证全集》,吴县张镜撰《刺疔捷法》。

仲元熙

字澄生。清吴江盛泽人。孙樊子。荫袭云骑尉。早卒。

澄生文稿 2 卷　集部别集类

见《国朝文汇》丁集卷 7,收其文 1 篇。

郑恭和(1844—1867)

字仲协,号寅卿。清吴江人。与兄恭燮唱和,乡里称作二郑。生当咸丰年间,喜读兵家书,慷慨论时事,所论畿辅屯田策、西北水利事等甚详。年 24 卒。

畿辅屯田策 1 卷　史部政书类

见《国朝文汇》丁集卷 7。

读果书屋遗诗 2 卷附录 1 卷　集部别集类

1918 年郑慈谷铅印本,上海图书馆藏。

读果书屋遗稿不分卷　集部别集类

《劫余所见诗录》本。

按:《劫余所见诗录》为叶廷琯稿本,苏州图书馆藏。

冯　纲(1844—1878)

字有常,号咏莪。清吴江人。年 22 时知县万青选爱其才拔第一,补震泽县诸生。旋食禀饩,文名藉盛。光绪二年(1876)以试事与徐宝澍同客京师，宝澍死，护其丧以归。逾年，病嗽而卒。年35。

瑞锦堂诗1卷　集部别集类　佚

见光绪《黎里续志》卷4。

张晋昭(1844—?)

字上行，号蕙孙。清末吴江人。庠生。浙江候补盐课大使，军功保举提举衔。历办五属监督销局，差遣奉委劝办海防。

清河世系1卷　史部传记类

清张逊修　张晋昭续纂

(1) 清光绪九年(1883)抄本，上海图书馆藏。

(2) 1919年刻本，不分卷，苏州图书馆藏。

费廷琮(1844—?)

字性斋，号恂卿。清吴江人。

吴江费氏族谱10卷首1卷末1卷　史部传记类

清费登墀重修　费廷琮、费廷熙补

清光绪十三年(1887)费廷熙抄本，南京图书馆藏。

陆延龄

清吴江人。光绪间任贵池县知县。

平原松陵陆氏宗谱12卷首1卷　史部传记类

清陆乃普重编　陆延龄校批

1924年刻本，上海图书馆藏。

(光绪)贵池县志44卷首1卷　史部地理类

清陆延龄修　桂迓衡等纂

(1) 清光绪九年(1883)活字本，上海图书馆藏。

(2)《中国地方志集成》本。

汝文熙

号师竹。清吴江黎里人。同治四年(1865)取入震庠。与柳以蕃、范其骏、徐世勋等友善。

课花仙馆诗录　集部别集类　佚

见光绪《黎里续志》卷4。

课华仙馆试帖不分卷　集部别集类

清光绪十四年(1888)刻本,吴江图书馆藏。

踏青唱和集1卷采莲唱和集1卷　集部总集类

清汝文熙辑

《松陵丛书》本,见《养余斋松陵书目》卷5。

王徐庠

字筱虚,一作小希。清吴江人。桐乡籍。同治六年(1867)举人。授浙江义乌县学教谕。

蛰庐遗稿1卷　集部别集类

清光绪二十七年(1901)刻本,吴江图书馆藏。

黄宝棠

字憩生,号艺生。清震泽人。同治六年(1867)举人。工八股,旁及诗赋、策论。

俗雅1卷文史1卷附舞章1卷　集部别集类

清光绪十六年(1890)黄氏枕湖楼刻本,上海图书馆藏。

憩生小品1卷　集部别集类

(1) 清光绪十六年黄氏枕湖楼刻本,见《磨剑室文三集》之《磨剑室钞存乡先辈已刊未刊稿本题记》。

(2) 抄本,见《磨剑室文三集》之《磨剑室钞存乡先辈已刊未刊稿本题记》。

黄宝书

字清如，号森甫，自号退庵。清吴江人。冈子。国学生。工书法。与徐兆玮善。

吟红阁草 1 卷　集部别集类　佚

见《分湖诗钞》卷 19。

黄晋吉

号补音。清吴江人。

潇东林屋吟稿 1 卷　集部别集类

稿本，上海图书馆藏。

邱文藻

号兰芬。清吴江黎里人。同治四年(1865)取入震庠。

兰芬诗稿 2 卷　集部别集类　佚

见光绪《黎里续志》卷 4。

邱兆荣

一作兆蓉，号寿人。清吴江人。同治四年(1865)入府学。

莺花馆遗稿 1 卷　集部别集类

清光绪十年(1884)刻本，上海图书馆藏。

孙贤书

字蓉卿，自号莼溪居士。清吴江人。楷子。同治四年(1865)取入江庠。家贫，授读胜溪柳兆元家。

芙蓉馆吟稿　集部别集类　佚

见《分湖诗钞》卷 11。

施绍书

字拥百，号孚庵。清吴江人。同治七年(1868)入府学，恩贡生。工篆隶，善米芾书。

宜窠诗稿 1 卷　集部别集类

抄本，南京图书馆藏。

徐臣瓒

字寄荪。清吴江人。同治七年(1868)取入震庠。

越游小草 1 卷　集部别集类

吴江柳氏抄本，上海图书馆藏。

按：见《柳亚子史料札记》之《上图"吴江柳氏抄本"部分书目》。

游草余声 1 卷　集部别集类

见《养余斋松陵书目》卷 4。

吟庐诗草 1 卷　集部别集类

稿本，见《抱经堂书局第十五期旧书目录》集部。

叶锦棻

字韵芬，号友莲。清吴江人。同治八年(1869)岁贡生。

小疏香阁初学稿 1 卷　集部别集类

南社抄本，南京图书馆藏。

沈春荣

字子均。清吴江人。本居松陵，后移家同里。同治八年(1869)取入江庠。丁离乱，课徒自给。

随意吟稿　集部别集类

1925 年抄本，吴江图书馆藏。

葭南外史诗词稿　集部别集类　佚

见《笠泽词征》卷27。

凌其桢

字荫周。清吴江人。泗从侄。同治十年(1871)岁贡生。

萍游词　集部词曲类　佚

见《笠泽词征》卷19。

金　栻

字肖苏。清吴江人。文渊子。

奇门捷径　子部术数类

清稿本，吴江图书馆藏。

顾瑞庭

清吴江人。

听渔图题咏1卷　集部总集类

见《养余斋松陵书目》卷4。

陆茂昭

清吴江人。

汾湖陆氏族谱不分卷　史部传记类

抄本，上海图书馆藏。

沈汝泰

清震泽人。

竹溪沈氏家乘2卷　史部传记类

清沈汝泰等

清光绪十三年(1887)刻本，上海图书馆藏。

按：此谱载沈氏祖籍吴兴竹溪，明万历间迁居震泽。

沈冠英

清吴江人。

沈氏宗谱1卷沈氏老宗谱1卷本支百世1卷　史部传记类

清光绪十年(1884)吴江友善草堂抄本,吴江图书馆藏。

徐宝嵩

清吴江人。

徐氏支谱2卷　史部传记类

旧抄本,中央民族大学图书馆藏。

周　玠

字介玉,号啸云。清吴江人。

对花余韵1卷　集部别集类

稿本,浙江图书馆藏。

邱应奎

字梅夫,号星斋。清吴江人。

如真珠船诗钞2卷　集部别集类

抄本,见《磨剑室文三集》之《磨剑室钞存乡先辈已刊未刊稿本题记》。

陈蕙茂

字佩兰。清吴江人。

九台诗钞1卷　集部别集类

抄本,见《磨剑室文三集》之《磨剑室钞存乡先辈已刊未刊稿本题记》。

汝鸣球

字景孚，号寅斋。清吴江人。金镛子。诸生，博学嗜古，尤好搜罗文献。工诗，有文名。尝游京师，湖州慎毓林适奉督学陕甘之命，聘其襄校，得遍游关中名胜，诗益雄健。

景孚笔记　子部杂学类　佚

寅斋诗抄　集部别集类　佚

以上2种见光绪《黎里续志》卷4。

两戊集1卷　集部别集类

抄本，见《磨剑室文三集》之《磨剑室钞存乡先辈已刊未刊稿本题记》。

钱静娟

字韵蕉。清震泽人。任艾生子传桀妻。

课花楼诗存(一作雨花楼遗稿)1卷　集部别集类

《吴氏囊书囊丙编》本。

韵蕉楼诗草　集部别集类　佚

见《笠泽词征》卷23。

书声琴韵楼诗稿　集部别集类　佚

见《垂虹诗剩》卷10。

蔡以焯

字见三，号卓甫。清吴江人。文朴子。绩学能文，困于童试。卒年甫30。

候桃花馆文稿4卷　集部别集类　佚

见光绪《黎里续志》卷7。

龚树纬

字纫卿，号潜庐。清吴江人。

潜庐笔记　子部杂学类

见《震泽镇志续稿》卷1。

潜庐劫余吟不分卷　集部别集类

1934年铅印本，上海图书馆藏。

周善旅

字月帆。清吴江人。长于制义，屡战秋闱不售。道光间荐江苏候补州判。

湖滨吟草　集部别集类　佚

见《震泽镇志续稿》卷11。

蔡　芸

字仲芬。清桐乡人。吴江周善旅妻。

枷罗堂诗钞　集部别集类　佚

见《震泽镇志续稿》卷11。

周善咸

字仲阮。清吴江人。寄籍桐乡。同治三年(1864)举人。拣选知县，国子监助教。

葛民诗稿　集部别集类　佚

见《震泽镇志续稿》卷11。

严　针

字指坤，别号桐乡女史。清桐乡人，周善咸妻。

宜琴楼遗稿1卷　集部别集类

清光绪二十三年(1897)刻本,南京图书馆藏。

周善承(1844—?)

字绍庭,号子宣,又号旨先。清吴江人。桐乡籍。光绪元年(1875)举人。

旨先诗文遗稿　集部别集类　佚

见《震泽镇志续稿》卷11。

周善溥

字润卿。清吴江人。同治八年(1869)桐乡籍岁贡生。

沪城鞭难录　史部杂史类　佚

醉杏小榭遗稿　集部别集类　佚

以上2种见《震泽镇志续稿》卷11。

周善祥

一作善庠。字西林,号潜庐。清吴江人。桐乡籍。早年授徒自给,通医。晚岁历主同文、鸿文、大同书局总编辑。

藕河医案　子部医家类　佚

见《震泽镇志续稿》卷11。

潜庐诗存4卷补遗1卷　集部别集类

1919年维扬鹤书堂刻本,上海图书馆藏。

王树藩

清吴江人。光绪元年(1875)举人。

文房游戏图说1卷　子部杂学类

《吴氏囊书囊甲编》本。

按:有目无书。

金斗槎

清吴江人。

核桃吟 1 卷　集部别集类

《吴氏囊书囊乙编》本。

周健行

清吴江人。

鹿城梦忆(原名鹿城纪旧)1 卷　子部小说类

《吴氏囊书囊乙编》本。

沈禄康(1845—1884)

字咏楼。清吴江人。早年治古文。咸丰十年(1860)间避兵乡间。自光绪四年(1878)起白天课徒,晚上从李龄寿习医。逐日医案均由凌淦抄录成册。七年改号春壶。

春壶滴残 2 卷　集部别集类

1920 年沈昌眉铅印本,南京图书馆藏。

蔡丙圻

字颂华,号南离。清吴江人。监生。同治十三年(1874)候选县丞。光绪十年(1884)征讨新疆回民起事。以转运功保留甘肃,授补用直隶州知州。晚年多疾,著书以终。

黎里忠节录 2 卷　史部传记类

清光绪十六年刻本,南京图书馆藏。

黎里续志 16 卷首 1 卷　史部地理类

(1) 清光绪二十五年禊湖书院刻本,苏州图书馆藏。

(2) 1989 年江苏广陵古籍刻印社影印光绪本,南京图书馆藏。

(3)《中国地方志集成》本。

味谏庐随笔　子部杂学类　佚

见光绪《平望续志》卷12。

徐　瀛

字蓬卿，号清溪女史。清吴江人。幼随祖官西秦，嫁沈氏。

碧梧轩诗草　集部别集类

清光绪十六年(1890)武林思庆堂刻本，见《历代妇女著作考》。

按：原《江苏艺文志》载本书吴江图书馆有藏本，今未见。

范宗杰(1846—1891)

改名钟杰。字芳余，号舫渔。清吴江人。范烟桥祖父。嗜书，虽鼠窜蠹余者亦必购之，命儿辈拾遗补缺而读之，藏之小天一阁中者凡五万余卷。

一剪梅词草　集部别集类　佚

丏闲词馆残稿　集部别集类　佚

以上2种见范烟桥《先叔蔼人公传略》，又见《同里古吴范氏家乘》。

黄元芝(1846—1914)

字商龄，一字蔚若，号沅芷。清吴江黎里人。光绪元年(1875)举人。太仓直隶州学正。光绪二十五年引疾归里，主讲禊湖、艺英两书院。后改为高等小学校，厘订规则不遗余力。清末任崇明、溧阳、丹阳教谕等职。尤邃于医。

学古斋文集　集部别集类　佚

秋蛩吟草　集部别集类　佚

以上2种见金天羽《黄先生沅芷家传》。

星野汇考1卷　子部历算类

霍乱求是编2卷　子部医家类

医学摅见录1卷　子部医家类

贻芬杂录1卷　子部杂学类

匏庵随笔2卷　集部别集类

学古斋别集1卷　集部别集类

清咏楼诗稿1卷　集部别集类

以上7种见《吴江文献保存会书目》卷3、4。

光绪元年乙亥恩科江南乡试硃卷1卷　史部传记类

清光绪间刻本，上海图书馆藏。

黄象曦(？—1908)

字亮叔。清吴江人。国学生。于光绪二十四年(1898)创办启秀义塾，后改名亮叔初等小学。性嗜古，好吟咏。

吴江水考增辑5卷附编2卷　史部地理类

清光绪二十年刻本，吴江图书馆藏。

按：明沈啓著5卷，清后学黄象曦辑。黄氏又增辑附编2卷。

松阴小舍诗存4卷诗赘1卷　集部别集类

抄本，南京图书馆藏。

袁汝锡(1847—1895)

字颂诒，号稚松，又号悟子。清吴江赵田人。嵩龄子。岁贡生。

袁湛存先生等诗词尺牍稿不分卷　集部总集类

清袁汝锡等撰

稿本，上海图书馆藏。

赵田袁氏家谱1卷　史部传记类

民国松韵堂铅印本，南京图书馆藏。

袁氏家乘续编1卷　史部传记类

1920年抄本，上海图书馆藏。

悟生丛草3卷　集部别集类

见《吴江文献保存会书目》卷4。

周祖薰(1848—1890)

字善征,号兰伯。清吴江人。之桢子。性静默有干才。诗本家学,秀雅中有至性语。能弹琴,善画兰。

摘萍闲唱 1 卷　集部别集类

清光绪十八年(1892)刻本,附于《小停云馆诗》后,上海图书馆藏。

兰伯遗稿 3 卷　集部别集类

清光绪十八年刻本,吴江图书馆藏。

按:子目为《摘萍闲唱》1 卷、《疏柳溪房吟草》1 卷、《滋九居赋草》1 卷。

徐元璋(1849—1878)

字琢云,又字竹筠。清吴江人。鼎勋子。文章理法清真,尤长于试帖。喜篆隶,兼工铁笔,嗜画花草人物。

长春花馆试帖 1 卷　集部别集类

清光绪十三年(1887)刻本,南京图书馆藏。

按:与其父徐鼎勋《茹芝山馆诗钞》合刻。

张嘉彬(1849—1914)

字文若,号质卿。清吴江盛泽人。

谒历山宗祠笔记　集部别集类　佚

生平函稿　集部别集类　佚

以上 2 种见《盛泽张氏遗稿录存》小传。

汝亦淇(1849—?)

谱名后淇,字宜右。清吴江人。国学生。

汝氏第十五世耀庭公支谱不分卷　史部传记类

清汝亦淇等纂修

1916年油印本，国家图书馆藏。

俞焕章

字文伯，号钝庵。清吴江人。俞岳孙。国学生。肆力诗古文词，兼善丹青。为柳亚子师。尝参订光绪《黎里续志》。

二俞先生传志1卷　史部传记类

味书斋诗集2卷诗余1卷文集2卷外集1卷　集部别集类

以上2种见《养余斋松陵书目》卷2、4。

感旧怀人诗1卷　集部别集类

民国抄本，上海图书馆藏。

按：本书又名《钝庵遗稿》。

味书斋词　集部词曲类　佚

见《笠泽词征》卷20。

袁　莼

清吴江人。袁鸿曾孙。

袁太仆训子书1卷　集部别集类

清袁熊山撰　袁莼辑

清宣统元年（1909）石印本，浙江图书馆藏。

竹溪高曾集17卷　集部总集类

清宣统元年刻本，南京图书馆藏。

按：本书为吴江同里袁氏家集。袁莼跋称本书以《竹溪高曾集》命名者，“仍诗社名也”。收录袁景辂《小桐庐诗草》10卷、袁鸿《铁如意庵诗稿》6卷、王蕙芳《瑶华仙馆诗钞剩稿》1卷。

王应春

字寅甫。清吴江人。医家。

王寅甫汇录2卷亲验良方1卷　子部医家类

抄本，上海中医药大学图书馆藏。

顾后焜

字南坨。清吴江人。

荆花仙馆诗草1卷　集部别集类

抄本，见《磨剑室文三集》之《磨剑室钞存乡先辈已刊未刊稿本题记》。

按：本书稿本原藏金祖辉处，今未见。

陈黄钟

清吴江人。

梅花诗原唱1卷　集部别集类

见《吴江文献保存会书目》卷4。

顾永安

清吴江人。

文雄堂双钩印存1卷　子部艺术类

静庵遗诗1卷　集部别集类

以上2种见《吴江文献保存会书目》卷3、4。

吴燕兰

字圣琴，又字馨九、芗人。清震泽人。恢杰子。

侯鲭新录2卷　子部小说类

《吴氏囊书囊丙编》本。

吴氏囊书囊甲编10种乙编10种丙编13种　丛书类

(1) 稿本，南京图书馆藏。

(2) 抄本，缺乙编，上海图书馆藏。

子目：

甲编

药:《啬庵手镜》1 卷　清吴江陆文衡撰

行:《西江幕游记》2 卷　清吴江王树人撰

楚:《汉槎友札》1 卷　清吴江徐娱庭辑

革:《城南夜话》1 卷附《续话》1 卷　清吴江沈大本撰

锦:《松陵水灾新乐府》1 卷　清吴江凌泗撰

智:《文房游戏图说》1 卷　清吴江王树藩撰(有目无书)

绮:《惠泉鸿爪》1 卷　清吴江任艾生撰

粉:《蕉雨吟稿》1 卷　清吴江顾佩芳撰

丹:《半淞诗存》2 卷　清吴江吴景果撰

丹:《半生自纪》2 卷　清吴江吴晋锡撰

囊底尚未修饰,续编补刊。

乙编:

药:《金壶醉墨》1 卷　清山阳黄钧宰撰

行:《使闽日记》1 卷　清吴江费延厘撰

楚:《赵忠节公遗墨》1 卷　清归安赵景贤撰

革:《闲云舒卷》1 卷附《亘虹日记》　清吴江王树人撰

锦:《同川纪事百咏》1 卷　清吴江任艾生撰

智:《核桃吟》1 卷　清吴江金斗槎撰

绮:《鹿城梦忆》(原名《鹿城纪旧》)1 卷　清吴江周健行撰

粉:《于云残册》(原名《情种笔记》)1 卷　清魏于云女史撰

丹:《自感叠韵六十章》1 卷　清吴江吴仁杰撰

丹:《殉难传题词》1 卷　清吴江吴仁杰撰

囊底缺。

丙编:

药:《躬耻斋格言》1 卷　清会稽宗稷辰纂

行:《畿辅纪闻》1 卷　清吴江沈元溥撰

楚:《湖滨匪灾纪略》1 卷　清吴江于丙来撰

锦:《荻塘棹歌》1卷　清震泽钟鼎撰　清钟祖孝注

智:《月季花谱》1卷　题清南皮张之万撰

绮:《吴评悦容编》1卷　清长洲卫泳撰

粉:《课花楼诗存》1卷　清震泽钱静娟撰

丹:《省身药石》1卷　清震泽吴恢杰撰

丹:《西征日记》1卷《东归日记》1卷　清吴恢杰撰

滕:《钱氏三种》3卷　清金匮钱泳辑

附囊底:《侯鲭新录》2卷　清吴燕兰撰

按:本编专搜小说、语录、日记、诗话等类,共分十囊,分别以药、行、楚、革、锦、智、绮、粉、丹、底为名,丙编加一"滕囊",专收杂类及断简残编。主要收录吴江、震泽人的著作。

周郑表(1852—1908)

字午桥,号慕侨。清吴江人。宪曾子。仁和廪贡生。议叙训导,调知县,指分山东,历署莱芜、观城、日照、莘县、肥城,所至有政声。

莘县乡志不分卷　史部地理类

清周郑表修　孔翼轩纂

(1) 清宣统元年(1909)石印本,上海图书馆藏。

(2)《中国方志丛书》本,作《莘县乡土志》。

周慕侨集5卷　集部别集类

民国知不足斋抄本,吴江图书馆藏。

按:子目为《球玘山房遗稿》《宦游剩稿》《醒蝶梦痕录》等。

宦游剩稿　集部别集类

禀信稿录　集部别集类

以上2种有稿本,吴江图书馆藏。

孙熙桂

字哲卿。清吴江人。宗武从孙。

莼溪诗草　集部别集类　佚

见《垂虹诗剩》卷 5。

孙云锦

字质先，号拙安。清吴江黎里人。光绪七年(1881)岁贡生。书宗米芾、董其昌，篆刻得邓石如家法。

印禅室印存　子部艺术类

印禅室诗集　集部别集类

见清叶铭撰《再续印人小传》。

张深仁

字含英，号养吾。清吴江人。其泰子。光绪十一年(1885)恩贡生。

编年国策辑注 10 卷首 1 卷　史部杂史类

编年国策残存 1 卷　史部杂史类

编年国策校注不分卷　史部杂史类

以上 3 种由其父张其泰编次、张深仁辑注、其子张光荣音释，存稿本、传抄本。详见“张其泰”条。

钱　焕(1853—1898)

字倬章，号稚鹤，又号词锷。清吴江人。光绪二年(1876)举人，以名孝廉设帐授徒。教授于金天羽。书法挺秀，颇得柳之遗意。

闻妙草堂札记　集部别集类　佚

见金天羽《天放楼文言·二先生传》。

松陵三先生诗集　集部总集类

清钱焕辑

抄本，吴江图书馆藏。

按：子目为清钱养浩《钱桐邑诗稿》、清沈裕云《沈我瞻诗稿》、清张汝济《印川诗草》。

仲虎腾(1853—?)

字啸生。清吴江盛泽人。廷机子。同治七年(1868)荫袭宁绍台道,后任江南左营中军守备。

(同治)盛湖志14卷首1卷末1卷　史部地理类

清仲廷机纂　仲虎腾续纂,版本参见"仲廷机"条。

(光绪)盛湖志补4卷　史部地理类

清仲虎腾纂　陶葆濂校订

按:本书附刊于同治《盛湖志》后。纂修过程参见《江苏旧方志提要》。

柳应衡(1857—1898)

字秉鉴,号苹甫。清末吴江人。光绪七年(1881)取入江庠。

挹翠轩诗稿　集部别集类　佚

见《分湖诗钞》卷15。

费廷熙(1858—1893)

字梦庚,号韵香。清吴江人。候选从九品。

吴江费氏族谱10卷首1卷末1卷　史部传记类

清费登墀重修　费廷琮、费廷熙补

清光绪十三年(1887)费廷熙抄本,南京图书馆藏。

凌宝树(1865—1887)

字荫午,号敏之。清吴江莘塔人。泗长子。自幼与弟宝枢共读,又同岁为县学生。《莘庐遗集》附刊有沈景修撰《凌敏之密之家传》。

第六水村居稿1卷　集部别集类

《莘庐遗集》附刊本。

柳念曾(1865—1912)

字幼云,又字砚贻,号寅伯,别署钝斋。清吴江人。柳亚子父。精研词赋训诂,知医,嗜奕,工书法。

养余斋书目1卷附编1卷　子部目录类

清柳念曾、柳慕曾辑

抄本,上海图书馆藏。

钝斋诗存1卷文存1卷　集部别集类

见《分湖柳氏第三次纂修家谱》卷6。

蒯仲诒(1865—?)

别号松巢,清吴江黎里人。设帐授徒,读书自娱。喜吟咏,好藏书。

醒梦盦诗钞　集部别集类　佚

见《南社丛谈》。

凌宝枢(1866—1886)

字拱辰,号密之,自号尚左生。清吴江莘塔人。泗次子,宝树弟。人谓其才高于其兄。尤留心舆地之学,尝为毕沅辑《太康地记》、王隐《晋书地道记》撰补辑。

(春秋)世表年表1卷　经部春秋总义类　佚

(春秋)地名考1卷　经部春秋总义类　佚

以上2种见柳以蕃撰《凌敏之密之家传》。

吴疆域图说　史部地理类　佚

见沈廷镛《凌磬生府君行述》一文。

小茗柯馆诗词稿1卷　集部别集类

1914年刊《莘庐遗集》附刊本。

王道昭(1866—1902)

字嗣征。清吴江同里人。吴县吴曾涛继室。

怡芬室待删草1卷　集部别集类

《女士集汇存》本。

叶文熙

字明之。清末吴江人。光绪七年(1881)取入江庠。

叶氏略谱不分卷　史部传记类

清光绪十年(1884)希古堂抄本,吴江图书馆藏。

张光荣

字敏伯。清吴江人。深仁子。光绪九年(1883)取入江庠。

编年国策辑注10卷首1卷　史部杂史类

编年国策残存1卷　史部杂史类

编年国策校注不分卷　史部杂史类

以上3种由其祖父张其泰编次、父张深仁辑注、张光荣音释,存稿本、传抄本。详见“张其泰”条。

王锡蕃

号康侯。清吴江人。元之孙。光绪十年(1884)取入江庠。

康侯遗诗不分卷　集部别集类

抄本,上海图书馆藏。

凌赓飏

字陛卿。清吴江人。光绪十一年(1885)举人。授浙江浦江县学教谕。

修初居诗钞　集部别集类　佚

见《震泽镇志续稿》卷11。

万国政治艺学全书380卷　史部政书类

清朱大文、凌赓飏辑

清光绪二十八年(1902)上海鸿文书局石印本,上海图书馆藏。

庄文传

字仲衍。清吴江人。光绪十二年(1886)取入震庠。

悼亡诗1卷　集部别集类

见《吴江文献保存会书目》卷4。

砚楼诗钞　集部别集类　佚

见《震泽镇志续稿》卷11。

周　白

原名宝仁。字蓉生。清震泽人。光绪十三年(1887)取入震庠。

孤赏斋诗钞　集部别集类　佚

孤赏斋文存　集部别集类　佚

以上2种见《震泽镇志续稿》卷11。

汝仁龙

字益谦,号蛰盦。清吴江人。光绪十五年(1889)取入江庠。

游庠录2卷　史部传记类

清汝仁龙、凌应霖辑

1924年铅印本,吴江图书馆藏。

无双谱诗1卷　集部别集类

(1) 清同治六年(1867)刻本,吴江图书馆藏。

(2) 1923年铅印本,上海图书馆藏。

黄鸣谦

原名谦吉。字子牧，别号梦余生。清吴江芦墟人。宝书子。诸生。嗜吟咏，屡困秋闱，遂弃举业，致力于诗。尝与里中诸人结梅花诗社。

梦余诗钞 8 卷　集部别集类

见《吴江文献保存会书目》卷 4。

唐乃亮

清光绪间吴江平望人。

秋窗学画图题咏 1 卷　集部总集类

寒灯画荻图题咏 1 卷　集部总集类

以上 2 种有旧刻本，见《养余斋松陵书目》卷 4。

迮维城

清吴江人。

迮氏族谱甲编 2 卷家乘乙编 2 卷　史部传记类

清抄本，上海图书馆藏。

潘文汉

清吴江人。

疏香阁存稿 1 卷诗余 1 卷　集部别集类

抄本，见《吴江文献保存会书目》卷 4。

王　棼

清吴江人。

柏甫诗草 1 卷　集部别集类

见《吴江文献保存会书目》卷 4。

民　国

顾寅方

吴江芦墟人。

顾氏族谱不分卷　史部传记类

1920 年南社丛刻抄本，上海图书馆藏。

翁　□

吴江平望人。

翁氏丛钞 9 卷　丛书类

吴江柳氏抄本，上海图书馆藏。

按：子目为翁纯礼《爱古堂诗集》2 卷、翁广平《听莺居文钞》2 卷、翁敦书《翁布衣诗录》2 卷、翁雒《小蓬海遗诗》1 卷、翁棨《晚翠楼诗草》1 卷、《小苏斋文稿》1 卷、《小苏斋随笔》1 卷。

陆拥书(1840—1920)

字鸥安，一字酉岩，自号分湖老鸥。吴江芦墟人。清同治四年(1865)入府学。曾创办陶冶高小与敬业初小，董理芦墟一乡之事。

醒世劝戒韵言　子部儒学类

1917 年铅印本，吴江图书馆藏。

引玉集 3 卷附录 1 卷　集部别集类

1915 年铅印本，吴江图书馆藏。

按：分为诗钞 1 卷词钞 1 卷文钞 1 卷。

丁桂馨(1849—1922)

字子刚,法名归净。佛教居士。吴江人。生前以设馆教书为业,因好友染病暴卒,感生命无常,遂萌脱世之想,誓修净业。

修持日记　集部别集类　佚

课余随录　集部别集类　佚

以上2种见《中国近现代人物名号大辞典续编》。

陆　恢(1851—1920)

原名友恢。号廉夫,又号狷庵、狷叟、廉道人。别署破佛庵主人、话雨楼主人等。吴江同里人。少弃举子业,初受业刘德六为花卉,继从陶涛为山水。后受吴大澂赏识,聘入湖南巡抚幕府。擅花鸟、山水、人物画。曾与金心兰等人结画社。熟于经史,工于诗文,其书法出入汉魏六朝,所书碑志甚众。尤能鉴别书画。

文采风流1卷　子部艺术类

陆恢等绘

清末稿本,苏州图书馆藏。

陆廉夫冷香居士记事图册　子部艺术类

1930年中华书局影印本,上海图书馆藏。

陆廉夫花草十六幅　子部艺术类

1926年有正书局影印本,上海图书馆藏。

陆廉夫十万图附国品十帧　子部艺术类

1925年慎修书社影印本,上海图书馆藏。

陆廉夫人物山水册　子部艺术类

1917年有正书局影印本,上海图书馆藏。

按:收录画作12幅。每幅画有名字,旁边还配有文字解释其内容。此册中各景均为金心兰生平所经历之事,陆恢受其嘱咐绘画成册,以纪念故人。

陆廉夫临恽南田山水册　子部艺术类

1926 年振新书社影印本，上海图书馆藏。

陆廉夫临王石谷山水册　子部艺术类

1926 年影印本，上海图书馆藏。

陆廉夫衡山纪游图　子部艺术类

民国天绘阁影印本，上海图书馆藏。

陆廉夫先生编年画册　子部艺术类

1946 年陆氏穆清邈斋影印本，上海图书馆藏。

陆廉夫画册真迹　子部艺术类

1932 年碧梧山庄珂罗版影印本，上海图书馆藏。

按：由于陆恢画册众多，不一一列举。

陆廷桢(1855—1917)

字干甫，一字溉釜。吴江人。光绪十八年(1892)进士。先后任荥泽、商城知县，在任省徭役、清狱讼。曾两充同考官。二十九年调镇平，见时事日非，乃未之官，乞病归。遂不出，以课子为业。

思嗜斋诗剩 1 卷文剩 1 卷　集部别集类

溉釜家书 1 卷　集部别集类

以上 2 种有《松陵陆氏丛著》本。

施则敬(1855—1924)

字临之，号强斋，又号子英。震泽人。清光绪元年(1875)举人。以教习期满用知县，历充疆吏幕僚，为直隶总督李鸿章所重，命办赈务，无役不从，以劳荐保道员。不求仕进，在沪办理各项公益事业，对青年会、红十字会、仁济堂各有捐助，曾倡输巨款设贫儿院。

笠泽施氏支谱 1 卷　史部传记类

施则敬、施肇曾等修

1925 年铅印本，上海图书馆藏。

吴江施氏义庄汇录不分卷　史部政书类

施则敬、施肇曾等撰

1916年铅印本，南京图书馆藏。

费善庆(1858—1939)

字福堂，号伯缘。晚患目疾，故又号盲叟。吴江人。山寿孙。薛凤昌中表兄。年20补学官弟子，与邑中诸名士交。在郡应紫阳书院课，在邑应松陵、笠泽两书院课。五与乡试不中，以附贡终。晚清尝任县商会理事，又任育婴堂副董事。民国后相继任市议会评论员、农会评议员、田业会副会长等职。平生喜藏书。著述甚富。薛凤昌《邃汉斋文存》(抄本)有《费伯缘家传》。

永思录　史部传记类　佚

见《费伯缘家传》。

垂虹识小录6卷附江震科第贡举考1卷松陵费氏诗集2卷　史部地理类

(1) 民国抄本，南京大学图书馆藏。

(2)《苏州掌故丛书》本。

(3)《中国地方志集成》本。

按：本书以吴江垂虹桥为志名，虽题为“识小录”，实是一部未整理完成的吴江县志。

家藏书画题咏不分卷附折扇书画册2卷　子部艺术类

费善庆辑

稿本，上海图书馆藏。

玉壶仙馆备忘录7卷　子部杂学类

(1) 稿本，5卷，南京图书馆藏。

(2) 抄本，山东大学图书馆藏。

(3)《苏州掌故丛书》本。

按：此为杂记，其中有不少内容与江苏、吴地有关，如：卷一驳胡氏诋吴季子、昆山张猛诗、沧浪五老会、焦山鼎等，卷三淮泗注江辨，卷六吴门故实等。内容涉及历史、地理、风俗、社会。

华萼草堂杂记　子部杂学类　佚

报秋轩诗文稿　集部别集类　佚

以上 2 种见《费伯缘家传》。

垂虹杂咏 1 卷　集部别集类

1921 年费氏华萼堂铅印本，南京图书馆藏。

按：垂虹，本为吴江县治之桥名，在县城松陵镇东门外河上。后因作吴江之代称。作者故居附郭而筑，早岁钓游，壮年觞咏，都不离此地，故极为熟知此地风土人情。此书即吟咏本地之作，并各有注释。注释极为详尽。所咏有湖泊、村庄、桥梁、宫庙寺塔、亭园宅第等。也有一些诗写了民国以来的新事物。

垂虹诗剩 10 卷　集部总集类

清周之桢辑　沈大本补编　费善庆续编

1915 年费氏华萼堂刻本，上海图书馆藏。

按：本书以垂虹为县城之代称。周之桢等因辑录本地诗人之诗成此集。前八卷清周之桢辑，卷 9 至 10 为费善庆续补。本书因所据均为太平军战争以后所剩之集，故名“诗剩”。其附各人小传极为详尽。

松陵女子诗征 10 卷补遗 1 卷　集部总集类

费善庆、薛凤昌辑

(1) 稿本，缺卷六，上海图书馆藏。

(2) 1918 年吴江费氏华萼堂铅印本，南京图书馆藏。

(3) 1919 年锡成公司铅印本，南京图书馆藏。

(4) 松陵女子诗征稿，民国抄本，上海图书馆藏。

按：本书专选吴江一地女子之诗，得宋代至清末民初女诗人 273 人诗作，共二千余首。凡为松陵妇女者皆录之，婢女、妾室、妓女之诗亦不遗漏。

杨学沂(1859—?)

字绥卿,号岫隐,父母亡后自署瘗琴馆主。吴江人。清光绪八年(1882)举人。后入各地戎幕,复以直隶州知州用。清末先后办理沪宁、京汉、正太各铁路及汉冶萍矿文牍。辛亥革命后自号遁闳山人,筑遁闳草堂于沪西,种花种树,检理图书。传见《吴江杨氏宗谱》。

吴江杨氏宗谱不分卷　史部传记类

杨学沂辑

1917 年明远堂刻本,南京图书馆藏。

孙祖禄

字存生。吴江人。清光绪二十八年(1902)岁贡生,候选训导。民国初年任吴江县小学校长。

乐陶居诗稿 1 卷　集部别集类

1917 年震泽孙氏铅印本,南京大学图书馆藏。

陆鼎奎

吴江人。陆同寿子。1921 年与曹崧乔、吴荫培等人创立苏州隐贫会。

先德录续刻 1 卷　史部传记类

1919 年刻本,上海图书馆藏。

皇清诰授荣禄大夫从一品封典二品顶戴花翎浙江前先即补道加一级先考介眉府君行述　史部传记类

陆鼎奎、陆鼎华述

清光绪间刻本,北京大学图书馆藏。

按:本书为陆同寿行述,陆同寿(1838—1901)字敏贻,号介眉。

杨敦颐(1860—1928)

字粹卿，号东亚病毛，晚号甦民。吴江同里人。清光绪十一年(1885)拔贡。历任江苏丹徒训导、商务印书馆编辑、江苏省立第二中学校教师、苏州振华女学校第一任董事长。

汉字母音释 2 卷　经部小学类

1919 年苏州省立第二中学石印本，上海图书馆藏。

满夷猾夏始末记 8 卷外编 2 卷　史部杂史类

杨敦颐辑

1912 年新中华图书馆铅印本，上海图书馆藏。

叶庆善(1860—?)

原名惟善。字应春，号楚材。吴江分湖人。太学生，军功五品蓝翎。

消夏梨园诗草　集部别集类　佚

隐村草　集部别集类　佚

以上 2 种见《吴中叶氏族谱》卷 57。

张嘉荣(1860—?)

字伯华。吴江人。乃藻子。附贡生，中书科中书衔，候选训导。后隐居湖滨。自号遁禅。

慰志汇编前编 1 卷后编 1 卷　史部传记类

张嘉荣编

1922 年盛泽张氏希范堂铅印本，上海图书馆藏。

忠义张公梦莲暨配节孝王太安人传略　史部传记类

张嘉荣辑

1919 年铅印本，上海图书馆藏。

盛泽张氏遗稿录存 4 卷附 1 卷　集部总集类

张嘉荣辑

(1) 1920 年吴江柳氏抄本,上海图书馆藏。

(2) 1921 年盛泽张氏希范堂铅印本,南京图书馆藏。

按:此收张氏自余姚迁归安十九世张廷秀以下吴江盛泽本支先人著作凡 19 世共 31 人,包括诗存、文存、词存、赋存 4 种,对联语。

周嘉麟

吴江人。

周氏诗存　集部总集类

见《吴江文献保存会书目》卷 4。

沈廷镛(1862—?)

字咏韶,号厔庐。吴江人。清光绪九年(1883)取入江庠。师事凌泗、诸福坤,受古文法。

厔庐日记　史部传记类

清稿本,苏州博物馆藏。

清镇江府学教授徐府家传 1 卷　史部传记类

1914 年铅印本,上海图书馆藏。

元和诸太夫子翰香先生暨德配太师母徐孺人七十双寿寿言 1 卷　史部传记类

民国吴江柳氏抄本,上海图书馆藏。

凌母蒋太君行述 1 卷　史部传记类

石印本,见《养余斋松陵书目》卷 2。

凌磬生府君行述不分卷　史部传记类

清光绪三十二年铅印本,吴江图书馆藏。

吴江凌氏义庄案　史部传记类

1920 年刻本,吴江图书馆藏。

飚生府君(沈中坚)事略 1 卷　史部传记类

清光绪间刻本，吉林大学图书馆藏。

先考翠岭府君事略　史部传记类

清光绪二十七年刻本，吉林大学图书馆藏。

雪巷沈氏家乘1卷　史部传记类

清光绪二十七年刻本，见《养余斋松陵书目》卷2。

增订初学起讲秘诀　集部总集类

清盛元均辑　沈廷镛校

清光绪五年刻本，苏州大学图书馆藏。

任廷曦(1863—1921)

字朗甫。吴江同里人。曾官安徽泾县巡检史。入民国，任吴江县议员。善画山水。

遏云集　集部别集类　佚

见吴国良《吴江书画印人辑录》。

丁逢甲(1864—?)

字堃生，号壮者。吴江莘塔人。南社社员。

我之农业计划　史部政书类

抄本，上海图书馆藏。

凌兰畦府君行述1卷　史部传记类

1923年石印本，上海图书馆藏。

扫迷帚24回　子部小说类

清末商务印书馆铅印本，国家图书馆藏。

沈　云(1864—1921)

字秋凡。吴江盛泽人。原籍秀水，清咸丰十年(1860)其父避兵迁居盛泽。为人淡泊名利，沉默寡言。平居暇日闭户耽书，好为诗歌自娱。掌教盛湖10余年。南社社员。

盛湖竹枝词 2 卷附杂录 1 卷　集部总集类

1918 年铅印本，吴江图书馆藏。

翁绶琪(1864—?)

原名绶祺，字印若。吴江人。清光绪十七年(1891)举人。官广西梧州、平安等县知县。翁同龢门生，工诗文。嗜金石书画，尤精鉴古，善画山水。

(光绪)灌阳县志 12 卷　史部地理类

清萧煊撰　翁绶琪续纂

清光绪三十三年翁氏手稿本，桂林图书馆藏。

汉铜印范考　子部艺术类　佚

见《民国书法篆刻人物辞典》。

郑慈谷(1867—1919)

字二贻，号式如。吴江人。恭燮子。清光绪二十七年(1901)创办盛泽第一所新式学校郑氏小学，后又创办盛湖公学。三十二年发起成立盛泽商会。辛亥革命后被推举为盛泽司令部长、省议员兼吴江县劝业课长。

郑氏三家诗抄 4 卷　丛书类

1920 年吴江柳氏抄本，上海图书馆藏。

按：子目为郑培《绿荫斋诗稿》1 卷、郑寿南《谷思学吟草》1 卷附诗余、郑寿彭《步斋学吟草》2 卷。

洪　鹗(1867—1927)

字雄声。吴江盛泽人。早年受戊戌维新影响，忧心时势，清光绪二十九年(1903)与里人共创盛湖公学。三十一年东渡日本，考察教育，回国后作《东游记》。次年独建盛湖女校。精于治学，又工诗，与柳亚子、金天羽等友善。好友刻有《洪雄声先生六十双寿汇刻》传世。事见

1991年江苏古籍出版社出版《盛泽镇志》卷15。

东游记　史部政书类

民国铅印本，见李炳华编《盛泽镇志》卷15。

王锡晋(1867—1941)

字俊生，别号存真外史、修梅馆主人、晋道人。吴江同里人。清光绪十五年(1889)入府学。幼从钱焕、袁汝龙学经，兼习绘事，后为陆恢弟子。

乡居杂咏　集部别集类　佚

见《吴江书画印人辑录》。

国医王芷沅先生讣告　史部传记类

1940年铅印本，吴江图书馆藏。

施肇曾(1867—1945)

字鹿珊，号省之。震泽人。清光绪十年(1884)取入震庠。曾任驻美使馆随员、领事、汉阳铁厂提调、沪宁铁路总办等职。民国时任国内公债局董事、漕运局总办、交通银行董事长等职。并创办上海育英中学及附属小学。曾参与刊刻《春秋三传读本》及《诗经读本》等书。

吴江施氏义庄汇录不分卷　史部传记类

施则敬、施肇曾等撰

1916年铅印本，南京图书馆藏。

笠泽施氏支谱1卷　史部传记类

施则敬、施肇曾等修

1925年铅印本，上海图书馆藏。

费叶唐(1868—1940)

号兰孙。吴江芦墟人。幼承父业，研究岐黄，不遗余力。自设“兰玉堂”诊所，行医五十余载，活人无数。

兰玉堂医案　子部医家类

见《吴中名医录》。

吴燕绍(1868—1944)

字继全,号寄荃,又号侮迟,晚号固迂叟。吴江人。恢杰子。清光绪二十年(1894)进士。历任内阁中书,宣统时任理藩院主事。民国时期,任职北京大学讲授西藏史。

清代蒙藏回部典汇　史部地理类

(1) 稿本,吴江档案馆藏。

(2) 中华书局2005年出版。

按:本书纪事起于明万历十一年(1583),迄于清宣统三年(1911)。辑录清王朝与蒙古、西藏和回疆三个地区的有关的历史地理资料。

西藏史大纲　史部地理类

《西藏学汉文文献汇刻第三辑》本。

蒙藏回史略　史部地理类

1982年民族文化宫复印北京法政专门学校铅印本,复旦大学图书馆藏。

廓尔喀纪略辑补54卷　史部地理类

《边疆丛书三编》本,上海图书馆藏。

按:据其子吴丰培《吴燕绍先生与他的蒙藏史研究》一文所载(见马大正等整理《吴丰培边事题跋集》,新疆人民出版社,1998年),尚有《蒙藏杂案》《理藩院杂案》《中俄交涉杂案》《哈萨克史料》《章嘉呼图克图源流》《蒙藏回地名小识》等,均各成专篇。并有诗集、文集、随笔若干卷。

柳慕曾(1869—1918)

字幼卿,一字翰臣,号巳仲,晚署自讼,别号无涯、了庵。亦作了憨,一称无瑕,亦作无涯。吴江人。念曾弟。好学能文,工书法,尤善汉隶。曾任吴江沈氏初等小学校长,民国初为议员,旋任财政审查,后任职县教育款产经理处、县志局。

了庵日记　史部传记类

清稿本，苏州博物馆藏。

养余斋书目1卷附编1卷　子部目录类

柳念曾、柳慕曾辑，版本参见“柳念曾”条。

了庵诗文词　集部别集类

见《分湖柳氏第三次纂修家谱》卷6。

按：《苏州民国艺文志》载吴江图书馆藏有稿本，今未见。

凌光祖

吴江人。凌泗孙。

吴江凌氏义庄案不分卷　史部政书类

1920年刻本，南京图书馆藏。

周积康

震泽人。

晚香楼诗钞　集部别集类　佚

见《震泽镇志续稿》卷11。

周积芹(1869—1933)

字洛奇。震泽人。桐乡籍附监生。留日早稻田大学法政科毕业生。曾任嘉定县甘草司巡检。

绿庐诗稿　集部别集类　佚

绿庐琐笺　集部别集类　佚

红豆吟稿　集部别集类　佚

东游草　集部别集类　佚

绿庐文存　集部别集类　佚

以上5种见《震泽镇志续稿》卷11。

周积藻

震泽人。

斫山楼算草　集部别集类　佚

见《震泽镇志续稿》卷11。

凌应霖(1869—1933)

字甘伯,号雨岩。吴江黎里人。清光绪十二年(1886)补博士弟子员。十四年馆池亭叶氏。一生以教读、行医为业。

游庠录2卷　史部传记类

汝仁龙、凌应霖辑,版本参见“汝仁龙”条。

凌甘伯医案3卷　子部医家类

见《吴中名医录》。

静寄轩词余1卷　集部词曲类

见《全清散曲》小传,并收其套数、合套。

按:收套数3套,分别为乡试、忆友、题图之作。

金祖泽(1869—1941)

字承哉,一字砚君,又字齐范,号讱宀,又号钝髯。吴江同里人。清光绪七年(1881)取入江庠。工古文词,文似苏轼,诗有唐人之风。民国时为江苏省议会秘书长,又曾任职江震劝学所总董。

按:《清代硃卷集成》“金祖泽”条载其号砚君,“同治己巳年四月廿六日吉时生”即同治八年(1869)生。

柳仲篪先生家传　史部传记类

1936年铅印本,吴江图书馆藏。

朱寅如遗事述　史部传记类

1929年铅印本,吴江图书馆藏。

庞二如像赞事略　史部传记类

1932年铅印本,吴江图书馆藏。

毅远堂诗文稿　集部别集类

见金元宪《先府君行实》。

诗赋杂抄　集部别集类

稿本,吴江图书馆藏。

赋集　集部别集类

稿本,吴江图书馆藏。

困学居未是草　集部总集类

抄本,吴江图书馆藏。

鲈乡文会　集部总集类

稿本,吴江图书馆藏。

复古书院文会　集部总集类

稿本,吴江图书馆藏。

八股文稿　集部总集类

稿本,吴江图书馆藏。

沈维中(1871—1931)

原名维钟,字庚笙。吴江雪巷村人。清光绪十五年(1889)取入江庠。金天羽尝延其教子。以善书名邑里。

说文复许制12篇28卷　经部小学类　佚

见金天羽《沈庚笙传》一文。

黄元吉

字肇成。吴江人。清光绪十六年(1890)取入震庠。曾任四川教育司统计主任。辛亥革命后任松陵图书馆馆长。善书,苍劲端重似北魏碑志。

孙恭人家传　史部传记类

1924年铅印本,吴江图书馆藏。

平面几何学新教科书　史部政书类

黄元吉译

1913年商务印书馆铅印本，吴江图书馆藏。

沈昌眉(1872—1932)

字昂青，号眉若，别号长公。吴江芦墟人。禄康子。隶南社。13岁时丧父，由母周氏督教，为讲文史十五载。留意乡邦文献。

长公吟草4卷词钞1卷　集部别集类

(1) 1931年铅印本，南京图书馆藏。

(2)《吴江沈氏长次二公剩稿》本。

长公辛未吟草上卷　集部别集类

抄本，南京图书馆藏。

春壶滴残2卷附录1卷　集部别集类

1920年沈昌眉铅印本，上海图书馆藏。

按：此为其父禄康遗著，由昌眉辑印成书。

残年余墨2卷　集部别集类

清周鼎金撰　沈昌眉辑

1923年铅印本，上海图书馆藏。

蓬心和草1卷　集部总集类

1922年磨剑室铅印本，国家图书馆藏。

蓬心和草补1卷　集部总集类

1922年磨剑室铅印本，国家图书馆藏。

吴江沈氏长次二公剩稿　集部总集类

沈昌眉、沈昌直撰　沈有美编

中国社会科学出版社1994年出版。

按：本书包括《长公吟草》4卷词1卷，并附录《长公吟草集外诗文集》《长公吟草集外诗文集遗稿》《长公吟草集外诗拾零》，沈昌直《爨余集遗稿劫后拾零》。

陶绍煌(1872—1938)

字粟已，号亦园。吴江黎里人。南社社员。清光绪十年(1884)取入江庠。曾经营酱园。

秋水蒹葭图题咏 1 卷续编 1 卷　集部总集类

清顾秋生辑　陶绍煌续

民国吴江柳氏抄本，上海图书馆藏。

陆荣光

字映澄，号觉庐。吴江芦墟人。清光绪十六年(1890)取入江庠。附贡生。

分湖百咏 1 卷　集部别集类

民国吴江柳氏抄本，上海图书馆藏。

按：见《柳亚子史料札记》之《上图“吴江柳氏抄本”部分书目》。稿本《吴江叶氏诗录外编》卷 7 收其诗 6 首。

田　铸

吴江松陵人。别号松陵钓叟。

黑海钟 1 卷 18 回　子部小说类

清光绪三十二年(1906)八月上海乐群图书编译局石印本，南京图书馆等藏。

按：社会小说，约 1 万 7 千余字。演何若愚癖嗜烟霞，潦倒终身之历史。参见南京师范大学《文教资料》1990 年第 6 期张纯《明清稀见小说经眼录》。

美人魂 12 回　子部小说类

清光绪三十三年新世界小说社铅印本，见阿英《晚清小说目》。

幻梦奇冤 4 卷 16 回　子部小说类

清宣统元年(1909)上海改良小说社石印本，复旦大学图书馆藏。

叶振宗(? —1930)

一名奎元。字壸斋,号印濂。吴江人。清光绪二十二年(1896)取入江庠。附贡生。光绪末宣统初时毕业于江苏法政学堂。历任江阴县教谕、江苏高等检查厅检察官、天津地方法院推事等职。

叶小鸾传汇编　史部传记类

叶振宗等辑

稿本,苏州图书馆藏。

松陵叶氏之谱不分卷　史部传记类

清叶兆荣修　叶振宗订

稿本,苏州图书馆藏。

分湖叶氏族谱16卷　史部传记类

叶世熊、叶振宗修

南社抄本,南京图书馆藏。

壸斋谳牍　史部政书类

抄稿本,苏州图书馆藏。

壸斋所有图书目录　史部目录类

稿本,苏州图书馆藏。

壸斋诗钞2卷　集部别集类

稿本,国家图书馆藏。

壸斋齐谐草　集部别集类

稿本,国家图书馆藏。

壸斋诗文钞1卷　集部别集类

抄本,中国社会科学院历史研究所藏。

壸斋漫录　集部别集类

稿本,国家图书馆藏。

吴江叶氏诗录10卷　集部总集类

叶振宗辑　叶钟英补辑

（1）清刻本，吴江图书馆藏。

（2）稿本，苏州图书馆藏。

城西倡和集　集部总集类

稿本，国家图书馆藏。

张慰祖（1873—1921）

字伯愉，号研贻。吴江人。清光绪三十二年（1906）肄业日本东京法政大学。归国后曾任吴郡法政讲习会教授。

穀梁大义述补阙不分卷　经部春秋穀梁传类

（1）清末民初稿本，北京大学图书馆藏。

（2）1934 年陶风楼影印张氏稿本，7 卷，复旦大学图书馆藏。

（3）1935 年江苏省立国学图书馆影印本，南京图书馆藏。

（4）抄本，北京大学图书馆藏。

按：是书分述日月例、礼、师说、长编 4 类。

法学通论　史部政书类

清宣统元年（1909）苏省新源印刷公司铅印本，苏州图书馆藏。

按：日本法学博士梅谦口授，张慰祖辑。

蔡　寅（1873—1934）

字清任，一字怀庐，号冶民，又号壮怀、平江遗民等。吴江黎里人。南社社员。清末随金天羽入上海爱国学社，与蔡元培、章太炎、邹容等结为密友。民国间曾任江苏督府秘书、法律馆副总裁等职业。

怀庐诗钞　集部别集类

稿本，见《南社书坛点将录》，今未见。

凌昌焕（1873—1947）

字文之，号子元。吴江莘塔人。清光绪十八年（1892）取入震庠。曾任上海浦东中学、南洋中学教员，又任上海商务印书馆编辑部编辑。

参与编纂《辞源》。

新撰动物学教科书　史部政书类

清宣统元年(1909)上海商务印书馆铅印本,吴江图书馆藏。

高小新理科　史部政书类

1916年上海商务印书馆铅印本,吴江图书馆藏。

新理科　史部政书类

1921年上海商务印书馆铅印本,吴江图书馆藏。

新法理科教科书　史部政书类

1923年上海商务印书馆铅印本,吴江图书馆藏。

初中植物学　史部政书类

1923年上海商务印书馆铅印本,吴江图书馆藏。

新法理科自习书　史部政书类

1923年上海商务印书馆铅印本,吴江图书馆藏。

自然科教科书　史部政书类

1926年铅印本,吴江图书馆藏。

动物学大辞典　史部政书类

1924年上海商务印书馆铅印本,吴江图书馆藏。

常识小丛书　丛书类

1937年铅印本,吴江图书馆藏。

按:凌昌焕还编有《复兴自然教学法》《共和国教科书生理学》《植物标本采集制作法》《植物学大辞典》等。

金天羽(1873—1947)

初名懋基,又名天翮,后改天羽。字松岑、松琴,号天放,别署鹤望、鹤坊、天放楼主人,笔名爱自由者、金一、麒麟。吴江人。早年肄业于江阴南菁书院,从顾询愚学诗、钱词锷学文,清光绪二十五年(1899)与陈去病创办雪耻学会,后创办同里自治学社。宣统三年(1911)移居并讲学于苏州濂溪坊。民国初任江苏省议会议员,历任吴江县教育局长、江南水利局长、安徽省通志馆编纂。后与章炳麟等在苏州成立国学会，任吴越史地研究会常务理事。又任上海光华大学中文系教授。抗日战争爆发后，复归苏州，杜门撰述。

天放楼文谱　经部小学类

清宣统间铅印本，不全，吴江图书馆藏。

元史纪事本末补 24 卷　史部纪事本末类　佚

见杨友仁《金松岑先生行年与著作简谱》一文。

日俄战争未来记　史部杂史类

(英)木里司撰　(日)大町桂月译　金天羽、薛凤昌合译

清光绪二十九年鸿文编译图书馆铅印本，吴江图书馆藏。

苏州五奇人传 1 卷　史部传纪类

(1) 1933 年铅印本，苏州图书馆藏。

(2)《江苏人物传记丛刊》本。

按：此为李思慎、黄振元、沈修、朱锡梁、管尚忠五人之传记，附以傅朝俊。除黄振元为常熟人外，其余均为吴县人。

故大总统黎公墓志铭善章草王鲁生墓表林屋山人步君墓志铭　史部传记类

抄本，国家图书馆藏。

胡母谢太孺人家传 1 卷　史部传记类

1923 年铅印本，上海图书馆藏。

陆庚南先生小传　史部传记类

1932 年铅印本，吴江图书馆藏。

黄沅芷太府君家传　史部传记类

民国铅印本，吴江图书馆藏。

按：吴江图书馆另藏有金天羽撰《吴尧中先生家传》《钱叔度先生传》《徐梦花先生家传》《屈叟生传》《林玉堂先生家传哀启》等，不一一列举。

皖志列传稿 9 卷首 1 卷　史部传纪类

1936年苏州铅印本,苏州图书馆藏。

皖志列传选存2卷　史部传记类

1933年铅印本,复旦大学图书馆藏。

鹤舫中年政论1卷　史部政书类

1948年铅印本,南京图书馆藏。

河套新编　史部地理类

《蒙古学史料丛编》本,国家图书馆藏。

按:本书据民国间抄本影印。

高等小学中国地理教科书　史部地理类

1912年铅印本,吴江图书馆藏。

高等小学修身教科书　子部儒学类

油印本,吴江图书馆藏。

辛癸之间放言3卷甲丙之际放言1卷　子部杂学类

稿本,上海图书馆藏。

中国学术之升降及今后趋向　子部杂学类

1933年苏州国学会铅印本,吴江图书馆藏。

金氏印存　子部艺术类

钤印本,吴江图书馆藏。

新中国唱歌集　子部艺术类

清光绪三十二年上海小说林社铅印本,吴江图书馆藏。

女界钟　子部小说类

(1) 清光绪二十九年大同书局出版,吴江图书馆藏。

(2) 2003年上海古籍出版社出版。

按:本书是中国近代第一部妇女理论著作。全书代女子争取受教育及参政的权利。

自由血　子部小说类

清光绪三十年上海镜今书局出版。

三十三年落花梦　子部小说类

（日）宫崎寅藏撰　金天羽译

（1）清光绪二十九年国学社出版，吴江图书馆藏。

（2）1934年中国研究社出版，上海图书馆藏。

妒之花　子部小说类

（英）洛克司克礼佛著　金天羽译

见吴江市同里中学金松岑纪念室《金松岑生平事迹》一文。

三千里　子部小说类

抱一庵主人著　金天羽、薛凤昌合译

稿本，吴江图书馆藏。

孽海花　子部小说类

原题爱自由者发起　东亚病夫（曾朴）编述

按：1903年金天羽应《江苏》杂志之约，写成本书前6回，其中第1、2回发表于该刊第8期上。后请曾朴续写，并共同商定全书60回的题目。参见本书常熟市“曾朴”条。

孤根集3卷　集部别集类

1912年时中书局铅印本，复旦大学图书馆藏。

天放楼诗集3种9卷　集部别集类

（1）1922年铅印本，苏州图书馆藏。

（2）《近代中国史料丛刊》本。

（3）2017年广陵书社出版《民国诗集选刊》本。

按：分《谷音集》3卷、《雷音集》5卷、《潮音集》1卷。

天放楼诗续钞1卷　集部别集类

1927年铅印本，苏州图书馆藏。

天放楼诗续集5卷　集部别集类

1932年铅印本，苏州图书馆藏。

天放楼诗集（卷15至21）附红鹤词1卷附金同翰遗诗1卷定本校勘记　集部别集类

1947年铅印本，苏州图书馆藏。

按:本书即《天放楼诗季集》7 卷。《金同翰遗诗》为吴江金同翰字星游撰,《天放楼诗集定本校勘记》为陈旭旦撰。

天放楼文言 11 卷附录 1 卷　集部别集类

1927 年苏州文新印刷公司铅印本,苏州图书馆藏。

天放楼文言遗集 4 卷附录 1 卷　集部别集类

1948 年铅印本,苏州图书馆藏。

天放楼续文言 5 卷　集部别集类

1932 年铅印本,苏州图书馆藏。

天放楼集外文存　集部别集类

稿本,吴江图书馆藏。

天放楼诗选 1 卷　集部别集类

民国油印本,上海图书馆藏。

鹤望近诗 1 卷　集部别集类

民国上海中国图书铅印本,苏州图书馆藏。

鹤望西南游草　集部别集类

民国铅印本,苏州图书馆藏。

秦蜀游草　集部别集类

民国成都铅印本,四川省图书馆藏。

文牍论说　集部别集类

民国同里自治公所铅印本,吴江图书馆藏。

天放楼集 46 卷　集部别集类

民国间铅印本,苏州大学图书馆藏。

按:子目为《孤根集》3 卷、《天放楼文言》11 卷附录 1 卷、《天放楼续文言》5 卷、《皖志列传选存》2 卷、《天放楼诗集》9 卷、《天放楼文言遗集》4 卷附录 1 卷、《天放楼诗集》21 卷(缺卷 1 至 14)附《红鹤词》1 卷校勘记、《鹤舫中年政论》1 卷、《鹤望西南游草》上。

天放楼诗文集　集部别集类

2007 年上海古籍出版社出版。

按：本书辑入《中国近代文学丛书》。所收包括《天放楼诗集》9 卷、《天放楼诗续集》5 卷、《天放楼诗季集》7 卷、《红鹤词》1 卷、《天放楼文言》11 卷、《天放楼续文言》5 卷、《天放楼文言遗集》4 卷、《天放楼续文言·皖志列传选存》上下卷、《天放楼文言附录》等。

东斋酬唱集 2 卷　集部总集类

金天羽等撰

1936 年铅印本，苏州图书馆藏。

清三大儒学粹 12 卷　集部总集类

见杨友仁《金松岑先生行年与著作简谱》一文。

按：本书三大儒为横阳王夫之、昆山顾炎武、博野颜元。

涤园图卷题词汇录　集部总集类

金天羽等撰

民国铅印本，国家图书馆藏。

红鹤词 1 卷　集部词曲类

2015 年国家图书馆出版社出版《民国名家词集选刊》本。

词林撷隽 1 卷　集部词曲类　佚

清稿，未刊，见杨友仁《金松岑先生行年与著作简谱》一文。

张　宽

字月锄。吴江人。清光绪十九年(1893)取入江庠。

月锄遗稿　集部别集类

见《吴江文献保存会书目》卷 4。

陈去病(1874—1933)

初名庆林。字佩忍，号巢南，别号甚多，有垂虹亭长、病倩等。吴江同里人。同盟会会员。早岁以诗文名世，及长有志于经世之略。清光绪二十五年(1899)与金天羽组织雪耻学会，前后编辑《江苏》《警钟日报》《二十世纪大舞台》等报刊，并在上海、吴江等地任教。为南社创始人之一。曾负责编辑《南社丛刻》。辛亥革命后任参议院秘书长、东南大学教授、江苏博物馆馆长等职。工诗文,并倡导戏剧改革。

彤史　史部杂史类　佚

见郑逸梅《南社丛谈》附录《南社社友著述存目表》。

清秘史　史部杂史类

《陈去病全集》本。

明遗民录　史部传记类

(1)《国粹学报》本,未完。

(2)《陈去病全集》本。

杨忠文先生实录 4 卷补遗 1 卷　史部传记类

清陈希恕撰　陈去病补遗

1927 年铅印本,上海图书馆藏。

江苏通志人物志稿　史部传记类

稿本,上海图书馆藏。

蚬江陈氏家谱 8 卷　史部传记类

陈去病修纂

1915 年松陵陈明善堂铅印《百尺楼丛书》本,南京图书馆藏。

吴江陈氏褒扬录 2 卷　史部传记类

1931 年铅印本,吴江图书馆藏。

澱湖小志 8 卷　史部地理类

清诸福坤纂　陈去病续纂

稿本,上海图书馆藏。

江西乡土地理教科书 1 卷　史部地理类

江西乡土历史教科书 1 卷附参考书 1 卷　史部地理类

直隶乡土历史教科书 1 卷附参考书 1 卷　史部地理类

湖北乡土历史教科书 1 卷附参考书 1 卷　史部地理类

以上 4 种有清光绪三十三年上海国学保存会铅印本,平湖市图书馆藏。

湖北乡土地理教科书 1 卷　史部地理类

清光绪三十三年上海国学保存会铅印本，上海图书馆藏。

江震物产表　子部农家类

《农学丛书第一集》本，国家图书馆藏。

巢南杂著　子部杂学类

(1) 1912 年天觉报社影印本，吴江图书馆藏。

(2)《南社丛刻》第二集本。

五石脂　子部小说类

(1) 原载《国粹学报》。1989 年上海古籍出版社出版点校本。

(2)《江苏地方文献丛书》本。

(3)《陈去病全集》本。

浩歌堂诗钞 10 卷附巢南先生五十寿言 1 卷　集部别集类

(1) 1924 年《百尺楼丛书》本。

(2) 油印本，1 卷，上海图书馆藏。

(3)《陈去病全集》本。

(4) 2016 年上海古籍出版社点校本。

(5) 2017 年广陵书社出版《民国诗集选刊》本。

(6) 2017 年朝华出版社出版《清末民初文献丛刊》本。

浩歌堂诗续钞不分卷　集部别集类

《陈去病全集》本。

浩歌堂诗补钞不分卷　集部别集类

《陈去病全集》本。

吴长兴伯集诗 2 卷词 1 卷文 1 卷　集部别集类

明吴易撰　陈去病辑

抄本，上海图书馆藏。

巢南集外文不分卷　集部别集类

抄本，上海图书馆藏。

陈去病诗文集　集部别集类

2009 年社会科学文献出版社出版。

陈去病诗文集补编　集部别集类

2009 年社会科学文献出版社出版。

吴江诗录初编 4 卷二编 22 卷　集部总集类

(1) 1929 年《百尺楼丛书》本。

(2)《陈去病全集》本。

按：本书收录吴江历代作者诗，初编始于三国吴，终于梁时置县，二编始于北宋，终于元末。入录作者皆注字号爵里，并采掇遗闻轶事以附其后。

松陵文集初编 4 卷二编 6 卷三编 55 卷　集部总集类

陈去病辑

1917 年《百尺楼丛书》本，国家图书馆藏。

袍泽遗音 1 卷　集部总集类

陈去病辑

《国粹丛书》本，国家图书馆藏。

南社什佩不分卷　集部总集类

陈去病辑

抄本，上海图书馆藏。

南社粤集　集部总集类　佚

见《南社社友著述存目表》。

正气集 3 卷　集部总集类

清光绪三十年刻本，无锡市图书馆藏。

按：本书又名《明季三大儒正气集》，为王夫之、黄宗羲、顾炎武 3 人之集。

辞赋学纲要不分卷　集部诗文评类

诗学纲要不分卷　集部诗文评类

以上 2 种有：

(1) 民国国光书局铅印本，吴江图书馆藏。

(2)《陈去病全集》本。

词旨2卷　集部词曲类

元陆行直撰　清胡元仪释　陈去病重订

(1)《词话丛编》本。

(2)《百尺楼丛书》本。

病倩词　集部词曲类

《陈去病全集》本。

笠泽词征30卷　集部词曲类

陈去病辑

(1) 1913年《百尺楼丛书》本。

(2)《陈去病全集》本。

陆沈丛书　丛书类

陈去病辑

清光绪二十九年石印本,上海图书馆藏。

子目:

《建州女直考》1卷　明天都山臣撰

《扬州十日记》1卷　明王秀楚撰

《嘉定屠城纪略》(一作《东塘日札》)1卷　清朱子素撰

《忠文靖节编》1卷　清张方湛撰

百尺楼丛书　丛书类

陈去病辑,民国间铅印本。

子目:

第一辑

《迁史札记》《明遗民录》《奴祸溯源》(一作《明清最初交涉史》)、《清秘史》《永明皇帝殉国实记》《虎伥遗恨》《明季琐闻》《辫史》(一作《烦恼丝》)、《五石脂》《松珀》《革命闲话》《罗浮梦忆》《粤游杂记》《故宫琐记》《江城杂札》(一作《江城日札》)、《红板桥边琐记》《百尺楼脞录》《浩歌堂雅谭》(一作《近谭》)、《绿玉青瑶馆笔记》《尘网录》《佩巢杂缀》《南社杂佩》(或作《南社感逝录》)、《浩歌堂诗钞》《浩歌堂诗续钞》《浩歌堂集外诗》《巢南文集》《巢南集外文》《病倩词》《巢南诗话》《病倩词话》《辞赋学纲要》《诗学纲要》《陈氏食谱》《舞台掌故》《轩渠志》

第二辑

《蚬江陈氏家谱》《陈氏褒扬录》《陈氏褒扬后录》《吴江诗录初编》《吴江诗录二编》《吴江诗录三编》《松陵文集初编》《松陵文集二编》《松陵文集三编》《笠泽词征》《笠泽词征补编》《垂虹雅奏》《吴长兴伯遗集》《吴赤溟先生遗集》《夏文忠内史父子合集》《明季三大儒正气集》《杨忠文先生实录补遗》《陆沈丛书》

按:以上书目见《磨剑室文四集》之《百尺楼丛书总目》。两辑书多见于《陈去病全集》及各图书馆馆藏。未见者为《迁史札记》《辫史》《松珀》《革命闲话》《罗浮梦忆》《故宫琐记》《绿玉青瑶馆笔记》《佩巢杂缀》《陈氏食谱》《垂虹雅奏》等。

陈去病全集　丛书类

2009 年上海古籍出版社出版。

按:本书收录了陈去病的大部分著作,如《浩歌堂诗钞》《浩歌堂诗续钞》《巢南诗话》《病倩词》等。其记史纪传集、序跋集、启笺集等也收录于内,其所辑《笠泽词征》《吴江诗录》等亦全部收录。

陆　飚(1874—?)

字醒恙。吴江平望人。1932 年于盛泽北角乡上升道观访得红豆树,拍下照片,遍征题咏,并辑《莺湖红豆唱和录》。

莺湖红豆唱和录 3 卷　集部总集类

陆飚辑

1935 年一树梅花馆主铅印本,上海图书馆藏。

龚希腎(? —1946?)

本名应鹏,字季抟。震泽人。清宣统二年(1910)部试奖给副榜贡生，以正七品推检官用，曾任法官。

震泽镇志续稿 14 卷末 1 卷　史部地理类

(1) 民国间稿本，原吴江县人民委员会藏。

(2) 标点本，2009 年广陵书社出版。

按：本书搜自清道光二十五年(1845)起，迄宣统三年止。本书稿本疑现藏于吴江区档案馆。

王家荧(1876—1922)

一名荧，字振之，又字耐可。吴江人。清光绪二十四年(1898)取入震庠。三十年与费揽澄等人创办私立爱德女校。民国初曾任吴江县劝学所总董、县学务课课长等职。

田野区域实地测量法　史部地理类

王家荧编译

清宣统三年(1911)上海商务印书馆铅印本，国家图书馆藏。

小代数学　子部历算类

蒯寿枢编译　王家荧校订

清光绪三十四年上海商务印书馆铅印本，吴江图书馆藏。

高等小学算术书　子部历算类

王家荧、骆师曾同译

清宣统元年上海商务印书馆铅印本，吴江图书馆藏。

新编初等代数新教科书　子部历算类

顾裕魁编　王家荧校订

清宣统三年上海商务印书馆铅印本，国家图书馆藏。

查尔斯密初等代数学　子部历算类

(英)查尔斯密著　王家荧译

1917 年上海商务印书馆铅印本，国家图书馆藏。

大代数学讲义　子部历算类

(日)上野清著　王家荧等译

1932年上海商务印书馆铅印本，国家图书馆藏。

薛凤昌(1876—1944)

原名蛰龙，字砚耕，号公侠，别号病侠。室名邃汉斋。吴江同里人。费善庆中表弟。先后任无锡第三师范、工商学校、沪西光华大学教职。民国后曾出任吴江县县议会副议长。抗战期间，闭门谢客。1942年秋在同里募资创办同文中学，并出任校长。1944年被囚于吴江日本宪兵队，凤昌义不受辱，绝食而亡。柳亚子闻讯后，成挽诗三绝，以寄哀思。

左传讲席札记12卷　经部春秋左传类

(1) 稿本，吴江图书馆藏。

(2) 油印本，吴江图书馆藏。

读左札记　经部春秋左传类

抄本，吴江图书馆藏。

笈底拾残16卷　史部杂史类

薛凤昌辑

抄本，吴江图书馆藏。

日俄战争未来记　史部杂史类

(英)木里司撰　(日)大町桂月译　金天羽、薛凤昌合译

清光绪二十九年(1903)鸿文编译图书馆铅印本，吴江图书馆藏。

松陵诗人类姓编　史部传记类

抄本，南京图书馆藏。

按：此书实为《松陵诗征》并各续篇、补编之作者索引。辑录吴江诗作并以“松陵诗征”命名者，有多部。书册分散，查检甚为不便。薛凤昌即将各书贯通，统一编制为此作者索引。

游庠录姓氏韵编　史部传记类

薛凤昌辑

1936年抄本，吴江图书馆藏。

伤昙录　史部传记类

铅印本，吴江图书馆藏。

尚友录不分卷　史部传记类

薛凤昌辑

抄本，上海图书馆藏。

今水经2卷　史部地理类

清黄宗羲撰　薛凤昌编

清宣统二年(1910)上海时中书局铅印本，南京图书馆藏。

吴江文献保存会书目4卷　史部目录类

柳弃疾、薛凤昌编

(1) 民国吴江文献保存会油印本，南京图书馆藏。

(2)《南京图书馆藏稀见书目书志丛刊》本。

按：吴江文献保存会，亦称松陵文献保存会，是民国年间柳弃疾、薛凤昌等在吴江建立的一个同人自愿结合的民间组织，旨在收集、保存吴江地方文献。《书目》著录图书600余种，均为吴江地方人士著作，其中有不少反映吴江地方情况的著作。此书目油印本多家图书馆有藏，上海图书馆藏本上有柳弃疾亲笔补记，并有订正讹误。

语石考证□卷　史部金石类

薛凤昌辑

(1) 稿本，存第1卷，南京图书馆藏。

(2) 抄本，吴江图书馆藏。

邃汉斋藏碑帖目录　史部金石类

薛凤昌编

1934年抄本，吴江图书馆藏。

淳化阁帖萃编　史部金石类

薛凤昌编

抄本，吴江图书馆藏。

金石丛话　史部金石类

薛凤昌辑

抄本，吴江图书馆藏。

碑版鉴别录不分卷　史部金石类

稿本，上海图书馆藏。

昆虫分类概说　子部农家类

稿本，吴江图书馆藏。

植物记载籍　子部农家类

稿本，吴江图书馆藏。

咏霓社谜剩　子部艺术类

见王稼冬《致力于古代文献整理出版的薛凤昌》。

邃汉斋谜话1卷　子部艺术类

(1) 抄本，国家图书馆藏。

(2) 1925年商务印书馆铅印《文艺丛刻》本，南京图书馆藏。

菊圃记咏2卷　子部艺术类

抄本，南京图书馆藏。

曼珠花29回　子部小说类

稿本，南京图书馆藏。此为柳亚子藏书。

三千里　子部小说类

抱一庵主人著　金天羽、薛凤昌合译，版本参见“金天羽”条。

邃汉斋诗存9卷　集部别集类

抄本，南京图书馆藏。

按：此为编年体，起自清光绪二十四年(1898)其入庠序之年，终于1926年。

邃汉斋文存　集部别集类

稿本，缺第1册，存4册，南京图书馆藏。

诗札选录　集部别集类

薛凤昌辑

稿本，吴江图书馆藏。

旧闻录　集部别集类

薛凤昌辑

抄本,吴江图书馆藏。

秀餐集　集部别集类

薛凤昌辑

稿本,吴江图书馆藏。

按:为 1934 年至 1936 年间,存第 2 集至第 4 集。

饱蠹录　集部别集类

薛凤昌辑

抄本,吴江图书馆藏。

劫灰录 1 卷　集部别集类

薛凤昌辑

抄本,吴江图书馆藏。

煨芋子吟草　集部别集类

抄本,存卷 1,上海图书馆藏。

杏花香雪斋诗二集 6 卷　集部别集类

清李慈铭撰　薛凤昌辑

抄本,吴江图书馆藏。

龚定庵全集 15 卷附年谱 1 卷　集部别集类

清龚自珍撰

清宣统元年薛凤昌邃汉斋铅印本,南京图书馆等藏。

牧斋全集 163 卷　集部别集类

清钱谦益撰

清宣统二年薛凤昌邃汉斋铅印本,南京图书馆藏。

按:以上三书均由薛凤昌编集整理并出版,详见《江苏出版史志》1992 年第 2 期王稼冬《致力于古代文献整理出版的薛凤昌》。又薛氏一生从事于教育工作,主编《物理》杂志多期,编写有《中国化学》等教材,并翻译出版了《波兰衰亡史》。并参见王稼冬文。

松陵诗征补编不分卷　集部总集类

薛凤昌辑

抄本,19册,南京图书馆藏。

按:此集收录极为繁富。编者旨在收罗完备,全部计有一千余人,其中宋至明87人,其余均为清代作家。南京图书馆著录本书版本为抄本。此书全部19册,前后均为一人手抄,无他人笔迹。第一册扉页有"公侠手录"白文印,公侠为薛凤昌别号。因疑本书为薛凤昌手录稿本。

松陵女子诗征10卷补遗1卷　集部总集类

费善庆、薛凤昌辑

(1) 1918年吴江费氏华萼堂铅印本,上海图书馆藏。

(2) 1919年锡成公司铅印本,南京图书馆藏。

按:本书专选吴江一地女子之诗,得宋代至清末民初女诗人273人诗作,共二千余首。凡为松陵妇女者皆录之,婢女、妾室、妓女之诗亦不遗漏。卷10为《待征录》,乃名氏具在而篇什无传者。

松陵女子诗征稿不分卷　集部总集类

薛凤昌辑

抄本,2册,上海图书馆藏。

按:本书即《松陵女子诗征》。

薛纂国文教本　集部总集类

江苏第三师范学校油印本,上海图书馆藏。

戊子暑期国文讲义汇刊　集部总集类

薛凤昌、沈昌直等编

1918年中华书局出版社出版,吴江图书馆藏。

作文法　集部总集类

1918年油印本,吴江图书馆藏。

师范文存1卷　集部总集类

薛凤昌辑

油印本,上海图书馆藏。

校课文存1卷　集部总集类

薛凤昌辑

油印本,上海图书馆藏。

文体论　集部诗文评类

《万有文库》本。

得闲词1卷　集部词曲类

抄本,南京图书馆藏。此为柳亚子赠书。

松陵绝妙词选4卷附华胥语业1卷　集部词曲类

清周铭辑　《华胥语业》周铭撰

1926年薛凤昌邃汉斋铅印本,南京图书馆藏。

女士集汇存　丛书类

薛凤昌辑

抄本,存5册,吴江图书馆藏。

按:本书又名《松陵名媛集》,存第2册至第6册。第2册为王蕙芳《瑶华仙馆诗钞剩稿》、费淑《红梨阁诗草》、朱莩增《珠来阁遗稿》;第3册为徐应嬛《须曼华馆小稿》、汪玉轸《宜秋小院诗抄》、朱兰《先得月楼遗诗》;第4册为袁希谢《绣余吟》;第5册为陆惠《苏香画录》、任崧珠《瑶清仙馆草》、徐玖《余娴阁诗草》、徐小螺与朱钟佑《贮月楼唱和小草》附《枫江赠别图题咏》;第6册为吴淑升《梦兰阁诗抄》、吴丽珍《写韵楼遗草》、王道昭《怡芬室待删草》。

梨洲遗著汇刊二十七种57卷首1卷　丛书类

清黄宗羲撰　薛凤昌辑

(1) 清宣统二年上海时中书局铅印本,南京图书馆藏。

(2)《明清史料汇编》本。

吴鸿益

一名鸿一。字仲行,号止园,晚号淞隐。吴江人。清光绪二十四年(1898)取入震庠。曾任吴江县教育局局长、松陵图书馆馆长。

止园诗文存稿　集部别集类　佚

见《吴江叶氏诗录外编》卷8。

张　农(1877—1927)

原名肇甲。字都经,一作都金,号鼎斋。吴江葫芦兜人。南社社员。清光绪二十四年(1898)取入震庠。自幼好吟咏,与四堂兄弟并称“葫芦兜五子”。早年供职南京造币厂,后回乡办村塾,奔走家乡教育不辞劳苦。其女张应春就义后,忧伤过度而逝。

葫芦吟草　集部别集类

民国抄本,吴江图书馆藏。

按:本书另有残稿本1卷及日记藏于吴江黎里翁惠农先生处。本书由北京大众文艺出版社于2007年出版。

庄　严(1877—1946)

原名承第。字蓉裳。吴江人。清光绪二十四年(1898)取入震庠。三十年入两级师范学堂,毕业后受聘镇江中学。民国后任吴江中学校长。

洁庵杂记　子部杂学类　佚

洁庵诗剩　集部别集类　佚

见金天羽《吴江庄蓉裳先生家传》。

殷葆深(1877—?)

字伯元,号少裳,又号寄生。吴江人。

江震殷氏族谱9卷　史部传记类

殷葆深修

1928年铅印本,南京图书馆藏。

徐商济(1878—1916)

字未园,又字苍生,别号佛猿。吴江盛泽人。清光绪二十五年

(1899)取入震庠。读书博闻强记,好为深湛之思,尤长于诗。民国时任里中明德小学教员。

山外楼诗稿 1 卷　集部别集类

尘天阁诗草 1 卷　集部别集类

以上 2 种有 1918 年铅印本,上海图书馆藏。

周　岐(1878—1932)

字韬斋,号孚先,别号啸虎。吴江人。民国时历任吴江县公署第一科科长、吴江县教育局董事、市政局局长等职。

周氏家乘 4 卷　史部传记类

1927 年刻本,吴江图书馆藏。

按:本书明天启间周尚宾始修,康熙间周遐龄续,雍正间周旦再续,乾隆间周元楷、周元经、周元槐续,嘉庆间周一士续,1927 年周岐续。

周公才(1878—?)

自号红叶村叟。吴江人。曾授徒启秀义塾。民国初任吴江县视学。

义仆小春纪念册　史部传记类

1940 年铅印本,吴江图书馆藏。

吴江周峙安先生行略　史部传记类

1915 年铅印本,吴江图书馆藏。

游岱笔记　史部地理类

《泰山丛书》本。

劫后吟草　集部别集类

1947 年油印本,吴江图书馆藏。

周公才旅行笔记第一编　集部别集类

1919 年上海商务印书馆影印本,南京图书馆藏。

参观江苏学校笔记初编　集部别集类

1912年上海商务印书馆影印本，南京图书馆藏。

费揽澄(1879—1925)

字安定，号伯埙、觉迟。吴江人。清末毕业于江苏优级师范。尝倡办私立爱德女校、吴江城区初等小学堂、吴江县立吴江中学，并任吴江中学校长、吴江劝学所长。

吴江县乡土志5章　史部地理类

1912年油印本，郑州大学图书馆藏。

叶与仁(1881—1926)

字心安，号心道人。吴江人。清末诸生。历任中学教员。初从程笙游，由博物而入画道，与陆恢同里。山水花鸟不宗一家，题画尤寓兴比之意。

分析化学原理　史部政书类

德亚斯特著　叶与仁译

清光绪三十四年(1908)上海公益书局铅印本，吴江图书馆藏。

普通生理学教科书　史部政书类

叶与仁编

清宣统元年(1909)上海作新社铅印本，吴江图书馆藏。

新撰化学参考书　史部政书类

(日)松村吉助之著　叶与仁译

民国抄本，吴江图书馆藏。

栽培通论教科书　子部农家类

叶与仁译

1912年上海新学社铅印本，吴江图书馆藏。

小石林居诗稿1卷　集部别集类

1931年铅印本，上海图书馆藏。

江左校士录2卷　集部总集类

清光绪三十一年上海书局石印本，上海图书馆藏。

诗文杂录　集部总集类

叶与仁辑

抄本，吴江图书馆藏。

提要钩元　集部总集类

叶与仁汇订

清光绪铅印本，吴江图书馆藏。

按：本书为南洋官报文章汇订本。

严鸿仪(1881—1946)

字纪堃。吴江同里人。清光绪二十八年(1902)取入江庠。曾任吴江县立第二高等小学校教师。

联句录存　集部总集类

金陵唱和集　集部总集类

以上2种存抄本，由严鸿仪家属保存。

范滋培(1882—1915)

字符楼，号蔼人，别号潜庐。吴江人。范烟桥叔。清光绪二十四年(1898)取入江庠。岁试优等，荐而未售。后应聘主教同里丽则女学。

潜庐诗文稿　集部别集类　佚

见范烟桥《先叔蔼人公传略》一文。

沈昌直(1882—1949)

字颖若，号次公。自署存庑。吴江芦墟人。昌眉弟。南社社友。与柳亚子善。曾任吴江中学国文教师，又至无锡第三师范任教。抗战前回乡设帐授徒，笔耕授馆直至终年。

文字源流　经部小学类

1923年油印本，吴江图书馆藏。

七经纲要　经部群经总义类

油印本，吴江图书馆藏。

存庑读书偶笔　子部杂学类

见《南社社友著述存目表》。

爨余集遗稿劫后拾零　集部别集类

《吴江沈氏长次二公剩稿》本。

存庑先生来信58通　集部总集类

稿本，吴江图书馆藏。

钱祖宪(1884—1926)

字叔度。吴江同里人。焕子。南社社员。清光绪二十八年(1902)取入江庠。历任中学、小学教习十余年。

畏垒山房文集　集部别集类　佚

见柳无忌、殷安如《南社人物传》。

蒯朝梁

号仲诒，别号松巢。吴江人。清光绪二十七年(1901)取入江庠。喜吟咏。缘情善感，大多性灵之作。曾设帐周云景疏斋有年。

醒梦庵吟草1卷　集部别集类

抄本，见《吴江文献保存会书目》卷4。

费树蔚(1884—1935)

字仲深，号韦斋，又号愿梨、左梨。吴江人。清末以姻亲尝留袁世凯幕中。1915年7月任北京政府肃政厅肃政史，11月去职。后隐居苏州桃花坞。与章太炎、金松岑、张仲仁等以诗文相知。与仲仁并称“苏州二仲”。

吴中近人书画集　子部艺术类

1925年苏州振新书社影印本，苏州图书馆藏。

费韦斋诗钞14卷文钞1卷　集部别集类

1951年影印金天羽点定石印本，苏州图书馆藏。

韦斋诗稿1卷　集部别集类

抄本，上海图书馆藏。

圭塘倡和集不分卷　集部总集类

费树蔚编

1915年石印本，苏州图书馆藏。

谢氏家藏同光诸老尺牍6卷　集部总集类

费树蔚编

1927年谢氏影印本，苏州大学图书馆藏。

严　崎(?—1926)

字渭渔。吴江人。毕业于省立第一师范，曾任吴江同里区立第三小学校长。

女子实用尺牍教本　史部政书类

1918年苏州振新书社铅印本，吴江图书馆藏。

初学白话信范本　史部政书类

1923年世界书局铅印本，吴江图书馆藏。

书信构造法　史部政书类

1936年上海中华书局铅印本，国家图书馆藏。

读曾文正公家书札记　集部别集类

1918年苏州振新书社铅印本，吴江图书馆藏。

柳冀高(1888—1928)

字北野，一字抟霄，号栗庐。吴江人。慕曾长子。

柳无涯先生行述1卷　史部传记类

柳无涯先生追悼录1卷　史部传记类

柳冀高、柳景高撰

以上 2 种有 1918 年石印本，上海图书馆藏。

栗庐藏印　子部艺术类

柳冀高辑

2007 年江苏省中国科学院植物研究所内部出版物，见孔夫子旧书网。由其孙女柳鎏捐赠给南京图书馆。

栗庐诗稿　集部别集类

见《分湖柳氏第三次纂修家谱》卷 6。

徐大椙(？—1930)

字戎才。吴江黎里人。

伴月楼遗稿 3 卷　集部别集类

1931 年吴江徐氏铅印本，复旦大学图书馆藏。

周麟书(1888—1943)

字嘉林，号迦陵。吴江人。南社诗人。少时毕业于苏州府中学校，归后选任吴江中小学校长及教员，又任江苏省立吴江乡村师范教员。善饮，工度曲，素喜吟咏。诗集卷首有金天羽撰《迦陵生传》。

笏园诗钞 4 卷词 1 卷　集部别集类

1941 年吴江印务局铅印本，卷 4 原缺未印，实存诗 3 卷词 1 卷。南京图书馆藏。

嘉林诗存 3 卷　集部别集类

稿本，苏州图书馆藏。

小匏叶龛诗钞 6 卷　集部别集类

(1) 稿本，国家图书馆藏。

(2) 1926 年铅印本，2 卷，吴江图书馆藏。

小匏叶龛诗续钞　集部别集类

稿本，国家图书馆藏。

缟纻集　集部别集类

稿本，国家图书馆藏。

周迦陵记游诗草 3 卷　集部别集类

1922 年油印本，吴江图书馆藏。

按：子目分为《齐鲁游草》《西湖游草》《渡江游草》各 1 卷。

周迦陵诗稿　集部别集类

稿本 6 册，苏州博物馆藏。

按：包括《沧浪诗存》《虎阜游草》《邓尉游草》《虞山游草》《小匏叶龛诗钞》《小匏叶龛诗续钞》6 种，作于光绪至民国初。

周忠毅公残集 1 卷周忠毅公年谱 1 卷　集部别集类

明周宗建撰　周麟书辑

1920 年吴江柳氏抄本，上海图书馆藏。

陆树棠(1890—1932)

字赓南，自号麋庵居士。吴江芦墟人。从王鹤琴等游，治古文经史。又与陆廉夫、沈雪庐诸画师过从甚密。民国时供职财政部公债司。

通鉴蒙拾 1 卷　史部编年类　佚

灵芬馆年谱　史部传记类　佚

松陵画苑录　子部艺术类　佚

泊斋寓赏编　子部艺术类　佚

忆鹤轩杂缀　子部杂学类　佚

就间居诗文稿　集部别集类　佚

麋砚庵诗文词　集部别集类　佚

武功词翰考 1 卷　集部别集类　佚

分湖诗钞　集部总集类　佚

图咏汇录　集部总集类　佚

以上 10 种见金天羽《陆君赓南小传》。

二张先生词剩 5 卷　丛书类

陆树棠辑　柳亚子续辑

民国吴江柳氏抄本，上海图书馆藏。

按：子目为清张星（宝鐄）《瑎父绮语》1 卷、《小娜嬛词笺》1 卷，张镆（宝钟）《梅边吹笛谱》1 卷、《饼说庵词》1 卷、《双属玉亭词》1 卷。

沈次约（1892—1932）

字剑霜，号秋魂。吴江黎里人。隶南社。民国初与顾无咎等 5 人号称"梨村五子"。幼有神童之号，貌亦美秀而文，诗词清隽拔俗。父死，家道中落，便出而就馆。盛泽徐氏经商上海，聘次约课其子，设帐江宁路徐家，宾主相处有年。"一·二八"后仰药死。

剑霜龛遗稿　集部别集类　佚

见《南社丛刊》。

白茶庵诗词　集部别集类　佚

见《词综补遗》卷 83。

按：《词综补遗》卷 83 载："沈次约，原名墉，字维周，号剑霜，江苏吴江人。有《白茶庵诗词》。"又载其"以所眷邻女为家庭所厄，遂仰药而死，年才三十有四"。

徐敬修（1893—1926）

吴江同里人。毕业于省立第三师范，归任吴江公立第二小学教职。

高小地理课本　史部地理类

徐敬修、李乃培编辑

1926 年世界书局铅印本，吴江图书馆藏。

国学常识 10 种　丛书类

（1）1925 年大东书局铅印本，吴江图书馆藏。

（2）2009 年广陵书社出版标点本。

按：子目为《经学常识》《诗学常识》《小学常识》《词学常识》《音韵常识》《文学常识》《说部常识》《理学常识》《史学常识》《子学常识》。

顾无咎(1893—1929)

字崧臣,号悼秋、灵云、退斋,别署老服、服媚、飞燕旧主、神州酒帝。室名灵云别馆、服媚室等。吴江黎里夏家桥人。柳亚子表弟。南社社友。与胡朴安、叶楚伧等友善。性嗜酒。同人以酒帝称之,咸目为宋三郎,编成《酒国点将录》。晚年流寓沪上,与范烟桥等结云社。擅吹笛,酒酣为之,颇悠扬动听。

酒国点将录1卷　子部杂学类

服媚室酒话　子部杂学类

以上2种见《南社丛谈》。

消夏杂志　子部杂学类

1914年油印本,吉林大学图书馆藏。

灵云别馆散记　集部别集类

禊湖诗拾杂编　集部总集类

以上2种见《南社丛谈》。

消夏录3卷　集部别集类

民国油印本,吴江图书馆藏。

按:存乙卯(1915)、丙辰(1916)、丁巳(1917)3卷。

□花恼室诗词　集部别集类

见《柳亚子集外诗文辑存》之《南社尚友录》一文。

斗南一榻销寒雅集图题咏1卷　集部总集类

顾无咎辑

1918年吴江柳氏抄本,上海图书馆藏。

笠泽词征补编8卷　集部词曲类

顾无咎辑

民国吴江柳氏抄稿本,上海图书馆藏。

袁公望

字啖芋，号剑僻。吴江同里人。南社社员。家贫，与范烟桥同事教育。卒年30。

袁啖芋遗诗　集部别集类

存范烟桥等《同南》第9集。

按：《同南》，民国铅印本，吴江图书馆藏。

陈洪涛(1895—1918)

字天梅，号淮海，又号厔厂。吴江黎里人。南社社员。性嗜学，读书不多，而作文颇见奇放。尝代柳亚子抄诗，暇辄向亚子请益，故学遂猛进。后随陈去病抵粤滇，去后一月，病殁于滇池。

淮海游草　集部别集类

见《南社丛谈》。

岭南游草1卷　集部别集类

抄本，上海图书馆藏。

徐佐卿(1896—1944)

吴江横扇人。早年随先祖迁居湖州，从李梦莲学医。1916年返横扇故居悬壶，后二迁平望、震泽行医。1935年被推选为吴江中医公会理事。专业中医内外科，以外科为主，擅治疔疮、痈疽、肠痈、流注等症。

临症医案　子部医家类　佚

见《吴中名医录》。

吴　侬(1896—约1948)

原名庭表，字长寿，号抗云。吴江芦墟人。南社社员。

分波吟草1卷　集部总集类

吴抗云辑

民国分波吟社油印本，上海图书馆藏。

范森甲(1897—?)

字文光。吴江松陵人。曾任吴江第一小学、爱德女校教员，与周麟书等同事。又任吴江中学教员、国民党吴江县党部干事、农业银行职员等职。

日记　史部传记类

民国间稿本，吴江图书馆藏。

许泰曾

字舒怀，号平阶。吴江人。观曾兄。从吴江张安涛游。

平阶遗著 1 卷　集部别集类

1922 年铅印本，吴江图书馆藏。

许观曾(1899—1939)

又名观。字盥孚，号半龙。吴江芦墟人。籍隶南社。学文于金天羽，继学医于其舅陈仲威。毕业于上海中医专门学校。1927 年与秦伯未、王一仁等创办中国医学院。与诗人张凤投契，为诗正始于选体，宏肆于三唐，好为五言古体。与章炳麟、吴昌硕等商兑旧学。又与冯明权、张梦痕、王个簃等人结山人雅集会。同时又加入沧社、同南社、国学商兑会等。

内经研究之历程考略　子部医家类

1928 年新中医社铅印本，上海中医药大学图书馆藏。

中国方剂学概要　子部医家类

《上海国学医学院讲义》七种本。

内科概要(一作中国内科普通疗法)　子部医家类

1935 年半龙医药书社铅印本，上海中医药大学图书馆藏。

疡科例案　子部医家类

疡科临床讲义　子部医家类

生生琐语:疡科临床附翼　子部医家类

外科学讲义　子部医家类

以上4种有民国间中国医学院油印本,吴江图书馆藏。

按:《外科学》另有《中国医学院讲义》十三种本。

中国外科学大纲2卷　子部医家类

(1) 1930、1935年上海中医书局石印本,中国中医科学院图书馆藏。

(2) 1935年中华书局石印本。

(3)《近代中医珍本集·外科分册》本。

按:本书分上下2卷。卷上为总论,介绍人身体经络起讫循行,归纳外科病因病理与变化转归,论述外科疾病的诊断纲要,分列内治外治大法与类方。卷下为各论,依发病部位论述,总计叙病达80余种。

药奁启秘(一作外科制剂法)　子部医家类

(1) 1931年上海半龙医药书社铅印本,上海中医药大学图书馆藏。

(2) 上海新中医社出版部铅印本。

疡科学　子部医家类

喉科学　子部医家类

以上2种有《中国医学院讲义》十三种本。

鸟瞰的中医　子部医家类

1928年新中医社铅印本,上海中医药大学图书馆藏。

中西医之比观　子部医家类

1930年半龙医药书社铅印本,上海中医药大学图书馆藏。

中国医学专修馆讲义2种　子部医家类

铅印本,上海中医药大学图书馆藏。

中医诊断学大纲　子部医家类

见《中医大辞典》。

静观轩诗钞　集部别集类

(1) 1卷,1933年苏浩然等铅印本,南京图书馆藏。

(2) 3卷,南社抄本,南京图书馆藏。

百花咏1卷　集部别集类

油印本,见《养余斋松陵书目》卷4。

寿萱图题咏集　集部总集类

1925年铅印本,吴江图书馆藏。

两京纪游2卷　集部总集类

许豫、许观曾同撰

民国铅印本,吴江图书馆藏。

柳公权(1900—1929)

字英侬,一作英农。吴江黎里人。凌光谦妻。亚子三妹。张农弟子。南社社员。长于议论文,偶为小诗,亦清丽可诵。

女弟英侬遗诗　集部别集类

见柳亚子《磨剑室文四集·女弟英侬遗诗叙》。

按:其叙云:"殁后翌三岁,其婿凌光谦裒辑遗诗,将付剞劂,属余为叙。"今未见。

桃李诗抄　集部总集类

柳公权、张农等撰

民国复印本,吴江图书馆藏。

蔡　真(1900—1938)

字冠雄,一作观邕,号石疆。吴江黎里人。师从其舅父顾无咎。工篆刻,治印初宗秦汉,后师法吴昌硕、陈衡恪。曾任黎东镇镇长。因生活拮据,负债累累而服毒自尽。

黄词传女士传略　史部传记类

1925年铅印本,上海图书馆藏。

拊焦桐馆印集　子部艺术类

1929 年慎修书社铅印本,吴江图书馆藏。

悼亡集　集部总集类

蔡真辑

1925 年铅印本,吴江图书馆藏。

张应春(1901—1927)

字蓉城,号秋石。吴江北厍人。张农之女。1925 年任教于黎里女校,后在柳亚子协助下创办《吴江妇女》杂志。曾任国民党江苏省党部执委兼妇女部长。同年加入中国共产党,后任中国共产党江浙区委妇女运动委员会委员。1927 年被捕于南京并遇害。

辛酉日记　史部传记类

1921 年稿本,南京雨花台烈士陵园藏。

秋石遗文　集部别集类

稿本,中国革命博物馆藏。

按:本书为柳亚子编。

张应春纪念集　集部别集类

1999 年《江苏文史资料》编辑部出版。

按:本书收录张应春全部文稿。

黄珍珠(1902—1924)

字词传。吴江黎里人。蔡真妻。

红榴阁遗诗 1 卷　集部总集类

1925 年铅印本,吉林大学图书馆藏。

红榴阁遗词　集部词曲类

1925 年铅印本,上海图书馆藏。

陆明桓(1902—1929)

字简敬，号苏斋。吴江人。世居苏家港，迁芦墟镇。日从里中诸名宿游。又时时出游，多交远近知名人士。尝收辑陆氏先人书成《松陵陆氏丛著》，并印行地方人士著作多种。尝欲重金购买邑中名人遗著编为《松陵先哲丛书》。每次出游均购书归，发愿欲办私家图书馆，纵人阅览。喜佛教。其遗集卷首有子潜曜撰《苏斋行述》。

苏斋遗稿 3 卷　集部别集类

民国铅印本，南京图书馆藏。

按：此包括《文稿》《诗稿》《彼汾一曲楼词》各 1 卷。

和金阊纪事 1 卷　集部别集类

1922 年吴江柳氏刻本，苏州图书馆藏。

按：陆明桓曾娶妻柳氏，与妻兄柳遂唱酬攻错，相得甚欢。柳氏死后，陆明桓续婚凌氏，蜜月同游吴门，巧遇柳遂。两人悲欢交集，连床话旧。柳遂先成金阊纪事四十首，属陆明桓依韵和之，刊成此书。书前有柳弃疾序。

松陵陆氏丛著 11 种 28 卷　丛书类

陆明桓辑

(1) 1927 年苏斋刻本，南京图书馆藏。

(2) 2015 年国家图书馆出版社出版《清代家集丛刊》本。

子目：

《辛夷花馆诗剩》1 卷《守瓶文剩》1 卷《花村词剩》1 卷　清陆日曛撰

《西村词草》2 卷　清陆日章撰

《梦逋草堂劫余稿》9 卷《补遗》1 卷《文剩》1 卷　清陆日爱撰

《诵芬馆诗钞》2 卷　清陆亘昭撰

《少蒙诗存》1 卷　清陆亘辉撰

《思嗜斋诗剩》1 卷《文剩》1 卷　民国陆廷桢撰

《溉釜家书》1卷　民国陆廷桢撰

《陆氏诗剩汇编》1卷《文剩汇编》1卷　民国陆明桓辑。此辑吴江陆氏先人零散之作

《古柏重青图题识》1卷　清陆日爱辑

《寿萱集》1卷　清陆日爱辑

《咏梨集试帖》2卷　清吟啸楼主人撰、陆日曛续

赵绍昌(1902—1948)

字复初，号眠云，别署心汉阁主。吴江平望人。好文艺，工书画，居吴门，主星社。精篆刻，篆宗秦汉。长于著述，为鸳鸯蝴蝶派作家。与郑逸梅善。曾任《星光》《星报》《清月新报》等主编。

云片　子部小说类

1934年铅印本，上海图书馆藏。

双云记　子部小说类

1925年铅印本，上海图书馆藏。

飘渺史　子部小说类

1924年竞智图书馆铅印本，浙江图书馆藏。

浣花嚼雪录　子部小说类

郑逸梅、赵眠云同撰

1930年铅印本，上海图书馆藏。

心汉阁扇集　子部艺术类

赵眠云藏

民国间慎修书社珂罗版印本，见于孔夫子旧书网。

心汉阁收藏书册　子部艺术类　佚

见《吴江书画印人辑录》。

梅瓣集　集部别集类

郑逸梅著　赵眠云编

1925年铅印本，国家图书馆藏。

丁　涛(1902—?)

字友杲，别号醉红生。吴江人。长吟咏，年未弱冠即已誉满骚坛。与顾无咎、毛兆荣等唱和。

醉红吟草 5 卷　集部别集类

稿本，吴江图书馆藏。

玉峰游草 1 卷　集部别集类

民国油印本，上海图书馆藏。

费　巩(1905—1945)

原名福熊。字寒铁，一字祥仲，又字香曾。吴江同里人。树蔚子。1923 年入复旦大学，同年娶袁世凯孙女袁慧泉为妻。1926 年赴英法留学。1931 年归国，先后在中国公学、复旦大学、浙江大学任教。1945 年遭国民党特务秘密杀害。

瑞士政府　史部政书类

英国政治组织　史部政书类

比较宪法　史部政书类

英国文官考试制度　史部政书类

以上 4 种有民国铅印本，南京图书馆藏。

费巩文集　集部别集类

浙江大学出版社 2005 年出版。

按：本书编入费巩的政治学论著、时政论文，以及日记。

中国政治史　史部政书类

中国政治制度(民国)　史部政书类

汉代官制　史部政书类

经济学原理　史部政书类

中国经济问题　史部政书类

西洋政治制度　史部政书类

西洋政治思想(近代)　史部政书类

以上讲稿,见《民国人物小传》第6册。

金同翰(1921—1945)

谱名宝炬,字星游。吴江同里人。金天羽长孙。金天羽在吴江主持中国国学会时,四方诗人词客日至其门,同翰周旋其间,迎送揖让,吐辞应对宛若成人,因得祖庭欢。1937年苏浙沦陷,侍祖父居沪上。1945年春以疾卒。

金同翰遗诗　集部别集类

附于《天放楼诗季集》后,版本参见"金天羽"条。

姚廷杰

字俊先。吴江人。尝与金天羽论学。

王学阐微1卷朱学勾玄1卷　子部儒学类

1934年铅印本,吴江图书馆藏。

叶钟英

字山民。吴江人。振宗子。

吴江叶氏诗录10卷　集部总集类

叶振宗辑　叶钟英补辑,版本参见"叶振宗"条。

吴江叶氏诗录外编10卷　集部总集类

(1) 稿本,南京图书馆藏。

(2) 抄本,吴江图书馆藏。

江蘇藝文志

顧廷龍題

国家古籍整理出版专项经费资助项目

江苏省地方志编纂委员会办公室组织编纂

江苏艺文志

（增订本）

苏州卷

八

原 主 编 赵国璋

增订本主编 江庆柏

本卷主编 孙中旺 曹培根

撰 稿 人 孙中旺 曹培根 卿朝晖 姜雨婷
白帅敏

凤凰出版社

太仓

宋元明

郏　亶(1038—1103)

字正夫。宋太仓人。本农家子。嘉祐二年(1057)进士。初授睦州团练推官。熙宁三年(1070)上《苏州水利书》,书陈苏州吴中水利,王安石善之。六年,授司农寺丞,提举两浙,规划水利。有人言其措置乖方,罢归。治所居西之水田,岁入甚厚,因图状以献,示前法可用,复为司农寺簿,除江东转运判官。元祐初,入为太府丞,出知温州。以比部郎中召,未至,卒,年66。赠司农卿。

吴门水利(一作吴中水利书)4卷　史部地理类　佚

见《宋史·艺文志二》。

郏　侨

字子高,一字乔年。宋太仓人。亶子。负才挺特,与范无外为忘形交。从王安石学,常以诗投谒,为安石所器重。后为将士郎。辑其父《水利书》,亦有所发明。晚自号"凝和子",乡人谓之郏长官。

幼成警悟集　集部别集类　佚

见宣统《太仓州志》卷25。

按:《中吴纪闻》卷五引其诗3首,乾隆《常昭合志》引其《上水利书》1篇。

郏升卿

字师古。宋太仓人。侨子。绍兴五年(1135)进士,乾道初知常、徽二州,奏请减赋,恤民如子,甚多惠政。官至朝散大夫。

四声韵类 2 卷　经部小学类　佚

见《宋史·艺文志一》。

按:《小学考》卷 32 引《玉海》:“乾道元年(1165)撰。以平声上下韵母兼综三声,以类相从。”

声韵类例 1 卷　经部小学类　佚

见《宋史·艺文志一》。

秦　玉(1292—1344)

字德卿。元太仓人。约父。五岁能暗诵《孝经》《论语》。8 岁丧父,哀毁如成人。及长,通五经,尤邃于《诗》。性孝友。授徒讲学 20 余年,不求仕进。年 53 卒,门人私谥曰孝友先生。

诗经纂例　经部诗经类　佚

学庸探说　经部四书类　佚

宋三朝摘要　史部史钞类　佚

斋居杂录　子部杂学类　佚

按:宣统《太仓州志》云:“鳌志斋居作燕居,《府志》杂录作漫稿。”

以上 4 种见杨维桢《孝友先生秦公墓志铭》。

欧阳詹传 1 卷　子部小说类

《绿窗女史》本。

按:此文署秦玉撰,实据《太平广记》卷 274《欧阳詹》一文删节而成,非秦玉所作。

雪溪漫稿　集部别集类　佚

秦德卿集　集部别集类　佚

以上 2 种见《宣统太仓州志》卷 25。

陈　潜

字潜夫,以字行,更字振祖。明钱塘人,移居太仓。洪武六年(1373)为昆山训导,升国子监学正。

性理全书　子部儒家类　佚

诗文集　集部别集类　佚

以上2种见《娄东耆旧传》卷5。

周　祯

字子祺，号坦斋。明太仓人。洪武初荐授州制，不就，就巡检，40余年，惟念药石救人，以医名于时。寿93。子砥，砥子康，康子颐，颐子深皆能传业，而深尤精。

洪武正韵注疏　经部小学类　佚

见宣统《太仓州志》卷25。

清　奇

明太仓人。周氏子。海宁寺僧。年16，拜海宁楼雪溪为师，后谒长干一雨翁，得禅家三昧。永乐六年(1408)与修《大典》。十七年，复召至京，校雠三藏，未毕而逝。

怪庵集　集部别集类　佚

见宣统《太仓州志》卷25。

陈　伸

字延龄，自号怡云老人。明太仓人。洪武间举秀才。官茶运副使，迁富阳丞。博古工文，持论过人。

(永乐)太仓事迹　史部地理类　佚

琴川新志　史部地理类　佚

怡云集　集部别集类　佚

以上3种见宣统《太仓州志》卷25。

按：宣统《太仓州志》卷10引其《娄江夜泊》诗一首。

沈　玙

字孟温。明太仓人。洪武中坐累戍云南金齿卫。宣德初归省坟墓，乡人延以教子弟，时年几60，目已眚，终日危坐，讲解经书，多所发明。后还云南以老。太仓自学宫西迁，设兵卫，儒术久不振，其后文学之盛，自玙启之。弟子有陆大参昶、高宪副宗本。

释奠议　经部仪礼类　佚

稽言录　子部儒学类　佚

异端辨　子部儒学类　佚

昆冈文稿　集部别集类　佚

按:《江南通志》作《昆圃稿》4卷。

以上4种见嘉靖《太仓州志》卷7。

刘　智

字子谋，号涵碧。明太仓人。昱子，居穿山。轻财仗义，卒葬漕塘。

涵碧诗稿　集部别集类　佚

见宣统《太仓州志》卷25。

凌　昆

字文绍。明太仓人。世居直塘。

石林集　集部别集类　佚

见《娄东诗派》卷2。

陈　符(1398—1454)

字原锡。明太仓人，居沙溪。耽学，少嗜吟咏，工选体。尝从吴文度读书吴山中。文度殁，符为营葬，尽哀葬礼。巡抚周忱拟荐，以母丧辞。无子，以弟嗣子蒙为嗣。通《春秋左氏传》，为诗上溯汉魏。

存诚斋稿　集部别集类　佚

见《吴郡文编》卷186，嘉靖《太仓州志》卷7云20卷。

按：《虎阜志》卷43收其诗《虎丘》一首。《璜泾志稿》卷6收其诗《郊居即事》一首。《海虞文苑》《海虞文征》收其诗若干。

茅妙贤

明太仓人。常熟双凤乡陆枢妻。幼习小学、《孝经》，亦略知《诗》。年33寡，纺织自给。为糊口计，尝携幼子昭甫扫松，自赋《携孤上坟诗》，世多传之，诗见弘治《太仓州志》卷8。

柏舟遗什　集部别集类　佚

见宣统《太仓州志》卷25。

查　庸

字若庸。明太仓人。由卫学岁贡选浙江仁和训导，改除萧山县学训导，后升任河南孟津县教谕。以疾致仕。博览群书，独于六经、孔孟语体察精到，有得辄书，30年联编数十卷。所为诗皆有理致。

槐园诗文抄（一作槐园遗编）　集部别集类　佚

见宣统《太仓州志》卷25。

按：嘉靖《太仓州志》卷7本传作"所著有《槐园遗编》及《诗钞》"，则《诗钞》与《遗编》并非一书。

徐　牧

字养正。明太仓人。宣德十年（1435）举人，任浙江青田训导，转嘉善教谕，两典河南、福建省试，升任岷府纪善，进长史，致仕。行止有法，为时所重。

云庄稿（一作云庄遗稿）　集部别集类　佚

见宣统《太仓州志》卷25。

按：光绪《昆新两县续修合志》卷49作《雪庄稿》，误。

刘 檄

字宗文。明太仓穿山人。智次子。为人轻财好义，有干略。周忱理江南财税，为其所赏。曾赈饥，例授冠带。善诗。

松筠传 史部传记类 佚

思学斋诗稿 集部别集类 佚

以上2种见道光《璜泾志稿》卷6。

桑 琳

字廷贵(一作廷贡，疑误)，号鹤溪道人。明太仓人。悦父。居穿山。少喜黄老术，老益修习。性恬淡。早岁丧偶，遂不娶。孝友淳笃，勤于儒业。好学，善书法，尤注意于诗，诗风萧散闲远。年80余卒。

团瓢清唱(一作团瓢集) 集部别集类 佚

蔗乡杂录(一作蔗乡杂咏) 集部别集类 佚

鹤溪集20卷 集部别集类 佚

以上3种见宣统《太仓州志》卷25。

按:《海虞文苑》《海虞文征》《娄东诗派》收其诗若干。

龚持宪

字行素。明太仓人。诸生。通《诗》《春秋》。性耿介，不隐人过，尝为怨家所诬。潜心古学，不计名利得失。晚应诏，赐章服。退隐南乡，著述以老。

易象影 经部易类 佚

春秋左传合注40卷 经部春秋左传类 佚

春秋列国世家27卷 经部春秋总义类 佚

春秋胡传童子教13卷 经部春秋总义类 佚

洪武正韵注疏 经部小学类 佚

玉篇磁播40卷 经部小学类 佚

太仓考　史部地理类　佚

忠雅　子部杂学类　佚

亿辨　子部杂学类　佚

以上9种见宣统《太仓州志》卷25。

桑　瑾

字廷璋，号瀹斋。明太仓人。琳弟。景泰七年(1456)举人，处州府通判。卒私谥渊静先生，改谥贞文。瑾弟瑜为温州通判，瑾子翘为泉州通判，翘孙大协为杭州通判，琳子、瑾侄悦为柳州通判，瑾为处州通判，人称“桑氏五通判”。

谈易备忘2卷　经部易类　佚

三经易集说3卷　经部易类　佚

玩易随笔　经部易类　佚

读史景忠4卷　史部史钞类　佚

节义林前后集8卷　史部传记类　佚

韵府摘玉4卷　子部典故类　佚

萝窗杂记1卷　子部杂学类　佚

同舟稿1卷　集部别集类　佚

瀹斋诗文草15卷续集7卷　集部别集类　佚

以上9种见雍正《昭文县志》卷7本传、《重修常昭合志》卷18。

桑　瑜

字廷瓒，号检斋。明太仓人。瑾弟。天顺三年(1459)举人，温州府通判。

(弘治)常熟县志4卷　史部地理类

明杨子器修　桑瑜纂

(1) 明弘治十二年(1499)刻本，卷3县令增补至明弘治十八年，上海图书馆藏。

(2) 抄本,中国科学院南京地理与湖泊研究所藏。

(3) 抄本,南京图书馆藏。

(4) 传抄本,庞士龙跋,上海图书馆藏。

(5) 1959 年传抄本,上海图书馆藏。

(6)《四库全书存目丛书》本。

检斋诗文集 8 卷续集 8 卷　集部别集类　佚

见《重修常昭合志》卷 18。

吟窗选粹 12 卷　集部别集类　佚

见雍正《昭文县志》卷 7 本传。

高宗本

字茂卿。其先保定雄县人。洪武初自凤阳占籍太仓之镇海卫。景泰五年(1454)进士。授南京监察御史。升河南按察司副使。寻以老乞致政,归寓江都,复占籍为江都人,自号江淮逸叟。性聪颖而好学,长于古诗文,尤习郡邑掌故。卒于扬州。

维扬新志 12 卷　史部地理类　佚

见万历《扬州府志》卷 18 本传。

按:万历《志》本传云:"所著《维扬新志》简质而核,足称信笔,前后典是役者皆不及也。"

江淮杂稿　集部别集类　佚

复斋稿　集部别集类　佚

以上 3 种见崇祯《太仓州志》卷 14。

两团圆　集部词曲类

(1)《元人杂剧选》本。

(2)《元曲选》本。

(3)《古本戏曲丛刊》第四集《脉望馆校钞古今杂剧》本。

按:此剧一说涿州高茂卿撰,则疑是宗本。又一说杨文奎撰。

刘　竑

字以规，号毅斋。明太仓穿山人。与桑悦为姻亲。成化元年(1465)举人，知缙云县，居三载，廉正考最，为浙江县令第一。去后，缙云民立碑思之。及年50，擢定州知州，有惠政。丁外艰归，卒年57。

毅斋诗稿　集部别集类　佚

见宣统《太仓州志》卷25。

陈　蒙

字允德，号育庵，别号东邱道人。明太仓人。符子。性豪荡。好功名，绝不苟进。尝以千金授仆名太平者贸易，太平捐赀结纳，随靖难有功，授山西行都司高山卫指挥使。太平卒，无嗣。移檄取蒙袭爵，辞不就，士大夫高其节。博学工诗，涵音探律，名动一时。诗词宗许浑，文著吴中。

泛雪稿　集部别集类　佚

按：一作《泛云纪游》，误。

育庵集　集部别集类　佚

和唐音集　集部别集类　佚

以上3种见宣统《太仓州志》卷25。

陆　容(1436—1494)

字文量，号式斋。明太仓人。成化二年(1466)进士，历任兵部职方郎中，累迁浙江右参政，所至有政绩。忤权贵，罢归，卒。平生嗜书，多著述。归筑菽园，著书其中，与陆𨰝、张泰齐名，称"娄东三凤"。诗才不及泰、𨰝，而博学过之。

诗说质疑　经部诗经类　佚

太仓志　史部地理类　佚

式斋封事录　史部政书类　佚

水利集　史部政书类

问官录　史部政书类

兵署录　史部政书类

浙藩稿　史部政书类

乙戊稿　史部政书类

以上 8 种见光绪《昆新两县续修合志》卷 49。

菽园杂记 15 卷　子部杂学类

(1) 明毛元仲刻本，清何焯校，戴光曾、丁丙跋，南京图书馆藏。

(2) 明抄本，北京大学图书馆藏。

(3) 明抄本，存卷 1—5，上海图书馆藏。

(4) 清抄本，国家图书馆藏。

(5)《四库全书》本。

(6)《守山阁丛书》本。

(7)《国朝典故六十二种》本。

(8)《墨海金壶》本。

(9)《国朝典故》本，11 卷。

(10)《今献汇言》本，1 卷。

(11)《丛书集成初编》本。

(12)《记录汇编》本，作《菽园杂记摘抄》，7 卷。

(13)《皇明修文备史》本，1 卷。

(14)《说郛续》本，1 卷。

(15)《景印元明善本丛书十种》本，作 1 卷。

(16)《五朝小说》本，1 卷。

(17)《五朝小说大观》本，1 卷。

(18) 1985 年中华书局出版《元明史料笔记丛刊》本。

(19)《历代笔记小说大观》本。

(20) 2012 年上海古籍出版社出版。

式斋笔记　子部杂学类　佚

式斋迩察　子部杂学类　佚

归田稿　集部别集类

以上3种见光绪《昆新两县续修合志》卷49。

陆参政文集6卷　集部别集类

清抄本，国家图书馆藏。

式斋先生文集37卷附录4卷　集部别集类

(1) 明弘治十四年(1501)昆山陆氏刻本，台湾故宫博物院藏。

按：南京图书馆所藏胶卷，乃残本，仅33卷。

(2) 清咸丰八年(1858)清道根抄本，南京图书馆藏。

(3) 清抄本，广东中山图书馆藏。

刘　儆

字以则，号鄂韡。明太仓穿山人。檄子。行类古游侠。以资推长乡赋，好行善事。能诗，南庄西墅，文友诗朋，乐无虚日。曾梓行杨维桢、高启诸人遗集。卒，毗陵王㒜志其墓。

鄂韡篇　集部别集类　佚

见《穿山志》卷下。

铁厓先生古乐府16卷　集部别集类

元杨维桢撰

明成化五年(1469)刘儆刻本，国家图书馆藏。

郁　容(1447—1502)

字弘德，号见庵。明太仓人。成化二十年(1484)进士。除刑部广东主事，升员外郎。因忤内侍，谪抚州通判，迁知澧州，又升云南按察司佥事。

见庵遗集(一作见庵集)10卷　集部别集类　佚

见乾隆《常昭合志》卷11。

桑　悦(1447—1503)

字民怿，号思玄居士。明太仓人。琳子。少负才名，读书过目不忘。成化元年(1465)举人。年29为泰和训导，迁长沙府通判，摄茶陵州事。官柳州府通判。丁外艰归，遂不出。拓落自负，与世多龃龉，喜《庄》《骚》家言，长于赋。诗文有晋人风度，行楷亦宗晋人。草书流畅，法怀素。文辞瑰丽，中年以后渐趋于平实。

易钞(一作周易传解)　经部易类　佚

见《重修常昭合志》卷18。

周礼义释(一作周礼传解)　经部周礼类　佚

见《千顷堂书目》卷2。

春秋集传(一作春秋传解)　经部春秋总义类　佚

苍梧府志　史部地理类　佚

以上2种见《重修常昭合志》卷18。

(弘治)太仓州志10卷附校勘记1卷　史部地理类

明李端修　桑悦撰

(1)《汇刻太仓旧志五种》本。

(2) 清抄本，南京图书馆藏。

(3) 1926年刻本，南京师范大学图书馆藏。

思玄庸言1卷(一作桑子庸言)　子部杂学类

(1)《百陵学山》本。

(2)《说郛续》本。

(3)《丛书集成初编》本。

(4)《学海类编》本，题《桑子庸言》。

(5)《娄东杂著》本，题《桑子庸言》。

(6)《明世学山》本，题《桑子庸言》。

思玄集16卷附录1卷　集部别集类

(1) 明弘治十八年(1505)刻本，台湾“中央图书馆”原藏。

(2) 明万历二年(1574)桑大协活字印本,国家图书馆藏。

(3) 明万历四十四年翁宪祥刻本,国家图书馆藏。

(4) 清雍正四年(1726)谢浦泰抄本,上海图书馆藏。

(5) 明万历刻本,常熟市图书馆藏。

(6) 2013 年黄山书社出版《明别集丛刊》第一辑本。

按:此书疑残本,待考。

桑思玄集 1 卷　集部别集类

(1)《盛明百家诗》前编本。

(2)《明别集丛刊》第五辑本。

大明两都赋 2 卷　集部别集类　佚

古赋 3 卷(一作 2 卷)　集部别集类　佚

按:门人徐威注。

以上 2 种见《重修常昭合志》卷 18。

王　倬(1447—1521)

字用俭,号质庵。明太仓人。梦生七世孙。成化十四年(1478)进士。初令山阴、兰溪,有惠政。召为御史,首劾选曹,又劾罢尚书五人,论斥阉宦。历贵州按察副使、四川布政使、南京兵部侍郎。

(弘治)兰溪县志 5 卷　史部地理类

明王倬修　章懋、郑锜纂

(1) 明弘治六年(1493)修正德五年(1510)刻嘉靖补刻本,存卷 3—5,浙江图书馆藏。

(2) 清万历四十二年(1614)重刻本,日本内阁文库藏。

石一鳌

字巨卿。明太仓人。

五言括论 10 卷　集部诗文评类　佚

见《千顷堂书目》卷 32。

按:此人极可疑,州县志未见。《经义考》卷 38 著录有宋末义乌人石一鳌,字晋卿,著有《互言总论》10 卷,疑此人。

徐 恂

字信夫。明太仓人。成化十九年(1483)举人,知浙江嵊县。改福建南靖。募民抗击海寇,斩数百人,余众退去。以劳累卒。

(弘治)嵊县志 10 卷　史部地理类

明徐恂修　夏雷纂

(1) 抄本,存卷 1—5,南京图书馆藏。

(2) 抄本,5 卷,天一阁藏。

(3) 明弘治十四年(1501)刻本,存卷 2—6,上海图书馆藏。

清风祠录　史部地理类　佚

随意编　子部杂学类　佚

芸窗漫录　子部杂学类　佚

以上 3 种见嘉庆《太仓州志》卷 55。

金 熑

字懋光。明太仓人。弘治八年(1495)由岁贡授象山训导。精史学。

诸史会编大全 120 卷　史部史评类

明嘉靖四年(1525)刻本,镇江市图书馆藏。

历年甲子图　子部历算类　佚

见宣统《太仓州志》卷 25。

萧应登

字静安。明太仓人。

爱余集 6 卷　集部别集类　佚

见《鹤市志略》卷下。

刘 傚

字以勉，号友荆。明太仓穿山人。智孙。赘于穿山龚大章家，拓其业，称穿山刘氏。性耽诗酒，不慕荣利。晚营别墅，叠山引泉，莳花植竹，萧然物外。

友荆集　集部别集类　佚

见宣统《太仓州志》卷 25。

按：道光《璜泾志稿》作《友荆诗稿》。

范 轮

字希载。明太仓双凤里人。成化二十年(1484)进士，仕至南京礼部郎中。所著《礼制会纂》载入会典。

礼制会纂　经部仪礼类　佚

见宣统《太仓州志》卷 25。

顾 巽

字志行，号补庵。明太仓人。谦弟，岩父。学行为当事所重，弘治年间封文林郎。

小学注解　子部儒学类　佚

见宣统《太仓州志》卷 25。

桑 翘

字民起，号草溪，一号寒青。明太仓人。瑾子。弘治八年(1495)举人，泉州府通判。为文好奇僻，时仿其从兄桑悦体而才稍逊。

寒青集　集部别集类　佚

见雍正《昭文县志》卷 7 本传。

西岩即事　集部别集类　佚

见乾隆《常昭合志》卷 8。

郁　勋

字元绩，号可兰。明太仓人。容子。弘治八年(1495)举人，九年中进士。授华容知县，居官以气节持正称。时刘大夏居京山，与之善，相唱和。卒于官，年仅30。

东山唱和集　集部别集类　佚

见宣统《太仓州志》卷25。

刘　吴

字振之，号玉洞。明太仓穿山人。儆子。少警敏，年15应童子试，归做《抱鹤赋》。其家世素封，入试不售，遂纵酒为乐，留意声色，孟浪不羁。曾挟重赀入京，游公卿间，多分庭抗礼，自称才子。寓京十余年，因荐举不力，止得中书舍人。归，郁悒而卒。

玉洞集　集部别集类　佚

金台文会稿　集部别集类　佚

见道光《璜泾志略》卷6。

陆　望(1473—1553)

字武贤，号忆斋。明太仓人。少失怙，出赘。生平重义好施，举乡饮宾。

西旸集　集部别集类　佚

见宣统《太仓州志》卷25。

陈　汪

字东溪，号丹山。明太仓人。世居双凤里。洽五世孙。桐父。性恬淡，不乐进取，以诗酒自娱。明经好古，以诗名。卒年78。

传家录　子部儒家类　佚

见《双凤里志》。

东溪闲话　子部杂家类　佚

试验良方　子部医家类　佚

以上2种见《娄东耆旧传》卷7。

伤寒全集　子部医家类　佚

东溪杂著　子部杂学类　佚

东溪遗稿　集部别集类　佚

以上3种见宣统《太仓州志》卷25。

王　谨

字廷慎。明太仓人。岁贡生。尝割肉以疗母疾，以孝闻。官莆田县丞。

皇明珠玉　集部总集类　佚

西溪诗集　集部别集类　佚

以上2种见宣统《太仓州志》卷25。

王　佐

字翼之。明太仓人。正德间岁贡生，授武学训导。性行端恪，与人和易。年87卒。

五经汇注　经部群经总义类　佚

见宣统《太仓州志》卷25。

何　璧

字文征。明太仓人。正德六年(1511)进士。出知开州，未几卒。

瀼槎集　集部别集类　佚

见《娄东诗派》卷3。

周　在

字善卿，号止溪。明太仓人。正德九年(1514)进士。授宝坻知县，因忤中贵入狱。历任监察御史，泉州、真定同知，刑部员外郎，湖广佥事，终浙江参政。

燕京逮事录　史部传记类　佚

出巡录　史部传记类　佚

行台纪兴　集部别集类　佚

以上3种见宣统《太仓州志》卷25。

陈　桐

字安道。明太仓人。洽六世孙，汪子。好读书，尝从吴与弼讲学，诚心质行，言笑不苟。并知医理。

至圣恒言　子部儒家类　佚

见《娄东耆旧传》卷7。

立命录　子部儒学类　佚

医说　子部医家类　佚

以上2种见宣统《太仓州志》卷25。

陆　伸

后改名坤，字安甫。明太仓人。容子。正德三年(1508)进士。纵览群书，日以修学著书为事。先世积书数万卷，每书必疏其略于下方，间有考证。伸有匿名奏章指斥刘瑾，瑾传旨穷治之，竟下狱死。嘉靖初，追赠评事。

四部稿目录　史部目录类　佚

侬渠录　子部杂学类　佚

甘泉薬残录　子部杂学类　佚

野人信从录　子部杂学类　佚

蠖斋稿　集部别集类

以上5种见宣统《太仓州志》卷25。

刘　密

字慎之，号玉田。明太仓人。少孤，事母以孝，为诗宗白居易，清润纯正，流出肺腑。沈周重之。

玉田集　集部别集类　佚

见宣统《太仓州志》卷25。

叶梦滢

字尚进。明太仓人。原籍昆山。盛孙。好古博洽，敦孝友，尤刻厉艺文，持论严正。早卒。

韦庵集　集部别集类　佚

见嘉庆《直隶太仓州志》卷52。

张　辰

字伯逢。明太仓人。寅兄。颖敏力学，邃于《易》。正德八年(1513)举人。四黜礼闱，不肯就职，赍志以殁。

易经讲义　经部易类　佚

瀛川文稿　集部别集类　佚

以上2种见宣统《太仓州志》卷25。

唐　符

字信伯。明太仓双凤人。韶子。正德九年(1514)进士。授行人，继为御史，出按湖湘。又为四川按察司副使，调河南督水利14年，升山西布政使右参政，督理粮饷。

雪泉集　集部别集类　佚

见宣统《太仓州志》卷25。

张　淮

字豫卿。明太仓人。正德十二年(1517)进士，授汝宁推官。署光州，升刑部主事，改南京兵部主事。又改瑞州知府，受诬罢官。

悠然集　集部别集类　佚

见宣统《太仓州志》卷25。

徐伯虬

字子久，号嵩山。明太仓人。祯卿子。嘉靖四年(1525)举人。

徐伯虬诗　集部别集类　佚

见《双凤里志》。

朱　默

字时言。明太仓人。嘉靖十一年(1532)进士。授建阳知县，补贵溪。旋卒。

前江集　集部别集类　佚

见《娄东诗派》卷3。

王　梁

字胜甫。明太仓人。嘉靖初年贡生。少为诸生，通达古今，言论侃直，御史王宪奇其文。晚岁以贡谒选，卒于京。

永思堂稿　集部别集类　佚

梧月台稿　集部别集类　佚

以上2种见宣统《太仓州志》卷25。

曹　灼(1481—1554)

字用晦，号履斋。明太仓人。嘉靖三十二年(1553)进士。授抚州府推官。卒年74。

五经注钞　群经总义类　佚

见《娄东耆旧传》卷 6。

医学纲目 40 卷附补遗方 1 卷　子部医家类

明楼英撰　《补遗方》邵弁撰

明嘉靖四十四年曹灼、邵弁刻本，国家图书馆藏。

医说续编 18 卷　子部医家类

明周恭辑

明隆庆三年(1569)曹灼刻本，国家图书馆藏。

表学规范 8 卷　集部总集类

明隆庆二年娄东曹氏刻本，台湾"中央图书馆"原藏。

陆之箕(1489—1554)

字肖孙，一字汝瞻，号复泉。明太仓人。容孙，伸子，都穆婿。嘉靖十年(1531)贡生。沈懿忠信，议论平正。

史馂　史部史钞类　佚

汉隽逸　史部史钞类　佚

称谓录　子部杂学类　佚

二陆集 3 卷　集部总集类　佚

明陆之箕、陆之裘撰　萧奇勋辑

见《四库全书总目》。

按:《二陆集》3 卷，即之箕《长白山人集》2 卷、之裘《南门续集》1 卷，未见。

长白山人集　集部别集类　佚

以上 4 种见宣统《太仓州志》卷 25。

周　锡(1490—1569)

字子纯，号芝山，晚号七冈老人。明太仓人。在从子。嘉靖七年(1528)岁贡。授潮州通判。在官廉洁抗直，为御史所扼，弃归。萧然著述垂30年。私谥共靖先生。

五经解奥　经部群经总义类　佚

见宣统《太仓州志》卷25。

书堂蒙训　经部小学类　佚

见《双凤里志》。

凤林备采2卷　史部地理类　佚

见宣统《太仓州志》卷25。

玄亭闲话6卷　子部杂学类

明隆庆元年(1567)张振之刻本,国家图书馆藏。

得已集　集部别集类　佚

见《千顷堂书目》卷12。

蒹葭集　集部别集类　佚

东山集　集部别集类　佚

南游集　集部别集类　佚

壮游集　集部别集类　佚

归来集　集部别集类　佚

以上5种见宣统《太仓州志》卷25。

陆　瑚(1492—1569)

字思诚,号莘庵。明太仓人。嘉靖元年(1522)举人。官江西玉山知县,贵州思南知府。

晋川文集　集部别集类　佚

见《平原陆氏宗谱》卷19。

张　寅(1496—1559)

字仲明,号晓川。明太仓人。辰弟。正德十六年(1521)进士。授高安知县,改宜春令、南京河道御史。谪为高唐州判官,入为南京文选司郎中,改右春坊右司直兼翰林检讨,以不屈劾罢归。卒年64。《明史》有传。

晓川奏疏(一作仲明奏疏)6 卷　史部政书类　佚

见宣统《太仓州志》卷 25。

(嘉靖)太仓州志 10 卷　史部地理类

明周士佐、张寅等纂修

(1) 明嘉靖刻本,国家图书馆藏。

(2) 明崇祯二年(1629)刘彦心重刻本,天一阁藏。

(3) 清抄本,南京图书馆藏。

(4)《天一阁藏明代方志选刊续编》本。

晓川文略 6 卷　集部别集类　佚

见宣统《太仓州志》卷 25。

瑞莲集　集部总集类　佚

见《娄水文征》。

陆之裘

字象孙,号南门。明太仓人。容孙,伸子,之箕弟。正德间贡生,官景宁教谕,工诗词歌曲。与修《太仓州志》。

南门仲子集　集部别集类　佚

见《千顷堂书目》卷 23。

南门仲子续集 2 卷　集部别集类

明嘉靖四十年(1561)王道刻本,国家图书馆藏。

太仓文略 4 卷　集部总集类

(1) 明嘉靖二十二年王梦祥刻本,国家图书馆藏。

(2)《北京图书馆古籍珍本丛刊》本。

二陆集 3 卷　集部总集类　佚

明陆之箕、陆之裘撰　明萧奇勋辑

按:《四库全书总目》著录《二陆集》3 卷,乃萧奇勋所辑《长白山人集》2 卷、《南门续集》1 卷之合集,未见。

朱　星

字兆文。明太仓人。诸生，精于《易》，远近师其学。

周易通解　经部易类　佚

四书通解　经部四书类　佚

漫稿　集部别集类　佚

以上3种见宣统《太仓州志》卷25。

周　镐

字子京，号竹梧。明太仓人。墨子，锡弟，铣兄，濂父。工诗文，善骑射。

竹梧集　集部别集类　佚

见宣统《太仓州志》卷25。

陈如纶(1499—1552)

字德宣，号午江，别号二余。本姓许。明太仓人。嘉靖十一年(1532)进士。授福建侯官令，改刑部主事，擢福建布政右参议。所至以清介称，致仕卒。工诗文。

冰玉堂缀逸稿2卷兰舟漫稿1卷二余词1卷　集部别集类

(1) 明万历间刻本，国家图书馆藏。

(2)《四库全书存目丛书》本。

(3)《明别集丛刊》第三辑本。

游闽稿1卷　集部别集类　佚

见《娄水文征》。

杜工部诗(一作杜工部诗选辑)8卷　集部别集类

明许宗鲁编　陈如纶同辑

明嘉靖五年刻本，见《天一阁书目》。

杜律2卷　集部别集类

唐杜甫撰　明陈如纶选

明嘉靖十四年紫蓉精舍刻本，上海图书馆藏。

顾　溶

字守澄，号洁庵。明太仓人。明天文学，尤精六壬课。

六壬古范 14 卷　子部术数类　佚

见宣统《太仓州志》卷 25。

桑　介

字于石，号白崖。明太仓人。瑾子。嘉靖十年(1531)举人，官滋阳知县。严讷为撰墓表。

五经问答 2 卷　经部群经总义类　佚

理学会通 24 卷　子部儒学类　佚

桑子肤言 2 卷　子部杂学类　佚

崇正堂集　集部别集类　佚

吟史集 4 卷　集部别集类　佚

两都集 4 卷　集部别集类　佚

解组集 2 卷　集部别集类　佚

东归西隐集 4 卷　集部别集类　佚

和陶集 16 卷　集部别集类　佚

白崖诗选 10 卷　集部别集类　佚

文桑赓吟集 2 卷　集部总集类　佚

以上 11 种见《千顷堂书目》卷 23、《重修常昭合志》卷 18 等。

郏　鼎

字荐和，号梅岩。明太仓人。宋郏亶后人。3 岁而孤，聪颖力学，事母以孝。嘉靖八年(1529)进士。观政工部。复命知嘉定州，改茶陵。擢工部都水员外，转营缮郎中，升浙江右参议，未期年罢归。辟樊春圃，招故旧游,口不言利禄。卒葬璜泾南原。

汉隽 10 卷　史部史钞类

宋林钺辑　明郑鼎校

明嘉靖十一年刻本,郑州大学图书馆、河南大学图书馆藏。

水木本原考　史部政书类　佚

宦游集　集部别集类　佚

以上 2 种见宣统《太仓州志》卷 25。

陈　鉤

一作陈珣,号娄东。问子。明太仓人。诸生。留心理学,于性理及《诗经》皆有研究。禀性坦直,面折人过,不为依附。

诗经讲义　经部诗经类　佚

性理讲义　子部儒学类　佚

以上 2 种见宣统《太仓州志》卷 25。

按:《娄东耆旧传》作《娄东诗义》《性理纲目》《策论》。

陈　琏

字汝器,一作器之。明太仓人。正统十年(1445)进士。官刑部郎中。

曾王二翰林存稿二种 10 卷　集部别集类

明曾棨、王洪撰　明陈琏辑

清康熙六十年(1721) 宋宾王家抄本,上海图书馆藏。

按:《昆山志》《太仓州志》皆云陈琏有《琴轩稿》30 卷,误。此陈琏乃东莞人,字廷器,见《静志居诗话》。另有东安知县陈琏,字重器,亦昆山人,天顺间贡生。

陶　镕

字汝陶。明太仓人。以岁贡授宜兴训导,升杭州教授。未赴。性至孝，举动方严。年85卒。

羲经贞一编　经部易类　佚

四书详说篇　经部四书类　佚

以上2种见宣统《太仓州志》卷25。

养真文集　集部别集类　佚

见道光《直塘里志》卷5。宣统《太仓州志》卷25误作陶溶。

陈　操

字济川。明太仓人。汪孙，桐子，曾为太医院御医。

养生堂集（一名丹山堂诗文集）　集部别集类　佚

见宣统《太仓州志》卷25。

魏良辅(1502? —1583)

字尚泉，明江西豫章人，流寓太仓。良辅乃明中叶杰出的戏曲革新家，对昆腔艺术的发展提高有巨大贡献，后人奉为“昆腔之祖”。

按：一说魏良辅字师召，号此斋，江西新建人，嘉靖五年（1526）进士，不可信。

南词引正（一作曲律）　集部词曲类

(1) 清初抄明张丑《真迹日录》第二集附录本，国家图书馆藏。

(2)《吴歈萃雅》卷首附刻本。

(3)《乐府红珊》凡例本。

(4)《乐府名词》残本。

(5)《度曲须知》本。

(6)《词林逸响》卷首附刻本。

(7)《吴骚合编》卷首附刻本。

(8)《读曲丛刊》本。

(9)《曲苑》本。

(10)《重订曲苑》本。

(11)《增补曲苑》本。

(12)《古典戏曲声乐论著丛编》本。

(13)《中国古典戏曲论著集成》本。

(14) 钱南扬校注本,载《戏剧报》1961 年第 7、8 期合刊,后收入所著《汉上宧文存》。

(15) 路工校订本,收入所著《访书见闻录》。

(16) 吴新雷校订本,载《河北师院学报》1993 年第 1 期。

按:此书是昆曲发展史上重要的演唱经验总结和理论性概括。

王　忬(1507—1560)

字民应,号思质。明太仓人。倬子,世贞父。嘉靖二十年(1541)进士。授行人。迁湖广、顺天按察使。退奄答,升右都佥御史,巡抚山东。用兵江浙,大捷,进兵部右侍郎、蓟辽总督。才本通敏,为世宗所信任。与严嵩不协,子世贞又积忤嵩子世蕃,值滦河兵败,遂为御史所论,下诏狱,论斩。

御史大夫思质王公奏议　史部政书类

明隆庆刻本,存卷 5—10,台湾故宫博物院藏,南京图书馆藏胶卷。

叶遇春

字体仁。明太仓人。豫孙。嘉靖十七年(1538)进士。授泉州推官,迁武冈知州,升南京刑部郎。

礼记觉言　经部礼记类　佚

先儒异同　子部儒学类　佚

以上 2 种见宣统《太仓州志》卷 25。

凌云翼

名汝成,以字行,又字洋山。明太仓人。嘉靖二十六年(1547)进士。授南京工部主事,累官右佥都御史、右副都御史、兵部左侍郎、南京工部尚书、南京兵部尚书，加太子少保。热心刻书，尝刻杨慎著作数种。

总督两广奏疏12卷又大征三疏1卷又永济河疏1卷又总督漕疏□卷　史部政书类　佚

见《千顷堂书目》卷30。

苍梧总督军门志34卷　史部地理类

明应槚初稿　凌云翼嗣作　刘尧诲重修

(1) 明万历九年(1581)刻本，台湾“中央图书馆”原藏。

(2)《中国边疆史资料丛刊》本。

丹铅总录27卷　子部杂学类

明杨慎撰

明凌云翼刻本，台湾“中央图书馆”原藏。

丹铅余录13卷　子部杂学类

明杨慎撰

明隆庆六年(1572)凌云翼刻本，南京图书馆藏。

秇林伐山20卷　子部杂学类

明杨慎撰

明隆庆六年凌云翼刻本，浙江图书馆藏。

历代文选14卷　集部总集类

明凌云翼辑

明嘉靖四十年宋守志、谢教等刻本，上海图书馆藏。

陆　寰

字允清，号北沙(一作北溪)。明太仓人。性刚介。精经术。早卒。与邵弁、张元蒙齐名。

经书解　经部群经总义类　佚

老庄参同契注　子部道教类　佚

北沙文集　集部别集类　佚

以上3种见宣统《太仓州志》卷25。

北溪集　集部别集类　佚

见《璜泾志略》卷 142。

张元蒙

字叔正，号屏野。明太仓人。嘉靖十六年(1537)贡生。工《易》学。与陆寰齐名。

易醒　经部易类　佚

见宣统《太仓州志》卷 25。

读易纂 5 卷首 1 卷　经部易类

(1) 明万历十年(1582)王世贞、韩策等刻本，北京大学图书馆藏。

(2)《续修四库全书》本。

陈玉陛

字令升。明太仓人。

芝房集　集部别集类　佚

见道光《璜泾志略》卷 6。

二陈公文集 2 种　集部总集类

明陈玉陛辑

明万历陈氏刻本，北京大学图书馆藏。

按：辑陈察、陈寰二人集。

邵　弁(1511—1598)

字伟元，一字希周，号玄沙。明太仓沙溪人。精经学，年 13 补博士。师者甚众。兼精医。卒年 88。

诗序解颐　经部诗经类　佚

春秋尊王发微　经部春秋总义类　佚

春秋通议　经部春秋总义类　佚

以上 3 种见宣统《太仓州志》卷 25。

医学纲目40卷附补遗方1卷　子部医家类

明楼英撰　《补遗方》邵弁撰

明嘉靖四十四年(1565)曹灼、邵弁刻本,国家图书馆、中山大学图书馆藏。

运气占候补遗1卷　子部医家类

明嘉靖四十四年曹灼校刊本,台湾"中央图书馆"原藏。

十二经发挥　子部医家类　佚

重编古本东垣十书　子部医家类　佚

以上2种见宣统《太仓州志》卷25。

南华真经标解6卷　子部道教类

明万历邵氏草玄堂刻本,国家图书馆藏。

玄宗汇诠(一作老庄汇诠)　子部道教类　佚

见宣统《太仓州志》卷25。

玄沙子集　集部别集类　佚

见《娄东诗派》卷7。

唐　田

号介斋。明太仓双凤乡人。岁贡生。少力学,从余姚胡正蒙受礼学。

三礼异同论　经部三礼总义类　佚

见宣统《太仓州志》卷25。

王　涵

字澄卿,号可颐。明太仓人。嘉靖三十七年(1558)举人。官钧州知州。

可颐稿　集部别集类　佚

见宣统《太仓州志》卷25。

徐 爌

字文华，号岩泉。明太仓人。嘉靖三十二年(1553)进士。授长沙府推官、四川道监察御史，改山西，巡视两淮盐课都御史。升按察副使，督江西学政，迁太仆寺卿等。晚好神仙，卒年71。

四书初问8卷 经部四书类

明嘉靖维扬书院刻本，上海图书馆藏。

李翰林批点四书初问讲意8卷补1卷 经部四书类

明徐爌撰 李廷机批点

明书林夏庆、徐宪成刻本，南京图书馆藏。

南游日记 史部传记类 佚

见宣统《太仓州志》卷25。

定性书释2卷 子部儒学类 佚

见《千顷堂书目》卷11。

古太极测1卷 子部道教类

(1) 明嘉靖四十三年都温刻本，国家图书馆藏。

(2)《续修四库全书》本。

雁门集 集部别集类 佚

琢玉新声 集部别集类 佚

以上2种见宣统《太仓州志》卷25。

淮海观风录 集部总集类

见道光《直塘里志》卷5。

赵学基

字勤甫，一字六息。明太仓人。云蒸子。明庠生。兄弟六人并知名。精史学。后迁居寒山，许旭称其为吴中高士。

宗德纪见 史部传记类 佚

旧德纪见 史部传记类 佚

以上 2 种见《璜泾志稿》卷 6。

赵良基

字和甫，自称乐澹子。明太仓人。云蒸子。少补诸生。博学嗜古，为文俊逸有致，诗亦浑脱流利。卒年 52。

医相地师易卦论　经部易类　佚

读左参镜　经部春秋左传类　佚

贤奸论略　史部史评类　佚

读史参镜　史部史评类　佚

赵氏单传世家　史部传记类　佚

资世则言　子部儒学类　佚

玉林飞屑　子部典故类　佚

巨丽子（一作巨鹿子）　子部小说类　佚

传国海源　子部小说类　佚

以上 9 种见道光《璜泾志稿》卷 6。

桑大发

字培甫，号少白。明太仓人。介子。诸生。

十三经纂 10 卷　经部群经总义类　佚

濂洛诸书纂 10 卷　子部儒学类　佚

近康录 4 卷　子部儒学类　佚

理学有得 7 卷　子部儒学类　佚

经学纂 15 卷　子部典故类　佚

以上 5 种见光绪《常昭合志》卷 44。

殷　都(1524—?)

字无美，一字开美。明太仓人。工词赋，有盛名。万历十一年(1583)进士，年 60。知夷陵州。归贫，饘粥不给，卒于家。

筹边疏稿　史部政书类　佚

见嘉庆《直隶太仓州志》卷55。

海防图论1卷附日本考略1卷　子部兵书类

明胡宗宪编　《日本考略》殷都辑

(1) 明天启乌程闵氏刻朱墨套印本,国家图书馆藏。

(2) 清道光二十五年(1854)抄本,南开大学图书馆藏。

酒史　子部杂学类　佚

尺牍　集部别集类　佚

十笏斋稿　集部别集类

以上3种见嘉庆《直隶太仓州志》卷55。

尔雅斋文集1卷　集部别集类

1914年吴兴求恕斋抄本,国家图书馆藏。

韩　氏

明太仓人。殷都妾。能诗,尝赋《春晓》绝句,为时所称。有集附都《十笏斋稿》后,以兵火散失。

韩氏集　集部别集类　佚

见《历代妇女著作考》。

王世贞(1526—1590)

字元美,号凤洲,又号弇州山人。明太仓人。嘉靖二十六年(1547)进士。授刑部主事。后失严嵩意,出为山东副使。隆庆初,官至南京刑、兵二部侍郎,进南京刑部尚书。李攀龙殁,主文坛20年,为"后七子"首领。《明史》卷287有传。

读易纂5卷首1卷　经部易类

明张元蒙辑

明万历王世贞、王锡爵等校刻本,北京大学图书馆藏。

新刊家礼或问须知　经部礼记类

明郑必撰　王世贞、王世懋校

日本江户写本，日本内阁文库藏。

新刻王凤洲先生课儿左传文髓2卷　经部春秋左传类

明刻本，东北师范大学图书馆藏。

春秋类四篇　经部春秋总义类

见宣统《太仓州志》卷25。

新刻校正圆机活法诗学全书24卷附圆机活法韵学全书14卷　经部小学类

明王世贞编　杨淙校

(1) 明万历二十年(1592)唐谦刻本，中国人民大学图书馆、台湾“中央图书馆”原藏。

(2) 明刻本，温州市图书馆藏。

(3) 明末郁冈山房刻本，北京大学图书馆藏。

(4) 清文锦堂刻本，山东大学图书馆藏。

(5) 清嘉庆六年(1801)崇德书院刻本，山东大学图书馆藏。

(6) 清道光十五年(1835)英德堂刻本，北京师范大学图书馆藏。

(7) 日本明治十七年(1884)日本山中出版社出版，国家图书馆藏。

(8)《故宫珍本丛刊》本。

阐奇集1卷　经部小学类

明刻本，中山大学图书馆藏。

皇明肃皇外史46卷　史部编年类

明范守己编著　王世贞订讹

明抄本，国家图书馆、美国普林斯顿大学图书馆藏。

国朝纪要10卷　史部编年类

明王世贞等撰

明刻本，国家图书馆藏。

新刻王凤洲先生签题通鉴精纂总论　史部编年类

明万历三十三年潭邑詹霖宇刻本，国家图书馆藏。

凤洲纲鉴会纂 39 卷首 1 卷　史部编年类

明王世贞撰

(1) 明万历间书林余彰德刻本,山东师范大学图书馆藏。

(2) 明刻本,日本静嘉堂文库藏。

(3) 清光绪二十五年(1899)扫叶山房铅印本,郑州大学图书馆藏。

按:附《御撰资治通鉴纲目三编》20 卷,清张廷玉等撰。

(4) 清聚秀堂刻本,美国哈佛大学燕京图书馆藏。

纲鉴大全 39 卷首 1 卷　史部编年类

(1) 明刻本,故宫博物院图书馆藏。

(2) 明横秋阁刻本,韩国涧松文库藏。

王凤洲先生纲鉴正史全编 24 卷附记 1 卷历代舆地图 1 卷续凤洲纲鉴 8 卷　史部编年类

明王世贞撰　陈臣忠纂　张睿卿辑　陈仁锡评

(1) 明崇祯十二年(1639)刻本,国家图书馆藏。

(2) 清初刻本,上海师范大学图书馆藏。

新刻王凤洲先生编纂历史纲鉴 40 卷　史部编年类

清初刻本,上海图书馆藏。

重订王凤洲先生纲鉴会纂 46 卷续宋元纪 23 卷　史部编年类

明王世贞撰　陈仁锡订

(1) 明末刻本,故宫博物院藏。

(2) 清康熙间聚锦堂刻本,附上虞朱璘《明纪辑略》16 卷,南京图书馆藏。

袁了凡先生重订凤洲纲鉴世史类编 39 卷首 1 卷　史部编年类

明王世贞撰　袁黄重订

明陈长卿刻本,北京大学图书馆藏。

新刻世史类编 45 卷首 1 卷　史部编年类

明李纯卿撰　谢迁补遗　王守仁覆详　王世贞会纂　李槃增修

(1) 明万历三十四年书林余彰德刻本,国家图书馆藏。

(2) 明书林张起鹏刻本,天一阁图书馆藏。

(3) 清初增修本,71 卷,美国哈佛大学燕京图书馆藏。

(4)《四库禁毁书丛刊》本,影印余氏刻本。

重订王凤洲先生纲鉴会纂 46 卷　史部编年类

(1) 清道光间北京善成堂刻本,山东大学图书馆藏。

(2) 清光绪十三年上海大同书局石印本,北京大学图书馆藏。

(3) 清光绪二十六年刻本,吉林大学图书馆藏。

(4) 清纬文堂刻本,上海图书馆藏。

(5) 清金玉楼刻本,大连市图书馆藏。

袁王纲鉴合编 39 卷　史部编年类

明王世贞、袁黄辑

(1) 清光绪三十年商务印书馆铅印本,上海图书馆、南京图书馆藏。

(2) 清光绪三十年上海图书集成书局铅印本,上海图书馆藏。

(3) 清光绪三十三年上海华商集成图书公司铅印本,辽宁省图书馆藏。

(4) 民国间扫叶山房石印本,上海图书馆藏。

(5) 民国文瑞楼石印本,辽宁省图书馆藏。

(6) 1913 年锦章书局石印本,北京大学图书馆藏。

(7) 1936 年世界书局出版,中国科学院图书馆藏。

历朝纲鉴会纂 39 卷首 1 卷　史部编年类

(1) 清光绪二十五年上海扫叶山房铅印本,国家图书馆藏。

(2) 清乾隆五十六年(1791)刻本,国家图书馆藏。

(3) 清学源堂刻本,国家图书馆藏。

历史纲鉴补汇评 39 卷　史部编年类

(1) 清光绪二十八年上海富强斋石印本,辽宁大学图书馆藏。

(2) 1920 年上海鸿宝书局石印本,北京师范大学图书馆藏。

镌王凤洲先生会纂纲鉴历朝正史全编 23 卷　史部编年类

(1) 明万历十八年余彰德萃庆堂刻本，上海图书馆藏。

(2)《四库禁毁书丛刊》。

鼎镌钟伯敬订正资治通鉴正史大全74卷首1卷　史部编年类

明万崇祯刻本，天津市图书馆藏。

合镂纲鉴通纪今古合录注断论策题旨大全20卷首1卷　史部编年类

明王世贞编　汤显祖注

明崇祯刻本，日本关西图书馆藏。

新刊翰林考正纲目批点音释少微节要通鉴大全20卷　史部编年类

明江贽撰　王世贞考订

明建邑书林余氏敬贤堂刻本，美国哈佛大学燕京图书馆藏。

纲鉴标题要选10卷总断1卷　史部编年类

明刻本，明天一阁藏本。

通鉴笺注72卷　史部编年类

明王世贞撰　汪明际评　钟人杰笺注

明崇祯二年刻本，中国科学院图书馆藏。

新刻明朝通纪会纂7卷　史部编年类

题明王世贞会纂　王政敏订正　明王汝南补定

(1) 清初刻本，国家图书馆藏。

(2)《四库禁毁书丛刊》本。

弇山堂别集100卷　史部杂史类

(1) 明万历十八年金陵翁良瑜雨金堂刻本，左右双边，国家图书馆藏。

(2) 明万历十八年金陵刻本，四周单边，辽宁大学图书馆藏。

(3) 清光绪广雅书局刻本，南京图书馆藏。

(4)《四库全书》本。

(5) 台湾《中国史学丛书》本。

(6) 1985年中华书局出版。

(7)《中华再造善本》本。

(8) 2017年上海古籍出版社出版。

张司马定浙二乱志1卷　史部杂史类

(1)《纪录汇编》本。

(2)《丛书集成初编》本。

(3)《弇州史料后集》本。

史乘考误2卷　史部杂史类

(1)《弇州史料后集》本。

(2)《弇州堂别集》本。

(3)《稗统》本。

(4)《弇州四部稿》本。

(5) 清抄《皇明修文备史》本,国家图书馆藏。

庚戌始末志1卷　史部杂史类

(1)《皇明修文备史》本。

(2)《弇州史料前集》本。

皇明历朝功德捷录注释题评1卷　史部杂史类

明王世贞撰　顾充注评　李良翰编

明万历二十三年刻本,北京大学图书馆藏。

历史古镜30卷　史部杂史类

日本江户写本,日本公文书馆藏。

召见纪事　史部杂史类

天言汇录10卷　史部杂史类

按:收入《弇州史料》中。

朝野异闻　史部杂史类　佚

识小录(一作弇山堂识小录)20卷　史部杂史类

按:即《丁戊小识》,后改此名。《弇州山人四部稿》卷71作24卷,嘉靖二十七年次朝廷典故为此书。

明野史汇100卷　史部杂史类　佚

以上5种见宣统《太仓州志》卷25。

新刻王弇州文部读史论辨 4 卷　史部史评类

明刻本，北京师范大学图书馆藏。

史纂钞选 2 卷　史部史评类

韩国刻本，韩国光武君四年(1902)刻本，韩国国立中央大学图书馆藏。

左逸 1 卷短长 1 卷　史部史评类

(1) 明刻本，天一阁藏。

(2)《弇州山人四部稿》本。

史记短长说 2 卷　史部史评类

(1)《凌氏传经堂丛书》本。

(2)《海山仙馆丛书》本。

(3)《史记评林》附本，1 卷。

(4) 明万历菜室居士曹湜刻本，题《短长》，上海图书馆藏。

苏长公外纪　史部传记类

(1) 明刻本，16 卷，南京图书馆、东北师范大学图书馆藏。

(2) 明万历二十六年玉峰沈麟嘉刻本，16 卷，国家图书馆藏。

(3) 明万历二十二年璩氏燕石斋刻本，12 卷，上海图书馆藏。

(4) 明万历二十二年璩氏燕石斋刻本二十三年重修本，国家图书馆藏。

(5) 清光绪二年停琴寄笠山房刻本，12 卷，南京大学图书馆藏。

(6)《宋四家外纪四种》本，题《苏东坡外纪》15 卷。

(7) 明刻《东坡集选》本，2 卷，附璩之璞《逸编》1 卷，南京图书馆藏。

名卿绩纪 4 卷　史部传记类

(1)《纪录汇编》本。

(2) 台北《明代传记丛刊》本。

(3)《丛书集成初编》本，据《纪录汇编》本影印。

嘉靖以来首辅传8卷　史部传记类

(1) 明万历四十五年茅元仪刻本，国家图书馆、上海图书馆藏。

(2) 明抄本，作3卷，北京大学图书馆藏。

(3)《四库全书》本。

(4)《借月山房汇钞》本。

(5)《螺树山房丛书》本。

(6)《指海》本。

(7)《泽古斋重钞》本。

(8)《丛书集成初编》本。

(9)《明清史料汇编》本。

(10) 2016年中州古籍出版社影印本。

弇州史料前集30卷后集70卷　史部传记类

明王世贞撰　董复表汇次

(1) 明万历四十二年刻本，上海图书馆、国家图书馆藏。

(2)《四库全书存目丛书》本，仅前集。

(3)《四库禁毁书丛刊》本。

皇明名臣琬琰录32卷　史部传记类

明王世贞续辑

(1) 明抄本，浙江图书馆藏。

(2)《四库禁毁书丛刊补编》本。

镌两状元编次皇明要考6卷　史部传记类

明王世贞撰　焦竑编

明万历三十六年三衢舒承溪刻本，国家图书馆藏。

昆仑山人(王光胤)传不分卷　史部传记类

(1) 清抄本，苏州博物馆资料室藏。

(2) 无锡孙氏玉堂抄本，上海图书馆藏。

按：昆仑山人系王叔承，初名光胤，更字承父，晚又字子幻，复名灵岳，自号昆仑山人，吴江人。与王锡爵为布衣交，性嗜酒，其诗文极为王世贞称赏。

国朝公卿年表　史部传记类

《弇州堂别集》本。

皇明任子考 1 卷　史部传记类

明刻本，附郭良翰《历代象贤录》后，美国哈佛大学燕京图书馆藏。

昙阳传略不分卷　史部传记类

(1) 抄本，南京图书馆藏。

(2) 抄本，上海图书馆藏。

(3) 清光绪十四年周文梓抄本，华东师范大学图书馆。

(4)《弇州四部稿》本。

弇州山人续稿碑传 80 卷　史部传记类

台北《明代传记丛刊》本。

杨忠愍公行状 1 卷　史部传记类

明万历二十六年刻本，上海图书馆藏。

皇明盛事(列朝盛事)1 卷　史部政书类

(1)《说郛续》本。

(2)《皇明百家小说》本。

(3)《五朝纪事》本。

(4)《明六十家小说》本。

(5)《借月山房汇钞》本。

(6)《指海》本。

(7)《泽古斋丛抄》本。

(8)《丛书集成初编》本。

凤洲杂编 6 卷　史部政书类

(1)《纪录汇编》本。

(2)《丛书集成初编》本。

(3)《胜朝遗事二编》本，题作《凤洲笔记》。

(4) 台湾广文书局《笔记丛编》本。

皇明盛事述3卷异典述5卷异事述1卷　史部政书类

(1)《弇州史料后集》本。

(2)《弇州堂别集》本。

今古合录　史部政书类

见《清代各省禁书汇考》。

伏阙稿2卷　史部政书类

(1) 明隆庆刻本,台湾故宫博物院藏,南京图书馆藏胶卷。

(2)《原国立北平图书馆甲库善本丛书》本。

锦衣志1卷　史部政书类

(1)《弇州史料前集》本。

(2)《纪录汇编》本。

(3)《说郛续》本。

(4)《丛书集成初编》本。

(5)《胜朝遗事二编》本。

(6)《续修四库全书》本。

(7)《弇州四部稿》本。

弇山园十二记1卷　史部地理类

(1) 明章藻刻本,上海图书馆藏。

(2) 日本明和木氏兼霞堂刻本,南京图书馆藏。

(3)《弇山四部续稿》本。

安南传2卷　史部地理类

(1)《纪录汇编》本。

(2)《丛书集成初编》本。

(3)《皇明逸史》本。

(4)《弇州史料前集》本。

(5)《弇州四部稿》本。

(6)《明经世文编》本。

哈密志1卷　史部地理类

(1)《弇州史料前集》本。

(2)《明代西域史料辑要》本。

笠泽游记不分卷　史部地理类

明王世贞、李维桢等撰

明万历间刻本,郑振铎跋,国家图书馆藏。

倭志1卷　史部地理类

(1) 明抄本,国家图书馆藏。

(2)《弇州史料前集》本。

(3)《弇州四部稿》本。

(4)《明经世文编》本。

天下名山游记　史部地理类

明何镗原辑　王世贞增辑　清吴秋士选辑

1936年中央书店刻本,国家图书馆藏。

阳羡诸游稿1卷　史部地理类

(1) 明嘉靖刻本,台湾故宫博物院藏。

(2)《原国立北平图书馆甲库善本丛书》本。

戊辰三郡稿1卷丙辰奉使三郡稿1卷　史部地理类

(1) 明小西室刻本,台湾故宫博物院藏。

(2)《原国立北平图书馆甲库善本丛书》本。

游太和杂稿1卷　史部地理类

(1) 明万历刻本,台湾故宫博物院藏。

(2)《原国立北平图书馆甲库善本丛书》本。

庐山游稿1卷游太湖稿1卷　史部地理类

(1) 明刻本,北京大学图书馆藏。

(2)《明别集丛刊》第三辑本。

新刊凤洲先生签题性理精纂约义8卷首1卷　子部儒学类

(1) 明万历三十四年詹霖宇刻本,重庆市图书馆藏。

(2)《续修四库全书》本。

锲二王分类批点注释国朝名儒垂世胪言6卷　子部儒学类

明王世贞辑　王世懋注

明王锡爵刻本，北京大学图书馆藏。

孙子1卷　子部兵书类

周孙武撰　明王世贞评释

《兵垣四编》本(套印本)。

孙子十三篇　子部兵书类

唐杜牧注　明王世贞评

明末刻本，附古逸诗2卷(钟惺，谭元春评)，上海图书馆藏。

孙子参同5卷　子部兵书类

明李贽辑　王世贞、袁黄批注

明万历四十八年乌程闵氏松筠馆刻朱墨套印，华东师范大学图书馆藏。

新编皇明戚将军将略韬略世法2卷　子部兵书类

明戚继光辑　王世贞订正

《武书大全》本。

韩非子评注20卷　子部先秦诸子类

韩非子撰　明王世贞评

(1) 清嘉庆九年(1804)宝庆经纶堂刻本，厦门大学图书馆藏。

(2)《九子全书》本。

计倪子20卷　子部先秦诸子类

题计然撰　明王世贞评

《诸子合刻》本。

王氏书苑10卷补益12卷王氏画范10卷补益4卷　子部艺术类

明王世贞撰　詹景凤补益

(1) 明万历十八年至十九年王元贞刻本，国家图书馆、南京图书馆藏。

(2) 明刻本，国家图书馆藏。

(3) 1922 年上海泰东图书馆据明本石印本，国家图书馆藏。

(4)《四库全书存目丛书》本。

古今法书苑 76 卷　子部艺术类

(1) 明刻本，清华大学图书馆藏。

(2) 明王乾昌刻本，上海图书馆藏。

弇州墨刻跋 4 卷　子部艺术类

《石刻史料新编》本。

按：即《弇州四部稿》卷 133—136。

鼎镌今古合录纲鉴历代帝王歌曲图 20 卷　子部艺术类

明王世贞撰　汤显祖笺

明崇祯刻本，国家图书馆藏。

按：此书疑伪托。

十八罗汉图　子部艺术类

宋苏轼颂　明王世贞赞

日本贞亨四年刻本，美国哈佛大学燕京图书馆藏。

按：此书疑伪托。

王世贞家藏宝镜翰墨双璧　子部艺术类

明万历刻本，日本前田育德会藏。

论画 1 卷画跋 2 卷续画跋 1 卷　子部艺术类

明王世贞撰　清邹钟灵辑

《绘事晬编》本。

弇州山人题跋 7 卷　子部艺术类

《弇州四部稿》本。

弇州山人题跋 22 卷　子部艺术类

汤志波辑校。2012 年浙江人民美术出版社出版。

按：包括杂文跋 2 卷、墨迹跋 8 卷、碑刻墨刻跋 6 卷、画跋 6 卷。

弈问　子部艺术类

《说郛续》本。

按：此书疑伪托。

少阳丛谈 20 卷　子部杂学类

见《弇州山人四部稿》卷 71 序。

王世贞行书诗　子部艺术类

《明清书法墨迹丛帖》本。

爽鸠氏言 2 卷　子部杂学类　佚

见宣统《太仓州志》卷 25。

学古编 1 卷附录 1 卷　子部杂学类

元吾丘衍撰　明王世贞校　日本山田好之点

日本宽保三年刻本，日本静嘉堂文库藏。

读书后 8 卷　子部杂学类

(1) 明刻本，许恭订，国家图书馆、上海图书馆藏。

(2) 清乾隆二十一年(1756)梁溪顾氏刻本，上海图书馆藏。

(3) 清乾隆二十七年天随堂刻本，上海图书馆藏。

(4) 清味菜庐木活字印本，上海图书馆藏。

(5)《四库明人文集丛刊》本。

(6)《四库全书》本。

(7)《中华再造善本》本。

(8)《明别集丛刊》第三辑本。

王氏札记 2 卷　子部杂学类

(1)《弇州四部稿》本。

(2)《弇州史料后集》本。

(3)《槐下新编雅说集》本。

按：焦竑《国史・经籍志》、黄虞稷《千顷堂书目》皆著录。

汇苑详注 36 卷　子部典故类

题明王世贞辑　邹善长重订

(1) 明万历二十三年刻本，首都图书馆藏。

(2) 明万历二十三年刻清补刻本，上海图书馆藏。

(3) 明万历三十三年书林梅墅石渠阁刻本,北京大学图书馆藏。

(4)《四库全书存目丛书》本。

异物汇苑 5 卷　子部典故类

题明王世贞辑

(1) 明刻本,原阙第 5 卷,故宫博物院藏。

(2)《四库全书存目丛书》本。

(3) 明嘉靖刻本,台湾傅斯年图书馆藏。

按:《四库全书总目》认为是伪作。

二三场经济考 6 卷　子部典故类

明王世贞辑　汪旭奇补

明崇祯元年刻本,湖北省图书馆藏。

四六雕龙(骈语雕龙)4 卷　子部典故类

明游日章辑　王世贞选　林世勤注

(1) 明万历十七年书林叶近山刻本,中共中央党校图书馆藏。

(2) 明万历十四年刻本,上海图书馆藏。

(3) 明万历十六年三山李文轩刻本,日本东京大学综合图书馆藏。

(4) 明万历十六年金陵周竹潭刻本,日本蓬左文库藏。

(5)《宝颜堂秘笈》本。

新镌王先生汇选四六旁训评林鲲鹏呈瑞 12 卷　子部典故类

明刻本,日本前田育德会藏。

万斛珠类编 8 卷　子部典故类

王世贞原本　清秦锡淳辑

清同治五年(1866)荣茂堂刻本,上海图书馆藏。

唐世说新语 13 卷　子部小说类

唐刘肃撰　明王世贞校

明万历三十二年刻本,上海图书馆藏。

世说新语补 4 卷　子部小说类

明何良俊撰　王世贞删定

(1) 明凌濛初刻本，凌濛初考订，苏州图书馆藏。

(2) 明万历十四年余碧泉刻本，8卷，凌瀛初考订，南京图书馆藏。

按：此本当据凌濛初本翻刻，改濛初为瀛初。

(3) 明刻本，张懋臣考定，浙江图书馆藏。

(4) 明刻本，张懋臣考定，8卷，无锡市图书馆藏。

(5) 清康熙十五年(1676)永德堂刻本，翻刻凌濛初本，平湖市图书馆藏。

(6)《四库全书存目丛书》本。

世说新语补20卷附释名1卷　子部小说类

刘宋刘义庆撰　梁刘孝标注　明何良俊增补　王世贞删定　王世懋批释　张文柱校注

见“王世懋”条。

觚不觚录1卷　子部小说类

(1)《弇州史料后集》本。

(2)《广百川学海》本。

(3)《宝颜堂秘笈》本。

(4)《四库全书》本。

(5)《说郛续》本。

(6)《借月山房汇钞》本。

(7)《皇明百家小说》本。

(8)《指海》本。

(9)《泽古斋重钞》

(10)《式古居汇钞》本。

(11)《古今说部丛书》本。

(12)《说库》本。

(13)《丛书集成初编》本。

(14)《胜朝遗事》本。

(15)《五朝纪事》本。

宛委余编 19 卷　子部小说类

(1)《弇州山人四部稿》本。

(2)《说郛续》本,仅 1 卷。

(3)《稗统》本。

调谑编 1 卷　子部小说类

宋苏轼撰　明王世贞辑

《八公游戏丛谈》本。

剑侠传 4 卷　子部小说类

(1)《古今逸史》本。

(2)《秘书二十一种》本。

(3)《丛书集成初编》本。

(4)《景印元明善本丛书十种》本。

(5)《说郛续》本,1 卷,下同。

(6)《五朝小说》本。

(7)《五朝小说大观》本。

(8)《唐人说荟》本。

(9)《唐代丛书四集》本。

(10)《龙威秘书》本。

(11)《艺苑捃华》本。

(12)《说库》本。

(13)《晋唐小说畅观》本。

按:旧题唐人撰,余嘉锡《四库提要辩证》考定为王世贞撰。

玉茗堂摘评王弇州先生艳异编 12 卷　子部小说类

题明王世贞撰　汤显祖评

(1) 明刻朱墨套印本,上海图书馆藏。

(2)《续修四库全书》本。

(3) 明刻朱墨套印本,8 卷,国家图书馆藏。

(4) 明刻本,45 卷,国家图书馆藏。

(5) 明刻本,53卷,上海图书馆藏。

(6) 明读书坊刻本,53卷,旅大市(大连市)图书馆藏。

(7) 明末刻本,作57卷,中国科学院图书馆藏。

(8) 明末刻本,40卷续集19卷,北京大学图书馆藏。

(9) 明玉溪书舫刻本,40卷续集19卷,台湾“中央图书馆”原藏。

(10) 明万历金阊书林玉夏斋刻本,40卷,首都图书馆藏。

(11) 明末刻本,59卷,南京图书馆藏。

(12)《古本小说集成》本,40卷续集19卷。

(13) 1998年江苏广陵古籍刻印社影印本。

白醉琐言2卷　子部小说类

明王兆云辑　王世贞阅订

明三衢徐应瑞刻本,美国普林斯顿大学图书馆藏。

湖海搜奇1卷漱石闲谈1卷　子部小说类

明王兆云编　王世贞校

明刻本,日本公文书馆藏。

书二馆人事　子部小说类

《旧小说》本。

书应生事　子部小说类

《旧小说》本。

列仙全传9卷　子部道教类

题明王世贞撰　汪云鹏补

(1) 明万历二十八年汪云鹏玩虎轩刻本,上海图书馆藏。

(2) 明刻清初德让堂重修本,国家图书馆藏。

(3) 日本庆安三年(1650)藤田庄佑卫门刻本,国家图书馆藏。

(4) 日本宽政三年(1791)京都书林申川藤四郎等刻本,宁夏大学图书馆藏。

(5)《中国古代版画丛刊》本。

(6) 1996年河北美术出版社《中国古代版画精品系列丛书》本。

(7) 2018年文物出版社出版。

南华经注16卷　子部道教类

晋郭象注　宋林希逸正义　刘辰翁点校　明王世贞点评　陈仁锡批注

明吴兴凌氏四色套印刻本,上海图书馆藏。

天宁寺塔放光记　子部佛教类

《剪灯丛话》本。

王弇州先生正续四部稿115卷　集部别集类

明刻《皇明五先生文隽》本,台湾傅斯年图书馆藏。

弇州山人四部稿174卷目录12卷　集部别集类

(1) 明万历五年王氏世经堂刻本,上海图书馆藏、国家图书馆藏。

(2) 明万历五年吴郡王氏世经堂刻本,180卷目录12卷,较174卷本多《燕语》与《野史家乘》各3卷,国家图书馆、上海图书馆藏。

(3) 抄本,据世经堂刻本,180卷目录10卷,上海图书馆藏。

(4)《原国立北平图书馆甲库善本丛书》本。

(5)《四库明人文集丛刊》本。

(6)《明别集丛刊》第三辑本。

弇州山人四部稿续稿207卷目录10卷附11卷　集部别集类

(1) 明刻本,南京图书馆、上海图书馆藏。

(2)《四库全书》本。

(3)《四库明人文集丛刊》本。

(4)《明别集丛刊》第三辑本。

弇州山人四部稿选16卷　集部别集类

明王世贞撰　沈一贯选

(1) 明万历二十年克勤斋余碧泉刻本,国家图书馆藏。

(2)《四库全书存目丛书》本。

(3) 明余继山刻本,南京图书馆藏。

(4) 日本延享五年(1748)博文堂刻本,8卷,北京大学图书馆藏。

弇州山人续稿32卷　集部别集类

明抄本，上海图书馆藏。

弇州山人续稿选38卷　集部别集类

明王世贞撰　顾起元选

明万历刻本，南京图书馆、复旦大学图书馆藏。

王弇州金鱼赋1卷　集部别集类

明王世贞撰　日本坂上文英注

日本宝历九年(1759)刻本，日本东京大学综合图书馆藏。

四部稿跋1卷　集部别集类

抄本，日本静嘉文库藏。

按：此为碑刻跋文。

精华录　集部别集类

见《清代各省禁书汇考》。

王凤洲集4卷　集部别集类

《明十二家诗选》本。

弇州先生五言律诗选4卷七言律诗选8卷　集部别集类

明王世贞撰　胡应麟辑

明童野云刻本，清华大学图书馆藏。

王弇州集　集部别集类

《明经世文编》本。

王弇州咏物诗1卷　集部别集类

明王世贞撰　日本小池桓点

日本享保二十一年刻本，日本京都产业大学图书馆藏。

王弇州集20卷　集部别集类

清张汝瑚选

(1)《明十一大家集》本。

(2)《明六名家集》本。

王副使集1卷　集部别集类

(1)《盛明百家诗前编》本。

(2)《明别集丛刊》第三辑本。

续王凤洲集 2 卷　集部别集类

(1)《盛明百家诗后编》本。

(2)《明别集丛刊》第三辑本。

王弇州先生崇论 7 卷　集部别集类

明王世贞撰　秀水李衷纯辑

明天启四年(1624)《王郭两先生崇论》本,北京大学图书馆藏。

弇州集选 6 卷　集部别集类

明王世贞撰　清姚佺、孙枝蔚选

《明四杰诗选》本。

王弇州诗　集部别集类

《藜照楼明二十四家诗定》本。

弇州山人诗集 52 卷　集部别集类

清光绪三十三年渭南严氏《明四子诗集》本,浙江图书馆藏。

王凤洲诗 1 卷　集部别集类

明蓝庚生《皇明四大家诗选》。

凤洲文选　集部别集类

(1)《皇明十大家文选》本,4 卷。

(2)《皇明八才子文选》本,8 卷。

弇州山人文钞 12 卷　集部别集类

明万历刻本,陆弘祚阅,浙江图书馆藏。

皇明大家王弇州文钞 2 卷　集部别集类

清刻本,国家图书馆藏。

王元美文钞 1 卷　集部别集类

《八代文钞》本。

王元美先生文选 26 卷　集部别集类

明王世贞撰　乔时敏辑

明万历四十三年吴琯西爽堂刻本，浙江图书馆藏。

皇明大家王弇州文钞 2 卷　集部别集类

韩构字本，韩国高丽大学图书馆藏。

重锲凤洲王先生文抄注释 4 卷续刻 4 卷　集部别集类

明王世贞撰　杨维桢注

明万历二十五年书舍林显刻本，美国哈佛大学燕京图书馆藏。

王元美七律钞　集部别集类

《石研斋七律抄选》本，国家图书馆藏。

新锲会元汤先生评林弇州文选 4 卷　集部别集类

明书林詹圣泽刻本，汤宾尹评，上海图书馆藏。

弇州先生尺牍 3 卷　集部别集类

明刻本，复旦大学图书馆藏。

王凤洲尺牍 2 卷　集部别集类

《国朝七名公尺牍》本。

弇园摘芳 3 卷　集部别集类

明王世贞撰　释玉宣编

日本宽保二年(1742)刻本，日本静嘉堂文库藏。

凤洲笔记 24 卷续集 4 卷后集 4 卷　集部别集类

明王世贞撰　黄美中编

(1) 明黄美中刻本，北京大学图书馆藏。

(2)《四库全书存目丛书》本。

(3) 清钞本，福建师大图书馆藏。

(4)《胜朝遗事》本。

金虎集　集部别集类

金虎别集 6 卷　集部别集类

海岱集 12 集　集部别集类

幽忧集 2 卷　集部别集类

以上 4 种见《弇州山人年谱》。

拟古诗1卷　集部别集类

明徐中行刻本,天一阁藏书。

山园杂著2卷　集部别集类

明万历刻本,美国哈佛大学燕京图书馆藏。

入楚稿1卷入晋稿1卷入浙稿2卷入魏稿2卷　集部别集类

明刻本,国家图书馆藏。

曹子建集10卷　集部别集类

魏曹植撰　明李梦阳、王世贞批评

明天启元年(1621)凌性德刻朱墨套印,国家图书馆藏。

镌太仓王氏音释骆丞集10卷　集部别集类

唐骆宾王撰　明王世贞注　清蒋孟育评

(1) 明武林文远堂刻本,明蒋孟育评,日本京都大学图书馆藏。

(2) 明刻清印本,上海图书馆藏。

王凤洲先生校选白乐天长庆集22卷元稹长庆集9卷　集部别集类

唐白居易撰　明王世贞辑

明徐守铭宁寿堂刻本,中国科学院图书馆藏。

杜工部集20卷首1卷　集部别集类

唐杜甫撰　明王世贞等评

(1) 清道光十四年芸叶盦五色套印本,上海图书馆藏。

(2) 清光绪二年粤东翰墨园五色套印本,上海图书馆藏。

乔庄简公集10卷　集部别集类

明乔宇撰　王世贞辑

明隆庆刻本,美国哈佛大学燕京图书馆藏。

己宽堂集4卷　集部别集类

明乔宇撰　王世贞选

明万历刻本,台湾"中央图书馆"原藏。

宗先生子相文12卷　集部别集类

明宗臣撰　王世贞校

明万历书林邓氏云竹斋刻本，台湾傅斯年图书馆藏。

周叔夜先生集 11 卷　集部别集类

明周思兼撰　王世贞选　徐益孙、冯大受校

明万历十年周绍元刻本，上海图书馆藏。

谢茂秦集 2 卷　集部别集类

明谢榛撰　王世贞辑

明嘉靖刻本，国家图书馆藏。

沧溟先生集 30 卷附录 1 卷　集部别集类

明李攀龙撰

明隆庆六年(1572)王世贞刻本，南开大学图书馆藏。

补注李沧溟先生文选 4 卷附录 1 卷　集部别集类

明李攀龙　王世贞等撰

明宋光廷刻本，中山大学图书馆藏。

评林新镌甀甄洞稿 20 卷诗集 6 卷　集部别集类

明吴国伦撰　王世贞评

明万历十六年清白堂杨新泉刻本，复旦大学图书馆藏。

镌翰林考正国朝七子诗集注解 7 卷　集部总集类

明李攀龙、王世贞等撰　李廷机考正

(1) 明万历二十二年郑云竹宗文书舍刻本，国家图书馆藏。

(2) 明刻本，国家图书馆藏。

(3)《中华再造善本》本。

(4) 日本元禄二年(1689)刻本，题《新刻陈眉公考正国朝七子诗集注解》，国家图书馆藏。

明七子诗选注 7 卷　集部总集类

明李攀龙、王世贞等撰　清汪淇、汪惆订正

清初还读斋刻本，福建师范大学图书馆藏。

九大家诗选 12 卷　集部总集类

明李攀龙、王世贞等撰

清初古吴李秀芝服古堂刻本，美国哈佛大学燕京图书馆藏。

四先生文范 4 卷　集部总集类

明李献吉、李攀龙、王世贞、汪道昆撰　日本大内忠大夫点和刻本，日本东京大学东洋文化研究所藏。

南北二鸣编 2 卷　集部总集类

明李攀龙、王世贞撰　张献翼校

（1）明吴郡张氏刻本，台湾“中央图书馆”原藏。

（2）明天启刻本，国家图书馆藏。

皇明茅鹿门王弇州二大家文钞　集部总集类

明茅坤、王世贞撰　朝鲜申最编选

韩构字本，韩国国立中央图书馆藏。

盛明五大家律诗钞　集部总集类

明王世贞等撰　朝鲜申最编选

韩构字本，韩国雅丹文库藏。

名世文宗 22 卷　集部总集类

明王世贞原选　钟惺增订

（1）明刻本，浙江图书馆藏。

（2）清嘉庆四年姜德大余庆书屋抄本，4 卷，上海图书馆藏。

正续名世文宗 16 卷　集部总集类

明王世贞编选　钱允治参订　陈继儒校注

明万历四十五年翼圣堂刻本，上海图书馆藏。

新刊凤洲先生精选历代文宗 8 卷　集部总集类

明万历十三年金陵周玉堂刻本，故宫博物院藏。

陈眉公批点名世文宗拔萃 8 卷　集部总集类

明王世贞编辑　陈继儒批点

明刻本，日本东京大学东洋文化研究所藏。

按：《名世文宗》一书，学者多以为伪托。

尺牍清裁 60 卷补遗 1 卷　集部总集类

明王世贞辑　王世懋校

(1) 明隆庆五年自刻本，上海图书馆、国家图书馆藏。

(2) 明刻本，浙江图书馆、南京图书馆藏。

(3)《四库全书存目丛书》本。

新刊小篇四六文精 6 卷　集部总集类

明王世贞辑

明崇祯刻本，上海师范大学图书馆藏。

按：此书疑伪托。

百家评注续文章轨范 7 卷　集部总集类

明邹守益选　王世贞训注　李廷机集评

(1) 明万历三十六年乔山堂刻本，日本公文书馆藏。

(2) 明余氏自新斋刻本，日本公文书馆藏。

(3) 1927 年上海扫叶山房石印本，4 卷，上海图书馆藏。

按：此书疑伪托。

明诗选 12 卷　集部总集类

明李攀龙选　蒋一葵笺释　王世贞参评

明崇祯四年顾氏读书台刻本，国家图书馆、北京大学图书馆藏。

古今翰苑琼琚 12 卷皇明宸翰 1 卷　集部总集类

明杨慎选　王世贞继选　孙鑛评并参选

明天启刻本，美国哈佛大学燕京图书馆藏。

名文拔萃 22 卷　集部总集类

明王世贞原选　钟惺增订

明刻本，日本国立国会图书馆藏。

镌海内名家手柬春谷奇英 8 卷　集部总集类

明汪道昆编　王世贞校阅

明万历二十五年书林郑世豪刻本，日本蓬左文库藏。

艺苑卮言　集部诗文评类

(1) 明万历十七年樵云书屋刻本，16 卷，上海图书馆藏。

(2) 清新安程氏刻本,16 卷,上海图书馆藏。

(3) 明万历十九年累仁堂刻本,12 卷,台湾“中央图书馆”原藏。

(4) 明万历邹道元刻本,12 卷,吉林大学图书馆藏。

(5)《弇州山人四部稿》本。

(6) 明刻本,8 卷,陕西省图书馆藏。

(7) 清刻本,6 卷,国家图书馆藏。

(8)《谈艺珠丛》本,8 卷。

(9)《历代诗话续编》本,8 卷。

(10) 1925 年中国书店铅印本,8 卷,上海图书馆藏。

(11) 罗仲鼎校注。1992 年齐鲁书社出版。

(12)《续修四库全书》本,影印樵云书屋本。

(13) 陆洁栋、周明初注。2009 年凤凰出版社出版。

艺苑卮言说诗 1 卷　集部诗文评类

《诗学丛书》本。

文章九命 1 卷　集部诗文评类

(1)《闲情小品》本。

(2)《说郛续》本。

(3)《丛书集成续编》本。

(4)《锦囊小史四十一种》本。

(5)《快书》本。

(6)《山林经济籍》本。

(7)《弇州四部稿》本。

国朝诗评(一作明诗评、诗评)4 卷　集部诗文评类

(1)《纪录汇编》本。

(2)《丛书集成初编》本。

(3)《学海类编》本,1 卷。

(4)《天都阁藏书十五种》本。

(5) 台北《明代传记丛刊》本。

(6)《凤洲笔记》本。

(7)《弇州四部稿》本。

(8)《小石山房丛书》本,1卷。

(9)《明世学山》本。

文评1卷　集部诗文评类

(1)《学海类编》本。

(2)《丛书集成初编》本。

(3)《明世学山》本。

(4)《四库全书存目丛书》本。

全唐诗说1卷　集部诗文评类

(1)《学海类编》本。

(2)《丛书集成初编》本。

(3)《四库全书存目丛书》本。

(4)《弇州四部稿》本。

卮言倪8卷　集部诗文评类

明王世贞撰　陈与郊辑

明崇祯元年赐绯堂刻本,云南大学图书馆藏。

鸣凤记2卷　集部词曲类

(1) 明刻清读书坊重修本,作《宝晋斋鸣凤记》,国家图书馆藏。

(2) 清刻本,首都图书馆藏。

(3) 清乾隆内府抄本,国家图书馆藏。

(4)《六十种曲》本。

(5)《古本戏曲丛刊初集》本。

(6)《缀白裘》本。

(7) 1959年中华书局上海编辑所出版,1960年上海第2次印刷。

(8)《续修四库全书》本。

(9) 1997年山东文艺出版社出版。

元本出相北西厢记2卷　集部词曲类

元王德信撰　明王世贞、李贽评

明万历三十八年曹臣杜起凤馆刻本，国家图书馆藏。

苏黄词钞2卷　集部词曲类

宋黄家惠、刘辰翁，明杨慎、王世贞等评点

(1) 清宣统元年(1909)石印本，南开大学图书馆藏。

(2) 民国间中华图书馆石印本，复旦大学图书馆藏。

王弇州词1卷　集部词曲类

明刻本，国家图书馆藏。

弇州山人词　集部词曲类

《惜荫堂丛书》本。

词评(一作弇州山人词评)1卷　集部词曲类

(1)《弇州四部稿》本。

(2)《雪堂韵史》本。

(3)《山林经济籍》本。

(4) 清抄本，国家图书馆藏。

(5)《广百川学海》本。

(6)《重订欣赏编七十一种》本。

(7)《欣赏续编十种》本。

(8)《天都阁藏书十五种》本。

(9)《小石山房丛书》本。

(10)《丛书集成初编》本。

(11)《锦囊小史四十一种》本。

(12)《词话丛编》本。

(13)《居家必备》本。

(14)《说郛》本。

(15)《明世学山》本。

曲评1卷　集部词曲类

《艳雪斋丛书八种》稿本。

曲藻1卷(一作欣赏曲藻、王氏曲藻)　集部词曲类

(1) 明刻本,国家图书馆藏。

(2)《广百川学海》本。

(3)《重订欣赏编》本。

(4)《雪堂韵史》本。

(5)《锦囊小史》本。

(6)《山林经济籍》本。

(7)《新曲苑》本,题作《王氏曲藻》。

(8)《历代诗学长编》,多校勘记1卷。

(9)《居家必备》本。

词林片玉4卷　集部词曲类

明王世贞评选

(1) 明万历刻本,内蒙古图书馆藏。

(2) 清抄本,中国人民大学图书馆藏。

按:部分学者以为王世贞撰有《金瓶梅词话》100卷。因未有定论,本书不予著录。

张振之

字仲起,号起潜。明太仓人。嘉靖三十八年(1559)进士。授处州推官。擢监察御史、南京兵部员外郎。历吉安、杭州知府、按察副使等。尝识拔汤显祖,显祖师事之。卒年57。

巡仓奏议　史部政书类　佚

时政条陈　史部政书类　佚

全浙条编　史部政书类　佚

江南七议　史部政书类　佚

理学辨　子部儒学类　佚

以上5种见宣统《太仓州志》卷25。

玄亭闲话6卷　子部杂学类

明周锡撰

明隆庆元年(1567)张振之刻本,国家图书馆藏。

桑大协

字华甫,号守白。明太仓人。介子,大发弟。嘉靖三十四年(1555)举人。任清流县,后任杭州府通判。

闲窗吟稿　集部别集类　佚

见光绪《常昭合志》卷44。

姚　氏

明太仓人。王绂妻。夫妇相酬唱,绂时逊为不及。

翠萝居诗稿　集部别集类　佚

见《历代妇女著作考》。

曹乾学

字叔骥。明太仓人。官京营守备。与世贞为姻家,又与赵宧光辈友善。诗文多游览酬赠之作。

兔园草6卷　集部别集类　佚

纳瓢诗集　集部别集类　佚

以上2种见宣统《太仓州志》卷25。

王锡爵(1534—1610)

字元驭,号荆石。明太仓人。嘉靖会试第一,廷试第二,授编修。万历初掌翰林院,累官礼部右侍郎、礼部尚书,兼文渊阁大学士。首请禁谄谀,抑奔兢,戒虚浮,节侈靡,辟横议,简工作,帝咸褒纳,为首辅。时册立久不行,锡爵切谏,不报,为言官所攻,乃自劾乞罢。不许,改吏部尚书。万历三十八年(1610)卒,谥文肃。《明史》有传。

春秋左传释义评苑20卷首1卷　经部春秋左传类

明万历十八年嘉宾堂刻本，国家图书馆藏。

春秋日录30卷　经部春秋总义类　佚

见宣统《太仓州志》卷25。

镌汇附百名公丛谭春秋讲义会编30卷　经部春秋总义类

明末刻本，南京图书馆藏。

春秋题旨辑要2卷　经部春秋总义类

明王锡爵原本　王遵扆增辑

清乾隆五十五年(1790)刻本，余姚梨州文献馆藏。

新刊史学备要纲鉴会编48卷新刊史学备要史纲统会23卷　史部编年类

明王锡爵辑　明黄凤翔编

明万历六年书林郑以厚刻本，辽宁省图书馆藏。

新刻补遗标题论策指南纲鉴纂要30卷　史部编年类

明余有丁删辑　明申时行补遗　明王锡爵考正

明万历二十七年余氏自新斋刻本，南京图书馆、安徽省博物馆藏。

召见记　史部杂史类　佚

见《清代各省禁书汇考》。

新刻李太史秘藏王阁学汉书选要钞评2卷　史部史评类

明王锡爵辑　李廷机评

明万历张弘道刻本，中山大学图书馆藏。

万历十四年会试录1卷　史部传记类

明王锡爵等编

明万历间太仓王氏家刻本，台湾"中央图书馆"原藏。

王凤洲先生神道碑1卷　史部传记类

明万历年间太仓王氏刻本，上海图书馆藏。

按：附王士骐《王凤洲先生行状》后。

文肃王公奏草22卷　史部政书类

(1) 明天启二年(1622)王时敏刻本，浙江图书馆藏。

(2)《中国文献珍本丛书》本。

暖阁召见纪事1卷召对录1卷请储沥疏3卷　史部政书类

见《千顷堂书目》卷5。

密揭辨仪1卷请储沥疏2卷　史部政书类

见《千顷堂书目》卷30。

历代名臣奏疏6卷　史部政书类

明王锡爵辑

(1) 明万历二十三年南京国子监刻本，吉林大学图书馆藏。

(2) 明万历间刻本，国家图书馆藏。

(3)《续修四库全书》本。

锲二王分类批点注释国朝名儒垂世胪言6卷　子部儒学类

明王世贞辑　王世懋注

明王锡爵刻本，北京大学图书馆藏。

王文肃公文稿不分卷　集部别集类

明黄白山房钞本，南京图书馆藏。

荆石诗文集　集部别集类　佚

见《清代各省禁书汇考》。

王荆石稿1卷　集部别集类

(1) 清抄《名家制义六十一家》本。

(2) 明末陈名夏石云居刻《国朝大家制义》本，国家图书馆藏。

(3)《可仪堂一百二十名家制义》本。

王文肃公全集55卷　集部别集类

(1) 明万历四十三年太仓王氏刻本，首都图书馆、南京图书馆藏。

(2) 明天启二年王时敏刻本，浙江图书馆藏。

按：此本分《文草》14卷《牍草》18卷《奏草》23卷，卷末有天启二年何乔远序。又按：王锡爵集当有多次结集，上两种卷端皆有“孙时敏校梓”字样，然浙江图书馆藏《奏草》残本一种，卷端无“孙时敏校梓”，看板式当作万历早年。

(3) 明唐氏广庆堂刻本,国家图书馆藏。

按:此本有版权页,署唐氏广庆堂,与《四库禁毁书丛刊》比对,乃是同版,而《禁毁》作万历太仓王氏刻本,当有误。颇疑王时敏本实刻于天启间,所谓万历刻本皆非是。

(4)《四库全书存目丛书》本。

(5)《四库禁毁书丛刊》本。

(6)《明别集丛刊》第三辑本。

古今名公尺牍大全(一作历朝尺牍大全)14 卷　集部总集类

明王锡爵编

明万历三十九年金陵周近泉刻本,国家图书馆、北京大学图书馆藏。

增定国朝馆课经世宏辞 15 卷　集部总集类

明王锡爵、沈一贯辑

(1) 明万历十八年周曰校万卷楼刻本,南京图书馆、国家图书馆藏。

(2) 明末翻刻周曰校刻本,中国人民大学图书馆藏。

(3)《四库禁毁书丛刊》本。

(4)《四库全书存目丛书补编》本。

(5) 明刻本,8 卷,国家图书馆藏。

皇明馆课经世宏辞续集 15 卷　集部总集类

明王锡爵、钟翀之辑

(1) 明万历二十一年金陵周曰校万卷楼刻本,国家图书馆藏。

(2)《四库禁毁书丛刊》本。

(3) 明刻本,8 卷,国家图书馆藏。

新刻翰林诸名公评注先秦两汉文縠 5 卷　集部诗文评类

明王锡爵辑

明万历十八年书林金南扶刻本,辽宁省图书馆藏。

王荆石先生批评韩文 10 卷柳文 12 卷　集部诗文评类

明王锡爵评

明刻本，韩集未见，柳集无锡市图书馆、浙江图书馆藏。

荆石王相国段注百家评林班马英锋选10卷　集部诗文评类

明王锡爵编选　王衡校　周文翀订

明万历二十九年周时泰刻本，北京大学图书馆藏。

王世懋(1536—1588)

字敬美，号麟洲。明太仓人。世贞弟。嘉靖三十八年(1559)进士，累官太常少卿。好学善诗，文学主张与世贞略同。《明史》卷287有传。

易解　经部易类

见宣统《太仓州志》卷25。

按：此书又名《易爻辞》，即《奉常集》卷54之内容。

新刊家礼或问须知　经部礼记类

明郑必撰　王世贞、王世懋校

日本江户写本，日本国会图书馆支部内阁文库藏。

窥天外乘　史部杂史类

(1)《说郛续》本。

(2)《纪录汇编》本。

(3)《王奉常杂著》本。

(4)《丛书集成初编》本。

(5)《四库全书存目丛书》本。

(6) 明抄本，上海图书馆藏。

读史订疑1卷　史部史评类

(1) 明刻本，南京图书馆藏。

(2)《王奉常杂著》本。

(3)《说郛续》本。

王氏父子却金传1卷　史部传记类

(1)《王奉常杂著》本。

(2)《四库全书存目丛书》本。

关洛纪游稿 2 卷　史部地理类

(1)《王奉常杂著》本。

(2)《四库全书存目丛书》本。

三郡图说 1 卷　史部地理类

《王奉常杂著》本。

名山游记　史部地理类

(1)《王奉常杂著》本

(2)《续修四库全书》本。

(3)《四库全书存目全书》本。

按:包括《游二泉记》《东游记》《京口游山记》《游匡庐山记》《游九鲤湖记》《游石竹山记》《游鼓山记》《游溧阳彭氏园记》八篇。

饶南九三府总图说 1 卷　史部地理类

(1)《纪录汇编》本。

(2)《丛书集成初编》本。

(3)《四库全书存目丛书》本。

闽部疏 1 卷　史部地理类

(1)《广百川学海》本。

(2)《说郛续》本。

(3)《纪录汇编》本。

(4)《宝颜堂秘笈》本。

(5)《借月山房汇钞》本。

(6)《指海》本。

(7)《丛书集成初编》本。

(8)《泽古斋重钞》本。

(9)《四库全书存目丛书》本。

(10)《续修四库全书》本。

(11)《王奉常杂著》本。

锲二王分类批点注释国朝名儒垂世胪言 6 卷　子部儒学类

明王世贞辑　王世懋注

明王锡爵刻本，北京大学图书馆藏。

学圃杂疏 3 卷　子部农家类

(1)《说郛续》本。

(2)《四库全书存目丛书》本。

学圃杂疏 2 卷拾遗 1 卷　子部农家类

(1) 明刻本，国家图书馆藏。

(2)《王奉常杂著》本。

学圃杂疏 1 卷　子部农家类

(1)《广百川学海》本。

(2)《宝颜堂秘笈》本。

(3)《丛书集成初编》本。

按：包括《花疏》《果蔬》《蔬疏》《瓜疏》《竹疏》《豆疏》。

花疏 1 卷瓜蔬疏 1 卷　子部农家类

《居家必备》本。

望崖录内编 1 卷外编 1 卷　子部杂学类

(1)《说郛续》。

(2)《王奉常杂著》本。

澹思子 1 卷　子部杂学类

《王奉常杂著》本。

经子臆解 1 卷　子部杂学类

《王奉常杂著》本。

古今类腴 18 卷　子部典故类

(1) 明万历十九年(1591)舒石泉集贤书舍刻本，国家图书馆藏。

(2) 明崇祯静怀居刻本，无锡市图书馆藏。

(3)《四库全书存目丛书》本。

卓氏藻林 8 卷　子部典故类

明卓明卿撰　王世懋校正

(1) 明万历九年王世懋(妙香室雕)刻本,苏州图书馆、无锡市图书馆藏。

(2) 日本元禄九年(1696)刻本,北京大学图书馆藏。

二酉委谈1卷　子部小说类

(1)《王奉常杂著》本。

(2)《说郛续》本。

(3)《五朝记事四百七十三种·皇明百家小说》本。

(4)《明六十家小说》本。

(5)《纪录汇编》本。

(6)《旧小说戊集·金元明》本。

(7)《明人百家小说》本。

二酉委谈摘录1卷　子部小说类

(1)《纪录汇编》本。

(2)《丛书集成初编》本。

世说新语3卷　子部小说类

刘宋刘义庆撰　梁刘孝标注　明王世懋枇点

明万历九年乔懋敬刻本,清吴骞跋,上海图书馆藏。

世说新语6卷　子部小说类

刘宋刘义庆撰　梁刘孝标注　明王世懋评

(1) 明凌濛初刻四色套印本,上海图书馆藏。

(2) 明刻本,国家图书馆藏。

世说新语注8卷　子部小说类

刘宋刘义庆撰　梁刘孝标注　明王世懋批校

明凌濛初刻四色套印本,国家图书馆藏。

世说新语补20卷附释名1卷　子部小说类

刘宋刘义庆撰　梁刘孝标注　明何良俊增补　王世贞删定　王世懋批释　张文柱校注

(1) 明万历十三年张文柱刻本，南京图书馆、上海图书馆藏。

(2) 明集贤堂刻本，李贽批点，南京图书馆藏。

(3) 清康熙三十三年(1694)刻本，明程稱重订，4 卷，国家图书馆藏。

(4) 清乾隆二十七年(1762)江夏黄汝琳茂清书屋刻本，国家图书馆藏。

(5) 1920 年上海扫叶山房石印本，据乾隆刻本石印，上海图书馆藏。

西征集 2 卷　集部别集类

明刻本，国家图书馆藏。

符台集 1 卷白门稿略 1 卷　集部别集类

明万历五年史继书刻本，台湾“中央图书馆”原藏。

王仪部集 1 卷　集部别集类

(1)《盛明百家诗》本。

(2)《明别集丛刊》第五辑本。

王奉常集诗 15 卷目录 3 卷文 54 卷目录 2 卷　集部别集类

(1) 明万历十九年吴郡王氏刻本，浙江大学图书馆、国家图书馆藏。

(2)《四库全书存目丛书》本。

(3)《明别集丛刊》第三辑本。

按：诗集一名《摄月诗草》。

远壬文 1 卷　集部别集类

(1)《王奉常杂著》本。

(2)《四库全书存目丛书》本。

伯玉文选 4 卷　集部别集类

明汪道昆撰　王世懋选

《五家合集》本。

纪游稿 2 卷归田倡酬稿 1 卷　集部别集类

《王奉常杂著》本。

文选纂注评苑26卷　集部总集类

梁萧统辑　明王世懋删定　张凤翼纂注　陆弘祚辑订

明万历余碧泉克勤斋刻本,美国哈佛大学燕京图书馆藏。

艺圃撷余1卷　集部诗文评类

(1)《广百川学海》本。

(2)《王奉常杂著》本。

(3)《说郛续》本。

(4)《宝颜堂秘笈》本。

(5)《历代诗话》本。

(6)《诗触》本。

(7)《学海类编》本。

(8)《娄东杂著续刊》本。

(9)《谈艺珠丛》本。

(10)《古今文艺丛书》本。

(11)《丛书集成新编》本。

(12)《学诗津逮》本。

(13)《古今诗话》本。

(14)《明世学山》本。

(15)《萤雪轩丛书》本。

(16)《四库全书》本。

三子金兰翰墨4卷金兰翰墨评林续集4卷　集部诗文评类

明王世懋辑　郝世科增补

明万历书林安正堂刻本,复旦大学图书馆藏。

陈思王悲生洛水1卷　集部词曲类

楚襄王阳台入梦1卷　集部词曲类

陶朱公五湖泛舟1卷　集部词曲类

张京兆戏作远山1卷　集部词曲类

明汪道昆撰　王世懋评

以上4种《盛明杂剧三十种》本。

王奉常杂著　丛书类

明王世懋撰

明万历十三年刻本，上海图书馆藏。

子目见上。

按：宣统《太仓州志》卷25作《日省斋杂著》。

吴之彦(1536—1593)

字世美，号慎庵。明太仓人。隆庆五年(1571)进士。除中书，晋广东道御史。引疾归，补河南道，巡按福建。忤张居正，左迁山东武德兵备道。以父老乞归。

易经注　经部易类　佚

见《太仓延陵宗谱》卷14。

管志道(1536—1608)

字登之，号东溟。明太仓人。隆庆五年(1571)进士。官南京兵部主事，因上疏被勘，调改刑部。再出为广东按察佥事，名益重，从者甚众。著书数十部。

周易测六龙解1卷　经部易类

(1) 明万历二十一年(1593)甘士价刻本，上海图书馆藏。

(2)《复性书院丛刊》本，国家图书馆藏。

按：是书附《东溟粹言》1卷。

剖许少司马敬庵先生评六龙解中疑义1卷　经部易类

明万历刻本，清华大学图书馆藏。

六龙剖疑(一作周易剖疑)　经部易类

明刻本，清华大学图书馆藏。

周易蠡测(一作周易觉迷蠡测)　经部易类　佚

见宣统《太仓州志》卷25。

论语订释10卷　经部四书类

明刻本，华东师范大学图书馆藏。

论语测义　经部四书类

见宣统《太仓州志》卷25。

石经大学测义3卷重订古本大学章句合释文1卷古本大学辨义1卷中庸测义1卷重订中庸章句注释2卷重订论语注释10卷孟子订测7卷　经部四书类

明万历三十四年娄江管氏刻本，上海图书馆藏。

孟子订测7卷　经部四书类

(1) 明万历三十四年刻本，上海图书馆藏。

(2)《四库全书存目丛书》本。

大学六书8卷　经部四书类

刑漕疏议4卷　史部政书类

以上2种见宣统《太仓州志》卷25。

奏疏稿5卷　史部政书类

明刻本，国家图书馆藏。

东溟粹言1卷　子部杂学类

(1)《儒林典要三辑》本。

(2)《复性书院丛刊》本。

东溟管夫子与楚中名贤析理书1卷　子部杂学类

明万历韩敬刻本，中山大学图书馆藏。

从先维俗议5卷　子部杂学类

(1) 明万历三十年徐文学刻本，天津图书馆藏。

(2) 明抄本，上海图书馆藏。

(3) 1926年影印明刻本，南京图书馆藏。

(4)《太昆先哲遗书》本。

(5)《四库全书存目丛书》本。

(6)《故宫珍本丛刊》本。

问辨牍4卷续问辨牍4卷　子部杂学类

(1) 明万历刻本，国家图书馆藏。

(2)《四库全书存目丛书》本。

理要酬咨录2卷　子部杂学类

明万历三十年邓氏刻本，华东师范大学图书馆藏。

续原教论2卷　子部杂学类

明沈士荣撰　管志道评

明万历间刻本，中山大学图书馆藏。

南畿代射录1卷　子部杂学类

明杨希淳、管志道等撰

明刻本，国家图书馆藏。

原教论正续集2卷(一作觉迷论原教论正续3卷)　子部佛教类　佚

师门求正牍2卷　子部佛教类　佚

病榻心宗2卷　子部佛教类　佚

龙华忏法1卷　子部佛教类　佚

八九问辨牍　子部佛教类　佚

以上5种见宣统《太仓州志》卷25。

管子宪章余集2卷　子部佛教类

明万历间刻本，国家图书馆藏。

觉迷蠡测3卷剩言1卷附录1卷　子部佛教类

(1) 明万历二十八年刻本，华东师范大学图书馆藏。

(2)《四库全书存目丛书补编》。

管子惕若斋集4卷续集2卷　集部别集类

(1) 明万历二十四年刻本，国家图书馆、北京大学图书馆藏。

(2)《明别集丛刊》第三辑本。

毛　在

字君明。明太仓人。澄从曾孙。万历二年(1574)进士。授建昌府推官,擢云南道监察御史,出按贵州、山东、河南,升大理寺右丞。

重刊蔡虚斋先生四书蒙引 15 卷　史部传记类

明蔡清撰　林希元订正 毛在重订

明万历十五年吴同春刻本,浙江图书馆藏。

先进遗风 2 卷　史部传记类

明耿定向撰　毛在增补

(1) 明万历十八年毛在刻本,国家图书馆藏。

(2)《宝颜堂秘笈》本。

(3)《四库全书》本。

(4)《湖北先正遗书》本。

(5)《丛书集成初编》本。

(6)《说郛续》本,作 1 卷。

(7)《五朝小说》本,作 1 卷。

(8)《五朝小说大观》本,作 1 卷。

四疏稿　史部政书类　佚

见宣统《太仓州》卷 25。

曹子念

名昌先,以字行,更字以新。明太仓人。应诸生试不售,弃去。习古文辞,为其舅王世贞所重,世贞兄弟殁,子念意不自得,迁苏州卒。

快然阁集 10 卷　集部别集类　佚

见宣统《太仓州志》卷 25。

钱　桓(1547—1622)

字握之,号浩川。明太仓人。万历十七年(1589)进士。授任丘知县，擢山东道御史，出按畿南，再按四川，入掌河南道，升太仆寺少卿，以佥都御史巡抚南赣。

寓燕疏草 2 卷　史部政书类

1913 年钱氏听邠馆刻本，上海图书馆藏。

按蜀疏草　史部政书类

清抄本，国家图书馆藏。

抚虔疏言　史部政书类

见《太仓钱氏彭城世谱》卷 6《著述录》。

张辅之(1547—1629)

字尔赞。本姓尤，为张振之所知，改姓张。万历十四年(1586)进士，授行人。十九年，擢工科给事中。历礼兵二科都给事中、太仆太常寺卿。晋工部右侍郎、工部尚书。《明史》有传。

张司空奏议 4 卷　史部政书类

清乾隆十一年(1746)张瞻淇贻经堂刻本，国家图书馆藏。

太仆奏议 4 卷续奏议 1 卷　史部政书类

(1) 明天启间张灏、张洪等刻本，国家图书馆藏。

(2)《四库禁毁书丛刊》本。

朝鲜撤战守大关军机疏　史部政书类

清抄本，国家图书馆藏。

圣武昭布乞行勘叙疏　史部政书类

清抄本，国家图书馆藏。

工部政略奏议　史部政书类　佚

见宣统《太仓州志》卷 25。

浮沉草　集部别集类　佚

见《娄东诗派》卷 7。

张 新

字铭盘。明太仓人。万历五年(1577)进士。魏良辅弟子,王锡爵门客。曾任工部员外郎。

白垌集 6 卷　集部别集类　佚

见宣统《太仓州志》卷 25。

按:《娄东诗派》作《白罡集》。

明 因

明太仓僧。

水石居诗　集部别集类　佚

见宣统《太仓州志》卷 25。

陈允臣

明太仓人。朝典父,瑚祖。本姓张,先世自代州徙太仓。为人有壹行。

家训 4 卷　子部儒学类　佚

见钱谦益《有学集》卷 32《温如先生陈公墓志铭》。

孙 忠

字虞阳。明太仓人。文龙父。万历七年(1579)贡生。少贫困。凡子史百家及天文地理、内外典籍靡不博综。

二十一史纂　史部正史类　佚

历朝捷录　史部传记类　佚

诸子百家辑要　子部杂学类　佚

以上 3 种见宣统《太仓州志》卷 25。

王士骐

字冏伯,号澹生。明太仓人。世贞子。万历十三年(1585)解元,十七年进士。授兵部主事,任至吏部员外郎,有政绩。三十一年,为权者所嫉,坐妖书狱削籍归。屡荐不起。《明史》王世贞传附。

苻秦书 15 卷　史部杂史类　佚

见《千顷堂书目》卷 5。

皇明驭倭录 9 卷附略 2 卷寄语略 1 卷　史部杂史类

(1) 明万历间刻本,国家图书馆藏。

(2)《四库全书存目丛书》本。

(3)《续修四库全书》本。

(4) 1940 年北平燕京大学抄本,北京大学图书馆藏。

(5)《北京图书馆古籍珍本丛刊》本。

(6)《中华再造善本》本。

晋录不分卷　史部杂史类

明万历三十六年自刻本,国家图书馆藏。

四侯传(张良、诸葛亮、王猛、李泌)　史部传记类　佚

见《四库全书总目》传记类目 2。

王凤洲先生行状 1 卷　史部传记类

明王士骐撰

明万历年太仓王氏刻本,上海图书馆藏。

新锲太仓王衙增修名贤定论纲鉴实录 20 卷首 1 卷　史部传记类

明王衡编辑　王士骐校订

明万历间余氏衍庆堂刻本,国家图书馆藏。

铨曹纪要 16 卷　史部政书类　佚

见《千顷堂书目》卷 9。

吴子　子部兵书类

明王士骐评释

(1) 明天启闵振声刻套印本，香港中文大学图书馆藏。

(2) 清抄本，南京图书馆藏。

醉花庵诗选 5 卷　集部别集类　佚

见《千顷堂书目》卷 25。

诸葛忠武侯全书(一作武侯全书)20 卷　集部别集类

汉诸葛亮撰　明王士骐辑　薛寀评

(1) 明崇祯十一年(1638)吴天挺刻本，上海图书馆藏。

(2)《四库全书存目丛书》本。

武侯集 16 卷　集部别集类

汉诸葛亮撰　明王士骐编

(1) 明万历四十五年刻本，天一阁藏。

(2) 明余清馆刻本，另有文集 3 卷，国家图书馆藏。

新刊三方家兄弟注点校正诸文品粹魁华不分卷　集部总集类　佚

明万历四十七年金陵书林唐氏富春堂刻本，见《明代版刻综录》卷 5。

王士骕

字房仲。明太仓人。世贞次子。诸生，以荫入太学，工制义及古文词，世贞特奇爱之。

中弁山人稿 5 卷　集部别集类

(1) 明万历三十六年(1608)刻本，北京大学图书馆藏。

(2)《四库禁毁书丛刊》本。

(3)《明别集丛刊》第四辑本。

王房仲稿 1 卷　集部别集类

(1)《名家制义六十一种》本。

(2)《可仪堂一百二十名家制义》本。

王士騄

字闲仲。明太仓人。世懋子，世贞侄。万历二十二年(1594)举人。

摄月楼诗稿　集部别集类　佚

见宣统《太仓州志》卷25。

凌元超

字伯升，号闻庵。明太仓人。汝成子。以荫官锦衣卫副千户。万历二十二年(1594)乞归，御书"清白传家"字以赐。好读书，手自校雠。为诗文遒丽雅藻，有魏晋风。

闻庵诗　集部别集类　佚

见道光《直塘里志》卷5。

赵云蒸

字龙伯，一字武洋。明太仓人。汴孙，廷梧长子。工笔札。奋于功名，游南京国子监不遇，改北学，文名重一时，礼部试以无成归，从吴门王少湖学，研究理趣，有悟境。

日记　史部传记类　佚

见《璜泾志略》所引。

五游编　集部别集类　佚

爱日编　集部别集类　佚

世艺斋稿　集部别集类　佚

见道光《璜泾志略》卷6。

赵氏世艺录　集部总集类　佚

见《娄东诗派》卷7，嘉庆《太仓州志》云赵廷策撰，不知谁是。

赵廷策

字彦中。明太仓人。瀚子。万历十九年(1591)举人，曾任上海教谕。

赵氏世艺录　集部总集类　佚

见宣统《太仓州志》卷25。

顾　垲

字原爽。明太仓穿山人。随父迁居昆山千墩，后又迁沙溪。陶镕爱其才，妻以女。受知督学熊廷弼，为州庠生，省试不售，病卒，年39。子钥、钘。

按：宣统《太仓州志》作顾恺，误，此据道光《直塘里志》。

史评遗编　史部史评类　佚

见宣统《太仓州志》卷25。

陈文元

字咸济。明太仓人。操子。有声于庠。官太医院。

明史稿　史部杂史类　佚

见宣统《太仓州志》卷25。

按：此书后为陈仁锡取去，所刊《皇明世法录》多取材于此。

燕游笔记　子部杂家类　佚

医方秘要　子部医家类　佚

以上2种见《娄东耆旧传》卷7。

王翔千

字起凤。明太仓人。

龙华会　集部词曲类　佚

见《曲录》。

按：冯班《钝吟老人文稿》有《王翔千医案序》。此翔千，字仲坚，疑是一人。

王　衡(1562—1609)

字辰玉，号缑山，别署蘅芜室主人。明太仓人。锡爵子，时敏父。少有文名，万历十六年，举顺天乡试第一。时锡爵柄用，郎官高桂、饶伸疏论有私，后复校，人皆叹服。自称因被论，遂不复会试。至万历二十九年(1601)，其父罢相已久，始举会试第二人，廷试亦第二，授编修。先父卒。其诗文俱名家，尤长经世略，书法亦善。

锓王赵二先生校阅音义天梯春秋正文2卷　经部春秋总义类

明王衡校　赵恒阅

明万历书林熊冲宇刻本，美国哈佛大学燕京图书馆藏。

镌汇附百名公丛谭春秋讲义会编30卷　经部春秋总义类

明王锡爵、王衡撰

明末刻本，南京图书馆藏。

春秋(纂注)4卷　经部春秋总义类

明王衡注　清章如锦阅

清刻本，天津图书馆藏。

论语驳异20卷　经部四书类

明王衡注　娄坚校

明刻本，日本内阁文库藏。

新锲太仓王衔增修名贤定论纲鉴实录20卷首1卷　史部编年类

明王衡编辑　王士骐校订

明万历间余氏衍庆堂刻本，国家图书馆藏。

鼎镌洪武元韵勘正补订经书切字海篇玉鉴20卷　史部编年类

明武纬子补订　王衡勘正

明万历书林熊冲宇刻本，浙江图书馆藏。

许太史评选战国策文髓4卷　史部编年类

明王衡撰　娄坚校

明万历三十年乔山堂刘龙田刻本，中央党校图书馆藏。

王文肃公年谱1卷　史部传记类

(1) 清乾隆间王氏刻本,附《王文肃公文草》后,南京图书馆藏。

(2) 清光绪十九年(1893)长沙太仓王宗愈刻本,南京图书馆藏。

(3) 清光绪二十五年刻本,国家图书馆藏。

(4)《北京图书馆藏珍本年谱丛刊》本。

游盘山记1卷　史部地理类

游香山记1卷　史部地理类

以上2种《名人小说》本。

新刊王太史汇选诸子类语4卷　子部杂学类

(1) 明童云野刻本,国家图书馆藏。

(2) 明陈继儒写刻本,复旦大学图书馆藏。

悬壶故事5卷　子部小说类

明万历间建阳书林熊宗立种德堂刻本,藏日本。

缑山先生集27卷　集部别集类

明王衡著　清王时敏校

(1) 明万历四十五年王时敏刻本,上海图书馆藏。

(2) 明万历书林唐振吾刻本,台湾"中央图书馆"原藏。

(3)《四库全书存目丛书》本。

(4) 台北《明人文集丛刊》本。

(5)《明别集丛刊》第四辑本。

纪游稿　集部别集类

见《四库全书总目》存目。

缑山词　集部别集类

民国刻本,国家图书馆藏。

唐骆先生集8卷　集部别集类

唐骆宾王撰　明王衡评释

明凌毓枏刻朱墨套印本,南京图书馆藏。

新镌选释历科程墨二三场艺府群玉6卷　集部总集类

明焦竑、王衡选

明三衢翁日新刻本，美国哈佛大学燕京图书馆藏。

秦汉六朝人文选玉 6 卷　集部总集类

明王衡辑

明闽建书林余泗泉刻本，江西省图书馆、安徽省图书馆藏。

归田词　集部词曲类　佚

见《古典戏曲目汇考》。

没奈何哭倒长安街　集部词曲类

(1) 明万历间刻本，日本内阁文库藏。

(2) 明天启《杂剧三种合刊》本。

杜祁公藏身真傀儡 1 卷　集部词曲类

(1) 明天启《杂剧三种合刊》本。

(2)《盛明杂剧》本。

(3)《酹江集》本。

(4)《诵芬室丛刊》本。

郁轮袍(一作王摩诘拍碎郁轮袍)　集部词曲类

(1) 明万历间刻本。

(2) 明天启《杂剧三种合刊》本。

(3)《盛明杂剧》本。

(4)《酹江集》本。

(5)《古本戏曲丛刊》本。

(6)《续修四库全书》本。

王衡杂剧三种　集部词曲类

《日本所藏稀见中国戏曲文献丛刊》本。

再生缘　集部词曲类

《盛明杂剧》本。

裴湛和合　集部词曲类　佚

见《香祖笔记》，云鹤尹大父缑山先生作《郁轮袍》及《裴湛和合》二曲，词家称为本色当行云。

按:《明词综》卷 5 收其词 2 首。《明诗综》卷 64 收其诗 6 首。

陆起龙

字震卿。明太仓人。万历年十一年(1583)进士。授行人，使外藩。任黄州通判，多惠政，祀名宦。

五知轩诗草　集部别集类　佚

见宣统《太仓州志》卷 25。

陆文裕公行远集 24 卷　集部别集类

明陆深撰　明陆起龙辑

(1) 明崇祯十年(1637)云间陆起龙刻清康熙六十一年(1722)陆瀛龄增修本，国家图书馆藏。

(2)《四库全书存目丛书》本。

徐宪卿(1563—1644)

字九亮，号泰掖。明太仓人。万历四十一年(1613)进士，授行人，擢南京工科给事中、南京光禄寺少卿，升太仆寺少卿，驻滁州，视江南北马政。崇祯十七年(1644)，闻明亡，哀痛而卒，年 82。

读史纪要　史部史钞类　佚

南垣奏议　史部政书类　佚

以上 2 种见宣统《太仓州志》卷 25。

留垣封事略 1 卷　史部政书类　佚

见《千顷堂书目》卷 30。

留垣疏草 1 卷　史部政书类

(1) 清道光二十四年(1844)徐元润刻本，国家图书馆、北京大学图书馆藏。

(2) 清光绪八年(1882)徐敦穆重刻本，上海图书馆藏。

王在晋(1564—1643)

字明初。明濬县人,侨寓太仓。早失父,家贫,授书于兄。万历二十年(1592)进士。授中书舍人,累官湖广荆南道、江西布政使、山东巡抚、工部右侍郎、兵部左侍郎,及兵部、吏部、刑部尚书等。

辽纪附述　史部别史类　佚

见《清代各省禁书汇考》。

三朝辽事实录17卷总略1卷　史部别史类

(1) 明崇祯十二年(1639)刻本,国家图书馆、上海图书馆藏。

(2) 清抄本,上海图书馆藏。

(3) 1931年江苏省立国学图书馆影印本,南京图书馆藏。

(4) 1931年国立北平图书馆抄本,国家图书馆藏。

(5)《续修四库全书》本。

(6)《四库禁毁书丛刊》本。

(7) 2002年全国图书馆缩微文献复制中心影印出版。

画范　史部传记类　佚

见《清代各省禁书汇考》。

都督刘将军传1卷　史部传记类

《玄览堂丛书》本。

经略疏稿　史部政书类

王明初疏稿　史部政书类

抚齐牍草　史部政书类

以上3种见《禁毁书目》。

总部疏稿　史部政书类

经略抚齐中枢疏　史部政书类

以上2种见宣统《太仓州志》卷25。

海防纂要13卷图1卷　史部政书类

(1) 明万历四十一年自刻本,国家图书馆藏。

(2)《续修四库全书》本。

(3)《四库禁毁书丛刊》本。

(4) 1960年扬州古旧书店油印本,上海图书馆、南京图书馆藏。

通漕类编9卷　史部政书类

明王在晋编

(1) 明万历四十二年王在晋刻本,国家图书馆藏。

(2)《四库全书存目丛书》本。

(3) 台北《明代史籍汇刻》本。

武备志　史部政书类　佚

见宣统《太仓州志》卷25。

历代山陵考1卷　史部地理类

(1) 明刻本,作2卷,国家图书馆藏。

(2) 明末毛氏汲古阁抄本,国家图书馆藏。

(3) 清初钱曾抄本,作2卷,国家图书馆藏。

(4) 清嘉庆间刻本,上海图书馆藏。

(5)《殷礼在斯堂丛书》本。

(6)《借月山房汇钞》本,2卷。

(7)《泽古斋重钞》本。

(8)《式古居汇钞》本。

(9)《四库全书存目丛书》本,2卷,影印明刻本。

岱史　史部地理类

见宣统《太仓州志》卷25。

按:此书查志隆撰,因载王在晋文被禁毁,《太仓州志》以为王在晋撰,误。

评辽纪要　史部史评类　佚

评辽续纪　史部史评类　佚

以上2种见《清代各省禁书汇考》。

龙沙学录6卷　子部儒学类

(1) 明万历间刻补修本，中国科学院图书馆藏。

(2)《四库全书存目丛书》本。

补遗　子部杂学类　佚

见《清代各省禁书汇考》。

石渠阁类次王岵云先生集 40 卷　集部别集类

明王在晋撰　刘钟英等辑

明天启刻本，故宫博物院图书馆藏。

兰江集 20 卷楚篇 2 卷　集部别集类

明万历间刻本，南京图书馆藏。

宝善堂集　集部别集类

西坡漫稿　集部别集类

西湖小草　集部别集类

以上 3 种见宣统《太仓州志》卷 25。

历草　集部别集类　佚

见《清代各省禁书汇考》。

龙沙会草　集部别集类　佚

楚编续集 10 卷　集部别集类

辽海集 2 卷　集部别集类

以上 3 种见《千顷堂书目》卷 25。

越镌 21 卷　集部别集类

(1) 明万历三十年刻本，中国科学院图书馆藏。

(2)《四库禁毁书丛刊》本。

(3)《明别集丛刊》第四辑本。

函瑶编十种　丛书类

明刻本，见孙殿起《清代禁书知见录外编》。

按：十种包括《龙沙学录》6 卷、《通漕类编》8 卷、《龙沙会草》4 卷、《宗藩政略》3 卷《题疏》1 卷、《庐山纪游》1 卷、《浙省易名续议》1 卷、《胡墅竖谭》1 卷、《山陵考》2 卷、《两山崇祀录》1 卷、《楚编》6 卷。

俞　彦(1572—?)

字容自，一说容士，又字仲茅，一作仲髦。明太仓人。其父以诸生游南京国子监，遂家上元。万历二十九年(1601)进士。官兵部主事，历车驾司郎中，升光禄少卿。出为夷陵知府，擢南京兵部郎中。罢归，读书作文终老。工诗文，喜收藏，尤长于词、小令，以淡雅见称。曾与金陵何栋如、顾起元在里结文社。崇祯十四年(1641)以后卒。

四书疑　经部四书类　佚

见《金陵通传》卷21。

俞氏家乘　史部传记类

夷陵州志　史部地理类

以上2种见同治《上江两县志》卷12。

马经10卷　子部农家类

明天启间刻本，国家图书馆藏。

增订马经28卷　子部农家类

(1) 清内府抄本，故宫博物院图书馆藏。

(2)《故宫珍本丛刊》本。

俞氏爰园印薮　子部艺术类

明崇祯十四年俞彦刻钤印本，国家图书馆藏。

治篇　子部小说类　佚

见宣统《太仓州志》卷25。

拟诗和颂1卷　子部佛教类　佚

见《千顷堂书目》卷16。

俞少卿集4卷　集部别集类

(1) 明崇祯刻本，中国科学院图书馆藏。

(2)《四库未收书辑刊》本。

(3)《明别集丛刊》第五辑本。

按：包括《古乐府》2卷、《拟古乐府题》1卷、《近体乐府》1卷。

俞少卿集6卷　集部别集类

明崇祯十一年刻本，上海图书馆藏。

按：包括《古乐府》2卷、《拟古乐府题》1卷、《爰园词话》1卷、《近体乐府》1卷、《词余》1卷。

爰园词话1卷　集部词曲类

(1)《词话丛钞》本。

(2)《词话丛编》本。

吴绵祚

字燕余。明太仓人。弃儒冠学《易》，弟子从游甚众。万历三十二年(1604)，以赋役毙狱。

易说　经部易类　佚

见宣统《太仓州志》卷25。

薄澹儒

字味元。明太仓人。万历三十四年(1606)举人。入赘常熟徐氏，遂侨居其地。所作诗文稿，偏宕有逸致。

独赏编　集部别集类　佚

见宣统《太仓州志》卷25，名作澹如。

姚廷法

字省吾。明太仓人。居双凤，性孝友。

太仓州志稿8卷　史部地理类　佚

见宣统《太仓州志》卷25。

陈申锡

字君渥。明太仓张泾人。性端严，言笑不苟。博览群书，尤精《易》理，自谓得邵雍真传。

周易钩玄　经部易类　佚

见宣统《太仓州志》卷25。

张　灏

字夷令。明太仓人。辅之子。以胄子入监，见时事甚棘，无意仕进。筑学山园，纵情诗酒，好篆刻。

学山堂印谱8卷附学山记1卷学山纪游1卷学山题咏1卷　子部艺术类

明崇祯刻钤印本，南京图书馆藏。

学山堂印谱　子部艺术类

(1) 明崇祯刻钤印本，4卷，国家图书馆藏。

(2) 明崇祯钤印本，10卷，上海图书馆藏。

(3) 明钤印本，苏州图书馆藏两种，钤印版式皆不同。

(4) 明钤印本，5卷，西泠印社藏。

(5) 1992年上海古籍出版社出版。

(6) 2016年中州古籍出版社出版。

承清馆印谱1卷续集1卷　子部艺术类

(1) 明刻钤印本，上海图书馆、苏州图书馆、南京图书馆藏。

(2) 2010年北京图书馆出版社《中国古代印谱汇编》本。

按：各谱所钤之印，不尽相同。

檀心馆集12卷　集部别集类

(1) 明万历间刻本，南京图书馆藏。

(2) 明万历间刻本，6卷，上海图书馆藏。

陆献明

字君谟。明末太仓人。万历三十五年(1607)进士。除嘉兴知县，以廉能入为御史，巡按贵州，改按湖广，复按黔，加太仆少卿，监军务。致仕归，林居十年，杜门不出，卒年81。祀乡贤。

太仆疏稿　史部政书类　佚

见宣统《太仓州志》卷25。

陆文凤(1574—1623)

字仲鸣,号平乡。明太仓穿山人。端御子,文麟弟。性孝友,敦尚气谊。工诗文及隶书。万历三十七年(1609)贡生,廷试第一。莆田曾楚卿雅重之。

入洛草1卷未刻诗稿1卷　集部别集类

旧抄本,上海图书馆藏。

入洛草1卷　集部别集类

(1) 清抄本,南京图书馆藏。

(2) 1948年太仓县文献委员会抄本,南京图书馆藏。

曹允儒

字鲁川。明太仓人。官漳浦知县。

握机经3卷握机纬15卷　子部术数类

明刻本,中山大学图书馆藏。

参同契诠　子部道教类　佚

黄河考　史部地理类　佚

朔方考　史部地理类　佚

水利续议　史部地理类　佚

娄渚丛言　史部地理类　佚

石鼓山房集　集部别集类　佚

以上6种见乾隆《苏州府志》卷76。

按:《苏州府志》云:曹允儒字起岩,长洲人。

黄元会

字经甫。明太仓人。万历四十一年(1613)进士。授工部都水司主事，擢南昌知府，升按察副使，转提学副使，出山东布政使，江西按察使。卒年51，祀乡贤。

服食崇俭论1卷　子部杂学类

《娄东杂著》本。

智水编4卷　子部杂学类

明崇祯刻本，国家图书馆藏。

仙愚馆杂帖7卷　子部杂学类

(1) 明刻本，台湾汉学研究中心藏。

(2)《四库全书存目丛书补编》本。

仙愚馆集　集部别集类　佚

见宣统《太仓州志》卷25。

经甫诗稿　集部别集类　佚

见《娄东诗派》卷8。

吴升元(1576—1637)

字仲超，号冰壶。明太仓人。奇敏强记。通古今，兼精历学。以岁贡选无锡训导。歿。

资治通鉴纲目荦观40卷首1卷　史部编年类

明吴震元纂　吴升元等阅

明崇祯十年(1637)邮云堂刻本，海宁市图书馆藏。

太仓州志略　史部地理类　佚

志稗说　史部地理类　佚

以上2种见《太仓延陵宗谱》卷14。

冰壶子集　集部别集类　佚

见《娄东诗派》卷8。

钱　烨(1580—1637)

字仲含，号电宁。明太仓人。天启元年(1621)副榜贡生。广东英德县主簿，升南海卫经历，署仁化县知县。

劳劳语　集部别集类　佚

见宣统《太仓州志》卷 25。

吴震元(1580—1642)

字长卿。明太仓人。万历四十年(1612)举人，天启二年(1622)授滦州知州，旋补德安通判。七年，升衡州同知，改漳州府同知。与杨涟讲说经史。丁父忧归，杜门著述。博通经史，尤精谶纬推知。尝刻陈继儒及元好问集。

春秋世家通考　经部春秋总义类　佚

三国史莩　史部别史类　佚

以上 2 种见宣统《太仓州志》卷 25。

资治通鉴纲目莩观 40 卷首 1 卷　史部编年类

明吴震元、吴升元编

明崇祯十年(1637)邮云堂刻本，海宁市图书馆藏。

宋相谱 200 卷　史部传记类　佚

列国史世家考　史部传记类　佚

武宗巡幸录　史部传记类　佚

以上 3 种见宣统《太仓州志》卷 25。

奇女子传 4 卷　史部传记类

明刻本，国家图书馆、苏州图书馆藏。

忠孝别传 8 卷　史部传记类

明崇祯十三年刻本，上海图书馆藏。

相眼　史部传记类　佚

见《太仓延陵宗谱》卷 14。

新刊陈眉公先生精选古论大观 40 卷　史部传记类

明陈继儒选　吴震元编次

明刻本，苏州图书馆藏。

玉玺考　史部政书类　佚

增订北盟会编　史部政书类　佚

舆地通考辨误　史部地理类　佚

海内名胜记(乐哉游)　史部地理类　佚

水经广注　史部地理类　佚

吴头楚尾录　史部地理类　佚

海禁杞言　子部兵书类　佚

武备略要　子部兵书类　佚

六壬条理　子部术数类　佚

以上9种见《太仓延陵宗谱》卷14。

古文纪事　子部杂学类　佚

读书随喜录　子部杂学类　佚

春梦庵文集　集部别集类　佚

以上3种见宣统《太仓州志》卷25。

吕源明

字文长。明太仓人。天启元年(1621)举人。授原武知县,死于流贼之乱。

响雪园诗集　集部别集类　佚

见《娄东诗派》卷8。

张　崍

字九服。明太仓人。振之孙。天启七年(1627)举人,曾任职南京国子监。

诒清堂集　集部别集类　佚

见宣统《太仓州志》卷25。

张　泳

字幼涛，号汉思。明末清初太仓人。翼之子，溥兄。幼有才名。贡入国学，期满后授布政司理问，迁宗人府经历，值弟溥以复社被纠，乃归。崇祯九年(1636)复举贤良方正，不就。泳为文少喜恢博，后修经术，明水利。

时政议要 12 卷　史部政书类

明崇祯刻本，存卷 1—8，南京图书馆藏。

备倭全书　史部政书类　佚

见宣统《太仓州志》卷 25。

涌雪斋小咏　集部别集类　佚

见《娄东诗派》卷 8。

静远堂文集　集部别集类　佚

见《娄东耆旧传》卷 3。

张　采(1596—1648)

字受先，号南郭。明末清初太仓人。崇祯元年(1628)进士，授临川知县。与同里张溥砥励相学，以六经史汉倡天下，时称"娄东二张"。溥性宽，泛交博爱；采特严毅，喜甄别可否。张溥举复社，采与其事，为陆文声所讦，溥卒，采具疏直其事。福王时，起礼部主事，升员外郎，乞假去。修辑州志。乙酉之变，芟发为头陀，往来吴越间，自称为"陆道人"。三载后卒。

周礼注疏 18 卷首 1 卷　经部周礼类

汉郑玄注　唐贾公彦疏　明张采订

(1) 明末刻本，上海图书馆藏。

(2)《四库全书存目丛书》本。

宋朱晦庵先生名臣言行录前集 10 卷后集 14 卷　史部传记类

宋朱熹撰　明张采评阅

(1) 明崇祯十一年刻本,上海图书馆藏。

(2) 日本宽文七年(1667)日本京师风月庄左卫门刻本,浙江大学图书馆藏。

(3) 清古吴聚锦堂刻本,浙江奉化市文管会藏。

(4) 清道光十年李文耕等刻本,吉林大学图书馆藏。

宋名臣言行录续集 8 卷别集 13 卷外集 17 卷　史部传记类

宋李幼武撰　明张采评阅

明崇祯十一年刻本,上海图书馆藏。

(崇祯)太仓州志 15 卷　史部地理类

明钱肃乐、张采等纂修

(1) 明崇祯十五年刻本,国家图书馆藏。

(2) 明崇祯十五年刻康熙十七年(1678)朱士华增修本,上海图书馆藏。

知畏堂文存 12 卷诗存 4 卷　集部别集类

(1) 清康熙十二年金起鳞、方瑛刻本,国家图书馆藏。

(2) 抄本,上海图书馆藏。

(3)《四库禁毁书丛刊》本。

(4)《明别集丛刊》第三辑本。

太乙山房文集 15 卷　集部别集类

明陆际泰撰　张采、周钟参订

明崇祯六年李士奇刻本,国家图书馆藏。

张受先诗 1 卷　集部别集类

《启祯两朝遗诗》本。

七录斋文集近稿 6 卷　集部别集类

清张溥撰　明张采选

明崇祯刻本,上海图书馆藏。

西汉文 20 卷东汉文 20 卷　集部总集类

(1) 明崇祯六年金阊委宛斋刻本,浙江图书馆藏。

（2）清初金阊五云居刻本，苏州图书馆藏。

东汉文 20 卷　集部总集类

（1）明崇祯吴门委宛斋刻本，国家图书馆藏。

（2）明知畏堂刻本，徐州市图书馆藏。

三国文 20 卷　集部总集类

（1）明崇祯刻本，北京大学图书馆藏。

（2）清初五云居刻本，苏州图书馆藏。

西晋文 20 卷　集部总集类

（1）明崇祯刻本，中国人民大学图书馆藏。

（2）明知畏堂刻本，徐州市图书馆藏。

（3）清初金阊五云居刻本，无锡市图书馆藏。

东晋文 40 卷　集部总集类

明崇祯十年刻本，上海图书馆藏。

南朝宋文 28 卷　集部总集类

明崇祯十一年刻本，北京大学图书馆藏。

南朝齐文 12 卷　集部总集类

明崇祯十二年刻本，上海图书馆藏。

张　啓（1597—1645）

初名凤至，字慧叔，号韵家。明太仓人。弃儒术，习韬略，游山东，自募兵助剿白莲教，抚按欲荐授以官，以母老辞归。

按：张啓生卒年，《桐庵文稿》云"闻甲申之变，北向长号，椎心泣血，觉而复苏，卒以不起，寿八十有九"，则为 1556—1644。然《吴郡名贤图传赞》云："南都失守，潜迹归吴。""抵家卧病，闻芜湖之变，一恸而绝，年六十九。"芜湖之变，即福王被擒，则生卒年为 1597—1645。考《文稿》，崇祯戊辰（1628）后数载，其尊人恒如翁卒，寿 84，其尊人生于 1545 年以后，若张啓寿 89，则其父 10 岁即生子，谬。故从《吴郡名贤图传赞》。

佛儒庵诗草（一作佛儒庵剩稿）　集部别集类　佚

见宣统《太仓州志》卷25。

三游集　集部别集类　佚

乙丑集　集部别集类　佚

艳香筲　集部词曲类　佚

以上3种见明郑敷教《桐庵文稿·韵家张公传》。

小鬼跌金刚　集部词曲类　佚

见冯舒《虞山妖乱志》,讽钱谦益、瞿式耜。

张　溥(1602—1641)

初字乾度,后改字天如。明太仓人。崇祯四年(1631)进士,授庶吉士。与同里张采齐名,时称“娄东二张”。崇祯初,集郡中名士,相与复古学,名其文社曰“复社”。及成进士,交游日广,成员日增,声势日隆,自谓以嗣东林,执政恶之,严旨究追不已,溥卒而事犹未竟。《明史》有传。

易经注疏大全合纂64卷首1卷图说1卷周易系辞注疏大全合纂4卷　经部易类

明崇祯七年刻本,上海图书馆、浙江图书馆藏。

书经注疏大全合纂34卷　经部尚书类

(1) 明末刻本,青岛博物馆藏。

(2) 明崇祯九年刻本,59卷首1卷,浙江图书馆藏。

诗经注疏大全合纂34卷附录1卷　经部诗经类

(1) 明刻本,国家图书馆藏。

(2)《四库全书存目丛书》本。

礼书150卷　经部礼记类

宋陈祥道编　明张溥阅　盛顺参

明张溥刻本,苏州图书馆藏。

太史张天如详节春秋纲目左传句解6卷　经部春秋左传类

明张溥、韩明重订

清善成堂刻本，上海图书馆藏。

左传词坛6卷　经部春秋左传类

明末刻本，中国美术学院图书馆藏。

春秋三书32卷　经部春秋总义类

(1) 明嘉显堂刻本，南京图书馆藏。

(2) 明末刻本，国家图书馆藏。

(3) 清初刻本，国家图书馆藏。

(4)《四库全书存目丛书》本。

按：包括《春秋列国论》24卷、《春秋书法解》1卷、《春秋四传断》7卷(卷七未刻)。

四书注疏大全合纂37卷　经部四书类

明崇祯九年吴门宝翰楼刻本，上海图书馆、南京图书馆藏。

张天如先生汇订四书人物名物经文合考12卷　经部四书类

明崇祯刻本，浙江图书馆藏。

四书尊注大全20卷　经部四书类

明张溥辑　清吴伟业补

明崇祯刻本，中国科学院图书馆藏。

十三经诂释　经部群经总义类　佚

见宣统《太仓州志》卷25。

合锓纲鉴通纪今古合录注断论策题旨大全20卷首1卷　史部编年类

明张溥辑

明崇祯刻本，大连市图书馆藏。

鼎镌今古合录通纪20卷　史部编年类

明蔡清撰　钟惺详释　孙爌参补　张溥评点

明崇祯间刻本，国家图书馆藏。

南史80卷　史部正史类

唐李延寿撰　明张溥评点

(1) 明娄东张溥刻本，上海图书馆藏。

(2) 明张溥刻宝书堂印本，南京图书馆藏。

通鉴纪事本末 239 卷　史部纪事本末类

宋袁枢撰　明张溥论正

(1) 明正雅堂刻本，香港中文大学图书馆藏。

(2) 明刻本，苏州图书馆、浙江图书馆藏。

按：上两种卷端不同，非同版。

(3)《纪事本末五种》本。

(4)《纪事本末八种》本。

(5)《纪事本末汇刻》本。

(6)《历朝纪事本末》本。

(7) 清康熙二十四年(1685)太仓张氏刻本，国家图书馆藏。

(8) 清同治七年(1868)朝宗书室木活字本，上海图书馆藏。

(9) 清光绪二十四年(1898)湖南思贤书局刻本，国家图书馆、上海图书馆藏。

宋史纪事本末 109 卷　史部纪事本末类

明冯琦撰　陈邦瞻补　张溥论正

(1) 明末刻本，苏州图书馆、南京图书馆、浙江图书馆藏。

(2) 清初张闻升刻本，国家图书馆藏。

(3) 清康熙十八年刻本，国家图书馆、上海图书馆藏。

(4) 清光绪二十四年湖南思贤书局刻本，国家图书馆藏。

(5) 清同治朝宗书室木活字本，国家图书馆、上海图书馆藏。

(6) 日本东京青山堂木活字本，作 77 卷，国家图书馆藏。

(7)《纪事本末五种》本。

(8)《纪事本末汇刻》本。

(9)《纪事本末八种》本。

(10)《历朝纪事本末》本。

(11) 台北《国学基本丛书》本。

元史纪事本末 27 卷　史部纪事本末类

明高安、陈邦瞻撰　臧懋循补　张溥论正

(1) 明张溥刻本,复旦大学图书馆藏。

(2) 清初张闻升刻本,张闻升、张永锡等校,国家图书馆藏。

(3) 清康熙十八年刻本,上海图书馆藏。

(4)《纪事本末汇刻》本。

(5)《纪事本末五种》本。

(6)《纪事本末八种》本。

(7)《历朝纪事本末》本。

(8)《续修四库全书》本。

(9) 台北《国学基本丛书》本。

宋史纪事本末后论不分卷　史部纪事本末类

清姚春木抄本,上海图书馆藏。

通鉴纪事本末后论 5 卷　史部纪事本末类

清道光姚氏抄本,姚椿校并手录第 5 卷,复旦大学图书馆藏。

国表社目　史部杂史类　佚

见程穆衡《梅村诗笺》引用书目。

历代史论一编 4 卷二编 10 卷　史部史评类

(1) 明崇祯正雅堂刻本,绍兴图书馆藏。

(2)《四库全书存目丛书》本。

按:此书依《通鉴纪事本末》《宋史纪事本末》《元史纪事本末》编次作论。此书翻刻甚多,有 12 卷、16 卷、22 卷等各种版本,但皆从明刻出而改换头面,皆从略。

南北史同异　史部史评类　佚

读史管见　史部史评类

以上 2 种见宣统《太仓州志》卷 25。

史记珍抄 5 卷　史部史钞类

明张溥选

明末刻本,扬州大学图书馆藏。

五人墓碑记　史部传记类

1915 年上海商务印书馆铅印本，国家图书馆藏。

历代名臣奏议 350 卷　史部政书类

明黄淮、杨士奇辑　张溥删正

(1) 明正雅堂刻本，清华大学图书馆藏。

(2) 明刻清补板印本，张永锡等重校，哈佛燕京大学图书馆藏。

(3) 明刻本，张永锡等重校，320 卷，天一阁、温州市图书馆藏。

(4) 明刻菁华楼重印本，319 卷，张永锡等重校，天一阁等藏。

(5) 明崇祯金阊东观阁刻本，南京图书馆藏。

(6) 日本文久三年(1863)日本京都出云寺松柏堂刻本，31 卷，北京大学图书馆藏。

(7) 明刻清光绪十二年清和宝树堂补刻本，宁波市图书馆藏。

按：此本卷 321 至 350 为补刻。

皇明经济书　史部政书类　佚

见宣统《太仓州志》卷 25。

庄子南华真经 3 卷　子部道教类

明谭元春评　张溥参正

明崇祯八年张溥刻本，吉林大学图书馆藏。

张天如先生校正文公小学音注句解 10 卷孝经集注详解 1 卷忠经集注详解 1 卷　子部儒学类

明崇祯九年书林吴耀珠刻本，哈佛燕京图书馆藏。

排韵增广事类氏族大全 28 卷补遗 1 卷　子部典故类

(1) 明崇祯五年刻本，华东师范大学图书馆藏。

(2) 日本京师风月堂庄左卫门刻本，10 卷补遗 1 卷，北京大学图书馆藏。

汇选子集奇赏 7 卷　子部典故类

明陈仁锡辑　张溥选注　清吴伟业增订

明崇祯刻本，哈佛燕京图书馆藏。

增订万宝全书28卷　子部典故类

明张溥汇编

清末善成堂刻本，南开大学图书馆藏。

张天如诗1卷　集部别集类

《启祯两朝遗诗》本，国家图书馆藏。

七录斋文集近稿6卷馆课1卷存稿5卷诗稿3卷论略1卷　集部别集类

(1) 明崇祯刻本，国家图书馆藏。

(2)《续修四库全书》本。

七录斋论略2卷续刻6卷别集2卷　集部别集类

明末刻本，天一阁藏。

七录斋集6卷附论略1卷　集部别集类

(1) 明崇祯刻本，国家图书馆藏。

(2) 清刻本，国家图书馆藏。

(3)《四库禁毁书丛刊》本。

(4)《明别集丛刊》第五辑本。

张天如诗1卷　集部别集类

《启祯两朝遗诗》本。

汉魏六朝百三名家集118卷　集部总集类

明张溥辑

(1) 明娄东张氏刻本，国家图书馆、上海图书馆藏。

(2) 清光绪三年滇南唐氏寿考堂刻本，上海图书馆藏。

(3) 清光绪五年彭懋谦信述堂重刻本，上海图书馆藏。

(4) 清光绪十八年善化张经济堂刻本，上海图书馆藏。

(5) 清光绪十八年长沙谢氏翰墨山房刻本，国家图书馆藏。

(6) 清述古山庄刻本，上海图书馆藏。

(7) 1917年上海扫叶山房石印本，上海图书馆藏。

(8) 1918年四川官印局印本，四川大学图书馆藏。

(9)《四库全书》本。

(10)《摛藻堂四库全书荟要》本。

(11) 1964 年台湾松柏出版社影印本。

(12) 1985 年江苏广陵古籍刻印社影印本。

(13) 2002 年江苏古籍出版社影印本。

(14) 2015 年广陵书社影印本。

古文五删 52 卷　集部总集类

明末段君定刻本，国家图书馆藏。

按：包括《文选删》11 卷、《广文选删》14 卷、《宋文鉴删》12 卷、《唐文粹删》15 卷、《元文类删》4 卷。

历代文典　集部总集类　佚

历代文乘　集部总集类　佚

崇祯文典　集部总集类　佚

以上 3 种见宣统《太仓州志》卷 25。

张太史评秦汉文范 13 卷　集部总集类

明张溥编

明刻本，南京图书馆藏。

玉尺堂辑宋三大家三苏文澜 5 卷首 1 卷　集部诗文评类

宋苏轼等撰　明张溥评　清吴伟业点释

清初刻本，国家图书馆藏。

三元秘授 6 卷　集部诗文评类

清光绪十五年善成堂刻本，上海图书馆藏。

吴继善(1602—1644)

字志衍。明太仓人。崇祯十年(1637)进士。博学智辩，知成都县。画有元人风。工诗文。崇祯十七年十一月二十五日，举家三十五人皆为张献忠执杀。

匡威诗集(一作成都诗集)　集部别集类　佚

见宣统《太仓州志》卷25。

沈云祚(1602—1644)

字予凌(一作子凌,疑误),号岱来。明太仓人。陈仁锡弟子,尝参订陈仁锡《潜确居类书》。明崇祯十三年(1640)进士,官华阳知县,死张献忠之难,史称沈华阳。乾隆间追谥忠烈。传见龚自珍《虞初传》。

似郊居存稿　集部别集类　佚

见《千顷堂书目》卷28。

李继贞

字散尹,号萍槎。明太仓人。万历四十一年(1613)进士。除大名推官,升工部屯田司主事,迁兵部职方司。因谏刺魏忠贤削籍。后拜兵部侍郎,兼右都御史,巡抚天津,督苏辽军饷,大兴屯田。学有根柢,工文章。《明史》有传。

志远堂书义　经部尚书类　佚

津门奏草　史部政书类　佚

萍槎集　集部别集类　佚

沤花筑集　集部别集类　佚

以上4种见宣统《太仓州志》卷25。

雪虹阁集不分卷　集部别集类

清抄本,上海图书馆藏。

野古集3卷附录1卷　集部别集类

明龚诩撰　明李继贞选订　清龚挺校辑

(1) 清光绪二十八年(1902)新阳赵氏刻本,复旦大学图书馆藏。

(2) 1935年刻本,南京大学图书馆藏。

沈　承(?—1620)

字实甫,号君烈。明太仓人。

毛孺初先生评选即山集6卷附悼亡诗1卷　集部别集类

明沈承撰　明毛孺初辑评

(1) 明天启六年(1626)毛一鸾刻本,上海图书馆藏。

(2)《四库禁毁书丛刊本》。

(3) 抄本,清华大学图书馆。

(4)《明别集丛刊》第五辑本。

即山文钞2卷诗钞1卷附婺泣集1卷　集部别集类

明沈承、薄少君撰

(1) 清同治九年(1870)顾师轼木活字本,上海图书馆藏。

(2) 1924年刻本,国家图书馆、上海图书馆藏。

即山论1卷　集部别集类

《广快书》本。

薄少君

字西真。明太仓人。沈承妻。承有才而少卒,少君为诗百首哭之,逾年值承忌,少君一恸而绝。

婺泣集1卷　集部别集类

(1) 清同治九年(1870)顾师轼活字本,上海图书馆藏。

(2) 1924年刻本,上海图书馆藏。

按:附《即山先生文钞》后。

悼亡诗1卷　集部别集类

明天启六年(1626)毛一鹭刻本,上海图书馆藏。

按:见"沈承"条。

杨之颖

字汝愚,号里淳。明太仓人。所读书自程朱外,天文地理医药卜筮,靡不精彻,他如历象方技著书,多所编著。

四书镜　经部四书类　佚

见宣统《太仓州志》卷25。

郎星纬(？—1645)

字元翊。明太仓人。诸生。少颖异,美丰仪。为文工俪体,以忠义自矢。明亡后,走沙溪,见杀,年仅30余。

郎子遗文　集部别集类

见道光《璜泾志略》卷6。

黄通理(？—1645)

字仲伯。明太仓人。与坚祖。世居常熟,徙嘉定,晚归沙头。性高洁忠义,人称春阳先生。清兵至,被执不屈死。

春阳堂集　集部别集类　佚

见宣统《太仓州志》卷25。

王国瑜

字子握。明太仓人。平生绳幅自持,燕居必庄。工古诗文词,尤喜言《易》。卒年57。

林屋易解　经部易类　佚

博物杂志　子部典故类　佚

以上2种见宣统《太仓州志》卷25。

吕孚云(1612—1643)

字石香。明太仓沙溪人。工诗文,文有奇气,深得张溥赏识。

文集　集部别集类　佚

见《东冈文钞·吕石香小传》,云其友王家祯、门人黄与坚编辑,藏于家。

杨克清

字君一。明太仓人。

磬北廊集　集部别集类　佚

见《娄东诗派》卷 8。

清

陈朝典(1581—1662)

字征五,号温如。清太仓人。以经学重乡里。课徒湄川,著书教授50余年,学者称温如先生。明亡后,同子瑚隐蔚村,好谈古来高人独行。钱谦益为撰墓志铭。

眉川诗集　集部别集类　佚

见宣统《太仓州志》卷25。

南沙集　集部别集类　佚

东陵集　集部别集类　佚

蔚村集　集部别集类　佚

以上3种见《明清江苏文人年表》康熙元年(1662)条。

张　深

字彻侯。清太仓人。辅之子。以荫入国子监,崇祯间两中副榜,明亡后弃儒服,闭户读书。精楷法,工写兰竹。卒年78。

按:《娄东耆旧传》卷3云"顺治戊午卒",顺治无戊午,有误。

粘壁格言1卷　子部儒家类　佚

皇人山樵杂著4卷　子部杂学类　佚

以上2种见《娄东耆旧传》卷3。

清远堂诗集　集部别集类　佚

见宣统《太仓州志》卷25。

徐　䂵(1582? —1662)

初名上瀛，号青山，后改名䂵，号石帆。清初太仓人。后隐居吴门。工琴，受业于陈爱桐弟子张渭川，但琴风颇有不同。其琴风徐疾咸备，补严澂之不足，为“虞山派”集大成者。

大还阁琴谱(又作青山琴谱)6 卷溪山琴况 1 卷万峰阁指法閟笺 1 卷

子部艺术类

(1) 清康熙十二年(1673)蔡毓荣刻本，南京图书馆藏。

(2) 清康熙十二年蔡毓荣刻重修本，国家图书馆藏。

(3)《续修四库全书》本。

(4)《中国古代琴书汇刊》本。

万峰阁指法閟笺不分卷　子部艺术类

(1) 稿本，上海图书馆藏。

(2)《续修四库全书》本，影印稿本。

溪山琴况 1 卷　子部艺术类

清徐䂵撰　清夏溥校

(1) 清康熙十二年刻本，国家图书馆、上海图书馆藏。

(2) 清康熙十七年李氏大远阁刻本，国家图书馆藏。

(3) 清抄本，国家图书馆藏。

(4)《四库全书存目丛书》本。

(5)《昭代丛书》本。

(6)《丛书集成初编》本，据《昭代丛书》本影印。

(7) 2013 年中华书局点校本。

按：本书是研究我国古琴艺术的代表作之一，提出了古琴表演艺术和、静、清、远、古、澹、恬、逸、雅、丽、亮、采、洁、润、圆、坚、宏、细、溜、健、轻、重、迟、速的“二十四况”(24 个审美范畴)。

顾燕诒(1583—1667)

字安彦，号松霞。清太仓人。崇祯元年(1628)进士。授刑部主事，出守济南，擢福建驿传道，以平贼功调嘉湖兵备，进按察使，升布政使。居“娄东七老”首。

恤刑题稿　史部政书类　佚

容庵集　集部别集类　佚

仙畲集　集部别集类　佚

以上3种见嘉庆《太仓州志》卷53。

顾梦麟(1585—1685)

字麟士，号织帘。清太仓人。崇祯六年(1633)副贡。嗜学不仕。集三吴名士为“应社”。诗文雅驯，为时所宗，人称织帘先生。明亡后，客授汲古氏，潜心著述。

诗经说约28卷　经部诗经类

(1) 明崇祯十五年太仓顾氏织帘居刻本，复旦大学图书馆藏。

(2) 台北《“中央研究院”珍本丛刊》本。

(3)《续修四库全书》本。

(4)《四库未收书辑刊》本。

(5)《诗经要籍集成》本。

(6) 日本文宽九年(1669)芳野屋权兵卫刻本，辽宁大学图书馆藏。

纂序诗经说约集注8卷　经部诗经类

明顾梦麟纂　刘日珩校

明刻本，日本早稻田大学图书馆藏。

参补说约大全31卷　经部诗经类

清雍正十一年(1733)赠言堂刻本，中国科学院图书馆藏。

按：与叶羲昂《诗经能解指南汇编》合刻。

四书十一经通考20卷　经部四书类

明崇祯刻本,中央教育科研所图书馆藏。

四书说约20卷　经部四书类

(1) 明崇祯十六年顾氏织帘居刻本,上海图书馆藏。

(2)《四库未收书辑刊》本。

纂序四书说约合参大全27卷　经部四书类

清顾梦麟、清杨彝辑

(1) 清康熙金阊养正堂刻本,浙江图书馆、绍兴图书馆藏。

(2) 清光绪间八旗经正书院翻刻康熙本,国家图书馆藏。

按:《大学》1卷、《中庸》2卷、《论语》10卷、《孟子》14卷。

韵珠4卷　经部小学类　佚

见宣统《太仓州志》卷25。

古今表略4卷　史部编年类

顾梦麟编　柏起宗参订

明刻本,华东师范大学图书馆藏。

双凤里志6卷　史部地理类　佚

见宣统《太仓州志》卷25。

中庵琐记　子部杂学类　佚

清顾梦麟辑

见宣统《太仓州志》卷25。

织帘居诗4卷　集部别集类

(1) 清初刻本,国家图书馆藏。

(2) 抄本,2卷,上海图书馆藏。

按:金俊明序之,评其为文人之诗。

织帘居文集2卷　集部别集类　佚

见宣统《太仓州志》卷25。

顾麟士诗1卷　集部别集类

《启祯两朝遗书》本。

二三场合抄　集部总集类　佚

见《清代各省禁书汇考》。

后场备考汇典　集部总集类　佚

明杨彝、顾梦麟撰

见《禁毁书目》。

谈艺录　集部诗文评类　佚

见宣统《太仓州志》卷25。

道　源(1586—1657)

字石林。清太仓人。许氏子。明亡为僧。始祝发智林寺,后住苏州北禅寺,晚住高林庵。仪貌清古,精专禅讲,博经通史,善琴工诗。尝注李商隐诗,吴江朱鹤龄作笺多取其说。

小碎集　子部杂学类　佚

见民国《吴县志》本传,云类纂子史百家之言。

寄巢诗2卷　集部别集类

清顺治十八年(1661)毛表、陆贻典刻本,国家图书馆藏。

按:宣统《太仓州志》作6卷。

寄巢文集1卷　集部别集类　佚

见《吴县志·艺文考六》。

义山诗注3卷　集部别集类　佚

见《吴县志·艺文考六》。

凌必正

字圣功。清太仓人。元超子。崇祯四年(1631)进士。授户部主事,历广西兵备副使。入清不仕。

约庵集　集部别集类　佚

见《娄东诗派》卷8。

张月鹿

字思远。清太仓人。诸生。振之裔孙。平生敦睦亲属，有古人风。授徒讲学，从游者众。卒年72。

戒轩诗草　集部别集类　佚

见宣统《太仓州志》卷25。

吴　濬(1589—1659)

字君亮，号疏九。清太仓人。南京卫庠生。

邮云堂印林　子部艺术类　佚

见《太仓延陵宗谱》卷14。

通　云(1590—1663)

号石奇。清太仓僧。徐氏子。少孤，出家南广寺。后说法于灵鹫。十七年后，复归南广。康熙二年(1663)示寂。

语录六种　子部佛教类　佚

见宣统《太仓州志》卷25。

济　时

清太仓僧。与吴江诗人徐崧交游，诗歌多有和作。

楞严经正见　子部佛教类　佚

见嘉庆《直隶太仓州志》卷54。

王　氏

清初太仓人。衡女。年17嫁华亭徐本高。嗜书史，明大义。尝榜其室云“金闺文作市，玉匣气成虹”以见志。年46卒。

万卷楼诗　集部别集类　佚

见宣统《太仓州志》卷24。

王时敏(1592—1680)

初名赞虞,字逊之,号烟客,又号西庐老人、西田主人、偶谐道人。清太仓人。锡爵孙,衡三子。崇祯初以荫官太常,入清不仕,隐于归村。姿性颖异,淹雅博物,工诗文,善书,行楷摹《枯树赋》,隶书追秦汉,榜书八分,为近代第一。于画有特慧,少时即与董其昌、陈继儒商榷画理,多所启发,所作尤穷黄公望堂奥,晚年益臻神化,开创山水画“娄东派”,与王鉴、王翚、王原祁并称“四王”,为“四王”之首,提携后进不遗余力。

王文肃公年谱　史部传记类

明王衡编　清王时敏续编

(1) 清光绪九年(1883)太仓王怐刻本,国家图书馆藏。

(2) 清光绪二十五年太仓王宗愈刻本,国家图书馆藏。

(3)《北京图书馆藏珍本年谱丛刊》本。

奉常家训1卷　子部儒学类

(1) 清道光四年季锡畴抄本,清季锡畴、吴锡𪭢跋,题《王烟客先生家训》,南京博物院藏。

(2)《娄东杂著》本。

(3)《王烟客先生集》本,题《奉常公遗训》。

王奉常书画题跋2卷　子部艺术类

(1) 清宣统二年(1910) 通州李氏瓯钵罗室刻本,上海图书馆藏。

(2)《续修四库全书》本。

(3)《中国画学丛书》本。

王烟客山水册不分卷　子部艺术类

清宣统元年上海神州国光社影印本,上海图书馆藏。

王奉常仿古书画册不分卷　子部艺术类

1916年上海有正书局影印本,上海图书馆藏。

王烟客仿古山水册不分卷　子部艺术类

民国上海有正书局《中国名画集外册》本,国家图书馆藏。

王烟客仿古山水册　子部艺术类

清王时敏绘　孙陟甫藏

1937 年上海商务印书馆影印本，国家图书馆藏。

王烟客仿宋元山水真迹神品　子部艺术类

清王时敏绘　壮陶阁藏

1923 年无锡理工社制版所影印本，浙江图书馆藏。

王烟客临元人八大家卷册　子部艺术类

民国间上海艺苑真赏社影印本，上海图书馆藏。

近世一百名家画集　子部艺术类

清王时敏等绘　钱辛编

1932 年上海大东书局影印本，国家图书馆藏。

王烟客晴岚暖翠图　子部艺术类

民国摄影本，国家图书馆藏。

四王吴恽画册　子部艺术类

民国商务印书馆影印本，上海图书馆藏。

四王吴恽山水合册　子部艺术类

民国间上海有正书局影印本，上海图书馆藏。

西庐老人仿大痴设色卷　子部艺术类

1926 年上海有正书局影印本(珂罗版)，吉林大学图书馆藏。

偶谐旧草 1 卷西庐诗草 1 卷附录 1 卷　集部别集类

清抄本，南京图书馆藏。

偶谐旧草 1 卷续草 1 卷　集部别集类

(1)《娄东王氏诗钞》本。

(2)《王烟客先生集》本。

西庐诗草 2 卷补 2 卷　集部别集类

(1)《娄东王氏诗钞》本。

(2)《王烟客先生集》本。

西庐家书 1 卷　集部别集类

(1) 稿本,馆藏地不详。

(2)《丙子丛编》本。

(3)《丛书集成续编》本。

王时敏家书不分卷　集部别集类

清光绪三十三年影印本,苏州市吴江区图书馆藏。

西庐余(遗)稿 20 卷　集部别集类　佚

见宣统《太仓州志》卷 25。

西庐诗余 1 卷　集部词曲类

(1)《娄东王氏诗钞》本。

(2)《王烟客先生集》本。

王烟客先生集五种附三种　集部别集类

清王时敏撰　民国邹登泰辑

(1) 1916 年苏州振新书社铅印本,国家图书馆、上海图书馆藏。

(2)《清代诗文集汇编》本。

按:此书包括《偶谐旧草》1 卷《续草》1 卷、《西庐诗草》2 卷《补》2 卷、《西庐诗余》1 卷、《尺牍》2 卷、《奉常公遗训》1 卷,附清王挺《减庵公诗存》1 卷、清王掞《西田诗集》1 卷、民国邹登泰辑《西庐怀旧集》3 卷。

缑山先生集 27 卷　集部别集类

明王衡著　清王时敏校

(1) 明万历四十五年(1617)太仓王氏刻本,上海图书馆藏。

(2)《四库全书存目丛书》本。

王　育(1593—1680)

字子春,一字石隐,号庄溪。清太仓人。与陆世仪、陈瑚诸人为友,结莲社。通五经六书,又通医术。

易说 1 卷　经部易类

(1)《娄东杂著》本。

(2)《续修四库全书》本。

尚书说　经部尚书类　佚

诗说　经部诗经类　佚

祫祀宗会礼　经部三礼总义类　佚

以上3种见宣统《太仓州志》卷25。

说文引诗辩证1卷　经部小学类

《娄东杂著》本。

许氏说文解字六书论正24卷首1卷　经部小学类

(1) 稿本,西南师范学院图书馆藏。

(2) 清宋宾王抄校本,上海图书馆藏。

阴符经解　子部兵书类　佚

本草辨名疏义　子部医家类　佚

脉法微旨　子部医家类　佚

以上3种见宣统《太仓州志》卷25。

斯友堂日记1卷　子部杂学类

《娄东杂著续刊》本。

斯友堂诗文钞　集部别集类　佚

见宣统《太仓州志》卷25。

王石隐先生诗　集部别集类　佚

见《明清江苏文人年表》康熙十九年(1680)条。

赵自新(1595—1647)

字我完。清初太仓人。崇祯十二年(1639)举人。与王国瑞、吴伟业、朱明镐等先后入复社。明崇祯十一年,列名声讨阮大铖留都防乱公揭。明亡后,于顺治二年(1645)取僧牒,避居松江,隐居封家村。顺治四年牵连顾咸正案,被械至南京,释出后病死。

易论　经部易类　佚

左氏赞论　经部春秋左传类　佚

以上2种见宣统《太仓州志》卷25。

黄　炜

字韫之。通理子。由嘉定徙居沙溪。居乡以孝友称。博闻强记，党交最广。

友史　史部杂史类　佚

见宣统《太仓州志》卷 20。

诗文笔记　子部杂学类　佚

见嘉庆《直隶太仓州志》卷 15。

宗　伦

字性彝。清太仓人。僧。生平不详。

觉隐遗风集　集部别集类　佚

见《娄东诗派》卷 27。

张　晳

清太仓人。

琞美诗集　集部别集类　佚

见宣统《太仓州志》卷 25。

黄承圣(？—1653)

字奉倩。清太仓人。元勋长子，翼圣兄。明万历诸生。清初曾加入远社。工词，《倚声初集》中收其词 7 首。

樗园诗　集部别集类　佚

见刘城《峄桐文集》卷 2《樗园诗序》。

萝窗词　集部别集类　佚

见《倚声初集》。

黄翼圣(1596—1659)

字子羽,号摄六、莲蕊居士。清太仓人。崇祯中以诸生应聘,官四川新都知县、安吉知州。致仕归,筑莲蕊楼。性好古铜瓷器及宋雕图书,搜访赏玩,如美人好友。明亡后杜门不出,与妻王氏精修净业,日持佛号数万。与朱明镐、吴伟业及僧人苍雪等唱和。

黄摄六诗选 2 卷　集部别集类

清黄翼圣撰　清钱谦益选　清徐波等评

(1) 清顺治十六年(1659)清瘦阁刻本,复旦大学图书馆藏。

(2) 清抄本,常熟市图书馆藏。

(3) 清光绪间抄本,台湾"中央图书馆"原藏。

(4) 清虞阳徐元霖刻本,1 卷,浙江大学图书馆藏。

莲蕊居士集　集部别集类

1948 年太仓县文献委员会抄本,南京图书馆藏。

莲蕊居士诗选　集部别集类

跌影斋诗集　集部别集类

以上 2 种见宣统《太仓州志》卷 25。

王　鉴(1598—1677)

字玄照,一作圆照、元照,号染香庵主,又号湘碧。清太仓人。世贞孙,士骐子。崇祯六年(1633)举人。由恩荫历部曹,出知廉州,故称"王廉州"。时粤中盛开采,鉴力请上台,得罢。居二岁归,构室弇园故址,额曰"染香"。年甫强仕,屏绝声色,不异老僧。画法巨源。家富收藏,故山水擅长临摹,于元四家尤为精诣,沉雄古逸,士气盎然。与王时敏相互砥砺,并臻其妙,同于六法有开继之功。与王时敏、王翚、王原祁并称"四王"。

染香庵画跋散稿　子部艺术类　佚

见《明清江苏文人年表》康熙十六年(1677)条。

王鉴仿古山水画册　子部艺术类

1954 年上海博物馆影印本，上海图书馆藏。

王廉州仿古山水十二帧　子部艺术类

清王鉴绘　吴湖帆藏

1939 年商务印书馆影印本，国家图书馆藏。

王圆照仿古山水册　子部艺术类

(1) 1930 年上海文明书局影印本，上海图书馆藏。

(2) 1931 年上海神州国光社影印本，上海图书馆藏。

王圆照仿古山水横册　子部艺术类

民国时期上海艺苑真赏社影印本，上海图书馆藏。

王鉴仿巨然溪山无尽图　子部艺术类

1929 年延光室影印本，上海图书馆藏。

廉州仿云林山水册　子部艺术类

民国有正书局影印本，苏州图书馆藏。

廉州太守拟古山水册　子部艺术类

民国有正书局影印本，苏州图书馆藏。

清二十家画梅集册　子部艺术类

清王翚、王鉴等绘　丁鹤庐鉴定

1937 年上海中华书局影印本，上海图书馆藏。

染香庵集　集部别集类　佚

见《清画家诗史》甲上。

王日新(1599—1652)

字鉴明，号眉岳。清太仓人。诸生，精通经学，教授弟子有程法。绝意科举，肆力于天文地理之学。吴伟业赠诗，比之伏胜、桓荣。年 54 卒。

礼记该义　经部礼记类　佚

见宣统《太仓州志》卷 25。

眉岳山人稿　集部别集类　佚

见《娄东诗派》卷9。

王瑞国(1600—1677)

字子彦,号书城,别号麋径先生。清太仓人。士騄子。明天启元年(1621)举人。束修砥行。吴门文震孟、姚希孟折辈行与交。周顺昌遭党祸,裹金急其难。性高洁,寡嗜好,精研书史。清顺治十年(1653)授增城知县三载,归筑瘗砚斋,著述以老。

五经汉宋异同(一名四书五经唐宋考异)　经部群经总义类　佚

字学正讹　经部小学类　佚

以上2种见宣统《太仓州志》卷25。

朝野见闻纪略1卷　史部杂史类　佚

见《千顷堂书目》卷5。

瑯玡凤洲两公年谱合编1卷　史部传记类

(1) 清康熙五十二年(1713)王良谷抄本,国家图书馆藏。

(2) 抄本,上海图书馆藏。

(3)《东仓书库丛刻初编》本。

二十一史序要质疑(一作史传叙要)　史部传记类　佚

见宣统《太仓州志》卷25。

二十一史经传要略100卷　史部传记类　佚

读史便蒙　史部史评类　佚

以上2种见清王抃《王巢松年谱》。

瘗砚斋著述纪略2卷　子部杂学类

清康熙六年刻本,南京图书馆藏。

瘗砚斋集32卷　集部别集类　佚

诗选汇参　集部总集类　佚

古文正偭　集部总集类　佚

以上3种见宣统《太仓州志》卷25。

行　悦

字梅国，号槑翁。清太仓人。住杭州理安寺。中年驻锡金陵，晚年主持如皋。

列祖提纲录42卷首1卷　子部释家类

(1) 清康熙五年(1666)杭州玛瑙寺刻本，上海图书馆藏。

(2) 清康熙五年雄州微笑堂刻本，美国普林斯顿大学图书馆藏。

(3) 清同治十三年(1874)西湖昭庆慧空经房刻本，上海图书馆藏。

(4)《嘉兴藏·拾遗》本。

(5)《续藏经》本。

按：此书将禅宗列祖言行依类汇编，每类按世系为序，亦《传灯录》之体。

槑翁和尚诗词原稿1卷　集部别集类

释行悦撰　释范成题记　叶恭绰题识

稿本，上海图书馆藏。

槑翁和尚诗集1卷词集1卷　集部别集类

1921年刻本，上海图书馆藏。

黄　侃

字孝直，号石航。清太仓人。翼圣子。明诸生。王掞任浙江学政，延之入幕。

诗说　经部诗经类　佚

野史亭记　史部杂史类　佚

汗青集　集部别集类　佚

石航集　集部别集类　佚

以上3种见宣统《太仓州志》卷25。

按：《国朝文汇》甲前集卷9收其文3篇。

吕之缙

字茂绅。清太仓人。

砚隐集　集部别集类　佚

见宣统《太仓州志》卷25。

吕　如

字虬林,又字挺生。清太仓人。之缙弟,楠兄。尝授经法轮寺,能诗。

东皋余集　集部别集类　佚

见宣统《太仓州志》卷25。

曹　炜

字晖吉,号一庵。清太仓沙溪人。少问业吴门杨廷枢,补郡诸生。后绝意仕进,日取五经四子书,务躬行实践之。尤得于《易》。尝从文祖尧、熊开元讲学,佐黄与坚修《太仓州志》。晚辑《沙溪志》。

易解定参　经部易类　佚

两晋南北朝史腴　史部杂史类　佚

以上2种见宣统《太仓州志》卷25。

谱余别录　史部传记类　佚

宗谱祠条例　史部传记类　佚

以上2种见《娄东耆旧传》卷6。

赋役河渠考　史部政书类　佚

太仓事迹考　史部地理类　佚

志余别存　史部地理类　佚

以上3种见宣统《太仓州志》卷25。

沙溪里志(一作沙头里志)10卷　史部地理类

清曹炜辑　陆松龄增订

(1) 清常熟丁氏淑照堂抄本,上海图书馆藏。

(2) 清乾隆三十二年(1767)抄本,南京大学图书馆藏。

(3) 清乾隆四十九年抄本,南京图书馆藏。

(4) 清道光二十二年(1842)抄本,南京图书馆藏。

(5)《中国地方志集成·乡镇志专辑》本。

按:沙头亦名沙溪,原濒大江,元朝时有沙头之名,明清改名沙溪,故此志也名《沙溪里志》。原属常熟,今为太仓市沙溪镇。

法轮寺志　史部地理类　佚

见《娄东耆旧传》卷 6。

文能对晤录　子部儒学类　佚

糟粕录　子部儒学类　佚

以上 2 种见《双凤里志》。

扬子言腴　子部儒学类　佚

知非录　子部儒学类　佚

一庵随录　子部杂学类　佚

按:书前有华乾龙序。

种书随录　子部杂学类　佚

类略　子部杂学类　佚

以上 5 种见宣统《太仓州志》卷 25。

法传宗派录　子部佛教类　佚

禅宗随录　子部佛教类　佚

以上 2 种见《娄东耆旧传》卷 6。

一庵诗　集部别集类　佚

见宣统《太仓州志》卷 25。

沙头里志诗文征 2 卷　集部总集类

清乾隆三十八年陆思训抄本,有民国年间王保谌抄补页,南京图书馆藏。

按:曹炜撰《沙头里志》10 卷,别采诗文以证其所记载。卷上诗征,为人物志诗征、水利志诗征、兵警志诗征、琐缀志诗征、灾祥志诗征；卷下文征，为人物志文征、水利志文征、琐缀志文征。合计诗128首，文49篇。

沙头里志诗征5卷　集部总集类

清初抄本，南京图书馆藏。

按：此与曹炜辑《沙头里志诗文征》，篇次及所录诗篇互有差异。此书只录诗，不录文，卷次杂乱。篇次与《沙头里志诗文征》不同。各篇录诗，与《沙头里志诗文征》有相同者，但大部分不同。此与《沙头里志诗文征》可互为参看。

费　参

字省公，号蔚庵。清太仓人。诸生。性孝友，家贫，竭力养亲。田数亩，岁涝，饘粥不给。性耿介，一丝一粟不假于人。为诸生20余年，未尝以私事谒有司。工诗，陈瑚称其诗律老而益细。

直塘志　史部地理类　佚

蔚庵文集　集部别集类　佚

以上2种见宣统《太仓州志》卷25。

孔衍鸣

清太仓人。

日华居诗草4卷　集部别集类　佚

见宣统《太仓州志》卷25。

按：《太仓州志》又收孔传书，字次邺，有《日华居诗稿》，疑是一人。

毛云汉

字子五。清太仓人。御史在孙，文简公五世从孙。诸生。究心三礼。明亡时，随弟卜居横泾，备尝艰辛。归后杜门不出，教授生徒。太守王吉武为其门生。晚岁精于禅学，手抄《华严经》，藏法轮寺中。

礼记参注约言　经部礼记类　佚

毛云汉、支同春撰

见宣统《太仓州志》卷25。

毛霄汉

字子九(一作子久)。清太仓人。云汉弟。诸生。明亡不赴试,深衣终身。性廉静。博学工诗,书法尤秀劲。

芥舟集　集部别集类　佚

见宣统《太仓州志》卷25。

瞿合节

初名瑞,字赤符,号蘧庵。清太仓人。祥元孙。博学,善诗文,议论证据古今,颇为时辈推许。

蘧庵诗稿4卷　集部别集类

(1)《璜水丛书》本。

(2)抄本,中国社会科学院文学研究所藏。

陈三锡

字绍咸。清太仓人。文元子。洽九世孙。通经史,负干济才。明亡后,隐居不入城市。卒年73。

经解　经部群经总义类　佚

见《娄东耆旧传》卷7。

偶存诗草　集部别集类　佚

见宣统《太仓州志》卷25。

施元骏

字龙友,号且庵。清太仓人。年15补诸生,以孝闻。省试不售,奏销案起,遂弃去。与毛霄汉兄弟、瞿合节等唱和无虚日。

且庵诗文集　集部别集类　佚

见《璜泾志稿》卷3本传。

陶鸿祚

字裔昌。清初太仓人。镕子。居直塘里，不屑科举业。尊儒术，斥二氏。悲愤时事，常痛哭荒江萧寺间。与学正文祖尧及州人陈瑚等人交。

重编元通鉴纲目　史部编年类　佚

愚古集　集部别集类　佚

英雄泪20卷　集部总集类　佚

以上3种见宣统《太仓州志》卷25。

周西臣

字俶文。清太仓人。明末诸生。性孤峭，少习制举业，幽微峭厉。能诗，喜杜律而不袭，为诗不拘唐宋。入清后，躬耕田园，自得其乐。

深柳堂诗草（一作亦存诗草）　集部别集类　佚

见宣统《太仓州志》卷25。

郭士髦

字斯士，号如村。清太仓浏河人。廪生。明亡，欲自沉，念父老不果。所居毁于兵，迁茜泾。终身遁迹，身罕入城市。性孝友，侍父疾七年如一日。年65卒。

如村居集2卷　集部别集类　佚

见宣统《太仓州志》卷25。

陆羲宾(1601—?)

字鸿逸，一字素朴。本姓朱。清太仓人。明亡后，与陈瑚避地蔚村。晚筑春星草堂于城西，一时名人皆乐与之游。与王育、顾士琏、盛敬、陆世仪、陈瑚等于康熙十年(1671)举文会,称“十老”。能诗,兼精奇壬。

晚香亭集　集部别集类　佚

见宣统《太仓州志》卷25。

吕　楠

字三霑。清太仓人。隐居授徒,陈瑚等举淮云诗社,楠为眉目。与法轮寺僧维岳最善。中年贫病,来里为僧徒授句读。暇辄吟咏自娱,与胡瑞远相唱和,其诗文集华乾龙序之。

洗砚录　子部杂学类　佚

是亦文集　集部别集类　佚

编蒲稿(一作雪洲诗集)　集部别集类　佚

善鸣诗选　集部总集类　佚

以上4种见宣统《太仓州志》卷25。

王　瀹

清太仓人。桓父。

燕游草　集部别集类　佚

见宣统《太仓州志》卷25。

朱明镐(1607—1652)

字昭芑。清太仓人。年17补诸生,崇祯二年(1629)入复社。生性强记,天资绝人。每读一书,手自勘雠,娄东张溥、张采读其文,愿与之交。明亡后,有《甲申悲愤诗》。尤精于史学,为时所推。

分类史　史部史钞类　佚

见宣统《太仓州志》卷25。

按:金鸿《县志》云:此书分史典、史几、史略、史风、史游、史嘉、史芸、史异、史最、史俳、史鉴、史灿、史纠共十三门。

史纠 6 卷　史部史钞类

(1) 明抄本，台湾“中央图书馆”原藏。

(2) 清抄本，国家图书馆藏。

(3) 旧抄本，南京图书馆藏。

(4)《四库全书》本，后附《书史异同》《新旧唐书异同》。

(5)《指海》本。

(6)《丛书集成初编》本。

(7)《四库全书珍本》第十一集本。

按：《明清江苏文人年表》载其有《新旧唐书异同》2 卷、《书史异同》3 卷，皆见此书，但篇章较少，疑非全帙。

小山杂著　子部杂学类　佚

见宣统《太仓州志》卷 25。

吴国杰(1607—1674)

字纯嘏，号襄威。清太仓人。继善弟。崇祯十六年(1643)进士。任浙江永嘉知县、河南确山知县。屡著政声。

确山文集　集部别集类　佚

见《太仓延陵宗谱》卷 14。

郁　法(1607—?)

字仪臣。清太仓人。诸生。笃志好学，通怀乐善。与陆世仪同志，讲程朱之学。家有静观楼，请文祖尧讲学于此，与会者数十人。

商史　史部史评类　佚

思治录　史部政书类　佚

以上 2 种见宣统《太仓州志》卷 25。

省身录　子部儒学类

《娄东杂著》本。

吴克孝

字人抚，号鲁冈。清太仓浏河镇漕河塘人。弱冠为诸生，崇祯十年(1637)进士。母忧服阕，除刑部主事，进员外郎，备兵保定，以目疾去职。十七年，荐补嘉湖道佥事。其在行曹，恤刑粤东，平反滞狱至千二百余人。卒年81。

恤刑题稿　史部政书类　佚

见宣统《太仓州志》卷25。

顾士琏(1608—1691)

字殷重，号樊村。清太仓浏河镇北三里人。诸生。博古通今，秉性慷慨。顺治间，娄江塞，水无所归，士琏佐知州白登明开凿朱泾旧迹，州人名曰新浏河，以娄江旧名浏河也。康熙时再浚浏河之淤，仍以士琏任其事。

水利五论1卷　史部地理类

《娄东杂著》本。

娄江志2卷　史部地理类

抄本，上海图书馆藏。

太仓州新刘河志2卷治水要法1卷　史部地理类

1940年晒印本，上海图书馆藏。

吴中开江书三种5卷　丛书类

(1) 清康熙五年(1666)刻本，上海图书馆藏。

(2)《四库全书存目丛书》本。

子目：

《娄江志》2卷

《新刘河志正集》1卷《附集》1卷

《治水要法》1卷

张王治(1608—?)

字无近。清太仓人。幼从兄溥学,弱冠贡入太学。顺治四年(1647)成进士,授桐庐知县,擢工科给事中,疏论时事,皆切时要,卒以峭直为众所忌。落职后家居18年,卒。

救庵奏草　史部政书类　佚

见宣统《太仓州志》卷25。

工垣谏草　史部政书类

清刻本,国家图书馆藏。

吴伟业(1609—1672.1.23)

字骏公,号梅村,别署鹿樵、灌隐主人、大云道人。清太仓人。崇祯四年(1631)进士,殿试一甲第二名。授翰林院编修,历迁东宫侍读,南京国子监司业。福王时拜少詹事。与马士英、阮大铖不合,辞官归里。入清,屏居乡里十余年,绝意仕进。后为当事所迫,出为秘书院侍讲,迁国子祭酒。后四年,丁母忧归,再未出仕。常以仕清为恨。工诗词,少作大抵才华艳发,吐纳风流。及遭丧乱,阅兴亡,激楚苍凉,风骨愈上。晚年则以庾信之萧瑟自况。与钱谦益、龚鼎孳并称"江左三大家"。

易经听月6卷图说1卷　经部易类

清顺治天绘阁刻本,见《贩书偶记续编》。

春秋地理志16卷　经部春秋总义类

清抄本,广东中山图书馆藏,国家图书馆藏胶卷。

春秋氏族志24卷　经部春秋总义类　佚

见宣统《太仓州志》卷25。

四书尊注大全20卷　经部四书类

明张溥辑　清吴伟业补

明崇祯刻本,中国科学院图书馆藏。

按:此书与明张明弼辑《尺木居辑诸名公四书尊注讲意》20卷合刻。

绥寇纪略 12 卷　史部杂史类

(1) 清康熙十三年(1674)邹式金刻本,国家图书馆藏。

(2) 清抄本,附补遗 3 卷,下同,上海图书馆藏。

(3)《四库全书》本。

(4)《学津讨原》本。

(5)《申报馆丛书》本。

(6)《丛书集成初编》本。

(7) 1992 年上海古籍出版社出版李学颖点校本。

鹿樵纪闻 3 卷　史部杂史类

(1) 清光绪抄本,国家图书馆藏。

(2) 清抄本,新疆大学图书馆藏。

(3)《痛史》本。

(4)《中国内乱外祸历史丛书》本。

按:此书与吴伟业生平不符,叶君远、谢国桢皆以为伪托。

鹿樵纪闻辑略 3 卷　史部杂史类

清抄本,上海图书馆藏。

复社纪事 1 卷　史部杂史类

(1)《借月山房汇钞》本。

(2)《泽古斋重钞》本。

(3)《赐砚堂丛书》本。

(4)《昭代丛书》本。

(5)《胜朝遗事》本。

(6)《申报馆丛书》本。

(7)《国粹丛书》本。

(8)《中国内乱外祸历史丛书》本。

虞渊沉不分卷　史部杂史类

(1) 清初抄本,国家图书馆藏。

(2)《续修四库全书》本。

按：为《绥寇纪略》内容之一部分。

梁宫保壮猷记不分卷　史部传记类

清康熙刻本，南京图书馆藏。

东林本末　史部杂史类

明吴应箕　清吴伟业撰

《明代野史丛编》本。

张南垣传　史部传记类

（1）《笔记小说大观》本。

（2）《虞初新志》本。

柳敬亭传　史部传记类

（1）《旧小说》本。

（2）《笔记小说大观》本。

（3）《虞初新志》本。

穹窿山志4卷　史部地理类

清吴伟业、向球纂修

（1）清康熙刻本，6卷，浙江图书馆藏。

（2）清抄本，6卷，苏州图书馆藏。

（3）1943年铅印本，国家图书馆藏。

（4）《中国道观志丛刊》本。

江左三大家诗画合璧　子部艺术类

清钱谦益、吴伟业、龚鼎孳书并绘

清末上海有正书局影印本，国家图书馆藏。

国朝名画集锦册　子部艺术类

清吴伟业等绘

民国间上海有正书局影印本，上海图书馆藏。

吴梅村画中九友合璧　子部艺术类

（1）1925年上海有正书局影印本，国家图书馆藏。

（2）1939年长沙商务印书馆影印本，国家图书馆藏。

汇选子集奇赏7卷　子部典故类

明陈仁锡辑　张溥选注　清吴伟业增订

明崇祯刻本，哈佛燕京图书馆藏。

吴梅村先生诗5卷　集部别集类

（日）桑原忱辑

（1）《清六大家绝句钞》本，日本永加大阪书林嵩山堂刻本，国家图书馆藏。

（2）清抄本，国家图书馆藏。

吴梅村诗　集部别集类

（1）《皇清百名家诗》本，作1卷。

（2）《五大家诗钞》本，作7卷。

梅村诗抄不分卷　集部别集类

（1）清康熙四十年朱纲抄本，山东省图书馆藏。

（2）清抄本，上海图书馆藏。

梅村诗钞3卷　集部别集类

（1）民国进化书局石印本，上海图书馆藏。

（2）《江左三大家诗钞》本。

吴梅村歌诗1卷附录1卷　集部别集类

（1）《花近楼丛书》本。

（2）《清代诗文集珍本丛刊》本。

梅村集外诗1卷　集部别集类

《娄东杂著续刻》本。

鸱鸪斑1卷　集部别集类

（1）《绿满书窗》本。

（2）清抄本，上虞市图书馆藏。

吴诗集览20卷附补注20卷谈薮2卷拾遗1卷　集部别集类

清吴伟业撰　靳荣藩辑注

（1）清乾隆四十年（1775）凌云亭刻本，国家图书馆藏。

(2)《四部备要》本。

(3)《续修四库全书》本，无补注、谈薮、拾遗。

(4) 清苏州江左书林翻刻本，无补注、谈薮、拾遗，浙江图书馆藏。

(5) 清乾隆四十六年绿荫堂刻本，郑州大学图书馆藏。

吴梅村诗笺注 12 卷附录诗余小令笺注 1 卷诗话 1 卷　集部别集类

清吴伟业撰　程穆衡笺注　杨学沆补注

见“程穆衡”条。

梅村集 20 卷　集部别集类

清吴伟业撰　戴兆薇注

稿本，苏州图书馆藏。

梅村集(吴诗校正)20 卷　集部别集类

清吴伟业撰　任光奇校

清光绪二十五年(1899)弇山铎署刻本，上海图书馆藏。

梅村集 40 卷目录 2 卷　集部别集类

(1) 清康熙七年顾湄等刻本，国家图书馆藏。

(2) 清康熙七年刻后印本，复旦大学图书馆藏。

(3)《四库全书》本。

(4) 清宣统二年(1910)上海国学昌明社石印本，上海图书馆藏。

(5)《中华再造善本》本。

梅村家藏稿 58 卷补遗 1 卷乐府 4 卷年谱 4 卷　集部别集类

(1) 清宣统三年武进董氏刻本，上海图书馆藏。

(2)《续修四库全书》本。

(3)《四部丛刊》本。

(4)《清代诗文集汇编》本。

梅村文集 20 卷　集部别集类

(1) 1910 年上海神州国光社铅印本，国家图书馆藏。

(2)《风雨楼丛书》本。

(3) 清宣统二年上海国学昌明社石印本，上海图书馆藏。

梅村诗集笺注 18 卷　集部别集类

清吴伟业撰　吴翌凤笺注

(1) 清嘉庆十九年(1814)严荣沧浪吟榭刻本,上海市图书馆藏。

(2) 清光绪十年湖北官书局刻本,天一阁藏。

(3) 民国中华图书馆石印本,浙江图书馆藏。

(4) 清光绪二十二年新化三味堂刻本,国家图书馆藏。

吴祭酒七律　集部别集类

《高遗阁丛书》本。

音注吴梅村诗 2 卷　集部别集类

清吴伟业撰　蒋剑人选　张梓良注

1925 年上海文明书局铅印本刻本,浙江图书馆藏。

梅村词 1 卷　集部词曲类

(1) 清康熙间刻本,国家图书馆藏。

(2) 清道光间刻本,上海图书馆藏。

(3) 清光绪十六年湖北官书处刻本,上海图书馆藏。

(4) 1916 年上海扫叶山房石印本,上海图书馆藏。

(5)《百名家词钞》本。

(6)《清名家词》本。

(7)《太昆先哲遗书》本。

(8) 民国中华图书馆石印本,绍兴图书馆藏。

(9) 杨学沆订正本,见前。

(10)《六家词》本,2 卷,国家图书馆藏。

(11)《国朝名家诗余》本。

(12)《十六家词》本,南京图书馆藏。

(13)《四部备要》本。

(14) 清抄本,南京图书馆藏。

(15) 叶台公手录本,4 卷,上海图书馆藏。

秣陵春传奇(一作双影记)2 卷　集部词曲类

(1) 清初振古斋刻本,上海图书馆藏。

(2) 清重刻本,国家图书馆、南京图书馆藏。

(3) 清半竹居刻本,美国哈佛燕京图书馆藏。

(4)《诵芬室丛刊》本。

(5)《古本戏曲丛刊》本。

(6)《暖红室汇刻传奇梅村乐府三种》本。

(7)《续修四库全书》本。

(8)《中华再造善本》本。

通天台 1 卷　集部词曲类

(1) 清振古斋刻本,上海图书馆藏。

(2) 清刻本,国家图书馆藏。

(3)《诵芬室丛刊》本。

(4)《清人杂剧初集》本。

(5)《奢摩他室曲丛》本。

(6)《暖红室汇刻传奇梅村乐府三种》本。

(7) 清半竹居刻本,美国哈佛燕京图书馆藏。

(8)《杂剧三集》本。

(9)《续修四库全书》本,影印《杂剧三集》。

按:题清灌隐主人撰。

临春阁 1 卷　集部词曲类

(1) 清振古斋刻本,上海图书馆藏。

(2) 清初刻本,国家图书馆藏。

(3)《诵芬室丛刊》本。

(4)《清人杂剧初集》本。

(5)《奢摩他室曲丛》本。

(6)《暖红室汇刻传奇梅村乐府三种》本。

(7) 清半竹居刻本,美国哈佛燕京图书馆藏。

(8)《杂剧三集》本。

(9)《续修四库全书》本，影印《杂剧三集》。

太仓十子诗选10卷　集部总集类

清吴伟业编

(1) 清顺治间刻本，国家图书馆藏。

(2) 1933年太仓图书馆铅印本，上海图书馆藏。

(3) 清抄本，南京大学图书馆藏。

(4)《四库全书存目丛书》本。

梅村诗话1卷　集部诗文评类

(1)《娄东杂著》本。

(2)《观自得斋丛书》本。

(3)《清诗话》本。

(4)《续修四库全书》本。

(5)《丛书集成续编》本。

(6)《太昆先哲遗书》本。

(7) 1911年上海扫叶山房石印本，上海图书馆藏。

(8) 1925年上海中国书店铅印本，上海图书馆藏。

(9) 杨学沆订正本，见前。

玉尺堂辑宋大家三苏文澜5卷首1卷　集部诗文评类

宋苏轼等撰　明张溥评　清吴伟业点释

清初刻本，国家图书馆藏。

吴梅村全集　集部别集类

1990年上海古籍出版社出版李学颖集评标校本。2007年、2016年重印。

钱　墀(1609—1687)

字人東。清太仓人。桓孙。与江士韶相切磋，所学精深。

四书讲义　经部四书类　佚

日省录　子部儒学类　佚

夜游集　集部别集类　佚

以上3种见宣统《太仓州志》卷25。

按:嘉庆《直隶太仓州志》有钱墀《儒宗理要》一书,实为陆世仪编。

华乾龙

字天御。清太仓人。崇祯十二年(1639)举人。明亡后,遁居荒野,谢绝人事。博学,而未尝以文章名。生平主洛闽之学,年80犹教授自给。门人私谥安止先生。年85。

海运说1卷　史部政书类

(1) 清光绪三十一年(1905)铅印本,南京图书馆藏。

(2)《娄东杂著》本。

安止诗草　集部别集类　佚

戒香文集　集部别杲类　佚

以上2种见宣统《太仓州志》卷25。

戒　显(1610—1672)

俗名王瀚,字原达,号悔堂,又字愿云,又称晦山樵者。清太仓人。王开云子。少颖悟,淡嗜欲,爱读书,年20入州庠。知州钱肃乐重之,延为西宾。与顾梦麟、吴绵祚友善。明末尝入复社。论六极太极娓娓不置。顺治二年(1645)弃学籍,走宝华山为僧。嗣法于灵隐具德和尚,养道庐山归宗寺,逝年63,葬庐山。能诗,工书法。

云居山志　史部地理类　佚

枝东杂著　子部杂学类　佚

以上2种见宣统《太仓州志》卷25。

现果随录1卷　子部佛教类

(1)《说铃》本。

(2)《潜园集录》本。

(3)《四库全书存目》本。

(4)《续藏经》本,4卷。

沙弥律仪毗尼日用合参3卷　子部佛教类

明袾宏辑集　清戒显订阅　济岳汇笺

《嘉兴藏》本。

禅门锻炼说1卷　子部佛教类

(1) 清同治十一年(1872)如皋刻经处刻本,上海图书馆藏。

(2)《续藏经》本。

佛法本草1卷　子部佛教类

清戒显增补

清刻本,浙江图书馆藏。

观经疏钞　子部佛教类　佚

晦山语录　子部佛教类　佚

罢庵诗　集部别集类　佚

匡庐集　集部别集类　佚

沥血草　集部别集类　佚

以上5种见宣统《太仓州志》卷25。

王瀚集20卷　集部别集类　佚

见《明清江苏文人年表》康熙六年(1667)条。

按:《江苏诗征》卷181收其诗5首。

灵隐晦山显和尚全集24卷　集部全集类

清释戒显撰

清康熙刻本,日本东京大学东洋研究所藏。

盛　敬(1610—1685)

字圣传(一作宗传),号寒溪。清太仓人。诸生。矢志存诚主敬之学。明亡后,教授寒溪上,以成就后学为事。与陆世仪、陈瑚、江士韶等讲学,举莲社,仿先儒读书记之法日有所录。门人私谥贞介先生。

读史汇考　史部史评类　佚

续高士传 10 卷　史部传记类　佚

以上 2 种见宣统《太仓州志》卷 25。

成仁谱 26 卷　史部传记类

清盛敬辑　赵兆熙、邵廷烈编校

(1) 清道光二十五年(1845)邗江木活字本，上海图书馆藏。

(2)《四库未收书辑刊》本。

乙酉日记　史部传记类　佚

见《顽谭诗话》。

封建考　史部地理类

《娄东杂著》本。

形胜要略 12 卷　史部地理类

(1) 明抄本，存卷 1—8，上海图书馆藏。

(2) 清抄本，北京大学图书馆藏。

寒溪集　集部别集类　佚

见宣统《太仓州志》卷 25。

吴述善(1610—?)

字事衍。清太仓人。继善弟。茧足自成都归吴，述兄继善遇难始末。

茕难始末　史部杂史类　佚

见《太仓延陵宗谱》卷 14。

钱　逵

字中野。清太仓人。明末诸生。隐居不仕。

古香斋诗草　集部别集类　佚

见《娄东诗派》卷 9。

顾大器

字范成，号梅圃。清太仓人。诗工于写景，不入纤巧。

沧江钓人集　集部别集类　佚

见《娄水琴人集》。

成　志

字立庵。虞山龚家子。入江阴庠，冒籍被黜。妻子相继死，乃剃染于乾明寺。时吕楠寓寺中，唱和最契。

立庵诗　集部别集类　佚

见宣统《太仓州志》卷25。

管正仪

字元翼。清太仓人。明崇祯十二年(1639)举人。

宿雪斋小隐集　集部别集类　佚

见宣统《太仓州志》卷25。

顾　钘

字雅俦，号蔚男，晚号寓园。清太仓人。诸生。垲子，陶鸿祚甥。幼丧父母，与其弟甚相友爱。读书有原委，重名节，素志高尚，不苟去就，丧祭多循古礼。

劝诫录　子部儒学类　佚

见《壬癸志稿》卷9。

孝思录　子部杂学类　佚

学稼草堂集　集部别集类　佚

以上2种见宣统《太仓州志》卷25。

钱广居

字大可。清太仓人，寄籍大兴。崇祯十五年(1642)举人。入清，授盐山知县，寻擢工部主事，历员外郎中，出守严州，黜墨吏，惩讼师，捕山寇。寻授关南兵备副使，未几归，卒年83。

(顺治)严州府志补遗1卷　史部地理类

清钱广居辑

明万历刻清顺治六年(1649)补辑本，国家图书馆藏。

诗剩　集部别集类　佚

文函　集部别集类　佚

以上2种见宣统《太仓州志》卷25。

选刻钓台集5卷　集部总集类

清钱广居、潘焕寅辑

清顺治七年钱广居刻本，国家图书馆藏。

王家祯

字予来。清太仓人。明崇祯九年(1636)副榜。少孤。张溥见其文奇之，引为弟子。入清，吴中文社并起，争致之，不应。生平著述甚勤，于古今理要多所阐发。

研堂见闻杂记1卷　史部杂史类

(1)《痛史》本。

(2)《明清史料汇编》本。

(3)《中国内乱外祸历史丛书》本。

(4) 抄本，南京图书馆藏。

明名臣言行录　史部传记类　佚

见宣统《太仓州志》卷25。

梅花斋诗草(一作研堂集)　集部别集类

见《娄水琴人集》。

陆世仪(1611—1672)

字道威,号刚斋,晚号桴亭,别署眉史氏。清太仓人。尝从刘宗周学,于经传、诸儒语录及经济诸书,无不穷究。明亡后,穷居授徒,绝意科举。顺治初年密预太湖兵事,事败潜还。尝讲学东林,说《易》于毗陵大儒祠,设教于云阳横塘,贽脯而至者数百人,门人私谥“尊道先生”,亦曰“文潜先生”。

易说初编 4 卷　经部易类　佚

书鉴 10 卷　经部尚书类　佚

诗鉴 10 卷　经部诗类　佚

春秋讨论 2 卷　经部春秋总义类　佚

四书讲义 4 卷　经部四书类　佚

乡国记变　史部杂史类　佚

以上 6 种见宣统《太仓州志》卷 25。

江右纪变 1 卷　史部杂史类

(1) 清抄本,傅以礼校并跋,与黄宗羲撰《行朝录》合一册,浙江图书馆藏。

(2)《绍兴先正遗书》本。

(3)《丛书集成续编》本。

(明季)复社纪略 4 卷　史部杂史类

(1) 清抄本,湖南省图书馆藏。

(2) 清抄本,3 卷,南京图书馆藏。

(3) 清雍正程氏抄本,2 卷附年表 1 卷,北京大学图书馆藏。

(4)《国粹丛书》本。

(5)《中国内乱外祸历史丛书》本。

(6)《续修四库全书》本,影印湖南图书馆藏本。

(7) 民国太仓图书馆抄本,2 卷,南京图书馆藏。

读史笔记　史部史评类　佚

救荒揭漕赠说漕议八款 1 卷　史部政书类　佚

洵河建闸决排议各 1 卷　史部政书类　佚

漕兑议　史部政书类　佚

续漕兑议　史部政书类　佚

二十法　史部政书类　佚

五议　史部政书类　佚

治通　史部政书类　佚

以上 8 种见宣统《太仓州志》卷 25。

常平权法　史部政书类

(1)《陆桴亭遗书》本。

(2)《丛书集成三编》本。

苏松浮粮考 1 卷　史部政书类

(1)《娄东杂著》本。

(2)《陆桴亭先生遗书》本。

(3) 清抄本，复旦大学图书馆藏。

娄江图说　史部地理类　佚

见宣统《太仓州志》卷 25。

娄江条议 1 卷　史部地理类

(1)《娄东杂著》本。

(2)《陆桴亭先生遗书》本。

陆桴亭先生志学录节抄不分卷　子部儒学类

(1) 同治八年(1869)吴大澂抄本，方宗诚、叶裕仁、万斛泉跋，上海图书馆藏。

(2) 清抄本，1 卷，南京图书馆藏。

志学录 1 卷　子部儒学类

(1) 清道光十年(1830)刻本，复旦大学图书馆藏。

(2)《陆桴亭先生遗书》本。

论学酬答 4 卷　子部儒学类

(1) 清抄本，国家图书馆藏。

(2)《小石山房丛书》本。

(3)《续修四库全书》本，影印《小石山房丛书》本。

(4)《丛书集成续编》本。

(5)《陆桴亭先生遗书》本。

东林讲义　子部儒学类　佚

道统上下论　子部儒学类　佚

莳药山房问答　子部儒学类　佚

节韵幼仪　子部儒学类　佚

考德课业录　子部儒学类　佚

讲学纪事2卷　子部儒学类　佚

刚斋日记5卷　子部儒学类　佚

续论学酬答4卷　子部儒学类　佚

性理纂要　子部儒学类　佚

儒宗理要60卷　子部儒学类　佚

按：此书嘉庆《直隶太仓州志》作钱墀著，实世仪为张文宗辑。墀与其事，故误为墀。

格致编　子部儒学类

以上11种见宣统《太仓州志》卷25。

讲学全规　子部儒学类

衷中杂录　子部儒学类

以上2种见《桴亭先生集外文》附《从祀录》。

思辨录辑要前集22卷后集23卷　子部儒学类

清陆世仪撰　张伯行重订

(1) 清康熙四十八年(1709)张伯行正谊堂刻本，国家图书馆藏。

(2) 清道光十七年嘉兴沈氏刻本，南京图书馆藏。

(3)《四库全书》本。

(4)《正谊堂全书》本。

(5) 培德堂铅印本，南京大学图书馆藏。

(6) 清光绪三年(1877)江苏书局刻本，上海图书馆藏。

(7) 清宣统三年(1911)唐受祺刻本，浙江图书馆藏。

(8)《丛书集成初编》本。

五子绪言 1 卷　子部儒学类

《太昆先哲遗书》本。

性善图说 1 卷　子部儒学类

(1)《娄东杂著续刊》本。

(2)《陆桴亭先生遗书》本。

城守辑略　子部兵书类　佚

见宣统《太仓州志》卷 25。

桑梓五防 1 卷　子部兵书类

(1)《娄东杂著》本。

(2)《陆桴亭先生遗书》本。

支更说 1 卷　子部兵书类

(1)《娄东杂著》本。

(2)《陆桴亭先生遗书》本。

八阵发明　子部兵书类

(1) 太仓唐氏刻本，华东师范大学图书馆藏。

(2)《陆桴亭先生遗书》本。

(3)《丛书集成三编》本。

论区田 1 卷　子部农家类

《区种十种》本。

变通区田省工法　子部农家类

清咸丰八年(1858)友益书屋刻本，北京大学图书馆藏。

简易活人方 2 卷　子部医家类　佚

见宣统《太仓州志》卷 25。

分野说 1 卷　子部历算类

(1)《娄东杂著》本。

(2)《陆桴亭先生遗书》本。

月道疏 1 卷附月行九道图并解　子部历算类

(1)《娄东杂著续刊》本。

(2)《陆桴亭先生遗书》本。

避地三策 1 卷附改折始末论　子部杂学类

(1)《娄东杂著续刊》本。

(2)《丛书集成三编》本。

(3)《陆桴亭先生遗书》本。

陆桴亭文集 5 卷　集部别集类

(1) 清康熙五十三年刻本,国家图书馆藏。

(3)《津河广仁堂所刻书》本。

桴亭先生文钞 6 卷续钞 1 卷诗钞 8 卷　集部别集类

清陆世仪撰　叶裕仁编

(1)《陆陈两先生诗文钞》本。

(2)《清代诗文集珍本丛刊》本。

桴亭先生文集 6 卷补遗 1 卷桴亭先生诗集 10 卷　集部别集类

(1)《续修四库全书》本,影印唐受祺《陆桴亭先生遗书》本。

(2)《清代诗文集汇编》本,影印唐受祺《陆桴亭先生遗书》本。

桴亭先生集外文 1 卷附从祀录 1 卷　集部别集类

(1) 1927 年唐文治刻本,上海图书馆藏。

(2)《清代诗文集汇编》本。

桴亭文稿 10 卷　集部别集类　佚

见宣统《太仓州志》卷 25。

桴亭词 1 卷　集部词曲类

《惜阴堂丛书》本。

陆桴亭先生遗书　丛书类

清光绪二十五年太仓唐受祺京师刻本,国家图书馆藏。

子目：

首 1 卷

《桴亭先生文集》6 卷《补遗》1 卷《诗集》10 卷

《论学酬答》4 卷

《志学录》1 卷

《性善图说》1 卷

《虚斋格致传补注》1 卷

《四书讲义辑》1 卷

《淮云问答辑》1 卷

《八阵发明》1 卷

《月道疏》1 卷附《月行九道图并解》

《分野说》1 卷附《云汉升沉山河两戒图》

《治乡三约》1 卷

《制科议》1 卷

《甲申臆议》1 卷

《苏松浮粮考》1 卷

《娄江条议》1 卷

《桑梓五防》1 卷

《常平权法》1 卷

《家祭礼》1 卷

《支更说》1 卷

《避地三策》1 卷附《改折始末论》

附

《尊道先生年谱》1 卷，清凌锡祺撰

显 玉

字未琢，号大奇。清太仓法轮寺僧。自三峰来。

未琢稿　集部别集类　佚

见《双凤里志》。

张　确

清太仓人。

明名臣言行录　史部传记类　佚

见宣统《太仓州志》卷25。

陈　瑚(1613—1675)

字言夏，号确庵，自称七十二潭渔父。清太仓人。朝典子。崇祯十五年(1642)举人。贯通五经，务为实学。明亡后，初与父居蔚村，后徙隐湖，居毛氏汲古阁，又居常熟城南严氏松石斋。向乡人陈说孝弟及为善之约，从学者众，门人私谥曰“安道先生”。故居立为安道书院，与陆世仪、江士韶、盛敬称“四先生”。

周易传义合阐12卷　经部易类

(1) 1924年无锡理学社刻本，浙江图书馆藏。

(2) 1926年太仓图书馆刻本，上海图书馆藏。

大学日程1卷　经部四书类

《如不及斋丛书》本。

何道林传1卷　史部传记类

清抄本，国家图书馆藏。

陈确庵先生日记8卷(一作确庵日记)　史部传记类

(1) 清周南抄本，上海图书馆藏。

(2) 1926年太仓图书馆刻本，国家图书馆藏。

按：包括《穷理录》《求道录》《经义录》《治事录》。

桴亭先生行状行实　史部传记类

清陈瑚撰行状　陆允正撰行实

《陆桴亭先生遗书》本。

安道公年谱2卷陈安道先生世系1卷　史部传记类

(1) 清光绪间太仓缪氏刻《东仓书库丛刻初编》本，南京图书馆藏。

(2)《北京图书馆藏珍本年谱丛刊》本。

治病说(一作治痍说)1卷　史部政书类

《娄东杂著》本。

筑围书(一作筑堤书)　史部政书类

(1)《娄东杂著》本。

(2)《续修四库全书》本。

救荒定议1卷　史部政书类

《娄东杂著》本。

治纲2卷　史部政书类

1926年太仓图书馆刻本，浙江图书馆藏。

荒政全书　史部政书类

条教　史部政书类

条议　史部政书类

开江书　史部政书类

蔚村讲规　子部儒学类

讲学全规　子部儒学类

莲社约法　子部儒学类

以上7种见《确庵文稿》目录。

切己录　子部儒学类

见光绪《昆新两县续修合志》卷49。

敬业稽行录　子部儒学类

见《常昭合志稿》卷44。

同善会语　子部儒学类　佚

社学事宜　子部儒学类　佚

以上2种见宣统《太仓州志》卷25。

相观录　子部儒学类

见《安道公年谱》。

圣学入门书 3 卷　子部儒学类

(1) 清顺治间刻本,1 卷,附讲义 1 卷,南京图书馆藏。

(2) 清道光味菜庐活字印本,国家图书馆藏。

(3) 清道光二十三年(1843)黔省学署刻本,1 卷,上海图书馆藏。

(4) 清咸丰三年(1853)丽泽精舍刻本,浙江图书馆藏。

(5)《记过斋藏书》本,1 卷。

(6)《西京清麓丛书续编》本。

(7)《津河广仁堂所刻书》本。

(8)《周氏师古堂所编书》本,1 卷。

(9)《东仓书库丛刻初编》本。

(10)《留余草堂丛书》本,3 卷。

(11)《四库全书存目丛书》本,3 卷。

(12)《丛书集成初编》本。

按:此书包括《大学日程》《小学日程》《内训日程》三种。

蔚村三约 1 卷　子部儒学类

(1)《娄东杂著》本。

(2)《津河广仁堂所刻书》本。

淮云问答 1 卷续编 1 卷　子部儒学类

(1)《娄东杂著》本,无续编 1 卷。

(2)《小石山房丛书》本。

(3)《确庵文稿七种》本,另有补遗 1 卷。

(4)《丛书集成初编》本。

讲义条约 1 卷　子部儒学类

《娄东杂著续刊》本。

天文书辨疑　子部历算类　佚

游楚日记　子部杂学类　佚

以上 2 种见宣统《太仓州志》卷 25。

确庵文稿七种 11 卷　集部别集类

清陈瑚撰　陈溥辑

清康熙至雍正间陈溥抄本，叶裕仁跋，国家图书馆藏。

按：包括《典礼会通》1卷、《古文》1卷、《书》2卷、《治纲》2卷、《淮云问答》初编1卷续编1卷补遗1卷、《杂文》1卷、《杂著》1卷。

确庵文稿40卷　集部别集类

(1) 清抄本，不分卷，中山大学图书馆藏。

(2) 清初汲古阁刻本，有多卷未刻，国家图书馆藏。

(3)《四库禁毁书丛刊》本，影印汲古阁本。

(4)《明别集丛刊》第五辑本，影印汲古阁本。

按：此书包括《顽潭集》《玉山集》《隐湖集》《东野集》《娄江集》《楚江集》《邓尉集》《紫阳集》《双凤集》《淮南集》《山楼集》《破山集》《蚁桥集》《后蚁桥集》《西郊集》《圣学入门书》等。

确庵文稿不分卷　集部别集类

(1) 清抄本，中山大学图书馆藏。

(2) 清抄本，清华大学图书馆藏。

(3) 抄本，国家图书馆藏。

确庵先生文钞6卷诗钞8卷续1卷　集部别集类

清陈瑚撰　叶裕仁辑

(1) 清同治九年(1870)蒯德模安道书院刻《陆陈两先生诗文钞》本，国家图书馆藏。

(2)《清代诗文集珍本丛刊》本。

确庵尺牍不分卷　集部别集类

清王德森抄本，昆山市图书馆藏。

确庵入门书　集部别集类

《周氏师古堂所编书》本。

陈确庵先生手稿1卷　集部别集类

稿本，存祭文，清王元让跋，上海图书馆藏。

离忧集2卷　集部总集类

(1) 清抄本,上海图书馆藏。

(2)《峭帆楼丛书》本。

按:前明遗老诗。

从游集 2 卷　集部总集类

(1) 清初刻本,辽宁省图书馆藏。

(2) 清抄本,复旦大学图书馆藏。

(3)《峭帆楼丛书》本。

按:及门诸子诗。

隐湖倡和诗 3 卷　集部总集类

清陈瑚辑　毛褒、毛扆等订

清毛氏汲古阁刻本,国家图书馆藏。

顽潭诗话 2 卷补遗 1 卷附录 1 卷　集部诗文评类

(1) 清抱吟庐抄本,不分卷,上海图书馆藏。

(2)《峭帆楼丛书》本。

(3)《续修四库全书》本。

确庵先生遗书 4 种 5 卷　丛书类

清抄本,南京图书馆藏。

吴体元(1613—1682)

字秀叔,号苍岩。明太仓人。顺治五年(1648)武魁。官陕西洮州卫千总,升守备,钦加游击衔。

洮阳纪略　史部杂史类　佚

拳经　子部兵书类　佚

枪谱　子部兵书类　佚

促织经　子部杂学类　佚

秦中杂咏　集部别集类　佚

以上 5 种见《太仓延陵宗谱》卷 14。

王　御(1613—1705)

字圣乘，号戒庵。清太仓樊村人。敦正学，深慕王守仁为人，思廓清世难，与陆世仪、王发祥诸人讲求兵法，于天文地理阨塞无不精究，以选贡中明崇祯九年(1636)举人，十一年会试副榜。清顺治十二年(1655)就选得宿松教谕，移六安学正，所止整葺学官，诲迪士子。迁房山知县，以简静慈爱为政。革除规例，不名一钱。告老归年已耄矣，好学不衰。世仪谓其超悟如陈白沙。年93卒，门人私谥敬一先生。

证我笺　子部儒学类　佚

先贤学记　子部儒学类　佚

山堂集　集部别集类　佚

戒庵集　集部别集类　佚

以上4种见宣统《太仓州志》卷25。

戒庵遗集1卷　集部别集类

抄本，南京图书馆藏。

按:《国朝文汇》甲集卷3收其文1篇。

胡周鼒

字其章，号卣臣。清太仓人。崇祯十三年(1640)进士，授刑科给事中，立朝数月，封章十余上，婴权贵忌，罢职归。明年复起，以亲老辞。明亡后，家居不仕。

恒素堂集　集部别集类

见宣统《太仓州志》卷25。

诗刻二集　集部别集类　佚

见《清代各省禁书汇考》。

葵锦堂集　集部别集类

清康熙刻本，国家图书馆藏。

周　肈(1615—1683)

字子俶，号东冈。清太仓人。早慧，五岁识奇字，十岁为文，师异之。明末以总角入复社。顺治十四年(1657)举人。官青浦教谕、新淦知县。工诗。与许旭、黄与坚等并称“娄东十子”。

东冈集1卷　集部别集类

《太仓十子诗选》本。

东冈文稿1卷　集部别集类

1948年太仓文献委员会抄本，南京图书馆藏。

东冈诗钞1卷补遗1卷文钞1卷　集部别集类

(1) 清嘉道间周杰刻本，浙江图书馆藏。

(2) 清抄本，上海图书馆藏。

(3)《清代诗文集汇编》本。

朱日章

字仇池。清太仓人。康熙间举人。卜居西郊，杜门艺古，至老不衰。家贫常致空匮，而吟咏自如。与同社陈瑚等往来唱和。同里仰其道谊。

韵玉补　经部小学类　佚

停云集　集部别集类　佚

以上2种见《江苏诗征》卷16。

周　谟

字定猷。清太仓人。

醉余吟集　集部别集类　佚

见宣统《太仓州志》卷25。

曹有武

字祖来，号梅梁。清太仓人。乾学子。顺治三年(1646)岁贡。授同官知县，县经兵燹，有武清户口、豁赔累、戢悍卒、减羡余，循声大著。而以茶马事被劾，父老哭送盈道，人思其德，立去思碑，卒年72。

咏陶轩遗稿　集部别集类　佚

见宣统《太仓州志》卷25。

钱　陛(1616—1693)

字如卿，一字臣扆，号讷斋。清太仓人。增广生。

静逸轩唱和诗　集部别集类　佚

见《太仓钱氏彭城世谱》卷6《著述录》。

曹允武

字季服，号寄庵。清太仓人。有武弟。康熙贡生。性慈祥。尝为廉宪幕客，怀笔下超生之意，务详慎，每秉烛夜分，期无憾而后安。

诗传集说　经部诗经类　佚

韵府大全　经部小学类　佚

以上2种见《娄东耆旧传》卷6。

寄庵诗集16卷　集部别集类

清康熙刻本，复旦大学图书馆藏。

吴　氏(1617—1661)

清太仓人。王发祥妻，麻延女。博览典籍，尤精史事，能诗善琴。性孝，母卒，作《思亲操》，时时鼓之。发祥官武昌，吴氏随之任。治家严肃，内外秩然，暇则亲视翰墨。

遗香集　集部别集类　佚

见宣统《太仓州志》卷25。

王发祥(1617—1669)

字登善,号长源。清太仓人。日新子。弱冠有文名。崇祯九年(1636)举人,清顺治十二年(1655)进士。除刑部广西司主事,转员外郎。时朝廷慎选学臣,临轩亲试,取发祥第一。奉命视学湖北。详列规条,董率士子,尤以表扬忠孝贞节为急。各邑志乘多经论定,又刊全楚诗文,一时人文举起。十七年兼摄湖南学政,面拔得人。以事牵连解任,还原职赴都候补。卒年53。

研园集　集部别集类　佚

斯与吟　集部别集类　佚

以上2种见宣统《太仓州志》卷25。

按:王寿慈《太原先德集》辑其遗诗。

许　焕

字尧文。清太仓人。国荣子。顺治二年(1645)举人,四年进士。福建莆阳知县,升浙江嘉兴知府。

燕台草　集部别集类　佚

见宣统《太仓州志》卷25。

顾元真

字九阳。清太仓双凤里人。明诸生。长于诗古文辞。前辈王时敏、李继贞多折节与交。居城西郊,授徒自给。

草间偶志　子部小说类　佚

思玄堂文集　集部别集类　佚

以上2种见宣统《太仓州志》卷25。

玄览阁集2卷　集部别集类

抄本,南京图书馆藏。

徐　政

字圣齐、紫辰，号赞卿。清太仓人。顺治十四年(1657)以举人知县事。

(顺治)邹平县志8卷　史部地理类

清徐政修　马骝纂

(1) 清顺治十七年刻本，国家图书馆藏。

(2)《清代孤本方志》本。

吴世睿(1619—1676)

字圣符。清太仓人。梅村族弟、王时敏甥。顺治十二年(1655)岁贡，选蕲水丞。缘事罢官，卒于楚狱。

愚溪诗草　集部别集类　佚

见宣统《太仓州志》卷25。

王　挺(1619—1677)

字周臣。清太仓人。时敏长子。与陆世仪、陈瑚诸人相师友。以荫授中书舍人。在官七月，疏请破格用人。奉使两浙，廉洁自守，复命即告归。入清，杜门却轨，举贤才不就，晚年废目，日使家僮诵书以听，为文口占使书之。

春秋集论　经部春秋总义类　佚

太仓文献志　史部地理类　佚

以上2种见宣统《太仓州志》卷25。

减庵公诗1卷　集部别集类

(1)《娄东王氏诗钞》本。

(2)《王烟客先生集》附本。

减庵文集　集部别集类　佚

不盲集　集部别集类　佚

以上 2 种见《王巢松年谱》。

王　撰(1619—1696)

字端士，号芝廛。清太仓人。时敏次子。顺治十二年(1655)进士，康熙中荐试鸿博不就。通籍四十年不仕，但志存民生。工诗，与黄与坚等并称“娄东十子”。

芝廛集　集部别集类

(1) 清抄本，4 卷，上海图书馆藏。

(2) 清抄本，10 卷，上海辞书出版社藏。

(3)《太仓十子诗选》本，1 卷。

(4) 2016 年学苑出版社出版《稀见清代四部辑刊》本。

燕游草　集部别集类

见吴世睿《读王端士燕游草》。

按：王昊亦有赠诗。

许　旭(1620—1689)

字九日。清太仓人。国荣孙。明诸生。入清，一意为古诗文，与黄与坚等并称“娄东十子”。与陈维崧友善。

闽幕纪略 2 卷　史部杂史类

(1) 清抄本，浙江图书馆藏。

(2) 清海昌管廷芬抄本，南京图书馆藏。

(3)《花近楼丛书》本，1 卷。

(4)《昭代丛书》本，作《闽中纪略》，1 卷。

秋水集 6 卷　集部别集类

(1) 清康熙王氏刻本，中国社会科学院文学研究所藏。

(2)《太仓十子诗选》本，1 卷。

吴梅村诗集 40 卷　集部别集类

清吴伟业撰　顾湄、许旭、王昊、周肇订

清康熙七年(1668)刻本,国家图书馆藏。

绣虎轩尺牍8卷二集8卷三集8卷　集部别集类

清曹煜著　清许旭、唐孙华等校定

清康熙十七年至二十九年苏州曹煜传万堂刻本,中国人民大学图书馆藏。

黄与坚(1620—1701)

字庭表,号忍庵。清太仓人。性落拓,颖悟异常,三岁能识字,五岁能诵诗,十四岁时即慨然有志于古学,从吕云孚学。顺治十六年(1659)成进士,授推官,康熙十七年(1678)应博学鸿儒试,授编修,擢赞善,与修《明史》,充贵州乡试正考官,又分修《一统志》。以葬亲乞归,家居委巷,寂寞著书,文章醇雅,诗在韩渥、元好问之间,为"娄东十子"之首。

大易正解　经部易类　佚

易学阐10卷　经部易类　佚

月令辑要　经部礼记类　佚

太仓州志稿20卷　史部地理类　佚

以上4种见宣统《太仓州志》卷25。

论学三说1卷　子部儒学类

(1)《学海类编》本。

(2)《娄东杂著》本。

(3)《国朝名人著述丛编》本。

(4)《探源书舫丛书》本。

(5)《丛书集成初编》本。

广论学三说1卷　子部儒学类

《娄东杂著》本。

愿学斋文集40卷　集部别集类

(1)清抄本,国家图书馆藏。

(2)清钱氏听鹂馆抄本,南京图书馆藏。

(3) 太仓图书馆抄本,南京图书馆藏。

(4)《清代诗文集汇编》本。

(5)《清代诗文集珍本丛刊》本。

忍庵集 1 卷　集部别集类

《太仓十子诗选》本。

龚淑英(? —1647)

一作淑贞,字静瑞,号野泉道人。清太仓人。挺女,吕云奇室。顺治二年(1645)云奇殉父死,年 25。淑英断指自誓,为吕守节。四年,江南讹言将选幼女寡妇入都,投池而死。

冰玉堂纫兰集　集部别集类　佚

见《然脂集》。

周家屏

字扆工。清太仓人。

四书尊注　经部四书类　佚

见宣统《太仓州志》卷 25。

�庐诗　集部别集类　佚

见《双凤里志》。

杨嘉绩

字辅成,号待庵。清太仓人。廷枢后。少值乱离,来里中,读书法轮寺,补州诸生,后迁印溪,复归里,杜门著述,文行清介。陈瑚、王撰、许旭、顾士琏皆与善。

待庵集　集部别集类　佚

见宣统《太仓州志》卷 25。

朱　臣

字来宾。清太仓沙溪人。顺治十一年(1654)贡生。为人好义,勇于任事。任丹徒训导,修文庙,以劳瘁卒。张玉书以诗哭之。

寿邱斋诗稿　集部别集类　佚

见宣统《太仓州志》卷25。

陈　琦

字齐韩。清太仓人。世居沙溪。曾客北平幕。

东山诗钞　集部别集类　佚

见宣统《太仓州志》卷25。

周　锦

字修阁,号即庵。清太仓人。在玄孙。诸生。为沙溪黄与坚妹婿,博学有隽才,与坚深重之。然试辄不遂,以游幕终其身。能诗,与唐孙华、毛师柱唱和最密。迁沙溪,与吕楠邻居,尤契。

友梅集　集部别集类　佚

楚游草　集部别集类　佚

以上2种见宣统《太仓州志》卷25。

方　璿

字睿石,陈氏子。清太仓人。性孤挺,不随世俗,自幼受读少陵诗,剃染后,师晦山和尚于灵隐。后驻锡嘉善东塔禅寺,归隐茜水宝积禅院以终。

按:宣统《太仓州志》《壬癸志稿》皆作元璿,误。《九诰堂集》《两浙輶轩录》皆作方璿。

睿石诗　集部别集类　佚

见宣统《太仓州志》卷25。

旅庵草　集部别集类　佚

冷泉草　集部别集类　佚

严江草　集部别集类　佚

以上3种见《两浙輶轩录补遗》卷9。

曹王云

字鹤九，号若文。初从母姓，名王登云。清太仓人。顺治十二年(1655)进士。除刑部主事，迁郎中，降光禄寺署正。

转蓬集　集部别集类　佚

见宣统《太仓州志》卷25。

费　来

字天来，号石樵。清太仓直塘人。参子。明庠生。文行重邑里。以奏销案罣误，弃去。擅诗文，精绘事，砚田自食。

石樵集　集部别集类　佚

天来诗集　集部别集类　佚

以上2种见宣统《太仓州志》卷25。

傅　源

字星岩，号雪樵。清新安人，侨居太仓。磊落奇伟，散千金结客，视乡里小儿蔑如也。家中落，以笔耕糊口。与费来等为文章性命之友。

瓮天草　集部别集类　佚

见《娄水琴人集·寄寓》。

陈国桢

字庚先。清太仓人。

寒香斋集　集部别集类　佚

见《娄东诗派》卷20。

唐　在

字在兹，号止庵。清太仓人。能诗，工画，精篆刻。吟咏不留稿。有询者，口占一二首应之。中年曾移直塘，后迁虞山以终。

归昌唱和集(一作在兹诗)　集部别集类　佚

见宣统《太仓州志》卷25。

郁　禾(1622—1678)

字计登。清太仓人。顺治副贡，专力于古文词。康熙十二年(1673)与曹炜、王揆、盛敬、顾湄等纂《太仓州志》二十卷。康熙中不应鸿博荐。

春秋礼乐志　经部春秋总义类　佚

十三经订误30卷　经部群经总义类　佚

五经考辨100卷　经部群经总义类　佚

云坊集　集部别集类　佚

就正集　集部别集类　佚

以上5种见宣统《太仓州志》卷25。

钱　坪(1622—1709)

字青柯，号半华山人。清太仓人。烨七子。乡饮大宾。

格天集　集部别集类　佚

见《太仓钱氏彭城世谱》卷6《著述录》。

曹　耀

字德公，号质庵。清太仓人。诸生。少从张溥、杨廷枢游，尝与陈瑚辈讲天人性命之学，至老不衰。

慎惧录　子部儒学类　佚

质庵诗文集　集部别集类　佚

以上 2 种见宣统《太仓州志》卷 25。

陈　涞

又名陈顾涞，字就列，号蘧庐。清太仓人。三锡子。州庠生。精研经术，尤究心程朱之学。及门多显达。又精医理，能起垂死，人称陈仙。昆山王成博、黄九来皆出其门。晚迁沙头。卒年 77。

四子周易（一作易经讲义）　经部易类　佚

四书四大家合参　经部四书类　佚

续州志　史部地理类　佚

以上 3 种见《双凤里志》。

省心录　子部儒学类　佚

蘧庐医案 10 卷　子部医家类　佚

蘧庐诗稿　集部别集类

以上 3 种见宣统《太仓州志》卷 25。

陈　泳

字德绍。清太仓人。涞弟。善岐黄。年 55 卒。

留月楼诗稿　集部别集类

见《娄东耆旧传》卷 7。

吕星炜

字天章。清太仓人。之缙子。卒年 70 余。

笔耕集　集部别集类　佚

代泣草　集部别集类　佚

以上 2 种见宣统《太仓州志》卷 25。

金　昱

字立公。清太仓人。由安徽休宁迁沙溪。

立公集　集部别集类　佚

见宣统《太仓州志》卷25。

王　撰(1623—1709)

字异公,号随庵。清太仓人。时敏三子。工隶书山水,平时喜作浅绛山水,峰峦树石,用笔浑厚苍劲,气味清新,得父时敏家法。为“娄东十子”之一。

随庵诗稿1卷　集部别集类

清抄本,国家图书馆藏。

三余集1卷　集部别集类

《太仓十子诗选》本。

异公近诗　集部别集类　佚

见宣统《太仓州志》卷25。

揖山集10卷　集部别集类

(1) 清康熙王氏三余堂刻本,国家图书馆藏。

(2) 清抄本,上海图书馆藏。

王异公诗稿　集部别集类

稿本,上海图书馆藏。

太仓王异公文集不分卷　集部别集类

稿本,故宫博物院藏。

离骚草木史10卷附拾细1卷　集部别集类

战国屈原著　清周拱辰注　顾有孝、王撰评点

清嘉庆八年(1803)圣雨斋刻本,北京大学图书馆藏。

圣雨斋诗文集10卷问鱼篇2卷　集部别集类

清周拱辰撰　周寀纂　顾有孝、王撰评点

清道光三年(1823)圣雨斋刻本,嘉兴市图书馆藏。

娄东王氏诗抄三种　集部总集类

清王撰辑

清抄本，上海图书馆藏。

子目：

《偶谐旧草》1卷《续草》1卷《西庐诗草》2卷《补》2卷《西庐诗余》1卷　清王时敏撰

《减庵公诗》1卷　清王挺撰

《西田集》1卷　清王掞撰

张　琸

字于王，号朗山。清太仓人。振之曾孙，入吴江庠，能诗，工楷书，精篆刻，为时流所推。

朗山诗集　集部别集类　佚

见宣统《太仓州志》卷25。

黄与圭

字廷秉。清太仓人。与坚弟。笃孝行，喜游览。尤精于医，能起沉疴。

周易衷旨　经部易类　佚

九经解　经部群经总义类　佚

以上2种见宣统《太仓州志》卷25。

周　士

字士行。清太仓人。武进侍御董文骥妻。

董夫人诗词1卷　集部别集类　佚

见《然脂集》。

张明霞

清太仓人。王元祚室。

浣花斋遗稿　集部别集类　佚

见《娄东诗派》卷28。

黄　荃

字逸佩。清太仓人。承圣女，王路妻。工书善琴，诗多高素，不为闺房体。

蕉隐居集　集部别集类　佚

见《娄东诗派》卷28。

蕉隐词　集部词曲类　佚

见《全清词钞》卷30，收其词1首。

陈景福

清太仓人。

耕云集　集部别集类　佚

见《双凤里志》。

朱汝砺

字商石。清太仓人。明诸生。少游张溥及吴伟业门，有志行。又从嘉定黄淳耀游，殚心经学。淳耀有《诗札》二卷未成，汝砺仿之，亦名《诗札》。尝作书数千言，规当世事。知州白登明闻其名，延辑州志，未成，稿藏于家。

诗札10卷　经部诗经类　佚

礼辨14卷　经部三礼总义类　佚

五经异同　经部群经总义类　佚

太仓州志稿　史部地理类　佚

长春堂诗文集　集部别集类　佚

以上5种见宣统《太仓州志》卷25。

张闻升

字尔铉，一作耳玄。清太仓人。泳子。刻有张溥评点《宋史纪事本末》。

静远堂集　集部别集类　佚

见宣统《太仓州志》卷25。

陈　涛

字丹溪，号养素。清太仓双凤人。三锡侄。能诗，善琴。幼嗜黄老书，悟玄门法。出家后居汤王庙，后迁直塘灵直道院。刻期辞亲友，作偈而逝。

茅君法书　子部道教类　佚

丹台秘录　子部道教类　佚

玉室藏函　子部道教类　佚

以上3种见宣统《太仓州志》卷25。

曹元衡

清太仓人。

翊王诗　集部别集类　佚

见宣统《太仓州志》卷25。

王闻炳

字蔚仪。清太仓人。初名文炳，苏州府学生，后复今名。幼聪颖过人，孝友诚悫。及长，绩学能文。王掞，其受业弟子也。卒年63。

咏骏堂诗文集　集部别集类　佚

见宣统《太仓州志》卷25。

浦为琛

字甄玉。清太仓人。

北游集　集部别集类　佚

见《娄东诗派》卷14。

施受赐(1626—?)

字钦绪,又字怡园。清太仓人。州庠生。才学隽美,天性温和。吴梅村门人。

施氏世谱前编不分卷后编不分卷附录不分卷　史部传记类

清施受赐等修

清康熙九年(1670)刻雍正九年(1731)校补本,苏州图书馆藏。

王　昊(1627—1679)

字惟夏,号硕园。清太仓人。世懋曾孙。弱冠负盛名。稍长,涉猎书史,纵笔为古文辞。诗为钱谦益、吴伟业推重。后以奏销案破家,自是不复进取。别筑当恕轩,寝处其中,研经绎史,授徒自给。所撰随笔,时称博洽。康熙中召试鸿博,授内阁中书,未就而卒。与黄与坚等并称"娄东十子"。

当恕轩偶笔53卷　子部杂学类

(1) 清末民初红薇仙馆抄本,南京图书馆藏。

(2) 稿本,上海图书馆藏。

王氏说删20卷　子部小说类　佚

见宣统《太仓州志》卷25。

硕园诗稿35卷词稿1卷　集部别集类

(1) 清康熙四十二年(1703)王良谷抄本,王良谷跋并题诗,国家图书馆藏。

(2)《四库未收书辑刊》本。

(3)《清代诗文集珍本丛刊》本。

硕园诗稿 30 卷　集部别集类

(1) 清乾隆十二年(1747)王良谷刻本,国家图书馆藏。

(2)《清代诗文集汇编》本。

硕园编年诗选 2 卷　集部别集类

清抄本,上海图书馆藏。

硕园集 1 卷　集部别集类

《太仓十子诗选》本。

吴梅村诗集 40 卷　集部别集类

清吴伟业撰　顾湄、许旭、王昊、周肇订

清康熙七年刻本,国家图书馆藏。

寓园诗余　集部词曲类　佚

见《全清词钞》卷 5,收其词 2 首。

古学文存辨体 8 卷　集部总集类

清王昊、徐与乔辑

清康熙五年醉耕堂刻本,南京师范大学图书馆藏。

王　抃(1628—1702)

字怿民,一字鹤尹,别号巢松。清太仓人。时敏第五子,撰弟。天姿英迈。善乐府体。为诗措词清密,落音雄高。为“娄东十子”之一。

王巢松年谱 1 卷　史部传记类

(1)《吴中文献小丛书》本。

(2)《丛书集成续编》本。

巢松集 6 卷　集部别集类

(1) 清康熙刻本,国家图书馆藏。

(2) 清抄本,中科院国家科学图书馆藏。

(3)《四库未收书辑刊》本,影印抄本。

(4)《清代诗文集汇编》本。

健庵集 1 卷　集部别集类

《太仓十子诗选》本。

白门草　集部别集类

见《王巢松年谱》。

北游草　集部别集类

见宣统《太仓州志》卷 25。

玉阶怨　集部词曲类　佚

戴花刘　集部词曲类　佚

舜华庄　集部词曲类　佚

鹫峰缘　集部词曲类　佚

以上 4 种见《王巢松年谱》。

浩气吟　集部词曲类　佚

见《曲录》。

筹边楼　集部词曲类

见《王巢松年谱》。

按:此书《清代戏曲家丛考》等皆云国家图书馆藏有康熙刻本,经查未见。

吕　琳

字幼舆,一作牖子。清太仓沙溪人。楠子。工诗文,通字学,为名诸生。绥德马豫视学三浙,延之入幕。寻度岭涉罗江,访友粤东,无所合而归。

愚畦诗钞 8 卷　集部别集类

清乾隆刻本,复旦大学图书馆藏。

退川子集　集部别集类

见宣统《太仓州志》卷 25。

粤游草 1 卷　集部别集类

清乾隆二十三年(1758)刻本,南京图书馆藏。

陆 浩

清太仓人。庠生。

真渊子诗钞　集部别集类　佚

见宣统《太仓州志》卷25。

毛天麒

字如石。清太仓人。顺治十五年(1658)进士。授安义知县。父忧服除,补褒城。丁母忧,再补魏县。升中书舍人。引疾归,卒年84。

思补堂集　集部别集类　佚

恬庵诗文剩稿　集部别集类　佚

以上2种见宣统《太仓州志》卷25。

赵 裕

清太仓人。

岁时逐日记　子部杂学类　佚

见道光《璜泾志略》卷6。

济 普

字穆文,一字润堂。清绍兴人。灵隐具德和尚法嗣。才识过人。顺治八年(1651),孑身一人卓锡法轮寺,修建寺院,为法轮中兴之祖。

润堂语录　子部佛教类　佚

见《双凤里志》。

徐耀珽

字方平。清太仓人。熟于史事,诗有沉郁之响。

寓书堂诗集　集部别集类　佚

见宣统《太仓州志》卷25。

杜登春(1629—1705)

字九高，号让水，一号姜翁。清上海青浦人。为给事中张王治婿，遂家太仓。吴伟业门生。顺治八年(1651)拔贡。以善书议叙广昌县。在任12年，有能声。既归，与黄与坚、唐孙华、王吉武流连诗酒者10年，再补处州同知，署宣平，旋卒。

(康熙)广昌县志8卷首1卷　史部地理类

清杜登春纂修

清康熙间刻本，国家图书馆藏。

社事始末1卷　史部杂史类

(1)《艺海珠尘》本。

(2)《昭代丛书》本。

(3) 清抄本，南京图书馆、浙江图书馆藏。

尺五楼诗集9卷　集部别集类

清康熙刻本，上海图书馆藏。

尺五楼文集　集部别集类　佚

见宣统《太仓州志》卷25。

顾　梅

字商尹，号雪坡。清太仓人。工诗词。好击剑，精骑射。康熙二年(1663)进士。时贵州巡抚杨雍建进剿吴三桂，以梅有文武才，题荐军前效用。始署黄平州，后授印江知县。丁艰，服阕，补陕西咸阳。寻补工部主事。将入都，骤卒。

商尹诗　集部别集类　佚

奚囊剩句　集部别集类　佚

奚囊草　集部别集类　佚

黔行草　集部别集类　佚

客中吟　集部别集类　佚

以上5种见宣统《太仓州志》卷25。

李西白

清太仓人。

娄人逸诗　集部总集类　佚

见宣统《太仓州志》卷25。

黄　冲

字鸿轩。清太仓人。元会孙。

大翮山房草　集部别集类　佚

见宣统《太仓州志》卷25。

王元初

字瑞征。清太仓人。以武功署末将衔。工六法，得王玄照指授。

塞上吟　集部别集类　佚

见《娄东诗派》卷14。

周志仁

字显儒，号素臣。清太仓人。清初弃举业，闭门授徒，以著述自娱，家徒壁立，晏如也。游虞山，与邱园莫逆，酬唱甚欢，人称邱周二先生。间度曲为乐。

凤游集　集部别集类　佚

见《双凤里志》。

周　裳

字云彦，号潜室子。清太仓人。顾元真弟子。顺治十一年(1654)举人，十二年中会试副榜，授江浦教谕。自免归。再起宿迁教谕。程穆衡称其诗刻意长吉，神骨逼真。

元鉴阁诗集　集部别集类　佚

见宣统《太仓州志》卷 25。

按:《娄东诗派》作《元览阁集》,《州志》以为非,《玄览阁集》乃其师顾元真撰。

空明居诗稿　集部别集类　佚

游燕草　集部别集类　佚

游粤吟　集部别集类　佚

以上 3 种《娄水琴人集》。

王曜升

字次谷。清太仓人。昊弟。客游四方,以能诗名,卒于京。为"娄东十子"之一。

东皋集 1 卷　集部别集类

《太仓十子诗选》本。

茶庵集　集部别集类　佚

见《娄东诗派》。

按:宣统《太仓州志》作《茶庵诗稿》。

周体元

清太仓人。

非玉集　集部别集类　佚

见宣统《太仓州志》卷 25。

曹　汉

字倬云。清太仓人。顺治十四年(1657)举人。资性过人,刻厉甚苦,以奏销被黜,屏迹读书。后得申释,旋病卒。年 47。

榕阴集　集部别集类　佚

峭帆集　集部别集类　佚

琢斋草　集部别集类　佚

以上3种见宣统《太仓州志》卷25。

王　桓

字臣虎。清太仓人。瀹子。诸生，博览群书，刻意为诗，与叶藩、吕楠相友善，唱和甚密。

竹轩剩稿1卷　集部别集类

清抄本，南京图书馆藏。

崔　华(1631—1693)

字蕴玉，一字不雕。清太仓人。顺治十七年(1660)举人。性孤洁。工诗善画。王士禛极赏其诗。有句云"丹枫江冷人初去，黄叶声多酒不辞"，时目为"崔黄叶"。兼工翎毛花卉。康熙时征鸿博，不起，卒。

余不轩诗集　集部别集类

抄本，上海图书馆藏。

崔不凋先生诗稿　集部别集类

(1) 1947年太仓朱丝栏抄本，国家图书馆藏。

(2)《清代诗文集珍本丛刊》本。

按：康熙间亦别有一崔华，直隶平山人，官扬州知府。

玉树楼集　集部别集类

樱桃轩集　集部别集类

余不轩集　集部别集类

以上3种见宣统《太仓州志》卷25。

黄祖颛(1633—1672)

初名迁，字项传，别号愈园主人。清太仓人。长洲籍廪生。幼负隽才，少从陆世仪读书，后学诗于吴伟业。诗词甚富。事亲孝。长洲富人借其名避役，及岁试，以例见斥，改今名，入太学。卒年40。

别本千字文续千字文再续千字文　经部小学类

(1)《借月山房汇钞》本。

(2)《泽古斋丛钞》本。

重编千字文　经部小学类

清刻本,复旦大学图书馆藏。

百声诗1卷物幻百律2卷落花百首1卷　集部别集类

清康熙刻本,复旦大学图书馆藏。

按:宣统《太仓州志》卷25作《咏物三百律》,当是其总称。

顾　湄(1633—1684)

字伊人,号抱山。清太仓人。本惠安令程新子,新与顾梦麟善,梦麟无嗣,幼鞠湄,遂姓顾。为陈瑚高弟。慎交、同声社兴,皆以得湄为重。以奏销案累,遂绝意进取,专力诗古文,与黄与坚等并称"娄东十子"。徐乾学延馆于家,为纳兰成德刊《通志堂经解》,校勘甚多。

吴下丧礼辨1卷　史部政书类

《娄东杂著》本。

重编双凤里志　史部地理类　佚

见宣统《太仓州志》卷25。

按:是书胡瑞远、顾湄合编,未成。

虎邱山志10卷首1卷　史部地理类

(1) 清康熙四十一年(1702)怀嵩堂刻本,国家图书馆、南京图书馆藏。

(2) 清宣统三年(1911)集群图书馆铅印本,南京图书馆藏。

(3) 清刻本,苏州图书馆藏。

(4)《故宫珍本丛刊》本。

载庵琐录　子部杂学类　佚

咫闻录　子部杂学类　佚

以上2种见宣统《太仓州志》卷25。

载庵集 2 卷　集部别集类

见《娄东诗派》卷 15。

水乡集 1 卷　集部别集类

《太仓十子诗选》本。

违竽集 2 卷　集部别集类

清咸丰五年(1855)潘道根手抄本,南京图书馆藏。

吴梅村诗集 40 卷　集部别集类

清吴伟业撰　顾湄、许旭、王昊、周肇订

清康熙七年刻本,国家图书馆藏。

重编义勇武安王集 8 卷附录 2 卷补遗 1 卷　集部别集类

清钱谦益、顾湄辑

清康熙八年至九年顾湄织帘居刻十年顾氏增补本,苏州图书馆藏。

刘龙洲墓诗 1 卷　集部别集类

宋刘过撰　清顾湄辑

《龙洲道人集》本,国家图书馆藏。

太仓诗选　集部总集类　佚

咏物诗选　集部总集类　佚

以上 2 种见宣统《太仓州志》卷 25。

太仓十子诗选 10 卷　丛书类

清吴伟业辑

清顺治十七年(1660)顾湄刻本,国家图书馆藏。

王尔铨

字范先。清太仓人。少从陈瑚游,讲天人之学。明亡后隐居市井以老。磊落慷慨,以诗酒自娱。

帆仙诗文集　集部别集类　佚

孤云集　集部别集类　佚

凫藻集　集部别集类　佚

浙游草　集部别集类　佚

塞外游草　集部别集类　佚

以上5种见宣统《太仓州志》卷25。

王尔心

字一哉。清太仓人。汉子。诸生。幼孤，母薛氏教养成人。

覆瓿草　集部别集类　佚

见《娄东诗派》卷20。

王怀章

字鸿文，号蘧庵。清太仓人。居城南九龙湾。莳花养鱼，室饶清閟。周象明序其诗。

蘧庵诗稿　集部别集类　佚

见《娄水琴人集捃遗》卷1。

胡瑞远

字庆衍，号辑庵，又号九阳道人。清太仓双凤人。少从陈瑚学。敦行孝弟，静处一室，闭门却扫，终其身。以诗史自娱，与王吉武、唐孙华诗简往来。晚与顾湄同纂里志，未刻而卒。

辑庵集2卷　集部别集类

清康熙梅花书屋刻本，国家图书馆藏。

听月轩藏稿　集部别集类

双溪集　集部别集类

以上2种见宣统《太仓州志》卷25。

九阳集　集部别集类　佚

见《江苏诗征》卷21。

双凤里志　史部地理类　佚

清胡瑞远、顾湄撰

见嘉庆《直隶太仓州志》卷65。

倪　遇

字元夫，号草亭。清太仓人。性耿介嗜古，诗宗韩孟，旁及苏黄。后以穷困死，王恪收集其遗诗。

草亭诗集(一作错薪集)4卷　集部别集类　佚

见宣统《太仓州志》卷25。

王　扶(1634—1680)

字匡令。清太仓人。时敏第六子。

词曲合考5卷余编1卷　集部词曲类

稿本，北京大学图书馆藏。

周象明(1634—1691)

字悬著。清太仓人。康熙十一年(1672)举人。幼工制举业，尤精性理，性行端洁。后弃举业，课徒糊口，吴暻、王奕清皆从其学。

六书考辨　经部小学类　佚

见宣统《太仓州志》卷25。

称谓考辨1卷　经部小学类

《娄东杂著》本。

韦庵经说1卷　经部群经总义类

(1)《小石山房丛书》本。

(2)《丛书集成初编》本。

七经同异考34卷　经部群经总义类　佚

见《清史稿艺文补编》。

按:《易》4卷、《书》5卷、《诗》6卷、《春秋》6卷、《三礼》13卷，裒集旧说，附以己意，体例略似《山堂考索》。

苏松田赋备考　史部政书类　佚

性理发微　子部儒学类　佚

以上2种见宣统《太仓州志》卷25。

尚友编42卷　子部儒学类

清抄本，存卷1—4，南京图书馆藏。

事物考辨62卷　子部杂学类

(1) 清康熙二十四年周德宣抄本，故宫博物院藏。

(2)《四库全书存目丛书》本。

(3)《故宫珍本丛刊》本。

团溪杂言　子部小说类　佚

见宣统《太仓州志》卷25。

语林考辨1卷　集部诗文评类

清周象明辑

《娄东杂著》本。

毛师柱(1634—1711)

字亦史，号端峰。清太仓人。诸生。早年受知吴伟业，复从陆世仪学。工诗。冒襄水绘园招四方名士，师柱与焉。王士禛为扬州推官，酬和甚相得。顺治间遭奏销案，遂弃举业。晚岁杜门息影，吟咏甚富。卒年78。

端峰诗选6卷　集部别集类

(1) 清康熙三十三年(1694)王吉武刻本，中国科学院图书馆藏。

(2) 清书林玉树斋刻本，上海图书馆藏。

(3)《四库未收书辑刊》本。

毛端峰诗1卷　集部别集类

《皇清百名家诗选》本。

端峰诗续选8卷　集部别集类

(1) 清康熙五十二年毛煜刻本，中国科学院图书馆藏。

(2)《四库未收书辑刊》本。

唐孙华(1634—1723)

字实君,别号东江,晚号息庐老人。清太仓人。17岁为生员,康熙二十七年(1688)进士。三十三年选朝邑知县,召试诗赋,迁礼部主事,调吏部考功,以挂误归。居里20余年卒。博闻强记,诗古文下笔千言。尝与吴兆骞、顾湄、陆圻等结慎交社。又助徐乾学纂《一统志》。

东江诗钞4卷　集部别集类

清康熙三十二年刻本,南京图书馆藏。

东江诗钞12卷　集部别集类

(1) 清康熙五十六年刻本,上海图书馆藏。

(2)《四库禁毁书丛刊》本。

(3)《清人别集丛刊》本。

(4)《清代诗文集汇编》本。

东江文集　集部别集类　佚

见宣统《太仓州志》卷25。

敬业堂诗集原稿不分卷　集部别集类

清查慎行撰　朱彝尊、唐孙华、姜宸英评点

稿本,上海图书馆藏。

绣虎轩尺牍8卷二集8卷三集8卷　集部别集类

清曹煜著　清许旭、唐孙华等校定

清康熙十七年至二十九年苏州曹煜传万堂刻本,中国人民大学图书馆藏。

徐晨耀

字东白,号圃民。清太仓人。诸生。与毛师柱辈分笺唱和,其诗多清真明秀之作。

道盥堂诗钞　集部别集类　佚

见《娄水琴人集》补遗。

顾　缥

字莘求。清太仓人。为人至孝。与陆毅结文社，晚年以诗酒自娱。

莺啸轩诗草　集部别集类　佚

莘求诗钞　集部别集类　佚

以上2种见《娄水琴人集》。

黄　潞

字又文。清太仓人。冲弟。

又文诗　集部别集类　佚

见宣统《太仓州志》卷25。

周沈植

字永功，号砾园。清太仓人。锦从侄。庠生。博学嗜古，一时名流，多与交契，与唐孙华、王撰尤称莫逆。

永功集　集部别集爽　佚

见宣统《太仓州志》卷25。

周云骧

字孝逸。清太仓人。名诸生，能文任侠。

孝逸文稿1卷　集部别集类

清康熙刻本，国家图书馆藏。

张　琰

字佩将。清太仓人。康熙十七年(1678)廪贡。王世贞离赍园，后归琰。寿84。

蒿园集　集部别集类　佚

见宣统《太仓州志》卷25。

王　摅(1635—1699)

字虹友。清太仓人。时敏第七子。揆、抃弟。善属文，尤工于诗，为“太仓十子”之一。

芦中集 10 卷　集部别集类

(1) 清康熙三十七年(1698)王氏善学斋刻本，国家图书馆藏。

(2) 清抄本，上海图书馆藏。

(3) 1916 年钱耀伊抄本，中国科学院图书馆藏。

(4) 1948 年太仓文献委员会抄本，南京图书馆藏。

(5)《清人别集丛刊》本。

(6)《四库未收书辑刊》本。

步檐集 1 卷　集部别集类

《太仓十子诗选》本。

金陵集　集部别集类　佚

见王士禛《分甘余话》卷 4。

据青集　集部别集类

清康熙间刻本，国家图书馆藏。

丁酉草　集部别集类

庚戌未定草　集部别集类

己亥草　集部别集类

戊戌草　集部别集类

以上 4 种有《昆山丛书》本。

积薪集(又名娄东后十子诗选)　集部总集类　佚

清王摅辑

见《国朝古文汇钞》卷 96。

吴孙祥(1635—1706)

字绵祖，号茧庵。清太仓人。继善嗣子。庠生。

易说　经部易类　佚

见《太仓延陵宗谱》卷14。

茧庵诗稿　集部别集类　佚

见《娄东诗派》卷20。

陆兆颐(1635—1708)

字伊程，一作伊臣，号期公。清太仓人。诸生。康熙间举人。

萤窗诗集　集部别集类　佚

见《江苏诗征》卷151，收其诗2首。

张在贞

字蕙琬。清太仓人。溥女。好学知书，适诸生吴绵祖。时王氏静纨，适溥嗣子汝上，为在贞之嫂，闺中唱和，人盛传之。

月窗合稿　集部总集类　佚

清王静纨、张在贞合著

见《然脂集》。

王静纨

字文琳。清太仓人。王惠常女，张溥抚为己女，适溥嗣子汝上，与溥女在贞闺中唱和。

月窗合稿　集部总集类　佚

清王静纨、张在贞合著

见《然脂集》。

张衍懿(1635—?)

字庆余。清太仓人。自幼学诗许秋水。生平客游几遍天下，在蜀最久。

烟舫集4卷　集部别集类

清康熙迎瑞堂刻本，国家图书馆、复旦大学图书馆藏。

诗甲集8卷诗乙集8卷诗丙集6卷　集部别集类

康熙刻本，见《贩书偶记》，未见。

周世樟(1636—?)

字章成，号安素、息园。清太仓人。诸生。醇谨好学。明天文算术。平居教授，每以穷经训后进。年70余卒。

五经类编(又题文典类函)28卷　经部群经总义类

(1) 清康熙二十三年(1684)刻本，浙江图书馆藏。

(2) 清雍正二年(1724)谷诒堂刻本，上海图书馆藏。

(3) 清乾隆三十八年(1773)友益斋刻本，苏州大学图书馆藏。

(4) 清乾隆四十四年刻本(巾箱本)，南开大学图书馆藏。

(5) 清乾隆四十六年友益斋刻本，上海图书馆藏。

(6) 清乾隆五十年刻本，南京图书馆藏。

(7) 清嘉庆六年(1801)刻本，北京大学图书馆藏。

(8) 清嘉庆八年刻本，国家图书馆藏。

(9) 清光绪八年(1882)扫叶山房刻本，北京大学图书馆藏。

按：此书版本甚多，余从略。

十三经分类政要10卷　经部群经总义类

清光绪二十八年教育世界社石印本，上海图书馆藏。

吴　嵩

字翰周，号勒溪。清太仓人。

杏坛思　集部别集类　佚

等闲居诗词稿　集部别集类　佚

以上2种见《太仓延陵宗谱》卷14。

吴学尹

字莘来，号觉堂。清太仓人。御史之彦子。诸生。性严重，规言矩行，士林推重。工制举文，诗亦和平高雅。门人穆衡辑其遗稿藏之。寿82。

觉堂年谱　史部传记类　佚

见《太仓延陵宗谱》卷14。

莘来遗稿(一作觉堂遗稿)　集部别集类　佚

见宣统《太仓州志》卷25。

沈荀蔚(1638—?)

字豹文，号亦客、怀南。清太仓人。云祚子。5岁随父任至成都府华阳县。崇祯十七年(1644)张献忠破城，父被害，隐匿山中得免。越20年始归，作《蜀难叙略》上之史馆。

蜀难纪略1卷　史部杂史类

(1)《昭代丛书》本。

(2)《知不足斋丛书》本。

(3)《明季稗史续编》本。

(4)《笔记小说大观》本。

(5)《丛书集成初编》本。

(6)清抄本，天一阁藏。

余雪山房稿　集部别集类　佚

见宣统《太仓州志》卷25。

陈　炅

字颖永。清太仓人。康熙五年(1666)举人。授武进教谕，改高邮学正。性敏捷，为文操笔立就。

毛诗讲义　经部诗经类　佚

四书讲义　经部四书类　佚

秦邮集　集部别集类　佚

兰陵集　集部别集类　佚

以上4种见宣统《太仓州志》卷25。

赵　松

字万龄，号苍岩。清太仓人。宧光族孙。监生。3岁失恃，鞠于继母，事之甚孝。曾剜肉医父，复祖坟。为文至老不倦，以训蒙起家。卒年78。

半野堂诗钞　集部别集类　佚

见道光《璜泾志略》卷6。

钱　暇

字子纯，号堪斋，一号梅仙。清太仓人。陈瑚高弟。学有本原，从瑚讲学，文行第一。同邑名士咸与之交。康熙十八年(1679)诏征山林隐逸士，弗就，名动公卿，争聘为子弟师。后迁虞山卒。

禹贡翼传1卷　经部尚书类

清抄本，南京图书馆藏。

家礼汇参　经部仪礼类　佚

乡饮酒礼辨　经部仪礼类　佚

广平丧礼议　经部仪礼类　佚

七庙制　经部仪礼类　佚

江南救荒六议　史部政书类　佚

三吴水利议　史部政书类　佚

以上6种见宣统《太仓州志》卷25。

开白茆事宜条议1卷　史部政书类

旧抄本，常熟市图书馆藏。

堪斋诗集2卷　集部别集类

清康熙刻本，天一阁藏。

言志草　集部别集类

见《娄东诗派》卷14。

学古堂文选　集部总集类　佚

见宣统《太仓州志》卷25。

毛师彬

字鲁封，号紫岩。清太仓人。师柱弟。诗亦有名，兼善绘事。

百顺堂诗稿（一作九华游草）　集部别集类　佚

见宣统《太仓州志》卷25。

齐山纪游略　集部别集类　佚

见《齐山岩洞志》卷24《艺文》。

蓉城集1卷　集部别集类

（1）清毛炯抄本，国家图书馆藏。

（2）民国太仓文献委员会抄本，南京图书馆藏。

王　掞(1639—1724)

字藻儒，号颛庵。清太仓人。时敏八子，锡爵曾孙。康熙九年(1670)进士。官至文渊阁大学士，工、刑、兵各部尚书，文渊阁大学士兼礼部尚书。康熙中，督修高家堰工程。上疏请改刑部弊，令满、汉文稿并具。先后充日讲起居注官，典会试。康熙末年，因屡上疏请立太子，被遣赴西部边疆军前效力，以年老免行。寻致仕。工诗画，秀逸不群。

钦定春秋传说汇纂38卷首2卷　经部春秋总义类

清王掞等奉敕撰

（1）清康熙六十年内府刻本，国家图书馆藏。

（2）清光绪十四年(1888)江南书局刻本，国家图书馆藏。

（3）清同治九年(1870)湖北崇文书局刻本，国家图书馆藏。

（4）清尊经阁刻本（有朱墨笔圈点），国家图书馆藏。

(5)《御纂七经》本。

(6)《御纂五经》本。

(7)《四库全书本》本。

(8)《摛藻堂四库全书荟要本》。

四书朱注发明 19 卷　经部四书类

(1) 清康熙五十八年潮济堂刻本,南京图书馆藏。

(2)《四库未收书辑刊》本。

西田奏议　史部政书类　佚

见宣统《太仓州志》卷 25。

西田集 1 卷　集部别集类

《娄东王氏诗钞》本。

西田集 4 卷　集部别集类

(1) 清康熙三十九年拙修堂刻本,南京图书馆藏。

(2)《清代诗文集汇编》本。

西田诗集 1 卷　集部别集类

民国振新书社《王烟客先生集》附录本。

一览集 3 卷　集部别集类

(1) 清康熙二十六年刻本,华东师范大学图书馆藏。

(2) 1960 年太仓严赢抄本,国家图书馆藏。

(3)《清代诗文集珍本丛刊》本。

温文简公达遗像题词 6 卷　集部总集类

清王掞辑

清康熙五十九年刻本,上海图书馆藏。

鹤来堂文稿 1 卷　集部别集类

《昆山丛书》本。

红苗归化诗 1 卷　集部总集类

清王掞、车鼎晋等撰

清康熙五十二年拳石堂刻本,中国科学院图书馆藏。

王圣征

清太仓人。工曲。

蓝关度　集部词曲类　佚

见《曲录》。

王　慧(1639—?)

字兰韫。太仓人。发祥长女。朱云集妻。幼颖异,习礼明诗。十余岁见先父母作诗即能和,有清新之句。经史百家之书,靡不观览。中岁嫠居,多言愁之作。晚岁诗格益进,吞吐风华,气体清拔。

凝翠楼诗集4卷　集部别集类

(1) 清康熙四十七年(1708)朱氏银槎阁刻本,国家图书馆藏。

(2) 清光绪二十三年(1897)六世侄孙寿慈据原版重印本,国家图书馆藏。

(3) 2014年国家图书馆出版社出版《清代闺秀集丛刊》本。

(4) 2015年中华书局出版《清代闺阁诗集萃编》本。

凝翠楼诗集1卷　集部别集类

《国朝闺阁诗钞》本,作1卷。

周致中

字与参,号遁滨。清太仓人。肇子。戢影江滨,耕种自给。

遁滨遗草　集部别集类　佚

见《娄水琴人集捃遗》卷1。

顾清真

字静修。清太仓人。张勋妻,大复母。出武林望族,贤而有才,博览书史,时有吟咏。所作诗词,清新婉丽,温柔敦厚,合于风人之旨。年70,身尤健。

梵尘居小集1卷　集部别集类　佚

见《历代妇女著作考》,王吉武为之序。

王　莹

字韫玉。清太仓人。发祥次女。张烈妻。

芳曜堂诗稿　集部别集类　佚

见宣统《太仓州志》卷25。

一草亭诗　集部别集类　佚

见《然脂集》。

陈　逊

字子谦。清太仓人。瑚长子。

子谦诗集　集部别集类　佚

见宣统《太仓州志》卷25。

孙　唐

字宾王,号兴公。明进士以敬第九子。为人简易,不设畦町。饮酒赋诗,隐居自放。有咏史百篇,梅花诗30首,为名流称颂。

抚松集　集部别集类　佚

咏史万言　集部别集类　佚

以上2种见宣统《太仓州志》卷25。

怀梦草　集部别集类　佚

见道光《璜泾志稿》。

朱晋最

清太仓人。

读史半班　史部史评类　佚

见宣统《太仓州志》卷25。

陈天根

初名琦，字齐韩。清太仓人。博通群籍。游国学时，陈鹏年在史馆见其所著《史要》，采入国史，后以母老归。与里彦结为诗社，以吟咏自娱。

史要　史部杂史类　佚

东山诗钞　集部别集类　佚

以上2种见宣统《太仓州志》卷25。

王时儁

字秀升，晚号省微子。清太仓人。玑子。娴诗古文辞。性淳厚，卒年81。

省微子吟　集部别集类　佚

见宣统《太仓州志》卷25。

陈　遨

字子庄。清太仓人。瑚次子。

黄山集　集部别集类　佚

燕市集　集部别集类　佚

越江集　集部别集类　佚

以上3种见宣统《太仓州志》卷25。

龚秉直

字敬立。清太仓人。王原祁表叔。康熙三十六年(1697)拔贡。学诗于沈受宏，能得其传。

石帆集　集部别集类　佚

见宣统《太仓州志》卷25。

按：唐孙华序之。

霁　月

字德明，号眉升。清太仓僧。披薙长寿寺。

眉升诗　集部别集类　佚

见宣统《太仓州志》卷25。

王曾武(1642—1695)

字宏导。清太仓人。发祥子。年13补诸生，以奏销案罣误，以赀入太学。诗文博茂渊雅，性和而介，不事奔兢。每谓学问人品科名一毫假借不得。御史裘允美以博学鸿儒荐，不就。卒年54。

经史纪略　子部杂学类　佚

寓一楼诗草　集部别集类　佚

涌月轩诗集　集部别集类　佚

以上3种见宣统《太仓州志》卷25。

吴　瀞(1642—1704)

字九滌。清太仓人。体元子。博闻强识，笃于伦纪。殁之日，门人私谥曰"贞隐(一作贞宪)"。

洗心子集　子部儒学类　佚

见宣统《太仓州志》卷25。

天荒草　集部别集类　佚

见《娄水琴人集》补遗。

王原祁(1642—1715)

字茂京，号麓台，一号石师道人。清太仓人。时敏孙，揆子。康熙九年(1670)进士。官至户部尚书，人称王司农。登第后，专心学画，山水能继祖法，学黄公望。康熙朝以画供奉内廷，鉴定古今名画。四十九年擢侍讲学士，转侍读学士，直南书房，充《佩文斋书画谱》纂辑官，与王时敏，王鉴、王翚并称“四王”。其画干笔焦墨，层层皴擦，用笔沉着。又工诗善文。

万寿盛典初集 120 卷　史部政书类

清王原祁、李绂等纂修

(1) 清康熙五十四年至五十五年内府刻本，国家图书馆藏。

(2)《四库全书》本。

大陆泽图说 1 卷　史部地理类

《小方壶斋舆地丛钞》本。

论画十则　子部艺术类

(1)《娄东杂著》本。

(2)《艺海一勺》本。

麓台题画稿 1 卷　子部艺术类

(1)《昭代丛书》本。

(2)《论画辑要》本。

(3)《美术丛书》本。

(4)《画论丛刊》本。

(5)《续修四库全书》本。

(6)《丛书集成续编》本。

(7) 清光绪三年(1877)虎山真逸无住精舍刻本，南京图书馆藏。

(8) 民国有正书局铅印本，上海图书馆藏。

(9)《清代诗文集汇编》本，影印光绪三年刻本。

雨窗漫笔 1 卷　子部艺术类

(1)《翠琅玕馆丛书》(冯辑)本。

(2)《四铜鼓斋论画集刻》本。

(3)《翠琅玕馆丛书》(黄辑)本。

(4)《艺术丛书》本。

(5)《甲戌丛编》本。

(6)《论画辑要》本。

(7)《芋园丛书》本。

(8)《美术丛书》本。

(9)《画论丛刊》本。

(10)《清瘦阁读画十八种》本。

(11)《诸家画说》本。

(12)《续修四库全书》本。

(13)《萤雪轩论画丛书》本。

王司农题画录2卷　子部艺术类

(1)《甲戌丛编》本。

(2)《丛书集成续编》本。

王麓台王蓬心题画诗跋　子部艺术类

清王祖畲抄本，上海图书馆藏。

王麓台仿宋元山水册不分卷　子部艺术类

(1) 民国上海有正书局影印本，国家图书馆藏。

(2) 民国文明书局影印本，作2种，上海图书馆藏。

(3) 1932年故宫博物院影印本，上海图书馆藏。

王麓台山水卷　子部艺术类

1934年商务印书馆影印本，上海图书馆、国家图书馆藏。

王麓台山水画册　子部艺术类

清王原祁绘　邓秋枚辑

1908年神州国光社影印本，国家图书馆藏。

王麓台山水扇面　子部艺术类

民国商务印书馆影印本，上海图书馆藏。

王麓台少农仿古真迹　子部艺术类

1934年西泠印社影印本，苏州图书馆藏。

王麓台严滩春晓图长卷　子部艺术类

民国天绘阁影印本，南京图书馆藏。

中华名人扇面大观　子部艺术类

清王原祁等绘

1927 年上海中华新教育社影印本，国家图书馆藏。

历代名画共赏集　子部艺术类

清王原祁、奚冈等绘

1930 年振新书社影印本，苏州图书馆藏。

天绘阁扇粹　子部艺术类

明文徵明、清王原祁等绘

1929 年天绘阁玻璃版，苏州图书馆藏。

明清名人画册　子部艺术类

明董其昌、唐寅，清王原祁等绘

民国间影印本，苏州图书馆藏。

古今名人书画金石真迹　子部艺术类

清王原祁、陆恢等绘

1931 年吴门朱震影印本，国家图书馆藏。

四王吴恽　子部艺术类

清王原祁等绘

(1) 1919 年博文堂影印本，苏州图书馆藏。

(2) 1939 年商务印书馆影印本，苏州图书馆藏。

故宫名画竹集　子部艺术类

清王原祁等绘

1933 年故宫博物院影印本，苏州图书馆藏。

王原祁题画手稿笺释　子部艺术类

凌利中辑

2017 年上海古籍出版社出版。

按：该书梳理、笺释了新发现的上海博物馆藏王原祁的亲笔题画手稿，首次将题画手稿彩色原大刊行。附《麓台题画稿考释》，以及《题画手稿》《麓台题画稿》《雨窗漫笔》三种。

王麓台司农诗集 1 卷　集部别集类

(1) 抄本，南京图书馆、上海图书馆藏。

(2) 1940年太仓严瀛抄本，国家图书馆藏。

(3)《清代诗文集珍本丛刊》本。

(4) 2016年学苑出版社出版《稀见清代四部辑刊》本。

罨画集3卷　集部别集类

(1) 清康熙刻本，山西大学图书馆藏。

(2)《清代诗文集汇编》本。

叶　藩(1643—1702)

字桐初，号南屏。清太仓人。杜濬婿。终身不应试。与孔尚任交好。客游四方，名公卿争延礼之。晚家涿州，卒于旅次，年60。

惜树斋诗文集　集部别集类　佚

桐初词　集部词曲类　佚

见宣统《太仓州志》卷25。

钱晋锡(1643—1704)

字方来，号再亭。清太仓人。陛长子。以选贡入太学，考教习第一。选富阳知县，恤民善政。荐擢礼科给事中，升通政司参议，转督捕理事官，历右通政、太仆卿，寻为顺天府尹，卒于官。

春秋日记　经部春秋总义类　佚

见宣统《太仓州志》卷25。

按：此疑《春江日记》之误。

春江日记□卷　史部传记类

清刻本，存卷5，天一阁藏。

(康熙)重修富阳县志10卷　史部地理类

清钱晋锡纂修

(1) 清康熙二十二年(1683)刻本，国家图书馆藏。

(2) 清抄本，浙江图书馆藏。

(3) 1959年传抄本，上海图书馆藏。

永清漠北颂　集部别集类　佚

见《太仓钱氏彭城世谱》卷6《著述录》。

寄园集　集部别集类　佚

见《娄东诗派》卷16。

钱三锡(1645—1699)

字宸安，号葭湄。清太仓人。桓曾孙。康熙十五年(1676)进士，授罗池知县。二十三年充同考官，以治行擢江西道监察御史，巡视东西城，掌江南浙江道事，皆称职。累升太常寺少卿，主广东乡试，历大理寺左右卿，升光禄及太常卿、宗人府丞，晋都察院左副都御史、户部左侍郎。严核积弊，奸吏患之，遭构陷后，自缢死。

半舫诗钞　集部别集类　佚

见宣统《太仓州志》卷25。

陈吴隆

字用栋。清太仓人。瑚三子。隐居淘沙潭，闭门读书。

卑之集　集部别集类　佚

见《娄水琴人集》补遗。

陈廷柱

字能睿。清太仓人。涞子。事父母至孝。卒年74。

医学便览　子部医家类　佚

芝轩诗稿　集部别集类　佚

以上2种见宣统《太仓州志》卷25。

钱廷銃(1645—1704)

字右文，号瞿亭。清太仓人。赠奉直大夫。

澹远堂诗集　集部别集类　佚

见宣统《太仓州志》卷25。

沈受宏(1645—1722)

字台臣,别署余不乡后人。清太仓人。起元父。州贡生。康熙五十二年(1713)岁贡。年12能制举意,14能诗。先受业于盛敬,研极性命,学乃大进。又从吴伟业学诗,与王揆、缪肜相师友。年78卒,乾隆间赠奉政大夫。

白溇先生文集4卷　集部别集类

(1) 清乾隆三年(1738)太仓沈氏学易堂刻本,北京大学图书馆藏。

(2)《四库全书存目丛书》本。

白溇集12卷　集部别集类

(1) 抄本,南京图书馆、上海图书馆藏。

(2) 清康熙四十四年刻增修本,上海图书馆藏。

(3)《清代诗文集汇编》本。

海烈妇2卷首1卷　集部词曲类

清道光二十一年(1841)梅华庵刻本,上海图书馆藏。

按:《言言斋劫存戏曲目》作《三异论》,又名《此丈夫》。

王吉武(1645—1725)

字宪尹,号冰庵。清太仓人。发祥次子。慧悟夙成,学有根柢。康熙十五年(1676)进士,除中书舍人,分校北闱,左迁国学博士,迁工部主事,升员外。寻以户部郎中出守绍兴。为政简静,后忤大吏,去职。退居乡里,不复出。少随同里周悬著治经,为经世致用之学。性嗜吟咏,秉娄东王氏家风。诗名与唐孙华埒,四方称娄东诗者必言唐、王。

冰庵诗钞8卷　集部别集类

清乾隆五年(1740)谷诒堂刻本,上海图书馆、南京图书馆藏。

按:《国朝文汇》甲集卷28收其文1篇。

汪 溥

字永思。清太仓人。学金曾祖。先世自歙县迁娄。因迁籍格于令，遂弃举子业，究天人性命之学，旁通二氏秘要。年76卒。

沧岚草堂稿　集部别集类　佚

见《娄东诗派》卷20。

陈 迈

字子敬，号香谷。清太仓人。瑚五子。留寓嘉定。

敬学录1卷　子部儒家类

《娄东杂著》本。

坚斋诗文集　集部别集类　佚

见宣统《太仓州志》卷25。

按：嘉庆《嘉定县志》卷11云陈迈全集包括诗3卷、文1卷、杂著2卷、日记4卷，附其母《病余草》1卷。其母不详姓氏，不列条目，存此。

张上慧

字元文。清嘉定人。鹏翀从妹，太仓陈迈继室。早寡，以纺织婚嫁子女。能画。诗端庄新雅。年54卒。

炙香集　集部别集类　佚

见《撷芳集》。

赵元复

字韩白。清太仓人。

寒山赵氏三世志传不分卷（一作寒山志）　史部传记类

清赵元复辑

清康熙赵氏小宛堂刻本，国家图书馆藏。

含青集　集部别集类　佚

见宣统《太仓州志》卷25。

张绍祖

字汝贻。清太仓人。

南溪集　集部别集类　佚

见宣统《太仓州志》卷25。

王　抑(1646—1704)

字诵侯。清太仓人。时敏九子。康熙十六年(1677)举人。选授太原同知。

南湖集　集部别集类　佚

见《娄东诗派》卷16。

曹征熊

字协占。清太仓人。幼孤力学,时艺师熊伯龙、刘子壮,诗宗李商隐,征熊落落不为时好。为人严峻,友及门有小过,即呵斥。应童子试,文章冠其曹,以貌不扬列第二。

皆可斋集　集部别集类　佚

困学草　集部别集类　佚

韩门集　集部别集类　佚

以上3种见宣统《太仓州志》卷25。

陆学文

字颖儒,号东滨。清太仓人。楚珩子。性孝友。敏于学,屡屈童子试。年40始补弟子员。好购异书,尤爱畜砚。故又号砚癖主人。

东滨诗草　集部别集类　佚

见道光《璜泾志略》卷6。

张元荐

字咸岳。清太仓人。辅之曾孙。康熙十三年(1674)岁贡。任定远训导,迁仪征教谕,所至有声,选刻经义,评骘精当。

涵翠堂诗文集　集部别集类　佚

见宣统《太仓州志》卷25。

陆　毅(1654—1726)

字士迪,号匪峨。清太仓人。文麟曾孙。康熙二十三年(1684)举人,二十七年进士。授新建知县。修水利,举义学,捕剧盗,察冤狱。擢户部主事,升陕西道监察御史,未几移疾归。居乡20余年,好施乐义,里党称之,卒年73。

巡城琐记1卷　史部杂史类

(1) 清康熙刻本,南京图书馆藏。

(2) 清光绪十三年(1887)太仓陆氏刻本,国家图书馆藏。

(3) 清光绪三十一年刻本,上海图书馆藏。

入台偶笔1卷　子部杂学类

清康熙刻本,南京图书馆藏。

自知录2卷　子部杂学类

(1) 清康熙间贵己堂刻本,南京图书馆藏。

(2) 清光绪二十二年粤东成文室刻本,南京图书馆藏。

宜丰笔记　子部杂学类

西台纪略　集部别集类

遁夫草　集部别集类

北庐晚吟　集部别集类

以上4种见《平原陆氏宗谱》卷18。

养疴吟　集部别集类

见《平原陆氏宗谱》卷19。

北庐诗钞 2 卷　集部别集类

(1) 清乾隆间贵已堂精刻本，苏州大学图书馆藏。

(2) 民国贵已堂石印本，上海图书馆藏。

钱德培

字因之，号伯雨。清太仓人。广居孙。投老不遇。

鸣春草　集部别集类　佚

见《娄水琴人集捃遗》卷 1。

叶大树

字栋承，号戆园。清太仓人。唐孙华弟子。

春近堂诗钞　集部别集类　佚

见《娄水琴人集捃遗》卷 1。

黄馨原

清太仓人。

性理惧承编　子部儒学类　佚

经世待问集　子部儒学类　佚

以上 2 种见宣统《太仓州志》卷 25。

毛　序

字东球。清太仓人。天麒子。博涉经史，工诗。与兄子健互长诗社，王吉武目为大小毛。闭户读书，至老不辍，名德雅望，见重乡里。屡试棘闱不售，以子之玉赠奉政大夫，监察御史。

静娱集 2 卷　集部别集类

清乾隆十一年(1746)刻本，吉林大学图书馆藏。

王　芳

字幼清。清太仓人。莹妹，发祥季女，毛序妻。工诗。诗不多作，作必矜贵可传。考订声韵，尤精适。

幼清集　集部别集类　佚

见宣统《太仓州志》卷25。

遗香集　集部别集类　佚

见《娄东诗派》卷28。

吴施发

原名泓，字原量，号玉川。清太仓人。体元子，澣弟。太学生。

良医要旨　子部医家类　佚

璇玑秘录　子部术数类　佚

卜易要言　子部术数类　佚

玉川病言　子部杂家类　佚

勿谖堂杂笔　子部杂家类　佚

玉川诗文稿　集部别集类　佚

时文稿　集部别集类　佚

历代诗文闲赏集　集部总集类　佚

以上8种见《太仓延陵宗谱》卷14。

处　洪

字迂公。清太仓江氏子。康熙间出家，依无锡居溟禅师，开法保安寺。主席灵岩，退居宝华庵。深究宗乘，诗亦清雅。

山居杂咏　集部别集类　佚

见《梁溪诗钞》卷57，收其诗8首。

周　素

字彬若。清太仓人。

涵远堂诗集　集部别集类　佚

见《娄东诗派》卷21。

黄　铭

字扆六。清太仓人。客游邯郸,卒。

焚余草　集部别集类　佚

见宣统《太仓州志》卷25。

李坤元

字成万。清太仓人。工堪舆术。尤留心邑中文献,遗文散著,采集颇多。

忍斋杂识1卷　子部小说类

《娄东杂著》本。

黄翔鸾

字鹤随,号尧屋。清太仓人。诸生。善岐黄。

丙后草　集部别集类　佚

见《娄水琴人集捃遗》卷1。

仁　长

字卓灵。清湖广人。法轮寺僧,晚年葺沙溪慧华庵,终老于此。能诗。

曝背轩语　集部别集类　佚

见《双凤里志》。

上　修

字雪圃。清长洲茂苑人。法轮寺僧，尝重建大悲殿。能诗。康熙年间住持香光林，后移沙溪长寿寺。

雪圃诗文集　集部别集类　佚

见宣统《太仓州志》卷 25。

贤首宗乘 7 卷续补 1 卷　子部佛教类

清释了惪辑　上修续

清乾隆十七年(1752)刻本，上海图书馆藏。

毛张健

字今培，号恬庵、鹤汀。清太仓人。张鼎子，思载父。王愫岳父。康熙三十五年(1696)举人。三为学博，最后补祁门，不赴。晚好填词，格近南唐。又好选唐诗。

鹤汀集 3 卷　集部别集类

(1) 清康熙刻本，中国科学院图书馆藏。

(2)《四库未收书辑刊》本。

卧茨集 3 卷　集部别集类

见宣统《太仓州志》卷 25。

唐体肤诠 4 卷唐诗试体 4 卷唐体余论 4 卷附杜诗谱释 2 卷　集部总集类

清康熙刻本，上海图书馆藏。

卧茨乐府 1 卷　集部词曲类

见《全清词钞》卷 9，收其词 2 首。

穆　坤

字简臣。清太仓人。以例入太学，辙迹半天下。康熙三十二年(1693)同里杨崙为旬阳令，延入幕中。三十四年，佐知州王希舜修州志，多所订正。在兴安最久，往来汉南间，题咏极多。

听秋轩集　集部别集类　佚

见宣统《太仓州志》卷25。

徐师穉

字宜先。清太仓人。耀斑子。

枕流草　集部别集类　佚

见宣统《太仓州志》卷25。

沈洪钟

字丰九。清太仓人。年82。

适性草　集部别集类　佚

见《娄东诗派》卷22。

顾腾蛟

字潜壑。清太仓人。

南塘集　集部别集类　佚

见《娄东诗派》卷22。

胡师瑗

字友蘧。清太仓人。

扣舷集□卷　集部别集类

清刻本，存卷2—4，苏州大学图书馆藏。

王　肇

字建初。清太仓人。隐于市，卖饼易食。与王琛比屋而居，日夕唱和。娄东称诗人者，必及城西二王。

建初诗集1卷　集部别集类

《沧江诗选》本，清康熙五十三年(1714)王氏松筠堂刻本，国家图书馆藏。

按：即宣统《太仓州志》卷25所谓《沧江集》者。

鸲鹆集　集部别集类

见《国朝诗别裁集》卷26。

周　南

字岐来。清太仓人。邑庠生。以母病遂治岐黄之术。康熙六十年(1721)，受邀至日本，行医五年而归。

脉要纂注2卷　子部医家类

(1) 稿本，中国科学院图书馆藏。

(2)《四库未收书辑刊》本。

其慎集　集部别集类

见嘉庆《直隶太仓州志》卷57。

王　晦

清太仓人。

泊庵诗集　集部别集类　佚

见宣统《太仓州志》卷25。

按：此人不详，亦不见他志。疑是王晦之误。

张玉瑞

字汝执。清太仓人。溥孙。

竹庄诗草　集部别集类　佚

见宣统《太仓州志》卷25。

王　策

字汉舒。清太仓人。诸生。少年韶令，才辩不羁。时邑中多言诗，策独嗜倚声。尤侗赏其秀异，邀至其家，共研声律。词学以张炎、王沂孙为宗。与王时翔并称“太仓二王”。

香雪词钞 2 卷　集部词曲类

《香雪小山词》本，1918 年上海扫叶山房石印本，苏州图书馆藏。

王　琛

字来珍。清太仓人。隐于医，与王肇比邻而居，亦为王吉武称赏。娄东称诗人者，必及城西二王。

来珍诗集 1 卷　集部别集类

《沧江诗选》本，康熙五十三年(1714)王氏松筠堂刻，国家图书馆藏。

按：即宣统《太仓州志》卷 25 所谓《沧江集》者。

姜天章

字汉昭。清太仓人。少贫苦，耽于诗，为童子师。与王肇、王琛为邻，互相酬唱。晚年妻亡无子。诗二卷，临终授其友蔡浤刻之。

西江集　集部别集类　佚

见宣统《太仓州志》卷 25。

王　炜

字功史，又字辰若。清太仓人。家颖女，海盐陈光綍妻。工诗善画。

续列女传　史部传记类　佚

见《历代妇女著述考》。

燕誉楼诗集　集部别集类　佚

见《撷芳集》。

翠微楼集　集部别集类　佚

见《众香词》。

按：《全清词钞》卷 32 收其词 1 首。

王时宪(1655—1717)

字若千,号渼亭。清太仓人。康熙四十八年(1709)进士。由宜兴教谕改翰林院庶吉士。五十六年,主陕西乡试。平生著述,尤邃于诗,所拟《陈思王乐府》,朱彝尊称为江左独步。

性影集 8 卷　集部别集类

(1) 清康熙五十年高玥刻本,中国科学院图书馆藏。

(2) 清康熙五十年刻五十八年续刻本,增续集 1 卷,上海图书馆藏。

(3)《四库全书存目丛书》本。

(4)《清代诗文集汇编》本。

王旦复(1655—?)

字赓旦。清太仓人。摅子。幼以能文名。康熙五十三年(1714)举人,与子玨同榜。世业《春秋》,精于三传。性澹泊。

续春明梦余录　子部杂学类　佚

见宣统《太仓州志》卷 25。

郁　植

字大本,号东堂。清太仓人。法子。诸生。8 岁应试,作《五伦论》,吴伟业见而奇之。及长,穷研古学,诗宗盛唐,不落元和以下。与常熟钱陆灿称双璧。尝从陆世仪游,秉求性命之学。康熙十八年(1679)中举鸿博,未应试卒。

东堂诗文集(一作可焚稿)　集部别集类　佚

见宣统《太仓州志》卷 25。

胡　荃

字嵩有,号养恬。清太仓人。瑞远子。克承家学,尤长于诗,游山左,与南丰汤永宽、临海侯嘉缙等契,有《幕游唱和集》。晚岁归家,自号守中子，集故旧著述，里中称博古家，未几卒，其志未竟。

也轩杂录　子部杂学类　佚

养恬斋诗稿　集部别集类　佚

研香斋乐府　集部别集类　佚

研香集　集部别集类　佚

以上4种见宣统《太仓州志》卷25。

曹宏标

字方霞。清太仓人。王云子。

读史管见10卷　史部史评类　佚

笔记16卷　子部杂学类　佚

以上2种见《娄东耆旧传》卷6。

粤中稿　集部别集类　佚

见《娄东诗派》。

曹宏模

字范先。清太仓人。王云侄。以课蒙自给。卒年68。

则鸣集　集部别集类　佚

见《娄东诗派》卷20。

按：嘉庆《直隶太仓州志》作《则鸣集》曹宏标撰，《粤中稿》曹宏模撰，但考《诗派》云："宏标字方霞，客游岭南，卒，有《粤中》诸稿。"事实清楚，《州志》疑误。

黄　钊

清太仓人。与坚侄。

亦园诗稿　集部别集类　佚

见宣统《太仓州志》卷25。

王　梓

字孝移。清太仓人。自嘉定迁居。

壆林集　集部别集类　佚

见《娄东诗派》卷21。

顾光复

字宣远。清太仓人。燕诒子。康熙二十年(1681)副贡生。

雪鸿集　集部别集类　佚

见宣统《太仓州志》卷25。

吴　翊(1657—1716)

字振西，号乐园。清太仓人。继善孙。颖悟过人，工举子业，为诸生试辄冠其曹，其诗妙成一家言，徐乾学致仕归，奉命编辑《一统志》，开局于洞庭东山，集四方名士纂校，翊与焉。康熙五十一年(1712)成进士，授内阁中书，以疾卒，年60。

乐园文集1卷诗集4卷　集部别集类

1933年太仓吴氏铅印本，南京图书馆藏。

蔡婉罗(1658—1684)

字仙季。清太仓人。幼失怙恃，流离俱不能尽悉。性柔顺，器识极隽爽，无儿女态。年19嫁钱塘汪梅坡，婚后与梅坡纵游吴下，名山胜水无不遍历。后病卒，年27。

蔗阁诗余　集部词曲类　佚

见《全清词钞》卷30，收其词1首。

周　岱(1658—1697)

字鲁瞻，号岳灵。清太仓人。云骧子。幼奇颖，下笔如长江大河，千言倚马可待。尤工书，有晋人法。兼善绘画。恃才放诞，屡应童子试不售，至京师，某王府闻其名，延之赏菊，座多名流，分韵赋诗，席未终，岱百韵俱成，一座皆惊。无何疾作，过沧州卒，年40。

岳灵集　集部别集类　佚

见宣统《太仓州志》卷25。

寓蔚草1卷　集部别集类　佚

见《娄水文征》。

曹延懿(？—1699)

字九咸，号蘧庵。清太仓人。允武子，仪父。康熙三十年(1691)进士，授程乡知县，严保甲，练乡壮，惩讼师，增设义学，教其秀良。又节费宽征，力反积习。以母忧归，越4年卒。

蘧庵诗集　集部别集类　佚

见宣统《太仓州志》卷25。

按：《娄东耆旧传》云："所著有《剔蠹草》《盘遂草》《自怡草》《雀嗵草》《蓬累草》《南游草》《知还草》《越游草》《望云草》《八上草》《捧檄草》，合为一集，又《诗余》一卷，俱刻附寄庵公诗后行世。其杂古文辞与诗词未刻稿，悉藏于家。"

蘧庵词　集部词曲类　佚

见《全清词钞》卷6，收其词1首。

王缉修(？—1712)

原名之泌，字方郰，号芸架。清太仓人。昊少子，劬留祖父。能文。康熙二十三年(1684)副榜，补国子监典籍。四十一年授陕西府谷知县，弭盗除强，有政才。殁于任。

芸架诗钞22卷　集部别集类

清乾隆宝香阁刻本，复旦大学图书馆藏。

按：朱雯序。

王绎高

初名之滂，字无念。清太仓人。缉修弟。

半崖诗稿　集部别集类　佚

见《娄东诗派》卷21。

杨　崙

字星源。清太仓人。康熙二十七年(1688)进士，授旬阳知县，升户部主事，四十一年擢河南道监察御史，以疾卒。

深柳堂集　集部别集类　佚

见宣统《太仓州志》卷25。

张泰基(1659—1726)

字大复，号孺亭。清太仓人。清康熙四十六年(1707)廪贡。雍正二年(1724)，会试不第，钦赐进士。选翰林院庶吉士。三年，出知景州。任百余日，以事落职归。

关中集2卷　集部别集类

清刻本，国家图书馆藏。

唐陆宣公集22卷　集部别集类

唐陆贽撰　清年羹尧编　张泰基、王汝骧校

清刻本，国家图书馆藏。

吴于依

字紫眉。清太仓人。世睿子。康熙三十年(1691)例贡。

九华山人诗(一作自怡集)　集部别集类　佚

见宣统《太仓州志》卷25。

吴　诩

字砥亭。清太仓人。幼有神通誉，诗文敏妙。以名诸生称。

砥亭诗集　集部别集类　佚

见宣统《太仓州志》卷25。

陆建运

字慎三，一作任三，号常惺，又号白业山人。清太仓人。康熙二十九年(1690)举人。工经义。为何焯称赏，书法学怀素，人争购之。为人廉淡寡谐。卒年70。

燕肃堂诗集2卷　集部别集类　佚

见宣统《太仓州志》卷25。

朱顾庐

字仪臣。清太仓人。诸生。潜心理学，陆陇其尝评其文为七郡之冠。自署其斋曰“颜乐”以见志。

编辑五子语录　子部儒学类　佚

见宣统《太仓州志》卷25。

按：五子为薛瑄、顾宪成、高攀龙、陆世仪、钱墀。

钱京镐(1660—1711)

字宗岐，一字宗武，号乐斋。清太仓人。

湘瑟集　集部别集类　佚

楚游漫稿　集部别集类　佚

湖湘唱和诗　集部总集类　佚

以上3种见《太仓钱氏彭城世谱》卷6《著述录》。

钱鸿绩(1660—1736)

字汝谦,号歇庵。清太仓人。庠生。

汝谦诗集1卷　集部别集类　佚

清康熙五十三年(1714)松筠堂刻本,上海图书馆藏。

按:家谱作《沧江诗文集》,误。《沧江诗选》乃王琛、王肇、钱鸿绩合集名,王之醇辑。

季龙益

字宇凭,号南萍。清太仓人。

南萍诗草　集部别集类　佚

见《娄水琴人集》。

陈　潜

字深息。清太仓人。瑚孙。卒年85。

振羽编(一作自嘲集)　集部别集类　佚

见宣统《太仓州志》卷25。

杨淇英

字斐瞻。清太仓人。

先忤集　集部别集类　佚

见宣统《太仓州志》卷25。

张　瑄

字紫维。清太仓人。溥孙。

紫维诗　集部别集类　佚

见宣统《太仓州志》卷25。

顾洪钟

字声之。清太仓人。

粤游草　集部别集类　佚

见《娄东诗派》卷25。

黄　逊

字惟学。清太仓人。

井蛙集　集部别集类　佚

见《娄东诗派》卷25。

王　楷

字式玉，号云岫。清太仓人。挺孙。太学生，考授州同。

寒虫吟1卷　集部别集类　佚

见《娄水琴人集》补遗。

徐曾训

字是式。清太仓人。晨耀次子。

冷吟草　集部别集类　佚

见《娄水琴人集》补遗。

徐曾诩

字昭万。清太仓人。晨耀三子。

得闲草　集部别集类　佚

见《娄水琴人集》补遗。

姜　钜

字鲁英，号兰谷。清太仓人。

兰谷诗钞　集部别集类　佚

见《娄水琴人集》补遗。

王昭被

字葆光。清太仓人。摅子，旦复弟。康熙四十五年(1706)进士。除福建龙岩知县。以卓异行取入都，移疾归里。贫如诸生时。

行余吟稿　集部别集类　佚

见《娄东诗派》卷22。

徐　旋

初名璹，字其章。清太仓人。历博野、清流知县。

青城集　集部别集类　佚

见《娄东诗派》卷22。

周骏锡

字子韩，号于上。清太仓人。煜四世祖。以才干见知漕帅。中岁解官，筑伴梅轩，赋诗其中。

武备策2卷　子部兵家类　佚

伴梅轩诗钞　集部别集类　佚

以上2种见《娄水琴人集》。

吴　暻(1662—1708)

字元朗，号西斋。清太仓人。伟业长子。康熙二十七年(1688)进士，由户部主事迁兵科给事中。以事牵连落职。事白，入直武英殿，充《书画谱》纂修官。藻擅一时，自家人至仆婢咸通声律。丁母忧归，以哀殁。年46。

左司笔记　史部政书类

(1) 稿本，3卷，张燮跋，见张元济《涵芬楼烬余书录》。

（2）清抄本，20卷，国家图书馆藏。

（3）《四库全书存目丛书》本，影印清抄本。

按：是编乃其在户部时所作。

西斋集　集部别集类

（1）清稿本，12卷，国家图书馆藏。

（2）清康熙三十二年精刻本，10卷，国家图书馆藏。

（3）清乾隆三十六年刻本，10卷，上海图书馆藏。

（4）1934年盐山刘氏皕印斋铅印本，14卷附西斋自删诗稿2卷，国家图书馆藏。

（5）清雍正八年吴弘性抄本，15卷，上海图书馆藏。

（6）清抄本，15卷，国家图书馆藏。

（7）清抄本，15卷，删遗1卷，陕西省图书馆藏。

（8）清抄本，14卷，复旦大学图书馆藏。

（9）《清代诗文集珍本丛刊》本，影印稿本及康熙刻本。

（10）《清代诗文集汇编》本，影印盐山刘氏皕印斋铅印本。

锦溪小集2卷　集部别集类

清康熙间刻本，中国社会科学院文学研究所藏。

按：此即《西斋集》零种。

吴梅村先生诗集（一作梅村集）20卷　集部别集类

清吴伟业撰　许旭、顾湄订　吴暻、吴暄校

清康熙七年刻清重修本，国家图书馆藏。

按：康熙原本乃梅村侄所校，其时暻、暄尚幼，后重版，卷端改暻、暄校。

王接武（1664—1710）

字晋三。清太仓人。发祥第四子。

游越草　集部别集类　佚

秋岳尺牍　集部别集类　佚

见宣统《太仓州志》卷25。

王安国(1700—1749)

原名恭益,字集虚,号小迂。清太仓人。接武子,吉武嗣子。工吟咏。

损轩诗草　集部别集类　佚

飘蓬草　集部别集类　佚

转蓬草　集部别集类　佚

独立苍茫稿　集部别集类　佚

以上4种见《太原王氏宗谱》所载传记。

钱迪显(1662—1728)

字苍霖。清太仓人。

兰笑诗钞　集部别集类　佚

兰笑词钞　集部词曲类　佚

以上2种见《太仓钱氏彭城世谱》卷6《著述录》。

陈大文

清太仓人。州庠生。瑚孙。

敬斋诗文稿　集部别集类　佚

见宣统《太仓州志》卷25。

黄　鸿

字雪影,号静御。清太仓人。选授县丞。

绿香词　集部词曲类　佚

见《全清词钞》卷5。

吴　暄(1664—1733)

字少融。清太仓人。伟业三子。以能诗称。由增监生荐入武英殿修书。选寿光知县,调寿张。卒年70。

花韵轩集2卷(一作退庵诗集)　集部别集类

清康熙刻本,国家图书馆藏。

王奕清(1665—1737)

字幼芬,号拙园。清太仓人。时敏孙,掞子。康熙三十年(1691)进士,选庶吉士,授编修,历官詹事府詹事。屡主文衡,凡朝廷编纂校雠之役,多与焉。六十年春,代父赴乌里雅苏台军效力。雍正四年(1726)再命在阿尔泰坐台。乾隆元年(1736)召还,复原官,二年卒。平生工书,善绘事。

万寿盛典初集120卷　史部政书类

清王原祁、王奕清纂修

清康熙五十四年至五十六年武英殿刻本,中山大学图书馆藏。

御选历代诗余120卷　集部词曲类

清王奕清等编

(1) 清康熙四十六年内府刻本,国家图书馆藏。

(2) 1929年上海蟫隐庐影印本,上海图书馆藏。

钦定词谱40卷　集部词曲类

清王奕清撰

(1) 清康熙五十四年内府刻朱墨套印本,国家图书馆藏。

(2) 1924年上海扫叶山房石印本,北京大学图书馆藏。

(3) 1930年医学书局石印本,上海图书馆藏。

(4)《四库全书》本。

(5)《摛藻堂四库全书荟要》本。

(6)《中华再造善本》本。

按:此书为王奕清等奉康熙之命在万树《词律》的基础上,纠正错漏并予以增定而成,共得八百余调,二千余体。全书编排以词调字数多寡为次,每调皆考订源流,又用朱色圈点于旁标明平仄、叶韵、句读,成为当时倚声填词的官定准则。

曲谱12卷首1卷末1卷　集部词曲类

清王奕清等撰

(1) 清康熙五十四年内府刻朱墨套印本,上海图书馆藏。

(2)《四库全书》本。

(3) 清光绪十四年(1888)江东杨氏清白书屋朱墨抄本,北京大学图书馆藏。

霄光剑总纲　集部词曲类

清徐复祚撰　王奕清改订

《日本所藏稀见中国戏曲文献丛刊》本,国家图书馆藏。

历代词人姓氏10卷　集部词曲类

长沙杨氏《枝巢丛书》本,即抽印《历代诗余》人物传记。

陆祖禹

字淳夫,号捐庵。清太仓人。安国子。性颖异,读书数行俱下。8岁能文,即综朱陆两大儒论为《学庸解》。为文规抚成弘靖历诸名家,然以副贡终。官睢宁训导。诗坚朴真老,自成一体,为吴伟业所赏。以父丧哀毁卒,年64。

淳夫诗集　集部别集类　佚

见宣统《太仓州志》卷25。

凌元吉

字秉恒。清太仓人。

孝思录6卷　子部儒家类　佚

见道光《直塘里志》卷5。

何玉如

清太仓人。

敬庵诗稿　集部别集类　佚

见宣统《太仓州志》卷25。

周之槓

字骏伦。清太仓人。致中子。嗜诗酒。

睡醒草　集部别集类　佚

见《娄水琴人集捃遗》卷1。

陈陆溥

一作陈溥，字乾如，号横山。清太仓人。舆子，瑚孙。以其父舆出继陆羲宾，故双姓。生而颖异，工诗文。时安道（陈瑚）遗书渐佚，搜集殆编。陆羲宾著作散失，亦搜辑存。以布衣终。

安道公年谱2卷附世系1卷　史部传记类

清陈溥撰　缪朝荃补纂

(1)《东仓书库丛刻初编》本。

(2) 1927年太仓图书馆刻本，作4卷，上海图书馆、南京图书馆藏。

(3) 抄本，常熟市图书馆藏。

(4)《北京图书馆藏珍本年谱丛刊》本。

县志辨疑　史部地理类　佚

雪窗随笔　子部小说类　佚

横山文稿　集部别集类　佚

翰香堂集　集部别集类　佚

以上4种见宣统《太仓州志》卷25。

确庵文稿七种11卷　集部别集类

清陈瑚撰　陈溥辑

(1) 清康熙至雍正陈溥抄本,叶裕仁跋,国家图书馆藏。

(2) 清末民国初抄本,国家图书馆藏。

(3)《四库禁毁书丛刊》本,作40卷。

(4) 清抄本,18册,南京图书馆藏。

按:国图藏本子目:《典礼会通》《古文》《书》《治纲》《淮云问答初编》《杂文》《杂著》。

顽潭诗话2卷补遗1卷　集部诗文评类

清陈瑚撰　陈陆溥辑

1917年昆山赵氏峭帆楼刻本,上海图书馆藏。

曹扶苍

字鸿仪,号渐庐。清太仓人。诸生。雍正中膺保举。性夷旷,泊声利,嗜诗文,居家以孝友忠厚训子孙。卒年87。

均赋策1卷　史部政书类

《花近楼丛书》稿本,国家图书馆藏。

渐庐诗文集　集部别集类　佚

见宣统《太仓州志》卷25。

顾霖汝

字亦岩。清太仓人。

亦岩诗(一作南园杂兴草)　集部别集类　佚

见宣统《太仓州志》卷25。

钱师锡(1667—1737)

字圣俞。清太仓人。

坐花居遗草　集部别集类　佚

见《双凤里志》。

王　宽(1668—1730)

字敬尃。清镇洋人。廪生。师事周象明,与陆毅同学,互相砥励,所诣益进,从学者日众。构精舍数楹,名栗园,讲读其中。

栗园小草　集部别集类　佚

祝牛草　集部别集类　佚

以上2种见宣统《太仓州志》卷25。

王遵扆(1668—1734)

字箴六,号秋厓,一号问狂。清太仓人。扶子。少孤,力学。康熙五十一年(1712)进士,改庶吉士。时叔父掞为大学士,遵扆寓相邸,不妄交游。五十三年诏纂《春秋经传汇说》,掞奉命总裁,遵扆分修,书成,力辞荐疏而归。家居贫困,至鬻书画自给。

春秋题旨辑要2卷　经部春秋类

明王锡爵撰　清王遵扆增辑

(1) 清乾隆五十五年(1790)益谦堂刻本,嘉善县图书馆藏。

(2) 清乾隆五十五年本衙藏版本,余姚黎州文献馆藏。

秋涯诗稿1卷词稿1卷跋稿1卷杂文1卷　集部别集类

清乾隆四十年陆时化翠华轩刻本,国家图书馆藏。

钱　灦(1670—1733)

字飞澜,号砚北。清太仓人。廷鈗子。岁贡生。户部河南司主事,广东司员外郎。

澹园诗集　集部别集类　佚

见《太仓钱氏彭氏世谱》卷6《著述录》。

王　恪(1670—1739)

初名虑,字愚千。清太仓人。世居嘉定,父梓携恪至太仓,沈受宏见而器之，字以女，遂占籍焉。游京师，王士禛、长洲韩菼极赏其诗文。康熙五十七年(1718)成进士。授唐县知县，多善政。以继母年老乞归。性沉静，无嗜好，汲古勤学，终身无间，著作甚富，卒年70。

周易衷孔12卷　经部易类

清乾隆十一年(1746)太仓王恪苏啸轩刻本，中国人民大学图书馆藏。

续唐县志10卷　史部地理类

(1) 清雍正十二年(1734)刻本，国家图书馆藏。

(2) 1960年传抄清雍正十二年刻本，上海图书馆藏。

游寒山记1卷　史部地理类

游灵岩山记1卷　史部地理类

以上2种有《小方壶斋舆地丛钞》本。

长留山人诗集10卷　集部别集类　佚

按：是编凡十集，曰伫兴、曰岫云、曰劳歌、曰漱石上、曰漱石下、曰小草、曰绕树、曰折腰、曰归田，又续集一卷。

苏啸轩文集12卷　集部别集类　佚

霞倚诗余2卷　集部词曲类　佚

以上3种见宣统《太仓州志》卷25。

钱　澂(1670—1743)

字元静，号约斋。清太仓人。坪孙。康熙四十一年(1702)举人，授歙县教谕，升中书。赠文林郎。

约庵诗抄　集部别集类　佚

见宣统《太仓州志》卷25。

王　謩(1670—1755)

字孝征，号梅冶。清太仓人。原祁长子。康熙四十五年(1706)进士。授编修。丁艰，服阕，出任广东布政使，陞广东巡抚。缘事被劾落职，命赴军台效力，寻奉旨归，数年卒。

梅冶诗钞　集部别集类　佚

见《娄水琴人集》。

陈　福(1670—?)

原名椱，字全五，号筠庭。清太仓人。泳子，淶侄。幼孤，淶抚之如己子。年20余发奋为学，从顾湄游。康熙五十年(1711)副贡。雍正四年(1726)举人。十一年成进士。除元氏知县。旋以老病去官。宏览博洽，能文章，兼长吟咏。

葹翎书屋稿　集部别集类　佚

见宣统《太仓州志》卷25。

孔毓慈

字尔中。清太仓人。

文庙备考16卷　史部政书类　佚

见宣统《太仓州志》卷25。

陈于潮

字青来。清太仓人。廷锷子。赋性高介，藏书充栋。善鉴古器物。书法苍劲，工诗。卒年41。

借绿亭稿　集部别集类　佚

狎鸥草　集部别集类　佚

以上2种见宣统《太仓州志》卷25。

施天骐

字龙媒。清太仓人。

吴都文粹　集部总集类　佚

见《吴郡文编》。

按:康熙六十年(1721)校竣,并序其始末。

吴之桓

清太仓人。

岭外草　集部别集类　佚

见宣统《太仓州志》卷25。

赵　贞

字松一。清太仓人。性情澄淡。壮游所至,交无俗士。又善谈名理,有晋人风致。诗亦清新健举。

读史质疑　史部史评类　佚

见唐孙华《东江诗钞》卷五《赠赵松一》注。

蔺怀堂诗10卷　集部别集类　佚

见宣统《太仓州志》卷25,王摅为之序。

黄昌言

字仲常。清太仓人。诸生。师事盛金慎,为章句之学,晚与王恭、邹以敬游,好吟咏。

四书管见　经部四书类　佚

见宣统《太仓州志》卷25。

群经注疏类编　经部群经总义类　佚

拙庵诗草　集部别集类　佚

见《娄水琴人集》。

金　樟(1672—1735)

字匡秀,号南庐。清桐乡籍,居太仓。金檀兄。康熙三十九年(1700)进士,考授中书,改补行人,升工部主事。居官廉慎勤敏,以老乞归,不复出。卒年64。

南庐文集　集部别集类　佚

见宣统《太仓州志》卷25。

按：《两浙輶轩录》卷11作《南庐文稿》2卷《诗稿》4卷，顾陈垿《墓志铭》作《南庐诗文集》10卷。

孔传书

字次郰。清太仓人。至圣裔，由江阴迁娄东。庠生。

日华居诗稿　集部别集类　佚

见宣统《太仓州志》卷25。

夏　金

清太仓人。

史记初说　史部正史类　佚

见道光《璜泾志略》卷6。

朱　易

字立云，一字璜斯，号溪南。清太仓人。来宾子。居沙溪。善没骨法，兼工山水画。

粤游纪行诗(一作溪南集)　集部别集类　佚

见宣统《太仓州志》卷25。

周凤奕

字羽良，号苞庵。清太仓人。康熙四十五年(1706)岁贡生。从唐孙华游，始得读书法，后潜心宋儒之学。选六安训导，未赴卒。

苞庵诗草　集部别集类　佚

见宣统《太仓州志》卷25。

钱汝驰(1672—1756)

字长黄,号若谷。清太仓人。晋锡子。贡生。选宿迁教谕,迁凤阳教授,升河南新安知县,擢户部主事,历员外郎中,出知长沙府,多政绩。阅七载罢归。

二十二朝史萃　史部杂史类　佚

见宣统《太仓州志》卷25。

洛西平寇纪略1卷附刊1卷　史部杂史类

(1) 清康熙五十七年(1718)自刻本,国家图书馆、上海图书馆藏。

(2) 抄本,上海图书馆藏。

按:汝驰为新安知县,康熙五十六年贼李一宁等起,汝驰平之。而镇标兵弁以争功诬陷,故作此以详其始末。

三吴水利集说不分卷　史部地理类

(1) 清抄本,浙江图书馆藏。

(2) 清末刻本,浙江图书馆藏。

按:国家图书馆藏缩微胶卷。

漕河水利考　史部政书类　佚

分淮导河集说　史部政书类　佚

万里海疆备考　子部兵家类　佚

师贞要纂　子部兵家类　佚

海防十议　子部兵家类　佚

以上5种见《太仓钱氏彭城世谱》卷6《著述录》。

栖云窝诗文集　集部别集类　佚

见宣统《太仓州志》卷25。

钱　沆(1673—1734)

字凝宰,号鲁庵。清太仓人。岁贡生。

崇修录　子部儒家类　佚

见《太仓钱氏彭城世谱》卷6《著述录》。

凌　燔(1673—1736)

一作凌张燔,字孝直,号南皋。清太仓人。雍正八年(1730)岁贡生。弱岁好学,稍长,博涉经史,为文独辟畦径,自然深秀,间为诗歌,亦陶写有致。

云间诗草　集部别集类　佚

阆风新稿　集部别集类　佚

以上2种见宣统《太仓州志》卷25。

王时翔(1675—1744)

字皋谟,一字抱翼,号小山。清镇洋人。少与同邑顾陈垿齐名。雍正初,以诸生荐举。雍正间知晋江县。乾隆时官至成都知府,为政持大体,屡雪疑狱。

三史摭言　史部杂史类　佚

见宣统《太仓州志》卷25。

温陵小录　子部杂学类　佚

见《明清江苏文人年表》乾隆九年(1744)。

小山诗初稿2卷续稿4卷后稿2卷诗余4卷文稿8卷　集部别集类

(1) 清乾隆王景元刻本,国家图书馆藏。

(2)《四库全书存目丛书》本。

(3)《清代诗文集珍本丛刊》本,仅初稿、续稿。

(4)《清代诗文集汇编》本。

小山诗余4卷　集部词曲类

(1) 清乾隆十一年娄东王景元刻本,国家图书馆藏。

(2)《香雪小山词合刻》本。

(3)《续修四库全书》本。

青绡乐府1卷　集部词曲类

1918年太仓思益旬刊社刻本,南京图书馆藏。

浦　泰(1676—?)

本姓谢,字心传,一作惺廛。清太仓人。为人笃厚,屏绝浮屠淫祀。与朱顾庐同讲理学。喜抄书,有多种抄本传世。

诗经阐注8卷　经部诗经类

清乾隆八年(1743)娄东尚论堂刻本,中山大学图书馆藏。

四书阐注19卷　经部四书类

(1) 清雍正六年(1728)娄东尚论堂刻本,上海图书馆藏。

(2) 清乾隆元年娄东尚论堂刻本,苏州大学图书馆藏。

(3) 清同治四年(1865)岁月楼刻本,金华市博物馆藏。

国史经籍志补稿不分卷　史部目录类

清宋宾王、谢浦泰撰

稿本,孙毓修跋,上海图书馆藏。

唐诗四十名家集　丛书类

清谢浦泰辑

稿本,南京图书馆藏。

姜　嚅

字袒若,号莲湖。清太仓人。诸生。天章从子。

梦古庐集　集部别集类　佚

渭风轩集　集部别集类　佚

以上2种见《娄水琴人集捃遗》卷2。

凌　铣

字篆音。清太仓人。幼孤,博学工吟咏,以琴酒自娱。卒年74。

晚翠楼集　集部别集类　佚

见道光《直塘里志》卷5。

陆　凯

字颛才，号约斋。清太仓人。耿介自好，不以仕进为荣。日课生徒自给，泊如也。工吟咏，与许廷鑅等酬唱。卒年72。

蛩吟草　集部别集类　佚

见《娄水琴人集》。

陆　明

字子高。清太仓双凤里人。隐于市。

维庵杂著　子部杂学类　佚

维庵近草　集部别集类　佚

以上2种见宣统《太仓州志》卷25。

陈　炤

字辉宇，号玉照。清太仓人。廷柱子。有义行。博学不仕，通经史，俱有论者，尤精《尚书》。萧然著述。卒年50。

禹贡增注　经部尚书类　佚

见道光《直塘里志》卷6。

书经详注　经部尚书类　佚

反求说　子部儒学类　佚

玉照遗稿　集部别集类　佚

阐幽集　集部别集类　佚

以上4种见宣统《太仓州志》卷25。

陆　岳

字南式。清太仓人。康熙四十五年(1706)府学副贡。家素封，尽出以购书籍，收藏甚富。沈德潜未第时，尝至娄东与岳谈文艺。

摭古备忘录　子部杂学类　佚

见宣统《太仓州志》卷25。

明人万首绝句不分卷　集部总集类

清刻本，南京图书馆藏。

吴必泰

字东岩。清太仓人。

东岩诗　集部别集类　佚

见宣统《太仓州志》卷25。

顾陈垿(1678—1747)

字玉停，号宾阳。清镇洋人。少有文名。康熙四十四年(1705)举人。康熙五十七年以荐入湛凝斋纂修《六壬易课》《律数渊源》《中和乐府》诸书，书成后议叙行人司行人。又以算学应试，列第一，称算状元。雍正元年(1723)奉诏出使山东、浙江。三年，以目疾乞归，闭户读书，四方多以币乞文辞。少与同里王时翔为性命交，诗亦相伯仲。平生绝学有三，为字学、算学、乐律，兼精医学。

内则章句1卷　经部礼记类

(1) 清味菜庐木活字本，国家图书馆藏。

(2)《东仓书库丛刻初编》本。

(3)《四库全书存目丛书》本。

抱桐读书法1卷　经部礼记类

清乾隆间刻本，吉林大学图书馆藏。

内则音释2卷　经部礼记类

读四书偶见3卷　经部四书类

以上2种见宣统《太仓州志》卷25。

钟律陈数1卷　经部乐类

(1) 清道光二十三年(1843)镇洋顾炳文刻本，国家图书馆藏。

(2) 清味菜庐木活字本，浙江图书馆藏。

(3)《赐砚堂丛书》本。

(4)《四库全书存目丛书》本。

(5)《赐砚堂丛书新编》本。

旋宫知义　经部乐类　佚

见宣统《太仓州志》卷25。

钟律陈数1卷　经部乐类

(1) 清道光二十三年镇洋顾炳文刻本,国家图书馆藏。

(2)《娄东杂著》本。

(3)《赐砚堂丛书》本。

八失注字说1卷注字图1卷　经部小学类

(1) 清道光二十三年镇洋顾炳文刻本,国家图书馆藏。

(2)《娄东杂著》本。

(3)《四库全书存目丛书》本。

(4) 清味菜庐木活字本,南京图书馆藏。

(5) 清抄本,重庆市图书馆藏。

宾易子年谱3卷　史部传记类

清顾陈垿自撰　顾师轼补纂

(1) 稿本,上海图书馆藏。

(2) 五石斋抄本(邓之诚题记),中科院国家科学图书馆藏。

癸丑治疫记3卷　史部政书类　佚

无益之言　子部杂学类　佚

龙虎上经参同契合注　子部道教类　佚

首楞严注5卷　子部佛教类　佚

以上4种见宣统《太仓州志》卷25。

洗桐轩文集9卷抱桐杆文集3卷　集部别集类

(1) 抄本,南京大学图书馆藏。

(2) 清乾隆间淡咸堂精刻,南京图书馆藏。

(3) 清道光二十三年镇洋顾炳文刻本,国家图书馆藏。

(4)《清代诗文集汇编》本。

王　翃(1678—1749)

字天游。清太仓人。旦复子。幼工诗文,兼精勾股,以太学生充算法馆修书。康熙五十三年(1714)顺天举人。议叙授刑部主事,由员外擢御史,巡按西城,旋掌京畿道,晋工科给事中,转刑科,巡按山西,再补工部员外,充《律吕正义》纂修官,转郎中,提督窑厂,管理街道事。再授临江知府,未任卒。

甘草诗　集部别集类　佚

见宣统《太仓州志》卷 25。

顾　衍

字孙绳,一字荪臣。清太仓人。光复子,陈埣从弟。英迈好学。遇诗酒益豪。游京师,荐入奇门馆修书。南归后客游东粤、秦、闽,著作益富,兼工山水。

莲陂杂俎　子部小说类　佚

太易集　集部别集类　佚

历游草　集部别集类　佚

以上 3 种见嘉庆《直隶太仓州志》卷 11。

徐玠玉

字汉光。清太仓人。宪卿孙。词华与顾衍相埒。尝邀同学 12 人,分花赋诗,王翃图为长卷以传之。

汉光诗　集部别集类　佚

见宣统《太仓州志》卷 25。

王鼎铭

字向若。清太仓人。庠生。工书法。

向若诗　集部别集类　佚

见宣统《太仓州志》卷25。

周翥华

字甸威。清太仓人。赘婿常熟，因家焉。康熙三十八年(1699)举人。教授山阳。陈祖范极赏其文，谓其得春夏之气，人亦荡直无瑕。

立学先基条说1卷　子部儒学类

《娄东杂著》本。

张　灿

字斗垣，又字斗庵，号清阳子。清太仓人。年少多病，感吕仙授养生术，因创太微仙院。后乃纵游三山五岳，不知所终。

蠹鱼粮集　集部别集类　佚

见《江苏诗征》卷183，收其诗4首。

按：《娄东诗派》卷20作《蠹余集》。

何应熊

字占非。清太仓人。

南轩杂咏　集部别集类　佚

见《娄东诗派》卷20。

陆　棻

字佩芳。清太仓人。诸生。通经学。尤邃于《毛诗》，于《春秋左氏传》亦有论著。

诗义质疑　经部诗经类　佚

见宣统《太仓州志》卷21。

钱嘉锡(1680—1741)

字肇余,号净心。清太仓人。坪七子。

坡肚集　集部别集类　佚

见《太仓钱氏彭城世谱》卷6《著述录》。

顾　垣

字维翰,号薇扦。清太仓人。梅孙。

纪游草　集部别集类　佚

薇扦诗话　集部诗文评类　佚

以上2种见《娄水琴人集》。

沈寿眉

字保鲁。清太仓人。洪钟子。年84。

菊潭诗草　集部别集类　佚

见《娄东诗派》卷24。

陆凤仪

字圣羽。清太仓人。

啸月山窗诗草　集部别集类　佚

见宣统《太仓州志》卷25。

汪志蓁

字蒨初。清太仓人。休宁籍。康熙五十四年(1715)附贡,任徐州训导,勤于课士。升汤阴知县,治行尤懋。捐俸赈饥,全活甚众。内擢部曹,遂不出。筑他山草堂,觞咏自适。卒年76。

卧游集　集部别集类　佚

见宣统《太仓州志》卷25。

许　榳

清太仓人。

清夜钟声　子部小说类　佚

见宣统《太仓州志》卷25。

张升埧

清太仓人。康熙五十二年(1713)恩贡。

广文选　集部总集类　佚

见宣统《太仓州志》卷25。

曹　仪

初名时采,字亮畴,号梧冈。清太仓人。延懿次子。康熙五十二年(1713)恩科联捷,授内阁中书,春秋馆纂修。雍正四年(1726)典湖北乡试,出署安吉州,补严州府同知,廉易有父风。

亮畴诗　集部别集类　佚

见宣统《太仓州志》卷25。

杨　桢

字宁候。清太仓人。好读书。耻时俗干进,究心朴学。以乡俗礼废,纷争成习,乃著书劝诫,广为开谕,人俱服。雍正十年(1732)海溢,著述皆漂没无存,桢仅以身免。

悫庵集　集部别集类　佚

见宣统《太仓州志》卷25。

王麟来

字玉书。清太仓人。在晋曾孙。康熙五十六年(1717)副贡生。充镶红旗教习,需次知县,以疾归,道卒。诗文有奇气。

日下吟(一作大伾山人诗抄)　集部别集类　佚

兰皋集　集部别集类　佚

以上2种见宣统《太仓州志》卷25。

陆履谦(1683—1733)

字尊光,字哀山。清太仓人。毅三子。

卧云居诗草　集部别集类　佚

见《平原陆氏宗谱》卷19。

徐杨琏(1683—?)

一作徐琏,字宗夏。清太仓人。不妄言笑,貌厚而志悫。尝游京师,以内艰归。晚益无聊,以诗自遣。与沈起元善。

偻庐诗集　集部别集类　佚

见宣统《太仓州志》卷25,沈起元序。

周　钺

字武扬。明太仓人。

易经衷旨定本　经部易类　佚

留耕堂尺牍　集部别集类　佚

以上2种见《鹤市志略》卷下,皆程穆衡序。

吴彦遵

字思绪。清太仓人。暻子。弱冠游京师,作《烛赋》及《今昔游诗》百韵,名动京师,康熙五十二年(1713)中顺天乡试,授建阳知县,罢,起乐山知县,再罢,归里后7年卒。

愔园诗钞　集部别集类　佚

见宣统《太仓州志》卷25。

冯　易

字孚中。清太仓人。

孚中诗　集部别集类　佚

见宣统《太仓州志》卷25。

顾廷桓

字双栗。清太仓人。雍正元年(1723)顺天举人。善属文,与兄陈垿齐名。年61卒。

镜亭诗文稿　集部别集类　佚

见宣统《太仓州志》卷25。

沈起元(1685—1763)

一作起源,小名传时,字子大,号敬亭。清太仓人。受宏子。康熙六十年(1721)进士,补庶吉士。父殇服除,改授验封司员外郎,兼考功司事。明年,命往福建以知府用。总督高文良委署福州府,移兴化。乾隆元年(1736),授江西驿盐道,擢河南按察使,迁直隶布政使,官至光禄寺卿。口不言生产,不以得失动其心,待后进慊慊如不及,而视权贵蔑如。在官禁馈献。其诗宗盛唐,文学欧、曾,书法颜真卿,晚益苍劲。

周易孔义集说20卷　经部易类

(1) 清乾隆十八年到十九年刻本,南京图书馆、北京大学图书馆藏。

(2) 清光绪八年(1882)江苏书局刻本,上海图书馆藏。

(3)《四库全书》本。

敬亭公自订年谱2卷首1卷末1卷　史部传记类

清沈起元编　沈宗约补编

(1) 清道光二十七年(1847)太仓沈氏刻本,国家图书馆藏。

(2) 清沈经抄本,1卷,南京图书馆藏。

(3)《北京图书馆藏珍本年谱丛刊》本。

中州彰善录初级 3 编　史部传记类

清沈起元编

清乾隆六年河南巡抚衙门刻本,国家图书馆藏。

课士条言 1 卷　子部儒学类

《娄东杂著》本。

太仓沈敬亭先生真迹　子部艺术类

清光绪三十四年石印本,浙江图书馆藏。

敬亭诗草 8 卷文稿 9 卷补遗 1 卷　集部别集类

(1) 清学易堂刻本,中国社会科学院图书馆藏。

(2)《四库未收书辑刊》本。

(3) 清学易堂刻本,文稿 8 卷,北京大学图书馆藏。

(4)《清代诗文集汇编》本,即北京大学图书馆藏本。

(5)《清代诗文集珍本丛刊》本,《敬亭诗草》8 卷《文稿》4 卷《桂轩诗草》2 卷。

按:此书乃不断续刻而成,版权页作乾隆十九年新刻,疑十九年仅刻诗草七卷(纪年至十四年)、文稿四卷(纪年至十九年),再增为诗草八卷(纪年至乾隆二十七年冬)、文稿八卷(八卷版心有续集),再增为诗草八卷、文稿九卷补遗一卷。

桂轩诗草 2 卷　集部别集类

清康熙刻本,南京图书馆藏。

唐诗钥 4 卷　集部总集类　佚

清沈起元选

见宣统《太仓州志》卷 25。

季应鳞

字荀泰,号惺亭。清太仓人。龙益子。屡试不第,赍志以殁。

惺亭诗草　集部别集类　佚

见《娄水琴人集》。

顾　灿

字孟宣，号星亭。清太仓人。恩贡生。少负奇才，诗出入初盛唐，沈起元雅重之。屡试不售，以明经终。

星亭诗草　集部别集类　佚

见《娄水琴人集》。

毛　钺

字宪宜。清太仓人。康熙五十二年(1713)武进士。官福建将军标守备，升都司，以母老乞归。素习文翰，兼工画理，摹宋元名家，颇得其妙。卒年79。

公余集　集部别集类　佚

见宣统《太仓州志》卷25。

陈士彣

原名塏，字九思，一字遵舜。改名士彣，字九思，号大成，别号信夫。清太仓人。涞曾孙，炤子。朴学笃行。以著述为本，继曾祖涞所纂《续州志稿》，推广成《州志备采》。家落，授徒自给。

太仓直隶州志备采12卷　史部地理类　佚

苏松田赋考　史部政书类　佚

便蒙小学　子部儒学类　佚

以上3种见宣统《太仓州志》卷25。

陈南金

清太仓人。瑚曾孙。

蒿野诗　集部别集类　佚

见宣统《太仓州志》卷25。

王二武

字樾州。清太仓人。

樾州诗　集部别集类　佚

见宣统《太仓州志》卷25。

姚梦熊

字襄周。清太仓人。

西墅集　集部别集类　佚

见《江苏诗征》卷39,收其诗1首。

陆　适(1687—1754)

字如心,号芥庵。清太仓人。毅四子。附贡生。

石楼小草　集部别集类　佚

见宣统《太仓州志》卷25。

杜昌丁(1687—1760)

字望子,号松风。登春子。清太仓人。雍正四年(1726)副贡生。补教习,善书,以荐授浦城知县,升永春州。永春西境多水患,昌丁筑坝御水为永久之计,民德之,称杜公坝。所莅廉静,在任27年,殁于官。

藏行纪程1卷　史部地理类

(1) 清雍正间刻本,南京图书馆藏。

(2)《昭代丛书》本。

(3)《小方壶斋舆地丛钞》本。

(4)《丛书集成续编》本。

(5)《川藏游踪汇编》本。

(6)《云南史料丛刊》本。

永春州志35卷首1卷　史部地理类

清杜昌丁修　黄任、黄惠纂

(1) 清乾隆二十二年(1757)刻本,上海图书馆藏。

(2) 抄本,福建省图书馆藏。

(3)《中国地方志集成》本。

西征日记1卷　史部传记类

清杜昌丁撰

清抄本,浙江图书馆藏。

松风诗钞　集部别集类　佚

见宣统《太仓州志》卷25。

陆觐宸

字书宣。清太仓人。诸生。景隆弟。9岁能文。性嗜古,尤耽诗,尝从沈起元、王恭辈游,诗益工,卒年28。

揖青轩诗草2卷　集部别集类　佚

见宣统《太仓州志》卷25。

方政益

字惠孚,号柳村。清太仓人。先世休宁人。康熙五十六年(1717)举人。少从周象明等游。张伯行抚吴时,聘修《性理大全》。张主六十年辛丑科会试,引嫌不试,归家力耕课徒。卒年70余。

柳村诗文稿　集部别集类　佚

见宣统《太仓州志》卷25。

张　诚

字德馨,号西溪。清太仓人。顾成志义父。负才不遇,一寄诸咏。

蓬窗杂咏　集部别集类　佚

见《娄水琴人集》补遗。

钱一清(1690—1743)

字宇瞻。清太仓人。桓玄孙。幼颖异,长擅文誉。康熙五十三年(1714)副榜。淡于进取,偕两弟奉母以养。承先志,创宗祠,诫子弟以忠恕。卒年54。乾隆间赠文林郎。

渔隐集　集部别集类　佚

见宣统《太仓州志》卷25。

张　叙(1690—1776)

字滨璜,又字宾王,号凤冈。清镇洋人。雍正十年(1732)举人。乾隆元年(1736)举博学鸿词,十六年举经学,二十六年以耆年宿学,赐国子监学正。生平沉潜理学,穿穴经奥,名重公卿间。前后主讲莲池、白鹿诸书院,成就人才甚多。

易贯12卷首2卷　经部易类

(1) 清乾隆二十一年宋宗元刻本,辽宁省图书馆藏。

(2)《四库全书存目丛书》本。

诗贯14卷首4卷　经部诗经类

(1) 清乾隆二十年刻本,南开大学图书馆藏。

(2) 清抄本,26卷,复旦大学图书馆藏。

(3)《四库全书存目丛书》本。

诗经发微　经部诗经类　佚

三礼杂说　经部三礼总义类　佚

以上2种见民国《镇洋县志》卷11。

孝经精义1卷后录1卷或问1卷原孝1卷余论1卷　经部孝经类

(1) 乾隆潞河书院刻本,浙江图书馆藏。

(2)《续修四库全书》本。

经序录　经部群经总义类　佚

通鉴纪要　史部编年类　佚

以上2种见民国《镇洋县志》卷11。

丙辰鸿博同年录　史部传记类　佚

见《双凤里志》。

古文全集　集部别集类　佚

凤冈诗草　集部别集类　佚

评选唐宋八大家文载　集部总集类　佚

以上3种见民国《镇洋县志》卷11。

杨　璞

字淳初。清太仓人。

穆园集　集部别集类　佚

见宣统《太仓州志》卷25。

吴　霆

字声发。清太仓人。

吴声发诗　集部别集类　佚

见宣统《太仓州志》卷5。

俞天倬

字汉瞻，号北山。清太仓人。康熙间曾为太仓县学生。曹煜门人，尝为校正曹氏《绣虎轩尺牍》。

太仓州儒学志4卷　子部儒学类　佚

(1) 清康熙四十七年(1708)金陵吕仲荣刻雍正元年(1723)增修本，中国科学院图书馆藏。

(2)《四库未收书辑刊》本

按：前有王建鼎、唐孙华序。

邹钱斌

字兼侯，号雪庵。清太仓人。年18为诸生。工书善古文辞。历游秦晋，为诗文日多。卒年65。

延月草堂集　集部别集类　佚

见宣统《太仓州志》卷25。

朱　晸

字正文，一字宪韩。清太仓人。诸生。淹贯经史，负才不偶，师事黄景若、周象明，讲求性命之学。

文心庵草(一作忞庵集)　集部别集类　佚

按：《娄东诗派》作《忞庵集》，嘉庆《直隶太仓州志》作《文心庵草》，必有一误。

联球集　集部别集类　佚

按：宣统《州志》云："本传作《连珠集》，误。"作《连球》当有所本。

以上2种见宣统《太仓州志》卷25。

宋宾王

字蔚如。清太仓人。幼年丧父，笃好诗书。藏书极富，冶银为业。苦心雠勘，精当无比。康熙六十一年(1722)校《吴都文粹》。以11个月之力抄《周益公集》二部。雍正六年(1728)校《龟巢稿》。雍正七年借王掞家藏宋本校汲古阁刻《吴郡志》。乾隆二年(1737)跋所抄《苏平仲集》。乾隆十年与修《镇洋县志》。

字画辨伪(一名字体辨讹)　经部小学类

清乾隆间刻本，浙江图书馆藏。

国史经籍志补稿不分卷　史部目录类

清宋宾王、谢浦泰撰

稿本，孙毓修跋，上海图书馆藏。

纪仁荣

字元敷，号斐园，一作非园。清太仓人。敬修子。少迟钝，父诲训甚严。奋发钻研，刻苦备至，学有所成。为文简古纯粹，得先辈名家法，诗亦清丽，以岁贡训导仪征，任满归卒。

丁巳诗草　集部别集类

阅耕楼稿　集部别集类

见道光《璜泾志稿》卷6。

纪非园先生诗残稿不分卷　集部别集类

民国太仓委员会抄本，南京图书馆藏。

王　谐

字蕴如、宜秋。清太仓人。好篆刻，能诗，家贫有清操，以艺应人，不合辄去，卒年78。

双桂轩诗草　集部别集类　佚

见宣统《太仓州志》卷25。

宜秋诗　集部别集类

嘉庆《直隶太仓州志》卷54。

按：毛济美《娄东五先生诗选》选其诗1卷。

陈　鋐

字宏猷。清太仓人。不事科举，隐居授徒，专力四子书。虽燕居，衣冠必正，乡里笑之，号曰小朱文公。年73卒。

周易疏义　经部易类　佚

四书就正录19卷　经部四书类　佚

以上2种见宣统《太仓州志》卷25。

四书晰疑3卷　经部四书类

(1) 清乾隆六年(1741)尚志堂刻本，上海图书馆藏。

(2)《四库全书存目丛书》本。

钱本诚(1693—1741)

字冑伊,号勉耘,一号培园,又号兰皋。清太仓人。涛子。雍正五年(1727)进士,改庶吉士,授编修。十年典试广东。乾隆三年(1738)复典试广西,晋赞善。以亲老乞归,旋卒。

待致草　史部政书类

按:此书乃作者在词馆日,手疏当世利病之书。

北窗闲览　子部杂学类　佚

以上2种见宣统《太仓州志》卷25。

冑伊时文稿　集部别集类

见《太仓钱氏彭城世谱》卷6《著述录》。

培园诗集1卷　集部别集类

(1)清乾隆十二年刻本,上海图书馆藏。

(2)1915年听邠馆重刻本,上海图书馆藏。

钱一泓(1694—1723)

字襟三。清太仓人。一清弟。监生。早卒。

揽月楼诗抄　集部别集类　佚

见宣统《太仓州志》卷25。

王述濬

字隽骧,号益江。清太仓人。謩子。雍正四年(1726)举人。安徽和州州同。

星带轩诗稿　集部别集类　佚

见《娄水琴人集》。

顾　瑜

字士瑶，自号稼墨老人。清太仓人。性孝友，精六书。沈德潜称其博赅。中年书益工，求者满座，应之无倦，馈以金不受。卒年85。

说文考证6卷　经部小学类　佚

见宣统《太仓州志》卷25。

毛　诗

字艺嵩，号继善。清镇洋人。诸生。精画学，善操琴，工诗。

艺专集　集部别集类　佚

见民国《镇洋县志》卷11。

胡栩然(1696—1731)

字梦园。清太仓人。赘王家。早卒。

卧山诗钞3卷　集部别集类

(1) 清乾隆十年(1745)虞山孙氏刻本，南京图书馆、复旦大学图书馆藏。

(2)《四库未收书辑刊》本。

王　馥

字少昭。清太仓人。肇女。胡栩然妻。

伴白吟(一作女红伴艺)1卷　集部别集类

清乾隆间刻《卧山诗抄》附录本，复旦大学图书馆藏。

钱文河(1697—1737)

字倬云，号栽芦。清太仓人。

挐烟渔调　集部别集类　佚

见《太仓钱氏彭城世谱》卷6《著述录》。

陆宏绪(1697—1762)

字伯和,号纫斋。清太仓人。雍正元年(1723)举人。乾隆七年(1742)会试取明通榜,选太平教谕,升罗源知县。廉法奉公,以亲老告归。工于诗,卒年66。

丛桂轩诗钞6卷　集部别集类　佚

见宣统《太仓州志》卷25。

修德录诗文稿　集部别集类　佚

见《平原陆氏宗谱》卷19。

燕台草1卷客游纪胜2卷　集部别集类

清乾隆清芬堂刻本,中国社会科学院文学研究所藏。

王　英

字怀一。清太仓人。性廉介,诗文隽逸。由常熟县诸生入太学。雍正二年(1724)顺天举人,乾隆二年(1737)会试取明通榜,除旌德教谕,训士有方,以卓异荐泾阳知县,未几移疾归里,居数十余载,教授自给。卒年79。

半埜诗　集部别集类　佚

见宣统《太仓州志》卷25。

陆冈龄

字畴五,一字怀劬。清太仓人。雍正二年(1724)举人。拣选知县,改就教职。文章行谊为同辈楷模。

光复堂稿　集部别集类　佚

见宣统《太仓州志》卷25。

畴五文稿　集部别集类　佚

见《平原陆氏宗谱》卷19。

赵　溶

字云江。清太仓人。监生，嗜吟诗，间作画。

寄蜉吟草　集部别集类　佚

见宣统《太仓州志》卷25。

按：毛济美《娄东五先生诗》选其诗1卷。

钱　温(1699—1732)

字又瞻，号蚰石。清太仓人。

虚白诗稿　集部别集类　佚

蚰石遗稿　集部别集类　佚

以上2种见《太仓钱氏彭城世谱》卷6《著述录》。

闻　棠(1699—1749)

字静儒。清太仓人。乾隆元年(1736)进士，改庶吉士，授编修，历典广东、湖北乡试。二十八年归里。经学渊博，诗词华赡。充明史馆纂修。居家敦内行，笃友谊。

黄山纪游2卷　史部地理类　佚

见《娄水文征》。

静儒遗诗　集部别集类　佚

见民国《镇洋县志》卷11。

钱一涵(1700—1762)

字汇千，号蓉江。清太仓人。一清弟。

养拙居诗钞　集部别集类　佚

见宣统《太仓州志》卷25。

王　愫(1700—1767)

字存素，号林屋，一号朴庐。清太仓人。时翾子，诸生。画得家法，山水干墨重笔不加渲染，得元人简淡法，绛笔竹石尤妙。与王昱、王玖、王宸并称“小四王”。乾隆二十八年(1763)尝作《天香染袖图》扇，今藏故宫博物院。工诗词。

论画正则1卷　子部艺术类

(1)《朴庐遗稿》本。

(2) 1940年太仓严瀛抄本，国家图书馆藏。

题画诗抄1卷　子部艺术类

(1)《画苑秘笈》本。

(2) 1940年太仓严瀛抄本，国家图书馆藏。

林屋山人山水画谱　子部艺术类

(1)《茜窗小品》本。

(2)《茜窗小品画谱》本。

朴庐诗稿1卷题画诗抄1卷林屋诗余1卷论画正则1卷附毛孺人诗1卷　集部别集类

(1) 清乾隆三十二年爱日堂刻本，南京图书馆藏。

(2)《清代诗文集汇编》本。

按：此即《朴庐遗稿》。

林屋诗集　集部别集类　佚

见宣统《太仓州志》卷25。

毛秀惠

字山辉。清太仓人。毛张健女，王愫妻。明画理，工韵语，亦工山水。兴至点染，辄有题句。幽居之乐，为时所称。

女红余艺1卷　集部别集类

清乾隆十六年(1751)爱日堂刻本，上海图书馆藏。

按:此集附王愫《朴庐诗稿》后,题《毛孺人诗》,凡诗22首,有沈德潜跋。

山晖诗稿　集部别集类

见宣统《太仓州志》卷25。

陆　灿

字静文。清太仓人。乾隆十年(1745)进士。官博白知县。

爽籁斋存稿　集部别集类　佚

见《娄东诗派》卷24。

王　宾

字东胶。清镇洋人。拱子。雍正四年(1726)副贡。充官学教授,期满,选广西怀远知县。时义宁猺叛,宾练兵给饷,众推其能。后调知建德,以事罢官。既归,益肆力于诗古文词,诗仿元白体,间为倚声。先后屡主讲席,教士有法。初聘纂《镇洋县志》,后复与弟宬修《太仓州志》,未竣事卒,年73。

(乾隆)建德县志10卷首1卷　史部地理类

清王宾等修　应德广等纂

清乾隆十九年(1754)刻本,上海图书馆藏。

枫翁诗余2卷　集部词曲类　佚

见《全清词钞》卷9,收其词1首。

云吟山人稿　集部别集类　佚

见《娄东诗派》卷24。

王　宬

字辑青。清太仓镇洋人。时儁孙,宾弟,汪学金外祖。乾隆七年(1742)进士。授兵部职方司主事,迁武选员外郎,充会典馆纂修。十四年转郎中,十五年充云南学政,加翰林院检讨。十七年调任四川,振拔孤寒,士风为之兴起。入都授安徽庐州知府,以包拯"清心为治本"之句颜于堂以自警,政务简静慈祥。三十二年引疾归,宦囊萧然。家居20年,硕德伟望。卒年83。

太仓王氏宗谱2卷　史部传记类

太仓王氏家乘2卷　史部传记类

以上2种抄本,南京图书馆藏。

师吾堂稿　集部别集类　佚

见《娄东诗派》卷24。

拈花居士诗钞　集部别集类

见《娄水琴人集》。

容斋诗文全集　集部别集类　佚

秋影轩诗话　集部诗文评类　佚

以上2种见民国《镇洋县志》卷11。

拈花诗词钞　集部别集类　佚

见《词综补遗》卷35。

冯绳野

字绍王,号墨庄。清太仓双凤里人。幼颖悟。博学多识。弱冠弃举业,肆力于诗歌。为陆明高足,得其师承。居平端庄凝重,持守清介。书法清劲。卒年41。

墨庄遗草　集部别集类　佚

武林游草　集部别集类　佚

以上2种见宣统《太仓州志》卷25。

凌士锡

字绥章,号陟瞻。清太仓人。雍正元年(1723)拔贡,四年举人。会试不第,遂绝意进取。生平研玩小学及性理书。卒年78。

周易集讲　经部易类　佚

周礼辑要　经部周礼类　佚

四书集讲　经部四书类　佚

以上 3 种见宣统《太仓州志》卷 25。

起凤堂诗草　集部别集类　佚

见道光《直塘里志》卷 5。

胡宝年

字罕勋。清太仓人。

罕勋诗草　集部别集类　佚

见嘉庆《直隶太仓州志》卷 54。

蔡　思

字能一。清太仓人。彭兆荪外祖父。

雅乐精义合集　集部别集类　佚

见宣统《太仓州志》卷 25。

顾　氏

清太仓人。王镇衡妻。镇衡,字位南,善画。

顾氏诗　集部别集类　佚

见宣统《太仓州志》卷 25。

毛　燠

原名汝珍。字子韫。清太仓人。父应源工六法,燠精其艺,善鼓瑟,多逸致。晚耽禅学。卒年 77。

一粟道人诗　集部别集类　佚

见宣统《太仓州志》卷 25。

朱　叙

字端揆。清太仓人。雍正间被荐入都，以母老辞归。

敝帚集　集部别集类　佚

见《娄东诗派》卷23。

叶景高

字登自。清绍兴人，后迁太仓沙溪。

秋树草堂集　集部别集类　佚

见民国《镇洋县志》卷11。

毛　炜

字彤美，号恪庵。清太仓人。燠弟。工古今文，尤邃于诗。足迹半天下，所至吟咏，不绨章绘句，而性情流于纸墨间，为时所重。卒年82。

东皋诗选　集部别集类　佚

寓斋集　集部别集类　佚

闲闲集　集部别集类　佚

以上3种见宣统《太仓州志》卷25。

毛大年

字耆荫。清太仓镇洋人。上皃父。增贡生。以第一补县学生。与邵嗣宗、弟之玉等联文会，人景慕之。生平制行醇谨。卒年66。

枕月居草　集部别集类　佚

蔗根草　集部别集类　佚

以上2种见民国《镇洋县志》卷11。

顾静芳

清太仓人。吴郡顾秉直女，毛大年继妻。以子上皃贵赠宜人。

艺芸集　集部别集类　佚

见《历代妇女著作考》。

祝花庐集　集部别集类　佚

见《娄东诗派》卷28。

毛之玉

初名霜肃，字用羽，号约亭，又号裴山。清太仓人。序长子。自幼勤学，雍正八年(1730)成进士。改庶吉士，授编修，擢河南道监察御史。乾隆元年(1736)分校顺天乡试，旋丁外艰，以事左降。服阕不复出，主虞山书院历14年，造士颇多。晚辑县志，年86卒。诗仿眉山、剑南，填词尤工。梁溪杜诏推为江左第一。

瀛州清课　集部别集类　佚

吟囊剩句　集部别集类　佚

红豆余音　集部别集类　佚

漱芳诗集　集部别集类　佚

倚玉集　集部别集类　佚

以上5种见宣统《太仓州志》卷25。

晓珠词1卷　集部词曲类　佚

见《全清词钞》卷9，收其词1首。

毛成肃

字孝则。清太仓人。序次子。监生。嗜学。事亲孝，好施予，族党以困告之，必周恤之无吝色。卒年80。

宛坻诗稿　集部别集类　佚

见宣统《太仓州志》卷25。

毛　慧

字兰韫。清太仓人。序女。

兰韫诗　集部别集类　佚

见宣统《太仓州志》卷 25。

毛　莹

字韫玉。清太仓人。序女。

韫玉诗　集部别集类　佚

见宣统《太仓州志》卷 23。

毛思载

清镇洋人。

玉山诗稿　集部别集类　佚

见民国《镇洋县志》卷 11。

萧　霆

字健恒。清太仓人。精医，遇所不可治弗肯诡随，远近争投之。

痧疹一得 2 卷　子部医家类

清咸丰二年(1852)潘道根抄本，上海中医药大学图书馆藏。

周士槱

清太仓人。

淑闽堂诗钞　集部别集类　佚

见宣统《太仓州志》卷 25。

王　嵩

字颖山。清太仓人。诸生。端雅有志节。少学诗于其叔时宪、时翔，名誉日起。幕游豫章、大梁。既归，益刻励为诗。知县聘修县志，多所商榷。

总宜轩诗稿 2 卷　集部别集类　佚

见宣统《太仓州志》卷25。

别花人语1卷　集部词曲类　佚

见《全清词钞》卷9,收其词2首。

王　辂

字素威,号滓虚,一号竹汀散人。嵩弟。清太仓人。工词。人谓得姜、史之遗。赠承德郎、累赠通议大夫。

滓虚集　集部别集类　佚

见宣统《太仓州志》卷25。

滓虚词2卷　集部词曲类

1919年思益旬刊社铅印本,苏州大学图书馆藏。

王良谷

字是穮。清太仓人。缉修子。能诗文,善书。为名诸生,以王謩荐,补浙江富阳知县。洁己奉公,民安其治。三年引疾归。留心桑梓事,浚河渠,辑县志,多所赞助。卒年73。

稼轩诗稿12卷　集部别集类　佚

清乾隆间刻本,复旦大学图书馆藏。

硕园诗稿30卷　集部别集类

清王昊撰　王良谷编辑

清乾隆十二年(1747)王良谷刻本,国家图书馆藏。

西趋集　集部别集类

秦游稿　集部别集类

稼轩近稿　集部别集类

古文缀珠集　集部别集类

以上4种见《娄东耆旧传》卷2。

钱本立

清太仓人。迪显子。以孝闻。

香笑诗钞　集部别集类　佚

香笑词钞　集部词曲类　佚

以上2种见宣统《太仓州志》卷25。

王景元

字善长。清太仓人。时翔子。卒年84。

绿荫诗草　集部别集类　佚

见宣统《太仓州志》卷25。

小山诗文全稿　集部别集类

清王时翔撰

清乾隆十一年(1746)王景元刻本,浙江图书馆藏。

帖式汇纂3卷　集部总集类

清同治七年(1868)苏州扫叶山房刻本,吴江区图书馆藏。

王　崇

字德季。清太仓人。恪子。

餐秀轩诗文草4卷　集部别集类　佚

见嘉庆《直隶太仓州志·艺文》。

陆松龄

字鹤芬,号徕亭。清太仓人。为人有矩矱。好学不倦。

(乾隆)沙头里志(一作沙溪里志)10卷　史部地理类

清曹炜纂　陆松龄增订

见"曹炜"条。

性理微言　子部儒学类　佚

恒言类序　子部儒学类　佚
耕余录　子部儒学类　佚
闲窗笔记　子部杂学类　佚

以上4种见民国《镇洋县志》卷11。

沈　桐

字若千。清镇洋人。乾隆四年(1739)岁贡生。幼颖悟,年12经书能领大义。为文以清真雅正为宗,尤肆力于性理诸书。授七品散官。

抱琴草　集部别集类　佚
蛩吟小草　集部别集类　佚

以上2种见《双凤里志》。

赵象春

字纶美,号凤池。清太仓人。熟悉典记,文辞雅瞻。生平宝先世手泽,藏庋惟谨。

个园诗　集部别集类　佚

见民国《璜泾志略·书籍》。

顾金撰

字六长,号福斋。清太仓人。垣子。工制艺,尤精堪舆。年92卒。

堪舆指迷　子部术数类　佚
松柏庭诗文集　集部别集类　佚

以上2种见《娄水琴人集》。

钱朝桂(1703—1756)

原名宗汉,字楚望,号硕庵。清太仓人。温弟。

湘中吟　集部别集类　佚

见《太仓钱氏彭城世谱》卷6《著述录》。

程穆衡(1703—1793)

字惟淳,号迓亭。清太仓人。乾隆二年(1737)进士,授山西榆社知县,勤政爱民。博文强识,工文章。生平以纂述为事,受聘纂《太仓州志》,未卒稿。

删定蔡氏书传　经部尚书类　佚

见《家帚集》卷五跋。

周礼阐微　经部周礼类　佚

见嘉庆《直隶太仓州志》卷36。

考定檀弓2卷　经部仪礼类

清程穆衡撰

(1) 稿本,上海图书馆藏。

(2)《借月山房汇钞》本。

(3)《泽古斋重钞》本。

夏小正注疏1卷　经部礼记类

稿本,复旦大学图书馆藏。

删定礼记　经部礼记类　佚

见《家帚集》卷2。

礼经发覆　经部三礼总义类　佚

见民国《镇洋县志》卷11。

金元史注释　史部正史类　佚

见《据梧斋诗文集》陆模跋。

国语国策注　史部杂史类　佚

见民国《镇洋县志》卷11。

准噶尔考1卷　史部杂史类

(1) 稿本,南京博物院图书馆藏。

(2) 稿本,北京大学图书馆藏。

金川纪略2卷　史部杂史类

(1) 清抄本,上海图书馆藏。

(2) 清太仓陆骏一抄本,北京大学图书馆藏。

(3) 1961年中国书店抄本,北京大学图书馆藏。

(4) 天津古籍书店抄本,吉林大学图书馆藏。

(5) 扬州古籍书店抄本,南开大学图书馆藏。

(6) 稿本,南京博物院图书馆藏。

复社纪略2卷附年表1卷西土文致1卷附东海传奇目录1卷　史部杂史类

清陆世仪撰　程穆衡辑

清雍正程氏钞本,原志载北京大学图书馆藏,今未见。

皇朝谨勋录　史部传记类

原志载稿本,馆藏地不详。

娄东耆旧传　史部传记类

(1) 清抄本,6卷,上海图书馆藏。

(2) 清抄本,北京大学图书馆藏。

(3) 清光绪王祖畬抄并跋,南京图书馆藏。

(4) 清光绪三十二年(1906)王晋元抄本,9卷,南京图书馆藏。

(5) 清光绪抄本,8卷,南京图书馆藏。

(6) 清缪氏杏香庐抄本,浙江图书馆藏。

(7)《江苏人物传记丛刊》本。

按:本书记太仓历史人物,按郡望分卷。现存抄本,卷数不同,各卷所记姓氏顺序亦有异。南京图书馆藏九卷本所记共九姓,卷一弘农杨氏,卷二琅琊王氏,卷三汝南周氏,卷四延陵吴氏,卷五太原王氏,卷六彭城钱氏,卷七清河张氏,卷八颍川陈氏,卷九谯国曹氏。上海图书馆抄本六卷卷末一卷,分别是:卷一弘农杨氏,卷二琅琊王氏,卷三清河张氏,卷四彭城钱氏,卷五太原王氏,卷六谯国曹氏,卷末颍川陈氏。所撰各传,多能彰显传主个性,非抄袭成书之作。

列女志　史部传记类　佚

见民国《镇洋县志》卷11。

太仓州名考1卷　史部地理类

(1)《娄东杂著》本。

(2) 1990年江苏广陵古籍刻印社影印本。

按:此详细考察了太仓得名之缘由及发展之过程。作者认为自秦以前无太仓名,太仓之名始于汉,其义本为天子之仓。太仓之名大著则在明朝永乐年间。其时江浙岁粮必输纳于此,装运入海。

箕城杂缀3卷　史部地理类

(1) 稿本,南京图书馆藏。

(2) 清缪氏杏香庐抄本,浙江图书馆藏。

太仓风俗记1卷　史部地理类

(1)《娄东杂著》本。

(2) 1990年江苏广陵古籍刻印社影印本。

(3)《中国风土志丛刊》本。

按:本篇着重考察了清代太仓风俗的转换及其美恶,作者认为风俗会随着社会经济生活的发展变化而改变。作者还着重考察分析了地方风俗的美恶问题。作者因劝乡人戒断奢靡,以文教为尚。

州乘备采不分卷　史部地理类

稿本,南京图书馆藏。

按:卷首有作者识语,谓所著《娄东耆旧集》,大都为先哲遗言,此外尚有琐者、杂者、无所附者,因辑为此编,供修志者采辑。所记大多不分类别,但天头有批语,谓该条应归入何类。

瓜步山志5卷　史部地理类　佚

台湾剩语　史部地理类　佚

以上2种见《家帚集》卷2。

淳化阁帖考释10卷叙说1卷附录4卷　子部艺术类

(1) 清抄本,南京图书馆藏。

(2) 1920年静俭斋抄本,上海图书馆藏。

(3) 1921年周氏鸽峰草堂抄本，浙江图书馆藏。

续古今注1卷熙朝会典1卷　子部杂学类

清抄本，南京图书馆藏。

秘传水龙经　子部术数类

清蒋平阶辑订　程穆衡校录

《借月山房汇钞》本。

据梧斋麈谈　子部杂学类　佚

见民国《镇洋县志》卷11。

燕程日记　子部杂学类

(1) 清抄本，上海图书馆藏。

(2) 清抄本，厦门大学图书馆藏。

(3) 清缪氏杏香庐抄本，浙江图书馆藏。

(4)《笔记小说大观》本。

按：自清乾隆二年正月二十七日至二月二十七日。

迓亭杂说1卷　子部杂学类

清道光二十五年(1845)刻《娄东杂著》续刊本。

据梧斋随笔　子部杂学类　佚

文艺杂钞　子部杂学类　佚

以上2种见《家帚集》卷4。

翰林新语1卷　子部杂学类

原志载稿本，馆藏地不详。

鞶蜕卮谈1卷　子部杂学类

民国王保譿抄本，南京图书馆藏。

水浒传注略2卷　子部小说类

清程穆衡撰　王开沃订补

(1) 清抄本，国家图书馆藏。

(2) 清道光二十五年王氏听香阁刻本，南京图书馆藏。

碎翠集4卷　集部别集类

稿本，南京图书馆藏。

修绠集1卷梦华集1卷　集部别集类

原志载稿本，馆藏地不详。

俄晷集2卷　集部别集类

原志载稿本，馆藏地不详。

据梧斋诗抄　集部别集类

原志载稿本，馆藏地不详。

程迓亭文　集部别集类

清光绪间配刻本，苏州图书馆藏。

据梧斋诗集6卷文集8卷　集部别集类

清道光十四年青琅玕馆刻本，南京图书馆藏。

燕程集　集部别集类

日下集　集部别集类

观海集(一作乘桴集)　集部别集类

以上3种见江凌《程穆衡著作目录》。

尺牍有斐集　集部别集类　佚

历试草　集部别集类　佚

以上2种分别见《家帚集》卷4、卷5。

家帚集12卷　集部别集类

(1) 清缪氏杏春庐抄本，南京图书馆藏。

(2) 清抄本，不分卷，复旦大学图书馆藏。

家帚集2卷　集部别集类

琼靡集(一作泖莎集)1卷　集部别集类

牵丝集1桼卷　集部别集类

逢春集1卷　集部别集类

以上4种稿本，又名《程迓亭先生诗集》，南京图书馆藏。

投绂堂集　集部别集类　佚

见《明清江苏文人年表》乾隆五十八年条。

陶诗辑传2卷附苏氏和陶诗注1卷年谱1卷　集部别集类

王祖畬抄本，南京图书馆藏。

杜诗分类　集部别集类　佚

见《鞶帨卮谈》。

苏子美文钞　集部别集类　佚

见《家帚集》卷3。

评注李空同诗集21卷　集部别集类　佚

见《家帚集》卷3。

吴梅村诗笺注12卷附录诗余小令笺注1卷诗话1卷　集部别集类

清吴伟业撰　程穆衡笺注　杨学沆补注

(1) 清嘉庆十六年(1811)黄氏士礼居抄本，黄丕烈校并跋，国家图书馆藏。

(2) 1983年上海古籍出版社影印清保蕴楼抄本。

(3)《太昆先哲遗书》本，增诗词补钞1卷。

(4) 清抄本，国家图书馆藏。

(5) 稿本，南京图书馆藏。

(6) 稿本，国家图书馆藏。

(7) 稿本，北京大学图书馆藏。

(8) 清嘉庆二年抄本，北京大学图书馆藏。

(9) 抄本，上海图书馆、国家图书馆藏。

(10)《清代诗文集珍本丛刊》本。

按：程穆衡以《梅村诗笺》12卷本为底本，穷数十年精力笺注吴诗，书成后未及刊印。乾隆四十六年，杨学沆为之补注，又增诗话1卷于后。民国俞庆恩借得黄丕烈抄本，予以刊行，再补《诗词补钞》1卷，即《太昆先哲遗书》本。

陈检讨集笺注20卷　集部别集类　佚

见《缪氏(朝荃)书目》。

白华庄藏稿钞文集16卷诗集6卷　集部总集类

清沈寓撰　沈德潜、程穆衡选定

清乾隆十七年至十九年沈氏刻本，复旦大学图书馆藏。

翼庵遗草1卷附录1卷　集部别集类

清程其谟撰　程穆衡抄

清抄本，南京图书馆藏。

舄吟集36卷　集部总集类

原志载残抄本，馆藏地不详。

召风集1卷　集部总集类

原志载稿本，馆藏地不详。

旧雨集　集部总集类　佚

庚辛选本　集部总集类　佚

以上2种见《家帚集》卷3。

文选评注　集部总集类　佚

见《据梧斋诗文集》陆模跋。

增删回文类聚　集部总集类　佚

见《据梧斋文集》卷8。

晚唐诗律派　集部诗文评类　佚

见《据梧斋诗文集》陆模跋。

词集2卷　集部词曲类　佚

见《据梧斋诗文集》陆模跋。

程上衡

字纯玉，号霞轩。清太仓人。穆衡从弟。至性过人，居丧未尝见齿。贫不能葬亲，布衣蔬食10余年。诗得穆衡指授。

霞轩诗草　集部别集类　佚

见《娄水琴人集捃遗》卷2。

杨宗时

字继山。清太仓人。雍正三年(1725)拔贡。少有才誉,工吟咏,其制举文体,力矫时趋,一归于正。殁年43。

灌花集2卷(一作介石诗抄)　集部别集类

清乾隆间刻本,复旦大学图书馆藏。

钱枝桂(1705—1753)

字林一,号南山。清太仓人。本诚弟。雍正十年(1732)举人。有文誉。

警心录10卷　子部儒学类

(1) 清道光六年(1826)刻本,苏州大学图书馆藏。

(2) 清光绪九年(1883)莪园刻本,上海图书馆藏。

(3) 2016年学苑出版社出版《稀见清代四部辑刊》本。

王起鹏

字万南。清太仓人。有辉子。廪生。有孝行。学务根柢。从沈起元游,得其传。为文清真雅正。授徒里中,门多名士。

涵碧草堂诗文集　集部别集类　佚

见嘉庆《直隶太仓州志》卷54。

揖清斋诗稿　集部别集类　佚

见《娄东诗派》卷25。

钱　熫(1706—?)

字聚五,一字冶村。清镇洋人。

冶亭诗钞　集部别集类　佚

见嘉庆《直隶太仓州志》卷54。

王　青(1707—1757)

字去瑕，号玉田，又号九我。清镇洋人。发祥曾孙。廪贡生。幼失怙，比长能文，尤肆力于诗，喜撰述。

曲台要义　经部群经总义类　佚

经史汇解　子部杂学类　佚

玉田诗钞(一作玉田诗草)　集部别集类　佚

以上3种见民国《镇洋县志》卷11。

按：据毛咏《传略》，王青诗集有《击缶集》《愁吟草》，杂著有《波斯市》3卷、《禁脔》2卷，俱未刻。

王星煜

字聚东。清太仓人。诸生。以孝弟教家，同居40余人咸遵其训。尤多济世，如倡修海塘、变通浮粮诸议，皆有规则。卒年74。

五桂杆诗集　集部别集类　佚

见宣统《太仓州志》卷25。

狄　元

字又梁。清太仓人。州诸生。安贫好学，尝咏诗自嘲。

代三日记　子部杂学类　佚

鸣清集　集部别集类　佚

以上2种见宣统《太仓州志》卷25。

邵嗣宗(1710—1767)

字鸿箴，号蔚田。清太仓人。乾隆十七年(1752)会试第一，改庶吉士，授编修，充咸安宫总裁，《续文献通考》纂修官，顺天乡试及会试同考官。擢右春坊，右中允，转升侍读，以疾乞归，未及一载卒。性情恬淡，操履醇谨，诗文淹雅温粹，奖成后进，循循不倦。

仪礼观略1卷　经部仪礼类

清邵嗣宗辑

清嘉庆二十一年(1816)邵氏刻本,湖北省图书馆藏。

筮仕金鉴2卷　史部政书类

《娄东杂著》本。

旧乡行纪1卷　史部地理类

(1)《小方壶斋舆地丛钞》本。

(2)《娄东杂著》本。

洗心录1卷　子部儒学类

《娄东杂著》本。

葬考1卷　子部术数类

《娄东杂著》本。

一枝庵吟稿　集部别集类　佚

见《潜研堂文集》卷43。

养余斋吟稿　集部别集类　佚

屈步集　集部别集类　佚

窒庐存稿　集部别集类　佚

以上3种见宣统《太仓州志》卷25。

王　恭(1710—1782)

字礼言,自号破有居士、樊村布衣。清太仓人。性恬淡,弃举子业,深造于诗,以王、孟为宗,沈起元称为作手。南园本王锡爵别墅,恭时寻往迹,招朋好觞咏其中,集其诗名《南园风雅》。卒年73。

竹娱诗钞(一作潭影轩诗钞)2卷　集部别集类

(1)清乾隆王氏南园刻本,苏州图书馆藏。

(2)民国太仓图书馆抄本,南京图书馆藏。

按:沈起元序:竹娱子好苦吟,笔清格老,一以王孟为宗,持论谨严,不屑于宋元。

南园风雅2卷补遗1卷续编1卷　集部总集类

（1）清乾隆王氏小山堂刻本，上海图书馆藏。

（2）太仓严蓬仙抄本，国家图书馆藏。

邢　桐

字峄阳。清太仓人。能诗。家世印溪，年60移居西城门。专事吟咏。年近八旬得一子。

草色余言集　集部别集类　佚

见嘉庆《直隶太仓州志》本传。

按：王恭序之。

邢汝城

字守磐，号雪江。清太仓人。与王恭为执友。家故饶，中年穷愁以终。

雪江诗草　集部别集类　佚

见《娄水琴人集捃遗》卷2。

唐象贤

字宗美。清太仓人。符后。幼随父迁居古闸。内行修饬，尝倾馆谷为孀姊建坊，里党称之。工诗。与冯绳野契，频以诗简往还。

采云诗集　集部别集类　佚

见宣统《太仓州志》卷25。

狄黄铠(1711—1774)

字絅文，号晚汀。清太仓人。慷慨有节概，豪于诗酒，受业于徐成龙之门，为文操纸立就。应试不售，绝意进取，益事吟咏，与唐瑀、王洵等相唱和，诗亦雄健如其人。

晚汀诗稿2卷　集部别集类

(1)《璜水丛书》本。

(2) 稿本,中国科学图书馆藏。

(3) 抄本,不分卷,中国社会科学院文学研究所藏。

郁 青

字赞谟,号竹亭。清镇洋县蓬莱镇人。太仓州武学生员,喜岐黄,兼工墨竹、篆刻。

乙类伤寒　子部医家类　佚

见《蓬溪风雅集》卷1。

郁 炯

字象明,号西台,一号云空。清镇洋县蓬莱镇人。生员。

槐荫庐草　集部别集类　佚

见《蓬溪风雅集》卷3。

曹家珍

字钧植。清太仓人。诸生。喜吟咏。尤肆力于医,能起沉疴。卒年71。

续沙溪志　史部地理类　佚

见宣统《太仓州志》卷25。

伤寒杂病论16卷首1卷末1卷　子部医家类

(1) 清乾隆稿本,南京图书馆藏。

(2) 1932年据稿本影印本,南京中医药大学图书馆藏。

月查吟草　集部别集类　佚

见宣统《太仓州志》卷25。

钱荫南

初名柟,字让山。清太仓人。长芦盐运经历。卒年70。

寄迹吟　集部别集类　佚

见《娄东诗派》卷25。

沈祖孝

字容皋。清太仓人。

千补诗钞　集部别集类　佚

见嘉庆《直隶太仓州志·艺文》。

毛在鹏

字万程。清太仓人。炜子，工诗文，明形家言。以疾弃举业，复得滑士麟指授，益精其术。

地理举一　子部术数类　佚

安缘诗存　集部别集类　佚

以上2种见宣统《太仓州志》卷25。

冯元禄

清太仓人。

素庵集　集部别集类　佚

见《双凤里志》。

冯　澜

字斯立，号巽斋。清太仓人。九岁能文，有神童之号。明经好古，制举亦知名。试辄高等，乾隆十七年(1752)恩科中式第七名，以二场文逸弃去。亦工诗。晚岁归里，镇洋知县延馆于署，相得甚欢，以岁贡裁选训导，不及卒。

晚香诗草　集部别集类　佚

见《双凤里志》。

杜　璇

字佩玉，号浣云。清太仓人。昌丁女。适吴郡范志室。

竹云楼草　集部别集类　佚

见《娄东诗派》卷28。

支元福

字玉山，后改名支璞。清镇洋人。诸生。读书敦行，重然诺，慎取与，有狷介操。工诗，兼六法，兴至，泼墨自娱，虽屡空，晏如也。卒年76。

雪樵诗　集部别集类

见民国《镇洋县志》卷11。

按：毛济美《娄东五先生诗选》选其诗1卷。

倪大临

字端夔，号自山。清太仓人。居茜泾。乾隆四十二年(1777)举人。少受诗法于长洲沈德潜。会试不第，遂不出。卒年68。

茜泾纪略不分卷　史部地理类

清倪大临撰　陶炳曾补辑

(1) 清乾隆三十七年纂同治九年(1870)增抄本，南京图书馆藏。

(2) 1986年广陵古籍刊行社重印本，国家图书馆藏。

(3)《中国地方志集成》本。

带经余事草　集部别集类　佚

见《江苏诗征》卷22。

自山小草文集　集部别集类　佚

见《刘河镇纪略》卷6。

吴循古

字敏求，号愚溪。清太仓刘河人。性豪力大，以为非保身知道，折节读书。善诗，尤工书法。

半野草　集部别集类　佚

诗草　集部别集类　佚

以上2种见《刘河镇纪略》。

黄　玢

字季苍，号含青。清镇洋人。锡宝祖。工经义，屡困场屋。卒年84。

含青诗草　集部别集类　佚

见《娄水琴人集》。

陆　志

字诵三，号栖云。清太仓人。妙解琴趣，薄游江村，以一琴自随，一时名士皆赋诗赠之。

栖云诗草　集部别集类　佚

见《娄水琴人集捃遗》卷1。

王　昱(1714—1748)

字日初，号东庄，亦称东庄老人、东庄农隐，又号云槎山人。原祁族弟。淡于功名，筑梅花楼，以书画为乐。喜作山水，淡而不薄，疏而有致，笔意在倪瓒、方从义之间。尝至秦中。康熙五十三年(1714)尝仿黄公望《山水图》，乾隆十年(1745)仿王蒙《玉山白云图》，现皆藏北京故宫博物院。与王玖、王宸、王愫合称“小四王”。

东庄论画1卷　子部艺术类

(1)《诸家画说》本。

(2)《美术丛书》本。

(3)《翠琅玕馆丛书》本。

(4)《四铜鼓斋论画集刻》本。

(5)《艺术丛书》本。

(6)《甲戌丛书》本。

(7)《芋园丛书》本。

(8)《画论丛刊》本。

(9)《清瘦阁读画十八种》本。

(10)《续修四库全书》本。

(11)《丛书集成续编》本。

(12)《萤雪轩论画丛书》本。

王东庄仿古山水十桢　子部艺术类

1929年上海天绘阁影印本,上海图书馆藏。

冯怀朴(1714—1768)

一作冯怀璞。字淳夫,号畹庐。清太仓璜泾人。监生。喜吟诗。就正于沈德潜,甚见赏誉。其诗清旷闲逸,不类世俗。性诚悫,训子读书极严。

孤桐书屋诗钞2卷　集部别集类

清抄本,南京图书馆藏。

横塘集1卷一堂唱和集1卷知非集1卷丙戌稿1卷　集部别集类

稿本,南京图书馆藏。

按:《太仓州志》作《畹庐遗稿》。

陆时化(1714—1779)

字润之,号听松。清太仓人。恬子。监生。嗜书画,鉴别甚精。藏书亦富。

明名贤纪年　史部传记类　佚

见《平原陆氏宗谱》卷19。

赏鉴杂说1卷　子部艺术类

《花近楼丛书》本。

吴越所见书画录6卷书画说铃1卷　子部艺术类

(1) 清乾隆四十一年(1776)陆氏怀烟阁写刻本,上海图书馆等藏。

(2) 清光绪五年(1879)怀烟阁木活字本,上海图书馆藏。

(3) 清沈氏鸣野山房抄本,南京图书馆藏。

(4) 清宣统神州国光社铅印本,南京图书馆藏。

(5)《风雨楼丛书》本。

(6)《续修四库全书》本。

(7) 徐德明校点。2015年上海古籍出版社出版。

按:《书画说铃》另有《榆园丛刻》本。

恽王吴题画集录1卷　子部艺术类

清光绪抄本,上海图书馆藏。

江邨销夏录3卷　子部艺术类

清高士奇撰

清乾隆三十七年陆时化刻本,上海图书馆藏。

听松文集　集部别集类　佚

见《平原陆氏宗谱》卷19。

张瞻湘

字兰洲。清太仓人。张闰女,陆愿妻,鹭母。

兰洲草　集部别集类　佚

见宣统《太仓州志》卷25。

黄　璋

字邦达,号琢斋。清镇洋人。精六书。

字画辨讹　经部小学类　佚

滌愁小草　集部别集类　佚

以上2种见《娄水琴人集》。

王静仪

字艳雪。清太仓人。辂女。随父宦游。嫁巡检吴毓华。

萍上联吟　集部别集类　佚

见《正始集》。

范本仁

清太仓人。

直水志　史部地理类　佚

见宣统《太仓州志》卷25。

王劬留

字思圣。清太仓人。良谷子。

偶存草　集部别集类　佚

见《词综补遗》卷36。

梅庵诗草　集部别集类　佚

见民国《镇洋县志》卷11。

郁　堃

字宋才。清太仓人。早有夙慧，以神童称。屡试不售，乃谢举业，肆力于古文词。

南野诗草　集部别集类　佚

见宣统《太仓州志》卷25。

毛　份

字英才。清太仓人。

竹林集　集部别集类　佚

见《娄水琴人集捃遗》卷1。

吴宗泰

字鲁亭。清太仓人。顾成志评其诗云："五言律修整和雅，最为擅场。"

四鸣居诗钞　集部别集类　佚

见《娄水琴人集捃遗》卷1。

郁　台

字汉模。清太仓人。诸生。闭门读书，不与外事，与顾成志讲求宋儒之学，有安贫颐道之风。

写怀集　集部别集类　佚

见《娄东诗派》卷25。

顾成志(1717—1783)

字心勿，号治斋、中乡老农。清太仓人。诸生。襁褓育于张氏，复姓后戒其子以张为重名，祭扫必兼承二姓。幼嗜诗，晚年益工。

治斋读诗蒙说1卷　经部诗经类

(1) 精抄本，南京图书馆藏。

(2)《昭代丛书》本。

(3)《丛书集成续编》本。

邑乘小识2卷　史部地理类　佚

见宣统《太仓州志》卷25。

课余偶笔1卷　子部杂学类

《娄东杂著》本。

治斋诗(一作凫泾遗诗)　集部别集类

见宣统《太仓州志》卷25。

王国光(1717—1800)

字用宾,号松崖。清太仓人。王时敏玄孙。善画,工汉隶。

经西草堂诗草　集部别集类　佚

吟香尺牍　集部别集类　佚

以上 2 种见《娄东太原王氏画系考略》。

孙云芝

字香岩,号小仙。清归安人。起正女。王国光妻。

山晖楼漫吟　集部别集类　佚

见宣统《太仓州志》卷 25。

汪廷玙(1718—1783)

初名璿,字衡玉,号持斋。清镇洋人。先世由新安徙太仓。乾隆十三年(1748)进士第三人,授翰林院编修,十七年大考一等,起授侍讲学士。二十八年升少詹事,侍皇六子讲席,供奉内廷,迁詹事、内阁学士兼礼部侍郎,擢工部右侍郎,后署工部左侍郎,兼内直,充《四库全书》总阅。

赐书堂文集　集部别集类　佚

见民国《镇洋县志》卷 11。

鄞江唱和诗钞不分卷　集部总集类

汪廷玙等撰

清乾隆刻本,天一阁藏。

钱文梓(1718—1789)

字泗良,号朴园。清太仓人。乾隆九年(1744)举人。山西天镇知县,保德直隶知州。

朴园时文稿　集部别集类　佚

见《太仓钱氏彭城世谱》卷6《著述录》。

王国瑛

字德华，号璞岩。清太仓人。钜父。善岐黄，活人无算。

璞岩诗草　集部别集类　佚

见《娄水琴人集》。

毛　咏

字宣夔。清太仓人。之玉子。乾隆十三年(1748)进士，改庶吉士，授编修，纂国史。十七年假归。历主常州龙城及娄东书院。天性孝友，与人交坦易无城府。诗古文辞宗法欧、苏，与邵嗣宗齐名，人称"毛邵"。兼精医术。殁后，诸生立祠城南。

衔晖诗文集(一作依渌园诗稿)　集部别集类　佚

见宣统《太仓州志》卷25。

金　朴

字诚一，号蔚园。清太仓人。精岐黄，工吟咏，与顾成志、苏加玉等唱和。

承啁老人诗稿　集部别集类　佚

见《娄水琴人集捃遗》卷2。

萧如兰

字赞禹，号镜泉。清太仓人。诗萧疏澹远，净扫尘氛。

阳山寄息居草　集部别集类　佚

见《娄水琴人集捃遗》卷2。

沈祖龄

字与之。清太仓人。起元子，端父。赠修职郎，安徽宁国府训导。

梦山诗草　集部别集类　佚

见宣统《太仓州志》卷25。

高　宾

字诵萧。清太仓人。翔汉父。7岁能书大字，弱冠为诸生，试辄冠其曹。益肆力于古。尝与邵嗣宗、毛咏、朱锦如辈结文社。不遇于时，卒年46。

集古类编　子部典故类　佚

救枵一得　子部儒家类　佚

抱吟庐草　集部别集类　佚

以上3种见民国《镇洋县志》卷11。

林　晃

字启明。清太仓人。乾隆十四年(1749)岁贡生。少有隽才，授徒有法则。持躬敦厚，周济亲友。卒年74。

增修鹤市志略3卷附续志不分卷　史部地理类

清林晃纂　周偁增纂　许泰续集

(1) 1918年抄本，南京图书馆藏。

(2) 1947年铅印本，作2卷续志1卷，上海图书馆藏。

(3)《中国地方志集成》本。

王　宸(1720—1797)

字子凝，一作紫凝，号蓬心，一作蓬薪，又号蓬樵，晚署老蓬仙、蓬柳居士等。清太仓人。原祁曾孙。乾隆二十五年(1760)举人，二十六年会试，取中正榜。与王昶交好。善书画。既任永州知府，纵观山水，以造化为师，益臻精妙，然不屑以资干进，五十七年因病休致。后侨寓武昌。

绘林伐材10卷　子部艺术类

清王宸辑

(1) 清乾隆五十四年刻本,上海图书馆藏。

(2) 1948 年太仓县文献委员会抄本,南京图书馆藏。

王麓台王蓬心题画诗跋　子部艺术类

清王原祁、王宸撰

抄本,上海图书馆藏。

王蓬心山水册　子部艺术类

(1) 1926 年上海有正书局影印本,上海图书馆藏。

(2) 1931 年上海慎修书社影印本,浙江图书馆藏。

王蓬心仿宋元诸家山水册　子部艺术类

1934 年上海商务印书馆影印本,上海图书馆藏。

王蓬心仿古山水册　子部艺术类

1926 年上海神州国光社影印本,南京图书馆藏。

王蓬心父子合璧　子部艺术类

清王宸、王岵孙绘

(1) 1931 年天绘阁影印本,国家图书馆藏。

(2)《古代名画》本。

按:岵孙,字云瞻,号古山。

王蓬心画册　子部艺术类

民国照相本,上海图书馆藏。

潇湘北苑录　子部艺术类

六法津梁　子部艺术类

论画十则　子部艺术类

离垢轩杂录　子部杂学类

离垢轩诗稿 8 卷　集部别集类

定慧山房诗稿 16 卷　集部别集类

以上 6 种见《娄东太原王氏画系考略》。

蓬心诗抄　集部别集类　佚

见《娄东诗派》卷25。

陆　湘(1721—1786)

字至川，字月帆。清太仓人。履谦四子。

偶存集　集部别集类　佚

见《平原陆氏宗谱》卷19。

凌之潞

字宪文，号节庵。清太仓人。士锡子。力学工文，英英玉立。

节庵未定稿　集部别集类　佚

见《娄水琴人集捃遗》卷1。

范开基

字本仁。清太仓人。士锡弟子。有文行。

直塘志　史部地理类　佚

直塘遗诗　集部总集类　佚

见道光《直塘里志》卷5及本传。

徐大烈

字怀六。清太仓人。诸生。

小窗杂咏　集部别集类　佚

见《娄水琴人集捃遗》卷1。

陆　昱

字友泉，号止轩。清太仓人。

延碧轩小草　集部别集类　佚

见《娄水琴人集捃遗》卷1。

浦还珠

字遇伯。清太仓人。岁贡生。精篆刻，间自度新声。生平于韵学、篆学用力最深。尝至经史，汪廷屿、戴衢亨皆倚以为重。年84卒。

独用通用韵说　经部小学类　佚

见《鹤市志略》卷下。

杨潘凯

字元仲，号幔坡。清崇明人，侨居太仓。耽吟咏，程穆衡、王昶皆器重之。

不系船吟草　集部别集类　佚

见《娄水琴人集・寄寓》。

洞桥居古文10卷　集部别集类　佚

洞桥居古文4卷　集部别集类　佚

诵芬集　集部总集类　佚

以上3种见民国《崇明县志》卷16。

闻　益

字省谦，号锦峰。清镇洋人。珽子。由廪贡历任含山教谕，清河训导。工经义，善诗歌。尝赋随园紫玻璃窗诗，一时名士为之敛手。

淮南杂识4卷　子部杂学类

(1) 清道光二十五年(1845)镇洋闻维堉刻本，国家图书馆藏。

(2) 清同治七年(1868)至十一年镇洋闻氏刻本，上海图书馆藏。

(3) 台北《稀见清代四部辑刊》第十辑本。

按：此书初刻道光，后兵燹板毁。同治四年，维堉整理残稿，得昔年样稿第四卷，遂先刊行。九年，再从李六皆太翁处获得全本，乃成全帙。

锦峰诗稿5卷(一名群玉山房诗稿)　集部别集类

清同治九年镇洋闻维堉刻本，南京图书馆藏。

王廷铨

字荀六，初名湄。清太仓人。愫长子。

牧牛余录　子部杂学类　佚

心缘诗草(一作纪游诗)　集部别集类　佚

以上2种见宣统《太仓州志》卷25。

徐　庚

字冏怀。清太仓人。家贫，励志读书，工诗文。与修县志。中表王宬延为上宾，公余相酬唱。所著词，半皆风情之作，征词婉约，托志遥深。

蕃薙居士集　集部别集类　佚

秋影轩诗稿　集部别集类　佚

昙华词　集部词曲类　佚

以上3种见嘉庆《直隶太仓州志》卷54。

张之镐

号飞霞。清镇洋人。世昌孙。庠生。行敦根本，为州里表率。

捧腹吟　集部别集类　佚

见民国《镇洋县志》卷11。

朱体和

清镇洋人。

大学经传绎　经部四书类　佚

见民国《镇洋县志》卷11。

朱锦如

字伯霞，一字丹霞。清镇洋人。少师事王恪，得其传。乾隆十六年

(1751)进士，为太平教授，后补常州教授。旋归。主嘉定当湖书院，与同邑姚成、张锡爵同集，赋诗纪事以为乐。诗清新俊逸，雄壮博奥，体制非一。

纲斋诗集　集部别集类　佚

见民国《镇洋县志》卷11。

王宝林

字渊如，号镜堂。清太仓人。愫次子。侨居吴门。画承家学，有父风。

渊如诗草（一作香涛阁诗草）　集部别集类　佚

见宣统《太仓州志》卷25。

李鼎梅

字文白，号正阳。清太仓人。好游历，游必有诗。

东海吟　集部别集类　佚

纪游草　集部别集类　佚

以上2种见《娄水琴人集捃遗》卷1。

烧药集　集部别集类　佚

见《茜泾记略·儒林》。

毛济美

一作际美，字稼夫。清太仓人。与其友王朝绅募捐相葬局。岁埋骨骼以数百计，后人踵行勿替。

周易古经考证　经部易类　佚

见宣统《太仓州志》卷25。

妥先类纂19卷　子部杂学类

(1) 清乾隆五十九年(1794)刻本，华东师范大学图书馆藏。

(2) 清嘉庆六年(1801)刻本，国家图书馆藏。

(3)《四库未收书辑刊》本。

娄东五先生诗选5卷附录3卷　集部总集类

清嘉庆五年刻本，上海图书馆藏。

按：五先生为王谐、支元福、赵溶、陈掞云、邵南棠，附录三人则邹徐斌、徐庾、陈潜。

寂　本

字法印。清太仓人。钱氏子。幼年出家，为室藏弟子。修道瑞芝庵，增建福城庵。事亲至孝，待人至诚，劝人修佛法，主南广寺方丈，卒年87。

语录14卷　子部佛教类　佚

见《双凤里志》。

按：国家图书馆藏释寂本《冲肽义禅师住楚黄素山深隐寺语录》2卷，清顺治十四年(1657)刻本，疑非一人，待考。

胡寯年

字璃章。清太仓人。世业盐，补浙江商籍。诸生。内行醇笃。学务根柢，通《毛诗》《左氏》传说，俱有成书。所为诗，钱大昕谓忠厚悱恻，得性情之正。卒年63。

百一抄　子部杂学类

见宣统《太仓州志》卷25。

石梁诗抄8卷　集部别集类

清刻本，浙江图书馆藏。

曙戒轩诗草　集部别集类

见《湖海诗传》卷44。

幻姻缘　集部词曲类　佚

见《明清传奇综录》，胡氏自序。

吴　霖

初名彦道，字献可。清太仓人。曝幼子。幼失怙，随生母居。年14，母又亡。刻苦自励，为诸侯幕。尝葺伟业故园，刻父《西斋集》行世。

淮关统志14卷　史部地理类

清伊龄阿、吴霖纂修

清乾隆四十三年(1778)淮关刻本，国家图书馆藏。

半竹居草　集部别集类

见宣统《太仓州志》卷25。

西斋集10卷　集部别集类

清吴曝撰　吴霖编校

清乾隆三十六年刻本，南京图书馆藏。

张郝元(1725—1806)

字义扶，号子敬，晚号吾山。清太仓人。叙子。乾隆三十年(1765)举人。选旌德教谕，以卓异保举摄南陵县事。幼奇颖，才思横溢。少承家学，淹贯经史。为文深醇尔雅，力追先正。罢官后，游豫楚，主楚中黄州书院。晚归里，称乡邦宿老。

吾山古文　集部别集类　佚

借绿轩诗集　集部别集类　佚

东山草　集部别集类　佚

梅花百咏　集部别集类　佚

望云草　集部别集类　佚

以上5种见宣统《太仓州志》卷25。

吾山诗集　集部别集类

见《娄水琴人集》。

胡廷模

字汉倬，号梅窗。清太仓人。诗音节高亮，得力唐贤三昧。

梅窗诗钞　集部别集类　佚

见《娄水琴人集摺遗》卷2。

胡廷梧

字逸江，号息舫。清太仓人。诸生。廷模弟。

嵩樵吟　集部别集类　佚

凝闲草堂集　集部别集类　佚

以上2种见《娄水琴人集摺遗》卷2。

王莘槐

字魏京，号存塘。清太仓人。宬子。乾隆三十年(1765)举人。山西岳阳县(今安泽)知县。年83卒。

栖凤舫小草　集部别集类　佚

见《娄水琴人集》。

王辋松

字梦鳞，号栋园。清太仓人。宬少子。

漱六居诗草　集部别集类　佚

见《娄水琴人集摺遗》卷2。

王　澄

字源洁，号警堂。清太仓人。时翔孙。乾隆四十八年(1783)举人。

警堂诗草　集部别集类　佚

见《娄水琴人集》。

王　澧

字方洲，号若汀。清太仓人。廪贡生。

泛月诗钞　集部别集类　佚

见《娄水琴人集》。

王　渥

字霑被，号既亭。清太仓人。岁贡生。工制举文，豪于饮。

既亭诗钞　集部别集类　佚

见《娄水琴人集》。

周　桂

字楚申。清太仓人。钺孙，模弟。为人孝友。家藏书万卷，丹铅雠校不倦。年63卒。

匪石轩诗钞　集部别集类　佚

见《鹤市志略》卷下。

张德肇

字仪仲。清太仓人。乾隆十七年(1752)岁贡生。性孝友。卒年80余。

经史字典韵语　经部小学类　佚

见宣统《太仓州志》卷25。

吴　桂

字一萼。清太仓镇洋人。少而俊逸，好学问。乾隆十八年(1753)举人，官潜山教谕。以乞养归，亲殁，以哀卒。

俨然堂诗草　集部别集类　佚

见《江苏诗征》卷15，《娄东诗派》卷25作《偎然堂诗草》。

陆元达(1727—1787)

字胜非。清太仓人。宏绪次子。乾隆二十五年(1760)举人,选当涂教谕。

弇山诗抄12卷(一作留芬堂诗抄)　集部别集类

清留芬书屋抄本,南京图书馆藏。

顾　湜

字政范,号镜凡。清太仓人。金撰子。

镜凡诗草　集部别集类　佚

见《娄水琴人集》。

蔡贞媛

字师桓。清金匮人。德晋女,巡检太仓王璇室。年83卒。

竹梅轩诗稿　集部别集类　佚

见《娄水琴人集·闺雅》。

胡　溶

字安公,号吟石。清太仓人。乾隆十八年(1753)乡试第一。性沉静寡言,友爱尤笃。三十一年授萧县教谕,殷勤诲导,多士翕服。为诗词意温雅如其人。卒年72。

蓟门草　集部别集类　佚

吴陵草　集部别集类　佚

吟石诗集(一作吟石诗稿)　集部别集类　佚

奈何草　集部别集类　佚

以上4种见民国《镇洋县志》卷11。

吴　烈

清太仓镇洋人。

八谈　子部杂学类　佚

见宣统《太仓州志》卷25。

陆　鸳

字授书，号岐斋。清太仓人。愿子，钱枝桂婿。

养花轩诗草　集部别集类　佚

吴梅村诗笺注　集部别集类　佚

以上2种见《平原陆氏宗谱》卷19。

钱　荃(1729—1788)

字国表，号灌亭。清太仓人。本诚子。好风雅。顾陈垿、许廷鑅引为诗友。

蝶花庵诗钞(一作灌亭诗草)1卷诗余1卷　集部别集类

《食旧德堂家集》本。

汪杏南

字苑芳。清太仓人。

礼耕草堂吟稿　集部别集类　佚

见《娄东诗派》卷26。

程愿学

字廷华，号彬庵。清太仓人。从歙县迁娄。为人仪观玉立，意气云涌。其诗跌宕夷犹，而劲力坚充，不可束缚。

翠雪集　集部别集类　佚

野处集　集部别集类　佚

蝴彪集　集部别集类　佚

浣素集　集部别集类　佚

觉畏集　集部别集类　佚

彬庵诗集　集部别集类　佚

以上6种见《娄水琴人集》。

毕　沅(1730—1797)

字纕蘅，一字秋帆，自号灵岩山人。清太仓镇洋人。乾隆十九年(1754)举顺天乡试。授内阁中书，直军机处。二十五年成进士，廷试第一，授修撰。三十一年，以翰林侍读，充会试同考官。官至湖广总督。卒赠太子太保。好著书，铅椠不去手。经史小学、金石地理之学，无所不通。尝谓经义当崇汉儒，《说文》当宗许氏，编年之史莫善于司马光。著述甚富。

夏小正考注1卷　经部礼记类

(1) 清抄本，湖北省图书馆藏。

(2)《经训堂丛书》本。

(3)《续修四库全书》本。

传经表2卷通经表2卷　经部群经总义类

(1) 清乾隆四十八年毕氏灵岩山馆刻本，国家图书馆藏。

(2) 清抄本，国家图书馆藏。

(3) 清光绪五年(1879)华阳宏达堂刻本，各1卷，上海图书馆藏。

(4) 清光绪十九年观自得斋刻本，各1卷，上海图书馆藏。

(5) 清光绪间松筠书屋刻本，各1卷，上海图书馆藏。

(6)《式训堂丛书》本，各1卷。

(7)《校经山房丛书》本，各1卷。

(8)《授经堂重刊遗集》本。

(9)《花雨楼丛抄》本。

(10)《丛书集成初编》本。

(11) 清抄本,皆1卷,南京图书馆藏。

经典文字辩证书5卷　经部小学类

(1) 清抄本,张元铬校,上海图书馆藏。

(3)《经训堂丛书》本。

(4)《丛书集成初编》本。

(5)《续修四库全书》本。

音同义异辨1卷　经部小学类

(1) 清宣统二年(1910)周鲁斋抄本,国家图书馆藏。

(2)《经训堂丛书》本。

(3)《金峨山馆丛书》本。

(4)《丛书集成初编》本。

(5)《续修四库全书》本。

说文解字旧音1卷　经部小学类

(1) 清咸丰元年(1851)江都李祖望半亩园刻本,北京大学图书馆藏。

(2) 清宣统二年周鲁斋抄本,国家图书馆藏。

(3)《经训堂丛书》本。

(4) 清御风楼刻本,四川大学图书馆藏。

(5)《续修四库全书》本。

(6)《小学类编附编》本。

(7)《丛书集成初编》本。

释名疏证8卷补遗1卷续释名1卷　经部小学类

(1)《经训堂丛书》本。

(2) 清光绪九年抚松馆刻本,据经训堂本重刻,上海图书馆藏。

(3)《广雅书局丛书》本,附《校议》1卷(吴翔寅撰)。

(4)《丛书集成初编》本。

(5)《融经馆丛书》本。

续资治通鉴220卷目录30卷　史部编年类

(1) 清嘉庆六年(1801)冯集梧补刻本,北京大学图书馆藏。

(2) 清同治八年(1869)江苏书局补刻本,上海图书馆藏。

(3) 清光绪七年番禺任氏寄螺斋刻本,华东师范大学图书馆藏。

(4) 清光绪十四年上海蜚英馆石印本,南京图书馆藏。

(5) 清光绪十六年上海积山书局影印本,国家图书馆藏。

(6) 清光绪二十六年图书集成局铅印本,国家图书馆藏。

(7) 清光绪二十九年珠江同声书局刻本,国家图书馆藏。

(8)《资治通鉴汇刻》本。

(9)《四部备要》本。

(10) 1957 年古籍出版社出版。

(11) 1957 年中华书局校点本。

(12) 1981 年台湾洪氏出版社标点本。

(13) 1987 年上海古籍出版社影印本。

(14)《续修四库全书》本。

(15) 1994 年中州古籍出版社影印本。

(16) 1997 年岳麓书社影印本。

(17) 1998 年大众文艺出版社出版。

(18) 2009 年线装书局影印本。

按:此书毕氏生前仅刻 103 卷,嘉庆六年,桐乡冯集梧取原版补刻完全。后江苏书局再据冯刻补修重刻。版本甚多,余皆从略。

史籍考　史部史评类　佚

见民国《镇洋县志》卷 11。

按:沅未竟而卒,南康谢启昆续成。

毕秋帆奏稿不分卷　史部政书类

(1) 清抄本,国家图书馆藏。

(2) 清抄本,北京师范大学图书馆藏。

秋帆尚书奏稿 22 卷　史部政书类

清抄本,上海图书馆藏。

晋太康三年地记 1 卷　史部地理类

(1) 清光绪十七年思贤讲舍刻本，上海图书馆藏。

(2)《经训堂丛书》本。

(3)《广雅书局丛书》本。

(4)《丛书集成初编》本。

(5)《汉学堂丛书》本。

晋书地理志新补正 5 卷　史部地理类

(1)《经训堂丛书》本。

(2)《式训堂丛书》本。

(3)《校经山房丛书》本。

(4)《广雅书局丛书》本。

(5) 清光绪十八年长沙思贤讲舍刻本，上海图书馆藏。

(6)《历代地理志汇编》本。

(7)《二十五史补编》本。

(8)《丛书集成初编》本。

(9)《汉学堂丛书》本。

(10)《续修四库全书》本。

晋书地道记 1 卷　史部地理类

晋王隐撰　清毕沅辑

(1) 清光绪十七年长沙思贤讲舍刻本，上海图书馆藏。

(2)《经训堂丛书》本。

(3)《广雅书局丛书》本。

(4)《丛书集成初编》本。

三辅黄图校正 6 卷补遗 1 卷　史部地理类

汉佚名撰　清毕沅校

(1) 清光绪十七年思贤讲舍刻本，上海图书馆藏。

(2)《经训堂丛书》本。

(3)《广汉魏丛书》本。

(4)《龙溪精舍丛书》本。

(5)《丛书集成初编》本。

(6)《中国方志丛书》本。

关中胜迹图志30卷图1卷　史部地理类

(1) 清乾隆毕氏经训堂刻本，上海图书馆、国家图书馆藏。

(2) 1934年至1936年陕西通志馆排印本，北京师范大学图书馆藏。

(3)《四库全书》本，32卷。

(4)《关中丛书》本。

(5)《丛书集成续编》。

(6)《中华再造善本续编》本。

(7) 张沛校点。2004年三秦出版社出版。

长安志20卷附图3卷　史部地理类

宋宋敏求撰　元李好文绘图　清毕沅校

(1)《经训堂丛书》本。

(2) 清光绪十七年思贤讲舍刻本，国家图书馆藏。

(3) 1931年长安县志局铅印本，国家图书馆藏。

(4)《宋元地方志丛书》本。

卫辉府志53卷首1卷末1卷　史部地理类

清毕沅总裁　德昌纂修

清乾隆五十三年刻本，国家图书馆藏。

湖广通志100卷　史部地理类　佚

见《弇山毕公年谱》，未刊。

中州金石记5卷　史部金石类

(1) 清光绪八年望三益斋邵氏刻本，上海图书馆藏。

(2)《经训堂丛书》本。

(3)《丛书集成初编》本。

(4) 抄本，南京图书馆藏。

(5)《续修四库全书》本。

关中金石记8卷　史部金石类

(1) 清道光二十七年(1847)渭邑焦氏醇敬堂刻本,上海图书馆藏。

(2) 清光绪三十四年渭南严氏刻本,上海图书馆藏。

(3) 民国补刻渭南严氏本,多附记1卷札记1卷,国家图书馆藏。

(4)《经训堂丛书》本。

(5)《丛书集成初编》本。

(6)《续修四库全书》本。

(7)《中国西北文献丛书续编》本。

山左金石志24卷　史部金石类

清毕沅、阮元同撰

(1) 清嘉庆二年仪征阮氏小琅嬛仙馆刻本,上海图书馆藏。

(2)《续修四库全书》本。

(3)《石刻史料丛书》本,据仪征阮氏小琅嬛仙馆刻本影印。

三楚金石志3卷　史部金石类　佚

见《弇山毕公年谱》,未刊。

秦汉瓦当图1卷　史部金石类

(1) 清光绪十年日本宝拙庵刻本,中山大学图书馆藏。

(2) 日本天保九年(1838)刻橙绿二色套印本,国家图书馆藏。

新书　子部儒学类

汉贾谊撰　清卢文弨、毕沅校

《二十二子全书》本。

老子道德经考异2卷　子部周秦诸子类

(1)《经训堂丛书》本。

(2)《丛书集成初编》本。

(3)《昌平丛书》本。

(4) 日本天保四年刻本,清华大学图书馆藏。

墨子16卷篇目考1卷　子部周秦诸子类

(1) 日本天保六年江户刻本,国家图书馆藏。

(2) 清光绪二十七年新化三味书室刻本,国家图书馆藏。

(3)《经训堂丛书》本。

(4)《子书百家》本。

(5)《百子全书》本。

(6)《二十二子》本。

(7)《二十五子汇函》本。

(8)《子书二十二种》本。

(9)《子书二十八种》本。

(10)《袖珍古书读本》本。

(11)《丛书集成初编》本。

(12)《四部备要》本。

(13)《三十六子全书》本。

(14) 清抄本,上海图书馆藏。

吕氏春秋 26 卷附考 1 卷　子部周秦诸子类

秦吕不韦撰　汉高诱注　清毕沅校

(1)《经训堂丛书》本。

(2)《二十二子全书》本。

(3)《二十五子汇函》本。

(4)《子书二十八种》本。

(5)《子书三十二种》本。

(6)《子书四十八种》本。

(7)《诸子集成》本。

(8)《四部备要》本。

(9)《子书二十二种》本。

经训堂法书 12 卷　子部艺术类

(1) 拓本,北京大学图书馆藏。

(2)《中国善本丛帖集刊》本,国家图书馆藏。

河间书画录4卷　子部艺术类　佚

见《弇山毕公年谱》,未刊。

山海经18卷篇目考1卷　子部小说类

晋郭璞传　清毕沅校正

(1)《经训堂丛书》本。

(2)《二十二子全书》本。

(3)《二十五子汇函》本。

(4)《子书二十二种》本。

(5)《子书二十八种》本。

(6)《子书四十八种》本。

(7)《丛书集成初编》本。

(8)《子书三十二种》本。

(9)《子书二十二子》本。

(10)《三十六子全书》本。

灵岩山人诗集40卷附弇山毕公年谱1卷　集部别集类

(1) 清嘉庆四年经训堂刻本,上海图书馆藏。

(2) 清道光十五年刻本,国家图书馆藏。

(3)《续修四库全书》本。

(4)《清代诗文集汇编》本。

(5) 清抄本,过录王文治批点,南京图书馆藏。

灵岩山馆文抄不分卷　集部别集类

(1) 清抄本,上海图书馆藏。

(2)《清代诗文集汇编》本。

灵岩山人诗集后8卷　集部别集类

清张氏抄本,山西大学图书馆藏。

殿试策　集部别集类

清乾隆间刻本,国家图书馆藏。

灵岩山馆诗抄(官阁围炉集)1卷　集部别集类

清乾隆经训堂刻本，见瞿冕良《中国版刻辞典》，未见。

毕沅诗集　集部别集类

2014 年人民文学出版社出版。

按：本书汇集《灵岩山人诗集》《乐游联唱集》，前者以嘉庆四年毕氏经训堂刻本为底本，校以南京图书馆藏青箱书屋抄本、瞿冕良藏杏雨草堂抄本；后者以乾隆四十七年西安节署刻本为底本。二种均参校道光元年宝拙堂刻本《卜砚集》《随园续同人集》等十种总集、别集中所收毕氏作品。还辑录了毕沅的集外诗词作品。附录史善长《弇山毕公年谱》、传记资料、诗文集著录情况、评论资料等。

木瓜唱和诗不分卷　集部总集类

清乾隆五十四年刻本，南京图书馆藏。

乐游联唱集 2 卷附苏文忠公寿宴诗 1 卷官阁消寒集 1 卷　集部总集类

清乾隆四十七年刻本，南京图书馆藏。

蕉林挥麈图题咏 1 卷　集部总集类

清毕沅、王鸣盛等撰

稿本，国家图书馆藏。

吴会英才集　集部总集类

(1) 清嘉庆间刻本，20 卷，上海图书馆藏。

(2) 清嘉庆间刻本，24 卷，国家图书馆藏。

按：初刻 2 卷，增为 24 卷。

卜砚集 2 卷　集部总集类

清道光元年宝拙堂刻本，上海图书馆藏。

经训堂丛书　丛书类

清毕沅辑

(1) 清乾隆镇洋毕氏刻本，上海图书馆藏。

(2) 清光绪十三年上海大同书局石印本，国家图书馆藏。

子目参见《中国丛书综录》。

曹应锜

字亦刘，号可堂。清太仓人。乾隆三十年(1765)举人。官湖北天门知县。与毕沅为总角交。

可堂诗钞　集部别集类　佚

见《娄水琴人集捃遗》卷1。

曹鹤闻

字宗谷，号逸农。清太仓人。贡生。

逸农诗草　集部别集类　佚

见《娄水琴人集捃遗》卷1。

顾　棨

字燧如，号竹宜。清太仓人。家有园林，擅云林清闷之胜。性喜挥霍，家遂困，依毕沅于湖北。老归里，居南园香涛阁上，罕与人接。

安研山房诗草　集部别集类　佚

见《娄水琴人集捃遗》卷2。

王开沃

字文山，一字子良，号半庵。清镇洋人。遵扆孙。诸生。记闻博洽，善诗词。尝游关中，主醴泉书院。又主讲盩厔书院。与王昶、洪亮吉友善。游西安卒。

(乾隆)永寿县新志10卷首1卷　史部地理类

清蒋基修　王开沃纂

清乾隆五十六年(1791)刻本，上海图书馆藏。

(乾隆)重修盩厔县志14卷　史部地理类

清杨仪修　王开沃纂　邓秉纶增修

(1) 清乾隆五十年刻本，国家图书馆、陕西博物馆藏。

(2) 清乾隆五十八年补刻本,国家图书馆、南京图书馆藏。

(3) 清抄本,陕西省图书馆藏。

(嘉庆)蓝田县志 16 卷　史部地理类

清高昱修　王开沃纂　王芾续纂

清嘉庆元年(1796)刻本,国家图书馆藏。

千字文考 1 卷　子部艺术类

清嘉庆刻本,吉林大学图书馆藏。

水浒传注略 2 卷　子部小说类

清程穆衡编撰　王开沃增补

版本参见“程穆衡”条。

文山诗集(一作半庵遗稿)　集部别集类

文山词稿 10 卷　集部词曲类　佚

以上 2 种见民国《镇洋县志》卷 11。

妙林词 1 卷　集部词曲类　佚

见《全清词钞》卷 13,收其词 4 首。

王　贞

字慕贞,自号芦村女史,清太仓璜泾人。天香女,冯策勋聘室。贞幼娴诗礼,年 15,策勋殁,讣至,三日不食,赋诗五首,扃户自缢,救更生,戚戚然曰:“曷为活我?”后将议婚他族,绝粒八日而殁。乾隆五十四年(1789)旌表。

芦村女史诗草　集部别集类　佚

见宣统《太仓州志》卷 25。

清操集　集部别集类　佚

见《娄东诗派》卷 28。

赵　璧

号娄东嬾农。清太仓人。乾隆间人。

顺天易生编 2 卷　子部医家类

(1) 清乾隆四十八年(1783)刻本,浙江中医药研究院藏。

(2) 清光绪二年(1876)刻本,浙江中医药研究院藏。

古今印谱 1 卷　子部艺术类

清乾隆十九年钤印本,西泠印社藏。

萧　昂

字千骥。清镇洋人。乾隆四十四年(1779)举人。

拙山诗　集部别集类　佚

见民国《镇洋县志》卷 25。

彭　礼

字行之,号兰阶。清太仓人。兆荪父。乾隆三十一年(1766)进士,榜姓吴。选山西宁武知县,改颍川府教授。

北窗吟稿　集部别集类　佚

见《娄水琴人集》。

陆　恺

字立方,号懋园。清太仓人。幼孤力学,以授徒自给。卒年 75。

春草庐诗剩　集部别集类　佚

见《娄水琴人集》。

吴玉韶

榜名田玉,字湘洲。清太仓人。乾隆三十六年(1771)举人。工制举文,时号隽才,卒年 43。

寄凡诗草　集部别集类　佚

见嘉庆《直隶太仓州志》。

按:民国《镇洋县志》作《寄樊诗草》,此从嘉庆《直隶太仓州志》及

《娄东诗派》。

顾骏德

字冰璜。清太仓人。文成子。廪生。早擅文誉，诗亦有宗法。

东村诗草　集部别集类　佚

见民国《镇洋县志》卷11。

顾　栗

字鹤年。清镇洋人。乾隆二十六年(1761)岁贡生。为文胎息六经，尤长性理，从学者悉有程式。嘉定知县杨景曾慕其人，使课子。卒年72。

岳岩诗草(一作岳岩遗稿)　集部别集类　佚

见民国《镇洋县志》卷11。

毛茂清

字林逸。清太仓人。成肃女，顾清振妻。

�雪轩草　集部别集类　佚

见《全清词钞》卷32，收其词2首。

钱　鉽

字辛盦。清太仓人。

辛庵诗钞　集部别集类

《食旧德堂家集》本。

陈　信

字葆光。清太仓人。州庠生。步云父。

拙园遗稿　集部别集类　佚

见宣统《太仓州志》卷25。

陆　昆

字柱天。清镇洋人。乾隆二十六年(1761)岁贡生。为文贯串经史。教授乡里,成就者甚众。性疏简,家无宿舂,不以为意。殁后。弟子辑其遗编行世。

大学诠义　经部四书类　佚

见民国《镇洋县志》卷11。

周廷植

字荫三,号卧山。清太仓人。煜父。风情高迈,不屑事家人生产,拥书万卷,顾盼自豪。

偶吟草　集部别集类　佚

见《娄水琴人集》。

赵念椿

字南凌,号梦庭。清太仓人。好骑射,重然诺。酒后耳热,拔剑慷慨,一如其人。

三桂楼诗钞　集部别集类　佚

见《娄水琴人集》。

陆份士

字哲方,号霁堂。清太仓人。贡生。

雨余吟稿　集部别集类　佚

见《娄水琴人集捃遗》卷2。

王慰曾

字念伊,一字研逸,号蕙坡。清太仓人。工诗,早年绮艳,晚境清苍。

蕙坡诗稿　集部别集类　佚

见《娄水琴人集》。

张元征

字映阶，号虚船。清太仓人。岁贡生。

虚船诗草　集部别集类　佚

见《娄水琴人集》。

张元裕

字晋孚，号秀岩。清太仓人。元征弟。医学正科。

秀岩诗草　集部别集类　佚

见《娄水琴人集》。

钱选堂

字舜飏，号莲溪。清太仓人。候选府经历。

莲溪诗草　集部别集类　佚

见《娄水琴人集捃遗》卷 4。

程师懿

字愿夫，号蒨屏。清太仓人。穆衡子。学邃品端，困于场屋。卒年 77。

碧树斋诗稿　集部别集类　佚

见《娄水琴人集》。

龚　棠

字右南，号憩庄。清太仓人。天资警悟，优于才干。中年咯血，杜门不出。

憩庄诗草　集部别集类　佚

见《娄水琴人集捃遗》卷 4。

顾锡晋

字懋康，号奏堂。清太仓人。

枕流居小草　集部别集类　佚

见《娄水琴人集捃遗》卷 4。

陆　胥(1732—1762)

字覲王。清太仓人。早卒。

鹭洲诗钞 2 卷　集部别集类

清乾隆间刻本，复旦大学图书馆藏。

毕　浩

字文澜。清镇洋人。

储云楼诗草　集部别集类　佚

见《吴县志·艺文考五》。

毕　泷(1733—1797)

字涧飞，号竹痴。清镇洋人。沅弟。素无宦情，一再应省试失利，即弃去。沅入赀例选部郎，弗屑也。工书画，精赏鉴。又工诗。富收藏，多宋、元、明人珍品。工山水及竹石，苍浑而秀，深得曹云西(知白)法。卒年 65。

广堪斋藏画目 1 卷　子部艺术类

1923 年张兰思抄本，南京图书馆藏。

广堪斋印谱 2 卷　子部艺术类

清毕泷辑　毕熙曾音释

(1) 清嘉庆元年(1796)钤印本，西泠印社藏。

(2)《故宫珍本丛刊》本。

消夏录2卷　子部艺术类　佚
广堪斋诗稿　集部别集类　佚

以上2种见民国《镇洋县志》卷11。

钱　炘

字浚文，号蕙畦。清太仓人。

蕙畦诗草　集部别集类　佚

见《娄水琴人集》。

毕　溥

字逢源，号竹涛。清镇洋人。沅从弟。工书法，深入赵、董之室。

竹涛遗稿　集部别集类　佚

见《娄水琴人集》。

王元淑

字均一，号云汉，又号饮香。清太仓人。恪孙。工画兰竹，诗亦清雅。

云溪诗集　集部别集类　佚

见宣统《太仓州志》卷25。

按：元淑号云汉，此作《云溪诗集》，疑有一误，待考。

王元吉

字大章，号鼎斋。清太仓人。恪孙。

晴帆诗草　集部别集类　佚

见宣统《太仓州志》卷25。

王　瑜

字庭光，号石华山人。清镇洋人。恪孙。诸生。少从沈起元、许廷鏶受诗法，尤精于小学。阮元抚浙时，招至诂经精舍，与武进臧镛编《经籍籑诂》，阮元深契之。

经籍籑诂 106 卷补遗 106 卷　经部小学类

清阮元撰　王瑜等补遗

清光绪二十年(1894)鸿宝斋石印本，南京图书馆藏。

说文正字 2 卷　经部小学类

清王瑜、孙冯翼同撰

(1) 清嘉庆六年(1801)南京承德孙氏刻本，上海图书馆藏。

(2)《问经堂丛书》本。

(3)《丛书集成初编》本。

说文韵编　经部小学类　佚

见宣统《太仓州志》卷 25。

石华山人诗集 6 卷　集部别集类

清嘉庆十六年刻本，上海图书馆藏。

吴　騋

字超光，号倌亭。清太仓人。乾隆三十年(1765)举人。官贵州永从知县，升台拱同知。

黔中草　集部别集类　佚

见《娄水琴人集捃遗》卷 1。

顾　琮

字玉山，号琴轩。清太仓人。王霖父。画入能品。

倚云阁稿　集部别集类　佚

见《娄水琴人集》。

闻应桂

字新蟾，号秋江。清太仓人。师沈起元。平日索诗者，户外屦恒满。

秋江诗草　集部别集类　佚

见《娄水琴人集》。

闻应辰

字素庐，号璿圃。清太仓人。性峭直，人莫能干。酷爱群籍，中年病软脚症，日持一编，借五七言自娱。

素美轩诗钞　集部别集类　佚

见《娄水琴人集》。

闻应槐

字荫庭，号修拙。清太仓人。精于古文，雄奇简洁。

省吾斋集　集部别集类　佚

见《娄水琴人集》。

闻兆元

字体之，号容轩。清太仓人。嘉庆八年(1803)岁贡。应辰弟。

容轩诗草　集部别集类　佚

见《娄水琴人集》。

王思济

字雨甘。清太仓人。以诗鸣于时，与王瑜、王昭麟合称“城南三王”。

蔼夫诗草　集部别集类　佚

见宣统《太仓州志》卷25。

王　钧

字奏韶。清太仓人。乾隆三十年(1765)拔贡，为学正梁国治所器重，遂膺选拔。后以四库馆誊录议叙钦州州判，选补道州州判，历署临湘、沅江两县，长沙同知，以廉静称。移疾归，卒年61。

石亭诗草(一作醉茺吟稿)10卷　集部别集类　佚

见嘉庆《直隶太仓州志》卷36本传。

闲楼小草8卷续草3卷　集部别集类　佚

见嘉庆《直隶太仓州志·艺文五》，张鹏翀序。

季梦荃

字浩源。清太仓人。乾隆三十年(1765)拔贡，选奉贤训导。少有才名。为诗一宗唐贤，不落晚近家数。

雪堂诗稿　集部别集类　佚

见宣统《太仓州志》卷25。

邵士泰

字志林，号怀轩。清太仓人。嗣宗从子。乾隆二十七年(1762)举人。选授建平教谕。

怀轩诗草　集部别集类　佚

见《娄水琴人集》。

邵士济

字利川，号澄江。清太仓人。嗣宗从子。少习举业，继隐于市。所作诗，得中唐三昧。

自娱诗稿　集部别集类　佚

见《娄水琴人集》。

邵士洙

字思鲁，号莪溪。清太仓人。以四库馆议叙州同，分发贵州，授黎平府经历。中岁告归，习导养之术。有《咏史》诗百首，为人称道。

十国杂咏1卷　史部史评类

《娄东杂著续编》本。

承志堂诗集　集部别集类　佚

见《娄水琴人集》。

杜永健

字象天，号果庵。清太仓人。昌丁孙。游幕八闽两浙，年50后始归。

果庵剩稿　集部别集类　佚

见《娄水琴人集捃遗》卷2。

陆云锦(1736—1795)

字文襄，号耕霞。清太仓人。工画人物花卉及山水，得沈周气韵。为王煜高弟，乃娄东派中别开生面者。

芝庵四种　丛书类

清嘉庆刻本，浙江图书馆藏。

子目：

《夏小正笺释》1卷

《芝庵杂记》4卷

《芝庵读书记》4卷

《遂初轩诗稿》1卷

按：此书不多见，上海图书馆、国家图书馆皆有零种。

陆元迈(1737—1774)

字沁雪，一字日斯。清太仓人。宏绪四子。乾隆三十年(1765)举人。文才英特，与王瑜、毛上炱、朱璿等结诗社，有名于时。

乌石山房诗　集部别集类　佚

见宣统《太仓州志》卷25。

按：陆元达序。

钱　丙(1737—1775)

原名兰,字萃嘉,号沔谷。清太仓人。枝桂子。

心晓斋遗诗1卷　集部别集类

《食旧德堂家集》本。

毕　湄

字眉士,号云溪。清镇洋人。镛女,毕沅妹,周石兰室。能诗。

荻画草堂稿　集部别集类　佚

见民国《镇洋县志》卷11。

按:《民国吴县志》作《荻书草堂稿》。

胡佩兰

字畹芳,号国香。清太仓人,原籍休宁,歙县汪启淑妾。幼攻经书,能小楷。15岁归汪,教以画兰竹,习声诗,移时即工。

国香楼诗钞　集部别集类　佚

见《撷芳集》。

王　冲

字盈若。清太仓人。恭子。

淡林诗草　集部别集类　佚

见《娄东诗派》卷25。

谈　理

字羲民。清太仓璜泾人。乾隆二十六年(1761)进士。选合水知县,卒年70。

蓉皋诗草　集部别集类　佚

见《娄东诗派》卷25。

朱 璿

字元圃，原名大庭，字子敬。清镇洋人。叙子。8岁而孤。绩学好古。乾隆三十三年(1768)副榜，考取景山教习，期满以知县用。四十一年，召试取二等，赐彩缎。工行楷书，诗苍深雄厚，游西安最久。所过名迹多有题咏。晚岁归里。

(乾隆)杞县志24卷　史部地理类

清周玑修　朱璿等纂

清乾隆五十三年刻本，上海图书馆藏。

崇雅堂集6卷　集部别集类

(1) 1931年石印本，南京图书馆藏。

(2) 清抄本，无锡市图书馆藏。

(3)《清代诗文集汇编》本。

崇雅堂诗稿6卷　集部别集类

清道光刻本，上海图书馆藏。

昆仑山人诗4卷　集部别集类

见民国《镇洋县志》卷11。

冯 俊(1740—1779)

字俊人，号定潭。清太仓横泾人。怀朴长子。州庠生。好学，及长嗜韩文。

定潭诗抄2卷　集部别集类

清嘉庆八年(1803)孤桐书屋刻本，上海图书馆藏。

读书余论　子部杂学类　佚

定潭文稿　集部别集类　佚

以上2种见宣统《太仓州志》卷25。

钱凤仪(1740—1793)

字友张，号蓁园。清太仓人。

蓁园诗钞　集部别集类　佚

见《太仓钱氏彭城世谱》卷6《著述录》。

王　瑸(1740—1795)

字昆霞。清太仓镇洋人。原祁曾孙。乾隆三十四年(1769)进士。性孝友。能诗，工画。历任内阁中书、宗人府主事、吏部员外郎，充云南副考官。仕宦20年，勤慎自持，以清节著。引疾乞归卒。

枯崖书屋杂钞　子部杂学类

多识编　子部杂学类

自怡编　子部杂学类

退食偶钞　子部杂学类

嘉兴录　子部杂学类

以上5种见嘉庆《直隶太仓州志》本传，云皆未成。

秋樵杂录1卷　子部杂学类

《娄东杂著》本。

晚香斋诗稿(一作晚香书屋诗稿)　集部别集类　佚

见宣统《太仓州志》卷25。

杨瑞华

字荫年。清太仓人。诸生。读书砥行，以赀授中书。性孝悌。与人交坦易无城府，尚气谊，或以缓急告，倾囊授之。

辑园偶吟草(又名扣槃吟)　集部别集类

(1) 1941年太仓严瀛抄本，国家图书馆藏。

(2)《清代诗文集珍本丛刊》本。

杨学沆

初名云衢，字湘英。清太仓人。宗时孙。

吴梅村诗笺注 12 卷附录诗余小令笺注 1 卷诗话 1 卷　集部别集类

清吴伟业撰　程穆衡笺注　杨学沆补注

见“程穆衡”条。

杨云观

字玉度。清太仓人。学沆弟。

贻白山房遗稿　集部别集类　佚

见《娄东诗派》卷 27。

邢　泰

字遇清。清太仓人。居毛家市。

嘉树堂诗草　集部别集类　佚

见《娄东诗派》卷 27。

陆　俶

字虎君。清太仓人。振绪女，邢泰室。

雨明楼遗稿　集部别集类　佚

见《娄东诗派》卷 28。

张景曾

字西列。清太仓人。

晚香庵诗稿　集部别集类　佚

见《娄东诗派》卷 26。

孙　宏

字瀚文。清元和人，迁居太仓穿山。

半帆剩稿　集部别集类　佚

见《娄东诗派》卷27。

王　锭

字孚达，号朗山。清太仓人。乾隆二十七年(1762)副贡。受业于外舅邵嗣宗，学诗于沈起元。历官至大名府同知。年51卒。

朗山存稿　集部别集类　佚

见《娄水琴人集》。

赵大淮

字瀛洲，号南庄。清太仓人。乾隆四十三年(1778)进士。任淄川、禹城等县知县，因诖误落职，后任昌乐知县。

南庄诗稿　集部别集类　佚

见《娄水琴人集》。

陆　均

字立宰，号栗斋。清太仓人。未及壮而殁。

课余草　集部别集类　佚

见《娄水琴人集》。

闻锡埰

字受釐，号小芾。清太仓人。自幼耽吟咏，言平生有三癖，一好诗，一嗜书，制艺其后也。所著《学海汪洋》，博考群籍，穷竭心力，未竟而卒。

学海汪洋　子部典故类　佚

双清阁集　集部别集类　佚

以上2种见《娄水琴人集》。

胡鸿藻

字懋德，号兰亭。清镇洋人。诸生。

兰亭诗草　集部别集类　佚

见《娄水琴人集》。

陆寅亮

字向直。清太仓人。岳子。乾隆三十五年(1770)岁贡生。少颖悟，中年造诣益精。为教官未及选而卒。为“娄东十子”之一。

古愚诗　集部别集类　佚

见宣统《太仓州志》卷25。

邢之焕

字玉藻。清太仓人。监生。敦行慎交，性恬静，好吟咏。

灌畦诗草　集部别集类　佚

见宣统《太仓州志》卷25。

毛永锡

字孝章。清太仓人。炜孙。

西河世谱10卷　史部传记类　佚

见嘉庆《太仓州志》卷65。

汇征编(本作西河诗文征)　集部总集类　佚

见宣统《太仓州志》卷25。

陆云海(1741—1813)

字蟾客，号澹容。清太仓人。

我娱斋诗草　集部别集类　佚

见《平原陆氏宗谱》卷19。

毛兆燕

清镇洋人。

文宰诗　集部别集类　佚

见民国《镇洋县志》卷11。

周　业

字虚舟。清太仓人。世居双凤里。

留笑集　集部别集类　佚

见《双凤里志》。

陈掞云

字鹏翼。清太仓人。诸生。负隽才,尤善书法,能作擘窠大字。卒年81。

聊寄吟(一作天余诗抄)　集部别集类　佚

见宣统《太仓州志》卷25。

按:《娄东五先生诗选》选其诗1卷。

邵南棠

字禹三。清太仓人。乾隆四十七年(1782)恩贡生。性耿介,晚境益蹇。卒年72。

拾存草　集部别集类　佚

见宣统《太仓州志》卷25。

按:《娄东五先生诗选》选其诗1卷。

王开汾

字小鹤。清镇洋人。开沃弟。乾隆五十一年(1786)举人。工诗，兼擅骈体文。

小鹤遗草　集部别集类　佚

见民国《镇洋县志》卷11。

王昭麟

字公符。清太仓人。良谷孙。由诸生入监，充四库馆校录，选浙江龙游县丞，擢江山知县，有清白声。尤爱士，书法见重于时。天台雁荡间碑刻多出其手。后以罣误归，贫不能自给，卒年60。

小弇诗抄(一作小弇山人稿)　集部别集类　佚

见宣统《太仓州志》卷25。

毛上炱

字罗照，号宿亭。清太仓人。天麒玄孙。乾隆三十七年(1772)进士。补内阁中书，方略馆《一统志》纂修官，直军机处，晋户部主事。弱冠好诗，与同邑王瑜、陆元迈、朱璿、金聚奎结诗社，出入唐宋，才情横溢。又工画，山水初师王原祁，继师张鹏翀。四十年春，扈从南巡，绘《灵岩图》，天趣盎然，称旨。与王宸临摹宋元名迹，独自成家，卒年51。

绘余漫录4卷　子部艺术类

清刻本，天一阁藏。

思补堂集　集部别集类　佚

见民国《镇洋县志》卷11。

金聚奎

字宋瑞。清镇洋人。毛上炱妻弟。性侃直，为诗神似昌黎。最为沈起元所赏，后入监读书，卒于京。

盖竹山房草　集部别集类　佚

见宣统《太仓州志》卷25。

钱宗孝(1742—1787)

字赋唐，号岩耕。清太仓人。一泓孙。监生。

岩耕堂诗　集部别集类

见宣统《太仓州志》卷25。

许培秀(1742—1787)

字毓良，号洗瓢。清太仓人。国荣后。少失怙。读书嗜古，内行修洁，为诗清瘦。

韵竹轩诗草　集部别集类　佚

见宣统《太仓州志》卷25。

钱梦熊(1743—?)

字占吉，号叔芳。清太仓人。

兰圃诗钞　集部别集类　佚

见宣统《太仓州志》卷25。

冯　伟(1744—1791)

字伟人，号仲廉。清太仓人。乾隆三十六年(1771)举人。少与兄俊齐名。两上公车不第，遂无意进取，授徒邑里。年48，无子，以兄子恒为嗣。平生推阐性命之旨，洞彻里要，于古今学术异同剖析尤精，为文深于义法。

周易孔义集解增注　经部易类　佚

见《璜泾志稿》卷6。

璜泾札记1卷　史部地理类

稿本，北京大学图书馆藏。

老子真解　子部周秦诸子类　佚

见宣统《太仓州志》卷25。

仲廉甫札记7卷　子部杂学类

稿本，南京图书馆藏。

仲廉甫文录不分卷　集部别集类

清抄本，南京图书馆藏。

冯仲廉文抄2卷　集部别集类

清道光十一年(1831)寿萱堂刻本，上海图书馆藏。

冯子文编3卷　集部别集类

清抄本，上海图书馆藏。

冯伟人文集不分卷　集部别集类

稿本，上海图书馆藏。

仲廉诗文集11卷　集部别集类　佚

古文札记8卷　集部诗文评类　佚

以上2种见宣统《太仓州志》卷25。

钱振英(1744—1810)

字蜚程，号卧云。清镇洋人。

卧云诗钞　集部别集类　佚

见《太仓钱氏彭城世谱》卷6《著述录》。

顾张思

字怀祖，号雪亭。清太仓人。成志子。诸生。禀承家学，闳览博物，擅考据，著述尤富。

七经训诂异同　经部群经总义类

识字略　经部小学类　佚

以上2种见《吴郡文编》。

土风录 18 卷　史部地理类

清嘉庆刻本,南京图书馆、上海图书馆藏。

读书录　子部儒学类　佚

笔记　子部小说类　佚

札记　子部小说类　佚

以上 3 种见宣统《太仓州志》卷 25。

寓畻杂咏 1 卷　集部别集类

《娄东杂著》本。

陈检讨四六补注　集部别集类　佚

清顾张思补注

见《吴郡文编》。

雪亭诗草　集部别集类　佚

见宣统《太仓州志》卷 25。

王　耘

原名宇,字涵青,号西岑。清太仓人。述濬八子。

西岑诗钞　集部别集类　佚

见《娄水琴人集》。

闻思讷

字慎余。清太仓人。

西江纪游草　集部别集类　佚

见《娄东诗派》卷 27。

倪为炳

字彦彬,号朴园。清崇明人,侨居太仓。乾隆四十五年(1780)顺天举人。直隶南皮知县。

盘山图诗刊　集部总集类　佚

见民国《崇明县志》卷16。

王嘉莲

字萼奇，号芬陀。清太仓人。幼聪颖。娶妻叶氏，美而才，不幸早逝。嘉莲集唐人句作悼亡诗，得七绝百首，名曰《衔碑录》，一时传诵。

衔碑录　集部别集类　佚

见《娄水琴人集捃遗》卷2。

陈　震

字镕庵，号寅堂。清太仓人。乾隆四十五年(1780)进士。山东巨野知县。

抽簪集　集部别集类　佚

存雅堂存稿　集部别集类　佚

寅堂诗稿　集部别集类　佚

以上3种见《娄水琴人集》。

陆昌谟

字廷襄，号诗亭。清太仓人。耽吟成癖，日赋千文。

诗亭诗稿　集部别集类　佚

见《娄水琴人集》。

黄印曾

字省吾，号芸圃。清镇洋人。嘉庆六年(1801)举人。诗得表兄陈震指授，雅近放翁。

控舷集　集部别集类　佚

见《娄水琴人集》。

王锡康

字用蕃，号悔庵。清太仓人。乾隆五十九年(1794)举人。授江阴教谕。

蓉帆诗稿　集部别集类　佚

见《娄水琴人集》。

张　勳

字无功，号蒙泉。清太仓人。慷慨慕义，侠骨天成。尝游幕燕赵，终以耿介拂袖而归。

抱瓮吟　集部别集类　佚

见《娄水琴人集》。

陆枚孙(1745—1807)

字茂叔，号月朋。清太仓人。元达长子。嘉庆五年(1800)恩贡。

月朋诗草　集部别集类　佚

见《娄水琴人集》。

顾　冈

清太仓人。

竹里轩诗抄　集部别集类　佚

见民国《镇洋县志》卷11。

李翙凤

字罕喈，号紫巢。清太仓人。挑取《四库全书》馆誊录，议叙主簿，分发甘肃，借补宁州吏目。道光三年(1823)举为乡饮介宾。年86卒。

听香庐诗稿　集部别集类　佚

见《娄水琴人集捃遗》卷2。

张学经

字馆邠，号诒亭。清太仓人。幼失怙。与陆枚孙、顾王霖、张勳等相唱和。

岭云草　集部别集类　佚

见《娄水琴人集捃遗》卷3。

沈宗约

字鹤坪。清镇洋人。贡生，官训导。幼失恃，为祖母所养育。随侍历游秦楚，书史之余，教以诗歌。读书数行而下，于诗尤有夙慧。成童，即为王述庵等所器许。

敬亭公自订年谱2卷首1卷末1卷　史部传记类

清沈起元编　沈宗约补编

(1) 清道光二十七年(1847)太仓沈氏刻本，国家图书馆藏。

(2)《北京图书馆藏珍本年谱丛刊》本

潭影轩诗稿4卷潭影轩词稿2卷　集部别集类

清刻本，国家图书馆藏。

孔庙汉碑唱和诗　集部总集类

清沈宗约等撰

清刻本，北京大学图书馆藏。

顾张传

字绍祖。清太仓人。成志季子。禀家学，闳览博物。

钝庵琐语　子部小说类　佚

见宣统《太仓州志》卷25。

按：冯恒序。

陆锡三(1748—1767)

字邦绥。清太仓人。诸生。早卒。

邦绥遗诗　集部别集类　佚

见宣统《太仓州志》卷 25。

按:《国朝文汇》乙集卷 62 收其文 1 篇。

钱敬熙(1748—1784)

字亮廷。清太仓人。文梓次子。由书馆议叙州倅,试署汉阳通判,擢沔阳知州,卒于官。

黼堂诗钞　集部别集类　佚

见民国《镇洋县志》卷 11。

陈起凤

字伟望,号叩桐。清太仓人。炅玄孙。少伟仪,习骑射,为州学武生。工诗善画。中年家落,来里侨居,授徒自给,诗格近放翁。

雁影集　集部别集类　佚

见宣统《太仓州志》卷 25。

陆蕙绸

字绮岩。清太仓人。汪廷屿门人兼幕僚。

所亭遗稿　集部别集类　佚

见《娄东诗派》卷 26。

汪学金(1748—1805)

字敬箴,号静厓、杏江。清镇洋人。廷玙子。乾隆四十六年(1781)进士,以第三人及第。授编修,与修《实录》。官至左春坊左庶子,典江西试。少劬于学,甫弱冠,文誉大起,当时咸相推引,名日益重。年未

50 引疾归里，独资建育婴堂。暇则治别圃，结诗社。精选娄东诗派诗，上溯宋元，下逮清。

澹香书屋初集 4 卷　集部别集类

清乾隆刻本，南京图书馆藏。

丛睦山房未刻诗稿 1 卷　集部别集类

清抄本，南开大学图书馆藏。

静压诗初稿 12 卷静压诗后稿 12 卷静压诗续稿 6 卷　集部别集类

(1) 清嘉庆间镇洋汪氏井福堂刻本，国家图书馆藏。

(2)《续修四库全书》本。

(3)《清代诗文集汇编》本。

静压试体诗 4 卷馆课赋 2 卷　集部别集类

清刻本，上海图书馆藏。

井福堂文稿 10 卷　集部别集类

(1) 清嘉庆十年(1805)汪彦博刻本，上海图书馆藏。

(2)《续修四库全书》本。

(3)《清代诗文集汇编》本。

娄东诗派 28 卷　集部总集类

清汪学金辑

(1) 嘉庆九年诗志斋刻本，上海图书馆、南京图书馆藏。

(2)《四库未收书辑刊》本。

(3) 2016 年国家图书馆出版社《历代地方诗文总集汇编》本。

汪学淳

字德箴，号简园。清太仓人。

简园遗草　集部别集类　佚

见《娄水琴人集捃遗》卷 2。

曹洪宜

字琴和。清上海人。员外郎锡黼女,汪学金妻。

慧香室诗草　集部别集类　佚

见《历代妇女著作考》。

顾　昺

字懈声,号云谷。清太仓人。诗得力于母教为多,清新不作皮傅语。

依绿园遗草　集部别集类　佚

见《娄水琴人集》。

郁大锷

字英夫。清太仓人。乾隆三十六年(1771)举人。工制举文。遘疾,卒于旅邸,年39。

蓉园诗抄　集部别集类　佚

见民国《镇洋县志》卷11。

张　楟(1750—1790)

字萼联,又字花墅。清太仓人。瞻洛子。乾隆四十五年(1780)举人。少负隽才,酷嗜风雅,家有日涉园,时与里中诸彦为文酒之会,所为诗清丽有则。

浣云庐诗稿8卷　集部别集类

清道光十八年(1838)刻本,浙江图书馆藏。

凌本裕

字培益。清太仓直塘人。之潞子。经义诗赋,名擅一时。

崧桥诗稿　集部别集类　佚

见《娄东诗派》卷27。

王　寰

字定九。清太仓人。原祁曾孙。乾隆四十二年(1777)举人。

雁湖稿　集部别集类　佚

见《娄东诗派》卷27。

李元锦

字云襄。清镇洋人。乾隆丙子(1756)举人。

古心斋诗草(一作蜀亭诗草)　集部别集类　佚

秦游草　集部别集类　佚

以上2种见民国《镇洋县志》卷11。

冯日照

清太仓人。

研香诗草　集部别集类　佚

见道光《璜泾志略》卷6。

程宗洛

字立人。清太仓人。穆衡孙。幼孤,秉承祖训。年50卒。

绍闻录　子部杂学类　佚

见《鹤市志略》卷下。

胡泰升

字允初,号晓亭。清太仓人。寯年从子。少孤,与弟泰定相友爱。寯年抚之成立。

翠岚诗草　集部别集类　佚

见《娄水琴人集》补遗。

黄既清

字时成，号东溪。清太仓人。诗为苏加玉所赏。

虫吟草　集部别集类　佚

见《娄水琴人集捃遗》卷2。

胡　坤

字载培。清太仓人。沈起元主娄东书院，以大器许之。年28卒。

载培诗抄(一作鹿门遗草)　集部别集类　佚

见宣统《太仓州志》卷25。

陆锡田(1751—1806)

字次侯，号耘圃。清太仓人。湘次子。监生。

燕台杂咏1卷　集部别集类

见《平原陆氏宗谱》卷19。

黄　源

字南英，号星槎。清太仓人。从何二山游，为文恪守王唐轨范。又工形家言。

自怡草　集部别集类　佚

见《娄水琴人集捃遗》卷2。

曹　璞

字晖吉，号昆冶。清太仓人。恩贡生。精于六书，尤邃于《易》。

昆冶诗钞　集部别集类　佚

见《娄水琴人集捃遗》卷2。

盛廷仪

字会吉，号槐堂。清太仓人。游于张元征之门，诗有沈韵。

茹溪吟草　集部别集类　佚

见《娄水琴人集捃遗》卷 4。

朱　衣

字粱江，号辛斋。清太仓人。

辛斋诗稿 6 卷　集部别集类

（1）1931 年娄东朱氏铅印本，上海图书馆、南京图书馆藏。

（2）2016 年学苑出版社出版《稀见清代四部辑刊》本。

按：此书包括《古啸轩集》《淮南近草》《蜗寄闲吟》《一瓢小草》《雅山游橐》《拙方小草》六种。

郁汝樟

字尹衡。清太仓人。

南麓偶存草　集部别集类　佚

见宣统《太仓州志》卷 25。

王士登

字民纲。清太仓沙溪人。卒年 71。

静斋诗草　集部别集类　佚

见《娄东诗派》卷 26。

郁钟麟

字季仁，号少山。清太仓人。秋岩子。

且宽诗草　集部别集类　佚

见《娄水琴人集捃遗》卷 4。

罗万忠

字允枚。清太仓人。通玄禅二门。

黄叶草　集部别集类　佚

见《娄东诗派》卷20。

王　槐

字茂阶，号丹生。清钱塘人。父业盐业，侨居太仓。

废莪诗诗草6卷　集部别集类

清嘉庆二十四年(1819)刻本，北京大学图书馆藏。

萧　揆

字振西。清太仓人。嘉庆三年(1798)举人。淹通六经制义，最有根柢。诗亦简雅有法。

梁园唱和集不分卷　集部总集类

抄本，上海图书馆藏。

施粥图诗不分卷　集部总集类

清萧揆等撰

清乾隆六十年(1795)刻本，南京图书馆藏。

萧　昙

字曼叔，一字风衣。清太仓人。居贫，好学，能诗文。于经史亦有传著。偃蹇以卒。

经史管窥6卷　子部杂学类

(1) 清嘉庆二十三年(1818)萧氏读五千卷斋刻本，国家图书馆藏。

(2)《昭代丛书》本，1卷。

(3)《丛书集成续编》本，1卷。

箖菸馆诗草4卷　集部别集类

清嘉庆十六年刻本，常州市图书馆藏。

萧应麟

字翰文，号逸圃。清太仓人。尝援例入太学。性至孝，剜臂以疗父病。治楼于堂右，曰含翠，日啸歌其上，客至觞咏。

含翠楼诗草　集部别集类　佚

见道光《璜泾志略》卷6。

吴缤藻

字映薇，号紫轩。清太仓人。耽于吟咏，庭有八桂花，花时集同人唱和其下。

紫轩诗草　集部别集类　佚

见《娄水琴人集》。

王树荻(1753—1821)

原名经，字润六。清镇洋人。青子。嘉庆八年(1803)岁贡生。为人温厚易直，训迪后进不倦。中年流览群籍，札录成帙，尤熟于南北朝、五代轶事。

珊瑚钩咏史乐府　集部别集类　佚

艺堂诗集　集部别集类　佚

以上2种见民国《镇洋县志》卷11。

宝砚斋诗钞　集部别集类

见《娄水琴人集》。

陆兆康(1753—1831)

字朝桢，号乔松。清太仓人。附贡生。

课余草　集部别集类　佚

见《平原陆氏宗谱》卷6。

高翔汉

字鸿千。清镇洋人。宾子。庠生。善诗文书法，卒于山西。

晋游诗草　集部别集类　佚

见《娄东诗派》卷26。

钱锦云

字裕恬，号味余。清太仓人。桀从子。家杨林塘。所著诗，尝就正于苏加玉。

困蒙草　集部别集类　佚

见《娄水琴人集捃遗》卷2。

周景濂

字佑承，号湖川钓隐。清太仓人。

樵渔吟稿　集部别集类　佚

见《娄水琴人集捃遗》卷3。

钱　琥

字曼承，一字孟衡。清太仓人。廪生。性廉介，不苟取，喜周急。教授里中，从游者甚众。平生好为章句之学，至老不衰。

四书五经就正编　经部群经总义类　佚

古处堂诗稿　集部别集类　佚

以上2种见宣统《太仓州志》卷25。

吕　纶

字汉冲，号湘渔。清太仓人。与曹澹逸、顾涉园、郑东渔时为诗酒之会。与东渔齐名，时称二渔。

香雪亭集　集部别集类　佚

团溪唱和集　集部总集类　佚

以上2种见《娄水琴人集捃遗》卷2。

郑　莪

字季曹，号东渔。清太仓人。闭门教授，翕然自得。

东渔诗草　集部别集类　佚

见《娄水琴人集捃遗》卷2。

顾春曦

字奎经，号涉园。清太仓人。家有一粟园，乃元乐隐园旧址。良辰美日，辄与朋辈赋咏其中。

涉园诗草　集部别集类　佚

见《娄水琴人集捃遗》卷3。

顾　镛

字序东，号兰亭。清太仓人。春曦弟。早夭，年21。

兰亭诗草　集部别集类　佚

见《娄水琴人集捃遗》卷3。

陆锡申(1754—1815)

字崧贤，号松园。清太仓人。湘三子。

松园杂志　子部杂记类　佚

见宣统《太仓州志》卷25。

张师韩

字绣龙，号于冈。清太仓人。

三余吟草　集部别集类　佚

见《娄水琴人集捃遗》卷2。

龚士松

字茂千，一字懋荃。清镇洋人。

南关诗抄　集部别集类　佚

见《江苏诗征》卷3。

沈士玉

字荆山，一字泾珊。清镇洋人。

齐东吟草　集部别集类　佚

见《江苏诗征》卷121。

黄虎文

字佩乙，号啸岩。清太仓人。乾隆五十九年(1794)举人。官湖北蕲水知县。

凤蕉山馆诗草4卷　集部别集类

清道光四年(1824)刻本，浙江图书馆藏。

羽衣客

清太仓人。生平不详。

镜花水月8卷　子部小说类

(1) 清嘉庆六年(1801)刻本，国家图书馆藏。

(2) 清光绪年间上海申报馆铅印本，国家图书馆、上海图书馆藏。

按：自署娄东羽衣客。

顾　缄

字嘉言，清太仓人。

娄东荒政汇编不分卷　史部政书类

(1) 清道光四年(1824)刻本，南京图书馆藏。

(2) 2015年凤凰出版社出版《江苏近现代社会救济与慈善文献丛刊》本。

黄玉蟾

字芬桂。清太仓人。八九岁尽通四书、小学、性理，少长，五经、周礼、三传俱能卒业，操觚即有奇句。年13补州学生。因痁呕血疾，遂卒，年仅19。

孟子年谱1卷　史部传记类

(1) 民国间抄本，国家图书馆藏。

(2)《赐砚堂丛书新编集》本。

(3)《北京图书馆藏珍本年谱丛刊》本。

王之楫

字孚舟，号坦庄。清太仓人。诸生。善书画。

汩存小草　集部别集类　佚

见《娄水琴人集》。

王天发

字毓骏。清太仓人。布衣。工词。

梦花絮语3卷　集部词曲类　佚

见《全清词钞》卷12，收其词1首。

陆楠孙(1756—1803)

字廷楚，号倚江。清太仓人。元达次子。

倚江草　集部别集类　佚

见《平原陆氏宗谱》卷19。

钱元熙(1756—1825)

字履吉,号吉亭。清太仓人。文梓五子。乾隆二十年(1755)经魁,嘉庆元年(1796)举孝廉方正。官安徽歙县教谕。

取塾诗课选　集部别集类　佚

见《太仓钱氏彭城世谱》卷6《著述录》。

王之霖

字雨润,号立亭。清太仓人。乾隆二十年(1755)举人。直隶宝坻知县,升河间府通判。诗文为彭芝庭所赏。

鹤应亭诗草　集部别集类　佚

见《娄水琴人集捃遗》卷1。

王之玠

字观宾,号闲庵。清太仓人。四川夔州府经历。

巢仙阁诗稿　集部别集类　佚

见《娄水琴人集捃遗》卷1。

奚　音

字伯琴。清太仓人。高声振妻。博涉经史,平居喜谈风节。夫殁,引刃自裁,家人环救得苏,后仍以哀恸死。

梦香诗草(一作梦香遗诗)　集部别集类　佚

见《正始续集》。

邹以敬

字鲁望。清太仓人。研核经义,精于三礼,尤究心道学。约同人为讲会,每日必以读书所得记之。所著史论、诗、古文均佚。

史论8卷　史部史评类　佚

常惺斋札记　子部杂学类　佚

静轩诗钞(一作蔚村诗稿)　集部别集类　佚

诗文集9卷　集部别集类　佚

以上4种见宣统《太仓州志》卷25。

张景江

字永叔,号补庵。清太仓人。郝元子。嘉庆十五年(1810)举人。少客楚中,毕沅以才士目之。名与孙星衍、洪亮吉相埒。性清介。好读书。其学淹贯群籍,考据尤精,工诗词,尤通天文历算,晚潜心《易》学。

易义类解　经部易类　佚

见宣统《太仓州志》卷25。

恒星余论2卷　子部历算类

《娄东杂著》本。

补庵诗草　集部别集类　佚

心香词　集部词曲类　佚

以上2种见宣统《太仓州志》卷25。

闻元鸿

字凌云,号葭汀。清太仓人。

葭汀诗草　集部别集类　佚

见《娄水琴人集》。

陈步云

字路青,号瑶圃。清太仓人。

瑶圃诗草　集部别集类　佚

见《双凤里志》。

吴　镐

字荆石，号梅林，一号荆石山民。清太仓人。监生。父坤由偏裨擢至京口游击，镐独喜文墨，不习制举业，专攻诗古文辞。骚经选学，靡不殚究。文笔古雅，为彭兆荪所赏。家中落，不自得，坐酒病卒。

汉魏六朝志墓金石例3卷唐人志墓诸例1卷附论1卷　史部金石类

(1) 清嘉庆蟾波阁刻本，国家图书馆藏。

(2)《玲珑山馆丛刊》本。

(3)《后知不足斋丛书》本。

(4)《丛书集成初编》本。

荆石山房诗钞4卷文钞3卷莲庄烟艇词1卷　集部别集类

清嘉庆十六年(1811)刻本，杭州图书馆藏。

红楼梦散套不分卷　集部词曲类

(1) 清嘉庆蟾波阁刻本，无锡市图书馆藏。

(2) 清光绪八年(1882)刻本，吉林大学图书馆藏。

(3) 民国上海启新书局翻刻蟾波阁本，吉林大学图书馆藏。

王达曾

字贻荪。清太仓人。

啸磐诗草　集部别集类　佚

见《双凤里志》。

萧　抡(？—1818)

字冠英，号子山，又号樊村。清太仓人。廪生。与兄揆齐名。经术湛深，才华富赡。好为齐梁丽制。客钱塘陈文述家，联吟昕夕，长篇短韵，著述甚富。

周易本义辨证5卷　经部易类

清惠栋撰　萧抡参校

《省吾堂四种》本。

释车 3 卷　经部仪礼类

清抄本，钱东垣、孙原湘题款，国家图书馆藏。

晋书注　史部正史类　佚

见宣统《太仓州志》卷 25。

樊村草堂诗选 3 卷　集部别集类

清丁氏八千卷楼抄本，南京图书馆藏。

青杨馆两晋南北朝乐府　集部总集类　佚

见宣统《太仓州志》卷 25。

判花阁词　集部词曲类　佚

见《全清词钞》卷 14，收其词 4 首。

施吕宾

字异三，号健庵。清太仓人。乾隆四十七年（1782）贡生。家贫不易其介。精于四子书，撰讲义数卷，有发先儒所未及者。以教授终，年 76。

四书讲义 10 卷　经部四书类　佚

见宣统《太仓州志》卷 25。

健庵遗草　集部别集类

见《娄水琴人集》。

毛　询

清太仓人。

荛愚诗钞　集部别集类　佚

见宣统《太仓州志》卷 25。

王　憗

字云庄，一字筠庄。清太仓人。恭族孙。

长空雁影集　集部别集类　佚

见宣统《太仓州志》卷25。

沈　信

字孚中。清镇洋人。起元孙。诸生。

虚槎诗草(一作虚槎遗稿)　集部别集类　佚

见民国《镇洋志县》卷11。

虚槎词钞1卷　集部词曲类　佚

见《全清词钞》卷14,收其词1首。

顾　灏

字鲲池。清太仓人。嗜酒工画,贫病无家,卒于汪学金所。

秋槎遗稿　集部别集类　佚

见《娄东诗派》卷27。

季　均

字骧衢。清镇洋人。乾隆五十年(1785)岁贡。自少研覃古学,丹黄并下,受业沈起元门下,元谓其诗得初唐风格。好议论古今人物,上下数千年,竟日不倦。从游者众。

湘亭诗钞　集部别集类　佚

见民国《镇洋县志》卷11。

季王绳

字翼先,号思岩。清太仓人。乾隆四十四年(1779)副贡。敦实行,工诗,兼善填词。

思岩诗草　集部别集类　佚

见《娄水琴人集》。

陆 煐

字殿华。清太仓人。诸生。

娄水文征 80 卷　集部总集类

清王宝仁、周煜、陆煐、季锡畴合辑

(1) 清道光十二年(1832)太仓周煜闲有余斋刻本，南京图书馆藏。

(2) 1991 年江苏广陵古籍刻印社影印本，南京图书馆藏。

沧江余韵 8 卷闺雅 1 卷　集部总集类

清陆煐、周煜等辑

清道光二十一年澹志斋刻本，南京图书馆藏。

按：参见“周煜”条。

沙溪诗存 10 卷续编 4 卷　集部总集类

清嘉庆十九年(1814)刻道光十年续刻本，苏州大学图书馆藏。

周佩华

字在珩，号南溪。清太仓人。诸生。

南溪诗草　集部别集类　佚

见《娄水琴人集》。

周翥华

字寄霄，号白於。清太仓人。佩华弟。由誊录议叙县丞，署湖北钟祥、黄冈知县。宦游 20 余年，吟咏不辍。

白於山人诗集　集部别集类　佚

见《娄水琴人集》。

冯 复(1759—1787)

字震初。清太仓人。

仪礼辨　经部仪礼类　佚

见宣统《太仓州志》卷25。

陆愚卿(1759—1825)

字愿吾,号鲁亭,又号远湖息游。清太仓人。时化子。官经历。性嗜兰,工诗画。

国香志　子部农家类　佚

见宣统《太仓州志》卷25。

怀烟阁留草　集部别集类　佚

见《娄水琴人集》。

唐景星(1759—?)

字范九,号墨池。清太仓人。文治高祖。曾于嘉庆十年(1805)仲夏为金端表《刘河镇记略》作序。

爱莲居诗钞2卷　集部别集类

《太昆先哲遗书首集》本。

墨池杂著1卷附制夷　集部别集类

清光绪十四年(1888)刻本,上海图书馆藏。

胡若英(1760—1784)

字羽仙。清太仓人。鸿征女,周文虎妻。婚七日,文虎死。代子职十年,自经亡。

松柏诗篇　集部别集类　佚

见宣统《太仓州志》卷25。

按:《娄东诗派》云自缢前诗稿已焚去,仅存《落梅叹》《松柏吟》二首。

顾王霖(1760—1805)

字柱国、稚圭,号容堂,别号易农居士。清镇洋人。乾隆五十五年

(1790)进士。由庶吉士改官户部主事,升员外郎。嗜学,工诗文,擅书画,于娄东派中独树一帜。

诗考　经部诗经类　佚

见《五是堂诗集》。

保慈禅院碑1卷　子部佛教类

清顾王霖撰　杜群玉书

清乾隆五十五年陈景川刻石拓本,复旦大学图书馆藏。

五是堂文集　集部别集类

见民国《镇洋县志》卷11。

五是堂诗集8卷　集部别集类

(1) 清光绪八年(1882)刻本,苏州图书馆藏。

(2) 清光绪八年刻二十四年重印本,上海图书馆藏。

汉魏六朝诗话　集部诗文评类　佚

见《五是堂诗集》。

陆模孙(1760—1810)

字轶范,号远亭。清镇洋人。元迈次子。乾隆五十二年(1787)进士。嘉庆八年(1803)任义宁州事。甫下车,即谒黄文节公祠。为政宽猛兼济,民大畏服。九年,丁母忧,侨居州。服阕入都,绅民送者千余人。十五年复任,至官数日而卒。

晋书地理志　史部地理类　佚

诵芬堂集　集部别集类　佚

以上2种见清毛岳生《休复居文集》卷5。

独吟集　集部别集类

见《娄水琴人集》。

钱声雷(1760—1814)

字院白,号秦台。清太仓人。太学生。

秦台诗钞　集部别集类

见《太仓钱氏彭城世谱》卷6《著述录》，云刻入《琴人集》。

陆孙锦(1761—1825)

字翼云，号云帆。清太仓人。胥三子。

心治偶吟　集部别集类　佚

见《平原陆氏宗谱》卷19。

王　确(1761—1837)

字潜夫，号健斋。清太仓人。壮岁从军，以州同需次江西。善笺，大府举为通判，不赴。画传家学，有宋元遗风。

瞻云小草　集部别集类　佚

见《娄东太原王氏画系考略》。

王良佐

字宜卿，号娱晖。清太仓人。摅五世孙。四川达县典史。

小芦中集　集部别集类　佚

见《娄水琴人集》。

邵安宇

字敦仁，号乐山。清太仓人。嗣宗孙。乾隆四十八年(1783)举人。大兴京县知县，以忤上官意解组去。

乐山诗草　集部别集类　佚

见《娄水琴人集》。

王高词

字抒藻，号西岩。清太仓人。瑜从子。

环翠山房诗集　集部别集类　佚

见《娄水琴人集》。

陆遵路

字庄甫，号芙庄。清太仓人。昌谟族子。乾隆五十四年(1789)举人。三上春官不第，遂不复出。

芙庄诗草　集部别集类　佚

见《娄水琴人集》。

朱大龄

字东堂。清太仓人。

吟月骚人诗略　集部别集类　佚

见《娄水琴人集摭遗》卷1。

金大镛

字声九，号桐引。清太仓人。学于外舅陆元迈，文誉噪一时。任随州巡检。

桐引诗草　集部别集类　佚

见《娄水琴人集摭遗》卷2。

沈光春

字汇苏。清镇洋人。寿眉从子。诸生。能诗，具有家法。汪学金辑《娄东诗派》，光春与其事。

勿斋诗草　集部别集类　佚

见民国《镇洋县志》卷11。

胡宗曾

清太仓人。

清胜堂诗　集部别集类　佚

见宣统《太仓州志》卷25。

沈　端

字方立。清镇洋人。起元孙。嘉庆五年(1800)举人,选宁国训导。早著文誉,与弟靖称城南二沈。诗恪守正宗。丁忧旋里,后主讲安道书院,与盛大士、徐元润结诗社。

沧州诗稿　集部别集类　佚

见民国《镇洋县志》卷11。

金闻鹤

字亮云。清太仓人。嘉庆五年(1800)恩贡。就职州判。勤谨敦朴,笃于故旧。旧友陆恺晚岁目盲,茕独无依,闻鹤时周之。殁后为刻遗集,人称其风义。

拙存居诗稿1卷　集部别集类

(1) 清道光十二年(1832)颐园刻本,上海图书馆藏。

(2) 清同治十年(1871)金氏刻本,南京图书馆藏。

陆　堃

字咸孚,号莔江。清太仓人。嘉庆五年(1800)举人。工制举文,受知汪稼门,偕之武昌节署。以疾归,寻卒。

得月楼诗集　集部别集类　佚

见《娄水琴人集捃遗》卷3。

曾　煜

字亮工。清太仓人。乾隆五十六年(1791)岁贡生。家贫,寄食于舅氏朱文照,得其教养。通艺文,癖嗜藏书,见秘籍倾囊购之。喜吟咏,兴至,笔随以自乐。又喜考证文字学。

弢庵诗钞6卷诗余1卷　集部别集类

清嘉庆九年(1804)刻本,吉林大学图书馆藏。

按:钱大昕云,弢庵咏史诸律,风骨后爽,具有尚论千古之识。

毛星煌

字览千。清太仓人。早卒。

剑亭诗稿　集部别集类　佚

见宣统《太仓州志》卷25。

毕耀曾

字亮夫,一字含辉,号璞山。清太仓人。泷子。乾隆五十七年(1792)举人。能诗。

碧月轩吟草　集部别集类

见民国《镇洋县志》卷11。

广堪斋诗1卷　集部别集类

清刻本,浙江图书馆藏。

毕继曾

字承业,号砚山。清镇洋人。乾隆四十二年(1777)拔贡。

砚山诗草　集部别集类　佚

见《娄水琴人集》。

朱西阳

字书山。清镇洋人。

问亭诗稿　集部别集类　佚

见民国《镇洋县志》卷11。

沈　靖(?—1804)

字安成。清镇洋人。颖异能文,与其兄端并称城南二沈,青浦王昶引为小友。

药园诗稿　集部别集类　佚

见民国《镇洋县志》卷11。

陆　绂

字黼扬，号砚南。清太仓人。诸生。

总宜轩诗集　集部别集类　佚

见《娄水琴人集捃遗》卷3。

周　侃

字谔臣。清太仓人。嘉庆十七年(1812)贡生。卒年54。

漱石诗草　集部别集类　佚

见宣统《太仓州志》卷25。

增修鹤市志略3卷附续志不分卷　史部地理类

清林晃撰　周侃、周偁、周僖增辑　许泰续纂

(1) 1918年抄本，南京图书馆藏。

(2) 1947年铅印本，作2卷续志1卷，上海图书馆藏。

(3)《中国地方志集成》本。

周　偁

字缵禹。清太仓人。诸生，承家学，能文。道光间，与兄侃、弟僖同修里志。

增修鹤市志略3卷附续志不分卷　史部地理类

见“周侃”条。

周　僖

字东侯，号山樵。清镇洋人。诸生。侨居常熟。以诗名，与昭文孙原湘唱和，奥衍清折，不落凡近，兼工倚声。尝游楚越，性寡合，悒不

得志。

增修鹤市志略3卷附续志不分卷　史部地理类

见“周侃”条。

兰藻堂诗钞3卷　集部别集类

清道光二十六年(1846)刻本，常熟市图书馆藏。

兰藻堂乐府2卷　集部别集类

见民国《镇洋县志》卷11。

许孟娴

字靓宜。清太仓人。培秀女。常熟李春海妻。工墨竹，善吟咏。

似山楼诗稿1卷词稿1卷遗文1卷　集部别集类

1919年静补庵铅印本，前有道光十九年(1839)族弟廷诰原序，季锡畴跋等，国家图书馆、南京图书馆藏。

似山楼词1卷　集部词曲类

《海粟楼词钞》本。

永怀集　集部别集类

见《常熟书画史汇传》卷24。

徐　瑛

字佩华，号朗庭。清太仓人。元润父。自幼失明，所学皆默识成诵。酷嗜香山、放翁两集，诗亦近之。

朗庭诗稿　集部别集类　佚

见《娄水琴人集》。

苏加玉

字维晋，号餐霞。清太仓人。诸生。少从邹以敬学诗。洎游八闽、西江、中州，选胜探奇，篇什益富。返里，以诗倡导后学，恒教人学杜，为之指示格律。同里汪学金纂《娄东诗派》，加玉与其役。与洪亮吉交好。

蓼虫吟稿 16 卷　集部别集类

(1) 清乾隆三十一年(1766)刻本,苏州图书馆藏。

(2) 清嘉庆十七年(1812)刻本,上海图书馆藏。

六家七言古诗选不分卷　集部总集类

稿本,上海图书馆藏。

唐诗阶级　集部总集类　佚

见宣统《太仓州志》卷 25。

周　鼎

字亦峨,一作亦吾。清镇洋人。乾隆元年(1736)恩贡生。性颖悟,通经史,行文健捷如宿构。晚年教授生徒,以阐发经义为宗。

非园集　集部别集类　佚

见民国《镇洋县志》卷 11。

王调鼎

字廷和。清太仓人。三锡侄。茌平县丞,历崇府纪善。

清芬轩诗　集部别集类　佚

湛华词　集部词曲类　佚

以上 2 种见宣统《太仓州志》卷 25。

孙　玘

字嘉玉,号鹤隄。清太仓人。诸生。读书嗜古,隐迹江村,饘粥不继,啸歌自乐。晚岁喜与方外交。无疾而卒。

痧证汇要 4 卷附痧证指微 1 卷　子部医家类

(1) 清道光二年(1822)刻本,上海图书馆藏。

(2) 清光绪五年(1879)刻本,国家图书馆藏。

(3) 1922 年石印本,嘉善县图书馆藏。

(4) 清光绪三十三年宜兴正谊山房石印本,台州黄岩区图书馆藏。

按:《痧证指微》为僧普净撰,孙玘订。

渔古堂诗稿　集部别集类　佚

见宣统《太仓州志》卷25。

冯　恒

字立方,号竹虚。清太仓人。俊子。

璜泾志略不分卷　史部地理类

(1) 稿本,南京图书馆藏。

(2)《中国地方志集成》本。

按:今影印本及稿本题赵曜撰,然此志王保谌序考证稿本"璜泾赵曜撰"五字系割补,疑赵曜就冯撰删改,意欲重加修辑。然未经成书,遽列己名,不当也。

贞蕤录3卷　子部小说类

(1) 抄本,上海图书馆藏。

(2) 清抄本,南京图书馆藏。

(3) 1948年太仓文献委员会抄本,南京图书馆藏。

略识编　子部杂学类　佚

见《璜泾志稿》卷6。

竹虚逸编1卷　集部别集类

清抄本,南京图书馆藏。

静学斋文钞1卷　集部别集类

清抄本,南京图书馆藏。

冯立方文钞1卷　集部别集类

清道光十一年(1831)寿萱堂刻本,与《冯仲廉文钞》合刊,上海图书馆藏。

陆学锦

字仲章,号子尚。清太仓人。学钦兄。诸生。工诗。偕陆学锦、陆学钦、沈端、沈靖、吴本、钱宗颖、钱宗韩等人拈题分体，嘉定钱大昕以皮陆松陵相况。赠礼部郎中，加二级。

毛诗叶韵考4卷　经部诗经类　佚

直方斋诗文集　集部别集类　佚

以上2种见宣统《太仓州志》卷25。

子尚诗钞　集部别集类

见《娄水琴人集》。

溪南倡和集　集部总集类　佚

见民国《镇洋县志》卷11。

按：陆学锦、陆学钦、沈端、沈靖、吴本、钱宗颖同著。

陆学钦(1763—1806)

字子若，一字敦书。清镇洋人。嘉庆五年(1800)举人。少孤，从钱大昕学。读书神解，诗文书画具臻超诣。善鼓琴，喜习静。中年失明，连蹇以卒，年44。

海虞游草　集部别集类　佚

蕴真居文集8卷　集部别集类　佚

以上2种见《蕴真居诗集》附录。

蕴真居诗集6卷诗余1卷　集部别集类

(1) 清嘉庆间刻本，国家图书馆藏。

(2) 清光绪十三年(1887)刻本，上海图书馆藏。

(3)《清代诗文集汇编》本。

溪南倡和集　集部总集类　佚

见上"陆学锦"条。

彭兆荪(1763—1821)

字湘涵，号甘亭。清镇洋人。年15应顺天乡试，即声名满场。工诗，骈体文尤鸿博沈丽，为时所重。尝游江苏布政使胡克家幕，为胡克家校勘淳熙本李善注《文选》、元刻胡三省注《通鉴》,荟萃全书,多所辩证,世称善本。又游及两淮转运史曾燠幕。道光初,举孝廉方正,未赴卒。

天池记1卷　史部地理类

泛颍记1卷　史部地理类

以上2种《小方壶斋舆地丛钞》本。

忏摩录1卷　子部儒学类

(1)《书三昧楼丛书》本。

(2)《娄东杂著》本。

(3)《小石山房丛书》本。

(4)《啸园丛书》本。

(5)《东仓书库丛刻》本。

(6)《刻鹄斋丛书》本。

(7)《小谟觞馆全集》本。

(8)《南园丛书》本。

(9)《喜咏轩丛书》本。

(10)《丛书集成续编》本。

(11) 清道光元年(1821)仁和许乃来刻本,国家图书馆藏。

(12) 1919年张宗祥抄本,浙江图书馆藏。

省身录1卷　子部儒学类

(1) 清道光二年刻本,上海图书馆藏。

(2) 2016年学苑出版社出版《稀见清代四部辑刊》本。

谋野粹言不分卷　子部典故类

稿本,上海图书馆藏。

潘澜笔记2卷　子部杂学类

(1)《小谟觞馆全集》本。

(2)《小石山房丛书》本。

(3)《东仓书库丛刻》本。

(4)《刻鹄斋丛书》本。

(5)《丛书集成续编》本。

抱朴子外篇50卷附校勘记1卷内篇佚文1卷外篇佚文1卷养生论1卷神仙金汋经3卷大丹问答1卷抱朴别指1卷　子部道教类

晋葛洪撰　清彭兆荪、顾广圻校并跋

清嘉庆长白继昌校刊本,台湾"中央图书馆"原藏。

游山诗1卷　集部别集类

稿本,沈钦韩、梅植之、袁廷璜跋,舒位题诗,国家图书馆藏。

小谟觞馆诗集8卷附诗余1卷文集4卷　集部别集类

(1)清嘉庆十一年(1806)韩江寓舍刻本,上海图书馆藏。

(2)清同治刘履芬抄本,仅文集4卷续集2卷,国家图书馆藏。

(3)《续修四库全书》本。

小谟觞馆诗续集2卷附诗余1卷文续集2卷　集部别集类

(1)清嘉庆二十二年娄东城南草堂刻本,上海图书馆藏。

(2)《续修四库全书》本。

小谟觞馆诗集8卷诗续集2卷诗余附录1卷续附录1卷文集4卷文续集2卷　集部别集类

(1)清同治十三年(1874)吴县潘氏滂喜斋刻本,上海图书馆藏。

(2)清江左书林刻本,诸暨图书馆藏。

(3)清光绪二十年(1894)石埭黄氏观自得斋刻本,浙江图书馆藏。

(4)《清代诗文集汇编》本。

按:此本是上两种的合刻本。

小谟觞馆文集4卷续集2卷　集部别集类

(1)清同治刘履芬抄本,国家图书馆藏。

(2)清光绪六年存存轩刻本,文集4卷,浙江图书馆藏。

(3)清抄本,续集2卷,上海图书馆藏。

(4)清光绪九年耕香书屋刻本,续集2卷,上海图书馆藏。

小谟觞馆诗集注8卷诗续集注2卷诗余附录注1卷续附录注1卷文集

注4卷文续集注2卷　集部别集类

清彭兆荪撰　孙元培、孙长熙注

(1) 清道光五年孙均刻本，杭州图书馆藏。

(2) 清光绪十九年苕溪佟氏重刻本，浙江图书馆藏。

(3) 清光绪二十年泉唐汪氏刻本，国家图书馆藏。

(4) 清光绪十六年长洲黄氏流芳阁活字本，仅文集及文续集注，中山大学图书馆藏。

(5) 清光绪二十年长洲黄氏流芳阁重印本，仅文集及文续集注，国家图书馆藏。

(6) 清抄本，章钰批校，国家图书馆藏。

(7) 1928年利苏印书社铅印本，仅文集及文续集注，费廷璜补注，苏州大学图书馆藏。

(8) 2009年中国书店影印本，题《小谟觞馆诗文集注》。

小谟觞馆全集　集部别集类

(1) 清光绪镇洋缪朝荃东仓书库刻三十二年汇印本，国家图书馆藏。

按：在孙元培注释的基础上，增《忏摩录》《潘澜笔记》，即缪朝荃《小谟觞馆附录》4卷《附录补遗》1卷。

(2) 1922年苏州振新书社重印本，吉林大学图书馆藏。

小谟觞馆文集注4卷　集部别集类

清张嘉禄注

《四明丛书》本。

小谟觞馆遗文　集部别集类

清抄本，国家图书馆藏。

甘亭居士诗文选　集部别集类

抄本，上海图书馆藏。

全上古三代文8卷全秦文1卷　集部总集类

清彭兆荪辑

稿本，文素松、叶景葵跋，上海图书馆藏。

南北朝文钞 2 卷　集部总集类

(1)《粤雅堂丛书》本。

(2)《丛书集成初编》本。

(3) 清嘉庆四年刻本，国家图书馆藏。

(4) 清光绪二年番禺陈起容刻本，国家图书馆、上海图书馆藏。

(5) 清光绪八年紫云室刻本，上海图书馆藏。

文选注 60 卷附考异 10 卷　集部总集类

清彭兆荪、顾广圻校勘并撰考异

(1) 嘉庆十四年胡克家影刻宋尤袤《文选》本，国家图书馆藏。

按：嘉庆间胡克家影刻宋尤袤本《文选》，由彭兆荪、顾广圻撰校勘记并考异，世称《文选》胡刻本。此本刻印精良，影响很大，后世翻《文选》李善注本，多用此本。

(2) 清同治八年湖北崇文书局刻本，国家图书馆藏。

四家词抄 4 种　集部词曲类

清彭兆荪辑

清嘉庆十七年小仓山房刻本，上海图书馆藏。

按：四家乃汪世泰撰《碧梧山房词》1 卷、袁通撰《捧月楼词》2 卷、杨夔生撰《过云精舍词》2 卷、顾翰撰《绿秋草堂词》1 卷。

汪彦博(1763—1824)

字潞勋，又字厚夫，号文轩。清镇洋人。学金子。以召试举人，中乾隆五十二年(1787)进士。由编修改官刑部，擢御史，典广西试，后复督学其地。寻授山东青州知府。甫二年，以疾归里卒。为诗苍秀拔俗。

养泉斋诗集 6 卷　集部别集类

(1) 清嘉庆二十一年(1816)刻本，国家图书馆藏。

(2) 清道光五年(1825)刻本，7 卷，南开大学图书馆藏。

(3) 清宝恕堂刻本，作 7 卷，南京图书馆藏。

按:民国《镇洋县志》作8卷。

井福堂文稿10卷 集部别集类

清汪学金撰

清嘉庆十年汪彦博刻本,南京图书馆藏。

七峰别墅诗1卷 集部总集类 佚

清汪彦博辑

见盛大士《蕴愫阁文集》卷2。

胡金诰(1764—1806)

字晋阶,号蛟门。清太仓人。嘉庆六年(1801)拔贡生。以疾不赴廷试。生而颖异,美风仪。文章词赋名满士林。性简雅,不慕荣利,闭门静养,以文史自娱。年40余卒。

绀雪草堂诗稿 集部别集类 佚

观我生斋稿 集部别集类 佚

以上2种见宣统《太仓州志》卷25。

毕 慧(1764—?)

字智珠,号莲汀、静怡主人。清镇洋人。沅长女,嘉善陈曝妻。工诗画。

远香阁吟草(一作莲汀吟草) 集部别集类 佚

见《历代妇女著作考》。

踏青词 集部词曲类

见光绪《嘉善县志》卷25。

余 昶

字青霞,号墨圃。清太仓人。善书,宗赵孟頫。名与陆学钦相当。

七不堪斋稿 集部别集类 佚

见《娄水琴人集捃遗》卷4。

黄绥章

字君淑，号敏锄。清镇洋人。早卒。

敏锄诗草　集部别集类　佚

见《娄水琴人集》。

张肇勳

字慎初，号梅塘。清太仓人。精于《说文》。中年殂谢，士林惜之。

自怡吟草　集部别集类　佚

见《娄水琴人集》。

黄锡宝

字世珍，号西园。清镇洋人。嘉庆十三年(1808)进士。官至广东化州知州。

(道光)化州志 11 卷首 1 卷　史部地理类

清道光七年(1827)刻本，上海图书馆藏。

墨香居诗草　集部别集类　佚

见《娄水琴人集》。

顾慕京

字景冯，号漱泉。清太仓人。工骈文，精隶篆。

心泰庐诗稿　集部别集类　佚

见《娄水琴人集》。

闻世勳

字希酬，号小庐。清太仓人。工制艺，早卒。

小庐诗草　集部别集类　佚

见《娄水琴人集》。

闻世熙

字汝成，号恬斋。清太仓人。兆元子。年甫40而卒。

心泰庐诗稿　集部别集类　佚

见《娄水琴人集》。

闻世烈

字冠群，号诚斋。清太仓人。枕葄经史，壮岁而殁。

心泰庐诗稿　集部别集类　佚

见《娄水琴人集》。

朱文宝

字瓒黄，号养恬。清太仓人。璿子。

愚溪诗草　集部别集类　佚

见《娄水琴人集捃遗》卷3。

黄　镕

字鼎成，号菽原。清太仓人。沉潜好学，每研一义，必穷根柢。

止止庵诗草　集部别集类　佚

见《娄水琴人集捃遗》卷4。

黄　镇

字佑藩，号菘畦。清太仓人。镕弟。诗笔清丽，尤善近体。

菘畦诗草　集部别集类　佚

见《娄水琴人集捃遗》卷4。

黄　镐

字绳武，号芑塘。清太仓人。性冲和。诗原本性情，颇得六义微旨。

稻香居诗草　集部别集类　佚

见《娄水琴人集捃遗》卷4。

悟　本

字一山，号退庵。清太仓人。张氏子。披薙隆福寺，受具武林灵岩寺。

瓢游草　集部别集类　佚

见《娄水琴人集·方外》。

吕士璋

字珏庵。清歙县人，侨居太仓西，故自号西湄狂客。

鹤凌堂集　集部别集类　佚

见《娄水琴人集》补遗。

周　煜

字曜升。清镇洋人。素嗜吟咏。晚年搜辑乡里文献尤勤。

穿山小识2卷　史部地理类

清邵廷烈辑　周煜补遗

(1) 清道光十九年(1839)刻本，苏州图书馆藏。

(2) 清光绪三十一年(1905)抄本，南京博物院藏。

(3)《小方壶斋舆地丛钞补编》本，1卷。

(4)《中国地方志集成》本。

穿山小识补遗1卷　史部地理类

(1) 清道光十九年刻本，苏州图书馆藏。

(2) 清抄本，南京图书馆藏。

(3) 清光绪忏庵抄本，苏州图书馆藏。

(4)《中国地方志集成》本。

按：参见"邵廷烈"条。

寄闲小草3卷百福山房诗钞2卷诗余1卷附同人赠言1卷通隐图题辞1卷　集部别集类

(1) 清道光刻本，南京图书馆藏。

(2)《稀见清代四部辑刊》本。

娄水琴人集10集　集部别集类

清徐元润、周煜等辑

清道光十一年娄水周氏闲有余斋刻本，南京图书馆藏。

按：道光八年，徐元润请假归省，家居在里，周煜出其所搜集之里中诸诗人稿，请其遴择。元润因援古人总集之例，编为此书。上接《娄东诗派》，其有《诗派》应选而未选者亦为补入，所得共五百余家。本书采摭繁富，乾隆后四十余年太仓诗人之作大多收录其中。

娄水文征80卷　集部总集类

清王宝仁、周煜、陆煐、季锡畴合辑

(1) 清道光十二年太仓周煜闲有余斋刻本，南京图书馆藏。

(2) 1991年江苏广陵古籍刻印社影印本，南京图书馆藏。

按：此辑宋嘉祐以下，至清乾嘉以来，太仓文人之文章，凡著录作者317人。其书仿《吴郡文粹》之例，凡有关乡邦利弊、名贤事迹者，必备登之，以补邑志之缺。亦收录内容与地域无关，但法律谨严、华实相符之文。集中保存了不少稀见文章。

沧江余韵8卷闺雅1卷　集部总集类

清陆煐、周煜等辑

清道光二十一年澹志斋刻本，南京图书馆藏。

按：《娄水琴人集》编成十余年后，诗人谢世者不少，所遗篇章又恐日久散失，周煜因捡平时存录前辈及故友之遗诗，与陆煐、张耕霞等辑为《沧江余韵》，使人知娄东人文之盛，且期后来之人不坠宗风。本书八卷，收录144人之古今体诗755首。后附《闺雅》一卷，收录凌瑶翠、王氏、程佩芝等9人诗36首。其中有非娄东人氏者，但因其所嫁乃娄东人，故而一并录入。

鹤梅留影诗存2卷　集部总集类

清道光二十二年刻本，南京图书馆藏。

按：此辑录题咏南园老梅诗篇。王锡爵南园有老梅一株，相传为王锡爵手植，此为地方园林之古物。四方来游者，徘徊树下，多有题咏。道光二十一年，老梅被暴风吹倒，周煜乃请友人绘为图画，并向诗人征集诗歌，一时题咏者甚多。周煜遂辑前人咏花之作、与时人叹逝之篇，合为一集，名曰《鹤梅诗存》。

周　燧

字聚华，号星门。清太仓人。两应省试不售，病瘵卒。

栖凤舫小草　集部别集类　佚

见《娄水琴人集》。

顾之敬

字定三，号曲溪。清太仓人。

野蛩吟　集部别集类　佚

见宣统《太仓州志》卷25。

曲溪遗稿1卷　集部别集类

清嘉庆十三年(1808)刻本，上海图书馆藏。

毕宪曾

字季瑜，号静山。清太仓人。泷子。乾隆六十年(1795)举人。少为外舅顾光旭所赏，诗文得其指授。中岁所诣益精。文学唐、归，诗学韩、杜。性落拓，家人生产置不问，日坐卧一榻，读书饮酒不辍，卒年70。

论语广注2卷　经部四书类

(1) 清嘉庆八年(1803)培远堂刻本，国家图书馆、上海图书馆藏。

(2) 2016年学苑出版社出版《稀见清代四部辑刊》本。

按:彭元瑞序。

揖山楼诗集　集部别集类

清培远堂刻本,上海图书馆藏,苏州大学图书馆藏。

王家治

清太仓人。

四书佐议　经部四书类　佚

管蠡录　子部杂学类　佚

见民国《镇泽县志》卷11。

陆与庄(1765—1832)

字孟嘉,号晓台。清太仓人。云海子。

红泪痕诗钞　集部别集类　佚

见《平原陆氏宗谱》卷19。

李锡恭(?—1814)

字协襄,号蘅塘。清镇洋人。壆长子。少年奋志读书。嘉庆元年(1796)进士,改庶吉士,授编修。九年,驾幸翰林院赐宴联吟,锡恭赋诗以进,赏甚厚。历官至侍讲学士。以疾归。

退直诗存　集部别集类　佚

见宣统《太仓州志》卷25。

蘅塘诗草　集部别集类

见《娄水琴人集》。

墨卷约选不分卷附补编　集部总集类

清嘉庆五年映雪斋刻本,苏州大学图书馆藏。

俞　熊

字毅夫,号芑亭。清太仓人。乾隆四十八年(1783)举人。山东侯补知县。

艺亭诗稿　集部别集类　佚

见《娄水琴人集捃遗》卷3。

李锡信

字盈孚，号恂斋。清镇洋人。乾隆四十八年(1783)举人。未仕而卒。植品清峻，学术湛深。

恂斋诗草　集部别集类　佚

见《娄水琴人集》。

李锡惠

字霑九，号云槎。清镇洋人。嘉庆六年(1801)举人。至性过人，文词笃雅。

云槎诗草　集部别集类　佚

见《娄水琴人集》。

李锡晋

字奕蕃，号逸帆。清镇洋人。嘉庆六年(1801)举人。学术弘富，帖括风行一时。

逸帆遗草　集部别集类　佚

见《娄水琴人集》。

王首善

字邦千，号来民。清太仓人。锭子。

鸾啸轩诗草　集部别集类　佚

见《娄水琴人集》。

王葆善

字勉淳,号补亭。清太仓人。琸子。诗文皆有程式,屡试不售,中年病卒。

补亭诗草　集部别集类　佚

见《娄水琴人集》。

胡一骐

字轶群,号碧梧。清镇洋人。鸿藻子。诸生。

碧梧诗钞　集部别集类　佚

见《娄水琴人集》。

胡一鹤

字飞天,号霁山。清太仓人。

霁山诗稿　集部别集类　佚

见《娄水琴人集捃遗》卷2。

王梦弼

字有美,一字友美,号晓岩。清太仓人。良谷曾孙。幼不慧,刻苦为学,遂淹通经史。又精《素问》《灵枢》之术。生平喜录朋辈诗,积累成帙。

晓岩诗钞　集部别集类　佚

见《娄水琴人集》。

朱　钧

字君范,号衡轩。清太仓人。毕宪曾序其诗。

惊秋草　集部别集类　佚

见《娄水琴人集捃遗》卷2。

顾明德

字复初，号弇村。清太仓人。少孤，锐志于学，尤善篆刻。

弇村吟稿　集部别集类　佚

见《娄水琴人集捃遗》卷 2。

李锡瓒

初名锡智，字秬香。清镇洋人。壆子，锡恭弟。乾隆五十四年(1789)举人，道光六年(1826)任华亭教谕。工制义，门下有成就者多人。年 81 卒。

六事箴言 1 卷　子部儒学类

清叶玉屏辑　李锡瓒点注　伍孚尹续辑

清道光十三年刻本，浙江师范大学图书馆藏。

濯锦轩制艺 1 卷　集部别集类

清末刻本，苏州大学图书馆藏。

观善斋会课同人试艺不分卷　集部总集类

清末观善斋写刻本，苏州大学图书馆藏。

墨卷脱颖不分卷墨约续刻不分卷三续不分卷　集部总集类

清道光二年至九年濯锦轩刻本，苏州大学图书馆藏。

新科墨卷约选　集部总集类

清嘉庆二十四年(1819)渊渊堂刻本，苏州大学图书馆藏。

制义约选初编不分卷二编不分卷三编不分卷　集部总集类

(1) 清嘉庆十二年刻本，国家图书馆藏。

(2) 清道光间上海扫叶山房刻本，苏州大学图书馆藏。

(3) 清嘉庆十三年松江文萃堂刻本，存二编，上虞市图书馆藏。

考卷约选二集 4 卷　集部总集类

清嘉庆十一年刻本，国家图书馆藏。

近科考卷脱颖集　集部总集类

(1) 清嘉庆二十年濯锦轩刻本,国家图书馆藏。

(2) 清道光八年刻本,上虞市图书馆藏。

(3) 清嘉庆二十五年至嘉庆元年刻本,另有二集不分卷,临海市图书馆藏。

近科巧搭文绳不分卷　集部总集类

清嘉庆十九年刻本,国家图书馆藏。

巧搭脱颖集不分卷　集部总集类

清道光六年映雪斋刻本,上海图书馆藏。

律赋锦心笺释 4 卷　集部总集类

清道光十一年吟香书屋刻本,镇江市图书馆藏。

增选加注能与集不分卷　集部总集类

清李秬香改本　金研香评

(1) 清道光二十一年茹古堂刻本,复旦大学图书馆藏。

(2) 清道光二十八年刻本,上海图书馆藏。

(3) 清古越聚奎堂刻本,绍兴图书馆藏。

(4) 清光绪六年浙绍墨润堂刻本,天一阁藏。

(5) 清浙兰裕源堂刻本,上海图书馆藏。

(6) 清浙宁简香斋刻本,另有增选不分卷,绍兴图书馆藏。

(7) 清同治八年浙省聚贤堂刻本,另有增选不分卷,绍兴图书馆藏。

按:此书翻刻甚多,余版本皆从略。

注释九家诗 11 卷附九家诗读本 1 卷　集部总集类

清李锡瓒评注

(1) 清嘉庆十七年富文堂刻本,河南省图书馆藏。

(2) 清道光五年刻本,题《全注九家诗课合存》,洛阳市图书馆藏。

(3) 清道光十年文德堂刻本,北京大学图书馆。

按:此书疑伪托。

陆受秩(1767—1840)

字台征，号执园。清太仓人。候选布政司理问。

兰石斋诗稿　集部别集类　佚

见《平原陆氏宗谱》卷19。

钱宗韩(1767—1803)

字学之，号雨桐。清太仓人。诸生。工诗善画。

绮望楼遗稿　集部别集类

《食旧德堂家集》本。

吴　簬(1767—?)

字秀文，号竹�。清太仓人。乾隆五十七年(1752)举人。官江宁教谕。

竹筬诗草　集部别集类　佚

见《太仓延陵宗谱》卷14。

顾之政(1768—1827)

字季椿，号拙园。清太仓人。

拙园诗草　集部别集类　佚

见宣统《太仓州志》卷25。

汪彦国

字宁夫，号耐山。清镇洋人。学金子，彦博弟。以诸生入赀，官直隶河间府同知、北运河务关同知。兼擅风雅，以诗名。

心太平居诗钞6卷　集部别集类　佚

见民国《镇洋县志》卷11。

王佩华

字兰如。清太仓人。淦女，汪彦国妻。有夙慧，通四子书，家人以女秀才目之。后学佛持静，自号慈愿居士，精融梵理。

愿香室笔记内编1卷外编1卷杂编1卷附录1卷　子部杂学类

(1) 清刻本，北京大学图书馆藏。

(2) 1921年秋太仓图书馆重刻本，上海图书馆藏。

毕熙曾

字耀裘，号恬山。清太仓人。泷子，宪曾弟。喜吟咏，兼工篆刻。

广堪斋印谱2卷　子部艺术类

清毕泷辑　毕熙曾音释

(1) 清嘉庆元年(1796)刻本，故宫博物院藏。

(2)《故宫珍本丛刊》本。

慧文阁诗集2卷　集部别集类

清宣统三年(1911)木活字本，上海图书馆藏。

王谦六

字大椿，号益亭。清太仓人。嘉莲子，年未20而卒。

凝碧楼小草　集部别集类　佚

见《娄水琴人集摭遗》卷4。

张恕思

清太仓人。

萍庐诗草　集部别集类　佚

见宣统《太仓州志》卷25。

王　洲

字步瀛，号蓬壶。清镇洋人。幼负隽才。未达时，甚贫，无戚容。乾隆六十年(1795)举人。授广东从化知县。卒于任。

退省居诗4卷退省居诗余2卷　集部别集类

清嘉庆二十年(1815)刻本，南京图书馆藏。

王　铣

字振声，号纯庵。清太仓人。恩贡生，官石埭教谕。

周易本宪　经部易类　佚

见民国《镇洋县志》卷11。

可自怡斋诗草　集部别集类　佚

见《娄水琴人集》。

王　钟

字瑶田，号毓山。清太仓人。嘉庆三年(1798)举人。工制举文，授徒练川，以文就正者，户屦恒满。

毓山诗钞　集部别集类　佚

见《娄水琴人集》。

殷悦曾

字彦宾，号帆山。清太仓人。以教授生徒自给。

帆山诗钞　集部别集类　佚

见《娄水琴人集捃遗》卷3。

张应梅

字冠芳，号义方。清太仓人。

蛩鸣集　集部别集类　佚

见宣统《太仓州志》卷25。

武琢堂

清太仓人。

游艺居弈谱1卷　子部艺术类

清武琢堂选

抄本，首有道光元年(1821)王铣序，见《贩书偶记》，未见。

徐　校

字范庄，号石渠。清太仓人。嘉庆十四年(1809)恩贡生。生有高禀，读书嗜古，好为文章，能深明义法。宗仰归有光、汪琬。晚年一意著述。裒辑汉魏六朝宋元明文为一集、国朝文为一集，积百余册。卒年71。

左传乐府1卷　经部春秋左传类

清嘉庆二十五年刻本，上海图书馆藏。

同调编1卷　史部传记类

清道光十七年(1837)刻本，上海图书馆藏。

徐石渠文钞4卷　集部别集类

清道光十二年刻本，南京图书馆藏。

石渠草草录25卷　集部别集类

清嘉庆稿本，常熟市图书馆藏。

金端表

字翼如。清太仓人。

(道光)刘河镇记略14卷　史部地理类

(1) 稿本，上海图书馆藏。

(2)《中国地方志集成》本。

钱宗颖(1769—1805)

字少眉,号许田。清太仓镇洋人。荃子,廪生。诗才倜傥,兼精诗法。与陆学钦、陆学锦、沈端、沈靖、吴本相倡和,称"溪南六子"。

瓯香书屋诗钞 4 卷　集部别集类

1915 年听邠馆刻本,浙江图书馆藏。

溪南倡和集　集部总集类　佚

见民国《镇洋县志》卷 11。

按:陆学锦、陆学钦、沈端、沈靖、吴本、钱宗颖同著。

陆　鸿

字仪吉,号雪舟。清太仓人。祖楚珩,好蓄名人书画,称鉴赏家。鸿濡染久,遂工山水,传神惟肖。性嗜酒。尤工篆刻。

雪舟印谱　子部艺术类　佚

见《璜泾志稿》卷 6。

时世瑞

字静山。清太仓人。

疡科捷径 3 卷补遗 1 卷　子部医家类

(1) 清道光十一年(1831)许闲书屋刻本,南京图书馆藏。

(2) 清光绪十年(1884)娄东时氏养止室刻本,中国医学科学院图书馆藏。

(3) 清光绪十一年刻本,上海图书馆藏。

(4) 清光绪间刻本,作 2 卷,国家图书馆藏。

顾骏业

字蕴生。清太仓人。少孤,从邹以敬学,卒为名诸生。

庄栎遗稿 1 卷　集部别集类

清嘉庆十三年(1808)刻本,上海图书馆藏。

陆楚材

字栋云。清太仓人。

栋云诗　集部别集类　佚

见宣统《太仓州志》卷25。

叶　浩

一名焘,字浩如,号雪桥。清太仓人。博学不试,肆力于诗古文,为诗雄健沉毅,性疾俗如仇,喜交游,善医。嘉庆年授徒里中,惟以咏吟自适。

雪桥吟草初二集　集部别集类　佚

见《双凤里志》。

许廷梧

字凤喈,号竹埤。清太仓人。少失学,既长,始折节读书。诗多哀怨之音。

鸿雪山窗诗草　集部别集类　佚

见《娄水琴人集捃遗》卷2。

张　润

字浚川,号澹泉。清太仓人。候选布政司理问。

拙园诗钞　集部别集类　佚

见《娄水琴人集捃遗》卷2。

张　源

字朝宗,号达泉。清太仓人。附贡生。

于于室诗草　集部别集类　佚

见《娄水琴人集捃遗》卷3。

龚　炜

字锡璜，清太仓人。

亦青山馆诗钞2卷续诗钞1卷　集部别集类

清光绪十九年(1839)刻本，苏州大学图书馆藏。

吴　浩

字宏声。清太仓人。赘婿昆山。子应辰、应奎皆擅文名，见《昆山卷》。

写怀集　集部别集类　佚

见《娄水琴人集捃遗》卷2。

高肯堂

字在增，号兰亭。清太仓人。诗为沈德潜所赏。

兰亭诗集　集部别集类　佚

见《娄水琴人集捃遗》卷2。

王庆韶(1771—1816)

字侣夔，号问樵。清太仓人。耘子。好学能文，兼善画，亦通医理。

绮云楼诗稿　集部别集类　佚

见《娄东太原王氏画系考略》。

盛大士(1771—1839)

字子履，号逸云，又号兰畦道人。清镇洋人。少贫，好读书，声达街巷。嘉庆五年(1800)举人，选山阳教谕。善画山水，得娄东正派。工诗，初尚才情，晚年益臻苍劲。与吴江郭麐相唱和。

大学古训发微　经部四书类　佚

见民国《镇洋县志》卷11。

论语孔注证伪2卷　经部四书类

清丁晏撰　盛大士、刘文淇、刘宝楠注

清稿本，上海图书馆藏。

靖逆记6卷　史部杂史类

(1) 清嘉庆二十五年正道堂刻本，上海图书馆藏。

按：原题兰簃外史撰，兰簃外史乃大士别号。

(2) 清嘉庆二十五年文盛堂刻本，国家图书馆藏。

(3) 清道光元年(1821)刻本，国家图书馆藏。

(4) 清道光二年刻本，国家图书馆藏。

(5) 清道光二十一年文海堂刻本，北京大学图书馆藏。

(6) 清刻本，题《平匪纪略摘录》，浙江大学图书馆藏。

宋书补表4卷　史部史表类

(1) 稿本，南京图书馆藏。

(2)《二十五史补编》本。

游剑门记1卷　史部地理类

《小方壶斋舆地丛钞》本。

泉史16卷　史部金石类

清道光十四年金陵邓文进斋刻本，上海图书馆藏。

溪山卧游录4卷　子部艺术类

(1) 清道光十四年刻本，上海图书馆藏。

(2) 清道光二十九年海宁葛继长抄本，国家图书馆藏。

(3) 抄本，上海图书馆藏。

(4)《东仓书库丛刻初编》本。

(5)《美术丛书》本。

(6)《续修四库全书》本。

(7)《画史丛书》本。

(8)《画论丛刊》本，2卷。

（9）2008年西泠印社《中国历代书学画论丛书》本。

朴学斋笔记8卷　子部杂学类

《嘉业堂丛书》本。

盛大士书札　子部杂学类

清稿本，北京大学图书馆藏。

蕴愫阁诗后集3卷　集部别集类

（1）稿本，上海图书馆藏。

（2）《清代诗文集汇编》本。

（3）稿本，南京图书馆藏。

蕴愫阁诗集12卷续集9卷琴竹山房乐府2卷文集8卷别集4卷　集部别集类

（1）清道光元年至六年刻本，上海图书馆藏。

（2）《清代诗文集汇编》本。

（3）《续修四库全书》本，无《乐府》、诗续集2卷。

按：此书初刻于道光元年，后陆续增刻。《正集》12卷，首都图书馆另藏有抄本。

粤东七子诗6卷　集部总集类

清盛大士辑

清道光二年刻本，潘德舆批，上海图书馆、国家图书馆藏。

淮上唱酬集1卷　集部总集类

清道光元年射阳学舍一枝巢刻本，南京图书馆藏。

按：盛大士自京师南归，息于山阳。自认为"羁迹冷宦"，"樗散瓠落"，遂绝意进取，淡视荣利，惟与淮上人士以吟咏为事。盛大士因将一年来唱酬之篇辑为此集。

南园唱和诗　集部总集类　佚

见民国《镇洋县志》卷11。

阙里孔氏诗抄14卷　集部总集类

清道光二十二年刻本，上海图书馆藏。

竹间诗话8卷　集部诗文评类

(1) 清稿本,天津图书馆藏。

(2)《天津图书馆孤本秘籍丛书》本。

陆　焜(1772—1810)

字复华,号吟竹。清太仓人。工书画篆刻及医家言,书宗赵孟𫖯,善画兰竹。

吟竹诗草　集部别集类　佚

见《平原陆氏宗谱》卷19。

江蟾香(1772—1820)

字湘华。清吴县人。梅女,钱宗韩继室。

静虚楼吟草1卷　集部别集类

(1) 清道光二十四年(1844)刻本,馆藏地未详。

(2)《食旧德堂家集》本。

(3) 2018年国家图书馆出版社《清代闺秀集丛刊续编》本。

王开云(1772—?)

清太仓人。文雄子。袭子爵。官至山东盐运使。

王壮节公年谱1卷　史部传记类

(1) 清嘉庆十九年(1814)初刻本。

(2) 清道光十四年(1834)刻本,作《王玉溪年谱》,清华大学图书馆藏。

(3) 清咸丰四年(1854)王凤翥刻本,浙江图书馆藏。

(4)《北京图书馆藏珍本年谱丛刊》本。

按:是谱开云为其父文雄撰。谱后有文雄弟士杰及开云二跋。又有其孙凤翥跋。

陆锡眉(1773—1835)

字昌鲁,号悔庵。清太仓人。嘉庆十五年(1810)举人,任教官,精制举业,为稠人宗师。

儒门法要8卷　子部儒家类　佚

钝夫诗文钞　集部别集类　佚

见《平原陆氏宗谱》卷19。

课徒草1卷　集部别集类

清末抄本,苏州大学图书馆藏。

张　铎(1774—1822)

字子木,又字椒卿,号春庐。清镇洋人。师萧揆。乾隆五十九年(1794)副贡生。生有异质,怀才负气。然屡试不就,纵情诗酒以卒。生平博闻强记,诗笔绮丽,尤工乐府。后卜居虞山,孙原湘、吴卓信、黄廷鉴辈皆慕与交,著述懒不收拾。诗稿子询之辑。

春庐诗稿　集部别集类　佚

芬若楼诗文钞　集部别集类　佚

以上2种见民国《镇洋县志》卷11。

芬若楼四六文钞2卷　集部别集类

清道光十六年(1836)镇洋张氏刻本,国家图书馆藏。

陆　燝(1774—1824)

字曙辉,号春堂。清太仓人。

罗阳漫草　集部别集类　佚

见《平原陆氏宗谱》卷19。

陆　荣(1774—1840)

字叔华,号守雌。清太仓人。焜弟。云南昆明县丞,普洱、广南等附经历。因病乞归，过常州天宁寺，遂出家。

轶尘和尚语录　子部佛教类　佚

见《平原陆氏宗谱》卷7。

王若凤

字瑞庭，号梧冈。清太仓人。诸生。与盛大士有唱和。

梧冈诗草　集部别集类　佚

见《娄水琴人集捃遗》卷3。

钱以庄

字礼临，号心白。清太仓人。琥子。好吟咏。

梦香诗草　集部别集类　佚

见《娄水琴人集捃遗》卷3。

钱衡赏

字观治，号既堂。清太仓人。

秋水舫稿　集部别集类　佚

见《娄水琴人集捃遗》卷3。

胡启隆

字仁乐。清太仓人。弱冠即弃举子业，专力于诗，多清隽之作。

访秋小草　集部别集类　佚

见《娄水琴人集捃遗》卷3。

孙　益

字受之，号漱石。清太仓人。终身不娶，有牧犊子之风。

漱石未定草　集部别集类　佚

见《娄水琴人集捃遗》卷4。

顾思义

字仁仲。清太仓人。燕诒五世孙。增生。长于训诂,曾疏证《尔雅》数十万言。尤嗜《易》,旁通奇壬,于桑梓文献掇拾甚富,多所考证。卒年60余。

娄地全图　史部地理类

清顾思义辑　邵廷烈绘图

清道光十四年(1834)邵氏刻本,南京图书馆藏。

(吴)梅村先生年谱　史部传记类

清顾师轼编　顾思义订

见"顾师轼"条。

周忠介公烬余集3卷年谱1卷　集部别集类

明周顺昌撰　顾思义校

清光绪二十九年刻本,嘉兴市图书馆藏。

味菜庐丛刻4种　丛书类

清顾思义辑

清味菜庐木活字本,北京大学图书馆藏。

浦毓秀

字嘉生。清太仓人。居沙头里。精于外科肿毒,有甚重可生甚轻不治者,一见能决。

外科神效方　子部医家类　佚

见宣统《太仓州志》卷25。

汪元望

字永年,号古亭。清钱塘人,移居太仓。乾隆四十年(1775)进士。衢州府教授。

唾珠轩试帖　集部别集类　佚

见《娄水琴人集捃遗》卷2。

汪元瑞

字虋仙。清太仓人。学金女。青浦徐尌妻。

眉幢诗稿2卷　集部别集类　佚

见《青浦闺秀诗存》。

吴金润

字兆霖,号石帆。清镇洋人。开基子。嘉庆五年(1800)举人。以诗名于时,晚官兴化训导,卒。

观海楼诗稿1卷　集部别集类

(1) 清道光刻本,南京图书馆藏。

(2) 清刻本,3卷,南京图书馆藏。

刘瀛客

字用之,号慵鹤。清太仓人。早岁孤贫,废举子业。嗜琴工画,砚食自给。学诗于苏加玉。

慵鹤诗草　集部别集类　佚

见《娄水琴人集》。

谈　芳

字林一,号筠州。清太仓人。与弟谦斋齐名,有“双丁”之目。

艺兰轩诗稿　集部别集类　佚

见《娄水琴人集》。

谈　英

字茂三,号谦斋。清太仓人。芳弟。嘉庆三年(1798)举人。后为虞山诸书院山长,以古学授生徒,不沾于帖括。

停雲馆诗草　集部别集类　佚

见《娄水琴人集》。

璜溪诗存4卷　集部总集类　佚

见宣统《太仓州志》卷25。

闻芝玉

字紫卿。清太仓人。太学生闻谨然长女，熊炳妻。姊妹三人皆有才，而芝玉尤敏。嫁数年卒。

凝香存稿　集部别集类　佚

见《娄水琴人集》。

王文潞

字介人。清镇洋人。锡康子。乾隆五十九年(1794)举人。性聪颖，未弱冠，补诸生。王昶主娄东书院，授以诗法，能窥唐人门径。词以姜夔、张炎为宗。早卒。

羲亭诗钞二集　集部别集类　佚

诗余1卷　集部词曲类　佚

以上2种见宣统《太仓州志》卷25。

黄保泰

字持盈，号平台。清太仓人。乾隆五十九年(1794)举人。

临流书屋诗集　集部别集类　佚

见《娄水琴人集捃遗》卷3。

施鹏翀

字云翼，号南池。清太仓人。躬耕璜溪之西，吟咏自得。

效吟草　集部别集类　佚

见《娄水琴人集捃遗》卷2。

周　镜

字凤藻，号蓉庄。清太仓刘河人。选北通州大兴教谕。

蓉庄文　集部别集类　佚

步叶吟诗集　集部别集类　佚

以上 2 种见《刘河镇纪略》。

李文在

字绍纲，号雅堂。清太仓人。精医理。

雅堂诗草　集部别集类　佚

见《茜泾纪略》。

李静甫

名元吉，字德方。清太仓人。诸生，工书法。

沧浪吟稿　集部别集类　佚

见《茜泾纪略》。

严惹思

字谨人，号祇亭，别号湘槎。清太仓人。县庠生。

吟秋草　集部别集类　佚

见《茜泾纪略》。

施鹤诏

字应征，号青田。清太仓人。吕宾少子。性巧慧，工山水人物花鸟。喜篆刻诸技。又工隶书，制砚尤精，为时所重。后致疾，年 38 卒。

青田诗草　集部别集类　佚

见道光《璜泾志稿》卷 6。

萧　瑜

清太仓人。

吴楚纪游诗　集部别集类　佚

见道光《璜泾志略》卷6。

李　诚

字征久。清太仓人。好学耽诗，苦吟不辍。与许廷鑅称莫逆。

资噱集　集部别集类　佚

见宣统《太仓州志》卷25。

按：许廷鑅序略称：征久五古笔清近古，近体清便和雅，不坠宋人叫器粗率之习。

陆　燿

字芳三，号寄瓢。清太仓人。熼弟。早卒。

学吟小草　集部别集类　佚

见《平原陆氏宗谱》卷19。

陆文彬(1776—1832)

字廷彦，号竹江。清镇洋人。宗麟父。嘉庆二十四年(1819)恩贡生。工制举业，旁及隶楷。困于省试。赠奉政大夫、江浦县教谕。

观槿居时文1卷　集部别集类

清陆文彬撰　王宝仁辑

清道光十八年(1838)刻本，苏州大学图书馆藏。

试帖金针8卷　集部别集类

清陆文彬撰　王宝仁、葛其仁校

清嘉庆二十三年戏墨斋刻本，苏州大学图书馆藏。

心斋诗稿合刻　集部别集类

清刻本，中山大学图书馆藏。

观槿居古文稿　集部别集类

戏墨斋吟稿　集部别集类

以上2种见《平原陆氏宗谱》卷19。

王大业

字楚望。清太仓人。

湘洲诗草　集部别集类　佚

见《娄水琴人集捃遗》卷2。

张大勳

字云路，号毅轩。清太仓人。

豫东游草　集部别集类　佚

见《娄水琴人集捃遗》卷2。

邵廷烈

字子显，又字伯扬，号退闲外史。清镇洋人。扬州训导。才学富赡，尤留心桑梓文献，极意蒐罗。龚自珍曾为其所辑《娄东杂著》作序。

穿山小识2卷　史部地理类

清邵廷烈辑　周煜补遗

(1) 清道光十九年(1839)刻本，苏州图书馆藏。

(2) 清光绪三十一年(1905)抄本，南京博物院藏。

(3) 1卷，《小方壶斋舆地丛钞补编》本。

(4)《中国地方志集成》本。

按：穿山，位于太仓县东北20公里，在今太仓市归庄镇内。道光间，里人王宝仁、周煜等纂辑《娄水文征》，将所见诗文有关穿山的内容全部抄录，赠予邵廷烈，属其编纂一书。道光十九年，邵廷烈在扬州学舍，将书编成，分为两卷。卷上山图、山考、古迹、第宅、园林、冢墓、选举、列传(列女附);卷下集诗、集文。详于人物、诗文而略于考证,故称小识。其卷上山考、古迹等收入《小方壶斋舆地丛钞补编》。此书付梓之后,尚有遗漏,道光二十一年,周煜又将其手录诗文以及朋辈题咏之作,汇成《补遗》一编,邮寄邵氏,以备续刻。

穿山小识补遗 1 卷　史部地理类

(1) 清道光十九年刻本,苏州图书馆藏。

(2) 清抄本,南京图书馆藏。

(3) 清光绪忏庵抄本,苏州图书馆藏。

(4)《中国地方志集成》本。

七省沿海全图 1 卷　史部地理类

清东台周北堂氏绘　邵廷烈校刻

(1) 清道光二十三年套印本,国家图书馆藏。

(2) 清同治五年(1866)但培良校勘重刻本,国家图书馆藏。

娄地全图 1 卷　史部地理类

清顾思义辑　邵廷烈绘图

清道光十六年棣香斋刻本,北京大学图书馆藏。

成仁谱 26 卷　史部传记类

清盛敬辑　赵兆熙、邵廷烈编校

清道光二十五年邗江刻本,南京图书馆藏。

饲鸠纪略一卷　史部政书类

(1)《娄东杂著》本。

(2) 2015 年凤凰出版社出版《江苏近现代社会救济与慈善文献丛刊》本。

竹西吟草 1 卷唐史乐府 1 卷　集部别集类

清道光二十二年棣香斋刻本,上海图书馆藏。

娄东杂著(一名棣香斋丛书)56 种　丛书类

清邵廷烈辑撰

(1) 清道光十三年太仓东陵氏刻本,国家图书馆藏。

(2) 1990年江苏广陵古籍刻印社影印本。

(3) 2018年广陵书社影印本。

子目从略。

娄东杂著续刊(一名棣香斋丛书续刊)6种　丛书类

清道光二十五年竹西锄蓿馆刻本,北京大学图书馆藏。

孙　理

字绪之,号少初。清镇洋人。廪生。工词赋,性嗜饮。中岁侨居常熟,与其地名人为诗酒会,极酣嬉淋漓之致。不事生产,卒病酒而亡。

半帆居诗集　集部别集类　佚

见宣统《太仓州志》卷25。

国朝律赋新机初集1卷二集1卷续集1卷　集部总集类

清孙理辑　胡玉树、胡金栻注

(1) 清嘉庆十六年(1811)书业堂刻本,苏州大学图书馆藏。

(2) 清务本堂刻本,有余集4卷,浙江图书馆藏。

九家诗读本1卷　集部总集类

清孙理选

清道光元年(1921)扫叶山房刻本,浙江图书馆藏。

按:选吴锡麒、梁上国、法式善、王芑孙、雷维霈、何元烺、王苏、李如筠、何道生九家诗,实源自王芑孙《国朝九家诗笺》。此书疑伪托。

王春华

字萃芬。清太仓人。肇后人。

锦园诗草　集部别集类　佚

见《娄水琴人集捃遗》卷4。

王曾茂(1777—1854)

字如柏。清太仓人。宬曾孙。道光二年(1822)举人。嗜学,师妻父陈震，经义务为高浑。屡困棘围，乃降格相就举乡试，年46矣。诗出入苏陆。性尤简重，绝口名利，晚主安道书院讲席，乡里推为导师，卒年78。

谈昔轩诗存1卷　集部别集类　佚

见宣统《太仓州志》卷25。

按：兵毁尽佚，其孙王祖畬多方搜求，仅存百首。

近科会墨不分卷　集部总集类

清道光六年王曾茂抄本，南京图书馆藏。

倪景曾

字亦鲁。清镇洋人。监生，精畴人术，湛思布算，常彻夜不寐。嘉定钱大昕《三统术衍》，最称善本，景曾著为《图说》。殁后，《三统术衍图说》有缺佚，顾思义衍而补之。

周官田禄考补正3卷　经部周礼类　佚

见《清史稿·艺文志补编》。

春秋集解　经部春秋总义类

汉书律历志补志　子部历算类　佚

以上2种见民国《镇洋县志》卷11。

三统术衍图说　子部历算类　佚

见咸丰《壬辰志稿》本传。

陈　钦

清太仓人。

闻见录　子部小说类　佚

见宣统《太仓州志》卷25。

萧　奎

字星章，号春岩。清太仓人，后迁常熟。少而秀朗，与弟柳塘称双璧，皆早卒。

巢凤居诗草　集部别集类　佚

见《娄水琴人集捃遗》卷4。

王　沼

字涵碧，后改名灦。清太仓人。性沉静，春秋佳日，吟咏不辍。

分秀阁集古　集部别集类

民国间刻本，北京师范大学图书馆藏。

玉臞阁诗草　集部别集类　佚

见宣统《太仓州志》卷25。

武林游草1卷　集部别集类

清嘉庆间刻本，南京图书馆藏。

分秀阁词　集部词曲类

玉臞阁诗余　集部别集类

以上2种见《词综补遗》卷36。

杨正源

字子泉，号晓村。清太仓人。李锡瓒弟子。

子泉诗草　集部别集类

见宣统《太仓州志》卷25。

娄水三家诗　集部总集类

清徐元润、杨正源、钱宝琛撰

清刻本，苏州图书馆藏。

按：收杨正源《静观堂诗稿》3卷。

杨云煜

字宿占，号耕伯。清太仓人。乾隆五十四年（1789）举人。官滁州来安训导。经学得钱大昕、卢文弨指授，为文典丽有则。

滁东宦游草　集部别集类　佚

见《娄水琴人集》。

杨云璈

字钧再,又字叔温。清太仓人。嘉庆十一年(1806)岁贡生。为文博丽。江宁布政使康基田采风八郡,拔冠其曹,招至金陵。偕江左能文士读书瞻园,学益进。性简贵,内行敦笃。丁母忧后弃举子业。肆力于诗,尤工骈丽。晚举孝廉方正,不就。卒年70。

鸳水仙缘传奇(上元灯传奇)　子部小说类

(1) 1960年太仓严瀛抄本,国家图书馆藏。

(2) 抄本,南京图书馆藏。

按:以朱彝尊《风怀诗》二百韵本事为此小说,仅有钞本。

来锡楼诗文稿　集部别集类

见民国《镇洋县志》卷11。

杨云沅

字蘅洲。清太仓人。

清芬轩诗草　集部别集类　佚

见《娄东诗派》卷27。

金　鳌

字载瀛。清太仓人。

菊隐诗　集部别集类　佚

见宣统《太仓州志》卷25。

按:《太仓州志》又收金鳌《亦坡诗草》一种,亦云金鳌撰,鳌字阳伯,疑即一人。

屠奉诰

字春君，号南塘。清太仓人。生员，尝校订嘉庆《太仓州志》。

重雅　子部杂学类　佚

见民国《镇洋县志》卷25。

任　楷

字端士，号稊庵。清太仓人。一泓子。工医，求者满座。

续米颠志林　史部传记类　佚

见道光《直塘里志》卷5。

凌朝宗

字会荆，号梅冈。清太仓人。本裕子。能文，试不售，郁郁而殁。

直水闻见汇钞　集部别集类　佚

见道光《直塘里志》卷5。

时宝臣

字子白。清太仓人。嗜学多闻，制科之暇，留心乡邦文献。

直塘里志6卷　史部地理类

清时宝臣、凌德纯撰

(1) 稿本，南京图书馆藏。

(2) 清同治间抄本，上海博物馆藏。

(3) 清抄本，苏州图书馆藏。

(4)《苏州掌故丛书》本。

双凤里志8卷　史部地理类

清时宝臣纂修

(1) 清抄本，6卷，南京博物院藏。

(2)《娄水艺文汇抄》本。

(3) 1989 年江苏广陵古籍刻印社影印本，6 卷，复旦大学图书馆藏。

(4)《中国地方志集成》本。

冯　兰

字仲襄。清太仓人。毕沅孙长庆妻，毕荫玢母。

远香榭稿　集部别集类

《河间诗集》本。

闻秀玉

字餐霞。清太仓人。谨然季女，熊炳继室。工诗，善画。夫死后，逾期亦亡。

蕉窗闲味　集部别集类　佚

见《娄水琴人集》。

王　玭

字西文。清镇洋人。

树萱居文稿 2 卷　集部别集类

清道光三年(1823)刻本，馆藏地未详。

树萱居遗诗选 1 卷　集部别集类

少仙长短句 1 卷　集部词曲类

清道光十七年恬古吟馆刻本，南京图书馆藏。

按：《全清词钞》卷 22 收其词 2 首。

陆　喆(1779—1827)

字匠成，号春锄。清太仓人。锡田长子。

广游草　集部别集类　佚

蠹余草　集部别集类　佚

以上2种见《平原陆氏宗谱》卷19。

王履基(1779—?)

字葆初,号云门,又号洞阳子。清镇洋人。淦子,王祖畲叔祖。嘉庆五年(1800)举人。补陕西肤施知县、石泉知县。天姿敏赡,纪闻赅博,工笔札,书词华美。

云门诗草　集部别集类　佚

洞阳九种词　集部词曲类　佚

按:王祖畲序。《片玉山房词话》云其“自以为得词中三昧,故刻词稿而不刻诗集”,词稿刻本未见。

以上2种见民国《镇洋县志》卷11。

阑露词　集部词曲类　佚

翠寒巢体物词　集部词曲类　佚

正味遗音　集部词曲类　佚

以上3种见《词综补遗》卷36。

钱凤城(1780—1823)

字在郊,号云巢。清太仓人。

云巢诗钞　集部别集类　佚

见《太仓钱氏彭城世谱》卷6《著述录》。

金国莹(1782—1839)

字星如,号菉乡。清太仓人。闻鹤子。廪贡生,候补训导。工词赋,与同里陆元文、杨正源读书汪氏趣园。

止吉祥居诗稿3卷　集部别集类

(1) 清道光二十一年(1841)刻本,上海图书馆藏。

(2) 清同治十年(1871)金氏刻本,复旦大学图书馆藏。

吴 恺

字敦和,号静庵。清太仓人。玉韶从孙。少有文誉,早殁。

静庵诗草 集部别集类 佚

见《娄水琴人集》。

王凤翽

字逸云,号小香。清太仓人。年少能诗,长与诸先辈游,与王履基等尤契。诗宗剑南,出入香山。与张铎齐名,称张王。

小香诗草 集部别集类 佚

见《娄水琴人集》。

张 纬

字冠勳,号小渠。清崇明人,侨居太仓。尝问业张郝元、盛大士。年未40而卒。

子经吟草 集部别集类 佚

见《娄水琴人集·寄寓》。

顾登衔

号春洲。清太仓人。王霖子。诸生。刻苦攻诗,传其家学,困顿不遇。曾为清金端表《刘河镇纪略》添注。

半桐居诗钞 集部别集类 佚

见民国《镇洋县志》卷11。

毕华珍

字子载,初名乔珍,字松心,一号子筠,别号少弇山人。清镇洋人。沅侄孙,宪曾子。嘉庆十二年(1807)举人,官浙江淳安、龙游、慈溪知县。少承家学,诗古文沈博绝丽。工画山水,尤工吟咏,名早列乾嘉诗坛，又能曲，与舒位交好。罢官后以诗酒自娱。晚岁养病嘉兴，与秀水王昙为忘年交，曾登其烟霞万古楼。年70余卒。

律吕元音1卷　经部乐类

(1)《小万卷楼丛书》本。

(2)《丛书集成初编》本。

(3)《续修四库全书》本。

采真子衡论1卷附或问　子部杂学类

(1)清刻本，上海图书馆藏。

(2)《稀见清代四部辑刊》本。

用兵异宜二篇　子部兵书类　佚

见宣统《太仓州志》卷25。

梅巢杂诗1卷　集部别集类

清咸丰刻本，浙江图书馆藏。

少弇山人诗二录□卷　集部别集类

清活字本，苏州图书馆藏。

少弇山人文集　集部别集类

见宣统《太仓州志》卷25。

当垆　集部词曲类

拥髻　集部词曲类

以上2种见汪允庄《自然好学斋集》，一说舒位作。

列子御风　集部词曲类

见《今乐考证》。

陆麟书(1785—1839)

字薮庭，号子愉。清镇洋人。道光十二年(1832)顺天举人。早失怙，事母以孝。祖元迈以诗名，麟书取所藏遗稿，朗朗成诵。稍长能诗，歌行、杂体卓然成家。文出入汉魏，宏深苍健，雄视一时。客游江西卒。

夏小正诂　经部礼记类　佚

见民国《镇洋县志》卷11。

丸熊小记　子部儒学类　佚

见《平原陆氏宗谱》卷19。

胥屏山馆诗存2卷文存2卷　集部别集类

《清颂堂丛书》本。

钱宝琛(1785—1859)

字楚玉，又字伯瑜，晚号颐寿老人。清太仓人。嘉庆二十四年(1819)进士，改庶吉士，散馆授编修。道光元年(1821)督学贵州，十一年授归德知府，历浙江督粮道、云南按察使、浙江布政使。十七年擢湖南巡抚，明年改江西。二十一年调赴湖北，未赴移疾归。为人严以律己，宽以御众。归里后以诗人提倡后进者垂20年，尤留心桑梓事，辑州志，兴水利，树桑育蚕，不惮躬为倡率，乡里称之。

存素堂奏疏4卷　史部政书类

《钱颐寿中丞全集》本。

壬癸志稿28卷　史部传记类

(1)《钱颐寿中丞全集》本。

(2)《江苏人物传记丛刊》本。

存素堂文稿4卷补遗1卷诗稿14卷续编4卷颐寿老人年谱2卷　集部别集类

(1)《钱颐寿中丞全集》本。

(2)《清代诗文集汇编》本。

食旧德堂家集6种　集部总集类

清钱曰铭辑　钱宝琛校订

(1) 1916年听邠馆重刻本，上海图书馆藏。

(2) 2015年国家图书馆出版社出版《清代家集丛刊》本。

娄水三家诗　集部总集类

清徐元润、杨正源、钱宝琛撰

清刻本，苏州图书馆藏。

按：收《存素堂诗稿》4卷，即《磨铁集》《春明集》《尘海集》《乘槎集》各1卷。

钱颐寿中丞全集　丛书类

清同治七年(1868)至光绪六年(1880)钱鼎铭刻本，上海图书馆藏。

子目见上。

周曰坚

字子贞。清镇洋人。僖从子。监生。由誊录官浙江芦沥场大使。豪于才，倔强自喜，下笔辄数千言，人服其敏健。

石榴花馆诗草　集部别集类　佚

见宣统《太仓州志》卷25。

王佩香

字紫兰。清太仓人。淦女，周曰坚妻。

丽晓楼诗钞　集部别集类　佚

见宣统《太仓州志》卷25。

浦　莲

字君香。清嘉定人。应桂女，王文溥室。事姑孝，姑亡，越十日亦亡。

君香遗诗　集部别集类　佚

见《娄水琴人集·闺雅》。

祝希湛

字酿花。清崇明人。祝湘珩女。周曰坚继室。

咏絮阁红余钞　集部别集类　佚

见宣统《太仓州志》卷25。

沈乘麐

字苑宾。清太仓人。武生。隐居教授，工音韵之学。

韵学骊珠 2 卷　经部小学类

(1)《续修四库全书》本。

(2) 清嘉庆元年(1796)枕流居刻本，江苏师范大学图书馆藏。

(3) 清光绪十八年(1892)华亭顾文善斋刻本，上海图书馆藏。

(4) 1924 年上海朝记书庄石印本，北京大学图书馆藏。

(5) 抄本，上海图书馆藏。

黄嘉宾

字廷硕，号松樵。清太仓人。

面圃堂诗草　集部别集类　佚

见宣统《太仓州志》卷 25。

吴　钢

原名宝铭，字慎三，号竹轩。清太仓人。庠生。

壮怀集　集部别集类　佚

弱吟集　集部别集类　佚

以上 2 种见《太仓延陵宗谱》卷 14。

顾晞元

字子雨。清太仓人。王霖子。诸生。刻苦攻诗，传其家学。困顿不遇。曾与里中名宿成立南园诗社，为娄东诗派后起之秀。

且饮楼诗选 4 卷续集 1 卷补编 1 卷　集部别集类

(1) 清道光九年(1829)刻本，无补编，上海图书馆藏。

(2) 清光绪六年(1880)重刻本，上海图书馆藏。

王应鹤

字冠廷。清太仓人。嘉庆二十一年(1816)举人。性耿直,好议论,口如悬河。凡儒家、历算、医卜、释老家言,靡不精究。治经务求要领,不喜穿凿附会,善太极图义,尤善阐发蕴义。中年后教授四方,借脩脯自治,卒年76。

十三经不二字音义　经部群经总义类　佚

正字考　经部小学类　佚

浚刘河议　史部地理类　佚

圣庙从祀考　子部儒学类　佚

语录　子部儒学类　佚

以上5种见宣统《太仓州志》卷25。

孙真人卫生歌注释2卷　子部医家类

清活字本,南京图书馆藏。

燕喜堂遗书十二种　丛书类　佚

见宣统《太仓州志》卷25。

按:内分《性理》二卷,子目六:性理、尚论、阴阳、造化、图书、象数。《经传辨证》九卷,子目九:《易》《书》《诗》《周礼》《仪礼》《礼记》《春秋左氏传》《孝经》《尔雅》。《经书字数核实杂存》一卷,子目五:子集、辟谬、正讹、辨误、摘疵。

钱敬堂

字魏勋,号朴斋。清太仓人。诸生。王应鹤妻弟。潜心理窟,终身不倦。

呓语偶存1卷　子部儒学类

《太昆先哲遗书》本。

陆桴亭先生学录1卷　子部儒学类

清道光十年(1830)钱敬堂抄本,南京图书馆藏。

王谦培

字守根，号仲益。清镇洋人。国子生。书画诗词，天然佳妙。才华跌宕，与兄履基相亚。年29疾卒。

刺红花馆诗钞　集部别集类　佚

见宣统《太仓州志》卷25。

陆元文(1786—1831)

字穗书，号子铁。清镇洋人。汪元爵姑子，石韫玉婿。嘉庆十八年(1813)举人，官奉贤训导，升常熟教谕，甫至任即病卒，年46。

谥箫仙馆诗集　集部别集类　佚

见民国《镇洋县志》卷11。

敛斋诗稿4卷　集部别集类

1926年刻本，苏州大学图书馆藏。

蒋希曾

清太仓人。

绿萝香梦斋稿　集部别集类　佚

见宣统《太仓州志》卷25。

徐元润(1787—1848)

字云伯，号秋士。清太仓人。嘉庆十五年(1810)举人。授宜川知县，母忧起补城固，后补白水。兴水利，陕督林则徐称其贤，欲论荐，以疾不果。每以文学饬吏治，每行县，车前执诗文请质者甚众，奖士无余力，士以此德之。元润综核古今，能厉风节。诗初学元、刘。晚才识闳达，不名一家，文超迈拔俗，为时推重。

铜仙传1卷　史部金石类

(1)《蜕学翁遗集》本。

(2)《甲戌丛编》本。

(3)《美术丛书》本。

(4) 清抄本,附《说镜》1卷,上海图书馆、北京大学图书馆藏。

(5) 1930年北平文字同盟社铅印本,国家图书馆藏。

(6) 日本大正四年(1915)铅印本,复旦大学图书馆藏。

(7)《丛书集成续编》本。

徐秋士自述年谱1卷　史部传记类

(1) 清道光三十年(1850)太仓徐氏刻本,国家图书馆藏。

(2) 清光绪十九年(1893)太仓徐氏重刻本,国家图书馆藏。

(3)《北京图书馆藏珍本年谱丛刊》本。

困知长语1卷　子部儒学类

《蜕学翁遗集》本。

摘埴丛钞20卷　子部杂学类　佚

见《徐秋士自订年谱》。

居易肤诠　子部小说类　佚

见宣统《太仓州志》卷25。

蓟门集　集部别集类　佚

见《徐秋士自订年谱》,嘉庆二十五年辑成。

北楼集1卷　集部别集类

《蜕学翁遗集》本。

查口集　集部别集类　佚

见《徐秋士自订年谱》,道光十六年辑成。

汉东集1卷　集部别集类

《蜕学翁遗集》本。

灌园集　集部别集类　佚

见《徐秋士自订年谱》。

观所养斋诗稿2卷　集部别集类

《蜕学翁遗集》本。

南园秋社诗1卷　集部总集类

《蜕学翁遗集》本。

娄水琴人集10集　集部总集类

清徐元润、周煜等辑

清道光十一年娄水周氏闲有余斋刻本，南京图书馆藏。

娄水三家诗　集部总集类

清徐元润、杨正源、钱宝琛撰

清刻本，苏州图书馆藏。

按：收其《观所养斋诗稿》4卷。

蜕学翁遗集　丛书类

(1) 清光绪二十四年徐敦穆刻本，上海图书馆藏。

(2)《清代诗文集汇编》本。

子目见上。

吴中顺(1787—1861)

字懋和，号勉斋。清太仓人。道光元年(1821)举人。精算学，凡古今天文律吕诸书靡不参究，官直隶大城、武清等县，以清廉称，升蓟州知州，以事劾罢职，殁于京师。

勉斋年谱　史部传记类　佚

见《太仓延陵宗谱》卷14。

心逸轩数书8卷　子部历算类

见《清史稿·艺文志补编》。

按：潘遵祁、曹元忠序。内分《开平方法》《开立方法》《平三角宗要》《弧三角总要》《象限测远》《矩度测高远》《方田理法》《量米新法》8种。

心逸轩算法4卷　子部历算类

清光绪二十七年(1901)太仓吴枕善堂刻本，北京大学图书馆藏。

心逸轩算学续集　子部历算类　佚

见民国《镇洋县志》卷11。

按：内分《察纬志》、《中星表》（大城县中星表）、《月令征今》、《交食微》、《假数尺》（假数尺算法）、《大城县日晷录》、《算空心球法》七种。

咏物排律诗　集部别集类

清道光二十九年刻本，苏州大学图书馆藏。

心逸轩集 20 卷　集部别集类　佚

见《太仓延陵宗谱》卷 14。

王景曾（1787—1878）

字元卜，号篆香。清太仓人。少孤力学，有经世才。幕游淮徐、两浙，革漕弊，订盐法，名盛一时。生平笃伦理，厚宗族，尤留心乡村水利。

增释禹贡传注郡邑今名 8 卷　经部尚书类

1923 年王曾武油印本，国家图书馆藏。

汪元爵（1788—1834）

字伯孚，号竺君。清镇洋人。廷玙曾孙，学金孙，彦国子。嘉庆二十三年（1818）举人，道光元年（1821）官内阁中书，二年，考取军机章京，三年成进士。十二年，佐工部穆鹤舫处理淮安民掘堤案，以内阁候补中书兼撰文协办侍读，旋补实缺，充方略馆协修，补刑部山西司主事，迁浙江司员外郎、方略馆纂修，授湖广司郎中、军机处领班、兼方略馆提调。

泾西书屋诗稿 4 卷文稿 2 卷　集部别集类

《清颂堂丛书》本。

王曰申（1788—1841）

原名应绶，字佩章，又字子若。清太仓人。原祁玄孙。诸生。能诗，工山水。与昆山王学浩齐名。又善汉隶篆刻，为南昌万承纪缩摹汉魏分隶百种刻于石砚，金石家争购之。

王子若摹刻砚史手牍 1 卷　子部艺术类

清王曰申撰　钱吾钺辑

（1）清咸丰二年(1852)王相刻本，附《高凤翰砚史年谱》1卷，江苏师范大学图书馆藏。

（2）1962年文物出版社铅印本，附《高凤翰砚史年谱》1卷，国家图书馆藏。

陆　模(1789—1850)

字哲士，一字子范。清镇洋人，嘉庆二十一年(1816)举人。知浙江金华县，以明恕称。调钱塘，勤于政，擢台州同知，历署湖州、杭州知府，升广西南宁府，未赴。

春秋左传今地释　经部春秋左传类　佚

见民国《镇洋县志》卷11。

朝议公自订年谱4卷　史部传记类

清刻本，上海图书馆藏。

枕琴山馆诗稿4卷　集部别集类

清道光二十四年(1844)刻本，南京图书馆藏。

王宝仁(1789—1852)

字研云，一字东璧，清镇洋人。嘉庆二十四年(1819)举人。任六安训导。自幼操作醇谨，获闻钱大昕、王鸣盛两先生绪论，始锐意治经，贯串注疏，衷以义理。尤留意乡邦掌故。与同志编辑《娄水文征》。既官六安，益肆力古学，六安人士咸推重之。年64卒于官。

夏小正传训解4卷戴氏考异1卷通论1卷　经部礼记类

（1）清道光十五年(1835)六安学署刻本，上海图书馆藏。

（2）清同治十三年(1874)王维骥等旧香居刻本，上海图书馆藏。

（3）2016年学苑出版社出版《稀见清代四部辑刊》本。

周官参证2卷　经部周礼类

（1）清道光十六年六安学署刻本，浙江图书馆藏。

（2）清同治十三年王维骥等旧香居重刻本，上海图书馆藏。

古官制考 4 卷　史部政书类

(1) 清道光八年旧香居刻本,上海图书馆藏。

(2) 2016 年学苑出版社出版《稀见清代四部辑刊》本。

王烟客年谱 1 卷　史部传记类

1934 年共读楼抄本,国家图书馆藏。

奉常公年谱 4 卷　史部传记类

(1) 清道光十八年太仓王氏旧香居刻本,国家图书馆藏。

(2)《北京图书馆藏珍本年谱丛刊》本。

(王宝仁自订)行年纪略 1 卷　史部传记类

(1) 清光绪九年(1883)旧香居重刻本,上海图书馆藏。

(2)《北京图书馆藏珍本年谱丛刊》本。

敬梓钞闻 4 卷　史部地理类　佚

见宣统《太仓州志》卷 25。

笔镜 4 卷励学篇重编周兴嗣千字文 1 卷帝京篇重编周兴嗣千字文 1 卷　子部杂学类

1925 年梁溪邹弢影印清旧香居刻本,上海图书馆藏。

按:《励学篇重编周兴嗣千字文》《帝京篇重编周兴嗣千字文》另有《娄东杂著》《千文广辑二十七种》本。

旧香居文稿 10 卷续稿 4 卷　集部别集类

清道光二十一年、二十九年六安学舍刻本,复旦大学图书馆藏。

朱子文钞不分卷　集部别集类

宋朱熹撰　清王宝仁抄

清道光十七年忠恕堂刻本,复旦大学图书馆藏。

观槿居时文　集部别集类

清陆文彬撰　王宝仁辑

清道光十八年刻本,苏州大学图书馆藏。

律赋新机续钞笺注 4 卷　集部总集类

清胡玉树、王宝仁、葛其仁编注

清嘉庆二十二年刻本，苏州大学图书馆藏。

娄水文征 80 卷姓氏考略 1 卷　集部总集类

清王宝仁、陆熯、周煜、季锡畴合辑

(1) 清道光十二年至十六年闲有余斋刻本，上海图书馆藏。

(2) 1991 年江苏广陵古籍刻印社影印本。

娄水琴人集 10 卷附补遗 1 卷　集部总集类

清周煜辑　徐元润、王宝仁等参

清道光十一年娄水周氏闲有余斋刻本，北京大学图书馆藏。

试帖金针 8 卷　集部总集类

清陆文彬撰　王宝仁、葛其仁校

清嘉庆二十三年戏墨斋刻本，苏州大学图书馆藏。

甄引集 4 卷　集部总集类

清道光二十九年六安学舍刻本，上海图书馆藏。

西田诗存　集部总集类　佚

东园诗存　集部总集类　佚

续南园风雅　集部总集类　佚

以上 3 种见宣统《太仓州志》卷 25。

按：《国朝文汇》丙集卷 26 收其文 1 篇。

钱希乔(1790—1816)

字企房，号瀛侣，一号麓樵。清太仓人。

松亭诗草　集部别集类　佚

见《太仓钱氏彭城世谱》卷 6《著述录》。

吴锡迺(1790—1859)

字凡五，号芷芗，一号秬庵。清太仓人。道光二十三年(1843)举人。

秬庵年谱　史部传记类　佚

见《太仓延陵宗谱》卷 14。

吴禄同(1790—1860)

字葆真。清太仓人。与钱伯瑜为中表兄弟,以诗文相砥砺。英人扰粤,常切切,著书数千言,以泄其愤。太平天国事起,恒欲殉国,家人阻之。咸丰十年(1860),死于袁家渡。文稿多散失。

杂著 1 卷古今体诗 2 卷　集部别集类　佚

见《太仓延陵宗谱》卷 14。

陆鼎亨

字凝仲,号宝君。清太仓人。道光二年(1822)举人。平居研读经史,人推读书种子。卒年 36。

觉非录　子部儒家类　佚

日省要言　子部儒家类　佚

涵香诗钞　集部别集类　佚

以上 3 种见《娄水琴人集捃遗》卷 4。

杨文焯

字大烈,号秋田。清太仓人。

燕贻小草　集部别集类　佚

见《娄水琴人集捃遗》卷 4。

王嘉琳

字襄材,号韵桐。清太仓人。以诗著,年 25 病卒。

玲珑馆诗稿　集部别集类　佚

见《娄水琴人集捃遗》卷 4。

胡文复

字敦甫。清太仓人。奉母至孝,以攻苦致疾卒。

枕上吟　集部别集类　佚

见《娄水琴人集摭遗》卷4。

胡陈煦

字恺夫,号柳桥。清太仓人。辞赋清丽,惜早卒,未竟其才。

伴梅居诗草　集部别集类　佚

见《娄水琴人集摭遗》卷4。

张钟秀

字彦廷,号君山。清太仓人。幼擅文誉,年未30卒。

三余吟草　集部别集类　佚

见《娄水琴人集摭遗》卷4。

张　锦

字尚之,号画轩。清太仓人。诸生。早卒。

画轩诗草　集部别集类　佚

见《娄水琴人集摭遗》卷4。

毕绪珍

字楚有,号菉卿。清镇洋人。宪曾子。通甘石家言,亦精中西算术。早卒。

菉卿遗草　集部别集类　佚

见《娄水琴人集》。

毕毓珍

字琢章，号子山。清镇洋人。继曾长子。以孝闻。

迟绿轩遗稿　集部别集类　佚

见《娄水琴人集》。

张步衡

字赋京，号爽斋。清太仓人。润子。笃于善行。

朝爽居草　集部别集类　佚

见《娄水琴人集捃遗》卷3。

张学翰

字又鹰，号莼江。清太仓人。润少子。

莼江賸稿　集部别集类　佚

见《娄水琴人集捃遗》卷4。

钱　森

字畏于，号芳溪。清太仓人。耄犹勤学，年垂80，端坐而化。

芳溪诗草　集部别集类　佚

见《娄水琴人集捃遗》卷4。

黄　镎

字仲穌。清镇洋人。岁贡生。工文词，精隶楷。诗学彭兆荪。同治元年(1862)遇贼，不屈而死。

碧霞山馆诗续集6卷又续集2卷　集部别集类

清道光二十五年(1845)刻本，浙江图书馆藏。

按：正集未见。

胡玉树

字小谢。清太仓人。孙理弟子,精制艺。

曙戒轩诗钞　集部别集类　佚

见宣统《太仓州志》卷25。

按:胡寯年亦有《曙戒轩诗草》,此疑误收,待考。

国朝律赋新机初集1卷二集1卷续集1卷　集部总集类

清孙理辑　胡玉树、胡金栻注

见"孙理"条。

国朝律赋新机续钞4卷　集部总集类

清胡玉树、王宝仁、葛其仁编注

(1) 清嘉庆二十二年(1817)刻本,苏州大学图书馆藏。

(2) 清嘉庆二十二年协盛堂刻本,山东大学图书馆藏。

有正味斋律赋详注4卷　集部总集类

题清吴锡麒撰　胡玉树编注

(1) 清道光五年(1825)务本堂刻本,2卷,义乌市图书馆藏。

(2) 清道光六年一枝山房刻本,苏州大学图书馆藏。

(3) 清道光七年刻本,温州市图书馆藏。

(4) 清光绪二十三年(1897)复古书斋石印本,2卷,建德市图书馆藏。

按:此书有多种版本,其实是伪书,乃坊间据吴锡麒集、林大谔《茧斋诗赋稿》、胡玉树等辑《律赋新机续钞笺注》混编而成。

详注赋学正鹄三集2卷　集部总集类

题清吴锡麒撰　胡玉树编注

清光绪二十五年上海慎记书庄石印本,上海图书馆藏。

按:此书即《有正味斋律赋详注》。

搭截新编不分卷　集部总集类

清缪文溶编　胡玉树参订

(1) 清同治四年(1865)大文堂刻本,上海图书馆藏。

(2) 清光绪十五年来青阁刻本,上海图书馆藏。

毕长豫

字孙竹。清太仓人。熙曾长子。

宝云山馆诗稿 1 卷　集部别集类

清宣统三年(1911)活字本,上海图书馆藏。

王　曦

字季旭,号子梅。清太仓人。诸生。

东海记 1 卷附录 1 卷　集部词曲类

清道光十一年(1831)宛邻书屋刻本,国家图书馆藏。

鹿门词 1 卷　集部词曲类

(1) 清道光刻本,附《塔影楼词》后,南京图书馆藏。

(2)《同声集》本。

朱　氏

清太仓人。枚女,李塈妻。

绣余偶草　集部别集类　佚

见《娄水琴人集》。

王景洙

字子英。清太仓人。

养正录 1 卷复性图 1 卷　子部儒学类

清王景洙辑

《太昆先哲遗书》本。

施涣群

字元吉，号春江。清太仓人。苏加玉入室弟子。

澹宁书屋初稿　集部别集类　佚

见《娄水琴人集捃遗》卷3。

施之勋(？—1835)

字颠颠。清镇洋人。业衣工，尝问学于苏加玉。娴诗。

长春草堂遗诗选1卷　集部别集类

清道光十七年(1837)恬古吟馆刻本，南京图书馆藏。

缪文溶

字瀛海，号菉泉。清太仓人。嘉庆二十四年(1819)举人。以经义教授乡里。学者奉为圭臬。

经案　经部群经总义类　佚

见宣统《太仓州志》卷25。

杏花楼遗稿2卷　集部别集类

清缪朝荃家抄本，南京图书馆藏。

杏花楼试艺　集部别集类

清缪文溶撰　陆世勋等校

(1) 清道光八年(1828)刻本，苏州大学图书馆藏。

(2) 清道光十五年刻本，苏州大学图书馆藏。

搭截新编不分卷　集部总集类

清缪文溶编　胡玉树参订

(1) 清同治四年(1865)大文堂刻本，上海图书馆藏。

(2) 清光绪十五年(1889)来青阁刻本，上海图书馆藏。

王 钜

字辅功，一字竹友。清太仓人。恂祖。由举人任江宁教授，精制举业。贻赠湖南永绥直隶同知。

悔庵先生年谱(王锡康年谱)　史部传记类

清道光年间刻本，上海图书馆藏。

赤霞吟草 2 卷　集部别集类

清同治六年(1867)刻本，上海图书馆藏。

读易斋塾课初编 1 卷续编 1 卷附编 1 卷　集部别集类

清同治十二年刻本，苏州大学图书馆藏。

王 铨

字茹隽，号砚樵。清太仓人。工长短句，在秦七、黄九之间。

听蕉集　集部别集类　佚

怀新集　集部别集类　佚

问潮集　集部别集类　佚

茜湄草　集部别集类　佚

以上 4 种见《娄水琴人集》。

王 锬

字惠夫，号霁岩。清太仓人。铨弟。游历四方，博综古今。

列代谥法考　史部政书类　佚

霁岩诗草　集部别集类　佚

以上 2 种见《娄水琴人集》。

王孙锦

字襄美，号晓亭。清太仓人。国光子。工咏物诗。

晓亭诗草　集部别集类　佚

见《娄水琴人集》。

王梦翔

字念伊，号莘渔。清太仓人。精医学，能起伤寒急症，世传其业。

内经疏释　子部医家类　佚

按：潘道根序之。

沤花旧筑医案　子部医家类　佚

以上2种见宣统《太仓州志》卷25。

赵金灿

清镇洋人。道光二十三年(1843)举人，官清河训导。

拙修斋诗稿2卷　集部别集类　佚

见民国《镇洋县志》卷11。

按：注云："据自序有诗八卷，今仅《剑游集》《东游集》二卷。"

拙修斋杂录10续录4卷　子部杂学类

清抄本，南京图书馆藏。

季锡畴(1791—1862)

字松耘，一字范九，号范卿。清太仓人。诸生。笃嗜经籍丹黄，工文词，出入震川、尧峰之间，晚馆虞山瞿氏，馆中多善本书，锡畴悉为跋，成《藏书志》。

黄仲则先生年谱1卷　史部传记类

清毛庆善撰　季锡畴续纂

(1) 道光二十七年(1847)尚友斋刻本，上海图书馆藏。

(2) 清咸丰八年(1858)武进黄氏刻《两当轩集》附刊本，国家图书馆藏。

(3)《北京图书馆藏珍本年谱丛刊》本。

淡然居笔记　子部小说类　佚

见宣统《太仓州志》卷25。

菘耘文钞4卷　集部别集类

清光绪五年(1879)褎弇阁刻本,上海图书馆藏。

季菘耘文稿不分卷　集部别集类

稿本,南京图书馆藏。

归玄恭文钞7卷　集部别集类

明归庄撰　清季锡畴辑

道光刻本,参见"归庄"条。

杨东里先生题跋1卷题画诗1卷　集部别集类

明杨士奇撰　清季锡畴辑

清同治三年(1864)翁韵兰抄本,上海图书馆藏。

娄水文征80卷　集部总集类

清王宝仁、周煜、陆煐、季锡畴辑

(1) 清道光十二年太仓周煜闲有余斋刻本,南京图书馆藏。

(2) 1991年江苏广陵古籍刻印社影印本,南京图书馆藏。

陆树兰(1793—1817)

字佩之,号香岩。清太仓人。

双梧草堂文集　集部别集类　佚

香岩诗稿　集部别集类　佚

以上2种见《平原陆氏宗谱》卷19。

钱钦浩(1793—1826)

字载川,号复斋。清太仓人。

复斋诗钞　集部别集类　佚

见《太仓钱氏彭城世谱》卷6《著述录》。

钱曰铭

字次先。清太仓人。宝琛侄，宗韩、江蟾香子。贡生。

食旧德堂家集 7 卷　集部总集类

钱曰铭辑　钱宝琛校

1916 年听邠馆重刻本，上海图书馆藏。

按：收钱荃《蝶花庵诗钞》1 卷《诗余》1 卷、钱丙《心晓斋遗诗》1 卷、钱宗韩《绮望楼遗诗》1 卷、江蟾香《静虚楼吟草》1 卷、钱鉽《辛盦诗钞》1 卷、钱曰铭《画溪吟剩》1 卷。

方毓寅

字芑勳，号新田。清镇洋人。毓辰兄。道光二年(1822)举人。幼聪慧，不务章句之学。年 34 卒。

新田诗草　集部别集类　佚

见《娄水琴人集》。

金越凡

字戚士，号子方。清太仓人。落拓不羁，诗多缘情绮丽之作。

沧海吟　集部别集类　佚

萍社集　集部别集类　佚

子方诗草　集部别集类　佚

以上 3 种见《娄水琴人集》。

陆树薰(1795—1833)

字自南，号子愿。清太仓人。道光八年(1828)举人。树兰弟。

郁岩诗稿　集部别集类　佚

见《平原陆氏宗谱》卷 19。

盛征玙(1796—1845)

字聘之。清镇洋人。大士子。州增生,年少质美。未昌其学,以疾卒,年50。

嘯雨草堂集10卷　集部别集类

清道光六年(1826)刻本,上海图书馆藏。

陆长庚(1797—1832)

字宝书,号桂堂。清太仓人。

寒寿山房诗稿　集部别集类　佚

见《平原陆氏宗谱》卷19。

方毓辰(1797—1845)

字迪余,一作荻渔,号笑筠。清镇洋人。诸生。杜门谢客,耽于经籍,日抄数十纸不倦。尝铨择先儒经义,集数十万言藏于家。

毛诗句解析疑14卷　经部诗经类

清抄本,复旦大学图书馆藏。

按:《镇洋县志》作36卷。

顾师轼(1797—1884)

一作思轼,字雪堂,一字景和,号衲云。清太仓泾西人。诸生。性孝友、恬淡。年20余丧妻,不复娶。好吟咏,尤留心乡邦文献。乱后采访死事者为《太镇忠义录》,又辑《节孝录》。教后生必以礼法,谈论乡邦文献娓娓不倦。

梅村先生年谱4卷世系1卷　史部传记类

(1) 清道光二十五年(1845)刻本,上海图书馆藏。

(2)《诵芬室丛刊初编》本。

(3)《四部丛刊初编》本。

(4) 清光绪三年(1877)太仓吴氏重刻本,上海图书馆藏。

(5) 清光绪三年太仓吴氏重刻二十三年重印本,浙江图书馆藏。

(6)《北京图书馆藏珍本年谱丛刊》本。

太镇忠义姓氏录 6 卷　史部传记类

清同治九年(1870)刻本,南京图书馆藏。

按:此为咸丰、同治太平天国战争期间太仓、镇洋两地死难人员名录。卷首有同治九年太仓王祖畬序,云:“寇平之明年,省城开忠义局,采访死事者,并著《昭忠录》刊行通省。先生是书盖依次而作。而畬则更有进焉。夫褒忠奖义,以光泉壤,朝廷之事也。风世厉俗,以起人心,师儒之责也。……畬故特著吾娄被祸之始末,俾后之人论其世,知其事,而有以动其戒慎恐惧之心。”全书分为一门殉难、殉难官绅、殉难士民、殉难妇女、外籍殉难官绅士民妇女、昭忠录传六卷。

太镇节孝姓氏录 6 卷　史部传记类

清光绪刻本,南京图书馆藏。

按:此为江苏太仓、镇洋两地旌表节孝妇女之名录。起自元代,终于清道光十六年。

商司马政绩纪略 1 卷　史部传记类

清太仓缪氏杏香庐刻本,南京图书馆藏。

光绪太仓州志稿　史部地理类

清叶裕仁、顾师轼等编

见“王祖畬”条。

勿惮改斋诗草 4 卷续草 4 卷　集部别集类

(1)《东仓书库丛刊初编》本。

(2) 抄本,国家图书馆藏。

(3)《清代诗文集珍本丛刊》本。

南园诗文征略 4 卷　集部诗文评类　佚

清光绪抄本,南京图书馆藏。

按:此辑时人所咏南园景致,可与清王恭辑《南园风雅》参看。卷首编者所作《南园诗文征略叙》，对南园兴废经过叙之甚详。顾氏叙称："因偕闻孙蓉、缪蘅甫搜罗前后诗文，辑成一编，考见始末。盖窃取《玉山名胜雅集》之义也。"

钱　襄(1798—1843)

字皋谟，号叔云。清太仓人。元熙五子。

望古斋时文稿　集部别集类　佚

见《太仓钱氏彭城世谱》卷6《著述录》。

陆同文(1798—1883)

字芸书，号芝仙。清太仓人。乡饮大宾。

印月楼诗稿　集部别集类　佚

见《平原陆氏宗谱》卷19。

凌锡祺

字葆斋。清太仓人。

陆尊道先生年谱1卷　史部传记类

清凌锡祺编

《陆桴亭先生遗书》本。

光绪太仓州志稿　史部地理类

清叶裕仁、顾师轼、凌锡祺等编

见"王祖畬"条。

毕芸珍

字绛霞。清太仓人。宪曾女，龚炜妻。年25卒。

绛霞楼吟草　集部别集类　佚

见《娄水琴人集》。

黄景濂

字亦宋。清太仓人。道光八年(1828)举人。能诗。父为蜚语所中,几蹈不测,景濂血书陈上,事旋解。

友莲诗稿2卷词稿1卷　集部别集类

清道光刻本,上海图书馆藏。

友莲词稿1卷　集部词曲类

清光绪三十年(1904)抄本,国家图书馆藏。

赵以锟

字凝甫。清镇洋人。王宝仁门人。弱冠补诸生,耽嗜经籍,所论著悉有义据。有志根本之学,尝书《日省录》以自警。卒年仅24。

读左剩语1卷　经部春秋左传类

《娄东杂著》本。

论语集注考证　经部四书类　佚

见民国《镇洋县志》卷11。

闾史琐言1卷　史部地理类

《娄东杂著》本。

复古斋诗文稿　集部别集类　佚

见宣统《太仓州志》卷25。

陶宗亮

字绪先,号归园,别号淡人,又号淡真,晚号悟元老人。清太仓人。国学生。道光二十一年(1841)举于乡。为人品高行洁,遇善不吝,乡党称为德人。好吟咏,主持茜水吟坛。家有多宝楼,藏古玩、奇书、名画无数。卒年92。

续修茜泾志略　史部地理类　佚

见民国《镇洋县志》卷11。

沧江红雨楼诗　集部别集类

清光绪十二年(1886)刻本,上海图书馆藏。

沧江红雨楼丙存草 2 卷　集部别集类

清光绪二十一年石印本,苏州大学图书馆藏。

春梦留痕　集部别集类　佚

半巢吟　集部别集类　佚

以上 2 种见《茜泾纪略》。

王湘筠

字竹卿。清太仓人。徐竹坡妻。卒年 20。

竹乡女史遗诗 1 卷　集部别集类

(1) 清道光七年(1827)刻本,上海图书馆藏。

(2) 清抄本,南京图书馆藏。

毕庭杰

字雄伯,清镇洋人。华珍从子。咸丰五年(1855)顺天举人。

清抱居诗稿 1 卷附 1 卷　集部别集类

清光绪二十四年(1898)刻本,上海图书馆藏。

清抱居剩稿 1 卷　集部别集类

《东仓书库丛刻》本。

苏卓荦

字卓哉,一字立甫,号研甫。清太仓人。加玉孙。未及中年而逝。

半泾社稿　集部别集类　佚

见《娄水琴人集》。

李汝翰

字季汧,号春涛。清太仓人。汝峤兄。淹贯经史,应试不利,赍志以殁。诗不事雕琢，自然婉丽。

相在室诗稿　集部别集类　佚

见《娄水琴人集》。

李汝峤(1800—1855)

字方壶，号少峰。锡恭子。清镇洋人。以拔贡授清河训导。道光十六年(1836)成进士，改庶吉士，散馆授编修，充湖北副考官，入直上书房，督学山东。二十四年，以考差诖误落职。幼承家学，弱冠文誉鹊起，历主书院讲席。官翰林时，与益阳胡林翼、道州何绍基号莫逆，卒年56。

山左星轺随笔3卷　史部传记类

稿本，上海图书馆藏。

澄怀园日记1卷　史部传记类

清缪氏杏香庐抄本，南京图书馆藏。

梦瀛居士自订年谱1卷　史部传记类

清缪氏杏香庐抄本，南京图书馆藏。

蘑香书屋诗稿　集部别集类　佚

见民国《镇洋县志》卷11。

赵兆熙

字轩民，号叔保，一号心农。清太仓人。道光十六年(1836)恩科进士。

成仁谱26卷　史部传记类

清盛敬辑　赵兆熙、邵廷烈编校

清道光二十五年邗江刻本，南京图书馆藏。

行年纪略1卷　史部传记类

清抄本，南京图书馆藏。

聊自娱集诗钞　集部别集类

1927年抄本，南京图书馆藏。

师法编10卷　集部总集类

清道光二十四年刻本，清华大学图书馆藏。

思补过斋残书　丛书类

清赵兆熙辑

清道光年间赵氏思补过斋抄本，上海图书馆藏。

施宫桂

字鸣瑞，号竹亭。清太仓人。若霖从兄。与人交，有始终。五经皆能背诵，教授生徒严正有法。善作诗，不下千余首，盛大士选其可传者编为《竹亭吟草》。年72。

竹亭诗集4卷　集部别集类　佚

见道光《璜泾志略》卷6。

施若霖

字润斋。清太仓人。贡生。课徒之暇，编辑里志。

(道光)璜泾志略8卷　史部地理类

《璜水丛书》本。

赵兆熊

字耳山。清太仓人。诸生。兆熙弟。

瓶守斋集钞2卷　集部别集类

清抄本，中国社会科学院文学研究所藏。

唐诗评林26卷　集部诗文评类

稿本，重庆图书馆藏。

古诗评林6卷　集部诗文评类

清道光二十四年(1844)活字印本，浙江图书馆藏。

钱维钠(1802—1856)

字曰坚,号白斋,又号春衢。清太仓人。墀子。增广生。

率真子文稿　集部别集类　佚

见《太仓钱氏彭城世谱》卷6《著述录》。

陆在丰(1803—1862)

字心培,号坦夫。清太仓人。荣子。考授训导。

紫丁香馆诗稿　集部别集类　佚

见《平原陆氏宗谱》卷19。

汪元浩(1808—1867)

字孟养。清镇洋人。承庆父。中岁目眚,弃举业,专肆力古诗文,于词律尤细,与弟元治唱和,不务雕琢而自然浑雅。

烟村集1卷诗余1卷　集部别集类

清光绪二十七年(1901)刻本,上海图书馆藏。

按:宝山陈如升序略,先生著述,庚申之乱俱已散佚,今所存诗词一卷皆避乱烟村时作,因以名集,共60首。

娄东词派16卷　集部总集类　佚

平阳词抄2卷　集部总集类　佚

红蔻香室词2卷　集部词曲类　佚

双玉词　集部词曲类　佚

结铁网斋词　集部词曲类　佚

以上5种见民国《镇洋县志》卷11。

按:《镇洋县志》既云"汪元浩《红蔻香室词》二卷、《双玉词》",又再起一行云"王元浩《结铁网斋词》",元浩弟元治有室名结铁网斋,疑后元浩乃元治之误。

叶裕仁(1809—1879)

字复三,号涵溪,又号归庵。清镇洋人。咸丰七年(1857)恩贡生。贫而好学,师王宝仁,得问声音文字之学。刻苦为文,力摹震川,因自号归庵。诗、骈体亦骎骎入古。同治初,苏省设局,采访忠义纂昭忠录,裕仁笔为多。事竣,江苏书局延为总校。先后主讲安道、尊道、娄东三书院20年。卒年71。

丧礼易从4卷　经部仪礼类

(1) 抄本,上海图书馆藏。

(2) 1933年铅印本,上海图书馆藏。

光绪志稿　史部地理类

按:此即光绪《太仓直隶州志》,叶仁裕、王祖畲等九人编纂,见"王祖畲"条。

历代沿革舆图20幅　史部地理类

清同治九年(1870)刻本,吉林大学图书馆藏。

(光绪)崇明县志18卷　史部地理类

清林达泉修　叶裕仁纂

清光绪七年(1881)刻本,中山大学图书馆藏。

许松滨先生条答4卷附评条答　子部儒学类

清许锡祺撰　叶裕仁条答

《许松滨先生全集》本。

归庵诗稿3卷文稿8卷　集部别集类

(1) 清光绪八年至九年怀弇阁刻本,上海图书馆藏。

(2)《清代诗文集汇编》本。

弇南老圃诗1卷　集部别集类

清咸丰五年潘道根抄本,上海图书馆藏。

叶征君文钞1卷　集部别集类

清抄本,叶景葵跋,上海图书馆藏。

叶涵溪文稿1卷　集部别集类

稿本，南京图书馆藏。

叶裕仁文集1卷　集部别集类

清抄本，南京图书馆藏。

遵岩先生文钞不分卷　集部别集类

明王慎中撰　叶裕仁编

清抄本，南京图书馆藏。

陆陈二先生诗文钞　集部总集类

清叶裕仁辑

（1）清同治九年刻诗钞，光绪二年合肥蒯德模安道书院刻本，上海图书馆、南京图书馆藏。

（2）清光绪六年镇洋缪朝荃凝修堂刻本，国家图书馆、上海图书馆藏。

按：此书内容为清陆世仪撰《桴亭先生文钞》6卷《续钞》1卷《诗钞》8卷，清陈瑚撰《确菴先生文钞》6卷《诗钞》8卷。

按：《归庵文稿》目录有光绪八年蒋铭勋识，云叶氏另有《诗文字考》3卷、《三家诗考笺释》3卷、《丧服略例》1卷、《劝葬集说》1卷，拟将次第刊刻，皆未见。

唐履旋

字春樊。清太仓人。国学生。喜吟咏。

锄梅山馆诗钞1卷　集部别集类

清道光刻本。复旦大学图书馆藏。

李　纲

字梦园。清太仓人。官太湖千总。

豹囊墨余草　集部别集类　佚

见《茜泾纪略》。

吕家璜

字渭塘。清镇洋人。

秋吟集　集部别集类　佚

见民国《镇洋县志》卷11。

殷瑞玉

字蔼人。清镇洋人。咸丰十年(1860)贡生。

说文解字系传节要　经部小学类

按:金鉽《江苏志文志》作《说文传注辑要》16卷。

景苏小草4卷　集部别集类　佚

以上2种见民国《镇洋县志》卷11。

殷瑞玉硃卷1卷　集部别集类

清刻本,南京图书馆藏。

王　恂

字逸侯。清太仓人。官湖南永绥直隶厅同知。

通鉴纲目引谊正编36卷续编10卷三编6卷　史部编年类

清光绪十八年(1892)刻本,北京大学图书馆藏。

召杜心声4卷　史部政书类

清王恂撰　李霁清编辑　田士俊、胡兆南、吴树声同校

清光绪五年刻本,上海图书馆藏。

按:包括《绥阳鸿印》《民天敬述》《柳衙杂著》《红羊小劫》各一卷。

绥苗漫笔4卷　史部政书类

清光绪刻本,南京图书馆藏。

按:此书与《召杜心声》之关系,尚待考。

孙寿祺(1812—1875)

字锡祉,号子福、侣梅。清太仓人。道光二十四年(1844)进士。授刑部主事、柳州知府,有政绩。

(光绪)海门厅图志20卷首1卷　史部地理类

清俞麟年等修　孙寿祺、王汝骐总纂

清光绪二十六年(1900)刻本,国家图书馆藏。

柳州集　集部别集类

见宣统《太仓州志》卷25。

按:临川李联琇序。

太仓孙子福先生遗草2卷杂文附存1卷　集部别集类

清光绪十九年海阳刻本,浙江图书馆藏。

乐安同怀遗稿　集部总集类

清孙寿铭、孙寿祺等撰

清光绪十七年太仓孙兰坡刻本,苏州大学图书馆藏。

娄东孙氏家集　集部总集类

清孙寿铭、孙寿祺等撰

(1) 1933年铅印本,上海图书馆藏。

(2)《清代家集丛刊续编》本。

按:收孙寿祺、孙寿铭、孙国钧(寿祺侄儿)、孙家魁(寿祺侄孙)四人诗文。

钱世铭(1815—1861)

字警斋。清太仓人。道光二十年(1840)举人,曾任四川奉节、夔县知县。

春风草庐遗稿心白斋剩稿合刻附钱警斋年谱1卷　集部别集类

清钱世铭、钱学铭撰

宣统三年(1911)慎守堂刻本,南京图书馆藏。

按:《春风草庐遗稿》《年谱》,钱世铭撰。

钱警斋年谱 1 卷　集部别集类

(1) 清宣统刻本,见上。

(2)《北京图书馆藏珍本年谱丛刊》本。

汪元治(1816—1882)

字仲安,号珊渔。清镇洋人。元浩弟。长于倚声,尝重梓纳兰容若《饮水词》《侧帽词》。余事及画,时写墨兰,下笔疏朗,自谓与画史迥别。

纳兰词 5 卷补遗 1 卷　集部别集类

清纳兰性德撰　汪元治编辑

(1) 清道光十二年(1832)汪元治结铁网斋刻本,国家图书馆藏。

(2)《中华再造善本》本。

结铁网斋诗稿 10 卷补抄 1 卷附邗庄剩草 1 卷　集部别集类

(1) 清光绪二十一年(1895)刻本,国家图书馆藏。

(2) 1920 年汪曾保刻本,上海图书馆藏。

汪元沼

字寅生。清镇洋人。

邗庄剩草 1 卷　集部别集类

1920 年汪曾保刻本,浙江图书馆藏。

陆增祥(1816—1882)

字魁仲,号星农,一作莘农。清太仓人。廷珪孙。道光二十三年(1843)与兄增福同举于乡。三十年状元,授翰林院修撰。历官湖南辰沅永靖道,有政声,以疾告归。少通六书,好学博览,精金石学。

篆墨集诂 12 卷　经部小学类

稿本,上海图书馆藏,存 6 卷。

按:《平原陆氏宗谱》作 24 卷。

钦取朝考卷　史部传记类

清陆增祥等撰

清光绪刻本,上海图书馆藏。

筠清馆金石记目 2 卷　史部金石类

清吴荣光辑　陆增祥辑目

稿本,上海图书馆藏。

按:《平原陆氏宗谱》作 6 卷。

金石萃编原目　史部金石类

民国间蓝丝栏抄本,国家图书馆藏。

金石萃编 160 卷续编 21 卷目录 3 卷附录 6 卷　史部金石类

1925 年吴兴刘承干希古楼刻本,台湾"中央图书馆"原藏。

金石续编 21 卷首 1 卷　史部金石类

清陆耀遹撰　陆增祥校订

(1) 清同治十三年(1874)毗陵双白燕堂刻本,苏州图书馆藏。

(2) 清光绪间上海宝善石印本,苏州图书馆藏。

(3) 1919 年扫叶山房石印本,浙江图书馆藏。

(4) 台北新文丰出版公司《石刻史料新编》(第一编)本。

(5)《续修四库全书》本。

河南广西云南金石摘录 1 卷　史部金石类

山左金石志目 1 卷　史部金石类

以上 2 种稿本,上海图书馆藏。

粤东金石略目　史部金石类

清陆增祥抄本,上海图书馆藏。

八琼吟馆藏碑目　史部金石类

清抄本,浙江图书馆藏。

八琼室乙卯金石录目 2 卷　史部金石类

八琼室待访金石录 1 卷　史部金石类

八琼室金石文字不分卷　史部金石类

八琼室专录初集1卷后续2卷　史部金石类

清陆增祥、陆继德撰

八琼室金石补正目不分卷　史部金石类

以上5种稿本，南京博物院图书馆藏。

八琼室金石补正节录　史部金石类

稿本，上海图书馆藏。

八琼室金石补正不分卷　史部金石类

(1) 稿本，上海图书馆藏。

(2)《石刻史料丛书》本。

八琼室金石补正130卷祛伪1卷元金石偶存1卷目录3卷札记4卷　史部金石类

(1) 稿本，上海图书馆藏。

(2) 1925年吴兴刘承干希古楼刻本，南京图书馆藏。

(3)《续修四库全书》本。

(4) 1974年台湾文海出版社出版。

(5) 1985年文物出版社影印本。

八琼室甎专研录1卷古专录1卷　史部金石类

(1) 稿本，上海图书馆藏。

(2) 抄本，上海图书馆藏。

楚辞疑义释证8卷　集部楚辞类　佚

红鳞鱼室诗存2卷　集部别集类　佚

以上2种见宣统《太仓州志》卷25。

八琼室文稿不分卷　集部别集类

稿本，叶景葵跋，上海图书馆藏。

吴嘉复(1818—1893)

字紫莼，号敦伯。清太仓人。候选国子监主簿。

寄痴小草诗集　集部别集类　佚

见《太仓延陵宗谱》卷14。

王朝珍(1819—1859)

字诜瑜,号漱梅。清镇洋人。廪贡生。

锦云吟稿　集部别集类　佚

见民国《镇洋县志》卷11。

按:元和颜文彬跋。

陆宗翰(1819—1883)

字维周,号倚云。清太仓人。

梧荫轩诗稿　集部别集类　佚

见《平原陆氏宗谱》卷19。

孙寿铭(1819—1885)

字新甫,号少彭。清太仓沙溪人。咸丰二年(1852)举京兆试,授福建清流知县,权连江,擢台湾南路海防同知。摄鹿港同知、台湾知府、兴化知府,代理福州知府。光绪九年(1883)以省墓归。十一年九月三日,卒于里第,年67。宦闽20年,以兴设书院为先务。自幼至老,好学不倦,上至经史小学,下逮医卜星相、风鉴之术,靡不参究。

毛诗集注　经部诗经类　佚

说文类考　经部小学类　佚

史记测议130卷　史部正史类　佚

以上3种见王祖畲《文贞文集·台湾南路同知孙君墓志铭》。

乐安同怀遗稿　集部总集类

清孙寿铭、孙寿祺撰

清光绪十七年太仓孙兰坡刻本,苏州大学图书馆藏。

娄东孙氏家集　集部总集类

清孙寿铭、孙寿祺等撰

(1) 1933 年铅印本，上海图书馆藏。

(2)《清代家集丛刊续编》本。

按：收孙寿祺、孙寿铭、孙国钧(寿祺侄儿)、孙家魁(寿祺侄孙)四人诗文。

朱锡绶(1819—?)

字啸筠，一作筱云、小云、啸筼。清镇洋人。道光二十六年(1846)举人。曾任湖北枝江知县。

(同治)黄安县志 10 卷首 1 卷　史部地理类

清朱锡绶、袁瓒修　张家俊等纂　陈瑞澜续修

(1) 清同治八年(1869)刻本，国家图书馆藏。

(2) 清同治八年刻光绪八年(1882)续刻，上海图书馆藏。

(3)《北京大学稀见方志丛刊》本。

经验方选不分卷　子部医家类

忻承校正　朱锡绶述

清同治元年颐性堂刻本，杭州图书馆藏。

幽梦续影 1 卷　子部小说类

(1)《滂喜斋丛书》本。

(2)《啸园丛书》本。

(3)《古今说部丛书》本。

(4)《晨风阁丛书》本。

(5)《丛书集成初编》本。

(6)《中华传世名著经典文库》本。

(7) 清光绪七年(1881)长白荣禄略园刻本，国家图书馆藏。

(8) 抄本，上海图书馆藏。

(9) 1917 年上海有正书局铅印本，上海图书馆藏。

沮江随笔 2 卷　子部杂学类

(1) 清咸丰八年(1858)刻本，上海图书馆藏。

（2）清光绪十六年羊城刻本，国家图书馆藏。
疏兰仙馆诗集 4 卷续集 6 卷再续集 4 卷　集部别集类
（1）清光绪三年刻本，国家图书馆藏。
（2）清光绪十六年刻本，上海图书馆藏。
（3）《清代诗文集汇编》本。
古今诗絜不分卷　集部总集类
稿本，上海图书馆藏。

陆宗泰（？—1861）

字耿文。清太仓沙溪人，侨寓常熟。咸丰二年（1852）副贡生。少负隽才，工诗文。十一年，太平军陷州城，与昭文诸乡镇联络抵抗太平军，作讨贼檄，人争诵之。事败，忧愤成疾，九月二十七日绝粒死。
燮堂诗　集部别集类
见宣统《太仓州志》卷 25。
适适吟草 2 卷　集部别集类
清光绪抄本，常熟市图书馆藏。

朱元杜

字静嘉，号秋香。清镇洋县蓬莱镇人。生员。
亦政堂稿　集部别集类　佚
见《蓬溪风雅集》卷 4。

胡廷植

字培云，号吟筠。清太仓人。岁贡生。工制举文。
吟筠诗稿　集部别集类　佚
以上 2 种见《娄水琴人集捃遗》卷 2。

张炼德

清镇洋人。

玉斋诗稿 2 卷　集部别集类　佚

见民国《镇洋县志》卷 11。

陶炳曾

字子麟。清太仓人。贡生。品学兼优，又擅医理。

重修茜泾纪略不分卷　史部地理类

清倪大临纂　陶炳曾补辑

(1) 清同治九年(1870)增补抄本，南京图书馆藏。

(2) 1986 年江苏扬州广陵古籍刻书处影印本。

(3)《中国地方志集成》本。

吴　氏

清太仓人。钟麟女，适朱荣勋。

百红词稿　集部词曲类　佚

见《太仓延陵宗谱》卷 14。

缪兆禧(1822—1873)

字鸿仪，号孙菉。清太仓人。

杏香庐诗稿 2 卷　集部别集类

(1) 清光绪六年(1880)刻本，上海图书馆、南京图书馆藏。

(2) 抄本，国家图书馆藏。

柴文杰

字伯廉，清太仓人。咸丰二年(1852)举人。工诗，精楷隶。不遇于时，年 40 余卒。

明史杂咏2卷　史部杂史类

清光绪三年(1877)刻本,苏州大学图书馆藏。

悔初庐诗稿11卷别集1卷明史杂咏2卷　集部别集类

清光绪二十一年刻本,苏州图书馆藏。

按:柴氏遗著甚多,光绪三年初刊仅《明史杂咏》2卷,光绪二十一年其孙麟书刊毕全帙。

悔初诗选5卷　集部别集类

稿本,复旦大学图书馆藏。

王汝骐(1822—1898)

字骁谋。清太仓人。宾玄孙。清道光二十六年(1846)举人。四试礼部,年未40即绝意进取,授徒养亲,往来南北。历主海门师山书院及娄东安道书院讲席40年。诗赋宗唐宋,风格遒上。

(光绪)海门厅图志20卷首1卷　史部地理类

清俞麟年等修　孙寿祺、王汝骐总纂

(1) 清光绪二十六年(1900)刻本,国家图书馆藏。

(2)《中国地方志集成》本。

藤花馆诗存1卷余存1卷　集部别集类

1919年铅印本,上海图书馆藏。

按:徐敦穆序。

钱学铭(1823—1863)

字少西,号二如。清太仓人。世铭弟。顺天榜举人。

春风草庐遗稿心白斋剩稿合刻附钱警斋年谱1卷　集部别集类

清钱世铭、钱学铭撰

清宣统三年(1911)慎守堂刻本,南京图书馆藏。

按:《心白斋剩稿》,钱学铭撰。

钱彝铭(1823—1878)

字攸之,号叙堂。清太仓人。增贡生。

橘隐轩诗存　集部别集类　佚

浮槎草　集部别集类　佚

听笳草　集部别集类　佚

以上3种见《太仓钱氏彭城世谱》卷6《著述录》。

萧　氏(1823—1889)

清太仓人。陆仲谷室,祖诰母。

自怡室吟稿　集部别集类　佚

见《平原陆氏宗谱》卷19。

钱鼎铭(1824—1875)

字新之,号调甫、定舫。清太仓人。宝琛子。少而劬学,后以州学生举道光二十六年(1846)举人。咸丰初,选赣榆训导,旋援例授户部主事,以丁忧归。时太平天国已建都南京,乃佐曾国藩、李鸿章攻太平军。同治七年(1868)曾国藩疏荐其才大心细,堪膺重任,朝廷命其任直隶按察史,寻迁布政使,越二年升河南巡抚。光绪元年(1875)卒于开封官舍。《清史稿》有传。

钱敏肃公奏疏7卷首1卷　史部政书类

(1) 清光绪六年存素堂刻本,南京图书馆藏。

(2)《清末民初史料丛书》本。

代言集　史部政书类

清钱鼎铭撰　叶尔安代撰

稿本,上海图书馆藏。

张勇烈公(张树珊)行述1卷附列传1卷　史部传记类

清钱鼎铭撰

清同治七年刻本，上海图书馆藏。

颐寿老人年谱 2 卷　史部传记类

清钱宝琛自编　钱鼎铭补辑

(1)《钱颐寿中丞全集》本。

(2)《北京图书馆藏珍本年谱丛刊》本。

碧玲珑馆诗文集　集部别集类

见《太仓钱氏彭城世谱》卷 6《著述录》。

汪承庆(1827—1890)

字葆余，又字馨士、稚泉。清镇洋人。元浩子。咸丰二年(1852)副贡生，授国子监博士。父、叔俱肆力于古文词而词律尤细。承庆濡染家学，精心结撰，诗宗李杜，词法姜张，一字一句推敲尽致，故所造益工。应北京试，名噪甚。朝鲜金某一再请谒，索词以去。同治初佐转运之事，叙功由国学正加五品衔。丁艰归，遂不出。晚主宝山学海书院讲席，士林服其衡鉴。卒年 64。

墨寿阁诗集 4 卷　集部别集类

清光绪二十七年(1901)刻本，德清俞樾序，上海图书馆藏。

墨寿阁词钞 1 卷续钞 1 卷(又名兰笑词)　集部词曲类

(1)《沧江乐府》本。

(2) 清光绪二十八年刻本，上海图书馆藏。

(3) 1918 年刻本，国家图书馆藏。

吴曾英(1828—1875)

字会耆，号东轩。清太仓人。

南洋各岛国论 1 卷　史部地理类

《小方壶斋舆地丛钞》本。

覆瓿丛谈 2 卷　子部小说类

(1)《东仓书库丛刻》本。

(2) 缪朝荃纫兰龛辑稿本,南京图书馆藏。

张曾望(1828—1892)

字孙鄂。清太仓人。诸生。早年入都,名动公卿间。天才卓越,博闻强识,议论豪迈,兼擅各体诗文。淮军东下,佐杨宗濂戎幕,多所赞画,叙功保训导五品衔。幕游垂30年,归主讲安道、尊道两书院,一时彦俊多出其门,卒年65。

卅六芙蓉仙馆诗6卷　集部别集类

《东仓书库丛刻》本。

王则庆(1829—1851)

字锡光,号厚卿。清太仓人。工绘事,善岐黄。

芝轩衣钵　集部别集类　佚

见《娄东太原王氏画系考略》。

毛　浩

字志刚。清太仓璜泾人。太平军占领太仓,城绅夏宝全纠合乡民与之战于板桥,宝全败死,浩负尸以归,称义士。

醉乡小草1卷　集部别集类

1919年思益旬刊社铅印本,南京图书馆藏。

按:后人评其诗集篇什无多,五律较劲。

至刚诗钞1卷　集部别集类

《太仓宁静庐丛刊》本。

武淑仪(?—1890)

字倩霞。清太仓人。赵子履妻。持家勤俭,40年后劳悴卒。

海棠春晓楼吟草1卷续刻1卷　集部别集类

清光绪二十三年(1897)仲夏刻本,国家图书馆、苏州大学图书馆藏。

海棠春晓楼词　集部词曲类

见宣统《太仓州志》卷 25。

杨敬傅

字艮生，号师白。清太仓人。咸丰十年(1860)恩贡生。

武林鸿雪 1 卷　子部小说类　佚

见宣统《太仓州志》卷 25。

无俗声室试帖 2 卷　集部别集类

清光绪元年(1875)画荻书屋刻本，苏州大学图书馆藏。

师白先生遗稿不分卷　集部别集类

抄本，南京图书馆藏。

诗盋盦稿不分卷　集部别集类

抄本，南京图书馆藏。

诗盋盦稿二集 5 卷三集 3 卷　集部别集类

1924 年彭治抄本，南京图书馆藏。

按:《太仓州志》云初集 8 卷二集 6 卷三集 2 卷词 3 卷骈文 1 卷。

春水船词钞(一作眉影词)1 卷　集部词曲类

(1) 清咸丰二年刻本，上海图书馆藏。

(2)《沧江乐府》本。

钱恩棨(1831—1873)

字星五，号芝门。清太仓人。溥子。道光二十九年(1849)拔贡生。工书法，出入诸名家。为李鸿章所赏，奏保至湖北候补道。

芝门日记不分卷　史部传记类

稿本，中央民族大学图书馆藏。

军报不分卷　史部政书类

手写本，南京博物院图书馆藏。

紫芳心馆词(又名蒳云词)1 卷　集部词曲类

《沧江乐府》本。

胡益谦

字少冲。清太仓人。朝铨父。

一粟诗草 1 卷　集部别集类

《胡氏二叶诗存》本。

顾　谔

字訚庵，号雪亭。清太仓人。潜心经史，不饰竿牍。教授后学，一以孝友为本。

排闷小草　集部别集类　佚

见《娄水琴人集捃遗》卷 3。

张　谦

字济夫，号西槎。清太仓人。胸有奇气，精悍见于眉间，诗多慷慨激越之音。

听竹庐吟草　集部别集类　佚

见《娄水琴人集捃遗》卷 3。

钱　艺(1831—1911)

字兰陔，晚号隐谷。清太仓人。世居太仓县之南郊乡。幼年从姨丈嘉定蒋氏习医，学成后，于嘉、太一带行医，擅内科。兼长绘事，擅山水。家富藏书，后散失。晚年诊余之暇，编撰其 60 年之验案，以其三子之验案附之。

慎五堂治验录 12 卷　子部医家类

清钱艺、钱雅乐、杨杏林著

(1) 稿本，上海中医药大学图书馆藏。

(2)《中医古籍珍稀抄本精选》本。

念初居笔记不分卷　子部医家类

稿本，上海中医药大学图书馆藏。

蒋铭勋(1832—1893)

字亦榭。清镇洋人。治孙。诸生。师叶裕仁。曾入李鸿章大营，治军书，出筹饷，绩功保湖北知府，后补荆州知府。修长江水利，以道员用，督办宜昌盐局，又随李瀚章至粤，总办洋务19年，卒年62，赠内阁学士。

(光绪)荆州府志80卷首1卷　史部地理类

清倪文蔚、蒋铭勋修　顾嘉蘅、李廷鉽纂

清光绪六年(1880)刻本，国家图书馆藏。

鸥波舫诗钞8卷　集部别集类

1933年太仓蒋氏九峰书屋铅印本，苏州图书馆藏。

归盦文稿8卷　集部别集类

清叶裕仁撰

清光绪八年蒋铭勋刻本，南京图书馆藏。

钱大法(1833—1887)

字守之。清镇洋人。维鈵子。光绪四年(1878)岁贡生。潜心古学，尤熟于《春秋》。游武昌10年，造就子弟甚众。

读左参解　经部春秋左传类

清光绪十年太仓钱氏刻本，上海图书馆藏。

王采蓝(1833—?)

字绿春。清太仓人。曦女，母张纨英。后采蓝过继给姨母张纶英，更姓名为孙嗣徽，字少婉。嫁归安知县吕懋荣，未永年卒。善书隶，尤工诗画。

春晖草堂诗　集部别集类　佚

见《江苏通志稿列女志》。

按：王曦共四女，王采蘋、王采蘩、王采藻已分别收入本书《无锡卷》《常州卷》，兹不再出。

钱溯曾(1834—1893)

字缵高，号云孙。清太仓人。

古香室吟草　集部别集类　佚

见《太仓钱氏彭城世谱》卷6《著述录》。

沈嘉澍(1834—1895)

字子复。清太仓人。起元五世孙。光绪十四年(1888)举人。少受业于叶裕仁。后致力于小学，从叶裕仁为江苏书局襄校，后继其事，同事俱推服之。年50余始膺乡荐，主试李文田亟赏之，张之洞延其主两湖书院。

尚书要义校勘记1卷　经部尚书类　佚

五代会要笺记6卷　史部政书类　佚

校订曲阜县志1卷　史部地理类　佚

以上3种见宣统《太仓州志》卷25。

鲁归纪程1卷　史部地理类

清光绪十七年刻本，上海图书馆藏。

养病庸言1卷　子部医家类

(1) 清光绪三年求放心斋刻本，浙江图书馆藏。

(2) 清光绪二十六年刻本，上海图书馆藏。

诸分启蒙1卷　子部历算类　佚

白虎通疏证札记1卷　子部杂学类　佚

以上2种见宣统《太仓州志》卷25。

诗文集　集部别集类　佚

见宣统《太仓州志》卷25。

陆铭勋(1836—1867)

字阮甫。清太仓人。劬学,数奇。早卒。

阮甫遗稿　集部别集类　佚

见《平原陆氏宗谱》卷19。

闻福增(1837—1884)

学益卿,又字新甫,号眉川。清太仓人。光绪二年(1876)进士,改庶吉士。三年,散馆授四川庆符知县。悉心区划,务在安民善俗。后离任,卒于成都寓舍,年48。少嗜学,为文自拔于流俗,未第前吴县冯桂芬曾延课其孙。

退庵诗稿　集部别集类

清光绪三十二年素美轩刻本,南京图书馆、苏州大学图书馆藏。

按:包括《眉川集》1卷《补遗》1卷、《覆瓿集》1卷《续》1卷。

闻福增乡试硃卷1卷　集部别集类

清刻本,南京图书馆藏。

陆寿朋(1840—1893)

字保卿,号允三。清太仓人。太常寺博士。

东头竹篠诗稿　集部别集类　佚

见《平原陆氏宗谱》卷19。

吴从庚(1840—1903)

字有揆,号敬一。清太仓人。禄同子。拔贡生。

拜经文钞　集部别集类　佚

环荫轩诗草　集部别集类　佚

以上2种见《太仓延陵宗谱》卷14。

陆继辉(1840—1905)

字蔚廷,号樾士。清太仓人。增祥子。同治十年(1871)进士,改庶吉士,散馆授编修、直史馆。充光绪二年(1876)北闱分校,典湖北、江西两省乡试。光绪二十年授陕西汉中知府,未赴。丁母忧,服阕,授河南汝宁知府。三十一年,卒于官。学问淹博,尤好金石,搜罗考订不倦。工绘事,法南田。性纯谨笃实,尤崇尚俭德。

八琼室金石补正续编 64 卷　史部金石类

稿本,上海图书馆藏。

按:宣统《太仓州志》卷 25 作《金石萃编补正续编》。

龙门造象题记 1 卷　史部金石类

清抄本,上海图书馆藏。

吴鼎彝(1842—1877)

字子宾。清太仓人。庠生。

避寇纪略　史部杂史类　佚

盥露集诗　集部别集类　佚

以上 2 种见《太仓延陵宗谱》卷 14。

徐敦穆(1843—1909)

字菊生。清太仓人。元润孙。光绪七年(1881)贡生,就职训导。力学,各体文俱有矩矱,骈俪出入袁枚、彭兆荪二家。尤长古今题诗,工力深邃,一字一句必推敲尽致。为诗和平雅正,不为激昂慷慨之音,一时推为娄东后劲。晚主安道书院讲席,与修州县志,王祖畲引为文字交。曾刻徐元润诸集。

宝笏楼诗集 2 卷　集部别集类

清宣统三年(1911)徐善承刻本,上海图书馆藏。

蜕学翁遗集　丛书类

清徐元润撰

清光绪二十四年徐敦穆刻本，见“徐元润”条。

李文钊(1846—1897)

字康伯，号莲舫。清镇洋人。诸生。与王祖畬、金篪为道义交。为学笃守程朱，于《近思录》用力最深。中年目盲，王祖畬深惜其未竟所学。

仪礼丧服通证 4 卷附记 1 卷　经部仪礼类　佚

见民国《镇洋县志》卷 11。

傅松元(1846—1913)

字耐寒，又字嵩园，别号傅大刀，又号傅一帖。清末民初太仓人。自其五世祖五叙公以来，世居刘河镇，以医名。父济德、从父济仁皆业医。松元益殚心研究，兼通中西医。

太仓傅氏医学三书　子部医家类

(1) 1930 年上海中医书局铅印本，国家图书馆藏。

(2) 1936 年刘河传学古堂铅印本，上海图书馆藏。

子目：

《医经玉屑》2 卷

《医案摘奇》4 卷

《舌胎统志》1 卷

舌胎统志　子部医家类

清光绪二十九年(1903)上洋赵翰香居铅印本，南京图书馆藏。

钱庆椒(1847—1892)

原名树棠，字憩之，号颂华，又号绮芝。清太仓人。诸生。性孤介。夙擅山水。诗多近体，于写景为独工。精壬遁数理之术。

周易象理互参　经部易类　佚

独弹集　集部别集类　佚

以上 2 种见宣统《太仓州志》卷 25。

按:注云集止于同治十二年(1873),距其殁时尚有 20 余年,疑非全集。

王寿慈

字涧鹤,号静涵。清太仓人。发祥七世孙。

太原王氏宗谱 6 卷首 1 卷　史部传记类

1917 年稿本,上海图书馆藏。

太原先德集 2 卷诗 7 卷　集部总集类

(1) 1918 年娄东二原庄祠刻本,南京图书馆藏。

(2) 2015 年国家图书馆出版社《清代家集丛刊》本。

陆宝忠(1850—1908)

字伯葵。清太仓人。奭棠子。光绪二年(1876)进士,改庶吉士,散馆授编修。十一年,视学湖南,有政声。十七年,入直南书房。二十年,升内阁学士兼礼部侍郎衔。二十三年,充山东正考官,旋简浙江学政。丁母忧归,服阕,补授兵部右侍郎,简顺天学政。以敦崇朴学、讲明忠孝,为多士楷模。三十一年,补都察院御史,为维护中国在辽东之权益,言人之所不敢言,并上疏请开言路。时袁世凯方柄用,宝忠言事切直,为袁所忌。三十四年,因病请开缺,诏许之。寻卒,谥文慎。

陆文慎公奏议 1 卷　史部政书类

(1) 清光绪三十三年铅印本,上海图书馆藏。

(2) 清宣统三年(1911)铅印本,上海图书馆、南京图书馆藏。

陆文慎公年谱 2 卷　史部传记类

清陆宝忠自订　门人陈宗彝续

(1) 1923 年刻本,上海图书馆、南京图书馆藏。

(2) 台北《中国历代名人年谱汇编》本。

陆文慎公墨迹　子部艺术类

清宣统元年娄东唐氏石印本，上海图书馆藏。

沅湘览秀集6卷　集部总集类

清陆宝忠编

清光绪十四年湖南学院刊本，湖南省图书馆藏。

校经堂二集9卷　集部总集类

清陆宝忠编

清光绪十四年刻本，国家图书馆、上海图书馆藏。

沈兰征(1859—1911)

字服之，号梦花。清镇洋人。璜七世孙。居刘河镇，父母俱死于太平天国时。幼育于大父母，长游乡校，以气节自励，淡于进取。尝赴省试，策蹇操舟，按访古迹，寻山水之佳处，竟不入闱。性耽吟咏，与同邑朱锦涛、郁宗钦相唱和。工书法，好藏碑帖字画，遇当意者，虽倾囊典衣不惜，家以此益贫。辛亥九月，喧传各省独立，闻之惨然，仰药死。

树经堂咏史诗集注8卷　集部别集类

清宣统三年(1911)联吟草阁抄本，浙江图书馆藏。

按：此集为南康谢启昆原著，自秦迄元，凡史传人物有足称述者，各系以七律一首，共536首。兰征为之考证，正史稗记，逐加笺释，历十余年而成书。嘉定宋道南作序，比之长洲惠栋、嘉兴杨谦之注渔洋、竹垞诗。兰征夙工书翰，此书为其亲笔小行楷，尤为精绝。

隐怡山房小咏1卷　集部别集类

1935年铅印本，国家图书馆藏。

吴保和(1865—1882)

号也笙。清太仓人。

听骈笙馆遗稿　集部别集类　佚

见《太仓延陵宗谱》卷14，王祖畲序。

按：太仓吴氏人才甚多，另有《明朝纪事》《祖道春秋》《他山外篇》三书，宗谱亦不知何人所著，附此。

陈敬熙(1869—1910)

字雍民。清太仓人。宝书侄。能诗，工楷隶。

浩然斋诗草 2 卷　集部别集类　佚

见宣统《太仓州志》卷 25。

郁宗钦

字佩如。清镇洋人。为诗冲淡，洒然自得。与同邑沈兰征相唱和。兼通小学，能篆隶，卒年 42。

拙尊诗稿二编　集部别集类　佚

见民国《镇洋县志》卷 11。

陆咸清(？—1890)

字庚星。清太仓人。与唐文治为总角交。私淑桐城，一意宗法。

庚星文稿录存 1 卷诗稿录存 1 卷　集部别集类

(1) 清光绪三十年(1904)刻本，上海图书馆藏。

(2) 清光绪刻 1916 年重印本，上海图书馆藏。

吴敬寿(1885—1907)

字南山，号颂南。清太仓人。庠生。早卒。

中等植物学教科书　子部杂学类　佚

见《太仓延陵宗谱》卷 14，云未梓。

俞庆和(1888—1908)

字凤韶。清太仓人。书祥女。肄业上海务本女塾。

苑结录不分卷　集部总集类

清宣统元年(1909)排印本，王纳善、杨天骥序，吉林大学图书馆藏。

民　国

缪朝荃(1841—1919)

字衡甫。太仓人。文溶曾孙。优贡生。能诗，留心乡邦典籍，集资刊刻先辈遗著，垂老不倦。

国史备采录6卷　史部传记类

缪朝荃辑

清光绪九年(1883)抄本，温州市图书馆藏。

陈安道先生年谱4卷世系1卷　史部传记类

清陈溥撰　缪朝荃补纂

(1) 清光绪十九年太仓缪氏刻本(《东仓书库丛刻》)，作年谱2卷世系1卷，上海图书馆藏。

(2) 1927年太仓图书馆刻本，上海图书馆藏。

(3)《北京图书馆藏珍本年谱丛刊》本。

太仓州志11卷校勘记1卷　史部地理类

明桑悦撰　缪朝荃校勘

《汇刻太仓旧志五种》本，上海图书馆藏。

思补过斋残书　集部别集类

清赵兆熙辑　缪朝荃补目并跋

抄本，上海图书馆藏。

避兵吟草1卷　集部别集类

稿本，南京图书馆藏。

避兵吟草3卷乘桴吟草3卷　集部别集类

稿本，南京图书馆藏。

缪纫兰诗稿　集部别集类

稿本，国家图书馆藏。

汇刻太仓旧志五种26卷附校勘记　丛书类

缪朝荃等辑

清宣统元年（1909）太仓缪氏刻本，南京图书馆藏。

按：此所谓汇刻旧志者，皆罕传不经见之书。当清宣统之际，"新学"日兴，旧籍日遭唾弃，缪朝荃乃汇刻此书，亦有怀旧之意。该书之版式、字体，与缪朝荃族人缪荃孙所刻书一致，实缪荃孙代为刊刻。

子目如下：

《中吴纪闻》6卷附《校勘记》1卷　宋龚明之撰

淳祐《玉峰志》3卷附《校勘记》　宋凌万顷纂修

咸淳《玉峰续志》1卷附《校勘记》　宋边实纂修

至正《昆山郡志》6卷　元杨譓纂修

弘治《太仓州志》10卷附《校勘记》1卷　明李端修，桑悦纂

东仓书库丛刻初编11种　丛书类

清缪朝荃等辑

清光绪二十九年太仓缪氏东仓书库刻本，上海图书馆藏。

按：东仓书库是缪朝荃的藏书处。此收太仓地方人士著作。子目从略。

唐受祺（1841—1924）

字若钦，号兰客。太仓人。文治父。同治四年（1865）恩贡生。封农工商部侍郎。

唐封翁手书格言1卷　子部艺术类

1925年影印本，上海图书馆藏。

浣花庐诗钞4卷赋钞2卷　集部别集类

《太昆先哲遗书首集》本。

陆桴亭先生遗书22种74卷　丛书类

清光绪二十五年(1899)太仓唐受祺京师刻本,国家图书馆藏。

王祖畬(1842—1918)

字岁三,号漱山,又号溪山老农、溪山饿叟。镇洋人。曾茂孙。光绪九年(1883)进士,改庶吉士。十八年,散馆选授山西崞县知县,以亲老告近,改授河南汤阴知县,分校省闱,得士称盛,有政声。逾年调署中牟,未赴。二十年,丁父忧归,遂不复出。最重气节,不屑标榜声华,精研程朱之书,中年后肆力古文,以《史》《汉》、韩、欧为宗。历主邑中三书院及宿迁、崇明、宝山各书院讲席,晚总纂州志。辛亥革命后,忧伤而死。门人私谥文贞。

礼记经注校证 2 卷　经部礼记类

(1)《王文贞集》本。

(2)《十三经读本》本。

(3) 清刻本,国家图书馆藏。

读左质疑 4 卷首 1 卷　经部春秋左传类

1918 年太仓唐氏茹经室刻本,上海图书馆藏。

论语读本 10 卷附校语 1 卷　经部四书类

宋朱熹集注　《校语》王祖畬撰

《十三经读本》本。

读孟随笔 2 卷　经部四书类

(1)《王文贞集》本。

(2)《十三经读本》本。

(3) 稿本,南京图书馆藏。

(4) 台中《民国时期经学丛书》本。

孟子读本 14 卷朱熹集注校语 1 卷　经部四书类

(1)《十三经读本》本。

(2) 台中《民国时期经学丛书》本。

治平十策 1 卷　史部政书类

稿本,南京图书馆藏。

溪山老农日记不分卷　史部传记类

稿本,南京图书馆藏。

溪山老农年谱2卷续编1卷附录1卷　史部传记类

清王祖畬编　王保譿续编

(1) 1918年溪山书屋刻本,上海图书馆藏。

(2) 稿本,南京图书馆藏。

(3) 抄本,南京图书馆藏。

娄东耆旧传8卷　史部传记类

清程穆衡撰

清光绪年间王祖畬抄本,南京图书馆藏。

明太仓诸生谱1卷　史部传记类

明沈承编

王祖畬家抄本,南京图书馆藏。

太仓州志初稿8卷　史部地理类

王祖畬纂

清光绪三十二年稿本,南京图书馆藏。

(光绪)太仓直隶州志40卷　史部地理类

清吴承潞修　叶裕仁、王祖畬等纂

(1) 清光绪四年稿本,国家图书馆藏。

(2) 清光绪间抄本,常熟市图书馆藏。

(3) 清抄本,南通图书馆藏。

按:叶裕仁、顾师轼、王祖畬、汪承庆、徐应台、沈嘉澍、凌锡祺、缪朝荃、王程同纂。

(宣统)太仓州志28卷首1卷末1卷　史部地理类

王祖畬续纂

(1) 1919年刻本,上海图书馆、国家图书馆藏。

(2) 台北《中国方志丛书》本。

(3)《中国地方志集成》本。

(民国)镇洋县志 11 卷末 1 卷附录 1 卷　史部地理类

王祖畬纂

(1) 1919 年刻本，上海图书馆藏。

(2) 台北《中国方志丛书》本。

(3)《中国地方志集成》本。

经籍举要 2 卷　史部目录类

民国间油印本，上海图书馆藏。

崇正录　集部别集类

1921 年溪山书屋刻本，国家图书馆藏。

王文贞先生文集 10 卷别集 4 卷文贞制义 1 卷　集部别集类

1921 年溪山书屋刻本，上海图书馆藏。

溪山诗存 2 卷　集部别集类

(1) 1921 年溪山书屋刻本，上海图书馆藏。

(2) 台中《民国诗集丛刊》本。

先文贞公手迹不分卷　集部别集类

抄本，南京图书馆藏。

前汉文钞　集部总集类

清咸丰间王祖畬抄本，南京图书馆藏。

陶诗辑传 2 卷苏氏和陶诗 1 卷年谱 1 卷　集部总集类

清程穆衡编

王祖畬家抄本，南京图书馆藏。

词律要宗 2 卷　集部词曲类

抄本，南京图书馆藏。

溪山老农遗著 6 种　丛书类

溪山老农遗著 13 种　丛书类

以上 2 种稿本，南京图书馆藏。

汪曾荫(1849—1918)

字仲玉。太仓人。承庆子。同治十二年(1873)举人。濡染家学,风节挺然。历任昆山、山阳教谕,主讲安道、尊道两书院。光绪二十五年(1899),山东大饥,奉委往办义赈,叙功保知县,晋直隶州。分发山西,任东阳关厘局事。清亡归里,与修州县志。

江南乡试硃卷(同治癸酉科)1卷　史部传记类

清同治刻本,南京图书馆藏。

匏庵诗剩2卷诗余1卷　集部别集类

1933年太仓汪氏桐华馆铅印本,苏州图书馆藏。

墨寿阁词钞1卷续钞1卷　集部词曲类

清汪承庆撰

汪曾荫射阳刻本,南京图书馆藏。

张廷升

字选甫,号禅叟。清末民国太仓沙溪人。光绪十一年(1885)举人。

辛未重游唱和集不分卷　集部总集类

1934年铅印本,苏州图书馆藏。

王维因(1860—?)

太仓人。暨南大学工商学士毕业。任讲师,兼商业调查处总干事。历任南洋及北美洲文化事业部委员兼编辑,上海交通银行秘书。

征信问题与信用调查　史部政书类

1935年著者自刊铅印本,上海图书馆藏。

胡朝铨

字伯衡。太仓人。端行父。

啸屏诗剩1卷　集部别集类

《胡氏二叶诗存》本。

吴庆云(1868—1931)

字浣芸。太仓人。汪曾庆妻。慷慨好施,娴诗书,习吟咏,工刺绣,享年64。

漱红馆词剩1卷　集部词曲类

(1) 1921年铅印本,附《味莼词》后,上海图书馆藏。

(2) 1934年铅印本,附《味莼词》后,南京图书馆藏。

(3) 1941年铅印本,附《味莼词》后,上海图书馆藏。

陈　夔

字典韶。镇洋人。诸生。官江西德化知县。

诗余口业2卷　集部词曲类

(1) 1913年铅印本,上海图书馆藏。

(2) 1927年铅印本,上海图书馆藏。

(3) 1933年铅印本,国家图书馆藏。

姚鹏图(1872—1919)

字古风,号柳屏、柳坪。镇洋人。墉孙。光绪十七年(1891)举人。三十一年,权邹县知县,历兰山、沾化、聊城等县。宣统间山东创设图书馆,多出鹏图规划。清亡后,任山东巡按使,署内务主任,不得志,去。会钱能训总理国务,委任为秘书,兼内务部司长,任职两年卒。尤善书法,能篆刻。临摹各碑帖,惟妙惟肖。

扶桑百八吟1卷　史部地理类

《云在山房丛书》本。

当得异书斋日记不分卷　史部传记类

1948太仓县文献委员会抄本,南京图书馆藏。

腊八都游记1卷　史部传记类

1948 太仓县文献委员会抄本，南京图书馆藏。

古风遗草　集部别集类

1948 年太仓严瀛抄本，国家图书馆藏。

乙巳邹记　子部杂学类

稿本，天津图书馆藏。

柳屏词　集部词曲类　佚

见《全清词钞》卷 36，收其词 1 首。

李联珪(1872—1927)

字诵侯。镇洋人，诸生，居新塘市。少丧父母，矢志读书，先后学于王祖畬、唐文治及定海黄以周，肄业，声闻尊道书院、江阴南菁书院。又受业于吴县曹元弼于三礼之学，深有所得。省试屡不遇，文治官商部，调任商标局并佐崇文门税务。文治初掌南洋公学，延为国文科长十余年。性好善，创办新塘市育婴堂，奔走捐资。平生喜表扬忠孝节烈事。为文崇韩欧，诗力追李杜。

诗经反身录不分卷　经部诗经类

民国油印本，复旦大学图书馆藏。

读左传法 1 册　经部春秋左传类

民国排印本，见《浙江公立图书馆第九期年报》，书未见。

国策小品 5 卷　史部编年类

1918 年铅印本，南京图书馆藏。

评注国策编年读本 4 卷　史部编年类

民国上海苏新书社铅印本，复旦大学图书馆藏。

评注国策小品评注国策编年读本　史部编年类

台中《民国史学丛刊》本。

养庐诗文稿　集部别集类

1931 年铅印本，天津图书馆藏。

钱诗棣(1872—?)

字躬行,号诵三。太仓人。大发长子。国史馆誊录。

埙篪集　集部别集类　佚

见《太仓钱氏彭城世谱》卷6《著述录》。

钱诗桢(1874—?)

字宪民,号复三。太仓人。大发三子。京师大学堂毕业。民政部营缮司主事。

怡畴居算草　子部历算类　佚

时事箴言　子部杂学类　佚

以上2种见《太仓钱氏彭城世谱》卷6《著述录》。

洪锡范(1878—1922)

字伯言。太仓浏河镇人。青年时入天津北洋大学攻读,因政局动荡而归里,在家乡兴办学校,推行新法教学。辛亥革命时,被推举为太仓临时民政署民政长,后改任知县事。1914年调上海任知县事,再调任镇海。因平反冤狱、办理赈务等事,受舆论称颂。后因主张贩米出洋,遭上司训斥,辞职寓居上海,经营实业,联合旅沪同乡创办沪太长途汽车公司及太仓银行。

镇海县志45卷首1卷　史部地理类

洪锡范、盛鸿焘修

(1) 1931年上海蔚文印刷局铅印本,国家图书馆、上海图书馆藏。

(2)《中国地方志集成》本。

(3) 台北《中国地方志丛书》本。

上海县续志30卷首1卷末1卷　史部地理类

吴馨、洪锡范修　姚文枬删

1918年上海南园志局刻本,清华大学图书馆藏。

俞庆恩(1884—1930)

字凤宾。太仓城厢镇人。书祥子。幼年到苏州五亩园就学,攻读古文。1908 年毕业于上海圣约翰书院医科,获医学博士学位,任职上海同济医院内科。1912 年,到美国宾夕法尼亚大学医学院进修,获公共卫生学博士学位。1915 年回国后,与颜福庆、伍连德、牛惠生等医师发起组织中华医学会,成立我国医学界第一个学术团体,曾任第三任会长,兼任《中华医学》杂志主编。鉴于当时国内所用医学名词不统一,与同仁一起发起组织医学名词审查会。爱好文学,早年曾入"南社"。喜收藏善本书籍及医书,并结合行医,进行著述。

励学篇重编周兴嗣千字文 1 卷帝京篇重编周兴嗣千字文 1 卷　经部小学类

清王宝仁撰

1925 年俞凤宾影印本,国家图书馆藏。

游东感想　史部地理类

1925 年铅印本,上海图书馆藏。

汉译科学大纲　史部政书类

王岫庐、竺可桢、俞庆恩等编译

(1) 1924 年上海商务印书馆铅印本,上海图书馆藏。

(2) 1933 年上海商务印书馆铅印本,上海图书馆藏。

肺痨之原因及预防　子部医家类

1911 年铅印本,上海图书馆藏。

学校卫生讲义　子部医家类

1915 年江苏省教育会铅印本,国家图书馆藏。

学校卫生要旨　子部医家类

1933 年上海商务印书馆铅印本,国家图书馆藏。

卫生要义　子部医家类

程翰章、俞庆恩撰

《万有文库》本。

卫生学要义·个人卫生篇　子部医家类

(1) 1917年上海商务印书馆铅印本,上海图书馆藏。

(2) 1947年正中书局铅印本,上海图书馆藏。

按:本书又名《个人卫生论丛》。

鸦片与吗啡之流毒　子部医家类

民国铅印本,国家图书馆藏。

花柳病之陷溺个人与危害群众　子部医家类

1921年上海进德会铅印本,上海图书馆藏。

霍乱丛谈　子部医家类

1922年铅印本,上海图书馆藏。

肺痨康复法(译著)　子部医家类

(1) 1923年商务印书馆铅印本,国家图书馆藏。

(2) 台北《人人文库》本。

按:此书亦《卫生学要义》之一。

夏令卫生新论　子部医家类

1916年铅印本,上海图书馆藏。

卫生学要义·性欲卫生篇　子部医家类

1926年上海商务印书馆铅印本,上海图书馆藏。

卫生丛话4集　子部医家类

1933年上海商务印书馆铅印本,国家图书馆藏。

慈善医院之广建　子部医家类

1921年中华卫生教育会铅印本,首都图书馆藏。

太昆先哲遗书首集10种33卷　丛书类

1928—1930年太仓俞氏世德堂影印本,南京图书馆藏。

按:俞庆恩著作又多发表在《中华医学杂志》《中西医学报》《约翰声》《医药杂志》等刊物上。

胡端行(1888—1946)

字粹士。太仓沙溪人。1913 年留学俄亥俄大学攻电机工程,获硕士学位。

交通大学毕业生调查录　史部传记类

1932 年上海交通大学铅印本,上海图书馆藏。

胡氏二叶诗存 2 种　集部总集类

胡端行辑

1928 年铅印本,国家图书馆藏。

按:收其曾祖父胡少冲《一粟诗草》及父亲胡伯衡《啸屏剩稿》两种诗集。

王保譿(1890—1938)

字慧言,一字君如,号溪山小农、慕古主人,室名慕古斋。太仓人。祖畬子。光绪三十一年(1905)诸生,自幼随其父读书,克承家业,购藏益富。藏书处曰"溪山书屋"。后为唐文治弟子,1920 年受唐文治聘,任无锡国学专修馆校经处主任。同年,任太仓图书馆义务馆董,1919 年与修《江苏通志》太仓州部分志稿。1925 年辞去国学专修馆职务,任太仓县立图书馆主任。1928 年任苏州振华女学教员,1935 年辞去教职,仍至无锡国专任教。丁丑(1937)事变,携家逃难之溧阳。后三子鸿才中流弹死,辗转返回太仓,加之藏书散佚众多,抑郁而殁。

读左质疑补 2 卷　经部春秋左传类

稿本,南京图书馆藏。

宋史记补 4 卷　史部正史类

稿本,南京图书馆藏。

溪山老农年谱 2 卷续编 1 卷附录 1 卷　史部传记类

王祖畬自编　王保譿续

1918 年溪山书屋刻本,上海图书馆藏。

太原世次事略续辑 2 卷太原贤媛事略续辑 1 卷　史部传记类

稿本，南京图书馆藏。

溪山小农日记不分卷　史部传记类

稿本，南京图书馆藏。

家乘三种 3 卷　史部传记类

稿本，南京图书馆藏。

按：包括《太原艺文志》《太原画征录》《太原科名录》3 种。

治平十二策附西学论 1 卷　史部政书类

稿本，南京图书馆藏。

乙亥丛编(一作乙亥志稿)　史部地理类

赵诒琛、王保譿、王大隆辑

(1) 1935 年铅印本，上海图书馆、国家图书馆藏。

(2)《江苏人物传记丛刊》本。

按：此为太仓县志人物志稿，包括名宦、人物。

乙亥志稿二编 4 卷　史部地理类

1937 年稿本，南京图书馆藏。

按：为拟修中的《太仓志》艺文志底稿。

溪山草堂书目 3 卷　史部目录类

书目底本 1 卷　史部目录类

以上 2 种有：

(1) 稿本，南京图书馆藏。

(2)《南京图书馆藏稀见书目书志丛刊》本。

书籍簿记 1 卷　史部目录类

程迓亭先生著述录 2 卷　史部目录类

娄东著述录□卷　史部目录类

按：存卷 1。

确庵文稿目录 1 卷　史部目录类

以上 4 种稿本，南京图书馆藏。

四库正目核对书目不分卷　史部目录类

(1) 稿本,南京图书馆藏。

(2)《南京图书馆藏稀见书目书志丛刊》本。

藏钱考略4卷　史部金石类

钱文韵编注2卷　史部金石类

藏钱目录　史部金石类

慕古斋印草　史部金石类

以上4种稿本,南京图书馆藏。

王司农题画录　子部艺术类

清王原祁撰　王保譿辑校

《丛书集成初编》本。

太仓王氏摹图1卷　子部艺术类

兰臭集不分卷续集1卷　子部小说类

以上2种稿本,南京图书馆藏。

杂录不分卷　子部杂学类

抄本,南京图书馆藏。

乐天生初学文稿1卷　集部别集类

清稿本,南京图书馆藏。

信札底稿不分卷　集部别集类

效颦草1卷岁寒草1卷　集部别集类

溪山文稿1卷　集部别集类

溪山小农诗稿不分卷　集部别集类

溪山小农暂存稿不分卷　集部别集类

梅花百咏1卷　集部别集类

邓尉纪游诗不分卷　集部别集类

以上7种稿本,南京图书馆藏。

太原艺文目录　集部总集类

1910年铅印本,国家图书馆藏。

甲戌丛编　史部地理类

赵诒琛、王保譿辑

1934年铅印本，上海图书馆藏。

唐志才(1892—1942)

字松园。太仓人，生于江苏常州。自幼笃学，聪颖过人，1915年毕业于江苏省立第二农业学校第一届农本科，成绩优异，名列榜首。1920年毕业于日本东京帝国大学农实科。回国后历任江苏南菁中学、江苏淮阴农校及江苏无锡教育学院等教职。1933年夏接任江苏省立苏州农业学校校长，废寝忘食，恪尽职守，成绩斐然。1937年日军入侵沪苏，唐志才将苏农重要图书、仪器运至洞庭东山妥藏，历年档案贮入铁柜深埋以策安全。日军迫近苏州，率部分留校职工撤退西上，经镇江而淮阴，又转辗沙市筹组江苏省临时中学，后迁重庆，仍献身农教界。后因战乱长途奔波，生活维艰，积劳成疾，于1942年病逝于重庆。

作物学：职业学校教科书　子部农家类

凌昌焕编纂　龚厥民、唐志才增订

1932年长沙商务印书馆铅印本，重庆图书馆藏。

改良农器法　子部农家类

1933年上海世界书局铅印本，国家图书馆藏。

稻作学　子部农家类

1934年苏州文怡书局铅印本，国家图书馆藏。

农业及实习4册　子部农家类

唐志才、储劲撰

1934年上海黎明书局铅印本，国家图书馆藏。

品种改良　子部农家类

1935年上海新学会社铅印本，上海图书馆藏。

农业推广　子部农家类

1944年正中书局铅印本，南京图书馆藏。

育种学　子部农家类

唐志才、冯明昊编

1948年上海商务印书馆铅印本，上海图书馆藏。

种桃　子部农家类

江苏省民众教育院、劳农学院研究部编　唐志才校

民国铅印本，国家图书馆藏。

按：《中华农学会报》载其论文多篇。

俞颂华(1893—1947)

原名垚，又名庆尧，笔名澹庐。太仓城厢镇人。1915年上海复旦公学毕业后赴日留学，1918年毕业于东京政法大学。回国后，从事新闻工作。1919年4月任上海《时事新报》副刊"学灯"主编，同年9月参加编辑《解放与改造》杂志。之后去德国3年，从事通讯报导工作，在柏林大学攻读哲学与马克思著作等。1924年回国，应聘任上海公学教务长、教授。后任职于商务印书馆，主编《东方杂志》，先后在中央大学、东吴大学、沪江大学、劳动大学、江苏教育学院任教授。后任《申报月刊》《申报周刊》编辑。并创办《新社会》(半月刊)，宣传抗日爱国。"西安事变"后，以《申报》记者身份到延安采访，在国民党统治区最早报道了中国共产党的抗日主张和陕北情况。1938年赴湘西芷江任中央政治大学新闻系主任。抗战期间先后担任香港《星报》主笔、新加坡《星洲日报》总编辑，发表号召华侨团结抗日等政论文章。后与梁漱溟合作，主编"民主政团同盟"机关报《光明日报》，其后担任《广西日报》《大公报》等主编工作。1945年到重庆国立社会教育学院任新闻系主任。抗战胜利，社教学院迁至苏州。1947年国民党反动派迫害进步学生，俞不顾身患肺结核病，从上海医院专程返苏与校方严正交涉，以致病情加剧，不幸去世。

二次世界大战史料·第一年　史部杂史类

王德馨、周钰宏撰　俞颂华校阅

1942 年桂林大时代书局铅印本，上海图书馆藏。

非战公约　史部政书类

胡愈之、俞颂华撰

1933 年上海商务印书馆铅印本，苏州图书馆藏。

战时的中国经济　史部政书类

张锡昌等撰　俞颂华总编辑

1943 年桂林科学书店铅印本，上海图书馆藏。

西北问题　史部政书类

任美锷等撰　俞颂华总编辑

1943 年桂林科学书店铅印本，上海图书馆藏。

柏拉图政治教育学说今解（译著）　史部政书类

（德国）斯腾堡著　俞颂华译

1924 年上海商务印书馆铅印本，上海图书馆藏。

游记第二集　史部地理类

1924 年北京晨报社出版部铅印本，上海图书馆藏。

数学知识　子部历算类

邵慎之撰　俞颂华总编辑

1943 年桂林科学书局铅印本，重庆图书馆藏。

显微镜下的敌人（一作巴斯德的故事）　子部小说类

（俄罗斯）库斯聂左娃等撰　俞颂华总编辑

1943 年桂林科学书局铅印本，上海图书馆藏。

俞颂华文集　集部别集类

1991 年商务印书馆铅印本。

申报月刊（期刊）

俞颂华等编辑

1932—1935 年上海申报馆月刊社铅印本，国家图书馆藏。

常熟一

春秋至宋元

言　偃(前 506—前 443)

字子游，亦单称游。一字叔氏。春秋末吴人，或作鲁人。孔子弟子，少孔子 45 岁。擅长文学，仕鲁为武城宰。以礼乐为教，主张节丧。知人善任，知澹台灭明贤而取之。其后学形成战国时一大学派。常熟有言偃墓。唐开元八年(720)将其配祀孔庙，称"十哲人中第九人"。唐开元二十七年(739)封吴侯。北宋大中祥符二年(1009)，封丹阳公。南宋咸淳二年(1266)封吴公。元大德时封吴国公。明嘉靖时改称"先贤言子"。清康熙时设置五经博士一员，由言偃后裔世袭。康熙、乾隆两帝南巡时派大臣致祭言子墓，并赐御笔题书匾额。《重修常昭合志》卷十八《艺文志》著录子游作《礼运》一篇，记五帝三王相变易阴阳转旋之道。

言子 2 卷附录 1 卷　子部周秦诸子类

宋常熟王爚裒集《论语》诸书问答语刊行，元知州卢镇重刊，陈振孙《直斋书录解题》、叶盛《菉竹堂书目》、张萱等《内阁藏书目录》著录。明抄本 2 卷附录 1 卷，河南省图书馆藏。

言子书 3 卷首 1 卷　子部周秦诸子类

《圣门十六子书》本。

言子文学录 3 卷　子部周秦诸子类

清言如泗辑

(1) 清乾隆四十九年(1784)增刻本。

(2) 清光绪二十三年(1897)言子八十一世孙言葆田重刻本，1 册，常熟博物馆藏。

陆　绾

字权叔，初名绛，字伯厚。宋常熟人。宝元元年(1038)进士，提举江淮茶税，苏洵赠诗称其笃学好文。官至尚书职方郎中、朝奉郎，赠中散大夫。读书务明道理，著书必本经术。工诗，有《听琴歌》等著作，著《易学杂说》，惜未成书。嘉祐三年(1058)撰《新十方记》，记常熟胜法寺等。卒葬常熟破山。

春秋新解 30 卷　经部群经总义类　佚

见《经义考》卷 180。一作《春秋解》，见姚福均《海虞文献备考》稿本，常熟博物馆藏。

胡　峄(1066—1144)

字仲连，自号如村老人。宋永康人。曾祖振，礼部侍郎。祖枚，职方郎中。父稷言，字正思。因祖葬吴下，父旧宅向在苏州，峄建别业以旧日堂名之五柳园于常熟涂菘镇(后隶太仓)，松窗蓬户，有如村轩，取杜甫诗"宅舍如荒村"意。与方惟深、林德祖为忘年交。高宗即位，授迪功郎、钦州安远尉，不赴。继其父淡泊自守，终日讲学。

如村冗稿 20 卷　集部别集类　佚

文集，周葵等序。见《宋史·艺文志七》。

按:《海虞文征》收其诗四首《游慧聚寺》《泊昆山》《过百家渡》《昆山夜泊舟中遣怀》，文一篇《陈长方字序》。

庄　绰(约 1079—?)

字季裕。南宋初人。原籍泉州惠安，后迁常熟。生平不详，约卒于南宋绍兴十三年至十九年(1143—1149)。据其所记，尝摄襄阳尉，官于顺昌、澧州。学有渊源，多识轶闻旧事。所著《鸡肋编》可与《齐东野语》相比。

新刊庄季裕编灸膏肓腧穴法 1 卷　子部医家类

(1) 元至大四年(1311)燕山活济堂刻《针灸四书》本,宁波天一阁藏。

(2) 1962 年抄本。

(3) 1983 年人民卫生出版社铅印《针灸四书》本。

按:此书收集唐宋时期孙思邈、王惟一、石藏用、叶元善、潘琪以及僧仲等六位医家数十种方法,附以本人见解。有建炎二年(1128)自序,题"朝奉郎前南道都总管同干办公事赐绯鱼袋庄绰记"。《直斋书录解题》作 2 卷。

本草节要 3 卷　子部医家类

明堂针炙经 2 卷　子部医家类

以上 2 种见《直斋书录解题》卷 13。

筮法新仪　子部术数类

见宋薛季宣《浪语集》本书序。

鸡肋编 1 卷　子部小说类

(1) 明穴砚斋抄本,国家图书馆藏。

(2) 清初影抄元抄本,国家图书馆藏。

(3)《说郛》本。

(4)《五朝小说》本。

(5)《五朝小说大观》本。

按:书有"绍兴三年二月九日"自序,后续有增,全 3 卷,收三百余条笔记,涉名物考辨、诗文评说、本草方书、岁时习俗、工艺制作、时局朝政、旧闻逸事等。

鸡肋编 3 卷　子部小说类

(1)《四库全书》本。

(2)《宋人小说》本。

鸡肋编 3 卷附校勘记 1 卷　子部小说类

《琳琅秘室丛书》(咸丰)本。《校勘记》清胡珽撰。

鸡肋编 3 卷附校勘记 1 卷续校 1 卷　子部小说类

(1)《琳琅秘室丛书》(光绪)本。

(2)《丛书集成初编》本。

按:《续校》清董金鉴撰。国家图书馆藏本有傅增湘校并跋。

(3) 中华书局1983年版《唐宋史料笔记丛刊》本。

张 柟

字材仲。宋常熟人。父敦,字祖仁,治平四年进士,终宣德郎,赠左大中大夫。柟性至孝。初由三舍法贡京师。入太学治书有声。政和五年(1115)进士。初仕临江军刑曹,知严州遂安县,改知归安县,升临安府通判,知泰、润、衢三州,皆以惠爱称。官至朝议大夫,卒年78,赠正议大夫。

释祭仪10卷　史部政书类　佚

见《海虞艺文目录》,姚福均《海虞文献备考》常熟博物馆藏稿本。

钱观复(1090—1154)

字知原,自号正静居士。宋常熟人。父衎,于吴越为疏属,有赐田在常熟李墓,因居家常熟。宅在常熟县西北,有聚星坊。17岁当赴举,会祖母将葬,遂不赴。由太学登政和五年(1115)进士。除温州教授,调湖州司户曹事,绍兴间守广德,官至户部员外郎,领宫观。生平嗜学不衰,尤深于《易》。绍兴十七年(1147)钱观复与妻徐温铸常熟慧日寺钟并自为铭。卒年65,绍兴二十六年葬常熟虞山之南。

论语解20卷　经部四书类　佚

正静居士文集15卷　集部别集类　佚

《虞邑遗文录》引刘一止《苕溪集》记钱观复二书藏于家。以上2种见《重修琴川志》《里睦小志》卷上。

王伯广

字师德,宋常熟梅李人。绍兴十二年(1142)进士。授德清尉,转温州教授。调常州教授，未赴卒。少从杨邦弼学，工文，长于诗。骈文尤脍炙人口。与张孝祥诗简往还。宅在常熟梅李，宅后有莲花井。墓在梅李胭脂墩西北。黄冈纂《新续梅李小志》载王伯广有《听雨集》《钟璇药圃稿》《山中录》《续孔白帖》《秦汉以来钟鼎奇字》《顶山栗》诗、《宝岩寺》诗。绍兴二十一年知县曾慎建宣风楼于常熟县治西，王伯广撰《宣风楼记》。

听雨集　集部别集类　佚

见黄冈纂《新续梅李小志》。

钱　俣(1119—1178)

字廷硕，一字惟大。宋常熟人。观复子。弱冠举于乡，补太学生。绍兴二十一年(1151)进士。授泰州教授，除太学正，累迁秘书丞，官至福建路提举、朝请郎。性恬静，喜藏书，积数千卷，朱墨精谨，皆所亲校。于书无所不读，尤精于《易》。卒葬常熟虞山之南，淳熙六年(1179)葬，婿崔敦礼志墓。

易说 3 卷　经部易类　佚

诸经讲解 10 卷　经部群经总义类　佚

少监文集 5 卷　集部别集类　佚

张昶《吴中人物志》作 10 卷。

以上 3 种见《重修琴川志》《里睦小志》卷上。

冷世光

字宾王。宋常熟人。与弟世修、世南同入太学，时称三冷。与世修同登绍兴十八年(1148)进士第。宅在常熟县西北慧日寺南，以冷世光兄弟联科，有丛桂坊。历知宁国、龙游县，受朱熹赏识委以重任，除监察御史，迁殿中侍御史，清廉公正，弹劾无所避，人誉称“冷面御史”。年 80 卒。

刀笔 5 卷　史部政书类　佚

按:此为论刑法专书。

奏议弹章 2 卷　史部政书类　佚

按:《琴川志》不著卷数。

东堂类稿 20 集　集部别集类　佚

按:一作《东堂类纂》。

以上 3 种见雍正《昭文县志》卷 5 本传。

冷世修

字良器。宋常熟人。与兄世光同登绍兴十八年(1148)进士第。官至和州通判、朝奉大夫。构留耕堂。

留耕草堂杂文 30 卷　集部别集类　佚

按:一作《留耕草堂杂文》,《海虞艺文目录》载《杂文》《文集》各 30 卷。

词科类要 10 卷　集部总集类　佚

按:一作《登科类要》。

以上 2 种见雍正《昭文县志》卷 5 本传。

钟　旋

字振远,一字叔齐,自号药圃。宋常熟人。6 岁而孤,寄养在继祖龙图学士林遹家,育于龙图阁学士林家。林氏多藏书,钟璇与林家孙璟、瓌、瑑同肄业,课率先成,后璟兄弟并登第,钟璇遂弃举子业,取林家所藏书尽阅,因得纵观。及长,侍官台州。后在常熟梅李筑室,隐居 20 年,莳香草,自号药圃隐房,收藏秦汉以来钟鼎奇字,时人称其为奇人。与唐瑑为忘年交。提举徐谊、吴守沈撄造其庐,以奇人目之。范成大等尝荐于朝,不应。卒年 52。

秦汉以来钟鼎奇字　史部金石类　佚

山中录　子部杂学类　佚

续白孔帖　子部典范类　佚

药圃稿　集部别集类　佚

按：一作《药园稿》。

以上4种见《重修琴川志》、黄冈《新续梅李小志》。

识文集　集部别集类　佚

见《海虞艺文目录》。

钱　佃

字仲耕。宋常熟人。倮弟。弱冠入太学。绍兴十五年(1145)进士，授分水尉，真、池二州教授。历吏部郎中，权吏、兵、工三部侍郎。出为江西路转运副使，淳熙八年(1181)为婺州守，州饥，劝分移粟，活口70余万。有政绩，朱熹与陈亮书极称之。官至中奉大夫、秘阁修撰。为人忠信笃厚，根于天性，临政以字民为先务。捐橐装买田赡族，名义庄。刻印《荀子杨注》20卷并自撰《荀子考异》1卷、《法言注》13卷音义1卷、《孟子》7卷、《文中子》10卷。

易解10卷　经部易类　佚

见《重修琴川志》《里睦小志》卷上。一作30卷。

荀子考异1卷　子部周秦诸子类

(1) 清抄本，国家图书馆、常熟市图书馆藏。

(2)《对雨楼丛书》本，影刊常熟瞿氏抄本，卷末缪荃孙跋称："辗转传钞，不无讹脱，而无他本可校，只仍其误。""是书虽属钞本，为惠定宇、卢抱经、王怀祖、顾涧薲所未见。"

(3)《择是居丛书初集》本，以《对雨楼丛书》版刻。

(4)《周秦诸子斠注十种》本，影印《对雨楼丛书》本。

(5)《续修四库全书》本，据《对雨楼丛书》本影印。

按：是书为钱佃以元丰国子监刻本为底本翻刻《荀子》时所著，考证异文和佚文。《铁琴铜剑楼藏书目录》卷十三子部一儒家类载："《荀子考异》一卷，钞本。宋淳熙间邑人钱氏佃刻《荀子》，既用各本参校，复有所疑，因著《考异》附卷末，自为之《跋》。今淳熙本不获见，惟传此卷，其

《跋》云：‘右荀卿子书，杨倞注，凡三十二篇，为二十卷。并刘向《篇目》，旧尝患此书无善本，求之国子监，亦未尝版行。比集诸家所藏，得二浙、西蜀本凡四，增寡同异，莫适取正。末乃于庐陵学官藏书中得元丰国子监刻者，遂取以为据。然犹有谬误，用诸本参校，凡是正一百五十有四字，其有疑而未决者，并世俗所习熟而未定，如“青出于蓝，而青于蓝”者，监本所出，而文义或非。又如“莫善于乐而作美善相乐”，皆不敢没其实，著之卷末，又一百二十有六条。虽未敢以为尽善，然耳目所及，此已特为精好，谨刻之江西计台，俾学者得以考订而诵习焉。淳熙八年六月丙午吴郡钱佃谨识。’”陈振孙《直斋书录解题》卷九《荀子注》载：“唐大理评事杨注。案刘向序，校中书三百二十二篇以校除复重二百九十篇，定著三十二篇，《隋志》为十二卷，至倞始分为二十卷而注释之。淳熙中，钱佃耕道用元丰监本参校刊之江西漕司，其同异著之篇末，凡二百二十六条，视他本最为完善。”《文献》1980年第4辑第220页载周叔弢《弢翁藏书题识》：“《荀子》二十卷，唐杨惊注，宋钱佃《考异》，清抄本。钱佃刻《荀子》廿卷，士礼居景宋旧钞，戊午秋得于天津。淳熙原刻世久失传本，缪小山太史据瞿氏铁琴铜剑楼藏钞本《考异》一卷付梓，以为出于宋刻，不知原书具载《荀子》及杨氏注全文，《考异》则附于每卷之末，不得此本乌足以纠缪氏之谬乎。”

词科类要20卷　子部典故类　佚

仲耕文集20卷　集部别集类　佚

以上2种见《重修琴川志》《里睦小志》卷上。

邱　岳

字山甫，号煦山。宋常熟人，祖籍海州。砺从曾孙。祖琚，绍兴间从魏胜恢复海州有功，除迪功郎，为招抚司，卒葬常熟兴福。父松，下州文学，徙居常熟。邱岳嘉定十年(1217)进士。初任太湖尉、蕲州推官。从淮东安抚副使赵范，平乱有功，改通判黄州，知真州。蒙古将察罕以十倍于岳的兵力攻城，岳布兵严明、守具预备，战败之，并乘胜追击，杀将破营。后历任兵部郎中、淮东提刑、提举常平仓、知太平州兼江东转运、知江州兼沿江制置副使。淳祐十年(1250),不应召赴工部尚书之任,归里闲居。宝祐初,历任华文阁直学士,沿江制置使兼安抚和州、无为、安庆三郡屯田使。时蒙古兵来攻和州,岳命新任和州守印应雷领兵击退之。后以龙图阁学士致仕归里,封东海郡侯。卒,赠特进光禄大夫。为人简重寡言,遇事洞开肺腑,理宗书"忠实"赐之。宝祐二年(1254)邱岳撰《琴川志》序。常熟许浦东南七八里道院有《泾重建佑圣道院碑记》,端平元年(1234)王爚撰,陈仲埴书,邱岳篆额。

文集30集　集部别集类　佚

《吴文恪公大全集》载"稿藏于家"。见《重修常昭合志》卷18。

赵公豫(1135—1212)

字仲谦。宋常熟人。魏悼王廷美六世孙。父左朝散大夫赠少师诜之,始家常熟。公豫绍兴二十四年(1154)进士。调无为尉,历知仁和、余姚二县,真州、常州二州,迁大理少卿,差充接送伴金国贺正旦使。迁太府卿,除秘阁修撰,进集英殿修撰。开禧初,抗章引年,以宝谟阁待制致仕。为人沉厚清苦,居官廉正。常言但求为循吏,不求为健吏。所著诗文多散佚。嘉泰间在虞山东麓半山亭,并撰《半山亭记》。宁宗嘉定五年(1212)卒,年78。

赵待制奏稿1卷　史部政书类　佚

燕堂类稿16卷　集部别集类　佚

《重修琴川志》作《燕堂类稿》5卷。《四库全书总目提要》载:"传又称公豫所著《燕堂类稿》原本十六卷,诏诰表策多为时传诵。"

以上2种见《重修常昭合志》卷18。

燕堂诗稿1卷　集部别集类

(1)《四库全书》本,浙江鲍士恭家藏本。

(2)《宋人集》乙编本。

(3)红格抄本,南京图书馆藏。

(4) 常熟市图书馆抄本,该馆藏。

《四库全书总目提要》载:赵公豫"其诗因属对不甚工切,泉州守蒋雝选录全部,澄汰太甚,仅存若干首。是公豫止优于文,而诗则非所擅长。故虽抄本仅存,而选录宋诗者亦未经采摭。今读其诗,虽吐属未工,而直写胸臆,要自落落不凡。传又称公豫居官廉正,常言吾求为良吏,不求为健吏。去任之日,挈壶浆攀辕者甚众。是其政绩不愧于古之循吏。当因人以重其诗。使鲁恭、卓茂有遗集以传于后,虽声律未娴,谈艺者敢毅然斥去乎!存此一集,以风厉官方。"

周　甫

字次山,号无碍老人。宋常熟人。5岁诵《论语》。淳熙十年(1183)秋试,已取解魁,以失书涂注,移副榜首,遂弃举子业,操履不苟,穷经史百家之书,识见超卓,文笔凌厉,研精经史,尤精汉史。参政宇文绍节馆之,累以边功授官,不就。为常熟令孙应时爱重,同郡周南时亦与订所疑。庆元五年(1199),周甫为常熟县南五十里吴塘接待院撰《庄田记》。嘉泰元年(1201),常熟梅李胜法寺重塑佛像,周甫撰记。有印文"临淮周甫",疑即周虎之族。

韩生传　史部传记类　佚

章华台记　史部地理类　佚

石头城歌　集部别集类　佚

以上3种见《重修琴川志》。

张　攀(1154—1223)

字从龙,号益斋。宋常熟人。侨四世孙,敏功孙。淳熙十一年(1184)进士,任鄞县尉,知溧水县,以循吏称。迁秘书丞,掌参领书籍、国史、天文历数之事。又改尚书左军器监,同日再命殿中侍御史兼侍讲,除起居郎崇政殿说书。年70卒,赠通议大夫,进集英殿修撰。为人宽厚易直,遇事以诚。好藏书、读书。在秘书省负责南宋国家图书馆典籍的收藏、整理、搜集、修撰工作时，编辑有《中兴馆阁续书目》，著录淳熙五年后馆阁收入的新书14943卷，于嘉定十三年(1220)四月二十日编成。次年又编辑《孝宗皇帝宝训》70卷、《宁宗皇帝会要》110卷、《宁宗皇帝绍熙甲寅登报以后七年会要》115卷、《重修宁宗皇帝日历》500卷等。又有《诸州书目》1卷。

汉唐论　史部史评类　佚

益斋奏议　史部政书类　佚

以上2种见《重修琴川志》。

诸州书目1卷　史部目录类　佚

见《宋史·艺文志三》,《海虞艺文目录》。

中兴馆阁续书目30卷　史部目录类　佚

见《直斋书录解题》卷8,注云:“嘉定十三年上,以淳熙后所得书,纂续前录,草率尤甚。凡一万四千九百四十三卷。”

按:现有赵士炜撰《中兴馆阁续书目辑考》1卷,收入《古逸书录丛辑》(1933年国立北平图书馆等铅印)本。

益斋集　集部别集类　佚

见《重修琴川志》。

王　万(1196—1243)

字处一，号抑斋。宋常熟人。祖籍婺州，自浦江徙濠州(今安徽凤阳东北)定远，又徙常熟。少随父生长濠州，居濠梁学舍9年。少有大志，究心世务，精于边防要塞，通晓时务。嘉定十六年(1223)进士，授和州教授。端平元年(1234)主管尚书吏部架阁文学，迁国子学录。二年任镇江府通判。时蒙古军队进攻南宋，万主张“振厉奋发，兴感人心”以抗战，三年授枢密院编修官。嘉熙二年(1238)知台州，郡中大治。三年迁屯田员外郎，兼编修。又迁尚右郎官兼崇政殿说书。四年擢监察御史，弹劾不避权要。谢归常熟寓舍，累除官不拜。诏特转朝奉郎守太常少卿致仕。淳祐三年(1243)卒，特赠集英殿修撰，初谥节惠，改忠惠。

《宋史》有传。万宅在常熟南门,有抑斋,自为铭,即以自号。墓在常熟桃源涧左,祠在常熟翼京门内古福顺庵。

易说　经部易类　佚

书说　经部尚书类　佚

以上2种见朱彝尊《经义考》。

诗说　经部诗经类　佚

论语说　经部四书类　佚

中庸说　经部四书类　佚

以上3部见《海虞艺文目录》。

孟子说　经部四书类　佚

见朱彝尊《经义考》。

书志编　史部史评类　佚

抑斋奏议　史部政书类　佚

见康熙《常熟县志》卷23。

以上2种又见《重修琴川志》。

太极图说　子部术数类　佚

见朱彝尊《经义考》。

时习编　子部杂学类　佚

见《宋史》本传,清卢文弨《宋史艺文志补》杂家类。

抑斋文集　集部别集类　佚

见《重修琴川志》,康熙《常熟县志》卷23。

陈元大

字孔硕,号北山,学者称北山先生。宋侯官人。襄五世孙。嘉熙二年(1238)进士,任温州教授。为学远接孔孟之传,尚友于宋儒理学。游常熟,爱其风土,遂自侯官迁居常熟。墓在常熟报慈里,俗名九龙松。

四书讲义　经部四书类　佚

五经性理大全　经部群经总义类　佚

以上 2 种见康熙《常熟县志》卷 23、《重修常昭合志》卷 18。

周　材

名亦作才。字仲美。元常熟人。武仲五世孙。其先道州人,曾祖兴裔,镇守沿海,死难于福山,赐葬虞山北麓。祖昺,以荫为常熟尉,遂家常熟之吴塘里。材为宋沿江制机,至元十一年(1274)征南帅府命材受檄抚民,多所保全。论功授官,材不就,归老于耕桑,幅巾杖履,与前朝诸老以诗酒自娱,终其身。

字录□卷　经部小学类　佚

见《千顷堂书目》卷 3 补。

宋史略 16 卷　史部别史类　佚

《海虞艺文志》作《宋史稿》。

吴塘集 6 卷　集部别集类　佚

以所居地名,二书藏于家。以上 2 种见光绪《常昭合志稿》卷 23 本传。

金月岩

号纸舟先生。元常熟人。嗣全真正宗。

纸舟先生全真直指 1 卷　子部道教类

《稽瑞楼书目》黄公望传抄。

抱一函三秘诀 1 卷　子部道教类

《天一阁书目》抄本。

抱一子三峰老人丹诀 1 卷　子部道教类

以上 3 种元金月岩编,黄公望传。有《道藏》本。

存神固气论 1 卷　子部道教类

《天一阁书目》抄本。

摄生纂录 1 卷　子部道教类

《天一阁书目》抄本。

养生秘录 1 卷　子部道教类

《天一阁书目》抄本。

以上 3 种见《重修常昭合志》卷 18。

顾细二

元常熟人，其先人本常熟人，宋时宦于浙，寓上虞。少与赵孟頫同学，后赵荐为海漕万户不就，避归常熟补溪，筑补溪草堂终隐。精天文地理，长于诗。宅在常熟东补溪之隈，赋《卜居补溪行乐歌》称："祖居吴，吾居越。先朝锡命金虎符，吾祖官之家东浙。世家东浙数卜百，耳与云礽相踵接。吾生乃在大元世，荐授海漕万户事。举艘运粟上京还，厚恩当感皇家赐。吾贞所慕在西山，甘学夷齐采薇志。"裔孙散处其间，园林相望。墓及祠在常熟支塘古湫浜。

虞山诗约　集部总集类　佚

见《重修常昭合志》卷 18，《海虞艺文目录》。

黄公望(1269—1354)

字子久，号一峰，又号大痴道人、井西道人。元常熟人。本姓陆，名坚，幼年父母双亡，居常熟城内子游巷。永嘉九十老翁黄氏寓常熟小山，无子，收之为后嗣，遂改姓名。至元年间，浙西廉访使徐琰辟为掾吏。一度遭诬入狱，后入全真教，往来杭州、松江等地。幼有神童之称，工书法，通音乐，善散曲，精于画山水。画法继承董源、巨然，晚年自成一家，独创"浅绛山水"一派，对明、清山水画的影响至大，与王蒙、倪瓒、吴镇合称"元四家"。现存画迹有《富春山居》《天池石壁》《九峰雪霁》等图，并著有《写山水诀》《大痴道人集》等。墓在虞山北麓小云栖寺左，祠在虞山西北麓邹巷。其后子姓聚居常熟小云栖寺西黄崖，俗呼黄家巷。

写山水诀 1 卷　子部艺术类

(1)《画论丛刊》本 32 则。

(2) 清徐文清《清瘦阁读画十八种》本，题《大痴画诀》，录 21 则。

(3)《中国画论丛书》本，人民美术出版社 1959 年版。

始见于元末陶宗仪《辍耕录》第 8 卷，共 32 则。顾氏藏过云楼曾藏稿本。

富春山居图　子部艺术类

(1) 真迹残卷之一前段称《剩山图》，浙江省博物馆藏。

(2) 真迹残卷之一后段称《无用师卷》，台北故宫博物院藏。

按：2011 年 6 月 1 日至 7 月 31 日在台北故宫博物院合璧展出。

黄子久秋山无尽图卷　子部艺术类

以上 2 种民国间有正书局影印本，南京图书馆藏。

黄子久山水长卷　子部艺术类

1931 年上海神州国光社影印本，南京图书馆藏。

黄子久富春山居图卷　子部艺术类

1939 年吴湖帆影印本，南京图书馆藏。

纸舟先生全真直指 1 卷　子部道教类

抱一函三秘诀 1 卷　子部道教类

抱一子三峰老人丹诀 1 卷　子部道教类

以上 3 种金月岩编，黄公望传。有《道藏》本。

大痴道人集 1 卷　集部别集类

(1)《元诗选》本。

(2) 道光年间黄泰辑刻《虞山黄氏五集》本，录自《元诗选》，南京图书馆藏。

一峰道人诗钞 1 卷　集部别集类

清抄本，上海图书馆藏。

一峰道人诗钞 1 卷杂著 1 卷附录 1 卷　集部别集类

清光绪九年(1883)刻本，常熟市图书馆藏。

王　珪(1271—1361)

字均章，一作君璋，号洞虚子，晚年又号中阳老人。元常熟人。原籍开封(今属河南)。自小聪慧,博览群书。工词曲,擅绘画,善鼓琴。元初以奇才而被征召为辰州同知。中年隐居养亲于常熟,在虞山南麓构筑新居"中阳丹房",竹篱柴门,遍种草药。自制滚痰丸,颇具神效。泰定元年(1324),撰《泰定养生主论》16卷。另著《四书道统》《原道集》《山居幽兴集》等。工画,赵孟頫器重之。

四书道统　经部四书卷

见光绪《常昭合志稿》卷44。

泰定养生主论16卷　子部医家类

(1) 明正德六年(1511)昌鸾刻本,国家图书馆藏。中国中医科学院图书馆藏有复印本。

(2) 明刻本,北京市文物局藏。

(3) 清乾隆间抄本,上海交通大学医学院图书馆藏。

(4)《续修四库全书》本。

(5) 中国医药科技出版社2012年版,程志立等校注。

按:书名"泰定",系始作于元泰定元年及取《庄子》"宇泰定者,发乎天光"之义。全书16卷,大体分四大部分内容,第一部分包括第一卷、第二卷,主要论述养生以养心为贵,分别论述婚合、孕育、婴幼、童壮、衰老等阶段养生的要点和节宣宜忌。第二部分包括第三卷至第七卷,主要是对医患关系和中医辨证论治的理论阐述,分别论述运气、标本、阴阳、虚实、脉病证治等养生去病之法。第三部分包括第八卷至第十三卷,主要是类方对证,分别从婚合、孕育、婴幼、童壮、衰老、伤寒、五运时行民病症治等方面一一备述对症方药与用法。第四部分包括第十四卷至第十五卷,主要论述作者的医学研究成果礞石滚痰丸、杂治活法等临床心得和历用得效方药辑录。最后,作者抄灵明训两篇,自撰心得一篇,"以为闲邪存诚之要"。

道德经注　子部道教类　佚

还原奥旨　子部道教类　佚

原道集　子部道教类　佚

山居幽兴集　集部别集类　佚

以上4种见光绪《常昭合志稿》卷44。

清　珙(1272—1352)

字石屋，一作号石屋，号福源。元常熟温氏子。少习儒业，年届弱冠，依崇教兴福寺永惟出家。越三年受戒，参高峰原妙，不契，后嗣法于及庵信禅师，得彻悟。入霞雾山结茅，名所居曰天湖。至顺中住当湖福源寺。至正间朝廷召入，高卧不起。复辞归天湖。喜吟咏，所撰山居偈流播四远。

石屋和尚住嘉兴当湖福源寺语录1卷山居颂1卷　子部佛教类

(1) 元刻本，国家图书馆藏。

(2) 明洪武刻本，国家图书馆藏。

石屋和尚山居诗1卷石屋和尚住嘉兴当湖福源禅寺语录1卷　集部别集类

明弘治二年(1489)林竹坡刻本，复旦大学图书馆藏。

《石屋和尚住嘉兴当湖福源禅寺语录》1卷，明释至柔辑，附《石屋和尚塔铭》1卷，元释元旭撰。

石屋禅师山居诗1卷偈赞1卷语录1卷　集部别集类

明刻本，南京图书馆藏。

石屋禅师山居诗集6卷　集部别集类

(1) 明刻本，复旦大学图书馆藏。

(2) 清汪氏摛藻堂抄本，上海图书馆藏。

(3)《宋元四十三家集》本。

(4)《续修四库全书》本。

山居诗1卷　集部别集类

(1)《四库全书》本。题《石屋山居诗》1卷，石屋禅师撰，前为山居各体诗，后附偈颂90首，首署参学门人至柔编，新安吴明春校正。

(2)《元诗选》本。

(3) 清抄本,国家图书馆藏。

(4) 南京金陵刻经处新刻印本,南京师范大学古文献研究所藏。

周文英(? —1368)

字子华,号紫华子。元常熟人。材子。为人恢廓自信,好读书作诗。泰定元年(1324)任盐官州都目,终松江府监税,至正初卒。善言水利,泰定初,文英提出《论三吴水利书》,请开白茆、娄江,行省不能用。后张士诚得其故牍,施行,民享其利。

庭芳集　集部别集类　佚

见康熙《常熟县志》卷 23,钱大昕《补元史艺文志》。

泽物稿　集部别集类　佚

亲民稿　集部别集类　佚

以上 2 种见《重修常昭合志》卷 18。

瞿孝祯

字逢祥。元常熟人。瞿硎裔孙。性闲旷,善吟咏,每得佳句,辄抚琴一弄。隐居沙头镇,辟乐隐园,植梧、竹、花卉,畜鱼、鹤,与杨维祯、张伯雨、顾阿瑛游。

月蕉稿　集部别集类　佚

散佚无传,钱大昕《补元史艺文志》作《月樵稿》。见雍正《昭文县志》卷 9 本传。

邱　迪

字彦启。元常熟人。岳四世孙,岳自镇江徙居常熟。迪少孤,养于孟氏。侍舅潼游匡庐白鹿洞读书,谒熊天慵,留讲席,勉以义理之学。及归,教授乡里。应举不利,不复求仕。

尚书辨疑　经部尚书类　佚

玉渊杂著　子部杂学类　佚

玉渊为所居坊名。

云麓斋文稿　集部别集类　佚

以上3种见《重修常昭合志》卷18。

缪　贞

字仲素,自号乌目山樵。元常熟人。隐居不仕。一说荐辟乐清令,曾为江浙掾史,寻弃去。善八分小篆。嗜古器物,得宋述古圆砚,因以述古名堂。宅在常熟虞山南,墓在虞山东岭下。

书学明辨4卷　子部艺术类　佚

见《重修常昭合志》卷18。辨析制字之义与承舛之失。张著、李还、倪瓒序,林大同后序。钱大昕《补元史艺文志》。一作《六书明辨》1卷。

黄锡孙

字禹畴,号谷山。元常熟人。先世由海门徙常熟。父字道山,举孝廉,有德于乡。锡孙幼聪慧,为文尚理气,诗尤清粹。居穷守约,不易其介。

谷山集　集部别集类　佚

《千顷堂书目》。见雍正《昭文县志》卷7本传。

虞德章

字子文,号芝亭。其先蜀人,后迁常熟。德章性朴厚,修长者行,乐善不倦,乡里称善人。工诗词,有《芝庭小稿》藏于家。墓在常熟虞山西山麓小涧,至正十五年(1355)葬,并杨维祯志墓。

芝亭小稿　集部别集类　佚

见《重修常昭合志》卷18。

明

周南老(1301—1383)

字正道，自号拙逸(一作隐拙)老人。明常熟人，迁吴县，材孙、文英子。元顺帝至正间以荐授永丰教谕，省臣奏为吴县簿。铨选除两盐运知事，进淮南行省照磨，改江浙行省，进擢本省理问。明初征诣太常，议郊祀礼。礼成发临濠，数月还放，徙居郡城。洪武五年(1372)，苏州知府魏观以明教化、正风俗为治，建黉舍，聘周南老、王行、徐用诚与教授贡颖之定学仪。撰《元处士云林先生墓志铭》。

易传集说　经部易类　佚

见《千顷堂书目》卷1、光绪《常昭合志稿》卷44。

丧祭礼举要　经部仪礼类　佚

见《千顷堂书目》卷2。按:《重修常昭合志》卷18作:《丧礼举要》《祭礼举要》2种。

学庸章句集解　经部四书类　佚

见《吴县志·艺文考》卷1。

医方集效　子部医家类　佚

见乾隆《苏州府志》卷75。

地理会要　子部术数类　佚

见《吴县志·艺文考》卷1。

拙逸斋稿2卷　集部别集类

见《千顷堂书目》卷17,《明史·经籍志》。

姑苏杂咏2卷　集部别集类

(1) 万历四十六年(1618)周希夔校刻《姑苏杂咏合刻》本，南京图书馆藏。上海图书馆藏有清黄丕烈校本。

按:《姑苏杂咏合刻》4卷;明高启撰《姑苏杂咏》2卷;周南老《姑苏杂咏》1卷、附录1卷,周南老诗均古体,孙大雅序,自序,书作于洪武十年(1377),为高启《姑苏杂咏》和声之作,自序云:“余耄矣,日无所事,因其题各赋五言六韵,或志书有所未暇纪载者,间附一二,庶后之览者或有所采择云。”裔孙希孟、希夔编。

(2)清抄本,1卷,常熟市图书馆藏。

张 著(约1318—1377)

字则明。其先温州平阳人,元至正间游学常熟,因兵乱道梗不得归,定居常熟。举为州学训导,迁淮安教授,弃官归。明洪武三年(1370)举人,即家授延安府肤施令,升临江府同知。持行清谨,所至有政绩,卒于官。享年60岁。墓在常熟报慈里。居家温厚和谨,诗文清婉纯雅。生平事迹见《列朝诗集小传》甲集、《永嘉先生集》卷首周棨《永嘉先生传》。

易经精义 经部易类 佚

见雍正《昭文县志》卷7本传。

永嘉先生集12卷 集部别集类

(1)明宣德三年(1428)子张规刻本12卷,见《明代版刻综录》卷4。

(2)1931年《敬乡楼丛书》本第3辑,《永嘉集》12卷,1册,以蒋氏天健楼所藏明人抄本,并据《明诗综》《东瓯诗存》等增补。

(3)清抄本,国家图书馆藏。

(4)常熟市图书馆抄本,丁祖荫校并跋,该馆藏。

(5)《苍南文献丛书》本,杨奔点校,上海古籍出版社2005年版。

(6)清抄本,台湾“中央图书馆”原藏。

长安唱和集 集部总集类 佚

见康熙《常熟县志》卷23。

按:与金文征、黄廷玉唱和。

王　偕

字叔与。明常熟人。居荻溪。元亡隐居，以诗名。

荻溪诗 2 卷　集部别集类

(1) 清抄本，国家图书馆藏。

(2)《北京图书馆古籍珍本丛刊》本，据清抄本影印。

按：《重修常昭合志》卷 18 作：《荻溪诗》1 卷。居常熟之荻溪，故名。《四库全书总目提要》：《荻溪集》2 卷(编修汪如藻家藏本)旧本题元王偕撰。前有洪武癸亥《冯原智序》，称偕，字叔与，琅琊人，官昆山学教授，善绘事，元亡不仕，寓居荻溪之西，以荻溪翁自号。今检集中所与唱酬者，皆国朝顺治间常熟诸文士。又尝入京师，有《慈仁寺双松歌》。慈仁寺建於明代，亦与偕时世不相合。惟诗中有《岁暮还荻溪》诸题，当必国初人寓居荻溪者。集名偶同，坊贾遂妄取《原智序》冠之，指为偕作，以售欺耳。

盛　彧(？—1382)

字季文。明常熟人。世居南沙。笃志力学，工诗文。与杨维祯、秦约、郑东、张逊、文质、陆仁、赵铨、张恕仲辈为友，多唱和之作。元季兵乱，徙家昆山，洪武八年(1375)赘婿昆山。十五年以田役谪戍，染疾，至金山泊舟，强起赋诗，投笔而逝。

归胡冈集 1 卷　集部别集类　佚

见《千顷堂书目》卷 17，《明诗综》。

孙彦和

明常熟人。洪武十四年(1381)举贤良方正，以疾辞。世有隐操，雅好音律，因自号枕流樵者。

虞山樵唱　集部别集类　佚

见雍正《昭文县志》卷 9 本传。

按:类编所著乐府,林逢吉序。

朱 镃

亦作燧。字子新,自号笠泽渔者。明初常熟人。朱熹八世孙,朱烇孙。定居常熟,诸生,为贡师泰(1298—1362)门人,与刘中编贡师泰《玩斋集》。元至正末家毁于兵,晚年避兵侨居长洲。励志苦节,工为诗词,尤善行草。肆情山水,遇酒辄醉。手录奇书,至老不倦。

贡玩斋(师泰)先生纪年录　史部传记类

(1) 明天顺初沈性刻本《玩斋集》附。见《藏园群书题记》。

(2)《贡礼部玩斋集》10 卷、《拾遗》1 卷、《纪年录》1 卷,国家图书馆藏明刻嘉靖四年徐万璧重修本。

至治之音 3 卷　集部总集类　佚

按:此为元代赋选,洪武三十一年(1398)辑录于潭泾寓所。一名《青云梯》,有镃自跋。

以上 2 种见《重修常昭合志》卷 18。

曹 贞

字元度。明常熟人。善诚族,与善诚俱以义侠称。元季散家资漫游湖海,寄意诗酒。

十洲三岛诗　集部别集类　佚

见雍正《昭文县志》卷 7 本传、钱大昕《补元史艺文志》。

张 恕

字以行。明常熟人。由昆山迁常熟。洪武三年(1370)被征御试春山新水诗,称旨,以荐授卢龙知县。厉操清白,处事详明。与盛彧辈为友。

啜醨稿　集部别集类　佚

见雍正《昭文县志》卷 7 本传。

徐道南

号小筠。明常熟人。以诖误谪戍。州将重之，延为幕客，相从兵戈间，不废翰墨，著《要林》等书。

要林　子部典故类　佚

见《重修常昭合志》卷18。

林大同(1334—1410)

字逢吉，号范轩，自称三山林耷叟，学者称为眊叟先生。明常熟人。其先福建长乐人，曾祖松洲，宋宝祐间，为常熟教授，因家此。祖近思，为州学宾，无子，以甥黄修德为嗣，即大同父。大同幼孤苦力学，抄读经史，不间寒暑。洪武二十四年辛未(1391)，以耆德荐授开封训导，后被黜。永乐三年(1405)叙用洪武旧臣，以疾辞，赐敕遣还，誉望甚尊。为文闳肆衍迤。永乐五年撰《重建招真治记》。宅在常熟琴川上，有范轩，取洪范七稽疑义，自著范轩左右二记。墓在常熟报慈里。

易原奥义(一作易经奥义)2卷　经部易类　佚

见《千顷堂书目》卷1,《明史·艺文志》原作《易经奥义》。

范轩文集12卷　集部别集类

清抄本，上海图书馆藏。

范轩文集9卷　集部别集类

明宣德吴讷刻本，见《明代版刻综录》卷2。《千顷堂书目》卷17作9卷。《明史·艺文志》作《林大同文集》9卷。

松南渔唱集　集部别集类　佚

见《重修常昭合志》卷18。

计　嗣

字蒙正。明常熟人。计氏为海虞世族。计嗣属词有理致，行亦谨介，县俊多出其门。计嗣所居"桂月山居"，有味菜斋，在常熟虞山西魏庄，张洪、吴讷有记。

蓬庵集　集部别集类　佚

见雍正《昭文县志》卷7本传。文稿，一作《蓬庵遗稿》。

邹立诚

字九思。明常熟人。宋龙图学士浩裔。南渡时，浩子晒与弟昭，至常熟居四十四都，名所居“东始庄”。立诚至正二十五年(1365)备榜，洪武三年(1370)举人，授金州通判。长于诗赋。

金州稿　集部别集类　佚

佳声集　集部别集类　佚

以上2种见雍正《昭文县志》卷7本传。

徐德贤

字孟明，号静庵。明常熟人。恪祖。其先祖珵，仕元为龙虎上将军，海道都漕运府万户，以功赐地营葬常熟邵舍。德贤通《春秋》，避乱，客居苏城。父殁，犹行丧礼以励俗。张士诚据吴，荐官不往。墓在常熟西乡，李东阳撰碑。

静庵集　集部别集类　佚

见雍正《昭文县志》卷8本传。

钱　甦

字更生，号谦斋。初名沂，字伯与。明常熟人。观复裔孙，俣之后裔。父希祖，玉山教谕。甦力田事学，与傅则明诸人游，以义理相切磋，学识淹贯，尤笃志于考《亭》《诗传》《四书》，发于文辞。入明，居昆湖之上，以读书教子为务。洪武初，被诬系狱，旋得昭雪。未几，为里豪朱原善借督赋后期文致甦罪，子迪赴台申诉，以身代父死。甦释还归，因更名。十年(1377)星变，陈言至中书，后于本省听办事。太祖命甦代撰祭元幼主文，称旨。召见欲授官，甦以老病辞，赐归，杜门以读书教子为务。卒后著作多湮佚，仅遗稿三卷。宅在常熟古里村，有思贻堂、思慎堂，吴讷撰记。

谦斋存稿 3 卷　集部别集类　佚

见《里睦小志》卷下艺文志补之五“书目”，《千顷堂书目》卷 17 著录“一册”。

按：孙完辑，吴讷序。

陆子高(1354—1431)

原名冠孝，以字行。又字甫里。明长州人。龟蒙十五世孙，先世已家常熟。子高入赘常熟孙氏，占常熟籍。生而颖悟，师事宋濂。洪武二年(1369)诏求遗书，子高以家所藏古藏表进，入儒籍。二十七年在南京应进士试，赐一甲第三人及第。以对策忤权要，诬奏冒籍，欲置重典。同榜 98 人拜疏，愿同宠辱，太祖义之，赦出除名禁锢。家居著述。永乐靖难，坚卧不起，卒年 78，临终戒子孙，以贡士名其墓，后人私谥忠谥先生。宣德七年(1432)葬常熟阜成门外虞山之麓祖茔，门人鱼侃撰墓志铭。

小学习成(一作小学集成)　经部小学类　佚

虹霓书事　史部传记类　佚

以上 2 种见雍正《昭文县志》卷 9 本传。

陆氏先世谱　史部传记类　佚

见《重修常昭合志》卷 18，陆子高辑。

祭仪　史部政书类　佚

见《重修常昭合志》卷 18。

天文会像　子部历算类　佚

梅菊诗评　集部诗文评类　佚

以上 2 种见雍正《昭文县志》卷 9 本传。

张　规

字运生。明常熟人。著子。学行能世其家。曾与林衍、连璞同修常熟县志。宣德三年(1428)尝刻其父《永嘉集》12卷。

张氏族谱　史部传记类　佚

见《吴文恪公大全集》,张规辑,断自父著始,吴讷序。

自怡稿　集部别集类　佚

见《重修常昭合志》卷18。

余友谅(一作朱友谅)

明常熟人。建文年间以贤良方正荐授大理寺少卿。

鹤林类集　子部典故类　佚

见《重修常昭合志》卷18、《海虞艺文目录》。

张　洪(1360—1445)

字宗海,号止庵。明常熟人。本姓侯,张炯养子。补诸生。洪武十五年(1382)以被诉私买仓米,谪戍云南。洪武末,除王府教授。永乐元年(1403)奉使日本,二年使吐蕃,四年出使辽东、缅甸,所至不辱使命。荐入文渊阁,纂修《永乐大典》副总裁。洪熙元年(1425)进翰林院修撰,与修太宗、仁宗实录。为文敷腴典则,不事藻饰而理自胜,在翰林时诏诰多出其手。宣德五年(1430)致仕,日事著述。正统十年(1445)卒,卒年86。瞿汝稷撰《翰林院修撰止庵张先生洪墓碑》(《国朝献征录》卷21)。墓在常熟宝岩湾。

周易传义会通(一作易经传义会通)15卷　经部易类　佚

见《千顷堂书目》卷1、《明史·艺文志》卷1。

尚书补传(一作书经补传)12卷　经部尚书类　佚

诗正义(一作诗经正义)15卷　经部诗经类　佚

以上2种见《明史·艺文志》卷1。

礼记纂类(一作礼记总类)　经部礼记类　佚

见康熙《常熟县志》卷23、《千顷堂书目》卷1。

春秋说约12卷　经部春秋总义类　佚

见《明史·艺文志》卷1、《千顷堂书目》卷1。

四书解义20卷　经部四书类

明初刻本,南京图书馆有胶卷,存《孟子》三至四共2卷。

按:《重修常昭合志》卷18:"四书解义二十卷。《续文献通考》,《经义考》。姚《志》云:《中庸解义》陈继善刊本。《经义考》别著《中庸解义》一卷。《千顷堂书目》:《大学解义》《中庸解义》各一卷,与《四书解义》二十卷并列。按:《归田集》二书,即在《四书解义》内,当时或别有单行本。"

五经解义　经部群经总义类　佚

见《重修常昭志稿》卷18、王圻《续文献通考》。

小学翼赞诗(一作小学翼赞)6卷　经部小学类　佚

见《明史·艺文志》卷1、《千顷堂书目》卷1。

史记要语　史部正史类　佚

见《重修常昭合志》卷18,《续文献通考》作《史记要记》,《海虞艺文目录》作《史记要论》。

使规1卷附使缅录1卷　史部政书类

(1) 明成化十年(1474)汤琛刻本,上海图书馆藏。常熟市图书馆藏本有明王广跋。

(2) 抄本,常熟市图书馆藏。

(3)《使缅录》1卷,有《娄东杂著》本。

按:《重修常昭合志》卷18:"《使缅录》此书亦附《使规》后。《使规》一卷,亦使缅时所作,分类十有六,采列古来奉使得失,加以论断,末为《使缅附录》,记当日往返情形,并载《示缅甸书》六篇。《绛云楼书目》,《恬裕斋书目》刊本。钱曾《述古堂书目》作《吏规》,误。"

日本补遗志1卷　史部地理类　佚

见《海虞文征》卷16。《千顷堂书目》作《日本补遗》。

南夷书1卷　史部地理类

明抄本，清程晋芳跋，国家图书馆藏。

按：《重修常昭合志》卷18作《南彝书》一卷，永乐间以行人往谕缅甸，采摭见闻，略具梗概。

（宣德）琴川新志8卷　史部地理类　佚

明郭南修　张洪纂并序

见乾隆《常昭合志·旧序》张洪序。

张修撰遗集4卷附录1卷　集部别集类

清陈揆抄本，国家图书馆藏。

张修撰遗集8卷附录1卷　集部别集类

（1）清播琴山馆抄本，赵宗建、丁祖荫校，国家图书馆藏。

（2）《明代诗文集珍本丛刊》本。

张修撰遗集不分卷补遗1卷　集部别集类

常熟市图书馆抄本，该馆藏。

归田集　集部别集类

（1）4卷，常熟市图书馆抄本，丁秉衡校并跋，该馆藏。

（2）不分卷，清瞿秉渊抄本，常熟市图书馆藏。

按：《重修常昭合志》卷18："《归田稿》四卷，荷香馆丁氏藏稽瑞楼明钞本。《千顷堂书目》作《归田集》二卷。《明史·艺文志》：《张洪集》二卷。《恬裕斋书目》：《张修撰遗集》六卷。又藏稽瑞楼《归田集》钞本，王圻《续文献通考》、赵琦美《脉望馆书目》均不分卷。初园丁氏传钞《张修撰集》八卷，并附录。"

揽辔集　集部别集类

见《千顷堂书目》卷18。

清溪集　集部别集类

贯道集　集部别集类

金台集　集部别集类

永言集　集部别集类

翰林类稿　集部别集类

学选诗　集部别集类

和陶诗　集部别集类

以上7种见《重修常昭合志》卷18。

古今箴铭集14卷　集部总集类　佚

见《明史·艺文志》卷4。

历代诗选　集部总集类　佚

见《千顷堂书目》卷31。

续文章规范　集部诗文评类　佚

见《重修常昭合志》卷18。

徐　骏

字叔大，号积庵，人称泣鸽先生。明常熟人。博综典籍。

五服集证6卷　史部政书类

曝书亭抄本，见《浙江采集遗书总录》乙集。

按：本《文公家礼》及《太祖孝录》，并集诸儒论说，参己意证之。《四库全书总目》卷二十三经部二十三礼类存目一："《五服集证》六卷（浙江吴玉墀家藏本），明徐骏撰。骏，常熟人。是书成于正统戊午。考论五服之制，设为问答以明之。大旨於古制遵朱子《家礼》，当代之制则遵明太祖《孝慈录》。所采诸书，不过十余种而已。《明史·艺文志》作一卷。此本六卷。考《序》末有'大明岁次壬申进德书堂新刊'字，则此本犹属旧刻，不由窜乱。《明史》误以六字为一字耳。"

对类总龟（一作总龟对类）　子部典故类　佚

见《重修常昭合志》卷18。

诗文轨范2卷　集部诗文评类

（1）抄本，见《浙江采集遗书总录》庚集。

（2）清抄本，北京大学图书馆藏清初曹寅藏本。

(3)《四库全书存目丛书》本。

按:采摭前人论诗文语,并载诏、诰、表、奏诸式。

施 显

字孟微。明常熟人。洪武二十年(1387)举人第一,二十一年进士第一,选入翰林,为庶吉士,授前军都督府断事。又署北平按察司事,坐累,谪远州。逾年,乞留中自效,拜江西道监察御史,卒。笃志于学,暑夜读书帐中,为文典丽。子绪,裒其文,名《两魁遗稿》。

两魁遗稿(一作两元遗稿)1卷　集部别集类　佚

见《重修常昭合志》卷18。

卫 浩

字季洪,号节庵。明常熟人。洪武中,起邑校以才行贡入监,与修《太祖实录》。永乐初,擢监察御史,丁外艰归,起巡辽阳官,出为江西副使,转福建按察副使。墓在常熟邵家湾。

奏议　史部政书类　佚

见《重修常昭合志》卷18、《海虞艺文目录》,一作2卷。

黄 钺

字叔扬。明常熟人。少好学,父令督耕,钺从友人家借书窃读。县举贤良,授宜章典史。建文元年(1399),举湖广乡试。二年,第进士,授刑科给事中。三年丁父忧归。燕王朱棣南下,杜门不出。明年,以户科给事中召,途中自投于水。崇祯末追谥文献。清乾隆四十一年(1776),追谥忠节。《明史》卷143有传。墓在常熟报慈里。

黄给谏遗稿1卷附录1卷　集部别集类

(1) 清抄本,国家图书馆藏。

(2) 道光刻本,南京图书馆藏。

按:诗文稿,施凤来序,附传记题墓竹诗。

林　衍

字裕叔。明常熟人。大同子。为人笃行。博学多才。

常熟县志　史部地理类　佚

见《重修常昭合志》卷18。

按：林衍与连璞、张规同修《常熟县志》，在张洪《琴川新志》前。一说季篪修志，未成，衍续成。

吴　讷(1372—1457)

字敏德，号思庵。明常熟人。7岁熟读四书五经，永乐中以知医荐至京。洪熙元年(1425)，荐授监察御史，敬慎廉直，不务矫饰。宣德元年(1426)，巡抚浙江。三年，巡抚贵州。五年，任南京右佥都御史，同年升左副都御史兼通议大夫，刚介有为。正统初，御经筵，录所辑《小学集解》上之。四年(1439)三月以老致仕。讷博览，议论有根底，于理性之奥，多有发明。天顺元年(1457)卒，谥文恪。乡人祀之言子祠。《明史》卷124有传。冯复京《先贤事略》载：讷为言子游苗裔，其先坐事亡匿，以子游封吴公，改姓吴氏，名曰讷，藏言于内也。

祥刑要览2卷　史部政书类

(1) 明成化二十二年(1486)林符刻本，国家图书馆藏。

(2) 明正德十一年(1516)郭琮刻本，上海图书馆藏。

(3) 张谦增辑，3卷。明嘉靖刻本，中山大学图书馆藏。

(4) 清道光十四年(1834)粤东抚署求放心斋刻本，4卷，南京图书馆藏。

棠阴比事补编1卷续编1卷　史部政书类

宋桂万荣撰　明吴讷删正并补续

(1)《四库全书》本。

(2)《学海类编》本。

(3)《丛书集成初编》本。

(4) 清抄本,常熟市图书馆藏。

历代名臣谏疏　史部政书类

见《千顷堂书目》卷30。

文公先生小学集解大成6卷　子部儒学类

(1) 明宣德八年刘氏翠岩堂刻本,存卷1卷2两卷,国家图书馆藏。

(2) 清同治八年(1869)江苏书局刻本,常熟市图书馆藏。

小学句读10卷　子部儒学类

宋朱熹撰　明吴讷集解　陈选增注　王云凤辑

明刻本,中山大学图书馆藏。

性理群书14卷　子部儒学类

宋熊节辑　熊刚大集解　明吴讷补注

明宣德九年刻本,中国历史博物馆藏。

北溪性理字义节要　子部儒学　类

见《重修常昭合志》卷18。

吴文恪公大全集　集部别集类

(1) 10卷,抄本,常熟市图书馆藏。

(2) 7卷,清抄本,国家图书馆藏。

(3) 7卷,清抄本,上海图书馆藏。

思庵先生文粹11卷　集部别集类

(1) 明嘉靖二十七年(1548)范来贤刻本,国家图书馆藏。

(2) 清曹炎抄本,国家图书馆藏。

(3) 清抄本,浙江图书馆、国家图书馆藏。上海图书馆藏本有《附录》1卷。

(4)《台湾珍藏善本丛刊》本。

(5)《明代诗文集珍本丛刊》本。

思庵先生文粹2卷　集部别集类

光绪十四年(1888)常熟赵氏旧山楼抄本,清赵宗建校,上海图书馆藏。

古学备体前集21卷后集14卷　集部总集类

明吴讷辑　祝文彦订

(1) 明刻本,上海图书馆藏。

(2) 明崇祯刻本,多外集5卷,北京大学图书馆藏。

文章辨体50卷集5卷总论1卷目录2卷　集部总集类

(1) 明天顺八年刘孜等刻本,吉林省图书馆藏。南京图书馆藏本有清丁丙跋。

(2) 明嘉靖三十四年徐洛刻本,南京图书馆等藏。

(3) 明刻本,无锡市图书馆等藏。

(4) 明钟原刻本,苏州市图书馆藏。

文章辨体序说　集部诗文评类

1962年人民文学出版社罗根泽点校本,以明嘉靖三十四年刊本作底本,同时取天顺八年刊本相校,与明徐师曾撰《文体明辨序说》合刊。1998年人民文学出版社《中国古典文学理论批评专著选辑》本。

文范　集部诗文评类

文法至论　集部诗文评类

以上2种见《重修常昭合志》卷18。

百家词　集部词典类

(1) 明抄本,梁启超跋,存132卷,天津图书馆藏。子目从略。

(2) 明蓝格抄本,存20卷,绍兴市鲁迅图书馆藏。子目从略。

(3) 1940年上海商务印书馆排印本,林大椿校,南京图书馆藏。子目从略。

(4) 1992年天津市古籍书店出版。子目从略。

季　篪

字仲怡,号友梅。明常熟人。永乐中以经明行修荐与修《永乐大典》。宣德间授昆山训导,迁曹县教谕。正统九年(1444)旅崇明。修邑志未成而卒。

常熟县志　史部地理类　佚

按：在张洪《琴川新志》后，未成书而卒。

昆山县志　史部地理类　佚

按：任训导时主修。

崇明县志　史部地理类　佚

以上3种见雍正《昭文县志》卷7本传。

增集群书类疏（一作增广群书类疏）12卷　子部典故类　佚

见《重修常昭合志》卷18。

友梅集不分卷　集部别集类

（1）清抄本，国家图书馆藏。

（2）《明代诗文集珍本丛刊》本。

怡庵集　集部别集类　佚

见康熙《常熟县志》卷23。

张　绪

字廷瑞。明常熟人。衡从子。诸生，居乡校有才名。正统二年（1437），以词翰荐授会昌侯府教授。工书画，善写墨竹，亚于夏昶。正统十三年，书常熟县学《尊经阁记》。

玉河稿　集部别集类　佚

肯堂稿　集部别集类　佚

江南钓矶稿　集部别集类　佚

以上3种见《重修常昭合志》卷18。

徐　讷（1376—1449）

字敏叔，号南溪，后以字行。明常熟人。德贤子。读书有高行。

渔梁徐氏族谱　史部传记类　佚

见《重修常昭合志》卷18。

按：徐讷辑，创于汉，修于唐宋，自宋大中大夫千十四公始迁常熟，张洪、吴讷等序。

同居集　史部传记类　佚

按:取《袁氏世范》《郑氏遗范》,为家规百余条,以训子孙。

家规　子部儒学类　佚

按:徐氏累世聚居,因辑古今同居者为训,吴讷序。集一作录。以上徐恪传。

以上2种见雍正《昭文县志》卷8本传。

叶　埙

号在耕。明吴县人,居常熟。梦得十一世孙。信子。

在耕集1卷　集部别集类　佚

见《重修常昭合志》卷18。

缪伯雨

明永乐间常熟人。工诗,所作咏物诗200余首,为时所称。

虞山樵唱　集部别集类　佚

按:暨阳黄常序。

咏物诗　集部别集类　佚

以上2种见雍正《昭文县志》卷7本传。

顾　立

字成夫,号进修,晚号松庵。明洪武、永乐间常熟人。细二玄孙。慷慨有大志,少为邑掾,授乌程主簿,迁云和知县,拟擢郡守,遽卒。有别业在常熟白茆古湫浜,名芙蓉庄,小桥流水,曲折幽胜,周遭里许。墓在常熟报慈里,景泰六年(1455)葬,俞山志墓。

辕门集　集部别集类　佚

流芳集(一作流芳稿)　集部别集类　佚

按:任乌程簿时所作墓表文。

以上2种见雍正《昭文县志》卷7本传。

松庵集　集部别集类

孙湘刊本

见《重修常昭合志》卷18。

林复真

初名复，字刚伯，号梅雪，又号止庵。明常熟人。大同子。与修《永乐大典》及《劝善书》《道藏》。永乐十五年(1417)建常熟朗吟亭。晚住致道观来云堂。

止庵集　集部别集类　佚

见《千顷堂书目》卷25、康熙《常熟县志》卷23、《里睦小志》卷下艺文志补之五“书目”。

按:《吴文恪公大全集》载:有诗文十卷。

陈继宗

字复本，号勖斋。明常熟人。笃志儒业，工诗。宅在常熟县治南，有共学斋，遗书满架，与弟继先同居，吴讷撰记。

筠坡集　集部别集类　佚

勖斋稿　集部别集类　佚

以上2种见雍正《昭文县志》卷7本传。

陈　彰

字天章。明常熟人。少以家累戍云南，至老归乡。永乐中曾进《为君难》《大禹勤俭自谦》二疏。

古斋集　集部别集类　佚

见雍正《昭文县志》卷7本传。

唐　敏

字志学，号寒碧居士。明常熟人。永乐十二年(1414)举人，历浮梁、宁津、栖霞、汶上四县教谕，分校江西、河南乡试。文辞典赡。宣德六年(1431)，言请疏浚常熟耿泾。

诗经钩旨　经部诗经类　佚

博古要览　子部典故类　佚

寒碧稿　集部别集类　佚

归田稿　集部别集类　佚

以上4种见雍正《昭文县志》卷7本传。

王　珙

字廷珪。明常熟人。隐士。秉礼好善，喜近贤士，善诗，出入于月泉吟社一派。

竹居诗集1卷　集部别集类

(1) 清嘉庆六年(1801)王氏十万卷楼抄本，王瑞履校并跋，国家图书馆藏。

(2) 清抄本，国家图书馆藏。

按：曾孙仲申辑，所居“竹居”，因以名集，张洪等序，六世孙古刊。

章　珪

字孟瑞，号志庵，晚号全名散人。明常熟人。焕文子。宣德二年(1427)，举贤良方正，授广东按察司知事，擢监察御史，按真定四郡，颇著政绩。正统八年(1443)，以疏论大臣，罢归，时予其直。成化十年(1474)撰《征仕郎中书舍人周君墓志铭》。宅在常熟县治北，墓在常熟拂水岩下。

章全名先生文集1卷附1卷　集部别集类

常熟市图书馆抄本，该馆藏。

按:《海虞艺文志》作《全名集》,一作《章全名文集》。

张 𢡟

字汝正,号戒庵。明常熟人。绪子。南礼部铸印局大使。

宦游稿　集部别集类　佚

归闲稿　集部别集类　佚

以上2种见《重修常昭合志》卷18。

慧 秀

字孤松。明常熟人。本姓蒋,名锋。出家游川浙名山,归老虞山、阳羡之间。

秀道人集13卷　集部别集类　佚

见《千顷堂书目》卷28、《明史·艺文志》,《海虞艺文目录》作12卷。

萧 韶

字凤仪,号观澜。奎父。明宣德间常熟人。有俊才,工诗。李东阳和其遗诗有"君有孝子诚,而无流俗酣"之句。韶著《桑寄生传》,见李诩《戒庵老人漫笔》,《重修常昭合志》以非专书,不录。

复善斋稿　集部别集类　佚

袜线稿　集部别集类　佚

以上2种见康熙《常熟县志》卷23。

萧凤仪文1卷　集部别集类　佚

见《千顷堂书目》卷19。

周 珙

字克惠,号野逸。明常熟人。其先霄严,元皇庆间居常熟子游巷。父裔,为支塘张氏赘婿,因居支塘十条浜。珙性嗜学,泛览子史,于《毛诗》《左传》研究尤深。以勤学致病，遂研习医，发挥五运六气图，深中肯綮。平生严谨正直。年80余尚及见其孙楷中举。

野逸稿　集部别集类　佚

见《支溪小志》卷3本传。

程　式

字道承，又字若水、以则，号可庵，又号建武居士。明常熟人。宣德八年(1433)进士，官至刑部员外郎。居官简约，工诗古文。正统十四年(1449)死北御瓦剌也先军中，衣冠归葬。景泰四年(1453)，录死事诸臣，以原官受阶奉训大夫。《明史》卷167有传。居常熟儒学前程家巷。墓在常熟报慈里。《重修常昭合志》卷18："殷仲春《医藏目录》著录程式《医彀》十六卷，是否以则所撰，附录备考。"考《程氏医彀集古》4卷，明万历刻本，上海中医药大学图书馆藏。程式，字心原，明南城人，精于医，研究《素问》《难经》《脉诀》，洎张、刘、李、朱四氏之书，著之编帙，名《程氏医彀》，非以则所撰。

葩经衍义(一作诗经衍义)　经部诗经类　佚

兵政十策　史部政书类　佚

以上2种见雍正《昭文县志》卷5本传。

兰省遗音2卷　集部别集类　佚

见《千顷堂书目》卷19。

邱　方

字仲野，号松涛。明常熟人。岳裔。正统初以贤良方正荐授泰和县丞，居官廉慎夷坦，历二考辞归。性至孝，博学弘文，其文无纤靡习。杨士奇雅重之，赠诗有"清澈玉壶冰"之语。墓在虞山北麓。

松涛集　集部别集类　佚

见雍正《昭文县志》卷7本传。

高　德

字以化。明常熟人。宣德七年(1432)举人,官宝坻教谕,迁国子监学正,转助教,致仕归。以卖文自给,其文整赡,与邱方相上下。

金台集　集部别集类　佚

南雍寓稿　集部别集类　佚

纪行集　集部别集类　佚

以上3种见《重修常昭合志》卷18。

陈　表

字世望。明常熟人。继宗子。承家学,屡荐不就,两与纂修《实录》。性豪旷,善吟咏。

咏史集　史部史评类　佚

琴川新咏　集部别集类　佚

以上2种见雍正《昭文县志》卷7陈继宗传附。

范　钦

字崇望,号一峰居士。明常熟人。仲淹裔孙。居士。庭园有巨石,时啸咏其下。

一峰居士集　集部别集类　佚

见康熙《常熟县志》卷23。

张　继

字克绍,号正庵。本姓严,宝子。随父由荆溪迁居常熟。明正统中以贤良方正荐,以母老不赴。清修笃学,与陈九畴齐名,诗律圆妥。宅在常熟儒英坊,有书种轩,为训其子承泽、承庆而创。

正庵集　集部别集类　佚

见雍正《昭文县志》卷9本传。

按:诗集。

朱　骥

字汉房。明常熟人。正统七年(1442)进士,除行人,迁监察御史,按永平,出为广西佥事,备兵南宁,迁广西布政左参议。宅在常熟青果巷,有谢阙楼。墓在常熟报慈里周孝子墓西北,韩雍志墓。

九边经理策　史部政书类　佚

见《重修常昭合志》卷18、《海虞艺文目录》。

按:童时应试之作。

陈　喆

字成夫,号雪崖居士。明常熟人。隐居好学,家贫无书,入肆浏览,即记不忘。治《春秋》,折衷诸家,作《集解》。成化六年(1470)入京,道中作《北游纪行》。

春秋胡传集解30卷　经部春秋总义类　佚

居官一览　史部政书类　佚

以上2种见《重修常昭合志》卷18。

按:为子易居官箴规。

北游纪行(一作北游纪行集、北游纪行录)　史部地理类　佚

见《千顷堂书目》卷8。

沥胆录　子部儒学类　佚

家话　子部儒学类　佚

雪崖集(一作雪崖杂集)1卷　集部别集类　佚

以上3种见《重修常昭合志》卷18。

周师敬

字彦翼。明常熟人。诗文典则,教授里中,多所造就,人称新庵先生。

新庵诗集　集部别集类　佚

见康熙《常熟县志》卷23。

梅涧集　集部别集类　佚

见《重修常昭合志》卷18。

张　懋

字时勉，号逊志。明常熟人。衡孙。正统六年(1441)举人，授湖广鄘县训导，升武邑教谕，以德行廉耻训其徒，晚年究心伊洛之学。成化九年(1473)八月撰并书《报本道院记》。墓在常熟桃源涧下。

毛诗特解　经部诗经类　佚

性理纂言　子部儒学类　佚

以上2种见《重修常昭合志》卷18、《海虞艺文目录》。

逊志录　子部儒学类

归闲集　集部别集类　佚

以上2种见雍正《昭文县志》卷7本传。

吕　㘚(1418—1484)

字希颜，号复庵。明常熟人。正统四年(1439)进士。授行人，擢御史，迁湖广副使，斥奸捕寇。官至云南左布政使。幼好学，文有奇气。

复庵集　集部别集类　佚

见《重修常昭合志》卷18。

按：稿藏于家。

褚　玙

字廷晖。明常熟人。祚族弟。正统九年(1444)举人。授汝州学正，改沧州，升兴化教授，迁国子监博士，分典乡试者三，裁鉴公允，归隐江滨。

葵轩集4卷　集部别集类　佚

见《重修常昭合志》卷18。

王 迪

字惠吉,号世竹翁。明常熟人。珙子。诸生。有世竹居,在常熟城北萧溪,植竹千竿。墓在常熟兴福里,正统二年(1437)葬,吴讷志墓。

萧溪王氏家谱 史部传记类 佚

见吴讷《吴文恪公大全集》,明王迪辑,吴讷序。

闲居十咏 集部别集类 佚

见《重修常昭合志》卷18。

按:稿藏于家。

陈 宏

字德容,以字行,号留庵。明常熟人。元大七世孙,蓍子。贡生,授八品散官。尝学于张洪、吴讷。才藻敏赡,善属文,为时所称,诗亦有度。

历代序略补遗(一作历代叙略补遗) 史部史评类 佚

训释伊洛精义钞 子部儒学类 佚

陈征士文集(一作留庵稿)20卷 集部别集类 佚

以上3种见康熙《常熟县志》卷23。

怡静挽诗卷 集部别集类 佚

见《重修常昭合志》卷18、《海虞艺文目录》。

按:为外祖沈怡静征求题咏,裒成卷帙。

王 锦

字日章,号春畴。明常熟人。割田数十亩济族,号"义田",设义塾,集宗党子弟,亲为督诲。

居家条约(一作家训) 子部儒学类 佚

菜根居士集(一作菜根集) 集部别集类 佚

以上2种见康熙《常熟县志》卷23、《重修常昭合志》卷18。

陆　昶(1420—1479)

字孟昭。明常熟人。景泰二年(1451)进士。任刑部主事,升郎中。两按河南、山西大狱,人无冤者。升福建布政右参政,巡视海道,设防备倭,以谗罢归卒。

萤窗集　集部别集类　佚

秋台集　集部别集类　佚

闽海集　集部别集类　佚

云泉集　集部别集类　佚

以上4种见《千顷堂书目》卷19。

缪　朴

字尚质。明常熟人。景泰二年(1451)进士,授行人,迁南京刑部郎中。精通经学,邑士多游其门。年逾60致仕,题其居"草窝"。

草窝稿　集部别集类　佚

见雍正《昭文县志》卷5。

钱　昌

字允言,号未斋,又号归庵。明常熟人。甦曾孙,中得孙。性方严,博学工诗,与徐有贞、钱溥、刘珏、祝惟清辈结咏社。

未斋集(一作味斋集)　集部别集类　佚

归庵诗钞(一作归庵诗集)　集部别集类　佚

以上2种见《里睦小志》卷下艺文志补之五"书目"。

周　汇

字行之,号漱石。明常熟人。珙子。隐居力学,与桑瑾兄弟为友。其诗清婉有韵。晚年追桃李园故事,为怡情会,每良辰美景以诗酒娱宾客。

为政节要(一作为政简要)　子部儒学类　佚

见《重修常昭合志》卷18、《海虞艺文目录》。

按:训子楷服官作,凡20则。《海虞艺文目录》"节"作"简"。

漱石斋稿　集部别集类　佚

见《支溪小志》卷3。诗集。钱《志》作《漱稿》。《海虞艺文目录》作《日漱稿》。

按:诗集。《海虞艺文目录》作《日漱稿》。

钱　宽

字理容。明常熟人。承事郎,与弟洪以能诗好客称,列为吴中七才子,人呼柳溪处士。有宅在奚浦,种柳环堂,名"柳溪",有振德堂、雅趣堂,均茅檐竹壁,规制古朴,又辟宝善堂。

柳溪堂集　集部别集类　佚

见《重修常昭合志》卷18。钱谦益《列朝诗集》乙集收其诗。

程　宗(1426—1489,一作卒于1492)

字原伊,一作源伊,号希轩。明常熟人。式侄。景泰二年(1451)进士。授刑部主事,治狱详慎。升员外郎,擢吉安知府,迁四川、陕西布政使。累官副都御史,巡视云南,官至南京工部尚书。仕垂40年,家产不加于旧。为文典则,诗尤工。

禹贡图说　经部尚书类　佚

见《重修常昭合志》卷18。

程氏族谱　史部传记类　佚

见《海虞艺文目录》。

按:明程宗辑,洪武中修后,迄弘治初宗重修之,自迁虞祖八三始。

抚彝录(一作抚夷录)4卷归田录4卷　史部政书类

抄本,常熟市图书馆藏。

按:抚木邦诸夷道中作,何乔新序。

奏议20卷　史部政书类　佚

司空集　集部别集类　佚

以上2种见《千顷堂书目》卷19、30。

宦游集　集部别集类

见《重修常昭合志》卷18。

按:诗集。

欧阳文忠公集153卷年谱1卷附录5卷　集部别集类

宋欧阳修撰　《年谱》宋胡柯撰

明天顺六年(1462)程宗吉安官署刻本,国家图书馆等藏。此本后又有递修本。

东坡集40卷后集20卷奏议15卷内制集10卷乐语1卷外制集3卷应诏集10卷续集12卷东坡先生年谱1卷　集部别集类

宋苏轼撰　《年谱》宋王宗稷撰

明成化四年(1468)程宗吉安刻本,国家图书馆藏。

章　表

字翔凤,号贞庵。明常熟人。珪次子。景泰二年(1451)进士。官至广西布政左参议。

翔凤集40卷　集部别集类　佚

见《重修常昭合志》卷18。

按:《海虞艺文志》作《章翔凤文集》。

周　智

字清隐。明常熟人。处士,隐居不仕。善饮。

口吟录　集部别集类　佚

见雍正《昭文县志》卷8本传,谓无一篇无酒字。

钱　晔

字允晖。明常熟人。甦曾孙,昕从弟。景泰间纳马助边,授浙江都司经历。能书善吟,构南皋别业,胜甲江左,有山水花竹之胜,日与文人觞咏自娱。其诗有"六朝遗恨晚山青"之句,传诵词林。

避庵诗集4卷　集部别集类　佚

见《千顷堂书目》卷18。《明诗别裁集》卷3收其诗2首。

汤　琛

字鲁宝。明常熟人。天顺元年(1457)进士,授刑部主事,晋员外郎,迁广西按察佥事,有清强之誉。为文敏悟。性刚,好攻人之过。成化十年(1474)曾为张洪刻《使规》。

牡丹百咏　集部别集类　佚

梅花百咏　集部别集类　佚

以上2种见雍正《昭文县志》卷5本传。

按:均倚韵之作。

章　律(1428—1493)

字鸣凤,号容斋,晚号怡晚散人。明常熟人,表四弟。景泰五年(1454)进士。官至右副都御史,巡抚云南。

都宪奏议1卷　史部政书类　佚

见《千顷堂书目》卷30。

春泽文稿　集部别集类　佚

见《重修常昭合志》卷18。

蒋　绂

字洪章,号无碍。明常熟人。安孙。景泰五年(1454)进士。擢试御史,忤权贵,黜知光山县,改吉水知县,俱以治行称。博览文词,工历算医术。

全天集　子部历算类　佚

按:《重修常昭合志》卷18云:"推阐周髀历数之书。"

学古集　集部别集类　佚

陈言集　集部别集类　佚

以上3种见雍正《昭文县志》卷5。

无碍集　集部别集类　佚

见《重修常昭合志》卷18。

钱　洪

字理平,号竹深。明常熟人。宽弟,谦益六世祖。世居奚浦,性喜种竹,宅在常熟奚浦,有尚义堂,晏振之记,种竹数十亩,筑堂其中,名"竹深处",即以自号。熟悉土俗水利,开浚奚浦,身董其役,灌田甚多。度量阔达,倜傥好义,以能诗好客称,名辈如刘溥、沈周等皆与之游。墓在常熟凤凰山北麓蔡墩之右,成化二年(1466)葬,名河阳茔,汤琛志墓。

钱氏世谱　史部传记类　佚

钱洪天顺间创辑

见《重修常昭合志》卷18、《严文靖公集》。

竹深堂诗集4卷　集部别集类　佚

见《千顷堂书目》卷19。《明诗综》卷26收其诗1首。

竹深遗稿　集部别集类　佚

见《重修常昭合志》卷18、钱谦益《族谱后录》。

李　苐

字永锡,号樵读。明正统、景泰间常熟人。贯学工诗。与弟乐隐居教授,时放舟尚湖,浩歌浮白,兄弟相酬和。墓在常熟山北邵家湾,瞿俊撰行实。

樵读吟稿　集部别集类　佚

全庵集　集部别集类　佚

以上2种见雍正《昭文县志》卷9本传。

陈九畴

字公范，号悦斋，一作悦庵。明常熟人。弱冠即有志于性理之学。成化十五年(1479)撰《林昌福埋铭》。

易通复旧编　经部易类　佚

水利策(一作水利事宜)　史部地理类　佚

按：指陈东南水患应治白茆。

周子通书疏解　子部儒学类　佚

按：编次通书定为九篇，篇各有解。《海虞艺文志》作《定周子通书九篇》。

求仁至言　子部儒学类　佚

按：谓圣学莫大于求仁，因述此篇。

以上4种见康熙《常熟县志》卷23。

说斋稿　集部别集类　佚

见康熙《常熟县志》卷23。《重修常昭合志》卷18作50卷。

徐　恪(1431—1503)

字公肃，一字主一。明常熟人。讷子。成化二年(1466)进士，官至南京工部右侍郎。端重守正，一时称名臣。撰《白茆水利疏》。《明史》卷185有传。

徐侍郎行实　史部传记类　佚

都宪公奏议5卷　史部政书类　佚

主一斋集30卷　集部别集类　佚

按：邵宝编，钱仁夫题后。

以上3种见《重修常昭合志》卷18。《明诗综》卷28收其诗1首。

蒋　绩

字洪勋，号补漏。明常熟人。绂弟。成化十九年(1483)举人，授开化知县。年80卒。墓在虞山南麓，李杰志墓。

补漏集　集部别集类　佚

见《重修常昭合志》卷18、《海虞艺文目录》。

李　乐

字永和，自号梅隐居士。明常熟人。苇弟，与兄隐居教授，兄弟相酬和。

梅花百咏1卷　集部别集类　佚

见《重修常昭合志》卷18。

陆　润

字昌泽，号古松。明常熟人。成化二年(1466)进士。知闽县，改知清平，迁太仆寺丞，擢温州知府。卒年83。宅在常熟宾汤门，墓在常熟报慈里。

诗集2卷　集部别集类　佚

见《重修常昭合志》卷18。

瞿　俊(1437—1504)

字世用，号学古。明常熟人。成化五年(1469)进士。授崇仁令，擢御史，出为广东按察副使，分巡海南。性廉介，善为诗，工书画。宅在常熟五渠。

学古斋集4卷　集部别集类

(1) 清嘉庆七年(1802)瞿青垂序刻本，南京图书馆藏。

(2) 清宣统二年(1910)铁琴铜剑楼刻本，南京图书馆藏。

(3) 2013年黄山书社出版《明别集丛刊》本。

按：4卷，前3卷有卷号，后1卷书口空白，首有嘉庆七年吴蔚光序文、墓志铭并学古先生小像一幅。《续修四库全书提要》谓其诗以闳肆胜，又不失为雅致。文亦豪迈骏发，衔华结实，无明人冗沓腐滥之习。

留余堂集10卷　集部别集类

见《千顷堂书目》卷20。

马绍荣

字宗勉，号景范。明常熟人。初为周豫养子，榜姓周，后复马姓。周豫蓄名画、法书甚富，教绍荣成立。绍荣天顺六年(1462)举人，官至太常寺少卿。成化初、弘治初分别与修英宗、宪宗《实录》。居官30年，以清谨称。书法与姜立纲齐名。

千文四通4卷　子部艺术类　佚

见《重修常昭合志》卷18。

纪盛诗集　集部别集类　佚

见雍正《昭文县志》卷5本传。

陈　易

字一元，号柘庵。明常熟人。喆子。天顺六年(1462)举人。授黄州府同知，将擢用，以母老请致仕。

柘庵集　集部别集类　佚

见雍正《昭文县志》卷5本传。

蒋　绮

字洪涣，号瞻梓。明常熟人。绂弟。诸生。喜为诗文，沈郁密致。年96卒。弘治九年(1496)八月至十二年正月，杨子器主修《常熟县志》，分为四类，蒋绮分修官治类。

瞻梓集　集部别集类　佚

见《重修常昭合志》卷18、《海虞艺文目录》。

王　鼎

字元勋，号鹤峰，又号铭庵居士。明常熟人。成化五年（1469）进士，官至广东布政左参议。工于诗。10岁时作《听琴赋》，甚工。

鹤峰集1卷　集部别集类　佚

见《海虞艺文目录》。

铭庵诗集　集部别集类　佚

见黄冈纂《新续梅李小志》。《重修常昭合志》卷18：一作《铭庵诗文集》，或云即《鹤峰集》，毛晋《虞乡杂记》作《铭庵吟稿》。

许　昕

字寅东。明常熟人。成化元年（1465）举人，官掖县知县，以母老请归，治园圃奉养。

归田录　集部别集类　佚

见《重修常昭合志》卷18。

沈　海

字观澜，号葵轩。明常熟人。成化二年（1466）进士，授刑部主事，迁员外郎，晋郎中，出知泉州府。内艰归，服阕补重庆知府，兴学校，省徭役，郡人为之谣："侯食苏州米，惟饮巴江水。"考最当迁，以老乞归。家居好读书。年85卒。

葵轩遗稿4卷　集部别集类　佚

见康熙《常熟县志》卷23。

李　杰(1443—1517)

字世贤，号雪樵，又号石城居士。明常熟人。希润子。杰年17，举于乡。成化二年（1446）进士。历官礼部尚书，纂修《宪宗实录》《孝宗实录》，充《大明会典》副总裁。为文纯雅清美，简而有法，诗婉丽温厚，书亦遒逸。卒赠太子太保,谥文安。

石城山房稿　集部别集类　佚

见《千顷堂书目》卷20。

石城集100卷　集部别集类　佚

雪樵集50卷　集部别集类　佚

以上2种见《重修常昭合志》卷18。

唐　政(?—1551)

字文瑞。明常熟人。敏孙。正德六年(1511)刘六、刘七起义军攻陷叶县,与其子天恩(时任叶县知县)同死难。

鸣皋集　集部别集类　佚

见《重修常昭合志》卷18。

周　木

字近仁,号勉思。明常熟人。汇侄。潜心理学,不屑词藻。成化十一年(1475)进士。官至浙江布政右参政,与修《宪宗实录》。

易心逸说　经部易类　佚

见康熙《常熟县志》卷23。一作《易心》《逸说》二书,《海虞艺文目录》合作一书。

考定古今孝经节文1卷　经部孝经类　佚

按:考古文今文,合为新考定《孝经》,不分章第传释,朱鸿序。一作《考定古今孝经节次》。

奏疏　史部政书类　佚

按:《海虞艺文志》作《周勉思奏疏文集》合为一书。

以上2种见《重修常昭合志》卷18。

延平答问续录(一作延平答问补录)1卷　子部儒学类　佚

按:《重修常昭合志》卷18作《延平答问补录》,朱子述其师延平李侗论学答问语,木据嘉定刊本重校,刻于严州。复为《补录》于后,木自序。

见《千顷堂书目》卷 11。

朱丹溪素问纠略(一作朱丹溪素问纠答)　子部医家类　佚

勉思生文集　集部别集类　佚

以上 2 种见《重修常昭合志》卷 18。

五经 5 卷　丛书类

明弘治九年(1496)周木刻本,国家图书馆藏。

按:此包括《周易》《尚书》《毛诗》《礼记》《春秋》各 1 卷。

钱仁夫(1446—1526)

字士弘,自号东湖居士。明常熟人。甦玄孙,承德从兄。弘治十二年(1499)进士。官工部员外郎。刘瑾专政,引疾归。善楷隶,画山水竹石有逸致。

水利集 1 卷　史部地理类　佚

见《千顷堂书目》卷 8,《海虞艺文目录》作《水利集》1 卷。

水部诗历 12 卷　集部别集类

按:就二十七年之作编年为卷,可考时事。于见闻应接中仿杜陵诗史之意名之。

见《明史·艺文志》卷 4。《百川书志》作 15 卷。

归闲文集 18 卷　集部别集类

见《千顷堂书目》卷 21。高儒《百川书志》作《归闲文纂》,《国史·经籍志》作《归闲集》。

和高季迪吴中百咏 1 卷　集部别集类　佚

按:陈察序作《姑苏百咏》。

和鸣鹤余音 1 卷　集部别集类　佚

先忧集　集部别集类　佚

归闲词 1 卷集部别集类　佚

按:共 7 首,有序引。

以上 4 种见雍正《昭文县志》卷 5、《重修常昭合志》卷 18。

张汤民

字从礼，号晚翠。明常熟人。懋子。增生。

晚翠集　集部别集类　佚

和杨子器早朝诗　集部别集类　佚

以上 2 种见《重修常昭合志》卷 18。

席世安

字靖儒，号守默。明常熟人。

春秋三传旁训 38 卷　经部春秋总义类　佚

按：《春秋》《左传》30 卷，《公羊》《榖梁》各 4 卷。

忘情集　集部别集类　佚

以上 2 种见《重修常昭合志》卷 18。

王　室

字民润，号竹溪。明常熟人。裕曾孙。以好义著。弘治间重修常熟刘太尉庙，亦称中山永定公庙。

毛诗疏义　经部诗经类　佚

见《重修常昭合志》卷 18。

钱承德

字世恒，号裕轩，自号五峰居士。明常熟人。昌子。成化十一年(1475)进士。知阜平县。擢广东道御史，稽两广钱谷，理山东盐法。官山东按察副使。正德元年(1506)除福建盐运使同知，罢归。家构西园，园有五奇石，名五老峰。日与名士觞咏其中，与从兄仁夫唱和尤多。

五峰居士集　集部别集类　佚

见雍正《昭文县志》卷 5 本传。《海虞艺文目录》作《五峰居士文集》，一作《五老峰集》。

徐　泽

字德润。明常熟人。忠玄孙。成化十年(1474)举人,仕平谷学教谕,撰《安边策》数万言,补宜春教谕。淹贯经籍,颇好言兵。曾上《御虏安边策》。

徐学博文集　集部别集类　佚

见康熙《常熟县志》卷 23。

狄云汉

字天章,号秋林,自号余夫。明常熟人。成化十年(1474)举人,授知沅江县,调临清州通判。弘治十年(1497)解职还,寓沙溪,后徙常熟华荡。闭户断炊,吟啸不辍,常熟令杨子器为置田 25 亩。戏自号为余夫,年 80 余卒。墓在常熟破山龙涧南。

沅江诗集　集部别集类　佚

按:曾宰沅江,因以名集。

余夫集(一作余夫诗)2 卷　集部别集类　佚

以上 2 种见《重修常昭合志》卷 18。

唐　皋

明常熟人。

韵府增定　子部典故类　佚

见《重修常昭合志》卷 18、《海虞艺文目录》。

李　侠

明常熟人。

辛王存草　集部别集类　佚

小药师近稿　集部别集类　佚

以上 2 种见《唐市补志》卷下。

周　楷

字民则，号思抑。明常熟人。汇子。成化十一年(1475)与从兄木同举于乡。官袁州府同知。改调温州府同知，未赴卒。

漱石集　集部别集类　佚

见《重修常昭合志》卷18、《海虞艺文目录》。

王宗锡

字元善，号鹤皋。明常熟人。成化十七年(1481)进士，依母氏榜姓贾。知余姚县，擢南京广东道御史，巡按江西，官至山东按察副使。

西台奏草1卷　史部政书类　佚

见康熙《常熟县志》卷23。

冯　玘

字良玉，号醒庵居士。明常熟人。成化十七年(1481)进士。官至福建按察副使，以俭称于时。

醒庵奏议1卷　史部政书类　佚

醒庵集　集部别集类　佚

以上2种见《重修常昭合志》卷18。

杨　舫(1450—1505)

字弘载。明常熟人。集子。成化十三年(1477)举人。官莒州知州。喜储书，雠校不倦。工古文词，其文明整，善述事情，邑中古事，多形之笔记。

莒州志　史部地理类　佚

见《重修常昭合志》卷18。

按：任州牧时创辑。

水利书1卷　史部地理类　佚

见《千顷堂书目》卷8。

杨莒州文集　集部别集类　佚

见雍正《常熟县志》卷23、《海虞艺文目录》。

孙　艾(1452—1534)

字世节,自号西川翁。明常熟人。纪子。学诗于沈周,与昆山周诗、长洲吴宽等友善。凿虞山阳崖得美泉,又依崖石结庐,所居有园亭水石之胜。精品鉴,工绘画,有大石山房藏书。嘉靖五年(1526)年75,作自传文《西川居士生志》。

林泉高士孙西川诗稿1卷　集部别集类

(1) 明嘉靖十五年孙耒刻本,国家图书馆藏。

(2) 清抄本,常熟市图书馆藏。

(3)《明代诗文集珍本丛刊》本。

落花倡和诗1卷　集部别集类　佚

见《重修常昭合志》卷18。

赵贵勋

明常熟人。

绿野草堂诗钞　集部别集类　佚

见《唐市补志》卷下。

邵　术

始名楫,字时济,号守斋。明常熟人。诸生。

守斋遗稿　集部别集类　佚

见《重修常昭合志》卷18。

陈　播

字中定,一字舜田。明常熟人。宏子。弘治八年(1495)举人。官慈溪教谕，学者称静成先生。正德三年(1508)书《重修周孝子庙记》。

静成斋稿10卷　集部别集类　佚

见《重修常昭合志》卷18。雍正《昭文县志》卷8本传不著卷数。

明常熟陈静成先生诗文稿不分卷　集部别集类

正德稿本，清邵渊耀跋，上海图书馆藏。

季　鹤

字声远，号松云。明常熟人。篪裔。诸生。治经有名，以讲授为业，为社学师。

松雪稿　集部别集类　佚

见雍正《昭文县志》卷7本传。《稽瑞楼书目》作：《松云遗稿》1卷，刊本。

殷时霖

明常熟人。

大云庵歌诗5卷　集部别集类　佚

见《重修常昭合志》卷18，《稽瑞楼书目》刊本，一作《大云庵歌》。

殷时霖诗1卷　集部别集类

清抄本，与徐生、龚廷焕、戴刘淙诗合1册，常熟市图书馆藏。

钱椿年(1456—?)

字宾桂，人称友兰翁。明常熟人。宽孙。卒年80余。

制茶新谱　子部农家类

明嘉靖十八年(1539)刻本，见《明清江苏文人年表》。刻本今未见。

按：钱谦益《绛云楼书目》作《茶谱》，自序。

李应麟

字瑞卿。明成化间常熟人。苐次子。

梅花百咏　集部别集类　佚

虞山品题　集部别集类　佚

以上2种见雍正《昭文县志》卷7李苐传附。

卢　翊

字凤翀，号玉渠。明常熟人。琮子。弘治三年(1490)进士。授新喻令。刘瑾败，起按川南，兼视水利，凿都江堰，引水灌田。官至广西右布政使，卒年66。

松西奏义1卷　史部政书类　佚

按：《海虞艺文目录》作7卷。

兴利稿1卷　史部政书类　佚

都江志2卷　史部地理类　佚

按：任川南佥事时，疏凿都江堰，因作《都江志》《兴利稿》二书。

玉渠稿4卷　集部别集类　佚

以上4种见雍正《昭文县志》卷5本传。

钱　泰

字崧岳。明常熟人。洪子。授七品散官。诗文清丽。

益斋稿　集部别集类　佚

名家唱和诗　集部别集类　佚

以上2种见《重修常昭合志》卷18。

陈　翥

字凤翔。明常熟人。纪子。成化二十二年(1486)岁贡生。弘治四年(1491)任吉安府训导。与吴宽、李杰、王鏊友善。

一得居士集20卷　集部别集类　佚

见雍正《昭文县志》卷7本传。

周　炯

字光宇，自号简默。明常熟人。木子。少时尝撰《万言书》，言国家大计。弘治三年（1490）进士，官至山西布政使。

简默遗文4卷　集部别集类　佚

见《重修常昭合志》卷18。

蒋　钦

字子修。明常熟人。绮子。弘治九年（1496）进士。授卫辉推官，征擢南京山西道监察御史。正德初以劾刘瑾被杖系狱卒。崇祯末追谥忠烈。《明史》卷188有传。

奏议　史部政书类　佚

见《重修常昭合志》卷18。

丁　仁

字明德，号梅谷居士。明常熟人。弘治十二年（1499）进士。授行人，历任南京工部郎中，广西参议。积俸购书，勤读不辍，以博洽名。稿存于家，未编定付梓。年83卒。邓韨志墓。

梅谷集　集部别集类　佚

见《重修常昭合志》卷18。

按：稿存于家，未编定付梓。

谭应聘

明常熟人。

西坡诗文遗稿　集部别集类　佚

见《唐市补志》卷下。

吴　寅

字敬天，号南泉。明常熟人。弘治八年(1495)举人。授武昌同知，补常德府，寻迁河东盐运同知。以清谨闻。文词敏赡。

敬夫文集(一作敬夫集)　集部别集类　佚

见《重修常昭合志》卷18。

陈　察(1471—1554)

字原习，号虞山，亦号扬清子。明常熟人。弘治十五年(1502)进士，授南昌推官，擢南京御史。嘉靖初巡抚四川，忤旨贬海阳教谕，累迁山西左布政使，入为光禄卿。嘉靖十二年(1533)以左佥都御史巡按南赣，乞休。又以忤旨斥为民，卒年84。好收藏，有至乐楼，搜罗图书颇丰。胡缵宗撰《至乐楼赋》。《明史》卷203有传。

小学集注10卷　经部小学类　佚

名贤行略　史部传记类　佚

以上2种见《重修常昭合志》卷18。

义慈集前集4卷后集4卷　史部传记类

明陈察、陈寰辑

明嘉靖刻本，前有抄配，常熟市图书馆藏。

按：此辑其父母卒后之志、表、哀挽文等。

虞山奏议(一作虞山奏草)10卷　史部政书类

明正德陈尧仁刻本，见《明代版刻综录》卷4。又见《千顷堂书目》卷30。

还拙录　史部政书类　佚

黔蜀稿　史部地理类　佚

关河录　史部地理类　佚

以上3种见《重修常昭合志》卷18。

都御史陈虞山先生集13卷附1卷　集部别集类

（1）《二陈先生全集》本，国家图书馆、北京大学图书馆、南通市图书馆藏。

（2）《明别集丛刊》本。

陈虞山琴溪二先生家书不分卷　集部别集类

明陈察、陈寰撰

稿本，上海图书馆藏。

名臣观感集2卷　集部总集类

见《重修常昭合志》卷18。此采集成、弘两朝诸名臣之作。

奕世清风录6卷　集部总集类

明刻本，存卷4至6共3卷，常熟市图书馆藏。

按：此为陈察辑其祖若父诗文。

邓　韨（1473—1560）

字文度，号梓堂，自号泉坊遗老。明常熟人。本蔡暄子，育于邓家。正德十一年（1516）举人。家多藏书，以图籍自娱。工画山水，能诗文，好宋儒书。

易解1卷　经部易类　佚

见雍正《昭文县志》卷7本传、《千顷堂书目》卷1。

易纂要1卷　经部易类　佚

见《重修常昭合志》卷18、《海虞艺文目录》。

（嘉靖）濮州志10卷　史部地理类

明嘉靖六年（1527）刻本，宁波天一阁等藏。

（嘉靖）常熟县志13卷　史部地理类

明冯汝弼修　邓韨等纂

（1）明嘉靖十八年刻本，国家图书馆等藏。

（2）抄本，北京大学图书馆藏。常熟市图书馆藏抄本有庞裁校并跋。

（3）《北京图书馆古籍珍本丛刊》本。

水利刍言目录1卷　史部目录类

明邓韨辑。明抄本,常熟市图书馆藏。

泉坊议事录1卷　子部杂学类　佚

见雍正《昭文县志》卷7本传。

泉坊日录1卷　子部杂学类　佚

松韵集　集部别集类　佚

怀旧录　集部别集类　佚

按:诗话逸编。

以上3种见《重修常昭合志》卷18。

丁　钝

字汝砺,号钝斋。明常熟人。诸生。居东始庄,笃志好学,时号通儒。

碎金4卷　子部杂学类　佚

见《重修常昭合志》卷18、《海虞艺文志》。

萧允祯

字贤甫,人称强学先生。明常熟人。韶曾孙。诸生。

易学　经部易类　佚

按:阐发阴阳消长卦爻变化之道,并汇摭诸家易说证明之。

五音六律度数(一作五音六律度数考)　经部乐类　佚

四书精义　经部四书类　佚

按:依蔡虚斋蒙引,增入诸家发挥义理之说。

医学汇纂　子部医家类　佚

按:博综古方书为此。

以上4种见《重修常昭合志》卷18。

陈　袠

字承甫。明常熟人。元大六世孙，播之族。从谈懋游。

节慎斋稿　集部别集类　佚

见《重修常昭合志》卷18，《海虞艺文目录》作《顺节斋稿》。

王舜元

字庆辛，号石门。明常熟人。宗锡子。诸生。好学笃行，攻草书，好蓄古。

来薰楼稿（一作来薰斋集）　集部别集类　佚

吴山唱和集　集部总集类　佚

以上2种见《重修常昭合志》卷18。

陈　寰(1477—1539)

字原大，号琴溪。明常熟人。察弟。弘治十七年(1504)举人，正德六年(1511)进士。官南京国子监祭酒，与修毅宗实录。

义慈集前集4卷后集4卷　史部传记类

明陈察、陈寰辑

明嘉靖刻本，前有抄配，常熟市图书馆藏。

按：此辑其父母卒后之志、表、哀挽文等。

祭酒琴溪陈先生集8卷附1卷　集部别集类

(1) 常熟市图书馆传抄本，该馆藏。

(2)《二陈先生全集》本，国家图书馆、北京大学图书馆藏。

(3)《明别集丛刊》本。

陈虞山琴溪二先生家书不分卷　集部别集类

明陈察、陈寰撰

稿本，上海图书馆藏。

丁　奉

字献之，号南湖，又号仅庵。明常熟人。少孤力学，正德三年(1508)进士，任南京吏部主事、郎中。喜购藏书，沉酣典籍。

四书臆言　经部四书类　佚

五经臆言40卷　经部群经总义类　佚

通鉴节要50卷　史部史钞类　佚

阅史迂论　史部史评类　佚

以上4种见康熙《常熟县志》卷23。

南湖先生文选(一作丁吏部文选)8卷　集部别集类

(1) 明万历三十一年(1603)丁汝宽刻递修本，国家图书馆藏。

(2) 明崇祯十二年(1639)丁孺端刻本，常熟市图书馆藏。

(3) 常熟市图书馆抄本，常熟市图书馆藏。

南湖先生文选8卷补编1卷　集部别集类

(1) 明万历三十一年丁汝宽刻递修本，《补编》清雍正元年(1723)丁恂刻，国家图书馆藏。

(2) 明万历三十一年丁汝宽刻递刻本，《补编》抄本，丁祖荫辑补并跋，国家图书馆藏。

(3)《北京图书馆古籍珍本丛刊》本。

(4)《明别集丛刊》本。

顾玉书丁南湖两先生残稿2卷　集部别集类

明顾麟生、丁奉撰

抄本，常熟市图书馆藏。

邹　武

字复之，一字靖之。明常熟人。弘治十七年(1504)举人。官浔州知府。墓在常熟桃源涧左祖茔之次，嘉靖十九年(1540)葬，陈察志墓。

经义集解　经部群经总义类　佚

经史摘要　子部典故类　佚
文华会成　子部典故类　佚
诗文小草　集部别集类　佚
近斋集　集部别集类　佚

以上5种见《重修常昭合志》卷18。

姚　奎

字天章。明常熟人。弘治十七年(1504)举人。选湖州通判,改调东昌,官至太仆寺丞。平生好交游,力学不怠。

泰山诗1卷　集部别集类　佚

见《重修常昭合志》卷18。

邵天相

字文吉,号耻斋。明常熟人。术子。

启运集(一作启运录)　集部别集类　佚

见光绪《常昭合志稿》卷44、《海虞艺文目录》。

钱　奉

明常熟人。洪族孙。奎父。助赈,授六品教官。曾独浚黄泗浦。

贞洲堂集　集部别集类　佚

见《重修常昭合志》卷18。

张文麟(1482—1548)

字公瑞,号端岩。明常熟人。汤民子。弘治十八年(1505)进士。与修孝宗实录。授刑部主事。正德五年(1510)治刘瑾狱,并监刑。十六年任建宁知府,免官归。

端岩公年谱1卷　史部传记类

(1) 清康熙抄本,常熟市图书馆藏。

(2)《借月山房汇钞》本。

(3) 光绪十一年(1885)刊《南张世谱》卷7。

(4) 1978年台湾商务印书馆《新编中国名人年谱集成》本。

(5)《北京图书馆藏珍本年谱丛刊》本,据1920年上海博古斋影印清嘉庆间常熟张海鹏刻《借月山房汇钞》本。

(6)《明代名人年谱续编》本。

按:此谱张氏自叙至明正德七年。

时义通诠　集部总集类

见《重修常昭合志》卷18。

钱　璠

字国用。明常熟人。仁夫子。正德十四年(1519)举人。知奉化县,廉介不苟取。官至云南府通判。留心书史。

五经衍义　经部群经总义类　佚

见《重修常昭合志》卷18、《海虞艺文目录》。

五经旁注　经部群经总义类　佚

诗韵释义　经部小学类　佚

以上2种见雍正《昭文县志》卷5本传。

(嘉靖)奉化县图志12卷　史部地理类

明钱璠修　谢瀛纂

明嘉靖刻本,上海图书馆藏。

虞山书院志　史部地理类　佚

见《千顷堂书目》卷8。

古文会编　集部总集类　佚

见雍正《昭文县志》卷5本传。

王舜耕(1484—1554)

字于田,号两湖。明常熟人。宗锡侄。正德十二年(1517)进士,授庐陵县令，擢监察御史，巡按河南，谪判光州，改滨州，致仕。

家居医录二种4卷　子部医家类

明薛己撰

明嘉靖二十五年(1546)海虞王舜耕刻本，南京图书馆藏。

王　卞

字循甫，号竹里。明常熟人。珙六世孙，良翰子。贡生，考城知县。

王氏世德录　史部传记类　佚

考城诗集　集部别集类　佚

以上2种见《重修常昭合志》卷18。诗集有陈逅序。

李庆云

字瑞卿。明正德间常熟人。诸生。校正《常熟县志》。精水利。正德十六年(1521)，上巡抚李充嗣《开白茆港策》。

拟古排宫词不分卷历代宫词1卷　史部史评类

明杨子器撰

明正德李庆云刻本，见《明代版刻综录》卷2。

水利刍言1卷　史部地理类

常熟徐兆玮虹隐楼抄本，徐兆玮跋，常熟市图书馆藏。

按：上当事治白茆策议，凡3篇，附论吴中水利书，邓韨序。《恬裕斋书目》抄本。

王　留

字存甫，号南郭。明常熟人。槐从弟。正德五年(1510)举人。官饶州府通判。

涧上集选1卷　集部别集类

陈允衡选。《诗慰》初集本。

回文百咏　集部别集类　佚

见《重修常昭合志》卷 18。

屈冲霄(1485—?)

字凤举,号梧岗。明常熟人。辎子。桑悦指授诗律,一学即工,与邓韨等为琴川十杰之一。年 65 尝作自寿诗《千秋岁》。

春音集不分卷　集部别集类

清顺治十三年(1656)屈钦抄本,屈钦跋,南京图书馆藏。

按:无锡邵宝序刊本。冲霄后裔抄本,佚去首卷之半及第 4 卷。

菊梅百咏 3 卷　集部别集类

明正德自刻本,见《明代版刻综录》卷 3。

和梅花百咏□卷　集部别集类

(1) 明刻本,清屈钦跋,存卷 3。南京图书馆藏。

(2) 民国屈熙章抄本,南京图书馆藏。

严　恪

字心萱。明常熟人。少为郡录事,后弃去力田。

水利纪略　史部地理类　佚

随意吟(一作随意吟稿)　集部别集类　佚

以上 2 种见《重修常昭合志》卷 18。

钱　学

字汝明,号奚川。明常熟人。椿年子。正德十一年(1516)举人。嘉靖年间官乌程知县。

(嘉靖)乌程县志 2 卷　史部地理类　佚

明钱学修　唐枢纂

见《千顷堂书目》卷 7。

文明堂集　集部别集类　佚

见《重修常昭合志》卷 18、《海虞艺文目录》。

吴兴诗选6卷　集部总集类

见《千顷堂书目》卷31，注：选梁至明124人诗，唐枢序。《明代版刻综录》卷7以此书为明陆隅辑，嘉靖年间钱学刻。一作《吴兴集》。

赵承谦(1487—1568)

字德光，号益斋。明常熟人。用贤父。少贫苦力学，年逾40，举于乡。嘉靖十七年(1538)进士，授赣州府推官，廉洁不挠。擢南京吏部主事，官至广东布政参议。

盛唐名家诗　集部总集类　佚

见《重修常昭合志》卷18。

陈　交(1487—1569)

字汝同，人称敬轩先生。明常熟人。言弟。嘉靖元年(1522)举人。授兴宁知县。

五经注释　经部群经总义类　佚

心说　子部儒学类　佚

名贤粹语　子部儒学类　佚

主一斋稿(一作主一斋)　集部别集类　佚

以上4种见《重修常昭合志》卷18。

杨　仪(1488—1564)

字梦羽，号五川。明常熟人。舫子。嘉靖五年(1526)进士。授工部主事，转礼部郎中，官至山东副使，备兵霸州。喜恃才傲物，为时所嫉，抑郁而终。性喜蓄书，以读书著述为事，筑万卷楼及七桧山房，所藏多宋元善本、法书名画及鼎彝古器。殁后书归外孙莫是龙。

乐书　经部乐类　佚

见《重修常昭合志》卷18。

明良记　史部杂史类

(1)《藏说小萃》本,4卷。

(2)《说郛续》本,1卷。

(3)《砚云甲编》本,1卷。

(4)《申报馆丛书续集》本,1卷。

(5)《古今说部丛书》本,1卷。

(6)《丛书集成初编》本,1卷。

(7) 抄本,1卷,常熟市图书馆藏。

蜗头密语1卷　史部杂史类　佚

见《重修常昭合志》卷18。

垄起杂事1卷　史部载记类

(1)《广百川学海》本。

(2)《说郛续》本。

按:又有《稗乘》本,题明刘泌撰。此记张士诚、韩林儿、徐寿辉事。

格物通考20卷　子部工艺类　佚

见雍正《昭文县志》卷5本传。

骊珠随录5卷　子部典故类　佚

见《重修常昭合志》卷18。

保孤记1卷附1卷　子部小说类

(1)《藏说小萃》本。

(2)《说郛续》本,无附1卷。

高坡异纂3卷　子部小说类

(1)《烟霞小说》本。

(2)《古今说部丛书》本。

(3)《说库》本。

(4)《说郛续》本,1卷。

(5)《五朝小说》本,1卷。

(6)《五朝小说大观》本,1卷。

金姬传1卷别记1卷　子部小说类

(1)《借月山房汇钞》本。

(2)《泽古斋重钞》本。

(3)《香艳丛书》本,题《金姬小传》。

(4)《说库》本,题《李姬传》。

(5) 清抄本,邓邦述跋,国家图书馆藏。

杨氏南宫集 7 卷　集部别集类

清抄本,国家图书馆、常熟市图书馆藏。

杨梦羽南宫小集 1 卷七桧山人词 1 卷　集部别集类

(1) 清抄本,中国科学院图书馆、清华大学图书馆等藏。

(2) 清抄本,《杨梦羽南宫小集》不分卷,《明别集丛刊》本。

南宫集 1 卷南宫小集 1 卷七桧山人词 1 卷　集部别集类

清抄本,苏州市图书馆藏。

王岐公宫词 1 卷　集部别集类

宋王畦撰

明嘉靖间杨仪五川精舍铜活字本,国家图书馆藏。

黎阳王太傅诗选 1 卷　集部别集类

明王越撰　杨仪辑

明正德三年(1508)杨仪、石禄刻本,国家图书馆藏。

古虞文录 2 卷古虞文章表录 1 卷　集部总集类

(1) 清抄本,国家图书馆藏。

(2) 常熟市图书馆抄本,该馆藏。

张文凤

字公仪,号立斋。明常熟人。文麟从弟。嘉靖八年(1529)进士。官赣州知府。为文根极理趣。嘉靖四十年撰《魁文神祠记》,碑在常熟致道观。

立斋诗文集　集部别集类　佚

见《重修常昭合志》卷 18。

李　勖

字成夫,号三塘。明常熟人。正德十一年(1516)举人。官广州府通判。年70致仕。

见一草堂诗文稿　集部别集类　佚

见《唐市志》卷中。《重修常昭合志》卷18作4卷,谭天成跋。

钱　泮(1493—1555)

字鸣教,一作鸣声,号云江。明常熟人。嘉靖十四年(1535)进士。历侯官、慈溪知县,官至江西布政左参政。所至皆有能声。三十四年五月在里抵御倭寇,力战死。《明史》卷290有传。

云江集　集部别集类　佚

见《重修常昭合志》卷18。

陈　逅(1493—1557)

字良会,号鲁山。明常熟人。播子。正德十二年(1517)进士。任福清知县,升福建按察司佥事。嘉靖十八年(1539)移官河南按察副使。坐事斥为民,抚按交荐,不起,卒。《明史》卷207有传。

省庵漫稿4卷　集部别集类

(1) 明崇祯十年(1637)陈星枢刻本,国家图书馆藏。

(2) 常熟市图书馆抄本,该馆藏。

(3)《北京图书馆古籍珍本丛刊》本。

(4)《明别集丛刊》本。

周　坦

字孟平。明常熟人。涤曾孙,炯子。正德十四年(1519)顺天举人。

破老诗　集部别集类　佚

见《重修常昭合志》卷18。

许　河

字子澄，号水东。明常熟人。嘉靖十年(1531)举人。任浦江知县，调上蔡。在东唐市辟水东邱园，园多古木，掩映轩榭，文嘉题额。

水东草堂集钞　集部别集类　佚

见《重修常昭合志》卷18。

王　休(1497—1558)

字世沾，别号春泉。明常熟人。精心研习医学，识者谓丹溪(元朱震亨)可再见。部使者上其事，授太医院吏目，旌其门曰"义医"。

诸方便览　子部医家类　佚

脉经解疑　子部医家类　佚

用药要诀　子部医家类　佚

以上3种见《海虞文征》。

陈　钎

字维铉。明常熟人。嘉靖八年(1529)进士。官工部主事。

崔豹古今注3卷　子部杂学类

题晋崔豹撰

明嘉靖十二年陈钎刻本，南京图书馆藏本有清丁丙跋。

季国巘

字莲硐。明常熟人。善琴。

莲硐道人琴谱1卷　子部艺术类　佚

见《重修常昭合志》卷18、《稽瑞楼书目》抄本。

邹　泉

字子静，号峄山。明常熟人。立诚九世孙。正德中诸生。弃举子业，著书涧谷山中。学使榜其居“名儒之门”。

诗经折衷　经部诗经类　佚

见光绪《常昭合志稿》卷 44、《海虞艺文目录》。

诗经说约　经部诗经类　佚

四书翼衷　经部四书类　佚

以上 2 种见康熙《常熟县志》卷 23。

新镌四书七进士讲意折衷(一作四书折衷)6 卷　经部四书类

(1) 明万历十年(1582)书林翁见川刻本，安徽省图书馆藏。

(2) 明万历十六年叶龙溪刻本，北京大学图书馆藏。

四书口义会粹　经部四书类　佚

见光绪《常昭合志稿》卷 44。

尚论编 20 卷　史部史评类

明万历十五年常熟黄门刻本，国家图书馆藏。

按：自唐虞以至宋元，删削诸史本传，存其梗概，间列他说参证之，又附己意，为之赞断。一作《四十七朝人物尚论编》。

宗圣谱 14 卷　史部传记类

明万历十六年徐振德刻本　国家图书馆藏。

按：参见《四库全书总目》传记类存目 4。分八目，合儒林、道学为一书，识其源流本末。

古今经史格要(一作经世格要)28 卷　子部典故类

(1) 明万历间金陵书坊龚邦录刻本，十二行二十六字，国家图书馆藏。

(2) 明刻本，十一行二十四字，浙江图书馆藏。

按：参见《四库全书总目》类书类存目 1。以六官分隶故实，六官中又各立子目，附以诸儒之论。

谭尔进

字益之，别名翼，字扶摇，号石城。明常熟人。由儒浜迁居石城里。

善画。

华严经纲目1卷　子部佛教类　佚

见《唐市补志》卷下。

谭益之诗草编年11卷　集部别集类

清初抄本，国家图书馆藏。

虞山谭石城诗集1卷文集1卷　集部别集类

清抄本，苏州市博物馆藏。

谭益之诗文稿1卷　集部别集类

旧抄本，常熟市图书馆藏。

新词小艳集2卷　集部词曲类　佚

孤山梦1卷　集部词典类　佚

疗妒羹传奇　集部词典类　佚

以上3种见《唐市补志》卷下。

韦　涣

字思聚，号尚友。明常熟人。嘉靖九年(1530)贡生。授仙游训导，迁王官。

雅乐考20卷　子部艺术类　佚

见雍正《昭文县志》卷7本传。杂引前代论乐事实，自三代迄明并及当代乐章曲令，在仙游任内著，临终前命其子献之朝廷。隆庆四年(1570)五月穆宗命付秘阁。

施　雨

字润之，号文峰。本姓桑，为桑瑾从曾孙。明常熟人。嘉靖十一年(1532)进士。初授刑部主事，以寿宁侯事株及，谪濮州同知。与山东乡试。升南京刑部主事，晋郎中，迁广东按察司佥事，备兵潮惠。嘉靖四十四年撰《重修崇庆庵土谷神祠碑记》，碑在练塘九图崇庆庵。

寓惠录4卷　子部杂学类

宋苏轼撰

明嘉靖二十三年施雨刻本，见《苏轼著作版本论丛》。

姚文教

明常熟人。

八真诗集　集部别集类　佚

见《重修常昭合志》卷18、《海虞艺文目录》。

朱　木(1502—1568)

字子乔，号守愚。明常熟人。嘉靖二十三年(1544)进士，授知昌乐县，擢南台御史，寻拜山东道御史，兼摄四道。不附严嵩，被逮，廷杖几毙，出判郑州，迁浙江遂安知县，迁叙州同知，致仕。墓在常熟湖桥山麓祖茔之次。万历二年(1574)葬，严讷志墓。

(嘉靖)遂安县志4卷　史部地理类　佚

明朱木修　余乾亨等纂

明嘉靖三十七年修，刊刻未竟，未见传本。见民国《遂安县志》卷首詹理序。

钱　籍

字汝载，号海山。明常熟人。嘉靖十一年(1532)进士。除瑞安知县，擢南京广西道监察御史，削籍后寄居吴门，年85卒。家富而性好读书，于虞山险绝处凿剑门楼三楹，把卷独坐而寝食俱忘。嘉靖四十二年撰并书《邑侯似磵黄公德政碑记》。

海山集　集部别集类　佚

见康熙《常熟县志》卷23。《重修常昭合志》卷18作6卷。

按：诗集，附诗余杂著，皇甫汸序。

李而进

号学樵。明常熟人。官南雄知府。

张文献公集 12 卷　集部别集类

唐张九龄撰

明嘉靖二十四年(1545)李而进刻递修本,国家图书馆藏。

蒋国瑚

字成甫。明常熟人。绂裔孙。13 岁即能诗,晚举乡饮宾。《重修常昭合志》卷 18 载蒋国瑚为"礼部儒士"。

鸠适集　集部别集类　佚

见雍正《昭文县志》卷 8 本传,《海虞艺文目录》作《鸠适啼残集》,诗集。

钱　筹

字汝猷,号兰泉。明常熟人。籍从弟。家贫,好吟咏。后迁太仓双凤。

兰泉集 4 卷　集部别集类　佚

见《重修常昭合志》卷 18。

盛赉汝

字以善,一字与之,号剑崖。明常熟人。二岁而孤,育于舅氏王锦,因袭王姓。嘉靖十年(1531)举人。任增城知县,迁知崖州,结伍保,收散亡,黎人服其威信。擢开封同知,筑河堤三百余里。再迁汉阳知府,疏凿涢水,灌田千余顷,后人名"盛公河"。为科臣张崇伦诬劾免官,家居贫困以卒。工五言诗。

毛诗钞　经部诗经类　佚

剑崖诗钞 4 卷　集部别集类　佚

以上2种见《重修常昭合志》卷18。

瞿景淳(1507—1569)

字师道,号昆湖。明常熟人。嘉靖二十三年(1544)举会试第一,殿试第二,授编修,历侍读学士,掌院事,改太常卿,领南京祭酒事,就迁吏部右侍郎。隆庆元年(1567)召为礼部左侍郎兼翰林院学士。总校《永乐大典》,与修《世宗实录》。卒谥文懿。《明史》卷216有传。

东莱左氏博议选粹6卷　经部春秋左传类　佚

见《重修常昭合志》卷18。

瞿文懿公集16卷瞿文懿公制敕稿1卷瞿文懿公制科集4卷　集部别集类

(1) 明万历瞿汝稷刻本,国家图书馆、常熟市图书馆藏。南京图书馆藏有胶卷。

(2) 抄本,常熟市图书馆藏。

(3)《四库全书存目丛书》本。

(4)《瞿文懿公集》,《明别集丛刊》本。

瞿昆湖稿　集部别集类

清康熙间《可仪堂一百二十名家制義》本,国家图书馆藏。

钱体仁(1509—1574)

字长卿,号海西,晚号虚庵。明常熟人。泰孙。少孤,博通经史。

虚窗手镜10卷　子部小说类　佚

见《千顷堂书目》卷12,谓隆庆四年(1570)子顺德跋。

邵圭洁(1510—1563)

字伯如,一字茂斋,号北虞。明常熟人。天相侄。嘉靖二十八年(1549)举人。官德清教谕。与瞿景淳、严讷等结社会文,时称十杰。工古文辞,留心经济。倭寇进犯,上筑城之策。

经济录　史部政书类　佚

见《重修常昭合志》卷18。

筑城议1卷　史部政书类

抄本，常熟市图书馆藏。

北虞先生遗文6卷　集部别集类

(1) 明万历三十四年(1606)刻本，国家图书馆藏。中国科学院图书馆藏本有清石蕴玉跋。

(2)《四库全书存目丛书》本。

(3)《明别集丛刊》本。

邵北虞先生遗文不分卷　集部别集类

明芝兰书室抄本，王振声录目并跋，国家图书馆藏。

唐诗绝句选　集部总集类　佚

见《重修常昭合志》卷18。

孙柚

字梅锡，一作禹锡，号遂初。明常熟人。艾曾孙，耒孙，楼从兄。性豪放好客，建别业于虞山北麓，名藤溪草堂，古藤盘绕，涧壑泓然，有饮虬亭、松龛、丛桂轩、芙蓉沼、蕊珠室、昙花庵、古逸祠、寒香径、松风馆、芦断，各饶幽致，与名流王稚登、莫是龙辈觞咏其中。才情流丽，所作乐府脍炙人口。

藤溪记1卷藤溪诗1卷　史部地理类

(1) 清抄本，中国社会科学院文学研究所、常熟市图书馆藏。

(2)《明别集丛刊》本。

虞山纪游　史部地理类　佚

方物品题　子部工艺类　佚

神游杂著　子部杂学类　佚

苏门稿　集部别集类　佚

栖霞稿　集部别集类　佚

秋社篇　集部别集类　佚

以上6种见《重修常昭合志》卷18。

琴心记1卷　集部词曲类

(1) 明万历金陵书林富春堂刻本,4卷。

(2)《古本戏曲丛刊二集》本,2卷。

(3)《六十种曲》本。

(4) 黄竹三等《六十种曲评注》,吉林人民出版社2001年版。

昭关记　集部词曲类　佚

见《古典戏曲存目汇考》卷9。

徐希冉

字听乌。明嘉靖间常熟人。恪族曾孙,察子。工弈。

萃弈搜玄4卷　子部艺术类　佚

见《重修常昭合志》卷18。

按:采摭今昔图刻,集其众长,参以独契,析为四集。

沈应魁

字子文,又字仲文,号冲玄,一作钩玄。明常熟人。海孙,应元弟。嘉靖二十九年(1550)进士。《重修常昭合志》人物志载应魁:"授南礼部郎,上御倭六策。"迁广西按察佥事,罢归。其辞翰学齐梁体。嘉靖三十七年撰《重修县学记》。

皇明名臣言行录新编34卷　史部传记类

明嘉靖三十二年自刻本,中国社会科学院历史研究所图书馆、南京图书馆、中山大学图书馆藏。

按:武新立《明清稀见史籍叙录》谓本书对研究明代人物具有重要参考价值。

江南日录　史部地理类　佚

西湖览胜集　史部地理类　佚

鸣缶集　集部别集类　佚

以上3种见雍正《昭文县志》卷5本传。

礼部集(一作沈冲玄集)　集部别集类　佚

见康熙《常熟县志》卷23。

周　禄

字介夫,号蒿溪。明嘉靖间常熟人。有孝行。年90余卒。

剿倭十二策　史部政书类　佚

时事八策　史部政书类　佚

以上2种见《重修常昭合志》卷18。

严　讷(1511—1584)

字敏卿,号养斋。明常熟人。恪子。嘉靖二十年(1541)进士。授编修,迁侍读。寻与李春芳入直西苑,撰青词。累官吏部尚书、武英殿大学士,入参机务。与修《承天大志》《永乐大典》。画花草有奇致。徐栻尝从其学。卒谥文靖。《明史》卷193有传。

春秋左传注解辨误　经部春秋左传类　佚

见《重修常昭合志》卷18。

春秋国华17卷　经部春秋总义类

(1) 明万历三年(1575)严氏活字印本,常熟市图书馆藏。

(2)《中华再造善本丛书》明代编经部据中山大学图书馆藏明万历活字印本影印。

海虞世家碑铭志传　史部传记类

明陈瓒、严讷等撰

旧抄本,常熟市图书馆藏。

馆阁表奏2卷　史部政书类

见《千顷堂书目》卷30。

严文靖公集12卷　集部别集类

(1) 明万历十五年严治刻本，国家图书馆藏。

(2)《四库全书存目丛书》本。

(3)《明别集丛刊》本。

薛尚质

字梦质。明嘉靖间常熟人。

常熟水论 1 卷　史部地理类

(1)《学海类编》本。

(2)《丛书集成初编》本。

按：以白茆、许浦、福山为常熟宣泄要道，论列其利害。《四库全书存目》认为，自序言考当代名臣奏议及唐宋诸贤成说可行者若干条为之，赞论后著《水利论》一篇，《杂论》十条，厕于末。《学海类编》本仅载《水利论》，《杂论》盖删其前半，非完书矣。

三吴水利考　史部地理类

见《重修常昭合志》卷 18。

金汝砺

字若金，一字良弼。明常熟人。嘉靖十六年(1537)举人。知永宁县，调陵县，改衢州教授，修辑《郡志》，校《赵清献集》。擢汝宁通判，迁衡州府审理。

(嘉靖)衢州府志 16 卷　史部地理类

明杨准等修　金汝砺、赵镗等纂

(1) 明嘉靖四十三年刻本，南京图书馆等藏有胶卷。

(2) 抄本，浙江图书馆存卷 1—8，10—16。

朱　召

字维翰，号东河。明常熟人。贡生。官益阳县丞。学问宏博，人谓“以文学饰吏治，以古道济时宜”。

葩经日记　经部诗经类　佚

四书口授　经部四书类　佚

以上2种见雍正《昭文县志》卷7本传。

(嘉靖)漳平县志10卷　史部地理类

明朱召修　曾汝檀纂

明嘉靖二十八年(1549)刻本,国家图书馆、宁波天一阁藏。

东河文集　集部别集类

见雍正《昭文县志》卷7本传。

缪　宣

字时化,号东洲。明常熟人。嘉靖二十三年(1544)进士。官泰和知县。

瑞鹤堂集4卷　集部别集类　佚

见《千顷堂书目》卷23。《重修常昭合志》卷18作《瑞鹊堂集》,卢文弨校补。

孙　楼(1515—1584)

字子虚,号百川。明常熟人。艾曾孙,舟孙。嘉靖二十五年(1546)举人。授湖州府推官,改调汉中府,致仕归。好学,尤工制义。性好书,藏书处名丌册庋,手自校勘,昼夜不辍,所藏逾万卷,且多秘本。

吴音奇字1卷　经部小学类

明孙楼撰　陆镒铨次补遗

(1) 清抄本,国家图书馆藏。上海图书馆藏本有王謇校。

(2)《吴中文献小丛书》本。

(3)《丛书集成续编》本。

按:此书按类编排,分天文、地理、时令、人物、身体、人事、饮食、衣服、宫室、器用、珍宝、鸟兽、花木、通用14门,记吴地一处方言,其中保存了不少古音奇字,如"譊,音詉""赣,音感,器之盖也"等,皆可与《一切经音义》《广韵》相发明。

博雅堂藏书目录　史部目录类　佚

见《重修常昭合志》卷18。

学海　子部杂学类

见雍正《昭文县志》卷7本传。

刻孙百川先生文集12卷　集部别集类

(1) 明万历四十八年(1620)华滋蕃刻本,国家图书馆、南京图书馆藏。

(2)《四库全书存目丛书》本,据华滋蕃刻本影印。

(3)《明别集丛刊》本。

孙百川先生未刻稿不分卷　集部别集类

明抄本,国家图书馆藏。

孙百川先生集不分卷　集部别集类

金病鹤抄本,南京图书馆藏。

丽词百韵　集部别集类

见雍正《昭文县志》卷7本传。

陈　瓒(1518—1588)

字廷祼,号雨亭。明常熟人。策子。嘉靖三十五年(1556)进士。由江西永丰知县擢刑科给事中。因谏忤帝,廷杖除名。隆庆元年(1567)起官吏科,擢太常寺卿。为高拱所恶,谪洛川丞。万历中官至刑部左侍郎。卒谥庄靖。

海虞世家碑铭志传　史部传记类

明陈瓒、严讷等撰

旧抄本,常熟市图书馆藏。

新政六事书　史部政书类　佚

见《重修常昭合志》卷18、《海虞艺文目录》。

济美堂集6卷　集部别集类

见《四库全书总目》别集类存目5。《千顷堂书目》卷23作8卷。

文草1卷　集部别集类

见《重修常昭合志》卷18、《恬裕斋书目》抄本。

连　镶

字抑武，一字武卿，号言泉。明常熟人。嘉靖间以选贡授安陆知县。

连抑武杂记不分卷　子部杂学类

（1）稿本，国家图书馆藏。

（2）抄本，南京图书馆藏。

（3）《四库全书存目丛书》本，据稿本影印。

笔记1卷　子部杂学类

见《四库全书总目》小说家类存目1。书分为两京旧闻、先辈故实、乡邑旧事、宦游约纪、随手笔余5篇，末附倭蛮纪略。然多传闻失实之词，不足为信。

游息漫稿　集部别集类　佚

见雍正《昭文县志》卷7本传。

徐　栻(1519—1581)

字世寅，号凤竹。明常熟人。佚弟。嘉靖二十六年(1547)进士。授宜春令，历江西、浙江巡抚，官终南京工部尚书。为政躬俭约。师事严讷，恭谨颇相类，居家孝友，恤故旧。著述甚富。《明史》卷220有传。

楚雄府志6卷　史部地理类

明徐栻修　明张泽等纂

（1）隆庆六年(1572)刻本，日本静嘉堂文库藏原刻本。

（2）《日本藏中国罕见地方志丛刊》本。

滇台行稿4卷　史部政书类

明万历元年(1573)柴涞刻本，国家图书馆藏。

督抚江西奏议 4 卷　史部政书类

(1) 明万历元年刻本，残存卷 1、3、4 共 3 卷，宁波天一阁文管会藏。

(2) 明万历元年江西按察副使邵梦麟刻本，4 卷存 3 卷(卷 1、3 至 4)，《原国立北平图书馆甲库善本丛书》本。

条例备考 24 卷　史部政书类

辑者不详

明隆庆江西巡抚徐栻刊，日本内阁文库藏。

江右督抚奏议 6 卷　史部政书类　佚

南台奏议 4 卷　史部政书类　佚

风竹先生奏疏稿 2 卷　史部政书类　佚

劝善录　子部儒学类　佚

余庆录 1 卷　子部儒学类　佚

以上 5 种见《重修常昭合志》卷 18。

大学衍义补纂要 6 卷　子部儒学类

明徐栻辑

(1) 明嘉靖三十七年顾名儒刻本，北京大学图书馆等藏。

(2) 明隆庆五年南昌府刻本，无锡市图书馆藏。

(3) 明隆庆六年广信府刻本，青海民族大学图书馆藏。

(4) 明隆庆瑞州府刻本，天津图书馆藏。

(5) 明隆庆袁州府刻本，北京市文物局藏。

(6) 明万历元年九江府刻本，国家图书馆等藏。

(7) 明万历五年刻本，南京图书馆等藏。

仕学集 8 卷　集部别集类

见《千顷堂书目》卷 23。

风竹集　集部别集类

见《里睦小志》卷上。

黄美中

明常熟人。

凤洲笔记 24 卷续集 4 卷后集 4 卷　集部别集类

明王世贞撰　黄美中编

(1) 明隆庆三年(1569)黄美中活字印本,国家图书馆等藏。

(2)《四库全书存目丛书》本,据黄美中刻本影印。

按:此集黄美中所编,前有美中序,称王世贞著作不能尽见,从其侄孙少川子得此集,因编刻以公天下。

徐汉稺

字縠梁,明常熟人。工诗,与松江莫是龙游。

朝彻斋稿　集部别集类　佚

虚游草　集部别集类　佚

按:游览虎林、武夷诸胜作。一作《应游草》。

塞下曲　集部别集类　佚

以上 3 种见雍正《昭文县志》卷 7 本传。

缪云凤

明常熟人。元吉子。

西庄缪氏家集 6 卷　集部总集类　佚

见《重修常昭合志》卷 18、《稽瑞楼书目》抄本。

钱有威

字惟重,号兼山。明常熟人,后迁长洲。昕从孙。嘉靖二十九年(1550)进士。官至南京刑部郎中,年 84 卒。

广川集　集部别集类　佚

见雍正《昭文县志》卷 5 本传。

钱汝孝

字道原，号铭庵。明常熟人。泰曾孙。监生。博览子史，口若悬河。工诗。

经评史通(一作孝经传史通)　经部群经总义类　佚

评史翿论(一作评史翿言)　史部史评类　佚

铭庵诗文集　集部别集类　佚

以上3种见雍正《昭文县志》卷7本传。

陆一凤

字子韶，号三泉。明常熟人。润曾孙。嘉靖三十一年(1552)举人，泉州府海防同知。博学于文，尤精三礼。

三礼奥义3卷　经部三礼总义类　佚

见雍正《昭文县志》卷5。

按：门人陈绍功等刊。

陆　龙

字御天，号西江。明常熟人。本姓吕。

松韵斋集　集部别集类　佚

见《重修常昭合志》卷18。

何　钫(1525—1603)

字子宣，号左泉。明常熟人。墨次子。嘉靖三十四年(1555)举人。知温州平阳县，升南京锦衣卫经历，累官淮王府左长史。万历十年(1582)卸职还。好藏书。万历二十二年以皇萼子别名纂刊武进蒋孝旧所著《南九宫谱》。

史钞200卷　史部史钞类　佚

开畿南水田书　史部政书类　佚

随手录　子部杂学类　佚

以上3种见《重修常昭合志》卷18。

沈尔嘉

字公章。明常熟人。

读易镜6卷　经部易类　佚

见《重修常昭合志》卷18,每卦一节,首列经文,次以讲义。

王嘉谋

字顺伯。明常熟人。室曾孙,鲁长子。监生。

水廉诗稿　集部别集类　佚

见《重修常昭合志》卷18。

孙七政(1528—1600)

字齐之,号三川,自号沧浪生。明常熟人。艾孙,耒子。廪监生。7岁能诗,才名藉甚。隆庆元年(1567)在金陵与梁辰鱼等举鹫峰诗社。所居西爽楼、清晖馆蓄古鼎彝书画,与客觞咏其中,晚年贫困。与王世贞等友善,为七子派。

刻孙齐之先生松韵堂集12卷　集部别集类

(1) 明万历四十五年(1617)孙朝肃刻本,国家图书馆、南京图书馆藏。

(2)《四库全书存目丛书》本,据孙朝肃刻本影印。

(3)《明别集丛刊》本。

松韵堂诗稿1卷　集部别集类

常熟市图书馆传抄恬裕斋藏本,该馆藏。

陈　儒

字宗道,号方溪。明常熟人。嘉靖三十七年(1558)贡生。授东阳训导。卒于官。墓在虞山西麓祖茔之次，嘉靖四十年葬，瞿景淳志墓。

维政公第四世不分卷　史部传记类

旧抄本，常熟市图书馆藏。

留余堂集 2 卷　集部别集类

抄本，全国图书馆文献缩微复制中心缩微文献，国家图书馆藏。

按：诗文集。《恬裕斋书目》抄本。

陈方溪集　集部别集类

以上 2 种见《重修常昭合志》卷 18。

连士英

明常熟人。诸生。万历四十三年(1615)书《常熟县儒学新建养贤仓记》。

明自警编 9 卷　子部儒学类　佚

见《重修常昭合志》卷 18，《稽瑞楼书目》刊本，《海虞艺文目录》作《明自禁编》。

沈　冕

字石邸。明常熟人。取陶诗意名所居"四止窝"，有自咏。以《两广寇平咏》一首为赵用贤赞赏。

止窝集 4 卷　集部别集类　佚

见雍正《昭文县志》卷 7 本传、《梅李文献三志稿》本传。

季允济

字德盛，一作德载，号虞井。明常熟人。鹤曾孙。嘉靖三十九年(1560)贡生。授余姚训导，迁长沙教谕、新喻王府教授。

松云续集　集部别集类　佚

见《重修常昭合志》卷 18，一作《松云续编》，又作《续松云集》。

陆　曜

字蒸甫，号毕泉。明常熟人。诸生。以子枝贵赠彝陵知州。

治心编　子部儒学类　佚

见《重修常昭合志》卷18、《海虞艺文目录》。此书汇辑古格言为训。

屈　谏

字三泉。明常熟人。翀霄从孙。诸生。

未见录　子部杂学类　佚

答客问　子部杂学类　佚

以上2种见《重修常昭合志》卷18，屈氏谱载并佚。

钱子俭

明常熟人。奉孙。监生。

寄园稿　集部别集类　佚

见《重修常昭合志》卷18、《海虞艺文目录》，诗集。

许应科(1531—1589)

字汝进，号孟山。明常熟人。河侄。廪生。郡中创中吴书院，以其为首。

毛诗古义　经部诗经类　佚

见《重修常昭合志》卷18，《海虞艺文目录》作《毛诗义》。

金　澄

字湘川。明常熟人。诸生。为总督浙直军务胡宗宪参谋，郡守蔡国熙创立书院，聘为都讲。

鲁论测微　经部四书类　佚

东吴水利　史部地理类　佚

守城要略　子部兵书类　佚

以上3种见雍正《昭文县志》卷7本传。

钱顺时(1532—1560)

字道隆，号行所。明常熟人。体仁长子。嘉靖三十八年(1559)进士，入行人司，奉命饷辽军，给假归卒，年29。

资世文钥100卷　集部总集类　佚

见康熙《常熟县志》卷23，天文、律历、河渠、兵农诸家之书，荟蕞成编。

王嘉言

字君谟。明常熟人。鲁次子，嘉谋弟。嘉靖四十一年(1562)进士。知肥乡县，补曲周，擢工部主事，改南礼部主事，历郎中，升浙江按察佥事，备兵宁绍台，移驻温处，引疾归。隆庆六年(1572)书《重浚奚浦碑记》。

王氏三世诗选3卷　集部总集类　佚

见《重修常昭合志》卷18，《澹生堂书目》刊本。

徐树德

字用之，号琴江。明常熟人。伋子。诸生。

慈心功备录　子部儒学类　佚

善恶报　子部儒学类　佚

以上2种见《里睦小志》卷上，谓邹迪光有传。

蒋以忠(1533—1589)

字伯孝，号贞庵，更号存方。明常熟人。隆庆二年(1568)进士。官至福建按察副使。居官廉洁，有文名。

毛诗笔记　经部诗经类　佚
皇明盛事录　史部杂史类　佚
金陵纪胜　史部地理类　佚
段锦日钞　子部杂学类　佚

以上 4 种见《重修常昭合志》卷 18。

稽古编 4 卷　子部杂学类　佚

见《千顷堂书目》卷 12。

新刻艺圃球琅集注 4 卷　子部典故类

明蒋以忠、蒋以化撰　林大桂集注

(1) 明万历十五年(1587)张可久刻本,国家图书馆等藏。

(2)《故宫珍本丛刊》本,据万历十五年张可久刻本影印。

(3)《四库全书存目丛书》本。

新刻删补注释艺圃球琅集 4 卷　子部典故类

明蒋以忠、蒋以化撰　林大桂集注

明万历刻本,无锡市图书馆藏。

艺圃球琅 2 卷　子部典故类

明蒋以忠、蒋以化撰

明吴航书林李氏善庆堂刻本,北京大学图书馆藏。

新刊昆山周解元精选艺圃萃盘录 6 卷　子部典故类

明周汝砺、蒋以忠、蒋以化辑

(1) 明金陵徐小山书坊刻本,上海图书馆藏。

(2)《四库全书存目丛书》本,据金陵徐小山书坊刻本影印。

清权山人集　集部别集类　佚

见《重修常昭合志》卷 18。

王　授

字元予。明常熟人。澄子。诸生。治经考核精详,为文简严,能诗词。

遗子集 10 卷　集部别集类　佚
元州集 20 卷　集部别集类　佚
以上 2 种见《重修常昭合志》卷 18。

沈自励

明常熟人。诸生。

孝节世纪　史部传记类　佚

见《重修常昭合志》卷 18，辑其曾祖良遗事以及志传诗赞。

赵用贤(1535—1596)

字汝师，号定宇。明常熟人。承谦子。隆庆五年(1571)进士。万历时官检讨，五年(1577)与吴中行同疏论张居正夺情，被杖戍。居正没，起官，任吏部左侍郎，兼翰林学士，纂修《大明会典》，纂《玉牒》。卒谥文毅。嗜收藏图籍，藏书 2000 余种，上万册，编有书目。与其子琦美开常熟私家藏书风气之先。印刻《五经》《管子》《韩非子》《玉海》等书，后人视为善本。《明史》卷 229 有传。

(万历重修)大明会典 228 卷　史部政书类

明申时行、赵用贤等纂修

(1) 明万历十五年内府刻本，国家图书馆藏。

(2)《万有文库》第二集影印本。

(3) 1976 年台北新文丰公司影印本。

(4) 1989 年中华书局影印本。

国朝典章因革录　史部政书类

三吴文献志　史部地理类

以上 2 种见雍正《昭文县志》卷 6 本传。

赵定宇书目不分卷　史部目录类

(1) 抄本，国家图书馆藏。原为郑振铎藏书。

(2) 近代抄本，瞿凤起校并跋，常熟市图书馆藏。

(3) 1957年上海古典文学出版社影印旧抄本。

(4) 台北《书目类编》本。

(5) 上海古籍出版社《中国历代书目题跋丛书》本。

(6) 中华书局《宋元明清书目题跋丛刊》本。

(7) 商务印书馆《中国著名藏书家书目汇刊》本。

按:此目著录图书3300种,4900多本,中有罕见之书。

管子24卷　子部周秦诸子类

唐房玄龄注

韩非子20卷　子部周秦诸子类

以上2种有明万历十年赵用贤刻《管韩合刻》本。

按:赵刻本为《管子》《韩非子》最佳版本之一,后世刻本、校注本多以此为底本。现存各名家批校题跋本甚多,详见《中国古籍善本书目》子部法家类。

松石斋文集30卷诗集6卷　集部别集类

(1) 明万历四十六年赵琦美等刻本,南京图书馆藏。

(2) 明万历四十六年赵琦美等刻崇祯赵士履重修本,中国科学院图书馆藏。

(3)《明别集丛刊》本。

松石斋文集25卷诗集6卷赵文毅公奏疏5卷辽事疏1卷　集部别集类

《文集》光绪二十八年(1902)常熟赵氏承启堂重刊本,《诗集》《奏疏》《辽事疏》光绪二十二年赵氏承启堂重刊本。常熟市图书馆藏。

陆　昞(又作陆昺)

字华甫(又作华父),号毕渊生。明常熟人。少从文徵明游,书、画得其遗意,尤工于诗。好读书,性恬澹,雅喜游,漫游宜兴、金陵、燕都、广陵、岭南等地,与嘉靖、万历年间人欧大任交往。

南浮集　集部别集类　佚

见欧大任《欧虞部集十五种》之《文集》卷6欧大任为陆华甫《南浮集》所作序(《四库禁毁书丛刊》"集部"第47册影印之清刻本)。

新刊出像双凤齐(奇)鸣记(简称双凤记)2卷　集部词曲类

(1) 明万历间金陵书林唐富春世德堂刻本,国家图书馆藏。

(2)《古本戏曲丛刊二集》据世德堂刻本影印本。

徐懋德

字勉之,号虹江。明常熟人。侯子。光禄寺典簿厅录事。墓在常熟李墓思政乡,万历十四年(1586)葬,赵用贤志墓,钱谦益撰碑。

光禄职掌须知　史部政书类　佚

见《重修常昭合志》卷18、《海虞艺文目录》。

王　虞

字逊卿,号雨槐(一作字雨槐)。明常熟人。璧曾孙。嘉靖四十年(1561)举人,除州牧,不起。好蓄古书。卒年49。

麟经左翼　经部春秋总义类　佚

见《重修常昭合志》卷18、《双浜小志》卷3艺文、《海虞艺文目录》。

王　揖

字元肃。明常熟人。授弟。由国子监生累迁沂州同知。嗜学工诗,与王宠善。

蒙史3卷　史部别史类　佚

见《重修常昭合志》卷18,《稽瑞楼书目》抄本。

丁宁德

号海南。明常熟人。奉从孙。工诗,善琴。

海南集　集部别集类　佚

见《重修常昭合志》卷18。

蒋以化

字仲学，号养庵，自号抢榆子。明常熟人。以忠弟。隆庆元年(1567)举人，以监察御史按江南盐漕。

读史节略　史部史钞类　佚

诸史采奇　史部史钞类　佚

龙兴杂记　史部杂史类　佚

使淮采古录　史部地理类　佚

以上4种见《重修常昭合志》卷18。

使淮续采4卷　史部地理类

明万历刻本，南京图书馆藏有胶卷。

花草粹编(一作花编)6卷　子部农家类　佚

见《重修常昭合志》卷18。《明清江苏文人年表》作《花编》。

西台漫记6卷　子部杂学类

(1) 明万历刻本，国家图书馆藏。

(2)《四库全书存目丛书》本。

抢榆子评古1卷覆瓿语1卷　子部杂学类

明万历三十二年(1604)自刻本，国家图书馆等藏。

新刻艺圃球琅集注4卷　子部典故类

明蒋以忠、蒋以化撰　林大桂集注

(1) 明万历十五年张可久刻本，国家图书馆等藏。

(2)《故宫珍本丛刊》本，据万历十五年张可久刻本影印。

(3)《四库全书存目丛书》本。

新刻删补注释艺圃球琅集4卷　子部典故类

明蒋以忠、蒋以化撰明林大桂集注

明万历刻本，无锡市图书馆藏。

艺圃球琅2卷　子部典故类

明蒋以忠、蒋以化撰

明吴航书林李氏善庆堂刻本，北京大学图书馆藏。

新刊昆山周解元精选艺圃萃盘录 6 卷　子部典故类

明周汝砺、蒋以忠、蒋以化辑

(1) 明金陵徐小山书坊刻本，上海图书馆藏。

(2)《四库全书存目丛书》本，据金陵徐小山书坊刻本影印。

瑶翰 2 卷俚蹄 2 卷　集部总集类

(1) 明万历三十二年自刻本，国家图书馆藏。

(2)《瑶翰》2 卷，抄本，上海图书馆藏。参见谢国桢《江浙访书记》。

萧应宫(1539—1611)

字仲和，号观复。明常熟人。奎族孙。万历二年(1574)进士。由刑部郎中出知东昌府，所至有声。备兵于潼关、固原、临洮，以辽海道监军朝鲜，被构陷下狱。遇赦归。钱谦益《初学集》卷 56 有其墓志铭。

朝鲜征倭纪略 1 卷　史部杂史类　佚

和鸣集　集部别集类　佚

以上 2 种见《重修常昭合志》卷 18。

张祖科

字子绳，号进川。明常熟人。文凤孙。

乐志稿　集部别集类　佚

唾余吟　集部别集类　佚

以上 2 种见《重修常昭合志》卷 18。

张一元

字长卿，号玄室。明常熟人。文凤从孙。廪生。通毛诗，力学攻苦。

虞山赋　集部别集类　佚

书种轩诗钞　集部别集类　佚

以上2种见《重修常昭合志》卷18。

顾云程(1541—1613)

字务远。明常熟人。万历五年(1577)进士。授淳安知县,调知嘉兴,擢云南道御史,出为江西佥事,改贵州参议,迁云南副使,擢布政使,晋南京太常寺卿,致仕。

林间录2卷后集1卷　子部佛教类

宋释惠洪撰

明万历十二年顾云程刻本,国家图书馆藏。

钱　岱(1541—1622)

字汝瞻,号秀峰。明常熟人。隆庆五年(1571)进士。授广州府推官,历官湖广道监察御史,巡按山东。

两晋南北史合纂40卷　史部别史类

(1)明万历刻本,佚名朱笔批注,中国人民大学图书馆藏。

(2)明万历刻本,国家图书馆、西南大学图书馆藏。

(3)《四库未收书辑刊》本。

海虞钱氏家乘8卷　史部传记类

明万历二十八年(1600)家刻本,国家图书馆藏。

黄　门

字道登,号涛山,别号澹吾。明常熟人。少与钱岱、萧应宫同学齐名。隆庆元年(1567)举人,万历二年(1674)进士。授邵武知县,调闽县,累迁南京刑部员外郎,出知南雄府。

尚论编20卷　史部史评类

明邹泉撰

(1)明万历十五年黄门刻本,国家图书馆藏。

（2）《四库全书存目丛书》本。

孙道生

字惺如。明常熟人。纪五世从孙。诸生。有孝行。通禅语。

说心　子部佛教类　佚

见《重修常昭合志》卷18。

陆南英

字俊卿，号吴山。明常熟人。龙子。被征不起。

樗叟丛谈　史部杂史类　佚

按：采录正嘉间逸事，杂以论说。

尺牍　集部别集类　佚

以上2种见《重修常昭合志》卷18。

松韵斋前后集6卷　集部别集类　佚

见康熙《常熟县志》卷23，龚勉序，家刊本，又名《吴山诗稿》《吴山稿》。

陈以诚

字思斋。明常熟人。逅孙。诸生。性孝友。

闲情集　集部别集类　佚

见《重修常昭合志》卷8、《海虞艺文目录》。

张祖积

字子原，号玉岩。明常熟人。祖科弟。

和陶集　集部别集类　佚

见《重修常昭合志》卷18，词集。

邵　鏊(？—1610)

字麟武，号莲墟。明常熟人。圭洁子。万历十四年(1586)进士。官兵部郎中。在常熟尚湖东渚建别业五湖三亩园，有浣花阁。

莲墟集6卷　集部别集类　佚

见康熙《常熟县志》卷23,《海虞艺文志》作《莲墟文集》。

麟武集　集部别集类

见《明清江苏文人年表》明万历三十八年。

缪希雍(1546—1627)

字仲醇，一作仲淳，号慕台。明常熟人。曾迁长兴，后寓居金坛。以医名，精本草之学，工诗文，著述甚丰。与东林党人相友善，为人爽直，嫉恶如仇。生平有奇气，喜谈古今成败事。年82卒。《明史》卷299方伎有传。

神农本草经疏30卷　子部医家类

(1) 明天启五年(1625)毛晋绿君亭刻本，南京图书馆等藏。

(2)《四库全书》本。

(3)《周澂之校刻医学丛书》本。

(4)《周氏医学丛书》本。

(5) 清古蕴堂刻本，苏州医学院图书馆藏。

(6) 吴郡大来堂刻本，吉林省图书馆藏。

(7) 据明天启五年毛氏绿君亭刻本抄本，上海图书馆藏。

(8) 清光绪十七年(1891)池阳周氏刻本，南京图书馆藏。

(9) 1999年北京华夏出版社影印明天启五年毛晋绿君亭刻本。

(10) 1991年上海古籍出版社《四库医学丛书》本。

(11) 2000年北京学苑出版社《缪仲淳医书全集》之一《神农本草经疏》。

续神农本草经序例3卷续神农本草经疏9卷　子部医家类

明天启四年朱之黯刻本，国家图书馆藏。

先醒斋笔记 1 卷　子部医家类

(1) 明万历四十一年(1613)刻本，上海医学院图书馆藏。

(2) 明崇祯七年(1634)觉空子抄本，南京图书馆藏。

先醒斋医学广笔记(一作还读斋医方汇编)4 卷　子部医家类

(1) 明天启二年庄绶光刻本，国家图书馆等藏。

(2) 明天启五年刻本，上海中医药大学图书馆藏。

(3) 明崇祯十五年虞山李枝刻本，南京图书馆等藏。

(4) 明崇祯十五年抄本，上海图书馆藏。

(5) 清康熙抄本，军事医学科学院图书馆藏。

(6)《四库全书》本。

(7) 清道光十一年(1831)武林涵古堂刻本，中国科学院图书馆藏。

(8) 清光绪二十一年(1895)抄本，上海中医药大学图书馆藏。

(9) 1919 年常熟缪氏承古堂铅印本，常熟市图书馆等藏。

(10) 1919 年海琴居士抄本，山西中医研究所藏。

(11) 1919 年绿野书堂抄本，山西中医研究所藏。

(12) 1919 年上海集古阁石印本，上海图书馆等藏。

(13) 1958 年上海卫生出版社铅印本。

(14) 1958 年上海科技出版社铅印本。

(15) 1983 年江苏科技出版社铅印本。

(16) 1991 年上海古籍出版社铅印本。

(17) 2000 年北京中医古籍出版社铅印本。

按：此书初名《先醒斋笔记》，乃长兴丁元荐取希雍所用之方裒集成编。希雍又增益群方，兼采本草常用之药，扩大到四百余品，又增入伤寒等治法，故名“广笔记”。此为缪氏一生临证经验之荟萃，极为时人所推重。

炮炙大法 1 卷附用药凡例 1 卷　子部医家类

(1) 明末庄继先校刻本，中国科学院图书馆藏。

(2) 1956年人民卫生出版社影印本。

(3) 附刊于《先醒斋医学广笔记》后。

(4) 2012年中国医药科技出版社铅印本。

本草单方19卷　子部医家类

(1) 明崇祯六年华阳堂刻本,中国中医科学院图书馆藏。

(2) 清顺治刻本,北京大学图书馆藏。

方药宜忌考12卷　子部医家类

缪氏识病捷法10卷　子部医家类

以上2种见《千顷堂书目》卷14。

脉影图说2卷　子部医家类

见《重修常昭合志》卷18。

缪仲醇先生诸病治例　子部医家类

抄本。

医学传心4卷　子部医家类

清道光四年百本菊花斋刻本,首都图书馆藏孙佑补述本。

缪仲醇先生医案3卷　子部医家类

1919年缪氏承古堂铅印本,上海中医药大学图书馆藏。

葬经翼1卷难解二十四篇1卷图1卷　子部术数类

(1)《津逮秘书》本。

(2)《学津讨原》本。

(3) 1985年台北新文丰出版公司《葬经翼》1卷铅印本。

(4) 1988年巴蜀书社铅印本。

画荚图解1卷　子部术数类　佚

见《千顷堂书目》卷13。

按:《海虞文苑》收其诗8首。

王载仕

号浮生。明常熟人。庠生。

诗经品物考　经部诗经类　佚

见《双浜小志》卷3艺文。

陈国贤

明常熟人。以诚弟。诸生。

恬所吟集　集部别集类　佚

见《重修常昭合志》卷18、《海虞艺文目录》。

严　澂(1547—1625)

字道澈，号天池。明常熟人。讷次子。以荫官至邵武知府。按狱穷其源，治税去其繁苛。归里后以琴书自娱。精琴理，万历间结社琴川，琴道赖以中兴，创立虞山琴派，力主清微淡远。

恬畅斋琐述1卷　史部杂史类

清末抄本，国家图书馆藏。

蒙史1卷　子部儒学类

稿本，清严焯、鱼元傅跋，常熟市图书馆藏。

松弦馆琴谱2卷　子部艺术类

(1) 明万历四十二年(1614)刻本，南京图书馆等藏。华东师范大学图书馆藏本有黄道治批校。

(2)《四库全书》本。

(3) 2005、2013年中国书店出版《四库全书》本。

(4) 清抄本，国家图书馆藏。

按：此书成于万历四十二年，初版收22曲，再版续增至29曲。本书为《四库全书》所收唯一明代琴谱，在琴界有较大影响，四库提要称其所论最为近理。

一言半句　子部杂学类

明赏真斋刻本，释净明、普占跋，常熟市图书馆藏。

寤语　子部杂学类　佚

云松巢谈桂编　集部别集类　佚
恬畅斋集3卷　集部别集类　佚

以上3种见《重修常昭合志》卷18。

云松巢集□□卷目录2卷　集部别集类

(1) 明天启刻本，存卷1—26、目录2卷，国家图书馆藏。常熟市图书馆藏本存12卷目录2卷。

(2) 抄本，12卷目录2卷，常熟市图书馆藏。

按:《恬裕斋书目》刊本12卷，《含经堂书目》作28卷。

瞿汝稷(1548—1610)

字元立，一字槃谈，号洞观。明常熟人。景淳子。好学工文。曾与陆化淳校正明耿橘撰《常熟县水利全书》。以荫补官，三迁刑部主事，迁长芦盐运使，以太仆少卿致仕，寻卒。

石经大学质微1卷　经部四书类　佚
大学格物训2卷　经部四书类　佚
音声纪似　经部小学类　佚
兵略纂闻12卷　子部兵书类　佚

以上4种见《重修常昭合志》卷18。

指月录32卷　子部佛教类

(1) 明万历二十九年(1601)严澂、严泽等刻本，南京图书馆、原常熟市文管会(今常熟博物馆)藏。上海图书馆藏本有祁理孙、祁班孙批点。

(2) 明万历三十年释通一刻本，广东中山图书馆等藏。

(3) 明崇祯三年(1630)释海明刻本，浙江图书馆等藏。

(4) 明释弘礼刻本，上海图书馆等藏。

(5) 明释开慧刻本，山东省图书馆藏。

(6) 明成淇刻本，南京图书馆藏。

(7) 清同治七年(1868)皖城抚署刻本，南京图书馆藏。

（8）清同治十一年杭州昭庆寺刻本，南京图书馆藏。

（9）《半亩园丛书》本。

（10）1983年台北新文丰出版公司排印本。

（11）1991年江苏广陵古籍刻印社影印本。

（12）2008年民族出版社排印本。

按：《千顷堂书目》作《水月斋指月录》。佛教以“指”喻言教，以“月”比佛法，故名。撮宗门书要旨阐发，为研究禅宗重要资料。

旃檀林1卷　子部佛教类

瞿太仆文集40卷　集部别集类

以上2种见《重修常昭合志》卷18。

瞿冏卿集14卷　集部别集类

（1）明万历三十九年瞿函中刻本，曹学佺序，眉山张养正编，常熟市图书馆藏。

（2）《四库全书存目丛书》本，据明万历三十九年刻本影印。

（3）《明别集丛刊》本。

陈禹谟(1548—1618)

字锡玄，号抱冲。明常熟人。瓒子。万历十九年(1591)举人。授获嘉教谕，累升兵部郎中，晋佥事，备兵川南。迁贵州布政参议。博识强记，贯穿经史。

周易说旨4卷　经部易类

明罗伦撰　陈禹谟辑

明万历十九年南昌学宫刻本，见《明代版刻综录》卷3。

经籍异同3卷　经部群经总义类

（1）明万历刻本，见《浙江采集遗书总录》。亦见《千顷堂书目》卷3。

（2）《四库全书存目丛书》本，据明万历刻本影印。

类字判草2卷　史部政书类　佚

见《千顷堂书目》卷10。

禹贡图说　史部地理类　佚

见《重修常昭合志》卷18。

（万历）荻嘉县志10卷　史部地理类

明张蕴道修　陈禹谟纂

明万历三十年刻本，国家图书馆、南京图书馆等藏有胶卷。

按：附志余1卷，系陈禹谟诗文。

秦游记事　史部地理类　佚

见《重修常昭合志》卷18。

左氏兵略32卷　子部兵书类

（1）明万历吴用先、彭端吾等四川刻本，上海图书馆藏。

（2）明天启刻本，南京图书馆藏。

（3）《四库全书存目丛书》本，据明万历吴用先等刻本影印。

骈志20卷　子部典故类

（1）明万历刻本，国家图书馆、南京图书馆藏。

（2）《四库全书》本。

（3）竹书堂红格抄本，苏州市图书馆藏。

（5）1992年上海古籍出版社《四库类书丛刊》影印本。

北堂书钞160卷　子部典故类

唐虞世南辑　明陈禹谟补注

明万历二十八年陈禹谟刻本，藏本甚多。

广滑稽36卷　子部小说类

（1）明万历刻本，国家图书馆藏。

（2）28卷首1卷，常熟市图书馆抄本，该馆藏。

（3）《四库全书存目丛书》本，据明万历刻本影印。

说储8卷二集8卷　子部小说类

（1）明万历三十七年徐腾芳刻本，上海图书馆藏。南京图书馆藏本有清丁丙跋。

(2) 明刻本，国家图书馆藏。

(3) 常熟市图书馆抄本，该馆藏。

(4)《敬修堂丛书》本，作《说储》1卷《二集》1卷。

(5)《四库全书存目丛书》本。

学半斋集不分卷　集部别集类

(1) 明挹爽楼抄本，国家图书馆藏。

(2)《明代诗文集珍本丛刊》本。

经言枝指99卷　丛书类

(1) 明万历中刻本，上海图书馆等藏。

子目：

《四书汉诂纂》19卷

《谈经苑》40卷

《引经释》5卷

《四书人物概》15卷

《四书名物考》20卷

按：此书又有明钱受益、牛斗星补本《四书名物考》24卷，明末牛斗星刻本，上海图书馆等藏。

(2)《四库全书存目丛书》本，据明万历刻本影印。

经言枝指纂40卷　丛书类

明陈禹谟撰　林永平辑

明万历聚星馆叶均宇刻本，首都图书馆藏。

钱达道

字五卿，号培垣，自号韩源道人。明常熟人。万历元年(1573)举人。官兖州府同知。

吴越备史5卷补遗1卷杂考1卷　史部杂史类

题宋范坰、林禹撰　《杂考》钱受征辑

明万历二十七年钱达道刻本，国家图书馆藏。

霸州志12卷　史部地理类　佚

见《重修常昭合志》卷18,《稽瑞楼书目》刊本。

鹿苑闲谈1卷　子部杂学类

(1) 常熟市图书馆传抄本,该馆藏。

(2)《北京图书馆古籍珍本丛刊》本。

培垣集　集部别集类　佚

霸台草　集部别集类　佚

鲁门草　集部别集类　佚

抹黛编　集部别集类　佚

以上4种见《重修常昭合志》卷18。

陈国华

字尧佐,一字珍凡,号协斋。明常熟人。逅孙,国贤弟。万历二年(1574)进士,任南刑部郎中,迁广州知府。负气节。后弃官归,优游林泉40年。万历三十四年撰《重开三丈浦记》。年90卒。

史汉钞　史部史钞类　佚

协斋集　集部别集类　佚

唐诗选　集部别集类　佚

以上3种见《重修常昭合志》卷18。

陶闻诗

字伯言。其祖父锦以医著,嘉靖间由昆山迁常熟。闻诗治痘症名于时。

保赤心法1卷　子部医家类　佚

见《重修常昭合志》卷18,《稽瑞楼书目》刊本。

蔡　纲

字确庵。明常熟人。兴文裔。廪生,隐居拂水岩。

史略　史部史评类　佚
太极图解　子部术数类　佚
幽兰集　集部别集类　佚
浮鸥集　集部别集类　佚

以上 4 种见《重修常昭合志》卷 20 本传。

薛志学

字希之，号海观。明常熟人。万历二十八年(1600)贡生，授高邮学正，升天河知县，知广西庆远府。博学善书。卒年 96。

诗经传旨一览 4 卷　经部诗经类

明万历二十二年常熟徐汝良刻本，常熟市图书馆藏。

四余随笔　子部杂学类　佚
秦游行卷　集部别集类　佚

以上 2 种见《重修常昭合志》卷 18。

冯　觉

一名启元，字凡夫，号剑里。明常熟人。诸生。

剑里先生集　集部别集类　佚

见《重修常昭合志》卷 18。

姚　煦

字季和，号雪泉。明常熟人。

泉香集　集部别集类　佚

见《重修常昭合志》卷 18。

许时登

明常熟人。应科侄。

柳枝词　集部词曲类　佚

见《重修常昭合志》卷 18。

许士奇(1551—1615)

字茂才,号渤海。明常熟人。河孙。以廪生选贡入太学。负经济才,精水利。时县令誉为“虞山卧龙”。

三吴赋役考　史部政书类　佚

中吴水利全编　史部地理类　佚

宜民要术录　子部农家类　佚

以上 3 种见《重修常昭合志》卷 18。

钱世扬(1554—1610)

字士兴,一字孝成,又字偁孝,号景行,自号謷隅子。明常熟人。顺时长子。万历十九年(1591)副榜。治春秋胡氏学,好谈古今忠节奇伟事。读书处为吹藜阁。

春秋说 10 卷　经部春秋总义类　佚

见《重修常昭合志》卷 10。

古史谈苑 36 卷　史部史钞类

明万历四十三年张甹孟刻本,国家图书馆藏。

彭城世征 10 卷　史部传记类　佚

謷隅子　子部杂学类　佚

吹藜阁杂俎　子部杂学类　佚

以上 3 种见《重修常昭合志》卷 18。

诗经传旨一览 4 卷　经部诗经类

明万历二十二年常熟徐汝良刻本,常熟市图书馆藏。

徐待聘(1555—1626)

字廷珍,号绍虹。明常熟人。树德子,嗣懋德后。万历二十九年(1601)进士。历知乐清、上虞、分宜三县,累官湖广、陕西按察使副使。

在任有惠政。清钱谦益《牧斋初学集》卷56有其墓志铭。

(万历)上虞县志20卷首1卷　史部地理类

明徐待聘修　马明瑞等纂

(1) 明万历三十四年刻本,天津图书馆、中国科学院南京地理与湖泊研究所图书馆藏,国家图书馆、上海图书馆、浙江图书馆藏残本。

(2) 2014年浙江人民出版社出版《万历〈新修上虞县志〉校注本》。

雁山志胜4卷　史部地理类

刊本,见《振绮堂书录》史部、《四库全书总目》史部地理类存目。

清皑阁诗草　集部别集类　佚

爨余选集6卷　集部别集类　佚

南北游草　集部别集类　佚

以上3种见《重修常昭合志》卷18。

徐汝良

字冲寰。明常熟人。待聘从弟。由太学授中书。

诗经传旨一览4卷　经部诗经类

明薛志学撰

明万历二十二年(1594)徐汝良刻本,常熟市图书馆藏。

徐昌祚

字伯昌,号昆竹。明常熟人。以祖栻荫刑部主事,历官至刑部郎中。万历三十四年(1606)撰并书《浚理睦塘记》。

增注大明律　史部政书类　佚

见徐复祚《花当阁丛淡》卷3《牟俸》条。书成未刻。

男训21卷　子部杂学类

明沈鲤、冯琦撰　徐昌祚增补

明万历三十一年徐昌祚刻本,国家图书馆藏。

新刻徐比部燕山丛录22卷　子部小说类

(1) 明万历三十年自刻本，国家图书馆藏。

(2) 清抄本，国家图书馆藏，存21卷。

(3)《四库全书存目丛书》本，据明万历三十年自刻本影印。

陈三恪(1559—1635)

字象贤，自号玉渊生。明常熟人。翰曾孙，士介子。力学，旁通堪舆、卜筮、壬遁、风角家言。网罗旧闻，捃摭成《海虞别乘》。好歌唐诗。

海虞别乘24卷　史部地理类

(1) 乾隆十七年(1752)鱼元傅抄本，上海图书馆藏。

(2) 清常熟赵氏旧山楼抄本，翁同龢跋，上海图书馆藏。

(3) 清抄本，上海图书馆藏。

(4) 抄本，常熟市图书馆等藏。

(5) 抄本，南京图书馆藏。

(6) 1986年苏州古旧书店《苏州掌故丛书》本。

(7) 2009年学苑出版社影印本。

(8) 2018年8月上海科学技术文献出版社出版校注本。

按：常熟市地方志编纂委员会办公室编《常熟地方历史文化丛书》之一，陈其弟校注，以鱼元傅抄本为底本加以标点、校注，朱新华校核。

海虞别乘摘抄1卷　史部地理类

(1) 抄本，上海图书馆藏。

(2) 抄本，鱼元傅抄校，常熟市图书馆藏。

海虞别乘3卷　史部地理类

丁祖荫家钞《淑照堂丛书》本，常熟市图书馆藏。

选日要删4卷　子部术数类　佚

见《重修常昭合志》卷18，《稽瑞楼书目》刊本。

王维城

字徵吾。明常熟人。嘉言子。官汉中通判。

成均语录 10 卷　子部儒学类　佚

见《重修常昭合志》卷 18，任国子监丞时同编辑，钱谦益序，《天一阁书目》刊本。

钱世桢

明常熟人。

征东纪略　史部杂史类

《观自得斋从书》本。

射评　子部兵书类　佚

见《重修常昭合志》卷 18。

许　隽

字伯彦，自号少微。明常熟人。应科再从弟。增生。广涉经史，贯穿时务。

高卧斋集　集部别集类　佚

见《唐市志》卷下，诗文集，李维桢序，《海虞艺文目录》。

许生诗史　集部别集类　佚

见《重修常昭合志》卷 18。

徐复祚(1560—1630?)

初名笃孺，字旸初，改字讷川，号蓦竹，又号三家村老。别署破悭道人、阳初子、洛诵生、休休生、忍辱头陀等。明常熟人。栻孙，昌祚弟。以诸生入国学。博学能文，尤工词曲，极为臧懋循所看重。

丹棘编 6 卷　史部杂史类　佚

见《重修常昭合志》卷 18。

家儿私语 1 卷　史部传记类

(1)《丙子丛编》本。

(2) 虞山周氏鸽峰草堂抄本，国家图书馆藏。

花当阁丛谈(一作村老委谈)8卷　子部杂学类

(1)《借月山房汇钞》本。

(2) 1995年上海古籍出版社《续修四库全书》本,据《借月山房汇钞》本影印。

(3) 1965年贵州省图书馆油印本。

按:雍正《昭文县志》卷7本传著录30卷、《重修常昭合志》卷18著录36卷。

三家村老委谈7卷家儿私语1卷　子部杂学类

(1) 清乾隆十七年(1752)鱼元傅抄本,鱼元傅跋、曹炎校并跋,上海图书馆藏。

(2) 常熟市图书馆传抄曾炎抄本,该馆藏。

(3) 清抄本,南京图书馆藏。

红梨记2卷(传奇)　集部词曲类

(1) 明万历刻本,吴梅跋,国家图书馆藏。

(2) 明刻本,郑振铎跋,国家图书馆藏。

(3)《六十种曲》本。

(4) 清雍正十年(1732)抄本,不分卷,北京大学图书馆藏。

(5) 清乾隆五十年环翠山房刻巾箱本。

(6) 清抄本,存卷下,国家图书馆藏。

(7) 1988年中华书局校点本。

(8) 1995年上海古籍出版社《续修四库全书》本,据中国艺术研究院戏曲研究所藏清初苏州树滋堂原刻本影印。

校正原本红梨记4卷(传奇)　集部词曲类

(1) 明刻套印本,国家图书馆藏。

(2)《喜咏轩丛书》本。

(3)《古本戏曲丛刊初集》本。

按:附元张寿卿撰《红梨花杂剧》1卷。又按:另有明无名氏撰书林杨居刻本《红梨花记》2卷、明刻本《快活庵批评红梨花记》2卷,见《明代传奇全目》卷6。

一文钱1卷(杂剧)　集部词曲类

(1)《盛明杂剧》本。

(2) 明崇祯间山水邻刻《四大痴传奇》本,见《明代杂剧全目》。

投梭记2卷(传奇)　集部词曲类

(1)《六十种曲》本。

(2)《古本戏曲丛刊三集》本。

(3)《续修四库全书》本,据上海图书馆藏明末毛氏汲古阁刻本影印。

新刻出相点板宵光记2卷(传奇)　集部词曲类

(1) 明万历金陵书林唐振吾广庆堂刻本,国家图书馆藏。

(2)《古本戏曲丛刊初集》本。

(3) 清抄本,题作《宵光剑》,国家图书馆藏。

题塔(传奇)　集部词曲类　佚

见明吕天成《曲品》。

梧桐雨(杂剧)　集部词曲类　佚

见徐复祚《花当阁丛谈》。

雪樵记　集部词曲类　佚

闹中牟　集部词曲类　佚

以上2种见《重修常昭合志》卷18。或以为非徐复祚所作。

明何元朗徐阳初曲论1卷　集部词曲类

明何良俊、徐复祚撰

《古学汇刊》本。

三家村老曲谈1卷　集部词曲类

《新曲苑》本。

南北词广韵选　集部词曲类

(1) 抄本,10册,国家图书馆藏。

(2)《续修四库全书》本,据国家图书馆藏清抄本影印。

归学周

字道濂，号莲峰。明常熟人。万历三十年(1602)贡生。

四书人物考 33 卷　经部四书类　佚

见《重修常昭合志》卷 18，《海虞艺文目录》作《四书考编》。

何允澄

字平仲。明常熟人。钫子。监生。少治《春秋》。

溉情谱 100 卷　经部春秋总义类　佚

见《重修常昭合志》卷 18。

郭际南

字春卿，号贞予。明常熟人。喜读书，善填小词。

唐诗人姓氏里族官封考　史部传记类　佚

见光绪《常昭合志稿》卷 30 本传。

王锡绶

字分符，号养虚。明常熟人。槐后裔。斋名尚古堂。

删正茚茨杂说　子部杂学类　佚

见《重修常昭合志》卷 18、《海虞艺文目录》。

张应昌

明常熟人。

张氏旌孝集 2 卷　史部传记类

见《重修常昭合志》卷 18，《八千卷楼书目》刊本。

宗　乘

字载之。明常熟人。俗姓邬。少祝发东塔吴王庵，曾居钱氏拂水山庄，卒于嘉定。

载之诗存 1 卷　集部别集类

（1）明毛氏汲古阁刻本，国家图书馆藏。

（2）《四库全书存目丛书》本。

陈　仔

字时佐。明常熟人。仪弟。

四裔考异　史部地理类　佚

恐吟续响集　集部别集类　佚

以上 2 种见康熙《常熟县志》卷 23。

曹受龄

字尔炳。明常熟沙头里人。医家。精儒，兼通三氏之书。

述意编　子部医家类

见《江苏历代医人志》引陆松龄撰稿本《沙头里志》。

黄廷俸

一作庭章。字君选。明万历间常熟人。

白璧记　集部词曲类　佚

见明吕天成《曲品》、清姚燮《今乐考证》。叙战国张仪事。

奇货记　集部词曲类　佚

见《传奇汇考标目》。此叙吕不韦事。参见《古典戏曲存目汇考》卷 9。

沈春泽

字雨若，号竹逸。明常熟人。应科孙。监生。能诗，善草书，工画兰竹，为吴下名士。尝为钟惺诗集作序。万历四十六年(1618)刻《才调集》10 卷。

画苑　子部艺术类　佚

见《重修常昭合志》卷18。

秋雪堂诗删22卷　集部别集类

刊本，见《振绮堂书录》。

雨若吟稿(一作雨若吟)　集部别集类　佚

怀旧诗　集部别集类　佚

以上2种见《重修常昭合志》卷18。

倪　钜

字伟长，号云岩。明常熟人。禀性寡谐，勤苦好学。时依人远游，足迹几遍天下。万历三十五年(1607)客滇南，遇阿克之乱。

滇游纪乱1卷滇游过险诗1卷　史部杂史类

清且懒斋抄本，国家图书馆藏。

补韵府群玉(一作广韵府群玉)　子部典故类　佚

广蒙求　子部典故类　佚

以上2种见《千顷堂书目》卷13。《列朝诗集》收其诗。

经锄堂集　集部别集类　佚

结绳集　集部别集类　佚

虫仁集　集部别集类　佚

以上3种见《列朝诗集小传》丁集下。原文作：所著有"《经锄堂》《结绳》《虫仁》等书数百卷"。据此意在书名后加"集"字。

翁宪祥

字兆隆，号完虚。明常熟人。万历二十年(1592)进士。由鄞令行取给事中。亢直敢谏，一时朝政缺失，宪祥皆抗章论驳。中官不法，亦连疏弹劾。久之，擢太常寺少卿卒。万历四十四年刻有桑悦《思玄集》。《明史》卷234有传。

平倭录　史部杂史类

见《重修常昭合志》卷 18。

掖垣疏草 7 卷　史部政书类

明万历刻本,国家图书馆藏。

掖垣疏草 9 卷　史部政书类

清道光九年(1829)观耕斋抄本,国家图书馆藏。

翁宪祥奏疏 1 卷　史部政书类

清抄本,常熟市图书馆藏。

钱希言

字象先,号简栖。明常熟人。顺时侄。诸生。博览好学,工诗。万历二十四年(1596)在扬州与陆弼会,天启二年(1622)尚在世。恃才负气,人争避之,以穷死。

辽邸纪闻 1 卷　史部杂史类

(1)《说郛续》本。

(2)《五朝小说》本。

(3)《五朝小说大观》本。

(4) 1915 年商务印书馆《旧小说》铅印本。

楚小志 1 卷　史部地理类

西浮籍 1 卷　史部地理类

以上 2 种有《说郛续》本。

戏暇 3 卷　子部杂学类

(1)《借月山房汇钞》本。

(2)《指海》本。

(3)《泽古斋重钞》本

(4)《式古居汇钞》本。

(5)《丛书集成初编》本。

(6)《广快书》本,1 卷。

(7)《说郛》本,1 卷。

(8)《五朝小说》本,1 卷。

(9)《五朝小说大观》本,1 卷。

(10)《古今说部丛书》本,1 卷。

按:参见《四库全书总目》杂家类存目 3。

荆南诗 2 卷附录 1 卷　集部别集类

明万历二十八年吴趋赋湘楼刻本,湖南省图书馆藏。

松枢十九山九种 52 卷附录 1 卷　丛书类

明万历刻本,上海图书馆藏。

子目:

《讨桂编》20 卷

《樟亭集》3 卷

《织里草》1 卷

《桃叶鳊》1 卷附 1 卷

按:此与《织里草》又有抄本,常熟市图书馆藏。

《听滥志》2 卷

《桐薪》3 卷

《二萧篇》2 卷

《戏瑕》2 卷　按:此一种又有其他丛书本,见上。

《狯园》16 卷　按:此一种又有清抄本,金泰阶跋,陆维垣、王叔掖题款,金心山批并跋,国家图书馆藏。另有清书带草堂刻本,台北"中研院"历史语言研究所藏。

按:据《重修常昭合志》卷 18,此丛书尚有《辽志》《剑笑》27 卷、《赋湘楼集》《小辋川集》《西浮籍》《荆南诗》等 6 种。

宋懋中

字翠岩。明常熟人。万历三十二年(1604)贡生,选授永嘉教谕,为人正直方严。

诗绪 1 卷　经部诗经类　佚

见《重修常昭合志》卷18。

赵琦美(1563—1624)

原名开美。字玄度,又字如白,号仲朗,自号清常道人。明常熟人。目录学家、刻书家。用贤子。以父荫历官刑部郎中。平生节衣缩食,借书缮写,亲自校勘。得善本,其父作序,琦美刊刻。藏书室名脉望馆,所藏以《脉望馆抄校本古今杂剧》最有名。刻有《东坡先生志林》等书,校订有《洛阳伽蓝记》等书。

洪武圣政记32卷　史部别史类　佚

见《千顷堂书目》卷5。

伪吴杂记3卷　史部别史类　佚

见《重修常昭合志》卷18。

脉望馆藏书目　史部目录类

(1) 嘉庆七年(1802)黄氏士礼居抄本,黄丕烈校并跋,国家图书馆藏。

(2) 清抄本,刘喜海跋,国家图书馆藏。

脉望馆书目1卷　史部目录类

(1)《玉简斋丛书》本。

(2)《涵芬楼秘笈》本。

脉望馆书目4卷　史部目录类

清劳氏丹铅精舍抄本,劳权跋,国家图书馆藏。

按:书目基本按四部分类,设置近200个子目,并注意收集小说等俗文学图书。

容台小草1卷　集部别集类　佚

脉望馆和禅集5卷　集部别集类　佚

以上2种见《重修常昭合志》卷18。

按:赵琦美(开美)刻书甚多,兹举要开列如下。

新唐书纠缪20卷　史部正史类

宋吴缜撰。明万历间赵开美刻本，国家图书馆藏本有傅增湘跋并录吴翌凤等批校。安徽师范大学图书馆藏本有清莫棠校。

仲景全书 26 卷　子部医家类

汉张机撰。明万历二十七年(1599)赵开美刻本，上海图书馆等藏。

周髀算经 2 卷音义 1 卷数术记遗 1 卷　子部历算类

明万历赵开美刻本，冯舒校，莫棠、邓邦述跋，国家图书馆藏。

东坡先生志林 5 卷　子部杂学类

明万历二十三年赵开美刻本，国家图书馆藏。北京师范大学图书馆藏本有清陆珣批校。

唐段少卿酉阳杂俎前集 20 卷续集 10 卷　子部小说类

唐段成式撰。明万历三十六年赵开美刻本，宁波天一阁藏。

松石斋文集 20 卷诗集 6 卷　集部别集类

明赵用贤撰。明万历四十六年赵开美刻本，国家图书馆藏。

东坡杂著五种 7 卷　丛书类

明万历二十九年至三十年赵开美刻本，国家图书馆藏。

按:此包括苏轼撰杂著 5 种，即《东坡先生仇池笔记》2 卷、《东坡先生问答录》1 卷、《东坡先生艾子杂说》1 卷、《东坡先生渔樵闲话》2 卷、《东坡先生杂纂》1 卷。上海图书馆藏赵开美刻《东坡先生仇池笔记》有清王韬跋。

陈眉公杂录 24 种　丛书类

明陈继儒辑。明万历二十九年赵开美刻本，北京大学图书馆藏。

吴大经

字元常。明万历间常熟人。弃举子业，隐居山林。以诗名于时，袁宏道以其配徐渭。《四库全书总目》别集类存目 6 称其诗学陆游，圆熟有余而深微不足。

丛桂轩诗 2 卷　集部别集类

(1) 明万历刻蓝印本，国家图书馆藏。

(2)《四库全书存目丛书》本,据明万历刻蓝印本影印。

在原咏 1 卷题赠 1 卷　集部别集类

明万历刻本,国家图书馆藏。

张世昌

字盛胤,号斗垣。明常熟人。万历十六年(1588)举人,司理南康。转辽州知州,卒。

西江振荒策　史部政书类　佚

见《千顷堂书目》卷 9。

经世要旨　史部政书类　佚

举一废百篇　史部政书类　佚

二南拙政　史部政书类　佚

以上 3 种见雍正《昭文县志》卷 7 本传、《重修常昭合志》卷 18。

张大礼

字行之,号立所。明常熟人。一元子。教授生徒,能诗,通禅理。

楞严翼注　子部佛教类　佚

见康熙《常熟县志》卷 23。

陈廷赞

字襟宇。明常熟人。瓅玄孙。儿科医生。以子调元官赠工部郎中。

本草发明　子部医家类　佚

见《重修常昭合志》卷 18、《海虞艺文目录》。

孙文龙

字明卿,号见田。明常熟人。忠子。万历十七年(1589)进士。授仪封知县,擢南京工部主事,晋郎中,出为湖广承天知府。

承天府志 20 卷　史部地理类

明万历三十年(1602)刻本,孙文龙序,《日本藏中国罕见地方志丛刊》本。

张应遴(? —1630)

字选卿,号又元。明常熟人。炜子。诸生。时称博雅。

虞山胜地纪略(一作虞山记)1 卷　史部地理类

《虞阳说苑》活字本,所记皆名胜古迹。

炎黄绪余　子部医家类　佚

悬壶衣钵　子部医家类　佚

以上 2 种见《支溪小志》卷 3 本传,二书学医缪希雍时作。

海虞文苑 24 卷　集部总集类

(1) 明万历三十八年(1610)刻本,国家图书馆、南京图书馆藏。

(2) 常熟市图书馆影钞本,该馆藏。

(3)《北京图书馆古籍珍本丛刊》本。

(4)《四库全书存目丛书》本,据明万历三十八年刻本影印。

按:辑有明一代乡人诗赋杂文,以类叙次。

钱时俊(1565—1634)

字用章,号仍峰。明常熟人。岱子。少不务声华,笃志力学,贯通春秋四传。万历三十二年(1604)进士。掌管杭州南关,除苛剔弊。历官湖广按察副使,所至以清惠闻。

春秋胡传翼 30 卷　经部春秋总义类

明万历三十九年刻本,苏州市图书馆藏。

徐美虹

明常熟人。

梅园春集诗卷　集部别集类　佚

见《里睦小志》卷下艺文志补之五“书目”。

徐　鹏

字仲鹏。明常熟人。善医，学于缪希雍。

脉学传灯 1 卷　子部医家类　佚

见雍正《昭文县志》卷 9 本传。

邵　濂(1566—1611)

字茂齐。明常熟人。天相曾孙，廪生。攻苦读书，善谈名理。精于毛诗。歌诗清旷玄淡。

水云集　集部别集类　佚

见雍正《昭文县志》卷 7 本传。《明诗综》卷 74 收其诗 1 首。

瞿汝说(1566—1623)

字星卿，号达观，又号筑野。明常熟人。景淳幼子。万历十二年(1584)与瞿纯仁、邵濂、顾云等在里共结拂水山房社。二十年进士，官至广东布政参议，以刚正闻。

诗经世业 11 卷　经部诗经类

明崇祯建阳书林詹圣谟刻本，见《明代版刻综录》卷 5。

瞿星卿先生诗经稿不分卷　经部诗经类

明瞿汝说撰　陆化熙评

明刻本，常熟市图书馆藏。

皇明臣略纂闻 12 卷　史部杂史类

(1) 明崇祯八年(1635)瞿式耜刻本，国家图书馆、南京图书馆藏。

(2)《北京图书馆古籍珍本丛刊》本。

兵略纂闻 12 卷　子部兵书类

明崇祯八年瞿式耜刊，见《瞿忠宣公诗文集》卷 10《刻〈兵略纂闻〉述》。清代乾隆年间遭禁。又按：此书亦误作汝稷撰。

崇正文选 12 卷　集部总集类

明施策辑。明万历三十八年瞿汝说刻本，国家图书馆藏。

管一德

字士恒，号沥川。明常熟人。万历十九年(1591)举人。孤苦力学，有闻于时。所论御倭方略甚有见地。

诗经阁览　经部诗经类　佚

四书阂览　经部四书类　佚

皇明文献世家考 4 卷　史部传记类

以上 3 种见雍正《昭文县志》卷 7 本传。

(万历)皇明常熟文献志 18 卷　史部地理类

(1) 12 卷，明万历三十三年刻本，上海图书馆藏。

按：此本目录不分卷，卷端卷次混乱。

(2) 18 卷，明万历三十三年刻本，国家图书馆等藏。

按：此据 12 卷本重订而成。

(3) 18 卷，抄本，上海图书馆等藏。

(4) 18 卷，1963 年苏州古旧书店据万历三十三年刻本抄录，中国社会科学院历史研究所图书馆藏。

经传子史参同　子部杂学类　佚

见雍正《昭文县志》卷 7 本传。

沥阳集　集部别集类　佚

见雍正《昭文县志》卷 7 本传。《重修常昭合志》卷 18 作 4 卷。

马瑞伯

字瑞伯，名不详。明常熟人。习医，缪希雍弟子。

谈医管见 1 卷　子部医家类　佚

见《重修常昭合志》卷 18、顾大韶《炳烛斋稿》。

顾云鸿(1567—1607)

字朗仲,号凫乙。明常熟人。荣孙,云凤弟。万历十二年(1584)在里与瞿汝说、邵濂等共结拂水山房社。二十八年举人。学者私谥孝毅先生。

顾朗仲诗集　集部别集类　佚

见《重修常昭合志》卷18。《海虞艺文志》作《云鸿诗集》。其诗收入《列朝诗集》丁集下。

严　桢

字翼卿,号韦庵。明常熟人。讷孙,治子。诸生。

格言随笔4卷　子部儒学类　佚

见《重修常昭合志》卷18。

翁应祥

字兆吉,号升宇。明常熟人。宪祥弟。万历二十八年(1600)举人。官朔州知州。

杭州集2卷　集部别集类　佚

苜蓿斋集　集部别集类　佚

云朔集　集部别集类　佚

归田集　集部别集类　佚

醒余自序　集部别集类　佚

以上5种见《重修常昭合志》卷18。

陆化淳

字君复,号湛源。明常熟人。南英子。万历二十年(1592)进士。授水部郎,出知金华府,调赣州知府,卒于官。曾与瞿汝稷一起校正明耿橘撰《常熟县水利全书》。

松韵斋续集　集部别集类　佚

见雍正《昭文县志》卷 6 本传,诗集。

孙　林(1568—1641)

字子乔,号芝房。明常熟人。七政子。以贡生授高邮州训导。

历朝小纪不分卷　史部编年类

(1) 清末抄本,常熟市图书馆藏。

(2) 清末抄本,国家图书馆藏。

按:此书裒录上古至元末大事及名人事迹。

毛　澄

字冽甫。明常熟人。诸生。与毛晋父清为兄弟行。

读易便解 2 卷　经部易类　佚

见《重修常昭合志》卷 18,《汲古阁书目》刊本。朱彝尊《经义考》作四卷。

孙　森

字子桑,号兰畹。明常熟人。七政出嗣子,林弟。万历三十四年(1606)举人。官弋阳令,升高州府同知。

编年拔秀 2 卷　子部典故类

明万历三十年刘汝弼、吴惟咸刻本,国家图书馆藏。

续松韵草堂集选 1 卷　集部别集类

徐兆玮辑《海虞六家诗选》本,虹隐楼抄,常熟市图书馆藏。

映雪山居集　集部别集类　佚

见雍正《昭文县志》卷 7 本传。

缪肇祖

字振东。明常熟人。天启五年(1625)贡生。官华亭训导。

常熟县儒学志 8 卷　史部政书类

明缪肇祖、冯复京等纂修

(1) 明万历三十八年(1610)蒋国玞刻本,国家图书馆藏。

(2)《北京图书馆古籍珍本丛刊》本。

范弥恬

字洞如。明常熟钓渚人。万历庠生,通《易》理。

瓢余诗稿　集部别集类　佚

见《钓渚小志》。

孙胤伽(1571—1639)

字唐卿,一字伏生,号生洲居士。明常熟人。楼孙。监生。性嗜聚书,手自缮写,所藏多秘本。

玉台外史 20 卷　史部杂史类　佚

谈觚 40 卷　子部小说类　佚

艳雪斋集 3 卷　集部别集类　佚

以上 3 种见《重修常昭合志》卷 18。

许重华(1572—1631)

字剑美,号弱水。明常熟人。士奇子。万历二十二年(1594)试补县庠生,以增例入贡。建翦雨楼藏书其中。

金丹秘旨　子部道教类　佚

见《重修常昭合志》卷 18。

龚立本(1572—1644)

字渊孟。明常熟人。万历四十三年(1615)举人。选太平府教授,迁知福安县。官至南京刑部郎中。以事坐罪,归。后被举监纪辽东军事,以亲老辞。死于明崇祯末年。古文词初为六朝,晚效秦汉。

辽事类钞　史部杂史类　佚

金辽图说　史部地理类　佚

以上两种见雍正《昭文县志》卷6本传,谓边将知兵者无以过。

北征日记3卷　史部传记类

(1) 清乾隆二年(1737)鱼元傅抄本,南京图书馆藏。

起万历四十六年六月,至天启二年(1622)三月。后附鱼元傅、许行健、王应奎、顾镇、王大椿等5人跋。参见《学林漫录》7集陈左高《谈明代日记四种》。常熟市图书馆藏鱼元傅抄本,题《龚渊孟先生北征日记》3卷。

(2) 常熟丁氏淑照堂抄本(丁祖荫跋),上海图书馆藏。

松窗快笔　史部传记类

(1) 1卷,藏云书屋抄本,常熟市图书馆藏。

(2) 1卷,《小石山房丛书》本。

(3) 2卷,瞿氏恬裕斋抄本,常熟市图书馆藏。

(4) 10卷补1卷补注1卷,《虞山丛刻》本。

(5) 不分卷,抄本,南京图书馆藏。

按:此类记常熟历史人物。

烟艇永怀3卷附录1卷　史部传记类

明龚立本撰　《附录》丁祖荫撰

(1) 清抄本(清赵宗建校),上海图书馆藏。

(2)《借月山房汇钞》本。

(3)《泽古斋重钞》本。

(4)《虞山丛刻》本,增附录1卷。

(5) 1991年台北明文书局《明代传记丛刊》本。

按:此为作者论交伤逝之所作。卷一官师亲长,卷二四方知交,卷三邑里亲朋。

(崇祯)尝熟县志15卷　史部地理类

(1) 明崇祯十二年(1639)纂,抄本,上海图书馆藏。

(2) 清常熟王氏恬古堂抄本,上海图书馆藏,有翁同龢题识。

(3) 民国沈芳畦抄本,常熟文管会藏,存卷1—7,10—15。

(4) 抄本,常熟市图书馆藏,丁秉衡校并跋。

按:此避明光宗(泰昌)常洛讳,将常熟县改名尝熟县。

笔润　集部别集类　佚

浪泊甲集40卷乙集8卷　集部别集类　佚

按:王应奎撰传云未刻,藏于家。

北征草　集部别集类　佚

以上3种见《重修常昭合志》卷18。

龚立本集　集部别集类

2018年9月上海科学技术文献出版社出版校注本。

按:常熟市地方志编纂委员会办公室编《常熟地方历史文化丛书》之一,收录龚立本部分存世著作,附《龚立本年表》《大河龚氏分支世系》等。

冯复京(1573—1622)

字嗣宗。明常熟人。觉子。廪生。博学强记,工诗,精笺疏。性喜聚书,藏书万卷,多精本。

六家诗名物疏　经部诗经类

(1) 55卷提要3卷,明万历刻本,国家图书馆藏。

(2) 54卷,《四库全书》本,误题作盱眙冯应京撰。

说诗谱4卷　经部诗经类　佚

见《重修常昭合志》卷18。

明右史略　史部编年类

(1) 民国间抄本,21卷卷首1卷,国家图书馆藏。

(2) 2003年北京线装书局《稀见明史史籍辑存》本。

按:《重修常昭合志》卷20传称30卷:"作编年书驳正得失曰《明右史略》,草创未就,卒。"

明右史略草例 6 卷　史部编年类

民国间抄本,国家图书馆藏。

圣明常熟先贤事略 16 卷　史部传记类

(1) 稿本,明汤绍荣补并跋,南京图书馆藏。

(2) 清抄本,上海图书馆藏。

(3) 清抄本,陈鸿跋,常熟市图书馆藏。

(4) 清大树堂刻本,国家图书馆藏。

(5)《江苏人物传记丛刊》本。

按:书名亦作《圣明常熟先贤传略》。此为明代常熟地方人物传记集。卷首有明万历四十六年(1618)十二月作者自序,略云:"于是纂集旧闻,网罗佚事,日月所积,都为 16 卷,名曰《国朝常熟先贤事略》。曰'先贤',志善善也;曰'事略',志阙文也。窃定哀之微辞,冀南董之直笔。传诸好事,勿我罪焉。"可见作者著作旨意。所传人物有张洪、吴讷、黄钺、徐恪、陈察、周木、严讷、赵用贤、鱼侃、桑悦、杨仪等。卷 15 为列女。传记内容极为详赡。本书版本甚多,各本文字略有差异。

冯氏族谱 4 卷　史部传记类　佚

遵制家礼 4 卷　史部政书类

抄本,南京图书馆藏。

常熟县儒学志 8 卷　史部政书类

明缪肇祖、冯复京等纂修

(1) 明万历三十八年(1610)蒋国玞刻本,国家图书馆藏。

(2)《北京图书馆古籍珍本丛刊》本。

蟭螟集 14 卷　子部小说类　佚

见《重修常昭合志》卷 18。

徐锡祚(1573—1629)

一名于,又作于祚,字于王。明常熟人。待聘长子。诸生。与钱谦益交好。崇祯元年(1628)与魏浣初在里集津逮轩。生平酷爱晚唐宋元诗。

竹书纪年丛笺　史部编年类

见《明清江苏文人年表》崇祯二年。

梦雨庵集　集部别集类　佚

翦绡集1卷　集部别集类　佚

按:此集唐人诗为绝句百首。

情绮集　集部总集类　佚

按:此辑元人诗3000首。

以上3种见《重修常昭合志》卷18、《里睦小志》卷上。

何大成(1573—1643)

初名之柱,字君立,晚自称慈公。明常熟人。钫从孙,镛孙。好读书藏书,每得一书,与吴翊凤、冯舒相互转借,手自传录。其娱野园藏书甚多,殁后散尽。万历间曾辑刻《唐伯虎先生集》。

何君立诗集　集部别集类

见康熙《常熟县志》卷23,一作《娱野园集》。

孙　槎

字子骞,号茝溆。明常熟人。七政季子,森弟。诸生。

笔录　子部杂学类　佚

见《重修常昭合志》卷18,纂录五经子史之玄要。

陆化熙

字羽明,号濬源。明常熟人。化淳弟。万历四十一年(1613)进士。历工部郎中,官广西提学佥事,进湖广布政参政。未赴卒。

诗通4卷　经部诗经类

(1) 明书林陆少泉刻本,国家图书馆藏。

(2)《诗经通解》本。

瞿星卿先生诗经稿不分卷　经部诗经类

明瞿汝说撰　陆化熙评

明刻本，常熟市图书馆藏。

瞿起田诗经稿不分卷　经部诗经类

明瞿式耜撰　陆化熙辑

明刻本，常熟市图书馆藏。

目营小辑 4 卷　史部政书类

(1) 明刻本，南京图书馆藏。

(2) 抄本，常熟市图书馆藏。

(3)《四库全书存目丛书》本，据明刻本影印。

(4) 1987 年台湾学生书局影印本。

虞山书院志 15 卷　史部地理类

明张鼐、陆化熙、钱时俊等撰

(1) 明万历刻本，南京图书馆等藏。

(2) 常熟市图书馆影印明万历刻本，该馆藏。

(3) 10 卷，1995 年江苏教育出版社《中国历代书院志》本，据明万历刻本影印。

陆问礼

字仲谋，号衷虚。明常熟人。一凤孙，崇礼弟。万历三十二年(1604)进士。授永嘉令。转职方司郎中，擢湖广参政。巡抚南赣。卒赠兵部右侍郎。崇祯五年(1632)刻张朝瑞辑《南国贤书》前后编。

抚虔兵略　史部政书类　佚

见雍正《昭文县志》卷 5 本传，抚赣时平寇作。

沈昌时(1575—1649)

字逢可，号葵阳。明常熟人。海玄孙。万历二十八年(1600)、三十四年两科副榜，授新流教谕。洁身励行，文誉蔼然。
礼记定注　经部礼记类　佚
四书发　经部四书类　佚
　　以上 2 种见雍正《昭文县志》卷 7 本传。
楞严疏解(一作楞严经疏解)　子部佛教类　佚
金刚经疏解　子部佛教类　佚
　　以上 2 种见《重修常昭合志》卷 18。

薛胤龙

　　字云卿，号润宇。明常熟人。志学子。
石门草　集部别集类　佚
春游草　集部别集类　佚
蝉响编　集部别集类　佚
醉花吟　集部别集类　佚
　　以上 4 种见《重修常昭合志》卷 18。

张汉儒

　　原名张景良。明常熟人。
张汉儒揭钱瞿疏 1 卷　史部政书类
　　(1) 清抄本《明季野史汇抄七种》本，南京图书馆藏。
　　(2) 旧抄本，常熟市图书馆藏。
张汉儒揭钱瞿奏稿 1 卷　史部政书类
　　(1) 清抄本，南京图书馆藏。
　　(2)《海虞杂志》本，南京图书馆藏。
张汉儒疏稿 1 卷　史部政书类
　　《虞阳说苑》甲编本，附顾大韶、顾应琨、严有翼等《顾仲恭为钱瞿呈稿》。
　　按：张氏疏稿极诋钱谦益、瞿式耜，称为万恶元凶、贪秽兽官。顾大韶等呈稿专驳张疏，称钱、瞿两人为千秋楷模、国器。

顾大章(1576—1625)

字伯钦，号尘客。明常熟人。云程子。万历三十五年(1607)进士，累官刑部员外郎。魏忠贤欲借事株累刘一燝，大章力辨其非。熊廷弼下狱吏，大章援议贤议劳例论戍，廷弼卒坐死，大章亦迁兵部，寻夺俸引归。复起历礼部郎中、陕西按察副使。为魏忠贤党所构陷，坐赃论大辟，投环卒，年50。崇祯初赠太仆卿，福王时追谥裕愍。《明史》卷244有传。

朝局分合纪事　史部杂事类　佚

瑞芝记　史部传记类　佚

按：此记狱中事。

狱中杂记　史部传记类　佚

保泰箴　子部儒学类　佚

群书节要　子部典故类　佚

清音阁集　集部别集类　佚

海岱吟　集部别集类　佚

闽游草　集部别集类　佚

园居稿　集部别集类　佚

以上9种见《重修常昭合志》卷18。

裕愍公稿不分卷　集部别集类

清抄本，国家图书馆、南京图书馆、常熟市图书馆藏。

顾大韶(1576—?)

字仲恭。明常熟人。大章孪生弟。廪贡生。通经史百家及内典，于《诗》及《三礼》多有发明。崇祯八年(1635)在京起草《江南六大害》疏，纠劾江南绅宦，谋以布衣身份上书思宗朱由检，忽又自止。

诗经野语补遗　经部诗经类　佚

按:《诗经野语》,《明清江苏文人年表》以为顾大章作。

五帝世系辨1卷　史部史评类　佚

裕愍公葬录　史部传记类　佚

以上3种见《重修常昭合志》卷18。

顾仲恭为钱瞿呈稿1卷　史部传记类

《海虞杂志》本,南京图书馆藏。

顾仲恭讨钱岱檄1卷　史部传记类

(1)《海虞杂志》本,南京图书馆藏。

(2)《虞阳说苑》甲编本,附于《张汉儒疏稿》后,南京图书馆藏。

(3)《香艳丛书》本,国家图书馆藏。

(4) 抄本,题《讨钱岱檄》1卷,常熟丁氏钞淑照堂四种本,南京图书馆藏。

炳烛斋随笔1卷　子部杂学类

(1) 清初刻本,国家图书馆藏。

(2) 清孙胜雨抄本,国家图书馆藏。

(3) 铁琴铜剑楼影抄本,庞士龙校并跋,常熟市图书馆藏。

(4)《续修四库全书》本,据清初刻本影印。

炳烛斋稿不分卷随笔1卷　集部别集类

(1) 清康熙十年(1671)顾晶等刻本,南京图书馆藏。

(2)《明别集丛刊》本。

炳烛斋文集初刻1卷续刻1卷　集部别集类

清宣统元年(1909)上海国学扶轮社铜活字本,南京图书馆藏。

炳烛斋文集初刻1卷续刻1卷炳烛斋随笔1卷　集部别集类

清光绪至民国初抄本,国家图书馆藏。

张之英

字端虞。明常熟人。10岁能文,为万历四年(1576)举人陆枝所器重。乐山水,性旷达。

见闻纪略 4 卷　集部别集类

胜游草 1 卷　集部别集类

以上 2 种见《唐市志》卷中本传。

马兆圣

号无竞。明常熟人。元俊子。医家。

医林正印 10 卷　子部医家类

明万历四十四年(1616)自刻本,国家图书馆藏。

医案　子部医家类　佚

伤寒一览　子部医家类　佚

以上 2 种见《重修常昭合志》卷 18。

何世滋

字无生。明常熟人。避世奉佛,酿名酒自娱,与龚立本、何允泓辈相唱和。

北运志 2 卷　史部政书类　佚

戏论 1 卷　集部别集类　佚

按:龚立本序称均为诙谐玩世之文。

以上 2 种见《重修常昭合志》卷 18、龚立本《烟艇永怀》。

姚宗仪

字凤来。明常熟人。煦子。诸生。博学多才,尤其留心地方文献。万历中辑成邑志,以族姓类叙,搜采无遗,以抄本流传。

(万历)常熟县私志 28 卷　史部地理类

(1) 明万历四十五年(1617)修,稿本,上海图书馆存卷 1—5。常熟市图书馆存氏族志稿本。

(2) 明抄本,中共中央党校图书馆存卷 13、南京图书馆存卷 1—9、常熟市图书馆存卷 20—21。

(3) 民国晒印明抄本，北京大学图书馆藏。

(4) 旧抄本，常熟市图书馆藏，有瞿凤起跋。

(5) 清抄本，上海图书馆藏。

(6) 抄本，常熟市图书馆藏本有金鹤冲校并跋。

按：28卷，卷一叙县；卷二叙山、叙水；卷三叙户、叙赋、叙兵、叙俗；卷四叙产、叙灾、叙宅、叙墓；卷五叙学；卷六叙神；卷七叙官；卷八叙科；卷九叙仕、叙武、叙恩；卷十至卷十六叙族；卷十七叙闺；卷十八叙艺、叙二氏；卷十九、卷二十叙诗；卷二十一至二十七叙文；卷二十八叙遗。各门均有子目，多至200余。龚立本序，自序，书成未刻。

王良佐

原名之镎。字抱玉。明常熟人。均佐七世孙，虞族侄。诸生。万历二十七年(1599)游庠。有文才，受经者多名士。

删录左国子史秦汉百家　集部总集类　佚

见《双浜小志》卷3艺文、《海虞艺文目录》。

范乐善

字孟平。明常熟人。万历三十六年(1608)贡生。官宜兴训导。

听雨轩诗稿2卷　集部别集类　佚

见《重修常昭合志》卷18，《稽瑞楼书目》刊本。

陈明枢

字樵云。明常熟人。国华子。增生入监。

棋谱　子部艺术类　佚

樵云小草　集部别集类　佚

听秋轩偶集　集部别集类　佚

以上3种见《海虞艺文目录》。

魏浣初(1580—1638)

字仲初,一字仲雪。明常熟人。万历四十四年(1616)进士。改嘉兴府教授,迁南京户部主事,晋吏部郎中,兴革利弊。迁广东佥事,升参政,提学广东,卒于任。喜为诗,得元白意。

毛诗振雅6卷　经部诗经类

明张元芳、魏浣初撰

明版筑居刻套印本,国家图书馆藏。

鼎镌邹臣虎增补魏仲雪先生诗经脉讲意8卷首1卷　经部诗经类

明魏浣初撰　邹之麟增补

(1) 明末刻本,复旦大学图书馆藏。

(2)《四库全书存目丛书》本,据明末刻本影印。

四留堂杂著　集部别集类

(1) 不分卷,清抄本,国家图书馆藏。

(2) 2卷,咸丰抄本,湖南省图书馆藏。

(3)《明代诗文集珍本丛刊》本。

踽庵集不分卷　集部别集类

(1) 明抄本,国家图书馆藏。

(2)《明代诗文集珍本丛刊》本。

魏仲雪文集12卷　集部别集类　佚

见康熙《常熟县志》卷23。

四如山楼后集3卷　集部别集类　佚

见《重修常昭合志》卷18,《叶鞠裳藏书目》刊本。

新刻魏仲雪先生批评投笔记2卷　集部词曲类

明邱濬撰　魏浣初评　李裔藩注

(1) 明书林存诚堂刻本,国家图书馆藏。

(2)《古本戏曲丛刊初集》本。

新刻魏仲雪先生批点西厢记2卷　集部词曲类

元王德信、关汉卿撰　明魏浣初评　李裔蕃注

清初陈长卿刻本，国家图书馆、南京图书馆藏。与唐元稹《会真记》等合刻。

八黑记　集部词曲类

七红记　集部词曲类

以上2种见《古典戏曲存目汇考》卷9。《曲录》据《传奇汇考》著录《八黑剑丹记》《七红宝钏记》2种，皆无名氏撰。《曲海总目提要》谓皆魏浣初评，李裔蕃释，或即出自二人之笔。

顾大武(？—1639)

字武仲，一字又善。明常熟人。大章从弟。天启五年(1625)作《诏狱惨言》，记六君子惨死事。崇祯三年(1630)又作诗讥刺明军无力抵御后金军队进攻，事详钱谦益《列朝诗集小传》丁集下。

飞将军赋　集部别集类　佚

见《重修常昭合志》卷18，边师苦蚊患引去，作此讥时帅。《海虞艺文目录》。

王良臣

字忠亮，号翼徵。明常熟人。鲁曾孙，维城子。万历三十八年(1610)进士。知建宁县，调浦城，改国子助教，升刑部郎中。出知梧州府，迁河南按察副使。崇祯元年(1628)重建范公桥。

运甓　子部杂学类　佚

六朝余韵　集部别集类　佚

居易堂诗草　集部别集类　佚

以上3种见康熙《常熟县志》卷23。

诗评密谛4卷　集部诗文评类　佚

见《重修常昭合志》卷18，多论学诗之法。《稽瑞楼书目》刊本。

徐汝晋

明常熟人。

南壁集　集部别集类　佚

表贞集　集部别集类　佚

续陶词　集部别集类　佚

以上3种见《千顷堂书目》卷27。

许彦章

明常熟人。

剪韭斋集　集部别集类　佚

见《唐市志》卷下。

瞿式耒

字起周。明常熟人。汝稷子。官涪州通判。善八分书，工书画。

心史1卷　子部儒学类　佚

见《重修常昭合志》卷18、《续海虞艺文志》。

龚元辅

明常熟人。

咏物诗1卷　集部别集类　佚

见《重修常昭合志》卷18，《稽瑞楼书目》刊本，一作诗选。

陈闻善

明常熟人。元大十一世孙。诸生。

在心草　集部别集类　佚

见《重修常昭合志》卷18、《海虞艺文目录》。

陶起先

字律庵。明常熟人。

律庵诗文稿 2 卷　集部别集类　佚

见《重修常昭合志》卷 18、《海虞艺文目录》。

陈　佑

字惟孝。明常熟人。仪子，仔侄。精篆，亦善鉴古。

小篆千字文　经部小学类　佚

见《重修常昭合志》卷 18。

俞汝为

明常熟人。

荒政要览 10 卷　史部政书类

（1）明万历三十五年（1607）刻本，台湾"中央图书馆"原藏，《"国立中央图书馆"典藏国立北平图书馆善本书目》著录。

（2）《续修四库全书》本，据明万历三十五年刻本影印。

（3）2010 年天津古籍出版社《中国荒政书集成》（国家清史编纂委员会文献丛刊）本，据万历三十五年刻本点校。

徐济忠（1581—1634）

字良夫。明常熟人。明俊子。诸生。崇祯二年（1629）入复社。性孝友，喜读书。家贫，每与人通借典籍。门人冯舒为其刻诗集。

公孙龙子达辞 1 卷　子部周秦诸子类

国家图书馆藏缩微文献。

缀闲集 2 卷　集部别集类

国家图书馆藏缩微文献。

按：诗 100 首，门人冯舒序刊，一作《缀闲诗集》。

赵隆美(1581—1641)

字文度，号季昌。明常熟人。用贤三子。以父荫，由太仆丞、刑部主事转郎中，任叙州知府。

赵叙州集2卷　集部别集类　佚

见《千顷堂书目》卷25，诗集，一作《文度诗》。

薄　叆

一名澹儒，字味玄，自号钝生。明太仓人，赘于常熟徐氏。万历三十四年(1606)举人。

独赏编1卷劳劳语1卷洛如集1卷拟古乐府1卷花咏1卷　集部别集类

道光二十一年(1841)季锡畴抄本，季锡畴跋，上海图书馆藏。常熟市图书馆藏季锡畴抄本《独赏编》《拟古乐府》。

姚　贡

明常熟人。

家训2卷　子部儒学类　佚

见《重修常昭合志》卷18、《海虞艺文目录》。

金定礼

字敬仲，号源泉，又号醉乡居士。明常熟人。工诗。

醉乡笔记　子部杂学类

醉乡诗草　集部别集类

以上2种见《慈村金氏家乘》文苑内集，收其诗13题。

醉乡诗选　集部别集类

从孙金日熊撰序，收诗130余首，见《慈村金氏家乘》文苑内集。

陆仲伟

字仲伟。名不详。明常熟人。

虞山廿咏诗　集部别集类　佚

诗史类聚　集部别集类　佚

按:编类杜诗,荟萃各体,分门别类。

以上 2 种见《重修常昭合志》卷 18,张著序。

庞浩然

明常熟人。

海虞庞氏家谱 5 卷　史部传记类　佚

见《重修常昭合志》卷 18,庞浩然崇祯中辑。

家训　子部儒学类　佚

见《重修常昭合志》卷 18,20 则,《海虞艺文目录》。

宋奎光

字元实,号培岩。明常熟人。懋中子。万历四十年(1612)举人。谒选龙川县,转宁海知县,以廉谨称。能诗文,工书法。

天目两山合志 17 卷　史部地理类

天启刻本,日本宫内厅书陵部藏。有天启四年(1624)吴伯与序及宋奎光跋。

径山志 14 卷　史部地理类

(1) 明天启四年李烨然刻本,国家图书馆藏。

(2)《四库全书存目丛书》本,据明天启四年李烨然刻本影印。

(3) 台北《中国佛寺史志丛汇刊》影印本。

(崇祯)宁海县志 12 卷图 1 卷　史部地理类

明崇祯五年(1632)刻本,南京图书馆藏。

贻白堂绪笺　集部别集类

见雍正《昭文县志》卷7本传。

魏　冲(1583—1640)

字叔子，号道用。明常熟人。浣初弟。万历四十四年(1616)从江阴缪昌期学。崇祯二年(1629)入复社，三年中举。

毛诗阐秘　经部诗经类

(1) 刊本，见《拜经楼藏书题跋记》卷1。

(2) 稿本，见《适园藏书志》卷1。

小碎集选1卷　集部别集类

徐兆玮辑《海虞六家诗选》本，虹隐楼抄，常熟市图书馆藏。

程玉润

字铉吉，号瞻所。明常熟人。宗从侄孙。万历四十一年(1613)进士。易州知州，以强项称，终大理评事。

周易演旨65卷　经部易类

见《千顷堂书目》卷1。

易窥　经部易类

明抄本，宁波天一阁藏。

昙花楼诗稿2卷　集部别集类　佚

见《重修常昭合志》卷18，《稽瑞楼书目》抄本。

陈宿枢

明常熟人。以诚子。诸生。

杂录　子部杂学类　佚

云骏庵稿　集部别集类　佚

援志吟　集部别集类　佚

以上3种见《重修常昭合志》卷18、《海虞艺文目录》。

孙朝肃(1584—1635)

字恭甫,更字功父。明常熟人。林子。万历四十四年(1616)进士。历官刑部主事,广东布政使。喜搜书,所藏甚富。万历四十五刻孙七政《刻孙齐之先生松韵堂集》。

军兴善后牍　史部政书类　佚

五芝堂集1卷　集部别集类　佚

以上2种见《重修常昭合志》卷18。

陈必谦(? —1644)

字益吾,一字汝逊,号旦融。明常熟人。交曾孙,希尧子。万历四十一年(1613)进士。知辉县,秩满为御史,抗疏论梃击、红丸二案贼当穷治,削籍归。崇祯初再起为御史,升都御,抚河南。与李自成军战。后官工部尚书。崇祯十七年(1644)被李自成军捉获,逃归,愤懑病卒。少有清望,与高攀龙、顾宪成游。与文震孟、刘宗周、黄道周号称天下四清官。

柴居漫语　子部杂学类　佚

见雍正《昭文县志》卷6本传,被清兵执入辽阳,得间归,发愤作此。

言　福

字振里。明常熟人。言偃六十九世孙。诸生。崇祯六年(1633),买地恢复虞山书院。

诗经解　经部诗经类　佚

见《重修常昭合志》卷18、《海虞艺文目录》。

何允泓(1585—1625)

字季穆。明常熟人。允澄弟。廪生。家多藏书。厌薄科举,专心读书,博学能文,尤精史学及水利学。

桓庚斋诗存　集部别集类　佚

见康熙《常熟县志》卷23。

何季穆文集　集部别集类　佚

见《重修常昭合志》卷18。

金定乐

字芳泉，号雅少，别号梅花道人，明常熟人。定礼弟。工诗，与何允济等结诗社唱和。年44卒。

元远斋诗稿　集部别集类　佚

见《金村小志》卷3。《慈村金氏家乘》文苑内集收其诗17题。

陈胄枢

字汉莹，号扶舆。明常熟人。逅曾孙。万历四十年(1612)、四十三年及天启元年(1621)三科武举人，会试两登酉副榜，以将材荐授南汇守备。

将传宪章总目不分卷　史部政书类

明陈胄枢辑　清陈埰校正

(1) 稿本，常熟市图书馆藏。

(2) 清抄本，书名无“总目”二字，常熟市图书馆藏。

按:《重修常昭合志》卷18误将此书著录为《历代将略》《宪章总目》2种。

陈必诚

字拙生。明常熟人。必谦弟。崇祯十二年(1639)举人。砥砺名节。

南华经悟解　子部道教类　佚

增广楚辞　集部楚辞类　佚

以上2种见雍正《昭文县志》卷6陈必谦传。

缪　潜

明常熟人。与门人许琪弟开烈同订《五经纂要》。

五经纂要　经部群经总义类　佚

见《重修常昭合志》卷18。

许　连

字慧美，一字子乾。明常熟人。应科再从侄。诸生。明亡后郁郁以卒。

书经补注　经部尚书类　佚

毛诗大旨　经部诗经类　佚

四书讲义　经部四书类　佚

孝经补注　经部孝经类　佚

历代史论　史部史评类　佚

历代帝王论节　史部史评类　佚

居常集　集部别集类　佚

陶庵集　集部别集类　佚

以上8种见民国《重修常昭合志》卷18。

许士柔(1587—1642)

字仲嘉，号石门。明常熟人。俊子。少受知于杨涟，与高攀龙、顾宪成为友。天启二年(1622)进士。与文震孟、倪元璐、黄道周有壬戌四翰林之目。官至尚宝寺少卿，与修神宗、熹宗两朝实录。《明史》卷216有传。

礼记衷注　经部礼记类　佚

成均集　集部别集类

中州小咏　集部别集类

以上3种见雍正《昭文县志》卷6本传。

南雍集　集部别集类

见《重修常昭合志》卷 18。

许大司成遗集 4 卷　集部别集类

清抄本，常熟市图书馆藏。

严　翼

字觉民，号仪卿。明常熟人。光谦子。候选县丞。

刘氏新序说苑合集 30 卷　子部儒学类

明天启二年(1622)严翼刻本，中国社会科学院文学研究所图书馆藏。

觉民诗古文钞　集部别集类　佚

见《重修常昭合志》卷 18。

言　禧

明常熟人。福弟。

诗经解　经部诗经类　佚

见《重修常昭合志》卷 18：禧一作喜，《诗经解》“与(言)福著同，疑有一误”。

天文说　子部历算类　佚

见《重修常昭合志》卷 18。

曾道生(1588—1642)

字立甫。明常熟人。天启间副贡生。贯穿三礼。

礼记类辑 14 卷　经部礼记类　佚

见《重修常昭合志》卷 20 本传，因朱子分别四类之义例纂此。

魏　治

字季常。明常熟人。冲弟。

魏季常诗 1 卷　集部别集类　佚

南漪新草 1 卷　集部别集类　佚

至喜斋诗 3 卷　集部别集类　佚

以上 3 种见《重修常昭合志》卷 18，二书附《季常诗》后，《恬裕斋书目》刊本。

归绍隆

字从之，号霁乔。明常熟人。学周子。万历三十七年(1609)举人。官云南按察副使。归田后左图右史，以著述自娱。

尚论编 10 卷　子部儒学类　佚

闲吟草 4 卷　集部别集类　佚

以上 2 种见《重修常昭合志》卷 18、《海虞艺文目录》，归氏谱作《闲吟小草》。

赵士履

字坦之，号南屏。明常熟人。用贤孙，祖美子。以祖荫官至韶州府同知。

唔亭杂记 1 卷　史部杂史类

《虞阳说苑》本，记明季清初逸事。

松风草　集部别集类　佚

见《重修常昭合志》卷 18，《海虞艺文志》作诗集。

陶士奇

字特夫。明常熟人。锦后裔。业医，授太医院吏目。

历验心法　子部医家类　佚

见光绪《常昭合志稿》卷 32 医家传。

袁世德

明常熟人。

怀音集　集部别集类　佚

缧绁中草1卷　集部别集类　佚

以上2种见《重修常昭合志》卷18、《海虞艺文目录》。

许士骥

字德生。明常熟人。士柔从弟。桂王时，荐授浔州推官，创应社。为文开阖变化具有法度。

焚言　集部别集类　佚

萃音集　集部别集类　佚

德生集　集部别集类　佚

以上3种见《重修常昭合志》卷18。

沈从龙

明常熟人。泰昌元年(1620)岁贡生。官兴安知县。

四书讲义　经部四书类　佚

五经集解　经部群经总义类　佚

以上2种见《重修常昭合志》卷18、《海虞艺文目录》。

魏　诩

字韩木。明常熟人。

晚香堂诗1卷　集部别集类　佚

见《重修常昭合志》卷18,《恬裕斋书目》抄本。

孙　菊

明常熟人。七品散官。

字学心法　子部艺术类　佚

东篱稿　集部别集类　佚

以上 2 种见《重修常昭合志》卷 18、《海虞艺文目录》。

瞿式耜(1590—1650)

字起田，一字伯略，别号稼轩。明常熟人。汝说子。万历四十四年(1616)进士。授江西永丰知县，政绩卓著。崇祯元年(1628)任户部给事中，抨击阉党余孽，被诬下狱，削籍归里。南明弘光元年(1645)出任广西巡抚。隆武二年(1646)拥立桂王，建号永历，任文渊阁大学士兼吏兵两部尚书，留守桂林。永历四年(1650)清军围攻桂林，与总督张同敞等被执殉难。后赠粤国公，谥文忠。立有专祠仰止堂。清乾隆四十一年(1776)追谥忠宣。诗文甚富，惜存稿不多，携入粤西者多散佚。《明史》卷 280 有传。

瞿起田诗经稿不分卷　经部诗经类

明瞿式耜　陆化熙辑

明刻本，常熟市图书馆藏。

行异录　史部传记类　佚

见常熟市图书馆藏抄本《瞿氏家乘》，云："皆一代名臣事略，自洪武至万历止，犹未成书……稿旧藏钱遵王家，后闻在范家市吴逸群处，迄今二百余年，谅不存在。"

圣政锄奸 1 卷　史部政书类

见《重修常昭合志》卷 18。

抚粤檄稿　史部政书类

抚粤疏稿　史部政书类

典铨封事　史部政书类

留守平章　史部政书类

以上 4 种见刘湘客《明光禄大夫左柱国太保兼太子太师留守桂林武英殿大学士吏兵二部尚书临桂伯瞿公传》，见清抄本瞿式耜《虞山集》。

媿林漫录不分卷　子部儒学类

（1）明崇祯九年（1636）瞿氏耕石斋自刻本，南京图书馆藏。

（2）明崇祯十一年刻本，2卷，南京图书馆藏。

（3）清光绪十六年（1890）江苏书局刻本。南京图书馆藏本有翁同龢圈点并跋。

（4）《四库全书存目丛书》本，10卷，据明崇祯九年瞿氏耕石斋刻本影印。

瞿忠宣公式耜论朝事手迹1卷　子部艺术类

民国上海有正书局石印本，南京图书馆藏。

瞿忠宣公遗集　子部艺术类

民国上海有正书局石印瞿氏手稿本，常熟市图书馆藏。

浩气吟1卷附录1卷　集部别集类

（1）清顺治八年（1651）瞿昌文东日堂刻本，常熟市博物馆藏。

（2）清抄本《明季野史七种》本，国家图书馆藏。

（3）《借月山房汇钞》本。

（4）《丛书集成初编》本。

按：参见南京师范大学《文教资料》1991年第5期朱育礼等《瞿式耜〈浩气吟〉手迹及其东日堂刻本》一文。

瞿中丞启稿不分卷　集部别集类

清抄本，中国社会科学院文学研究所藏。

东日堂诗稿1卷　集部别集类

清顺治十四年刻本，常熟市图书馆藏。

按：扉页作《桂林遗诗》。参见瞿果行编著《瞿式耜年谱》（齐鲁书社1987年出版）。

虞山集12卷　集部别集类

清康熙二十三年（1684）瞿昌文辑，铁琴铜剑楼藏宝恩堂清抄本，常熟市图书馆藏。

瞿忠宣公诗文集10卷　集部别集类

（1）道光十五年(1835)李兆洛刻本。常熟市图书馆藏本有清许廷诰校并跋。

（2）光绪十三年刻本,国家图书馆、南京图书馆藏。

（3）《乾坤正气集》本,8卷。

（4）《明别集丛刊》本。

明瞿忠宣公文稿不分卷　集部别集类

虞山集6卷　集部别集类

以上2种稿本,常熟市图书馆藏。

瞿忠宣公乡试朱卷　集部别集类

清抄本,常熟市图书馆藏。

瞿忠宣公手札附蜡丸书　集部别集类

《明代名人尺牍》本。蜡丸书亦收入潘承厚藏潘承弼续辑《蘧庵所藏尺牍》。

瞿式耜集4卷　集部别集类

江苏师范学院历史系、苏州地方史研究室整理,1981年上海古籍出版社出版。

按:此包括卷1奏疏(掖垣疏草、留守封事),卷2诗(耕石斋诗、桂林诗、浩气吟、补遗),卷3书牍(家书、致亲友书),卷4杂文。附《明史》本传及瞿果行《瞿式耜年表》。

石田先生诗钞8卷文钞1卷事略1卷　集部别集类

明沈周撰　瞿式耜辑　《事略》清钱谦益辑

（1）明崇祯十七年瞿式耜刻本,国家图书馆、南京图书馆藏。

（2）《四库全书存目丛书》本,据明崇祯十七年瞿式耜刻本影印。

孙　浚

字用明,号三峰。明常熟人。舟子。诸生。

诸子纂　子部周秦诸子类　佚

藻史草堂杂俎　子部小说类　佚

事类漫钞　子部小说类　佚

山窗笔谈　子部小说类　佚

映雪斋录　集部别集类　佚

璨花集　集部别集类　佚

尺牍1卷　集部别集类　佚

诸体诗1卷　集部别集类　佚

唐音珠玉　集部总集类　佚

皇明诗文纂　集部总集类　佚

四六纂　集部总集类　佚

诗话纂　集部诗文评类　佚

以上12种见《重修常昭合志》卷18、《海虞艺文目录》。

唐学圣

明常熟人。天恩裔孙。

表忠录　史部传记类　佚

见《重修常昭合志》卷18,《表忠》录辑天恩之赠、祭、诰、敕与当时诗歌、传记。

张大受

字君可,号鸿濛。明常熟人。一武子。

易征图　经部易类　佚

鸿濛默时说　子部小说类　佚

芝阳寓言　子部小说类　佚

江右闲吟　集部别集类　佚

杏花斋集　集部别集类　佚

以上5种见《重修常昭合志》卷18。

蔚园文钞4卷　集部别集类

清乾隆五十五年(1790)张夔刻本,国家图书馆、常熟市图书馆藏。

邹文声

字文声，别号西井。名不详。明常熟人。武子。诸生。

经书选义　经部群经总义类　佚

性理摘略　子部儒学类　佚

漫兴诗稿　集部别集类　佚

以上3种见《重修常昭合志》卷18。

翁孺安(1602？—1627)

字静和，号素兰，自号静和居士。明常熟人。宪祥女，顾象泰妻。幼即以诗著，长而不得意，作《沤子》16篇以见志。生平闲居好洁。书如晋人，画兰萧疏幽致。古诗多学李贺。天启七年(1627)因翁氏家族内哄被杀。

沤子16篇　集部别集类　佚

见《众香词》。

素兰集2卷诗1卷　集部别集类

(1) 明中山计隆序刻本。

(2) 清抄本，国家图书馆藏。

素兰集2卷　集部别集类

(1) 清抄《常熟稗史汇钞》本，上海图书馆藏。

(2) 清抄本，一种与《翁铁庵自叙年谱》合1册，有佚名校；一种与柳如是《河东小集》合1册。均南京图书馆藏。

(3) 光绪三十四年(1908)王保譿抄本，南京图书馆藏。

(4) 清抄本，1卷，国家图书馆藏。

(5)《明代诗文集珍本丛刊》本。

(6)《明别集丛刊》本。

素兰集2卷补遗1卷　集部别集类

《佚丛甲集》本。补遗1卷张继良辑。卷上收诗18题，卷下收诗

48首、词3首，补遗载诗18首。

娱花集1卷附诗余存钞1卷　集部别集类

清抄《常熟稗文汇钞》本，上海图书馆藏。

许重达(1605—1641)

字兼美。明常熟人。重熙从弟，与弟重遴、重进相切磋，誉为复社中三珠树。

蕉叶吟　集部别集类　佚

三凤遗编　集部总集类　佚

以上2种见《重修常昭合志》卷18。《三凤遗编》为重达、重遴、重进三人诗文合集。

时　敏

字子求，号修来。明常熟人。崇祯十年(1637)进士。任海宁、安阳、固始知县，以拒李自成军擢兵科给事中。数言时政阙失，被命巡三边，督师真定。明亡归里，为乡民所杀。

异政录　史部政书类　佚

垣中奏议　史部政书类　佚

学制编　史部政书类　佚

期思集　集部别集类　佚

咏今录　集部总集类　佚

按：集海宁人士咏歌德政之作。

以上5种见《重修常昭合志》卷18。

张　惠

字天泽，号半闲。明常熟人。年70举乡饮宾。

半闲居士集　集部别集类　佚

见《重修常昭合志》卷18、《唐墅诗存》。

许重遴

字子选，一字昭明。明常熟人。重达弟。诸生。入复社。

花溪渔长集　集部别集类　佚

三凤遗编　集部总集类　佚

以上 2 种见《重修常昭合志》卷 18。《三凤遗编》为重达、重遴、重进三人诗文合集。

钱安修

字方明。明常熟人。诸生。游于张溥门。好读异书，穷日夜不倦。为诗古文词，坚古峭直。崇祯二年(1629)入复社，十四年在里结临社。早卒。

逸斋酒政 2 卷　子部艺术类　佚

潭溪集 10 卷　集部别集类　佚

锦树堂庆节诗 3 卷　集部别集类　佚

以上 3 种见《重修常昭合志》卷 18。

智　宜

字味泉。明常熟人。居金山寺。

金山志 4 卷　史部地理类　佚

见《重修常昭合志》卷 18，《稽瑞楼书目》刊本。一作《金山寺志》。

普　慈

字海舟。明常熟人。本姓钱，出家破山寺。

颂古诗　集部别集类　佚

见《重修常昭合志》卷 18。

秦　淑

明常熟人。景阳孙女，何述皋妻。

绝命词　集部别集类　佚

见《重修常昭合志》卷18。

陈宗信

字学稼。明常熟人。

学稼诗卷　集部别集类　佚

见《重修常昭合志》卷18、《海虞艺文目录》。

翁子澄

字子澄。名不详。明常熟人。

元书　子部儒学类　佚

见《重修常昭合志》卷18。此书论天地阴阳人物心性及学术源流之微。

顾一龙

明常熟人。以藏书著称。

鹍适堂纪闻2卷　史部杂史类　佚

见《重修常昭合志》卷18,《文瑞楼书目》刊本作《明英述》。

顾麟生

字玉书。明常熟人。大章子。诸生。以父荫监生。好读书。

梦思录　史部传记类

蠖庵日钞　子部杂学类

进履斋稿　集部别集类　佚

以上3种见雍正《昭文县志》卷7本传。

顾玉书丁南湖两先生残稿2卷　集部别集类

明顾麟生、丁奉撰

抄本,常熟市图书馆藏。

季子颛

字思一,晚号文村。明常熟人。

匪莪编　集部总集类　佚

见《重修常昭合志》卷18。此书编录名辈哀悯失恃之诗,陆珦序。

许重进(1621—1645)

字子野。明常熟人。与兄重达、重遴被视为复社中三珠树。

野言　子部杂学类　佚

雪厌庐集　集部别集类　佚

三凤遗编　集部总集类　佚

以上3种见民国《重修常昭合志》卷18。《三凤遗编》为陈式辑重达、重遴、重进三人诗文合集。